2014

CHINA STATISTICAL YEARBOOK (COUNTY-LEVEL)

中国县域统计年鉴(县市卷)

国家统计局农村社会经济调查司 编

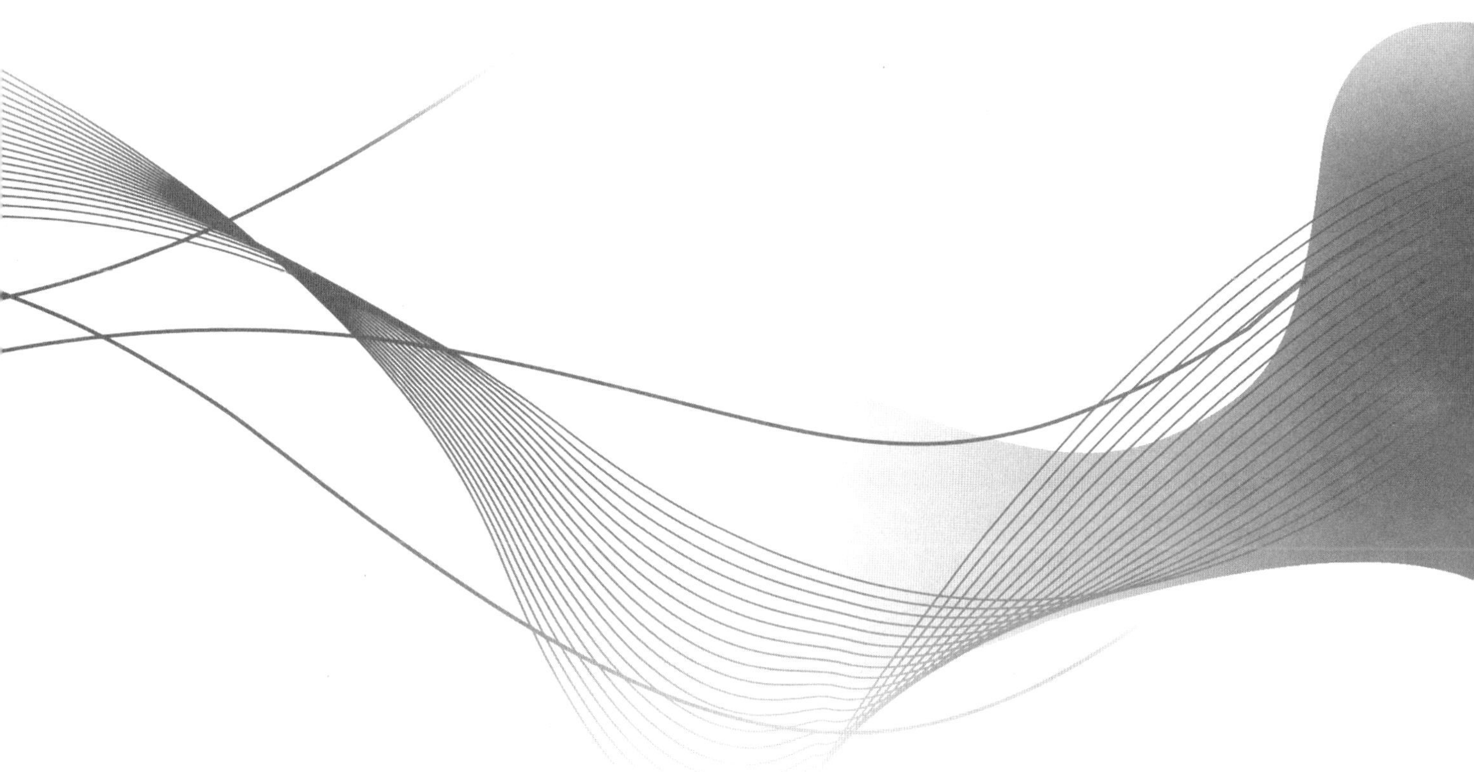

图书在版编目 (CIP) 数据

中国县域统计年鉴 . 2014. 县市卷 / 国家统计局农村社会经济调查司编 . -- 北京 : 中国统计出版社，2014. 10
ISBN 978-7-5037-7300-6

Ⅰ. ①中… Ⅱ. ①国… Ⅲ. ①区域经济－经济统计－中国－2014－年鉴 Ⅳ. ① F127-54

中国版本图书馆 CIP 数据核字（2014）第 215803 号

中国县域统计年鉴—2014

作　　者 / 国家统计局农村社会经济调查司
责任编辑 / 许立舫
出版发行 / 中国统计出版社
通信地址 / 北京市丰台区西三环南路甲 6 号　邮政编码 /100073
电　　话 / 邮购（010）63376909　书店（010）68783171
网　　址 /http://csp.stats.gov.cn
印　　刷 / 河北天普润印刷厂
经　　销 / 新华书店
开　　本 /880×1230 毫米　1/16
字　　数 /880 千字
印　　张 /27.75
版　　别 /2014 年 10 月第 1 版
版　　次 /2014 年 10 月第 1 次印刷
定　　价 /550. 00 元（全套）

如有印装差错，由本社发行部调换。

《中国县域统计年鉴（县市卷）—2014》
编辑委员会

编者说明

《中国县域统计年鉴》从2014年开始分为《中国县域统计年鉴（县市卷）》和《中国县域统计年鉴（乡镇卷）》两卷。在年鉴中，增加“乡镇基本情况”和“主要指标全国前1000位乡镇资料”两部分内容。

一、《中国县域统计年鉴（县市卷）-2014》是一部全面反映我国县域社会经济发展状况的资料性年鉴，收录了2013年全国2000多个县域单位的基本情况、综合经济、农业、工业、基本建设、教育、卫生、社会保障等方面的资料。

二、本卷的资料范围包括全国除香港特别行政区、澳门特别行政区和台湾省以外的县（旗）、县级市和上报资料完整的市辖区，行政区划截止到2013年12月31日。

三、本卷主要内容包括两个部分：一是县（市）社会经济主要指标；二是按主要经济指标分组县（市）资料，包括按公共财政收入、农民人均纯收入分组；卷末另附主要指标解释。

四、本卷的资料来自2013年县（市）社会经济统计年报。

五、本卷指标项空栏有如下情况：

（1）该项数据较小，不够规定单位。

（2）该项指标在当年没有统计任务，没有统计数据。

（3）该项指标未掌握确切数据。

六、咨询服务电话：010-68782899。

编　者

2014年9月

目录

一、县（市）社会经济主要指标

二、按主要经济指标分组县（市）资料

附录：主要指标解释

县（市）社会经济主要指标

2013 年县（市）社会经济主要指标

北京市

指　　标	单位	大兴区	怀柔区	平谷区	密云县	延庆县
一、基本情况						
行政区域面积	平方公里	1036	2123	950	2229	1994
乡个数	个		2	2	1	4
镇个数	个	14	12	14	17	11
街道办事处个数	个	5	2	2	2	3
户籍人口	万人	64	28	40	43	28
第二产业从业人员	人	230900	43253	44686	47781	12682
第三产业从业人员	人	226326	47369	54107	59856	55304
固定电话用户	户	185333	163585	134073	136068	51065
二、综合经济						
地区生产总值	万元	4316200	2004344	1687467	1951474	922409
第一产业增加值	万元	230941	80110	188099	191612	110703
农业增加值	万元	133453	32994	114572	97316	40828
牧业增加值	万元	56022	23925	45798	59407	33832
第二产业增加值	万元	1696655	1174321	788104	916062	234455
公共财政收入	万元	523927	267026	239711	254207	100180
各项税收	万元	1527405	890058	597000	625359	227221
公共财政支出	万元	1328522	964695	823623	896248	790367
居民储蓄存款余额	万元	9876847	2172061	1946747	2253419	1395381
年末金融机构各项贷款余额	万元	10056502	1172238	1441045	1363155	444171
三、农业、工业及投资						
农业机械总动力	万千瓦特	30	12	23	24	18
机收面积	公顷	28772	4451	9051	9533	10547
设施农业占地面积	公顷	7414	357	936	751	614
粮食总产量	吨	190591	49098	60278	88470	143593
棉花产量	吨	24		99		
油料产量	吨	5057	741	437	2235	109
肉类总产量	吨	65944	27163	44080	48351	21904
规模以上工业企业单位数	个	456	167	125	129	40
规模以上工业总产值	万元	6331090	5532219	2425858	2930625	650307
固定资产投资	万元	5014590	1517161	1351476	1583964	727237
四、教育、卫生和社会保障						
普通中学在校学生数	人	28547	11669	12653	16226	11522
中等职业教育学校在校学生数	人	10164	2232	1809	1925	2427
小学在校学生数	人	56030	16143	16037	20436	11807
医疗卫生机构床位数	床	6074	1576	2056	1485	982
各种社会福利收养性单位数	个	31	22	28	29	36
各种社会福利收养性单位床位数	床	5097	2755	3055	3751	6147

2013年县(市)社会经济主要指标

天津市、河北省

指标	单位	宝坻区	宁河县	静海县	蓟县	井陉县
一、基本情况						
行政区域面积	平方公里	1450	1031	1415	1590	1381
乡个数	个		3	2	1	7
镇个数	个	21	11	16	25	10
街道办事处个数	个	3			1	
户籍人口	万人	69	38	58	85	33
第二产业从业人员	人	226373	63340	176424	117662	50864
第三产业从业人员	人	63111	44539	117024	101116	35147
固定电话用户	户	223880	132000	161845	139985	29319
二、综合经济						
地区生产总值	万元	4760616	4077204	5022090	3126411	1373153
第一产业增加值	万元	317472	283977	210163	287115	127152
农业增加值	万元	164106	123936	116852	151370	51460
牧业增加值	万元	128614	114943	71043	116160	61648
第二产业增加值	万元	2597133	2086778	3405085	987775	647812
公共财政收入	万元	414108	282000	1066013	701206	48171
各项税收	万元	594480	90017	552329	282417	119014
公共财政支出	万元	650690	399636	606755	775119	109928
居民储蓄存款余额	万元	2340522	1486627	2773795	2878254	902053
年末金融机构各项贷款余额	万元	1762283	995084	2457163	2215453	466201
三、农业、工业及投资						
农业机械总动力	万千瓦特	89	56	69	75	47
机收面积	公顷	76770	13202	45354	65995	8900
设施农业占地面积	公顷	1384	1374	2384	2909	180
粮食总产量	吨	461244	106719	199533	378008	112565
棉花产量	吨	9625	18935	8175	128	121
油料产量	吨	352		1351	2225	6187
肉类总产量	吨	80162	103757	60562	82414	25812
规模以上工业企业单位数	个	404	255	555	140	63
规模以上工业总产值	万元	6359172	6431496	15856440	1437181	2019319
固定资产投资	万元	5301200	4775600	5003771	5291350	1952700
四、教育、卫生和社会保障						
普通中学在校学生数	人	33724	18355	35106	40614	17392
中等职业教育学校在校学生数	人	4102	2200	3443	3203	1844
小学在校学生数	人	35988	25689	55873	48119	19867
医疗卫生机构床位数	床	2053	1610	1570	1596	1052
各种社会福利收养性单位数	个	18	6	18	24	7
各种社会福利收养性单位床位数	床	515	500	2447	956	3293

2013年县(市)社会经济主要指标

河北省

指　　标	单位	正定县	栾城县	行唐县	灵寿县	高邑县
一、基本情况						
行政区域面积	平方公里	468	326	1025	1066	222
乡个数	个	5	3	11	9	2
镇个数	个	3	4	4	6	3
街道办事处个数	个	2				
户籍人口	万人	49	34	46	34	20
第二产业从业人员	人	123691	98655	70876	7691	
第三产业从业人员	人	110639	69976	87934	16089	
固定电话用户	户	90710	36666		15000	16504
二、综合经济						
地区生产总值	万元	2325788	1773819	1109606	848144	711495
第一产业增加值	万元	307815	302114	250631	150396	120105
农业增加值	万元	172812	155654	132251	85527	99383
牧业增加值	万元	133496	144043	112543	53967	19555
第二产业增加值	万元	1007657	1038737	580452	475835	420543
公共财政收入	万元	104072	68217	24922	22153	30476
各项税收	万元	69973	131070	40466	32330	21648
公共财政支出	万元	201955	134331	134703	115415	84208
居民储蓄存款余额	万元	2003795	867700	805317	666850	439681
年末金融机构各项贷款余额	万元	1946044	548003	301164	293961	256139
三、农业、工业及投资						
农业机械总动力	万千瓦特	145	62	137	56	44
机收面积	公顷	38690	32500	32400	11910	12100
设施农业占地面积	公顷	1021	1810	902	378	4800
粮食总产量	吨	330217	269944	310722	149118	166069
棉花产量	吨	237	16	406	160	108
油料产量	吨	20080	427	22917	5201	4726
肉类总产量	吨	84009	56809	38409	30487	13318
规模以上工业企业单位数	个	129	159	67	62	58
规模以上工业总产值	万元	3971047	3221235	1902093	153722	1258198
固定资产投资	万元	1822597	1469749	1164757	809184	531237
四、教育、卫生和社会保障						
普通中学在校学生数	人	52109	12282	20237	12571	7278
中等职业教育学校在校学生数	人	3679	2751	597	2678	1280
小学在校学生数	人	33066	20501	35967	25797	14465
医疗卫生机构床位数	床	1657	1799	1200	904	580
各种社会福利收养性单位数	个	20	4	9	8	4
各种社会福利收养性单位床位数	床	3119	2203	5584	3765	1955

2013年县(市)社会经济主要指标

河北省

指　　标	单位	深泽县	赞皇县	无极县	平山县	元氏县
一、基本情况						
行政区域面积	平方公里	296	1210	524	2648	675
乡个数	个	3	9	5	11	9
镇个数	个	3	2	6	12	6
街道办事处个数	个					
户籍人口	万人	26	27	53	50	43
第二产业从业人员	人	57996	39187	141035	60711	31957
第三产业从业人员	人	40882	59180	47881	49665	85335
固定电话用户	户	20041	9014	56090	26741	23147
二、综合经济						
地区生产总值	万元	852355	886140	1527449	2071565	1619742
第一产业增加值	万元	148951	154505	249077	194388	229229
农业增加值	万元	108975	79793	140344	110808	135033
牧业增加值	万元	37862	65009	108328	46762	88419
第二产业增加值	万元	530655	549566	827347	1381201	888513
公共财政收入	万元	30325	21998	35300	78388	45541
各项税收	万元	33022	37519	54885	138152	88978
公共财政支出	万元	92027	108744	125622	185551	132935
居民储蓄存款余额	万元	702937	413632	1060818	1077957	737207
年末金融机构各项贷款余额	万元	212115	258000	288434	458558	358350
三、农业、工业及投资						
农业机械总动力	万千瓦特	64	49	97	98	64
机收面积	公顷	22111	12880	39616	15500	40865
设施农业占地面积	公顷	728	85	1803	233	1600
粮食总产量	吨	205005	125199	355545	203615	336506
棉花产量	吨	487	69	240	594	519
油料产量	吨	6514	16148	16722	9260	7622
肉类总产量	吨	23236	25291	53294	22109	43593
规模以上工业企业单位数	个	71	64	98	28	68
规模以上工业总产值	万元	1735362	1792248	3070674	5831544	2752161
固定资产投资	万元	548453	1041704	931781	1519834	1430818
四、教育、卫生和社会保障						
普通中学在校学生数	人	7007	7731	15778	21379	21412
中等职业教育学校在校学生数	人	1761	1902	2056	4704	1987
小学在校学生数	人	14391	23159	33407	32704	30253
医疗卫生机构床位数	床	677	942	1113	1389	1373
各种社会福利收养性单位数	个	9	7	11	12	5
各种社会福利收养性单位床位数	床	2606	1833	5009	2277	2245

2013年县(市)社会经济主要指标

河北省

指　　标	单位	赵县	辛集市	藁城市	晋州市	新乐市
一、基本情况						
行政区域面积	平方公里	674	951	836	619	525
乡个数	个	4	7	1	1	3
镇个数	个	7	8	13	9	8
街道办事处个数	个					1
户籍人口	万人	60	64	82	55	51
第二产业从业人员	人	121811	202100	217007	135304	110252
第三产业从业人员	人	102889	114800	191121	64515	62043
固定电话用户	户	23500	53895	68036	45584	32928
二、综合经济						
地区生产总值	万元	1892062	3635419	4748770	2291967	1721801
第一产业增加值	万元	323520	471572	665806	300649	289189
农业增加值	万元	233150	296679	501219	214624	184363
牧业增加值	万元	89027	173160	161697	85176	103395
第二产业增加值	万元	1188466	2330373	3116719	1275470	972776
公共财政收入	万元	36033	98072	154700	61658	48161
各项税收	万元	50220	163071	550677	86538	51293
公共财政支出	万元	157270	207856	263963	158461	142446
居民储蓄存款余额	万元	898990	2199412	1679799	1389979	913604
年末金融机构各项贷款余额	万元	453931	1031262	888714	693827	455719
三、农业、工业及投资						
农业机械总动力	万千瓦特	259	200	225	137	235
机收面积	公顷	63320	70623	64000	46093	36533
设施农业占地面积	公顷	2187	2257	8879	760	1230
粮食总产量	吨	559972	554210	557735	365811	325393
棉花产量	吨	3	7091	382		158
油料产量	吨	3950	36478	9438	9584	36840
肉类总产量	吨	46056	87024	86686	50290	55166
规模以上工业企业单位数	个	112	264	382	232	152
规模以上工业总产值	万元	5146732	8061624	12808182	4899079	3732679
固定资产投资	万元	1096647	1829507	2564863	1842723	1607342
四、教育、卫生和社会保障						
普通中学在校学生数	人	24885	17570	31271	15000	22787
中等职业教育学校在校学生数	人	6705	2426	4434	3041	1347
小学在校学生数	人	37615	39307	46643	32087	38573
医疗卫生机构床位数	床	1535	1632	1834	1032	1760
各种社会福利收养性单位数	个	7	14	16	10	9
各种社会福利收养性单位床位数	床	926	3029	5695	2566	3410

2013 年县(市)社会经济主要指标

河北省

指　　标	单位	鹿泉市	丰南区	丰润区	曹妃甸区	滦　县
一、基本情况						
行政区域面积	平方公里	603	1312	1290	1281	1027
乡个数	个	3	3	3		
镇个数	个	9	12	20	5	12
街道办事处个数	个		1	3	1	2
户籍人口	万人	40	53	92	20	56
第二产业从业人员	人	84267	156537	181065	51938	121420
第三产业从业人员	人	81347	105748	94327	20674	149216
固定电话用户	户	57466	104900	171286	82402	159806
二、综合经济						
地区生产总值	万元	3200581	6197527	6210656	3581059	3944273
第一产业增加值	万元	227999	400135	486156	215026	397911
农业增加值	万元	155764	271141	294288	65632	214957
牧业增加值	万元	63757	52118	182624	31652	176969
第二产业增加值	万元	1848622	4000725	4295790	2279067	2376409
公共财政收入	万元	134078	248040	210720	486879	141200
各项税收	万元	228445	395559	429683	584004	234036
公共财政支出	万元	221404	358148	277812	695380	233146
居民储蓄存款余额	万元	1419047	2561685	3754984	783972	1525774
年末金融机构各项贷款余额	万元	1199306	1970161	2308614	4833759	1068781
三、农业、工业及投资						
农业机械总动力	万千瓦特	63	87	133	52	94
机收面积	公顷	26493	28080	42256	22087	23800
设施农业占地面积	公顷	1900	4299	1464	754	18489
粮食总产量	吨	207579	251757	396685	203480	304581
棉花产量	吨	197	10017	1393	515	283
油料产量	吨	3951	21817	38466	752	59706
肉类总产量	吨	28666	49449	92158	25580	57201
规模以上工业企业单位数	个	217	183	145	68	83
规模以上工业总产值	万元	6479761	15635201	13811947	7255305	6158500
固定资产投资	万元	2528236	2571058	1590420	7349025	2230359
四、教育、卫生和社会保障						
普通中学在校学生数	人	17601	24318	34178	6761	22795
中等职业教育学校在校学生数	人	5197	5737	1551	1940	6853
小学在校学生数	人	26755	34352	52503	9083	36961
医疗卫生机构床位数	床	1271	1621	3616	784	1715
各种社会福利收养性单位数	个	15	13	11	3	15
各种社会福利收养性单位床位数	床	7361	6030	8740	1164	5368

2013年县(市)社会经济主要指标

河北省

指　　标	单位	滦南县	乐亭县	迁西县	玉田县	遵化市
一、基本情况						
行政区域面积	平方公里	1482	1417	1439	1165	1509
乡个数	个		3	8	6	12
镇个数	个	16	11	9	14	13
街道办事处个数	个	1	1	1	1	2
户籍人口	万人	57	49	39	69	75
第二产业从业人员	人	131867	88843	86565	173599	176838
第三产业从业人员	人	61996	110421	66130	157851	184219
固定电话用户	户	70585	64034	72617	115870	129100
二、综合经济						
地区生产总值	万元	3053050	2985280	4201359	3269743	5634245
第一产业增加值	万元	781496	811549	224412	632850	419468
农业增加值	万元	418192	643364	133578	461515	273345
牧业增加值	万元	250109	100559	41763	165652	131941
第二产业增加值	万元	1076319	1089303	2705675	1542063	3020046
公共财政收入	万元	96588	100710	98480	87706	127613
各项税收	万元	68324	115168	176503	136518	207000
公共财政支出	万元	224158	226615	195552	210812	247251
居民储蓄存款余额	万元	1299645	1558823	1625243	2109105	2793187
年末金融机构各项贷款余额	万元	726276	1123291	947601	1261265	1457918
三、农业、工业及投资						
农业机械总动力	万千瓦特	135	114	38	119	145
机收面积	公顷	47277	15863	20	54859	10599
设施农业占地面积	公顷	6064	14204	150	3259	864
粮食总产量	吨	453239	277197	89607	517932	265970
棉花产量	吨	997	1009	304	2143	91
油料产量	吨	60293	11675	6826	3374	47475
肉类总产量	吨	124190	38343	23150	113270	80073
规模以上工业企业单位数	个	62	53	138	169	145
规模以上工业总产值	万元	2086157	2613835	7092881	4432998	6891712
固定资产投资	万元	1706796	1091267	1610806	2017739	2143743
四、教育、卫生和社会保障						
普通中学在校学生数	人	27776	21146	18811	28213	36401
中等职业教育学校在校学生数	人	5567	4482	7123	4058	2612
小学在校学生数	人	34058	25617	31206	45635	55157
医疗卫生机构床位数	床	1911	1390	1476	2603	2343
各种社会福利收养性单位数	个	6	7	8	7	8
各种社会福利收养性单位床位数	床	5338	6075	6852	3658	7358

2013年县(市)社会经济主要指标

河北省

指　　标	单位	迁安市	青龙满族自治县	昌黎县	抚宁县	卢龙县
一、基本情况						
行政区域面积	平方公里	1227	3510	1212	1618	961
乡个数	个	7	14	5	2	5
镇个数	个	10	11	11	9	7
街道办事处个数	个	4			2	
户籍人口	万人	74	56	56	48	43
第二产业从业人员	人	200341	90375	69367	49481	52401
第三产业从业人员	人	161834	61065	68280	25810	55304
固定电话用户	户	127002	53231	77000	86577	52819
二、综合经济						
地区生产总值	万元	10051327	1080060	1870880	1517475	977758
第一产业增加值	万元	419344	229203	667320	445282	255989
农业增加值	万元	280839	101809	314424	259695	167260
牧业增加值	万元	132177	112809	276136	152898	84823
第二产业增加值	万元	6673049	480507	740459	495038	350666
公共财政收入	万元	371587	57460	79093	66311	37862
各项税收	万元	693442	132921	132317	108670	60615
公共财政支出	万元	501568	199459	200359	160062	155513
居民储蓄存款余额	万元	4100051	878682	1558036	1463064	945826
年末金融机构各项贷款余额	万元	3827063	578569	696008	757356	400090
三、农业、工业及投资						
农业机械总动力	万千瓦特	211	30	92	74	99
机收面积	公顷	11795		29332	3850	12846
设施农业占地面积	公顷	2825	195	3631	2410	407
粮食总产量	吨	200369	131693	261866	146333	232456
棉花产量	吨	69		262	699	1612
油料产量	吨	34400	2097	35234	15879	14166
肉类总产量	吨	86648	57432	88226	113232	65845
规模以上工业企业单位数	个	186	62	51	57	32
规模以上工业总产值	万元	16887662	825979	2100300	1733185	964916
固定资产投资	万元	4487455	623802	985981	752467	598457
四、教育、卫生和社会保障						
普通中学在校学生数	人	33834	10861	23824	20387	21281
中等职业教育学校在校学生数	人	6153	8497	3725	3665	4270
小学在校学生数	人	49961	35555	32339	28136	24008
医疗卫生机构床位数	床	3294	1589	2789	1400	1151
各种社会福利收养性单位数	个	6	4	11	4	4
各种社会福利收养性单位床位数	床	3608	603	1069	796	3546

2013年县(市)社会经济主要指标

河北省

指标	单位	邯郸县	临漳县	成安县	大名县	涉县
一、基本情况						
行政区域面积	平方公里	439	742	482	1053	1509
乡个数	个	6	9	5	13	8
镇个数	个	4	5	4	7	8
街道办事处个数	个					1
户籍人口	万人	40	73	44	92	42
第二产业从业人员	人	72117	109648	75214	91147	95523
第三产业从业人员	人	71327	88380	88270	302596	130533
固定电话用户	户	56160	29433	19935	47741	37968
二、综合经济						
地区生产总值	万元	1399819	1030935	1242293	1238787	1938288
第一产业增加值	万元	141185	297150	228008	316197	89625
农业增加值	万元	67214	198357	152998	206207	33008
牧业增加值	万元	71658	96840	73558	108801	44139
第二产业增加值	万元	643596	382817	610573	529723	1162467
公共财政收入	万元	64358	22577	27384	23919	88215
各项税收	万元	158656	29533	50098	34711	117603
公共财政支出	万元	152207	165606	131193	204939	172801
居民储蓄存款余额	万元	758460	512079	349726	716166	880848
年末金融机构各项贷款余额	万元	545136	275928	222584	515745	703311
三、农业、工业及投资						
农业机械总动力	万千瓦特	66	110	78	101	58
机收面积	公顷	23733	61870	32999	102000	9700
设施农业占地面积	公顷	4	223	505	292	120
粮食总产量	吨	255714	606065	289876	744447	97440
棉花产量	吨	1747	3086	23461	2763	30
油料产量	吨	2203	5529	4606	81980	619
肉类总产量	吨	33954	55595	34234	75323	23599
规模以上工业企业单位数	个	51	52	66	72	44
规模以上工业总产值	万元	1729511	967280	2386900	1823724	2966975
固定资产投资	万元	1878258	1112585	1200713	1269255	1839841
四、教育、卫生和社会保障						
普通中学在校学生数	人	15188	19788	13742	32900	21129
中等职业教育学校在校学生数	人	11402	3452	2586	2649	3356
小学在校学生数	人	42965	71679	38302	85785	30613
医疗卫生机构床位数	床	1179	1321	924	2248	1689
各种社会福利收养性单位数	个	12	6	11	22	8
各种社会福利收养性单位床位数	床	3257	4890	8637	5051	5603

2013年县(市)社会经济主要指标

河北省

指标	单位	磁县	肥乡县	永年县	邱县	鸡泽县
一、基本情况						
行政区域面积	平方公里	1015	503	898	449	336
乡个数	个	10	6	14	3	4
镇个数	个	9	3	6	4	3
街道办事处个数	个					
户籍人口	万人	65	39	108	25	31
第二产业从业人员	人	116484	72934	338358	28869	69403
第三产业从业人员	人	159676	89601	238583	38177	53079
固定电话用户	户	59229	20377	60936	10385	38155
二、综合经济						
地区生产总值	万元	2367529	840398	2451647	676088	850283
第一产业增加值	万元	218516	266357	779790	146459	182945
农业增加值	万元	111180	201460	621264	95636	134216
牧业增加值	万元	81863	63488	149641	48809	47822
第二产业增加值	万元	1179708	352524	975651	284885	415418
公共财政收入	万元	150499	32337	88262	15235	16372
各项税收	万元	155924	38060	112567	20480	28635
公共财政支出	万元	254380	123103	232526	91090	102961
居民储蓄存款余额	万元	825110	322394	1452711	284021	329629
年末金融机构各项贷款余额	万元	578426	246798	1068459	172030	193534
三、农业、工业及投资						
农业机械总动力	万千瓦特	184	73	160	45	35
机收面积	公顷	42590	41680	67200	13143	35173
设施农业占地面积	公顷	329	1560	16000	72	3866
粮食总产量	吨	374723	343424	548781	96771	213685
棉花产量	吨	3015	16943	4023	33760	6422
油料产量	吨	5346	3286	5110	1215	2344
肉类总产量	吨	38431	36406	74002	22996	26967
规模以上工业企业单位数	个	70	46	123	46	67
规模以上工业总产值	万元	2005162	933569	3435155	1170218	1400460
固定资产投资	万元	1743720	815011	1834962	533054	914790
四、教育、卫生和社会保障						
普通中学在校学生数	人	23179	14098	46993	8711	10664
中等职业教育学校在校学生数	人	4119	1289	11151	1836	1305
小学在校学生数	人	63702	43469	102683	30021	33343
医疗卫生机构床位数	床	1788	980	2644	680	802
各种社会福利收养性单位数	个	73	9	10	7	8
各种社会福利收养性单位床位数	床	5163	6563	609	3154	4666

2013年县(市)社会经济主要指标

河北省

指　　标	单位	广平县	馆陶县	魏　县	曲周县	武安市
一、基本情况						
行政区域面积	平方公里	314	456	864	677	1806
乡个数	个	3	4	12	5	9
镇个数	个	4	4	9	5	13
街道办事处个数	个					
户籍人口	万人	30	35	99	48	81
第二产业从业人员	人	99668	96348	141814	118584	238938
第三产业从业人员	人	72581	64343	234603	150162	198558
固定电话用户	户	9980	24617	91069	30641	90000
二、综合经济						
地区生产总值	万元	693242	889535	1237038	1093601	5950141
第一产业增加值	万元	130524	229898	274726	272960	172809
农业增加值	万元	87394	101317	179769	162067	78927
牧业增加值	万元	41672	127015	92698	106356	89225
第二产业增加值	万元	299532	420952	409049	512582	3917970
公共财政收入	万元	19238	23964	39829	27238	306949
各项税收	万元	27356	31806	46045	38287	455966
公共财政支出	万元	102043	114958	198879	139378	418374
居民储蓄存款余额	万元	312502	279425	680774	487275	3040098
年末金融机构各项贷款余额	万元	241542	299905	369023	365439	2262418
三、农业、工业及投资						
农业机械总动力	万千瓦特	41	77	122	95	212
机收面积	公顷	22493	35800	70000	50182	26587
设施农业占地面积	公顷	647	1362	983	2975	75
粮食总产量	吨	224444	291389	630442	428447	309738
棉花产量	吨	5229	6746	2197	13949	2975
油料产量	吨	6706	16598	4962	3309	3311
肉类总产量	吨	16065	54270	63500	48553	69782
规模以上工业企业单位数	个	47	58	58	66	102
规模以上工业总产值	万元	748820	1517379	1388680	1827671	12345102
固定资产投资	万元	666467	905926	1356053	1029491	2471985
四、教育、卫生和社会保障						
普通中学在校学生数	人	9013	11348	31443	21293	41588
中等职业教育学校在校学生数	人	1630	1883	9671	6842	12097
小学在校学生数	人	27242	38290	72499	53540	70440
医疗卫生机构床位数	床	763	1271	2126	969	2699
各种社会福利收养性单位数	个	10	6	9	14	18
各种社会福利收养性单位床位数	床	1103	3104	5292	4844	6115

2013 年县(市)社会经济主要指标

河北省

指标	单位	邢台县	临城县	内丘县	柏乡县	隆尧县
一、基本情况						
行政区域面积	平方公里	1848	797	788	268	749
乡个数	个	6	4	4	3	6
镇个数	个	10	4	5	3	6
街道办事处个数	个					
户籍人口	万人	35	22	29	20	54
第二产业从业人员	人	78039	21181	45232	30935	97839
第三产业从业人员	人	58455	21738	36074	18100	60913
固定电话用户	户	46222	27000	42100	13291	64336
二、综合经济						
地区生产总值	万元	1249233	618983	834900	276873	949054
第一产业增加值	万元	97725	94008	92855	82070	235990
农业增加值	万元	66217	52358	55623	64604	180137
牧业增加值	万元	25510	36906	32461	16816	55060
第二产业增加值	万元	951418	417493	509455	130174	369284
公共财政收入	万元	58609	24013	30074	10336	32566
各项税收	万元	101698	29615	49510	15624	54151
公共财政支出	万元	133766	86303	75072	66720	119630
居民储蓄存款余额	万元	982211	544888	672139	270416	749801
年末金融机构各项贷款余额	万元	535231	191050	243808	175869	458660
三、农业、工业及投资						
农业机械总动力	万千瓦特	33	25	26	31	93
机收面积	公顷	19800	19000	24474	23072	64600
设施农业占地面积	公顷	16	123	48	50	284
粮食总产量	吨	149380	124690	184375	208120	539440
棉花产量	吨	1158	490	894	377	5807
油料产量	吨	13399	6899	14643	4774	13799
肉类总产量	吨	15179	17276	24925	14920	35790
规模以上工业企业单位数	个	42	62	29	33	62
规模以上工业总产值	万元	3149456	1419681	1787137	276038	1786642
固定资产投资	万元	740743	453860	840004	230135	613765
四、教育、卫生和社会保障						
普通中学在校学生数	人	12175	13532	10627	7530	9805
中等职业教育学校在校学生数	人	2700	3870	2940	1818	1703
小学在校学生数	人	18675	16483	20765	14696	37997
医疗卫生机构床位数	床	1672	701	1143	461	1273
各种社会福利收养性单位数	个	23	6	9	5	5
各种社会福利收养性单位床位数	床	5254	3513	2336	380	2556

2013年县(市)社会经济主要指标

河北省

指　　标	单位	任　县	南和县	宁晋县	巨鹿县	新河县
一、基本情况						
行政区域面积	平方公里	431	405	1032	631	366
乡个数	个	4	5	4	4	4
镇个数	个	4	3	10	6	2
街道办事处个数	个					
户籍人口	万人	37	37	78	41	18
第二产业从业人员	人	68325	61570	158539	68712	19541
第三产业从业人员	人	57798	43861	73403	50156	9954
固定电话用户	户	31900	29156	86733	41892	29699
二、综合经济						
地区生产总值	万元	373319	406118	1657106	499935	236814
第一产业增加值	万元	111825	160335	299879	150836	57237
农业增加值	万元	89621	123724	225569	125345	44232
牧业增加值	万元	20776	33340	72483	24078	11447
第二产业增加值	万元	137800	120477	928504	204533	105941
公共财政收入	万元	24216	26493	53026	25475	7500
各项税收	万元	31926	34394	79026	36147	11678
公共财政支出	万元	111096	99229	166853	119130	72553
居民储蓄存款余额	万元	420801	495144	1334582	650670	361445
年末金融机构各项贷款余额	万元	242403	290934	933960	335983	190656
三、农业、工业及投资						
农业机械总动力	万千瓦特	58	57	109	65	35
机收面积	公顷	40267	33933	92551	26900	27000
设施农业占地面积	公顷	83	2446	752	821	7
粮食总产量	吨	355431	283487	736831	179149	107708
棉花产量	吨	1691	1344	5437	15396	725
油料产量	吨	2537	2880	7107	12534	1748
肉类总产量	吨	10809	19787	36516	14006	6123
规模以上工业企业单位数	个	38	25	162	52	32
规模以上工业总产值	万元	333191	496453	3739390	590155	280042
固定资产投资	万元	390230	438081	1671186	525487	187505
四、教育、卫生和社会保障						
普通中学在校学生数	人	10112	13449	23011	14584	5394
中等职业教育学校在校学生数	人	2058	1170	4427	1603	732
小学在校学生数	人	27311	28770	48184	27984	9533
医疗卫生机构床位数	床	888	777	2522	1127	567
各种社会福利收养性单位数	个	2	13	8	89	2
各种社会福利收养性单位床位数	床	2067	3101	2974	2753	1662

2013年县(市)社会经济主要指标

河北省

指　　　标	单位	广宗县	平乡县	威　县	清河县	临西县
一、基本情况						
行政区域面积	平方公里	504	406	994	500	542
乡个数	个	7	4	10		4
镇个数	个	1	3	6	6	5
街道办事处个数	个		1			
户籍人口	万人	32	34	62	43	38
第二产业从业人员	人	46628	78011	80783	111609	47810
第三产业从业人员	人	59352	48172	61843	85964	59490
固定电话用户	户	10804	27688	22887	35265	29530
二、综合经济						
地区生产总值	万元	373744	415703	547159	1195425	562059
第一产业增加值	万元	122294	111128	224796	77915	113944
农业增加值	万元	90547	83683	163923	65889	75250
牧业增加值	万元	30678	24687	59204	10329	36141
第二产业增加值	万元	138833	160767	134147	654182	217765
公共财政收入	万元	8253	23994	27802	45849	23585
各项税收	万元	15654	19868	36015	80317	36839
公共财政支出	万元	83820	110000	150935	136018	112040
居民储蓄存款余额	万元	292727	578656	678488	955195	420795
年末金融机构各项贷款余额	万元	121830	223113	308664	682173	212695
三、农业、工业及投资						
农业机械总动力	万千瓦特	29	36	78	56	59
机收面积	公顷	16000	26500	18500	31397	44875
设施农业占地面积	公顷	313	223	726	152	768
粮食总产量	吨	83022	244700	166931	251926	312051
棉花产量	吨	18143	2920	67725	14036	10819
油料产量	吨	17618	18933	6337	5529	1432
肉类总产量	吨	17698	13774	26894	6494	17145
规模以上工业企业单位数	个	41	55	65	109	51
规模以上工业总产值	万元	335303	449876	474142	1208829	443118
固定资产投资	万元	409254	467004	466004	1025741	503296
四、教育、卫生和社会保障						
普通中学在校学生数	人	8497	11599	17976	8684	13967
中等职业教育学校在校学生数	人	696	506	3573	1463	3089
小学在校学生数	人	18227	32682	42762	32555	32363
医疗卫生机构床位数	床	783	1060	1950	1155	1110
各种社会福利收养性单位数	个	24	10	17	27	11
各种社会福利收养性单位床位数	床	3635	1060	5924	1796	1993

2013年县(市)社会经济主要指标

河北省

指　　标	单位	南宫市	沙河市	满城县	清苑县	涞水县
一、基本情况						
行政区域面积	平方公里	861	859	630	867	1658
乡个数	个	5	4	6	10	7
镇个数	个	6	4	5	8	8
街道办事处个数	个	4	5			
户籍人口	万人	49	44	40	68	36
第二产业从业人员	人	87260	92337	67182	123949	51482
第三产业从业人员	人	72221	103232	70526	61345	30536
固定电话用户	户	49598	130095	31763	21102	46099
二、综合经济						
地区生产总值	万元	857198	2175408	905747	1188209	494042
第一产业增加值	万元	170860	74355	191897	295507	112945
农业增加值	万元	134239	31534	146894	243717	63919
牧业增加值	万元	35114	39297	41778	49744	38762
第二产业增加值	万元	401358	1444044	481059	607771	124452
公共财政收入	万元	28680	100575	33639	32197	34708
各项税收	万元	42807	216000	56553	59425	27852
公共财政支出	万元	126521	177095	133162	140758	163928
居民储蓄存款余额	万元	933693	1491897	1013691	1110212	722660
年末金融机构各项贷款余额	万元	493049	1550371	493673	420759	445855
三、农业、工业及投资						
农业机械总动力	万千瓦特	88	57	52	86	28
机收面积	公顷	26667	22790	20850	53497	20550
设施农业占地面积	公顷	177		1245	662	449
粮食总产量	吨	218047	131454	180855	462961	143355
棉花产量	吨	40795	316	443	2076	55
油料产量	吨	17034	4933	2718	20489	10461
肉类总产量	吨	22674	15665	23190	27192	22805
规模以上工业企业单位数	个	72	83	99	84	34
规模以上工业总产值	万元	1295592	3457944	1620475	2523006	202940
固定资产投资	万元	803470	1632532	530277	899385	775143
四、教育、卫生和社会保障						
普通中学在校学生数	人	20604	28330	14113	15159	15408
中等职业教育学校在校学生数	人	4906	4953	3517	5392	1654
小学在校学生数	人	28030	40153	32961	47908	19061
医疗卫生机构床位数	床	1103	1126	1267	939	714
各种社会福利收养性单位数	个	9	26	4	7	3
各种社会福利收养性单位床位数	床	3628	4805	446	843	667

2013年县(市)社会经济主要指标

河北省

指　　　标	单位	阜平县	徐水县	定兴县	唐　县	高阳县
一、基本情况						
行政区域面积	平方公里	2496	723	714	1417	495
乡个数	个	7	7	10	12	4
镇个数	个	6	7	6	8	5
街道办事处个数	个					
户籍人口	万人	23	61	60	60	35
第二产业从业人员	人	2122	119027	68655	126218	69676
第三产业从业人员	人	8280	59109	87403	38783	50587
固定电话用户	户	24384	80141	29813	57353	21775
二、综合经济						
地区生产总值	万元	305220	1480535	946921	635532	1037788
第一产业增加值	万元	77078	259960	257654	168803	84412
农业增加值	万元	39209	174600	164379	105290	73845
牧业增加值	万元	11782	83512	91476	58469	9045
第二产业增加值	万元	68728	788310	430999	273455	740175
公共财政收入	万元	18895	80471	34137	22300	46888
各项税收	万元	16340	124861	28223	13735	56438
公共财政支出	万元	173764	220951	145545	138860	100090
居民储蓄存款余额	万元	465235	1385691	906789	1124153	896286
年末金融机构各项贷款余额	万元	197008	648942	373652	527023	482142
三、农业、工业及投资						
农业机械总动力	万千瓦特	36	90	60	54	18
机收面积	公顷	200	52920	57300	18030	25070
设施农业占地面积	公顷		4126	2191	797	10
粮食总产量	吨	68228	399615	502699	210250	164746
棉花产量	吨		47	355	1047	5582
油料产量	吨	2797	5526	18139	4224	12579
肉类总产量	吨	7692	60116	62996	33093	6241
规模以上工业企业单位数	个	18	64	56	47	87
规模以上工业总产值	万元	92003	2262498	1117365	517993	2360441
固定资产投资	万元	386283	1093304	897078	495273	619442
四、教育、卫生和社会保障						
普通中学在校学生数	人	15408	28555	25520	27307	13981
中等职业教育学校在校学生数	人	1654	4700	4679	2097	3477
小学在校学生数	人	19061	38641	37899	47229	30189
医疗卫生机构床位数	床	474	1349	1049	1646	888
各种社会福利收养性单位数	个	2	3	2	2	4
各种社会福利收养性单位床位数	床	527	530	441	737	631

2013年县(市)社会经济主要指标

河北省

指　　标	单位	容城县	涞源县	望都县	安新县	易　县
一、基本情况						
行政区域面积	平方公里	314	2448	370	728	2534
乡个数	个	3	9	5	3	18
镇个数	个	5	8	3	9	9
街道办事处个数	个					
户籍人口	万人	27	29	27	46	58
第二产业从业人员	人	87408	30423	41721	129272	90494
第三产业从业人员	人	44356	24884	30667	51833	46568
固定电话用户	户	31217	27319	23010	33538	49188
二、综合经济						
地区生产总值	万元	569577	716392	518534	760999	926010
第一产业增加值	万元	98904	42623	171638	88187	239983
农业增加值	万元	57678	25830	137001	55775	124754
牧业增加值	万元	39763	12929	33709	10348	102967
第二产业增加值	万元	339422	445216	214514	498699	381919
公共财政收入	万元	30956	79859	23788	26630	33845
各项税收	万元	18419	105621	11130	39478	20016
公共财政支出	万元	82199	183946	92805	113802	219143
居民储蓄存款余额	万元	653129	512753	600059	815448	1021587
年末金融机构各项贷款余额	万元	267177	383197	264955	423496	404246
三、农业、工业及投资						
农业机械总动力	万千瓦特	52	19	38	51	30
机收面积	公顷	26870	460	25666	39033	20698
设施农业占地面积	公顷	443	17	443	59	26
粮食总产量	吨	209831	73765	255546	236629	228919
棉花产量	吨	171		330	7087	494
油料产量	吨	5409	322	6895	659	13927
肉类总产量	吨	28916	6924	18259	9258	64960
规模以上工业企业单位数	个	63	46	21	80	57
规模以上工业总产值	万元	871256	918953	334961	1898784	1404829
固定资产投资	万元	449316	557885	379414	599147	925300
四、教育、卫生和社会保障						
普通中学在校学生数	人	8713	11698	10815	13625	27166
中等职业教育学校在校学生数	人	1384	1890	1473	178	3583
小学在校学生数	人	18607	24877	17512	33480	43245
医疗卫生机构床位数	床	1011	737	788	702	1580
各种社会福利收养性单位数	个	3	2	4	2	4
各种社会福利收养性单位床位数	床	1850	510	1494	326	608

2013年县(市)社会经济主要指标

河北省

指　　标	单位	曲阳县	蠡　县	顺平县	博野县	雄　县
一、基本情况						
行政区域面积	平方公里	1084	652	711	331	514
乡个数	个	13	4	5	3	3
镇个数	个	5	9	5	4	6
街道办事处个数	个					
户籍人口	万人	63	54	32	27	39
第二产业从业人员	人	85186	75575	38530	64889	82420
第三产业从业人员	人	49211	169464	25362	57887	35369
固定电话用户	户	57632	56325	22156	14171	29225
二、综合经济						
地区生产总值	万元	630998	868506	451216	413973	867286
第一产业增加值	万元	109445	132790	152715	119390	98548
农业增加值	万元	63076	106462	132393	96182	80244
牧业增加值	万元	42826	25805	17641	17288	16736
第二产业增加值	万元	249692	510271	185511	171181	601179
公共财政收入	万元	26957	29566	18358	16585	35414
各项税收	万元	34473	41017	12632	8731	53251
公共财政支出	万元	130787	129287	95553	73516	105139
居民储蓄存款余额	万元	800054	1106885	540608	436076	750880
年末金融机构各项贷款余额	万元	255020	179979	269163	169105	418426
三、农业、工业及投资						
农业机械总动力	万千瓦特	54	62	42	38	33
机收面积	公顷	20780	31934	16450	25117	32466
设施农业占地面积	公顷	31	318	3396	913	262
粮食总产量	吨	206466	248757	129505	197017	241602
棉花产量	吨	378	4196	95	1803	475
油料产量	吨	7790	15224	5033	12118	5144
肉类总产量	吨	24484	8387	12205	13625	13943
规模以上工业企业单位数	个	52	97	42	33	118
规模以上工业总产值	万元	347563	1869536	485485	538206	1977610
固定资产投资	万元	231477	369689	302645	349703	511246
四、教育、卫生和社会保障						
普通中学在校学生数	人	20000	20745	11575	8679	8429
中等职业教育学校在校学生数	人	2431	16807	2585	1447	1722
小学在校学生数	人	63469	40995	23746	19662	35992
医疗卫生机构床位数	床	1952	847	865	660	780
各种社会福利收养性单位数	个	4	11	8	6	7
各种社会福利收养性单位床位数	床	982	1414	1525	874	610

2013年县(市)社会经济主要指标

河北省

指　　标	单位	涿州市	定州市	安国市	高碑店市	宣化县
一、基本情况						
行政区域面积	平方公里	751	1283	486	618	2057
乡个数	个	5	5	4	4	5
镇个数	个	6	16	6	5	8
街道办事处个数	个	3	4	1	5	
户籍人口	万人	66	123	42	57	28
第二产业从业人员	人	159139	348455	83326	112765	37462
第三产业从业人员	人	116987	184243	52742	56664	38540
固定电话用户	户	74830	142276	53485	62563	44692
二、综合经济						
地区生产总值	万元	2236476	2537115	971641	1252733	796987
第一产业增加值	万元	207943	744584	209458	153227	224948
农业增加值	万元	143547	513178	174790	108366	97394
牧业增加值	万元	57580	205960	31472	43897	122100
第二产业增加值	万元	852313	1219770	466330	762572	304276
公共财政收入	万元	180514	132859	35488	74453	30554
各项税收	万元	210921	187304	24624	113634	56107
公共财政支出	万元	249674	329906	113327	171176	127163
居民储蓄存款余额	万元	2470436	2470436	1031952	2076149	691577
年末金融机构各项贷款余额	万元	1021592	1021592	375011	1938683	581951
三、农业、工业及投资						
农业机械总动力	万千瓦特	51	213	66	39	19
机收面积	公顷	43540	92360	28800	43966	4500
设施农业占地面积	公顷	1589	5222	327	132	208
粮食总产量	吨	315967	718765	273732	354640	224052
棉花产量	吨		1025	636	555	
油料产量	吨	12881	65588	20379	31139	2612
肉类总产量	吨	38187	106388	22411	36273	56085
规模以上工业企业单位数	个	82	144	79	44	44
规模以上工业总产值	万元	2403367	2863496	1820167	1437373	896057
固定资产投资	万元	1356793	1778998	884827	872271	851491
四、教育、卫生和社会保障						
普通中学在校学生数	人	23290	63317	17736	21778	11668
中等职业教育学校在校学生数	人	7412	14917	1882	3755	3146
小学在校学生数	人	36238	98359	28517	34800	15346
医疗卫生机构床位数	床	2657	3327	832	1297	958
各种社会福利收养性单位数	个	3	9	3	5	8
各种社会福利收养性单位床位数	床	615	2200	714	438	1717

2013年县(市)社会经济主要指标

河北省

指　　标	单位	张北县	康保县	沽源县	尚义县	蔚　县
一、基本情况						
行政区域面积	平方公里	3863	3365	3388	2601	3220
乡个数	个	13	8	10	7	11
镇个数	个	5	7	4	7	11
街道办事处个数	个					
户籍人口	万人	37	28	22	19	50
第二产业从业人员	人	64493	27251	11883	16700	46855
第三产业从业人员	人	61779	28379	23926	26300	45479
固定电话用户	户	23371	10203	9540	7108	36000
二、综合经济						
地区生产总值	万元	769880	421891	384214	321807	856503
第一产业增加值	万元	222169	197322	174014	104467	156313
农业增加值	万元	132634	111248	120011	72763	70609
牧业增加值	万元	86284	84895	45526	28161	81918
第二产业增加值	万元	368174	109137	110288	129673	263404
公共财政收入	万元	55449	14823	22312	11599	60329
各项税收	万元	72566	16627	24053	13570	34774
公共财政支出	万元	186465	130503	128872	106282	216415
居民储蓄存款余额	万元	491643	220881	234602	212978	1094484
年末金融机构各项贷款余额	万元	970070	131960	192371	146535	651209
三、农业、工业及投资						
农业机械总动力	万千瓦特	38	32	46	10	35
机收面积	公顷	34666	78157	62000	12300	5250
设施农业占地面积	公顷	449	137	43	112	580
粮食总产量	吨	109908	150345	129925	52108	131578
棉花产量	吨					
油料产量	吨	13520	9607	9337	5308	3026
肉类总产量	吨	19377	28209	9820	12274	35353
规模以上工业企业单位数	个	37	20	13	16	23
规模以上工业总产值	万元	602424	128863	111269	232183	281721
固定资产投资	万元	1443157	368204	529815	193878	688864
四、教育、卫生和社会保障						
普通中学在校学生数	人	9829	5666	7036	4535	16809
中等职业教育学校在校学生数	人	2657	565	180	2074	610
小学在校学生数	人	20500	7753	10130	7294	43703
医疗卫生机构床位数	床	1394	482	596	688	1414
各种社会福利收养性单位数	个	19	6	5	7	7
各种社会福利收养性单位床位数	床	2347	1881	1199	987	1798

2013年县(市)社会经济主要指标

河北省

指标	单位	阳原县	怀安县	万全县	怀来县	涿鹿县
一、基本情况						
行政区域面积	平方公里	1849	1698	1162	1801	2802
乡个数	个	9	7	7	6	4
镇个数	个	5	4	4	11	13
街道办事处个数	个					
户籍人口	万人	28	25	22	36	35
第二产业从业人员	人	52477	29543	27138	18168	21464
第三产业从业人员	人	62178	42946	30363	65692	16931
固定电话用户	户	28000	22292	21931	45000	47000
二、综合经济						
地区生产总值	万元	549921	630622	602439	1177574	785494
第一产业增加值	万元	108416	118910	124516	176041	254773
农业增加值	万元	24170	71240	60000	111930	145528
牧业增加值	万元	80816	44072	60485	55670	106391
第二产业增加值	万元	127410	195387	273167	331369	217773
公共财政收入	万元	26061	33367	31829	99665	37904
各项税收	万元	29363	47415	49953	110056	53425
公共财政支出	万元	125257	113045	101982	171560	160941
居民储蓄存款余额	万元	484182	449708	430034	996973	674036
年末金融机构各项贷款余额	万元	385857	294086	458128	722860	439683
三、农业、工业及投资						
农业机械总动力	万千瓦特	12	11	13	27	23
机收面积	公顷	5000	2100	333	1080	2307
设施农业占地面积	公顷	20	879	217	98	260
粮食总产量	吨	88992	133822	138364	110886	189419
棉花产量	吨					
油料产量	吨	6647	4217	1497	1428	1396
肉类总产量	吨	25996	22834	22180	32337	44673
规模以上工业企业单位数	个	16	33	31	31	33
规模以上工业总产值	万元	111777	429248	434411	361293	354282
固定资产投资	万元	351500	676517	663813	873363	907380
四、教育、卫生和社会保障						
普通中学在校学生数	人	7428	7274	7926	16548	15515
中等职业教育学校在校学生数	人	2507	2534	969	2895	2115
小学在校学生数	人	20522	13615	14909	22278	21502
医疗卫生机构床位数	床	650	506	751	1234	1285
各种社会福利收养性单位数	个	7	4	6	6	12
各种社会福利收养性单位床位数	床	1323	3104	1084	1579	2049

2013年县(市)社会经济主要指标

河北省

指标	单位	赤城县	崇礼县	承德县	兴隆县	平泉县
一、基本情况						
行政区域面积	平方公里	5287	2324	3648	3123	3294
乡个数	个	9	8	17	11	7
镇个数	个	9	2	6	9	12
街道办事处个数	个					
户籍人口	万人	30	13	42	33	48
第二产业从业人员	人	22715	23349	70808	48332	98500
第三产业从业人员	人	30754	19920	49160	49334	63100
固定电话用户	户	18040	5313	26737	44000	31103
二、综合经济						
地区生产总值	万元	705037	383717	1141280	890034	1391900
第一产业增加值	万元	192349	90208	228852	178938	381828
农业增加值	万元	108540	66562	115052	148386	327692
牧业增加值	万元	71065	16501	88234	24528	40315
第二产业增加值	万元	347006	212184	594113	457976	616724
公共财政收入	万元	58555	35000	86131	54566	91951
各项税收	万元	85005	47751	131913	79620	164319
公共财政支出	万元	166301	114733	203630	176786	246228
居民储蓄存款余额	万元	568988	233824	866335	770326	1045911
年末金融机构各项贷款余额	万元	432314	199580	635894	492116	740849
三、农业、工业及投资						
农业机械总动力	万千瓦特	24	9	30	29	49
机收面积	公顷	1180	315	1000		
设施农业占地面积	公顷	299	1619	478	106	4640
粮食总产量	吨	85006	25839	200012	33156	284859
棉花产量	吨					
油料产量	吨	1465	913	336	271	531
肉类总产量	吨	30606	6383	95441	19825	22480
规模以上工业企业单位数	个	40	23	69	75	72
规模以上工业总产值	万元	723969	377692	1498163	1496507	1471197
固定资产投资	万元	627495	563134	1322265	1131315	1315655
四、教育、卫生和社会保障						
普通中学在校学生数	人	8661	2999	14751	11002	21921
中等职业教育学校在校学生数	人	726	414	3471	2978	3716
小学在校学生数	人	16611	5619	24604	21946	33570
医疗卫生机构床位数	床	784	333	1675	1260	1429
各种社会福利收养性单位数	个	5	4	4	11	7
各种社会福利收养性单位床位数	床	1605	1017	7224	1864	2572

2013年县(市)社会经济主要指标

河北省

指　　标	单位	滦平县	隆化县	丰宁满族自治县	宽城满族自治县	围场满族蒙古族自治县
一、基本情况						
行政区域面积	平方公里	2993	5473	8765	1936	9220
乡个数	个	13	15	17	10	29
镇个数	个	7	10	9	8	8
街道办事处个数	个	1	1			
户籍人口	万人	32	44	41	26	54
第二产业从业人员	人	65240	50662	56907	53192	38655
第三产业从业人员	人	50260	47043	59038	42473	45259
固定电话用户	户	25000	36500	28300	26978	40300
二、综合经济						
地区生产总值	万元	1422589	1021660	871224	2179975	895030
第一产业增加值	万元	238621	266350	217016	172097	390486
农业增加值	万元	89190	102829	79933	116332	243704
牧业增加值	万元	118415	143762	114314	28144	105407
第二产业增加值	万元	818925	494496	374923	1488522	230879
公共财政收入	万元	77241	62147	54014	96293	34777
各项税收	万元	216062	107684	85106	251998	54608
公共财政支出	万元	195086	204125	238060	190799	235908
居民储蓄存款余额	万元	706301	709952	721147	967579	737745
年末金融机构各项贷款余额	万元	620481	600950	562288	950705	650718
三、农业、工业及投资						
农业机械总动力	万千瓦特	42	53	56	19	70
机收面积	公顷	1100	3333	26109		38420
设施农业占地面积	公顷	1623	532	153	476	215
粮食总产量	吨	81632	320201	150813	68807	293729
棉花产量	吨					
油料产量	吨	199	6605	2837	781	3036
肉类总产量	吨	101480	64115	47585	22028	55254
规模以上工业企业单位数	个	48	52	43	48	29
规模以上工业总产值	万元	2145007	934349	744729	4083133	307191
固定资产投资	万元	1295100	1036419	1309463	1243329	813632
四、教育、卫生和社会保障						
普通中学在校学生数	人	14132	13339	18917	8899	23595
中等职业教育学校在校学生数	人	2338	3251	3351	2484	3706
小学在校学生数	人	21938	30337	24027	19154	37506
医疗卫生机构床位数	床	1126	1091	1513	1198	1755
各种社会福利收养性单位数	个	17	14	6	6	26
各种社会福利收养性单位床位数	床	4728	3343	3205	2749	3087

2013年县(市)社会经济主要指标

河北省

指标	单位	沧县	青县	东光县	海兴县	盐山县
一、基本情况						
行政区域面积	平方公里	1520	968	711	919	795
乡个数	个	15	4	1	4	6
镇个数	个	4	6	8	3	6
街道办事处个数	个					
户籍人口	万人	71	43	37	23	48
第二产业从业人员	人	172110	113207	70980	39062	93920
第三产业从业人员	人	154479	54927	41824	26383	63786
固定电话用户	户	183898	71500	53037	24000	64375
二、综合经济						
地区生产总值	万元	2126686	1581330	1298021	342514	1157912
第一产业增加值	万元	263706	477527	151780	69070	149248
农业增加值	万元	177434	433059	113895	31082	75091
牧业增加值	万元	79936	41161	37351	16614	71806
第二产业增加值	万元	980496	625324	481620	154392	787142
公共财政收入	万元	59984	46480	54353	25558	38554
各项税收	万元	111893	103118	83028	33705	61275
公共财政支出	万元	210402	135503	142761	99594	138140
居民储蓄存款余额	万元	1146742	1065757	936983	328246	654824
年末金融机构各项贷款余额	万元	576900	563483	377571	175012	547241
三、农业、工业及投资						
农业机械总动力	万千瓦特	144	88	57	38	63
机收面积	公顷	96426	39710	34800	29679	45400
设施农业占地面积	公顷	71	10334	71	125	16
粮食总产量	吨	511159	287381	275548	138104	259125
棉花产量	吨	3552	2332	23990	3261	2275
油料产量	吨	1634	1247	2423	1934	1348
肉类总产量	吨	42575	23502	19080	9755	42712
规模以上工业企业单位数	个	171	98	101	22	113
规模以上工业总产值	万元	3215200	2501106	1054642	176791	4609957
固定资产投资	万元	1454173	1286060	912364	350057	1281880
四、教育、卫生和社会保障						
普通中学在校学生数	人	23418	13932	9415	6389	16001
中等职业教育学校在校学生数	人	2109	4927	3075	621	971
小学在校学生数	人	49960	28644	23939	15973	35118
医疗卫生机构床位数	床	1493	1076	958	531	1102
各种社会福利收养性单位数	个	18	4	14	6	5
各种社会福利收养性单位床位数	床	1550	567	1754	589	424

2013年县(市)社会经济主要指标

河北省

指　　标	单位	肃宁县	南皮县	吴桥县	献　县	孟村回族自治县
一、基本情况						
行政区域面积	平方公里	516	790	583	1173	387
乡个数	个	4	3	5	11	2
镇个数	个	5	6	5	7	4
街道办事处个数	个					
户籍人口	万人	36	39	29	64	21
第二产业从业人员	人	75448	106532	65317	118649	43547
第三产业从业人员	人	90148	62481	48004	75092	24260
固定电话用户	户	49225	39046	34410	75123	43135
二、综合经济						
地区生产总值	万元	1301117	820541	661412	1571245	813111
第一产业增加值	万元	262657	182489	187811	297345	73903
农业增加值	万元	175182	140332	121331	203531	29324
牧业增加值	万元	87017	41369	64921	89293	44360
第二产业增加值	万元	515234	313053	111679	777264	497494
公共财政收入	万元	81756	43267	27273	44482	28606
各项税收	万元	150898	71715	31136	65676	54956
公共财政支出	万元	139839	131500	113891	178596	90111
居民储蓄存款余额	万元	849160	669741	655730	1099014	394547
年末金融机构各项贷款余额	万元	349789	340846	240057	479445	261499
三、农业、工业及投资						
农业机械总动力	万千瓦特	69	94	58	90	32
机收面积	公顷	40320	46400	40160	65600	25559
设施农业占地面积	公顷	3229	351	419	2932	
粮食总产量	吨	258885	297970	363892	423469	166259
棉花产量	吨	840	14220	13403	17590	634
油料产量	吨	7924	2597	1290	30087	1751
肉类总产量	吨	29359	17219	30327	55338	35789
规模以上工业企业单位数	个	80	79	31	173	119
规模以上工业总产值	万元	1745653	729687	328426	4476915	1646976
固定资产投资	万元	1315711	919163	701833	1396497	736316
四、教育、卫生和社会保障						
普通中学在校学生数	人	12166	12065	9866	24128	7239
中等职业教育学校在校学生数	人	1505	1706	1708	847	701
小学在校学生数	人	26088	26324	16918	50751	17244
医疗卫生机构床位数	床	1000	1373	1035	1498	459
各种社会福利收养性单位数	个	3	4	6	5	4
各种社会福利收养性单位床位数	床	682	619	303	1113	598

2013 年县(市)社会经济主要指标

河北省

指　　标	单位	泊头市	任丘市	黄骅市	河间市	固安县
一、基本情况						
行政区域面积	平方公里	1009	1012	1545	1333	703
乡个数	个	4	6	6	13	4
镇个数	个	8	9	4	7	5
街道办事处个数	个	3	4	3		
户籍人口	万人	62	87	47	85	46
第二产业从业人员	人	146125	200191	107192	219156	45790
第三产业从业人员	人	133595	138272	72382	193977	42734
固定电话用户	户	80210	198830	99946	109800	125634
二、综合经济						
地区生产总值	万元	1735234	5645505	2522216	2516368	1051159
第一产业增加值	万元	203866	187108	263022	239238	313166
农业增加值	万元	160788	140920	102926	190641	254418
牧业增加值	万元	41670	32316	81016	47392	56913
第二产业增加值	万元	911774	3799445	1111785	1084812	409803
公共财政收入	万元	65390	217513	122412	89821	177290
各项税收	万元	102946	974090	204380	52253	242985
公共财政支出	万元	180463	295454	252873	222947	243830
居民储蓄存款余额	万元	1565192	3317763	1487193	2085644	1245934
年末金融机构各项贷款余额	万元	644743	1198060	1636580	574001	826087
三、农业、工业及投资						
农业机械总动力	万千瓦特	132	101	112	135	108
机收面积	公顷	62000	61390	65900	76380	32000
设施农业占地面积	公顷	180	894	248	1884	9612
粮食总产量	吨	431654	438819	294562	525121	241671
棉花产量	吨	2865	9262	3756	16747	499
油料产量	吨	435	5675	3838	38982	9253
肉类总产量	吨	28642	44344	49109	32691	40852
规模以上工业企业单位数	个	214	223	96	210	70
规模以上工业总产值	万元	3048448	9485674	3092639	3303012	1053918
固定资产投资	万元	1378525	1181173	1793846	1406107	1205511
四、教育、卫生和社会保障						
普通中学在校学生数	人	23039	30344	23023	24637	15120
中等职业教育学校在校学生数	人	1909	1328	4302	1871	1964
小学在校学生数	人	48579	68186	35823	64984	28097
医疗卫生机构床位数	床	1256	3226	2679	1664	737
各种社会福利收养性单位数	个	5	7	4	11	12
各种社会福利收养性单位床位数	床	5134	2521	824	1840	1962

2013 年县(市)社会经济主要指标

河北省

指　　标	单位	永清县	香河县	大城县	文安县	大厂回族自治县
一、基本情况						
行政区域面积	平方公里	761	448	897	1037	176
乡个数	个	5		2	1	
镇个数	个	5	9	8	12	5
街道办事处个数	个					
户籍人口	万人	39	34	50	52	12
第二产业从业人员	人	84402	86386	134192	106014	31157
第三产业从业人员	人	42303	55523	53696	90730	22519
固定电话用户	户	93671	149116	159793	167331	56189
二、综合经济						
地区生产总值	万元	790916	1391016	991468	1573493	704479
第一产业增加值	万元	336947	172179	159607	139619	104868
农业增加值	万元	214891	144842	69133	82060	37973
牧业增加值	万元	116929	23723	82518	46671	65581
第二产业增加值	万元	300574	718263	630909	1044985	344596
公共财政收入	万元	50920	195217	45047	59424	78782
各项税收	万元	74919	265000	65221	95480	125489
公共财政支出	万元	157763	259254	151440	196425	134920
居民储蓄存款余额	万元	701473	1774901	1359661	1458106	604231
年末金融机构各项贷款余额	万元	553306	1696730	579821	962960	964364
三、农业、工业及投资						
农业机械总动力	万千瓦特	108	49	76	77	28
机收面积	公顷	20241	22506	31026	37754	9000
设施农业占地面积	公顷	6142	2829	1405	295	140
粮食总产量	吨	164835	168799	260368	261393	90499
棉花产量	吨	4077	54	4434	13950	18
油料产量	吨	10236	144	1519	765	20
肉类总产量	吨	71891	16789	38611	20269	25879
规模以上工业企业单位数	个	67	158	106	117	54
规模以上工业总产值	万元	716481	2953015	1219725	3441871	916326
固定资产投资	万元	954306	1249226	1054434	1863374	893494
四、教育、卫生和社会保障						
普通中学在校学生数	人	11591	14380	22102	17576	6051
中等职业教育学校在校学生数	人	4285	1452	4743	2834	962
小学在校学生数	人	24210	21395	42182	53981	6795
医疗卫生机构床位数	床	683	1423	1118	1344	437
各种社会福利收养性单位数	个	11	5	7	6	2
各种社会福利收养性单位床位数	床	2007	1409	1373	1975	274

2013年县(市)社会经济主要指标

河北省

指标	单位	霸州市	三河市	枣强县	武邑县	武强县
一、基本情况						
行政区域面积	平方公里	802	634	905	832	443
乡个数	个	5		3	3	3
镇个数	个	7	10	8	6	3
街道办事处个数	个		5			
户籍人口	万人	63	60	41	33	22
第二产业从业人员	人	168539	156866	66258	58741	41885
第三产业从业人员	人	116338	108841	44232	30709	16638
固定电话用户	户	217908	198693	68589	35391	27441
二、综合经济						
地区生产总值	万元	3462583	4588213	785474	713496	475471
第一产业增加值	万元	185148	322539	122599	165077	82899
农业增加值	万元	128269	194880	94673	119864	60026
牧业增加值	万元	49298	119482	25947	43327	21164
第二产业增加值	万元	2372621	2715969	448230	381970	253185
公共财政收入	万元	168487	542820	35716	34720	18675
各项税收	万元	266902	790219	72401	52924	23869
公共财政支出	万元	280103	593240	137981	130963	101963
居民储蓄存款余额	万元	2297156	3345024	1351150	706205	490422
年末金融机构各项贷款余额	万元	2865353	6376136	578161	401450	258436
三、农业、工业及投资						
农业机械总动力	万千瓦特	110	90	40	50	56
机收面积	公顷	29130	25100	44000	49335	29333
设施农业占地面积	公顷	846	830	331	1839	6285
粮食总产量	吨	201464	220583	346836	302947	247284
棉花产量	吨	8765	154	25532	13127	4005
油料产量	吨	12284	444	7919	10563	4295
肉类总产量	吨	22323	59111	21738	36010	17202
规模以上工业企业单位数	个	143	199	129	51	73
规模以上工业总产值	万元	3048008	9835518	1187199	502209	746130
固定资产投资	万元	1975007	3557015	704670	483076	229017
四、教育、卫生和社会保障						
普通中学在校学生数	人	28405	33149	16543	26684	6364
中等职业教育学校在校学生数	人	9401	3242	2226	2839	287
小学在校学生数	人	61628	45423	32600	24339	14725
医疗卫生机构床位数	床	1812	3850	805	720	502
各种社会福利收养性单位数	个	7	9	6	6	5
各种社会福利收养性单位床位数	床	1068	4069	1980	1401	1767

2013年县(市)社会经济主要指标

河北省

指　　标	单位	饶阳县	安平县	故城县	景　县	阜城县
一、基本情况						
行政区域面积	平方公里	572	496	941	1188	695
乡个数	个	3	5	4	6	5
镇个数	个	4	3	9	10	5
街道办事处个数	个					
户籍人口	万人	29	33	53	55	36
第二产业从业人员	人	62542	86048	94105	79889	77368
第三产业从业人员	人	53777	36757	40929	82252	41061
固定电话用户	户	34030	63795	72495	70362	38008
二、综合经济						
地区生产总值	万元	488786	956163	858776	1271844	561224
第一产业增加值	万元	167654	105976	209184	172392	120150
农业增加值	万元	133116	45454	146763	126394	99966
牧业增加值	万元	31723	58934	59126	42140	18571
第二产业增加值	万元	189668	520746	335558	762843	314800
公共财政收入	万元	20879	59142	38835	48871	19486
各项税收	万元	21493	84723	71893	86210	27240
公共财政支出	万元	98896	136395	151509	156880	112290
居民储蓄存款余额	万元	598279	991328	962002	1439284	789538
年末金融机构各项贷款余额	万元	229504	786844	535599	769678	299889
三、农业、工业及投资						
农业机械总动力	万千瓦特	81	48	141	111	73
机收面积	公顷	30177	36521	62500	76216	47333
设施农业占地面积	公顷	9476	9	1419	363	7880
粮食总产量	吨	224458	251914	326823	590487	308371
棉花产量	吨	2492	677	27503	21957	8310
油料产量	吨	13854	9633	10926	15833	509
肉类总产量	吨	26763	68779	50212	36817	16994
规模以上工业企业单位数	个	69	144	100	107	81
规模以上工业总产值	万元	549278	1164653	1079164	2031480	843765
固定资产投资	万元	357434	611705	904515	1042305	427402
四、教育、卫生和社会保障						
普通中学在校学生数	人	6957	10183	21364	21648	13093
中等职业教育学校在校学生数	人	53	1235	3469	301	150
小学在校学生数	人	13983	22887	42279	39654	27688
医疗卫生机构床位数	床	1105	1306	1584	1436	686
各种社会福利收养性单位数	个	5	8	8	11	13
各种社会福利收养性单位床位数	床	2084	2452	3163	3206	4943

2013年县(市)社会经济主要指标

河北省、山西省

指　　标	单位	冀州市	深州市	清徐县	阳曲县	娄烦县
一、基本情况						
行政区域面积	平方公里	878	1245	609	2059	1276
乡个数	个	4	6	5	6	5
镇个数	个	6	11	4	4	3
街道办事处个数	个					
户籍人口	万人	35	57	33	15	13
第二产业从业人员	人	73861	122566			
第三产业从业人员	人	40326	127993			
固定电话用户	户	69258	62419	42084	16108	14465
二、综合经济						
地区生产总值	万元	814807	1256335	1131975	359544	171332
第一产业增加值	万元	93780	301466	135856	45658	17447
农业增加值	万元	72835	228727	104461	30127	10034
牧业增加值	万元	15574	67555	27518	12200	4209
第二产业增加值	万元	473293	638423	681071	208318	82811
公共财政收入	万元	48752	30762	62503	44561	60492
各项税收	万元	65904	57335	40407	27565	32901
公共财政支出	万元	151164	146193	134864	103504	114686
居民储蓄存款余额	万元	1173557	1045766	1130369	353873	245000
年末金融机构各项贷款余额	万元	680694	616390	1172274	186696	94000
三、农业、工业及投资						
农业机械总动力	万千瓦特	74	206	33	19	11
机收面积	公顷	34070	97650	13480	12067	2700
设施农业占地面积	公顷	456	1063	881	469	175
粮食总产量	吨	220416	632107	120274	67660	14673
棉花产量	吨	25762	8455	52		
油料产量	吨	10728	33286	58	609	1457
肉类总产量	吨	13829	60871	21338	6718	2190
规模以上工业企业单位数	个	87	91	70	23	17
规模以上工业总产值	万元	1359258	1525725	2027200	882200	300900
固定资产投资	万元	760746	632302	699579	357220	136310
四、教育、卫生和社会保障						
普通中学在校学生数	人	24767	18700	20973	7218	6682
中等职业教育学校在校学生数	人	4349	2639			
小学在校学生数	人	22308	31551	21230	6504	8194
医疗卫生机构床位数	床	976	1400	778	1032	326
各种社会福利收养性单位数	个	6	6	5	11	5
各种社会福利收养性单位床位数	床	2297	1374	633	1269	1125

2013年县(市)社会经济主要指标

山西省

指　　标	单位	古交市	阳高县	天镇县	广灵县	灵丘县
一、基本情况						
行政区域面积	平方公里	1584	1678	1635	1284	2730
乡个数	个	7	6	6	7	9
镇个数	个	3	7	5	2	3
街道办事处个数	个	4				
户籍人口	万人	22	29	22	18	25
第二产业从业人员	人		14078	10254	6394	29633
第三产业从业人员	人		23935	27506	9005	4642
固定电话用户	户	37978	39596	25212	15976	23958
二、综合经济						
地区生产总值	万元	275119	256522	188914	193689	312203
第一产业增加值	万元	17181	99545	56419	48085	31648
农业增加值	万元	7697	55407	29751	36128	12828
牧业增加值	万元	5576	42914	26196	10583	17214
第二产业增加值	万元	106697	48033	53777	63953	158308
公共财政收入	万元	84513	18397	7048	8742	22563
各项税收	万元	41799	16004	5568	7199	15756
公共财政支出	万元	131450	152468	135985	125224	117184
居民储蓄存款余额	万元	1149673	432712	384562	338663	558503
年末金融机构各项贷款余额	万元	472756	293758	175248	161736	182127
三、农业、工业及投资						
农业机械总动力	万千瓦特	21	25	18	14	22
机收面积	公顷	4116	7733	7333	5333	5196
设施农业占地面积	公顷	56	1894	392	198	88
粮食总产量	吨	10345	250630	162468	143222	79918
棉花产量	吨					
油料产量	吨	888	1588	1739	2115	1845
肉类总产量	吨	4582	41590	18534	10450	9569
规模以上工业企业单位数	个	32	7	8	13	26
规模以上工业总产值	万元	238600	162300	86600	159100	299900
固定资产投资	万元	693493	576567	487387	488148	697709
四、教育、卫生和社会保障						
普通中学在校学生数	人	14070	9188	13021	11782	10243
中等职业教育学校在校学生数	人		648	520	808	707
小学在校学生数	人	18018	14280	12547	12244	18346
医疗卫生机构床位数	床	1407	808	477	589	875
各种社会福利收养性单位数	个	1	12	16	12	9
各种社会福利收养性单位床位数	床	504	500	189	172	1075

2013 年县(市)社会经济主要指标

山西省

指　　标	单位	浑源县	左云县	大同县	平定县	盂　县
一、基本情况						
行政区域面积	平方公里	1966	1314	1478	1361	2523
乡个数	个	12	6	7	2	6
镇个数	个	6	3	3	8	8
街道办事处个数	个					
户籍人口	万人	36	15	19	32	31
第二产业从业人员	人	25329	8480	8336	34111	23508
第三产业从业人员	人	39287	8087	20047	34831	20694
固定电话用户	户	32130	18210	12130	54554	35119
二、综合经济						
地区生产总值	万元	386927	365236	226851	819452	1370353
第一产业增加值	万元	97500	24630	68163	38821	37655
农业增加值	万元	42344	10985	33344	21552	25496
牧业增加值	万元	49891	9946	29995	13313	9625
第二产业增加值	万元	146636	158065	49998	469291	947711
公共财政收入	万元	37240	48994	16095	100338	69160
各项税收	万元	21957	24475	31867	85712	39934
公共财政支出	万元	171390	109524	115436	151726	153213
居民储蓄存款余额	万元	510735	607891	310687	981815	1484783
年末金融机构各项贷款余额	万元	280941	192431	143641	633591	920267
三、农业、工业及投资						
农业机械总动力	万千瓦特	18	12	21	56	57
机收面积	公顷	8000	11867	11996	2614	3116
设施农业占地面积	公顷		249	337	120	152
粮食总产量	吨	155225	35207	88281	125591	135353
棉花产量	吨					
油料产量	吨	2251	3087	269	120	193
肉类总产量	吨	21374	4595	11124	9440	5197
规模以上工业企业单位数	个	12	7	28	54	39
规模以上工业总产值	万元	328800	174200	662900	939100	1845900
固定资产投资	万元	803720	1187296	1214027	1123635	1137428
四、教育、卫生和社会保障						
普通中学在校学生数	人	13845	9192	8043	17823	10835
中等职业教育学校在校学生数	人	1097		65	1641	778
小学在校学生数	人	16351	16830	9183	22596	18832
医疗卫生机构床位数	床	1070	361	390	665	1097
各种社会福利收养性单位数	个	10	8	9	17	12
各种社会福利收养性单位床位数	床	560	222	249	212	819

2013年县(市)社会经济主要指标

山西省

指　　标	单位	长治县	襄垣县	屯留县	平顺县	黎城县
一、基本情况						
行政区域面积	平方公里	483	1178	1142	1550	1101
乡个数	个	5	3	4	7	4
镇个数	个	6	8	7	5	5
街道办事处个数	个					
户籍人口	万人	35	27	27	16	17
第二产业从业人员	人	48733	16187	29066	17374	11142
第三产业从业人员	人	43682	22067	17173	9773	19484
固定电话用户	户	34952	27094	26579	14122	19826
二、综合经济						
地区生产总值	万元	1667932	2147911	1189247	217623	326790
第一产业增加值	万元	52284	62635	59779	20327	27179
农业增加值	万元	26757	55424	44738	13320	12995
牧业增加值	万元	24730	6485	13707	5652	10502
第二产业增加值	万元	1167658	1667054	957212	108214	166055
公共财政收入	万元	221271	223605	66058	7459	16088
各项税收	万元	349258	266460	188099	14236	16508
公共财政支出	万元	282496	285775	139316	99609	86300
居民储蓄存款余额	万元	801453	1255749	464263	210665	373892
年末金融机构各项贷款余额	万元	415013	1342252	238736	193728	170225
三、农业、工业及投资						
农业机械总动力	万千瓦特	20	21	28	12	13
机收面积	公顷	6981	13813	17217	4800	6406
设施农业占地面积	公顷	186	560	88	55	41
粮食总产量	吨	132760	184005	242778	55868	80241
棉花产量	吨					7
油料产量	吨	400	262	5	57	216
肉类总产量	吨	15662	5018	8234	4030	6379
规模以上工业企业单位数	个	51	51	24	14	13
规模以上工业总产值	万元	1768600	3404600	2019800	244400	880100
固定资产投资	万元	1085775	1513797	992216	269514	400505
四、教育、卫生和社会保障						
普通中学在校学生数	人	18415	7730	15700	6743	9895
中等职业教育学校在校学生数	人	2055	791	954	804	553
小学在校学生数	人	21906	16525	17360	6527	13321
医疗卫生机构床位数	床	783	1305	560	517	710
各种社会福利收养性单位数	个	3	6	6	6	9
各种社会福利收养性单位床位数	床	1330	992	1370	630	1216

2013 年县(市)社会经济主要指标

山西省

指　　标	单位	壶关县	长子县	武乡县	沁　县	沁源县
一、基本情况						
行政区域面积	平方公里	990	1029	1610	1297	2550
乡个数	个	7	5	9	7	9
镇个数	个	5	7	5	6	5
街道办事处个数	个					
户籍人口	万人	30	37	21	18	16
第二产业从业人员	人	39158	27560	10902	9629	20829
第三产业从业人员	人	23149	25630	18275	15709	23453
固定电话用户	户	29556	26403	17104	23631	22345
二、综合经济						
地区生产总值	万元	409622	1043228	688201	163295	1016706
第一产业增加值	万元	44025	108655	29237	41763	23128
农业增加值	万元	30708	79917	23695	33376	18037
牧业增加值	万元	12147	27153	4438	6445	1787
第二产业增加值	万元	240619	719286	469695	23873	753314
公共财政收入	万元	21598	100792	55945	6582	145190
各项税收	万元	41336	279767	88710	11947	178987
公共财政支出	万元	134721	180780	132590	99499	187219
居民储蓄存款余额	万元	456859	652459	406851	274020	332618
年末金融机构各项贷款余额	万元	301371	457663	397771	143817	270434
三、农业、工业及投资						
农业机械总动力	万千瓦特	14	24	18	11	10
机收面积	公顷	4632	14466	7517	6960	5273
设施农业占地面积	公顷	124	1401	123	355	114
粮食总产量	吨	121833	239344	113366	180479	76299
棉花产量	吨					
油料产量	吨	55	71	565	17	1204
肉类总产量	吨	9220	13197	5253	3473	1213
规模以上工业企业单位数	个	16	25	18	3	15
规模以上工业总产值	万元	948400	1249100	722900	63900	1561800
固定资产投资	万元	382000	883470	200258	388527	771547
四、教育、卫生和社会保障						
普通中学在校学生数	人	16531	18132	10691	8025	9395
中等职业教育学校在校学生数	人	1602	594	1951	1370	1370
小学在校学生数	人	15713	18190	12163	10030	10030
医疗卫生机构床位数	床	586	861	405	419	568
各种社会福利收养性单位数	个	8	22	7	7	15
各种社会福利收养性单位床位数	床	1174	1010	795	1048	1088

2013年县(市)社会经济主要指标

山西省

指　　标	单位	潞城市	沁水县	阳城县	陵川县	泽州县
一、基本情况						
行政区域面积	平方公里	630	2658	1917	1751	2023
乡个数	个	3	7	7	5	3
镇个数	个	4	7	10	7	14
街道办事处个数	个	2				
户籍人口	万人	23	21	39	26	50
第二产业从业人员	人	29960	17992	71109	26435	73178
第三产业从业人员	人	16620	33781	55110	27097	69430
固定电话用户	户	37083	32149	58393	32875	76198
二、综合经济						
地区生产总值	万元	894390	1671630	1627216	323412	2172084
第一产业增加值	万元	42424	51023	86429	44006	106709
农业增加值	万元	28796	24546	35691	24652	47190
牧业增加值	万元	9835	21728	48683	17637	56312
第二产业增加值	万元	644349	1246282	997188	109256	1505872
公共财政收入	万元	45696	104552	100336	17549	133010
各项税收	万元	87166	84654	75132	11816	78493
公共财政支出	万元	100951	175623	198327	129466	227409
居民储蓄存款余额	万元	568954	541729	1049909	448083	935422
年末金融机构各项贷款余额	万元	328106	458977	708835	261198	844372
三、农业、工业及投资						
农业机械总动力	万千瓦特	25	35	43	32	75
机收面积	公顷	9995	15960	21190	9660	39480
设施农业占地面积	公顷	89	96	113	69	127
粮食总产量	吨	125437	128590	173567	118317	227984
棉花产量	吨	22	216	43		6
油料产量	吨	193	1478	733	1067	2614
肉类总产量	吨	8344	8990	21284	12022	42773
规模以上工业企业单位数	个	51	32	47	15	61
规模以上工业总产值	万元	1899400	993400	1446300	117200	2207900
固定资产投资	万元	1085976	1094989	1190421	299758	1437999
四、教育、卫生和社会保障						
普通中学在校学生数	人	11947	13284	29038	14889	25897
中等职业教育学校在校学生数	人	1532	551	3392	622	7947
小学在校学生数	人	16051	11098	21234	14624	24703
医疗卫生机构床位数	床	602	679	1735	621	1631
各种社会福利收养性单位数	个	12	10	14	6	11
各种社会福利收养性单位床位数	床	588	417	1156	344	550

2013年县(市)社会经济主要指标

山西省

指　　标	单位	高平市	山阴县	应县	右玉县	怀仁县
一、基本情况						
行政区域面积	平方公里	946	1651	1708	1967	1287
乡个数	个	4	9	9	6	6
镇个数	个	9	4	3	4	4
街道办事处个数	个	3	2			
户籍人口	万人	48	24	31	11	29
第二产业从业人员	人	61181				
第三产业从业人员	人	58671				
固定电话用户	户	164944	21074	18705	13397	30663
二、综合经济						
地区生产总值	万元	2335259	1710184	581257	520392	1988723
第一产业增加值	万元	126573	135951	124921	47324	91656
农业增加值	万元	74688	70310	81805	15059	45358
牧业增加值	万元	49516	60981	38386	25366	40556
第二产业增加值	万元	1660589	843046	196865	259853	1165567
公共财政收入	万元	126366	125915	17069	41810	112616
各项税收	万元	86632	234083	30188	77793	239462
公共财政支出	万元	220788	204079	138845	108720	209715
居民储蓄存款余额	万元	1570802	1011570	456349	313868	1114184
年末金融机构各项贷款余额	万元	1115390	649464	247126	150377	366708
三、农业、工业及投资						
农业机械总动力	万千瓦特	55	45	44	22	48
机收面积	公顷	20510	26000	20600	19120	24065
设施农业占地面积	公顷	1040	4778	281	20	451
粮食总产量	吨	245256	254850	300520	37236	200525
棉花产量	吨					
油料产量	吨	1	3849	1368	7801	542
肉类总产量	吨	69658	11612	11694	10311	20269
规模以上工业企业单位数	个	51	53	41	18	74
规模以上工业总产值	万元	1685100	1852000	720800	554500	2661800
固定资产投资	万元	1381702	1213229	482110	658768	1124742
四、教育、卫生和社会保障						
普通中学在校学生数	人	34002	14309	20675	4714	60011
中等职业教育学校在校学生数	人	3891		1629		7609
小学在校学生数	人	28382	15670	17753	5663	43416
医疗卫生机构床位数	床	1172	605	900	439	1284
各种社会福利收养性单位数	个	11	8	7	8	10
各种社会福利收养性单位床位数	床	660	313	772	812	730

2013年县(市)社会经济主要指标

山西省

指　　标	单位	榆社县	左权县	和顺县	昔阳县	寿阳县
一、基本情况						
行政区域面积	平方公里	1700	2020	2250	1946	2110
乡个数	个	5	5	5	7	7
镇个数	个	4	5	5	5	7
街道办事处个数	个		1			
户籍人口	万人	14	16	14	24	22
第二产业从业人员	人	10491	11447	9095	16347	9312
第三产业从业人员	人	12358	12966	10163	19583	14238
固定电话用户	户	14112	27049	19935	45810	38817
二、综合经济						
地区生产总值	万元	238424	351124	429732	501675	986648
第一产业增加值	万元	32259	28754	29145	40850	110432
农业增加值	万元	20381	23675	24070	31376	97125
牧业增加值	万元	10521	4511	5023	8196	11790
第二产业增加值	万元	113007	177889	263753	287575	614486
公共财政收入	万元	17133	44186	62964	54168	76617
各项税收	万元	31910	26370	27950	123001	51423
公共财政支出	万元	94599	119586	135223	128955	141524
居民储蓄存款余额	万元	246551	524699	472724	722893	744787
年末金融机构各项贷款余额	万元	160043	342341	207868	273036	441019
三、农业、工业及投资						
农业机械总动力	万千瓦特	13	17	17	25	35
机收面积	公顷	3787	1355	3667	2093	23665
设施农业占地面积	公顷	406	95	163	82	274
粮食总产量	吨	66892	56252	60227	175742	324983
棉花产量	吨					
油料产量	吨	533	534	873	126	17
肉类总产量	吨	3457	4207	3850	9626	6486
规模以上工业企业单位数	个	6	23	15	15	37
规模以上工业总产值	万元	368700	383000	428500	612900	937000
固定资产投资	万元	98876	769838	511343	818132	844757
四、教育、卫生和社会保障						
普通中学在校学生数	人	7306	6958	5512	8777	9308
中等职业教育学校在校学生数	人	1305	2206	1642	2281	2792
小学在校学生数	人	8997	11214	8662	13528	11494
医疗卫生机构床位数	床	267	423	566	881	815
各种社会福利收养性单位数	个	6	11	10	6	8
各种社会福利收养性单位床位数	床	203	841	305	195	536

2013 年县(市)社会经济主要指标

山西省

指　　标	单位	太谷县	祁　县	平遥县	灵石县	介休市
一、基本情况						
行政区域面积	平方公里	1050	854	1260	1202	744
乡个数	个	6	2	9	6	3
镇个数	个	3	6	5	6	7
街道办事处个数	个		3	3	3	5
户籍人口	万人	29	27	52	26	42
第二产业从业人员	人	28728	29325	70553	27384	57793
第三产业从业人员	人	18630	18731	53560	23353	32237
固定电话用户	户	52426	48337	72002	47645	92072
二、综合经济						
地区生产总值	万元	660005	587278	945686	1934646	1491194
第一产业增加值	万元	160355	148481	134871	40498	51201
农业增加值	万元	122445	113181	80016	24229	27675
牧业增加值	万元	30431	33428	49388	13828	19511
第二产业增加值	万元	189729	160032	391273	1383650	959201
公共财政收入	万元	35441	25546	61960	158943	117255
各项税收	万元	24668	16071	39604	93298	75378
公共财政支出	万元	121379	120772	192801	207957	197100
居民储蓄存款余额	万元	1017435	757117	983654	1253608	1691826
年末金融机构各项贷款余额	万元	356059	397860	485429	611271	1477589
三、农业、工业及投资						
农业机械总动力	万千瓦特	50	41	29	39	32
机收面积	公顷	13960	16995	19652	7947	19367
设施农业占地面积	公顷	2268	387	357	64	345
粮食总产量	吨	222784	223657	278482	58629	144164
棉花产量	吨	110	11	4		
油料产量	吨	25	1067	2457	212	98
肉类总产量	吨	48556	21370	22973	14329	18324
规模以上工业企业单位数	个	45	28	42	119	70
规模以上工业总产值	万元	550500	466200	1080700	3068300	3245500
固定资产投资	万元	483734	446502	682960	1329720	1000213
四、教育、卫生和社会保障						
普通中学在校学生数	人	25285	13907	24368	13157	20245
中等职业教育学校在校学生数	人	4432	2384	9858	3062	6417
小学在校学生数	人	18693	19089	37669	22714	31305
医疗卫生机构床位数	床	1955	804	1468	1024	1685
各种社会福利收养性单位数	个	10	7	10	7	11
各种社会福利收养性单位床位数	床	418	252	262	1049	498

2013年县(市)社会经济主要指标

山西省

指　　标	单位	临猗县	万荣县	闻喜县	稷山县	新绛县
一、基本情况						
行政区域面积	平方公里	1339	1082	1167	686	593
乡个数	个	5	10	6	2	1
镇个数	个	9	4	7	5	8
街道办事处个数	个					
户籍人口	万人	56	45	41	36	29
第二产业从业人员	人	28012	27179	56225	63490	28754
第三产业从业人员	人	79073	29088	37174	26224	23025
固定电话用户	户	92665	57080	52613	30586	20311
二、综合经济						
地区生产总值	万元	1180038	558732	1009583	669447	705301
第一产业增加值	万元	397827	153992	92677	109360	156700
农业增加值	万元	382155	127731	70409	68945	123089
牧业增加值	万元	13800	23427	19842	39247	32465
第二产业增加值	万元	355998	203991	532253	289636	330344
公共财政收入	万元	20070	27369	60306	16707	18675
各项税收	万元	14047	25316	19349	35253	37536
公共财政支出	万元	184185	147189	156560	128066	139045
居民储蓄存款余额	万元	773246	264810	831738	483537	527588
年末金融机构各项贷款余额	万元	673979	366533	443987	241911	292535
三、农业、工业及投资						
农业机械总动力	万千瓦特	99	88	40	53	34
机收面积	公顷	50109	49617	53800	33794	39367
设施农业占地面积	公顷	1407	384	2782	256	4331
粮食总产量	吨	322387	175172	270727	235982	246593
棉花产量	吨	16651	580	365	94	316
油料产量	吨	4142	2701	1319	1488	761
肉类总产量	吨	11897	14354	18429	13907	17002
规模以上工业企业单位数	个	45	24	32	26	35
规模以上工业总产值	万元	973900	420800	2144000	788500	1299700
固定资产投资	万元	775311	542976	903665	531918	582059
四、教育、卫生和社会保障						
普通中学在校学生数	人	39280	11236	22198	19119	27352
中等职业教育学校在校学生数	人	1086	683	1500	1597	2351
小学在校学生数	人	30768	22514	24823	21636	21389
医疗卫生机构床位数	床	2380	690	1929	2136	1395
各种社会福利收养性单位数	个	6	10	2	6	6
各种社会福利收养性单位床位数	床	360	890	45	300	460

2013年县(市)社会经济主要指标

山西省

指　　标	单位	绛　县	垣曲县	夏　县	平陆县	芮城县
一、基本情况						
行政区域面积	平方公里	994	1620	1351	1174	1178
乡个数	个	2	6	5	4	3
镇个数	个	8	5	6	6	7
街道办事处个数	个					
户籍人口	万人	29	23	36	25	38
第二产业从业人员	人	26663	12665	2681	12888	28277
第三产业从业人员	人	20259	9788	10758	16026	38928
固定电话用户	户	30500	26900	30000	10000	34845
二、综合经济						
地区生产总值	万元	566244	396672	413363	322345	736509
第一产业增加值	万元	79433	36444	165571	85014	211677
农业增加值	万元	62032	21504	150399	72123	189269
牧业增加值	万元	13089	11001	13632	11713	19967
第二产业增加值	万元	270112	203140	107992	112816	242334
公共财政收入	万元	9454	14335	9904	11407	18618
各项税收	万元	18798	7995	5583	11407	24326
公共财政支出	万元	134523	125135	141623	123971	166122
居民储蓄存款余额	万元	426457	496734	431720	447380	529796
年末金融机构各项贷款余额	万元	216551	273032	234480	170607	370071
三、农业、工业及投资						
农业机械总动力	万千瓦特	30	30	37	53	57
机收面积	公顷	28650	19605	41000	29750	43620
设施农业占地面积	公顷	183	121	170	41	119
粮食总产量	吨	169288	88076	273468	106569	322099
棉花产量	吨	125	358	1303	359	1604
油料产量	吨	587	728	1159	1751	2524
肉类总产量	吨	8761	6038	6901	10926	19189
规模以上工业企业单位数	个	38	15	25	17	25
规模以上工业总产值	万元	1006400	463700	192700	314100	615000
固定资产投资	万元	631319	406954	419872	411975	515243
四、教育、卫生和社会保障						
普通中学在校学生数	人	9792	13258	8397	14001	22624
中等职业教育学校在校学生数	人	876	1854	145	102	3259
小学在校学生数	人	14733	12097	16525	11969	18810
医疗卫生机构床位数	床	733	1511	1073	1051	1274
各种社会福利收养性单位数	个	7	13	2	10	7
各种社会福利收养性单位床位数	床	390	540	80	264	220

2013年县(市)社会经济主要指标

山西省

指　　标	单位	永济市	河津市	定襄县	五台县	代　县
一、基本情况						
行政区域面积	平方公里	1208	593	865	2865	1729
乡个数	个		5	6	13	5
镇个数	个	7	2	3	6	6
街道办事处个数	个	3	2			
户籍人口	万人	44	41	22	32	21
第二产业从业人员	人	18572	37491	29297	32145	30480
第三产业从业人员	人	55066	31734	15476	14424	10824
固定电话用户	户	75500	61501	48532	24314	14167
二、综合经济						
地区生产总值	万元	1271847	1955801	427146	376002	585927
第一产业增加值	万元	195806	72630	34509	49874	31858
农业增加值	万元	164772	58198	26430	29656	21387
牧业增加值	万元	23108	12429	6201	17128	8861
第二产业增加值	万元	737483	1271697	246014	102729	369849
公共财政收入	万元	29961	182748	20019	29086	56011
各项税收	万元	57658	162273	29172	57640	41011
公共财政支出	万元	167930	175979	114847	162917	130000
居民储蓄存款余额	万元	734285	1128633	577400	875400	929940
年末金融机构各项贷款余额	万元	668032	846794	321000	614100	357100
三、农业、工业及投资						
农业机械总动力	万千瓦特	62	43	13	15	20
机收面积	公顷	65724	28191	14713	9533	5566
设施农业占地面积	公顷	263	132	59	106	28
粮食总产量	吨	454219	178993	156140	114005	74767
棉花产量	吨	4111	44			
油料产量	吨	915	1632	2085	367	1367
肉类总产量	吨	18888	8791	4239	7804	4165
规模以上工业企业单位数	个	56	81	40	14	77
规模以上工业总产值	万元	2404900	4058500	503600	282400	693300
固定资产投资	万元	816671	1227982	296173	349317	335944
四、教育、卫生和社会保障						
普通中学在校学生数	人	21927	29238	10093	16532	11748
中等职业教育学校在校学生数	人	2975	1282	720	2707	1021
小学在校学生数	人	21604	31251	14588	22023	17133
医疗卫生机构床位数	床	2043	1890	537	927	550
各种社会福利收养性单位数	个	17	14	6	9	8
各种社会福利收养性单位床位数	床	810	1049	234	220	222

2013年县(市)社会经济主要指标

山西省

指　　标	单位	繁峙县	宁武县	静乐县	神池县	五寨县
一、基本情况						
行政区域面积	平方公里	2367	1967	2058	1472	1391
乡个数	个	10	10	10	7	9
镇个数	个	3	4	4	3	3
街道办事处个数	个	1	1			
户籍人口	万人	28	16	17	9	12
第二产业从业人员	人	20602	8965	11770	1568	2978
第三产业从业人员	人	18021	12792	19465	3795	7494
固定电话用户	户	16200	15342	14330	14326	4870
二、综合经济						
地区生产总值	万元	601203	415409	214537	162745	206223
第一产业增加值	万元	38454	16528	25660	58616	42956
农业增加值	万元	13847	6582	13974	31753	30650
牧业增加值	万元	22161	9325	7539	25910	10360
第二产业增加值	万元	412983	268575	100886	20149	29464
公共财政收入	万元	36163	57201	23407	19790	18712
各项税收	万元	80019	115587	26724	30772	13425
公共财政支出	万元	150805	135686	116064	100838	97245
居民储蓄存款余额	万元	678117	609312	218837	246000	360123
年末金融机构各项贷款余额	万元	285355	433450	82964	129000	369898
三、农业、工业及投资						
农业机械总动力	万千瓦特	21	8	9	18	16
机收面积	公顷	19733	4115	4300	10000	13700
设施农业占地面积	公顷	122	144	41	34	27
粮食总产量	吨	75242	25278	44970	130215	182314
棉花产量	吨					
油料产量	吨	1687	3115	5310	12162	205
肉类总产量	吨	11984	4021	3380	8092	3879
规模以上工业企业单位数	个	50	19	8	3	8
规模以上工业总产值	万元	1137900	602000	155200	36200	76100
固定资产投资	万元	588927	553757	528176	272422	233201
四、教育、卫生和社会保障						
普通中学在校学生数	人	10088	4666	8295	2581	5788
中等职业教育学校在校学生数	人	2403	205	130	319	843
小学在校学生数	人	21810	11144	9073	5008	6525
医疗卫生机构床位数	床	990	786	558	409	380
各种社会福利收养性单位数	个	5		3	3	2
各种社会福利收养性单位床位数	床	206		32	255	180

2013年县(市)社会经济主要指标

山西省

指　　标	单位	岢岚县	河曲县	保德县	偏关县	原平市
一、基本情况						
行政区域面积	平方公里	1984	1317	998	1685	2571
乡个数	个	10	9	9	6	11
镇个数	个	2	4	4	4	7
街道办事处个数	个					3
户籍人口	万人	8	15	17	11	50
第二产业从业人员	人	6033	7812	16229	8876	20927
第三产业从业人员	人	3957	7507	14887	14327	19297
固定电话用户	户	8739	25437	16591	7980	42593
二、综合经济						
地区生产总值	万元	171447	659029	757911	257231	1180690
第一产业增加值	万元	32891	31233	36393	45030	127178
农业增加值	万元	14789	19281	21238	14674	77597
牧业增加值	万元	16976	8944	12509	27795	47063
第二产业增加值	万元	44566	455153	575767	83911	608474
公共财政收入	万元	13606	58339	67712	20007	84511
各项税收	万元	26940	30759	154026	32150	50970
公共财政支出	万元	109772	117345	124055	94904	218676
居民储蓄存款余额	万元	210315	666203	494193	298701	1431603
年末金融机构各项贷款余额	万元	75368	315091	280788	98060	932556
三、农业、工业及投资						
农业机械总动力	万千瓦特	12	10	16	15	43
机收面积	公顷	6800	4050	3000	8333	23574
设施农业占地面积	公顷	60	68	148	81	75
粮食总产量	吨	52560	64239	46061	53268	361163
棉花产量	吨					
油料产量	吨	8195	5733	750	4189	1300
肉类总产量	吨	5585	2554	5074	9395	24982
规模以上工业企业单位数	个	10	12	17	7	33
规模以上工业总产值	万元	150600	851600	945800	133000	1574300
固定资产投资	万元	332497	813395	796069	193459	1345878
四、教育、卫生和社会保障						
普通中学在校学生数	人	4893	9868	8379	5876	22223
中等职业教育学校在校学生数	人	203		1452	107	3827
小学在校学生数	人	5637	8737	11629	4916	27816
医疗卫生机构床位数	床	238	475	756	520	1020
各种社会福利收养性单位数	个	6	5	2	4	7
各种社会福利收养性单位床位数	床	230	40	80	110	182

2013 年县（市）社会经济主要指标

山西省

指　　标	单位	曲沃县	翼城县	襄汾县	洪洞县	古　县
一、基本情况						
行政区域面积	平方公里	437	1149	1028	1494	1191
乡个数	个	2	4	6	7	3
镇个数	个	5	6	7	9	4
街道办事处个数	个					
户籍人口	万人	23	31	49	75	9
第二产业从业人员	人	28754	38541	61607	94243	11426
第三产业从业人员	人	24926	57682	54715	115524	18456
固定电话用户	户	31526	39582	46663	69774	9595
二、综合经济						
地区生产总值	万元	1002919	880205	1250499	1655444	513433
第一产业增加值	万元	119779	77267	124702	109243	22532
农业增加值	万元	95831	45302	100706	63551	17203
牧业增加值	万元	20471	28965	20683	40537	3667
第二产业增加值	万元	689452	517902	782248	1158363	411048
公共财政收入	万元	29887	97242	140916	234803	92903
各项税收	万元	71895	60705	96520	173342	62438
公共财政支出	万元	112800	145917	196264	300381	91401
居民储蓄存款余额	万元	475240	695627	968133	1232875	220673
年末金融机构各项贷款余额	万元	215129	430313	384847	784478	109665
三、农业、工业及投资						
农业机械总动力	万千瓦特	37	36	57	108	12
机收面积	公顷	33132	36020	67700	57599	5100
设施农业占地面积	公顷	1674	194	746	184	30
粮食总产量	吨	192665	196452	421948	404588	58660
棉花产量	吨	525		475	8	
油料产量	吨	2237	687	2641	915	377
肉类总产量	吨	11368	21412	16934	19359	1632
规模以上工业企业单位数	个	26	28	36	53	27
规模以上工业总产值	万元	2592400	2080700	2495000	3149600	871800
固定资产投资	万元	571272	545450	833563	1389402	394625
四、教育、卫生和社会保障						
普通中学在校学生数	人	11684	19477	26580	41706	4622
中等职业教育学校在校学生数	人	1471	752	2551	1422	282
小学在校学生数	人	12192	19692	26970	51040	6263
医疗卫生机构床位数	床	1008	1316	1244	1753	285
各种社会福利收养性单位数	个	5	4	4	8	6
各种社会福利收养性单位床位数	床	194	98	218	485	116

2013年县(市)社会经济主要指标

山西省

指标	单位	安泽县	浮山县	吉县	乡宁县	大宁县
一、基本情况						
行政区域面积	平方公里	1959	938	1780	2025	963
乡个数	个	3	7	5	5	4
镇个数	个	4	2	3	5	2
街道办事处个数	个					
户籍人口	万人	8	13	11	23	7
第二产业从业人员	人	10200	16105	13349	29275	8339
第三产业从业人员	人	13587	25232	14099	27564	6405
固定电话用户	户	12058	8578	7324	15564	3908
二、综合经济						
地区生产总值	万元	482672	469007	177445	853295	43914
第一产业增加值	万元	37146	39416	47908	26209	14510
农业增加值	万元	27189	29812	40801	12378	10748
牧业增加值	万元	7771	6915	4546	10278	2004
第二产业增加值	万元	383789	356463	91172	678236	3914
公共财政收入	万元	84311	37772	24606	220681	5390
各项税收	万元	49025	25628	18111	127266	3993
公共财政支出	万元	85827	81571	95588	171199	75087
居民储蓄存款余额	万元	173971	221827	151689	639917	75247
年末金融机构各项贷款余额	万元	116829	106769	89749	520154	34404
三、农业、工业及投资						
农业机械总动力	万千瓦特	15	18	10	30	5
机收面积	公顷	2734	18893	2775	12510	2333
设施农业占地面积	公顷	19	139	52	21	195
粮食总产量	吨	112169	101983	43047	81339	39010
棉花产量	吨		47			59
油料产量	吨	618	1503	2285	1974	311
肉类总产量	吨	1882	3830	2922	5965	877
规模以上工业企业单位数	个	9	28	4	31	1
规模以上工业总产值	万元	874800	653800	117900	721000	4100
固定资产投资	万元	416447	299759	224898	509870	80593
四、教育、卫生和社会保障						
普通中学在校学生数	人	3562	5602	4681	13165	2215
中等职业教育学校在校学生数	人	302	497	835	1384	46
小学在校学生数	人	5262	6651	6312	17992	3381
医疗卫生机构床位数	床	339	326	350	1013	228
各种社会福利收养性单位数	个	9	6	2	1	3
各种社会福利收养性单位床位数	床	106	142	90	80	51

2013年县(市)社会经济主要指标

山西省

指　　标	单位	隰　县	永和县	蒲　县	汾西县	侯马市
一、基本情况						
行政区域面积	平方公里	1413	1213	1509	875	221
乡个数	个	5	5	5	3	3
镇个数	个	3	2	4	5	
街道办事处个数	个					5
户籍人口	万人	11	7	11	15	24
第二产业从业人员	人	13467	8066	13582	18274	29990
第三产业从业人员	人	11560	9370	15200	15042	68518
固定电话用户	户	8301	2856	9327	7829	60828
二、综合经济						
地区生产总值	万元	111752	62621	512224	183585	831831
第一产业增加值	万元	26442	24375	15779	24781	32638
农业增加值	万元	19903	16709	9610	10304	24348
牧业增加值	万元	4033	5004	4140	12348	5215
第二产业增加值	万元	19733	5930	419745	67243	304245
公共财政收入	万元	12371	5982	148840	16530	89316
各项税收	万元	8174	4852	90165	7176	77757
公共财政支出	万元	92727	55160	137593	94170	136700
居民储蓄存款余额	万元	168936	68258	261621	154589	1068493
年末金融机构各项贷款余额	万元	141096	36724	307409	14500	656331
三、农业、工业及投资						
农业机械总动力	万千瓦特	11	4	5	10	19
机收面积	公顷	2570	1800	2999	6586	13213
设施农业占地面积	公顷	17	4	45		339
粮食总产量	吨	81050	56550	60123	57977	82363
棉花产量	吨		186		9	145
油料产量	吨	563	3712	612	325	570
肉类总产量	吨	2090	2567	3016	7326	3385
规模以上工业企业单位数	个			23	8	28
规模以上工业总产值	万元			822500	168800	1045000
固定资产投资	万元	169200	70654	367574	209366	460766
四、教育、卫生和社会保障						
普通中学在校学生数	人	4546	2374	4501	7674	11125
中等职业教育学校在校学生数	人	248	252	248	110	2338
小学在校学生数	人	6716	3654	8347	10434	13827
医疗卫生机构床位数	床	344	240	475	403	1482
各种社会福利收养性单位数	个	2	4	4	4	7
各种社会福利收养性单位床位数	床	59	180	200	110	721

2013 年县(市)社会经济主要指标

山西省

指　　标	单位	霍州市	离石区	文水县	交城县	兴　县
一、基本情况						
行政区域面积	平方公里	764	1324	1064	1827	3166
乡个数	个	3	3	5	4	10
镇个数	个	4	2	7	6	7
街道办事处个数	个	5	7			
户籍人口	万人	31	28	45	23	32
第二产业从业人员	人	38114	42626	42567	41525	23708
第三产业从业人员	人	60833	48831	46570	17562	22088
固定电话用户	户	46839	76425	48743	6000	13120
二、综合经济						
地区生产总值	万元	855717	850052	587402	702509	637058
第一产业增加值	万元	35618	18349	112663	30150	42193
农业增加值	万元	21549	9724	68168	15128	27486
牧业增加值	万元	12136	7218	43341	14091	9448
第二产业增加值	万元	618683	413144	336319	565808	528324
公共财政收入	万元	156619	121606	26373	57401	80158
各项税收	万元	131499	90668	16610	28206	64763
公共财政支出	万元	141097	167146	161597	127871	209356
居民储蓄存款余额	万元	861273	1906535	740264	642119	368614
年末金融机构各项贷款余额	万元	782959	2287282	449262	483577	192803
三、农业、工业及投资						
农业机械总动力	万千瓦特	19	24	36	21	14
机收面积	公顷	10500	2000	23900	5500	2600
设施农业占地面积	公顷	85	82	60	86	4
粮食总产量	吨	72645	27129	270555	46384	92910
棉花产量	吨	14		5	7	5
油料产量	吨	201	891	2190	233	14637
肉类总产量	吨	8653	5040	22776	7798	2438
规模以上工业企业单位数	个	20	20	30	90	14
规模以上工业总产值	万元	1588500	814700	1502700	1821300	1015400
固定资产投资	万元	1194852	664875	199838	399058	484582
四、教育、卫生和社会保障						
普通中学在校学生数	人	15972	34929	27086	15515	10964
中等职业教育学校在校学生数	人	1510	42	2282	1253	261
小学在校学生数	人	20891	34991	29725	16562	14372
医疗卫生机构床位数	床	1446	1663	793	1015	580
各种社会福利收养性单位数	个	10	4	4	1	2
各种社会福利收养性单位床位数	床	825	180	250	72	50

2013 年县(市)社会经济主要指标

山西省

指　　标	单位	临　县	柳林县	石楼县	岚　县	方山县
一、基本情况						
行政区域面积	平方公里	2977	1287	1735	1513	1434
乡个数	个	10	7	5	8	2
镇个数	个	13	8	4	4	5
街道办事处个数	个					
户籍人口	万人	65	34	13	19	13
第二产业从业人员	人	43313	31214	3155	7485	10496
第三产业从业人员	人	48373	39296	7752	15531	7378
固定电话用户	户	52200	49220	8239	15105	8500
二、综合经济						
地区生产总值	万元	402882	2521079	79312	208239	271514
第一产业增加值	万元	95867	21218	26284	28443	14756
农业增加值	万元	75790	13765	19231	21914	8967
牧业增加值	万元	17526	5917	5354	4663	3932
第二产业增加值	万元	192892	2218657	18039	117982	189303
公共财政收入	万元	62416	300582	6914	61909	36163
各项税收	万元	30861	159184	3980	32260	23417
公共财政支出	万元	265492	366473	98267	141048	99287
居民储蓄存款余额	万元	457370	783545	140336	305738	190641
年末金融机构各项贷款余额	万元	486715	668402	151881	148358	111710
三、农业、工业及投资						
农业机械总动力	万千瓦特	17	24	6	10	12
机收面积	公顷	6600	4550	3000	11850	3300
设施农业占地面积	公顷	76	5	4	30	
粮食总产量	吨	122421	36822	41451	75844	36147
棉花产量	吨	27	36	10		
油料产量	吨	10905	1563	2383	1783	761
肉类总产量	吨	8227	3459	3474	2187	1053
规模以上工业企业单位数	个	13	49	3	15	11
规模以上工业总产值	万元	323900	3639300	35300	437300	446100
固定资产投资	万元	407407	1166411	72671	530122	142164
四、教育、卫生和社会保障						
普通中学在校学生数	人	24123	23391	6965	8866	6134
中等职业教育学校在校学生数	人	600	1903	1236	1162	701
小学在校学生数	人	27046	27261	8367	12072	10263
医疗卫生机构床位数	床	1165	750	279	466	310
各种社会福利收养性单位数	个	4	5	1	7	4
各种社会福利收养性单位床位数	床	90	520	20	90	214

2013 年县(市)社会经济主要指标

山西省、内蒙古自治区

指　　标	单位	中阳县	交口县	孝义市	汾阳市	土默特左旗
一、基本情况						
行政区域面积	平方公里	1439	1258	938	1175	2779
乡个数	个	2	3	5	3	2
镇个数	个	5	4	7	9	7
街道办事处个数	个			5	2	
户籍人口	万人	16	12	49	43	36
第二产业从业人员	人	16513	5445	52562	41242	52754
第三产业从业人员	人	10583	7756	35073	39561	43390
固定电话用户	户	30987	15321	92919	73654	21625
二、综合经济						
地区生产总值	万元	669710	442724	4123487	1099236	2068913
第一产业增加值	万元	12499	17273	126930	95160	406826
农业增加值	万元	8319	11268	76370	59533	153002
牧业增加值	万元	3348	5416	45626	33953	240494
第二产业增加值	万元	562965	362138	2703101	599416	790790
公共财政收入	万元	71867	78168	251944	90090	93904
各项税收	万元	42001	52669	146574	64528	83264
公共财政支出	万元	119859	134442	304573	192059	242350
居民储蓄存款余额	万元	538003	510000	2542631	1185162	485660
年末金融机构各项贷款余额	万元	575151	220000	1772408	479548	321765
三、农业、工业及投资						
农业机械总动力	万千瓦特	12	15	47	50	67
机收面积	公顷	1700	3800	13997	24755	56133
设施农业占地面积	公顷	13	1	1625	211	3127
粮食总产量	吨	21217	29524	139638	218507	526708
棉花产量	吨	2			1	
油料产量	吨	256	426	506	1193	20040
肉类总产量	吨	2268	2680	31227	20845	30413
规模以上工业企业单位数	个	42	43	220	51	37
规模以上工业总产值	万元	1613900	1215800	5834000	1345000	886897
固定资产投资	万元	375864	322295	2801624	530259	747273
四、教育、卫生和社会保障						
普通中学在校学生数	人	10543	6568	36140	25750	10926
中等职业教育学校在校学生数	人	175	769	2188	2081	787
小学在校学生数	人	11167	9526	36327	27143	13059
医疗卫生机构床位数	床	447	420	2092	1759	489
各种社会福利收养性单位数	个	3	2	18	8	21
各种社会福利收养性单位床位数	床	178	43	658	637	1615

2013 年县（市）社会经济主要指标

内蒙古自治区

指标	单位	托克托县	和林格尔县	清水河县	武川县	土默特右旗
一、基本情况						
行政区域面积	平方公里	1313	3401	2818	4885	2368
乡个数	个		5	5	6	4
镇个数	个	5	3	3	3	5
街道办事处个数	个					
户籍人口	万人	21	20	14	17	37
第二产业从业人员	人	33010	22875	10073	12540	13332
第三产业从业人员	人	18018	32706	11352	26819	69342
固定电话用户	户	19500	13600	6349	20433	13000
二、综合经济						
地区生产总值	万元	2366272	1406910	616361	809403	3160930
第一产业增加值	万元	222647	237352	80969	106821	400030
农业增加值	万元	94273	75204	56636	95488	196090
牧业增加值	万元	122566	153826	18464	9543	203041
第二产业增加值	万元	1720200	701048	278607	473249	1812600
公共财政收入	万元	232654	198570	30850	36010	178607
各项税收	万元	218798	77465	24718	26720	94905
公共财政支出	万元	217633	216333	122933	137621	270115
居民储蓄存款余额	万元	185813	336983	225346	248902	589526
年末金融机构各项贷款余额	万元	750889	425126	144215	253610	673594
三、农业、工业及投资						
农业机械总动力	万千瓦特	43	38	17	31	50
机收面积	公顷	31067	37533	21333	89330	73333
设施农业占地面积	公顷	371	680	88	44	484
粮食总产量	吨	250344	181522	80303	200260	758322
棉花产量	吨					
油料产量	吨	7561	3514	11508	33449	20937
肉类总产量	吨	15685	23476	10963	7072	67245
规模以上工业企业单位数	个	33	42	15	21	48
规模以上工业总产值	万元	3022370	1931744	388946	448886	2932356
固定资产投资	万元	680137	959244	318711	497115	2976038
四、教育、卫生和社会保障						
普通中学在校学生数	人	10567	8682	5350	6107	9564
中等职业教育学校在校学生数	人	1122	970	545		680
小学在校学生数	人	12289	8085	5257	5488	12816
医疗卫生机构床位数	床	519	342	257	377	479
各种社会福利收养性单位数	个	6	6	8	9	10
各种社会福利收养性单位床位数	床	390	530	453	450	562

2013年县(市)社会经济主要指标

内蒙古自治区

指　　标	单位	固阳县	达尔罕茂明安联合旗	阿鲁科尔沁旗	巴林左旗	巴林右旗
一、基本情况						
行政区域面积	平方公里	5025	17482	14555	6459	9837
乡个数	个		5	7	4	4
镇个数	个	6	7	7	7	5
街道办事处个数	个		6	1	2	2
户籍人口	万人	21	11	30	36	19
第二产业从业人员	人	30366	8735	22285	47522	3501
第三产业从业人员	人	18845	23316	15411	49278	2404
固定电话用户	户	5270	6285	27595	31960	16055
二、综合经济						
地区生产总值	万元	1122100	1895071	1000903	1106930	672000
第一产业增加值	万元	138900	143798	171713	204380	106093
农业增加值	万元	36683	59534	78607	99285	30552
牧业增加值	万元	101244	80927	87342	94497	64094
第二产业增加值	万元	785500	1354308	487953	579629	380561
公共财政收入	万元	71507	133622	30277	42743	36011
各项税收	万元	66977	76117	45406	30757	27364
公共财政支出	万元	140217	224590	254981	232656	195400
居民储蓄存款余额	万元	225725	202624	272999	371600	244859
年末金融机构各项贷款余额	万元	247894	183175	298015	281300	322445
三、农业、工业及投资						
农业机械总动力	万千瓦特	34	28	54	43	34
机收面积	公顷	80000	50000	27733	34533	40667
设施农业占地面积	公顷	3	2	1059	1333	220
粮食总产量	吨	121360	105317	510258	465000	175000
棉花产量	吨					
油料产量	吨	15475	13732	4148	13405	15176
肉类总产量	吨	33138	22669	25653	21930	27707
规模以上工业企业单位数	个	40	44	32	54	24
规模以上工业总产值	万元	1310400	2313696	1300582	1694354	1003382
固定资产投资	万元	1414202	2243300	749383	1342545	726608
四、教育、卫生和社会保障						
普通中学在校学生数	人	5315	2181	13933	16543	9076
中等职业教育学校在校学生数	人	1310		1319	3770	
小学在校学生数	人	5395	3503	16685	19562	9564
医疗卫生机构床位数	床	406	367	1374	1254	594
各种社会福利收养性单位数	个	7	4	12	15	8
各种社会福利收养性单位床位数	床	715	506	510	1180	778

2013年县(市)社会经济主要指标

内蒙古自治区

指　　标	单位	林西县	克什克腾旗	翁牛特旗	喀喇沁旗	宁城县
一、基本情况						
行政区域面积	平方公里	3933	20673	11882	3006	4305
乡个数	个	2	6	6	2	2
镇个数	个	7	7	8	7	13
街道办事处个数	个	2	2	2	4	3
户籍人口	万人	24	25	49	35	61
第二产业从业人员	人	17851	18306	54630	36415	64902
第三产业从业人员	人	24965	46101	54023	42431	61322
固定电话用户	户	17398	12000	21289	22120	54000
二、综合经济						
地区生产总值	万元	661062	1337727	1302586	715061	1493069
第一产业增加值	万元	117771	165180	387194	122232	330471
农业增加值	万元	48133	42947	174307	64028	209507
牧业增加值	万元	61947	112322	201353	52442	109326
第二产业增加值	万元	313096	904535	595103	385362	700327
公共财政收入	万元	31283	70972	36808	46915	54788
各项税收	万元	52371	129277	44605	69266	44485
公共财政支出	万元	206666	231000	291506	207177	292000
居民储蓄存款余额	万元	324050	298085	453297	470614	962000
年末金融机构各项贷款余额	万元	325678	398683	394595	382627	703000
三、农业、工业及投资						
农业机械总动力	万千瓦特	29	40	71	33	49
机收面积	公顷	16667	43333	72000	17266	26400
设施农业占地面积	公顷	145	86	18750	3675	16871
粮食总产量	吨	255035	180500	750000	315000	770000
棉花产量	吨					
油料产量	吨	17996	9458	33156	1407	1750
肉类总产量	吨	22296	19826	45391	27407	91921
规模以上工业企业单位数	个	28	33	58	15	68
规模以上工业总产值	万元	938008	1876066	1826469	792120	1694618
固定资产投资	万元	760493	1242000	1197536	979676	1317554
四、教育、卫生和社会保障						
普通中学在校学生数	人	11177	10504	18329	15977	26397
中等职业教育学校在校学生数	人		651	2291	2534	3204
小学在校学生数	人	13592	10645	20353	17996	32063
医疗卫生机构床位数	床	1185	1326	1322	803	2568
各种社会福利收养性单位数	个	12	13	17	16	27
各种社会福利收养性单位床位数	床	1100	880	890	1200	980

2013年县(市)社会经济主要指标

内蒙古自治区

指　　标	单位	敖汉旗	科尔沁左翼中旗	科尔沁左翼后旗	开鲁县	库伦旗
一、基本情况						
行政区域面积	平方公里	8294	9569	11500	4488	4714
乡个数	个	8	6	15		3
镇个数	个	8	11	10	10	5
街道办事处个数	个		1	1		1
户籍人口	万人	61	53	41	40	18
第二产业从业人员	人	45358	32253	14300	41007	9986
第三产业从业人员	人	46043	22420	44900	51008	25085
固定电话用户	户	138947	18695	31690	46970	28786
二、综合经济						
地区生产总值	万元	1500881	1506208	1524033	2082871	642969
第一产业增加值	万元	384381	373942	333512	485233	169281
农业增加值	万元	178312	326706	208762	337760	91687
牧业增加值	万元	173865	34605	106505	132013	73512
第二产业增加值	万元	728971	689923	732643	1137846	319215
公共财政收入	万元	45801	26140	32661	34613	24364
各项税收	万元	73092	15944	22520	26599	15097
公共财政支出	万元	283509	265327	254723	228201	148161
居民储蓄存款余额	万元	626401	211689	233252	361789	136289
年末金融机构各项贷款余额	万元	355195	267351	347530	370399	79932
三、农业、工业及投资						
农业机械总动力	万千瓦特	70	122	118	104	32
机收面积	公顷	48967	38216	46000	40000	8261
设施农业占地面积	公顷	1504	1470	220	4000	3455
粮食总产量	吨	806500	1693312	1007518	1020135	515013
棉花产量	吨					
油料产量	吨	10595	34213	18450	6806	8108
肉类总产量	吨	75891	73290	47125	97015	33032
规模以上工业企业单位数	个	67	57	65	73	22
规模以上工业总产值	万元	794083	2123393	2056338	3430170	698585
固定资产投资	万元	1114508	1045094	1056498	1420671	609150
四、教育、卫生和社会保障						
普通中学在校学生数	人	28687	14219	15423	21092	4243
中等职业教育学校在校学生数	人	1349	876	827		15700
小学在校学生数	人	32114	25796	23381	27011	10689
医疗卫生机构床位数	床	1481	691	880	885	600
各种社会福利收养性单位数	个	18	14	15	14	11
各种社会福利收养性单位床位数	床	948	563	290	350	170

2013 年县(市)社会经济主要指标

内蒙古自治区

指　　标	单位	奈曼旗	扎鲁特旗	霍林郭勒市	东胜区	达拉特旗
一、基本情况						
行政区域面积	平方公里	8130	17193	585	2526	8241
乡个数	个	6	8			1
镇个数	个	8	7		3	7
街道办事处个数	个	1		5	15	6
户籍人口	万人	45	31	8	27	36
第二产业从业人员	人	12406	10288	17984	18828	51187
第三产业从业人员	人	30966	72090	9056	47067	115943
固定电话用户	户	28110	13600	4046	85045	24000
二、综合经济						
地区生产总值	万元	1442924	1858940	3205715	8802799	4803000
第一产业增加值	万元	270837	323411	29489	13948	309612
农业增加值	万元	155974	143244	7444	2917	180915
牧业增加值	万元	97691	175822	20811	7796	119028
第二产业增加值	万元	810831	1164165	2403248	3212877	2978100
公共财政收入	万元	43132	108017	228638	966716	190817
各项税收	万元	30024	75936	121276	733224	156770
公共财政支出	万元	261300	295443	318270	929728	374468
居民储蓄存款余额	万元	364394	276685	414315	5554400	904447
年末金融机构各项贷款余额	万元	312977	308661	1123295	14680300	1553476
三、农业、工业及投资						
农业机械总动力	万千瓦特	81	62	2	11	86
机收面积	公顷	58601	87000	10000	3000	33166
设施农业占地面积	公顷	933	1895	40		309
粮食总产量	吨	750513	525007	10414	11687	609500
棉花产量	吨					
油料产量	吨	12726	15054	17298	6	20373
肉类总产量	吨	44559	78752	5591	1949	37369
规模以上工业企业单位数	个	47	79	62	62	56
规模以上工业总产值	万元	2378210	946804	5440900	4687800	6098699
固定资产投资	万元	1136642	1744628	1791426	6245189	2298677
四、教育、卫生和社会保障						
普通中学在校学生数	人	21789	14424	6176	29794	16097
中等职业教育学校在校学生数	人	990	870	738	8620	3409
小学在校学生数	人	27088	16858	7364	33643	19371
医疗卫生机构床位数	床	860	731	690	4101	1887
各种社会福利收养性单位数	个	15	6	1	11	9
各种社会福利收养性单位床位数	床	196	410	176	2610	393

2013年县(市)社会经济主要指标

内蒙古自治区

指　　标	单位	准格尔旗	鄂托克前旗	鄂托克旗	杭锦旗	乌审旗
一、基本情况						
行政区域面积	平方公里	7551	12221	20367	18814	11674
乡个数	个	3		2	1	1
镇个数	个	6	4	4	5	5
街道办事处个数	个	4				
户籍人口	万人	37	8	10	14	11
第二产业从业人员	人	67300	11782	23470	14850	3301
第三产业从业人员	人	89700	16398	29435	22370	39021
固定电话用户	户	75900	6284	16253	9250	8456
二、综合经济						
地区生产总值	万元	10505364	1182500	4301300	770300	3780000
第一产业增加值	万元	90272	108974	73211	170832	122205
农业增加值	万元	46171	56643	24033	100551	56177
牧业增加值	万元	36332	46130	44138	58750	61115
第二产业增加值	万元	6573900	740800	3382300	290900	3013600
公共财政收入	万元	738579	116630	271674	96446	185359
各项税收	万元	603789	72941	172922	76315	141434
公共财政支出	万元	726700	264998	367684	274239	285224
居民储蓄存款余额	万元	2222063	160835	618256	283201	342496
年末金融机构各项贷款余额	万元	2985614	315743	1083726	386878	910916
三、农业、工业及投资						
农业机械总动力	万千瓦特	28	28	17	47	50
机收面积	公顷	6667	14000	6667	38012	13333
设施农业占地面积	公顷	221	80	23	27	124
粮食总产量	吨	87669	113000	110465	398800	143971
棉花产量	吨					
油料产量	吨	3182	3470	7546	56083	1498
肉类总产量	吨	11960	18445	17907	19935	75436
规模以上工业企业单位数	个	114	17	51	18	12
规模以上工业总产值	万元	11371600	1453698	5410084	139885	5522672
固定资产投资	万元	6088287	2308333	3070785	1700193	3426819
四、教育、卫生和社会保障						
普通中学在校学生数	人	16613	3314	6281	4942	4347
中等职业教育学校在校学生数	人		1125	313		358
小学在校学生数	人	21980	4561	8926	5726	7152
医疗卫生机构床位数	床	1779	356	669	520	358
各种社会福利收养性单位数	个	8	5	6	3	3
各种社会福利收养性单位床位数	床	1321	94	626	510	390

2013年县(市)社会经济主要指标

内蒙古自治区

指　　标	单位	伊金霍洛旗	海拉尔区	阿荣旗	莫力达瓦达斡尔族自治旗	鄂伦春自治旗
一、基本情况						
行政区域面积	平方公里	5487	1440	12063	10356	54658
乡个数	个			4	3	2
镇个数	个	7	2	7	10	8
街道办事处个数	个		6			
户籍人口	万人	17	28	33	33	26
第二产业从业人员	人	35080	21436	11673	3230	5895
第三产业从业人员	人	17160	109620	37042	11020	44653
固定电话用户	户	12910	98911	19031	21000	34342
二、综合经济						
地区生产总值	万元	6455716	2537417	1456822	970038	591075
第一产业增加值	万元	67830	86410	476704	471242	229841
农业增加值	万元	25848	32864	318234	356257	164075
牧业增加值	万元	31319	49941	125476	98023	35355
第二产业增加值	万元	3877476	1259712	655607	231754	77161
公共财政收入	万元	751080	111117	47544	24380	15130
各项税收	万元	458310	94483	67502	14777	9694
公共财政支出	万元	886068	194466	230800	224225	193647
居民储蓄存款余额	万元	1684697	1757000	297273	235957	421801
年末金融机构各项贷款余额	万元	1776818	2584000	277170	236348	155675
三、农业、工业及投资						
农业机械总动力	万千瓦特	29	11	73	77	52
机收面积	公顷	5067	24612	182000	410000	280018
设施农业占地面积	公顷	29	347		29	118
粮食总产量	吨	96208	70552	1545500	1612500	543500
棉花产量	吨					
油料产量	吨	35	18213		3677	635
肉类总产量	吨	7915	6161	43888	30767	8675
规模以上工业企业单位数	个	54	63	30	18	7
规模以上工业总产值	万元	7609568	2072192	1268433	442162	65693
固定资产投资	万元	3954250	2664560	1202587	247886	201597
四、教育、卫生和社会保障						
普通中学在校学生数	人	7237	20588	9886	9717	9125
中等职业教育学校在校学生数	人	865	2834	1911	285	103
小学在校学生数	人	9818	13362	15643	15233	9419
医疗卫生机构床位数	床	980	2774	950	920	781
各种社会福利收养性单位数	个	8	6	6	10	7
各种社会福利收养性单位床位数	床	475	847	1210	1270	277

2013 年县(市)社会经济主要指标

内蒙古自治区

指　　标	单位	鄂温克族自治旗	陈巴尔虎旗	新巴尔虎左旗	新巴尔虎右旗	满洲里市
一、基本情况						
行政区域面积	平方公里	19111	18634	22000	24839	732
乡个数	个	6	4	7	4	
镇个数	个	4	3	2	3	
街道办事处个数	个					5
户籍人口	万人	14	6	4	4	17
第二产业从业人员	人	16618	4526	2462	5398	
第三产业从业人员	人	11279	5008	8643	10326	
固定电话用户	户	43102	10559	6523	6627	42188
二、综合经济						
地区生产总值	万元	1019368	836650	327562	724698	1949719
第一产业增加值	万元	79078	95428	63392	41223	30043
农业增加值	万元	4441	44452	17395	751	4769
牧业增加值	万元	59327	38918	33925	26538	2466
第二产业增加值	万元	705117	569366	163760	579327	538931
公共财政收入	万元	73533	48888	13065	46438	128086
各项税收	万元	60620	189965	5001	34845	191015
公共财政支出	万元	183359	121602	87543	112755	369826
居民储蓄存款余额	万元	409934	119984	47476	65339	1127737
年末金融机构各项贷款余额	万元	786105	102191	45045	47376	912595
三、农业、工业及投资						
农业机械总动力	万千瓦特	19	21	18	5	2
机收面积	公顷	15078				
设施农业占地面积	公顷	572	9	118		
粮食总产量	吨	20119	124001	56500	5750	938
棉花产量	吨					
油料产量	吨	2080		8916		
肉类总产量	吨	18330	18000	22294	15692	3340
规模以上工业企业单位数	个	15	16	8	15	84
规模以上工业总产值	万元	1084300	1052813	51965	928456	1342405
固定资产投资	万元	625414	421898	200221	276027	1345230
四、教育、卫生和社会保障						
普通中学在校学生数	人	2711	1198	554	709	11552
中等职业教育学校在校学生数	人	3186			101	
小学在校学生数	人	5022	2218	1787	1661	8129
医疗卫生机构床位数	床	846	290	151		826
各种社会福利收养性单位数	个	3	1	2	1	4
各种社会福利收养性单位床位数	床	110	120	70	98	450

2013年县(市)社会经济主要指标

内蒙古自治区

指　　标	单位	牙克石市	扎兰屯市	额尔古纳市	根河市	临河区
一、基本情况						
行政区域面积	平方公里	27590	16800	28958	19659	2354
乡个数	个		4	3	1	2
镇个数	个	9	8	3	4	7
街道办事处个数	个	7	7	2	3	11
户籍人口	万人	35	42	8	15	56
第二产业从业人员	人	64352	20215	6514		39124
第三产业从业人员	人	98166	42897	18584		178197
固定电话用户	户	45000	31105	15143	17316	165540
二、综合经济						
地区生产总值	万元	2120248	1656746	409188	376482	2644317
第一产业增加值	万元	373609	423419	145395	104403	414887
农业增加值	万元	224160	270299	100909	33077	263476
牧业增加值	万元	89373	134226	30350	21474	138691
第二产业增加值	万元	1048344	867417	118273	104168	1394523
公共财政收入	万元	52268	45410	21566	13491	171258
各项税收	万元	25587	33433	25401	6304	136635
公共财政支出	万元	215053	237129	117402	113392	353879
居民储蓄存款余额	万元	969539	610784	230561	427009	1942086
年末金融机构各项贷款余额	万元	452194	410692	113027	130212	3411605
三、农业、工业及投资						
农业机械总动力	万千瓦特	34	61	21	3	88
机收面积	公顷	154667	11333	135873		56000
设施农业占地面积	公顷	820	214	31		29930
粮食总产量	吨	555500	1067653	401000	2197	552955
棉花产量	吨					
油料产量	吨		25741	152812		182633
肉类总产量	吨	22080	51222	7411	2938	55248
规模以上工业企业单位数	个	63	62	12	13	77
规模以上工业总产值	万元	2550000	2042379	244008	176524	2750155
固定资产投资	万元	1600000	1486853	289631	179658	2002922
四、教育、卫生和社会保障						
普通中学在校学生数	人	13928	12520	3214	4143	32521
中等职业教育学校在校学生数	人	340	964	17	32	11869
小学在校学生数	人	8823	17113	3473	2940	28637
医疗卫生机构床位数	床	3521	1708	454	518	4224
各种社会福利收养性单位数	个	12	26	2	3	7
各种社会福利收养性单位床位数	床	910	4069	120	170	1815

2013 年县(市)社会经济主要指标

内蒙古自治区

指　　标	单位	五原县	磴口县	乌拉特前旗	乌拉特中旗	乌拉特后旗
一、基本情况						
行政区域面积	平方公里	2493	4167	7476	23096	24925
乡个数	个	1	1	2	4	3
镇个数	个	8	4	9	6	3
街道办事处个数	个					
户籍人口	万人	29	12	34	14	6
第二产业从业人员	人	6673	4792	7885	7013	12073
第三产业从业人员	人	25601	17625	34240	18360	9821
固定电话用户	户	36358	23010	22280	10000	4044
二、综合经济						
地区生产总值	万元	1020767	563071	1323431	912263	614605
第一产业增加值	万元	275711	90242	305873	158747	35021
农业增加值	万元	179213	56893	205630	94273	12551
牧业增加值	万元	85620	26056	86598	48490	19104
第二产业增加值	万元	455036	377910	668634	659300	492219
公共财政收入	万元	32273	18951	83528	82114	63545
各项税收	万元	29873	31961	71143	64592	57761
公共财政支出	万元	208240	111152	232134	215170	145150
居民储蓄存款余额	万元	432761	237120	640544	257697	121181
年末金融机构各项贷款余额	万元	447663	200422	749019	266868	104646
三、农业、工业及投资						
农业机械总动力	万千瓦特	98	42	95	33	9
机收面积	公顷	60667	16678	22092	37000	6000
设施农业占地面积	公顷	480	177	1620	480	100
粮食总产量	吨	400460	122746	445523	200756	38560
棉花产量	吨					
油料产量	吨	247545	51516	117715	77809	10585
肉类总产量	吨	34834	10823	27558	15912	6149
规模以上工业企业单位数	个	43	15	39	40	34
规模以上工业总产值	万元	718000	447747	915025	1504911	1110889
固定资产投资	万元	1013258	336704	1177581	1407124	1050350
四、教育、卫生和社会保障						
普通中学在校学生数	人	12377	4284	15005	3690	2542
中等职业教育学校在校学生数	人			870		
小学在校学生数	人	12314	4061	13059	4434	3365
医疗卫生机构床位数	床	916	514	1225	410	295
各种社会福利收养性单位数	个	5	3	9	2	1
各种社会福利收养性单位床位数	床	981	420	880	200	152

2013年县(市)社会经济主要指标

内蒙古自治区

指　　标	单位	杭锦后旗	集宁区	卓资县	化德县	商都县
一、基本情况						
行政区域面积	平方公里	1752	407	3109	2527	4291
乡个数	个		1	3	3	10
镇个数	个	9	1	5	3	6
街道办事处个数	个		8			
户籍人口	万人	31	31	21	17	34
第二产业从业人员	人	14500	16123	18949	7381	13633
第三产业从业人员	人	46900	49127	30675	24007	30497
固定电话用户	户	50600	74625	8503	8663	12912
二、综合经济						
地区生产总值	万元	1270190	1538957	568841	425601	580235
第一产业增加值	万元	319333	41972	88441	76008	134110
农业增加值	万元	185360	17566	35144	24984	45519
牧业增加值	万元	112034	22014	51690	46300	82143
第二产业增加值	万元	647376	757728	284187	240082	266088
公共财政收入	万元	57503	245394	24524	17019	15543
各项税收	万元	82380	232743	21792	11981	12184
公共财政支出	万元	178006	278322	167481	148327	191821
居民储蓄存款余额	万元	487400	1718300	249173	192200	282251
年末金融机构各项贷款余额	万元	510100	1871900	207972	80300	148043
三、农业、工业及投资						
农业机械总动力	万千瓦特	87	2	10	13	24
机收面积	公顷	50667	267	1800	2267	5067
设施农业占地面积	公顷	442	400	636	46	69
粮食总产量	吨	394520	12061	75870	65453	117857
棉花产量	吨					
油料产量	吨	52120	1852	6226	3534	18739
肉类总产量	吨	42232	5245	23738	16283	22308
规模以上工业企业单位数	个	40	43	30	34	31
规模以上工业总产值	万元	1214303	1244955	721846	559236	762965
固定资产投资	万元	1034579	1816751	455141	470821	381332
四、教育、卫生和社会保障						
普通中学在校学生数	人	11831	31437	3551	4870	8652
中等职业教育学校在校学生数	人	1634		1049	601	1823
小学在校学生数	人	10296	22335	3274	5060	9859
医疗卫生机构床位数	床	915	2511	326	382	574
各种社会福利收养性单位数	个	3	9	3	11	3
各种社会福利收养性单位床位数	床	1330	970	350	449	430

2013 年县(市)社会经济主要指标

内蒙古自治区

指　　标	单位	兴和县	凉城县	察哈尔右翼前旗	察哈尔右翼中旗	察哈尔右翼后旗
一、基本情况						
行政区域面积	平方公里	3519	3451	2440	4200	3787
乡个数	个	4	3	4	7	3
镇个数	个	5	5	5	5	5
街道办事处个数	个		1			
户籍人口	万人	33	24	22	22	22
第二产业从业人员	人	2870	1378	22464	11710	11533
第三产业从业人员	人	7698	25811	11653	13025	21324
固定电话用户	户	9350	10021	9532	19890	8078
二、综合经济						
地区生产总值	万元	591131	761612	900872	436741	706333
第一产业增加值	万元	112834	172188	136744	128179	105226
农业增加值	万元	34356	65772	35498	45923	46958
牧业增加值	万元	69664	100550	98254	76841	52522
第二产业增加值	万元	276864	392320	560000	165911	453756
公共财政收入	万元	28503	35188	27153	12888	24117
各项税收	万元	43131	26077	52067	11417	17594
公共财政支出	万元	197581	157840	191163	151826	157840
居民储蓄存款余额	万元	322700	271400	235200	158700	199846
年末金融机构各项贷款余额	万元	406500	200262	182940	216424	102157
三、农业、工业及投资						
农业机械总动力	万千瓦特	18	24	21	23	16
机收面积	公顷	2333	2367	3000	4800	3667
设施农业占地面积	公顷	135	165	678	127	27
粮食总产量	吨	109775	255000	105240	104551	104551
棉花产量	吨					
油料产量	吨	15360	3673	5812	14503	1351
肉类总产量	吨	24233	25067	20024	16698	13226
规模以上工业企业单位数	个	21	12	72	20	51
规模以上工业总产值	万元	719682	558034	1756201	365870	1480116
固定资产投资	万元	560808	200438	680581	375282	550073
四、教育、卫生和社会保障						
普通中学在校学生数	人	5900	8211	5229	4883	
中等职业教育学校在校学生数	人		355	372	811	
小学在校学生数	人	9921	8294	4247	4484	5721
医疗卫生机构床位数	床	489	451	366	447	466
各种社会福利收养性单位数	个	9	3	5	6	19
各种社会福利收养性单位床位数	床	888	2650	618	883	2893

2013 年县(市)社会经济主要指标

内蒙古自治区

指　　标	单位	四子王旗	丰镇市	乌兰浩特市	阿尔山市	科尔沁右翼前旗
一、基本情况						
行政区域面积	平方公里	24016	2704	2728	7409	16964
乡个数	个	13	3			5
镇个数	个	4	5	4	4	9
街道办事处个数	个		5	8	4	
户籍人口	万人	22	34	32	5	34
第二产业从业人员	人	4850	36166	16687	1756	13052
第三产业从业人员	人	16973	40069	115800	11206	12973
固定电话用户	户	11000	23284	59850	2933	24559
二、综合经济						
地区生产总值	万元	497437	1325694	1361940	138167	813697
第一产业增加值	万元	151902	162697	100636	26755	344602
农业增加值	万元	74712	58516	60658	16127	207708
牧业增加值	万元	74928	99368	35260	9374	120739
第二产业增加值	万元	176160	798884	635346	35058	264914
公共财政收入	万元	16572	40927	57427	13063	22682
各项税收	万元	13769	35048	45640	5594	17574
公共财政支出	万元	214888	227433	246343	108167	272800
居民储蓄存款余额	万元	213600	419300	949158	94171	149208
年末金融机构各项贷款余额	万元	183479	416062	1290316	101579	273264
三、农业、工业及投资						
农业机械总动力	万千瓦特	35	20	24	5	95
机收面积	公顷	5867	2667	36512	13281	36933
设施农业占地面积	公顷		710	793	31	311
粮食总产量	吨	150957	88003	230000	60000	1029990
棉花产量	吨					
油料产量	吨	40245	3500	1828	6397	17647
肉类总产量	吨	27299	16503	12532	1661	72495
规模以上工业企业单位数	个	37	46	59	2	33
规模以上工业总产值	万元	503118	2280223	1263098	6520	631579
固定资产投资	万元	320268	650529	1076392	406255	899769
四、教育、卫生和社会保障						
普通中学在校学生数	人	6711	7829	23824	768	17600
中等职业教育学校在校学生数	人	590	228	8840		
小学在校学生数	人	6877	10513	19206	1085	14155
医疗卫生机构床位数	床	697	524	2410	176	1146
各种社会福利收养性单位数	个	8	4	1	1	18
各种社会福利收养性单位床位数	床	485	784	148	60	361

2013年县(市)社会经济主要指标

内蒙古自治区

指　　标	单位	科尔沁右翼中旗	扎赉特旗	突泉县	二连浩特市	锡林浩特市
一、基本情况						
行政区域面积	平方公里	15613	11187	4800	4013	14780
乡个数	个	6	6	3		4
镇个数	个	6	7	6	1	1
街道办事处个数	个					7
户籍人口	万人	26	40	31	3	18
第二产业从业人员	人	8189	9684	17020	2630	31807
第三产业从业人员	人	35541	17400	21495	28721	76952
固定电话用户	户	9348	18110	26350	13577	53684
二、综合经济						
地区生产总值	万元	519289	762618	605850	790402	2064748
第一产业增加值	万元	178872	354947	236490	5006	115835
农业增加值	万元	107814	213944	143650	1401	23762
牧业增加值	万元	62672	124363	81884	3405	90189
第二产业增加值	万元	178785	192670	254141	310619	1296522
公共财政收入	万元	16170	12290	7363	40241	224869
各项税收	万元	13098	9132	7002	73279	357919
公共财政支出	万元	215032	253348	206827	123702	278294
居民储蓄存款余额	万元	149571	265502	245685	338441	1049979
年末金融机构各项贷款余额	万元	166511	355205	232935	498141	2375921
三、农业、工业及投资						
农业机械总动力	万千瓦特	56	153	52		13
机收面积	公顷	97223	136667	50000		20667
设施农业占地面积	公顷	65	191	1889	70	22
粮食总产量	吨	565010	1109980	1005020	360	34744
棉花产量	吨					
油料产量	吨	82622	22856	1383		2625
肉类总产量	吨	28493	71169	27339	1521	19390
规模以上工业企业单位数	个	27	27	31	31	78
规模以上工业总产值	万元	311624	474494	465013	534974	1988291
固定资产投资	万元	818649	697614	789123	404066	1510081
四、教育、卫生和社会保障						
普通中学在校学生数	人	10544	11460	12608	3366	21871
中等职业教育学校在校学生数	人	157		1249		1992
小学在校学生数	人	15361	18475	12989	5403	16498
医疗卫生机构床位数	床	1284	790	793	229	1316
各种社会福利收养性单位数	个	6	11	8	1	6
各种社会福利收养性单位床位数	床	496	530	639	130	480

2013 年县(市)社会经济主要指标

内蒙古自治区

指　　标	单位	阿巴嘎旗	苏尼特左旗	苏尼特右旗	东乌珠穆沁旗	西乌珠穆沁旗
一、基本情况						
行政区域面积	平方公里	27474	34240	22455	45575	22459
乡个数	个	4	4	4	4	7
镇个数	个	3	3	3	6	5
街道办事处个数	个				7	5
户籍人口	万人	5	3	7	8	8
第二产业从业人员	人	3872	2347	7000	8028	9664
第三产业从业人员	人	11405	7958	11800	15710	12038
固定电话用户	户	3100	2469	1920	7075	4610
二、综合经济						
地区生产总值	万元	538121	403077	492945	1476836	1120048
第一产业增加值	万元	66461	49031	45094	181636	129438
农业增加值	万元	8008	3565	6133	31698	10481
牧业增加值	万元	57958	44693	37834	148788	118320
第二产业增加值	万元	394045	274441	331497	1112786	864512
公共财政收入	万元	16786	18464	25362	116871	161972
各项税收	万元	22355	24355	40768	193510	282776
公共财政支出	万元	73439	79085	110534	193085	190335
居民储蓄存款余额	万元	93575	73049	177349	247696	193802
年末金融机构各项贷款余额	万元	83521	61691	137848	227229	463696
三、农业、工业及投资						
农业机械总动力	万千瓦特	6	10	6	18	10
机收面积	公顷		2000		25267	
设施农业占地面积	公顷				34	49
粮食总产量	吨			443	75634	85
棉花产量	吨					
油料产量	吨			397	8417	4128
肉类总产量	吨	32361	18981	17055	60764	34903
规模以上工业企业单位数	个	29	14	35	46	28
规模以上工业总产值	万元	606314	353342	556176	1686024	1320784
固定资产投资	万元	389830	298230	393907	1315244	1127307
四、教育、卫生和社会保障						
普通中学在校学生数	人	1014	1243	2040	3776	2940
中等职业教育学校在校学生数	人			1251		
小学在校学生数	人	1949	1685	3624	6149	4716
医疗卫生机构床位数	床	207	119	176	313	388
各种社会福利收养性单位数	个	1	1	3	2	3
各种社会福利收养性单位床位数	床	100	100	128	62	288

2013年县(市)社会经济主要指标

内蒙古自治区

指　　标	单位	太仆寺旗	镶黄旗	正镶白旗	正蓝旗	多伦县
一、基本情况						
行政区域面积	平方公里	3426	5137	6215	10206	3864
乡个数	个	2	2	3	7	3
镇个数	个	5	2	2	2	2
街道办事处个数	个					
户籍人口	万人	21	3	7	8	11
第二产业从业人员	人	2693	160	1499	3358	9682
第三产业从业人员	人	6226	3462	3252	10758	18200
固定电话用户	户	14433	1670	3200	6300	5206
二、综合经济						
地区生产总值	万元	413372	444589	251801	600638	731067
第一产业增加值	万元	110939	29314	43276	59350	82350
农业增加值	万元	64232	3970	11627	13153	35916
牧业增加值	万元	41555	24446	30605	44623	44061
第二产业增加值	万元	166133	341650	130391	423226	527546
公共财政收入	万元	9316	20140	9841	41804	30051
各项税收	万元	18004	24745	11496	37684	60584
公共财政支出	万元	124387	69410	86048	105846	94597
居民储蓄存款余额	万元	249706	57522	84721	167524	186360
年末金融机构各项贷款余额	万元	173582	53493	83850	589205	289488
三、农业、工业及投资						
农业机械总动力	万千瓦特	23	4	11	15	20
机收面积	公顷	77800	186	12402	17700	32667
设施农业占地面积	公顷	2000		24	9	56
粮食总产量	吨	158590	2197	7765	39700	47553
棉花产量	吨					
油料产量	吨	9407	8	2769	597	774
肉类总产量	吨	14333	7109	13658	23078	20389
规模以上工业企业单位数	个	25	26	15	9	24
规模以上工业总产值	万元	208434	597059	134114	744455	930507
固定资产投资	万元	297545	168080	187017	352778	450516
四、教育、卫生和社会保障						
普通中学在校学生数	人	5786	1008	1078	1472	4969
中等职业教育学校在校学生数	人		116		56	1423
小学在校学生数	人	4888	1507	2361	3082	5711
医疗卫生机构床位数	床	311	146	166	216	451
各种社会福利收养性单位数	个	11	1	2	5	4
各种社会福利收养性单位床位数	床	466	30	240	310	272

2013年县(市)社会经济主要指标

内蒙古自治区、辽宁省

指　　标	单位	阿拉善左旗	阿拉善右旗	额济纳旗	辽中县	康平县
一、基本情况						
行政区域面积	平方公里	80412	73443	114606	1470	2175
乡个数	个	6	4	5		7
镇个数	个	9	3	3	15	5
街道办事处个数	个	4			2	3
户籍人口	万人	14	3	2	47	32
第二产业从业人员	人	53826	3586	2896	42514	14846
第三产业从业人员	人	73246	5922	6586	65835	31024
固定电话用户	户	30058	3261	5751	135116	66500
二、综合经济						
地区生产总值	万元	3613470	359615	471313	3920163	1975360
第一产业增加值	万元	75095	22559	15849	724127	348571
农业增加值	万元	43369	13137	9301	272540	148882
牧业增加值	万元	26805	7798	5279	379268	189474
第二产业增加值	万元	3051334	264789	276135	2208160	1107286
公共财政收入	万元	238994	15476	67566	246077	169590
各项税收	万元	214705	25328	48567	192277	137669
公共财政支出	万元	705881	89953	135743	331685	312622
居民储蓄存款余额	万元	994916	106136	114548	1027167	533519
年末金融机构各项贷款余额	万元	2519072	43315	140213	531175	411281
三、农业、工业及投资						
农业机械总动力	万千瓦特	22	3	5	41	36
机收面积	公顷	19224	443	333	45067	31100
设施农业占地面积	公顷	163	4	5	9495	855
粮食总产量	吨	185939	15500	1994	614490	563000
棉花产量	吨	102	178	1292		
油料产量	吨	17331	2097		9075	85481
肉类总产量	吨	11289	2932	1556	221226	137577
规模以上工业企业单位数	个	102	17	8	431	485
规模以上工业总产值	万元	4581637	401300	431663	10100093	5972168
固定资产投资	万元	2438449	201085	392162	3887350	2031817
四、教育、卫生和社会保障						
普通中学在校学生数	人	6077	1179	868	20422	13896
中等职业教育学校在校学生数	人	2683	62	15		850
小学在校学生数	人	8623	1058	1145	24619	16302
医疗卫生机构床位数	床	1063	102	166	1180	1285
各种社会福利收养性单位数	个	2	1	1	11	8
各种社会福利收养性单位床位数	床	454	104	104	1820	1230

2013年县(市)社会经济主要指标

辽宁省

指　　标	单位	法库县	新民市	长海县	瓦房店市	普兰店市
一、基本情况						
行政区域面积	平方公里	2281	3297	142	3643	3375
乡个数	个	5	6	3	8	3
镇个数	个	14	18	2	13	5
街道办事处个数	个		5		9	15
户籍人口	万人	45	69	7	100	93
第二产业从业人员	人	31364	54679	3190	177270	217591
第三产业从业人员	人	51872	71408	16237	155533	124547
固定电话用户	户	61442	137600	23000	460000	186459
二、综合经济						
地区生产总值	万元	2968933	4516339	844786	10559408	7823705
第一产业增加值	万元	456240	781723	490986	900022	955761
农业增加值	万元	186060	394976	1145	398837	407065
牧业增加值	万元	248192	339533	810	209965	298168
第二产业增加值	万元	1887119	2643387	82479	6930966	4747100
公共财政收入	万元	277348	299662	50078	765600	486042
各项税收	万元	217564	246958	22590	562231	343334
公共财政支出	万元	395700	450905	78354	906680	568341
居民储蓄存款余额	万元	669317	1279774	306152	3899345	2922947
年末金融机构各项贷款余额	万元	548565	766500	184431	3858634	2441388
三、农业、工业及投资						
农业机械总动力	万千瓦特	52	103	6	120	90
机收面积	公顷	31400	76667	135	30000	29870
设施农业占地面积	公顷	4734	19822	11	4400	6826
粮食总产量	吨	765000	1053673	2801	465275	405000
棉花产量	吨	10			17	
油料产量	吨	28985	17983	4	3836	9611
肉类总产量	吨	193951	175107	937	248199	279901
规模以上工业企业单位数	个	334	375	6	925	435
规模以上工业总产值	万元	11811730	11770284	92350	26008893	14273530
固定资产投资	万元	3346659	3973341	665000	9233354	6706260
四、教育、卫生和社会保障						
普通中学在校学生数	人	10273	18524	3268	32143	31736
中等职业教育学校在校学生数	人	420	644	709	2138	1979
小学在校学生数	人	19607	34643	3543	34917	34292
医疗卫生机构床位数	床	384	2063	232	6332	3365
各种社会福利收养性单位数	个	8	10	4	37	31
各种社会福利收养性单位床位数	床	1310	2000	454	4900	4354

2013 年县(市)社会经济主要指标

辽宁省

指　　标	单位	庄河市	台安县	岫岩满族自治县	海城市	抚顺县
一、基本情况						
行政区域面积	平方公里	4114	1393	4502	2563	1754
乡个数	个	6		3		4
镇个数	个	15	10	18	21	4
街道办事处个数	个	5	4	5	6	2
户籍人口	万人	90	38	52	109	12
第二产业从业人员	人	152499	36785	56463	303742	13303
第三产业从业人员	人	172489	57724	70721	255950	15677
固定电话用户	户	215809	123454	245622	216253	43852
二、综合经济						
地区生产总值	万元	8184716	2728401	2202859	8775709	844154
第一产业增加值	万元	1168403	470515	296874	451874	167512
农业增加值	万元	295977	207897	192019	232840	70208
牧业增加值	万元	230721	245118	90161	203101	46140
第二产业增加值	万元	4876875	1429140	1221283	4339302	475819
公共财政收入	万元	515924	110099	151080	410017	88181
各项税收	万元	374623	93829	62297	440626	67170
公共财政支出	万元	628968	206890	275037	539912	139640
居民储蓄存款余额	万元	2900132	682618	1253726	3986242	301001
年末金融机构各项贷款余额	万元	2525896	599599	775263	1849743	217216
三、农业、工业及投资						
农业机械总动力	万千瓦特	77	41	34	65	12
机收面积	公顷	21729	41677	11330	44142	2400
设施农业占地面积	公顷	5395	12000	1887	7063	286
粮食总产量	吨	580000	515000	247428	575000	118403
棉花产量	吨					
油料产量	吨	3914	8465	6320	1226	1021
肉类总产量	吨	216036	439480	100525	127826	29793
规模以上工业企业单位数	个	538	197	157	583	106
规模以上工业总产值	万元	18865942	4209600	3948500	12911600	3037157
固定资产投资	万元	5781593	2096754	1117675	7177794	432662
四、教育、卫生和社会保障						
普通中学在校学生数	人	32007	9816	12789	32395	2932
中等职业教育学校在校学生数	人	1418	936	881	2626	
小学在校学生数	人	31939	17994	28633	68641	4814
医疗卫生机构床位数	床	3033	1292	1656	3431	449
各种社会福利收养性单位数	个	30	15	28	40	8
各种社会福利收养性单位床位数	床	5687	1500	2527	3421	545

2013年县(市)社会经济主要指标

辽宁省

指　标	单位	新宾满族自治县	清原满族自治县	本溪满族自治县	桓仁满族自治县	宽甸满族自治县
一、基本情况						
行政区域面积	平方公里	4287	3921	3343	3547	6115
乡个数	个	6	5	1	8	3
镇个数	个	9	9	10	4	19
街道办事处个数	个	13		1	1	
户籍人口	万人	30	33	29	30	49
第二产业从业人员	人	15419	16777	29685	29146	
第三产业从业人员	人	32400	34034	38031	52826	
固定电话用户	户	65570	71080	78203	55338	136535
二、综合经济						
地区生产总值	万元	1272560	1520230	1794023	1707027	2113230
第一产业增加值	万元	254701	255875	212589	253572	281648
农业增加值	万元	108546	100012	63515	94555	115799
牧业增加值	万元	73176	75448	46733	39005	67214
第二产业增加值	万元	589746	855854	1062527	853200	1104721
公共财政收入	万元	107290	138989	197480	148823	235810
各项税收	万元	85625	113145	178078	102767	186190
公共财政支出	万元	234788	290840	284369	265785	323177
居民储蓄存款余额	万元	674775	679350	837594	797101	1034122
年末金融机构各项贷款余额	万元	316430	425900	151308	430194	548088
三、农业、工业及投资						
农业机械总动力	万千瓦特	29	21	21	19	52
机收面积	公顷	11333	1317	67001	8167	9333
设施农业占地面积	公顷	310	148	23	244	621
粮食总产量	吨	205000	190000	110000	135146	149823
棉花产量	吨					
油料产量	吨	63	130	486	275	812
肉类总产量	吨	50434	52522	42841	29372	60961
规模以上工业企业单位数	个	166	168	104	82	155
规模以上工业总产值	万元	2492845	3605965	2592600	1176642	2018223
固定资产投资	万元	1180470	1216216	1404300	1170426	1592415
四、教育、卫生和社会保障						
普通中学在校学生数	人	9767	7927	10996	5055	15358
中等职业教育学校在校学生数	人	1125	917	430	2105	874
小学在校学生数	人	13027	13364	11668	11292	20755
医疗卫生机构床位数	床	804	1115	1142	781	2169
各种社会福利收养性单位数	个	16	21	6	8	12
各种社会福利收养性单位床位数	床	1068	938	550	1242	1006

2013 年县（市）社会经济主要指标

辽宁省

指　　标	单位	东港市	凤城市	黑山县	义县	凌海市
一、基本情况						
行政区域面积	平方公里	2399	5515	2497	2476	2585
乡个数	个	1	1	4	7	5
镇个数	个	14	17	16	9	13
街道办事处个数	个	3	3	2	2	2
户籍人口	万人	61	57	62	42	52
第二产业从业人员	人			31842	42866	52303
第三产业从业人员	人			68052	62301	49967
固定电话用户	户	176487	151000	211065	80450	91000
二、综合经济						
地区生产总值	万元	5115706	4560756	1796371	1178300	2656900
第一产业增加值	万元	712548	294852	520823	223397	527002
农业增加值	万元	247129	124427	203387	83106	255791
牧业增加值	万元	65223	106758	307519	137497	166542
第二产业增加值	万元	2433341	2578229	580379	730998	1570661
公共财政收入	万元	358511	311277	126700	117266	236018
各项税收	万元	274364	216832	90865	88951	181537
公共财政支出	万元	532991	471945	290568	233473	307811
居民储蓄存款余额	万元	2201234	1642255	1145036	688743	1132808
年末金融机构各项贷款余额	万元	1714913	1010327	597188	473253	955576
三、农业、工业及投资						
农业机械总动力	万千瓦特	63	70	76	43	72
机收面积	公顷	42666	14000	60667	26000	36800
设施农业占地面积	公顷	7030	1591	28093	2800	3980
粮食总产量	吨	500974	248040	1025000	310000	560000
棉花产量	吨					
油料产量	吨	7513	3026	65225	22379	10022
肉类总产量	吨	99917	149571	296315	116605	144378
规模以上工业企业单位数	个	266	186	188	142	195
规模以上工业总产值	万元	5184014	2626038	4047106	3110605	7775226
固定资产投资	万元	2100761	1624262	1065481	1119736	1483615
四、教育、卫生和社会保障						
普通中学在校学生数	人	19567	18055	18986	14906	23134
中等职业教育学校在校学生数	人	1539	3345	1200	2694	1452
小学在校学生数	人	30841	34770	25613	20178	27728
医疗卫生机构床位数	床	2626	1938	1954	1050	1267
各种社会福利收养性单位数	个	23	19	25	18	26
各种社会福利收养性单位床位数	床	1701	2200	1872	1884	1820

2013年县(市)社会经济主要指标

辽宁省

指标	单位	北镇市	盖州市	大石桥市	阜新蒙古族自治县	彰武县
一、基本情况						
行政区域面积	平方公里	1694	2946	1598	6246	3623
乡个数	个	6	5		3	8
镇个数	个	11	16	13	32	16
街道办事处个数	个	2	8	4	1	
户籍人口	万人	52	70	70	72	41
第二产业从业人员	人	23289	68032	93551	56922	17914
第三产业从业人员	人	11609	82655	85564	29783	52553
固定电话用户	户	110175		149324		115913
二、综合经济						
地区生产总值	万元	1461930	2303096	5141337	1737678	1257790
第一产业增加值	万元	474712	365546	444485	631497	527658
农业增加值	万元	326855	176038	219331	355885	281716
牧业增加值	万元	135244	85653	155021	262758	202625
第二产业增加值	万元	524041	1082536	3156336	544947	321426
公共财政收入	万元	193453	228021	279493	117164	91872
各项税收	万元	102661	176230	197071	116792	66644
公共财政支出	万元	261739	408668	403057	388764	269386
居民储蓄存款余额	万元	1269832	1325568	2138046	925487	609817
年末金融机构各项贷款余额	万元	788702	892085	1980157	924807	658902
三、农业、工业及投资						
农业机械总动力	万千瓦特	73	40	46	164	68
机收面积	公顷	40000	18667	26667	154067	72377
设施农业占地面积	公顷	10822	5607	1286	6667	1951
粮食总产量	吨	544500	154774	455000	1575500	840000
棉花产量	吨		5			
油料产量	吨	15450	246	127	375092	204872
肉类总产量	吨	157704	81813	108127	397527	180208
规模以上工业企业单位数	个	110	237	293	119	103
规模以上工业总产值	万元	2803720	3305367	8075091	1416220	1128536
固定资产投资	万元	1065257	1960281	1925634	1328839	1150226
四、教育、卫生和社会保障						
普通中学在校学生数	人	19914	18160	27510	32561	14398
中等职业教育学校在校学生数	人	1548	1243	1780		1125
小学在校学生数	人	24762	38973	35335	34090	20309
医疗卫生机构床位数	床	1410	2043	2414	1347	1455
各种社会福利收养性单位数	个	18	25	7	31	16
各种社会福利收养性单位床位数	床	1090	2235	1300	1730	1081

2013年县(市)社会经济主要指标

辽宁省

指 标	单位	辽阳县	灯塔市	大洼县	盘山县	铁岭县
一、基本情况						
行政区域面积	平方公里	2485	1166	1734	2008	2250
乡个数	个	3	1		13	2
镇个数	个	12	10	15	13	12
街道办事处个数	个		3	2		
户籍人口	万人	48	45	39	28	39
第二产业从业人员	人	59666	66253	39789	28163	44569
第三产业从业人员	人	58899	64150	52885	40733	58840
固定电话用户	户	154992	100000	103570	73000	36600
二、综合经济						
地区生产总值	万元	2636498	2550638	3340290	1838038	3031345
第一产业增加值	万元	250332	261780	629633	463498	363221
农业增加值	万元	102662	132139	281834	207406	137023
牧业增加值	万元	101252	95313	69384	90050	201984
第二产业增加值	万元	1984580	1747805	2137464	1027394	1807374
公共财政收入	万元	281257	259779	393134	371564	162122
各项税收	万元	135547	294155	365033	152117	139446
公共财政支出	万元	258909	322948	559338	369550	231705
居民储蓄存款余额	万元	1239079	1285930	954683	803877	1016384
年末金融机构各项贷款余额	万元	1008574	896958	1104897	450263	1046614
三、农业、工业及投资						
农业机械总动力	万千瓦特	29	29	31	36	39
机收面积	公顷	34993	29800	33656	31867	37667
设施农业占地面积	公顷	2381	2404	4139	5212	5964
粮食总产量	吨	420000	425000	513237	505000	555000
棉花产量	吨					
油料产量	吨	1248	1945		228	274
肉类总产量	吨	53267	55105	140031	73469	178500
规模以上工业企业单位数	个	194	200	173	162	381
规模以上工业总产值	万元	4995098	7175870	7639188	3865955	8551644
固定资产投资	万元	1509761	1476090	5528684	1826408	2332972
四、教育、卫生和社会保障						
普通中学在校学生数	人	12751	17476	18931	22104	11467
中等职业教育学校在校学生数	人	1568	849	4529	1277	1372
小学在校学生数	人	20677	21419	20822	12619	15154
医疗卫生机构床位数	床	1876	871	1355	536	936
各种社会福利收养性单位数	个	13	14	14	13	6
各种社会福利收养性单位床位数	床	1353	1493	756	1449	830

2013年县(市)社会经济主要指标

辽宁省

指标	单位	西丰县	昌图县	调兵山市	开原市	朝阳县
一、基本情况						
行政区域面积	平方公里	2685	4317	262	2838	3762
乡个数	个	6			2	15
镇个数	个	12	33	3	16	12
街道办事处个数	个	2	48	2	3	
户籍人口	万人	34	103	24	58	56
第二产业从业人员	人	17773	831	63463	61101	71764
第三产业从业人员	人	49516	22072	9032	123709	58756
固定电话用户	户	42554	186850	27232	126874	89150
二、综合经济						
地区生产总值	万元	802563	3002493	1801050	3300858	1465606
第一产业增加值	万元	249598	804525	77409	474626	368547
农业增加值	万元	82258	344097	27845	173762	215282
牧业增加值	万元	147228	438021	48120	266012	129301
第二产业增加值	万元	317534	1436727	1234087	1806737	648744
公共财政收入	万元	69260	105681	229541	249168	136527
各项税收	万元	44527	79478	105532	211153	95440
公共财政支出	万元	175222	446875	139418	362039	300055
居民储蓄存款余额	万元	443451	1133975	1102879	1062520	322834
年末金融机构各项贷款余额	万元	430851	1062178	893588	973137	301459
三、农业、工业及投资						
农业机械总动力	万千瓦特	43	98	8	54	35
机收面积	公顷	487	128800	4000	40000	16667
设施农业占地面积	公顷	1200	8700	48	2743	15160
粮食总产量	吨	260000	2116299	69853	590000	503300
棉花产量	吨					190
油料产量	吨	85	152771		3163	5218
肉类总产量	吨	119279	729194	38037	323802	129128
规模以上工业企业单位数	个	71	283	91	268	97
规模以上工业总产值	万元	898801	5821200	2819982	8249152	1840896
固定资产投资	万元	450000	1475556	1100593	3004000	1042239
四、教育、卫生和社会保障						
普通中学在校学生数	人	11079	25613	5575	12912	23712
中等职业教育学校在校学生数	人	652		556	662	1165
小学在校学生数	人	13874	52301	9907	26092	35513
医疗卫生机构床位数	床	1077	2043	1013	1282	1102
各种社会福利收养性单位数	个	20	18	3	6	29
各种社会福利收养性单位床位数	床	850	1950	240	2500	2352

2013年县(市)社会经济主要指标

辽宁省

指　　　标	单位	建平县	喀喇沁左翼蒙古族自治县	北票市	凌源市	绥中县
一、基本情况						
行政区域面积	平方公里	4868	2238	4469	3282	2763
乡个数	个	8	9	17	9	11
镇个数	个	16	12	10	13	14
街道办事处个数	个	5	3	7	8	
户籍人口	万人	58	42	56	65	65
第二产业从业人员	人	55686	19438	52559	67282	42673
第三产业从业人员	人	88853	66644	126341	68827	46158
固定电话用户	户	140980	80686	112000	121000	119321
二、综合经济						
地区生产总值	万元	2080365	1240576	2305298	1960534	1674536
第一产业增加值	万元	362722	345645	459954	419208	407036
农业增加值	万元	162220	259302	280064	267825	181431
牧业增加值	万元	130186	68466	158138	138587	116312
第二产业增加值	万元	1110367	550790	1253754	865720	715960
公共财政收入	万元	251205	85638	221120	146077	171610
各项税收	万元	180691	75147	263514	105932	128364
公共财政支出	万元	425552	236495	423628	310644	325800
居民储蓄存款余额	万元	1431439	743254	1141920	1463325	1421855
年末金融机构各项贷款余额	万元	855591	533298	739086	1033489	1041477
三、农业、工业及投资						
农业机械总动力	万千瓦特	60	24	39	25	74
机收面积	公顷	28867	16000	636	1260	23333
设施农业占地面积	公顷	3402	22467	11262	28211	5705
粮食总产量	吨	915000	270000	505000	211474	391041
棉花产量	吨		6	963		
油料产量	吨	4306	5264	1800	94	11342
肉类总产量	吨	85355	92609	153336	125881	279134
规模以上工业企业单位数	个	154	146	180	106	77
规模以上工业总产值	万元	1649179	2087453	2703310	1150759	1993052
固定资产投资	万元	1031040	1111351	1686027	940407	1876129
四、教育、卫生和社会保障						
普通中学在校学生数	人	26910	23206	26868	32385	30288
中等职业教育学校在校学生数	人	5287	632		2000	1243
小学在校学生数	人	31550	21830	27520	43305	37023
医疗卫生机构床位数	床	1923	1310	2871	2623	1145
各种社会福利收养性单位数	个	16	6	75	19	21
各种社会福利收养性单位床位数	床	1879	940	3000	646	1785

2013年县(市)社会经济主要指标

辽宁省、吉林省

指标	单位	建昌县	兴城市	农安县	九台市	榆树市
一、基本情况						
行政区域面积	平方公里	3195	2119	5415	3375	4712
乡个数	个	21	13	10	2	9
镇个数	个	7	6	12	12	15
街道办事处个数	个		9		4	4
户籍人口	万人	63	54	113	82	128
第二产业从业人员	人	56518	54595	96124	106505	137071
第三产业从业人员	人	125823	54216	81033	75143	121399
固定电话用户	户	98400	118570	121426	187102	122016
二、综合经济						
地区生产总值	万元	553620	1489194	3524415	3643377	3671842
第一产业增加值	万元	152506	192723	927858	394239	991841
农业增加值	万元	84113	50457	568832	248076	651375
牧业增加值	万元	62003	59361	346740	140495	334074
第二产业增加值	万元	176514	754680	1078279	1923879	1007943
公共财政收入	万元	60016	132741	133815	159395	107000
各项税收	万元	48268	121085	97832	128598	68273
公共财政支出	万元	222569	285846	407852	436249	455647
居民储蓄存款余额	万元	710982	1341000	1526672	1207469	1280872
年末金融机构各项贷款余额	万元	579542	1137000	1378936	798799	1380475
三、农业、工业及投资						
农业机械总动力	万千瓦特	36	21	192	84	137
机收面积	公顷		28000	188800	57900	180000
设施农业占地面积	公顷	1415	1954	426	485	2070
粮食总产量	吨	345151	272649	3203199	1083512	3334212
棉花产量	吨	4				
油料产量	吨	113	38759	15945	134	278
肉类总产量	吨	74515	101842	358175	194430	255824
规模以上工业企业单位数	个	36	93	89	209	65
规模以上工业总产值	万元	214562	1796207	2336111	4368353	1633274
固定资产投资	万元	448720	1456354	2080207	2551242	1962018
四、教育、卫生和社会保障						
普通中学在校学生数	人	27730	15364	42415	28260	53298
中等职业教育学校在校学生数	人	1640	1225	7682	722	1609
小学在校学生数	人	37963	30451	53923	49494	59132
医疗卫生机构床位数	床	1800	1455	2493	3087	2841
各种社会福利收养性单位数	个	16	8	31	24	46
各种社会福利收养性单位床位数	床	1788	1031	2859	3700	4420

2013 年县(市)社会经济主要指标

吉林省

指　　标	单位	德惠市	永吉县	蛟河市	桦甸市	舒兰市
一、基本情况						
行政区域面积	平方公里	3435	2625	6364	6625	4557
乡个数	个	4	2	2	3	5
镇个数	个	12	7	8	6	10
街道办事处个数	个	4		7	5	5
户籍人口	万人	93	39	44	45	65
第二产业从业人员	人	121465	25043	36047	43457	43713
第三产业从业人员	人	97061	68385	51281	91648	55610
固定电话用户	户	130064	5465	137621	62417	77000
二、综合经济						
地区生产总值	万元	3601061	1314452	2120505	3033852	2007092
第一产业增加值	万元	685290	213917	347989	416145	524438
农业增加值	万元	388845	182035	254594	331028	331294
牧业增加值	万元	288324	22631	53617	26798	167020
第二产业增加值	万元	1477813	546573	1060163	1798084	632132
公共财政收入	万元	120397	67919	77427	157255	67550
各项税收	万元	92461	50637	61547	116166	47469
公共财政支出	万元	372843	186079	236874	330050	299061
居民储蓄存款余额	万元	1489145	530576	809700	806411	889074
年末金融机构各项贷款余额	万元	936584	686059	745900	500153	592508
三、农业、工业及投资						
农业机械总动力	万千瓦特	107	41	51	50	91
机收面积	公顷	90000	32400	26300	14800	59700
设施农业占地面积	公顷	866	419	107	145	316
粮食总产量	吨	1506595	551000	615500	700000	946500
棉花产量	吨					
油料产量	吨	3203		1117	2260	27
肉类总产量	吨	292150	36172	68544	54942	140491
规模以上工业企业单位数	个	138	64	126	174	115
规模以上工业总产值	万元	3509120	1564436	2287428	3381494	1669431
固定资产投资	万元	2061326	950000	1603556	1715683	1415360
四、教育、卫生和社会保障						
普通中学在校学生数	人	41136	7851	16575	16013	24375
中等职业教育学校在校学生数	人	98	710		1378	791
小学在校学生数	人	59646	18257	21547	31909	31803
医疗卫生机构床位数	床	3022	1138	1384	2738	2104
各种社会福利收养性单位数	个	18	11	26	23	32
各种社会福利收养性单位床位数	床	1425	1297	502	2191	1568

2013年县(市)社会经济主要指标

吉林省

指　　标	单位	磐石市	梨树县	伊通满族自治县	公主岭市	双辽市
一、基本情况						
行政区域面积	平方公里	3867	3232	2524	4140	3121
乡个数	个	1	6	3	2	4
镇个数	个	13	15	12	18	8
街道办事处个数	个	4			10	6
户籍人口	万人	53	70	46	107	39
第二产业从业人员	人	58751	10710	10431	19628	4275
第三产业从业人员	人	102025	32130	68478	15369	18982
固定电话用户	户	118131	76000	39902	235530	45306
二、综合经济						
地区生产总值	万元	2933445	3518885	1548181	3850512	1920921
第一产业增加值	万元	470289	915750	409534	989950	364763
农业增加值	万元	214370	531388	162304	635603	216079
牧业增加值	万元	238011	376680	244233	347347	143935
第二产业增加值	万元	1381169	1254974	424168	1519558	1036454
公共财政收入	万元	133699	55574	48022	165204	48022
各项税收	万元	95282	29207	28739	97343	34149
公共财政支出	万元	284969	293915	202720	446677	216571
居民储蓄存款余额	万元	803545	914802	572721	1772377	487643
年末金融机构各项贷款余额	万元	882939	696757	546119	1302081	681319
三、农业、工业及投资						
农业机械总动力	万千瓦特	47	54	36	100	61
机收面积	公顷	38000	116200	32000	166600	70700
设施农业占地面积	公顷	338	1416	76	1660	365
粮食总产量	吨	750000	2204000	1038000	3203000	1183500
棉花产量	吨					
油料产量	吨	530	20530		1122	50569
肉类总产量	吨	161326	258518	67711	168976	122129
规模以上工业企业单位数	个	139	52	36	127	62
规模以上工业总产值	万元	3165993	3467899	1314724	4041302	2702843
固定资产投资	万元	1947163	687554	491093	2883971	901908
四、教育、卫生和社会保障						
普通中学在校学生数	人	23364	21338	19852	41207	10657
中等职业教育学校在校学生数	人	1292	1855	1159	2612	3961
小学在校学生数	人	22064	39335	25747	62675	24606
医疗卫生机构床位数	床	1426	1996	1467	3859	1546
各种社会福利收养性单位数	个	23	23	22	32	17
各种社会福利收养性单位床位数	床	1642	1966	1740	3619	1561

2013 年县（市）社会经济主要指标

吉林省

指　　标	单位	东丰县	东辽县	通化县	辉南县	柳河县
一、基本情况						
行政区域面积	平方公里	2522	2184	3726	2272	3346
乡个数	个	2	4	5	1	3
镇个数	个	12	9	10	10	12
街道办事处个数	个					
户籍人口	万人	40	35	24	34	37
第二产业从业人员	人	3243	31824	21725	25866	23079
第三产业从业人员	人	13830	40790	23482	55055	42772
固定电话用户	户	67210	36134	52000	45100	52170
二、综合经济						
地区生产总值	万元	1623251	1378093	1263751	886050	1007467
第一产业增加值	万元	310990	217511	94651	190600	233858
农业增加值	万元	129401	90915	56265	127297	130683
牧业增加值	万元	170288	117937	21382	55665	53511
第二产业增加值	万元	921217	865359	687540	382560	447019
公共财政收入	万元	49046	36441	104722	70479	87800
各项税收	万元	30273	17607	71861	89582	63317
公共财政支出	万元	207168	187186	220577	244931	264303
居民储蓄存款余额	万元	662335	481467	579749	654940	619283
年末金融机构各项贷款余额	万元	577174	481326	646586	336607	617439
三、农业、工业及投资						
农业机械总动力	万千瓦特	60	57	19	38	35
机收面积	公顷	22690	16200	2800	14100	30300
设施农业占地面积	公顷	109	75	418	161	45
粮食总产量	吨	800000	577500	165500	529500	554296
棉花产量	吨					
油料产量	吨			550	201	294
肉类总产量	吨	43786	39498	8607	37009	37467
规模以上工业企业单位数	个	81	82	90	70	82
规模以上工业总产值	万元	2347553	2415147	1435394	780500	1445031
固定资产投资	万元	1240211	1150201	1182375	971441	966745
四、教育、卫生和社会保障						
普通中学在校学生数	人	15669	13318	6198	15386	8610
中等职业教育学校在校学生数	人	844	423	494	523	1283
小学在校学生数	人	20449	16316	12658	18930	16864
医疗卫生机构床位数	床	2222	743	1512	1592	1462
各种社会福利收养性单位数	个	25	14	17	39	22
各种社会福利收养性单位床位数	床	1860	1760	1050	2479	1261

2013 年县(市)社会经济主要指标

吉林省

指　　标	单位	梅河口市	集安市	江源区	抚松县	靖宇县
一、基本情况						
行政区域面积	平方公里	2174	3342	1348	6530	3094
乡个数	个	7	2		3	1
镇个数	个	12	9	6	11	7
街道办事处个数	个	5	3	4		
户籍人口	万人	61	22	24	30	14
第二产业从业人员	人	65579	10000	30407	20715	2020
第三产业从业人员	人	45703	11633	27773	62818	4613
固定电话用户	户	94014	45221	32676	63904	22655
二、综合经济						
地区生产总值	万元	2900003	917389	1490086	1703155	654833
第一产业增加值	万元	245912	91430	67328	215466	66440
农业增加值	万元	113806	70251	35801	178927	42989
牧业增加值	万元	116219	8338	9538	6861	11327
第二产业增加值	万元	1416020	388982	863665	904935	384214
公共财政收入	万元	218059	79363	67417	110007	42983
各项税收	万元	159627	56279	46014	87031	21880
公共财政支出	万元	440990	240498	206337	288317	151777
居民储蓄存款余额	万元	1381947	640999	454799	753503	241035
年末金融机构各项贷款余额	万元	965157	369738	308579	629400	196747
三、农业、工业及投资						
农业机械总动力	万千瓦特	41	16	8	9	11
机收面积	公顷	33400	1100	1000	200	1030
设施农业占地面积	公顷	248	244	510	421	165
粮食总产量	吨	574000	71500	30000	80500	56000
棉花产量	吨					
油料产量	吨	309	405	419	616	1761
肉类总产量	吨	48529	5515	6515	4326	6326
规模以上工业企业单位数	个	128	51	92	85	50
规模以上工业总产值	万元	4511395	602812	2699310	2636089	1329050
固定资产投资	万元	2024425	1049228	1038268	1140870	521285
四、教育、卫生和社会保障						
普通中学在校学生数	人	34872	11021	5988	6493	4316
中等职业教育学校在校学生数	人	1615	306		840	95
小学在校学生数	人	38415	12524	6630	16516	6748
医疗卫生机构床位数	床	2518	842	1245	1990	531
各种社会福利收养性单位数	个	40	15	12	17	10
各种社会福利收养性单位床位数	床	2497	841	853	822	373

2013年县(市)社会经济主要指标

吉林省

指　　标	单位	长白朝鲜族自治县	临江市	前郭尔罗斯蒙古族自治县	长岭县	乾安县
一、基本情况						
行政区域面积	平方公里	2498	3008	6979	5728	3617
乡个数	个	2	1	13	10	4
镇个数	个	6	6	9	12	6
街道办事处个数	个		6			
户籍人口	万人	9	17	57	65	30
第二产业从业人员	人	9504	25297	50020	31837	25308
第三产业从业人员	人	18391	37594	106934	78505	17012
固定电话用户	户	27333	27000	235000	81459	41966
二、综合经济						
地区生产总值	万元	382765	951428	4300206	2600631	1905882
第一产业增加值	万元	57143	77467	712000	734437	223901
农业增加值	万元	38343	56808	571126	403758	162300
牧业增加值	万元	5768	7625	109928	325068	55401
第二产业增加值	万元	169605	528994	1998620	1029638	1168725
公共财政收入	万元	32737	58170	120603	48002	72047
各项税收	万元	24747	38787	82755	30160	57580
公共财政支出	万元	133020	203941	324108	263581	195645
居民储蓄存款余额	万元	261275	421966	1019797	497462	393071
年末金融机构各项贷款余额	万元	125777	329614	1663548	608428	364330
三、农业、工业及投资						
农业机械总动力	万千瓦特	3	9	155	122	94
机收面积	公顷	530	700	135800	147900	116000
设施农业占地面积	公顷	39	149	2900	3826	727
粮食总产量	吨	22500	45000	2122500	1828036	923500
棉花产量	吨					
油料产量	吨	106	1178	114145	143723	18598
肉类总产量	吨	2706	4970	100350	90875	13626
规模以上工业企业单位数	个	32	63	121	90	102
规模以上工业总产值	万元	455932	1822000	3846707	2922553	2946074
固定资产投资	万元	461986	743400	1720412	1738479	1325974
四、教育、卫生和社会保障						
普通中学在校学生数	人	4600	6273	21965	21814	9070
中等职业教育学校在校学生数	人		907		1620	1168
小学在校学生数	人	3511	6692	34342	35091	13071
医疗卫生机构床位数	床	312	1050	1677	1206	1250
各种社会福利收养性单位数	个	9	14	28	23	13
各种社会福利收养性单位床位数	床	297	450	1090	623	542

2013年县(市)社会经济主要指标

吉林省

指　　标	单位	扶余市	镇赉县	通榆县	洮南市	大安市
一、基本情况						
行政区域面积	平方公里	4654	4717	8496	5031	4879
乡个数	个	5	4	8	10	8
镇个数	个	12	7	8	6	10
街道办事处个数	个				8	5
户籍人口	万人	76	29	37	43	40
第二产业从业人员	人	61517	14390	3186	22372	23082
第三产业从业人员	人	115122	28945	30220	57579	18033
固定电话用户	户	64442	29480	30010	31860	60728
二、综合经济						
地区生产总值	万元	3481587	1277960	1131823	1271102	1319005
第一产业增加值	万元	759459	258025	213936	252286	187364
农业增加值	万元	504786	155488	161907	175718	144203
牧业增加值	万元	232541	80799	37942	66893	25798
第二产业增加值	万元	1320038	603248	434000	523821	755293
公共财政收入	万元	46011	56473	59859	52233	85803
各项税收	万元	24753	34345	27783	26545	67458
公共财政支出	万元	248955	231842	279900	267943	303202
居民储蓄存款余额	万元	608445	394075	317161	450313	566183
年末金融机构各项贷款余额	万元	588581	870329	326563	704973	692607
三、农业、工业及投资						
农业机械总动力	万千瓦特	131	87	105	81	60
机收面积	公顷	135900	98700	115000	69500	41000
设施农业占地面积	公顷	956	1454	660	345	264
粮食总产量	吨	2153500	1005500	601000	925000	777259
棉花产量	吨			5465	121	70
油料产量	吨	111874	27914	105249	100962	18036
肉类总产量	吨	104255	23626	17052	30902	25107
规模以上工业企业单位数	个	124	54	36	67	57
规模以上工业总产值	万元	3850854	833668	659347	1248776	1256400
固定资产投资	万元	1508299	952389	881653	1060582	978506
四、教育、卫生和社会保障						
普通中学在校学生数	人	17661	11218	13550	15133	8442
中等职业教育学校在校学生数	人			3433	700	1071
小学在校学生数	人	37730	14432	18132	21106	16781
医疗卫生机构床位数	床	873	664	1222	1938	1500
各种社会福利收养性单位数	个	18	11	17	19	19
各种社会福利收养性单位床位数	床	1490	1464	900	1056	1132

2013年县(市)社会经济主要指标

吉林省

指　　标	单位	延吉市	图们市	敦化市	珲春市	龙井市
一、基本情况						
行政区域面积	平方公里	1748	1142	11957	5161	2208
乡个数	个			5	5	2
镇个数	个	4	4	11	4	5
街道办事处个数	个	6	3	4	4	2
户籍人口	万人	53	12	47	26	17
第二产业从业人员	人	74576	10181	54386	12676	9457
第三产业从业人员	人	225469	28331	90136	20136	20884
固定电话用户	户	211823	27976	78955	53000	35945
二、综合经济						
地区生产总值	万元	3054781	429930	1700500	1400000	384382
第一产业增加值	万元	53196	17050	299591	55269	46988
农业增加值	万元	39644	13329	235720	42301	32431
牧业增加值	万元	10662	2847	33931	8895	12628
第二产业增加值	万元	1391783	252934	831465	1005859	156246
公共财政收入	万元	240800	28598	122261	134005	31667
各项税收	万元	179484	18256	87178	68996	20839
公共财政支出	万元	393685	124295	375142	329582	176889
居民储蓄存款余额	万元	3402897	404710	1337030	833026	483237
年末金融机构各项贷款余额	万元	2419815	166936	1023873	701510	236999
三、农业、工业及投资						
农业机械总动力	万千瓦特	14	6	65	20	15
机收面积	公顷	8000	3400	97100	18500	11300
设施农业占地面积	公顷	351	53	289	271	95
粮食总产量	吨	89500	42500	522000	115000	140000
棉花产量	吨					
油料产量	吨	612	259	2380	55	8
肉类总产量	吨	4584	2133	22328	5765	6242
规模以上工业企业单位数	个	67	35	111	104	38
规模以上工业总产值	万元	2790048	661070	2357664	2760827	490900
固定资产投资	万元	2062655	354111	1236800	1093864	371108
四、教育、卫生和社会保障						
普通中学在校学生数	人	23883	1546	16931	8468	3195
中等职业教育学校在校学生数	人	2341		4384	603	55
小学在校学生数	人	26951	2957	21083	10098	4052
医疗卫生机构床位数	床	3742	496	2249	708	545
各种社会福利收养性单位数	个	51	3	14	18	19
各种社会福利收养性单位床位数	床	2822	232	1656	1013	867

2013年县（市）社会经济主要指标

吉林省、黑龙江省

指　标	单位	和龙市	汪清县	安图县	呼兰区	阿城区
一、基本情况						
行政区域面积	平方公里	5069	8918	7444	2197	2452
乡个数	个		1	2	3	
镇个数	个	8	8	7	8	7
街道办事处个数	个	3	3		8	9
户籍人口	万人	19	23	21	63	58
第二产业从业人员	人	8625	18594	4343	33456	69356
第三产业从业人员	人	38326	41012	9997	71451	60536
固定电话用户	户	29676	28108	40200	70406	98500
二、综合经济						
地区生产总值	万元	566085	638077	660122	2877560	2667404
第一产业增加值	万元	59827	110265	74948	544531	316399
农业增加值	万元	38838	84521	50780	247510	197109
牧业增加值	万元	4729	4674	5775	279425	106081
第二产业增加值	万元	343530	329255	226513	1169406	852529
公共财政收入	万元	41193	60594	46999	66940	56669
各项税收	万元	31367	40238	28901	56084	39155
公共财政支出	万元	194058	242034	175643	289048	113195
居民储蓄存款余额	万元	403657	590416	570528	1188617	1147169
年末金融机构各项贷款余额	万元	336772	337233	399552	927770	745304
三、农业、工业及投资						
农业机械总动力	万千瓦特	14	37	22	56	46
机收面积	公顷	11700	25900	14500	5826	30666
设施农业占地面积	公顷	63	278	94	3597	6700
粮食总产量	吨	125500	232500	111000		
棉花产量	吨					
油料产量	吨	174	1224	2878	30	112
肉类总产量	吨	6052	6275	6152	121981	52607
规模以上工业企业单位数	个	32	50	31	49	68
规模以上工业总产值	万元	899240	805705	440383	990934	1004124
固定资产投资	万元	454133	569543	576874	1982761	3552067
四、教育、卫生和社会保障						
普通中学在校学生数	人	4303	4193	5693	14220	21161
中等职业教育学校在校学生数	人	107	1951	1729	399	997
小学在校学生数	人	5071	8491	7572	20579	24925
医疗卫生机构床位数	床	765	924	937	3059	1447
各种社会福利收养性单位数	个	12	9	11	5	5
各种社会福利收养性单位床位数	床	590	383	957	668	1360

2013年县(市)社会经济主要指标

黑龙江省

指　　标	单位	依兰县	方正县	宾　县	巴彦县	木兰县
一、基本情况						
行政区域面积	平方公里	4616	2976	3845	3138	3600
乡个数	个	3	4	5	8	2
镇个数	个	6	4	12	10	6
街道办事处个数	个					
户籍人口	万人	41	23	63	71	27
第二产业从业人员	人	13986	10828	62815	103805	6635
第三产业从业人员	人	19153	16526	86320	131067	25547
固定电话用户	户	48325	25730	65083	98976	20300
二、综合经济						
地区生产总值	万元	1440156	570070	2465300	1468602	683200
第一产业增加值	万元	418412	179283	430601	504756	192081
农业增加值	万元	319885	134013	133326	271246	140495
牧业增加值	万元	82821	26045	272447	210681	43130
第二产业增加值	万元	430022	176015	1013790	297211	129076
公共财政收入	万元	74282	42319	92760	44582	35210
各项税收	万元	43637	22224	73782	27182	20850
公共财政支出	万元	226549	155610	283874	262699	179724
居民储蓄存款余额	万元	446059	490564	661362	642828	254014
年末金融机构各项贷款余额	万元	551539	310104	692824	471398	290710
三、农业、工业及投资						
农业机械总动力	万千瓦特	71	69	66	68	67
机收面积	公顷	221038	69666	161333	192552	71000
设施农业占地面积	公顷	1521	3961	546	4646	149
粮食总产量	吨					
棉花产量	吨					
油料产量	吨	142	770	770		339
肉类总产量	吨	38730	27402	104989	122785	30566
规模以上工业企业单位数	个	42	39	76	33	21
规模以上工业总产值	万元	751010	325329	2291598	709128	239514
固定资产投资	万元	1195649	574726	1636886	1185650	479745
四、教育、卫生和社会保障						
普通中学在校学生数	人	9131	9586	20281	29147	7194
中等职业教育学校在校学生数	人	156	279	1004	364	365
小学在校学生数	人	17609	11381	29536	39617	12058
医疗卫生机构床位数	床	878	1024	1152	1086	748
各种社会福利收养性单位数	个	2	6	16	15	3
各种社会福利收养性单位床位数	床	370	1280	1665	1627	735

2013年县(市)社会经济主要指标

黑龙江省

指　　标	单位	通河县	延寿县	双城市	尚志市	五常市
一、基本情况						
行政区域面积	平方公里	5676	3150	3112	8891	7512
乡个数	个	2	4	14	7	12
镇个数	个	6	5	10	10	12
街道办事处个数	个					
户籍人口	万人	25	27	82	61	101
第二产业从业人员	人	3018	4945	65450	47254	113070
第三产业从业人员	人	13119	32444	141101	134290	136522
固定电话用户	户	35660	44320	88508	87400	135000
二、综合经济						
地区生产总值	万元	596241	575068	4289158	2507779	3211712
第一产业增加值	万元	187581	165453	1197602	533265	860420
农业增加值	万元	143056	130715	637913	415347	612691
牧业增加值	万元	32131	22767	547250	85570	177599
第二产业增加值	万元	141717	159840	1132939	962318	972937
公共财政收入	万元	37491	36174	191263	66435	89988
各项税收	万元	17074	51080	140709	70948	89007
公共财政支出	万元	180406	160512	322290	217839	334583
居民储蓄存款余额	万元	326536	289233	992565	1045376	1126669
年末金融机构各项贷款余额	万元	411652	262346	1067693	587909	681037
三、农业、工业及投资						
农业机械总动力	万千瓦特	82	40	86	63	117
机收面积	公顷	112116	70584	90933	127866	120067
设施农业占地面积	公顷	162	679	2465	600	2478
粮食总产量	吨					
棉花产量	吨					
油料产量	吨		104	12876	5177	
肉类总产量	吨	47049	37536	91456	44657	95052
规模以上工业企业单位数	个	33	35	114	115	150
规模以上工业总产值	万元	306840	315434	2374000	2177331	3048922
固定资产投资	万元	607965	461020	2150000	1700204	1356172
四、教育、卫生和社会保障						
普通中学在校学生数	人	18835	7143	27248	22716	27690
中等职业教育学校在校学生数	人	259	182		1322	1646
小学在校学生数	人	24430	11286	40795	22422	40386
医疗卫生机构床位数	床	823	704	1575	2093	1980
各种社会福利收养性单位数	个	4	7	13	21	43
各种社会福利收养性单位床位数	床	640	906	1598	415	3460

2013年县(市)社会经济主要指标

黑龙江省

指标	单位	龙江县	依安县	泰来县	甘南县	富裕县
一、基本情况						
行政区域面积	平方公里	5887	3678	3917	4792	4060
乡个数	个	8	9	2	10	4
镇个数	个	6	6	8	5	6
街道办事处个数	个	11	6	12		
户籍人口	万人	60	49	32	33	29
第二产业从业人员	人	46952	3581	14208	8784	32150
第三产业从业人员	人	97993	214618	46869	32392	43575
固定电话用户	户	47492	14596	42279	20240	48210
二、综合经济						
地区生产总值	万元	892010	620140	465057	425380	615349
第一产业增加值	万元	436285	281365	180463	204754	251735
农业增加值	万元	280451	155580	107617	124480	142065
牧业增加值	万元	146942	112868	63966	74728	101353
第二产业增加值	万元	228653	176027	143073	103376	220677
公共财政收入	万元	37946	23033	21259	24490	34274
各项税收	万元	37402	26452	27329	35276	48998
公共财政支出	万元	232922	89549	178351	193329	182409
居民储蓄存款余额	万元	402821	370725	250778	399257	337486
年末金融机构各项贷款余额	万元	436795	593691	244445	378531	277923
三、农业、工业及投资						
农业机械总动力	万千瓦特	145	59	74	70	46
机收面积	公顷	256670	201175	115867	153333	146488
设施农业占地面积	公顷	48	166	126	42	552
粮食总产量	吨					
棉花产量	吨					
油料产量	吨	1098	650	23613	324	120
肉类总产量	吨	82728	72058	36008	56173	24211
规模以上工业企业单位数	个	15	14	15	12	18
规模以上工业总产值	万元	362598	495011	237494	332031	363635
固定资产投资	万元	402585	474214	565817	310256	517071
四、教育、卫生和社会保障						
普通中学在校学生数	人	22270	11901	11570	10325	9440
中等职业教育学校在校学生数	人	2296	322	583	1320	519
小学在校学生数	人	29989	19036	12674	18035	13663
医疗卫生机构床位数	床	1700	892	856	783	1472
各种社会福利收养性单位数	个	6	15	9	6	4
各种社会福利收养性单位床位数	床	1260	2461	1350	1268	295

2013 年县(市)社会经济主要指标

黑龙江省

指　　标	单位	克山县	克东县	拜泉县	讷河市	鸡东县
一、基本情况						
行政区域面积	平方公里	3320	2083	3599	6660	3243
乡个数	个	9	3	9	4	3
镇个数	个	6	4	7	11	8
街道办事处个数	个	11		6	2	
户籍人口	万人	47	29	58	73	29
第二产业从业人员	人	58301	5949	33867	43070	3887
第三产业从业人员	人	74020	13115	13746	94130	9662
固定电话用户	户	54581	2910	44697	68679	58358
二、综合经济						
地区生产总值	万元	601001	322105	781249	1104643	1058263
第一产业增加值	万元	229344	126113	298977	333428	283537
农业增加值	万元	159118	74787	192887	185744	202025
牧业增加值	万元	61263	46671	93460	133084	64044
第二产业增加值	万元	168334	123513	228860	367004	420130
公共财政收入	万元	13815	16354	19384	34162	28077
各项税收	万元	8513	30076	11425	43855	34550
公共财政支出	万元	199631	154590	89373	250775	148845
居民储蓄存款余额	万元	451124	240886	366769	622762	494138
年末金融机构各项贷款余额	万元	305062	222906	305057	907384	281559
三、农业、工业及投资						
农业机械总动力	万千瓦特	60	53	58	93	47
机收面积	公顷	201803	94867	142667	284560	81589
设施农业占地面积	公顷	138	74	23	201	300
粮食总产量	吨					
棉花产量	吨					
油料产量	吨	1135	1307			328
肉类总产量	吨	37348	7921	76404	84231	30186
规模以上工业企业单位数	个	11	13	17	33	25
规模以上工业总产值	万元	368995	379310	411951	573316	451606
固定资产投资	万元	421175	488550	299998	540818	341539
四、教育、卫生和社会保障						
普通中学在校学生数	人	13037	9187	8798	13230	20451
中等职业教育学校在校学生数	人	2781	1054	512	4415	647
小学在校学生数	人	15681	11936	17353	29177	13258
医疗卫生机构床位数	床	969	589	839	1190	916
各种社会福利收养性单位数	个	6	3	8	10	10
各种社会福利收养性单位床位数	床	205	580	2655	2539	541

2013 年县(市)社会经济主要指标

黑龙江省

指　　标	单位	虎林市	密山市	萝北县	绥滨县	集贤县
一、基本情况						
行政区域面积	平方公里	9334	7731	2167	3344	2258
乡个数	个	4	8	2	6	3
镇个数	个	7	8	6	3	5
街道办事处个数	个	1	1		4	
户籍人口	万人	16	35	9	13	29
第二产业从业人员	人	3458	12414	2591	236	19934
第三产业从业人员	人	10058	64754	22122	6754	32261
固定电话用户	户	44839	59278	9571	12889	44207
二、综合经济						
地区生产总值	万元	648234	1007513	328212	218237	1187867
第一产业增加值	万元	292412	285040	82250	105728	301445
农业增加值	万元	231373	190774	51128	85463	117790
牧业增加值	万元	26174	75237	27491	16778	178860
第二产业增加值	万元	115132	332150	93260	20773	667872
公共财政收入	万元	36866	36717	30691	12673	40446
各项税收	万元	62641	49745	24900	19786	18147
公共财政支出	万元	177299	209331	122336	56397	169709
居民储蓄存款余额	万元	929090	1006505	517196	258428	539605
年末金融机构各项贷款余额	万元	1071525	543087	1190159	280463	473281
三、农业、工业及投资						
农业机械总动力	万千瓦特	73	68	26	56	48
机收面积	公顷	150626	147520	75240	88000	117830
设施农业占地面积	公顷	195	400	123	858	521
粮食总产量	吨					
棉花产量	吨					
油料产量	吨	258	1518		163	3013
肉类总产量	吨	11547	43201	19471	9174	72728
规模以上工业企业单位数	个	12	18	17	8	45
规模以上工业总产值	万元	456311	402264	127182	44441	2236975
固定资产投资	万元	410964	455926	287600	98345	969920
四、教育、卫生和社会保障						
普通中学在校学生数	人	8667	15683	3451	3345	13654
中等职业教育学校在校学生数	人	1245	1486	164	106	264
小学在校学生数	人	6615	13223	4037	6435	14637
医疗卫生机构床位数	床	1076	1340	361	378	1091
各种社会福利收养性单位数	个	3	17	1	2	12
各种社会福利收养性单位床位数	床	544	1400	50	260	603

2013年县(市)社会经济主要指标

黑龙江省

指标	单位	友谊县	宝清县	饶河县	肇州县	肇源县
一、基本情况						
行政区域面积	平方公里	1647	10001	6765	2446	4120
乡个数	个		4	5	6	8
镇个数	个	1	6	4	6	8
街道办事处个数	个					
户籍人口	万人	3	31	8	47	48
第二产业从业人员	人	1336	12000	659	6796	3799
第三产业从业人员	人	4635	19000	6920	18176	12036
固定电话用户	户	10361	53889	17861	58055	57410
二、综合经济						
地区生产总值	万元	96318	1378883	175095	2009305	1783837
第一产业增加值	万元	8920	456677	114601	420189	394546
农业增加值	万元	6650	213611	65995	172013	191418
牧业增加值	万元	2270	229860	45111	244365	183185
第二产业增加值	万元	44237	664300	16515	1388465	1045590
公共财政收入	万元	16726	58063	8719	82778	67075
各项税收	万元	11832	49764	6307	59887	48469
公共财政支出	万元	72530	146092	100013	128532	114677
居民储蓄存款余额	万元	396307	644085	264975	433196	469600
年末金融机构各项贷款余额	万元	414320	940055	201171	328986	326075
三、农业、工业及投资						
农业机械总动力	万千瓦特		73	29	62	47
机收面积	公顷		162167	90702	75373	93333
设施农业占地面积	公顷		4821	18	983	911
粮食总产量	吨					
棉花产量	吨					
油料产量	吨		2626	226	5096	20866
肉类总产量	吨	2116	82038	4019	76788	108887
规模以上工业企业单位数	个	12	42	6	44	42
规模以上工业总产值	万元	416262	1886772	44946	2741839	1958420
固定资产投资	万元	191235	1150072	485000	1019657	1233050
四、教育、卫生和社会保障						
普通中学在校学生数	人	2536	13238	3368	19148	17633
中等职业教育学校在校学生数	人		3443	571	57	208
小学在校学生数	人	3242	16403	4077	16548	18582
医疗卫生机构床位数	床	1080	1046	370	1153	947
各种社会福利收养性单位数	个	9	6	1	8	20
各种社会福利收养性单位床位数	床	625	854	70	1100	1200

2013年县(市)社会经济主要指标

黑龙江省

指 标	单位	林甸县	杜尔伯特蒙古族自治县	嘉荫县	铁力市	桦南县
一、基本情况						
行政区域面积	平方公里	3493	6054	6739	6443	4415
乡个数	个	4	6	6	7	10
镇个数	个	4	5	3	4	6
街道办事处个数	个					10
户籍人口	万人	27	25	7	38	43
第二产业从业人员	人	3078	1934	1746	3760	8920
第三产业从业人员	人	8336	8019	4880	7630	15298
固定电话用户	户	20431	53910	25198	65275	39129
二、综合经济						
地区生产总值	万元	619768	1207552	228783	774798	981740
第一产业增加值	万元	199600	329601	131595	367962	389081
农业增加值	万元	78822	118252	97460	232000	202741
牧业增加值	万元	111052	196423	17242	101812	144389
第二产业增加值	万元	298327	688494	33552	184555	308110
公共财政收入	万元	37642	41373	10087	21433	36422
各项税收	万元	29246	32257	4615	29409	23437
公共财政支出	万元	77229	91247	113591	163834	222536
居民储蓄存款余额	万元	333692	322521	165563	809603	477931
年末金融机构各项贷款余额	万元	397946	328838	127007	376447	231596
三、农业、工业及投资						
农业机械总动力	万千瓦特	84	74	17	36	30
机收面积	公顷	77200	80333	75000	83200	216910
设施农业占地面积	公顷	892	937	20	54	392
粮食总产量	吨					
棉花产量	吨					
油料产量	吨		86		110	
肉类总产量	吨	58019	32974	5963	62337	81669
规模以上工业企业单位数	个	12	22	3	34	46
规模以上工业总产值	万元	414403	1316708	26521	405810	978836
固定资产投资	万元	830068	897520	234951	813643	942235
四、教育、卫生和社会保障						
普通中学在校学生数	人	8429	12293	2575	12636	24525
中等职业教育学校在校学生数	人	603	513	398	653	
小学在校学生数	人	12781	10545	3481	11903	33151
医疗卫生机构床位数	床	532	469	313	1335	1252
各种社会福利收养性单位数	个	8	4	3	31	22
各种社会福利收养性单位床位数	床	948	340	261	1921	812

2013年县(市)社会经济主要指标

黑龙江省

指标	单位	桦川县	汤原县	抚远县	同江市	富锦市
一、基本情况						
行政区域面积	平方公里	2268	3420	6262	6229	8224
乡个数	个	4	6	5	5	
镇个数	个	5	4	4	5	10
街道办事处个数	个	10	1		9	3
户籍人口	万人	22	25	13	11	39
第二产业从业人员	人	5796	127	300	4297	3540
第三产业从业人员	人	7391	7810	5113	16180	15155
固定电话用户	户	31780	22294	13725	15460	65400
二、综合经济						
地区生产总值	万元	353365	736078	253692	380292	1546512
第一产业增加值	万元	114289	333644	151751	146236	707494
农业增加值	万元	79519	201713	106797	122026	570703
牧业增加值	万元	26071	120314	16969	17596	122171
第二产业增加值	万元	171112	231766	29768	80399	452877
公共财政收入	万元	20456	19431	16273	16671	38163
各项税收	万元	11467	27509	11144	26006	23844
公共财政支出	万元	172196	182233	156455	233556	270207
居民储蓄存款余额	万元	217508	309502	213950	233785	581840
年末金融机构各项贷款余额	万元	532494	276932	469001	427966	700293
三、农业、工业及投资						
农业机械总动力	万千瓦特	30	40	48	48	99
机收面积	公顷	126101	108639	89907	145000	308667
设施农业占地面积	公顷	21	110	111	285	103
粮食总产量	吨					
棉花产量	吨					
油料产量	吨	160	607		57	1351
肉类总产量	吨	46263	67372	16430	10862	74893
规模以上工业企业单位数	个	43	38	6	29	66
规模以上工业总产值	万元	936929	654844	45790	294802	923250
固定资产投资	万元	390026	528871	176701	509056	870133
四、教育、卫生和社会保障						
普通中学在校学生数	人	12419	7481	6251	3214	14779
中等职业教育学校在校学生数	人	812	252	328	498	2660
小学在校学生数	人	13420	9222	11246	7356	20917
医疗卫生机构床位数	床	430	727	79	430	1059
各种社会福利收养性单位数	个	9	9	1	4	13
各种社会福利收养性单位床位数	床	350	675	30	725	1388

2013年县(市)社会经济主要指标

黑龙江省

指　　标	单位	勃利县	东宁县	林口县	绥芬河市	海林市
一、基本情况						
行政区域面积	平方公里	2305	7139	6688	422	8711
乡个数	个	5		2		
镇个数	个	5	6	9	2	8
街道办事处个数	个	5	1	1		1
户籍人口	万人	32	21	37	7	39
第二产业从业人员	人	6557	21119	29462	2033	50523
第三产业从业人员	人	11987	34442	90643	9169	57051
固定电话用户	户	68250	50263	50688	27355	64938
二、综合经济						
地区生产总值	万元	547760	1439989	953367	1234353	1712784
第一产业增加值	万元	148917	312389	335595	9361	326560
农业增加值	万元	95631	296855	292188	6240	295614
牧业增加值	万元	46766	10430	37338	2800	19558
第二产业增加值	万元	176017	397635	307803	156603	881251
公共财政收入	万元	26782	80377	58278	103777	87303
各项税收	万元	38073	90033	51483	95053	172388
公共财政支出	万元	166284	189879	203411	215230	227990
居民储蓄存款余额	万元	481441	771649	495160	827367	824857
年末金融机构各项贷款余额	万元	435018	477573	241591	590628	461650
三、农业、工业及投资						
农业机械总动力	万千瓦特	33	44	42	4	34
机收面积	公顷	45330	28867	78800	1933	37200
设施农业占地面积	公顷	45	576	1515	11	860
粮食总产量	吨					
棉花产量	吨					
油料产量	吨	1254	12850	29772	418	3318
肉类总产量	吨	39512	9081	22115	2612	15118
规模以上工业企业单位数	个	30	28	44	23	93
规模以上工业总产值	万元	352110	336442	680654	328537	1925402
固定资产投资	万元	440809	900035	487211	1024710	1722309
四、教育、卫生和社会保障						
普通中学在校学生数	人	10369	8048	11535	5294	10428
中等职业教育学校在校学生数	人	320	338	316	1561	807
小学在校学生数	人	12916	9703	15541	7386	12400
医疗卫生机构床位数	床	625	734	1053	642	1497
各种社会福利收养性单位数	个	3	3	7	1	4
各种社会福利收养性单位床位数	床	445	330	1200	52	470

2013年县(市)社会经济主要指标

黑龙江省

指　　标	单位	宁安市	穆棱市	嫩江县	逊克县	孙吴县
一、基本情况						
行政区域面积	平方公里	7891	6212	15109	17344	4319
乡个数	个	5	2	6	7	9
镇个数	个	7	6	8	2	2
街道办事处个数	个	1	1		1	1
户籍人口	万人	43	29	50	8	10
第二产业从业人员	人	45477	63617	4763	1633	2823
第三产业从业人员	人	62944	65163	13809	5436	14530
固定电话用户	户	72228	56973	54326	19161	13850
二、综合经济						
地区生产总值	万元	1734339	1654039	1301283	188976	96597
第一产业增加值	万元	446077	262862	484800	106830	44325
农业增加值	万元	348742	209820	416295	93281	35262
牧业增加值	万元	83294	46459	60804	8394	7098
第二产业增加值	万元	688496	970425	293593	30031	15777
公共财政收入	万元	74880	89618	57770	17913	7333
各项税收	万元	54370	45453	25668	5147	4956
公共财政支出	万元	239128	235206	252872	127441	49286
居民储蓄存款余额	万元	776489	498334	850250	198034	163586
年末金融机构各项贷款余额	万元	474184	302419	918633	137459	122620
三、农业、工业及投资						
农业机械总动力	万千瓦特	62	24	81	42	38
机收面积	公顷	83333	82673	394000	137713	105261
设施农业占地面积	公顷	2264	281	22	42	19
粮食总产量	吨					
棉花产量	吨					
油料产量	吨	1140	26995		107	1119
肉类总产量	吨	63755	33200	53847	6553	6026
规模以上工业企业单位数	个	88	92	22	6	5
规模以上工业总产值	万元	1379962	2304564	372326	60277	74511
固定资产投资	万元	1585981	1398260	921806	109567	85085
四、教育、卫生和社会保障						
普通中学在校学生数	人	13934	9708	15252	3335	3161
中等职业教育学校在校学生数	人	940	1282	997	437	703
小学在校学生数	人	18333	14334	23465	4041	5580
医疗卫生机构床位数	床	1360	895	847	297	254
各种社会福利收养性单位数	个	20	6	5	3	1
各种社会福利收养性单位床位数	床	2211	603	980	240	150

2013 年县（市）社会经济主要指标

黑龙江省

指标	单位	北安市	五大连池市	望奎县	兰西县	青冈县
一、基本情况						
行政区域面积	平方公里	7194	9874	2314	2499	2685
乡个数	个	9	7	7	11	7
镇个数	个	5	5	8	4	8
街道办事处个数	个	6	1			
户籍人口	万人	39	36	46	50	51
第二产业从业人员	人	21029	23309	18029	42337	7075
第三产业从业人员	人	76422	33341	21160	44568	12608
固定电话用户	户	46209	32415	53335	53390	40665
二、综合经济						
地区生产总值	万元	700081	477793	655043	489307	463934
第一产业增加值	万元	186347	258648	338351	240351	207682
农业增加值	万元	150282	183089	136052	178700	118757
牧业增加值	万元	28492	22902	200822	56441	81091
第二产业增加值	万元	155066	59593	189401	132348	178305
公共财政收入	万元	46500	20884	38228	17705	12241
各项税收	万元	23252	11904	22779	34173	10660
公共财政支出	万元	283515	206268	223503	203944	215095
居民储蓄存款余额	万元	872648	590315	416084	365933	370690
年末金融机构各项贷款余额	万元	710878	278640	208347	314992	266987
三、农业、工业及投资						
农业机械总动力	万千瓦特	40	35	34	43	56
机收面积	公顷	183031	200060	144933	128000	134000
设施农业占地面积	公顷	416	36	558	183	325
粮食总产量	吨					
棉花产量	吨					
油料产量	吨			254		782
肉类总产量	吨	7261	16348	128266	52141	67709
规模以上工业企业单位数	个	21	9	30	30	18
规模以上工业总产值	万元	288884	78506	535269	320756	425717
固定资产投资	万元	557619	290879	692759	403567	304150
四、教育、卫生和社会保障						
普通中学在校学生数	人	6888	7385	11354	15481	18247
中等职业教育学校在校学生数	人	1435	4000	1434	200	253
小学在校学生数	人	12927	9982	16608	14446	16058
医疗卫生机构床位数	床	2153	1544	1098	867	1190
各种社会福利收养性单位数	个	4	3	3	2	5
各种社会福利收养性单位床位数	床	400	638	970	2000	920

2013年县(市)社会经济主要指标

黑龙江省

指标	单位	庆安县	明水县	绥棱县	安达市	肇东市
一、基本情况						
行政区域面积	平方公里	5469	2308	4238	3586	3905
乡个数	个	8	7	7	4	10
镇个数	个	6	5	4	10	11
街道办事处个数	个				3	4
户籍人口	万人	38	35	31	48	92
第二产业从业人员	人	5400	7576	7341	45062	20735
第三产业从业人员	人	12888	12391	25534	105144	26179
固定电话用户	户	125880	35473	30873	39930	122260
二、综合经济						
地区生产总值	万元	674041	520393	626001	3788024	4978081
第一产业增加值	万元	284840	256640	351026	619163	971636
农业增加值	万元	205608	177876	252759	238765	351484
牧业增加值	万元	60767	70826	77610	364097	602905
第二产业增加值	万元	205332	194432	163425	2039860	2197230
公共财政收入	万元	29035	18456	13677	160791	183552
各项税收	万元	15253	11538	10872	148078	163757
公共财政支出	万元	212318	165379	163948	351304	441382
居民储蓄存款余额	万元	476309	250330	420766	712395	1002060
年末金融机构各项贷款余额	万元	360535	159772	480302	405927	835145
三、农业、工业及投资						
农业机械总动力	万千瓦特	58	23	46	44	52
机收面积	公顷	146666	109931	97539	109333	73967
设施农业占地面积	公顷	1026	105	890	728	405
粮食总产量	吨					
棉花产量	吨					
油料产量	吨		523		56	93
肉类总产量	吨	37839	29059	26877	80633	246742
规模以上工业企业单位数	个	26	11	25	72	86
规模以上工业总产值	万元	407285	534624	246205	1973945	2444067
固定资产投资	万元	379157	201525	217033	1390411	1579862
四、教育、卫生和社会保障						
普通中学在校学生数	人	15271	13889	12492	21325	38145
中等职业教育学校在校学生数	人	445		1434	177	2280
小学在校学生数	人	16365	11097	11126	21325	33202
医疗卫生机构床位数	床	812	725	672	1476	1798
各种社会福利收养性单位数	个	5	15	4	21	29
各种社会福利收养性单位床位数	床	500	850	528	1510	2250

2013年县(市)社会经济主要指标

黑龙江省、上海市

指　　标	单位	海伦市	呼玛县	塔河县	漠河县	奉贤区
一、基本情况						
行政区域面积	平方公里	4667	14204	14059	18428	720
乡个数	个	16	6	3	3	
镇个数	个	7	2	1	3	8
街道办事处个数	个		1	11		
户籍人口	万人	79	5	6	8	53
第二产业从业人员	人	49666	1663	3279	2608	227914
第三产业从业人员	人	49154	3123	3404	2250	31439
固定电话用户	户	132100	6880	31960	17155	249000
二、综合经济						
地区生产总值	万元	1081365	180941	268971	455941	6448281
第一产业增加值	万元	622447	101669	138035	141778	178784
农业增加值	万元	480847	73674	20466	39686	101922
牧业增加值	万元	132001	8034	6412	16467	45327
第二产业增加值	万元	281045	44046	51456	116667	3952817
公共财政收入	万元	32500	10620	13685	40158	660297
各项税收	万元	34254	4699	5340	43627	2008391
公共财政支出	万元	304996	88989	70386	114855	1303118
居民储蓄存款余额	万元	660896	130009	283856	241319	5817577
年末金融机构各项贷款余额	万元	650931	62422	46264	148644	8158949
三、农业、工业及投资						
农业机械总动力	万千瓦特	52	22	2	3	9
机收面积	公顷	234000	74135	7326	2200	16151
设施农业占地面积	公顷	1074	21	120	21	1722
粮食总产量	吨					109051
棉花产量	吨					68
油料产量	吨	135	159			2238
肉类总产量	吨	109753	2712	2984	3506	53275
规模以上工业企业单位数	个	39	4	5	11	1147
规模以上工业总产值	万元	684823	74520	64349	168898	16127573
固定资产投资	万元	489980	167656	110668	272090	2917894
四、教育、卫生和社会保障						
普通中学在校学生数	人	18585	2714	1575	3405	31421
中等职业教育学校在校学生数	人	399	171	417	282	3158
小学在校学生数	人	26110	1504	2427	835	48588
医疗卫生机构床位数	床	1246	257	450	403	4986
各种社会福利收养性单位数	个	5	3	1	2	28
各种社会福利收养性单位床位数	床	1454	100	50	167	4971

2013年县(市)社会经济主要指标

上海市、江苏省

指标	单位	崇明县	浦口区	江宁区	六合区	溧水区
一、基本情况						
行政区域面积	平方公里	1411	911	1563	1471	1064
乡个数	个	2				
镇个数	个	16			2	8
街道办事处个数	个		9	10	10	
户籍人口	万人	68	61	96	90	42
第二产业从业人员	人	125923	178400	394400	240100	182900
第三产业从业人员	人	98828	203300	263200	182700	99900
固定电话用户	户	215717	199980	409002	191099	106519
二、综合经济						
地区生产总值	万元	2523105	5979900	11544900	8816300	4507000
第一产业增加值	万元	222920	321000	466100	474300	303200
农业增加值	万元	132130	218400	311000	352600	222200
牧业增加值	万元	32711	48900	40100	52800	32000
第二产业增加值	万元	1245174	3124600	6057000	5816700	2502100
公共财政收入	万元	626167	753744	1563705	627171	354008
各项税收	万元	907442	994821	2850234	1281906	490582
公共财政支出	万元	1189840	727626	1365943	623863	429320
居民储蓄存款余额	万元	4182517	2317100	5264200	3795300	1391800
年末金融机构各项贷款余额	万元	3370304	3518500	7975600	4807000	2088800
三、农业、工业及投资						
农业机械总动力	万千瓦特	24	24	50	55	31
机收面积	公顷	30166	13733	36888	48508	32300
设施农业占地面积	公顷	912	5080	8813	11653	7973
粮食总产量	吨	253629	112783	241502	343705	247666
棉花产量	吨	434	394	1464	837	858
油料产量	吨	5021	12455	21935	31943	20905
肉类总产量	吨	31589	30574	15670	38091	18772
规模以上工业企业单位数	个	138	352	695	493	446
规模以上工业总产值	万元	3185970	12027341	25339653	14883040	7971321
固定资产投资	万元	1351199	7352566	8192092	6818889	4275347
四、教育、卫生和社会保障						
普通中学在校学生数	人	18854	17528	34421	28380	15484
中等职业教育学校在校学生数	人	6061	4175	13434	3275	2486
小学在校学生数	人	19161	30712	55504	40106	19302
医疗卫生机构床位数	床	3150	2108	5033	3231	1265
各种社会福利收养性单位数	个	42	21	29	31	10
各种社会福利收养性单位床位数	床	6460	2874	5082	4523	2786

2013 年县(市)社会经济主要指标

江苏省

指　　标	单位	高淳区	锡山区	江阴市	宜兴市	铜山区
一、基本情况						
行政区域面积	平方公里	790	399	987	1997	1909
乡个数	个					
镇个数	个	8	4	10	14	18
街道办事处个数	个		4	5	4	11
户籍人口	万人	44	43	122	108	137
第二产业从业人员	人	164200	309100	629000	416100	188500
第三产业从业人员	人	83900	128500	314700	237000	195500
固定电话用户	户	97881		471828	351877	170089
二、综合经济						
地区生产总值	万元	4417500	5905400	27060600	11902300	7371400
第一产业增加值	万元	315200	168000	435500	468900	575300
农业增加值	万元	148200	109600	238900	297000	407000
牧业增加值	万元	26100	16500	92500	41500	132900
第二产业增加值	万元	2222700	3217000	15180700	6294400	3977700
公共财政收入	万元	255207	547432	1822785	866131	600800
各项税收	万元	359997	876234	3158084	1345490	681998
公共财政支出	万元	376996	508106	1711927	910203	824175
居民储蓄存款余额	万元	1157000		8723557	7423976	
年末金融机构各项贷款余额	万元	1949900		19874376	12404714	
三、农业、工业及投资						
农业机械总动力	万千瓦特	52	10	25	52	99
机收面积	公顷	24246	10399	26550	63316	114296
设施农业占地面积	公顷	6000	2887	6027	7220	26787
粮食总产量	吨	184720	75531	199513	479986	833251
棉花产量	吨	664				6989
油料产量	吨	19246	320	2085	6497	5559
肉类总产量	吨	16348	5554	43745	36609	110914
规模以上工业企业单位数	个	312	710	1504	960	469
规模以上工业总产值	万元	7148821	11106256	60987055	29524328	29161623
固定资产投资	万元	3562910	5138975	9487872	5553353	4869369
四、教育、卫生和社会保障						
普通中学在校学生数	人	15076	20913	55131	43512	42312
中等职业教育学校在校学生数	人	3044	3172	13121	9261	14771
小学在校学生数	人	18826	33569	89917	61049	85623
医疗卫生机构床位数	床	1752	2003	7402	4575	2829
各种社会福利收养性单位数	个	11	14	28	30	35
各种社会福利收养性单位床位数	床	3685	2809	8639	7680	5819

2013年县(市)社会经济主要指标

江苏省

指　　标	单位	丰　县	沛　县	睢宁县	新沂市	邳州市
一、基本情况						
行政区域面积	平方公里	1446	1349	1767	1571	2088
乡个数	个					
镇个数	个	14	15	16	13	21
街道办事处个数	个	1			4	4
户籍人口	万人	118	129	141	110	183
第二产业从业人员	人	150000	228900	219400	144300	216700
第三产业从业人员	人	126500	172300	184000	133300	212200
固定电话用户	户	100036	146919	155292	133787	157783
二、综合经济						
地区生产总值	万元	2817800	4953700	3601600	4122200	5991400
第一产业增加值	万元	523500	723400	609000	506600	871300
农业增加值	万元	411600	514900	403800	303700	648600
牧业增加值	万元	104000	184900	174500	125700	155200
第二产业增加值	万元	1280400	2282000	1586800	1748900	2575000
公共财政收入	万元	312170	460122	319225	396198	488847
各项税收	万元	319062	510782	358226	400874	514805
公共财政支出	万元	541357	672191	571385	617017	777384
居民储蓄存款余额	万元	1560756	2214804	1807558	1398079	2082612
年末金融机构各项贷款余额	万元	1146818	1417916	1392059	1862149	2260353
三、农业、工业及投资						
农业机械总动力	万千瓦特	78	96	106	81	113
机收面积	公顷	73838	85727	133443	94330	118570
设施农业占地面积	公顷	14253	23080	15533	18900	15493
粮食总产量	吨	517588	589910	850348	626791	787417
棉花产量	吨	16230	4552	1564		5845
油料产量	吨	4532	2711	14570	55062	14978
肉类总产量	吨	161896	185477	143395	132750	206206
规模以上工业企业单位数	个	268	474	263	452	544
规模以上工业总产值	万元	4256798	12126130	7021355	12121662	18854030
固定资产投资	万元	1449732	3312973	1747941	3075835	4490608
四、教育、卫生和社会保障						
普通中学在校学生数	人	48740	39403	62944	34042	70401
中等职业教育学校在校学生数	人	7073	14298	7048	3448	12275
小学在校学生数	人	70240	77461	72439	85465	145794
医疗卫生机构床位数	床	3552	4083	3503	2817	4526
各种社会福利收养性单位数	个	26	28	31	35	28
各种社会福利收养性单位床位数	床	4874	5421	5235	5087	6332

2013 年县(市)社会经济主要指标

江苏省

指　　标	单位	武进区	溧阳市	金坛市	吴中区	吴江区
一、基本情况						
行政区域面积	平方公里	1246	1535	976	2043	1238
乡个数	个					
镇个数	个	14	10	7	7	8
街道办事处个数	个	2			8	18
户籍人口	万人	103	79	55	62	81
第二产业从业人员	人	606800	258100	164800	443000	554300
第三产业从业人员	人	253800	122100	117900	252600	274100
固定电话用户	户	762875	234814	187779		333956
二、综合经济						
地区生产总值	万元	17258500	6372000	4061200	8701700	14154700
第一产业增加值	万元	471800	407300	282400	193300	372000
农业增加值	万元	328500	257400	154500	70800	201400
牧业增加值	万元	55000	23000	36800	9700	29000
第二产业增加值	万元	9764300	3403100	2115600	4468300	7739000
公共财政收入	万元	1258427	456018	258892	1005303	1295133
各项税收	万元	1941925	658558	380876	1636765	2108244
公共财政支出	万元	1198885	520117	333049	806896	1229246
居民储蓄存款余额	万元	8867427	3873800	2646864		7008151
年末金融机构各项贷款余额	万元	13163223	5362069	3387533		17719756
三、农业、工业及投资						
农业机械总动力	万千瓦特	54	53	41	16	40
机收面积	公顷	21346	65635	35041	2240	20732
设施农业占地面积	公顷	7373	10280	6627	713	4060
粮食总产量	吨	169777	536327	282922	17237	168339
棉花产量	吨		439	23		
油料产量	吨	1516	31582	8590	269	3745
肉类总产量	吨	58516	23756	56366	8857	16075
规模以上工业企业单位数	个	1895	404	401	941	1636
规模以上工业总产值	万元	39505493	15819775	6576394	11560519	30961694
固定资产投资	万元	8940431	4116613	2143636	4384349	7135513
四、教育、卫生和社会保障						
普通中学在校学生数	人	55185	29817	19915	20831	34723
中等职业教育学校在校学生数	人	12878	7510	3682	4574	5821
小学在校学生数	人	88142	37870	24908	40211	54296
医疗卫生机构床位数	床	5142	2771	2079	4060	5255
各种社会福利收养性单位数	个	27	19	18	26	30
各种社会福利收养性单位床位数	床	9435	5107	3800	3974	6619

2013年县(市)社会经济主要指标

江苏省

指　　标	单位	常熟市	张家港市	昆山市	太仓市	通州区
一、基本情况						
行政区域面积	平方公里	1276	990	932	823	1166
乡个数	个					
镇个数	个	9	8	10	6	19
街道办事处个数	个	2	20	19	1	
户籍人口	万人	107	91	75	47	126
第二产业从业人员	人	666000	483000	765700	277600	341000
第三产业从业人员	人	346500	250600	377600	156400	190000
固定电话用户	户	414829	335142	488650	188253	
二、综合经济						
地区生产总值	万元	19803100	21453100	29200800	10022800	7594600
第一产业增加值	万元	362400	272800	256400	335500	490800
农业增加值	万元	244100	185600	92200	180700	331700
牧业增加值	万元	26200	21600	7000	70500	55600
第二产业增加值	万元	10482900	11923400	16910900	5324600	4041400
公共财政收入	万元	1385809	1541828	2435188	1001346	611832
各项税收	万元	2211621	2579738	4106055	1676746	828329
公共财政支出	万元	1280824	1450240	2217013	923624	772412
居民储蓄存款余额	万元	9874241	8327173	8804802	4208246	6287955
年末金融机构各项贷款余额	万元	16584989	16755670	18148993	9949189	5241294
三、农业、工业及投资						
农业机械总动力	万千瓦特	34	32	17	19	47
机收面积	公顷	41093	36500	15159	27619	55123
设施农业占地面积	公顷	5867	4180	3760	5453	9700
粮食总产量	吨	316084	272291	112143	214532	528412
棉花产量	吨	648	44	22	324	8286
油料产量	吨	8931	4529	1585	4824	98885
肉类总产量	吨	19198	11781	5652	54176	68440
规模以上工业企业单位数	个	1500	1300	1926	1227	762
规模以上工业总产值	万元	35822474	49220491	81572964	19946959	16252555
固定资产投资	万元	7152070	7622155	8400018	5005353	4363553
四、教育、卫生和社会保障						
普通中学在校学生数	人	40721	37123	35588	19440	39014
中等职业教育学校在校学生数	人	7682	9383	6200	3345	5899
小学在校学生数	人	68924	61067	73191	30206	46000
医疗卫生机构床位数	床	6868	7878	5966	3297	5319
各种社会福利收养性单位数	个	25	39	15	17	33
各种社会福利收养性单位床位数	床	8841	8450	5791	4695	8450

2013年县(市)社会经济主要指标

江苏省

指　　标	单位	海安县	如东县	启东市	如皋市	海门市
一、基本情况						
行政区域面积	平方公里	1108	1733	1208	1492	939
乡个数	个			1		1
镇个数	个	10	14	11	11	8
街道办事处个数	个			2	1	3
户籍人口	万人	94	104	112	143	100
第二产业从业人员	人	290000	310000	296000	351000	317000
第三产业从业人员	人	140000	173000	186000	193000	163000
固定电话用户	户	353469	292872	357145	364904	341046
二、综合经济						
地区生产总值	万元	5387300	5360300	6583100	6570100	7400100
第一产业增加值	万元	482200	593500	606300	539300	463000
农业增加值	万元	264100	278100	265000	398500	288300
牧业增加值	万元	165600	110900	44500	111300	47200
第二产业增加值	万元	2664700	2639300	3333500	3433300	4076000
公共财政收入	万元	466342	406572	585350	601318	611749
各项税收	万元	617525	599311	754554	762336	790961
公共财政支出	万元	645808	671073	688660	834858	663692
居民储蓄存款余额	万元	4976405	4109071	5643659	5060217	5573105
年末金融机构各项贷款余额	万元	5833397	3024500	4873039	4434876	5229602
三、农业、工业及投资						
农业机械总动力	万千瓦特	61	83	51	78	34
机收面积	公顷	74844	116570	16759	92920	13190
设施农业占地面积	公顷	7187	10700	13613	10047	19060
粮食总产量	吨	640916	922831	261232	740412	183800
棉花产量	吨	26	13751	16894	160	11472
油料产量	吨	14797	46918	103440	38357	95388
肉类总产量	吨	93252	100160	58173	109545	42141
规模以上工业企业单位数	个	860	657	527	806	638
规模以上工业总产值	万元	15468795	14820385	13564618	14122664	16295075
固定资产投资	万元	3742826	3592362	4071717	3748616	4234886
四、教育、卫生和社会保障						
普通中学在校学生数	人	29446	30838	32982	49725	36856
中等职业教育学校在校学生数	人	14910	6816	6257	12288	7747
小学在校学生数	人	34569	30496	37698	62223	45263
医疗卫生机构床位数	床	3955	3233	3385	4791	3410
各种社会福利收养性单位数	个	29	21	40	25	34
各种社会福利收养性单位床位数	床	6424	7371	7102	9487	7032

2013 年县(市)社会经济主要指标

江苏省

指标	单位	赣榆县	东海县	灌云县	灌南县	淮安区
一、基本情况						
行政区域面积	平方公里	1514	2037	1538	1028	1452
乡个数	个		6	5	1	5
镇个数	个	15	11	8	10	21
街道办事处个数	个		2			
户籍人口	万人	118	120	104	80	120
第二产业从业人员	人	190200	177000	140500	88400	175000
第三产业从业人员	人	199900	201200	141000	107500	188800
固定电话用户	户	199151	179365	123028	100626	169848
二、综合经济						
地区生产总值	万元	3764100	3201700	2499200	2359000	3263200
第一产业增加值	万元	553900	532500	517600	415500	529200
农业增加值	万元	200900	356300	324300	285700	399200
牧业增加值	万元	81500	100600	122000	86400	73000
第二产业增加值	万元	1875500	1446000	1155600	1171800	1362500
公共财政收入	万元	349262	327753	308766	305348	280120
各项税收	万元	367843	320246	317599	334086	307917
公共财政支出	万元	594652	539656	499939	477700	490916
居民储蓄存款余额	万元	1416602	1397195	1037328	726701	
年末金融机构各项贷款余额	万元	1707548	1539982	1158182	886714	
三、农业、工业及投资						
农业机械总动力	万千瓦特	107	133	117	97	85
机收面积	公顷	71066	150528	108302	115537	125496
设施农业占地面积	公顷	13860	19087	15820	10620	11267
粮食总产量	吨	556886	1121655	793442	619091	946149
棉花产量	吨	517	60	216	30	
油料产量	吨	69783	48344	874	2005	7491
肉类总产量	吨	66765	79539	53517	50710	51508
规模以上工业企业单位数	个	471	429	246	188	299
规模以上工业总产值	万元	10907489	6205413	5061255	5001296	4708635
固定资产投资	万元	2030765	1872040	1585635	1556108	1805610
四、教育、卫生和社会保障						
普通中学在校学生数	人	58918	50046	43093	31634	44260
中等职业教育学校在校学生数	人	10859	14488	6138	8548	20739
小学在校学生数	人	83397	90962	61842	52289	56541
医疗卫生机构床位数	床	2801	2753	2370	2624	3798
各种社会福利收养性单位数	个	20	25	18	24	30
各种社会福利收养性单位床位数	床	2935	3076	2447	1957	4225

2013年县(市)社会经济主要指标

江苏省

指标	单位	淮阴区	涟水县	洪泽县	盱眙县	金湖县
一、基本情况						
行政区域面积	平方公里	1264	1676	1394	2497	1344
乡个数	个	7	2		5	
镇个数	个	14	17	11	14	11
街道办事处个数	个					
户籍人口	万人	92	112	39	79	36
第二产业从业人员	人	140400	106500	62700	120000	76200
第三产业从业人员	人	163200	193900	73100	148900	71500
固定电话用户	户	120254	120258	59552	91284	61065
二、综合经济						
地区生产总值	万元	3195600	2603100	1780600	2601500	1664200
第一产业增加值	万元	586100	469900	272000	454700	252700
农业增加值	万元	420600	373300	157100	304300	159900
牧业增加值	万元	137200	75400	46700	58700	20500
第二产业增加值	万元	1431400	1059200	758800	1104900	674100
公共财政收入	万元	338875	257388	201353	271299	182696
各项税收	万元	373608	337414	224095	287618	250478
公共财政支出	万元	486749	486171	312074	456832	318549
居民储蓄存款余额	万元		1209702	580641	1086721	892886
年末金融机构各项贷款余额	万元		1347431	931124	1750725	1189947
三、农业、工业及投资						
农业机械总动力	万千瓦特	70	93	72	103	72
机收面积	公顷	80697	103940	60499	131260	72052
设施农业占地面积	公顷	13160	10007	7207	15400	6513
粮食总产量	吨	635580	900150	440214	955740	528887
棉花产量	吨				147	
油料产量	吨	19470	33236	2797	24935	7723
肉类总产量	吨	76050	69368	23440	76169	14202
规模以上工业企业单位数	个	387	298	282	394	239
规模以上工业总产值	万元	9098320	3755067	4422007	6062094	3409709
固定资产投资	万元	1849945	1666528	1056425	2032641	994597
四、教育、卫生和社会保障						
普通中学在校学生数	人	34181	46892	14571	32643	11958
中等职业教育学校在校学生数	人	10423	15222	8469	16160	7072
小学在校学生数	人	56081	79374	18861	47431	14437
医疗卫生机构床位数	床	5211	3721	1450	3064	1287
各种社会福利收养性单位数	个	32	42	12	28	33
各种社会福利收养性单位床位数	床	3162	3573	1143	3205	1348

2013 年县(市)社会经济主要指标

江苏省

指　　标	单位	盐都区	响水县	滨海县	阜宁县	射阳县
一、基本情况						
行政区域面积	平方公里	1047	1461	1915	1439	2855
乡个数	个					
镇个数	个	8	8	12	14	13
街道办事处个数	个	3				
户籍人口	万人	71	62	120	111	97
第二产业从业人员	人	143800	92000	168600	157100	174700
第三产业从业人员	人	155300	97200	191800	175900	198900
固定电话用户	户		93213	178737	161990	181990
二、综合经济						
地区生产总值	万元	3427200	2031200	3001000	3021700	3514700
第一产业增加值	万元	379400	367500	510200	471700	701400
农业增加值	万元	206600	177700	288100	238700	347900
牧业增加值	万元	106500	107600	105700	138600	166800
第二产业增加值	万元	1893300	1004700	1315400	1407600	1372900
公共财政收入	万元	389354	239849	290726	294470	225000
各项税收	万元	549815	273892	315658	326706	246638
公共财政支出	万元	432222	382077	530104	514699	450806
居民储蓄存款余额	万元		619493	1147873	1629140	1642327
年末金融机构各项贷款余额	万元		946264	1347365	1739671	1710843
三、农业、工业及投资						
农业机械总动力	万千瓦特	49	66	79	79	79
机收面积	公顷	82405	84404	106500	122795	198623
设施农业占地面积	公顷	8960	7207	12240	13260	11653
粮食总产量	吨	623408	536511	930108	930225	1103497
棉花产量	吨	2188	97	1062	108	21461
油料产量	吨	15085	24568	43399	18038	34668
肉类总产量	吨	64453	50236	111065	185388	83359
规模以上工业企业单位数	个	335	142	210	255	285
规模以上工业总产值	万元	6654407	5171905	4910095	4871063	4949277
固定资产投资	万元	1976157	1626599	2120456	1873322	1928338
四、教育、卫生和社会保障						
普通中学在校学生数	人	25622	20214	34861	35227	32737
中等职业教育学校在校学生数	人	17577	3192	3972	5096	3451
小学在校学生数	人	31376	43037	68582	54535	45226
医疗卫生机构床位数	床	2954	2025	3870	2741	2806
各种社会福利收养性单位数	个	21	18	40	22	19
各种社会福利收养性单位床位数	床	3982	2672	2982	4615	3035

2013 年县（市）社会经济主要指标

江苏省

指　　标	单位	建湖县	东台市	大丰市	邗江区	江都区
一、基本情况						
行政区域面积	平方公里	1160	3221	3059	641	1330
乡个数	个				1	
镇个数	个	12	14	12	7	13
街道办事处个数	个				6	
户籍人口	万人	80	114	73	74	107
第二产业从业人员	人	156100	222000	144000	165500	278600
第三产业从业人员	人	153000	243900	173900	196900	212700
固定电话用户	户	142607	266749	186819	252834	297633
二、综合经济						
地区生产总值	万元	3607500	5640900	4435200	5255000	7130600
第一产业增加值	万元	423800	782200	655900	136100	495100
农业增加值	万元	201300	422700	365700	79200	355300
牧业增加值	万元	115300	204400	130500	23500	58900
第二产业增加值	万元	1677800	2523400	1941500	2301000	3690600
公共财政收入	万元	384166	524613	500666	479451	415993
各项税收	万元	419548	602516	557872	637748	597849
公共财政支出	万元	597668	734736	686160	390188	498468
居民储蓄存款余额	万元	1902791	3755214	2350474		4672524
年末金融机构各项贷款余额	万元	2090612	2672204	2386002		4126727
三、农业、工业及投资						
农业机械总动力	万千瓦特	50	83	76	20	63
机收面积	公顷	91200	113952	105560	23200	91199
设施农业占地面积	公顷	6833	36867	11293	1480	13647
粮食总产量	吨	720694	950825	779247	178002	663156
棉花产量	吨	2004	9603	41598	607	553
油料产量	吨	17043	85846	61806	2830	21714
肉类总产量	吨	64025	142014	125720	13456	41095
规模以上工业企业单位数	个	374	573	425	426	633
规模以上工业总产值	万元	6511961	8630623	6579520	10483280	19982266
固定资产投资	万元	2049821	3299923	2591661	3446764	4442948
四、教育、卫生和社会保障						
普通中学在校学生数	人	26856	36774	25587	20816	41436
中等职业教育学校在校学生数	人	5569	3419	7076	3064	8495
小学在校学生数	人	40600	36148	28284	32896	46815
医疗卫生机构床位数	床	2597	4412	2895	2385	4316
各种社会福利收养性单位数	个	19	54	45	22	18
各种社会福利收养性单位床位数	床	4356	6145	2868	2650	6445

2013年县(市)社会经济主要指标

江苏省

指　　标	单位	宝应县	仪征市	高邮市	丹徒区	丹阳市
一、基本情况						
行政区域面积	平方公里	1462	902	1922	611	1047
乡个数	个			1		
镇个数	个	14	9	10	6	12
街道办事处个数	个			1	2	
户籍人口	万人	91	56	82	29	81
第二产业从业人员	人	178900	183400	193800	85100	348800
第三产业从业人员	人	114000	119800	130000	71300	216200
固定电话用户	户	161132	153693	179980	85483	281730
二、综合经济						
地区生产总值	万元	3644200	4101600	3815000	2929700	9251500
第一产业增加值	万元	575100	195500	566600	146700	425100
农业增加值	万元	272900	132600	302100	89500	305700
牧业增加值	万元	57200	47400	84500	28700	52700
第二产业增加值	万元	1687600	2317500	1733100	1608100	4840600
公共财政收入	万元	237190	283697	254408	220700	604228
各项税收	万元	316237	529801	357219	309512	833644
公共财政支出	万元	419540	334873	411469	211983	698504
居民储蓄存款余额	万元	1970199	2232298	2341370		4221479
年末金融机构各项贷款余额	万元	1977732	2177605	2059128		7293624
三、农业、工业及投资						
农业机械总动力	万千瓦特	48	35	68	20	42
机收面积	公顷	115467	45000	105020	29110	68903
设施农业占地面积	公顷	7373	5660	9533	5053	9527
粮食总产量	吨	922999	337467	875173	194304	508792
棉花产量	吨		85	3384	21	8
油料产量	吨	15022	10350	22869	9281	10522
肉类总产量	吨	47653	22330	47760	25445	25830
规模以上工业企业单位数	个	364	341	507	335	819
规模以上工业总产值	万元	7591149	12574185	8817094	8380213	22637028
固定资产投资	万元	2241412	2813682	2784782	2060997	3221297
四、教育、卫生和社会保障						
普通中学在校学生数	人	35315	21002	32598	9669	33791
中等职业教育学校在校学生数	人	7850	7335	6940	2284	4666
小学在校学生数	人	40772	24343	29775	12493	46499
医疗卫生机构床位数	床	2049	2011	2462	840	3324
各种社会福利收养性单位数	个	17	13	27	21	41
各种社会福利收养性单位床位数	床	3463	2865	4446	2014	4827

2013 年县(市)社会经济主要指标

江苏省

指　　标	单位	扬中市	句容市	姜堰区	兴化市	靖江市
一、基本情况						
行政区域面积	平方公里	331	1387	928	2395	656
乡个数	个				5	
镇个数	个	4	8	15	29	8
街道办事处个数	个	1	1			1
户籍人口	万人	28	59	80	158	67
第二产业从业人员	人	121300	161600	47800	298900	209200
第三产业从业人员	人	79200	123000	37200	224900	127900
固定电话用户	户	123139	176896	172977	262603	196039
二、综合经济						
地区生产总值	万元	3951000	3856500	4528900	5758400	6704300
第一产业增加值	万元	99500	331400	331400	843600	189900
农业增加值	万元	62800	230100	236100	483800	130500
牧业增加值	万元	14700	36100	64100	92400	40300
第二产业增加值	万元	2152500	1960100	2319200	2481000	3680200
公共财政收入	万元	271497	305106	269211	335279	494681
各项税收	万元	379070	375156	386100	466725	658793
公共财政支出	万元	315004	396805	391577	674296	537564
居民储蓄存款余额	万元	2297594	2061088	2984422	3221913	3550553
年末金融机构各项贷款余额	万元	2931575	2719187	3495896	3205938	5018750
三、农业、工业及投资						
农业机械总动力	万千瓦特	21	53	39	112	25
机收面积	公顷	12761	45140	64140	171455	43200
设施农业占地面积	公顷	2273	8927	7440	11073	3687
粮食总产量	吨	105208	353653	554538	1411121	335896
棉花产量	吨		1091	1630	12408	
油料产量	吨	1693	34508	28289	38338	4837
肉类总产量	吨	9751	15551	58088	58714	32074
规模以上工业企业单位数	个	409	567	456	592	451
规模以上工业总产值	万元	10566101	10966428	9488618	11637495	19336478
固定资产投资	万元	1741538	2071883	2673564	2347344	3424087
四、教育、卫生和社会保障						
普通中学在校学生数	人	9722	18670	33506	42923	24516
中等职业教育学校在校学生数	人	1655	4135	2596	7903	4971
小学在校学生数	人	13851	23009	34145	55616	31413
医疗卫生机构床位数	床	970	1805	3009	4582	3450
各种社会福利收养性单位数	个	36	27	28	165	27
各种社会福利收养性单位床位数	床	2138	3496	3961	10129	4353

2013年县(市)社会经济主要指标

江苏省

指　　标	单位	泰兴市	宿豫区	沭阳县	泗阳县	泗洪县
一、基本情况						
行政区域面积	平方公里	1170	1237	2299	1378	2694
乡个数	个	1	2	8	5	9
镇个数	个	14	9	25	11	14
街道办事处个数	个	1		6		
户籍人口	万人	120	64	191	105	108
第二产业从业人员	人	263600	110900	352200	185200	113200
第三产业从业人员	人	199300	76600	273600	107700	91400
固定电话用户	户	275495		215185	178560	142772
二、综合经济						
地区生产总值	万元	6106100	2113500	5435100	3052000	3002800
第一产业增加值	万元	447500	240900	749100	462600	489500
农业增加值	万元	301900	135500	605900	303000	241200
牧业增加值	万元	116900	65000	101700	48800	50000
第二产业增加值	万元	3225700	1348100	2517900	1568300	1298400
公共财政收入	万元	382003	189583	581617	262854	241758
各项税收	万元	590274	248458	635267	280073	314787
公共财政支出	万元	554795	323262	904119	504474	504500
居民储蓄存款余额	万元	3409073		2147919	1355067	1359773
年末金融机构各项贷款余额	万元	3233354		2664597	2044778	2098476
三、农业、工业及投资						
农业机械总动力	万千瓦特	59	60	186	86	128
机收面积	公顷	80866	58990	182846	78280	127554
设施农业占地面积	公顷	7987	7680	21667	10113	14713
粮食总产量	吨	703686	386625	1267343	586774	1009598
棉花产量	吨		21		26	1790
油料产量	吨	40636	1773	14175	9936	20833
肉类总产量	吨	84829	87943	102129	51593	77489
规模以上工业企业单位数	个	565	275	884	542	555
规模以上工业总产值	万元	16823198	4054317	9574590	4922950	5195931
固定资产投资	万元	3237516	1620716	3107396	2294251	2263890
四、教育、卫生和社会保障						
普通中学在校学生数	人	49636	13202	82930	50549	47346
中等职业教育学校在校学生数	人	11750	14608	15213	9666	7053
小学在校学生数	人	53268	27021	111096	73781	70003
医疗卫生机构床位数	床	3907	2110	5507	3946	3540
各种社会福利收养性单位数	个	21	15	71	29	36
各种社会福利收养性单位床位数	床	4217	3364	6126	5336	6243

2013 年县(市)社会经济主要指标

浙江省

指标	单位	萧山区	余杭区	桐庐县	淳安县	建德市
一、基本情况						
行政区域面积	平方公里	1163	1222	1780	4427	2364
乡个数	个			4	12	1
镇个数	个	15	6	6	11	12
街道办事处个数	个	11	14	4		3
户籍人口	万人	124	90	41	46	51
第二产业从业人员	人	719100	397100	169800	50500	91200
第三产业从业人员	人	301700	263900	78300	68500	79500
固定电话用户	户	621588	316085	111462	91752	105094
二、综合经济						
地区生产总值	万元	16635270	9344138	2780354	1733057	2716954
第一产业增加值	万元	596503	468624	208587	286566	273981
农业增加值	万元	366856	266424	129578	203506	165284
牧业增加值	万元	149834	39669	36920	34899	70211
第二产业增加值	万元	9658638	4354023	1603205	710164	1489661
公共财政收入	万元	1265178	1261038	221378	125465	173139
各项税收	万元	1210989	1219006	201235	115462	164910
公共财政支出	万元	1158080	1115000	299734	375928	274346
居民储蓄存款余额	万元	11146176	7226951	1590933	1130895	1635973
年末金融机构各项贷款余额	万元	25530709	11913688	2586200	1762099	2217503
三、农业、工业及投资						
农业机械总动力	万千瓦特	80	52	26	30	30
机收面积	公顷	25690	17810	7710	1450	10260
设施农业占地面积	公顷	8167	3080	3460	1740	3382
粮食总产量	吨					
棉花产量	吨	329	153	2	192	148
油料产量	吨	14288	7283	13928	14311	10791
肉类总产量	吨	133625	41553	19633	19242	29697
规模以上工业企业单位数	个	1907	1228	357	128	364
规模以上工业总产值	万元	41403540	14554528	4261552	2410591	4045718
固定资产投资	万元	7307304	6312261	1725986	1193796	1176467
四、教育、卫生和社会保障						
普通中学在校学生数	人	66100	42600	16800	18600	22300
中等职业教育学校在校学生数	人	16671	12124	3085	3942	4880
小学在校学生数	人	105000	78700	22600	17200	21000
医疗卫生机构床位数	床	6806	3260	1592	1328	2114
各种社会福利收养性单位数	个	38	37	15	25	26
各种社会福利收养性单位床位数	床	7990	4705	1543	1992	3109

2013年县(市)社会经济主要指标

浙江省

指　　标	单位	富阳市	临安市	鄞州区	象山县	宁海县
一、基本情况						
行政区域面积	平方公里	1808	3124		1382	1843
乡个数	个	6		1	5	3
镇个数	个	13	13	17	10	11
街道办事处个数	个	5	5	7	3	4
户籍人口	万人	66	53	84	54	62
第二产业从业人员	人	253400	199800	576100	170700	226000
第三产业从业人员	人	140400	113400	334400	111000	169000
固定电话用户	户	160688	155113	488200	201800	154200
二、综合经济						
地区生产总值	万元	5713954	4092264	11776776	3638457	3844796
第一产业增加值	万元	380104	355813	400543	579680	393273
农业增加值	万元	218728	166815	292019	146249	117471
牧业增加值	万元	65101	53941	48169	38346	30216
第二产业增加值	万元	3241178	2254109	7148237	1664999	2084320
公共财政收入	万元	463611	261163	1532853	306867	331354
各项税收	万元	430445	249894	1429578	275551	278047
公共财政支出	万元	526852	418196	1594212	545353	467116
居民储蓄存款余额	万元	3244542	1969737	7400637	1721342	1875645
年末金融机构各项贷款余额	万元	7782881	3280700	14288927	5444641	5137047
三、农业、工业及投资						
农业机械总动力	万千瓦特	46	47	39	88	30
机收面积	公顷	14020	5840	24600	13590	12890
设施农业占地面积	公顷	2267	1780	4767	5132	1667
粮食总产量	吨					
棉花产量	吨		1	51	80	1221
油料产量	吨	21619	7575	3134	3232	2902
肉类总产量	吨	55835	36649	23777	20291	26006
规模以上工业企业单位数	个	713	577	1689	430	469
规模以上工业总产值	万元	12696059	6578993	21623686	4823726	5773151
固定资产投资	万元	2868320	1644498	5050840	1611571	1907170
四、教育、卫生和社会保障						
普通中学在校学生数	人	34200	21800	44500	21800	27400
中等职业教育学校在校学生数	人	9815	5356	12913	5650	7031
小学在校学生数	人	44100	28700	89000	34600	46900
医疗卫生机构床位数	床	2617	1899	3589	1654	1834
各种社会福利收养性单位数	个	23	25	65	39	17
各种社会福利收养性单位床位数	床	2760	2809	9228	3658	3530

2013年县(市)社会经济主要指标

浙江省

指　　标	单位	余姚市	慈溪市	奉化市	洞头县	永嘉县
一、基本情况						
行政区域面积	平方公里	1527	1361	1268	100	2674
乡个数	个	1			1	
镇个数	个	14	14	6	1	10
街道办事处个数	个	6	5	5	4	8
户籍人口	万人	84	104	48	13	97
第二产业从业人员	人	326300	496000	181900	18100	255600
第三产业从业人员	人	257800	234000	107800	20300	142900
固定电话用户	户	362700	470800	201100	23700	193700
二、综合经济						
地区生产总值	万元	7496274	10310947	2903589	603181	2919115
第一产业增加值	万元	400600	492980	283532	50513	96283
农业增加值	万元	305297	330481	150052	4883	59295
牧业增加值	万元	28192	48534	43863	3831	22883
第二产业增加值	万元	4444737	5935659	1340238	254900	1792410
公共财政收入	万元	596390	920508	265662	38344	208497
各项税收	万元	572825	861690	241373	34550	194870
公共财政支出	万元	745919	983925	455230	154061	401979
居民储蓄存款余额	万元	5652270	8234248	2196342	208618	2679661
年末金融机构各项贷款余额	万元	11609849	15787998	4677353	409985	3808547
三、农业、工业及投资						
农业机械总动力	万千瓦特	63	45	29	29	17
机收面积	公顷	25130	12720	11400	100	6390
设施农业占地面积	公顷	646	3922	3967	284	2131
粮食总产量	吨					
棉花产量	吨	1118	3515			4
油料产量	吨	8042	17033	762	195	5083
肉类总产量	吨	42875	34645	25312	572	18625
规模以上工业企业单位数	个	1184	1268	437	23	339
规模以上工业总产值	万元	12376426	17448888	3692926	456070	4014686
固定资产投资	万元	4400581	5449750	1540246	703242	2063103
四、教育、卫生和社会保障						
普通中学在校学生数	人	40400	50500	20600	4000	44000
中等职业教育学校在校学生数	人	10547	14218	6220	505	7254
小学在校学生数	人	68500	91800	32600	5700	64500
医疗卫生机构床位数	床	2601	3629	2204	177	1465
各种社会福利收养性单位数	个	25	22	16	12	35
各种社会福利收养性单位床位数	床	5228	4178	2073	818	1947

2013年县(市)社会经济主要指标

浙江省

指　　标	单位	平阳县	苍南县	文成县	泰顺县	瑞安市
一、基本情况						
行政区域面积	平方公里	1051	1272	1293	1762	1271
乡个数	个	1	2	1	1	
镇个数	个	9	10	9	9	5
街道办事处个数	个					10
户籍人口	万人	88	132	40	36	122
第二产业从业人员	人	181300	256300	40900	64200	392000
第三产业从业人员	人	138400	196600	71400	54200	247100
固定电话用户	户	158400	267000	50100	39900	371900
二、综合经济						
地区生产总值	万元	2985388	3645881	586287	589149	6359498
第一产业增加值	万元	132117	263752	64513	60482	191141
农业增加值	万元	58588	109544	50363	48049	88244
牧业增加值	万元	21890	35523	8946	8285	29579
第二产业增加值	万元	1469225	1710530	200036	226229	3195265
公共财政收入	万元	203581	236529	58317	56190	447415
各项税收	万元	186050	208447	29848	30829	408821
公共财政支出	万元	328165	453291	246082	235395	506842
居民储蓄存款余额	万元	2180954	2642505	915919	598073	5482178
年末金融机构各项贷款余额	万元	3314678	5719431	816419	774117	9493709
三、农业、工业及投资						
农业机械总动力	万千瓦特	28	50	7	6	42
机收面积	公顷	16200	22250	1200	150	18320
设施农业占地面积	公顷	849	3080	488	335	5532
粮食总产量	吨					
棉花产量	吨				3	26
油料产量	吨	3032	1183	1045	1741	4013
肉类总产量	吨	14579	19508	6372	8608	21512
规模以上工业企业单位数	个	285	347	31	21	873
规模以上工业总产值	万元	2480803	2629812	213221	204714	7685450
固定资产投资	万元	2560520	2994780	505377	505326	3717547
四、教育、卫生和社会保障						
普通中学在校学生数	人	37400	59500	9300	15100	56900
中等职业教育学校在校学生数	人	7861	8412	900	1918	8320
小学在校学生数	人	55300	88800	15200	19000	102100
医疗卫生机构床位数	床	1894	3342	612	548	3850
各种社会福利收养性单位数	个	36	65	12	9	135
各种社会福利收养性单位床位数	床	1016	6452	589	860	14976

2013年县(市)社会经济主要指标

浙江省

指标	单位	乐清市	嘉善县	海盐县	海宁市	平湖市
一、基本情况						
行政区域面积	平方公里	1174	507	508	668	537
乡个数	个					
镇个数	个	9	6	5	8	6
街道办事处个数	个		3	4	4	3
户籍人口	万人	128	39	38	67	49
第二产业从业人员	人	305300	226600	173400	386200	288300
第三产业从业人员	人	314000	115300	77200	182900	111800
固定电话用户	户	371500	180700	154700	298500	196900
二、综合经济						
地区生产总值	万元	6579239	3742546	3247475	6336483	4613064
第一产业增加值	万元	196137	244860	217844	256223	178301
农业增加值	万元	99786	166332	125519	140691	107764
牧业增加值	万元	36613	39930	61475	71312	37103
第二产业增加值	万元	3929668	2138088	1873774	3641870	2879611
公共财政收入	万元	512937	290035	246053	524888	422233
各项税收	万元	478013	276603	236974	498623	406553
公共财政支出	万元	513504	370151	256893	511850	430837
居民储蓄存款余额	万元	5389959	2572948	2229504	4854639	3058458
年末金融机构各项贷款余额	万元	10078966	3681561	4130034	7067882	4487578
三、农业、工业及投资						
农业机械总动力	万千瓦特	30	24	16	27	24
机收面积	公顷	20480	26170	26680	19570	33380
设施农业占地面积	公顷	3547	3653	2948	11260	4173
粮食总产量	吨					
棉花产量	吨	90		940	339	443
油料产量	吨	3185	1679	6573	12340	10385
肉类总产量	吨	18015	60080	54839	47330	25310
规模以上工业企业单位数	个	981	627	430	1107	610
规模以上工业总产值	万元	11191218	8177878	6749266	13258505	11954825
固定资产投资	万元	4185202	2418581	2251324	3683471	2530384
四、教育、卫生和社会保障						
普通中学在校学生数	人	60700	19300	18400	29600	23100
中等职业教育学校在校学生数	人	7868	4538	5736	11597	7784
小学在校学生数	人	100700	26100	22700	42400	27700
医疗卫生机构床位数	床	3332	1672	1479	3132	2024
各种社会福利收养性单位数	个	25	12	9	20	12
各种社会福利收养性单位床位数	床	1286	2971	2460	3160	3142

2013年县(市)社会经济主要指标

浙江省

指　　标	单位	桐乡市	德清县	长兴县	安吉县	绍兴县
一、基本情况						
行政区域面积	平方公里	727	936	1430	1886	1066
乡个数	个		2	4	4	
镇个数	个	9	9	9	9	15
街道办事处个数	个	3		3		4
户籍人口	万人	68	44	63	46	64
第二产业从业人员	人	441500	186600	198200	131500	367200
第三产业从业人员	人	228200	88100	155100	103700	225100
固定电话用户	户	241300	149894	169342	161859	347800
二、综合经济						
地区生产总值	万元	5734665	3343380	4073669	2654275	10686574
第一产业增加值	万元	331913	217901	311818	256222	325525
农业增加值	万元	186660	41656	224700	171628	179715
牧业增加值	万元	117339	41031	19647	10854	65499
第二产业增加值	万元	2965397	1893798	2170089	1296792	6131030
公共财政收入	万元	455301	309693	394376	247043	775655
各项税收	万元	432742	284657	365248	231321	731311
公共财政支出	万元	471587	335748	473330	332471	686815
居民储蓄存款余额	万元	4585984	2180716	2148354	1667680	6199877
年末金融机构各项贷款余额	万元	6261818	3415756	4213772	3491603	12223560
三、农业、工业及投资						
农业机械总动力	万千瓦特	32	34	36	36	35
机收面积	公顷	19810	8620	42740	17960	25310
设施农业占地面积	公顷	3671	2796	5942	1867	3696
粮食总产量	吨					
棉花产量	吨	713	183	3	8	117
油料产量	吨	7901	2016	16207	6596	6589
肉类总产量	吨	60548	59331	17171	10686	38566
规模以上工业企业单位数	个	982	649	607	371	1201
规模以上工业总产值	万元	12547273	9134332	10146980	4495494	34900455
固定资产投资	万元	3096814	1980105	2836106	1235771	4916245
四、教育、卫生和社会保障						
普通中学在校学生数	人	35400	22248	31275	23465	46400
中等职业教育学校在校学生数	人	10750	4297	11773	6209	13102
小学在校学生数	人	48800	24694	36245	25996	61800
医疗卫生机构床位数	床	2863	1796	2608	1785	3545
各种社会福利收养性单位数	个	21	17	24	26	17
各种社会福利收养性单位床位数	床	4737	2935	3427	2555	3843

2013年县(市)社会经济主要指标

浙江省

指标	单位	新昌县	诸暨市	上虞市	嵊州市	武义县
一、基本情况						
行政区域面积	平方公里	1214	2311	1406	1790	1568
乡个数	个	5	1	3	6	7
镇个数	个	8	23	15	11	8
街道办事处个数	个	3	3	3	4	3
户籍人口	万人	44	108	78	73	34
第二产业从业人员	人	125900	460600	305700	244100	106400
第三产业从业人员	人	79600	214900	108600	116200	51500
固定电话用户	户	126900	404900	281400	228700	86900
二、综合经济						
地区生产总值	万元	3064231	9008773	6249785	3963787	1816636
第一产业增加值	万元	204999	487473	417057	365640	150973
农业增加值	万元	170433	287161	260253	279019	99464
牧业增加值	万元	10659	69750	51764	49147	37089
第二产业增加值	万元	1604796	4976623	3442214	2022953	1001060
公共财政收入	万元	226028	596047	431075	227275	142338
各项税收	万元	216546	550795	408210	217810	127052
公共财政支出	万元	275728	670386	452132	304114	258175
居民储蓄存款余额	万元	1650452	5471969	4137074	2664712	1473607
年末金融机构各项贷款余额	万元	2441815	9677168	7237768	3541706	2814192
三、农业、工业及投资						
农业机械总动力	万千瓦特	19	81	50	40	20
机收面积	公顷	2930	35130	37160	18260	9420
设施农业占地面积	公顷	2661	8452	3780	3391	2749
粮食总产量	吨					
棉花产量	吨	203	19	1578	141	14
油料产量	吨	10213	12623	15070	8162	4788
肉类总产量	吨	6989	53545	37849	30353	29943
规模以上工业企业单位数	个	225	1021	599	440	483
规模以上工业总产值	万元	5329571	22243608	14470671	3998203	4421708
固定资产投资	万元	1124476	4822789	3475055	1625096	977588
四、教育、卫生和社会保障						
普通中学在校学生数	人	20400	79200	37700	32100	13700
中等职业教育学校在校学生数	人	4465	13912	8687	6929	2542
小学在校学生数	人	27300	73900	45000	38000	27700
医疗卫生机构床位数	床	2139	4461	2678	2311	1087
各种社会福利收养性单位数	个	21	39	25	66	6
各种社会福利收养性单位床位数	床	2432	6266	4313	5533	1522

2013年县(市)社会经济主要指标

浙江省

指　　标	单位	浦江县	磐安县	兰溪市	义乌市	东阳市
一、基本情况						
行政区域面积	平方公里	918	1195	1312	1105	1747
乡个数	个	5	10	3		1
镇个数	个	7	9	7	6	11
街道办事处个数	个	3		6	7	6
户籍人口	万人	39	21	67	76	83
第二产业从业人员	人	151100	50700	142200	567300	263300
第三产业从业人员	人	87100	15300	67100	310900	166800
固定电话用户	户	109300	35900	128200	482400	223300
二、综合经济						
地区生产总值	万元	1754119	691359	2512945	8828716	4039146
第一产业增加值	万元	93854	102093	235987	219010	182212
农业增加值	万元	65635	83031	123468	140666	135314
牧业增加值	万元	22671	8638	81132	62169	25554
第二产业增加值	万元	1031603	348023	1428267	3573194	1984640
公共财政收入	万元	124634	51966	181333	633101	353118
各项税收	万元	110150	48145	172429	594827	323621
公共财政支出	万元	205107	175609	318613	616467	432344
居民储蓄存款余额	万元	1660787	568638	1687897	11542216	3729580
年末金融机构各项贷款余额	万元	2360401	868940	2910354	17439368	5496325
三、农业、工业及投资						
农业机械总动力	万千瓦特	14	24	31	29	49
机收面积	公顷	3590	1090	2540	8820	20690
设施农业占地面积	公顷	2867	1678	3053	1827	4260
粮食总产量	吨					
棉花产量	吨	113		8283	33	153
油料产量	吨	4759	797	18150	3459	3755
肉类总产量	吨	14891	5852	49920	40563	14362
规模以上工业企业单位数	个	338	130	443	789	428
规模以上工业总产值	万元	3346401	705084	7039513	7768283	4220887
固定资产投资	万元	787499	416816	1288945	3589382	1871053
四、教育、卫生和社会保障						
普通中学在校学生数	人	19100	9400	29300	46500	41500
中等职业教育学校在校学生数	人	3942	1893	5759	13397	8628
小学在校学生数	人	33700	12600	34000	88700	69200
医疗卫生机构床位数	床	1936	642	1812	3823	3794
各种社会福利收养性单位数	个	9	15	22	15	28
各种社会福利收养性单位床位数	床	1886	1611	3265	4606	6160

2013年县(市)社会经济主要指标

浙江省

指　　标	单位	永康市	衢江区	常山县	开化县	龙游县
一、基本情况						
行政区域面积	平方公里	1047	1748	1097	2231	1143
乡个数	个		8	5	9	7
镇个数	个	11	10	6	9	6
街道办事处个数	个	3	2	3		2
户籍人口	万人	59	40	34	36	40
第二产业从业人员	人	293500	57000	47100	39800	79500
第三产业从业人员	人	117900	44800	49700	41500	68300
固定电话用户	户	201500		54500	49400	97200
二、综合经济						
地区生产总值	万元	4225621	1219246	1071525	948408	1778169
第一产业增加值	万元	92819	194957	79085	119826	135699
农业增加值	万元	62341	92389	46077	84443	53036
牧业增加值	万元	16598	72177	14201	10647	62256
第二产业增加值	万元	2599449	587460	561105	447896	1032667
公共财政收入	万元	352966	66144	65063	50779	90001
各项税收	万元	321517	65004	58766	48443	81985
公共财政支出	万元	360200	165564	188772	224913	237791
居民储蓄存款余额	万元	4168154		789401	849320	1226601
年末金融机构各项贷款余额	万元	7930630		1079464	954839	1846501
三、农业、工业及投资						
农业机械总动力	万千瓦特	35	34	15	17	32
机收面积	公顷	9930	15540	11260	8070	21490
设施农业占地面积	公顷	1669	3380	1203	894	1408
粮食总产量	吨					
棉花产量	吨	1	30	87	52	2213
油料产量	吨	952	11157	7197	11366	16813
肉类总产量	吨	9849	105637	15459	9969	76439
规模以上工业企业单位数	个	637	121	109	82	207
规模以上工业总产值	万元	8390791	1173290	963408	1061994	2758412
固定资产投资	万元	1675101	828677	922746	636030	1063483
四、教育、卫生和社会保障						
普通中学在校学生数	人	30300	15400	13000	13800	17400
中等职业教育学校在校学生数	人	6977	2468	1590	2888	3984
小学在校学生数	人	59100	20800	18000	18500	21000
医疗卫生机构床位数	床	2484	939	1127	1261	1800
各种社会福利收养性单位数	个	17	21	22	17	11
各种社会福利收养性单位床位数	床	2322	2106	3199	1971	1936

2013年县(市)社会经济主要指标

浙江省

指　　标	单位	江山市	岱山县	嵊泗县	玉环县	三门县
一、基本情况						
行政区域面积	平方公里	2019	324	97	378	1072
乡个数	个	6	1	4	3	4
镇个数	个	12	6	3	5	10
街道办事处个数	个	2			3	
户籍人口	万人	61	19	8	43	44
第二产业从业人员	人	96900	47200	7800	280500	97900
第三产业从业人员	人	89200	47800	24000	115700	51800
固定电话用户	户	101400	74100	29600	185100	76900
二、综合经济						
地区生产总值	万元	2352485	1769171	736081	4004696	1404170
第一产业增加值	万元	207916	275379	192530	270100	225255
农业增加值	万元	117860	12703	1026	49165	68595
牧业增加值	万元	68631	5081	385	3467	19145
第二产业增加值	万元	1319845	969406	109764	2413631	576299
公共财政收入	万元	124000	105928	53670	275990	118035
各项税收	万元	114809	92337	36347	254237	106633
公共财政支出	万元	285000	314575	215200	371482	226580
居民储蓄存款余额	万元	1862951	766099	333643	2294711	936334
年末金融机构各项贷款余额	万元	2876696	1116673	333801	3769357	1988998
三、农业、工业及投资						
农业机械总动力	万千瓦特	40	57	24	27	32
机收面积	公顷	18430	280		1380	7080
设施农业占地面积	公顷	1049	668	23	1573	1120
粮食总产量	吨					
棉花产量	吨	1065			378	214
油料产量	吨	15347	1121		1341	2806
肉类总产量	吨	71123	3020	719	9137	9016
规模以上工业企业单位数	个	295	59	13	712	151
规模以上工业总产值	万元	3275434	2808968	70925	6759571	1556529
固定资产投资	万元	1292935	954512	415902	1120000	1386594
四、教育、卫生和社会保障						
普通中学在校学生数	人	28200	5100	2400	18800	16100
中等职业教育学校在校学生数	人	7487	682	238	5011	4036
小学在校学生数	人	35800	7100	2800	48200	28000
医疗卫生机构床位数	床	2424	461	326	1500	870
各种社会福利收养性单位数	个	33	18	7	25	40
各种社会福利收养性单位床位数	床	3405	1140	279	2622	2428

2013年县(市)社会经济主要指标

浙江省

指　　标	单位	天台县	仙居县	温岭市	临海市	青田县
一、基本情况						
行政区域面积	平方公里	1426	1992	836	2171	2477
乡个数	个	5	10			20
镇个数	个	7	7	11	14	9
街道办事处个数	个	3	3	5	5	3
户籍人口	万人	60	51	121	118	53
第二产业从业人员	人	63400	56700	437800	305000	68900
第三产业从业人员	人	77000	45700	337900	142700	60900
固定电话用户	户	103100	73000	319300	202900	83400
二、综合经济						
地区生产总值	万元	1593994	1378659	7482779	4204419	1731040
第一产业增加值	万元	119399	133210	581941	379038	71969
农业增加值	万元	85568	89822	171864	200860	50690
牧业增加值	万元	21834	26234	30187	44617	7287
第二产业增加值	万元	689563	596933	3466005	2108652	1054906
公共财政收入	万元	122958	92990	438479	325006	119086
各项税收	万元	109866	86197	417812	307099	95439
公共财政支出	万元	236993	214202	607223	465106	269096
居民储蓄存款余额	万元	1373476	1264853	6081299	3335371	2469070
年末金融机构各项贷款余额	万元	2111534	1822360	8210481	4517597	1815041
三、农业、工业及投资						
农业机械总动力	万千瓦特	16	21	112	47	7
机收面积	公顷	8410	10280	16690	15570	240
设施农业占地面积	公顷	1084	715	3820	2648	213
粮食总产量	吨					
棉花产量	吨	43	3	167	115	6
油料产量	吨	3074	6467	1057	3988	1420
肉类总产量	吨	20273	13355	36285	21639	11834
规模以上工业企业单位数	个	130	126	1005	447	191
规模以上工业总产值	万元	1739850	1136493	6942869	6060256	3663499
固定资产投资	万元	1090714	1183587	2861789	2112229	820264
四、教育、卫生和社会保障						
普通中学在校学生数	人	30100	26800	52800	56300	18700
中等职业教育学校在校学生数	人	9039	6042	12900	22060	3672
小学在校学生数	人	36700	40100	99900	86400	30500
医疗卫生机构床位数	床	1568	1237	4578	3979	971
各种社会福利收养性单位数	个	37	23	95	62	12
各种社会福利收养性单位床位数	床	3200	2896	8524	7623	1674

2013 年县(市)社会经济主要指标

浙江省

指　　标	单位	缙云县	遂昌县	松阳县	云和县	庆元县
一、基本情况						
行政区域面积	平方公里	1494	2539	1406	984	1898
乡个数	个	8	11	11	3	10
镇个数	个	7	7	5	3	6
街道办事处个数	个		2		4	3
户籍人口	万人	46	23	24	11	21
第二产业从业人员	人	58500	32100	52100	29300	23300
第三产业从业人员	人	104600	37400	32900	26000	18500
固定电话用户	户	85300	40800	37600	21800	24300
二、综合经济						
地区生产总值	万元	1737629	845402	734734	481348	483622
第一产业增加值	万元	92470	99356	121937	42360	70691
农业增加值	万元	59368	67286	93912	33842	40941
牧业增加值	万元	18454	8470	10205	4005	2919
第二产业增加值	万元	1029763	395451	344699	260869	225737
公共财政收入	万元	86976	55228	39071	33630	25130
各项税收	万元	79568	48457	33193	29544	20556
公共财政支出	万元	201896	178212	182451	124583	163361
居民储蓄存款余额	万元	1122167	542478	529348	336154	326020
年末金融机构各项贷款余额	万元	1707518	897369	708549	477144	590292
三、农业、工业及投资						
农业机械总动力	万千瓦特	16	11	14	7	10
机收面积	公顷	2200	690	770	590	1570
设施农业占地面积	公顷	1023	499	2352	253	1120
粮食总产量	吨					
棉花产量	吨	18		9		
油料产量	吨	3446	3790	3205	310	104
肉类总产量	吨	15351	11313	15343	3848	4268
规模以上工业企业单位数	个	277	55	119	46	63
规模以上工业总产值	万元	3916232	1691843	1664366	731630	559275
固定资产投资	万元	778261	406353	415264	332878	347105
四、教育、卫生和社会保障						
普通中学在校学生数	人	21800	9100	9900	4800	7900
中等职业教育学校在校学生数	人	5799	2262	2163	1966	2128
小学在校学生数	人	29400	12300	13300	7800	10800
医疗卫生机构床位数	床	1591	647	656	400	465
各种社会福利收养性单位数	个	10	7	7	2	6
各种社会福利收养性单位床位数	床	1775	893	946	366	748

2013年县(市)社会经济主要指标

浙江省、安徽省

指标	单位	景宁畲族自治县	龙泉市	长丰县	肥东县	肥西县
一、基本情况						
行政区域面积	平方公里	1949	3059	1841	2206	2082
乡个数	个	15	7	6	6	4
镇个数	个	4	8	8	12	10
街道办事处个数	个		4			
户籍人口	万人	17	29	76	107	87
第二产业从业人员	人	8500	42400		13231	
第三产业从业人员	人	18100	49700		25504	
固定电话用户	户	19700	42700	94659	108000	111655
二、综合经济						
地区生产总值	万元	387014	958870	3036769	4056360	4626843
第一产业增加值	万元	62439	122867	551762	587493	549580
农业增加值	万元	44890	81960	294012	257481	213772
牧业增加值	万元	5160	8090	195125	193930	229156
第二产业增加值	万元	143943	454718	1843513	2619808	3015348
公共财政收入	万元	47828	54513	214867	232962	277895
各项税收	万元	40102	50350	279072	176703	455386
公共财政支出	万元	189898	181776	387091	437189	457668
居民储蓄存款余额	万元	266809	683101	847189	1478103	1488580
年末金融机构各项贷款余额	万元	475868	994653	971252	1615845	1466896
三、农业、工业及投资						
农业机械总动力	万千瓦特	9	21	79	64	66
机收面积	公顷	50	1740	90200	101000	84670
设施农业占地面积	公顷	959	874	10254		1412
粮食总产量	吨			589871	680815	549749
棉花产量	吨			5692	5770	7775
油料产量	吨	501	1847	39994	117414	67718
肉类总产量	吨	6441	11829	130161	116859	142149
规模以上工业企业单位数	个	38	186	353	344	389
规模以上工业总产值	万元	186666	1612238	5816318	7325900	10067569
固定资产投资	万元	336804	667455	3210567	3797964	4320889
四、教育、卫生和社会保障						
普通中学在校学生数	人	5400	11600	32324	72853	32993
中等职业教育学校在校学生数	人	1298	3534	10563	11932	11480
小学在校学生数	人	9000	17500	34628	56772	36294
医疗卫生机构床位数	床	437	840	1815	2401	2212
各种社会福利收养性单位数	个	6	10	25	27	28
各种社会福利收养性单位床位数	床	505	1356	5396	4389	5110

2013年县(市)社会经济主要指标

安徽省

指　　标	单位	庐江县	巢湖市	芜湖县	繁昌县	南陵县
一、基本情况						
行政区域面积	平方公里	2344	2046	650	585	1264
乡个数	个		1			
镇个数	个	17	11	5	6	8
街道办事处个数	个		5			
户籍人口	万人	119	88	35	28	55
第二产业从业人员	人	312325		1373	8907	12854
第三产业从业人员	人	175973		7914	7732	11900
固定电话用户	户	131725	230373	41534	39588	43522
二、综合经济						
地区生产总值	万元	1802219	2352983	1648766	1868842	1568879
第一产业增加值	万元	400230	265353	177303	83572	275218
农业增加值	万元	229192	129139	106424	35384	114813
牧业增加值	万元	69305	67976	19860	17281	36908
第二产业增加值	万元	843117	1368176	1168962	1417168	977686
公共财政收入	万元	155975	173495	213361	223508	185068
各项税收	万元	178688	141935	162780	168323	97063
公共财政支出	万元	402108	337040	298800	300008	261716
居民储蓄存款余额	万元	1818012	1950138	767500	967081	985773
年末金融机构各项贷款余额	万元	1267257	2136181	1226600	1061870	881779
三、农业、工业及投资						
农业机械总动力	万千瓦特	128	50	32	21	38
机收面积	公顷	133790	46140	32300	12910	55460
设施农业占地面积	公顷	3795	730	59	6526	1034
粮食总产量	吨	833399	319382	207411	85160	391075
棉花产量	吨	4620	8354	4293	1181	1636
油料产量	吨	33903	60215	18782	7711	12537
肉类总产量	吨	37938	35122	15420	14503	49481
规模以上工业企业单位数	个	180	132	351	304	270
规模以上工业总产值	万元	1663865	3225879	4339625	6126200	2635025
固定资产投资	万元	1471311	869207	2051512	1594131	1601832
四、教育、卫生和社会保障						
普通中学在校学生数	人	53876	41790	16859	6915	24321
中等职业教育学校在校学生数	人	12685	5874		2523	1782
小学在校学生数	人	56730	41531	18433	13296	28738
医疗卫生机构床位数	床	2401	3416	698	701	881
各种社会福利收养性单位数	个	43	30	8	13	18
各种社会福利收养性单位床位数	床	5214	3341	1750	1614	1893

2013年县(市)社会经济主要指标

安徽省

指　　标	单位	无为县	怀远县	五河县	固镇县	凤台县
一、基本情况						
行政区域面积	平方公里	2206	2192	1595	1360	894
乡个数	个	4	9	2	3	8
镇个数	个	17	9	13	8	8
街道办事处个数	个				3	
户籍人口	万人	131	127	74	63	64
第二产业从业人员	人	332156	164592	78106	58485	149012
第三产业从业人员	人	299035	188442	129120	46322	143918
固定电话用户	户	122357			54000	74050
二、综合经济						
地区生产总值	万元	3232483	1902126	1275351	1306951	2220211
第一产业增加值	万元	505838	600051	483478	438150	285468
农业增加值	万元	189158	331980	220441	247521	138464
牧业增加值	万元	66163	155507	138658	143429	99405
第二产业增加值	万元	1916582	785847	401506	523022	1477156
公共财政收入	万元	173685	126422	86369	68174	251079
各项税收	万元	238272	147551	60883	67051	345353
公共财政支出	万元	436082	426362	267419	242969	385952
居民储蓄存款余额	万元	2034225	1134048	750273	715446	1110018
年末金融机构各项贷款余额	万元	1782141	1043879	604250	410741	1058528
三、农业、工业及投资						
农业机械总动力	万千瓦特	68	276	94	103	82
机收面积	公顷	65150	197000	116250	84340	77600
设施农业占地面积	公顷	1249	8236	2599	1875	3484
粮食总产量	吨	483085	1143557	649884	490618	571245
棉花产量	吨	37843	3839	3135	14008	315
油料产量	吨	59033	94469	69368	209890	4006
肉类总产量	吨	48721	95073	72706	115902	43570
规模以上工业企业单位数	个	250	183	126	128	164
规模以上工业总产值	万元	6816338	3591464	2760850	2637678	2921918
固定资产投资	万元	2309228	1148017	1046672	1203558	1801230
四、教育、卫生和社会保障						
普通中学在校学生数	人	55403	63760	33046	30357	33012
中等职业教育学校在校学生数	人	19723	19035	11468		2315
小学在校学生数	人	59826	88903	42812	32178	47028
医疗卫生机构床位数	床	2596	3348	1677	2056	1035
各种社会福利收养性单位数	个	42	46	20	19	23
各种社会福利收养性单位床位数	床	6283	5916	3060	2880	1926

2013年县(市)社会经济主要指标

安徽省

指　　标	单位	当涂县	含山县	和县	濉溪县	铜陵县
一、基本情况						
行政区域面积	平方公里	1002	1020	1319	1982	823
乡个数	个	3				4
镇个数	个	8	8	9	11	4
街道办事处个数	个					
户籍人口	万人	47	44	54	108	29
第二产业从业人员	人	105921	85082	82857	106558	81520
第三产业从业人员	人	96000	83400	108315	158671	39949
固定电话用户	户	59385	54997	72335	145625	29248
二、综合经济						
地区生产总值	万元	2434844	1039067	1164333	1858303	1115942
第一产业增加值	万元	254414	197120	220278	398622	95190
农业增加值	万元	89047	95859	155465	239568	55149
牧业增加值	万元	23830	24227	28867	121553	13021
第二产业增加值	万元	1739172	528239	612643	1022103	800800
公共财政收入	万元	295511	131089	155782	131080	121903
各项税收	万元	294657	94226	128962	222536	226154
公共财政支出	万元	428827	212549	251081	361817	206605
居民储蓄存款余额	万元	1229113	780843	1194814	1640302	802639
年末金融机构各项贷款余额	万元	1198212	575148	678515	1071229	823963
三、农业、工业及投资						
农业机械总动力	万千瓦特	39	38	48	210	29
机收面积	公顷	52040	35100	50350	169100	11420
设施农业占地面积	公顷	790	690	11001	500	1183
粮食总产量	吨	317618	253235	325606	1030580	82849
棉花产量	吨	1975	9262	1264	954	3561
油料产量	吨	26848	38402	23458	2017	16042
肉类总产量	吨	15734	16937	35636	53388	12940
规模以上工业企业单位数	个	238	153	111	239	69
规模以上工业总产值	万元	5603661	1635015	2174699	4216300	2254489
固定资产投资	万元	3400739	1178593	1655245	1971242	1496494
四、教育、卫生和社会保障						
普通中学在校学生数	人	23108	23789	24680	65170	11469
中等职业教育学校在校学生数	人	5035	3585	3782	4426	
小学在校学生数	人	21924	24277	31058	73827	13098
医疗卫生机构床位数	床	1478	821	1114	3338	668
各种社会福利收养性单位数	个	16	20	20	24	12
各种社会福利收养性单位床位数	床	3652	2179	2973	3510	1295

2013年县(市)社会经济主要指标

安徽省

指　　标	单位	怀宁县	枞阳县	潜山县	太湖县	宿松县
一、基本情况						
行政区域面积	平方公里	1276	1808	1686	2040	2394
乡个数	个	5	8	5	5	13
镇个数	个	15	14	11	10	8
街道办事处个数	个					
户籍人口	万人	70	97	59	57	85
第二产业从业人员	人	112427		494	6802	91670
第三产业从业人员	人	146364		14429	13704	225230
固定电话用户	户	78846	100872	78000	72333	81200
二、综合经济						
地区生产总值	万元	1595240	1762949	1152151	847828	1327852
第一产业增加值	万元	205295	311374	220390	211440	400161
农业增加值	万元	88565	107917	116506	67650	168328
牧业增加值	万元	68955	71645	49546	78400	63792
第二产业增加值	万元	1011515	1015976	632265	389427	572638
公共财政收入	万元	125144	97176	56568	34325	55298
各项税收	万元	126762	103853	39545	24606	33897
公共财政支出	万元	272668	291946	228520	220013	299600
居民储蓄存款余额	万元	1630618	1717801	951506	652924	1031221
年末金融机构各项贷款余额	万元	937795	716942	719464	390870	598235
三、农业、工业及投资						
农业机械总动力	万千瓦特	44	47	35	24	36
机收面积	公顷	49780	90770	38070	32160	62350
设施农业占地面积	公顷	978		1563	319	805
粮食总产量	吨	332783	480332	230924	193950	352650
棉花产量	吨	5886	9945	4210	8710	31341
油料产量	吨	30317	40961	14925	19625	60848
肉类总产量	吨	31165	39792	27535	74763	35524
规模以上工业企业单位数	个	249	220	149	113	143
规模以上工业总产值	万元	3216732	3131173	1726229	1522882	1759354
固定资产投资	万元	1309277	1509459	605988	740546	1005264
四、教育、卫生和社会保障						
普通中学在校学生数	人	36672	48974	33266	28438	45142
中等职业教育学校在校学生数	人	13745	18724	12715	8270	
小学在校学生数	人	31049	46236	30954	26748	53817
医疗卫生机构床位数	床	1729	1962	1190	979	1650
各种社会福利收养性单位数	个	21	25	20	16	25
各种社会福利收养性单位床位数	床	3510	3438	3050	3385	2618

2013年县(市)社会经济主要指标

安徽省

指标	单位	望江县	岳西县	桐城市	歙县	休宁县
一、基本情况						
行政区域面积	平方公里	1348	2372	1546	2236	2125
乡个数	个	2	11		15	11
镇个数	个	8	13	12	13	10
街道办事处个数	个			3		
户籍人口	万人	63	41	76	48	28
第二产业从业人员	人	137330		4115	89398	49068
第三产业从业人员	人	102782		20582	90488	57743
固定电话用户	户	75881		82749	51904	39575
二、综合经济						
地区生产总值	万元	870600	671963	2001458	1208499	626276
第一产业增加值	万元	253566	143657	255751	175143	118663
农业增加值	万元	106555	82266	98328	110434	61287
牧业增加值	万元	71510	30118	103679	47011	30852
第二产业增加值	万元	385361	371723	1300481	618408	272146
公共财政收入	万元	39697	31977	151027	118593	87092
各项税收	万元	50860	22890	161635	94698	70003
公共财政支出	万元	203481	198708	335091	249024	168440
居民储蓄存款余额	万元	925422	486570	1821954	1107866	598706
年末金融机构各项贷款余额	万元	521739	444274	1508635	1014555	460605
三、农业、工业及投资						
农业机械总动力	万千瓦特	31	12	50	20	17
机收面积	公顷	64400	10230	54900	3700	9270
设施农业占地面积	公顷	656		542	396	145
粮食总产量	吨	370778	86398	325225	78654	95661
棉花产量	吨	23955	248	2583	33	32
油料产量	吨	82779	3655	29347	16504	10108
肉类总产量	吨	45392	17733	37713	29813	26780
规模以上工业企业单位数	个	86	87	345	131	56
规模以上工业总产值	万元	1599600	1278003	4385464	1507300	660900
固定资产投资	万元	806671	640611	1932145	766256	621599
四、教育、卫生和社会保障						
普通中学在校学生数	人	33297	17295	41699	17588	9587
中等职业教育学校在校学生数	人	17172	7565	15351	6255	3298
小学在校学生数	人	38845	19357	33634	19766	10732
医疗卫生机构床位数	床	1180	1333	2104	1440	640
各种社会福利收养性单位数	个	19		20	39	19
各种社会福利收养性单位床位数	床	2799		2850	4191	2298

2013 年县(市)社会经济主要指标

安徽省

指　　标	单位	黟　县	祁门县	来安县	全椒县	定远县
一、基本情况						
行政区域面积	平方公里	847	2257	1481	1568	2998
乡个数	个	4	10	4		6
镇个数	个	4	8	8	10	16
街道办事处个数	个					
户籍人口	万人	9	19	49	46	96
第二产业从业人员	人	15632	23534			
第三产业从业人员	人	25315	41340			
固定电话用户	户	13189	23050	71490	62770	67534
二、综合经济						
地区生产总值	万元	230126	480855	1083499	1008308	1297955
第一产业增加值	万元	34554	57309	204109	236516	504855
农业增加值	万元	13351	32172	117175	127629	231365
牧业增加值	万元	9345	5538	52146	56476	216972
第二产业增加值	万元	112170	207767	591456	475678	412386
公共财政收入	万元	33007	55235	107249	109413	90521
各项税收	万元	26614	43099	118434	120303	99285
公共财政支出	万元	82328	122271	238786	240379	358535
居民储蓄存款余额	万元	270121	475899	723882	839236	932176
年末金融机构各项贷款余额	万元	274420	259620	628468	1006588	1003327
三、农业、工业及投资						
农业机械总动力	万千瓦特	7	11	82	69	145
机收面积	公顷	3170	2100	69060	61330	178750
设施农业占地面积	公顷	111	120	432	452	357
粮食总产量	吨	26415	44230	437467	426066	1098873
棉花产量	吨	28	226	341	3760	1563
油料产量	吨	4279	4290	32537	52323	35562
肉类总产量	吨	5272	6335	33537	50914	139386
规模以上工业企业单位数	个	42	63	121	110	104
规模以上工业总产值	万元	210000	450900	1654472	1432165	1118462
固定资产投资	万元	264338	469668	1251546	1068614	1220645
四、教育、卫生和社会保障						
普通中学在校学生数	人	2855	7699	20667	22109	48319
中等职业教育学校在校学生数	人	1224	1812	6151	6024	11133
小学在校学生数	人	3707	8631	21748	19545	55366
医疗卫生机构床位数	床	232	859	1258	1112	2352
各种社会福利收养性单位数	个	12	19	15	22	24
各种社会福利收养性单位床位数	床	1206	1868	1575	2413	4838

2013年县(市)社会经济主要指标

安徽省

指　　标	单位	凤阳县	天长市	明光市	临泉县	太和县
一、基本情况						
行政区域面积	平方公里	1950	1751	2335	1818	1820
乡个数	个	1		1	10	5
镇个数	个	14	14	12	21	26
街道办事处个数	个		1	4		
户籍人口	万人	77	63	64	229	176
第二产业从业人员	人				328533	335993
第三产业从业人员	人					262913
固定电话用户	户	76892	69335	93211		125394
二、综合经济						
地区生产总值	万元	1296595	2372544	1024263	1254846	1531074
第一产业增加值	万元	341256	299114	312320	621253	444238
农业增加值	万元	172241	122881	119142	379873	281472
牧业增加值	万元	125485	55214	66093	187563	124898
第二产业增加值	万元	569645	1595330	357511	260458	630522
公共财政收入	万元	124019	219226	74407		80424
各项税收	万元	130076	234587	81256	80704	56506
公共财政支出	万元	308288	390558	247583	460863	476275
居民储蓄存款余额	万元	820343	1112570	770499	201	2083268
年末金融机构各项贷款余额	万元	723126	1327128	615216		778303
三、农业、工业及投资						
农业机械总动力	万千瓦特	114	113	84	162	148
机收面积	公顷	115330	106000	79000	146100	186840
设施农业占地面积	公顷	126	214	268	7892	
粮食总产量	吨	700803	673383	523505	1069003	1008318
棉花产量	吨	555		387	3952	3530
油料产量	吨	15824	14726	33327	22853	9700
肉类总产量	吨	50472	33099	50093	145004	99651
规模以上工业企业单位数	个	93	281	102	90	184
规模以上工业总产值	万元	1423821	6619734	989487	109	2055239
固定资产投资	万元	1155867	2179496	939800	611777	753830
四、教育、卫生和社会保障						
普通中学在校学生数	人	35803	31570	30495		70908
中等职业教育学校在校学生数	人	8370	9341	8010	15934	3384
小学在校学生数	人	47581	32472	35452	147979	136135
医疗卫生机构床位数	床	1568	2993	1572	3008	5232
各种社会福利收养性单位数	个	30	20	27		37
各种社会福利收养性单位床位数	床	3766	2468	2296		4656

2013年县(市)社会经济主要指标

安徽省

指标	单位	阜南县	颍上县	界首市	砀山县	萧县
一、基本情况						
行政区域面积	平方公里	1768	1859	667	1193	1885
乡个数	个	8	8	3		5
镇个数	个	21	22	12	13	18
街道办事处个数	个			3		
户籍人口	万人	175	178	80	97	138
第二产业从业人员	人	340289	298823			
第三产业从业人员	人	165201	181867			
固定电话用户	户	47499	71000	45000	57213	77899
二、综合经济						
地区生产总值	万元	1197318	1793453	1125725	1298811	1813671
第一产业增加值	万元	445866	443596	223428	395867	509596
农业增加值	万元	238150	202551	123200	271065	277204
牧业增加值	万元	124888	142357	66133	95728	170531
第二产业增加值	万元	395660	962508	624859	576637	734963
公共财政收入	万元	44107	138223	75913	54624	83481
各项税收	万元	32896	108397	53107	37795	50774
公共财政支出	万元	416746	462639	244936	268603	368855
居民储蓄存款余额	万元	1504859	1483725	1007700	1134378	1433970
年末金融机构各项贷款余额	万元	671768	812045	529837	490837	645290
三、农业、工业及投资						
农业机械总动力	万千瓦特	120	100	46	108	155
机收面积	公顷	134110	162220	55360	50230	113700
设施农业占地面积	公顷	3426	862		12670	5912
粮食总产量	吨	855420	1040978	394324	263646	705888
棉花产量	吨	1320	3116	2080	5680	12765
油料产量	吨	19302	5396	5309	48595	25609
肉类总产量	吨	97149	100148	37172	53446	104315
规模以上工业企业单位数	个	166	125	152	199	172
规模以上工业总产值	万元	1229509	1575991	2856403	1938600	2241361
固定资产投资	万元	671092	1014530	443650	905683	1470366
四、教育、卫生和社会保障						
普通中学在校学生数	人	74430	57444	29673	45697	64717
中等职业教育学校在校学生数	人	16463	10341	6122	9678	9217
小学在校学生数	人	125205	105502	47880	51926	80383
医疗卫生机构床位数	床	3613	3247	1875	2866	2261
各种社会福利收养性单位数	个	60	73	30	26	32
各种社会福利收养性单位床位数	床	4827	4800	2220	2810	3526

2013年县(市)社会经济主要指标

安徽省

指　　标	单位	灵璧县	泗　县	寿　县	霍邱县	舒城县
一、基本情况						
行政区域面积	平方公里	2054	1787	2948	3487	2100
乡个数	个	6	3	4	9	6
镇个数	个	13	12	21	23	15
街道办事处个数	个					
户籍人口	万人	126	94	139	169	100
第二产业从业人员	人			158959		7082
第三产业从业人员	人			162616		26112
固定电话用户	户	63934	89620	72862	120000	80350
二、综合经济						
地区生产总值	万元	1424417	1327811	1151003	2147482	1405353
第一产业增加值	万元	500497	463691	405279	451300	292425
农业增加值	万元	276908	275845	202630	193610	128637
牧业增加值	万元	167846	144185	132350	153469	78407
第二产业增加值	万元	452454	511759	332693	1128439	666920
公共财政收入	万元	51689	57026	76505	221346	75442
各项税收	万元	33308	35539	61134	176421	98204
公共财政支出	万元	333398	283945	383584	491022	305599
居民储蓄存款余额	万元	1118804	760622	1175535	1387686	1427665
年末金融机构各项贷款余额	万元	423779	522812	658855	1140834	1226886
三、农业、工业及投资						
农业机械总动力	万千瓦特	163	168	219	161	78
机收面积	公顷	160260	154650	207410	230100	61680
设施农业占地面积	公顷	353	4917	1129	54	1801
粮食总产量	吨	936371	797913	1398808	1473421	391898
棉花产量	吨	1646	3214	5256	2318	2767
油料产量	吨	44877	87276	24636	24766	32478
肉类总产量	吨	103978	113030	146376	157930	48961
规模以上工业企业单位数	个	129	145	81	118	141
规模以上工业总产值	万元	1868118	858975	804385	3046489	1887076
固定资产投资	万元	724695	751439	904998	1173953	889611
四、教育、卫生和社会保障						
普通中学在校学生数	人	49218	43138	62812	60150	44623
中等职业教育学校在校学生数	人	13475	4358	20073	14424	
小学在校学生数	人	75925	58368	71835	109129	41082
医疗卫生机构床位数	床	2508	2181	2030	3917	1874
各种社会福利收养性单位数	个	35	18	73	54	36
各种社会福利收养性单位床位数	床	3180	1350	6354	7042	3914

2013 年县（市）社会经济主要指标

安徽省

指　　标	单位	金寨县	霍山县	涡阳县	蒙城县	利辛县
一、基本情况						
行政区域面积	平方公里	3814	2043	2107	2091	1950
乡个数	个	11	4		2	4
镇个数	个	22	12	20	12	19
街道办事处个数	个			4	3	
户籍人口	万人	67	36	164	138	165
第二产业从业人员	人	67168	58410	213658	89235	307197
第三产业从业人员	人	83275	64250	225182	134122	302761
固定电话用户	户	90052	96148	76718	87966	71565
二、综合经济						
地区生产总值	万元	801575	1334952	1968689	1765829	1436151
第一产业增加值	万元	171442	117870	454087	468013	457903
农业增加值	万元	86475	56176	297383	316701	289199
牧业增加值	万元	47992	22143	86712	80679	113915
第二产业增加值	万元	333926	937511	886370	727734	402143
公共财政收入	万元	43207	94043	200088	173150	113415
各项税收	万元	49098	168814	163428	140361	93361
公共财政支出	万元	304060	223281	455275	399819	434104
居民储蓄存款余额	万元	765452	668349	1510337	1258947	1413341
年末金融机构各项贷款余额	万元	644403	710473	788507	931213	650082
三、农业、工业及投资						
农业机械总动力	万千瓦特	42	31	197	234	180
机收面积	公顷	18450	9140	214300	209500	207000
设施农业占地面积	公顷	600	16856	916	877	4475
粮食总产量	吨	144770	103705	1255683	1228070	1117528
棉花产量	吨	60	132	698	3020	1129
油料产量	吨	10627	4783	2901	35445	4134
肉类总产量	吨	28706	18789	63957	77182	98341
规模以上工业企业单位数	个	74	141	172	148	121
规模以上工业总产值	万元	1006166	3248948	1872401	1555298	879889
固定资产投资	万元	865970	1011019	1259731	1172184	866626
四、教育、卫生和社会保障						
普通中学在校学生数	人	34112	17614	57592	63657	59111
中等职业教育学校在校学生数	人	3564	6081	16273	18121	14862
小学在校学生数	人	40884	15192	106740	107029	131701
医疗卫生机构床位数	床	1261	1125	3100	3606	2469
各种社会福利收养性单位数	个	38	21	35	34	52
各种社会福利收养性单位床位数	床	3230	3012	4319	4470	5235

2013年县(市)社会经济主要指标

安徽省

指　　标	单位	东至县	石台县	青阳县	郎溪县	广德县
一、基本情况						
行政区域面积	平方公里	3256	1403	1101	1105	2165
乡个数	个	3	2	3	2	4
镇个数	个	12	6	8	7	5
街道办事处个数	个					
户籍人口	万人	55	11	27	35	52
第二产业从业人员	人	82455	24016	63342	65020	141991
第三产业从业人员	人	111167	17240	67676	64026	105162
固定电话用户	户	67580	20690	52199	25038	66366
二、综合经济						
地区生产总值	万元	1107602	189034	682358	954944	1574306
第一产业增加值	万元	253466	36968	96028	139455	173565
农业增加值	万元	137956	20232	35494	74325	71522
牧业增加值	万元	39164	3192	20454	13757	52247
第二产业增加值	万元	514781	79653	359023	618439	839539
公共财政收入	万元	92263	14177	106259	133281	164581
各项税收	万元	94030	15031	76252	97256	224867
公共财政支出	万元	258788	87013	197808	225666	317265
居民储蓄存款余额	万元	991522	231093	721909	523435	889425
年末金融机构各项贷款余额	万元	630176	144915	561236	626035	1249901
三、农业、工业及投资						
农业机械总动力	万千瓦特	42	13	24	30	55
机收面积	公顷	41020	4200	18360	44630	33950
设施农业占地面积	公顷	991	61	130	187	369
粮食总产量	吨	215568	16768	124827	284688	184777
棉花产量	吨	23135	686	198	1145	345
油料产量	吨	45690	5304	7540	13025	17571
肉类总产量	吨	33158	3399	11857	12231	52361
规模以上工业企业单位数	个	133	21	113	191	252
规模以上工业总产值	万元	1359477	141707	1102807	2219280	342090
固定资产投资	万元	910584	50133	688550	1578578	1501829
四、教育、卫生和社会保障						
普通中学在校学生数	人	29993	5075	15028	15272	22693
中等职业教育学校在校学生数	人	3651	1712	2294	4188	4507
小学在校学生数	人	31368	4935	15120	18803	27763
医疗卫生机构床位数	床	780	332	926	1287	2044
各种社会福利收养性单位数	个	27	17	16	14	28
各种社会福利收养性单位床位数	床	3216	1031	1550	1685	3000

2013年县(市)社会经济主要指标

安徽省、福建省

指标	单位	泾县	绩溪县	旌德县	宁国市	闽侯县
一、基本情况						
行政区域面积	平方公里	2055	1116	905	2487	2130
乡个数	个	2	3	4	5	6
镇个数	个	9	8	6	8	8
街道办事处个数	个				6	1
户籍人口	万人	36	18	15	39	66
第二产业从业人员	人	59851	18646	19510	90231	166682
第三产业从业人员	人	93241	22921	31039	87081	103118
固定电话用户	户	62351	42458	35723	96514	89301
二、综合经济						
地区生产总值	万元	713860	500038	300408	2039633	3767378
第一产业增加值	万元	158939	97929	65260	199408	305689
农业增加值	万元	67916	47528	24824	107838	237098
牧业增加值	万元	43524	18706	10849	52898	44317
第二产业增加值	万元	317461	258198	144678	1334064	2320455
公共财政收入	万元	75389	65767	43749	330551	478970
各项税收	万元	60160	49678	46188	285109	379997
公共财政支出	万元	192000	134676	103775	316520	573559
居民储蓄存款余额	万元	750127	437801	293174	799669	1675196
年末金融机构各项贷款余额	万元	516311	395623	203388	1465011	1750142
三、农业、工业及投资						
农业机械总动力	万千瓦特	18	10	8	27	17
机收面积	公顷	21700	4830	6860	14460	3186
设施农业占地面积	公顷	1278		412		9996
粮食总产量	吨	141246	58298	58861	77722	65578
棉花产量	吨	798	29	124	206	
油料产量	吨	11604	9649	6652	14523	1345
肉类总产量	吨	25222	11351	8992	58319	46346
规模以上工业企业单位数	个	111	72	39	262	329
规模以上工业总产值	万元	1027804	685044	416299	4417572	6837595
固定资产投资	万元	878908	950209	316908	2007243	2416876
四、教育、卫生和社会保障						
普通中学在校学生数	人	11403	5329	3485	15552	26777
中等职业教育学校在校学生数	人	4418	1802	1125	5878	1473
小学在校学生数	人	14110	6733	5448	17765	46735
医疗卫生机构床位数	床	1288	541	324	1732	983
各种社会福利收养性单位数	个	14	14	13	20	4
各种社会福利收养性单位床位数	床	1862	1862	820	1710	141

2013年县(市)社会经济主要指标

福建省

指　　标	单位	连江县	罗源县	闽清县	永泰县	平潭县
一、基本情况						
行政区域面积	平方公里	1186	1100	1467	2243	372
乡个数	个	7	5	5	12	8
镇个数	个	16	6	11	9	7
街道办事处个数	个					
户籍人口	万人	65	26	32	37	42
第二产业从业人员	人	86129	26578	42991	63818	22906
第三产业从业人员	人	68603	76566	25639	40330	35221
固定电话用户	户	132847	37000	45199	48205	82050
二、综合经济						
地区生产总值	万元	3027728	1624363	1168308	1086723	1554938
第一产业增加值	万元	1053563	270563	203721	347634	335467
农业增加值	万元	66600	68567	161560	210309	20878
牧业增加值	万元	26009	16181	13997	32483	13502
第二产业增加值	万元	1165002	1107993	673699	410115	482900
公共财政收入	万元	378800	122628	63232	50275	133983
各项税收	万元	333307	109279	52246	38586	112687
公共财政支出	万元	402642	288585	145227	159743	443679
居民储蓄存款余额	万元	1610155	379491	645667	519690	600941
年末金融机构各项贷款余额	万元	1624556	783668	427285	466119	1439894
三、农业、工业及投资						
农业机械总动力	万千瓦特	38	8	13	5	23
机收面积	公顷	5860	237	996	136	220
设施农业占地面积	公顷			888	105	
粮食总产量	吨	48197	34806	63934	110478	20056
棉花产量	吨					
油料产量	吨	1231	142	1089	3716	8245
肉类总产量	吨	13545	11213	13490	18817	12768
规模以上工业企业单位数	个	115	106	89	36	12
规模以上工业总产值	万元	4084899	3781798	1310108	376645	278384
固定资产投资	万元	3409987	1337751	400450	532879	3375174
四、教育、卫生和社会保障						
普通中学在校学生数	人	23841	8707	13168	15007	23697
中等职业教育学校在校学生数	人	2378	2325	924	3895	372
小学在校学生数	人	36600	12367	19780	17291	27126
医疗卫生机构床位数	床	981	738	1509	1035	790
各种社会福利收养性单位数	个	1	13	15	1	14
各种社会福利收养性单位床位数	床	45	254	410	25	597

2013年县(市)社会经济主要指标

福建省

指标	单位	福清市	长乐市	仙游县	明溪县	清流县
一、基本情况						
行政区域面积	平方公里	1518	664	1841	1730	1806
乡个数	个		2	5	5	8
镇个数	个	17	12	12	4	5
街道办事处个数	个	7	4	1		
户籍人口	万人	132	70	111	12	15
第二产业从业人员	人	213268	127665	140650	12301	12597
第三产业从业人员	人	278211	122060	176898	23624	20154
固定电话用户	户	283650	134705	132500	20984	23322
二、综合经济						
地区生产总值	万元	6671851	4845667	2398025	494077	683475
第一产业增加值	万元	843522	390770	265006	128685	138646
农业增加值	万元	180927	120457	184368	82027	77334
牧业增加值	万元	182785	47386	43782	5028	10722
第二产业增加值	万元	3415739	3257469	1184099	221136	338123
公共财政收入	万元	431953	283511	215189	24006	30730
各项税收	万元	540935	433671	193146	20703	27119
公共财政支出	万元	1048673	351839	336841	94948	102725
居民储蓄存款余额	万元	4914148	2509358	1797676	281979	229932
年末金融机构各项贷款余额	万元	4887286	5414426	1659652	252285	273901
三、农业、工业及投资						
农业机械总动力	万千瓦特	27	21	28	9	12
机收面积	公顷	10328	10933	2767	6734	6667
设施农业占地面积	公顷	10745	1620	173	95	183
粮食总产量	吨	115333	87692	127419	94590	90636
棉花产量	吨					
油料产量	吨	33516	1600	14229	2783	4186
肉类总产量	吨	119095	30539	31940	5512	8491
规模以上工业企业单位数	个	346	405	237	92	78
规模以上工业总产值	万元	1261	16624531	3120531	748037	782008
固定资产投资	万元	5494132	3397576	1906452	519333	644127
四、教育、卫生和社会保障						
普通中学在校学生数	人	67924	25029	56316	4622	5813
中等职业教育学校在校学生数	人	8865	4353	12419	1824	1361
小学在校学生数	人	104169	46780	68133	5262	8106
医疗卫生机构床位数	床	3015	1967	2551	421	645
各种社会福利收养性单位数	个	3	12	20	11	1
各种社会福利收养性单位床位数	床	267	1340	1540	660	94

2013 年县(市)社会经济主要指标

福建省

指　标	单位	宁化县	大田县	尤溪县	沙　县	将乐县
一、基本情况						
行政区域面积	平方公里	2407	2233	3420	1799	2241
乡个数	个	10	10	6	4	7
镇个数	个	6	8	9	6	6
街道办事处个数	个				2	
户籍人口	万人	37	37	43	26	18
第二产业从业人员	人	32931	30535	54262	13755	24753
第三产业从业人员	人	61879	30165	45594	54820	28135
固定电话用户	户	37298	54339	60701	51191	29514
二、综合经济						
地区生产总值	万元	909603	1352273	1570447	1636755	882506
第一产业增加值	万元	237980	247821	426324	239392	149158
农业增加值	万元	131438	167746	265775	108023	77587
牧业增加值	万元	28911	38020	28253	36030	13326
第二产业增加值	万元	396510	730374	703084	877222	475593
公共财政收入	万元	46713	73918	71611	92287	57136
各项税收	万元	43109	45475	58118	68977	48314
公共财政支出	万元	159367	165166	187612	167415	128648
居民储蓄存款余额	万元	465238	438326	626582	706646	348457
年末金融机构各项贷款余额	万元	534265	660421	860406	1684006	560644
三、农业、工业及投资						
农业机械总动力	万千瓦特	18	16	22	11	9
机收面积	公顷	18200	974	12231	6670	6440
设施农业占地面积	公顷	381	8	202	120	40
粮食总产量	吨	199921	118005	176694	91592	80919
棉花产量	吨			44		5
油料产量	吨	7109	1907	1729	2290	1766
肉类总产量	吨	15783	21668	23827	24621	7518
规模以上工业企业单位数	个	129	164	202	196	99
规模以上工业总产值	万元	865823	2303469	2060888	4327901	1378341
固定资产投资	万元	1063070	1577298	1348481	1462682	761581
四、教育、卫生和社会保障						
普通中学在校学生数	人	15071	13498	19171	12612	7761
中等职业教育学校在校学生数	人	1580	2003	2633	4419	466
小学在校学生数	人	16951	21295	19508	19932	9565
医疗卫生机构床位数	床	814	1206	1353	1086	689
各种社会福利收养性单位数	个	15	12	16	11	1
各种社会福利收养性单位床位数	床	405	236	381	221	108

2013年县(市)社会经济主要指标

福建省

指 标	单位	泰宁县	建宁县	永安市	惠安县	安溪县
一、基本情况						
行政区域面积	平方公里	1529	1716	2931	672	3057
乡个数	个	7	5	3	1	11
镇个数	个	2	4	8	15	13
街道办事处个数	个			4		
户籍人口	万人	13	16	33	98	115
第二产业从业人员	人	9414	12860	40167	477969	159185
第三产业从业人员	人	14174	18935	48751	100170	168831
固定电话用户	户	23040	24799	73236	222685	186315
二、综合经济						
地区生产总值	万元	700423	668689	2699889	6197373	3808759
第一产业增加值	万元	133633	157796	253756	275114	326405
农业增加值	万元	60774	95689	120478	53921	268933
牧业增加值	万元	13648	10923	32066	55146	52243
第二产业增加值	万元	318687	341230	1595247	4082457	2120477
公共财政收入	万元	28471	24436	162021	282218	196178
各项税收	万元	24004	19595	131847	366426	231509
公共财政支出	万元	110027	86659	223098	417506	367318
居民储蓄存款余额	万元	251766	238958	876335	2276260	1998716
年末金融机构各项贷款余额	万元	293652	267631	1733995	2311286	2001700
三、农业、工业及投资						
农业机械总动力	万千瓦特	9	14	21	20	85
机收面积	公顷	7586	13533	6669	3833	930
设施农业占地面积	公顷	23		291	760	45
粮食总产量	吨	67309	103598	93715	111279	109749
棉花产量	吨	14		5		
油料产量	吨	1636	551	1872	22430	1387
肉类总产量	吨	7841	7218	23195	34615	36575
规模以上工业企业单位数	个	87	101	282	626	219
规模以上工业总产值	万元	680217	826291	5839937	9928521	5459705
固定资产投资	万元	614343	661295	1850518	3953252	1804358
四、教育、卫生和社会保障						
普通中学在校学生数	人	3584	5641	15808	40451	45223
中等职业教育学校在校学生数	人	583	820	4464	8741	9251
小学在校学生数	人	7147	8159	22713	62337	83829
医疗卫生机构床位数	床	599	502	2101	2959	2515
各种社会福利收养性单位数	个	8	9	15	15	21
各种社会福利收养性单位床位数	床	480	217	1142	775	796

2013年县(市)社会经济主要指标

福建省

指标	单位	永春县	德化县	金门县	石狮市	晋江市
一、基本情况						
行政区域面积	平方公里	1468	2232		160	650
乡个数	个	4	7			
镇个数	个	18	11		7	13
街道办事处个数	个				2	6
户籍人口	万人	58	32		32	109
第二产业从业人员	人	87161	138122		262328	772506
第三产业从业人员	人	76742	33813		121720	211767
固定电话用户	户	102716	67376		246404	581895
二、综合经济						
地区生产总值	万元	2620008	1546770		5709125	13637774
第一产业增加值	万元	200757	94992		194762	182779
农业增加值	万元	162486	51713		4862	43415
牧业增加值	万元	29107	33175		1333	30837
第二产业增加值	万元	1496282	923354		3404648	9197616
公共财政收入	万元	122168	90697		359008	1002874
各项税收	万元	115596	109655		431259	1489655
公共财政支出	万元	212397	175224		417520	990382
居民储蓄存款余额	万元	890788	790606		4572313	8600946
年末金融机构各项贷款余额	万元	899595	795707		4935556	9103731
三、农业、工业及投资						
农业机械总动力	万千瓦特	27	8		27	36
机收面积	公顷	4000	730		287	4100
设施农业占地面积	公顷	85				1800
粮食总产量	吨	134829	86501		6361	52090
棉花产量	吨					
油料产量	吨	203	123		1130	9868
肉类总产量	吨	24049	26567		1071	19024
规模以上工业企业单位数	个	196	105		380	1462
规模以上工业总产值	万元	3481391	1772490		7957473	29610814
固定资产投资	万元	709748	675697		2870148	6167912
四、教育、卫生和社会保障						
普通中学在校学生数	人	24432	14892		24066	77912
中等职业教育学校在校学生数	人	2310	2559		2080	11841
小学在校学生数	人	30311	19840		51365	166221
医疗卫生机构床位数	床	1284	849		1496	3633
各种社会福利收养性单位数	个	16	19		3	27
各种社会福利收养性单位床位数	床	666	771		600	4244

2013年县(市)社会经济主要指标

福建省

指标	单位	南安市	云霄县	漳浦县	诏安县	长泰县
一、基本情况						
行政区域面积	平方公里	1985	1166	2146	1294	900
乡个数	个	2	3	4	6	1
镇个数	个	21	6	17	9	4
街道办事处个数	个	3				
户籍人口	万人	154	44	87	62	20
第二产业从业人员	人	565235	50359	96570	93810	67841
第三产业从业人员	人	372393	32623	109703	81253	42182
固定电话用户	户	356594	68562	135617	96049	48450
二、综合经济						
地区生产总值	万元	7096127	1208715	2596223	1497123	1493805
第一产业增加值	万元	226336	231935	558249	342642	150160
农业增加值	万元	121157	96379	257186	133272	101091
牧业增加值	万元	89431	16541	34648	19456	26951
第二产业增加值	万元	4485848	563933	1093256	647195	914281
公共财政收入	万元	398160	58100	252859	73748	180018
各项税收	万元	554357	50109	222924	53787	124659
公共财政支出	万元	504907	159645	343229	189035	168357
居民储蓄存款余额	万元	5840762	579616	944594	552878	485892
年末金融机构各项贷款余额	万元	6029212	453785	1057456	380667	424194
三、农业、工业及投资						
农业机械总动力	万千瓦特	35	20	36	14	11
机收面积	公顷	14011	4630	6410	3500	520
设施农业占地面积	公顷			317	332	21
粮食总产量	吨	188400	94855	196456	110747	40314
棉花产量	吨					
油料产量	吨	12987	4386	16973	5662	2296
肉类总产量	吨	60512	13026	33801	14554	21916
规模以上工业企业单位数	个	746	144	188	136	196
规模以上工业总产值	万元	12945779	1672299	2812383	1865150	3105031
固定资产投资	万元	3375968	965878	1854364	1167161	2019020
四、教育、卫生和社会保障						
普通中学在校学生数	人	61278	22854	40088	28394	8180
中等职业教育学校在校学生数	人	13779	4976	1741	1966	2675
小学在校学生数	人	97236	34339	53074	36344	13281
医疗卫生机构床位数	床	4863	1160	2068	1603	633
各种社会福利收养性单位数	个	17	1	28	15	10
各种社会福利收养性单位床位数	床	1190	10	645	881	273

2013年县(市)社会经济主要指标

福建省

指　　标	单位	东山县	南靖县	平和县	华安县	龙海市
一、基本情况						
行政区域面积	平方公里	248	1962	2310	1278	1316
乡个数	个			5	3	2
镇个数	个	7	11	10	6	11
街道办事处个数	个					1
户籍人口	万人	21	36	60	17	84
第二产业从业人员	人	47131	45314	57708	29021	227988
第三产业从业人员	人	40587	66666	73706	14822	152444
固定电话用户	户	47965	69025	74251	30928	165351
二、综合经济						
地区生产总值	万元	1267628	1729491	1402750	807082	5199643
第一产业增加值	万元	271906	403133	471310	181971	544919
农业增加值	万元	16828	305938	416655	140195	220218
牧业增加值	万元	6553	51298	32463	20968	56699
第二产业增加值	万元	599710	837434	403088	425629	2933764
公共财政收入	万元	154146	109169	78198	70707	616412
各项税收	万元	71426	82080	59572	56161	542279
公共财政支出	万元	200818	165597	208741	105495	501227
居民储蓄存款余额	万元	434435	503206	693740	230830	1904103
年末金融机构各项贷款余额	万元	689392	671883	482129	259630	2465480
三、农业、工业及投资						
农业机械总动力	万千瓦特	22	20	33	8	42
机收面积	公顷	40	70	760	50	11400
设施农业占地面积	公顷		4365	11800		97
粮食总产量	吨	7253	46281	76105	16498	98749
棉花产量	吨					
油料产量	吨	3037	867	3155	558	2537
肉类总产量	吨	5152	49180	26787	13724	44544
规模以上工业企业单位数	个	81	173	81	118	426
规模以上工业总产值	万元	1854594	2652405	1000025	1236447	9256031
固定资产投资	万元	1201205	1411998	1031470	974205	3110493
四、教育、卫生和社会保障						
普通中学在校学生数	人	10060	14595	27844	5057	42466
中等职业教育学校在校学生数	人	2418	8544	3320	1312	5131
小学在校学生数	人	12204	18599	43871	9057	53334
医疗卫生机构床位数	床	425	812	1708	493	2009
各种社会福利收养性单位数	个	6	25	21	8	33
各种社会福利收养性单位床位数	床	200	1418	1297	250	1735

2013 年县(市)社会经济主要指标

福建省

指　　标	单位	顺昌县	浦城县	光泽县	松溪县	政和县
一、基本情况						
行政区域面积	平方公里	1980	3380	2240	1040	1744
乡个数	个	4	8	5	6	5
镇个数	个	7	9	3	2	4
街道办事处个数	个	1	2		1	1
户籍人口	万人	24	43	16	17	23
第二产业从业人员	人	26345	13303	25628	13801	22552
第三产业从业人员	人	30030	26980	20504	14100	25682
固定电话用户	户	44779	57603	91341	21300	35108
二、综合经济						
地区生产总值	万元	756361	951789	614388	356647	389191
第一产业增加值	万元	180255	247069	265609	111422	117479
农业增加值	万元	88394	165441	45068	65475	82372
牧业增加值	万元	14262	28894	198688	5656	7450
第二产业增加值	万元	279576	360232	203909	131704	139366
公共财政收入	万元	42188	70985	43520	22810	39106
各项税收	万元	15420	38142	37648	17283	21565
公共财政支出	万元	129900	158751	99614	82472	120120
居民储蓄存款余额	万元	404800	682935	275006	234200	237330
年末金融机构各项贷款余额	万元	380700	476959	443855	302900	205265
三、农业、工业及投资						
农业机械总动力	万千瓦特	13	26	11	13	11
机收面积	公顷	3870	32330	8667	3334	3330
设施农业占地面积	公顷	544	1		780	220
粮食总产量	吨	72748	253550	80305	65800	88048
棉花产量	吨					
油料产量	吨	1098	10804	1354	1569	603
肉类总产量	吨	9259	17519	251991	5037	5622
规模以上工业企业单位数	个	40	97	19	35	66
规模以上工业总产值	万元	607411	929462	655858	325333	362371
固定资产投资	万元	308295	1010713	336575	283788	398906
四、教育、卫生和社会保障						
普通中学在校学生数	人	13011	17650	7698	6704	9608
中等职业教育学校在校学生数	人	1010	743	145	136	162
小学在校学生数	人	11211	24972	10784	8076	11402
医疗卫生机构床位数	床	719	1575	582	626	700
各种社会福利收养性单位数	个	14	19	11	8	15
各种社会福利收养性单位床位数	床	629	1263	601	206	372

2013年县(市)社会经济主要指标

福建省

指　　标	单位	邵武市	武夷山市	建瓯市	建阳市	长汀县
一、基本情况						
行政区域面积	平方公里	2859	2814	4233	3379	3099
乡个数	个	3	4	4	3	5
镇个数	个	12	3	10	8	13
街道办事处个数	个	4	3	4	2	
户籍人口	万人	31	23	55	35	52
第二产业从业人员	人	18738	5985	52460	20318	136257
第三产业从业人员	人	15588	21736	108738	75444	77922
固定电话用户	户	46500	54621	61000	66049	60715
二、综合经济						
地区生产总值	万元	1641971	1098287	1583867	1250202	1416869
第一产业增加值	万元	280775	215205	454254	292776	251012
农业增加值	万元	142984	147480	296905	160523	124571
牧业增加值	万元	29943	21938	32200	26787	71787
第二产业增加值	万元	820983	412333	580570	605995	683696
公共财政收入	万元	150153	112438	109066	124292	70751
各项税收	万元	75870	117781	91106	74195	94636
公共财政支出	万元	312877	186722	208505	176916	251459
居民储蓄存款余额	万元	773345	656492	720251	824354	584634
年末金融机构各项贷款余额	万元	910992	972428	1064742	1038688	785154
三、农业、工业及投资						
农业机械总动力	万千瓦特	26	21	33	33	17
机收面积	公顷	18667	11001	3668	26633	9933
设施农业占地面积	公顷	1268	271	11813	1760	42
粮食总产量	吨	203221	133010	226153	222368	212262
棉花产量	吨	5				
油料产量	吨	6037	2497	4732	1432	7786
肉类总产量	吨	20573	12226	17941	14610	56316
规模以上工业企业单位数	个	190	73	151	143	105
规模以上工业总产值	万元	2850093	721634	1681639	1955868	1323579
固定资产投资	万元	1933346	2294137	1746776	1786794	1337974
四、教育、卫生和社会保障						
普通中学在校学生数	人	13618	10453	22665	16251	24333
中等职业教育学校在校学生数	人	1548	2306	992	4611	2188
小学在校学生数	人	16837	15656	32077	19906	28163
医疗卫生机构床位数	床	1326	955	2250	1200	1948
各种社会福利收养性单位数	个	18	16	13	15	17
各种社会福利收养性单位床位数	床	1050	313	366	523	242

2013年县(市)社会经济主要指标

福建省

指　　标	单位	永定县	上杭县	武平县	连城县	漳平市
一、基本情况						
行政区域面积	平方公里	2224	2859	2638	2576	2976
乡个数	个	14	9	10	9	4
镇个数	个	10	13	7	8	10
街道办事处个数	个					2
户籍人口	万人	49	51	38	34	29
第二产业从业人员	人	91514	120989	46303	48765	46970
第三产业从业人员	人	115049	107782	96296	81815	60823
固定电话用户	户	55594	77410	47717	36117	40671
二、综合经济						
地区生产总值	万元	1685573	2017226	1204240	1231750	1547409
第一产业增加值	万元	243480	266534	263761	248315	223011
农业增加值	万元	119377	125804	133158	133155	144539
牧业增加值	万元	86887	100540	81455	53882	30790
第二产业增加值	万元	876685	1148178	506988	550362	697921
公共财政收入	万元	95636	157811	63245	40866	70124
各项税收	万元	127472	236181	82591	54129	91621
公共财政支出	万元	215406	324478	182045	173982	158106
居民储蓄存款余额	万元	664998	805144	429208	346250	422449
年末金融机构各项贷款余额	万元	884210	1399164	576111	464615	789510
三、农业、工业及投资						
农业机械总动力	万千瓦特	19	16	14	12	14
机收面积	公顷	3470	5470	6211	6162	2533
设施农业占地面积	公顷			1063	150	
粮食总产量	吨	138307	189521	216633	168746	80998
棉花产量	吨					
油料产量	吨	1864	1788	3412	4061	609
肉类总产量	吨	80594	85015	67036	38862	25221
规模以上工业企业单位数	个	92	53	109	138	112
规模以上工业总产值	万元	1101841	2783361	918366	1048126	1029073
固定资产投资	万元	1300122	1346330	1436938	1297596	1224168
四、教育、卫生和社会保障						
普通中学在校学生数	人	18179	20864	14864	13161	11023
中等职业教育学校在校学生数	人	521	2480	1186	340	433
小学在校学生数	人	24854	22054	17330	14703	15062
医疗卫生机构床位数	床	1360	1713	1713	1183	875
各种社会福利收养性单位数	个	25	23	20	19	17
各种社会福利收养性单位床位数	床	729	1841	1237	590	700

2013年县(市)社会经济主要指标

福建省

指　　标	单位	霞浦县	古田县	屏南县	寿宁县	周宁县
一、基本情况						
行政区域面积	平方公里	1678	2385	1445	1425	1047
乡个数	个	6	4	7	8	3
镇个数	个	6	8	4	6	6
街道办事处个数	个	2	2			
户籍人口	万人	54	43	19	27	21
第二产业从业人员	人	31635	43628	13163	11197	8959
第三产业从业人员	人	110286	51296	20901	43223	28252
固定电话用户	户	75792	64018	23180	19603	23093
二、综合经济						
地区生产总值	万元	1512224	1253284	528263	565300	407424
第一产业增加值	万元	441303	340256	116733	137825	76544
农业增加值	万元	82198	273734	88946	108972	54728
牧业增加值	万元	13716	14391	10977	5621	7973
第二产业增加值	万元	492755	512656	226874	261623	206197
公共财政收入	万元	74270	88554	27019	29646	39300
各项税收	万元	57558	64039	28584	35602	15500
公共财政支出	万元	205370	166730	106995	128941	88707
居民储蓄存款余额	万元	425773	634171	194730	245797	221619
年末金融机构各项贷款余额	万元	888650	594379	400228	267591	233426
三、农业、工业及投资						
农业机械总动力	万千瓦特	27	16	7	7	5
机收面积	公顷	1600	467	500	400	480
设施农业占地面积	公顷		331			
粮食总产量	吨	84406	142876	61944	63030	40036
棉花产量	吨					
油料产量	吨	2156	239	18	46	167
肉类总产量	吨	9105	12451	7599	5905	7370
规模以上工业企业单位数	个	108	145	65	75	22
规模以上工业总产值	万元	1159309	1412442	679274	926251	656781
固定资产投资	万元	883567	464169	250805	406196	276937
四、教育、卫生和社会保障						
普通中学在校学生数	人	18984	14325	6222	10361	7117
中等职业教育学校在校学生数	人	1341	810	962	1909	1172
小学在校学生数	人	27211	18612	8217	13512	8262
医疗卫生机构床位数	床	1506	1313	628	574	514
各种社会福利收养性单位数	个	43	12	11	12	9
各种社会福利收养性单位床位数	床	677	534	415	184	185

2013年县(市)社会经济主要指标

福建省、江西省

指标	单位	柘荣县	福安市	福鼎市	南昌县	新建县
一、基本情况						
行政区域面积	平方公里	544	1880	1530	1684	2338
乡个数	个	7	5	3	7	7
镇个数	个	2	13	10	9	11
街道办事处个数	个		4	3		
户籍人口	万人	11	66	59	102	69
第二产业从业人员	人	9436	94417	89262	272106	81728
第三产业从业人员	人	13020	77937	84086	115574	75730
固定电话用户	户	16319	110000	118241	90000	123000
二、综合经济						
地区生产总值	万元	422130	3069108	2481179	5000649	2706379
第一产业增加值	万元	71536	378046	335475	446107	422044
农业增加值	万元	52442	228965	120610	197339	166418
牧业增加值	万元	5253	25059	9627	156763	139844
第二产业增加值	万元	243318	1903663	1488882	3221260	1390888
公共财政收入	万元	21951	206511	171983	455737	198218
各项税收	万元	29593	141756	124564	386972	158849
公共财政支出	万元	80600	331136	284807	638053	371922
居民储蓄存款余额	万元	118123	1037165	883864	2015117	1322132
年末金融机构各项贷款余额	万元	206223	2588599	3087656	2521174	1421575
三、农业、工业及投资						
农业机械总动力	万千瓦特	4	19	20	77	66
机收面积	公顷	190	1600	2350	117291	88955
设施农业占地面积	公顷		80	31	397	161
粮食总产量	吨	34924	96625	83401	921358	635535
棉花产量	吨					282
油料产量	吨	895	978	507	15544	30109
肉类总产量	吨	4812	19985	8923	137961	78352
规模以上工业企业单位数	个	74	359	325	228	120
规模以上工业总产值	万元	1002200	7935588	6052382	7118443	4494292
固定资产投资	万元	359471	1634068	1761050	4994869	2282002
四、教育、卫生和社会保障						
普通中学在校学生数	人	4917	29456	24833	52488	45759
中等职业教育学校在校学生数	人	2562	6769	4597	1213	230
小学在校学生数	人	5967	44720	31546	73026	58772
医疗卫生机构床位数	床	419	2174	1556	1839	1643
各种社会福利收养性单位数	个	27	45	13	21	21
各种社会福利收养性单位床位数	床	464	1905	645	1787	2898

2013 年县(市)社会经济主要指标

江西省

指　　标	单位	安义县	进贤县	浮梁县	乐平市	莲花县
一、基本情况						
行政区域面积	平方公里	665	1955	2851	1974	1072
乡个数	个	3	12	9	2	8
镇个数	个	6	8	9	14	5
街道办事处个数	个				2	
户籍人口	万人	29	84	27	92	27
第二产业从业人员	人	32282	96926	62761		43900
第三产业从业人员	人	61168	174606	43803		42800
固定电话用户	户	44057	72296	66420	26890	
二、综合经济						
地区生产总值	万元	860844	2597510	898239	2384353	483876
第一产业增加值	万元	95230	447315	143994	306588	75238
农业增加值	万元	43304	154089	99521	196279	32644
牧业增加值	万元	27608	138172	22146	59781	25562
第二产业增加值	万元	415312	1412100	496120	1370112	231156
公共财政收入	万元	63544	113884	100968	303916	65586
各项税收	万元	42841	82531	88921	251084	53054
公共财政支出	万元	148489	283139	184694	401080	139994
居民储蓄存款余额	万元	654962	1352174	370191	1345423	422986
年末金融机构各项贷款余额	万元	715658	920306	263591	829777	235936
三、农业、工业及投资						
农业机械总动力	万千瓦特	8	57	24	44	20
机收面积	公顷	25474	64792	24637	53000	18885
设施农业占地面积	公顷	285	96	488	1637	70
粮食总产量	吨	186508	535676	175842	410167	140185
棉花产量	吨	2348	229	260	1389	11
油料产量	吨	29341	48807	8384	24491	17707
肉类总产量	吨	24497	97703	12710	33292	16478
规模以上工业企业单位数	个	74	114	79	107	64
规模以上工业总产值	万元	1180038	2678160	1727537	3270173	825366
固定资产投资	万元	674040	907532	484763	2619677	440002
四、教育、卫生和社会保障						
普通中学在校学生数	人	12888	43325	12546	42703	13512
中等职业教育学校在校学生数	人	160	153		1357	1252
小学在校学生数	人	16567	63019	17071	80305	22234
医疗卫生机构床位数	床	689	2149	696	2150	728
各种社会福利收养性单位数	个	12	23	19	22	17
各种社会福利收养性单位床位数	床	367	2085	1181	1379	1314

2013年县(市)社会经济主要指标

江西省

指　　标	单位	上栗县	芦溪县	九江县	武宁县	修水县
一、基本情况						
行政区域面积	平方公里	725	968	917	3507	4504
乡个数	个	4	5	4	11	17
镇个数	个	6	5	7	8	19
街道办事处个数	个				1	
户籍人口	万人	50	30	33	39	84
第二产业从业人员	人	125300	74400	66514	40363	154522
第三产业从业人员	人	78000	55900	60119	59810	167774
固定电话用户	户			41399	61388	103430
二、综合经济						
地区生产总值	万元	1472260	1091156	810243	801459	1104175
第一产业增加值	万元	142378	138129	112023	127700	158167
农业增加值	万元	46824	57534	55119	47643	76811
牧业增加值	万元	71762	62156	18708	30766	50855
第二产业增加值	万元	914304	635554	492794	422188	561908
公共财政收入	万元	165460	112503	125100	126022	184819
各项税收	万元	140983	95764	100204	78283	154143
公共财政支出	万元	246885	189745	183894	188689	336792
居民储蓄存款余额	万元	448150	323556	532972	590507	812489
年末金融机构各项贷款余额	万元	260852	212068	543511	486661	609759
三、农业、工业及投资						
农业机械总动力	万千瓦特	18	17	7	21	20
机收面积	公顷	15829	13074	6400	11200	28500
设施农业占地面积	公顷	120	405	146	124	87
粮食总产量	吨	153140	147794	65728	152432	250857
棉花产量	吨		2	19106	2016	595
油料产量	吨	3718	6319	20231	13697	15052
肉类总产量	吨	32044	44129	16192	21449	46948
规模以上工业企业单位数	个	106	119	61	81	89
规模以上工业总产值	万元	2233941	2267103	1816970	2203453	2163170
固定资产投资	万元	1550850	1170772	814429	896400	1083390
四、教育、卫生和社会保障						
普通中学在校学生数	人	28536	14352	17957	12799	37075
中等职业教育学校在校学生数	人	1125	4836	512	2602	3958
小学在校学生数	人	41815	24365	27536	24628	69960
医疗卫生机构床位数	床	1843	1035	884	852	1208
各种社会福利收养性单位数	个	10	13	13	21	42
各种社会福利收养性单位床位数	床	1428	1600	2588	1429	4300

2013年县(市)社会经济主要指标

江西省

指　　标	单位	永修县	德安县	星子县	都昌县	湖口县
一、基本情况						
行政区域面积	平方公里	2035	863	719	2227	669
乡个数	个	4	8	3	12	7
镇个数	个	11	5	7	12	5
街道办事处个数	个					
户籍人口	万人	39	17	27	80	29
第二产业从业人员	人	42916	27975	45000	112916	41846
第三产业从业人员	人	56837	31141	55000	121124	48947
固定电话用户	户	60587	20300	41829	96182	37286
二、综合经济						
地区生产总值	万元	1039321	705127	554571	747924	917905
第一产业增加值	万元	129209	50078	55000	163853	99592
农业增加值	万元	61459	19713	15686	103781	48128
牧业增加值	万元	20913	21074	11406	18775	13449
第二产业增加值	万元	688081	494302	254820	350725	684908
公共财政收入	万元	151049	110758	104268	102128	200303
各项税收	万元	126627	96175	59524	61210	95228
公共财政支出	万元	238750	139837	137669	283990	207672
居民储蓄存款余额	万元	652912	396534	366951	909573	506450
年末金融机构各项贷款余额	万元	697833	324767	333105	477051	589606
三、农业、工业及投资						
农业机械总动力	万千瓦特	22	8	3	62	7
机收面积	公顷	31741	25000	7500	53270	23500
设施农业占地面积	公顷	170	289	72	18	10
粮食总产量	吨	250312	47804	81086	404933	108249
棉花产量	吨	5319	10960	3269	7958	9873
油料产量	吨	17106	7097	11265	28698	25290
肉类总产量	吨	18759	10792	11655	19847	9156
规模以上工业企业单位数	个	80	87	61	66	49
规模以上工业总产值	万元	2919643	2435872	1501327	1476036	2439500
固定资产投资	万元	1444584	674287	500822	609710	1350308
四、教育、卫生和社会保障						
普通中学在校学生数	人	18344	7318	12267	51440	16845
中等职业教育学校在校学生数	人	4789	148	571	2121	
小学在校学生数	人	28225	13717	21814	70067	20996
医疗卫生机构床位数	床	798	673	943	1840	746
各种社会福利收养性单位数	个	23	10	13	27	15
各种社会福利收养性单位床位数	床	2717	608	1292	1305	953

2013年县(市)社会经济主要指标

江西省

指　　标	单位	彭泽县	瑞昌市	共青城市	分宜县	余江县
一、基本情况						
行政区域面积	平方公里	1542	1423	308	1389	937
乡个数	个	3	8	1	4	5
镇个数	个	10	8	2	6	6
街道办事处个数	个		2	1	1	
户籍人口	万人	40	46	7	33	39
第二产业从业人员	人	35900	97829	30032	43074	54114
第三产业从业人员	人	72092	92438	3200	52990	79793
固定电话用户	户	51000	42344	12000	29240	36070
二、综合经济						
地区生产总值	万元	613793	1259752	672513	1764464	827481
第一产业增加值	万元	145609	124574	21819	155792	250376
农业增加值	万元	69969	52259	6817	67678	64603
牧业增加值	万元	20650	28094	6836	18034	143611
第二产业增加值	万元	343187	860821	536464	1013296	421006
公共财政收入	万元	117171	206968	109718	265193	146688
各项税收	万元	106350	175778	85598	180318	86604
公共财政支出	万元	198532	256898	133261	325541	214689
居民储蓄存款余额	万元	550048	732021	228762	604843	552214
年末金融机构各项贷款余额	万元	347476	690043	399857	614545	604248
三、农业、工业及投资						
农业机械总动力	万千瓦特	15	29	5	38	25
机收面积	公顷	13572	13277	2660	15908	41979
设施农业占地面积	公顷	342	393	4	302	390
粮食总产量	吨	105773	90117	20916	147710	296394
棉花产量	吨	23500	3821	1065	42	
油料产量	吨	44462	23861	1979	5663	14509
肉类总产量	吨	14471	27327	5911	24556	101146
规模以上工业企业单位数	个	74	103	62	74	44
规模以上工业总产值	万元	1801789	3185581	2611997	274602	2133000
固定资产投资	万元	893770	1545159	996444	1457727	554223
四、教育、卫生和社会保障						
普通中学在校学生数	人	17931	21789	4662	13806	16982
中等职业教育学校在校学生数	人	2922	961	189		662
小学在校学生数	人	28717	35943	8725	24739	31115
医疗卫生机构床位数	床	727	1805	356	674	1086
各种社会福利收养性单位数	个	18	19	2	12	22
各种社会福利收养性单位床位数	床	1417	1362	70	850	1550

2013年县(市)社会经济主要指标

江西省

指标	单位	贵溪市	赣县	信丰县	大余县	上犹县
一、基本情况						
行政区域面积	平方公里	2493	2993	2878	1368	1544
乡个数	个	5	8	3	3	8
镇个数	个	13	11	13	8	6
街道办事处个数	个	3				
户籍人口	万人	63	62	74	31	31
第二产业从业人员	人	104033	97660	55487	25628	62440
第三产业从业人员	人	108927	54612	128699	24463	23299
固定电话用户	户	76546	74385	79047	40157	32790
二、综合经济						
地区生产总值	万元	3147421	1158838	1291042	799760	430999
第一产业增加值	万元	169345	188004	246591	101732	92983
农业增加值	万元	83334	98690	122605	57326	34051
牧业增加值	万元	37682	60764	76088	23895	21477
第二产业增加值	万元	2297300	671715	543784	414178	173728
公共财政收入	万元	411266	99300	85869	54985	41065
各项税收	万元	344729	132058	102611	65041	54011
公共财政支出	万元	377837	271816	251539	153189	162984
居民储蓄存款余额	万元	961115	910311	1011270	511940	428987
年末金融机构各项贷款余额	万元	1373276	762494	724109	390633	394540
三、农业、工业及投资						
农业机械总动力	万千瓦特	45	20	28	20	10
机收面积	公顷	50092	12469	8018	9990	6028
设施农业占地面积	公顷	458	650	2797	483	
粮食总产量	吨	369298	197625	270515	88958	92849
棉花产量	吨					
油料产量	吨	6650	5629	12993	3583	2145
肉类总产量	吨	31360	46053	68563	29074	16595
规模以上工业企业单位数	个	74	74	63	43	25
规模以上工业总产值	万元	12570794	2476511	1418964	763943	549612
固定资产投资	万元	2503524	988141	983939	720631	324247
四、教育、卫生和社会保障						
普通中学在校学生数	人	22271	35684	38985	15313	16165
中等职业教育学校在校学生数	人	6517	2217	2222	1789	797
小学在校学生数	人	43701	65425	70765	27795	28264
医疗卫生机构床位数	床	1802	1483	1703	1170	778
各种社会福利收养性单位数	个	24	27	17	15	14
各种社会福利收养性单位床位数	床	1600	1550	1700	1500	1400

2013 年县(市)社会经济主要指标

江西省

指　　标	单位	崇义县	安远县	龙南县	定南县	全南县
一、基本情况						
行政区域面积	平方公里	2197	2375	1641	1317	1521
乡个数	个	10	10	5		3
镇个数	个	6	8	8	7	6
街道办事处个数	个					
户籍人口	万人	21	38	32	21	19
第二产业从业人员	人	24277	66940	78789	26868	33550
第三产业从业人员	人	19566	18653	17860	6918	8560
固定电话用户	户	30756	38006	52320	49854	35141
二、综合经济						
地区生产总值	万元	579638	444726	1044997	527271	444798
第一产业增加值	万元	85026	137560	108128	84740	69657
农业增加值	万元	25187	91115	58543	20313	39935
牧业增加值	万元	6616	27308	35008	54481	11763
第二产业增加值	万元	344075	108583	600008	237224	231260
公共财政收入	万元	48894	37564	80440	55704	34948
各项税收	万元	60003	45151	99009	72211	64609
公共财政支出	万元	130600	169846	179636	156335	120236
居民储蓄存款余额	万元	362292	381084	523795	337112	288972
年末金融机构各项贷款余额	万元	469381	331062	447621	404915	238308
三、农业、工业及投资						
农业机械总动力	万千瓦特	7	10	14	9	10
机收面积	公顷	6160	9018	3730	9881	8453
设施农业占地面积	公顷	163	460	11702	2014	260
粮食总产量	吨	44511	100644	64405	60414	70157
棉花产量	吨	5				5
油料产量	吨	1353	608	2514	215	4424
肉类总产量	吨	8863	22436	25539	65692	10798
规模以上工业企业单位数	个	29	27	79	35	46
规模以上工业总产值	万元	901570	229510	1963384	727957	788824
固定资产投资	万元	277254	119211	907120	416260	245820
四、教育、卫生和社会保障						
普通中学在校学生数	人	10388	26185	15997	10845	7890
中等职业教育学校在校学生数	人	1778	3241	1887	1226	1261
小学在校学生数	人	16946	34424	25102	17409	18605
医疗卫生机构床位数	床	629	1136	972	878	606
各种社会福利收养性单位数	个	9	22	8	9	4
各种社会福利收养性单位床位数	床	900	2200	800	900	400

2013年县(市)社会经济主要指标

江西省

指　　标	单位	宁都县	于都县	兴国县	会昌县	寻乌县
一、基本情况						
行政区域面积	平方公里	4053	2893	3215	2722	2311
乡个数	个	12	14	18	13	8
镇个数	个	12	9	7	6	7
街道办事处个数	个					
户籍人口	万人	80	105	81	52	31
第二产业从业人员	人	72101	178329	123517	50361	17699
第三产业从业人员	人	63257	50096	62042	73157	17988
固定电话用户	户	67914	106956	82546	47894	46212
二、综合经济						
地区生产总值	万元	1117922	1400128	1108360	675811	446783
第一产业增加值	万元	257280	216206	262125	145507	117152
农业增加值	万元	162267	101291	102716	69854	72003
牧业增加值	万元	50025	62027	117373	39883	30142
第二产业增加值	万元	449609	717674	527476	287272	147763
公共财政收入	万元	59729	87024	63133	63090	36956
各项税收	万元	64503	108057	93214	73611	43016
公共财政支出	万元	300999	339939	304501	208115	160335
居民储蓄存款余额	万元	1086365	1268078	859435	549414	347699
年末金融机构各项贷款余额	万元	779307	717174	655582	349188	344570
三、农业、工业及投资						
农业机械总动力	万千瓦特	29	22	27	10	14
机收面积	公顷	24134	27006	23152	12371	7829
设施农业占地面积	公顷	4438	18793	2213	787	
粮食总产量	吨	421438	256922	289495	168259	107308
棉花产量	吨					
油料产量	吨	8656	13379	7056	1579	2118
肉类总产量	吨	54732	50848	65729	38467	23411
规模以上工业企业单位数	个	64	64	60	50	30
规模以上工业总产值	万元	801918	1973058	1441869	984667	328686
固定资产投资	万元	473429	1014422	685044	315607	250786
四、教育、卫生和社会保障						
普通中学在校学生数	人	40624	88235	50264	42565	19964
中等职业教育学校在校学生数	人	2377	3553	6520	4390	535
小学在校学生数	人	85360	109103	95629	46244	27028
医疗卫生机构床位数	床	1899	2635	1745	1577	685
各种社会福利收养性单位数	个	30	27	27	25	15
各种社会福利收养性单位床位数	床	3000	2700	1070	1500	1500

2013年县(市)社会经济主要指标

江西省

指　　标	单位	石城县	瑞金市	南康市	吉安县	吉水县
一、基本情况						
行政区域面积	平方公里	1582	2448	1740	2117	2509
乡个数	个	5	10	12	6	3
镇个数	个	5	7	6	13	15
街道办事处个数	个			2	1	
户籍人口	万人	32	68	83	50	53
第二产业从业人员	人	40826	83736	142081	95536	125610
第三产业从业人员	人	19768	57798	65395	33450	71020
固定电话用户	户	36620	108618	130031	34726	36520
二、综合经济						
地区生产总值	万元	350098	1010897	1372921	1205603	1002725
第一产业增加值	万元	106550	163888	227730	230814	201877
农业增加值	万元	47089	85774	83435	83346	123651
牧业增加值	万元	18129	51180	104823	110345	40373
第二产业增加值	万元	109490	352696	722173	679113	484463
公共财政收入	万元	37772	92490	135126	151578	80875
各项税收	万元	40570	109647	157300	143053	82329
公共财政支出	万元	144175	282886	336910	288760	218536
居民储蓄存款余额	万元	364023	873880	1505822	913804	832380
年末金融机构各项贷款余额	万元	419684	756798	1399545	512501	482562
三、农业、工业及投资						
农业机械总动力	万千瓦特	13	16	28	25	32
机收面积	公顷	11187	20860	20026	50955	53489
设施农业占地面积	公顷	466	2495	26464		217
粮食总产量	吨	92581	201272	238358	453563	633324
棉花产量	吨		14			
油料产量	吨	1796	7470	17552	22823	18800
肉类总产量	吨	12703	48084	72441	105645	42875
规模以上工业企业单位数	个	28	37	118	91	69
规模以上工业总产值	万元	150835	734144	2270306	2402620	1567619
固定资产投资	万元	181649	476662	1000204	1099476	917668
四、教育、卫生和社会保障						
普通中学在校学生数	人	17085	43045	55071	25984	25738
中等职业教育学校在校学生数	人	933	3128	2662	7646	2210
小学在校学生数	人	25909	63576	87953	39887	46054
医疗卫生机构床位数	床	1151	1568	2659	1291	1717
各种社会福利收养性单位数	个	15	32	22	22	23
各种社会福利收养性单位床位数	床	1500	3200	2200	1261	1730

2013年县(市)社会经济主要指标

江西省

指　　标	单位	峡江县	新干县	永丰县	泰和县	遂川县
一、基本情况						
行政区域面积	平方公里	1287	1252	2680	2666	3102
乡个数	个	5	6	13	6	12
镇个数	个	6	7	8	16	11
街道办事处个数	个					
户籍人口	万人	18	33	46	56	58
第二产业从业人员	人	27206	55608	97613	111712	97887
第三产业从业人员	人	24336	39923	50654	72740	84527
固定电话用户	户	13455	36239	28501	42438	52897
二、综合经济						
地区生产总值	万元	507074	881549	1047336	1136605	861672
第一产业增加值	万元	110175	173637	181356	233499	138815
农业增加值	万元	61639	101520	93837	116708	63492
牧业增加值	万元	16693	52691	29175	85616	18875
第二产业增加值	万元	254261	469824	539202	621107	429388
公共财政收入	万元	62844	93017	86536	100063	76147
各项税收	万元	62425	90128	84123	122905	73653
公共财政支出	万元	142017	200557	197064	232551	222746
居民储蓄存款余额	万元	367046	766213	670209	1069392	644910
年末金融机构各项贷款余额	万元	313593	523393	410460	580692	433936
三、农业、工业及投资						
农业机械总动力	万千瓦特	11	27	26	44	18
机收面积	公顷	21846	42235	38900	65208	17931
设施农业占地面积	公顷			541		60
粮食总产量	吨	248068	361488	368665	539311	263407
棉花产量	吨	60	189			
油料产量	吨	13337	21863	5826	23517	6802
肉类总产量	吨	13981	76877	25134	82824	27390
规模以上工业企业单位数	个	50	78	79	73	76
规模以上工业总产值	万元	1000905	1746343	1836968	1909005	1254675
固定资产投资	万元	556476	869696	1125701	869651	860212
四、教育、卫生和社会保障						
普通中学在校学生数	人	8694	18364	23638	24433	30069
中等职业教育学校在校学生数	人	1384	1575	440	5149	3688
小学在校学生数	人	15902	28456	36216	46599	52294
医疗卫生机构床位数	床	381	1301	1443	2243	2074
各种社会福利收养性单位数	个	13	16	27	24	26
各种社会福利收养性单位床位数	床	1204	1448	2235	1913	2550

2013年县(市)社会经济主要指标

江西省

指　　标	单位	万安县	安福县	永新县	井冈山市	奉新县
一、基本情况						
行政区域面积	平方公里	2047	2796	2200	1276	1642
乡个数	个	7	12	13	12	3
镇个数	个	9	7	10	6	10
街道办事处个数	个				1	
户籍人口	万人	31	40	52	16	33
第二产业从业人员	人	47645	61880	96590	27825	49007
第三产业从业人员	人	51080	93587	53412	25605	39188
固定电话用户	户	31527	40412	42533	30756	35678
二、综合经济						
地区生产总值	万元	518628	1007746	710046	492838	960816
第一产业增加值	万元	112637	192629	150509	43957	151650
农业增加值	万元	48636	99165	64813	12522	79517
牧业增加值	万元	23008	54522	52542	5609	23337
第二产业增加值	万元	246478	564735	332962	178472	597103
公共财政收入	万元	58848	106196	55489	52521	114504
各项税收	万元	54199	115918	56127	51961	91962
公共财政支出	万元	160283	222158	201697	147294	207472
居民储蓄存款余额	万元	516477	753636	803822	384001	572909
年末金融机构各项贷款余额	万元	293688	423039	300822	390465	450228
三、农业、工业及投资						
农业机械总动力	万千瓦特	13	20	17	4	29
机收面积	公顷	27540	35804	28069	5116	20733
设施农业占地面积	公顷	400	2224			75
粮食总产量	吨	280160	356513	303391	78112	327028
棉花产量	吨			8		1359
油料产量	吨	11440	18947	27831	2073	15259
肉类总产量	吨	22996	41015	30635	8191	13519
规模以上工业企业单位数	个	42	52	49	26	63
规模以上工业总产值	万元	807252	1519847	1195918	271335	2750480
固定资产投资	万元	466223	852198	707459	463863	897429
四、教育、卫生和社会保障						
普通中学在校学生数	人	16044	16489	28361	7882	14442
中等职业教育学校在校学生数	人	1993	2226	2099	1208	3675
小学在校学生数	人	22391	25236	40766	13436	27414
医疗卫生机构床位数	床	1014	1371	1380	523	1134
各种社会福利收养性单位数	个	19	19	24	7	19
各种社会福利收养性单位床位数	床	1986	1419	2409	550	1450

2013 年县(市)社会经济主要指标

江西省

指　　标	单位	万载县	上高县	宜丰县	靖安县	铜鼓县
一、基本情况						
行政区域面积	平方公里	1720	1350	1935	1377	1552
乡个数	个	7	5	4	6	3
镇个数	个	9	8	8	5	6
街道办事处个数	个	1	1			
户籍人口	万人	48	37	29	15	14
第二产业从业人员	人	118841	52474	43890	22897	12261
第三产业从业人员	人	120295	30237	47506	27021	25708
固定电话用户	户	38751	21831	28660	16300	4546
二、综合经济						
地区生产总值	万元	950323	1129556	839816	308080	315233
第一产业增加值	万元	126178	174547	176211	54137	50605
农业增加值	万元	74066	67812	74676	21425	10584
牧业增加值	万元	13881	70610	51778	5420	7780
第二产业增加值	万元	584547	617251	442354	158296	139772
公共财政收入	万元	103153	118219	73351	48683	47931
各项税收	万元	78703	91403	60893	37253	37544
公共财政支出	万元	221857	228615	170018	115147	106434
居民储蓄存款余额	万元	702937	813000	616861	322645	196929
年末金融机构各项贷款余额	万元	447435	716600	470451	223459	127019
三、农业、工业及投资						
农业机械总动力	万千瓦特	22	33	30	19	18
机收面积	公顷	10000	36603	25600	9360	5998
设施农业占地面积	公顷	65	345	52	37	138
粮食总产量	吨	300352	335227	289394	92296	44165
棉花产量	吨	55	884	357	2630	
油料产量	吨	5776	15229	1254	6621	317
肉类总产量	吨	41676	81026	32073	8042	7187
规模以上工业企业单位数	个	104	116	77	27	22
规模以上工业总产值	万元	1793376	3147997	1247846	533407	293208
固定资产投资	万元	778559	1166820	555578	296153	167455
四、教育、卫生和社会保障						
普通中学在校学生数	人	31207	18402	14312	5879	5592
中等职业教育学校在校学生数	人	1914	1784	1812	348	644
小学在校学生数	人	60673	28270	22656	9925	11555
医疗卫生机构床位数	床	2073	1237	1003	519	323
各种社会福利收养性单位数	个	18	15	18	11	10
各种社会福利收养性单位床位数	床	4890	2566	1573	1050	1278

2013年县(市)社会经济主要指标

江西省

指　　标	单位	丰城市	樟树市	高安市	南城县	黎川县
一、基本情况						
行政区域面积	平方公里	2845	1289	2429	1698	1729
乡个数	个	7	4	2	3	8
镇个数	个	20	10	18	9	6
街道办事处个数	个	5	5	2		
户籍人口	万人	142	59	85	33	25
第二产业从业人员	人	185907	62820	118077	53316	12034
第三产业从业人员	人	286638	137278	157356	53667	58755
固定电话用户	户	95823	89609	80216	26744	12960
二、综合经济						
地区生产总值	万元	3408687	2667382	1664737	892526	516749
第一产业增加值	万元	547728	275536	300808	135332	87155
农业增加值	万元	355984	136231	135456	73511	40464
牧业增加值	万元	106253	85056	112955	28158	23193
第二产业增加值	万元	1833080	1581484	862002	440580	271741
公共财政收入	万元	365177	236297	180007	114929	86530
各项税收	万元	250836	165417	139218	94457	74768
公共财政支出	万元	602996	357078	346648	177038	156016
居民储蓄存款余额	万元	2199898	1399248	1604969	525467	383219
年末金融机构各项贷款余额	万元	1746000	1303704	1406019	417872	288830
三、农业、工业及投资						
农业机械总动力	万千瓦特	55	32	40	19	10
机收面积	公顷	96315	68234	69010	28666	11022
设施农业占地面积	公顷	392	185	210	123	337
粮食总产量	吨	1058338	579851	734788	283002	157040
棉花产量	吨	412	318	11604	118	
油料产量	吨	40914	53928	55513	3574	2100
肉类总产量	吨	99103	93461	163883	24728	21529
规模以上工业企业单位数	个	140	122	127	80	57
规模以上工业总产值	万元	5623460	4167400	3649130	960510	760500
固定资产投资	万元	2513028	1769424	1402659	919454	519010
四、教育、卫生和社会保障						
普通中学在校学生数	人	82177	27094	46514	16371	8241
中等职业教育学校在校学生数	人	786		9022	572	1843
小学在校学生数	人	103037	39673	64256	28446	17533
医疗卫生机构床位数	床	3210	2223	3137	655	608
各种社会福利收养性单位数	个	34	22	25	15	15
各种社会福利收养性单位床位数	床	5772	3170	3446	1448	1472

2013年县(市)社会经济主要指标

江西省

指　　标	单位	南丰县	崇仁县	乐安县	宜黄县	金溪县
一、基本情况						
行政区域面积	平方公里	1909	1520	2412	1944	1358
乡个数	个	5	8	6	4	5
镇个数	个	7	7	9	8	8
街道办事处个数	个					
户籍人口	万人	30	37	38	23	32
第二产业从业人员	人	31262	38873	32365	28394	25600
第三产业从业人员	人	37516	38432	16836	48914	55874
固定电话用户	户	6200	37100	16229	12500	13600
二、综合经济						
地区生产总值	万元	884024	828073	441624	490426	609740
第一产业增加值	万元	265548	204508	82265	74937	100230
农业增加值	万元	215999	92137	54103	47958	63204
牧业增加值	万元	23899	98681	13884	12690	23058
第二产业增加值	万元	295042	414345	180543	288730	295564
公共财政收入	万元	73727	89522	42241	68719	80616
各项税收	万元	75831	64915	33505	58836	69980
公共财政支出	万元	158238	188313	172341	118633	143908
居民储蓄存款余额	万元	427246	560212	606639	337493	455000
年末金融机构各项贷款余额	万元	492664	341295	270630	268930	337000
三、农业、工业及投资						
农业机械总动力	万千瓦特	19	20	21	12	50
机收面积	公顷	20156	36490	32660	17247	40140
设施农业占地面积	公顷		100	157	48	860
粮食总产量	吨	225025	291664	274124	171201	336306
棉花产量	吨		1811		18	
油料产量	吨	5934	13941	1582	1731	5476
肉类总产量	吨	13886	78025	9868	8585	16320
规模以上工业企业单位数	个	56	64	25	75	60
规模以上工业总产值	万元	586457	137244	183780	837844	722132
固定资产投资	万元	540789	836822	292762	448613	543301
四、教育、卫生和社会保障						
普通中学在校学生数	人	12693	24205	15582	9454	13925
中等职业教育学校在校学生数	人	287	5048	2349	260	199
小学在校学生数	人	23106	35310	35145	16206	33098
医疗卫生机构床位数	床	710	520	920	470	622
各种社会福利收养性单位数	个	13	18	17	16	15
各种社会福利收养性单位床位数	床	1200	1050	1020	1280	800

2013年县(市)社会经济主要指标

江西省

指　　标	单位	资溪县	东乡县	广昌县	上饶县	广丰县
一、基本情况						
行政区域面积	平方公里	1251	1264	1612	2246	1378
乡个数	个	2	4	6	10	4
镇个数	个	5	9	5	11	16
街道办事处个数	个				3	3
户籍人口	万人	12	47	25	79	92
第二产业从业人员	人	12017	59093	9768	5102	8305
第三产业从业人员	人	33229	61505	42152	19034	22527
固定电话用户	户	9800	20000	20233	40377	69413
二、综合经济						
地区生产总值	万元	269589	1131942	416272	1471552	2400010
第一产业增加值	万元	33168	176305	76769	147453	190370
农业增加值	万元	11718	59615	56770	73030	57340
牧业增加值	万元	3985	105378	4596	29209	98785
第二产业增加值	万元	130601	687043	206930	1111237	1374815
公共财政收入	万元	50994	129946	49985	110551	209548
各项税收	万元	49467	95531	59137	155744	262518
公共财政支出	万元	100198	250868	141532	285502	369612
居民储蓄存款余额	万元	262406	765342	375870	921253	853464
年末金融机构各项贷款余额	万元	187706	609250	289234	983548	861320
三、农业、工业及投资						
农业机械总动力	万千瓦特	10	30	24	14	17
机收面积	公顷	1892	35000	7142		11341
设施农业占地面积	公顷	114	231	286	5120	29
粮食总产量	吨	36713	295847	124870	155927	186093
棉花产量	吨		6		49	22
油料产量	吨	79	7021	417	6612	7681
肉类总产量	吨	3051	93717	5682	13385	51948
规模以上工业企业单位数	个	21	105	44	61	141
规模以上工业总产值	万元	136570	1893640	570359	4680666	4552356
固定资产投资	万元	280113	1215400	352440	1561123	1519109
四、教育、卫生和社会保障						
普通中学在校学生数	人	4592	21565	13371	44197	53502
中等职业教育学校在校学生数	人	513	4164		2299	
小学在校学生数	人	8118	36124	23569	72180	76966
医疗卫生机构床位数	床	192	2182	301	1822	2351
各种社会福利收养性单位数	个	8	18	12	20	23
各种社会福利收养性单位床位数	床	351	1656	621	987	1787

2013年县(市)社会经济主要指标

江西省

指　　标	单位	玉山县	铅山县	横峰县	弋阳县	余干县
一、基本情况						
行政区域面积	平方公里	1728	2178	655	1592	2371
乡个数	个	5	10	6	16	12
镇个数	个	11	7	2	9	8
街道办事处个数	个		1	2	1	
户籍人口	万人	60	47	22	41	101
第二产业从业人员	人	77505	4440	53769	98954	112568
第三产业从业人员	人	83337	10619	58161	48508	159679
固定电话用户	户	80000	33610	23034	30392	91982
二、综合经济						
地区生产总值	万元	1082779	840753	688136	701296	1018499
第一产业增加值	万元	136022	144360	61000	128072	331101
农业增加值	万元	44330	63906	25343	55086	90703
牧业增加值	万元	45352	33100	24950	37536	76174
第二产业增加值	万元	543562	412207	453339	341764	364702
公共财政收入	万元	113180	87325	94279	78427	83789
各项税收	万元	126240	109571	34587	57455	307198
公共财政支出	万元	247596	182116	169462	191634	307198
居民储蓄存款余额	万元	856223	683708	349678	568862	1146285
年末金融机构各项贷款余额	万元	846900	378793	338507	441821	551271
三、农业、工业及投资						
农业机械总动力	万千瓦特	15	20	5	13	38
机收面积	公顷	8944	10128	2797	22306	137194
设施农业占地面积	公顷	62	576	100		1507
粮食总产量	吨	207750	171695	78370	220744	820674
棉花产量	吨	242	1	7	41	78
油料产量	吨	12713	3123	5068	6855	21520
肉类总产量	吨	19123	14911	16392	22551	36471
规模以上工业企业单位数	个	88	30	35	58	26
规模以上工业总产值	万元	1933700	1284297	1823130	1162779	1220181
固定资产投资	万元	848316	822205	541445	613277	870067
四、教育、卫生和社会保障						
普通中学在校学生数	人	33045	13851	8451	17483	85125
中等职业教育学校在校学生数	人	1350	1401		1549	
小学在校学生数	人	57126	38986	18865	36454	114256
医疗卫生机构床位数	床	1607	1089	493	1012	1069
各种社会福利收养性单位数	个	18	23	7	20	21
各种社会福利收养性单位床位数	床	1460	1888	679	1816	2581

2013年县(市)社会经济主要指标

江西省、山东省

指　　　标	单位	鄱阳县	万年县	婺源县	德兴市	长清区
一、基本情况						
行政区域面积	平方公里	4215	1140	2948	2082	1178
乡个数	个	15	6	10	6	
镇个数	个	14	6	6	5	6
街道办事处个数	个			1	3	4
户籍人口	万人	158	42	36	33	56
第二产业从业人员	人	29215	62804	10500	12605	58227
第三产业从业人员	人	51830	61958	56796	13392	24848
固定电话用户	户	117555	31558	46045	49741	95038
二、综合经济						
地区生产总值	万元	1531219	918018	730047	975500	2332483
第一产业增加值	万元	513660	126009	97815	93538	291109
农业增加值	万元	281403	46926	46467	31479	198017
牧业增加值	万元	72520	39352	21781	18537	79414
第二产业增加值	万元	621830	529789	275041	429761	1008015
公共财政收入	万元	95923	101120	103591	202267	137071
各项税收	万元	96284	76760	83237	123654	184618
公共财政支出	万元	480527	221271	189525	289225	198857
居民储蓄存款余额	万元	1404030	617254	653523	729686	
年末金融机构各项贷款余额	万元	700856	469144	480263	585602	
三、农业、工业及投资						
农业机械总动力	万千瓦特	64	8	20	14	51
机收面积	公顷	143068			8667	39805
设施农业占地面积	公顷	5837	9458	85	41	700
粮食总产量	吨	1088437	261471	103413	112662	287500
棉花产量	吨	5668	69	107	49	703
油料产量	吨	102502	8491	7705	5874	17561
肉类总产量	吨	37593	65218	14673	10631	30629
规模以上工业企业单位数	个	57	76	25	62	156
规模以上工业总产值	万元	173648	1798400	431824	824900	1661013
固定资产投资	万元	1286737	768352	650355	961492	1703456
四、教育、卫生和社会保障						
普通中学在校学生数	人	87730	26547	17295	9729	26071
中等职业教育学校在校学生数	人	1860	238	299	2089	4867
小学在校学生数	人	137141	45478	29621	26750	30618
医疗卫生机构床位数	床	2700	1167	1140	1515	1111
各种社会福利收养性单位数	个	35	22	16	15	14
各种社会福利收养性单位床位数	床	3300	2167	878	1050	1203

2013年县(市)社会经济主要指标

山东省

指　　标	单位	平阴县	济阳县	商河县	章丘市	胶州市
一、基本情况						
行政区域面积	平方公里	827	1076	1162	1855	1324
乡个数	个			2		
镇个数	个	6	8	9	14	6
街道办事处个数	个	2	2	1	6	6
户籍人口	万人	37	56	63	102	82
第二产业从业人员	人	34832	28887	12861	93091	269057
第三产业从业人员	人	16308	17672	16698	45245	152265
固定电话用户	户	52873	63242	63876	199498	130110
二、综合经济						
地区生产总值	万元	1914906	2312016	1436917	7552384	8367300
第一产业增加值	万元	292741	486303	410694	754074	492458
农业增加值	万元	201939	321264	298158	450040	249612
牧业增加值	万元	82616	149964	96332	275929	93132
第二产业增加值	万元	1086030	1198504	543329	4546947	4557000
公共财政收入	万元	116876	146979	66960	408910	566377
各项税收	万元	203257	207810	95761	528456	736738
公共财政支出	万元	170438	226594	211987	509880	680827
居民储蓄存款余额	万元	801104	826757	735247	2849695	2722026
年末金融机构各项贷款余额	万元	667475	600063	591846	2760330	4039835
三、农业、工业及投资						
农业机械总动力	万千瓦特	48	122	97	124	114
机收面积	公顷	29034	80869	52533	103488	8560
设施农业占地面积	公顷	2667	21933	3633	6547	1853
粮食总产量	吨	196758	543083	681500	654502	412262
棉花产量	吨	3832	3954	4000	6378	142
油料产量	吨	11241	14513	1154	8174	39902
肉类总产量	吨	46660	60386	81012	123307	58928
规模以上工业企业单位数	个	134	160	135	479	878
规模以上工业总产值	万元	2546642	3184990	1292486	13410535	21237906
固定资产投资	万元	1615326	1723218	750090	3553211	6595327
四、教育、卫生和社会保障						
普通中学在校学生数	人	18348	27536	29435	56973	41859
中等职业教育学校在校学生数	人	2986	5925	1519	12441	11181
小学在校学生数	人	19380	31684	38589	61170	60884
医疗卫生机构床位数	床	1639	1584	1260	4760	3252
各种社会福利收养性单位数	个	9	18	12	33	19
各种社会福利收养性单位床位数	床	1090	2790	1972	3892	2791

2013 年县(市)社会经济主要指标

山东省

指　　标	单位	即墨市	平度市	莱西市	桓台县	高青县
一、基本情况						
行政区域面积	平方公里	1780	3176	1568	509	831
乡个数	个					
镇个数	个	7	12	8	7	7
街道办事处个数	个	8	5	3	2	2
户籍人口	万人	114	138	74	50	37
第二产业从业人员	人	302900	206787	100891	169884	84266
第三产业从业人员	人	219700	138665	104611	77876	79089
固定电话用户	户	212096	228890	110028	137099	65070
二、综合经济						
地区生产总值	万元	8781605	7901066	5949143	4664285	1685629
第一产业增加值	万元	589097	950586	563189	189083	224863
农业增加值	万元	279408	734726	344145	122052	160813
牧业增加值	万元	105543	202178	207802	43530	47686
第二产业增加值	万元	4542500	3888000	2844600	2935143	862734
公共财政收入	万元	642985	596731	349146	263832	105018
各项税收	万元	581513	489037	262206	208177	83427
公共财政支出	万元	781610	691087	398474	299928	182276
居民储蓄存款余额	万元	3822956	3163567	1966879	1494047	644705
年末金融机构各项贷款余额	万元	5044381	2304006	1733293	3368265	1034352
三、农业、工业及投资						
农业机械总动力	万千瓦特	127	320	130	62	66
机收面积	公顷	104965	224148	100027	48370	73255
设施农业占地面积	公顷	4405	3572	9685	106	2133
粮食总产量	吨	477340	1438466	592776	376627	360128
棉花产量	吨		3284		826	1634
油料产量	吨	77316	138674	90826	47	2312
肉类总产量	吨	73096	202369	197426	15984	39726
规模以上工业企业单位数	个	769	681	715	331	139
规模以上工业总产值	万元	22684442	16052000	10199149	16503261	2858035
固定资产投资	万元	6447732	5194000	4483573	2958140	1035041
四、教育、卫生和社会保障						
普通中学在校学生数	人	53895	64129	38176	36037	23658
中等职业教育学校在校学生数	人	6430	12884	5549	3445	1284
小学在校学生数	人	79626	76936	36012	23969	17846
医疗卫生机构床位数	床	5032	4429	3821	3240	993
各种社会福利收养性单位数	个	35	23	25	19	9
各种社会福利收养性单位床位数	床	6145	2520	4357	2934	849

2013年县(市)社会经济主要指标

山东省

指　　标	单位	沂源县	滕州市	垦利县	利津县	广饶县
一、基本情况						
行政区域面积	平方公里	1636	1495	2331	1666	1166
乡个数	个				2	1
镇个数	个	11	17	5	4	6
街道办事处个数	个	1	4	2	2	2
户籍人口	万人	56	169	22	30	50
第二产业从业人员	人	105445	357926	79635	46830	163036
第三产业从业人员	人	105591	333352	39252	42924	125162
固定电话用户	户	39000	232800	30039	20000	106908
二、综合经济						
地区生产总值	万元	2273640	9026354	3458970	2214648	6862515
第一产业增加值	万元	279416	668239	178643	232988	398643
农业增加值	万元	208371	523484	60738	117292	278843
牧业增加值	万元	46895	116323	40450	70823	72624
第二产业增加值	万元	1071321	4815107	2164605	1224246	4751944
公共财政收入	万元	162336	610186	181397	101339	350016
各项税收	万元	174785	841129	134128	74705	248787
公共财政支出	万元	244571	721675	245678	201925	442521
居民储蓄存款余额	万元	1003237	3028002	1104409	484229	1614396
年末金融机构各项贷款余额	万元	1059577	4029081	2754493	1125088	5977828
三、农业、工业及投资						
农业机械总动力	万千瓦特	45	168	48	44	97
机收面积	公顷	8081	128910	14613	2720	78458
设施农业占地面积	公顷	2899	2888	3069	1021	2006
粮食总产量	吨	51398	784382	51618	97194	485531
棉花产量	吨	663	1345	28732	20504	15208
油料产量	吨	15675	36779	578	1034	
肉类总产量	吨	37979	118540	26913	82824	87316
规模以上工业企业单位数	个	140	484	158	138	267
规模以上工业总产值	万元	4776435	13411256	19447929	12395811	38373521
固定资产投资	万元	1422996	4571181	3054487	1721844	5005092
四、教育、卫生和社会保障						
普通中学在校学生数	人	36923	84257	14640	10115	34496
中等职业教育学校在校学生数	人	5776	11595	3506	2185	4430
小学在校学生数	人	25644	87756	12772	15634	26992
医疗卫生机构床位数	床	1886	6285	908	850	2906
各种社会福利收养性单位数	个	18	25	7	33	34
各种社会福利收养性单位床位数	床	2200	7190	1035	1717	2235

2013年县(市)社会经济主要指标

山东省

指　　标	单位	长岛县	龙口市	莱阳市	莱州市	蓬莱市
一、基本情况						
行政区域面积	平方公里	57	901	1732	1928	1129
乡个数	个	6				
镇个数	个	1	8	13	11	7
街道办事处个数	个	1	5	5	6	5
户籍人口	万人	4	64	87	85	45
第二产业从业人员	人	2458	179976	140543	168848	106528
第三产业从业人员	人	14730	90438	73934	163877	75548
固定电话用户	户	10000	223522	116460	213015	142410
二、综合经济						
地区生产总值	万元	646364	9352321	3031711	6426583	4575547
第一产业增加值	万元	335626	337059	404392	644215	282241
农业增加值	万元	143	226837	262667	317906	139925
牧业增加值	万元	252	71001	109334	137928	46614
第二产业增加值	万元	57298	5663241	1557696	3494725	2493975
公共财政收入	万元	10518	715686	110579	464507	255449
各项税收	万元	9797	545640	196892	986063	323991
公共财政支出	万元	75743	715820	253267	517747	330872
居民储蓄存款余额	万元	243511	3805878	2107544	3738565	2014335
年末金融机构各项贷款余额	万元	124177	5358793	1555472	2690663	2434060
三、农业、工业及投资						
农业机械总动力	万千瓦特	12	85	146	145	75
机收面积	公顷	60	22514	8531	107375	31025
设施农业占地面积	公顷		967	973	1105	517
粮食总产量	吨	675	110171	471045	578164	97571
棉花产量	吨			49	229	
油料产量	吨		8766	94054	52650	41149
肉类总产量	吨	58	36820	93315	83733	48649
规模以上工业企业单位数	个	8	316	220	372	272
规模以上工业总产值	万元	30911	28782212	7402955	15025954	12873269
固定资产投资	万元	52084	4716270	1224923	3809682	3024509
四、教育、卫生和社会保障						
普通中学在校学生数	人	2121	34556	38000	42662	14437
中等职业教育学校在校学生数	人	97	11661	4040	8422	2700
小学在校学生数	人	1160	28859	33500	33384	16946
医疗卫生机构床位数	床	243	4182	4148	7038	3735
各种社会福利收养性单位数	个	5	21	27	29	17
各种社会福利收养性单位床位数	床	120	3740	3075	4156	2508

2013年县(市)社会经济主要指标

山东省

指　　标	单位	招远市	栖霞市	海阳市	临朐县	昌乐县
一、基本情况						
行政区域面积	平方公里	1432	2016	1909	1831	1101
乡个数	个					
镇个数	个	9	12	10	8	4
街道办事处个数	个	5	4	4	2	4
户籍人口	万人	57	59	66	88	62
第二产业从业人员	人	81374	54951	123052	160031	97807
第三产业从业人员	人	49950	88023	185489	158415	89345
固定电话用户	户	98121	85313	106854	133000	80944
二、综合经济						
地区生产总值	万元	6047971	2210767	3025800	2055527	2384921
第一产业增加值	万元	349816	445092	572428	316490	326005
农业增加值	万元	237702	393160	259809	217346	255511
牧业增加值	万元	67217	38602	75107	83852	62419
第二产业增加值	万元	3380531	981118	1329588	945600	1152246
公共财政收入	万元	415088	79397	221236	103888	180180
各项税收	万元	479350	73390	174183	199100	144409
公共财政支出	万元	459558	196258	276794	237065	233449
居民储蓄存款余额	万元	2441287	1449985	1830773	1864260	1401630
年末金融机构各项贷款余额	万元	2536957	976523	1999339	1788115	1925282
三、农业、工业及投资						
农业机械总动力	万千瓦特	88	135	100	56	65
机收面积	公顷	57850	44981	60009	75479	73225
设施农业占地面积	公顷	673	42	992	2658	10626
粮食总产量	吨	271666	141586	290890	271500	252500
棉花产量	吨				853	1235
油料产量	吨	65584	58949	83470	14509	38771
肉类总产量	吨	51335	24148	47920	145601	135403
规模以上工业企业单位数	个	302	240	228	272	243
规模以上工业总产值	万元	15699506	2612261	3562800	4507410	8180910
固定资产投资	万元	3026410	1029823	3037162	2075124	2086082
四、教育、卫生和社会保障						
普通中学在校学生数	人	30340	25271	29833	36373	36893
中等职业教育学校在校学生数	人	4850	2450	3934	7091	1758
小学在校学生数	人	22642	17991	21913	45897	36575
医疗卫生机构床位数	床	2958	1802	4447	3883	3433
各种社会福利收养性单位数	个	22	43	16	10	11
各种社会福利收养性单位床位数	床	3199	2770	620	2000	1447

2013年县(市)社会经济主要指标

山东省

指标	单位	青州市	诸城市	寿光市	安丘市	高密市
一、基本情况						
行政区域面积	平方公里	1569	2151	1990	1712	1527
乡个数	个					
镇个数	个	8	10	9	10	7
街道办事处个数	个	4	4	6	2	3
户籍人口	万人	93	109	106	95	88
第二产业从业人员	人	189137	255076	171366	77287	240764
第三产业从业人员	人	140160	192891	243372	63540	113038
固定电话用户	户	146325	196358	171000	101425	134321
二、综合经济						
地区生产总值	万元	5042686	6427183	7012793	2479398	5013619
第一产业增加值	万元	462848	557206	842136	445389	461623
农业增加值	万元	391636	245355	677758	396175	316671
牧业增加值	万元	66453	303402	100466	34069	138161
第二产业增加值	万元	2576163	3670727	3412672	1129788	2840183
公共财政收入	万元	343042	570856	706900	137563	363343
各项税收	万元	645769	690239	856900	228400	404451
公共财政支出	万元	405178	610460	783814	287677	418865
居民储蓄存款余额	万元	3494023	2805339	3526949	1943508	2028254
年末金融机构各项贷款余额	万元	3978961	4017746	5884908	2033682	2602005
三、农业、工业及投资						
农业机械总动力	万千瓦特	193	142	139	185	181
机收面积	公顷	102368	164600	101510	71160	142583
设施农业占地面积	公顷	16579	4702	27476	5432	2335
粮食总产量	吨	326500	793500	603500	389500	865500
棉花产量	吨	210	1411	15036	4211	1287
油料产量	吨	44	62341	245	50446	55857
肉类总产量	吨	102476	341968	170726	120273	195373
规模以上工业企业单位数	个	524	707	515	332	648
规模以上工业总产值	万元	15097129	22103808	17001473	3956810	15639414
固定资产投资	万元	3590046	4024175	4065013	1907000	3373118
四、教育、卫生和社会保障						
普通中学在校学生数	人	50589	57761	64892	44305	47397
中等职业教育学校在校学生数	人	17161	21296	23488	4093	16170
小学在校学生数	人	50904	80103	66347	63283	63632
医疗卫生机构床位数	床	5042	6563	6975	4255	4864
各种社会福利收养性单位数	个	12	19	50	16	29
各种社会福利收养性单位床位数	床	2285	3606	3776	2809	6065

2013年县(市)社会经济主要指标

山东省

指标	单位	昌邑市	微山县	鱼台县	金乡县	嘉祥县
一、基本情况						
行政区域面积	平方公里	1628	1738	654	888	975
乡个数	个		3			2
镇个数	个	6	9	9	11	12
街道办事处个数	个	3	3	2	2	1
户籍人口	万人	58	71	47	65	88
第二产业从业人员	人	125251	104746	57779	92163	214072
第三产业从业人员	人	85732	189834	102522	135924	245888
固定电话用户	户	117480	69758	70291	78923	102317
二、综合经济						
地区生产总值	万元	3265043	3365135	1355100	1585254	2197900
第一产业增加值	万元	319849	362635	301879	459359	307600
农业增加值	万元	188809	108744	204693	367760	227437
牧业增加值	万元	79852	98377	55686	85434	71417
第二产业增加值	万元	1853866	1652600	591600	497100	1138400
公共财政收入	万元	233957	252566	82086	100066	124321
各项税收	万元	335699	358388	68907	82236	173729
公共财政支出	万元	283026	332516	175854	226769	240068
居民储蓄存款余额	万元	2107362	1037816	637455	1148360	1473427
年末金融机构各项贷款余额	万元	2052859	792105	414735	918364	891673
三、农业、工业及投资						
农业机械总动力	万千瓦特	196	87	149	96	131
机收面积	公顷	93492	48137	58252	67499	96710
设施农业占地面积	公顷	4208	1430	1221	1619	480
粮食总产量	吨	516000	337926	266721	45445	566101
棉花产量	吨	7543	833	18132	61127	19199
油料产量	吨	10243	2425		192	2930
肉类总产量	吨	127711	83933	34139	47189	58833
规模以上工业企业单位数	个	330	135	85	164	122
规模以上工业总产值	万元	9696252	3372600	947820	2020019	1869100
固定资产投资	万元	2370679	1724462	987220	1056290	1480900
四、教育、卫生和社会保障						
普通中学在校学生数	人	31282	26874	22233	19886	36129
中等职业教育学校在校学生数	人	3159	359	1242	4749	5703
小学在校学生数	人	32639	41484	29548	44256	86596
医疗卫生机构床位数	床	2215	2595	1573	2214	2873
各种社会福利收养性单位数	个	10	18	11	13	17
各种社会福利收养性单位床位数	床	1360	2666	1778	1658	2090

2013 年县(市)社会经济主要指标

山东省

指　　标	单位	汶上县	泗水县	梁山县	曲阜市	兖州市
一、基本情况						
行政区域面积	平方公里	889	1118	961	815	648
乡个数	个	1	1	2		
镇个数	个	12	10	10	8	7
街道办事处个数	个	2	2	2	4	5
户籍人口	万人	78	62	78	64	61
第二产业从业人员	人	124115	103883	121100	151582	146502
第三产业从业人员	人	123490	133632	90566	121836	172461
固定电话用户	户	70830	79300	92358	59300	54800
二、综合经济						
地区生产总值	万元	2165200	1354200	2166109	3316635	5549200
第一产业增加值	万元	370000	336000	410644	307689	436600
农业增加值	万元	251000	242900	303711	214161	274429
牧业增加值	万元	112700	91100	87080	82609	155354
第二产业增加值	万元	1110700	580500	1114700	1269200	3230900
公共财政收入	万元	112636	68500	85426	201090	419190
各项税收	万元	94218	53073	116991	220053	458958
公共财政支出	万元	249571	211686	224777	324447	447126
居民储蓄存款余额	万元	1250400	821100	1397546	1357646	2093648
年末金融机构各项贷款余额	万元	895400	615500	757057	1061292	2281424
三、农业、工业及投资						
农业机械总动力	万千瓦特	108	41	109	75	72
机收面积	公顷	98533	52459	92148	71190	64384
设施农业占地面积	公顷	159	2056	1126	565	170
粮食总产量	吨	571306	213005	573563	521225	419369
棉花产量	吨	799	2467	5876	821	333
油料产量	吨	7929	64593	16667	12801	3905
肉类总产量	吨	93917	90209	92684	81464	107457
规模以上工业企业单位数	个	116	120	176	160	179
规模以上工业总产值	万元	1391600	1339779	2301078	2062523	12165209
固定资产投资	万元	1501264	968970	1477410	1745668	3116257
四、教育、卫生和社会保障						
普通中学在校学生数	人	24471	25429	25031	28554	28979
中等职业教育学校在校学生数	人	2315	2106	3486	15972	2649
小学在校学生数	人	53076	36667	46874	35587	38348
医疗卫生机构床位数	床	2938	2334	1708	2298	4079
各种社会福利收养性单位数	个	16	14	15	15	14
各种社会福利收养性单位床位数	床	1828	2041	1326	1756	2618

2013年县(市)社会经济主要指标

山东省

指　　标	单位	邹城市	宁阳县	东平县	新泰市	肥城市
一、基本情况						
行政区域面积	平方公里	1616	1125	1339	1934	1277
乡个数	个		2	2	1	
镇个数	个	13	9	9	17	11
街道办事处个数	个	3	2	3	2	3
户籍人口	万人	116	82	79	139	99
第二产业从业人员	人	301039	171836	168001	322617	173295
第三产业从业人员	人	308584	160679	150267	335833	172124
固定电话用户	户	196500	92286	78021	153464	259012
二、综合经济						
地区生产总值	万元	7315800	3168700	3108391	7650000	6744631
第一产业增加值	万元	461700	487436	385592	539780	466351
农业增加值	万元	267700	320711	212834	304114	324578
牧业增加值	万元	156000	154789	85769	215093	122975
第二产业增加值	万元	4240200	1428000	1499000	4170700	3675000
公共财政收入	万元	553289	109516	100351	361117	319296
各项税收	万元	705785	179372	142889	250360	224550
公共财政支出	万元	568035	260330	278658	543823	422465
居民储蓄存款余额	万元	2767702	1181870	1257908	2974451	2345126
年末金融机构各项贷款余额	万元	4708777	950314	1086810	2894531	2409336
三、农业、工业及投资						
农业机械总动力	万千瓦特	88	103	101	104	98
机收面积	公顷	100000	99658	88443	89000	99170
设施农业占地面积	公顷	1195	1388	1793	1214	1371
粮食总产量	吨	525681	595096	640360	428348	582057
棉花产量	吨	2387	672	5044	400	1604
油料产量	吨	61461	74262	20657	98034	11050
肉类总产量	吨	104028	99721	53697	144807	79481
规模以上工业企业单位数	个	232	371	325	443	362
规模以上工业总产值	万元	8318596	10776000	8783912	17690264	14622301
固定资产投资	万元	3091859	2523056	2092079	4331559	4130198
四、教育、卫生和社会保障						
普通中学在校学生数	人	47933	34012	33329	93484	55451
中等职业教育学校在校学生数	人	7471	8179	5871	9719	5224
小学在校学生数	人	63997	44811	43914	66859	68079
医疗卫生机构床位数	床	6374	3160	2439	6135	4511
各种社会福利收养性单位数	个	27	13	18	26	25
各种社会福利收养性单位床位数	床	6220	2366	2397	4437	2137

2013年县(市)社会经济主要指标

山东省

指　　标	单位	文登市	荣成市	乳山市	五莲县	莒　县
一、基本情况						
行政区域面积	平方公里	1829	1526	1665	1497	1950
乡个数	个				2	2
镇个数	个	14	12	14	9	18
街道办事处个数	个	3	10	1	1	1
户籍人口	万人	64	67	56	52	113
第二产业从业人员	人	69222	101269	30014	131576	153671
第三产业从业人员	人	32392	39116	22190	57964	129920
固定电话用户	户	398629	192912	103000	113478	48500
二、综合经济						
地区生产总值	万元	6350774	8785911	3997649	1804100	2721300
第一产业增加值	万元	555468	767592	348224	191377	389793
农业增加值	万元	142288	125573	162515	140984	216040
牧业增加值	万元	179324	70983	44039	43444	148063
第二产业增加值	万元	3215865	4442985	2118738	1114400	1285200
公共财政收入	万元	414877	522399	244768	78540	92806
各项税收	万元	495675	651833	253802	71900	87373
公共财政支出	万元	512307	784778	329261	198855	298626
居民储蓄存款余额	万元	2689636	3429257	1932185	1127793	1832422
年末金融机构各项贷款余额	万元	2345182	3562662	1792411	1110619	1929438
三、农业、工业及投资						
农业机械总动力	万千瓦特	201	198	104	55	121
机收面积	公顷	77442	65515	61583	39400	77500
设施农业占地面积	公顷	1062	184	199	1147	10522
粮食总产量	吨	330390	254049	270321	207600	438500
棉花产量	吨				1652	590
油料产量	吨	89631	67790	73273	56869	90681
肉类总产量	吨	51142	36532	86150	48381	91689
规模以上工业企业单位数	个	457	501	313	166	164
规模以上工业总产值	万元	16529141	23481310	6379286	4167108	4118404
固定资产投资	万元	4655799	5509576	3767260	1027681	169499
四、教育、卫生和社会保障						
普通中学在校学生数	人	25610	32869	19771	24684	45930
中等职业教育学校在校学生数	人	4548	7286	814	5476	977
小学在校学生数	人	20566	25551	13474	27700	71774
医疗卫生机构床位数	床	4341	5875	2338	1887	3570
各种社会福利收养性单位数	个	31	27	22	13	31
各种社会福利收养性单位床位数	床	4935	4055	5536	1516	2985

2013年县(市)社会经济主要指标

山东省

指标	单位	沂南县	郯城县	沂水县	苍山县	费县
一、基本情况						
行政区域面积	平方公里	1719	1195	2414	1724	1660
乡个数	个	1	3	1	1	2
镇个数	个	13	9	16	15	9
街道办事处个数	个	1	1	1	1	1
户籍人口	万人	92	95	114	131	83
第二产业从业人员	人	21141	11457	63993	13202	27870
第三产业从业人员	人	23386	28417	40742	44913	24696
固定电话用户	户	59965	59055	90239	72767	79407
二、综合经济						
地区生产总值	万元	1932100	2420600	3108900	2715599	2241000
第一产业增加值	万元	332749	251469	328139	522262	304260
农业增加值	万元	237543	185351	236281	470073	258623
牧业增加值	万元	84471	29877	76370	32877	26969
第二产业增加值	万元	841400	1116000	1459500	975000	1077800
公共财政收入	万元	115016	90066	180066	113117	119789
各项税收	万元	165148	119326	241674	174300	211627
公共财政支出	万元	282075	268285	364942	313320	278635
居民储蓄存款余额	万元	1510763	1332983	2163738	1487954	1404038
年末金融机构各项贷款余额	万元	963106	890830	2041207	1146026	1045342
三、农业、工业及投资						
农业机械总动力	万千瓦特	77	89	93	120	57
机收面积	公顷	81266	98825	85451	150835	71170
设施农业占地面积	公顷	4922	1538	988	10022	1582
粮食总产量	吨	388000	750500	400000	649500	289500
棉花产量	吨	2179	550	3164	1306	1880
油料产量	吨	85771	15714	95360	65267	85122
肉类总产量	吨	161518	49218	109069	53582	47932
规模以上工业企业单位数	个	300	264	468	212	342
规模以上工业总产值	万元	5120724	4416967	10193747	4253675	5769738
固定资产投资	万元	1415245	1385768	1952962	1453731	1265625
四、教育、卫生和社会保障						
普通中学在校学生数	人	42254	37996	48818	52504	34599
中等职业教育学校在校学生数	人	3772	4909	9646	2693	2325
小学在校学生数	人	51544	55789	56722	134837	51619
医疗卫生机构床位数	床	2993	2329	5917	4595	2388
各种社会福利收养性单位数	个	18	15	21	20	15
各种社会福利收养性单位床位数	床	3213	2203	3709	5475	2918

2013年县(市)社会经济主要指标

山东省

指　　标	单位	平邑县	莒南县	蒙阴县	临沭县	陵　县
一、基本情况						
行政区域面积	平方公里	1823	1751	1602	1010	1213
乡个数	个			1		1
镇个数	个	13	15	8	7	10
街道办事处个数	个	1	1	1	2	2
户籍人口	万人	103	102	55	64	60
第二产业从业人员	人	64317	31734	16167	37766	16503
第三产业从业人员	人	36643	29297	18590	22123	21729
固定电话用户	户	79087	69788	52944	58006	43664
二、综合经济						
地区生产总值	万元	2364300	2686801	1656600	1878800	2256322
第一产业增加值	万元	334312	346247	266651	179111	284075
农业增加值	万元	258464	215426	211638	104038	152144
牧业增加值	万元	62804	95525	32850	47427	107910
第二产业增加值	万元	1031600	1121000	661700	946800	1106200
公共财政收入	万元	103361	146992	77640	105723	92168
各项税收	万元	151376	193732	128627	157493	106755
公共财政支出	万元	285789	337166	214870	216321	193777
居民储蓄存款余额	万元	1307557	1749632	972781	1061897	955670
年末金融机构各项贷款余额	万元	1045354	1238443	712622	1283673	719739
三、农业、工业及投资						
农业机械总动力	万千瓦特	75	92	82	75	149
机收面积	公顷	85018	85576	31084	69480	64660
设施农业占地面积	公顷	279	2134	292	347	539
粮食总产量	吨	317500	500500	153000	294000	928058
棉花产量	吨	469	86	1683	16	14619
油料产量	吨	86817	139376	40205	181377	
肉类总产量	吨	64982	151091	25540	54527	84209
规模以上工业企业单位数	个	267	276	193	196	210
规模以上工业总产值	万元	3705987	6264000	2909830	4311491	7041389
固定资产投资	万元	1328249	2289440	956200	1351266	1416199
四、教育、卫生和社会保障						
普通中学在校学生数	人	48811	51223	28276	34464	26930
中等职业教育学校在校学生数	人	2908	4955	1611	7860	594
小学在校学生数	人	55576	50948	30390	45815	37654
医疗卫生机构床位数	床	3208	3484	1829	1679	1733
各种社会福利收养性单位数	个	18	18	13	12	14
各种社会福利收养性单位床位数	床	4182	3203	1897	1797	1009

2013年县(市)社会经济主要指标

山东省

指　　标	单位	宁津县	庆云县	临邑县	齐河县	平原县
一、基本情况						
行政区域面积	平方公里	833	502	1016	1411	1047
乡个数	个	1	3	1	2	2
镇个数	个	9	5	8	11	8
街道办事处个数	个	2	1	3	2	2
户籍人口	万人	47	32	54	63	47
第二产业从业人员	人	7297	14227	32755	33533	15330
第三产业从业人员	人	15408	16524	23098	40076	18398
固定电话用户	户	63568	46859	48865	73300	87680
二、综合经济						
地区生产总值	万元	1857927	1358886	2347478	4075965	1861572
第一产业增加值	万元	219838	102169	290203	329165	254503
农业增加值	万元	136768	57031	146105	184430	140142
牧业增加值	万元	71151	40945	124889	123695	96868
第二产业增加值	万元	1024300	665000	1237400	2199900	983400
公共财政收入	万元	63600	46616	107505	223869	63187
各项税收	万元	51005	60435	196521	244586	52438
公共财政支出	万元	150913	130554	185663	296135	153457
居民储蓄存款余额	万元	1114049	502696	1042380	1085380	924065
年末金融机构各项贷款余额	万元	611545	507762	1056459	1083987	585414
三、农业、工业及投资						
农业机械总动力	万千瓦特	216	67	188	232	144
机收面积	公顷	84200	43340	106920	146250	105353
设施农业占地面积	公顷	4247	124	841	1636	4999
粮食总产量	吨	473416	213584	712991	1002993	698118
棉花产量	吨	6884	5700	4098	5861	1189
油料产量	吨	3115	1	22	5656	357
肉类总产量	吨	31434	11844	131315	118048	77782
规模以上工业企业单位数	个	262	188	434	430	220
规模以上工业总产值	万元	5760057	3910431	6753641	8080955	6455637
固定资产投资	万元	1384764	872519	1554686	1589214	1402721
四、教育、卫生和社会保障						
普通中学在校学生数	人	15886	14420	24020	29380	23522
中等职业教育学校在校学生数	人	2606	350	3410	4164	1746
小学在校学生数	人	39490	26305	35885	34102	27952
医疗卫生机构床位数	床	1555	1155	1822	1535	1400
各种社会福利收养性单位数	个	15	13	11	30	17
各种社会福利收养性单位床位数	床	1590	961	1127	2325	2322

2013 年县(市)社会经济主要指标

山东省

指标	单位	夏津县	武城县	乐陵市	禹城市	阳谷县
一、基本情况						
行政区域面积	平方公里	882	748	1173	992	1066
乡个数	个	2		3	2	2
镇个数	个	10	7	9	8	13
街道办事处个数	个	2	1	4	1	3
户籍人口	万人	53	39	70	53	80
第二产业从业人员	人	13827	5708	14482	18440	214233
第三产业从业人员	人	19086	25280	19300	29395	174663
固定电话用户	户	27900	32505	35420	90620	103968
二、综合经济						
地区生产总值	万元	1738170	1716757	2136368	2335377	2613000
第一产业增加值	万元	195846	191412	301111	295162	380400
农业增加值	万元	135782	124200	144045	150948	308329
牧业增加值	万元	55046	59101	129032	120962	64921
第二产业增加值	万元	947000	963100	1116700	1217900	1502700
公共财政收入	万元	65218	70462	86029	145135	100061
各项税收	万元	52333	87750	69756	111641	80211
公共财政支出	万元	173916	152592	215525	230565	255596
居民储蓄存款余额	万元	832286	822106	1015791	877214	1507700
年末金融机构各项贷款余额	万元	604474	737387	978856	1273913	1527400
三、农业、工业及投资						
农业机械总动力	万千瓦特	109	67	100	133	138
机收面积	公顷	59619	71458	107456	93377	91913
设施农业占地面积	公顷	742	351	769	4434	4254
粮食总产量	吨	322480	377170	726873	666497	656429
棉花产量	吨	38382	15923	4529	3578	4858
油料产量	吨	2512	1692	412	4811	11008
肉类总产量	吨	36190	15570	85412	97279	72500
规模以上工业企业单位数	个	332	395	280	313	255
规模以上工业总产值	万元	6575919	6305196	6042222	7988946	8362229
固定资产投资	万元	951440	1416690	1467814	1515401	1588895
四、教育、卫生和社会保障						
普通中学在校学生数	人	23749	12180	27686	25234	34740
中等职业教育学校在校学生数	人	1561	5309	2149	11058	7424
小学在校学生数	人	50878	26851	53116	31218	48283
医疗卫生机构床位数	床	865	909	2209	1626	2186
各种社会福利收养性单位数	个	13	10	13	11	7
各种社会福利收养性单位床位数	床	1075	1820	2100	801	3316

2013年县(市)社会经济主要指标

山东省

指　　标	单位	莘　县	茌平县	东阿县	冠　县	高唐县
一、基本情况						
行政区域面积	平方公里	1420	1003	729	1161	949
乡个数	个	2	1	1	8	
镇个数	个	18	10	7	7	9
街道办事处个数	个	4	3	2	3	3
户籍人口	万人	102	54	40	80	49
第二产业从业人员	人	111474	116598	60027	142175	60401
第三产业从业人员	人	105213	113280	58927	96364	65244
固定电话用户	户	68943	65849	37959	39889	41113
二、综合经济						
地区生产总值	万元	2647800	3899000	1650800	2288500	3280800
第一产业增加值	万元	443100	429800	173200	394600	326100
农业增加值	万元	350793	354700	128300	315242	264549
牧业增加值	万元	87602	63600	30400	72395	57723
第二产业增加值	万元	1312900	2635800	893300	1185000	2202000
公共财政收入	万元	79223	222086	111262	75156	112269
各项税收	万元	63748	145936	79701	62930	78869
公共财政支出	万元	277706	313025	171263	241074	224034
居民储蓄存款余额	万元	1318944	1130561	795403	1000178	829495
年末金融机构各项贷款余额	万元	815910	1697204	891500	1112195	1219056
三、农业、工业及投资						
农业机械总动力	万千瓦特	243	125	93	147	108
机收面积	公顷	104800	91312	67380	104231	81765
设施农业占地面积	公顷	21661	8698	1339	4114	837
粮食总产量	吨	702088	554008	469647	624949	475023
棉花产量	吨	2382	7698	2513	4923	14688
油料产量	吨	26798	22324	318	30455	18320
肉类总产量	吨	144120	67608	25885	76456	46817
规模以上工业企业单位数	个	243	405	160	266	401
规模以上工业总产值	万元	6211800	12682500	4641321	8617102	13782400
固定资产投资	万元	1554027	2138915	923990	1513402	2129688
四、教育、卫生和社会保障						
普通中学在校学生数	人	32786	23229	15921	19518	20267
中等职业教育学校在校学生数	人	3323	855	451	3057	3797
小学在校学生数	人	76630	35728	21082	56054	32449
医疗卫生机构床位数	床	2539	1426	1346	2418	1685
各种社会福利收养性单位数	个	7	8	8	9	18
各种社会福利收养性单位床位数	床	2431	2249	2060	3410	2640

2013年县(市)社会经济主要指标

山东省

指　　标	单位	临清市	惠民县	阳信县	无棣县	沾化县
一、基本情况						
行政区域面积	平方公里	950	1363	798	1586	2218
乡个数	个			1		3
镇个数	个	12	12	7	10	7
街道办事处个数	个	4	3	2	2	2
户籍人口	万人	76	64	45	46	39
第二产业从业人员	人	131890	12124	20705	19052	17983
第三产业从业人员	人	102077	21616	11907	16078	10784
固定电话用户	户	114466	47351	46618	44682	31741
二、综合经济						
地区生产总值	万元	3358000	1646245	1263406	2388194	1620399
第一产业增加值	万元	214800	302383	221581	346307	356009
农业增加值	万元	174206	242654	132661	176894	241272
牧业增加值	万元	31967	47134	76435	82626	38084
第二产业增加值	万元	2034000	661351	512604	1259224	605375
公共财政收入	万元	135066	71137	59007	160850	101050
各项税收	万元	94679	61756	47240	126508	78878
公共财政支出	万元	238397	231301	173686	273336	193458
居民储蓄存款余额	万元	1564368	791958	526183	720355	483550
年末金融机构各项贷款余额	万元	1716856	873577	655665	1245076	735619
三、农业、工业及投资						
农业机械总动力	万千瓦特	124	95	79	83	51
机收面积	公顷	81900	106938	62096	56522	38772
设施农业占地面积	公顷	1361	7351	156	164	162
粮食总产量	吨	496475	474653	430972	195336	139469
棉花产量	吨	4184	14575	6173	25507	28311
油料产量	吨	2276	5532		286	1460
肉类总产量	吨	26519	65939	92855	96345	55104
规模以上工业企业单位数	个	406	204	133	151	119
规模以上工业总产值	万元	14539900	3006770	2518718	3715765	2677468
固定资产投资	万元	2079259	1401133	1200898	2833469	1316200
四、教育、卫生和社会保障						
普通中学在校学生数	人	29784	28086	23426	22347	16610
中等职业教育学校在校学生数	人	1143	1990	2251	4982	1114
小学在校学生数	人	66427	37469	29193	27700	20843
医疗卫生机构床位数	床	2641	3099	968	1703	1192
各种社会福利收养性单位数	个	10	29	15	23	23
各种社会福利收养性单位床位数	床	2454	2645	1133	1636	2266

2013年县（市）社会经济主要指标

山东省

指标	单位	博兴县	邹平县	曹县	单县	成武县
一、基本情况						
行政区域面积	平方公里	900	1250	1974	1670	998
乡个数	个			4	2	
镇个数	个	9	11	18	16	11
街道办事处个数	个	3	5	5	4	2
户籍人口	万人	49	73	160	121	70
第二产业从业人员	人	31942	148847	214226	161447	85192
第三产业从业人员	人	28475	28804	210815	195298	112922
固定电话用户	户	71874	117158	68647	58942	40935
二、综合经济						
地区生产总值	万元	2831623	7511278	2544544	2369356	1463465
第一产业增加值	万元	223653	367501	346213	358008	221456
农业增加值	万元	160938	227783	217212	242779	159879
牧业增加值	万元	35435	126807	89394	99607	48169
第二产业增加值	万元	1505086	4739222	1407408	1222433	813792
公共财政收入	万元	234636	558319	183001	162009	85466
各项税收	万元	181625	413230	148640	127161	70132
公共财政支出	万元	287452	586144	433395	329804	213836
居民储蓄存款余额	万元	1549821	1845006	1765127	1535748	915396
年末金融机构各项贷款余额	万元	3209463	5491685	1137008	1178148	710000
三、农业、工业及投资						
农业机械总动力	万千瓦特	142	119	233	241	114
机收面积	公顷	61539	106000	166000	133078	92890
设施农业占地面积	公顷	1368	1206	855	4043	1602
粮食总产量	吨	409793	712743	1005000	637000	423500
棉花产量	吨	12189	1487	10303	25528	32714
油料产量	吨	199	1587	23423	44399	1057
肉类总产量	吨	52181	89167	84570	107162	54780
规模以上工业企业单位数	个	239	329	445	309	188
规模以上工业总产值	万元	11145105	32117531	6597003	4883408	3679476
固定资产投资	万元	1979557	1989918	980870	725867	554223
四、教育、卫生和社会保障						
普通中学在校学生数	人	28785	42730	79247	70172	32492
中等职业教育学校在校学生数	人	7070	16338	2597	11422	2256
小学在校学生数	人	33950	48727	136279	87409	61060
医疗卫生机构床位数	床	3130	3187	4806	3646	1878
各种社会福利收养性单位数	个	29	41	28	27	17
各种社会福利收养性单位床位数	床	2797	3812	5254	3892	3986

2013年县(市)社会经济主要指标

山东省

指　　标	单位	巨野县	郓城县	鄄城县	定陶县	东明县
一、基本情况						
行政区域面积	平方公里	1308	1643	1032	846	1370
乡个数	个		5	2		2
镇个数	个	15	15	13	10	10
街道办事处个数	个	2	2	2	2	2
户籍人口	万人	102	123	86	67	80
第二产业从业人员	人	139163	198392	111542	74295	81202
第三产业从业人员	人	163084	180720	125775	101496	120702
固定电话用户	户	44069	87197	34725	31287	36459
二、综合经济						
地区生产总值	万元	2165072	2678706	1412094	1162706	2210071
第一产业增加值	万元	263666	342432	235090	222097	225726
农业增加值	万元	194481	239025	165078	152063	179623
牧业增加值	万元	55185	83906	50924	62240	28185
第二产业增加值	万元	1208104	1493830	709580	598434	1452976
公共财政收入	万元	209615	213418	73372	66416	143711
各项税收	万元	155455	171539	57989	47282	114459
公共财政支出	万元	331068	374104	248793	190042	272300
居民储蓄存款余额	万元	1492593	1976285	1228975	886674	1103381
年末金融机构各项贷款余额	万元	1135215	1393103	722668	590203	1595747
三、农业、工业及投资						
农业机械总动力	万千瓦特	219	159	120	88	138
机收面积	公顷	106870	148730	91640	82970	117640
设施农业占地面积	公顷	1221	1258	879	2178	1506
粮食总产量	吨	400500	1002000	502000	501000	522500
棉花产量	吨	50101	21202	4278	6620	18579
油料产量	吨	9968	30547	60559	5818	62080
肉类总产量	吨	52070	89013	67662	75817	49801
规模以上工业企业单位数	个	236	336	282	190	157
规模以上工业总产值	万元	4474679	6003481	3960343	2887033	8736165
固定资产投资	万元	757087	952256	575863	562635	975097
四、教育、卫生和社会保障						
普通中学在校学生数	人	49699	64241	45999	28651	39509
中等职业教育学校在校学生数	人	2296	4911	9167	3243	5653
小学在校学生数	人	82789	109354	80900	49458	87342
医疗卫生机构床位数	床	3904	3711	2490	2241	1953
各种社会福利收养性单位数	个	20	22	16	16	14
各种社会福利收养性单位床位数	床	4066	3643	3662	1895	3612

2013年县(市)社会经济主要指标

河南省

指　　标	单位	中牟县	巩义市	荥阳市	新密市	新郑市
一、基本情况						
行政区域面积	平方公里	1417	1041	943	1001	887
乡个数	个	1		3	1	3
镇个数	个	15	15	9	12	9
街道办事处个数	个	3	5	2	3	3
户籍人口	万人	82	83	67	88	67
第二产业从业人员	人	21797	260393	64178	54292	71437
第三产业从业人员	人	34513	136862	33222	34065	44982
固定电话用户	户	55586	149485	105290	193608	100477
二、综合经济						
地区生产总值	万元	5513732	5812240	5200436	5598318	6064742
第一产业增加值	万元	487695	110762	258010	167764	208595
农业增加值	万元	275898	45196	142041	85040	114566
牧业增加值	万元	162665	52656	105767	58218	86857
第二产业增加值	万元	3982701	4078071	3638837	3733249	4183561
公共财政收入	万元	299143	300105	201450	284149	380299
各项税收	万元	199296	196980	144041	149459	276250
公共财政支出	万元	435218	431692	291202	412209	450566
居民储蓄存款余额	万元	1476458	1880821	1467496	2244292	1696203
年末金融机构各项贷款余额	万元	1217735	1566067	1138711	1478432	1677066
三、农业、工业及投资						
农业机械总动力	万千瓦特	70	58	80	99	99
机收面积	公顷	67552	35973	52080	45293	56220
设施农业占地面积	公顷	2823	189	1052	174	1043
粮食总产量	吨	240671	153133	335708	207300	288966
棉花产量	吨	1099	269	245	21	20
油料产量	吨	58347	5427	12901	10919	40246
肉类总产量	吨	51044	25161	47728	21686	52793
规模以上工业企业单位数	个	111	434	368	547	299
规模以上工业总产值	万元	3960025	16892105	13628127	11147364	10821299
固定资产投资	万元	2302940	3725400	3464700	3293806	3275608
四、教育、卫生和社会保障						
普通中学在校学生数	人	36631	36609	30837	43814	41197
中等职业教育学校在校学生数	人	5390	3758	8085	7354	11991
小学在校学生数	人	80869	50301	40822	69767	58319
医疗卫生机构床位数	床	3180	2530	2156	3723	2287
各种社会福利收养性单位数	个	15	21	13	25	21
各种社会福利收养性单位床位数	床	983	1520	4159	2305	2094

2013年县(市)社会经济主要指标

河南省

指标	单位	登封市	杞县	通许县	尉氏县	开封县
一、基本情况						
行政区域面积	平方公里	1217	1258	766	1307	1302
乡个数	个	4	13	6	7	9
镇个数	个	8	7	5	9	5
街道办事处个数	个	3				
户籍人口	万人	71	123	69	102	80
第二产业从业人员	人	66478	28739	28865	34324	28960
第三产业从业人员	人	33093	27536	14987	28064	14775
固定电话用户	户	93970	50385	25585	58551	48683
二、综合经济						
地区生产总值	万元	4509039	2284721	1779449	2719844	1872057
第一产业增加值	万元	130571	787434	470766	515137	511820
农业增加值	万元	78981	498510	348987	270495	305026
牧业增加值	万元	32921	245309	106402	208706	184990
第二产业增加值	万元	3162063	847701	733922	1595802	755980
公共财政收入	万元	271024	83255	52692	107560	58804
各项税收	万元	132247	53194	34427	75346	42599
公共财政支出	万元	403321	290605	184195	291315	210766
居民储蓄存款余额	万元	1715254	964183	701934	935408	679718
年末金融机构各项贷款余额	万元	990629	540152	348610	670406	450512
三、农业、工业及投资						
农业机械总动力	万千瓦特	64	185	95	131	159
机收面积	公顷	39808	130870	57700	99586	105700
设施农业占地面积	公顷	89	123	2195	269	425
粮食总产量	吨	174654	637547	370572	541143	562180
棉花产量	吨	216	8533	2932	7405	3460
油料产量	吨	4474	93602	38258	118313	131821
肉类总产量	吨	25758	103186	62317	88352	79649
规模以上工业企业单位数	个	284	177	153	275	175
规模以上工业总产值	万元	10368547	2891524	2190740	5756167	2620840
固定资产投资	万元	2930485	1337971	1072271	1699438	1348505
四、教育、卫生和社会保障						
普通中学在校学生数	人	36191	47903	34268	42240	34232
中等职业教育学校在校学生数	人	16363	2688	4154	6399	7707
小学在校学生数	人	63908	96694	63133	79729	68958
医疗卫生机构床位数	床	3032	2495	2103	2140	1049
各种社会福利收养性单位数	个	19	24	14	17	21
各种社会福利收养性单位床位数	床	2414	2586	1400	1795	1943

2013 年县(市)社会经济主要指标

河南省

指　　标	单位	兰考县	孟津县	新安县	栾川县	嵩　县
一、基本情况						
行政区域面积	平方公里	1116	759	1164	2477	3009
乡个数	个	11		1	2	6
镇个数	个	5	10	10	12	10
街道办事处个数	个					
户籍人口	万人	93	46	53	34	59
第二产业从业人员	人	266047	139246	139833	71910	57727
第三产业从业人员	人	194393	77981	121376	68244	131946
固定电话用户	户	63669	61670	41048	23147	37900
二、综合经济						
地区生产总值	万元	1928483	2025838	3439188	1440442	1467493
第一产业增加值	万元	350238	255966	219283	150920	310418
农业增加值	万元	207199	133000	146774	87899	161102
牧业增加值	万元	113889	95558	47031	14918	68067
第二产业增加值	万元	927323	1294217	2613020	963899	677440
公共财政收入	万元	91869	100136	150279	150979	62689
各项税收	万元	65074	67555	91210	111579	35916
公共财政支出	万元	284084	192298	236773	202656	206269
居民储蓄存款余额	万元	888835	770721	776341	713653	611922
年末金融机构各项贷款余额	万元	447690	486180	728015	439737	235272
三、农业、工业及投资						
农业机械总动力	万千瓦特	97	39	46	28	57
机收面积	公顷	98650	61235	26660	8170	34000
设施农业占地面积	公顷	252	462	548	110	464
粮食总产量	吨	511974	227973	202331	59726	193174
棉花产量	吨	4028	153	159	14	217
油料产量	吨	72418	3231	4782	1133	9477
肉类总产量	吨	49725	22572	21357	8002	31953
规模以上工业企业单位数	个	274	215	229	69	39
规模以上工业总产值	万元	2650922	4442358	8950129	2969664	1954668
固定资产投资	万元	1033409	1924320	3232350	1598753	1558854
四、教育、卫生和社会保障						
普通中学在校学生数	人	48836	26657	34400	19398	21391
中等职业教育学校在校学生数	人	855	7289	13366	2222	5150
小学在校学生数	人	73361	30692	43398	26132	58219
医疗卫生机构床位数	床	4172	1659	1906	1488	1951
各种社会福利收养性单位数	个	19	11	12	14	19
各种社会福利收养性单位床位数	床	1608	976	1368	1863	1305

2013 年县(市)社会经济主要指标

河南省

指　　标	单位	汝阳县	宜阳县	洛宁县	伊川县	偃师市
一、基本情况						
行政区域面积	平方公里	1332	1651	2306	1238	668
乡个数	个	5	5	8	5	
镇个数	个	8	12	10	9	9
街道办事处个数	个					4
户籍人口	万人	48	69	49	82	60
第二产业从业人员	人	60408	90027	77026	173139	235013
第三产业从业人员	人	83047	103093	97937	216757	148276
固定电话用户	户	41200	34682	34250	128000	74427
二、综合经济						
地区生产总值	万元	1155195	1946139	1387703	2751328	3569317
第一产业增加值	万元	156486	328515	303017	295255	212397
农业增加值	万元	65835	194610	155462	149362	95071
牧业增加值	万元	15693	102775	88803	127057	102157
第二产业增加值	万元	695329	973762	657347	1810879	2166245
公共财政收入	万元	56717	72399	65762	131196	121193
各项税收	万元	45322	50742	39792	80793	75162
公共财政支出	万元	175338	220288	206976	284965	238456
居民储蓄存款余额	万元	506565	625151	466869	854046	1546581
年末金融机构各项贷款余额	万元	269757	460715	202247	1302838	833002
三、农业、工业及投资						
农业机械总动力	万千瓦特	41	58	42	73	82
机收面积	公顷	18433	56200	30000	56544	61500
设施农业占地面积	公顷	66	941		507	98
粮食总产量	吨	163510	345428	221574	340569	249239
棉花产量	吨	157	547	75	985	113
油料产量	吨	8238	84014	8148	10691	3386
肉类总产量	吨	12402	48592	26775	46128	30773
规模以上工业企业单位数	个	62	126	36	124	289
规模以上工业总产值	万元	1499157	2602900	1900406	4971296	7909344
固定资产投资	万元	1134366	2031589	1534813	3060641	1989691
四、教育、卫生和社会保障						
普通中学在校学生数	人	27532	37878	23701	42703	35168
中等职业教育学校在校学生数	人	1267	5069	1551	677	896
小学在校学生数	人	51861	58214	43999	85886	46384
医疗卫生机构床位数	床	1664	2159	1891	2241	2367
各种社会福利收养性单位数	个	16	16	19	15	17
各种社会福利收养性单位床位数	床	1415	1512	1168	1422	857

2013 年县(市)社会经济主要指标

河南省

指　　标	单位	宝丰县	叶　县	鲁山县	郏　县	舞钢市
一、基本情况						
行政区域面积	平方公里	722	1387	2409	737	641
乡个数	个	4	9	15	5	4
镇个数	个	7	9	5	8	4
街道办事处个数	个	1		4	2	5
户籍人口	万人	54	88	96	64	34
第二产业从业人员	人	13181	7415	9309	10262	29494
第三产业从业人员	人	17997	21836	23483	16557	14326
固定电话用户	户	30913	34264	42293	39453	49987
二、综合经济						
地区生产总值	万元	2329909	1870677	1174530	1339405	1019214
第一产业增加值	万元	185950	401701	238522	219548	116212
农业增加值	万元	93663	202043	162342	126209	49350
牧业增加值	万元	84979	188642	50831	87373	58658
第二产业增加值	万元	1552261	1116505	466393	819795	519992
公共财政收入	万元	103507	60376	63396	74303	95353
各项税收	万元	72462	44288	45606	56885	64211
公共财政支出	万元	202116	224143	256793	194123	161854
居民储蓄存款余额	万元	798148	891791	1100797	711096	729345
年末金融机构各项贷款余额	万元	572656	479302	696942	504179	885773
三、农业、工业及投资						
农业机械总动力	万千瓦特	46	66	39	52	28
机收面积	公顷	35000	39480	15468	20236	14500
设施农业占地面积	公顷	106	5538	1351	44	401
粮食总产量	吨	223530	593379	205178	316437	146325
棉花产量	吨	189	264	5	332	306
油料产量	吨	21320	49314	21386	18404	8232
肉类总产量	吨	46715	110787	28694	57716	46698
规模以上工业企业单位数	个	97	57	59	135	64
规模以上工业总产值	万元	3605276	4065418	1681457	2259393	1797754
固定资产投资	万元	2091530	2025310	1168753	1422657	1365481
四、教育、卫生和社会保障						
普通中学在校学生数	人	23161	33970	40437	24599	14369
中等职业教育学校在校学生数	人	418	1805	6114	224	3710
小学在校学生数	人	46913	65683	94105	57580	23240
医疗卫生机构床位数	床	1973	2042	2557	2006	1352
各种社会福利收养性单位数	个	13	38	24	14	8
各种社会福利收养性单位床位数	床	763	2942	1966	1105	785

2013年县(市)社会经济主要指标

河南省

指　　标	单位	汝州市	安阳县	汤阴县	滑　县	内黄县
一、基本情况						
行政区域面积	平方公里	1573	1201	646	1814	1161
乡个数	个	4	20	9	12	16
镇个数	个	11	13	8	10	7
街道办事处个数	个	5			1	
户籍人口	万人	107	105	51	138	80
第二产业从业人员	人	189747	48071	32812	306464	19907
第三产业从业人员	人	151698	24627	13014	239675	18344
固定电话用户	户	62956	123321	53294	151641	73677
二、综合经济						
地区生产总值	万元	3316636	3460856	1358052	1830323	1449470
第一产业增加值	万元	389530	336089	230183	647154	473411
农业增加值	万元	150507	193085	169538	491441	404443
牧业增加值	万元	177705	90137	49300	117075	42158
第二产业增加值	万元	1771072	2158577	802248	738883	629094
公共财政收入	万元	168363	106666	70146	63440	40150
各项税收	万元	110122	71096	51871	47391	29276
公共财政支出	万元	325625	245436	173763	380121	204901
居民储蓄存款余额	万元	1256448	1737195	579274	1352403	647667
年末金融机构各项贷款余额	万元	1167471	790323	395904	797161	326758
三、农业、工业及投资						
农业机械总动力	万千瓦特	144	86	60	255	112
机收面积	公顷	382563	89321	46850	206218	95666
设施农业占地面积	公顷	405	521	655	12009	5667
粮食总产量	吨	452141	643472	421582	1399171	481846
棉花产量	吨	650	1141	846	3021	735
油料产量	吨	38809	5768	10669	135750	114908
肉类总产量	吨	94046	32169	32285	49266	41140
规模以上工业企业单位数	个	131	220	107	128	98
规模以上工业总产值	万元	2520057	7119329	3075390	2304487	2166747
固定资产投资	万元	2034597	3592621	753536	1133208	777946
四、教育、卫生和社会保障						
普通中学在校学生数	人	42880	47443	22729	59584	32548
中等职业教育学校在校学生数	人	10218	6943	2086	2441	950
小学在校学生数	人	105543	93244	46468	120941	70257
医疗卫生机构床位数	床	3774	2140	1271	3899	1846
各种社会福利收养性单位数	个	23	28	16	26	20
各种社会福利收养性单位床位数	床	1995	1563	1189	2076	2511

2013年县(市)社会经济主要指标

河南省

指　　标	单位	林州市	浚　县	淇　县	新乡县	获嘉县
一、基本情况						
行政区域面积	平方公里	2046	1088	581	385	473
乡个数	个	16	1	1	1	3
镇个数	个	13	6	4	6	8
街道办事处个数	个	4	4	4		
户籍人口	万人	109	74	29	36	45
第二产业从业人员	人	124414	13760	27162	178108	107571
第三产业从业人员	人	29803	16306	11223	72713	80807
固定电话用户	户	109265	75515	40331	82372	91413
二、综合经济						
地区生产总值	万元	4241275	1412973	1705915	1969806	801948
第一产业增加值	万元	219275	302071	189449	128312	154956
农业增加值	万元	82440	161851	48410	72227	89031
牧业增加值	万元	127209	125829	131377	50218	57475
第二产业增加值	万元	2788316	803866	1374359	1582987	491743
公共财政收入	万元	127022	42992	53325	70667	32366
各项税收	万元	86915	28542	35254	53928	22820
公共财政支出	万元	307382	225678	161570	141239	127944
居民储蓄存款余额	万元	2524471	596214	495982	927322	542742
年末金融机构各项贷款余额	万元	1074064	799370	902701	1254927	286073
三、农业、工业及投资						
农业机械总动力	万千瓦特	59	163	34	49	73
机收面积	公顷	48648	93007	34670	31573	47780
设施农业占地面积	公顷	2	596	65	923	289
粮食总产量	吨	363496	717196	297067	265298	321181
棉花产量	吨	527	181	44	1034	565
油料产量	吨	4681	27585	1717	14574	853
肉类总产量	吨	75185	111082	132243	18068	30642
规模以上工业企业单位数	个	264	115	131	143	90
规模以上工业总产值	万元	9147406	3111257	5596779	6134462	1665330
固定资产投资	万元	3993947	895969	1114369	1255264	604644
四、教育、卫生和社会保障						
普通中学在校学生数	人	50981	40498	14191	19694	22308
中等职业教育学校在校学生数	人	5098	9884	2923	3021	5289
小学在校学生数	人	92171	68161	29127	31142	40923
医疗卫生机构床位数	床	3626	2015	1612	926	1424
各种社会福利收养性单位数	个	21	14	9	11	11
各种社会福利收养性单位床位数	床	1306	1494	454	1000	440

2013 年县(市)社会经济主要指标

河南省

指　　标	单位	原阳县	延津县	封丘县	长垣县	卫辉市
一、基本情况						
行政区域面积	平方公里	1319	886	1220	1051	859
乡个数	个	11	9	11	4	6
镇个数	个	6	3	8	9	7
街道办事处个数	个	1			5	
户籍人口	万人	77	51	81	85	52
第二产业从业人员	人	109075	87004	144776	107442	43067
第三产业从业人员	人	108597	76775	146254	33773	56255
固定电话用户	户	106304	83877	156591	195639	86146
二、综合经济						
地区生产总值	万元	963890	1017225	1016592	2266443	1064233
第一产业增加值	万元	255849	237893	356485	317335	223422
农业增加值	万元	149038	161251	210625	206193	106626
牧业增加值	万元	87831	58982	118626	90469	103434
第二产业增加值	万元	455753	556072	425188	1248746	443210
公共财政收入	万元	95530	50100	31037	173210	65006
各项税收	万元	79736	32281	22644	81495	45932
公共财政支出	万元	255100	170511	217716	293632	196122
居民储蓄存款余额	万元	601503	459771	759091	1704052	625029
年末金融机构各项贷款余额	万元	348909	299530	260213	1390030	330611
三、农业、工业及投资						
农业机械总动力	万千瓦特	130	89	110	113	60
机收面积	公顷	107066	73760	82592	94361	44524
设施农业占地面积	公顷	2231	1269	1357	2663	1439
粮食总产量	吨	716140	427162	617579	610206	360136
棉花产量	吨	425	2290	1835	650	429
油料产量	吨	49190	123548	53162	61379	15043
肉类总产量	吨	35574	31224	80994	41692	56190
规模以上工业企业单位数	个	117	108	91	133	93
规模以上工业总产值	万元	1269298	1786723	1056620	4011676	1598079
固定资产投资	万元	1641582	728244	1034149	2063178	846555
四、教育、卫生和社会保障						
普通中学在校学生数	人	39454	30559	34629	56640	22279
中等职业教育学校在校学生数	人	8354	3166	7620	12819	5248
小学在校学生数	人	69706	53621	77945	94660	49633
医疗卫生机构床位数	床	2200	1840	2650	3256	3657
各种社会福利收养性单位数	个	20	15	32	19	21
各种社会福利收养性单位床位数	床	894	1560	2643	1883	1127

2013年县(市)社会经济主要指标

河南省

指　　标	单位	辉县市	修武县	博爱县	武陟县	温　县
一、基本情况						
行政区域面积	平方公里	2007	633	428	825	481
乡个数	个	8	3	2	7	3
镇个数	个	12	5	6	4	7
街道办事处个数	个	2			4	
户籍人口	万人	85	27	38	71	46
第二产业从业人员	人	140868	11337	8902	26639	17127
第三产业从业人员	人	120245	13411	11377	36721	21258
固定电话用户	户	165183	38306	51821	72317	57166
二、综合经济						
地区生产总值	万元	2895949	1000798	1997972	2499244	2107155
第一产业增加值	万元	379397	120323	176833	323557	212965
农业增加值	万元	196920	51461	107414	169174	149463
牧业增加值	万元	172670	61004	61853	136601	58929
第二产业增加值	万元	2062109	619336	1448507	1690718	1506085
公共财政收入	万元	219136	80238	63031	85038	51300
各项税收	万元	149006	56179	36047	53701	33145
公共财政支出	万元	334856	132680	126603	210677	149261
居民储蓄存款余额	万元	1387522	475000	643000	871000	605000
年末金融机构各项贷款余额	万元	1166180	426000	531000	681000	534000
三、农业、工业及投资						
农业机械总动力	万千瓦特	82	39	31	117	55
机收面积	公顷	67500	32466	31835	70320	45278
设施农业占地面积	公顷	735	194	435	200	445
粮食总产量	吨	561832	226848	185066	534420	304525
棉花产量	吨	51	64	96	164	679
油料产量	吨	19931	2635	1407	49088	16152
肉类总产量	吨	91215	32622	19581	62155	26761
规模以上工业企业单位数	个	198	79	119	207	176
规模以上工业总产值	万元	6939655	1832823	5177172	6263547	5201778
固定资产投资	万元	2224109	1062281	1375256	2120976	1391476
四、教育、卫生和社会保障						
普通中学在校学生数	人	39461	16996	21687	44555	28224
中等职业教育学校在校学生数	人	5365	775	3195	7416	3805
小学在校学生数	人	83711	20824	30589	51628	31815
医疗卫生机构床位数	床	2623	951	1854	2112	1837
各种社会福利收养性单位数	个	24	11	10	14	10
各种社会福利收养性单位床位数	床	2013	1334	480	790	746

2013年县(市)社会经济主要指标

河南省

指标	单位	沁阳市	孟州市	清丰县	南乐县	范县
一、基本情况						
行政区域面积	平方公里	624	524	828	624	590
乡个数	个	3	1	12	8	6
镇个数	个	6	6	5	4	6
街道办事处个数	个	4	4			
户籍人口	万人	48	38	73	56	59
第二产业从业人员	人	20973	56958	2257	909	645
第三产业从业人员	人	16134	14627	16493	13711	11865
固定电话用户	户	76108	55433	38674	32438	29122
二、综合经济						
地区生产总值	万元	3299309	2458415	1639980	1241667	1303241
第一产业增加值	万元	191499	195160	382349	294887	158923
农业增加值	万元	114863	141685	263176	157566	64059
牧业增加值	万元	69091	48381	103944	114549	81191
第二产业增加值	万元	2357330	1905380	964871	707172	862498
公共财政收入	万元	121624	91388	40346	26162	38698
各项税收	万元	57386	53989	30778	17782	24534
公共财政支出	万元	209168	158761	208692	169572	198803
居民储蓄存款余额	万元	887000	632000	657967	507219	625872
年末金融机构各项贷款余额	万元	601000	567000	263414	208028	281435
三、农业、工业及投资						
农业机械总动力	万千瓦特	58	47	83	80	69
机收面积	公顷	42578	41903	63500	65782	39090
设施农业占地面积	公顷	110	705	2710	11070	579
粮食总产量	吨	339595	308252	551302	474405	352731
棉花产量	吨	120	732	270	745	130
油料产量	吨	4650	16713	67566	32388	8650
肉类总产量	吨	26752	22064	58067	69205	28775
规模以上工业企业单位数	个	219	208	146	109	152
规模以上工业总产值	万元	7613308	6534061	3571969	2696208	3413620
固定资产投资	万元	2475261	2109861	1691006	1180229	1166983
四、教育、卫生和社会保障						
普通中学在校学生数	人	27896	18055	22472	27433	28882
中等职业教育学校在校学生数	人	4229	3151	10054	2474	5225
小学在校学生数	人	35479	21139	60140	52087	55301
医疗卫生机构床位数	床	1405	1205	1449	1764	1647
各种社会福利收养性单位数	个	10	11	18	13	12
各种社会福利收养性单位床位数	床	590	908	2010	1461	1177

2013年县(市)社会经济主要指标

河南省

指　　标	单位	台前县	濮阳县	许昌县	鄢陵县	襄城县
一、基本情况						
行政区域面积	平方公里	393	1382	1001	866	920
乡个数	个	5	12	9	4	7
镇个数	个	4	8	7	8	9
街道办事处个数	个			2		
户籍人口	万人	40	120	91	66	86
第二产业从业人员	人	227	494	124986	174236	5500
第三产业从业人员	人	10545	21977	119102	266430	28570
固定电话用户	户	35480	50131	55350	89776	29759
二、综合经济						
地区生产总值	万元	724352	2799020	2370449	2262093	2802262
第一产业增加值	万元	90177	385799	383036	525605	369831
农业增加值	万元	52978	239679	209940	303968	202564
牧业增加值	万元	32412	126948	158564	155342	150632
第二产业增加值	万元	440540	1976459	1385314	1168548	1873645
公共财政收入	万元	23760	77006	82076	70369	100006
各项税收	万元	18455	62398	68138	53647	73436
公共财政支出	万元	162426	340168	238726	230955	260178
居民储蓄存款余额	万元	459260	1125259	1101440	832787	1128455
年末金融机构各项贷款余额	万元	244930	565176	1005768	894894	846783
三、农业、工业及投资						
农业机械总动力	万千瓦特	39	139	62	80	76
机收面积	公顷	26160	115166	53000	63709	68667
设施农业占地面积	公顷	1739	5300	95	302	19700
粮食总产量	吨	189041	915393	671217	539847	548956
棉花产量	吨	32	2475	1147	118	524
油料产量	吨	3690	36426	58249	1843	13232
肉类总产量	吨	17357	69409	81958	85532	79061
规模以上工业企业单位数	个	111	170	205	140	125
规模以上工业总产值	万元	1700847	7830202	3784553	4320211	5439974
固定资产投资	万元	535466	2268406	1825995	1672928	1711925
四、教育、卫生和社会保障						
普通中学在校学生数	人	18531	40503	36327	30293	39847
中等职业教育学校在校学生数	人	2161	16818	7922	4749	11464
小学在校学生数	人	37546	104735	61347	56763	70462
医疗卫生机构床位数	床	1184	2978	929	2058	2410
各种社会福利收养性单位数	个	9	20	22	35	37
各种社会福利收养性单位床位数	床	817	3575	1696	1142	2996

2013年县(市)社会经济主要指标

河南省

指　　标	单位	禹州市	长葛市	郾城区	舞阳县	临颍县
一、基本情况						
行政区域面积	平方公里	1461	650	413	776	821
乡个数	个	5	4	1	6	6
镇个数	个	17	8	7	8	9
街道办事处个数	个	4	4	1		
户籍人口	万人	129	78	52	61	74
第二产业从业人员	人	32035	24600	23485	20297	34396
第三产业从业人员	人	34674	24102	28457	3086	21380
固定电话用户	户	134128	70876	51549	22321	37063
二、综合经济						
地区生产总值	万元	4522527	4108512	1607416	1182778	2351774
第一产业增加值	万元	318385	242502	208520	248573	331014
农业增加值	万元	166937	109198	91733	131054	202200
牧业增加值	万元	136677	106510	108401	109120	118284
第二产业增加值	万元	3174787	3177382	982950	744274	1749353
公共财政收入	万元	270369	151096	43166	54124	65869
各项税收	万元	173507	112478	33214	41062	48159
公共财政支出	万元	451038	278684	154739	190518	228155
居民储蓄存款余额	万元	1717749	1266407	1075591	668253	836703
年末金融机构各项贷款余额	万元	1229847	1254000	1018721	290314	420928
三、农业、工业及投资						
农业机械总动力	万千瓦特	81	56	45	64	101
机收面积	公顷	77238	55207	37760	70826	63800
设施农业占地面积	公顷	416	1300	267	530	2240
粮食总产量	吨	540167	543566	270491	519272	521053
棉花产量	吨	1718	317	2279	938	3536
油料产量	吨	14466	9997	7204	11017	3703
肉类总产量	吨	79924	68405	70295	66563	77826
规模以上工业企业单位数	个	468	331	142	82	115
规模以上工业总产值	万元	10531702	13950668	3200096	2431397	6697335
固定资产投资	万元	3670032	2503711	1236425	1263884	1327974
四、教育、卫生和社会保障						
普通中学在校学生数	人	56751	35679	37025	22697	33852
中等职业教育学校在校学生数	人	12222	9997	25662	3650	3390
小学在校学生数	人	103022	65271	41082	36603	49735
医疗卫生机构床位数	床	3803	2093	2053	2094	2337
各种社会福利收养性单位数	个	57	12	14	14	16
各种社会福利收养性单位床位数	床	4321	2182	976	2340	2992

2013年县(市)社会经济主要指标

河南省

指　　标	单位	渑池县	陕　县	卢氏县	义马市	灵宝市
一、基本情况						
行政区域面积	平方公里	1421	1763	4004	112	3011
乡个数	个	6	9	10		5
镇个数	个	6	4	9		10
街道办事处个数	个				7	
户籍人口	万人	37	35	38	16	75
第二产业从业人员	人	9018	10704	737	70565	31303
第三产业从业人员	人	16480	15299	11954	7620	30572
固定电话用户	户	30296	27617	30805	18589	65296
二、综合经济						
地区生产总值	万元	2107736	1413691	685294	1617805	4686371
第一产业增加值	万元	185347	173637	167764	9207	423828
农业增加值	万元	103799	130131	136661	4765	372366
牧业增加值	万元	74825	35487	19048	3489	39327
第二产业增加值	万元	1488951	724672	265710	1391193	3366505
公共财政收入	万元	167617	109318	50398	106818	152688
各项税收	万元	108063	74104	36899	68536	108231
公共财政支出	万元	227527	178279	172943	133985	296826
居民储蓄存款余额	万元	657281	659312	565567	533682	1561452
年末金融机构各项贷款余额	万元	513148	763887	281315	747898	1508356
三、农业、工业及投资						
农业机械总动力	万千瓦特	37	36	23	3	71
机收面积	公顷	25600	17759	2810	1230	35031
设施农业占地面积	公顷	72	389	972	11	1340
粮食总产量	吨	167025	95620	106234	6757	222850
棉花产量	吨	93	113	23	11	904
油料产量	吨	22107	2003	824	386	8124
肉类总产量	吨	39587	17442	8424	3379	26268
规模以上工业企业单位数	个	155	45	46	78	217
规模以上工业总产值	万元	5429990	2852132	566498	4478197	14564025
固定资产投资	万元	2256066	2127118	795688	1590636	2534508
四、教育、卫生和社会保障						
普通中学在校学生数	人	20621	15937	22001	6821	38084
中等职业教育学校在校学生数	人	3323	2985	3682	1554	13482
小学在校学生数	人	31139	19467	18931	10119	46739
医疗卫生机构床位数	床	1418	1156	1191	1468	2312
各种社会福利收养性单位数	个	15	13	19	2	17
各种社会福利收养性单位床位数	床	645	549	1214	95	1398

2013年县(市)社会经济主要指标

河南省

指标	单位	南召县	方城县	西峡县	镇平县	内乡县
一、基本情况						
行政区域面积	平方公里	2933	2542	3454	1500	2301
乡个数	个	8	9	2	4	6
镇个数	个	8	6	14	15	10
街道办事处个数	个		2	3	3	
户籍人口	万人	67	116	47	109	73
第二产业从业人员	人	19359	12446	46701	22861	18420
第三产业从业人员	人	22022	30944	20889	31213	24837
固定电话用户	户	88484	145861	50206	87320	44200
二、综合经济						
地区生产总值	万元	1052411	1456097	1903810	1825619	1246758
第一产业增加值	万元	159085	340460	245143	269339	309697
农业增加值	万元	95276	254530	174667	200036	176871
牧业增加值	万元	32087	59494	41380	52232	121240
第二产业增加值	万元	565464	676125	1231303	975586	574231
公共财政收入	万元	40212	63933	84766	61036	50010
各项税收	万元	29572	51989	62693	45315	36350
公共财政支出	万元	214996	320833	216353	275168	219787
居民储蓄存款余额	万元	613984	834927	760570	1323587	760157
年末金融机构各项贷款余额	万元	286756	615214	837479	659466	733629
三、农业、工业及投资						
农业机械总动力	万千瓦特	33	119	16	98	73
机收面积	公顷	24500	87736	12067	86296	45000
设施农业占地面积	公顷	685	426	14948	310	1624
粮食总产量	吨	185067	585381	99457	500267	307652
棉花产量	吨		1283		1834	952
油料产量	吨	58682	239657	7319	67497	75139
肉类总产量	吨	24406	37592	30217	34203	93116
规模以上工业企业单位数	个	82	122	121	129	76
规模以上工业总产值	万元	1105122	1757771	3977377	2365810	1050611
固定资产投资	万元	983326	1322411	2117505	1604563	1459042
四、教育、卫生和社会保障						
普通中学在校学生数	人	30178	39058	30137	38928	34707
中等职业教育学校在校学生数	人	1823	5134	5448	5146	5357
小学在校学生数	人	67873	115707	49669	95521	68344
医疗卫生机构床位数	床	1715	2851	2404	2364	1679
各种社会福利收养性单位数	个	17	37	18	55	70
各种社会福利收养性单位床位数	床	4023	4680	1910	2943	2312

2013年县(市)社会经济主要指标

河南省

指　标	单位	淅川县	社旗县	唐河县	新野县	桐柏县
一、基本情况						
行政区域面积	平方公里	2818	1152	2497	1062	1915
乡个数	个	4	2	7	5	3
镇个数	个	11	12	12	8	13
街道办事处个数	个	2	2	3	2	
户籍人口	万人	75	78	139	83	51
第二产业从业人员	人	30726	19957	32737	28379	5937
第三产业从业人员	人	24686	19099	36259	22157	16712
固定电话用户	户	23901	69123	91289	112318	23482
二、综合经济						
地区生产总值	万元	1699667	1136878	2275398	2037018	1344482
第一产业增加值	万元	309541	308472	623374	386752	183725
农业增加值	万元	193426	213603	419315	246859	114556
牧业增加值	万元	91858	83535	187200	125600	38181
第二产业增加值	万元	982802	510803	1056936	1118706	859466
公共财政收入	万元	159486	38188	60169	46569	54325
各项税收	万元	152746	28472	42773	29417	39754
公共财政支出	万元	390258	215098	345555	213369	190161
居民储蓄存款余额	万元	927639	560277	1307622	953951	615302
年末金融机构各项贷款余额	万元	710803	452643	542938	732062	406305
三、农业、工业及投资						
农业机械总动力	万千瓦特	58	72	218	147	84
机收面积	公顷	50210	72977	223032	73644	38200
设施农业占地面积	公顷	79	341	132	1238	722
粮食总产量	吨	249179	512718	1187748	510417	226008
棉花产量	吨	452	4108	4348	3988	100
油料产量	吨	124263	77025	113315	107520	71612
肉类总产量	吨	60527	67094	117789	49133	27853
规模以上工业企业单位数	个	85	100	180	151	89
规模以上工业总产值	万元	3025203	1442822	2251471	3503297	1255264
固定资产投资	万元	1925706	992013	1575487	1705915	1223611
四、教育、卫生和社会保障						
普通中学在校学生数	人	38980	29048	45815	35260	21234
中等职业教育学校在校学生数	人	2059	3169	7759	2332	1590
小学在校学生数	人	73764	69142	111629	75326	49200
医疗卫生机构床位数	床	1880	1520	2525	1704	1208
各种社会福利收养性单位数	个	18	15	22	56	39
各种社会福利收养性单位床位数	床	3694	4274	5446	3751	1726

2013年县(市)社会经济主要指标

河南省

指　　标	单位	邓州市	民权县	睢　县	宁陵县	柘城县
一、基本情况						
行政区域面积	平方公里	2369	1238	920	797	1042
乡个数	个	8	8	12	7	12
镇个数	个	16	10	8	7	8
街道办事处个数	个	4				2
户籍人口	万人	175	98	89	69	103
第二产业从业人员	人	141120	15461	27558	6966	6038
第三产业从业人员	人	178805	28871	23187	23784	37030
固定电话用户	户	154671	54188	46108	54032	42696
二、综合经济						
地区生产总值	万元	3070589	1498910	1258811	817313	1397580
第一产业增加值	万元	918136	392169	399185	222286	415008
农业增加值	万元	611561	258035	312002	164957	296088
牧业增加值	万元	264539	96346	76101	47342	91443
第二产业增加值	万元	1311030	583868	508423	356730	488762
公共财政收入	万元	93017	50005	36660	26966	43826
各项税收	万元	66981	38496	30628	22688	30455
公共财政支出	万元	464646	275369	244566	206278	297736
居民储蓄存款余额	万元	1633498	859554	913567	562139	939923
年末金融机构各项贷款余额	万元	958739	671334	413020	287609	402292
三、农业、工业及投资						
农业机械总动力	万千瓦特	195	123	117	98	117
机收面积	公顷	192667	115927	91162	82120	114930
设施农业占地面积	公顷	1997	13067	21733	5533	10733
粮食总产量	吨	1110175	655513	613938	450272	663361
棉花产量	吨	11085	11936	6510	512	4128
油料产量	吨	250621	88669	65874	101107	10240
肉类总产量	吨	145361	56701	54297	39972	58238
规模以上工业企业单位数	个	145	98	64	62	82
规模以上工业总产值	万元	3474926	2269425	1288459	1190495	1437082
固定资产投资	万元	2119000	1292811	1225142	782432	1184890
四、教育、卫生和社会保障						
普通中学在校学生数	人	72547	54258	53599	30272	58022
中等职业教育学校在校学生数	人	3500	9318	5354	1685	8167
小学在校学生数	人	166588	75147	70531	54625	76060
医疗卫生机构床位数	床	5486	3248	2337	1606	4340
各种社会福利收养性单位数	个	120	21	25	17	20
各种社会福利收养性单位床位数	床	4268	2421	1936	1030	2837

2013年县(市)社会经济主要指标

河南省

指　　标	单位	虞城县	夏邑县	永城市	罗山县	光山县
一、基本情况						
行政区域面积	平方公里	1544	1486	2006	2077	1835
乡个数	个	16	14	8	7	10
镇个数	个	10	12	21	12	7
街道办事处个数	个					2
户籍人口	万人	124	123	153	77	91
第二产业从业人员	人	21457	19229	348985	96500	96500
第三产业从业人员	人	31915	29222	315377	148400	168900
固定电话用户	户	54953	66955	91671	34818	42294
二、综合经济						
地区生产总值	万元	1808071	1562417	4024390	1351773	1379734
第一产业增加值	万元	439026	437016	600090	398918	422763
农业增加值	万元	315559	316915	402409	272924	296848
牧业增加值	万元	100277	97727	161983	72295	82608
第二产业增加值	万元	776280	595880	2452666	485537	536158
公共财政收入	万元	56444	43098	278766	36980	39626
各项税收	万元	44042	34641	202431	28942	28674
公共财政支出	万元	325362	330689	522801	240239	264833
居民储蓄存款余额	万元	1049698	1298892	1973403	1189265	1212579
年末金融机构各项贷款余额	万元	663440	583002	2048267	573389	621438
三、农业、工业及投资						
农业机械总动力	万千瓦特	175	172	178	74	41
机收面积	公顷	137200	135133	118666	88236	50500
设施农业占地面积	公顷	23933	32067	3568	843	2014
粮食总产量	吨	905064	1015312	1194956	726223	584907
棉花产量	吨	9251		1910	96	129
油料产量	吨	52824	22990	23799	68793	81555
肉类总产量	吨	77578	81460	90693	49663	48584
规模以上工业企业单位数	个	109	108	108	97	110
规模以上工业总产值	万元	2510703	1809771	7304555	1179422	1473936
固定资产投资	万元	1295394	1329720	2140519	1501294	1459202
四、教育、卫生和社会保障						
普通中学在校学生数	人	73657	65762	44532	39396	55657
中等职业教育学校在校学生数	人	13778	11352	18204	5146	7687
小学在校学生数	人	123075	87690	134817	53612	76462
医疗卫生机构床位数	床	2497	2840	5018	1781	1650
各种社会福利收养性单位数	个	33	31	43	59	87
各种社会福利收养性单位床位数	床	4235	4416	60	4200	4627

2013 年县(市)社会经济主要指标

河南省

指　　　标	单位	新　县	商城县	固始县	潢川县	淮滨县
一、基本情况						
行政区域面积	平方公里	1612	2117	2946	1635	1192
乡个数	个	10	8	15	8	10
镇个数	个	5	9	15	9	5
街道办事处个数	个		2	3	4	4
户籍人口	万人	38	79	174	87	76
第二产业从业人员	人	63700	138800	248400	83200	128600
第三产业从业人员	人	93500	117200	339800	93700	160400
固定电话用户	户	17887	39381	63344	55311	31538
二、综合经济						
地区生产总值	万元	898238	1313983	2362245	1805834	1160049
第一产业增加值	万元	230935	379893	765276	553730	332269
农业增加值	万元	123835	219114	490611	354952	210213
牧业增加值	万元	27651	84791	200845	142574	83573
第二产业增加值	万元	376578	531018	815484	632234	471386
公共财政收入	万元	22823	33800	77460	42650	27673
各项税收	万元	16370	25351	47258	31636	19333
公共财政支出	万元	160979	261136	472113	241030	245874
居民储蓄存款余额	万元	605336	1035338	2051619	1089952	801863
年末金融机构各项贷款余额	万元	369409	501443	1011328	1392474	446940
三、农业、工业及投资						
农业机械总动力	万千瓦特	21	38	106	46	72
机收面积	公顷	10173	36100	168333	90000	97709
设施农业占地面积	公顷	341	2000	2150	397	11460
粮食总产量	吨	119703	331366	1214130	690696	575022
棉花产量	吨	28	65	110	28	275
油料产量	吨	29472	54598	153498	58523	53634
肉类总产量	吨	22212	44913	157012	149150	54725
规模以上工业企业单位数	个	112	87	95	169	52
规模以上工业总产值	万元	1865605	1299316	1230046	1934012	958471
固定资产投资	万元	990970	1152926	1854338	1469679	975488
四、教育、卫生和社会保障						
普通中学在校学生数	人	21968	53954	91208	42586	45396
中等职业教育学校在校学生数	人	7035	8801	19772	8266	6828
小学在校学生数	人	32362	59775	141241	59833	65541
医疗卫生机构床位数	床	590	1654	3381	1461	1778
各种社会福利收养性单位数	个	17	21	71	25	44
各种社会福利收养性单位床位数	床	1430	2806	5330	2145	2880

2013年县(市)社会经济主要指标

河南省

指标	单位	息县	扶沟县	西华县	商水县	沈丘县
一、基本情况						
行政区域面积	平方公里	1835	1173	1194	1314	1081
乡个数	个	12	6	10	11	10
镇个数	个	6	8	8	9	9
街道办事处个数	个	3	1	3	3	3
户籍人口	万人	109	79	98	128	136
第二产业从业人员	人	85800	105905	117281	173052	215133
第三产业从业人员	人	159600	133683	201374	212394	152868
固定电话用户	户	23657	29087	29730	46798	64950
二、综合经济						
地区生产总值	万元	1527907	1355925	1535715	1694421	1841599
第一产业增加值	万元	455597	357474	513890	585843	403792
农业增加值	万元	331086	261484	348096	419106	280299
牧业增加值	万元	68692	79258	124508	134582	108458
第二产业增加值	万元	625902	709863	753935	678207	903479
公共财政收入	万元	30785	44955	42578	51589	79138
各项税收	万元	21287	31206	22483	36753	56036
公共财政支出	万元	265788	252256	277889	334868	371668
居民储蓄存款余额	万元	1205740	971317	1029496	1170971	1390128
年末金融机构各项贷款余额	万元	487258	514858	411305	436724	658432
三、农业、工业及投资						
农业机械总动力	万千瓦特	123	108	125	124	89
机收面积	公顷	143456	91601	105708	129200	109260
设施农业占地面积	公顷	2835	9640	1915	1316	929
粮食总产量	吨	953963	563510	721231	1035850	847324
棉花产量	吨	584	13842	2963	2496	1490
油料产量	吨	33340	31774	38925	47496	28115
肉类总产量	吨	66140	52451	87194	91155	90331
规模以上工业企业单位数	个	112	104	104	126	126
规模以上工业总产值	万元	1803770	2306331	2959805	2675905	2780545
固定资产投资	万元	1458164	1104472	1077309	1068291	1259567
四、教育、卫生和社会保障						
普通中学在校学生数	人	46797	46070	44552	74008	81988
中等职业教育学校在校学生数	人	6568	1460	1330	4956	6934
小学在校学生数	人	88244	60398	73615	124321	107457
医疗卫生机构床位数	床	1316	1663	2457	2748	3122
各种社会福利收养性单位数	个	60	15	22	25	23
各种社会福利收养性单位床位数	床	3900	1863	2040	3256	4807

2013 年县(市)社会经济主要指标

河南省

指　　标	单位	郸城县	淮阳县	太康县	鹿邑县	项城市
一、基本情况						
行政区域面积	平方公里	1471	1468	1360	1245	1083
乡个数	个	11	11	9	7	
镇个数	个	8	7	13	13	15
街道办事处个数	个	2	2	3	4	4
户籍人口	万人	153	146	158	133	134
第二产业从业人员	人	183421	194697	180301	54812	248052
第三产业从业人员	人	240958	189640	187070	74649	201030
固定电话用户	户	95868	40220	60121	92068	90052
二、综合经济						
地区生产总值	万元	1874847	1716709	1788073	2217901	2213923
第一产业增加值	万元	496583	591506	530845	493052	403441
农业增加值	万元	380485	384962	353891	321578	303056
牧业增加值	万元	97336	145272	141927	131785	87319
第二产业增加值	万元	1023132	743706	806675	1155435	1280233
公共财政收入	万元	65439	48539	70182	77168	70599
各项税收	万元	44001	29381	45125	52020	47482
公共财政支出	万元	362608	359106	410146	355816	322460
居民储蓄存款余额	万元	1275310	1311299	1447200	1237352	1508087
年末金融机构各项贷款余额	万元	625906	367453	470398	767121	475326
三、农业、工业及投资						
农业机械总动力	万千瓦特	159	120	180	123	89
机收面积	公顷	121833	142800	163500	150667	109422
设施农业占地面积	公顷	19687	4624	414	334	1280
粮食总产量	吨	1000838	890947	1131339	920050	798476
棉花产量	吨	3709	13246	4923	5008	2800
油料产量	吨	23405	140949	23782	16512	36475
肉类总产量	吨	64485	105369	108089	74539	61461
规模以上工业企业单位数	个	115	127	138	58	134
规模以上工业总产值	万元	3729541	2178881	2663341	3629453	3975127
固定资产投资	万元	1080489	1102992	951719	1125500	1046082
四、教育、卫生和社会保障						
普通中学在校学生数	人	91447	91287	79424	70580	75900
中等职业教育学校在校学生数	人	3671	1178	2889	2027	7768
小学在校学生数	人	137098	122893	146906	122416	98017
医疗卫生机构床位数	床	2704	2846	3600	3750	2884
各种社会福利收养性单位数	个	22	20	21	21	16
各种社会福利收养性单位床位数	床	2887	4134	3078	2565	3455

2013年县(市)社会经济主要指标

河南省

指　　标	单位	西平县	上蔡县	平舆县	正阳县	确山县
一、基本情况						
行政区域面积	平方公里	1100	1514	1282	1899	1717
乡个数	个	16	22	5	11	2
镇个数	个	5	9	11	8	10
街道办事处个数	个	3	4	3		
户籍人口	万人	88	150	100	81	53
第二产业从业人员	人	12341	21128	217626	117084	98513
第三产业从业人员	人	28732	31417	193638	169298	100350
固定电话用户	户	49657	34000	18522	15000	35060
二、综合经济						
地区生产总值	万元	1527319	1676475	1476377	1241884	1170558
第一产业增加值	万元	455361	388682	368432	478045	307489
农业增加值	万元	287388	221080	216910	273567	158856
牧业增加值	万元	151287	140223	126359	174549	126743
第二产业增加值	万元	609958	660974	677076	393839	543069
公共财政收入	万元	51263	41439	50601	33310	45500
各项税收	万元	38857	27047	36183	19303	31419
公共财政支出	万元	259299	355647	265565	280506	192199
居民储蓄存款余额	万元	1091887	1592540	1202484	986471	838312
年末金融机构各项贷款余额	万元	522515	698169	372450	507854	364279
三、农业、工业及投资						
农业机械总动力	万千瓦特	139	157	165	212	110
机收面积	公顷	77947	16933	108258	221291	83622
设施农业占地面积	公顷	196	11667	1241	3501	1100
粮食总产量	吨	898848	997471	740573	807258	526482
棉花产量	吨	42	737	236	383	11
油料产量	吨	71896	45576	59835	356664	77240
肉类总产量	吨	110578	80324	79552	97166	71234
规模以上工业企业单位数	个	146	130	157	106	133
规模以上工业总产值	万元	1768505	1753488	1728894	103128	1596897
固定资产投资	万元	833802	824000	963595	792802	836665
四、教育、卫生和社会保障						
普通中学在校学生数	人	44427	84551	59813	41769	31100
中等职业教育学校在校学生数	人	664	7819	6740	3618	553
小学在校学生数	人	53317	140157	89377	69932	54612
医疗卫生机构床位数	床	2505	2708	2704	1955	1968
各种社会福利收养性单位数	个	24	26	19	23	17
各种社会福利收养性单位床位数	床	2004	5129	2328	2000	2234

2013年县(市)社会经济主要指标

河南省

指　　标	单位	泌阳县	汝南县	遂平县	新蔡县	济源市
一、基本情况						
行政区域面积	平方公里	2356	1504	1063	1447	1894
乡个数	个	11	2	3	9	
镇个数	个	8	12	8	11	11
街道办事处个数	个	3	3	3	3	5
户籍人口	万人	91	85	54	112	70
第二产业从业人员	人	140238	174682	116391	138900	175518
第三产业从业人员	人	213927	186138	102021	128300	193821
固定电话用户	户	50560	82100	98654	38950	116000
二、综合经济						
地区生产总值	万元	1566782	1360359	1374444	1418002	4601336
第一产业增加值	万元	483188	434283	288727	476573	215131
农业增加值	万元	292204	222881	142644	272342	93937
牧业增加值	万元	167749	165357	128623	178413	91127
第二产业增加值	万元	688595	539176	685717	542128	3440915
公共财政收入	万元	51499	39601	47969	43568	346149
各项税收	万元	41181	24889	37409	24913	253521
公共财政支出	万元	314000	258280	188666	342068	574660
居民储蓄存款余额	万元	840232	997177	790298	1103821	1539916
年末金融机构各项贷款余额	万元	393073	418621	536473	432486	1979804
三、农业、工业及投资						
农业机械总动力	万千瓦特	161	138	99	158	111
机收面积	公顷	118667	116780	94053	102368	49485
设施农业占地面积	公顷	1764	853	3864	165	750
粮食总产量	吨	586719	723891	593697	790951	221661
棉花产量	吨	1817	548	61	4630	134
油料产量	吨	129047	160217	48519	106333	2021
肉类总产量	吨	99053	86979	78549	108757	51676
规模以上工业企业单位数	个	163	156	158	135	220
规模以上工业总产值	万元	2056969	1306982	2581000	1512981	15023422
固定资产投资	万元	1023500	870160	990000	952716	3514387
四、教育、卫生和社会保障						
普通中学在校学生数	人	49200	42778	26488	77816	40800
中等职业教育学校在校学生数	人	6514	11223	2078	1100	11854
小学在校学生数	人	83044	68715	38660	109565	48300
医疗卫生机构床位数	床	2526	1895	2643	2229	3196
各种社会福利收养性单位数	个	22	34	18	23	13
各种社会福利收养性单位床位数	床	1601	3710	1724	2088	1418

2013年县(市)社会经济主要指标

湖北省

指　　标	单位	阳新县	大冶市	郧县	郧西县	竹山县
一、基本情况						
行政区域面积	平方公里	2783	1566	3863	3509	3586
乡个数	个	16	1	3	7	8
镇个数	个	16	10	16	9	9
街道办事处个数	个		4			
户籍人口	万人	103	96	63	52	46
第二产业从业人员	人	286315	145012	25050	7522	11594
第三产业从业人员	人	233389	158393	34202	15388	17518
固定电话用户	户	92518	142440	28000	54276	10000
二、综合经济						
地区生产总值	万元	1690231	4559200	736206	531900	681272
第一产业增加值	万元	483304	428816	243184	201791	236580
农业增加值	万元	197766	178510	107273	125073	179518
牧业增加值	万元	100617	158001	124919	67848	48235
第二产业增加值	万元	612000	3121000	246961	152300	221308
公共财政收入	万元	84500	312200	85542	25048	52849
各项税收	万元	56079	422516	70600	17630	29049
公共财政支出	万元	326962	502589	294700	141536	264266
居民储蓄存款余额	万元	1095975	1562108	703852	680867	505560
年末金融机构各项贷款余额	万元	538896	1832703	391000	308173	624371
三、农业、工业及投资						
农业机械总动力	万千瓦特	47	40	37	31	32
机收面积	公顷	61673	41247	12300	6600	806
设施农业占地面积	公顷	3116	2800	5650	428	49
粮食总产量	吨	353310	280103	230003	185001	235202
棉花产量	吨	3650	3520	88	22	
油料产量	吨	48134	43234	19848	16069	42268
肉类总产量	吨	49166	87123	54041	28789	22416
规模以上工业企业单位数	个	107	303	130	36	33
规模以上工业总产值	万元	1414539	7881700	1370573	179412	429462
固定资产投资	万元	1920900	3790144	1093896	506118	953204
四、教育、卫生和社会保障						
普通中学在校学生数	人	52856	41081	16661	16766	15767
中等职业教育学校在校学生数	人	4566	1801	6174	2682	2203
小学在校学生数	人	104944	65414	27467	23086	24400
医疗卫生机构床位数	床	2715	2318	1071	2030	17
各种社会福利收养性单位数	个	20	18	20	24	101
各种社会福利收养性单位床位数	床	2072	1553	3125	2175	3986

2013年县(市)社会经济主要指标

湖北省

指标	单位	竹溪县	房县	丹江口市	夷陵区	远安县
一、基本情况						
行政区域面积	平方公里	3310	5110	3121	3424	1752
乡个数	个	5	8		2	1
镇个数	个	10	12	12	9	6
街道办事处个数	个			5	1	
户籍人口	万人	37	48	46	52	19
第二产业从业人员	人	12318	10183	43625	54513	45500
第三产业从业人员	人	14295	19231	32346	15059	41100
固定电话用户	户	21000	43097	71305	66226	25915
二、综合经济						
地区生产总值	万元	561760	606848	1507151	3898353	1522734
第一产业增加值	万元	208477	243395	247505	503062	170506
农业增加值	万元	160519	142140	101401	301699	115926
牧业增加值	万元	43312	68298	85178	189729	50300
第二产业增加值	万元	215317	183217	767069	2542288	986894
公共财政收入	万元	42600	39900	221465	270759	93759
各项税收	万元	22700	28948	105918	193863	63443
公共财政支出	万元	239992	270855	429533	412766	189407
居民储蓄存款余额	万元	477000	635198	1157496	1456459	493502
年末金融机构各项贷款余额	万元	266000	409494	1199921	2143022	382835
三、农业、工业及投资						
农业机械总动力	万千瓦特	28	31	31	32	24
机收面积	公顷	7350	10000	9600	3830	5970
设施农业占地面积	公顷	11871	12216	527	3645	1579
粮食总产量	吨	240701	145003	119035	216236	102983
棉花产量	吨		44	34	9	
油料产量	吨	25384	16966	10617	27984	13715
肉类总产量	吨	26722	31337	58642	106520	26530
规模以上工业企业单位数	个	38	74	155	190	85
规模以上工业总产值	万元	296979	552207	2342418	8001044	3753518
固定资产投资	万元	525684	1071215	1284838	3383924	1481202
四、教育、卫生和社会保障						
普通中学在校学生数	人	12777	19140	17426	18082	6044
中等职业教育学校在校学生数	人	1159	2526	5345		1956
小学在校学生数	人	22349	30100	24888	20487	6821
医疗卫生机构床位数	床	1425	1670	2743	1660	925
各种社会福利收养性单位数	个	26	50	45	13	8
各种社会福利收养性单位床位数	床	3789	3012	3330	1630	510

2013年县(市)社会经济主要指标

湖北省

指　　标	单位	兴山县	秭归县	长阳土家族自治县	五峰土家族自治县	宜都市
一、基本情况						
行政区域面积	平方公里	2317	2427	3430	2348	1357
乡个数	个	2	4	11	3	2
镇个数	个	6	8	8	5	7
街道办事处个数	个					1
户籍人口	万人	16	38	40	20	40
第二产业从业人员	人	13993	53700	48477	18210	118374
第三产业从业人员	人	25700	57000	64838	33388	109543
固定电话用户	户	11756	37567	21000	15000	49867
二、综合经济						
地区生产总值	万元	779260	912355	1005094	505877	4028225
第一产业增加值	万元	102409	197691	319480	175451	382315
农业增加值	万元	57769	124334	146755	119923	194475
牧业增加值	万元	42846	70489	136945	49199	151900
第二产业增加值	万元	441609	356801	308987	145965	2542156
公共财政收入	万元	60088	62000	57693	23291	300003
各项税收	万元	41562	45476	37136	17185	226119
公共财政支出	万元	155048	231651	247878	207272	419483
居民储蓄存款余额	万元	341350	568999	653694	207726	1588149
年末金融机构各项贷款余额	万元	637520	814927	483264	188539	1239915
三、农业、工业及投资						
农业机械总动力	万千瓦特	14	19	21	16	20
机收面积	公顷			160		6637
设施农业占地面积	公顷	2091	7	43	17	596
粮食总产量	吨	59542	89458	106079	83035	113002
棉花产量	吨					34
油料产量	吨	8175	15479	14275	5745	21024
肉类总产量	吨	30708	50662	73858	30233	82145
规模以上工业企业单位数	个	22	81	54	36	245
规模以上工业总产值	万元	1624329	998169	784544	379629	8114526
固定资产投资	万元	675650	770264	598549	362859	3603979
四、教育、卫生和社会保障						
普通中学在校学生数	人	5405	12134	13678	6980	12439
中等职业教育学校在校学生数	人	1165	3035	3823	1464	2606
小学在校学生数	人	5784	13300	14050	6515	13442
医疗卫生机构床位数	床	750	961	1677	734	2125
各种社会福利收养性单位数	个	8	22	15	8	26
各种社会福利收养性单位床位数	床	510	2260	1504	471	2436

2013 年县(市)社会经济主要指标

湖北省

指标	单位	当阳市	枝江市	襄州区	南漳县	谷城县
一、基本情况						
行政区域面积	平方公里	2159	1314	2394	3859	2553
乡个数	个					1
镇个数	个	7	8	12	10	9
街道办事处个数	个	3	1	2		
户籍人口	万人	48	49	103	59	60
第二产业从业人员	人	92275	116435	155969	66356	94367
第三产业从业人员	人	79040	117307	193459	69274	86508
固定电话用户	户	56102	71858	79700	27456	56770
二、综合经济						
地区生产总值	万元	3521672	3419527	4560500	1712281	2387454
第一产业增加值	万元	673678	660026	842483	414126	312254
农业增加值	万元	347748	346233	386952	178640	118710
牧业增加值	万元	246644	221201	406755	214357	177810
第二产业增加值	万元	1955051	1918114	2011200	650745	1437369
公共财政收入	万元	200166	202174	226200	79747	121902
各项税收	万元	140967	152218	135500	63499	83917
公共财政支出	万元	359931	319523	388700	284439	305304
居民储蓄存款余额	万元	1338031	1237452	1436179	903727	1192370
年末金融机构各项贷款余额	万元	954045	825003	572156	492788	641099
三、农业、工业及投资						
农业机械总动力	万千瓦特	61	76	117	60	37
机收面积	公顷	62200	61507	129	43281	32000
设施农业占地面积	公顷	1135	749	2083	654	960
粮食总产量	吨	524831	339727	1359700	449344	277966
棉花产量	吨	8100	24473	14282	552	
油料产量	吨	75215	54163	81589	9381	14370
肉类总产量	吨	109219	103141	197760	107048	75092
规模以上工业企业单位数	个	241	236	199	110	193
规模以上工业总产值	万元	6152396	6460900	6331500	1677718	5689689
固定资产投资	万元	2800441	2992769	3831842	1626341	1698440
四、教育、卫生和社会保障						
普通中学在校学生数	人	15999	15296	32395	10294	19949
中等职业教育学校在校学生数	人	1999	1217	1187		1845
小学在校学生数	人	18186	15385	50757	22214	30830
医疗卫生机构床位数	床	2327	2138	3506	2015	3250
各种社会福利收养性单位数	个	14	19	44	13	25
各种社会福利收养性单位床位数	床	1622	1673	4589	1820	2986

2013年县(市)社会经济主要指标

湖北省

指标	单位	保康县	老河口市	枣阳市	宜城市	京山县
一、基本情况						
行政区域面积	平方公里	3531	1032	3277	2115	3520
乡个数	个	1	1			
镇个数	个	10	7	12	8	14
街道办事处个数	个		2	3	2	
户籍人口	万人	27	53	113	57	65
第二产业从业人员	人	17036	120500	237404	75682	98500
第三产业从业人员	人	60072	138650	258309	73764	206500
固定电话用户	户	36654	31701	78800	48839	75251
二、综合经济						
地区生产总值	万元	815112	2401709	4254331	2324551	2689900
第一产业增加值	万元	166162	370725	831685	451610	492225
农业增加值	万元	103613	201757	447567	234698	225782
牧业增加值	万元	54168	137107	356111	197817	189442
第二产业增加值	万元	378000	1288984	2022600	1284273	1484400
公共财政收入	万元	73048	164990	210160	177517	107433
各项税收	万元	44838	108943	138500	92190	76425
公共财政支出	万元	155042	317947	476749	334970	288475
居民储蓄存款余额	万元	403620	952951	1795565	1008504	1453515
年末金融机构各项贷款余额	万元	325488	689389	1064267	740938	961726
三、农业、工业及投资						
农业机械总动力	万千瓦特	34	69	143	70	94
机收面积	公顷		46970	141913	54305	105274
设施农业占地面积	公顷	2016	453	1786	1654	4593
粮食总产量	吨	141000	371811	1363100	695004	645150
棉花产量	吨		6034	8922	9783	9115
油料产量	吨	10298	25781	12802	73470	48585
肉类总产量	吨	28080	71439	198947	91503	104315
规模以上工业企业单位数	个	68	198	280	179	250
规模以上工业总产值	万元	730446	4970310	6770200	4829100	6335601
固定资产投资	万元	1082116	1778668	3001321	1723071	2541860
四、教育、卫生和社会保障						
普通中学在校学生数	人	7221	19168	40075	21505	20198
中等职业教育学校在校学生数	人	1623	818	3895		2905
小学在校学生数	人	11760	30352	61988	25473	22601
医疗卫生机构床位数	床	1665	2250	4590	2448	2440
各种社会福利收养性单位数	个	15	17	45	23	22
各种社会福利收养性单位床位数	床	1600	2615	2767	2043	3331

2013年县(市)社会经济主要指标

湖北省

指　　标	单位	沙洋县	钟祥市	孝昌县	大悟县	云梦县
一、基本情况						
行政区域面积	平方公里	2044	4488	1217	1985	604
乡个数	个	13	1	4	3	3
镇个数	个	13	15	8	14	9
街道办事处个数	个		1			
户籍人口	万人	62	106	67	64	58
第二产业从业人员	人	111217	162211	123030	103424	177676
第三产业从业人员	人	125505	236180	182045	84943	187355
固定电话用户	户	51418	82319	59645	116271	79347
二、综合经济						
地区生产总值	万元	1976300	3323700	926509	1049850	1731324
第一产业增加值	万元	520800	487500	279479	297104	305265
农业增加值	万元	238651	249796	145347	144158	156024
牧业增加值	万元	148796	103752	101295	103409	108904
第二产业增加值	万元	868100	1783200	295751	286021	894237
公共财政收入	万元	63434	132243	70784	68156	89971
各项税收	万元	35417	79671	61782	41538	86309
公共财政支出	万元	234495	457558	206459	153879	225364
居民储蓄存款余额	万元	1371098	2251933	804296	880625	1015652
年末金融机构各项贷款余额	万元	439854	945280	281173	375781	477836
三、农业、工业及投资						
农业机械总动力	万千瓦特	91	161	28	22	26
机收面积	公顷	109952	11645	37333	6453	34000
设施农业占地面积	公顷	2773	2921	1077	697	3705
粮食总产量	吨	819033	874335	266737	285521	217300
棉花产量	吨	10762	20238	1681	337	3537
油料产量	吨	135566	131930	38868	56075	21212
肉类总产量	吨	105787	129625	78420	53360	72051
规模以上工业企业单位数	个	150	260	56	67	167
规模以上工业总产值	万元	2706299	7607711	588592	677420	3671629
固定资产投资	万元	1205503	2738465	889627	1390944	1691084
四、教育、卫生和社会保障						
普通中学在校学生数	人	14333	37832	22961	23725	21019
中等职业教育学校在校学生数	人	1942	4292	1626	778	1285
小学在校学生数	人	18540	44602	31168	31278	26417
医疗卫生机构床位数	床	2216	5344	1515	1390	2249
各种社会福利收养性单位数	个	13	31	15	19	26
各种社会福利收养性单位床位数	床	1560	3256	2959	2180	4594

2013年县(市)社会经济主要指标

湖北省

指　　标	单位	应城市	安陆市	汉川市	公安县	监利县
一、基本情况						
行政区域面积	平方公里	1103	1355	1659	2257	3460
乡个数	个		4	6	2	3
镇个数	个	10	9	14	14	18
街道办事处个数	个	5	2	2		
户籍人口	万人	67	63	112	105	158
第二产业从业人员	人	42121	34100	172241	28277	8357
第三产业从业人员	人	30775	27156	117963	24237	29875
固定电话用户	户	64983	83120	106188	83361	87000
二、综合经济						
地区生产总值	万元	2015176	1447867	3447097	1763656	1948674
第一产业增加值	万元	384781	324063	511531	539544	800016
农业增加值	万元	153506	127365	254942	290444	396135
牧业增加值	万元	132334	168000	150452	106995	134453
第二产业增加值	万元	1139815	588008	2062491	762087	610425
公共财政收入	万元	120018	72895	143405	75902	36916
各项税收	万元	75274	51407	180820	75902	36900
公共财政支出	万元	263632	222741	279700	148677	389683
居民储蓄存款余额	万元	1287322	1181782	1505160	1632476	1571922
年末金融机构各项贷款余额	万元	779703	743353	1415667	709609	898418
三、农业、工业及投资						
农业机械总动力	万千瓦特	29	54	67	78	148
机收面积	公顷	37800	28368	79693	100510	193480
设施农业占地面积	公顷	466	2073	802	2032	1119
粮食总产量	吨	362089	338200	546200	642000	1405000
棉花产量	吨	4258	1065	23444	40273	25004
油料产量	吨	33694	20204	39868	126670	126277
肉类总产量	吨	76131	128422	94383	76521	111615
规模以上工业企业单位数	个	183	82	380	109	77
规模以上工业总产值	万元	4815075	1758649	7933134	2507898	1978492
固定资产投资	万元	1832459	1203330	2382958	1537253	1264777
四、教育、卫生和社会保障						
普通中学在校学生数	人	21965	27138	32562	38427	59460
中等职业教育学校在校学生数	人	963	3069	2553	3845	
小学在校学生数	人	26930	27968	45838	41925	125459
医疗卫生机构床位数	床	1865	1664	2873	2913	2557
各种社会福利收养性单位数	个	25	19	27	19	26
各种社会福利收养性单位床位数	床	3082	2146	4161	3977	2382

2013 年县(市)社会经济主要指标

湖北省

指标	单位	江陵县	石首市	洪湖市	松滋市	团风县
一、基本情况						
行政区域面积	平方公里	1048	1406	2519	2177	838
乡个数	个	2	1	1	2	2
镇个数	个	7	11	14	14	8
街道办事处个数	个		2	2		
户籍人口	万人	41	67	93	85	38
第二产业从业人员	人	3390	10935	16826	18903	56643
第三产业从业人员	人	9871	18942	27495	23725	39990
固定电话用户	户	33527	35007	89565	90886	30676
二、综合经济						
地区生产总值	万元	549610	1219092	1634795	1792936	640640
第一产业增加值	万元	186637	292436	514180	363435	152742
农业增加值	万元	104585	131267	178821	154626	89130
牧业增加值	万元	57246	76585	51142	184115	34531
第二产业增加值	万元	180784	542624	570836	864965	349213
公共财政收入	万元	18663	48522	52105	85000	35751
各项税收	万元	21387	32733	57181	125746	24460
公共财政支出	万元	59535	217127	173311	306418	178605
居民储蓄存款余额	万元	500722	1131812	1152809	1546874	476271
年末金融机构各项贷款余额	万元	267213	481995	818366	637578	348193
三、农业、工业及投资						
农业机械总动力	万千瓦特	49	47	107	60	23
机收面积	公顷	54320	47310	88790	70240	37042
设施农业占地面积	公顷	132	606	663	160	410
粮食总产量	吨	271000	218000	689800	342000	128100
棉花产量	吨	10382	18426	9957	15581	6046
油料产量	吨	73667	70539	86030	76204	23591
肉类总产量	吨	37655	59884	39440	111904	23583
规模以上工业企业单位数	个	38	116	105	111	57
规模以上工业总产值	万元	521786	1895792	1901537	2424374	702845
固定资产投资	万元	431804	1207208	1051546	1669817	490090
四、教育、卫生和社会保障						
普通中学在校学生数	人	12384	24953	33401	30102	13200
中等职业教育学校在校学生数	人	693	3438	2050	218	581
小学在校学生数	人	14846	26392	41474	30880	17129
医疗卫生机构床位数	床	1148	1980	2249	2380	1225
各种社会福利收养性单位数	个	13	26	22	21	16
各种社会福利收养性单位床位数	床	978	2960	2414	3629	832

2013年县(市)社会经济主要指标

湖北省

指　　标	单位	红安县	罗田县	英山县	浠水县	蕲春县
一、基本情况						
行政区域面积	平方公里	1796	2129	1449	1949	2398
乡个数	个	1	2	3	1	1
镇个数	个	10	10	8	12	13
街道办事处个数	个	2				1
户籍人口	万人	66	59	40	104	101
第二产业从业人员	人	66400	159773	61800	216400	122000
第三产业从业人员	人	66400	133994	16000	224700	293000
固定电话用户	户	74486	60314	57520	101256	117167
二、综合经济						
地区生产总值	万元	1054972	953290	709839	1648024	1621404
第一产业增加值	万元	226383	231517	303839	496501	410469
农业增加值	万元	151229	145392	234714	167141	209454
牧业增加值	万元	72153	70804	60862	242238	148512
第二产业增加值	万元	521568	373551	208800	608700	642385
公共财政收入	万元	78800	44778	28288	63161	83052
各项税收	万元	53410	27897	19347	39814	51377
公共财政支出	万元	307421	232794	191710	304554	136820
居民储蓄存款余额	万元	834300	940535	737354	1563100	1685697
年末金融机构各项贷款余额	万元	368800	441871	361721	593765	614260
三、农业、工业及投资						
农业机械总动力	万千瓦特	31	26	30	38	37
机收面积	公顷	14795	13252	17000	21450	30867
设施农业占地面积	公顷	38220	1486	140	3152	296
粮食总产量	吨	230200	254700	135500	504800	515000
棉花产量	吨	1770	348	181	12225	8003
油料产量	吨	100790	28490	16333	76440	53727
肉类总产量	吨	38900	47614	20521	93654	80207
规模以上工业企业单位数	个	84	69	66	115	142
规模以上工业总产值	万元	687300	675906	537197	1691000	2010697
固定资产投资	万元	1240900	977474	619800	1410600	1850228
四、教育、卫生和社会保障						
普通中学在校学生数	人	32280	27605	16724	52282	42662
中等职业教育学校在校学生数	人	3475	4134	3858	3331	3725
小学在校学生数	人	33301	36883	25354	61565	61896
医疗卫生机构床位数	床	2175	2080	1458	3503	2761
各种社会福利收养性单位数	个	18	13	63	25	116
各种社会福利收养性单位床位数	床	1026	784	3178	2316	3809

2013年县(市)社会经济主要指标

湖北省

指　　标	单位	黄梅县	麻城市	武穴市	嘉鱼县	通城县
一、基本情况						
行政区域面积	平方公里	1701	3747	1246	1020	1172
乡个数	个	4	1			2
镇个数	个	12	15	8	8	9
街道办事处个数	个		3	4		18
户籍人口	万人	102	118	81	37	51
第二产业从业人员	人	151000	225272	150800	42789	72930
第三产业从业人员	人	190000	176038	126500	59321	114718
固定电话用户	户	105551	134719	95370	41743	45399
二、综合经济						
地区生产总值	万元	1433595	2018507	2012511	1742700	950900
第一产业增加值	万元	405200	471194	479278	361200	213507
农业增加值	万元	211009	241452	201759	226500	91284
牧业增加值	万元	108570	177422	227668	27000	104506
第二产业增加值	万元	609822	873261	975999	936100	415600
公共财政收入	万元	75079	111700	106800	72767	47029
各项税收	万元	47396	111637	70521	51776	29541
公共财政支出	万元	234890	413905	275205	185656	190123
居民储蓄存款余额	万元	1557000	1563236	1262662	510400	666653
年末金融机构各项贷款余额	万元	657100	1212044	702060	415123	285845
三、农业、工业及投资						
农业机械总动力	万千瓦特	45	37	29	27	27
机收面积	公顷	37425	87		19166	25265
设施农业占地面积	公顷	187	9600	160	850	93
粮食总产量	吨	491500	542000	311500	179800	187046
棉花产量	吨	21420	12320	13041	1844	284
油料产量	吨	64710	104224	79125	10587	4887
肉类总产量	吨	67504	113307	74803	17996	59652
规模以上工业企业单位数	个	143	191	163	186	67
规模以上工业总产值	万元	1661000	2520595	2656300	3922900	1149764
固定资产投资	万元	1367300	2182800	1740226	1596000	1002692
四、教育、卫生和社会保障						
普通中学在校学生数	人	46553	45987	32460	12939	14271
中等职业教育学校在校学生数	人	3529	7010	5583	280	1506
小学在校学生数	人	65344	53667	53645	16620	37971
医疗卫生机构床位数	床	2963	3300	2643	1224	1663
各种社会福利收养性单位数	个	53	23	72	15	15
各种社会福利收养性单位床位数	床	3927	3200	2894	1337	1236

2013年县(市)社会经济主要指标

湖北省

指　　标	单位	崇阳县	通山县	赤壁市	随　县	广水市
一、基本情况						
行政区域面积	平方公里	1968	2680	1723	5673	2647
乡个数	个	4	4	1		4
镇个数	个	8	8	10	19	10
街道办事处个数	个			3		3
户籍人口	万人	49	48	53	98	95
第二产业从业人员	人	6300	61000	119361	133347	176245
第三产业从业人员	人	10300	108500	72114	125845	307206
固定电话用户	户	57865	57000	66356	95000	102200
二、综合经济						
地区生产总值	万元	880800	812100	2847600	1524500	2109823
第一产业增加值	万元	229772	129100	417211	564693	443308
农业增加值	万元	95300	65007	236360	305614	247430
牧业增加值	万元	95958	39550	57256	219542	145675
第二产业增加值	万元	314400	284356	1346600	667200	1054200
公共财政收入	万元	42219	48188	131229	30597	168703
各项税收	万元	27971	33065	89554	21852	54100
公共财政支出	万元	191106	212939	278590	291422	295269
居民储蓄存款余额	万元	661824	434562	872364	1025210	1629303
年末金融机构各项贷款余额	万元	343568	448172	677837	469300	596781
三、农业、工业及投资						
农业机械总动力	万千瓦特	21	16	46	122	39
机收面积	公顷	18610	10051	29130	86187	41540
设施农业占地面积	公顷	1715	488	2015	1361	210
粮食总产量	吨	197049	84845	210347	910732	413509
棉花产量	吨	806		2332	8519	7094
油料产量	吨	11406	5097	28241	24041	41443
肉类总产量	吨	84418	20729	29660	142978	83847
规模以上工业企业单位数	个	64	61	208	210	196
规模以上工业总产值	万元	736900	894900	3856000	2840100	3667659
固定资产投资	万元	1000320	1129006	2318000	1814200	1950500
四、教育、卫生和社会保障						
普通中学在校学生数	人	12708	22173	15489	21319	31723
中等职业教育学校在校学生数	人	3678	782	5536		2843
小学在校学生数	人	36727	50903	37872	35843	47069
医疗卫生机构床位数	床	1615	2187	1843	1796	4523
各种社会福利收养性单位数	个	14	13	16	34	38
各种社会福利收养性单位床位数	床	1203	1345	2245	3618	1689

2013 年县（市）社会经济主要指标

湖北省

指　　标	单位	恩施市	利川市	建始县	巴东县	宣恩县
一、基本情况						
行政区域面积	平方公里	3972	4607	2667	3354	2737
乡个数	个	9	5	4	2	5
镇个数	个	4	7	6	10	4
街道办事处个数	个	3	2			
户籍人口	万人	81	92	50	50	36
第二产业从业人员	人	101500	156865	68878	47700	21500
第三产业从业人员	人	152500	150746	43712	123900	112200
固定电话用户	户	78309	16000	21464	26677	24544
二、综合经济						
地区生产总值	万元	1414951	820094	639037	740000	452753
第一产业增加值	万元	243121	284349	166497	158512	133531
农业增加值	万元	144423	179590	90002	83415	77349
牧业增加值	万元	94224	89229	70222	68316	51342
第二产业增加值	万元	568361	220089	213500	309000	128520
公共财政收入	万元	155430	77160	77694	52066	21880
各项税收	万元	136093	58672	34278	41774	27817
公共财政支出	万元	422354	352388	226421	285210	174550
居民储蓄存款余额	万元	1193284	948782	375412	499294	328681
年末金融机构各项贷款余额	万元	2298991	549300	251617	361455	193608
三、农业、工业及投资						
农业机械总动力	万千瓦特	42	38	24	35	22
机收面积	公顷	7292	18275		3074	6000
设施农业占地面积	公顷	78	8	35		103
粮食总产量	吨	231017	367000	231600	222100	129045
棉花产量	吨	25			11	
油料产量	吨	17668	13790	16242	20645	6063
肉类总产量	吨	94265	74933	69340	72646	50118
规模以上工业企业单位数	个	72	50	67	53	41
规模以上工业总产值	万元	911793	437999	460893	420654	207344
固定资产投资	万元	1120272	678290	527773	645793	275200
四、教育、卫生和社会保障						
普通中学在校学生数	人	43546	40487	19407	21039	13975
中等职业教育学校在校学生数	人	4508	2797	1109	1697	1112
小学在校学生数	人	47151	61332	27768	27307	20800
医疗卫生机构床位数	床	5732	2915	2675	1944	1307
各种社会福利收养性单位数	个	22	14	13	13	12
各种社会福利收养性单位床位数	床	3610	800	1487	1171	1395

2013年县(市)社会经济主要指标

湖北省

指　　标	单位	咸丰县	来凤县	鹤峰县	仙桃市	潜江市
一、基本情况						
行政区域面积	平方公里	2550	1342	2898	2538	2004
乡个数	个	5	2	4		
镇个数	个	5	6	5	15	10
街道办事处个数	个				3	6
户籍人口	万人	39	33	22	156	104
第二产业从业人员	人	90480	59501	34862	354022	172620
第三产业从业人员	人	107950	78895	52484	377456	65296
固定电话用户	户	35041	16576	22873	180900	108800
二、综合经济						
地区生产总值	万元	544879	467380	395069	5043585	4927000
第一产业增加值	万元	137348	107868	90732	787484	649957
农业增加值	万元	58565	57746	61502	319280	366336
牧业增加值	万元	73326	44653	19936	173766	114500
第二产业增加值	万元	167851	133646	165281	2678800	2909743
公共财政收入	万元	30101	25088	20222	210019	200036
各项税收	万元	20550	20961	16982	281911	149611
公共财政支出	万元	185114	165339	144089	506695	468000
居民储蓄存款余额	万元	328259	266598	295466	2714500	2564400
年末金融机构各项贷款余额	万元	193608	113652	254966	1475700	1316400
三、农业、工业及投资						
农业机械总动力	万千瓦特	23	19	33	134	108
机收面积	公顷		7000	2310	89540	92094
设施农业占地面积	公顷	232	215	27	3945	50
粮食总产量	吨	230818	126034	91012	809914	520017
棉花产量	吨				29259	39733
油料产量	吨	14720	7144	5443	130471	114171
肉类总产量	吨	60555	28327	22723	91064	111976
规模以上工业企业单位数	个	44	52	43	364	252
规模以上工业总产值	万元	465138	328290	436589	9732779	9533000
固定资产投资	万元	431341	403341	291528	3067828	3058845
四、教育、卫生和社会保障						
普通中学在校学生数	人	11368	14901	7954	60077	44500
中等职业教育学校在校学生数	人	2088	2282	1487	2929	5242
小学在校学生数	人	24893	21034	9919	69951	48700
医疗卫生机构床位数	床	1521	1407	926	3289	3799
各种社会福利收养性单位数	个	13	14	11	29	20
各种社会福利收养性单位床位数	床	1350	1067	983	4800	2094

2013 年县(市)社会经济主要指标

湖北省、湖南省

指 标	单位	天门市	神农架林区	望城区	长沙县	宁乡县
一、基本情况						
行政区域面积	平方公里	2622	3253	951	1997	2912
乡个数	个	1	2	1		11
镇个数	个	21	6	10	18	22
街道办事处个数	个	3		10	7	
户籍人口	万人	164	8	53	82	138
第二产业从业人员	人	194333	7388	136530	227200	275300
第三产业从业人员	人	369010	19375	140170	264200	277500
固定电话用户	户	134900	13900	127164	154049	110000
二、综合经济						
地区生产总值	万元	3651900	185745	4274940	9759923	8350486
第一产业增加值	万元	728069	17533	325545	650488	932328
农业增加值	万元	338575	10099	196671	399479	501862
牧业增加值	万元	171224	5452	96442	204713	355250
第二产业增加值	万元	1900400	76665	3144502	6959554	5755171
公共财政收入	万元	150245	29960	500638	1297759	483803
各项税收	万元	105244	35802	397092	1130423	401511
公共财政支出	万元	465267	158764	497470	914233	580631
居民储蓄存款余额	万元	2829100	158993	1474789	3016677	2156573
年末金融机构各项贷款余额	万元	1137215	85076	1418878	4810706	2376492
三、农业、工业及投资						
农业机械总动力	万千瓦特	169	11	57	143	160
机收面积	公顷	106290		45700	81060	132560
设施农业占地面积	公顷	495	33	240	2347	2760
粮食总产量	吨	715016	22000	361988	569623	851533
棉花产量	吨	49266			18	410
油料产量	吨	114608	509	5865	13020	13952
肉类总产量	吨	95894	5453	85802	169327	240103
规模以上工业企业单位数	个	274	10	356	249	596
规模以上工业总产值	万元	6514000	105617	17094239	6647487	14383394
固定资产投资	万元	2607500	255550	6499969	4755712	6083578
四、教育、卫生和社会保障						
普通中学在校学生数	人	56781	2675	25030	40981	68148
中等职业教育学校在校学生数	人	1336		4802	13532	7067
小学在校学生数	人	70048	3094	30129	62380	78289
医疗卫生机构床位数	床	4842	260	2235	3997	4351
各种社会福利收养性单位数	个	42	9	20	23	34
各种社会福利收养性单位床位数	床	5476	270	2358	2000	2320

2013年县(市)社会经济主要指标

湖南省

指标	单位	浏阳市	株洲县	攸县	茶陵县	炎陵县
一、基本情况						
行政区域面积	平方公里	4997	1053	2649	2507	2031
乡个数	个	6	10	4	6	9
镇个数	个	27	4	15	14	6
街道办事处个数	个	4		2	2	
户籍人口	万人	144	35	80	63	19
第二产业从业人员	人	395280	30900	109300	62900	34700
第三产业从业人员	人	244520	72300	157700	125000	36900
固定电话用户	户	161265	31000	119685	48502	21910
二、综合经济						
地区生产总值	万元	9242905	895993	2825491	1294142	488253
第一产业增加值	万元	786662	168220	416428	283345	70335
农业增加值	万元	474317	75815	206323	134508	33142
牧业增加值	万元	195073	64696	148024	102251	16431
第二产业增加值	万元	6639462	479146	1575682	538344	257886
公共财政收入	万元	641803	90057	245004	105273	72706
各项税收	万元	491798	54517	127680	63417	48812
公共财政支出	万元	615629	163395	326589	221040	122869
居民储蓄存款余额	万元	2471901	668877	1096109	969974	377905
年末金融机构各项贷款余额	万元	3010936	391779	769112	586010	327500
三、农业、工业及投资						
农业机械总动力	万千瓦特	144	29	83	68	16
机收面积	公顷	101360	26733	78140	33227	6300
设施农业占地面积	公顷	3980	2277	438	256	53
粮食总产量	吨	545299	223664	452159	308743	90019
棉花产量	吨	576	420	654	1000	33
油料产量	吨	50606	6168	15275	16764	2499
肉类总产量	吨	174767	38502	92468	66677	11221
规模以上工业企业单位数	个	790	96	277	154	84
规模以上工业总产值	万元	13480650	833922	3970396	1253911	717426
固定资产投资	万元	5882243	660373	1909950	876802	791275
四、教育、卫生和社会保障						
普通中学在校学生数	人	61022	11217	32087	21615	6905
中等职业教育学校在校学生数	人	3750	1739	1810	955	1008
小学在校学生数	人	92833	12397	42636	35339	11126
医疗卫生机构床位数	床	6688	1134	2967	1747	657
各种社会福利收养性单位数	个	41	14	22	21	14
各种社会福利收养性单位床位数	床	5575	636	1599	1050	716

2013年县(市)社会经济主要指标

湖南省

指标	单位	醴陵市	湘潭县	湘乡市	韶山市	衡阳县
一、基本情况						
行政区域面积	平方公里	2157	2140	1967	247	2559
乡个数	个	8	4	3	4	9
镇个数	个	18	15	15	3	17
街道办事处个数	个	4		4		
户籍人口	万人	107	98	92	12	124
第二产业从业人员	人	272700	134600	152600	19700	167288
第三产业从业人员	人	162500	146600	122500	25200	259123
固定电话用户	户	162000	227878	80009	29316	84142
二、综合经济						
地区生产总值	万元	4421034	2600064	2656934	575618	2389523
第一产业增加值	万元	413843	512255	465211	53270	585816
农业增加值	万元	214075	257287	228890	27055	240460
牧业增加值	万元	150758	179823	174904	20460	220335
第二产业增加值	万元	2932935	1338935	1399145	335711	989444
公共财政收入	万元	364116	200068	154316	42037	100819
各项税收	万元	170500	160463	95200	24324	70181
公共财政支出	万元	465716	350682	308276	93157	321447
居民储蓄存款余额	万元	1527515	1675728	1528623	323203	1716644
年末金融机构各项贷款余额	万元	1071440	1341055	983196	209817	681187
三、农业、工业及投资						
农业机械总动力	万千瓦特	77	145	94	14	77
机收面积	公顷	62280	89680	66750	7500	83552
设施农业占地面积	公顷	4671	519	102	5	68
粮食总产量	吨	502144	716848	518922	67742	609610
棉花产量	吨	46	156	50	9	11115
油料产量	吨	7841	5496	11683	1143	75530
肉类总产量	吨	98298	170587	152041	21304	174191
规模以上工业企业单位数	个	519	202	203	53	126
规模以上工业总产值	万元	6807880	3676905	4822467	1194688	2092387
固定资产投资	万元	2470185	1346407	1298531	594837	1513500
四、教育、卫生和社会保障						
普通中学在校学生数	人	34965	53871	39294	3191	65056
中等职业教育学校在校学生数	人	7098	8264	3587	1065	3203
小学在校学生数	人	55049	45383	45742	5734	81690
医疗卫生机构床位数	床	3687	2022	4328	504	2816
各种社会福利收养性单位数	个	32	50	19	9	27
各种社会福利收养性单位床位数	床	2695	2160	1200	311	210

2013年县(市)社会经济主要指标

湖南省

指　　标	单位	衡南县	衡山县	衡东县	祁东县	耒阳市
一、基本情况						
行政区域面积	平方公里	2633	935	1927	1871	2656
乡个数	个	3	9	9	4	18
镇个数	个	23	8	15	19	13
街道办事处个数	个	1				5
户籍人口	万人	107	44	75	105	139
第二产业从业人员	人	179128	63373	107264	115639	189907
第三产业从业人员	人	283859	86347	186948	236577	314648
固定电话用户	户	91052	67850	185411	66000	121352
二、综合经济						
地区生产总值	万元	2298631	1073098	1932369	1965211	3214008
第一产业增加值	万元	556243	238272	348464	515541	534634
农业增加值	万元	272197	97484	161157	292471	249873
牧业增加值	万元	170181	86639	115963	138806	200882
第二产业增加值	万元	1142989	371581	795712	769356	1355452
公共财政收入	万元	128218	69753	108009	77362	202207
各项税收	万元	83737	45439	65038	36018	81790
公共财政支出	万元	339441	159354	260826	302349	417306
居民储蓄存款余额	万元	337415	695054	1010857	1600401	1805225
年末金融机构各项贷款余额	万元	484100	263560	471257	546509	854521
三、农业、工业及投资						
农业机械总动力	万千瓦特	87	36	56	81	73
机收面积	公顷	108968	38890	40508	43650	26040
设施农业占地面积	公顷	740	367	1450	314	156
粮食总产量	吨	580156	204413	389722	444278	500122
棉花产量	吨	5999	836	1386	326	1252
油料产量	吨	62671	15497	32964	44476	50421
肉类总产量	吨	158510	67696	94612	117260	137489
规模以上工业企业单位数	个	128	100	98	109	143
规模以上工业总产值	万元	2363030	1092193	2022935	2889306	4005918
固定资产投资	万元	1288679	661517	905410	936491	2354606
四、教育、卫生和社会保障						
普通中学在校学生数	人	57290	21219	37323	52179	61569
中等职业教育学校在校学生数	人	6337	2480	1984	4997	5015
小学在校学生数	人	67208	27399	46377	72341	110101
医疗卫生机构床位数	床	2183	1390	1544	2258	2566
各种社会福利收养性单位数	个	27	20	28	22	12
各种社会福利收养性单位床位数	床	1754	1011	1320	2070	168

2013 年县(市)社会经济主要指标

湖南省

指　　标	单位	常宁市	邵东县	新邵县	邵阳县	隆回县
一、基本情况						
行政区域面积	平方公里	2064	1778	1763	1997	2871
乡个数	个	7	8	4	10	10
镇个数	个	15	17	11	12	16
街道办事处个数	个	5	3			
户籍人口	万人	93	132	82	105	123
第二产业从业人员	人	74985	215100	120400	85500	85300
第三产业从业人员	人	198472	171700	190400	178600	184800
固定电话用户	户	112643	103102	26600	44766	132974
二、综合经济						
地区生产总值	万元	2216755	2542724	949427	994487	1121665
第一产业增加值	万元	404419	424505	244083	272966	278109
农业增加值	万元	152636	314007	144589	166503	177127
牧业增加值	万元	147548	86388	85533	83527	81801
第二产业增加值	万元	995621	1242635	375129	372154	338046
公共财政收入	万元	136368	154084	82015	73056	80036
各项税收	万元	98327	54522	55900	47662	31329
公共财政支出	万元	337953	344775	261952	304915	332160
居民储蓄存款余额	万元	1135067	1790112	823400	995613	1362000
年末金融机构各项贷款余额	万元	454365	1003164	585900	359607	478500
三、农业、工业及投资						
农业机械总动力	万千瓦特	60	73	24	46	29
机收面积	公顷	57610	33000	12000	23000	1700
设施农业占地面积	公顷	1184	1433	120	343	1357
粮食总产量	吨	392809	435584	300334	441440	444422
棉花产量	吨	2015	102	30	45	38
油料产量	吨	39017	34190	10413	26138	11024
肉类总产量	吨	116614	94252	81626	82918	84624
规模以上工业企业单位数	个	118	197	81	70	94
规模以上工业总产值	万元	4081111	3672245	1295858	959065	1135397
固定资产投资	万元	1083963	1644373	1131186	991361	1187748
四、教育、卫生和社会保障						
普通中学在校学生数	人	45554	60819	39892	42565	55684
中等职业教育学校在校学生数	人	6740	6230	6084	2142	6706
小学在校学生数	人	75310	99124	63672	63324	100225
医疗卫生机构床位数	床	3845	3171	2360	2644	3003
各种社会福利收养性单位数	个	23	23	13	20	17
各种社会福利收养性单位床位数	床	1155	1360	530	1011	294

2013年县(市)社会经济主要指标

湖南省

指　　标	单位	洞口县	绥宁县	新宁县	城步苗族自治县	武冈市
一、基本情况						
行政区域面积	平方公里	2180	2927	2751	2647	1549
乡个数	个	12	19	9	6	9
镇个数	个	10	6	9	6	8
街道办事处个数	个					4
户籍人口	万人	86	38	64	27	83
第二产业从业人员	人	80200	30100	45100	25800	72200
第三产业从业人员	人	238400	84500	147900	37500	167500
固定电话用户	户	69519	31000	46000	16087	59900
二、综合经济						
地区生产总值	万元	1133207	622655	672063	272609	954211
第一产业增加值	万元	411178	151797	198302	82004	349113
农业增加值	万元	245441	81222	144404	34780	208462
牧业增加值	万元	131696	44260	41698	34880	124325
第二产业增加值	万元	393943	295445	181973	100254	203417
公共财政收入	万元	65096	37809	61682	30307	65060
各项税收	万元	43506	21013	33620	9442	23112
公共财政支出	万元	287078	164156	230195	139507	265899
居民储蓄存款余额	万元	1106483	508902	719744	305546	1017677
年末金融机构各项贷款余额	万元	531649	199884	350896	141547	492902
三、农业、工业及投资						
农业机械总动力	万千瓦特	63	36	45	15	51
机收面积	公顷	30000	6700	9700		27000
设施农业占地面积	公顷	385		178	71	502
粮食总产量	吨	430121	139824	294695	74754	450679
棉花产量	吨	38				5
油料产量	吨	31657	5239	10482	3522	17116
肉类总产量	吨	164003	47652	42024	15927	121848
规模以上工业企业单位数	个	80	60	46	22	53
规模以上工业总产值	万元	1291264	1341120	487726	232553	572249
固定资产投资	万元	1205279	490648	814007	262375	916510
四、教育、卫生和社会保障						
普通中学在校学生数	人	48149	14335	22431	8753	46766
中等职业教育学校在校学生数	人	7365	731	1256	328	14903
小学在校学生数	人	71950	26234	43248	19418	68766
医疗卫生机构床位数	床	1626	815	1790	609	2450
各种社会福利收养性单位数	个	31	12	16		18
各种社会福利收养性单位床位数	床	909	440	765		720

2013年县(市)社会经济主要指标

湖南省

指标	单位	岳阳县	华容县	湘阴县	平江县	汨罗市
一、基本情况						
行政区域面积	平方公里	2716	1449	1542	4125	1780
乡个数	个	8	8	7	11	15
镇个数	个	12	12	12	16	19
街道办事处个数	个		29		34	1
户籍人口	万人	72	72	71	109	75
第二产业从业人员	人	66700	54700	110600	112800	153600
第三产业从业人员	人	168100	107000	182900	262600	199700
固定电话用户	户	49026	171055	46000	154126	106983
二、综合经济						
地区生产总值	万元	2117214	2406848	2602271	1834183	3289940
第一产业增加值	万元	406016	507094	424701	357939	409057
农业增加值	万元	191774	267152	197030	173421	172498
牧业增加值	万元	164756	117835	108362	143813	186931
第二产业增加值	万元	1045758	1215307	1450233	868732	2052064
公共财政收入	万元	74982	67509	101009	82674	190098
各项税收	万元	27662	41300	40874	38441	60488
公共财政支出	万元	244529	247883	284517	335891	296415
居民储蓄存款余额	万元	583640	960185	613978	993099	847984
年末金融机构各项贷款余额	万元	465494	611085	639825	568824	495887
三、农业、工业及投资						
农业机械总动力	万千瓦特	75	89	78	66	67
机收面积	公顷	64500	126066	57000	50640	73000
设施农业占地面积	公顷	2900	1400	3600	2400	2220
粮食总产量	吨	504262	537583	582243	418101	482764
棉花产量	吨	8295	30105	1076	1368	1203
油料产量	吨	30983	69103	17784	24874	13892
肉类总产量	吨	106791	67198	75101	84494	120040
规模以上工业企业单位数	个	157	145	151	155	267
规模以上工业总产值	万元	3985893	4345888	5807048	3038150	7673830
固定资产投资	万元	1967565	1818361	1761869	1368416	2066172
四、教育、卫生和社会保障						
普通中学在校学生数	人	28928	26557	30371	45552	29690
中等职业教育学校在校学生数	人	5052	4271	4137	2933	5677
小学在校学生数	人	37495	30860	41971	73267	39476
医疗卫生机构床位数	床	1827	1579	2000	3054	2437
各种社会福利收养性单位数	个	1	27	27	42	33
各种社会福利收养性单位床位数	床	1400	1718	2123	2015	1760

2013年县(市)社会经济主要指标

湖南省

指标	单位	临湘市	安乡县	汉寿县	澧县	临澧县
一、基本情况						
行政区域面积	平方公里	1754	1087	2089	2075	1204
乡个数	个	5	11	14	17	9
镇个数	个	13	8	16	15	8
街道办事处个数	个	2				
户籍人口	万人	53	57	86	91	44
第二产业从业人员	人	70600	8064	95300	74120	4405
第三产业从业人员	人	143900	40826	128707	130510	9209
固定电话用户	户	53700	35800	65000	95800	53100
二、综合经济						
地区生产总值	万元	1790214	1283177	1807631	2262009	1162603
第一产业增加值	万元	242765	304566	414074	506433	237302
农业增加值	万元	112332	168979	217555	251077	122731
牧业增加值	万元	86493	66236	115939	169586	89525
第二产业增加值	万元	1016494	319247	612219	902716	450225
公共财政收入	万元	63244	34336	71509	115408	56913
各项税收	万元	54362	16836	34494	47270	12878
公共财政支出	万元	199255	186807	275637	316170	189668
居民储蓄存款余额	万元	673966	628676	951900	1604600	86410
年末金融机构各项贷款余额	万元	466046	318554	567700	836300	53695
三、农业、工业及投资						
农业机械总动力	万千瓦特	71	55	80	75	35
机收面积	公顷	28620	66300	110380	73601	45763
设施农业占地面积	公顷	1350		877	820	
粮食总产量	吨	311676	302769	624256	499174	326819
棉花产量	吨	3509	24188	17153	32705	10505
油料产量	吨	18986	74103	76718	93240	52079
肉类总产量	吨	52886	35670	80638	103143	61919
规模以上工业企业单位数	个	129	57	109	100	105
规模以上工业总产值	万元	3256289	418398	1923669	2204299	1034474
固定资产投资	万元	1381636	396752	1217409	2215609	1063391
四、教育、卫生和社会保障						
普通中学在校学生数	人	22753	16669	31348	32873	18063
中等职业教育学校在校学生数	人	4346	5189	5364	7850	2045
小学在校学生数	人	34123	19419	42760	39189	20516
医疗卫生机构床位数	床	1295	2047	3381	3281	1441
各种社会福利收养性单位数	个	24	23		36	18
各种社会福利收养性单位床位数	床	1156	1327		2400	840

2013 年县(市)社会经济主要指标

湖南省

指　　标	单位	桃源县	石门县	津市市	慈利县	桑植县
一、基本情况						
行政区域面积	平方公里	4458	3970	557	3480	3474
乡个数	个	22	8	2	18	29
镇个数	个	18	11	5	13	9
街道办事处个数	个			4		
户籍人口	万人	97	67	27	71	47
第二产业从业人员	人	86458	67471	31928	45661	30347
第三产业从业人员	人	139061	120150	55875	84039	79053
固定电话用户	户	81000	70300	22311	73185	35500
二、综合经济						
地区生产总值	万元	2214848	1805644	969690	1239487	605568
第一产业增加值	万元	611293	332551	166240	213644	81110
农业增加值	万元	328438	192758	72656	133213	50684
牧业增加值	万元	240201	118326	53421	44270	14269
第二产业增加值	万元	824730	781921	463963	445351	146475
公共财政收入	万元	126627	100018	51616	82898	44604
各项税收	万元	40049	84909	36856	58661	38586
公共财政支出	万元	352698	250888	141966	251617	203541
居民储蓄存款余额	万元	1442000	998214	539202	974800	463046
年末金融机构各项贷款余额	万元	590082	617799	262389	623900	348676
三、农业、工业及投资						
农业机械总动力	万千瓦特	85	63	18	51	19
机收面积	公顷	93770	30100	13590	16451	4150
设施农业占地面积	公顷		24		24	15
粮食总产量	吨	766057	257232	138251	291208	141622
棉花产量	吨	21248	4933	6001	1100	5
油料产量	吨	109200	46637	30274	35680	16360
肉类总产量	吨	142592	95974	37215	45884	19256
规模以上工业企业单位数	个	71	123	89	70	29
规模以上工业总产值	万元	2123892	2299834	1297550	732732	215172
固定资产投资	万元	1226142	1424283	673203	175377	546125
四、教育、卫生和社会保障						
普通中学在校学生数	人	34835	25195	7029	26326	19889
中等职业教育学校在校学生数	人	8081	5505	2954	6727	1579
小学在校学生数	人	43580	29457	8694	35151	31594
医疗卫生机构床位数	床	2685	2723	1092	1926	2000
各种社会福利收养性单位数	个	49	31	22	32	13
各种社会福利收养性单位床位数	床	2881	1531	1336	1224	360

2013年县（市）社会经济主要指标

湖南省

指标	单位	南县	桃江县	安化县	沅江市	桂阳县
一、基本情况						
行政区域面积	平方公里	1406	2063	4945	2020	2958
乡个数	个	2	3	5	1	6
镇个数	个	15	12	18	11	17
街道办事处个数	个				2	3
户籍人口	万人	79	89	103	74	89
第二产业从业人员	人	67500	128400	51500	73100	98300
第三产业从业人员	人	136900	151700	107200	131900	105400
固定电话用户	户	56997	53380	72084	60000	45200
二、综合经济						
地区生产总值	万元	1723792	1684096	1464844	1951252	2564619
第一产业增加值	万元	521205	321335	349320	441143	360084
农业增加值	万元	300935	144134	147198	229105	188772
牧业增加值	万元	124447	134346	154957	99412	131023
第二产业增加值	万元	555775	805105	593689	803246	1346497
公共财政收入	万元	54045	87101	105388	100203	225599
各项税收	万元	55723	73379	92637	75988	135359
公共财政支出	万元	226856	264663	320910	268023	334217
居民储蓄存款余额	万元	957269	1027342	1273851	945715	1120379
年末金融机构各项贷款余额	万元	481819	555832	533862	805117	614031
三、农业、工业及投资						
农业机械总动力	万千瓦特	83	77	72	92	54
机收面积	公顷	143600	58000	21500	107343	32780
设施农业占地面积	公顷	1386	830	584	303	98
粮食总产量	吨	573164	357376	237020	462583	276585
棉花产量	吨	39632	270		20405	
油料产量	吨	84872	32571	39043	57665	14097
肉类总产量	吨	68939	79921	82264	66163	72678
规模以上工业企业单位数	个	100	178	108	111	125
规模以上工业总产值	万元	1484738	2480528	1217353	2331157	4334497
固定资产投资	万元	1939799	454944	1189925	929108	2113283
四、教育、卫生和社会保障						
普通中学在校学生数	人	25260	32183	34103	26338	35784
中等职业教育学校在校学生数	人	3213	5199	3590	1656	2470
小学在校学生数	人	30432	44745	55079	32193	67643
医疗卫生机构床位数	床	1987	3225	3200	2189	2846
各种社会福利收养性单位数	个	49	89	32	34	40
各种社会福利收养性单位床位数	床	3118	2102	2360	2131	1696

2013 年县(市)社会经济主要指标

湖南省

指　　标	单位	宜章县	永兴县	嘉禾县	临武县	汝城县
一、基本情况						
行政区域面积	平方公里	2118	1979	699	1375	2400
乡个数	个	11	7	2	9	9
镇个数	个	11	14	11	9	10
街道办事处个数	个					
户籍人口	万人	62	68	41	36	39
第二产业从业人员	人	126700	102600	95500	67600	44600
第三产业从业人员	人	104600	96200	54900	81700	35700
固定电话用户	户	42483	44359	28781	23420	41100
二、综合经济						
地区生产总值	万元	1471860	2377025	1069380	903898	419286
第一产业增加值	万元	170867	220356	142365	107472	94352
农业增加值	万元	109354	128984	75710	73537	66980
牧业增加值	万元	49222	61469	59207	25494	16634
第二产业增加值	万元	676360	1519913	548183	446623	160207
公共财政收入	万元	150322	204666	101633	101343	79440
各项税收	万元	37702	103282	71540	70306	28069
公共财政支出	万元	265853	316955	164711	173389	176888
居民储蓄存款余额	万元	895453	709760	623889	660906	558823
年末金融机构各项贷款余额	万元	455110	305368	219139	259532	352837
三、农业、工业及投资						
农业机械总动力	万千瓦特	88	26	63	55	40
机收面积	公顷	13100	25300	5400	15657	12320
设施农业占地面积	公顷	297	356	263	37	240
粮食总产量	吨	236031	229076	128326	122053	189612
棉花产量	吨	22	65			127
油料产量	吨	10451	19169	8525	6982	6892
肉类总产量	吨	57236	60526	54975	27316	29945
规模以上工业企业单位数	个	172	176	110	64	52
规模以上工业总产值	万元	2199496	4659534	1684827	662798	534011
固定资产投资	万元	1348983	1817947	650356	769548	514478
四、教育、卫生和社会保障						
普通中学在校学生数	人	29103	22373	21104	16004	15640
中等职业教育学校在校学生数	人	696	1539	468	443	1175
小学在校学生数	人	64488	54138	34585	42029	34248
医疗卫生机构床位数	床	2789	1969	1366	1228	1175
各种社会福利收养性单位数	个	22	34	10	21	19
各种社会福利收养性单位床位数	床	965	1742	738	1291	792

2013年县(市)社会经济主要指标

湖南省

指　　标	单位	桂东县	安仁县	资兴市	祁阳县	东安县
一、基本情况						
行政区域面积	平方公里	1452	1462	2747	2538	2211
乡个数	个	8	12	8	10	4
镇个数	个	7	5	10	20	13
街道办事处个数	个			2	3	
户籍人口	万人	21	44	38	103	63
第二产业从业人员	人	26500	74300	100800	139000	47100
第三产业从业人员	人	28300	104800	98700	145000	61800
固定电话用户	户	24895	31300	52731	46731	36321
二、综合经济						
地区生产总值	万元	218764	602255	2473685	1965172	1271995
第一产业增加值	万元	38854	151412	186733	396287	292979
农业增加值	万元	22697	111046	90959	223891	168041
牧业增加值	万元	10296	23577	49675	88912	87957
第二产业增加值	万元	66772	238650	1722344	754300	509773
公共财政收入	万元	24009	42588	285358	98217	66018
各项税收	万元	9148	35274	159852	73141	38624
公共财政支出	万元	107000	167044	329623	304329	207276
居民储蓄存款余额	万元	322701	532756	917790	1676127	749091
年末金融机构各项贷款余额	万元	163717	317219	578929	711471	400365
三、农业、工业及投资						
农业机械总动力	万千瓦特	12	20	32	84	56
机收面积	公顷	800	34480	12920	20000	23941
设施农业占地面积	公顷	106	232	16	45	
粮食总产量	吨	62133	279358	122862	632060	379377
棉花产量	吨		16	41	579	88
油料产量	吨	2039	30435	6480	40681	10864
肉类总产量	吨	10183	31599	51078	93915	83825
规模以上工业企业单位数	个	15	39	158	103	88
规模以上工业总产值	万元	145720	485412	5961873	1370803	1223269
固定资产投资	万元	334210	860206	2001348	1928543	1226214
四、教育、卫生和社会保障						
普通中学在校学生数	人	7383	20055	14846	44754	20083
中等职业教育学校在校学生数	人	1520	1265	1789	9463	895
小学在校学生数	人	13671	32505	22889	71410	36489
医疗卫生机构床位数	床	597	1135	1474	3111	1691
各种社会福利收养性单位数	个	23	23	21	59	30
各种社会福利收养性单位床位数	床	1138	915	1197	1770	1000

2013 年县（市）社会经济主要指标

湖南省

指　　标	单位	双牌县	道　县	江永县	宁远县	蓝山县
一、基本情况						
行政区域面积	平方公里	1739	2441	1633	2489	1807
乡个数	个	10	5	5	5	9
镇个数	个	4	12	7	12	6
街道办事处个数	个		7			
户籍人口	万人	18	80	27	84	39
第二产业从业人员	人	24200	80900	41400	61600	44600
第三产业从业人员	人	43100	116300	30700	184700	64200
固定电话用户	户	10385	26400	14955	37380	23284
二、综合经济						
地区生产总值	万元	407325	1235709	444801	1005338	735176
第一产业增加值	万元	117007	335035	172743	257472	134754
农业增加值	万元	19795	180233	103460	130938	59834
牧业增加值	万元	24616	102881	48937	88208	45662
第二产业增加值	万元	183930	352763	130424	358041	293973
公共财政收入	万元	30182	75018	29442	84479	50114
各项税收	万元	24594	57548	18094	41903	31887
公共财政支出	万元	89136	237096	109446	267078	146000
居民储蓄存款余额	万元	237281	825438	383500	860852	469768
年末金融机构各项贷款余额	万元	219943	346572	146200	480214	187985
三、农业、工业及投资						
农业机械总动力	万千瓦特	18	44	22	95	37
机收面积	公顷	8830	26700	8000	24670	4500
设施农业占地面积	公顷	102	10	12	1100	
粮食总产量	吨	70903	382017	118491	294128	122917
棉花产量	吨	263	24	155	35	422
油料产量	吨	1892	12926	14231	7847	13597
肉类总产量	吨	21267	94703	38374	82145	68289
规模以上工业企业单位数	个	37	47	29	67	55
规模以上工业总产值	万元	297604	336019	275505	695978	664631
固定资产投资	万元	475180	1044909	522620	1043660	527249
四、教育、卫生和社会保障						
普通中学在校学生数	人	6486	31825	11599	33316	16625
中等职业教育学校在校学生数	人	574	10079	515	3571	3659
小学在校学生数	人	10468	65556	23005	70265	32914
医疗卫生机构床位数	床	425	1773	725	1760	1335
各种社会福利收养性单位数	个	11	33	14	25	16
各种社会福利收养性单位床位数	床	530	1167	517	1182	460

2013年县(市)社会经济主要指标

湖南省

指　　标	单位	新田县	江华瑶族自治县	中方县	沅陵县	辰溪县
一、基本情况						
行政区域面积	平方公里	1022	3216	1479	5828	1977
乡个数	个	12	11	11	15	22
镇个数	个	7	11	11	8	8
街道办事处个数	个					
户籍人口	万人	42	51	29	65	53
第二产业从业人员	人	14600	23700	12523	71500	25200
第三产业从业人员	人	31000	73500	8857	61600	22800
固定电话用户	户	11253	34484	18156	49357	39500
二、综合经济						
地区生产总值	万元	529462	736431	818503	1557832	868233
第一产业增加值	万元	153169	201844	104755	165720	136297
农业增加值	万元	88293	81925	61199	89647	92822
牧业增加值	万元	49027	55037	20188	31499	34100
第二产业增加值	万元	147543	217619	489692	1054898	391512
公共财政收入	万元	37290	63065	57811	133571	72599
各项税收	万元	23898	48023	28643	44669	27927
公共财政支出	万元	149698	198680	127450	275234	195798
居民储蓄存款余额	万元	450593	532632	142310	779158	581000
年末金融机构各项贷款余额	万元	173512	384853	254663	281860	361000
三、农业、工业及投资						
农业机械总动力	万千瓦特	37	36	23	40	28
机收面积	公顷	6000	9520	5500	8230	10020
设施农业占地面积	公顷	20	3	102	256	135
粮食总产量	吨	157727	211805	110441	214729	178498
棉花产量	吨		47	365	20	567
油料产量	吨	4454	10395	12979	20913	21320
肉类总产量	吨	44572	42771	21724	28100	27949
规模以上工业企业单位数	个	35	45	62	60	47
规模以上工业总产值	万元	386896	465218	1020892	1697705	689822
固定资产投资	万元	448723	632610	1045223	740888	700026
四、教育、卫生和社会保障						
普通中学在校学生数	人	16478	21592	8551	21905	15261
中等职业教育学校在校学生数	人	1301	3146	1178	1897	382
小学在校学生数	人	31406	38065	12839	34939	27060
医疗卫生机构床位数	床	1657	1872	687	3458	2232
各种社会福利收养性单位数	个	11	15	11	26	20
各种社会福利收养性单位床位数	床	570	655	570	720	847

2013 年县(市)社会经济主要指标

湖南省

指　　标	单位	溆浦县	会同县	麻阳苗族自治县	新晃侗族自治县	芷江侗族自治县
一、基本情况						
行政区域面积	平方公里	3440	2259	1568	1508	2099
乡个数	个	29	17	17	16	23
镇个数	个	14	8	6	7	5
街道办事处个数	个					11
户籍人口	万人	90	36	39	27	38
第二产业从业人员	人	155270	31300	29200	26000	12200
第三产业从业人员	人	159200	67700	54400	32700	70800
固定电话用户	户	53000	31100	36800	14419	25400
二、综合经济						
地区生产总值	万元	1144380	515458	533699	423804	787781
第一产业增加值	万元	259988	107600	133612	60526	182562
农业增加值	万元	130183	44427	107121	20612	108330
牧业增加值	万元	96009	22513	19588	26431	52641
第二产业增加值	万元	416375	127196	187802	218728	341515
公共财政收入	万元	69640	42846	34679	31390	58431
各项税收	万元	26646	19639	14733	14141	43713
公共财政支出	万元	275387	146006	161600	123431	175784
居民储蓄存款余额	万元	1014115	544855	441800	277617	510684
年末金融机构各项贷款余额	万元	547395	185150	283900	151073	279200
三、农业、工业及投资						
农业机械总动力	万千瓦特	54	26	17	14	36
机收面积	公顷	22670	6250	5330	933	12260
设施农业占地面积	公顷	129	253	286	43	270
粮食总产量	吨	338455	115578	106425	76725	204438
棉花产量	吨	426	49	26		50
油料产量	吨	23686	9211	14268	4013	14417
肉类总产量	吨	77247	17940	22936	22915	39661
规模以上工业企业单位数	个	69	24	29	35	52
规模以上工业总产值	万元	704301	241975	438044	387672	511057
固定资产投资	万元	744019	340374	371774	293246	402557
四、教育、卫生和社会保障						
普通中学在校学生数	人	30669	13637	16501	9290	15123
中等职业教育学校在校学生数	人	2730	1766	1038	406	4126
小学在校学生数	人	56091	21111	23443	16102	23094
医疗卫生机构床位数	床	3116	1592	1126	1549	1488
各种社会福利收养性单位数	个	26	13	20	14	17
各种社会福利收养性单位床位数	床	1281	398	1000	566	700

2013年县(市)社会经济主要指标

湖南省

指　　标	单位	靖州苗族侗族自治县	通道侗族自治县	洪江市	双峰县	新化县
一、基本情况						
行政区域面积	平方公里	2211	2239	2289	1715	3642
乡个数	个	7	13	20	3	7
镇个数	个	6	8	8	13	19
街道办事处个数	个			4		1
户籍人口	万人	27	24	50	94	144
第二产业从业人员	人	19500	16972	70700	83500	115300
第三产业从业人员	人	49300	18209	110600	150000	192800
固定电话用户	户	30363	29400	38145	79958	117000
二、综合经济						
地区生产总值	万元	562069	294974	823873	1706893	1687072
第一产业增加值	万元	116485	62315	162364	549583	466214
农业增加值	万元	71761	26221	97053	255947	179894
牧业增加值	万元	29350	12766	33544	251300	247133
第二产业增加值	万元	208297	105738	302911	702467	570333
公共财政收入	万元	38796	28175	87854	87898	109391
各项税收	万元	27952	10388	45288	67154	86249
公共财政支出	万元	131089	125979	226968	316227	406145
居民储蓄存款余额	万元	415681	301940	812681	1299508	1396254
年末金融机构各项贷款余额	万元	180027	120721	593714	506219	823068
三、农业、工业及投资						
农业机械总动力	万千瓦特	31	27	33	2	77
机收面积	公顷	13300	3540	16820	43400	18400
设施农业占地面积	公顷	210	72	118	118	120
粮食总产量	吨	121425	78568	174038	530578	464660
棉花产量	吨		175	17	353	122
油料产量	吨	9872	8142	9875	14723	11821
肉类总产量	吨	20742	11835	33061	134148	120186
规模以上工业企业单位数	个	27	29	72	135	120
规模以上工业总产值	万元	500560	286815	1449855	2011442	1502537
固定资产投资	万元	286423	216964	777348	1106778	927827
四、教育、卫生和社会保障						
普通中学在校学生数	人	11103	8691	18516	42763	57878
中等职业教育学校在校学生数	人	1760	522	5830	4652	1612
小学在校学生数	人	16047	15554	22831	57519	95750
医疗卫生机构床位数	床	1058	881	1914	1991	3677
各种社会福利收养性单位数	个	10	10	29	18	55
各种社会福利收养性单位床位数	床	322	316	974	847	1608

2013年县(市)社会经济主要指标

湖南省

指　　标	单位	冷水江市	涟源市	吉首市	泸溪县	凤凰县
一、基本情况						
行政区域面积	平方公里	439	1912	1058	1566	1745
乡个数	个	5	2	7	7	15
镇个数	个	7	17	5	8	9
街道办事处个数	个	4	1	4		
户籍人口	万人	37	116	30	31	42
第二产业从业人员	人	83300	155900	32800	51200	24200
第三产业从业人员	人	49200	213500	115900	80500	82700
固定电话用户	户	38700	39282	78400	19706	28500
二、综合经济						
地区生产总值	万元	2364075	2068079	1041179	474720	541401
第一产业增加值	万元	84048	422568	55880	66174	74756
农业增加值	万元	25295	205898	43422	47142	56483
牧业增加值	万元	52236	194556	8630	13489	13590
第二产业增加值	万元	1649289	992730	333888	257300	95611
公共财政收入	万元	210013	135631	82153	33445	63675
各项税收	万元	81072	57039	64225	25666	36710
公共财政支出	万元	241089	379354	219631	166023	215824
居民储蓄存款余额	万元	811547	908699	1120076	362877	461655
年末金融机构各项贷款余额	万元	1015687	804545	929148	180308	321156
三、农业、工业及投资						
农业机械总动力	万千瓦特	93	80	17	15	20
机收面积	公顷	2100	30870	1052	5300	650
设施农业占地面积	公顷	302	48	560	3	14
粮食总产量	吨	44231	461619	47782	71980	118735
棉花产量	吨		26		103	
油料产量	吨	1193	10496	7435	12327	11730
肉类总产量	吨	26325	96339	7927	12455	12696
规模以上工业企业单位数	个	128	166	50	41	17
规模以上工业总产值	万元	4082023	2267468	627487	556174	91155
固定资产投资	万元	1353214	1277227	667642	152397	316332
四、教育、卫生和社会保障						
普通中学在校学生数	人	20207	50236	22731	16565	16893
中等职业教育学校在校学生数	人	8226	5683	15186	1912	594
小学在校学生数	人	30725	65858	25726	20506	28427
医疗卫生机构床位数	床	1512	2906	3810	870	1324
各种社会福利收养性单位数	个	18	22	16	18	19
各种社会福利收养性单位床位数	床	563	1017	710	718	680

2013年县(市)社会经济主要指标

湖南省

指　　标	单位	花垣县	保靖县	古丈县	永顺县	龙山县
一、基本情况						
行政区域面积	平方公里	1109	1754	1297	3810	3131
乡个数	个	10	6	6	18	20
镇个数	个	8	10	6	12	11
街道办事处个数	个					3
户籍人口	万人	31	31	14	54	60
第二产业从业人员	人	59800	23300	14400	41100	77400
第三产业从业人员	人	65100	54900	22400	73700	98500
固定电话用户	户	21300	20800	11217	29673	33045
二、综合经济						
地区生产总值	万元	582814	359408	172286	466405	551216
第一产业增加值	万元	55833	70469	37860	130724	149301
农业增加值	万元	36992	53077	25339	99482	117178
牧业增加值	万元	15086	13134	6934	21804	19720
第二产业增加值	万元	353773	133374	48743	123850	130472
公共财政收入	万元	69216	27063	23002	36576	39596
各项税收	万元	58047	11800	17122	32321	29485
公共财政支出	万元	166911	152174	108831	234293	235965
居民储蓄存款余额	万元	439841	225640	179700	533207	667480
年末金融机构各项贷款余额	万元	311375	125400	114200	304739	260683
三、农业、工业及投资						
农业机械总动力	万千瓦特	17	14	10	32	22
机收面积	公顷	1422	4970	4000	10000	7000
设施农业占地面积	公顷	102	175		290	86
粮食总产量	吨	87686	86295	31809	203778	176689
棉花产量	吨			9	19	
油料产量	吨	6474	9713	3376	21856	14971
肉类总产量	吨	13497	11737	5039	18508	18534
规模以上工业企业单位数	个	39	19	12	24	21
规模以上工业总产值	万元	728023	190163	63699	119540	114719
固定资产投资	万元	133212	130792	188357	402109	492398
四、教育、卫生和社会保障						
普通中学在校学生数	人	14360	12211	6117	24732	29998
中等职业教育学校在校学生数	人	1487	951		2727	2352
小学在校学生数	人	23097	18221	7960	36651	40015
医疗卫生机构床位数	床	843	987	398	2405	1923
各种社会福利收养性单位数	个	18	22	14	32	36
各种社会福利收养性单位床位数	床	862	640	571	1260	1823

2013年县(市)社会经济主要指标

广东省

指　　标	单位	增城市	从化市	曲江区	始兴县	仁化县
一、基本情况						
行政区域面积	平方公里	1616	1975	1626	2174	2223
乡个数	个				1	
镇个数	个	7	5	9	9	10
街道办事处个数	个	4	3	1		1
户籍人口	万人	85	60	31	25	24
第二产业从业人员	人	279122	94734	42429	23166	20225
第三产业从业人员	人	169400	60547	49631	27307	38807
固定电话用户	户	283287	120000	60500	27800	35400
二、综合经济						
地区生产总值	万元	9894494	2841460	1419831	586455	848699
第一产业增加值	万元	534674	225526	142895	152445	168543
农业增加值	万元	345337	155985	103075	111292	113011
牧业增加值	万元	75823	39075	19284	18958	16896
第二产业增加值	万元	5997243	1325516	816819	246065	392244
公共财政收入	万元	629948	296720	65400	30151	52557
各项税收	万元	1348301	399473	41800	21588	36901
公共财政支出	万元	687600	385216	126000	108577	119290
居民储蓄存款余额	万元	5609250	1849054	773400	493685	475968
年末金融机构各项贷款余额	万元	6859277	1871535	582400	265274	258095
三、农业、工业及投资						
农业机械总动力	万千瓦特	38	21	18	19	13
机收面积	公顷	47016	18981	12160	11837	10810
设施农业占地面积	公顷	1826	122	88	112	139
粮食总产量	吨	152396	116037	82180	85820	100025
棉花产量	吨					
油料产量	吨	5100	8781	18620	10753	30067
肉类总产量	吨	74078	41623	20993	12839	16573
规模以上工业企业单位数	个	1056	176	62	49	50
规模以上工业总产值	万元	18176100	5811884	3506252	610883	948673
固定资产投资	万元	2940680	1535793	1208000	491407	432936
四、教育、卫生和社会保障						
普通中学在校学生数	人	60311	38756	16612	12649	11507
中等职业教育学校在校学生数	人	10137	10120	2213	1700	
小学在校学生数	人	72074	36948	21695	14898	13870
医疗卫生机构床位数	床	3257	2770	1240	622	636
各种社会福利收养性单位数	个	63	26	9	10	12
各种社会福利收养性单位床位数	床	2346	889	150	560	343

2013年县(市)社会经济主要指标

广东省

指标	单位	翁源县	乳源瑶族自治县	新丰县	乐昌市	南雄市
一、基本情况						
行政区域面积	平方公里	2175	2299	2015	2421	2326
乡个数	个					
镇个数	个	7	8	6	16	17
街道办事处个数	个			1	1	1
户籍人口	万人	40	22	26	52	48
第二产业从业人员	人	29948	9605	17253	29299	30054
第三产业从业人员	人	43531	30514	38172	54491	54627
固定电话用户	户	47000	24800	32900	56300	55100
二、综合经济						
地区生产总值	万元	715255	581698	530141	953802	1007886
第一产业增加值	万元	193649	65699	100359	197827	236275
农业增加值	万元	159148	44471	80953	155708	168583
牧业增加值	万元	15218	7036	8424	20244	33030
第二产业增加值	万元	254421	292680	247567	323256	370096
公共财政收入	万元	32601	43192	28800	52654	47600
各项税收	万元	23038	30322	21500	34800	31300
公共财政支出	万元	131616	121140	106500	178164	160000
居民储蓄存款余额	万元	695048	334510	383600	854000	696961
年末金融机构各项贷款余额	万元	323298	254406	189400	460900	371993
三、农业、工业及投资						
农业机械总动力	万千瓦特	21	7	5	21	29
机收面积	公顷	12800	5815	5600	8970	21542
设施农业占地面积	公顷	481	28	70	324	10
粮食总产量	吨	100015	56520	53070	119238	212170
棉花产量	吨					
油料产量	吨	16663	4473	5507	12287	24365
肉类总产量	吨	12449	5978	8158	22338	35353
规模以上工业企业单位数	个	56	51	57	46	81
规模以上工业总产值	万元	691733	866154	636745	709093	950078
固定资产投资	万元	448620	474922	369100	823037	824100
四、教育、卫生和社会保障						
普通中学在校学生数	人	18426	9760	14636	23673	23996
中等职业教育学校在校学生数	人	569	1491	1156	3520	1517
小学在校学生数	人	22918	14449	15099	33086	27336
医疗卫生机构床位数	床	1007	462	793	2167	1158
各种社会福利收养性单位数	个	12	7	8	18	18
各种社会福利收养性单位床位数	床	600	188	102	1305	442

2013年县(市)社会经济主要指标

广东省

指　　标	单位	斗门区	潮阳区	澄海区	南澳县	禅城区
一、基本情况						
行政区域面积	平方公里	680	663	345	112	154
乡个数	个					
镇个数	个	5	9	8	3	1
街道办事处个数	个	1	4	3		3
户籍人口	万人	34	173	76	8	65
第二产业从业人员	人	127145	239458	214529	2459	125418
第三产业从业人员	人	92075	166969	94027	9576	122244
固定电话用户	户	113336	237569	188582	18893	397400
二、综合经济						
地区生产总值	万元	2384453	2857757	3180402	133255	13423546
第一产业增加值	万元	300301	210225	306839	37367	5413
农业增加值	万元	50838	118602	190768	4712	1650
牧业增加值	万元	33189	14978	41083	2465	1783
第二产业增加值	万元	1285559	1830055	1776781	57266	5600712
公共财政收入	万元	201394	176155	188411	16358	723227
各项税收	万元	169561	81502	95443	11572	1858505
公共财政支出	万元	215295	240987	246598	64465	988073
居民储蓄存款余额	万元	1774580	2943389	2954793	159932	12535554
年末金融机构各项贷款余额	万元	1797505	1207590	1471630	67421	21144494
三、农业、工业及投资						
农业机械总动力	万千瓦特	16	8	12	9	1
机收面积	公顷	4731	15760	5839		
设施农业占地面积	公顷	31	49	159		
粮食总产量	吨	36788	167611	89980	4139	
棉花产量	吨					
油料产量	吨	396	447	482	103	
肉类总产量	吨	30132	22979	45850	3892	2197
规模以上工业企业单位数	个	187	337	378	5	696
规模以上工业总产值	万元	7255911	6193606	5283891	23824	22124765
固定资产投资	万元	1516636	1857932	822539	134288	1991303
四、教育、卫生和社会保障						
普通中学在校学生数	人	24102	148789	47335	3429	41738
中等职业教育学校在校学生数	人	1373	23955	7537	244	8204
小学在校学生数	人	29964	155129	62322	2741	68990
医疗卫生机构床位数	床	1023	2205	1312	123	7970
各种社会福利收养性单位数	个	7	17	18	1	8
各种社会福利收养性单位床位数	床	780	592	363	20	1878

2013年县(市)社会经济主要指标

广东省

指　　标	单位	南海区	顺德区	三水区	高明区	新会区
一、基本情况						
行政区域面积	平方公里	1073	807	827	938	1355
乡个数	个					
镇个数	个	6	6	5	3	10
街道办事处个数	个	1	4	2	1	1
户籍人口	万人	170	126	40	30	75
第二产业从业人员	人	765261	1010821	190116	131501	233067
第三产业从业人员	人	680126	495804	112321	75707	120043
固定电话用户	户	957229	816700	149518	98315	226302
二、综合经济						
地区生产总值	万元	21724372	25567787	8405188	5587189	4917798
第一产业增加值	万元	437300	436011	298208	165981	332261
农业增加值	万元	272755	127394	127883	69753	107276
牧业增加值	万元	32023	36849	106232	45961	51085
第二产业增加值	万元	11309092	13565089	6398387	4346486	3299463
公共财政收入	万元	1461291	1540856	320171	232706	383004
各项税收	万元	3348808	3582071	646373	500864	300163
公共财政支出	万元	1392991	2743406	347166	259468	430111
居民储蓄存款余额	万元	19715140	19040149	2979370	1684402	4614681
年末金融机构各项贷款余额	万元	19021115	25159531	3081561	1927354	3435912
三、农业、工业及投资						
农业机械总动力	万千瓦特	22	28	31	19	35
机收面积	公顷			1690	7500	25611
设施农业占地面积	公顷	171	713	280		58
粮食总产量	吨	7015	545	35223	55410	151730
棉花产量	吨					
油料产量	吨	219	5	2364	2745	987
肉类总产量	吨	34358	41576	118100	51384	50157
规模以上工业企业单位数	个	2273	1874	855	485	487
规模以上工业总产值	万元	46234129	53526965	25918422	22571454	7646052
固定资产投资	万元	7123852	4498829	3822971	2834415	2016145
四、教育、卫生和社会保障						
普通中学在校学生数	人	113943	112399	31053	16480	48093
中等职业教育学校在校学生数	人	31450	28949	8248	6263	11087
小学在校学生数	人	156899	165702	45746	26330	59855
医疗卫生机构床位数	床	7441	8312	2055	1583	2812
各种社会福利收养性单位数	个	20	18	8	6	23
各种社会福利收养性单位床位数	床	2268	3427	1665	590	1053

2013年县(市)社会经济主要指标

广东省

指　　标	单位	台山市	开平市	鹤山市	恩平市	遂溪县
一、基本情况						
行政区域面积	平方公里	3285	1659	1083	1698	2132
乡个数	个					
镇个数	个	16	13	9	10	15
街道办事处个数	个	1	2	1	1	
户籍人口	万人	98	68	37	50	107
第二产业从业人员	人	156412	134118	152414	66385	43389
第三产业从业人员	人	122487	76328	55748	75737	77753
固定电话用户	户	230559	179872	121451	132944	55883
二、综合经济						
地区生产总值	万元	3134068	2602329	2175886	1332464	2316570
第一产业增加值	万元	508349	259650	166785	190020	898520
农业增加值	万元	158401	137684	89636	99570	505227
牧业增加值	万元	40672	84615	52381	30105	124959
第二产业增加值	万元	1780648	1313365	1188413	446063	717145
公共财政收入	万元	203256	188469	188757	84286	58193
各项税收	万元	392951	141165	142254	64066	29795
公共财政支出	万元	355062	266357	215115	183463	249188
居民储蓄存款余额	万元	3315266	3225156	1995400	1547130	1243646
年末金融机构各项贷款余额	万元	1946859	1593290	1761100	358820	585530
三、农业、工业及投资						
农业机械总动力	万千瓦特	59	35	17	18	80
机收面积	公顷	56454	40194	11333		29650
设施农业占地面积	公顷		126	946		
粮食总产量	吨	338205	217232	80022	133596	233647
棉花产量	吨					
油料产量	吨	11037	5876	5208	5538	34718
肉类总产量	吨	36166	73522	51799	25449	97609
规模以上工业企业单位数	个	209	265	320	129	85
规模以上工业总产值	万元	4649205	3386211	4095249	1257727	1944329
固定资产投资	万元	1967225	1466758	1209345	768668	887813
四、教育、卫生和社会保障						
普通中学在校学生数	人	42863	46004	23378	27634	72641
中等职业教育学校在校学生数	人	10377	8550	3025		5696
小学在校学生数	人	48466	54165	31258	29508	59746
医疗卫生机构床位数	床	2822	2809	1094		2802
各种社会福利收养性单位数	个	22	17	12	12	84
各种社会福利收养性单位床位数	床	904	1757	756	782	1751

2013年县(市)社会经济主要指标

广东省

指　　标	单位	徐闻县	廉江市	雷州市	吴川市	电白县
一、基本情况						
行政区域面积	平方公里	1862	2867	3662	876	1830
乡个数	个	2				
镇个数	个	12	18	18	10	17
街道办事处个数	个	1	3	3	5	
户籍人口	万人	72	175	172	116	144
第二产业从业人员	人	20014	199017	50925	102276	84208
第三产业从业人员	人	67904	288789	144012	93258	123510
固定电话用户	户	48500	112594	86537	104264	156600
二、综合经济						
地区生产总值	万元	1314554	3055674	2009854	1758671	3454742
第一产业增加值	万元	648721	873909	869098	254291	760183
农业增加值	万元	487617	498827	578577	105275	333380
牧业增加值	万元	26547	148256	64514	56952	133107
第二产业增加值	万元	164189	1266056	308843	769251	1209807
公共财政收入	万元	38977	81608	53393	53326	125918
各项税收	万元	22268	51876	28695	32598	76471
公共财政支出	万元	216957	404300	340839	228014	365717
居民储蓄存款余额	万元	1001157	1868501	1432022	1450556	1937203
年末金融机构各项贷款余额	万元	523304	861683	792756	479611	1073768
三、农业、工业及投资						
农业机械总动力	万千瓦特	113	87	123	27	47
机收面积	公顷	28496	55768	54588	19793	25890
设施农业占地面积	公顷		403	608		1
粮食总产量	吨	126130	410198	330427	149944	247498
棉花产量	吨					
油料产量	吨	13342	45002	50934	23417	37225
肉类总产量	吨	18234	126329	47991	47089	110273
规模以上工业企业单位数	个	25	209	35	104	118
规模以上工业总产值	万元	286038	3008360	743975	1338400	1878226
固定资产投资	万元	336975	1543540	352663	955725	1101518
四、教育、卫生和社会保障						
普通中学在校学生数	人	54794	108153	123273	89155	111484
中等职业教育学校在校学生数	人		4310	17405	8623	3598
小学在校学生数	人	57215	114692	119833	77196	111192
医疗卫生机构床位数	床	2164	3948	3038	2267	2808
各种社会福利收养性单位数	个	85	251	300	33	24
各种社会福利收养性单位床位数	床	1261	3629	2139	371	976

2013年县(市)社会经济主要指标

广东省

指标	单位	高州市	化州市	信宜市	广宁县	怀集县
一、基本情况						
行政区域面积	平方公里	3276	2357	3081	2458	3554
乡个数	个					1
镇个数	个	23	17	18	15	18
街道办事处个数	个	5	6	1		
户籍人口	万人	173	166	140	57	108
第二产业从业人员	人	86358	97997	105468	43789	42199
第三产业从业人员	人	132887	135285	131851	81613	57461
固定电话用户	户	169538	106382	136500	83531	79684
二、综合经济						
地区生产总值	万元	4088661	3553475	3289409	1117389	1919199
第一产业增加值	万元	980541	755954	776717	273983	576695
农业增加值	万元	665135	445226	497036	127399	284467
牧业增加值	万元	180023	185888	179109	39511	112568
第二产业增加值	万元	1242041	1177280	1140611	369081	559811
公共财政收入	万元	108421	96952	75462	69083	105012
各项税收	万元	65338	58551	46195	37417	57193
公共财政支出	万元	385601	314486	283297	163642	298736
居民储蓄存款余额	万元	2558131	1769645	1746912	689304	782063
年末金融机构各项贷款余额	万元	1052737	810045	832428	469444	407523
三、农业、工业及投资						
农业机械总动力	万千瓦特	44	32	19	14	42
机收面积	公顷	41979	32679	27811	7873	26561
设施农业占地面积	公顷	7	21	9	131	28
粮食总产量	吨	369633	316782	313790	153549	263747
棉花产量	吨					
油料产量	吨	24299	31566	15446	6462	10878
肉类总产量	吨	152616	133228	145896	26558	101666
规模以上工业企业单位数	个	176	135	172	96	63
规模以上工业总产值	万元	1316764	1243336	1329956	1468871	1665809
固定资产投资	万元	1043361	1026908	1146524	363427	609924
四、教育、卫生和社会保障						
普通中学在校学生数	人	123728	123398	117360	23670	85271
中等职业教育学校在校学生数	人	6740	7849	21837	2445	6243
小学在校学生数	人	117260	134364	102763	32585	92078
医疗卫生机构床位数	床	6276	2863	3334	778	1797
各种社会福利收养性单位数	个	38	28	20	18	22
各种社会福利收养性单位床位数	床	1903	2608	494	527	1225

2013年县(市)社会经济主要指标

广东省

指　　标	单位	封开县	德庆县	高要市	四会市	惠阳区
一、基本情况						
行政区域面积	平方公里	2723	2003	2186	1262	1206
乡个数	个					
镇个数	个	16	12	16	10	6
街道办事处个数	个		1	1	3	5
户籍人口	万人	51	38	79	45	45
第二产业从业人员	人	20229	17446	128944	165056	309247
第三产业从业人员	人	35624	25381	61796	91325	149622
固定电话用户	户	44000	47746	112391	109747	263082
二、综合经济						
地区生产总值	万元	1150175	1033998	3460829	4572248	7590506
第一产业增加值	万元	335476	240551	632259	433628	138287
农业增加值	万元	211877	159149	337042	169935	109956
牧业增加值	万元	37173	24171	92688	149573	13880
第二产业增加值	万元	378587	390817	1992339	2915866	5576058
公共财政收入	万元	66016	75271	230460	307226	577179
各项税收	万元	35757	40754	142333	188675	630816
公共财政支出	万元	163587	255353	326612	362938	719281
居民储蓄存款余额	万元	622129	632840	1737813	1871747	3054729
年末金融机构各项贷款余额	万元	357630	487985	1303233	2757064	3379953
三、农业、工业及投资						
农业机械总动力	万千瓦特	14	16	48	16	11
机收面积	公顷	20827	14361	29887	13920	16331
设施农业占地面积	公顷			2		388
粮食总产量	吨	191065	116166	235411	120672	38539
棉花产量	吨					
油料产量	吨	17582	9562	12620	13114	5907
肉类总产量	吨	31840	17657	86033	121912	12043
规模以上工业企业单位数	个	26	86	267	348	373
规模以上工业总产值	万元	1119551	2016302	8896163	12783041	22576544
固定资产投资	万元	599354	775009	2117348	3299023	3893533
四、教育、卫生和社会保障						
普通中学在校学生数	人	37399	24188	45245	29402	62747
中等职业教育学校在校学生数	人	4384	2573	3405	3778	5360
小学在校学生数	人	37748	28768	46629	41418	88275
医疗卫生机构床位数	床	894	897	1318	1368	2982
各种社会福利收养性单位数	个	17	13	24	14	14
各种社会福利收养性单位床位数	床	506	614	707	779	1215

2013 年县(市)社会经济主要指标

广东省

指　　标	单位	博罗县	惠东县	龙门县	梅　县	大埔县
一、基本情况						
行政区域面积	平方公里	2855	3527	2267	2483	2468
乡个数	个			1		
镇个数	个	17	13	8	18	14
街道办事处个数	个		1	1	1	
户籍人口	万人	85	86	35	60	55
第二产业从业人员	人	319137	254003	30917	53132	50552
第三产业从业人员	人	154645	177518	41913	80824	74011
固定电话用户	户	251919	207130	59640	74500	48969
二、综合经济						
地区生产总值	万元	4453407	3833174	1157072	1505280	585193
第一产业增加值	万元	423546	386684	184760	388627	173290
农业增加值	万元	287688	263354	161851	296613	120082
牧业增加值	万元	99764	42273	11494	49311	25019
第二产业增加值	万元	2336448	1861814	455395	596716	203168
公共财政收入	万元	273250	232642	77215	143784	51295
各项税收	万元	226466	217608	51414	118519	38585
公共财政支出	万元	423268	414017	180737	279956	186709
居民储蓄存款余额	万元	2711816	2069300	583200	1318655	667948
年末金融机构各项贷款余额	万元	1629896	1446386	295621	719482	351082
三、农业、工业及投资						
农业机械总动力	万千瓦特	54	34	22	26	10
机收面积	公顷	19041	23236	13310	16550	6528
设施农业占地面积	公顷		853		59	5
粮食总产量	吨	150478	180170	91901	184921	96605
棉花产量	吨					
油料产量	吨	16779	17335	6526	10185	2802
肉类总产量	吨	87098	38696	10141	42330	21214
规模以上工业企业单位数	个	415	213	59	83	38
规模以上工业总产值	万元	8024080	3840662	1147927	1390024	257349
固定资产投资	万元	1941771	1932333	951715	746607	352039
四、教育、卫生和社会保障						
普通中学在校学生数	人	57750	63673	16650	27476	24770
中等职业教育学校在校学生数	人	9863	3020	1146	6001	3370
小学在校学生数	人	96649	94869	22772	29788	26485
医疗卫生机构床位数	床	3197	2854	917	1550	1114
各种社会福利收养性单位数	个	18	21	17	24	15
各种社会福利收养性单位床位数	床	1472	1262	876	720	1016

2013年县(市)社会经济主要指标

广东省

指　　标	单位	丰顺县	五华县	平远县	蕉岭县	兴宁市
一、基本情况						
行政区域面积	平方公里	2710	3226	1381	957	2104
乡个数	个					
镇个数	个	16	16	12	8	17
街道办事处个数	个					3
户籍人口	万人	71	135	26	23	119
第二产业从业人员	人	64220	93232	22390	30483	125891
第三产业从业人员	人	59562	156190	22673	39673	178293
固定电话用户	户	85000	84738	36500	37748	148200
二、综合经济						
地区生产总值	万元	756213	1008099	600715	531909	1324355
第一产业增加值	万元	211341	286661	112536	108108	370779
农业增加值	万元	115802	172256	76230	57992	271805
牧业增加值	万元	60210	63077	14395	24060	71669
第二产业增加值	万元	340810	208735	321846	219391	381725
公共财政收入	万元	44011	33726	41825	45302	57130
各项税收	万元	33252	25387	71874	63280	42898
公共财政支出	万元	206842	331860	122037	114388	328760
居民储蓄存款余额	万元	887296	1231710	420129	461988	1645574
年末金融机构各项贷款余额	万元	503686	482316	225837	252758	718443
三、农业、工业及投资						
农业机械总动力	万千瓦特	14	24	8	10	36
机收面积	公顷	7424	10652	4866	4898	31163
设施农业占地面积	公顷	2	1103	9	12	72
粮食总产量	吨	122003	298921	87503	63506	321605
棉花产量	吨					
油料产量	吨	5877	6358	3482	3902	4264
肉类总产量	吨	45262	56146	14161	21783	56542
规模以上工业企业单位数	个	63	23	35	26	40
规模以上工业总产值	万元	674358	381790	418003	348913	429879
固定资产投资	万元	270234	235088	197380	143989	382150
四、教育、卫生和社会保障						
普通中学在校学生数	人	34852	93281	13011	11555	52303
中等职业教育学校在校学生数	人	2247	1887	1279	1248	1503
小学在校学生数	人	36106	93365	12295	11259	55676
医疗卫生机构床位数	床	1372	2187	849	537	2210
各种社会福利收养性单位数	个	17	23	12	9	42
各种社会福利收养性单位床位数	床	820	750	358	710	2591

2013 年县(市)社会经济主要指标

广东省

指　　标	单位	海丰县	陆河县	陆丰市	紫金县	龙川县
一、基本情况						
行政区域面积	平方公里	1750	986	1541	3635	3080
乡个数	个					
镇个数	个	16	8	17	18	24
街道办事处个数	个			6		
户籍人口	万人	83	35	185	84	98
第二产业从业人员	人	152999	25142	149930	85868	66804
第三产业从业人员	人	119156	37291	164629	102345	82298
固定电话用户	户	109700	40200	160169	132265	127998
二、综合经济						
地区生产总值	万元	2216746	408629	2011779	934450	1158811
第一产业增加值	万元	333160	96036	451394	229293	223467
农业增加值	万元	182248	61735	228161	160164	126727
牧业增加值	万元	29616	19870	63159	27225	34468
第二产业增加值	万元	1000341	72437	923367	328756	470635
公共财政收入	万元	132107	32125	171689	45872	44261
各项税收	万元	83325	19263	77150	33000	67984
公共财政支出	万元	227856	118611	403985	257761	311696
居民储蓄存款余额	万元	1226232	328134	948795	694233	1060987
年末金融机构各项贷款余额	万元	504694	149090	426081	388648	760043
三、农业、工业及投资						
农业机械总动力	万千瓦特	37	10	35	13	18
机收面积	公顷	30325	5999		19533	19867
设施农业占地面积	公顷	376	153	527		237
粮食总产量	吨	152948	55206	184446	210239	266727
棉花产量	吨					
油料产量	吨	5809	3917	16284	17871	12425
肉类总产量	吨	23055	17782	54511	25423	28861
规模以上工业企业单位数	个	89	17	88	39	67
规模以上工业总产值	万元	2610100	105610	2412527	1055839	700875
固定资产投资	万元	2239329	143970	1578845	470145	606600
四、教育、卫生和社会保障						
普通中学在校学生数	人	55998	28103	121051	46051	63785
中等职业教育学校在校学生数	人	7593	1807	14536	3603	3056
小学在校学生数	人	62299	22321	127312	53949	68752
医疗卫生机构床位数	床	2623	616	2170	2153	2655
各种社会福利收养性单位数	个	18	8	21	21	25
各种社会福利收养性单位床位数	床	796	160	641	670	478

2013年县(市)社会经济主要指标

广东省

指　　标	单位	连平县	和平县	东源县	阳西县	阳东县
一、基本情况						
行政区域面积	平方公里	2275	2310	4009	1435	1703
乡个数	个			1		
镇个数	个	13	17	20	8	11
街道办事处个数	个					
户籍人口	万人	40	54	56	52	49
第二产业从业人员	人	29660	25852	41853	85105	125644
第三产业从业人员	人	51309	36430	38233	73695	64778
固定电话用户	户	50802	52100	55313	58000	68085
二、综合经济						
地区生产总值	万元	940916	672710	863663	1405450	2305365
第一产业增加值	万元	85423	129651	138309	500722	398904
农业增加值	万元	67062	80753	89571	133970	127578
牧业增加值	万元	13933	19409	22382	35223	40691
第二产业增加值	万元	646112	303172	429415	533262	1323505
公共财政收入	万元	58190	32932	60272	51388	101161
各项税收	万元	38461	50647	98981	40042	68737
公共财政支出	万元	184707	197236	231619	193103	199344
居民储蓄存款余额	万元	482381	502710	539659	660955	877063
年末金融机构各项贷款余额	万元	254326	337585	459548	401573	648860
三、农业、工业及投资						
农业机械总动力	万千瓦特	13	10	17	32	21
机收面积	公顷	6240	5715	9575	18912	19975
设施农业占地面积	公顷	374	7	2009	1344	83
粮食总产量	吨	99847	131062	166042	142642	155180
棉花产量	吨					
油料产量	吨	16109	5952	19114	11168	15012
肉类总产量	吨	14094	19692	20717	30901	37200
规模以上工业企业单位数	个	38	50	69	51	176
规模以上工业总产值	万元	1730911	1062323	1358657	1152733	4220918
固定资产投资	万元	329997	182349	571838	570115	2333330
四、教育、卫生和社会保障						
普通中学在校学生数	人	21429	22404	26643	28304	27142
中等职业教育学校在校学生数	人	2109	815			19336
小学在校学生数	人	23973	31006	28256	29423	32062
医疗卫生机构床位数	床	943	993	1175	1090	1026
各种社会福利收养性单位数	个	14	11	23	1	12
各种社会福利收养性单位床位数	床	383	552	480	200	580

2013年县(市)社会经济主要指标

广东省

指标	单位	阳春市	清新区	佛冈县	阳山县	连山壮族瑶族自治县
一、基本情况						
行政区域面积	平方公里	4054	2353	1295	3330	1265
乡个数	个				1	
镇个数	个	15	8	6	12	7
街道办事处个数	个	1				
户籍人口	万人	121	68	33	54	12
第二产业从业人员	人	150884	146941	43688	21836	8749
第三产业从业人员	人	104133	91577	21196	57059	11159
固定电话用户	户	156820	69210	53268	41661	14437
二、综合经济						
地区生产总值	万元	3030186	1860468	843249	751144	257990
第一产业增加值	万元	645170	289180	93161	239178	60726
农业增加值	万元	350496	159159	62633	157209	33367
牧业增加值	万元	145469	54043	10701	47888	7551
第二产业增加值	万元	1412594	713426	386143	166792	92933
公共财政收入	万元	100349	118009	82841	44748	12205
各项税收	万元	71762	208733	51540	25771	7903
公共财政支出	万元	292360	269106	142302	159317	61398
居民储蓄存款余额	万元	1621738	1020560	639511	613595	176498
年末金融机构各项贷款余额	万元	1016038	902150	511230	330135	105833
三、农业、工业及投资						
农业机械总动力	万千瓦特	29	21	12	10	4
机收面积	公顷	36322	26429	9000	10510	3510
设施农业占地面积	公顷		9			22
粮食总产量	吨	292807	126688	56662	105830	41644
棉花产量	吨					
油料产量	吨	23763	13928	2963	16715	4056
肉类总产量	吨	96165	48904	7821	41659	6970
规模以上工业企业单位数	个	131	120	64	17	5
规模以上工业总产值	万元	3946007	2352236	1442425	241497	119625
固定资产投资	万元	1170179	515458	279431	118429	88288
四、教育、卫生和社会保障						
普通中学在校学生数	人	56464	27586	17538	23225	3568
中等职业教育学校在校学生数	人	7191	8095	1216	3643	200
小学在校学生数	人	64507	50733	22300	22505	6153
医疗卫生机构床位数	床	2856	1227	661	1437	443
各种社会福利收养性单位数	个	21	11	7	15	9
各种社会福利收养性单位床位数	床	1075	483	413	642	391

2013年县(市)社会经济主要指标

广东省

指　　标	单位	连南瑶族自治县	英德市	连州市	潮安区	饶平县
一、基本情况						
行政区域面积	平方公里	1241	5634	2668	1090	1694
乡个数	个			2		
镇个数	个	7	23	10	16	21
街道办事处个数	个		1			
户籍人口	万人	16	109	51	112	105
第二产业从业人员	人	6312	83874	29960	271909	160220
第三产业从业人员	人	15419	99339	46896	116539	89932
固定电话用户	户	15664	93481	42125	205781	147100
二、综合经济						
地区生产总值	万元	297596	2001425	1091304	4778387	1902598
第一产业增加值	万元	49159	458040	268420	188103	343593
农业增加值	万元	27096	278284	200827	121191	127401
牧业增加值	万元	6928	74339	46107	28167	56634
第二产业增加值	万元	113941	639747	271424	3032742	857676
公共财政收入	万元	15653	166380	58448	153401	57095
各项税收	万元	8843	100859	35185	168503	183390
公共财政支出	万元	81081	386044	157667	328618	260986
居民储蓄存款余额	万元	192100	1714329	845403	2535693	1240142
年末金融机构各项贷款余额	万元	124400	1168007	726336	864964	503977
三、农业、工业及投资						
农业机械总动力	万千瓦特	5	27	15	9	36
机收面积	公顷	1880	21915	12926	7856	13138
设施农业占地面积	公顷				314	154
粮食总产量	吨	35114	203261	120732	103760	137060
棉花产量	吨					
油料产量	吨	3757	32562	14722	701	3018
肉类总产量	吨	4866	33009	43749	19984	49737
规模以上工业企业单位数	个	11	82	25	605	120
规模以上工业总产值	万元	102893	1996340	464017	6505361	2359884
固定资产投资	万元	63028	1421718	247207	1233618	430285
四、教育、卫生和社会保障						
普通中学在校学生数	人	8404	58357	16603	73602	41853
中等职业教育学校在校学生数	人	830	7621	5676	8502	5304
小学在校学生数	人	11254	65738	25342	89438	56427
医疗卫生机构床位数	床	427	2561	1629	1761	906
各种社会福利收养性单位数	个	8	21	14	15	22
各种社会福利收养性单位床位数	床	428	1181	510	420	572

2013年县(市)社会经济主要指标

广东省

指　　标	单位	揭东区	揭西县	惠来县	普宁市	新兴县
一、基本情况						
行政区域面积	平方公里	684	1365	1253	1635	1521
乡个数	个		1		1	
镇个数	个	11	15	14	17	12
街道办事处个数	个	2	1		7	
户籍人口	万人	109	99	137	242	48
第二产业从业人员	人	144137	169226	149811	287356	86418
第三产业从业人员	人	114590	192291	97591	247456	48754
固定电话用户	户	174400	113771	104122	315581	105014
二、综合经济						
地区生产总值	万元	3215710	1835438	2110129	5047625	1920362
第一产业增加值	万元	300644	299035	469380	330245	481892
农业增加值	万元	219140	168313	291521	268698	147982
牧业增加值	万元	34276	85041	42910	35535	249065
第二产业增加值	万元	2203252	1010442	1203448	3377844	843289
公共财政收入	万元	97478	39491	53737	181749	110579
各项税收	万元	66398	28607	37069	125796	69922
公共财政支出	万元	259475	235291	280193	466442	207164
居民储蓄存款余额	万元	1788113	1871771	1012501	3765815	1119179
年末金融机构各项贷款余额	万元	1102900	879360	449655	1893530	798027
三、农业、工业及投资						
农业机械总动力	万千瓦特	15	8	15	18	39
机收面积	公顷	6722	9600	13300	10800	15755
设施农业占地面积	公顷	305	6	1996	1100	173
粮食总产量	吨	184975	169594	198931	206660	142652
棉花产量	吨					
油料产量	吨	9428	2778	8398	1413	8480
肉类总产量	吨	29764	51272	39262	44988	182892
规模以上工业企业单位数	个	440	113	259	522	171
规模以上工业总产值	万元	7841567	1552207	5191748	11912314	2866658
固定资产投资	万元	1331919	591553	1159078	2312701	1174488
四、教育、卫生和社会保障						
普通中学在校学生数	人	94997	76837	78564	196009	29399
中等职业教育学校在校学生数	人	21247	16493	35043	55503	4161
小学在校学生数	人	60052	64072	149164	188565	29343
医疗卫生机构床位数	床	2560	1162	1190	3565	1286
各种社会福利收养性单位数	个	27	18	22	30	14
各种社会福利收养性单位床位数	床	2703	1966	2635	4298	665

2013年县(市)社会经济主要指标

广东省、广西壮族自治区

指　　标	单位	郁南县	云安县	罗定市	邕宁区	武鸣县
一、基本情况						
行政区域面积	平方公里	1966	1203	2327	1231	3389
乡个数	个				1	
镇个数	个	15	8	17	4	13
街道办事处个数	个			4		
户籍人口	万人	52	34	125	35	70
第二产业从业人员	人	12869	46780	92742	45222	20100
第三产业从业人员	人	14247	26760	83196	24313	19794
固定电话用户	户	46210	31580	187150	500	78654
二、综合经济						
地区生产总值	万元	833268	662152	1341424	536864	2416701
第一产业增加值	万元	246915	162808	347924	221873	657280
农业增加值	万元	164738	109157	160397	132089	411947
牧业增加值	万元	53059	27437	76128	72897	179530
第二产业增加值	万元	262743	342225	459969	124249	1288248
公共财政收入	万元	49484	37605	85586	22766	71876
各项税收	万元	30607	22213	52481	34315	83266
公共财政支出	万元	165163	98274	338177	111171	220708
居民储蓄存款余额	万元	746692	323361	1481024		1052632
年末金融机构各项贷款余额	万元	405117	289516	781141		975602
三、农业、工业及投资						
农业机械总动力	万千瓦特	23	11	30	21	78
机收面积	公顷	5128	3004	25930	12364	72771
设施农业占地面积	公顷	20		23	332	365
粮食总产量	吨	141049	93097	253461	145937	369225
棉花产量	吨					10
油料产量	吨	13366	7523	20413	11837	33221
肉类总产量	吨	27013	17537	40158	57514	153734
规模以上工业企业单位数	个	99	67	110	10	195
规模以上工业总产值	万元	887961	1214158	941460	141200	3387077
固定资产投资	万元	458033	1143775	1052175	485602	2266287
四、教育、卫生和社会保障						
普通中学在校学生数	人	23955	13219	74607	15261	28130
中等职业教育学校在校学生数	人	4242	1547	14589		3860
小学在校学生数	人	27403	16451	85597	22739	34036
医疗卫生机构床位数	床	829	286	2906	1052	2483
各种社会福利收养性单位数	个	16	8	23	8	15
各种社会福利收养性单位床位数	床	658	792	755	290	305

2013年县(市)社会经济主要指标

广西壮族自治区

指　　标	单位	隆安县	马山县	上林县	宾阳县	横　县
一、基本情况						
行政区域面积	平方公里	2306	2341	1871	2298	3448
乡个数	个	4	4	4		3
镇个数	个	6	7	7	16	14
街道办事处个数	个					
户籍人口	万人	41	56	49	104	124
第二产业从业人员	人	37677	2821	4535	142227	124989
第三产业从业人员	人	32673	12031	10385	166042	142069
固定电话用户	户	29745	28889	21530	55987	69508
二、综合经济						
地区生产总值	万元	539952	429029	433883	1501682	2409563
第一产业增加值	万元	218972	147197	177700	406284	608449
农业增加值	万元	141008	74726	82389	244891	393384
牧业增加值	万元	50070	49715	68870	113088	151076
第二产业增加值	万元	176514	119221	102441	558831	1210709
公共财政收入	万元	29203	22459	25949	95973	105776
各项税收	万元	32716	20543	23935	105772	108578
公共财政支出	万元	147991	178880	179065	289512	324161
居民储蓄存款余额	万元	468363	384381	471497	1077780	1356005
年末金融机构各项贷款余额	万元	331559	216642	265189	688983	1096236
三、农业、工业及投资						
农业机械总动力	万千瓦特	28	25	48	73	61
机收面积	公顷	17913	10352	16885	49257	37583
设施农业占地面积	公顷	103	18	19	129	383
粮食总产量	吨	151334	177054	172475	379078	427486
棉花产量	吨	19			1	
油料产量	吨	5395	2406	6685	17596	15422
肉类总产量	吨	43954	39869	38010	64116	83105
规模以上工业企业单位数	个	38	18	14	75	94
规模以上工业总产值	万元	524936	163194	237786	1183734	2820437
固定资产投资	万元	490274	433370	418982	1466774	1734116
四、教育、卫生和社会保障						
普通中学在校学生数	人	14970	23841	21406	56850	52068
中等职业教育学校在校学生数	人	1875	4627	4525	9089	9437
小学在校学生数	人	28485	36505	26937	65584	73696
医疗卫生机构床位数	床	1775	1314	1242	2798	2235
各种社会福利收养性单位数	个	12	15	15	22	20
各种社会福利收养性单位床位数	床	321	437	393	858	614

2013年县(市)社会经济主要指标

广西壮族自治区

指标	单位	柳江县	柳城县	鹿寨县	融安县	融水苗族自治县
一、基本情况						
行政区域面积	平方公里	2537	2114	2975	2898	4638
乡个数	个	1	3	5	6	16
镇个数	个	11	9	4	6	4
街道办事处个数	个					
户籍人口	万人	55	41	41	32	50
第二产业从业人员	人	47177	19778	31150	3640	24334
第三产业从业人员	人	53939	24330	19511	9497	28555
固定电话用户	户	214095	17896	30796	24293	21001
二、综合经济						
地区生产总值	万元	1677697	961783	1096286	517970	617876
第一产业增加值	万元	357735	343801	279504	153225	156615
农业增加值	万元	244428	236133	173337	96862	76377
牧业增加值	万元	63806	74064	62152	28453	33690
第二产业增加值	万元	835645	379001	536594	200966	293141
公共财政收入	万元	68966	42733	48027	21015	32694
各项税收	万元	122396	60723	63178	33523	42064
公共财政支出	万元	191431	159628	184429	138646	210197
居民储蓄存款余额	万元	865075	484698	727769	383358	514225
年末金融机构各项贷款余额	万元	1012161	436367	774200	290776	395468
三、农业、工业及投资						
农业机械总动力	万千瓦特	37	39	41	20	23
机收面积	公顷	85137	82769	71002	31250	36018
设施农业占地面积	公顷	138	219	120	42	33
粮食总产量	吨	179008	162128	172019	100695	117024
棉花产量	吨	4	10	9	10	7
油料产量	吨	3322	6564	8516	1425	2265
肉类总产量	吨	50636	44573	30830	21234	28545
规模以上工业企业单位数	个	107	39	42	33	34
规模以上工业总产值	万元	2245871	696905	1193230	391423	421687
固定资产投资	万元	1565019	716109	3449328	628982	616282
四、教育、卫生和社会保障						
普通中学在校学生数	人	18637	13181	11807	12859	21120
中等职业教育学校在校学生数	人	5567	1341	3820	1366	2620
小学在校学生数	人	35676	20887	24084	18665	38323
医疗卫生机构床位数	床	1511	1319	1628	1250	1223
各种社会福利收养性单位数	个	15	16	12	13	21
各种社会福利收养性单位床位数	床	309	328	301	308	507

2013年县(市)社会经济主要指标

广西壮族自治区

指标	单位	三江侗族自治县	临桂区	阳朔县	灵川县	全州县
一、基本情况						
行政区域面积	平方公里	2417	2247	1436	2302	3979
乡个数	个	12	5	3	5	9
镇个数	个	3	6	6	7	9
街道办事处个数	个					
户籍人口	万人	39	48	32	38	83
第二产业从业人员	人	1566	57121	2438	21966	76861
第三产业从业人员	人	8280	46984	11552	18634	43571
固定电话用户	户	20204	27566	25820	28500	21044
二、综合经济						
地区生产总值	万元	348194	1970269	843940	1199187	1383573
第一产业增加值	万元	146714	351186	198860	304975	412300
农业增加值	万元	96200	204375	147873	213430	275446
牧业增加值	万元	25427	112960	34140	57821	85042
第二产业增加值	万元	96365	1263458	305002	592371	555242
公共财政收入	万元	16691	139535	39797	95670	34705
各项税收	万元	21749	178069	32708	97424	44127
公共财政支出	万元	153660	250854	145855	201063	217143
居民储蓄存款余额	万元	324592	834458	558658	900315	1009444
年末金融机构各项贷款余额	万元	224558	1088328	385711	834367	603295
三、农业、工业及投资						
农业机械总动力	万千瓦特	20	30	25	48	57
机收面积	公顷	14390	26116	10238	21000	51630
设施农业占地面积	公顷	6	843	158	216	157
粮食总产量	吨	67407	263651	121715	182244	429545
棉花产量	吨	404	52	125	70	131
油料产量	吨	1507	1060	5415	1731	12713
肉类总产量	吨	18856	98126	28687	51096	76682
规模以上工业企业单位数	个	15	62	24	75	47
规模以上工业总产值	万元	63425	3313308	431032	1682942	1339034
固定资产投资	万元	546040	2098997	754263	1248182	1043240
四、教育、卫生和社会保障						
普通中学在校学生数	人	14978	19762	10824	14000	27103
中等职业教育学校在校学生数	人	1267	4256	1839	2724	4765
小学在校学生数	人	31527	29824	17020	25604	48269
医疗卫生机构床位数	床	891	712	576	1384	1630
各种社会福利收养性单位数	个	16	13	10	11	21
各种社会福利收养性单位床位数	床	579	275	192	564	1984

2013 年县(市)社会经济主要指标

广西壮族自治区

指　　标	单位	兴安县	永福县	灌阳县	龙胜各族自治县	资源县
一、基本情况						
行政区域面积	平方公里	2332	2795	1835	2450	1941
乡个数	个	4	5	5	7	6
镇个数	个	6	4	4	3	1
街道办事处个数	个					
户籍人口	万人	38	28	29	18	18
第二产业从业人员	人	10531	9434	21364	6653	1277
第三产业从业人员	人	16006	11180	9507	6575	6145
固定电话用户	户	24662	21745	19830	13421	9000
二、综合经济						
地区生产总值	万元	1356609	944170	598055	470546	414073
第一产业增加值	万元	283716	209936	154854	93342	89651
农业增加值	万元	202240	134416	104423	61468	58114
牧业增加值	万元	51226	45343	33004	14040	11020
第二产业增加值	万元	779229	579919	302070	254907	215601
公共财政收入	万元	95906	35098	20749	26314	13212
各项税收	万元	86674	42616	30271	34932	15755
公共财政支出	万元	218475	130742	141328	129147	114194
居民储蓄存款余额	万元	854097	388877	408284	268474	275642
年末金融机构各项贷款余额	万元	746167	397825	272067	222263	240606
三、农业、工业及投资						
农业机械总动力	万千瓦特	50	24	29	26	24
机收面积	公顷	23226	23000	13900	4002	5002
设施农业占地面积	公顷	104	269	49	5	11
粮食总产量	吨	227235	154692	160173	65114	55906
棉花产量	吨	24	8	20	45	9
油料产量	吨	6303	1723	2950	285	1091
肉类总产量	吨	47045	39714	31099	11699	9710
规模以上工业企业单位数	个	57	58	29	20	32
规模以上工业总产值	万元	1695287	1422279	798095	416539	412364
固定资产投资	万元	1326070	707205	439188	293284	360083
四、教育、卫生和社会保障						
普通中学在校学生数	人	11211	9453	9432	6332	6318
中等职业教育学校在校学生数	人	2189	2392	1310	1251	1263
小学在校学生数	人	17936	15759	14692	9186	11113
医疗卫生机构床位数	床	1060	951	848	488	450
各种社会福利收养性单位数	个	16	8	12	12	9
各种社会福利收养性单位床位数	床	451	180	298	370	171

2013 年县(市)社会经济主要指标

广西壮族自治区

指　　标	单位	平乐县	荔蒲县	恭城瑶族自治县	苍梧县	藤　县
一、基本情况						
行政区域面积	平方公里	1893	1760	2139	3475	3946
乡个数	个	4	3	6		2
镇个数	个	6	10	3	12	15
街道办事处个数	个					
户籍人口	万人	45	38	30	64	106
第二产业从业人员	人	69594	65664	13172	117025	143023
第三产业从业人员	人	39403	69266	16921	50776	124423
固定电话用户	户	27000	41553	20300	50369	56520
二、综合经济						
地区生产总值	万元	879664	1141259	669813	1786822	1755194
第一产业增加值	万元	329809	256917	209947	225949	425869
农业增加值	万元	257538	184227	164985	118044	276124
牧业增加值	万元	37754	52720	27500	36031	61668
第二产业增加值	万元	339288	546129	296655	1289039	1025744
公共财政收入	万元	27129	46997	30009	115706	124069
各项税收	万元	27352	59596	33539	97154	102212
公共财政支出	万元	164240	167788	141168	284063	340628
居民储蓄存款余额	万元	514715	625646	375837	716792	939751
年末金融机构各项贷款余额	万元	329216	573969	278615	706753	701266
三、农业、工业及投资						
农业机械总动力	万千瓦特	45	38	51	37	37
机收面积	公顷	15125	18028	6005	18853	23460
设施农业占地面积	公顷	35	40	9	55	22
粮食总产量	吨	167339	127685	81262	206275	291262
棉花产量	吨	22	3	78		
油料产量	吨	11572	5015	12228	12525	10616
肉类总产量	吨	33037	50260	23581	36883	56335
规模以上工业企业单位数	个	20	57	24	16	97
规模以上工业总产值	万元	836851	1250149	782295	506534	2358838
固定资产投资	万元	621830	783524	580909	1506716	1527163
四、教育、卫生和社会保障						
普通中学在校学生数	人	14895	14614	12232	36557	56729
中等职业教育学校在校学生数	人	1469	3026	1813	8807	6593
小学在校学生数	人	26149	20345	18086	58641	89852
医疗卫生机构床位数	床	1174	1116	813	1329	2222
各种社会福利收养性单位数	个	14	15	8	13	19
各种社会福利收养性单位床位数	床	480	415	174	298	570

2013年县(市)社会经济主要指标

广西壮族自治区

指标	单位	蒙山县	岑溪市	合浦县	上思县	东兴市
一、基本情况						
行政区域面积	平方公里	1282	2770	2762	2814	589
乡个数	个	3		2	6	
镇个数	个	6	14	13	2	3
街道办事处个数	个					
户籍人口	万人	22	93	106	24	14
第二产业从业人员	人	27925	172554	82771	5898	9511
第三产业从业人员	人	21540	81638	176356	10947	13060
固定电话用户	户	15838	70000	84454	14074	36712
二、综合经济						
地区生产总值	万元	555609	2034859	1678696	655021	728683
第一产业增加值	万元	104630	309076	704828	203321	125764
农业增加值	万元	55157	152346	218535	109332	18063
牧业增加值	万元	22110	82004	111120	15562	8540
第二产业增加值	万元	302157	1393108	432960	320088	308819
公共财政收入	万元	35062	128788	58752	44881	96266
各项税收	万元	33987	118467	83264	52071	71704
公共财政支出	万元	124834	329494	287012	149677	182455
居民储蓄存款余额	万元	249308	1046007	1372398	257780	797998
年末金融机构各项贷款余额	万元	227452	879168	879570	247954	632183
三、农业、工业及投资						
农业机械总动力	万千瓦特	12	28	70	29	11
机收面积	公顷	4671	12614	38000	4907	3929
设施农业占地面积	公顷	9	39	1083		45
粮食总产量	吨	64086	221862	336525	45796	24654
棉花产量	吨					
油料产量	吨	3453	9826	27592	1414	555
肉类总产量	吨	16907	80937	97006	11308	7519
规模以上工业企业单位数	个	29	86	64	24	26
规模以上工业总产值	万元	751379	3718008	1256163	877576	954705
固定资产投资	万元	409927	1754128	1375448	509261	863335
四、教育、卫生和社会保障						
普通中学在校学生数	人	10698	55802	55190	10482	8380
中等职业教育学校在校学生数	人	1387	11312	6172	3022	2063
小学在校学生数	人	14924	80607	84443	22237	18422
医疗卫生机构床位数	床	977	2190	3540	615	474
各种社会福利收养性单位数	个	9	17	36	10	5
各种社会福利收养性单位床位数	床	192	499	682	259	132

2013年县(市)社会经济主要指标

广西壮族自治区

指　　标	单位	灵山县	浦北县	平南县	桂平市	容　县
一、基本情况						
行政区域面积	平方公里	3558	2526	2984	4071	2255
乡个数	个			4	5	
镇个数	个	18	16	17	21	15
街道办事处个数	个					
户籍人口	万人	162	92	148	195	84
第二产业从业人员	人	267337	119971	10537	208218	12990
第三产业从业人员	人	156203	122449	34791	264532	22369
固定电话用户	户	122411	36827	129533	120000	84738
二、综合经济						
地区生产总值	万元	1530747	1298049	1707910	2477796	1324335
第一产业增加值	万元	540100	336230	473159	537635	311533
农业增加值	万元	357803	204429	214809	283991	157043
牧业增加值	万元	112322	72344	135902	127835	88644
第二产业增加值	万元	522974	604126	612712	1295180	693415
公共财政收入	万元	61316	39754	58727	61597	69864
各项税收	万元	63708	45527	91438	86184	63286
公共财政支出	万元	342094	232002	343090	404791	230360
居民储蓄存款余额	万元	1246823	795345	1420518	1900526	1173238
年末金融机构各项贷款余额	万元	673240	430801	826597	1179677	653994
三、农业、工业及投资						
农业机械总动力	万千瓦特	50	44	75	112	53
机收面积	公顷	56911	21276	49762	68801	24552
设施农业占地面积	公顷	340	189	88	487	125
粮食总产量	吨	404185	251624	389453	590976	251818
棉花产量	吨	101	9		93	
油料产量	吨	4378	4523	24539	36102	3050
肉类总产量	吨	95358	64101	105372	114394	87425
规模以上工业企业单位数	个	60	79	110	122	92
规模以上工业总产值	万元	1308948	1279976	1304503	2811274	1698386
固定资产投资	万元	849569	831407	1006152	1238716	1040851
四、教育、卫生和社会保障						
普通中学在校学生数	人	84870	47032	96089	129675	46749
中等职业教育学校在校学生数	人	19508	11496	11025	12924	15602
小学在校学生数	人	146328	73537	121724	169385	67822
医疗卫生机构床位数	床	4094	2523	3596	4284	1956
各种社会福利收养性单位数	个	20	17	26	28	17
各种社会福利收养性单位床位数	床	586	395	1015	953	289

2013年县(市)社会经济主要指标

广西壮族自治区

指　　标	单位	陆川县	博白县	兴业县	北流市	右江区
一、基本情况						
行政区域面积	平方公里	1554	3830	1468	2452	3718
乡个数	个		1			3
镇个数	个	14	27	13	22	4
街道办事处个数	个				3	2
户籍人口	万人	108	181	76	145	35
第二产业从业人员	人	18758	19741	758	59621	6228
第三产业从业人员	人	22273	31739	14014	36272	7422
固定电话用户	户	75627	86507	52309	140238	64586
二、综合经济						
地区生产总值	万元	1831730	1908496	1086682	2323588	1730793
第一产业增加值	万元	302172	727560	350124	396943	221421
农业增加值	万元	118118	335864	102168	244216	147127
牧业增加值	万元	139679	256762	205810	88508	34744
第二产业增加值	万元	967996	681386	455527	1242777	965294
公共财政收入	万元	77283	90338	57194	110142	49493
各项税收	万元	73254	82824	56268	116556	72010
公共财政支出	万元	281137	401716	200556	340387	147006
居民储蓄存款余额	万元	982407	1484675	720315	1666673	1105594
年末金融机构各项贷款余额	万元	619985	885710	436850	1099331	1683763
三、农业、工业及投资						
农业机械总动力	万千瓦特	51	67	42	58	25
机收面积	公顷	28065	52296	24836	36726	5768
设施农业占地面积	公顷	273	437	690	139	32
粮食总产量	吨	287789	506382	231811	380868	81510
棉花产量	吨			28		8
油料产量	吨	4782	11853	4053	13220	1400
肉类总产量	吨	116608	217825	171733	91093	31198
规模以上工业企业单位数	个	106	116	29	175	49
规模以上工业总产值	万元	2664522	1340438	837586	2863657	2350203
固定资产投资	万元	1292036	1586324	958975	1578177	1065504
四、教育、卫生和社会保障						
普通中学在校学生数	人	55344	109496	29226	87347	13730
中等职业教育学校在校学生数	人	8997	6665	8010	20187	3074
小学在校学生数	人	86855	157659	53165	133058	30028
医疗卫生机构床位数	床	2443	3510	1259	3768	3536
各种社会福利收养性单位数	个	17	36	15	15	14
各种社会福利收养性单位床位数	床	377	1592	360	447	394

2013年县(市)社会经济主要指标

广西壮族自治区

指　　标	单位	田阳县	田东县	平果县	德保县	靖西县
一、基本情况						
行政区域面积	平方公里	2373	2811	2457	2575	3326
乡个数	个	2	1	3	7	11
镇个数	个	8	9	9	5	8
街道办事处个数	个					
户籍人口	万人	35	43	51	37	66
第二产业从业人员	人	21931	29177	63713	10033	75288
第三产业从业人员	人	42078	38992	41462	9431	58296
固定电话用户	户	30941	36613	37097	24734	28631
二、综合经济						
地区生产总值	万元	763349	1135444	1207113	572526	1108114
第一产业增加值	万元	211723	231827	132170	92701	137889
农业增加值	万元	150081	163054	68410	60707	90879
牧业增加值	万元	32149	36233	42874	24899	36581
第二产业增加值	万元	344291	644154	843708	360112	749310
公共财政收入	万元	58987	89820	141531	55271	84729
各项税收	万元	57142	114527	149766	64923	104980
公共财政支出	万元	203061	222508	248616	171537	290461
居民储蓄存款余额	万元	456770	521502	655794	279592	489180
年末金融机构各项贷款余额	万元	499474	708943	1156041	497072	405660
三、农业、工业及投资						
农业机械总动力	万千瓦特	36	33	34	20	25
机收面积	公顷	8574	11500	8736	4123	9016
设施农业占地面积	公顷	46	71	21	21	12
粮食总产量	吨	116428	122614	113042	104331	212906
棉花产量	吨					
油料产量	吨	2026	1432	776	974	1499
肉类总产量	吨	28832	32172	36317	19708	29998
规模以上工业企业单位数	个	27	32	41	23	24
规模以上工业总产值	万元	636796	1485871	2083143	746338	1903943
固定资产投资	万元	1076203	1351234	1354575	700214	1129245
四、教育、卫生和社会保障						
普通中学在校学生数	人	12067	17617	23603	12993	27152
中等职业教育学校在校学生数	人	2256	4731	3979	3500	3574
小学在校学生数	人	21455	33482	35254	24293	45130
医疗卫生机构床位数	床	1252	1467	1718	968	1742
各种社会福利收养性单位数	个	15	14	11	14	21
各种社会福利收养性单位床位数	床	327	272	138	535	365

2013 年县(市)社会经济主要指标

广西壮族自治区

指　　标	单位	那坡县	凌云县	乐业县	田林县	西林县
一、基本情况						
行政区域面积	平方公里	2223	2047	2633	5524	2997
乡个数	个	7	5	4	10	5
镇个数	个	2	3	4	4	3
街道办事处个数	个					
户籍人口	万人	21	22	17	26	16
第二产业从业人员	人	4770	13847	7872	28462	2482
第三产业从业人员	人	7841	19657	4517	25166	11313
固定电话用户	户	12338	12608	7349	17692	10163
二、综合经济						
地区生产总值	万元	162800	214904	158529	281260	166304
第一产业增加值	万元	62980	64395	55305	113339	75230
农业增加值	万元	34280	38133	25587	53623	36592
牧业增加值	万元	17310	16816	11960	26456	13855
第二产业增加值	万元	30901	84627	39387	65134	28934
公共财政收入	万元	13073	10319	11197	13772	8549
各项税收	万元	16336	13030	13565	19237	11739
公共财政支出	万元	137873	123966	113468	151774	118497
居民储蓄存款余额	万元	168286	162060	133187	223802	119188
年末金融机构各项贷款余额	万元	124844	121325	118807	223410	107322
三、农业、工业及投资						
农业机械总动力	万千瓦特	21	10	15	23	18
机收面积	公顷	1509	1269	2288	3224	2486
设施农业占地面积	公顷	7	8	7	11	5
粮食总产量	吨	65489	52530	53277	99245	58807
棉花产量	吨		2		8	
油料产量	吨	170	1011	1617	569	1506
肉类总产量	吨	12193	12808	10072	21891	10973
规模以上工业企业单位数	个	5	14	3	10	6
规模以上工业总产值	万元	36320	141573	9412	112500	35660
固定资产投资	万元	251833	226229	231036	190289	193575
四、教育、卫生和社会保障						
普通中学在校学生数	人	7799	13443	10563	11853	8420
中等职业教育学校在校学生数	人	2085	3249	1857	2339	1562
小学在校学生数	人	16387	21035	18316	28037	18211
医疗卫生机构床位数	床	602	521	326	868	558
各种社会福利收养性单位数	个	10	10	9	16	12
各种社会福利收养性单位床位数	床	150	247	340	427	386

2013 年县(市)社会经济主要指标

广西壮族自治区

指　　标	单位	隆林各族自治县	八步区	昭平县	钟山县	富川瑶族自治县
一、基本情况						
行政区域面积	平方公里	3518	5517	3224	1472	1540
乡个数	个	11	2	5	2	3
镇个数	个	5	19	7	10	9
街道办事处个数	个		4			
户籍人口	万人	42	106	44	51	32
第二产业从业人员	人	18594	56209	23309	3394	25460
第三产业从业人员	人	33087	131825	34333	12224	30020
固定电话用户	户	17619	49341	22104	16513	19104
二、综合经济						
地区生产总值	万元	422940	2246581	539182	685780	560161
第一产业增加值	万元	91574	442642	171666	141421	170040
农业增加值	万元	40599	275402	89439	72110	122411
牧业增加值	万元	24770	87852	33326	41596	33575
第二产业增加值	万元	183770	1112983	182108	311352	262981
公共财政收入	万元	24571	99455	18101	23646	25502
各项税收	万元	40088	117554	19313	31531	31779
公共财政支出	万元	174391	401187	161343	154403	156318
居民储蓄存款余额	万元	290896	1375681	338963	454893	384060
年末金融机构各项贷款余额	万元	241312	1570884	260223	297273	291455
三、农业、工业及投资						
农业机械总动力	万千瓦特	27	57	24	22	19
机收面积	公顷	3627	26605	12015	12010	8520
设施农业占地面积	公顷	9	620	50	80	165
粮食总产量	吨	92941	320801	138241	147383	129090
棉花产量	吨		65	3	30	
油料产量	吨	1678	11831	1547	4083	11020
肉类总产量	吨	20162	77001	25879	34690	28624
规模以上工业企业单位数	个	9	91	20	34	29
规模以上工业总产值	万元	202771	2108655	200634	544902	787177
固定资产投资	万元	254968	2507068	621595	749243	640525
四、教育、卫生和社会保障						
普通中学在校学生数	人	21048	42159	18013	19557	15620
中等职业教育学校在校学生数	人	3182	7438	4078	3924	2549
小学在校学生数	人	45978	92113	32796	30955	20744
医疗卫生机构床位数	床	966	3201	1058	1326	775
各种社会福利收养性单位数	个	19	24	11	14	16
各种社会福利收养性单位床位数	床	513	595	256	626	428

2013年县(市)社会经济主要指标

广西壮族自治区

指　　标	单位	金城江区	南丹县	天峨县	凤山县	东兰县
一、基本情况						
行政区域面积	平方公里	2346	3905	3184	1729	2437
乡个数	个	4	4	7	8	9
镇个数	个	7	7	2	1	5
街道办事处个数	个	1				
户籍人口	万人	34	31	17	21	30
第二产业从业人员	人	25512	10745	1358	1490	47114
第三产业从业人员	人	101566	11151	9572	7153	12813
固定电话用户	户	59034	27297	10544	9726	16974
二、综合经济						
地区生产总值	万元	915438	770418	324167	171536	193819
第一产业增加值	万元	106834	106611	64992	51388	61736
农业增加值	万元	65639	63922	26784	21151	26845
牧业增加值	万元	31543	21394	11404	14410	23265
第二产业增加值	万元	402052	479301	176752	53347	50733
公共财政收入	万元	20787	56462	11184	6834	7305
各项税收	万元	39472	73548	23495	7619	11875
公共财政支出	万元	116913	171176	103432	137166	157273
居民储蓄存款余额	万元	1018636	458040	175738	152662	216707
年末金融机构各项贷款余额	万元	1064152	471921	411685	120203	133549
三、农业、工业及投资						
农业机械总动力	万千瓦特	31	24	21	22	30
机收面积	公顷	8084	3123	1311	1280	2133
设施农业占地面积	公顷	25	18	2	29	4
粮食总产量	吨	71922	86882	65365	43638	56176
棉花产量	吨	61	10	109		127
油料产量	吨	613	1616	417	582	504
肉类总产量	吨	13605	20056	11315	9898	13144
规模以上工业企业单位数	个	32	15	10	16	12
规模以上工业总产值	万元	997147	968326	212193	92473	45851
固定资产投资	万元	676224	350014	149779	137561	151661
四、教育、卫生和社会保障						
普通中学在校学生数	人	20793	14853	9951	10618	13419
中等职业教育学校在校学生数	人		2471	820	1092	1599
小学在校学生数	人	25158	29426	19312	18580	24476
医疗卫生机构床位数	床	2590	856	447	622	784
各种社会福利收养性单位数	个	13	11	7	13	16
各种社会福利收养性单位床位数	床	194	228	162	306	385

2013年县(市)社会经济主要指标

广西壮族自治区

指标	单位	罗城仫佬族自治县	环江毛南族自治县	巴马瑶族自治县	都安瑶族自治县	大化瑶族自治县
一、基本情况						
行政区域面积	平方公里	2651	4553	1976	4088	2750
乡个数	个	4	6	9	13	13
镇个数	个	7	6	1	6	3
街道办事处个数	个					
户籍人口	万人	37	37	28	69	45
第二产业从业人员	人	68721	32445	24620	3910	37460
第三产业从业人员	人	29452	42425	31653	13251	65634
固定电话用户	户	17642	16607	16553	41804	34111
二、综合经济						
地区生产总值	万元	364868	358588	257003	334513	346213
第一产业增加值	万元	140321	157944	89755	123211	80047
农业增加值	万元	62621	69864	47434	55635	28385
牧业增加值	万元	45312	60004	23632	54259	34106
第二产业增加值	万元	99216	82979	76926	70669	148490
公共财政收入	万元	15351	14593	11482	19608	20589
各项税收	万元	21199	21631	15576	24938	32591
公共财政支出	万元	178891	173535	125668	266694	179036
居民储蓄存款余额	万元	395809	352826	220361	396468	278981
年末金融机构各项贷款余额	万元	245938	245831	145687	305167	322120
三、农业、工业及投资						
农业机械总动力	万千瓦特	26	36	14	40	20
机收面积	公顷	10246	11000	2275	3305	1933
设施农业占地面积	公顷	45	20	21		16
粮食总产量	吨	113273	122273	58944	124228	73501
棉花产量	吨			4		115
油料产量	吨	1991	689	1144	79	511
肉类总产量	吨	21292	21650	18340	39565	28094
规模以上工业企业单位数	个	23	23	20	12	12
规模以上工业总产值	万元	143154	150086	121413	101833	139806
固定资产投资	万元	174579	182323	154435	302990	193037
四、教育、卫生和社会保障						
普通中学在校学生数	人	14020	15455	14847	35841	21290
中等职业教育学校在校学生数	人	2252	2470	660	5068	3211
小学在校学生数	人	23295	24957	27598	59249	40627
医疗卫生机构床位数	床	965	817	630	1575	1062
各种社会福利收养性单位数	个	14	13	13	20	18
各种社会福利收养性单位床位数	床	413	234	224	535	339

2013年县(市)社会经济主要指标

广西壮族自治区

指　　标	单位	宜州市	兴宾区	忻城县	象州县	武宣县
一、基本情况						
行政区域面积	平方公里	3857	4403	2522	1918	1704
乡个数	个	9	13	7	4	3
镇个数	个	7	7	5	7	7
街道办事处个数	个		3			
户籍人口	万人	65	112	42	36	44
第二产业从业人员	人	50893	59477	2767	31732	36363
第三产业从业人员	人	75057	63471	9103	27171	61298
固定电话用户	户	43895	64943	11122	32835	26876
二、综合经济						
地区生产总值	万元	942753	2431556	494570	825654	872932
第一产业增加值	万元	354917	543788	176201	271373	240785
农业增加值	万元	199834	391487	86478	132745	153924
牧业增加值	万元	116997	91163	74037	91282	50034
第二产业增加值	万元	260779	981512	166779	387865	412051
公共财政收入	万元	44166	50411	24403	36132	40676
各项税收	万元	62395	62898	25139	41813	51590
公共财政支出	万元	208795	239290	157512	160013	171179
居民储蓄存款余额	万元	830254	1044682	285258	400398	442081
年末金融机构各项贷款余额	万元	663178	1823898	205743	360950	322604
三、农业、工业及投资						
农业机械总动力	万千瓦特	54	65	21	35	33
机收面积	公顷	17000	46386	8501	33269	25168
设施农业占地面积	公顷	30	933	21	146	120
粮食总产量	吨	226217	295001	106957	190228	129049
棉花产量	吨	211	3	38		8
油料产量	吨	2181	17681	2237	2400	9095
肉类总产量	吨	27093	64540	18097	18781	37155
规模以上工业企业单位数	个	48	52	13	61	53
规模以上工业总产值	万元	485552	2546936	291184	778138	945142
固定资产投资	万元	496166	2295491	378071	562635	528896
四、教育、卫生和社会保障						
普通中学在校学生数	人	30324	40799	12443	14149	20063
中等职业教育学校在校学生数	人	4449		3404	3509	5660
小学在校学生数	人	44543	81913	23038	21287	30287
医疗卫生机构床位数	床	2632	3892	1025	1226	1717
各种社会福利收养性单位数	个	18	25	14	13	12
各种社会福利收养性单位床位数	床	616	679	273	313	316

2013年县(市)社会经济主要指标

广西壮族自治区

指　　标	单位	金秀瑶族自治县	合山市	江洲区	扶绥县	宁明县
一、基本情况						
行政区域面积	平方公里	2469	366	2918	2841	3704
乡个数	个	7	2	2	3	9
镇个数	个	3	1	6	8	4
街道办事处个数	个			3		
户籍人口	万人	16	14	37	46	44
第二产业从业人员	人	9780	8760	12198	17215	13024
第三产业从业人员	人	8900	7256	24440	27224	43937
固定电话用户	户	19186	15570		18692	18000
二、综合经济						
地区生产总值	万元	232482	337700	1165677	1101078	860285
第一产业增加值	万元	76106	36218	247467	389509	279509
农业增加值	万元	46690	24228	213233	327746	160565
牧业增加值	万元	13455	6275	11344	16527	17721
第二产业增加值	万元	61086	183151	535857	448053	382495
公共财政收入	万元	14737	17326	49161	96298	57579
各项税收	万元	16020	24280	61708	121541	55034
公共财政支出	万元	97730	98109	115131	209859	212012
居民储蓄存款余额	万元	184487	208158	522098	585275	427942
年末金融机构各项贷款余额	万元	156930	128261	887280	431996	314694
三、农业、工业及投资						
农业机械总动力	万千瓦特	11	9	36	38	38
机收面积	公顷	6127	4033	5617	11089	11878
设施农业占地面积	公顷	24	11	72	187	41
粮食总产量	吨	47122	28197	43509	66031	71786
棉花产量	吨	3				
油料产量	吨	1176	1105	2990	9048	2985
肉类总产量	吨	8566	3874	8479	16388	20274
规模以上工业企业单位数	个	13	9	35	30	20
规模以上工业总产值	万元	77100	390462	1377036	1092862	882888
固定资产投资	万元	145224	193894	705820	948297	632217
四、教育、卫生和社会保障						
普通中学在校学生数	人	5554	3982	8547	17101	12794
中等职业教育学校在校学生数	人	2650	1680		4755	3995
小学在校学生数	人	9532	7536	24511	31511	32841
医疗卫生机构床位数	床	601	612	1204	1361	1069
各种社会福利收养性单位数	个	13	4	12	13	15
各种社会福利收养性单位床位数	床	296	110	261	312	529

2013年县(市)社会经济主要指标

广西壮族自治区、海南省

指　　标	单位	龙州县	大新县	天等县	凭祥市	西沙群岛
一、基本情况						
行政区域面积	平方公里	2311	2747	2165	645	
乡个数	个	7	9	8		
镇个数	个	5	5	5	4	
街道办事处个数	个					
户籍人口	万人	27	38	45	11	
第二产业从业人员	人	26605	15829	109944	19714	
第三产业从业人员	人	25205	9997	27661	17622	
固定电话用户	户	19500	24200	24500	15122	
二、综合经济						
地区生产总值	万元	705646	906968	433115	403998	
第一产业增加值	万元	205279	199202	127069	46365	
农业增加值	万元	164383	150869	75902	25939	
牧业增加值	万元	11538	32196	38182	6028	
第二产业增加值	万元	285528	507845	166323	133486	
公共财政收入	万元	52053	67826	28209	68997	
各项税收	万元	57454	72592	24261	51673	
公共财政支出	万元	178513	196038	161555	130753	
居民储蓄存款余额	万元	365032	426044	369650	495486	
年末金融机构各项贷款余额	万元	350922	335581	255903	368322	
三、农业、工业及投资						
农业机械总动力	万千瓦特	22	50	35	5	
机收面积	公顷	4030	4925	10340	1600	
设施农业占地面积	公顷	19	22	3	1	
粮食总产量	吨	50487	118532	140351	17190	
棉花产量	吨		119	19		
油料产量	吨	2460	1100	1596	128	
肉类总产量	吨	8615	30808	34453	5553	
规模以上工业企业单位数	个	15	24	15	11	
规模以上工业总产值	万元	562020	915701	228255	192039	
固定资产投资	万元	552616	645081	426181	598193	
四、教育、卫生和社会保障						
普通中学在校学生数	人	8378	11586	14344	4208	
中等职业教育学校在校学生数	人	2704	3605	2948	1538	
小学在校学生数	人	15230	20156	30519	9469	
医疗卫生机构床位数	床	885	957	1306	284	
各种社会福利收养性单位数	个	14	16	15	3	
各种社会福利收养性单位床位数	床	434	604	384	120	

2013 年县(市)社会经济主要指标

海南省

指　　标	单位	南沙群岛	中沙群岛的岛礁及其海域	五指山市	琼海市	儋州市
一、基本情况						
行政区域面积	平方公里			1131	1710	3394
乡个数	个			4		
镇个数	个			3	12	17
街道办事处个数	个					
户籍人口	万人			11	51	99
第二产业从业人员	人			836	32599	52308
第三产业从业人员	人			9043	107468	112704
固定电话用户	户			17965	108949	86600
二、综合经济						
地区生产总值	万元			183031	1626056	1947202
第一产业增加值	万元			48796	607107	962137
农业增加值	万元			20589	320384	237986
牧业增加值	万元			11592	131727	145273
第二产业增加值	万元			33238	276505	284007
公共财政收入	万元			52903	177667	115558
各项税收	万元			26923	154558	83562
公共财政支出	万元			150248	386510	455763
居民储蓄存款余额	万元			224085	1419940	1169168
年末金融机构各项贷款余额	万元			161501	809069	882102
三、农业、工业及投资						
农业机械总动力	万千瓦特			8	3	33
机收面积	公顷			33	13669	11351
设施农业占地面积	公顷			98	145	357
粮食总产量	吨			23781	138880	184617
棉花产量	吨					
油料产量	吨			867	3642	19131
肉类总产量	吨			5572	82397	111979
规模以上工业企业单位数	个			4	11	26
规模以上工业总产值	万元			24240	111369	584454
固定资产投资	万元			284202	1378234	1002549
四、教育、卫生和社会保障						
普通中学在校学生数	人			8978	30019	62609
中等职业教育学校在校学生数	人			10724	1950	2884
小学在校学生数	人			5558	39253	77012
医疗卫生机构床位数	床			1043	1511	2562
各种社会福利收养性单位数	个			2	16	8
各种社会福利收养性单位床位数	床			28	531	182

2013年县(市)社会经济主要指标

海南省

指标	单位	文昌市	万宁市	东方市	定安县	屯昌县
一、基本情况						
行政区域面积	平方公里	2485	1884	2256	1196	1232
乡个数	个			2		
镇个数	个	17	12	8	10	8
街道办事处个数	个					
户籍人口	万人	60	63	46	34	31
第二产业从业人员	人	27477	35666	7290	2762	7446
第三产业从业人员	人	63979	94011	60219	11145	29759
固定电话用户	户	119651	78200	43126	38012	31043
二、综合经济						
地区生产总值	万元	1738040	1468466	1239433	614760	465438
第一产业增加值	万元	644854	414120	316518	230370	211563
农业增加值	万元	239279	202984	213153	125500	99515
牧业增加值	万元	169488	84910	40471	80339	45679
第二产业增加值	万元	440565	383144	607036	107511	66573
公共财政收入	万元	185439	123642	103398	50524	79336
各项税收	万元	102243	10534	75669	26431	20467
公共财政支出	万元	344839	350906	341100	195033	183607
居民储蓄存款余额	万元	1430600	961729	539541	389451	357220
年末金融机构各项贷款余额	万元	845116	527220	359554	252896	248615
三、农业、工业及投资						
农业机械总动力	万千瓦特	43	36	20	19	6
机收面积	公顷		5426	11812	5638	9204
设施农业占地面积	公顷	4907	6769	3176	75	50
粮食总产量	吨	165827	93685	140588	113786	93755
棉花产量	吨					
油料产量	吨	12072	4007	15097	8205	4801
肉类总产量	吨	84936	52366	26849	56062	31661
规模以上工业企业单位数	个	21	9	12	11	5
规模以上工业总产值	万元	261511	86498	1033755	96245	50012
固定资产投资	万元	1656440	1435100	922656	426910	328577
四、教育、卫生和社会保障						
普通中学在校学生数	人	29502	26481	20568	11973	13949
中等职业教育学校在校学生数	人	1265	931	567	84	589
小学在校学生数	人	40949	41520	40328	23119	22392
医疗卫生机构床位数	床	1279	1343	1124	542	897
各种社会福利收养性单位数	个	22	8	14	13	11
各种社会福利收养性单位床位数	床	676	560	370	589	282

2013年县(市)社会经济主要指标

海南省

指　　标	单位	澄迈县	临高县	白沙黎族自治县	昌江黎族自治县	乐东黎族自治县
一、基本情况						
行政区域面积	平方公里	2076	1317	2117	1620	2766
乡个数	个			7	1	
镇个数	个	11	10	4	7	11
街道办事处个数	个					
户籍人口	万人	57	51	19	26	55
第二产业从业人员	人	35639	22220	4556	1034	15092
第三产业从业人员	人	58555	14380	17720	9458	62699
固定电话用户	户	35094	33157	16262	29340	35200
二、综合经济						
地区生产总值	万元	2012871	1191302	327748	905937	805651
第一产业增加值	万元	556191	811628	180077	203552	478195
农业增加值	万元	245819	106074	62103	93993	343145
牧业增加值	万元	121197	48643	28168	25957	45966
第二产业增加值	万元	963818	109443	55121	531921	84225
公共财政收入	万元	505513	54883	25350	268919	97727
各项税收	万元	241989	32728	23293	82105	58502
公共财政支出	万元	406297	286202	183511	244288	326765
居民储蓄存款余额	万元	724870	419808	256929	408905	655410
年末金融机构各项贷款余额	万元	784350	379618	80730	224155	291682
三、农业、工业及投资						
农业机械总动力	万千瓦特	38	59	14	17	59
机收面积	公顷	17627	8574	2105	2433	1352
设施农业占地面积	公顷	135	118	41	271	3364
粮食总产量	吨	188176	127203	37416	54704	138329
棉花产量	吨					
油料产量	吨	5958	2521	453	2369	11586
肉类总产量	吨	85135	35569	17738	18319	28282
规模以上工业企业单位数	个	50	8	7	13	3
规模以上工业总产值	万元	2693965	152783	60868	834674	52788
固定资产投资	万元	2227997	496094	190737	952402	537154
四、教育、卫生和社会保障						
普通中学在校学生数	人	24157	28117	8830	13459	31665
中等职业教育学校在校学生数	人	2026	867	760	638	633
小学在校学生数	人	39465	39551	16381	18686	45070
医疗卫生机构床位数	床	1292	821	608	731	1141
各种社会福利收养性单位数	个	8	9	2	10	11
各种社会福利收养性单位床位数	床	194	290	32	128	250

2013年县(市)社会经济主要指标

海南省、重庆市

指　　标	单位	陵水黎族自治县	保亭黎族苗族自治县	琼中黎族苗族自治县	綦江区	大足区
一、基本情况						
行政区域面积	平方公里	1128	1167	2704	2748	1436
乡个数	个	2	3	3		
镇个数	个	9	6	7	25	24
街道办事处个数	个				5	3
户籍人口	万人	37	17	23	121	104
第二产业从业人员	人	2285	2041	4679	314246	218440
第三产业从业人员	人	24902	9237	13196	200128	144668
固定电话用户	户	26768	16925	20683	182673	100000
二、综合经济						
地区生产总值	万元	851571	294679	279898	3205620	2783287
第一产业增加值	万元	337303	143755	145091	443795	339998
农业增加值	万元	131566	84605	63156	317496	225123
牧业增加值	万元	55486	23080	24748	98818	82780
第二产业增加值	万元	212671	38304	44932	1644476	1591165
公共财政收入	万元	433018	42538	30915	290852	272100
各项税收	万元	233973	37858	17979	175589	108809
公共财政支出	万元	414430	153671	194451	660397	537033
居民储蓄存款余额	万元	571781	316162	330515	2612044	1634066
年末金融机构各项贷款余额	万元	732780	137781	138151	2423589	1451858
三、农业、工业及投资						
农业机械总动力	万千瓦特	11	6	1	50	56
机收面积	公顷	588	1232	3200	36017	27200
设施农业占地面积	公顷	12062	150	28	2303	4838
粮食总产量	吨	89711	31331	49332	424665	434577
棉花产量	吨					
油料产量	吨	5591	1035	4090	7363	38030
肉类总产量	吨	20735	14962	15963	71292	63625
规模以上工业企业单位数	个	2	3	6	238	244
规模以上工业总产值	万元	35971	1	33581	4087889	3622521
固定资产投资	万元	1695090	341159	262523	3480777	3192397
四、教育、卫生和社会保障						
普通中学在校学生数	人	18872	7326	8228	56125	44583
中等职业教育学校在校学生数	人	1318	195	83	12938	4967
小学在校学生数	人	27121	12626	15039	59557	63695
医疗卫生机构床位数	床	668	360	862	5594	3920
各种社会福利收养性单位数	个	11	6	10	41	103
各种社会福利收养性单位床位数	床	45	78	311	3253	3432

2013 年县(市)社会经济主要指标

重庆市

指　　标	单位	长寿区	江津区	合川区	永川区	南川区
一、基本情况						
行政区域面积	平方公里	1424	3219	2343	1610	2602
乡个数	个					15
镇个数	个	14	24	23	16	16
街道办事处个数	个	4	4	7	7	3
户籍人口	万人	91	150	156	113	68
第二产业从业人员	人	145661	339074	210904	231482	111368
第三产业从业人员	人	114448	457395	239223	196096	126439
固定电话用户	户	153489	182900	140102	165000	80751
二、综合经济						
地区生产总值	万元	3740808	4865813	3874174	4323906	1604406
第一产业增加值	万元	330479	659617	562229	418632	329985
农业增加值	万元	202898	479112	392879	255294	212246
牧业增加值	万元	93841	149886	116994	128697	93615
第二产业增加值	万元	2264180	3000957	1920934	2381862	586643
公共财政收入	万元	271563	384657	297448	322555	169506
各项税收	万元	203843	232535	177183	186057	91939
公共财政支出	万元	495822	698830	597066	605589	410702
居民储蓄存款余额	万元	2442038	3569721	3576075	2737000	1265934
年末金融机构各项贷款余额	万元	2294058	2585740	2611457	2646698	1351165
三、农业、工业及投资						
农业机械总动力	万千瓦特	38	39	75	27	53
机收面积	公顷	16853	60995	34000	26670	12000
设施农业占地面积	公顷	195	558	131	28	232
粮食总产量	吨	369592	665997	723493	500216	332496
棉花产量	吨					
油料产量	吨	9666	13184	20428	18522	20001
肉类总产量	吨	68008	97078	94624	110637	67862
规模以上工业企业单位数	个	139	273	280	282	55
规模以上工业总产值	万元	6317881	9176614	4213077	6670867	1260800
固定资产投资	万元	3588005	4585702	3619019	4654982	1544274
四、教育、卫生和社会保障						
普通中学在校学生数	人	37238	62911	58887	46529	31573
中等职业教育学校在校学生数	人	4091	25800	9500	28000	7141
小学在校学生数	人	42700	77964	66525	76620	41367
医疗卫生机构床位数	床	3738	6255	4438	5790	2855
各种社会福利收养性单位数	个	23	57	54	31	36
各种社会福利收养性单位床位数	床	2136	7506	5217	3609	1258

2013年县(市)社会经济主要指标

重庆市

指　　标	单位	潼南县	铜梁县	荣昌县	璧山县	梁平县
一、基本情况						
行政区域面积	平方公里	1583	1340	1077	927	1890
乡个数	个					7
镇个数	个	20	25	15	9	24
街道办事处个数	个	2	3	6	6	2
户籍人口	万人	95	84	84	64	93
第二产业从业人员	人	77883	169683	156379	161050	154935
第三产业从业人员	人	167746	101905	152212	87942	106976
固定电话用户	户	59965	105300	107400	99421	75757
二、综合经济						
地区生产总值	万元	1907695	2552606	2610341	3019005	1826585
第一产业增加值	万元	406482	313370	383355	177684	306200
农业增加值	万元	312938	175099	255973	110413	209130
牧业增加值	万元	67476	113292	104433	55319	76011
第二产业增加值	万元	874673	1529609	1600940	2064015	984597
公共财政收入	万元	121480	187318	201168	381350	131600
各项税收	万元	59359	102442	94305	173826	57845
公共财政支出	万元	381308	389078	424463	547534	394078
居民储蓄存款余额	万元	1384727	1930200	1463139	1980000	1822360
年末金融机构各项贷款余额	万元	731996	1374395	1290242	2227266	664914
三、农业、工业及投资						
农业机械总动力	万千瓦特	49	9	34	30	47
机收面积	公顷	19633	16933	17800	12400	27400
设施农业占地面积	公顷	4435	1398	224	3407	2397
粮食总产量	吨	376967	351742	309188	174816	386444
棉花产量	吨					
油料产量	吨	40937	11398	23919	4177	14661
肉类总产量	吨	61260	89943	73471	73799	74285
规模以上工业企业单位数	个	154	264	317	248	102
规模以上工业总产值	万元	1333513	3333307	4852777	6998403	1232816
固定资产投资	万元	1843699	3643290	3064904	4543760	1887184
四、教育、卫生和社会保障						
普通中学在校学生数	人	40015	42724	35799	28509	44241
中等职业教育学校在校学生数	人	1813	6540	5027	3297	6207
小学在校学生数	人	50732	44560	49201	34494	54214
医疗卫生机构床位数	床	2235	2977	2908	2628	2915
各种社会福利收养性单位数	个	95	77	101	26	33
各种社会福利收养性单位床位数	床	2759	3670	3421	1657	1367

2013 年县(市)社会经济主要指标

重庆市

指标	单位	城口县	丰都县	垫江县	武隆县	忠县
一、基本情况						
行政区域面积	平方公里	3289	2904	1518	2901	2187
乡个数	个	16	5	4	14	6
镇个数	个	7	23	21	12	22
街道办事处个数	个	2	2			
户籍人口	万人	25	84	97	41	101
第二产业从业人员	人	17615	76108	174758	44602	108618
第三产业从业人员	人	35579	99096	150489	70705	214946
固定电话用户	户	23160	94897	89900	50334	100372
二、综合经济						
地区生产总值	万元	425955	1196883	1982912	1079088	1826278
第一产业增加值	万元	62194	243640	299841	160676	300091
农业增加值	万元	31308	143403	190942	110721	217138
牧业增加值	万元	23741	76079	85430	39228	70829
第二产业增加值	万元	241708	528454	1088140	431389	890512
公共财政收入	万元	22051	117889	114371	97865	107754
各项税收	万元	14355	55407	58614	63584	53929
公共财政支出	万元	216999	393796	340605	313423	394736
居民储蓄存款余额	万元	333038	1522748	1575999	730670	1986786
年末金融机构各项贷款余额	万元	269277	928095	918783	1130973	812846
三、农业、工业及投资						
农业机械总动力	万千瓦特	26	31	42	26	45
机收面积	公顷	927	5237	13435	732	8000
设施农业占地面积	公顷	18	80	178	42	395
粮食总产量	吨	100078	333571	396020	168791	411649
棉花产量	吨					
油料产量	吨	3247	20999	18709	8413	29371
肉类总产量	吨	24966	60821	68537	42018	68857
规模以上工业企业单位数	个	23	42	73	24	53
规模以上工业总产值	万元	249464	753820	1300322	411400	598582
固定资产投资	万元	725130	1861076	2047700	1416029	1848942
四、教育、卫生和社会保障						
普通中学在校学生数	人	12205	44909	49830	19501	47062
中等职业教育学校在校学生数	人	1354	4346	2489	4479	2173
小学在校学生数	人	20019	62639	76569	26589	60837
医疗卫生机构床位数	床	840	2965	3402	1477	2999
各种社会福利收养性单位数	个	25	28	26	27	54
各种社会福利收养性单位床位数	床	870	1736	1652	1503	3588

2013年县(市)社会经济主要指标

重庆市

指　标	单位	开　县	云阳县	奉节县	巫山县	巫溪县
一、基本情况						
行政区域面积	平方公里	3963	3649	4087	2957	4030
乡个数	个	7	9	11	13	15
镇个数	个	26	29	19	11	15
街道办事处个数	个	7	4		2	2
户籍人口	万人	167	135	107	64	55
第二产业从业人员	人	262218	242503	141412	48024	69246
第三产业从业人员	人	258945	276965	149533	143516	78422
固定电话用户	户	164000	116400	84600	56444	52455
二、综合经济						
地区生产总值	万元	2654673	1503412	1601148	751277	602204
第一产业增加值	万元	452851	345073	311912	167760	129299
农业增加值	万元	295919	257322	226336	98331	71122
牧业增加值	万元	119206	64314	73833	49875	41605
第二产业增加值	万元	1313122	602077	584731	245519	227611
公共财政收入	万元	150161	100285	116517	70066	53541
各项税收	万元	78686	47028	51782	34498	23230
公共财政支出	万元	609207	489313	478707	345329	313562
居民储蓄存款余额	万元	2596730	1809700	1137658	691466	622403
年末金融机构各项贷款余额	万元	1445403	872696	789809	562024	354631
三、农业、工业及投资						
农业机械总动力	万千瓦特	50	42	33	28	33
机收面积	公顷	7553	7337	4870	1470	1667
设施农业占地面积	公顷	567	126	254	220	391
粮食总产量	吨	597547	428088	432789	228994	209411
棉花产量	吨				90	
油料产量	吨	28366	15591	22406	16859	10382
肉类总产量	吨	104536	79498	63770	44155	49161
规模以上工业企业单位数	个	82	45	41	27	22
规模以上工业总产值	万元	1886705	811690	216968	184327	175647
固定资产投资	万元	2559906	1711317	1822174	843292	1112315
四、教育、卫生和社会保障						
普通中学在校学生数	人	87759	75110	57303	35525	26140
中等职业教育学校在校学生数	人	10389	7064	7160	6350	4164
小学在校学生数	人	111348	69603	66149	43291	32841
医疗卫生机构床位数	床	5974	4271	3188	1354	1405
各种社会福利收养性单位数	个	60	66	36	30	50
各种社会福利收养性单位床位数	床	4756	6417	3844	1885	996

2013年县(市)社会经济主要指标

重庆市、四川省

指　　标	单位	石柱土家族自治县	秀山土家族苗族自治县	酉阳土家族苗族自治县	彭水苗族土家族自治县	新都区
一、基本情况						
行政区域面积	平方公里	3014	2450	5173	3903	494
乡个数	个	14	6	23	18	
镇个数	个	18	18	15	18	11
街道办事处个数	个		3		3	2
户籍人口	万人	55	66	85	70	70
第二产业从业人员	人	65191	89032	90521	42512	267400
第三产业从业人员	人	73107	80490	103637	63798	165100
固定电话用户	户	39654	47137	50000	43700	186234
二、综合经济						
地区生产总值	万元	1074299	1146206	1002468	974598	5027476
第一产业增加值	万元	196597	160020	206220	191414	236759
农业增加值	万元	118655	108959	116356	125492	142498
牧业增加值	万元	66789	39458	69199	52752	81608
第二产业增加值	万元	524592	587975	453528	407653	3154082
公共财政收入	万元	87301	124782	103858	86387	401704
各项税收	万元	57855	57291	66254	61140	334861
公共财政支出	万元	338073	371892	402352	345693	538645
居民储蓄存款余额	万元	948219	688797	873824	807050	3807977
年末金融机构各项贷款余额	万元	584479	821404	586378	1116228	2688504
三、农业、工业及投资						
农业机械总动力	万千瓦特	27	30	43	5	28
机收面积	公顷	3670	15553	1620	700	27200
设施农业占地面积	公顷	49	510	502	52	1138
粮食总产量	吨	256365	301461	363100	307649	212799
棉花产量	吨					
油料产量	吨	10344	29692	25979	21402	21883
肉类总产量	吨	39663	43608	63931	52672	23150
规模以上工业企业单位数	个	54	74	44	29	373
规模以上工业总产值	万元	777021	582182	562622	424343	6589367
固定资产投资	万元	1404213	1216700	1149168	1154181	4434220
四、教育、卫生和社会保障						
普通中学在校学生数	人	31318	33733	49097	41874	38505
中等职业教育学校在校学生数	人	3840	4367	4016	1642	6111
小学在校学生数	人	39696	41478	65146	56200	53241
医疗卫生机构床位数	床	1923	1689	1910	1832	4638
各种社会福利收养性单位数	个	26	58	23	69	4
各种社会福利收养性单位床位数	床	904	1461	983	2292	1317

2013年县(市)社会经济主要指标

四川省

指　　标	单位	温江区	金堂县	双流县	郫　县	大邑县
一、基本情况						
行政区域面积	平方公里	276	1156	1067	437	1284
乡个数	个		2			3
镇个数	个	6	18	18	13	17
街道办事处个数	个	4	1	7	2	
户籍人口	万人	39	89	98	53	51
第二产业从业人员	人	71100	116100	267700	186000	137300
第三产业从业人员	人	128600	246900	192300	126800	118700
固定电话用户	户	140775	85000	261200	167956	64980
二、综合经济						
地区生产总值	万元	3355462	2263650	7460634	3602343	1485330
第一产业增加值	万元	158878	379304	342934	200925	282817
农业增加值	万元	142454	254002	269756	184112	100890
牧业增加值	万元	13986	86356	55844	9895	162873
第二产业增加值	万元	1752289	1077192	3838992	2120617	636301
公共财政收入	万元	285111	141618	645970	357362	112545
各项税收	万元	227293	93697	558432	282732	74162
公共财政支出	万元	353684	326559	805501	452617	251307
居民储蓄存款余额	万元	2427785	1618295	6371283	2998291	1491597
年末金融机构各项贷款余额	万元	2513551	1241426	5981916	2756596	958400
三、农业、工业及投资						
农业机械总动力	万千瓦特	17	23	35	22	23
机收面积	公顷	6600	19333	24267	10400	22900
设施农业占地面积	公顷	58	2055	3679	386	590
粮食总产量	吨	12969	309601	222737	83437	202674
棉花产量	吨		8			
油料产量	吨	2247	44205	28005	10982	14660
肉类总产量	吨	11070	70090	63837	13131	75015
规模以上工业企业单位数	个	211	138	386	337	111
规模以上工业总产值	万元	3415300	1663000	10328112	5100258	1662231
固定资产投资	万元	3100824	2506160	6850144	3080257	1777153
四、教育、卫生和社会保障						
普通中学在校学生数	人	20362	37800	55496	39112	19647
中等职业教育学校在校学生数	人	6734	2634	28096	34978	12193
小学在校学生数	人	23890	46613	58689	46189	19978
医疗卫生机构床位数	床	4225	3877	5259	3479	3474
各种社会福利收养性单位数	个	14	24	41	11	6
各种社会福利收养性单位床位数	床	1261	3810	3586	1914	1929

2013年县(市)社会经济主要指标

四川省

指　　　标	单位	蒲江县	新津县	都江堰市	彭州市	邛崃市
一、基本情况						
行政区域面积	平方公里	580	329	1208	1421	1376
乡个数	个	4	1	2		6
镇个数	个	8	11	17	20	18
街道办事处个数	个			1		
户籍人口	万人	26	31	62	81	66
第二产业从业人员	人	49500	73100	148700	163200	112000
第三产业从业人员	人	57200	79200	211400	144900	161600
固定电话用户	户	82146	43012	108638	90000	48000
二、综合经济						
地区生产总值	万元	881227	1886805	2298590	2356851	1654313
第一产业增加值	万元	155945	146569	224058	399188	299648
农业增加值	万元	80973	75626	89507	243576	142491
牧业增加值	万元	68707	61296	88469	140998	127466
第二产业增加值	万元	436202	1096434	853740	1221926	758894
公共财政收入	万元	43086	153139	165270	155484	94724
各项税收	万元	29135	116253	119412	104581	61939
公共财政支出	万元	142240	238163	312535	383333	327092
居民储蓄存款余额	万元	744386	1297697	2849750	2479490	1660306
年末金融机构各项贷款余额	万元	548418	1869331	2739875	1825763	1303268
三、农业、工业及投资						
农业机械总动力	万千瓦特	15	17	23	36	33
机收面积	公顷	9610	13067	20467	33200	24520
设施农业占地面积	公顷		700	1621	1388	483
粮食总产量	吨	100635	105095	167326	285686	277879
棉花产量	吨					
油料产量	吨	17229	11381	19760	17115	40556
肉类总产量	吨	55417	39358	44586	57819	122803
规模以上工业企业单位数	个	84	130	98	162	142
规模以上工业总产值	万元	796994	3429200	1468927	2405800	1629552
固定资产投资	万元	1007650	2411908	1684918	1764522	1871889
四、教育、卫生和社会保障						
普通中学在校学生数	人	11125	14929	26456	29728	27949
中等职业教育学校在校学生数	人	2033	1368	3271	6947	3568
小学在校学生数	人	9324	13651	26820	31393	22336
医疗卫生机构床位数	床	1468	1808	5759	4823	2804
各种社会福利收养性单位数	个	5	10	14	19	13
各种社会福利收养性单位床位数	床	656	1322	1959	2368	2436

2013年县(市)社会经济主要指标

四川省

指　标	单位	崇州市	荣　县	富顺县	米易县	盐边县
一、基本情况						
行政区域面积	平方公里	1088	1605	1342	2110	3275
乡个数	个	6	6	4	5	12
镇个数	个	18	21	22	7	4
街道办事处个数	个	1				
户籍人口	万人	67	69	109	22	21
第二产业从业人员	人	254000	67000	87200	22400	19100
第三产业从业人员	人	147000	117200	148800	27900	17800
固定电话用户	户	94890	78856	89437	33916	19991
二、综合经济						
地区生产总值	万元	1834032	1600437	1926620	1080781	1038629
第一产业增加值	万元	285224	377386	366249	105537	81463
农业增加值	万元	155555	224693	193744	76618	47700
牧业增加值	万元	110954	99622	112538	14556	23425
第二产业增加值	万元	893497	818620	1031354	728948	801718
公共财政收入	万元	111555	53369	60966	82053	57910
各项税收	万元	80416	35054	33704	59961	50147
公共财政支出	万元	310544	247016	287466	182518	141716
居民储蓄存款余额	万元	2269361	1205230	1687361	443147	285904
年末金融机构各项贷款余额	万元	1455684	584747	771884	393171	387716
三、农业、工业及投资						
农业机械总动力	万千瓦特	39	40	27	21	16
机收面积	公顷	42989	4527	4127	3560	1628
设施农业占地面积	公顷	1231	4137	3058	3266	132
粮食总产量	吨	300467	407020	470121	79919	67003
棉花产量	吨					
油料产量	吨	20681	13133	13798	1192	1453
肉类总产量	吨	79037	77517	84772	13615	16792
规模以上工业企业单位数	个	133	82	109	34	45
规模以上工业总产值	万元	1939434	1646038	2153676	1130571	1460834
固定资产投资	万元	1770288	891604	981188	890857	705730
四、教育、卫生和社会保障						
普通中学在校学生数	人	20348	22928	48198	14728	11846
中等职业教育学校在校学生数	人	2156	3775	3587	628	
小学在校学生数	人	25913	28007	66385	15819	16084
医疗卫生机构床位数	床	4440	2630	2487	852	903
各种社会福利收养性单位数	个	18	29	39	9	11
各种社会福利收养性单位床位数	床	3348	4462	4547	952	1279

2013年县(市)社会经济主要指标

四川省

指　　标	单位	泸　县	合江县	叙永县	古蔺县	中江县
一、基本情况						
行政区域面积	平方公里	1530	2415	2974	3185	2200
乡个数	个		6	14	14	16
镇个数	个	19	21	11	12	29
街道办事处个数	个					
户籍人口	万人	109	91	73	86	143
第二产业从业人员	人	194100	215000	104900	114000	99000
第三产业从业人员	人	128800	105000	92800	84000	307000
固定电话用户	户	70596	67090	53022	50205	63718
二、综合经济						
地区生产总值	万元	2145254	1385296	840928	1157302	2443489
第一产业增加值	万元	416223	313094	189890	188073	709610
农业增加值	万元	235903	180136	115626	112667	326334
牧业增加值	万元	144193	100811	55559	61114	323092
第二产业增加值	万元	1256399	618676	388574	711150	1061634
公共财政收入	万元	88000	68538	43541	148551	61401
各项税收	万元	61763	50707	29243	82625	36325
公共财政支出	万元	321835	290414	285948	368250	409645
居民储蓄存款余额	万元	1684003	1327300	593339	473283	1876545
年末金融机构各项贷款余额	万元	712241	790200	401363	665061	953736
三、农业、工业及投资						
农业机械总动力	万千瓦特	53	34	32	17	59
机收面积	公顷	9413	10667	3747	3033	33194
设施农业占地面积	公顷	2404	268	148	55	1140
粮食总产量	吨	522478	511901	230785	223367	767821
棉花产量	吨					186
油料产量	吨	9585	4111	4536	13516	72619
肉类总产量	吨	101056	69935	38276	41842	133155
规模以上工业企业单位数	个	125	82	49	21	175
规模以上工业总产值	万元	2266846	823527	314312	1922417	2437500
固定资产投资	万元	1453500	1252000	477430	1003800	938660
四、教育、卫生和社会保障						
普通中学在校学生数	人	58792	35700	34861	47712	49146
中等职业教育学校在校学生数	人	13521	23580	3211	9240	10081
小学在校学生数	人	80517	75097	63970	70100	60330
医疗卫生机构床位数	床	3130	4050	2190	2271	3790
各种社会福利收养性单位数	个	37	30	24	28	58
各种社会福利收养性单位床位数	床	4933	3431	1656	2354	9300

2013年县(市)社会经济主要指标

四川省

指　　标	单位	罗江县	广汉市	什邡市	绵竹市	三台县
一、基本情况						
行政区域面积	平方公里	448	548	820	1246	2659
乡个数	个		2		1	22
镇个数	个	10	16	14	20	41
街道办事处个数	个			2		
户籍人口	万人	25	61	44	51	148
第二产业从业人员	人	31000	140000	91000	91000	184300
第三产业从业人员	人	40000	102000	66000	109000	197600
固定电话用户	户	23035	110237	62728	57680	86644
二、综合经济						
地区生产总值	万元	754822	2749759	2070608	1859629	1780495
第一产业增加值	万元	182645	303151	233609	245876	640778
农业增加值	万元	86064	160812	137223	134233	370452
牧业增加值	万元	80200	117165	81838	91797	219645
第二产业增加值	万元	441821	1717759	1307346	1164383	496229
公共财政收入	万元	24034	130239	131161	125547	63548
各项税收	万元	15293	90847	101015	90446	38650
公共财政支出	万元	104226	284098	205981	270345	386266
居民储蓄存款余额	万元	476119	2209160	1316337	1306293	1914801
年末金融机构各项贷款余额	万元	381071	1669849	1327707	1181268	974404
三、农业、工业及投资						
农业机械总动力	万千瓦特	22	25	25	24	55
机收面积	公顷	11240	39240	24143	40967	32088
设施农业占地面积	公顷	1359	4792	797	287	282
粮食总产量	吨	124418	310555	186156	272668	723259
棉花产量	吨					408
油料产量	吨	35836	33103	13519	14314	116132
肉类总产量	吨	41023	52763	38246	49131	124465
规模以上工业企业单位数	个	86	316	137	133	111
规模以上工业总产值	万元	1240800	6422300	2628000	3741600	445400
固定资产投资	万元	900124	1315104	1164169	1256027	669840
四、教育、卫生和社会保障						
普通中学在校学生数	人	8603	21293	15720	16579	54297
中等职业教育学校在校学生数	人	9358	3944	4237	2909	8536
小学在校学生数	人	9078	23396	14878	17444	54369
医疗卫生机构床位数	床	945	2560	2659	2983	5052
各种社会福利收养性单位数	个		19	16	21	65
各种社会福利收养性单位床位数	床		1948	2260	2627	6506

2013年县(市)社会经济主要指标

四川省

指　　标	单位	盐亭县	安　县	梓潼县	北川羌族自治县	平武县
一、基本情况						
行政区域面积	平方公里	1645	1181	1444	3083	5946
乡个数	个	22	3	21	17	16
镇个数	个	14	15	11	6	9
街道办事处个数	个					
户籍人口	万人	60	45	38	24	18
第二产业从业人员	人	61600	65600	47300	33200	12400
第三产业从业人员	人	82200	76300	60000	38500	15500
固定电话用户	户	26694	43911	32742	18126	13104
二、综合经济						
地区生产总值	万元	751286	939249	739502	344783	312906
第一产业增加值	万元	303403	243500	231128	88464	69893
农业增加值	万元	174766	141898	132689	42121	37462
牧业增加值	万元	100796	82330	78582	31977	21876
第二产业增加值	万元	216684	484915	330659	140839	170988
公共财政收入	万元	24023	44468	20365	30079	25066
各项税收	万元	16972	35801	12220	22378	19054
公共财政支出	万元	210543	187400	172656	179222	137775
居民储蓄存款余额	万元	841465	836401	545612	494310	275309
年末金融机构各项贷款余额	万元	385375	723316	381049	798885	534712
三、农业、工业及投资						
农业机械总动力	万千瓦特	33	35	31	8	10
机收面积	公顷	18331	33199	19667	1200	533
设施农业占地面积	公顷	150	2275	247	14	193
粮食总产量	吨	295077	244455	202345	44669	60603
棉花产量	吨	117		5		
油料产量	吨	32180	36498	46936	5724	5332
肉类总产量	吨	54449	36202	36194	16717	11623
规模以上工业企业单位数	个	46	73	47	21	26
规模以上工业总产值	万元	62400	1445900	742100	195400	220900
固定资产投资	万元	480495	812183	544234	312977	468251
四、教育、卫生和社会保障						
普通中学在校学生数	人	17353	17121	11294	10159	6585
中等职业教育学校在校学生数	人	3346	2510	1942	3096	1928
小学在校学生数	人	18437	19938	12509	9874	7048
医疗卫生机构床位数	床	2039	1811	1212	1101	581
各种社会福利收养性单位数	个	49	20	16	11	9
各种社会福利收养性单位床位数	床	4607	2274	1690	1483	1030

2013年县(市)社会经济主要指标

四川省

指　　标	单位	江油市	旺苍县	青川县	剑阁县	苍溪县
一、基本情况						
行政区域面积	平方公里	2720	2986	3212	3202	2330
乡个数	个	19	20	27	34	17
镇个数	个	21	15	9	23	22
街道办事处个数	个		3			
户籍人口	万人	89	46	24	68	79
第二产业从业人员	人	157800	75300	18600	43200	78000
第三产业从业人员	人	154300	79300	34200	82200	98000
固定电话用户	户	132755	48137	16687	49421	86923
二、综合经济						
地区生产总值	万元	2687070	743599	261732	773072	931933
第一产业增加值	万元	374631	140298	64492	221720	256910
农业增加值	万元	220760	82162	34091	129682	128850
牧业增加值	万元	124072	46759	18259	81597	96543
第二产业增加值	万元	1350160	405196	112832	294596	381535
公共财政收入	万元	135006	31518	11829	34434	32612
各项税收	万元	89023	22868	9306	24637	25551
公共财政支出	万元	314287	224122	148586	259099	320304
居民储蓄存款余额	万元	2177417	705079	325447	861135	1231656
年末金融机构各项贷款余额	万元	1380782	286487	329939	457546	663181
三、农业、工业及投资						
农业机械总动力	万千瓦特	57	27	9	75	73
机收面积	公顷	25912	5950	4000	34880	33000
设施农业占地面积	公顷	908	80	288	38	1305
粮食总产量	吨	294911	187100	101645	408712	357600
棉花产量	吨					
油料产量	吨	43578	15112	8407	101206	49904
肉类总产量	吨	55765	36074	17592	76712	75842
规模以上工业企业单位数	个	195	61	29	46	39
规模以上工业总产值	万元	3835200	993253	200872	649924	620567
固定资产投资	万元	1349571	512909	287264	514580	913333
四、教育、卫生和社会保障						
普通中学在校学生数	人	34777	23014	10861	27886	37367
中等职业教育学校在校学生数	人	10257	2326	2648	5745	7480
小学在校学生数	人	32192	24252	9232	24261	38472
医疗卫生机构床位数	床	6083	1805	627	2052	2651
各种社会福利收养性单位数	个	26	14	7	19	19
各种社会福利收养性单位床位数	床	2925	1508	810	2010	2945

2013年县(市)社会经济主要指标

四川省

指　　标	单位	蓬溪县	射洪县	大英县	威远县	资中县
一、基本情况						
行政区域面积	平方公里	1252	1496	701	1290	1735
乡个数	个	15	10	3		2
镇个数	个	16	20	8	20	31
街道办事处个数	个		2			
户籍人口	万人	72	101	55	75	131
第二产业从业人员	人	120000	170000	62500	110000	172100
第三产业从业人员	人	150000	170000	80100	126900	160400
固定电话用户	户	32233	86198	29521	89287	85152
二、综合经济						
地区生产总值	万元	1000486	2401146	1082159	2719042	2165725
第一产业增加值	万元	294161	328525	203192	357821	579875
农业增加值	万元	158581	177150	109486	204912	309785
牧业增加值	万元	104092	116002	71831	116427	211200
第二产业增加值	万元	453555	1562970	653427	1932916	1079301
公共财政收入	万元	28548	76413	38141	84308	64113
各项税收	万元	20494	54941	29547	61564	42782
公共财政支出	万元	237883	300723	183799	268017	353183
居民储蓄存款余额	万元	912079	1566378	656083	1264868	1792011
年末金融机构各项贷款余额	万元	490820	1006472	552670	1095380	865281
三、农业、工业及投资						
农业机械总动力	万千瓦特	21	27	20	36	44
机收面积	公顷	10967	23000	407	6524	10344
设施农业占地面积	公顷	953	465	2834	4920	381
粮食总产量	吨	339400	430500	251300	302049	512219
棉花产量	吨	39	4959	2798		
油料产量	吨	47611	27107	22953	18304	35289
肉类总产量	吨	54447	83806	50701	52259	93834
规模以上工业企业单位数	个	63	109	79	108	106
规模以上工业总产值	万元	801220	3307012	2208785	5883571	2214686
固定资产投资	万元	943722	1382052	1249166	1228885	1057674
四、教育、卫生和社会保障						
普通中学在校学生数	人	26350	40185	22521	30279	48481
中等职业教育学校在校学生数	人	4517	12420	6756	8906	9075
小学在校学生数	人	27088	39020	23418	34824	68500
医疗卫生机构床位数	床	1795	2883	1450	2883	3715
各种社会福利收养性单位数	个	30	37	16	23	56
各种社会福利收养性单位床位数	床	4160	7485	1501	2630	6476

2013年县(市)社会经济主要指标

四川省

指标	单位	隆昌县	犍为县	井研县	夹江县	沐川县
一、基本情况						
行政区域面积	平方公里	794	1371	840	745	1405
乡个数	个	2	18	17	11	12
镇个数	个	16	12	10	11	7
街道办事处个数	个	1				
户籍人口	万人	79	57	42	35	26
第二产业从业人员	人	185600	91200	46500	68600	25200
第三产业从业人员	人	183800	113400	77300	68100	46400
固定电话用户	户	92847	59489	42715	72777	21347
二、综合经济						
地区生产总值	万元	1901050	1136282	703842	1088810	482428
第一产业增加值	万元	274114	205767	186137	168840	111807
农业增加值	万元	122315	101118	80253	107854	62697
牧业增加值	万元	110590	84614	82151	44329	24068
第二产业增加值	万元	1178819	650854	353185	620617	250348
公共财政收入	万元	53960	40238	23186	48755	17480
各项税收	万元	41861	25195	16782	30431	10514
公共财政支出	万元	251071	183430	138740	135437	116205
居民储蓄存款余额	万元	1387804	913560	729379	1040159	310247
年末金融机构各项贷款余额	万元	718027	606127	615634	566599	333372
三、农业、工业及投资						
农业机械总动力	万千瓦特	28	31	24	39	11
机收面积	公顷	7167	9827	5566	7273	2873
设施农业占地面积	公顷	1240	200	80		14
粮食总产量	吨	260599	240368	214146	109046	77348
棉花产量	吨			3		
油料产量	吨	9988	9447	9640	12770	5508
肉类总产量	吨	47207	62605	69077	33667	21801
规模以上工业企业单位数	个	97	66	63	90	39
规模以上工业总产值	万元	2943239	1704217	1259799	1464619	389340
固定资产投资	万元	985667	539073	290934	715435	310718
四、教育、卫生和社会保障						
普通中学在校学生数	人	30648	20260	13256	11351	9764
中等职业教育学校在校学生数	人	2880	3937	1399	1056	1169
小学在校学生数	人	45022	23661	17755	12373	14889
医疗卫生机构床位数	床	3487	1849	1397	1606	576
各种社会福利收养性单位数	个	35	28	16	12	21
各种社会福利收养性单位床位数	床	2799	1919	2488	833	1240

2013年县(市)社会经济主要指标

四川省

指　　标	单位	峨边彝族自治县	马边彝族自治县	峨眉山市	南部县	营山县
一、基本情况						
行政区域面积	平方公里	2382	2293	1181	2230	1635
乡个数	个	13	18	6	40	34
镇个数	个	6	2	12	31	19
街道办事处个数	个				2	
户籍人口	万人	15	22	43	129	95
第二产业从业人员	人	13500	9200	72500	226300	122000
第三产业从业人员	人	27500	39900	111200	282800	187000
固定电话用户	户	14679	12441	112827	92376	66903
二、综合经济						
地区生产总值	万元	307469	277323	1791771	2331960	1242699
第一产业增加值	万元	40536	68064	153446	484131	331783
农业增加值	万元	12660	44292	78494	252363	199275
牧业增加值	万元	19841	14090	64507	174440	123388
第二产业增加值	万元	187133	126582	1068383	1365504	630085
公共财政收入	万元	26315	24638	131056	70339	37213
各项税收	万元	15011	21797	85490	48488	26439
公共财政支出	万元	112376	118336	227254	390789	312524
居民储蓄存款余额	万元	229042	211947	1552607	1661242	1385458
年末金融机构各项贷款余额	万元	251722	195011	1223030	756490	540278
三、农业、工业及投资						
农业机械总动力	万千瓦特	10	5	25	37	31
机收面积	公顷	666	720	4730	7192	6866
设施农业占地面积	公顷		8	3994	580	3625
粮食总产量	吨	38090	62581	95729	507597	367809
棉花产量	吨				374	
油料产量	吨	1458	2213	12365	73721	45195
肉类总产量	吨	9153	14068	26802	84644	72682
规模以上工业企业单位数	个	24	24	79	90	39
规模以上工业总产值	万元	365484	193947	2559312	2580579	1376582
固定资产投资	万元	137307	271969	913321	1875076	504845
四、教育、卫生和社会保障						
普通中学在校学生数	人	4932	7998	18098	61401	39987
中等职业教育学校在校学生数	人	542	1450	6172	9799	4728
小学在校学生数	人	10134	21562	17352	61777	47485
医疗卫生机构床位数	床	371	502	2313	2531	3611
各种社会福利收养性单位数	个	7	6	4	47	55
各种社会福利收养性单位床位数	床	530	609	2200	5231	4064

2013 年县(市)社会经济主要指标

四川省

指　　标	单位	蓬安县	仪陇县	西充县	阆中市	仁寿县
一、基本情况						
行政区域面积	平方公里	1331	1773	1107	1875	2608
乡个数	个	24	28	29	25	36
镇个数	个	15	29	15	21	24
街道办事处个数	个				4	
户籍人口	万人	72	113	66	88	160
第二产业从业人员	人	49900	166900	63000	94500	184000
第三产业从业人员	人	128600	154800	121300	204400	279000
固定电话用户	户	41445	64521	43547	107758	111167
二、综合经济						
地区生产总值	万元	1187128	1337110	848685	1572965	2842268
第一产业增加值	万元	316839	481064	268835	380704	631069
农业增加值	万元	193496	253511	164701	214920	325787
牧业增加值	万元	105067	199594	91892	126969	243735
第二产业增加值	万元	610446	547313	348479	792434	1515584
公共财政收入	万元	32934	43913	34950	65325	150483
各项税收	万元	23158	32293	24499	48866	105456
公共财政支出	万元	242525	354356	261480	397501	515100
居民储蓄存款余额	万元	1051048	1346799	930494	1534211	2980723
年末金融机构各项贷款余额	万元	509805	667178	380482	920100	1322314
三、农业、工业及投资						
农业机械总动力	万千瓦特	29	34	21	38	76
机收面积	公顷	6090	6936	6425	7162	53390
设施农业占地面积	公顷	643	2968	1990	1004	6128
粮食总产量	吨	326043	483121	351589	364020	797362
棉花产量	吨		30	1012		875
油料产量	吨	41092	61277	36698	39482	36945
肉类总产量	吨	47567	92297	60121	74366	125220
规模以上工业企业单位数	个	61	51	63	54	178
规模以上工业总产值	万元	2019292	1239164	1097287	1073604	2828178
固定资产投资	万元	786626	952405	655930	1549899	1964956
四、教育、卫生和社会保障						
普通中学在校学生数	人	28485	52879	30039	35122	64981
中等职业教育学校在校学生数	人	2962	5869	7851	9583	23751
小学在校学生数	人	32274	60051	21843	34169	65805
医疗卫生机构床位数	床	2231	3284	1610	3445	4754
各种社会福利收养性单位数	个	80	62	47	64	112
各种社会福利收养性单位床位数	床	3139	4108	4818	2960	16708

2013 年县(市)社会经济主要指标

四川省

指　　标	单位	彭山县	洪雅县	丹棱县	青神县	南溪区
一、基本情况						
行政区域面积	平方公里	467	1897	450	387	704
乡个数	个	4	4	2	3	6
镇个数	个	9	11	5	7	7
街道办事处个数	个					2
户籍人口	万人	33	35	16	20	44
第二产业从业人员	人	62900	33800	29200	51000	69600
第三产业从业人员	人	73400	56800	25400	23400	78600
固定电话用户	户	54511	40217	23658	29772	65095
二、综合经济						
地区生产总值	万元	1019024	851501	408685	540114	924191
第一产业增加值	万元	118254	136277	89520	76589	190092
农业增加值	万元	49689	60544	51372	36949	112712
牧业增加值	万元	50874	58122	31414	30184	61320
第二产业增加值	万元	624357	517008	220575	325887	517451
公共财政收入	万元	105160	63092	22347	31155	60405
各项税收	万元	74299	35390	14556	21144	42304
公共财政支出	万元	199298	204008	116000	120095	182325
居民储蓄存款余额	万元	1030707	883673	416618	500075	578868
年末金融机构各项贷款余额	万元	640648	494603	178453	262045	557479
三、农业、工业及投资						
农业机械总动力	万千瓦特	27	28	20	19	20
机收面积	公顷	14160	10073	8646	7653	2038
设施农业占地面积	公顷	183	861	79	46	6227
粮食总产量	吨	150176	126023	77937	89081	166435
棉花产量	吨					
油料产量	吨	9799	9948	7139	7546	6230
肉类总产量	吨	36869	26771	17614	18492	38247
规模以上工业企业单位数	个	99	41	46	56	67
规模以上工业总产值	万元	2135919	436912	439115	617942	1198874
固定资产投资	万元	1442075	736203	421801	432023	922472
四、教育、卫生和社会保障						
普通中学在校学生数	人	10869	12777	4965	6721	22447
中等职业教育学校在校学生数	人	2117	3864	2063	2787	6709
小学在校学生数	人	11405	12878	5702	6139	24619
医疗卫生机构床位数	床	1109	1282	495	751	1448
各种社会福利收养性单位数	个	14	12	8	9	17
各种社会福利收养性单位床位数	床	1597	1153	859	1034	2011

2013年县(市)社会经济主要指标

四川省

指　　标	单位	宜宾县	江安县	长宁县	高　县	珙　县
一、基本情况						
行政区域面积	平方公里	3018	912	980	1321	1146
乡个数	个	7	3	8	7	9
镇个数	个	19	15	10	12	8
街道办事处个数	个					
户籍人口	万人	103	56	46	54	43
第二产业从业人员	人	149400	74800	64200	67900	73600
第三产业从业人员	人	155800	80600	66700	72300	75600
固定电话用户	户	40663	35056	36067	37375	41929
二、综合经济						
地区生产总值	万元	1810823	1048722	980169	980542	1049943
第一产业增加值	万元	377351	204857	207097	184986	150140
农业增加值	万元	214084	113719	97922	101037	68077
牧业增加值	万元	132054	68255	62119	68039	68474
第二产业增加值	万元	974544	626748	520838	600180	687802
公共财政收入	万元	72393	51899	40093	43455	54913
各项税收	万元	54293	37758	27797	27675	38179
公共财政支出	万元	308572	189579	172142	174743	174401
居民储蓄存款余额	万元	1225873	653333	509317	527294	472368
年末金融机构各项贷款余额	万元	1232091	431454	368459	362526	420612
三、农业、工业及投资						
农业机械总动力	万千瓦特	50	18	25	15	20
机收面积	公顷	1939	821	490	1000	473
设施农业占地面积	公顷	318	299	275	170	630
粮食总产量	吨	501002	223525	207539	230089	142564
棉花产量	吨					
油料产量	吨	32050	6652	9961	8991	8104
肉类总产量	吨	88744	41603	38110	37837	35602
规模以上工业企业单位数	个	84	53	54	57	59
规模以上工业总产值	万元	1989180	1779519	1276943	1317545	1127139
固定资产投资	万元	1850257	950696	908027	841794	767178
四、教育、卫生和社会保障						
普通中学在校学生数	人	47100	22937	18610	21812	17383
中等职业教育学校在校学生数	人	11304	5246	7552	4089	5567
小学在校学生数	人	65626	30977	28374	32873	28989
医疗卫生机构床位数	床	2735	1659	1869	1408	1815
各种社会福利收养性单位数	个	39	24	21	23	18
各种社会福利收养性单位床位数	床	3820	2928	2474	1154	1285

2013年县(市)社会经济主要指标

四川省

指　　标	单位	筠连县	兴文县	屏山县	岳池县	武胜县
一、基本情况						
行政区域面积	平方公里	1256	1380	1418	1479	956
乡个数	个	9	6	6	21	15
镇个数	个	9	9	9	22	16
街道办事处个数	个					
户籍人口	万人	43	48	31	119	85
第二产业从业人员	人	55700	57700	30000	80200	93800
第三产业从业人员	人	63000	54500	46900	153300	105000
固定电话用户	户	29298	35303	17640	59176	45764
二、综合经济						
地区生产总值	万元	951413	679374	345787	1577188	1574553
第一产业增加值	万元	168245	161584	135534	360757	337083
农业增加值	万元	85724	85461	73050	210156	172603
牧业增加值	万元	71519	62851	46544	114867	125193
第二产业增加值	万元	607038	305025	122316	725475	805200
公共财政收入	万元	50325	51317	32439	62488	61235
各项税收	万元	23398	34446	23878	38047	32535
公共财政支出	万元	167220	190377	140239	312441	248807
居民储蓄存款余额	万元	333773	387599	392160	1749334	1363866
年末金融机构各项贷款余额	万元	293857	311542	243417	679045	602860
三、农业、工业及投资						
农业机械总动力	万千瓦特	14	16	13	43	27
机收面积	公顷	460	2267	200	31333	18000
设施农业占地面积	公顷	183	275	222	1408	1096
粮食总产量	吨	152749	203414	115757	519142	338577
棉花产量	吨					
油料产量	吨	2708	3529	6310	28123	20385
肉类总产量	吨	36443	35797	24587	78906	86428
规模以上工业企业单位数	个	35	47	23	77	83
规模以上工业总产值	万元	508204	484502	256948	1600742	2376023
固定资产投资	万元	498671	514638	283632	1025862	959514
四、教育、卫生和社会保障						
普通中学在校学生数	人	21740	27739	13276	52674	39358
中等职业教育学校在校学生数	人	5164	5066	785	14142	14016
小学在校学生数	人	35063	41282	20199	63248	41993
医疗卫生机构床位数	床	1153	1702	719	2316	2442
各种社会福利收养性单位数	个	17	12	16	43	33
各种社会福利收养性单位床位数	床	1666	3159	958	3492	2387

2013年县(市)社会经济主要指标

四川省

指　　标	单位	邻水县	华蓥市	达川区	宣汉县	开江县
一、基本情况						
行政区域面积	平方公里	1909	464	2689	4271	1031
乡个数	个	27	1	36	33	10
镇个数	个	18	9	18	21	10
街道办事处个数	个		3	2		
户籍人口	万人	104	36	121	131	60
第二产业从业人员	人	106800	55500	172100	67200	72000
第三产业从业人员	人	131000	49600	141400	289600	119000
固定电话用户	户	66716	40427	105282	77352	40617
二、综合经济						
地区生产总值	万元	1642823	1108352	2026423	2310796	950230
第一产业增加值	万元	342282	105752	432356	508236	271590
农业增加值	万元	210966	52227	270657	333946	166120
牧业增加值	万元	101180	45091	125960	140100	85704
第二产业增加值	万元	801507	731070	1106273	1291498	442279
公共财政收入	万元	58058	38778	82132	100116	37406
各项税收	万元	33122	26729	60911	72603	24363
公共财政支出	万元	331433	170036	388370	430777	207669
居民储蓄存款余额	万元	1265484	842451	1369099	1768452	830056
年末金融机构各项贷款余额	万元	622770	523052	997857	773903	313033
三、农业、工业及投资						
农业机械总动力	万千瓦特	44	19	40	42	26
机收面积	公顷	17463	4406	19640	18200	13480
设施农业占地面积	公顷	1210	1035	5280	2816	377
粮食总产量	吨	446664	101036	482239	562114	254274
棉花产量	吨					
油料产量	吨	36027	2352	51426	84204	36208
肉类总产量	吨	75164	32409	82974	88008	46835
规模以上工业企业单位数	个	102	104	104	68	50
规模以上工业总产值	万元	1844217	2154563	1912665	1892884	479531
固定资产投资	万元	1260786	988851	1775036	1699258	756757
四、教育、卫生和社会保障						
普通中学在校学生数	人	59249	18852	53807	64643	26324
中等职业教育学校在校学生数	人	12211	2928	13678	12590	3940
小学在校学生数	人	61116	21804	82104	91770	35829
医疗卫生机构床位数	床	2420	1100	3351	3080	1297
各种社会福利收养性单位数	个	41	16	52	41	26
各种社会福利收养性单位床位数	床	1843	1200	4847	4512	2770

2013年县(市)社会经济主要指标

四川省

指　　标	单位	大竹县	渠　县	万源市	名山区	荥经县
一、基本情况						
行政区域面积	平方公里	2077	2017	4051	614	1776
乡个数	个	32	45	40	11	18
镇个数	个	18	15	12	9	3
街道办事处个数	个					
户籍人口	万人	112	144	60	28	15
第二产业从业人员	人	174300	159000	41000	25700	37000
第三产业从业人员	人	158200	248000	126000	28300	37000
固定电话用户	户	85166	90068	47678	28538	16688
二、综合经济						
地区生产总值	万元	2325822	1923494	1083782	508663	502896
第一产业增加值	万元	487671	524021	253332	145664	58813
农业增加值	万元	291765	334590	163650	106909	23743
牧业增加值	万元	158055	154038	75462	33215	19691
第二产业增加值	万元	1263410	888813	590550	234255	316153
公共财政收入	万元	91873	66933	33042	9915	12025
各项税收	万元	62942	42647	23048	9132	9034
公共财政支出	万元	361353	394968	266613	242906	221448
居民储蓄存款余额	万元	1874112	1943547	676441	484770	364112
年末金融机构各项贷款余额	万元	876341	762371	551017	405500	285306
三、农业、工业及投资						
农业机械总动力	万千瓦特	33	34	24	27	16
机收面积	公顷	29466	35400	2994	2400	1667
设施农业占地面积	公顷	493	3657	433	205	624
粮食总产量	吨	524535	533921	272262	90893	49109
棉花产量	吨					
油料产量	吨	42027	53958	25179	9138	6065
肉类总产量	吨	91914	96646	46766	31118	9378
规模以上工业企业单位数	个	112	64	49	42	63
规模以上工业总产值	万元	1719964	1371422	537257	577553	549020
固定资产投资	万元	1756408	1719850	859311	400480	335692
四、教育、卫生和社会保障						
普通中学在校学生数	人	47784	60300	30620	9186	5417
中等职业教育学校在校学生数	人	10538	13943	3478		1175
小学在校学生数	人	68349	64928	36059	14087	10996
医疗卫生机构床位数	床	3162	4818	1779	663	757
各种社会福利收养性单位数	个	50	47	40	9	7
各种社会福利收养性单位床位数	床	5098	6835	2795	824	529

2013年县（市）社会经济主要指标

四川省

指　　标	单位	汉源县	石棉县	天全县	芦山县	宝兴县
一、基本情况						
行政区域面积	平方公里	2215	2679	2391	1190	3114
乡个数	个	20	15	13	4	6
镇个数	个	10	1	2	5	3
街道办事处个数	个		1			
户籍人口	万人	33	12	16	12	6
第二产业从业人员	人	42600	12300	28700	17100	12600
第三产业从业人员	人	87200	27800	30500	22400	9700
固定电话用户	户	29026	18204	14454	13822	6870
二、综合经济						
地区生产总值	万元	536237	586718	388995	256199	205211
第一产业增加值	万元	108017	47644	57989	44849	28444
农业增加值	万元	79272	29330	22773	23545	11270
牧业增加值	万元	24117	16671	21379	10827	11599
第二产业增加值	万元	289485	447475	239967	152828	141958
公共财政收入	万元	35227	30001	7764	4644	7304
各项税收	万元	32863	27004	6480	3405	5924
公共财政支出	万元	213666	124769	334072	349176	218547
居民储蓄存款余额	万元	587706	313174	312008	287812	140009
年末金融机构各项贷款余额	万元	404176	493896	411816	203941	132351
三、农业、工业及投资						
农业机械总动力	万千瓦特	24	13	12	16	10
机收面积	公顷	580		2067	1947	
设施农业占地面积	公顷	403	30	156	146	7
粮食总产量	吨	107548	26957	67995	45492	17721
棉花产量	吨					
油料产量	吨	2103	2627	4937	4174	490
肉类总产量	吨	21601	8785	14339	9214	6052
规模以上工业企业单位数	个	23	40	42	39	34
规模以上工业总产值	万元	628725	696574	282939	239838	235690
固定资产投资	万元	394371	463081	361903	214617	271433
四、教育、卫生和社会保障						
普通中学在校学生数	人	14047	5238	7433	5676	2359
中等职业教育学校在校学生数	人	2766	795	1589		
小学在校学生数	人	18643	10066	9753	7259	3318
医疗卫生机构床位数	床	1019	1081	1049	370	169
各种社会福利收养性单位数	个	4	3	5	4	2
各种社会福利收养性单位床位数	床	826	513	405	530	220

2013年县(市)社会经济主要指标

四川省

指　　　标	单位	通江县	南江县	平昌县	安岳县	乐至县
一、基本情况						
行政区域面积	平方公里	4120	3388	2225	2690	1424
乡个数	个	35	37	26	47	8
镇个数	个	14	11	17	22	17
街道办事处个数	个			1		
户籍人口	万人	77	69	106	163	86
第二产业从业人员	人	50000	120000	20000	126400	55300
第三产业从业人员	人	180000	110000	240000	168100	90600
固定电话用户	户	45638	79401	54800	70886	35080
二、综合经济						
地区生产总值	万元	821825	885863	1020699	2423043	1534097
第一产业增加值	万元	177128	154600	194723	796390	387295
农业增加值	万元	101681	87211	93011	481899	145012
牧业增加值	万元	63510	57119	79189	259125	199315
第二产业增加值	万元	363429	501549	540353	1043477	779414
公共财政收入	万元	29236	54128	49528	92047	60136
各项税收	万元	17920	33530	32901	62848	46866
公共财政支出	万元	336556	335157	380262	421664	258690
居民储蓄存款余额	万元	823812	1011307	977145	2052392	1253949
年末金融机构各项贷款余额	万元	392163	497083	535713	1053338	603056
三、农业、工业及投资						
农业机械总动力	万千瓦特	29	33	44	71	31
机收面积	公顷	17333	14667	20666	14900	10347
设施农业占地面积	公顷	1788	1407	1804	262	140
粮食总产量	吨	375100	354574	376106	713001	355908
棉花产量	吨				180	120
油料产量	吨	34530	20645	40670	71728	48446
肉类总产量	吨	77670	69723	75392	128895	83086
规模以上工业企业单位数	个	40	33	36	172	111
规模以上工业总产值	万元	527363	765200	1475556	3172873	2642849
固定资产投资	万元	1108076	1571713	1479020	1470609	1379228
四、教育、卫生和社会保障						
普通中学在校学生数	人	49749	43900	54880	54558	25973
中等职业教育学校在校学生数	人	5666	10795	10151	18523	7858
小学在校学生数	人	43373	41493	55986	91520	34043
医疗卫生机构床位数	床	2100	1870	3510	5098	2109
各种社会福利收养性单位数	个	2	23	19	70	41
各种社会福利收养性单位床位数	床	94	2121	2050	6325	2339

2013年县(市)社会经济主要指标

四川省

指　　标	单位	简阳市	汶川县	理县	茂县	松潘县
一、基本情况						
行政区域面积	平方公里	2213	4083	4317	3895	8339
乡个数	个	29	6	9	18	23
镇个数	个	26	7	4	3	2
街道办事处个数	个					
户籍人口	万人	149	10	5	11	8
第二产业从业人员	人	119700	11000	3100	6600	3400
第三产业从业人员	人	145800	25700	9300	24100	16700
固定电话用户	户	109360	12958	6894	15895	11996
二、综合经济						
地区生产总值	万元	3447817	486464	181616	286920	148409
第一产业增加值	万元	664459	25731	15907	38967	27408
农业增加值	万元	274952	12066	9384	24391	12155
牧业增加值	万元	343952	6553	5084	11831	12206
第二产业增加值	万元	1967845	336860	132266	195282	50658
公共财政收入	万元	140311	33836	11360	19958	12087
各项税收	万元	110148	18836	6222	9193	6393
公共财政支出	万元	428486	168321	73046	120865	101991
居民储蓄存款余额	万元	2570339	252427	76845	214101	101782
年末金融机构各项贷款余额	万元	1493947	284801	155984	152414	143907
三、农业、工业及投资						
农业机械总动力	万千瓦特	55	6	4	5	5
机收面积	公顷	12880	80	70	260	430
设施农业占地面积	公顷	1150	52		46	48
粮食总产量	吨	653029	11332	7645	29862	18538
棉花产量	吨	563				
油料产量	吨	57163	898	31	967	269
肉类总产量	吨	119640	3873	2300	6035	4595
规模以上工业企业单位数	个	193	27	12	20	5
规模以上工业总产值	万元	6561780	742921	183407	480446	34214
固定资产投资	万元	2160483	408073	225113	301961	407174
四、教育、卫生和社会保障						
普通中学在校学生数	人	60952	6897	1651	5925	3116
中等职业教育学校在校学生数	人	13913	384		821	
小学在校学生数	人	76939	4488	2300	7579	4807
医疗卫生机构床位数	床	6075	446	170	444	221
各种社会福利收养性单位数	个	69	2	2	7	1
各种社会福利收养性单位床位数	床	5304	300	304	600	290

2013 年县（市）社会经济主要指标

四川省

指　　标	单位	九寨沟县	金川县	小金县	黑水县	马尔康县
一、基本情况						
行政区域面积	平方公里	5283	5355	5565	4140	6620
乡个数	个	15	21	19	15	11
镇个数	个	2	2	2	2	3
街道办事处个数	个					
户籍人口	万人	7	7	8	6	6
第二产业从业人员	人	1900	3700	5200	700	3100
第三产业从业人员	人	24300	15200	17800	18300	21900
固定电话用户	户	25582	5954	6487	5123	16850
二、综合经济						
地区生产总值	万元	201595	95266	103920	180042	187162
第一产业增加值	万元	16978	22249	23099	17569	19556
农业增加值	万元	6011	7140	9184	4693	5135
牧业增加值	万元	6643	11962	10646	7189	12302
第二产业增加值	万元	65095	35424	37724	133598	30994
公共财政收入	万元	16880	4035	5088	10119	11512
各项税收	万元	12395	3089	2989	8733	8780
公共财政支出	万元	105626	121338	95548	81818	95218
居民储蓄存款余额	万元	154957	91833	116639	85210	182170
年末金融机构各项贷款余额	万元	336424	43329	128079	126531	232321
三、农业、工业及投资						
农业机械总动力	万千瓦特	8	6	11	6	8
机收面积	公顷			14	15	
设施农业占地面积	公顷	35	755			15
粮食总产量	吨	9401	17671	21850	15007	8429
棉花产量	吨					
油料产量	吨	389	115	845		
肉类总产量	吨	3378	4750	4818	4065	6338
规模以上工业企业单位数	个	3	2	6	8	4
规模以上工业总产值	万元	58425	4204	56461	141226	13851
固定资产投资	万元	266492	401009	155338	149610	371701
四、教育、卫生和社会保障						
普通中学在校学生数	人	4151	3076	4482	1906	3919
中等职业教育学校在校学生数	人					1561
小学在校学生数	人	5005	3680	4917	4306	3510
医疗卫生机构床位数	床	351	270	357	173	639
各种社会福利收养性单位数	个	3	5	1	1	2
各种社会福利收养性单位床位数	床	250	380	350	218	320

2013年县(市)社会经济主要指标

四川省

指　　标	单位	壤塘县	阿坝县	若尔盖县	红原县	康定县
一、基本情况						
行政区域面积	平方公里	6694	10116	10316	8292	11591
乡个数	个	11	18	15	8	18
镇个数	个	1	1	2	3	3
街道办事处个数	个					
户籍人口	万人	4	8	8	5	11
第二产业从业人员	人	1400	700	600	700	7600
第三产业从业人员	人	8000	8300	9600	6600	38400
固定电话用户	户	2339	4915	4997	3997	30019
二、综合经济						
地区生产总值	万元	62602	82720	130460	92269	481035
第一产业增加值	万元	21742	30002	59783	31361	40612
农业增加值	万元	3741	2955	2064	3161	19487
牧业增加值	万元	15637	26059	55838	27185	19636
第二产业增加值	万元	11305	15950	23819	27014	232460
公共财政收入	万元	1495	3005	3700	2736	35678
各项税收	万元	1177	1684	1920	2197	27388
公共财政支出	万元	90562	122572	124573	88305	140557
居民储蓄存款余额	万元	33718	62760	64767	44799	388359
年末金融机构各项贷款余额	万元	14454	33013	67011	146131	671411
三、农业、工业及投资						
农业机械总动力	万千瓦特	4	3	6	1	9
机收面积	公顷	275	1498	1262	1200	2223
设施农业占地面积	公顷			193	93	8
粮食总产量	吨	2858	8410	5211		19929
棉花产量	吨					
油料产量	吨	202		1545		141
肉类总产量	吨	5019	6667	14690	6361	4535
规模以上工业企业单位数	个			3	5	16
规模以上工业总产值	万元			27080	45475	122183
固定资产投资	万元	115104	165253	172370	141030	955081
四、教育、卫生和社会保障						
普通中学在校学生数	人	1573	2097	5916	2627	7873
中等职业教育学校在校学生数	人					
小学在校学生数	人	4331	8607	8527	4911	9267
医疗卫生机构床位数	床	136	285	225	166	957
各种社会福利收养性单位数	个	5	3	2	3	1
各种社会福利收养性单位床位数	床	550	340	300	330	60

2013年县(市)社会经济主要指标

四川省

指标	单位	泸定县	丹巴县	九龙县	雅江县	道孚县
一、基本情况						
行政区域面积	平方公里	2165	4506	6767	7570	7022
乡个数	个	8	13	16	16	20
镇个数	个	4	2	2	1	2
街道办事处个数	个					
户籍人口	万人	9	6	7	5	6
第二产业从业人员	人	3500	2000	1100	900	900
第三产业从业人员	人	12900	10100	9000	4300	8500
固定电话用户	户	12741	4125	4930	3401	2954
二、综合经济						
地区生产总值	万元	182938	119932	269822	77165	63216
第一产业增加值	万元	27715	31226	23406	21880	19823
农业增加值	万元	21820	19067	11580	10210	6922
牧业增加值	万元	5486	11255	9729	8906	11523
第二产业增加值	万元	98235	50590	205846	27299	8659
公共财政收入	万元	15384	13213	23036	13088	5741
各项税收	万元	12910	9208	14208	10128	4942
公共财政支出	万元	108686	100501	89152	90434	101388
居民储蓄存款余额	万元	216005	97678	72420	46540	36645
年末金融机构各项贷款余额	万元	288724	173473	180622	54814	17351
三、农业、工业及投资						
农业机械总动力	万千瓦特	6	7	7	8	7
机收面积	公顷	34		870	925	2800
设施农业占地面积	公顷	1	1	4		8
粮食总产量	吨	13520	10117	16355	9004	14119
棉花产量	吨					
油料产量	吨	1993	1000	313	126	1305
肉类总产量	吨	4677	3799	2952	2131	2827
规模以上工业企业单位数	个	6	6	9		
规模以上工业总产值	万元	86682	12684	177886		
固定资产投资	万元	290282	265109	251071	330257	80109
四、教育、卫生和社会保障						
普通中学在校学生数	人	5372	2947	3905	2206	1477
中等职业教育学校在校学生数	人	388	296	740		
小学在校学生数	人	6268	4738	7995	5321	4779
医疗卫生机构床位数	床	171	160	80	70	109
各种社会福利收养性单位数	个	2	7	1	4	4
各种社会福利收养性单位床位数	床	160	262	104	143	279

2013年县(市)社会经济主要指标

四川省

指　　标	单位	炉霍县	甘孜县	新龙县	德格县	白玉县
一、基本情况						
行政区域面积	平方公里	4477	6859	9252	11433	10258
乡个数	个	15	21	18	25	15
镇个数	个	1	1	1	1	2
街道办事处个数	个					
户籍人口	万人	5	7	5	9	5
第二产业从业人员	人	500	300	1000	1000	900
第三产业从业人员	人	5900	10800	4700	6800	4300
固定电话用户	户	2927	3878	1751	2111	2498
二、综合经济						
地区生产总值	万元	46296	71326	67349	61004	104618
第一产业增加值	万元	19954	36724	27740	27883	27245
农业增加值	万元	3883	14191	7170	6723	5335
牧业增加值	万元	15303	21516	19051	19798	19438
第二产业增加值	万元	5670	6264	10688	9282	57792
公共财政收入	万元	3039	4020	4842	2181	11111
各项税收	万元	2273	2796	4276	1583	7908
公共财政支出	万元	91854	108425	85581	91666	107816
居民储蓄存款余额	万元	36861	63636	29135	34719	37975
年末金融机构各项贷款余额	万元	15657	11522	6711	10428	17348
三、农业、工业及投资						
农业机械总动力	万千瓦特	4	6	6	1	5
机收面积	公顷	1171	5743	2000	268	267
设施农业占地面积	公顷	4	5	7	2	5
粮食总产量	吨	11529	32343	10802	12000	10400
棉花产量	吨					
油料产量	吨	602	1671	277		400
肉类总产量	吨	2910	3885	3372	4444	3798
规模以上工业企业单位数	个	1				1
规模以上工业总产值	万元	734				47224
固定资产投资	万元	40015	86120	115225	68858	102865
四、教育、卫生和社会保障						
普通中学在校学生数	人	1581	2524	738	894	567
中等职业教育学校在校学生数	人					
小学在校学生数	人	5523	5201	4194	7024	4733
医疗卫生机构床位数	床	161	179	51	60	142
各种社会福利收养性单位数	个	9	3	11	7	2
各种社会福利收养性单位床位数	床	241	218	195	309	192

2013 年县(市)社会经济主要指标

四川省

指　　标	单位	石渠县	色达县	理塘县	巴塘县	乡城县
一、基本情况						
行政区域面积	平方公里	22364	8725	14004	7666	4943
乡个数	个	19	15	23	18	11
镇个数	个	3	2	1	1	1
街道办事处个数	个					
户籍人口	万人	10	5	7	5	3
第二产业从业人员	人	300	600	1900	1600	1000
第三产业从业人员	人	6000	5300	6900	6900	4000
固定电话用户	户	1300	2515	3494	3470	2575
二、综合经济						
地区生产总值	万元	66386	50556	82712	93380	70422
第一产业增加值	万元	35811	25601	31632	24174	18884
农业增加值	万元	11179	2324	4219	12679	9494
牧业增加值	万元	23214	22699	26185	10035	6810
第二产业增加值	万元	5588	4676	13893	43277	26762
公共财政收入	万元	3235	3017	5124	6399	5703
各项税收	万元	2237	2145	4591	5420	4240
公共财政支出	万元	147154	106170	127471	87211	66331
居民储蓄存款余额	万元	35614	70831	57301	67182	35914
年末金融机构各项贷款余额	万元	22556	16697	21673	20904	99063
三、农业、工业及投资						
农业机械总动力	万千瓦特	2	1	7	2	5
机收面积	公顷	1317	267	1267	100	1361
设施农业占地面积	公顷		1	16		16
粮食总产量	吨	7166	2501	12302	13416	8924
棉花产量	吨					
油料产量	吨	402		435	800	1100
肉类总产量	吨	4234	5511	4324	2229	1964
规模以上工业企业单位数	个				4	2
规模以上工业总产值	万元				11524	3833
固定资产投资	万元	68665	35033	85274	186036	200036
四、教育、卫生和社会保障						
普通中学在校学生数	人	851	875	1411	3076	1330
中等职业教育学校在校学生数	人					
小学在校学生数	人	7313	3365	7464	5685	2976
医疗卫生机构床位数	床	71	66	110	148	110
各种社会福利收养性单位数	个	11	3	7	1	2
各种社会福利收养性单位床位数	床	425	188	237	80	130

2013年县(市)社会经济主要指标

四川省

指　　标	单位	稻城县	得荣县	西昌市	木里藏族自治县	盐源县
一、基本情况						
行政区域面积	平方公里	7087	2912	2657	13223	8412
乡个数	个	12	10	29	26	26
镇个数	个	2	2	8	3	8
街道办事处个数	个			6		
户籍人口	万人	3	3	65	14	39
第二产业从业人员	人	300	500	60000	1600	12500
第三产业从业人员	人	5100	3400	202800	22900	30300
固定电话用户	户	3365	1851	161934	3855	12409
二、综合经济						
地区生产总值	万元	52568	50557	3735410	245058	770642
第一产业增加值	万元	16355	16579	371653	49365	150699
农业增加值	万元	7518	8593	229505	21818	94145
牧业增加值	万元	7322	6027	106369	21766	51258
第二产业增加值	万元	15475	15210	1980233	128484	483647
公共财政收入	万元	4735	2466	288171	44768	77106
各项税收	万元	3842	1468	162966	41991	52856
公共财政支出	万元	96732	82233	469349	145028	208171
居民储蓄存款余额	万元	37826	31682	1834261	118806	237601
年末金融机构各项贷款余额	万元	36707	10350	2691415	359887	160553
三、农业、工业及投资						
农业机械总动力	万千瓦特	6	3	58	9	40
机收面积	公顷	67	43			
设施农业占地面积	公顷	7		2800	559	265
粮食总产量	吨	10628	10554	283152	49605	167704
棉花产量	吨					
油料产量	吨	753	414	3059	49	595
肉类总产量	吨	1548	1860	56231	10809	30545
规模以上工业企业单位数	个	1		64	2	28
规模以上工业总产值	万元	2475		4290000	90000	1000000
固定资产投资	万元	266231	85022	2850600	753077	370212
四、教育、卫生和社会保障						
普通中学在校学生数	人	1087	1082	55830	6238	26139
中等职业教育学校在校学生数	人					
小学在校学生数	人	2911	2306	69702	13874	39303
医疗卫生机构床位数	床	61	62	5069	391	897
各种社会福利收养性单位数	个	1	2	13	1	3
各种社会福利收养性单位床位数	床	80	72	1319	295	850

2013年县(市)社会经济主要指标

四川省

指　　标	单位	德昌县	会理县	会东县	宁南县	普格县
一、基本情况						
行政区域面积	平方公里	2300	4537	3225	1672	1905
乡个数	个	18	41	41	19	31
镇个数	个	4	9	6	6	3
街道办事处个数	个					
户籍人口	万人	21	46	42	19	19
第二产业从业人员	人	16400	83700	27700	16800	7700
第三产业从业人员	人	35300	165100	62500	30100	14800
固定电话用户	户	18787	37209	17334	12964	5175
二、综合经济						
地区生产总值	万元	580942	2056728	1134580	448485	216157
第一产业增加值	万元	142752	348177	337573	123396	70317
农业增加值	万元	90407	206855	214504	64251	43341
牧业增加值	万元	42367	114282	95648	48837	21571
第二产业增加值	万元	277800	1260399	570544	203309	78483
公共财政收入	万元	48360	140133	85566	38506	14014
各项税收	万元	26487	78759	51212	28034	9628
公共财政支出	万元	136823	258777	203875	132436	106857
居民储蓄存款余额	万元	312029	672308	347833	193212	103625
年末金融机构各项贷款余额	万元	202201	509221	192247	129738	47068
三、农业、工业及投资						
农业机械总动力	万千瓦特	22	48	30	8	8
机收面积	公顷					
设施农业占地面积	公顷	311	161	279	28	88
粮食总产量	吨	90385	271601	239100	77165	70358
棉花产量	吨					
油料产量	吨	852	4481	19147	824	332
肉类总产量	吨	23931	76680	48239	20987	11424
规模以上工业企业单位数	个	35	72	29	27	6
规模以上工业总产值	万元	760000	2630000	1100000	560000	200000
固定资产投资	万元	571011	740247	571315	552189	125384
四、教育、卫生和社会保障						
普通中学在校学生数	人	10848	26683	22566	10649	6136
中等职业教育学校在校学生数	人					
小学在校学生数	人	18223	32169	40797	17075	26944
医疗卫生机构床位数	床	1046	1523	1311	787	484
各种社会福利收养性单位数	个	9	12	6	2	6
各种社会福利收养性单位床位数	床	453	892	970	313	240

2013年县(市)社会经济主要指标

四川省

指标	单位	布拖县	金阳县	昭觉县	喜德县	冕宁县
一、基本情况						
行政区域面积	平方公里	1685	1587	2702	2203	4422
乡个数	个	27	30	46	17	29
镇个数	个	3	4	1	7	9
街道办事处个数	个					
户籍人口	万人	19	20	31	22	39
第二产业从业人员	人	5000	5800	8300	9600	20800
第三产业从业人员	人	14400	12800	21100	16400	52100
固定电话用户	户	3258	4811	6050	6631	23034
二、综合经济						
地区生产总值	万元	239311	242538	214503	197930	839948
第一产业增加值	万元	60002	56520	83693	56678	168341
农业增加值	万元	37331	28362	39134	31990	103785
牧业增加值	万元	18975	23100	38190	22387	51439
第二产业增加值	万元	127759	130430	59163	82421	465742
公共财政收入	万元	11507	12559	11509	10920	58122
各项税收	万元	3827	9875	6169	6676	37509
公共财政支出	万元	105783	104201	142070	119681	187151
居民储蓄存款余额	万元	96057	79277	126996	104219	391327
年末金融机构各项贷款余额	万元	17236	29224	40279	33991	191672
三、农业、工业及投资						
农业机械总动力	万千瓦特	2	7	11	8	15
机收面积	公顷					
设施农业占地面积	公顷	5		1	68	144
粮食总产量	吨	67506	60674	100701	75543	158529
棉花产量	吨					
油料产量	吨	104	190		222	3335
肉类总产量	吨	10870	13112	21693	13008	30397
规模以上工业企业单位数	个	4	12	9	14	36
规模以上工业总产值	万元	190000	160000	120000	130000	640000
固定资产投资	万元	140192	132004	155718	105030	447030
四、教育、卫生和社会保障						
普通中学在校学生数	人	3815	5473	9366	8472	22289
中等职业教育学校在校学生数	人					
小学在校学生数	人	23386	23978	34344	29108	38842
医疗卫生机构床位数	床	400	583	532	468	1052
各种社会福利收养性单位数	个	2	2	2	1	4
各种社会福利收养性单位床位数	床	496	459	633	303	531

2013年县（市）社会经济主要指标

四川省、贵州省

指　　标	单位	越西县	甘洛县	美姑县	雷波县	开阳县
一、基本情况						
行政区域面积	平方公里	2258	2153	2515	2840	2026
乡个数	个	35	21	35	45	8
镇个数	个	5	7	1	4	8
街道办事处个数	个					2
户籍人口	万人	35	22	26	27	43
第二产业从业人员	人	20800	7900	3700	15900	28069
第三产业从业人员	人	41700	19100	22800	31200	15982
固定电话用户	户	13793	9666	4207	10557	42558
二、综合经济						
地区生产总值	万元	347079	237708	181698	455305	1260292
第一产业增加值	万元	100510	53958	70705	94513	173742
农业增加值	万元	58230	29027	25877	60319	107290
牧业增加值	万元	34980	24048	37318	28342	63638
第二产业增加值	万元	148110	107413	53912	264230	739241
公共财政收入	万元	23111	13580	14068	42296	86063
各项税收	万元	11366	10735	4624	31355	65774
公共财政支出	万元	140367	124702	113108	161559	220008
居民储蓄存款余额	万元	219407	151789	98139	226598	500748
年末金融机构各项贷款余额	万元	91867	61344	38960	76577	721091
三、农业、工业及投资						
农业机械总动力	万千瓦特	8	5	3	13	21
机收面积	公顷					209
设施农业占地面积	公顷	15		2	50	438
粮食总产量	吨	115829	77304	78193	87051	97932
棉花产量	吨					
油料产量	吨	8004	1547	31	2068	19819
肉类总产量	吨	24154	14422	22281	16605	44513
规模以上工业企业单位数	个	17	14	8	11	38
规模以上工业总产值	万元	390000	80000	90000	470000	2532000
固定资产投资	万元	225420	118446	140165	851314	1904099
四、教育、卫生和社会保障						
普通中学在校学生数	人	10644	9493	6232	9064	27964
中等职业教育学校在校学生数	人					4178
小学在校学生数	人	41651	24655	31693	29133	28940
医疗卫生机构床位数	床	819	573	419	929	1031
各种社会福利收养性单位数	个	1	2	2	2	1
各种社会福利收养性单位床位数	床	260	520	705	279	17

2013年县(市)社会经济主要指标

贵州省

指　　标	单位	息烽县	修文县	清镇市	六枝特区	水城县
一、基本情况						
行政区域面积	平方公里	1037	1076	1492	1797	3600
乡个数	个	3	3	5	14	20
镇个数	个	7	7	4	5	13
街道办事处个数	个					
户籍人口	万人	26	31	50	71	88
第二产业从业人员	人	31230	23949	80755	59669	62206
第三产业从业人员	人	59096	57679	123745	113444	86761
固定电话用户	户	23049	25000	21600	20426	29025
二、综合经济						
地区生产总值	万元	1042954	887306	1750128	1009568	1373358
第一产业增加值	万元	95175	116169	142542	114425	166808
农业增加值	万元	61424	82362	98537	69597	101412
牧业增加值	万元	27645	32282	41596	39605	61136
第二产业增加值	万元	598847	394228	839496	461710	818161
公共财政收入	万元	58166	55888	199623	150912	200080
各项税收	万元	45577	97636	71814	73246	88060
公共财政支出	万元	176662	164518	235933	328099	431250
居民储蓄存款余额	万元	331800	303800	714507	544569	
年末金融机构各项贷款余额	万元	550443	328895	733788	6847874	
三、农业、工业及投资						
农业机械总动力	万千瓦特	18	22	25	33	
机收面积	公顷	935	67	120	385	
设施农业占地面积	公顷	167	93	355	132	349
粮食总产量	吨	67415	80620	80969	215400	232500
棉花产量	吨					
油料产量	吨	11645	11400	10335	8674	768
肉类总产量	吨	16307	19515	33047	24112	31695
规模以上工业企业单位数	个	37	75	61	35	103
规模以上工业总产值	万元	2355966	1608832	1299671	686246	3205107
固定资产投资	万元	1732600	1760500	1682210	1524564	2383082
四、教育、卫生和社会保障						
普通中学在校学生数	人	14746	15864	33237	31618	39610
中等职业教育学校在校学生数	人	1021	528	11064	3869	5684
小学在校学生数	人	15578	15999	30389	57868	70843
医疗卫生机构床位数	床	812	823	1618	2797	903
各种社会福利收养性单位数	个	10	6	11	17	31
各种社会福利收养性单位床位数	床	638	199	530	1006	1410

2013 年县(市)社会经济主要指标

贵州省

指标	单位	盘县	遵义县	桐梓县	绥阳县	正安县
一、基本情况						
行政区域面积	平方公里	4056	4094	3208	2566	2595
乡个数	个	13	2	6	3	6
镇个数	个	23	29	18	12	13
街道办事处个数	个	3				
户籍人口	万人	120	123	73	55	64
第二产业从业人员	人	179217	133823	96497	29727	101575
第三产业从业人员	人	144926	363831	130206	134627	178952
固定电话用户	户	91618	60811	45000	44956	12340
二、综合经济						
地区生产总值	万元	3642972	2290804	904144	594961	432040
第一产业增加值	万元	253505	380259	170994	189435	149111
农业增加值	万元	130177	272233	111002	140675	93715
牧业增加值	万元	96358	81248	42276	40931	32870
第二产业增加值	万元	2550907	1134526	376306	168396	89256
公共财政收入	万元	449078	173927	126915	41028	32891
各项税收	万元	479078	266573	42012	60112	46324
公共财政支出	万元	722713	390947	234715	191870	230651
居民储蓄存款余额	万元	1261319	1367631	685610	532536	506430
年末金融机构各项贷款余额	万元	1487547	1488416	509914	344057	281218
三、农业、工业及投资						
农业机械总动力	万千瓦特	83	67	32	42	22
机收面积	公顷		5571	429	4366	
设施农业占地面积	公顷	118	454	5	2297	1436
粮食总产量	吨	336900	528784	200419	220593	201324
棉花产量	吨					
油料产量	吨	2025	76272	18441	31486	20827
肉类总产量	吨	52245	85751	42345	27810	24777
规模以上工业企业单位数	个	118	169	41	54	24
规模以上工业总产值	万元	4407815	2184192	711774	510132	137930
固定资产投资	万元	5760000	2186270	1473498	1157501	556803
四、教育、卫生和社会保障						
普通中学在校学生数	人	99341	58002	42219	24011	35569
中等职业教育学校在校学生数	人	9404	6887	2258	5081	2983
小学在校学生数	人	68067	68310	51557	36470	36368
医疗卫生机构床位数	床	4057	4528	1827	1450	1636
各种社会福利收养性单位数	个	40	32	24	15	19
各种社会福利收养性单位床位数	床	1718	1370	1360	875	1810

2013年县(市)社会经济主要指标

贵州省

指标	单位	道真仡佬族苗族自治县	务川仡佬族苗族自治县	凤冈县	湄潭县	余庆县
一、基本情况						
行政区域面积	平方公里	2161	2777	1885	1845	1622
乡个数	个	4	5	1	4	10
镇个数	个	10	10	13	11	9
街道办事处个数	个	19				
户籍人口	万人	34	45	43	49	30
第二产业从业人员	人	35359	19433	29100	54901	20823
第三产业从业人员	人	35113	110484	37601	88909	92579
固定电话用户	户	17075	20699	19790	35000	18497
二、综合经济						
地区生产总值	万元	320610	344915	396743	540401	445362
第一产业增加值	万元	107933	112410	127579	138499	110428
农业增加值	万元	59907	77869	76802	102218	64608
牧业增加值	万元	38956	28834	33759	28403	35296
第二产业增加值	万元	59085	64944	87873	147369	136612
公共财政收入	万元	25237	29117	24380	48219	29743
各项税收	万元	20396	22037	39497	38875	22151
公共财政支出	万元	149383	187766	166526	193913	129779
居民储蓄存款余额	万元	431382	402919	409331	642858	399762
年末金融机构各项贷款余额	万元	231858	263240	247292	447900	341996
三、农业、工业及投资						
农业机械总动力	万千瓦特	19	20	40		20
机收面积	公顷	2396				4570
设施农业占地面积	公顷	42	46	8	719	60
粮食总产量	吨	128984	155982	152440	187201	143088
棉花产量	吨					
油料产量	吨	8894	13655	17481	21656	18474
肉类总产量	吨	21772	25076	29467	30259	30607
规模以上工业企业单位数	个	14	14	31	43	18
规模以上工业总产值	万元	81017	95396	244689	349696	351833
固定资产投资	万元	493851	535489	383370	908200	600963
四、教育、卫生和社会保障						
普通中学在校学生数	人	24019	40083	22989	35934	21908
中等职业教育学校在校学生数	人	3993	2487	3185	2845	4855
小学在校学生数	人	25310	36540	29645	48018	23205
医疗卫生机构床位数	床	745	1399	1186	1271	1183
各种社会福利收养性单位数	个	16	15	13	15	8
各种社会福利收养性单位床位数	床	616	527	920	606	406

2013年县(市)社会经济主要指标

贵州省

指标	单位	习水县	赤水市	仁怀市	平坝县	普定县
一、基本情况						
行政区域面积	平方公里	3128	1852	1788	999	1102
乡个数	个	9	5	6	2	6
镇个数	个	14	9	12	7	5
街道办事处个数	个		3	3	2	
户籍人口	万人	72	31	69	36	48
第二产业从业人员	人	85550	51893	107126	44091	41752
第三产业从业人员	人	142845	81114	133469	37373	101495
固定电话用户	户	18500	33737	34889	36000	23015
二、综合经济						
地区生产总值	万元	910113	596582	3844631	736423	592152
第一产业增加值	万元	150245	92006	154231	83606	87047
农业增加值	万元	76013	37604	76129	45035	41896
牧业增加值	万元	68413	21046	70757	33638	41226
第二产业增加值	万元	410741	278343	2641500	422845	280194
公共财政收入	万元	70125	40718	237800	58412	48369
各项税收	万元	50685	30222	200127	42425	48354
公共财政支出	万元	265315	170005	377300	208670	182591
居民储蓄存款余额	万元	606691	562441	1094900	519843	256587
年末金融机构各项贷款余额	万元	472467	515951	1369100	677249	465939
三、农业、工业及投资						
农业机械总动力	万千瓦特	22	16	29	33	23
机收面积	公顷	2166	8000		6066	877
设施农业占地面积	公顷	91	162	152	826	3057
粮食总产量	吨	233600	117406	199100	103097	98461
棉花产量	吨	1				
油料产量	吨	9744	796	13981	13134	12359
肉类总产量	吨	60514	16415	46573	17047	21828
规模以上工业企业单位数	个	51	38	101	94	46
规模以上工业总产值	万元	748885	522962	3901626	507228	625922
固定资产投资	万元	1533794	1000000	1918269	870836	748228
四、教育、卫生和社会保障						
普通中学在校学生数	人	46721	14910	35696	20629	24306
中等职业教育学校在校学生数	人	6994	877	3421	1473	
小学在校学生数	人	52386	20352	60312	27804	38409
医疗卫生机构床位数	床	2842	1312	1825	1374	974
各种社会福利收养性单位数	个	23	19	20	6	12
各种社会福利收养性单位床位数	床	1583	1439	1045	132	260

2013年县(市)社会经济主要指标

贵州省

指　　标	单位	镇宁布依族苗族自治县	关岭布依族苗族自治县	紫云苗族布依族自治县	七星关区	大方县
一、基本情况						
行政区域面积	平方公里	1717	1468	2284	3411	3500
乡个数	个	8	3	7	8	24
镇个数	个	8	9	5	27	10
街道办事处个数	个		2		10	3
户籍人口	万人	39	38	37	155	112
第二产业从业人员	人	24116	17355	12885	116926	72027
第三产业从业人员	人	79067	75339	21030	366255	248993
固定电话用户	户	17070	15000	5918	209821	35547
二、综合经济						
地区生产总值	万元	518360	501974	352499	2193787	1297443
第一产业增加值	万元	69117	93932	104632	339391	226040
农业增加值	万元	37038	52992	31656	231787	152767
牧业增加值	万元	27451	34984	65258	98832	67592
第二产业增加值	万元	166149	128908	61778	854681	596030
公共财政收入	万元	40494	38274	37973	163747	135948
各项税收	万元	20619	15266	16479	127255	48083
公共财政支出	万元	174274	176347	194696	490025	365792
居民储蓄存款余额	万元	259335	263252	210469	1438935	642969
年末金融机构各项贷款余额	万元	548487	210594	234983	1883586	530569
三、农业、工业及投资						
农业机械总动力	万千瓦特	20	19	20	6	37
机收面积	公顷	1488		3126		
设施农业占地面积	公顷	222	19	3030	1484	27
粮食总产量	吨	91406	95733	90172	388865	240626
棉花产量	吨					
油料产量	吨	11562	5190	8915	8350	8542
肉类总产量	吨	12531	18403	33177	61932	38342
规模以上工业企业单位数	个	21	15	32	26	50
规模以上工业总产值	万元	183102	148736	99317	1745900	740945
固定资产投资	万元	424136	423519	386973	1032119	1814872
四、教育、卫生和社会保障						
普通中学在校学生数	人	14711	17393	21110	93469	53890
中等职业教育学校在校学生数	人	878		1097	20353	4561
小学在校学生数	人	30100	28511	30336	159686	86212
医疗卫生机构床位数	床	896	872	703	5590	3405
各种社会福利收养性单位数	个	20	10	11	44	38
各种社会福利收养性单位床位数	床	774	252	446	1674	1561

2013 年县(市)社会经济主要指标

贵州省

指　　标	单位	黔西县	金沙县	织金县	纳雍县	威宁彝族回族苗族自治县
一、基本情况						
行政区域面积	平方公里	2381	2528	2868	2452	6300
乡个数	个	10	13	17	16	16
镇个数	个	15	8	9	7	19
街道办事处个数	个	4	4	6	3	
户籍人口	万人	96	67	115	100	147
第二产业从业人员	人	79065	20097	75332	83764	62514
第三产业从业人员	人	264339	130018	194873	242325	235799
固定电话用户	户	52600	37068	224612	27209	31000
二、综合经济						
地区生产总值	万元	1306271	1548412	1075632	1234678	1236600
第一产业增加值	万元	203875	174373	194726	163033	428300
农业增加值	万元	140987	105902	127949	103096	279716
牧业增加值	万元	59495	57698	63791	54529	143952
第二产业增加值	万元	595200	917851	447380	699466	323400
公共财政收入	万元	115829	503617	141055	122196	75636
各项税收	万元	108167	123730	163700	101375	105962
公共财政支出	万元	318081	339427	427700	338816	479520
居民储蓄存款余额	万元	502060	590342	601400	464207	466925
年末金融机构各项贷款余额	万元	722034	589823	643893	442841	438206
三、农业、工业及投资						
农业机械总动力	万千瓦特	38	43	28	33	42
机收面积	公顷		8120			
设施农业占地面积	公顷	51	161	159	10	671
粮食总产量	吨	247838	195548	307830	224468	464200
棉花产量	吨					
油料产量	吨	69459	26455	13942	795	896
肉类总产量	吨	35940	32790	37956	32013	78419
规模以上工业企业单位数	个	35	117	53	44	87
规模以上工业总产值	万元	595064	1697120	262082	1005366	993700
固定资产投资	万元	1974900	2236306	2437400	1906900	1866000
四、教育、卫生和社会保障						
普通中学在校学生数	人	57810	31350	75992	63641	144477
中等职业教育学校在校学生数	人	3008	4361	2535	2764	6364
小学在校学生数	人	61185	61684	101325	105184	219400
医疗卫生机构床位数	床	1725	2810	4316	2002	3662
各种社会福利收养性单位数	个	21	20	32	25	35
各种社会福利收养性单位床位数	床	808	947	708	980	1371

2013年县(市)社会经济主要指标

贵州省

指　　标	单位	赫章县	碧江区	万山区	江口县	玉屏侗族自治县
一、基本情况						
行政区域面积	平方公里	3243	1012	840	1869	517
乡个数	个	21	5	6	2	2
镇个数	个	6	4	1	7	4
街道办事处个数	个		4	2		
户籍人口	万人	80	28	16	24	15
第二产业从业人员	人	31612	19266	9027	20718	18192
第三产业从业人员	人	180470	54655	29423	35296	32002
固定电话用户	户	25000	56200	9741	120000	13900
二、综合经济						
地区生产总值	万元	661600	939817	251199	276935	454059
第一产业增加值	万元	194635	80608	57863	73356	51364
农业增加值	万元	137972	48012	33546	39763	26551
牧业增加值	万元	52784	26801	20801	27325	21254
第二产业增加值	万元	177332	345187	113063	81892	255852
公共财政收入	万元	41380	92805	14553	12114	28057
各项税收	万元	58080	73675	25363	7970	21251
公共财政支出	万元	354568	207224	136909	117705	165478
居民储蓄存款余额	万元	407795	977366	92632	251624	226500
年末金融机构各项贷款余额	万元	243150	1350544	85505	289005	361000
三、农业、工业及投资						
农业机械总动力	万千瓦特	30	25	63	8	26
机收面积	公顷				920	2495
设施农业占地面积	公顷	67	6833	43	691	116
粮食总产量	吨	210725	71660	48540	66927	35444
棉花产量	吨		2			
油料产量	吨	564	6103	5725	7117	5171
肉类总产量	吨	34993	15173	12061	14966	9977
规模以上工业企业单位数	个	34	38	48	33	77
规模以上工业总产值	万元	395000	919012	439796	153226	1300522
固定资产投资	万元	642960	1862451	496148	797217	891776
四、教育、卫生和社会保障						
普通中学在校学生数	人	66979	36382	6591	10023	9418
中等职业教育学校在校学生数	人	2523	10820	738	1493	1814
小学在校学生数	人	95208	29314	9965	16425	12116
医疗卫生机构床位数	床	2524	3104	424	713	681
各种社会福利收养性单位数	个	28	5	8	10	6
各种社会福利收养性单位床位数	床	1120	230	320	710	270

2013 年县(市)社会经济主要指标

贵州省

指　　标	单位	石阡县	思南县	印江土家族苗族自治县	德江县	沿河土家族自治县
一、基本情况						
行政区域面积	平方公里	2173	2231	1961	2172	2469
乡个数	个	18	9	8	8	12
镇个数	个	7	18	9	11	10
街道办事处个数	个				2	
户籍人口	万人	42	67	44	53	67
第二产业从业人员	人	35769	48462	38921	54225	69227
第三产业从业人员	人	121956	54037	108594	99657	77281
固定电话用户	户	33386	52194	39007	39870	41413
二、综合经济						
地区生产总值	万元	382599	737177	478700	600612	589630
第一产业增加值	万元	128601	207635	167413	186934	174977
农业增加值	万元	69078	126600	86315	112986	115055
牧业增加值	万元	53393	71002	69504	67460	50451
第二产业增加值	万元	60071	174939	102271	119289	112255
公共财政收入	万元	24018	33577	22970	35128	40789
各项税收	万元	16960	25371	17220	22518	59033
公共财政支出	万元	197893	278343	196136	263278	262109
居民储蓄存款余额	万元	354513	497537	394029	348776	433694
年末金融机构各项贷款余额	万元	307759	626641	424479	376320	341090
三、农业、工业及投资						
农业机械总动力	万千瓦特	27	21	30	29	31
机收面积	公顷	1952		1703	45	2567
设施农业占地面积	公顷	75	20	277	19	14
粮食总产量	吨	118497	197173	122969	133274	142357
棉花产量	吨					
油料产量	吨	19619	28857	16508	16387	13166
肉类总产量	吨	23954	44131	29397	27808	32606
规模以上工业企业单位数	个	26	57	40	62	40
规模以上工业总产值	万元	113291	389638	252283	240963	209717
固定资产投资	万元	554674	1502046	809891	738746	1093716
四、教育、卫生和社会保障						
普通中学在校学生数	人	29504	57842	28777	30014	42985
中等职业教育学校在校学生数	人	2515	1985	2653	487	10324
小学在校学生数	人	32116	54944	36298	56964	73790
医疗卫生机构床位数	床	1605	711	328	1622	551
各种社会福利收养性单位数	个	18	20	14	14	22
各种社会福利收养性单位床位数	床	1700	790	262	514	494

2013年县(市)社会经济主要指标

贵州省

指　　标	单位	松桃苗族自治县	兴义市	兴仁县	普安县	晴隆县
一、基本情况						
行政区域面积	平方公里	2859	2943	1785	1429	1310
乡个数	个	15	5	6	6	6
镇个数	个	11	17	8	8	8
街道办事处个数	个	1	8	4		
户籍人口	万人	71	83	54	34	34
第二产业从业人员	人	31040	91909	30987	26726	12738
第三产业从业人员	人	168367	85538	53362	24135	23793
固定电话用户	户	20581	70053	18073	9600	10500
二、综合经济						
地区生产总值	万元	728051	2378023	772046	427889	370307
第一产业增加值	万元	196425	235200	118636	70259	66454
农业增加值	万元	108010	146772	79806	45586	37776
牧业增加值	万元	76851	65566	33050	23055	21038
第二产业增加值	万元	241557	970635	321487	212800	149500
公共财政收入	万元	52425	273192	119041	59612	66008
各项税收	万元	32118	395694	66781	36124	36336
公共财政支出	万元	298062	501284	276240	172838	169590
居民储蓄存款余额	万元	544985	1450206	344602	242209	206614
年末金融机构各项贷款余额	万元	516495	2315662	542461	279986	181919
三、农业、工业及投资						
农业机械总动力	万千瓦特	40	49	22		19
机收面积	公顷	10843	1165		130	
设施农业占地面积	公顷	72	271	37	34	13
粮食总产量	吨	219753	227457	158190	71110	79630
棉花产量	吨					
油料产量	吨	15057	12122	7359	2733	2667
肉类总产量	吨	37188	49420	22219	15256	12304
规模以上工业企业单位数	个	37	107	51	31	26
规模以上工业总产值	万元	555147	2572334	582367	476332	271649
固定资产投资	万元	1130700	2025057	932341	451381	489827
四、教育、卫生和社会保障						
普通中学在校学生数	人	43178	74263	27336	18590	15598
中等职业教育学校在校学生数	人	2227	3834	3128	2776	136
小学在校学生数	人	53601	80302	55831	32901	33892
医疗卫生机构床位数	床	2224	4180	1008	685	379
各种社会福利收养性单位数	个	19	24	13	12	4
各种社会福利收养性单位床位数	床	768	673	214	238	24

2013年县(市)社会经济主要指标

贵州省

指　　标	单位	贞丰县	望谟县	册亨县	安龙县	凯里市
一、基本情况						
行政区域面积	平方公里	1511	3005	2598	2232	1306
乡个数	个	13	6	5	15	2
镇个数	个	6	10	9	10	7
街道办事处个数	个		2		2	7
户籍人口	万人	42	32	23	47	49
第二产业从业人员	人	30448	10442	12579	59299	44307
第三产业从业人员	人	77811	66887	18055	95853	112334
固定电话用户	户	531	5380	6894	23500	112620
二、综合经济						
地区生产总值	万元	625676	258162	231375	634703	1480875
第一产业增加值	万元	102791	78063	71195	131685	90754
农业增加值	万元	63955	51812	36846	72030	58610
牧业增加值	万元	35736	16991	15038	32984	23008
第二产业增加值	万元	351182	32274	33058	235690	509957
公共财政收入	万元	122071	20025	31358	46982	328890
各项税收	万元	122071	32600	7748	28601	154173
公共财政支出	万元	32097	200299	139239	178506	449876
居民储蓄存款余额	万元	328890	161970	144738	382323	1465948
年末金融机构各项贷款余额	万元	275743	193513	206893	256751	2056409
三、农业、工业及投资						
农业机械总动力	万千瓦特	16	12	21	36	27
机收面积	公顷	746	33			880
设施农业占地面积	公顷	1		14	188	66
粮食总产量	吨	92957	72875	49090	166697	82439
棉花产量	吨		1	1		
油料产量	吨	5468	3307	2423	4407	5189
肉类总产量	吨	17997	16832	10363	30463	22106
规模以上工业企业单位数	个	34	9	7	42	50
规模以上工业总产值	万元	784784	79211	47283	492846	1252589
固定资产投资	万元	617193	290000	261126	529948	2967902
四、教育、卫生和社会保障						
普通中学在校学生数	人	22882	21197	15643	30852	45678
中等职业教育学校在校学生数	人	3124	903		2198	21550
小学在校学生数	人	44171	41153	20991	33897	44665
医疗卫生机构床位数	床	567	473	341	1025	2692
各种社会福利收养性单位数	个	15	17	14	16	8
各种社会福利收养性单位床位数	床	255	343	306	294	313

2013年县(市)社会经济主要指标

贵州省

指　　标	单位	黄平县	施秉县	三穗县	镇远县	岑巩县
一、基本情况						
行政区域面积	平方公里	1668	1532	1036	1878	1487
乡个数	个	3	4	4	4	4
镇个数	个	8	4	5	7	7
街道办事处个数	个		10			
户籍人口	万人	38	17	22	27	23
第二产业从业人员	人	39653	6464	13300	16856	7746
第三产业从业人员	人	68294	12529	86500	37025	48254
固定电话用户	户	20841	12179	6120	21949	14613
二、综合经济						
地区生产总值	万元	310198	231906	249901	457305	267786
第一产业增加值	万元	87555	54804	44497	91877	50554
农业增加值	万元	61861	40601	22556	52940	30544
牧业增加值	万元	13925	8093	13405	13487	13550
第二产业增加值	万元	38595	61404	76085	211658	90926
公共财政收入	万元	27485	24886	25430	82362	25327
各项税收	万元	39523	14399	14451	71526	33800
公共财政支出	万元	148112	101306	121368	136156	125894
居民储蓄存款余额	万元	325260	167469	218239	274626	224639
年末金融机构各项贷款余额	万元	178989	151057	157302	249357	202249
三、农业、工业及投资						
农业机械总动力	万千瓦特	25	19	9	13	24
机收面积	公顷	783		2350	666	2484
设施农业占地面积	公顷	19	960	22	14	8
粮食总产量	吨	87578	54589	48846	74377	57795
棉花产量	吨		8			
油料产量	吨	5738	4623	2638	8170	6512
肉类总产量	吨	12022	7047	12529	10253	9475
规模以上工业企业单位数	个	5	10	23	15	32
规模以上工业总产值	万元	101460	15265	192043	572118	505724
固定资产投资	万元	444649	260428	325830	500441	316647
四、教育、卫生和社会保障						
普通中学在校学生数	人	23872	10190	8130	11434	15667
中等职业教育学校在校学生数	人	1460	1375	3951	802	2556
小学在校学生数	人	29393	13640	16024	19674	17795
医疗卫生机构床位数	床	1275	586	812	1112	747
各种社会福利收养性单位数	个		3	5	4	3
各种社会福利收养性单位床位数	床		25	49	68	200

2013 年县(市)社会经济主要指标

贵州省

指标	单位	天柱县	锦屏县	剑河县	台江县	黎平县
一、基本情况						
行政区域面积	平方公里	2201	1597	2176	1108	4441
乡个数	个	6	8	5	6	12
镇个数	个	10	7	7	2	13
街道办事处个数	个					
户籍人口	万人	41	23	26	16	54
第二产业从业人员	人	18895	14180	10229	13015	25390
第三产业从业人员	人	128011	50341	59945	37701	37116
固定电话用户	户	20350	25616	14087	18331	29000
二、综合经济						
地区生产总值	万元	491357	252393	262422	185634	471762
第一产业增加值	万元	97332	40335	65800	39987	95412
农业增加值	万元	55386	13741	24416	15565	34395
牧业增加值	万元	25203	9561	17304	9934	20047
第二产业增加值	万元	194832	89873	48635	43007	138379
公共财政收入	万元	45370	19514	30322	17198	35376
各项税收	万元	50149	10501	12536	25297	22946
公共财政支出	万元	179931	122348	136377	101013	224145
居民储蓄存款余额	万元	445062	269100	230414	156711	479833
年末金融机构各项贷款余额	万元	242757	144780	159252	264612	382642
三、农业、工业及投资						
农业机械总动力	万千瓦特	11	16	14	9	36
机收面积	公顷	5560	5400	7	643	12160
设施农业占地面积	公顷	4	63	11	52	41
粮食总产量	吨	106380	52575	59259	39656	119933
棉花产量	吨		80	93	6	407
油料产量	吨	5635	4306	4848	2670	8406
肉类总产量	吨	20973	8820	13672	4917	16184
规模以上工业企业单位数	个	22	24	13	16	23
规模以上工业总产值	万元	449060	356330	81524	208190	328752
固定资产投资	万元	709805	343664	346781	412291	706454
四、教育、卫生和社会保障						
普通中学在校学生数	人	20915	8872	15193	9621	32257
中等职业教育学校在校学生数	人	365	1956	1881	2065	4130
小学在校学生数	人	22196	13703	19637	13917	38717
医疗卫生机构床位数	床	680	893	1163	680	961
各种社会福利收养性单位数	个	3	6	5	6	21
各种社会福利收养性单位床位数	床	20	200	140	93	667

2013年县(市)社会经济主要指标

贵州省

指　　标	单位	榕江县	从江县	雷山县	麻江县	丹寨县
一、基本情况						
行政区域面积	平方公里	3296	3244	1204	1222	938
乡个数	个	13	13	3	1	2
镇个数	个	6	8	5	7	4
街道办事处个数	个	3				
户籍人口	万人	36	35	15	23	17
第二产业从业人员	人	18907	13974	10380	28178	7883
第三产业从业人员	人	69215	48811	24715	27708	47876
固定电话用户	户	13215	16200	13484	29804	18481
二、综合经济						
地区生产总值	万元	353587	344873	174691	256791	180315
第一产业增加值	万元	108869	95002	38929	53351	41237
农业增加值	万元	51202	48122	25908	34310	19545
牧业增加值	万元	14855	11748	8570	14329	12596
第二产业增加值	万元	96425	103917	39927	90346	52849
公共财政收入	万元	62008	31114	28068	13650	22422
各项税收	万元	50436	21165	18297	22893	28302
公共财政支出	万元	177172	172449	114898	103377	127621
居民储蓄存款余额	万元	320270	202767	151924	214698	169289
年末金融机构各项贷款余额	万元	343868	195463	142904	197770	126497
三、农业、工业及投资						
农业机械总动力	万千瓦特	12	19	15	12	6
机收面积	公顷	179	260	92		3462
设施农业占地面积	公顷	465	4	6	92	4
粮食总产量	吨	75007	98945	43544	59812	40927
棉花产量	吨	41	172			
油料产量	吨	6848	6619	637	5604	1149
肉类总产量	吨	11233	14446	6155	11282	7934
规模以上工业企业单位数	个	22	10	16	19	23
规模以上工业总产值	万元	275426	123552	102364	281624	237830
固定资产投资	万元	532010	463581	234480	317823	398319
四、教育、卫生和社会保障						
普通中学在校学生数	人	14590	19161	10278	9522	10392
中等职业教育学校在校学生数	人	1723	3583	1176	2165	2622
小学在校学生数	人	28984	28845	11426	15443	14250
医疗卫生机构床位数	床	1155	816	610	800	577
各种社会福利收养性单位数	个	20	11	5	3	3
各种社会福利收养性单位床位数	床	610	484	207	96	220

2013年县(市)社会经济主要指标

贵州省

指　　标	单位	都匀市	福泉市	荔波县	贵定县	瓮安县
一、基本情况						
行政区域面积	平方公里	2305	1692	2432	1631	1974
乡个数	个	8	6	9	12	1
镇个数	个	10	9	7	8	10
街道办事处个数	个	4	2	1		2
户籍人口	万人	48	33	18	29	47
第二产业从业人员	人	32104	33486	10347	10444	6890
第三产业从业人员	人	140114	28576	36568	75848	12491
固定电话用户	户	60087	25000	13725	19361	23800
二、综合经济						
地区生产总值	万元	1268310	922405	327429	509025	703675
第一产业增加值	万元	90710	86307	48892	66846	125883
农业增加值	万元	39320	51946	24353	47326	62376
牧业增加值	万元	45482	31170	16655	13913	55023
第二产业增加值	万元	496464	445204	104459	245350	285296
公共财政收入	万元	134287	155200	41778	39512	89851
各项税收	万元	82538	125100	34559	30642	60483
公共财政支出	万元	260685	184200	122772	157081	248990
居民储蓄存款余额	万元	1254485	438745	229810	315852	588556
年末金融机构各项贷款余额	万元	1461000	651825	229111	239158	455456
三、农业、工业及投资						
农业机械总动力	万千瓦特	30	22	25	23	40
机收面积	公顷	1200	3680		761	1220
设施农业占地面积	公顷	30	943	161	48	178
粮食总产量	吨	100461	103913	45690	75364	159730
棉花产量	吨			120		
油料产量	吨	10710	10828	4441	6949	18214
肉类总产量	吨	25116	13676	9237	13274	39224
规模以上工业企业单位数	个	24	38	28	35	64
规模以上工业总产值	万元	681063	1369698	310233	581682	1040904
固定资产投资	万元	1200000	863000	415172	540000	892000
四、教育、卫生和社会保障						
普通中学在校学生数	人	30468	18786	8210	15707	29992
中等职业教育学校在校学生数	人	7709	2598	3037	2530	
小学在校学生数	人	28338	18800	12511	19535	29619
医疗卫生机构床位数	床	1289	1191	817	820	1370
各种社会福利收养性单位数	个	9	6	3	2	8
各种社会福利收养性单位床位数	床	478	230	128	300	220

2013年县(市)社会经济主要指标

贵州省

指　　标	单位	独山县	平塘县	罗甸县	长顺县	龙里县
一、基本情况						
行政区域面积	平方公里	2445	2825	3013	1543	1521
乡个数	个		9	19	17	8
镇个数	个	8	10	7	7	6
街道办事处个数	个					
户籍人口	万人	36	32	34	26	23
第二产业从业人员	人	28466	8920	12751	18581	15941
第三产业从业人员	人	40883	51267	61706	15986	36353
固定电话用户	户	17021	13000	12045	18312	16376
二、综合经济						
地区生产总值	万元	428642	318256	403775	319937	539078
第一产业增加值	万元	95483	85585	86711	64915	58335
农业增加值	万元	57642	54161	49070	37408	30836
牧业增加值	万元	33141	25540	24483	23709	26173
第二产业增加值	万元	153044	67584	152538	90893	354674
公共财政收入	万元	29087	24615	23288	26490	53712
各项税收	万元	19180	14990	37237	33986	39148
公共财政支出	万元	153218	160443	164717	131239	159395
居民储蓄存款余额	万元	395780	197849	227108	169091	331228
年末金融机构各项贷款余额	万元	315910	197054	261155	165088	366357
三、农业、工业及投资						
农业机械总动力	万千瓦特	21	26	15	16	15
机收面积	公顷	1766	2530	2536	154	
设施农业占地面积	公顷	12	31	9	4	32
粮食总产量	吨	106686	104263	99421	88013	69684
棉花产量	吨			4		
油料产量	吨	8302	9834	3147	6022	5520
肉类总产量	吨	17402	13695	20590	12705	8098
规模以上工业企业单位数	个	45	9	18	44	91
规模以上工业总产值	万元	694982	52166	254000	327514	1226593
固定资产投资	万元	520000	394619	501000	418408	840000
四、教育、卫生和社会保障						
普通中学在校学生数	人	21166	18514	20083	16270	12511
中等职业教育学校在校学生数	人	1826	1826	3479	946	3825
小学在校学生数	人	18810	25419	29217	23983	15617
医疗卫生机构床位数	床	707	218	789	615	800
各种社会福利收养性单位数	个	1	3	4	2	1
各种社会福利收养性单位床位数	床	30	320	500	100	30

2013年县(市)社会经济主要指标

贵州省、云南省

指　　标	单位	惠水县	三都水族自治县	呈贡区	晋宁县	富民县
一、基本情况						
行政区域面积	平方公里	2470	2405	461	1337	993
乡个数	个	17	11		2	
镇个数	个	8	10		4	5
街道办事处个数	个			10	1	1
户籍人口	万人	45	37	19	28	15
第二产业从业人员	人	38265	23867	16286	37900	21869
第三产业从业人员	人	110043	52178	65943	62106	7606
固定电话用户	户	13126	15388	21843	22500	10220
二、综合经济						
地区生产总值	万元	509801	333213	1325610	960625	489500
第一产业增加值	万元	117900	75217	57112	174535	85637
农业增加值	万元	67561	42005	51060	140070	50409
牧业增加值	万元	41001	23286	2335	31548	29758
第二产业增加值	万元	185770	55673	673898	527919	249777
公共财政收入	万元	80613	21860	177460	134325	42716
各项税收	万元	26902	13753	66535	108318	31354
公共财政支出	万元	196369	168836	128908	244508	98337
居民储蓄存款余额	万元	295029	240468	1456957	827092	325797
年末金融机构各项贷款余额	万元	260908	249542	1986051	652769	379880
三、农业、工业及投资						
农业机械总动力	万千瓦特	31	16	4	28	12
机收面积	公顷	27230			60	3100
设施农业占地面积	公顷	243	851	140	2304	255
粮食总产量	吨	131048	91626	4932	49558	67893
棉花产量	吨		25			
油料产量	吨	5164	12574	21	1181	968
肉类总产量	吨	19799	15963	947	34340	23522
规模以上工业企业单位数	个	54	10	79	91	43
规模以上工业总产值	万元	916262	62925	3154827	1394557	500801
固定资产投资	万元	770000	375892	2625116	1178271	369945
四、教育、卫生和社会保障						
普通中学在校学生数	人	29935	23989	8696	13915	5102
中等职业教育学校在校学生数	人	1722	2327		2932	36
小学在校学生数	人	33857	35642	15983	20452	12228
医疗卫生机构床位数	床	1128	884	534	1144	747
各种社会福利收养性单位数	个	5	5	8	6	1
各种社会福利收养性单位床位数	床	260	130	293	310	150

2013年县(市)社会经济主要指标

云南省

指　　标	单位	宜良县	石林彝族自治县	嵩明县	禄劝彝族苗族自治县	寻甸回族彝族自治县
一、基本情况						
行政区域面积	平方公里	1914	1680	831	4240	3588
乡个数	个	2	1		6	4
镇个数	个	4	3	3	9	9
街道办事处个数	个	2	1	1	1	1
户籍人口	万人	46	24	30	48	55
第二产业从业人员	人	60878	16680	21729	29465	33503
第三产业从业人员	人	64097	33054	11981	30498	46500
固定电话用户	户	30723	12322	14280	11335	21766
二、综合经济						
地区生产总值	万元	1551808	676686	756233	582015	649540
第一产业增加值	万元	389624	158082	129502	178462	183196
农业增加值	万元	222657	92032	83596	90126	85718
牧业增加值	万元	128195	51530	38783	86076	87832
第二产业增加值	万元	455682	225130	415141	186221	206552
公共财政收入	万元	68434	74517	90279	84902	72376
各项税收	万元	55410	59111	74706	68953	61540
公共财政支出	万元	176812	143021	170076	278844	228998
居民储蓄存款余额	万元	928369	427313	562335	402174	501335
年末金融机构各项贷款余额	万元	751213	660931	678889	528429	532130
三、农业、工业及投资						
农业机械总动力	万千瓦特	36	24	53	34	35
机收面积	公顷	4755	170	5100	2460	5527
设施农业占地面积	公顷	805	66	918	46	349
粮食总产量	吨	178988	146209	104155	214839	244796
棉花产量	吨					
油料产量	吨	681	1030	39	2397	5475
肉类总产量	吨	100307	62214	36424	73118	92182
规模以上工业企业单位数	个	63	44	63	25	27
规模以上工业总产值	万元	1093446	406827	1264419	234403	749211
固定资产投资	万元	908957	1058914	1217093	845040	800988
四、教育、卫生和社会保障						
普通中学在校学生数	人	22321	14706	17881	17086	36245
中等职业教育学校在校学生数	人	5881	4999	4113		839
小学在校学生数	人	31358	20421	23327	33040	40301
医疗卫生机构床位数	床	1714	1222	1684	2302	2289
各种社会福利收养性单位数	个	5	7	3	5	1
各种社会福利收养性单位床位数	床	341	344	805	302	400

2013年县(市)社会经济主要指标

云南省

指标	单位	安宁市	马龙县	陆良县	师宗县	罗平县
一、基本情况						
行政区域面积	平方公里	1301	1614	1990	2783	3018
乡个数	个		3	2	3	6
镇个数	个		5	8	5	6
街道办事处个数	个	9				
户籍人口	万人	27	21	68	43	62
第二产业从业人员	人	79182	5413	27713	27823	19223
第三产业从业人员	人	86198	8002	18606	35288	41452
固定电话用户	户	48300	7916	32209	15200	24906
二、综合经济						
地区生产总值	万元	2306785	366828	1205628	899261	1338527
第一产业增加值	万元	112800	75498	475852	340998	336131
农业增加值	万元	56800	37400	212521	147495	179404
牧业增加值	万元	53360	33258	244018	164266	116979
第二产业增加值	万元	1315799	173945	343728	366066	545243
公共财政收入	万元	269850	50203	63707	51600	61066
各项税收	万元	235008	37255	54400	43935	54082
公共财政支出	万元	310279	132505	224700	190212	233104
居民储蓄存款余额	万元	1363602	247903	702848	423318	526390
年末金融机构各项贷款余额	万元	2222939	252376	628000	398603	476725
三、农业、工业及投资						
农业机械总动力	万千瓦特	23	20	47	30	25
机收面积	公顷	730	2120	4653	800	2670
设施农业占地面积	公顷	327	55	472	27	
粮食总产量	吨	48316	105340	353466	213832	355347
棉花产量	吨					
油料产量	吨	1532	2280	4650	34894	106823
肉类总产量	吨	64342	53511	192843	108958	144720
规模以上工业企业单位数	个	118	23	49	41	31
规模以上工业总产值	万元	5677538	485069	516179	1086906	826895
固定资产投资	万元	2104531	380320	492765	656933	529808
四、教育、卫生和社会保障						
普通中学在校学生数	人	11963	15690	31787	26451	37981
中等职业教育学校在校学生数	人	3532	1099	2002	2924	2100
小学在校学生数	人	25608	18299	57803	41125	65686
医疗卫生机构床位数	床	3181	751	2112	1192	2594
各种社会福利收养性单位数	个	4	6	8	6	4
各种社会福利收养性单位床位数	床	460	560	540	395	141

2013年县(市)社会经济主要指标

云南省

指　　标	单位	富源县	会泽县	沾益县	宣威市	江川县
一、基本情况						
行政区域面积	平方公里	3251	5884	2730	6053	850
乡个数	个	1	13	5	8	2
镇个数	个	10	8	3	14	4
街道办事处个数	个				4	1
户籍人口	万人	81	102	43	152	28
第二产业从业人员	人	80911	27549	42943	105639	32823
第三产业从业人员	人	42765	173981	34907	126545	32547
固定电话用户	户	22705	15000	8793	52200	14712
二、综合经济						
地区生产总值	万元	1650009	1431261	1523339	2376301	555290
第一产业增加值	万元	286156	330636	328039	480452	135469
农业增加值	万元	123333	115154	134309	185591	95047
牧业增加值	万元	150492	197348	185451	292169	32210
第二产业增加值	万元	935582	759985	801717	1142793	176122
公共财政收入	万元	138364	96592	82320	147000	46096
各项税收	万元	98702	69351	71517	122837	36214
公共财政支出	万元	302764	381380	191613	521819	140765
居民储蓄存款余额	万元	724268	623022	462261	1414781	535968
年末金融机构各项贷款余额	万元	1047851	515448	661639	1435668	513765
三、农业、工业及投资						
农业机械总动力	万千瓦特	24	25	35	74	25
机收面积	公顷	533	894	1600	1334	1720
设施农业占地面积	公顷	80	97	163	102	479
粮食总产量	吨	374304	474258	320004	772349	41588
棉花产量	吨					
油料产量	吨	14661	2328		327	7455
肉类总产量	吨	192523	272470	149359	458507	30498
规模以上工业企业单位数	个	113	18	55	96	32
规模以上工业总产值	万元	2066510	342947	2702089	1421152	322202
固定资产投资	万元	1280292	833633	1223552	1826433	285103
四、教育、卫生和社会保障						
普通中学在校学生数	人	59801	54576	28703	101838	18684
中等职业教育学校在校学生数	人	537	3103	932	4035	1322
小学在校学生数	人	83812	89204	40793	134373	20088
医疗卫生机构床位数	床	2409	2226	905	5226	712
各种社会福利收养性单位数	个	13	23	9	9	12
各种社会福利收养性单位床位数	床	336	1194	229	414	721

2013年县(市)社会经济主要指标

云南省

指标	单位	澄江县	通海县	华宁县	易门县	峨山彝族自治县
一、基本情况						
行政区域面积	平方公里	773	721	1313	1571	1972
乡个数	个		3	1	4	3
镇个数	个	4	4	3	1	3
街道办事处个数	个	2	2	1	2	2
户籍人口	万人	14	28	21	17	15
第二产业从业人员	人	11681	23787	12122	18540	13668
第三产业从业人员	人	17077	22498	15450	16176	16337
固定电话用户	户	10579	27302	13537	10595	13138
二、综合经济						
地区生产总值	万元	576705	741363	554363	505405	494758
第一产业增加值	万元	88847	133439	149280	91848	83426
农业增加值	万元	73436	85617	108438	43327	52011
牧业增加值	万元	13404	44351	35520	43716	26190
第二产业增加值	万元	251389	305907	191635	246769	234774
公共财政收入	万元	46606	41448	31300	39086	43066
各项税收	万元	41198	31366	24875	27346	26660
公共财政支出	万元	111571	143098	117209	145130	119876
居民储蓄存款余额	万元	356914	754219	329688	333552	302274
年末金融机构各项贷款余额	万元	346641	679723	293092	349012	319953
三、农业、工业及投资						
农业机械总动力	万千瓦特	15	56	31	18	41
机收面积	公顷	1540	1585	2539	982	1609
设施农业占地面积	公顷	923	10908	751	627	34058
粮食总产量	吨	39605	37159	57039	56162	68102
棉花产量	吨					
油料产量	吨	511	1742	2849	2515	8194
肉类总产量	吨	14833	36957	41585	43554	28071
规模以上工业企业单位数	个	17	68	24	27	22
规模以上工业总产值	万元	309758	762963	196385	511507	457622
固定资产投资	万元	408527	225011	190938	237874	358434
四、教育、卫生和社会保障						
普通中学在校学生数	人	9170	13124	11823	9363	6754
中等职业教育学校在校学生数	人	631	880	938	1032	3460
小学在校学生数	人	13373	24595	16737	11872	11148
医疗卫生机构床位数	床	403	1263	730	978	763
各种社会福利收养性单位数	个	6	9	5	7	5
各种社会福利收养性单位床位数	床	145	105	160	225	150

2013年县(市)社会经济主要指标

云南省

指　　标	单位	新平彝族傣族自治县	元江哈尼族彝族傣族自治县	施甸县	腾冲县	龙陵县
一、基本情况						
行政区域面积	平方公里	4223	2858	2009	5845	2884
乡个数	个	6	5	8	7	7
镇个数	个	4	2	5	11	3
街道办事处个数	个	2	3			
户籍人口	万人	28	21	34	67	29
第二产业从业人员	人	14077	5957	21477	40748	5764
第三产业从业人员	人	32334	9256	24990	66230	18996
固定电话用户	户	11396	11800	10000	26451	6152
二、综合经济						
地区生产总值	万元	949211	504747	396822	1222827	495390
第一产业增加值	万元	140760	158001	136608	270832	168556
农业增加值	万元	88464	128004	49068	104744	70540
牧业增加值	万元	42624	23020	64251	112289	59868
第二产业增加值	万元	599891	130461	101548	440474	198026
公共财政收入	万元	100018	31521	30646	149210	34730
各项税收	万元	79622	40139	38025	225836	30653
公共财政支出	万元	235564	131792	179243	387107	184739
居民储蓄存款余额	万元	394115	260397	304302	1163944	330837
年末金融机构各项贷款余额	万元	441791	302973	226128	1244743	338859
三、农业、工业及投资						
农业机械总动力	万千瓦特	32	15	28	51	20
机收面积	公顷	2667	2725	4849	24279	482
设施农业占地面积	公顷	6243		209	153	2
粮食总产量	吨	148645	91919	160205	401046	143400
棉花产量	吨					
油料产量	吨	1531	3578	3584	41520	1063
肉类总产量	吨	44047	21133	70137	112500	29075
规模以上工业企业单位数	个	20	20	14	36	22
规模以上工业总产值	万元	1753483	200391	161904	698844	433221
固定资产投资	万元	510545	244810	156298	1307112	385189
四、教育、卫生和社会保障						
普通中学在校学生数	人	11174	11551	18240	44717	16287
中等职业教育学校在校学生数	人	1150	741	3481	7990	3557
小学在校学生数	人	20551	16207	23621	58412	23461
医疗卫生机构床位数	床	1130	629	1008	2152	760
各种社会福利收养性单位数	个	12	11	3	13	7
各种社会福利收养性单位床位数	床	354	288	350	816	407

2013年县（市）社会经济主要指标

云南省

指标	单位	昌宁县	昭阳区	鲁甸县	巧家县	盐津县
一、基本情况						
行政区域面积	平方公里	3888	2167	1487	3245	2092
乡个数	个	8	7	2	4	4
镇个数	个	5	10	10	12	6
街道办事处个数	个		3			
户籍人口	万人	35	86	44	59	39
第二产业从业人员	人	16955	15764	15030	22181	28757
第三产业从业人员	人	25356	45869	35491	31735	39343
固定电话用户	户	16685	52672	9489	10889	12398
二、综合经济						
地区生产总值	万元	685484	1876332	423595	466833	358078
第一产业增加值	万元	272486	230100	98172	180043	79613
农业增加值	万元	151340	124526	61392	93562	33734
牧业增加值	万元	108592	103311	32709	79613	37731
第二产业增加值	万元	244374	958075	213364	146946	175122
公共财政收入	万元	88428	90093	24926	21539	16648
各项税收	万元	66135	79329	20081	18503	14236
公共财政支出	万元	213803	380713	203902	214981	163328
居民储蓄存款余额	万元	311405	1180564	197112	327902	254116
年末金融机构各项贷款余额	万元	254078	1824449	238043	197156	141420
三、农业、工业及投资						
农业机械总动力	万千瓦特	44	36	22	19	17
机收面积	公顷	2738	1767	1331		607
设施农业占地面积	公顷	1411	21	92	14	44
粮食总产量	吨	201852	325346	170610	244758	161817
棉花产量	吨					
油料产量	吨	5097	167	1496	1175	9214
肉类总产量	吨	95331	62539	27836	80439	45493
规模以上工业企业单位数	个	26	30	18	10	8
规模以上工业总产值	万元	370735	394540	317000	76380	171606
固定资产投资	万元	244703	879275	450993	351792	306456
四、教育、卫生和社会保障						
普通中学在校学生数	人	20409	59889	27173	28214	24923
中等职业教育学校在校学生数	人	3074	11282	1434	1268	375
小学在校学生数	人	25703	84557	46137	55541	35995
医疗卫生机构床位数	床	948	4758	1077	1481	1161
各种社会福利收养性单位数	个	3	7	4	5	4
各种社会福利收养性单位床位数	床	97	1166	232	450	1135

2013 年县(市)社会经济主要指标

云南省

指　　标	单位	大关县	永善县	绥江县	镇雄县	彝良县
一、基本情况						
行政区域面积	平方公里	1721	2778	761	3696	2799
乡个数	个	1	7		7	5
镇个数	个	8	8	5	21	10
街道办事处个数	个					
户籍人口	万人	28	46	17	155	60
第二产业从业人员	人	15995	13599	10702	99154	13477
第三产业从业人员	人	31688	43324	6059	104497	71139
固定电话用户	户	10237	14378	8247	27896	12249
二、综合经济						
地区生产总值	万元	217892	493084	183597	964281	498139
第一产业增加值	万元	59218	117002	34439	210957	177730
农业增加值	万元	21400	67690	9658	94153	118800
牧业增加值	万元	34558	46698	16745	112055	51930
第二产业增加值	万元	85964	228568	74072	487004	213536
公共财政收入	万元	10563	28800	26767	58789	23199
各项税收	万元	8078	25562	25289	45520	20423
公共财政支出	万元	144083	198236	116024	472746	274130
居民储蓄存款余额	万元	190755	497251	259016	631989	285686
年末金融机构各项贷款余额	万元	148771	223204	110865	649851	291755
三、农业、工业及投资						
农业机械总动力	万千瓦特	16	15	7	33	15
机收面积	公顷				2000	400
设施农业占地面积	公顷	127	38	60	22	3
粮食总产量	吨	106154	182806	40263	483163	203238
棉花产量	吨					
油料产量	吨	603	7433	2127	8149	4458
肉类总产量	吨	32282	43998	11994	112918	43070
规模以上工业企业单位数	个	11	5	5	63	17
规模以上工业总产值	万元	95741	445465	38628	799665	221007
固定资产投资	万元	287343	143287	239618	676212	429357
四、教育、卫生和社会保障						
普通中学在校学生数	人	17195	27314	9362	108937	34196
中等职业教育学校在校学生数	人	1125	503	1631	1197	2772
小学在校学生数	人	27661	43248	11845	174073	61547
医疗卫生机构床位数	床	505	1609	442	3092	1284
各种社会福利收养性单位数	个	2	3	5	10	4
各种社会福利收养性单位床位数	床	650	20	490	942	324

2013 年县(市)社会经济主要指标

云南省

指　　标	单位	威信县	水富县	玉龙纳西族自治县	永胜县	华坪县
一、基本情况						
行政区域面积	平方公里	1400	440	6393	5099	2266
乡个数	个	3		9	9	4
镇个数	个	7	3	7	6	4
街道办事处个数	个		1			
户籍人口	万人	43	10	22	40	16
第二产业从业人员	人	22848	10726			
第三产业从业人员	人	40108	3130			
固定电话用户	户	14082	22568	16794	18051	13892
二、综合经济						
地区生产总值	万元	349670	455217	426182	551382	420095
第一产业增加值	万元	59243	18216	89138	139689	55213
农业增加值	万元	28963	9409	35805	77771	33564
牧业增加值	万元	26434	6171	48397	43380	17417
第二产业增加值	万元	172574	342370	166322	270237	259638
公共财政收入	万元	23588	22789	57144	37533	57768
各项税收	万元	16801	19394	42390	26844	31032
公共财政支出	万元	150088	71212	200204	201097	128091
居民储蓄存款余额	万元	286372	248011	231252	518497	464333
年末金融机构各项贷款余额	万元	214373	587191	188581	335749	319539
三、农业、工业及投资						
农业机械总动力	万千瓦特	12	4	18	31	11
机收面积	公顷	660		7333	2560	3127
设施农业占地面积	公顷	11	1	78	49	
粮食总产量	吨	192519	26870	117379	183654	74413
棉花产量	吨				287	20
油料产量	吨	10476	909	5380	4730	1076
肉类总产量	吨	24563	7572	42873	44563	12992
规模以上工业企业单位数	个	24	8	9	20	27
规模以上工业总产值	万元	245050	305350	240676	277204	485336
固定资产投资	万元	206806	190473	651825	329378	344705
四、教育、卫生和社会保障						
普通中学在校学生数	人	28752	10533	11736	19257	7659
中等职业教育学校在校学生数	人	599		1123	712	156
小学在校学生数	人	38725	9039	11921	26408	12072
医疗卫生机构床位数	床	953	434	616	782	673
各种社会福利收养性单位数	个	7	2	4	3	11
各种社会福利收养性单位床位数	床	510	301	408	300	572

2013 年县(市)社会经济主要指标

云南省

指　标	单位	宁蒗彝族自治县	思茅区	宁洱哈尼族彝族自治县	墨江哈尼族自治县	景东彝族自治县
一、基本情况						
行政区域面积	平方公里	6206	4093	3670	5459	4532
乡个数	个	14	2	3	3	3
镇个数	个	1	5	6	12	10
街道办事处个数	个					
户籍人口	万人	27	22	20	37	37
第二产业从业人员	人		24237	4497	1437	8437
第三产业从业人员	人		33638	7136	9240	9995
固定电话用户	户	10189	89274	22319	33869	23638
二、综合经济						
地区生产总值	万元	289754	907483	357050	428187	503996
第一产业增加值	万元	67166	105449	87355	129972	201229
农业增加值	万元	23841	58303	41772	66072	81738
牧业增加值	万元	36826	25182	27675	32955	57950
第二产业增加值	万元	120468	405914	139969	170674	158203
公共财政收入	万元	23390	83760	27117	32701	34168
各项税收	万元	14258	75364	18017	27061	23955
公共财政支出	万元	199182	214020	133915	179327	222088
居民储蓄存款余额	万元	189403	914072	250793	263863	314044
年末金融机构各项贷款余额	万元	164996	2078510	244143	258960	281434
三、农业、工业及投资						
农业机械总动力	万千瓦特	5	15	24	22	31
机收面积	公顷	2000	522	585		4720
设施农业占地面积	公顷	28	175	82	18	128
粮食总产量	吨	82722	57638	89000	148000	174000
棉花产量	吨				5	
油料产量	吨	239	715	2687	3387	1910
肉类总产量	吨	18361	16581	24676	22205	31651
规模以上工业企业单位数	个	9	28	19	9	10
规模以上工业总产值	万元	53159	398074	153739	139578	182005
固定资产投资	万元	433438	1692341	325102	508658	163110
四、教育、卫生和社会保障						
普通中学在校学生数	人	17342	19356	7837	13709	16337
中等职业教育学校在校学生数	人	431	13117	649	1195	2142
小学在校学生数	人	27389	24041	10830	20355	24861
医疗卫生机构床位数	床	746	2656	703	896	949
各种社会福利收养性单位数	个	8	7	9	4	5
各种社会福利收养性单位床位数	床	197	155	336	343	643

2013 年县(市)社会经济主要指标

云南省

指　　标	单位	景谷傣族彝族自治县	镇沅彝族哈尼族拉祜族自治县	江城哈尼族彝族自治县	孟连傣族拉祜族佤族自治县	澜沧拉祜族自治县
一、基本情况						
行政区域面积	平方公里	7777	4223	3476	1957	8807
乡个数	个	4	1	5	2	15
镇个数	个	6	8	2	4	5
街道办事处个数	个					
户籍人口	万人	32	21	12	13	50
第二产业从业人员	人	8376	3310	6534	3512	4817
第三产业从业人员	人	9246	6464	4252	5186	10680
固定电话用户	户	27219	13562	12259	20375	30370
二、综合经济						
地区生产总值	万元	727848	340960	227746	192981	478511
第一产业增加值	万元	263299	157307	81982	80482	149011
农业增加值	万元	116507	69717	48162	41233	90679
牧业增加值	万元	33100	44190	11469	11945	30349
第二产业增加值	万元	314646	83347	94731	39239	189147
公共财政收入	万元	47966	28356	13458	11412	43600
各项税收	万元	30633	20949	8770	6719	33288
公共财政支出	万元	178846	159755	108378	100406	296834
居民储蓄存款余额	万元	296718	219146	119047	267067	328692
年末金融机构各项贷款余额	万元	272927	192711	161876	154064	284098
三、农业、工业及投资						
农业机械总动力	万千瓦特	26	26	20	17	32
机收面积	公顷	4787	1568	1012	2541	4252
设施农业占地面积	公顷	466	22	95	143	11
粮食总产量	吨	177000	111674	42000	58000	242000
棉花产量	吨				4	1
油料产量	吨	4353	2557	532	874	2656
肉类总产量	吨	19302	20727	7208	7501	27973
规模以上工业企业单位数	个	26	9	9	4	12
规模以上工业总产值	万元	289957	92803	87617	33231	118637
固定资产投资	万元	373010	148710	203198	76864	715291
四、教育、卫生和社会保障						
普通中学在校学生数	人	13054	8818	5114	5998	18631
中等职业教育学校在校学生数	人	331	277	421	233	1460
小学在校学生数	人	23049	13006	9338	11232	31020
医疗卫生机构床位数	床	755	411	308	283	932
各种社会福利收养性单位数	个	7	9	1	1	14
各种社会福利收养性单位床位数	床	361	320	160	88	559

2013年县(市)社会经济主要指标

云南省

指标	单位	西盟佤族自治县	临翔区	凤庆县	云县	永德县
一、基本情况						
行政区域面积	平方公里	1391	2557	3324	3659	3220
乡个数	个	2	7	5	5	7
镇个数	个	5	1	8	7	3
街道办事处个数	个		2			
户籍人口	万人	10	32	44	44	35
第二产业从业人员	人	3947	15017	3384	13124	10292
第三产业从业人员	人	4825	24513	10118	12304	9528
固定电话用户	户	8665	46011	25203	25023	17447
二、综合经济						
地区生产总值	万元	78683	666455	840996	828210	421383
第一产业增加值	万元	22751	129594	293216	242378	133092
农业增加值	万元	9355	72459	220956	153485	98936
牧业增加值	万元	4804	47498	62083	82947	29456
第二产业增加值	万元	17514	261212	368457	394976	164348
公共财政收入	万元	5418	56006	37168	50502	31509
各项税收	万元	3006	47538	29813	29449	21212
公共财政支出	万元	83428	223577	215168	217168	217577
居民储蓄存款余额	万元	57270	568887	282400	348805	215066
年末金融机构各项贷款余额	万元	56334	1579053	466061	282103	239513
三、农业、工业及投资						
农业机械总动力	万千瓦特	6	15	24	23	33
机收面积	公顷	367	793		365	2007
设施农业占地面积	公顷	13	95	193	20	37
粮食总产量	吨	41000	93101	173459	203873	178575
棉花产量	吨					
油料产量	吨	257	14865	2421	2097	1275
肉类总产量	吨	3962	22358	65809	61482	49331
规模以上工业企业单位数	个	4	20	17	21	10
规模以上工业总产值	万元	16969	307072	130637	473297	164857
固定资产投资	万元	66548	770723	560683	640636	560010
四、教育、卫生和社会保障						
普通中学在校学生数	人	4034	21988	19864	17844	14922
中等职业教育学校在校学生数	人	475	11955	1561	1390	2768
小学在校学生数	人	7407	26303	29518	34326	28810
医疗卫生机构床位数	床	239	2762	797	1259	630
各种社会福利收养性单位数	个	1	7	2	6	4
各种社会福利收养性单位床位数	床	98	657	93	221	167

2013年县(市)社会经济主要指标

云南省

指标	单位	镇康县	双江拉祜族佤族布朗族傣族自治县	耿马傣族佤族自治县	沧源佤族自治县	楚雄市
一、基本情况						
行政区域面积	平方公里	2157	2157	3730	2446	4512
乡个数	个	4	4	5	6	3
镇个数	个	3	2	4	4	12
街道办事处个数	个					
户籍人口	万人	18	17	29	17	52
第二产业从业人员	人	2916	2674	3488	2974	39294
第三产业从业人员	人	6673	5950	8791	6787	159536
固定电话用户	户	17843	14867	21163	11777	86172
二、综合经济						
地区生产总值	万元	335430	300514	627363	290017	2436426
第一产业增加值	万元	74309	87809	239617	77662	209708
农业增加值	万元	45822	55494	158587	44510	109275
牧业增加值	万元	19184	21518	31175	21320	64115
第二产业增加值	万元	172030	129073	205361	126374	1361245
公共财政收入	万元	35542	22518	36507	22096	163000
各项税收	万元	20742	15766	23923	14354	134507
公共财政支出	万元	168006	160692	229697	171018	301758
居民储蓄存款余额	万元	178698	152456	268700	133494	1350894
年末金融机构各项贷款余额	万元	155579	141347	240216	106717	2146659
三、农业、工业及投资						
农业机械总动力	万千瓦特	18	17	33	10	53
机收面积	公顷	587	985	5000	1681	4616
设施农业占地面积	公顷	36	128	12	369	190
粮食总产量	吨	82136	68141	111694	74725	200344
棉花产量	吨					
油料产量	吨	326	1644	1740	1650	8101
肉类总产量	吨	15660	16558	22684	13229	63840
规模以上工业企业单位数	个	12	10	12	10	48
规模以上工业总产值	万元	245962	125167	246968	147037	1278256
固定资产投资	万元	420012	280313	550010	390170	1659386
四、教育、卫生和社会保障						
普通中学在校学生数	人	8990	7347	12009	8888	38247
中等职业教育学校在校学生数	人	397	279	761	503	21549
小学在校学生数	人	15945	11231	26730	13206	40756
医疗卫生机构床位数	床	711	504	923	688	5227
各种社会福利收养性单位数	个	2	3	5	3	16
各种社会福利收养性单位床位数	床	230	290	520	124	553

2013年县(市)社会经济主要指标

云南省

指标	单位	双柏县	牟定县	南华县	姚安县	大姚县
一、基本情况						
行政区域面积	平方公里	4045	1464	2343	1803	4146
乡个数	个	3	3	4	4	4
镇个数	个	5	4	6	5	8
街道办事处个数	个					
户籍人口	万人	15	20	24	21	28
第二产业从业人员	人	7332	23102	7536	23723	16410
第三产业从业人员	人	13192	31785	13891	30116	12607
固定电话用户	户	7579	8742	10523	9707	14325
二、综合经济						
地区生产总值	万元	232221	356229	363731	338966	471527
第一产业增加值	万元	87017	97416	115752	119803	154617
农业增加值	万元	38317	61215	60813	74352	55585
牧业增加值	万元	36508	30137	45148	38112	45042
第二产业增加值	万元	63465	121140	111739	107755	154711
公共财政收入	万元	19732	22987	32100	18081	34800
各项税收	万元	14067	15397	24028	15979	28337
公共财政支出	万元	109976	124556	137165	111951	165540
居民储蓄存款余额	万元	177280	234777	253357	249437	313210
年末金融机构各项贷款余额	万元	126167	195789	237490	141389	290593
三、农业、工业及投资						
农业机械总动力	万千瓦特	30	12	18	16	24
机收面积	公顷	800	4049	8173	776	12000
设施农业占地面积	公顷	45	20	47	24	11
粮食总产量	吨	79774	100928	117168	96123	139515
棉花产量	吨					
油料产量	吨	2100	7183	4346	6953	3238
肉类总产量	吨	31870	26838	35160	31299	34750
规模以上工业企业单位数	个	17	18	20	14	24
规模以上工业总产值	万元	151051	147680	277086	75545	323541
固定资产投资	万元	234803	356264	315025	244284	415012
四、教育、卫生和社会保障						
普通中学在校学生数	人	7077	9101	12651	10259	14719
中等职业教育学校在校学生数	人	343	1422	798	318	1410
小学在校学生数	人	10106	11645	18410	11281	16733
医疗卫生机构床位数	床	631	773	792	750	1172
各种社会福利收养性单位数	个	9	9	10	10	13
各种社会福利收养性单位床位数	床	384	331	275	399	883

2013年县(市)社会经济主要指标

云南省

指　　标	单位	永仁县	元谋县	武定县	禄丰县	个旧市
一、基本情况						
行政区域面积	平方公里	2189	1803	3322	3631	1587
乡个数	个	4	7	8	3	2
镇个数	个	3	3	3	11	7
街道办事处个数	个					1
户籍人口	万人	11	22	28	43	39
第二产业从业人员	人	3156	9864	17604	59265	55088
第三产业从业人员	人	4534	24565	23501	47123	102638
固定电话用户	户	6674	14727	15747	31158	
二、综合经济						
地区生产总值	万元	203784	350654	405733	1285308	1760264
第一产业增加值	万元	67083	130086	138148	249321	112671
农业增加值	万元	35849	90984	66459	135024	46343
牧业增加值	万元	20350	35619	67656	103269	57072
第二产业增加值	万元	52405	91997	133447	480578	1102603
公共财政收入	万元	20391	19135	43083	74629	93336
各项税收	万元	16562	14158	33169	50710	140078
公共财政支出	万元	94651	117894	156284	199576	303455
居民储蓄存款余额	万元	139708	267397	302287	623100	1415863
年末金融机构各项贷款余额	万元	105075	137201	291239	618718	1463445
三、农业、工业及投资						
农业机械总动力	万千瓦特	16	28	26	36	27
机收面积	公顷	3611	1835	7780	8068	
设施农业占地面积	公顷	78	434	6	633	133
粮食总产量	吨	58691	86938	121566	202013	74091
棉花产量	吨					
油料产量	吨	2237	2411	3855	13453	1612
肉类总产量	吨	22130	26674	56440	76002	46999
规模以上工业企业单位数	个	12	15	14	27	53
规模以上工业总产值	万元	92070	176789	196377	1177398	3377944
固定资产投资	万元	260861	211670	381021	439633	1000532
四、教育、卫生和社会保障						
普通中学在校学生数	人	5200	10436	13661	22792	20273
中等职业教育学校在校学生数	人	296	231	820	2708	3932
小学在校学生数	人	6775	14857	19957	32571	34854
医疗卫生机构床位数	床	485	913	1357	1477	3275
各种社会福利收养性单位数	个	7	7	12	15	16
各种社会福利收养性单位床位数	床	221	217	998	862	1341

2013年县(市)社会经济主要指标

云南省

指　　标	单位	开远市	蒙自市	弥勒市	屏边苗族自治县	建水县
一、基本情况						
行政区域面积	平方公里	1950	2228	4004	1906	3782
乡个数	个	3	4	2	6	6
镇个数	个	2	7	10	1	8
街道办事处个数	个	2				
户籍人口	万人	28	39	53	16	53
第二产业从业人员	人	45900	32471	14386	3424	35409
第三产业从业人员	人	75100	85734	19391	12934	59180
固定电话用户	户	47100	39680		4047	
二、综合经济						
地区生产总值	万元	1324928	1182902	2272710	200108	1054144
第一产业增加值	万元	152945	196701	241696	53117	251488
农业增加值	万元	78770	116728	114766	18832	108704
牧业增加值	万元	67425	70000	118422	21746	132844
第二产业增加值	万元	605595	620536	1670695	74935	431786
公共财政收入	万元	157239	194746	111274	9284	86048
各项税收	万元	66697	147878	74559	5827	95653
公共财政支出	万元	243918	286604	265365	122630	262080
居民储蓄存款余额	万元	849905	1105630	796702	138181	1030190
年末金融机构各项贷款余额	万元	872298	2113253	922946	121885	704833
三、农业、工业及投资						
农业机械总动力	万千瓦特	35	38	45	4	46
机收面积	公顷	665	312	3349		39
设施农业占地面积	公顷		2423	1300		118
粮食总产量	吨	125200	166300	238873	78029	216036
棉花产量	吨					
油料产量	吨	1786	2659	5054	1066	1820
肉类总产量	吨	39696	68729	100108	26103	123288
规模以上工业企业单位数	个	32	29	27	10	21
规模以上工业总产值	万元	1060781	2122858	579104	82557	765485
固定资产投资	万元	1000025	1000510	1000332	250120	1030025
四、教育、卫生和社会保障						
普通中学在校学生数	人	15308	20121	29533	5254	30185
中等职业教育学校在校学生数	人	1631	7945	4465	91	3407
小学在校学生数	人	25053	34706	43551	9762	40062
医疗卫生机构床位数	床	4574	2145	2276	445	2264
各种社会福利收养性单位数	个	7	6	3	5	7
各种社会福利收养性单位床位数	床	603	304	158	170	485

2013 年县(市)社会经济主要指标

云南省

指　　标	单位	石屏县	泸西县	元阳县	红河县	金平苗族瑶族傣族自治县
一、基本情况						
行政区域面积	平方公里	3037	1674	2212	2029	3677
乡个数	个	2	3	12	12	11
镇个数	个	7	5	2	1	2
街道办事处个数	个					
户籍人口	万人	31	42	44	33	39
第二产业从业人员	人	21089	27201	14039	1232	2893
第三产业从业人员	人	41773	35773	29290	7544	14638
固定电话用户	户	20645	8420	10579	8270	15731
二、综合经济						
地区生产总值	万元	463935	626009	332408	239707	323103
第一产业增加值	万元	194866	158162	110019	92333	92617
农业增加值	万元	80149	72772	44893	43073	40590
牧业增加值	万元	89650	77885	53478	38391	31561
第二产业增加值	万元	136159	251827	95359	60319	144771
公共财政收入	万元	31895	61860	18530	10763	39860
各项税收	万元	23660	52168	10113	6861	12532
公共财政支出	万元	177783	229707	178126	187066	199649
居民储蓄存款余额	万元	518350	569958	222494	153518	218329
年末金融机构各项贷款余额	万元	309677	487457	143143	115174	153155
三、农业、工业及投资						
农业机械总动力	万千瓦特	27	44	7	6	15
机收面积	公顷	125	5388			
设施农业占地面积	公顷	780	411		4	1
粮食总产量	吨	129041	190869	173396	113600	141035
棉花产量	吨				57	1
油料产量	吨	2138	15066	3074	963	1794
肉类总产量	吨	86592	76813	53424	30830	29279
规模以上工业企业单位数	个	18	21	3	6	15
规模以上工业总产值	万元	170252	483975	52580	39124	215491
固定资产投资	万元	451821	621814	331695	340012	330110
四、教育、卫生和社会保障						
普通中学在校学生数	人	15783	26423	15904	14008	16827
中等职业教育学校在校学生数	人	466		324	765	503
小学在校学生数	人	24464	37433	38055	32816	36198
医疗卫生机构床位数	床	1563	1578	621	456	772
各种社会福利收养性单位数	个	8	8	3	7	3
各种社会福利收养性单位床位数	床	198	436	74	394	360

2013年县(市)社会经济主要指标

云南省

指　　标	单位	绿春县	河口瑶族自治县	文山市	砚山县	西畴县
一、基本情况						
行政区域面积	平方公里	3097	1332	2977	3822	1506
乡个数	个	8	4	7	7	7
镇个数	个	1	2	7	4	2
街道办事处个数	个			3		3
户籍人口	万人	24	9	48	50	26
第二产业从业人员	人	5565	844	22345	14477	5584
第三产业从业人员	人	17538	13918	45299	38899	41381
固定电话用户	户	4320		53000	16835	7500
二、综合经济						
地区生产总值	万元	206880	303504	1580951	901406	223163
第一产业增加值	万元	65690	79489	156524	193319	81467
农业增加值	万元	25980	57218	106239	134960	30237
牧业增加值	万元	24276	13126	46039	54748	44421
第二产业增加值	万元	84352	75165	785867	413557	30334
公共财政收入	万元	13501	18338	133000	50386	9973
各项税收	万元	6669	12968	110800	41702	9564
公共财政支出	万元	173494	114008	288915	231120	125259
居民储蓄存款余额	万元	114824	267017	1248855	437519	191117
年末金融机构各项贷款余额	万元	101434	213446	1971022	368710	148728
三、农业、工业及投资						
农业机械总动力	万千瓦特	5	3	24	56	13
机收面积	公顷			154	2280	
设施农业占地面积	公顷				227	20
粮食总产量	吨	102350	29061	184481	255077	107433
棉花产量	吨					
油料产量	吨	1823	276	12341	9165	2012
肉类总产量	吨	21335	5929	58538	55981	42015
规模以上工业企业单位数	个	4	4	29	33	4
规模以上工业总产值	万元	58709	27600	1252182	875422	27464
固定资产投资	万元	330025	264977	1172018	566673	128865
四、教育、卫生和社会保障						
普通中学在校学生数	人	11307	3789	31744	27427	14073
中等职业教育学校在校学生数	人	501	120	14606	1246	
小学在校学生数	人	19755	7534	46220	44573	18456
医疗卫生机构床位数	床	712	846	1690	1290	533
各种社会福利收养性单位数	个	1	1	2	2	
各种社会福利收养性单位床位数	床	200	250	379	179	

2013年县(市)社会经济主要指标

云南省

指　　标	单位	麻栗坡县	马关县	丘北县	广南县	富宁县
一、基本情况						
行政区域面积	平方公里	2334	2676	4997	7810	5352
乡个数	个	7	4	9	11	7
镇个数	个	4	9	3	7	6
街道办事处个数	个					
户籍人口	万人	29	38	53	87	44
第二产业从业人员	人	8690	4936	5444	13090	21262
第三产业从业人员	人	58240	9785	676	137581	79133
固定电话用户	户	4973	23780	37800	22500	21951
二、综合经济						
地区生产总值	万元	412825	554766	477101	725127	593729
第一产业增加值	万元	98641	149077	191526	269644	177285
农业增加值	万元	50925	90542	67039	103177	87391
牧业增加值	万元	41788	47163	115025	145981	57979
第二产业增加值	万元	182633	217717	116834	187647	207133
公共财政收入	万元	31560	51709	36401	30000	36018
各项税收	万元	23426	38343	36401	25716	36018
公共财政支出	万元	169797	196596	246755	279544	223085
居民储蓄存款余额	万元	268749	408854	254000	491645	322374
年末金融机构各项贷款余额	万元	294926	357509	284000	352691	325574
三、农业、工业及投资						
农业机械总动力	万千瓦特	17	21	26	45	15
机收面积	公顷	45		2404	814	13
设施农业占地面积	公顷	1	312		14	
粮食总产量	吨	117647	170354	228400	330184	150903
棉花产量	吨		1			
油料产量	吨	2893	6749	5285	23350	5096
肉类总产量	吨	47305	50986	111841	134820	53601
规模以上工业企业单位数	个	10	21	21	17	12
规模以上工业总产值	万元	242361	390351	178647	343950	301505
固定资产投资	万元	251100	230606	400029	379714	428921
四、教育、卫生和社会保障						
普通中学在校学生数	人	14616	15589	26610	42081	22887
中等职业教育学校在校学生数	人	1660	1726	460	1903	892
小学在校学生数	人	22378	28713	62710	77479	43611
医疗卫生机构床位数	床	905	783	1200	1747	750
各种社会福利收养性单位数	个		3	4	2	6
各种社会福利收养性单位床位数	床		50	66	74	403

2013 年县(市)社会经济主要指标

云南省

指　　　标	单位	景洪市	勐海县	勐腊县	大理市	漾濞彝族自治县
一、基本情况						
行政区域面积	平方公里	6867	5368	6861	1815	1957
乡个数	个	5	5	3	1	6
镇个数	个	5	6	7	10	3
街道办事处个数	个	1			2	
户籍人口	万人	41	33	23	61	11
第二产业从业人员	人	14847	10679	4216	49832	2399
第三产业从业人员	人	35209	25068	19198	75859	2600
固定电话用户	户	94800	54400	52500	155439	7677
二、综合经济						
地区生产总值	万元	1447804	709734	643673	2873274	168797
第一产业增加值	万元	317348	178342	280975	196035	48847
农业增加值	万元	87207	128627	116814	74537	15036
牧业增加值	万元	14565	23838	14574	108143	9656
第二产业增加值	万元	487678	244625	104946	1440634	79236
公共财政收入	万元	119798	35077	31466	255962	14651
各项税收	万元	88174	21281	17566	213319	6858
公共财政支出	万元	294047	175216	166209	402307	91120
居民储蓄存款余额	万元	1456900	391188	552034	2390593	104536
年末金融机构各项贷款余额	万元	1680200	279935	325273	3638868	83831
三、农业、工业及投资						
农业机械总动力	万千瓦特	37	43	27	45	9
机收面积	公顷	4385	18922	3282	6120	1539
设施农业占地面积	公顷	190	1300	235	7	
粮食总产量	吨	110511	278172	81368	179000	64576
棉花产量	吨	2				
油料产量	吨	593	699	513	2115	971
肉类总产量	吨	13761	12676	9944	83307	17184
规模以上工业企业单位数	个	28	23	10	64	14
规模以上工业总产值	万元	429615	345877	63045	2283980	92553
固定资产投资	万元	1440953	250248	400024	2163895	118849
四、教育、卫生和社会保障						
普通中学在校学生数	人	26703	12634	13196	39390	3290
中等职业教育学校在校学生数	人	2506	1623	1112	17340	
小学在校学生数	人	40288	23193	26018	44370	7528
医疗卫生机构床位数	床	3539	964	1195	6251	439
各种社会福利收养性单位数	个	9	5	2	6	2
各种社会福利收养性单位床位数	床	343	189	66	316	240

2013 年县(市)社会经济主要指标

云南省

指　　标	单位	祥云县	宾川县	弥渡县	南涧彝族自治县	巍山彝族回族自治县
一、基本情况						
行政区域面积	平方公里	2425	2627	1523	1732	2200
乡个数	个	2	2	3	3	6
镇个数	个	8	8	5	5	4
街道办事处个数	个			4		
户籍人口	万人	48	36	33	23	32
第二产业从业人员	人	81716	11124	23642	11181	25248
第三产业从业人员	人	133823	31241	43573	14857	30539
固定电话用户	户	63985	17292	19024	17000	12053
二、综合经济						
地区生产总值	万元	1049988	800828	404571	375925	428009
第一产业增加值	万元	271481	341861	111534	100416	142290
农业增加值	万元	85137	267652	51742	39634	75520
牧业增加值	万元	137620	58502	45877	35856	45900
第二产业增加值	万元	550948	221137	140808	137448	147079
公共财政收入	万元	67518	34424	27639	29033	32271
各项税收	万元	99901	26619	38906	21023	24928
公共财政支出	万元	206905	168207	158059	124731	150200
居民储蓄存款余额	万元	603053	409525	337742	174563	270601
年末金融机构各项贷款余额	万元	601382	444337	207185	321034	186466
三、农业、工业及投资						
农业机械总动力	万千瓦特	40	48	17	10	19
机收面积	公顷	3903	133	1614	3144	5226
设施农业占地面积	公顷	158		56		4
粮食总产量	吨	198498	145775	177325	114476	155837
棉花产量	吨					
油料产量	吨	5222	8346	4214	1475	6446
肉类总产量	吨	58094	47027	52330	35161	44242
规模以上工业企业单位数	个	36	18	14	12	17
规模以上工业总产值	万元	1158516	248846	147810	109017	172523
固定资产投资	万元	360204	516973	197427	98774	168137
四、教育、卫生和社会保障						
普通中学在校学生数	人	29220	15882	16117	11746	17360
中等职业教育学校在校学生数	人	1927	891	2316	788	1566
小学在校学生数	人	36725	26345	22811	18446	24414
医疗卫生机构床位数	床	1653	1417	1052	631	902
各种社会福利收养性单位数	个	1	2	5	1	4
各种社会福利收养性单位床位数	床	160	53	450	48	240

2013年县(市)社会经济主要指标

云南省

指　　标	单位	永平县	云龙县	洱源县	剑川县	鹤庆县
一、基本情况						
行政区域面积	平方公里	2884	4401	2614	2250	2395
乡个数	个	4	7	3	3	2
镇个数	个	3	4	6	5	7
街道办事处个数	个					
户籍人口	万人	19	21	29	18	28
第二产业从业人员	人	8283	10110	73559	12213	22748
第三产业从业人员	人	11550	9897	83256	11393	31464
固定电话用户	户	16900	10099	17353	8000	12948
二、综合经济						
地区生产总值	万元	305263	419422	439923	233178	485669
第一产业增加值	万元	112078	87999	153674	49235	95919
农业增加值	万元	84985	37861	71034	17726	36958
牧业增加值	万元	24100	39229	56287	26890	51780
第二产业增加值	万元	100544	224156	155878	120600	297785
公共财政收入	万元	22637	26556	24682	23800	42851
各项税收	万元	15476	21470	17726	26279	35741
公共财政支出	万元	104991	135148	177723	122909	143082
居民储蓄存款余额	万元	168147		276842	210700	372814
年末金融机构各项贷款余额	万元	151832	213327	316650	139900	323333
三、农业、工业及投资						
农业机械总动力	万千瓦特	10	12	19	15	27
机收面积	公顷	3867	1400	6400	4600	9240
设施农业占地面积	公顷	108	8	16		1
粮食总产量	吨	99760	127969	190052	86483	147765
棉花产量	吨					
油料产量	吨	1698	684	2973	1383	996
肉类总产量	吨	26142	45627	42137	27379	53751
规模以上工业企业单位数	个	6	5	13	9	21
规模以上工业总产值	万元	30074	65034	463305	195012	495946
固定资产投资	万元	159859	482733	273213	168138	368090
四、教育、卫生和社会保障						
普通中学在校学生数	人	8452	9882	14600	10485	10725
中等职业教育学校在校学生数	人	490	1278	2092	935	1291
小学在校学生数	人	13852	14703	22731	13828	21542
医疗卫生机构床位数	床	685	504	852	688	698
各种社会福利收养性单位数	个		5	2		4
各种社会福利收养性单位床位数	床		83	419		370

2013 年县(市)社会经济主要指标

云南省

指　　　标	单位	瑞丽市	芒　市	梁河县	盈江县	陇川县
一、基本情况						
行政区域面积	平方公里	1020	2987	1159	4429	1931
乡个数	个	3	6	6	7	5
镇个数	个	3	5	3	8	4
街道办事处个数	个		1			
户籍人口	万人	13	38	17	30	19
第二产业从业人员	人	6151	37021	6546	7312	6410
第三产业从业人员	人	16364	82370	15221	11666	18119
固定电话用户	户	66265	49398	9723	42457	18695
二、综合经济						
地区生产总值	万元	471246	724426	158033	662133	306751
第一产业增加值	万元	85243	189675	54270	200602	127764
农业增加值	万元	33788	100246	29550	131458	87960
牧业增加值	万元	30836	34276	12090	34583	18525
第二产业增加值	万元	97363	222218	37005	304299	91680
公共财政收入	万元	87490	70248	13461	55319	18147
各项税收	万元	66616	51905	9673	42596	14519
公共财政支出	万元	166799	197499	92841	181507	116496
居民储蓄存款余额	万元	1249989	792707	176216	387622	213342
年末金融机构各项贷款余额	万元	1055815	951572	143091	400210	221917
三、农业、工业及投资						
农业机械总动力	万千瓦特	16	40	13	28	32
机收面积	公顷	8088	12485	3466	13303	11563
设施农业占地面积	公顷	25	19	8	258	29
粮食总产量	吨	94564	228424	66915	213063	149704
棉花产量	吨					
油料产量	吨	920	1680	1959	3471	5974
肉类总产量	吨	20162	26615	10596	28235	13392
规模以上工业企业单位数	个	10	33	8	43	9
规模以上工业总产值	万元	59342	593137	59973	380623	89988
固定资产投资	万元	658522	828659	53068	455443	132540
四、教育、卫生和社会保障						
普通中学在校学生数	人	9078	22530	7801	14622	10345
中等职业教育学校在校学生数	人	756	8771	199	1080	461
小学在校学生数	人	16669	32431	11441	28170	15707
医疗卫生机构床位数	床	1024	2569	518	826	822
各种社会福利收养性单位数	个	1	5	1	3	3
各种社会福利收养性单位床位数	床	108	842	150	600	356

2013年县(市)社会经济主要指标

云南省

指　　标	单位	泸水县	福贡县	贡山独龙族怒族自治县	兰坪白族普米族自治县	香格里拉县
一、基本情况						
行政区域面积	平方公里	2938	2756	4506	4372	11419
乡个数	个	3	6	3	4	7
镇个数	个	6	1	2	4	4
街道办事处个数	个					
户籍人口	万人	18	10	4	21	15
第二产业从业人员	人	8810	3998	1857	12012	9015
第三产业从业人员	人	7248	15826	5620	15143	18063
固定电话用户	户	43785	466	1537	12330	25810
二、综合经济						
地区生产总值	万元	304621	78084	62155	346162	814512
第一产业增加值	万元	45350	17565	14379	52694	36245
农业增加值	万元	19868	7282	5977	26327	18918
牧业增加值	万元	19720	7030	4323	18674	12211
第二产业增加值	万元	118301	26608	23005	178605	349663
公共财政收入	万元	20007	5506	4808	37288	43699
各项税收	万元	13929	3818	3212	28209	43699
公共财政支出	万元	132204	96553	84068	147119	325762
居民储蓄存款余额	万元	241262	55783	37588	215149	441776
年末金融机构各项贷款余额	万元	439340	64475	42468	266905	1188574
三、农业、工业及投资						
农业机械总动力	万千瓦特	8	4	3	8	25
机收面积	公顷					3734
设施农业占地面积	公顷	22		7	27	9
粮食总产量	吨	66671	34930	11351	88329	73678
棉花产量	吨					
油料产量	吨	411	495	118	546	2805
肉类总产量	吨	16846	6624	2851	13076	14866
规模以上工业企业单位数	个	12	1	2	4	17
规模以上工业总产值	万元	152315	2146	10688	141079	356525
固定资产投资	万元	293800	92149	90429	352358	982065
四、教育、卫生和社会保障						
普通中学在校学生数	人	5835	4564	1586	10429	5098
中等职业教育学校在校学生数	人	164			219	
小学在校学生数	人	16177	9610	2842	19152	12412
医疗卫生机构床位数	床	892	320	171	678	141
各种社会福利收养性单位数	个	1	2	3	1	3
各种社会福利收养性单位床位数	床	286	76	180	44	101

2013 年县(市)社会经济主要指标

云南省、西藏自治区

指　　标	单位	德钦县	维西傈僳族自治县	林周县	当雄县	尼木县
一、基本情况						
行政区域面积	平方公里	7290	4477	4512	10234	3266
乡个数	个	6	7	10	8	8
镇个数	个	2	3	1	2	1
街道办事处个数	个					
户籍人口	万人	6	16	6	5	4
第二产业从业人员	人	1604	9227	1030	949	3068
第三产业从业人员	人	6521	7000	2202	6598	5519
固定电话用户	户	3100	6900	1142	956	932
二、综合经济						
地区生产总值	万元	193077	310513	126000	91000	51500
第一产业增加值	万元	13627	45469	19816	20169	8135
农业增加值	万元	5367	19252	6859	4869	3127
牧业增加值	万元	4244	11481	12900	15300	5000
第二产业增加值	万元	93476	105982	37000	37400	22100
公共财政收入	万元	16025	23816	8226	19280	3790
各项税收	万元	10921	17444	5574	3882	1815
公共财政支出	万元	193958	280577	59061	60316	34680
居民储蓄存款余额	万元	74155	149899	16150	12385	
年末金融机构各项贷款余额	万元	106674	181031	37314	33101	16773
三、农业、工业及投资						
农业机械总动力	万千瓦特	4	16	15		7
机收面积	公顷	120	2334			
设施农业占地面积	公顷	18	34	42		4
粮食总产量	吨	26543	73580	62501		13004
棉花产量	吨					
油料产量	吨	40	1573	2500		1030
肉类总产量	吨	3359	11044	4664	8456	3549
规模以上工业企业单位数	个	2	4		3	1
规模以上工业总产值	万元	64682	44093		29308	3801
固定资产投资	万元	420502	557368	134200	150482	39803
四、教育、卫生和社会保障						
普通中学在校学生数	人	1818	5385	2060	2073	2009
中等职业教育学校在校学生数	人					
小学在校学生数	人	3849	11805	4611	4993	2624
医疗卫生机构床位数	床	207	333	38	72	52
各种社会福利收养性单位数	个	1	1		1	1
各种社会福利收养性单位床位数	床	15	20		56	97

2013年县(市)社会经济主要指标

西藏自治区

指　　标	单位	曲水县	堆龙德庆县	达孜县	墨竹工卡县	昌都县
一、基本情况						
行政区域面积	平方公里	1624	2704	1373	5492	10794
乡个数	个	6	7	6	8	12
镇个数	个	1	2	1	1	3
街道办事处个数	个					9
户籍人口	万人	4	5	3	5	12
第二产业从业人员	人		3407		3195	
第三产业从业人员	人		14225		6303	
固定电话用户	户	2662	3476	4500	1200	2165
二、综合经济						
地区生产总值	万元	82000	219600	90400	188900	350879
第一产业增加值	万元	12326	14575	12130	21268	26882
农业增加值	万元	7692	6713	5765	6935	9338
牧业增加值	万元	4060	7262	5500	14100	17209
第二产业增加值	万元	59900	162200	43300	149000	139123
公共财政收入	万元	8658	38571	10150	23091	10288
各项税收	万元	5937	38236	8856	19592	8650
公共财政支出	万元	50882	95946	48457	70613	85349
居民储蓄存款余额	万元	20517	91536	30004	18350	10763
年末金融机构各项贷款余额	万元	38430	58774	26771	34524	18881
三、农业、工业及投资						
农业机械总动力	万千瓦特	12	26	31	19	4
机收面积	公顷					1423
设施农业占地面积	公顷	189	266	4605	15	6
粮食总产量	吨	25111	25000	23965	24189	19093
棉花产量	吨					
油料产量	吨	2023	2368	778	2251	424
肉类总产量	吨	1835	3811	1955	6031	12457
规模以上工业企业单位数	个	6	12	8	6	3
规模以上工业总产值	万元	38385	65535	54877	167500	1665
固定资产投资	万元	167004	47250	135176	249500	307484
四、教育、卫生和社会保障						
普通中学在校学生数	人	1433	1563	1131	2018	1925
中等职业教育学校在校学生数	人		1014			
小学在校学生数	人	2529	4008	2088	4323	6649
医疗卫生机构床位数	床	47	46	45	65	
各种社会福利收养性单位数	个	4	28	1	3	
各种社会福利收养性单位床位数	床	252	191	120	216	

2013 年县(市)社会经济主要指标

西藏自治区

指　　标	单位	江达县	贡觉县	类乌齐县	丁青县	察雅县
一、基本情况						
行政区域面积	平方公里	13164	6323	6355	12408	8251
乡个数	个	11	11	8	11	10
镇个数	个	2	1	2	2	3
街道办事处个数	个	1	2	2	1	3
户籍人口	万人	10	5	5	8	6
第二产业从业人员	人					
第三产业从业人员	人					
固定电话用户	户	3392	2872	6000	2512	982
二、综合经济						
地区生产总值	万元	128619	48006	62365	87182	74001
第一产业增加值	万元	22530	8743	15225	25382	13720
农业增加值	万元	5685	4539	6248	18553	6072
牧业增加值	万元	14655	3998	7369	6222	7502
第二产业增加值	万元	64782	15417	21220	24900	36626
公共财政收入	万元	5135	2319	2489	4769	2060
各项税收	万元	4993	1836	2024	2048	1979
公共财政支出	万元	60823	42275	42709	53448	48666
居民储蓄存款余额	万元	12536	1237	12085	8942	14084
年末金融机构各项贷款余额	万元	13029	19098	11084	28545	21639
三、农业、工业及投资						
农业机械总动力	万千瓦特	4	3	10	24	3
机收面积	公顷	1005	1	1134	2001	
设施农业占地面积	公顷	17			4	60
粮食总产量	吨	13366	12358	8064	24310	13913
棉花产量	吨					
油料产量	吨	372	190		815	237
肉类总产量	吨	13805	5690	6719	7450	7235
规模以上工业企业单位数	个	1				
规模以上工业总产值	万元	4870				
固定资产投资	万元	281318	33985	54621	93040	66316
四、教育、卫生和社会保障						
普通中学在校学生数	人	2954	1580	2196	2737	2467
中等职业教育学校在校学生数	人					
小学在校学生数	人	6887	3852	5343	7565	5906
医疗卫生机构床位数	床					
各种社会福利收养性单位数	个			3		4
各种社会福利收养性单位床位数	床			42		69

2013 年县(市)社会经济主要指标

西藏自治区

指　　标	单位	八宿县	左贡县	芒康县	洛隆县	边坝县
一、基本情况						
行政区域面积	平方公里	12336	11837	11576	8048	8774
乡个数	个	10	7	14	7	9
镇个数	个	4	3	2	4	2
街道办事处个数	个	1	1	1	1	1
户籍人口	万人	5	5	9	5	4
第二产业从业人员	人					
第三产业从业人员	人					
固定电话用户	户	1369	6200	6741	3211	2491
二、综合经济						
地区生产总值	万元	50259	64145	127209	63299	43059
第一产业增加值	万元	10922	15305	22811	15256	13334
农业增加值	万元	4066	4689	7953	5388	2619
牧业增加值	万元	6485	10085	11316	8443	8404
第二产业增加值	万元	15600	15840	53215	29682	11312
公共财政收入	万元	2766	2078	4189	2504	1801
各项税收	万元	1462	1538	3771	1608	1222
公共财政支出	万元	42815	47328	61691	43020	37552
居民储蓄存款余额	万元	11144	10299	20560	7641	4658
年末金融机构各项贷款余额	万元	16303	17479	15884	13497	7841
三、农业、工业及投资						
农业机械总动力	万千瓦特	4	3	9	4	6
机收面积	公顷	1030	1000		2437	1133
设施农业占地面积	公顷	9	5	42	66	150
粮食总产量	吨	10884	15920	26372	21824	10680
棉花产量	吨					
油料产量	吨	271	327	734	814	515
肉类总产量	吨	5574	7632	6953	6361	7960
规模以上工业企业单位数	个					
规模以上工业总产值	万元					
固定资产投资	万元	76537	42026	192833	60891	22637
四、教育、卫生和社会保障						
普通中学在校学生数	人	1983	1893	3656	1996	1496
中等职业教育学校在校学生数	人					
小学在校学生数	人	4522	4801	7758	4832	3490
医疗卫生机构床位数	床					
各种社会福利收养性单位数	个	1	2	7	2	2
各种社会福利收养性单位床位数	床	18	13	49	34	23

2013 年县(市)社会经济主要指标

西藏自治区

指　　　标	单位	乃东县	扎囊县	贡嘎县	桑日县	琼结县
一、基本情况						
行政区域面积	平方公里	2211	2157	2284	2635	1030
乡个数	个	5	3	3	3	3
镇个数	个	2	2	5	1	1
街道办事处个数	个					
户籍人口	万人	6	4	5	2	2
第二产业从业人员	人	7763	7451	4275	774	5190
第三产业从业人员	人	3969	1450	2493	2390	1372
固定电话用户	户		800	850	2730	1579
二、综合经济						
地区生产总值	万元	295387	46740	72614	79154	28149
第一产业增加值	万元	7266	5103	5538	3362	2088
农业增加值	万元	3569	2678	2530	1718	1486
牧业增加值	万元	3349	2324	2791	1613	561
第二产业增加值	万元	82630	22460	29510	65970	13760
公共财政收入	万元	8179	1510	6388	6546	1200
各项税收	万元	7805	1335	4728	6523	799
公共财政支出	万元	49559	39989	46397	33624	25179
居民储蓄存款余额	万元	80620	19824	28018	11447	10982
年末金融机构各项贷款余额	万元	16154	17489	17069	27366	11737
三、农业、工业及投资						
农业机械总动力	万千瓦特	12	15	8	3	4
机收面积	公顷	3128	1128	1456		1152
设施农业占地面积	公顷	43	44	17	2	8
粮食总产量	吨	22257	21592	29226	8144	10161
棉花产量	吨					
油料产量	吨	1739	2526	1579	1170	1284
肉类总产量	吨	4580	2378	2036	2132	911
规模以上工业企业单位数	个	3		1	2	
规模以上工业总产值	万元	10038		2238	78648	
固定资产投资	万元	97440	65527	93935	92080	45043
四、教育、卫生和社会保障						
普通中学在校学生数	人	1160	1541	2251	647	614
中等职业教育学校在校学生数	人					
小学在校学生数	人	2054	2630	4237	1352	1141
医疗卫生机构床位数	床	99	54	85	49	46
各种社会福利收养性单位数	个	9	14	7	5	1
各种社会福利收养性单位床位数	床	147	172	216	114	93

2013年县(市)社会经济主要指标

西藏自治区

指　　标	单位	曲松县	措美县	洛扎县	加查县	隆子县
一、基本情况						
行政区域面积	平方公里	1936	4530	5570	7982	9894
乡个数	个	3	2	5	5	9
镇个数	个	2	2	2	2	2
街道办事处个数	个					
户籍人口	万人	2	2	2	2	4
第二产业从业人员	人	3329	2558	4592	1213	7125
第三产业从业人员	人	1154	984	980	2305	1754
固定电话用户	户	570	750	465	963	5760
二、综合经济						
地区生产总值	万元	43730	21432	29892	88140	66755
第一产业增加值	万元	2678	2158	3685	5382	4600
农业增加值	万元	482	665	1944	3608	1770
牧业增加值	万元	2150	1483	1706	1713	2787
第二产业增加值	万元	29490	10377	14795	69450	51320
公共财政收入	万元	3173	1000	1280	6481	4313
各项税收	万元	1801	572	800	5441	3548
公共财政支出	万元	25293	23500	27261	31592	43785
居民储蓄存款余额	万元	12563	11665		30765	21503
年末金融机构各项贷款余额	万元	15650	10291	9229	31641	16636
三、农业、工业及投资						
农业机械总动力	万千瓦特	2	2	2	6	10
机收面积	公顷				784	
设施农业占地面积	公顷	9	6	7	38	7
粮食总产量	吨	7280	3384	9639	8113	17400
棉花产量	吨					
油料产量	吨	990	412	857	450	1040
肉类总产量	吨	1868	2082	1249	2038	2857
规模以上工业企业单位数	个	2				1
规模以上工业总产值	万元	29420				48859
固定资产投资	万元	43751	36989	51964	233656	75548
四、教育、卫生和社会保障						
普通中学在校学生数	人	769	592	699	827	1401
中等职业教育学校在校学生数	人					
小学在校学生数	人	1194	1047	1684	1870	2754
医疗卫生机构床位数	床	68	46	82	62	87
各种社会福利收养性单位数	个	4	1	3	2	4
各种社会福利收养性单位床位数	床	228	64	45	98	115

2013年县(市)社会经济主要指标

西藏自治区

指标	单位	错那县	浪卡子县	日喀则市	南木林县	江孜县
一、基本情况						
行政区域面积	平方公里	34979	34979	3875	8813	3800
乡个数	个	9	8	10	16	18
镇个数	个	1	2		1	1
街道办事处个数	个			2		
户籍人口	万人	2	4	12	8	7
第二产业从业人员	人	1348	8048	10570	6133	5309
第三产业从业人员	人	874	1720	4977	3740	1085
固定电话用户	户	3212		18691	5670	1548
二、综合经济						
地区生产总值	万元	33710	36778	461016	61418	130977
第一产业增加值	万元	1841	3534	41413	28888	27390
农业增加值	万元	821	443	31061	19604	15850
牧业增加值	万元	1019	3043	4000	4000	11075
第二产业增加值	万元	16665	14949	187947	11242	20395
公共财政收入	万元	1280	1852	8598	1199	2256
各项税收	万元	1054	768	7345	929	1934
公共财政支出	万元	28579	38772	73280	51901	56181
居民储蓄存款余额	万元	17105	13615	46588	12817	22500
年末金融机构各项贷款余额	万元	14803	14561	21857	23732	22500
三、农业、工业及投资						
农业机械总动力	万千瓦特	2	8	31	12	21
机收面积	公顷		448	14130	650	5800
设施农业占地面积	公顷	8	1	187	3	33
粮食总产量	吨	4196	7830	71379	20734	62143
棉花产量	吨					
油料产量	吨	366	751	4042	2595	6272
肉类总产量	吨	1127	2877	1750	2909	2604
规模以上工业企业单位数	个			2		
规模以上工业总产值	万元			9499		
固定资产投资	万元	52967	48519	91297	35923	57893
四、教育、卫生和社会保障						
普通中学在校学生数	人	550	1835	3713	4780	4443
中等职业教育学校在校学生数	人				203	
小学在校学生数	人	937	3165	7507	6920	5624
医疗卫生机构床位数	床	58	50	88	169	203
各种社会福利收养性单位数	个	2	3	2	1	2
各种社会福利收养性单位床位数	床	52	45	139	81	96

2013年县(市)社会经济主要指标

西藏自治区

指　　标	单位	定日县	萨迦县	拉孜县	昂仁县	谢通门县
一、基本情况						
行政区域面积	平方公里	13961	8126	4405	27600	14000
乡个数	个	11	9	9	15	18
镇个数	个	2	2	2	2	1
街道办事处个数	个					
户籍人口	万人	5	5	5	5	5
第二产业从业人员	人	1819	4158	1534	1733	2980
第三产业从业人员	人	10081	5784	14311	3677	1671
固定电话用户	户	780	2000	3304	4878	792
二、综合经济						
地区生产总值	万元	53516	45641	58693	50218	68765
第一产业增加值	万元	16208	15255	19530	14964	16148
农业增加值	万元	5145	9100	13635	6301	6910
牧业增加值	万元	8726	5642	5473	8657	8341
第二产业增加值	万元	15819	14297	12233	13306	33791
公共财政收入	万元	3092	1566	1139	1245	10368
各项税收	万元	1527	1489	847	1233	10149
公共财政支出	万元	47160	38564	44259	45858	53752
居民储蓄存款余额	万元	7873	10836	13462	6865	
年末金融机构各项贷款余额	万元	16713	14975	19585	27165	
三、农业、工业及投资						
农业机械总动力	万千瓦特	13	14	14	10	8
机收面积	公顷	1507	4426	4545	2067	2366
设施农业占地面积	公顷	1	9	8	10	4
粮食总产量	吨	25899	26964	35959	17921	14514
棉花产量	吨					
油料产量	吨	1311	2543	4506	981	1070
肉类总产量	吨	1284	2195	1748	3834	3946
规模以上工业企业单位数	个					1
规模以上工业总产值	万元					34289
固定资产投资	万元	56915	50900	40957	45000	45629
四、教育、卫生和社会保障						
普通中学在校学生数	人	2431	1747	3211	2317	1830
中等职业教育学校在校学生数	人					
小学在校学生数	人	5621	4431	5059	5845	3881
医疗卫生机构床位数	床	136	78	156	236	175
各种社会福利收养性单位数	个	1	2	1	3	1
各种社会福利收养性单位床位数	床	124	61	52	70	99

2013 年县(市)社会经济主要指标

西藏自治区

指　　标	单位	白朗县	仁布县	康马县	定结县	仲巴县
一、基本情况						
行政区域面积	平方公里	2759	2124	6176	5416	45900
乡个数	个	9	8	8	7	12
镇个数	个	2	1	1	3	1
街道办事处个数	个					
户籍人口	万人	5	3	2	2	2
第二产业从业人员	人	5470	7834	2048	1113	
第三产业从业人员	人	3245	1188	818	1508	2837
固定电话用户	户	4024	1896	2988	1898	570
二、综合经济						
地区生产总值	万元	61039	30770	29742	24009	43255
第一产业增加值	万元	19626	7263	7487	5745	16489
农业增加值	万元	13810	2520	2749	2566	4
牧业增加值	万元	4312	4235	4399	2872	12441
第二产业增加值	万元	16273	11020	5405	5834	9784
公共财政收入	万元	1131	2309	650	558	2248
各项税收	万元	1003	2304	399	453	1663
公共财政支出	万元	38814	36047	30853	29001	38188
居民储蓄存款余额	万元	10732		8391	6101	9071
年末金融机构各项贷款余额	万元	16775		9817	8178	6432
三、农业、工业及投资						
农业机械总动力	万千瓦特	16	6	11	6	15
机收面积	公顷	1856	229	2067		
设施农业占地面积	公顷	107	3	1	6	1
粮食总产量	吨	47700	8441	9808	5877	
棉花产量	吨					
油料产量	吨	2340	917	879	791	
肉类总产量	吨	1562	787	1399	975	3945
规模以上工业企业单位数	个					
规模以上工业总产值	万元					
固定资产投资	万元	40180	34569	18336	17209	30040
四、教育、卫生和社会保障						
普通中学在校学生数	人	1687	1200	722	723	1037
中等职业教育学校在校学生数	人				102	149
小学在校学生数	人	3829	2832	1949	1781	2489
医疗卫生机构床位数	床	71	70	56	72	108
各种社会福利收养性单位数	个	1	1	1	2	1
各种社会福利收养性单位床位数	床	8	30	30	64	30

2013年县(市)社会经济主要指标

西藏自治区

指　　标	单位	亚东县	吉隆县	聂拉木县	萨嘎县	岗巴县
一、基本情况						
行政区域面积	平方公里	4240	9300	7903	12500	4198
乡个数	个	5	4	5	7	4
镇个数	个	2	2	2	1	1
街道办事处个数	个					
户籍人口	万人	1	2	2	2	1
第二产业从业人员	人	413	204	312		580
第三产业从业人员	人	1023	384	1256	1079	398
固定电话用户	户	1337	285	4002	1356	418
二、综合经济						
地区生产总值	万元	38140	33870	49825	24902	19934
第一产业增加值	万元	4801	5245	7806	5108	3070
农业增加值	万元	1157	1349	1400	387	850
牧业增加值	万元	3148	3875	2281	4721	2220
第二产业增加值	万元	11715	14808	9702	6886	5290
公共财政收入	万元	3980	7119	1447	681	619
各项税收	万元	3605	7111	369	640	569
公共财政支出	万元	30793	34277	32211	28752	25492
居民储蓄存款余额	万元	28800		2002	7200	
年末金融机构各项贷款余额	万元	8919		1008	9343	
三、农业、工业及投资						
农业机械总动力	万千瓦特	5	5	7	3	1
机收面积	公顷		67	333		
设施农业占地面积	公顷	6	6	7	2	7
粮食总产量	吨	1313	4317	6010	1252	3026
棉花产量	吨					
油料产量	吨	80	928	504	116	260
肉类总产量	吨	901	817	844	1454	1400
规模以上工业企业单位数	个			2		
规模以上工业总产值	万元			2480		
固定资产投资	万元	43972	50170	26897	27175	17519
四、教育、卫生和社会保障						
普通中学在校学生数	人	411	899	810	790	434
中等职业教育学校在校学生数	人					
小学在校学生数	人	978	891	1892	1622	1005
医疗卫生机构床位数	床		67		84	31
各种社会福利收养性单位数	个	2	1		2	2
各种社会福利收养性单位床位数	床	56	18		31	34

2013年县(市)社会经济主要指标

西藏自治区

指　　标	单位	那曲县	嘉黎县	比如县	聂荣县	安多县
一、基本情况						
行政区域面积	平方公里	16195	13056	11440	9017	43411
乡个数	个	9	10	10	10	13
镇个数	个	3	2	2	1	4
街道办事处个数	个					
户籍人口	万人	8	4	7	4	4
第二产业从业人员	人					
第三产业从业人员	人		2229	2343	1650	
固定电话用户	户	10000	1212	1148	930	1400
二、综合经济						
地区生产总值	万元	47234	49847	64427	40673	50310
第一产业增加值	万元	20569	12947	21921	7571	7996
农业增加值	万元	13330	7659	17830	2497	
牧业增加值	万元	7206	5282	3826	5056	7996
第二产业增加值	万元	4483	13655	14831	13730	11977
公共财政收入	万元	3063	1503	941	703	1960
各项税收	万元	2883	1436	877	648	1150
公共财政支出	万元	54408	38707	45763	31789	42513
居民储蓄存款余额	万元	1641	10764	21298	7235	
年末金融机构各项贷款余额	万元	26393	14958	24821	16959	19161
三、农业、工业及投资						
农业机械总动力	万千瓦特	5	7	1		2
机收面积	公顷					
设施农业占地面积	公顷					
粮食总产量	吨		825	3363		
棉花产量	吨					
油料产量	吨					
肉类总产量	吨	12753	6154	9482	8809	13076
规模以上工业企业单位数	个		2			
规模以上工业总产值	万元		4080			
固定资产投资	万元	25166	38595	47540	39642	24947
四、教育、卫生和社会保障						
普通中学在校学生数	人	2499	1408	2099	1547	1856
中等职业教育学校在校学生数	人					
小学在校学生数	人	9716	3688	6258	3146	4697
医疗卫生机构床位数	床	91	115	84	91	86
各种社会福利收养性单位数	个	8	1	4	8	
各种社会福利收养性单位床位数	床	53	39	65	137	

2013年县(市)社会经济主要指标

西藏自治区

指　　标	单位	申扎县	索　县	班戈县	巴青县	尼玛县
一、基本情况						
行政区域面积	平方公里	25546	5600	2838	10326	72499
乡个数	个	8	10	6	10	14
镇个数	个	2	2	4	3	1
街道办事处个数	个					
户籍人口	万人	2	5	4	5	3
第二产业从业人员	人					660
第三产业从业人员	人		2995	1503		1902
固定电话用户	户	570	1091	860	1030	
二、综合经济						
地区生产总值	万元	22818	51966	45475	54550	46828
第一产业增加值	万元	4648	10549	9070	15920	10456
农业增加值	万元	155	6898		11407	99
牧业增加值	万元	4346	3118	7054	4372	10357
第二产业增加值	万元	9131	13617	13632	9527	10518
公共财政收入	万元	1219	1275	1042	830	1077
各项税收	万元	1208	649	862	689	871
公共财政支出	万元	30012	36957	36971	37207	36602
居民储蓄存款余额	万元	8429	1230	9392	10155	7327
年末金融机构各项贷款余额	万元	11422	23892	17825	37993	21614
三、农业、工业及投资						
农业机械总动力	万千瓦特		3	6		8
机收面积	公顷					
设施农业占地面积	公顷					
粮食总产量	吨		6968		1127	182
棉花产量	吨					
油料产量	吨		68			
肉类总产量	吨	5964	5523	7466	6850	7966
规模以上工业企业单位数	个	2			1	
规模以上工业总产值	万元	91			2630	
固定资产投资	万元	30131	44945	44000	20284	47944
四、教育、卫生和社会保障						
普通中学在校学生数	人	1016	1934	131	1575	1375
中等职业教育学校在校学生数	人					
小学在校学生数	人	2162	5036	4032	5924	3584
医疗卫生机构床位数	床	78	53	70	65	110
各种社会福利收养性单位数	个	4	5	22	1	1
各种社会福利收养性单位床位数	床	40	58		30	32

2013 年县(市)社会经济主要指标

西藏自治区

指　　标	单位	双湖县	普兰县	札达县	噶尔县	日土县
一、基本情况						
行政区域面积	平方公里	11637	13179	27251	10083	77096
乡个数	个	7	2	6	4	4
镇个数	个	1	1	1	1	1
街道办事处个数	个					
户籍人口	万人	2	1	1	2	1
第二产业从业人员	人					
第三产业从业人员	人					
固定电话用户	户		880	860	5102	850
二、综合经济						
地区生产总值	万元	20327	17991	16839	19612	21866
第一产业增加值	万元	2449	3538	2247	4095	6103
农业增加值	万元		883	178	237	307
牧业增加值	万元	2314	2644	2057	3827	5778
第二产业增加值	万元	4095	4375	4765	6146	3785
公共财政收入	万元	1587	1713	1097	3639	1403
各项税收	万元	378	1230	925	3620	1024
公共财政支出	万元	27070	24599	24129	26217	27917
居民储蓄存款余额	万元	4928		442		
年末金融机构各项贷款余额	万元	6764		1989		
三、农业、工业及投资						
农业机械总动力	万千瓦特		1		3	5
机收面积	公顷					
设施农业占地面积	公顷					
粮食总产量	吨		2563	936	748	991
棉花产量	吨					
油料产量	吨		139	45	12	25
肉类总产量	吨	3462	426	471	1349	2407
规模以上工业企业单位数	个				2	
规模以上工业总产值	万元				1095	
固定资产投资	万元	2131	21947	10756	191431	23464
四、教育、卫生和社会保障						
普通中学在校学生数	人	467	404	253	975	385
中等职业教育学校在校学生数	人					
小学在校学生数	人	1396	848	606	3111	1189
医疗卫生机构床位数	床	76	34	29	276	51
各种社会福利收养性单位数	个		1	1	2	4
各种社会福利收养性单位床位数	床		18	15	50	65

2013年县(市)社会经济主要指标

西藏自治区

指　　标	单位	革吉县	改则县	措勤县	林芝县	工布江达县
一、基本情况						
行政区域面积	平方公里	46117	135025	22980	8536	12960
乡个数	个	4	6	4	3	6
镇个数	个	1	1	1	4	3
街道办事处个数	个				1	1
户籍人口	万人	2	2	1	6	4
第二产业从业人员	人				7800	
第三产业从业人员	人				22900	2352
固定电话用户	户	721	850	850	9587	7159
二、综合经济						
地区生产总值	万元	25608	37222	19713	393990	85307
第一产业增加值	万元	8136	16385	6408	11127	14516
农业增加值	万元	49	37	53	4252	5958
牧业增加值	万元	8087	16328	6355	6530	7935
第二产业增加值	万元	6220	4763	3437	137063	27671
公共财政收入	万元	1686	1360	911	8877	6239
各项税收	万元	1009	1236	666	8806	4240
公共财政支出	万元	29546	35948	23480	43218	40446
居民储蓄存款余额	万元			4685	70872	23952
年末金融机构各项贷款余额	万元			5576	25541	25609
三、农业、工业及投资						
农业机械总动力	万千瓦特	2	3		11	20
机收面积	公顷				1743	1106
设施农业占地面积	公顷				105	12
粮食总产量	吨	22			11277	7350
棉花产量	吨					
油料产量	吨				829	842
肉类总产量	吨	4435	4997	2115	2409	2260
规模以上工业企业单位数	个				3	
规模以上工业总产值	万元				62746	
固定资产投资	万元	23920	18323	24220	331926	108954
四、教育、卫生和社会保障						
普通中学在校学生数	人	649	1037	773	6827	1050
中等职业教育学校在校学生数	人				1420	
小学在校学生数	人	1576	3114	1757	4661	2826
医疗卫生机构床位数	床	58	87	90	370	54
各种社会福利收养性单位数	个	3	1	6	2	1
各种社会福利收养性单位床位数	床	65	48	116	29	24

2013 年县(市)社会经济主要指标

西藏自治区

指　　标	单位	米林县	墨脱县	波密县	察隅县	朗　县
一、基本情况						
行政区域面积	平方公里	9507	31395	16768	31305	4200
乡个数	个	5	7	7	3	3
镇个数	个	3	1	3	3	3
街道办事处个数	个					
户籍人口	万人	2	1	3	3	2
第二产业从业人员	人		492	946	360	128
第三产业从业人员	人	1980	68	1927	2425	509
固定电话用户	户	2273	460	1561	1460	2800
二、综合经济						
地区生产总值	万元	90833	31918	124033	52546	39656
第一产业增加值	万元	12072	2714	17945	10313	7696
农业增加值	万元	5592	1413	10835	6251	2821
牧业增加值	万元	5408	1051	6385	3752	4646
第二产业增加值	万元	33251	16894	44066	21688	11267
公共财政收入	万元	5200	4599	5633	2572	1594
各项税收	万元	2141	4369	2788	2045	1404
公共财政支出	万元	40090	31207	42083	39902	31207
居民储蓄存款余额	万元	32892		35895	24789	7000
年末金融机构各项贷款余额	万元	10921	7606	15139	11199	11968
三、农业、工业及投资						
农业机械总动力	万千瓦特	15		13	8	2
机收面积	公顷	2618		2763		
设施农业占地面积	公顷	25		67	35	19
粮食总产量	吨	11561	4998	17932	19179	6051
棉花产量	吨					
油料产量	吨	457	34	1041	492	325
肉类总产量	吨	1844	360	1654	1433	1901
规模以上工业企业单位数	个					
规模以上工业总产值	万元					
固定资产投资	万元	105539	90886	167986	122945	72083
四、教育、卫生和社会保障						
普通中学在校学生数	人	881	629	1474	1490	570
中等职业教育学校在校学生数	人					
小学在校学生数	人	2201	1068	3241	2707	1374
医疗卫生机构床位数	床	78	80	157	104	71
各种社会福利收养性单位数	个	4	1	2	1	3
各种社会福利收养性单位床位数	床	91	23	45	13	39

2013年县(市)社会经济主要指标

陕西省

指　　标	单位	长安区	蓝田县	周至县	户　县	高陵县
一、基本情况						
行政区域面积	平方公里	1588	1969	2949	1282	294
乡个数	个					
镇个数	个		22	22	16	5
街道办事处个数	个	25				3
户籍人口	万人	104	65	68	61	32
第二产业从业人员	人	53832	61708	31343	76822	44608
第三产业从业人员	人	61975	80603	130048	49004	50487
固定电话用户	户	10600	42979	54437	94150	69754
二、综合经济						
地区生产总值	万元	3691460	1068931	876566	1552395	2799379
第一产业增加值	万元	317573	244555	263370	253187	221207
农业增加值	万元	264523	159844	203384	186893	136939
牧业增加值	万元	46918	69620	39591	64256	83195
第二产业增加值	万元	1686300	405200	243000	817300	2289800
公共财政收入	万元	311600	32700	28600	70100	115100
各项税收	万元	249600	20800	24100	107050	102600
公共财政支出	万元	447600	234900	248600	236100	184100
居民储蓄存款余额	万元	3242209	851513	836730	1454620	982462
年末金融机构各项贷款余额	万元	1526868	430523	245078	569281	438362
三、农业、工业及投资						
农业机械总动力	万千瓦特	44	30	43	46	27
机收面积	公顷	65577	26133	30340	58666	24932
设施农业占地面积	公顷	1077	45	228	1179	1474
粮食总产量	吨	357700	264600	230700	303400	198200
棉花产量	吨	15	323			
油料产量	吨	2492	2202	2090	850	
肉类总产量	吨	21383	18352	29028	19360	8979
规模以上工业企业单位数	个	31	25	29	56	87
规模以上工业总产值	万元	230400	409979	207856	944631	7103100
固定资产投资	万元	5258451	1177938	1039905	1322151	3098754
四、教育、卫生和社会保障						
普通中学在校学生数	人	34142	35122	37154	33781	11457
中等职业教育学校在校学生数	人	6106	604	4411	2144	2158
小学在校学生数	人	49233	32257	35063	30762	14644
医疗卫生机构床位数	床	3551	1184	1276	2612	1260
各种社会福利收养性单位数	个	13	5	3	5	1
各种社会福利收养性单位床位数	床	1937	588	650	534	274

2013年县(市)社会经济主要指标

陕西省

指标	单位	耀州区	宜君县	陈仓区	凤翔县	岐山县
一、基本情况						
行政区域面积	平方公里	1614	1531	2472	1179	856
乡个数	个	1	3			
镇个数	个	9	6	15	12	10
街道办事处个数	个	5		3		
户籍人口	万人	33	9	61	53	48
第二产业从业人员	人	24495	3844	119894	80267	77424
第三产业从业人员	人	23687	8185	93976	93946	59495
固定电话用户	户	55736	8822		55510	56000
二、综合经济						
地区生产总值	万元	1406393	258400	1623053	1619566	1440875
第一产业增加值	万元	96098	56623	231175	221346	224097
农业增加值	万元	72788	47919	107209	132560	137624
牧业增加值	万元	21005	8044	119100	84850	81872
第二产业增加值	万元	1035200	145200	899270	1048700	863840
公共财政收入	万元	69148	19354	29136	41000	27600
各项税收	万元	35994	11808	20962	31300	21639
公共财政支出	万元	209960	96939	175936	176949	168248
居民储蓄存款余额	万元	696428	119329	1109466	824743	1120426
年末金融机构各项贷款余额	万元	279488	42381	630486	470693	385553
三、农业、工业及投资						
农业机械总动力	万千瓦特	22	10	37	41	26
机收面积	公顷	19499	7300	32713	43407	42472
设施农业占地面积	公顷	576	84	1598	1438	1597
粮食总产量	吨	83819	99645	231078	260048	265060
棉花产量	吨					27
油料产量	吨	4228	2128	2517	4624	2047
肉类总产量	吨	5327	4823	52738	21765	21155
规模以上工业企业单位数	个	71	9	65	55	44
规模以上工业总产值	万元	3100379	234766	1617500	1735638	1552056
固定资产投资	万元	1451073	225435	1636026	1680399	1315647
四、教育、卫生和社会保障						
普通中学在校学生数	人	24266	2857	28893	26386	23571
中等职业教育学校在校学生数	人	78		9895	5078	3321
小学在校学生数	人	17557	3919	26696	21695	20555
医疗卫生机构床位数	床	1080	315	1428	1521	1865
各种社会福利收养性单位数	个	8	1	6	5	15
各种社会福利收养性单位床位数	床	581	160	277	328	507

2013年县(市)社会经济主要指标

陕西省

指　　标	单位	扶风县	眉　县	陇　县	千阳县	麟游县
一、基本情况						
行政区域面积	平方公里	705	857	2277	997	1704
乡个数	个					
镇个数	个	8	8	12	8	7
街道办事处个数	个					
户籍人口	万人	45	33	27	13	9
第二产业从业人员	人	60271	52809	51113	19670	8963
第三产业从业人员	人	55920	33966	24014	10349	4960
固定电话用户	户	41000	38605	24548	8120	29603
二、综合经济						
地区生产总值	万元	956300	945709	508002	310053	505918
第一产业增加值	万元	185938	180610	158051	95202	63069
农业增加值	万元	102278	148713	70360	34669	20598
牧业增加值	万元	78778	30022	82212	52100	36511
第二产业增加值	万元	489723	557488	200707	150349	396570
公共财政收入	万元	38375	26049	23157	16252	16881
各项税收	万元	14259	18842	15623	6925	14497
公共财政支出	万元	162189	149695	130086	84702	76031
居民储蓄存款余额	万元	846000	623437	427837	233900	131113
年末金融机构各项贷款余额	万元	467200	284763	157498	107500	91400
三、农业、工业及投资						
农业机械总动力	万千瓦特	42	20	16	14	7
机收面积	公顷	38521	15440	20258	8467	8383
设施农业占地面积	公顷	104	583	115	591	
粮食总产量	吨	273050	126030	101012	55053	60236
棉花产量	吨	48	18			
油料产量	吨	1064	914	2134	781	947
肉类总产量	吨	26708	15023	9343	7261	7882
规模以上工业企业单位数	个	50	48	11	15	6
规模以上工业总产值	万元	932800	1037327	312202	350100	669900
固定资产投资	万元	1053800	1461278	866188	584783	877892
四、教育、卫生和社会保障						
普通中学在校学生数	人	22590	15218	13903	6111	5347
中等职业教育学校在校学生数	人	2946		1694	1358	
小学在校学生数	人	32165	13724	16473	7176	4617
医疗卫生机构床位数	床	1465	1376	1245	589	499
各种社会福利收养性单位数	个	4	5	3	3	2
各种社会福利收养性单位床位数	床	211	227	500	310	171

2013 年县(市)社会经济主要指标

陕西省

指　　标	单位	凤　县	太白县	三原县	泾阳县	乾　县
一、基本情况						
行政区域面积	平方公里	3187	2698	577	792	1003
乡个数	个					
镇个数	个	9	7	11	13	16
街道办事处个数	个					
户籍人口	万人	10	5	43	54	60
第二产业从业人员	人	13982	4916	72651	68980	58025
第三产业从业人员	人	14823	5918	27899	85186	46468
固定电话用户	户	23406	4300	38621	41759	35000
二、综合经济						
地区生产总值	万元	1302106	158273	1408142	1350051	1272074
第一产业增加值	万元	60073	51661	274062	408695	278552
农业增加值	万元	41236	39470	243243	330003	216085
牧业增加值	万元	13280	5386	29327	78038	58566
第二产业增加值	万元	1025480	73340	749650	529810	578190
公共财政收入	万元	66000	7439	36723	32586	22520
各项税收	万元	37285	4910	25715	27350	12551
公共财政支出	万元	80489	68601	184626	209128	196555
居民储蓄存款余额	万元	232533	117914	791964	789444	684602
年末金融机构各项贷款余额	万元	120262	74804	326626	330902	340164
三、农业、工业及投资						
农业机械总动力	万千瓦特	11	3	28	46	37
机收面积	公顷	753	273	38667	51088	64200
设施农业占地面积	公顷	30	10	884	9220	84
粮食总产量	吨	22025	6370	200001	242444	253101
棉花产量	吨				122	
油料产量	吨	657	306	3466	2564	7750
肉类总产量	吨	10442	3375	15518	25033	17090
规模以上工业企业单位数	个	49	9	92	60	45
规模以上工业总产值	万元	2691778	111600	2256648	1497701	1273405
固定资产投资	万元	1448766	216079	1075728	1165171	1113240
四、教育、卫生和社会保障						
普通中学在校学生数	人	4774	3072	25466	25105	44977
中等职业教育学校在校学生数	人	739	231	5378	6610	6561
小学在校学生数	人	5140	3457	19401	23785	47378
医疗卫生机构床位数	床	531	353	1592	1885	1467
各种社会福利收养性单位数	个	2	1	3	1	3
各种社会福利收养性单位床位数	床	607	130	100	300	353

2013 年县(市)社会经济主要指标

陕西省

指　　标	单位	礼泉县	永寿县	彬县	长武县	旬邑县
一、基本情况						
行政区域面积	平方公里	1012	889	1185	567	1811
乡个数	个					
镇个数	个	12	11	13	9	11
街道办事处个数	个			4		
户籍人口	万人	50	21	36	19	30
第二产业从业人员	人	37743	7151	33089	16701	24046
第三产业从业人员	人	33329	10102	24905	19387	43883
固定电话用户	户	67960	4271	18746	16310	11620
二、综合经济						
地区生产总值	万元	1278603	413310	1654254	525814	1022808
第一产业增加值	万元	464901	133062	156689	136649	244209
农业增加值	万元	431664	110827	143410	113328	190682
牧业增加值	万元	30640	18980	11565	21103	50302
第二产业增加值	万元	464100	164870	1292550	307330	657220
公共财政收入	万元	26025	13079	100118	28060	30167
各项税收	万元	13743	8139	49406	18141	17223
公共财政支出	万元	200351	115710	231363	110669	142504
居民储蓄存款余额	万元	656985	252434	746723	331158	428860
年末金融机构各项贷款余额	万元	248608	100755	773619	112671	141606
三、农业、工业及投资						
农业机械总动力	万千瓦特	38	17	11	13	11
机收面积	公顷	16579	15784	17974	7405	15334
设施农业占地面积	公顷	76	4	175	143	72
粮食总产量	吨	123113	82000	118286	58921	118923
棉花产量	吨					
油料产量	吨	4008	2210	8481	1282	2389
肉类总产量	吨	8735	9894	5989	4700	27361
规模以上工业企业单位数	个	30	20	21	11	17
规模以上工业总产值	万元	974634	394339	2277319	655233	1264853
固定资产投资	万元	1193931	464300	1409692	917800	646140
四、教育、卫生和社会保障						
普通中学在校学生数	人	31074	10773	19057	8716	14385
中等职业教育学校在校学生数	人	6250	2332	4559	3038	3305
小学在校学生数	人	31579	12912	25991	9335	15445
医疗卫生机构床位数	床	1193	697	1562	647	832
各种社会福利收养性单位数	个	2	4	6	3	9
各种社会福利收养性单位床位数	床	72	433	800	340	390

2013 年县(市)社会经济主要指标

陕西省

指标	单位	淳化县	武功县	兴平市	华县	潼关县
一、基本情况						
行政区域面积	平方公里	982	398	508	1139	526
乡个数	个					
镇个数	个	12	8	8	10	6
街道办事处个数	个			5		
户籍人口	万人	20	46	62	35	17
第二产业从业人员	人	19666	16757	73175	13664	8544
第三产业从业人员	人	19011	15812	77558	12406	8481
固定电话用户	户	7500	67475	56420	93304	20041
二、综合经济						
地区生产总值	万元	502473	959406	1752241	1144332	387460
第一产业增加值	万元	213877	187882	227404	87358	34270
农业增加值	万元	164595	118378	156189	71400	19502
牧业增加值	万元	40462	67325	68231	13597	13276
第二产业增加值	万元	168480	484660	1007700	877870	225360
公共财政收入	万元	9500	13245	45000	34300	32033
各项税收	万元	4677	8225	29702	24941	8805
公共财政支出	万元	112882	165429	197989	144750	106600
居民储蓄存款余额	万元	236736	680251	1147835	666876	312918
年末金融机构各项贷款余额	万元	91904	255196	557201	321101	263580
三、农业、工业及投资						
农业机械总动力	万千瓦特	23	30	31	30	10
机收面积	公顷	17516	38180	37670	21800	5943
设施农业占地面积	公顷	268	446	1889	2783	171
粮食总产量	吨	115544	200000	222003	112300	43100
棉花产量	吨		8		579	799
油料产量	吨	4520	2235	877	1126	3208
肉类总产量	吨	14324	23675	43651	7994	6899
规模以上工业企业单位数	个	23	34	104	31	15
规模以上工业总产值	万元	341352	977437	3010336	2242914	517300
固定资产投资	万元	315594	427000	1800185	1307663	436580
四、教育、卫生和社会保障						
普通中学在校学生数	人	10354	25798	35577	11540	9305
中等职业教育学校在校学生数	人	1628	7493	8196		354
小学在校学生数	人	13223	29735	34330	12292	8703
医疗卫生机构床位数	床	602	1541	2343	1379	468
各种社会福利收养性单位数	个	3	2	1	1	2
各种社会福利收养性单位床位数	床	500	100	42	100	140

2013 年县(市)社会经济主要指标

陕西省

指　　标	单位	大荔县	合阳县	澄城县	蒲城县	白水县
一、基本情况						
行政区域面积	平方公里	1776	1437	1121	1584	960
乡个数	个					
镇个数	个	18	12	10	17	10
街道办事处个数	个					
户籍人口	万人	73	46	41	80	28
第二产业从业人员	人	1663	11187	16932	147770	12224
第三产业从业人员	人	26169	19929	44614	221875	32092
固定电话用户	户	93677	53100	34112	112747	29932
二、综合经济						
地区生产总值	万元	1121361	669647	820887	1399681	612060
第一产业增加值	万元	287831	160687	188677	222161	202692
农业增加值	万元	201645	125903	101350	182303	172777
牧业增加值	万元	77367	26214	85228	35670	28096
第二产业增加值	万元	302510	221520	409750	734830	188610
公共财政收入	万元	25776	21906	35836	54624	21510
各项税收	万元	15030	13469	27745	42089	14488
公共财政支出	万元	250532	192000	183596	265041	152612
居民储蓄存款余额	万元	744156	602700	803185	1154412	441618
年末金融机构各项贷款余额	万元	584180	258400	400342	918493	208812
三、农业、工业及投资						
农业机械总动力	万千瓦特	101	30	29	66	38
机收面积	公顷	58160	35667	35466	77570	25000
设施农业占地面积	公顷	101840	1475	118	10076	381
粮食总产量	吨	278100	207000	175100	330097	110759
棉花产量	吨	10874	6363	7910	10074	
油料产量	吨	23267	3227	12464	4220	4702
肉类总产量	吨	39975	11602	53547	15478	16012
规模以上工业企业单位数	个	42	22	22	38	17
规模以上工业总产值	万元	498252	391900	736025	1565378	399444
固定资产投资	万元	740327	779100	1154948	1652167	611437
四、教育、卫生和社会保障						
普通中学在校学生数	人	32522	25533	24494	31484	17058
中等职业教育学校在校学生数	人	3368	5842	2313	4039	560
小学在校学生数	人	35235	23946	17533	33762	13913
医疗卫生机构床位数	床	2247	939	1420	2471	526
各种社会福利收养性单位数	个	10	5	2	7	3
各种社会福利收养性单位床位数	床	930	240	100	1500	177

2013年县(市)社会经济主要指标

陕西省

指　　标	单位	富平县	韩城市	华阴市	延长县	延川县
一、基本情况						
行政区域面积	平方公里	1243	1621	817	2368	1934
乡个数	个				2	2
镇个数	个	17	10	4	7	8
街道办事处个数	个		2	2		
户籍人口	万人	81	40	27	16	20
第二产业从业人员	人	8951	94527	14989	4922	14523
第三产业从业人员	人	22056	122365	60400	7574	10698
固定电话用户	户	87564	86243	43352	14559	19148
二、综合经济						
地区生产总值	万元	1201150	2815294	736175	376652	945556
第一产业增加值	万元	246525	132352	52542	80190	53480
农业增加值	万元	159183	106037	38607	68476	42515
牧业增加值	万元	72079	23058	10664	9089	6707
第二产业增加值	万元	593950	2221362	413400	175400	749200
公共财政收入	万元	36276	362896	35233	33130	42799
各项税收	万元	26699	308624		14354	32865
公共财政支出	万元	281364	280945	126280	117890	139296
居民储蓄存款余额	万元	968368	1381407	549451	213510	268422
年末金融机构各项贷款余额	万元	488927	1394681	463645	125456	645715
三、农业、工业及投资						
农业机械总动力	万千瓦特	58	28	6	9	7
机收面积	公顷	70667	14273	14582	133	350
设施农业占地面积	公顷	414	1200	186	1017	367
粮食总产量	吨	360006	77600	78100	35598	40054
棉花产量	吨	492	275	1383	542	326
油料产量	吨	4455	1057	1157	3415	949
肉类总产量	吨	19489	9367	4123	3166	3048
规模以上工业企业单位数	个	44	90	15	2	7
规模以上工业总产值	万元	1365852	6213264	910290	6247	46152
固定资产投资	万元	967683	1972974	951646	451605	237162
四、教育、卫生和社会保障						
普通中学在校学生数	人	23253	21281	8776	4660	8232
中等职业教育学校在校学生数	人	2388	3671	724	712	907
小学在校学生数	人	34386	21970	12415	6112	11904
医疗卫生机构床位数	床	2221	1558	1141	327	484
各种社会福利收养性单位数	个		2	1	2	11
各种社会福利收养性单位床位数	床		200	150	52	488

2013年县(市)社会经济主要指标

陕西省

指　　标	单位	子长县	安塞县	志丹县	吴起县	甘泉县
一、基本情况						
行政区域面积	平方公里	2396	2949	3794	3789	2272
乡个数	个	1	1	1	3	3
镇个数	个	9	8	7	6	3
街道办事处个数	个					
户籍人口	万人	27	19	16	14	9
第二产业从业人员	人	21485	6904	12136	9511	10195
第三产业从业人员	人	24453	29147	14138	18049	2774
固定电话用户	户	29550	17383	16705	17021	11404
二、综合经济						
地区生产总值	万元	831317	1043209	1678929	2096990	213019
第一产业增加值	万元	70372	69594	47141	46386	39815
农业增加值	万元	47185	59539	29199	29934	26886
牧业增加值	万元	20631	6352	12468	13082	9679
第二产业增加值	万元	581300	824600	1441500	1884300	99300
公共财政收入	万元	70146	123673	225084	311389	35347
各项税收	万元	24276	84718	121278	200556	12688
公共财政支出	万元	168409	197082	265512	333299	89377
居民储蓄存款余额	万元	309242	258901	377270	387932	132823
年末金融机构各项贷款余额	万元	211755	173918	228144	222790	80217
三、农业、工业及投资						
农业机械总动力	万千瓦特	12	9	14	18	8
机收面积	公顷	242	2700	30	1540	100
设施农业占地面积	公顷	806	2375	1110	498	686
粮食总产量	吨	75025	65687	51455	56742	39597
棉花产量	吨					
油料产量	吨	6457	2598	1350	800	90
肉类总产量	吨	8857	3140	3213	5568	4400
规模以上工业企业单位数	个	24	7	7	5	7
规模以上工业总产值	万元	600123	153668	21701	12911	114552
固定资产投资	万元	980242	1133312	1736502	1825088	148609
四、教育、卫生和社会保障						
普通中学在校学生数	人	13338	8735	6515	8295	3863
中等职业教育学校在校学生数	人	4150	1390	1782	626	700
小学在校学生数	人	18140	13980	12912	11638	6252
医疗卫生机构床位数	床	885	546	583	335	255
各种社会福利收养性单位数	个	1	3	2	2	1
各种社会福利收养性单位床位数	床	70	43	60	146	200

2013 年县(市)社会经济主要指标

陕西省

指 标	单位	富 县	洛川县	宜川县	黄龙县	黄陵县
一、基本情况						
行政区域面积	平方公里	4180	1792	2934	2746	2287
乡个数	个	1	5	3	3	1
镇个数	个	9	7	6	4	6
街道办事处个数	个					
户籍人口	万人	16	23	12	5	13
第二产业从业人员	人	2493	16526	2072	908	18780
第三产业从业人员	人	11089	20761	6151	1581	4976
固定电话用户	户	18352	22491	13901	7858	21292
二、综合经济						
地区生产总值	万元	324871	2473408	207818	101591	1085296
第一产业增加值	万元	114209	206706	102584	39206	68318
农业增加值	万元	107477	163014	96106	27076	58671
牧业增加值	万元	5125	41568	4747	6200	7469
第二产业增加值	万元	87700	2105600	13700	12900	849000
公共财政收入	万元	26751	24401	9505	3224	103688
各项税收	万元	18352	12111	4431	2756	76252
公共财政支出	万元	115300	152218	113693	94321	156013
居民储蓄存款余额	万元	235167	395007	198329	90610	487560
年末金融机构各项贷款余额	万元	227271	910714	85711	24696	218548
三、农业、工业及投资						
农业机械总动力	万千瓦特	16	28	26	7	26
机收面积	公顷	6110	4520	1813	6003	456
设施农业占地面积	公顷	624		287	1	131
粮食总产量	吨	35389	94540	36614	82121	45638
棉花产量	吨					
油料产量	吨	391	851	1029	151	2182
肉类总产量	吨	2909	24945	2490	2515	2958
规模以上工业企业单位数	个	1	3	2		33
规模以上工业总产值	万元	7547	11184	5822		1320600
固定资产投资	万元	445067	645266	181101	82000	1037461
四、教育、卫生和社会保障						
普通中学在校学生数	人	6984	14799	9360	2110	7976
中等职业教育学校在校学生数	人	730	4067	1515	243	1265
小学在校学生数	人	10230	15182	6386	2227	8231
医疗卫生机构床位数	床	545	662	383	161	755
各种社会福利收养性单位数	个	2	1	2	4	1
各种社会福利收养性单位床位数	床	252	280	250	410	350

2013年县(市)社会经济主要指标

陕西省

指　　标	单位	南郑县	城固县	洋　县	西乡县	勉　县
一、基本情况						
行政区域面积	平方公里	2824	2265	3206	3253	2406
乡个数	个					
镇个数	个	22	18	20	18	19
街道办事处个数	个					
户籍人口	万人	56	54	45	42	43
第二产业从业人员	人	61608	28289	34217	35325	35337
第三产业从业人员	人	85358	87918	15933	51416	70906
固定电话用户	户	49600	48032	59800	62657	87360
二、综合经济						
地区生产总值	万元	1344553	1382883	850457	652004	1054408
第一产业增加值	万元	196267	386404	209442	163687	182167
农业增加值	万元	99968	289208	138376	87986	109420
牧业增加值	万元	80188	80560	50119	70421	65930
第二产业增加值	万元	781181	545970	380910	208180	588530
公共财政收入	万元	55098	20325	28789	18681	29690
各项税收	万元	44670	17378	25569	12383	26321
公共财政支出	万元	235237	211118	188892	179588	187699
居民储蓄存款余额	万元	964270	1048460	800716	674651	950713
年末金融机构各项贷款余额	万元	381934	382064	660379	404153	608302
三、农业、工业及投资						
农业机械总动力	万千瓦特	20	23	21	33	16
机收面积	公顷	16250	18320	12520	10716	10016
设施农业占地面积	公顷	479	316	271	105	342
粮食总产量	吨	149315	141604	157626	99524	134696
棉花产量	吨				3	
油料产量	吨	33609	23155	27876	24252	29479
肉类总产量	吨	37292	47727	44267	48899	42132
规模以上工业企业单位数	个	46	47	33	41	41
规模以上工业总产值	万元	1110859	1283920	789257	375216	2250081
固定资产投资	万元	481232	872761	683121	476137	687850
四、教育、卫生和社会保障						
普通中学在校学生数	人	29653	26435	21800	12152	23224
中等职业教育学校在校学生数	人	4240	4927	233	1737	
小学在校学生数	人	28772	27508	22638	24125	17853
医疗卫生机构床位数	床	1090	1748	1658	1985	1811
各种社会福利收养性单位数	个	13	17	11	11	19
各种社会福利收养性单位床位数	床	936	1405	556	1150	488

2013 年县(市)社会经济主要指标

陕西省

指　　标	单位	宁强县	略阳县	镇巴县	留坝县	佛坪县
一、基本情况						
行政区域面积	平方公里	3260	2831	3437	1965	1279
乡个数	个					
镇个数	个	21	18	21	8	8
街道办事处个数	个					
户籍人口	万人	33	19	29	4	3
第二产业从业人员	人	30992	23814	18350	1487	2166
第三产业从业人员	人	47137	44110	21312	3726	5846
固定电话用户	户	38950	22683	21568	8721	4039
二、综合经济						
地区生产总值	万元	558522	658653	481431	100694	57941
第一产业增加值	万元	164239	80621	141844	26786	10740
农业增加值	万元	83729	50690	71484	18905	7729
牧业增加值	万元	70226	23828	54086	5534	2115
第二产业增加值	万元	176440	358670	154010	25690	19950
公共财政收入	万元	13808	19053	9698	3533	2246
各项税收	万元	11035	16419	7219	2898	1996
公共财政支出	万元	151795	130816	148470	53291	53051
居民储蓄存款余额	万元	482998	388685	296628	77007	64275
年末金融机构各项贷款余额	万元	205187	303713	143696	52290	29714
三、农业、工业及投资						
农业机械总动力	万千瓦特	15	25	10	3	4
机收面积	公顷	1173	160	330	186	
设施农业占地面积	公顷	22	131	2	18	
粮食总产量	吨	83255	47532	87623	11897	8658
棉花产量	吨					
油料产量	吨	12110	4800	11339	911	451
肉类总产量	吨	33377	15403	31123	3635	2463
规模以上工业企业单位数	个	35	22	12	5	4
规模以上工业总产值	万元	317953	890796	174935	21553	13997
固定资产投资	万元	488596	284659	309477	69899	91051
四、教育、卫生和社会保障						
普通中学在校学生数	人	16398	6884	13633	2560	1414
中等职业教育学校在校学生数	人	2190	1129	2001		42
小学在校学生数	人	16036	8220	17542	1986	1571
医疗卫生机构床位数	床	1332	702	841	206	175
各种社会福利收养性单位数	个	17	7	7	1	6
各种社会福利收养性单位床位数	床	550	1500	1027	300	380

2013年县(市)社会经济主要指标

陕西省

指　　标	单位	神木县	府谷县	横山县	靖边县	定边县
一、基本情况						
行政区域面积	平方公里	7635	3229	4282	5088	6920
乡个数	个			2	6	5
镇个数	个	15	15	12	11	15
街道办事处个数	个					
户籍人口	万人	43	25	37	34	34
第二产业从业人员	人	20887	40148	50562	34068	24050
第三产业从业人员	人	39024	35877	30312	25064	34201
固定电话用户	户	53900	44924	22321	45300	41288
二、综合经济						
地区生产总值	万元	9255370	4353800	1218489	3521630	3100829
第一产业增加值	万元	114564	54279	133525	176301	163825
农业增加值	万元	52048	32955	59438	82541	102451
牧业增加值	万元	61470	16631	69998	84470	56956
第二产业增加值	万元	6705840	3764010	694700	2824400	2500900
公共财政收入	万元	501146	230690	44442	185040	185767
各项税收	万元	270018	406222	31002	84413	122431
公共财政支出	万元	633924	324728	213308	313204	303420
居民储蓄存款余额	万元	3351643	1871111	301923	531589	672300
年末金融机构各项贷款余额	万元	3719775	2678500	414194	1349722	642800
三、农业、工业及投资						
农业机械总动力	万千瓦特	29	32	25	46	56
机收面积	公顷		1340	8749	24657	30192
设施农业占地面积	公顷	1567	210	257	2270	1110
粮食总产量	吨	123983	65176	156732	231758	293789
棉花产量	吨		62			
油料产量	吨	6799	2444	1611	6983	12987
肉类总产量	吨	17891	6167	21750	28824	19457
规模以上工业企业单位数	个	240	263	22	21	8
规模以上工业总产值	万元	11650656	6161546	892993	4185666	3740365
固定资产投资	万元	2480692	2352641	1709210	2454135	1001658
四、教育、卫生和社会保障						
普通中学在校学生数	人	21129	13146	6455	21686	18830
中等职业教育学校在校学生数	人	6838	3302	1289	2258	453
小学在校学生数	人	32017	17074	17473	30371	18807
医疗卫生机构床位数	床	2424	1305	950	1466	1328
各种社会福利收养性单位数	个	3	5	1	3	3
各种社会福利收养性单位床位数	床	720	433	75	518	472

2013年县(市)社会经济主要指标

陕西省

指　　标	单位	绥德县	米脂县	佳　县	吴堡县	清涧县
一、基本情况						
行政区域面积	平方公里	1853	1212	2029	418	1881
乡个数	个	4	2	5		4
镇个数	个	12	8	11	6	8
街道办事处个数	个					
户籍人口	万人	37	22	27	9	22
第二产业从业人员	人	47684	22687	51505	12305	18882
第三产业从业人员	人	41866	18604	24904	10999	15995
固定电话用户	户	39270	33376	29987	9003	16940
二、综合经济						
地区生产总值	万元	539475	466440	365585	159947	354581
第一产业增加值	万元	96035	55114	89195	22792	123147
农业增加值	万元	78928	39714	72977	19002	107841
牧业增加值	万元	14608	13779	13058	3185	12997
第二产业增加值	万元	73290	146090	94250	56100	95530
公共财政收入	万元	7308	5601	8205	2873	5353
各项税收	万元	6927	17000	7138	2414	5352
公共财政支出	万元	235100	150672	171363	102286	180040
居民储蓄存款余额	万元	416923	253439	115352	79507	173238
年末金融机构各项贷款余额	万元	437270	237498	107073	124893	132859
三、农业、工业及投资						
农业机械总动力	万千瓦特	16	17	12	7	16
机收面积	公顷		923			
设施农业占地面积	公顷	532	18	44	13	267
粮食总产量	吨	87412	85418	72629	18227	72893
棉花产量	吨				12	40
油料产量	吨	21662	4280	3380	1406	7777
肉类总产量	吨	4242	4831	4361	925	5069
规模以上工业企业单位数	个	10	12	16	9	22
规模以上工业总产值	万元	51951	195256	125104	60109	148612
固定资产投资	万元	400752	245618	427019	140126	255060
四、教育、卫生和社会保障						
普通中学在校学生数	人	19176	8565	5799	3075	3190
中等职业教育学校在校学生数	人	796	627			892
小学在校学生数	人	16917	8015	15330	4243	5417
医疗卫生机构床位数	床	2320	594	430	392	689
各种社会福利收养性单位数	个	3	7	4	1	3
各种社会福利收养性单位床位数	床	489	170	99	30	181

2013 年县(市)社会经济主要指标

陕西省

指　　标	单位	子洲县	汉阴县	石泉县	宁陕县	紫阳县
一、基本情况						
行政区域面积	平方公里	2042	1365	1516	3678	2240
乡个数	个	3				
镇个数	个	11	14	11	12	21
街道办事处个数	个					
户籍人口	万人	32	31	18	7	35
第二产业从业人员	人	20682	70121	15713	8536	16968
第三产业从业人员	人	22705	25695	30032	5161	86365
固定电话用户	户	14276	30001	30442	8705	25323
二、综合经济						
地区生产总值	万元	483953	586071	477937	213514	543790
第一产业增加值	万元	95129	110451	60987	38508	103781
农业增加值	万元	69522	71848	33055	23356	76139
牧业增加值	万元	23300	29436	20485	5896	19146
第二产业增加值	万元	194600	326160	310430	123400	274824
公共财政收入	万元	5551	17519	11368	9418	18525
各项税收	万元	4173	15436	7874	8401	6701
公共财政支出	万元	180774	157000	118995	80249	178088
居民储蓄存款余额	万元	58420	431883	335771	133400	360757
年末金融机构各项贷款余额	万元	151046	207020	205153	67000	183245
三、农业、工业及投资						
农业机械总动力	万千瓦特	11	19	12	5	14
机收面积	公顷		10465	2797		
设施农业占地面积	公顷	23	887	17	3	7
粮食总产量	吨	102361	102453	67048	19935	108375
棉花产量	吨		13			
油料产量	吨	8853	28614	13293	849	12197
肉类总产量	吨	6306	33117	20605	4449	32432
规模以上工业企业单位数	个	6	53	47	18	30
规模以上工业总产值	万元	283304	831828	691100	211500	496662
固定资产投资	万元	137136	380875	402384	175173	415658
四、教育、卫生和社会保障						
普通中学在校学生数	人	7662	13626	7824	3041	15326
中等职业教育学校在校学生数	人	2035	4030	2035	634	1830
小学在校学生数	人	12832	21277	9174	3611	20857
医疗卫生机构床位数	床	635	950	546	290	619
各种社会福利收养性单位数	个	5	22	65	4	23
各种社会福利收养性单位床位数	床	303	1844	2159	800	2520

2013 年县(市)社会经济主要指标

陕西省

指　　标	单位	岚皋县	平利县	镇坪县	旬阳县	白河县
一、基本情况						
行政区域面积	平方公里	1957	2648	1502	3541	1453
乡个数	个					
镇个数	个	15	11	9	22	12
街道办事处个数	个		5			
户籍人口	万人	17	24	6	46	21
第二产业从业人员	人	22100	38041	4724	56250	38452
第三产业从业人员	人	33643	12031	7524	45024	20245
固定电话用户	户	18390	24062	5800	29100	24561
二、综合经济						
地区生产总值	万元	309562	504950	129499	1000085	415595
第一产业增加值	万元	57767	93205	28349	115745	66601
农业增加值	万元	36591	61084	15104	67763	47703
牧业增加值	万元	16118	29395	9507	39126	14573
第二产业增加值	万元	165570	318450	57510	583970	241720
公共财政收入	万元	9005	24075	5252	46406	11520
各项税收	万元	5201	6339	2317	125098	6822
公共财政支出	万元	122156	142723	71336	243039	134567
居民储蓄存款余额	万元	267358	338155	90446	669288	272845
年末金融机构各项贷款余额	万元	145656	162796	40412	554144	159780
三、农业、工业及投资						
农业机械总动力	万千瓦特	8	12	4	27	13
机收面积	公顷		25		509	
设施农业占地面积	公顷	65	2568	13	975	7
粮食总产量	吨	65142	74041	27363	122649	56706
棉花产量	吨					
油料产量	吨	6666	11439	1638	20585	6490
肉类总产量	吨	22195	29490	17994	45667	14660
规模以上工业企业单位数	个	20	49	14	44	34
规模以上工业总产值	万元	297450	698584	88946	973639	644988
固定资产投资	万元	242923	345190	109928	721433	295043
四、教育、卫生和社会保障						
普通中学在校学生数	人	7334	10554	3135	21826	10566
中等职业教育学校在校学生数	人	841	1761	536	4163	3460
小学在校学生数	人	9374	12218	3764	21907	11109
医疗卫生机构床位数	床	684	580	208	1498	528
各种社会福利收养性单位数	个	40	23	4	23	22
各种社会福利收养性单位床位数	床	2118	1211	780	1955	2393

2013年县(市)社会经济主要指标

陕西省

指　　标	单位	商州区	洛南县	丹凤县	商南县	山阳县
一、基本情况						
行政区域面积	平方公里	2672	2830	2438	2307	3535
乡个数	个					
镇个数	个	19	19	16	13	23
街道办事处个数	个	4				
户籍人口	万人	55	46	31	25	47
第二产业从业人员	人	69628	27379	2459	4452	32326
第三产业从业人员	人	66324	28658	9660	10198	14649
固定电话用户	户	82182	45000	19000	24584	48000
二、综合经济						
地区生产总值	万元	1083540	828370	622300	539240	807800
第一产业增加值	万元	128682	186237	106139	119700	146453
农业增加值	万元	93954	112964	59713	59168	78925
牧业增加值	万元	26794	62030	42888	40940	63365
第二产业增加值	万元	480900	407200	288000	246600	396700
公共财政收入	万元	59041	43827	26400	40328	31530
各项税收	万元	26109	27578	13910	10845	18070
公共财政支出	万元	212718	220265	173955	163344	221761
居民储蓄存款余额	万元	1390365	675558	478735	366062	600427
年末金融机构各项贷款余额	万元	1161963	268104	177849	207410	323212
三、农业、工业及投资						
农业机械总动力	万千瓦特	16	16	6	8	18
机收面积	公顷	467	30		614	2800
设施农业占地面积	公顷	175	203	53	128	495
粮食总产量	吨	108103	168079	65304	62560	111477
棉花产量	吨					
油料产量	吨	406	1220	1282	11733	2815
肉类总产量	吨	18953	36751	23264	21328	24407
规模以上工业企业单位数	个	19	40	23	23	31
规模以上工业总产值	万元	1071888	864706	341282	434147	676000
固定资产投资	万元	1031900	730162	604400	579300	635602
四、教育、卫生和社会保障						
普通中学在校学生数	人	31608	24810	13123	14688	24607
中等职业教育学校在校学生数	人	5146	4843	868	2250	5566
小学在校学生数	人	35278	26379	17411	15597	30978
医疗卫生机构床位数	床	3284	1717	1200	903	1487
各种社会福利收养性单位数	个	11	11	11	13	17
各种社会福利收养性单位床位数	床	785	1175	1373	1450	2050

2013年县(市)社会经济主要指标

陕西省、甘肃省

指　　标	单位	镇安县	柞水县	永登县	皋兰县	榆中县
一、基本情况						
行政区域面积	平方公里	3487	2332	6090	2556	3302
乡个数	个			5	2	15
镇个数	个	19	13	13	5	8
街道办事处个数	个					
户籍人口	万人	30	16	53	19	44
第二产业从业人员	人	17580	16456	49504	11321	31388
第三产业从业人员	人	81923	23742	85997	17792	72891
固定电话用户	户	22750	22000	37960	15952	13980
二、综合经济						
地区生产总值	万元	661940	609490	1116874	416573	754268
第一产业增加值	万元	114976	62040	114703	60091	131837
农业增加值	万元	72136	23018	86903	51879	116990
牧业增加值	万元	31124	25770	26341	6851	14662
第二产业增加值	万元	358800	391100	529908	238634	460884
公共财政收入	万元	36800	26385	58011	24060	35115
各项税收	万元	19050	18266	49939	20130	28355
公共财政支出	万元	179351	130799	429912	98629	178018
居民储蓄存款余额	万元	410009	283399	741129	484395	955085
年末金融机构各项贷款余额	万元	220730	168288	795588	469664	905053
三、农业、工业及投资						
农业机械总动力	万千瓦特	14	7	38	32	40
机收面积	公顷	1060	317	16267	5253	16073
设施农业占地面积	公顷	77	2	1587	1167	1707
粮食总产量	吨	92941	42253	205822	53500	175686
棉花产量	吨	2				
油料产量	吨	5945	315	11397	6487	6865
肉类总产量	吨	15417	8793	12168	3785	9273
规模以上工业企业单位数	个	28	20	58	39	30
规模以上工业总产值	万元	456132	958103	1918056	942024	1601159
固定资产投资	万元	566245	556300	3523388	324923	788789
四、教育、卫生和社会保障						
普通中学在校学生数	人	15913	12108	26278	5174	23911
中等职业教育学校在校学生数	人	4272	2761	463		581
小学在校学生数	人	17990	11349	27645	7137	22206
医疗卫生机构床位数	床	1075	489	1070	387	1235
各种社会福利收养性单位数	个	12	16	10	7	3
各种社会福利收养性单位床位数	床	1810	271	140	60	260

2013年县(市)社会经济主要指标

甘肃省

指　　标	单位	永昌县	靖远县	会宁县	景泰县	清水县
一、基本情况						
行政区域面积	平方公里	5877	5792	6439	5483	2012
乡个数	个	4	15	22	5	12
镇个数	个	6	3	6	6	6
街道办事处个数	个					
户籍人口	万人	25	48	57	23	32
第二产业从业人员	人	27481	32166	21757	16335	11172
第三产业从业人员	人	45821	40931	65965	32358	26991
固定电话用户	户	22796	31438	39815	17400	13620
二、综合经济						
地区生产总值	万元	581197	598701	525892	560016	303185
第一产业增加值	万元	125460	196965	152411	107512	97926
农业增加值	万元	99579	149566	56616	65703	76344
牧业增加值	万元	24967	43479	93623	37106	20961
第二产业增加值	万元	260159	167179	170385	265979	51662
公共财政收入	万元	135267	24936	14714	20149	10240
各项税收	万元	22521	15108	10303	40509	10142
公共财政支出	万元	134592	228826	284276	141627	150509
居民储蓄存款余额	万元	501266	416310	469730	328705	263306
年末金融机构各项贷款余额	万元	647397	370623	388359	455800	136321
三、农业、工业及投资						
农业机械总动力	万千瓦特	72	64	55	55	14
机收面积	公顷	37	7900	13727	21868	840
设施农业占地面积	公顷	720	8367	493	213	707
粮食总产量	吨	295902	193504	363017	162609	172669
棉花产量	吨					
油料产量	吨	13834	3693	3315	14715	16967
肉类总产量	吨	9272	19850	37545	15904	14442
规模以上工业企业单位数	个	39	18	18	44	7
规模以上工业总产值	万元	1120602	223146	252836	629347	80786
固定资产投资	万元	623941	618192	490864	818104	436216
四、教育、卫生和社会保障						
普通中学在校学生数	人	15919	40654	52285	17419	13224
中等职业教育学校在校学生数	人	2016	2815	6243	1311	
小学在校学生数	人	14753	28211	31802	14118	26810
医疗卫生机构床位数	床	826	1049	1965	786	811
各种社会福利收养性单位数	个	2	9	10	5	13
各种社会福利收养性单位床位数	床	282	298	334	628	214

2013年县(市)社会经济主要指标

甘肃省

指标	单位	秦安县	甘谷县	武山县	张家川回族自治县	凉州区
一、基本情况						
行政区域面积	平方公里	1602	1573	2011	1312	5081
乡个数	个	12	10	9	12	18
镇个数	个	5	5	6	3	19
街道办事处个数	个					8
户籍人口	万人	61	64	45	33	102
第二产业从业人员	人	728	76380	21251	1411	75102
第三产业从业人员	人	15281	72238	82638	10395	109932
固定电话用户	户	58269	65327	42689	22191	214800
二、综合经济						
地区生产总值	万元	447568	486066	431835	220869	2361351
第一产业增加值	万元	158295	146184	162431	56566	495458
农业增加值	万元	139249	127185	146762	44723	320444
牧业增加值	万元	18916	18504	14624	11071	174219
第二产业增加值	万元	99371	163695	97327	31931	1031679
公共财政收入	万元	26954	25364	11683	10141	72000
各项税收	万元	15569	13550	8832	10646	45871
公共财政支出	万元	217696	212748	170388	162861	453880
居民储蓄存款余额	万元	621879	563363	377871	257213	2505482
年末金融机构各项贷款余额	万元	349469	255677	257684	111128	2636475
三、农业、工业及投资						
农业机械总动力	万千瓦特	26	23	25	12	154
机收面积	公顷	3340	3870	3440	3467	36700
设施农业占地面积	公顷	1460	2867	8680	567	9000
粮食总产量	吨	208079	185889	133055	114621	675189
棉花产量	吨					
油料产量	吨	8670	10387	6742	5203	21403
肉类总产量	吨	14503	15977	10385	6074	86576
规模以上工业企业单位数	个	15	15	10	10	78
规模以上工业总产值	万元	105248	230216	147861	53984	2770862
固定资产投资	万元	331334	622215	569111	353175	3494677
四、教育、卫生和社会保障						
普通中学在校学生数	人	36965	47177	30172	21093	33707
中等职业教育学校在校学生数	人	937	3589	2926	2080	9678
小学在校学生数	人	55513	59100	39537	39371	63235
医疗卫生机构床位数	床	895	1220	1031	1200	3646
各种社会福利收养性单位数	个	4	1	14	8	18
各种社会福利收养性单位床位数	床	60	50	133	178	825

2013年县(市)社会经济主要指标

甘肃省

指　　标	单位	民勤县	古浪县	天祝藏族自治县	甘州区	肃南裕固族自治县
一、基本情况						
行政区域面积	平方公里	15907	5130	7147	4240	23887
乡个数	个	12	10	10	7	6
镇个数	个	6	9	9	11	2
街道办事处个数	个				5	
户籍人口	万人	28	39	21	52	4
第二产业从业人员	人	11795	24241	5728	24524	3431
第三产业从业人员	人	35664	41505	24518	42307	3636
固定电话用户	户	15286	34578	36124	131712	7250
二、综合经济						
地区生产总值	万元	588737	389911	457759	1405361	286272
第一产业增加值	万元	208350	111493	54300	336979	42588
农业增加值	万元	157323	70845	16536	259540	10198
牧业增加值	万元	49726	39206	37088	74549	32129
第二产业增加值	万元	194245	146498	264013	380156	195943
公共财政收入	万元	22521	15488	28897	41709	28762
各项税收	万元	23175	6531	15213	32806	38808
公共财政支出	万元	208531	245875	258618	363963	102456
居民储蓄存款余额	万元	731095	391284	305638	1413430	78583
年末金融机构各项贷款余额	万元	720702	322597	311898	1713278	80596
三、农业、工业及投资						
农业机械总动力	万千瓦特	140	70	54	71	8
机收面积	公顷	15933	4520		5296	3500
设施农业占地面积	公顷	2753	2853	1980	5513	13
粮食总产量	吨	121335	188698	45225	428506	21092
棉花产量	吨	16384				
油料产量	吨	54880	26379	3402	1843	258
肉类总产量	吨	16691	18200	13860	46968	9892
规模以上工业企业单位数	个	26	21	37	65	24
规模以上工业总产值	万元	389543	339257	473639	865800	441750
固定资产投资	万元	1236750	665100	637053	810200	522205
四、教育、卫生和社会保障						
普通中学在校学生数	人	21404	24980	12719	31811	1399
中等职业教育学校在校学生数	人			454	8360	301
小学在校学生数	人	12838	45345	11644	30634	1777
医疗卫生机构床位数	床	1133	945	737	2879	384
各种社会福利收养性单位数	个	6	8	2	19	1
各种社会福利收养性单位床位数	床	983	257	500	550	120

2013 年县（市）社会经济主要指标

甘肃省

指　　标	单位	民乐县	临泽县	高台县	山丹县	崆峒区
一、基本情况						
行政区域面积	平方公里	3687	2729	4426	5402	1936
乡个数	个	4	2	6	5	13
镇个数	个	6	5	3	3	4
街道办事处个数	个					3
户籍人口	万人	25	15	16	20	51
第二产业从业人员	人	15572	10641	26481	21195	13572
第三产业从业人员	人	30982	30154	28268	49859	35873
固定电话用户	户	38030	35610	31355	29800	88210
二、综合经济						
地区生产总值	万元	389287	437700	455422	386863	993328
第一产业增加值	万元	129135	128289	152680	82089	139407
农业增加值	万元	97780	87688	120220	66129	103721
牧业增加值	万元	30466	37177	30306	14717	33733
第二产业增加值	万元	143819	167624	162513	132284	335400
公共财政收入	万元	16812	15002	36818	20060	36058
各项税收	万元	18231	18693	22698	13894	30502
公共财政支出	万元	129168	115327	123824	135335	224908
居民储蓄存款余额	万元	259727	291436	302236	342413	1364867
年末金融机构各项贷款余额	万元	278132	308922	306152	251924	1428300
三、农业、工业及投资						
农业机械总动力	万千瓦特	54	40	31	35	30
机收面积	公顷	34770	13670	18667	22614	15230
设施农业占地面积	公顷	733	1367	1800	147	980
粮食总产量	吨	275010	154181	164694	176848	220008
棉花产量	吨		676	3948		
油料产量	吨	11353	389	1688	15480	10624
肉类总产量	吨	15023	15124	15753	8291	15483
规模以上工业企业单位数	个	21	15	28	16	45
规模以上工业总产值	万元	380110	406377	306171	248454	805487
固定资产投资	万元	312373	286387	288045	295835	1248631
四、教育、卫生和社会保障						
普通中学在校学生数	人	16788	8358	9361	9860	29230
中等职业教育学校在校学生数	人	1345	1630	2055	1304	
小学在校学生数	人	17546	7392	7946	11127	39256
医疗卫生机构床位数	床	1148	729	990	1267	3279
各种社会福利收养性单位数	个	4	8	10	9	15
各种社会福利收养性单位床位数	床	278	225	530	404	121

2013年县(市)社会经济主要指标

甘肃省

指　　标	单位	泾川县	灵台县	崇信县	华亭县	庄浪县
一、基本情况						
行政区域面积	平方公里	1409	2038	850	1182	1553
乡个数	个	8	8	4	5	13
镇个数	个	6	5	2	5	5
街道办事处个数	个					
户籍人口	万人	36	23	10	19	45
第二产业从业人员	人	28732	707	4457	24968	16563
第三产业从业人员	人	45322	8174	12049	8635	54715
固定电话用户	户	22400	13528	8134	17780	15500
二、综合经济						
地区生产总值	万元	454260	303181	325888	668097	328118
第一产业增加值	万元	160045	103187	56862	64165	108194
农业增加值	万元	123437	82868	38390	41814	89489
牧业增加值	万元	32133	19940	17812	22158	16975
第二产业增加值	万元	113300	79550	219140	509760	92488
公共财政收入	万元	15300	9573	28366	59552	8248
各项税收	万元	11475	7160	22515	51775	5430
公共财政支出	万元	150581	139181	82992	129332	202275
居民储蓄存款余额	万元	508573	316996	179364	489537	400414
年末金融机构各项贷款余额	万元	307003	193911	161161	819000	233363
三、农业、工业及投资						
农业机械总动力	万千瓦特	17	20	7	9	27
机收面积	公顷	25190	18500	4350	4330	7530
设施农业占地面积	公顷	647	253	500	140	213
粮食总产量	吨	170000	190000	61113	90224	180000
棉花产量	吨					
油料产量	吨	8762	23243	7830	4252	8466
肉类总产量	吨	14289	8181	7607	11452	14059
规模以上工业企业单位数	个	12	6	10	25	13
规模以上工业总产值	万元	121685	59482	452387	1165103	117284
固定资产投资	万元	498210	316500	427000	1069500	346000
四、教育、卫生和社会保障						
普通中学在校学生数	人	21637	14043	5872	10824	36199
中等职业教育学校在校学生数	人	5575	1427	1092	1546	5168
小学在校学生数	人	20922	12980	6138	14440	39307
医疗卫生机构床位数	床	1173	711	326	1332	1429
各种社会福利收养性单位数	个	10	20	7	12	13
各种社会福利收养性单位床位数	床	340	452	178	262	396

2013 年县(市)社会经济主要指标

甘肃省

指　　标	单位	静宁县	肃州区	金塔县	瓜州县	肃北蒙古族自治县
一、基本情况						
行政区域面积	平方公里	2194	3386	18798	24130	66748
乡个数	个	19	8	4	10	2
镇个数	个	5	7	5	5	2
街道办事处个数	个		7			
户籍人口	万人	49	41	15	13	1
第二产业从业人员	人	12121	29800	11838	18926	2047
第三产业从业人员	人	15809	74700	24194	23095	2354
固定电话用户	户	30878	94800	16517	12700	3189
二、综合经济						
地区生产总值	万元	339452	2030774	669856	710724	435378
第一产业增加值	万元	127938	212779	152679	82116	4368
农业增加值	万元	108300	154080	115937	63473	954
牧业增加值	万元	17530	55703	27262	17221	3412
第二产业增加值	万元	116200	1079580	241004	412840	377219
公共财政收入	万元	10288	38587	14482	32333	30835
各项税收	万元	16325	35299	10062	26791	13903
公共财政支出	万元	235831	170895	101982	77046	70872
居民储蓄存款余额	万元	402424	1614110	306804	300000	39612
年末金融机构各项贷款余额	万元	346908	2091325	409323	811000	33429
三、农业、工业及投资						
农业机械总动力	万千瓦特	27	79	46	35	4
机收面积	公顷	6810	10800	7400	23470	600
设施农业占地面积	公顷	153	5987	2040	707	333
粮食总产量	吨	200001	167499	76353	28693	5097
棉花产量	吨			13167	10364	
油料产量	吨	13303	1848	3912	2358	350
肉类总产量	吨	10660	29643	15438	6742	1961
规模以上工业企业单位数	个	12	64	26	41	19
规模以上工业总产值	万元	211644	3008654	339605	751369	632381
固定资产投资	万元	522600	1908882	804158	1793589	558091
四、教育、卫生和社会保障						
普通中学在校学生数	人	35594	19993	9248	9022	641
中等职业教育学校在校学生数	人	5725	8778	1683	462	
小学在校学生数	人	35572	29060	9963	10714	698
医疗卫生机构床位数	床	1597	2372	703	577	157
各种社会福利收养性单位数	个	14	6	3	1	1
各种社会福利收养性单位床位数	床	388	1230	92	80	50

2013年县(市)社会经济主要指标

甘肃省

指标	单位	阿克塞哈萨克自治县	玉门市	敦煌市	西峰区	庆城县
一、基本情况						
行政区域面积	平方公里	31241	13496	31200	996	2692
乡个数	个	2	8	2	5	10
镇个数	个	1	4	6	2	5
街道办事处个数	个		1		3	
户籍人口	万人	1	16	14	38	29
第二产业从业人员	人	441	27096	13269	56140	5550
第三产业从业人员	人	5100	36304	37724	30194	10301
固定电话用户	户	2667	20833	42107	79512	60131
二、综合经济						
地区生产总值	万元	130847	1351491	911783	1736099	934292
第一产业增加值	万元	4735	89773	133115	95340	81742
农业增加值	万元	622	70109	113425	84610	71702
牧业增加值	万元	4095	17899	18903	9979	9026
第二产业增加值	万元	85393	869700	299875	975183	627959
公共财政收入	万元	8402	38688	33780	78530	37860
各项税收	万元	9441	32994	25944	55714	24986
公共财政支出	万元	47422	155908	125000	216858	171102
居民储蓄存款余额	万元	36685	485673	1174498	1264300	536500
年末金融机构各项贷款余额	万元	50309	556607	605644	1531400	332900
三、农业、工业及投资						
农业机械总动力	万千瓦特	3	35	32	28	21
机收面积	公顷	370	25990	1550	32000	19753
设施农业占地面积	公顷	7	1440	1567	1600	660
粮食总产量	吨	1058	49077	5530	125501	154176
棉花产量	吨		1726	17684		
油料产量	吨	8	1562		15906	13734
肉类总产量	吨	1547	8297	7464	5995	5822
规模以上工业企业单位数	个	9	51	41	25	23
规模以上工业总产值	万元	221490	2619746	526735	2724873	252107
固定资产投资	万元	240543	1905309	1086857	1987742	872970
四、教育、卫生和社会保障						
普通中学在校学生数	人	543	7801	9853	33864	8500
中等职业教育学校在校学生数	人		1868	1214	11959	400
小学在校学生数	人	799	10172	11072	31375	14742
医疗卫生机构床位数	床	82	946	625	3151	490
各种社会福利收养性单位数	个	1	9	6	9	3
各种社会福利收养性单位床位数	床	40	206	218	680	227

2013年县(市)社会经济主要指标

甘肃省

指标	单位	环县	华池县	合水县	正宁县	宁县
一、基本情况						
行政区域面积	平方公里	9236	3791	2933	1320	2653
乡个数	个	16	11	9	6	10
镇个数	个	4	4	3	4	8
街道办事处个数	个					
户籍人口	万人	36	13	18	24	55
第二产业从业人员	人	9761	2329	6483	5239	15176
第三产业从业人员	人	22652	8198	17307	39113	21350
固定电话用户	户	12965	4000	10370	23000	59254
二、综合经济						
地区生产总值	万元	664248	919510	433898	245428	584185
第一产业增加值	万元	88476	52241	69264	88268	146712
农业增加值	万元	60455	37888	57114	82643	124777
牧业增加值	万元	27916	11674	8428	5143	21015
第二产业增加值	万元	428398	751770	295210	20650	242439
公共财政收入	万元	53288	27400	16183	13105	17310
各项税收	万元	41334	15400	9572	7338	11908
公共财政支出	万元	85785	154100	126958	120769	202586
居民储蓄存款余额	万元	291846	180916	238065	365825	594888
年末金融机构各项贷款余额	万元	278958	126727	193845	151721	391793
三、农业、工业及投资						
农业机械总动力	万千瓦特	15	15	14	16	26
机收面积	公顷	13333	55	6700	8067	39666
设施农业占地面积	公顷	567	553	1233	500	1000
粮食总产量	吨	372124	132760	112383	90035	251230
棉花产量	吨					
油料产量	吨	11905	8541	11269	15484	32764
肉类总产量	吨	14215	5432	4489	3079	13114
规模以上工业企业单位数	个	8	6	4	6	11
规模以上工业总产值	万元	122409	24256	68050	19824	127000
固定资产投资	万元	866002	642059	901209	819671	1744911
四、教育、卫生和社会保障						
普通中学在校学生数	人	23500	2604	7690	12627	27500
中等职业教育学校在校学生数	人	3536	1218	2052	1270	2400
小学在校学生数	人	24748	8773	10528	13223	30665
医疗卫生机构床位数	床	805	573	553	565	942
各种社会福利收养性单位数	个	5	8	2	9	17
各种社会福利收养性单位床位数	床	286	453	150	188	175

2013年县(市)社会经济主要指标

甘肃省

指　　标	单位	镇原县	安定区	通渭县	陇西县	渭源县
一、基本情况						
行政区域面积	平方公里	3500	3639	2909	2409	2066
乡个数	个	12	7	12	8	8
镇个数	个	7	12	6	9	8
街道办事处个数	个		2			
户籍人口	万人	53	46	44	51	34
第二产业从业人员	人	20753	36804	45018	18041	16141
第三产业从业人员	人	46152	39401	43825	65456	40491
固定电话用户	户	23100	73258	25305	33744	6091
二、综合经济						
地区生产总值	万元	544805	543519	296866	529044	230740
第一产业增加值	万元	148011	114919	102804	133933	100712
农业增加值	万元	124103	88178	83568	112799	86148
牧业增加值	万元	23276	25701	18557	20826	13609
第二产业增加值	万元	177243	150608	36960	168710	27310
公共财政收入	万元	28570	28148	10670	32737	12374
各项税收	万元	20615	22879	13381	65893	7126
公共财政支出	万元	246212	232736	196900	219704	176203
居民储蓄存款余额	万元	507439	832398	259424	605600	275288
年末金融机构各项贷款余额	万元	341321	1117931	212811	783285	189290
三、农业、工业及投资						
农业机械总动力	万千瓦特	28	78	33	35	30
机收面积	公顷	34900	12530	11333	10080	11300
设施农业占地面积	公顷	460	1800	147	673	173
粮食总产量	吨	351247	392054	415234	204098	150295
棉花产量	吨					
油料产量	吨	30696	1930	13027	5770	391
肉类总产量	吨	12722	16391	10190	12770	8756
规模以上工业企业单位数	个	15	27	11	20	6
规模以上工业总产值	万元	174637	333576	51237	494128	30246
固定资产投资	万元	821212	1116611	343781	1109534	496701
四、教育、卫生和社会保障						
普通中学在校学生数	人	32397	33117	36631	37892	22662
中等职业教育学校在校学生数	人	1933	4612	3578	2663	1279
小学在校学生数	人	34195	22536	25730	31712	23956
医疗卫生机构床位数	床	1362	928	1290	2249	1386
各种社会福利收养性单位数	个	19	17	9	8	7
各种社会福利收养性单位床位数	床	437	98	268	160	184

2013 年县(市)社会经济主要指标

甘肃省

指标	单位	临洮县	漳县	岷县	武都区	成县
一、基本情况						
行政区域面积	平方公里	2851	2164	3533	4683	1677
乡个数	个	6	9	9	24	5
镇个数	个	12	4	9	12	12
街道办事处个数	个					
户籍人口	万人	54	21	48	56	27
第二产业从业人员	人	53344	7800	14690	48700	16012
第三产业从业人员	人	35097	9870	50449	101100	51288
固定电话用户	户	27700	14358	27807	20636	26000
二、综合经济						
地区生产总值	万元	490373	170374	261260	773247	430099
第一产业增加值	万元	134255	62011	93147	126830	80462
农业增加值	万元	95245	45554	75669	96426	62201
牧业增加值	万元	38548	14122	17152	24973	14929
第二产业增加值	万元	161218	36227	64756	174174	183793
公共财政收入	万元	28911	9635	20910	34965	45911
各项税收	万元	19287	6144	10495	88600	20039
公共财政支出	万元	227169	164886	401256	221107	147615
居民储蓄存款余额	万元	714626	143657	335832	778700	489567
年末金融机构各项贷款余额	万元	471783	102256	273526	1154400	334894
三、农业、工业及投资						
农业机械总动力	万千瓦特	53	13	18	33	25
机收面积	公顷	9080	3460	3930	1020	5413
设施农业占地面积	公顷	1867	533	33	187	340
粮食总产量	吨	226204	60915	83563	169196	144927
棉花产量	吨				14	
油料产量	吨	4321	3122	1005	2700	5709
肉类总产量	吨	20544	7722	11994	16483	9861
规模以上工业企业单位数	个	23	2	11	12	9
规模以上工业总产值	万元	276445	74666	79437	91192	373438
固定资产投资	万元	950281	381133	508817	964340	471427
四、教育、卫生和社会保障						
普通中学在校学生数	人	12915	10327	25372	26980	13715
中等职业教育学校在校学生数	人	2945	1743	1858	2364	500
小学在校学生数	人	30239	16833	44352	57968	20653
医疗卫生机构床位数	床	2000	358	1620	1782	907
各种社会福利收养性单位数	个	6	5	7	6	1
各种社会福利收养性单位床位数	床	141	43	54	96	60

2013年县(市)社会经济主要指标

甘肃省

指　　标	单位	文　县	宕昌县	康　县	西和县	礼　县
一、基本情况						
行政区域面积	平方公里	4994	3331	2958	1856	4300
乡个数	个	16	19	13	14	25
镇个数	个	4	6	8	6	4
街道办事处个数	个					
户籍人口	万人	25	31	20	43	53
第二产业从业人员	人	8500	16600	6000	5160	3855
第三产业从业人员	人	36200	29800	24700	9660	12308
固定电话用户	户	33000	13210	24412	19817	31800
二、综合经济						
地区生产总值	万元	195736	172002	148680	248275	248376
第一产业增加值	万元	46839	44681	38852	57901	85908
农业增加值	万元	30465	35802	24966	41697	58233
牧业增加值	万元	13815	8286	11944	14131	26547
第二产业增加值	万元	73739	47729	47685	73235	69879
公共财政收入	万元	18503	13315	11127	32461	15825
各项税收	万元	31788	5613	5732	16405	7620
公共财政支出	万元	145900	188106	120353	163211	252202
居民储蓄存款余额	万元	256471	239530	206711	425382	445069
年末金融机构各项贷款余额	万元	366507	148408	151779	259373	238855
三、农业、工业及投资						
农业机械总动力	万千瓦特	24	13	11	20	20
机收面积	公顷	2650	1000	340	2400	2500
设施农业占地面积	公顷	127	53	173	167	1073
粮食总产量	吨	69170	84839	70514	175262	147404
棉花产量	吨					
油料产量	吨	3190	2114	746	4309	6250
肉类总产量	吨	7645	7292	5524	8163	15584
规模以上工业企业单位数	个	18	6	4	11	10
规模以上工业总产值	万元	168012	50324	111288	120982	94265
固定资产投资	万元	579357	346312	495602	553150	451818
四、教育、卫生和社会保障						
普通中学在校学生数	人	12221	15136	8490	21465	26000
中等职业教育学校在校学生数	人	1600	267	232		
小学在校学生数	人	10800	24289	11100	35088	58900
医疗卫生机构床位数	床	208	1341	687	673	672
各种社会福利收养性单位数	个	2	4			17
各种社会福利收养性单位床位数	床	13	27			97

2013年县(市)社会经济主要指标

甘肃省

指标	单位	徽县	两当县	临夏市	临夏县	康乐县
一、基本情况						
行政区域面积	平方公里	2722	1374	89	1213	1083
乡个数	个	8	9		19	10
镇个数	个	7	3	4	6	5
街道办事处个数	个			6		
户籍人口	万人	21	5	25	39	28
第二产业从业人员	人	12320	1608	15662	37039	20527
第三产业从业人员	人	48745	6500	25800	55494	25820
固定电话用户	户	17000	6011	45740	30320	5880
二、综合经济						
地区生产总值	万元	385122	54715	443209	264602	153256
第一产业增加值	万元	107896	18239	32850	63251	46536
农业增加值	万元	77134	13083	24587	43092	34681
牧业增加值	万元	27312	4036	8017	18850	10880
第二产业增加值	万元	170558	7605	93439	43055	19620
公共财政收入	万元	28443	4066	59922	9691	13163
各项税收	万元	20660	6414	18607	4249	3892
公共财政支出	万元	132093	81796	197047	203375	148645
居民储蓄存款余额	万元	335220	80757	58762	237754	173304
年末金融机构各项贷款余额	万元	316128	95919	240218	177502	160941
三、农业、工业及投资						
农业机械总动力	万千瓦特	22	7	5	13	12
机收面积	公顷	4600	370	470	1870	1680
设施农业占地面积	公顷	167	87	480	827	27
粮食总产量	吨	162896	36099	23392	163172	103201
棉花产量	吨					
油料产量	吨	6920	436	51	5865	7389
肉类总产量	吨	13377	2556	4300	8656	5633
规模以上工业企业单位数	个	15	2	6	7	2
规模以上工业总产值	万元	277441	9602	176123	48506	25586
固定资产投资	万元	371000	154542	419628	251125	152255
四、教育、卫生和社会保障						
普通中学在校学生数	人	8835	2240	21375	14353	13838
中等职业教育学校在校学生数	人	654	37	4488	293	
小学在校学生数	人	12788	2291	21065	26320	22339
医疗卫生机构床位数	床	533	258	1892	1093	608
各种社会福利收养性单位数	个	2	6	8	4	3
各种社会福利收养性单位床位数	床	5	6	465	160	206

2013年县(市)社会经济主要指标

甘肃省

指　　标	单位	永靖县	广河县	和政县	东乡族自治县	积石山保安族东乡族撒拉族自治县
一、基本情况						
行政区域面积	平方公里	1864	538	960	1607	910
乡个数	个	7	3	7	19	13
镇个数	个	10	6	6	5	4
街道办事处个数	个					
户籍人口	万人	21	27	21	33	26
第二产业从业人员	人	5723	8698	14128	2601	9493
第三产业从业人员	人	9240	18604	20722	5813	37699
固定电话用户	户	29420	1800	38200	2654	19976
二、综合经济						
地区生产总值	万元	310551	145347	114055	127197	119496
第一产业增加值	万元	53110	28511	35050	37240	30497
农业增加值	万元	37701	23262	23948	9794	25239
牧业增加值	万元	12982	4787	10573	27057	4208
第二产业增加值	万元	171532	39589	23550	23930	15161
公共财政收入	万元	26813	11158	10053	10689	13208
各项税收	万元	53576	4230	3966	10261	2884
公共财政支出	万元	159235	127139	133741	188671	167150
居民储蓄存款余额	万元	310270	148111		65120	127906
年末金融机构各项贷款余额	万元	372850	194078	240221	106389	129163
三、农业、工业及投资						
农业机械总动力	万千瓦特	17	17	9	16	6
机收面积	公顷	3000	1600	1730	2060	1600
设施农业占地面积	公顷	1527	153	40	40	133
粮食总产量	吨	124762	100016	59988	84672	103091
棉花产量	吨					
油料产量	吨	4132	2430	23543	376	15893
肉类总产量	吨	9335	2336	6050	13165	3817
规模以上工业企业单位数	个	19	3	5	6	2
规模以上工业总产值	万元	429535	114073	34308	62330	16228
固定资产投资	万元	477794	278868	267347	189947	174645
四、教育、卫生和社会保障						
普通中学在校学生数	人	13410	11188	9489	17561	13717
中等职业教育学校在校学生数	人	201	338	101		
小学在校学生数	人	14061	28924	18122	31295	33100
医疗卫生机构床位数	床	762	496	463	415	351
各种社会福利收养性单位数	个	5	1	1	2	2
各种社会福利收养性单位床位数	床	80	96	120	245	44

2013 年县(市)社会经济主要指标

甘肃省

指　　标	单位	合作市	临潭县	卓尼县	舟曲县	迭部县
一、基本情况						
行政区域面积	平方公里	2291	1558	5420	3010	5108
乡个数	个	6	13	15	16	10
镇个数	个		3	3	3	1
街道办事处个数	个	4				
户籍人口	万人	9	16	11	14	6
第二产业从业人员	人	1502	2062	3974	8773	441
第三产业从业人员	人	10821	22228	4861	29349	4357
固定电话用户	户	21430	8300	2394	9190	2998
二、综合经济						
地区生产总值	万元	254960	140828	120488	118955	89824
第一产业增加值	万元	17696	29741	34553	33518	20801
农业增加值	万元	2739	13927	9742	16578	3237
牧业增加值	万元	14184	15419	22280	8682	10922
第二产业增加值	万元	59066	23723	34519	25736	30753
公共财政收入	万元	14720	5149	9421	9156	7545
各项税收	万元	10293	3896	7538	5621	5255
公共财政支出	万元	103315	148357	159383	129419	90992
居民储蓄存款余额	万元	238900	152850	85225	240071	97321
年末金融机构各项贷款余额	万元	489850	136963	95714	163969	151803
三、农业、工业及投资						
农业机械总动力	万千瓦特	3	11	6	15	3
机收面积	公顷		4500	700	350	270
设施农业占地面积	公顷	13	33	73	33	20
粮食总产量	吨	10322	13441	9960	33119	8555
棉花产量	吨					
油料产量	吨	2454	6223	2876	3883	684
肉类总产量	吨	4352	6109	10228	5581	3670
规模以上工业企业单位数	个	6	2	2	3	3
规模以上工业总产值	万元	86066	18175	43838	11713	18078
固定资产投资	万元	522394	207734	219000	236078	217207
四、教育、卫生和社会保障						
普通中学在校学生数	人	8823	4970	9000	10962	4042
中等职业教育学校在校学生数	人		20		166	
小学在校学生数	人	7838	17925	10315	16954	8154
医疗卫生机构床位数	床	645	400	244	342	247
各种社会福利收养性单位数	个	1	1	3	2	3
各种社会福利收养性单位床位数	床	80	40	43	150	160

2013年县(市)社会经济主要指标

甘肃省、青海省

指　　标	单位	玛曲县	碌曲县	夏河县	大通回族土族自治县	湟中县
一、基本情况						
行政区域面积	平方公里	10191	5299	6274	3200	2600
乡个数	个	7	5	10	11	5
镇个数	个	1	2	3	9	10
街道办事处个数	个					
户籍人口	万人	5	4	9	46	48
第二产业从业人员	人	1285	324	1152	26307	17318
第三产业从业人员	人	4026	3526	3568	15045	10768
固定电话用户	户	2216	2669	11430	43698	34734
二、综合经济						
地区生产总值	万元	135876	83722	141522	1091575	1600942
第一产业增加值	万元	41200	24659	40215	130910	156144
农业增加值	万元		691	3518	54276	91096
牧业增加值	万元	40924	23343	33380	74167	63790
第二产业增加值	万元	42918	33242	36008	798280	1291682
公共财政收入	万元	22513	6309	7588	50182	13689
各项税收	万元	3931	1939	5281	45184	11087
公共财政支出	万元	101667	80148	123302	292519	275093
居民储蓄存款余额	万元	61258	40790	93700	580831	415960
年末金融机构各项贷款余额	万元	71710	47748	98800	852825	353908
三、农业、工业及投资						
农业机械总动力	万千瓦特		1	3	45	61
机收面积	公顷		303		13383	17824
设施农业占地面积	公顷			7	1757	832
粮食总产量	吨		3018	9662	86316	115281
棉花产量	吨					
油料产量	吨		353	3500	41612	39169
肉类总产量	吨	16050	7035	12357	28458	28307
规模以上工业企业单位数	个	5	2	1	29	44
规模以上工业总产值	万元	81562	32745	51372	1841180	3425040
固定资产投资	万元	110185	100094	323659	582736	2271394
四、教育、卫生和社会保障						
普通中学在校学生数	人	1732	2752	4322	25054	25088
中等职业教育学校在校学生数	人				7005	9631
小学在校学生数	人	5812	3887	7544	35782	33822
医疗卫生机构床位数	床	236	263	405	1745	936
各种社会福利收养性单位数	个	1	6	3	5	5
各种社会福利收养性单位床位数	床	30	84	60	162	419

2013 年县(市)社会经济主要指标

青海省

指　　标	单位	湟源县	乐都区	平安县	民和回族土族自治县	互助土族自治县
一、基本情况						
行政区域面积	平方公里	1500	2500	700	1900	3400
乡个数	个	7	12	5	14	11
镇个数	个	2	7	3	8	8
街道办事处个数	个					
户籍人口	万人	13	29	13	44	40
第二产业从业人员	人	1251	2632	3189	3245	6185
第三产业从业人员	人	5097	9843	9904	10828	10999
固定电话用户	户	21863	21809	20671	22100	18927
二、综合经济						
地区生产总值	万元	212112	680929	511685	628902	856833
第一产业增加值	万元	45189	111238	40066	96083	174148
农业增加值	万元	19604	72453	28236	62080	110801
牧业增加值	万元	24655	35319	10566	30262	59607
第二产业增加值	万元	98928	330772	269738	344437	412984
公共财政收入	万元	9687	23867	17232	30490	28781
各项税收	万元	7529	19543	16014	22467	23950
公共财政支出	万元	129264	227591	135071	248699	266020
居民储蓄存款余额	万元	202175	479492	407752	327412	389160
年末金融机构各项贷款余额	万元	141947	398033	575315	197193	197275
三、农业、工业及投资						
农业机械总动力	万千瓦特	15	23	7	43	46
机收面积	公顷	2867	2757	993	11084	10000
设施农业占地面积	公顷	97	967	204	257	517
粮食总产量	吨	26942	56227	48020	212702	112616
棉花产量	吨					
油料产量	吨	3856	6978	12019	11373	66785
肉类总产量	吨	10940	23832	5746	14967	30040
规模以上工业企业单位数	个	9	21	14	17	26
规模以上工业总产值	万元	220334	693102	206611	440190	652388
固定资产投资	万元	299313	856807	817097	878383	920512
四、教育、卫生和社会保障						
普通中学在校学生数	人	7563	16120	9000	24031	24541
中等职业教育学校在校学生数	人	1124	4954	605	4860	4540
小学在校学生数	人	8598	18155	8671	31982	26014
医疗卫生机构床位数	床	533	860	652	1176	843
各种社会福利收养性单位数	个	5	3	2	4	4
各种社会福利收养性单位床位数	床	410	190	180	250	440

2013年县(市)社会经济主要指标

青海省

指　　标	单位	化隆回族自治县	循化撒拉族自治县	门源回族自治县	祁连县	海晏县
一、基本情况						
行政区域面积	平方公里	2700	1800	6400	14000	4500
乡个数	个	11	6	8	4	4
镇个数	个	6	3	4	3	1
街道办事处个数	个					
户籍人口	万人	30	15	16	5	4
第二产业从业人员	人	426	670	689	361	3125
第三产业从业人员	人	5891	5325	6585	3471	7290
固定电话用户	户	10334	12552	9527	4010	12543
二、综合经济						
地区生产总值	万元	457378	203280	318992	180555	373922
第一产业增加值	万元	58742	40821	68552	43011	16288
农业增加值	万元	31785	23018	28571	2496	1646
牧业增加值	万元	23514	16674	38153	39315	14301
第二产业增加值	万元	311949	83421	144874	91183	278754
公共财政收入	万元	9679	6755	10896	8701	24220
各项税收	万元	8319	5948	10004	6583	15069
公共财政支出	万元	163011	123159	136411	113579	175675
居民储蓄存款余额	万元	152158	191336	137716	77792	99068
年末金融机构各项贷款余额	万元	118552	94057	96798	64941	116123
三、农业、工业及投资						
农业机械总动力	万千瓦特	21	9	33	5	2
机收面积	公顷	2608	2667	26958	1333	1200
设施农业占地面积	公顷	135	101	9		8
粮食总产量	吨	69732	33058	37715	2059	3734
棉花产量	吨					
油料产量	吨	26986	7219	36735	821	950
肉类总产量	吨	7604	5426	14187	15345	6523
规模以上工业企业单位数	个	13	10	12	9	13
规模以上工业总产值	万元	354139	82956	137101	99727	471262
固定资产投资	万元	326037	255690	334202	220999	221876
四、教育、卫生和社会保障						
普通中学在校学生数	人	7000	5302	10289	3037	866
中等职业教育学校在校学生数	人	341	784	788		
小学在校学生数	人	22793	14776	14171	4222	1558
医疗卫生机构床位数	床	697	661	244	168	234
各种社会福利收养性单位数	个	2	4	2	3	1
各种社会福利收养性单位床位数	床	310	158	66	123	35

2013 年县(市)社会经济主要指标

青海省

指标	单位	刚察县	同仁县	尖扎县	泽库县	河南蒙古族自治县
一、基本情况						
行政区域面积	平方公里	9600	3200	1600	6700	6700
乡个数	个	3	10	6	5	4
镇个数	个	2	1	3	2	1
街道办事处个数	个					
户籍人口	万人	5	10	6	7	4
第二产业从业人员	人	315	1004	1227		247
第三产业从业人员	人	3023	3841	3519	2289	6343
固定电话用户	户	3551	9609	3774	933	1400
二、综合经济						
地区生产总值	万元	249135	207165	219383	119740	118388
第一产业增加值	万元	38669	40553	19911	69369	62037
农业增加值	万元	4454	17761	6057	7192	1748
牧业增加值	万元	33046	368	12232	60119	59561
第二产业增加值	万元	163735	33423	163223	23262	29549
公共财政收入	万元	14043	4561	17500	1643	1899
各项税收	万元	9011	3252	5678	1124	1271
公共财政支出	万元	109070	120482	85566	95147	93836
居民储蓄存款余额	万元	49103	130697	83010	26577	31132
年末金融机构各项贷款余额	万元	58438	95743	67718	48342	44373
三、农业、工业及投资						
农业机械总动力	万千瓦特	3	6	7	2	
机收面积	公顷	6780	839	427	1703	
设施农业占地面积	公顷		5	34	3	
粮食总产量	吨	1214	15147	14236		
棉花产量	吨					
油料产量	吨	8862	4107	853	1930	
肉类总产量	吨	11695	7306	2695	16543	17714
规模以上工业企业单位数	个	3		4		1
规模以上工业总产值	万元	259712		76970		2837
固定资产投资	万元	206582	164179	162690	105300	105037
四、教育、卫生和社会保障						
普通中学在校学生数	人	1244	6883	3271	3691	2370
中等职业教育学校在校学生数	人		2466			
小学在校学生数	人	3831	9589	4812	8557	3583
医疗卫生机构床位数	床	211	600	261	147	215
各种社会福利收养性单位数	个	1	1	3	2	1
各种社会福利收养性单位床位数	床	50	100	590	64	60

2013年县(市)社会经济主要指标

青海省

指　　标	单位	共和县	同德县	贵德县	兴海县	贵南县
一、基本情况						
行政区域面积	平方公里	16600	4600	3600	12200	6500
乡个数	个	7	3	3	4	3
镇个数	个	4	2	4	3	3
街道办事处个数	个					
户籍人口	万人	14	6	11	8	8
第二产业从业人员	人	2925		257	1027	
第三产业从业人员	人	9556	2796	3896	2542	2717
固定电话用户	户	13984	2209	8182	3191	2843
二、综合经济						
地区生产总值	万元	404692	117861	299827	209584	139196
第一产业增加值	万元	71249	62069	26935	63911	69316
农业增加值	万元	7857	11344	14222	15847	21912
牧业增加值	万元	53025	49668	11158	46544	46128
第二产业增加值	万元	195624	29398	214295	102871	31003
公共财政收入	万元	13525	3471	15005	8466	3573
各项税收	万元	20528	2603	10680	6729	3128
公共财政支出	万元	266653	102300	140055	97081	103485
居民储蓄存款余额	万元	220608	47033	152911	69837	57595
年末金融机构各项贷款余额	万元	299688	57912	79399	55315	37236
三、农业、工业及投资						
农业机械总动力	万千瓦特	17	5	11	3	11
机收面积	公顷	24867	8961	3278	1123	26576
设施农业占地面积	公顷	80	31	52	4	12
粮食总产量	吨	34502	14299	29750	13172	43797
棉花产量	吨					
油料产量	吨	12401	1989	8528	3565	13271
肉类总产量	吨	15690	9404	5577	13612	9944
规模以上工业企业单位数	个	14	1	3	4	
规模以上工业总产值	万元	136240	5148	25351	41695	
固定资产投资	万元	641694	129043	270917	228043	127790
四、教育、卫生和社会保障						
普通中学在校学生数	人	9822	3497	7660	2125	3595
中等职业教育学校在校学生数	人			174		
小学在校学生数	人	11729	7159	8566	7923	7716
医疗卫生机构床位数	床	1017	368	690	231	281
各种社会福利收养性单位数	个	12	6	7	7	2
各种社会福利收养性单位床位数	床	434	10	202	474	120

2013年县(市)社会经济主要指标

青海省

指标	单位	玛沁县	班玛县	甘德县	达日县	久治县
一、基本情况						
行政区域面积	平方公里	13400	6400	7100	14500	8300
乡个数	个	6	8	6	9	5
镇个数	个	2	1	1	1	1
街道办事处个数	个					
户籍人口	万人	5	3	4	4	3
第二产业从业人员	人	1125				
第三产业从业人员	人	5434	1401	1215	1412	1308
固定电话用户	户	3400	1000	900	800	1000
二、综合经济						
地区生产总值	万元	202881	27030	21665	24265	26931
第一产业增加值	万元	17790	8816	7810	7553	9465
农业增加值	万元	3176	1924	976	1923	1961
牧业增加值	万元	14288	6669	6746	5439	7321
第二产业增加值	万元	114189	8173	7159	8451	6753
公共财政收入	万元	5040	1100	1246	1511	1076
各项税收	万元	4365	765	951	1154	668
公共财政支出	万元	82594	63922	63105	69552	57254
居民储蓄存款余额	万元	96792	19628	13107	24947	20450
年末金融机构各项贷款余额	万元	33655	254	2905	11023	2564
三、农业、工业及投资						
农业机械总动力	万千瓦特	1	2			
机收面积	公顷					
设施农业占地面积	公顷					
粮食总产量	吨	40	1197			
棉花产量	吨					
油料产量	吨		68			
肉类总产量	吨	6051	4714	1679	4484	5234
规模以上工业企业单位数	个	1				
规模以上工业总产值	万元	108997				
固定资产投资	万元	198764	54036	62225	61056	47011
四、教育、卫生和社会保障						
普通中学在校学生数	人	2069	1348	1205	1267	1438
中等职业教育学校在校学生数	人	398		219		392
小学在校学生数	人	5750	2839	3199	3053	2946
医疗卫生机构床位数	床	69	52	80	119	58
各种社会福利收养性单位数	个	6	9	5	4	1
各种社会福利收养性单位床位数	床	312	140	160	168	20

2013年县(市)社会经济主要指标

青海省

指　　标	单位	玛多县	玉树市	杂多县	称多县	治多县
一、基本情况						
行政区域面积	平方公里	24500	15400	35500	14600	80700
乡个数	个	2	6	7	2	5
镇个数	个	2	3	1	5	1
街道办事处个数	个		4			
户籍人口	万人	1	11	6	6	4
第二产业从业人员	人		283	107	137	130
第三产业从业人员	人	1135	7435	1724	2355	2015
固定电话用户	户	800	3315	1597	1631	1687
二、综合经济						
地区生产总值	万元	18004	100489	83456	97965	53887
第一产业增加值	万元	5060	45100	39850	38080	38343
农业增加值	万元		3605	24592	10257	2862
牧业增加值	万元	4886	38975	14666	26994	35467
第二产业增加值	万元	5012	41909	22394	31797	8721
公共财政收入	万元	1082	9400	1400	1900	1300
各项税收	万元	938	23900	1100	1800	1000
公共财政支出	万元	67324	276200	85200	81100	66500
居民储蓄存款余额	万元	12533	241335	37710	17276	21341
年末金融机构各项贷款余额	万元	1099	109724	898	27	389
三、农业、工业及投资						
农业机械总动力	万千瓦特	1	4		2	1
机收面积	公顷		2800		1800	
设施农业占地面积	公顷		70		7	
粮食总产量	吨		4095		3318	
棉花产量	吨					
油料产量	吨		36		70	
肉类总产量	吨	1616	7334	5590	3787	5814
规模以上工业企业单位数	个					
规模以上工业总产值	万元					
固定资产投资	万元	58552	608515	45584	56964	35702
四、教育、卫生和社会保障						
普通中学在校学生数	人	648	5479	2226	1646	1971
中等职业教育学校在校学生数	人		2654			
小学在校学生数	人	1030	14574	7758	6258	3993
医疗卫生机构床位数	床	63	58	125	165	120
各种社会福利收养性单位数	个	2	1	11	4	2
各种社会福利收养性单位床位数	床	110	24	309	116	200

2013年县(市)社会经济主要指标

青海省

指　　标	单位	囊谦县	曲麻莱县	格尔木市	德令哈市	乌兰县
一、基本情况						
行政区域面积	平方公里	12100	46600	119200	27800	12300
乡个数	个	9	5	2	1	
镇个数	个	1	1	2	3	4
街道办事处个数	个			5	3	
户籍人口	万人	10	3	13	8	4
第二产业从业人员	人			22862	6000	1746
第三产业从业人员	人	2367	1639	12447	9417	1664
固定电话用户	户	1981	817	55151	21000	7240
二、综合经济						
地区生产总值	万元	64566	52385	3188835	496429	303628
第一产业增加值	万元	34655	31188	34404	39937	24949
农业增加值	万元	3586	3861	22676	21169	5608
牧业增加值	万元	30407	22173	9291	12640	16573
第二产业增加值	万元	14723	10383	2488622	255125	249244
公共财政收入	万元	2000	900	180095	24598	31939
各项税收	万元	1700	700	160096	49900	7072
公共财政支出	万元	111300	75400	293458	121861	78940
居民储蓄存款余额	万元	30667	16274	990441	309006	71185
年末金融机构各项贷款余额	万元	2073	270	2582266	932532	67586
三、农业、工业及投资						
农业机械总动力	万千瓦特	4	1	11	8	5
机收面积	公顷	3800		1352	3898	2395
设施农业占地面积	公顷	23		186	91	27
粮食总产量	吨	8566		9314	20765	9767
棉花产量	吨					
油料产量	吨	329		230	2234	1120
肉类总产量	吨	7154	4012	4438	3887	4521
规模以上工业企业单位数	个			44	16	6
规模以上工业总产值	万元			3976688	328465	567139
固定资产投资	万元	46579	45415	2346936	863711	152803
四、教育、卫生和社会保障						
普通中学在校学生数	人	2614	1133	11698	4853	2094
中等职业教育学校在校学生数	人			2589		
小学在校学生数	人	9743	4107	18646	6037	2322
医疗卫生机构床位数	床	180	96	1052	304	180
各种社会福利收养性单位数	个	7	3	3	1	1
各种社会福利收养性单位床位数	床	102	139	74	70	41

2013年县(市)社会经济主要指标

青海省、宁夏回族自治区

指标	单位	都兰县	天峻县	永宁县	贺兰县	灵武市
一、基本情况						
行政区域面积	平方公里	45200	25500	1179	1599	4539
乡个数	个	4	7	1	1	2
镇个数	个	4	3	5	4	6
街道办事处个数	个					1
户籍人口	万人	7	2	23	22	25
第二产业从业人员	人	925	2489		20559	
第三产业从业人员	人	2449	2228		20436	
固定电话用户	户	9671	3530	27000	27152	70780
二、综合经济						
地区生产总值	万元	275675	656293	1035852	1013197	2867388
第一产业增加值	万元	89559	28547	130024	138608	91143
农业增加值	万元	62323	535	107369	107849	55542
牧业增加值	万元	24769	27622	19042	17730	29803
第二产业增加值	万元	133848	587898	571891	536065	2470989
公共财政收入	万元	16393	210302	108862	130241	157766
各项税收	万元	10446	28855	97276	105400	133559
公共财政支出	万元	113960	93986	244824	248801	392205
居民储蓄存款余额	万元	109371	53808	678774	697763	876932
年末金融机构各项贷款余额	万元	47602	59585	1007400	832700	1889650
三、农业、工业及投资						
农业机械总动力	万千瓦特	13	1	45	44	49
机收面积	公顷	15533		27092	34272	23895
设施农业占地面积	公顷	124		6432	4393	544
粮食总产量	吨	40117		261718	212073	170197
棉花产量	吨					
油料产量	吨	8105		752	1372	2627
肉类总产量	吨	9004	6503	14076	7648	20344
规模以上工业企业单位数	个	11	11	54	112	94
规模以上工业总产值	万元	182044	1085361	1221952	1441957	6265887
固定资产投资	万元	217324	252202	1431964	1416061	3936558
四、教育、卫生和社会保障						
普通中学在校学生数	人	3782	1278	14894	13234	15607
中等职业教育学校在校学生数	人			1827	101	3824
小学在校学生数	人	6152	2358	21977	19180	22009
医疗卫生机构床位数	床	250	107	440	313	935
各种社会福利收养性单位数	个	1	1	1	1	1
各种社会福利收养性单位床位数	床	50	75	120	477	178

2013 年县(市)社会经济主要指标

宁夏回族自治区

指　　标	单位	平罗县	盐池县	同心县	青铜峡市	西吉县
一、基本情况						
行政区域面积	平方公里	2086	8861	4486	2525	3135
乡个数	个	6	4	4		16
镇个数	个	7	4	7	8	3
街道办事处个数	个				1	
户籍人口	万人	31	17	39	28	51
第二产业从业人员	人		3815		34951	53293
第三产业从业人员	人		8095		33821	27592
固定电话用户	户	50285	14312	22816	41000	16000
二、综合经济						
地区生产总值	万元	1248593	509552	403445	1321185	419631
第一产业增加值	万元	170699	53924	100476	150030	121875
农业增加值	万元	136903	26680	56123	105053	96630
牧业增加值	万元	21952	24099	43033	39704	24299
第二产业增加值	万元	724960	268712	157765	850069	87756
公共财政收入	万元	85731	69581	21061	92263	11420
各项税收	万元	69383	61909	15029	68949	9921
公共财政支出	万元	254847	239476	308748	248449	342332
居民储蓄存款余额	万元	730595	323010	254494	728762	271350
年末金融机构各项贷款余额	万元	871814	364179	244333	1330800	225500
三、农业、工业及投资						
农业机械总动力	万千瓦特	63	42	26	61	53
机收面积	公顷	40389	26670	46667	31589	61600
设施农业占地面积	公顷	2732	1104	2103	4360	1332
粮食总产量	吨	372152	97293	284193	269705	276389
棉花产量	吨					
油料产量	吨	18369	11620	21238	687	16959
肉类总产量	吨	15385	14861	23528	17485	18635
规模以上工业企业单位数	个	117	32	20	100	6
规模以上工业总产值	万元	2080972	386395	269263	3121107	61801
固定资产投资	万元	1257572	854604	533619	1060487	411478
四、教育、卫生和社会保障						
普通中学在校学生数	人	15319	9688	25974	15434	30350
中等职业教育学校在校学生数	人	3025	1208		4341	3593
小学在校学生数	人	21322	12619	40347	21607	47128
医疗卫生机构床位数	床	770	589	779	1115	32
各种社会福利收养性单位数	个	7	3	6	2	7
各种社会福利收养性单位床位数	床	455	232	467	390	410

2013年县(市)社会经济主要指标

宁夏回族自治区

指标	单位	隆德县	泾源县	彭阳县	中宁县	海原县
一、基本情况						
行政区域面积	平方公里	992	1431	2529	4327	6472
乡个数	个	10	4	9	5	12
镇个数	个	3	3	3	6	5
街道办事处个数	个	1				
户籍人口	万人	18	12	26	35	46
第二产业从业人员	人	9924	7906	22069	60879	19129
第三产业从业人员	人	7514	8273	26396	35611	34080
固定电话用户	户	11000	5123	23000	24950	18900
二、综合经济						
地区生产总值	万元	171361	109220	350805	1179137	339243
第一产业增加值	万元	43545	22598	108506	148829	105199
农业增加值	万元	28666	6945	68264	119176	78082
牧业增加值	万元	13315	10922	34564	26594	25775
第二产业增加值	万元	45262	33166	114298	681496	70684
公共财政收入	万元	9637	6422	25436	76091	12560
各项税收	万元	7855	4830	22508	57278	10420
公共财政支出	万元	192110	142500	244376	307568	357976
居民储蓄存款余额	万元	207683	108070	177222	702123	209115
年末金融机构各项贷款余额	万元	150672	101279	166138	1644404	140100
三、农业、工业及投资						
农业机械总动力	万千瓦特	23	18	43	44	50
机收面积	公顷	10667	7667	24867	27162	33598
设施农业占地面积	公顷	3910		1830	407	5532
粮食总产量	吨	88161	25673	220625	291678	230201
棉花产量	吨					
油料产量	吨	6060	1758	3220	5867	26262
肉类总产量	吨	10468	10453	18804	22488	14537
规模以上工业企业单位数	个	5	3	5	39	8
规模以上工业总产值	万元	17630	28175	108936	2451632	92620
固定资产投资	万元	299556	243104	440099	1446479	459105
四、教育、卫生和社会保障						
普通中学在校学生数	人	14094	6108	17360	23517	26021
中等职业教育学校在校学生数	人		532	1483	1794	
小学在校学生数	人	14671	11373	19562	33661	52464
医疗卫生机构床位数	床	505	278	545	785	1250
各种社会福利收养性单位数	个	8	5	6	3	2
各种社会福利收养性单位床位数	床	520	197	422	390	244

2013年县(市)社会经济主要指标

新疆维吾尔自治区

指标	单位	乌鲁木齐县	吐鲁番市	鄯善县	托克逊县	哈密市
一、基本情况						
行政区域面积	平方公里	4141	13650	39548	16561	85587
乡个数	个	5	7	5	4	12
镇个数	个	1	2	5	4	6
街道办事处个数	个		3			5
户籍人口	万人	5	28	22	12	43
第二产业从业人员	人	265	5580	25104	14754	36489
第三产业从业人员	人	5326	19398	9360	21850	41995
固定电话用户	户	22000	67043	53729	310	144653
二、综合经济						
地区生产总值	万元	191301	696221	1461444	515517	2627458
第一产业增加值	万元	63852	161975	149750	81171	234393
农业增加值	万元	25201	139288	129505	61819	165868
牧业增加值	万元	36978	21425	19611	18903	63457
第二产业增加值	万元	59000	194290	1096425	344100	1396935
公共财政收入	万元	48162	32700	123200	65181	289093
各项税收	万元	27205	43400	83700	40602	235097
公共财政支出	万元	124945	249200	214900	145342	380404
居民储蓄存款余额	万元	9213	462500	507600	186831	2096700
年末金融机构各项贷款余额	万元	231725	469295	429300	229300	2588575
三、农业、工业及投资						
农业机械总动力	万千瓦特	5	21	21	10	19
机收面积	公顷	960				73350
设施农业占地面积	公顷	668	1280	2800	1041	1675
粮食总产量	吨					
棉花产量	吨		6735	10112	13515	36763
油料产量	吨	1761			1221	1209
肉类总产量	吨	12290	20974	10746	9369	27705
规模以上工业企业单位数	个	4	24	42	26	59
规模以上工业总产值	万元	44766	257372	1866558	606418	1936522
固定资产投资	万元		575100	1253693	615400	2423207
四、教育、卫生和社会保障						
普通中学在校学生数	人	1649	14231	11981	5785	33340
中等职业教育学校在校学生数	人		2640	629	310	3530
小学在校学生数	人	3787	21921	20443	9140	32268
医疗卫生机构床位数	床	70	1187	790	427	3024
各种社会福利收养性单位数	个	1	4	4	1	8
各种社会福利收养性单位床位数	床	60	100	55	420	1155

2013年县(市)社会经济主要指标

新疆维吾尔自治区

指标	单位	巴里坤哈萨克自治县	伊吾县	昌吉市	阜康市	呼图壁县
一、基本情况						
行政区域面积	平方公里	36901	19519	8215	8529	9721
乡个数	个	8	4	2	3	1
镇个数	个	4	3	8	4	6
街道办事处个数	个			6	3	
户籍人口	万人	11	2	37	17	22
第二产业从业人员	人	7528	2145	33243	27832	8870
第三产业从业人员	人	13498	5413	68955	29252	23110
固定电话用户	户	14221	7395	213140	53100	25710
二、综合经济						
地区生产总值	万元	362357	284139	2933915	1293697	1198999
第一产业增加值	万元	83771	39980	374342	235410	425028
农业增加值	万元	26092	16500	186050	109197	205548
牧业增加值	万元	57200	18655	179765	124329	214119
第二产业增加值	万元	180929	182828	1430914	783691	446404
公共财政收入	万元	68632	35748	264918	150662	71307
各项税收	万元	32612	33821	212338	117535	60239
公共财政支出	万元	183613	89029	360705	205530	172474
居民储蓄存款余额	万元	121165	51129	1875668	580264	567061
年末金融机构各项贷款余额	万元	135177	37617	2896396	730778	650925
三、农业、工业及投资						
农业机械总动力	万千瓦特	13	3	33	16	34
机收面积	公顷	22420	3650	53390	35720	48090
设施农业占地面积	公顷	35	121	362	409	154
粮食总产量	吨					
棉花产量	吨	422	15	66638	1305	57790
油料产量	吨	287	285	9017	16052	1635
肉类总产量	吨	21329	8713	101503	53936	88889
规模以上工业企业单位数	个	13	6	117	49	52
规模以上工业总产值	万元	126588	187355	3041945	1764825	519347
固定资产投资	万元	563484	750866	193556	1559391	797889
四、教育、卫生和社会保障						
普通中学在校学生数	人	3386	1182	30692	8334	9187
中等职业教育学校在校学生数	人	69		26760	1462	907
小学在校学生数	人	4816	1486	28040	8107	10932
医疗卫生机构床位数	床	203	225	4504	570	904
各种社会福利收养性单位数	个	2	3	8	2	4
各种社会福利收养性单位床位数	床	330	200	960	275	154

2013年县(市)社会经济主要指标

新疆维吾尔自治区

指标	单位	玛纳斯县	奇台县	吉木萨尔县	木垒哈萨克自治县	博乐市
一、基本情况						
行政区域面积	平方公里	11067	19300	8144	22171	7790
乡个数	个	4	9	3	8	2
镇个数	个	7	6	6	3	3
街道办事处个数	个					3
户籍人口	万人	25	24	14	9	27
第二产业从业人员	人	5654	3294	13151	1021	2539
第三产业从业人员	人	7206	12975	15634	3852	25458
固定电话用户	户	34130	43152	21500	15524	
二、综合经济						
地区生产总值	万元	1473706	1012455	645067	240474	
第一产业增加值	万元	614753	400250	172504	112032	
农业增加值	万元	437083	165703	65088	56895	
牧业增加值	万元	168608	225779	101610	53498	
第二产业增加值	万元	534780	373960	337469	45758	
公共财政收入	万元	71904	109065	88463	24381	137894
各项税收	万元	63525	55119	81185	18074	65159
公共财政支出	万元	170045	240310	170440	125121	193442
居民储蓄存款余额	万元	490768	468448	269048	130960	602625
年末金融机构各项贷款余额	万元	427465	545152	291281	157801	825047
三、农业、工业及投资						
农业机械总动力	万千瓦特	34	49	20	16	24
机收面积	公顷	42240	122007	43600	37470	42510
设施农业占地面积	公顷	147	202	243	95	61
粮食总产量	吨					
棉花产量	吨	91913		561		57439
油料产量	吨	8866	30744	16673	4641	20
肉类总产量	吨	68608	126428	47365	15821	10495
规模以上工业企业单位数	个	48	27	28	7	27
规模以上工业总产值	万元	1283121	430960	1500636	69524	223184
固定资产投资	万元	1255534	1396187	2453758	220539	816091
四、教育、卫生和社会保障						
普通中学在校学生数	人	7304	12454	6125	3295	10524
中等职业教育学校在校学生数	人	752	1431	762		
小学在校学生数	人	8588	11475	6718	4500	13723
医疗卫生机构床位数	床	733	927	541	371	1196
各种社会福利收养性单位数	个	1	4	3	2	4
各种社会福利收养性单位床位数	床	450	326	180	70	483

2013年县(市)社会经济主要指标

新疆维吾尔自治区

指　　标	单位	精河县	温泉县	库尔勒市	轮台县	尉犁县
一、基本情况						
行政区域面积	平方公里	11187	5881	7267	14182	59700
乡个数	个	4	6	9	7	7
镇个数	个	2	2	3	4	1
街道办事处个数	个			5		
户籍人口	万人	14	8	47	12	11
第二产业从业人员	人	8251		34651	2500	702
第三产业从业人员	人	22245	4872	52001	6873	5779
固定电话用户	户		5997	194689	31368	24021
二、综合经济						
地区生产总值	万元			6502476	600080	405371
第一产业增加值	万元			357956	194722	236521
农业增加值	万元			311675	170273	209717
牧业增加值	万元			45089	23958	24212
第二产业增加值	万元			5164560	205120	45706
公共财政收入	万元	24305	7908	301001	77824	19500
各项税收	万元	20506	5361	249433	69456	17477
公共财政支出	万元	121112	91505	406556	145318	115770
居民储蓄存款余额	万元	280173	82770	2797376	305534	232506
年末金融机构各项贷款余额	万元	305990	78207	3193247	402597	258701
三、农业、工业及投资						
农业机械总动力	万千瓦特	23	12	47	17	26
机收面积	公顷	7520	37727	1720	8820	1400
设施农业占地面积	公顷	96	8	629	152	344
粮食总产量	吨					
棉花产量	吨	86907		114831	91423	98007
油料产量	吨		7205	450	11	115
肉类总产量	吨	5723	6697	20024	9236	6193
规模以上工业企业单位数	个	17	1	44	16	2
规模以上工业总产值	万元	100811	3004	6283970	458217	9121
固定资产投资	万元	430563	135144	3665842	426001	197747
四、教育、卫生和社会保障						
普通中学在校学生数	人	6030	1823	25477	5772	3886
中等职业教育学校在校学生数	人			5912	232	
小学在校学生数	人	9356	3519	45310	11204	5958
医疗卫生机构床位数	床	508	273	4154	714	326
各种社会福利收养性单位数	个	2	2	14	8	4
各种社会福利收养性单位床位数	床	270	280	1050	172	795

2013年县(市)社会经济主要指标

新疆维吾尔自治区

指标	单位	若羌县	且末县	焉耆回族自治县	和静县	和硕县
一、基本情况						
行政区域面积	平方公里	202298	138645	2571	34975	12753
乡个数	个	4	10	4	6	6
镇个数	个	4	2	4	6	1
街道办事处个数	个					
户籍人口	万人	3	7	14	19	7
第二产业从业人员	人	3011	890	1172	9980	299
第三产业从业人员	人	2790	4840	6730	7143	3844
固定电话用户	户	9764	12999	35697	20600	14000
二、综合经济						
地区生产总值	万元	626147	225775	536407	756049	275148
第一产业增加值	万元	180700	96703	139001	192181	173296
农业增加值	万元	172780	73604	83100	107690	155005
牧业增加值	万元	6900	20738	38701	78288	16836
第二产业增加值	万元	389600	44659	156000	346000	36637
公共财政收入	万元	70530	26713	26998	69500	12991
各项税收	万元	57275	21356	20992	61585	9393
公共财政支出	万元	124560	117152	112797	203171	100125
居民储蓄存款余额	万元	132765	122246	301609	316181	144492
年末金融机构各项贷款余额	万元	223636	136376	259364	350407	106647
三、农业、工业及投资						
农业机械总动力	万千瓦特	6	11	24	20	15
机收面积	公顷	2210	11500	15690	14010	5960
设施农业占地面积	公顷	284	76	123	567	1771
粮食总产量	吨					
棉花产量	吨	6415	29294	9545	7403	32560
油料产量	吨	55	7	1421	1734	1059
肉类总产量	吨	2087	9127	12593	22487	6738
规模以上工业企业单位数	个	5	1	9	23	8
规模以上工业总产值	万元	391985	2811	77679	964623	38971
固定资产投资	万元	579094	246441	263198	678557	146111
四、教育、卫生和社会保障						
普通中学在校学生数	人	1268	3552	5738	7216	3192
中等职业教育学校在校学生数	人			485	383	
小学在校学生数	人	2365	4823	9110	11121	4517
医疗卫生机构床位数	床	218	539	504	615	317
各种社会福利收养性单位数	个	2	1	4	3	1
各种社会福利收养性单位床位数	床	105	140	470	260	100

2013年县(市)社会经济主要指标

新疆维吾尔自治区

指标	单位	博湖县	阿克苏市	温宿县	库车县	沙雅县
一、基本情况						
行政区域面积	平方公里	3581	15033	14336	14603	31955
乡个数	个	5	4	5	6	5
镇个数	个	2	2	5	8	6
街道办事处个数	个		6		4	
户籍人口	万人	6	51	23	48	27
第二产业从业人员	人	204	11205	3818	13135	2073
第三产业从业人员	人	4906	48332	10513	21260	10888
固定电话用户	户	15860	135638	25556	51456	9373
二、综合经济						
地区生产总值	万元	210200	1438134	440000	1388271	443844
第一产业增加值	万元	87403	172576	180136	189897	134325
农业增加值	万元	65769	135111	149149	150474	116332
牧业增加值	万元	12855	34164	26600	35450	15000
第二产业增加值	万元	40072	412014	110000	803610	104348
公共财政收入	万元	11500	150419	35561	274847	91079
各项税收	万元	9610	133466	31772	255720	85696
公共财政支出	万元	83625	273555	180918	391447	182718
居民储蓄存款余额	万元	120939	1714325	368515	639887	333428
年末金融机构各项贷款余额	万元	221980	2676626	504318	562737	429071
三、农业、工业及投资						
农业机械总动力	万千瓦特	16	24	40	34	30
机收面积	公顷	5800	667	26330	2756	15858
设施农业占地面积	公顷	1216	2448	176	677	140
粮食总产量	吨					
棉花产量	吨	7910	84702	60182	90121	116918
油料产量	吨	1218		1505	310	300
肉类总产量	吨	5348	53346	23822	53437	13066
规模以上工业企业单位数	个	4	45	20	43	14
规模以上工业总产值	万元	13739	941025	120648	2628138	218415
固定资产投资	万元	121717	1171074	574555	1200378	407201
四、教育、卫生和社会保障						
普通中学在校学生数	人	2148	27342	12695	30558	11435
中等职业教育学校在校学生数	人		1969	499	510	502
小学在校学生数	人	3281	45710	19625	42769	24872
医疗卫生机构床位数	床	249	3522	735	1719	1018
各种社会福利收养性单位数	个	3	5	5	6	4
各种社会福利收养性单位床位数	床	150	133	225	1308	147

2013年县(市)社会经济主要指标

新疆维吾尔自治区

指　　标	单位	新和县	拜城县	乌什县	阿瓦提县	柯坪县
一、基本情况						
行政区域面积	平方公里	5820	19100	9082	13018	8912
乡个数	个	6	10	7	5	4
镇个数	个	2	4	2	3	1
街道办事处个数	个					
户籍人口	万人	18	24	21	25	5
第二产业从业人员	人	1173	8085	2432	4294	688
第三产业从业人员	人	9195	10899	11235	8247	834
固定电话用户	户	14560	16000	12715	18590	4812
二、综合经济						
地区生产总值	万元	280410	498462	208922	381556	81901
第一产业增加值	万元	107682	99154	74138	156116	18800
农业增加值	万元	95250	67229	60289	145031	13832
牧业增加值	万元	9880	25201	11970	10353	4453
第二产业增加值	万元	57664	249664	22803	59931	16900
公共财政收入	万元	34223	104687	10783	15642	5321
各项税收	万元	30847	88010	9097	12036	4837
公共财政支出	万元	131052	205902	148530	168033	77952
居民储蓄存款余额	万元	162552	318196	135815	268908	34934
年末金融机构各项贷款余额	万元	222864	464246	136091	310401	31939
三、农业、工业及投资						
农业机械总动力	万千瓦特	19	38	25	38	
机收面积	公顷	12200	31080	19970	96220	265
设施农业占地面积	公顷	583	877	68		84
粮食总产量	吨					
棉花产量	吨	63104	120	4519	126100	11570
油料产量	吨	42	6056	1485		
肉类总产量	吨	8404	24439	17234	18839	3223
规模以上工业企业单位数	个	10	29	4	7	2
规模以上工业总产值	万元	115496	459053	21285	37338	39134
固定资产投资	万元	220414	651990	160057	258223	90035
四、教育、卫生和社会保障						
普通中学在校学生数	人	7426	12993	12153	10622	2970
中等职业教育学校在校学生数	人	1154			1573	230
小学在校学生数	人	17923	18532	19965	23186	5238
医疗卫生机构床位数	床	788	825	556	712	180
各种社会福利收养性单位数	个	5	8	7	9	1
各种社会福利收养性单位床位数	床	220	750	529	577	100

2013 年县(市)社会经济主要指标

新疆维吾尔自治区

指　　标	单位	阿图什市	阿克陶县	阿合奇县	乌恰县	喀什市
一、基本情况						
行政区域面积	平方公里	16151	24540	12737	22000	791
乡个数	个	6	11	5	9	7
镇个数	个	1	2	1	2	2
街道办事处个数	个	2				4
户籍人口	万人	26	21	4	6	53
第二产业从业人员	人	10644	5821	756	1145	6451
第三产业从业人员	人	21680	15425	7640	1786	26369
固定电话用户	户	42429	6470	5600	3120	117300
二、综合经济						
地区生产总值	万元	334676	201193	67577	149461	1609018
第一产业增加值	万元	50165	48098	8247	8790	56018
农业增加值	万元	31254	33013	1953	2584	28680
牧业增加值	万元	17799	13274	5998	6039	23518
第二产业增加值	万元	77634	80652	19123	65842	566000
公共财政收入	万元	36190	21093	7201	23081	214654
各项税收	万元	27536	18671	5726	18961	138500
公共财政支出	万元	344842	198219	95292	124822	402600
居民储蓄存款余额	万元	328915	106412	35072	48072	1377900
年末金融机构各项贷款余额	万元	263523	177853	28947	27415	1797100
三、农业、工业及投资						
农业机械总动力	万千瓦特	12	22	3	2	7
机收面积	公顷	11720	16580	2840	1390	
设施农业占地面积	公顷	100	497	63	202	477
粮食总产量	吨					
棉花产量	吨	3400	6597		11	2286
油料产量	吨	95	31	708	184	
肉类总产量	吨	15840	14049	4661	5440	26816
规模以上工业企业单位数	个	11	7	1	9	24
规模以上工业总产值	万元	142530	98744	21144	70430	516161
固定资产投资	万元	274322	300022	69039	205000	1244100
四、教育、卫生和社会保障						
普通中学在校学生数	人	18288	13641	1698	1925	41826
中等职业教育学校在校学生数	人				382	11077
小学在校学生数	人	25797	21740	4755	5165	60527
医疗卫生机构床位数	床	1801	788	220	335	4994
各种社会福利收养性单位数	个	2	4	3	2	7
各种社会福利收养性单位床位数	床	220	200	260	185	406

2013年县(市)社会经济主要指标

新疆维吾尔自治区

指　　标	单位	疏附县	疏勒县	英吉沙县	泽普县	莎车县
一、基本情况						
行政区域面积	平方公里	3039	2398	3245	988	8957
乡个数	个	9	12	13	10	21
镇个数	个	3	3	1	2	7
街道办事处个数	个					
户籍人口	万人	31	33	29	20	80
第二产业从业人员	人	4210	3200	2675	10369	29014
第三产业从业人员	人	13780	4850	5501	23935	24330
固定电话用户	户	8495	11200	8980	12500	26134
二、综合经济						
地区生产总值	万元	347412	643777	249827	370793	695448
第一产业增加值	万元	162412	181866	95818	119812	350614
农业增加值	万元	115211	126612	69821	96043	277198
牧业增加值	万元	43456	46488	24353	21680	58205
第二产业增加值	万元	55000	351490	70000	85140	108046
公共财政收入	万元	24531	35143	18922	21807	41571
各项税收	万元	19792	27761	10568	19122	33376
公共财政支出	万元	216449	198733	205266	175290	496271
居民储蓄存款余额	万元	144000	8260		318294	511012
年末金融机构各项贷款余额	万元	136000	3202	99879	170736	466359
三、农业、工业及投资						
农业机械总动力	万千瓦特	131	40	16	22	64
机收面积	公顷	20040	78100	16480	12680	42133
设施农业占地面积	公顷	80	480	400	222	1200
粮食总产量	吨					
棉花产量	吨	7069	26424	8465	11233	69124
油料产量	吨			420	99	3110
肉类总产量	吨	37934	39182	20719	25526	57723
规模以上工业企业单位数	个	3	12	4	6	6
规模以上工业总产值	万元	7677	97691	26455	23846	273412
固定资产投资	万元	370112	940049	451238	306035	500180
四、教育、卫生和社会保障						
普通中学在校学生数	人	10614	16260	14156	14067	38232
中等职业教育学校在校学生数	人	998	2089	971	442	4832
小学在校学生数	人	25152	34882	26690	17201	79680
医疗卫生机构床位数	床	798	372	745	940	2384
各种社会福利收养性单位数	个	8	4	13	13	25
各种社会福利收养性单位床位数	床	210	190	700	390	932

2013年县(市)社会经济主要指标

新疆维吾尔自治区

指　　标	单位	叶城县	麦盖提县	岳普湖县	伽师县	巴楚县
一、基本情况						
行政区域面积	平方公里	28929	15200	3023	6528	21700
乡个数	个	17	9	9	11	8
镇个数	个	3	1	2	2	4
街道办事处个数	个					
户籍人口	万人	48	23	16	40	35
第二产业从业人员	人	21632	393	4902	4138	1543
第三产业从业人员	人	12788	16739	12703	9137	10538
固定电话用户	户	10537	35714	12481	8009	27698
二、综合经济						
地区生产总值	万元	600668	299595	265979	491700	538887
第一产业增加值	万元	284907	157591	79057	202100	175801
农业增加值	万元	226747	129904	55647	147288	152494
牧业增加值	万元	54016	24966	19907	50234	22986
第二产业增加值	万元	140170	57702	101032	151600	98000
公共财政收入	万元	39029	21102	15654	34507	29162
各项税收	万元	27951	15873	11487	23929	25483
公共财政支出	万元	350512	200853	148468	273899	271522
居民储蓄存款余额	万元	246278	219837	94963	166666	33810
年末金融机构各项贷款余额	万元	238426	205872	101087	45990	244932
三、农业、工业及投资						
农业机械总动力	万千瓦特	30	23	14	28	43
机收面积	公顷	31	16283	9000	200610	16333
设施农业占地面积	公顷	1703	226	53	447	44
粮食总产量	吨					
棉花产量	吨	12107	55077	21008	41082	99760
油料产量	吨	4872	2531	240		
肉类总产量	吨	54034	22441	15669	43104	32022
规模以上工业企业单位数	个	10	6	3	3	9
规模以上工业总产值	万元	120769	19060	23101	135148	63642
固定资产投资	万元	526053	296480	406500	447910	485000
四、教育、卫生和社会保障						
普通中学在校学生数	人	34259	11405	7896	18053	14043
中等职业教育学校在校学生数	人	3102	1203	1055	2623	14043
小学在校学生数	人	54911	21673	12709	40494	32660
医疗卫生机构床位数	床	2038	735	620	1237	1700
各种社会福利收养性单位数	个	17	4	7	3	12
各种社会福利收养性单位床位数	床	391	279	310	360	350

2013年县(市)社会经济主要指标

新疆维吾尔自治区

指标	单位	塔什库尔干塔吉克自治县	和田市	和田县	墨玉县	皮山县
一、基本情况						
行政区域面积	平方公里	25000	510	41080	25542	39464
乡个数	个	10	6	10	13	12
镇个数	个	2	2	2	3	4
街道办事处个数	个		4		3	1
户籍人口	万人	4	33	29	54	28
第二产业从业人员	人	1760	10579	20326	23576	4688
第三产业从业人员	人	2589	16054	6913	18402	8197
固定电话用户	户	1217	23718		13200	13105
二、综合经济						
地区生产总值	万元	81451	465904	220159	292287	167989
第一产业增加值	万元	10294	37203	80602	120670	78077
农业增加值	万元	2143	22797	65765	82832	53731
牧业增加值	万元	8151	13051	12610	31129	21574
第二产业增加值	万元	41953	166291	49618	26123	16120
公共财政收入	万元	13039	46655	11810	18003	12203
各项税收	万元	12233	41648	9060	15709	9842
公共财政支出	万元	103431	206804	203297	296574	198311
居民储蓄存款余额	万元	31292	759154	54599	178100	114750
年末金融机构各项贷款余额	万元	21791	308227	96378	170500	130893
三、农业、工业及投资						
农业机械总动力	万千瓦特		8	1	19	8
机收面积	公顷		4	8533	15040	4100
设施农业占地面积	公顷	6	578	515	1437	23
粮食总产量	吨					
棉花产量	吨	392	2323	5246	7548	3634
油料产量	吨		266	704	502	2689
肉类总产量	吨	5210	14129	15380	28244	12872
规模以上工业企业单位数	个	3	6	5		1
规模以上工业总产值	万元	37309	116695	45727		3962
固定资产投资	万元	220842	510376	246223	270206	150286
四、教育、卫生和社会保障						
普通中学在校学生数	人	2218	18929	16005	34158	12937
中等职业教育学校在校学生数	人	74	5464	2642	3356	1632
小学在校学生数	人	4204	29559	29639	26944	22249
医疗卫生机构床位数	床	205	3819	1130	2599	17
各种社会福利收养性单位数	个	1	11	11	17	14
各种社会福利收养性单位床位数	床	48	767	451	565	310

2013年县(市)社会经济主要指标

新疆维吾尔自治区

指标	单位	洛浦县	策勒县	于田县	民丰县	伊宁市
一、基本情况						
行政区域面积	平方公里	14287	31592	39500	57575	761
乡个数	个	8	7	13	6	8
镇个数	个	1	1	2	1	1
街道办事处个数	个		1	2	1	8
户籍人口	万人	26	16	26	4	54
第二产业从业人员	人	6906	4621	8016	1189	27070
第三产业从业人员	人	6073	4689	3538	1544	84710
固定电话用户	户	5800	8230	9714	4123	97210
二、综合经济						
地区生产总值	万元	182868	128271	179148	67329	1636964
第一产业增加值	万元	52400	47328	60703	12964	65906
农业增加值	万元	40338	32699	34504	4217	43843
牧业增加值	万元	8602	13116	23941	7656	20342
第二产业增加值	万元	33825	17434	21292	11568	439427
公共财政收入	万元	10005	6836	10520	7999	210644
各项税收	万元	8261	5831	7305	5673	197979
公共财政支出	万元	184024	138811	196456	74183	369203
居民储蓄存款余额	万元	145645	68030	104695	38303	1749415
年末金融机构各项贷款余额	万元	122113	95533	130169	35891	2293717
三、农业、工业及投资						
农业机械总动力	万千瓦特	11	6	12	3	8
机收面积	公顷	7220	4576	10900	1060	10310
设施农业占地面积	公顷	67	75	263	25	1336
粮食总产量	吨					
棉花产量	吨	4068	4730	7994		1
油料产量	吨	1566	1861	2510	35	1493
肉类总产量	吨	10696	8848	20277	5169	13698
规模以上工业企业单位数	个	5	1	1		31
规模以上工业总产值	万元	31771	1657	7843		492538
固定资产投资	万元	186518	143259	200519	68488	2150690
四、教育、卫生和社会保障						
普通中学在校学生数	人	9629	5074	9235	1975	36268
中等职业教育学校在校学生数	人	1550	1064	2947		14638
小学在校学生数	人	20974	12883	20463	3097	49000
医疗卫生机构床位数	床	702	843	1426	276	3579
各种社会福利收养性单位数	个	11	9	13	2	7
各种社会福利收养性单位床位数	床	307	407	495	60	415

2013年县(市)社会经济主要指标

新疆维吾尔自治区

指　　标	单位	奎屯市	伊宁县	察布查尔锡伯自治县	霍城县	巩留县
一、基本情况						
行政区域面积	平方公里	1110	4682	4485	5430	4327
乡个数	个	1	16	11	5	4
镇个数	个		2	2	5	4
街道办事处个数	个	5				
户籍人口	万人	16	44	17	40	20
第二产业从业人员	人	7498	25989	3969	25765	4693
第三产业从业人员	人	25304	38542	14994	33652	22111
固定电话用户	户	77039	32525	29303	54321	34985
二、综合经济						
地区生产总值	万元	1264458	635347	350681	885179	347136
第一产业增加值	万元	62026	234130	138593	274414	121493
农业增加值	万元	43016	117339	83223	175810	64266
牧业增加值	万元	15484	110524	46573	93555	56032
第二产业增加值	万元	688824	219562	99447	216927	128381
公共财政收入	万元	164459	49532	32500	81553	16560
各项税收	万元	131997	43852	20637	21929	13186
公共财政支出	万元	208973	242600	163618	198927	139228
居民储蓄存款余额	万元	958683	232190	186866	409349	139800
年末金融机构各项贷款余额	万元	1090140	540856	187837	266028	158800
三、农业、工业及投资						
农业机械总动力	万千瓦特	1	30	21	21	21
机收面积	公顷	2838	66310	64760	37800	46400
设施农业占地面积	公顷		2792	187	557	180
粮食总产量	吨					
棉花产量	吨	2487	84	425	2864	
油料产量	吨	130	9729	9741	11264	4625
肉类总产量	吨	4602	48745	19526	38319	30514
规模以上工业企业单位数	个	32	28	12	19	10
规模以上工业总产值	万元	1073648	266467	167882	170263	140019
固定资产投资	万元	902185	690227	700754	632792	165167
四、教育、卫生和社会保障						
普通中学在校学生数	人	19066	21905	8416	14935	9713
中等职业教育学校在校学生数	人	428	1346	120	376	60
小学在校学生数	人	12485	38235	12745	24495	16990
医疗卫生机构床位数	床	2491	1417	653	1057	740
各种社会福利收养性单位数	个	6	3	1	5	2
各种社会福利收养性单位床位数	床	620	150	155	220	120

2013年县(市)社会经济主要指标

新疆维吾尔自治区

指　　标	单位	新源县	昭苏县	特克斯县	尼勒克县	塔城市
一、基本情况						
行政区域面积	平方公里	7422	11128	8066	10130	4353
乡个数	个	4	9	5	10	4
镇个数	个	7	1	3	1	2
街道办事处个数	个					3
户籍人口	万人	29	19	17	18	16
第二产业从业人员	人	9049	3086	7419	8985	3967
第三产业从业人员	人	23126	14090	16212	19982	24398
固定电话用户	户	46530	26720	18762	20100	45000
二、综合经济						
地区生产总值	万元	759556	362534	185625	405489	667701
第一产业增加值	万元	236803	163713	76798	123489	129135
农业增加值	万元	91722	77447	22750	34095	78761
牧业增加值	万元	119853	85561	53642	87153	48360
第二产业增加值	万元	331130	66039	28459	203000	146590
公共财政收入	万元	58346	12257	16286	42668	40981
各项税收	万元	45920	10387	11706	41161	36286
公共财政支出	万元	180856	156112	144802	165773	156915
居民储蓄存款余额	万元	334999	99432	104474	161000	416600
年末金融机构各项贷款余额	万元	347265	176068	112241	140500	516200
三、农业、工业及投资						
农业机械总动力	万千瓦特	27	15	11	14	28
机收面积	公顷	56150	54300	30300	34000	79450
设施农业占地面积	公顷	180	73	505	190	667
粮食总产量	吨					
棉花产量	吨					
油料产量	吨	5732	35992	10794	4277	893
肉类总产量	吨	41583	27424	18439	32821	15418
规模以上工业企业单位数	个	12	6	6	10	5
规模以上工业总产值	万元	488542	39400	50846	233934	124479
固定资产投资	万元	313878	238129	126609	266531	342442
四、教育、卫生和社会保障						
普通中学在校学生数	人	19084	9156	8133	7632	11663
中等职业教育学校在校学生数	人			283	159	1765
小学在校学生数	人	26716	13165	15781	14803	10536
医疗卫生机构床位数	床	1165	483	655	750	748
各种社会福利收养性单位数	个	4	1	1	5	3
各种社会福利收养性单位床位数	床	320	120	40	342	420

2013年县(市)社会经济主要指标

新疆维吾尔自治区

指标	单位	乌苏市	额敏县	沙湾县	托里县	裕民县
一、基本情况						
行政区域面积	平方公里	13729	9532	13110	19670	6220
乡个数	个	10	12	3	4	4
镇个数	个	7	4	9	3	2
街道办事处个数	个	3				
户籍人口	万人	23	17	22	10	5
第二产业从业人员	人	4692	1820	7000	2149	902
第三产业从业人员	人	11321	10510	24000	2085	3794
固定电话用户	户	44400	45955	39416	7610	15600
二、综合经济						
地区生产总值	万元	1430169	535035	1121193	408320	125675
第一产业增加值	万元	302158	142426	387730	48185	42347
农业增加值	万元	223359	77235	270699	19850	24425
牧业增加值	万元	75582	62820	114161	27850	17231
第二产业增加值	万元	864585	218037	313315	285740	29177
公共财政收入	万元	118981	36730	61188	31517	6588
各项税收	万元	75582	28299	49278	22164	5228
公共财政支出	万元	243545	174122	173932	135935	99185
居民储蓄存款余额	万元	646722	258812	577534	110703	94245
年末金融机构各项贷款余额	万元	737637	266497	557394	76592	67272
三、农业、工业及投资						
农业机械总动力	万千瓦特	63	28	59	10	14
机收面积	公顷	21600	68465	68465	16000	38340
设施农业占地面积	公顷	1242	57	57	27	3
粮食总产量	吨					
棉花产量	吨	114341		132702	540	
油料产量	吨	1550	2521	7453	1941	9260
肉类总产量	吨	36063	26986	49757	13976	11495
规模以上工业企业单位数	个	15	5	24	10	
规模以上工业总产值	万元	1034386	27197	418987	110826	
固定资产投资	万元	720834	527539	557052	251876	86069
四、教育、卫生和社会保障						
普通中学在校学生数	人	13235	8864	14744	4780	2287
中等职业教育学校在校学生数	人	555				
小学在校学生数	人	13529	11897	14047	8956	3721
医疗卫生机构床位数	床	1368	521	733	337	220
各种社会福利收养性单位数	个	3	1	5	1	1
各种社会福利收养性单位床位数	床	159	70	300	70	102

2013 年县(市)社会经济主要指标

新疆维吾尔自治区

指　　标	单位	和布克赛尔蒙古自治县	阿勒泰市	布尔津县	富蕴县	福海县
一、基本情况						
行政区域面积	平方公里	33460	11481	10357	32186	32035
乡个数	个	7	7	5	6	5
镇个数	个	1	4	2	4	1
街道办事处个数	个		3			
户籍人口	万人	5	20	7	10	7
第二产业从业人员	人	2345	2670	4682	4467	5975
第三产业从业人员	人	6128	17086	4680	6886	8003
固定电话用户	户	12661	87200	12500	35521	16987
二、综合经济						
地区生产总值	万元	310616	519316	165159	483733	177408
第一产业增加值	万元	33724	75485	30040	63228	71687
农业增加值	万元	15412	39922	14142	21451	44791
牧业增加值	万元	18061	34570	14884	40841	23020
第二产业增加值	万元	220407	110050	65359	332459	32051
公共财政收入	万元	83137	46611	22975	111280	26438
各项税收	万元	76325	40906	15000	101560	22123
公共财政支出	万元	133895	213477	119037	244392	129648
居民储蓄存款余额	万元	118615	477366	11807	161594	145908
年末金融机构各项贷款余额	万元	131384	595581	119381	188019	144998
三、农业、工业及投资						
农业机械总动力	万千瓦特	5	2		11	15
机收面积	公顷	9530				47633
设施农业占地面积	公顷		3102	3	3	15
粮食总产量	吨					
棉花产量	吨	10428				
油料产量	吨	5992	37228	21979	11038	42494
肉类总产量	吨	13471	17554	10819	14387	11638
规模以上工业企业单位数	个	7	11	7	18	7
规模以上工业总产值	万元	151336	138730	71724	478294	49049
固定资产投资	万元	620831	430953	312000	609344	170094
四、教育、卫生和社会保障						
普通中学在校学生数	人	2497	10203	3427	4940	3381
中等职业教育学校在校学生数	人		3728	93		477
小学在校学生数	人	3957	11256	5791	8959	4996
医疗卫生机构床位数	床	484	1471	247	400	323
各种社会福利收养性单位数	个	2	1	4	3	2
各种社会福利收养性单位床位数	床	266	256	66	200	120

2013年县(市)社会经济主要指标

新疆维吾尔自治区

指　　　标	单位	哈巴河县	青河县	吉木乃县	石河子市	阿拉尔市
一、基本情况						
行政区域面积	平方公里	8186	15743	7146	457	5264
乡个数	个	6	4	5		1
镇个数	个	1	3	2	2	
街道办事处个数	个				5	4
户籍人口	万人	8	6	4	35	22
第二产业从业人员	人	5747	227	532	50940	19000
第三产业从业人员	人	10002	4710	4931	37929	36800
固定电话用户	户	13551	13134	9848	158405	70200
二、综合经济						
地区生产总值	万元	369818	123948	73401	2550000	1499317
第一产业增加值	万元	68435	31727	12649	120000	899255
农业增加值	万元	38179	13077	4798	87964	859914
牧业增加值	万元	27194	15860	7660	29401	30688
第二产业增加值	万元	229538	40006	33764	1480000	334541
公共财政收入	万元	55001	18292	5665	283125	39482
各项税收	万元	39387	11540	5700	234612	37504
公共财政支出	万元	142372	128396	87132	331783	58663
居民储蓄存款余额	万元	94638	69477	60482	1978306	386200
年末金融机构各项贷款余额	万元	96327	78819	52476	1910077	388600
三、农业、工业及投资						
农业机械总动力	万千瓦特	14	6	2	100	66
机收面积	公顷	33		7560	253099	107309
设施农业占地面积	公顷	15	162	19	241	105
粮食总产量	吨					
棉花产量	吨				38861	313054
油料产量	吨	43130	6415	3349	455	
肉类总产量	吨	12490	5083	4969	19657	18016
规模以上工业企业单位数	个	8	8	2	92	43
规模以上工业总产值	万元	244890	38416	40622	3899070	515048
固定资产投资	万元	380297	282950	164465	2607130	1236261
四、教育、卫生和社会保障						
普通中学在校学生数	人	4613	2081	1934	29491	9743
中等职业教育学校在校学生数	人		96		15247	
小学在校学生数	人	7947	5386	2875	22159	11883
医疗卫生机构床位数	床	388	230	110	3623	1064
各种社会福利收养性单位数	个	3	4	1	12	6
各种社会福利收养性单位床位数	床	142	60	60	2200	260

2013年县(市)社会经济主要指标

新疆维吾尔自治区

指　　标	单位	图木舒克市	五家渠市	北屯市
一、基本情况				
行政区域面积	平方公里	1927	710	911
乡个数	个			
镇个数	个		2	
街道办事处个数	个	3	3	
户籍人口	万人	13	12	5
第二产业从业人员	人	17194	23900	4600
第三产业从业人员	人	15934	24500	12000
固定电话用户	户	15299	32122	17600
二、综合经济				
地区生产总值	万元	481730	699558	191806
第一产业增加值	万元	176340	68180	16548
农业增加值	万元	160448	51208	13091
牧业增加值	万元	14397	15722	2137
第二产业增加值	万元	192929	5257	96585
公共财政收入	万元	18678	92917	14008
各项税收	万元	16585	89810	13683
公共财政支出	万元	33939	114764	20839
居民储蓄存款余额	万元	190744	456700	376009
年末金融机构各项贷款余额	万元	128401	861200	392894
三、农业、工业及投资				
农业机械总动力	万千瓦特	13	7	11
机收面积	公顷	51000		
设施农业占地面积	公顷		298	66
粮食总产量	吨			
棉花产量	吨	86822	18062	
油料产量	吨		1334	10652
肉类总产量	吨	10161	12665	7794
规模以上工业企业单位数	个	19	46	10
规模以上工业总产值	万元	238938	2468078	80589
固定资产投资	万元	669727	2377141	265052
四、教育、卫生和社会保障				
普通中学在校学生数	人	11102	10210	6000
中等职业教育学校在校学生数	人	1362	2059	348
小学在校学生数	人	17860	6956	4000
医疗卫生机构床位数	床	751	795	570
各种社会福利收养性单位数	个	3	3	2
各种社会福利收养性单位床位数	床	260	185	370

2

按主要经济指标分组县（市）资料

按公共财政收入分组的社会经济基本情况

指　　标	单　　位	公共财政收入(2013 年)			
		1 亿元以下	1—5 亿元	5—10 亿元	10 亿元以上
一、基本情况					
县个数	个	173	761	501	644
行政区域面积	平方公里	1847930	3368002	1806178	1892646
乡个数	个	1309	5287	3216	2354
镇个数	个	540	4964	4815	7042
街道办事处个数	个	32	461	513	1622
户籍人口	万人	1777	25989	28759	44971
第二产业从业人员	人	1178367	21919854	28993210	81733704
第三产业从业人员	人	1278702	29481747	34436395	71071252
固定电话用户	户	1142971	22495361	26559565	75226341
二、综合经济					
地区生产总值	万元	23895172	483354358	650672916	2219178367
第一产业增加值	万元	6498618	118205785	133039636	212932759
农业增加值	万元	3522215	73645450	77480630	117715911
牧业增加值	万元	2520298	33776747	37878676	56672557
第二产业增加值	万元	8104357	211870498	311864347	1238746018
公共财政收入	万元	827672	22077334	35578649	170544489
各项税收	万元	810728	20398835	31450459	181456863
公共财政支出	万元	15399848	124735443	111879700	256338480
居民储蓄存款余额	万元	14895839	335086403	411898730	1185834646
年末金融机构各项贷款余额	万元	11209606	242855158	299928432	1365539177
三、农业、工业及投资					
农业机械总动力	万千瓦特	1705	25727	24469	37669
机收面积	公顷	956596	19974862	17368161	27200825
设施农业占地面积	公顷	25181	732306	711566	1849585
粮食总产量	吨				
棉花产量	吨	40982	2147414	1351771	2022979
油料产量	吨	389671	8416940	10188251	12770696
肉类总产量	吨	1263793	20636490	25358315	42529655
规模以上工业企业单位数	个	914	26964	41684	169508
规模以上工业总产值	万元	9341108	501345029	859548630	4170867036
固定资产投资	万元	26327890	432674258	515238997	1469563721
四、教育、卫生和社会保障					
普通中学在校学生数	人	661833	12058561	13544213	21401849
中等职业教育学校在校学生数	人	65303	1493788	1890992	3654383
小学在校学生数	人	1271597	17728627	19753303	29455030
医疗卫生机构床位数	床	47149	749060	834369	1609624
各种社会福利收养性单位数	个	733	7719	9174	13989
各种社会福利收养性单位床位数	床	37127	653605	753448	1537810

公共财政收入达10亿元的县(市)分布

(2013年)

单位:万元

省(区、市)	县(市)	公共财政收入
北京市	大兴区	523927
	怀柔区	267026
	平谷区	239711
	密云县	254207
	延庆县	100180
天津市	宝坻区	414108
	宁河县	282000
	静海县	1066013
	蓟县	701206
河北省	正定县	104072
	藁城市	154700
	鹿泉市	134078
	丰南区	248040
	丰润区	210720
	曹妃甸区	486879
	滦县	141200
	乐亭县	100710
	遵化市	127613
	迁安市	371587
	磁县	150499
	武安市	306949
	沙河市	100575
	涿州市	180514
	定州市	132859
	任丘市	217513
	黄骅市	122412
	固安县	177290
	香河县	195217
	霸州市	168487
	三河市	542820
山西省	平定县	100338
	长治县	221271
	襄垣县	223605
	长子县	100792
	沁源县	145190
	沁水县	104552
	阳城县	100336
	泽州县	133010
	高平市	126366
	山阴县	125915
	怀仁县	112616
	灵石县	158943
	介休市	117255
	河津市	182748
	襄汾县	140916
	洪洞县	234803
	乡宁县	220681
	蒲县	148840
	霍州市	156619
	离石区	121606
	柳林县	300582
	孝义市	251944
内蒙古自治区	托克托县	232654
	和林格尔县	198570
	土默特右旗	178607
	达尔罕茂明安联合旗	133622
	扎鲁特旗	108017
	霍林郭勒市	228638
	东胜区	966716
	达拉特旗	190817
	准格尔旗	738579
	鄂托克前旗	116630
	鄂托克旗	271674
	乌审旗	185359
	伊金霍洛旗	751080
	海拉尔区	111117
	满洲里市	128086
	临河区	171258
	集宁区	245394
	锡林浩特市	224869
	东乌珠穆沁旗	116871
	西乌珠穆沁旗	161972
	阿拉善左旗	238994
辽宁省	辽中县	246077
	康平县	169590
	法库县	277348
	新民市	299662
	瓦房店市	765600
	普兰店市	486042
	庄河市	515924
	台安县	110099
	岫岩满族自治县	151080
	海城市	410017
	新宾满族自治县	107290
	清原满族自治县	138989
	本溪满族自治县	197480
	桓仁满族自治县	148823
	宽甸满族自治县	235810
	东港市	358511
	凤城市	311277
	黑山县	126700
	义县	117266
	凌海市	236018
	北镇市	193453
	盖州市	228021
	大石桥市	279493
	阜新蒙古族自治县	117164
	辽阳县	281257
	灯塔市	259779
	大洼县	393134
	盘山县	371564
	铁岭县	162122
	昌图县	105681
	调兵山市	229541
	开原市	249168
	朝阳县	136527
	建平县	251205
	北票市	221120

续表1

单位：万元

省(区、市)	县(市)	公共财政收入
	凌源市	146077
	绥中县	171610
	兴城市	132741
吉林省	农安县	133815
	九台市	159395
	榆树市	107000
	德惠市	120397
	桦甸市	157255
	磐石市	133699
	公主岭市	165204
	通化县	104722
	梅河口市	218059
	抚松县	110007
	前郭尔罗斯蒙古族自治县	120603
	延吉市	240800
	敦化市	122261
	珲春市	134005
黑龙江省	双城市	191263
	绥芬河市	103777
	安达市	160791
	肇东市	183552
上海市	奉贤区	660297
	崇明县	626167
江苏省	浦口区	753744
	江宁区	1563705
	六合区	627171
	溧水区	354008
	高淳区	255207
	锡山区	547432
	江阴市	1822785
	宜兴市	866131
	铜山区	600800
	丰县	312170
	沛县	460122
	睢宁县	319225
	新沂市	396198
	邳州市	488847
	武进区	1258427
	溧阳市	456018
	金坛市	258892
	吴中区	1005303
	吴江区	1295133
	常熟市	1385809
	张家港市	1541828
	昆山市	2435188
	太仓市	1001346
	通州区	611832
	海安县	466342
	如东县	406572
	启东市	585350
	如皋市	601318
	海门市	611749
	赣榆县	349262
	东海县	327753
	灌云县	308766
	灌南县	305348
	淮安区	280120
	淮阴区	338875
	涟水县	257388
	洪泽县	201353
	盱眙县	271299
	金湖县	182696
	盐都区	389354
	响水县	239849
	滨海县	290726
	阜宁县	294470
	射阳县	225000
	建湖县	384166
	东台市	524613
	大丰市	500666
	邗江区	479451
	江都区	415993
	宝应县	237190
	仪征市	283697
	高邮市	254408
	丹徒区	220700
	丹阳市	604228
	扬中市	271497
	句容市	305106
	姜堰区	269211
	兴化市	335279
	靖江市	494681
	泰兴市	382003
	宿豫区	189583
	沭阳县	581617
	泗阳县	262854
	泗洪县	241758
浙江省	萧山区	1265178
	余杭区	1261038
	桐庐县	221378
	淳安县	125465
	建德市	173139
	富阳市	463611
	临安市	261163
	鄞州区	1532853
	象山县	306867
	宁海县	331354
	余姚市	596390
	慈溪市	920508
	奉化市	265662
	永嘉县	208497
	平阳县	203581
	苍南县	236529
	瑞安市	447415
	乐清市	512937
	嘉善县	290035
	海盐县	246053
	海宁市	524888

续表 2

单位:万元

省(区、市)	县(市)	公共财政收入
	平湖市	422233
	桐乡市	455301
	德清县	309693
	长兴县	394376
	安吉县	247043
	绍兴县	775655
	新昌县	226028
	诸暨市	596047
	上虞市	431075
	嵊州市	227275
	武义县	142338
	浦江县	124634
	兰溪市	181333
	义乌市	633101
	东阳市	353118
	永康市	352966
	江山市	124000
	岱山县	105928
	玉环县	275990
	三门县	118035
	天台县	122958
	温岭市	438479
	临海市	325006
	青田县	119086
安徽省	长丰县	214867
	肥东县	232962
	肥西县	277895
	庐江县	155975
	巢湖市	173495
	芜湖县	213361
	繁昌县	223508
	南陵县	185068
	无为县	173685
	怀远县	126422
	凤台县	251079
	当涂县	295511
	含山县	131089
	和县	155782
	濉溪县	131080
	铜陵县	121903
	怀宁县	125144
	桐城市	151027
	歙县	118593
	来安县	107249
	全椒县	109413
	凤阳县	124019
	天长市	219226
	颍上县	138223
	霍邱县	221346
	涡阳县	200088
	蒙城县	173150
	利辛县	113415
	青阳县	106259
	郎溪县	133281
	广德县	164581
	宁国市	330551
福建省	闽侯县	478970
	连江县	378800
	罗源县	122628
	平潭县	133983
	福清市	431953
	长乐市	283511
	仙游县	215189
	永安市	162021
	惠安县	282218
	安溪县	196178
	永春县	122168
	石狮市	359008
	晋江市	1002874
	南安市	398160
	漳浦县	252859
	长泰县	180018
	东山县	154146
	南靖县	109169
	龙海市	616412
	邵武市	150153
	武夷山市	112438
	建瓯市	109066
	建阳市	124292
	上杭县	157811
	福安市	206511
	福鼎市	171983
江西省	南昌县	455737
	新建县	198218
	进贤县	113884
	浮梁县	100968
	乐平市	303916
	上栗县	165460
	芦溪县	112503
	九江县	125100
	武宁县	126022
	修水县	184819
	永修县	151049
	德安县	110758
	星子县	104268
	都昌县	102128
	湖口县	200303
	彭泽县	117171
	瑞昌市	206968
	共青城市	109718
	分宜县	265193
	余江县	146688
	贵溪市	411266
	南康市	135126
	吉安县	151578
	泰和县	100063
	安福县	106196
	奉新县	114504

续表 3

单位:万元

省(区、市)	县(市)	公共财政收入	省(区、市)	县(市)	公共财政收入
	万载县	103153		荣成市	522399
	上高县	118219		乳山市	244768
	丰城市	365177		沂南县	115016
	樟树市	236297		沂水县	180066
	高安市	180007		苍山县	113117
	南城县	114929		费县	119789
	东乡县	129946		平邑县	103361
	上饶县	110551		莒南县	146992
	广丰县	209548		临沭县	105723
	玉山县	113180		临邑县	107505
	万年县	101120		齐河县	223869
	婺源县	103591		禹城市	145135
	德兴市	202267		阳谷县	100061
山东省	长清区	137071		茌平县	222086
	平阴县	116876		东阿县	111262
	济阳县	146979		高唐县	112269
	章丘市	408910		临清市	135066
	胶州市	566377		无棣县	160850
	即墨市	642985		沾化县	101050
	平度市	596731		博兴县	234636
	莱西市	349146		邹平县	558319
	桓台县	263832		曹县	183001
	高青县	105018		单县	162009
	沂源县	162336		巨野县	209615
	滕州市	610186		郓城县	213418
	垦利县	181397		东明县	143711
	利津县	101339	河南省	中牟县	299143
	广饶县	350016		巩义市	300105
	龙口市	715686		荥阳市	201450
	莱阳市	110579		新密市	284149
	莱州市	464507		新郑市	380299
	蓬莱市	255449		登封市	271024
	招远市	415088		尉氏县	107560
	海阳市	221236		孟津县	100136
	临朐县	103888		新安县	150279
	昌乐县	180180		栾川县	150979
	青州市	343042		伊川县	131196
	诸城市	570856		偃师市	121193
	寿光市	706900		宝丰县	103507
	安丘市	137563		汝州市	168363
	高密市	363343		安阳县	106666
	昌邑市	233957		林州市	127022
	微山县	252566		长垣县	173210
	金乡县	100066		辉县市	219136
	嘉祥县	124321		沁阳市	121624
	汶上县	112636		襄城县	100006
	曲阜市	201090		禹州市	270369
	兖州市	419190		长葛市	151096
	邹城市	553289		渑池县	167617
	宁阳县	109516		陕县	109318
	东平县	100351		义马市	106818
	新泰市	361117		灵宝市	152688
	肥城市	319296		淅川县	159486
	文登市	414877		永城市	278766

续表 4

单位：万元

省（区、市）	县（市）	公共财政收入	省（区、市）	县（市）	公共财政收入
湖北省	济源市	346149		冷水江市	210013
	大冶市	312200		涟源市	135631
	丹江口市	221465	广东省	增城市	629948
	夷陵区	270759		从化市	296720
	宜都市	300003		斗门区	201394
	当阳市	200166		潮阳区	176155
	枝江市	202174		澄海区	188411
	襄州区	226200		禅城区	723227
	谷城县	121902		南海区	1461291
	老河口市	164990		顺德区	1540856
	枣阳市	210160		三水区	320171
	宜城市	177517		高明区	232706
	京山县	107433		新会区	383004
	钟祥市	132243		台山市	203256
	应城市	120018		开平市	188469
	汉川市	143405		鹤山市	188757
	麻城市	111700		电白县	125918
	武穴市	106800		高州市	108421
	赤壁市	131229		怀集县	105012
	广水市	168703		高要市	230460
	恩施市	155430		四会市	307226
	仙桃市	210019		惠阳区	577179
	潜江市	200036		博罗县	273250
	天门市	150245		惠东县	232642
湖南省	望城区	500638		梅县	143784
	长沙县	1297759		海丰县	132107
	宁乡县	483803		陆丰市	171689
	浏阳市	641803		阳东县	101161
	攸县	245004		阳春市	100349
	茶陵县	105273		清新区	118009
	醴陵市	364116		英德市	166380
	湘潭县	200068		潮安区	153401
	湘乡市	154316		普宁市	181749
	衡阳县	100819		新兴县	110579
	衡南县	128218	广西壮族自治区	横县	105776
	衡东县	108009		临桂区	139535
	耒阳市	202207		苍梧县	115706
	常宁市	136368		藤县	124069
	邵东县	154084		岑溪市	128788
	湘阴县	101009		北流市	110142
	汨罗市	190098		平果县	141531
	澧县	115408	海南省	琼海市	177667
	桃源县	126627		儋州市	115558
	石门县	100018		文昌市	185439
	安化县	105388		万宁市	123642
	沅江市	100203		东方市	103398
	桂阳县	225599		澄迈县	505513
	宜章县	150322		昌江黎族自治县	268919
	永兴县	204666		陵水黎族自治县	433018
	嘉禾县	101633	重庆市	綦江区	290852
	临武县	101343		大足区	272100
	资兴市	285358		长寿区	271563
	沅陵县	133571		江津区	384657
	新化县	109391		合川区	297448

续表 5 单位：万元

省(区、市)	县(市)	公共财政收入	省(区、市)	县(市)	公共财政收入
	永川区	322555		贞丰县	122071
	南川区	169506		凯里市	328890
	潼南县	121480		都匀市	134287
	铜梁县	187318		福泉市	155200
	荣昌县	201168	云南省	呈贡区	177460
	璧山县	381350		晋宁县	134325
	梁平县	131600		安宁市	269850
	丰都县	117889		富源县	138364
	垫江县	114371		宣威市	147000
	忠县	107754		新平彝族傣族自治县	100018
	开县	150161		腾冲县	149210
	云阳县	100285		楚雄市	163000
	奉节县	116517		开远市	157239
	秀山土家族苗族自治县	124782		蒙自市	194746
	酉阳土家族苗族自治县	103858		弥勒市	111274
四川省	新都区	401704		文山市	133000
	温江区	285111		景洪市	119798
	金堂县	141618		大理市	255962
	双流县	645970	陕西省	长安区	311600
	郫县	357362		高陵县	115100
	大邑县	112545		彬县	100118
	新津县	153139		韩城市	362896
	都江堰市	165270		安塞县	123673
	彭州市	155484		志丹县	225084
	崇州市	111555		吴起县	311389
	古蔺县	148551		黄陵县	103688
	广汉市	130239		神木县	501146
	什邡市	131161		府谷县	230690
	绵竹市	125547		靖边县	185040
	江油市	135006		定边县	185767
	峨眉山市	131056	甘肃省	永昌县	135267
	仁寿县	150483	青海省	格尔木市	180095
	彭山县	105160		天峻县	210302
	宣汉县	100116	宁夏回族自治区	永宁县	108862
	简阳市	140311		贺兰县	130241
	西昌市	288171		灵武市	157766
	会理县	140133	新疆维吾尔自治区	鄯善县	123200
贵州省	清镇市	199623		哈密市	289093
	六枝特区	150912		昌吉市	264918
	水城县	200080		阜康市	150662
	盘县	449078		奇台县	109065
	遵义县	173927		博乐市	137894
	桐梓县	126915		库尔勒市	301001
	仁怀市	237800		阿克苏市	150419
	七星关区	163747		库车县	274847
	大方县	135948		拜城县	104687
	黔西县	115829		喀什市	214654
	金沙县	503617		伊宁市	210644
	织金县	141055		奎屯市	164459
	纳雍县	122196		乌苏市	118981
	兴义市	273192		富蕴县	111280
	兴仁县	119041		石河子市	283125

按农民人均纯收入分组的社会经济基本情况

指　　标	单　　位	农民人均纯收入(2013 年)			
		5000 元以下	5000—10000 元	10000—15000 元	15000 元以上
一、基本情况					
县个数	个	244	1139	582	114
行政区域面积	平方公里	1322575	4437964	2528480	625738
乡个数	个	2226	7702	2070	168
镇个数	个	1193	9593	5531	1044
街道办事处个数	个	179	880	1113	456
户籍人口	万人	6750	54235	32951	7559
第二产业从业人员	人	4879473	53914196	47597673	27433793
第三产业从业人员	人	6414016	66978737	45776377	17098966
固定电话用户	户	4644295	47555079	48393534	24831330
二、综合经济					
地区生产总值	万元	105080434	1090826971	1427590028	753603380
第一产业增加值	万元	21064061	227244800	182479427	39888511
农业增加值	万元	12859208	133150625	104958322	21396052
牧业增加值	万元	6401192	66727334	50102822	7616930
第二产业增加值	万元	44615140	525087634	782879469	418002977
公共财政收入	万元	7558634	67696581	94979820	58793109
各项税收	万元	7143866	56821184	89241987	80909849
公共财政支出	万元	38450873	231947599	167856723	70098276
居民储蓄存款余额	万元	78209430	731166692	710227711	428111786
年末金融机构各项贷款余额	万元	71432419	545988677	670297004	631814273
三、农业、工业及投资					
农业机械总动力	万千瓦特	5046	45471	33167	5885
机收面积	公顷	3164275	32182018	26413818	3740332
设施农业占地面积	公顷	102828	1378256	1400847	436707
粮食总产量	吨				
棉花产量	吨	410081	2214055	2538747	400263
油料产量	吨	1129176	18106944	10510975	2018463
肉类总产量	吨	4187692	44385050	35637811	5577700
规模以上工业企业单位数	个	4998	64710	101586	67776
规模以上工业总产值	万元	89232462	1343105717	2587932598	1520831026
固定资产投资	万元	104496071	925303263	1017820814	396184718
四、教育、卫生和社会保障					
普通中学在校学生数	人	3275539	25814613	14952694	3623610
中等职业教育学校在校学生数	人	282297	3677284	2383162	761723
小学在校学生数	人	5274802	37546939	20235414	5151402
医疗卫生机构床位数	床	188669	1577749	1120886	352898
各种社会福利收养性单位数	个	1797	16962	10132	2724
各种社会福利收养性单位床位数	床	126040	1409029	1041541	405380

农民人均纯收入达1.5万元的县(市)分布

（2013年）

单位:元

省(区、市)	县(市)	农民人均纯收入	省(区、市)	县(市)	农民人均纯收入
北京市	大兴区	17044		海门市	16920
	怀柔区	16356		东台市	15312
	平谷区	16865		大丰市	15166
	密云县	16202		邗江区	15882
	延庆县	15504		江都区	15206
天津市	宝坻区	16832		丹阳市	16983
河北省	迁安市	15930		扬中市	18644
内蒙古自治区	海拉尔区	19080		靖江市	15347
	额尔古纳市	17310	浙江省	萧山区	23077
	锡林浩特市	16886		余杭区	22647
	阿巴嘎旗	16502		桐庐县	16986
	东乌珠穆沁旗	19354		富阳市	19380
	西乌珠穆沁旗	16572		临安市	17561
辽宁省	长海县	27550		鄞州区	23156
	台安县	16340		象山县	18127
黑龙江省	东宁县	16695		宁海县	18431
	漠河县	16363		余姚市	19864
上海市	奉贤区	18465		慈溪市	22702
江苏省	浦口区	16681		奉化市	19442
	江宁区	16820		瑞安市	17553
	六合区	16063		乐清市	19094
	溧水区	16065		嘉善县	20382
	高淳区	16565		海盐县	20683
	江阴市	21882		海宁市	21359
	宜兴市	18783		平湖市	20439
	武进区	20565		桐乡市	20298
	溧阳市	16985		德清县	19570
	金坛市	17371		长兴县	19341
	吴中区	21412		安吉县	17617
	吴江区	21436		绍兴县	24173
	常熟市	21691		新昌县	16190
	张家港市	21689		诸暨市	21180
	昆山市	21793		上虞市	19608
	太仓市	21605		嵊州市	16522
	通州区	15710		义乌市	21273
	启东市	15766		东阳市	16634

续表

单位:元

省(区、市)	县(市)	农民人均纯收入	省(区、市)	县(市)	农民人均纯收入
	永康市	16243		荣成市	17670
	岱山县	20726	湖南省	望城区	21462
	嵊泗县	19740		长沙县	20786
	玉环县	20229		宁乡县	17894
	温岭市	18403		浏阳市	21035
	临海市	15390		攸县	16926
福建省	福清市	15061		醴陵市	17169
	石狮市	17952		韶山市	16576
	晋江市	15213		冷水江市	15407
山东省	章丘市	15294	广东省	增城市	15858
	胶州市	15690		禅城区	18978
	即墨市	15682		南海区	18516
	平度市	15269		顺德区	18111
	莱西市	15302		惠阳区	16235
	桓台县	15091	四川省	温江区	15345
	长岛县	16588	甘肃省	肃北蒙古族自治县	16213
	龙口市	17075		阿克塞哈萨克族自治县	17340
	莱州市	16205	新疆维吾尔自治区	呼图壁县	15070
	蓬莱市	16350		玛纳斯县	16310
	招远市	16284		库尔勒市	15057
	文登市	16311		若羌县	24381

附录：主要指标解释

主要指标解释

行政区域面积 指辖区内的全部陆地面积和水域面积。包括耕地、荒山、荒地、山林、草原、滩涂、道路和建筑物占地等陆地面积，以及河流、湖泊、水库等水域面积。

乡个数 指农村中经省、自治区、直辖市人民政府批准成立的乡一级行政区划的数量。

镇个数 指农村中经省、自治区、直辖市人民政府批准成立的镇一级行政区划的数量。

户籍人口 指年末户籍在本行政区域内的人口数，即公安部门户籍人口。

第二产业从业人员 指从事采矿业，制造业，电力、煤气及水的生产和供应业，建筑业人员。

第三产业从业人员 指从事第一、二产业以外的其他行业人员。

固定电话用户 指在电信运营企业营业网点办理开户登记手续并已接入固定电话网上的全部电话用户。包括普通电话用户、公用电话用户、窄带综合业务数字网(N-ISDN)用户、智能网专用接入终端用户等。

地区生产总值 指按市场价格计算的一个地区所有常住单位在一定时期内生产活动的最终成果。

三次产业划分 根据《国民经济行业分类》(GB/T 4754—2011)，三次产业的划分标准：

第一产业是指农、林、牧、渔业(不含农、林、牧、渔服务业)。

第二产业是指采矿业(不含开采辅助活动)，制造业(不含金属制品、机械和设备修理业)，电力、热力、燃气及水生产和供应业，建筑业。

公共财政收入 包括国内增值税、营业税、企业所得税、个人所得税、资源税、城市维护建设税、房产税、印花税、城镇土地使用税、土地增值税、车船税、耕地占用税、契税、烟叶税、其他各项税收等税收收入，和专项收入、行政事业性收费收入、罚没收入、国有资本经营收入、国有资源(资产)有偿使用收入、其他收入等非税收入。

各项税收 包括增值税、消费税、营业税、企业所得税、企业所得税退税、个人所得税、资源税、固定资产投资方向调节税、城市维护建设税、房产税、印花税、城镇土地使用税、土地增值税、车船税、耕地占用税、契税、烟叶税、其他税收收入。

公共财政支出 包括一般公共服务、国防、公共安全、教育、科学技术、文化体育与传媒、社会保障就业、医疗卫生、环境保护、城乡社区事务、农林水事务、交通运输等方面的支出。

居民储蓄存款余额 指城乡居民在某一时点上在银行和其他金融机构的本(人民币)、外币储蓄存款总额。不包括居民的手存现金和工矿企业、部队、机关、团体等单位存款。

年末金融机构各项贷款余额 指年终时银行或其他信用机构根据必须归还的原则，按一定利率，为企业、个人等提供资金贷款的总额。

农业机械总动力 指全部农业机械动力的额定功率之和。农业机械是指用于种植业、畜牧业、渔业、农产品初加工、农用运输和农田基本建设等活动的机械及设备。

机收面积 指本年度内利用联合收割机或机动收割机等动力机械收获各种农作物的面积。它按收获面积计算，收获多少计算多少。

设施农业占地面积 设施农业是指以工厂化生产方式，建造人工设施，改变气候条件，提高农作物抵御自然灾害的能力，改良生物特性，使作物实现错季或反季节生产，达到农作物均衡生产的目的.包括温室、大棚和中小棚。设施占地面积指三类面积的总和。一是实际使用面积，指沿墙内侧的围绕面积；二是墙体面积，指设施的墙体等其他支撑体自身的占地面积；三是采光占用面积，指设施距遮光物体(其他设施、房屋等)的必要距离所占的面积。

粮食总产量 指农业生产经营者日历年度内生产的全部粮食数量。按收获季节包括夏收粮食、早稻和秋收粮食，按作物品种包括谷物、薯类和豆类。其中谷物包括小麦、玉米、早稻、中稻和一季晚稻、双季晚稻、大麦、高粱、谷子、荞麦等禾本科和蓼科粮食作物；薯类只包括马铃薯、甘薯，木薯统计在其它农作物，芋头等其它薯统计在其它蔬菜；豆类包括大豆、绿豆、红小豆、杂豆等。谷物产量按脱粒后的原粮计算，薯类按鲜薯重量的5:1折算，豆类按去豆荚后的干豆计算。

棉花产量 按皮棉计算。3公斤籽棉折1公斤皮棉。不包括木棉。

油料产量 指全部油料作物的生产量。包括花生、油菜籽、芝麻、向日葵籽、胡麻籽(亚麻籽)和其他油料。不包括大豆、木本油料和野生油料。花生以带壳干花生计算。

肉类总产量 指报告期内各种牲畜及家禽、兔等动物肉产量总计。猪、牛、羊、马、驴、骡、骆驼肉产量按去掉头蹄下水后带骨肉的胴体重量计算,兔禽肉产量按屠宰后去毛和内脏后的重量计算。

规模以上工业企业单位数 指年主营业务收入2000万元以上的工业法人企业个数。

工业总产值 指工业企业在报告期内生产的以货币形式表现的工业最终产品和提供工业劳务活动的总价值量。

固定资产投资 指城镇和农村各种登记注册类型的企业、事业、行政单位及城镇个体户进行的计划总投资500万元及500万元以上的建设项目投资和房地产开发投资。包括原口径的城镇固定资产投资加上农村企事业组织项目投资,不含农户投资。

普通中学在校学生数 指学年开学后,在普通中学学习具有学籍的学生总数,包括留级生,不包括复读生和补习生。

小学在校学生数 指学年开学后,在普通小学学习具有学籍的学生总数,包括留级生,不包括复读生和补习生。

医疗卫生机构床位数 指各级各类医院年底的固定实有床位(非编制床位),包括正规床、简易床、监护床、正在消毒和修理床位、因扩建或大修而停用的床位,不包括产科新生儿床、接产室待产床、库存床、观察床、临时加床和病人家属陪侍床。

各种社会福利收养性单位数 指提供食宿、不以盈利为目地的革命伤残军人休养院、复退军人慢性病疗养院、复退军人精神病院、光荣院、社会福利院、儿童福利院、精神病福利院、老年收养性机构(敬老院、养老院、老年公寓)等收养性的社会福利事业单位的总称。这些单位,分事业单位、企业和民办非企业3类。

各种社会福利收养性单位床位数 指收养性单位报告期末床位的实际收养能力。对于炕、通铺,以正常可容纳人员数量折算床位数。

2014

CHINA STATISTICAL YEARBOOK (TOWNSHIP)

中国县域统计年鉴(乡镇卷)

国家统计局农村社会经济调查司 编

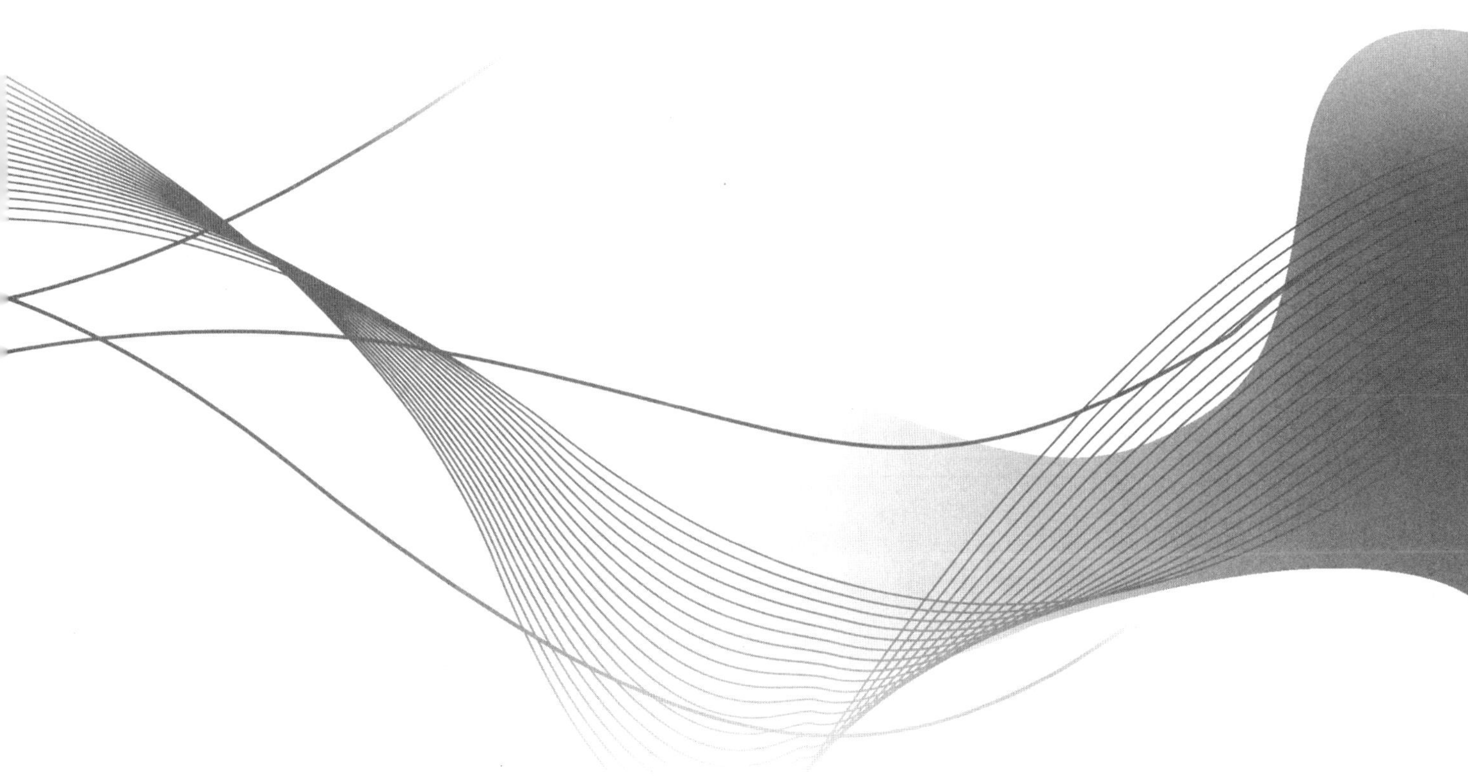

图书在版编目 (CIP) 数据

中国县域统计年鉴 . 2014. 乡镇卷 / 国家统计局农村社会经济调查司编 . -- 北京 : 中国统计出版社 , 2014.10
ISBN 978-7-5037-7300-6

Ⅰ . ①中 … Ⅱ . ①国 … Ⅲ . ①乡镇经济－经济统计－中国－ 2014 －年鉴 Ⅳ . ① F127-54

中国版本图书馆 CIP 数据核字 (2014) 第 215782 号

中国县域统计年鉴—2014

作　　者 / 国家统计局农村社会经济调查司
责任编辑 / 许立舫
出版发行 / 中国统计出版社
通信地址 / 北京市丰台区西三环南路甲 6 号　邮政编码 /100073
电　　话 / 邮购 (010) 63376909　书店 (010) 68783171
网　　址 / http://csp.stats.gov.cn
印　　刷 / 河北天普润印刷厂
经　　销 / 新华书店
开　　本 / 880×1230 毫米　1/16
字　　数 / 1510 千字
印　　张 / 47.75
版　　别 / 2014 年 10 月第 1 版
版　　次 / 2014 年 10 月第 1 次印刷
定　　价 / 550. 00 元 (全套)

如有印装差错，由本社发行部调换。

《中国县域统计年鉴（乡镇卷）-2014》
编辑委员会

编 者 说 明

《中国县域统计年鉴》从2014年开始分为《中国县域统计年鉴（县市卷）》和《中国县域统计年鉴（乡镇卷）》两卷。在本年鉴中，增加了“乡镇基本情况”和“主要指标全国前1000位乡镇资料”两部分内容。

一、《中国县域统计年鉴（乡镇卷）-2014》收录了2013年全国30000多个乡镇的基本情况、人口与就业、财政收支、农业、工业及建筑业、贸易及餐饮、教育、文化、卫生、社会保障等方面的资料。

二、本卷的资料范围包括全国除香港特别行政区、澳门特别行政区和台湾省以外的所有乡镇，行政区划截止到2013年10月31日。

三、本卷主要内容包括三个部分：一是乡镇社会经济主要指标；二是乡镇社会经济综合情况；三是主要指标居全国前1000位乡镇资料。卷末另附主要指标解释。

四、本卷的资料来自2013年乡镇社会经济统计年报。

五、本卷指标项空栏有如下情况：

（1）该项数据较小，不够规定单位。

（2）该项指标在当年没有统计任务，没有统计数据。

（3）该项指标未掌握确切数据。

六、咨询服务电话：010-68782830。

编　者

2014年8月

目录

一、乡镇基本情况

二、乡镇社会经济综合情况

三、主要指标居全国前 1000 位乡镇资料

附 录

乡镇基本情况

乡镇基本情况

计算单位：公顷、个、人

名　　称	行政区域面积	村民委员会	常住人口	城镇建成区总人口	从业人员	二三产业从业人员	工业企业单位
北京市							
丰台区长辛店镇	6302	9	34438	3099	19470	16634	70
丰台区王佐镇	6250	8	45950	34158	21400	19080	35
门头沟区潭柘寺镇	7983	12	8388	4237	4540	3761	3
门头沟区军庄镇	3347	8	13302	8064	5903	5378	23
门头沟区雁翅镇	26389	23	8143	787	4200	2470	1
门头沟区斋堂镇	38234	29	13458	3637	6051	3676	6
门头沟区清水镇	33527	32	9797	2158	5705	3683	4
门头沟区妙峰山镇	11261	17	9759	1618	5164	3996	12
房山区阎村镇	4851	22	40632	6502	18780	16635	400
房山区窦店镇	6524	30	68744	32344	22354	18578	82
房山区石楼镇	4229	12	31158	4473	15152	10955	19
房山区长阳镇	9133	36	76686	11768	46061	41986	252
房山区河北镇	6787	19	23302	8331	8668	6632	7
房山区长沟镇	3811	18	29768	12000	17342	13651	49
房山区大石窝镇	9155	24	40737	11704	23165	15290	170
房山区张坊镇	11870	15	21708	2695	10863	7651	19
房山区十渡镇	19206	21	10830	1885	6156	4082	11
房山区青龙湖镇	9585	32	45898	8536	23228	18902	172
房山区韩村河镇	10081	27	40389	5433	19830	13418	76
房山区霞云岭乡	20730	15	9572		5476	2610	
房山区南窖乡	4016	8	5887		3401	1914	2
房山区佛子庄乡	14870	18	12912		7068	4327	
房山区大安山乡	6229	8	11332		5726	3600	
房山区史家营乡	10987	12	11400		4005	1445	
房山区蒲洼乡	8643	8	3176		1868	842	
通州区宋庄镇	11593	47	108958	36118	62824	54253	616
通州区张家湾镇	10543	57	76330	3450	45961	40913	578
通州区漷县镇	11360	61	80871	20790	31674	19053	437
通州区马驹桥镇	8200	45	97644	33865	56138	52171	635
通州区西集镇	9096	57	42534	2737	20365	12290	298
通州区台湖镇	8130	46	112227	5488	56756	54433	481
通州区永乐店镇	10500	38	42447	8758	21135	12194	147
通州区潞城镇	7000	54	79968	2658	43957	39452	476
通州区于家务回族乡	6570	23	26086		14375	10740	86
顺义区高丽营镇	6110	25	37538	2509	20256	18599	254
顺义区李桥镇	7558	31	67137	3419	35582	31435	294
顺义区李遂镇	4000	16	20854	3340	10371	8771	113
顺义区南彩镇	5774	26	56096	5670	34359	32039	167
顺义区北务镇	3200	15	12571	3600	7848	5187	52
顺义区大孙各庄镇	7460	39	25386	2117	13067	9024	160
顺义区张镇	5345	29	24190	5600	10680	8599	105
顺义区龙湾屯镇	5660	13	15414	3893	9750	7323	78
顺义区木林镇	8347	26	33651	3012	16454	11940	130
顺义区北小营镇	5580	17	39096	8058	21118	19285	114
顺义区北石槽镇	3250	16	15221	1785	8158	6990	240
顺义区赵全营镇	6450	25	31817	3610	17700	16016	290
昌平区阳坊镇	4058	10	22417	10240	11462	10272	106
昌平区小汤山镇	7018	24	67060	19820	41921	36960	76

乡镇基本情况

计算单位：公顷、个、人

名　　称	行政区域面积	村民委员会	常住人口	城镇建成区总人口	从业人员	二三产业从业人员	工业企业单位
昌平区南邵镇	3519	16	25027	1581	16339	14476	56
昌平区崔村镇	6285	12	18328	1383	10453	8399	285
昌平区百善镇	3519	13	26589	6196	13499	10959	39
昌平区北七家镇	5665	19	248542	248542	200061	193953	147
昌平区兴寿镇	7503	21	31337	3869	17307	13010	77
昌平区流村镇	26936	28	21567	1078	12036	7808	16
昌平区十三陵镇	15730	38	28453	1400	18157	11282	23
昌平区延寿镇	12760	17	11212		6541	2538	9
大兴区青云店镇	7030	49	60367	9159	38357	31233	599
大兴区采育镇	7155	55	34445	12020	21664	15648	176
大兴区安定镇	7780	33	28966	5249	16544	7652	64
大兴区礼贤镇	9383	45	33677	7252	17900	7836	53
大兴区榆垡镇	13414	58	56112	17934	33721	18335	190
大兴区庞各庄镇	10940	53	53171	14176	32968	22733	123
大兴区北臧村镇	4740	23	33948	5660	21115	17214	242
大兴区魏善庄镇	8133	39	43434	3550	25538	16428	228
大兴区长子营镇	5971	42	33437	4130	22921	14979	150
怀柔区北房镇	5466	16	23002	7824	10763	8182	119
怀柔区杨宋镇	4721	15	19941	12152	9874	7292	60
怀柔区桥梓镇	10878	24	21200	3896	11358	8477	52
怀柔区怀北镇	10480	10	12477	1920	7569	5628	18
怀柔区汤河口镇	22560	22	9907	3992	4948	1990	10
怀柔区渤海镇	15277	21	15292	6473	7697	3344	13
怀柔区九渡河镇	17691	18	16200	2050	8768	3412	4
怀柔区琉璃庙镇	20500	25	7731	936	3766	1806	1
怀柔区宝山镇	25045	25	9888	1004	5761	2440	2
怀柔区长哨营满族乡	24140	24	8048	970	5097	2355	7
怀柔区喇叭沟门满族乡	30200	15	6022	560	3675	1304	
平谷区东高村镇	5700	22	27932	7297	16611	11869	43
平谷区山东庄镇	4400	12	17457	4006	9456	7428	62
平谷区南独乐河镇	6900	13	21275	4122	11412	5872	64
平谷区大华山镇	9700	20	16640	3430	11519	5405	24
平谷区夏各庄镇	6100	15	24221	7538	14014	11537	74
平谷区马昌营镇	2800	17	14996	3280	7212	5104	42
平谷区王辛庄镇	6700	21	28013	3108	15153	10819	87
平谷区大兴庄镇	3300	18	17400	2910	10521	8361	34
平谷区刘家店镇	3600	14	7465	1050	4583	777	7
平谷区镇罗营镇	8000	20	8350	1086	5039	2105	7
平谷区黄松峪乡	6100	7	5146	1800	3803	1427	6
平谷区熊儿寨乡	3500	8	3670	988	2667	1283	6
密云县鼓楼街道办事处	1306		106749	106749	58712	58125	6
密云县果园街道办事处	792		77555	77555	42655	42655	11
密云县檀营地区办事处	273		6234	6234	2900	2890	9
密云县密云镇	1370	6	16007	7911	8595	7167	82
密云县溪翁庄镇	8790	14	27173	12940	18233	14418	44
密云县西田各庄镇	12964	34	41051	8634	26635	18338	100
密云县十里堡镇	3080	12	25790	7925	18730	15280	167
密云县河南寨镇	6670	28	25085	7900	14642	9209	69
密云县巨各庄镇	10780	26	23255	4365	12522	7164	100
密云县穆家峪镇	10200	22	36071	4998	19839	12194	85

乡镇基本情况

计算单位:公顷、个、人

名　　称	行政区域面积	村民委员会	常住人口	城镇建成区总人口	从业人员	二三产业从业人员	工业企业单位
密云县太师屯镇	20200	34	34411	10892	22484	13320	34
密云县高岭镇	11144	21	18190	2333	10426	5394	19
密云县不老屯镇	19320	26	22712	2027	13257	5577	8
密云县冯家峪镇	21425	18	8319	580	4717	2239	24
密云县古北口镇	8410	9	10027	4457	6612	5329	19
密云县大城子镇	14400	22	15226	1905	8425	4639	5
密云县东邵渠镇	11000	14	12901	2995	7489	2956	18
密云县北庄镇	8350	11	10228	3230	6073	3923	14
密云县新城子镇	15702	18	9006	1042	5835	3051	15
密云县石城镇	25280	15	5701	998	3385	1801	6
延庆县百泉街道办事处	1004		30666	30666	14467	14467	42
延庆县香水园街道办事处	742		41155	41155	18235	17646	9
延庆县儒林街道办事处	624		23033	23033	11954	11691	2
延庆县延庆镇	6731	45	39530		23260	19502	314
延庆县康庄镇	10650	31	31499	9167	20878	15277	49
延庆县八达岭镇	9631	15	7734	3433	4365	3768	2
延庆县永宁镇	14713	36	25754	13753	14647	8865	15
延庆县旧县镇	10703	22	20798	5435	10890	6128	4
延庆县张山营镇	26345	32	20814	415	12125	6632	3
延庆县四海镇	11543	18	6356	1899	3436	1412	2
延庆县千家店镇	36349	19	10423	2557	5204	2792	2
延庆县沈家营镇	3111	22	11584	750	6647	4336	5
延庆县大榆树镇	6032	25	14468	1273	6700	4408	8
延庆县井庄镇	12612	31	10430	830	7341	3630	10
延庆县大庄科乡	12637	29	5110		3246	1366	6
延庆县刘斌堡乡	12191	16	7303		4033	1457	4
延庆县香营乡	11700	20	7924		4919	1771	30
延庆县珍珠泉乡	14428	15	3361		2054	790	6
天津市							
西青区中北镇	3976	23	42663	2140	23072	22873	836
西青区杨柳青镇	6517	25	130532	104882	49678	44701	653
西青区辛口镇	6279	18	49264	4516	25600	14645	227
西青区张家窝镇	6271	16	40495	40495	28132	27109	372
西青区精武镇	6873	18	40580	7078	22178	19842	472
西青区大寺镇	8914	15	114738	13046	56882	55654	361
西青区王稳庄镇	12010	15	38996	3021	21233	18542	1097
津南区咸水沽镇	6039	27	156017	108310	71853	71641	269
津南区葛沽镇	4410	25	64620	19164	30563	26467	220
津南区小站镇	6380	27	78319	31801	31106	31106	531
津南区双港镇	3016	16	37363	6636	17500	17050	614
津南区辛庄镇	2848	20	30766	6991	13265	13188	554
津南区双桥河镇	2730	16	31274	12853	16350	15953	379
津南区八里台镇	10600	15	54845	16147	28000	20960	403
津南区北闸口镇	3814	19	34082	10052	13911	13820	382
北辰区天穆镇	2700	15	35279	16634	18423	18332	896
北辰区北仓镇	3500	13	23179	6643	11374	10016	621
北辰区双街镇	4073	15	39188	9640	16939	16146	410
北辰区双口镇	7240	21	42557	12987	17681	8479	849
北辰区青光镇	4400	6	32167	10382	12910	10330	516
北辰区宜兴埠镇	2290	10	22539	2981	14220	13690	507

乡镇基本情况

计算单位:公顷、个、人

名　　称	行政区域面积	村民委员会	常住人口	城镇建成区总人口	从业人员	二三产业从业人员	工业企业单位
北辰区小淀镇	4300	5	36243	15637	14876	13488	487
北辰区大张庄镇	9815	31	34156	4866	14851	11859	612
北辰区西堤头镇	8965	10	38101	7160	14670	9915	420
武清区梅厂镇	7200	46	37124	11960	19262	13615	284
武清区大碱厂镇	3537	26	19790	4401	11438	6905	164
武清区崔黄口镇	9000	54	50841	8607	27342	20684	388
武清区大良镇	8120	55	41287	6847	18958	9987	210
武清区下伍旗镇	5000	34	24568	3867	13669	3113	174
武清区南蔡村镇	8000	48	43032	4497	20544	11429	300
武清区大孟庄镇	4650	21	24064	2512	11555	5628	36
武清区泗村店镇	5260	12	17802	3924	9036	2987	23
武清区河西务镇	7000	51	42527	16373	22796	8016	58
武清区城关镇	5600	30	25543	6081	13875	3793	95
武清区东马圈镇	3700	13	15726	3207	8911	5247	66
武清区黄花店镇	4800	22	24903	5770	13316	3949	165
武清区石各庄镇	4500	12	22742	8963	13775	6260	121
武清区王庆坨镇	5200	22	44385	30892	20135	16838	350
武清区汊沽港镇	5856	18	38542	19299	19178	11970	262
武清区河北屯镇	4497	31	31040	4452	16494	10154	124
武清区上马台镇	6708	18	23471	9981	11395	7553	140
武清区大王古庄镇	4808	17	24757	7620	11835	8223	198
武清区陈咀镇	6127	14	31470	5443	15105	8295	85
武清区豆张庄镇	6600	18	22800	3039	12309	6484	90
武清区曹子里镇	5600	33	21573	1017	12894	6197	293
武清区大黄堡镇	9600	28	17359	1330	8726	3683	118
武清区高村镇	4350	16	19274	2479	9927	4294	62
武清区白古屯镇	5167	21	21769	1657	12423	5737	58
宝坻区大口屯镇	8800	58	47459	6551	24651	8799	310
宝坻区大白庄镇	8200	20	15446	1597	7470	1887	168
宝坻区王卜庄镇	7000	49	32998	6294	16217	7941	360
宝坻区方家庄镇	4600	42	30273	3275	15688	7840	1009
宝坻区林亭口镇	10180	55	29950	7017	14607	5648	95
宝坻区八门城镇	10100	54	24868	3315	15821	10759	141
宝坻区大钟庄镇	9100	45	33884	2595	15467	10291	182
宝坻区新安镇	5600	46	31403	2992	18109	8707	580
宝坻区马家店镇	4330	22	26193	2268	10329	7474	680
宝坻区霍各庄镇	3800	33	25932	3130	13039	10484	71
宝坻区新开口镇	4050	22	25342	4671	14524	11469	168
宝坻区大唐庄镇	6000	18	12510	2452	8489	898	39
宝坻区高家庄镇	6300	46	40132	780	24368	9421	189
宝坻区口东镇	7000	31	28250	2230	13636	7776	231
宝坻区牛道口镇	6900	23	45799	2102	18590	7139	136
宝坻区史各庄镇	3900	26	25513	1296	9936	6681	179
宝坻区郝各庄镇	4500	21	18890	421	9863	5070	388
宝坻区周良庄镇	5000	26	9634	815	4003	2722	27
宝坻区牛家牌镇	6200	20	16855	1481	7515	3596	13
宝坻区尔王庄镇	7500	26	12598	1342	8204	842	17
宝坻区黄庄镇	10240	19	11232	3608	5052	1350	43
滨海新区新城镇	3200	5	27996	9676	12567	10749	82
滨海新区大田镇	1355	10	9592	2301	4893	2827	58

乡镇基本情况

计算单位：公顷、个、人

名　　称	行政区域面积	村民委员会	常住人口	城镇建成区总人口	从业人员	二三产业从业人员	工业企业单位
滨海新区杨家泊镇	6017	13	16966	3230	8744	2511	27
滨海新区茶淀镇	5239	17	24590		12892	5315	85
滨海新区太平镇	17493	19	32861	16748	17177	14532	362
滨海新区小王庄镇	9400	20	22591	3218	9911	8460	151
滨海新区中塘镇	8900	24	37548	7892	20484	18105	577
宁河县芦台镇	6286	37	112645	4426	61956	59651	558
宁河县宁河镇	8319	27	21978	623	8930	3285	281
宁河县苗庄镇	6230	30	16667	766	8258	3288	26
宁河县丰台镇	8500	28	26124	1861	8524	2283	306
宁河县岳龙镇	6568	21	13141	2111	6541	834	45
宁河县板桥镇	4709	19	9146		4569	1436	35
宁河县潘庄镇	11415	17	31366	6186	10566	5604	187
宁河县造甲城镇	10506	8	25517	8508	6475	3668	108
宁河县七里海镇	5934	15	26464	4428	12401	7375	62
宁河县大北涧沽镇	2548	11	13768	1996	5550	5090	723
宁河县东棘坨镇	16410	42	27864	395	13577	1775	128
宁河县北淮淀乡	6570	3	20216	11276	12128	7106	28
宁河县俵口乡	4571	8	19412	1815	6338	3119	90
宁河县廉庄子乡	4552	16	16702	759	6577	3365	158
静海县静海镇	8027	37	115972	104854	15638	11189	201
静海县唐官屯镇	11310	43	47439	12342	21205	13432	362
静海县独流镇	6440	28	36570	20140	16406	10265	225
静海县王口镇	7724	23	34201	18607	15209	8666	297
静海县台头镇	5660	18	25123	1665	10866	6374	140
静海县子牙镇	7416	21	36171	10967	16704	8636	320
静海县陈官屯镇	9250	24	31174	5860	14475	7208	296
静海县中旺镇	11840	29	35854	7524	16395	10103	168
静海县大邱庄镇	11900	26	105835	41615	63698	60230	650
静海县蔡公庄镇	6530	16	21238	4115	8894	4797	258
静海县梁头镇	8486	18	23246	4769	9458	6021	261
静海县团泊镇	2860	8	11374	5843	5130	4729	46
静海县双塘镇	4410	10	14224	5046	8860	6423	185
静海县大丰堆镇	5570	16	15615	3964	6126	4377	116
静海县沿庄镇	9870	24	35502	4025	19634	12258	421
静海县西翟庄镇	5590	12	14211	2057	5403	2958	43
静海县良王庄乡	5330	18	19697	3376	6887	2665	207
静海县杨成庄乡	6751	12	26123	3026	13875	9858	315
蓟县文昌街道办事处	700		109978		17950	17950	
蓟县渔阳镇	7017	70	40699	16779	21114	18368	334
蓟县洇溜镇	2828	33	24303	1236	10013	5839	163
蓟县官庄镇	8422	34	30981	3326	14130	9145	70
蓟县马伸桥镇	4350	42	33027	4348	13670	9844	352
蓟县下营镇	14364	35	20257	5043	9127	4701	40
蓟县邦均镇	3473	43	33531	19300	16907	7217	366
蓟县别山镇	8218	64	42989	2496	24238	20909	291
蓟县尤古庄镇	4997	44	25536	4623	13694	5876	62
蓟县上仓镇	4695	41	37150	4372	14364	7006	75
蓟县下仓镇	8529	67	46940	5891	22375	11620	268
蓟县罗庄子镇	9631	25	13232	1090	6851	3747	22
蓟县白涧镇	4331	19	19043	4510	9716	6869	32

乡镇基本情况

计算单位:公顷、个、人

名　　称	行政区域面积	村民委员会	常住人口	城镇建成区总人口	从业人员	二三产业从业人员	工业企业单位
蓟县五百户镇	4312	42	28315	77	12160	6481	90
蓟县侯家营镇	5558	43	37744	8000	20309	7043	146
蓟县桑梓镇	6876	44	38875	6140	17174	9267	78
蓟县东施古镇	2736	17	15939	1186	7609	3180	29
蓟县下窝头镇	4479	29	29065	1747	14103	9643	165
蓟县杨津庄镇	7103	52	36865	3650	15114	9743	145
蓟县出头岭镇	3490	36	34989	1529	16629	6274	143
蓟县西龙虎峪镇	4365	16	27404	3240	12548	5658	40
蓟县穿芳峪镇	5400	26	15748	2138	8028	5324	82
蓟县东二营镇	2833	31	18374	3223	10048	5800	55
蓟县许家台镇	4205	15	12084	3410	6860	6560	6
蓟县礼明庄镇	3617	37	24500	1038	11240	6677	247
蓟县东赵各庄镇	2943	31	21584	572	10645	6605	208
蓟县孙各庄乡	2548	13	6820	1730	3664	1432	5
河北省							
长安区西兆通镇	3000	7	41874	7405	9492	7088	160
长安区南村镇	3000	4	41702	5985	5273	5003	78
长安区高营镇	1600		26272	8401	10305	7270	41
桥东区桃园镇	1836		34563	34563	24146	24146	289
新华区大郭镇	1847	2	29687		20739	19013	75
新华区赵陵铺镇	830	3	51569	51569	5623	4873	182
新华区西三庄乡	1450	4	31650		6771	6641	46
新华区杜北乡	2499	7	24586		13228	11320	213
井陉矿区贾庄镇	3441		23992	8570	8109	7295	51
井陉矿区凤山镇	1913		14730	2126	4831	3626	42
井陉矿区横涧乡	1511		14930		5516	4156	34
裕华区宋营镇	2945	10	65235	8500	22531	19876	65
裕华区方村镇	1600	5	44005		33864	10844	199
井陉县微水镇	10021	27	66601	59480	20059	16871	75
井陉县上安镇	5711	13	36065	3902	11057	7353	70
井陉县天长镇	10106	49	41343	7976	18310	5950	28
井陉县秀林镇	5868	20	28460	17218	12200	7650	23
井陉县南峪镇	8088	13	15571	4050	6782	4737	18
井陉县威州镇	7947	23	28491	8098	13758	8779	52
井陉县小作镇	7997	19	18380	8468	9685	6375	32
井陉县南障城镇	10313	14	11274	2661	6908	3738	10
井陉县苍岩山镇	11917	19	9688	679	5692	3438	2
井陉县测鱼镇	16644	19	14782	3620	6516	2897	5
井陉县吴家窑乡	4581	11	14227		6480	3249	20
井陉县北正乡	1849	8	9470		4748	3333	12
井陉县于家乡	3345	12	6962		3250	2042	9
井陉县孙庄乡	5381	12	15908		8469	3685	10
井陉县南陉乡	4579	9	7528		4259	2158	11
井陉县辛庄乡	16101	38	9557		5391	2211	22
井陉县南王庄乡	7872	12	10263		4042	1545	2
正定县诸福屯街道办事处	3500		41296	7396	20186	14663	73
正定县三里屯街道办事处	1865		18127	2257	8028	3238	8
正定县正定镇	8447	39	72025	19975	36589	26993	384
正定县新城铺镇	3600	14	36245	10026	19021	13315	417
正定县新安镇	4100	14	38507	5419	22505	16425	311

乡镇基本情况

计算单位：公顷、个、人

名　　称	行政区域面积	村民委员会	常住人口	城镇建成区总人口	从业人员	二三产业从业人员	工业企业单位
正定县南牛乡	4000	16	46692		25324	17212	441
正定县南楼乡	8500	22	56511		31641	21770	90
正定县西平乐乡	2300	10	22370		14356	10459	62
正定县北早现乡	4100	19	40102		21227	14047	400
正定县曲阳桥乡	6400	20	51284		25861	17309	410
栾城县栾城镇	5172	47	82063	61091	26291	19901	191
栾城县郄马镇	2503	9	30135	11843	18703	11924	94
栾城县冶河镇	4327	16	49538	24625	24876	18922	149
栾城县窦妪镇	5783	16	52654	16970	26195	19252	177
栾城县楼底镇	3042	16	45879	41615	27561	20147	256
栾城县南高乡	3675	22	27029		18660	14380	126
栾城县柳林屯乡	4816	23	41827		19743	14783	101
栾城县西营乡	5746	33	43774		25532	17497	74
行唐县龙州镇	4221	25	85901	84500	20489	13439	45
行唐县南桥镇	6193	17	28816	11760	15125	7165	3
行唐县上碑镇	2552	17	14552	7500	7380	3830	7
行唐县口头镇	13877	41	24192	4650	10810	6710	29
行唐县独羊岗乡	6006	16	38528		19120	13500	9
行唐县安香乡	6428	22	37445		19352	9740	39
行唐县只里乡	6220	19	41512		20530	14050	65
行唐县市同乡	2815	15	22143		10450	6900	34
行唐县翟营乡	7116	29	31590		17210	7830	10
行唐县城寨乡	6017	25	19765		9900	6750	5
行唐县上方乡	5245	20	23825		11910	5560	9
行唐县玉亭乡	5434	16	20041		10530	6480	4
行唐县北河乡	4132	9	6316		3390	1040	5
行唐县上闫庄乡	5863	15	6069		2960	1360	8
行唐县九口子乡	13012	36	16174		7705	2455	39
灵寿县灵寿镇	4805	22	60311	48881	27881	6609	199
灵寿县青同镇	6235	19	28322	10213	11990	4242	42
灵寿县塔上镇	4398	18	11927	1927	5552	1960	9
灵寿县陈庄镇	16073	36	22252	8901	9711	2551	9
灵寿县慈峪镇	9275	33	34016	11373	14343	4995	65
灵寿县岔头镇	9382	18	18384	2881	10517	4124	24
灵寿县三圣院乡	3113	10	25058		10790	7690	70
灵寿县北洼乡	3133	9	22661		14510	6086	39
灵寿县牛城乡	4654	16	25042		11166	4106	19
灵寿县狗台乡	4839	23	24352		9404	4903	16
灵寿县南寨乡	2569	7	16939		7244	3756	40
灵寿县南燕川乡	6919	17	13526		4865	1490	25
灵寿县北谭庄乡	3790	12	11858		4570	2198	17
灵寿县寨头乡	10785	18	13963		6343	1172	21
灵寿县南营乡	16650	21	9675		6273	1108	6
高邑县高邑镇	3780	24	54557	12173	17935	10284	119
高邑县大营镇	4620	25	33111	2490	17862	10180	79
高邑县富村镇	5450	20	39109	3723	21227	10642	98
高邑县中韩乡	3380	11	25954		16180	8588	23
高邑县万城乡	4970	27	42603		29611	17700	280
深泽县深泽镇	2814	26	48096	47600	14180	11056	110
深泽县铁杆镇	7344	26	44075	2094	23860	15221	72

乡镇基本情况

计算单位:公顷、个、人

名　　称	行政区域面积	村民委员会	常住人口	城镇建成区总人口	从业人员	二三产业从业人员	工业企业单位
深泽县赵八镇	3598	15	32009	2150	19400	13370	103
深泽县白庄乡	5770	18	49714		25592	13693	56
深泽县留村乡	3831	15	32074		19068	11014	23
深泽县桥头乡	6286	25	48104		26173	15011	127
赞皇县赞皇镇	6324	25	62727	59625	20522	11402	81
赞皇县院头镇	10402	28	22299	3705	12923	7925	43
赞皇县西龙门乡	4486	14	24745		13183	8292	64
赞皇县南邢郭乡	5085	14	24549		11590	7027	55
赞皇县南清河乡	4741	14	22988		13072	8220	66
赞皇县西阳泽乡	7405	21	22988		13440	9042	37
赞皇县土门乡	4891	17	13321		9562	6013	33
赞皇县黄北坪乡	9228	27	13066		7870	4952	11
赞皇县嶂石岩乡	9256	9	6456		3928	2472	
赞皇县许亭乡	14610	26	20137		11706	7361	12
赞皇县张楞乡	5555	17	15255		9085	5707	8
无极县无极镇	5700	25	83437	46126	25639	13602	2210
无极县七汲镇	5400	20	44389	2835	22710	11926	22
无极县张段固镇	5100	21	44951	4420	22525	12043	469
无极县北苏镇	5400	18	59531	6598	29941	16125	268
无极县郭庄镇	4300	23	44878	5404	22815	12275	167
无极县大陈镇	4200	13	34191	4374	17064	9047	18
无极县高头回族乡	3200	15	36727		18576	9950	58
无极县郝庄乡	5500	19	54614		26552	14041	246
无极县东侯坊乡	5600	24	52852		26753	14517	173
无极县里城道乡	4400	23	44933		22608	11856	63
无极县南流乡	3000	12	27421		13690	7227	9
平山县平山镇	19988	63	117972	98125	50429	21461	108
平山县东回舍镇	7835	37	38536	19401	19148	8110	68
平山县温塘镇	9820	43	24147	8269	10560	6410	13
平山县南甸镇	6346	37	26139	12581	9684	5734	14
平山县岗南镇	9642	44	33230	8259	14439	4949	11
平山县古月镇	13135	43	19780	4989	10826	3426	9
平山县下槐镇	13775	33	17942	1449	10975	2370	3
平山县孟家庄镇	10827	22	8488	1096	3957	1630	3
平山县小觉镇	17987	41	19164	1324	10225	4200	5
平山县蛟潭庄镇	14943	32	8138	1617	4781	631	6
平山县西柏坡镇	2523	16	7246	2034	4130	1361	2
平山县下口镇	12075	20	9206	3039	4700	3110	9
平山县西大吾乡	3919	23	23079		12790	1490	
平山县上三汲乡	4258	27	23995		13407	3607	3
平山县两河乡	4070	23	22213		9380	2620	2
平山县东王坡乡	12849	35	23489		10230	880	1
平山县苏家庄乡	5874	15	9428		4420	2420	4
平山县宅北乡	10122	20	13345		8464	5624	10
平山县北冶乡	20857	39	18792		10730	1330	3
平山县上观音堂乡	11119	21	5279		2167	447	2
平山县杨家桥乡	13497	28	9798		5670	1440	6
平山县营里乡	23469	34	11371		4347	1577	2
平山县合河口乡	15870	21	6263		2754	174	2
元氏县城区街道办事处	488	7	36028		8520	4178	40

乡镇基本情况

计算单位:公顷、个、人

名　　称	行政区域面积	村民委员会	常住人口	城镇建成区总人口	从业人员	二三产业从业人员	工业企业单位
元氏县槐阳镇	4798	22	43874	17779	23029	9294	57
元氏县殷村镇	3928	14	31392	5553	21018	5997	11
元氏县南佐镇	4039	12	17133	6967	10808	7145	8
元氏县宋曹镇	3674	11	35076	5354	20721	7745	15
元氏县南因镇	4063	17	37165	8165	24507	13914	36
元氏县姬村镇	4351	14	28002	3635	17896	10797	25
元氏县马村乡	4254	15	35581		24160	8450	59
元氏县东张乡	4536	15	40307		21603	7902	34
元氏县赵同乡	3833	13	28860		16694	5650	10
元氏县北褚乡	5124	13	23637		14952	4054	8
元氏县苏村乡	3656	9	15506		6549	2088	3
元氏县苏阳乡	4803	14	24761		11980	4272	17
元氏县北正乡	5766	9	13806		7438	1905	1
元氏县前仙乡	4381	11	10050		5395	1878	3
元氏县黑水河乡	5835	12	14662		7063	2404	2
赵县赵州镇	7827	46	116275	56786	36651	23585	662
赵县范庄镇	8968	36	73400	7055	41373	29292	640
赵县北王里镇	6209	27	46153	5026	24646	15026	140
赵县新寨店镇	4721	25	31756	3088	16910	9460	141
赵县韩村镇	6442	22	50241	6082	27480	17424	438
赵县南柏舍镇	5825	20	40960	3856	21824	16030	388
赵县沙河店镇	4677	17	35136	5999	19143	13548	82
赵县前大章乡	5946	25	43946		24845	15797	313
赵县谢庄乡	7671	24	71929		42827	27445	181
赵县高村乡	5718	23	41182		16535	8395	164
赵县王西章乡	3395	16	29228		16657	10624	157
辛集市辛集镇	7543	39	66684	33866	38269	29853	2247
辛集市旧城镇	5516	33	44115	4388	21961	14932	180
辛集市张古庄镇	4608	17	31800	4590	19298	12667	137
辛集市位伯镇	5150	22	38442	3176	25388	17529	155
辛集市新垒头镇	6167	23	43663	6230	28222	18892	199
辛集市新城镇	5555	21	24145	7335	10494	6579	133
辛集市南智邱镇	7896	24	35806	1935	17866	12080	215
辛集市王口镇	10411	22	41018	6852	18799	12747	144
辛集市天宫营乡	5336	19	31516		16668	11490	103
辛集市前营乡	5923	27	35420		23422	15038	103
辛集市马庄乡	7472	21	27350		14266	7935	104
辛集市和睦井乡	6729	18	33308		17381	11618	158
辛集市田家庄乡	8541	30	50416		26044	17235	357
辛集市中里厢乡	4230	14	23695		11803	7896	83
辛集市小辛庄乡	4021	14	25333		12455	8468	117
藁城市廉州镇	8638	35	76988	16827	39210	34058	360
藁城市兴安镇	6705	19	51584	9688	24053	19087	853
藁城市贾市庄镇	5486	10	51212	10551	25129	19254	164
藁城市南营镇	5256	12	46094	9427	23823	20390	1680
藁城市梅花镇	7445	19	63241	5482	34501	27481	1083
藁城市岗上镇	4647	11	35981	2350	35534	15790	731
藁城市丘头镇	5421	13	50682	7119	25989	21409	109
藁城市南董镇	4875	16	45483	3321	25496	21780	353
藁城市张家庄镇	4740	17	57938	6128	39376	27901	410

乡镇基本情况

计算单位:公顷、个、人

名　　称	行政区域面积	村民委员会	常住人口	城镇建成区总人口	从业人员	二三产业从业人员	工业企业单位
藁城市南孟镇	3974	14	48031	3652	25419	22133	437
藁城市增村镇	5637	20	64085	5007	29890	22947	1288
藁城市常安镇	6638	18	56309	4566	31234	28223	1576
藁城市西关镇	4982	14	39173	5809	44428	19772	161
藁城市九门回族乡	4660	13	45757		23237	17808	2088
晋州市晋州镇	8896	43	127816	41501	42692	30052	454
晋州市总十庄镇	6448	21	51499	34446	27327	16202	118
晋州市营里镇	4625	12	33171	4394	15824	9752	103
晋州市桃园镇	7691	24	55744	2610	26969	16386	134
晋州市东卓宿镇	5404	23	47713	3656	23567	16270	88
晋州市马于镇	5987	25	43543	3199	22735	13428	88
晋州市小樵镇	6372	21	62736	9115	33369	24649	93
晋州市槐树镇	6960	18	57117	9879	31278	20983	100
晋州市东里庄镇	5753	27	50941	3965	30011	17753	149
晋州市周家庄乡	1609	10	17764		6304	4858	31
新乐市长寿街道办事处	4952	11	85765		38400	16900	467
新乐市化皮镇	2671	13	23580	4156	17218	10989	8
新乐市承安镇	8456	29	80080	5160	74486	24240	143
新乐市正莫镇	3990	5	23622	5715	11187	8480	45
新乐市南大岳镇	2069	8	22536	4106	11600	7428	333
新乐市杜固镇	3133	14	33463	4002	15780	11857	539
新乐市邯邰镇	8361	19	77478	8774	31836	24820	2261
新乐市东王镇	3800	10	32023	3131	14470	10420	21
新乐市马头铺镇	4541	19	45478	2450	23141	18151	77
新乐市协神乡	4734	19	41838		27531	21472	487
新乐市木村乡	2835	5	22051		10682	8898	42
新乐市彭家庄回族乡	2987	8	22079		11004	8904	139
鹿泉市获鹿镇	4952	27	64624	21951	17431	12128	107
鹿泉市铜冶镇	7270	25	74418	12948	28080	18051	172
鹿泉市寺家庄镇	3984	15	40163	14612	19651	16702	103
鹿泉市上庄镇	4872	16	49183	27000	18674	10363	86
鹿泉市李村镇	6500	23	36053	4265	13435	6533	73
鹿泉市宜安镇	6997	23	30857	3576	17616	11104	60
鹿泉市黄壁庄镇	3300	10	18282	770	10124	3338	23
鹿泉市大河镇	6397	26	44038	4428	20265	7454	103
鹿泉市山尹村镇	2355	7	13323	5545	5048	3549	37
鹿泉市石井乡	4552	9	12797		7360	5465	25
鹿泉市白鹿泉乡	4325	17	10116		5524	3468	7
鹿泉市上寨乡	3170	5	9332		5859	2733	10
路南区芦台开发区海北镇	8450	20	27457	1055	18846	9329	168
路南区汉沽管理区汉丰镇	8950	18	24341	7522	13927	6953	6
路南区女织寨乡	3200	19	32838		15636	12557	60
路北区果园乡	4500	36	88076		42038	26961	108
古冶区范各庄镇	6380	32	59780	26480	27612	24105	37
古冶区卑家店镇	5767	24	32805	7430	15548	7351	78
古冶区王辇庄乡	5914	35	25368		17900	10077	100
古冶区习家套乡	1875	15	14424		6373	3909	110
古冶区大庄坨乡	1745	16	17640		5622	1072	50
开平区开平镇	6110	34	54980	1461	24541	19210	165
开平区栗园镇	3370	19	29926	491	16620	11251	77

乡镇基本情况

计算单位：公顷、个、人

名　　称	行政区域面积	村民委员会	常住人口	城镇建成区总人口	从业人员	二三产业从业人员	工业企业单位
开平区郑庄子镇	2264	18	19584	5473	10792	6222	71
开平区双桥镇	3170	12	15674	3472	5834	3023	72
开平区洼里镇	3200	16	20750	1009	10990	8135	45
开平区越河镇	4200	24	27448	2481	14220	8645	96
丰南区稻地镇	5008	37	28878	14346	15590	9590	104
丰南区小集镇	7733	48	35428	6845	18991	9985	75
丰南区黄各庄镇	6856	55	49949	26542	27900	23994	142
丰南区西葛镇	4810	18	25248	14739	13192	11732	95
丰南区大新庄镇	13200	62	56245	5521	31969	12359	89
丰南区钱营镇	13158	61	46931	14226	24395	15021	44
丰南区唐坊镇	4871	18	18071	6753	9218	5180	80
丰南区王兰庄镇	8650	30	39899	8185	24730	20480	49
丰南区柳树𨛗镇	10906	14	30195	6473	15460	8429	39
丰南区黑沿子镇	10729	9	21789	11708	11193	5743	40
丰南区丰南镇	7417	31	84795	51525	36042	32128	276
丰南区大齐各庄镇	3986	19	13572	3385	6937	5239	50
丰南区南孙庄乡	9418	28	23905		14050	5790	24
丰南区东田庄乡	7288	27	16896		13145	4755	22
丰南区尖字沽乡	4565	9	16541		9005	4413	27
丰润区丰润镇	9520	45	77589	18280	42447	23107	605
丰润区老庄子镇	3817	17	27366	4535	19929	7712	107
丰润区任各庄镇	4986	24	28263	3652	17404	14387	75
丰润区左家坞镇	8370	29	38032	2284	33477	9594	27
丰润区泉河头镇	5380	18	26662	1553	15981	6844	15
丰润区王官营镇	9710	27	40130	8356	24792	7817	10
丰润区火石营镇	13080	38	30402	5742	24301	3880	28
丰润区韩城镇	5560	43	53129	18922	33484	21278	128
丰润区岔河镇	4229	26	27456	4220	15265	7450	23
丰润区新军屯镇	4970	33	38044	5621	21608	10487	68
丰润区小张各庄镇	2230	10	16045	2952	9081	1601	20
丰润区丰登坞镇	6817	42	40766	3453	16284	5257	1118
丰润区李钊庄镇	6370	24	23334	3515	13982	5478	126
丰润区白官屯镇	6600	45	44481	9050	42520	11602	83
丰润区石各庄镇	4510	23	24275	2783	12715	5649	57
丰润区沙流河镇	5630	23	34374	15076	25170	12885	33
丰润区七树庄镇	2670	13	19000	2850	9710	3660	23
丰润区杨官林镇	4910	17	28195	2785	18000	5500	43
丰润区银城铺镇	5100	15	33317		19475	12720	120
丰润区常庄镇	2900	17	19295	5310	10894	7261	63
丰润区姜家营乡	2977	12	15199		7528	4948	17
丰润区欢喜庄乡	3600	11	16192		12281	5508	51
丰润区刘家营乡	2700	12	14070		12492	4291	49
曹妃甸区唐海镇	5617	6	66800	42091	11227	5799	221
曹妃甸区滨海镇	12400	6	17765	3415	9855	5879	13
曹妃甸区柳赞镇	5490	5	13347	8373	7126	3732	160
滦县古城街道办事处	4547	34	57597	25070	16396	9912	25
滦县滦州镇	8907	56	40224	35804	32537	19758	52
滦县响堂镇	6574	51	39625	18735	18972	11730	48
滦县东安各庄镇	11673	41	63737	9217	39112	21471	47
滦县雷庄镇	7743	29	36249	14372	16966	8905	58

乡镇基本情况

计算单位:公顷、个、人

名　　称	行政区域面积	村民委员会	常住人口	城镇建成区总人口	从业人员	二三产业从业人员	工业企业单位
滦县茨榆坨镇	6125	28	26420	8447	14890	8790	45
滦县榛子镇	9588	59	56987	21677	31490	16976	51
滦县杨柳庄镇	8299	33	23529	8381	12605	7512	48
滦县油榨镇	8194	39	46339	5434	22939	13395	32
滦县古马镇	6965	29	34033	10100	19788	10027	15
滦县小马庄镇	8562	37	37481	6379	22792	13075	7
滦县九百户镇	8036	32	33931	10014	18475	12586	48
滦县王店子镇	5912	36	27104	9019	17016	8840	28
滦南县倴城镇	9631	50	63399	47439	34276	23000	105
滦南县宋道口镇	8744	65	51509	16272	28310	10148	81
滦南县长凝镇	5368	45	32575	8899	19744	9380	76
滦南县胡各庄镇	6752	33	34724	11638	18048	10742	21
滦南县坨里镇	3756	19	16645	4252	11138	4266	3
滦南县姚王庄镇	2659	28	16758	4468	8979	1481	6
滦南县司各庄镇	11947	59	42893	5689	27028	9878	9
滦南县安各庄镇	6985	29	24864	4600	13854	3422	9
滦南县扒齿港镇	11601	42	37839	8445	24313	8269	37
滦南县程庄镇	9193	47	53551	11246	30453	8378	11
滦南县青坨营镇	8694	40	28160	3562	13574	3413	11
滦南县柏各庄镇	9670	45	48150	18786	23814	9784	22
滦南县南堡镇	2614	18	15266	8144	8470	1884	21
滦南县方各庄镇	5342	29	29637	7389	18031	7864	17
滦南县东黄坨镇	5250	17	16729	5114	8607	3973	6
滦南县马城镇	3066	23	17048	5454	10806	6736	12
乐亭县乐安街道办事处	2980	22	82400		10749	9917	40
乐亭县乐亭镇	8129	51	40085		26359	15514	32
乐亭县汤家河镇	9548	36	26339	6175	14996	9489	11
乐亭县胡家坨镇	5100	24	20972	6810	12324	4351	6
乐亭县王滩镇	16800	52	47546	19964	27122	16583	20
乐亭县闫各庄镇	6820	41	34006	6500	21440	11636	10
乐亭县马头营镇	9311	31	29632	6485	15646	10452	10
乐亭县新寨镇	3960	27	25434	9502	14511	6987	11
乐亭县汀流河镇	6714	31	25852	10459	15417	7641	5
乐亭县姜各庄镇	21132	70	48446	7988	28611	15150	26
乐亭县毛庄镇	8600	39	33382	1199	18539	10474	15
乐亭县中堡镇	8640	33	30277	3658	19251	10370	7
乐亭县庞各庄乡	3700	22	21532		13116	6050	9
乐亭县大相各庄乡	3897	26	21308		13384	6946	29
乐亭县古河乡	6200	25	21442		10888	6334	7
迁西县栗乡街道办事处	1400		40560	40560	24850	23640	
迁西县兴城镇	12900	45	51058	42925	28440	19410	73
迁西县金厂峪镇	8600	19	17117	7563	9776	5667	50
迁西县洒河桥镇	7900	26	19313	12627	10707	6960	63
迁西县太平寨镇	11200	29	35342	11340	19001	10477	62
迁西县罗家屯镇	6900	24	25064	11864	13430	6975	30
迁西县东荒峪镇	7000	26	14741	4769	8347	4432	40
迁西县新集镇	9700	36	27562	11974	14841	9666	21
迁西县三屯营镇	11100	38	30558	18010	17459	11363	66
迁西县滦阳镇	10400	25	18949	7286	10694	6237	32
迁西县白庙子乡	6500	26	17800		9717	6613	27

乡镇基本情况

计算单位:公顷、个、人

名　　称	行政区域面积	村民委员会	常住人口	城镇建成区总人口	从业人员	二三产业从业人员	工业企业单位
迁西县上营乡	8600	14	12045		6423	3686	16
迁西县汉儿庄乡	11400	30	21593		11535	5500	33
迁西县渔户寨乡	5800	13	11261		6437	3589	19
迁西县旧城乡	4800	15	9370		5550	2980	23
迁西县尹庄乡	7500	23	19224		10467	5936	33
迁西县东莲花院乡	6000	16	12223		6751	3057	2
迁西县新庄子乡	6200	12	12263		6469	3005	16
玉田县玉田镇	9000	65	132833	114704	40371	34216	285
玉田县亮甲店镇	7500	24	39674	6773	21389	14827	40
玉田县鸦鸿桥镇	6300	35	56807	39592	33515	28150	74
玉田县窝洛沽镇	7700	35	52441	22929	25999	20138	100
玉田县石臼窝镇	11300	20	37520	8625	21137	14079	23
玉田县虹桥镇	5500	17	34980	16243	22000	17735	30
玉田县散水头镇	5100	14	27274	7089	16310	12865	32
玉田县林南仓镇	2900	12	24261	24261	12464	9650	60
玉田县林西镇	6400	27	30434	4285	16100	12040	28
玉田县杨家板桥镇	5600	24	27580	7735	12798	8893	25
玉田县彩亭桥镇	2800	12	20428	7667	12505	10144	82
玉田县孤树镇	4400	16	26328	11680	15016	11288	57
玉田县大安镇镇	5700	19	30942	8358	13237	9607	18
玉田县唐自头镇	5700	10	19195	3973	12463	9450	14
玉田县郭家屯乡	8300	25	34415		18023	13099	25
玉田县林头屯乡	3800	15	21028		11609	7772	10
玉田县杨家套乡	4800	12	26551		16116	10196	60
玉田县潮洛窝乡	6000	15	22838		18338	12887	28
玉田县陈家铺乡	3700	10	15251		9750	7185	28
玉田县郭家桥乡	4000	13	16451		9361	6425	14
遵化市遵化镇	3140	39	44870	44870	23549	21586	109
遵化市堡子店镇	6750	31	37346	15923	15869	9779	56
遵化市马兰峪镇	5280	24	24062	10309	8681	7105	47
遵化市平安城镇	9570	39	49956	5958	24691	17346	19
遵化市东新庄镇	6320	20	40016	8270	19130	13780	30
遵化市新店子镇	9540	43	46953	2335	21213	10860	42
遵化市党峪镇	2334	21	27434	3703	13689	9953	39
遵化市地北头镇	6350	16	20409	2571	9950	5464	30
遵化市东旧寨镇	7590	28	23611	4987	12429	6760	23
遵化市铁厂镇	7630	19	17655	7343	10302	5572	8
遵化市苏家洼镇	6200	38	29586	8387	14712	9912	77
遵化市建明镇	7230	31	30708	15630	13998	7597	58
遵化市石门镇	6960	33	31184	11870	17467	12177	62
遵化市西留村乡	2980	17	24205		9060	6300	79
遵化市崔家庄乡	2950	23	19261		15163	11242	41
遵化市兴旺寨乡	6420	29	22281		19949	8189	47
遵化市西下营满族乡	2430	12	12036		6380	2280	22
遵化市汤泉满族乡	2430	9	10114		3742	2234	14
遵化市东陵满族乡	7980	26	25964		9767	7998	17
遵化市刘备寨乡	6070	18	24594		15590	11470	7
遵化市团瓢庄乡	4360	28	29501		18471	12776	32
遵化市娘娘庄乡	7370	19	21100		9985	5754	13
遵化市西三里乡	2300	19	16582		7888	6260	22

乡镇基本情况

计算单位:公顷、个、人

名　　称	行政区域面积	村民委员会	常住人口	城镇建成区总人口	从业人员	二三产业从业人员	工业企业单位
遵化市候家寨乡	5780	18	15838		5733	3714	16
遵化市小厂乡	2300	22	18113		14766	6163	18
迁安市迁安镇	12814	41	260380	227080	56432	47638	205
迁安市夏官营镇	7181	28	29559	12969	17085	14243	70
迁安市杨各庄镇	7601	37	34855	2906	19681	15550	23
迁安市建昌营镇	8992	50	41439	23104	28378	19081	37
迁安市赵店子镇	3943	15	17749	3168	10667	8290	21
迁安市野鸡坨镇	7527	21	32747	3030	17985	15124	37
迁安市大崔庄镇	6612	21	22607	2346	12027	9060	33
迁安市杨店子镇	9421	20	91145	61926	27893	22081	106
迁安市蔡园镇	5571	26	25673	19885	13053	10694	46
迁安市马兰庄镇	4916	17	26048	14748	8109	7429	64
迁安市沙河驿镇	4077	19	27197	9586	16251	14942	48
迁安市木厂口镇	5879	16	13558	7584	12365	10384	37
迁安市扣庄乡	7126	27	36401		20902	17565	44
迁安市彭店子乡	4055	18	18569		11912	9415	18
迁安市上射雁庄乡	4434	24	21244		12328	6119	23
迁安市闫家店乡	4239	17	21498		11400	9381	25
迁安市五重安乡	6771	29	23370		17794	13779	16
迁安市大五里乡	5050	16	16082		11937	10448	31
迁安市太平庄乡	6508	16	13933		9376	6470	35
海港区东港镇	1700	12	14693	781	9551	8228	89
海港区海港镇	1300	1	11777		5050	5050	10
海港区西港镇	1404	16	21718	2200	9720	6603	77
海港区海阳镇	2560	17	21150		10074	3971	250
海港区北港镇	5400	32	17780		8992	2318	56
山海关区第一关镇	2200	23	15866	1290	9677	4687	59
山海关区石河镇	6250	35	20603	2147	12133	5692	115
山海关区孟姜镇	4100	38	17436	3577	13846	4346	91
山海关区渤海乡	2100	24	9695		4865	3776	10
北戴河区海滨镇	917	7	13740		7988	7071	3
北戴河区戴河镇	3714	18	28415		15392	8723	97
青龙满族自治县青龙镇	36100	28	91643	69253	40474	30100	81
青龙满族自治县祖山镇	31500	16	22566	10356	13372	8555	24
青龙满族自治县木头凳镇	18600	22	27836	4682	23762	6437	16
青龙满族自治县双山子镇	10400	17	20989	3815	17727	9803	16
青龙满族自治县马圈子镇	18900	17	23163	5732	13205	8979	51
青龙满族自治县肖营子镇	13400	24	32739	4735	16215	7760	56
青龙满族自治县大巫岚镇	16500	29	30215	5810	19526	8569	14
青龙满族自治县土门子镇	12000	16	24885	2800	14971	4276	13
青龙满族自治县八道河镇	17200	19	28749	4413	17377	7413	31
青龙满族自治县隔河头镇	16600	20	24741	1863	16068	8871	5
青龙满族自治县娄杖子镇	11000	15	23553	2509	15428	5346	13
青龙满族自治县凤凰山乡	7800	10	8384		7417	1295	7
青龙满族自治县龙王庙乡	12100	14	13505		10303	4091	2
青龙满族自治县三星口乡	10400	11	12471		6971	3777	5
青龙满族自治县干沟乡	8800	9	7983		5819	3669	2
青龙满族自治县大石岭乡	11500	10	11130		7415	2136	9
青龙满族自治县官场乡	18400	10	6818		5549	1478	3
青龙满族自治县茨榆山乡	11000	17	17670		10602	3195	11

乡镇基本情况

计算单位：公顷、个、人

名　　称	行政区域面积	村民委员会	常住人口	城镇建成区总人口	从业人员	二三产业从业人员	工业企业单位
青龙满族自治县平方子乡	7915	10	9471		6524	2598	7
青龙满族自治县安子岭乡	14000	14	11117		7888	3729	10
青龙满族自治县朱杖子乡	6400	9	12753		11323	5153	12
青龙满族自治县草碾乡	8500	15	8740		5418	2559	4
青龙满族自治县七道河乡	6100	11	7798		3882	2579	5
青龙满族自治县三拨子乡	8400	11	10633		7029	3905	6
青龙满族自治县凉水河乡	11500	22	17744		10139	5629	13
昌黎县昌黎镇	8713	38	119888	90502	30356	14349	200
昌黎县靖安镇	9027	36	42775	12825	26717	8869	36
昌黎县安山镇	8290	39	47301	7701	28717	20557	150
昌黎县龙家店镇	8361	44	42716	8132	23487	15001	213
昌黎县泥井镇	7300	36	25667	2387	16084	2807	80
昌黎县大蒲河镇	3500	14	11697	1802	6727	1959	12
昌黎县新集镇	8523	42	31248	1152	737	737	75
昌黎县刘台庄镇	5880	26	24446	3344	15355	2765	33
昌黎县茹荷镇	10840	18	15502	1943	8636	1496	2
昌黎县朱各庄镇	5830	14	30586	3058	20776	9864	111
昌黎县荒佃庄镇	7122	30	29043	6771	15752	3558	22
昌黎县团林乡	1306	8	7131		4594	1352	8
昌黎县葛条港乡	4170	13	21534		13978	4987	31
昌黎县马坨店乡	9600	32	36151		21438	6135	194
昌黎县两山乡	5046	16	18882		6162	3076	46
昌黎县十里铺乡	3367	12	13536		7708	1652	92
抚宁县南戴河街道办事处	878	5	20140	12920	7597	5928	13
抚宁县抚宁镇	19655	87	77270	37050	45289	16329	77
抚宁县留守营镇	8970	53	49822	11083	31171	18485	150
抚宁县榆关镇	12750	54	38136	3198	19172	4042	37
抚宁县牛头崖镇	5257	24	54238	9284	21096	12238	8
抚宁县石门寨镇	17928	70	46386	8970	25659	14508	274
抚宁县台营镇	15864	69	42032	5760	21425	2902	4
抚宁县大新寨镇	21357	49	33932	3479	20212	2697	7
抚宁县驻操营镇	22436	52	23652	3707	15986	5518	146
抚宁县杜庄镇	9257	42	29782	5235	14775	8632	56
抚宁县茶棚乡	11395	38	37242		22287	7835	13
抚宁县深河乡	3583	13	7489		4318	1865	14
卢龙县卢龙镇	10322	74	74019	39894	24031	8471	
卢龙县潘庄镇	8450	27	22835	3534	15996	3596	
卢龙县燕河营镇	10880	35	30649	8731	21868	5488	
卢龙县双望镇	7970	45	27472	8110	17213	4648	
卢龙县刘田各庄镇	11240	76	40421	8854	25358	6209	
卢龙县石门镇	9030	49	41867	15870	21269	7173	
卢龙县木井镇	6960	55	40226	7011	23247	11234	
卢龙县下寨乡	4060	32	14838		10598	4074	
卢龙县刘家营乡	5960	15	14274		9580	4207	
卢龙县陈官屯乡	7510	34	25390		15827	6068	
卢龙县印庄乡	7180	44	27063		16770	4688	
卢龙县蛤泊乡	5160	51	25278		16520	4193	
邯山区马头镇	1800	12	32551	5669	13020	11718	69
邯山区北张庄镇	3600	17	29560	2855	15080	8580	111
邯山区马庄乡	790	1	17520		7021	4114	53

乡镇基本情况

计算单位:公顷、个、人

名　　称	行政区域面积	村民委员会	常住人口	城镇建成区总人口	从业人员	二三产业从业人员	工业企业单位
丛台区苏曹乡	800		28960		4649	4649	24
复兴区彭家寨乡	1054		38333		31290	31290	95
峰峰矿区临水镇	2243	16	125947	114023	13930	9571	50
峰峰矿区峰峰镇	4308	14	76918	53278	8880	5580	32
峰峰矿区新坡镇	2415	14	30813	13828	6225	2180	14
峰峰矿区大社镇	4113	17	48242	14863	11886	6606	19
峰峰矿区和村镇	5249	21	66815	12686	16295	11203	30
峰峰矿区义井镇	5686	28	56587	12476	17565	12424	46
峰峰矿区彭城镇	3335	17	55642	2237	9580	5720	92
峰峰矿区界城镇	2716	13	28710	680	6535	4613	27
峰峰矿区大峪镇	2013	8	20013	2863	3760	1951	25
邯郸县尚璧镇	2918	10	33378	4621	12758	6541	25
邯郸县黄粱梦镇	5819	23	50727	48150	21933	13689	136
邯郸县河沙镇镇	4814	33	40335	5510	17937	8364	44
邯郸县户村镇	4012	17	29510	14711	16946	12588	93
邯郸县南堡乡	5315	40	76827		50223	34743	169
邯郸县南吕固乡	2617	15	31422		15435	9550	31
邯郸县兼庄乡	2412	11	62672		30179	28221	51
邯郸县代召乡	4410	27	32853		20377	12001	66
邯郸县康庄乡	6014	24	26885		12942	6323	49
邯郸县三陵乡	5579	25	24713		10464	5600	44
临漳县临漳镇	5201	34	61760	24178	39232	11799	459
临漳县南东坊镇	2695	18	25846	5014	11330	339	8
临漳县孙陶集镇	7300	50	57436	2110	33469	6633	117
临漳县柳园镇	7111	53	55986	7980	24712	10216	194
临漳县称勾集镇	5470	33	42958	3659	33911	14473	660
临漳县狄邱乡	3653	21	28942		20782	9232	411
临漳县张村集乡	7595	56	53758		33410	8782	290
临漳县西羊羔乡	3052	15	23202		13025	3796	30
临漳县香菜营乡	5027	18	32285		14505	4670	111
临漳县杜村集乡	6360	26	48248		25480	2334	16
临漳县章里集乡	4189	15	38415		24294	7079	12
临漳县习文乡	5702	34	35578		19364	3985	45
临漳县砖寨营乡	5725	30	42998		25623	7110	68
临漳县柏鹤集乡	4935	22	45575		20176	2870	140
成安县成安镇	4842	28	86275	85275	51963	40414	152
成安县商城镇	7213	33	60015	37927	39884	27480	132
成安县漳河店镇	4888	23	35066	9682	21233	14927	20
成安县李家疃镇	5102	24	36783	16039	22272	15657	4
成安县辛义乡	5635	29	41079		24949	17539	23
成安县柏寺营乡	3363	24	21849		13169	9258	7
成安县道东堡乡	6475	27	43033		24787	17425	44
成安县北乡义乡	6423	33	37148		22657	15928	8
成安县长巷乡	4190	13	21034		10983	7721	68
大名县大名镇	4607	15	61893	61893	19162	13380	78
大名县杨桥镇	6297	40	46767	28886	20302	11064	6
大名县万堤镇	4906	41	31880	12625	13976	7790	11
大名县龙王庙镇	5043	27	50216	36182	29638	15918	32
大名县束馆镇	5364	31	39007	16635	18700	9375	4
大名县金滩镇	6065	23	46088	24013	22413	13924	21

乡镇基本情况

计算单位:公顷、个、人

名　称	行政区域面积	村民委员会	常住人口	城镇建成区总人口	从业人员	二三产业从业人员	工业企业单位
大名县沙圪塔乡	5859	27	37773	11312	18219	10659	6
大名县王村乡	4832	32	40324		20990	10602	4
大名县铺上乡	4597	25	31043		13176	6577	18
大名县黄金堤乡	5406	29	33765		14340	7751	9
大名县大街乡	6386	52	39236		19295	10505	18
大名县旧治乡	5850	46	46024		19974	13218	53
大名县西未庄乡	4344	29	29315		10972	3235	12
大名县孙甘店乡	5736	22	38362		17829	9626	18
大名县西付集乡	5440	36	40645		24782	16366	6
大名县埝头乡	6348	30	45852		16743	9208	11
大名县北峰乡	5002	22	33375		14540	6739	9
大名县张铁集乡	6264	28	38999		18646	9882	8
大名县红庙乡	4999	37	31754		18010	10033	11
大名县营镇回族乡	1971	17	15553		7386	4121	1
涉县涉城镇	5810	19	65982	34085	19960	14190	46
涉县河南店镇	7503	18	29137	18290	15383	10529	21
涉县索堡镇	9578	18	24060	4620	14557	9894	12
涉县西戌镇	4165	6	16385	7752	6411	4648	31
涉县井店镇	10836	28	42390	27389	20651	18226	92
涉县更乐镇	6613	22	22891	14151	12234	10010	51
涉县固新镇	15435	19	24111	12387	11376	7893	10
涉县西达镇	9440	14	15838	8806	7020	4070	15
涉县偏城镇	13611	23	13992	2740	6000	3310	1
涉县神头乡	6172	11	13707		7614	4387	12
涉县辽城乡	11192	30	19598		10670	7800	11
涉县偏店乡	4352	14	18212		10167	4919	15
涉县龙虎乡	7633	15	23062		11933	6086	5
涉县木井乡	6033	13	16369		10391	5786	7
涉县关防乡	10504	16	14021		8685	5770	3
涉县合漳乡	11118	20	19980		7250	5799	24
涉县鹿头乡	10917	22	15915		10554	6165	6
磁县磁州镇	8036	42	151012	118077	38937	30680	125
磁县高臾镇	5270	15	37105	11138	20967	14943	6
磁县西光禄镇	5263	7	24711	17225	11364	8656	45
磁县讲武城镇	5606	26	47740	5867	27956	21928	23
磁县岳城镇	9489	21	36113	7197	16973	13184	58
磁县观台镇	4041	14	32686	13793	15645	11497	45
磁县林坛镇	5756	28	29557	3638	14880	11304	30
磁县白土镇	6383	20	20209	6910	9001	6080	5
磁县黄沙镇	2026	10	16644	8725	6659	4840	18
磁县路村营乡	4388	20	25379		11074	7477	17
磁县西固义乡	4456	21	23916		9371	6655	20
磁县辛庄营乡	3368	6	28194		12646	10126	8
磁县花官营乡	3449	13	34864		16320	12331	14
磁县时村营乡	4594	16	27498		12607	8324	20
磁县南城乡	5494	25	23298		13456	9856	5
磁县台城乡	3352	15	23649		13483	8665	28
磁县陶泉乡	8903	22	17963		10082	6691	4
磁县都党乡	4095	12	14259		9612	6315	9
磁县北贾壁乡	7487	25	28954		15641	10814	3

乡镇基本情况

计算单位：公顷、个、人

名　　称	行政区域面积	村民委员会	常住人口	城镇建成区总人口	从业人员	二三产业从业人员	工业企业单位
肥乡县肥乡镇	8062	39	76548	67756	26811	19122	114
肥乡县天台山镇	5928	22	37779	12039	20641	13375	17
肥乡县大西韩乡	4539	28	33740		17496	11150	12
肥乡县辛安镇乡	4505	25	29833	6640	18213	12606	50
肥乡县毛演堡乡	5463	40	39375		21645	15194	27
肥乡县元固乡	5569	27	42305		22630	13558	16
肥乡县屯庄营乡	5338	22	31929		16244	10789	8
肥乡县东漳堡乡	5352	34	33959		22170	14556	5
肥乡县旧店乡	5499	26	32068		22418	13776	9
永年县临洺关镇	8135	11	179946	78011	66138	51828	725
永年县大北汪镇	3971	20	36983	16494	20938	14843	11
永年县张西堡镇	5078	26	40101	9460	20761	13649	15
永年县广府镇	4037	28	47951	26687	23768	16034	22
永年县南沿村镇	4212	31	50130	18981	21512	13424	16
永年县永合会镇	7883	26	38925	3957	20943	14580	26
永年县西苏乡	4664	21	59982		33322	22815	64
永年县界河店乡	3430	15	27381		14399	9660	70
永年县刘营乡	3186	21	47815		30097	21983	214
永年县刘汉乡	4710	17	44298		24276	17035	57
永年县正西乡	4275	17	38607		17959	11715	6
永年县讲武乡	3743	25	49017		18022	10117	26
永年县曲陌乡	3683	20	38712		22897	16331	4
永年县辛庄堡乡	4383	21	41194		18012	11070	5
永年县小龙马乡	4120	21	50340		31183	22887	50
永年县东杨庄乡	3289	16	40402		25082	17932	8
永年县小西堡乡	4477	32	35087		16801	10730	9
永年县西河庄乡	4366	26	30246		12573	7502	8
永年县姚寨乡	5358	24	40092		17445	10803	24
永年县西阳城乡	2800	11	27011		13764	9408	11
邱县新马头镇	12045	59	48625	20828	25518	15500	49
邱县邱城镇	6638	32	31862	7604	18445	6559	24
邱县梁二庄镇	6800	31	32278	6450	14490	7106	24
邱县香城固镇	5100	35	30765	1426	31889	6583	21
邱县南辛店乡	5145	26	21006		11382	5382	11
邱县古城营乡	7130	29	27994		13051	3518	36
邱县陈村回族乡	1200	5	6385		2659	1443	6
鸡泽县鸡泽镇	7266	32	73325	50106	22527	16932	182
鸡泽县小寨镇	6258	33	42985	16308	17502	11027	92
鸡泽县双塔镇	3564	17	37052	13395	21687	18130	141
鸡泽县浮图店乡	4691	20	54465		25017	21284	12
鸡泽县吴官营乡	4280	21	29875		9804	6828	96
鸡泽县风正乡	2768	15	27723		10577	8920	93
鸡泽县曹庄乡	4770	31	38624		20014	14687	43
广平县广平镇	4962	35	58595	27477	30301	13662	119
广平县平固店镇	5306	30	38480	5548	17927	10427	15
广平县胜营镇	4691	29	46034	5221	21944	12788	20
广平县十里铺乡	4510	21	42173		19920	11873	9
广平县南韩村乡	4897	18	33227		16731	6524	7
广平县南阳堡乡	3151	18	28154	3287	16908	7603	9
广平县东张孟乡	3837	18	26590		12712	3430	4

乡镇基本情况

计算单位:公顷、个、人

名称	行政区域面积	村民委员会	常住人口	城镇建成区总人口	从业人员	二三产业从业人员	工业企业单位
馆陶县馆陶镇	4825	23	69900	51200	21473	5810	111
馆陶县房寨镇	4378	28	29168	11386	13095	5739	9
馆陶县柴堡镇	7447	49	47076	11451	22855	4855	38
馆陶县魏僧寨镇	5600	31	36318	16530	16880	11180	93
馆陶县寿山寺乡	6039	35	45323		13791	3171	42
馆陶县王桥乡	5660	39	39458		18859	9214	12
馆陶县南徐村乡	4269	25	30643		19775	6580	26
馆陶县路桥乡	7226	39	38898		22990	19610	32
魏县魏城镇	5500	28	159588	32569	42419	19238	357
魏县德政镇	3190	17	25692	5096	10732	1779	101
魏县北皋镇	5446	51	62565	8040	26507	1820	161
魏县双井镇	3600	32	45345	7869	18230	2893	218
魏县牙里镇	3578	33	51576	8120	20950	7200	470
魏县车往镇	4190	26	36243	10148	17489	4176	148
魏县回隆镇	4429	29	45102	14739	20302	5110	121
魏县张二庄镇	3875	34	56494	18300	21300	4500	221
魏县东代固乡	2889	15	31009	5089	13931	1885	94
魏县棘针寨乡	2791	15	23729		9998	4600	30
魏县沙口集乡	5160	26	39669		22085	7885	144
魏县野胡拐乡	2500	16	16582		10873	3550	228
魏县仕望集乡	1712	17	20098		14025	1898	161
魏县前大磨乡	3841	29	24859		14618	2437	196
魏县院堡乡	2135	18	17560		10220	2915	62
魏县南双庙乡	3825	27	32899		17974	4954	67
魏县大辛庄乡	4592	32	29446		11720	3100	43
魏县大马村乡	1895	18	17826		8465	2160	150
魏县边马乡	4004	36	42732		25076	9620	167
魏县北台头乡	2147	13	15529		10529	2828	126
魏县泊口乡	3700	29	33433		15298	2185	152
曲周县曲周镇	7099	51	101875	67535	70345	25448	319
曲周县安寨镇	9511	42	51474	8842	26131	17346	221
曲周县侯村镇	9532	43	54068	5550	33680	21420	211
曲周县河南疃镇	7741	34	41957	7744	21608	16250	747
曲周县第四疃镇	7325	40	34423	10253	37555	18290	99
曲周县槐桥乡	5428	28	23984		18700	8490	115
曲周县南里岳乡	5602	27	28072		15176	11299	234
曲周县白寨乡	6533	43	47641		27023	13371	372
曲周县大河道乡	3517	18	22797		25558	12779	108
曲周县依庄乡	4412	12	27664		14432	9348	59
武安市武安镇	4150	18	215468	177896	36429	33590	100
武安市康二城镇	8000	17	33125	6600	17520	12520	98
武安市午汲镇	7200	28	44501	3799	17685	4905	130
武安市磁山镇	6800	23	76896	12540	24370	16804	86
武安市伯延镇	4300	15	20975	8213	9733	4736	22
武安市淑村镇	6300	21	21359	3160	14504	7319	71
武安市大同镇	7400	21	43112	4185	21348	10695	47
武安市邑城镇	6700	25	40367	7793	12392	8889	26
武安市矿山镇	9900	30	44567	2338	20021	11109	81
武安市贺进镇	12000	32	25759	6941	12244	3260	22
武安市阳邑镇	10200	24	44894	8738	21861	11826	69

乡镇基本情况

计算单位：公顷、个、人

名　　称	行政区域面积	村民委员会	常住人口	城镇建成区总人口	从业人员	二三产业从业人员	工业企业单位
武安市徘徊镇	10600	29	29712	2680	12869	6057	30
武安市冶陶镇	7409	21	25441	5850	12678	9180	22
武安市上团城乡	7710	18	33499		23464	16605	111
武安市北安庄乡	2000	12	16583		9488	5560	56
武安市北安乐乡	5000	11	31467		16252	9882	46
武安市西土山乡	7396	19	57194		26969	11069	103
武安市西寺庄乡	3000	21	41775		20060	11988	64
武安市活水乡	22122	36	25040		9935	5785	11
武安市石洞乡	7200	15	23575		9926	7248	45
武安市管陶乡	16565	38	19761		10031	5281	12
武安市马家庄乡	8370	28	16328		9312	3100	7
桥东区东郭村镇	1307	2	19000	19000	3374	2474	31
桥东区大梁庄乡	980	1	16974		5950	5343	23
桥西区南大郭镇	2500	11	29504	28238	18691	6718	67
桥西区李村镇	6500	12	35355	26473	18048	12536	12
邢台县豫让桥街道	3373	22	34847		16120	9560	54
邢台县东汪镇	2080	15	33678	33678	17361	11600	127
邢台县王快镇	2860	14	37526	11288	32841	13585	417
邢台县祝村镇	3655	25	26201	3894	14005	12553	10
邢台县晏家屯镇	4927	19	26456	2455	15609	11314	220
邢台县南石门镇	10238	32	49126	19728	25380	20530	304
邢台县羊范镇	7817	15	27618	8210	12023	8908	157
邢台县皇寺镇	15500	43	31600	5365	18550	13730	130
邢台县会宁镇	10400	31	36013	7625	19036	14074	29
邢台县西黄村镇	14000	51	20078	6810	8998	6066	87
邢台县路罗镇	14600	35	16849	2821	11091	4583	173
邢台县将军墓镇	12500	37	14472	3950	6027	3863	35
邢台县浆水镇	16300	51	25007	8986	10950	5502	29
邢台县宋家庄镇	16200	40	17927	6551	13526	4131	4
邢台县太子井乡	6500	15	11735		6881	5796	70
邢台县龙泉寺乡	15200	48	12011		9866	4182	10
邢台县北小庄乡	11400	30	10202		5721	3671	9
邢台县城计头乡	8900	31	9493		3820	1491	13
邢台县白岸乡	12100	23	10625		5265	1941	35
邢台县冀家村乡	8200	18	9576		5300	2596	16
临城县临城镇	12900	50	65824	35240	18789	5089	114
临城县东镇镇	5296	17	25001	14733	9456	2700	181
临城县西竖镇	8867	25	18099	4346	7008	2297	96
临城县郝庄镇	9482	18	13685	3650	5700	1700	128
临城县黑城乡	10271	28	25986		18767	3161	80
临城县鸭鸽营乡	9071	26	29748		11786	4806	250
临城县石城乡	7333	22	10898		6300	2520	104
临城县赵庄乡	16369	34	18071		8798	3990	150
内丘县内丘镇	6520	53	74890	51894	18715	10915	650
内丘县大孟村镇	7650	24	31932	11090	16857	4187	42
内丘县金店镇	9920	47	59569	6562	28757	17834	30
内丘县官庄镇	4830	20	28053	4638	16458	7851	11
内丘县柳林镇	9160	41	21030	4145	10930	3745	12
内丘县五郭店乡	7980	37	26238		14177	4362	96
内丘县南赛乡	9650	31	10505		5610	2711	76

乡镇基本情况

计算单位:公顷、个、人

名　　称	行政区域面积	村民委员会	常住人口	城镇建成区总人口	从业人员	二三产业从业人员	工业企业单位
内丘县獐獏乡	5650	21	6088		2650	1700	50
内丘县侯家庄乡	17390	35	12464		8354	5494	7
柏乡县柏乡镇	5030	34	37129	27392	16251	7360	79
柏乡县固城店镇	5240	21	38496	5079	16903	8816	27
柏乡县西汪镇	3660	17	30958	3712	16652	8432	19
柏乡县王家庄乡	3320	10	18057		8935	3884	22
柏乡县龙华乡	5460	25	39896		18010	7103	35
柏乡县内步乡	3290	14	18598		10785	6375	16
隆尧县隆尧镇	8160	40	88836	88000	28768	21294	86
隆尧县魏家庄镇	4110	25	31980	15968	21798	17638	39
隆尧县尹村镇	6690	23	46306	4300	22045	12045	31
隆尧县山口镇	5280	21	33111	3600	13653	10256	28
隆尧县莲子镇镇	7800	23	72712	10190	24040	17640	89
隆尧县固城镇	6470	18	43540	6810	20413	15003	40
隆尧县北楼乡	4090	20	29534		15200	5536	15
隆尧县东良乡	6910	26	50937		23900	13860	8
隆尧县双碑乡	3621	17	27758		11040	7460	26
隆尧县牛家桥乡	4450	15	24599		12616	6347	17
隆尧县千户营乡	7800	21	31876		15771	9126	2
隆尧县大张庄乡	6600	27	33132		15720	5910	6
任县任城镇	5600		76842	56621	54464	42370	78
任县邢家湾镇	5300	22	37187	10130	34620	20000	176
任县辛店镇	3500	13	35591	17241	22981	13825	67
任县天口镇	6800	23	42394	6427	20100	14212	123
任县西固城乡	6300	14	38605		18395	9595	14
任县永福庄乡	4900	27	31149		14570	6570	24
任县大屯乡	6800	19	43190		17511	8491	15
任县骆庄乡	3900	14	28135		17802	11602	13
南和县和阳镇	4514	35	50800	47861	15982	6804	61
南和县贾宋镇	6768	47	49112	18170	28545	19860	39
南和县郝桥镇	6110	30	57313	20808	29806	16847	15
南和县东三召乡	5800	32	77633		20346	10746	16
南和县阎里乡	4515	12	34473		20071	7899	8
南和县河郭乡	4461	27	31526		15406	8963	60
南和县史召乡	3800	22	33777		20679	11480	30
南和县三思乡	4532	13	30400		13935	3002	20
宁晋县凤凰镇	11170	59	143890	61952	47093	19423	181
宁晋县河渠镇	7960	33	66105	3652	31961	11150	101
宁晋县北河庄镇	5996	29	51027	7335	26511	11292	20
宁晋县耿庄桥镇	13312	38	58481	5712	25842	10200	68
宁晋县东汪镇	5860	16	36386	12806	18885	8383	127
宁晋县贾家口镇	8616	21	50475	4550	33420	20484	281
宁晋县四芝兰镇	8586	29	58767	6254	23476	11237	54
宁晋县大陆村镇	6637	24	46106	25747	23912	16072	158
宁晋县苏家庄镇	8667	22	62954	8486	23787	14155	193
宁晋县换马店镇	6571	27	52436	4427	24786	14573	36
宁晋县侯口乡	5826	12	22490		15091	9710	174
宁晋县纪昌庄乡	5931	15	27807		16786	10368	30
宁晋县唐邱乡	6015	15	47532		22515	10405	52
宁晋县北鱼乡	2061	6	9816		5500	2740	2

乡镇基本情况

计算单位：公顷、个、人

名　　称	行政区域面积	村民委员会	常住人口	城镇建成区总人口	从业人员	二三产业从业人员	工业企业单位
宁晋县徐家河乡	3900	11	18204		11508	5088	16
宁晋县大曹庄乡	2100	7	17386		9465	3345	10
巨鹿县巨鹿镇	8637	20	110578	95224	31236	17952	128
巨鹿县王虎寨镇	4721	21	23463	6860	15800	8820	82
巨鹿县西郭城镇	3718	12	13506	6898	5355	3023	54
巨鹿县官亭镇	6535	33	32400	12290	19256	6401	19
巨鹿县阎疃镇	6353	20	26101	9445	17122	4764	10
巨鹿县小吕寨镇	3763	13	22919	17406	14660	3460	12
巨鹿县堤村乡	7310	46	42101		23289	6881	7
巨鹿县张王疃乡	7456	34	40861		27173	9038	7
巨鹿县观寨乡	6641	27	34197		23490	9325	7
巨鹿县苏家营乡	7989	29	34197		20770	11039	11
新河县新河镇	5706	43	44235	19685	31273	14038	577
新河县寻寨镇	5456	25	26335	4468	14763	6553	70
新河县白神首乡	4135	26	18700		7179	2344	114
新河县荆家庄乡	6659	19	26937		18100	4923	117
新河县西流乡	6689	28	28772		10164	4528	485
新河县仁让里乡	7665	28	27410		6600	4500	44
广宗县广宗镇	6480	18	68967	10025	18687	8682	132
广宗县葫芦乡	4199	23	21825		10360	3588	7
广宗县大平台乡	7309	33	42982		21450	15110	15
广宗县件只乡	4890	17	24467		18606	9756	2
广宗县核桃园乡	6793	27	26249		19926	11403	8
广宗县东召乡	3669	17	18275		13594	10614	6
广宗县北塘疃乡	9219	33	44622		23166	13041	16
广宗县冯家寨乡	6813	28	41009		20610	12108	135
平乡县丰州镇	4360	24	32966		12498	9054	51
平乡县平乡镇	5270	42	38194	14125	18047	12181	64
平乡县河古庙镇	6370	33	49782	9662	21507	17682	191
平乡县节固乡	5730	28	37349		19771	12019	65
平乡县油召乡	6550	44	39979		26735	18102	106
平乡县田付村乡	4940	34	28129		13859	7561	46
平乡县寻召乡	5290	36	31449		17302	10104	32
威县洺州镇	6300	50	94260	41300	23205	17130	980
威县梨园屯镇	5400	23	29824	3390	18362	8841	150
威县章台镇	5850	30	36198	3775	23976	6554	220
威县侯贯镇	6800	36	34915	4736	19257	6272	645
威县七级镇	6800	31	35114	5430	16158	3556	420
威县贺营镇	6532	32	32615	5580	18824	8980	42
威县方家营乡	5400	26	34347		14507	5780	100
威县第什营乡	7950	42	41526		21326	6476	88
威县枣园乡	5400	36	36390		23481	15381	70
威县固献乡	6550	36	30173		17068	4072	80
威县贺钊乡	6600	40	30173		15003	9201	885
威县张家营乡	5050	25	24102		10486	4540	50
威县常屯乡	7450	31	31087		18265	10737	270
威县常庄乡	5800	22	25884		17200	10700	842
威县高公庄乡	5550	30	28369		18190	5614	265
威县赵村乡	6050	32	30350		14795	5737	722
清河县葛仙庄镇	12698	58	140071	65519	36064	30321	616

乡镇基本情况

计算单位：公顷、个、人

名　　称	行政区域面积	村民委员会	常住人口	城镇建成区总人口	从业人员	二三产业从业人员	工业企业单位
清河县连庄镇	8200	50	56818	12640	22787	16439	65
清河县油坊镇	7150	40	46819	9240	27570	20670	43
清河县谢炉镇	7021	59	52054	9342	20997	15628	59
清河县王官庄镇	7200	49	53832	16294	31021	27175	242
清河县坝营镇	7771	49	42756	8035	19859	13304	29
临西县临西镇	4100	18	63486	36743	9373	5039	915
临西县河西镇	5300	34	42976	18436	16659	12325	900
临西县下堡寺镇	6000	30	32450	3813	16650	5554	33
临西县尖冢镇	6000	25	38056	6040	14860	10152	473
临西县老官寨镇	7400	43	37673	4280	16817	9786	137
临西县东枣园乡	4400	23	23439		14975	9721	18
临西县吕寨乡	6800	40	37287		18979	10266	390
临西县摇鞍镇乡	7700	52	39678		19646	7194	287
临西县大刘庄乡	6500	34	34600		18858	10690	487
南宫市凤岗街道办事处	5250	16	93626		20040	12161	124
南宫市南杜街道办事处	2110	14	11270		4439	1579	9
南宫市北胡街道办事处	4420	36	20741		10509	5109	5
南宫市西丁街道办事处	2050	19	11553		4000	1888	6
南宫市苏村镇	5060	23	22456	10535	11173	5726	10
南宫市大高村镇	4620	29	20821	6129	11507	5307	8
南宫市垂杨镇	7760	38	40690	10355	20678	14288	11
南宫市明化镇	6950	27	32619	5167	16405	7803	24
南宫市段芦头镇	9290	42	51542	12664	24177	12691	113
南宫市紫冢镇	8550	49	40707	5276	20595	12678	61
南宫市大村乡	5870	25	22921		11956	5996	6
南宫市南便村乡	6080	30	28888		13300	7751	8
南宫市大屯乡	5640	33	21988		9960	3740	24
南宫市王道寨乡	5800	24	24240		11215	5088	20
南宫市薛吴村乡	6680	35	32087		17331	8676	75
沙河市褡裢街道办事处	1554	6	67648		41994	41381	80
沙河市桥东街道办事处	5400	15	60541		14024	10331	220
沙河市桥西街道办事处	890	7	22074		7460	3474	41
沙河市赞善办事处	3120	13	35199		17880	9570	57
沙河市周庄街道办事处	2600	16	16467		7516	5365	41
沙河市沙河城镇	2985	13	20105	8142	9023	7358	21
沙河市新城镇	5244	21	43765	7725	14598	10448	76
沙河市白塔镇	8400	34	44887	30850	25200	13444	46
沙河市十里亭镇	7330	15	29560	8500	11500	4029	70
沙河市綦村镇	10842	18	32543	7745	12891	5255	41
沙河市留村乡	6930	27	48959		28147	10093	28
沙河市册井乡	4638	23	27708		13163	6924	30
沙河市刘石岗乡	7550	19	24506		7516	5468	16
沙河市柴关乡	8249	20	16450		6405	3058	15
沙河市蝉房乡	15230	35	17788		8716	5720	3
新市区颉庄乡	1140	9	23920		12413	7975	210
新市区富昌乡	1416	16	25352		12819	9872	204
新市区韩村乡	550	8	12744		5603	3965	158
新市区南奇乡	2389	14	21067		17370	8645	270
新市区江城乡	4289	16	36056		15600	8000	94
新市区大马坊乡	2100	13	19345		9985	3379	10

乡镇基本情况

计算单位：公顷、个、人

名　　称	行政区域面积	村民委员会	常住人口	城镇建成区总人口	从业人员	二三产业从业人员	工业企业单位
北市区韩庄乡	2180	20	37203		7185	7185	2
北市区东金庄乡	1656	17	24083		5670	5670	17
北市区百楼乡	2512	13	25213		7297	7297	1
南市区杨庄乡	1272	11	13120		8508	4528	30
南市区南大园乡	1722	17	27156		15140	10280	94
南市区焦庄乡	3233	18	29300		15906	6159	29
南市区五尧乡	2779	15	23708		13188	10403	53
满城县惠阳街道办事处	45		6164		988	988	1
满城县满城镇	8542	34	115462	34120	39726	12805	172
满城县大册营镇	4740	16	37696	2627	19744	10637	144
满城县神星镇	7391	18	38801	3650	29875	8743	107
满城县南韩村镇	5933	24	45055	5390	20400	6669	236
满城县方顺桥镇	5199	20	45471	8058	21117	9949	180
满城县于家庄乡	2947	7	22438		19047	8397	80
满城县贤台乡	3060	21	22067		22059	6165	22
满城县要庄乡	2816	16	21374		14421	4733	40
满城县白龙乡	4940	12	17665		10405	2903	122
满城县石井乡	5924	10	22392		11910	6093	106
满城县坨南乡	6667	17	17526		9071	2693	11
满城县刘家台乡	7862	9	5000		2738	1089	3
清苑县清苑镇	4690	15	37258	31552	18329	8032	124
清苑县冉庄镇	6440	16	36175	3589	20224	14104	68
清苑县阳城镇	6563	20	38211	4555	19543	8214	88
清苑县魏村镇	4529	22	37797	19596	21466	10999	217
清苑县温仁镇	6709	17	48939	8925	25154	7898	155
清苑县张登镇	5538	12	38711	11508	24490	10817	84
清苑县大庄镇	2757	17	23562	6212	13459	6180	337
清苑县臧村镇	4069	17	31079	1800	22039	12092	70
清苑县白团乡	5051	22	34965		18077	9201	43
清苑县北店乡	4502	14	25281		15137	9792	72
清苑县石桥乡	6635	13	42477		28804	7250	80
清苑县李庄乡	4860	13	27910		13309	6335	100
清苑县北王力乡	4499	7	27284		18472	7650	23
清苑县东吕乡	5886	10	45175		24963	6725	390
清苑县何桥乡	3938	18	27808		16658	7249	227
清苑县孙村乡	2200	7	17646		9353	4990	25
清苑县阎庄乡	2233	12	19608		11360	6154	92
清苑县望亭乡	4212	14	40770		24658	6452	160
涞水县城区社区管理办公室街道办事处	500		28593	28593	8051	7800	16
涞水县涞水镇	3524	24	38335	4536	22435	8574	36
涞水县永阳镇	6537	21	30257	1978	20360	7990	30
涞水县义安镇	5417	24	32032	1789	15166	5742	27
涞水县石亭镇	4514	28	36746	4462	19621	6065	24
涞水县赵各庄镇	8550	20	23200	2886	10543	1703	6
涞水县九龙镇	17716	30	16258	1985	7546	909	10
涞水县三坡镇	21400	16	14000	1500	4926	2808	6
涞水县明义乡	3700	18	20992		13453	3405	5
涞水县王村乡	3398	15	22500		14087	4206	15
涞水县东文山乡	3211	17	16490		9890	3890	13
涞水县娄村满族乡	16841	22	29473		15708	3001	6

乡镇基本情况

计算单位:公顷、个、人

名　　称	行政区域面积	村民委员会	常住人口	城镇建成区总人口	从业人员	二三产业从业人员	工业企业单位
涞水县宋各庄乡	6297	8	9500	675	6720	3698	7
涞水县其中口乡	16600	11	6438		3396	264	
涞水县龙门乡	18389	20	10376		6000	571	1
涞水县胡家庄乡	2398	10	14685		9443	3240	2
阜平县阜平镇	29440	30	51235	28410	24495	6175	182
阜平县龙泉关镇	14872	12	7343	2000	3711	1211	30
阜平县平阳镇	18726	22	25242	1435	8880	1830	10
阜平县城南庄镇	27580	21	20475	3133	8640	3990	327
阜平县天生桥镇	16483	13	10932	1520	3488	1898	5
阜平县王林口乡	10550	20	19251	4988	5801	2160	25
阜平县台峪乡	11367	8	7360		3510	645	37
阜平县大台乡	17714	9	11833		4678	611	11
阜平县史家寨乡	26381	14	9352		2142	475	10
阜平县砂窝乡	23169	15	12160		5910	950	85
阜平县吴王口乡	20423	13	3663		1970	150	20
阜平县夏庄乡	16941	5	5821		1436	452	10
阜平县北果元乡	15947	27	23609		7424	1431	208
徐水县安肃镇	8154	39	132283	62263	45530	25570	670
徐水县崔庄镇	7039	27	68849	7768	39389	25520	43
徐水县大因镇	5744	25	55054	5816	36783	13518	46
徐水县遂城镇	6791	31	50064	3121	26413	7246	110
徐水县高林村镇	6577	21	43337	5747	26105	9207	106
徐水县大王店镇	6917	28	43100	7203	45264	14852	19
徐水县漕河镇	5287	27	35892	938	19972	9085	72
徐水县东史端乡	4236	15	35090		18033	5919	35
徐水县留村乡	3730	18	30119		16994	10386	76
徐水县正村乡	3942	16	26813		13500	2785	5
徐水县户木乡	3647	16	25292		16036	6731	25
徐水县瀑河乡	3306	12	16130		9021	3185	20
徐水县东釜山乡	3813	13	13826		7272	4052	170
徐水县义联庄乡	3122	16	9415		5098	2024	15
定兴县定兴镇	4671	42	95927	87963	31798	23003	175
定兴县固城镇	6732	18	55367	22442	36798	13934	71
定兴县贤寓镇	6722	13	48449	8980	27161	10461	28
定兴县北河镇	3331	10	24129	5764	12964	7984	12
定兴县天宫寺镇	4271	25	39491	8450	33554	10545	9
定兴县东落堡乡	3921	16	27977		11275	7575	17
定兴县高里乡	8242	20	57977		30829	12574	7
定兴县张家庄乡	2813	10	20837		8427	4477	2
定兴县姚村乡	3071	9	22212		12500	6520	7
定兴县肖村乡	3761	11	26989		17549	13952	6
定兴县柳卓乡	3121	12	26418		11935	8948	7
定兴县杨村乡	3393	22	33264		19400	8600	8
定兴县北田乡	4881	21	40414		33296	9728	5
定兴县北南蔡乡	2831	8	21014		13695	6997	5
定兴县李郁庄乡	2771	12	20275		9893	3688	19
定兴县小朱庄乡	4471	25	34841	8400	16944	9124	23
唐县仁厚镇	5000	33	41380	34595	25170	10454	295
唐县王京镇	4600	18	53270	3618	24391	16606	96
唐县高昌镇	5500	20	36023	3452	16770	1267	83

乡镇基本情况

计算单位：公顷、个、人

名　　称	行政区域面积	村民委员会	常住人口	城镇建成区总人口	从业人员	二三产业从业人员	工业企业单位
唐县北罗镇	4100	19	55221	3366	24870	13669	193
唐县白合镇	11000	22	29484	3085	15270	9831	48
唐县军城镇	9700	23	23132	2127	10653	2236	60
唐县川里镇	10100	14	8684	1125	5290	2047	47
唐县长古城乡	4300	20	41596	3048	20040	7116	216
唐县都亭乡	3400	15	24232		13090	5996	42
唐县南店头乡	1800	8	22437		12785	8589	16
唐县北店头乡	7800	23	33711		18446	7299	91
唐县罗庄乡	5400	17	36606		16610	6552	41
唐县雹水乡	2900	10	16851		7869	1738	103
唐县大洋乡	5100	16	25386		13650	6010	28
唐县迷城乡	5200	9	11790		5799	628	60
唐县齐家佐乡	11600	24	26754		13880	1324	116
唐县羊角乡	9200	14	10056		5978	1193	7
唐县石门乡	9400	10	8943		3244	534	46
唐县黄石口乡	11800	22	17662		9860	1760	30
唐县倒马关乡	10300	8	4317		2040	506	7
高阳县高阳镇	3884	13	63217	8527	34620	18497	1536
高阳县庞口镇	8727	26	44985	3572	27651	16592	1036
高阳县西演镇	7176	26	48000	4126	32000	20900	900
高阳县邢家南镇	5046	17	34058	14618	33895	16270	431
高阳县晋庄乡	5661	24	34662	34662	18914	12914	570
高阳县蒲口乡	5254	16	24127		13490	6193	303
高阳县小王果庄乡	4432	13	30178		18915	12879	1202
高阳县龙化乡	5143	16	31632		17607	9402	410
高阳县庞家佐乡	4324	19	24113		5540	1940	58
容城县容城镇	7590	24	71349	27422	20712	15500	355
容城县小里镇	3500	10	26402	14445	14765	9725	207
容城县南张镇	5380	13	43720	10673	25670	15082	151
容城县大河镇	3200	15	23270	2652	14192	10161	375
容城县晾马台镇	3380	18	26273	4390	15319	11304	437
容城县八于乡	2920	20	20441		10980	3728	51
容城县贾光乡	2380	13	24192		12693	7208	77
容城县平王乡	3050	14	25929		14278	9481	388
涞源县涞源镇	20300	40	85000	47331	23525	9235	112
涞源县银坊镇	23220	21	13837	1797	7715	2935	45
涞源县走马驿镇	15700	20	18592	1200	8981	2023	41
涞源县水堡镇	15260	11	7882	710	3247	995	66
涞源县王安镇	14550	21	16204	2000	7423	2876	67
涞源县杨家庄镇	11700	12	11470	4124	5025	3454	231
涞源县白石山镇	15660	20	19846	2396	9029	2546	72
涞源县南屯乡	7060	15	10196	1211	5524	1441	71
涞源县南马庄乡	13500	14	10523		6259	2539	2
涞源县北石佛乡	14890	16	19959		10634	1474	49
涞源县金家井乡	17670	19	14384		8034	435	2
涞源县留家庄乡	13970	12	7116		3990	520	15
涞源县上庄乡	19330	18	15201		7235	1047	16
涞源县东团堡乡	19420	19	14950		9565	828	39
涞源县塔崖驿乡	7540	10	6569		3930	786	7
涞源县乌龙沟乡	7540	9	6413		2997	1502	29

乡镇基本情况

计算单位：公顷、个、人

名　　称	行政区域面积	村民委员会	常住人口	城镇建成区总人口	从业人员	二三产业从业人员	工业企业单位
涞源县烟煤洞乡	7440	6	4795		2160	570	88
望都县望都镇	3980	18	56286	22500	20653	11436	272
望都县固店镇	4994	16	30944	2431	17823	3751	48
望都县贾村镇	4016	13	27488	2120	27116	2280	100
望都县寺庄乡	4883	18	31407		13110	5445	5
望都县赵庄乡	3413	18	27364		17511	6924	455
望都县黑堡乡	3822	16	30376		12364	5145	6
望都县高岭乡	4031	23	27246		16451	4002	5
望都县中韩庄乡	6535	20	30006		15697	2787	152
安新县安新镇	7138	21	69632	13639	28293	18580	
安新县大王镇	7300	15	28402	2698	20437	5314	472
安新县三台镇	5600	12	54563	4168	19839	10913	1020
安新县端村镇	7200	21	43942	10975	27401	9527	50
安新县赵北口镇	2260	13	17437	10735	13782	6977	121
安新县同口镇	8700	18	32943	10612	19115	4845	100
安新县刘李庄镇	6200	17	51905	3449	26572	11640	344
安新县安州镇	7700	28	38922	492	24189	5079	60
安新县老河头镇	6400	27	42392	6752	22962	5486	128
安新县圈头乡	4500	11	18026		18110	12754	109
安新县寨里乡	5700	12	33751		16622	8306	61
安新县芦庄乡	4100	12	20641		14062	12377	128
易县易州镇	8060	30	51397	13560	22692	14014	122
易县梁格庄镇	14500	27	30637	2021	15621	8200	21
易县西陵镇	8000	17	16433	1199	7084	2523	3
易县裴山镇	8100	22	36051	1865	19603	5508	18
易县塘湖镇	7333	36	44503	3925	25985	6064	17
易县狼牙山镇	14667	20	17126	1274	7461	2246	4
易县良岗镇	16700	18	12624	1807	6367	2976	12
易县紫荆关镇	26300	25	20447	850	6360	3066	14
易县高村镇	9800	30	36016	1100	19247	6044	45
易县桥头乡	5440	20	27504		13642	8341	36
易县白马乡	5940	18	15160		7420	2531	22
易县流井乡	10800	14	17225		8078	4170	1
易县高陌乡	6450	29	44955		24300	9927	6
易县大龙华乡	7500	18	12329		7333	1680	6
易县安格庄乡	10300	12	10785		5894	2119	1
易县凌云册乡	6620	19	31071		16817	3019	14
易县西山北乡	9345	21	21769		11136	3573	21
易县尉都乡	4050	11	16105		9990	6735	6
易县独乐乡	3700	6	10003		4931	808	3
易县七峪乡	5100	6	2855		1876	516	6
易县富岗乡	10600	8	6083		3280	1171	9
易县坡仓乡	7200	9	5868		2955	825	14
易县牛岗乡	8379	10	5373		3576	674	3
易县桥家河乡	7310	6	4260		1592	606	16
易县甘河净乡	6200	5	1585		746	108	4
易县蔡家峪乡	7200	5	2512		1468	433	
易县南城司乡	17800	21	13850		5586	2567	8
曲阳县恒州镇	4820	27	80744	42015	23490	7114	
曲阳县灵山镇	12210	35	72165	13605	29586	13363	

乡镇基本情况

计算单位：公顷、个、人

名　　称	行政区域面积	村民委员会	常住人口	城镇建成区总人口	从业人员	二三产业从业人员	工业企业单位
曲阳县燕赵镇	4850	22	42100	4949	22690	6382	200
曲阳县羊平镇	5150	13	41006	3866	16250	10601	123
曲阳县文德镇	3800	19	47291	7154	20833	7533	
曲阳县路庄子乡	3640	16	18963		7600	2176	80
曲阳县下河乡	5930	25	34978		15544	4449	352
曲阳县庄窠乡	2310	9	13409		8011	3676	
曲阳县孝墓乡	6660	25	26100		13412	3912	
曲阳县东旺乡	5840	23	41185		16678	6150	53
曲阳县晓林乡	6140	22	40356		27921	7711	265
曲阳县邸村乡	3040	8	23197		12098	4947	395
曲阳县产德乡	8760	28	35222		15795	7524	
曲阳县齐村乡	7620	21	15926		9210	2702	3
曲阳县党城乡	6420	14	25496		16344	8004	256
曲阳县郎家庄乡	10050	29	24180		24078	2328	
曲阳县范家庄乡	4810	14	9523		5280	1780	
曲阳县北台乡	6300	17	12603		4902	687	90
蠡县蠡吾镇	9954	41	109614	44456	38890	17380	95
蠡县留史镇	5962	26	57895	16489	34729	18157	121
蠡县大百尺镇	7130	22	62975	6703	34833	22255	103
蠡县辛兴镇	6251	14	51479	7973	24599	14672	640
蠡县北郭丹镇	2569	11	21499	10580	9653	7493	45
蠡县万安镇	2991	14	29457	9737	18182	8418	23
蠡县桑园镇	3686	12	28586	7373	14960	9167	786
蠡县南庄镇	6870	27	38891	5823	22901	3859	107
蠡县小陈乡	2955	7	24180		13090	2919	34
蠡县林堡乡	2719	7	21590		17260	5910	40
蠡县北埝头乡	4675	16	25494		20678	2988	60
蠡县鲍墟乡	5830	23	41743		18454	3781	15
蠡县大曲堤乡	2815	12	24247	5417	15467	2902	82
顺平县蒲阳镇	6473	33	73003	52068	41540	23007	54
顺平县高于铺镇	6729	25	54179	19553	31698	9235	74
顺平县腰山镇	5224	33	37759	2714	19054	8615	23
顺平县蒲上镇	5901	29	32490	8636	15731	5668	67
顺平县神南镇	8987	18	12877	7155	6074	1538	
顺平县白云乡	6362	24	30702		17012	5970	11
顺平县河口乡	5837	16	18038		9192	2300	1
顺平县安阳乡	8885	19	20220		11639	2336	1
顺平县台鱼乡	5923	17	18855		9739	2359	3
顺平县大悲乡	10821	23	21852		10249	2864	
博野县博野镇	7828	27	69435	19024	29195	19900	147
博野县小店镇	3078	15	32938	3380	18430	12821	87
博野县程委镇	7143	33	45719	2315	26797	11797	178
博野县东墟乡	2895	15	26063	2786	15633	8492	56
博野县北杨村乡	2813	11	27743		14165	7277	28
博野县城东乡	4074	13	31999		18580	11080	69
博野县南小王乡	5278	19	37212		26100	15900	99
雄县雄州镇	9018	45	105276	71462	48088	45708	547
雄县昝岗镇	4503	29	35314	16926	26092	13455	176
雄县大营镇	6137	36	41115	10322	22685	9863	69
雄县龙湾镇	8074	21	52991	29178	23951	16536	209

乡镇基本情况

计算单位:公顷、个、人

名　　称	行政区域面积	村民委员会	常住人口	城镇建成区总人口	从业人员	二三产业从业人员	工业企业单位
雄县朱各庄镇	5120	23	36791	14454	22584	10573	89
雄县米家务镇	5769	20	38223	7521	22524	9283	92
雄县北沙口乡	3741	12	23919		7319	6566	35
雄县双堂乡	4109	19	23327		10030	3679	19
雄县张岗乡	4879	18	32766		11490	4570	23
涿州市双塔街道办事处	1740	8	96478		6188	3668	190
涿州市桃园街道办事处	2016	14	56510		9300	5990	195
涿州市清凉寺街道办事处	3500	21	61847		13698	8322	316
涿州市松林店镇	7200	32	62875	18845	25407	10579	280
涿州市码头镇	5932	39	38601	1870	21238	6826	197
涿州市东城坊镇	10000	31	39872	2163	24525	10231	147
涿州市高官庄镇	4260	32	26474	2344	15721	4575	45
涿州市东仙坡镇	4420	24	33451	5180	17000	9000	60
涿州市百尺竿镇	5400	32	44391	950	26326	16525	149
涿州市义和庄乡	7910	39	36531		20948	5132	32
涿州市林家屯乡	5000	37	37800		19025	6358	34
涿州市孙庄乡	2969	15	18405		9606	6347	18
涿州市豆庄乡	6700	48	36322		24480	5550	300
涿州市刁窝乡	6980	30	33240		18478	5688	157
定州市南城区街道办事处	4003	27	106998	3315	38750	29407	38
定州市北城区街道办事处	2299	8	83173	36403	18970	12445	28
定州市西城区街道办事处	3966	20	83841	6544	19891	14731	94
定州市留早镇	8687	37	46171	7093	29894	21733	3
定州市清风店镇	5522	27	44775	15547	24873	17201	16
定州市庞村镇	4977	17	46184	10280	27303	19898	84
定州市砖路镇	5596	20	53564	5400	31291	21717	16
定州市明月店镇	4800	31	47541	11280	29631	18335	27
定州市叮咛店镇	8316	28	55370	4385	34010	25902	48
定州市东亭镇	4918	15	35327	6900	21317	14296	10
定州市大辛庄镇	4173	15	30359	7860	18550	12823	3
定州市东旺镇	4425	16	32700	7654	21102	14097	9
定州市高蓬镇	5615	16	43926	8845	23120	15837	66
定州市邢邑镇	4745	13	34141	11051	23140	16550	8
定州市李亲顾镇	5410	18	47946	30712	39001	27371	80
定州市子位镇	6025	12	41606	8209	26324	18826	5
定州市开元镇	4500	21	49671	7845	30562	21505	23
定州市赵村镇	6661	25	53958	2886	33388	24488	119
定州市周村镇	5036	21	51543	5076	30893	25470	31
定州市息冢镇	5432	13	37625	6359	22235	15918	26
定州市东留春乡	4912	15	30035		19624	13737	10
定州市号头庄回族乡	5406	17	33448		21559	16739	1
定州市杨家庄乡	3600	23	28643		16453	10440	
定州市大鹿庄乡	5707	19	43605		24792	19625	
定州市西城乡	3440	11	24862		16978	11378	3
安国市祁州药市街道办事处	3867	18	47786	6872	33219	19940	810
安国市祁州镇	4302	28	63700	30850	28108	19682	282
安国市伍仁桥镇	3480	14	31418	3388	20020	12015	32
安国市石佛镇	5495	21	33520	4224	20691	10214	46
安国市郑章镇	5500	22	37200	3604	23040	11210	20
安国市大五女镇	3900	19	24064	1947	14468	4937	15

乡镇基本情况

计算单位:公顷、个、人

名　　称	行政区域面积	村民委员会	常住人口	城镇建成区总人口	从业人员	二三产业从业人员	工业企业单位
安国市西佛落镇	3200	10	22531	2832	14633	7391	46
安国市明官店乡	4700	25	32072		20579	12199	25
安国市南娄底乡	3952	14	36091		22381	16956	9
安国市西安国城乡	3500	16	28920		17260	8233	14
安国市北段村乡	4700	11	24098		14400	7250	9
高碑店市和平街道办事处	2800	17	32965	4546	16074	11437	123
高碑店市军城街道办事处	2100	11	13937	2400	7958	4029	39
高碑店市东盛街道办事处	2400	17	28535	2102	14533	9832	76
高碑店市北城街道办事处	2700	12	20073	3806	9608	3886	98
高碑店市方官镇	6400	53	46346	5170	28150	11353	114
高碑店市新城镇	7000	65	48139	7408	30219	12298	15
高碑店市泗庄镇	5600	39	37005	8995	20697	10222	21
高碑店市白沟镇	5397	33	148144	42000	105333	97600	408
高碑店市辛立庄镇	6030	38	37395	5580	22434	5262	19
高碑店市东马营镇	4000	29	31444	12159	15465	6780	18
高碑店市肖官营乡	4400	33	25043		19903	7103	13
高碑店市梁家营乡	2900	22	25137		13900	2787	19
高碑店市张六庄乡	6200	36	33700		19261	8609	20
高碑店市辛桥乡	7200	37	35233		16856	6504	25
桥东区老鸦庄镇	2900	10	34493	5145	13336	9193	135
桥东区姚家庄镇	4619	7	16195	2786	7811	4241	101
桥西区东窑子镇	8707	20	23300	6030	10500	8377	61
桥西区沈家屯镇	4500	10	25997	1985	13605	4043	79
宣化区庞家堡镇	12718	16	25237	11744	10433	6537	51
宣化区河子西乡	4900	12	16927		9737	2479	63
宣化区春光乡	3700	16	17030		11047	5329	65
宣化区侯家庙乡	5879	13	13040		7183	2063	37
下花园区花园乡	5470	11	10168		5489	2507	16
下花园区辛庄子乡	6937	12	4974		2583	1769	12
下花园区定方水乡	10460	15	7147		4570	1688	2
下花园区段家堡乡	6420	8	1801		1396	195	1
宣化县洋河南镇	13060	20	37488	18050	23370	15843	91
宣化县深井镇	26644	47	26212	4860	14253	3365	31
宣化县崞村镇	25587	42	19471	1224	11289	2230	29
宣化县沙岭子镇	4107	6	31911	26863	16046	7205	42
宣化县姚家房镇	3013	12	25141	6789	13098	6763	59
宣化县大仓盖镇	9697	20	22144	2973	11638	4571	65
宣化县贾家营镇	19472	21	20681	1416	12794	4637	89
宣化县顾家营镇	4533	15	14179	1967	7603	2954	18
宣化县赵川镇	17753	27	32576	7318	19932	9930	90
宣化县王家湾乡	22680	31	7429		2547	404	1
宣化县塔儿村乡	18480	19	5206		4275	1469	5
宣化县江家屯乡	11813	23	24802		14677	5531	25
宣化县东望山乡	18680	18	16473		9090	2311	127
宣化县李家堡乡	10140	12	7617		3029	1193	21
张北县张北镇	14177	21	86530	69715	36753	21797	90
张北县公会镇	26033	20	14076	3284	9372	2838	5
张北县二台镇	32017	29	22971	3498	14736	5580	7
张北县大囫囵镇	27782	22	16109	685	7672	1160	3
张北县小二台镇	20147	21	14433	11712	8077	2577	

乡镇基本情况

计算单位:公顷、个、人

名　　称	行政区域面积	村民委员会	常住人口	城镇建成区总人口	从业人员	二三产业从业人员	工业企业单位
张北县沙沟镇	9627	9	5187	1520	3200	870	
张北县台路沟乡	17212	22	10934		6433	2931	11
张北县油篓沟乡	23307	30	21242		15058	6580	11
张北县馒头营乡	19451	23	13574		8809	5138	7
张北县二泉井乡	23282	28	17239		8964	1952	
张北县单晶河乡	16126	14	12155		7271	2061	1
张北县大河乡	22234	20	16589		9692	3980	4
张北县海流图乡	28432	20	16609		8216	3848	2
张北县两面井乡	20283	23	14691		7891	3361	1
张北县大西湾乡	21626	18	11979		7489	3125	4
张北县郝家营乡	16229	17	12540		8376	2396	4
张北县白庙滩乡	21007	15	11314		7942	2353	5
张北县战海乡	17721	13	11493		5859	799	1
张北县三号乡	19271	10	12406		8112	2848	1
张北县宇宙营乡	9730	9	6228		4179	187	1
康保县康保镇	32903	37	67873	34967	13800	7369	51
康保县张纪镇	25918	30	12900	1615	11735	3710	3
康保县土城子镇	19644	20	10601	1932	8337	1707	3
康保县邓油坊镇	15602	22	12239	2239	7556	2454	1
康保县李家地镇	15261	18	8950	1202	6873	2586	1
康保县照阳河镇	25103	20	6759	513	7047	1945	8
康保县屯垦镇	41057	24	13861	1261	17042	2128	4
康保县闫油坊乡	24670	21	7245		12637	6675	3
康保县丹清河乡	21368	21	7510		7710	2142	9
康保县哈咇嘎乡	16770	19	7956		5728	1221	5
康保县二号卜乡	19090	26	11521		8252	3841	1
康保县芦家营乡	16000	15	7473		5585	2289	2
康保县忠义乡	11425	14	6288		5652	1086	1
康保县处长地乡	14346	17	8873		7644	2869	3
康保县满德堂乡	27666	22	8417		6916	1891	6
沽源县平定堡镇	39600	27	32436	28174	50452	12391	76
沽源县小厂镇	22000	15	12700	1152	8200	2982	2
沽源县黄盖淖镇	17800	19	12269	396	10001	1933	1
沽源县九连城镇	32200	30	20186	1510	11976	938	5
沽源县高山堡乡	17700	10	10459		6160	640	3
沽源县小河子乡	34400	26	11205		11205	2802	4
沽源县二道渠乡	21800	11	10076		7333	603	6
沽源县大二号回族乡	5700	4	3039		1852	165	1
沽源县闪电河乡	22700	12	13036		8462	892	2
沽源县长梁乡	23000	17	6873		8244	992	1
沽源县丰源店乡	28288	14	9135		7092	1492	
沽源县西辛营乡	21300	23	10659		10029	891	5
沽源县莲花滩乡	21900	11	4322		5511	1389	
沽源县白土窑乡	28700	14	10328		10557	1505	1
尚义县南壕堑镇	24828	20	42425	27768	21232	19128	48
尚义县大青沟镇	18187	14	18928	7845	12248	3450	9
尚义县八道沟镇	20015	14	15187	1400	7400	1900	7
尚义县红土梁镇	29333	16	7964	3701	5264	1778	14
尚义县小蒜沟镇	37284	17	8450	1767	7000	2760	31
尚义县三工地镇	10792	10	7862	1026	8817	700	3

乡镇基本情况

计算单位:公顷、个、人

名　　称	行政区域面积	村民委员会	常住人口	城镇建成区总人口	从业人员	二三产业从业人员	工业企业单位
尚义县满井镇	16490	11	9875	1229	2750	2503	4
尚义县大营盘乡	25748	6	8345		5119	106	1
尚义县大苏计乡	13854	13	9989		9652	1224	3
尚义县石井乡	13100	13	6763		9052	5117	2
尚义县七甲乡	7259	8	7450		4010	1037	5
尚义县套里庄乡	11461	10	3954		3547	780	6
尚义县甲石河乡	14324	13	4262		7664	3795	3
尚义县下马圈乡	14587	7	4532		1838	355	5
蔚县蔚州镇	3689	15	90444	74916	13451	9633	45
蔚县代王城镇	6910	30	27663	7281	16200	7332	9
蔚县西合营镇	14032	40	48238	21490	19247	8157	11
蔚县吉家庄镇	13500	41	21633	4395	12480	1184	4
蔚县白乐镇	6701	23	18398	6256	9790	2245	1
蔚县暖泉镇	4370	16	15744	10276	6138	1384	3
蔚县南留庄镇	7120	28	24045	8100	8122	2863	14
蔚县北水泉镇	10425	22	13379	4541	5454	1654	4
蔚县桃花镇	15470	38	20538	8516	11134	1680	1
蔚县阳眷镇	13670	25	12599	4324	5668	3040	1
蔚县宋家庄镇	30483	27	23650	1788	9493	1960	8
蔚县下宫村乡	30996	29	20180		14397	2389	1
蔚县南杨庄乡	10326	13	14880		6500	610	10
蔚县柏树乡	23706	20	12137		6035	856	1
蔚县常宁乡	5881	14	9137		4678	782	1
蔚县涌泉庄乡	7900	29	23179		7878	2156	9
蔚县杨庄窠乡	12478	29	13503		12368	1395	13
蔚县南岭庄乡	7300	18	10680		6682	1389	1
蔚县陈家洼乡	10369	19	7052		3811	810	
蔚县黄梅乡	7712	15	9282		6463	1521	3
蔚县白草村乡	12300	21	7916		4234	1881	3
蔚县草沟堡乡	48722	35	10757		5692	1805	1
阳原县西城镇	11219	22	62791	28648	12830	8700	122
阳原县东城镇	16742	16	16722	6571	9980	4470	12
阳原县化稍营镇	9411	22	23281	9395	11800	3665	8
阳原县揣骨疃镇	28809	41	23281	6132	11540	4207	10
阳原县东井集镇	12747	26	34141	6553	17290	6771	6
阳原县要家庄乡	10305	19	20930		12366	7716	6
阳原县东坊城堡乡	10961	21	9917		5830	940	2
阳原县井儿沟乡	12632	15	9805		5750	2376	3
阳原县三马坊乡	5700	11	9882		5026	1095	2
阳原县高墙乡	17962	27	16286		8931	2064	7
阳原县大田洼乡	7827	18	4200		2500	390	
阳原县辛堡乡	11385	26	13300		7312	2016	1
阳原县马圈堡乡	11412	17	8894		3980	1230	2
阳原县浮图讲乡	15330	20	11110		5300	2270	7
怀安县柴沟堡镇	16406	34	73125	55000	24517	11292	80
怀安县左卫镇	26850	33	35361	7551	23325	9680	47
怀安县头百户镇	8361	23	16376	2714	10054	1772	7
怀安县怀安城镇	16100	41	31963	12276	17796	9675	14
怀安县渡口堡乡	19800	27	16474		10687	2961	25
怀安县第六屯乡	8805	12	9918		6281	2060	7

乡镇基本情况

计算单位：公顷、个、人

名　　称	行政区域面积	村民委员会	常住人口	城镇建成区总人口	从业人员	二三产业从业人员	工业企业单位
怀安县西湾堡乡	11760	15	8586		4110	964	11
怀安县西沙城乡	8449	11	10471		4890	1901	7
怀安县太平庄乡	17308	17	6408		5451	1865	6
怀安县王虎屯乡	20469	26	12064		9053	3265	31
怀安县第三堡乡	14362	34	12063		9460	2178	9
万全县孔家庄镇	6540	17	32759	21198	17559	8059	260
万全县万全镇	7126	14	13865	7443	7284	2487	27
万全县洗马林镇	13858	20	9366	4954	8355	2095	11
万全县郭磊庄镇	5852	13	24380	2801	10230	1546	7
万全县膳房堡乡	17695	21	9431		11975	1341	8
万全县北新屯乡	18176	26	9212		3892	1393	
万全县宣平堡乡	7123	13	23157		12295	6279	68
万全县高庙堡乡	13400	16	13408		8230	2650	4
万全县旧堡乡	6424	6	10705		7110	1268	16
万全县安家堡乡	10138	14	24953		14132	5244	31
万全县北沙城乡	6484	11	19178		15392	3074	1
怀来县沙城镇	6100	23	94481	96337	28005	22726	343
怀来县北辛堡镇	7056	10	17488	1315	11764	1382	
怀来县新保安镇	6686	23	18125	9604	342	212	168
怀来县东花园镇	13100	21	16019	3523	8371	4907	20
怀来县官厅镇	17800	20	12100	3680	6602	1863	35
怀来县桑园镇	12133	31	25036	4093	19727	5864	6
怀来县存瑞镇	15125	24	25948	2650	17894	6155	130
怀来县土木镇	9354	23	24124	1002	14728	5848	10
怀来县大黄庄镇	4617	9	14116	9392	11748	5208	50
怀来县西八里镇	3658	8	22101	4412	14022	4575	54
怀来县小南辛堡镇	17236	21	16546	1488	9686	2504	23
怀来县狼山乡	5470	12	11575		7549	3541	2
怀来县鸡鸣驿乡	4200	6	8155		4811	2733	30
怀来县东八里乡	2530	6	9425		5838	2728	53
怀来县瑞云观乡	11830	11	5670		3446	1465	12
怀来县孙庄子乡	11130	15	4154		3550	450	
怀来县王家楼回族乡	13200	16	7456		4839	1021	11
涿鹿县涿鹿镇	7122	30	70301	64763	16507	1573	241
涿鹿县张家堡镇	6914	13	23790	4169	8261	3716	24
涿鹿县武家沟镇	27000	26	12425	896	5798	1680	10
涿鹿县五堡镇	6773	19	25687	6485	15280	4871	5
涿鹿县保岱镇	9930	22	30248	1129	17637	4790	6
涿鹿县矾山镇	15126	27	22191	4354	17973	2972	27
涿鹿县大堡镇	26676	44	16053	7839	11210	1540	
涿鹿县河东镇	39661	40	11399	3988	5028	1257	24
涿鹿县东小庄镇	5823	17	32373	3643	19103	4302	6
涿鹿县辉耀镇	22483	20	12497	1631	5308	1464	6
涿鹿县大河南镇	26643	19	10353	3315	3690	1224	34
涿鹿县温泉屯镇	7660	10	14619	2407	8936	538	2
涿鹿县蟒石口镇	20439	17	9633	1832	3992	1191	14
涿鹿县栾庄乡	9254	15	17001		11376	1290	2
涿鹿县黑山寺乡	7177	10	11456		4540	420	2
涿鹿县卧佛寺乡	23873	23	10363		6250	1750	16
涿鹿县谢家堡乡	18106	21	5810		3080	1000	2

乡镇基本情况

计算单位：公顷、个、人

名　　称	行政区域面积	村民委员会	常住人口	城镇建成区总人口	从业人员	二三产业从业人员	工业企业单位
赤城县赤城镇	24660	33	67447	51719	20943	14821	31
赤城县田家窑镇	19620	24	17903	2132	8733	2722	30
赤城县龙关镇	28730	35	27734	13176	10513	4621	70
赤城县雕鹗镇	35390	30	12379	2114	7602	2100	9
赤城县独石口镇	21706	12	4998	2015	2154	1006	2
赤城县白草镇	24380	16	8050	1733	5814	1129	1
赤城县龙门所镇	23590	28	9261	3718	6204	1741	8
赤城县后城镇	37468	38	15512	4021	9410	3845	3
赤城县东卯镇	44560	25	15949	897	7935	2652	8
赤城县炮梁乡	15634	17	7291		3393	1028	27
赤城县大海陀乡	27550	32	7832		4288	615	4
赤城县镇宁堡乡	33300	26	7563		6238	2116	5
赤城县马营乡	31750	23	6283		4831	806	6
赤城县云州乡	52034	29	12100		7200	1488	8
赤城县三道川乡	33708	14	5871		5101	2415	1
赤城县东万口乡	28220	22	11232		8702	2402	1
赤城县茨营子乡	27420	13	7753		3170	756	1
赤城县样田乡	18980	23	5261		3643	427	2
崇礼县西湾子街道办	367		25684	25684	9332	9332	17
崇礼县西湾子镇	22440	24	34907	29927	16660	11426	18
崇礼县高家营镇	34256	38	26201	7224	12681	4679	84
崇礼县四台嘴乡	37488	31	10223		7087	1418	47
崇礼县红旗营乡	17676	15	5264		4252	1993	16
崇礼县石窑子乡	14223	15	2792		4537	2208	5
崇礼县驿马图乡	34191	24	3850		7613	2102	1
崇礼县石嘴子乡	30467	17	7133		4827	935	21
崇礼县狮子沟乡	12032	16	3820		3820	2256	4
崇礼县清三营乡	14009	14	3045		3542	218	
崇礼县白旗乡	15628	17	6472		4460	1755	5
双桥区水泉沟镇	4128	6	17972	1411	4864	4190	45
双桥区狮子沟镇	3038	5	24944	2754	8774	8540	45
双桥区牛圈子沟镇	6200	12	44373	16092	16607	16291	104
双桥区大石庙镇	8230	12	21379	6303	7681	4139	43
双桥区冯营子镇	5658	10	43367	10786	7478	5099	25
双桥区双峰寺镇	12513	18	30136	10494	14870	5520	23
双桥区上板城镇	19627	23	38819	23280	18308	7873	50
双滦区双塔山镇	8856	17	61740	43958	10170	7607	174
双滦区滦河镇	1525	5	35739	35739	4265	3561	128
双滦区大庙镇	9436	10	12324	1980	4935	2732	34
双滦区偏桥子镇	5253	11	8769	1382	5786	2450	10
双滦区陈栅子乡	8795	10	12827		7724	2665	6
双滦区西地满族乡	11309	10	19154		11378	8331	17
鹰手营子矿区鹰手营子镇	3420	6	7456	7222	7940	6720	37
鹰手营子矿区北马圈子镇	2392	3	11679	2232	10444	9664	20
鹰手营子矿区寿王坟镇	5998	3	11312	10465	9825	9360	23
鹰手营子矿区汪家庄镇	2500	3	8228	965	7168	6807	7
承德县下板城镇	25364	26	96096	79095	42339	30466	103
承德县甲山镇	17116	21	22032	10973	14445	8247	66
承德县六沟镇	18040	33	32424	9960	18675	5562	11
承德县三沟镇	18033	21	20322	8705	14045	3965	18

乡镇基本情况

计算单位:公顷、个、人

名　　称	行政区域面积	村民委员会	常住人口	城镇建成区总人口	从业人员	二三产业从业人员	工业企业单位
承德县头沟镇	18513	28	23283	4890	12110	5203	43
承德县高寺台镇	13364	17	12968	6244	9604	5514	50
承德县东小白旗乡	11693	7	7719		6065	3297	
承德县鞍匠乡	18693	13	14600		10650	3645	14
承德县刘杖子乡	17587	10	8588		7511	3424	4
承德县新杖子乡	10030	10	10496		6636	2656	5
承德县孟家院乡	10147	11	9283		7080	3361	7
承德县大营子乡	17358	8	7748		5765	2647	3
承德县八家乡	13741	9	7764		6693	3618	8
承德县上谷乡	12472	24	16723		11490	4561	7
承德县满杖子乡	11028	10	7702		5671	2005	1
承德县石灰窑乡	12868	17	17878		12857	6392	6
承德县五道河乡	15857	11	7527		6919	2529	5
承德县岔沟乡	18367	14	11878		9295	3263	12
承德县岗子满族乡	8120	10	7215		6517	2126	13
承德县磴上乡	24997	25	13382		10613	4553	9
承德县两家满族乡	10098	9	8345		7325	4095	6
承德县三家乡	30329	29	18587		13372	6140	14
承德县仓子乡	10991	15	8958		6486	3699	9
兴隆县兴隆镇	19200	29	74909	64278	19078	12044	97
兴隆县半壁山镇	13100	22	22146	7165	11168	2757	23
兴隆县挂兰峪镇	18800	13	14463	3369	8037	1646	20
兴隆县青松岭镇	18100	12	13465	1704	8114	1624	19
兴隆县六道河镇	17600	20	16749	4503	10055	4612	12
兴隆县平安堡镇	11200	13	14525	6857	8371	3948	31
兴隆县北营房镇	13200	10	12477	1402	7284	3919	23
兴隆县孤山子镇	7500	8	11112	3989	6566	1944	21
兴隆县蓝旗营镇	9800	14	14215	3611	7149	1330	12
兴隆县南天门满族乡	11300	10	7047		4500	1042	6
兴隆县八卦岭满族乡	10200	8	14102		8210	1847	12
兴隆县陡子峪乡	7600	7	6267		3540	986	3
兴隆县上石洞乡	13000	9	2842		2194	247	1
兴隆县雾灵山乡	27700	24	11741		7157	3843	12
兴隆县李家营乡	15200	7	10295		5439	3280	9
兴隆县大杖子乡	23900	20	16935		10265	1667	20
兴隆县蘑菇峪乡	33500	22	17321		16963	2587	22
兴隆县三道河乡	11800	18	16785		8473	2010	7
兴隆县安子岭乡	7800	10	5213		3485	1252	5
兴隆县大水泉乡	21800	14	14496		8207	2893	2
平泉县平泉镇	22386	30	114297	92358	72051	63553	174
平泉县黄土梁子镇	15340	13	20831	5628	12820	6396	9
平泉县榆树林子镇	29872	23	28686	5046	17637	7952	4
平泉县杨树岭镇	20476	22	29463	5295	16050	7096	38
平泉县七沟镇	28119	14	25061	4880	13361	5709	28
平泉县小寺沟镇	15067	15	22705	5091	13527	5391	20
平泉县党坝镇	22243	17	24169	5329	15928	7831	23
平泉县卧龙镇	23023	19	28380	4669	16975	9844	84
平泉县南五十家子镇	9140	12	19859	4885	10315	5820	18
平泉县北五十家子镇	11556	7	11940	4382	7110	2065	15
平泉县桲椤树镇	13833	10	18874	4560	9352	4440	8

乡镇基本情况

计算单位:公顷、个、人

名　　称	行政区域面积	村民委员会	常住人口	城镇建成区总人口	从业人员	二三产业从业人员	工业企业单位
平泉县王土房乡	12803	4	5419		3080	1075	9
平泉县柳溪满族乡	22811	8	11041	2953	6180	1655	5
平泉县七家岱满族乡	11424	4	7912		4702	2118	10
平泉县平房满族蒙古族乡	12536	13	15298		8667	2689	6
平泉县茅兰沟满族蒙古族乡	16997	10	16756		12054	5204	5
平泉县台头山乡	19015	13	19081		11770	4142	1
平泉县松树台乡	15460	13	15954		8182	3372	6
平泉县道虎沟乡	7310	13	14862		8285	4673	7
滦平县中兴路街道办事处	1835		61626	61626	13856	13423	17
滦平县滦平镇	14600	15	16589	4960	8965	5010	29
滦平县长山峪镇	20084	13	18670	1268	11523	5811	7
滦平县红旗镇	13531	9	13926	2545	9510	5255	14
滦平县金沟屯镇	21025	13	16323	4865	10856	5554	27
滦平县虎什哈镇	24224	14	18663	2546	11486	5764	15
滦平县巴克什营镇	18445	10	17075	7441	9032	4826	15
滦平县张百湾镇	21751	14	21702	4056	14409	7595	49
滦平县平坊满族乡	6753	8	5302		3724	1809	8
滦平县安纯沟门满族乡	15703	11	10223		7255	3744	8
滦平县付营子乡	21102	14	15373		9333	5718	15
滦平县小营满族乡	12869	10	12602		7648	4478	38
滦平县西沟满族乡	15255	9	6075		4870	2372	6
滦平县邓厂满族乡	7386	3	2034		1594	773	2
滦平县五道营子满族乡	12370	6	3402		2410	1020	3
滦平县马营子满族乡	13872	10	6645		5104	2486	8
滦平县付家店满族乡	7928	6	3906		3707	2297	5
滦平县火斗山乡	15815	10	11323		8150	4330	5
滦平县两间房乡	9680	6	7452		4320	1910	1
滦平县涝洼乡	9225	5	5152		4678	2525	3
滦平县大屯满族乡	15843	14	16432		9270	6300	25
隆化县隆化镇	28958	28	98119	80453	23156	11943	135
隆化县韩麻营镇	21671	21	19513	3500	11999	5348	19
隆化县中关镇	8296	10	10018	4000	5262	2258	25
隆化县七家镇	14610	11	10970	4510	7715	2985	1
隆化县汤头沟镇	26401	32	22853	4926	14082	3661	6
隆化县张三营镇	14281	19	21162	11156	12474	4989	7
隆化县唐三营镇	27822	22	21625	4816	19356	7398	5
隆化县蓝旗镇	26526	19	18161	3680	12462	6932	16
隆化县步古沟镇	27254	14	13443	3076	9925	5066	2
隆化县郭家屯镇	70271	21	19800	7998	11479	2243	6
隆化县荒地乡	28563	18	13211		9815	2575	2
隆化县章吉营乡	15627	13	12916		9180	2380	2
隆化县茅荆坝乡	30568	12	8375		6180	2020	
隆化县尹家营满族乡	8994	11	6195		5138	1863	1
隆化县庙子沟蒙古族满族乡	9825	6	4828		4950	1718	3
隆化县偏坡营满族乡	17903	14	9230		6510	2363	2
隆化县山湾乡	19097	11	7581		6800	3400	5
隆化县八达营蒙古族乡	18878	12	12327		7150	462	3
隆化县太平庄满族乡	17131	11	6072		6320	1547	5
隆化县旧屯满族乡	17405	11	5810		5020	1504	2
隆化县西阿超满族蒙古族乡	18969	12	8818		5765	1153	3

乡镇基本情况

计算单位:公顷、个、人

名　　称	行政区域面积	村民委员会	常住人口	城镇建成区总人口	从业人员	二三产业从业人员	工业企业单位
隆化县白虎沟满族蒙古族乡	9409	6	5192		4790	1148	1
隆化县碱房乡	20397	7	5233		4204	690	3
隆化县韩家店乡	28286	10	7105		9806	3242	3
隆化县湾沟门乡	20203	11	6532		5526	2320	2
丰宁满族自治县大阁镇	39616	21	82936	61010	21397	10447	55
丰宁满族自治县大滩镇	62100	22	22137	2563	12850	5384	4
丰宁满族自治县鱼儿山镇	31342	9	13789	1681	8603	1908	8
丰宁满族自治县土城镇	36170	13	17172	2078	9053	2297	6
丰宁满族自治县黄旗镇	32032	18	14713	2502	7453	2980	5
丰宁满族自治县凤山镇	36258	34	35986	8825	20082	6457	24
丰宁满族自治县波罗诺镇	16100	11	11774	2867	5896	1758	12
丰宁满族自治县黑山咀镇	29585	19	19964	4273	9630	3484	13
丰宁满族自治县天桥镇	15891	9	9415	2312	5054	2002	4
丰宁满族自治县万胜永乡	26277	4	4507		2230	910	4
丰宁满族自治县四岔口乡	56667	8	6932		4091	1650	1
丰宁满族自治县苏家店乡	38663	6	5837		2701	916	6
丰宁满族自治县外沟门乡	53445	6	6199		3058	952	
丰宁满族自治县草原乡	21271	4	6514		2924	1396	5
丰宁满族自治县窟窿山乡	27125	7	3976		2393	372	
丰宁满族自治县小坝子乡	31115	6	4940		2570	1302	8
丰宁满族自治县五道营乡	26957	8	8755		4605	1772	5
丰宁满族自治县南关蒙古族乡	33394	14	18741		9198	2961	10
丰宁满族自治县选将营乡	34229	10	13635		7293	4086	3
丰宁满族自治县西官营乡	24950	10	12763		6947	1084	8
丰宁满族自治县王营乡	10646	8	6218		3414	1450	5
丰宁满族自治县北头营乡	16323	7	7122		4097	1758	4
丰宁满族自治县胡麻营乡	26810	16	16996		9018	3650	28
丰宁满族自治县石人沟乡	34650	14	16057		7844	4654	17
丰宁满族自治县汤河乡	37230	14	9432		4688	1191	4
丰宁满族自治县杨木栅子乡	18581	11	8050		4203	1645	4
宽城满族自治县宽城镇	17253	25	73024	72680	52739	46855	83
宽城满族自治县龙须门镇	18620	22	19994	4806	12061	6193	49
宽城满族自治县峪耳崖镇	14149	20	26976	8985	13576	6254	57
宽城满族自治县板城镇	16061	17	21451	7756	11591	8159	45
宽城满族自治县汤道河镇	23126	18	19045	4438	10890	4743	16
宽城满族自治县饽罗台镇	8091	10	7792	4395	4202	1573	14
宽城满族自治县碾子峪镇	7849	11	15436	2429	8180	4355	30
宽城满族自治县亮甲台镇	6710	7	7689	2045	3770	1365	12
宽城满族自治县化皮溜子乡	5854	6	9198		5026	1608	7
宽城满族自治县塌山乡	8307	9	5502		3111	1635	3
宽城满族自治县孟子岭乡	9682	8	6964		3641	1697	7
宽城满族自治县独石沟乡	4968	6	1266		740	191	4
宽城满族自治县东大地乡	4844	7	5954		2945	1293	13
宽城满族自治县铧尖乡	6274	8	7549		3808	2124	16
宽城满族自治县东黄花川乡	4422	7	6223		2973	1846	7
宽城满族自治县苇子沟乡	9592	8	7336		3869	2005	5
宽城满族自治县大字沟门乡	7250	5	5249		2954	1767	3
宽城满族自治县大石柱子乡	9732	11	6865		4119	2002	3
围场满族蒙古族自治县围场镇	18575	9	103585	57861	6251	2461	110
围场满族蒙古族自治县四合永镇	15320	13	26857	17264	17084	10549	55

乡镇基本情况

计算单位:公顷、个、人

名　　称	行政区域面积	村民委员会	常住人口	城镇建成区总人口	从业人员	二三产业从业人员	工业企业单位
围场满族蒙古族自治县克勒沟镇	15776	10	14565	3530	8880	2343	4
围场满族蒙古族自治县棋盘山镇	28000	15	17171	3298	9000	2297	6
围场满族蒙古族自治县半截塔镇	20930	11	9000	3122	6462	1513	9
围场满族蒙古族自治县朝阳地镇	16220	10	13350	2210	9270	2620	7
围场满族蒙古族自治县朝阳湾镇	18272	11	14615	1168	11044	3176	5
围场满族蒙古族自治县道坝子乡	19333	10	10867		6350	1264	4
围场满族蒙古族自治县龙头山乡	13869	8	8642		5665	2018	15
围场满族蒙古族自治县腰站乡	20800	17	17526	1224	12551	3777	19
围场满族蒙古族自治县黄土坎乡	25133	8	14309		6628	1842	7
围场满族蒙古族自治县四道沟乡	10163	6	5900		4749	1724	1
围场满族蒙古族自治县兰旗卡伦乡	20140	13	9508		6710	1527	5
围场满族蒙古族自治县银窝沟乡	29073	16	12319		9483	1994	3
围场满族蒙古族自治县新地乡	22733	9	16678		9884	1134	
围场满族蒙古族自治县广发永乡	17180	5	8069		4458	1136	4
围场满族蒙古族自治县育太和乡	9412	4	5751		4095	917	1
围场满族蒙古族自治县郭家湾乡	35910	7	8942		5684	1300	2
围场满族蒙古族自治县杨家湾乡	16815	8	7758		6382	2102	5
围场满族蒙古族自治县大唤起乡	12667	7	6883		4969	901	3
围场满族蒙古族自治县哈里哈乡	21440	7	7690		5420	1124	3
围场满族蒙古族自治县新拨乡	31001	13	11872		11388	1533	1
围场满族蒙古族自治县张家湾乡	12668	4	3928		2705	374	3
围场满族蒙古族自治县宝元栈乡	16392	6	7164		5824	756	3
围场满族蒙古族自治县山湾子乡	21374	7	7837		5109	599	1
围场满族蒙古族自治县三义永乡	24400	5	6684		6167	1110	1
围场满族蒙古族自治县姜家店乡	17100	5	5964		4840	731	2
围场满族蒙古族自治县下伙房乡	17691	8	5904		3490	809	1
围场满族蒙古族自治县燕格柏乡	29800	8	3939		3248	386	2
围场满族蒙古族自治县牌楼乡	22100	9	6088		6129	859	4
围场满族蒙古族自治县城子乡	29724	11	7732		6681	448	2
围场满族蒙古族自治县老窝铺乡	27360	3	2562		1440	394	
围场满族蒙古族自治县御道口乡	23642	4	3713	550	2709	406	3
围场满族蒙古族自治县石桌子乡	13151	8	4223		3890	897	3
围场满族蒙古族自治县大头山乡	17864	9	7399		5648	880	3
围场满族蒙古族自治县南山嘴乡	17346	4	3200		2193	736	2
围场满族蒙古族自治县西龙头乡	13669	4	3437		3250	460	1
新华区小赵庄乡	2421	20	33105		15644	8966	206
运河区小王庄镇	4992	35	33620	33620	15925	8775	62
运河区南陈屯乡	4940	30	43267	9230	22202	8154	81
沧县旧州镇	8200	14	22350	9890	13425	12500	54
沧县兴济镇	11400	27	49026	13459	29895	27882	125
沧县杜生镇	5800	40	42872	10319	25050	22694	143
沧县崔尔庄镇	11800	48	53630	6647	32356	24721	146
沧县薛官屯乡	9300	13	23336		11801	9655	124
沧县捷地回族乡	4300	16	30100		16646	14922	50
沧县张官屯乡	7900	35	46919		30277	21294	107
沧县李天木回族乡	9000	14	39528		20711	14512	123
沧县风化店乡	13000	21	40763		18751	16249	70
沧县姚官屯乡	7000	13	34105		16613	12170	88
沧县杜林回族乡	8300	43	47703		22728	20207	48
沧县汪家铺乡	8700	24	35805		20535	16035	55

乡镇基本情况

计算单位:公顷、个、人

名　　称	行政区域面积	村民委员会	常住人口	城镇建成区总人口	从业人员	二三产业从业人员	工业企业单位
沧县刘家庙乡	6500	26	26453		13540	9386	10
沧县仵龙堂乡	6900	19	29879		16074	13674	58
沧县大官厅乡	8500	41	41985		18459	11375	87
沧县高川乡	6500	33	34672		18868	12933	23
沧县黄递铺乡	4600	29	24388		15924	10988	22
沧县大褚村回族乡	5500	26	26100		13759	9174	16
沧县纸房头乡	8800	33	40909		22603	17710	147
青县清州镇	11000	50	105018	101000	62954	59306	984
青县金牛镇	14300	32	41882	11154	25078	22572	259
青县新兴镇	8800	38	36281	12254	23736	16009	67
青县流河镇	11000	44	35545	10120	24150	18879	340
青县木门店镇	7800	31	30995	7948	16245	10192	94
青县马厂镇	14100	24	41700	25549	23679	20083	555
青县上伍乡	6000	15	21136		12672	8983	120
青县曹寺乡	12600	58	42189		23108	13220	47
青县盘古乡	7200	31	30166		16335	6595	93
青县陈嘴乡	4000	22	17636		10680	6788	76
东光县东光镇	7049	60	72023	63011	14877	11370	304
东光县连镇镇	8890	64	41831	14874	23353	13202	90
东光县找王镇	4562	36	29023	8922	14250	8650	67
东光县秦村镇	6940	38	30312	3872	16982	6896	44
东光县灯明寺镇	8796	43	30810	6681	14445	7567	29
东光县南霞口镇	9500	54	40906	13847	26014	16358	102
东光县大单镇	8657	45	48029	3468	25787	17147	46
东光县龙王李镇	6138	48	38968	16234	14685	8253	37
东光县于桥乡	10431	59	34236		17750	9900	116
海兴县苏基镇	10900	34	57126	32860	10150	6330	61
海兴县辛集镇	4800	14	19940	7860	12010	4600	18
海兴县高湾镇	7900	31	25752	4908	14680	5118	19
海兴县赵毛陶乡	13562	44	35937		20495	6513	39
海兴县香坊乡	6300	19	17703		10358	4522	43
海兴县小山乡	13100	19	25163		16627	8353	50
海兴县张会亭乡	6300	36	33109		17647	7949	19
盐山县盐山镇	9640	59	48070	46028	35840	30617	658
盐山县望树镇	5380	26	26558	3424	15870	7712	161
盐山县庆云镇	5600	45	44012	4968	22408	14063	281
盐山县韩集镇	5270	48	39700	4220	19820	16764	21
盐山县千童镇	3810	29	25500	7585	15020	10022	7
盐山县圣佛镇	7770	42	45203	12201	18522	13907	260
盐山县边务乡	9070	40	29453		17250	10487	490
盐山县小营乡	5900	27	25838		11820	7700	260
盐山县杨集乡	8810	36	27500		19630	7120	130
盐山县孟店乡	8520	35	38980		29870	15813	102
盐山县常庄乡	3280	26	21086		9814	5978	52
盐山县小庄乡	6470	37	34000		17934	12234	120
肃宁县肃宁镇	4972	38	68049	66943	24333	18048	85
肃宁县梁家村镇	8146	47	49222	11110	34688	25085	23
肃宁县窝北镇	6083	24	33457	12683	24819	17623	17
肃宁县尚村镇	5453	31	35255	32900	26018	19944	103
肃宁县万里镇	5595	29	34845	13723	32062	24214	13

乡镇基本情况

计算单位：公顷、个、人

名称	行政区域面积	村民委员会	常住人口	城镇建成区总人口	从业人员	二三产业从业人员	工业企业单位
肃宁县师素乡	6776	27	36643		22976	15214	14
肃宁县河北留善寺乡	5127	22	33421		21392	15487	11
肃宁县付家佐乡	5067	17	28287		22200	16118	12
肃宁县邵庄乡	4403	18	23715		18587	13863	22
南皮县南皮镇	6524	45	78074	31983	15490	8128	662
南皮县冯家口镇	10095	50	40411	4123	22897	11218	151
南皮县寨子镇	8571	43	52031	8496	27806	14495	58
南皮县鲍官屯镇	9104	13	32277	5371	18273	7394	33
南皮县王寺镇	9069	24	36668	4823	21108	8427	41
南皮县乌马营镇	9657	33	28266	2438	16317	8296	273
南皮县大浪淀乡	9981	28	29126		19466	9588	53
南皮县刘八里乡	5716	36	33642		13521	6835	162
南皮县潞灌乡	9854	40	44813		26385	5542	50
吴桥县桑园镇	4542	33	50902	50322	34537	29905	581
吴桥县铁城镇	7357	84	38682	3010	24507	17277	121
吴桥县于集镇	6065	40	25952	2166	17192	10210	147
吴桥县梁集镇	5262	37	21142	918	16755	8022	140
吴桥县安陵镇	6745	67	24525	4920	14429	8292	493
吴桥县曹家洼乡	5142	41	22136	3072	12141	8077	881
吴桥县宋门乡	6420	40	26257	980	14204	10883	72
吴桥县杨家寺乡	5125	39	22605	758	12257	5128	336
吴桥县沟店铺乡	6017	44	25953	1020	13849	6865	75
吴桥县何庄乡	5629	48	25689	360	13029	8662	86
献县乐寿镇	9900	61	77411	75680	20111	10119	109
献县淮镇镇	7200	31	40994	18321	19646	16535	68
献县郭庄镇	5800	21	32953	11527	18197	12180	88
献县河城街镇	8300	52	44358	26312	21852	17712	223
献县韩村镇	11100	47	52715	16140	26161	10376	21
献县陌南镇	8400	33	39966	8933	21443	10093	24
献县陈庄镇	8600	42	33964	7290	15421	8173	57
献县徐留高乡	4900	21	28745		13100	7690	40
献县商林乡	5100	22	27124		17167	8482	15
献县段村乡	6900	18	27184		13926	9631	12
献县张村乡	6700	19	26332		12066	6566	16
献县临河乡	5400	19	29981		15136	12438	10
献县小平王乡	4900	15	19073		11478	5157	15
献县十五级乡	6500	19	26961		12825	8104	19
献县垒头乡	4800	22	22328		9100	7140	32
献县南河头乡	3700	27	24001		11944	9941	63
献县西城乡	5800	20	25065		9992	5649	18
献县本斋回族乡	3000	11	15142		5730	3904	55
孟村回族自治县孟村镇	7600	25	59105	40356	19449	14060	462
孟村回族自治县新县镇	6400	23	31418	8623	14710	5519	139
孟村回族自治县辛店镇	4100	17	26808	14981	13617	8494	1475
孟村回族自治县高寨镇	6100	23	23065	7859	12614	8122	240
孟村回族自治县宋庄子乡	5500	16	32023		15120	8930	222
孟村回族自治县牛进庄乡	8300	22	34721		15366	9402	806
泊头市解放街道办事处	360		59721		18300	18100	42
泊头市河东街道办事处	440		54928		9500	9500	48
泊头市古楼街道办事处	300		57661		5200	5200	14

乡镇基本情况

计算单位:公顷、个、人

名　　称	行政区域面积	村民委员会	常住人口	城镇建成区总人口	从业人员	二三产业从业人员	工业企业单位
泊头市泊镇	7199	57	54381	34123	27895	22983	195
泊头市交河镇	7904	48	43466	33712	20506	16937	157
泊头市齐桥镇	10392	68	49957	5590	28890	22350	57
泊头市寺门村镇	8158	54	32080	2980	19580	15210	115
泊头市郝村镇	9278	58	33849	5054	23781	17749	94
泊头市富镇镇	7818	41	31496	11976	19100	15700	87
泊头市文庙镇	8466	58	32466	2454	20010	14007	109
泊头市洼里王镇	7044	50	28106	4995	24100	18050	68
泊头市王武庄乡	6942	50	25207		16364	13657	84
泊头市营子乡	9412	67	38926		24160	17531	58
泊头市四营乡	7548	53	27480		22752	13742	105
泊头市西辛店乡	9629	53	28874		24850	13834	14
任丘市新华路街道	2598	12	25806		10049	8743	37
任丘市西环路街道	2160	12	23642		10762	7885	77
任丘市永丰路街道	1415	12	10993		6296	5393	49
任丘市中华路办事处	1302	12	14819		6473	4670	52
任丘市出岸镇	5400	24	35407	8439	17819	13279	44
任丘市石门桥镇	5978	31	39478	9904	19351	14830	161
任丘市吕公堡镇	5170	28	38892	12684	20493	17489	166
任丘市长丰镇	7860	32	44547	6725	26987	19628	233
任丘市鄚州镇	5820	30	26330	8286	10985	9092	23
任丘市苟各庄镇	6208	20	28161	11634	15067	13017	37
任丘市梁召镇	7390	23	41988	13819	18228	16500	158
任丘市辛中驿镇	5880	25	38232	16158	16794	11230	89
任丘市麻家坞镇	7230	24	37588	6072	19681	17077	172
任丘市议论堡乡	7178	21	37866		19308	15878	110
任丘市青塔乡	5260	16	29545		15223	10549	35
任丘市北辛庄乡	4140	20	27728		10623	7946	57
任丘市七间房乡	5220	14	26712		11534	9878	47
任丘市北汉乡	5017	27	28718		15219	10689	92
任丘市于村乡	7489	20	34212		15795	13396	85
黄骅市黄骅镇	12931	39	64610	60860	15495	14041	1280
黄骅市南排河镇	7194	21	51386	11893	22406	13494	124
黄骅市吕桥镇	11368	35	40276	11350	19292	17234	1980
黄骅市旧城镇	14311	40	34886	14910	24493	22653	519
黄骅市羊二庄回族乡	22079	48	46234		22253	19797	489
黄骅市常郭乡	16573	51	45203		30288	17988	615
黄骅市滕庄子乡	19351	26	39699		21338	18214	1826
黄骅市官庄乡	9182	22	30976		16490	10982	116
黄骅市齐家务乡	16069	37	43188		15359	13017	374
黄骅市新村回族乡	11800	4	9764		5477	3523	6
黄骅市羊三木回族乡	5506	8	9129		3945	3350	91
河间市瀛州镇	5750	52	141641	62498	22118	17939	75
河间市米各庄镇	8800	31	56898	21521	31571	29063	125
河间市景和镇	6520	29	30677	13602	19173	10993	26
河间市卧佛堂镇	8150	32	49717	13337	23476	19876	84
河间市束城镇	9600	41	52809	20381	23839	22256	120
河间市留古寺镇	5650	18	32905	11790	19018	16580	91
河间市沙河桥镇	8040	45	43150	15336	18156	12076	79
河间市故仙乡	8400	36	35899		20856	17096	46

乡镇基本情况

计算单位:公顷、个、人

名　称	行政区域面积	村民委员会	常住人口	城镇建成区总人口	从业人员	二三产业从业人员	工业企业单位
河间市黎民居乡	10600	42	43166		22630	18179	61
河间市兴村乡	8900	43	52945		28399	21082	65
河间市沙洼乡	5600	29	34975		19991	16338	67
河间市西九吉乡	4950	34	27712		19876	17266	14
河间市北石槽乡	4400	15	21537		16230	13517	48
河间市诗经村乡	5650	18	29122		19710	14218	47
河间市郭家村乡	4750	20	25689		17089	14141	42
河间市时村乡	6600	25	25212		15699	11652	29
河间市行别营乡	5850	27	38486		20377	10188	129
河间市尊祖庄乡	7600	31	33598		27203	21162	67
河间市龙华店乡	4950	27	27778		17699	12227	14
河间市果子洼回族乡	2600	20	23273		14203	10193	25
安次区落垡镇	5966	26	22165	4243	13460	3245	25
安次区码头镇	10508	44	42627	3644	24840	10582	209
安次区葛渔城镇	8045	36	40691	13138	23208	11867	61
安次区东沽港镇	6443	30	38054	9351	24970	9010	32
安次区杨税务乡	9206	49	30184		18936	6509	157
安次区仇庄乡	7258	49	23354		17278	3948	87
安次区调河头乡	6198	30	25366		13303	3269	22
安次区北史家务乡	3139	20	48983		14659	10064	113
广阳区南尖塔镇	8123	16	22616	1696	10708	6649	111
广阳区万庄镇	8962	42	36952	3639	21364	3989	68
广阳区九州镇	13505	70	50428	2738	31402	8845	46
广阳区北旺乡	4331	23	28850		15595	8089	127
固安县固安镇	16614	103	156423	34159	31096	8203	309
固安县宫村镇	7360	43	34399	6279	17795	5017	59
固安县柳泉镇	8686	55	39624	7538	19554	3372	59
固安县牛驼镇	8053	50	36239	6690	19752	4761	35
固安县马庄镇	6650	31	28179	6850	18294	4233	16
固安县东湾乡	7475	47	35357	3000	18572	4967	32
固安县彭村乡	4616	28	24103	3972	13956	2861	16
固安县渠沟乡	4980	22	28127	2950	15799	2583	30
固安县礼让店乡	3570	18	18712	3924	10354	1887	43
永清县城区街道办事处	1000		24735	24735	24619	24619	
永清县永清镇	16620	130	95920	68339	54140	52482	268
永清县韩村镇	9060	34	26000	3100	17537	11037	44
永清县后奕镇	5130	19	24023	5500	11393	9098	17
永清县别古庄镇	9950	36	28914	3755	16917	9581	82
永清县里澜城镇	6793	30	28716	7898	13873	9343	67
永清县管家务回族乡	2568	12	10450		5148	1288	16
永清县曹家务乡	9057	43	25321		16055	10459	35
永清县龙虎庄乡	5251	25	28208		14833	6471	15
永清县刘街乡	5890	26	31421		20650	8660	96
永清县三圣口乡	5975	31	29180		10038	9848	47
香河县淑阳镇	6765	53	103973	73030	24067	21294	99
香河县蒋辛屯镇	5520	35	28201	3038	13034	8455	58
香河县渠口镇	6632	48	46409	5496	22775	11652	105
香河县安头屯镇	4588	25	26222	4368	9627	4373	21
香河县安平镇	3255	29	26641	10968	12741	7484	74
香河县刘宋镇	5900	25	34313	3958	15154	12076	14

乡镇基本情况

计算单位：公顷、个、人

名　称	行政区域面积	村民委员会	常住人口	城镇建成区总人口	从业人员	二三产业从业人员	工业企业单位
香河县五百户镇	6350	43	40178	5098	17357	5129	31
香河县钱旺乡	3690	21	25923	2312	13401	9948	45
香河县钳屯乡	3100	21	22156	2429	9116	4062	50
大城县平舒镇	6796	46	74390	8720	16078	11560	139
大城县旺村镇	14564	45	40384	4580	21289	10570	171
大城县大尚屯镇	13146	59	70020	4165	31967	15669	174
大城县南赵扶镇	10705	38	46159	4400	23579	10009	91
大城县留各庄镇	7907	39	43051	6136	21092	12223	148
大城县权村镇	6359	22	41046	5207	18914	5214	156
大城县里坦镇	5994	22	26386	4046	14330	4249	89
大城县广安镇	6856	37	39380	4747	16228	10028	141
大城县北位乡	7310	32	46476		21956	7614	42
大城县臧屯乡	10069	54	47053		24457	11783	104
文安县文安镇	13717	50	85891	28616	20569	13290	603
文安县新镇镇	4815	24	33228	10560	16981	14481	608
文安县苏桥镇	8253	29	35519	5607	17762	10512	407
文安县大柳河镇	10503	32	39493	3442	15666	12473	1076
文安县左各庄镇	4682	22	28282	14269	11328	9429	1080
文安县滩里镇	6522	15	32195	11121	11504	9490	1150
文安县史各庄镇	3628	17	24180	9092	10904	7541	303
文安县赵各庄镇	7949	37	46906	7411	19558	13411	613
文安县兴隆宫镇	5462	18	29400	8256	14803	10618	314
文安县大留镇镇	7083	22	43291	4372	19536	13412	615
文安县孙氏镇	14392	60	63485	6023	28530	11826	1081
文安县德归镇	10487	22	22722	2901	9147	3772	671
文安县大围河回族满族乡	6198	24	33311		20243	8602	404
大厂回族自治县大厂镇	4133	26	43952	11980	11200	8700	225
大厂回族自治县夏垫镇	4118	30	34156	14391	15595	1464	189
大厂回族自治县祁各庄镇	4752	20	23152	5980	13793	835	50
大厂回族自治县邵府乡	2218	8	11100	1907	1735	329	112
大厂回族自治县陈府乡	2376	21	12555	1421	1187	192	13
霸州市霸州镇	7670	45	111755	22420	24746	17490	158
霸州市南孟镇	5196	30	31583	13197	18134	10278	122
霸州市信安镇	4158	17	29794	20808	17366	13146	112
霸州市堂二里镇	4637	36	33925	14901	13192	9522	101
霸州市煎茶铺镇	7420	32	43487	12265	23413	15010	174
霸州市胜芳镇	9701	39	135979	88000	73000	69480	191
霸州市杨芬港镇	8506	22	39224	12348	38361	12361	95
霸州市岔河集乡	7990	40	47686		9065	5535	91
霸州市康仙庄乡	7854	40	49736		28734	15456	186
霸州市东杨庄乡	2921	20	21120		11037	7434	114
霸州市王庄子乡	5146	7	36522		23230	17020	280
霸州市东段乡	2410	20	21040		9137	8137	142
三河市泃阳镇	6000	48	51342	32192	26612	17502	124
三河市李旗庄镇	4800	32	29266	3808	13342	8899	90
三河市杨庄镇	4800	36	27842	4645	17866	12323	101
三河市皇庄镇	6500	49	42180	6440	23375	17815	78
三河市新集镇	6300	38	42572	7778	18589	12082	43
三河市段甲岭镇	6200	26	20171	8925	10738	7488	30
三河市黄土庄镇	6200	39	36056	6745	22500	16905	89

乡镇基本情况

计算单位:公顷、个、人

名　　称	行政区域面积	村民委员会	常住人口	城镇建成区总人口	从业人员	二三产业从业人员	工业企业单位
三河市高楼镇	7800	37	40823	5326	19580	11547	59
三河市齐心庄镇	4400	35	22028	4248	12834	8632	36
三河市燕郊镇	10800	55	279440	169250	97498	87455	546
桃城区郑家河沿镇	11400	64	43896	3755	21484	15122	378
桃城区赵家圈镇	11400	73	38276	5192	21420	14235	477
桃城区邓庄镇	10026	33	30275	4260	15710	9772	412
桃城区何家庄乡	2199	31	24711		11381	10998	174
桃城区大麻森乡	7562	63	29885		18451	11384	197
桃城区彭杜村乡	9500	42	38756		22813	14928	149
枣强县枣强镇	19200	131	103305	54361	23986	9381	90
枣强县恩察镇	3700	23	15871	2314	8450	3336	13
枣强县大营镇	13600	88	75848	28051	31536	18260	373
枣强县嘉会镇	3200	20	11125	3115	6521	3270	11
枣强县马屯镇	11400	61	39742	6631	18573	7939	14
枣强县肖张镇	3400	14	14100	6071	5720	2545	21
枣强县张秀屯乡	9300	55	33784	1607	17930	10387	36
枣强县新屯乡	7200	57	34872	2218	18726	12586	120
枣强县王均乡	6400	34	20418		11218	2638	3
枣强县唐林乡	6900	30	22786		15232	6179	8
枣强县王常乡	6000	40	22561		14210	5775	16
武邑县武邑镇	16040	95	104233	79538	30786	19835	171
武邑县清凉店镇	8770	65	26927	11229	16180	8725	35
武邑县审坡镇	10570	61	31921	11378	19660	10647	33
武邑县赵桥镇	9720	64	31809	6363	20688	11511	13
武邑县韩庄镇	10540	65	33098	6422	18613	9474	13
武邑县肖桥头镇	7310	38	24503	5309	15308	8284	69
武邑县龙店乡	7560	51	21756		13851	7147	6
武邑县圈头乡	5940	44	17107		12075	6618	3
武邑县大紫塔乡	6560	41	18061		12228	7209	5
武强县武强镇	9603	45	79722	29180	21985	9795	170
武强县街关镇	7536	54	28639	4560	18198	6172	47
武强县周窝镇	5309	40	23485	5170	14836	7719	82
武强县豆村乡	6237	39	28308		16437	7434	74
武强县北代乡	8086	35	26792		14156	5192	66
武强县孙庄乡	7511	25	29503		15409	7484	83
饶阳县饶阳镇	8235	37	73195	30680	21474	15489	96
饶阳县大尹村镇	4701	19	21957	7878	15011	9646	17
饶阳县五公镇	6611	21	36010	11824	17789	12309	98
饶阳县大官亭镇	8740	28	40326	23267	22620	14572	28
饶阳县王同岳乡	6417	28	27738		19547	13197	73
饶阳县留楚乡	14333	49	50509		36011	21531	42
饶阳县东里满乡	7661	15	34370		21641	13075	26
安平县安平镇	8195	48	84380	22580	26252	15127	1233
安平县马店镇	8145	31	55416	7195	26585	19002	162
安平县南王庄镇	6159	25	35592	6850	19064	11614	103
安平县大何庄乡	5911	24	36141		19701	15783	67
安平县程油子乡	5940	35	37364		18621	10192	85
安平县西两洼乡	4431	18	21960		11598	7661	222
安平县大子文乡	5623	24	32206		13018	11566	148
安平县东黄城乡	5113	25	30073		13605	12690	544

乡镇基本情况

计算单位:公顷、个、人

名　　称	行政区域面积	村民委员会	常住人口	城镇建成区总人口	从业人员	二三产业从业人员	工业企业单位
故城县郑口镇	12070	79	110595	67350	35210	27210	255
故城县夏庄镇	8027	46	40126	2590	26881	4785	65
故城县青罕镇	4960	24	28011	4710	9609	4489	56
故城县故城镇	5226	37	27791	6326	13928	6560	19
故城县武官寨镇	7500	44	36207	2630	20997	8324	47
故城县饶阳店镇	8441	37	33906	5764	12846	7246	146
故城县军屯镇	3010	21	17194	2310	6351	3133	20
故城县建国镇	6693	58	49358	18294	17907	10107	42
故城县西半屯镇	8129	48	39521	2987	28314	12689	33
故城县辛庄乡	7142	33	28815		9551	2780	8
故城县里老乡	5357	19	19311		7101	3734	2
故城县房庄乡	10112	54	33852		18390	7701	24
故城县三朗乡	7448	38	27145		11512	4102	30
景县景州镇	8973	83	60532	32165	14674	9665	238
景县龙华镇	7851	37	45470	18360	15011	10515	97
景县广川镇	8055	42	32984	5691	16449	8048	102
景县王瞳镇	6355	38	27456	3940	12285	6658	10
景县洚河流镇	6275	54	25113	6661	12564	5947	59
景县安陵镇	5692	38	22686	2436	15514	11284	11
景县杜桥镇	8982	74	32799	6215	16929	9501	55
景县王谦寺镇	7560	52	29938	2915	13552	7577	33
景县北留智镇	7706	45	31925	6976	14325	7587	12
景县留智庙镇	8254	46	39011	4585	16329	9190	17
景县刘集乡	7309	70	27542		12166	5710	14
景县连镇乡	5959	54	24139		12100	6467	5
景县梁集乡	8200	78	36742		18864	9912	13
景县温城乡	6337	46	25182		9508	4948	37
景县后留名府乡	7489	40	30374		11110	3410	23
景县青兰乡	7771	51	29286		10911	6196	4
阜城县阜城镇	8680	74	48119	5670	24467	12580	814
阜城县古城镇	9032	76	42375	6809	19710	9441	212
阜城县码头镇	10060	82	42457	3999	23925	17902	205
阜城县霞口镇	6804	56	33537	4425	19733	12134	186
阜城县崔家庙镇	9211	84	38738	11654	25401	17696	211
阜城县漫河乡	6780	38	25936		15561	9389	144
阜城县建桥乡	4134	39	17675		10696	3782	93
阜城县蒋坊乡	5287	57	26290		19350	12986	127
阜城县大白乡	4432	46	19794		10297	5669	89
阜城县王集乡	5106	58	23518		11322	6758	113
冀州市冀州镇	13416	83	50883	38139	24218	17077	340
冀州市魏家屯镇	4183	30	20383	2822	15605	7120	273
冀州市官道李镇	6408	35	21331	2543	13341	6380	6
冀州市南午村镇	11646	57	38125	4302	22635	15320	37
冀州市周村镇	7720	45	23556	4900	26087	6633	33
冀州市码头李镇	9310	32	26999	5700	14977	6195	21
冀州市西王镇	7377	25	30051	4356	11676	4854	40
冀州市门家庄乡	6203	17	18236		10361	1801	9
冀州市徐家庄乡	8123	28	27140		11455	6844	23
冀州市北漳淮乡	5878	21	22426		11050	6759	11
冀州市小寨乡	11703	39	34530		13117	2368	22

乡镇基本情况

计算单位：公顷、个、人

名　　称	行政区域面积	村民委员会	常住人口	城镇建成区总人口	从业人员	二三产业从业人员	工业企业单位
深州市唐奉镇	8373	29	38399	8210	24516	15551	92
深州市深州镇	8302	28	76245	66982	20666	14187	76
深州市辰时镇	9829	28	43713	4801	22951	18576	23
深州市榆科镇	7510	28	28570	2276	14035	9414	20
深州市魏家桥镇	7782	27	30623	4107	14423	8030	12
深州市大堤镇	7214	35	24524	2793	13117	4629	10
深州市前磨头镇	6909	27	24585	6885	16526	10612	39
深州市王家井镇	8581	34	36296	5585	18537	14676	51
深州市护驾迟镇	6785	29	24259	2827	12433	7848	11
深州市大屯镇	7745	22	26658	3273	14453	8168	21
深州市兵曹乡	5608	19	34176		17384	8127	34
深州市穆村乡	4218	16	30808		15901	6890	9
深州市东安庄乡	7200	27	41706		17591	9079	23
深州市北溪村乡	7004	19	33756		18154	12570	12
深州市大冯营乡	8479	32	33101		21515	12099	6
深州市乔屯乡	6339	40	20079		12235	7729	6
深州市太古庄乡	6642	25	22745	4150	8024	4629	12
山西省							
小店区北格镇	6755	18	39720	5292	16741	7015	58
小店区西温庄乡	4358	9	31350		15938	6451	86
小店区刘家堡乡	4570	13	34767		17121	6179	53
迎泽区郝庄镇	8508	28	73866	33205	34630	28430	75
杏花岭区中涧河乡	4444	14	37540		20534	19309	120
杏花岭区小返乡	5564	12	7994		4358	3238	33
尖草坪区向阳镇	2940	11	17600	8000	6831	4131	42
尖草坪区阳曲镇	3200	19	18688	4936	7693	5271	42
尖草坪区马头水乡	3723	14	5289		2868	2548	
尖草坪区柏板乡	2556	7	12250		5750	3900	28
尖草坪区西焉乡	2000	7	5598		3267	1285	12
万柏林区王封乡	10300	15	7232		3328	2118	
晋源区金胜镇	4453	15	44895	3060	18084	7471	150
晋源区晋祠镇	7462	22	32040	7312	21434	11340	102
晋源区姚村镇	5599	15	26887	4631	12808	4880	42
清徐县清源镇	7874	23	105083	4877	53743	47196	96
清徐县徐沟镇	8426	28	48000	26313	21915	7293	42
清徐县东于镇	9700	24	28490	7135	11866	6698	94
清徐县孟封镇	7615	25	33713	4633	12296	2717	54
清徐县马峪乡	10126	32	20248		12317	4142	14
清徐县柳杜乡	3800	12	20316		9892	3809	23
清徐县西谷乡	3540	9	19075		7156	3672	23
清徐县王答乡	4476	15	35011		12755	7529	66
清徐县集义乡	5336	20	27960		11400	3014	9
阳曲县黄寨镇	18077	16	49862	29043	19219	14002	22
阳曲县大盂镇	10108	12	13066	2236	5206	1891	6
阳曲县东黄水镇	13138	10	10311	2605	4633	2267	6
阳曲县泥屯镇	26844	23	23071	2380	8974	4109	27
阳曲县高村乡	11304	10	11708		6436	2342	9
阳曲县侯村乡	8821	11	8575		5723	4361	6
阳曲县凌井店乡	18300	13	10044		4480	765	5
阳曲县西凌井乡	35631	7	3386		1705	414	1

乡镇基本情况

计算单位:公顷、个、人

名　称	行政区域面积	村民委员会	常住人口	城镇建成区总人口	从业人员	二三产业从业人员	工业企业单位
阳曲县北小店乡	18012	7	3140		1111	425	
阳曲县杨兴乡	41667	8	5237		2652	750	2
娄烦县娄烦镇	15900	26	34980	23500	17945	8145	4
娄烦县静游镇	13200	26	24952	4460	12428	4828	3
娄烦县杜交曲镇	15800	13	8600	2369	3415	1865	2
娄烦县庙湾乡	15100	13	8150		4815	1715	
娄烦县马家庄乡	17900	17	16365		7275	744	6
娄烦县盖家庄乡	11700	11	5814		3950	1390	39
娄烦县米峪镇乡	21200	16	11390		6572	1599	
娄烦县天池店乡	16800	20	11520		4233	2073	5
古交市东曲街道办事处	7436	6	37258		15955	12305	11
古交市西曲街道办事处	2131	3	26119		7905	7470	8
古交市桃园街道办事处	12100	7	44417		16394	15421	28
古交市屯兰街道办事处	1917	1	12094		6887	6390	5
古交市河口镇	20285	18	22500	5325	5200	3100	19
古交市镇城底镇	4965	12	13083	3512	3222	2427	11
古交市马兰镇	11456	14	22419	1220	7801	2033	13
古交市阁上乡	17640	5	1678		653	129	
古交市加乐泉乡	12215	10	9360		2760	1980	31
古交市梭峪乡	4240	8	15561		2773	2275	19
古交市岔口乡	17698	16	6629		3249	1073	6
古交市常安乡	9753	16	8468		3800	600	27
古交市原相乡	10372	12	6641		2748	1728	19
古交市邢家社乡	26191	18	10547		4036	1818	5
南郊区古店镇	8312	10	11097	5422	5950	2895	58
南郊区高山镇	14425	26	17879	1992	7321	4014	12
南郊区云冈镇	12250	18	22488		5388	3735	5
南郊区口泉乡	21299	35	45666	1430	22436	12529	36
南郊区新旺乡	4951	13	20823	20823	10568	10412	19
南郊区水泊寺乡	10240	25	66547		30324	20264	57
南郊区马军营乡	11000	22	47995		24149	19292	187
南郊区西韩岭乡	10713	17	28569		13853	5724	116
南郊区平旺乡	3610	10	23718		11791	8299	40
南郊区鸦儿崖乡	8200	14	10227		3415	1437	42
新荣区新荣镇	10300	15	36479	27747	12326	8301	12
新荣区破鲁堡乡	9000	16	10060	730	4613	3019	2
新荣区郭家窑乡	14633	25	13076	1459	7513	2515	
新荣区花元屯乡	25130	26	10957	2574	7515	2813	26
新荣区西村乡	16200	20	7589	291	4176	1707	9
新荣区上深涧乡	8400	14	9323	2849	1963	805	1
新荣区堡子湾乡	17887	24	10658	1007	10638	6118	26
阳高县龙泉镇	17680	31	109800	12160	55080	29358	4
阳高县罗文皂镇	16074	19	30115	7015	15470	5150	
阳高县大白登镇	10905	29	19980	2310	7205	2119	13
阳高县王官屯镇	20143	36	23945	1489	10140	3770	18
阳高县古城镇	15218	29	18243	2016	8623	4340	
阳高县东小村镇	10581	17	10982	1940	5491	1053	
阳高县友宰镇	14101	13	11102	2298	5801	1978	2
阳高县长城乡	13474	9	2496	620	2483	185	2
阳高县北徐屯乡	6897	10	16142	1340	6838	1038	

乡镇基本情况

计算单位：公顷、个、人

名　　称	行政区域面积	村民委员会	常住人口	城镇建成区总人口	从业人员	二三产业从业人员	工业企业单位
阳高县狮子屯乡	11709	23	18277	1800	5480	1230	2
阳高县下深井乡	15991	23	17205	650	10350	1250	
阳高县马家皂乡	7998	13	14642	1998	4618	1130	
阳高县鳌石乡	7056	9	11634	1868	4460	1112	1
天镇县玉泉镇	7496	12	60753	46520	35538	31637	16
天镇县谷前堡镇	12987	13	18494	5760	7418	2766	5
天镇县米薪关镇	20568	25	18916	1492	7809	1235	2
天镇县逯家湾镇	22759	26	15324	2203	6039	1824	1
天镇县新平镇	18421	22	13454	2753	6458	568	
天镇县卅里铺乡	12187	20	21985	2984	8662	2750	3
天镇县南河堡乡	9123	24	22780	2850	9082	2768	1
天镇县贾家屯乡	13448	22	10996	583	5740	574	1
天镇县赵家沟乡	13448	15	7987	1128	2626	361	2
天镇县南高崖乡	22923	21	8325	630	3366	1359	6
天镇县张西河乡	11659	21	10767	750	4718	720	12
广灵县壶泉镇	7910	29	59232	7034	10242	4224	146
广灵县南村镇	27660	36	27500	3800	7840	3440	48
广灵县一斗泉乡	11260	18	11942	2534	5460	1001	20
广灵县蕉山乡	8930	15	16949	1771	7448	2286	45
广灵县加斗乡	11380	15	18093	3043	5167	936	6
广灵县宜兴乡	13010	17	12082	2546	4012	1032	56
广灵县作疃乡	11240	20	16857	1314	8917	1414	78
广灵县梁庄乡	18820	16	13084		4587	451	20
广灵县望狐乡	18090	14	5738	2488	3508	585	17
灵丘县武灵镇	23300	44	106130	36366	37563	24878	180
灵丘县东河南镇	24700	28	35129	7258	13164	11030	58
灵丘县上寨镇	29100	19	17681	3807	8596	1246	13
灵丘县落水河乡	28300	23	26115	2600	13161	2036	8
灵丘县史庄乡	14400	13	7625	768	3484	571	6
灵丘县赵北乡	28300	31	17505	2300	7046	3256	9
灵丘县石家田乡	18600	17	10340	1280	5080	735	15
灵丘县柳科乡	20200	17	8180	1040	4870	2200	15
灵丘县白崖台乡	19000	16	6494	818	2910	1330	46
灵丘县红石塄乡	14600	13	4670	1024	1490	360	1
灵丘县下关乡	26600	14	9215	2740	3523	1803	31
灵丘县独峪乡	26000	19	9080	580	3962	1653	19
浑源县永安镇	9155	25	123105	85174	23792	13842	236
浑源县西坊城镇	5619	12	15338	3950	6986	1661	
浑源县蔡村镇	5968	10	11023	3442	6250	2511	168
浑源县沙圪坨镇	17778	23	16363	3102	15327	11902	10
浑源县王庄堡镇	18950	30	14821	4015	6540	3870	5
浑源县大磁窑镇	4317	10	4535	2016	3364	2594	7
浑源县东坊城乡	11960	17	23010		10210	4209	93
浑源县裴村乡	8870	12	17486		7300	3042	14
浑源县驼峰乡	8452	15	9501		6501	2905	2
浑源县西留村乡	8472	9	9794		5851	2029	
浑源县下韩村乡	2815	7	11415		4748	1769	67
浑源县南榆林乡	11294	20	8560		3741	1961	40
浑源县吴城乡	10113	16	4986		4866	2023	34
浑源县黄花滩乡	10669	20	12320		6693	1482	

乡镇基本情况

计算单位:公顷、个、人

名　　称	行政区域面积	村民委员会	常住人口	城镇建成区总人口	从业人员	二三产业从业人员	工业企业单位
浑源县大仁庄乡	11871	19	8328		3509	1238	
浑源县千佛岭乡	19341	27	16226		7858	4798	7
浑源县官儿乡	19537	21	10213		4426	183	
浑源县青磁窑乡	11570	22	10185		3927	2112	5
左云县云兴镇	13758	31	59246	36904	5500	1778	24
左云县鹊儿山镇	5558	10	7175	1446	3166	1666	8
左云县店湾镇	10636	25	10629	1448	5440	2194	4
左云县管家堡乡	12386	21	11748	1452	4728	2391	5
左云县张家场乡	19368	32	14913	942	7862	3992	11
左云县三屯乡	23136	39	13373	911	6498	1187	13
左云县马道头乡	14460	24	12192	878	4892	1313	3
左云县小京庄乡	23465	34	13220	965	4815	927	3
左云县水窑乡	8651	12	5130	489	2143	1169	4
大同县西坪镇	12420	19	29562	13109	8445	1275	13
大同县倍加造镇	7752	9	20443	5450	7535	3632	84
大同县周士庄镇	14501	23	17605	8286	7372	3513	26
大同县吉家庄乡	18913	21	6843	1117	4863	1204	29
大同县峰峪乡	17316	19	5400	1092	3540	1080	1
大同县杜庄乡	14359	19	12315	849	3249	481	9
大同县党留庄乡	7432	11	14718	2803	6281	2451	16
大同县瓜园乡	12803	18	8130	1276	3888	656	3
大同县巨乐乡	13947	17	6125	1882	2758	549	1
大同县许堡乡	27236	19	16468	1403	5298	1956	4
郊区荫营镇	10330	38	54570	21781	28161	24059	170
郊区河底镇	10304	32	36933	5300	10924	8257	78
郊区义井镇	4111	14	33263	6049	15802	12637	361
郊区平坦镇	17402	38	30593	2918	9297	6723	53
郊区西南舁乡	5799	17	12442		6815	3825	60
郊区杨家庄乡	2835	14	11132		6105	4821	85
郊区李家庄乡	2127	14	17138		6445	5766	34
郊区旧街乡	8638	17	6332		3000	1560	10
平定县冠山镇	8711	42	125569	53000	25459	20350	78
平定县冶西镇	14117	34	14438	2356	5718	3171	16
平定县锁簧镇	5343	19	31017	5350	14834	9598	46
平定县张庄镇	16194	35	37707	3285	18325	9350	20
平定县东回镇	23898	42	21660	2218	13987	5300	2
平定县柏井镇	11712	30	18707	4290	8523	4283	12
平定县娘子关镇	15099	24	16694	4326	8744	4308	14
平定县巨城镇	15829	32	23137	2910	13631	8728	63
平定县石门口乡	9072	14	17476		7617	3880	48
平定县岔口乡	19119	46	14076		8228	2923	46
盂县秀水镇	5417	30	98834	65552	14620	10399	44
盂县孙家庄镇	9278	31	27213	6610	8239	3429	50
盂县路家村镇	9377	37	20313	2169	11162	5594	33
盂县南娄镇	17984	45	29056	2100	10185	6604	75
盂县牛村镇	6938	33	18719	2616	11225	1896	62
盂县苌池镇	22595	39	23942	2699	15642	4679	23
盂县上社镇	37637	47	15826	2234	6743	1642	12
盂县西烟镇	30986	47	18401	2301	9720	1061	3
盂县仙人乡	20474	33	13871	1283	6522	2019	15

乡镇基本情况

计算单位:公顷、个、人

名　　称	行政区域面积	村民委员会	常住人口	城镇建成区总人口	从业人员	二三产业从业人员	工业企业单位
盂县北下庄乡	12433	23	11189	965	6345	993	5
盂县下社乡	13298	20	8697	420	3861	1931	2
盂县梁家寨乡	24409	30	8686	579	4988	2977	4
盂县西潘乡	24340	26	7757	457	4186	430	4
盂县东梁乡	16271	12	10125	316	4147	548	
郊区老顶山镇	6521	35	34507	8608	14232	9243	60
郊区堠北庄镇	4409	23	39800	2468	16550	11130	65
郊区大辛庄镇	2842	17	24652	5045	12056	9215	35
郊区马厂镇	4150	22	31332	4592	14830	11646	73
郊区黄碾镇	3958	18	29535	2605	14187	9106	23
郊区西白兔乡	2657	7	8651	2612	3662	3188	20
长治县韩店镇	4300	19	76991	34204	26268	16744	89
长治县苏店镇	4500	19	38145	7476	15761	8137	19
长治县荫城镇	6600	39	46940	5991	21502	11373	63
长治县西火镇	4500	30	24875	6651	12598	6455	64
长治县八义镇	4700	27	24835	3563	12240	5520	16
长治县贾掌镇	2900	13	16611	5513	8068	4510	29
长治县郝家庄乡	3600	20	27264	2682	16780	9730	42
长治县西池乡	4300	24	24254	681	12770	7224	14
长治县北呈乡	3400	16	22142	750	12867	6497	17
长治县东和乡	3300	21	20363	3242	11406	6257	16
长治县南宋乡	4600	19	18330	2792	9764	4897	52
襄垣县古韩镇	11955	44	79652	79601	15921	13448	41
襄垣县王桥镇	8791	23	33373	17359	10389	4891	29
襄垣县侯堡镇	7958	27	36813	2359	11739	4540	74
襄垣县夏店镇	14382	51	20329	1150	8343	1392	14
襄垣县虒亭镇	12512	30	16482	1164	10631	1981	12
襄垣县西营镇	5756	23	10769	2274	3864	1124	3
襄垣县王村镇	13794	27	13849	1085	7420	877	4
襄垣县下良镇	17343	33	16388	1279	11344	3219	19
襄垣县善福乡	3865	16	9510	710	4400	2610	9
襄垣县北底乡	6968	17	7990	722	5352	852	11
襄垣县上马乡	9715	22	7747	646	3648	623	
屯留县麟绛镇	6035	28	50831	21822	29583	20591	60
屯留县上村镇	5912	20	21503	2622	11727	4264	28
屯留县渔泽镇	2680	10	23934	4428	9236	4625	72
屯留县余吾镇	6645	33	19997	4428	9631	4286	22
屯留县吾元镇	16288	32	16168	960	6794	2072	5
屯留县张店镇	28830	36	21516	1835	7291	1889	3
屯留县丰宜镇	4890	14	9465	2504	3745	1137	1
屯留县李高乡	5950	16	16227	1720	7825	2642	18
屯留县路村乡	6337	24	31136	1844	15743	7975	41
屯留县河神庙乡	8385	31	17680	852	7714	3868	4
屯留县西贾乡	5235	16	13526	1045	7794	1893	1
平顺县青羊镇	16100	30	21654	20700	11786	6715	15
平顺县龙溪镇	9000	23	16779	2900	7220	2888	12
平顺县石城镇	17800	30	12031	1630	6535	2710	18
平顺县苗庄镇	3400	12	8687	1690	4152	927	8
平顺县杏城镇	19100	25	11237	1833	5130	1470	26
平顺县西沟乡	7900	14	6527	950	3330	1830	10

乡镇基本情况

计算单位:公顷、个、人

名　称	行政区域面积	村民委员会	常住人口	城镇建成区总人口	从业人员	二三产业从业人员	工业企业单位
平顺县东寺头乡	23200	29	7180	386	3461	1595	12
平顺县虹梯关乡	15600	19	7409	450	3169	742	1
平顺县阳高乡	13100	21	9522	844	7260	2621	11
平顺县北耽车乡	18400	19	9562	4536	3836	2211	6
平顺县中五井乡	5600	15	7012	1343	3804	366	6
平顺县北社乡	5800	25	17009	3500	7724	3072	15
黎城县黎侯镇	13060	47	52380	35080	16727	9927	10
黎城县东阳关镇	14040	30	16621	2560	8098	3538	13
黎城县上遥镇	26260	46	17275	1601	6813	5099	25
黎城县西井镇	23348	43	25924	4270	12837	4332	33
黎城县黄崖洞镇	12350	22	14798	1580	7142	4453	13
黎城县西仵乡	2590	7	7519	510	3473	1902	21
黎城县停河铺乡	3260	16	8490	1200	3990	1429	9
黎城县程家山乡	5990	15	8123	690	4080	1368	4
黎城县洪井乡	9195	24	8920	670	4712	1380	2
壶关县龙泉镇	32394	39	42686	21600	17684	9964	46
壶关县百尺镇	9565	49	34000	2980	18955	13788	18
壶关县店上镇	7512	52	29199	4900	18499	5604	11
壶关县晋庄镇	10094	37	28183	2230	14976	5136	38
壶关县树掌镇	2726	25	11046	2321	6193	2100	4
壶关县集店乡	4500	19	27990	3399	15320	8219	7
壶关县黄山乡	5405	35	28306	1945	14369	4831	12
壶关县东井岭乡	7927	30	17898	633	7338	3615	3
壶关县石坡乡	2434	30	13974	1513	7483	3258	7
壶关县五龙山乡	4200	24	8803	341	4985	1243	8
壶关县鹅屋乡	10527	18	8702	580	5835	1475	
壶关县桥上乡	5857	22	8846	506	3322	612	
长子县丹朱镇	7150	49	77300	43996	23996	5757	58
长子县鲍店镇	4950	26	25569	5763	14400	4444	15
长子县石哲镇	32600	69	30219	2685	14251	3547	16
长子县大堡头镇	7650	40	37938	3032	16741	6785	20
长子县慈林镇	6300	32	32630	1072	13265	6240	31
长子县色头镇	4600	18	20635	2902	6527	3614	13
长子县南漳镇	3100	17	26131	3220	16512	4931	15
长子县岚水乡	4550	23	19568	1780	8370	2915	13
长子县碾张乡	7800	26	14750	1792	9325	2609	6
长子县常张乡	5550	35	16702	1194	9840	3040	8
长子县南陈乡	12300	33	21410	4550	9353	4693	7
长子县宋村乡	6350	31	37436	1419	19302	4615	25
武乡县丰州镇	16240	47	50433	49000	10529	4366	9
武乡县洪水镇	20360	53	26385	7085	9655	2572	17
武乡县蟠龙镇	19650	54	26255	3588	12174	4109	17
武乡县监漳镇	4840	15	10128	1830	3950	670	5
武乡县故城镇	15320	33	18528	2805	7585	2676	5
武乡县墨镫乡	5490	14	7032	1500	2438	1267	4
武乡县韩北乡	11880	24	13078	1180	11200	5600	10
武乡县大有乡	9570	26	13126	1350	7390	3390	4
武乡县贾豁乡	9280	24	11245	1258	1203	121	
武乡县故县乡	4250	11	4880	842	2107	145	4
武乡县上司乡	5710	19	8792	320	2768	834	4

乡镇基本情况

计算单位：公顷、个、人

名　　称	行政区域面积	村民委员会	常住人口	城镇建成区总人口	从业人员	二三产业从业人员	工业企业单位
武乡县石北乡	7610	16	5982	475	2633	1009	2
武乡县涌泉乡	7900	21	8431	760	4590	1379	
武乡县分水岭乡	22900	20	6857	1170	3131	1039	1
沁县定昌镇	7400	37	59632	31458	16536	13004	107
沁县郭村镇	7900	18	10480	2015	4513	1244	14
沁县故县镇	15000	30	13652	2643	2060	1074	12
沁县新店镇	12400	34	14897	1349	5535	1915	40
沁县漳源镇	12600	28	13487	1701	5219	2594	16
沁县册村镇	12700	28	13425	1564	6790	2190	13
沁县段柳乡	8200	33	14985	1914	7950	1992	17
沁县松村乡	9900	21	10287	1225	4198	1178	8
沁县次村乡	6600	13	3418	486	1860	210	5
沁县牛寺乡	12500	21	6845	532	2357	751	6
沁县南里乡	5400	19	7321	660	3100	1564	6
沁县南泉乡	9200	12	2741	443	1492	217	5
沁县杨安乡	9900	12	2986	360	925	297	5
沁源县沁河镇	19567	29	51146	28984	13461	8220	21
沁源县郭道镇	26550	25	15898	6085	6633	2635	15
沁源县灵空山镇	14910	19	9271	1185	3856	1830	10
沁源县王和镇	15330	23	13564	3920	6811	3611	10
沁源县李元镇	12210	13	8510	2831	3655	2410	25
沁源县中峪乡	12140	11	5300	1080	1177	380	
沁源县法中乡	22680	17	7760	1520	4092	3722	5
沁源县交口乡	22170	22	9486	995	3839	1443	13
沁源县聪子峪乡	7770	9	5779	1564	2820	2384	12
沁源县韩洪乡	26300	21	10180	1948	3597	597	4
沁源县官滩乡	15140	12	3636	316	1745	644	
沁源县景凤乡	12100	6	2894	523	1326	601	
沁源县赤石桥乡	19200	19	6510	924	2583	996	2
沁源县王陶乡	29340	28	10447	2360	3715	1635	31
潞城市潞华街道办事处	4993	12	73364	3705	24121	15407	36
潞城市成家川街道办事处	7664	29	24495	2745	11972	3079	188
潞城市店上镇	8411	24	31746	9300	16643	9062	368
潞城市微子镇	7749	28	20143	4290	8154	3161	28
潞城市辛安泉镇	8704	21	13944	1331	6638	2624	52
潞城市翟店镇	4948	13	22503	2652	11176	4471	132
潞城市合室乡	8810	21	5825	3772	5109	1578	16
潞城市黄牛蹄乡	5661	20	15235	1858	7024	2865	11
潞城市史回乡	4555	23	19793	2103	10100	4733	42
城区北石店镇	3780	23	94212	86607	35855	31810	130
沁水县龙港镇	38975	28	55620	46226	22114	18188	265
沁水县中村镇	24368	20	14538	9075	7626	3872	27
沁水县郑庄镇	37853	28	16932	1861	8997	2313	21
沁水县端氏镇	24728	26	25290	9943	12893	5937	30
沁水县嘉峰镇	8187	24	24382	2450	12351	7461	152
沁水县郑村镇	9264	20	16057	2680	8368	4617	56
沁水县柿庄镇	24122	15	11763	935	6969	1887	24
沁水县樊村河乡	11713	6	2060	731	1050	296	
沁水县土沃乡	14865	16	6595	734	4070	929	9
沁水县张村乡	7919	8	4590	768	1660	702	1

乡镇基本情况

计算单位:公顷、个、人

名　　称	行政区域面积	村民委员会	常住人口	城镇建成区总人口	从业人员	二三产业从业人员	工业企业单位
沁水县苏庄乡	11188	6	2329	566	1250	210	
沁水县胡底乡	9150	16	10030	1278	5814	2455	6
沁水县固县乡	16858	13	7812	1328	4453	1475	16
沁水县十里乡	26631	16	10689	820	5277	1334	3
阳城县凤城镇	10670	57	120368	82965	55422	44485	118
阳城县北留镇	8370	33	39242	11273	19318	10427	159
阳城县润城镇	7222	29	35263	13280	13770	8190	95
阳城县町店镇	6087	20	15212	6130	6775	3039	57
阳城县芹池镇	13010	27	16823	6320	8215	3298	5
阳城县次营镇	6197	28	12601	2400	7705	2481	26
阳城县横河镇	18730	20	2467	1312	2236	551	2
阳城县河北镇	20060	35	13206	3640	7239	2579	15
阳城县蟒河镇	24140	37	15320	4824	13515	8194	19
阳城县东冶镇	26750	33	22734	3214	10745	4580	30
阳城县白桑乡	5810	18	15798	1355	8315	4157	32
阳城县寺头乡	7200	21	8472	819	4817	1174	10
阳城县西河乡	3840	14	15288	5884	7250	3930	32
阳城县演礼乡	3810	19	12065	680	6803	2665	36
阳城县固隆乡	4061	16	8068	1900	4182	1746	15
阳城县董封乡	21800	32	7898	987	4564	1510	
阳城县驾岭乡	7200	21	9066	528	3742	1697	8
陵川县崇文镇	14200	48	68682	43080	26815	17789	38
陵川县礼义镇	8600	34	28350	9700	15652	8433	77
陵川县附城镇	19000	46	32984	6054	12755	6519	42
陵川县西河底镇	8700	27	19919	3971	7915	2925	22
陵川县平城镇	5180	26	24957	8589	13241	6168	10
陵川县杨村镇	3100	19	16483	2510	8854	1494	3
陵川县潞城镇	14400	44	15100	2378	6954	2149	
陵川县夺火乡	24560	17	4861	884	2296	529	
陵川县马圪当乡	23600	25	6481	850	3289	1315	4
陵川县古郊乡	23080	29	9432	658	4634	2370	
陵川县六泉乡	23790	32	12878	682	6536	1276	1
陵川县秦家庄乡	6890	24	14101	912	7308	2568	5
泽州县南村镇	8225	34	46580	12202	15950	10200	90
泽州县下村镇	9486	33	47810	8620	16340	6462	45
泽州县大东沟镇	9600	30	31716	9350	16922	4217	295
泽州县周村镇	6843	23	25344	6036	13647	5332	45
泽州县犁川镇	4021	23	16229	6283	8755	3553	10
泽州县晋庙铺镇	15000	29	18902	2100	6728	2292	6
泽州县金村镇	21155	72	52552	4755	23234	12113	74
泽州县高都镇	11911	60	38713	7356	17222	7915	52
泽州县巴公镇	11708	44	59996	17897	30431	17120	143
泽州县大阳镇	5258	28	24162	11453	12135	7760	21
泽州县山河镇	22205	57	22491	1755	9485	3816	2
泽州县大箕镇	13190	43	20110	2084	11113	6775	5
泽州县柳树口镇	33644	38	15650	1085	8457	727	2
泽州县北义城镇	7165	33	28652	1610	15394	7016	54
泽州县川底乡	6811	27	21752	1571	10202	3958	175
泽州县李寨乡	7702	25	12822	1876	4929	2427	2
泽州县南岭乡	7702	27	9396	478	5324	2181	3

乡镇基本情况

计算单位：公顷、个、人

名　　称	行政区域面积	村民委员会	常住人口	城镇建成区总人口	从业人员	二三产业从业人员	工业企业单位
高平市北城街道办事处	2570	15	36357	32072	10104	8281	32
高平市东城街道办事处	1587	9	32926	29488	9447	7365	67
高平市南城街道办事处	5361	23	52513	38364	16400	10256	29
高平市米山镇	7162	37	34510	5157	15847	6654	17
高平市三甲镇	4130	25	24704	3456	14077	8032	46
高平市神农镇	5087	33	22918	3199	11017	4022	96
高平市陈区镇	6314	32	30549	2346	14030	7104	72
高平市北诗镇	7654	37	31453	2189	16006	8278	20
高平市河西镇	9957	45	44415	7300	22602	9704	34
高平市马村镇	6890	25	32669	4916	15254	10102	135
高平市野川镇	8922	24	22199	3050	10816	3186	6
高平市寺庄镇	13703	48	44453	3016	20094	2424	11
高平市建宁乡	3309	20	18002	4846	7955	3120	11
高平市石末乡	4775	17	15994	1922	8052	3080	15
高平市原村乡	7550	27	19717	3297	11345	4688	10
高平市永录乡	3062	17	12853	2144	5428	2829	9
朔城区神头镇	16118	30	35536	1987	13389	5399	24
朔城区利民镇	26615	37	15844	2055	6826	3940	
朔城区下团堡乡	13048	30	28048		14385	6041	10
朔城区小平易乡	7603	18	23120		13178	9178	9
朔城区滋润乡	13815	30	21239		8186	498	
朔城区福善庄乡	8656	20	16963		10724	1254	
朔城区南榆林乡	19300	26	16003		6650	1230	1
朔城区贾庄乡	9215	13	16554		5788	1676	7
朔城区沙塄河乡	19964	21	16844		10400	4540	
朔城区窑子头乡	13248	22	16268		6123	1269	14
朔城区张蔡庄乡	19092	20	10545		4063	1863	6
平鲁区井坪镇	14400	20	80814	52600	37060	15860	66
平鲁区凤凰城镇	18200	26	9160	2640	6375	1685	
平鲁区白堂乡	12300	23	12570		6779	5379	168
平鲁区陶村乡	8800	26	17552		12361	7803	6
平鲁区下水头乡	30100	26	9640		5722	2555	
平鲁区双碾乡	18500	25	2165		4592	2951	
平鲁区阻虎乡	17800	40	9483		3634	908	
平鲁区高石庄乡	23000	24	4989		4374	2007	
平鲁区西水界乡	21000	34	5586		5040	768	
平鲁区下面高乡	20640	34	14686		8539	3400	12
平鲁区下木角乡	15600	15	3104		2811	1457	
平鲁区向阳堡乡	19000	33	20106		7451	6212	7
平鲁区榆岭乡	9295	24	11958		7130	5341	3
山阴县玉井镇	16845	26	12157	2818	5851	2169	8
山阴县北周庄镇	16786	21	20841	6339	8382	3831	65
山阴县古城镇	16681	26	17033	4223	8558	2692	2
山阴县岱岳镇	13553	28	105096	75395	58608	49931	13
山阴县吴马营乡	10684	15	3543		1761	595	1
山阴县马营乡	12236	22	12172		4507	1792	36
山阴县下喇叭乡	13411	19	6037		3451	626	1
山阴县合盛堡乡	9459	16	11609		4119	810	5
山阴县安荣乡	9000	14	12195		4064	901	4
山阴县薛圐圙乡	12771	19	9500		4540	954	1

乡镇基本情况

计算单位:公顷、个、人

名　　称	行政区域面积	村民委员会	常住人口	城镇建成区总人口	从业人员	二三产业从业人员	工业企业单位
山阴县后所乡	11515	16	14759		4557	391	
山阴县张家庄乡	8923	12	8050		3377	512	
山阴县马营庄乡	13279	23	14606		5248	1644	
应县金城镇	9807	25	104965	83131	39531	31512	158
应县南河种镇	15171	25	39635	7687	15303	4487	35
应县下社镇	5305	15	23858	1623	9079	2077	3
应县镇子梁乡	9600	13	20101		10481	2161	
应县义井乡	16762	24	17658		13851	2709	
应县藏寨乡	16979	28	23050		8522	3200	91
应县大黄巍乡	10160	18	14020		5280	758	13
应县杏寨乡	9655	19	17086		11662	2813	
应县下马峪乡	12247	21	11851		6075	1244	
应县南泉乡	14000	24	15036	1554	5441	1694	
应县大临河乡	18202	33	29752		15492	1929	3
应县白马石乡	33139	53	14034	2605	7320	1305	
右玉县新城镇	17387	29	25877	11600	5468	2575	48
右玉县右卫镇	24275	50	11989	2988	5102	1677	5
右玉县威远镇	25806	37	6193	2412	6193	2373	11
右玉县元堡子镇	14450	25	14739	1380	8457	4379	20
右玉县牛心堡乡	19410	34	3683		3530	1519	1
右玉县白头里乡	15312	24	5800		2715	1343	3
右玉县高家堡乡	22638	34	4727		4011	1464	7
右玉县丁家窑乡	15505	25	1868		1073	101	
右玉县杨千河乡	16833	21	3812		1477	74	5
右玉县李达窑乡	25251	42	9421		5104	2097	3
怀仁县云中镇	15800	22	176361	144232	40432	33506	96
怀仁县吴家窑镇	4050	6	9786	6348	2939	2813	
怀仁县金沙滩镇	18075	22	21330	3800	9120	3673	56
怀仁县毛家皂镇	12788	18	13473	1742	6860	2473	10
怀仁县何家堡乡	7200	10	20193		8348	4920	21
怀仁县新家园乡	16700	18	51966		21600	15487	101
怀仁县亲和乡	11900	16	20800		11740	2904	21
怀仁县海北头乡	10500	14	16618		6937	3323	44
怀仁县马辛庄乡	13533	17	7442		3699	1510	25
怀仁县河头乡	13350	19	12434		5764	576	5
榆次区乌金山镇	15924	39	32615	4159	16351	7336	75
榆次区东阳镇	5789	21	27340	4140	13734	3341	5
榆次区什贴镇	11893	34	15440	2218	7080	1983	15
榆次区长凝镇	32807	26	15482	1688	6952	2197	14
榆次区北田镇	10204	31	22564	3785	9249	2264	23
榆次区修文镇	7388	21	35509	1340	15917	4935	52
榆次区郭家堡乡	9212	17	50582	46924	26615	19073	385
榆次区张庆乡	7815	21	36250		16682	5783	70
榆次区庄子乡	16081	33	16335	964	10810	1206	15
榆次区东赵乡	9119	29	14821	400	5676	2334	14
榆社县箕城镇	28300	62	33109	7600	12140	6290	35
榆社县云簇镇	12700	33	19100	4500	10000	3000	34
榆社县郝北镇	15400	27	13589	1626	6617	2147	10
榆社县社城镇	31200	19	8065	818	3770	1870	2
榆社县河峪乡	22400	27	12847	306	4253	1687	3

乡镇基本情况

计算单位:公顷、个、人

名　　称	行政区域面积	村民委员会	常住人口	城镇建成区总人口	从业人员	二三产业从业人员	工业企业单位
榆社县北寨乡	20800	24	9039	80	4685	1430	6
榆社县西马乡	19600	30	10985	834	7108	2910	2
榆社县岚峪乡	7000	33	6848		3169	1479	
榆社县讲堂乡	12500	16	4400	4400	2056	1136	
左权县城区街道管理委员会	556		26523		16047	12447	35
左权县辽阳镇	18144	28	19815	940	8720	4975	18
左权县桐峪镇	15700	16	11315	3880	4712	1650	9
左权县麻田镇	22700	28	23449	4136	9376	2091	21
左权县芹泉镇	17900	15	15861	2278	9580	1313	8
左权县拐儿镇	23200	23	13255	1857	8505	2971	6
左权县寒王乡	16700	19	14821	13691	5066	3146	10
左权县石匣乡	43600	28	14158		4860	3449	12
左权县龙泉乡	17700	20	9809		5211	2698	8
左权县粟城乡	16100	11	5863		4836	1148	14
左权县羊角乡	10500	15	8979		3598	952	1
和顺县义兴镇	38400	63	28660	22080	12350	4550	177
和顺县李阳镇	15200	31	17397	1815	13464	5589	7
和顺县松烟镇	28400	36	14227	1944	5991	773	3
和顺县青城镇	18900	29	8668	1408	5022	1010	8
和顺县横岭镇	26400	21	5101	620	2489	500	3
和顺县喂马乡	11000	24	7012	819	3417	1747	7
和顺县平松乡	17900	26	7563	518	3683	2141	7
和顺县牛川乡	7700	15	8726	2090	4296	1087	2
和顺县马坊乡	43000	33	4543	777	2610	180	3
和顺县阳光占乡	18100	16	3900	360	1830	1150	10
昔阳县乐平镇	19626	57	40918	11046	16006	10153	92
昔阳县皋落镇	18862	18	11564	2590	6245	1497	
昔阳县冶头镇	12502	25	13280	1708	6497	1900	
昔阳县沾尚镇	25923	26	8921	680	4802	831	4
昔阳县大寨镇	18531	61	32629	718	17929	8174	102
昔阳县李家庄乡	3801	15	16585	1100	8913	3762	8
昔阳县界都乡	12976	23	13305	1247	7418	2476	4
昔阳县三都乡	7007	14	9984		4914	1027	1
昔阳县赵壁乡	24844	40	23599	1485	15785	4892	16
昔阳县孔氏乡	20271	21	11664	930	4486	1021	
昔阳县闫庄乡	10560	14	8921	963	4301	976	
昔阳县西寨乡	20122	21	5286	325	1708	52	
寿阳县朝阳镇	17700	19	69903	42463	17324	5415	175
寿阳县南燕竹镇	15000	21	16757	1734	10910	2679	8
寿阳县宗艾镇	6700	8	11911	5126	5436	1476	16
寿阳县平头镇	20000	21	21041	3736	8706	2162	21
寿阳县松塔镇	31300	18	12215	1946	6028	1148	3
寿阳县西洛镇	20700	18	11560	898	4930	410	2
寿阳县尹灵芝镇	21800	16	11824	890	4219	924	7
寿阳县平舒乡	11000	12	14507	1427	7020	2217	21
寿阳县解愁乡	10800	11	10370	1425	4084	1789	13
寿阳县温家庄乡	6600	12	6899	493	2954	1936	20
寿阳县景尚乡	9500	11	5740	700	3034	448	
寿阳县上湖乡	10400	8	5005	1036	2634	434	
寿阳县羊头崖乡	21100	21	8995	940	4119	1237	

乡镇基本情况

计算单位:公顷、个、人

名　　称	行政区域面积	村民委员会	常住人口	城镇建成区总人口	从业人员	二三产业从业人员	工业企业单位
寿阳县马首乡	8400	10	6550	1977	3300	1250	10
太谷县明星镇	2080	11	12216	1122	6067	2107	35
太谷县胡村镇	7069	16	45960	6894	22858	13602	355
太谷县范村镇	30401	38	16633	4874	9622	2739	10
太谷县侯城乡	19054	33	28570	5118	12333	5410	90
太谷县北汪乡	6036	15	21849	4616	10118	1834	90
太谷县水秀乡	3772	13	20455	5435	9369	3060	20
太谷县阳邑乡	21422	22	21120	4145	10710	4930	53
太谷县小白乡	7503	20	17651	1782	8288	3286	19
太谷县任村乡	4657	15	16496	3212	6797	1224	18
祁县昭馀镇	2985	10	33501		11210	8615	176
祁县东观镇	9060	31	47727	15052	24728	11158	112
祁县古县镇	14015	36	34514	2110	18777	7425	23
祁县贾令镇	5924	17	26749	4134	10936	2613	11
祁县城赵镇	7541	21	36285	4898	17864	8725	402
祁县来远镇	27267	9	3521	657	1572	472	
祁县西六支乡	2837	12	20254	3342	8889	4732	26
祁县峪口乡	12800	14	9200	4000	4822	3064	6
平遥县古陶镇	2700	10	104813	104532	42459	41143	27
平遥县段村镇	6196	20	34370	15687	11683	6513	
平遥县东泉镇	13996	22	19120	4010	8648	3350	
平遥县洪善镇	7520	24	35408	2309	17456	8528	13
平遥县宁固镇	8100	24	39382	4000	18564	6635	6
平遥县南政乡	6300	20	38894	785	17889	14189	30
平遥县中都乡	5300	18	33824	3950	15579	6594	62
平遥县岳壁乡	8387	19	51900	2374	26616	11179	60
平遥县卜宜乡	9411	28	31946	1670	15800	9980	23
平遥县孟山乡	22500	12	3731		1840	337	
平遥县朱坑乡	18496	25	26858	2708	11943	4702	20
平遥县襄垣乡	6589	18	23308	2696	10939	5127	12
平遥县杜家庄乡	4503	11	18997		8441	2401	
平遥县香乐乡	6606	22	25782	3470	11797	3435	1
灵石县东城管理委员会	400	8	24820	24820	6000	5800	4
灵石县西城管理委员会	170		17417	17417	140	140	
灵石县北城管理委员会	320		14654	9206	112	112	
灵石县翠峰镇	20721	46	43677	43677	17940	11663	12
灵石县静升镇	5643	16	24831	10062	10967	7643	14
灵石县两渡镇	9901	18	26168	15600	9590	8656	69
灵石县夏门镇	9386	26	15790	2000	6849	2824	37
灵石县南关镇	25909	42	39982	16980	11930	6270	48
灵石县段纯镇	8327	28	16200	4024	5628	2257	36
灵石县马和乡	8574	15	9308	3354	5053	1823	4
灵石县英武乡	5519	14	6254	1550	4289	1923	9
灵石县王禹乡	5542	25	8341		4516	1580	5
灵石县坛镇乡	5903	17	7519	2012	4415	1139	6
灵石县梁家焉乡	8652	26	10800		4080	1440	11
灵石县交口乡	6136	18	7343		3916	1889	7
介休市义安镇	8620	31	55475	11500	22434	15892	77
介休市张兰镇	10060	31	47868	12451	21002	10800	56
介休市连福镇	10150	42	31675	2596	13724	8191	33

乡镇基本情况

计算单位：公顷、个、人

名　　称	行政区域面积	村民委员会	常住人口	城镇建成区总人口	从业人员	二三产业从业人员	工业企业单位
介休市洪山镇	2740	11	12331	4461	5722	3542	6
介休市龙凤镇	11040	14	13884	4192	6994	3911	27
介休市绵山镇	15850	37	30096	2353	16609	10141	65
介休市义棠镇	7800	30	35120	6373	16225	10650	32
介休市城关乡	2420	10	25953		12056	10825	46
介休市宋古乡	3540	14	32273		17681	11285	24
介休市三佳乡	1794	11	19595		9275	5133	23
盐湖区解州镇	20465	38	63901	7234	36701	15133	114
盐湖区龙居镇	9123	35	41715	1996	22177	5577	11
盐湖区北相镇	6615	28	41170	5460	17575	4211	148
盐湖区泓芝驿镇	4074	16	21499	2092	13432	6480	10
盐湖区三路里镇	5136	9	12743	5951	8282	3545	61
盐湖区陶村镇	5633	16	28370	2845	16755	4577	56
盐湖区东郭镇	5699	10	16465	3900	8870	1232	14
盐湖区席张乡	6930	12	15473	300	9929	3914	23
盐湖区金井乡	5034	13	24564	1747	12488	2810	10
盐湖区王范乡	4337	13	18400	4571	10120	1061	40
盐湖区冯村乡	5511	19	21913	9500	11295	2020	50
盐湖区上郭乡	6941	17	22464	4680	13942	2310	30
盐湖区上王乡	4109	9	10422	2584	5433	1261	1
临猗县猗氏镇	8036	22	36440	12000	24965	13651	72
临猗县嵋阳镇	8400	19	26661	3919	12977	3785	31
临猗县临晋镇	9000	28	39150	13830	17486	4339	34
临猗县七级镇	7031	31	28299	2980	17167	1511	20
临猗县东张镇	7768	24	32235	4500	16345	1660	58
临猗县孙吉镇	15840	45	54140	6320	24568	7737	40
临猗县三管镇	5002	12	17862	3780	10631	3392	25
临猗县牛杜镇	7850	24	33651	5270	14650	6050	38
临猗县耽子镇	7070	20	22500	766	9135	1516	2
临猗县楚侯乡	6311	21	31822	1538	16220	5290	36
临猗县庙上乡	7600	25	31370	1370	15833	7250	25
临猗县角杯乡	10627	31	38559	3400	16939	9016	35
临猗县北辛乡	7500	25	30938	573	14662	4716	21
临猗县北景乡	10543	24	40946	4103	20180	2944	34
万荣县解店镇	8670	21	78747	17430	13758	5612	26
万荣县通化镇	5164	17	30867	8613	9367	4144	20
万荣县汉薛镇	6400	20	25471	10397	9868	2565	6
万荣县荣河镇	11128	37	45706	15002	16313	4462	37
万荣县万泉乡	4413	15	15749	1000	7222	2064	3
万荣县里望乡	5188	15	25749	280	10300	1740	6
万荣县西村乡	5105	16	18451	4000	8231	4963	11
万荣县南张乡	6391	14	31538	2230	13080	6308	6
万荣县高村乡	8775	20	32521	2160	14096	5185	11
万荣县皇甫乡	8185	23	23787	162	9325	3769	6
万荣县贾村乡	6514	17	26296	145	12873	2003	5
万荣县王显乡	7054	21	30292	2643	12042	1882	2
万荣县光华乡	7652	24	36791	3903	22709	6921	4
万荣县裴庄乡	10336	21	28354	89	19830	4854	6
闻喜县桐城镇	14038	65	117040	53663	41447	25828	95
闻喜县郭家庄镇	11965	38	34341	1420	15231	8706	43

乡镇基本情况

计算单位:公顷、个、人

名　　称	行政区域面积	村民委员会	常住人口	城镇建成区总人口	从业人员	二三产业从业人员	工业企业单位
闻喜县畖底镇	8047	25	29663	3606	18189	11449	63
闻喜县薛店镇	3900	10	13116	1297	6965	3005	7
闻喜县东镇镇	7355	24	45927	16798	18443	11547	61
闻喜县礼元镇	8068	32	31524	1964	19641	8395	30
闻喜县河底镇	12346	42	38900	2995	17599	5661	33
闻喜县神柏乡	3634	14	10502	1350	5410	4854	27
闻喜县阳隅乡	5256	15	14522	1489	8043	6863	3
闻喜县侯村乡	4626	17	20080	2978	8624	3824	28
闻喜县裴社乡	8020	24	19783	2650	10660	5330	16
闻喜县后宫乡	11575	27	18112	1342	8123	1516	24
闻喜县石门乡	17436	10	8850	652	5088	1516	17
稷山县稷峰镇	15035	52	127497	86500	77010	28650	120
稷山县西社镇	10260	25	29137	5068	14661	7171	72
稷山县化峪镇	11313	29	41976	6056	20738	8856	7
稷山县翟店镇	6000	23	38772	12919	22448	15090	147
稷山县清河镇	7090	20	33251	5334	20873	7581	106
稷山县蔡村乡	5300	20	29117	2536	17272	7872	2
稷山县太阳乡	10600	31	51193	11087	26172	15428	48
新绛县龙兴镇	7000	31	43016	4232	23672	11084	35
新绛县三泉镇	7466	30	42628	6010	19450	7302	33
新绛县泽掌镇	8267	19	28320	4687	12952	3123	27
新绛县北张镇	6121	19	23192	3350	13652	3115	45
新绛县古交镇	5814	22	38670	5228	26263	8907	37
新绛县万安镇	4516	13	19540	4844	6897	2667	35
新绛县阳王镇	6600	23	24385	3700	14636	5418	11
新绛县泉掌镇	2585	14	18655	1662	12080	3050	3
新绛县横桥乡	13520	49	47512	3933	21956	7113	30
绛县古绛镇	14131	53	73680	48400	27395	11388	88
绛县横水镇	8025	32	50105	13200	25962	5825	31
绛县陈村镇	9796	11	12490	4200	6980	3820	4
绛县卫庄镇	14076	15	13294	538	8525	5345	75
绛县磨里镇	15930	12	11455	4826	5434	2974	7
绛县南樊镇	5617	18	26894	6050	26894	4547	16
绛县安峪镇	10263	15	30272	2550	15164	6190	24
绛县大交镇	5517	14	30114	4600	16807	6657	19
绛县郝庄乡	5114	19	20820	350	12471	2494	10
绛县冷口乡	10836	16	10776	260	6486	1722	7
垣曲县新城镇	9800	15	72180	66892	49743	23350	112
垣曲县历山镇	39200	22	13014	3025	7879	3878	9
垣曲县古城镇	11900	26	25497	9528	12245	2645	5
垣曲县王茅镇	5500	13	10798	2712	5368	1745	23
垣曲县毛家湾镇	19300	11	8703	1263	3965	1887	7
垣曲县蒲掌乡	16700	15	14458	1986	6303	2935	10
垣曲县英言乡	8400	21	17142	4800	11696	2396	41
垣曲县解峪乡	21500	10	6312	510	3911	1511	5
垣曲县华峰乡	6200	24	21523	4767	11583	5478	12
垣曲县长直乡	9800	17	13306	1589	6500	1875	23
垣曲县皋落乡	13700	15	15956	4036	9238	1506	18
夏县瑶峰镇	19838	55	92379	50417	40844	27120	64
夏县庙前镇	11930	27	31540	7120	15343	3458	22

乡镇基本情况

计算单位:公顷、个、人

名　　称	行政区域面积	村民委员会	常住人口	城镇建成区总人口	从业人员	二三产业从业人员	工业企业单位
夏县裴介镇	6190	26	49597	3532	32325	9331	41
夏县水头镇	8902	28	44253	15265	22552	4255	26
夏县埝掌镇	5428	11	11766	4100	6720	570	5
夏县泗交镇	38258	17	9522	785	5395	1678	7
夏县尉郭乡	3097	18	25068	6500	13694	6925	13
夏县禹王乡	5375	16	31759	3243	21395	1167	41
夏县胡张乡	8383	25	36341	2304	18775	8603	17
夏县南大里乡	6529	17	17793	1326	10498	2099	11
夏县祁家河乡	21119	17	8920	1100	6000	2020	4
平陆县圣人涧镇	25765	50	84329	32900	34590	8930	200
平陆县常乐镇	15916	45	43610	4850	24040	3990	14
平陆县张店镇	9409	15	16685	3480	8373	1508	5
平陆县张村镇	9262	28	25132	1935	11116	3061	11
平陆县曹川镇	18277	20	20659	3105	11498	2226	21
平陆县三门镇	9860	14	8852	1500	4965	1210	11
平陆县洪池乡	4651	16	14627	2300	8679	699	1
平陆县杜马乡	4601	15	12501	1350	6795	675	1
平陆县部官乡	7229	15	14891	1045	8095	2805	14
平陆县坡底乡	8789	10	8470	2600	5460	3810	12
芮城县古魏镇	12340	21	84000	49000	37984	29600	102
芮城县风陵渡镇	18850	36	75526	7328	46948	25012	238
芮城县陌南镇	14460	19	43590	11350	27046	900	80
芮城县西陌镇	8550	10	21821	2058	9639	5435	67
芮城县永乐镇	7440	8	23611	2320	14091	5647	170
芮城县大王镇	12860	25	27372	2203	16312	2120	400
芮城县阳城镇	16620	17	36195	8500	21357	8931	131
芮城县东垆乡	7200	18	21374	3259	11500	4900	3
芮城县南卫乡	9260	9	32163	1930	22562	3848	54
芮城县学张乡	10100	10	23395	3500	14351	5569	105
永济市城西街道办事处	3328	17	55265	54162	11134	3022	49
永济市城北街道办事处	6350	19	46855	45923	15662	11591	58
永济市城东街道办事处	6441	16	55748	54600	15147	10136	112
永济市虞乡镇	15010	37	46691	3910	20703	10163	33
永济市卿头镇	11564	31	51793	4120	31584	7359	60
永济市开张镇	11036	26	42682	5120	24914	5161	5
永济市栲栳镇	10010	40	52733	4865	30916	17140	45
永济市蒲州镇	9775	32	42807	2522	25013	4415	14
永济市韩阳镇	7668	20	25177	600	15365	4915	9
永济市张营镇	6913	27	32083	3103	18306	5949	18
河津市城区街道办事处	6265	20	109505	17734	23378	14529	70
河津市清涧街道办事处	4524	14	24442	14410	7963	5271	25
河津市樊村镇	6256	24	48033	9971	17734	9083	65
河津市僧楼镇	7525	24	51787	6221	26203	13440	72
河津市小梁乡	5289	17	30393	3777	13772	6848	9
河津市柴家乡	4505	12	30882	2120	13019	8459	14
河津市赵家庄乡	5564	18	33091	8000	13192	4792	30
河津市下化乡	8238	9	17075	2421	8814	3145	20
河津市阳村乡	11141	10	23120	4346	9930	6163	10
忻府区播明镇	4200	13	19298	1675	8226	3426	28
忻府区奇村镇	18400	32	30424	6098	14946	5874	6

乡镇基本情况

计算单位：公顷、个、人

名　　称	行政区域面积	村民委员会	常住人口	城镇建成区总人口	从业人员	二三产业从业人员	工业企业单位
忻府区三交镇	38200	54	6903	205	4697	1373	3
忻府区庄磨镇	12000	29	12420	1800	7558	3278	16
忻府区豆罗镇	13200	33	19413	1813	11913	4070	15
忻府区董村镇	8000	11	23409	5682	12978	5229	56
忻府区曹张乡	5000	11	19032		10076	1900	4
忻府区高城乡	5100	9	15108		6429	1846	15
忻府区秦城乡	5800	10	21610		9904	3821	14
忻府区解原乡	8703	29	28923		13475	7061	59
忻府区合索乡	13099	36	18000		6920	2040	5
忻府区阳坡乡	27333	30	4218		1923	709	
忻府区兰村乡	12940	39	17971		10032	4458	22
忻府区紫岩乡	4422	11	14648		7878	3272	9
忻府区西张乡	5776	13	12228		8102	2803	1
忻府区东楼乡	2560	7	16596		7879	5921	10
忻府区北义井乡	3212	8	15560		6244	2799	16
定襄县晋昌镇	3594	10	23474	8100	10746	8012	681
定襄县河边镇	23120	27	29386	10428	14107	8642	372
定襄县宏道镇	6263	18	26800	9300	13108	6123	19
定襄县杨芳乡	3593	8	15244		7920	3412	42
定襄县南王乡	18237	30	24562		12083	5663	57
定襄县蒋村乡	8186	21	14159		9730	2912	170
定襄县神山乡	3399	8	14363		8900	5670	210
定襄县季庄乡	6500	12	18792		9526	3857	35
定襄县受禄乡	11000	21	18193		10732	1516	1
五台县台城镇	8615	26	32089	27043	18936	16868	14
五台县台怀镇	18945	22	8800	4100	3965	2587	2
五台县耿镇镇	21833	51	14028	3200	6646	2758	5
五台县豆村镇	32695	68	26041	7232	8740	4775	17
五台县白家庄镇	8271	26	14354	2060	4789	1351	1
五台县东冶镇	9914	22	42000	17424	11073	5825	62
五台县沟南乡	11796	34	27198		9024	5669	18
五台县东雷乡	14433	28	11008		5936	1679	7
五台县高洪口乡	11507	22	7401		3713	1366	1
五台县门限石乡	24905	49	10004		4674	1839	
五台县陈家庄乡	28549	47	14076		5778	888	21
五台县建安乡	6432	19	14530		6645	3108	18
五台县神西乡	5011	8	5944		1843	683	8
五台县蒋坊乡	11168	22	10100		3428	1400	8
五台县灵境乡	13005	28	2304		735	288	4
五台县阳白乡	19268	28	21125		10296	2906	7
五台县茹村乡	16620	32	29812		8595	5100	6
五台县石咀乡	14721	31	5978		2010	298	2
五台县金岗库乡	9629	10	2752		1031	216	
代县上馆镇	8641	29	52503	4128	14427	6547	140
代县阳明堡镇	11490	36	21742	6454	12589	2267	10
代县峨口镇	4025	20	32937	14835	8840	6330	20
代县聂营镇	19207	43	12460	3723	10010	4949	29
代县枣林镇	11640	34	19439	836	9389	3333	56
代县滩上镇	28432	60	4084	897	4084	1577	7
代县新高乡	21506	41	18168		10619	4400	24

乡镇基本情况

计算单位：公顷、个、人

名　　称	行政区域面积	村民委员会	常住人口	城镇建成区总人口	从业人员	二三产业从业人员	工业企业单位
代县峪口乡	10027	22	17601		9928	2448	4
代县磨坊乡	21374	35	13147		5730	1660	20
代县胡峪乡	18362	29	6894		4143	1768	2
代县雁门关乡	18187	28	8006		4336	1336	6
繁峙县繁城镇	16981	35	58814	45304	19850	9960	185
繁峙县砂河镇	22234	43	50420	23120	17551	8341	14
繁峙县大营镇	13878	29	22896	3891	7688	1440	16
繁峙县下茹越乡	9723	17	12583		4405	2108	23
繁峙县杏园乡	11571	19	20675		7395	1935	45
繁峙县光裕堡乡	9980	15	12863		4210	1000	7
繁峙县集义庄乡	7600	21	15867		6233	835	5
繁峙县东山乡	27569	47	28075		10479	2810	8
繁峙县金山铺乡	16077	30	19147		6442	2435	6
繁峙县柏家庄乡	11424	18	10046		3734	579	1
繁峙县横涧乡	15918	25	14613		4642	1831	7
繁峙县神堂堡乡	42092	48	7399		3207	1845	6
繁峙县岩头乡	31241	56	10955		5750	3435	18
宁武县凤凰镇	8732	62	13886	4800	4700	3600	62
宁武县阳方口镇	7533	28	9611	2831	4233	2012	6
宁武县东寨镇	20675	62	17098	4155	6401	2561	9
宁武县石家庄镇	2085	11	4495	555	2449	1215	
宁武县薛家洼乡	18262	35	8687		4555	1355	14
宁武县余庄乡	48332	39	9230		3300	1210	2
宁武县涔山乡	28670	27	4308		1487	939	
宁武县化北屯乡	14820	51	13491		5633	2133	4
宁武县西马坊乡	20000	43	9628		2665	1145	1
宁武县新堡乡	11200	24	7573		3292	1396	
宁武县迭台寺乡	10900	22	4568		3682	1061	
宁武县圪廖乡	22350	13	3704		1234	596	2
宁武县怀道乡	13200	23	6885		4282	857	
宁武县东马坊乡	15600	24	8797		3455	59	6
静乐县鹅城镇	12632	38	39140	25600	16644	14520	12
静乐县杜家村镇	17286	32	13700	2700	6373	2073	21
静乐县康家会镇	16055	27	8345	2800	3380	2580	49
静乐县丰润镇	10275	26	9126	2300	3400	1800	4
静乐县堂尔上乡	6900	20	4125		1650	748	2
静乐县中庄乡	7385	20	7091		2801	1285	1
静乐县双路乡	14565	27	12900		5460	2960	9
静乐县段家寨乡	10997	18	11006		4398	2498	4
静乐县辛村乡	12130	21	7522		2953	974	3
静乐县王村乡	16000	35	11989		5300	2750	2
静乐县神峪沟乡	16275	33	10750		5163	2158	
静乐县娘子神乡	16344	25	9643		3602	1882	26
静乐县娑婆乡	16800	28	8250		3074	1074	
静乐县赤泥洼乡	27270	31	10160		3679	1139	6
神池县龙泉镇	10970	25	11750	8419	3752	1830	30
神池县义井镇	12000	20	11713	3366	3850	505	
神池县八角镇	22000	31	10121	1956	3373	312	
神池县东湖乡	18900	28	9920		3826	246	
神池县太平庄乡	10667	24	7728		2730	586	

乡镇基本情况

计算单位:公顷、个、人

名　　称	行政区域面积	村民委员会	常住人口	城镇建成区总人口	从业人员	二三产业从业人员	工业企业单位
神池县虎北乡	10666	11	7168		2423	334	
神池县贺职乡	13960	29	9312		3012	205	
神池县长畛乡	17800	29	6020		1979	281	
神池县烈堡乡	12800	20	6412		1676	334	
神池县大严备乡	15300	24	5900		2000	200	
五寨县砚城镇	3499	9	43550	41100	17551	15131	12
五寨县小河头镇	8357	15	6180	1485	3600	330	1
五寨县三岔镇	18014	34	12693	5012	5123	2763	3
五寨县前所乡	20350	23	11165		5048	895	8
五寨县李家坪乡	9279	11	5727		3172	605	3
五寨县孙家坪乡	11291	26	7816		3100	850	2
五寨县梁家坪乡	6248	15	3852		1802	78	
五寨县胡会乡	9171	14	7397		3820	815	3
五寨县新寨乡	6819	14	6968		3035	1370	1
五寨县韩家楼乡	12871	26	6756		2762	150	2
五寨县东秀庄乡	14186	31	7277		3599	532	
五寨县杏岭子乡	17801	32	5580		2139	230	
岢岚县岚漪镇	21660	38	42181	35643	22882	12622	275
岢岚县三井镇	11304	15	6822	2097	2750	450	48
岢岚县神堂坪乡	13310	14	7361		2486	701	
岢岚县高家会乡	12666	15	6678		2600	710	8
岢岚县李家沟乡	13533	11	2000		1277	281	
岢岚县水峪贯乡	19000	21	2173		2028	358	
岢岚县西豹峪乡	16633	15	3421		1652	257	
岢岚县温泉乡	11200	11	2662		1821	197	
岢岚县阳坪乡	18420	13	3298		1973	674	1
岢岚县大涧乡	12687	17	4237		2573	1120	1
岢岚县宋家沟乡	25300	22	5500		2844	644	4
岢岚县王家岔乡	8560	10	1820		650	450	
河曲县文笔镇	5142	14	76992	58222	20287	12064	13
河曲县楼子营镇	5499	17	11945	4860	3627	2076	8
河曲县刘家塔镇	12353	32	14365	3245	4844	1299	3
河曲县巡镇镇	8262	28	15129	2997	4364	1758	52
河曲县鹿固乡	8526	27	9741		4436	875	
河曲县前川乡	11432	23	6511		2881	1516	
河曲县单寨乡	14970	27	3423		2548	940	
河曲县土沟乡	11192	22	4140		2560	668	
河曲县旧县乡	5581	26	6500		3306	1211	5
河曲县沙坪乡	8710	33	7582		2823	851	1
河曲县社梁乡	8861	26	8157		3605	217	
河曲县沙泉乡	20353	43	9382		3725	560	1
河曲县赵家沟乡	10552	22	3025		1100	80	
保德县东关镇	4599	30	19323	17241	5214	3532	157
保德县义门镇	8895	31	20267	3176	9865	4654	30
保德县桥头镇	9790	32	19206	5896	9885	3557	14
保德县杨家湾镇	6660	25	12100	1278	3770	1270	1
保德县腰庄乡	5466	20	10893		5913	1293	1
保德县韩家川乡	5800	17	7185		2962	1495	6
保德县林遮峪乡	4731	17	6083		3106	1982	
保德县冯家川乡	4710	19	6895		3724	1060	2

乡镇基本情况

计算单位:公顷、个、人

名　　称	行政区域面积	村民委员会	常住人口	城镇建成区总人口	从业人员	二三产业从业人员	工业企业单位
保德县土崖塔乡	5006	25	5906		2756	1277	
保德县孙家沟乡	12023	33	11854		6850	2930	2
保德县窑洼乡	9720	26	5432		1779	751	12
保德县尧圪台乡	6000	16	5281		3046	1585	17
保德县南河沟乡	16365	50	15770		7685	4364	
偏关县新关镇	17958	47	22180	14460	9236	5136	46
偏关县天峰坪镇	6533	16	9031	738	3582	1579	8
偏关县老营镇	21429	21	7780	2184	3294	648	8
偏关县万家寨镇	21133	20	8160	500	3547	1150	5
偏关县窑头乡	14949	33	14580	504	5175	1475	11
偏关县楼沟乡	27981	45	11020	605	4396	880	5
偏关县尚峪乡	15005	16	4913	307	3049	1120	4
偏关县南堡子乡	13675	17	4745	355	1580	350	4
偏关县水泉乡	12985	11	4856	1025	2500	1380	5
偏关县陈家营乡	16993	22	7376	362	2848	800	43
原平市北城街道办事处	2510		41348		16685	16685	1
原平市南城街道办事处	508		44457		26713	26713	5
原平市轩岗街道办事处	2800		39962		10187	10187	1
原平市东社镇	20527	46	23183	4646	15180	8789	81
原平市苏龙口镇	22782	31	14800	876	6068	1950	37
原平市崞阳镇	15362	46	28732	21000	16857	7865	88
原平市大牛店镇	18129	28	20511	2100	9468	6228	75
原平市闫庄镇	11426	22	23642	3426	8911	2910	10
原平市长梁沟镇	19215	36	17204	1985	6734	5082	10
原平市轩岗镇	21613	39	69495	54617	39272	35545	48
原平市新原乡	7800	20	34916		11630	5900	210
原平市南白乡	6811	25	10517		5057	2135	8
原平市子干乡	8800	11	15592		6685	4032	17
原平市中阳乡	12100	25	13840		6393	2069	24
原平市沿沟乡	12300	34	19867		7780	2441	31
原平市大林乡	9767	26	16364		8407	2272	48
原平市西镇乡	10800	22	28850		13598	4737	210
原平市解村乡	6712	19	12946		4097	1798	45
原平市王家庄乡	5030	21	14448		6643	2567	37
原平市楼板寨乡	11467	20	8046		3585	1928	2
原平市段家堡乡	19835	49	18204		9353	3741	24
尧都区屯里镇	2151	12	19200	4500	9027	7655	4
尧都区乔李镇	3330	11	20386	4657	9292	5752	4
尧都区大阳镇	11565	34	29974	4200	15674	7567	7
尧都区县底镇	8730	28	34328	2348	16994	5293	30
尧都区刘村镇	7012	42	48544	4800	22736	12619	32
尧都区金殿镇	9590	38	68760	4260	38664	24812	4
尧都区吴村镇	4263	16	24557	2929	13704	5232	2
尧都区土门镇	12988	27	30260	3432	16613	10018	5
尧都区魏村镇	2949	10	13654	4321	6949	4514	3
尧都区尧庙镇	3130	12	22294	2780	9125	5065	32
尧都区段店乡	5050	34	36679	1258	18068	1613	25
尧都区贾得乡	8968	41	55697	4713	32471	19511	48
尧都区贺家庄乡	6431	14	7855	1643	4193	885	4
尧都区一平垣乡	12760	20	16308	1257	7282	2712	4

乡镇基本情况

计算单位:公顷、个、人

名　　称	行政区域面积	村民委员会	常住人口	城镇建成区总人口	从业人员	二三产业从业人员	工业企业单位
尧都区枕头乡	16101	19	19191	1953	10533	7623	4
尧都区河底乡	11898	10	9378	1224	5280	1730	1
曲沃县乐昌镇	3919	15	62831	60314	11294	5100	579
曲沃县史村镇	8596	35	41571	1625	24530	8523	50
曲沃县曲村镇	4520	21	23679	4764	14643	7591	14
曲沃县高显镇	7020	21	26514	7820	12580	8128	212
曲沃县里村镇	4700	15	18107	1984	9864	3244	12
曲沃县北董乡	8915	34	36737	1214	22042	6604	61
曲沃县杨谈乡	6060	17	21610	1019	11292	6720	79
翼城县唐兴镇	6600	27	84815	79031	36300	27300	69
翼城县南梁镇	12140	30	41936	3400	17852	9371	24
翼城县里砦镇	9650	19	28742	3030	12580	4255	44
翼城县隆化镇	16638	32	37296	2647	13435	6233	14
翼城县桥上镇	6540	11	10566	4400	4100	2519	8
翼城县西阎镇	23200	9	6515	3042	2476	1269	6
翼城县中卫乡	14240	31	33501	3600	17330	10254	40
翼城县南唐乡	5100	17	27742	27117	12441	4198	12
翼城县王庄乡	12202	26	31726	4989	15073	7654	52
翼城县浇底乡	8600	10	6656	1230	2811	590	1
襄汾县新城镇	9954	40	104375	54347	50855	33175	49
襄汾县赵康镇	7952	30	29820	5343	15105	8031	10
襄汾县汾城镇	12885	39	56342	8762	25735	6734	38
襄汾县南贾镇	8464	21	23111	4850	17795	2795	15
襄汾县古城镇	8761	39	48531	6777	21952	11241	68
襄汾县襄陵镇	6926	29	38651	9980	21498	13425	40
襄汾县邓庄镇	7602	29	43691	6861	23157	9614	33
襄汾县陶寺乡	7742	20	22345	3092	10385	5715	39
襄汾县永固乡	5073	16	23608	3730	13230	9862	10
襄汾县景毛乡	4359	15	18300	2842	9896	4896	48
襄汾县西贾乡	5947	19	23210	3241	10980	2780	5
襄汾县南辛店乡	9152	30	42108	4113	24440	11275	35
襄汾县大邓乡	7989	21	18180	2820	8570	4509	26
洪洞县大槐树镇	9453	54	149668	69980	51435	28194	45
洪洞县甘亭镇	5302	20	37254	8400	17130	13980	32
洪洞县曲亭镇	12222	34	52036	6138	28350	10845	40
洪洞县苏堡镇	12490	19	27916	5362	16532	12064	24
洪洞县广胜寺镇	5760	27	50100	18000	16591	10233	18
洪洞县明姜镇	10106	42	51175	7640	24385	7958	33
洪洞县赵城镇	8499	41	67966	15200	32911	24658	74
洪洞县万安镇	16534	60	65033	7180	29678	10558	49
洪洞县刘家垣镇	10802	23	29300	4350	15255	4977	23
洪洞县淹底乡	9661	37	38619	3510	21430	5862	4
洪洞县兴唐寺乡	7698	19	16680	2680	8883	3562	13
洪洞县堤村乡	10241	22	54480	6500	24109	17297	44
洪洞县辛村乡	7461	20	56276	6000	31824	17228	24
洪洞县龙马乡	5815	25	25381	1100	14673	4099	30
洪洞县山头乡	8099	10	7896	661	3825	1650	5
洪洞县左木乡	9207	10	7930	810	3793	1435	8
古县岳阳镇	21013	20	35825	25700	17466	13645	38
古县北平镇	21019	15	12706	1653	6138	5218	26

乡镇基本情况

计算单位：公顷、个、人

名　　称	行政区域面积	村民委员会	常住人口	城镇建成区总人口	从业人员	二三产业从业人员	工业企业单位
古县古阳镇	13701	14	10955	1953	3259	2124	22
古县旧县镇	21316	13	11916	1563	3655	955	3
古县石壁乡	14528	11	6185	852	1890	850	
古县永乐乡	12938	12	5892	895	1437	627	21
古县南垣乡	15125	26	10100	525	2555	650	
安泽县府城镇	32650	21	29610	17233	11476	5900	10
安泽县和川镇	30892	18	11943	4436	5170	1750	2
安泽县唐城镇	17600	13	10254	5125	5217	3797	14
安泽县冀氏镇	28423	15	10127	3450	4717	1472	
安泽县马必乡	35707	13	7657	813	4446	401	1
安泽县杜村乡	22220	11	6025	515	3042	270	
安泽县良马乡	28924	12	6265	1666	3828	1868	
浮山县天坛镇	10823	18	36607	28000	17850	12811	26
浮山县响水河镇	8798	16	16001	3950	6495	3129	39
浮山县张庄乡	9025	36	22384	1476	8838	3112	17
浮山县东张乡	5518	25	12453	1900	6145	4033	44
浮山县槐埝乡	6622	13	7230	924	3295	1587	18
浮山县北王乡	11980	30	14773	2814	5596	1728	9
浮山县北韩乡	7852	11	6019	678	2480	778	7
浮山县米家垣乡	11047	21	5149	483	2180	834	3
浮山县寨圪塔乡	22092	15	5750	781	2190	900	3
吉县吉昌镇	14945	14	37000	16200	9850	8200	30
吉县屯里镇	63328	12	12243	1590	4205	3460	6
吉县壶口镇	10164	6	4520	418	2182	880	
吉县车城乡	20821	9	7640	2099	2945	915	12
吉县文城乡	17779	9	10012	1001	4230	850	1
吉县东城乡	8404	8	7703	1310	2930	1025	2
吉县柏山寺乡	18650	11	12400	840	3375	2495	1
吉县中垛乡	23862	10	12990	1506	5379	1729	
乡宁县昌宁镇	22527	25	64521	30285	25800	5650	29
乡宁县光华镇	14453	18	22740	7800	8960	1922	14
乡宁县台头镇	10507	10	12264	7600	4553	2853	23
乡宁县管头镇	22399	17	22500	3200	7046	2311	26
乡宁县西坡镇	8386	9	16000	7700	4533	2365	10
乡宁县双鹤乡	18567	23	25498	1920	14072	3769	6
乡宁县关王庙乡	33852	23	23960	1630	9761	1558	2
乡宁县尉庄乡	22554	21	17185	904	6195	3414	7
乡宁县西交口乡	24687	15	11839	1250	6475	2703	6
乡宁县枣岭乡	24508	21	28735	9000	10112	3152	11
大宁县昕水镇	17382	18	30975	17660	10964	4316	21
大宁县曲峨镇	22998	17	10336	1098	3915	809	5
大宁县三多乡	22042	19	8935	520	3801	1720	2
大宁县太德乡	7257	8	5125	855	2280	642	1
大宁县徐家垛乡	15979	15	8504	564	3700	927	4
大宁县太古乡	10662	7	4520	845	1932	55	
隰县龙泉镇	10882	10	35360	31192	10532	2968	6
隰县午城镇	15134	13	11788	3598	4260	1110	12
隰县黄土镇	22533	11	13109	3329	8566	1591	4
隰县阳头升乡	23266	14	10925	1045	3032	559	
隰县寨子乡	10800	11	8510	1135	3880	700	2

乡镇基本情况

计算单位:公顷、个、人

名　　称	行政区域面积	村民委员会	常住人口	城镇建成区总人口	从业人员	二三产业从业人员	工业企业单位
隰县陡坡乡	10333	6	5042	649	3198	157	
隰县下李乡	21200	14	10358	1242	3494	1034	5
隰县城南乡	20200	18	16541	6035	4958	1187	2
永和县芝河镇	26500	15	24600	17400	7784	6080	10
永和县桑壁镇	18300	13	5506	1360	2882	405	1
永和县阁底乡	15600	15	10852	990	3405	511	
永和县南庄乡	10498	8	5540	213	1960	360	
永和县打石腰乡	11100	8	6080	150	2414	342	1
永和县坡头乡	20400	7	4960	1042	2160	648	3
永和县交口乡	18900	13	7590	390	1898	307	1
蒲县蒲城镇	26498	9	23950	14294	8367	6500	19
蒲县薛关镇	13671	12	10400	4750	5549	2048	4
蒲县黑龙关镇	21865	15	17360	1796	6459	3553	10
蒲县克城镇	19923	12	18567	3100	8473	4894	4
蒲县山中乡	19067	7	4728	993	1966	677	1
蒲县古县乡	9661	8	6375	980	3852	1495	
蒲县红道乡	15095	9	5139	364	2117	424	1
蒲县乔家湾乡	12242	12	11852	3841	5407	1425	65
蒲县太林乡	12778	9	7290	950	4143	1889	10
汾西县永安镇	14300	27	22196	12130	14430	6340	251
汾西县对竹镇	11800	16	13712	2760	6562	2670	63
汾西县勍香镇	15000	18	17117	4207	8000	2000	65
汾西县和平镇	8600	13	14462	3120	6411	1145	58
汾西县僧念镇	9300	13	14462	3095	6800	1753	50
汾西县佃坪乡	12900	14	12395	1320	6065	3590	70
汾西县团柏乡	5400	12	12414	1245	5656	1646	83
汾西县邢家要乡	8900	7	8140	1062	4099	1099	63
侯马市路东街道办事处	500		41237	41237	9800	9800	15
侯马市路西街道办事处	1500		35547	35547	12000	12000	7
侯马市浍滨街道办事处	1500		45931	45931	11110	11110	5
侯马市上马街道办事处	4218	19	24184	1774	14921	7280	18
侯马市张村街道办事处	4500	10	21302	986	9834	6032	23
侯马市新田乡	3956	23	32152	98	17985	11867	226
侯马市高村乡	3060	10	17387	1636	7716	3096	16
侯马市凤城乡	3460	14	18322	2520	8890	4210	16
霍州市鼓楼街道办事处	738	4	61495	28079	33418	32606	15
霍州市北环路街道办事处	750	5	13863	7863	4153	3900	2
霍州市南环路街道办事处	1530	8	9278	7526	4102	3319	10
霍州市开元街道办事处	650	4	7605	3780	4403	3567	10
霍州市退沙街道办事处	4600	8	14255	4255	7463	3363	26
霍州市白龙镇	5230	14	18886	8995	8139	5119	15
霍州市辛置镇	5390	20	72583	13834	38502	35361	72
霍州市大张镇	4070	14	29472	8135	13776	5749	1
霍州市李曹镇	20395	32	27153	1846	14851	4201	8
霍州市陶唐峪乡	8935	27	19235	2954	9716	2937	7
霍州市三教乡	15170	32	22631	3221	12969	1747	10
霍州市师庄乡	8970	31	14501	1804	4350	1466	3
离石区吴城镇	42328	16	12032	1200	4493	1124	5
离石区信义镇	42829	27	15750	1915	7107	1349	5
离石区红眼川乡	2773	11	5647		2664	2010	4

乡镇基本情况

计算单位：公顷、个、人

名　　称	行政区域面积	村民委员会	常住人口	城镇建成区总人口	从业人员	二三产业从业人员	工业企业单位
离石区枣林乡	10551	22	10424		4218	2015	12
离石区坪头乡	7219	24	17906		8798	3398	13
文水县凤城镇	14901	35	72169	15730	29873	18802	83
文水县开栅镇	37929	30	35230	10360	23164	15694	29
文水县南庄镇	3922	10	22063	4557	9800	2992	10
文水县南安镇	6551	22	35981	4871	17316	3670	51
文水县刘胡兰镇	6133	23	42414	2214	26515	6890	17
文水县下曲镇	9385	21	35000	5988	20050	8650	25
文水县孝义镇	3133	12	29590	4320	15039	6829	34
文水县南武乡	3065	9	24345		12200	5500	38
文水县西城乡	3370	7	27410		13175	3757	33
文水县北张乡	4275	10	29258		9422	4015	3
文水县马西乡	3320	12	12125		6618	4584	1
文水县西槽头乡	3044	8	16641		9683	4163	30
交城县天宁镇	7620	19	46610	19910	21181	17938	166
交城县夏家营镇	5118	16	36427	5748	22140	15075	82
交城县西营镇	2800	7	27435	7375	12700	7552	116
交城县水峪贯镇	14500	20	13443	2685	5287	2255	37
交城县西社镇	10999	12	11895	2132	5869	3641	16
交城县庞泉沟镇	25400	10	3960	592	1726	465	
交城县洪相乡	9600	7	24090	3749	13463	9323	108
交城县岭底乡	16800	23	9079	606	3155	731	3
交城县东坡底乡	36766	14	7193	849	2677	1286	
交城县会立乡	44660	20	8500		2856	1133	
兴县蔚汾镇	22056	48	68370	25450	18729	12013	45
兴县魏家滩镇	25346	29	24485	3692	13508	921	10
兴县瓦塘镇	17391	24	20310	2100	11210	3970	4
兴县康宁镇	19400	31	19440	3500	12280	6585	12
兴县高家村镇	18200	25	15798	1974	5950	2277	6
兴县罗峪口镇	19096	13	8854	372	3741	1792	
兴县蔡家会镇	17530	14	10775	2453	3960	580	5
兴县交楼申乡	17318	24	10169	1347	4368	1112	7
兴县恶虎滩乡	18598	15	7190	934	2862	1006	23
兴县东会乡	17230	17	9130	890	4634	997	
兴县固贤乡	16969	17	11891	2388	4426	476	1
兴县奥家湾乡	14000	24	16478	926	5864	3260	32
兴县蔡家崖乡	16670	33	22989	740	22989	9175	13
兴县贺家会乡	19104	18	8532	840	3612	1460	
兴县孟家坪乡	21565	22	13953	947	5264		
兴县赵家坪乡	14600	11	7566	800	2147	206	
兴县圪垯上乡	15093	11	7719	642	2849	843	
临县临泉镇	14103	35	86917	5283	20820	9803	4
临县白文镇	26115	32	44428	9038	19660	8072	7
临县城庄镇	28486	27	26894	3269	14347	4657	
临县兔坂镇	20863	49	24619	1536	9637	2921	4
临县克虎镇	8700	13	12787	2120	5221	2066	
临县三交镇	12195	38	57627	11769	25388	10546	14
临县湍水头镇	6496	20	18054	2122	7156	4135	3
临县林家坪镇	8700	26	29092	2853	15333	9200	8
临县招贤镇	3212	16	15255	3395	5991	2782	7

乡镇基本情况

计算单位：公顷、个、人

名　　称	行政区域面积	村民委员会	常住人口	城镇建成区总人口	从业人员	二三产业从业人员	工业企业单位
临县碛口镇	9531	40	31266	1970	12053	7355	3
临县刘家会镇	12249	40	31539	2790	12815	1335	1
临县丛罗峪镇	7723	21	18562	1808	7454	876	
临县曲峪镇	13812	36	27166	842	9821	1708	2
临县木瓜坪乡	11100	18	16891	400	7635	3395	14
临县安业乡	5400	17	22997	3756	8801	2393	4
临县玉坪乡	13030	23	21864	1320	7372	3411	
临县青凉寺乡	16699	30	16889	1805	7779	2191	
临县石白头乡	13593	44	21993	80	8097	598	
临县雷家碛乡	20670	16	18140	1317	8949	1758	2
临县八堡乡	12659	20	12955	1284	7350	1960	2
临县大禹乡	11306	35	40895	1711	14275	7377	4
临县车赶乡	5900	15	15401	1335	5900	2154	1
临县安家庄乡	9651	20	18520	1623	7354	1003	3
柳林县柳林镇	10500	24	93292	76467	19336	12070	27
柳林县穆村镇	3582	9	33090	16988	17756	13368	5
柳林县薛村镇	8900	19	21898	5850	9770	6963	4
柳林县庄上镇	8300	17	17161	3689	6373	2625	4
柳林县留誉镇	15400	18	20250	1680	17200	6200	
柳林县三交镇	10700	18	20000	4200	9500	6000	20
柳林县成家庄镇	7698	20	15414	1252	6129	3655	13
柳林县孟门镇	7300	30	15406	1170	6545	3682	8
柳林县李家湾乡	5700	8	15230		4222	2610	8
柳林县贾家垣乡	7300	21	16831		6439	4163	7
柳林县陈家湾乡	12800	18	22860	1817	7702	4789	14
柳林县金家庄乡	8458	13	14792	2108	5210	3120	9
柳林县高家沟乡	10900	16	18719	700	7033	4363	
柳林县石西乡	5500	10	12100		4600	3975	3
柳林县王家沟乡	10500	16	13440	2200	6170	3170	8
石楼县灵泉镇	31807	32	43061	15463	13401	8809	6
石楼县罗村镇	27738	15	11501	2010	4380	1194	4
石楼县义牒镇	23132	8	5803	951	2226	386	2
石楼县小蒜镇	20322	17	11581	2055	4958	824	3
石楼县龙交乡	15961	14	10532		4200	1667	1
石楼县和合乡	17706	13	9930		3656	891	1
石楼县前山乡	18536	14	9236		3701	813	
石楼县曹家垣乡	7584	9	6779		2870	430	1
石楼县裴沟乡	10705	12	9137		3914	699	2
岚县东村镇	7422	25	45669	37892	23304	19800	24
岚县岚城镇	10928	14	12781	4059	5314	2843	1
岚县普明镇	15449	22	25938	4053	10860	4849	23
岚县界河口镇	12957	9	6635	1235	2776	596	3
岚县土峪乡	3970	8	7374	1825	2592	355	
岚县上明乡	11524	13	15325	1334	6719	1109	
岚县王狮乡	18885	15	11805	1700	5288	493	3
岚县梁家庄乡	15862	16	14119	832	5610	1953	18
岚县顺会乡	13799	11	11231	420	4372	691	3
岚县河口乡	14534	8	7133	668	3511	646	
岚县社科乡	11068	14	19039	788	10271	3424	10
岚县大蛇头乡	14874	12	8444	905	2960	434	

乡镇基本情况

计算单位：公顷、个、人

名　　称	行政区域面积	村民委员会	常住人口	城镇建成区总人口	从业人员	二三产业从业人员	工业企业单位
方山县圪洞镇	21222	32	46605	17295	11797	3895	105
方山县马坊镇	36843	31	16904	3340	7696	490	6
方山县峪口镇	16037	32	25033	4556	10233	4930	17
方山县大武镇	15730	31	29000	7787	14817	5313	31
方山县北武当镇	23139	11	6568	1242	2022	162	
方山县积翠乡	15910	16	8698	1448	3444	244	5
方山县麻地会乡	14100	16	10500	640	3926	1385	5
中阳县宁乡镇	46261	15	56547	33968	24587	21355	18
中阳县金罗镇	6958	14	23439	4234	10610	8080	32
中阳县枝柯镇	24857	8	9660	1528	4317	2442	30
中阳县武家庄镇	18395	13	15122	2415	5453	1874	4
中阳县暖泉镇	18297	15	15982	3080	6415	2977	4
中阳县张子山乡	12834	14	16867	1200	6417	3711	18
中阳县下枣林乡	16260	14	11720	1129	3937	2143	7
交口县水头镇	32600	12	15100	11122	5921	2471	10
交口县康城镇	19200	12	16300	1820	5372	2367	1
交口县双池镇	8600	16	17813	5900	7944	2357	85
交口县桃红坡镇	28700	12	16152	1950	8810	2260	8
交口县石口乡	27200	19	16456		6828	1978	1
交口县回龙乡	11200	10	13992		4767	1576	10
交口县温泉乡	14862	12	11533		4426	1047	3
孝义市新义街道办事处	1635	7	101678		43455	6053	36
孝义市中阳楼街道办事处	2148	14	46273		10601	9593	39
孝义市振兴街道办事处	2325	11	15668		5668	4201	31
孝义市东许街道办事处	3859	13	12202		7643	4967	34
孝义市崇文街道办事处	1763	7	37253		16749	14754	10
孝义市兑镇镇	6442	25	47213	28458	13872	8163	15
孝义市阳泉曲镇	7454	35	37629	12370	21427	18858	45
孝义市下堡镇	6809	29	20896	15019	12158	6180	24
孝义市西辛庄镇	7294	36	15802	3044	6653	3633	36
孝义市高阳镇	4969	22	42462	36149	9556	7523	28
孝义市梧桐镇	3554	20	29125	21025	19058	17843	79
孝义市柱濮镇	6702	29	13124	7194	6535	2110	6
孝义市大孝堡乡	5454	21	36214		15286	8108	22
孝义市下栅乡	6221	26	18855		8371	3839	52
孝义市驿马乡	7763	38	10798		7887	6775	5
孝义市南阳乡	13589	23	7643		2993	1131	35
孝义市杜村乡	5773	23	9560		5409	1307	10
汾阳市文峰街道办事处	1130	8	12912	9520	11296	2083	13
汾阳市太和桥街道办事处	420	1	33009	32471	13878	13491	5
汾阳市贾家庄镇	4843	14	23957	2600	10882	6571	20
汾阳市杏花村镇	8538	18	33586	13668	18980	13362	31
汾阳市冀村镇	6268	19	42350	14905	22618	12083	42
汾阳市肖家庄镇	5658	16	33275	5340	16175	8200	18
汾阳市演武镇	5809	18	27513	3860	13700	2690	35
汾阳市三泉镇	8297	33	32396	6958	16699	6282	41
汾阳市石庄镇	8724	18	6351	2200	6179	4126	2
汾阳市杨家庄镇	13976	28	11968	1418	9073	5178	93
汾阳市峪道河镇	30255	38	22616	3300	10413	3656	13
汾阳市西河乡	1090	7	46356	37356	18078	16854	22

乡镇基本情况

计算单位：公顷、个、人

名　　称	行政区域面积	村民委员会	常住人口	城镇建成区总人口	从业人员	二三产业从业人员	工业企业单位
汾阳市阳城乡	7464	26	41433	3755	21800	12932	15
汾阳市栗家庄乡	13064	34	24884	2000	11583	3877	62
内蒙古自治区							
新城区保合少镇	50130	11	14140	2874	8822	3511	2
玉泉区小黑河镇	12524	29	39011	2279	12464	2352	80
赛罕区榆林镇	24300	21	15878	1478	6000	1935	
赛罕区黄合少镇	35582	29	43813	8150	16423	4992	1
赛罕区金河镇	16960	34	41878	3256	15236	1777	359
土默特左旗察素齐镇	62868	41	104980	69986	44475	34543	66
土默特左旗毕克齐镇	57968	44	34892	13450	18270	9493	20
土默特左旗善岱镇	20668	28	48097	3629	25445	9243	10
土默特左旗台阁牧镇	11110	19	25806	3891	12649	7900	84
土默特左旗白庙子镇	23554	49	38736	5197	20989	10710	28
土默特左旗沙尔沁镇	19560	25	17620	2628	9613	4938	5
土默特左旗敕勒川镇	46945	58	36318	1060	22037	9204	10
土默特左旗北什轴乡	20576	36	26978	1780	15915	5360	5
土默特左旗塔布赛乡	14647	21	23191	2300	14063	4753	1
托克托县双河镇	24600	30	78013	57062	33908	20745	334
托克托县新营子镇	35400	27	52354	7573	25848	12758	251
托克托县五申镇	20800	23	33617	2135	21088	11564	329
托克托县伍什家镇	22300	15	16544	2283	7368	1470	19
托克托县古城镇	28900	25	26620	1524	16532	4491	32
和林格尔县城关镇	49893	23	52230	42359	33950	26650	29
和林格尔县盛乐镇	43216	29	31624	4210	22275	6300	17
和林格尔县新店子镇	51776	16	11462	1346	5598	1274	2
和林格尔县舍必崖乡	39700	24	21553	105	14818	1553	1
和林格尔县大红城乡	57900	20	18642	810	9416	1788	1
和林格尔县羊群沟乡	47710	8	3618	506	2451	91	
和林格尔县黑老夭乡	22988	7	3618	643	2351	588	
和林格尔县巧什营乡	15500	10	13800	3374	9000	500	1
清水河县城关镇	49800	20	48994	36098	15586	9771	112
清水河县宏河镇	26246	10	8416	2967	5789	1840	10
清水河县喇嘛湾镇	21766	9	13548	10663	6992	3871	25
清水河县窑沟乡	23770	14	10302		5349	2576	13
清水河县北堡乡	50096	14	7834		4135	148	1
清水河县韮菜庄乡	50128	16	6845		5616	1331	3
清水河县五良太乡	29023	8	5596		3009	582	2
清水河县单台子乡	30985	12	7963		4070	1306	
武川县可镇	24500	8	61298	49168	25923	22260	322
武川县哈乐镇	66700	11	17454	2214	9151	4435	5
武川县西乌兰不浪镇	61830	9	16600	794	10085	1853	5
武川县大青山乡	52790	6	6252		3664	869	38
武川县上秃亥乡	50850	16	29995		17603	4815	
武川县德胜沟乡	49650	8	5760		3352	262	6
武川县二份子乡	76376	15	19687		9970	1516	6
武川县哈拉合少乡	81640	10	10830		5534	1572	3
武川县耗赖山乡	24248	10	11584		8642	1777	
东河区河东镇	3419	26	61824	6045	24356	20421	147
东河区沙尔沁镇	37037	23	54874	5471	17993	9978	38
昆都仑区昆河镇	1530	3	41361	41361	24158	23063	46

乡镇基本情况

计算单位:公顷、个、人

名　　称	行政区域面积	村民委员会	常住人口	城镇建成区总人口	从业人员	二三产业从业人员	工业企业单位
昆都仑区卜尔汉图镇	20110	16	25776	16170	12545	8086	290
青山区青福镇	4570	6	56738	56738	29120	26000	150
青山区兴胜镇	17600	15	38487	38487	20410	14389	90
青山区万水泉镇	11514	4	34696	28943	24289	7609	104
石拐区五当召镇	29300	5	2673	593	1662	588	30
石拐区吉忽伦图苏木	22500	5	1719	1719	1063	373	
九原区麻池镇	4460	12	33400	10100	16080	7955	60
九原区哈林格尔镇	18300	10	24116	3622	10037	6185	175
九原区哈业胡同镇	21440	12	14743	3170	10651	1333	3
九原区阿嘎如泰苏木乡	32700	4	1320	302	831	200	13
土默特右旗萨拉齐镇	10700	21	98202	87098	79011	65164	39
土默特右旗双龙镇	24800	49	23418	2574	16837	3370	5
土默特右旗美岱召镇	26700	34	22078	3052	13846	3866	18
土默特右旗沟门镇	18800	13	29170	2306	15326	10460	125
土默特右旗将军尧镇	39900	67	30615	1768	27420	6160	9
土默特右旗海子乡	25600	39	23574		17699	7734	
土默特右旗明沙淖乡	14000	29	21339		13223	3076	252
土默特右旗苏波盖乡	15200	29	20704		15425	5528	7
固阳县金山镇	157800	26	74536	5731	20725	5191	210
固阳县西斗铺镇	89000	12	20441	945	8552	2055	72
固阳县下湿壕镇	62600	20	24092	794	9851	2356	67
固阳县银号镇	59000	17	10185	1179	4886	1178	73
固阳县怀朔镇	75700	16	22063	1285	9183	2244	20
固阳县兴顺西镇	58400	13	21763	1459	9012	2155	38
达尔罕茂明安联合旗满都拉镇	249489	2	1697	431	1096	750	1
达尔罕茂明安联合旗希拉穆仁镇	71123	3	1975	1170	1486	886	7
达尔罕茂明安联合旗百灵庙镇	47868	4	42046	36046	16276	14454	123
达尔罕茂明安联合旗石宝镇	64300	9	17268	3580	5168	2148	59
达尔罕茂明安联合旗乌克忽洞镇	73892	11	12618	1910	8792	3553	31
达尔罕茂明安联合旗明安镇	232673	7	2906	120	1620	1015	72
达尔罕茂明安联合旗巴音花镇	306417	6	2685	65	1850	358	8
达尔罕茂明安联合旗达尔罕苏木乡	131487	6	3164		2007	493	6
达尔罕茂明安联合旗查干哈达苏木	228400	4	1698		1209	389	2
达尔罕茂明安联合旗巴音敖包苏木	244964	7	2450		1358	264	21
达尔罕茂明安联合旗西河乡	53093	5	5251		3329	247	5
达尔罕茂明安联合旗小文公乡	44523	9	6442		5123	2109	2
海勃湾区千里山镇	18000	5	18755	18755	8240	7710	16
海南区公乌素镇	5400		21326	20706	8234	8234	35
海南区拉僧庙镇	10042	1	9667	7593	4860	3703	64
海南区巴音陶亥镇	56000	6	9621	2120	6587	1856	23
乌达区乌兰淖尔镇	8700		3906	1953	2756	959	2
红山区红庙子镇	2600	5	20941		8264	5132	47
红山区文钟镇	31333	9	39994		19653	8480	13
元宝山区风水沟镇	12960	7	14709	6079	12779	6703	8
元宝山区元宝山镇	31404	16	41848	41848	25383	14331	42
元宝山区美丽河镇	8525	7	20666	7159	12004	4021	14
元宝山区平庄镇	20800	24	65844	13540	32540	19200	34
元宝山区五家镇	4223	5	18524	14860	4712	2362	40
元宝山区小五家乡	14040	6	5181	1204	3361	859	
松山区穆家营子镇	22700	14	106000	53693	42702	19317	91

乡镇基本情况

计算单位:公顷、个、人

名　　称	行政区域面积	村民委员会	常住人口	城镇建成区总人口	从业人员	二三产业从业人员	工业企业单位
松山区初头朗镇	48900	20	32980	8500	17440	6940	11
松山区大庙镇	45600	19	25035	2186	15180	6578	5
松山区王府镇	28800	13	30860	7259	19123	10105	20
松山区老府镇	59966	24	34346	4836	23875	4473	8
松山区哈拉道口镇	31167	10	26125	2423	17406	7146	2
松山区上官地镇	33000	14	19112	1490	11562	5825	7
松山区安庆镇	29100	13	25106	2200	16276	6631	13
松山区太平地镇	31477	21	42650	400	28354	13819	12
松山区当铺地满族乡	38600	25	33758		23883	13045	36
松山区夏家店乡	36800	17	35140		23545	11015	35
松山区城子乡	35700	20	22445		15498	7927	15
松山区大夫营子乡	69700	21	14472		11165	4673	8
松山区岗子乡	46600	13	17212		11276	2621	5
阿鲁科尔沁旗天山镇	53260	32	32984	2243	19918	7521	21
阿鲁科尔沁旗天山口镇	49000	27	30987	1407	21895	3620	26
阿鲁科尔沁旗双胜镇	32110	16	24274	2037	16873	1611	12
阿鲁科尔沁旗坤都镇	124130	10	8956	790	4492	430	6
阿鲁科尔沁旗巴彦花镇	50620	22	25678	1602	15986	2346	
阿鲁科尔沁旗绍根镇	209990	23	21541	1064	11433	5077	16
阿鲁科尔沁旗扎嘎斯台镇	139940	16	9764	310	5262	327	2
阿鲁科尔沁旗新民乡	31300	17	15455		8302	2708	8
阿鲁科尔沁旗先锋乡	27000	12	15382		9230	3458	2
阿鲁科尔沁旗罕苏木苏木乡	79850	7	7063		3828	102	
阿鲁科尔沁旗赛汉塔拉苏木乡	90520	10	6204		4730	472	1
阿鲁科尔沁旗巴拉奇如德苏木乡	130162	17	16345		7392	191	5
阿鲁科尔沁旗乌兰哈达乡	19690	13	14108		8481	3538	6
阿鲁科尔沁旗巴彦温都尔苏木	414180	23	15113		8030	516	1
巴林左旗林东镇	89800	33	66369		33846	23945	160
巴林左旗隆昌镇	76700	32	54300	3282	36321	15290	2
巴林左旗十三敖包镇	51370	20	41970	1751	12181	3341	31
巴林左旗碧流台镇	82500	21	40129	2656	17970	1247	12
巴林左旗富河镇	83900	10	20088	783	17367	8163	2
巴林左旗白音勿拉镇	90400	5	16015	1260	6790	290	17
巴林左旗哈拉哈达镇	33800	8	16682	3315	8604	2792	6
巴林左旗乌兰达坝苏木乡	35113	6	4916		2360	260	6
巴林左旗三山乡	32900	7	12770		5609	1631	4
巴林左旗花加拉嘎乡	33333	13	15500		10500	3415	
巴林右旗大板镇	192500	37	78653	57685	7887	611	83
巴林右旗索博日嘎镇	130000	20	19821	1997	9981	1299	3
巴林右旗宝日勿苏镇	116800	19	16800	1232	9731	1615	
巴林右旗查干诺尔镇	97500	14	13622	765	3009	125	1
巴林右旗巴彦琥硕镇	44000	11	5682	1552	2866	191	
巴林右旗西拉沐沦苏木乡	130500	20	14500		5807	871	
巴林右旗巴彦塔拉苏木乡	83800	11	9210		3974	52	3
巴林右旗幸福之路苏木乡	96500	18	9680		4858	680	4
巴林右旗查干沐沦苏木	92100	12	7490		3758	442	
林西县林西镇	9106	8	23429	6870	13898	6014	56
林西县新城子镇	61300	12	16028	1820	9812	2301	24
林西县新林镇	51600	11	10350	2410	10071	1221	13
林西县五十家子镇	66200	16	18529	2275	10077	5459	2

乡镇基本情况

计算单位:公顷、个、人

名　　称	行政区域面积	村民委员会	常住人口	城镇建成区总人口	从业人员	二三产业从业人员	工业企业单位
林西县官地镇	40800	10	18760	3830	8485	1794	8
林西县大井镇	24200	9	11613	1758	5926	1255	8
林西县统部镇	55100	14	17544	3280	9300	1925	13
林西县大营子乡	46800	13	22251	2951	12411	2879	34
林西县十二吐乡	36300	7	13946		11239	1978	9
克什克腾旗经棚镇	169728	13	20832	11239	12645	2394	13
克什克腾旗宇宙地镇	72800	7	13684	2074	11177	2864	8
克什克腾旗土城子镇	98600	15	23312	1675	15734	2997	
克什克腾旗同兴镇	128500	7	11232	1402	8949	3408	28
克什克腾旗万合永镇	184500	12	24140	353	11406	1227	
克什克腾旗芝瑞镇	231300	17	23850	750	19855	3734	15
克什克腾旗达来诺日镇	154200	7	5344	1080	3466	346	3
克什克腾旗新开地乡	34000	7	15360	412	11241	4365	3
克什克腾旗红山子乡	135700	6	6320	1026	3907	1497	
克什克腾旗达日罕乌拉苏木乡	223400	10	7046	384	4499	987	
克什克腾旗巴彦查干苏木乡	331100	13	8026	743	4876	1409	14
克什克腾旗浩来呼热苏木	164000	4	3261	1587	2603	760	4
克什克腾旗乌兰布统苏木	120000	6	4515	1582	3672	1347	1
翁牛特旗乌丹镇	185001	27	31871		27977	15478	91
翁牛特旗乌敦套海镇	54347	17	30383	4645	9967	4070	29
翁牛特旗五分地镇	54300	14	26396	3491	10681	4479	12
翁牛特旗桥头镇	74013	23	42578	3654	29285	8022	21
翁牛特旗广德公镇	66939	14	26769	1186	8652	3440	8
翁牛特旗梧桐花镇	83069	22	36200	3330	17687	7218	54
翁牛特旗海拉苏镇	64622	5	9515	4015	4283	942	4
翁牛特旗亿合公镇	84045	22	32104	3450	12459	1469	72
翁牛特旗解放营子乡	47612	13	19840		8433	1400	7
翁牛特旗阿什罕苏木	98000	6	7053		4300	187	
翁牛特旗新苏莫苏木	79366	14	16060		11160	1114	8
翁牛特旗白音套海苏木	62497	13	16000		8421	2510	3
翁牛特旗毛山东乡	69802	10	14322		8381	2924	7
翁牛特旗格日僧苏木	96950	13	6167		3339	372	1
喀喇沁旗锦山镇	31300	25	98649	66048	21104	10802	54
喀喇沁旗美林镇	55000	18	32884	2260	13909	7338	11
喀喇沁旗王爷府镇	50300	24	38574	3105	20264	7141	26
喀喇沁旗小牛群镇	42800	22	32912	1865	13814	3066	9
喀喇沁旗牛家营子镇	35400	18	55494	10000	27667	9065	50
喀喇沁旗乃林镇	14100	14	32492	9989	12241	2762	17
喀喇沁旗西桥镇	24200	15	29069	4583	17910	4370	17
喀喇沁旗十家满族乡	34100	14	27455	906	15300	7760	70
喀喇沁旗南台子乡	17800	11	16165	1689	7270	1494	9
宁城县天义镇	18800	22	70396	69123	47615	46828	46
宁城县小城子镇	31800	19	29645	6800	19924	6145	30
宁城县大城子镇	38400	19	34518	5014	13715	2710	16
宁城县八里罕镇	37300	29	42866	5365	15364	4870	68
宁城县黑里河镇	53100	22	24863	1641	11745	2678	19
宁城县甸子镇	26700	22	45736	1952	35333	7926	14
宁城县大双庙镇	17200	16	26516	2560	6377	2029	7
宁城县汐子镇	34200	34	52589	1942	31570	11900	28
宁城县大明镇	17400	20	37370	1550	19062	6034	22

乡镇基本情况

计算单位:公顷、个、人

名　　称	行政区域面积	村民委员会	常住人口	城镇建成区总人口	从业人员	二三产业从业人员	工业企业单位
宁城县忙农镇	29200	15	36017	589	19780	5889	15
宁城县五化镇	25000	16	24088	2269	11844	3896	20
宁城县三座店乡	21600	15	29186	1968	15861	5941	7
宁城县必斯营子乡	27200	20	29527	3240	17258	6648	6
宁城县一肯中乡	22400	25	33000	1087	16280	9580	3
宁城县存金沟乡	30200	14	16783	1200	10650	3150	12
敖汉旗新惠镇	88700	25	124725	82444	42602	20606	247
敖汉旗四家子镇	43561	17	41725	4021	26408	7596	70
敖汉旗长胜镇	76293	21	56754	4679	30694	8099	14
敖汉旗贝子府镇	73700	21	48828	6886	30599	9612	56
敖汉旗四道湾子镇	38120	14	34378	8218	23820	6539	5
敖汉旗下洼镇	49500	12	35293	9561	20182	2876	15
敖汉旗金厂沟梁镇	35335	14	32564	11357	19298	6458	20
敖汉旗兴隆洼镇	59861	16	20328		19536	4514	12
敖汉旗牛古吐乡	70500	19	31242		15220	2025	12
敖汉旗木头营子乡	64219	16	26462		19536	4514	7
敖汉旗古鲁板蒿乡	55421	12	28345		23181	4583	11
敖汉旗丰收乡	45500	12	16819	4500	13446	5902	10
敖汉旗玛尼罕乡	45936	8	12130		9560	3886	12
敖汉旗萨力巴乡	37809	8	14176	216	14799	3865	7
敖汉旗敖润苏莫苏木乡	38400	6	3700	284	3326	326	1
科尔沁区大林镇	53715	58	78843	17481	71416	6423	137
科尔沁区钱家店镇	26302	42	46735	8625	28719	15883	47
科尔沁区余粮堡镇	17397	38	36891	11460	36891	6800	306
科尔沁区木里图镇	19877	40	40686	13484	22855	12530	88
科尔沁区丰田镇	19427	28	31381	2204	25479	9901	10
科尔沁区清河镇	22421	30	38545	3110	35493	10993	10
科尔沁区育新镇	15485	28	36600	2520	35640	16720	41
科尔沁区庆和镇	25458	21	23869	3861	12382	3720	5
科尔沁区敖力布皋镇	22147	22	28446	2071	17184	1837	9
科尔沁区辽河镇	24114	36	37737	2365	20322	7658	38
科尔沁区莫力庙苏木	26169	18	17521	3120	10762	3724	5
科尔沁左翼中旗保康镇	38667	37	33832	32328	19741	1901	9
科尔沁左翼中旗宝龙山镇	118414	48	49520	23826	29084	4695	24
科尔沁左翼中旗舍伯吐镇	65333	47	52819	15890	42960	4330	6
科尔沁左翼中旗巴彦塔拉镇	53118	45	38618	4578	15468	7658	12
科尔沁左翼中旗门达镇	16000	17	19123	3521	10925	2730	5
科尔沁左翼中旗架玛吐镇	45426	41	37313	2300	20000	4000	18
科尔沁左翼中旗腰林毛都镇	42000	31	23400	6079	12452	772	4
科尔沁左翼中旗希伯花镇	54202	28	29986	3777	5840	4989	4
科尔沁左翼中旗花吐古拉镇	40841	24	22689	2899	16916	2944	19
科尔沁左翼中旗代力吉镇	55333	20	22165	1958	6397	2310	5
科尔沁左翼中旗努日木镇	24667	26	20540	2146	12010	4510	3
科尔沁左翼中旗花胡硕苏木乡	68000	20	17426	3765	7400	1130	
科尔沁左翼中旗协代苏木乡	36000	17	13996	1108	6870	233	1
科尔沁左翼中旗白兴吐苏木乡	42000	23	16209	755	116	116	1
科尔沁左翼中旗图布信苏木乡	34667	25	18622	2375	13694	6044	
科尔沁左翼中旗敖包苏木	18138	16	14332	365	8318	1262	8
科尔沁左翼中旗胜利乡	20046	24	18543	952	13356	4812	
科尔沁左翼后旗甘旗卡镇	173804	34	83527	50681	40098	29482	90

乡镇基本情况

计算单位:公顷、个、人

名　　称	行政区域面积	村民委员会	常住人口	城镇建成区总人口	从业人员	二三产业从业人员	工业企业单位
科尔沁左翼后旗吉尔嘎朗镇	71940	23	21575	4130	9273	2437	4
科尔沁左翼后旗金宝屯镇	59040	16	27925	13200	13463	4196	11
科尔沁左翼后旗常胜镇	55448	13	27969	4203	12328	2272	2
科尔沁左翼后旗查日苏镇	67580	20	31219	2150	18675	6446	8
科尔沁左翼后旗双胜镇	21920	24	32370	1074	12771	1291	1
科尔沁左翼后旗阿古拉镇	91380	17	14861	990	7724	1143	2
科尔沁左翼后旗朝鲁吐镇	70490	12	15885	1121	4894	568	1
科尔沁左翼后旗努古斯台镇	59067	12	11397	1108	5228	635	15
科尔沁左翼后旗海鲁吐镇	93800	19	20589	1345	12794	1492	1
科尔沁左翼后旗阿都沁苏木	81150	19	17165	990	8688	1488	2
科尔沁左翼后旗茂道吐苏木	84040	16	12360	1438	7896	1354	2
科尔沁左翼后旗巴嘎塔拉苏木	84040	17	15617		10794	2541	8
科尔沁左翼后旗散都苏木	45255	12	19609	732	10337	2162	3
科尔沁左翼后旗巴彦毛都苏木	49255	8	6773	696	4881	837	
开鲁县开鲁镇	73065	50	109325	41258	52144	19858	56
开鲁县大榆树镇	11133	14	31086	2869	14389	4730	12
开鲁县黑龙坝镇	11406	15	18243	2010	17664	8546	6
开鲁县麦新镇	22000	16	33952	3835	13455	4113	14
开鲁县义和塔拉镇	69333	23	33637	2430	18110	5201	3
开鲁县建华镇	61330	22	38590	4056	21210	2810	6
开鲁县小街基镇	74400	35	54121	8200	35429	6487	24
开鲁县东风镇	23436	14	19481	1980	12575	2835	18
开鲁县吉日嘎郎吐镇	17000	15	23396	2768	10633	1506	12
开鲁县东来镇	17133	13	15565	6915	10646	3543	3
库伦旗库伦镇	112644	53	58210	8210	21455	587	19
库伦旗扣河子镇	68923	45	39000	2096	35700	3310	17
库伦旗白音花镇	60053	36	25115	1195	13647	262	5
库伦旗六家子镇	41333	24	20280	2240	20280	886	1
库伦旗额勒顺镇	7333	11	11954	1159	45	45	
库伦旗茫汗苏木	76667	16	10823	702	10823	79	
奈曼旗大沁他拉镇	110046	44	58645	10990	28935	13076	163
奈曼旗八仙筒镇	96800	44	58320	8786	30621	5533	12
奈曼旗青龙山镇	46917	28	31468	3901	30508	5343	12
奈曼旗新镇	86604	37	41844	1685	23504	3550	41
奈曼旗治安镇	35333	23	19748	1970	8385	1106	17
奈曼旗东明镇	71808	33	49395	6120	25910	6290	7
奈曼旗沙日浩来镇	38232	14	16616	2103	9066	1772	16
奈曼旗义隆永镇	28095	23	18324	1664	11547	4590	8
奈曼旗固日班花苏木	81333	22	14815	14615	11805	3034	3
奈曼旗白音他拉苏木	47284	13	14865	2434	14865	636	8
奈曼旗明仁苏木	54130	27	27640	26640	15830	2677	5
奈曼旗黄花塔拉苏木	34000	22	15864	2376	9475	1512	1
奈曼旗土城子乡	20700	12	12849	1664	7704	570	10
奈曼旗苇莲苏乡	42475	13	14911	1452	8164	260	3
扎鲁特旗鲁北镇	113408	33	120471	82700	81701	66489	64
扎鲁特旗黄花山镇	1115		8048	8048	2641	2433	2
扎鲁特旗嘎亥图镇	133000	15	19147	3599	8022	686	
扎鲁特旗巨日合镇	66667	27	23250	2980	13336	2234	9
扎鲁特旗巴雅尔图胡硕镇	142167	8	6797	1949	3290	531	1
扎鲁特旗香山镇	36980	15	18405	1860	8654	1152	4

乡镇基本情况

计算单位：公顷、个、人

名　　称	行政区域面积	村民委员会	常住人口	城镇建成区总人口	从业人员	二三产业从业人员	工业企业单位
扎鲁特旗阿日昆都楞镇	140666	10	4606	541	1881	588	22
扎鲁特旗巴彦塔拉苏木乡	64267	22	17360	17360	9692	1442	3
扎鲁特旗乌力吉木仁苏木乡	120000	10	9101	9101	4763	766	1
扎鲁特旗道老杜苏木乡	156000	16	10193	10193	5970	530	2
扎鲁特旗格日朝鲁苏木乡	232000	16	14148	14148	5672	597	12
扎鲁特旗前德门苏木	44460	8	6913	6913	4044	407	
扎鲁特旗乌兰哈达苏木	91333	8	6012	6012	3006	313	
扎鲁特旗查布嘎图苏木	102667	8	6356	6356	4389	458	3
扎鲁特旗乌额格其苏木	38267	10	12463	12463	6561	1705	
霍林郭勒市沙尔呼热街道办事处	8874		5815	5815	1241	1171	
霍林郭勒市达来胡硕街道办事处	30300		7486	7486	4865	1946	
东胜区泊尔江海子镇	91800	11	6373	1671	5133	1139	
东胜区罕台镇	52600	8	20821	15587	7238	5388	17
东胜区铜川镇	54600	6	5471	3252	4594	1952	53
达拉特旗工业街道办事处	300		21591	21591	9406	9301	
达拉特旗昭君街道办事处	400		24186	24186	20869	20734	
达拉特旗锡尼街道办事处	600		34021	34021	19242	19242	
达拉特旗白塔街道办事处	600		28138	28138	27691	27305	
达拉特旗西园街道办事处	600		31074	31074	7106	5598	
达拉特旗平原街道办事处	300		15594	15594	7479	5801	
达拉特旗树林召镇	127500	23	82253	3738	70280	25008	75
达拉特旗吉格斯太镇	92700	10	21075	2687	19811	2154	2
达拉特旗白泥井镇	86000	16	36953	4500	34772	4647	28
达拉特旗王爱召镇	65500	20	53037	1588	41899	9051	3
达拉特旗昭君镇	124300	18	39701	3765	34295	5580	78
达拉特旗恩格贝镇	166666	15	12571	540	8397	855	17
达拉特旗中和西镇	79200	9	5661	788	4619	318	
达拉特旗展旦召苏木乡	112614	19	17608	5350	16658	7999	
准格尔旗兴隆街道	5800	3	20173	20173	10897	9984	292
准格尔旗迎泽街道	4380	1	45144	45144	3311	3213	84
准格尔旗蓝天街道	2200	1	30896	30896	19980	19580	58
准格尔旗友谊街道	9100	2	6660	6660	6619	6319	264
准格尔旗薛家湾镇	136400	36	171356	133000	76143	66823	174
准格尔旗沙圪堵镇	162300	26	65423	41882	28465	23333	120
准格尔旗大路镇	73400	12	20258	20258	9779	2309	15
准格尔旗纳日松镇	83700	19	28200	28200	10687	6187	70
准格尔旗龙口镇	57000	19	30206	30206	16353	6373	63
准格尔旗准格尔召镇	47200	8	18015	18015	5520	4445	36
准格尔旗暖水乡	63900	11	3019	3019	2210	2029	4
准格尔旗十二连城乡	69585	19	13304	13304	4786	2376	1
准格尔旗布尔陶亥苏木乡	65441	9	4145	4145	2067	1087	
鄂托克前旗敖勒召其镇	166271	12	40513	37621	27918	15537	152
鄂托克前旗上海庙镇	387121	11	12514	4496	7918	527	37
鄂托克前旗城川镇	241802	29	15835	2698	10078	2053	8
鄂托克前旗昂素镇	423788	16	8041	902	6958	143	3
鄂托克旗乌兰镇	322400	15	39180	32554	23215	19105	121
鄂托克旗棋盘井镇	355782	10	51355	51258	24855	16435	295
鄂托克旗蒙西镇	198538	8	19263	9100	15323	10320	47
鄂托克旗木凯淖尔镇	249700	18	7924	2336	6230	3516	5
鄂托克旗苏米图苏木乡	262737	10	3320	364	3071	939	1

乡镇基本情况

计算单位:公顷、个、人

名　　称	行政区域面积	村民委员会	常住人口	城镇建成区总人口	从业人员	二三产业从业人员	工业企业单位
鄂托克旗阿尔巴斯苏木乡	640000	14	10039	633	7486	2265	8
杭锦旗锡尼镇	310900	21	52388	41200	35178	24821	70
杭锦旗巴拉贡镇	197700	6	9765	6210	6651	1955	40
杭锦旗吉日嘎朗图镇	274700	12	9551	1412	6682	131	4
杭锦旗独贵特拉镇	460371	20	20555	2600	17555	2355	38
杭锦旗呼和木独镇	122640	5	5300	1850	4351	373	2
杭锦旗伊和乌素苏木乡	559000	12	8550	2000	6686	942	15
乌审旗嘎鲁图镇	228740	12	39487	30682	5158	612	33
乌审旗乌审召镇	190100	6	11613	9158	3189	403	9
乌审旗图克镇	140960	9	13315	585	9309	391	12
乌审旗乌兰陶勒盖镇	138740	7	8258	895	3789	424	23
乌审旗无定河镇	129400	14	34846	920	15081	6080	15
乌审旗苏力德苏木乡	315000	11	18236	655	14504	6923	5
伊金霍洛旗阿勒腾席热镇	30670	8	84377	77609	71853	36131	2
伊金霍洛旗札萨克镇	99600	27	23778	10117	16103	8869	
伊金霍洛旗乌兰木伦镇	78960	16	62349	19000	50875	31645	14
伊金霍洛旗纳林陶亥镇	75280	16	20754	5145	11010	4778	37
伊金霍洛旗苏布尔嘎镇	95190	27	22290	1500	7285	1549	
伊金霍洛旗红庆河镇	101850	28	27813	1945	11958	2980	
伊金霍洛旗伊金霍洛镇	67130	16	14980	7654	6112	2151	
海拉尔区哈克镇	96100	6	12793	2043	5570	1170	21
海拉尔区奋斗镇	13972	6	30584	10769	21408	16817	6
阿荣旗那吉镇	3738	1	50537	49811	29574	29039	21
阿荣旗六合镇	78918	30	27710	2200	27474	2679	3
阿荣旗亚东镇	58400	20	24021	6525	19338	1720	1
阿荣旗霍尔奇镇	78960	17	25187	3439	9534	1382	36
阿荣旗向阳峪镇	56012	18	23710	1306	17086	4574	21
阿荣旗三岔河镇	58200	15	16451	2551	6717	1861	1
阿荣旗复兴镇	55120	12	14784	2059	10152	1021	10
阿荣旗得力其鄂温克民族乡	34000	9	9927	1781	6746	1062	
阿荣旗查巴奇鄂温克民族乡	72630	11	9418	4320	6697	570	1
阿荣旗音河达斡尔鄂温克民族乡	26432	8	9753	4870	8840	956	
阿荣旗新发朝鲜民族乡	17220	7	8839	286	7036	2021	4
莫力达瓦达斡尔族自治旗尼尔基镇	89075	33	113451	60984	29729	5138	65
莫力达瓦达斡尔族自治旗红彦镇	123645	14	14221	5380	7234	449	1
莫力达瓦达斡尔族自治旗宝山镇	51833	18	19559	3011	10343	822	2
莫力达瓦达斡尔族自治旗哈达阳镇	98810	19	17503	1958	9438	312	1
莫力达瓦达斡尔族自治旗阿尔拉镇	37400	11	7145	1320	4855	337	1
莫力达瓦达斡尔族自治旗汉古尔河镇	28228	13	16792	2253	6474	447	
莫力达瓦达斡尔族自治旗西瓦尔图镇	75700	23	28563	3159	10764	1059	2
莫力达瓦达斡尔族自治旗腾克镇	156000	16	13872	2471	8501	262	1
莫力达瓦达斡尔族自治旗奎勒河镇	51600	13	13612	974	8024	329	1
莫力达瓦达斡尔族自治旗塔温敖宝镇	132241	24	30076	2088	18678	1808	
莫力达瓦达斡尔族自治旗巴彦鄂温克民族乡	150000	17	15727		6510	532	
莫力达瓦达斡尔族自治旗库如奇乡	39289	9	5600		5026	482	
莫力达瓦达斡尔族自治旗杜拉尔鄂温克民族乡	53000	10	7145		4441	133	
鄂伦春自治旗阿里河镇	454140	4	35762	32337	11297	9537	32
鄂伦春自治旗大杨树镇	101600	14	70359	50994	31356	24819	28
鄂伦春自治旗甘河镇	356300		24000	23000	11800	8700	5
鄂伦春自治旗吉文镇	230000		13433	12603	5856	3224	2

乡镇基本情况

计算单位:公顷、个、人

名　　称	行政区域面积	村民委员会	常住人口	城镇建成区总人口	从业人员	二三产业从业人员	工业企业单位
鄂伦春自治旗诺敏镇	782500	16	15780	11220	5932	1001	
鄂伦春自治旗乌鲁布铁镇	380650	20	13214	2517	7907	601	1
鄂伦春自治旗宜里镇	329000	21	14557	4437	10185	706	
鄂伦春自治旗克一河镇	616441	1	12597	10677	4700	1762	5
鄂伦春自治旗古里乡	2022200	2	5253		3465	44	
鄂伦春自治旗托扎敏乡	240000	4	2356		659	67	
鄂温克族自治旗巴彦托海镇	54300	4	24900	22365	11524	4158	82
鄂温克族自治旗大雁镇	31230		64345	7120	23460		36
鄂温克族自治旗伊敏河镇	20760	1	27214	21260	8210	7140	28
鄂温克族自治旗红花尔基镇	29100		4318	2589	1942	630	3
鄂温克族自治旗巴彦查岗苏木	92012	3	1505		708	50	
鄂温克族自治旗锡尼河西苏木	316500	4	4265		3191	534	
鄂温克族自治旗锡尼河东苏木	586961	8	4708		3256	150	
鄂温克族自治旗巴彦塔拉达斡尔民族乡	41848	6	1758		950		1
鄂温克族自治旗伊敏苏木	445300	7	3265		1737	194	
鄂温克族自治旗辉苏木	295560	11	4479		3558	200	
陈巴尔虎旗巴彦库仁镇	72000		21658	20602	3160	3160	55
陈巴尔虎旗宝日希勒镇	61300	2	12949	11614	4627	4150	27
陈巴尔虎旗呼和诺尔镇	457900	8	4615	2310	1510	427	6
陈巴尔虎旗西乌珠尔苏木	119600	3	1660		761	60	
陈巴尔虎旗鄂温克民族苏木	603700	7	2742		981	163	2
陈巴尔虎旗东乌珠尔苏木	198000	4	2238		894	46	
陈巴尔虎旗巴彦哈达苏木	298400	5	1680		1086	266	10
新巴尔虎左旗嵯岗镇	210500	3	4529	3556	3682	902	26
新巴尔虎左旗新宝力格苏木乡	359900	14	5583		2965		39
新巴尔虎左旗乌布尔宝力格苏木乡	87465	10	6117		6117	734	
新巴尔虎左旗罕达盖苏木	1513	4	1167		1137	79	
新巴尔虎左旗吉布胡郎图苏木	2046	7	2782		1362	137	
新巴尔虎左旗甘珠尔苏木	314000	12	2114		2700	100	
新巴尔虎右旗阿拉坦额莫勒镇	269333	11	23439	21237	5828	5828	17
新巴尔虎右旗阿日哈沙特镇	264200	5	4715	364	4252	2683	2
新巴尔虎右旗呼伦镇	231000	5	1461	711	1354	77	1
新巴尔虎右旗贝尔苏木	184833	3	2026	589	2026	626	
新巴尔虎右旗克尔伦苏木	582672	15	5794		3166	42	
新巴尔虎右旗达赉苏木	372034	6	1328		1152	84	1
新巴尔虎右旗宝格德乌拉苏木	473439	6	2175	383	1347	20	
牙克石市胜利街道办事处	391		17315	17315	270	245	4
牙克石市红旗街道办事处	160		18381	18381	18381	9671	17
牙克石市新工街道办事处	163		24183	24183	4981	4981	22
牙克石市永兴街道办事处	299		28385	28385	14546	13482	87
牙克石市建设街道办事处	191		19881	19881	10834	9164	20
牙克石市暖泉街道办事处	558		12498	10152	7639	6395	47
牙克石市东兴街道办事处	234000	3	10859	9830	10859	3801	53
牙克石市免渡河镇	412650	4	21550	13389	14539	10018	120
牙克石市博克图镇	398800	2	21499	17180	10050	6950	53
牙克石市绰河源镇	222000		8883	6453	5000	2950	7
牙克石市乌尔其汉镇	384800	2	36533	30129	16635	10987	9
牙克石市库都尔镇	316380		29865	11389	10246	4271	19
牙克石市图里河镇	367819		25644	23676	12469	11546	12
牙克石市乌奴耳镇	222950		11503	7418	5222	3210	31

乡镇基本情况

计算单位:公顷、个、人

名　　称	行政区域面积	村民委员会	常住人口	城镇建成区总人口	从业人员	二三产业从业人员	工业企业单位
牙克石市塔尔气镇	103090		14407	17568	2065	342	10
牙克石市伊图里河镇	113700		12103	11432	7000	4400	8
扎兰屯市兴华街道办事处	4000		23439		12261	11411	
扎兰屯市正阳街道办事处	250		25386		24320	24320	
扎兰屯市繁荣街道办事处	296		18602		2755	2755	
扎兰屯市向阳街道办事处	1920	1	21928		8060	7200	
扎兰屯市高台子街道办事处	13800	4	24400		2116	1009	48
扎兰屯市铁东街道办事处	3600	1	14107		4558	178	3
扎兰屯市河西街道办事处	6750	1	9969		6287	4264	
扎兰屯市磨菇气镇	90700	19	38971	7200	18647	4395	2
扎兰屯市卧牛河镇	156000	13	22082	3662	17538	3472	2
扎兰屯市成吉思汗镇	117600	21	34908	15078	23563	4821	
扎兰屯市大河湾镇	51900	14	24600	3060	12595	4389	
扎兰屯市浩饶山镇	63100	3	4203	2320	2060	500	
扎兰屯市柴河镇	568800		7589	3900	1245	908	
扎兰屯市中和镇	106240	20	43827	2850	23569	3192	5
扎兰屯市哈多河镇	56000	6	12450	2760	11445	630	
扎兰屯市达斡尔民族乡	41700	6	8401		7291	1351	
扎兰屯市鄂伦春民族乡	293500	6	9460		6739	2214	
扎兰屯市萨马街鄂温克民族乡	259600	6	8121		5856	900	
扎兰屯市洼堤乡	73800	5	8992		6319	244	2
额尔古纳市拉布达林街道办事处	107000	1	35387	31820	27000	19000	20
额尔古纳市上库力街道办事处	250000	1	7509	6562	792	742	1
额尔古纳市黑山头镇	105600	2	2236	1021	1344	220	4
额尔古纳市莫尔道嘎镇	938400		16538	16491	8183	4660	10
额尔古纳市三河回族乡	220000		6728	4321	2843	528	2
额尔古纳市恩和俄罗斯族民族乡	206900		2063		1100	400	7
额尔古纳市蒙兀室韦苏木	144600		936	818	740	460	2
根河市河东街道办事处	240		18879	17557	1874	1874	3
根河市河西街道办事处	471		12385	10403	3009	1849	19
根河市森工街道办事处	580		19942	17580	6140	6022	6
根河市金河镇	504065		14738	14001	4828	1050	1
根河市阿龙山镇	312532		12619	12134	4799	2900	10
根河市满归镇	308562		10659	10443	6016	3000	4
根河市得耳布尔镇	242814		12998	12830	4320	3694	10
根河市敖鲁古雅乡	174067		443		341	225	7
临河区狼山镇	29300	19	31904	3125	15119	1183	12
临河区新华镇	52000	29	39457	2650	19903	2486	3
临河区干召庙镇	32000	27	46712	1930	28013	6322	6
临河区乌兰图克镇	32100	14	28448	1912	14897	1492	7
临河区双河镇	27642	16	21977	1480	12167	1167	3
临河区城关镇	8034	7	16065	575	9859	3105	4
临河区白脑包镇	31284	21	35373	1667	25093	1530	5
临河区曙光乡	4000	8	19085		18726	5291	6
临河区八一乡	13230	10	15348		10149	4282	44
五原县隆兴昌镇	41253	24	110839	87590	27221	11372	98
五原县塔尔湖镇	43040	20	39083	9705	27078	2111	3
五原县套海镇	33100	13	24868	6324	17323	2938	160
五原县新公中镇	17000	15	29998	654	16580	980	15
五原县天吉太镇	18901	9	16800	850	15638	438	3

乡镇基本情况

计算单位:公顷、个、人

名　　称	行政区域面积	村民委员会	常住人口	城镇建成区总人口	从业人员	二三产业从业人员	工业企业单位
五原县胜丰镇	29800	14	21914	754	14048	735	4
五原县银定图镇	14400	7	14754	630	3417	1172	
五原县复兴镇	15100	8	14095	7379	14295	233	47
五原县和胜乡	13333	7	8056		5405	306	40
磴口县巴彦高勒镇	22615	6	50454	45500	19035	14221	23
磴口县隆盛合镇	31153	14	15940	3682	11445	2656	6
磴口县渡口镇	23281	8	10117	2405	7129	205	2
磴口县补隆淖镇	7200	7	6973	536	5322	635	9
磴口县沙金套海苏木	302130	11	6497	308	5428	582	1
乌拉特前旗乌拉山镇	34240	7	125985	107183	41287	32609	29
乌拉特前旗白彦花镇	67220	10	8623	2892	5313	1817	33
乌拉特前旗先锋镇	48800	12	32076	893	18545	2245	11
乌拉特前旗新安镇	48783	13	42794	1465	14286	1060	6
乌拉特前旗西小召镇	46450	11	33607	1495	16797	3679	
乌拉特前旗大佘太镇	92500	10	27064	6750	20005	1540	22
乌拉特前旗明安镇	74180	10	19257	1497	13226	3843	9
乌拉特前旗小佘太镇	63500	4	8723	2421	3707	859	26
乌拉特前旗苏独仑镇	38500	5	9581	2258	6906	411	1
乌拉特前旗额尔登布拉格苏木	83200	7	3377		1567	201	12
乌拉特前旗沙德格苏木	71100	4	1203	255	683	87	54
乌拉特中旗海流图镇	6200	2	43754	42822	17900	17490	30
乌拉特中旗乌加河镇	72900	7	24375	1604	12750	1192	2
乌拉特中旗德岭山镇	92300	7	26492	1956	18666	2916	19
乌拉特中旗石哈河镇	184400	9	18001	901	6363	767	17
乌拉特中旗甘其毛都镇	431700	5	2120	204	1916	670	10
乌拉特中旗温更镇	201800	6	5171	1308	2896	1004	2
乌拉特中旗呼鲁斯太苏木乡	204900	14	3719		2912	127	
乌拉特中旗川井苏木	201100	8	2030		1182	157	3
乌拉特中旗巴音乌兰苏木乡	642700	16	7590		3778	79	1
乌拉特中旗新忽热苏木乡	271600	11	4112		2950	671	1
乌拉特后旗巴音宝力格镇	99370	11	9235	2940	5836	2622	10
乌拉特后旗呼和温都尔镇	154800	9	11632	8031	6779	4645	11
乌拉特后旗潮格温都尔镇	635510	8	8210	5869	1634	514	7
乌拉特后旗获各琦苏木	879300	7	4590		3806	3052	3
乌拉特后旗巴音前达门苏木	606700	9	2652		982		
乌拉特后旗乌盖苏木	86230	6	4576		7047	5753	
杭锦后旗陕坝镇	19855	19	120381	89503	29995	1180	100
杭锦后旗头道桥镇	19731	9	18661	516	9884	967	8
杭锦后旗二道桥镇	24024	17	25764	612	14427	1228	12
杭锦后旗三道桥镇	12055	8	15109	3469	9750	285	4
杭锦后旗蛮会镇	19931	15	18767	633	14247	4509	2
杭锦后旗团结镇	17279	8	13656	344	7542	954	1
杭锦后旗双庙镇	19432	12	13380	1006	7622	890	3
杭锦后旗沙海镇	16574	10	17218	420	10460	3597	2
杭锦后旗蒙海镇	12298	9	12564	237	9506	365	16
集宁区白海子镇	25600	19	35169	14035	30574	11712	29
集宁区马莲渠乡	18900	12	17831	3780	23847	8822	25
卓资县卓资山镇	37879	19	50834	41360	34788	28287	51
卓资县旗下营镇	32267	8	16675	8980	12058	8046	12
卓资县十八台镇	44880	24	18730	604	11233	2276	3

乡镇基本情况

计算单位:公顷、个、人

名称	行政区域面积	村民委员会	常住人口	城镇建成区总人口	从业人员	二三产业从业人员	工业企业单位
卓资县巴音锡勒镇	36500	13	10694	817	7493	3617	7
卓资县梨花镇	38479	13	12974	537	8656	2179	3
卓资县大榆树乡	52516	16	13179	451	7927	2600	3
卓资县红召乡	41859	9	4591	121	3337	720	2
卓资县复兴乡	27520	8	8313	214	5115	1899	3
化德县长顺镇	39100	15	61478	43600	41515	30073	41
化德县朝阳镇	53462	21	22062	1260	11282	302	
化德县七号镇	42300	14	11360	1263	7430	470	
化德县德包图乡	42367	13	12534	708	6335	198	
化德县公腊胡洞乡	38700	13	6269	350	3977	185	
化德县白音特拉乡	36771	17	9797	1320	4830	160	
商都县七台镇	32960	17	96522	89000	39456	35186	68
商都县十八顷镇	43656	26	12392	722	8160	707	4
商都县大黑沙土镇	41793	29	13050	1100	9980	229	
商都县西井子镇	61637	31	21203	836	16519	1718	6
商都县屯垦队镇	58081	27	10077	1450	17190	155	6
商都县小海子镇	45204	28	20857	913	18843	2422	8
商都县大库伦乡	52482	19	7130	1103	6703	198	1
商都县卯都乡	28134	13	2960	430	2510	75	4
商都县玻璃忽镜乡	44242	14	6934	1038	5400	1300	5
商都县三大顷乡	23800	9	5387	2655	4298	127	4
兴和县城关镇	43146	19	74886	55104	59617	21861	40
兴和县张皋镇	26395	10	21869	5300	19124	605	
兴和县赛乌素镇	46984	25	20598	1637	13257	2694	7
兴和县鄂尔栋镇	44970	21	18200		20922	6219	1
兴和县店子镇	46000	20	10050	1860	12915	2912	1
兴和县大库联乡	43700	17	24219	1240	12729	1237	4
兴和县民族团结乡	38300	22	23672		14721	1125	2
兴和县大同夭乡	34400	15	15205		15955	1172	2
兴和县五股泉乡	27600	12	8157		2611	141	
凉城县岱海镇	43335	21	86868	38714	47384	24434	34
凉城县六苏木镇	58419	22	25268	1435	15295	1145	1
凉城县麦胡图镇	22806	13	20692	4700	13187	1387	
凉城县永兴镇	36170	11	8946	105	5783	684	15
凉城县蛮汉镇	60288	18	16493	550	9863	698	
凉城县天成乡	52923	26	17304	260	10437	747	
凉城县曹碾满族乡	12383	4	1385	224	990	20	
凉城县厂汉营乡	44217	17	12144	131	7897	74	
察哈尔右翼前旗土贵乌拉镇	23784	15	69046	35193	21470	1852	51
察哈尔右翼前旗平地泉镇	15931	13	11695	9501	14776	3908	46
察哈尔右翼前旗玫瑰营镇	41820	20	18255	1920	12080	2280	5
察哈尔右翼前旗巴音塔拉镇	25603	14	16921	1189	11389	2152	6
察哈尔右翼前旗黄旗海镇	9806	7	8355	419	5714	3134	22
察哈尔右翼前旗乌拉哈乌拉乡	24559	11	8539	1211	5261	916	2
察哈尔右翼前旗黄茂营乡	34290	13	6254		8037	342	1
察哈尔右翼前旗老圈沟乡	24106	9	2374	370	4941	3438	
察哈尔右翼中旗科布尔镇	30326	19	46347	38080	25352	11795	7
察哈尔右翼中旗铁沙盖镇	29520	12	15080	1641	13131	1241	
察哈尔右翼中旗黄羊城镇	39913	25	13449	705	9515	1833	3
察哈尔右翼中旗广益隆镇	53806	23	10829	672	10570	922	2

乡镇基本情况

计算单位:公顷、个、人

名　　称	行政区域面积	村民委员会	常住人口	城镇建成区总人口	从业人员	二三产业从业人员	工业企业单位
察哈尔右翼中旗乌素图镇	15480	8	7919	1820	5494	794	
察哈尔右翼中旗大滩乡	63769	23	10477		3966	2161	1
察哈尔右翼中旗宏盘乡	49908	20	11507		6938	1428	1
察哈尔右翼中旗巴音乡	13057	7	7512		4766	1014	
察哈尔右翼中旗库联苏木	39429	4	1612		1511	493	1
察哈尔右翼中旗乌兰哈页苏木	31570	14	12294		6444	1844	4
察哈尔右翼中旗土城子乡	19970	16	8398		8365	318	1
察哈尔右翼后旗白音察干镇	58780	17	61780	33591	32506	20735	68
察哈尔右翼后旗土牧尔台镇	56000	14	16319	13985	10714	4580	52
察哈尔右翼后旗红格尔图镇	23420	7	9005	2296	6397	2382	17
察哈尔右翼后旗贲红镇	42300	9	11650	1168	7750	1695	
察哈尔右翼后旗大六号镇	21700	8	7295		5971	408	2
察哈尔右翼后旗当郎忽洞苏木	51000	8	5598		4550	1550	3
察哈尔右翼后旗乌兰哈达苏木	65300	10	7115		7317	1357	4
察哈尔右翼后旗锡勒乡	82300	13	3227		2260	150	22
四子王旗乌兰花镇	40169	8	49810	2800	23190	17800	37
四子王旗吉生太镇	103390	13	20020	800	27867	11580	4
四子王旗库伦图镇	44256	13	20800	700	19092	10860	2
四子王旗供济堂镇	54721	12	18180	790	19340	11130	
四子王旗白音朝克图镇	317916	9	5508	660	3374	1164	6
四子王旗红格尔苏木	54721	8	5420	205	5441	2000	
四子王旗江岸苏木	499243	8	1620	402	3500	400	4
四子王旗查干补力格苏木	273982	8	3120	240	3111	400	6
四子王旗脑木更苏木	431348	6	2390	310	4900	2700	2
四子王旗东八号乡	52472	11	16300	820	30790	16000	8
四子王旗忽鸡图乡	67291	12	18700	485	20380	12950	
四子王旗大黑河乡	27300	9	12200	650	21835	9510	2
四子王旗巴音敖包苏木	280000	4	2380	235	1450	300	2
丰镇市新城区街道办事处	481		39343	32168	5197	5197	78
丰镇市旧城区街道办事处	120		21581	25987	4850	4850	11
丰镇市北城区街道办事处	541		23079	23322	2104	2104	
丰镇市工业区街道办事处	727		26909	19054	10930	10930	20
丰镇市南城区街道办事处	8077	33	23484	6000	5067	2585	60
丰镇市隆盛庄镇	42107	13	18945	3500	25037	18385	26
丰镇市黑土台镇	25831	10	15832	455	15180	12754	7
丰镇市红砂坝镇	36283	9	9711	1000	7238	2790	12
丰镇市巨宝庄镇	29894	13	24081		9781	2661	41
丰镇市三义泉镇	36400	12	9860	810	8467	5245	
丰镇市浑源窑乡	29984	7	5194	840	2085	253	17
丰镇市元山子乡	31570	9	11782	1056	6484	5120	6
丰镇市官屯堡乡	30196	10	15807	780	11458	3361	2
乌兰浩特市乌兰哈达镇	37278	17	21642	1217	10859	4067	79
乌兰浩特市葛根庙镇	59900	24	29036	452	22750	491	2
乌兰浩特市太本站镇	110400	3	4502	1183	3125	145	1
乌兰浩特市义勒力特镇	17163	17	13864	1675	7652	1850	5
阿尔山市天池镇	373477	13	4162	560	1851	1022	1
阿尔山市白狼镇	74453	2	2649	1140	962	450	3
阿尔山市五岔沟镇	80868	2	7766	5500	1924	644	1
阿尔山市明水河镇	201200	4	7508	2592	2520	635	1
科尔沁右翼前旗科尔沁镇	19800	11	17054	1530	10600	2100	5

乡镇基本情况

计算单位:公顷、个、人

名　　称	行政区域面积	村民委员会	常住人口	城镇建成区总人口	从业人员	二三产业从业人员	工业企业单位
科尔沁右翼前旗索伦镇	211000	11	17818	9410	6606	1651	8
科尔沁右翼前旗德伯斯镇	133700	23	27400	1896	20770	988	1
科尔沁右翼前旗大石寨镇	87300	28	33726	8710	9414	2068	2
科尔沁右翼前旗归流河镇	68200	22	22779	6049	13443	1118	1
科尔沁右翼前旗居力很镇	24200	15	25417	4770	13355	5178	16
科尔沁右翼前旗察尔森镇	73200	15	17457	3800	12566	932	5
科尔沁右翼前旗额尔格图镇	137200	14	16860	3020	9870	1470	
科尔沁右翼前旗俄体镇	43200	14	23772	2610	14418	3825	2
科尔沁右翼前旗满族屯满族乡	334000	9	4020	1347	2063	114	
科尔沁右翼前旗乌兰毛都苏木乡	209600	6	4967	2607	3673	1173	4
科尔沁右翼前旗阿力得尔苏木乡	152200	19	33098	3500	10700	2050	2
科尔沁右翼前旗巴拉格歹乡	70000	36	47517	7000	24150	3150	2
科尔沁右翼前旗桃合木苏木	112800	6	4745	1256	2891	210	
科尔沁右翼中旗巴彦呼舒镇	103962	22	78059	53541	37461	24979	26
科尔沁右翼中旗巴仁哲里木镇	249070	16	13768	1257	7182	791	3
科尔沁右翼中旗吐列毛都镇	140231	20	20150	3356	14159	1558	6
科尔沁右翼中旗杜尔基镇	118534	18	21862	2168	11663	1166	21
科尔沁右翼中旗高力板镇	96708	22	25585	4654	15087	1660	2
科尔沁右翼中旗好腰苏木镇	74204	9	10791	967	5120	538	
科尔沁右翼中旗代钦塔拉苏木	88418	12	9678	379	6650	798	1
科尔沁右翼中旗新佳木苏木	114315	13	11985	1486	7980	958	
科尔沁右翼中旗哈日诺尔苏木	118567	8	3100	775	2001	221	2
科尔沁右翼中旗额木庭高勒苏木	49320	16	14006	1092	10742	1182	4
科尔沁右翼中旗巴彦茫哈苏木	73747	8	9120	982	5375	594	
科尔沁右翼中旗巴彦淖尔苏木	52710	9	10489	1582	5614	618	
扎赉特旗音德尔镇	102000	38	83215	51246	35734	12924	52
扎赉特旗新林镇	72666	17	31790	5728	18445	1445	
扎赉特旗巴彦高勒镇	111788	25	41634	5650	22716	1716	63
扎赉特旗胡尔勒镇	213100	28	36995	3496	12750	750	15
扎赉特旗阿尔本格勒镇	104120	22	32150	4165	18052	850	8
扎赉特旗巴达尔胡镇	83000	19	23768	2879	9651	901	5
扎赉特旗图牧吉镇	96000	7	12780	1409	6530	330	3
扎赉特旗好力保乡	27600	18	17222	6125	9930	980	4
扎赉特旗巴彦乌兰苏木	80000	11	18625	3320	9985	785	10
扎赉特旗宝力根花苏木	51300	10	12978	1890	6710	610	
扎赉特旗阿拉达尔吐苏木	95780	8	11544	2740	8090	200	1
扎赉特旗巴彦扎拉嘎乡	35800	11	19877	1200	16224	3924	
扎赉特旗努文牧仁乡	35600	10	12431	1250	9974	854	11
突泉县突泉镇	53642	41	101462	60060	52180	28568	23
突泉县六户镇	74567	34	55267	5215	43464	10424	2
突泉县东杜尔基镇	33362	20	25060	3499	7535	1388	
突泉县永安镇	39367	15	25216	2186	15990	4263	1
突泉县水泉镇	62125	13	21468	2750	7230	697	1
突泉县宝石镇	99078	16	49427	2940	21193	2640	
突泉县学田乡	36708	15	19397		16778	2152	
突泉县九龙乡	21557	13	11947		4950	947	3
突泉县太平乡	59289	21	16462		7869	709	1
二连浩特市格日勒敖都苏木	3848	5	2255		1131	40	
锡林浩特市阿尔善宝拉格镇	209838	4	1830	691	1460	220	
锡林浩特市宝力根苏木	325502	9	3794		2498	514	

乡镇基本情况

计算单位:公顷、个、人

名　　称	行政区域面积	村民委员会	常住人口	城镇建成区总人口	从业人员	二三产业从业人员	工业企业单位
锡林浩特市朝克乌拉苏木	181614	6	2461		1864	181	
锡林浩特市巴彦锡勒办事处乡	342750	7	5980		3049	583	
锡林浩特市巴彦宝拉格苏木	151675	3	1482		1139	47	
阿巴嘎旗别力古台镇	465800	12	22310	19404	10331	8433	
阿巴嘎旗洪格尔高勒镇	296800	12	4507	633	3477	1393	
阿巴嘎旗查干淖尔镇	408400	16	4793	856	3684	1346	
阿巴嘎旗那仁宝拉格苏木乡	453000	9	3130	793	2496	943	
阿巴嘎旗伊和高勒苏木乡乡	333400	6	2097	362	1656	500	
阿巴嘎旗吉尔嘎郎图苏木乡	290400	7	2108	559	2062	1015	
阿巴嘎旗巴彦图嘎苏木	497700	9	2955	892	2069	750	
苏尼特左旗满都拉图镇	5685	8	18981	16162	8561	6176	
苏尼特左旗查干敖包镇	3939	4	1390	38	1108	357	
苏尼特左旗巴彦淖尔镇	6096	14	5333	120	4793	1344	
苏尼特左旗巴彦乌拉苏木	4271	6	2568	70	1996	319	
苏尼特左旗赛罕高毕苏木	4690	6	1660	70	1261	275	
苏尼特左旗洪格尔苏木	5727	5	1831	45	1446	249	
苏尼特左旗达来苏木	3832	6	1737	35	1510	280	
苏尼特右旗赛汉塔拉镇	331717	8	35425	31382	15689	13610	
苏尼特右旗朱日和镇	274070	15	13329	3098	8344	3274	
苏尼特右旗乌日根塔拉镇	372940	9	3659	2070	3474	2067	
苏尼特右旗桑宝拉格苏木乡	345250	9	3871	403	2700	95	
苏尼特右旗额仁淖尔苏木	451270	8	2096	19	2089	10	
苏尼特右旗赛罕乌力吉苏木	266360	8	3147	171	1432	25	
苏尼特右旗阿其图乌拉苏木	193400	6	2508	59	1819	490	
东乌珠穆沁旗乌里雅斯太镇	545900	9	35136	23545	7990	4010	
东乌珠穆沁旗道特淖尔镇	491490	7	4825	2268	2553	595	
东乌珠穆沁旗嘎达布其镇	347300	5	2825	230	1696	158	
东乌珠穆沁旗满都胡宝拉格镇	562900	3	2806	1610	1868	416	
东乌珠穆沁旗额吉淖尔镇	388000	6	5478	385	2699	188	
东乌珠穆沁旗巴音胡硕镇	501367	9	25746	19259	13618	10507	
东乌珠穆沁旗呼热图淖尔苏木	638300	10	7207		4580	268	
东乌珠穆沁旗萨麦苏木	778200	7	5252		2939	141	
东乌珠穆沁旗嘎海乐苏木	518730	6	3882		2715	361	
东乌珠穆沁旗阿拉坦合力苏木	392722	4	2882		2880	634	
西乌珠穆沁旗巴拉嘎尔高勒镇	1039		48496	12124	9550	9550	
西乌珠穆沁旗巴彦花镇	531217	18	14053	1321	5570	461	
西乌珠穆沁旗吉仁高勒镇	420982	17	5420	1218	4587	226	
西乌珠穆沁旗浩勒图高勒镇	382330	22	8248	332	4666	949	
西乌珠穆沁旗高日罕镇	156651	9	3484	1094	3463	35	
西乌珠穆沁旗巴彦胡舒苏木乡	385777	14	4569	207	3781	486	
西乌珠穆沁旗乌兰哈拉嘎苏木	349320	13	4558	246	3156	108	
太仆寺旗宝昌镇	25910	21	48546	39885	21827	6197	
太仆寺旗千斤沟镇	57121	37	19399	2385	10906	634	
太仆寺旗红旗镇	69099	38	14200	1517	12561	660	
太仆寺旗骆驼山镇	56113	19	9834	2315	6015	216	
太仆寺旗永丰镇	37835	19	12251	1424	6082	276	
太仆寺旗幸福乡	18902	21	6191		4741	69	
太仆寺旗贡宝拉格苏木乡	77634	19	1081		838	167	
镶黄旗新宝拉格镇	2965	6	14806	9586	4003	2803	
镶黄旗巴彦塔拉镇	175761	21	5123	215	4625	202	

乡镇基本情况

计算单位：公顷、个、人

名　　称	行政区域面积	村民委员会	常住人口	城镇建成区总人口	从业人员	二三产业从业人员	工业企业单位
镶黄旗翁贡乌拉苏木乡	164694	18	3169		3196	458	
镶黄旗宝格达音高勒苏木	170306	21	6102		5260	159	
正镶白旗明安图镇	104500	13	21100	2818	7813	4354	
正镶白旗星耀镇	38783	22	18887		11440	189	
正镶白旗伊和淖尔苏木乡	173913	17	4509		4481	121	
正镶白旗乌兰查布苏木乡	179115	12	4619		4667	89	
正镶白旗宝拉根陶海苏木	128980	12	4385		3779	344	
正蓝旗上都镇	181640	14	38763	31017	13920	11304	
正蓝旗桑根达来镇	165850	22	8399	2145	3738	388	
正蓝旗哈毕日嘎镇	44745	20	14663	2240	6759	827	
正蓝旗宝绍代苏木乡	112900	16	4869		2646	61	
正蓝旗那日图苏木乡	96760	12	3989		1935	125	
正蓝旗赛音呼都嘎苏木乡	203110	12	4703		3406	600	
正蓝旗扎格斯台苏木	130780	7	3453		2063	16	
多伦县大北沟镇	43100	15	12670	825	10671	2208	
多伦县多伦诺尔镇	53988	16	60358	57101	29540	21803	
多伦县大河口乡	109270	9	9015	185	6292	1098	
多伦县蔡木山乡	124143	11	10121	145	7154	1045	
多伦县西干沟乡	55867	13	8636	176	7538	1728	
阿拉善左旗温都尔勒图镇	331900	7	2216	236	2138	418	5
阿拉善左旗乌斯太镇	181900	2	31100	31000	23219	13046	76
阿拉善左旗巴润别立镇	318500	12	10359	931	5671	1114	26
阿拉善左旗巴彦浩特镇	547848	24	8720		2661	519	13
阿拉善左旗嘉尔嘎勒赛汉镇	310100	13	7002	1580	4289	1150	21
阿拉善左旗吉兰泰镇	1238700	25	21324	13065	16334	10361	33
阿拉善左旗宗别立镇	202400	6	11478	108	8284	5634	78
阿拉善左旗敖伦布拉格镇	466300	9	3587	2973	2298	1355	11
阿拉善左旗腾格里额里斯镇	268800	4	2189	311	2808	1782	35
阿拉善左旗巴彦木仁苏木乡	263400	6	2750	204	1889	71	
阿拉善左旗乌力吉苏木乡	770700	3	974	129	533	38	
阿拉善左旗巴彦诺日公苏木乡	1221500	10	4453	371	3995	894	13
阿拉善左旗额尔克哈什哈苏木乡	973000	8	1853	68	919	474	
阿拉善左旗银根苏木	657300	3	613	68	565	44	
阿拉善左旗超格图呼热苏木	267100	7	1379	130	1085	357	1
阿拉善右旗巴丹吉林镇	664000	3	13941	13209	9504	9403	35
阿拉善右旗雅布赖镇	1171760	5	4430	3226	2421	1965	12
阿拉善右旗阿拉腾敖包镇	423800	6	1667	242	1359	809	9
阿拉善右旗曼德拉苏木	570000	7	1661		1504	703	4
阿拉善右旗阿拉腾朝格苏木	1900000	6	1719		1486	379	4
阿拉善右旗巴音高勒苏木	350000	6	1409		1608	656	5
阿拉善右旗塔木素布拉格苏木	2432700	7	1435		1063	55	
额济纳旗达来呼布镇	880	1	12832	12832	9832	9270	10
额济纳旗东风镇	2579500	3	1265		1212	24	2
额济纳旗哈日布日格德音乌拉镇	1800000	1	1339	1137	239	37	21
额济纳旗赛汉陶来苏木	2150000	2	728	93	487		7
额济纳旗马鬃山苏木	1500000	1	111		111	24	1
额济纳旗苏泊淖尔苏木	447400	3	2338	890	990	24	
额济纳旗巴彦陶来苏木	144758	6	1881		1282	69	
额济纳旗温图高勒苏木	1570000	2	342	342	300	8	3

乡镇基本情况

计算单位：公顷、个、人

名　　称	行政区域面积	村民委员会	常住人口	城镇建成区总人口	从业人员	二三产业从业人员	工业企业单位
辽宁省							
辽中县蒲西街道办事处	5000	3	99050	83816	24044	21950	125
辽中县蒲东街道办事处	6069	9	19494	2683	11203	4980	63
辽中县于家房镇	6995	9	20122	8655	16769	1547	18
辽中县朱家房镇	10622	9	21654	3426	18121	10021	13
辽中县冷子堡镇	12900	13	28755	5885	16998	5438	47
辽中县刘二堡镇	8649	8	19568	4015	14089	7749	27
辽中县茨榆坨镇	10400	12	52674	25620	26789	16775	65
辽中县新民屯镇	5983	7	19284	5018	10998	4856	33
辽中县满都户镇	8845	8	20987	6870	10997	3886	18
辽中县杨士岗镇	5300	5	14502	6988	14426	1675	37
辽中县肖寨门镇	13597	15	44171	7225	21159	8509	31
辽中县长滩镇	6359	8	22900	3105	12128	5284	82
辽中县四方台镇	6154	7	20513	3836	10953	3883	97
辽中县城郊镇	6526	8	16385		9145	4080	24
辽中县六间房镇	9903	14	21190	1951	11410	5278	21
辽中县养士堡镇	8081	10	16915	4257	10096	2348	23
辽中县潘家堡镇	6400	8	17527	2878	9082	3271	48
辽中县老大房镇	8285	11	16180	3272	10679	6111	21
辽中县大黑岗子镇	8600	9	14671	1194	8879	1058	13
辽中县牛心坨镇	14380	12	20399	2847	10935	3673	7
康平县北三家子街道	25010	9	14053	2576	3859	880	17
康平县胜利街道	6200	13	76711	60831	19204	16938	38
康平县东关街道	8880	11	18190	4399	8677	3177	41
康平县小城子镇	15933	12	18931	2783	8622	2544	16
康平县张强镇	15800	14	24136	2085	10569	4424	24
康平县方家屯镇	10100	11	19682	3872	8620	3775	23
康平县郝官屯镇	13255	11	20052	1384	5395	1090	16
康平县二牛所口镇	16667	14	22745	1932	10431	5019	21
康平县北四家子乡	14200	9	16013		6918	1772	16
康平县两家子乡	11800	10	13662		6495	697	6
康平县海洲窝堡乡	14770	9	15215		8248	385	9
康平县沙金台蒙古族满族乡	15000	11	18745		9440	3830	120
康平县柳树屯蒙古族满族乡	10500	9	15440		15440	1340	16
康平县西关屯蒙古族满族乡	8806	9	15250		8601	2458	17
康平县东升满族蒙古族乡	12270	10	18325		9960	3115	15
法库县法库镇	7800	9	75253	64528	7058	4588	116
法库县大孤家子镇	12390	13	24658	4352	10990	4933	138
法库县三面船镇	12400	16	22254	5733	12379	2611	19
法库县秀水河子镇	20400	19	31946	4303	15490	5693	13
法库县叶茂台镇	17500	12	24306	4585	17200	4088	41
法库县登仕堡子镇	9468	9	16753	2030	8013	3086	28
法库县柏家沟镇	12500	14	25987	5018	16080	7822	21
法库县丁家房镇	13200	13	20458	3718	13020	3540	14
法库县孟家镇	11600	13	19280	890	13260	3540	42
法库县十间房镇	16381	22	30819	1810	15887	7463	25
法库县冯贝堡镇	8917	10	16977	2306	9539	1303	164
法库县依牛堡子镇	13000	13	26501	1610	14602	5504	20
法库县五台子镇	8700	8	13706	3288	7546	4310	98
法库县包家屯镇	17500	15	27388	3916	16105	4817	143

乡镇基本情况

计算单位：公顷、个、人

名　　称	行政区域面积	村民委员会	常住人口	城镇建成区总人口	从业人员	二三产业从业人员	工业企业单位
法库县慈恩寺乡	10933	12	21164		14130	3870	12
法库县和平乡	7133	6	10532		5602	2780	52
法库县四家子蒙古族乡	9533	9	16280		10422	6298	9
法库县双台子乡	11257	9	17650		10800	3216	15
法库县卧牛石乡	12362	11	21097		11640	3774	7
新民市东城街道	3254	3	33136	25143	6760	5249	105
新民市辽滨街道	2583	3	50288	50288	13171	12347	43
新民市西城街道	2870	3	27985	26599	3238	2381	28
新民市新柳街道	5190	3	30230	23699	6922	5467	44
新民市新城街道	6845	10	13952	51	5738	2511	21
新民市大红旗镇	12484	14	23420	1833	8885	2837	12
新民市梁山镇	20387	15	24074	3500	10385	1518	23
新民市公主屯镇	19379	21	40023	3960	18524	7079	15
新民市兴隆镇	13928	17	29140	7800	14283	9541	90
新民市前当堡镇	9428	12	22288	8278	11164	5102	58
新民市大民屯镇	11217	16	31590	12289	16997	4983	69
新民市大柳屯镇	22943	18	28980	1618	14430	5230	6
新民市兴隆堡镇	15087	20	61656	34761	23870	17215	88
新民市胡台镇	9999	14	33321	11196	14566	8733	237
新民市法哈牛镇	10808	15	31888	8800	13179	4100	144
新民市柳河沟镇	19502	16	23110	1848	13609	3166	11
新民市高台子镇	9922	9	14510	1783	6015	1250	19
新民市张家屯镇	7822	12	16989	1250	10436	3440	55
新民市罗家房镇	13013	16	26282	2676	14051	4654	45
新民市三道岗子镇	11773	13	21986	1839	9635	4389	32
新民市东蛇山子镇	11793	14	26385	2188	8574	2749	24
新民市陶家屯镇	4872	7	11940	1683	5236	1292	6
新民市周坨子镇	12910	9	15405	1345	6649	598	3
新民市金五台子乡	13252	12	18917		7376	2674	10
新民市红旗乡	9443	8	13719		6490	611	4
新民市卢家屯乡	11690	10	14810		5906	1463	11
新民市姚堡乡	13725	10	17250		7179	1308	11
新民市于家窝堡乡	10970	7	11409		5050	2050	6
新民市新农乡	10592	8	13529		6121	2150	3
长海县大长山岛镇	4051	7	35972	28278	14845	10034	38
长海县獐子岛镇	1582	3	15977	14207	11563	3587	9
长海县小长山乡	2757	6	17244	7977	6672	2593	12
长海县广鹿乡	3770	5	13486	3675	7197	2491	17
长海县海洋乡	2044	2	7736	2887	1954	722	2
瓦房店市新华办事处	450		53362	49364	15915	15915	304
瓦房店市文兰办事处	985		62480	62480	33355	33355	340
瓦房店市岭东办事处	2500	1	18619	13912	4490	4445	125
瓦房店市共济办事处	320		52000	44869	19082	19082	36
瓦房店市铁东办事处	1000		32119	32119	25554	25554	352
瓦房店市祝华办事处	7552	9	39500	7295	18510	14977	628
瓦房店市岗店办事处	6596	5	26296	5758	19934	16936	502
瓦房店市太阳街道办事处	17000	10	31587	4291	14217	5320	124
瓦房店市长兴岛办事处	25200	8	44701	16120	38858	27871	508
瓦房店市九龙办事处	17600	9	29067	5534	14211	8396	124
瓦房店市交流岛街道	9794	11	16301	861	12595	4843	12

乡镇基本情况

计算单位：公顷、个、人

名　　称	行政区域面积	村民委员会	常住人口	城镇建成区总人口	从业人员	二三产业从业人员	工业企业单位
瓦房店市复州城镇	11926	14	46132	33620	33487	8430	306
瓦房店市松树镇	13154	10	34568	15000	19456	9159	320
瓦房店市得利寺镇	8900	7	25560	7010	10297	5518	100
瓦房店市万家岭镇	13300	10	24653	2475	23219	8527	180
瓦房店市许屯镇	14740	12	36716	10236	21902	9693	536
瓦房店市永宁镇	13333	18	41000	10236	18553	8259	230
瓦房店市谢屯镇	19250	8	27099	9001	11773	6312	657
瓦房店市老虎屯镇	10795	14	24148	10163	10347	4274	655
瓦房店市红沿河镇	13900	7	17542	3150	9604	3200	150
瓦房店市李官镇	11172	13	21668	3344	21668	7060	38
瓦房店市仙浴湾镇	8246	5	12990	3112	4589	1735	500
瓦房店市元台镇	15000	10	41225	10671	18714	6941	256
瓦房店市瓦窝镇	9700	6	22397	5057	7900	7000	88
瓦房店市赵屯乡	14720	8	35004		16312	7649	79
瓦房店市土城乡	9600	9	23025	2287	20119	6629	102
瓦房店市阎店乡	11200	7	26204	2400	14449	2704	60
瓦房店市西杨乡	11200	12	29725		11295	1930	20
瓦房店市驼山乡	13800	10	24150		12050	3901	328
瓦房店市三台满族乡	13000	10	24267	4200	13064	8918	67
瓦房店市泡崖乡	13490	9	18754	1450	14100	2240	180
瓦房店市杨家满族乡	10410	11	23150	1096	23150	3316	40
普兰店市丰荣街道	14600	8	137051	107171	54382	44865	296
普兰店市铁西街道	14800		59325	28872	30098	7991	201
普兰店市太平街道	7580		43926	40196	25772	9003	493
普兰店市南山街道	5300		27518	3456	21038	15788	241
普兰店市皮口街道办事处	20950	8	83575	46998	67100	47586	313
普兰店市城子坦街道办事处	24969	5	68097	14705	25969	11653	102
普兰店市大刘家街道办事处	6697	2	13528	3056	8004	3951	52
普兰店市杨树房街道办事处	9865	4	25066	14962	19945	15190	113
普兰店市大谭街道办事处	12393	3	25322	4672	19145	10922	29
普兰店市唐家房街道办事处	11600	4	30092	5130	16176	6449	150
普兰店市莲山街道办事处	11800	4	27515	3942	13471	6786	43
普兰店市炮台街道	23500	17	42662	18799	40136	18370	399
普兰店市复州湾街道	21100	9	35828	23907	19422	13222	106
普兰店市石河街道	8700		29456	15326	29456	24909	243
普兰店市三十里堡街道	18700		60362	30876	38744	29958	348
普兰店市双塔镇	15600	9	32018	3400	31965	3655	41
普兰店市安波镇	30500	9	40302	12986	16802	11026	48
普兰店市四平镇	10200	6	21289	2400	15370	13357	21
普兰店市沙包镇	16550	8	28726	2881	20215	18185	23
普兰店市星台镇	23292	15	43893	5338	26119	15678	71
普兰店市墨盘乡	11900	9	14036	400	12996	8140	24
普兰店市同益乡	13600	7	20612		13900	3920	20
普兰店市乐甲满族乡	10800	5	18217		9634	1534	21
庄河市城关街道	2921		66057	66057	28305	25928	52
庄河市新华街道	2971		71569	71569	34156	30807	342
庄河市兴达街道	1628		36730	36730	13680	12470	124
庄河市昌盛街道	6102		15601	15601	14248	9897	141
庄河市明阳街道	24000	16	61625	17620	30039	15253	109
庄河市青堆镇	19330	15	54462	28934	41053	32022	220

乡镇基本情况

计算单位：公顷、个、人

名　　称	行政区域面积	村民委员会	常住人口	城镇建成区总人口	从业人员	二三产业从业人员	工业企业单位
庄河市徐岭镇	9712	10	32029	16839	16846	13592	295
庄河市黑岛镇	13054	11	32210	14680	18819	14722	73
庄河市栗子房镇	22202	20	56941	19693	32149	23328	218
庄河市大营镇	13934	8	22641	1258	11652	7547	41
庄河市塔岭镇	17824	9	22695	3792	12937	6055	16
庄河市仙人洞镇	33422	11	34282	7651	17125	9594	33
庄河市蓉花山镇	21277	9	35304	10203	19435	11229	118
庄河市长岭镇	15341	7	27658	6000	13128	7349	84
庄河市荷花山镇	14949	6	12575	2806	7365	3489	20
庄河市城山镇	19794	10	33587	4000	18292	9437	45
庄河市光明山镇	23892	13	53201	4297	26600	12808	78
庄河市大郑镇	24667	19	56750	8100	27330	19845	182
庄河市吴炉镇	17371	14	36832	15249	18403	13001	239
庄河市王家镇	967	4	7892	7632	2940	1902	7
庄河市鞍子山乡	28584	12	45177	7500	27005	20305	87
庄河市太平岭满族乡	10478	6	21510	2387	11323	4934	54
庄河市步云山乡	21262	5	19510	4000	9000	4500	65
庄河市桂云花满族乡	21413	5	19269	860	9758	5167	73
庄河市兰店乡	8817	8	21247	3728	10895	7111	156
庄河市石城乡	3749	5	8990	1964	4652	1670	28
千山区唐家房镇	7830	9	19326	8636	7970	3168	130
千山区大屯镇	8950	12	34671	22780	20243	19193	245
千山区甘泉镇	7670	12	24980	5265	11491	5836	54
台安县八角台街道办事处	3340	5	19231	15139	9184	4984	52
台安县台东街道办事处	5800	7	32213	19798	14785	10470	180
台安县台南街道办事处	2400	3	25085	17385	6465	4404	131
台安县台北街道办事处	4200	6	23966	10100	10614	6460	31
台安县西佛镇	11500	13	27020	7794	16220	6620	20
台安县新开河镇	11300	16	31314	2660	14390	5578	64
台安县黄沙坨镇	14300	21	49533	9350	27554	11918	51
台安县高力房镇	11200	18	39952	4856	24380	7271	85
台安县桑林镇	16600	11	22691	3428	18572	4150	37
台安县富家镇	8500	8	18094	3985	11655	5295	19
台安县达牛镇	9900	13	28313	4680	21002	8438	28
台安县台安县韭菜台镇	5800	8	15438	2492	8118	2763	15
台安县新台镇	13300	9	18140	3056	11327	4524	41
台安县桓洞镇	9700	7	17310	3036	13385	8361	7
岫岩满族自治县阜昌街道办事处	2250	2	87655	87655	32732	31153	92
岫岩满族自治县大宁街道办事处	2146	1	10799	3723	4556	3637	47
岫岩满族自治县兴隆街道办事处	14712	5	22999	6860	11970	7172	61
岫岩满族自治县雅河街道办事处	5909	4	11692	1305	4950	2930	53
岫岩满族自治县仙人咀街道办事处	5910	4	10242	2607	5402	2918	19
岫岩满族自治县三家子镇	21700	10	17756	4054	8770	3397	30
岫岩满族自治县石庙子镇	20100	9	17130	2514	5711	1749	31
岫岩满族自治县黄花甸镇	17300	10	25397	8086	19385	5054	16
岫岩满族自治县大营子镇	36000	11	21760	3025	9985	3105	25
岫岩满族自治县苏子沟镇	16861	8	14488	3811	7645	2048	16
岫岩满族自治县偏岭镇	26500	11	27521	8359	13633	8372	124
岫岩满族自治县哈达碑镇	30600	13	28951	4358	16250	7697	33
岫岩满族自治县新甸镇	12300	9	21602	4212	13090	2942	22

乡镇基本情况

计算单位：公顷、个、人

名　　称	行政区域面积	村民委员会	常住人口	城镇建成区总人口	从业人员	二三产业从业人员	工业企业单位
岫岩满族自治县洋河镇	20600	9	18321	2670	7283	3460	24
岫岩满族自治县杨家堡镇	14700	7	12152	4443	8242	2906	23
岫岩满族自治县清凉山镇	21100	9	16670	3005	6675	3933	24
岫岩满族自治县石灰窑镇	23073	10	21657	2683	10958	4235	13
岫岩满族自治县前营子镇	19151	8	14179	975	8190	4025	13
岫岩满族自治县龙潭镇	19891	8	14598	2612	8406	5930	16
岫岩满族自治县牧牛镇	20800	6	15954	3108	7221	4614	16
岫岩满族自治县药山镇	15100	5	11892	2711	6610	2579	17
岫岩满族自治县大房身镇	18133	6	13646	2968	6463	3750	43
岫岩满族自治县朝阳镇	20600	7	16446	2173	7508	2227	17
岫岩满族自治县红旗营子乡	19195	7	15214		6828	2377	25
岫岩满族自治县岭沟乡	11800	7	10047		5392	2314	7
岫岩满族自治县哨子河乡	13682	7	9537		5607	2562	2
海城市海州街道办事处	946		163002	163002	96604	96362	240
海城市兴海街道办事处	1530		91394	91394	56286	53342	182
海城市响堂街道办事处	2641		56860	56860	29521	25936	139
海城市东四街道办事处	5250	7	27618	12432	22218	18490	141
海城市验军街道办事处	5250		47883	47883	34071	29652	382
海城市温泉街道办事处	5270	9	18038	5724	11046	7474	71
海城市孤山镇	20360	11	23418	2510	9661	4410	36
海城市岔沟镇	14100	14	25314	6826	14847	6400	17
海城市接文镇	17070	12	22543	4421	12917	6017	11
海城市析木镇	14027	13	31386	6153	16587	5431	40
海城市马风镇	16540	17	30123	3934	21223	14758	107
海城市牌楼镇	9570	7	31500	25963	24093	23088	195
海城市八里镇	9318	17	36635	11828	26478	20311	178
海城市毛祁镇	6470	7	21862	8370	15169	12425	126
海城市英落镇	16180	20	39800	2922	23760	19103	102
海城市感王镇	9318	15	42766	6932	21753	17473	314
海城市西柳镇	6480	9	63728	23146	40007	34941	167
海城市中小镇	5160	9	24265	7460	19089	13104	108
海城市王石镇	16020	19	39250	15458	28163	14600	56
海城市南台镇	9360	13	60283	10084	34119	26897	153
海城市腾鳌镇	12670	12	74100	58211	64083	56414	427
海城市耿庄镇	11360	17	41906	9094	21691	10248	103
海城市牛庄镇	4990	9	37149	27958	21779	16413	84
海城市西四镇	9280	13	31571	5152	21791	7783	30
海城市望台镇	7520	9	28213	7738	20534	8817	26
海城市温香镇	13980	16	41674	9743	23440	5311	15
海城市高坨镇	5930	8	21474	6043	9440	4323	13
新抚区千金乡	6200	11	18073		9285	3883	70
东洲区章党镇	22200	12	18818	11088	12616	3110	28
东洲区哈达镇	20200	13	21606	2873	7778	1382	207
东洲区碾盘乡	8555	16	19270		12657	6617	207
东洲区兰山乡	3305	7	6611		4551	3055	53
望花区塔峪镇	5277	15	18881	5102	12583	4636	195
望花区拉古满族乡	10413	10	17391		9901	5356	62
顺城区前甸镇	11938	15	38151	3150	13975	9867	209
顺城区河北乡	7804	14	21976		10842	6541	155
顺城区会元乡	10500	9	15875		9856	3621	52

乡镇基本情况

计算单位：公顷、个、人

名　　称	行政区域面积	村民委员会	常住人口	城镇建成区总人口	从业人员	二三产业从业人员	工业企业单位
抚顺县石文镇	13893	15	21119	3356	14633	4423	58
抚顺县后安镇	36645	13	17038	1934	12070	5064	40
抚顺县上马镇	34599	17	20631	1220	14570	6422	29
抚顺县救兵镇	26706	14	19348	1743	14245	6197	110
抚顺县马圈子乡	14156	6	5836		4098	1717	20
抚顺县峡河乡	12592	10	9054		7115	1121	29
抚顺县海浪乡	12834	11	12024		7995	3372	61
抚顺县汤图满族乡	19032	9	7410		6925	1453	15
新宾满族自治县新宾镇	38622	31	67090	46369	30511	18285	43
新宾满族自治县旺清门镇	23051	9	15308	4255	10315	2800	13
新宾满族自治县永陵镇	51578	25	44832	21790	20764	10744	41
新宾满族自治县平顶山镇	35495	15	19364	3802	10355	3160	8
新宾满族自治县大四平镇	26488	11	22772	3387	11690	6590	12
新宾满族自治县苇子峪镇	40280	9	15020	3052	8629	1960	14
新宾满族自治县木奇镇	43965	12	18541	4936	8554	1756	25
新宾满族自治县上夹河镇	26740	11	12547	5289	7723	2277	13
新宾满族自治县南杂木镇	9063	6	20170	18606	8155	6095	45
新宾满族自治县红升乡	12616	7	8002		3452	607	14
新宾满族自治县响水河子乡	14163	8	8810		6075	1005	18
新宾满族自治县红庙子乡	32215	10	14996		5921	1680	5
新宾满族自治县北四平乡	24774	7	9188		5634	499	6
新宾满族自治县榆树乡	32599	12	13268		5692	2090	20
新宾满族自治县下夹河乡	16607	8	10180		4224	1092	8
清原满族自治县清原镇	30013	16	88266	68248	10732	2479	23
清原满族自治县红透山镇	19958	8	32012	3210	21272	14984	48
清原满族自治县草市镇	15253	16	16256	4013	8013	2213	21
清原满族自治县英额门镇	27960	13	18534	4133	10870	2569	12
清原满族自治县南口前镇	33446	13	22744	6105	10522	4389	22
清原满族自治县南山城镇	42220	24	27364	4321	16474	5047	22
清原满族自治县湾甸子镇	35872	11	17390	3887	9153	4841	47
清原满族自治县大孤家镇	20600	13	20163	4107	12781	4377	16
清原满族自治县夏家堡镇	45192	27	30600	3411	19735	4379	21
清原满族自治县土口子乡	28069	10	15100		9033	1022	19
清原满族自治县北三家乡	27281	10	14798		9265	3309	39
清原满族自治县敖家堡乡	17199	9	11137		3778	863	11
清原满族自治县大苏河乡	29285	10	8575	2453	5495	1208	28
清原满族自治县枸乃甸乡	20734	8	7505		4831	1385	10
本溪满族自治县观音阁街道	2980	3	76756	64996	4623	3837	90
本溪满族自治县小市镇	54819	18	34729	3678	15922	10094	62
本溪满族自治县草河掌镇	37540	7	11772	551	5673	2485	18
本溪满族自治县草河城镇	20374	7	13585	1080	7380	4141	36
本溪满族自治县草河口镇	19666	5	24751	13886	10234	5082	23
本溪满族自治县连山关镇	20339	7	12700	1979	5478	3350	36
本溪满族自治县清河城镇	31460	7	12031	1713	6940	3158	8
本溪满族自治县田师傅镇	13426	5	29194	13101	4323	3478	45
本溪满族自治县南甸镇	17400	6	13580	3752	5803	3646	38
本溪满族自治县碱厂镇	35478	11	25132	8280	12675	5591	35
本溪满族自治县高官镇	43297	14	21648	896	11124	4664	52
本溪满族自治县东营房乡	37630	8	11991		7308	4123	17
桓仁满族自治县八卦城街道办事处	4100		56308		23816	23816	103

乡镇基本情况

计算单位:公顷、个、人

名　　称	行政区域面积	村民委员会	常住人口	城镇建成区总人口	从业人员	二三产业从业人员	工业企业单位
桓仁满族自治县桓仁镇	30280	13	38338	12427	21167	11245	137
桓仁满族自治县普乐堡镇	30700	7	12070	3343	5713	2059	16
桓仁满族自治县二棚甸子镇	33447	6	21697	12255	12233	6696	20
桓仁满族自治县沙尖子镇	28966	8	14332	3154	7962	4319	3
桓仁满族自治县五里甸子镇	22447	6	10346	2787	4539	1547	7
桓仁满族自治县八里甸子镇	37900	8	16605	4315	8776	4815	41
桓仁满族自治县华来镇	59991	19	40995	6538	22930	10545	29
桓仁满族自治县古城镇	31200	12	25745	2937	14167	4757	18
桓仁满族自治县雅河朝鲜族乡	21200	8	14939		8946	5280	10
桓仁满族自治县向阳乡	20809	6	8522		4111	1389	4
桓仁满族自治县黑沟乡	21560	4	10755		6506	3570	23
桓仁满族自治县北甸子乡	12100	6	6139		4955	1934	18
元宝区金山镇	7181	7	39425	38518	11492	8111	190
振兴区浪头镇	3314	7	27696	1918	8122	6088	77
振兴区安民镇	2009	5	13585	2495	6228	3695	46
振兴区汤池镇	8500	11	27860	6450	13829	10641	198
振安区同兴镇	7440	7	17604	6350	10834	7777	113
振安区五龙背镇	10511	6	42218	7372	11537	7204	178
振安区楼房镇	11323	5	16889	3162	10703	4722	52
振安区九连城镇	4660	11	29252	4250	15255	9670	180
振安区汤山城镇	22590	9	20588	3275	11971	4766	48
宽甸满族自治县宽甸镇	3584	4	96117	96117	7525	4793	95
宽甸满族自治县灌水镇	37808	9	30012	7816	12824	5192	61
宽甸满族自治县硼海镇	26508	8	13698	2690	7667	3826	55
宽甸满族自治县红石镇	44295	9	20619	3450	11385	3572	95
宽甸满族自治县毛甸子镇	32485	10	13630	1624	8028	3927	17
宽甸满族自治县长甸镇	40005	9	28523	3560	15093	4405	18
宽甸满族自治县永甸镇	29592	12	24464	6220	11732	4128	43
宽甸满族自治县太平哨镇	34987	11	19875	890	10584	3022	45
宽甸满族自治县青山沟镇	26306	4	11589	4200	6594	3990	6
宽甸满族自治县牛毛坞镇	32402	7	16074	2301	9371	2036	25
宽甸满族自治县大川头镇	27939	7	10917	1100	5470	1456	22
宽甸满族自治县青椅山镇	20502	9	15100		7626	2148	48
宽甸满族自治县杨木川镇	25809	8	12766	1345	6786	2624	27
宽甸满族自治县虎山镇	21218	9	12643	761	7082	3362	20
宽甸满族自治县振江镇	29670	6	12298	848	6540	1878	29
宽甸满族自治县步达远镇	31800	11	17400	2700	9169	2715	6
宽甸满族自治县大西岔镇	32249	9	11977	674	7129	2449	75
宽甸满族自治县八河川镇	19656	5	10585	1042	6475	2035	5
宽甸满族自治县双山子镇	26860	8	11450	1678	8800	2847	35
宽甸满族自治县石湖沟乡	17184	13	24236		12382	7140	67
宽甸满族自治县古楼子乡	13061	5	8606	2400	5380	1911	15
宽甸满族自治县下露河朝鲜族乡	27546	6	11286		6293	2260	3
东港市大东街道	1145	4	104950	95245	3348	2199	198
东港市新兴街道	1427	3	56708	45200	8937	7158	48
东港市新城街道	4241	9	35145		18506	13738	109
东港市孤山镇	19817	19	63950	33072	25745	10690	192
东港市前阳镇	12116	14	62576	23262	32853	20787	291
东港市长安镇	19476	7	14213	945	7859	2951	13
东港市十字街镇	11980	13	26365	3326	14308	6509	23

乡镇基本情况

计算单位：公顷、个、人

名　称	行政区域面积	村民委员会	常住人口	城镇建成区总人口	从业人员	二三产业从业人员	工业企业单位
东港市长山镇	15049	19	47819	17310	23198	10765	53
东港市北井子镇	12340	13	32023	8680	16914	7447	27
东港市椅圈镇	14498	17	33573	4200	17494	4656	24
东港市黄土坎镇	10397	13	25437	6120	13024	4811	48
东港市马家店镇	13218	14	30099	4121	16682	8630	43
东港市龙王庙镇	8156	8	18852	2468	10927	3561	17
东港市小甸子镇	12149	11	24396	2502	13394	4849	14
东港市菩萨庙镇	8599	12	25137	2560	12854	5940	91
东港市黑沟镇	15564	10	14935	1635	6969	3879	16
东港市新农镇	11365	10	15771	2120	8336	2952	26
东港市合隆满族乡	9911	10	20577		11556	9045	16
凤城市凤凰城街道	7942	8	111589	111589	9292	3909	321
凤城市凤山街道	15100	10	48661	28661	15072	6167	78
凤城市草河街道	10590	6	17793	3210	8742	3273	79
凤城市宝山镇	31944	10	21362	925	9438	3734	47
凤城市白旗镇	19271	7	13282	1830	7417	2843	19
凤城市沙里寨镇	19000	8	14357	1734	8377	1788	13
凤城市红旗镇	26275	9	19759	2103	8421	2647	46
凤城市蓝旗镇	16000	9	16916	3873	12451	2307	14
凤城市边门镇	39500	16	27653	5515	15131	6157	218
凤城市东汤镇	32700	9	23726	3255	10246	3504	22
凤城市石城镇	40917	10	21521	3870	12518	3448	31
凤城市大兴镇	20199	6	10249	1861	6655	2945	83
凤城市爱阳镇	32611	15	34517	18110	17725	10259	43
凤城市赛马镇	41383	12	31500	9868	16870	9038	52
凤城市弟兄山镇	20522	8	16311	4424	9090	3285	17
凤城市鸡冠山镇	43800	13	24386	1764	11593	4136	88
凤城市刘家河镇	35580	12	23508	5099	13384	7359	29
凤城市通远堡镇	18000	9	26773	16098	9720	6278	242
凤城市四门子镇	27000	9	15155	2726	9267	4361	54
凤城市青城子镇	23695	7	29813	15991	9426	5723	179
凤城市大堡蒙古族乡	26620	8	23206	3204	11318	4814	15
古塔区钟屯乡	4000	9	15696		5584	4060	8
太和区娘娘宫镇	6900	12	29006	2565	13623	7384	77
太和区松山镇	16513	24	40435	4055	24534	8606	155
太和区女儿河乡	4340	16	22006		9977	4776	215
太和区营盘乡	1714	6	8277		4224	2351	202
太和区新民乡	6156	17	39795		21122	9225	373
黑山县黑山街道办事处	2497	6	130307	92563	5269	3315	49
黑山县大虎山街道办事处	10514	12	40263	21092	11851	4841	43
黑山县芳山镇	14494	21	31317	4558	17339	4974	30
黑山县白厂门镇	9426	13	16346	3022	10685	6796	7
黑山县常兴镇	11748	17	23238	3760	11563	1952	32
黑山县姜屯镇	9221	9	23105	4276	12855	5374	51
黑山县励家镇	10234	13	24473	4250	15181	5999	120
黑山县绕阳河镇	12391	16	25563	2623	10125	4493	15
黑山县半拉门镇	11938	11	20052	6252	14054	2638	20
黑山县无梁殿镇	12344	14	24341	2272	12091	7896	11
黑山县胡家镇	10747	12	24721	2570	14062	5179	29
黑山县新立屯镇	6925	10	28694	20915	10320	4458	90

乡镇基本情况

计算单位:公顷、个、人

名　　称	行政区域面积	村民委员会	常住人口	城镇建成区总人口	从业人员	二三产业从业人员	工业企业单位
黑山县八道壕镇	9038	14	41698	20135	12380	5218	69
黑山县四家子镇	13321	12	19190	1425	10113	2093	12
黑山县新兴镇	16116	12	15726	1300	9932	1524	26
黑山县太和镇	11541	17	24528	2870	16086	6399	8
黑山县镇安镇	11865	22	33575		18452	7545	265
黑山县英城子乡	11564	14	33575		11765	4004	261
黑山县段家乡	8178	14	24315		13180	5272	33
黑山县大兴乡	6367	8	10302		5251	1406	9
黑山县薛屯乡	10110	11	19735		12236	4549	13
义县义州街道办事处	850		62168	62168	31956	31956	36
义县城关街道办事处	9552	17	31056	13735	14869	5522	176
义县刘龙台镇	9602	6	7746	1874	3243	879	8
义县七里河镇	14975	17	33285	3421	15818	7043	72
义县大榆树堡镇	20384	25	33093	3119	15701	3621	36
义县稍户营子镇	14330	14	27607	4551	12075	4570	277
义县九道岭镇	16003	22	34195	1413	17300	8569	38
义县高台子镇	18090	14	22941	1703	12898	3149	16
义县瓦子峪镇	23454	19	28195	2109	13004	5933	26
义县头台满族镇	12389	9	12109	1291	8375	4178	53
义县前杨镇	10260	15	23365	2205	15010	7998	60
义县头道河满族乡	18042	11	14442		7040	1759	15
义县地藏寺满族乡	11574	5	7662		4252	1477	22
义县留龙沟满族乡	16571	10	12100		6400	4015	7
义县大定堡满族乡	10923	8	8236		3875	1741	4
义县白庙子乡	15634	15	21684		10250	3526	9
义县聚粮屯满族乡	9165	14	20003		11790	3544	12
义县张家堡乡	15768	18	28190		12410	5687	45
凌海市大凌河街道	4826	8	87897	76910	11549	7168	14
凌海市金城街道	5800	9	35318	24489	25131	18845	11
凌海市石山镇	8500	15	29416	3528	16688	11239	7
凌海市余积镇	10800	14	25072	2200	11072	5035	9
凌海市双羊镇	9870	14	31795	4219	21933	12540	21
凌海市班吉塔镇	13300	13	17058	1790	7470	1800	16
凌海市沈家台镇	18400	16	21078	1685	13960	4180	4
凌海市三台子镇	15000	25	41785	1338	17512	5192	7
凌海市右卫满族镇	8000	10	17345	2625	8166	2225	7
凌海市阎家镇	7500	7	13692	1725	9000	3166	6
凌海市新庄子镇	12300	14	29070	2319	9732	3553	10
凌海市翠岩镇	13000	13	16526	1968	9525	2702	6
凌海市安屯镇	11100	5	9785	2300	5765	2515	16
凌海市大业镇	8500	14	22645	1790	10505	3781	15
凌海市西八千镇	9700	6	9288	1238	5303	1412	11
凌海市建业乡	11500	14	29028		14189	3256	8
凌海市温滴楼满族乡	16700	12	18700		10288	4859	9
凌海市板石沟乡	10200	8	12715		6499	4583	3
凌海市白台子乡	17400	24	33514		20525	5499	7
凌海市谢屯乡	5700	9	15900		6664	854	5
北镇市北镇街道办事处	800	5	51607	47272	1049	462	49
北镇市观音阁街道办事处	986	1	2871	2860	1020	400	
北镇市大市镇	11290	9	11816	3720	6232	1432	4

乡镇基本情况

计算单位:公顷、个、人

名　　称	行政区域面积	村民委员会	常住人口	城镇建成区总人口	从业人员	二三产业从业人员	工业企业单位
北镇市罗罗堡镇	17950	10	21910	2714	10144	663	12
北镇市常兴店镇	7500	10	23569	3795	8236	1418	18
北镇市正安镇	10324	14	28362	4962	14825	2614	7
北镇市闾阳镇	7978	13	30445	4592	16095	3794	12
北镇市中安镇	22733	39	76486	3783	34738	3869	7
北镇市廖屯镇	10134	20	37425	3298	13154	3442	13
北镇市赵屯镇	6722	11	25924	2596	23606	14906	14
北镇市青堆子镇	5500	9	22694	4685	12635	3438	14
北镇市高山子镇	6009	11	21300	4750	8966	2026	4
北镇市沟帮子镇	5557	10	68559	28581	9810	2841	165
北镇市富屯乡	12585	10	20852		8185	1407	4
北镇市鲍家乡	5780	8	12775		7882	1562	7
北镇市大屯乡	4874	10	18030		14119	738	4
北镇市吴家乡	5887	6	11851		4550	992	4
北镇市柳家乡	6024	8	12025		4239	995	3
北镇市广宁乡	11387	19	35620		17550	7140	31
鲅鱼圈区熊岳镇	5350	14	98676	49590	48795	40720	196
鲅鱼圈区芦屯镇	10320	18	41693		21040	12340	302
鲅鱼圈区红旗满族镇	3644	12	27754	6450	17321	9420	77
老边区路南镇	5400	14	36590	3612	16397	14074	421
老边区柳树镇	6400	18	23250	5183	12749	6458	95
老边区边城镇	5000	16	24368		19281	11400	194
盖州市鼓楼街道	900	1	51888	51888	41242	41200	13
盖州市西城街道	2000	9	62043	62043	20894	20501	50
盖州市东城街道	11000	19	51942	4658	43857	17063	137
盖州市太阳升街道	6157	15	41547	7704	24336	11711	73
盖州市团山街道	4280	12	26840	1936	19350	9675	114
盖州市西海街道	4300	9	21587	16120	21587	18051	89
盖州市九垄地街道	6518	9	28448	6837	27793	4295	91
盖州市归州街道	7027	12	29652	3815	13562	4692	40
盖州市高屯镇	12559	9	18441	2445	13126	4179	9
盖州市沙岗镇	5400	9	21012	2431	8194	5501	96
盖州市九寨镇	11400	13	36931	12000	18801	3743	26
盖州市万福镇	22364	16	36886	7121	18608	6775	13
盖州市卧龙泉镇	18443	9	17764	2742	10534	3867	23
盖州市青石岭镇	8248	12	25787	3409	17870	6828	61
盖州市暖泉镇	10400	9	13743	1430	8020	3768	9
盖州市榜式堡镇	15600	9	21006	3450	12145	6139	49
盖州市团甸镇	5660	6	11010	2013	4878	1675	10
盖州市双台镇	8740	10	18562	6605	8905	4255	48
盖州市杨运镇	23000	13	24864	2830	16420	6377	5
盖州市徐屯镇	10623	10	18968	2479	11794	6759	34
盖州市什字街镇	28800	16	26632	1555	17495	6745	5
盖州市矿洞沟镇	26000	14	25700	2068	14085	6237	11
盖州市陈屯镇	7561	12	21445	2370	10453	3214	26
盖州市梁屯镇	21139	9	26545	2794	26532	10794	32
盖州市小石棚乡	14301	6	9498		6885	1745	7
盖州市果园乡	182	9	1183		1111	363	17
盖州市二台乡	2027	6	7543		6130	1205	13
大石桥市石桥街道	1275		64396	9350	6418	6418	

乡镇基本情况

计算单位：公顷、个、人

名　　称	行政区域面积	村民委员会	常住人口	城镇建成区总人口	从业人员	二三产业从业人员	工业企业单位
大石桥市青花街道	900	3	29979	6596	2109	1789	35
大石桥市金桥街道	3812	11	33395	9250	15085	12006	159
大石桥市钢都街道	1700	8	83227	73318	22983	20865	218
大石桥市南楼街道	6980	17	54756	2289	28966	12929	498
大石桥市水源镇	11600	22	39976	2913	39243	16911	58
大石桥市沟沿镇	8700	16	35174	8997	24317	13965	99
大石桥市石佛镇	5851	10	22865	3193	14237	9351	17
大石桥市高坎镇	15300	25	44531	10054	31438	8634	70
大石桥市旗口镇	12321	26	54246	9650	30497	15044	53
大石桥市虎庄镇	8700	13	32813	8585	18181	10268	73
大石桥市官屯镇	9180	13	31414	3817	15347	10244	169
大石桥市博洛铺镇	6516	10	31302	11012	16888	10236	55
大石桥市永安镇	4930	10	26847	4983	14815	8047	136
大石桥市汤池镇	13117	22	40692	6950	20963	13350	45
大石桥市建一镇	15000	11	19186	3013	7095	4505	21
大石桥市黄土岭镇	19900	20	34485	3416	13246	5658	21
大石桥市周家镇	11400	16	22394	2800	9359	5908	41
海州区韩家店镇	3700	9	21169	2789	10123	6959	42
新邱区长营子蒙古族镇	11718	9	26482	1924	13935	9527	302
太平区水泉镇	6150	11	20602	1900	11550	4970	85
清河门区河西镇	4100	7	15529	1562	5094	2559	22
清河门区乌龙坝镇	4850	8	12340	1710	9037	2987	13
细河区四合镇	7411	9	20937	18325	15500	13399	586
阜新蒙古族自治县城区街道办事处	2025	2	63734		23379	21966	
阜新蒙古族自治县阜新镇	28333	18	32696	1908	19876	11828	26
阜新蒙古族自治县东梁镇	11870	14	24779	7000	11971	6467	69
阜新蒙古族自治县佛寺镇	11853	10	12294	690	7881	2203	17
阜新蒙古族自治县伊吗图镇	9240	14	25750		13417	9035	161
阜新蒙古族自治县旧庙镇	32400	14	26757		9356	4140	139
阜新蒙古族自治县务欢池镇	21500	17	29764	5498	18951	2353	4
阜新蒙古族自治县建设镇	19400	17	26828	1934	15405	6092	40
阜新蒙古族自治县大巴镇	19134	12	23789	6000	11100	3850	5
阜新蒙古族自治县泡子镇	21333	14	31975	12000	12374	6715	11
阜新蒙古族自治县十家子镇	11000	12	22273	2243	13174	7378	145
阜新蒙古族自治县王府镇	16200	11	24976	6272	11288	3074	135
阜新蒙古族自治县于寺镇	22353	11	17200		8786	3358	4
阜新蒙古族自治县富荣镇	14710	14	19851	1539	8974	1385	9
阜新蒙古族自治县新民镇	14488	11	17821		10682	4852	14
阜新蒙古族自治县福兴地镇	26246	10	17561	2405	11376	1741	12
阜新蒙古族自治县平安地镇	30000	13	20642	3157	12020	4245	4
阜新蒙古族自治县沙拉镇	14289	11	17297	964	10774	5955	19
阜新蒙古族自治县大固本镇	15668	15	21583	2219	9322	1381	5
阜新蒙古族自治县大五家子镇	25700	10	19060	1870	11207	3635	104
阜新蒙古族自治县大板镇	14206	6	12452	2219	3558	1334	15
阜新蒙古族自治县招束沟镇	16645	7	17485	2682	11132	5814	1
阜新蒙古族自治县八家子镇	18600	8	11985	2214	8195	672	7
阜新蒙古族自治县蜘蛛山镇	18000	10	21382	2721	10497	4819	60
阜新蒙古族自治县塔营子镇	11292	8	12531	810	7579	3059	5
阜新蒙古族自治县扎兰营子镇	21333	9	16656	1428	9977	1666	8
阜新蒙古族自治县七家子镇	11713	9	14879	78	7972	2926	110

乡镇基本情况

计算单位：公顷、个、人

名　　称	行政区域面积	村民委员会	常住人口	城镇建成区总人口	从业人员	二三产业从业人员	工业企业单位
阜新蒙古族自治县红帽子镇	17200	7	13922	2571	8163	3983	9
阜新蒙古族自治县紫都台镇	18400	8	13560	1350	7168	1489	5
阜新蒙古族自治县化石戈镇	24287	8	14776	2210	10930	1980	50
阜新蒙古族自治县哈达户稍镇	16800	7	13642	1649	8719	2300	81
阜新蒙古族自治县老河土镇	14667	12	17740	1866	10324	1262	10
阜新蒙古族自治县卧凤沟乡	8066	7	14206	530	9360	2300	6
阜新蒙古族自治县苍土乡	8889	9	13895	632	7373	2929	2
阜新蒙古族自治县太平乡	17000	7	11288	708	5980	1779	7
阜新蒙古族自治县国华乡	13333	8	9045	1036	8870	1090	20
彰武县彰武镇	5470	7	79390	69300	10330	6300	335
彰武县哈尔套镇	17400	11	23896	6240	14749	4935	46
彰武县章古台镇	26000	6	12955	1023	5070	917	15
彰武县五峰镇	19100	11	20524	2381	12269	4267	18
彰武县冯家镇	14400	8	17337	3920	11557	2215	14
彰武县后新秋镇	18200	11	21352	2279	12334	4613	25
彰武县东六家子镇	11500	9	16092	4500	10065	4197	21
彰武县阿尔乡镇	14700	3	5974	3230	3712	1349	25
彰武县前福兴地镇	12000	4	8556	2492	5373	860	6
彰武县双庙镇	14600	7	13732	1710	8124	949	12
彰武县大四家子镇	11000	6	11773		8229	3656	5
彰武县苇子沟镇	13000	9	17181	3190	9744	3385	10
彰武县兴隆山镇	7300	5	9655	814	6262	1297	50
彰武县满堂红镇	19600	6	12866	1721	9391	1609	10
彰武县四合城镇	18700	6	11796	1430	7444	1487	13
彰武县大冷蒙古族镇	25900	10	18176	1472	9375	4908	21
彰武县二道河子蒙古族乡	9300	8	13604		13595	2674	11
彰武县西六家子蒙古族满族乡	13800	10	18193		10952	4748	13
彰武县两家子乡	16200	10	17238		10649	2110	11
彰武县平安乡	11600	8	12651		6815	3215	30
彰武县四堡子乡	22100	7	13198		7905	921	9
彰武县丰田乡	15300	6	10831		6472	1184	5
彰武县大德乡	12500	6	10028		5131	2353	6
彰武县兴隆堡乡	14200	10	16526		9691	1596	9
文圣区小屯镇	12700	12	32884	12056	14265	7251	96
文圣区罗大台镇	7366	17	28986	3100	16013	6830	150
宏伟区曙光镇	8996	13	36973	7880	22473	16667	160
宏伟区兰家镇	4177	8	17452	5355	9214	4866	141
弓长岭区汤河镇	15270	9	16048	1456	10176	7909	962
弓长岭区安平乡	18309	13	19329		10709	6538	44
太子河区祁家镇	4250	9	28010	6422	15631	9782	268
太子河区沙岭镇	10200	18	42906	6229	27906	9025	43
太子河区王家镇	6992	12	19945	7240	11904	4182	40
太子河区东宁卫乡	2235	10	13693		7936	5881	123
辽阳县首山镇	2367	8	90886	5855	39767	37889	38
辽阳县刘二堡镇	12500	18	71693	28593	33275	19785	1213
辽阳县小北河镇	13400	20	44923	5112	24220	14408	155
辽阳县黄泥洼镇	8800	14	36961	5980	18205	7872	41
辽阳县唐马寨镇	13600	17	41224	4100	19543	7683	9
辽阳县穆家镇	11500	17	34945	7508	18276	6675	47
辽阳县柳壕镇	10300	14	24701	2851	10933	3110	12

乡镇基本情况

计算单位:公顷、个、人

名　　称	行政区域面积	村民委员会	常住人口	城镇建成区总人口	从业人员	二三产业从业人员	工业企业单位
辽阳县河栏镇	421300	16	24402	2184	6624	907	152
辽阳县隆昌镇	12100	7	13486	2385	6344	1544	8
辽阳县八会镇	17500	12	16483	1290	11226	4120	17
辽阳县寒岭镇	18900	8	18996	700	10660	4077	52
辽阳县兴隆镇	5333	14	28413	8725	14607	7007	122
辽阳县下达河乡	13800	8	8832		4286	880	75
辽阳县吉洞峪满族乡	27700	12	19812		12650	3025	112
辽阳县甜水满族乡	31400	14	19850		8390	1223	55
灯塔市烟台街道办事处	699	2	75012	74280	40680	39850	571
灯塔市万宝桥街道办事处	5425	14	25275	4566	11173	5559	151
灯塔市古城子街道办事处	6520	12	23799	4660	11540	3695	113
灯塔市佟二堡镇	9800	18	43570	23500	22625	10318	1300
灯塔市铧子镇	11400	21	55000	18500	23908	13850	195
灯塔市张台子镇	3880	10	19209	2750	9212	6029	11
灯塔市西大窑镇	8688	12	23842	2930	23842	17387	134
灯塔市沈旦堡镇	8792	16	34135	6395	22098	8047	38
灯塔市西马峰镇	7938	17	34955	3612	34955	6025	31
灯塔市柳条寨镇	9630	18	33686	2040	21414	3737	9
灯塔市柳河子镇	11394	15	17706		12125	4480	65
灯塔市大河南镇	5619	13	20563	2374	10731	4133	166
灯塔市五星镇	10969	18	43239		22827	5806	6
灯塔市鸡冠山乡	14800	8	6965	1130	3370	1487	31
双台子区陆家乡	3450	6	11252	11252	4346	2178	134
大洼县荣滨街道	6767		8924	5500	7024	330	3
大洼县二界沟街道	9712	2	12000	8348	6800	1467	15
大洼县大洼镇	5100	9	98049	98049	14132	8804	151
大洼县田庄台镇	3600		30365	13502	11611	4400	34
大洼县东风镇	10995	11	22597	3082	13519	5174	32
大洼县新开镇	6692	9	21030	1569	12178	3882	66
大洼县田家镇	8596	12	69800	49363	26451	15581	324
大洼县清水镇	7025	10	23213	5837	16035	7409	37
大洼县新兴镇	6703	9	21035	7910	16690	11890	60
大洼县西安镇	8559	12	29002	4110	10998	2488	10
大洼县新立镇	7600	7	17563	5342	17048	6579	60
大洼县荣兴镇	21200	12	15901	1551	10286	1884	18
大洼县王家镇	6644	8	11944	2712	7553	3161	26
大洼县唐家镇	10950	11	26250	3120	19147	5907	27
大洼县平安镇	6768	10	15300	3500	11952	6100	26
大洼县赵圈河镇	17200	5	9894	2981	4193	1519	5
大洼县榆树镇	12000	10	17004	7099	11861	6099	46
盘山县沙岭镇	12900	21	40000	17063	25460	6146	40
盘山县高升镇	15921	17	28603	14600	20073	5657	22
盘山县胡家镇	16971	14	28000	4400	14260	1501	17
盘山县石新镇	9467	8	14790	5862	8218	2634	10
盘山县东郭镇	65462	6	18393	6789	12464	6118	18
盘山县羊圈子镇	24607	8	19640	5052	10510	4724	20
盘山县古城子镇	7169	11	20321	2825	12230	4900	37
盘山县坝墙子镇	6682	10	19560	2463	12352	5151	39
盘山县太平镇	10752	7	47200	27500	24907	21815	95
盘山县陈家镇	8750	9	13055	1269	6176	1776	95

乡镇基本情况

计算单位：公顷、个、人

名　　称	行政区域面积	村民委员会	常住人口	城镇建成区总人口	从业人员	二三产业从业人员	工业企业单位
盘山县甜水镇	8636	11	15922	13830	7262	2692	33
盘山县吴家镇	4084	8	11780	6000	7234	3655	47
盘山县得胜镇	9376	9	16418	1990	8313	2127	45
银州区龙山乡	4000	12	30600		14686	10292	280
清河区张相镇	11579	13	20878	7720	9728	4166	88
清河区杨木林子镇	15600	15	20480	3906	8506	3366	42
清河区聂家满族乡	13190	10	11935		6814	2380	3
铁岭县新台子镇	11431	15	51102	19956	18273	8141	285
铁岭县阿吉镇	11733	13	25032	4532	18010	8913	44
铁岭县平顶堡镇	8292	9	19156	3762	11736	7977	75
铁岭县大甸子镇	29000	16	24747	7100	11132	5297	23
铁岭县凡河镇	17800	27	142389	119078	48906	17544	97
铁岭县腰堡镇	121900	13	30500	10100	9981	3680	65
铁岭县镇西堡镇	14522	16	30998	6485	14621	6288	141
铁岭县蔡牛镇	14400	25	34328	690	22804	4383	35
铁岭县李千户镇	30500	26	39865	2389	16915	4403	166
铁岭县熊官屯镇	16770	10	18524	4657	7092	3438	55
铁岭县横道河子镇	12400	10	13852	2149	6925	3465	30
铁岭县双井子镇	13600	16	22802	1729	9588	3215	16
铁岭县鸡冠山乡	18933	9	11222		11221	1221	8
铁岭县白旗寨满族乡	16600	9	12221		7515	1190	9
西丰县西丰镇	12930	14	71260	46984	42382	29788	572
西丰县平岗镇	7960	9	14556	2747	5775	1370	8
西丰县郜家店镇	23149	16	27112	1300	7923	2791	22
西丰县凉泉镇	12100	10	16800	4436	7682	3831	20
西丰县振兴镇	16400	12	16547	2850	6725	1974	12
西丰县安民镇	17859	9	19732	2015	11199	4305	31
西丰县天德镇	15580	10	20059	2020	8428	2428	15
西丰县房木镇	22667	13	23484	2594	9390	4074	3
西丰县柏榆镇	14600	9	14951	2050	9740	4410	5
西丰县陶然镇	10200	7	11157	407	6167	3183	23
西丰县钓鱼镇	10850	7	10111	659	9534	1189	60
西丰县更刻镇	7796	6	10695	1166	3598	1168	20
西丰县德兴满族乡	10600	7	9989		5225	447	7
西丰县明德满族乡	11600	7	10315		5333	1297	7
西丰县成平满族乡	14667	10	12866		6591	1288	4
西丰县和隆满族乡	26500	10	15237		11145	1423	1
西丰县营厂满族乡	17930	9	9806		5130	1807	10
西丰县金星满族乡	13356	9	12145		5122	2205	11
昌图县昌图镇	19800	17	141795	136596	54262	48102	52
昌图县老城镇	10560	13	41418	13980	8525	3957	35
昌图县八面城镇	13740	23	69270	33910	18077	10360	39
昌图县三江口镇	18700	12	34753	13600	7933	744	21
昌图县金家镇	10000	13	25017	4818	10261	4708	9
昌图县宝力镇	15300	18	40195	10686	24970	14579	22
昌图县泉头镇	14064	10	22003	6002	10732	4958	11
昌图县双庙子镇	7500	8	16441	5568	5489	1720	9
昌图县亮中桥镇	15700	21	30415	7927	9463	2666	24
昌图县马仲河镇	8711	12	22238	1842	7427	3149	10
昌图县毛家店镇	18630	20	40444	4031	15671	3914	26

乡镇基本情况

计算单位:公顷、个、人

名　　称	行政区域面积	村民委员会	常住人口	城镇建成区总人口	从业人员	二三产业从业人员	工业企业单位
昌图县老四平镇	8200	9	20179	4359	8407	3380	25
昌图县大洼镇	13000	14	27044	5805	12645	3787	5
昌图县头道镇	10495	11	22216	4448	8855	3926	5
昌图县鹭鹭树镇	10400	14	21551	4330	6008	888	10
昌图县傅家镇	21100	12	28443	2515	11507	2572	18
昌图县四合镇	9400	12	19892	4919	12285	3734	12
昌图县朝阳镇	10700	12	20132	1435	9139	5444	12
昌图县古榆树镇	20400	14	30324	4585	18896	8082	18
昌图县七家子镇	10700	10	17722	2554	4661	1203	20
昌图县东嘎镇	11000	11	21390	1897	12674	5358	5
昌图县四面城镇	11333	12	24253	2215	10834	3475	14
昌图县前双井镇	13100	12	22850	1600	11138	3205	8
昌图县通江口镇	12850	16	30861	6674	9849	2109	8
昌图县大四家子镇	10440	13	23617	2903	14736	4765	11
昌图县曲家店镇	13700	13	28349	2480	6230	1528	8
昌图县十八家子镇	7600	10	18058	1640	7035	3467	9
昌图县太平镇	10038	9	16407	1610	5767	1657	5
昌图县下二台镇	13730	12	16684	1998	6047	1290	3
昌图县平安堡镇	10500	11	19252	753	10222	2911	4
昌图县大兴镇	8000	10	16038	2716	6589	2240	6
昌图县后窑镇	8900	11	16186	2372	13928	2671	6
昌图县长发镇	7600	7	12610	1967	4915	1751	8
调兵山市兀术街街道	2400	3	103698	103698	33897	33187	54
调兵山市调兵山街道	4500	3	59180	56215	22946	20825	56
调兵山市晓明镇	6100	9	23050	4835	13779	8781	89
调兵山市大明镇	5900	9	29548	25711	6928	4405	76
调兵山市晓南镇	10590	10	29167	11650	17710	10400	84
开原市新城街道	1780	6	172954	172954	37628	36166	74
开原市老城街道	4860	13	25489	24190	15266	11443	108
开原市兴开街道	8675	17	30659	9489	14737	5974	59
开原市威远堡镇	17300	11	20579	4500	11251	3843	29
开原市庆云堡镇	10020	12	30340	15285	11574	9376	63
开原市中固镇	12750	15	28026	9063	13720	6465	25
开原市八棵树镇	22470	18	29400	5980	15605	6383	23
开原市金沟子镇	11310	16	28170	6000	13934	5112	42
开原市八宝镇	10780	20	30716	9979	9558	6801	49
开原市业民镇	9750	12	18460	2837	17510	10309	26
开原市莲花镇	17980	10	16985	2300	8638	2481	1
开原市靠山镇	19493	20	21308	1956	10858	5230	20
开原市马家寨镇	10840	8	12653	2510	8412	1930	16
开原市下肥镇	14310	10	15477	5098	7974	2570	5
开原市松山镇	23500	16	22251	3645	9296	4950	7
开原市城东镇	8530	12	18019	1685	9284	2437	18
开原市李家台镇	19950	16	15809	3229	10044	2957	5
开原市上肥地满族镇	13830	11	9633	1721	5571	3189	7
开原市黄旗寨满族镇	22120	10	16865	3100	5200	2600	5
开原市林丰满族乡	14230	10	10566		5424	2263	2
双塔区桃花吐镇	11400	12	18214	2187	7400	3032	31
双塔区他拉皋镇	7419	10	21169	4369	6863	6174	31
双塔区孙家湾镇	17426	12	17227	1759	6723	2230	7

乡镇基本情况

计算单位:公顷、个、人

名　　称	行政区域面积	村民委员会	常住人口	城镇建成区总人口	从业人员	二三产业从业人员	工业企业单位
双塔区长宝营子乡	6870	5	6313		2622	1642	18
龙城区七道泉子镇	4099	8	17694	5489	8701	4888	73
龙城区西大营子镇	6834	10	26469	4970	14977	8563	41
龙城区召都巴镇	8795	11	20679	3800	10537	4677	40
龙城区大平房镇	11000	7	20042	4477	10763	3015	4
龙城区联合镇	17500	13	20857	1890	10605	3455	23
龙城区边杖子镇	13000	9	18059	2300	9094	5394	31
朝阳县波罗赤镇	10830	8	18272	3451	11123	4173	7
朝阳县木头城子镇	13300	14	28547	4480	16443	4426	5
朝阳县二十家子镇	20920	18	34195	6559	16762	6613	18
朝阳县羊山镇	19150	20	35860	4260	20093	11551	6
朝阳县六家子镇	11820	13	26841	4303	21450	3391	9
朝阳县瓦房子镇	10780	8	18029	6870	11220	5967	37
朝阳县大庙镇	17190	11	19976	12120	11988	7433	32
朝阳县柳城镇	14400	14	47642	9529	28456	13931	70
朝阳县古山子镇	22480	13	18818	5716	11265	7529	23
朝阳县南双庙乡	17140	16	29187	790	17875	5638	1
朝阳县西五家子乡	11980	9	10709		7088	3556	3
朝阳县北沟门子乡	10000	5	7166		4852	2187	5
朝阳县杨树湾乡	10640	6	8609		4629	2106	17
朝阳县东大道乡	12830	8	13019		7865	3067	5
朝阳县乌兰河硕蒙古族乡	6680	7	9698		5860	1631	4
朝阳县台子乡	18980	11	19594	3981	10310	3646	11
朝阳县胜利乡	29600	23	37479		24945	8506	1
朝阳县东大屯乡	11280	10	15643		8513	5447	6
朝阳县松岭门蒙古族乡	8010	6	10716		5625	1895	3
朝阳县根德营子乡	12900	10	17118		12845	3322	4
朝阳县西营子乡	9720	7	12728		6607	3001	4
朝阳县七道岭乡	21060	16	26155		17239	4175	2
朝阳县北四家子乡	14340	10	24810		12971	4573	2
朝阳县王营子乡	10690	8	12205		7623	964	2
朝阳县黑牛营子乡	7930	10	17545		8505	2705	1
朝阳县尚志乡	5890	7	12725		5640	2248	4
朝阳县长在营子乡	9100	6	15366	1800	9362	4372	2
建平县叶柏寿街道	627		35003	35003	25200	25200	13
建平县红山街道	1750	3	42231	42231	20070	15598	17
建平县铁南街道	2250	2	22038	4614	5952	3197	25
建平县万寿街道	15521	11	29230	3730	6985	3621	102
建平县富山街道	11100	7	19614	1370	7778	3446	61
建平县朱碌科镇	13769	12	25000	3678	12604	6373	36
建平县建平镇	28877	14	21230	3996	11492	3350	11
建平县黑水镇	17000	12	22465	7265	11284	4370	13
建平县喀喇沁镇	19800	13	20837	2058	12474	4245	8
建平县北二十家子镇	16900	8	14467	1100	7986	2633	3
建平县沙海镇	20800	14	30734	4993	16220	7711	50
建平县哈拉道口镇	19800	7	13478	4314	8259	4764	6
建平县榆树林子镇	25300	17	31518	5207	18095	8165	35
建平县老官地镇	16048	6	10355	2446	5689	3154	
建平县深井镇	15640	8	16470	1482	10705	4820	34
建平县奎德素镇	21200	11	20112	3475	11434	4736	3

乡镇基本情况

计算单位:公顷、个、人

名称	行政区域面积	村民委员会	常住人口	城镇建成区总人口	从业人员	二三产业从业人员	工业企业单位
建平县小塘镇	17836	10	19214	1237	10694	3656	17
建平县马场镇	20700	9	16508	2064	12508	2476	3
建平县昌隆镇	14500	9	16012	2614	9765	2351	
建平县张家营子镇	22000	10	16031	2168	9096	3870	9
建平县青峰山镇	17000	8	13752	1196	8701	3811	73
建平县青松岭乡	15600	6	11308	2000	4328	2007	18
建平县杨树岭乡	11400	5	8858	1105	6000	2280	1
建平县罗福沟乡	18691	7	10700	750	9569	2110	
建平县烧锅营子乡	17093	6	9244	981	4273	1543	4
建平县太平庄乡	13923	8	19270	1067	11194	2695	3
建平县白山乡	13840	7	14253	654	10268	2000	9
建平县三家蒙古族乡	16000	14	28693	1171	26693	6659	12
建平县义成功乡	14812	5	7181	728	4583	833	6
喀喇沁左翼蒙古族自治县大城子镇	8700	10	61442	3076	9037	4148	54
喀喇沁左翼蒙古族自治县南公营子镇	11200	10	25489	2809	9136	3191	15
喀喇沁左翼蒙古族自治县山嘴子镇	9100	8	19462	1650	10647	5269	7
喀喇沁左翼蒙古族自治县南哨镇	5100	7	13666	2143	6136	4683	42
喀喇沁左翼蒙古族自治县公营子镇	17100	14	34343	10108	18645	13429	60
喀喇沁左翼蒙古族自治县白塔子镇	11100	13	27889	4522	12677	3909	12
喀喇沁左翼蒙古族自治县中三家镇	17400	7	15371	2183	6851	3933	59
喀喇沁左翼蒙古族自治县老爷庙镇	13300	10	23173	2548	9890	3732	6
喀喇沁左翼蒙古族自治县六官营子镇	12400	7	12261	2289	6934	2627	16
喀喇沁左翼蒙古族自治县平房子镇	13300	13	28219	2550	13354	3005	10
喀喇沁左翼蒙古族自治县十二德堡镇	10065	10	19278	1625	13197	8038	5
喀喇沁左翼蒙古族自治县羊角沟镇	15500	13	18478	2455	7980	1945	10
喀喇沁左翼蒙古族自治县尤杖子乡	6233	5	10463	2362	5681	2835	6
喀喇沁左翼蒙古族自治县东哨乡	8216	9	16959		10552	5037	6
喀喇沁左翼蒙古族自治县草场乡	5500	5	8358		3047	803	4
喀喇沁左翼蒙古族自治县坤都营子乡	6800	6	11100		6576	2036	6
喀喇沁左翼蒙古族自治县大营子乡	12600	7	9148		3452	550	14
喀喇沁左翼蒙古族自治县兴隆庄乡	6900	8	15783		10489	5190	11
喀喇沁左翼蒙古族自治县甘招乡	7900	10	14714		8769	3544	11
喀喇沁左翼蒙古族自治县卧虎沟乡	10200	7	9877		5383	1849	5
喀喇沁左翼蒙古族自治县水泉乡	7200	7	16314		10073	5542	8
北票市城关街道	400		24804		15820	15820	59
北票市南山街道	410		44498		11266	11216	8
北票市冠山街道	500		30045		5724	5724	7
北票市桥北街道	400		3808		2100	2100	30
北票市三宝街道	220		7600		1237	1237	2
北票市台吉街道	212		28962		2484	2484	24
北票市双河街道	128		24983		1560	1560	
北票市西官营镇	20070	12	25147	3567	12888	7344	41
北票市大板镇	15500	6	6880	2135	3396	1161	7
北票市上园镇	25000	11	13693	3172	6837	2561	3
北票市宝国老镇	23400	16	21452	1850	12074	5689	34
北票市黑城子镇	14900	10	15183	3190	8507	3700	8
北票市五间房镇	10900	18	32189	1977	19385	10613	74
北票市台吉镇	4700	6	13411	2543	8085	4036	51
北票市东官营镇	22000	9	20243	4620	8864	6295	17
北票市龙潭镇	20600	11	17374	1208	6571	3465	26

乡镇基本情况

计算单位：公顷、个、人

名　　称	行政区域面积	村民委员会	常住人口	城镇建成区总人口	从业人员	二三产业从业人员	工业企业单位
北票市北塔镇	14100	10	13400	1410	7460	2350	18
北票市长皋乡	21500	8	10066		6583	2648	9
北票市常河营乡	18000	7	10011		5150	1027	6
北票市小塔子乡	13800	7	9600		4385	1401	5
北票市马友营蒙古族乡	21300	9	14875		8130	2455	3
北票市蒙古营乡	14700	10	15109	2410	11113	4124	18
北票市泉巨永乡	16200	8	10328		10029	2860	5
北票市大三家乡	9700	9	15659		8766	4078	21
北票市哈尔脑乡	14400	10	17531		7805	3122	4
北票市南八家子乡	11700	7	8901		5465	2831	4
北票市章吉营乡	14000	7	9288		3413	413	
北票市三宝营乡	10200	6	6983		3500	1362	2
北票市巴图营乡	15900	10	14116		9680	5971	7
北票市台吉营乡	16200	9	13002		9856	2955	4
北票市娄家店乡	17400	11	14100		8503	4299	20
北票市北四家乡	17300	8	9931	235	6724	3971	12
北票市凉水河蒙古族乡	11200	6	5969		3583	1909	12
北票市三宝乡	13300	11	19546		9108	4569	32
凌源市东城街道	5044	5	22761		19000	7800	25
凌源市北街街道	1000	1	38100		18600	17800	8
凌源市南街街道	800		43771		8760	4600	8
凌源市凌北街道	1150		34000		6970	1970	15
凌源市热水汤街道	2529	1	2780	1000	2100	600	2
凌源市兴源街道	2878	3	11446		11030	3018	42
凌源市红山街道	5300	5	9700		4871	2269	7
凌源市城关街道	9280	7	20685		10294	3072	9
凌源市万元店镇	10000	7	12006	832	6980	2958	46
凌源市宋杖子镇	16700	14	26661	2015	18508	4550	13
凌源市三十家子镇	19300	17	37413	10346	13814	3966	27
凌源市杨杖子镇	3300	2	4464	3100	2431	1605	6
凌源市刀尔登镇	22500	12	22848	5918	14171	6823	16
凌源市松岭子镇	16670	12	20727	2719	9296	2199	16
凌源市四官营子镇	15061	14	16636	5500	12942	3952	9
凌源市沟门子镇	15600	14	22963	1270	12512	4500	7
凌源市小城子镇	7470	7	16005	2163	14636	5500	15
凌源市四合当镇	21730	17	26848	3160	17600	6530	15
凌源市乌兰白镇	8500	8	7668	1234	7528	3755	2
凌源市瓦房店镇	10145	7	12886		12878	5294	50
凌源市大王杖子乡	9600	9	8942		8933	2383	6
凌源市刘杖子乡	8200	6	10590		7734	230	19
凌源市前进乡	8200	5	6849		3962	1264	4
凌源市大河北乡	17633	12	16200		16200	5254	16
凌源市三道河子乡	17050	9	15373		8876	4293	6
凌源市牛营子乡	14000	12	16998		12236	3632	10
凌源市北炉乡	10100	7	16653		10214	4294	7
凌源市三家子乡	23400	17	30992		19705	13793	56
凌源市佛爷洞乡	11360	6	10417		10417	6096	5
凌源市河坎子乡	13700	8	11418		5709	2109	4
连山区钢屯镇	14815	17	33281	8365	13425	7205	38
连山区寺儿堡镇	10487	12	25968	1847	12984	7844	34

乡镇基本情况

计算单位：公顷、个、人

名　　称	行政区域面积	村民委员会	常住人口	城镇建成区总人口	从业人员	二三产业从业人员	工业企业单位
连山区新台门蒙古族镇	16500	15	21854	2703	8938	3043	13
连山区沙河营乡	12772	14	21138		10028	3766	31
连山区孤竹营子乡	5639	5	5702		2911	1039	3
连山区白马石乡	7900	6	7207		4087	2077	7
连山区山神庙子乡	13148	12	13389		5189	1383	20
连山区塔山乡	14694	16	26221		9703	2332	70
连山区杨郊乡	10600	7	8753		3660	1637	32
龙港区双树乡	3420	5	11113		6678	3519	27
南票区缸窑岭镇	12600	13	18311	1901	6124	3023	20
南票区暖池塘镇	12500	20	16858	1832	9894	4689	8
南票区高桥镇	5760	10	23920	13100	14708	9157	39
南票区虹螺岘镇	7800	15	33834	11934	12066	6781	33
南票区金星镇	6333	15	29976	6237	19005	11230	55
南票区台集屯镇	8111	12	16580	2011	8985	1721	25
南票区沙锅屯乡	9700	11	11855		5480	3130	146
南票区黄土坎乡	8600	8	14708		4850	2033	10
南票区大兴乡	11280	12	21267		9140	3779	17
南票区张相公屯乡	9412	10	13849		5640	1288	6
绥中县绥中镇	1993		78340	78340	52228	52228	25
绥中县西甸子镇	8507	13	22962	6215	12476	1295	24
绥中县宽帮满族镇	15762	12	26166	1540	10358	2739	20
绥中县大王庙满族镇	19992	21	33927	929	18217	6145	5
绥中县万家镇	6756	10	23647	2765	8695	3704	11
绥中县前所镇	7144	10	25698	4150	7920	4610	24
绥中县高岭镇	13247	14	27483	3854	11383	2696	42
绥中县前卫镇	12495	12	25919	11997	17850	5115	10
绥中县荒地满族镇	8634	12	26300	2925	11874	4833	7
绥中县塔山屯镇	7338	13	33061	3531	20625	3219	18
绥中县高台镇	11331	13	30586	1256	15087	5644	23
绥中县王宝镇	6630	9	20791	1900	8374	2691	9
绥中县沙河镇	14170	16	31372	2680	15172	3874	20
绥中县小庄子镇	8545	16	34882	1750	17039	5830	25
绥中县西平坡满族乡	11092	10	19843	110	8706	1436	1
绥中县葛家满族乡	10569	10	14515	348	7506	2236	5
绥中县高甸子满族乡	11147	9	19108	700	10185	2628	15
绥中县范家满族乡	12920	10	16495	1250	10107	2156	3
绥中县明水满族乡	11320	8	14491		6552	1845	17
绥中县秋子沟乡	7767	7	11937	385	8370	3312	3
绥中县加碑岩乡	22608	11	18502		11027	3355	2
绥中县永安堡乡	22382	8	7879	187	2992	381	
绥中县李家堡乡	11710	14	21577	1450	11382	2503	30
绥中县网户满族乡	7122	14	21418	890	14049	3745	13
绥中县城郊乡	2683	10	22344	1103	9722	4705	45
建昌县建昌镇	1500	3	115283	115283	34125	33339	13
建昌县八家子镇	9300	8	15330	7449	11483	9328	3
建昌县喇嘛洞镇	10900	10	25575	4982	17161	7113	
建昌县药王庙镇	21700	18	30200	2431	19016	7971	5
建昌县汤神庙镇	11700	13	31971	1581	18205	8955	
建昌县玲珑塔镇	12400	11	23034	1455	9839	4747	
建昌县大屯镇	16900	11	19907	2033	10112	5880	1

乡镇基本情况

计算单位:公顷、个、人

名称	行政区域面积	村民委员会	常住人口	城镇建成区总人口	从业人员	二三产业从业人员	工业企业单位
建昌县牤牛营子乡	16500	18	39275		18869	10307	3
建昌县素珠营子乡	12830	10	23943		11968	3208	
建昌县石佛乡	11400	8	18184		8738	6223	1
建昌县王宝营子乡	11300	8	19000		11090	5710	
建昌县老达杖子乡	17000	11	24334		10704	6232	1
建昌县要路沟乡	10900	10	24506		11916	5906	
建昌县魏家岭乡	10000	7	12346		5936	2803	
建昌县西碱厂乡	7900	7	16154		8280	4550	
建昌县头道营子乡	5500	7	13311		6386	3167	
建昌县新开岭乡	9900	8	18336		13568	9198	1
建昌县贺杖子乡	6200	5	6088		3227	1667	
建昌县养马甸子乡	13500	12	18466		9160	3259	
建昌县和尚房子乡	19400	15	29606		14701	8631	1
建昌县杨树湾子乡	11600	9	16225		7553	3164	
建昌县黑山科乡	8100	9	15881		9814	5135	
建昌县雷家店乡	13600	9	16840		7882	3554	3
建昌县小德营子乡	9800	10	17720		6223	3237	
建昌县二道湾子蒙古族乡	8900	12	23160		11956	5423	1
建昌县巴什罕乡	10400	11	26181		16354	5704	
建昌县娘娘庙乡	7200	8	12753		8034	1986	3
建昌县谷杖子乡	13300	8	17048		8168	4944	12
兴城市古城街道	1500	4	26898	7080	5477	4167	67
兴城市宁远街道	10000	4	30320	19326	16374	4111	65
兴城市城东街道	1015	6	21930	6252	6430	4456	2610
兴城市温泉街道	1750	1	55783	11604	21610	21430	43
兴城市钓鱼台街道	700	2	11159	2070	5466	3980	30
兴城市华山街道	8479	5	19700	14960	6497	2497	115
兴城市四家屯街道	2299	4	7926	2031	7575	5619	88
兴城市菊花街道	2100	2	2966	1857	1768	634	
兴城市曹庄镇	7346	16	34365	2221	14090	6485	78
兴城市沙后所满族镇	11343	16	39484	12480	17158	8594	140
兴城市东辛庄满族镇	8260	13	24872	5120	11630	5073	2902
兴城市郭家满族镇	11900	6	8734	2470	4386	580	12
兴城市红崖子镇	15010	19	28481	4976	14295	2895	1679
兴城市徐大堡镇	8163	10	15087	989	6857	2639	6
兴城市羊安满族乡	8000	11	20238		11507	6503	125
兴城市元台子满族乡	11150	9	18822		16889	5385	46
兴城市白塔满族乡	6810	6	11843		3720	2470	474
兴城市望海满族乡	8140	10	19646		14129	2835	5
兴城市刘台子满族乡	4020	10	13683		8429	2444	3
兴城市大寨满族乡	8410	13	19312		11932	2716	98
兴城市南大山满族乡	13000	15	21442		10712	3027	10
兴城市围屏满族乡	11246	8	12311		7143	1726	35
兴城市高家岭满族乡	8100	10	14812		7992	2809	38
兴城市碱厂满族乡	16120	7	11483		6443	1099	9
兴城市三道沟满族乡	16990	11	20431		11320	2320	1
兴城市旧门满族乡	8340	8	9688		1458	347	8
兴城市药王满族乡	13840	11	14288		7255	1970	15
吉林省							
南关区新立城镇	5200	8	19987	1807	12095	4785	61

乡镇基本情况

计算单位:公顷、个、人

名　　称	行政区域面积	村民委员会	常住人口	城镇建成区总人口	从业人员	二三产业从业人员	工业企业单位
南关区新湖镇	11300	9	22135	2115	9018	2208	21
南关区玉潭镇	14300	9	15460	1098	9655	4975	42
南关区幸福乡	1080	2	9994	9450	4318	4118	10
宽城区兰家镇	8166	11	51893	413	28459	17332	570
宽城区米沙子镇	30554	30	77083	14816	36402	16424	87
宽城区万宝镇	13741	16	35456	2866	16956	3506	15
宽城区兴隆山镇	6130	7	42405	17321	21993	20430	129
宽城区合隆镇	19400	20	80766	21724	36524	26609	169
宽城区奋进乡	9200	5	27858	23870	13250	6719	33
朝阳区乐山镇	13400	12	28354	1884	22428	5109	28
朝阳区永春镇	5740	7	19750	4959	14450	4650	56
朝阳区双德乡	2500	4	33610	33610	13841	13841	
二道区英俊镇	5458	6	18743	6246	9786	5459	150
二道区龙嘉镇	23035	26	54500	6234	28371	11585	60
二道区卡伦湖镇	16923	17	69139	30215	47630	45020	420
二道区东湖镇	11232	11	30472	8453	22582	15952	93
二道区劝农山镇(长春莲花山生态旅游度假区省级)	10270	10	19860	2530	9550	6330	8
二道区泉眼镇	12950	8	19003	1529	11221	3100	87
二道区四家乡(长春莲花山生态旅游度假区省级)	11100	8	11043		5601	1318	5
绿园区合心镇	8100	8	21697	9713	14679	4810	47
绿园区西新镇	3560	4	12693	3948	7320	4722	245
绿园区城西镇	3920	4	41704	9129	18754	14569	146
绿园区长春汽车产业开发区(省级)(特殊乡镇)	10930	9	33290	22350	34300	29300	300
双阳区齐家镇	27741	21	47670	4148	23935	7065	75
双阳区太平镇	32600	22	41895	2074	20535	7304	71
双阳区鹿乡镇	27226	18	43254	2261	19939	6900	85
双阳区双营子回族乡(梅花鹿产业经济开发区)(省级)	6274	6	16614		8940	8140	60
农安县农安镇	60000	48	336481	192800	70219	23809	351
农安县伏龙泉镇	30300	23	64400	19855	24707	7701	107
农安县哈拉海镇	43500	26	79395	8346	42560	8588	68
农安县靠山镇	9700	11	29014	3895	12850	6950	16
农安县开安镇	31100	23	63313	2670	29640	10385	39
农安县烧锅镇	14400	14	26582	6645	13343	6463	60
农安县高家店镇	16400	14	36313	2650	17384	7531	22
农安县华家镇	24400	18	44814	4120	20540	11870	44
农安县三盛玉镇	29200	13	37590	2995	20526	2931	33
农安县巴吉垒镇	40800	19	52508	5152	28000	7000	7
农安县三岗镇	19300	14	32200	3925	18571	3660	12
农安县前岗乡	25100	23	51000		25753	3940	42
农安县龙王乡	22800	13	28453		16984	8356	14
农安县万顺乡	24400	11	39520		16595	3495	40
农安县杨树林乡	27900	12	38620		20449	9917	99
农安县永安乡	18800	12	30750		18565	5524	16
农安县青山口乡	15900	10	29500		15080	5215	6
农安县黄鱼圈乡	15100	13	33313		20054	5413	30
农安县新农乡	18400	14	37201		20885	6265	18
农安县万金塔乡	16400	16	36158		21678	9619	40
农安县小城子乡	18200	10	33701		18338	5193	10
九台市九台街道办事处	3918	5	126367	126367	4457	1447	156
九台市营城街道办事处	1713	2	56560	46350	15609	12379	58

乡镇基本情况

计算单位：公顷、个、人

名　　称	行政区域面积	村民委员会	常住人口	城镇建成区总人口	从业人员	二三产业从业人员	工业企业单位
九台市九郊街道办事处	11270	14	32069	2220	15980	11580	16
九台市西营城街道办事处	13153	13	24291	1641	12266	3431	18
九台市沐石河镇	38099	27	62225	1650	29403	14239	5
九台市城子街镇	27429	30	46286	3838	24121	7995	17
九台市其塔木镇	21232	17	49960	8627	26662	11372	11
九台市上河湾镇	25064	22	54255	4399	26098	9479	28
九台市土们岭镇	20322	16	28176	2363	10769	6669	60
九台市苇子沟镇	25329	26	56855	1213	34208	13678	11
九台市兴隆镇	18728	20	40347	1360	16531	4000	33
九台市纪家镇	17923	19	35380	1747	18815	4541	12
九台市波泥河镇	29984	24	35188	6532	18695	3190	12
九台市胡家回族乡	16899	9	24004		12510	2306	2
九台市莽卡满族乡	15274	12	28954		16676	2785	4
榆树市华昌街道办事处	1963	3	43581	45491	18892	12130	154
榆树市正阳街道办事处	2086	3	42791	41584	7831	2000	324
榆树市培英街道办事处	3776	3	38743	37348	17764	8428	26
榆树市城郊街道办事处	1900	3	60218	61279	11980	5070	196
榆树市五棵树镇	22235	17	69531	22572	22340	8521	356
榆树市弓棚镇	23489	24	62610	4012	46399	25890	257
榆树市闵家镇	13880	14	38377	6720	17396	2504	175
榆树市大坡镇	12010	9	36085	5490	14880	6500	110
榆树市黑林镇	24513	22	55198	4668	31103	12066	268
榆树市土桥镇	37983	29	73618	4495	33689	16534	496
榆树市新立镇	25149	18	59304	12320	38717	23900	159
榆树市大岭镇	28316	19	55761	5864	24094	8400	387
榆树市于家镇	29403	22	58295	557	29285	15028	235
榆树市泗河镇	15283	12	32197	3979	17560	8775	124
榆树市八号镇	24943	20	56807	3259	34884	14090	498
榆树市刘家镇	13722	13	36047	2800	21401	11930	148
榆树市秀水镇	21519	16	47314	4056	23100	10796	200
榆树市保寿镇	15674	14	39819	4435	19907	8180	430
榆树市新庄镇	18615	13	43150	1286	18143	7263	178
榆树市育民乡	15117	12	31282		13138	6045	180
榆树市红星乡	15623	11	34603		15443	8767	505
榆树市太安乡	12749	12	31450		12049	1532	86
榆树市先峰乡	12366	10	28916		19133	6669	422
榆树市青山乡	13052	11	32900		15403	2200	200
榆树市延和朝鲜族乡	2000	3	2482		797	402	16
榆树市恩育乡	13478	13	33703		12135	3800	160
榆树市城发乡	21425	18	50081		29691	11884	500
榆树市环城乡	26567	24	68983		39496	9166	145
德惠市胜利街道办事处	1960		102478	102478	42814	37430	20
德惠市建设街道办事处	2330	1	80431	75505	36719	29958	21
德惠市惠发街道办事处	12000	13	38575	2753	20056	7030	108
德惠市夏家店街道办事处	11000	12	31362	1258	12684	4879	11
德惠市大青嘴镇	16579	15	39408	3430	16703	4596	9
德惠市郭家镇	19271	19	42384	2129	26800	18092	8
德惠市松花江镇	16509	15	42603	875	22733	8610	27
德惠市达家沟镇	15951	14	37892	3984	17503	9740	14
德惠市大房身镇	27210	25	66851	3489	25114	11864	17

乡镇基本情况

计算单位:公顷、个、人

名　称	行政区域面积	村民委员会	常住人口	城镇建成区总人口	从业人员	二三产业从业人员	工业企业单位
德惠市岔路口镇	22089	19	57450	3158	24426	7852	38
德惠市朱城子镇	15349	16	31400	3520	15659	10230	11
德惠市布海镇	20137	17	45305	1609	21155	11612	18
德惠市天台镇	18753	14	40346	1601	17979	9349	27
德惠市菜园子镇	18333	15	52086	2335	22262	6838	8
德惠市同太乡	25250	28	56064		22172	5040	10
德惠市边岗乡	24134	13	44842		17443	6208	8
德惠市五台乡	14110	14	36506		15016	5732	20
德惠市朝阳乡	14899	12	41143		15596	3546	19
昌邑区孤店子镇	7140	10	21918	5266	16019	9418	26
昌邑区桦皮厂镇	17800	27	40237	7869	25810	10373	24
昌邑区左家镇	23200	21	28154	8886	18969	10812	18
昌邑区两家子满族乡	16000	13	18447		8934	2796	4
昌邑区土城子满族朝鲜族乡	9250	12	18386		15154	2529	11
龙潭区乌拉街镇	18800	28	65839	21000	22125	5900	44
龙潭区缸窑镇	29207	27	36957	10991	14945	5540	42
龙潭区江密峰镇	31300	30	41150	3600	16834	8750	35
龙潭区大口钦镇	10528	12	21158	3527	10249	4991	37
龙潭区金珠镇	12300	14	22265	14726	16214	11958	21
龙潭区江北乡	10772	9	23212	3100	14320	3520	82
船营区大绥河镇	14960	11	26412	3478	10413	3506	20
船营区搜登站镇	29740	35	51002	2980	28107	11240	19
船营区越北镇	3910	4	24509	5629	4719	3776	209
船营区欢喜乡	9920	9	22926		15445	8720	126
丰满区旺起镇	53500	14	16928	4111	8822	2123	8
丰满区江南乡	17666	13	25364		10445	6476	201
丰满区前二道乡	11380	11	18877		12403	5829	30
丰满区小白山乡	13600	8	15757		11130	3255	45
永吉县口前镇	32500	15	111963	80276	37547	27243	58
永吉县双河镇	31600	13	24851	4203	13368	7957	6
永吉县西阳镇	42200	14	32669	2768	18051	4713	22
永吉县北大湖镇	44456	16	37146	3724	20083	7986	43
永吉县一拉溪镇	34932	24	48890	2785	19179	2986	28
永吉县岔路河镇	21600	15	53363	13580	23645	17646	36
永吉县万昌镇	18100	17	47218	4997	22883	13800	38
永吉县永吉经济开发区(特殊乡镇)	6062	7	11578	10599	4735	1707	142
永吉县金家乡	15400	7	21097		12380	7520	46
永吉县黄榆乡	15650	10	18577		10539	1870	7
蛟河市民主街道办事处	1000	1	49606	49606	1817	1324	20
蛟河市长安街道办事处	485	2	45131	44951	522	402	8
蛟河市河南街道办事处	31540	26	30735	2595	15185	1334	8
蛟河市奶子山街道办事处	1547	3	978	597	848	570	24
蛟河市拉法街道办事处	30252	18	21230	1750	11869	6812	15
蛟河市河北街道办事处	1575	2	19635	16447	1508	783	35
蛟河市新农街道办事处	18900	15	14441	1239	9455	3309	32
蛟河市新站镇	56793	31	44688	20096	26815	14074	23
蛟河市天岗镇	41808	21	33281	11974	14516	10727	56
蛟河市白石山镇	57351	16	42569	23520	26434	19500	50
蛟河市漂河镇	107567	23	38729	4688	19890	8301	13
蛟河市黄松甸镇	58531	12	15882	4427	7641	3184	19

乡镇基本情况

计算单位：公顷、个、人

名　　称	行政区域面积	村民委员会	常住人口	城镇建成区总人口	从业人员	二三产业从业人员	工业企业单位
蛟河市天北镇	40991	23	24150	2791	12088	2400	14
蛟河市松江镇	58563	13	18057	2888	9313	2258	8
蛟河市庆岭镇	42032	13	17761	2881	10882	4041	30
蛟河市乌林朝鲜族乡	27784	20	17925		8878	5115	31
蛟河市前进乡	59681	17	16059		9118	3194	2
桦甸市明桦街道办事处	2056		42320	42320	21913	21913	28
桦甸市永吉街道办事处	3816	13	30120	30120	27796	15321	498
桦甸市胜利街道办事处	729		25878	25878	18434	18434	30
桦甸市新华街道办事处	1201		20208	20208	13307	13282	4
桦甸市启新街道办事处	550		16948	16948	2643	2627	23
桦甸市夹皮沟镇	98900	5	25750	15979	12462	9639	105
桦甸市二道甸子镇	82564	12	28757	6636	15321	7766	37
桦甸市红石砬子镇	129875	13	50006	30991	26851	19341	158
桦甸市八道河子镇	66878	23	37469	4189	18492	5706	53
桦甸市常山镇	50700	12	20900	3426	11208	4586	8
桦甸市金沙镇	63346	16	29364	3036	14958	2950	9
桦甸市桦郊乡	77305	33	48380		24655	5243	74
桦甸市横道河子乡	32600	9	16336		9603	991	9
桦甸市公吉乡	51971	20	28557		16695	7306	55
舒兰市北城街道办事处	420		43851	43851	24088	24088	8
舒兰市南城街道办事处	404		30125	30125	15612	15612	9
舒兰市环城街道办事处	27694	18	38325	4339	15123	7835	29
舒兰市吉舒街道办事处	39954	18	88654	56133	12956	2737	105
舒兰市铁东街道办事处	2200	2	21023	16574	3412	2410	28
舒兰市法特镇	14543	9	34789	6416	17088	4596	14
舒兰市白旗镇	14450	15	37312	7899	18053	4198	17
舒兰市溪河镇	17089	11	30711	3651	14786	3760	12
舒兰市朝阳镇	12192	8	20394	1642	9111	1900	8
舒兰市小城镇	47388	10	17970	5046	8329	4030	13
舒兰市上营镇	32048	10	13082	2687	6489	2228	32
舒兰市水曲柳镇	20261	16	26550	2420	11119	1146	17
舒兰市平安镇	15904	13	31212	7028	16734	6771	28
舒兰市金马镇	15479	11	17411	2136	8401	1458	12
舒兰市开原镇	44220	14	28315	3653	13011	4155	10
舒兰市莲花乡	7179	6	16916		7582	3586	12
舒兰市亮甲山乡	13417	9	22859		11655	2331	9
舒兰市新安乡	82583	13	18494		9539	1687	10
舒兰市七里乡	26607	13	26059		13105	2542	12
舒兰市天德乡	21668	14	33251		14267	2253	10
磐石市福安街道办事处	9853	12	16115		7613	5079	19
磐石市东宁街道办事处	333		66009	66009	33500	33500	102
磐石市河南街道办事处	470		31212	31212	14645	14645	34
磐石市磐石经济开发区(省级)(特殊街道)	1500	6	14389	14389	8901	6419	63
磐石市烟筒山镇	49793	46	57350	18611	27852	15345	43
磐石市红旗岭镇	16780	7	31537	18393	17975	13595	35
磐石市明城镇	26200	18	48806	26462	25335	15380	54
磐石市石嘴镇	24476	19	30687	9124	19927	13031	42
磐石市驿马镇	20588	11	14337	3414	6629	2283	13
磐石市牛心镇	26400	17	24847	2462	13726	4831	16
磐石市呼兰镇	28960	18	28639	4710	14485	7440	71

乡镇基本情况

计算单位:公顷、个、人

名　　称	行政区域面积	村民委员会	常住人口	城镇建成区总人口	从业人员	二三产业从业人员	工业企业单位
磐石市吉昌镇	36700	32	44667	3896	18625	10474	24
磐石市松山镇	27300	10	12826	2126	5254	999	6
磐石市黑石镇	23700	11	22230	4811	8745	1015	6
磐石市朝阳山镇	24800	19	23623	2846	7807	2915	29
磐石市富太镇	19200	14	20212	2400	8282	4095	9
磐石市取柴河镇	28326	14	14527	4301	7214	4142	9
磐石市宝山乡	24140	14	29250		13403	5588	14
铁西区平西乡	15460	20	48275		26014	10732	4
铁东区山门镇	18170	13	27006	10273	12166	6852	17
铁东区石岭镇	34000	17	35900	15500	27400	11300	20
铁东区叶赫满族镇	26500	13	31577	6347	13368	3943	35
铁东区四平经济开发区(省级)(特殊乡镇)	2250	3	6941	1706	2756	891	70
铁东区城东乡	7412	8	23122		11400	4750	270
梨树县梨树镇	18296	24	148356	94288	37060	15248	285
梨树县郭家店镇	16622	17	71770	37179	22068	3984	70
梨树县榆树台镇	18942	21	48295	7100	19912	4883	18
梨树县孤家子镇(四平辽河农垦管理区)	16260	9	56354	21984	20602	9371	22
梨树县小城子镇	18700	23	46369	7230	23624	7240	9
梨树县喇嘛甸镇	12314	14	29594	1460	15387	4390	1
梨树县蔡家镇	12016	11	29728	4190	12113	1766	1
梨树县刘家馆子镇	29200	17	28406	1312	13720	820	1
梨树县十家堡镇	21332	15	33664	9080	16400	5100	50
梨树县孟家岭镇	16397	9	17696	3000	10530	3400	78
梨树县万发镇	20190	24	41950	1800	22224	2840	9
梨树县东河镇	12643	12	29008	1194	13334	1734	1
梨树县沈洋镇	16680	13	21090	1314	10690	1340	5
梨树县林海镇	27500	15	34264	3853	13005	1865	4
梨树县小宽镇	9661	9	22689	3036	10159	2556	17
梨树县白山乡	11200	15	28385		13588	2764	3
梨树县泉眼岭乡	9542	9	21449		8256	3380	2
梨树县胜利乡	12414	12	25003		8375	610	1
梨树县四棵树乡	14457	12	27903	2088	12361	941	3
梨树县双河乡	11766	13	25269		10455	645	1
梨树县金山乡	12400	10	22477		11439	1795	
伊通满族自治县伊通镇	11760	16	31040	1968	14525	7099	10
伊通满族自治县二道镇	16200	10	18550	1450	14270	4150	6
伊通满族自治县伊丹镇	15000	12	28739	2985	12837	2277	6
伊通满族自治县马鞍镇	14900	13	30558	1159	14325	4050	7
伊通满族自治县景台镇	22500	17	33367	3920	11381	881	12
伊通满族自治县靠山镇	14770	9	27316	3068	16903	4608	15
伊通满族自治县大孤山镇	21400	17	38634	7220	10350	5700	22
伊通满族自治县小孤山镇	16800	13	27498	3124	18498	6023	14
伊通满族自治县营城子镇	26500	14	38240	9410	15664	3254	6
伊通满族自治县西苇镇	14921	8	15121	956	7120	1360	
伊通满族自治县河源镇	22300	12	22120	3810	13068	4690	
伊通满族自治县黄岭子镇	12890	7	17917	802	8580	3380	3
伊通满族自治县新兴乡	6800	8	14900		9400	1400	4
伊通满族自治县莫里青乡	9600	7	15954		7400	2490	2
伊通满族自治县三道乡	11500	11	17821		8638	2550	2
公主岭市河南街道办事处	101		12233	12233	4385	4385	3

乡镇基本情况

计算单位:公顷、个、人

名　　称	行政区域面积	村民委员会	常住人口	城镇建成区总人口	从业人员	二三产业从业人员	工业企业单位
公主岭市河北街道办事处	240		20379	20379	6313	6313	8
公主岭市东三街道办事处	173		28076	28076	1754	1754	8
公主岭市岭东街道办事处	1180		40076	40076	12510	11758	36
公主岭市铁北街道办事处	600		28884	28884	7802	7802	
公主岭市岭西街道办事处	380		28333	28333	6490	6490	56
公主岭市刘房子街道办事处	12138	14	35626	2275	14492	6100	65
公主岭市南崴子街道办事处	9455	13	32091	2361	11421	6065	108
公主岭市环岭街道办事处	5550	8	24902	682	7725	3140	154
公主岭市苇子沟街道办事处	2020	6	13315	598	5006	3510	83
公主岭市二十家子镇	11452	9	22241	6720	9372	1882	28
公主岭市黑林子镇	24656	28	56566	3027	29294	8926	99
公主岭市陶家屯镇	11962	15	30860	1800	12875	3000	5
公主岭市范家屯镇	17434	18	88910	65697	52994	37752	134
公主岭市响水镇	14506	20	38806	2524	17959	5994	7
公主岭市大岭镇	14737	15	37304	2056	13290	3300	55
公主岭市怀德镇	44640	49	106318	8520	48653	19900	26
公主岭市双城堡镇	37793	37	75434	5517	25329	6235	125
公主岭市双龙镇	12310	14	23381	1930	9554	2597	2
公主岭市杨大城子镇	24598	21	53140	7185	24900	7340	9
公主岭市毛城子镇	16499	11	23503	2360	9270	779	4
公主岭市玻璃城子镇	24888	15	31354	2568	11171	2525	20
公主岭市朝阳坡镇	12879	18	27936	2790	13280	6325	6
公主岭市大榆树镇	11564	14	25550	1022	17279	7220	4
公主岭市秦家屯镇	19449	22	51960	8326	21682	8508	26
公主岭市八屋镇	13761	11	30841	1609	16662	7390	3
公主岭市十屋镇	15978	13	28293	2880	9982	858	14
公主岭市桑树台镇	14759	11	24096	3462	10767	2643	20
公主岭市龙山乡	11804	8	14564		8802	1358	2
公主岭市永发乡	13578	14	23521		9819	1534	8
双辽市郑家屯街道办事处	1148	1	32600	32200	183	135	1
双辽市辽西街道办事处	4250	2	22879	19199	1153	328	21
双辽市辽南街道办事处	1704	3	29450	12800	1539	460	1
双辽市辽北街道办事处	420	2	20778	18777	1661	572	3
双辽市辽东街道办事处	5927	4	13026	2050	8470	2750	10
双辽市红旗街道办事处	10246	6	11291	2451	5727	1022	14
双辽市茂林镇	46800	27	42500	21000	15432	3210	8
双辽市双山镇	34868	21	29351	7794	19792	4926	8
双辽市卧虎镇	31500	19	26781	4500	11218	880	7
双辽市服先镇	29272	15	29083	2797	16729	2778	20
双辽市王奔镇	12220	15	24329	3501	17626	2565	28
双辽市玻璃山镇	10600	5	9281	3374	6994	564	1
双辽市兴隆镇	15500	10	14870	1740	6833	2132	2
双辽市东明镇	10765	13	17828	1956	9870	1930	7
双辽市那木乡	21021	10	20619		10143	3485	1
双辽市柳条乡	15840	15	16546		10306	1352	5
双辽市新立乡	6600	12	16148		8492	3577	3
双辽市永加乡	17000	10	12209		8466	3091	8
龙山区寿山镇	15400	18	33042	1553	29315	14341	65
龙山区县级直管村级单位(特殊镇)	2400		243779		55479	55479	265
龙山区工农乡	5800	10	20186		18049	7214	109

乡镇基本情况

计算单位:公顷、个、人

名　　称	行政区域面积	村民委员会	常住人口	城镇建成区总人口	从业人员	二三产业从业人员	工业企业单位
西安区灯塔镇	16425	23	38830		16930	13201	78
西安区县级直管村级单位(特殊镇)	1575		135051		13046	10201	72
东丰县东丰镇	16377	21	103657	81222	20793	13671	80
东丰县大阳镇	29660	23	40442	4480	22658	8722	24
东丰县横道河镇	28958	16	32559	8321	12972	9016	263
东丰县那丹伯镇	15153	15	17625	2566	11453	7161	26
东丰县猴石镇	12693	12	14193	2048	8967	5382	22
东丰县杨木林镇	13527	13	16833	3286	8522	896	28
东丰县小四平镇	21430	16	19856	2785	13382	3636	62
东丰县黄河镇	20477	21	25239	2158	18429	4640	15
东丰县拉拉河镇	10321	10	13656	1510	7677	2962	11
东丰县沙河镇	16574	12	12388	2895	9331	1659	31
东丰县南屯基镇	16793	17	23614	573	15183	4156	84
东丰县大兴镇	10228	12	13045	1952	7128	3026	24
东丰县三合满族朝鲜族乡	15454	16	26472	15000	14055	5036	65
东丰县二龙山乡	24505	25	29601		23871	9928	19
东辽县白泉镇	16196	21	63002	24543	30362	23438	114
东辽县渭津镇	19203	20	32718	6915	14236	8795	29
东辽县安石镇	22892	24	29760	2740	15623	5730	24
东辽县辽河源镇	37688	36	36500	3204	17856	8000	8
东辽县泉太镇	9564	12	17541	4385	5558	3318	4
东辽县建安镇	17691	23	27510	4114	12965	4940	38
东辽县安恕镇	20907	19	24407	2665	12803	5223	129
东辽县平岗镇	9134	10	27445	11900	7148	3532	23
东辽县云顶镇	11104	13	18910	2493	7610	1770	7
东辽县凌云乡	15583	15	17143		11761	4101	5
东辽县甲山乡	9113	13	13370		4710	1410	5
东辽县足民乡	16484	17	17700		8085	1617	4
东辽县金洲乡	12880	11	13520		4700	1100	4
东昌区金厂镇	17083	3	17115	11474	11460	3932	32
东昌区通化经济开发区(特殊乡镇)	1545	5	9460	9460	5393	2810	35
东昌区环通乡	8420	7	14512		7406	4596	55
东昌区江东乡	9193	4	7426		3765	2742	30
二道江区鸭园镇	15600	8	19689	3648	10972	4931	41
二道江区铁厂镇	5400	4	16979	12916	4018	2108	105
二道江区五道江镇	4900	2	19949	16026	6568	4392	141
二道江区二道江乡	9300	5	6126		3316	2348	84
通化县快大茂镇	25761	16	15937	4520	9309	4318	392
通化县二密镇	32268	16	29892	12498	10861	5522	106
通化县果松镇	36260	11	18250	5217	9120	4659	45
通化县石湖镇	28280	3	4230	2956	2212	892	7
通化县大安镇	17580	6	8786	1320	3437	1830	31
通化县光华镇	33310	8	10800	4260	5486	2007	7
通化县兴林镇	25369	7	5900	1977	2723	1020	6
通化县英额布镇	18515	12	9896	1542	5136	672	5
通化县三棵榆树镇	22919	11	12703	4520	6605	1931	60
通化县西江镇	14260	13	15794	1620	8218	5900	8
通化县通化聚鑫经济开发区管理委员会(特殊乡镇)	11800	7	11756		5516	2462	90
通化县富江乡	14269	7	8620		3828	501	5
通化县四棚乡	27530	9	7093		2838	1143	1

乡镇基本情况

计算单位:公顷、个、人

名称	行政区域面积	村民委员会	常住人口	城镇建成区总人口	从业人员	二三产业从业人员	工业企业单位
通化县东来乡	17422	7	6111		4162	968	2
通化县大泉源满族朝鲜族乡	33896	21	23532		11823	3453	20
通化县金斗朝鲜族满族乡	10509	5	5782		4308	1830	6
辉南县朝阳镇	18490	24	131312	90927	45247	21946	69
辉南县辉南镇	22250	15	51189	27360	36273	19563	111
辉南县样子哨镇	24280	15	27950	4734	14520	2670	46
辉南县杉松岗镇	12480	11	21950	12877	7705	2124	5
辉南县石道河镇	33780	12	19175	3824	10416	3136	21
辉南县辉发城镇	15760	13	24450	1792	12336	4131	5
辉南县抚民镇	34610	7	16967	7389	9134	2025	52
辉南县金川镇	31510	6	14064	2439	7630	2297	11
辉南县团林镇	8910	11	15056	2531	9477	1988	18
辉南县庆阳镇	12220	15	15049	1040	9900	2218	44
辉南县楼街朝鲜族乡	11940	12	23260		15029	5339	39
柳河县柳河镇	32289	32	113789	81467	49396	33314	68
柳河县三源浦朝鲜族镇	38542	20	30344	7015	12907	6740	74
柳河县五道沟镇	18619	16	21968	1437	13196	990	10
柳河县驼腰岭镇	12834	18	15263	1281	7152	1782	22
柳河县孤山子镇	27096	26	27631	11291	12500	5310	23
柳河县圣水河子镇	22873	21	29352	2630	13181	1171	16
柳河县罗通山镇	12442	7	12752	2800	6002	2498	6
柳河县安口镇	25754	17	21428	3910	10177	1331	22
柳河县向阳镇	26656	13	18640	1410	8615	1515	4
柳河县红石镇	14279	7	14048	1391	5855	955	7
柳河县凉水河子镇	57789	10	18332	5240	6786	3444	8
柳河县亨通镇	10991	7	12094	2501	7006	2958	5
柳河县柳南乡	15064	7	12309		5229	1088	9
柳河县时家店乡	11093	8	13865		7760	1610	8
柳河县姜家店朝鲜族乡	8258	10	12236	2527	5900	1145	19
梅河口市新华街道办事处	580	2	49832	48283	8718	7936	
梅河口市光明街道办事处	1180	3	43743	39103	2589	453	
梅河口市和平街道办事处(梅河口市经济贸易开发区)(省级)	1380	2	42948	40888	2860	301	
梅河口市解放街道办事处(梅河口市经济贸易开发区)(省级)	1146	2	77985	65041	2340	370	
梅河口市福民街道办事处(梅河口市经济贸易开发区)(省级)	2699	7	26121	22120	8550	6408	
梅河口市山城镇	15659	32	55318	24008	25263	5255	10
梅河口市红梅镇	9440	14	60375	48109	30975	27610	28
梅河口市海龙镇	14035	17	43868	18036	19589	11687	36
梅河口市新合镇	14886	16	31206	4004	12294	3201	6
梅河口市曙光镇	8138	15	15872	3012	9140	2695	54
梅河口市中和镇	6455	11	14634	1751	8147	3718	9
梅河口市黑山头镇	4588	7	12918	2623	5830	4710	45
梅河口市水道镇	8273	10	11000	817	10000	3000	5
梅河口市进化镇	9216	10	13312	2112	6690	1432	16
梅河口市一座营镇	7750	13	12601	1785	6219	1200	4
梅河口市康大营镇	10368	17	13901	1486	6642	2081	8
梅河口市牛心顶镇	19300	21	30616	4088	12015	3029	32
梅河口市杏岭乡	15968	30	32400		18900	11000	30
梅河口市李炉乡	6573	10	13270		5624	2328	27
梅河口市湾龙乡	11227	13	23995		9850	6015	6
梅河口市双兴乡	11538	12	15137		7310	2207	3

乡镇基本情况

计算单位：公顷、个、人

名　　称	行政区域面积	村民委员会	常住人口	城镇建成区总人口	从业人员	二三产业从业人员	工业企业单位
梅河口市兴华乡	11150	12	12565		6039	641	4
梅河口市小杨满族朝鲜族乡	18030	17	15892		7194	2400	15
梅河口市吉乐乡	9312	10	9171		3179	1605	6
集安市团结街道办事处	145	2	33280	33081	3074	3034	2
集安市黎明街道办事处	540	1	28761	28761	14454	14272	22
集安市通胜街道办事处	6139	3	11421	11378	4651	3366	2
集安市青石镇	30000	8	7985	1280	4765	1337	11
集安市榆林镇	28300	9	12397	3169	6413	3437	12
集安市花甸镇	15500	8	10707	3456	5314	798	32
集安市头道镇	33200	18	26711	4802	12839	1880	19
集安市清河镇	50500	15	21915	7299	9828	4387	77
集安市台上镇	42200	12	15344	952	9922	2840	31
集安市财源镇	17500	10	13422	2340	8379	1115	18
集安市大路镇	25500	7	8261	1179	4711	621	14
集安市太王镇	37800	14	24525	7042	11310	5027	96
集安市麻线乡	29300	10	9692		5710	2325	33
集安市凉水朝鲜族乡	17800	9	6310		4153	1268	5
浑江区七道江镇	26024	15	25726	5342	11891	7200	63
浑江区六道江镇	15487	11	21421	4965	8195	4515	90
浑江区红土崖镇	34800	13	13980	2704	6773	1603	6
浑江区三道沟镇	40716	6	3636	1257	1959	1298	5
江源区湾沟镇	29700	9	56400	10411	15310	9630	66
江源区松树镇	20619	11	26809	10024	9768	6006	45
江源区砟子镇	1700	3	21362	6814	9247	8597	41
江源区石人镇	22000	11	31990	18236	15926	12440	57
江源区大阳岔镇	18100	7	4258	2411	2548	1468	15
江源区大石人镇	6700	5	9374	1926	3191	2531	10
抚松县抚松镇	19671	18	61470	58350	26569	22364	18
抚松县松江河镇	18981	4	61293	59836	23500	22650	52
抚松县泉阳镇	9600	9	41855	33999	11401	8617	22
抚松县露水河镇	85574	5	39605	31527	24528	17170	18
抚松县仙人桥镇	34252	15	11886	2890	5771	3076	13
抚松县万良镇	18600	18	20546	12276	9530	3720	15
抚松县新屯子镇	11383	4	5509	2855	2310	437	4
抚松县东岗镇	100700	10	15279	9960	6876	1698	4
抚松县漫江镇	129935	4	3485	2224	2252	542	2
抚松县北岗镇	39591	6	11502	8742	5520	930	6
抚松县兴参镇	27147	12	10822	5450	4250	750	7
抚松县长白山保护开发区管委会池西区(特殊乡镇)	73900	3	17428	17428	6082	3232	15
抚松县长白山保护开发区管委会池南区(特殊乡镇)	24000	1	2682	2682	1479	29	2
抚松县兴隆乡	17101	15	9693		5382	836	6
抚松县抽水乡	13036	6	4994		2273	519	3
抚松县沿江乡	39450	4	2980		2338	224	5
靖宇县靖宇镇	16580	7	62893	58188	40522	33373	28
靖宇县三道湖镇	54500	17	14108	1168	7535	1105	27
靖宇县龙泉镇	18140	10	8817	1497	4883	1070	6
靖宇县那尔轰镇	39230	8	8610	3804	4871	2325	5
靖宇县花园口镇	52380	19	16571	1225	6984	1122	13
靖宇县景山镇	54360	18	15278	4574	5101	1504	14
靖宇县赤松镇	27550	14	7075	1914	3186	1058	5

乡镇基本情况

计算单位：公顷、个、人

名　　称	行政区域面积	村民委员会	常住人口	城镇建成区总人口	从业人员	二三产业从业人员	工业企业单位
靖宇县蒙江乡	46700	18	10818		3636	1204	5
长白朝鲜族自治县长白镇	2512	3	36208	27695	21542	18762	45
长白朝鲜族自治县八道沟镇	11002	16	9353	5247	4832	2746	11
长白朝鲜族自治县十四道沟镇	30496	6	5183	2172	1875	548	1
长白朝鲜族自治县马鹿沟镇	94320	18	9474	3098	5617	1764	56
长白朝鲜族自治县宝泉山镇	4833	11	5792	1273	3295	1472	3
长白朝鲜族自治县新房子镇	56880	7	7072	1732	2395	890	2
长白朝鲜族自治县金华乡	9400	6	2613		1318	373	3
长白朝鲜族自治县十二道沟乡	30207	10	7902		2545	1340	13
临江市建国街道办事处	441	1	30858	30858	14043	13769	15
临江市新市街道办事处	2430	2	10127	8950	8194	7223	9
临江市兴隆街道办事处	996	1	17200	17200	9005	8575	8
临江市大湖街道办事处	6211	3	11768	5895	7228	6060	32
临江市森工街道办事处	1200	1	18964	18964	6348	5800	24
临江市大栗子街道办事处	6533	3	8625	5315	5620	3637	10
临江市桦树镇	66955	7	18109	9119	11315	6802	12
临江市六道沟镇	54090	18	16858	4085	11327	4550	36
临江市苇沙河镇	26800	5	4250	1531	2636	1229	5
临江市花山镇	23208	6	7078	3026	4158	1262	15
临江市闹枝镇	25164	6	5184	1275	3622	1635	13
临江市四道沟镇	36880	9	8633	1089	5808	1746	6
临江市蚂蚁河乡	49942	8	6076		3744	603	2
宁江区大洼镇	40360	33	59316	4950	40099	13746	3
宁江区善友镇	14946	11	24494	3380	21640	7790	3
宁江区毛都站镇	14230	11	22490	4511	16503	2815	4
宁江区哈达山镇	30593	17	30304	2497	13780	6216	
宁江区新城乡	14458	13	35985		31050	7620	115
宁江区兴原乡	11000	13	29250		28800	6300	624
宁江区伯都乡	23324	14	26824		14277	5980	8
前郭尔罗斯蒙古族自治县前郭尔罗斯镇	3935	4	92040	82000	42160	23600	113
前郭尔罗斯蒙古族自治县长山镇	18106	16	72000	33690	36833	25023	87
前郭尔罗斯蒙古族自治县海渤日戈镇	28741	11	26859	8605	9934	5754	
前郭尔罗斯蒙古族自治县乌兰图嘎镇	39000	12	28550	5219	10510	7627	126
前郭尔罗斯蒙古族自治县查干花镇	44740	9	21775	3915	13147	4262	4
前郭尔罗斯蒙古族自治县王府站镇	20880	15	33296	11378	20600	4800	8
前郭尔罗斯蒙古族自治县八郎镇	22228	20	27157	2341	11234	3220	18
前郭尔罗斯蒙古族自治县哈拉毛都镇	13988	12	22324	2565	12205	2225	16
前郭尔罗斯蒙古族自治县蒙古艾里镇	43654	16	25424	342	13503	4033	12
前郭尔罗斯蒙古族自治县宝甸乡	12501	9	13415		6762	1500	1
前郭尔罗斯蒙古族自治县平凤乡	67000	14	28449		9007	2550	6
前郭尔罗斯蒙古族自治县达里巴乡	8712	5	12210		3765	735	10
前郭尔罗斯蒙古族自治县吉拉吐乡	8098	6	14135		7055	2043	4
前郭尔罗斯蒙古族自治县白依拉嘎乡	16150	9	19780		6740	1990	18
前郭尔罗斯蒙古族自治县洪泉乡	23329	9	19819		10020	2215	2
前郭尔罗斯蒙古族自治县额如乡	18304	11	20680		12800	1800	3
前郭尔罗斯蒙古族自治县套浩太乡	15486	7	13678	2520	7600	2673	13
前郭尔罗斯蒙古族自治县长龙乡	25198	10	19242		7821	1850	8
前郭尔罗斯蒙古族自治县乌兰塔拉乡	30000	10	20572		10573	1670	1
前郭尔罗斯蒙古族自治县东三家子乡	25000	9	14012		4650	1140	17
前郭尔罗斯蒙古族自治县浩特芒哈乡	22110	9	16520		6421	1384	4

乡镇基本情况

计算单位:公顷、个、人

名　　称	行政区域面积	村民委员会	常住人口	城镇建成区总人口	从业人员	二三产业从业人员	工业企业单位
前郭尔罗斯蒙古族自治县乌兰敖都乡	28000	9	16162		4320	3006	4
长岭县长岭镇	41925	19	117096	56340	69700	36250	95
长岭县太平川镇	29309	6	34462	29927	25104	16804	47
长岭县巨宝镇	21090	11	33870	2880	16140	4935	10
长岭县太平山镇	17477	11	26510	5136	14446	2578	14
长岭县前七号镇	33356	15	37926	2498	27068	6946	16
长岭县新安镇	33500	18	44036	6326	25302	4246	5
长岭县三青山镇	22291	10	34765	4197	26420	4962	7
长岭县大兴镇	40405	15	33000	1710	14232	1982	8
长岭县北正镇	48100	10	17894	3886	14162	2737	5
长岭县流水镇	26943	13	32586	1720	29832	3272	8
长岭县永久镇	13000	9	20066	2436	14994	2214	19
长岭县利发盛镇	12800	8	16586	1868	7143	601	12
长岭县太平川(镇)农业园区(特殊乡镇)	15668	4	8500		7985	785	
长岭县双龙工业园区(特殊乡镇)	5839	2	2300		2280	80	3
长岭县长岭经济开发区(特殊乡镇)	5289	4	8800		11000	4000	101
长岭县集体乡	12360	8	18910		8295	1909	15
长岭县光明乡	19500	7	19028		14414	3588	2
长岭县三县堡乡	14440	9	22866		14196	1740	3
长岭县海青乡	10287	7	12715		9263	3421	18
长岭县前进乡	12635	12	21226		9981	767	2
长岭县东岭乡	11969	6	15889		8689	1181	18
长岭县腰坨子乡	22212	8	17066		12739	2327	2
长岭县八十八乡	28068	7	13488		9501	455	2
长岭县三团乡	37447	7	16089		10460	1244	5
长岭县三十号乡	19787	6	12354		8851	1318	7
乾安县乾安镇	5666	7	80749	79560	47558	18558	45
乾安县大布苏镇	23543	9	13930	1981	7140	491	4
乾安县水字镇	27200	13	21890	5970	11150	1200	5
乾安县让字镇	38750	16	20153	3376	13916	919	13
乾安县所字镇	45791	25	27819	1427	19700	705	6
乾安县安字镇	40873	15	20216	2118	13018	348	5
乾安县余字乡	40366	21	19110		11681	1081	1
乾安县道字乡	33882	18	17400		8906	1251	3
乾安县严字乡	27100	10	15850		9277	518	5
乾安县赞字乡	33700	16	21595		13248	1160	16
扶余市三岔河镇	26613	38	110969	59240	62675	44283	91
扶余市长春岭镇	25080	31	52902	9720	21912	8480	24
扶余市五家站镇	23260	25	38186	19630	28432	16880	8
扶余市陶赖昭镇	29643	29	48605	6246	19321	6090	16
扶余市蔡家沟镇	19800	17	33182	5196	23363	12290	22
扶余市弓棚子镇	26927	23	42000	4650	20819	9920	76
扶余市三井子镇	38400	29	46830	7634	30472	10094	14
扶余市增盛镇	34500	17	36051	4610	29220	19880	7
扶余市新万发镇	26000	21	37763	2710	15891	4044	4
扶余市大林子镇	18200	13	27200	3440	10012	2880	4
扶余市新源镇	8200	11	16956	1542	10530	4395	5
扶余市得胜镇	31572	23	45231	2319	22903	4860	5
扶余市三骏满族蒙古族锡伯族乡	29642	29	46233		21090	5890	5
扶余市永平乡	22911	19	30898		15975	5438	5

乡镇基本情况

计算单位:公顷、个、人

名　　称	行政区域面积	村民委员会	常住人口	城镇建成区总人口	从业人员	二三产业从业人员	工业企业单位
扶余市新站乡	21300	16	26201		14604	5960	8
扶余市更新乡	17700	12	25590		15673	3681	10
扶余市肖家乡	24240	30	43153		23927	11574	13
洮北区平安镇	11147	10	20899	4390	9730	3930	6
洮北区青山镇	16300	14	14199	771	7640	1440	1
洮北区林海镇	8800	6	10124	1448	6367	1299	6
洮北区洮河镇	13870	11	15207	1573	6724	401	1
洮北区平台镇	17300	14	17008	4020	11506	1206	14
洮北区到保镇	21379	7	12700	2013	5894	694	4
洮北区岭下镇(查干浩特旅游经济开发区)(省级)	15700	11	23354	10410	13643	5637	11
洮北区东风乡	9300	12	26980		17109	4511	14
洮北区三合乡	8750	9	12133		5384	1819	4
洮北区东胜乡	16450	21	22198		15329	2915	2
洮北区金祥乡	12591	14	16391		9350	2250	4
洮北区德顺蒙古族乡	38800	19	21467		13599	2767	6
镇赉县镇赉镇	35660	17	110411	85547	37674	20569	86
镇赉县坦途镇	32000	14	33736	11572	14210	7912	29
镇赉县东屏镇	38304	12	11346	2763	6265	2115	3
镇赉县大屯镇	39000	15	22337	6461	12939	3575	9
镇赉县沿江镇	35000	7	7346	1716	4542	978	2
镇赉县五棵树镇	28112	13	13571	2063	8942	1328	8
镇赉县黑鱼泡镇	58400	16	18246	356	12226	1021	3
镇赉县哈吐气蒙古族乡	15580	5	4762		3269	456	1
镇赉县莫莫格蒙古族乡	52700	13	12478		5761	1030	12
镇赉县建平乡	61267	14	22400		11898	2953	5
镇赉县嘎什根乡	27787	15	21821		14617	1398	23
通榆县开通镇	52908	21	125960	86024	36745	12445	4
通榆县瞻榆镇	67400	20	36370	9480	20356	6600	2
通榆县双岗镇	32100	5	8510	575	4320	720	1
通榆县兴隆山镇	70520	10	21835	3620	13040	2175	5
通榆县边昭镇	35000	10	18032	2900	7650	1150	1
通榆县鸿兴镇	35172	10	14695	2249	7930	430	1
通榆县新华镇	56296	14	24778	4020	12984	2911	1
通榆县乌兰花镇	53296	14	24578	4562	10826	2841	
通榆县新发乡	38000	6	10700		5758	285	1
通榆县新兴乡	19880	6	9980		5420	370	1
通榆县向海蒙古族乡	74578	16	23527		12780	680	1
通榆县包拉温都蒙古族乡	15670	4	4877		2980	180	1
通榆县团结乡	58426	9	14900		8350	340	1
通榆县十花道乡	44534	10	12925		6107	1920	1
通榆县八面乡	41899	8	15296		7545	1205	1
通榆县苏公坨乡	30664	9	13735		7610	410	1
洮南市富文街道办事处	234		9992	9992	9992	9637	5
洮南市洮府街道办事处	15000	3	14059		6543	1282	8
洮南市向阳街道办事处	24800	8	14287		7501	1128	
洮南市瓦房镇	13000	17	23322	2995	15647	1179	4
洮南市万宝镇	23400	17	33805	15210	14642	932	4
洮南市黑水镇	33000	8	17238	4500	8647	2691	2
洮南市那金镇	15780	17	18900	1704	11866	1275	3
洮南市安定镇	15240	10	19002	1626	6361	412	2

乡镇基本情况

计算单位:公顷、个、人

名　　称	行政区域面积	村民委员会	常住人口	城镇建成区总人口	从业人员	二三产业从业人员	工业企业单位
洮南市福顺镇	28500	29	34786	5380	11559	2356	1
洮南市胡力吐蒙古族乡	14960	10	8642		4562	1681	2
洮南市万宝乡	9300	10	8834		5230	1738	3
洮南市聚宝乡	26600	8	10043		5586	326	2
洮南市东升乡	18304	11	14700		7741	977	1
洮南市野马乡	18000	11	10681		5361	453	1
洮南市永茂乡	22500	12	14191		7885	1530	1
洮南市蛟流河乡	28000	10	15858		5404	728	
洮南市大通乡	10190	14	16478		8050	990	2
洮南市二龙乡	33000	10	15456		5967	528	1
洮南市呼和车力蒙古族乡	26281	7	6719		4079	496	2
大安市月亮泡镇	18800	10	14680	3820	7810	1766	5
大安市安广镇	15812	9	52500	39201	19070	15530	34
大安市丰收镇	13467	9	8250	986	4563	623	
大安市新平安镇	35600	11	11364	1580	4365	925	
大安市两家子镇	41306	20	20992	1930	9895	1185	7
大安市舍力镇	41300	20	28063	7456	12030	3500	2
大安市大岗子镇	39600	7	8707	1506	4140	1110	1
大安市叉干镇	32400	11	11910	1631	5989	1356	3
大安市龙沼镇	39400	12	15644	1849	8946	1970	
大安市太山镇	21300	16	22783	746	7240	3180	2
大安市烧锅镇	25258	17	16097	2590	9184	1826	
大安市乐胜镇	26339	18	21960	2154	13683	1522	1
大安市四棵树乡	20661	17	20652		9816	1783	4
大安市联合乡	14909	12	15129		9172	356	
大安市大赉乡	14516	8	12647		6176	2320	1
大安市红岗子乡	12393	8	7889		5351	789	4
大安市海坨乡	44119	13	15950		6820	1122	20
大安市新艾里蒙古族乡	8273	5	5006		2231	252	
延吉市小营镇	15553	13	18087	1750	9707	6392	350
延吉市依兰镇	61500	12	10226	2220	7118	939	16
延吉市三道湾镇	55960	9	9034	1510	4986	2765	2
延吉市朝阳川镇	37687	20	50794	24263	25828	17301	28
图们市月晴镇	24435	13	7018	1229	4454	3310	10
图们市石岘镇	25797	12	17240	15890	8240	7020	46
图们市长安镇	25465	13	6548	2210	4584	1770	8
图们市凉水镇	37074	12	5638	4265	4489	2038	15
敦化市大石头镇	149027	20	22746	13313	13100	7383	390
敦化市黄泥河镇	41250	16	12056	7180	12054	5871	27
敦化市官地镇	62311	45	38960	9775	25960	5382	19
敦化市沙河沿镇	28166	22	14506	2500	10851	1965	17
敦化市秋梨沟镇	29042	9	5980	4120	3191	750	7
敦化市额穆镇	258480	15	9715	2910	1368	976	2
敦化市贤儒镇	33476	11	11890	2959	6417	1423	5
敦化市大蒲柴河镇	164245	9	7340	3504	3813	915	5
敦化市雁鸣湖镇	149829	12	10713	3055	4900	762	3
敦化市江源镇	64802	14	8593	2048	5002	1724	7
敦化市江南镇	33792	53	29978	678	14002	3720	35
敦化市大桥乡	13334	15	6937		6892	556	11
敦化市黑石乡	33774	20	11109		3838	784	6

乡镇基本情况

计算单位:公顷、个、人

名　　称	行政区域面积	村民委员会	常住人口	城镇建成区总人口	从业人员	二三产业从业人员	工业企业单位
敦化市青沟子乡	55807	12	3992		3743	383	
敦化市翰章乡	51195	18	13107		7090	2250	9
敦化市红石乡	18712	12	9442		7347	1682	8
珲春市春化镇	208200	20	8676	3250	5167	1812	13
珲春市敬信镇	34246	14	5125	1506	1795	494	
珲春市板石镇	13391	7	8549	2096	4769	1606	11
珲春市英安镇	66529	25	41280	21320	10552	9606	112
珲春市马川子乡	8300	9	6989		5407	1391	26
珲春市杨泡满族乡	22674	7	3958		2779	429	5
珲春市三家子满族乡	5962	8	8754		5799	1428	13
珲春市密江乡	40966	6	1376		1104	163	2
珲春市哈达门乡	110000	20	9804		5953	2277	7
龙井市开山屯镇	19975	5	11400	11370	10029	7619	20
龙井市老头沟镇	58195	22	26974	4874	13531	5000	22
龙井市三合镇	32489	4	1580	782	703	222	4
龙井市东盛涌镇	24728	9	6614	1306	3720	615	11
龙井市智新镇	36636	15	10032	1107	8556	3878	9
龙井市德新乡	12039	7	4216		3261	404	2
龙井市白金乡	31910	3	1236		960	73	
和龙市八家子镇	7405	6	16284	3407	3383	1799	11
和龙市福洞镇	19234	4	9727	5120	1865	771	5
和龙市头道镇	51430	16	16769	9546	11389	3734	12
和龙市西城镇	109576	7	9834	3348	4423	1363	3
和龙市南坪镇	68891	8	4085	534	3758	504	2
和龙市东城镇	14899	8	5016	1488	4274	1909	2
和龙市崇善镇	61618	4	2278	565	1754	368	1
和龙市龙城镇	172611	23	19060	5846	11052	2269	2
汪清县汪清镇	25861	14	10726	7350	4098	2387	134
汪清县大兴沟镇	90915	35	29402	1568	29402	3032	28
汪清县天桥岭镇	135490	23	10510	2258	10308	1912	13
汪清县罗子沟镇	149073	21	20977	5464	13137	977	10
汪清县百草沟镇	58402	34	11712	3961	6579	641	9
汪清县春阳镇	92500	19	10770	6101	7337	3322	5
汪清县复兴镇	132073	10	6582	1482	3379	415	
汪清县东光镇	125599	31	10910	1050	9800	2000	9
汪清县鸡冠乡	81824	13	7250		7230	1700	3
安图县明月镇	89499	45	71456	59370	14600	3100	37
安图县松江镇	137887	41	31778	14600	12992	3190	24
安图县二道白河镇	60367	8	3455		2349	399	17
安图县两江镇	42907	12	15450	4698	6337	3267	19
安图县石门镇	32227	9	7636	2530	3006	695	9
安图县万宝镇	75780	17	9016	3810	2872	428	10
安图县亮兵镇	33173	13	7579	2775	3050	1148	10
安图县长白山保护开发区管委会池北区(特殊乡镇)	116200	1	47135	44685	20000	16500	309
安图县新合乡	87687	18	5518		2770	650	10
安图县永庆乡	46587	17	9736		3944	957	8
黑龙江省							
道里区太平镇	16200	9	29838	5800	10532	5384	12
道里区新发镇	11200	11	42917	42917	18129	9721	271
道里区新农镇	10400	9	30477	2815	15735	3005	86

乡镇基本情况

计算单位：公顷、个、人

名　　称	行政区域面积	村民委员会	常住人口	城镇建成区总人口	从业人员	二三产业从业人员	工业企业单位
道里区榆树镇	5550	6	18314	4671	10615	5497	135
南岗区王岗镇	5701	12	76927	30225	9393	9020	24
南岗区红旗满族乡	6010	8	18000	2010	10495	6845	25
道外区永源镇	16000	11	36539	18280	19766	5200	35
道外区巨源镇	21000	8	32842	4319	10327	6064	3
道外区团结镇	7670	11	40724	34400	39470	19720	470
道外区民主乡	13200	10	28798	18000	21060	9560	49
平房区平房镇	2275	6	11107	4802	6452	3901	130
松北区对青山镇	19039	12	33052	8453	15406	6111	60
松北区乐业镇	22800	14	36057	1453	18521	7334	57
香坊区成高子镇	6720	8	32930	18429	15361	12542	126
香坊区幸福镇	6750	13	25100	1890	12053	7334	410
香坊区朝阳镇	5400	10	17325	3462	5598	3811	544
香坊区向阳乡	6950	8	16207	1089	8140	5597	105
呼兰区沈家镇	10800	12	26768	2905	11324	5457	134
呼兰区二八镇	11139	9	24029	3716	11747	4318	10
呼兰区石人镇	12840	12	29399	2330	11085	1925	36
呼兰区白奎镇	13700	12	30793	3100	24225	5325	164
呼兰区方台镇	15343	10	28213	3693	18162	6924	70
呼兰区莲花镇	13900	10	24705	2078	11085	7390	99
呼兰区大用镇	11622	9	27000	2300	12932	3722	88
呼兰区长岭镇	8400	9	26050	3872	14820	7600	90
呼兰区杨林乡	177000	8	28566	2931	14213	8845	126
呼兰区许卜乡	17900	12	28955	2584	18400	8230	96
呼兰区孟家乡	17333	13	34580	865	19850	6250	35
阿城区蜚克图镇	12667	7	21789	2092	5448	3693	29
阿城区平山镇	18800	6	21272	14557	9386	8081	48
阿城区松峰山镇	36468	5	11326	1675	4550	2335	128
阿城区红星镇	15148	5	15219	1824	9148	3050	53
阿城区金龙山镇	20043	6	18147	2535	5479	4572	115
阿城区杨树镇	13333	11	30821	460	19726	10177	8
阿城区料甸镇	19200	15	36700	2300	21670	11050	29
依兰县依兰镇	10506	4	9655	6125	5829	2518	111
依兰县达连河镇	63767	11	19785	4086	12016	3799	60
依兰县江湾镇	57501	15	27409	512	16223	5287	12
依兰县三道岗镇	60100	20	34651	1935	21512	6892	8
依兰县道台桥镇	43066	22	36316	1814	21547	7627	11
依兰县宏克利镇	39000	13	22063	1027	12665	4906	8
依兰县团山子乡	36776	17	28298	811	17172	5521	30
依兰县愚公乡	50377	15	34059	756	19458	6023	5
依兰县迎兰朝鲜族乡	100800	15	19881	1022	10928	3707	27
方正县方正镇	4885	5	54925	53097	3972	888	67
方正县会发镇	46848	14	28309	3220	14955	3344	38
方正县大罗密镇	11251	6	14913	4230	6262	1399	39
方正县天门乡	35699	12	23460	3400	14522	3243	50
方正县松南乡	12489	7	14071	1100	6652	1486	12
方正县德善乡	36927	10	12977	3000	9247	2066	36
方正县宝兴乡	17556	10	17242	3100	10108	2257	27
方正县伊汉通乡	19493	3	9384	3200	5678	1266	21
宾县宾州镇	34841	14	125556	82923	34748	20670	410

乡镇基本情况

计算单位:公顷、个、人

名　　称	行政区域面积	村民委员会	常住人口	城镇建成区总人口	从业人员	二三产业从业人员	工业企业单位
宾县居仁镇	13133	8	25183	3800	8500	6115	14
宾县宾西镇	21024	6	61160	43040	45960	36620	495
宾县糖坊镇	21029	11	30749	4050	23600	11400	9
宾县宾安镇	15729	9	31678	5998	27981	5738	7
宾县新甸镇	20633	5	26319	6255	15029	2956	70
宾县胜利镇	34515	9	26969	8715	16277	7932	4
宾县宁远镇	45119	13	38542	5446	20305	4000	2
宾县摆渡镇	25936	5	15372	2045	6099	2259	1
宾县平坊镇	23600	5	29358	2186	8837	2681	1
宾县满井镇	17930	10	24357	1569	16200	9841	3
宾县常安镇	24641	10	37055	3725	19560	4240	1
宾县永和乡	8548	5	15621	1036	7595	3810	
宾县鸟河乡	17492	9	33297	2130	17950	6410	1
宾县民和乡	15744	7	27978	851	13741	6960	5
宾县经建乡	13630	9	21789	856	19572	6720	2
宾县三宝乡	31672	8	27915	2018	26857	7559	6
巴彦县巴彦镇	13470	7	108729	69690	64395	57562	126
巴彦县兴隆镇	16620	8	110998	66200	71250	62450	269
巴彦县西集镇	16251	6	30148	9013	10754	7804	550
巴彦县洼兴镇	17000	8	30270	9200	32330	330	206
巴彦县龙泉镇	13330	5	30861	6800	21775	8075	97
巴彦县巴彦港镇	8600	4	25672	1781	55120	30940	122
巴彦县龙庙镇	15989	8	35280	960	19530	2640	101
巴彦县万发镇	14780	6	28420	8130	22647	5234	6
巴彦县天增镇	18650	9	45245	1900	18930	9880	20
巴彦县黑山镇	27500	6	23007	1680	10664	1975	65
巴彦县松花江乡	19200	6	32942	1512	13720	6200	70
巴彦县富江乡	13600	4	21986	365	9623	3500	4
巴彦县华山乡	15723	6	25600	1560	9180	2172	100
巴彦县丰乐乡	21050	8	32756	1244	22249	10557	115
巴彦县德祥乡	21650	8	41496	960	24410	3310	120
巴彦县红光乡	18707	8	35970	1160	25550	11700	97
巴彦县山后乡	13750	5	30621	937	13096	6376	34
巴彦县镇东乡	10900	4	21989	1517	8913	4167	25
木兰县木兰镇	8000	10	61256	43020	7158	2569	92
木兰县东兴镇	126000	13	43330	20845	17983	7729	30
木兰县大贵镇	16377	12	32126	2189	19664	3201	13
木兰县利东镇	120000	7	16481	4095	7890	1727	8
木兰县柳河镇	42000	12	36845	5100	21125	6125	28
木兰县新民镇	21100	13	28176	3995	22568	7010	15
木兰县建国乡	35655	10	20396	3658	16882	8031	7
木兰县吉兴乡	37495	10	27295	4325	17145	7810	11
通河县通河镇	21700	10	63851	46155	16861	12249	137
通河县乌鸦泡镇	13100	5	16803	3185	5015	1746	47
通河县清河镇	139600	10	19289	5607	10606	5135	125
通河县浓河镇	74100	13	24233	5629	11295	3476	119
通河县凤山镇	186500	10	11281	460	6594	2407	62
通河县祥顺镇	63400	13	22318	1535	10190	3845	117
通河县三站乡	23400	9	11890	913	8687	2459	47
通河县富林乡	46200	12	18480	2149	8925	2467	107

乡镇基本情况

计算单位:公顷、个、人

名　　称	行政区域面积	村民委员会	常住人口	城镇建成区总人口	从业人员	二三产业从业人员	工业企业单位
延寿县延寿镇	36200	16	80566	59740	29084	19125	87
延寿县六团镇	43000	15	22015	1472	11026	4595	6
延寿县中和镇	13000	6	13571	5265	7915	1712	17
延寿县加信镇	15000	9	22656	3945	11430	4060	19
延寿县延河镇	23000	17	19988	1523	11624	3374	9
延寿县安山乡	25000	12	20503	3210	8790	2308	13
延寿县寿山乡	39500	6	15436	558	8627	2612	6
延寿县玉河乡	49000	15	23580	1100	9806	5756	3
延寿县青川乡	36000	10	15880	1600	8900	932	3
双城市双城镇	11198	17	139892	214896	50008	23465	320
双城市兰棱镇	13820	13	38798	6257	13310	10655	195
双城市周家镇	10174	9	31440	15300	16590	11588	307
双城市五家镇	11455	10	37000	19600	30069	21369	304
双城市韩甸镇	17128	13	41049	4843	22910	3210	168
双城市单城镇	9063	10	27300	7371	19740	10140	120
双城市东官镇	10036	8	20210	4853	4966	3981	136
双城市农丰满族锡伯族镇	13035	9	21323	3392	11000	5800	71
双城市杏山镇	15100	9	30743	3254	8258	5210	10
双城市新兴镇	9267	7	23508	3850	11310	6580	42
双城市朝阳乡	17654	20	53869	1956	22674	22674	152
双城市金城乡	13693	10	26780	4262	14200	5400	42
双城市青岭满族乡	10000	9	20482	2899	11830	7230	96
双城市联兴满族乡	9200	8	20526	3179	12100	6712	109
双城市幸福满族乡	11100	8	19147	3012	16706	6846	9
双城市公正满族乡	12500	9	19640	2761	9925	3950	88
双城市永胜乡	13650	9	20471	1398	20160	6214	27
双城市临江乡	14600	7	16076	2985	13740	2716	41
双城市水泉乡	11256	7	26425	2700	11500	6800	54
双城市乐群满族乡	8825	9	22200	3258	12829	7377	60
双城市团结满族乡	15600	14	36320	3596	12210	6530	60
双城市万隆乡	7762	16	37620	4022	23866	5406	86
双城市希勤满族乡	14600	8	19888	3300	13900	9100	15
双城市同心满族乡	9100	7	18930	3185	12135	6973	31
尚志市尚志镇	14790	6	125734	115920	66989	63223	465
尚志市一面坡镇	33309	11	40785	30030	11970	10153	60
尚志市苇河镇	61000	13	46255	21219	30700	15700	378
尚志市亚布力镇	42607	10	47002	26442	14159	4796	123
尚志市帽儿山镇	58200	11	28434	18909	6698	2500	106
尚志市亮河镇	92325	9	22657	10593	5646	1281	4
尚志市庆阳镇	100700	9	23148	3960	20150	4150	35
尚志市石头河子镇	51060	6	16590	11946	8099	644	21
尚志市元宝镇	53430	12	24438	5926	9987	4240	64
尚志市黑龙宫镇	43800	12	19665	4610	13729	3608	42
尚志市长寿乡	35665	13	26996	1526	11110	1119	45
尚志市乌吉密乡	54300	11	22509	1441	12457	1507	50
尚志市鱼池乡	44544	7	13065	786	5100	2758	25
尚志市珍珠山乡	126062	6	14709	1023	13566	6505	10
尚志市老街基乡	61361	8	19107	1114	16691	3925	24
尚志市马延乡	28805	10	15672	1012	8625	1372	47
尚志市河东乡	12514	9	14884	1078	7163	3612	43

乡镇基本情况

计算单位:公顷、个、人

名　　称	行政区域面积	村民委员会	常住人口	城镇建成区总人口	从业人员	二三产业从业人员	工业企业单位
五常市五常镇	8700	10	226200	215100	93542	85042	136
五常市拉林满族镇	16500	13	41210	34273	33130	16920	15
五常市山河镇	23000	13	86890	58480	36100	25802	110
五常市小山子镇	60200	10	29300	21000	27600	11000	30
五常市安家镇	21000	10	27173	6000	16566	6266	41
五常市牛家满族镇	19000	15	32452	7720	20753	9013	70
五常市杜家镇	11500	12	26690	5330	23679	2219	16
五常市背荫河镇	12600	7	19727	7210	13091	9531	18
五常市冲河镇	92000	11	27800	7130	16810	1710	6
五常市沙河子镇	130000	13	25500	18650	19589	4400	30
五常市向阳镇	42000	17	30200	7400	19135	3300	6
五常市兴盛乡	22800	8	22550	1260	11790	540	19
五常市志广乡	22500	9	18069	2442	11360	1140	16
五常市卫国乡	12000	6	13560	1049	11624	398	12
五常市常堡乡	13000	7	13460	2160	11520	1070	4
五常市民意乡	18750	8	18022	531	9920	1370	7
五常市龙凤山乡	61000	18	33920	7720	7590	3390	36
五常市红旗满族乡	26500	12	32141	2651	24141	10094	
五常市八家子乡	24000	13	24610	1685	18000	13000	14
五常市民乐朝鲜族乡	4150	6	7800	3337	5810	810	21
五常市营城子满族乡	20000	7	21968	6100	13043	1640	19
五常市长山乡	35000	15	36098	750	26098	4112	5
五常市兴隆乡	23000	13	28760	4020	17400	4000	
五常市二河乡	32000	7	15960	2470	10481	1235	24
铁锋区扎龙镇	56460	12	35673	3587	24701	6411	152
昂昂溪区水师营满族镇	19900	6	12413	5500	5220	2410	50
昂昂溪区榆树屯镇	42500	12	37687	9968	16868	9699	69
富拉尔基区长青乡	16800	7	31725		14621	8325	3
富拉尔基区杜尔门沁达斡尔族乡	7135	3	14249		9817	4057	21
梅里斯达斡尔族区雅尔塞镇	18100	7	20220	4975	13870	4170	55
梅里斯达斡尔族区卧牛吐达斡尔族镇	47300	7	13201	7600	9430	1918	4
梅里斯达斡尔族区达呼店镇	53800	13	33171	3949	16690	1440	1
梅里斯达斡尔族区共和镇	19600	9	17034	2859	14720	2140	1
梅里斯达斡尔族区莽格吐达斡尔族乡	26500	3	7850	1050	3922	1012	14
梅里斯达斡尔族区梅里斯乡	42500	10	44200	280	21100	9100	8
龙江县龙江镇	28987	10	175751	139775	96141	87200	74
龙江县景星镇	56025	18	63216	9250	37189	10579	7
龙江县龙兴镇	62533	17	53110	6515	25197	7291	4
龙江县山泉镇	70635	19	45622	2520	22807	7057	5
龙江县七棵树镇	47998	15	42137	2412	29723	8574	4
龙江县杏山镇	67495	17	40620	1950	21964	2685	2
龙江县白山乡	27454	9	24572	1950	13281	6043	2
龙江县黑岗乡	25168	5	19478	3410	10525	1539	1
龙江县广厚乡	26260	7	19536	3068	10556	2246	8
龙江县华民乡	29011	9	30379	3000	16423	1609	2
龙江县哈拉海乡	34819	8	21592	2039	11670	1217	2
龙江县头站乡	39093	10	28543	1335	15430	4496	1
龙江县鲁河乡	23656	7	21141	1450	11425	2328	8
龙江县济沁河乡	32029	7	18035	1495	9741	2081	1
依安县依安镇	2040	3	113675	106675	48819	46449	38

乡镇基本情况

计算单位:公顷、个、人

名　　称	行政区域面积	村民委员会	常住人口	城镇建成区总人口	从业人员	二三产业从业人员	工业企业单位
依安县依龙镇	50770	18	33900	4429	24100	3730	15
依安县双阳镇	17000	8	17136	3986	13577	1126	8
依安县三兴镇	22741	8	21756	2610	13721	1640	6
依安县中心镇	35345	17	27050	3750	18821	3321	12
依安县新兴镇	46861	16	31200	3877	19060	7460	26
依安县富饶乡	33227	9	20675	950	13692	1190	6
依安县解放乡	14500	8	16425	212	11403	1047	5
依安县阳春乡	15352	10	18150	360	15632	3932	5
依安县新发乡	21015	6	21040	1051	13145	2490	8
依安县太东乡	17855	8	22136	832	12940	3070	11
依安县上游乡	16748	10	18400	655	12440	2359	3
依安县红星乡	18484	9	22940	460	15765	7525	11
依安县先锋乡	20622	9	21972	857	17505	1830	9
依安县新屯乡	19126	9	21183	565	10168	985	8
泰来县泰来镇	28154	8	74823	62765	36955	32720	9
泰来县平洋镇	22240	9	22480	3787	11162	3951	10
泰来县汤池镇	41323	6	16596	4097	8522	2319	8
泰来县江桥蒙古族镇	26537	6	20785	5965	11152	4802	10
泰来县塔子城镇	14289	5	14733	4833	10266	789	4
泰来县大兴镇	68917	9	31203	4865	20423	4043	18
泰来县和平镇	53957	12	36108	3307	16176	4375	11
泰来县克利镇	38420	16	45423	2273	21578	3008	21
泰来县胜利蒙古族乡	33203	5	13190	1385	6949	775	4
泰来县宁姜蒙古族乡	41725	7	14520	1147	10915	4295	4
甘南县甘南镇	41760	12	81133	57015	27284	8517	47
甘南县兴十四镇	26000	6	24642	1340	10560	3970	18
甘南县平阳镇	11840	5	16062	8154	13045	5083	12
甘南县东阳镇	34960	9	30200	3042	20554	4530	6
甘南县巨宝镇	38040	6	20082	5390	13554	2711	1
甘南县长山乡	39730	12	27546	1086	21770	3001	13
甘南县中兴乡	49290	11	37756	2132	25898	4887	2
甘南县兴隆乡	31530	9	23493	1273	16409	4791	13
甘南县宝山乡	62920	19	35578	2076	25248	3030	12
甘南县查哈阳乡	19870	6	16043	1601	10656	656	2
富裕县富裕镇	6697	3	78973	69000	17702	4610	67
富裕县富路镇	52141	13	29371	6585	18550	4980	7
富裕县富海镇	24067	8	20150	4108	14194	5376	1
富裕县二道湾镇	26667	10	23430	1040	11210	3000	3
富裕县龙安桥镇	21000	6	15690	2300	8210	3110	3
富裕县塔哈镇	64666	12	22080	5478	13267	2232	12
富裕县繁荣乡	29300	10	17450	3750	10650	3530	6
富裕县绍文乡	23733	7	16666	2358	9810	2460	3
富裕县忠厚乡	16667	7	7473	1422	5186	4903	3
富裕县友谊乡	67273	14	22954		18585	4017	3
克山县克山镇	2415	1	85285	370	44122	40430	36
克山县北兴镇	20740	8	28945	4600	12560	6057	16
克山县西城镇	18875	9	28626	2895	14304	4225	21
克山县古城镇	21165	9	31118	4189	12516	8130	22
克山县北联镇	22572	7	24480	1688	12780	6890	21
克山县西河镇	20806	9	28138	1570	17526	11426	7

乡镇基本情况

计算单位:公顷、个、人

名　　称	行政区域面积	村民委员会	常住人口	城镇建成区总人口	从业人员	二三产业从业人员	工业企业单位
克山县河南乡	21082	9	31153	1077	16100	7000	9
克山县双河乡	28224	12	37149	1813	17982	10110	11
克山县河北乡	26430	9	30145	1573	16616	8076	17
克山县古北乡	15945	7	23550	1356	13924	6714	8
克山县西联乡	16679	8	24918	1051	14059	8240	5
克山县发展乡	15790	9	24260	1705	8059	2964	5
克山县西建乡	16711	7	21923	1809	12026	5166	19
克山县向华乡	38131	11	34408	2360	15663	7700	6
克山县曙光乡	17488	7	23655	1249	11992	4476	9
克东县克东镇	6667	5	71480	60646	44854	39886	68
克东县宝泉镇	35700	19	37486	4500	21976	15016	23
克东县乾丰镇	19436	12	27960	1200	20040	600	1
克东县玉岗镇	57000	19	24280	1312	2920	2300	1
克东县金城乡	18900	13	23000	180	16100	1100	8
克东县润津乡	32500	15	17836	185	12925	4675	1
克东县昌盛乡	23400	15	38216	186	37516	15314	1
拜泉县拜泉镇	15500	11	71500	58400	52649	44602	39
拜泉县三道镇	34066	15	54016	3100	23013	12283	4
拜泉县兴农镇	30700	16	30011	1931	18120	670	4
拜泉县长春镇	27200	13	28975	3100	14556	4916	3
拜泉县龙泉镇	26200	14	28196	3510	18078	4960	4
拜泉县国富镇	20426	12	23174	2100	16535	7845	1
拜泉县富强镇	20100	10	28138	1625	16760	1800	3
拜泉县新生乡	23100	10	20300	1590	14476	7238	3
拜泉县兴国乡	17300	9	13470	1120	8110	1843	1
拜泉县上升乡	20240	10	15581	1060	10859	1759	1
拜泉县兴华乡	19079	10	13610	1320	12353	6108	3
拜泉县大众乡	18400	8	26007	1019	24563	4143	1
拜泉县丰产乡	31000	17	23126	2926	13570	5220	3
拜泉县永勤乡	16500	8	14756	1315	8831	921	2
拜泉县爱农乡	23400	14	34064	1440	33720	9940	
拜泉县时中乡	14200	10	19700	1610	15200	4950	2
讷河市雨亭街道办事处	3552		45161	27680	33750	33750	1374
讷河市通江街道办事处	5348	3	80259	55140	40129	36929	1076
讷河市拉哈镇	6949	2	33689	33689	19115	16126	110
讷河市二克浅镇	50171	19	52530	4765	38135	6835	639
讷河市学田镇	56091	15	38710	3355	28710	1510	56
讷河市龙河镇	88058	13	30383	2120	15137	1377	105
讷河市讷南镇	35796	12	46454	2238	13614	4820	336
讷河市六合镇	38170	11	25725	2237	13679	3804	18
讷河市长发镇	18975	8	21360	1573	15365	4676	96
讷河市通南镇	33197	12	38988	5654	20040	5040	65
讷河市同义镇	26444	11	38520	1072	19357	3114	502
讷河市九井镇	31561	10	23000	1420	18400	7280	102
讷河市老莱镇	45391	10	31383	7800	21281	3521	150
讷河市孔国乡	35149	12	41060	1346	19611	5300	26
讷河市和盛乡	22214	10	26847	987	20112	7418	12
讷河市同心乡	26376	11	29548	1182	15320	4120	90
讷河市兴旺鄂温克族乡	41370	12	34857	970	15792	5580	34
鸡冠区红星乡	7000	8	17457	2810	11050	5640	229

乡镇基本情况

计算单位：公顷、个、人

名　　称	行政区域面积	村民委员会	常住人口	城镇建成区总人口	从业人员	二三产业从业人员	工业企业单位
鸡冠区西郊乡	4972	6	14221	14221	8328	4752	46
恒山区红旗乡	43249	16	23006	1500	7066	3560	34
恒山区柳毛乡	13600	8	15392	4500	5662	1162	6
滴道区滴道河乡	7500	11	17541	2550	8496	4613	32
滴道区兰岭乡	22100	8	13148	450	4717	1230	33
城子河区长青乡	9700	6	12131	376	5440	3370	5
城子河区永丰乡	7400	7	12511	985	5531	3276	14
鸡东县鸡东镇	13172	15	83670	67304	44750	31530	51
鸡东县平阳镇	59233	14	23010	7300	14000	6200	25
鸡东县向阳镇	37216	9	20643	4500	9337	2384	39
鸡东县哈达镇	15897	9	17530	2188	7530	5190	47
鸡东县永安镇	13293	11	20075	7801	10470	5440	60
鸡东县永和镇	45062	12	18469	1880	11899	5960	13
鸡东县东海镇	32632	16	27923	1311	13040	6180	86
鸡东县兴农镇	79564	9	11850	4697	6930	3530	32
鸡东县鸡林乡	5033	6	8951	1281	2762	2382	5
鸡东县明德乡	6058	8	10710	1065	7610	2910	9
鸡东县下亮子乡	17147	14	18069	3373	10993	2801	62
虎林市虎林镇	19206	11	13350	13000	7318	318	1
虎林市东方红镇	4480	3	5630	1243	2246	274	2
虎林市迎春镇	3054	3	5012	3746	1592	636	15
虎林市虎头镇	96000	10	12150	4067	5707	495	6
虎林市杨岗镇	49222	8	14480	2300	6115	707	13
虎林市东诚镇	13893	10	10897	829	4957	422	35
虎林市宝东镇	15072	12	12942	3061	8000	900	30
虎林市新乐乡	16250	7	9508	1193	5225	590	7
虎林市伟光乡	11707	8	7889	1017	5155	175	4
虎林市珍宝岛乡	102400	6	4816	998	2035	175	
虎林市阿北乡	23089	7	4921	693	2964	246	1
密山市中心街道办事处	820		91583	91583	56128	55973	28
密山市密山镇	16500	14	18035		8934	4223	14
密山市连珠山镇	21000	11	16635	875	7171	895	2
密山市当壁镇	22500	8	11360	2102	6725	403	6
密山市知一镇	20200	7	11363	3240	7060	1250	4
密山市黑台镇	28200	11	18982	4123	8953	2109	2
密山市兴凯镇	47600	10	8950	1704	5874	2663	14
密山市裴德镇	83500	9	19135	1500	8900	1100	4
密山市白鱼湾镇	65600	9	17278	1062	8127	1524	1
密山市柳毛乡	12700	7	9957	442	4362	515	
密山市杨木乡	25200	10	16028	2087	9439	1285	13
密山市兴凯湖乡	19900	6	9258	1420	6013	1240	12
密山市承紫河乡	12800	6	7469	835	2635	407	
密山市二人班乡	21100	15	16330		7938	425	3
密山市太平乡	21300	8	12131	750	5390	870	2
密山市和平乡	19100	12	12908	3367	5316	1446	5
密山市富源乡	68400	11	17486	1200	8939	840	
兴安区红旗镇	22500	6	12712	2820	6256	3152	3
东山区新华镇	21000	10	16622	4965	9050	3150	19
东山区蔬园乡	40000	10	19587	1208	7314	2212	13
东山区东方红乡	50000	14	13370	1752	8405	2062	32

乡镇基本情况

计算单位:公顷、个、人

名　　称	行政区域面积	村民委员会	常住人口	城镇建成区总人口	从业人员	二三产业从业人员	工业企业单位
萝北县凤翔镇	3247	4	42580	40142	20349	19317	40
萝北县鹤北镇	9367	10	9205	597	5526	1965	11
萝北县名山镇	8270	4	2508	1266	1716	436	4
萝北县团结镇	33280	17	15088	1300	10180	632	6
萝北县肇兴镇	14200	10	9320	4732	5210	171	6
萝北县云山镇	3569	6	2996	1062	1840	924	2
萝北县东明朝鲜族乡	4913	7	1391	596	1918	1166	8
萝北县太平沟乡	4276	5	2180	1116	1625	102	2
绥滨县绥滨镇	15659	17	53716	38130	25240	17900	5
绥滨县绥东镇	20100	15	10761	6410	10672	2207	2
绥滨县忠仁镇	32364	20	21000	21000	10852	799	9
绥滨县连生乡	19002	16	11341	2500	8092	301	9
绥滨县北岗乡	15491	13	11526	11494	7645	1303	9
绥滨县富强乡	11856	9	3335	1620	3146	54	
绥滨县北山乡	7207	11	3052	437	2476	388	
绥滨县福兴乡	6292	3	4320	1476	2109	654	1
绥滨县新富乡	5841	5	4249	830	2232	205	
尖山区安邦乡	6678	13	21762	7462	17201	7395	45
岭东区长胜乡	2267	7	4884		3921	3016	35
四方台区太保镇	17100	12	16486	3454	9490	2692	25
宝山区七星镇	1667	6	2390	600	1210	285	2
集贤县福利镇	47970	18	25677	10248	11910	5910	13
集贤县集贤镇	20800	23	35641	7464	16507	5262	46
集贤县升昌镇	18370	15	24182	5449	12567	835	23
集贤县丰乐镇	13259	16	21884	2287	12245	3231	14
集贤县太平镇	12803	17	21854	6290	10642	2486	12
集贤县腰屯乡	20800	16	18683	2326	13636	4809	12
集贤县兴安乡	18623	20	23758	6209	18423	9323	6
集贤县永安乡	34571	28	29213	3300	14325	5200	7
友谊县友谊镇	10991		28036	23016	9550	5333	14
宝清县宝清镇	35787	22	27491	26000	18871	7871	49
宝清县七星泡镇	113867	28	41535	9336	29664	23234	49
宝清县青原镇	29500	14	20739	3087	12037	2049	8
宝清县夹信子镇	13348	16	18070	2397	10744	6488	45
宝清县龙头镇	10880	10	7415	1040	3760	1000	4
宝清县小城子镇	156863	9	14498	3960	9780	4070	49
宝清县朝阳乡	405300	11	17050	2569	8854	1438	5
宝清县万金山乡	15352	11	15327	1587	10319	4423	19
宝清县尖山子乡	179463	14	15875	1317	11274	500	1
宝清县七星河乡	36262	10	13846	4320	10944	7120	32
饶河县饶河镇	7680	7	3109	1602	1904	330	20
饶河县小佳河镇	47750	14	10481	4980	7328	1016	22
饶河县西丰镇	44390	15	7303	2490	3524	1737	21
饶河县五林洞镇	147550	4	1680	900	1153	310	20
饶河县西林子乡	29590	9	5910	1000	2787	302	7
饶河县四排乡	4200	4	1867	684	938	83	
饶河县大佳河乡	33730	10	4300	972	3500	600	49
饶河县山里乡	19200	9	5963	876	4590	850	33
饶河县大通河乡	271400	7	3930	820	2853	128	8
龙凤区龙凤镇	18674	8	27433	5758	24207	10199	328

乡镇基本情况

计算单位:公顷、个、人

名　　称	行政区域面积	村民委员会	常住人口	城镇建成区总人口	从业人员	二三产业从业人员	工业企业单位
让胡路区喇嘛甸镇	29500	6	81163	9850	25238	14918	116
红岗区杏树岗镇	45000	10	37348	6132	16114	9393	57
大同区大同镇	11060	6	22499	8413	14784	3178	30
大同区高台子镇	24162	7	24900	1285	13285	4009	9
大同区太阳升镇	14847	5	17567	2022	9875	5298	9
大同区林源镇	36996	7	32319	15790	20416	3890	14
大同区祝三乡	28189	12	22429	890	12918	2006	8
大同区老山头乡	21862	6	18544	630	11126	4900	14
大同区八井子乡	25804	9	25345	1085	16387	8147	9
大同区双榆树乡	41659	6	15425	784	9722	2932	11
肇州县肇州镇	18821	7	28953	2768	15880	7130	7
肇州县永乐镇	18625	8	20686	4880	14932	3668	9
肇州县丰乐镇	13699	7	24480	13767	16140	5890	37
肇州县朝阳沟镇	15331	9	25139	5080	16350	6955	12
肇州县兴城镇	33365	16	37614	4967	15269	5156	33
肇州县二井镇	22524	13	41498	3436	23660	5126	13
肇州县双发乡	15264	6	18145	2820	13145	4691	7
肇州县托古乡	18547	7	18431	4348	10318	4168	9
肇州县朝阳乡	12772	7	19416	1300	11400	6300	10
肇州县永胜乡	13123	4	16968	1110	15278	5859	5
肇州县榆树乡	17767	7	20951	1803	7320	2750	7
肇州县新福乡	34352	13	24176	761	14729	4287	11
肇源县肇源镇	20261	10	24065	14514	12134	3339	9
肇源县三站镇	18182	11	23858	5780	11839	6816	18
肇源县二站镇	28096	12	42100	5448	15800	5700	7
肇源县茂兴镇	21294	7	22308	5576	10558	3189	5
肇源县古龙镇	41179	14	35128	3660	17965	9290	4
肇源县新站镇	33859	11	27860	20247	22375	6695	84
肇源县头台镇	28889	10	23195	6780	13000	4600	
肇源县古恰镇	27122	10	29210	5500	15000	6100	30
肇源县福兴乡	9594	7	18323	1215	12926	3050	1
肇源县薄荷台乡	16900	7	21090	1519	13442	7310	9
肇源县和平乡	16728	5	13409	667	7165	1800	3
肇源县超等乡	24708	7	17120	2615	12724	3364	1
肇源县民意乡	13249	6	18774	2015	8886	1761	
肇源县义顺乡	26934	7	14768	2432	12620	2820	21
肇源县浩德乡	15269	5	6297	2610	5514	460	
肇源县大兴乡	21650	6	15800	900	13870	4090	3
林甸县林甸镇	15211	10	15496	4093	14162	7120	24
林甸县红旗镇	29472	7	22352	3459	13265	3200	18
林甸县花园镇	48877	11	29487	4065	26847	4247	7
林甸县四季青镇	60240	13	22678	422	20558	3282	4
林甸县东兴乡	45660	10	25039	1127	23414	3136	3
林甸县宏伟乡	13498	9	14570		11900	4900	4
林甸县三合乡	45889	12	27524	1350	20026	4752	6
林甸县四合乡	43646	11	22812	2123	19418	3629	5
杜尔伯特蒙古族自治县泰康镇	7745	4	22656	22656	7115	4695	34
杜尔伯特蒙古族自治县胡吉吐莫镇	42503	6	11056	4665	8840	4002	3
杜尔伯特蒙古族自治县烟筒屯镇	72679	10	20702	5611	13940	564	4
杜尔伯特蒙古族自治县他拉哈镇	55190	7	18520	4780	8490	218	3

乡镇基本情况

计算单位:公顷、个、人

名　　称	行政区域面积	村民委员会	常住人口	城镇建成区总人口	从业人员	二三产业从业人员	工业企业单位
杜尔伯特蒙古族自治县连环湖镇	56476	9	15583	1825	5836	954	3
杜尔伯特蒙古族自治县一心乡	64012	8	16078	1220	11942	1741	7
杜尔伯特蒙古族自治县克尔台乡	48904	9	13000	1548	8651	625	3
杜尔伯特蒙古族自治县敖林西伯乡	127010	9	16002	1535	8527	1512	1
杜尔伯特蒙古族自治县巴彦查干乡	52722	7	15910	3930	11850	3840	2
杜尔伯特蒙古族自治县腰新乡	40113	8	21173	3745	10360	2550	4
杜尔伯特蒙古族自治县江湾乡	38046	2	7476	4066	6565	1985	5
南岔区晨明镇	2010	8	15006	8025	2316	984	17
南岔区浩良河镇	92399	9	24378	22587	16032	14104	14
南岔区迎春乡	2695	10	7146		4551	2182	
嘉荫县朝阳镇	2886	4	21191	21191	3156	2138	18
嘉荫县乌云镇	34900	12	10492	8841	3804	887	3
嘉荫县乌拉嘎镇	124700	4	4198	4198	2139	1549	1
嘉荫县常胜乡	48929	9	3749	1530	1618	93	
嘉荫县向阳乡	64940	10	7089	3600	3245	409	5
嘉荫县沪嘉乡	52200	8	2861	620	1417	94	2
嘉荫县红光乡	110700	8	4366	1022	2234	122	9
嘉荫县保兴乡	142540	12	8864	5007	5994	370	6
嘉荫县青山乡	94059	6	3042	1002	1940	964	1
铁力市铁力镇	6600	6	116101	116101	59820	47180	111
铁力市双丰镇	78800	22	50125	26000	22940	7515	320
铁力市桃山镇	177900	14	56070	32500	25946	16800	84
铁力市朗乡镇	277200	5	46602	45250	17395	15080	134
铁力市年丰乡	22600	10	15255		9230	918	23
铁力市工农乡	81500	10	8800		10700	2844	7
铁力市王杨乡	26400	9	16333		8827	916	29
东风区建国镇	8100	8	12952	3820	12952	8966	33
东风区松江乡	6136	12	53142	53142	22684	12270	123
郊区大来镇	17517	11	18712	2702	8215	1060	9
郊区敖其镇	9003	8	14876	3196	5680	1398	14
郊区望江镇	15500	13	20501	2008	13430	7065	23
郊区长发镇	13952	11	15589	4189	8043	1793	12
郊区莲江口镇	10946	4	17175	9100	6758	3863	18
郊区长青乡	3019	7	37372	6872	8490	5366	192
郊区沿江乡	6459	7	21493	6117	8541	3720	82
郊区西格木乡	12585	8	13627	2670	7004	2478	11
郊区平安乡	20200	13	19278	981	10426	2511	7
郊区四丰乡	18600	8	12322	1225	5393	1598	14
郊区群胜乡	18555	7	12582	1980	5780	1720	13
桦南县驼腰子镇	16224	10	20223	5892	9667	1460	16
桦南县石头河子镇	55000	11	10000	715	9148	3075	11
桦南县桦南镇	29400	27	44935	12910	13626	6230	301
桦南县土龙山镇	44180	37	59185	5020	57780	4470	7
桦南县孟家岗镇	97300	24	39952	4375	36826	7346	210
桦南县闫家镇	23870	15	29832	2796	21470	10940	
桦南县金沙乡	26200	10	18288	386	18030	2380	240
桦南县梨树乡	26300	20	36527	463	18855	1250	3
桦南县明义乡	39400	19	25128	318	24221	1027	8
桦南县大八浪乡	35400	19	32899	598	12565	2850	19
桦川县横头山镇	25600	10	17405	2833	7014	304	10

乡镇基本情况

计算单位：公顷、个、人

名　称	行政区域面积	村民委员会	常住人口	城镇建成区总人口	从业人员	二三产业从业人员	工业企业单位
桦川县苏家店镇	13800	11	21011	3878	10987	1780	8
桦川县悦来镇	19600	17	58342	42979	8537	3089	29
桦川县新城镇	29900	19	30170	8056	8453	1588	19
桦川县四马架镇	16300	17	21600	918	11211	1302	4
桦川县东河乡	17200	7	10984	2601	7337	884	10
桦川县梨丰乡	24400	8	17224	3378	9986	1769	9
桦川县创业乡	13400	10	19873	2601	10162	1643	7
桦川县星火乡	3400	6	5397	1614	3118	828	9
汤原县香兰镇	13300	19	24325	8414	10542	2979	8
汤原县鹤立镇	8301	11	18080	14735	10692	6324	47
汤原县竹帘镇	11025	10	12725	1736	7648	1981	1
汤原县汤原镇	55201	23	18835	6164	13155	4329	19
汤原县汤旺乡	5512	14	10420		4737	512	3
汤原县胜利乡	10710	12	12762	1532	5400	1321	
汤原县吉祥乡	15123	10	14010	5120	8233	1908	
汤原县振兴乡	18011	9	10942		4698	1990	
汤原县太平川乡	41507	14	12902		6149	610	
汤原县永发乡	16502	15	15319	1665	9870	2539	3
抚远县抚远镇	16006	5	44937	40992	28652	26437	
抚远县寒葱沟镇	32300	8	12023	2460	7828	1233	6
抚远县浓桥镇	30750	9	8829	4637	6399	380	1
抚远县乌苏镇	28873	12	13392	2581	6516	1727	
抚远县通江乡	68028	7	8845	1648	5477	347	
抚远县浓江乡	19800	4	4982	577	4482	381	
抚远县海青乡	118000	12	14537	1300	2470	570	2
抚远县别拉洪乡	10835	8	7995	860	6265	653	
抚远县鸭南乡	45856	6	9448	1455	6151	87	
同江市同江镇	6322	7	4055	2513	2863	784	3
同江市乐业镇	17017	13	8821	3022	6419	384	3
同江市三村镇	26460	10	9331	1750	5526	343	6
同江市临江镇	16561	10	5939	1966	3175	210	2
同江市向阳镇	18272	10	8668	1460	6681	860	14
同江市青河乡	29213	15	7629		4267	295	2
同江市街津口乡	25319	6	3599		3002	223	1
同江市八岔乡	17156	4	3486		2435	204	1
同江市金川乡	23397	5	3536		2925	190	2
同江市银川乡	22181	5	2712		2638	138	
富锦市城关社区建设委员会	6853	12	13931	6132	9668	3515	9
富锦市长安镇	33519	20	19040	1483	11590	1910	9
富锦市砚山镇	27692	19	17104	1862	11053	2017	5
富锦市头林镇	49857	14	14378	2340	10465	1073	1
富锦市兴隆岗镇	67104	23	14160	2995	9043	631	2
富锦市宏胜镇	45150	24	12016	1830	7105	590	4
富锦市向阳川镇	58425	32	32145	5480	22508	2943	9
富锦市二龙山镇	61129	32	30500	5976	20304	4971	17
富锦市上街基镇	37080	30	25069	1557	14891	1571	7
富锦市锦山镇	63142	26	35641	4380	18300	2285	15
富锦市大榆树镇	40767	34	31296	1200	21190	681	8
新兴区红旗镇	9600	12	23194	2180	6510	3319	24
新兴区长兴乡	26267	12	19321	3670	6429	999	3

乡镇基本情况

计算单位:公顷、个、人

名　称	行政区域面积	村民委员会	常住人口	城镇建成区总人口	从业人员	二三产业从业人员	工业企业单位
桃山区万宝河镇	1910	6	24252	24252	5612	4661	22
茄子河区茄子河镇	9716	12	23571	6900	21088	6188	79
茄子河区宏伟镇	92400	28	26400	26400	11745	2780	40
茄子河区铁山乡	27000	9	19921	5800	7130	1030	58
茄子河区中心河乡	18610	8	15534	5025	8916	6500	54
勃利县新起街道办事处	858		15160	5516	5006	4874	34
勃利县新华街道办事处	113		14682	8417	6851	4868	40
勃利县元明街道办事处	111		9784	9784	4829	2805	70
勃利县铁西街道办事处	170		10159	10159	320	270	20
勃利县城西街道办事处	300		36758	18760	231	231	98
勃利县勃利镇	19400	17	29654	17310	11480	2280	3
勃利县小五站镇	38253	10	21710	5725	11780	4890	4
勃利县大四站镇	53400	17	24841	4900	7410	410	3
勃利县双河镇	27500	16	19327	6675	7745	2107	5
勃利县倭肯镇	10567	12	15768	5896	7668	1913	13
勃利县青山乡	15000	10	15636	3020	5275	1910	6
勃利县永恒乡	26977	19	22500	3580	16500	5900	5
勃利县抢垦乡	88600	7	9811	2784	7669	131	2
勃利县杏树朝鲜族乡	10512	11	11300	3369	10354	1359	25
勃利县吉兴朝鲜族满族乡	10900	14	13118	2299	5836	1302	16
阳明区铁岭镇	28550	15	41019	28923	25975	12928	142
阳明区桦林镇	7120	6	11697	10060	7698	4380	39
阳明区磨刀石镇	48300	14	30026	15000	17154	6112	56
阳明区五林镇	49669	24	50167	9280	33972	16139	3
爱民区三道关镇	34800	12	25437	11436	15282	10008	455
西安区温春镇	29900	20	54303	17313	24744	13918	86
西安区海南朝鲜族乡	10500	11	15836		12210	6107	45
东宁县东宁镇	51300	17	77772	67693	33560	22416	115
东宁县三岔口镇	24300	13	16823	3779	8667	4604	32
东宁县大肚川镇	118100	14	21130	2050	17666	6109	46
东宁县老黑山镇	222000	16	12700	3580	8200	3910	35
东宁县道河镇	174700	18	16026	3467	10706	3494	10
东宁县绥阳镇	123500	24	32703	24645	24153	15028	175
林口县林口镇	19097	15	91390	85326	50894	43722	25
林口县古城镇	72563	19	37721	11915	33638	24126	13
林口县刁翎镇	67378	26	25532	10344	21940	11660	5
林口县朱家镇	37193	17	23074	9490	15530	2533	3
林口县柳树镇	49557	14	27154	1458	17456	7736	6
林口县三道通镇	119895	11	17956	3705	15200	6335	1
林口县龙爪镇	90305	20	35850	4149	23765	4695	8
林口县莲花镇	42098	9	10137	312	6353	1455	
林口县奎山乡	32786	16	26484	3540	15181	7600	20
林口县青山乡	67636	13	17644	1930	11066	1963	12
林口县建堂乡	70299	16	20595	5620	13685	8280	3
绥芬河市绥芬河镇	9022	2	80171	50210	29800	29670	45
绥芬河市阜宁镇	33214	9	26894	10332	8087	6819	151
海林市海林镇	88440	32	110872	78704	72698	44297	268
海林市长汀镇	119620	18	26849	6497	13693	7778	29
海林市横道镇	79400	6	13648	7512	7783	3373	18
海林市山市镇	73100	12	20308	13000	13302	7112	24

乡镇基本情况

计算单位：公顷、个、人

名　称	行政区域面积	村民委员会	常住人口	城镇建成区总人口	从业人员	二三产业从业人员	工业企业单位
海林市柴河镇	80100	10	24010	6814	16010	10160	62
海林市二道镇	155000	9	13550	1011	7644	2189	4
海林市新安朝鲜族镇	13100	17	19008	5427	13986	3236	37
海林市三道镇	206700	8	9876	3300	6275	2065	10
宁安市城区街道办事处	4797		70855	70855	28328	28328	
宁安市宁安镇	13123	24	25912		17162	6962	24
宁安市东京城镇	17575	15	40801	26262	34621	24789	37
宁安市渤海镇	50632	28	37920	8826	17050	9050	33
宁安市石岩镇	46165	18	28804	3821	18052	7850	14
宁安市沙兰镇	208300	18	24450	5597	17804	5908	5
宁安市海浪镇	39784	32	42300	3482	24100	10550	8
宁安市兰岗镇	7397	10	13197	1634	10153	4943	14
宁安市江南朝鲜族满族乡	59816	31	30301	2845	18248	4060	12
宁安市卧龙朝鲜族乡	124700	13	17793	3829	11000	1493	5
宁安市马河乡	59224	16	18149	1526	10300	2143	6
宁安市镜泊乡	141800	17	18413	2134	12256	1320	1
宁安市三陵乡	20584	18	22657	1331	15104	1025	4
穆棱市八面通镇	19000	14	63045	53308	41427	33634	76
穆棱市穆棱镇	144400	20	42956	28853	27773	18331	74
穆棱市下城子镇	39100	17	32569	19940	18324	10202	161
穆棱市马桥河镇	56000	16	26065	13235	16637	8602	17
穆棱市兴源镇	59700	14	13838	10850	12933	6838	8
穆棱市福录乡	81900	16	13192	2460	9375	3287	4
穆棱市河西乡	86000	19	21815	8521	15005	7594	20
穆棱市共和乡	135100	11	6582	2435	4870	1699	4
爱辉区西岗子镇	74480	10	12123	5580	4948	1388	5
爱辉区爱辉镇	18638	16	8791	1920	5727	742	6
爱辉区罕达汽镇	401810	9	5248	3000	3170	1691	4
爱辉区幸福乡	19220	10	17829		7581	3055	30
爱辉区四嘉子乡	9640	6	4588		2645	666	7
爱辉区坤河乡	5169	6	2782		1637		
爱辉区上马厂乡	84059	7	4587		3033	353	14
爱辉区张地营子乡	120399	6	5020		3319	909	28
爱辉区西峰山乡	67871	5	2565		1508	187	6
爱辉区新生乡	171347	3	799		447	31	
爱辉区二站乡	245107	11	3096		2359	66	1
嫩江县嫩江镇	27923	5	129581	85078	4007	740	11
嫩江县伊拉哈镇	21475	13	31778	3228	12471	2041	21
嫩江县双山镇	12744	5	10252	6609	6593	5570	6
嫩江县多宝山镇	320000	6	23000	8585	2700	1440	32
嫩江县海江镇	54641	16	33450	5014	17900	1800	13
嫩江县前进镇	24300	13	16870	13256	8430	895	18
嫩江县长福镇	36520	12	20325	1206	20671	10336	15
嫩江县科洛镇	203220	7	14236	14236	4120	248	4
嫩江县临江乡	45800	14	18123	3025	6149	1162	17
嫩江县联兴乡	125200	9	14530	738	14455	327	9
嫩江县白云乡	123450	16	18328	738	17920	327	9
嫩江县塔溪乡	176030	10	9172	1471	6416	327	4
嫩江县霍龙门乡	179130	14	11729	1430	4717	167	4
嫩江县长江乡	59200	7	7116	533	4890	23	

乡镇基本情况

计算单位:公顷、个、人

名　　称	行政区域面积	村民委员会	常住人口	城镇建成区总人口	从业人员	二三产业从业人员	工业企业单位
逊克县奇克街道办事处	1000		28281	28000	4924	3895	4
逊克县奇克镇	42754	15	12082	1560	6490	1222	2
逊克县逊河镇	60213	7	10969	4655	6191	845	
逊克县干岔子乡	32527	8	7632		4805	235	
逊克县松树沟乡	119600	10	6068		3526	116	56
逊克县车陆乡	59220	10	8417		5874	284	4
逊克县新鄂乡	756120	5	2207		1500	100	
逊克县新兴乡	44327	4	1432		736	54	
逊克县克林乡	373380	7	5313		2658	78	
逊克县宝山乡	186713	8	4036		2816	240	1
孙吴县孙吴城区街道办事处	843		34234	34234	7761	7702	35
孙吴县孙吴镇	39784	9	6803	1755	3870	1214	6
孙吴县辰清镇	27927	5	4128	1060	2510	1285	9
孙吴县西兴乡	30349	10	6370		3707	507	10
孙吴县沿江满族乡	46588	8	7250		3910	130	14
孙吴县腰屯乡	52839	11	5550		3100	835	8
孙吴县卧牛河乡	45829	7	2549		1356	36	4
孙吴县群山乡	36087	8	3340		1743	423	3
孙吴县奋斗乡	27063	10	4126		2436	38	4
孙吴县红旗乡	19217	6	3116		1817	282	3
孙吴县正阳山乡	73642	14	6040		4260	1020	10
孙吴县清溪乡	32107	6	2435		1478	629	
北安市兆麟街道办事处	139		29935	29935	17402	17402	8
北安市和平街道办事处	206		39511	39511	24150	24150	7
北安市北岗街道办事处	547		20354	20354	6367	6361	9
北安市庆华街道办事处	257		31049	31049	2968	2968	12
北安市铁西街道办事处	319		11549	11549	7645	7645	29
北安市铁南街道办事处	247		11390	11390	921	895	4
北安市通北镇	13185	4	36620	25610	20946	15216	9
北安市赵光镇	121543	7	28600	14390	14800	8300	4
北安市海星镇	328008	6	11093	3157	7891	1988	1
北安市石泉镇	40603	14	25698	3580	14425	3996	5
北安市二井镇	42907	7	17868	941	10235	3183	3
北安市城郊乡	18834	8	16484		9862	3262	6
北安市东胜乡	114613	5	11538		7566	1576	2
北安市杨家乡	32090	7	17371		10994	2389	1
北安市主星乡	5800	4	1904		1408	445	1
五大连池市青山街道办事处	1500		37000	37900	5020	4700	10
五大连池市龙镇	16400	11	27896	17867	9538	1738	15
五大连池市和平镇	20200	10	24663	1569	16402	12242	6
五大连池市五大连池镇	72000	3	17397	10645	9127	6690	19
五大连池市双泉镇	21000	9	18156	3015	10244	1375	5
五大连池市新发镇	15155	10	16808	716	10805	6195	29
五大连池市兴隆乡	9885	8	10419		6027	527	7
五大连池市建设乡	12446	10	15870		9874	6180	17
五大连池市太平乡	15200	8	18324		7137	3337	35
五大连池市团结乡	20048	8	18955		7150	1751	42
五大连池市兴安乡	9064	9	2990		1640	100	1
五大连池市朝阳乡	17255	12	7797		5362	888	3
北林区宝山镇	13670	9	35335	4830	15115	5615	9

乡镇基本情况

计算单位：公顷、个、人

名　　称	行政区域面积	村民委员会	常住人口	城镇建成区总人口	从业人员	二三产业从业人员	工业企业单位
北林区绥胜镇	9930	5	19676	3435	13280	8495	29
北林区西长发镇	19100	10	45100	5650	23000	4500	37
北林区永安镇	13230	7	24212	8095	15216	9516	13
北林区太平川镇	15060	7	24925	1808	12330	4549	4
北林区秦家镇	12380	7	31020	5210	15200	7437	36
北林区双河镇	10750	7	24395	4136	17206	7217	17
北林区三河镇	12810	6	28048	2556	18200	300	8
北林区四方台镇	18140	12	43100	5895	19800	6800	13
北林区津河镇	8590	5	20510	1599	8680	1700	6
北林区张维镇	16000	9	28946	2543	16607	2987	36
北林区东津镇	14700	8	27470	2410	17210	3775	4
北林区红旗乡	9980	5	18780	2143	9045	772	4
北林区连岗乡	15470	5	25392	4426	10164	4972	6
北林区新华乡	16470	7	29809	1212	14482	6980	23
北林区兴福乡	17170	9	34644	4859	16479	2087	2
北林区东富乡	16010	6	30420	5147	16305	7105	40
北林区三井乡	15190	9	28903	820	14440	520	1
北林区五营乡	9210	6	23512	836	11310	510	7
北林区兴和乡	2100	2	3140	480	1194	919	1
望奎县望奎镇	5664	4	16823	1920	9496	2486	6
望奎县通江镇	16548	8	27499	4418	16017	2074	2
望奎县卫星镇	18696	7	30818	3701	15724	2642	3
望奎县海丰镇	16891	7	23204	2570	12261	5105	1
望奎县莲花镇	13250	9	19805	4150	11944	2608	1
望奎县惠七满族镇	14638	8	23297	2640	11113	3383	4
望奎县先锋镇	22633	10	33719	2150	15987	2065	9
望奎县火箭镇	25387	11	44657	6000	17257	2755	4
望奎县东郊乡	10805	7	19977	1681	9927	3778	3
望奎县灵山满族乡	9298	5	16212	2426	8142	2565	6
望奎县后三乡	9541	5	18491	1876	9462	2133	1
望奎县灯塔乡	16319	8	27233	1233	14586	2305	2
望奎县东升乡	9847	6	13347	1260	6697	1028	3
望奎县恭六乡	13055	7	15841	2460	9955	1628	2
望奎县厢白满族乡	14999	7	24082	2890	9941	2634	1
兰西县兰西镇	12593	9	27519	8335	12436	7714	44
兰西县榆林镇	17485	8	38944	9977	17901	8880	14
兰西县临江镇	20068	8	35533	4500	17450	4550	4
兰西县平山镇	20239	10	33650	4678	14218	2001	8
兰西县康荣乡	13733	8	25813	577	13821	2285	2
兰西县燎原乡	17784	5	17567	390	10126	2605	
兰西县北安乡	13471	6	20798	463	13106	6000	5
兰西县长江乡	16387	6	24165	540	7976	956	4
兰西县兰河乡	19690	7	28616	630	9510	2010	6
兰西县红星乡	10149	5	16900	371	8757	3417	10
兰西县红光乡	13736	6	24221	537	9637	3412	5
兰西县长岗乡	14686	5	25213	555	15125	4495	1
兰西县远大乡	29213	9	31520	701	14516	6481	3
兰西县星火乡	14579	5	15375	330	7915	2807	3
兰西县奋斗乡	15278	8	24205	536	10491	2380	3
青冈县青冈镇	6038	9	16098	1985	7639	694	

乡镇基本情况

计算单位:公顷、个、人

名　　称	行政区域面积	村民委员会	常住人口	城镇建成区总人口	从业人员	二三产业从业人员	工业企业单位
青冈县中和镇	14214	12	21186	7940	12978	5003	8
青冈县祯祥镇	29114	14	42736	6710	19112	2871	22
青冈县兴华镇	18877	12	26545	5241	18925	7268	
青冈县永丰镇	14325	13	24342	3102	13675	6073	10
青冈县芦河镇	12891	11	21866	2401	11724	1885	4
青冈县民政镇	17205	10	23215	689	23166	1060	6
青冈县柞岗镇	18695	13	34903	3145	18169	2160	5
青冈县劳动乡	24266	16	28800	560	16487	3744	6
青冈县建设乡	17141	12	18560	1180	10681	1702	2
青冈县新村乡	9560	6	14029	510	7752	1032	2
青冈县昌盛乡	13967	6	21150	837	6857	3438	3
青冈县德胜乡	23150	12	31680	1740	12662	6716	3
青冈县迎春乡	12974	12	19630	3038	8745	3706	2
青冈县连丰乡	14400	7	17742	2495	11933	4068	2
庆安县庆安镇	12563	8	23684	1108	12409	3666	37
庆安县民乐镇	10696	5	18937	1736	9012	3000	4
庆安县大罗镇	14043	6	21515	1612	10191	3273	7
庆安县平安镇	9791	6	17682	1046	8782	1590	48
庆安县勤劳镇	13471	7	18096	1416	11236	2269	17
庆安县久胜镇	13739	7	24479	1520	13106	4685	36
庆安县建民乡	12352	6	19369	1097	9185	760	
庆安县巨宝山乡	8509	4	15565	675	6672	2362	4
庆安县新胜乡	20787	10	33498	960	15142	4083	5
庆安县丰收乡	17711	12	31640	231	28833	2582	49
庆安县发展乡	20584	6	18643	768	11291	1063	21
庆安县同乐乡	14737	5	18829	1200	8496	4085	10
庆安县致富乡	11986	6	23079	248	11993	969	7
庆安县欢胜乡	9902	5	20019	194	10942	4262	3
明水县明水镇	17116	12	21486	3966	16492	5717	40
明水县兴仁镇	11610	8	14043	2280	8064	2800	22
明水县永兴镇	18240	8	19301	4916	13312	4766	38
明水县崇德镇	23030	7	17013	3499	13604	4068	22
明水县通达镇	34959	11	24688	7643	20529	6312	33
明水县双兴乡	22799	11	22249	2320	20683	6304	32
明水县永久乡	12351	8	12101	402	11034	2909	28
明水县树人乡	11304	6	12130	342	10188	3073	24
明水县光荣乡	12060	7	12596	435	10063	3018	26
明水县繁荣乡	10950	7	10641	350	10140	2709	22
明水县通泉乡	14689	7	15312	421	13838	4208	25
明水县育林乡	27357	7	12929	429	11878	3331	17
绥棱县绥棱镇	1136		53018	52018	30696	30696	
绥棱县上集镇	11200	9	25010	3400	20900	10100	2
绥棱县四海店镇	12000	5	8145	900	5360	971	4
绥棱县双岔河镇	18886	8	23026	1200	22718	668	2
绥棱县靠山乡	12000	10	20978	300	20719	8633	10
绥棱县后头乡	10000	5	15576	350	15511	3981	11
绥棱县长山乡	24424	10	27690	2320	14078	3400	5
绥棱县克音河乡	13804	8	16261	570	7232	1017	4
绥棱县绥中乡	9960	6	14034	932	6306	508	
绥棱县泥尔河乡	12073	8	23341	1062	23100	1380	

乡镇基本情况

计算单位：公顷、个、人

名称	行政区域面积	村民委员会	常住人口	城镇建成区总人口	从业人员	二三产业从业人员	工业企业单位
绥棱县阁山乡	12902	7	16347	1810	11038	2579	
安达市铁西街道办事处	800		36378	34000	36378	34559	14
安达市新兴街道办事处	2500		68740	67843	52160	41320	11
安达市安虹街道办事处	812		93697	83750	7792	7008	2
安达市安达镇	9600	7	23317		9038	3525	49
安达市任民镇	21040	11	18864	7431	15369	9617	49
安达市万宝山镇	28596	8	24295	1945	14005	2664	46
安达市昌德镇	35333	7	17783	1239	8946	1541	45
安达市升平镇	23080	9	19633	3550	12740	2232	15
安达市羊草镇	25591	13	27205	630	19267	3538	26
安达市老虎岗镇	21923	10	24459	1088	14436	1230	50
安达市中本镇	12238	5	10168	1353	5660	1770	23
安达市太平庄镇	34400	7	10700	398	6510	1864	48
安达市吉兴岗镇	28219	10	25471	2032	14907	4384	12
安达市火石山乡	18840	6	13340	802	10340	1780	22
安达市卧里屯乡	26000	8	18140	4080	11363	4028	36
安达市青肯泡乡	17457	7	15970	764	6598	2833	49
安达市先源乡	7882	9	10179		5094	779	24
肇东市朝阳区办事处	496		76354	76354	3581	3581	17
肇东市东升区办事处	3204		51743	51743	3794	3794	17
肇东市西园区办事处	569		66356	58000	12120	12120	12
肇东市正阳区办事处	846		58776	58776	3175	3175	17
肇东市肇东镇	26299	9	34988	3166	15316	7790	198
肇东市昌五镇	13900	12	37100	17460	20650	9650	134
肇东市宋站镇	24751	8	27151	16594	14047	6289	79
肇东市五站镇	23481	11	57226	11510	35006	11206	142
肇东市尚家镇	31000	10	35426	6360	16415	8025	31
肇东市姜家镇	12361	7	24530	5980	12892	1028	25
肇东市里木店镇	10841	9	22998	4762	13285	3425	6
肇东市四站镇	11800	5	25960	11206	11190	3005	15
肇东市涝洲镇	18533	12	35112	3750	30106	2100	42
肇东市五里明镇	18485	5	37953	6300	14146	4829	69
肇东市黎明镇	20371	14	42716	2965	22106	2130	72
肇东市太平乡	12627	7	18467	2637	11630	3502	48
肇东市海城乡	12991	7	23760	940	14695	1120	32
肇东市向阳乡	17640	9	22376	1734	14708	1520	9
肇东市洪河乡	13681	9	23260	2356	14165	3540	76
肇东市跃进乡	15132	7	24644	2285	6814	2616	52
肇东市西八里乡	24636	7	22954	950	22508	1476	1
肇东市德昌乡	21213	8	31402	1350	11528	3449	9
肇东市宣化乡	52793	9	20696	2503	8903	4119	2
肇东市安民乡	18861	10	24958	3125	10235	4163	21
肇东市明久乡	15086	11	23056	778	17380	2285	24
海伦市海伦镇	1580	3	8494	6640	5997	2470	10
海伦市海北镇	27793	17	47289	5810	36479	5770	55
海伦市伦河镇	19677	10	35240	15700	26459	8113	40
海伦市共合镇	17416	11	31826	5381	24531	4255	2
海伦市海兴镇	15853	10	27005	3499	19572	7499	48
海伦市祥富镇	15789	11	24114	7140	14430	13220	3
海伦市东风镇	21082	13	29326	889	16202	2196	3

乡镇基本情况

计算单位:公顷、个、人

名　　称	行政区域面积	村民委员会	常住人口	城镇建成区总人口	从业人员	二三产业从业人员	工业企业单位
海伦市前进乡	19450	15	35460	1594	26838	5838	4
海伦市向荣乡	13137	9	26830	2120	23320	5450	4
海伦市长发乡	10255	7	15600	742	11622	1610	40
海伦市东林乡	22896	15	34500	986	25256	6636	52
海伦市海南乡	13875	10	18500	1903	17450	1850	53
海伦市共荣乡	15596	10	27050	2723	20117	8910	1
海伦市乐业乡	10930	9	17948	400	14614	2849	1
海伦市福民乡	11342	8	18500	512	16825	1200	2
海伦市丰山乡	14760	10	24148	762	22676	4675	2
海伦市永富乡	24436	14	39862	795	25850	5400	2
海伦市百祥乡	13616	8	18100	675	14660	3950	30
海伦市联发乡	15458	10	22020	1980	17104	3069	3
海伦市永和乡	18081	12	33012	2010	19378	4139	2
海伦市爱民乡	17887	10	20701	758	12771	1652	48
海伦市扎音河乡	15688	12	22331	768	22131	3592	1
海伦市双录乡	15032	9	22610	2400	16610	1785	5
加格达奇区加北乡	45800	3	7015	320	5358	1516	5
加格达奇区白桦乡	105300	5	6103	400	3276	500	3
呼玛县呼玛镇	243749	10	25539	21440	7829	5369	8
呼玛县韩家园镇	497121	5	4148	2103	1209	587	
呼玛县三卡乡	179217	8	5399	1346	2602	1130	
呼玛县金山乡	80344	6	1121	351	560	140	
呼玛县兴华乡	75394	6	1981	788	962	105	
呼玛县鸥浦乡	140446	7	1582	525	927	74	
呼玛县白银纳鄂伦春族民族乡	51437	6	1982	1179	970	326	3
呼玛县北疆乡	152759	6	1975	1975	956	142	
塔河县塔河镇	421338		59049	46412	7229	5699	41
塔河县瓦拉干镇	140777		2684	1054	710	95	
塔河县盘古镇	284688		3837	2894	1026	176	
塔河县十八站鄂伦春族民族乡	253400	6	4240	2712	2340	590	6
塔河县依西肯乡	189146	3	1399	402	873	143	2
塔河县开库康乡	160866	2	1607	2161	750	70	
漠河县西林吉镇	718839	1	39355	36147	12191	5580	32
漠河县图强镇	505541		20889	14402	824	504	2
漠河县劲涛镇	555606		10453	7521	4594	1805	10
漠河县兴安镇	107591	3	1774	762	1474	706	
漠河县北极乡	177146	3	3229	3229	848	630	
上海市							
闵行区莘庄镇	1960	2	296906	296906	138794	138794	337
闵行区七宝镇	1960	9	300551	300551	52062	52062	130
闵行区颛桥镇	3229	14	173644	119336	111653	111537	901
闵行区华漕镇	2820	16	223491	6865	114714	113802	239
闵行区虹桥镇	1108		174404	174404	80749	80749	133
闵行区梅陇镇	2847	16	344981	225486	236960	236694	866
闵行区吴泾镇	3760	8	118155	45478	67939	66982	354
闵行区马桥镇	3363	10	111654	39787	88033	87526	303
闵行区浦江镇	10254	56	347170	138296	181580	175750	1511
宝山区罗店镇	4519	21	125174	16154	82432	78970	494
宝山区大场镇	3682	10	396303	396303	91338	91318	667
宝山区杨行镇	3791	17	206262	85776	97076	95626	256

乡镇基本情况

计算单位:公顷、个、人

名　称	行政区域面积	村民委员会	常住人口	城镇建成区总人口	从业人员	二三产业从业人员	工业企业单位
宝山区月浦镇	2808	14	148285	103321	92426	90300	332
宝山区罗泾镇	3535	21	56600	3360	29231	28286	386
宝山区顾村镇	4160	19	295718	7848	87875	87130	420
宝山区高境镇	697		125006	125006	65844	65844	66
宝山区庙行镇	640	3	93945	93945	53755	53755	216
宝山区淞南镇	1365		132821	132821	66105	66105	72
嘉定区南翔镇	3327	8	157135	47893	74037	74017	1549
嘉定区安亭镇	8934	42	259859	155915	157439	156620	1847
嘉定区马陆镇	5716	16	190781	19179	120712	119554	1200
嘉定区徐行镇	3995	10	96773	18977	69973	68058	1602
嘉定区华亭镇	3954	11	52422	1804	31824	29241	608
嘉定区外冈镇	5091	19	100905	38547	70821	69054	1439
嘉定区江桥镇	4249	16	276831	180737	144625	144254	1375
浦东新区川沙新镇	9670	43	313582	90584	115370	105577	757
浦东新区高桥镇	3902	14	228507	64583	151642	150695	98
浦东新区北蔡镇	2371	9	294930	51456	148706	148320	402
浦东新区合庆镇	4186	29	127628	28871	87535	85475	343
浦东新区唐镇	3232	17	142380	70496	99405	98610	153
浦东新区曹路镇	4659	32	203576	79458	136267	133967	264
浦东新区金桥镇	2528	3	87373	26392	66928	66850	28
浦东新区高行镇	2285	3	155052	50400	17075	17066	130
浦东新区高东镇	3516	12	113211	17846	39247	38844	92
浦东新区张江镇	4502	9	170413	116549	125361	118409	140
浦东新区三林镇	3419	16	342520	221217	104807	103640	260
浦东新区惠南镇	5908	29	279256	120204	87515	69700	458
浦东新区周浦镇	4323	10	204604	139887	158683	155007	573
浦东新区新场镇	5345	13	101806	34879	63029	46286	1325
浦东新区大团镇	5058	16	84581	11864	47365	32475	354
浦东新区康桥镇	4104	12	230986	51183	163101	162432	370
浦东新区航头镇	5996	13	140975	46131	65361	50385	1238
浦东新区祝桥镇	15400	40	255628	66953	119890	104904	915
浦东新区泥城镇	6150	11	88181	4275	29388	21300	350
浦东新区宣桥镇	4573	12	65272	7050	40001	33127	373
浦东新区书院镇	6691	13	68381	9816	46617	31807	322
浦东新区万祥镇	2307	7	31918	7956	20142	15180	153
浦东新区老港镇	3890	7	42450	3900	28375	19537	231
浦东新区南汇新城镇	15215	1	55304	54648	38159	37059	25
金山区朱泾镇	7567	11	122238	69744	67605	63404	399
金山区枫泾镇	9167	23	96739	27061	63752	59800	1016
金山区张堰镇	3493	9	42087	8421	21542	21107	375
金山区亭林镇	7912	15	94000	24976	69312	66390	605
金山区吕巷镇	5979	10	51630	19025	37069	34093	449
金山区廊下镇	4656	12	37544	5282	23607	19650	305
金山区金山卫镇	5493	14	79000	30110	53248	49423	508
金山区漕泾镇	4492	11	44591	12170	26262	22193	290
金山区山阳镇	4212	10	71185	11733	52113	51618	387
松江区泗泾镇	2360		141430	20338	84850	84820	200
松江区佘山镇	6688	12	70569	19350	47255	46451	136
松江区车墩镇	4530	16	195808	29006	165476	164227	965
松江区新桥镇	3535		165632	51609	127528	126859	1179

乡镇基本情况

计算单位:公顷、个、人

名　　称	行政区域面积	村民委员会	常住人口	城镇建成区总人口	从业人员	二三产业从业人员	工业企业单位
松江区洞泾镇	2450		59155	25639	46057	45659	653
松江区九亭镇	3292		302671	242137	257270	256790	387
松江区泖港镇	5728	16	48850	6006	36700	33591	526
松江区石湖荡镇	4428	10	51552	3301	38985	38175	218
松江区新浜镇	4475	11	30663	3600	24230	23387	300
松江区叶榭镇	7254	13	78888	18961	57823	56644	647
松江区小昆山镇	4870	8	49332	25338	36723	36216	453
青浦区朱家角镇	13828	28	83264	19638	60531	56611	681
青浦区练塘镇	9366	25	62852	4762	43099	37692	1081
青浦区金泽镇	10849	30	66950	11145	46058	43204	758
青浦区赵巷镇	3635	8	84282	16206	62950	62182	740
青浦区徐泾镇	3859	9	129161	45782	103901	103509	522
青浦区华新镇	4651	19	189476	25679	110679	109605	2468
青浦区重固镇	2536	8	53159	19650	37976	35968	526
青浦区白鹤镇	6332	21	105015	21105	79133	70640	1271
奉贤区南桥镇	7556	17	383000	255000	140923	136517	1702
奉贤区奉城镇	10991	41	197779	60798	105372	91157	932
奉贤区庄行镇	7001	16	60446	49	49655	42528	558
奉贤区金汇镇	7172	18	138728	23500	99035	91568	1130
奉贤区四团镇	5800	21	75065	21382	54093	45644	596
奉贤区青村镇	7315	24	94062	16316	61273	53616	1527
奉贤区柘林镇	9566	16	94189	22318	52938	47006	898
奉贤区海湾镇	10426		29909	29909	18244	17227	132
崇明县城桥镇	5752	14	122388	97591	40198	32362	33
崇明县堡镇	6130	18	58800	17330	24832	13331	218
崇明县新河镇	6196	17	50458	9490	28441	18771	73
崇明县庙镇	9551	28	53432	4412	30996	16458	105
崇明县竖新镇	5886	21	46831	2240	29839	18021	210
崇明县向化镇	5378	11	25622	7021	18395	11143	71
崇明县三星镇	6817	21	38790	1715	21901	11082	85
崇明县港沿镇	7492	21	48838	1507	30987	16365	59
崇明县中兴镇	5150	12	30171	2741	22621	11093	25
崇明县陈家镇	8231	21	65539	19652	25858	10792	134
崇明县绿华镇	3745	7	8499	421	6475	2056	17
崇明县港西镇	4573	12	25752	1450	12823	7657	37
崇明县建设镇	4240	13	28509	5940	16527	10113	100
崇明县新海镇	10504		11782	2415	4267	3049	31
崇明县东平镇	11970		16574	4650	4360	2562	51
崇明县长兴镇	8296	24	103181	18480	44684	35631	30
崇明县新村乡	2489	6	12084	1139	8552	4309	17
崇明县横沙乡	5174	24	31832	3875	19695	9488	10
江苏省							
六合区冶山镇	10274	3	44905	12338	23869	18896	151
六合区竹镇镇	21105	10	65133	22690	30457	24746	76
溧水区永阳镇	13300	11	107165	70170	69851	63808	557
溧水区白马镇	12400	9	43058	13537	20705	16770	208
溧水区东屏镇	11953	12	40781	16566	19903	13533	175
溧水区柘塘镇	4600	11	37154	3792	23221	20095	216
溧水区石湫镇	11900	14	49989	8536	27221	23946	462
溧水区洪蓝镇	10900	11	47420	11330	27678	22112	284

乡镇基本情况

计算单位：公顷、个、人

名　　称	行政区域面积	村民委员会	常住人口	城镇建成区总人口	从业人员	二三产业从业人员	工业企业单位
溧水区晶桥镇	13233	12	38600	8485	22273	17600	80
溧水区和凤镇	19000	11	45140	12410	27869	22854	151
高淳区淳溪镇	8357	21	122736	51762	74951	70134	269
高淳区阳江镇	12503	26	71042	17509	43799	29359	191
高淳区砖墙镇	6888	5	34717	4473	22367	11111	115
高淳区古柏镇	5067	15	38350	7825	23552	19976	133
高淳区漆桥镇	5370	7	25995	7486	15856	13072	88
高淳区固城镇	8346	17	39850	12699	23593	18467	190
高淳区东坝镇	10432	12	45371	23360	27595	22513	265
高淳区桠溪镇	14900	22	59387	29630	33367	27601	330
锡山区羊尖镇	5046	8	55464	17628	34119	29858	408
锡山区鹅湖镇	5457	10	69618	24696	40984	39439	588
锡山区锡北镇	6238	13	89321	11231	52248	47356	768
锡山区东港镇	8505	15	118000	40000	85600	81650	1035
惠山区洛社镇	7757	19	167817	64579	96683	85410	1850
惠山区阳山镇	3278	12	54902	14366	31152	25161	715
滨湖区胡埭镇	3608	8	61802	23625	32595	32275	1160
江阴市澄江街道	13261	53	416410	383095	332445	327964	1551
江阴市南闸街道	4500	11	78375	24045	34154	29998	485
江阴市云亭街道	3990	7	80134	49720	52830	49268	565
江阴市临港街道	12500	27	186900	102088	121413	111873	1977
江阴市璜土镇	6449	12	88138	14103	54823	47853	1045
江阴市月城镇	3853	9	51352	25725	31212	25247	582
江阴市青阳镇	6756	15	94112	52646	59592	49655	701
江阴市徐霞客镇	11017	21	156941	42611	81071	67491	1320
江阴市华士镇	7458	27	134686	52758	87538	85017	1297
江阴市周庄镇	7596	15	143952	58835	87601	85404	1370
江阴市新桥镇	2000	10	51274	41954	33302	32610	207
江阴市长泾镇	5330	12	95865	24862	62461	60374	528
江阴市顾山镇	4971	12	87910	39812	56593	51482	791
江阴市祝塘镇	5959	12	140041	63756	78559	74348	949
宜兴市宜城街道	4000	5	232184	143297	92566	91142	323
宜兴市屺亭街道	6860	12	62973	50378	50833	46817	550
宜兴市新庄街道	4283	6	36085	10793	23376	19339	483
宜兴市新街街道	10200	7	51957	29584	27856	24570	620
宜兴市张渚镇	17530	13	76461	43150	44820	40372	499
宜兴市西渚镇	6666	8	27982	6913	16224	11449	138
宜兴市太华镇	9157	8	27765	5512	12250	10035	210
宜兴市徐舍镇	17991	23	97962	19110	54784	36472	580
宜兴市官林镇	12400	18	98596	34105	43198	35392	992
宜兴市杨巷镇	8642	16	50674	13576	24265	13073	152
宜兴市新建镇	4500	6	31584	10739	18666	15204	330
宜兴市和桥镇	10510	14	84779	35650	52411	41872	884
宜兴市高塍镇	1080	14	59372	38644	32979	26881	902
宜兴市万石镇	4377	9	25099	13418	13369	11898	831
宜兴市周铁镇	7300	14	58888	18549	26829	21074	370
宜兴市芳桥镇	4980	8	27668	5130	12213	8322	232
宜兴市丁蜀镇	19185	28	197210	122150	98648	89346	1880
宜兴市湖父镇	9324	7	23723	8336	12902	11102	146
贾汪区青山泉镇	6647	11	46320	40120	30108	25820	155

乡镇基本情况

计算单位:公顷、个、人

名　　称	行政区域面积	村民委员会	常住人口	城镇建成区总人口	从业人员	二三产业从业人员	工业企业单位
贾汪区紫庄镇	6668	15	50827	16714	25639	15829	123
贾汪区塔山镇	9468	20	77505	17968	28653	13973	122
贾汪区汴塘镇	10080	17	50099	8900	18762	10122	149
贾汪区江庄镇	7496	11	35885	3986	13349	9401	7
铜山区何桥镇	7400	15	51939	6489	30473	20239	58
铜山区黄集镇	8340	18	58594	15766	32177	20409	262
铜山区马坡镇	6900	12	51230	11440	24180	14140	180
铜山区郑集镇	6800	10	52138	38027	29326	20898	96
铜山区柳新镇	8500	19	69665	27207	36692	26180	291
铜山区刘集镇	8360	15	64362	11425	29063	14981	865
铜山区大彭镇	7600	14	68500	9746	45601	29451	210
铜山区汉王镇	6420	9	45179	6824	14802	9595	269
铜山区棠张镇	8030	17	56277	17100	36280	28680	418
铜山区张集镇	14800	19	74650	7392	33152	22111	1046
铜山区房村镇	13600	20	75282	9214	38121	21997	392
铜山区伊庄镇	8560	15	47546	7435	21135	11906	165
铜山区单集镇	13210	21	66695	13517	28503	15474	291
铜山区利国镇	7769	10	57418	30276	23346	17108	1180
铜山区徐庄镇	13259	22	73287	30927	31645	20672	285
铜山区大许镇	12900	23	80057	33671	35689	24931	447
铜山区茅村镇	8396	13	75423	34820	32118	24638	320
铜山区柳泉镇	10520	17	64307	21300	35712	24929	551
丰县中阳里办事处	990		25019	6106	12722	10370	1396
丰县凤城镇	5207	12	40101	14696	21769	16745	544
丰县首羡镇	12176	33	85256	11885	51088	32919	838
丰县顺河镇	8648	22	52172	18426	31905	20002	721
丰县常店镇	7727	27	66540	9590	30499	14339	896
丰县欢口镇	10500	27	101747	47030	57586	46331	1748
丰县师寨镇	10450	36	80199	11411	51795	33226	1560
丰县华山镇	11300	28	88865	41060	55294	36834	1800
丰县梁寨镇	8680	20	64993	30528	31905	13778	563
丰县范楼镇	11610	31	82830	10950	40125	22902	789
丰县孙楼镇	6608	19	56160	8012	28721	17616	1330
丰县宋楼镇	12214	32	92600	10625	43805	19694	1660
丰县大沙河镇	8150	19	62108	22782	26908	15561	730
丰县王沟镇	12621	31	105107	14530	55404	32510	1108
丰县赵庄镇	9100	18	61110	37975	38419	22493	2070
沛县龙固镇	5302	11	62862	43569	30321	23425	636
沛县杨屯镇	4100	14	56007	19932	33539	24686	573
沛县大屯镇	5540	11	70453	41231	36944	27815	445
沛县沛城镇	10560	21	192918	146216	97798	92708	1995
沛县胡寨镇	4594	10	40375	4350	23054	16259	461
沛县魏庙镇	5200	14	59018	12967	34990	23030	390
沛县五段镇	4700	14	40582	7405	24104	14951	511
沛县张庄镇	11200	24	102285	30639	66154	43804	931
沛县张寨镇	10634	26	100095	7432	38064	27217	167
沛县敬安镇	9600	20	57030	34210	31157	21335	539
沛县河口镇	8257	16	58915	5285	33057	22877	482
沛县栖山镇	8951	18	66695	6747	31485	24360	636
沛县鹿楼镇	12540	22	70201	10983	45625	27979	722

乡镇基本情况

计算单位:公顷、个、人

名　　称	行政区域面积	村民委员会	常住人口	城镇建成区总人口	从业人员	二三产业从业人员	工业企业单位
沛县朱寨镇	7900	20	60311	7229	27355	19469	930
沛县安国镇	13328	23	82525	28950	44733	24443	90
睢宁县睢城镇	10173		251637	219326	173052	150859	743
睢宁县王集镇	13152	22	77716	18651	46475	26578	79
睢宁县双沟镇	8183	13	48785	18040	28579	16785	325
睢宁县岚山镇	12837	17	73766	27826	46688	24466	103
睢宁县李集镇	6368	11	51508	24795	29316	20550	243
睢宁县桃园镇	9682	21	69890	17206	36063	21773	123
睢宁县官山镇	12528	16	77631	7954	51948	34492	107
睢宁县高作镇	4171	8	35069	18014	22650	16367	34
睢宁县沙集镇	4000	13	56889	16510	29030	22340	370
睢宁县凌城镇	9365	19	70598	24970	38916	25430	102
睢宁县邱集镇	14079	28	101851	24500	54086	36087	132
睢宁县古邳镇	10666	20	71254	33935	46933	21790	232
睢宁县姚集镇	16700	29	94980	19700	45020	29991	365
睢宁县魏集镇	12938	20	70500	17178	41772	22160	712
睢宁县梁集镇	11036	8	51300	7140	26956	14917	75
睢宁县庆安镇	11571	15	63091	16810	35691	17793	91
新沂市新安街道办事处	12400	4	218779	76428	144300	110150	253
新沂市北沟街道办事处	3400		55920	5096	23966	22657	97
新沂市墨河街道办事处	5853		44398	10412	24247	23016	166
新沂市唐店街道办事处	6777	4	39131	17357	25343	16603	242
新沂市瓦窑镇	6312	12	36576	16305	23419	9306	388
新沂市港头镇	7118	4	36647	7010	19990	10920	122
新沂市合沟镇	6872	20	58150	6240	28165	16320	436
新沂市草桥镇	10125	16	63780	31140	40377	29972	1279
新沂市窑湾镇	11597	21	59886	27350	32108	20167	785
新沂市棋盘镇	17634	28	76427	31250	37820	20853	367
新沂市马陵山镇	10600	17	56411	24306	30630	18160	174
新沂市新店镇	12800	15	48195	9132	25642	17000	141
新沂市邵店镇	5800	14	38345	11524	17132	12748	52
新沂市时集镇	10600	18	52034	8820	28501	11181	88
新沂市高流镇	12290	14	58955	24390	32631	15251	416
新沂市阿湖镇	12545	18	62933	6405	35257	16910	1014
新沂市双塘镇	8800	14	38807	5731	23870	18270	596
邳州市东湖街道办事处	2646	3	23423	10507	12066	8406	38
邳州市运河街道办事处	7823	12	255888	224493	118383	106490	1247
邳州市戴圩街道办事处	7999	19	70768	25358	34880	27144	281
邳州市炮车街道办事处	5299	12	53001	25420	33585	19560	425
邳州市邳城镇	9028	22	73650	32737	36941	28271	193
邳州市官湖镇	8880	27	99150	46236	64396	58283	1366
邳州市四户镇	8100	17	54536	8175	26677	15651	183
邳州市宿羊山镇	9013	24	76897	11123	41789	15913	293
邳州市八义集镇	9112	25	77356	7997	44592	33385	624
邳州市土山镇	6380	21	53440	22097	33420	22750	248
邳州市碾庄镇	12100	27	87126	39528	37228	20866	221
邳州市港上镇	6400	22	61789	20053	32277	15334	537
邳州市邹庄镇	7366	16	56998	8340	34534	24266	60
邳州市占城镇	8900	18	42386	2264	19868	10624	71
邳州市新河镇	9797	19	60120	7560	33185	19085	160

乡镇基本情况

计算单位:公顷、个、人

名　　称	行政区域面积	村民委员会	常住人口	城镇建成区总人口	从业人员	二三产业从业人员	工业企业单位
邳州市八路镇	6695	14	45812	11690	26150	14804	158
邳州市铁富镇	12444	30	117650	71206	60454	36149	112
邳州市岔河镇	7030	12	43839	8420	21790	13975	241
邳州市陈楼镇	3996	11	51105	8241	26470	23370	834
邳州市邢楼镇	9650	18	51412	4050	33590	27450	320
邳州市戴庄镇	7373	16	51030	8020	30254	21476	30
邳州市车辐山镇	9500	16	56520	8165	33849	14481	266
邳州市燕子埠镇	7700	16	35353	3736	22527	12012	101
邳州市赵墩镇	12000	27	96650	11393	58260	33580	107
邳州市议堂镇	5760	12	35503	7210	18610	11823	218
新北区春江镇	17100	12	151763	22453	73071	64936	1796
新北区孟河镇	8824	13	92030	25325	44121	40278	1031
新北区新桥镇	2714	7	30436	20518	12009	10652	192
新北区薛家镇	3757	3	47583	24462	20902	20157	724
新北区罗溪镇	5351	8	59269	24530	26959	23066	862
新北区西夏墅镇	5196	5	57250	15675	20731	15259	923
武进区湖塘镇	8406	1	263926	115300	118767	118507	2295
武进区牛塘镇	3460	9	87957	26543	38007	36071	1152
武进区洛阳镇	5577	18	90994	24366	56671	50353	1288
武进区遥观镇	4468	15	108824	20243	61075	58891	1631
武进区横林镇	4668	15	93191	32134	49312	48083	1173
武进区横山桥镇	5791	19	86622	32432	56234	50091	1485
武进区郑陆镇	8893	26	116850	26721	56662	49631	1012
武进区雪堰镇	10438	25	99545	8723	43948	33204	1195
武进区前黄镇	10240	20	85300	9395	37855	29507	794
武进区礼嘉镇	5822	14	65820	9125	31559	25815	1299
武进区邹区镇	6086	17	93100	31045	44461	40505	734
武进区嘉泽镇	10632	19	87140	15500	44889	22206	226
武进区湟里镇	8715	16	76216	14972	40454	33253	529
武进区奔牛镇	5578	12	59825	24670	32849	27251	341
溧阳市溧城镇	15520	30	334825	200478	174822	165484	1701
溧阳市埭头镇	4369	7	27576	13168	15577	12367	179
溧阳市上黄镇	4760	8	26087	16010	13176	11862	212
溧阳市戴埠镇	13630	17	47528	15725	30503	23453	468
溧阳市天目湖镇	23897	14	77897	9765	34667	26835	265
溧阳市别桥镇	11265	18	70231	11374	44333	35079	324
溧阳市上兴镇	22696	23	78262	4020	38219	25352	180
溧阳市竹箦镇	18360	18	68488	15317	33446	27355	314
溧阳市南渡镇	12450	19	76009	11542	39661	31841	236
溧阳市社渚镇	20700	22	72704	12320	40120	25503	394
金坛市金城镇	19251	32	204787	107901	150973	141276	1018
金坛市儒林镇	10500	12	34421	6955	17126	10421	164
金坛市尧塘镇	9880	21	59012	6560	43420	33440	633
金坛市直溪镇	10662	20	58905	10268	41105	35200	415
金坛市朱林镇	7699	15	37835	9391	26267	21206	228
金坛市薛埠镇	23610	29	68094	19021	48315	39770	259
金坛市指前镇	9172	15	41378	5304	25324	18965	130
虎丘区浒墅关镇	3200	5	37487	14768	20882	20423	725
虎丘区通安镇	3698	9	71699	31684	47200	45690	394
虎丘区东渚镇	3772	9	37338	2346	19400	16400	120

乡镇基本情况

计算单位：公顷、个、人

名　称	行政区域面积	村民委员会	常住人口	城镇建成区总人口	从业人员	二三产业从业人员	工业企业单位
吴中区甪直镇	9799	16	170516	50320	123024	116732	2228
吴中区木渎镇	6228	9	274253	95633	246190	240560	2511
吴中区胥口镇	3650	6	96482	23505	66767	65751	1865
吴中区东山镇	9600	12	56743	25738	32576	19485	364
吴中区光福镇	6156	7	63011	20893	45095	35600	338
吴中区金庭镇	8342	11	48213	3416	27345	17443	50
吴中区临湖镇	5430	12	68381	34635	48551	43940	715
相城区望亭镇	4406	7	77214	17421	50189	47235	1019
相城区黄埭镇	5600	14	140120	91530	88905	85605	883
相城区渭塘镇	3669	8	98608	20373	57473	56623	1195
相城区阳澄湖镇	6284	7	65811	14306	43246	38474	582
吴江区太湖新城镇	26152	61	351050	235286	355402	348649	2899
吴江区同里镇	10291	11	55012	37985	34245	32400	1117
吴江区平望镇	13565	21	100474	48530	63128	59590	1100
吴江区盛泽镇	14774	27	200415	142870	146440	144100	2579
吴江区七都镇	8620	22	69850	25000	44410	39550	712
吴江区震泽镇	9561	23	78898	34995	46706	44122	1112
吴江区桃源镇	9060	28	77612	19230	45869	44556	960
吴江区黎里镇	25800	48	175543	99125	106863	102810	3461
常熟市虞山镇	18900	47	310067	262031	223660	220582	2058
常熟市梅李镇	8084	15	90228	27158	61138	54937	704
常熟市海虞镇	10997	17	136760	53103	97563	93165	810
常熟市古里镇	9646	14	102691	13513	84325	81138	880
常熟市沙家浜镇	6500	13	75628	32516	51546	47948	496
常熟市支塘镇	12896	16	112485	20150	52247	45140	912
常熟市董浜镇	6261	14	65100	19225	47187	42426	489
常熟市辛庄镇	10426	20	108610	24923	73301	66649	958
常熟市尚湖镇	11250	23	124856	21765	73999	70949	1036
张家港市杨舍镇	15309	39	278521	259024	229959	228021	3419
张家港市塘桥镇	9427	14	146360	103000	92545	91395	1440
张家港市金港镇	13161	30	301526	141785	207019	203342	2178
张家港市锦丰镇	11434	23	169996	106858	105433	100198	1450
张家港市乐余镇	7861	19	76748	33622	40670	36060	1102
张家港市凤凰镇	7877	15	119051	49274	64694	63486	1365
张家港市南丰镇	6249	12	82507	24971	51306	45264	528
张家港市大新镇	4048	10	69503	19899	35530	31585	590
昆山市玉山镇	11800	22	209194	166734	144764	142309	1820
昆山市巴城镇	15700	22	97860	78605	80505	75307	1321
昆山市周市镇	8156	14	139615	66887	104960	103671	2758
昆山市陆家镇	3558	8	93205	79224	81300	80915	846
昆山市花桥镇	5000	3	120433	115615	90589	90219	753
昆山市淀山湖镇	6587	10	50762	39522	38254	37519	762
昆山市张浦镇	10904	16	138014	105325	99913	97114	2654
昆山市周庄镇	3605	10	28185	14242	20058	18785	569
昆山市千灯镇	7853	18	158543	122605	100679	98580	1848
昆山市锦溪镇	9069	20	51925	49523	51394	47351	712
太仓市城厢镇	15341	13	333776	109214	227363	220465	2138
太仓市沙溪镇	12580	20	142281	43900	83188	78510	2172
太仓市浏河镇	6459	8	89876	27215	70848	61825	920
太仓市浮桥镇	13720	11	130213	25720	86305	80083	1454

乡镇基本情况

计算单位：公顷、个、人

名　　称	行政区域面积	村民委员会	常住人口	城镇建成区总人口	从业人员	二三产业从业人员	工业企业单位
太仓市璜泾镇	7963	13	86926	21820	56367	45503	1032
太仓市双凤镇	6250	9	57121	12597	40787	34873	709
通州区金沙镇	16858	30	239449	139508	126396	109645	801
通州区西亭镇	5691	7	39984	19095	24344	18720	200
通州区二甲镇	6601	8	59454	39588	44218	34370	550
通州区东社镇	7215	10	46089	32764	37008	27530	146
通州区三余镇	18734	26	85765	55903	81736	64616	1008
通州区十总镇	5233	6	29677	15452	18519	13297	89
通州区骑岸镇	8084	9	39040	21955	25348	18959	148
通州区五甲镇	4293	6	26480	19672	17522	13181	72
通州区石港镇	11015	10	62002	37188	43280	35878	307
通州区四安镇	5070	8	36973	18452	24433	20834	215
通州区刘桥镇	10728	10	70097	29687	42411	33473	288
通州区平潮镇	6196	15	74193	41920	45222	40197	464
通州区平东镇	4764	5	42360	19739	20872	15933	240
通州区五接镇	3894	8	40365	19520	22620	17234	185
通州区兴仁镇	3916	10	45652	17219	28616	26900	598
通州区兴东镇	3046	9	32232	22880	19441	17012	262
通州区张芝山镇	4982	9	51068	30676	30784	25219	354
通州区川姜镇	4986	14	83871	33689	35921	27436	435
通州区先锋镇	2654	8	37449	20126	21960	17946	396
海安县海安镇	21434	40	248914	184764	179836	168968	1719
海安县城东镇	16388	31	136262	100800	85456	76548	3150
海安县曲塘镇	11552	26	89452	36769	41595	33123	2819
海安县李堡镇	9453	18	75540	29617	43939	36551	966
海安县角斜镇	12800	20	61685	13335	31664	25228	941
海安县大公镇	8928	12	57324	9400	26936	22106	1005
海安县雅周镇	8330	15	54502	17850	29401	22515	798
海安县白甸镇	5305	10	29518	6934	15938	12531	232
海安县南莫镇	7420	16	49380	12791	25529	20442	810
海安县墩头镇	11556	18	60870	12913	40280	34222	516
如东县栟茶镇	9570	16	48821	29982	24780	20677	770
如东县洋口镇	12583	22	68065	3768	38904	29987	160
如东县苴镇	9398	6	39824	14561	16903	13376	247
如东县长沙镇	9500	9	36521	3910	23461	13780	80
如东县大豫镇	19547	16	83031	12100	53908	41025	126
如东县掘港镇	26314	31	205479	153276	72916	62696	2471
如东县马塘镇	14083	17	80610	5400	32857	29411	3310
如东县丰利镇	14037	20	81708	16355	33868	26128	701
如东县曹埠镇	9236	6	47033	5610	26294	23424	985
如东县岔河镇	14163	22	71746	31800	37397	31297	1809
如东县双甸镇	11233	13	69055	13610	33669	28679	480
如东县新店镇	8069	10	37622	3820	18668	16211	1392
如东县河口镇	11610	11	56907	12958	33043	27543	1120
如东县袁庄镇	9919	11	53482	5885	29437	22563	331
启东市汇龙镇	13463	35	255765	190986	112044	99860	1155
启东市北新镇	9720	24	59036	15300	44060	34996	903
启东市惠萍镇	10785	20	77760	19500	56817	43934	1216
启东市寅阳镇	10058	24	71231	17293	47662	39129	1165
启东市东海镇	8540	18	52023	7774	41955	31457	400

乡镇基本情况

计算单位：公顷、个、人

名　　称	行政区域面积	村民委员会	常住人口	城镇建成区总人口	从业人员	二三产业从业人员	工业企业单位
启东市近海镇	7990	20	51442	11262	39282	30113	353
启东市南阳镇	12680	29	82747	20996	65870	51812	925
启东市海复镇	7380	17	42950	12100	34783	26597	442
启东市合作镇	8870	17	52448	12645	40460	30949	270
启东市王鲍镇	12600	22	69767	19822	57453	45264	536
启东市吕四港镇	15280	35	138732	49700	106795	80383	3322
启东市启隆乡	3431		3899	1653	2365	1851	14
如皋市如城街道	13242	11	157509	116834	123475	113677	806
如皋市东陈镇	11232	11	71704	34370	40111	31069	285
如皋市丁堰镇	7048	5	46676	24750	24501	17192	257
如皋市白蒲镇	14489	15	108723	56206	58674	46548	469
如皋市下原镇	7076	7	52664	23748	30323	23164	170
如皋市九华镇	6961	14	62028	29361	32795	24527	263
如皋市石庄镇	8506	10	74635	24693	43122	32737	191
如皋市长江镇	12209	6	121971	99645	86502	71235	542
如皋市吴窑镇	6436	9	57240	21001	35326	27779	114
如皋市江安镇	11836	18	104847	49200	50506	38514	351
如皋市搬经镇	17485	17	122878	57944	59607	43693	384
如皋市磨头镇	10315	16	72697	28000	35975	28839	202
海门市常乐镇	9810	23	64709	28188	39271	32064	180
海门市悦来镇	14144	35	88023	35680	53556	42936	1047
海门市四甲镇	9696	21	69869	25814	42228	32996	1167
海门市余东镇	6830	17	48987	20541	28391	23270	145
海门市正余镇	7636	17	52657	28230	26975	22660	344
海门市海永乡	800	2	4186	1698	3500	2638	11
新浦区浦南镇	10850	18	53748	7984	29010	16120	80
海州区新坝镇	6946	16	31248	9507	20488	12648	49
海州区锦屏镇	5214	9	30926	6239	14508	9535	132
海州区板浦镇	8064	16	67531	33268	43082	26537	293
赣榆县青口镇	9080	19	207241	112662	88965	75545	282
赣榆县柘汪镇	7230	24	56461	9478	26402	18072	320
赣榆县石桥镇	29265	23	63979	10975	28042	14576	151
赣榆县金山镇	6690	21	50716	13380	20243	12837	396
赣榆县黑林镇	8262	21	45216	9892	21435	12484	419
赣榆县厉庄镇	6218	16	37339	9784	14199	10616	51
赣榆县海头镇	7900	29	85566	31288	34106	21150	313
赣榆县塔山镇	10484	30	63106	9157	28376	17386	425
赣榆县赣马镇	8560	36	87315	8607	38116	24857	967
赣榆县班庄镇	17561	44	100658	21239	43608	26280	327
赣榆县城头镇	11798	43	82230	18731	40311	29092	365
赣榆县城西镇	4916	21	46230	12803	20050	13060	202
赣榆县宋庄镇	3320	18	33424	7924	14954	7047	127
赣榆县沙河镇	13156	52	118689	38630	53446	36662	1415
赣榆县墩尚镇	12854	29	77846	26713	43030	18900	313
东海县牛山街道办事处	9279	8	157998	75103	87739	79375	1596
东海县石榴街道办事处	7040	16	58519	6840	30212	21342	334
东海县白塔埠镇	10329	13	60231	21251	30210	16924	432
东海县黄川镇	9383	19	62443	8746	31897	15699	215
东海县石梁河镇	10216	24	63178	16285	30615	21839	166
东海县青湖镇	9432	20	60888	11055	35935	23899	73

乡镇基本情况

计算单位：公顷、个、人

名　　称	行政区域面积	村民委员会	常住人口	城镇建成区总人口	从业人员	二三产业从业人员	工业企业单位
东海县温泉镇	10271	17	53788	4021	23815	11098	259
东海县双店镇	11700	10	51980	5293	30400	9810	68
东海县桃林镇	16978	19	73552	19375	34203	16567	151
东海县洪庄镇	6719	11	35040	5713	17782	7910	58
东海县安峰镇	13417	22	67336	15925	34351	20153	553
东海县房山镇	14972	25	73943	14940	45480	20440	298
东海县平明镇	15731	20	74299	12865	30301	9406	288
东海县驼峰乡	10425	21	59629	9376	31525	22131	403
东海县李埝乡	7009	11	39314	5261	15377	8035	192
东海县山左口乡	8906	15	45809	3217	18217	9293	79
东海县石湖乡	7226	11	26762	3772	17518	10159	108
东海县曲阳乡	7495	12	38820	6600	16095	9995	460
东海县张湾乡	9500	12	35214	3736	21478	9431	62
灌云县伊山镇	7675	21	158540	108742	65772	50193	683
灌云县杨集镇	12135	39	120373	5073	60620	28981	67
灌云县燕尾港镇	2580	2	14212	11826	8936	7959	64
灌云县同兴镇	10606	28	82393	9618	36512	17093	487
灌云县四队镇	8827	26	70462	8263	26116	13420	450
灌云县圩丰镇	6901	18	47279	9381	26019	13733	141
灌云县龙苴镇	12640	28	85716	7536	43762	30565	527
灌云县下车镇	10368	32	94522	10173	50551	35490	403
灌云县图河乡	9500	19	62731	5021	32460	15335	235
灌云县东王集乡	9197	21	66204	4017	34116	14855	193
灌云县侍庄乡	6611	16	52706	2790	19573	9274	215
灌云县小伊乡	7592	19	65102	1556	24579	8438	158
灌云县南岗乡	13372	33	107670	12048	40269	25024	305
灌南县新安镇	14327	29	198800	103250	88936	71767	114
灌南县堆沟港镇	14082	27	86166	19860	43054	36026	309
灌南县田楼镇	11144	25	77900	12080	46040	31538	218
灌南县北陈集镇	5526	14	39510	3326	22101	12478	28
灌南县张店镇	5918	12	39017	2924	21029	8803	36
灌南县三口镇	8702	18	62305	4303	31432	22116	91
灌南县孟兴庄镇	7809	20	61717	5837	26399	20398	87
灌南县汤沟镇	3260	8	30359	12770	14875	10472	107
灌南县百禄镇	10516	24	65491	8513	34523	15428	72
灌南县新集镇	12738	25	71302	6729	33521	23318	215
灌南县李集乡	8819	19	73145	8995	35327	27977	142
清河区钵池乡	620	3	7090	7002	4506	4410	40
清河区徐杨乡	3327	10	52899	4723	35102	33117	42
清河区南马厂乡	3600	8	27375	3695	12900	9840	35
淮安区淮城镇	4200	18	188622	153500	88102	81590	820
淮安区平桥镇	4600	13	37594	6077	19865	12666	431
淮安区上河镇	3375	8	27815	4881	13959	7674	449
淮安区马甸镇	3400	7	30066	3986	15018	11533	252
淮安区朱桥镇	5158	12	46405	9510	21640	10232	187
淮安区溪河镇	4308	12	30250	9248	15382	6274	25
淮安区施河镇	5775	14	45214	17250	21023	11477	352
淮安区车桥镇	6400	19	62540	14196	30432	18020	517
淮安区泾口镇	5680	9	46540	8283	19750	12172	82
淮安区流均镇	8860	16	63816	8139	26953	11290	253

乡镇基本情况

计算单位:公顷、个、人

名　　称	行政区域面积	村民委员会	常住人口	城镇建成区总人口	从业人员	二三产业从业人员	工业企业单位
淮安区博里镇	7191	14	48116	5575	26128	8861	480
淮安区仇桥镇	7447	13	45455	4018	20596	6781	426
淮安区复兴镇	6454	9	42003	5276	20065	10057	9
淮安区苏嘴镇	5987	10	41200	7420	24956	8924	25
淮安区钦工镇	4141	9	28951	5921	14150	7211	79
淮安区顺河镇	7756	15	42870	3410	22074	9889	498
淮安区季桥镇	5140	13	35712	7202	18701	8676	745
淮安区席桥镇	2510	8	24406	3570	10426	4329	340
淮安区林集镇	3660	11	20185	5998	9486	4307	71
淮安区南闸镇	3457	10	32936	3034	18925	5677	419
淮安区范集镇	5990	6	19273	9700	11083	4371	90
淮安区建淮乡	3479	11	35245	5369	17893	8861	590
淮安区茭陵乡	3546	11	34710	1589	17892	8782	178
淮安区宋集乡	5723	11	41054	4106	17753	9412	305
淮安区城东乡	3724		50870	3780	22432	16854	291
淮安区三堡乡	3708	13	31517	1986	14496	7647	52
淮阴区王营镇	6139	10	213248	166565	29008	26050	910
淮阴区赵集镇	9825	10	40182	3350	20835	11933	62
淮阴区吴城镇	5312	9	34785	10345	21084	13760	38
淮阴区南陈集镇	13468	21	63770	14039	41788	22394	37
淮阴区码头镇	4200	8	25310	4142	13920	9319	149
淮阴区王兴镇	6100	11	38126	7010	21212	10933	72
淮阴区棉花庄镇	7078	11	39558	6082	21929	12093	459
淮阴区丁集镇	4030	9	33392	2110	13284	7172	239
淮阴区五里镇	5100	10	29910	5860	15955	14945	79
淮阴区徐溜镇	6430	9	39012	3950	20294	11571	220
淮阴区渔沟镇	9700	16	56952	10598	25457	17367	172
淮阴区吴集镇	5700	10	33608	3724	17843	13939	28
淮阴区西宋集镇	7390	12	53229	7996	26452	18992	260
淮阴区三树镇	7968	13	40055	4780	20052	9870	230
淮阴区韩桥乡	5400	8	33737	4237	18139	10081	142
淮阴区新渡乡	4650	9	29710	3140	14257	10621	75
淮阴区老张集乡	5088	9	28789	4806	18947	15820	37
淮阴区凌桥乡	6856	11	29953	3396	16375	8866	188
淮阴区袁集乡	3940	10	27598	4120	15037	9936	23
淮阴区刘老庄乡	3279	10	63790	1120	13874	7291	39
淮阴区古寨乡	3885	8	24132	2740	12160	6200	49
清浦区和平镇	7202	9	32611	1392	19882	13250	108
清浦区武墩镇	4078	6	20463	4485	9673	6077	239
清浦区盐河镇	3283	6	21439	6556	13502	9309	104
清浦区城南乡	2825		31363	23152	15244	13594	204
清浦区黄码乡	4020	8	30069	3073	13959	8280	359
涟水县涟城镇	5642		154411	79989	137033	134132	607
涟水县高沟镇	10907	24	106215	35620	58120	46638	718
涟水县唐集镇	6508	12	34917	5814	21098	11373	171
涟水县保滩镇	4082	8	25320	2689	11678	5544	42
涟水县大东镇	5668	11	27984	4698	16812	6614	48
涟水县五港镇	11218	19	61083	5720	38673	15773	261
涟水县梁岔镇	6943	13	39048	11612	16934	6702	140
涟水县石湖镇	8484	14	46167	12186	29942	18743	87

乡镇基本情况

计算单位：公顷、个、人

名　　称	行政区域面积	村民委员会	常住人口	城镇建成区总人口	从业人员	二三产业从业人员	工业企业单位
涟水县朱码镇	5913	8	38546	8612	24990	17663	491
涟水县岔庙镇	7647	16	44492	7531	26312	13451	121
涟水县东胡集镇	6686	11	32610	2741	21005	5554	212
涟水县南集镇	6116	11	32152	6800	13900	8360	180
涟水县义兴镇	4441	8	22583	6587	10062	6119	48
涟水县成集镇	7728	16	45178	4896	22916	15073	263
涟水县红窑镇	11314	26	62375	6360	36009	12916	143
涟水县陈师镇	5401	11	29968	2060	19051	10995	225
涟水县前进镇	5105	10	28232	3086	14646	8169	25
涟水县徐集乡	7585	14	39825	3176	23721	14460	191
涟水县黄营乡	11146	21	58240	3520	25350	12814	242
洪泽县高良涧镇	12100	8	138258	90890	85790	75951	128
洪泽县蒋坝镇	326	1	10020	5060	4266	3806	81
洪泽县仁和镇	7468	11	27769	4675	18706	12441	75
洪泽县岔河镇	12500	11	36215	13600	23072	13397	115
洪泽县西顺河镇	1900	4	9182	2350	5013	3645	81
洪泽县老子山镇	1750	9	15486	5164	9146	7591	12
洪泽县三河镇	2938	6	21991	6976	17004	12342	67
洪泽县朱坝镇	3760	7	29446	16728	17053	13470	96
洪泽县黄集镇	5100	7	20456	3004	13017	9098	42
洪泽县万集镇	5562	6	25605	4635	11112	7420	72
洪泽县东双沟镇	4300	9	34851	8684	22153	16391	143
洪泽县共和镇	3850	9	23928	3960	13870	8940	51
盱眙县盱城镇	10613	5	122394	97343	55983	48299	1596
盱眙县马坝镇	19500	19	68053	32800	47374	35871	427
盱眙县官滩镇	13425	16	39476	16680	19697	8595	93
盱眙县旧铺镇	14979	12	36449	5079	18061	7490	297
盱眙县桂五镇	15850	12	37423	9813	16743	9643	38
盱眙县管镇镇	6750	10	32582	13675	8115	4599	56
盱眙县河桥镇	17080	11	39270	13230	15315	5657	153
盱眙县鲍集镇	13200	17	53758	6357	27649	19680	247
盱眙县黄花塘镇	13121	14	32477	8000	17491	11809	46
盱眙县明祖陵镇	13500	8	35963	8692	20019	10071	81
盱眙县铁佛镇	10800	11	40230	5980	19092	14160	15
盱眙县淮河镇	10895	10	30475	5973	11752	9271	84
盱眙县仇集镇	16556	7	31443	7384	20499	12420	16
盱眙县观音寺镇	12197	10	29700	8355	13863	8228	479
盱眙县维桥乡	6647	6	20411	3601	11025	7922	55
盱眙县穆店乡	10270	10	29798	6247	16618	10641	32
盱眙县古桑乡	9310	7	21223	4432	13648	7613	86
盱眙县兴隆乡	10100	11	33312	8822	21121	13802	17
盱眙县王店乡	15958	13	39512	4469	22256	20724	52
金湖县黎城镇	6600		105613	91266	82361	77892	646
金湖县金南镇	10201	15	34874	5213	21689	15490	578
金湖县闵桥镇	6791	8	22600	10710	11129	7664	651
金湖县塔集镇	4221	10	24614	8782	12448	9456	382
金湖县银集镇	5109	10	19190	4372	10840	8540	390
金湖县涂沟镇	5898	9	24474	1603	10666	6867	372
金湖县前锋镇	7329	12	26823	3099	14594	8175	137
金湖县吕良镇	7480	10	19670	5450	12497	7876	286

乡镇基本情况

计算单位:公顷、个、人

名　　称	行政区域面积	村民委员会	常住人口	城镇建成区总人口	从业人员	二三产业从业人员	工业企业单位
金湖县陈桥镇	5486	10	22646	1410	10811	3318	97
金湖县金北镇	6667	8	20791	3560	9625	4994	221
金湖县戴楼镇	7596	6	21235	1429	12545	8341	205
亭湖区南洋镇	12942	21	77761	18972	49310	34890	582
亭湖区新兴镇	9257	19	63482	17934	28909	19888	260
亭湖区便仓镇	7197	10	37089	9889	15507	7552	78
亭湖区盐东镇	14195	12	56714	15394	25578	19837	336
亭湖区黄尖镇	10500	6	38582	15393	17418	11100	197
亭湖区步凤镇(盐城经济技术开发区)	12790	15	56732	7200	26135	15799	43
盐都区大纵湖镇	9498	16	51946	21540	25341	15443	326
盐都区楼王镇	15073	22	71897	17300	44673	30923	240
盐都区学富镇	8336	14	42796	18750	18633	13767	178
盐都区尚庄镇	10336	19	67222	25335	27905	17980	229
盐都区秦南镇	12780	27	88609	51200	35068	22268	652
盐都区龙冈镇	9339	24	75757	35207	32102	22176	439
盐都区郭猛镇	6242	10	49380	22480	22902	15688	395
盐都区大冈镇	13081	20	86775	41000	28500	18800	272
响水县响水镇	5121	4	118021	94723	68414	64391	597
响水县陈家港镇	8518	7	47911	28140	29132	17943	245
响水县小尖镇	18815	24	102907	39048	44527	23529	235
响水县黄圩镇	6877	8	31920	8673	16594	11193	60
响水县大有镇	11612	11	57772	10860	31611	18201	460
响水县双港镇	10372	14	61217	7715	32544	20066	475
响水县南河镇	11674	16	57555	12893	24079	12601	262
响水县运河镇	13130	21	69791	10431	37053	17201	363
滨海县东坎镇	15007	18	204822	204768	113472	95401	493
滨海县五汛镇	15267	29	79487	36886	33151	14184	341
滨海县蔡桥镇	9212	15	61353	22991	18947	8889	570
滨海县正红镇	14500	29	106534	22825	35228	20882	275
滨海县通榆镇	5600	9	41037	10597	21275	12685	93
滨海县界牌镇	12194	20	74859	20996	33729	20184	148
滨海县八巨镇	6893	11	52212	12840	21398	11187	51
滨海县八滩镇	11185	21	89258	43800	36808	23643	328
滨海县滨淮镇	20132	27	106496	20874	51672	32557	482
滨海县天场镇	8150	14	49626	6878	20539	12015	57
滨海县陈涛镇	11091	19	68623	5120	33721	20189	226
滨海县滨海港镇	10440	15	58421	13722	29455	19369	97
阜宁县阜城镇	15095	33	240218	182217	127316	112727	1386
阜宁县沟墩镇	11520	20	63278	34243	41074	29553	246
阜宁县陈良镇	6752	15	41267	6824	15390	9969	121
阜宁县三灶镇	9120	17	53509	13481	21479	11074	60
阜宁县郭墅镇(澳洋工业园)	7071	7	42227	13583	17764	13028	298
阜宁县新沟镇	7742	13	50404	5334	20067	10922	280
阜宁县陈集镇	8727	18	47023	19416	22914	14213	133
阜宁县羊寨镇	9420	16	56896	12348	21784	12823	210
阜宁县芦蒲镇	8673	16	50270	5529	20117	10112	86
阜宁县板湖镇	6906	17	47758	14050	25490	20390	370
阜宁县东沟镇	16968	33	115427	17122	48802	28822	383
阜宁县益林镇	10918	14	96022	56950	49385	41259	514
阜宁县古河镇	8979	19	57801	14259	24556	9335	283

乡镇基本情况

计算单位:公顷、个、人

名　　称	行政区域面积	村民委员会	常住人口	城镇建成区总人口	从业人员	二三产业从业人员	工业企业单位
阜宁县罗桥镇	8810	19	59255	11452	25335	14156	182
射阳县合德镇	30200	24	286493	143356	104098	76445	1120
射阳县临海镇	18628	10	78752	22523	33456	23671	357
射阳县千秋镇	15750	14	61452	6763	27061	18460	248
射阳县四明镇	17341	18	82908	18000	41852	30212	135
射阳县海河镇	24243	25	105204	23456	46720	33183	214
射阳县海通镇	7333	4	33725	11250	20813	14738	287
射阳县兴桥镇	12914	7	55188	8651	24563	17510	139
射阳县新坍镇	9816	9	47887	10184	24069	17482	98
射阳县长荡镇	9591	10	46041	7898	21998	15914	219
射阳县盘湾镇	9504	10	40756	21840	23810	17348	197
射阳县特庸镇	10295	6	41389	8034	16320	11443	206
射阳县洋马镇	9600	6	32107	7235	15445	10978	389
射阳县黄沙港镇	5922	2	26245	9152	14376	10138	212
建湖县近湖镇	7797	11	197629	163456	163857	159431	2568
建湖县建阳镇	7200	19	53303	31157	18337	13195	414
建湖县九龙口镇	7480	12	33867	9954	15204	10507	250
建湖县恒济镇	8008	11	31896	15621	16878	10426	275
建湖县颜单镇	8974	7	22951	12500	13576	9536	130
建湖县沿河镇	8181	13	38179	11482	20390	12949	134
建湖县芦沟镇	8586	13	43843	14993	20867	16417	267
建湖县庆丰镇	9400	18	59573	29908	31518	21083	210
建湖县上冈镇	23127	34	153810	58433	66855	40852	717
建湖县冈西镇	6811	13	31478	10813	19475	14434	173
建湖县宝塔镇	5078	10	27335	9210	15322	10108	50
建湖县高作镇	7010	15	36425	11091	20627	14797	171
东台市溱东镇	7574	11	42787	23102	20189	16040	686
东台市时堰镇	10226	27	69752	27644	34763	25059	625
东台市五烈镇	13218	30	87378	23700	46715	30449	341
东台市梁垛镇	13217	29	82760	32540	43694	26478	288
东台市安丰镇	7128	6	50993	35632	23869	13834	215
东台市南沈灶镇	10323	16	52458	7950	24823	12862	408
东台市富安镇	17001	30	95459	46989	48636	33198	1515
东台市唐洋镇	10744	17	49205	12513	25446	10042	211
东台市新街镇	10289	16	40861	9110	24961	8570	580
东台市许河镇	10691	18	47835	5930	24510	13313	151
东台市三仓镇	15726	19	69765	41000	27934	17078	408
东台市头灶镇	20675	28	74649	35495	36057	17012	829
东台市弶港镇	26392	17	45980	14553	27974	12517	375
东台市东台镇	29671	17	218481	157414	122236	103619	1817
大丰市大中镇	20012	28	189885	140458	102963	88237	683
大丰市草堰镇	9589	12	39433	13985	18152	11714	223
大丰市白驹镇	11300	16	40129	20100	20404	14058	460
大丰市刘庄镇	9624	12	43477	16256	21375	15229	302
大丰市西团镇	8681	11	29275	13145	15041	10058	452
大丰市小海镇	12114	15	41297	11476	20148	14440	189
大丰市大桥镇	10254	13	32549	9177	15883	10985	135
大丰市草庙镇	12279	14	27056	12353	17571	11254	230
大丰市万盈镇	14256	18	47721	13612	25175	18852	716
大丰市南阳镇	9352	12	36834	12956	17177	10398	223

乡镇基本情况

计算单位：公顷、个、人

名　　称	行政区域面积	村民委员会	常住人口	城镇建成区总人口	从业人员	二三产业从业人员	工业企业单位
大丰市新丰镇	27431	29	106188	46105	49007	32916	746
大丰市三龙镇	15257	19	55157	18568	31001	19498	281
广陵区杭集镇	4026	10	37953	22320	24291	22720	851
广陵区李典镇	7045	13	42109	20850	24998	23828	362
广陵区沙头镇	5600	12	37908	14856	21314	18845	360
广陵区头桥镇	6421	15	47173	6830	25536	21687	683
广陵区泰安镇	3209	9	21306	10956	10772	8123	274
广陵区湾头镇	2756	6	27764	12000	16248	14558	560
广陵区汤汪乡	1030	4	13188	13188	5888	5193	55
邗江区公道镇	10605	11	36309	10808	18782	17328	229
邗江区方巷镇	8936	18	44738	13610	23827	20608	267
邗江区槐泗镇	6000	13	37975	10450	18920	15546	326
邗江区瓜洲镇	1602	3	16844	10236	8299	7512	57
邗江区杨寿镇	3940	7	20992	3830	11172	9707	414
邗江区杨庙镇	3102	8	22657	6296	13686	12097	223
邗江区西湖镇	2700	7	35143	26846	16725	15474	249
邗江区施桥镇	3099	11	34970	16275	21186	20113	341
邗江区八里镇	2326	8	23346	19889	13950	13115	176
邗江区朴席镇	4301	9	32122	1682	18075	14467	51
邗江区双桥乡	639	4	11475	11475	4600	4411	122
邗江区平山乡	1120	4	12294	4794	8963	8616	143
邗江区城北乡	1800	2	20516	15560	15612	12449	15
江都区仙女镇	14158	31	140147	63111	91706	85317	2213
江都区小纪镇	17778	30	93223	40145	46209	39057	1976
江都区武坚镇	6180	14	44894	25345	27430	25878	615
江都区樊川镇	11758	21	68437	11690	45022	37272	685
江都区真武镇	6712	18	55501	15075	35496	32778	150
江都区宜陵镇	5986	13	52482	29266	26141	23672	713
江都区丁沟镇	10232	17	61356	28500	44100	39100	792
江都区郭村镇	10450	23	88724	19996	37482	31478	1336
江都区邵伯镇	11465	21	76365	64860	63725	55831	620
江都区丁伙镇	8020	16	45248	23500	33899	29700	1020
江都区大桥镇	15566	32	138821	52315	96438	85113	884
江都区吴桥镇	5596	14	49091	11266	23685	20060	430
江都区浦头镇	4290	13	42934	6950	24085	20175	500
宝应县安宜镇	14135	18	132100	94950	97835	88917	1746
宝应县氾水镇	17200	22	96104	21416	52546	39332	1404
宝应县夏集镇	12200	14	62106	8200	30725	21280	601
宝应县柳堡镇	11740	16	51726	16816	29921	19833	534
宝应县射阳湖镇	19650	30	81389	13852	40738	27521	1049
宝应县广洋湖镇	9020	13	33939	5233	21598	18342	688
宝应县鲁垛镇	6148	12	33134	8096	20223	15970	239
宝应县小官庄镇	4600	9	28326	7567	18076	16541	370
宝应县望直港镇	9000	19	63433	18230	40814	33038	268
宝应县曹甸镇	10000	22	62979	34555	36279	29086	193
宝应县西安丰镇	5839	8	29187	7863	15326	11185	614
宝应县山阳镇	12277	16	53067	5325	30063	22042	290
宝应县黄塍镇	4200	8	27361	6452	16305	13096	178
宝应县泾河镇	8317	18	56484	9304	27674	20851	559
仪征市真州镇	6084	8	141520	117146	72914	70810	628

乡镇基本情况

计算单位：公顷、个、人

名　　称	行政区域面积	村民委员会	常住人口	城镇建成区总人口	从业人员	二三产业从业人员	工业企业单位
仪征市新集镇	6389	13	41974	12200	26335	21325	287
仪征市新城镇	7822	13	46364	26708	28767	24692	517
仪征市马集镇	6573	9	30069	10028	17962	15050	440
仪征市刘集镇	9065	17	45690	11490	26102	22964	475
仪征市陈集镇	8155	14	35972	14953	19029	16979	386
仪征市大仪镇	10863	18	45428	13852	26675	23401	481
仪征市月塘镇	14446	20	55225	9145	28832	23672	376
仪征市青山镇	4603	9	32442	18500	20980	18777	336
高邮市高邮街道	4313	7	154211	144103	98711	95603	473
高邮市龙虬镇	3987	11	34653	4652	17681	11842	92
高邮市车逻镇	3644	7	33198	8667	14598	12593	348
高邮市汤庄镇	11303	17	62361	17635	37890	30549	342
高邮市卸甲镇	16387	17	79794	17361	42299	34196	586
高邮市三垛镇	15015	21	77981	28603	48686	33452	996
高邮市甘垛镇	14972	16	60389	7780	35331	23930	218
高邮市界首镇	8580	8	32428	17310	16660	13498	215
高邮市周山镇	6202	8	27046	4820	15056	10913	401
高邮市临泽镇	19940	22	93094	29286	52162	38924	552
高邮市送桥镇	14822	17	67093	22163	52613	45901	978
高邮市菱塘回族乡	5392	6	23599	11570	14730	13846	360
京口区姚桥镇	5588	14	44207	6932	21462	13342	2266
京口区大路镇	1750	9	28332	8002	16233	12732	245
京口区丁岗镇	3536	6	23930	4447	13188	12099	287
丹徒区高桥镇	2980	6	20145	5380	12913	11255	512
丹徒区辛丰镇	7490	15	54015	19821	34901	29789	864
丹徒区谷阳镇	4675	11	30100	7816	19739	16826	680
丹徒区上党镇	11263	15	49723	14378	28753	18495	785
丹徒区宝堰镇	4019	6	22802	11534	13984	10101	370
丹徒区世业镇	2930	5	14610	3293	8482	6108	52
丹阳市司徒镇	10177	13	61647	9894	39422	30275	772
丹阳市延陵镇	11552	13	76596	22931	46198	39476	461
丹阳市珥陵镇	8367	10	50528	18057	28481	19036	663
丹阳市导墅镇	8060	11	50065	12126	27713	21724	491
丹阳市皇塘镇	8044	11	58710	19356	38851	31288	610
丹阳市吕城镇	6799	11	51802	27490	30530	25562	542
丹阳市陵口镇	6440	12	44775	19274	26931	21911	326
丹阳市访仙镇	7379	11	51178	16480	29805	25447	553
丹阳市界牌镇	2363	5	56100	13500	34869	34493	683
丹阳市新桥镇	2618	6	36956	20560	23300	23170	455
丹阳市后巷镇	4965	9	57658	27293	36380	35079	653
丹阳市埤城镇	3929	6	24532	11592	14095	12153	633
丹阳市云阳镇	7201	16	189957	134400	110825	100700	684
扬中市三茅街道	7716	16	124444	80780	75483	70262	672
扬中市新坝镇	4920	12	55071	15773	32567	28881	573
扬中市油坊镇	4593	10	46957	18562	28090	21876	300
扬中市八桥镇	3458	9	37531	9992	22488	19214	427
扬中市西来桥镇	1950	5	19948	5013	11051	9389	116
句容市华阳镇	11997	16	47975	8130	26911	19174	529
句容市下蜀镇	12000	10	40028	7980	18589	12408	152
句容市白兔镇	11550	15	32980	8573	21198	16145	203

乡镇基本情况

计算单位:公顷、个、人

名　　称	行政区域面积	村民委员会	常住人口	城镇建成区总人口	从业人员	二三产业从业人员	工业企业单位
句容市边城镇	10900	14	35384	8685	17928	12578	291
句容市茅山镇	8100	10	29336	6929	16823	11976	67
句容市后白镇	14328	21	55282	26894	35140	30012	234
句容市郭庄镇	11700	18	51718	18071	29222	24200	274
句容市天王镇	13154	16	56766	25235	30044	22781	401
句容市宝华镇	10000	7	23390	15740	11963	9643	180
海陵区九龙镇	2680	6	25132	11511	15514	14009	511
海陵区罡杨镇	3400	5	23393	8229	15374	14134	220
海陵区苏陈镇	4580	7	43267	9260	25292	21905	249
高港区永安洲镇	5291		33788	11792	17348	16323	206
高港区白马镇	2402	5	21960	7806	12852	10688	297
高港区胡庄镇	5387	13	40241	17700	23649	19968	80
高港区大泗镇	3670	12	24479	10130	17461	14168	124
高港区野徐镇	2267		23997	4719	15400	13139	185
姜堰区姜堰镇	9473	38	211359	184650	93042	89289	831
姜堰区溱潼镇	3861	10	34091	13382	19894	16462	142
姜堰区蒋垛镇	6505	17	50200	17500	29537	22756	102
姜堰区顾高镇	3820	11	29857	8326	16320	15085	139
姜堰区大伦镇	5503	16	31627	8435	17740	13988	172
姜堰区张甸镇	9360	35	70189	34012	40087	30489	265
姜堰区梁徐镇	6663	21	52339	8445	26330	22905	207
姜堰区桥头镇	3799	7	24659	5726	15429	12957	139
姜堰区淤溪镇	7168	15	39951	11445	25991	20262	120
姜堰区白米镇	5487	17	44382	20423	28492	24528	289
姜堰区娄庄镇	6792	17	46441	12674	23194	20785	313
姜堰区沈高镇	5673	15	39652	15012	20642	18879	306
姜堰区兴泰镇	3691	8	24891	6538	15939	13569	130
姜堰区俞垛镇	7980	18	46817	14682	25612	22565	154
姜堰区华港镇	6977	17	43468	8199	22869	19379	230
兴化市戴窑镇	10045	32	68117	24420	30050	20354	455
兴化市合陈镇	9928	27	55715	20212	25433	16201	703
兴化市永丰镇	7802	26	51458	5910	21467	12151	463
兴化市新垛镇	4908	13	26774	2359	10618	7133	210
兴化市安丰镇	9900	21	81243	28677	37456	26716	983
兴化市海南镇	7209	18	37548	3426	15478	7328	52
兴化市钓鱼镇	7552	24	45725	4792	18635	13276	69
兴化市大邹镇	4656	13	27941	8256	11016	5092	153
兴化市沙沟镇	7003	10	27870	9591	10653	6760	15
兴化市中堡镇	8320	13	34858	7961	15568	8138	116
兴化市李中镇	8100	15	32428	4085	15761	9101	86
兴化市西郊镇	7024	17	29864	6234	13912	5694	247
兴化市临城镇	9247	27	51768	5351	26904	18582	321
兴化市垛田镇	5955	22	54219	6877	28805	18004	330
兴化市竹泓镇	6450	17	39784	13552	17207	10411	352
兴化市沈沦镇	4959	13	28262	7915	11796	7244	86
兴化市大垛镇	7363	23	43041	14516	19567	14950	344
兴化市荻垛镇	7200	21	42418	9896	19218	12403	231
兴化市陶庄镇	6960	20	43476	7058	17017	11383	323
兴化市昌荣镇	6180	13	38233	8126	17705	7874	230
兴化市茅山镇	4304	10	30420	12530	12158	8504	79

乡镇基本情况

计算单位:公顷、个、人

名　　称	行政区域面积	村民委员会	常住人口	城镇建成区总人口	从业人员	二三产业从业人员	工业企业单位
兴化市周庄镇	9100	24	56048	25410	27235	19993	330
兴化市陈堡镇	8068	17	45458	12092	19301	11591	160
兴化市戴南镇	10770	33	120350	66105	60927	57070	1091
兴化市张郭镇	8450	24	62021	12977	37175	33476	498
兴化市昭阳镇	5100	11	170251	161585	108542	107198	376
兴化市大营镇	5067	11	25003	6775	11405	8150	311
兴化市下圩镇	4912	12	24856	2338	13862	8458	29
兴化市城东镇	5547	16	29407	6606	14545	12411	55
兴化市老圩乡	5243	15	27890	6061	10878	7993	231
兴化市周奋乡	5730	10	27556	3192	12712	7592	44
兴化市缸顾乡	4633	8	21613	3071	9472	8313	158
兴化市西鲍乡	5241	17	28867	3379	16607	13738	56
兴化市林湖乡	6638	12	38052	7564	14891	9163	129
靖江市靖城街道办	16172	28	243220	165079	147564	140200	2140
靖江市新桥镇	6135	18	61860	31876	30721	27018	823
靖江市东兴镇	3568	12	35468	5032	22128	17773	513
靖江市斜桥镇	10788	24	90985	26706	46262	37430	382
靖江市西来镇	4666	16	48929	11693	23130	17654	286
靖江市季市镇	4163	24	49665	12496	22929	17275	318
靖江市孤山镇	6042	20	64581	7532	36563	31534	944
靖江市生祠镇	7019	18	47428	11402	27676	18943	526
靖江市马桥镇	5031	18	36996	9812	21621	14622	423
泰兴市济川街道办事处	7331	19	247926	169251	147419	129372	727
泰兴市黄桥镇	17595	55	193851	64944	102693	88826	1385
泰兴市分界镇	7113	13	60589	7291	32294	28659	432
泰兴市古溪镇	7606	12	59099	12538	32862	25580	260
泰兴市元竹镇	4749	10	39457	9391	22899	18255	410
泰兴市珊瑚镇	4926	10	51161	8643	29700	24501	512
泰兴市广陵镇	5843	15	57159	9627	30615	24996	469
泰兴市曲霞镇	3531	8	32632	9029	18425	15883	436
泰兴市张桥镇	6176	15	57040	6546	30674	25658	563
泰兴市河失镇	6441	16	56254	9600	28871	21157	127
泰兴市新街镇	7206	28	60487	12793	34038	28047	398
泰兴市姚王镇	5792	16	53634	18736	30080	25787	426
泰兴市宣堡镇	3227	12	32525	13772	17617	15279	506
泰兴市滨江镇	13257	34	99670	31744	53558	47224	939
泰兴市虹桥镇	8825	24	79510	32875	40953	35420	1141
泰兴市根思乡	5890	10	50613	7346	25395	18892	476
宿城区双庄镇	4178		35946	2021	21258	17432	463
宿城区耿车镇	3501	7	34243	12545	18503	14006	428
宿城区埠子镇	5242	12	55610	14607	34739	27116	82
宿城区龙河镇	5800	11	50692	17069	24436	18055	80
宿城区洋北镇	4400	9	29370	4051	16260	11300	115
宿城区中扬镇	9315	10	52100	11077	29722	17412	86
宿城区陈集镇	6867	15	46540	4060	16306	9071	119
宿城区蔡集镇	4900	8	43531	18921	23683	18930	698
宿城区王官集镇	6270	12	50704	14270	24123	17248	460
宿城区洋河镇	8998	16	108588	61823	51820	40265	225
宿城区仓集镇	4800	10	44628	15808	25424	19279	159
宿城区郑楼镇	6086	8	49509	5106	22621	11798	51

乡镇基本情况

计算单位：公顷、个、人

名　　称	行政区域面积	村民委员会	常住人口	城镇建成区总人口	从业人员	二三产业从业人员	工业企业单位
宿城区罗圩乡	4379	10	35075	6586	21735	13692	265
宿城区屠园乡	6298	10	36233	4388	21005	15002	47
宿城区三棵树乡	3623		37306	19790	21993	17554	128
宿城区南蔡乡	3890	8	34851	6125	18297	11719	375
宿豫区顺河镇	6880		85137	53545	40101	34501	932
宿豫区仰化镇	5236	7	36734	13130	19750	9948	315
宿豫区大兴镇	5838	14	50846	25047	31234	23308	709
宿豫区丁嘴镇	5300	12	36183	6050	18791	15521	167
宿豫区来龙镇	7496	9	38973	15181	20515	12183	418
宿豫区陆集镇	4208	7	24143	7778	13484	9263	215
宿豫区关庙镇	7946	11	41068	6600	22364	13392	107
宿豫区侍岭镇	5806	7	30506	6754	14341	8100	205
宿豫区新庄镇	5368	7	24330	6482	11821	7598	418
宿豫区晓店镇	14546	2	49980	25887	25899	16627	26
宿豫区皂河镇	26409	13	48950	11266	22749	14539	37
宿豫区黄墩镇	5125	6	26240	8930	11289	8544	630
宿豫区曹集乡	4700	5	30341	12754	15646	10630	365
宿豫区保安乡	4460	6	22394	5856	12941	8958	142
宿豫区井头乡	4013	1	22809	4235	11009	8509	270
沭阳县沭城街道办事处	5800		306115	306115	165108	165108	168
沭阳县南湖街道办事处	3960		26057	18250	14025	9496	76
沭阳县梦溪街道办事处	5085		40502	35460	21530	16554	102
沭阳县十字街道办事处	6855		48026	18222	25071	17489	738
沭阳县章集街道办事处	4686		35507	12516	19645	16999	78
沭阳县七雄街道办事处	4349		31550	11858	17509	10824	167
沭阳县陇集镇	4688	5	24286	8676	13746	7030	260
沭阳县胡集镇	6868	10	50218	15512	29815	17235	268
沭阳县钱集镇	4949	8	32950	12786	18093	12081	147
沭阳县塘沟镇	5795	11	41015	14096	22016	14298	437
沭阳县马厂镇	8412	19	68712	22600	38215	29425	681
沭阳县沂涛镇	9456	20	71620	16212	39015	21922	203
沭阳县庙头镇	5847	10	47005	17863	27303	17747	722
沭阳县韩山镇	6557	10	35730	12609	20194	14945	569
沭阳县华冲镇	5455	10	48602	28271	26035	20489	626
沭阳县桑墟镇	5319	10	42750	20120	23589	18633	778
沭阳县悦来镇	8803	11	42570	11354	23038	13787	661
沭阳县刘集镇	7200	11	37646	9670	19511	10902	359
沭阳县李恒镇	6688	11	40061	11280	22039	12289	214
沭阳县扎下镇	5534	11	55102	17293	29046	23586	530
沭阳县颜集镇	9968	13	51889	7930	32815	12465	452
沭阳县潼阳镇	9968	13	47185	15720	25003	16253	596
沭阳县龙庙镇	4860	11	46315	12316	25061	19291	721
沭阳县高墟镇	6115	9	35602	10927	19210	13904	340
沭阳县耿圩镇	7044	11	34820	8968	19043	11353	334
沭阳县汤涧镇	5500	11	38150	5248	20390	11654	259
沭阳县新河镇	4860	9	37182	10133	19847	8778	45
沭阳县贤官镇	5029	8	49709	16630	27965	20340	570
沭阳县吴集镇	7305	10	40365	10435	22168	9665	176
沭阳县湖东镇	6343	11	37190	11422	20507	15217	229
沭阳县青伊湖镇	5000	10	39060	8915	20912	15593	498

乡镇基本情况

计算单位:公顷、个、人

名　　称	行政区域面积	村民委员会	常住人口	城镇建成区总人口	从业人员	二三产业从业人员	工业企业单位
沭阳县北丁集乡	3880	7	24960	7842	13560	8738	237
沭阳县周集乡	4387	7	29173	7123	15504	11478	149
沭阳县东小店乡	5099	10	34001	8334	18536	14451	272
沭阳县张圩乡	3902	7	25607	9476	12085	7175	76
沭阳县茆圩乡	7223	10	40216	9980	21926	12851	243
沭阳县西圩乡	4776	10	31362	6227	13175	7366	98
沭阳县万匹乡	3500	8	36219	6950	19358	14083	211
沭阳县官墩乡	5603	10	30516	4250	16640	10631	560
泗阳县众兴镇	26200		351803	181240	158311	124076	406
泗阳县爱园镇	6501	9	55958	15391	28692	14934	62
泗阳县王集镇	8531	16	76293	12240	33089	21050	82
泗阳县裴圩镇	7686	13	63418	22944	33075	23228	105
泗阳县新袁镇	5359	6	46924	17514	21131	11290	72
泗阳县李口镇	6585	13	50105	18739	27348	17507	79
泗阳县临河镇	5872	12	49175	9984	22307	17071	90
泗阳县穿城镇	5436	8	40165	11110	24828	9587	45
泗阳县张家圩镇	5764	9	40340	9103	19201	11169	34
泗阳县高渡镇	5271	8	38146	9423	20567	15341	26
泗阳县卢集镇	8002	11	44072	6190	18220	12760	46
泗阳县庄圩乡	4876	8	41408	4728	19646	12995	43
泗阳县里仁乡	4482	9	38312	7452	17454	6998	32
泗阳县三庄乡	6588	11	43739	7202	16955	10356	44
泗阳县南刘集乡	5850	8	38536	7178	19373	13796	56
泗阳县八集乡	4250	6	28140	5190	14517	11396	60
泗洪县青阳镇	25322		340151	165074	146350	130033	1841
泗洪县双沟镇	7428	5	50580	35370	30167	19325	235
泗洪县上塘镇	13299	12	53148	9788	32460	7479	78
泗洪县魏营镇	10615	10	39527	20109	17982	15046	78
泗洪县临淮镇	2100	4	15829	6504	9971	3809	16
泗洪县半城镇	8300	4	17328	9129	9268	6243	62
泗洪县孙园镇	9604	10	45696	9051	20469	12485	164
泗洪县梅花镇	9350	6	36225	8129	20565	10144	63
泗洪县归仁镇	11459	14	64649	21300	25008	8300	112
泗洪县金锁镇	8073	9	45493	5914	25928	14645	158
泗洪县朱湖镇	7370	8	42061	10032	22787	17114	143
泗洪县界集镇	9600	9	44150	10995	22500	11080	44
泗洪县太平镇	7251	8	35981	4038	18174	12732	45
泗洪县龙集镇	8741	4	40776	10655	19819	8922	135
泗洪县四河乡	5983	11	35751	5530	16639	9363	140
泗洪县峰山乡	5684	8	27593	6875	13559	7042	47
泗洪县天岗湖乡	8918	9	34156	3406	15556	5771	120
泗洪县车门乡	8436	7	29424	6543	14992	9427	92
泗洪县瑶沟乡	6924	6	28693	5312	17824	11573	109
泗洪县石集乡	8940	7	24203	4590	12090	5162	101
泗洪县城头乡	7817	6	21388	5952	10727	4707	87
泗洪县陈圩乡	8820	11	38625	5521	18005	7233	135
泗洪县曹庙乡	9185	10	30614	7500	19290	10040	45
浙江省							
江干区彭埠镇	1480		50326	50326	30073	28801	55
江干区笕桥镇	1820		52807	17606	38181	35726	88

乡镇基本情况

计算单位:公顷、个、人

名　　称	行政区域面积	村民委员会	常住人口	城镇建成区总人口	从业人员	二三产业从业人员	工业企业单位
江干区丁桥镇	1500	2	34827	34827	13767	13671	46
江干区九堡镇	1460	2	46692	20512	17177	15962	86
西湖区三墩镇	3870	4	166439	73675	79485	78154	348
西湖区双浦镇	8380	23	58480	7281	31216	20289	318
萧山区楼塔镇	5099	12	35369	7751	14542	10064	1703
萧山区河上镇	6396	15	27139	3655	16621	14559	500
萧山区戴村镇	6287	22	37708	9302	24148	20867	621
萧山区浦阳镇	2966	18	46402	4101	24968	22635	1008
萧山区进化镇	8710	25	53579	4526	30890	19922	612
萧山区临浦镇	4300	20	101894	29070	51427	47494	892
萧山区义桥镇	5800	21	45140	8873	28874	25745	742
萧山区所前镇	4340	19	45628	8065	20782	16383	390
萧山区衙前镇	1980	11	27843	25496	14734	13628	643
萧山区闻堰镇	2368	6	28544	9050	28040	24971	498
萧山区宁围镇	4288	15	63165	6200	54666	48018	832
萧山区新街镇	3560	15	57748	24795	33256	22181	647
萧山区瓜沥镇	12692	63	191253	57549	105775	91504	1981
萧山区益农镇	4650	19	44915	3886	28123	21190	372
萧山区党湾镇	3376	17	43533	10232	32462	23302	209
余杭区塘栖镇	7900	27	120987	77630	80855	73036	759
余杭区径山镇	15700	13	37144	4578	21628	16264	246
余杭区瓶窑镇	12900	13	68857	37061	41787	37861	938
余杭区鸬鸟镇	7200	6	12264	1863	7671	4755	115
余杭区百丈镇	6000	6	10734	2000	7169	4542	92
余杭区黄湖镇	5800	5	15154	3524	8800	6641	115
桐庐县旧县街道	3350	5	8259	2420	5476	4221	273
桐庐县桐君街道	6370	6	62208	51251	41590	39640	537
桐庐县城南街道	9720	19	96635	63996	42751	37707	557
桐庐县凤川街道	15190	8	17978	6484	10713	7075	158
桐庐县富春江镇	19890	15	26230	12677	14179	9568	542
桐庐县横村镇	11760	24	43384	24696	25676	20189	1813
桐庐县分水镇	29940	26	70068	50118	43147	39706	1280
桐庐县瑶琳镇	21660	16	31532	6459	20699	13917	439
桐庐县百江镇	23500	15	17477	3605	10788	7411	227
桐庐县江南镇	7820	20	45547	11493	28925	19335	752
桐庐县莪山畲族乡	2870	7	8692	2070	5343	4107	256
桐庐县钟山乡	10780	11	15676	7326	11654	8099	206
桐庐县新合乡	7420	5	4951	390	3284	1715	124
桐庐县合村乡	12230	6	8755	4020	5857	2783	83
淳安县千岛湖镇	35600	22	81027	62925	63242	59107	366
淳安县文昌镇	22100	16	12597	2778	8473	5564	69
淳安县石林镇	14400	8	4599	1050	2987	1472	10
淳安县临岐镇	22200	17	19541	5521	12931	5971	47
淳安县威坪镇	30100	44	48628	9954	39094	24767	60
淳安县姜家镇	20600	28	24920	3870	16349	7796	32
淳安县梓桐镇	15600	19	18408	3772	12259	4947	57
淳安县汾口镇	23700	51	53453	11165	39810	24008	47
淳安县中洲镇	16600	19	18512	3321	12126	7807	18
淳安县大墅镇	16300	17	13768	4514	9305	5001	48
淳安县枫树岭镇	30800	28	17650	2596	11483	4851	61

乡镇基本情况

计算单位：公顷、个、人

名　　称	行政区域面积	村民委员会	常住人口	城镇建成区总人口	从业人员	二三产业从业人员	工业企业单位
淳安县里商乡	27600	16	10294	573	6927	4196	15
淳安县金峰乡	15000	11	4977	724	3308	2001	12
淳安县富文乡	15100	10	6298	810	4283	2520	8
淳安县左口乡	17500	11	10614	656	6887	5060	8
淳安县屏门乡	16300	15	11510	1292	7808	3960	20
淳安县瑶山乡	12800	11	9364	1172	6073	3057	11
淳安县王阜乡	16800	18	17636	1334	11175	5557	29
淳安县宋村乡	8500	8	5750	1011	3889	2351	12
淳安县鸠坑乡	10400	9	7358	1199	4930	2421	20
淳安县浪川乡	10900	19	18087	1351	11855	6087	15
淳安县界首乡	12100	13	8326	1047	5459	2759	7
淳安县安阳乡	14600	15	11089	478	7072	3546	13
建德市新安江街道	10161	4	97215	84027	51871	49843	127
建德市洋溪街道	7290	5	16071	4139	9447	7846	85
建德市更楼街道	8160	14	25639	3913	13350	8549	255
建德市莲花镇	8742	6	10869	2177	6647	2644	232
建德市乾潭镇	38900	24	45095	15802	35397	27489	1395
建德市梅城镇	15800	13	52151	26510	28890	25241	755
建德市杨村桥镇	13320	13	19540	4059	12138	5628	111
建德市下涯镇	15841	11	26236	3986	15431	8808	178
建德市大洋镇	24126	19	33378	4590	19639	10883	72
建德市三都镇	18300	19	27685	4076	14016	6391	328
建德市寿昌镇	14575	23	51144	18857	22313	16986	523
建德市航头镇	15310	18	30551	5667	19598	9279	69
建德市大慈岩镇	9310	12	19398	2185	11672	7414	354
建德市大同镇	15665	34	54562	13001	35740	20661	428
建德市李家镇	10900	10	19667	3010	11959	7938	105
建德市钦堂乡	5700	7	8341	1820	5425	3532	138
富阳市富春街道	10400	12	275419	125326	84557	78828	428
富阳市春江街道	3600	9	29186	24977	18188	14452	248
富阳市鹿山街道	6630	9	20841	2456	13386	11002	372
富阳市东洲街道	7730	15	43357	4340	27034	19830	637
富阳市银湖街道	15830	22	47706	12398	34926	28585	1780
富阳市万市镇	15510	15	22917	2405	13966	9592	181
富阳市洞桥镇	14760	11	18539	2812	11301	6839	146
富阳市渌渚镇	8320	13	15906	1324	10494	6095	74
富阳市永昌镇	4950	5	10852	3256	6387	3873	77
富阳市里山镇	2540	5	10200	3299	6206	4109	64
富阳市常绿镇	4930	8	13624	3830	9041	7007	1011
富阳市场口镇	5840	24	40262	6259	25086	13934	467
富阳市常安镇	6330	16	25227	2345	15453	8270	87
富阳市龙门镇	2720	4	7205	5833	4383	3978	52
富阳市新登镇	17790	28	101825	64660	62498	49997	475
富阳市胥口镇	6800	13	17989	2970	10048	5468	72
富阳市大源镇	10400	15	37091	10178	25662	20784	614
富阳市灵桥镇	5590	13	28050	8746	15965	13460	654
富阳市新桐乡	4700	7	11872	3654	7714	4231	83
富阳市上官乡	2710	5	8617	1944	5078	3304	153
富阳市环山乡	3850	7	12167	1093	7477	5618	315
富阳市湖源乡	12780	10	11063	1101	8486	5049	32

乡镇基本情况

计算单位:公顷、个、人

名　　称	行政区域面积	村民委员会	常住人口	城镇建成区总人口	从业人员	二三产业从业人员	工业企业单位
富阳市春建乡	4470	6	8816	2306	5845	2691	83
富阳市渔山乡	3710	4	13102	3720	8784	7205	84
临安市玲珑街道	11380	16	26325	6243	15372	12641	757
临安市锦南街道	4390	9	23152	1594	8050	6212	183
临安市锦城街道	6160	5	131169	125501	82753	80841	732
临安市锦北街道	8150	12	48515	31070	23745	21811	348
临安市青山湖街道	13560	19	51218	6452	21882	20795	631
临安市高虹镇	11180	9	23912	14865	18602	15733	193
临安市太湖源镇	24040	20	32350	3035	20579	13275	246
临安市於潜镇	26120	30	55751	21357	32487	28526	535
临安市太阳镇	20520	18	24049	6831	16749	11027	508
临安市潜川镇	17550	16	21007	2818	15228	10728	299
临安市昌化镇	23170	14	27005	16401	11360	8253	610
临安市河桥镇	18880	11	14563	3125	11177	5883	310
临安市湍口镇	20650	13	12118	3116	9179	4352	156
临安市清凉峰镇	28860	17	28093	1990	19197	15002	719
临安市岛石镇	13910	16	26050	4743	16743	6690	302
临安市板桥镇	13860	15	27598	2581	15411	13053	316
临安市天目山镇	24180	23	33624	3075	20654	13258	821
临安市龙岗镇	26120	24	22605	5620	14970	10848	494
江北区慈城镇	10230	37	76226	21575	49253	44944	1686
北仑区白峰镇	11040	38	41523	30005	25616	19409	178
北仑区春晓镇	7500	6	19236	9125	15386	11474	209
北仑区梅山乡	3280	5	13025		10910	8031	54
镇海区澥浦镇	2930	8	41308	11896	29040	26064	344
镇海区九龙湖镇	6530	11	36903	15000	20190	16592	511
鄞州区瞻岐镇	9400	17	31952	10490	19723	15839	244
鄞州区咸祥镇	5400	17	30973	13216	19184	13288	425
鄞州区塘溪镇	9460	17	41525	12436	27419	24100	767
鄞州区东钱湖镇	12970	33	60859	29890	36907	34893	631
鄞州区东吴镇	8000	12	22420	11020	15759	14599	330
鄞州区五乡镇	4800	19	65797	65797	35130	32591	4109
鄞州区邱隘镇	2300	16	66770	48513	40666	39072	1425
鄞州区云龙镇	4000	17	55098	7150	34185	31607	789
鄞州区横溪镇	9200	15	35630	21316	20737	18642	566
鄞州区姜山镇	8800	55	115601	43851	63956	55756	1504
鄞州区高桥镇	5300	20	62383	13421	51489	49066	2350
鄞州区横街镇	12170	28	44060	13650	27072	23134	1043
鄞州区集士港镇	4900	19	64388	33574	36633	32484	1087
鄞州区古林镇	4700	24	67340	15920	61525	58143	1943
鄞州区洞桥镇	3100	20	34598	10682	16336	14210	489
鄞州区鄞江镇	6443	12	29105	12498	15280	12720	261
鄞州区章水镇	14600	20	25594	7636	13417	8120	416
鄞州区龙观乡	7300	10	11649		11160	9200	73
象山县丹东街道	3800	26	92021		58490	54988	526
象山县丹西街道	4200	29	92184	49444	21500	19208	714
象山县爵溪街道	3200	6	40792	14300	34347	33813	510
象山县石浦镇	12610	54	99818	68142	77120	65863	683
象山县西周镇	15500	74	48553	32190	42283	36598	458
象山县鹤浦镇	10200	34	30272	9380	20660	9485	85

乡镇基本情况

计算单位：公顷、个、人

名　　称	行政区域面积	村民委员会	常住人口	城镇建成区总人口	从业人员	二三产业从业人员	工业企业单位
象山县贤庠镇	6619	28	25419	10998	18748	12594	205
象山县墙头镇	8700	23	20328	3317	14050	7560	131
象山县泗洲头镇	8400	21	16940	2982	9459	4777	52
象山县定塘镇	5950	28	28081	1078	18894	7804	102
象山县涂茨镇	6200	21	14875	2793	8186	5465	106
象山县大徐镇	5580	24	16729	3109	10920	7775	242
象山县新桥镇	12600	28	21290	3312	14525	9174	123
象山县东陈乡	5700	20	23241	2350	15903	9936	292
象山县晓塘乡	4550	19	18324	6485	14060	6438	107
象山县黄避岙乡	4350	16	9751	1917	7417	3332	51
象山县茅洋乡	4800	21	11267	1534	6712	3108	102
象山县高塘岛乡	5800	18	19326	3414	11198	2013	59
宁海县跃龙街道	10500	27	158165	158165	113453	107350	2516
宁海县桃源街道	5800	15	80864	76089	58106	56920	850
宁海县梅林街道	9700	23	31054	13587	20581	15763	848
宁海县桥头胡街道	5900	18	21703	12240	12628	7741	258
宁海县长街镇	27220	42	59909	13842	39280	26338	145
宁海县力洋镇	16030	18	32819	7814	19876	10656	134
宁海县一市镇	10800	21	15360	2657	10571	3106	54
宁海县岔路镇	10800	21	20991	6759	12947	8616	129
宁海县前童镇	6870	17	24891	6090	15029	12360	110
宁海县桑洲镇	5870	23	18097	3345	12111	11270	31
宁海县黄坛镇	18780	30	26844	7591	17610	14293	366
宁海县大佳何镇	7560	9	18217	7560	11220	7777	406
宁海县强蛟镇	6528	8	15712	4491	9739	8343	282
宁海县西店镇	10230	22	80855	47767	57019	50131	2393
宁海县深甽镇	17280	22	28752	7204	20679	16278	391
宁海县胡陈乡	9690	18	18357	1674	12189	8158	48
宁海县茶院乡	7840	14	17665	6214	11357	7754	147
宁海县越溪乡	8990	15	18106	1504	11627	8182	51
余姚市梨洲街道	11020	20	116393	50000	72231	67323	1250
余姚市凤山街道	4550	10	114347		88513	86267	746
余姚市兰江街道	5370	13	120930		51815	47708	696
余姚市阳明街道	5360	17	136000	62207	107326	103258	971
余姚市低塘街道	4320	11	75652	4567	47111	43441	719
余姚市朗霞街道	4390	13	80714	9448	50050	47424	2115
余姚市临山镇	4970	10	50467	5491	30146	26410	461
余姚市黄家埠镇	4108	10	45263	7064	30447	24969	290
余姚市小曹娥镇	3340	8	33186	8019	22960	17047	322
余姚市泗门镇	6630	16	112033	74750	65927	62353	1114
余姚市马渚镇	6584	18	63986	12083	33193	27208	988
余姚市牟山镇	3850	7	22147	8964	13536	11925	425
余姚市丈亭镇	5540	11	35158	18752	23425	20829	506
余姚市三七市镇	6852	12	42471	16241	21272	16644	708
余姚市河姆渡镇	6502	9	30039	5518	16039	12246	470
余姚市大隐镇	3079	5	12668	7381	7187	6129	175
余姚市陆埠镇	11870	20	48178	25380	33891	27847	784
余姚市梁弄镇	9450	17	33725	15100	18321	13519	398
余姚市大岚镇	6340	14	10475	938	6799	2518	67
余姚市四明山镇	12100	12	9076	980	6272	2586	55

乡镇基本情况

计算单位:公顷、个、人

名　　称	行政区域面积	村民委员会	常住人口	城镇建成区总人口	从业人员	二三产业从业人员	工业企业单位
余姚市鹿亭乡	7050	12	15120		10130	6580	83
慈溪市宗汉街道	3400	18	86274	51692	49801	47908	932
慈溪市坎墩街道	2882	11	70451	18102	55890	50607	1409
慈溪市浒山街道	960	1	118939	118939	71787	71363	89
慈溪市白沙路街道	2256	18	72210	48625	54893	53430	253
慈溪市古塘街道	1445	4	80700	80700	54619	54169	300
慈溪市掌起镇	6830	15	57824	20185	34785	29459	1026
慈溪市观海卫镇	14600	40	151803	93711	102390	95035	1547
慈溪市附海镇	2120	7	34225	4382	26466	22957	768
慈溪市桥头镇	4390	8	52849	5791	24604	20539	458
慈溪市匡堰镇	4200	9	35971	7123	21982	19130	457
慈溪市逍林镇	2602	10	61810	51478	46490	42942	1025
慈溪市新浦镇	5300	17	54421	18204	33930	27194	892
慈溪市胜山镇	2320	11	42678	19133	33182	30772	523
慈溪市横河镇	8544	23	71816	30000	38989	31629	992
慈溪市崇寿镇	2000	8	39125	13976	22949	19134	563
慈溪市庵东镇	17130	23	83489	19385	52749	37080	822
慈溪市长河镇	2730	11	49225	40680	39436	34531	644
慈溪市周巷镇	8258	35	174068	116103	116376	101863	1850
慈溪市龙山镇	14086	28	124224	93503	71867	62230	1683
奉化市锦屏街道	4460	19	101022	101022	65762	63868	611
奉化市岳林街道	3150	23	65580		45108	42725	963
奉化市江口街道	5970	52	50356	10700	37546	30272	1050
奉化市西坞街道	10629	23	45248	15134	29481	22902	674
奉化市萧王庙街道	7620	21	30669	5215	19672	13380	220
奉化市溪口镇	38000	55	97469	50080	63142	49468	663
奉化市尚田镇	15610	42	34326	8511	24147	18053	539
奉化市莼湖镇	14532	51	63791	18269	46115	30308	670
奉化市裘村镇	8620	18	25229	9177	17864	14617	159
奉化市大堰镇	13000	40	13936	1642	8005	5463	86
奉化市松岙镇	7060	12	18508	9925	12400	9482	80
鹿城区藤桥镇	15950	87	86381	16498	57957	43488	2142
瓯海区泽雅镇	14540	81	25025	17265	16340	7700	152
洞头县北岙街道	2670	23	44324	17337	36155	31548	144
洞头县东屏街道	1410	16	18171		11625	8120	56
洞头县元觉街道	730	7	6204		3401	3056	5
洞头县霓屿街道	1160	10	10303		6781	3105	11
洞头县大门镇	3260	22	16702	3718	10608	7684	50
洞头县鹿西乡	1020	6	6562		4223	2509	14
永嘉县东城街道	10200	41	28198	13725	24446	16275	101
永嘉县北城街道	6300	42	32350	16035	22613	20331	71
永嘉县南城街道	6400	42	57122		19797	12941	188
永嘉县江北街道	3020	17	158823		78299	77414	1262
永嘉县东瓯街道	1780	10	67897		52843	52602	1220
永嘉县三江街道	5530	28	30706		19771	14239	151
永嘉县黄田街道	3310	18	46269		28468	22723	515
永嘉县乌牛街道	7600	37	50142		32712	23753	557
永嘉县桥头镇	9056	57	71643	46357	42840	39720	859
永嘉县桥下镇	27660	138	93227	18797	65280	46815	698
永嘉县大若岩镇	9200	36	17586	2939	12111	7260	16

乡镇基本情况

计算单位:公顷、个、人

名　　称	行政区域面积	村民委员会	常住人口	城镇建成区总人口	从业人员	二三产业从业人员	工业企业单位
永嘉县碧莲镇	17460	43	25075	17370	18742	12359	22
永嘉县巽宅镇	25390	56	30052	3863	22231	14975	5
永嘉县岩头镇	21930	83	54493	31428	38113	25515	6
永嘉县枫林镇	7360	45	24103	9944	16441	9626	12
永嘉县岩坦镇	55380	92	35027	3597	32342	21011	31
永嘉县沙头镇	18045	72	41709	3083	26742	18187	110
永嘉县鹤盛镇	26260	58	24266	10218	15442	7401	14
平阳县昆阳镇	8990	63	127608	68526	88641	76543	448
平阳县鳌江镇	19770	112	235833	138019	186013	164864	778
平阳县水头镇	17980	101	166403	59015	102299	82970	469
平阳县萧江镇	7960	95	114665	17967	74425	49511	643
平阳县腾蛟镇	8010	48	51868	15793	33018	26237	279
平阳县山门镇	9860	51	34499	5075	25109	14098	28
平阳县顺溪镇	10030	32	25655	5932	12264	9039	25
平阳县南雁镇	4351	16	17752	8673	9856	5624	28
平阳县万全镇	6480	71	75354	10599	45130	27869	801
平阳县青街畲族乡	2180	11	6823		5062	3541	
苍南县灵溪镇	17140	146	318987	173040	221600	186026	823
苍南县龙港镇	17210	171	419625	249051	246217	205705	3102
苍南县宜山镇	1324	27	51859	24753	29891	29435	410
苍南县钱库镇	9509	114	149554	66880	82031	66589	1152
苍南县金乡镇	9250	79	102019	38921	72327	57274	663
苍南县藻溪镇	7820	31	29755	5306	18715	11700	112
苍南县桥墩镇	19110	64	59325	26483	30147	15670	64
苍南县矾山镇	11395	31	55209	28002	27741	24067	10
苍南县赤溪镇	9800	32	29506	6095	21017	9226	23
苍南县马站镇	13715	67	81227	26993	48297	24020	49
苍南县凤阳畲族乡	2100	6	3157		2754	1965	
苍南县岱岭畲族乡	2100	8	4825		2990	1427	6
文成县大峃镇	15635	92	88467	51583	57713	44619	64
文成县百丈漈镇	9050	31	21533	2313	15086	9207	45
文成县南田镇	16200	31	29413	8793	20187	12561	23
文成县西坑畲族镇	13770	27	15084	5993	9554	5834	26
文成县黄坦镇	19550	45	22883	7113	14550	7583	20
文成县珊溪镇	15060	47	36982	11825	25939	19118	58
文成县巨屿镇	5600	23	21257	10205	12371	8826	23
文成县玉壶镇	18210	44	23768	11009	15204	7938	14
文成县峃口镇	8790	35	18996	2547	13050	6358	14
文成县周山畲族乡	1400	9	3204		1845	974	5
泰顺县罗阳镇	40980	64	88538	58722	53242	40118	223
泰顺县司前畲族镇	19930	12	12766	6520	8013	4433	39
泰顺县百丈镇	16530	19	13056	976	8812	6052	20
泰顺县筱村镇	17280	34	31776	7071	22190	11040	12
泰顺县泗溪镇	18440	41	47190	9155	28046	14990	47
泰顺县彭溪镇	9400	18	16285	3223	10200	6965	59
泰顺县雅阳镇	13080	27	32723	6266	19118	14949	50
泰顺县仕阳镇	16490	38	42082	11418	24214	13586	148
泰顺县三魁镇	18030	39	39900	5826	33335	22467	13
泰顺县竹里畲族乡	4720	3	1490	636	1229	692	3
瑞安市安阳街道	1500	17	109940	101419	81211	81005	243

乡镇基本情况

计算单位:公顷、个、人

名称	行政区域面积	村民委员会	常住人口	城镇建成区总人口	从业人员	二三产业从业人员	工业企业单位
瑞安市玉海街道	660	2	79917	79917	33290	33190	65
瑞安市锦湖街道	6130	40	71345		56360	52002	918
瑞安市东山街道	2860	17	43800	24976	22873	20634	470
瑞安市上望街道	2540	20	68516	13994	29565	19648	584
瑞安市莘塍街道	2051	28	100138		82220	79335	1087
瑞安市汀田街道	2120	30	51933	45676	33656	32302	733
瑞安市飞云街道	5080	53	100764	65537	45498	32554	167
瑞安市仙降街道	3410	40	74180	59296	70477	62359	1428
瑞安市南滨街道	2850	20	34734		19940	12631	759
瑞安市塘下镇	8160	89	335250	224450	224450	213225	4178
瑞安市马屿镇	18940	132	142630	37777	91424	58804	565
瑞安市陶山镇	15160	122	133466	12446	79557	40886	595
瑞安市湖岭镇	27990	160	87213	40000	65153	42486	193
瑞安市高楼镇	27570	140	59746	46409	38331	25752	77
乐清市城东街道办事处	3100	20	54841		21544	16507	328
乐清市乐成街道办事处	7940	34	101417	86417	50774	45074	296
乐清市城南街道办事处	2090	18	61045	3938	26504	23128	421
乐清市盐盆街道办事处	2070	13	32820	21053	12633	9433	344
乐清市翁垟街道办事处	5040	38	62344		52919	42773	998
乐清市白石街道办事处	4790	25	39217	13694	22926	19084	642
乐清市石帆街道办事处	3020	29	36736	11379	22517	19220	404
乐清市天成街道办事处	1170	13	22449	9201	15095	10860	180
乐清市大荆镇	19780	123	120577	15989	83198	61327	312
乐清市仙溪镇	13940	57	41190	11600	26525	13269	43
乐清市雁荡镇	7450	32	51763	10415	30465	18837	47
乐清市芙蓉镇	15320	59	62793	2753	36617	27848	126
乐清市清江镇	6634	47	59116	15500	33481	23202	260
乐清市虹桥镇	11512	93	178552	75782	102174	84028	1579
乐清市淡溪镇	8560	43	48489	11588	22824	15817	323
乐清市柳市镇	9200	158	272078	153519	162703	152946	5165
乐清市北白象镇	8320	109	147210	59230	75063	64108	2490
南湖区凤桥镇	8037	10	50626	11932	29622	19541	737
南湖区余新镇	5972	9	52398	10619	37317	32464	1036
南湖区新丰镇	6525	10	54691	28235	34490	25203	677
南湖区七星镇	3034	6	44914	18382	23779	22457	242
南湖区大桥镇	8480	14	52747	11505	46443	39519	446
秀洲区王江泾镇	12700	33	115460	58066	64254	55108	657
秀洲区油车港镇	5650	16	64352	19998	40986	33066	296
秀洲区新塍镇	13310	24	99019	19101	41531	29500	561
秀洲区王店镇	11590	22	93213	22811	51439	42405	486
秀洲区洪合镇	5720	10	69216	19891	54157	50050	248
嘉善县魏塘街道	5700	11	189803	45961	82262	76817	945
嘉善县罗星街道	3950	4	67846	55589	42528	39763	453
嘉善县惠民街道	6550	7	66113	6232	61922	58172	1593
嘉善县大云镇	2870	6	20204	6288	19575	16771	427
嘉善县西塘镇	8290	18	75560	39888	55898	49112	1381
嘉善县干窑镇	3708	9	34975	10080	20267	16498	575
嘉善县陶庄镇	4580	9	29567	8875	20605	17166	262
嘉善县姚庄镇	7540	18	68796	17231	39696	31737	508
嘉善县天凝镇	7560	22	66679	9000	40727	33456	560

乡镇基本情况

计算单位：公顷、个、人

名　　称	行政区域面积	村民委员会	常住人口	城镇建成区总人口	从业人员	二三产业从业人员	工业企业单位
海盐县武原街道	8600	17	165984	93000	91290	86722	1590
海盐县西塘桥街道	5682	5	51996	3023	32754	27689	498
海盐县元通街道	3440	2	19685	13080	12479	9504	275
海盐县秦山街道	5496	5	35400	3400	18086	11942	436
海盐县沈荡镇	6600	11	37441	3266	22728	16801	344
海盐县百步镇	5924	10	33566	895	20150	16134	528
海盐县于城镇	4296	8	28444	611	17063	12378	492
海盐县澉浦镇	11540	13	34789	8466	20408	14284	994
海盐县通元镇	6912	14	45509	2320	29818	24357	438
海宁市硖石街道	3490	8	87502	56043	44089	42594	278
海宁市海洲街道	2320	5	77537	11681	47054	46019	172
海宁市海昌街道	5420	12	41337	15614	22198	20798	556
海宁市马桥街道	3946	8	28684	23517	17948	15208	778
海宁市许村镇	9110	27	110785	18416	70907	62802	1323
海宁市长安镇	9190	20	81453	39277	42498	32857	1372
海宁市周王庙镇	5372	13	49553	10603	33742	27873	454
海宁市丁桥镇	6070	14	45354	3577	26126	22316	639
海宁市斜桥镇	6450	16	64362	6937	41805	35216	637
海宁市黄湾镇	8950	7	23576	16727	14963	12481	459
海宁市盐官镇	5602	17	61044	13829	31121	24728	515
海宁市袁花镇	7750	14	53351	3708	32392	26863	750
平湖市当湖街道	4900	14	154600		80392	77980	244
平湖市钟埭街道	6359	7	97803	58000	87045	83785	1390
平湖市曹桥街道	4083	10	34922		19413	14113	361
平湖市乍浦镇	5440	10	97446	29803	61063	59690	510
平湖市新埭镇	7730	9	70715	8648	50556	46601	615
平湖市新仓镇	5750	8	55246	20438	43814	41780	1050
平湖市广陈镇	5490	11	40695	7275	27036	21360	291
平湖市林埭镇	4850	11	39847	8053	29989	22848	868
平湖市独山港镇	9200	22	115313	34825	83960	78636	1542
桐乡市梧桐街道	8800	20	205979	90872	80279	74421	885
桐乡市龙翔街道	4020	9	34351	10000	22833	19013	394
桐乡市凤鸣街道	4947	11	47590	816	25758	17292	227
桐乡市乌镇镇	6720	16	57089	10205	45385	31009	277
桐乡市濮院镇	6400	14	76481	47780	54690	49369	502
桐乡市屠甸镇	4111	8	38389	5496	18114	14543	264
桐乡市石门镇	6323	18	56744	14694	35293	28396	437
桐乡市河山镇	3930	9	29335	6615	19259	17616	202
桐乡市洲泉镇	7340	19	72887	5689	73278	67888	643
桐乡市大麻镇	3264	11	35436	6970	28760	25230	290
桐乡市崇福镇	10014	26	136485	91445	84426	79337	1250
桐乡市高桥镇	5502	15	47968	8564	35512	29612	188
吴兴区织里镇	13010	46	315485	247025	273167	264972	19532
吴兴区八里店镇	12170	44	83183	18243	45364	38881	4058
吴兴区妙西镇	10600	15	16168	645	9156	3903	438
吴兴区埭溪镇	17360	20	37683	17401	20406	16146	300
吴兴区东林镇	7817	23	33911	5200	18375	6666	2012
吴兴区道场乡	6150	8	14137		7249	4034	87
南浔区南浔镇	14130	52	181463	110000	100425	94374	1897
南浔区双林镇	9960	33	86821	24420	56851	49724	1862

乡镇基本情况

计算单位:公顷、个、人

名　　称	行政区域面积	村民委员会	常住人口	城镇建成区总人口	从业人员	二三产业从业人员	工业企业单位
南浔区练市镇	12430	41	93200	16110	49790	42895	410
南浔区善琏镇	5500	15	32597	3864	17722	14473	1050
南浔区旧馆镇	3140	13	20108	3089	10668	9660	800
南浔区菱湖镇	10680	28	63952	23075	36453	22426	3178
南浔区和孚镇	9695	22	52894	6816	28165	22487	1486
南浔区千金镇	4200	10	19091	4920	13113	11202	523
南浔区石淙镇	2500	7	14195	867	5060	3888	546
德清县武康镇	25500	28	188336	146510	106428	98058	1624
德清县乾元镇	6690	10	57210	28930	30800	27045	731
德清县新市镇	9200	25	89950	38824	61645	58071	498
德清县洛舍镇	4730	6	24565	7032	17272	15503	309
德清县钟管镇	7800	19	42701	18166	25787	21300	696
德清县莫干山镇	9200	8	14524	2600	9043	7358	45
德清县雷甸镇	5400	12	47198	3591	31082	26550	610
德清县禹越镇	3898	10	29968	5028	18459	16041	1043
德清县新安镇	5700	11	34588	1685	24301	21495	1001
德清县筏头乡	10100	10	15180	696	9491	7084	518
德清县三合乡	6250	13	21474	1300	12222	10025	73
长兴县雉城街道	6560	4	152715	30707	78554	75343	19
长兴县画溪街道	6900	11	37115	4956	23585	17503	1407
长兴县太湖街道	5348	8	66183	28636	46830	43581	307
长兴县洪桥镇	7550	22	42523	10531	26153	22941	2661
长兴县李家巷镇	5310	12	28205	11024	18162	17009	348
长兴县夹浦镇	6560	13	29935	8950	19649	17491	272
长兴县林城镇	13590	20	56895	8065	32818	24329	1309
长兴县虹星桥镇	7210	17	36972	6708	20858	18667	502
长兴县小浦镇	9650	11	25320	3242	15126	11387	532
长兴县煤山镇	8020	9	20686	11931	14934	14051	536
长兴县和平镇	18040	30	54686	10300	30680	23211	1725
长兴县泗安镇	26700	31	89652	31107	61712	53300	2710
长兴县水口乡	7980	8	18672	4419	12343	10343	72
长兴县吕山乡	3960	9	20963	5650	13385	10308	70
长兴县白岘乡	4270	6	11078	3780	7198	6324	401
长兴县槐坎乡	8310	9	16928	2861	10635	9148	475
安吉县递铺镇	33050	32	96447	23757	56477	45232	2518
安吉县鄣吴镇	4950	6	11165	2732	7737	6691	167
安吉县杭垓镇	26700	18	33786	3370	20475	14082	435
安吉县孝丰镇	19100	15	53214	22320	35231	31475	3308
安吉县报福镇	15120	10	16750	3468	9987	6033	290
安吉县章村镇	8920	8	15822	3535	9983	8156	131
安吉县天荒坪镇	11023	11	22172	6109	15228	14101	504
安吉县梅溪镇	19300	22	64532	29010	48659	39809	599
安吉县天子湖镇	20000	20	40783	11237	31652	22326	1215
安吉县溪龙乡	3230	5	8426		4964	4461	136
安吉县皈山乡	5000	5	9578	2321	5296	3205	338
安吉县上墅乡	7550	7	14005	1940	8501	6557	795
安吉县山川乡	4670	6	3777		3559	2705	52
越城区东湖镇	3050	18	59523	9706	29843	24311	90
越城区灵芝镇	4280	35	67049	10420	28450	26662	184
越城区东浦镇	3078	32	56072	6913	24212	22045	300

乡镇基本情况

计算单位:公顷、个、人

名　　称	行政区域面积	村民委员会	常住人口	城镇建成区总人口	从业人员	二三产业从业人员	工业企业单位
越城区鉴湖镇	5030	11	28927	6400	17246	13375	171
越城区皋埠镇	5928	36	54834	12672	31669	24647	368
越城区马山镇	4400	36	57445	4330	31836	27349	720
越城区斗门镇	4300	14	75379	6848	31377	28388	528
绍兴县柯桥街道	1595		153712	153712	108273	108273	168
绍兴县柯岩街道	4500	23	90461	57211	55869	53982	822
绍兴县华舍街道	2306	8	85311		52655	51493	735
绍兴县湖塘街道	6631	15	46445	7466	29138	24973	698
绍兴县齐贤镇	2114	11	40582	17500	35941	34593	388
绍兴县钱清镇	5450	21	149296	106023	76537	73487	3751
绍兴县孙端镇	3130	16	39229	6732	23290	19430	271
绍兴县福全镇	3980	22	66608	2590	40247	38634	1221
绍兴县马鞍镇	5970	12	154104	38838	128587	122711	737
绍兴县平水镇	17320	28	49104	23852	32718	25082	1327
绍兴县安昌镇	2410	11	64804	16346	40702	38876	768
绍兴县王坛镇	13790	24	27645	4457	18340	13827	450
绍兴县兰亭镇	8290	20	41951	30080	31115	27615	1796
绍兴县稽东镇	11140	25	30770	5439	18864	13404	290
绍兴县杨汛桥镇	3767	12	51018	26432	28868	27751	951
绍兴县漓渚镇	3660	12	29067	8370	19834	16307	1085
绍兴县富盛镇	7977	14	24503	3198	14717	9018	245
绍兴县陶堰镇	2510	11	24035	2632	12480	8412	416
绍兴县夏履镇	5100	11	22596	6103	13599	12111	635
新昌县羽林街道	8783	42	43394		26712	17713	536
新昌县南明街道	4620	24	113154		79510	76379	389
新昌县七星街道	5250	33	68955		48781	45927	618
新昌县澄潭镇	4400	28	19802	2275	12915	8100	944
新昌县梅渚镇	3550	26	14820	2055	10102	6558	120
新昌县回山镇	6270	26	16192	4337	9811	3930	165
新昌县大市聚镇	10860	30	26405	7580	18364	12696	652
新昌县小将镇	14500	24	13469	2468	9408	4044	128
新昌县沙溪镇	11830	17	10653	3605	7045	3869	458
新昌县镜岭镇	9500	35	24605	3059	15183	9231	735
新昌县儒岙镇	13250	40	33868	10112	22618	14888	950
新昌县城南乡	7700	19	17525		11105	8141	140
新昌县东茗乡	4800	15	10496		7056	2937	278
新昌县双彩乡	3550	19	10655		6484	3917	343
新昌县新林乡	6270	22	9842		5590	2592	138
新昌县巧英乡	7120	15	9435		5940	3783	474
诸暨市暨阳街道	8280	25	180844	144600	118255	112344	2081
诸暨市浣东街道	11500	24	51432	31832	31433	25529	1291
诸暨市陶朱街道	9500	22	58174	51666	36825	33045	4700
诸暨市大唐镇	5380	10	49177	27705	42186	39399	5687
诸暨市应店街镇	11790	27	47809	4597	30260	23118	6744
诸暨市次坞镇	9720	22	39419	21134	34309	29004	4900
诸暨市店口镇	10570	17	140222	113156	93029	90781	3929
诸暨市阮市镇	7040	17	40565	5676	23926	21571	2411
诸暨市直埠镇	5830	11	26776	8500	17906	13648	1157
诸暨市江藻镇	4700	13	25127	5820	17638	12041	145
诸暨市山下湖镇	4260	11	30764	9613	19071	14589	3235

乡镇基本情况

计算单位:公顷、个、人

名 称	行政区域面积	村民委员会	常住人口	城镇建成区总人口	从业人员	二三产业从业人员	工业企业单位
诸暨市枫桥镇	16640	28	73315	57584	43461	37039	5006
诸暨市赵家镇	9400	13	32866	5851	18793	8610	1430
诸暨市马剑镇	11800	15	17089	1960	10960	9673	1781
诸暨市五泄镇	3940	8	16022	4336	9946	8623	963
诸暨市草塔镇	8400	18	44209	15438	25897	24898	4569
诸暨市王家井镇	5250	23	34073	4227	19028	13363	667
诸暨市牌头镇	8800	27	48597	29552	31236	24960	3186
诸暨市同山镇	5500	16	16220	7290	13910	13280	649
诸暨市安华镇	6183	20	33895	9742	22327	16018	1447
诸暨市街亭镇	7900	15	26026	8278	11653	9479	462
诸暨市璜山镇	13169	20	37737	22113	22330	15610	675
诸暨市陈宅镇	7900	11	19069	6956	11839	8591	574
诸暨市岭北镇	5972	8	12965	3729	7985	6863	114
诸暨市浬浦镇	5700	13	19244	3951	13748	10748	576
诸暨市东白湖镇	19840	20	32977	6636	21305	14339	485
诸暨市东和乡	6340	15	16486		12738	7241	694
上虞市百官街道	4400	12	168604	87165	49495	45559	1498
上虞市曹娥街道	5000	17	103573	103573	31021	26971	1685
上虞市东关街道	2735	15	32248		27024	24836	436
上虞市道墟镇	4300	21	54397	18860	37016	28566	615
上虞市长塘镇	3940	8	13308	2955	9835	6020	576
上虞市上浦镇	8660	13	26185	5436	15131	9949	300
上虞市汤浦镇	3140	8	15978	7693	9427	6124	600
上虞市章镇镇	14000	35	42062	13530	23420	10800	660
上虞市下管镇	4800	10	12198	4054	8120	3128	82
上虞市丰惠镇	11800	26	50661	21000	36911	25400	871
上虞市永和镇	3130	8	16040	5078	9448	5423	385
上虞市梁湖镇	6260	14	29153	11915	16358	11471	276
上虞市驿亭镇	5300	16	21594	4901	12307	8297	383
上虞市小越镇	2950	21	41327	18617	21500	18098	687
上虞市谢塘镇	2800	14	28002	9848	16273	11726	270
上虞市盖北镇	2200	10	40836	4325	25842	7415	427
上虞市崧厦镇	8480	38	138035	82850	96030	80915	2510
上虞市沥海镇	5700	22	59011	15011	38960	28104	444
上虞市岭南乡	5740	13	9122		6810	2344	36
上虞市陈溪乡	4200	10	8996	1250	5984	3117	66
上虞市丁宅乡	4270	9	10425	4590	6937	3026	134
嵊州市剡湖街道	3420	12	18061		10160	7956	768
嵊州市三江街道	2860	8	66034		46115	40314	2248
嵊州市鹿山街道	5197	24	66449		39869	32027	785
嵊州市浦口街道	6800	18	28925		17915	13879	683
嵊州市甘霖镇	15950	71	82905	48664	51979	36724	4055
嵊州市长乐镇	20480	47	73215	32318	50726	40028	4203
嵊州市崇仁镇	14760	54	64358	17936	60938	44986	726
嵊州市黄泽镇	9600	25	46310	7400	26776	18420	1310
嵊州市三界镇	15500	38	49837	8620	38231	26436	227
嵊州市石璜镇	6300	17	26342	7500	16655	12405	2468
嵊州市谷来镇	10368	20	24425	3980	15754	9311	47
嵊州市仙岩镇	7314	18	10272	1142	6876	4281	44
嵊州市金庭镇	7250	9	20435	4930	14515	8985	214

乡镇基本情况

计算单位：公顷、个、人

名　　称	行政区域面积	村民委员会	常住人口	城镇建成区总人口	从业人员	二三产业从业人员	工业企业单位
嵊州市北漳镇	8900	13	13153	2832	12070	7651	185
嵊州市下王镇	4529	19	10465	1677	7885	5307	29
嵊州市贵门乡	6860	10	9851		5731	1307	30
嵊州市里南乡	8440	14	9744		6769	2968	9
嵊州市竹溪乡	2880	3	3558	4112	1490	380	21
嵊州市雅璜乡	2660	4	2413		3058	500	208
嵊州市王院乡	3190	4	3927		3530	2126	83
嵊州市通源乡	4300	6	5104		3515	1558	20
婺城区罗店镇	7200	38	20009	1410	13427	7256	80
婺城区雅畈镇	7590	37	20269	5564	14710	6335	115
婺城区安地镇	13040	37	11875	3270	10250	4457	13
婺城区白龙桥镇	9140	49	62367	26532	35574	21667	454
婺城区琅琊镇	9800	30	18083	4305	13174	6371	265
婺城区蒋堂镇	5550	35	26250	6450	17796	12287	282
婺城区汤溪镇	10682	72	46893	10431	30000	17250	472
婺城区罗埠镇	4580	61	34598	5175	25083	12464	139
婺城区洋埠镇	2730	24	13119	2780	10450	7060	115
婺城区乾西乡	2200	11	29497		13141	7669	78
婺城区竹马乡	1958	16	11349		7072	3255	62
婺城区长山乡	6280	21	11423		8546	3206	36
婺城区箬阳乡	6280	14	1864		946	163	12
婺城区沙畈乡	18700	30	12384		8028	4846	22
婺城区塔石乡	11000	39	7296		4884	2878	88
婺城区岭上乡	3090	9	4500		2735	1229	22
婺城区莘畈乡	7304	11	3915		3752	2505	30
婺城区苏孟乡	4400	34	24380		20822	6622	55
金东区孝顺镇	13000	115	65796	32397	40866	26627	1040
金东区傅村镇	3500	35	41368	17305	23944	19850	558
金东区曹宅镇	9300	63	38603	8878	25905	13336	383
金东区澧浦镇	9850	63	33249	7000	21687	6839	132
金东区岭下镇	5800	34	14121	4664	9982	6588	105
金东区江东镇	3450	24	11662	2382	6782	2254	124
金东区塘雅镇	5300	48	28762	5095	19671	8094	146
金东区赤松镇	5700	40	28629	6135	19129	11272	93
金东区源东乡	4760	28	16516		9253	3545	8
武义县白洋街道	8920	49	50126	25376	34117	27428	576
武义县壶山街道	8650	33	54812		36224	32922	756
武义县熟溪街道	9620	34	57112	43173	40249	33704	358
武义县柳城畲族镇	17080	53	26246	12289	15184	8741	309
武义县履坦镇	5060	31	13907	5350	9136	7005	198
武义县桐琴镇	4690	44	41747	22160	28737	24896	580
武义县泉溪镇	8730	47	41006	10133	27269	23690	622
武义县新宅镇	18120	46	9982	2536	7746	5174	35
武义县王宅镇	10170	46	23557	6599	16653	9328	526
武义县桃溪镇	10560	27	11886	3477	8214	5634	105
武义县茭道镇	5790	12	12203	4630	9932	8172	250
武义县大田乡	4770	16	10645		7078	3622	36
武义县白姆乡	10960	28	8357		5557	4209	287
武义县俞源乡	6460	21	7760		5375	3973	246
武义县坦洪乡	3660	16	5191		3451	2493	40

乡镇基本情况

计算单位:公顷、个、人

名　　称	行政区域面积	村民委员会	常住人口	城镇建成区总人口	从业人员	二三产业从业人员	工业企业单位
武义县西联乡	12230	19	5105		3394	1452	56
武义县三港乡	4773	9	2451		1548	601	47
武义县大溪口乡	7530	10	1849		1230	473	35
浦江县浦南街道	6600	27	51663	4888	30800	25100	520
浦江县仙华街道	5700	26	43256	34070	25586	13430	1036
浦江县浦阳街道	4510	14	80523	51831	42977	39660	496
浦江县黄宅镇	6649	67	78894	18100	46137	37857	755
浦江县白马镇	5940	30	27371	11659	18321	13747	486
浦江县郑家坞镇	2496	18	11148	6580	8459	7435	338
浦江县郑宅镇	4108	34	31200	6990	18180	12990	635
浦江县岩头镇	4910	41	20185	4600	17320	13231	513
浦江县檀溪镇	10944	29	15942	3338	9058	4403	44
浦江县杭坪镇	9792	31	17300	2900	9800	3228	35
浦江县大畈乡	9001	15	8365		6014	3836	58
浦江县中余乡	4440	22	12500		6831	4077	293
浦江县前吴乡	6345	18	12800		7533	4262	151
浦江县花桥乡	4834	18	9252		5348	2155	106
浦江县虞宅乡	5695	19	9452		7574	5959	156
磐安县安文镇	12800	29	36587	35363	10894	7205	541
磐安县新渥镇	5300	19	15972	1431	10554	3626	131
磐安县尖山镇	3980	22	13175	6259	7793	3294	237
磐安县仁川镇	10700	28	14508	3539	8844	3037	61
磐安县大盘镇	7100	19	7205	3436	4243	1171	71
磐安县方前镇	12600	34	9699	1283	6742	1962	101
磐安县玉山镇	6240	22	16536	3614	9410	4377	72
磐安县尚湖镇	10800	32	17265	2767	10183	2375	100
磐安县冷水镇	4100	17	7461	1735	5937	2197	158
磐安县深泽乡	4409	21	13166		8076	5064	161
磐安县双峰乡	4050	9	5147		3496	1076	124
磐安县双溪乡	5600	17	6641		3814	813	71
磐安县窈川乡	4200	8	4049		2729	1428	33
磐安县盘峰乡	4130	13	3836		2497	1333	36
磐安县高二乡	4960	13	3635		2834	1140	15
磐安县维新乡	5100	8	2600		1496	680	53
磐安县胡宅乡	3750	18	11098		7085	1845	36
磐安县万苍乡	3741	13	9135		5518	1034	72
磐安县九和乡	5600	21	5483		4478	1917	38
兰溪市兰江街道	8780	67	129440	73651	76608	67596	664
兰溪市云山街道	4030	24	87130	65312	53811	45720	512
兰溪市永昌街道	8320	63	45361	3765	27724	17028	162
兰溪市赤溪街道	2760	23	16392	2612	11077	7887	148
兰溪市女埠街道	6860	37	37890	3702	23497	12630	65
兰溪市上华街道	7410	33	43980	3921	27090	16282	275
兰溪市游埠镇	6600	48	38516	14929	24369	17338	159
兰溪市诸葛镇	4890	28	26547	7955	16654	12308	90
兰溪市黄店镇	13530	46	32845	3975	21962	11613	69
兰溪市香溪镇	7710	43	36385	7290	22530	10024	383
兰溪市马涧镇	15910	66	46920	4343	28750	13812	338
兰溪市梅江镇	12540	52	41952	4193	25427	14110	378
兰溪市横溪镇	8260	26	24849	10296	14618	7801	86

乡镇基本情况

计算单位:公顷、个、人

名　　称	行政区域面积	村民委员会	常住人口	城镇建成区总人口	从业人员	二三产业从业人员	工业企业单位
兰溪市灵洞乡	7020	16	21754		12742	9324	78
兰溪市水亭畲族乡	4580	36	20491		12102	7889	96
兰溪市柏社乡	12160	38	29326		18798	8541	232
义乌市稠城街道	5416	59	392199	77203	211985	196286	507
义乌市江东街道	9160	51	246983	145946	188278	184401	282
义乌市稠江街道	3800	33	180763	13341	141498	135624	975
义乌市北苑街道	3660	25	188400	113802	140785	138145	920
义乌市后宅街道	6788	48	118998	14622	76184	68945	341
义乌市城西街道	6020	47	81337	9612	55585	44712	378
义乌市廿三里街道	7220	35	117789	8385	78660	73797	714
义乌市佛堂镇	13410	96	160738	107015	111084	101399	781
义乌市赤岸镇	14998	66	34435	7399	21316	17650	117
义乌市义亭镇	5400	62	97750	46742	61967	49217	416
义乌市上溪镇	10280	76	83918	35336	46481	34370	423
义乌市苏溪镇	10910	68	86082	47227	58941	54184	640
义乌市大陈镇	13600	48	68281	13314	56498	52089	394
东阳市吴宁街道	3100		138937	131238	65307	63382	376
东阳市南市街道	8300	26	47680	60	24557	16633	430
东阳市白云街道	5700		161142	14187	112371	111775	1109
东阳市江北街道	8900	3	58078	14316	36763	31789	513
东阳市城东街道	6099	18	34528	40070	31411	21180	197
东阳市六石街道	6500	22	38320	6101	24587	17660	288
东阳市巍山镇	17800	29	84870	21785	48440	36781	486
东阳市虎鹿镇	9700	18	30670	9980	25144	13914	233
东阳市歌山镇	6400	21	42974	12898	26919	18355	516
东阳市佐村镇	15400	25	25888	4285	17222	9218	30
东阳市东阳江镇	14000	27	23071	7243	14172	7942	122
东阳市湖溪镇	9800	28	42064	17180	38242	12184	198
东阳市马宅镇	11200	17	25154	3230	16067	12108	198
东阳市千祥镇	10400	33	52760	35000	44350	24480	340
东阳市南马镇	10300	30	87564	34747	49560	36420	1944
东阳市画水镇	12000	18	53438	16230	38551	23032	738
东阳市横店镇	12100	18	160202	105460	110363	105140	736
东阳市三单乡	8900	14	11671		7001	3672	
永康市东城街道	7800	57	189496	62617	121245	116258	1505
永康市西城街道	9080	70	89396	59648	62947	56351	1669
永康市江南街道	7450	47	93280	57580	55905	52300	698
永康市石柱镇	6540	43	39855	7842	21595	17132	748
永康市前仓镇	7910	38	23569	2895	17924	10163	332
永康市舟山镇	7770	43	22449	3234	14495	7997	208
永康市古山镇	4910	55	80582	25524	47713	42688	2154
永康市方岩镇	6713	39	29187	8583	21344	18024	750
永康市龙山镇	5470	39	46111	13494	22604	17413	1255
永康市西溪镇	8600	42	26401	8176	18473	10495	631
永康市象珠镇	8500	54	54069	35028	29575	24438	876
永康市唐先镇	8600	58	43625	9890	27454	20734	498
永康市花街镇	11280	62	31005	4014	18107	12730	426
永康市芝英镇	5800	63	65168	54000	37538	24753	1689
柯城区石梁镇	11959	21	28364	7386	17487	6905	72
柯城区航埠镇	6640	31	51418	19000	25965	21261	104

乡镇基本情况

计算单位:公顷、个、人

名　　称	行政区域面积	村民委员会	常住人口	城镇建成区总人口	从业人员	二三产业从业人员	工业企业单位
柯城区黄家乡	3100	19	18289		11634	8967	80
柯城区七里乡	6020	7	5027		3025	1324	3
柯城区九华乡	8120	23	19268		14504	5752	9
柯城区沟溪乡	4450	16	15101		9374	4580	11
柯城区华墅乡	4500	10	15411		9514	3859	9
柯城区姜家山乡	1450	11	10848		7215	2325	58
柯城区万田乡	2520	16	17280		10932	4997	37
柯城区石室乡	4260	11	15560		9242	5720	103
衢江区上方镇	15750	14	28575	3450	19466	11121	362
衢江区峡川镇	6380	11	13106	3673	9309	2870	28
衢江区莲花镇	7200	23	34542	1653	20464	7369	120
衢江区全旺镇	9810	15	21141	4168	14107	5810	78
衢江区大洲镇	14640	10	14610	3877	9660	5726	86
衢江区后溪镇	6360	15	23531	2810	14098	4940	64
衢江区廿里镇	6130	22	33927	10536	19104	10132	161
衢江区湖南镇	13750	9	10750	1767	6941	2952	72
衢江区高家镇	12780	31	50248	4813	30920	13359	41
衢江区杜泽镇	10690	24	26901	7138	18306	6295	15
衢江区灰坪乡	5360	5	3559		2182	938	11
衢江区太真乡	5070	6	5363		3651	2024	17
衢江区双桥乡	3930	6	2793		1980	889	25
衢江区周家乡	3970	11	14421		8437	3584	4
衢江区云溪乡	4620	17	23090		15132	3936	24
衢江区举村乡	7740	7	3203		1885	699	4
衢江区岭洋乡	13900	11	5833		3037	1856	11
衢江区黄坛口乡	14650	7	6858		4240	1911	14
常山县天马街道	7550	12	58674	41879	36689	33333	37
常山县紫港街道	4130	10	14687	1922	9129	6583	59
常山县金川街道	5750	14	19323	11462	12270	9076	401
常山县白石镇	4620	7	9565	2846	5891	3550	23
常山县招贤镇	6980	18	31649	4804	20623	13980	95
常山县青石镇	7870	18	33523	1053	20036	12150	129
常山县球川镇	12950	20	35314	9030	22415	14667	70
常山县辉埠镇	12710	17	30672	3858	20662	13679	243
常山县芳村镇	14870	20	26094	6265	18013	10049	41
常山县何家乡	5690	8	12785		8374	5374	28
常山县同弓乡	3850	8	10883		6633	4395	14
常山县大桥头乡	4990	8	13742		9067	6183	65
常山县新昌乡	11060	10	13326		9019	4957	12
常山县东案乡	6880	10	14162		8568	4776	84
开化县桐村镇	12320	9	17341	3430	13424	9491	190
开化县杨林镇	13840	11	15438	1365	8063	4068	115
开化县苏庄镇	23332	11	16527	1622	14297	8867	57
开化县齐溪镇	12810	10	7030	388	5760	2000	15
开化县城关镇	15420	26	60670	47962	16814	10397	344
开化县华埠镇	23000	28	41016	13700	22085	10667	105
开化县马金镇	14840	26	34384	14264	21212	9776	6
开化县村头镇	7201	19	17719	3856	10052	7371	14
开化县池淮镇	13320	17	21413	6200	13560	7430	166
开化县中村乡	9460	9	9230		7628	4593	119

乡镇基本情况

计算单位:公顷、个、人

名　　称	行政区域面积	村民委员会	常住人口	城镇建成区总人口	从业人员	二三产业从业人员	工业企业单位
开化县长虹乡	13680	10	9427		7668	3190	58
开化县张湾乡	9920	8	8147		6280	2596	56
开化县何田乡	10790	10	9988		7991	4742	249
开化县塘坞乡	3190	10	9532		8536	5824	40
开化县林山乡	16700	13	18094		13900	8900	100
开化县音坑乡	9960	19	20666		18055	9672	173
开化县大溪边乡	8510	12	11262		11261	8172	55
开化县金村乡	4500	7	5436		4063	1863	69
龙游县龙洲街道	6280	20	84728		41608	36657	191
龙游县东华街道	5440	22	28618		19674	14362	264
龙游县湖镇镇	10160	39	46419	30724	32893	19448	97
龙游县小南海镇	8360	18	30434	3246	18317	8997	51
龙游县詹家镇	5589	21	26152	8056	16717	9231	450
龙游县溪口镇	11300	14	21920	13935	12511	7572	351
龙游县横山镇	8920	20	29945	3257	20368	10184	238
龙游县塔石镇	8020	26	39550	3715	30169	17110	168
龙游县罗家乡	5800	10	8061		5988	3067	185
龙游县庙下乡	8090	13	12198		8897	4910	262
龙游县石佛乡	6800	10	17794		10123	4422	121
龙游县社阳乡	9600	8	9012		5761	2435	114
龙游县大街乡	4480	8	6805		5031	2936	146
龙游县沐尘畲族乡	8070	10	9538		6313	2951	78
龙游县模环乡	7730	23	29550		17336	7872	135
江山市双塔街道	7339	20	79413		49876	45728	130
江山市虎山街道	6256	11	86498		59326	57188	154
江山市四都镇	4260	8	15154	3689	7918	4094	25
江山市清湖镇	7150	26	36155	5968	23898	16555	361
江山市坛石镇	12395	13	25048	9274	14695	9427	22
江山市大桥镇	8052	15	15132	3984	10060	7243	241
江山市新塘边镇	4788	19	27350	4798	17461	12491	33
江山市廿八都镇	18694	9	10595	4255	6845	4049	5
江山市长台镇	6238	8	16123	5557	10735	7302	39
江山市上余镇	15457	21	35419	10225	23096	16109	83
江山市凤林镇	8986	18	36960	10141	24356	17082	22
江山市峡口镇	20482	18	40439	20488	24882	16277	53
江山市石门镇	9561	15	32521	7503	20733	14586	31
江山市贺村镇	13064	45	94102	53507	59491	45960	223
江山市大陈乡	3071	6	6845		4310	3004	10
江山市碗窑乡	10535	12	16529		10436	7067	16
江山市保安乡	7549	7	5591		3614	2233	5
江山市张村乡	27492	11	11734		7923	5043	9
江山市塘源口乡	10534	9	9740		7157	3786	8
定海区金塘镇	8820	12	48565	10339	32642	28436	781
定海区白泉镇	8750	14	44546	14249	29358	22362	163
定海区干览镇	2350	6	12213	5656	6790	5179	126
普陀区六横镇	11880	45	55874	31085	38228	28074	714
普陀区虾峙镇	2290	6	15865	9230	8993	5748	181
普陀区桃花镇	4170	12	11949		9146	4134	18
普陀区东极镇	1170	1	1938	1938	756	290	5
普陀区普陀山镇	1250	4	4760	4760	3406	3392	

乡镇基本情况

计算单位:公顷、个、人

名　　称	行政区域面积	村民委员会	常住人口	城镇建成区总人口	从业人员	二三产业从业人员	工业企业单位
岱山县高亭镇	5080	25	88137	46084	52820	44293	171
岱山县东沙镇	2300	3	17043	9260	12290	11350	137
岱山县岱东镇	2290	5	13144	3209	9001	6659	40
岱山县岱西镇	3140	10	10672	3749	8342	6383	62
岱山县长涂镇	6420	6	12468	4979	8987	6962	51
岱山县衢山镇	7360	33	59461	29314	33256	16197	49
岱山县秀山乡	2300	3	11058		8283	7237	56
嵊泗县菜园镇	3300	12	38663	17522	27270	24170	50
嵊泗县嵊山镇	800	7	9013	8299	4938	2360	20
嵊泗县洋山镇	2100	1	9655	8943	6147	4175	55
嵊泗县五龙乡	600	4	3730		2920	1570	9
嵊泗县黄龙乡	700	5	7861		3054	669	6
嵊泗县枸杞乡	700	7	7805		5080	2396	15
嵊泗县花鸟乡	400	2	1820		952	265	1
椒江区大陈镇	1605	6	2922	1482	2101	830	9
黄岩区宁溪镇	9000	43	29928	8290	19563	13950	250
黄岩区北洋镇	6100	33	32357	5296	15681	8908	95
黄岩区头陀镇	5850	37	32689	7624	25310	17031	160
黄岩区院桥镇	7900	72	76956	18714	49207	35567	1500
黄岩区沙埠镇	4400	33	25057	5411	15872	11411	424
黄岩区屿头乡	9900	28	11907		8122	5675	26
黄岩区上郑乡	7900	24	10998		8246	7326	8
黄岩区富山乡	5500	19	7786		5623	3598	1
黄岩区茅畲乡	3032	14	13405		6802	3605	30
黄岩区上垟乡	6400	28	15806		10315	5623	9
黄岩区平田乡	4030	18	7875		5986	2720	2
路桥区新桥镇	1380	17	28415	5517	16054	14945	2107
路桥区横街镇	1490	20	28416	6293	16972	16212	2038
路桥区金清镇	8060	65	138725	11188	62145	50209	3492
路桥区蓬街镇	4520	47	70833	7287	39589	34520	2511
玉环县玉城街道	6590	61	188982	42115	126070	114370	3511
玉环县坎门街道	2568	6	109597	98964	70088	63911	2042
玉环县大麦屿街道	7090	48	89568	20210	56447	52069	1409
玉环县清港镇	5470	40	80118	28527	58293	53242	1717
玉环县楚门镇	3750	28	94908	78052	66318	61910	1391
玉环县干江镇	2930	19	25745	4963	16707	13278	330
玉环县沙门镇	3890	23	39602	3834	29563	25833	268
玉环县芦浦镇	1970	16	38319	3931	31145	28282	527
玉环县龙溪乡	3170	20	24626	2682	18017	16890	998
玉环县鸡山乡	881	6	3207		1647	248	5
玉环县海山乡	830	9	7491		3202	1413	4
三门县海游镇	14500	63	95527	11167	61800	56874	521
三门县沙柳镇	4900	34	14836	4870	9912	7038	78
三门县珠岙镇	3920	38	21862	6315	14550	12641	187
三门县亭旁镇	13100	106	46698	8753	31222	24081	198
三门县六敖镇	9400	41	32222	8987	21270	13462	88
三门县健跳镇	8760	33	31053	12020	20480	15355	120
三门县横渡镇	11370	22	12671	2536	8444	6176	23
三门县浬浦镇	8310	29	28603	3301	18985	11066	40
三门县花桥镇	8305	34	23192	7077	15529	10223	31

乡镇基本情况

计算单位:公顷、个、人

名　称	行政区域面积	村民委员会	常住人口	城镇建成区总人口	从业人员	二三产业从业人员	工业企业单位
三门县小雄镇	6100	29	30034	4629	17933	10778	51
三门县高枧乡	4400	41	18816		12513	10876	158
三门县沿赤乡	5950	16	16995		10839	5770	87
三门县泗淋乡	4110	19	20439		13121	8177	72
三门县蛇蟠乡	1970	6	3008		1960	674	
天台县赤城街道	8370	31	93852		55885	49880	500
天台县始丰街道	5700	51	43525		25662	20507	165
天台县福溪街道	5900	40	40843		22656	17750	283
天台县白鹤镇	14330	83	63138	7905	36816	21935	606
天台县石梁镇	15860	31	15083	1381	10153	6994	18
天台县街头镇	14180	45	38588	5136	24670	16715	56
天台县平桥镇	18177	116	107370	21382	72473	57108	395
天台县坦头镇	8280	61	37951	10847	26152	19824	1537
天台县三合镇	5970	31	38010	7241	21480	16094	267
天台县洪畴镇	4060	21	17280	7088	10270	8498	254
天台县三州乡	4350	17	9218		5800	2804	
天台县龙溪乡	6570	12	6286		4347	2905	4
天台县雷峰乡	7990	17	14089		9405	6379	2
天台县南屏乡	5100	19	8740		5602	3913	1
天台县泳溪乡	7780	22	12438		8615	5457	1
仙居县安洲街道	4655	22	36870		23637	20007	358
仙居县南峰街道	3883	23	37123		28074	24138	377
仙居县福应街道	11389	48	55379		34945	29326	331
仙居县横溪镇	20300	80	46056	34500	28305	20643	93
仙居县埠头镇	6970	39	16817	8543	10870	8730	57
仙居县白塔镇	10702	66	40882	12092	24767	18498	87
仙居县田市镇	9258	55	26787	8042	16199	12409	42
仙居县官路镇	8000	29	22052	4061	14517	10114	95
仙居县下各镇	8950	55	52175	10429	30927	23297	166
仙居县朱溪镇	18250	53	24829	7310	16011	12020	16
仙居县安岭乡	4870	23	9741		6262	3767	3
仙居县溪港乡	6274	17	6207		3686	2291	1
仙居县湫山乡	13010	38	17393		10562	7799	13
仙居县淡竹乡	21150	27	13152		8121	5825	4
仙居县皤滩乡	7020	19	15501		9750	6665	22
仙居县上张乡	10280	32	11176		7120	5200	10
仙居县步路乡	7180	24	14215		9249	6847	21
仙居县广度乡	8250	24	9291		5475	3365	4
仙居县大战乡	5910	30	15733		9521	6901	25
仙居县双庙乡	6090	19	10759		6684	4393	15
温岭市太平街道	3070	19	157850	157850	56270	55960	459
温岭市城东街道	4260	44	77913	77913	44528	40772	472
温岭市城西街道	1970	21	35712	35712	23202	21354	275
温岭市城北街道	1260	16	21294	21294	13446	12679	497
温岭市横峰街道	1630	27	31411	31411	19114	17798	671
温岭市泽国镇	6320	74	240451	49248	188684	181489	1735
温岭市大溪镇	12950	99	124080	71359	80507	74311	2345
温岭市松门镇	8270	61	101062	46662	63581	42854	762
温岭市箬横镇	11790	99	136834	32475	87565	61018	996
温岭市新河镇	7140	86	119522	40308	72905	55414	845

乡镇基本情况

计算单位：公顷、个、人

名　　称	行政区域面积	村民委员会	常住人口	城镇建成区总人口	从业人员	二三产业从业人员	工业企业单位
温岭市石塘镇	2820	58	69688	10784	42851	23417	288
温岭市滨海镇	6170	60	69732	16905	44367	27966	302
温岭市温峤镇	7750	45	60929	17842	40362	30655	580
温岭市城南镇	10910	76	69727	11492	44014	30686	239
温岭市石桥头镇	2840	27	26511	8523	18820	12460	82
温岭市坞根镇	3470	18	24834	6043	15858	9807	68
临海市古城街道	8100	21	155047	110151	100870	97292	467
临海市大洋街道	4200	25	56190		37555	34736	743
临海市江南街道	8700	37	28450		20386	16628	250
临海市大田街道	6500	38	46327		32430	25325	380
临海市邵家渡街道	8800	44	39671		23295	16983	90
临海市汛桥镇	5300	31	18697	4390	11861	7390	77
临海市东塍镇	16500	63	62309	23830	36766	26543	360
临海市汇溪镇	5700	34	12988	2650	7737	5600	32
临海市小芝镇	9000	30	35122	5279	21485	15640	274
临海市河头镇	10000	54	32574	4801	20165	11728	161
临海市白水洋镇	21700	122	73072	25570	46618	29849	364
临海市括苍镇	15600	47	40362	11868	26969	19791	194
临海市永丰镇	15600	78	50965	7273	31567	21771	212
临海市尤溪镇	13600	39	20303	7910	14535	10046	172
临海市涌泉镇	11200	39	49108	12161	30916	20987	235
临海市沿江镇	8800	46	47271	7250	29882	22856	268
临海市杜桥镇	18600	123	259133	110872	150486	125276	3065
临海市上盘镇	9900	42	54071	40636	33639	21975	217
临海市桃渚镇	12900	80	92484	14750	58662	38974	532
莲都区碧湖镇	21599	43	58000	25190	32880	14003	149
莲都区大港头镇	9088	10	11968	4256	6090	3217	32
莲都区老竹畲族镇	8206	12	12752	2927	7078	3360	11
莲都区雅溪镇	15764	19	11196	1982	6629	2895	13
莲都区太平乡	10534	19	20300		10911	5930	18
莲都区仙渡乡	6580	11	6165		3785	1509	5
莲都区峰源乡	15114	8	5240		3464	1434	21
莲都区丽新畲族乡	7899	9	5878		3791	1168	14
莲都区黄村乡	10347	11	6239		4059	907	7
青田县鹤城街道	3900	13	68937	58750	7494	4120	286
青田县瓯南街道	6760	18	26063		14444	11895	413
青田县油竹街道	2080	8	18513		9456	8968	200
青田县温溪镇	5800	22	64840	57415	29703	26955	378
青田县东源镇	8600	13	11274	7038	6084	4643	94
青田县高湖镇	8900	10	13216	11037	7189	4192	44
青田县船寮镇	16600	40	34239	6180	20489	9705	105
青田县海口镇	11200	13	11743	3403	10531	6877	19
青田县腊口镇	9400	21	16892	11023	10931	5920	128
青田县北山镇	24480	21	4462	1026	2318	593	9
青田县山口镇	3830	4	8377	7195	5433	4735	24
青田县仁庄镇	9300	20	5256	2376	3103	927	5
青田县万山乡	2700	6	803		479	371	2
青田县黄垟乡	4400	8	3011		1726	1039	8
青田县季宅乡	7500	6	6510		6448	4569	5
青田县高市乡	5200	9	3955		3020	1841	5

乡镇基本情况

计算单位:公顷、个、人

名　　称	行政区域面积	村民委员会	常住人口	城镇建成区总人口	从业人员	二三产业从业人员	工业企业单位
青田县海溪乡	3300	10	4392		2887	587	4
青田县章村乡	9900	16	8852		5275	3043	2
青田县祯旺乡	8400	8	2538		1431	848	2
青田县祯埠乡	12800	8	7840		4490	2570	97
青田县舒桥乡	7400	22	8625		4824	1499	1
青田县巨浦乡	9900	10	5992		2153	836	6
青田县万阜乡	7530	8	3115		1647	791	4
青田县方山乡	3700	11	5517		2718	480	3
青田县汤垟乡	7900	7	3135		2039	1009	3
青田县贵岙乡	6000	15	2023		1391	359	10
青田县小舟山乡	2500	9	1362		598	440	9
青田县吴坑乡	3600	10	4217		2205	1730	8
青田县仁宫乡	9100	11	5460		2502	1368	6
青田县章旦乡	3530	8	2394		1450	470	1
青田县阜山乡	12000	21	10458		6486	1363	6
青田县石溪乡	2960	8	3929		2015	1654	17
缙云县五云街道办事处	5960	24	91268	55718	66661	59563	154
缙云县新碧街道办事处	4700	13	39094	12851	23928	14717	234
缙云县仙都街道办事处	3590	7	9862		5764	3460	12
缙云县壶镇镇	22800	55	104829	57728	59369	44260	702
缙云县新建镇	17366	27	47685	17743	31661	22178	86
缙云县舒洪镇	6520	6	16282	7676	11646	6082	60
缙云县大洋镇	16100	13	12070	4963	7045	2444	36
缙云县东渡镇	12800	20	33758	5355	20823	9188	117
缙云县东方镇	8100	12	24249	18150	12232	6638	54
缙云县大源镇	8880	14	19823	3560	13087	6830	19
缙云县七里乡	6140	16	10802		5647	2411	50
缙云县前路乡	4450	6	6944		4537	1753	6
缙云县三溪乡	4270	4	5423		3103	1287	14
缙云县溶江乡	5000	11	12095		8621	5313	11
缙云县双溪口乡	3500	8	12027	3000	7580	4457	28
缙云县胡源乡	4450	7	13345		9159	5119	9
缙云县方溪乡	3300	5	4255		2787	1533	7
缙云县石笕乡	5340	5	5239		3403	1877	6
遂昌县妙高街道	19200	27	75800	57628	36589	29263	358
遂昌县云峰街道	21400	17	16450	6637	14154	7734	195
遂昌县新路湾镇	13600	12	11701	1327	7048	1954	19
遂昌县北界镇	8300	9	6630	2130	5401	1646	22
遂昌县金竹镇	14000	14	9687	3220	8551	2813	9
遂昌县大柘镇	12300	12	13188	7365	8959	3351	45
遂昌县石练镇	10900	12	13702	4633	7345	2724	30
遂昌县王村口镇	16500	13	6310	2476	5432	2318	15
遂昌县黄沙腰镇	16900	7	4442	791	3895	1580	16
遂昌县三仁畲族乡	7900	8	8275		3821	1705	58
遂昌县濂竹乡	5500	9	4145		2635	1123	5
遂昌县应村乡	8300	9	8487		3375	1678	15
遂昌县高坪乡	4800	6	3660		3376	1020	5
遂昌县湖山乡	18700	11	10076		6462	3020	8
遂昌县蔡源乡	5600	5	1895		1547	593	12
遂昌县焦滩乡	8500	5	2537		1350	535	7

乡镇基本情况

计算单位:公顷、个、人

名　　称	行政区域面积	村民委员会	常住人口	城镇建成区总人口	从业人员	二三产业从业人员	工业企业单位
遂昌县龙洋乡	14800	6	2675		2378	1204	25
遂昌县柘岱口乡	16900	5	7157		3581	1782	47
遂昌县西畈乡	13500	7	2298		1386	206	4
遂昌县垵口乡	16300	9	4134		4089	1561	35
松阳县西屏街道办事处	6700	35	55021		35192	24166	99
松阳县水南街道办事处	4700	20	13511		9002	3431	13
松阳县望松街道办事处	3800	20	10308		6999	2280	23
松阳县古市镇	5000	30	17788	9258	13660	6459	19
松阳县玉岩镇	14300	32	13413	1360	8813	1669	11
松阳县象溪镇	12100	35	12470	567	9282	3382	14
松阳县大东坝镇	21600	30	16718	711	10218	3090	18
松阳县新兴镇	13700	44	22206	1124	15545	5108	14
松阳县叶村乡	4200	15	5323		4280	1798	5
松阳县斋坛乡	2800	14	7019		4994	1284	15
松阳县三都乡	5800	18	8437		5540	3587	5
松阳县竹源乡	5000	11	6700		4575	457	4
松阳县四都乡	4000	11	3600		2427	1645	
松阳县赤寿乡	4800	19	10409		6986	2863	20
松阳县樟溪乡	3000	22	9998		9884	3684	67
松阳县枫坪乡	10000	17	8537		6098	1755	7
松阳县板桥畲族乡	3200	9	4906		3202	1508	3
松阳县裕溪乡	7600	12	6318		4157	2081	8
松阳县安民乡	8300	8	3758		2293	552	4
云和县浮云街道	3780	8	21568		12941	11987	109
云和县元和街道	11810	18	20075		7613	4337	153
云和县白龙山街道	3516	11	14735		7026	4520	320
云和县凤凰山街道	4500	10	27269		18428	10146	529
云和县崇头镇	22850	37	12090	1849	8098	5266	82
云和县石塘镇	17890	34	13989	500	8436	3404	489
云和县紧水滩镇	14760	22	8265	419	5461	4509	53
云和县雾溪畲族乡	3330	6	2077		1405	867	35
云和县安溪畲族乡	3300	8	2705		2134	1050	4
云和县赤石乡	12400	14	5752		5006	3585	6
庆元县松源街道	12290	28	44552	38967	27954	20962	143
庆元县濛洲街道	7170	25	37712	28835	26054	17337	46
庆元县屏都街道	10100	12	9009	3000	6420	4134	33
庆元县黄田镇	12580	27	12853	1782	8486	2765	26
庆元县竹口镇	16400	16	10924	3844	6701	4030	41
庆元县荷地镇	10270	26	3805	2684	2768	801	1
庆元县左溪镇	14100	26	3012	385	1937	844	4
庆元县贤良镇	7590	9	4993	821	3112	396	3
庆元县百山祖镇	15830	17	2087	35	1378	127	6
庆元县岭头乡	12050	28	4409		2805	1329	2
庆元县五大堡乡	2370	28	5371		3510	516	3
庆元县淤上乡	6080	12	7950		4562	1203	12
庆元县安南乡	8480	14	8150		3846	1346	17
庆元县张村乡	6620	19	1786		1225	124	3
庆元县隆宫乡	6790	12	6409		3963	1470	21
庆元县举水乡	8180	16	1787		1101	14	2
庆元县江根乡	5820	9	1802		1598	770	1

乡镇基本情况

计算单位：公顷、个、人

名　　称	行政区域面积	村民委员会	常住人口	城镇建成区总人口	从业人员	二三产业从业人员	工业企业单位
庆元县龙溪乡	4040	12	1178		755	298	7
庆元县官塘乡	5350	9	1710		1174	357	1
景宁畲族自治县红星街道办事处	19860	12	25280		16352	13814	176
景宁畲族自治县鹤溪街道办事处	9800	16	20100	20100	12383	8973	195
景宁畲族自治县渤海镇	10840	8	5215	1004	3419	1100	2
景宁畲族自治县东坑镇	17320	18	6797	1658	4420	2799	21
景宁畲族自治县英川镇	13160	28	8188	890	5187	2595	15
景宁畲族自治县沙湾镇	12270	26	12850	2785	8036	5331	8
景宁畲族自治县大均乡	9670	9	2660		1735	699	5
景宁畲族自治县澄照乡	8440	15	4939		3017	680	21
景宁畲族自治县梅岐乡	8680	9	1261		751	342	9
景宁畲族自治县郑坑乡	3350	5	3456		2026	858	4
景宁畲族自治县大漈乡	5690	8	3168		1923	544	4
景宁畲族自治县景南乡	9500	8	4245		2499	791	4
景宁畲族自治县雁溪乡	5640	8	1943		1455	424	4
景宁畲族自治县鸬鹚乡	5780	15	3975		2510	1501	6
景宁畲族自治县梧桐乡	7600	11	3794		2357	1566	14
景宁畲族自治县标溪乡	4970	9	2298		1443	246	6
景宁畲族自治县毛垟乡	5730	7	2357		1639	527	7
景宁畲族自治县秋炉乡	5420	9	2837		1929	841	3
景宁畲族自治县大地乡	10500	13	2467		1445	544	4
景宁畲族自治县家地乡	4960	6	1247		723	206	4
景宁畲族自治县九龙乡	20600	14	7276		4774	1840	4
龙泉市龙渊街道	8500	23	37215		20853	16988	78
龙泉市西街街道	6620	18	28829		12271	9734	239
龙泉市剑池街道	3750	19	41730	31300	22137	19017	682
龙泉市石达石街道	10900	17	7025		4406	2096	40
龙泉市八都镇	14280	29	24164	9550	14550	7627	29
龙泉市上垟镇	16200	20	16468	3819	10150	3557	265
龙泉市小梅镇	10250	23	9603	2279	6275	2432	10
龙泉市查田镇	12240	32	16326	3843	9665	6600	45
龙泉市安仁镇	20800	37	21376	9862	13677	8589	29
龙泉市锦溪镇	16200	14	9485	2605	6209	2549	13
龙泉市住龙镇	26970	11	5654	2055	3715	1201	24
龙泉市屏南镇	28500	28	3351	1103	2818	235	6
龙泉市兰巨乡	15600	28	13201		8366	3272	19
龙泉市宝溪乡	14800	11	6207		4421	1812	7
龙泉市竹垟畲族乡	10408	10	6700		3995	1226	12
龙泉市道太乡	35100	45	10235		6488	2106	7
龙泉市岩樟乡	10100	11	3661		2274	217	
龙泉市城北乡	23180	35	7439		5766	3130	6
龙泉市龙南乡	20600	33	7976		3810	1187	8
安徽省							
瑶海区大兴镇	1570		56743	32590	7687	6683	99
瑶海区三十头镇	1840	8	29529	29529	20951	17808	236
瑶海区磨店乡	6140	8	32195	4313	18228	15415	71
庐阳区大杨镇	3602	5	39712	24711	13008	11873	103
庐阳区三十岗乡	3240	9	11737		7712	4584	5
蜀山区井岗镇	1900	1	125640	125640	33283	32048	92
蜀山区南岗镇	3960	5	18455	17560	6316	5764	76

乡镇基本情况

计算单位:公顷、个、人

名　　称	行政区域面积	村民委员会	常住人口	城镇建成区总人口	从业人员	二三产业从业人员	工业企业单位
蜀山区小庙镇	20134	23	72507	26540	63231	39617	148
包河区淝河镇	2650	6	98530	7930	59232	57806	216
包河区大圩镇	3792	15	24770		18091	13820	30
长丰县水湖镇	12930	19	120670	61925	57146	19182	98
长丰县庄墓镇	4127	8	27385	9200	12420	2400	30
长丰县杨庙镇	10200	12	40121	10156	31575	14823	79
长丰县吴山镇	13100	13	45454	15112	39977	9978	58
长丰县岗集镇	16100	10	55163	19400	22021	12721	380
长丰县双墩镇	21900	17	73898	37271	55002	38670	232
长丰县下塘镇	23000	9	84129	15317	59432	30096	99
长丰县朱巷镇	10500	9	42581	10200	29698	6390	173
长丰县罗塘乡	13477	21	72045		21232	7032	33
长丰县义井乡	9999	16	25000	4320	36153	2145	9
长丰县陶楼乡	10500	7	28096		18038	9930	19
长丰县造甲乡	61282	13	9650		29600	3600	4
长丰县左店乡	10110	8	37577		33048	8441	8
长丰县杜集乡	17100	15	50451	4200	27396	19738	3
肥东县店埠镇	17500	16	216055	161549	191261	175178	209
肥东县撮镇镇	11670	9	79346	58599	49890	36362	463
肥东县梁园镇	16169	15	82389	25000	54750	38325	43
肥东县桥头集镇	12600	12	48562	8352	36287	22902	82
肥东县长临河镇	10000	17	32466	5373	18919	4203	17
肥东县石塘镇	11990	14	73208	13424	51296	31161	52
肥东县古城镇	18591	21	38286	4635	24835	16483	85
肥东县八斗镇	17670	22	79504	2940	51561	12136	9
肥东县元疃镇	9170	7	18730	3880	10904	6784	30
肥东县白龙镇	20010	12	75725	3915	52110	31897	35
肥东县包公镇	14014	9	62419	6142	36690	22561	9
肥东县陈集镇	8384	6	30982	4763	20186	3684	2
肥东县众兴乡	5100	7	24666		20718	12511	46
肥东县张集乡	7200	11	33795	1241	18353	12239	21
肥东县马湖乡	7900	6	21030		20500	11815	7
肥东县响导乡	8900	9	19642		19208	9563	2
肥东县杨店乡	9200	13	35724	5800	35826	28426	4
肥东县牌坊回族满族乡	8740	10	43827	12344	32986	17499	54
肥西县上派镇	12100	18	175268	120109	48482	35632	259
肥西县三河镇	7365	12	57606	31047	33572	23276	72
肥西县高刘镇	19500	19	64088	15653	36308	16094	69
肥西县官亭镇	23700	24	89234	12360	38201	18095	73
肥西县山南镇	20800	19	62413	25423	41285	20850	122
肥西县花岗镇	24520	26	108218	13007	64066	41820	126
肥西县紫蓬镇	8995	7	32044	1996	16739	8896	108
肥西县桃花镇	4100		72083	4210	40900	40900	140
肥西县丰乐镇	11600	17	44606	5562	27571	11616	35
肥西县高店乡	10390	9	38504		35326	18151	21
肥西县铭传乡	12610	14	21246		23370	13494	5
肥西县柿树岗乡	13700	16	40024		32370	21528	11
肥西县严店乡	7700	9	38016		26101	15964	33
庐江县庐城镇	16400	11	194637	189000	76759	58607	195
庐江县冶父山镇	15440	11	38127	4000	25628	12877	99

乡镇基本情况

计算单位:公顷、个、人

名　　称	行政区域面积	村民委员会	常住人口	城镇建成区总人口	从业人员	二三产业从业人员	工业企业单位
庐江县万山镇	9435	9	47123	10710	22304	13184	31
庐江县汤池镇	9190	12	33592	10600	22926	14555	50
庐江县郭河镇	11483	11	51227	8000	34297	21388	39
庐江县金牛镇	6742	8	28936	8709	24592	16123	26
庐江县石头镇	7667	7	31420	9000	16826	6950	38
庐江县同大镇	11362	20	54262	8840	43184	30224	61
庐江县白山镇	10500	9	46735	8404	39172	23616	29
庐江县盛桥镇	12832	10	57270	9665	30499	15331	28
庐江县白湖镇	31455	16	97304	11236	40231	22247	110
庐江县龙桥镇	10501	11	44745	13000	29265	19218	23
庐江县矾山镇	12800	11	44550	17000	19776	3937	86
庐江县罗河镇	11868	11	55794	9301	32567	17940	29
庐江县泥河镇	18610	15	76118	15000	44363	22998	89
庐江县乐桥镇	12872	11	52433	12436	30830	14963	28
庐江县柯坦镇	13668	8	54835	9000	31565	16978	48
巢湖市中庙街道办事处	1402	5	8637	2790	3965	2774	1
巢湖市亚父街道办事处	2799	6	40405	30534	28008	26035	47
巢湖市卧牛山街道办事处	1800	3	79000	79000	29451	25000	62
巢湖市凤凰山街道办事处	2500		127226	127226	15671	13922	70
巢湖市天河街道办事处	4100	3	35132	35132	12984	11551	36
巢湖市半汤街道办事处	6100	5	54220	16852	22334	18774	
巢湖市栏杆集镇	12056	5	48276	8300	24946	4846	45
巢湖市苏湾镇	14390	6	56290	7763	49974	23900	18
巢湖市柘皋镇	14980	16	68500	22000	52222	12800	86
巢湖市银屏镇	9800	9	37305	3265	13234	8121	47
巢湖市夏阁镇	18627	14	68120	8500	39378	24878	67
巢湖市中垾镇	6697	7	33868	6866	20315	10130	105
巢湖市散兵镇	12600	7	37956	8254	33761	9609	95
巢湖市烔炀镇	15953	15	62369	23150	36490	17553	71
巢湖市黄麓镇	8340	7	42861	6426	21133	8577	55
巢湖市槐林镇	14696	14	72559	38012	63932	27308	162
巢湖市坝镇镇	6600	7	30998	12189	16907	7136	58
巢湖市庙岗乡	10700	8	35917		35917	27126	9
鸠江区沈巷镇	22300	17	87135	38000	77016	54695	85
鸠江区二坝镇	11400	10	46456	19076	31914	4186	72
鸠江区汤沟镇	11300	12	63685	14816	21877	15285	74
三山区峨桥镇	10500	16	56121	3329	34716	21516	40
芜湖县湾沚镇	20590	20	115140	89523	82651	63542	139
芜湖县六郎镇	12470	23	82739	4598	57739	22556	191
芜湖县陶辛镇	8540	14	52921	2152	26687	9209	75
芜湖县红杨镇	14050	19	55268	9171	39262	21151	10
芜湖县花桥镇	9490	14	39015	7500	26651	13546	20
繁昌县繁阳镇	10900	12	96904	65720	45323	42712	113
繁昌县荻港镇	8770	9	40089	13046	27375	24586	99
繁昌县孙村镇	15400	21	57375	31060	43100	32729	392
繁昌县平铺镇	9300	13	31246	1621	19485	9356	21
繁昌县新港镇	3470	3	16018	4550	12176	8630	50
繁昌县峨山镇	7600	8	23904	1650	14247	9550	62
南陵县籍山镇	17210	30	136505	61970	53805	28140	170
南陵县许镇镇	17754	28	109907	51925	75611	38326	137

乡镇基本情况

计算单位:公顷、个、人

名　　称	行政区域面积	村民委员会	常住人口	城镇建成区总人口	从业人员	二三产业从业人员	工业企业单位
南陵县弋江镇	15910	28	104784	34667	89407	68282	165
南陵县三里镇	17236	16	37623	16800	28684	23922	65
南陵县何湾镇	21713	19	44974	9323	24702	6607	24
南陵县工山镇	18010	18	57429	2180	40822	18371	65
南陵县烟墩镇	10390	7	20466	2483	8679	5010	26
南陵县家发镇	8120	11	30441	4585	18583	9659	72
无为县无城镇	12000	16	226109	211245	53345	31504	164
无为县襄安镇	10700	11	58538	24923	32677	21773	31
无为县陡沟镇	13200	14	68295	8894	30065	10112	36
无为县石涧镇	10533	17	77208	16293	42121	16211	145
无为县严桥镇	18291	15	65136	9019	31472	10943	76
无为县开城镇	11300	15	63175	1685	49024	16897	24
无为县蜀山镇	11200	14	49295	7083	31259	14252	40
无为县牛埠镇	15900	13	45011	10091	32404	21594	51
无为县刘渡镇	7800	9	39037	3691	29099	3865	9
无为县姚沟镇	7930	7	31259	14000	19785	12663	46
无为县泥汊镇	12196	14	67142	16360	40002	20611	156
无为县白茆镇	12300	17	69230	10728	54306	19756	56
无为县福渡镇	7200	8	40743	9150	22181	9746	25
无为县泉塘镇	11095	13	57962	4364	44941	22077	58
无为县赫店镇	5600	9	37690	1849	15198	5269	43
无为县红庙镇	8400	7	44337	3012	17685	10890	29
无为县高沟镇	10000	6	49938	36000	33464	22211	223
无为县鹤毛乡	7500	7	30681	3726	17052	11564	10
无为县十里墩乡	5230	5	41363	1068	40301	28066	33
无为县昆山乡	10900	11	35876	1050	15748	8998	31
无为县洪巷乡	8460	10	43583	576	38011	11532	30
龙子湖区长淮卫镇	9024	13	38356	3430	27596	12987	107
龙子湖区李楼乡	6100	15	29927	3565	19345	8529	65
蚌山区燕山乡	6700	19	39520	20000	21870	15310	80
蚌山区雪华乡	650	3	9448		3309	3309	
禹会区秦集镇	11800	30	63648	16061	47736	21013	231
禹会区马城镇	15514	24	89404	45000	63627	15561	139
禹会区长青乡	2102	9	24160	10825	13966	11456	150
淮上区小蚌埠镇	4400	18	56595	6870	29564	21097	138
淮上区吴小街镇	3700	8	32361	8000	12642	8577	96
淮上区曹老集镇	9800	15	49277	10607	29125	8123	39
淮上区梅桥镇	6023	12	46765	5897	28971	14258	19
怀远县城关镇	10058	8	173369	112967	109423	99763	180
怀远县鲍集镇	17420	28	84637	22299	56191	32479	18
怀远县龙亢镇	10800	22	65904	12488	36022	15890	19
怀远县河溜镇	14500	20	67969	12778	48723	26248	13
怀远县常坟镇	13800	29	100174	27552	53189	31739	64
怀远县双桥集镇	13200	18	60361	6559	33708	15747	9
怀远县魏庄镇	10247	12	47693	4680	33385	14373	14
怀远县万福镇	12059	15	55190	5609	36010	1150	5
怀远县唐集镇	15406	21	67325	11140	42666	23424	29
怀远县淝南乡	8365	17	55561	5237	32011	11515	5
怀远县淝河乡	15700	21	78586	4776	43732	21866	9
怀远县褚集乡	10620	15	47109	6310	26851	6666	4

乡镇基本情况

计算单位：公顷、个、人

名　　称	行政区域面积	村民委员会	常住人口	城镇建成区总人口	从业人员	二三产业从业人员	工业企业单位
怀远县陈集乡	9700	12	38510	4632	23630	10420	9
怀远县古城乡	11800	20	58302	3446	37829	16115	17
怀远县徐圩乡	11475	14	53030	3014	26152	15792	4
怀远县兰桥乡	7500	13	39458	4013	25666	14221	7
怀远县荆芡乡	11540	22	71025	4758	39741	14670	63
怀远县找郢乡	13209	24	89271	4984	48862	27153	49
五河县城关镇	7400	13	108108	70135	71442	64017	125
五河县新集镇	10200	14	51533	5450	32659	18856	7
五河县沫河口镇	16671	24	73078	22910	37294	11264	25
五河县小溪镇	9900	11	28936	5131	21808	10959	19
五河县双忠庙镇	14300	19	56611	9550	11953	1178	28
五河县小圩镇	10900	13	45213	5339	25804	20422	17
五河县东刘集镇	17300	21	67032	7450	38540	11533	12
五河县头铺镇	9500	18	55596	10485	23821	17681	16
五河县大新镇	5503	9	29757	6320	18180	5640	9
五河县武桥镇	7700	10	30313	4869	20698	4843	31
五河县朱顶镇	10900	18	49651	7021	25742	12899	15
五河县浍南镇	16590	20	56846	4236	15792	5692	19
五河县申集镇	12300	17	51884	3256	24853	12367	8
五河县沱湖乡	2400	5	10300	4200	6829	4316	4
五河县临北回族乡	5900	11	21582	3439	14211	5559	21
固镇县城关镇	12100	17	110859	64178	40198	15403	582
固镇县王庄镇	10800	13	37892	7568	22764	6187	8
固镇县新马桥镇	13700	16	52450	6923	35179	8553	75
固镇县连城镇	10100	12	49059	4221	26006	3792	226
固镇县刘集镇	16500	22	59550	16530	33224	11821	45
固镇县任桥镇	12500	23	56740	24136	34002	21797	7
固镇县湖沟镇	13100	24	50945	7582	35659	9159	29
固镇县濠城镇	7800	10	32220	1220	13547	2177	10
固镇县石湖乡	8000	10	31592	2120	24592	8242	28
固镇县杨庙乡	16200	25	59604	2572	34504	8825	15
固镇县仲兴乡	15200	19	56557	5756	35366	8851	20
大通区上窑镇	6460	11	30528	5472	15605	14535	165
大通区洛河镇	3600	10	38674	22308	11575	11286	239
大通区九龙岗镇	3350	8	29682	17462	15620	13432	130
大通区孔店乡	14800	22	53031	5635	42957	9783	53
田家庵区舜耕镇	4730	1	30427	2706	8530	4630	60
田家庵区安成镇	3990	7	32713	1988	27244	11642	86
田家庵区曹庵镇	5670	11	37269	2833	23862	12606	75
田家庵区三和乡	6800	13	35600		20743	8305	24
田家庵区史院乡	3700	9	21722		15147	5150	
谢家集区望峰岗镇	2600	8	47365	35000	23230	21500	69
谢家集区李郢孜镇	2350	6	42908	33935	28258	26811	120
谢家集区唐山镇	4000	12	17013	1634	14372	10408	67
谢家集区杨公镇	6840	12	27450	1200	20010	10022	18
谢家集区孙庙乡	5930	10	22420		13290	6645	6
谢家集区孤堆回族乡	3700	8	16124		15636	8454	4
八公山区八公山镇	2700	10	19984	3200	5325	3915	135
八公山区山王镇	4400	11	54130	32549	12687	10024	40
潘集区高皇镇	7300	24	50135	8648	29127	21207	28

乡镇基本情况

计算单位：公顷、个、人

名　　称	行政区域面积	村民委员会	常住人口	城镇建成区总人口	从业人员	二三产业从业人员	工业企业单位
潘集区平圩镇	5238	15	41099	22683	22527	19480	29
潘集区泥河镇	4600	14	39392	16828	19830	12850	48
潘集区潘集镇	5700	17	35433	7628	23197	18467	20
潘集区芦集镇	7106	14	61706	22949	27156	21938	16
潘集区架河镇	4278	11	29819	2236	19341	15239	10
潘集区夹沟镇	5644	15	31820	2550	23820	15410	11
潘集区祁集镇	3400	5	21865	4680	13653	10222	13
潘集区古沟回族乡	4065	12	30274		17124	13893	25
潘集区贺疃乡	6693	14	31380		18823	12393	10
凤台县城关镇	523		63331	4052	7323	7323	35
凤台县新集镇	6695	20	67127	11932	15910	9556	179
凤台县朱马店镇	6880	15	33283	9284	22686	11293	102
凤台县岳张集镇	6299	23	65000	9210	37674	30575	149
凤台县顾桥镇	4400	10	30041	8772	19985	12200	46
凤台县毛集镇	6500	14	48416	31680	23843	15804	44
凤台县夏集镇	3960	9	30364	14325	17619	11699	31
凤台县桂集镇	6560	14	39081	14168	17767	11288	96
凤台县焦岗湖镇	9400	15	44267	10396	26642	18111	11
凤台县凤凰镇	7200	13	43188	12564	32633	20069	38
凤台县杨村镇	5160	15	38940	9250	21296	12551	78
凤台县李冲回族乡	2250	6	17954		12913	5146	22
凤台县刘集乡	7400	12	40097		24273	15915	112
凤台县古店乡	5472	13	27717		17261	9934	15
凤台县钱庙乡	6018	16	35679		22594	12573	176
凤台县尚塘乡	6290	13	34064		24536	13152	27
凤台县丁集乡	4450	14	34845		18101	5709	27
凤台县关店乡	4735	13	29743		17254	11504	78
凤台县大兴集乡	4666	16	25150		24362	8177	88
雨山区向山镇	5400	7	56212	42213	10101	7443	267
雨山区佳山乡	8600	17	75734	38988	34777	24560	147
博望区博望镇	13300	11	88114	40700	69585	20620	830
博望区丹阳镇	12700	12	57055	13253	33417	19907	186
博望区新市镇	7240	14	41118	1762	22807	16766	204
当涂县姑孰镇	11394	13	141491	128365	99132	70384	218
当涂县黄池镇	6514	15	39044	11480	33633	13530	75
当涂县乌溪镇	4700	7	22100	2872	11602	8000	62
当涂县石桥镇	8900	15	48632	14913	27920	20729	120
当涂县塘南镇	6300	13	33270	8755	16878	9733	40
当涂县护河镇	8400	6	30822	2238	16179	10618	55
当涂县太白镇	8400	12	37956	12000	22468	15946	248
当涂县年陡镇	8950	12	39360	3120	21812	17540	214
当涂县大陇乡	5980	13	32917	7500	15859	10351	46
当涂县江心乡	8900	10	29043	1608	13153	3511	7
当涂县湖阳乡	15000	6	26973	3670	19720	6270	9
含山县环峰镇	24054	21	157541	65937	110285	88398	174
含山县运漕镇	3963	8	46667	8975	21295	13736	12
含山县铜闸镇	7276	7	31477	7300	23600	9110	55
含山县陶厂镇	11640	9	41168	4235	15073	6331	34
含山县林头镇	14460	14	78720	29000	41305	22475	294
含山县清溪镇	13963	13	59311	5000	42519	19190	106

乡镇基本情况

计算单位：公顷、个、人

名　　称	行政区域面积	村民委员会	常住人口	城镇建成区总人口	从业人员	二三产业从业人员	工业企业单位
含山县仙踪镇	17422	16	65398	5427	50503	30308	19
含山县昭关镇	8788	7	21085	2590	13800	7300	10
和县历阳镇	18179	13	140236	73510	78482	55079	131
和县白桥镇	12879	9	42882	18286	32676	21613	47
和县姥桥镇	11828	8	65711	10824	31512	11759	28
和县功桥镇	12734	9	42207	6455	36056	29756	9
和县西埠镇	16757	11	39236	12642	24613	13582	68
和县香泉镇	12600	8	29316	13097	25008	14025	65
和县乌江镇	15095	11	65241	26173	40031	26462	114
和县善厚镇	13791	7	34056	8527	19946	13253	20
和县石杨镇	16480	9	41671	8212	27504	18313	56
杜集区朔里镇	5006	8	31499	4733	14546	10150	103
杜集区石台镇	5132	6	29796	5532	13362	6376	98
杜集区段圆镇	4130	7	28586	3992	19700	9815	63
相山区渠沟镇	8800	13	62960	4210	34269	19902	123
烈山区烈山镇	11800	2	78990	37946	40424	27691	273
烈山区宋町镇	10103	7	47153		22695	5243	75
烈山区古饶镇	12600	13	89137	5657	55815	26605	243
濉溪县濉溪镇	6500	5	96917	88622	34535	24741	107
濉溪县韩村镇	12080	15	70711	21270	33746	9494	117
濉溪县刘桥镇	8419	17	61014	21886	46928	17316	88
濉溪县五沟镇	18876	21	103349	18765	49347	11008	23
濉溪县临涣镇	16738	19	91110	27000	73303	22915	180
濉溪县双堆集镇	25348	23	104758	5198	57770	5136	5
濉溪县铁佛镇	22314	26	129738	12000	89812	37353	27
濉溪县南坪镇	22529	20	93658	1700	51248	23855	17
濉溪县百善镇	25000	22	106458	10745	51643	25203	52
濉溪县孙町镇	20498	22	99638	5781	74194	14394	32
濉溪县四铺镇	19585	20	84371	8454	25437	7784	15
狮子山区西湖镇	4784	12	21575	3150	14954	10106	69
郊区铜山镇	3460	3	12360	7634	7416	6033	25
郊区大通镇	7072	6	26705	12000	14812	11883	57
郊区灰河乡	1920	6	7383		3618	2115	3
铜陵县五松镇	1570	3	35263	32105	2937	2937	151
铜陵县顺安镇	13500	12	49531	13415	25010	16492	132
铜陵县钟鸣镇	15450	14	47595	8167	24727	12710	89
铜陵县天门镇	16600	17	44761	1263	26621	18215	462
铜陵县老洲乡	4200	5	13769		13769	10027	3
铜陵县东联乡	5300	15	26341		17439	11151	39
铜陵县西联乡	9260	21	39555		25812	13767	40
铜陵县胥坝乡	8600	16	32026		23306	16704	29
迎江区老峰镇	4800	8	31000		21536	12025	55
迎江区龙狮桥乡	1157		25035	25035	1211		58
迎江区长风乡	7428	13	21089	3188	17880	9809	26
迎江区新洲乡	5404	5	6149	112	5228	2474	8
大观区海口镇	6755	8	44481	3500	25101	3512	55
大观区十里铺乡	5000	6	22267	3610	2800	2800	126
大观区山口乡	5550	4	11996	1736	5689	1885	13
宜秀区大龙山镇	5349		22381	11047	10559	8445	62
宜秀区杨桥镇	10010	8	21159	14700	14545	6670	29

乡镇基本情况

计算单位:公顷、个、人

名　称	行政区域面积	村民委员会	常住人口	城镇建成区总人口	从业人员	二三产业从业人员	工业企业单位
宜秀区罗岭镇	10200	4	28347	5367	20780	20780	85
宜秀区白泽湖乡	6823	4	29877		17609	12025	69
宜秀区五横乡	4898	3	18328		11829	1982	8
怀宁县高河镇	8350	16	80083	63210	24539	16241	98
怀宁县石牌镇	9170	18	97640	32121	48102	32179	102
怀宁县月山镇	7007	8	31577	13150	14696	9064	224
怀宁县马庙镇	8100	13	47155	26392	25275	18909	169
怀宁县金拱镇	6100	10	31000	21000	15311	6916	126
怀宁县茶岭镇	6338	11	25219	11570	18125	12890	137
怀宁县公岭镇	5688	10	12824	7041	8358	6127	28
怀宁县黄墩镇	5735	10	33019	15674	20081	14631	33
怀宁县三桥镇	5407	8	12819	6256	8845	4465	17
怀宁县小市镇	5100	7	23328	2107	13082	11072	68
怀宁县黄龙镇	2769	7	18965	1190	12432	10294	10
怀宁县平山镇	7600	9	21650	10956	14070	9818	63
怀宁县腊树镇	9446	12	30127	4137	19580	8604	40
怀宁县洪铺镇	8440	12	19630	4892	13730	9990	42
怀宁县江镇镇	7236	13	9026	4000	6318	5907	18
怀宁县凉亭乡	6559	10	15510	3100	16289	11174	11
怀宁县石镜乡	4807	8	22213	2008	12789	9077	95
怀宁县秀山乡	4400	7	10160	353	8356	7300	8
怀宁县清河乡	4530	8	21916	3100	14751	10406	19
怀宁县雷埠乡	5968	7	22344	5486	22174	16855	22
枞阳县枞阳镇	9058	12	95821	59281	9522	2137	195
枞阳县欧山镇	8761	9	48724	4612	15401	6475	41
枞阳县汤沟镇	9960	27	91927	4990	63200	27400	48
枞阳县老洲镇	8376	19	65826	12563	45070	26943	17
枞阳县陈瑶湖镇	9540	15	37232	18241	25926	13474	96
枞阳县周潭镇	7980	11	43194	6120	23317		37
枞阳县横埠镇	11251	19	78216	31033	39068	18758	137
枞阳县项铺镇	9181	6	26690	3200	6484		20
枞阳县钱桥镇	8909	11	56876	2510	31040	14530	21
枞阳县麒麟镇	9216	7	33450	4409	12508	9308	137
枞阳县义津镇	9880	13	34651	16204	28541	9621	23
枞阳县浮山镇	4215	5	10311	2611	7312	5601	14
枞阳县会宫镇	7621	11	45613	1829	31929	19166	78
枞阳县官埠桥镇	10600	11	32620	4250	19314	13565	26
枞阳县铁铜乡	1230	4	11498	430	7130	3565	1
枞阳县凤仪乡	1152	3	3557	627	3420	1585	
枞阳县长沙乡	1730	3	3301	860	3301	176	
枞阳县钱铺乡	6800	9	27849	3665	12998	5952	205
枞阳县金社乡	6230	12	28760	3225	26660	13540	48
枞阳县白梅乡	4417	8	22671	1254	7830	4604	9
枞阳县白湖乡	6200	8	37581	2048	32863	4538	10
枞阳县雨坛乡	8713	10	30294	9973	23719	14349	6
潜山县梅城镇	11500	13	132360	73150	50868	38882	94
潜山县源潭镇	16200	18	59960	31000	36547	22255	439
潜山县余井镇	13400	14	45660	4000	32072	20060	105
潜山县王河镇	9600	16	51109	1285	27002	20640	10
潜山县黄铺镇	15200	14	49973	3709	19993	12226	152

乡镇基本情况

计算单位:公顷、个、人

名　　称	行政区域面积	村民委员会	常住人口	城镇建成区总人口	从业人员	二三产业从业人员	工业企业单位
潜山县槎水镇	17600	13	31024	1540	16756	6171	96
潜山县水吼镇	21450	14	26782	440	18394	10114	16
潜山县官庄镇	14073	14	29431	2170	6667	1899	63
潜山县黄泥镇	3200	6	15278	2896	12386	9404	9
潜山县黄柏镇	5700	6	13128	836	5443	1688	41
潜山县天柱山镇	7100	6	11857	1926	8715	5660	2
潜山县塔畈乡	11200	11	20183	4000	11963	5283	2
潜山县油坝乡	3200	6	12759	4300	12260	9045	5
潜山县龙潭乡	9300	9	16299	329	11943	6700	11
潜山县痘姆乡	3800	6	17585	3500	9082	4257	16
潜山县五庙乡	4300	6	9012	2499	3286	1865	2
太湖县晋熙镇	16792	14	79913	48562	46670	38393	182
太湖县徐桥镇	10300	10	49140	12600	35479	10720	84
太湖县新仓镇	16100	16	70757	7860	37404	16531	161
太湖县小池镇	12600	14	42347	24000	26152	13991	17
太湖县寺前镇	17200	15	30958	4130	19970	8670	
太湖县天华镇	18800	14	31634	4360	17569	7168	15
太湖县牛镇镇	16300	10	24712	4237	12658	397	6
太湖县弥陀镇	15300	10	38530	10521	21106	12983	101
太湖县北中镇	18400	18	35144	3686	16499	4885	13
太湖县百里镇	9600	9	24599	3000	15210	2800	20
太湖县大石乡	11411	9	31475	1405	31475	13377	27
太湖县城西乡	13200	6	26043		17250	12437	24
太湖县江塘乡	10100	11	33560	1360	19963	11615	10
太湖县汤泉乡	12400	10	17900	1830	4000	1900	3
太湖县刘畈乡	11700	7	20217	2152	17701	9177	4
宿松县孚玉镇	7696	6	104317	69782	50333	42886	68
宿松县复兴镇	7944	7	39758	21000	20848	4020	79
宿松县汇口镇	10600	9	49600	26800	38503	6323	37
宿松县许岭镇	9800	11	41700	13270	23560	22840	37
宿松县下仓镇	12870	11	23678	1000	18478	7625	7
宿松县二郎镇	6014	8	22006	2348	17178	9911	19
宿松县破凉镇	8500	9	40159	11000	33689	13154	43
宿松县凉亭镇	8698	10	36906	9024	42177	11373	33
宿松县长铺镇	8440	5	25384	4256	13461	6137	35
宿松县高岭乡	4280	7	21266		8448	6102	8
宿松县程岭乡	6900	8	28403	3115	16573	8283	7
宿松县九姑乡	4400	8	26894	4159	16102	562	12
宿松县千岭乡	9147	11	37457	5000	20786	10377	12
宿松县洲头乡	9338	11	33888	37500	33536	6641	16
宿松县佐坝乡	12800	14	48572		21329	14003	38
宿松县北浴乡	4970	6	8915		7461	2309	18
宿松县陈汉乡	9400	13	25491	3215	17614	7749	2
宿松县隘口乡	6240	11	24813	2446	14412	8824	11
宿松县柳坪乡	3502	7	7666		8339	6069	8
宿松县趾凤乡	4604	8	13431	1011	9192	4452	2
宿松县河塌乡	6451	6	30580		17955	8572	1
宿松县五里乡	5057	6	26846	10120	27494	9282	23
望江县华阳镇	14329	9	158650	83747	73075	50706	219
望江县杨湾镇	8351	8	28568	3120	21825	11296	22

乡镇基本情况

计算单位:公顷、个、人

名　　称	行政区域面积	村民委员会	常住人口	城镇建成区总人口	从业人员	二三产业从业人员	工业企业单位
望江县漳湖镇	9401	7	22058	2998	15957	8845	13
望江县赛口镇	7384	10	27455	2665	20218	12733	37
望江县高士镇	14625	16	80396	21945	46167	34906	112
望江县鸦滩镇	15564	14	78905	23063	39989	28067	141
望江县长岭镇	18285	17	76636	17328	42278	30754	141
望江县太慈镇	16894	15	74973	4730	41777	22168	50
望江县凉泉乡	10159	10	33448	3030	23699	11645	56
望江县雷池乡	16113	11	54058	5000	54058	25436	29
岳西县天堂镇	4213	4	57485	57485	17144	12425	125
岳西县店前镇	18300	11	24648	9500	17260	6800	125
岳西县来榜镇	1340	12	23312	8000	19961	18461	48
岳西县菖蒲镇	14005	12	23686	4128	8335	3296	50
岳西县头陀镇	12300	5	11353	837	6844	3465	70
岳西县白帽镇	13510	10	20369	2011	12240	4228	55
岳西县温泉镇	8600	12	33469	12985	14829	6804	71
岳西县响肠镇	6437	7	19594	1280	9351	4550	39
岳西县河图镇	172000	7	10213	2407	5961	541	121
岳西县五河镇	13100	12	16835	1740	15977	4637	36
岳西县主簿镇	9900	6	7978	3500	5584	2844	43
岳西县冶溪镇	10600	11	15300	4320	10710	3510	25
岳西县黄尾镇	10300	6	6967	1209	3459	1018	13
岳西县毛尖山乡	9600	6	13742	891	7557	2704	19
岳西县莲云乡	4500	6	20721	2100	7000	3500	70
岳西县青天乡	11700	8	11835	1450	11814	1114	23
岳西县包家乡	190691	4	5634	1208	3618	2338	4
岳西县古坊乡	4700	5	8763	3200	6750	3250	
岳西县田头乡	9100	8	10760	1500	10474	7068	5
岳西县中关乡	7700	7	20474	2456	9704	4174	31
岳西县石关乡	9600	8	12262	1851	7425	3971	8
岳西县姚河乡	7700	6	8365	1230	4710	3138	15
岳西县和平乡	10200	6	9531	1000	5560	385	29
岳西县巍岭乡	4140	3	3600	1080	3856	1056	15
桐城市龙腾街道	4230	6	27508	7230	15165	9780	6
桐城市文昌街道	5508	6	65509	38171	21835	17591	140
桐城市龙眠街道	11400	12	81450	70920	48717	20257	478
桐城市孔城镇	15120	21	83070	15851	39095	20646	117
桐城市吕亭镇	16392	15	65588	26010	42429	25152	132
桐城市范岗镇	13344	18	64715	17550	41300	17300	2487
桐城市新渡镇	11694	20	72046	36505	50094	40940	1312
桐城市双港镇	10200	18	54389	23310	32720	22357	421
桐城市大关镇	16892	15	73533	11182	33448	23316	116
桐城市青草镇	17000	20	70354	5634	51235	16282	252
桐城市金神镇	13200	18	61771	23191	34256	14074	1319
桐城市嬉子湖镇	13470	9	17530	2989	8663	1174	27
桐城市唐湾镇	12300	8	11885	2075	8095	5247	11
桐城市黄甲镇	9685	8	12252	500	6057	1435	2
桐城市鲟鱼镇	281		486	460	310	310	5
屯溪区屯光镇	3200	9	15205	15205	8914	7861	106
屯溪区阳湖镇	2162	3	26895	26895	15336	13079	53
屯溪区黎阳镇	2289	8	13779	10421	9031	7098	42

乡镇基本情况

计算单位：公顷、个、人

名　　称	行政区域面积	村民委员会	常住人口	城镇建成区总人口	从业人员	二三产业从业人员	工业企业单位
屯溪区新潭镇	3400	7	9753	7186	5662	4151	46
屯溪区奕棋镇	3020	9	10096	5809	6281	3380	63
黄山区甘棠镇	10800	9	64879	1851	13934	10848	7
黄山区仙源镇	4400	4	11056	3425	10291	3924	22
黄山区汤口镇	12900	3	17002	8928	11372	7882	17
黄山区谭家桥镇	13600	4	7535	2697	3518	1077	22
黄山区太平湖镇	16400	7	9796	2620	6054	2914	13
黄山区焦村镇	25815	10	15031	2394	15031	6560	23
黄山区耿城镇	6834	5	9380	5060	5081	3640	11
黄山区三口镇	6000	5	9121	3605	7121	3654	9
黄山区乌石镇	25200	8	9351	4657	6483	2490	12
黄山区新明乡	141	5	7790		3725	853	11
黄山区龙门乡	11400	5	5187		5187	2825	12
黄山区新华乡	6800	4	6633	1780	6633	3536	13
黄山区新丰乡	4460	4	6922	1995	6922	2872	13
黄山区永丰乡	8400	4	6658	2436	3276	376	4
徽州区岩寺镇	7900	13	27659	16748	19963	16002	98
徽州区西溪南镇	5630	7	16835	4004	9438	4398	32
徽州区潜口镇	3824	6	11806	4789	8307	5207	41
徽州区呈坎镇	8240	7	11085	3705	7960	4310	43
徽州区洽舍乡	3800	3	3002		2233	1229	38
徽州区杨村乡	5655	5	4135		3924	1843	36
徽州区富溪乡	9257	5	7036		5285	1876	38
歙县徽城镇	6150	14	66420	47634	24767	11198	392
歙县深渡镇	9900	12	24773	5951	14271	6057	19
歙县北岸镇	9300	11	16477	13429	8413	1782	51
歙县富堨镇	2699	6	16428	3859	8689	2874	78
歙县郑村镇	4050	5	16285	6402	11086	4853	50
歙县桂林镇	14800	9	25848	4150	18575	6042	69
歙县许村镇	7500	5	9392	3567	5041	662	3
歙县溪头镇	12000	7	16569	3356	9472	3738	11
歙县杞梓里镇	15800	16	29135	4035	19918	7759	13
歙县霞坑镇	9506	7	20108	6544	15097	6907	7
歙县岔口镇	9435	7	16332	7900	8736	5632	9
歙县街口镇	5300	6	12746	240	11200	3400	
歙县王村镇	8730	6	24734	6212	14372	9062	6
歙县坑口乡	4120	4	11281		8063	2740	1
歙县雄村乡	4360	6	13587		7641	1380	7
歙县上丰乡	7500	5	12509		6186	2453	
歙县昌溪乡	2033	3	6900		3795	2315	8
歙县武阳乡	3953	4	11708		5902	1237	2
歙县三阳乡	12185	7	20616		14357	6476	14
歙县金川乡	5200	5	10665		7726	2741	
歙县小川乡	7200	8	11920		6902	1800	4
歙县新溪口乡	4180	3	6670		4513	1499	5
歙县璜田乡	8605	7	21376		13773	4749	8
歙县长陔乡	9060	5	14050		8599	4006	
歙县森村乡	7165	5	10081		6872	2876	
歙县绍濂乡	9700	6	12828		8722	4436	5
歙县石门乡	4700	2	4141		2133	1387	

乡镇基本情况

计算单位:公顷、个、人

名　　称	行政区域面积	村民委员会	常住人口	城镇建成区总人口	从业人员	二三产业从业人员	工业企业单位
歙县狮石乡	5560	2	1026		790	52	
休宁县海阳镇	13201	12	58138	26687	15084	6400	108
休宁县齐云山镇	10888	7	13342	1072	7585	4900	18
休宁县万安镇	7979	15	23350	3500	13990	11540	17
休宁县五城镇	18450	14	22858	10820	15804	7445	26
休宁县东临溪镇	12133	11	19946	9165	12742	5106	34
休宁县兰田镇	14811	5	13035	2259	9710	3160	6
休宁县溪口镇	22422	13	23669	2355	12632	3682	46
休宁县流口镇	6929	3	5514	2151	3270	1696	4
休宁县汪村镇	16699	7	10755	1072	6704	4040	13
休宁县商山镇	9446	13	22008	2575	16712	6725	46
休宁县山斗乡	5124	3	5005		3262	1574	6
休宁县岭南乡	7930	4	3513		2011	1090	6
休宁县渭桥乡	10758	10	14166		11266	6325	6
休宁县板桥乡	7863	5	5882		4226	1751	3
休宁县陈霞乡	9789	6	9469		5098	3005	4
休宁县鹤城乡	13218	6	8201		2579	587	18
休宁县源芳乡	4457	6	5249		3060	1895	5
休宁县榆村乡	5847	7	10441		6934	5359	9
休宁县龙田乡	9026	4	5114		3369	2259	3
休宁县璜尖乡	3918	3	2643		1799	820	4
休宁县白际乡	4150	3	2030		1132	750	1
黟县碧阳镇	11822	17	40206	21044	22307	12720	187
黟县宏村镇	18895	13	17715	5671	11573	4478	17
黟县渔亭镇	7249	6	6500	1800	3886	1840	28
黟县西递镇	7603	6	6089	1384	4229	1679	8
黟县柯村乡	8743	8	6375		4064	2015	9
黟县美溪乡	6793	4	3762		2463	981	1
黟县宏潭乡	12673	6	5106		2817	702	1
黟县洪星乡	11963	6	3172		2862	1676	8
祁门县祁山镇	23016	18	60580	2214	26949	18960	846
祁门县小路口镇	9439	7	6873	1324	4562	962	7
祁门县金字牌镇	12539	9	12033	2228	7197	3484	120
祁门县平里镇	9278	7	6951	1845	4740	2117	2
祁门县历口镇	10524	15	14000	5042	8407	2992	10
祁门县闪里镇	14072	8	7036	1437	5006	1653	3
祁门县安凌镇	19500	16	13666	1624	7878	1754	10
祁门县凫峰镇	11704	6	7251	2290	6952	3115	19
祁门县大坦乡	9263	6	4038		2602	748	1
祁门县柏溪乡	7800	8	4500		3372	961	8
祁门县塔坊乡	7987	9	7127		5290	2972	12
祁门县祁红乡	11908	7	5708		3962	1795	
祁门县溶口乡	8619	6	5299		3672	2388	2
祁门县芦溪乡	11719	3	3602		3419	1795	6
祁门县渚口乡	10643	8	7374		4055	1465	6
祁门县古溪乡	10700	5	6020		4271	1841	5
祁门县新安乡	12520	7	7390		4168	1287	18
祁门县箬坑乡	13015	7	6556		6792	503	4
南谯区乌衣镇	14442	12	58000	32000	17738	6690	65
南谯区沙河镇	10338	4	22818	10750	15609	6650	46

乡镇基本情况

计算单位：公顷、个、人

名　　称	行政区域面积	村民委员会	常住人口	城镇建成区总人口	从业人员	二三产业从业人员	工业企业单位
南谯区章广镇	20950	10	27662	9100	10072	3970	
南谯区黄泥岗镇	8470	5	25534	7697	14024	2162	12
南谯区珠龙镇	11800	8	18085	6140	11666	2269	
南谯区大柳镇	13178	3	13050	5850	6800	2220	24
南谯区腰铺镇	8970	7	26691	14612	18309	10971	234
南谯区施集镇	20281	11	31215	7130	14922	9337	32
来安县新安镇	13991	10	106245	63999	81017	66508	108
来安县半塔镇	28511	21	67026	30800	46386	25687	60
来安县水口镇	18869	15	51012	25430	32285	13000	75
来安县汊河镇	11677	14	37986	19415	28948	20211	160
来安县大英镇	4779	5	13611	6532	8554	5182	8
来安县雷官镇	9104	9	23721	6883	18146	2734	13
来安县施官镇	14140	14	35034	6504	25545	6000	36
来安县舜山镇	13338	10	27556	10117	20661	6421	13
来安县三城乡	6916	9	17347		11652	4717	13
来安县独山乡	7518	7	19014		12417	2719	19
来安县张山乡	11259	9	16873		12790	2647	19
来安县杨郢乡	9761	7	16586		12414	3346	6
全椒县襄河镇	12345	8	122969	77858	55732	47247	323
全椒县古河镇	10501	10	38106	15674	18134	7669	126
全椒县大墅镇	15846	8	47820	4810	26660	10875	26
全椒县二郎口镇	17797	13	54084	4800	27306	8471	72
全椒县武岗镇	9972	6	21647	3738	9985	3402	36
全椒县马厂镇	18056	11	38312	3202	24161	4656	18
全椒县石沛镇	19699	8	28244	2092	12053	6979	37
全椒县十字镇	18330	10	39102	4556	17329	7351	145
全椒县西王镇	14300	9	26516	2062	15810	5625	21
全椒县六镇镇	20082	11	43666	3220	23254	6134	45
定远县定城镇	27700	14	161734	110589	87983	58197	426
定远县炉桥镇	17880	17	103294	36547	62439	49706	1432
定远县永康镇	19200	16	62223	12665	29599	16551	45
定远县吴圩镇	22700	21	71246	3504	41120	21259	11
定远县朱湾镇	6500	7	22893	2841	18617	3793	18
定远县张桥镇	18400	16	57437	13157	32184	6110	171
定远县藕塘镇	19150	17	54194	11890	26170	14210	90
定远县池河镇	22969	12	56320	15300	27328	12013	19
定远县连江镇	10524	12	27896	4387	16185	3410	9
定远县界牌集镇	10978	8	26146	4719	11862	5341	5
定远县仓镇	11550	6	32105	2081	13255	6462	4
定远县三和集镇	13590	10	34986	6651	21556	5114	13
定远县西卅店镇	16900	11	37719	2585	21495	10600	16
定远县桑涧镇	15125	11	38663	5019	20516	11234	11
定远县蒋集镇	9600	10	29104	2410	13487	8075	4
定远县大桥镇	7890	8	26669	2436	18334	10469	6
定远县严桥乡	8960	7	21808		12284	5812	5
定远县拂晓乡	11200	8	24494		18861	2990	4
定远县能仁乡	5400	8	25723		14420	5987	4
定远县七里塘乡	9600	8	31178		18257	5598	3
定远县二龙回族乡	4140	5	12587		10095	6280	5
定远县范岗乡	3397	5	16398		9200	6886	8

乡镇基本情况

计算单位:公顷、个、人

名　　称	行政区域面积	村民委员会	常住人口	城镇建成区总人口	从业人员	二三产业从业人员	工业企业单位
凤阳县府城镇	17472	30	140978	67220	81595	27900	80
凤阳县临淮镇	2945	6	46134	31612	29579	23308	74
凤阳县武店镇	10500	25	61089	16939	39050	17000	62
凤阳县西泉镇	7420	11	40500	5146	21290	10830	51
凤阳县官塘镇	7831	8	38057	1624	22015	9805	12
凤阳县刘府镇	21729	20	72131	14532	37022	17980	126
凤阳县大庙镇	16416	11	52325	3705	25538	12985	219
凤阳县殷涧镇	20480	11	28109	4088	18951	6143	13
凤阳县总铺镇	17643	16	51230	4892	30190	6321	30
凤阳县红心镇	15867	11	38406	2632	21592	7387	8
凤阳县板桥镇	14405	15	65164	6198	34093	19014	44
凤阳县大溪河镇	8909	9	31425	6800	13930	3945	15
凤阳县小溪河镇	20548	12	53636	5999	29747	11215	41
凤阳县枣巷镇	7307	7	28753	3386	14796	2655	2
凤阳县黄湾乡	4257	6	23208		13446	2236	8
天长市天长街道办事处	10220	4	132682		98876	93920	253
天长市铜城镇	22280	15	73587	41768	52982	40986	284
天长市汊涧镇	16210	9	59780	23482	28311	20198	128
天长市秦栏镇	10340	9	60982	45378	50462	45606	442
天长市大通镇	15770	9	41609	5105	23740	11253	82
天长市杨村镇	13960	7	40718	11096	23380	17675	152
天长市石梁镇	10901	7	32372	10012	24308	19628	77
天长市金集镇	9600	9	40605	7986	20136	12246	162
天长市永丰镇	8390	5	24820	7385	16232	11585	188
天长市仁和集镇	13542	9	41940	10810	25533	19536	180
天长市冶山镇	9630	8	33817	13033	20175	14412	120
天长市郑集镇	6450	6	23053	2356	12905	8842	54
天长市张铺镇	13050	9	32408	4276	21011	13797	72
天长市新街镇	8430	6	24903	4590	14667	11857	58
天长市万寿镇	6445	4	14451	1950	9384	6416	44
明光市明光街道办事处	8320	8	124174		81268	71286	57
明光市明东街道办事处	7300	5	18691		9108	5448	21
明光市明南街道办事处	8306	5	17004		10419	7769	3
明光市明西街道办事处	12700	8	32205		19253	4818	14
明光市张八岭镇	23800	10	27352	11645	17116	9530	18
明光市三界镇	13500	7	19421	6587	11141	7551	9
明光市管店镇	7190	5	17053	12500	9031	5968	28
明光市自来桥镇	19200	11	30611	4693	15883	9772	9
明光市涧溪镇	21600	12	51670	3779	27787	14484	51
明光市石坝镇	22600	13	51504	6731	32853	12323	32
明光市苏巷镇	10900	6	24636	7386	9783	6084	12
明光市桥头镇	15000	9	31909	5372	17094	7550	14
明光市女山湖镇	27900	9	43023	24874	23424	9732	17
明光市古沛镇	12610	6	30434	5498	17035	4585	15
明光市潘村镇	15100	13	65512	13194	31639	9952	17
明光市柳巷镇	5800	8	29470	1989	15597	9155	3
明光市泊岗乡	2200	4	17156		10490	7660	3
颍州区王店镇	4362	14	65449	3365	27084	18722	32
颍州区程集镇	4810	7	45816	14220	22679	13873	67
颍州区三合镇	4200	6	38898	2500	17171	8415	12

乡镇基本情况

计算单位:公顷、个、人

名　　称	行政区域面积	村民委员会	常住人口	城镇建成区总人口	从业人员	二三产业从业人员	工业企业单位
颍州区西湖镇	3600	6	34005	3652	20496	8198	8
颍州区九龙镇	4800	8	41984	10012	26672	20973	9
颍州区三十里铺镇	3800	6	41867	4983	22609	16731	6
颍州区袁集镇	4800	9	51485	5268	26025	13001	21
颍州区马寨乡	5200	9	46170		25008	9925	8
颍东区口孜镇	8283	16	77511	5142	35976	24735	14
颍东区插花镇	10850	11	83890	8750	41607	25332	17
颍东区袁寨镇	5390	10	66499	5660	33610	21249	17
颍东区枣庄镇	7070	8	43186	1569	24172	6937	9
颍东区老庙镇	5880	7	42867	6300	21708	12132	10
颍东区正午镇	6450	7	46812	3364	19071	8828	8
颍东区杨楼孜镇	4070	8	40828	5741	24783	15809	25
颍东区新乌江镇	6400	8	47168	3638	27000	13410	25
颍东区冉庙乡	4070	7	36177		20340	5685	14
颍泉区伍明镇	14150	17	116288	15200	73879	53009	291
颍泉区宁老庄镇	11720	19	96988	15860	57708	45516	70
颍泉区闻集镇	14310	25	126977	16966	69907	49376	122
颍泉区行流镇	10980	20	105400	6530	52060	36500	135
临泉县城关镇	5750	7	184941	110061	92121	66851	150
临泉县杨桥镇	7100	10	65953	10195	30351	18341	22
临泉县同城镇	4869	8	62076	15122	35882	24657	32
临泉县谭棚镇	6400	11	62608	6690	43716	15266	50
临泉县老集镇	6200	12	70921	7020	35020	23436	73
临泉县滑集镇	7080	16	76861	11950	40992	28305	12
临泉县吕寨镇	5600	11	59009	5253	37620	15520	6
临泉县单桥镇	5500	9	62108	1523	31279	19593	8
临泉县长官镇	7400	11	82801	8679	40473	26760	14
临泉县宋集镇	7605	14	88210	11698	56541	21011	7
临泉县张新镇	5260	10	57663	3160	35999	28205	16
临泉县艾亭镇	7300	12	76667	4900	39969	18878	49
临泉县陈集镇	7500	15	67948	5684	35650	25237	19
临泉县韦寨镇	7260	16	89013	6318	47415	31479	56
临泉县迎仙镇	6200	15	75057	7862	36102	22454	7
临泉县瓦店镇	5900	12	62560	11580	38370	23444	9
临泉县姜寨镇	5670	12	70725	6320	38189	15060	26
临泉县庙岔镇	5680	13	68821	6128	37916	13990	9
临泉县黄岭镇	6300	14	75738	2340	39743	20402	3
临泉县白庙镇	4400	12	55196	3996	28323	12748	15
临泉县关庙镇	7200	12	68960	2160	32701	25644	2
临泉县牛庄乡	5600	13	60389		32894	17002	9
临泉县高塘乡	5330	10	54260		39507	8507	10
临泉县范兴集乡	3960	9	40148		19550	13200	2
临泉县土陂乡	6900	13	64353		34839	20192	3
临泉县谢集乡	5347	10	51278		27580	19548	2
临泉县杨小街乡	4200	10	51869		22840	9494	8
临泉县陶老乡	5047	9	51752		22510	16190	4
临泉县田桥乡	3388	13	64319		32830	13551	7
临泉县张营乡	5877	12	56254		36732	20676	6
临泉县庞营乡	4900	11	60048		45306	14890	11
太和县城关镇	5600	7	201821	140628	103103	72838	98

乡镇基本情况

计算单位:公顷、个、人

名　　称	行政区域面积	村民委员会	常住人口	城镇建成区总人口	从业人员	二三产业从业人员	工业企业单位
太和县旧县镇	6280	10	57253	11382	28875	18429	10
太和县税镇镇	4520	8	48923	5660	22006	10432	26
太和县皮条孙镇	2735	5	25610	5568	17759	5466	168
太和县原墙镇	5746	7	59230	5400	35500	17000	37
太和县倪邱镇	7200	10	56294	4800	28532	10292	33
太和县李兴镇	6800	11	71153	12698	38351	16383	26
太和县大新镇	6401	9	54074	5426	32820	23079	38
太和县肖口镇	5700	9	56689	5120	33899	24068	59
太和县关集镇	6800	10	51210	3746	34159	21259	12
太和县三塔镇	8948	13	68564	8345	40864	28730	38
太和县双浮镇	5500	10	48232	6300	29499	17320	17
太和县蔡庙镇	4500	7	32145	2920	18532	10720	36
太和县三堂镇	6610	9	48488	5248	32507	17448	52
太和县苗老集镇	6400	10	44840	4680	23040	9082	15
太和县赵庙镇	6400	11	55453	8286	36328	16723	43
太和县宫集镇	6800	8	45822	7504	27564	19583	15
太和县坟台镇	11600	16	85880	9805	54117	35294	15
太和县洪山镇	7500	13	65323	5385	40290	22430	12
太和县清浅镇	4108	8	40990	4426	17001	5509	13
太和县五星镇	5160	9	44884	2929	28827	14123	39
太和县高庙镇	2300	6	24852	2040	14174	6637	25
太和县桑营镇	6300	9	40642	3816	22218	11218	11
太和县大庙集镇	7800	10	53490	6210	37230	23750	31
太和县阮桥镇	6700	9	46486	5688	29021	15083	22
太和县双庙镇	4900	9	52310	8455	29608	15356	52
太和县胡总乡	3600	4	24297		13329	7597	40
太和县赵集乡	5700	9	45985		28705	20111	13
太和县郭庙乡	6900	10	44585		33530	23414	13
太和县马集乡	5100	9	42916		23737	15164	28
太和县二郎乡	4800	6	34132		19094	11819	10
阜南县方集镇	4410	7	42804	5658	22558	11366	25
阜南县中岗镇	5520	9	41133	4377	20952	11239	46
阜南县柴集镇	7300	15	70127	4844	55283	20921	132
阜南县新村镇	5970	11	57916	11086	30869	17326	11
阜南县三塔镇	6970	17	71998	6506	39045	20582	26
阜南县朱寨镇	7130	15	75462	6922	44402	28782	15
阜南县柳沟镇	4240	10	43053	8186	25323	14676	13
阜南县赵集镇	5870	11	48420	2299	25026	12260	13
阜南县田集镇	6300	12	60258	5123	35217	18958	11
阜南县苗集镇	6750	12	59880	7329	32617	18348	12
阜南县黄岗镇	5060	14	60289	8950	35641	25787	44
阜南县焦陂镇	6770	15	66150	6120	39535	24380	33
阜南县张寨镇	6510	12	56263	4128	35053	23799	7
阜南县王堰镇	6320	11	41567	7890	28046	14731	6
阜南县地城镇	5520	7	39204	7268	13186	11001	9
阜南县洪河桥镇	8000	14	68988	1665	42190	25669	75
阜南县王家坝镇	3330	7	33168	10756	16038	10274	6
阜南县王化镇	4610	8	40325	6250	22916	10073	8
阜南县曹集镇	7710	8	45633	25084	24533	11430	26
阜南县鹿城镇	8782	11	152362	82435	65940	45648	180

乡镇基本情况

计算单位：公顷、个、人

名　　称	行政区域面积	村民委员会	常住人口	城镇建成区总人口	从业人员	二三产业从业人员	工业企业单位
阜南县会龙镇	5450	11	46117	4248	27830	19325	31
阜南县王店孜乡	6070	11	53516		23859	14115	23
阜南县许堂乡	6600	15	67212		43585	22511	33
阜南县段郢乡	7950	13	62524		30320	14530	7
阜南县公桥乡	4280	10	58484		31487	15435	12
阜南县龙王乡	5260	7	33208		22265	11705	19
阜南县于集乡	3970	8	32609		18030	9513	26
阜南县老观乡	3500	8	38566		15681	11701	55
阜南县郜台乡	10030	11	57851		26168	10817	26
颍上县慎城镇	10880	9	166357	128762	83740	70446	122
颍上县谢桥镇	10594	5	79231	14600	52919	34249	190
颍上县南照镇	6300	8	51115	19065	31135	21020	81
颍上县杨湖镇	4970	9	58033	7236	31385	13999	17
颍上县江口镇	7900	16	73759	15401	44259	23363	43
颍上县润河镇	7800	12	57993	7046	28909	15702	8
颍上县新集镇	5144	10	46081	7606	22925	10034	6
颍上县六十铺镇	7224	8	61350	12610	32277	20800	29
颍上县耿棚镇	8450	18	76317	9084	46053	28821	67
颍上县半岗镇	7200	11	46712	7657	27580	18503	20
颍上县王岗镇	7350	6	40763	7200	23003	12363	10
颍上县夏桥镇	7901	11	48359	3260	26897	14225	26
颍上县江店孜镇	7550	9	48216	7562	23697	11068	9
颍上县陈桥镇	6951	6	44490	4768	28822	17861	20
颍上县黄桥镇	7100	11	70100	5580	26253	9600	37
颍上县八里河镇	7915	7	55531	4360	29324	13721	10
颍上县迪沟镇	5800	7	39546	27600	23332	18297	30
颍上县西三十铺镇	5121	9	43558	10900	29641	15955	83
颍上县红星镇	5080	4	34168	9710	16523	9684	16
颍上县十八里铺镇	5580	13	56382	7130	27125	20286	48
颍上县鲁口镇	5900	6	35450	5863	22651	14083	6
颍上县古城镇	5720	7	46440	39280	21414	12621	46
颍上县建颍乡	8100	13	75416		41603	25562	16
颍上县五十铺乡	6250	7	39968		18562	13942	9
颍上县盛堂乡	5200	7	42473		24211	15522	8
颍上县关屯乡	5900	7	33354		19848	13517	1
颍上县垂岗乡	2470	5	18523		11958	5502	8
颍上县赛涧回族乡	4550	6	24502		15003	6800	2
颍上县刘集乡	7520	12	58060		48189	25312	6
颍上县黄坝乡	5335	6	39877		22060	11460	6
界首市东城办事处	3910	3	69847	31192	42742	32836	59
界首市西城办事处	1780	2	65976	59328	35458	32700	81
界首市颍南办事处	4200	5	41448	18070	25136	17334	126
界首市光武镇	4640	10	57422	15364	34166	22080	49
界首市泉阳镇	5030	7	41890	9770	27056	22386	12
界首市芦村镇	6504	6	31083	2478	19740	13071	3
界首市新马集镇	3960	9	46329	3218	25096	17787	15
界首市大黄镇	3360	7	37638	11261	19350	9645	25
界首市田营镇	2900	5	30375	4930	16923	11209	20
界首市陶庙镇	5602	14	85142	6415	32276	18824	33
界首市王集镇	5244	11	51829	4450	31490	9977	7

乡镇基本情况

计算单位:公顷、个、人

名　　称	行政区域面积	村民委员会	常住人口	城镇建成区总人口	从业人员	二三产业从业人员	工业企业单位
界首市砖集镇	4100	10	50308	1460	23136	18836	10
界首市顾集镇	4435	9	39472	3742	32340	14416	6
界首市代桥镇	3600	8	29619	3486	26074	20036	3
界首市舒庄镇	3368	7	32215	3738	23309	19300	3
界首市邴集乡	3374	8	35476		18357	11930	2
界首市靳寨乡	2100	6	24818		14995	11209	31
界首市任寨乡	2920	7	25272		16469	9474	6
埇桥区符离镇	13800	17	91632	51021	44088	27630	209
埇桥区芦岭镇	12700	12	72153	46938	53192	43413	44
埇桥区朱仙庄镇	10000	9	42701	33600	29661	17140	229
埇桥区褚兰镇	7908	10	47780	4998	28230	16337	38
埇桥区曹村镇	13323	15	57691	12139	36936	20567	43
埇桥区夹沟镇	17000	17	70800	8864	36879	15533	16
埇桥区栏杆镇	13700	18	77638	5892	40124	25041	19
埇桥区时村镇	12687	20	85342	19773	40849	16460	73
埇桥区永安镇	11948	14	66170	4954	38434	22070	14
埇桥区灰古镇	6144	7	36023	4468	20237	11501	29
埇桥区大店镇	17100	15	59340	9430	34717	20257	34
埇桥区西寺坡镇	11940	13	54392	5734	34536	12340	58
埇桥区桃园镇	9000	8	34120	11236	19141	13641	36
埇桥区蕲县镇	9600	14	76351	52276	39324	17797	212
埇桥区大营镇	9516	7	41568	8116	19544	10148	13
埇桥区杨庄乡	7800	10	39817	9648	27257	15462	10
埇桥区支河乡	7391	10	27800	2840	21157	9099	42
埇桥区解集乡	13800	13	57589	5795	37411	8537	12
埇桥区桃沟乡	6000	9	37618	5610	22291	11855	8
埇桥区顺河乡	8000	10	43487	2500	27316	17733	201
埇桥区蒿沟乡	5100	7	36209	7125	20577	10321	23
埇桥区苗安乡	7419	10	41107	7848	22985	5593	5
埇桥区永镇乡	6700	7	31692	4514	11281	8027	5
埇桥区西二铺乡	3700	4	20595	6233	10977	3799	20
砀山县砀城镇	9638	12	193655	138360	50651	21783	624
砀山县赵屯镇	7800	10	55390	5249	31660	14913	60
砀山县李庄镇	6500	8	53922	6050	37722	15395	128
砀山县唐寨镇	11300	14	76352	6590	29750	9350	80
砀山县葛集镇	8500	11	56697	5652	29811	8506	62
砀山县周寨镇	12000	13	80163	5234	33001	8425	316
砀山县玄庙镇	14900	17	87127	7210	46446	16401	71
砀山县官庄坝镇	6900	7	47422	6436	27508	12846	27
砀山县曹庄镇	5100	8	29012	5023	23835	2372	37
砀山县关帝庙镇	7000	11	56120	9124	25793	19247	165
砀山县朱楼镇	5700	7	41689	7646	24651	11070	36
砀山县良梨镇	7500	7	57343	6239	37494	17382	45
砀山县程庄镇	7300	12	63929	7950	40564	6404	16
萧县龙城镇	9500	11	115774	73450	85774	51265	289
萧县黄口镇	9200	13	101000	35000	49430	18430	38
萧县杨楼镇	10500	12	76761	18110	24630	17116	39
萧县闫集镇	6685	11	50790	2453	17490	6240	6
萧县新庄镇	11182	14	73947	4216	40684	21775	14
萧县刘套镇	6169	10	34067	5894	23166	11112	25

乡镇基本情况

计算单位:公顷、个、人

名　　称	行政区域面积	村民委员会	常住人口	城镇建成区总人口	从业人员	二三产业从业人员	工业企业单位
萧县马井镇	9000	15	72728	5375	29174	9322	26
萧县大屯镇	9200	12	68818	8520	36869	24277	26
萧县赵庄镇	8900	14	68534	7960	16619	13659	128
萧县杜楼镇	9925	15	68075	9216	38526	22978	66
萧县丁里镇	6700	9	40746	4002	20199	4931	48
萧县王寨镇	9400	14	73808	4510	35476	19931	14
萧县祖楼镇	5200	10	40059	10340	36824	11750	30
萧县青龙集镇	6246	6	28322	6812	12201	3278	15
萧县张庄寨镇	11600	16	78940	15000	51000	24000	140
萧县永堌镇	6100	7	29763	5992	20151	10130	21
萧县白土镇	5856	7	26244	5400	18159	8666	28
萧县官桥镇	5997	5	18265	16836	14026	8117	22
萧县圣泉乡	12000	14	70301	4562	47515	6146	17
萧县酒店乡	8310	13	61706	4230	44576	28749	22
萧县孙圩子乡	7207	10	43670	4975	22158	11696	12
萧县庄里乡	8700	8	27110	2569	10562	6342	12
萧县石林乡	3600	6	22700	3650	15732	9977	12
灵璧县灵城镇	12232	13	105100	79150	66463	54435	387
灵璧县韦集镇	13668	14	51199	8000	33984	16992	26
灵璧县黄湾镇	13686	14	46770	2637	32752	16376	9
灵璧县娄庄镇	22867	23	78682	5079	42488	13549	23
灵璧县杨疃镇	15750	16	70026	9645	29142	14571	14
灵璧县尹集镇	10895	17	66912	7574	66912	45506	15
灵璧县浍沟镇	7651	15	53724	3685	33712	16856	7
灵璧县尤集镇	7556	16	55280	5960	29880	14940	37
灵璧县下楼镇	12936	19	68280	8260	40460	20230	34
灵璧县朝阳镇	13796	16	71547	17120	46382	24446	32
灵璧县渔沟镇	11314	19	64996	5930	24110	12055	60
灵璧县高楼镇	8981	17	70322	9820	44182	22091	55
灵璧县冯庙镇	10806	18	77140	10602	30839	13301	41
灵璧县向阳乡	11493	12	41400		21030	10515	12
灵璧县朱集乡	7983	13	37840		19254	9627	16
灵璧县大路乡	5350	13	40729		15292	7646	12
灵璧县大庙乡	6488	15	55280		28074	14037	22
灵璧县禅堂乡	9500	14	48866		43725	26340	15
灵璧县虞姬乡	8423	10	43348		30922	15461	70
泗县泗城镇	8250	5	94830	75485	63589	43899	80
泗县墩集镇	9430	7	35600	5800	24600	11818	15
泗县丁湖镇	15000	12	56725	6000	32589	16473	4
泗县草沟镇	21800	18	69094	5000	39375	12518	30
泗县长沟镇	9300	10	45360	6243	23774	4408	48
泗县黄圩镇	8370	14	63604	5090	36000	25000	61
泗县大庄镇	9800	13	64297	10209	37507	26106	24
泗县山头镇	9324	13	65660	4800	38075	10205	260
泗县刘圩镇	8250	10	47840	20000	33389	17077	17
泗县黑塔镇	19290	18	73586	3850	43213	9353	158
泗县草庙镇	6852	4	18089	6222	11089	5571	19
泗县屏山镇	18666	15	64042	28145	40117	15800	20
泗县大路口乡	5252	10	47855	6235	28174	4943	36
泗县大杨乡	5109	10	42944		25623	10302	51

乡镇基本情况

计算单位：公顷、个、人

名　　称	行政区域面积	村民委员会	常住人口	城镇建成区总人口	从业人员	二三产业从业人员	工业企业单位
泗县瓦坊乡	9600	10	60777	4800	31950	8960	11
金安区木厂镇	6600	16	42382	13000	25073	13200	9
金安区马头镇	5228	12	35003	4672	24022	13167	12
金安区东桥镇	10425	15	31242	9916	22428	10188	6
金安区张店镇	14400	24	54295	4284	54295	25949	9
金安区毛坦厂镇	5960	7	24017	12536	6999	3527	27
金安区东河口镇	16050	28	49659	2807	21265	11176	12
金安区双河镇	8950	20	46228	8350	45128	40128	18
金安区施桥镇	11594	25	58291	8300	30153	18038	245
金安区孙岗镇	13600	22	57143	5819	39412	34033	28
金安区三十铺镇	13400	23	82399	28846	36855	23215	143
金安区椿树镇	10700	18	21788	2820	22058	11788	27
金安区城北乡	6400	12	29813	2560	18501	9538	45
金安区翁墩乡	6067	12	25307	1100	13952	8562	21
金安区淠东乡	3600	12	42657		24529	12171	4
金安区中店乡	9125	12	27815		15273	6178	10
金安区横塘岗乡	8795	12	22604	6052	13548	9699	3
金安区先生店乡	5820	12	26900		15904	7664	21
裕安区苏埠镇	6800	16	42268	13150	42004	34382	60
裕安区韩摆渡镇	4980	13	51618	5130	28764	14919	20
裕安区新安镇	7400	16	82096	7084	45058	27308	58
裕安区顺河镇	9560	15	49119	2988	24477	13023	17
裕安区独山镇	18600	20	79981	20577	43370	26858	102
裕安区石婆店镇	15230	16	31913	2934	21848	13716	16
裕安区城南镇	6500	10	40215	34095	20376	13384	42
裕安区丁集镇	9950	11	30189	4286	29214	18900	21
裕安区固镇镇	9000	14	36344	7016	28606	18614	46
裕安区徐集镇	6331	9	32173	8156	19748	12994	11
裕安区分路口镇	11348	14	51102	11912	27909	15890	26
裕安区江家店镇	11265	13	43909	11600	34060	14360	22
裕安区单王乡	13800	16	50178	2786	28665	15755	28
裕安区青山乡	12200	17	35994	8453	25311	14515	12
裕安区石板冲乡	5060	9	23089		15894	10147	18
裕安区西河口乡	14100	12	33577		21616	11985	12
裕安区平桥乡	5000	9	51340		39322	17532	98
裕安区罗集乡	11400	14	46084	6000	26965	14074	6
裕安区狮子岗乡	11900	9	32036	2866	17993	11000	13
寿县寿春镇	5878	9	62319	66900	36435	22163	340
寿县双桥镇	5600	13	44870	5484	31880	12096	28
寿县涧沟镇	7640	8	50221	7048	38683	10470	10
寿县丰庄镇	7710	7	44948	2352	23051	10637	20
寿县正阳关镇	10281	10	46752	14364	37459	19521	8
寿县迎河镇	11100	12	41652	11216	35506	14855	18
寿县板桥镇	10700	10	45057	2918	39723	15231	3
寿县安丰塘镇	9300	8	44552	4735	30117	6868	9
寿县堰口镇	14039	11	64126	5321	39704	3888	38
寿县保义镇	13600	13	60966	6840	34909	19053	29
寿县隐贤镇	47262	8	40832	13541	16056	3988	192
寿县安丰镇	19422	14	67619	34167	48776	19487	23
寿县众兴镇	18000	5	55620	9778	31019	12641	32

乡镇基本情况

计算单位：公顷、个、人

名　　称	行政区域面积	村民委员会	常住人口	城镇建成区总人口	从业人员	二三产业从业人员	工业企业单位
寿县茶庵镇	10062	7	24445	2854	18277	4261	20
寿县三觉镇	16700	12	55490	11426	38225	20618	121
寿县炎刘镇	19030	13	72000	22600	44127	17631	47
寿县刘岗镇	16120	13	40880	5346	23208	8544	13
寿县双庙集镇	8900	7	23300	4352	18595	3071	25
寿县小甸镇	18022	15	51318	3892	49735	25785	22
寿县瓦埠镇	4300	6	21133	2251	15725	7658	4
寿县大顺镇	10495	9	34234	12000	26614	11547	38
寿县八公山乡	3500	5	15737		10562	1801	4
寿县张李乡	3957	11	56383		36703	20671	15
寿县窑口乡	9746	8	33373	3545	17779	8281	18
寿县陶店回族乡	3800	4	7437	8132	6637	1195	3
霍邱县城关镇	5777	12	155610	111255	56369	44844	45
霍邱县河口镇	4941	7	27626	9223	18442	5784	23
霍邱县周集镇	10405	21	86692	14893	36582	13552	186
霍邱县临水镇	8811	16	61345	17540	39691	28606	48
霍邱县新店镇	12951	20	75069	11253	42514	29377	25
霍邱县石店镇	12054	14	56477	10741	30264	9633	117
霍邱县马店镇	9286	12	37240	8642	20346	9263	26
霍邱县孟集镇	14573	15	42096	18700	39513	26159	201
霍邱县花园镇	10494	11	42884	4028	22920	6474	89
霍邱县扈胡镇	14347	21	66285	6859	65245	12686	176
霍邱县长集镇	7174	9	36127	6084	36127	13570	15
霍邱县洪集镇	10266	10	43968	3952	21255	13500	960
霍邱县姚李镇	14419	17	58198	9583	34045	6732	70
霍邱县乌龙镇	10504	11	41669	5000	25122	10049	7
霍邱县高塘镇	13107	14	50796	11870	28116	8732	202
霍邱县龙潭镇	9869	12	43698	2269	23534	12216	309
霍邱县岔路镇	8505	11	28894	2354	20910	1786	9
霍邱县冯井镇	11833	12	51991	3405	30135	7777	18
霍邱县众兴集镇	9594	11	39027	3500	14261	4520	7
霍邱县夏店镇	8694	10	39548	1831	21571	6204	166
霍邱县曹庙镇	7762	12	28807	2574	22231	10216	51
霍邱县叶集区镇区办事处	3330	18	71664	27820	48184	42960	121
霍邱县叶集区镇平岗办事处	6600	13	19827		10279	9292	21
霍邱县范桥镇	6797	11	41224	8620	26764	13140	296
霍邱县潘集镇	11524	15	53943	3695	35167	8858	21
霍邱县彭塔乡	9208	9	50425	5171	31843	4775	11
霍邱县王截流乡	7961	18	54969		40839	13937	4
霍邱县临淮岗乡	11297	16	52389		37714	11236	298
霍邱县城西湖乡	9066	15	53037		37625	23276	14
霍邱县宋店乡	10663	13	48147		36730	8235	20
霍邱县邵岗乡	8004	9	33663		9200	9200	2
霍邱县白莲乡	9200	9	35620		22039	4578	8
霍邱县冯瓴乡	9928	13	52045	3000	25715	8910	1
霍邱县孙岗乡	12880	24	40107		40107	29811	41
霍邱县三元乡	8960	16	31864		19963	5195	8
舒城县城关镇	11170	29	193273	140605	123597	95935	222
舒城县晓天镇	29415	28	26251	9512	26249	18818	38
舒城县桃溪镇	5780	12	29942	2700	16261	13705	57

乡镇基本情况

计算单位：公顷、个、人

名称	行政区域面积	村民委员会	常住人口	城镇建成区总人口	从业人员	二三产业从业人员	工业企业单位
舒城县万佛湖镇	11006	19	41400	12223	20709	11475	36
舒城县千人桥镇	7176	21	54802	5600	30398	16011	43
舒城县百神庙镇	6644	18	43632	2368	26044	18346	25
舒城县杭埠镇	8000	26	55741	14341	31510	21341	77
舒城县舒茶镇	7840	12	32900	9750	13915	5107	27
舒城县南港镇	12892	18	41513	11050	29577	19843	85
舒城县干汊河镇	8040	20	35569	3705	35569	28988	83
舒城县张母桥镇	6300	13	33243	2350	20490	11695	23
舒城县五显镇	9811	16	21991	1548	21991	17331	32
舒城县山七镇	13150	16	34652	1842	19357	13345	5
舒城县河棚镇	7278	9	13600	3800	12201	10371	15
舒城县汤池镇	15800	31	49086	2989	47313	27343	12
舒城县春秋乡	6970	15	19251		29511	10387	17
舒城县柏林乡	8998	23	43710		24226	15366	41
舒城县棠树乡	7823	16	35444		24065	13408	25
舒城县阙店乡	7700	18	38131		35244	21781	1
舒城县高峰乡	8400	14	30165		16270	11288	7
舒城县庐镇乡	9200	13	19648		10909	5505	23
金寨县梅山镇	28061	19	126810	51320	69745	57835	3310
金寨县麻埠镇	13360	5	15909	4214	7361	3363	296
金寨县青山镇	1096	5	18087	5180	9230	5764	38
金寨县燕子河镇	30940	14	29950	6500	13962	5842	48
金寨县天堂寨镇	21435	7	14297	3382	7257	2993	11
金寨县古碑镇	22159	15	38837	9532	10691	8228	469
金寨县吴家店镇	21639	13	18529	8013	8432	2463	15
金寨县斑竹园镇	148100	9	22215	5210	12305	7417	17
金寨县汤家汇镇	26930	11	34198	12000	19633	10528	31
金寨县南溪镇	20500	11	48679	22000	24275	9000	21
金寨县双河镇	11200	10	26866	7500	11733	6376	31
金寨县白塔畈镇	11400	11	38168	1635	24914	8788	16
金寨县张冲乡	10200	6	12583		6363	3096	21
金寨县油坊店乡	1331	10	21684		14549	7689	44
金寨县长岭乡	12943	7	13617		8749	3276	10
金寨县槐树湾乡	12600	10	23479		14607	7967	4
金寨县花石乡	9563	6	7916	1541	7761	5532	1
金寨县沙河乡	16250	9	15372		11787	3509	30
金寨县桃岭乡	119500	8	29226	375	13693	6861	10
金寨县果子园乡	8030	8	15447		8015	4558	6
金寨县关庙乡	16780	6	11797		7143	2547	13
金寨县全军乡	10800	6	10189		4429	2114	4
金寨县铁冲乡	10420	6	7242	2690	3424	2676	16
霍山县衡山镇	9840	8	81294	48734	25685	18595	107
霍山县佛子岭镇	12700	5	18164	5365	11502	8253	10
霍山县下符桥镇	7050	6	19342	1605	8922	4721	17
霍山县但家庙镇	7200	5	16371	5000	9918	3639	18
霍山县与儿街镇	16000	10	38560	933	17611	9042	48
霍山县黑石渡镇	11110	8	26413	5319	13794	6983	49
霍山县诸佛庵镇	17940	12	31047	6160	14929	6111	19
霍山县落儿岭镇	6130	5	10025	1020	4912	2437	73
霍山县磨子潭镇	19173	7	10220	1835	7435	2325	39

乡镇基本情况

计算单位:公顷、个、人

名　　称	行政区域面积	村民委员会	常住人口	城镇建成区总人口	从业人员	二三产业从业人员	工业企业单位
霍山县大化坪镇	23090	13	18960	2430	13360	2533	52
霍山县漫水河镇	16900	10	19029	1965	11573	2191	
霍山县上土市镇	10440	8	17492	4400	10867	3764	3
霍山县单龙寺乡	13693	7	14261		7362	1905	4
霍山县东西溪乡	9830	6	11213		7930	1650	1
霍山县太平畈乡	8660	8	14277		7066	202	
霍山县太阳乡	10600	5	8083		5152	1660	6
谯城区古井镇	11800	13	73252	13650	34360	15860	155
谯城区芦庙镇	6909	8	30115	3510	17791	7111	16
谯城区华佗镇	4105	9	38618	4762	18570	9590	18
谯城区魏岗镇	5200	13	35000	2500	27000	7000	42
谯城区牛集镇	6800	15	55830	3120	36152	14152	30
谯城区颜集镇	5089	11	52736	3346	39456	19493	12
谯城区五马镇	7165	8	33305	4050	23805	12790	18
谯城区十八里镇	11100	14	64046	15242	41228	20743	181
谯城区谯东镇	8576	10	61736	7182	34377	15560	12
谯城区十九里镇	3500	6	33800	8400	18000	9000	159
谯城区沙土镇	9900	12	54280	4300	35600	17000	17
谯城区观堂镇	8500	16	58150	7120	30240	16640	27
谯城区大杨镇	11950	14	62816	8600	35529	14529	37
谯城区城父镇	7139	13	61970	5126	33491	12201	19
谯城区十河镇	11500	14	57288	5864	47636	18680	21
谯城区双沟镇	16000	18	78715	14655	43720	24199	35
谯城区淝河镇	5900	9	41748	8920	22800	15748	12
谯城区古城镇	8900	15	49677	13400	25844	9066	17
谯城区龙杨镇	9420	11	53785	3200	34677	13700	16
谯城区立德镇	8708	8	41231	3892	25892	3668	19
谯城区张店乡	5400	10	37910	3050	28460	8090	42
谯城区赵桥乡	8500	7	41852	3650	20514	2147	30
涡阳县城关街道办事处	1590		129741	129471	67517	66516	152
涡阳县城西街道办事处	5980	4	57537	14475	25904	18078	42
涡阳县城东街道办事处	4400	4	36987	6510	19203	14996	83
涡阳县涡北街道办事处	10880	9	72260	26610	41830	33820	190
涡阳县西阳镇	6160	10	43256	11000	20500	13100	42
涡阳县涡南镇	9850	15	67672	3921	33093	23315	93
涡阳县楚店镇	7700	13	55165	14695	28229	19740	46
涡阳县高公镇	5810	9	45742	6738	22276	15594	43
涡阳县高炉镇	8010	9	54566	15466	27444	21414	76
涡阳县曹市镇	13100	17	72993	11688	33685	25529	75
涡阳县青町镇	13830	19	80640	6550	38360	30100	108
涡阳县石弓镇	7940	13	53558	6890	26659	20017	101
涡阳县龙山镇	14070	18	77143	9296	35476	28025	49
涡阳县义门镇	8080	15	83309	5568	40309	31789	38
涡阳县新兴镇	12010	18	82765	4780	39525	31953	98
涡阳县临湖镇	10130	14	65729	4243	33701	23867	65
涡阳县丹城镇	10500	15	65534	5457	28326	22792	91
涡阳县马店集镇	8430	12	51406	3126	29558	18585	52
涡阳县花沟镇	8260	14	64112	6560	27129	20718	85
涡阳县店集镇	5070	9	39823	3668	18951	14802	96
涡阳县陈大镇	6880	15	57968	3241	25844	17311	25

乡镇基本情况

计算单位：公顷、个、人

名　称	行政区域面积	村民委员会	常住人口	城镇建成区总人口	从业人员	二三产业从业人员	工业企业单位
涡阳县牌坊镇	15350	16	86737	53314	40591	23711	78
涡阳县公吉寺镇	6610	12	52046	3117	26005	17789	64
涡阳县标里镇	9090	15	65820	5800	34540	18280	78
蒙城县漆园办事处(镇级单位)	11800	13	63517	5003	28316	16268	70
蒙城县庄周办事处(乡级单位)	8200	11	62900	55120	27059	14375	220
蒙城县城关镇	1300		109116	109116	65944	64766	73
蒙城县双涧镇	9800	16	65246	15460	28436	10436	37
蒙城县小涧镇	11500	11	69050	45419	52560	31280	20
蒙城县坛城镇	10200	12	52956	3496	17142	7006	12
蒙城县范集工业园区(镇级单位)	2912	6	15826	6220	8936	2899	26
蒙城县许疃镇	12800	12	71420	22820	43738	25839	29
蒙城县板桥集镇	13700	13	61909	4621	59142	39244	86
蒙城县马集镇	10200	13	67010	7340	36732	17935	28
蒙城县岳坊镇	9900	10	60100	11250	36846	22130	38
蒙城县立仓镇	20100	20	124560	6712	49757	20787	19
蒙城县楚村镇	17200	23	100817	8521	32446	11909	16
蒙城县乐土镇	17600	19	92350	6830	52447	27700	27
蒙城县三义镇	11300	13	80100	8042	58102	30478	19
蒙城县篱笆镇	10300	15	62022	7920	26675	18715	11
蒙城县王集乡	13800	15	74820	8200	46518	24405	19
蒙城县小辛集乡	12200	16	75955	6143	40608	21455	26
利辛县城关镇	12247	19	228230	152145	146567	136992	233
利辛县阚疃镇	11870	16	86838	33159	43765	26930	20
利辛县张村镇	9645	13	61238	29213	33737	14452	23
利辛县江集镇	9636	16	62092	6732	36124	14360	24
利辛县旧城镇	7419	9	52528	7453	26793	18290	19
利辛县西潘楼镇	7294	14	56374	11141	35548	14873	46
利辛县孙集镇	63011	9	44608	7645	18365	11858	11
利辛县汝集镇	10035	16	65561	4860	54328	32846	16
利辛县巩店镇	9834	17	71169	6233	39658	28029	20
利辛县王人镇	77283	11	58960	10750	28541	6331	24
利辛县土市镇	7113	10	54309	8520	30479	18307	15
利辛县永兴镇	6992	8	52150	4489	30653	9113	2
利辛县马店孜镇	88757	12	64294	9855	37170	20345	14
利辛县大李集镇	7541	14	53357	2747	25107	16300	6
利辛县胡集镇	11180	16	53817	12898	36395	11281	17
利辛县展沟镇	5295	10	38680	5680	18420	13800	12
利辛县程家集镇	8706	13	58357	2734	36424	23382	23
利辛县中疃镇	9831	16	58764	4150	37429	26199	21
利辛县望疃镇	15313	21	96067	7915	55647	8498	20
利辛县刘家集乡	66773	12	48666	3985	28795	17330	23
利辛县纪王场乡	7199	11	46438	5834	24130	8919	16
利辛县孙庙乡	6450	11	50026	3552	26980	21580	8
利辛县新张集乡	7268	13	46750	4792	27005	18445	17
贵池区殷汇镇	15805	17	48658	15120	33012	17174	18
贵池区牛头山镇	11300	9	41504	12000	22892	12715	53
贵池区涓桥镇	15912	12	32389	1160	19393	10438	60
贵池区梅街镇	26400	10	22511	2590	10674	2235	79
贵池区梅村镇	24670	11	27278	2224	14045	8344	52
贵池区唐田镇	13772	8	17152	4592	13910	6950	25

乡镇基本情况

计算单位：公顷、个、人

名　称	行政区域面积	村民委员会	常住人口	城镇建成区总人口	从业人员	二三产业从业人员	工业企业单位
贵池区牌楼镇	10646	10	22554	1847	12463	6513	27
贵池区乌沙镇	9067	12	49355	5548	26784	16189	60
贵池区棠溪镇	25100	7	11832	1503	6251	2791	20
东至县尧渡镇	38880	30	117600	72828	74271	17991	98
东至县东流镇	12000	12	31686	14190	27141	19200	48
东至县大渡口镇	10017	15	80096	12276	47587	25477	132
东至县胜利镇	14500	21	59028	59028	58872	23978	90
东至县张溪镇	26400	25	62176	3850	57790	10540	56
东至县洋湖镇	18000	14	28333	5802	28333	10061	5
东至县葛公镇	25149	16	25284	4400	13745	5596	21
东至县香隅镇	21800	17	33074	7005	19219	6351	42
东至县官港镇	24354	16	29319	2436	28182	6038	29
东至县昭潭镇	16393	8	20269	2042	11521	4809	44
东至县龙泉镇	18709	14	25712	7113	16091	5560	61
东至县泥溪镇	18332	13	19742	5314	12481	3885	28
东至县花园乡	24861	12	12067		12067	3346	13
东至县木塔乡	24000	13	17355		17014	11263	34
东至县青山乡	10260	8	17160		9988	4584	35
石台县仁里镇	18900	10	9943	9943	5631	4821	65
石台县七都镇	38000	15	16051	3448	11944	5172	26
石台县仙寓镇	23590	12	9344	1700	8715	3321	13
石台县丁香镇	11280	9	9993	1350	6003	3253	16
石台县小河镇	13400	13	20599	2581	11670	5768	29
石台县横渡镇	17400	7	8907	1728	5107	2340	21
石台县大演乡	14400	7	7848		4812	390	8
石台县矶滩乡	9700	6	5677		2933	1432	12
青阳县蓉城镇	11931	18	89416	38986	37664	12595	156
青阳县木镇镇	10500	10	19147	3151	12613	5818	132
青阳县庙前镇	5800	9	24149	1883	16149	9078	20
青阳县陵阳镇	21385	15	22280	5350	15131	8615	54
青阳县新河镇	11100	11	17618	1045	11612	6609	77
青阳县丁桥镇	9420	10	21987	1180	11788	7070	78
青阳县朱备镇	6767	4	10062	1668	2642	1765	7
青阳县杨田镇	10800	9	19369	795	11938	4232	47
青阳县九华镇	1310		3727	5117	3100	3100	
青阳县乔木乡	5461	5	10268		7252	3683	48
青阳县西华乡	11770	8	14749		14599	6106	48
青阳县杜村乡	7460	11	19944		22604	7007	14
青阳县九华乡	5040	6	13540	3512	5862	2339	11
宣州区水阳镇	20500	24	90316	27152	55614	29819	63
宣州区狸桥镇	22800	12	66173	11520	53978	23648	185
宣州区沈村镇	10317	8	39490	3593	25418	15679	21
宣州区古泉镇	9268	6	13038	3644	10088	6578	40
宣州区洪林镇	13560	10	43759	10453	25923	12933	45
宣州区寒亭镇	8203	7	20256	2783	10829	6350	37
宣州区文昌镇	3740	5	20506	4081	14413	6258	16
宣州区孙埠镇	11440	8	54220	16255	31772	21798	136
宣州区向阳镇	11600	7	44993	1209	21167	11445	60
宣州区杨柳镇	15200	9	36751	8200	23800	11052	33
宣州区水东镇	10842	7	32417	8969	13947	7259	65

乡镇基本情况

计算单位:公顷、个、人

名　　称	行政区域面积	村民委员会	常住人口	城镇建成区总人口	从业人员	二三产业从业人员	工业企业单位
宣州区新田镇	9429	6	19975	3761	10220	5418	15
宣州区周王镇	10700	6	19174	3530	10441	6689	25
宣州区溪口镇	18777	7	24953	5123	15721	5846	14
宣州区朱桥乡	5847	6	26162	4823	15818	6926	20
宣州区养贤乡	11830	10	43657	2207	25469	9685	35
宣州区五星乡	4250	5	23207	784	14142	8251	19
宣州区黄渡乡	14800	9	38752	2397	24488	12331	37
郎溪县建平镇	18423	16	112968	61212	49673	24491	54
郎溪县十字镇	18927	7	38352	9323	19559	8479	138
郎溪县新发镇	8670	8	26784	6471	15473	7958	67
郎溪县涛城镇	10109	9	26576	10000	19035	5618	69
郎溪县梅渚镇	7715	7	23589	6000	13131	6035	78
郎溪县毕桥镇	5976	4	19850	3157	10077	5905	21
郎溪县飞鲤镇	15367	12	42043	3101	17630	4160	45
郎溪县凌笪乡	14377	8	26567		14806	11141	28
郎溪县姚村乡	10493	6	17462		13002	4556	20
广德县桃州镇	22400	8	132888	96266	86400	66416	245
广德县柏垫镇	25200	12	47215	1487	26705	12982	121
广德县誓节镇	34200	18	71976	15100	58230	39450	52
广德县邱村镇	32800	17	76535	9189	49669	31569	1985
广德县新杭镇	32300	13	77463	8629	43925	36936	389
广德县卢村乡	21400	12	43847		43792	15433	161
广德县东亭乡	9800	5	20813		13238	7269	99
广德县杨滩乡	27500	13	48238		26776	10978	61
广德县四合乡	10900	5	22124		14955	7264	55
泾县泾川镇	25392	10	106544	65126	47182	38063	279
泾县茂林镇	23275	13	16033	6128	10033	4693	24
泾县榔桥镇	34421	12	26297	8043	21874	10304	49
泾县桃花潭镇	25093	20	30502	5000	14818	6042	38
泾县琴溪镇	9312	8	17474	1285	15487	11902	53
泾县蔡村镇	13641	9	14576	2045	10902	4632	25
泾县云岭镇	19363	19	38463	1382	18878	6310	158
泾县黄村镇	15495	9	17077	1991	12577	7722	23
泾县丁家桥镇	5748	6	16395	4677	10910	5782	67
泾县汀溪乡	16733	9	13357		8320	4139	7
泾县昌桥乡	16977	17	34011		18326	7331	30
绩溪县华阳镇	8700	4	48126	32763	15227	11398	195
绩溪县临溪镇	9900	5	10025	1500	6085	2715	56
绩溪县长安镇	12200	10	22911	1518	11829	8281	40
绩溪县上庄镇	7900	7	14385	7053	12460	3695	33
绩溪县扬溪镇	8900	6	12618	1115	7029	3810	22
绩溪县伏岭镇	18530	12	20477	2330	10915	5735	21
绩溪县金沙镇	10654	5	7226	1982	5465	2587	15
绩溪县瀛洲镇	8308	5	8288	1600	5460	2735	16
绩溪县板桥头乡	13000	10	13449	2018	8466	1488	14
绩溪县家朋乡	8700	8	12081	2045	6957	3827	10
绩溪县荆州乡	5234	4	7188	7188	6979	1701	10
旌德县旌阳镇	10980	9	45926	29144	26174	20623	128
旌德县蔡家桥镇	10620	8	15553	1342	8521	4537	22
旌德县三溪镇	7008	5	13416	4106	8316	4421	27

乡镇基本情况

计算单位：公顷、个、人

名　　称	行政区域面积	村民委员会	常住人口	城镇建成区总人口	从业人员	二三产业从业人员	工业企业单位
旌德县庙首镇	9140	5	11089	4123	7122	2697	40
旌德县白地镇	9578	6	14100	3342	7357	3642	19
旌德县俞村镇	8290	7	12187	2793	6295	3530	8
旌德县版书乡	8460	6	11425		8082	2186	60
旌德县云乐乡	8065	5	6109	1500	4031	2345	12
旌德县兴隆乡	8440	4	7180		6637	1662	12
旌德县孙村乡	8360	6	9512		5870	2841	30
宁国市西津街道	5500	6	82312	92785	26547	23845	23
宁国市南山街道	5805	8	33539	10478	11035	7709	462
宁国市河沥街道	9970	4	33600	9273	33600	13972	151
宁国市汪溪街道	1190	6	24003	4103	20740	7190	47
宁国市竹峰街道	9799	3	7286		7286	4497	3
宁国市天湖街道	2600	4	5078	1127	3114	1601	31
宁国市港口镇	9710	7	33856	4015	18225	13220	53
宁国市梅林镇	18550	8	22195	9200	14827	7959	116
宁国市中溪镇	20400	6	21287	16000	14499	9023	139
宁国市宁墩镇	8206	7	11960	1997	7510	5825	43
宁国市仙霞镇	13650	7	20805	7480	8419	2573	20
宁国市甲路镇	20100	4	12897	1713	9982	2657	29
宁国市胡乐镇	19500	5	11374	1983	6788	2463	30
宁国市霞西镇	20400	6	21562	2850	13452	4722	6
宁国市云梯畲族乡	5110	4	6125	1118	3955	1993	10
宁国市南极乡	12800	5	8468	312	7376	2127	24
宁国市万家乡	13890	4	14941	900	8583	5050	55
宁国市青龙乡	13880	3	12889		6721	4558	8
宁国市方塘乡	26700	6	13947		9366	3233	30
福建省							
鼓楼区洪山镇	1260		91043	91043	57562	57562	183
仓山区仓山镇	580	10	25142	984	23141	22888	196
仓山区城门镇	5400	25	83732	2248	31822	30694	492
仓山区盖山镇	3600	30	76558	2100	45715	42491	575
仓山区建新镇	2400	22	68431	1720	23353	17248	235
仓山区螺洲镇	640	7	14560	2478	7254	7235	154
马尾区马尾镇	6500	13	27974	4648	7356	6958	327
马尾区亭江镇	11100	17	23197	1450	6851	6503	192
马尾区琅岐镇	6900	27	71767	25725	27742	17760	53
晋安区鼓山镇	5000	23	115724	1487	80502	80052	894
晋安区新店镇	4700	28	75651	1305	56454	56037	448
晋安区岳峰镇	1100	4	74787	3503	21768	21743	33
晋安区宦溪镇	12900	24	12019	1846	6130	3366	38
晋安区寿山乡	17200	22	12217		4682	2017	12
晋安区日溪乡	13000	12	7116		3723	2216	12
闽侯县甘蔗街道	4680	14	57687	57687	51824	49953	290
闽侯县白沙镇	17500	21	34908	13423	11343	6664	210
闽侯县南屿镇	17000	22	58306	8206	22241	12827	302
闽侯县尚干镇	500	11	18216	2760	6984	6475	42
闽侯县祥谦镇	8900	18	61953	3658	28689	23094	201
闽侯县青口镇	12700	38	82099	5554	48530	44380	359
闽侯县南通镇	11200	15	46392	3354	20197	19219	267
闽侯县上街镇	15700	19	71151	2317	40904	39664	443

乡镇基本情况

计算单位:公顷、个、人

名　　称	行政区域面积	村民委员会	常住人口	城镇建成区总人口	从业人员	二三产业从业人员	工业企业单位
闽侯县荆溪镇	13100	13	46208	5406	33360	30105	897
闽侯县竹岐乡	22400	22	31138		10678	5630	408
闽侯县鸿尾乡	15700	20	36067		19001	17376	80
闽侯县洋里乡	15100	23	29645		10515	4415	53
闽侯县大湖乡	28200	23	37423		10954	3854	17
闽侯县廷坪乡	21700	25	33883		10680	3964	46
闽侯县小箬乡	4600	8	11073		3530	2180	25
连江县凤城镇	710	4	67405	67405	3250	2972	112
连江县敖江镇	4700	13	43725	6043	19985	14499	206
连江县东岱镇	2440	8	35640	12118	17069	8860	26
连江县琯头镇	6680	26	60357	14744	23676	12133	84
连江县晓澳镇	2150	4	35503	15759	16399	7816	67
连江县东湖镇	4390	10	16939	4482	9773	5427	46
连江县丹阳镇	10770	18	28605	4251	21845	11787	70
连江县长龙镇	4120	7	11628	3477	8012	4698	25
连江县透堡镇	2560	8	21595	13511	8688	5637	23
连江县马鼻镇	3820	15	46175	22762	26488	13160	77
连江县官坂镇	3650	16	31878	8948	14295	7739	24
连江县筱埕镇	3400	11	29212	5418	17221	7642	40
连江县黄岐镇	1400	7	24988	16539	10558	3526	47
连江县苔菉镇	820	8	28191	14750	9745	4100	57
连江县浦口镇	5060	7	38450	16538	18960	10360	42
连江县坑园镇	2590	8	23918	4691	14021	8186	68
连江县潘渡乡	13240	11	20580		8776	3472	56
连江县江南乡	7040	14	24130		12630	5091	83
连江县蓼沿乡	12370	23	28356		16089	10024	56
连江县安凯乡	2950	11	17409		8937	3282	37
连江县下宫乡	3380	9	15335		9151	2876	24
连江县小沧畲族乡	5840	5	4276		2896	1445	4
罗源县凤山镇	3165	9	48250	4528	46870	44280	31
罗源县松山镇	15850	22	39977	1486	29215	18995	32
罗源县起步镇	7309	21	28423	3364	11806	6446	32
罗源县中房镇	13210	23	25746	3451	10393	2781	25
罗源县飞竹镇	12079	19	16958	2046	7455	2285	25
罗源县鉴江镇	6669	9	14552	1724	5000	2210	11
罗源县白塔乡	7143	15	15620		8372	5012	70
罗源县洪洋乡	7011	18	14515		10525	6513	36
罗源县西兰乡	7764	17	14995		9296	7112	77
罗源县霍口畲族乡	19755	24	20512		12584	3436	9
罗源县碧里乡	10068	12	19510		11062	4074	11
闽清县梅城镇	1200	2	45126	3103	28640	28157	33
闽清县梅溪镇	13400	20	21700	1431	10274	7364	31
闽清县白樟镇	9100	13	19291	2368	15178	11838	47
闽清县金沙镇	16500	18	11250	1208	8324	3513	25
闽清县白中镇	4300	13	19657	5538	15578	12347	44
闽清县池园镇	10200	19	24195	10830	14615	13200	91
闽清县坂东镇	6100	27	43829	6651	16139	9569	49
闽清县塔庄镇	7200	24	25688	1842	17289	7432	19
闽清县省璜镇	10200	26	12800	2576	7835	3623	13
闽清县雄江镇	11100	12	5978	1574	1993	863	6

乡镇基本情况

计算单位:公顷、个、人

名　　称	行政区域面积	村民委员会	常住人口	城镇建成区总人口	从业人员	二三产业从业人员	工业企业单位
闽清县东桥镇	17700	22	21348	2105	11748	5298	40
闽清县云龙乡	4400	10	12405		7916	4916	23
闽清县上莲乡	11700	18	12753		6290	2124	32
闽清县三溪乡	4600	12	6472		5554	894	8
闽清县桔林乡	10800	13	6822		4959	2251	5
闽清县下祝乡	8160	22	14160		6518	2710	5
永泰县樟城镇	480	1	28345	8747	1422	1322	143
永泰县嵩口镇	24680	20	19319	9105	14114	7381	89
永泰县梧桐镇	17190	21	24613	1786	22809	16597	132
永泰县葛岭镇	25590	16	13349	2828	9071	4855	10
永泰县城峰镇	7870	15	36951	8236	13698	7620	95
永泰县清凉镇	10340	12	8391	1783	6782	5246	50
永泰县长庆镇	16520	15	13081	8380	9775	7847	31
永泰县同安镇	14330	23	16182	1033	16029	10796	65
永泰县大洋镇	10920	18	18101	3412	13895	7812	8
永泰县塘前乡	8830	6	3384		2423	1390	10
永泰县富泉乡	6380	9	4336		3283	1900	6
永泰县岭路乡	11480	10	6407		5052	2203	4
永泰县赤锡乡	10050	15	10119		9621	6545	55
永泰县洑口乡	13300	10	7845		7317	4285	93
永泰县盖洋乡	11280	10	5855		4990	1330	10
永泰县东洋乡	4960	10	5515		3771	1711	26
永泰县霞拔乡	6310	11	9578		9403	3542	6
永泰县盘谷乡	3060	6	6235		5225	3109	5
永泰县红星乡	4620	8	5529		4190	2453	16
永泰县白云乡	10440	13	7340		6540	4888	11
永泰县丹云乡	5710	6	1980		1649	816	20
平潭县潭城镇	1100	4	67758	6690	7910	5627	25
平潭县苏澳镇	1600	18	32650	3400	19893	4867	9
平潭县流水镇	4200	26	40182	4047	23749	6463	32
平潭县澳前镇	2800	21	47532	2019	31567	7060	8
平潭县北厝镇	5900	19	32782	1440	14105	5856	5
平潭县平原镇	2300	14	21260	1548	10148	2948	2
平潭县敖东镇	2400	15	27097	2015	16660	2970	3
平潭县白青乡	800	10	18145		10022	1780	
平潭县屿头乡	900	10	17305		10182	4800	12
平潭县大练乡	1300	9	6850		3533	470	2
平潭县芦洋乡	1340	7	6130		3980	1780	2
平潭县中楼乡	1900	11	23942		9137	2837	35
平潭县东庠乡	400	8	8736		4978	2254	2
平潭县岚城乡	3500	13	31238		15120	7740	13
平潭县南海乡	1100	7	7800		5585	675	1
福清市玉屏街道	730	1	72244	72244	56626	56500	
福清市龙山街道	3340	13	55374	55374	24700	5200	76
福清市龙江街道	3110	10	36971	33839	20139	14298	35
福清市宏路街道	3693	11	55717	36177	35779	31540	55
福清市石竹街道	1540	7	48739	15000	42403	41826	62
福清市音西街道	5110	11	48789	28957	30960	23301	37
福清市阳下街道	7100	22	40901	16361	20389	13554	62
福清市海口镇	5300	19	74559	12965	42108	28922	70

乡镇基本情况

计算单位:公顷、个、人

名　　称	行政区域面积	村民委员会	常住人口	城镇建成区总人口	从业人员	二三产业从业人员	工业企业单位
福清市城头镇	7100	26	54928	17819	24592	10492	68
福清市南岭镇	3400	8	6750	1726	5561	2234	15
福清市龙田镇	8800	40	127862	24585	69051	67287	680
福清市江镜镇	5700	26	95396	18710	47500	22490	320
福清市港头镇	4500	31	82400	23956	41287	24846	174
福清市高山镇	4500	23	70584	17466	35374	19745	218
福清市沙埔镇	4000	22	45667	2717	28532	10280	125
福清市三山镇	10200	35	118646	9681	48575	26363	359
福清市东瀚镇	7000	17	43720	8047	23171	8499	40
福清市渔溪镇	11530	20	47120	13890	24440	12595	115
福清市上迳镇	5000	16	36102	2517	19512	10507	69
福清市新厝镇	7400	16	23550	5667	11795	3675	53
福清市江阴镇	6900	23	81673	10310	33956	22195	280
福清市东张镇	12850	18	31535	11724	15551	7428	60
福清市镜洋镇	8900	17	56959	3965	25378	20258	123
福清市一都镇	11500	6	12890	2812	7257	1434	
长乐市吴航街道	850	3	54240	54240	25097	25073	17
长乐市航城街道	5700	17	41113	41113	18662	13462	101
长乐市营前街道	3200	9	36171	10000	15729	12031	42
长乐市漳港街道	1200	16	54575	24822	24013	18010	138
长乐市首占镇	3100	13	28698	6565	10681	8350	16
长乐市玉田镇	5500	11	42368	9631	18348	12676	27
长乐市松下镇	5500	9	26264	10846	11980	10437	281
长乐市江田镇	8600	17	56019	15063	32638	25110	193
长乐市古槐镇	5200	23	60269	14800	30964	23605	133
长乐市文武砂镇	3200	13	22594	2624	13315	9700	45
长乐市鹤上镇	4700	22	60069	14814	23320	20570	119
长乐市湖南镇	3200	10	29151	6500	13474	10214	129
长乐市金峰镇	3000	19	70038	41850	21360	17570	431
长乐市文岭镇	3300	12	34729	9520	19288	10990	106
长乐市梅花镇	1600	6	15866	15866	6300	3745	28
长乐市潭头镇	4200	23	55473	9759	31247	23657	114
长乐市罗联乡	2100	8	11326	1169	4625	2437	7
长乐市猴屿乡	2200	4	5097	2389	2293	2088	2
海沧区东孚镇	8433	9	53074	14700	36605	30910	407
集美区灌口镇	7020	12	103421	35485	64232	55269	738
集美区后溪镇	4400	9	37625	577	35057	30687	292
同安区莲花镇	19640	19	40250	8322	16976	11710	97
同安区新民镇	5300	6	92752	3370	59401	55616	611
同安区洪塘镇	3710	13	47115	1387	22713	15200	117
同安区西柯镇	3970	2	62688	9364	32963	31265	368
同安区汀溪镇	12000	13	20473	2732	11137	4895	30
同安区五显镇	7500	15	44432	2199	24542	11850	276
翔安区马巷镇	6687		215581	29309	107986	100638	819
翔安区新圩镇	7987	14	52419	3200	24405	11230	39
翔安区新店镇	11829		132784	4367	73116	35060	572
翔安区内厝镇	6994	16	51166	3959	34316	21910	185
城厢区常太镇	19500	28	28484	1190	16083	3083	14
城厢区华亭镇	13500	34	111658	7632	50991	33196	3496
城厢区灵川镇	5600	14	68858	6250	29656	12522	159

乡镇基本情况

计算单位：公顷、个、人

名　　称	行政区域面积	村民委员会	常住人口	城镇建成区总人口	从业人员	二三产业从业人员	工业企业单位
城厢区东海镇	4700	13	55561	6123	26382	17351	175
涵江区三江口镇	1750	17	59152	4117	30932	24716	110
涵江区白塘镇	1820	16	55630	3003	28973	23020	202
涵江区国欢镇	1590	15	53685	7160	35369	32293	154
涵江区梧塘镇	3100	14	52837	8054	34910	31142	137
涵江区江口镇	7900	26	101063	30198	56586	48667	242
涵江区萩芦镇	8600	20	21107	4185	15900	10025	15
涵江区白沙镇	7300	12	12460	2300	9040	5200	21
涵江区庄边镇	17000	22	15428	4042	11888	6249	7
涵江区新县镇	13300	15	13018	7369	10375	5595	7
涵江区大洋乡	12000	18	9177	2820	7130	3820	6
荔城区西天尾镇	5800	15	63090	50905	48024	41814	225
荔城区黄石镇	6500	35	148028	34746	91460	62460	375
荔城区新度镇	6000	28	91691	6291	69058	48051	253
荔城区北高镇	5600	24	73890	9885	44616	17536	98
秀屿区笏石镇	6800	27	127280	68312	63035	35715	841
秀屿区东庄镇	6200	23	42250	8686	29648	18653	28
秀屿区忠门镇	3150	8	16379	7149	8181	5425	12
秀屿区东埔镇	2600	13	18041	2566	10681	8050	9
秀屿区东峤镇	8700	24	81699	20187	42063	23653	450
秀屿区埭头镇	12600	22	100090	11462	49775	28158	107
秀屿区平海镇	6700	20	65622	8220	22078	9078	120
秀屿区南日镇	5800	17	42479	7880	12789	4307	119
秀屿区湄洲镇	1630	11	32475	4246	17864	8011	5
秀屿区山亭镇	4200	15	26690	6795	11276	9111	9
秀屿区月塘乡	3600	11	28433	2900	13200	10920	16
仙游县鲤城街道	3800	7	89818	89318	55699	49557	151
仙游县枫亭镇	9100	19	85747	75500	71448	56213	190
仙游县榜头镇	13800	32	109726	42150	88169	57465	617
仙游县郊尾镇	5810	20	64066	18356	38440	27962	152
仙游县度尾镇	11300	16	70588	14139	42353	20056	76
仙游县鲤南镇	4260	16	69945	67882	38073	28857	160
仙游县赖店镇	8550	19	50475	6862	30285	15173	97
仙游县盖尾镇	7000	25	65110	13503	52258	34933	68
仙游县园庄镇	8200	17	44819	5074	16891	15612	19
仙游县大济镇	8900	23	73214	8610	51250	4470	142
仙游县龙华镇	6600	16	51454	11300	21872	5074	41
仙游县钟山镇	12880	16	21238	6779	13312	926	29
仙游县游洋镇	17710	17	19635	3011	8759	496	23
仙游县西苑乡	33430	16	7981	2681	4177	281	16
仙游县石苍乡	14180	10	6877	750	1947	161	5
仙游县社硎乡	7600	14	5900	3248	2300	113	7
仙游县书峰乡	3860	6	6516	1948	5207	79	1
仙游县菜溪乡	7600	8	6322	2632	4462	120	9
梅列区陈大镇	19600	8	8827	4675	6648	3590	70
梅列区洋溪镇	7200	8	6052	3256	4580	2750	29
三元区莘口镇	23000	14	16909	3242	8709	3908	94
三元区岩前镇	26500	12	18192	4951	11350	3500	56
三元区城东乡	6700	7	10746	10746	3690	1064	13
三元区中村乡	20100	18	11684	2088	6593	1098	14

乡镇基本情况

计算单位:公顷、个、人

名　　称	行政区域面积	村民委员会	常住人口	城镇建成区总人口	从业人员	二三产业从业人员	工业企业单位
明溪县雪峰镇	1600	2	34114	22213	9370	9215	169
明溪县盖洋镇	35500	18	12519	3601	8762	6436	47
明溪县胡坊镇	23120	10	7555	2453	4661	2140	59
明溪县瀚仙镇	14200	11	10227	1641	7053	5067	90
明溪县城关乡	13170	9	10485	2400	5822	4032	41
明溪县沙溪乡	14100	6	6686	2138	3280	2057	31
明溪县夏阳乡	34200	16	10578	3639	7404	3764	169
明溪县枫溪乡	12320	7	3531	1210	2471	1241	29
明溪县夏坊乡	22100	9	5304	3127	3315	1973	21
清流县龙津镇	22100	14	38386	23269	26589	13502	47
清流县嵩溪镇	17151	12	15009	6173	8044	5058	36
清流县嵩口镇	22700	12	15182	4400	8106	4377	37
清流县灵地镇	11000	14	9778	3261	5102	1841	16
清流县长校镇	14100	10	10342	3590	3866	1164	9
清流县温郊乡	14000	4	3757	1254	2846	971	10
清流县林畲乡	11400	8	8880	2463	3261	532	10
清流县田源乡	11400	4	6025	1759	2523	495	20
清流县沙芜乡	13300	5	3553	1058	2398	573	11
清流县赖坊乡	11400	8	7286	3153	2897	1936	14
清流县余朋乡	17281	5	4686	1138	2242	629	12
清流县李家乡	7500	8	7531	4104	4054	1276	17
清流县里田乡	7300	7	4585	2429	1835	397	7
宁化县翠江镇	2500	4	63481	63481	30107	30107	61
宁化县泉上镇	20200	11	16361	6863	8340	3125	172
宁化县湖村镇	16900	12	13034	7635	7407	5628	88
宁化县石壁镇	13826	22	25324	5940	11424	6436	80
宁化县曹坊镇	20100	14	14871	6187	10128	5662	17
宁化县安远镇	28000	19	24739	1220	13946	8082	19
宁化县城郊乡	20400	18	18873	2017	9891	4835	13
宁化县城南乡	8400	9	7454	373	5540	3051	31
宁化县济村乡	15000	13	10555	2145	5374	2994	8
宁化县淮土乡	10800	21	19190	3646	11360	7726	136
宁化县方田乡	10300	8	5311	1990	3617	2342	30
宁化县安乐乡	18600	11	13478	895	7353	3064	40
宁化县治平畲族乡	13700	12	8453	1814	6338	3013	46
宁化县中沙乡	11700	13	9915	2695	6935	4893	20
宁化县河龙乡	6400	8	5489	2195	4306	2183	8
宁化县水茜乡	23900	15	18469	1849	11235	1669	15
大田县均溪镇	14038	23	97816	45957	31113	8256	410
大田县石牌镇	12952	16	13986	2044	5764	3258	47
大田县上京镇	15297	16	18565	7467	9164	6451	44
大田县广平镇	17158	14	29334	8369	19154	5698	62
大田县桃源镇	21910	13	15389	4889	11620	3295	39
大田县太华镇	24554	24	26573	3630	14912	4390	62
大田县建设镇	6859	12	20913	4243	8980	5117	85
大田县奇韬镇	7074	12	10450	4933	5849	2442	45
大田县华兴乡	9290	10	6536	567	4794	2126	45
大田县屏山乡	10634	13	7340	1120	4327	2518	50
大田县吴山乡	8355	9	7101	2321	4482	2659	18
大田县济阳乡	6642	12	5156	2549	2914	858	157

乡镇基本情况

计算单位:公顷、个、人

名　　称	行政区域面积	村民委员会	常住人口	城镇建成区总人口	从业人员	二三产业从业人员	工业企业单位
大田县武陵乡	8030	9	6864	6386	4209	558	47
大田县谢洋乡	11612	14	4907	468	3600	1891	30
大田县文江乡	11271	20	13357	2453	9606	7866	64
大田县梅山乡	19208	21	14159	2632	7005	1655	189
大田县湖美乡	13847	16	7705	2712	5652	1188	10
大田县前坪乡	4586	11	4850	1600	2386	474	24
尤溪县城关镇	12082	9	69644	62832	7734	3869	253
尤溪县梅仙镇	23945	23	28210	11661	12571	5088	198
尤溪县西滨镇	25251	21	20289	11024	12565	8111	105
尤溪县洋中镇	33888	17	21168	10895	14313	7713	140
尤溪县新阳镇	27411	23	30535	11694	23579	15341	54
尤溪县管前镇	17614	20	17624	4258	13724	3245	18
尤溪县西城镇	34667	22	42370	27684	32088	19118	106
尤溪县尤溪口镇	210	1	995	995	501	409	10
尤溪县坂面镇	41152	20	26655	9981	17608	6741	83
尤溪县联合乡	10314	12	14835	10275	11031	4330	57
尤溪县汤川乡	30386	17	11432	7100	7747	4602	34
尤溪县溪尾乡	16254	12	9548	1709	7143	2543	27
尤溪县中仙乡	37515	19	26797	3853	18446	7212	27
尤溪县台溪乡	23463	24	23892	6523	18425	8217	47
尤溪县八字桥乡	7885	10	9007	609	6395	3317	6
沙县凤岗街道	23349	20	83584	52829	21499	14941	106
沙县虬江街道	12698	19	34678	18880	20620	16949	70
沙县青州镇	13959	12	19452	2635	7195	6569	156
沙县夏茂镇	25136	27	24880	11732	16788	11534	14
沙县高砂镇	16156	14	12111	1836	7883	3996	54
沙县高桥镇	21095	14	12714	4349	7430	4388	79
沙县富口镇	22609	15	9736	3422	6570	3308	71
沙县大洛镇	11635	14	7042	1396	4752	2124	43
沙县南霞乡	12212	11	6639	926	4684	1333	139
沙县南阳乡	6427	9	6435	1615	4342	1998	46
沙县郑湖乡	11009	11	6751	1982	4160	512	77
沙县湖源乡	3598	5	3978	1563	2684	923	13
将乐县古镛镇	16777	13	44801	23459	25899	22170	52
将乐县万安镇	14449	8	7278	4860	4983	1340	21
将乐县高唐镇	25556	12	9360	5396	6595	3917	31
将乐县白莲镇	29361	11	9255	3642	6337	2087	19
将乐县黄潭镇	29397	14	9739	2996	7543	3083	37
将乐县水南镇	2540	6	23994	23994	8800	8038	39
将乐县光明乡	17296	11	6299	2491	4313	1727	7
将乐县漠源乡	12693	8	4590	1003	3143	894	21
将乐县南口乡	19054	13	9835	3600	6734	4035	35
将乐县万全乡	19625	9	5029	1678	3554	1800	17
将乐县安仁乡	11588	11	7360	2790	5039	1400	15
将乐县大源乡	12144	10	6184	3569	4234	1840	9
将乐县余坊乡	13629	9	5276	2409	3614	557	8
泰宁县杉城镇	22937	21	50675	32907	12780	5769	171
泰宁县朱口镇	21614	19	17484	7151	12060	6356	160
泰宁县新桥乡	10776	9	5655	2510	3901	2059	129
泰宁县上青乡	8905	8	5518	2290	4035	1811	53

乡镇基本情况

计算单位：公顷、个、人

名　　称	行政区域面积	村民委员会	常住人口	城镇建成区总人口	从业人员	二三产业从业人员	工业企业单位
泰宁县大田乡	14182	7	6196	2542	4224	1585	87
泰宁县梅口乡	16458	9	4176	2082	2540	1086	30
泰宁县下渠乡	12690	12	7007	1427	3012	937	67
泰宁县开善乡	14017	10	5818	1829	3376	1273	102
泰宁县大龙乡	31302	16	8472	1797	6575	2712	91
建宁县濉溪镇	21000	10	36524	29985	16210	13914	304
建宁县里心镇	26000	13	16894	5480	7443	4011	39
建宁县溪口镇	22700	13	17411	3553	7239	3251	76
建宁县均口镇	30000	13	14354	3825	6946	2707	51
建宁县伊家乡	11700	8	7861	1960	4302	1438	82
建宁县黄坊乡	21500	8	6457	1086	3942	1424	39
建宁县溪源乡	14300	9	6191	1720	3199	1076	120
建宁县客坊乡	11000	8	6543	3181	4570	2248	50
建宁县黄埠乡	13400	10	8764	2319	4602	1726	48
永安市燕东街道	847	3	41479	41479	2764	2470	226
永安市燕西街道	8583	9	34215	24155	15967	9405	82
永安市燕南街道	8143	8	66589	66406	17120	12751	24
永安市燕北街道	5780	6	35766	29378	20718	17900	54
永安市西洋镇	33687	18	15830	6789	10333	4205	168
永安市贡川镇	13697	15	8689	5069	6311	4196	62
永安市安砂镇	29474	19	17782	3399	9642	4512	235
永安市小陶镇	41983	34	24930	7826	17554	7931	140
永安市大湖镇	19064	18	17315	4077	11633	7410	92
永安市曹远镇	19875	22	29706	6852	8491	4167	88
永安市洪田镇	34295	20	15380	3216	11170	4278	76
永安市槐南镇	12686	14	17644	4802	7924	4863	62
永安市上坪乡	16024	10	5445	1067	4204	1322	52
永安市罗坊乡	23229	11	4225	952	3069	740	30
永安市青水乡	25751	21	13006	2007	9446	2768	185
洛江区罗溪镇	10849	17	46132	10875	20500	15500	28
洛江区马甲镇	11572	24	59243	11468	36730	24050	168
洛江区河市镇	8559	21	35736	7200	22741	16985	102
洛江区虹山乡	2250	5	12678	3978	8417	5685	4
泉港区南埔镇	4000	15	110923	37526	54752	43749	59
泉港区界山镇	4200	13	55634	5752	24229	13138	107
泉港区后龙镇	2150	12	44318	5408	19918	14621	45
泉港区峰尾镇	1200	8	57848	12243	32969	20732	44
泉港区前黄镇	3330	13	45261	12937	20832	14937	56
泉港区涂岭镇	15700	21	56322	11636	26623	14039	115
惠安县螺城镇	2750	3	95127	84251	6908	5648	1095
惠安县螺阳镇	5000	25	90957	20720	37424	30690	272
惠安县黄塘镇	6980	18	42003	2761	24889	16107	583
惠安县紫山镇	8420	15	37217	2455	19195	13659	148
惠安县洛阳镇	5170	25	104480	14672	43404	35089	160
惠安县东园镇	4100	17	100184	22882	28497	23809	370
惠安县张坂镇	7800	31	87239	12766	37657	31343	155
惠安县崇武镇	1960	12	108894	108894	32999	26094	804
惠安县山霞镇	3000	16	52051	6811	26578	19038	178
惠安县涂寨镇	5000	26	89594	10402	46280	36692	370
惠安县东岭镇	2800	18	62906	5120	41451	33809	290

乡镇基本情况

计算单位:公顷、个、人

名　　称	行政区域面积	村民委员会	常住人口	城镇建成区总人口	从业人员	二三产业从业人员	工业企业单位
惠安县东桥镇	3400	19	63852	5339	37247	33482	196
惠安县净峰镇	3100	21	68352	841	32720	23007	473
惠安县小岞镇	740	9	33003	3769	17256	7793	186
惠安县辋川镇	5600	25	75315	16621	29785	19965	364
惠安县百崎回族乡	1670	5	23216		16845	16165	396
安溪县凤城镇	1326	3	146817	146817	36982	36437	179
安溪县蓬莱镇	12286	30	83300	30857	40606	24024	57
安溪县湖头镇	10003	29	109926	64726	35694	22915	85
安溪县官桥镇	10543	29	89731	68126	44371	29405	98
安溪县剑斗镇	12141	14	49434	11768	16576	9250	58
安溪县城厢镇	10720	24	117275	57665	41641	35765	423
安溪县金谷镇	10160	24	57950	12439	30550	12238	28
安溪县龙门镇	15633	31	77786	11583	36130	21145	79
安溪县虎邱镇	16177	18	56899	29567	33804	19024	102
安溪县芦田镇	9100	10	18387	3678	11319	5794	34
安溪县感德镇	22178	22	64422	9668	22300	7514	127
安溪县魁斗镇	5580	12	29665	8232	16175	8759	57
安溪县西坪镇	14550	26	61727	7703	29250	13424	291
安溪县参内乡	4994	11	30793		14145	8254	169
安溪县白濑乡	4516	5	11449		6090	3718	11
安溪县湖上乡	4904	13	29160		13925	7642	25
安溪县尚卿乡	11642	18	45698		20354	13160	81
安溪县大坪乡	7865	7	21033		7734	4719	40
安溪县龙涓乡	37292	36	80090		39991	25615	70
安溪县长坑乡	19216	26	94033		43594	33998	217
安溪县蓝田乡	9977	15	29305		12387	6814	11
安溪县祥华乡	25834	20	37634		20380	6175	90
安溪县桃舟乡	12826	8	13678		5855	673	20
安溪县福田乡	16265	5	9495		3208	2358	21
永春县桃城镇	7200	8	79379	50518	28210	23350	227
永春县五里街镇	4300	6	32604	20257	14573	13610	37
永春县一都镇	19100	14	14342	3910	11060	2960	32
永春县下洋镇	11000	10	21569	5703	9184	8099	63
永春县蓬壶镇	8100	22	51601	49656	29293	17343	69
永春县达埔镇	12100	21	57416	26895	33960	20727	65
永春县吾峰镇	3200	8	12592	2902	12531	5790	10
永春县石鼓镇	4800	8	28274	15957	11824	9749	34
永春县岵山镇	5400	11	17451	12811	11567	4277	27
永春县东平镇	4300	9	16492	2980	10656	4759	27
永春县湖洋镇	14300	17	14849	6884	13744	4628	36
永春县坑仔口镇	7500	8	15568	6283	9302	8944	38
永春县玉斗镇	5700	9	16113	4450	10425	4802	18
永春县锦斗镇	4000	6	13900	2856	8131	4938	24
永春县东关镇	6000	9	9235	6310	6701	4398	24
永春县桂洋镇	7800	8	8753	5078	6985	4435	23
永春县苏坑镇	3000	7	13500	3180	13451	7649	21
永春县仙夹镇	3400	8	9359	6918	6714	4387	12
永春县横口乡	6900	10	7671		3717	1717	27
永春县呈祥乡	1900	3	6206		4049	2224	7
永春县介福乡	3300	3	6474		4830	4280	47

乡镇基本情况

计算单位:公顷、个、人

名　称	行政区域面积	村民委员会	常住人口	城镇建成区总人口	从业人员	二三产业从业人员	工业企业单位
永春县外山乡	3500	4	3750		3748	837	9
德化县浔中镇	6770	11	106000	78346	59226	56245	657
德化县龙浔镇	4040	6	126944	58236	81271	77361	794
德化县三班镇	5600	10	19172	11350	8182	5900	183
德化县龙门滩镇	21560	12	4515	1350	3280	1182	27
德化县雷峰镇	16640	14	5394	2120	4995	1158	32
德化县南埕镇	24110	12	3514	1289	3465	707	13
德化县水口镇	26030	16	5312	3008	5136	1628	23
德化县赤水镇	9100	14	4113	800	3769	649	9
德化县上涌镇	14010	17	8047	3425	7410	4005	20
德化县葛坑镇	12720	12	6038	3316	5695	4186	10
德化县盖德镇	9210	14	8425	2213	7927	3467	34
德化县杨梅乡	10600	7	2384	1800	2234	1157	12
德化县汤头乡	12510	7	3893	2040	3678	1883	12
德化县桂阳乡	12290	9	2456	426	2330	280	11
德化县国宝乡	6340	8	3280	2304	2460	1250	11
德化县美湖乡	9350	8	21295	4113	16375	9815	17
德化县大铭乡	7640	7	1653	1235	1337	385	6
德化县春美乡	13480	7	3680	1651	3092	677	9
石狮市湖滨街道	545		83102	40896	73421	73421	289
石狮市凤里街道	320		67803	67083	57351	57351	266
石狮市灵秀镇	1627	12	124963	124963	84690	83431	1586
石狮市宝盖镇	2600	19	95181	95181	75319	75183	523
石狮市蚶江镇	3847	19	92479	21540	31934	29000	707
石狮市祥芝镇	1600	10	56085	18250	21097	4405	251
石狮市鸿山镇	1515	11	49452	9273	32853	30330	139
石狮市锦尚镇	1450	11	42056	11136	9970	9189	96
石狮市永宁镇	2900	20	57314	20839	33018	21738	187
晋江市青阳街道办事处	1126		51532	51532	37770	37770	148
晋江市梅岭街道办事处	1006		72353	72353	54841	54841	156
晋江市西园街道办事处	2082		39479	39479	35379	31587	320
晋江市罗山街道办事处	2417		65972	65972	37545	28034	333
晋江市新塘街道办事处	1753		65340	52725	43727	39807	337
晋江市灵源街道办事处	2744		57611	57611	52184	50225	187
晋江市安海镇	5403	36	119858	58958	70783	64451	1666
晋江市磁灶镇	5646	24	132610	70464	63692	45847	560
晋江市陈埭镇	3767	24	379639	35054	225639	213832	1650
晋江市东石镇	6483	29	171033	16293	70118	67098	611
晋江市深沪镇	3326	12	102316	43818	70496	60573	460
晋江市金井镇	5667	20	102320	27300	52526	47201	486
晋江市池店镇	2464	24	146909	6790	59753	55346	599
晋江市内坑镇	4752	28	86748	24273	50635	24561	486
晋江市龙湖镇	6355	42	138337	25000	56143	54343	742
晋江市永和镇	4802	24	71224	6755	36178	32768	631
晋江市英林镇	2993	20	106217	58526	58130	58017	716
晋江市紫帽镇	2042	8	17828	10415	7706	6144	42
晋江市西滨镇	209	2	11075	11075	8839	8828	70
南安市溪美街道	3920	6	87898	56272	64808	62272	328
南安市柳城街道	7150	10	83629	24264	61704	53049	188
南安市美林街道	6880	18	78342	27685	60746	53510	329

乡镇基本情况

计算单位:公顷、个、人

名　　称	行政区域面积	村民委员会	常住人口	城镇建成区总人口	从业人员	二三产业从业人员	工业企业单位
南安市省新镇	6100	11	81230	38230	37220	31170	496
南安市仑苍镇	4400	11	112413	47562	40534	35984	987
南安市东田镇	14000	16	43117	8117	26335	22250	143
南安市英都镇	8180	15	54847	29753	32260	27535	465
南安市翔云镇	6900	12	15669	8725	15516	13179	43
南安市金淘镇	11000	22	84468	24960	49342	42582	373
南安市诗山镇	9620	18	75965	24389	53230	47953	497
南安市蓬华镇	4400	9	23596	12214	16932	13743	62
南安市码头镇	10800	24	71723	27000	53313	47285	326
南安市九都镇	10200	10	16234	3395	10688	9243	63
南安市乐峰镇	6500	8	38837	17821	24502	21134	207
南安市罗东镇	6060	12	58975	29856	38785	33610	878
南安市梅山镇	5900	18	107876	55756	44693	38065	900
南安市洪濑镇	8700	18	107121	72897	63254	55367	1021
南安市洪梅镇	4900	10	22572	5437	22187	17864	193
南安市康美镇	6640	12	59670	20055	40931	35400	495
南安市丰州镇	5400	13	37480	29265	26314	21098	298
南安市霞美镇	5600	16	101909	50052	51671	44775	729
南安市官桥镇	12000	22	124013	80812	72024	64204	871
南安市水头镇	12700	28	206226	122760	87450	77256	1361
南安市石井镇	8300	25	106278	52027	56749	51413	1133
南安市眉山乡	5400	13	18470	5600	13069	11197	15
南安市向阳乡	6850	7	13220	2158	8510	6490	18
芗城区浦南镇	6400	19	30004	2300	20037	10137	41
芗城区天宝镇	4500	20	46923	10212	23855	10010	62
芗城区芝山镇	1290	11	32949	27657	23438	22736	417
芗城区石亭镇	4600	24	55395	1685	29807	23265	308
龙文区蓝田镇	3200	8	42779	9069	20079	19974	140
龙文区步文镇	1440	4	41306	24468	24137	22570	60
龙文区朝阳镇	4220	17	38916	8904	18484	14834	213
龙文区郭坑镇	3700	7	18325	2507	9383	7506	70
云霄县云陵镇	1604	4	66754	19728	15923	13236	149
云霄县陈岱镇	5500	18	39251	10465	21841	8721	50
云霄县东厦镇	19700	15	52683	3750	24997	8677	46
云霄县莆美镇	6200	24	53178	18566	22051	9731	55
云霄县列屿镇	10000	12	23578	12965	13908	7487	39
云霄县火田镇	19600	21	56749	1602	26300	8778	49
云霄县下河乡	13734	23	47570		27570	14821	45
云霄县马铺乡	16800	28	32039		16001	4865	17
云霄县和平乡	12500	13	20540		9674	2894	16
漳浦县绥安镇	11724	19	113593	65269	50803	39586	425
漳浦县旧镇镇	11619	28	74976	18125	36829	20454	107
漳浦县佛昙镇	8010	20	55316	11726	29867	10147	78
漳浦县赤湖镇	9211	13	57198	23064	31593	15953	267
漳浦县杜浔镇	15548	16	64088	22181	40997	23835	52
漳浦县霞美镇	10622	19	57204	10819	37487	6442	38
漳浦县官浔镇	7711	9	19968	10075	15662	6212	37
漳浦县石榴镇	20664	18	41853	7080	25001	9624	46
漳浦县盘陀镇	10634	11	27156	6104	15688	5588	42
漳浦县长桥镇	14139	9	15867	3631	10270	2963	55

乡镇基本情况

计算单位:公顷、个、人

名　　称	行政区域面积	村民委员会	常住人口	城镇建成区总人口	从业人员	二三产业从业人员	工业企业单位
漳浦县前亭镇	10189	13	31903	7221	19259	4335	18
漳浦县马坪镇	5264	6	13768	9628	12089	6823	19
漳浦县深土镇	9137	20	53192	16346	33353	15773	38
漳浦县六鳌镇	4587	10	25946	11639	13039	3479	36
漳浦县沙西镇	11935	14	43348	14358	28040	3733	13
漳浦县古雷镇	6413	13	38286	3556	22787	7375	32
漳浦县大南坂镇	4951	14	10045	4756	8930	4438	80
漳浦县南浦乡	10238	9	9763	2811	7590	3184	22
漳浦县赤岭畲族乡	12009	9	12927	2186	9425	5110	72
漳浦县湖西畲族乡	7907	10	21970	6400	16295	5700	22
漳浦县赤土乡	12109	11	18246	3256	14563	5519	13
诏安县南诏镇	928	2	68268	68268	27763	27648	31
诏安县四都镇	10326	20	53747	12016	25414	16913	43
诏安县梅岭镇	3592	15	31460	13400	18780	7280	34
诏安县桥东镇	10734	23	62186	13657	35635	11764	36
诏安县深桥镇	9086	31	71135	16842	44989	23245	206
诏安县太平镇	14877	19	47985	2271	27963	7633	17
诏安县霞葛镇	8053	10	34564	4472	24944	15033	10
诏安县官陂镇	14920	17	52048	13912	30286	7304	9
诏安县秀篆镇	13807	17	38127	17834	28751	15142	65
诏安县金星乡	8436	8	17811		13947	8085	17
诏安县西潭乡	6636	17	46190		28326	17827	23
诏安县白洋乡	5354	15	29114		16678	8718	38
诏安县建设乡	4713	8	12350		5573	3128	12
诏安县红星乡	12965	8	14708		8311	1835	17
诏安县梅洲乡	4938	7	18105		7320	3508	6
长泰县武安镇	11248	24	67852	24891	62384	54568	640
长泰县岩溪镇	20400	11	41536	7672	19341	16257	145
长泰县陈巷镇	26500	16	48441	4870	27958	18798	1068
长泰县枋洋镇	20300	14	37112	1678	24612	18436	603
长泰县坂里乡	11560	6	13310		5140	1964	18
东山县西埔镇	3903	13	49413	24246	27884	23563	90
东山县樟塘镇	2113	9	16236	3758	12116	7092	26
东山县康美镇	2120	8	22136	944	12968	7851	53
东山县杏陈镇	3278	10	27982	7632	15483	9456	31
东山县陈城镇	5020	13	33971	5092	18088	9611	46
东山县前楼镇	2037	7	12952	1787	10100	5434	9
东山县铜陵镇	629	1	54210	54210	31560	24711	111
南靖县山城镇	22500	27	95331	64657	48440	35719	186
南靖县丰田镇	5900	6	12164	2968	5947	4555	104
南靖县靖城镇	14000	25	68311	7241	46983	36086	129
南靖县龙山镇	30500	23	27460	16400	18490	9560	87
南靖县金山镇	23400	19	30599	21064	16954	8883	84
南靖县和溪镇	17600	14	19132	1452	11001	5291	55
南靖县奎洋镇	16100	12	13464	1284	9826	7439	52
南靖县梅林镇	10900	9	13168	672	6745	3129	31
南靖县书洋镇	18100	18	24387	1067	12712	3887	41
南靖县船场镇	20400	19	20694	1441	10815	3699	59
南靖县南坑镇	16800	11	12415	1193	7845	2434	33
平和县小溪镇	13719	23	97925	49982	45851	16467	97

乡镇基本情况

计算单位：公顷、个、人

名　　称	行政区域面积	村民委员会	常住人口	城镇建成区总人口	从业人员	二三产业从业人员	工业企业单位
平和县山格镇	17772	13	42584	11805	24831	12666	41
平和县文峰镇	24611	9	14134	3930	8178	2710	67
平和县南胜镇	12720	11	23307	10756	14650	7408	6
平和县坂仔镇	13370	14	39190	15147	17967	6714	11
平和县安厚镇	12234	22	50213	7013	27934	17654	13
平和县大溪镇	13930	25	40615	15307	20831	10667	5
平和县霞寨镇	20390	26	43212	14321	21076	12876	25
平和县九峰镇	20353	25	35951	11913	28247	12615	30
平和县芦溪镇	30740	17	34381	6411	23020	13788	14
平和县五寨乡	9178	9	16620		8220	4391	12
平和县国强乡	14409	14	21350		10792	4450	16
平和县崎岭乡	12799	13	21611		8665	3060	8
平和县长乐乡	6000	9	6780		5277	1470	2
平和县秀峰乡	8742	10	8978		6093	2478	2
华安县华丰镇	16740	17	41640	20007	13313	11114	852
华安县丰山镇	6400	14	20570	5546	14069	9724	120
华安县沙建镇	23120	13	24912	7004	11110	6333	171
华安县新圩镇	21440	10	11355	1245	6293	3511	91
华安县高安镇	10300	7	12087	4016	4397	2670	35
华安县仙都镇	13760	13	29361	1204	17177	6765	130
华安县高车乡	7480	3	6224		2902	1396	38
华安县马坑乡	11650	6	5668		1876	901	18
华安县湖林乡	16870	8	9444		4726	1429	46
龙海市石码镇	443	4	66082	66082	38662	37597	45
龙海市海澄镇	7037	19	78269	14344	39277	24333	520
龙海市角美镇	16045	31	193516	80251	120173	102184	860
龙海市白水镇	7223	15	35912	5905	20130	11615	35
龙海市浮宫镇	7792	19	54510	10630	28359	11335	227
龙海市程溪镇	27016	20	41484	5054	20628	9698	118
龙海市港尾镇	11344	15	55380	6078	41429	30159	209
龙海市九湖镇	11778	23	62315	4792	31529	27614	182
龙海市颜厝镇	5060	20	64825	6514	41925	33456	306
龙海市榜山镇	9264	20	88906	21863	56387	44934	241
龙海市紫泥镇	7635	15	61366	5675	31421	18647	233
龙海市东园镇	3511	14	40921	1486	27460	17379	105
龙海市东泗乡	5805	14	24533		13488	6526	80
龙海市隆教畲族乡	7867	10	26418		9949	5865	76
延平区来舟镇	6800	7	6987	4978	4094	3665	103
延平区樟湖镇	19800	14	23671	10428	11000	6845	416
延平区夏道镇	15000	19	32947	10983	16092	8418	95
延平区西芹镇	25100	20	24940	9315	17516	9830	185
延平区峡阳镇	17600	22	18406	11169	13356	7219	50
延平区南山镇	19700	26	28521	11687	14883	7098	82
延平区大横镇	19300	19	19456	6580	11623	4917	86
延平区王台镇	22100	19	23025	4290	13093	6484	35
延平区太平镇	22500	14	18651	3360	10638	5470	61
延平区塔前镇	15400	14	19088	4481	11892	4870	22
延平区茫荡镇	20500	19	14273	1367	6968	4326	30
延平区洋后镇	11000	10	13053	6800	9370	4017	35
延平区炉下镇	9200	10	13896	3172	6942	3220	127

乡镇基本情况

计算单位:公顷、个、人

名　　称	行政区域面积	村民委员会	常住人口	城镇建成区总人口	从业人员	二三产业从业人员	工业企业单位
延平区巨口乡	13600	11	14004		7186	4921	28
延平区赤门乡	11150	9	11987		6358	3375	12
顺昌县双溪街道	17600	12	42701	30277	30027	19908	61
顺昌县建西镇	13000	9	16820	6371	10382	5727	44
顺昌县洋口镇	14100	14	8764	3473	7579	4475	154
顺昌县元坑镇	17000	13	15954	6293	7113	3465	41
顺昌县埔上镇	20000	12	14071	9657	11704	4807	41
顺昌县大历镇	8800	8	5541	2849	5112	1900	8
顺昌县大干镇	21120	13	10247	3742	7731	2714	16
顺昌县仁寿镇	17600	8	11754	5746	6809	1805	11
顺昌县洋墩乡	13400	10	7509		6459	2038	5
顺昌县郑坊乡	13900	7	9596		5994	2273	64
顺昌县岚下乡	20800	10	15820		13217	4805	30
顺昌县高阳乡	22800	14	14241		13155	2458	34
浦城县南浦街道	1620	5	34076	13630	28076	27397	31
浦城县河滨街道	2360	3	40322	10080	24723	24103	14
浦城县富岭镇	39592	28	29819	5523	25966	12983	19
浦城县石陂镇	28060	23	40302	9785	34578	13000	402
浦城县临江镇	11429	16	19878	4723	14003	2768	48
浦城县仙阳镇	23924	23	22253	17802	14886	9955	178
浦城县水北街镇	34990	24	22470	3825	12778	5836	11
浦城县永兴镇	20790	20	14317	2320	11557	519	17
浦城县忠信镇	41370	23	16397	4680	15697	10344	119
浦城县莲塘镇	15441	21	28181	7056	18821	10041	46
浦城县九牧镇	15501	11	19553	3359	19102	6017	20
浦城县万安乡	7962	10	12808		7828	860	13
浦城县古楼乡	20750	12	12315		11980	1045	30
浦城县山下乡	10964	9	10926		8213	3628	8
浦城县枫溪乡	5610	7	6925		5451	1428	7
浦城县濠村乡	12850	7	8351		3882	1127	4
浦城县管厝乡	22912	19	21568		14490	1624	7
浦城县盘亭乡	11735	14	16426		7113	4277	13
浦城县官路乡	10130	10	11926		7460	4382	293
光泽县杭川镇	729		39456	36107	24790	24713	98
光泽县寨里镇	68713	16	20742	1667	9696	2725	27
光泽县止马镇	16001	10	16780	3719	8802	4049	10
光泽县鸾凤乡	32943	15	17521		14039	3947	74
光泽县崇仁乡	13638	8	12862		7324	2469	35
光泽县李坊乡	19608	10	12608		7553	1456	5
光泽县华桥乡	30486	12	20504		11973	3521	12
光泽县司前乡	41900	14	21056		10562	3252	17
松溪县松源街道	7600	6	43121	40360	6007	3344	47
松溪县郑墩镇	17350	15	18100	5058	10474	3940	88
松溪县渭田镇	17950	19	21500	4283	14060	4410	71
松溪县河东乡	5290	6	14000		8810	3940	86
松溪县茶平乡	8420	10	15177		6988	1618	57
松溪县旧县乡	13700	12	12200		8890	2505	82
松溪县溪东乡	8220	11	11600		7102	3950	145
松溪县花桥乡	16520	12	13000		7513	1880	49
松溪县祖墩乡	9650	11	9200		6873	2314	68

乡镇基本情况

计算单位：公顷、个、人

名　　称	行政区域面积	村民委员会	常住人口	城镇建成区总人口	从业人员	二三产业从业人员	工业企业单位
政和县熊山街道	2600	3	48650	46850	16310	11100	73
政和县东平镇	21800	12	26830	11365	12685	5790	75
政和县石屯镇	15100	9	22995	6085	11350	7150	52
政和县铁山镇	13300	14	22403	7196	11409	3810	81
政和县镇前镇	23400	22	28956	4096	16410	2760	42
政和县星溪乡	20600	11	16399		11501	4350	69
政和县外屯乡	15300	9	13691		8636	2536	18
政和县杨源乡	24200	15	19901		9047	3923	16
政和县澄源乡	27100	22	29750		16100	5300	11
政和县岭腰乡	12200	7	10562		5205	1515	66
邵武市昭阳街道办事处	800		32284	31899	16788	15158	1
邵武市通泰街道办事处	1700	1	33983	33350	18278	18038	46
邵武市水北街道办事处	700		23190	23190	11917	11576	36
邵武市晒口街道办事处	5740	2	7408	6477	3542	2738	17
邵武市城郊镇	21100	9	15824	1537	8498	4709	79
邵武市水北镇	51300	11	15580	64	11649	5114	55
邵武市下沙镇	9300	5	8815	1251	4583	2251	27
邵武市卫闽镇	10600	6	8141	2590	3188	975	12
邵武市沿山镇	25700	13	16704	3689	8326	1844	21
邵武市拿口镇	34800	13	20837	8417	12697	8230	31
邵武市洪墩镇	14000	8	9316	2889	6630	2458	47
邵武市大埠岗镇	19200	11	14377	3810	7386	3246	4
邵武市和平镇	13400	10	7963	2345	5934	2070	23
邵武市肖家坊镇	10800	11	13825	2420	7619	4060	3
邵武市大竹镇	12500	6	8720	1667	6523	4557	5
邵武市吴家塘镇	11900	5	9090	1537	5439	3354	11
邵武市桂林乡	15600	8	10706		7487	5075	6
邵武市张厝乡	13600	6	5137		4954	1940	11
邵武市金坑乡	13200	8	5812		3125	141	1
武夷山市崇安街道	9122	7	51388	12250	31572	27863	118
武夷山市新丰街道	4390	3	38332	8750	17866	16381	85
武夷山市武夷街道	24012	12	44063	10500	14563	5504	190
武夷山市星村镇	66803	15	23226	6204	11424	4947	198
武夷山市兴田镇	33039	14	25827	4462	20006	4430	95
武夷山市五夫镇	17721	11	9589	3790	8920	2084	35
武夷山市上梅乡	23973	11	9074	3000	7543	3861	15
武夷山市吴屯乡	24316	17	13564	4000	12999	3498	22
武夷山市岚谷乡	28668	15	10543	4200	9102	2357	19
武夷山市洋庄乡	47347	10	10615	1850	8816	2175	136
建瓯市建安街道	3049	3	26352	19520	16642	15010	15
建瓯市通济街道	4409	3	13554	10554	502	502	84
建瓯市瓯宁街道	2982	2	37616	36811	12963	12358	257
建瓯市芝山街道	3085	3	47026	45026	22280	21967	51
建瓯市徐墩镇	35878	16	35868	7290	14780	5160	85
建瓯市吉阳镇	19921	12	25578	8166	17802	5115	41
建瓯市房道镇	24475	20	22580	7043	19440	9335	67
建瓯市南雅镇	39800	21	35714	7512	24511	8067	70
建瓯市迪口镇	37200	17	24440	4433	14972	5762	26
建瓯市小桥镇	29872	13	32702	7250	20650	9900	57
建瓯市玉山镇	32447	12	24498	5538	14575	4901	87

乡镇基本情况

计算单位：公顷、个、人

名称	行政区域面积	村民委员会	常住人口	城镇建成区总人口	从业人员	二三产业从业人员	工业企业单位
建瓯市东游镇	42000	18	29850	12570	21751	9790	63
建瓯市东峰镇	30260	19	41427	12219	24720	6384	105
建瓯市小松镇	23920	14	30076	3082	11854	5222	21
建瓯市顺阳乡	17200	6	9193		6404	1356	23
建瓯市水源乡	29920	12	23937		14362	2520	92
建瓯市川石乡	27400	14	23766		17571	5530	18
建瓯市龙村乡	20800	12	13018		10490	3594	44
建阳市潭城街道	13122	8	65349		30416	26877	79
建阳市童游街道	20735	12	59252		25197	20841	141
建阳市将口镇	19460	13	19810	5337	13039	7018	146
建阳市徐市镇	27680	16	23556	5092	15660	6481	63
建阳市莒口镇	36000	16	22065	5866	14180	4380	158
建阳市麻沙镇	47100	23	33894	9858	19700	6534	308
建阳市黄坑镇	37150	11	12348	2980	6502	3137	54
建阳市水吉镇	27800	29	33894	12886	21429	9813	211
建阳市漳墩镇	30400	24	28234	3184	13548	3420	78
建阳市小湖镇	23720	16	18385	3731	10131	2481	28
建阳市崇雒乡	12880	6	10810		5246	1872	63
建阳市书坊乡	21920	8	10761		3986	1516	18
建阳市回龙乡	19970	12	13524		7112	1392	51
新罗区红坊镇	9240	19	26276	7382	11527	6765	51
新罗区适中镇	30180	22	37236	25750	15449	10889	172
新罗区雁石镇	30670	33	43312	21288	14109	9144	42
新罗区白沙镇	42390	31	23576	11280	12746	7791	56
新罗区万安镇	36400	20	7842	1357	6919	2122	33
新罗区大池镇	10730	13	11718	1875	5459	2797	33
新罗区小池镇	10150	13	13181	8722	6215	4066	36
新罗区江山镇	24190	16	9220	4932	4583	1926	30
新罗区岩山乡	10100	13	3173	1275	2493	1530	16
新罗区苏坂乡	11800	16	10008	505	7193	3286	17
长汀县汀州镇	2900		149768	149768	91695	91695	136
长汀县大同镇	18340	30	53120	21125	21960	16990	59
长汀县古城镇	23600	17	12910	7274	7275	5380	35
长汀县新桥镇	13340	20	15520	7375	14546	9180	28
长汀县馆前镇	16610	14	6927	3565	6526	3005	11
长汀县童坊镇	24490	24	13790	5488	10257	8012	4
长汀县河田镇	31580	31	43300	18467	20874	14353	55
长汀县南山镇	22600	21	15613	3611	12701	5856	14
长汀县濯田镇	34860	40	22544	11212	20577	12010	12
长汀县四都镇	34030	18	6678	3641	4013	2640	17
长汀县涂坊镇	16690	15	14757	8577	12824	10300	15
长汀县策武镇	16670	14	13320	6255	10609	6657	305
长汀县三洲镇	3900	8	7217	4389	6072	4147	10
长汀县铁长乡	7540	4	3300	812	3074	1789	3
长汀县庵杰乡	6250	5	3920	2168	3645	2600	18
长汀县宣成乡	9200	8	6175	1475	5006	2831	4
长汀县红山乡	20600	11	3928	1070	3427	2815	3
长汀县羊牯乡	6700	10	3213	1098	2948	2158	5
永定县凤城镇	3160		58792	58792	31103	25378	55
永定县坎市镇	6410	6	28153	19825	21372	11888	43

乡镇基本情况

计算单位：公顷、个、人

名　　称	行政区域面积	村民委员会	常住人口	城镇建成区总人口	从业人员	二三产业从业人员	工业企业单位
永定县下洋镇	17890	20	25442	11077	17753	8968	29
永定县湖雷镇	16090	27	21163	6010	19817	11894	11
永定县高陂镇	9960	11	41399	9563	31623	24597	54
永定县抚市镇	12950	17	27335	8039	20899	12219	38
永定县湖坑镇	9610	16	11482	6486	10455	7264	12
永定县培丰镇	10530	11	33762	5530	21980	14147	13
永定县龙潭镇	8170	7	14011	4694	8785	4464	17
永定县峰市镇	7570	9	4108	2094	3608	2200	4
永定县城郊乡	9540	14	8712	2464	7321	3476	11
永定县西溪乡	3530	7	2850	424	2213	1180	14
永定县金砂乡	5130	7	3679	1038	3189	1330	6
永定县仙师乡	14700	16	11190	4800	10450	3872	6
永定县洪山乡	11760	9	7169	5363	4317	2685	34
永定县湖山乡	12460	9	5536	1485	4736	2056	15
永定县岐岭乡	7520	14	7778	7618	6658	2019	9
永定县古竹乡	6560	9	6319	2025	5881	3301	2
永定县堂堡乡	7220	10	5872	3979	5073	2059	62
永定县合溪乡	11000	13	5836	1251	5182	1388	28
永定县虎岗乡	12600	6	12241	1600	10674	7670	9
永定县大溪乡	7520	8	6246	3797	5734	3486	3
永定县陈东乡	7520	10	6971	2131	6077	3523	4
永定县高头乡	3000	5	5219	4200	4274	2368	3
上杭县临江镇	1120		32023	7080	20235	20119	21
上杭县临城镇	19820	20	74458	1257	46349	38717	90
上杭县中都镇	15000	20	10922	1294	9225	5353	24
上杭县蓝溪镇	7800	12	11196	8699	9542	4525	12
上杭县稔田镇	14760	18	12636	6425	10891	4549	27
上杭县白砂镇	19600	22	16533	9550	14539	4629	22
上杭县古田镇	22700	21	16853	3210	14416	8779	219
上杭县才溪镇	11600	14	17888	14075	15305	9220	12
上杭县南阳镇	22670	20	30451	6385	26239	17088	10
上杭县蛟洋镇	22800	25	20797	8630	17137	13518	56
上杭县旧县镇	16000	19	24331	2813	20714	16028	19
上杭县湖洋镇	12500	22	16560	4744	13296	8371	31
上杭县溪口镇	15300	11	7203	2170	6230	3249	32
上杭县下都乡	9980	11	7284	2700	6300	3656	3
上杭县庐丰畲族乡	12400	14	17012	3139	14513	4083	11
上杭县太拔乡	14040	16	9305	3423	7943	3350	16
上杭县茶地乡	8140	13	4657	1638	3952	1715	19
上杭县泮境乡	5100	7	2996	1400	2550	1450	21
上杭县步云乡	13300	10	3054	708	2558	1344	25
上杭县通贤乡	7260	13	14318	5365	12309	8877	5
上杭县官庄畲族乡	9000	18	16333	6000	14058	10290	37
上杭县珊瑚乡	5000	5	4190	3025	3522	2171	5
武平县平川镇	3300	5	53988	53988	18515	16660	55
武平县中山镇	19100	11	18681	7842	10884	7173	34
武平县岩前镇	18500	16	29578	6135	17127	8578	99
武平县十方镇	15600	19	29768	17985	18366	9420	47
武平县中堡镇	17600	21	18775	7440	16476	10855	30
武平县桃溪镇	17800	15	25700	7477	13060	9746	38

乡镇基本情况

计算单位：公顷、个、人

名　　称	行政区域面积	村民委员会	常住人口	城镇建成区总人口	从业人员	二三产业从业人员	工业企业单位
武平县城厢镇	16300	16	27000	1659	11570	3760	90
武平县万安乡	11200	6	12351	5478	5532	3546	17
武平县东留乡	31500	18	21978	1763	8997	4670	24
武平县民主乡	10800	6	5942	2752	3039	1309	13
武平县下坝乡	9500	9	4758	3000	4162	2179	12
武平县中赤乡	11300	7	11648	3452	5651	3270	15
武平县象洞乡	12800	11	15776	4800	8291	4159	14
武平县武东乡	13700	20	31934	6115	21068	11978	34
武平县永平乡	25600	15	21882	2462	10222	6133	30
武平县湘店乡	10400	6	11901	3365	7070	3970	5
武平县大禾乡	18800	13	13285	2877	7665	2700	14
连城县莲峰镇	3630	13	59436	59436	20224	16822	63
连城县北团镇	11650	19	23868	8762	9670	6380	25
连城县姑田镇	30660	14	21182	11852	12332	4502	32
连城县朋口镇	21130	21	20471	14436	12709	9413	150
连城县莒溪镇	36630	21	19668	4650	12985	9590	65
连城县新泉镇	18760	19	31239	11720	18700	6100	43
连城县庙前镇	17060	15	31281	9676	14272	9132	67
连城县文亨镇	23640	22	31207	4336	16640	10184	36
连城县揭乐乡	8660	9	9382	4842	4216	1547	13
连城县塘前乡	10020	6	5150	1564	2368	1320	14
连城县隔川乡	3080	8	10502	7168	4976	2064	19
连城县四堡乡	5890	9	17780	3140	8728	4628	31
连城县罗坊乡	8280	9	8950	2150	6371	2220	17
连城县林坊乡	5170	15	13626	7120	5551	2811	6
连城县曲溪乡	15790	9	5320	1891	3200	1380	31
连城县赖源乡	27480	7	5587	1225	2916	1484	29
连城县宣和乡	10080	13	14620	2965	6900	1780	33
漳平市菁城街道	1890		54753	51026	28415	27897	62
漳平市桂林街道	9381	4	29949	14500	17406	14425	31
漳平市新桥镇	49200	23	24494	3604	19705	3326	16
漳平市双洋镇	27230	12	8803	3906	6582	1814	21
漳平市永福镇	53550	27	34377	12033	23005	6271	36
漳平市溪南镇	26000	16	15107	2310	10108	2224	23
漳平市和平镇	8300	7	9320	3534	7316	4480	32
漳平市拱桥镇	9970	8	5511	842	4324	1165	24
漳平市象湖镇	17000	13	8723	2031	6795	555	46
漳平市赤水镇	18400	9	6808	3093	4906	1626	14
漳平市芦芝乡	13300	4	11067	1203	6117	2820	29
漳平市西园乡	7600	9	10761	7012	7587	3315	15
漳平市南洋乡	9600	9	5277	2044	3329	462	18
漳平市官田乡	16750	12	5749	276	3481	1885	125
漳平市吾祠乡	12500	9	4206	440	2273	803	17
漳平市灵地乡	11200	11	5289	1215	3577	588	11
蕉城区城南镇	3400	12	45038	21813	21974	19728	62
蕉城区漳湾镇	5500	25	42600	7868	24000	9810	96
蕉城区七都镇	7800	19	20141	12163	11947	5858	33
蕉城区八都镇	10500	25	11189	3725	6686	2331	12
蕉城区九都镇	9000	13	6122	1451	3197	1566	12
蕉城区霍童镇	16600	25	23220	14580	11673	5034	34

乡镇基本情况

计算单位：公顷、个、人

名　　称	行政区域面积	村民委员会	常住人口	城镇建成区总人口	从业人员	二三产业从业人员	工业企业单位
蕉城区赤溪镇	16800	26	12177	7151	6758	2174	25
蕉城区洋中镇	16300	33	14869	3351	8134	2272	84
蕉城区飞鸾镇	10300	19	23967	2855	11904	7637	46
蕉城区三都镇	16200	27	28542	3235	13703	3627	16
蕉城区金涵畲族乡	6200	16	28264	16800	14419	10067	156
蕉城区洪口乡	10400	10	2112	610	1422	512	3
蕉城区石后乡	6000	14	5362	2339	2645	966	13
蕉城区虎贝乡	15500	17	12962	3868	6407	3036	34
霞浦县松城街道	5877	6	125862	108273	62868	55043	112
霞浦县松港街道	12928	25	64598	26727	22740	16002	150
霞浦县长春镇	20190	27	41882	7456	20347	8512	53
霞浦县牙城镇	11480	25	26756	16756	14327	8502	92
霞浦县溪南镇	14940	24	38235	10957	22899	11635	114
霞浦县沙江镇	13710	20	32051	3688	17314	6182	109
霞浦县下浒镇	10080	21	26821	20273	15728	8069	85
霞浦县三沙镇	6550	27	35890	31238	17950	11015	71
霞浦县盐田畲族乡	15380	22	18311		9624	3768	52
霞浦县水门畲族乡	14950	23	10260		5830	3840	31
霞浦县崇儒畲族乡	14210	27	10538		6205	2928	24
霞浦县柏洋乡	17300	28	10035		6603	3011	10
霞浦县北壁乡	7150	11	13751		8231	2387	10
霞浦县海岛乡	3090	6	7055		3222	1027	16
古田县城东街道办事处	11253	18	35521	24247	21312	13840	80
古田县城西街道办事处	14950	24	46279	39033	27767	21491	68
古田县平湖镇	14685	29	33071	7754	19843	7159	70
古田县大桥镇	20200	36	30944	6928	18566	8273	48
古田县黄田镇	21200	16	21430	11581	12858	6224	45
古田县鹤塘镇	26068	23	30761	12747	18457	14107	222
古田县杉洋镇	25896	22	24284	8361	14570	3689	36
古田县凤都镇	16427	17	20148	6752	12089	3076	27
古田县水口镇	12188	6	8166	3754	4899	2171	18
古田县大甲镇	11114	16	14067	4375	8440	3261	38
古田县吉巷乡	20144	24	27269	4972	16361	4452	33
古田县泮洋乡	14533	15	8133	1078	4880	1668	12
古田县凤埔乡	19581	13	13956	5503	8374	3296	22
古田县卓洋乡	9461	16	12370	2810	7422	2217	20
屏南县古峰镇	2000		44082	36586	26449	22482	73
屏南县双溪镇	18300	14	9524	4320	5714	1200	11
屏南县黛溪镇	15000	22	14141	2013	8485	1782	30
屏南县长桥镇	14200	18	11501	3410	6901	1449	38
屏南县屏城乡	14300	12	7000		4200	882	49
屏南县棠口乡	16400	17	13404		8042	1689	33
屏南县甘棠乡	11700	17	9977		5986	1257	12
屏南县熙岭乡	10200	16	8318		4991	1048	12
屏南县路下乡	16600	11	6413		3848	808	45
屏南县寿山乡	10600	14	4582		2749	577	5
屏南县岭下乡	15200	11	7058		4235	890	8
寿宁县鳌阳镇	4800	3	53679	35616	33800	31497	39
寿宁县斜滩镇	15700	15	15568	11325	10341	4396	289
寿宁县南阳镇	12200	20	18025	13122	10982	5354	438

乡镇基本情况

计算单位:公顷、个、人

名　　称	行政区域面积	村民委员会	常住人口	城镇建成区总人口	从业人员	二三产业从业人员	工业企业单位
寿宁县武曲镇	6000	12	8257	3561	4991	2396	59
寿宁县犀溪镇	13000	12	8791	3626	5555	2531	68
寿宁县大安乡	11100	16	6761		4091	331	94
寿宁县坑底乡	19200	20	10317		5835	355	20
寿宁县清源乡	7900	16	10157		6422	1385	118
寿宁县竹管垅乡	4000	9	4429		2921	954	29
寿宁县芹洋乡	8600	17	7756		4803	408	27
寿宁县托溪乡	12200	15	6596		4007	1004	56
寿宁县平溪乡	12400	18	14206		7171	1548	8
寿宁县凤阳乡	8600	13	8502		5317	1635	7
寿宁县下党乡	6800	10	2530		1422	626	49
周宁县狮城镇	5800	8	24495	21295	14736	11465	141
周宁县咸村镇	16400	23	14487	11737	9248	5652	117
周宁县浦源镇	10600	17	15399	5358	9671	5281	39
周宁县七步镇	11500	20	10324	2632	5306	1007	36
周宁县李墩镇	8900	10	9011	4539	5396	3235	15
周宁县纯池镇	20800	18	13416	5234	8100	4351	33
周宁县泗桥乡	10000	12	9053		4856	2178	31
周宁县礼门乡	13400	17	7567		4540	2290	33
周宁县玛坑乡	7300	15	7148		4294	1752	47
柘荣县双城镇	1070	1	39983	19632	8404	7812	241
柘荣县富溪镇	4840	11	5524	1780	3425	2022	35
柘荣县城郊乡	7190	15	9947		5534	1592	56
柘荣县乍洋乡	7990	13	5098		3059	1806	44
柘荣县东源乡	12260	18	9945		6066	3582	37
柘荣县黄柏乡	7560	16	4895		2594	1532	29
柘荣县宅中乡	3470	9	3403		1770	1045	17
柘荣县楮坪乡	4850	15	6111		3238	1912	72
柘荣县英山乡	5170	14	3683		1952	1153	27
福安市城南街道	697	1	37477	37477	16806	16773	166
福安市城北街道	597		63375	63375	28580	28558	290
福安市阳头街道	352		35207	35207	15869	15856	209
福安市罗江街道办事处	2406	8	16000	11800	7239	3599	135
福安市赛岐镇	7723	24	52877	23876	23793	19908	135
福安市穆阳镇	1257	2	14135	14135	6370	4419	38
福安市上白石镇	7935	21	18445	3950	8315	6123	18
福安市潭头镇	16764	29	30567	3910	13801	7381	15
福安市社口镇	10163	24	18833	5036	8515	3088	57
福安市晓阳镇	9600	10	6687	4473	3036	344	15
福安市溪潭镇	11526	34	20829	4300	10198	4791	42
福安市甘棠镇	9123	32	36322	19863	16314	11835	138
福安市下白石镇	11724	41	30546	16532	13768	9728	60
福安市溪尾镇	6451	14	10578	3465	4785	2008	5
福安市溪柄镇	12955	24	23196	6532	10528	5185	49
福安市湾坞镇	11630	24	28099	6326	12632	8550	59
福安市城阳镇	16144	31	34112	18250	15301	10772	548
福安市坂中畲族乡	7646	19	31191	15350	13993	10477	310
福安市范坑乡	11354	17	13591	4153	6151	5040	9
福安市穆云畲族乡	11882	33	15101	5477	6831	2657	18
福安市康厝畲族乡	11357	32	20546	6877	9295	6352	35

乡镇基本情况

计算单位:公顷、个、人

名　　称	行政区域面积	村民委员会	常住人口	城镇建成区总人口	从业人员	二三产业从业人员	工业企业单位
福安市松罗乡	8714	19	10786	5235	4844	2303	23
福鼎市桐山街道	3996	5	54384	33217	20115	18633	719
福鼎市桐城街道	6505	15	96306	66476	31811	24467	338
福鼎市山前街道	3313	10	28568	27071	16749	13185	196
福鼎市贯岭镇	7885	12	20303	5178	11013	7450	52
福鼎市前岐镇	9900	19	38953	23165	22795	14270	61
福鼎市沙埕镇	3800	19	23943	9548	14065	5887	9
福鼎市店下镇	15500	22	53980	11627	31063	19204	147
福鼎市太姥山镇	11400	26	56042	28576	27947	17844	120
福鼎市磻溪镇	22400	18	20786	4526	11586	5657	38
福鼎市白琳镇	13030	20	30168	13138	17616	10526	286
福鼎市点头镇	12000	18	34650	21535	20546	12805	94
福鼎市管阳镇	19763	27	33451	8167	19988	10056	53
福鼎市嵛山镇	2600	5	3587	443	2109	1303	4
福鼎市硖门畲族乡	5600	9	15016		8610	4015	43
福鼎市叠石乡	7967	14	13403		7923	4937	17
福鼎市佳阳乡	7313	12	10512		6242	3109	5
江西省							
西湖区桃花镇	1800	12	38625	26916	20815	20815	25
青云谱区青云谱镇	1953	12	51940	5236	26830	25918	231
湾里区招贤镇	9250	19	21185	1756	9334	4206	44
湾里区梅岭镇	3870	7	10650	1898	4970	2910	13
湾里区罗亭镇	3574	5	8651	876	4185	2481	7
湾里区太平镇	4739	9	10816	1620	5724	2586	3
青山湖区京东镇	780	10	81253	59315	37960	37820	103
青山湖区罗家镇	4600	18	56402	9185	17500	11900	291
青山湖区湖坊镇	750	15	165487	165487	90731	90721	244
青山湖区塘山镇	1920	9	69523	69523	22522	22504	140
青山湖区扬子洲镇	1820	15	25509	11890	11490	1518	29
青山湖区蛟桥镇(南昌经济技术开发区)	6800	13	166856	118446	84327	79784	301
南昌县莲塘镇	2874	9	144173	52827	62795	41419	192
南昌县向塘镇	15517	19	119075	76415	78207	56389	145
南昌县三江镇	3257	9	30856	9112	14976	7197	16
南昌县塘南镇	13031	23	45765	8156	32891	14992	33
南昌县幽兰镇	10410	29	50730	7156	31509	16510	28
南昌县蒋巷镇	26611	17	73446	13125	63388	46367	79
南昌县武阳镇	5984	16	47800	4978	21197	8761	81
南昌县冈上镇	9822	12	46669	1782	23523	9477	40
南昌县广福镇	6281	14	34401	4928	18970	11879	20
南昌县昌东镇(南昌高新开发区)	13200	25	117745	14411	62785	41604	92
南昌县麻丘镇(南昌高新开发区)	6523	16	47673	5108	27083	12931	22
南昌县泾口乡	12203	23	51245	3800	30096	5900	16
南昌县南新乡	12507	21	52161	12000	30941	9482	17
南昌县塔城乡	9178	10	33818	1541	16955	8051	10
南昌县黄马乡	7880	13	30655	2991	14702	7396	15
南昌县富山乡	4327	7	23702		10996	3991	6
南昌县东新乡	3512	6	55290	15105	26920	23349	64
南昌县八一乡	4121	15	36728		17066	10657	146
新建县长堎镇	2400	3	142185	15525	101020	79668	4982
新建县望城镇	5600	9	16217	2893	6951	5461	91

乡镇基本情况

计算单位：公顷、个、人

名　　称	行政区域面积	村民委员会	常住人口	城镇建成区总人口	从业人员	二三产业从业人员	工业企业单位
新建县生米镇(红谷滩新区)	12000	18	41416	4303	22070	7980	196
新建县西山镇	12870	18	40779	10000	18388	5944	21
新建县石岗镇	13635	24	54685	9095	21778	9350	40
新建县松湖镇	8890	16	32322	2180	19059	2484	80
新建县樵舍镇	11200	20	39474	8320	20310	4613	390
新建县乐化镇	5007	9	25244	3680	10822	5600	140
新建县溪霞镇	7840	15	29850	5610	15694	6365	343
新建县象山镇	8175	20	22863	5432	16522	4133	182
新建县石埠镇	6523	12	34646	6428	18241	3655	198
新建县联圩镇	10200	25	37302	2001	14919	2383	50
新建县流湖乡	12468	27	45903	7655	23011	8632	90
新建县厚田乡	7700	18	19220		11665	5879	59
新建县金桥乡	4700	15	26021		11545	6632	20
新建县铁河乡	5130	7	12368		4431	531	2
新建县大塘坪乡	9450	18	30098		14370	5733	81
新建县昌邑乡	5380	13	23810		13541	4216	15
新建县南矶乡	30000	3	3380		2787	922	2
安义县龙津镇	3840	8	69889	56190	37467	33547	40
安义县万埠镇	5480	16	18521	3622	10259	5069	32
安义县石鼻镇	10800	17	22338	10131	14734	8112	39
安义县鼎湖镇	3900	14	34885	3951	14637	11513	19
安义县长埠镇	6250	9	8927	1305	8927	6309	20
安义县东阳镇	9279	11	23029	1680	9256	6500	19
安义县黄洲镇	6260	6	17593	1548	13216	10412	11
安义县乔乐乡	5110	5	16709	420	7430	4450	6
安义县长均乡	5200	9	14450	200	6676	5056	7
安义县新民乡	11950	10	12760	480	4696	1878	44
进贤县民和镇	15246	22	183085	133120	81369	73527	680
进贤县李渡镇	4523	14	47970	19163	30539	17939	127
进贤县温圳镇	5674	15	48958	15026	24613	16612	121
进贤县文港镇	5575	15	36361	21381	26572	20166	109
进贤县梅庄镇	8732	12	41052	7956	18374	12365	127
进贤县张公镇	5015	12	30571	2413	15207	6269	96
进贤县罗溪镇	5454	11	33452	3730	17399	11377	374
进贤县架桥镇	5205	10	30811	4965	15343	7453	161
进贤县前坊镇	8661	12	28990	6410	19437	11305	341
进贤县三里乡	13720	17	44914		22716	13064	120
进贤县二塘乡	5602	9	16248		8878	3272	47
进贤县钟陵乡	13170	14	23365		17167	6135	16
进贤县池溪乡	9821	10	20897		12001	8986	5
进贤县南台乡	6867	9	20305		9969	7019	66
进贤县三阳集乡	5209	10	28292		18594	8374	72
进贤县七里乡	6481	16	18566		18515	12279	220
进贤县下埠集乡	11688	12	34971		31433	17327	122
进贤县衙前乡	7469	9	9006		9774	4844	187
进贤县白圩乡	10875	13	31246		16406	8749	16
进贤县长山晏乡	5687	10	21024		10915	7840	99
进贤县泉岭乡	5109	11	30214		15110	8518	192
昌江区竟成镇	5127	15	36232	11540	28562	23430	2106
昌江区鲇鱼山镇	14000	14	36407	10717	16492	10400	227

乡镇基本情况

计算单位:公顷、个、人

名　　称	行政区域面积	村民委员会	常住人口	城镇建成区总人口	从业人员	二三产业从业人员	工业企业单位
昌江区丽阳乡	6867	10	17233	6017	10261	5050	60
昌江区荷塘乡	6300	4	5239	420	2881	1671	8
昌江区吕蒙乡	2790	5	11940		6517	5867	191
浮梁县浮梁镇	12000	9	33054	27635	17839	13918	128
浮梁县鹅湖镇	20120	15	27230	3600	16338	12081	52
浮梁县经公桥镇	21620	11	15636	6272	8712	6577	294
浮梁县蛟潭镇	36520	16	24112	5006	7050	5550	102
浮梁县湘湖镇	23780	12	23328	6759	17013	15551	586
浮梁县瑶里镇	19500	10	12786	3738	6557	4406	253
浮梁县洪源镇	8025	8	16635	5430	8996	8117	152
浮梁县寿安镇	12600	8	16410	3632	13184	11782	155
浮梁县三龙镇	10150	5	11551	5048	8082	5858	286
浮梁县王港乡	8540	7	9370	2869	5247	3148	44
浮梁县庄湾乡	11780	8	12596	2696	3913	2292	12
浮梁县黄坛乡	19110	6	8467	2896	3099	1581	6
浮梁县兴田乡	17480	7	5907	1345	4782	2948	8
浮梁县江村乡	13888	7	10335	1456	7495	1804	88
浮梁县峙滩乡	20062	9	13933	982	13933	4050	420
浮梁县勒功乡	10800	6	7148	1345	3879	2666	4
浮梁县西湖乡	16400	7	9493	1189	4641	1198	21
浮梁县罗家桥乡	2740	7	11146	3698	4352	3037	183
乐平市洎阳街道办事处	2100		152173	152173	62276	60724	185
乐平市塔山街道办事处	1260		15931	15931	8170	5123	42
乐平市镇桥镇	10200	21	52699	11820	44718	35890	390
乐平市乐港镇	10970	28	78186	21603	51832	41209	261
乐平市涌山镇	17991	16	32465	22000	16490	8940	238
乐平市众埠镇	35546	32	98633	22314	64336	53925	35
乐平市接渡镇	8499	22	77762	21058	30132	20927	60
乐平市洪岩镇	11740	8	17280	8407	4034	1012	26
乐平市礼林镇	15604	22	49340	10855	24982	19830	134
乐平市后港镇	5000	15	42843	9610	26563	18619	17
乐平市塔前镇	8639	16	30850	6189	12294	4621	107
乐平市双田镇	11400	15	37400	10120	15820	14020	115
乐平市临港镇	11700	16	23100	10000	15524	9051	15
乐平市高家镇	11300	11	21759	4088	10530	5369	18
乐平市名口镇	11400	12	16278	6693	14959	10044	13
乐平市浯口镇	4267	16	23190	3500	7681	2220	104
乐平市鸬鹚乡	8200	12	24016		11410	7900	39
乐平市十里岗乡	8135	8	12599	5945	8172	4606	23
安源区安源镇	2524	5	37190	25798	20117	17465	485
安源区高坑镇	6409	14	54670	30046	24043	18283	216
安源区五陂镇	1425	4	15676	2080	7199	5045	247
安源区青山镇	3100	9	37010	22333	16257	12517	339
湘东区湘东镇	5885	18	74394	9882	43362	29377	344
湘东区荷尧镇	5354	9	36216	6210	22290	11790	60
湘东区老关镇	5264	11	36451	4927	22002	13305	76
湘东区腊市镇	4003	8	32638	1400	17210	10276	43
湘东区下埠镇	5688	13	41051	4724	28458	15825	146
湘东区排上镇	8044	16	40729	1480	25645	14026	14
湘东区东桥镇	13079	18	36252	6776	15550	7990	48

乡镇基本情况

计算单位：公顷、个、人

名　　称	行政区域面积	村民委员会	常住人口	城镇建成区总人口	从业人员	二三产业从业人员	工业企业单位
湘东区麻山镇	9146	14	38120	3886	17306	10414	81
湘东区广寒寨乡	8707	7	10765		5826	2147	17
湘东区白竺乡	16844	13	16655		8500	3212	47
莲花县琴亭镇	7786	18	73237	32995	28809	20114	1104
莲花县路口镇	5207	10	12772	1369	6613	2188	179
莲花县良坊镇	11761	24	27589	1582	16118	6796	237
莲花县升坊镇	5090	9	14708	1268	7786	3736	237
莲花县坊楼镇	10742	15	20625	2408	11181	5015	571
莲花县闪石乡	5948	8	9900		5223	1983	154
莲花县湖上乡	4006	10	11781		5773	2066	159
莲花县三板桥乡	3132	8	9874		5783	2869	178
莲花县神泉乡	11773	15	17084		9805	4573	222
莲花县六市乡	9786	8	6777		3318	1132	220
莲花县高洲乡	12142	12	12995		6383	1993	187
莲花县荷塘乡	13894	12	11794		6114	2064	294
莲花县南岭乡	5044	8	9920		5025	1668	238
上栗县上栗镇	5981	18	65396	23813	33996	28924	215
上栗县桐木镇	10950	17	74130	6513	40886	33822	221
上栗县金山镇	9714	21	70773	2402	37343	30286	256
上栗县福田镇	4212	10	24587	2810	14154	9744	67
上栗县彭高镇	3535	9	21096	784	11543	10333	71
上栗县赤山镇	8450	17	50399	14021	28451	17845	85
上栗县鸡冠山乡	5766	13	30289		16128	11065	98
上栗县长平乡	9420	19	42316		25396	16872	92
上栗县东源乡	6949	15	45896		23730	14715	78
上栗县杨岐乡	6945	15	29761		17334	10119	65
芦溪县芦溪镇	10574	23	70624	4220	40600	32064	367
芦溪县宣风镇	10060	13	36801	794	23581	15055	592
芦溪县上埠镇	7708	13	38514	6752	21037	16853	204
芦溪县南坑镇	12419	18	40408	1820	24280	17085	258
芦溪县银河镇	8103	12	42980	4004	25325	17145	312
芦溪县源南乡	3032	10	15957		8804	5614	50
芦溪县长丰乡	5328	5	4252		2240	1390	35
芦溪县张佳坊乡	7879	10	10694		5713	3167	8
芦溪县新泉乡	17904	21	26326		12849	8611	70
芦溪县万龙山乡	13273	13	10614		6096	3594	76
庐山区姑塘镇	4950	8	18715	4413	9850	8722	65
庐山区威家镇	3570	5	9674	2875	5323	2692	12
庐山区新港镇	9600	12	27117	3881	13665	10011	557
庐山区莲花镇	2800	7	15732	6101	9814	9041	108
庐山区海会镇	10080	10	28807	402	10549	2545	162
庐山区赛阳镇	2890	5	7084	810	3260	896	4
庐山区牯岭镇	4600		13963	12882	5202	4968	
庐山区虞家河乡	3334	7	11710		6257	4274	42
九江县沙河街镇	2078	3	52163	42718	15903	11281	8
九江县马回岭镇	10000	9	27236	1500	16030	10110	68
九江县江洲镇	8375	11	36273	5662	21596	8694	15
九江县城子镇	2784	6	14565	4720	9813	4961	3
九江县港口街镇	6088	10	33005	2220	33004	11961	37
九江县新合镇	4431	7	19106	2261	7911	7461	7

乡镇基本情况

计算单位:公顷、个、人

名　　称	行政区域面积	村民委员会	常住人口	城镇建成区总人口	从业人员	二三产业从业人员	工业企业单位
九江县狮子镇	5255	8	23299	2400	10452	6741	23
九江县永安乡	4458	9	27300		6350	5000	2
九江县涌泉乡	4962	7	17593		11533	3802	19
九江县新塘乡	7760	10	15397		9926	6029	12
九江县城门乡	4891	8	27339		12273	5337	5
九江县岷山乡	11201	15	17342		21587	16299	5
武宁县豫宁街道办事处	1330		52800	39898	34857	34857	
武宁县新宁镇	29290	15	22816	4665	12141	5681	36
武宁县泉口镇	14300	9	16416	750	11907	4271	3
武宁县鲁溪镇	16842	15	32045	11000	30469	9038	18
武宁县船滩镇	24198	16	31221	3880	13617	6685	42
武宁县澧溪镇	28900	15	18910	1775	13694	9950	16
武宁县罗坪镇	24080	5	16560	2278	8810	2585	18
武宁县石门楼镇	16702	12	20104	1360	11514	4054	14
武宁县宋溪镇	29875	10	11250	685	7437	2242	8
武宁县大洞乡	11714	5	7920		4585	496	6
武宁县横路乡	14113	11	20422		4724	1291	
武宁县官莲乡	12324	8	15295		5902	1112	22
武宁县巾口乡	8616	5	8666		2979	1366	6
武宁县东林乡	9165	7	9412		4708	1392	
武宁县上汤乡	11304	7	6144		3671	2310	20
武宁县甫田乡	20310	7	14415		6839	5880	7
武宁县清江乡	20650	8	12099		5618	2082	28
武宁县石渡乡	16362	8	12869		6904	4447	41
武宁县杨洲乡	20650	6	6355		4713	300	4
武宁县罗溪乡	19370	10	15567		7733	4132	15
修水县义宁镇	8060	7	109760	105700	51600	50590	61
修水县白岭镇	7970	11	35313	3500	12448	4838	8
修水县全丰镇	10120	14	30629	3843	12275	5925	18
修水县古市镇	12450	14	40150	8076	21010	12550	52
修水县大桥镇	12520	16	32637	15572	10273		11
修水县渣津镇	14410	16	70233	28760	26601	17794	45
修水县马坳镇	34820	24	39773	3286	19126	11204	33
修水县杭口镇	5470	10	18950	3200	10178	4101	18
修水县港口镇	14400	9	22906	2349	10596	9964	5
修水县溪口镇	18850	15	34832	4588	15232	9272	20
修水县西港镇	5080	10	23477	4660	11699	5241	3
修水县山口镇	17750	10	21520	2420	12050	3550	12
修水县黄沙镇	20420	12	21200	2500	9220	4900	12
修水县黄港镇	32960	8	19090	4580	7584	4991	30
修水县何市镇	16230	10	23751	3700	10570	4640	10
修水县上奉镇	12170	7	17691	4115	10140	2018	7
修水县四都镇	13080	11	25744	3104	13255	7823	34
修水县太阳升镇	10360	10	33991	3749	14288	8862	32
修水县宁州镇	15190	13	27602	4530	6117	1602	16
修水县路口乡	3910	6	16315		5989	2129	4
修水县黄龙乡	6280	10	20168		9640	6014	8
修水县上衫乡	7710	7	15748		7025	2125	
修水县余段乡	3710	5	4655		2330	1180	
修水县水源乡	4350	8	13872		6161	3380	10

乡镇基本情况

计算单位:公顷、个、人

名称	行政区域面积	村民委员会	常住人口	城镇建成区总人口	从业人员	二三产业从业人员	工业企业单位
修水县石坳乡	4690	8	17619		4322	4322	10
修水县东港乡	15170	7	12604	1208	8592	3172	12
修水县上杭乡	5820	8	19787		8995	7815	14
修水县新湾乡	12890	8	12552		5574	2224	7
修水县布甲乡	10400	7	9220		5969	1735	9
修水县漫江乡	9870	7	9739		4732	2172	17
修水县复原乡	13920	6	4998		2494	1301	3
修水县竹坪乡	5960	6	8974		4039	2273	
修水县征村乡	18710	10	17016		7161	3832	17
修水县庙岭乡	12450	6	8600		3800	3200	9
修水县黄坳乡	17540	13	15180		6879	959	14
修水县大椿乡	14590	11	18130		8990	4890	13
永修县涂埠镇	2644	6	69685	67524	32069	27961	102
永修县吴城镇	35605	5	16732	3676	7851	3398	7
永修县三溪桥镇	12600	6	14330	4526	5500	2804	5
永修县虬津镇	5939	8	18177	3665	9020	3150	12
永修县艾城镇	6710	12	31483	4799	10935	3862	38
永修县滩溪镇	10820	12	18772	1595	10167	5788	21
永修县白槎镇	5116	9	13186	2160	6500	2560	5
永修县梅棠镇	7846	8	15950	1586	53780	2220	3
永修县燕坊镇	4700	5	9191	1051	4734	568	14
永修县马口镇	5059	14	30263	1578	11577	6818	5
永修县柘林镇	1500	2	10770	1527	3430	922	7
永修县三角乡	6839	13	23531		13349	5335	2
永修县九合乡	5049	12	23231		12534	5110	
永修县立新乡	7822	13	29175		14447	6318	17
永修县江上乡	10500	6	10175		5556	3611	15
德安县蒲亭镇	2700	4	55928	40868	38868	20620	9
德安县聂桥镇	5413	6	9568	1920	4856	3054	35
德安县车桥镇	12500	9	10875	694	7787	4206	1
德安县丰林镇	2540	8	13111	3010	7298	4258	15
德安县吴山镇	12600	8	13480	3304	6942	3410	45
德安县宝塔乡	9600	8	9923		9886	4626	5
德安县河东乡	3300	4	13641	6758	7337	5413	30
德安县高塘乡	3100	5	7400		4186	2291	
德安县林泉乡	7400	5	9632		3360	1436	18
德安县磨溪乡	10400	9	10821		5504	4636	6
德安县爱民乡	4274	4	6611	570	2932	1859	
德安县邹桥乡	7000	6	8605		8313	6982	3
德安县塘山乡	2700	4	6298		3328	1854	4
星子县南康镇	6400	2	48150	1570	22410	19790	176
星子县白鹿镇	10800	10	28987	1400	12975	8609	135
星子县温泉镇	10400	9	25590	5872	14972	9214	48
星子县蓼花镇	4543	6	20961	1778	11858	5350	15
星子县华林镇	4900	8	27080	618	11435	5567	25
星子县蛟塘镇	6100	8	23465	1607	12162	8270	8
星子县横塘镇	4330	5	16830	1890	8873	6623	140
星子县蓼南乡	11339	9	29836	1562	13511	3745	4
都昌县都昌镇	6910	4	112632	108347	47620	39341	112
都昌县周溪镇	5107	17	45519		22492	9483	50

乡镇基本情况

计算单位：公顷、个、人

名　　称	行政区域面积	村民委员会	常住人口	城镇建成区总人口	从业人员	二三产业从业人员	工业企业单位
都昌县三汊港镇	3985	10	21848	4500	14242	8856	24
都昌县中馆镇	5132	8	21638		12154	3154	6
都昌县大沙镇	4634	10	32620	3700	14280	6900	8
都昌县万户镇	3708	8	32653	1298	16428	10637	10
都昌县南峰镇	3500	7	22038	2616	10988	4940	7
都昌县土塘镇	13400	20	61559	9800	30120	18510	12
都昌县大港镇	14300	11	25203	994	12721	7764	2
都昌县蔡岭镇	11700	14	37360	5020	27088	9514	12
都昌县徐埠镇	9300	14	24629	5076	15395	7898	6
都昌县左里镇	6504	12	25329	3678	13324	1982	6
都昌县和合乡	3412	11	21985		11904	9052	5
都昌县阳峰乡	4938	9	30807		15961	9998	3
都昌县西源乡	2760	11	28521		27802	19462	1
都昌县芗溪乡	4104	8	9477		6955	5656	17
都昌县狮山乡	4830	7	14888		10980	5052	6
都昌县鸣山乡	6849	7	24138		12030	6620	9
都昌县春桥乡	4900	7	16844		7551	3619	7
都昌县苏山乡	6933	11	19046		12965	9075	38
都昌县多宝乡	6900	11	9038		8038	3583	12
都昌县汪墩乡	17190	23	47771		24291	15389	17
都昌县北山乡	5617	12	28076		14548	9880	1
都昌县大树乡	5500	12	31355		13300	6840	
湖口县双钟镇	2622	4	65986	65310	29660	26130	58
湖口县流泗镇	6200	14	27331	4280	9615	4329	34
湖口县马影镇	3690	11	22127	3422	10617	6356	18
湖口县武山镇	5035	9	12789	2540	8815	2670	16
湖口县城山镇	8795	11	22341	4101	11746	7860	5
湖口县大垅乡	3157	8	14041		6852	3152	6
湖口县凰村乡	3125	10	17388		10777	6361	2
湖口县张青乡	3260	11	15072		10372	5700	7
湖口县文桥乡	6153	19	29539		15874	8828	32
湖口县付垅乡	4437	9	12244		3851	1664	5
湖口县舜德乡	9375	10	17112		8216	4374	9
湖口县流芳乡	1500	6	10066		5205	2518	3
彭泽县龙城镇	6360	12	76582	58582	26240	22583	135
彭泽县棉船镇	10500	13	31460	4860	21460	5120	10
彭泽县马挡镇	12900	12	31630	7862	14072	9653	13
彭泽县芙蓉墩镇	14574	13	31916	5755	31916	22913	22
彭泽县定山镇	3870	10	19741	2960	6823	2907	51
彭泽县天红镇	11649	11	15698	4318	7541	596	34
彭泽县杨梓镇	23950	18	33472	2400	19219	8519	9
彭泽县瀼溪镇	9020	8	9405	2765	7148	4143	4
彭泽县黄花镇	6062	9	14059	2053	11933	6684	19
彭泽县黄岭乡	11860	10	12891		12674	6988	29
彭泽县浩山乡	15670	11	14569		8505	5240	54
瑞昌市湓城街道办事处	300	1	73846		32828	32535	26
瑞昌市桂林街道办事处	9400	12	55314		37896	33036	179
瑞昌市码头镇	10100	15	50305	33995	24146	19935	168
瑞昌市白杨镇	6100	6	15208	3750	5452	2950	41
瑞昌市南义镇	13700	12	22336	2480	11169	5766	64

乡镇基本情况

计算单位：公顷、个、人

名　　称	行政区域面积	村民委员会	常住人口	城镇建成区总人口	从业人员	二三产业从业人员	工业企业单位
瑞昌市横港镇	11000	13	25356	1825	13928	9617	29
瑞昌市范镇	10000	13	32724	2455	15151	6060	26
瑞昌市肇陈镇	5400	6	14327	1149	5158	2838	
瑞昌市高丰镇	7000	8	20688	1440	10029	7105	36
瑞昌市夏畈镇	5300	12	15656	5983	8457	4831	12
瑞昌市乐园乡	9500	7	12814		7223	3253	7
瑞昌市洪一乡	9700	9	16911		8788	5056	
瑞昌市花园乡	8800	7	18416		9763	5066	
瑞昌市洪下乡	7000	6	12296		6150	4000	5
瑞昌市武蛟乡	2600	7	13049		6417	4302	2
瑞昌市横立山乡	6400	6	9850		5083	3207	
瑞昌市黄金乡	6500	6	10768	1156	4563	2852	21
瑞昌市南阳乡	4100	8	15309		6667	3524	2
共青城市茶山街道	2000		59000		22878	8578	26
共青城市甘露镇	4900	6	16060	2106	8998	5921	30
共青城市江益镇	9200	10	15258	1943	7305	2617	11
共青城市金湖乡	2800	7	8912	1369	5392	4252	16
共青城市苏家垱乡	11200	10	25841		12716	8402	
共青城市泽泉乡	4370	6	16124		6773	5282	27
渝水区水北镇	12923	20	54810	5662	35700	27576	455
渝水区下村镇	14480	18	54106	11799	23956	15642	65
渝水区良山镇	17600	10	15509	2546	14878	8715	96
渝水区罗坊镇	20500	36	53790	4237	45316	17068	305
渝水区姚圩镇	7100	14	19304	8745	18129	12366	85
渝水区珠珊镇	6382	13	28564	28560	16139	9094	76
渝水区河下镇	10800	12	35674	17756	9651	5426	47
渝水区观巢镇	6890	11	19064	3600	8367	2235	45
渝水区欧里镇	6720	13	19799	1454	8178	2712	86
渝水区水西镇	24300	43	112541	34339	50101	27033	79
渝水区鹄山乡	4550	9	16865		17865	2630	97
渝水区人和乡	7200	13	20460		12818	5718	42
渝水区界水乡	6300	6	13948		5651	2405	83
渝水区南安乡	11900	8	12365		6785	2720	34
渝水区新溪乡	4400	11	17322		7334	4050	10
渝水区九龙山乡	7400	7	8441	2000	5462	2200	31
分宜县分宜镇	15600	10	91543	92943	23693	15979	56
分宜县杨桥镇	14478	17	41230	12366	23423	5870	158
分宜县湖泽镇	7000	7	16681	9376	7332	2091	111
分宜县双林镇	10070	14	28659	11992	26709	14579	33
分宜县钤山镇	42060	21	27747	6791	21077	9225	24
分宜县洋江镇	8811	10	20125	2640	16795	5810	232
分宜县凤阳乡	10038	14	22221	2000	8685	3600	22
分宜县洞村乡	6700	7	12462		7786	3935	431
分宜县高岚乡	7618	11	14766	2400	6480	1560	380
分宜县操场乡	8984	10	18447	3398	11852	6954	5
月湖区童家镇	5319	9	24875	1687	14542	6659	23
月湖区夏埠乡	1670	5	13556	8153	4649	4204	
余江县邓埠镇	4800	4	81620	64260	40990	35590	290
余江县锦江镇	12100	18	55322	22030	34040	13980	155
余江县潢溪镇	4600	13	38494	3512	18580	9680	16

乡镇基本情况

计算单位:公顷、个、人

名　　称	行政区域面积	村民委员会	常住人口	城镇建成区总人口	从业人员	二三产业从业人员	工业企业单位
余江县中童镇	6700	11	36042	4067	20906	13861	58
余江县马荃镇	10600	11	28561	3156	14336	9642	3
余江县画桥镇	10500	6	17295	2523	8500	4600	5
余江县平定乡	5600	13	29300		16626	3942	2
余江县春涛乡	10100	15	34328		15210	2480	92
余江县杨溪乡	6800	8	20202		11993	7958	43
余江县洪湖乡	768	4	9795		7484	4663	14
余江县黄庄乡	6200	8	13754		6240	3200	44
贵溪市花园街道	1200		29875		2111	575	3
贵溪市雄石街道	1980	1	31686		34874	28409	
贵溪市东门街道	1120		43458		43458	43193	
贵溪市泗沥镇	14800	13	34261	1585	34191	17061	19
贵溪市河潭镇	12000	9	24525	1346	14052	7746	25
贵溪市周坊镇	20600	15	26879	3735	20574	11312	3
贵溪市鸿塘镇	12000	15	33480	4214	17993	9381	18
贵溪市志光镇	6427	10	26857	1254	13258	9149	34
贵溪市流口镇	6900	8	21056	1220	10222	4940	35
贵溪市罗河镇	13100	18	44676	3340	39439	15113	33
贵溪市金屯镇	10295	10	14063	1834	11646	7363	11
贵溪市塘湾镇	18000	15	24895	11600	14431	6931	5
贵溪市文坊镇	22460	15	25800	4650	27600	8430	25
贵溪市冷水镇	15800	3	3973	1329	2594	1152	13
贵溪市滨江镇	11610	12	34265	1360	32353	24137	123
贵溪市天禄镇	11670	10	26035	1643	14349	6487	10
贵溪市龙虎山镇(龙虎山风景旅游区管委会)	13600	9	22536	581	14089	8962	18
贵溪市上清镇(龙虎山风景旅游区管委会)	8636	9	19632	9672	9580	4800	45
贵溪市白田乡	8856	9	16126		16059	12941	6
贵溪市雷溪乡	5400	9	21060		12312	9747	18
贵溪市彭湾乡	6470	5	11780		7357	3887	4
贵溪市樟坪畲族乡	12200	5	4485		4815	3893	12
贵溪市耳口乡	18000	6	7280	1081	2910	760	20
章贡区沙石镇	13620	18	30478	2964	16221	7003	46
章贡区水东镇	2470	7	23600	2090	9044	5190	51
章贡区水南镇	2050	4	57293	3686	12197	11530	28
章贡区湖边镇(赣州经济技术开发区)	4489	9	46935	1817	12699	8740	38
章贡区沙河镇	6450	9	55488	2851	7389	4132	46
章贡区水西镇	11020	17	32926	2172	18445	9813	53
章贡区蟠龙镇(赣州经济技术开发区)	4362	14	37910	5711	20181	13169	55
赣县梅林镇	3370	6	71894	63520	36501	33934	125
赣县王母渡镇	19703	18	41469	15105	22662	10357	26
赣县沙地镇	27740	21	34506	16079	16993	8835	30
赣县江口镇	10275	17	35503	20257	17108	7342	34
赣县田村镇	22205	32	47223	20013	26741	14146	29
赣县南塘镇	15981	21	43353	26804	28688	20893	14
赣县茅店镇	12283	12	22499	11242	13128	8483	21
赣县吉埠镇	12700	14	29582	18027	15958	8582	16
赣县五云镇	13416	12	19549	7805	10056	5160	23
赣县湖江镇	27531	22	38639	17820	22171	12872	28
赣县储潭镇	9140	9	16583	9945	9321	4231	15
赣县韩坊乡	28191	20	36903		20345	15127	30

乡镇基本情况

计算单位：公顷、个、人

名　　称	行政区域面积	村民委员会	常住人口	城镇建成区总人口	从业人员	二三产业从业人员	工业企业单位
赣县阳埠乡	15956	13	20753		11687	5808	9
赣县大埠乡	23516	14	17211		9578	6543	9
赣县长洛乡	14340	7	10647		5936	2509	4
赣县大田乡	11070	9	13265		7998	3451	3
赣县石芫乡	7404	7	15032		8575	5842	2
赣县三溪乡	5580	9	13430		7994	4114	1
赣县白鹭乡	7655	13	16094		8145	3735	12
信丰县嘉定镇	27100	37	78338	10740	43083	28304	780
信丰县大塘埠镇	20800	15	60395	31600	31096	19652	100
信丰县古陂镇	31100	15	33100	4813	15686	8777	8
信丰县大桥镇	9100	6	18425	4956	9750	5353	35
信丰县新田镇	24200	12	24463	5782	12318	8113	8
信丰县安西镇	22200	14	41090	6428	21128	10742	11
信丰县小江镇	23200	17	34895	5900	18072	8790	21
信丰县铁石口镇	8600	14	37048	5815	19362	11166	32
信丰县大阿镇	9500	17	45624	9130	23772	13908	15
信丰县油山镇	15900	8	20168	3862	10298	4547	4
信丰县小河镇	10500	17	41656	3900	20878	12980	7
信丰县西牛镇	24500	32	51643	5465	26924	17021	570
信丰县正平镇	16200	20	54561	3328	28040	16669	11
信丰县虎山乡	20000	9	17612		9620	4364	42
信丰县崇仙乡	14100	14	20043		10749	6391	60
信丰县万隆乡	11900	13	24692		11994	7409	6
大余县南安镇	14400	9	80654	62934	43173	40052	738
大余县新城镇	15900	23	63400	5023	31915	15035	290
大余县樟斗镇	8900	6	9587	1713	4536	2479	30
大余县池江镇	12100	15	44210	1315	21643	10029	66
大余县青龙镇	10800	11	27373	2015	14421	4629	64
大余县左拔镇	10000	4	5360	1998	2653	1406	46
大余县黄龙镇	9200	10	18432	1932	9285	4186	110
大余县吉村镇	21800	9	16353	1287	8778	3270	95
大余县浮江乡	12900	6	8159		4756	2256	86
大余县河洞乡	9200	5	3931	732	2051	972	36
大余县内良乡	11500	7	7991		4100	1555	33
上犹县东山镇	17097	17	71342	44251	22688	15132	130
上犹县陡水镇	4700	4	4779	1840	2493	1524	9
上犹县社溪镇	12760	16	30859	3371	20259	11581	19
上犹县营前镇	6490	9	29620	6406	16343	10678	12
上犹县黄埠镇	7370	10	16546	4545	10053	6585	128
上犹县寺下镇	9570	9	12465	1003	8043	5254	4
上犹县梅水乡	9680	10	14282		9251	6200	3
上犹县油石乡	8760	9	17498		11590	6342	29
上犹县安和乡	6670	6	8087		6208	3409	2
上犹县双溪乡	12360	8	10820		7550	4885	10
上犹县水岩乡	13870	12	19799		14136	9851	21
上犹县平富乡	8760	8	9849		7188	4845	7
上犹县五指峰乡	23950	7	7270		5948	4252	16
上犹县紫阳乡	12350	6	11652		7261	4438	17
崇义县横水镇	22669	16	55420	19363	11202	7025	673
崇义县扬眉镇	7567	10	15726	2211	8798	3963	6

乡镇基本情况

计算单位：公顷、个、人

名　　称	行政区域面积	村民委员会	常住人口	城镇建成区总人口	从业人员	二三产业从业人员	工业企业单位
崇义县过埠镇	9619	10	13698	1095	6795	4799	78
崇义县铅厂镇	15570	5	11396	635	5561	2279	36
崇义县长龙镇	13305	8	11890	743	5499	3299	36
崇义县关田镇	16330	6	8877	736	4273	1719	26
崇义县龙勾乡	6683	8	15499		7223	3478	35
崇义县杰坝乡	6071	5	5798		3362	1902	50
崇义县金坑乡	7092	5	7500		4430	1630	
崇义县思顺乡	21568	8	12430		4899	1752	51
崇义县麟潭乡	9322	7	7157		3696	1902	38
崇义县上堡乡	14815	10	11023		8120	2274	25
崇义县聂都乡	15784	9	8756		4186	1644	59
崇义县文英乡	10476	5	6809		3578	967	12
崇义县乐洞乡	5797	4	2615		1597	727	13
崇义县丰州乡	15628	8	8675		8675	6206	42
安远县欣山镇	18340	15	80034	32675	14000	9000	25
安远县孔田镇	10800	12	25755	3500	14000	9000	4
安远县版石镇	15500	13	21720	4848	12000	8000	12
安远县天心镇	24800	15	28800	3560	18000	13000	2
安远县龙布镇	14100	9	20100	2490	12000	8000	3
安远县鹤子镇	13500	9	11700	3230	7900	4900	3
安远县三百山镇	12600	8	12935	3910	8000	5000	2
安远县车头镇	14700	6	15135	4100	10000	6000	2
安远县镇岗乡	11500	10	10800		6900	4400	2
安远县凤山乡	9400	5	10200		6000	3500	1
安远县新龙乡	19100	9	10200		6600	4100	2
安远县蔡坊乡	9600	4	5000		2900	1900	1
安远县重石乡	6200	7	12085		7600	4600	1
安远县长沙乡	7600	6	10200		7000	4000	1
安远县浮槎乡	7700	6	15404		8750	5250	1
安远县双芫乡	10000	5	5700	985	3500	2500	1
安远县塘村乡	11650	6	7100		4400	2900	
安远县高云山乡	20350	6	7107		4400	2900	1
龙南县龙南镇	14822	13	88783	25115	49077	42895	127
龙南县武当镇	7880	4	14359	1526	7742	5433	10
龙南县杨村镇	16241	15	49828	7147	27311	21301	8
龙南县汶龙镇	8417	6	18439	4635	10198	7102	8
龙南县程龙镇	11167	6	9155	1824	4986	2370	15
龙南县关西镇	8040	3	7177	2721	3891	2945	1
龙南县里仁镇	14010	10	21085	3951	11386	7634	81
龙南县渡江镇	7778	7	21659	4196	11785	7601	30
龙南县桃江乡	9074	5	17814		9724	5543	12
龙南县东江乡	4760	4	11963		6484	4149	85
龙南县临塘乡	11406	6	17892		9661	6869	9
龙南县南亨乡	9720	6	14848		8130	3999	6
龙南县夹湖乡	10106	5	12991	4332	7067	3251	1
定南县历市镇	24121	31	86503	27423	21119	8488	291
定南县岿美山镇	13628	7	13067	2694	6476	2854	74
定南县老城镇	8509	11	17932	2752	9398	3986	77
定南县天九镇	17108	18	23951	4693	13184	5049	68
定南县龙塘镇	15039	10	17520	2848	8886	3381	38

乡镇基本情况

计算单位:公顷、个、人

名　　称	行政区域面积	村民委员会	常住人口	城镇建成区总人口	从业人员	二三产业从业人员	工业企业单位
定南县岭北镇	33233	20	23367	3752	13037	4424	121
定南县鹅公镇	20111	22	32108	3366	16743	5416	73
全南县城厢镇	7983	7	50329	35933	36930	33514	108
全南县大吉山镇	12466	8	24247	10000	8323	6089	88
全南县陂头镇	29990	12	21369	4216	11582	6327	127
全南县金龙镇	21759	18	26432	6452	15330	8890	165
全南县南迳镇	21093	12	18990	3456	9369	5375	35
全南县龙源坝镇	26280	8	12547	1778	6649	3306	159
全南县中寨乡	9863	8	12945	1788	6618	3808	101
全南县社迳乡	11960	7	12572		6678	3946	130
全南县龙下乡	10670	6	6652		3282	2008	70
宁都县梅江镇	21027	25	158967	114987	81188	62640	840
宁都县青塘镇	18012	11	38883	4256	19078	5752	111
宁都县长胜镇	18726	20	58703	5207	30186	10445	283
宁都县黄陂镇	20852	16	37615	4189	20320	5429	78
宁都县固村镇	28211	18	40467	4347	21051	8499	52
宁都县赖村镇	17930	15	55304	3560	28850	8061	89
宁都县石上镇	18381	12	29786	3003	15593	5952	40
宁都县东山坝镇	17525	12	26061	3709	13422	4728	120
宁都县洛口镇	31607	13	32360	3857	17201	5425	176
宁都县小布镇	15347	9	15774	2627	8573	2969	64
宁都县黄石镇	8076	15	40796	3970	21576	8774	91
宁都县田头镇	7349	15	39099	4137	20559	6522	121
宁都县竹笮乡	8840	11	30212		16062	6415	74
宁都县对坊乡	14401	13	28334		14407	6167	28
宁都县固厚乡	13715	17	24565		13027	4786	51
宁都县田埠乡	16664	11	25936		13715	5154	119
宁都县会同乡	17521	10	30931		16234	5915	75
宁都县湛田乡	18772	9	17261		9107	3945	73
宁都县安福乡	7862	6	11059		5857	2593	23
宁都县东韶乡	28432	11	21284		11175	3779	31
宁都县肖田乡	21482	8	10710		5293	3032	97
宁都县钓峰乡	9391	7	11474		5633	2419	45
宁都县大沽乡	17041	8	15569		7564	3270	103
宁都县蔡江乡	8345	7	14439		7148	3136	67
于都县贡江镇	15465	25	190137	137867	108106	69520	360
于都县铁山垅镇	7070	8	18288	5364	10588	6197	17
于都县盘古山镇	15657	10	22250	5872	12881	7598	22
于都县禾丰镇	13072	20	61158	5267	33916	20726	26
于都县祁禄山镇	17120	11	12054	5187	6860	3837	15
于都县梓山镇	17360	24	65144	4248	37120	21992	46
于都县银坑镇	17088	25	69589	4979	38583	22818	24
于都县岭背镇	14120	26	61180	5173	34586	20667	32
于都县罗坳镇	16266	18	50807	5638	28915	16758	43
于都县罗江乡	11727	15	36684		20843	12435	6
于都县小溪乡	16085	13	28828		15702	8838	11
于都县利村乡	14822	15	33712		18708	10690	14
于都县新陂乡	3688	9	24119		13396	7927	19
于都县靖石乡	15356	10	29519		16410	8253	13
于都县黄麟乡	18740	20	35132		19880	11108	18

乡镇基本情况

计算单位:公顷、个、人

名　　称	行政区域面积	村民委员会	常住人口	城镇建成区总人口	从业人员	二三产业从业人员	工业企业单位
于都县沙心乡	5467	5	8889		4972	2856	2
于都县宽田乡	14693	20	40025		22402	11110	21
于都县葛坳乡	19746	23	59679		33598	19903	22
于都县桥头乡	3924	7	15689		8780	5154	10
于都县马安乡	5042	7	22208		12601	7273	6
于都县仙下乡	13933	18	58028		32612	19193	21
于都县车溪乡	8547	14	33675		18964	9420	6
于都县段屋乡	4333	9	24667		13922	7135	12
兴国县潋江镇	5200	14	121960	90458	65896	63062	1879
兴国县江背镇	11310	13	27800	3025	15827	9342	77
兴国县古龙冈镇	20600	15	35388	4594	23515	13485	225
兴国县梅窖镇	7600	7	23230	2613	14340	8232	97
兴国县高兴镇	21683	20	54068	6408	32224	19408	757
兴国县良村镇	17007	15	21938	1596	11085	5915	45
兴国县龙口镇	6600	10	19469	1723	13629	6501	53
兴国县兴江乡	15600	11	21926	4400	17419	7907	116
兴国县樟木乡	7000	7	14051		10889	7774	240
兴国县东村乡	8500	7	16907		10974	7088	43
兴国县兴莲乡	10400	8	18703		11351	5946	113
兴国县杰村乡	11200	9	20270		12669	6990	134
兴国县社富乡	17000	15	44651		24876	14844	149
兴国县埠头乡	17000	14	34614		22592	13958	284
兴国县永丰乡	16100	17	32819		21449	12132	222
兴国县隆坪乡	5400	8	11115		8604	6688	34
兴国县均村乡	19300	19	40079		24385	15235	178
兴国县茶园乡	12000	12	18864		12490	7260	59
兴国县崇贤乡	18900	12	23042		16023	8648	91
兴国县枫边乡	14800	12	13006		9610	4470	93
兴国县南坑乡	12800	6	9961		6539	4742	31
兴国县城岗乡	14400	19	23994		15438	10460	84
兴国县方太乡	8900	8	14565		10813	6526	212
兴国县鼎龙乡	11700	13	26164		16954	11694	230
兴国县长冈乡	10400	13	38462		25201	16213	374
会昌县文武坝镇	18800	26	84857	29520	44972	34739	176
会昌县筠门岭镇	29784	26	38373	9948	20338	10476	24
会昌县西江镇	18900	22	55038	9881	29171	15026	13
会昌县周田镇	22200	23	52885	8652	28028	14437	18
会昌县麻州镇	11800	16	28006	5687	14844	7646	33
会昌县庄口镇	15300	12	28560	2654	15138	7798	5
会昌县清溪乡	9700	5	3371		1786	920	2
会昌县右水乡	12900	12	15141		8025	4134	11
会昌县高排乡	8800	7	13160		6975	3593	4
会昌县晓龙乡	15900	10	14454		7661	3946	3
会昌县珠兰乡	12500	13	16078		8521	4389	7
会昌县洞头乡	6600	8	8195		4343	2237	2
会昌县中村乡	20200	6	7734		4099	2111	5
会昌县站塘乡	10400	10	16380		8682	4472	4
会昌县永隆乡	12003	7	7429		3937	2028	7
会昌县富城乡	23000	13	14278		7567	3898	4
会昌县小密乡	8500	7	17869		9471	4879	9

乡镇基本情况

计算单位：公顷、个、人

名　　称	行政区域面积	村民委员会	常住人口	城镇建成区总人口	从业人员	二三产业从业人员	工业企业单位
会昌县庄埠乡	5700	6	9116		4832	2489	3
会昌县白鹅乡	9386	13	19399		10281	5295	15
寻乌县长宁镇	1270	3	65112	45494	34550	24994	155
寻乌县晨光镇	18036	21	25002	3987	13540	5384	40
寻乌县留车镇	23129	21	26393	2810	18130	4257	70
寻乌县南桥镇	13815	18	29731	3798	17152	2815	81
寻乌县吉潭镇	23849	16	24568	2338	13087	2768	58
寻乌县澄江镇	18974	14	29590	3365	14737	2981	80
寻乌县桂竹帽镇	23586	6	9573	2032	6291	1756	46
寻乌县文峰乡	27948	17	30027		15152	1539	60
寻乌县三标乡	20295	12	11948		7304	1300	36
寻乌县菖蒲乡	8105	8	11434		7540	3793	34
寻乌县龙廷乡	7323	4	6236		3591	1331	25
寻乌县丹溪乡	16457	10	12865		7635	4199	48
寻乌县项山乡	7706	7	8007	1830	4081	594	17
寻乌县水源乡	9886	9	12214		7080	1341	35
寻乌县罗珊乡	11323	7	7536		5100	1113	37
石城县琴江镇	27900	27	60451	24262	32233	19413	266
石城县小松镇	16700	14	33886	3789	17051	4384	10
石城县屏山镇	11300	12	33762	6980	13465	5666	12
石城县横江镇	30700	23	42613	8582	20042	6182	7
石城县高田镇	23800	17	24410	4300	13419	5894	8
石城县木兰乡	9600	7	11700		5274	2926	5
石城县丰山乡	12300	9	17449		9421	4615	6
石城县大由乡	12400	9	21388		9836	4542	3
石城县龙岗乡	7200	6	11376		5331	2378	2
石城县珠坑乡	6300	7	15116		7075	2823	3
瑞金市象湖镇	3100	8	186200	120311	93100	76473	112
瑞金市瑞林镇	20200	19	34595	4169	16822	9659	4
瑞金市壬田镇	16800	14	36823	21319	28964	12253	7
瑞金市九堡镇	20600	24	60380	5183	28824	18250	9
瑞金市沙洲坝镇	8500	12	23579	2191	13480	4870	51
瑞金市谢坊镇	13100	13	37699	8001	19806	11174	26
瑞金市武阳镇	13100	13	34892	2524	17655	9155	11
瑞金市叶坪乡	14100	30	43629		31665	15740	20
瑞金市丁陂乡	5000	6	7030		5540	3878	
瑞金市大柏地乡	16300	11	9760		7534	3837	3
瑞金市岗面乡	16100	8	17013		10869	4850	1
瑞金市日东乡	18300	10	19984		11882	6492	7
瑞金市万田乡	10000	8	14199		7998	4780	6
瑞金市黄柏乡	10700	14	39128		17872	7683	18
瑞金市云石山乡	11200	13	39046		21050	10521	31
瑞金市泽覃乡	25400	12	12870		10170	4375	10
瑞金市拔英乡	22300	8	10993		5501	4597	
南康市蓉江街道办事处	5200	11	111752		51606	8902	1492
南康市东山街道办事处	8350	11	38738		25694	19350	1510
南康市唐江镇	9600	30	102804	19862	61941	24450	210
南康市凤岗镇	6300	16	42229	5426	42229	25337	32
南康市潭口镇(赣州经济技术开发区)	5766	12	53100	8761	18199	13395	41
南康市龙岭镇	5600	18	53200	3131	28964	18960	252

乡镇基本情况

计算单位:公顷、个、人

名　　称	行政区域面积	村民委员会	常住人口	城镇建成区总人口	从业人员	二三产业从业人员	工业企业单位
南康市龙回镇	13750	16	40803	2668	21396	12180	856
南康市镜坝镇	3000	10	35912	2668	28825	20015	502
南康市横市镇	11800	13	23100	4430	13495	7785	8
南康市潭东镇(赣州经济技术开发区)	5700	14	40583	2163	19948	10865	17
南康市浮石乡	3000	12	22658		12531	8574	163
南康市赤土畲族乡	15700	17	43315		22846	12761	267
南康市横寨乡	3100	8	15088		12214	6829	1
南康市朱坊乡	9900	15	41896		27293	12910	212
南康市太窝乡	3500	9	20083		12615	5807	415
南康市三江乡	3800	11	30410		16144	11906	84
南康市龙华乡	10700	17	49659		27806	19485	298
南康市十八塘乡	8000	14	33270		14425	7493	78
南康市麻双乡	12350	15	26555		25555	7344	110
南康市大坪乡	10700	10	24534		9946	4684	36
南康市坪市乡	9100	12	20080		11140	5030	12
南康市隆木乡	9100	13	19150		10095	6290	46
吉州区兴桥镇	13600	18	24448	6865	13337	6773	
吉州区樟山镇	6354	15	25867	7863	11417	4600	2
吉州区长塘镇	12830	21	30531	11780	18029	10643	365
吉州区曲濑镇	4080	11	16904	1227	10346	4968	42
吉州区禾埠乡	3590	12	35995		20062	13795	
青原区天玉镇	4922	7	15359	6036	7482	5031	17
青原区值夏镇	4900	15	32242	5376	15512	9387	8
青原区新圩镇	4900	13	16263	2985	10222	5182	10
青原区富滩镇	18980	14	25355	2892	13416	8016	12
青原区富田镇	21600	20	31787	4312	16061	9046	26
青原区文陂镇	5100	10	12426	3062	8016	4687	10
青原区东固畲族少数民族乡	24300	15	14756		8487	5163	28
吉安县高新街道办事处	4650	9	14530	3995	14530	11570	256
吉安县敦厚镇	8700	19	93083	79918	68928	64400	134
吉安县永阳镇	7300	18	32116	2016	12180	5494	56
吉安县天河镇	15000	9	15600	1300	10703	8070	90
吉安县横江镇	6900	15	20779	1644	10806	4682	22
吉安县固江镇	11100	17	20781	2843	12527	6642	27
吉安县万福镇	10300	27	40381	1847	23888	14464	68
吉安县永和镇	3310	14	24133	4872	16244	9734	47
吉安县桐坪镇	13200	24	32183	830	8574	940	52
吉安县凤凰镇	5800	13	18656	3200	10728	4205	49
吉安县油田镇	22700	23	25205	3452	15426	6950	18
吉安县敖城镇	22200	18	19442	2197	14295	9506	66
吉安县梅塘镇	13000	20	23909	3162	13403	7640	28
吉安县浬田镇	13700	13	19800	1350	9216	6065	30
吉安县北源乡	5500	16	13372		9347	4555	29
吉安县大冲乡	8800	12	14598		8258	4217	19
吉安县登龙乡	6900	15	18544		9350	4350	31
吉安县安塘乡	8100	10	9016		3821	1920	25
吉安县官田乡	14800	11	10864		8020	2173	23
吉安县指阳乡	10500	13	11456		6762	2140	22
吉水县文峰镇	21737	13	131250	120200	71937	68837	456
吉水县阜田镇	13830	18	27350	8928	20822	15557	46

乡镇基本情况

计算单位:公顷、个、人

名　　称	行政区域面积	村民委员会	常住人口	城镇建成区总人口	从业人员	二三产业从业人员	工业企业单位
吉水县盘谷镇	9320	15	28634	10318	15581	7032	40
吉水县枫江镇	9350	19	33700	7080	17438	11334	43
吉水县黄桥镇	8870	16	18532	6493	13939	9565	51
吉水县金滩镇	15861	20	34570	10500	20145	12763	33
吉水县八都镇	18630	20	37452	23856	19655	13630	122
吉水县双村镇	9470	8	10000	4682	6752	3093	40
吉水县醪桥镇	12930	12	16900	5446	12604	7459	47
吉水县螺田镇	19900	15	10078	4312	9351	5300	38
吉水县白沙镇	17730	14	15766	5484	10533	5712	49
吉水县白水镇	10280	7	9420	5029	7413	5189	55
吉水县丁江镇	12980	10	9184	4412	6625	3608	49
吉水县乌江镇	15620	12	21009	7700	13446	4812	47
吉水县水南镇	34120	21	20150	5257	14685	6892	43
吉水县尚贤乡	4815	13	18730		11060	6772	36
吉水县水田乡	7960	10	15608		9758	6603	31
吉水县冠山乡	7570	6	7690	2439	4568	2472	27
峡江县水边镇	18300	11	48279	23600	21203	12312	65
峡江县马埠镇	16200	8	12820	1721	7282	3532	40
峡江县巴邱镇	11280	8	31801	27026	21725	14748	46
峡江县仁和镇	13200	9	14339	2600	6380	4030	13
峡江县砚溪镇	12200	10	10503	1680	6330	3270	25
峡江县罗田镇	16250	11	15858	1050	11960	4410	54
峡江县桐林乡	11150	5	7712		5274	3045	10
峡江县福民乡	10150	6	8629		5310	3180	13
峡江县戈坪乡	8100	6	7467		3687	1570	13
峡江县金江乡	10150	5	8947		4030	727	17
峡江县金坪民族乡	2000	5	3360		1576	718	25
新干县金川镇	13811	11	77962	65167	46876	35880	52
新干县三湖镇	4782	16	40515	3825	20761	14496	102
新干县大洋洲镇	7854	11	24330	3902	13275	7086	116
新干县七琴镇	11863	15	33280	6281	14614	7036	39
新干县麦斜镇	13473	10	21325	3657	10851	4723	61
新干县界埠镇	11344	14	24168	3023	12521	3030	58
新干县溧江镇	10001	9	19607	1083	10163	3990	23
新干县桃溪乡	13657	7	13929		7504	3033	17
新干县城上乡	8815	7	14652		7411	2165	25
新干县潭丘乡	10341	9	18883		11972	4414	15
新干县神政桥乡	7674	6	10003		5863	2495	16
新干县沂江乡	5224	7	12292		5912	2693	29
新干县荷浦乡	3992	12	19655		11572	4490	15
永丰县恩江镇	6764	9	91386	82386	39452	36876	332
永丰县坑田镇	14018	10	16670	3500	10188	6453	48
永丰县沿陂镇	14145	12	18762	3040	11192	7083	35
永丰县古县镇	21540	14	22021	2131	9706	3393	24
永丰县瑶田镇	9169	9	22773	2520	10168	7114	36
永丰县藤田镇	9583	11	38591	15781	17028	11764	82
永丰县石马镇	21402	22	33205	3417	15979	11276	70
永丰县沙溪镇	21664	16	22836	2621	11881	8860	55
永丰县佐龙乡	14312	17	35111		17159	11134	30
永丰县八江乡	7022	6	10258		6257	4442	42

乡镇基本情况

计算单位:公顷、个、人

名　　称	行政区域面积	村民委员会	常住人口	城镇建成区总人口	从业人员	二三产业从业人员	工业企业单位
永丰县潭城乡	9919	10	14135		8053	6144	9
永丰县鹿冈乡	15995	9	10266		6563	4663	13
永丰县七都乡	14064	11	12100		6882	3530	14
永丰县陶塘乡	7385	9	12679		6822	4217	18
永丰县中村乡	10549	7	6085		2953	1874	15
永丰县上溪乡	9586	5	5086		2598	1845	8
永丰县潭头乡	11523	8	7482		5130	3444	20
永丰县三坊乡	8524	4	4575		2838	1908	6
永丰县上固乡	8168	7	6492		4496	3414	10
永丰县君埠乡	12057	10	11117		5430	3692	16
永丰县龙冈畲族乡	13988	10	11700		6578	5141	13
泰和县澄江镇	13045	18	143995	118043	72183	68915	210
泰和县碧溪镇	15900	18	18553	4660	9415	3433	15
泰和县桥头镇	25300	13	15860	3500	8803	3031	19
泰和县禾市镇	13600	18	23867	7300	11858	9113	15
泰和县螺溪镇	8500	18	35380	2973	20360	11390	46
泰和县苏溪镇	9800	12	20639	5165	10270	2995	50
泰和县马市镇	13700	21	38488	10150	35147	21467	60
泰和县塘洲镇	12417	18	35026	10800	18925	7336	50
泰和县冠朝镇	14540	14	22175	5523	7312	1911	53
泰和县沙村镇	7900	8	15905	5905	9540	6475	28
泰和县老营盘镇	8500	7	6115	1700	3000	1300	8
泰和县小龙镇	9400	5	6912	3537	2500	1200	9
泰和县灌溪镇	16300	18	27112	3200	10452	5000	20
泰和县苑前镇	10800	18	31145	6400	14952	9876	19
泰和县万合镇	17400	28	53094	11000	24629	13929	70
泰和县沿溪镇	10811	11	22742	6100	9992	4040	21
泰和县石山乡	6050	9	13836		7189	3813	45
泰和县南溪乡	4020	8	14222		6895	774	12
泰和县上模乡	10000	9	11437		6226	2403	4
泰和县水槎乡	17139	12	13837		5296	1657	19
泰和县上圯乡	9000	7	8876	60	6170	3400	5
泰和县中龙乡	11000	8	7213		3986	994	10
遂川县泉江镇	18862	38	121860	94250	68357	52320	1650
遂川县雩田镇	19122	27	58979	39975	32937	21693	247
遂川县碧洲镇	11522	10	13616	6039	6097	1805	90
遂川县草林镇	8768	14	32760	15041	16769	13026	13
遂川县堆子前镇	10520	8	19863	8960	10953	4912	120
遂川县左安镇	15650	24	30475	10462	16761	5475	165
遂川县高坪镇	10283	10	13968	3870	7682	2012	45
遂川县大汾镇	30052	23	37579	10650	19925	10071	135
遂川县衙前镇	13453	7	11756	4225	5999	3093	91
遂川县禾源镇	10680	10	23108	7632	13631	8436	98
遂川县汤湖镇	9838	12	16107	3840	8879	3175	23
遂川县珠田乡	8960	10	21552		11853	5287	16
遂川县巾石乡	14900	13	25804		15039	8994	17
遂川县大坑乡	15770	14	16015		10049	3780	8
遂川县枚江乡	6912	16	22247		12226	10076	22
遂川县双桥乡	9722	6	6716		3904	2001	14
遂川县新江乡	18800	11	10702		5954	2430	19

乡镇基本情况

计算单位:公顷、个、人

名　　称	行政区域面积	村民委员会	常住人口	城镇建成区总人口	从业人员	二三产业从业人员	工业企业单位
遂川县五斗江乡	22769	9	12042		6623	2412	10
遂川县西溪乡	6741	8	16110	1128	8808	4743	4
遂川县南江乡	4675	6	11281		6987	4694	6
遂川县黄坑乡	7580	14	17268		9497	6427	9
遂川县戴家埔乡	14094	11	14874		8180	4297	28
遂川县营盘圩乡	7094	7	4836		2501	1255	13
万安县芙蓉镇	11892	6	58686	44389	32948	30557	79
万安县五丰镇	18937	13	21002	3356	13250	6771	107
万安县枧头镇	23422	13	24120	1842	13195	6268	14
万安县窑头镇	12344	14	30589	4813	16472	7524	12
万安县百嘉镇	10070	9	19929	2892	10891	4112	5
万安县高陂镇	10534	8	12701	2376	6624	3417	15
万安县潞田镇	15357	10	11847	2009	11320	5782	25
万安县沙坪镇	13183	7	13412	1465	7052	3882	8
万安县夏造镇	10671	6	13929	1997	7985	4396	3
万安县罗塘乡	13486	6	15069		8593	4394	10
万安县弹前乡	6493	5	12655		7564	3828	7
万安县武术乡	11542	6	6302		3727	1772	3
万安县宝山乡	12454	8	12873		6921	3721	18
万安县涧田乡	12400	8	12966		6544	3426	1
万安县顺峰乡	12119	4	9889		4659	2626	2
万安县韶口乡	4455	11	21869		11349	6249	4
安福县平都镇	7827	19	113068	85738	52044	49514	927
安福县浒坑镇	8280	3	12512	11647	8259	7787	106
安福县洲湖镇	18525	21	37451	13115	20528	16910	218
安福县横龙镇	14093	15	21863	9766	12432	8156	126
安福县洋溪镇	13052	9	17952	3035	8942	5702	248
安福县严田镇	26231	16	27323	1886	13655	9587	79
安福县枫田镇	12910	21	22068	5046	11789	7982	36
安福县竹江乡	8258	11	13980		6407	3857	205
安福县瓜畲乡	8052	11	10061		6512	3780	96
安福县钱山乡	19324	15	12005		6781	3931	65
安福县赤谷乡	9378	7	7225		4363	2853	10
安福县山庄乡	23785	15	21465		11967	4369	196
安福县洋门乡	9075	18	22441		11282	6766	51
安福县金田乡	13936	23	15524		10225	5147	68
安福县彭坊乡	16012	9	6598		3601	2424	34
安福县泰山乡	21468	7	12456		5581	4321	66
安福县寮塘乡	18845	18	23653		10992	7470	225
安福县甘洛乡	6568	9	12437		6037	2914	12
安福县章庄乡	23962	9	6854		3095	1997	33
永新县禾川镇	3962	21	93200	85852	38372	31468	77
永新县石桥镇	10500	16	23602	2410	13177	7278	
永新县龙源口镇	16500	12	25831	3321	12543	8308	
永新县浬田镇	10873	26	42036	13895	21452	15026	128
永新县龙门镇	8700	13	19820	1003	9200	5180	388
永新县沙市镇	8100	7	18459	3612	8860	4709	2
永新县文竹镇	1465	8	18572	3620	8976	5321	13
永新县埠前镇	3450	11	21843	4584	11309	6926	170
永新县怀忠镇	7639	9	21330	3700	10966	3364	167

乡镇基本情况

计算单位:公顷、个、人

名　　称	行政区域面积	村民委员会	常住人口	城镇建成区总人口	从业人员	二三产业从业人员	工业企业单位
永新县高桥楼镇	9610	10	14323	3781	7178	3769	84
永新县坳南乡	10466	4	7578		4790	3729	
永新县曲白乡	14334	10	8256		3939	2079	23
永新县才丰乡	7037	7	14506		7540	2718	84
永新县烟阁乡	6000	7	17672		9638	6026	
永新县在中乡	2800	5	16051		8059	5002	1
永新县三湾乡	12837	5	5153		2730	1528	4
永新县台岭乡	6500	7	12322		6658	3555	4
永新县龙田乡	6500	11	17069		8556	4013	8
永新县高溪乡	12000	8	19083		9274	3537	2
永新县莲洲乡	4590	9	17618		8880	6675	
永新县高市乡	6300	7	12188		5850	3452	
永新县象形乡	13863	12	30202		16520	8934	11
永新县芦溪乡	8600	13	22738		11862	7405	6
井冈山市红星街道办事处	780		9582	9582	5533	5533	5
井冈山市厦坪镇	2911	5	10026	3736	4967	3566	31
井冈山市龙市镇	3060	4	34375	25872	6837	4746	95
井冈山市古城镇	6228	8	13930	2848	6263	4248	45
井冈山市新城镇	6134	7	7916	1723	3634	2123	64
井冈山市大陇镇	5252	7	4521	552	2777	1934	159
井冈山市茨坪镇	910		13896	13896	10280	10280	3
井冈山市拿山乡	6801	10	13171		6986	4060	64
井冈山市黄坳乡	7278	5	7120		2359	954	6
井冈山市下七乡	7379	6	7857		3962	1931	6
井冈山市长坪乡	4006	3	1677		1034	621	3
井冈山市坳里乡	2229	4	4204		3423	2500	3
井冈山市鹅岭乡	5735	6	5478		3061	2234	5
井冈山市柏露乡	3821	6	3129		1546	970	6
井冈山市茅坪乡	4119	6	3956		2445	1191	3
井冈山市葛田乡	4627	5	6716		2443	834	5
井冈山市荷花乡	2934	6	3586		1963	977	1
井冈山市睦村乡	3806	8	7340		3049	1620	16
井冈山市东上乡	9031	10	7649		4581	3108	10
袁州区彬江镇	13693	16	49200	20500	24350	13329	17
袁州区西村镇	14990	16	63812	16750	22933	10050	395
袁州区金瑞镇	10500	16	42466	7024	22379	7441	13
袁州区温汤镇	17160	12	43878	22134	20785	2770	2
袁州区三阳镇	7660	11	38127	7936	15498	9109	49
袁州区慈化镇	20260	18	72657	7650	48339	17751	281
袁州区天台镇	18400	26	52312	3259	29394	3401	32
袁州区洪塘镇	16400	26	39512	6660	25636	12605	48
袁州区渥江镇	4000	6	16220	2090	8900	2100	30
袁州区新坊镇	16200	11	21191	4020	11442	5242	227
袁州区寨下镇	11800	16	48867	2425	35202	11300	26
袁州区芦村镇	5400	9	16743	4642	10454	6448	8
袁州区湖田镇	8720	11	35443	4196	16818	9448	18
袁州区新田镇	9700	14	37169	1212	13396	3296	19
袁州区南庙镇	7900	11	18340	6035	11621	3970	29
袁州区竹亭镇	5500	9	21325	600	9872	3932	65
袁州区水江镇	6400	10	25494	1660	25494	710	

乡镇基本情况

计算单位：公顷、个、人

名　　称	行政区域面积	村民委员会	常住人口	城镇建成区总人口	从业人员	二三产业从业人员	工业企业单位
袁州区辽市镇	9600	10	31530	5000	20194	7719	42
袁州区洪江乡	17100	9	15278	2300	6069	2626	15
袁州区楠木乡	7900	9	13236		9872	4131	17
袁州区柏木乡	6700	12	13472	5475	11920	6068	12
袁州区飞剑潭乡	8670	10	24396		28871	4475	6
奉新县冯川镇	3040	2	77120	73196	32651	32054	44
奉新县赤岸镇	18730	17	31190	4600	17939	9539	35
奉新县赤田镇	12170	13	23302	3183	15745	9975	18
奉新县宋埠镇	8680	12	15430	2163	15068	11787	10
奉新县干洲镇	17230	19	31868	4836	19965	10655	80
奉新县澡下镇	15560	9	8742	1897	5785	4716	29
奉新县会埠镇	20950	12	17677	5205	11970	5055	40
奉新县罗市镇	12200	9	12359	3489	7950	5108	7
奉新县上富镇	14633	13	14545	6497	7014	5751	77
奉新县甘坊镇	6820	6	4376	2892	2998	1452	30
奉新县仰山乡	10190	8	6184		3477	1982	6
奉新县澡溪乡	7440	8	8180		5280	3432	42
奉新县柳溪乡	10190	8	4017		2509	873	10
万载县康乐街道	4602	10	105800	71360	50040	35570	124
万载县株潭镇	9081	15	76980	18326	43070	30820	856
万载县黄茅镇	13736	20	62300	12600	38989	27100	605
万载县潭埠镇	9689	13	42889	7650	21335	9313	93
万载县双桥镇	13236	15	35966	7235	29988	9378	66
万载县高村镇	20429	12	16352	2056	8830	3030	80
万载县罗城镇	15541	9	24716	3110	11190	5830	381
万载县三兴镇	11281	10	30527	1839	15302	9470	112
万载县高城镇	11677	13	32176	2022	15299	7826	105
万载县白良镇	7375	8	23557	1151	12400	7576	61
万载县鹅峰乡	7122	9	21131		11925	9337	115
万载县马步乡	6251	11	30055		15010	9810	102
万载县赤兴乡	7774	7	12805		6286	3386	108
万载县岭东乡	4615	7	12902		7410	2610	20
万载县白水乡	5928	7	10530		4703	3238	48
万载县仙源乡	14884	8	16955		6100	2000	26
万载县茭湖乡	8742	7	10384		6099	3722	60
上高县田心镇	17300	27	40479	1960	18206	14371	127
上高县徐家渡镇	13312	19	29404	8221	14766	7638	107
上高县锦江镇	4262	13	33008	5495	16972	10721	29
上高县泗溪镇	16589	22	41932	8977	18874	9557	365
上高县翰堂镇	9125	11	21455	5631	11278	5781	361
上高县南港镇	11717	9	15430	1480	8428	5132	71
上高县敖山镇	4008	12	10070	2298	4932	3150	46
上高县新界埠镇	10724	14	20385	3980	9560	5265	52
上高县芦洲乡	8320	11	13760	1430	10653	6151	99
上高县塔下乡	4840	10	13661		5061	2978	228
上高县蒙山乡	7418	12	13323	340	19010	5687	76
上高县镇渡乡	5535	12	10440		5387	3277	20
上高县野市乡	8684	10	9923		4879	3390	171
宜丰县新昌镇	13393	16	78008	60008	25846	24806	275
宜丰县澄塘镇	17800	22	20139	3560	8706	6226	348

乡镇基本情况

计算单位：公顷、个、人

名　　称	行政区域面积	村民委员会	常住人口	城镇建成区总人口	从业人员	二三产业从业人员	工业企业单位
宜丰县棠浦镇	11500	20	23187	2265	10678	6782	293
宜丰县新庄镇	8700	16	13700	2805	3877	3160	364
宜丰县潭山镇	20500	16	14986	9176	6039	5240	26
宜丰县芳溪镇	20000	19	18975	7100	13340	7879	45
宜丰县石市镇	15315	17	25893	2528	16596	11856	1481
宜丰县黄岗镇	18600	9	10377	1700	3405	2709	86
宜丰县花桥乡	11500	9	11204	1184	5385	1925	192
宜丰县同安乡	9100	8	7343	2700	3774	2005	26
宜丰县天宝乡	14100	19	15065	4809	9271	7178	126
宜丰县桥西乡	14550	16	17035	3888	7452	6477	98
靖安县双溪镇	3790	4	41135	4953	30852	28365	8
靖安县仁首镇	12650	12	26100	4790	11830	7701	46
靖安县宝峰镇	19650	6	6360	3976	3538	1959	148
靖安县高湖镇	15640	7	12266	1017	5698	2616	22
靖安县躁都镇	12010	5	6078	1280	2485	1547	38
靖安县香田乡	6810	7	12402	2127	7434	2364	61
靖安县水口乡	17840	9	12068	2400	5138	2734	38
靖安县中源乡	17850	11	10014	1058	5062	2898	23
靖安县罗湾乡	18630	10	13138	3671	13138	6555	61
靖安县三爪仑乡	10190	2	2924	600	2069	1772	5
靖安县雷公尖乡	2960	2	3193	1418	1323	485	8
铜鼓县永宁镇	8505	10	37592	28591	18100	15661	31
铜鼓县温泉镇	16371	12	18430	1000	8698	2041	27
铜鼓县棋坪镇	23800	12	13871	3210	7886	4025	6
铜鼓县排埠镇	13100	11	12171	2062	6809	2700	12
铜鼓县三都镇	25643	19	12982	1476	7560	2984	49
铜鼓县大塅镇	21130	19	18167	7163	7978	3402	13
铜鼓县高桥乡	12670	7	6713	284	1537	383	6
铜鼓县港口乡	12430	5	3921	1513	1969	815	6
铜鼓县带溪乡	6807	7	8915	405	4207	1678	10
丰城市剑光街道	380		111003	111003	61002	61002	4
丰城市河洲街道	2200		57680	41020	29509	24429	36
丰城市剑南街道	3600	3	60560	43680	25502	16135	251
丰城市孙渡街道	5600	14	60701	20150	31040	22320	372
丰城市尚庄街道	6346	6	38182	8412	19734	12114	323
丰城市白土镇	10200	21	45010	5973	22652	9639	31
丰城市袁渡镇	8700	18	52102	2984	24692	13288	56
丰城市张巷镇	9600	19	49596	5230	25300	13200	52
丰城市杜市镇	9600	13	31943	2424	14952	9909	116
丰城市淘沙镇	17550	20	42511	3010	24580	9548	97
丰城市秀市镇	25200	25	57320	16890	27887	21226	279
丰城市洛市镇	10650	15	41145	9631	21129	11971	71
丰城市铁路镇	128300	16	30479	3267	16558	10393	17
丰城市丽村镇	10200	18	20999	1840	8617	4032	23
丰城市董家镇	12680	17	21875	2160	13062	8333	23
丰城市隍城镇	8462	17	37365	9002	17777	8567	6
丰城市小港镇	8478	30	61855	12550	30978	22551	56
丰城市石滩镇	6200	15	30835	5723	15726	10690	22
丰城市桥东镇	11600	21	41200	4321	31775	11679	85
丰城市荣塘镇	9300	17	64834	5476	27912	11164	21

乡镇基本情况

计算单位:公顷、个、人

名　　称	行政区域面积	村民委员会	常住人口	城镇建成区总人口	从业人员	二三产业从业人员	工业企业单位
丰城市拖船镇	6700	20	58640	7926	20488	11504	74
丰城市泉港镇	10300	19	41960	3800	19182	13125	12
丰城市梅林镇	8800	15	33002	9737	17116	6745	74
丰城市曲江镇	8850	16	47671	15930	13640	6188	86
丰城市上塘镇	5214	5	18035	3453	10399	6648	39
丰城市筱塘乡	3500	14	23297		13085	2208	17
丰城市段潭乡	5200	15	39273		39273	20739	2
丰城市蕉坑乡	6560	7	13769		8261	6008	27
丰城市石江乡	9100	9	11819		5321	3092	170
丰城市荷湖乡	14000	14	27388		11758	7452	156
丰城市湖塘乡	7800	14	17468		9638	5503	24
丰城市同田乡	9590	16	32566		22777	7135	18
樟树市淦阳街道	874	2	59714	54635	31052	30449	54
樟树市鹿江街道	836	2	39926	36726	19963	18512	80
樟树市福城街道	1197	3	19389	13719	10111	8759	16
樟树市大桥街道	4720	12	28185	10800	11749	6312	48
樟树市张家山街道	9393	25	65510	11986	33998	17042	45
樟树市临江镇	8479	18	39800	28760	18730	4600	42
樟树市永泰镇	2703	9	17699	3508	7577	3970	228
樟树市黄土岗镇	5378	22	18193	3698	10450	3990	75
樟树市经楼镇	8162	15	20560	4005	9028	2000	95
樟树市昌付镇	6910	19	19760	5032	9472	3832	24
樟树市店下镇	13997	11	12284	3762	6499	2512	33
樟树市阁山镇	6986	7	18270	2000	9645	3474	118
樟树市刘公庙镇	8409	13	17950	4289	9334	4226	32
樟树市观上镇	5949	13	22386	2037	11308	4138	35
樟树市义成镇	8610	13	19565	1264	13493	6926	32
樟树市中洲乡	5443	11	10488	531	5663	1908	18
樟树市洲上乡	4713	20	31023	2076	14749	6864	12
樟树市洋湖乡	5754	11	28476	3113	14063	7909	67
樟树市吴城乡	13039	15	21391	2912	10566	3655	23
高安市瑞州街道	8100	7	98640	73411	17457	11647	138
高安市筠阳街道	5050	9	91655	59000	53400	35472	122
高安市蓝坊镇	7295	15	42519	11226	24695	13892	83
高安市荷岭镇	7818	14	22082	3610	14020	4354	26
高安市黄沙岗镇	7546	13	35665	10052	20103	11811	32
高安市新街镇	13518	14	42562	21707	24398	8712	99
高安市八景镇	9774	11	45930	23159	26197	22434	41
高安市独城镇	10530	12	35325	14130	19581	11754	53
高安市太阳镇	8560	10	23073	5772	12101	7402	56
高安市建山镇	11245	12	33373	16729	18934	13618	60
高安市田南镇	9889	9	19852	4988	17457	4977	36
高安市相城镇	13392	11	23116	5811	20780	6280	73
高安市灰埠镇	12252	20	40237	16600	26316	13770	26
高安市石脑镇	11680	16	43245	21620	26488	13440	76
高安市龙潭镇	9191	14	39296	14147	23210	9260	49
高安市杨圩镇	14587	20	42780	18207	22246	14226	62
高安市村前镇	16634	12	23020	6850	14223	8370	90
高安市伍桥镇	12741	12	16703	4430	9044	4719	25
高安市祥符镇	12403	14	29136	7284	14914	6361	36

乡镇基本情况

计算单位:公顷、个、人

名　　称	行政区域面积	村民委员会	常住人口	城镇建成区总人口	从业人员	二三产业从业人员	工业企业单位
高安市大城镇	15352	17	31420	7868	14768	5743	38
高安市上湖乡	4092	13	28756	2321	19563	6477	71
高安市汪家圩乡	9367	9	13977	3622	7140	1100	25
临川区上顿渡镇	5260	22	146500	70950	62580	48950	138
临川区温泉镇	5560	18	29355	3257	13275	4127	81
临川区高坪镇	12320	26	36157	9696	16295	10755	191
临川区秋溪镇	5890	12	28913	1298	14441	6549	64
临川区荣山镇	12020	18	24716	3485	14740	3842	10
临川区龙溪镇	10600	12	21429	4962	8126	2066	35
临川区大岗镇	14400	20	29580	3286	12866	6655	42
临川区云山镇	9800	21	39758	4597	29557	19700	48
临川区唱凯镇	4690	18	51102	20230	18945	10257	34
临川区罗针镇	4560	18	50485	6520	24695	16765	6
临川区罗湖镇	8850	30	55013	8453	30651	20906	328
临川区太阳镇	4440	11	24458	3818	12315	8314	60
临川区东馆镇	8090	8	20196	2100	6936	3836	22
临川区腾桥镇	12850	21	28400	4928	13930	9530	78
临川区青泥镇	5700	14	27443	5970	14721	12201	190
临川区孝桥镇	2860	9	25255	989	12788	4581	46
临川区抚北镇	1300	3	12546	3927	3541	1438	74
临川区崇岗镇(金巢开发区)	8364	13	27641	1736	17641	7305	28
临川区展坪乡	6800	11	20998		10871	6740	80
临川区连城乡	3900	12	19029		9223	5257	38
临川区桐源乡	10600	13	27553		15750	5209	277
临川区湖南乡	7740	19	44864		26073	12974	66
临川区七里岗乡	4400	15	21550		9760	5270	67
临川区嵩湖乡	7200	11	24141		13195	2721	31
临川区鹏田乡	6500	9	14490		5589	1372	48
临川区茅排乡	5090	5	6250		2045	1365	36
临川区河埠乡	8010	9	12621		6400	1000	34
南城县建昌镇	12434	17	110530	79658	50983	44680	2012
南城县株良镇	18471	22	38132	5676	21013	7942	161
南城县上唐镇	18445	17	24151	6056	75612	5119	162
南城县里塔镇	15339	12	14226	3841	9597	3685	77
南城县洪门镇	15513	8	11481	1868	8066	4398	78
南城县沙洲镇	9531	8	14639	4724	8429	3017	78
南城县龙湖镇	27050	13	20429	3430	10234	4234	57
南城县新丰街镇	5370	6	9168	3430	5117	3746	15
南城县万坊镇	16891	14	22060	2532	12644	5309	84
南城县徐家乡	12811	13	19216		11698	6827	120
南城县天井源乡	7480	13	16818		9283	3471	43
南城县浔溪乡	10138	7	4825		3885	2170	42
黎川县日峰镇	20900	16	85650	61788	21527	13615	312
黎川县宏村镇	8500	5	14896	3589	6363	578	8
黎川县洵口镇	11800	6	11857	3460	6129	2754	37
黎川县熊村镇	12509	12	9135	4673	7564	1421	11
黎川县龙安镇	15300	11	12330	2567	7957	1086	82
黎川县德胜镇	9333	5	21550	3440	10796	7456	7
黎川县潭溪乡	13000	11	17812		11616	11603	8
黎川县湖坊乡	8300	7	10031		5938	2633	64

乡镇基本情况

计算单位:公顷、个、人

名　　称	行政区域面积	村民委员会	常住人口	城镇建成区总人口	从业人员	二三产业从业人员	工业企业单位
黎川县荷源乡	7500	5	5813	2415	5813	401	15
黎川县厚村乡	6009	4	6047		3857	1141	14
黎川县社苹乡	2951	4	7680		4327	3031	3
黎川县樟溪乡	10500	4	3151		3151	976	37
黎川县西城乡	10600	8	7621	1845	4554	2770	17
黎川县中田乡	12500	7	9854		9854	5253	6
南丰县琴城镇	7200	14	110236	5420	76876	65250	94
南丰县太和镇	19800	10	22974	2800	12363	3800	8
南丰县白舍镇	33350	32	39416	8321	21059	4130	12
南丰县市山镇	22478	24	37722	6585	17062	13562	5
南丰县洽湾镇	10810	11	17473	1023	9326	2117	8
南丰县桑田镇	10238	11	16195	2228	8714	2337	9
南丰县紫霄镇	30160	19	14579	1588	11029	9432	15
南丰县三溪乡	12650	12	8900	163	5275	2071	10
南丰县东坪乡	9200	8	7939	211	4033	220	7
南丰县莱溪乡	8333	10	17100	275	10740	4220	9
南丰县太源乡	11400	9	9686	196	4692	810	6
南丰县傅坊乡	16700	12	16684	320	7934	2784	6
崇仁县巴山镇	14300	19	114124	81422	52497	40077	450
崇仁县相山镇	26100	10	20216	3635	9900	2736	28
崇仁县航埠镇	5400	9	26299	3120	13651	6674	11
崇仁县孙坊镇	6000	13	21232	1655	10424	2349	25
崇仁县河上镇	13300	17	25632	2410	14783	1073	15
崇仁县礼陂镇	9350	8	12686	710	7755	3195	27
崇仁县马鞍镇	12900	9	19259	1275	8955	966	
崇仁县石庄乡	7900	7	7796		9923	5601	32
崇仁县六家桥乡	8600	8	16325		9106	6100	129
崇仁县白鹭乡	2100	8	17250		8268	2333	
崇仁县三山乡	8250	9	13742		6795	1948	10
崇仁县白陂乡	6196	6	11262		6447	2450	7
崇仁县桃源乡	14950	11	15167		6941	868	16
崇仁县许坊乡	8400	8	12810		6223	4824	219
崇仁县郭圩乡	8500	8	14509		6609	611	12
乐安县鳌溪镇	26533	18	81525	59623	16212	8110	310
乐安县公溪镇	14540	10	18372	2906	11181	3431	28
乐安县山砀镇	13173	13	28921	2578	10575	1328	4
乐安县龚坊镇	15707	10	18402	2837	11922	7750	3
乐安县戴坊镇	25493	20	32408	5118	10028	2089	20
乐安县牛田镇	13480	8	22320	3759	6944	2048	18
乐安县万崇镇	9720	8	15245	907	6215	865	3
乐安县增田镇	13507	10	19332	1600	5396	1008	15
乐安县招携镇	24500	17	23735	3973	10390	3800	38
乐安县湖溪乡	11927	9	12608		7976	1260	6
乐安县罗陂乡	6800	8	13128		10218	2568	4
乐安县湖坪乡	9800	10	17464	1750	8786	4166	16
乐安县南村乡	13700	13	19140		11030	5190	9
乐安县谷岗乡	16100	10	13921		6312	3063	12
乐安县金竹畲族乡	24240	10	11752		5050	2525	13
宜黄县凤冈镇	23340	20	63075	49505	22980	14938	71
宜黄县棠阴镇	17950	14	18939	6550	9620	4279	15

乡镇基本情况

计算单位:公顷、个、人

名　　称	行政区域面积	村民委员会	常住人口	城镇建成区总人口	从业人员	二三产业从业人员	工业企业单位
宜黄县黄陂镇	27570	18	25502	6310	12792	3589	38
宜黄县东陂镇	15600	11	9862	3211	7305	4080	13
宜黄县梨溪镇	14660	11	19554	6055	9306	2137	12
宜黄县二都镇	17280	12	14735	3610	8320	4052	25
宜黄县中港镇	20140	14	11559	4628	9729	3111	25
宜黄县桃陂镇	8720	7	8569	512	6921	4058	6
宜黄县新丰乡	13313	7	7114	1160	4148	1659	3
宜黄县神冈乡	15830	10	8633	3000	8127	2910	11
宜黄县圳口乡	12180	7	10885		6240	2157	13
宜黄县南源乡	7850	8	7952		4316	1274	11
金溪县秀谷镇	17900	15	81366	59355	46872	41155	413
金溪县浒湾镇	7100	10	27600	7650	11714	5112	16
金溪县双塘镇	6997	8	11694	4050	6576	3900	17
金溪县何源镇	12200	9	16451	2667	7581	4373	15
金溪县合市镇	12065	15	23806	5204	13077	5255	14
金溪县琅琚镇	13650	23	28227	1750	17430	5162	11
金溪县左坊镇	13210	13	22469	2713	13198	6465	20
金溪县对桥镇	10800	10	16482	6212	11147	6207	7
金溪县黄通乡	10500	6	11100	371	5958	1890	6
金溪县陆坊乡	9200	9	15831	2311	8583	3218	46
金溪县陈坊积乡	3560	6	11470	324	6077	2735	18
金溪县琉璃乡	9198	15	23426	705	10925	7416	25
金溪县石门乡	9420	11	14334	261	6720	3931	3
资溪县鹤城镇	15311	10	32283	29654	19056	16739	35
资溪县马头山镇	23380	13	7114	2444	5783	4294	19
资溪县高阜镇	15031	9	11616	3024	8559	6253	17
资溪县嵩市镇	12382	9	8825	2035	5441	4039	2
资溪县乌石镇	12700	10	11668	2370	8564	6338	7
资溪县高田乡	12992	8	11988		7269	5253	7
资溪县石峡乡	8150	7	4487		3229	2330	5
东乡县孝岗镇	12800	10	126801	99330	67704	58093	38
东乡县小璜镇	14300	13	31311	5079	29207	21505	197
东乡县圩上桥镇	7200	12	16329	869	10413	3310	118
东乡县马圩镇	7500	16	40529	4420	23028	15169	21
东乡县詹圩镇	9200	10	27126	3230	14926	12175	10
东乡县岗上积镇	6100	10	23940	6398	10792	7091	38
东乡县杨桥殿镇	14300	16	22127	3615	20516	11406	8
东乡县黎圩镇	8200	9	13971	3450	7265	4949	13
东乡县王桥镇	7300	8	13794	658	13678	5141	20
东乡县珀玕乡	5450	7	19199		10801	3842	83
东乡县邓家乡	9250	10	23786		11778	3808	32
东乡县虎圩乡	7200	10	14239		8378	1175	23
东乡县瑶圩乡	6950	6	10516		6239	2309	15
广昌县盱江镇	37600	24	83184	25732	32722	24710	384
广昌县头陂镇	18893	13	26147	6200	15402	1032	3
广昌县赤水镇	13600	13	22895	4473	8074	4693	123
广昌县驿前镇	19800	18	24838	7612	13419	10354	
广昌县甘竹镇	11400	12	26324	5195	13724	3901	296
广昌县千善乡	6900	5	6872		3297	580	
广昌县水南圩乡	6300	5	7376		3453	1764	5

乡镇基本情况

计算单位：公顷、个、人

名　　称	行政区域面积	村民委员会	常住人口	城镇建成区总人口	从业人员	二三产业从业人员	工业企业单位
广昌县长桥乡	7200	6	9489		4624	1042	56
广昌县杨溪乡	6900	6	5843		3204	1670	
广昌县尖峰乡	32200	12	19004		8569	1672	
广昌县塘坊乡	15512	15	18362		8511	6236	1
信州区沙溪镇	7600	13	42545	15138	25510	15504	45
信州区朝阳镇	6700	11	42135	4084	18850	10342	19
信州区秦峰乡	5900	11	24095	3423	23903	16265	12
上饶县旭日街道办事处	1580	2	108526	98230	73558	62735	10
上饶县罗桥街道办事处	4480	2	23998	6520	10555	8021	42
上饶县兴园街道办事处	3850	4	16247	3300	7890	4320	23
上饶县田墩镇	8933	14	62151	4172	25240	17927	306
上饶县上泸镇	6477	9	25324	12510	13420	10464	126
上饶县华坛山镇	20970	18	24115	4886	15320	10760	14
上饶县茶亭镇	9200	13	43297	12480	10123	9837	86
上饶县皂头镇	4366	10	35812	15976	15773	8187	25
上饶县四十八镇	6015	6	23279	9867	10780	7704	423
上饶县枫岭头镇	7462	10	37180	9000	13290	10960	72
上饶县煌固镇	11585	15	57433	7100	56623	42468	7
上饶县花厅镇	8043	9	31694	5191	15378	11841	33
上饶县五府山镇	43600	7	16819	6000	9477	5250	70
上饶县郑坊镇	6720	8	31506	10966	15358	8355	55
上饶县望仙乡	9326	10	18567		7259	5048	15
上饶县石人乡	6720	10	32179		32179	6151	227
上饶县清水乡	10431	8	32156		19336	13536	8
上饶县石狮乡	3817	5	24480		19728	13530	57
上饶县湖村乡	17482	15	35020		25618	16413	26
上饶县尊桥乡	7200	11	33612		30887	9229	14
上饶县应家乡	5830	7	28978		9223	4347	41
上饶县黄沙岭乡	5442	7	24490		9619	5361	70
上饶县铁山乡	4796	5	15049		7429	5079	29
上饶县董团乡	12800	11	44352		20402	14281	42
广丰县永丰街道办事处	2500		106307	57845	6831	5038	26
广丰县芦林街道办事处	2160	2	38540	9635	22600	14920	216
广丰县丰溪街道办事处	2732	4	54600	7900	25000	7500	12
广丰县五都镇	7436	13	82470	19852	50168	43181	168
广丰县洋口镇	6837	13	73692	12297	35125	24125	189
广丰县横山镇	6600	10	44405	4425	20081	19036	58
广丰县桐畈镇	7470	10	49742	8520	31678	18524	512
广丰县湖丰镇	3330	5	22513	7786	13571	8045	48
广丰县大南镇	4300	6	21250	2250	15030	7950	235
广丰县排山镇	5850	10	38946	3960	17668	13460	48
广丰县毛村镇	3940	5	27085	5536	13383	7680	62
广丰县枧底镇	2521	5	22728	3989	9933	7248	46
广丰县泉波镇	5751	7	32116	2994	15709	6846	52
广丰县壶峤镇	4420	6	31377	4560	12435	4247	23
广丰县霞峰镇	2852	7	40030	7255	15928	10794	27
广丰县下溪镇	3800	4	30258	2290	19276	11276	80
广丰县吴村镇	7060	9	41048	8185	23851	10473	23
广丰县沙田镇	4570	8	35596	7600	16190	11560	40
广丰县铜钹山镇	26654	10	25078	4237	17669	11315	36

乡镇基本情况

计算单位:公顷、个、人

名　　称	行政区域面积	村民委员会	常住人口	城镇建成区总人口	从业人员	二三产业从业人员	工业企业单位
广丰县大石乡	2488	7	33472		21088	13585	12
广丰县东阳乡	8570	11	29800		11132	6280	30
广丰县嵩峰乡	8750	6	26866	4130	11376	7455	18
广丰县少阳乡	2360	7	26047	5876	11003	7077	26
玉山县枫林办事处	12800	8	13816		10534	2509	
玉山县冰溪镇	3960	8	113560	97560	68336	62706	168
玉山县临湖镇	9360	13	34515	11385	17726	10036	38
玉山县必姆镇	8850	11	33322	3210	12978	7650	10
玉山县横街镇	12400	13	35354	5256	14654	6515	30
玉山县文成镇	5230	13	32628	1530	12869	5284	18
玉山县下镇镇	8126	12	49005	3860	19816	6826	28
玉山县岩瑞镇	12910	25	53186		27208	7210	37
玉山县双明镇	13700	9	27615	5110	11878	9955	27
玉山县紫湖镇	14840	9	22467	3092	9250	4850	55
玉山县仙岩镇	6360	10	28641	10000	10572	6000	18
玉山县樟村镇	10200	10	32478	10786	11760	7076	48
玉山县南山乡	9200	6	15139		6064	4070	
玉山县怀玉乡	12500	10	22007		8230	7937	16
玉山县下塘乡	6090	11	25516		10434	5729	41
玉山县四股桥乡	7500	13	30726	4200	13059	5238	9
玉山县六都乡	13710	18	47422		16271	2060	16
玉山县三清乡	9100	6	7144		2508	1500	2
铅山县河口镇	5749	10	64680	46280	28451	22790	41
铅山县永平镇	14700	15	45700	28000	17130	11991	54
铅山县石塘镇	5400	6	15718	5623	8227	5185	8
铅山县鹅湖镇	10600	17	29864	4256	17778	13343	72
铅山县湖坊镇	11630	11	26654	9866	11835	4962	19
铅山县武夷山镇	45573	8	23140	4487	19016	6236	31
铅山县汪二镇	14966	14	34832	5364	18471	8181	36
铅山县陈坊乡	10939	7	10207		5692	3411	26
铅山县虹桥乡	7200	7	16746		9791	5665	10
铅山县新滩乡	9860	14	32567		21462	15978	9
铅山县葛仙山乡	20300	19	32200		17467	7669	29
铅山县稼轩乡	8200	7	20517		10414	5528	5
铅山县英将乡	8900	5	7087		7628	5980	19
铅山县紫溪乡	7600	7	15360		7085	2885	6
铅山县太源畲族乡	7850	4	1765		1094	684	9
铅山县天柱山乡	18721	5	5554		4158	2748	10
铅山县篁碧畲族乡	8100	4	3500		1655	625	6
横峰县兴安街道办事处	2284	2	67284		6360	4950	2
横峰县岑阳镇	7400	6	12800	4650	6979	6529	20
横峰县葛源镇	11459	9	16650	11474	13960	7200	63
横峰县姚家乡	4506	7	14628		6639	4362	4
横峰县莲荷乡	8640	8	20961		12125	7276	2
横峰县司铺乡	4600	5	12872		5680	3260	25
横峰县港边乡	3960	5	9089		9089	3640	6
横峰县龙门畈乡	7900	11	27242		13164	5829	160
横峰县青板乡	7100	6	14012		12915	3216	8
弋阳县桃源街道办事处	1061		21000	21000	7719	7719	15
弋阳县曹溪镇	16232	11	24021	4980	14598	8356	6

乡镇基本情况

计算单位：公顷、个、人

名　　称	行政区域面积	村民委员会	常住人口	城镇建成区总人口	从业人员	二三产业从业人员	工业企业单位
弋阳县漆工镇	17720	15	32690	7781	18771	11478	71
弋阳县樟树墩镇	5844	6	12726	1470	6358	3556	6
弋阳县南岩镇	12118	8	34836	15426	16978	13596	29
弋阳县朱坑镇	8200	10	22112	2377	13916	7924	15
弋阳县圭峰镇	17313	12	26268	1082	16257	8875	15
弋阳县叠山镇	10240	6	10540	2651	6064	3347	12
弋阳县港口镇	10800	8	16655	3616	9809	5177	4
弋阳县弋江镇	1266	2	49814	43166	22638	21239	25
弋阳县中畈乡	15435	11	32395		16396	8749	31
弋阳县葛溪乡	7663	9	21103		12584	7624	19
弋阳县湾里乡	6288	7	14832		9467	5814	10
弋阳县清湖乡	5292	6	14650		8468	3906	18
弋阳县旭光乡	6353	8	7350		3844	2433	8
余干县玉亭镇	5600	14	88434	44848	29359	15861	205
余干县瑞洪镇	12773	30	75801	4544	26397	11505	27
余干县黄金埠镇	14773	31	81832	14245	31982	15393	35
余干县古埠镇	11973	25	56597	4918	32416	11782	125
余干县乌泥镇	1500	4	10308	4829	5092	2773	8
余干县石口镇	8448	14	41344	7811	28280	10370	21
余干县杨埠镇	7833	18	32723	6492	15454	7034	8
余干县九龙镇	10993	15	25048	4575	16222	8156	25
余干县康山乡	1920	6	8647		2679	1001	5
余干县东塘乡	3410	7	19257		11219	5434	1
余干县大塘乡	2313	6	9325		4218	2282	28
余干县鹭鸶港乡	4033	12	31535		17394	4307	27
余干县三塘乡	10315	29	81000		81000	20000	61
余干县洪家嘴乡	5665	33	75699		52057	11612	9
余干县白马桥乡	6866	15	38419		14293	9533	28
余干县江埠乡	7610	18	50116		26267	18285	5
余干县枫港乡	12713	23	48902		18433	8446	16
余干县大溪乡	10326	13	35927		16615	9106	
余干县梅港乡	14733	24	53758		24532	11767	5
余干县社赓乡	14092	18	35782		15912	7423	1
鄱阳县鄱阳镇	10450	21	216500	181000	95888	82248	13
鄱阳县谢家滩镇	23000	19	54216	6876	37063	27253	199
鄱阳县石门街镇	9670	12	26410	11496	14470	6605	18
鄱阳县四十里街镇	6580	16	42731	4249	19384	12584	5
鄱阳县油墩街镇	16500	29	78471	35620	49384	20728	26
鄱阳县田畈街镇	23650	30	82000	35000	78781	43342	52
鄱阳县金盘岭镇	20170	14	36620	3850	20964	2680	20
鄱阳县高家岭镇	9600	17	36280	5574	22506	3532	6
鄱阳县凰岗镇	25400	32	83610	26550	47350	22750	26
鄱阳县双港镇	27802	29	82945	9000	39825	24204	51
鄱阳县古县渡镇	19970	32	92187	13240	51311	42531	5
鄱阳县饶丰镇	12500	9	43090	5791	29527	2655	4
鄱阳县乐丰镇	7960	15	31620	10486	17804	5348	15
鄱阳县饶埠镇	5890	17	54607	9976	22250	12630	61
鄱阳县侯家岗乡	27150	17	38867		19525	9765	112
鄱阳县莲花山乡	12500	6	7695		3700	1300	3
鄱阳县响水滩乡	18000	16	40946		24242	11136	3

乡镇基本情况

计算单位:公顷、个、人

名　　称	行政区域面积	村民委员会	常住人口	城镇建成区总人口	从业人员	二三产业从业人员	工业企业单位
鄱阳县枧田街乡	23360	12	19600		16195	4560	35
鄱阳县柘港乡	13930	17	47176		25942	17655	24
鄱阳县鸦鹊湖乡	4000	7	10800		3627	110	
鄱阳县银宝湖乡	8260	7	27234		13538	8138	4
鄱阳县游城乡	19324	24	43652		29421	13996	86
鄱阳县珠湖乡	10498	16	32636		17507	13126	
鄱阳县白沙洲乡	10050	9	7565		5725	3856	
鄱阳县团林乡	6186	22	33592		24280	12000	12
鄱阳县昌洲乡	2380	15	33250		15000	4000	2
鄱阳县庙前乡	6634	26	74150		66006	54806	
鄱阳县莲湖乡	25100	31	52608		38700	33100	2
鄱阳县芦田乡	12800	14	50634		9745	4621	147
万年县陈营镇	8385	13	108135	83210	50961	36454	235
万年县石镇镇	11244	15	53089	13107	25090	10993	921
万年县青云镇	7671	9	25375	10000	23389	3516	57
万年县梓埠镇	8807	13	48583	19241	24509	16683	45
万年县大源镇	9480	8	21258	5250	8815	6777	164
万年县裴梅镇	15260	12	26212	2045	6140	2043	48
万年县湖云乡	6522	9	26427		14549	10831	15
万年县齐埠乡	7334	11	27362		12255	8216	48
万年县汪家乡	6853	8	22495		12815	6647	16
万年县上坊乡	12353	9	24600		14849	6798	174
万年县苏桥乡	14974	15	40465	2506	21589	10561	25
万年县珠田乡	6017	7	7200		7587	5243	426
婺源县蚺城街道	3935	4	51210		28335	26460	146
婺源县紫阳镇	31543	18	43117	6879	24782	14462	185
婺源县清华镇	13108	8	15632	9500	6480	3855	63
婺源县秋口镇	22056	15	22515	2384	13206	3220	89
婺源县江湾镇	29401	18	31080	4280	18648	9803	173
婺源县思口镇	12070	8	14359	1300	6937	1100	1
婺源县赋春镇	31155	17	30372	7720	18223	9879	870
婺源县镇头镇	9001	5	9524	1680	4946	1746	73
婺源县太白镇	18464	8	15078	2990	8181	3169	231
婺源县中云镇	23352	8	27133	6100	14802	3707	41
婺源县许村镇	21703	13	20099	3821	12059	6109	38
婺源县溪头乡	11859	8	11947		11947	5326	118
婺源县段莘乡	17234	12	15976		7675	2278	1
婺源县浙源乡	10064	7	13752		13752	1108	2
婺源县沱川乡	8555	4	6673		3191	1779	6
婺源县大鄣山乡	20881	15	21800		10124	2804	65
婺源县珍珠山乡	12396	4	10896		6538	53	3
德兴市银城街道办事处	6500	1	42395	42395	4927	1897	95
德兴市新营街道办事处	7500		17132	6809	17132	13202	82
德兴市香屯街道办事处	9700	3	14392	13560	11550	3250	86
德兴市绕二镇	27300	10	30001	6176	13365	5946	39
德兴市海口镇	15200	5	12466	5562	7338	3694	8
德兴市新岗山镇	24800	8	25549	7657	13784	5218	30
德兴市泗洲镇	15472	4	16688	9290	8803	5786	806
德兴市花桥镇	15770	4	14953	10819	7424	3942	31
德兴市黄柏乡	14820	11	33664		19790	11270	30

乡镇基本情况

计算单位：公顷、个、人

名　　称	行政区域面积	村民委员会	常住人口	城镇建成区总人口	从业人员	二三产业从业人员	工业企业单位
德兴市万村乡	12100	6	12716		9860	6065	33
德兴市张村乡	15000	8	20103		14640	7540	
德兴市昄大乡	13700	4	9076		5250	2100	7
德兴市李宅乡	12800	6	11325		7970	2634	30
德兴市龙头山乡	22500	6	13031		8494	5395	14
山东省							
槐荫区吴家堡镇	3821	33	31394	11758	18730	13778	265
槐荫区段店镇	6300	35	62100	25430	47654	7769	510
天桥区桑梓店镇	7261	48	37061	6740	17119	11615	54
天桥区大桥镇	11487	72	53020	5600	39538	30470	96
历城区仲宫镇	25601	129	113199	31000	56493	33954	72
历城区柳埠镇	17261	87	58836	15945	23000	12400	47
历城区董家镇	5242	39	40450	8025	24872	13726	178
历城区唐王镇	7274	46	61842	15878	38665	19487	278
历城区西营镇	13137	38	30397	9419	17373	9520	14
历城区彩石镇	9212	42	54339	18960	17860	8050	17
长清区归德镇	14880	106	80593	28820	45227	25077	186
长清区孝里镇	12460	57	48937	22961	24223	12702	41
长清区万德镇	21700	75	74723	22767	42910	23280	81
长清区张夏镇	13740	53	47421	7042	22393	16373	117
长清区马山镇	8740	53	32974	4020	17195	6145	55
长清区双泉镇	9350	48	29512	10760	16282	12262	46
平阴县榆山街道办事处	5000	24	110090	78433	42489	38174	185
平阴县锦水街道办事处	4000	22	31532	14132	14410	10132	76
平阴县东阿镇	9500	55	33552	6958	22415	13331	90
平阴县孝直镇	14300	64	61892	17910	38820	17511	110
平阴县孔村镇	12600	46	35131	20786	27693	20190	67
平阴县洪范池镇	11500	34	23108	4203	16746	10221	5
平阴县玫瑰镇	13600	48	36052	4990	26134	16269	97
平阴县安城镇	12200	44	34187	8548	22031	12454	81
济阳县济阳街道办事处	8972	55	75672	41273	23136	15036	200
济阳县济北街道办事处	3464	14	55930	39278	15396	14596	220
济阳县垛石镇	18265	130	74863	18610	45210	30613	51
济阳县孙耿镇	10921	71	52649	17879	34592	25108	96
济阳县曲堤镇	15314	130	76904	25520	40668	25654	85
济阳县仁风镇	12698	82	63260	6000	41772	25439	39
济阳县崔寨镇	8636	69	60725	16832	29872	22324	152
济阳县太平镇	12557	91	59622	6715	32416	20576	23
济阳县回河镇	8863	94	45104	5526	39391	28460	92
济阳县新市镇	10190	77	39233	7222	23969	11354	18
商河县许商街道办事处	11500	79	99935	64185	29350	18715	267
商河县殷巷镇	12300	104	61570	5538	31326	15509	16
商河县怀仁镇	5930	58	34795	8465	14011	5750	16
商河县龙桑寺镇	9300	94	45838	10784	21728	4475	65
商河县郑路镇	12830	97	60793	5769	33280	21686	71
商河县贾庄镇	10920	91	53070	15590	34128	10436	57
商河县玉皇庙镇	15392	96	69568	29492	25320	13233	156
商河县白桥镇	8340	81	44165	2312	21747	12431	218
商河县孙集乡	10600	95	53352		30734	16453	33
商河县沙河乡	8720	66	36265		19152	5598	20

乡镇基本情况

计算单位：公顷、个、人

名　　称	行政区域面积	村民委员会	常住人口	城镇建成区总人口	从业人员	二三产业从业人员	工业企业单位
商河县韩庙乡	6811	45	30156		15342	7999	32
商河县张坊乡	3700	42	21252		11913	6915	13
章丘市明水街道办事处	5795	44	58945	44217	30845	23606	556
章丘市双山街道办事处	7155	18	86759	6620	47174	45138	297
章丘市枣园街道办事处	5087	36	28833	21827	15942	11248	148
章丘市龙山街道办事处	8968	76	52456	19163	32377	27328	156
章丘市埠村街道办事处	4391	17	36212	19023	13421	10746	312
章丘市圣井街道办事处	5261	46	39980	4800	23363	19079	95
章丘市普集镇	11225	68	56189	27219	26596	19040	410
章丘市绣惠镇	5591	61	56896	15080	32209	26482	265
章丘市相公庄镇	8565	57	61798	22367	36250	31131	495
章丘市垛庄镇	12971	42	31200	4136	17704	10974	27
章丘市水寨镇	6149	32	33392	21357	17574	14506	33
章丘市文祖镇	12008	32	42963	5679	21617	15461	145
章丘市刁镇	7749	51	65639	31031	35796	19384	268
章丘市曹范镇	12011	48	34980	5925	19370	7770	78
章丘市白云湖镇	5604	22	34105	11312	23143	11621	20
章丘市高官寨镇	13656	52	50153	15100	27512	13607	47
章丘市宁家埠镇	3671	25	33778	6150	21119	11501	107
章丘市官庄镇	18629	60	49178	16051	21219	15231	355
章丘市辛寨镇	5387	46	35730	3248	21429	17066	179
章丘市黄河镇	12189	72	48279	5146	36375	31351	15
黄岛区王台镇	14840	89	70805	18829	46017	24484	531
黄岛区张家楼镇	13300	63	42899	9832	19533	8875	187
黄岛区琅琊镇	9800	63	39543	8606	16786	6432	116
黄岛区泊里镇	15600	101	70797	46014	32686	20412	178
黄岛区大场镇	11700	87	51650	9744	22259	8685	57
黄岛区大村镇	21300	115	59846	9919	26847	13491	41
黄岛区六汪镇	18200	75	51378	10423	25758	11312	55
黄岛区海青镇	10200	64	42158	6950	20427	5652	26
黄岛区宝山镇	12000	44	29483	3369	14251	4347	30
黄岛区藏南镇	8800	43	30233	5024	13945	7141	45
胶州市阜安街道办事处	1290	10	90990	90990	46347	46311	211
胶州市中云街道办事处	1960	14	70102	70102	53226	53226	311
胶州市三里河街道办事处	5730	51	72070	51870	45408	38412	413
胶州市九龙街道办事处	20000	84	75900	39568	63814	50274	722
胶州市胶东街道办事处	10880	72	75271	21547	44346	42333	441
胶州市胶北街道办事处	11140	68	58620	16237	41248	36575	859
胶州市胶莱镇	15460	103	71560	16710	51082	33480	396
胶州市李哥庄镇	7500	41	82587	32621	55482	50368	620
胶州市铺集镇	12200	69	63200	35379	32811	17195	179
胶州市里岔镇	15700	101	61278	7695	35016	15683	189
胶州市胶西镇	17670	114	89065	16436	43700	21444	552
胶州市洋河镇	12870	84	58055	4215	25991	16021	150
即墨市环秀街道	2910	38	59645	51071	25731	25447	1258
即墨市潮海街道	2600	30	64318	46698	17497	17437	574
即墨市通济街道办事处	10890	69	179486	119256	47614	45816	1829
即墨市北安街道	8500	57	47718	14130	24070	19163	664
即墨市龙山街道办事处	5842	36	40739	13216	25379	22965	455
即墨市龙泉街道办事处	9200	61	43019	6517	28865	18650	245

乡镇基本情况

计算单位：公顷、个、人

名　　称	行政区域面积	村民委员会	常住人口	城镇建成区总人口	从业人员	二三产业从业人员	工业企业单位
即墨市鳌山卫街道办事处	9696	63	49866	11581	28588	16588	186
即墨市温泉街道办事处	9880	53	49466	14939	21460	14530	58
即墨市蓝村镇	10196	53	98008	68617	45452	38919	505
即墨市灵山镇	19000	92	75111	23539	41398	24670	230
即墨市段泊岚镇	15763	70	64420	11090	44908	30408	231
即墨市移风店镇	19600	100	90949	18995	52863	24381	98
即墨市大信镇	13200	80	73056	11680	43203	33126	474
即墨市田横镇	24758	125	136955	21397	87404	52395	115
即墨市金口镇	18780	102	79930	13102	44495	24015	161
平度市东阁街道办事处	18370	94	143130	102117	36812	20791	175
平度市李园街道办事处	15710	117	109577	42507	49714	36945	289
平度市同和街道办事处	13400	103	84421	43950	34383	21002	435
平度市凤台街道办事处	2200	22	21043	4100	7365	6170	223
平度市白沙河街道办事处	18963	117	83197	25200	50504	18559	162
平度市古岘镇	8107	40	42893	9170	23855	8388	25
平度市仁兆镇	11873	91	61025	20160	42429	21967	81
平度市南村镇	31167	145	127930	68442	73620	31486	329
平度市蓼兰镇	23805	162	81735	33720	50095	19769	91
平度市崔家集镇	21200	121	72730	14647	39600	16825	63
平度市明村镇	24681	115	80633	24317	49703	22736	210
平度市田庄镇	21106	93	67257	20721	40771	18883	226
平度市新河镇	18918	103	66533	35123	46416	26160	310
平度市店子镇	14052	95	50911	21035	32347	16420	169
平度市大泽山镇	15058	80	57325	25021	35952	12304	629
平度市旧店镇	40021	178	94715	16143	60029	18803	53
平度市云山镇	15436	74	49232	21300	32167	17157	52
莱西市水集街道办事处	14714	57	127781	87358	57508	46371	447
莱西市望城街道办事处	13396	79	105974	56244	85393	59254	710
莱西市沽河街道办事处	16699	99	74782	8524	43686	27424	138
莱西市姜山镇	21731	94	103424	47904	43308	22786	367
莱西市夏格庄镇	10836	54	33504	7524	20833	4091	59
莱西市院上镇	17076	103	82469	19930	52573	30072	335
莱西市日庄镇	9922	87	48441	11452	25803	15702	112
莱西市南墅镇	15930	75	46710	10116	26865	6771	132
莱西市河头店镇	11628	70	43221	5613	21995	17923	168
莱西市店埠镇	10590	66	55902	10732	54633	12848	150
莱西市马连庄镇	14300	77	47469	5168	26473	11925	57
淄川区昆仑镇	10075	44	97936	54413	57687	52358	643
淄川区岭子镇	7629	27	35642	25761	23125	18009	155
淄川区西河镇	12940	62	40504	12349	23604	15510	219
淄川区龙泉镇	4093	16	42667	33215	23082	18781	221
淄川区寨里镇	11747	40	54668	13621	32176	22489	263
淄川区罗村镇	6397	32	55677	47876	32426	31520	219
淄川区洪山镇	3119	18	50936	49920	39178	29521	149
淄川区双杨镇	5292	36	87721	44006	61340	59130	205
淄川区太河镇	27032	95	58842	3585	27596	11940	86
张店区马尚镇	2514	16	121912	119310	21917	21161	57
张店区南定镇	2635	14	106795	104302	69677	69429	170
张店区沣水镇	4245	21	36495	24993	20645	19443	257
张店区傅家镇	3297	19	68750	35662	21520	21241	210

乡镇基本情况

计算单位：公顷、个、人

名　　称	行政区域面积	村民委员会	常住人口	城镇建成区总人口	从业人员	二三产业从业人员	工业企业单位
张店区中埠镇	2047	12	30817	19137	20835	18417	126
张店区房镇镇	3846	24	30783	15604	20302	15935	179
博山区域城镇	11739	52	76558	59985	53194	44219	1047
博山区白塔镇	3192	9	77015	66212	53772	50826	735
博山区八陡镇	3976	17	38898	18562	22636	21766	279
博山区石马镇	4449	10	30267	11059	16262	13721	76
博山区源泉镇	8088	28	36615	12338	23739	17477	222
博山区池上镇	15600	44	20938	5128	12904	7413	63
博山区博山镇	15211	41	40389	6446	25030	13615	71
临淄区齐都镇	5277	47	43909	12035	24233	9944	112
临淄区皇城镇	8742	50	54507	5063	26247	7800	52
临淄区敬仲镇	6058	50	34501	4550	20605	14609	65
临淄区朱台镇	7450	57	53611	28400	34109	32290	195
临淄区金岭镇	1870	9	14938	10773	11031	9099	101
临淄区凤凰镇	10334	75	87308	40256	55448	48026	273
临淄区金山镇	11877	43	88752	53489	41260	39720	237
周村区北郊镇	5843	51	66090	52490	37962	33128	1506
周村区南郊镇	5920	49	41996	14696	27661	25326	389
周村区王村镇	5749	41	50656	35134	32205	30821	325
周村区萌水镇	4840	36	39417	7018	29293	26268	272
周村区商家镇	4192	27	23690	3095	10775	8999	148
桓台县索镇街道办事处	6548	45	131027	84239	83787	79597	355
桓台县起凤镇	5539	24	60141	25989	36133	32115	110
桓台县田庄镇	5099	30	49803	15395	23533	11742	80
桓台县荆家镇	5589	29	46482	7650	22265	7689	29
桓台县马桥镇	7912	52	59213	40822	35769	34458	162
桓台县新城镇	4453	40	35646	12000	18891	12394	126
桓台县唐山镇	7112	50	62015	30445	31517	29829	127
桓台县果里镇	8645	65	72900	27100	49162	39936	364
高青县田镇街道办事处	8401	64	68458	41518	47180	36096	68
高青县芦湖街道办事处	6703	56	34548	15860	25460	16300	18
高青县青城镇	7800	111	38630	15306	24736	16225	38
高青县高城镇	12646	87	49414	11686	25915	17758	70
高青县黑里寨镇	9461	100	42850	3570	25362	14302	25
高青县唐坊镇	9665	73	32575	3868	21017	11932	33
高青县常家镇	9370	73	42326	16836	28792	22365	74
高青县花沟镇	11729	92	47251	7000	26110	18882	36
高青县木李镇	7299	103	32825	6027	20640	9495	12
沂源县历山街道办事处	5070	21	77910	58675	61021	55478	239
沂源县南麻镇	12101	49	64579	23700	50166	42064	117
沂源县鲁村镇	20225	95	70492	14032	45954	26753	66
沂源县东里镇	13217	64	53343	19537	34362	16761	45
沂源县悦庄镇	16524	75	54951	11898	42532	21258	77
沂源县西里镇	12633	59	48335	5549	30387	7603	42
沂源县大张庄镇	19295	63	40393	4683	30008	3884	23
沂源县中庄镇	10650	45	30536	5132	21495	3624	16
沂源县张家坡镇	9319	34	27449	11103	16087	8235	19
沂源县燕崖镇	12641	46	29488	2698	18740	7115	29
沂源县石桥镇	11268	29	30561	3646	23138	11158	37
沂源县南鲁山镇	20637	46	35787	15035	24191	7103	63

乡镇基本情况

计算单位:公顷、个、人

名称	行政区域面积	村民委员会	常住人口	城镇建成区总人口	从业人员	二三产业从业人员	工业企业单位
枣庄市市中区税郭镇	6928	21	47599	22989	27428	22053	109
枣庄市市中区孟庄镇	5893	15	31236	10236	16102	9839	82
枣庄市市中区齐村镇	8977	25	73996	26933	40698	34252	98
枣庄市市中区永安乡	5556	18	56752	4220	30415	24013	206
枣庄市市中区西王庄乡	5168	18	44787	12036	26398	18749	67
薛城区沙沟镇	8483	35	49652	8762	40977	20524	74
薛城区周营镇	8619	38	50917	17112	41324	21383	16
薛城区邹坞镇	5897	32	46915	13127	23349	15712	69
薛城区陶庄镇	6409	30	80412	42105	47325	40898	165
薛城区常庄镇	5613	45	65792	45792	33280	24454	76
峄城区古邵镇	12920	65	66094	15980	46196	35838	210
峄城区阴平镇	10002	58	50711	15861	29480	20321	232
峄城区底阁镇	7399	46	44917	8772	30321	15110	328
峄城区榴园镇	12296	54	56849	17382	53849	30249	274
峄城区峨山镇	12006	61	59391	9156	37846	22635	186
台儿庄区邳庄镇	5448	26	30212	6487	23093	9145	42
台儿庄区张山子镇	9998	46	45227	3710	36678	8024	45
台儿庄区泥沟镇	11212	55	59566	3980	40747	12147	249
台儿庄区涧头集镇	12179	32	66070	25078	41626	22102	313
台儿庄区马兰屯镇	10140	37	56410	9000	38339	23545	346
山亭区店子镇	6557	17	34778	9050	21939	9441	29
山亭区西集镇	6607	15	30564	15005	15558	8135	71
山亭区桑村镇	7798	22	60260	28848	44507	28034	102
山亭区北庄镇	13894	21	38727	18071	17931	10444	32
山亭区城头镇	4841	21	46283	22103	24268	14146	150
山亭区徐庄镇	17897	42	53359	13710	27281	8033	25
山亭区水泉镇	10548	36	44306	8851	23592	7636	20
山亭区冯卯镇	9359	35	48588	15975	29629	12147	57
山亭区凫城镇	10790	15	31980	9901	26320	8800	30
滕州市荆河街道	2609		127713	104457	80930	77482	176
滕州市龙泉街道	2464		130584	123586	76978	72734	229
滕州市北辛街道	3178		128437	105300	79730	73550	109
滕州市善南街道	1244		17445	12956	13000	11600	184
滕州市东沙河镇	5289	40	53755	18072	33281	22236	84
滕州市洪绪镇	3792	34	38294	9580	22814	18494	278
滕州市南沙河镇	4620	38	49863	10634	25149	15406	179
滕州市大坞镇	10186	65	86245	22386	51935	28968	86
滕州市滨湖镇	14412	90	112183	28326	67155	28195	83
滕州市级索镇	7887	51	82386	31675	57385	38267	108
滕州市西岗镇	7986	64	128597	80636	97379	78864	217
滕州市姜屯镇	8461	83	85608	16773	56536	32043	134
滕州市鲍沟镇	7439	66	81537	15838	51769	19663	148
滕州市张汪镇	8547	83	88694	15960	57049	30776	124
滕州市官桥镇	6339	51	75097	17287	43106	23355	123
滕州市柴胡店镇	5762	41	42334	7406	28646	14095	113
滕州市羊庄镇	11830	88	80100	12376	40941	18790	98
滕州市木石镇	6693	38	58180	23622	39310	21132	109
滕州市界河镇	8232	63	76160	20700	43309	15031	85
滕州市龙阳镇	7877	55	73214	11247	46352	30789	78
滕州市东郭镇	14666	89	110798	27128	67075	19808	61

乡镇基本情况

计算单位：公顷、个、人

名称	行政区域面积	村民委员会	常住人口	城镇建成区总人口	从业人员	二三产业从业人员	工业企业单位
东营区牛庄镇	11680	42	40681	25710	26448	15844	37
东营区六户镇	32706	13	15627	6201	15459	7475	23
东营区史口镇	8092	61	41618	24130	20827	11240	57
东营区龙居镇	10660	55	35303	2668	25417	16904	35
河口区义和镇	13061	46	21015	4781	19277	4870	23
河口区仙河镇	67221	5	46089	42855	33026	32811	40
河口区孤岛镇	16336	2	45006	29131	37630	29730	53
河口区新户镇	73082	75	27960	2668	18609	6208	45
垦利县垦利街道办事处	20931	82	56456	26041	16124	12629	112
垦利县兴隆街道办事处	6979	16	10655	8140	9282	8747	138
垦利县胜坨镇	18161	59	101082	6900	80748	57930	167
垦利县郝家镇	6077	28	16822	2800	13768	10814	98
垦利县永安镇	42472	49	19198	5500	17954	14804	86
垦利县黄河口镇	131712	63	25589	6990	14431	3202	9
垦利县董集镇	6670	33	17925	4154	12289	10761	98
利津县利津街道办事处	10026	63	31988	25590	15946	12373	94
利津县凤凰城街道办事处	6404	43	17351	15800	11995	5878	165
利津县北宋镇	10266	72	34586	4505	19781	12932	39
利津县盐窝镇	24393	125	73498	19886	42313	18316	89
利津县陈庄镇	22693	95	55549	19111	33327	24542	61
利津县汀罗镇	20455	73	36615	4260	23324	12565	33
利津县明集乡	11746	38	19520	1700	10140	1751	21
利津县刁口乡	51200	3	4092	2706	2404	1397	38
广饶县广饶街道办事处	8280	90	103782	76821	58964	51110	110
广饶县乐安街道办事处	8600	77	57899	12355	57244	50281	493
广饶县大王镇	11829	97	98542	14336	87127	77465	276
广饶县稻庄镇	11387	85	78642	26770	52687	43134	258
广饶县丁庄镇	26686	45	41854	4180	32813	18724	33
广饶县李鹊镇	6650	57	34562	6201	21525	12090	67
广饶县大码头镇	13048	37	46606	12314	25091	14633	70
广饶县花官镇	11675	39	39925	5422	22535	7880	56
广饶县陈官乡	10198	26	24163		18777	12881	26
福山区高疃镇	9800	41	25556	2382	25500	5900	96
福山区张格庄镇	7349	27	14495	2800	13792	6200	70
福山区回里镇	6893	29	34109	3476	17203	4922	45
牟平区观水镇	21815	80	54166	4240	26016	5202	47
牟平区龙泉镇	10619	52	23585	1832	13643	6821	15
牟平区玉林店镇	21703	54	28716	2699	14673	7648	45
牟平区水道镇	15498	56	33178	3796	15950	3046	180
牟平区高陵镇	15763	56	32781	15800	17168	8795	34
牟平区王格庄镇	12723	53	19852	796	11847	5714	20
牟平区昆嵛镇	17400	36	12175	493	9715	2522	8
长岛县南长山街道办事处	1563	11	6121	1662	3540	2415	92
长岛县砣矶镇	785	8	5621	208	3237	1970	14
长岛县北长山乡	1014	6	3316	156	2038	856	9
长岛县黑山乡	964	7	2255	125	1021	71	3
长岛县大钦岛乡	656	4	4175	166	2688	672	8
长岛县小钦岛乡	119	1	897	83	401	100	3
长岛县南隍城乡	238	1	913	187	516	140	2
长岛县北隍城乡	269	2	2062	218	1027	518	8

乡镇基本情况

计算单位：公顷、个、人

名　　称	行政区域面积	村民委员会	常住人口	城镇建成区总人口	从业人员	二三产业从业人员	工业企业单位
龙口市东莱街道	3411	50	113392	102479	63001	58420	293
龙口市龙港街道	6720	43	127690	104456	70506	63107	406
龙口市新嘉街道	5902	44	40351	20157	23416	15867	157
龙口市徐福街道办事处	6277	33	54098	4615	28128	20625	104
龙口市东江街道办事处	8958	55	74927	47563	43170	35669	363
龙口市黄山馆镇	2789	21	10483	4324	5808	2282	24
龙口市北马镇	8782	81	56187	23000	34114	18508	211
龙口市芦头镇	4235	38	32105	4280	17241	11929	210
龙口市下丁家镇	6022	20	15858	4126	10312	5771	16
龙口市七甲镇	8015	37	24516	1700	15791	4282	49
龙口市石良镇	12759	67	55636	4932	32951	8989	83
龙口市兰高镇	6120	48	33229	8509	20715	7216	81
龙口市诸由观镇	10115	69	53887	22315	30216	17734	205
莱阳市城厢街道	9507	35	139874	116927	26527	23392	481
莱阳市古柳街道	7571	32	51360	22195	17436	9686	357
莱阳市龙旺庄街道	7030	36	45657	9303	31643	22766	223
莱阳市冯格庄街道	6309	33	32290	31054	18195	9372	364
莱阳市柏林庄街道	6980	35	31909	2783	19837	11355	128
莱阳市沐浴店镇	18890	84	63052	3060	33700	7346	125
莱阳市团旺镇	15941	71	66190	25000	58175	20743	548
莱阳市穴坊镇	13165	48	61673	8410	39549	22687	221
莱阳市羊郡镇	8305	23	28319	6723	18289	9283	38
莱阳市姜疃镇	11340	41	51332	24000	34936	15123	108
莱阳市万第镇	15815	64	56959	3938	52127	19953	485
莱阳市照旺庄镇	10066	45	52510	2395	27650	5422	243
莱阳市谭格庄镇	7880	84	50850	2615	23365	7177	374
莱阳市河洛镇	5932	39	24636	4058	12602	7067	152
莱阳市吕格庄镇	5977	18	26342	2526	14220	6759	103
莱阳市高格庄镇	6086	30	35480	2200	14538	3860	5
莱阳市大夼镇	7379	29	31506	3276	18550	8184	86
莱阳市山前店镇	8927	37	29520	2410	18331	4302	158
莱州市文昌路街道	4372	22	95994	90868	54075	51385	182
莱州市永安路街道	2874	11	55880	47511	32696	30547	163
莱州市三山岛街道	9725	35	50825	9291	29670	20779	97
莱州市城港路街道	10263	57	69645	10852	38052	28012	519
莱州市文峰路街道	3973	49	22676	2984	13251	9110	180
莱州市金仓街道	6933	14	19427	6910	10428	8296	15
莱州市沙河镇	14219	116	102630	37309	49560	35361	789
莱州市朱桥镇	15019	99	59622	13301	31819	19592	111
莱州市郭家店镇	23993	88	50466	3950	30742	11681	42
莱州市金城镇	7887	35	34003	9538	15591	8426	85
莱州市平里店镇	7542	55	41466	7517	21950	12250	132
莱州市驿道镇	18007	81	46585	3700	25987	10331	26
莱州市程郭镇	13393	70	48548	22032	25890	15298	153
莱州市虎头崖镇	11840	71	48391	6002	29371	18618	294
莱州市柞村镇	14759	62	42429	9578	23707	18045	330
莱州市夏邱镇	6401	49	38820	19503	23487	14991	611
莱州市土山镇	21604	48	55389	13205	25976	20003	417
蓬莱市登州街道	1530	9	71554	71554	37553	36165	96
蓬莱市紫荆山街道	2082	9	31885	31238	17805	15524	82

乡镇基本情况

计算单位：公顷、个、人

名　　称	行政区域面积	村民委员会	常住人口	城镇建成区总人口	从业人员	二三产业从业人员	工业企业单位
蓬莱市新港街道	4540	17	35854	35080	27684	20718	152
蓬莱市蓬莱阁街道	1420		19811	19811	12420	9738	152
蓬莱市南王街道	6270	57	21983	4256	14012	6070	68
蓬莱市刘家沟镇	10167	60	31544	8241	18780	10432	140
蓬莱市潮水镇	7905	54	31885	7428	21010	15491	107
蓬莱市大柳行镇	9604	32	30255	2229	17583	8573	110
蓬莱市小门家镇	13150	65	37000	1937	20788	16252	81
蓬莱市大辛店镇	23212	126	76551	6152	40153	9098	81
蓬莱市村里集镇	17490	46	41054	3635	26129	5778	33
蓬莱市北沟镇	15490	80	56221	10756	29891	28238	258
招远市罗峰街道办事处	3931	18	67759	67759	8922	6381	90
招远市泉山街道办事处	2313	10	36654	36654	7523	5264	35
招远市梦芝街道办事处	3360	19	28221	28221	7336	5281	110
招远市温泉街道办事处	3693	29	39971	39971	26370	23941	240
招远市大秦家街道办事处	6927	38	28193	15173	16198	11243	52
招远市辛庄镇	11334	63	38402	34720	18653	7150	56
招远市蚕庄镇	12040	60	32001	25780	12450	7491	75
招远市金岭镇	11528	61	36802	5384	14763	10351	88
招远市毕郭镇	10705	44	35129	5505	17185	5215	25
招远市玲珑镇	7743	31	28087	28087	11410	6582	60
招远市张星镇	16070	91	62651	9426	27163	17272	512
招远市夏甸镇	19059	78	42564	3595	21538	8153	17
招远市阜山镇	19582	78	50523	14640	21831	10968	39
招远市齐山镇	14948	77	43349	3496	24980	6032	24
栖霞市翠屏街道	8591	58	57086	30208	46182	31605	122
栖霞市庄园街道	7120	45	19052	14870	13223	3324	79
栖霞市松山街道	15400	60	39784	8095	34516	11817	86
栖霞市观里镇	9717	55	30557	2810	15030	2300	25
栖霞市蛇窝泊镇	20183	101	61765	9995	34446	7160	27
栖霞市唐家泊镇	13974	67	23426	2557	21326	3194	29
栖霞市桃村镇	27622	113	103512	41253	77155	28202	270
栖霞市亭口镇	15132	68	30985	2214	20819	2880	20
栖霞市臧家庄镇	16198	78	54342	7376	33296	9429	42
栖霞市寺口镇	9196	40	21749	4420	11592	452	17
栖霞市苏家店镇	13574	51	33921	5034	21647	7194	11
栖霞市杨础镇	9103	47	25142	2879	17704	1599	21
栖霞市西城镇	9808	48	22153	1388	20453	3103	45
栖霞市官道镇	11350	55	28924	1501	17519	3082	13
栖霞市庙后镇	8536	33	20084	1982	15392	3292	70
海阳市方圆街道	9473	33	72430	35280	52300	44400	450
海阳市东村街道	8602	38	63663	32209	59035	47792	350
海阳市凤城街道	6896	38	32528	10516	32101	24232	306
海阳市龙山街道	8317	27	24866	2617	12615	6235	28
海阳市留格庄镇	16234	56	60327	3899	19143	14271	82
海阳市盘石店镇	13572	41	31032	3865	18038	8613	16
海阳市郭城镇	16595	72	37199	4903	30343	15907	21
海阳市徐家店镇	15541	71	51028	22092	30443	19176	76
海阳市发城镇	14323	63	43588	2576	24714	9743	17
海阳市小纪镇	16974	76	53127	3893	23836	15826	38
海阳市行村镇	15717	52	55346	7834	25091	11519	336

乡镇基本情况

计算单位:公顷、个、人

名　　称	行政区域面积	村民委员会	常住人口	城镇建成区总人口	从业人员	二三产业从业人员	工业企业单位
海阳市辛安镇	14303	49	58101	5716	32847	16970	58
海阳市二十里店镇	10262	42	32703	3474	26162	15697	155
海阳市朱吴镇	19789	68	42677	1732	32300	11541	12
坊子区太保庄镇	32990	170	129113	17586	51005	20299	131
坊子区赵戈镇	7358	107	74885	7550	72003	10003	65
临朐县城关街道办事处	8287	14	161362	115237	94645	81682	413
临朐县东城街道办事处	14311	29	120852	47124	68771	57149	496
临朐县五井镇	19221	31	60042	32322	42624	28098	74
临朐县冶源镇	15614	39	97861	51253	60448	40573	328
临朐县寺头镇	25574	34	59322	27853	45816	21424	52
临朐县九山镇	25398	26	44389	9312	32781	14422	31
临朐县辛寨镇	22174	49	120816	54228	62298	37072	166
临朐县龙岗镇	16725	32	66544	13739	35334	12133	86
临朐县柳山镇	9717	21	39682	11442	22655	4601	21
临朐县沂山镇	26102	42	73245	31857	44377	21292	51
昌乐县城关街道办事处	3200		102270	23562	25603	11343	571
昌乐县宝城街道办事处	7494	23	51620	22544	26110	9700	272
昌乐县朱刘街道办事处	5190	4	31857	20218	29404	22616	272
昌乐县城南街道办事处	4660	10	28661	4912	18821	11205	152
昌乐县五图街道办事处	5740	27	25256	3936	9772	3164	22
昌乐县乔官镇	19500	73	88868	21257	53821	37794	763
昌乐县唐吾镇	21168	43	103226	17369	44319	22194	182
昌乐县红河镇	19500	62	99029	43600	47272	34035	329
昌乐县营丘镇	21700	64	97268	15162	54814	23706	336
青州市王府街道办事处	12190	84	125305	87967	70996	58746	168
青州市益都街道办事处	5810	39	106583	70300	49975	42950	232
青州市云门山街道办事处	6780	43	100331	79800	49870	46127	435
青州市黄楼街道办事处	10390	96	84474	26651	44603	25094	469
青州市弥河镇	8370	77	50757	22688	27100	11695	280
青州市王坟镇	22180	100	50243	8212	25819	16909	164
青州市庙子镇	20310	68	35771	23884	19403	9455	125
青州市邵庄镇	16480	92	70549	24378	34054	22600	226
青州市高柳镇	9544	71	56018	9818	29018	6779	80
青州市何官镇	11500	74	67214	9516	30750	8650	116
青州市东夏镇	9107	72	49755	9508	23376	9998	203
青州市谭坊镇	15990	114	97887	25380	53317	13732	107
诸城市密州街道办事处	14174		226877	83612	126844	111147	854
诸城市龙都街道办事处	10960		134690	82983	85164	74527	481
诸城市舜王街道办事处	17992		89931	6423	69931	50996	228
诸城市枳沟镇	8717	7	49362	13812	26787	14244	74
诸城市贾悦镇	28409	25	108733	11505	49714	28721	72
诸城市石桥子镇	16941	16	64250	5836	44195	22737	49
诸城市相州镇	12013	10	70326	11528	32557	18578	108
诸城市昌城镇	11835	14	67216	32528	53214	41500	153
诸城市百尺河镇	12525	10	46896	8522	36965	15000	75
诸城市辛兴镇	8080	11	40834	23887	36000	20500	104
诸城市林家村镇	32372	24	97205	5736	60205	23426	85
诸城市皇华镇	22131	16	65806	9382	34209	22777	100
诸城市桃林镇	13459	9	35409	4135	12127	3814	49
寿光市圣城街道办事处	6825	28	221569	155098	133538	128176	219

乡镇基本情况

计算单位：公顷、个、人

名　称	行政区域面积	村民委员会	常住人口	城镇建成区总人口	从业人员	二三产业从业人员	工业企业单位
寿光市文家街道办事处	6499	52	61233	2492	40278	25438	140
寿光市古城街道办事处	8675	61	61831	14721	38207	25196	354
寿光市洛城街道办事处	14237	90	110553	22296	91338	56680	275
寿光市孙家集街道办事处	7950	78	60600	3830	28059	17705	92
寿光市化龙镇	8762	53	55700	5569	24491	13659	97
寿光市营里镇	19149	50	58300	8424	22760	10639	42
寿光市台头镇	10881	41	53646	6703	27509	20308	281
寿光市田柳镇	10691	68	68000	16000	28847	11661	80
寿光市上口镇	8079	65	68500	19362	23908	12958	360
寿光市侯镇	21312	86	102497	31940	43062	32685	1240
寿光市纪台镇	8436	72	56300	11416	27474	12079	43
寿光市稻田镇	13874	112	99112	22100	57027	24593	68
寿光市羊口镇	40442	22	52095	25004	29491	20358	177
安丘市兴安街道办事处	14167	35	205969	138911	55950	25569	93
安丘市新安街道	22793	59	145156	46595	74111	32442	102
安丘市景芝镇	20160	139	137012	65600	59873	20962	35
安丘市凌河镇	17129	145	112000	30800	45953	8772	35
安丘市官庄镇	12494	59	53589	6686	31473	8090	20
安丘市大盛镇	7536	62	31412	10245	17243	5401	11
安丘市石埠子镇	15762	67	52566	2219	32887	10080	13
安丘市石堆镇	6705	47	35597	6012	20308	6815	11
安丘市柘山镇	14752	41	32796	3125	17643	4959	5
安丘市辉渠镇	20010	40	53398	2381	31265	8188	12
安丘市吾山镇	11394	54	37667	13124	17231	6403	12
安丘市金冢子镇	8259	56	38192	4478	19903	3146	13
高密市朝阳街道	11640	62	113493	35269	79347	65610	1105
高密市醴泉街道	12090	55	119625	46790	55988	45358	249
高密市密水街道	12248	61	164190	117924	68125	53184	330
高密市柏城镇	15225	92	77488	7762	37021	19165	364
高密市夏庄镇	17900	107	97807	12759	59498	42523	902
高密市姜庄镇	17041	102	70908	35603	58637	42468	523
高密市大牟家镇	17214	89	47513	9752	27686	8363	28
高密市阚家镇	13671	93	76278	8805	51078	33876	186
高密市井沟镇	13859	98	63270	6558	33418	15530	412
高密市柴沟镇	21109	124	79174	13010	47850	27725	185
昌邑市奎聚街道办事处	6777	39	86778	55721	39337	30639	310
昌邑市都昌街道办事处	19139	61	87946	39284	63366	37444	251
昌邑市围子街道办事处	15921	127	107307	21435	64771	33437	876
昌邑市柳疃镇	32466	72	48780	31380	36780	26980	333
昌邑市龙池镇	18243	27	25996	9640	15623	13163	462
昌邑市卜庄镇	14311	95	53924	6431	34171	11185	398
昌邑市饮马镇	16610	101	86512	43186	52514	18789	659
昌邑市北孟镇	17521	92	71733	7888	38841	22342	258
昌邑市下营镇	21759	35	20485	272	16823	6810	75
济宁市市中区喻屯镇	14477	72	82819	5907	41594	10699	29
任城区长沟镇	6849	52	62341	11246	38839	28205	55
任城区石桥镇	6240	35	51283	3542	29682	21855	44
微山县夏镇街道办事处	6841	30	98795	62593	40713	30332	228
微山县昭阳街道办事处	9592	30	40764	10113	40287	30375	34
微山县傅村街道办事处	5670	49	40537	17473	29243	21058	97

乡镇基本情况

计算单位:公顷、个、人

名　　称	行政区域面积	村民委员会	常住人口	城镇建成区总人口	从业人员	二三产业从业人员	工业企业单位
微山县韩庄镇	17093	76	60416	17674	45074	34696	86
微山县欢城镇	10300	77	97175	32665	46710	24000	124
微山县南阳镇	16784	34	28087	13101	22565	12745	4
微山县鲁桥镇	20303	34	50917	12350	35303	21461	15
微山县留庄镇	13854	32	53337	25520	40143	31964	32
微山县两城镇	13910	48	61528	10700	47573	29068	77
微山县马坡镇	7286	58	55261	8115	45967	22210	33
微山县赵庙镇	3319	6	15068	7409	8429	5362	49
微山县张楼镇	6943	9	12098	8907	9366	5476	43
微山县微山岛乡	5372	17	14062		10726	9631	3
微山县高楼乡	39825	16	18126		15811	9362	16
微山县西平乡	2001	7	8058		5890	5320	43
鱼台县谷亭街道办事处	3320	18	26475	21266	14308	9294	60
鱼台县滨湖街道办事处	2270	13	58103	43528	21374	15127	88
鱼台县清河镇	7760	41	41263	8807	24630	12516	47
鱼台县鱼城镇	5380	40	39378	12716	20540	10618	83
鱼台县王鲁镇	5470	25	40340	21123	24116	20025	72
鱼台县张黄镇	9600	54	56537	30566	39990	30439	72
鱼台县王庙镇	9570	62	56657	3841	34148	19871	65
鱼台县李阁镇	7370	43	38456	2160	24664	12051	35
鱼台县唐马镇	4050	28	28884	8567	19685	12288	63
鱼台县老砦镇	5190	28	27655	12566	19689	9237	38
鱼台县罗屯镇	5440	34	29349	3592	19936	8835	39
金乡县金乡街道办事处	4975	28	98898	94994	16606	12747	56
金乡县高河街道办事处	5560	31	34403	17889	20503	13665	39
金乡县羊山镇	7202	62	50742	22972	31424	20482	41
金乡县胡集镇	9243	77	58599	20115	42025	25812	48
金乡县肖云镇	7381	51	45951	18665	29098	17062	52
金乡县鸡黍镇	9058	70	62784	16720	39090	25201	61
金乡县王丕镇	3454	28	22530	5414	14238	9102	41
金乡县司马镇	5262	43	32306	9549	21668	13547	19
金乡县鱼山镇	6074	53	48054	33223	26748	17062	132
金乡县马庙镇	9711	67	54556	25353	33548	20800	56
金乡县化雨镇	7284	46	44147	24074	32930	17647	31
金乡县卜集镇	8032	45	42186	10351	27556	17741	39
金乡县兴隆镇	5530	50	38949	4693	26265	17219	23
嘉祥县嘉祥镇街道办事处	4207	38	100677	73843	63107	57950	143
嘉祥县纸坊镇	9196	51	79429	12000	52657	41535	149
嘉祥县梁宝寺镇	9707	79	71746	23316	43137	34430	42
嘉祥县卧龙山镇	7590	52	68192	31637	47956	38936	58
嘉祥县疃里镇	9300	89	86735	13200	69380	54147	241
嘉祥县马村镇	4993	38	43740	8946	30661	24743	38
嘉祥县金屯镇	9286	62	66720	11100	45523	30937	39
嘉祥县大张楼镇	7291	47	36616	11770	26134	19956	37
嘉祥县马集镇	4360	37	35986	5043	25655	20773	82
嘉祥县万张镇	5114	38	42732	6245	30812	22815	63
嘉祥县孟姑集镇	4569	35	40306	8679	28375	18086	26
嘉祥县老僧堂镇	6038	38	43318	4359	38500	31200	39
嘉祥县仲山镇	8021	36	64719	8827	42007	27733	20
嘉祥县黄垓乡	3787	31	33904		24042	18546	39

乡镇基本情况

计算单位:公顷、个、人

名　　称	行政区域面积	村民委员会	常住人口	城镇建成区总人口	从业人员	二三产业从业人员	工业企业单位
嘉祥县满硐乡	4055	26	31374		22136	18173	20
汶上县汶上街道办事处	6408	10	103152	100596	35365	31644	125
汶上县南站镇	9556	54	70587	14857	52357	38798	152
汶上县南旺镇	5956	32	52954	17838	36795	26311	76
汶上县次丘镇	8675	49	71065	9830	44361	33113	64
汶上县寅寺镇	5273	32	43012	11277	28575	18931	63
汶上县郭楼镇	5876	40	40285	13468	24643	17716	76
汶上县康驿镇	8683	57	69697	27656	47044	30463	45
汶上县苑庄镇	5038	32	47812	12366	24895	17683	34
汶上县义桥镇	6709	40	41373	17126	31728	27709	26
汶上县郭仓镇	4298	33	34666	23072	21276	14757	46
汶上县白石镇	7837	27	34198	13144	22407	15416	237
汶上县杨店镇	5291	25	29465	9586	21062	12858	24
汶上县刘楼镇	4121	29	33940	13416	22711	16152	39
汶上县军屯乡	5191	20	21515	8952	15578	8366	21
泗水县泗河街道办事处	2894	15	54388	38546	40306	33841	91
泗水县济河街道办事处	7240	29	54018	12653	35579	24795	72
泗水县泉林镇	11183	65	68352	17012	27331	19328	123
泗水县星村镇	9633	52	47724	7626	17790	4289	56
泗水县柘沟镇	6576	33	32744	20366	26325	13745	399
泗水县金庄镇	9970	52	38119	13429	34127	20734	172
泗水县苗馆镇	11192	63	40908	7999	21819	12523	37
泗水县中册镇	6784	37	30208	5281	29846	24488	39
泗水县杨柳镇	5715	47	34247	2387	24876	11807	41
泗水县泗张镇	13946	66	45264	6730	26621	12705	20
泗水县圣水峪镇	13307	60	42996	4095	24746	7114	18
泗水县高峪镇	8289	31	31528	7833	20096	7144	38
泗水县大黄沟乡	5077	22	21806	3020	17740	11852	38
梁山县水泊街道办事处	2444	14	73502	42879	24203	15719	165
梁山县梁山街道办事处	6541	35	71180	33956	27300	16457	198
梁山县小路口镇	6917	56	50439	4921	22445	14424	36
梁山县韩岗镇	8224	62	60913	8063	26237	14634	133
梁山县拳铺镇	14506	124	110938	36850	61412	34719	245
梁山县杨营镇	7329	60	55659	21562	46224	19699	167
梁山县韩垓镇	7771	48	56665	16733	36977	17253	116
梁山县馆驿镇	9572	47	51952	4996	25088	12751	65
梁山县小安山镇	10922	37	51995	6704	23861	12285	34
梁山县寿张集镇	4211	26	34035	8170	25053	14263	89
梁山县黑虎庙镇	4219	18	30716	4390	16341	9637	58
梁山县马营镇	5110	24	30415	6126	19368	8129	35
梁山县赵堌堆乡	3944	30	29398		16071	7692	60
梁山县大路口乡	4371	38	31799		20582	14004	50
曲阜市鲁城街道办事处	2802		114642	34642	65177	62850	916
曲阜市书院街道办事处	3885	17	36210	4396	20687	13331	174
曲阜市时庄街道办事处	6367	48	53897	7259	51887	43992	228
曲阜市小雪街道办事处	5743	36	49832	10129	24033	12831	67
曲阜市吴村镇	7744	26	35644	8990	21021	9231	63
曲阜市姚村镇	7220	27	44134	15062	39968	27787	77
曲阜市陵城镇	7559	50	56167	23711	35450	23804	194
曲阜市尼山镇	10109	42	53168	7889	32523	24168	32

乡镇基本情况

计算单位：公顷、个、人

名　　称	行政区域面积	村民委员会	常住人口	城镇建成区总人口	从业人员	二三产业从业人员	工业企业单位
曲阜市王庄镇	7614	23	46390	17734	26070	12911	72
曲阜市息陬镇	5554	27	47303	8288	28266	19045	138
曲阜市石门山镇	8524	35	36234	7905	23713	12168	94
曲阜市防山镇	8354	33	41046	5985	23432	11300	62
兖州市鼓楼街道办事处	1721	5	146541	146541	83866	83434	63
兖州市龙桥街道办事处	1551	15	45795	25076	22368	20859	46
兖州市酒仙桥街道办事处	1165	13	33199	12235	17774	15321	20
兖州市王因街道办事处	7200	59	54766	8687	33945	21797	103
兖州市黄屯街道办事处	4290	32	27142	9346	19536	12319	83
兖州市大安镇	7556	53	46725	13800	34076	26132	199
兖州市新驿镇	6680	57	53740	15600	29844	14168	55
兖州市颜店镇	10170	66	69857	15450	45673	26736	68
兖州市新兖镇	10144	84	88641	47771	72396	60911	219
兖州市漕河镇	4740	31	32065	4923	23715	14150	74
兖州市兴隆庄镇	5380	40	41503	9608	22677	15595	89
兖州市小孟镇	5510	42	40785	7160	26594	7541	57
邹城市钢山街道办事处	3116	14	124271	124271	82071	73852	69
邹城市千泉街道办事处	3922	12	93015	74449	60457	42320	54
邹城市凫山街道办事处	870		73722	73722	38233	38036	85
邹城市香城镇	17606	100	70793	11082	65269	40401	25
邹城市城前镇	19099	111	72553	5177	51029	22393	26
邹城市大束镇	14634	77	74532	12264	53642	35509	39
邹城市北宿镇	8573	50	88591	64209	85660	72308	199
邹城市中心店镇	9023	46	82081	29782	60909	46085	110
邹城市唐村镇	3657	28	37001	22072	28083	23161	51
邹城市太平镇	13058	92	122682	33547	87837	67391	94
邹城市石墙镇	14404	75	71166	12878	58991	38767	36
邹城市峄山镇	9766	50	48208	7206	38346	24651	46
邹城市看庄镇	7312	39	31939	2696	27572	17491	24
邹城市张庄镇	17265	74	62865	6400	55724	35122	24
邹城市田黄镇	10537	51	36220	3983	28100	10861	19
邹城市郭里镇	8814	39	43203	3860	33190	21321	14
泰山区省庄镇	6894	40	63100	7785	43722	18919	240
泰山区邱家店镇	7430	44	69956	12503	20135	1774	42
泰山区大津口乡	5547	7	13611	5017	10105	2539	23
岱岳区山口镇	5779	43	53571	19150	35497	26467	149
岱岳区祝阳镇	8712	56	57636	8045	23168	11690	30
岱岳区范镇	6868	39	57992	30000	31703	12651	94
岱岳区角峪镇	6370	29	33155	4210	18556	6556	42
岱岳区徂徕镇	13315	34	57063	8550	26770	17397	85
岱岳区满庄镇	10422	41	72850	48500	43031	29218	263
岱岳区夏张镇	11674	71	63349	9772	30825	13531	70
岱岳区道朗镇	10536	43	34628	15600	17342	9522	69
岱岳区黄前镇	10440	29	33770	4678	17918	11200	47
岱岳区大汶口镇	9782	45	74856	34160	36722	21157	201
岱岳区马庄镇	5724	36	49935	12037	28978	11806	85
岱岳区房村镇	9473	31	56357	11890	33472	20768	31
岱岳区良庄镇	13681	40	68817	16383	47151	15019	30
岱岳区下港乡	15475	34	41041	12000	22358	6436	11
岱岳区化马湾乡	9982	31	37672	9160	20800	13555	33

乡镇基本情况

计算单位:公顷、个、人

名　　称	行政区域面积	村民委员会	常住人口	城镇建成区总人口	从业人员	二三产业从业人员	工业企业单位
宁阳县文庙街道办事处	2728	13	103758	95421	54346	52044	101
宁阳县八仙桥街道办事处	2404	22	43318	33427	28205	25493	86
宁阳县泗店镇	5630	36	42401	8456	25337	17242	62
宁阳县东疏镇	8440	49	54962	10123	33724	25312	120
宁阳县伏山镇	8430	59	55735	13119	34975	22457	97
宁阳县堽城镇	11840	62	69854	15638	44493	30200	182
宁阳县蒋集镇	8370	40	49236	6876	28201	15435	34
宁阳县磁窑镇	12850	81	84932	33041	50946	41800	102
宁阳县华丰镇	12000	62	77988	37534	43075	28078	124
宁阳县葛石镇	13230	27	54166	13943	35366	22484	108
宁阳县东庄镇	9960	45	52079	14793	32911	22932	87
宁阳县鹤山乡	9810	49	44186	5380	24980	17368	71
宁阳县乡饮乡	6787	15	31648	6084	18576	9171	38
东平县东平街道办事处	15942	64	164563	95998	115729	105512	316
东平县州城街道办事处	6599	71	63025	27992	52027	33737	91
东平县彭集街道办事处	7500	53	66554	43610	26012	10583	124
东平县沙河站镇	6622	65	57053	7919	38221	13402	77
东平县老湖镇	11300	71	69837	26933	47424	29791	146
东平县银山镇	10456	44	61120	30131	43981	27241	236
东平县斑鸠店镇	7597	40	47433	12032	29347	11207	112
东平县接山镇	14952	52	63695	26122	35890	23839	171
东平县大羊镇	8286	37	34026	10923	23832	12655	31
东平县梯门镇	8976	42	33587	7260	20827	13606	48
东平县新湖镇	10511	54	52929	9000	27058	11598	42
东平县戴庙镇	8688	48	39832	7020	13952	3725	66
东平县商老庄乡	9382	35	33892	2419	23620	9501	61
东平县旧县乡	7091	30	28461	2741	21836	11871	89
新泰市青云街道办事处	17686	98	230564	162698	162294	153926	700
新泰市新汶街道办事处	3579	12	105970	89649	74935	62608	363
新泰市东都镇	6339	31	72834	29220	22794	16210	163
新泰市小协镇	3908	17	52108	35065	33105	27254	134
新泰市翟镇	6359	45	72051	28855	33774	25652	106
新泰市泉沟镇	9260	33	47112	21342	28461	24250	56
新泰市羊流镇	17221	90	89063	17508	54632	43996	272
新泰市果都镇	4829	34	38514	13778	21670	11119	71
新泰市西张庄镇	4295	28	51415	19287	24695	22247	93
新泰市天宝镇	14741	50	76906	9098	40806	34872	49
新泰市楼德镇	9384	36	67505	51692	42230	30798	87
新泰市禹村镇	8920	36	54841	7738	26957	19330	46
新泰市宫里镇	8514	43	61675	7244	34459	23021	84
新泰市谷里镇	9479	51	50475	26988	33884	28303	54
新泰市石莱镇	16313	69	66081	12620	34668	31116	21
新泰市放城镇	6895	23	33152	10580	17639	5784	20
新泰市刘杜镇	5158	28	31399	1510	20327	11605	19
新泰市汶南镇	18522	85	97812	28668	54665	47728	175
新泰市龙廷镇	15215	53	58993	3689	25009	22580	42
新泰市岳家庄乡	6809	25	35602	1785	25412	16051	17
肥城市新城街道	5540	23	141810	136000	95821	67258	512
肥城市老城街道办事处	7860	26	79156	53290	24420	16469	75
肥城市王瓜店街道办事处	9179	32	80618	27633	31923	22376	272

乡镇基本情况

计算单位：公顷、个、人

名　　称	行政区域面积	村民委员会	常住人口	城镇建成区总人口	从业人员	二三产业从业人员	工业企业单位
肥城市潮泉镇	5291	11	21956	1686	6394	3923	28
肥城市桃园镇	10080	40	52396	11057	51494	16694	28
肥城市王庄镇	9369	53	50575	13110	18245	11250	67
肥城市湖屯镇	8530	44	80785	20036	30473	17217	235
肥城市石横镇	9443	37	87237	66411	58411	50769	113
肥城市安临站镇	13093	48	54189	11360	31099	15699	183
肥城市孙伯镇	7090	17	27240	7789	22463	12431	32
肥城市安驾庄镇	13415	71	83984	27798	47037	35430	90
肥城市汶阳镇	7950	53	71954	46688	45295	35575	70
肥城市边院镇	11120	80	82912	29200	41497	24967	62
肥城市仪阳镇	9740	49	44550	9930	20071	15361	61
环翠区张村镇	5893	12	32312	26743	22150	21277	469
环翠区羊亭镇	8512	37	31154	2196	20503	16160	436
环翠区温泉镇	6659	25	25921	8137	21835	8940	162
环翠区崮山镇	4900	24	17366	1258	11558	5189	176
环翠区孙家疃镇	1791	5	14372	11204	7882	7455	52
环翠区泊于镇	7300	33	24756	2087	12812	4509	43
环翠区桥头镇	11100	51	28294	6713	14855	5385	60
环翠区草庙子镇	8290	46	22319	10969	16748	13537	161
环翠区初村镇	8506	34	14277	6673	10240	5677	121
文登市龙山路街道办事处	3280	12	48471	37731	31201	26668	169
文登市天福路街道办事处	3800	9	61566	49689	46610	45558	153
文登市环山路街道办事处	4008	7	65208	48293	47470	45750	219
文登市文登营镇	10794	71	32644	6858	23256	10593	89
文登市大水泊镇	12300	89	38256	15262	25364	16383	76
文登市张家产镇	14135	64	31751	5585	20790	13799	101
文登市高村镇	9667	46	29988	12458	15498	10929	39
文登市泽库镇	6380	23	23591	5586	17891	8248	69
文登市侯家镇	6000	38	24208	4900	17209	9353	24
文登市宋村镇	13800	53	40652	17801	26975	14991	75
文登市泽头镇	11463	48	34370	5083	25777	17974	58
文登市小观镇	12600	47	43378	16076	30364	25203	89
文登市葛家镇	16360	68	50350	23138	37140	28124	93
文登市米山镇	8800	44	21724	4034	15207	9729	80
文登市界石镇	18800	65	30742	5668	21998	10699	82
文登市汪疃镇	10700	58	24247	5231	14586	6262	90
文登市苘山镇	10500	65	39897	17811	33313	23639	221
荣成市宁津街道办事处	6717	41	21386	1465	14864	8112	34
荣成市港湾街道办事处	3077		63040	26541	28417	26722	285
荣成市桃园街道办事处	1978	14	8517	8350	5517	4423	67
荣成市王连街道办事处	6136	32	17896	6357	15190	7064	37
荣成市东山街道办事处	4324	31	17125	698	14734	5965	75
荣成市斥山街道办事处	4836	22	27287	16768	19182	15830	97
荣成市崖头街道办事处	5871	26	146214	123768	69863	59595	214
荣成市城西街道办事处	5323	40	21936	2043	9292	2100	46
荣成市寻山街道办事处	5014	34	21960	9410	15960	11535	56
荣成市崂山街道办事处	5921	29	19258	6819	7495	3853	75
荣成市俚岛镇	10614	60	45368	23642	27500	19490	84
荣成市成山镇	12257	52	41862	18064	16190	7236	117
荣成市埠柳镇	9654	37	22166	1138	19281	8399	18

乡镇基本情况

计算单位:公顷、个、人

名　　称	行政区域面积	村民委员会	常住人口	城镇建成区总人口	从业人员	二三产业从业人员	工业企业单位
荣成市港西镇	4913	21	16422	2912	7466	5203	85
荣成市夏庄镇	5033	32	11452	1695	4768	2510	29
荣成市崖西镇	8401	49	18029	6581	10841	7345	15
荣成市荫子镇	4762	43	12832	4200	11200	4700	26
荣成市滕家镇	8403	41	27104	6876	16170	7158	32
荣成市大疃镇	7072	45	16596	2600	13804	3197	27
荣成市上庄镇	8492	45	25052	2877	14837	5785	26
荣成市虎山镇	11525	46	37342	17560	26342	17304	81
荣成市人和镇	12068	86	72698	16110	60098	28898	191
乳山市城区街道办事处	4800	24	117521	117521	15577	13194	251
乳山市夏村镇	21234	46	38972	7100	23277	13147	12
乳山市乳山口镇	8700	36	33846	8000	21175	9720	279
乳山市海阳所镇	7000	40	30592	14464	17053	6076	38
乳山市白沙滩镇	9000	45	43550	9227	20590	11392	33
乳山市大孤山镇	9600	36	26333	2635	15032	8061	34
乳山市南黄镇	8600	33	25240	6893	12656	5969	26
乳山市冯家镇	12000	53	30897	6520	18021	6616	69
乳山市下初镇	13400	37	36538	7356	17737	6142	26
乳山市午极镇	10800	35	26135	7236	15684	4175	13
乳山市育黎镇	11000	42	33591	4117	22619	8722	45
乳山市崖子镇	14900	58	38848	4238	24194	6851	18
乳山市诸往镇	15200	49	39385	4116	23001	6837	24
乳山市乳山寨镇	13700	44	34212	7425	19806	8023	24
乳山市徐家镇	6900	23	18345	5028	8905	3405	37
东港区河山镇	6700	48	26562	10000	14962	6109	75
东港区两城镇	8300	56	38714	1826	23939	7248	65
东港区涛雒镇	11200	75	70919	18321	35380	13954	90
东港区西湖镇	8175	40	35397	2980	21332	9942	26
东港区陈疃镇	7800	38	29579	4980	16432	7719	54
东港区南湖镇	17260	82	68175	5549	37642	16869	127
东港区三庄镇	19360	62	67589	11692	38136	13817	15
岚山区碑廓镇	9266	64	50460	12582	37410	15430	65
岚山区虎山镇	10520	53	62627	11654	35287	16805	47
岚山区巨峰镇	16093	90	70648	17773	42036	19849	89
岚山区高兴镇	6438	46	33168	5531	19463	9855	38
岚山区后村镇	12500	61	58566	13100	33484	13793	55
岚山区黄墩镇	15325	54	50379	7600	25760	7841	9
岚山区前三岛乡	948		4156		2300	1100	6
五莲县洪凝街道	19804	73	158264	147400	71829	58552	352
五莲县街头镇	23068	77	67988	25950	38073	19334	256
五莲县潮河镇	10212	46	55611	41500	42192	30995	117
五莲县许孟镇	14817	65	60684	21682	40287	22702	57
五莲县于里镇	12818	64	44890	11831	25057	12703	78
五莲县汪湖镇	8421	45	26321	5346	14209	7320	31
五莲县叩官镇	11622	50	30839	3856	16290	4604	10
五莲县中至镇	9902	36	23565	2500	18875	6227	31
五莲县高泽镇	12326	54	33918	9980	23210	15191	128
五莲县松柏镇	8363	37	19007	6275	12304	6723	52
五莲县石场乡	8137	34	19051	2688	11913	2063	19
五莲县户部乡	10206	40	18962	2277	10181	3404	21

乡镇基本情况

计算单位:公顷、个、人

名　　称	行政区域面积	村民委员会	常住人口	城镇建成区总人口	从业人员	二三产业从业人员	工业企业单位
莒县城阳街道办事处	6003	75	121512	85612	72505	45204	152
莒县招贤镇	10716	81	73162	21392	48770	25330	35
莒县阎庄镇	4187	39	33043	6477	22049	10907	38
莒县夏庄镇	11662	66	69850	19370	38886	16326	48
莒县刘官庄镇	8104	64	68765	20580	48098	22848	171
莒县峤山镇	9661	78	53126	9386	29554	9445	35
莒县小店镇	11888	62	55374	5620	47502	13300	42
莒县中楼镇	13130	65	60429	10838	35540	14690	137
莒县龙山镇	10879	56	44810	14496	30321	10548	57
莒县东莞镇	10509	52	36933	5337	21502	7745	18
莒县浮来山镇	6599	63	53471	14580	28181	10517	80
莒县陵阳镇	5403	53	41091	19930	30439	4818	58
莒县店子集镇	5682	57	41178	22567	12148	5802	32
莒县长岭镇	5733	49	39283	2593	23678	7986	50
莒县安庄镇	8163	42	28500	3015	16400	10000	23
莒县棋山镇	19874	86	83155	10420	50203	8448	31
莒县洛河镇	7250	46	40780	7741	34723	9031	39
莒县寨里河镇	7188	53	38170	8966	21748	10790	29
莒县桑园镇	12670	71	52530	6611	29076	13312	22
莒县果庄乡	6484	32	31098	2544	28935	9509	12
莒县库山乡	10690	43	30000	512	19512	9565	11
莱城区口镇	13394	57	75813	32500	42345	21128	373
莱城区羊里镇	7566	53	60600	21200	57600	17800	246
莱城区方下镇	6761	53	49962	11000	32186	15876	246
莱城区牛泉镇	14309	69	74064	23000	60731	30365	78
莱城区苗山镇	21393	85	54320	10160	46431	21168	45
莱城区雪野镇	20505	50	48462	16673	28108	14900	63
莱城区大王庄镇	16118	63	44274	10492	27533	9880	13
莱城区寨里镇	6960	48	57130	20000	31777	13002	107
莱城区杨庄镇	5883	45	45225	5264	23145	8756	206
莱城区茶业口镇	17400	60	36448	10000	16742	8161	37
莱城区和庄镇	8618	31	25072	4200	21688	8176	50
钢城区颜庄镇	7175	41	64589	20894	20742	12544	141
钢城区辛庄镇	16703	66	48464	5896	27037	12138	77
兰山区白沙埠镇	7163	27	65836	25120	35614	22864	177
兰山区枣沟头镇	6341	37	69908	8263	41897	27202	164
兰山区半程镇	9563	44	68006	24745	36180	19759	167
兰山区义堂镇	10143	46	139147	51632	62986	53524	517
兰山区马厂湖镇	7900	28	52321	4695	30805	18574	268
兰山区李官镇	8330	37	49015	5197	25072	11172	42
兰山区方城镇	11922	53	92854	21010	53942	34710	126
兰山区汪沟镇	10860	34	60990	26687	37065	30410	37
罗庄区沂堂镇	7500	32	47731	5591	29011	16394	181
罗庄区褚墩镇	7200	30	59579	22036	33922	21231	41
罗庄区黄山镇	5300	25	49682	13000	27656	19523	112
河东区汤河镇	5226	38	56526	8580	29794	11530	265
河东区八湖镇	8714	41	69265	8457	35526	14740	63
河东区郑旺镇	8137	34	68369	10501	28532	12368	85
沂南县界湖街道办事处	10800	32	154394	79381	93279	73451	635
沂南县岸堤镇	14350	34	54848	13600	30595	16224	27

乡镇基本情况

计算单位：公顷、个、人

名　　称	行政区域面积	村民委员会	常住人口	城镇建成区总人口	从业人员	二三产业从业人员	工业企业单位
沂南县孙祖镇	15202	36	41328	11446	25267	11741	71
沂南县双堠镇	15502	30	44626	9013	29902	13197	46
沂南县青驼镇	14800	40	59745	21375	39555	19145	66
沂南县张庄镇	11447	39	36523	24720	23470	11297	41
沂南县砖埠镇	6994	27	40453	9520	24348	6778	34
沂南县大庄镇	15951	64	101682	47058	57354	27159	223
沂南县辛集镇	9036	36	59583	14483	38372	10707	60
沂南县蒲汪镇	9980	42	57590	8905	33324	13155	30
沂南县湖头镇	8884	38	50526	1255	29859	7467	103
沂南县苏村镇	6800	26	54546	17000	34860	13799	46
沂南县铜井镇	12325	45	64716	13506	39759	21490	72
沂南县依汶镇	12300	39	49285	5211	30540	14114	41
沂南县马牧池乡	9120	23	34712	1389	22187	2430	36
郯城县郯城街道办事处	19597	90	201442	111300	82411	40849	1856
郯城县马头镇	8549	58	84611	35498	48403	22894	320
郯城县重坊镇	8222	50	98411	9840	53952	29347	195
郯城县李庄镇	14154	66	101566	23650	53058	24503	136
郯城县杨集镇	8123	46	52758	10193	31055	11116	15
郯城县港上镇	4011	23	44157	20680	25467	14739	88
郯城县高峰头镇	7026	41	51492	9209	29052	11529	27
郯城县庙山镇	7166	32	47968	3021	28805	11024	30
郯城县红花镇	12117	55	65549	11878	39309	16663	198
郯城县胜利镇	5567	28	49759	7615	25643	8682	53
郯城县花园乡	7429	29	47771	11500	30691	11555	12
郯城县归昌乡	5956	29	40493	12100	25551	7241	50
郯城县泉源乡	11594	34	52877	11086	28656	9697	13
沂水县沂城街道办事处	15363	79	160586	154899	132071	107718	1023
沂水县马站镇	13427	72	61071	25754	34116	8402	87
沂水县高桥镇	11630	60	54053	11728	42815	7354	122
沂水县许家湖镇	20548	120	113319	29445	73764	33149	213
沂水县黄山铺镇	9446	48	46864	15240	24085	15263	69
沂水县诸葛镇	21281	72	64379	15633	48976	28955	87
沂水县崔家峪镇	9409	31	20671	5858	17564	6241	26
沂水县四十里堡镇	12045	71	58923	16550	39443	11090	63
沂水县杨庄镇	15897	54	58574	13439	30737	15172	65
沂水县夏蔚镇	15027	51	47306	11876	24161	8879	13
沂水县沙沟镇	21032	67	58692	10942	33236	20054	71
沂水县高庄镇	13164	34	44316	13034	22369	8793	52
沂水县院东头镇	10649	37	24822	5990	16403	9886	53
沂水县龙家圈镇	9420	58	59173	21345	38509	15322	159
沂水县富官庄镇	13335	57	40837	4205	23562	9783	27
沂水县道托镇	8965	43	38462	3916	22589	7330	113
沂水县泉庄镇	9754	31	29535	4220	21668	7689	36
沂水县圈里乡	11006	55	31800	5050	18584	6047	29
苍山县卞庄街道办事处	8222	35	150124	150110	46639	25788	720
苍山县大仲村镇	15129	67	82724	37273	43579	18263	597
苍山县兰陵镇	14160	113	98271	40287	55471	40356	138
苍山县长城镇	12565	88	94955	22943	63039	27437	38
苍山县磨山镇	7954	42	66481	23219	39846	23910	91
苍山县神山镇	6706	38	52498	26987	29537	16604	176

乡镇基本情况

计算单位:公顷、个、人

名　　称	行政区域面积	村民委员会	常住人口	城镇建成区总人口	从业人员	二三产业从业人员	工业企业单位
苍山县车辋镇	12742	48	50576	9000	30901	16779	19
苍山县尚岩镇	8317	50	40489	12760	31609	14590	58
苍山县向城镇	10889	112	89964	35210	69493	33210	80
苍山县新兴镇	6867	44	40226	9948	24647	5795	52
苍山县南桥镇	8520	59	58426	16653	37400	14358	25
苍山县庄坞镇	8872	53	84519	38120	47764	23791	77
苍山县鲁城镇	8791	37	36881	16037	22373	12467	112
苍山县矿坑镇	8493	24	33599	14044	20640	10457	204
苍山县金岭镇	12466	98	87239	34052	56018	26552	117
苍山县芦柞镇	9567	65	69495	22224	41534	15415	65
苍山县下村乡	12141	33	39438	2492	27152	13572	32
费县费城街道办事处	26109	86	165965	138702	89426	50246	1598
费县上冶镇	7329	38	58132	22343	35614	24491	108
费县薛庄镇	21608	35	65468	10120	51204	22441	169
费县探沂镇	16255	80	95875	15987	66670	51666	3012
费县朱田镇	15560	38	52396	7832	39383	14271	319
费县梁邱镇	19233	34	84560	18168	51062	21729	338
费县新庄镇	11801	33	52305	12354	30844	13006	99
费县马庄镇	14249	41	56718	11792	31372	20774	1582
费县胡阳镇	6587	17	42961	3284	26731	17513	455
费县石井镇	10195	22	37430	11645	18704	9770	20
费县大田庄乡	9645	17	22421	3301	13440	6659	74
费县南张庄乡	7418	19	35260	5590	17833	9227	45
平邑县平邑街道办事处	22000	75	208562	160368	71194	34311	236
平邑县仲村镇	11860	59	72030	38120	41981	21030	143
平邑县武台镇	8100	30	38576	8840	31317	8643	62
平邑县保太镇	10904	58	77781	16215	70540	5270	47
平邑县柏林镇	20400	38	54900	11000	41386	18750	11
平邑县卞桥镇	9582	47	52695	10300	30053	15306	87
平邑县地方镇	13200	62	81092	44100	51399	29907	96
平邑县铜石镇	15844	57	78685	10315	42199	9721	51
平邑县温水镇	4986	28	42437	18123	30526	16736	50
平邑县流峪镇	11800	53	49768	6723	26927	6708	26
平邑县郑城镇	16695	55	69840	12150	61790	12660	21
平邑县白彦镇	19620	43	69270	40000	47206	21601	65
平邑县临涧镇	12085	60	52115	8000	29623	20748	24
平邑县丰阳镇	9597	44	28987	9830	24901	9286	15
莒南县十字路街道办事处	16783	52	190824	185024	114494	80146	345
莒南县团林镇	8150	41	42545	6640	24079	9700	62
莒南县大店镇	13157	71	63262	37030	52042	16875	198
莒南县坊前镇	18292	66	73383	23353	59234	21146	80
莒南县坪上镇	11800	50	59685	34146	33710	18912	63
莒南县板泉镇	10119	62	65090	12850	56023	20395	34
莒南县洙边镇	12102	45	45504	9350	37944	12231	43
莒南县文疃镇	11435	37	39751	13465	30220	7910	18
莒南县壮岗镇	9600	33	48401	19886	25957	8635	59
莒南县石莲子镇	11954	61	62046	9140	44368	13717	34
莒南县岭泉镇	6161	37	39505	3550	27402	11797	50
莒南县筵宾镇	7589	28	41218	9639	32492	10968	29
莒南县涝坡镇	15113	45	49665	6714	37512	16127	72

乡镇基本情况

计算单位:公顷、个、人

名　　称	行政区域面积	村民委员会	常住人口	城镇建成区总人口	从业人员	二三产业从业人员	工业企业单位
莒南县朱芦镇	7520	26	36004	18169	21742	8210	130
莒南县道口镇	5254	33	31470	5517	26469	12071	24
莒南县相沟乡	10768	23	36248	5134	33993	9657	24
蒙阴县蒙阴街道办事处	25790	77	156173	152298	100022	61720	224
蒙阴县常路镇	7737	28	33018	5747	20463	7974	46
蒙阴县岱崮镇	18390	42	46789	8237	31161	14977	34
蒙阴县坦埠镇	8100	32	32124	5306	17213	8690	17
蒙阴县垛庄镇	25890	61	73596	47632	57920	17007	251
蒙阴县高都镇	9020	33	31485	8946	16561	5376	47
蒙阴县野店镇	19620	31	35207	3376	20188	7231	18
蒙阴县桃墟镇	17100	48	46762	8765	18488	5611	13
蒙阴县联城镇	16090	52	46224	4375	38743	22335	29
蒙阴县旧寨乡	12420	47	37676	5414	36863	13567	28
临沭县临沭街道办事处	11967	12	132531	128200	66773	55314	151
临沭县郑山街道办事处	9032	29	64499	42847	38991	22229	321
临沭县蛟龙镇	6958	17	42798	7450	22470	10228	64
临沭县大兴镇	11802	29	58003	15000	36128	17222	72
临沭县石门镇	12966	26	54227	5743	32848	14328	39
临沭县曹庄镇	7816	19	43282	9500	29987	24374	26
临沭县白旄镇	5995	18	40243	8690	22713	16579	47
临沭县青云镇	10417	24	52166	22885	36343	19290	45
临沭县玉山镇	15661	40	69335	4420	49715	26495	52
临沭县店头镇	8406	25	39553	6821	29909	23920	71
德城区二屯镇	3800	18	23085	2427	9377	6661	72
德城区黄河涯镇	10536	64	56231	5908	24364	6462	45
德城区赵虎镇	10183	72	42880	1650	33596	11036	35
德城区抬头寺镇	5982	59	27657	782	15036	7513	56
德城区袁桥镇	5102	59	27439	11461	14682	6957	91
陵县安德街道办事处	5600	45	28726	20188	13011	6995	292
陵县临齐街道办事处	19100	148	72547	37347	37488	19863	480
陵县郑家寨镇	11700	97	38011	3500	17694	8473	32
陵县糜镇	10100	80	47809	23400	26543	9462	261
陵县宋家镇	11100	95	37324	4000	18041	9551	20
陵县徽王庄镇	10500	87	38556	17582	26567	12024	25
陵县神头镇	11500	87	57075	3760	35521	16280	31
陵县滋镇	7300	53	36591	4460	25824	17635	91
陵县前孙镇	8200	67	27515	3670	14449	5270	264
陵县边临镇	7300	58	30113	17103	9933	8732	46
陵县义渡口镇	6600	49	33104	8050	18954	7299	32
陵县丁庄镇	7000	27	18094	5400	8663	2175	430
陵县于集乡	5300	33	21089	8013	13022	2270	19
宁津县宁城街道办事处	4685	41	91711	54576	33311	32380	477
宁津县津城街道办事处	8369	87	38603	34587	32496	21744	81
宁津县柴胡店镇	11300	126	50750	1895	34852	25325	107
宁津县长官镇	6500	47	35509	6328	16512	10422	65
宁津县杜集镇	10167	104	44782	4022	38375	19571	20
宁津县保店镇	9000	83	36230	2156	31221	16850	52
宁津县大柳镇	5500	47	28125	1523	26881	17808	47
宁津县大曹镇	8300	69	28898	4823	27603	15844	51
宁津县相衙镇	5102	63	18896	899	14804	11122	50

乡镇基本情况

计算单位:公顷、个、人

名　　称	行政区域面积	村民委员会	常住人口	城镇建成区总人口	从业人员	二三产业从业人员	工业企业单位
宁津县时集镇	5300	67	28882	857	9686	1778	156
宁津县张大庄镇	5200	41	32763	2150	24417	21770	105
宁津县刘营伍乡	3879	36	21975	1698	10739	4687	30
庆云县渤海路街道办事处	9500	38	56460	17005	7700	1200	540
庆云县庆云镇	5000	41	38930	12620	11000	4000	240
庆云县常家镇	5600	58	53598	1500	16000	8000	240
庆云县尚堂镇	6000	62	61850	12960	8800	300	240
庆云县崔口镇	4000	21	15538	4000	7300	4300	120
庆云县东辛店镇	5500	43	28947	4900	7350	1850	130
庆云县严务乡	4000	21	23896	13200	6500	3000	120
庆云县中丁乡	5000	30	22825	1000	8400	3400	130
庆云县徐园子乡	5600	22	18848	1200	5700	2200	130
临邑县邢侗街道办事处	5909	50	75298	27485	15970	5323	154
临邑县恒源街道办事处	4378	44	26280	1127	13087	7519	262
临邑县临盘街道办事处	12906	111	79229	7104	40251	24582	453
临邑县临邑镇	8889	87	52166	645	32585	22736	230
临邑县临南镇	11243	80	66700	22324	19499	11141	51
临邑县德平镇	12395	128	76048	32600	28633	8351	88
临邑县林子镇	6413	48	53000	15500	17410	12185	31
临邑县兴隆镇	10276	60	66200	21303	24054	10021	56
临邑县孟寺镇	12362	92	45478	3769	19412	5170	68
临邑县翟家镇	5178	56	29934	4832	17952	8559	75
临邑县理合务镇	5655	30	29667	4016	13323	9324	41
临邑县宿安乡	5976	45	28532	3599	15867	6034	73
齐河县晏城街道办事处	11953	94	114609	110692	81219	65338	132
齐河县晏北街道办事处	8100	43	37012	35251	36508	35461	147
齐河县表白寺镇	7701	59	26810	18053	14871	6317	35
齐河县焦庙镇	13059	91	44698	17985	35846	12498	46
齐河县赵官镇	6716	55	29254	17625	20177	9554	24
齐河县祝阿镇	13407	91	47873	21786	39333	20347	39
齐河县仁里集镇	12533	99	49997	15816	27207	8838	26
齐河县潘店镇	13791	95	49189	18095	34702	20496	74
齐河县胡官屯镇	10983	70	36372	11716	17254	8548	23
齐河县宣章屯镇	6404	34	22561	9137	13796	5710	33
齐河县马集镇	6650	48	28712	13216	21002	9369	32
齐河县华店乡	6914	67	37016	18660	18842	11160	46
齐河县安头乡	7449	35	21457	8570	10144	4299	24
齐河县刘桥乡	8813	59	36257	9017	12036	5734	20
齐河县大黄乡	6647	42	25620	8857	17511	7551	35
平原县龙门街道办事处	8720	69	72106	10200	28100	22661	190
平原县桃园街道办事处	9150	59	30707	1311	30550	14546	198
平原县王凤楼镇	12786	110	51077	9952	21616	13341	112
平原县前曹镇	15110	132	52058	6586	39358	14950	108
平原县恩城镇	10510	97	54799	12150	26337	13180	426
平原县王庙镇	11700	91	36973	5100	19595	6700	140
平原县王杲铺镇	7264	52	34567	6330	16758	4492	30
平原县张华镇	6020	46	22138	3280	8749	3800	142
平原县腰站镇	6133	47	26150	3250	10174	3252	106
平原县王打卦镇	3800	42	24907	3120	19048	3875	38
平原县坊子乡	6207	50	23094	10451	12708	4598	146

乡镇基本情况

计算单位:公顷、个、人

名　　称	行政区域面积	村民委员会	常住人口	城镇建成区总人口	从业人员	二三产业从业人员	工业企业单位
平原县三唐乡	7300	60	21046	1185	10535	3000	31
夏津县银城街道办事处	7789	48	79475	2134	21591	14422	126
夏津县北城街道办事处	5146	30	35728	2325	15314	7202	74
夏津县南城镇	5319	50	41352	9001	17888	4754	165
夏津县苏留庄镇	11990	54	52067	15804	21244	5183	58
夏津县新盛店镇	12031	70	56663	8711	35236	23474	32
夏津县雷集镇	9043	57	40022	7609	28955	10122	34
夏津县郑保屯镇	4733	15	23495	10392	11498	4074	42
夏津县白马湖镇	6633	26	33358	8398	14778	4469	35
夏津县东李官屯镇	5250	33	30875	10908	13790	5420	43
夏津县宋楼镇	4475	28	32935	9595	17486	4227	117
夏津县香赵庄镇	3678	37	27083	18011	16413	3536	64
夏津县双庙镇	4049	20	27641	16295	14404	5733	52
夏津县渡口驿乡	4148	15	20851	7103	16024	2712	10
夏津县田庄乡	3895	24	25989	5898	19095	7138	31
武城县广运街道办事处	4000	28	60018	60018	15750	6183	92
武城县武城镇	13239	68	61031	3065	25981	13967	125
武城县老城镇	10700	41	65575	26170	37301	22897	898
武城县鲁权屯镇	16285	77	63612	30100	45763	23935	1089
武城县郝王庄镇	5478	31	21436	2279	12372	4971	27
武城县甲马营镇	7918	32	35725	7516	18866	9368	106
武城县四女寺镇	12000	59	39691	2460	17107	5346	1152
武城县李家户镇	5480	23	32485	4815	13999	9487	188
乐陵市市中街道	4880	79	110462	108926	71800	56664	132
乐陵市胡家街道	4017	49	26465	18980	17202	10502	38
乐陵市云红街道	3170	40	22865	13860	14862	10100	173
乐陵市郭家街道	4329	32	22581	10084	14677	8984	125
乐陵市杨安镇	8843	78	47492	22429	30869	12343	168
乐陵市朱集镇	8824	106	55153	26432	35849	14040	15
乐陵市黄夹镇	12320	104	63020	20688	40963	14436	35
乐陵市丁坞镇	8213	75	39414	15353	25619	14705	24
乐陵市花园镇	8889	73	47630	20625	30960	13690	16
乐陵市郑店镇	14311	112	50658	19326	32928	27965	126
乐陵市化楼镇	8516	80	40905	14111	26588	12126	12
乐陵市孔镇	11126	89	43786	14098	28460	10522	8
乐陵市铁营镇	7500	41	23194	7596	15076	10005	50
乐陵市西段乡	4100	42	23531	7257	15295	6995	12
乐陵市大孙乡	3932	27	20512	1616	13332	5289	19
乐陵市寨头堡乡	4301	44	25313	3321	16453	9098	25
禹城市市中街道	17583	183	153727	141945	77381	67477	589
禹城市伦镇	11446	81	38906	10872	25461	13456	66
禹城市房寺镇	14594	156	70158	15023	45762	32995	67
禹城市张庄镇	5321	59	22560	5015	12923	9465	86
禹城市辛店镇	9346	88	32922	10120	17726	9690	38
禹城市安仁镇	6649	57	28612	4600	13989	6418	30
禹城市辛寨镇	9344	82	42209	3452	27481	16070	40
禹城市梁家镇	9456	106	37600	3700	21146	8769	60
禹城市十里望镇	5738	77	32013	10519	18014	14070	106
禹城市李屯乡	4233	48	23428	3750	17576	16318	45
禹城市莒镇乡	5527	50	23682	4100	11230	6796	43

乡镇基本情况

计算单位:公顷、个、人

名　　称	行政区域面积	村民委员会	常住人口	城镇建成区总人口	从业人员	二三产业从业人员	工业企业单位
东昌府区侯营镇	7644	64	45800	14300	25034	16191	240
东昌府区沙镇镇	14952	119	101019	21193	74938	17271	131
东昌府区堂邑镇	6100	59	36655	15620	21608	8595	79
东昌府区梁水镇	15596	108	70763	7308	46009	14000	147
东昌府区斗虎屯镇	8612	62	43351	2456	23153	8545	16
东昌府区郑家镇	7632	52	57016	23864	41719	31912	1836
东昌府区张炉集镇	5079	47	34567	2490	18693	4457	362
东昌府区于集镇	7040	53	38154	2785	19126	9199	26
东昌府区许营镇	6471	44	38383	1900	33657	9288	40
东昌府区朱老庄镇	6220	59	35766	1200	24776	17562	27
东昌府区顾官屯镇	7239	52	41233	10890	27060	7174	61
东昌府区广平乡	6142	45	30983	6819	28935	14248	8
东昌府区韩集乡	5487	37	29403	786	10117	3165	15
阳谷县博济桥街道办事处	3844	31	62341	31800	56341	43925	501
阳谷县侨润街道办事处	4232	32	65120	32025	34270	30520	155
阳谷县狮子楼街道办事处	3008	24	35844	20833	31303	25427	238
阳谷县阎楼镇	6610	52	54503	7849	30740	19620	87
阳谷县阿城镇	11555	83	69949	11209	37637	29493	151
阳谷县七级镇	7339	50	41023	5962	26996	9498	41
阳谷县安乐镇	6674	45	42137	11357	28852	25411	73
阳谷县定水镇	5838	39	28000	2322	17581	12848	66
阳谷县石佛镇	5777	42	34829	20319	26989	22360	69
阳谷县李台镇	4347	54	37168	6102	21586	16671	53
阳谷县寿张镇	6863	67	67016	25016	39839	27753	83
阳谷县十五里园镇	5599	53	43607	3514	33418	26914	28
阳谷县张秋镇	6620	51	47293	10417	35200	26931	50
阳谷县郭店屯镇	5492	52	31279	4113	18214	9240	66
阳谷县西湖镇	7113	48	40915	18105	34239	15008	82
阳谷县大布乡	5725	48	35523	2225	25325	15129	81
阳谷县高庙王乡	6140	58	40670	3296	31592	21692	30
阳谷县金斗营乡	3797	27	29965	3112	16883	10456	23
莘县燕塔街道办事处	4154	44	62025	50654	40567	31668	30
莘县莘亭街道办事处	4477	36	33112	10125	23498	14505	93
莘县莘州街道办事处	3109	30	25992	8056	17612	9629	18
莘县东鲁街道办事处	3651	39	30791	8932	20841	12862	50
莘县张鲁镇	8276	51	53620	18055	34988	9245	37
莘县朝城镇	7118	97	53785	24863	33248	13742	130
莘县观城镇	6537	56	38405	7685	23314	12646	33
莘县古城镇	7495	67	52180	5025	30038	9263	52
莘县大张家镇	6047	47	41378	11893	28307	7575	100
莘县古云镇	6015	44	46880	31014	32013	17041	94
莘县十八里铺镇	8029	69	41962	16500	28185	5963	58
莘县燕店镇	4652	34	39270	9336	27061	3970	27
莘县董杜庄镇	5104	42	30211	7618	21515	2205	46
莘县王奉镇	8703	41	49154	9386	29666	5185	28
莘县樱桃园镇	8120	58	57536	24500	32925	5444	27
莘县河店镇	4555	35	33370	6875	20979	5511	138
莘县妹冢镇	6768	65	51380	7111	29000	7507	84
莘县魏庄镇	6568	33	40908	5410	28538	5208	40
莘县张寨镇	5919	64	47495	9270	29221	8256	74

乡镇基本情况

计算单位：公顷、个、人

名　　称	行政区域面积	村民委员会	常住人口	城镇建成区总人口	从业人员	二三产业从业人员	工业企业单位
莘县大王寨镇	7145	25	35865	7571	21812	6019	68
莘县徐庄镇	4781	45	28098	6021	20102	4134	59
莘县王庄集镇	5563	45	39798	5212	24048	9470	37
莘县俎店乡	4104	33	22088	3238	15377	3905	45
莘县柿子园乡	5115	54	32078	6497	20452	5734	39
茌平县振兴街道办事处	9681	68	86958	61727	59682	53652	70
茌平县信发街道办事处	5089	42	46251	46126	30629	28062	42
茌平县温陈街道办事处	9114	82	43816	16371	26339	13126	26
茌平县乐平铺镇	12599	88	52918	16109	38988	17318	30
茌平县冯官屯镇	10363	77	45478	20500	24998	14691	39
茌平县菜屯镇	5888	30	27957	3340	21393	15383	28
茌平县博平镇	8724	75	52571	17654	40514	23307	27
茌平县杜郎口镇	7357	51	31977	6766	19484	11297	27
茌平县韩屯镇	7112	51	32717	6034	25004	12936	22
茌平县胡屯镇	4954	46	26137	4362	20856	8912	32
茌平县肖庄镇	5625	28	25975	7730	15838	8456	15
茌平县贾寨镇	5620	37	29082	5329	16721	7435	20
茌平县洪官屯镇	4569	28	23648	3278	13776	8418	18
茌平县杨官屯乡	3654	29	17347	2645	13732	6885	9
东阿县铜城街道办事处	7331	51	77823	64200	46661	37923	141
东阿县新城街道办事处	5652	34	27424	22400	22991	14348	231
东阿县刘集镇	11956	85	70103	4565	44174	11497	238
东阿县牛角店镇	10850	83	50159	14016	44767	9658	47
东阿县大桥镇	5074	31	22300	11028	12721	5189	38
东阿县高集镇	7150	47	23769	2982	15314	5764	43
东阿县姜楼镇	5500	35	30146	10100	20785	11568	184
东阿县姚寨镇	8345	55	35022	2981	22292	8554	62
东阿县鱼山镇	6451	54	29191	2644	19691	8672	51
东阿县陈集乡	4591	32	23175	5100	15247	5781	85
冠县清泉街道办事处	6509		82340	55540	44768	25919	160
冠县崇文街道办事处	4273		48749	31668	36033	19806	114
冠县烟庄街道办事处	5981		40056	3592	30184	21030	280
冠县贾镇	6371	51	41702	4186	24068	9433	134
冠县桑阿镇	11198	60	65185	4860	33215	11232	61
冠县柳林镇	7010	50	51533	21068	36622	20621	72
冠县清水镇	5362	33	32796	5960	25322	14948	159
冠县东古城镇	11350	84	74988	12000	46848	23721	30
冠县北馆陶镇	5136	53	34679	10526	28964	12880	90
冠县店子镇	4260	28	30338	12056	19146	7593	78
冠县斜店乡	5601	34	37123	3433	24524	8438	51
冠县梁堂乡	5455	34	35043	11095	20511	4340	89
冠县定远寨乡	6289	38	30611	8640	15766	6742	97
冠县辛集乡	8186	51	42580	9210	25856	8655	98
冠县范寨乡	5932	36	34990	8700	22294	11883	81
冠县甘官屯乡	5943	35	45349	8620	22995	16676	118
冠县兰沃乡	5387	28	30906	11089	19761	9570	84
冠县万善乡	5882	32	32202	8521	19985	5052	46
高唐县鱼邱湖街道办事处	3206		62399	6370	33709	29389	87
高唐县汇鑫街道办事处	4969		40304	14538	27001	11923	132
高唐县人和街道办事处	4162		48605	19220	30085	5323	106

乡镇基本情况

计算单位:公顷、个、人

名　　称	行政区域面积	村民委员会	常住人口	城镇建成区总人口	从业人员	二三产业从业人员	工业企业单位
高唐县梁村镇	12431	6	38192	6253	20492	6287	47
高唐县尹集镇	8884	6	34863	8758	17520	4200	40
高唐县清平镇	8399	5	43301	21623	25145	6905	72
高唐县固河镇	9144	6	37494	2761	33304	4170	73
高唐县三十里铺镇	7322	4	26134	20000	19642	12291	223
高唐县琉璃寺镇	8920	6	38107	8754	22740	4258	36
高唐县赵寨子镇	7081	6	33503	2676	19416	11618	71
高唐县姜店镇	9342	7	42965	6260	25035	9827	105
高唐县杨屯镇	11040	9	47808	5400	26742	19454	40
临清市青年路街道办事处	6483		85353	76041	44681	30320	87
临清市新华路街道办事处	5482		101970	91782	51701	32604	1325
临清市先锋路街道办事处	6472		61603	55436	40832	24673	865
临清市大辛庄街道办事处	4766		37629	31894	32532	12474	52
临清市松林镇	5096	26	32275	4484	16747	5590	74
临清市老赵庄镇	5592	32	42287	3520	28361	11154	120
临清市康庄镇	9738	60	74035	25602	38963	15833	177
临清市魏湾镇	5557	27	23955	2853	16115	4769	30
临清市刘垓子镇	5712	35	29006	2932	16186	2974	46
临清市八岔路镇	4856	25	28916	2627	24744	10615	39
临清市潘庄镇	4483	30	29694	6369	19712	14648	204
临清市烟店镇	5205	34	51404	26523	41547	30240	241
临清市唐园镇	5372	32	25721	3899	19469	3308	116
临清市金郝庄镇	8556	55	51603	10248	36592	20380	206
临清市戴湾镇	6770	40	30892	3548	19400	3794	34
临清市尚店镇	4860	34	28372	2548	20594	10591	89
滨城区三河湖镇	9916	77	43216	1662	28914	11912	19
滨城区杨柳雪镇	10108	104	45352	5537	26460	18000	71
滨城区秦皇台乡	13322	50	20871	1400	13719	4155	32
惠民县孙武街道办事处	9536	107	91566		42620	24980	66
惠民县武定府街道办事处	3000	21	10806		7444	4715	30
惠民县何坊街道办事处	8428	95	37079		31323	21075	33
惠民县石庙镇	13601	127	62368	6673	47072	26644	53
惠民县桑落墅镇	6619	14	27196	4743	19701	9383	41
惠民县淄角镇	7013	68	30474	3543	24247	6808	46
惠民县胡集镇	13700	100	60320	21000	36720	24090	139
惠民县李庄镇	10102	105	67572	27818	34873	20917	453
惠民县麻店镇	7746	72	29429	3520	18782	10446	19
惠民县魏集镇	5335	54	29879	8272	28010	20713	67
惠民县清河镇	6803	58	33182	12470	21666	6654	52
惠民县姜楼镇	13400	53	50990	17835	31812	20523	141
惠民县辛店镇	14636	122	49757	17135	29289	18494	139
惠民县大年陈镇	8349	31	36147	5261	25654	13158	41
惠民县皂户李镇	8200	74	29887	2275	22560	11975	25
阳信县信城街道办事处	4830	37	44560	44060	10795	6283	434
阳信县金阳街道办事处	5176	101	42469	858	23552	12312	304
阳信县商店镇	9261	98	50639	7500	33723	19342	645
阳信县温店镇	7856	72	36683	5171	16426	10822	390
阳信县河流镇	6232	78	34927	31000	15440	12290	725
阳信县翟王镇	6695	89	38202	4900	17911	13517	609
阳信县流坡坞镇	7156	73	40850	1091	21651	9743	404

乡镇基本情况

计算单位:公顷、个、人

名　　称	行政区域面积	村民委员会	常住人口	城镇建成区总人口	从业人员	二三产业从业人员	工业企业单位
阳信县水落坡镇	13081	125	63397	30003	28341	11794	307
阳信县劳店镇	9552	86	39987	24300	18837	5277	512
阳信县洋湖乡	10009	98	47881	1592	28954	12677	409
无棣县棣丰街道办事处	7644	35	26276	17734	18240	14720	20
无棣县海丰街道办事处	7311	77	81452	55959	55440	49456	116
无棣县水湾镇	14267	83	48535	18929	30756	20362	29
无棣县碣石山镇	7108	37	22970	10850	17079	9198	13
无棣县小泊头镇	10817	52	36122	12740	22667	14739	38
无棣县埕口镇	33731	30	31162	18429	20178	15661	23
无棣县马山子镇	51576	22	29936	8186	22408	11695	77
无棣县车王镇	14800	76	50216	23565	33566	16580	34
无棣县柳堡镇	25773	38	30119	12063	20079	13969	26
无棣县佘家镇	12398	55	28720	10216	17356	6210	23
无棣县信阳镇	4840	57	30071	11454	20532	14618	32
无棣县西小王乡	18712	31	19704	4267	15936	6849	15
沾化县富国街道办事处	10649	36	69092	59100	37340	31285	72
沾化县富源街道办事处	16581	41	42430	6211	31285	17788	186
沾化县下洼镇	15116	62	49016	14709	44382	21350	14
沾化县古城镇	7359	50	24098	4637	20464	4412	16
沾化县冯家镇	25768	44	51426	23242	43380	22229	15
沾化县泊头镇	10740	36	28752	2751	23537	6912	27
沾化县大高镇	10380	67	36202	7816	29282	3886	19
沾化县黄升镇	6153	35	21856	4792	18717	4244	12
沾化县滨海镇	58974	15	8639	2091	5926	1380	88
沾化县下河乡	8670	27	13238	3338	10961	1557	5
沾化县利国乡	10023	28	11829	436	9612	1294	7
沾化县海防办事处乡	41356	1	294		193	21	8
博兴县城东街道办事处	8807	37	51063	11046	28388	18519	223
博兴县锦秋街道办事处	5170	26	59388	12839	24653	17970	60
博兴县博昌街道办事处	3500	14	40818	39640	26384	23726	28
博兴县曹王镇	5139	32	40312	10605	17252	14144	85
博兴县兴福镇	5140	36	65600	37200	41460	36470	294
博兴县陈户镇	7600	41	57030	26030	34784	19248	47
博兴县湖滨镇	6594	25	45174	11283	32680	24086	125
博兴县店子镇	8592	38	46335	9670	23928	12567	105
博兴县吕艺镇	11373	41	46238	4600	29983	15921	48
博兴县纯化镇	8508	32	22742	1850	13076	4406	8
博兴县庞家镇	6750	50	26653	952	13759	4799	31
博兴县乔庄镇	12990	66	31227	6881	18940	5327	9
邹平县黛溪街道办事处	3734	13	80122	73763	53760	50705	92
邹平县黄山街道办事处	4353	38	47777	35324	31967	29357	71
邹平县高新街道办事处	4872	45	98865	89337	59751	58556	132
邹平县好生街道办事处	3665	39	34199	19699	26087	21996	135
邹平县西董街道办事处	10150	70	33260	10483	23884	19306	70
邹平县长山镇	10642	110	68492	25538	42700	29328	187
邹平县魏桥镇	14677	82	93085	66370	70305	57890	92
邹平县临池镇	5157	43	28671	9347	15907	12686	164
邹平县焦桥镇	8210	48	36233	12089	22633	15175	81
邹平县韩店镇	8573	46	47026	29359	36496	30697	67
邹平县孙镇镇	9887	41	36138	8574	21445	9918	83

乡镇基本情况

计算单位:公顷、个、人

名　　称	行政区域面积	村民委员会	常住人口	城镇建成区总人口	从业人员	二三产业从业人员	工业企业单位
邹平县九户镇	9099	67	39923	6651	20180	11453	43
邹平县青阳镇	4943	17	35079	26625	23270	19406	118
邹平县明集镇	6867	36	38931	16535	24456	20646	227
邹平县台子镇	8759	72	30231	7070	14118	7413	46
邹平县码头镇	11410	78	42647	4397	32508	25469	47
牡丹区沙土镇	11800	40	94145	12560	45857	26215	89
牡丹区吴店镇	5700	37	54674	12068	28558	2918	106
牡丹区王浩屯镇	7700	49	57824	6053	30955	6666	12
牡丹区黄堽镇	8200	47	80453	1864	79707	35054	99
牡丹区都司镇	4400	23	39862	1503	26301	2126	18
牡丹区高庄镇	8500	33	62293	1705	42630	16090	38
牡丹区小留镇	7900	38	58102	3294	34082	7572	70
牡丹区李村镇	10140	32	55000	2523	21585	14085	62
牡丹区马岭岗镇	8500	66	98809	2419	76258	30388	62
牡丹区安兴镇	5800	31	48376	5069	34874	5227	26
牡丹区大黄集镇	5200	36	45793	2579	45084	20267	20
牡丹区吕陵镇	7410	40	61771	2638	39176	7931	35
牡丹区胡集镇	4900	10	41726	2248	24025	11910	45
牡丹区皇镇乡	4200	18	37633	1857	31437	10980	16
曹县曹城街道办事处	2422	6	89021	87469	6837	5189	37
曹县磐石街道办事处	4620	27	73772	72851	15171	11047	56
曹县青菏街道办事处	6916	52	54210	48680	22950	13558	178
曹县庄寨镇	6434	32	67282	43000	24656	20696	316
曹县普连集镇	7531	21	66050	3920	21446	17455	32
曹县青固集镇	14096	77	100508	22208	55417	29939	55
曹县桃源集镇	8044	71	65044	6510	34165	20105	59
曹县韩集镇	7644	49	51278	6621	30931	4354	32
曹县砖庙镇	5967	39	36815	3920	18484	5760	21
曹县古营集镇	11756	71	57652	9810	33656	20091	62
曹县魏湾镇	11416	61	72156	7200	41100	26154	29
曹县侯集回族镇	5752	33	34260	10079	26403	11345	26
曹县苏集镇	11734	72	70120	6990	47677	16027	29
曹县孙老家镇	5978	46	53216	8515	25398	6596	33
曹县阎店楼镇	7553	55	52750	4980	33213	18607	30
曹县梁堤头镇	6833	36	40580	4600	24111	16587	29
曹县安才楼镇	9442	48	58106	5030	28105	14967	44
曹县曹县邵庄镇	8221	42	57806	3270	19771	12535	32
曹县曹县王集镇	4796	25	35820	3490	16346	12935	45
曹县青岗集镇	9341	60	58000	4038	35703	32074	32
曹县郑庄镇	8709	49	54945	4633	27985	7572	68
曹县曹县倪集镇	4924	35	31560	3210	23830	15575	50
曹县曹县常乐集乡	6149	36	40100	3711	27979	8476	27
曹县曹县楼庄乡	4494	34	28565	4994	18671	9444	41
曹县曹县大集乡	4521	33	43890	5580	29195	9066	55
曹县曹县朱洪庙乡	5404	26	33072	6189	18795	8997	16
曹县曹县仵楼乡	6004	19	30998	6430	20794	10938	22
单县北城街道办事处	3113	11	46238	14639	16571	10542	68
单县南城街道办事处	3593	13	85200	32800	47848	45900	69
单县园艺街道办事处	3585	7	18820	3425	16500	8230	68
单县东城街道办事处	5289	14	26789	705	18790	9857	26

乡镇基本情况

计算单位:公顷、个、人

名　　称	行政区域面积	村民委员会	常住人口	城镇建成区总人口	从业人员	二三产业从业人员	工业企业单位
单县郭村镇	9741	30	69936	14063	46964	34697	33
单县黄岗镇	12217	39	85238	10300	47547	25296	46
单县终兴镇	12106	39	80926	10896	47712	19040	25
单县高韦庄镇	6363	19	43369	5389	33999	13129	13
单县徐寨镇	9858	31	66158	5309	39917	10742	25
单县蔡堂镇	8478	26	55380	5391	25193	9413	56
单县朱集镇	5355	18	26000	2345	18000	6935	34
单县李新庄镇	6836	20	36685	10219	19199	5937	14
单县浮岗镇	11411	31	59786	10128	32026	23460	27
单县莱河镇	7937	20	50311	2236	22034	14039	25
单县时楼镇	6440	21	45932	3287	22637	11741	21
单县杨楼镇	8691	25	53164	3923	48786	8892	27
单县张集镇	7910	25	51578	3526	31341	19185	36
单县龙王庙镇	8590	24	44513	4129	30006	9247	38
单县谢集镇	8746	25	51295	12215	47588	18638	38
单县李田楼镇	8840	24	50400	8319	36325	15615	17
单县高老家乡	9708	29	58970	3427	36970	19279	27
单县曹庄乡	5392	11	33283	5962	22096	6270	26
成武县文亭街道办事处	3704	19	52520	23854	25037	18562	20
成武县永昌街道办事处	5255	26	68000	22750	48880	25150	175
成武县大田集镇	10710	63	71643	22600	42781	10983	213
成武县天宫庙镇	7943	31	38920	10400	22067	7343	29
成武县汶上集镇	10412	63	72946	27385	37724	23428	102
成武县南鲁集镇	6522	29	49072	6557	32411	9515	156
成武县伯乐集镇	7793	44	55004	2435	19383	8921	62
成武县苟村集镇	6452	27	35738	5552	24846	7077	40
成武县白浮图镇	8539	30	45708	3972	12390	2460	15
成武县孙寺镇	8903	37	53892	15265	24241	12608	688
成武县九女集镇	10501	51	62265	10297	28147	15482	786
成武县党集镇	6294	26	32798	7100	16709	5213	101
成武县张楼镇	5802	29	35463	9140	11288	4051	23
巨野县凤凰街道办事处	6840	23	46772	37905	38924	32849	101
巨野县永丰街道办事处	4076	49	91822	34657	35849	28160	108
巨野县龙固镇	8380	58	57123	34944	37695	22371	96
巨野县大义镇	11800	68	68319	13910	22694	12564	72
巨野县柳林镇	11109	49	56953	8456	24238	13348	36
巨野县章缝镇	6000	49	39234	7906	17222	7137	46
巨野县大谢集镇	6800	74	52178	10981	24287	9989	40
巨野县独山镇	9911	60	58611	13475	12954	5925	46
巨野县麒麟镇	9510	73	55123	8575	17772	12910	88
巨野县核桃园镇	3803	27	25804	4347	14282	6452	24
巨野县田庄镇	7200	49	46459	5610	23683	13648	65
巨野县太平镇	7300	38	43676	26379	22962	10705	75
巨野县万丰镇	8900	69	62881	5873	24071	9305	26
巨野县陶庙镇	6202	41	34565	5775	16518	5676	35
巨野县董官屯镇	10804	66	56901	1988	31642	14105	167
巨野县田桥镇	6101	29	36751	12481	23507	15157	68
巨野县营里镇	6064	54	35892	2411	20006	9860	42
郓城县郓州街道办事处	6194	26	69560	56917	47514	42260	328
郓城县唐塔街道办事处	5851	40	71920	56401	40974	34243	119

乡镇基本情况

计算单位：公顷、个、人

名称	行政区域面积	村民委员会	常住人口	城镇建成区总人口	从业人员	二三产业从业人员	工业企业单位
郓城县黄安镇	7802	47	56723	12150	25160	14058	272
郓城县杨庄集镇	9409	63	54204	10410	27282	19250	45
郓城县侯咽集镇	10516	69	62243	10324	29038	15150	93
郓城县武安镇	9028	62	56497	9890	30694	22142	85
郓城县郭屯镇	5648	22	33568	7572	17460	11588	47
郓城县丁里长镇	5371	32	39012	10742	25235	15853	72
郓城县玉皇庙镇	8707	60	50732	5623	26942	19184	105
郓城县程屯镇	8956	56	50675	5478	24856	14597	34
郓城县随官屯镇	9100	46	48310	21325	24252	12036	67
郓城县张营镇	7843	40	51696	11235	28128	17581	117
郓城县潘渡镇	7932	59	50512	9048	28405	15096	83
郓城县双桥镇	9567	60	53250	6175	23414	8523	95
郓城县南赵楼镇	5829	34	35081	10288	15818	9406	65
郓城县黄堆集镇	5705	35	36313	12255	24861	21600	53
郓城县唐庙镇	7555	54	47105	6876	20764	13332	93
郓城县黄集乡	7605	49	46568	5950	20334	8011	63
郓城县李集乡	8952	54	48380	9572	22940	9572	39
郓城县张鲁集乡	7018	48	41070	4126	22787	14817	49
郓城县水堡乡	3750	27	24296	3120	11241	4059	9
郓城县陈坡乡	4986	34	27950	4510	17526	7863	27
鄄城县陈王街道办事处	3555	17	29869	5400	16458	5755	181
鄄城县古泉街道办事处	5400	39	92972	9867	26161	14086	198
鄄城县什集镇	7640	21	68500	3846	17614	7754	43
鄄城县红船镇	4860	25	35793	10258	16422	7194	44
鄄城县旧城镇	9750	36	72353	13156	29014	13757	128
鄄城县闫什镇	6833	30	57005	1869	28272	11377	48
鄄城县箕山镇	7100	27	57058	10258	27662	11194	28
鄄城县李进士堂镇	4600	16	30743	10153	16900	7500	48
鄄城县董口镇	8300	33	67509	18390	29929	11312	36
鄄城县临濮镇	5600	24	40514	6746	14741	8400	50
鄄城县彭楼镇	7900	44	64781	5636	26485	14354	27
鄄城县凤凰镇	5000	20	36859	5636	15444	11175	52
鄄城县郑营镇	6390	24	46291	18360	28123	10321	93
鄄城县大埝镇	4355	21	36016	7234	18632	6439	48
鄄城县引马镇	4454	18	34904	2800	16154	3505	20
鄄城县左营乡	7900	23	49046	10680	23842	8537	24
鄄城县富春乡	4574	17	40254	6360	22764	11119	101
定陶县天中街道办事处	4760	18	50252	38435	12552	7562	54
定陶县滨河街道办事处	4980	23	54297	31763	18413	11560	88
定陶县陈集镇	8260	26	52858	21100	33432	19840	60
定陶县冉固镇	12670	51	73086	21080	38979	16371	54
定陶县张湾镇	6290	22	44177	11200	29802	11912	26
定陶县黄店镇	10290	50	62762	3276	47320	13290	45
定陶县孟海镇	6310	21	35805	11920	19405	7555	25
定陶县马集镇	6970	39	45913	3542	23940	6585	22
定陶县仿山镇	7550	48	45736	4170	35166	13011	40
定陶县半堤镇	6320	27	34885	3160	34694	12884	25
定陶县杜堂镇	4750	16	26864	5240	15853	3444	20
定陶县南王店乡	5340	18	27272	2800	18841	9440	18
东明县城关街道办事处	6410	27	112367	110938	23810	19245	115

乡镇基本情况

计算单位：公顷、个、人

名　　称	行政区域面积	村民委员会	常住人口	城镇建成区总人口	从业人员	二三产业从业人员	工业企业单位
东明县鱼沃街道办事处	6900	23	36284	30060	16669	8651	32
东明县东明集镇	10800	34	56472	19275	23849	9543	262
东明县刘楼镇	8490	30	48344	16504	22122	11606	120
东明县陆圈镇	11680	39	83156	31863	43984	28998	96
东明县马头镇	9240	18	36736	16995	23413	10791	35
东明县三春集镇	7100	23	33879	12942	17726	5210	17
东明县大屯镇	8700	25	37342	15129	18274	7924	53
东明县武胜桥镇	7200	27	47562	24495	22998	12912	96
东明县菜园集镇	9800	34	41347	12256	24608	18086	102
东明县沙窝镇	14950	29	68750	13597	19479	6009	32
东明县小井乡	10310	22	47566	4912	19820	7300	8
东明县长兴集乡	13300	37	60750	2681	16119	3208	27
东明县焦园乡	11270	32	45688	2503	14590	3643	23
河南省							
中原区石佛镇	1192	17	46550	1725	22070	12210	320
中原区沟赵乡	5670	22	59200		31790	17900	112
二七区马寨镇	3040	4	60101	8542	20817	17942	335
二七区侯寨乡	8120	10	88652		41285	31928	215
管城回族区十八里河镇	2856	12	34080	5574	25560	19648	36
管城回族区南曹乡	5000	14	43639		20588	12749	428
管城回族区圃田乡	600	3	15130		6916	5850	
上街区峡窝镇	4685	23	43858	37250	35761	31196	1200
惠济区花园口镇	5385	8	22756	5325	13187	8354	80
惠济区古荥镇	7800	10	26060	13280	21810	18310	98
中牟县青年路街道办事处	1640	8	79350		16240	6380	28
中牟县东风路街道办事处	2023	8	46194		18105	15745	67
中牟县广惠街街道办事处	3970	12	32990	32899	16121	8413	33
中牟县韩寺镇	5030	22	38820	4322	20886	2992	3
中牟县官渡镇	12250	44	64274	3560	33700	11020	12
中牟县狼城岗镇	13200	15	37983	3198	25100	5888	3
中牟县万滩镇	10492	21	33775	4910	16162	4380	20
中牟县白沙镇	6627	20	40981	21782	29620	27610	293
中牟县郑庵镇	8833	27	31812	6102	18616	6580	19
中牟县张庄镇	3653	7	19956	6150	15480	8380	9
中牟县黄店镇	8044	32	42772	3065	25955	9723	18
中牟县大孟镇	10590	32	46829	8991	32830	3632	15
中牟县九龙镇	6740	19	28320		9300	2500	265
中牟县刘集镇	8754	30	57679	52447	28531	9095	17
中牟县八岗镇	4990	17	34508	2383	22017	10784	100
中牟县雁鸣湖镇	9510	19	23679	385	17359	2624	7
中牟县姚家镇	8710	22	29737	6945	20020	4630	49
中牟县三官庙镇	9215	46	58826		44047	9597	45
中牟县刁家乡	8240	28	31218	7695	19874	6874	4
巩义市新华路街道办事处	330		51482	51482	16735	16735	
巩义市杜甫路街道办事处	1500	4	50636	39883	24919	24086	84
巩义市永安路街道办事处	490	2	3865	3120	3090	2705	139
巩义市孝义街道办事处	2250	10	55330	54130	14470	11430	129
巩义市紫荆路街道办事处	1200	4	27340	8760	6177	4502	18
巩义市米河镇	5200	19	46341	32210	30325	24320	555
巩义市新中镇	5330	15	18012	10156	8618	5760	420

乡镇基本情况

计算单位：公顷、个、人

名　　称	行政区域面积	村民委员会	常住人口	城镇建成区总人口	从业人员	二三产业从业人员	工业企业单位
巩义市小关镇	6000	13	32084	16800	19296	7671	96
巩义市竹林镇	1900		14689	13276	7932	7698	69
巩义市大峪沟镇	9326	22	36734	14730	14581	11944	1458
巩义市河洛镇	11584	23	30798	6188	20074	10185	73
巩义市站街镇	3330	20	37256	4528	11472	7460	97
巩义市康店镇	9320	22	46359	29779	22681	16106	87
巩义市北山口镇	5600	13	37002	12240	18972	17905	256
巩义市西村镇	7361	16	60232	12520	26304	21064	166
巩义市芝田镇	4600	14	45062	29870	23852	17015	165
巩义市回郭镇	5000	21	111220	81595	97490	58540	2460
巩义市鲁庄镇	9115	29	63251	7380	32783	26196	1132
巩义市夹津口镇	5130	13	24115	11720	18863	16664	137
巩义市涉村镇	10300	29	39854	12449	14672	14076	979
荥阳市索河街道办事处	992	4	47000		29000	27000	30
荥阳市京城路街道办事处	1575	8	86904	85530	52377	49690	230
荥阳市乔楼镇	7162	18	41300	16143	24811	22743	1236
荥阳市豫龙镇	6172	28	38618	36500	38618	36725	1438
荥阳市广武镇	15465	43	78302	40543	56083	54046	876
荥阳市王村镇	9103	24	55703	7924	36271	32671	925
荥阳市汜水镇	5820	14	22537	14850	22537	18293	1580
荥阳市高山镇	6150	19	25030	6859	21598	21160	1135
荥阳市刘河镇	5615	21	26915	8013	14331	12631	288
荥阳市崔庙镇	8515	22	39712	29120	34190	27760	877
荥阳市贾峪镇	8370	26	36940	28591	31275	27935	940
荥阳市城关乡	5427	29	39251		27893	14162	1073
荥阳市高村乡	9862	30	49620		29390	28550	2280
荥阳市金寨回族乡	553	2	6848		2737	1870	247
新密市青屏街街道办事处	1090		98130		58478	57398	20
新密市新华路街道办事处	1300	4	50701		33207	31639	78
新密市西大街街道办事处	2150	7	25314		11005	9040	66
新密市城关镇	2430	10	28953	12464	15385	11841	112
新密市米村镇	5800	21	35656	12780	17395	15483	67
新密市牛店镇	7600	21	48570	19382	27228	24404	80
新密市平陌镇	6050	20	36581	5168	22418	17938	71
新密市超化镇	7860	24	60915	33010	40250	34030	260
新密市苟堂镇	8930	24	46609	12600	29362	26764	127
新密市大隗镇	5880	25	54396	32119	27559	24996	97
新密市刘寨镇	6100	20	48681	14891	27952	25636	94
新密市白寨镇	9200	23	64709	8820	23113	19968	115
新密市岳村镇	6200	22	35685	19260	24947	20964	100
新密市来集镇	6300	21	43935	21876	29358	25976	200
新密市曲梁镇	10200	29	61347	15426	35228	33783	154
新密市袁庄乡	5300	20	23257		13931	10901	85
新郑市新建路街道办事处	560		34200	33850	21205	21205	13
新郑市新华路街道办事处	1260		52497	38956	31891	31891	32
新郑市新烟街道办事处	230		23966	23966	9212	9092	21
新郑市新村镇	7112	22	28563	22206	23510	23057	228
新郑市辛店镇	8600	36	58446	27890	51670	44570	175
新郑市观音寺镇	6300	21	46770	12955	27439	19420	125
新郑市梨河镇	4287	24	29967	9614	25434	21555	262

乡镇基本情况

计算单位:公顷、个、人

名　　称	行政区域面积	村民委员会	常住人口	城镇建成区总人口	从业人员	二三产业从业人员	工业企业单位
新郑市和庄镇	5275	19	28747	19800	22221	20212	206
新郑市薛店镇	5600	20	35873	19930	28486	17880	100
新郑市孟庄镇	8300	23	39844	16440	22632	11316	56
新郑市郭店镇	7700	32	62547	6728	33538	24390	247
新郑市龙湖镇	9600	28	57497	33453	51956	46611	456
新郑市城关乡	4004	14	29096		25287	18874	260
新郑市八千乡	6697	27	42907	11407	32475	16810	286
新郑市龙王乡	3210	13	25834		16904	15560	7
登封市嵩阳街道办事处	2778	2	110850		38678	36918	7
登封市少林街道办事处	5000	7	17485		6123	4913	8
登封市中岳街道办事处	5000	7	25986		14760	9780	32
登封市大金店镇	9600	34	62889	15280	51925	31769	667
登封市颖阳镇	10837	25	48950	16217	22154	15809	7
登封市卢店镇	3800	18	9798	9203	9717	8312	473
登封市告成镇	7100	24	49963	10419	42971	29631	493
登封市阳城区镇	1500	6	11463	1099	8913	6044	57
登封市大冶镇	14517	34	56322	23000	51459	46801	2145
登封市宣化镇	5867	16	24642	8916	16254	13129	33
登封市徐庄镇	7200	14	28456	12368	19996	14780	35
登封市东华镇	9000	23	60857	9648	32392	22749	283
登封市白坪乡	3900	12	9722		9713	8700	117
登封市君召乡	11900	21	39579		35830	12820	26
登封市石道乡	9200	25	40711		28686	13345	38
登封市唐庄乡	11000	27	40983		26798	10515	89
龙亭区北郊乡	3400		40296		15126	10000	121
龙亭区柳园口乡	5300		36513		11712	6830	44
顺河回族区东郊乡	4070		37450		25074	17622	121
顺河回族区土柏岗乡	2956		20525		13023	4228	112
禹王台区南郊乡	2100	20	23350		18315	9775	185
禹王台区汪屯乡	3400	12	23420		16838	9833	49
金明区杏花营镇	6441	13	23785	5600	12370	4385	62
金明区西郊乡	3791	9	31430	14820	23379	21836	61
金明区水稻乡	8493	16	30728		17133	7922	27
杞县城关镇	1840		76281		12151	8459	65
杞县五里河镇	5600	35	66041		28816	24292	97
杞县傅集镇	6672	40	57640	7400	40420	35048	39
杞县圉镇镇	7434	32	69825	19000	28887	24447	42
杞县高阳镇	7092	33	67807	14150	48436	40725	60
杞县葛岗镇	7912	35	68644	5604	34849	29059	37
杞县阳堌镇	6299	33	55672	11180	31449	26649	48
杞县邢口镇	5543	25	48158	7500	28025	23826	49
杞县裴村店乡	8750	29	56261	5059	39504	33240	66
杞县宗店乡	4650	15	33639	6830	18022	15288	71
杞县板木乡	5150	24	39105	5700	24766	21186	43
杞县竹林乡	4200	16	37525	4675	18205	15486	38
杞县官庄乡	5830	26	45236	2800	25343	21366	40
杞县湖岗乡	4630	20	40022	7450	15186	12857	38
杞县苏木乡	4850	30	51182	4501	34930	29561	45
杞县沙沃乡	4470	26	48961	10685	25975	22010	49
杞县平城乡	7550	40	74512	8900	39351	33391	77

乡镇基本情况

计算单位:公顷、个、人

名　　称	行政区域面积	村民委员会	常住人口	城镇建成区总人口	从业人员	二三产业从业人员	工业企业单位
杞县泥沟乡	6650	34	38060	3505	26920	22920	65
杞县柿园乡	6810	33	69755	2120	39246	33441	62
杞县西寨乡	7960	32	50137	4905	23464	20274	53
杞县城郊乡	3270	15	37173		20610	17487	31
通许县城关镇	4370	16	37738	12072	19747	13216	203
通许县竖岗镇	6340	26	45522	10206	29362	16936	112
通许县玉皇庙镇	7999	32	56923	12956	31386	7478	66
通许县四所楼镇	7299	28	58593	11898	35615	7278	124
通许县朱砂镇	8485	36	64037	12368	45872	18593	124
通许县长智镇	6309	22	44304	7470	32951	7730	109
通许县冯庄乡	5540	22	34203	6796	23913	8979	97
通许县孙营乡	7364	31	41088		33781	6389	95
通许县大岗李乡	7125	24	47359		34787	6471	119
通许县邸阁乡	5576	22	39548		25012	8146	102
通许县练城乡	5161	24	40477		29661	6230	86
通许县厉庄乡	5107	23	38640		23541	7651	123
尉氏县城关镇	1646	7	67239	67239	20784	19574	2018
尉氏县洧川镇	6570	37	64814	22000	14285	13425	227
尉氏县朱曲镇	5900	32	59185	23477	37754	26192	142
尉氏县蔡庄镇	6539	41	66135	23477	12793	11460	315
尉氏县永兴镇	10603	35	80558	15500	45217	25887	203
尉氏县张市镇	7393	25	56642	17000	30129	22808	110
尉氏县十八里镇	8021	35	68026	30455	12022	6222	208
尉氏县水坡镇	8401	34	66237	9152	39592	14842	84
尉氏县大营镇	9719	32	55320	3460	14167	12766	86
尉氏县邢庄乡	8874	29	58765	4400	26687	19867	208
尉氏县庄头乡	11622	35	58111	7600	36554	12894	112
尉氏县大马乡	9009	26	50086	3022	27909	17034	156
尉氏县岗李乡	9754	38	68187	7550	34168	19637	107
尉氏县门楼任乡	6104	26	43975	4932	21147	13347	334
尉氏县大桥乡	6528	30	58079	4380	28209	17419	256
尉氏县南曹乡	8436	34	64567	5620	28721	27199	195
尉氏县小陈乡	4578	20	33212	3200	21843	6535	75
开封县城关镇	1141	4	44774	44774	29814	26814	59
开封县陈留镇	6834	28	64596	27600	38480	17100	378
开封县仇楼镇	7370	32	63684	8650	46205	24205	241
开封县八里湾镇	8340	23	59461	5865	40855	31855	243
开封县曲兴镇	6511	16	39851	7210	22486	19494	201
开封县朱仙镇	6998	15	37502	13580	21043	10043	88
开封县半坡店乡	8987	24	57804	7012	42773	18828	120
开封县罗王乡	8265	24	58524	2453	24741	11721	172
开封县刘店乡	7469	22	42055	7360	23352	8352	39
开封县袁坊乡	8282	19	44117	10310	25779	15779	95
开封县杜良乡	10318	30	67816	2270	19018	7018	29
开封县兴隆乡	5733	17	47231	3102	20536	13536	107
开封县西姜寨乡	13255	31	67069	2300	50390	27390	54
开封县万隆乡	14742	28	60139	1902	30341	18341	98
开封县范村乡	12448	22	43095	3096	25042	11042	75
兰考县城关镇	1285		83839	81836	64822	61953	249
兰考县堌阳镇	6658	48	78135	32000	56347	46247	180

乡镇基本情况

计算单位:公顷、个、人

名　　称	行政区域面积	村民委员会	常住人口	城镇建成区总人口	从业人员	二三产业从业人员	工业企业单位
兰考县南彰镇	7465	33	63578	14002	44947	28496	151
兰考县张君墓镇	12543	51	86137	25460	61868	35866	216
兰考县红庙镇	6373	27	50286	13880	38177	33497	102
兰考县城关乡	11206	17	59865	10352	46394	41722	182
兰考县三义寨乡	9480	40	56110	7860	36606	26224	86
兰考县东坝头乡	7744	15	38155	4856	29061	23299	172
兰考县爪营乡	3789	15	44817	15665	29340	17380	129
兰考县谷营乡	7161	26	48669	16209	32710	29605	153
兰考县小宋乡	7429	38	55457	4090	35702	25090	165
兰考县孟寨乡	3767	19	29412	4025	17358	10230	177
兰考县许河乡	4275	24	28968	3070	20221	15999	170
兰考县葡萄架乡	4992	20	32964	3930	22688	14582	105
兰考县阎楼乡	3804	24	34842	1485	25412	20647	213
兰考县仪封乡	11872	34	55620	5500	32093	29603	125
瀍河回族区瀍河回族乡	2044		35891	35650	26754	9754	65
吉利区吉利乡	8000	28	36070		33327	10868	125
洛龙区龙门镇	2158	6	31931	7342	15274	12606	37
洛龙区安乐镇	2180	16	51164	20960	27499	21450	99
洛龙区白马寺镇	2549	14	26180	5530	15720	9130	55
洛龙区李楼镇	3682	26	55510	5400	30561	16300	88
洛龙区丰李镇	3354	16	41227	7548	20131	14566	46
洛龙区诸葛镇	6042	9	51411	21865	39564	33962	108
洛龙区李村镇	8345	11	71904	17237	47550	37292	158
洛龙区庞村镇	3290	14	35978	21738	22125	18575	177
洛龙区寇店镇	6410	21	33854	9205	20088	14799	81
洛龙区佃庄镇	3870	19	37253	5985	33002	27365	54
孟津县城关镇	7850	18	78436	54000	59941	51198	215
孟津县会盟镇	12860	20	52538	19525	41651	25876	68
孟津县平乐镇	6380	20	47827	12150	23517	16833	67
孟津县送庄镇	4330	17	27550	13078	21509	14459	34
孟津县白鹤镇	11740	31	52637	29974	37166	27846	80
孟津县朝阳镇	6710	27	43443	16040	37774	25078	81
孟津县小浪底镇	11107	27	36900	13880	31360	21200	156
孟津县麻屯镇	5200	25	36234	24768	30636	23597	130
孟津县横水镇	5550	17	37932	11580	21034	5478	60
孟津县常袋镇	4170	19	27843	9029	21375	12985	60
新安县城关镇	7640	12	98546	51680	41121	28685	95
新安县石寺镇	6270	10	43613	5518	25239	14377	153
新安县五头镇	8950	26	56077	8411	39207	9685	85
新安县磁涧镇	10791	27	46732	7665	30977	24436	95
新安县铁门镇	11644	24	55612	12470	35205	17375	240
新安县南李村镇	10744	30	35462	2100	18186	5815	79
新安县北冶镇	14161	31	44998	7100	25540	14396	130
新安县仓头镇	11657	20	27270	5910	16805	9544	40
新安县正村镇	5746	20	39128	3098	20535	6787	76
新安县石井镇	19470	28	30081	5812	19065	4229	26
新安县曹村乡	13927	22	20304	2635	10688	4161	40
栾川县城关镇	700	2	41032	36929	23644	23368	3
栾川县赤土店镇	15200	10	13386	7100	8775	5431	52
栾川县合峪镇	22300	21	21756	8820	13522	9045	60

乡镇基本情况

计算单位:公顷、个、人

名　　称	行政区域面积	村民委员会	常住人口	城镇建成区总人口	从业人员	二三产业从业人员	工业企业单位
栾川县潭头镇	20100	26	35966	14420	20834	13260	25
栾川县三川镇	9100	11	25454	7993	14467	8082	22
栾川县冷水镇	4400	7	17906	7633	10757	8114	27
栾川县陶湾镇	23100	19	32684	12900	21014	10853	58
栾川县石庙镇	9600	10	19453	7832	11950	9080	26
栾川县庙子镇	37600	29	33041	7702	21906	13500	53
栾川县狮子庙镇	16800	21	20140	4920	12044	7365	32
栾川县白土镇	12300	12	14971	5866	9437	5376	18
栾川县叫河镇	15300	15	20396	6271	9267	5253	14
栾川县栾川乡	18900	15	34607		22087	16892	41
栾川县秋扒乡	13100	9	10579		6818	1151	11
嵩县城关镇	10080	18	72540	13650	23780	11932	36
嵩县田湖镇	12300	31	69982	4900	52786	30150	33
嵩县旧县镇	14920	13	28419	5760	16836	4240	28
嵩县车村镇	55340	26	53580	24610	28035	7420	100
嵩县闫庄镇	13070	21	39376	5300	26913	6645	3
嵩县德亭镇	32100	24	41776	4358	26534	9118	30
嵩县大章镇	26180	17	32648	5390	21689	9574	42
嵩县白河镇	30960	12	13275	6263	9024	3894	10
嵩县纸房镇	18420	17	35073	5950	16820	5000	21
嵩县饭坡镇	8740	17	25674	3564	16123	7100	7
嵩县大坪乡	11690	18	31177		20974	8371	3
嵩县库区乡	7230	26	34142		20766	8366	4
嵩县何村乡	9280	16	28200		12525	4802	1
嵩县九店乡	9390	17	24675		12159	6730	8
嵩县黄庄乡	18480	26	26459		12861	7397	5
嵩县木植街乡	22710	15	12523		9394	3330	9
汝阳县城关镇	9237	11	42346	28789	21929	12116	67
汝阳县上店镇	5167	15	40252	13536	26538	13342	62
汝阳县付店镇	22160	14	13975	3650	11723	6835	50
汝阳县小店镇	7275	20	47159	13365	31603	18045	64
汝阳县三屯镇	14009	24	38988	4928	24467	13369	37
汝阳县刘店镇	7635	12	32442	4539	21498	14019	27
汝阳县内埠镇	3609	12	26571	11709	17108	8613	49
汝阳县陶营镇	5783	14	37523	5315	22850	13735	26
汝阳县柏树乡	7025	13	25326		17701	4200	22
汝阳县十八盘乡	11171	16	20646		14516	5841	25
汝阳县靳村乡	12838	11	12693		7140	1400	19
汝阳县王坪乡	15604	12	12427		8247	2882	24
汝阳县蔡店乡	7961	27	51478		33944	5630	60
宜阳县城关镇	1246	6	74840	14947	23899	22174	32
宜阳县柳泉镇	12107	29	62038	17028	38637	21885	84
宜阳县韩城镇	8274	25	40491	23283	30164	7064	23
宜阳县白杨镇	7922	25	42380	17829	22518	13978	23
宜阳县香鹿山镇	12248	27	57790	6403	42952	28771	153
宜阳县锦屏镇	9001	23	50438	3620	25978	14319	61
宜阳县三乡镇	6775	27	36971	9321	30995	28087	26
宜阳县张坞镇	11512	25	35113	2362	35104	9846	28
宜阳县莲庄镇	7639	17	33312	3997	16935	7348	33
宜阳县赵保镇	13172	23	29390	9708	19803	13859	31

乡镇基本情况

计算单位:公顷、个、人

名称	行政区域面积	村民委员会	常住人口	城镇建成区总人口	从业人员	二三产业从业人员	工业企业单位
宜阳县樊村镇	5959	15	27291	5202	26720	9288	20
宜阳县盐镇乡	17043	36	71574		43507	13164	6
宜阳县高村乡	14865	39	43586		26247	6297	10
宜阳县花果山乡	9773	8	4120		3172	957	9
宜阳县上观乡	14292	8	6663		4613	2700	4
宜阳县董王庄乡	9130	20	29312		19543	14620	6
洛宁县城关镇	850	1	41277	33608	25967	24612	22
洛宁县王范回族镇	1500	3	28696	26418	15466	8188	20
洛宁县上戈镇	21090	18	15456	2292	10332	6045	7
洛宁县下峪镇	20600	19	16012	2452	10724	5748	21
洛宁县河底镇	13370	35	41360	4626	26673	7462	18
洛宁县兴华镇	16870	25	16884	3885	11661	3999	10
洛宁县东宋镇	15060	37	38252	1945	26746	12631	10
洛宁县马店镇	12460	24	20776	5276	16598	5333	28
洛宁县故县镇	14150	12	6621	1920	4822	2224	6
洛宁县赵村镇	13880	34	43414	4948	28893	13270	13
洛宁县城郊乡	5660	21	37169		26418	20187	29
洛宁县小界乡	18230	32	26677		17988	5674	6
洛宁县长水乡	12140	13	13234		9006	5539	8
洛宁县罗岭乡	15150	14	8876		6215	2488	3
洛宁县底张乡	13680	29	19150		13356	9035	22
洛宁县西山底乡	7990	19	17880		13470	4860	24
洛宁县陈吴乡	16170	28	30583		22408	9503	28
洛宁县涧口乡	12670	20	22660		14423	6773	10
伊川县城关镇	8529	28	60486	35560	41705	22669	156
伊川县鸣皋镇	9400	39	62235	17227	38083	22148	111
伊川县水寨镇	4200	11	27123	8215	13961	6303	54
伊川县彭婆镇	10153	34	63200	11582	36536	19727	238
伊川县白沙镇	13300	26	74034	8581	45034	18510	69
伊川县江左镇	9300	35	51116	7384	30304	4939	14
伊川县高山镇	7300	23	45545	10065	31924	14475	49
伊川县吕店镇	12400	38	61789	2745	38936	26823	56
伊川县半坡镇	4900	12	17063	2023	9988	7116	32
伊川县鸦岭乡	15000	41	65707		39794	19094	19
伊川县平等乡	5700	16	47530		28603	13723	103
伊川县酒后乡	8200	27	37310		22561	7462	17
伊川县葛寨乡	7600	19	38310		23929	8061	14
伊川县白元乡	7800	20	52981		31843	15604	53
偃师市商城街道办事处	4720	6	57645	10992	39141	37337	890
偃师市首阳山街道办事处	5422	24	46621	27888	31050	24790	638
偃师市翟镇	3181	19	38377	25466	23292	21631	105
偃师市岳滩镇	2928	18	40883	23120	27592	22322	470
偃师市顾县镇	4320	15	59985	27810	34764	24695	280
偃师市缑氏镇	8040	24	65578	12100	36811	30345	62
偃师市府店镇	12756	29	57988	11480	43038	32602	338
偃师市高龙镇	3777	16	34740	14782	20253	16465	438
偃师市山化镇	6918	17	49023	4931	34274	17612	653
偃师市邙岭镇	5931	14	34795		20838	12821	274
偃师市大口镇	8856	28	42904		17971	11483	733
新华区焦店镇	6100	28	27684	1130	23516	13920	68

乡镇基本情况

计算单位:公顷、个、人

名　　称	行政区域面积	村民委员会	常住人口	城镇建成区总人口	从业人员	二三产业从业人员	工业企业单位
新华区滍阳镇	3200	18	29534	2265	18719	5752	13
湛河区北渡镇	5600	21	38682	6956	24789	11426	170
湛河区曹镇乡	6396	35	50689		16178	4922	156
宝丰县铁路街道办事处	200		6541		81	81	
宝丰县城关镇	1150		47412	47412	46206	42012	271
宝丰县周庄镇	5677	24	34023	5693	26061	13029	84
宝丰县闹店镇	6150	24	38804	8737	32172	13222	49
宝丰县石桥镇	7100	28	45665	11724	31891	17802	170
宝丰县商酒务镇	6295	27	43940	11029	36158	15955	65
宝丰县大营镇	13301	56	64425	14186	39140	14581	217
宝丰县张八桥镇	7560	28	39920	4295	28550	16900	272
宝丰县杨庄镇	6200	19	42412	3955	22514	11864	90
宝丰县肖旗乡	6382	26	37123		19319	10910	76
宝丰县赵庄乡	4460	22	37161		26373	13177	44
宝丰县前营乡	4878	25	30996		21872	11385	75
宝丰县李庄乡	4220	24	28131		19602	11768	37
叶县昆阳镇	630	7	61692	54953	15271	13603	481
叶县任店镇	8500	36	62914	10522	62914	34083	333
叶县保安镇	11700	30	36536	8867	32432	14533	850
叶县仙台镇	6581	50	60641	6148	40378	32028	242
叶县遵化店镇	5200	24	34367	8365	13398	10272	966
叶县叶邑镇	9500	43	63410	9112	56159	19780	511
叶县廉村镇	8696	53	60704	8920	48223	27326	138
叶县常村镇	17800	37	34672	4600	25840	10440	1206
叶县辛店镇	14000	39	49263	2470	38424	23957	268
叶县城关乡	6865	37	56975		56975	43129	1520
叶县夏李乡	11800	31	47600	3500	31000	16370	225
叶县马庄回族乡	9894	8	11407	2569	6391	4562	21
叶县田庄乡	5900	28	42352		27052	14797	738
叶县龚店乡	6300	29	49500	1150	46744	18306	538
叶县龙泉乡	7333	35	41000		38000	13000	530
叶县水寨乡	5300	33	35073	2400	34073	14520	138
叶县洪庄杨乡	2996	24	38646	6000	28362	10102	275
叶县邓李乡	6600	32	49529	1843	36242	25546	440
鲁山县露峰街道办事处	470		31200	21900	21360	16460	720
鲁山县琴台街道办事处	1814	12	38850	38000	17900	17900	650
鲁山县鲁阳街道办事处	890	9	56701	15000	33249	29034	32
鲁山县汇源街道办事处	1280	6	21802		20719	9716	9
鲁山县下汤镇	12186	20	33180	12150	24259	22788	12
鲁山县梁洼镇	6349	13	36105	13240	28229	16919	241
鲁山县张官营镇	8325	45	59808	18000	43241	36223	100
鲁山县张良镇	8988	41	53318	36500	40006	24980	1132
鲁山县尧山镇	30500	22	21073	5000	19754	12446	12
鲁山县赵村乡	21400	29	26653		17641	14180	110
鲁山县四棵树乡	12784	12	15786		8667	4730	55
鲁山县团城乡	10114	11	14115		9032	5461	39
鲁山县熊背乡	13007	20	22481		15708	12507	136
鲁山县让河乡	8874	26	50432		38963	24593	167
鲁山县瓦屋乡	12000	19	34256		24182	20583	63
鲁山县观音寺乡	5870	11	28302		18189	17404	38

乡镇基本情况

计算单位:公顷、个、人

名　　称	行政区域面积	村民委员会	常住人口	城镇建成区总人口	从业人员	二三产业从业人员	工业企业单位
鲁山县昭平台库区乡	10200	18	25287		18833	16039	22
鲁山县背孜乡	17210	19	27216		15414	7510	22
鲁山县仓头乡	7999	19	26455		19039	7585	26
鲁山县董周乡	10100	34	49835		36573	24572	212
鲁山县张店乡	6320	16	35814		23257	12285	87
鲁山县辛集乡	9083	36	55798		38139	15623	88
鲁山县滚子营乡	10503	48	70559		53690	38115	38
鲁山县马楼乡	15090	58	89003		52077	31965	118
郏县龙山街道办事处	1800	14	87000	87000	61320	51320	12
郏县东城街道办事处	1300		17683	3819	17683	15268	64
郏县冢头镇	5300	35	58557	38700	26875	13853	922
郏县安良镇	10000	39	57318	24189	49251	22235	72
郏县堂街镇	6200	36	48059	17800	38498	22056	1216
郏县薛店镇	7400	38	64890	11130	52588	16892	690
郏县长桥镇	5000	34	52340	13757	39883	18127	709
郏县茨芭镇	10300	41	53169	13889	39463	10100	1226
郏县黄道镇	4500	13	28847	14466	17000	13477	306
郏县李口镇	5000	23	27650	7860	20299	10036	28
郏县王集乡	6500	30	42503	9337	42503	14050	745
郏县姚庄回族乡	900	6	8293	2766	5303	3895	396
郏县白庙乡	4700	24	36560	5660	32250	10250	696
郏县广阔天地乡	1400	11	14764	4730	14423	11740	386
郏县渣元乡	4100	25	33306	8517	24506	16180	769
舞钢市垭口街道办事处	875	2	19990	14410	6921	6551	72
舞钢市寺坡街道办事处	700	1	25805	25805	16729	16729	2
舞钢市朱兰街道办事处	600	1	27856	12400	12630	12630	373
舞钢市院岭街道办事处	1500	4	10878		7946	7894	21
舞钢市矿建街道办事处	570	3	5326		2096	953	16
舞钢市尚店镇	10700	31	45120	3211	29187	13728	123
舞钢市八台镇	5590	20	30023	1120	18915	10302	39
舞钢市尹集镇	10150	19	26645	6548	18407	9517	74
舞钢市枣林镇	8210	39	52987	446	31135	10045	768
舞钢市庙街乡	5630	12	15592		8994	3257	150
舞钢市铁山乡	3400	15	22914	726	15702	7579	47
舞钢市武功乡	5120	22	25313	142	25313	12331	42
舞钢市杨庄乡	13400	21	27000	830	19465	9444	276
汝州市煤山街道办事处	1510	3	54423		30649	25477	43
汝州市风穴路街道办事处	1920	3	36829		21080	5880	23
汝州市钟楼街道办事处	2120	2	37862		8807	6681	76
汝州市洗耳河街道办事处	2250	3	39509		13131	9967	47
汝州市汝南街道办事处	5850	16	38957		38857	19286	79
汝州市寄料镇	17830	34	67289	18238	46706	34063	1462
汝州市温泉镇	7600	25	52410	4628	32964	7670	20
汝州市临汝镇	9200	27	62996	26735	46954	23200	1758
汝州市小屯镇	12260	43	87995	32255	62056	45439	481
汝州市杨楼镇	6998	24	61230	16985	40564	27774	296
汝州市蟒川镇	14600	34	53203	14460	35208	26214	5553
汝州市庙下镇	8550	24	71859		65450	18087	771
汝州市米庙镇	9490	29	51217	2752	26745	7693	247
汝州市陵头镇	10700	27	46080	8500	32984	13108	470

乡镇基本情况

计算单位:公顷、个、人

名　　称	行政区域面积	村民委员会	常住人口	城镇建成区总人口	从业人员	二三产业从业人员	工业企业单位
汝州市纸坊镇	7860	36	76893	5670	53824	21529	49
汝州市大峪镇	14000	24	22347		19877	11880	19
汝州市王寨乡	7500	33	47021		26205	9434	36
汝州市骑岭乡	5068	14	43762		25274	19342	286
汝州市夏店乡	6710	20	31127		19673	10762	359
汝州市焦村乡	6970	16	26616		18631	4454	412
文峰区宝莲寺镇	4738	24	57883	15252	57883	17473	38
文峰区高庄镇	6030	27	57160	4050	30725	8310	39
殷都区西郊乡	2330	18	38521		19820	13020	201
龙安区龙泉镇	5700	33	31675	1732	16360	12660	59
龙安区马投涧镇	10200	44	51524		36060	16000	37
龙安区东风乡	4600	33	54149	12700	30700	23000	207
安阳县水冶镇	4600	17	86178	63856	54892	50940	446
安阳县铜冶镇	6000	26	36196	10980	26370	24360	225
安阳县善应镇	6600	23	29415	9798	17775	14855	50
安阳县柏庄镇	5000	36	35220	15510	24733	21867	220
安阳县白璧镇	6560	37	65892	13075	57484	28529	219
安阳县曲沟镇	2965	17	47335	18590	29946	26073	316
安阳县吕村镇	6213	40	66230	15261	34402	16172	72
安阳县伦掌镇	7027	23	37258	8806	23717	17016	190
安阳县蒋村镇	5010	24	31331	5311	20927	18403	117
安阳县崔家桥镇	5560	44	49680	3108	32330	21540	14
安阳县辛村镇	7610	43	65580	9044	41567	19694	156
安阳县韩陵镇	3640	18	30892	4850	21371	13609	112
安阳县永和镇	4725	40	47286	8563	28335	16890	160
安阳县都里镇	8700	15	26645	4800	14243	11714	103
安阳县磊口乡	5800	16	22176		15070	8770	110
安阳县许家沟乡	6000	20	35998		22991	20276	195
安阳县马家乡	6100	22	28003		19079	9884	74
安阳县安丰乡	7900	42	56810		33648	23028	38
安阳县洪河屯乡	5860	33	40018		22341	21083	168
安阳县瓦店乡	5781	30	48002		31667	16480	132
安阳县北郭乡	5300	24	47371		33563	23970	149
汤阴县城关镇	1951	16	72469	66457	49826	49158	113
汤阴县菜园镇	7658	36	51529	17591	32665	21156	45
汤阴县任固镇	8025	35	48656	15432	30234	22263	50
汤阴县五陵镇	6351	27	46871	14200	32327	23940	57
汤阴县宜沟镇	12763	56	61381	54087	46635	44912	79
汤阴县白营镇	3891	26	35032	9320	24626	23918	123
汤阴县伏道镇	7609	29	45265	5061	29956	18698	45
汤阴县韩庄镇	6569	33	40544	8400	31569	30637	128
汤阴县古贤镇	3791	21	34920	6483	23102	18564	67
汤阴县瓦岗乡	5978	19	35185	2795	20351	12692	19
滑县道口镇	1767	10	74578	51315	51644	47648	170
滑县城关镇	6690	47	70766	23988	26670	9401	20
滑县白道口镇	11912	46	70524	12208	67247	27750	143
滑县留固镇	11798	71	79506	13015	50602	25315	97
滑县上官镇	10136	57	77123	8000	59690	31690	132
滑县牛屯镇	11494	68	77829	9458	40790	20092	79
滑县万古镇	8604	42	60851	16243	40925	24555	35

乡镇基本情况

计算单位：公顷、个、人

名　　称	行政区域面积	村民委员会	常住人口	城镇建成区总人口	从业人员	二三产业从业人员	工业企业单位
滑县高平镇	7700	48	62460	4730	50665	29400	106
滑县王庄镇	7837	39	64862	10187	37376	24071	90
滑县老店镇	9761	61	78881	6500	77445	30285	65
滑县枣村乡	8304	40	44100	11000	26608	13052	44
滑县四间房乡	7100	27	44331	3200	27000	19500	94
滑县八里营乡	10667	64	73250	6452	57935	29967	59
滑县赵营乡	7200	26	42795	3600	42600	19600	60
滑县大寨乡	6707	44	52768	2300	43272	20751	48
滑县桑村乡	6750	34	41854	5510	32420	14440	38
滑县老爷庙乡	10136	58	63368	7420	41963	21951	43
滑县慈周寨乡	6321	44	55345	1500	33265	24760	76
滑县瓦岗寨乡	5612	29	40779	39000	22970	8800	85
滑县焦虎乡	8041	49	63074	6000	43085	22085	75
滑县半坡店乡	9160	47	57123	1100	46084	23919	52
滑县小铺乡	5424	33	48226	6236	39165	21899	172
内黄县城关镇	11400	44	55021	54237	53041	49316	229
内黄县东庄镇	9160	44	59232	4675	43004	27678	43
内黄县井店镇	4780	35	41547	5296	32590	22604	98
内黄县梁庄镇	10110	40	36955	6192	25609	10896	124
内黄县后河镇	12000	31	37340	5200	28591	21127	82
内黄县楚旺镇	3950	22	37968	13491	24495	14685	62
内黄县田氏镇	5380	42	50110	13312	33235	17050	46
内黄县张龙乡	4920	21	32321		21805	16692	46
内黄县马上乡	7800	36	43696		31613	18261	43
内黄县高堤乡	6110	25	34085		24276	9084	54
内黄县亳城乡	7220	28	50562		36106	18556	69
内黄县二安乡	5710	29	40089		28574	19280	78
内黄县六村乡	7200	22	29950		20203	14100	63
内黄县中召乡	5890	28	26194		17062	9650	45
内黄县宋村乡	4070	26	33200		24176	12456	48
内黄县石盘屯乡	4400	26	29680		18850	6730	46
内黄县豆公乡	4400	20	35072		24750	12036	73
林州市开元街道办事处	1100	4	39230		10147	8834	15
林州市振林街道办事处	1000	2	45000		25925	24160	1
林州市龙山街道办事处	832	2	34300		5370	3960	23
林州市桂园街道办事处	1200	3	34350		6955	6149	12
林州市合涧镇	13426	31	64029	13557	33258	25565	99
林州市临淇镇	18500	45	79856	23562	51874	25129	125
林州市东姚镇	17200	39	55021	13350	35087	23275	70
林州市横水镇	14400	50	73283	14078	56220	36823	251
林州市河顺镇	11400	39	61980	5998	46827	25852	41
林州市任村镇	18500	33	42195	9800	29291	16600	52
林州市姚村镇	10200	48	94469	28726	61226	37759	376
林州市陵阳镇	2600	13	23937	3912	16827	15890	103
林州市原康镇	13700	36	38976	13109	20434	13941	59
林州市五龙镇	19000	26	59583	4852	31071	24280	18
林州市采桑镇	8500	28	50129	5531	29856	16642	23
林州市东岗镇	13924	25	45803	6189	31307	18557	102
林州市桂林镇	9400	33	41003	8097	25945	10045	45
林州市城郊乡	13900	43	94102		53236	31908	142

乡镇基本情况

计算单位:公顷、个、人

名　　称	行政区域面积	村民委员会	常住人口	城镇建成区总人口	从业人员	二三产业从业人员	工业企业单位
林州市茶店乡	9403	23	36150		11250	6500	22
林州市石板岩乡	8900	17	9203		3911	2110	2
鹤山区鹤壁集镇	7340	32	50461	16801	30488	21803	88
鹤山区姬家山乡	5340	15	14045		5885	3450	17
山城区石林镇	8500	38	45523	3849	23465	10206	45
淇滨区大赉店镇	4875	20	24637	85	10486	5130	10
淇滨区钜桥镇	6820	35	39900	13990	22853	17323	24
淇滨区上峪乡	6400	18	8611		5223	3650	14
淇滨区大河涧乡	9700	16	13981		7322	4951	29
浚县卫溪街道办事处	4597	13	78256	32100	30157	20145	40
浚县浚州街道办事处	4597	26	51095	3100	26540	14770	26
浚县黎阳街道办事处	3061	23	58301	5850	33462	17382	88
浚县伾山街道办事处	3700	18	50320	38326	28680	16499	65
浚县善堂镇	13388	62	91150	32101	63882	32590	55
浚县屯子镇	11899	52	78912	17580	34695	18377	39
浚县新镇镇	13205	50	88735	15000	42087	21075	55
浚县小河镇	11600	62	73992	4980	43752	23040	73
浚县卫贤镇	9280	48	65100	16000	45686	21836	44
浚县王庄镇	9950	43	64531	15000	37914	22250	102
浚县白寺乡	10670	43	44035	15500	32543	16763	21
淇县朝歌街道办事处	2417	15	61000	55820	55297	50366	55
淇县桥盟街道办事处	2282	12	26450	9600	13235	8709	19
淇县卫都街道办事处	2152	10	13305	4714	8035	7525	109
淇县灵山街道办事处	4245	6	4100	640	3160	2300	1
淇县高村镇	7353	28	55234	15600	44000	14227	65
淇县北阳镇	11468	34	41562	16800	23673	13208	55
淇县西岗镇	6338	35	52625	23800	40970	36000	114
淇县庙口镇	9164	20	35978	4839	22843	10823	36
淇县黄洞乡	11325	14	11560	4100	9345	5253	11
红旗区洪门镇	3420	14	27890	4710	15118	11127	71
红旗区小店镇	3360	23	27645	9683	14712	10592	167
红旗区开发区关堤乡	4100	18	41332	35909	34217	27700	135
卫滨区平原乡	3200	26	41023	12568	22590	17645	163
凤泉区大块镇	5095	14	46081	8540	23740	20927	410
凤泉区潞王坟乡	3505	12	23524	1750	9662	5975	27
凤泉区耿黄乡	2900	12	35218	18700	12860	12060	63
牧野区王村镇	2404	19	30018	25215	23535	23030	337
牧野区牧野乡	3000	21	32532	19129	20987	18469	202
新乡县翟坡镇	4633	22	34930	26330	23691	20711	1122
新乡县小冀镇	3082	17	42357	35459	24546	24096	159
新乡县七里营镇	10813	51	82436	45191	61926	57976	1319
新乡县朗公庙镇	8045	29	55046	8769	32976	23476	365
新乡县古固寨镇	4858	15	38932	23754	21070	18540	200
新乡县大召营镇	2987	13	18180	13000	13180	11360	202
新乡县合河乡	3817	20	32207	5350	21103	18743	340
获嘉县城关镇	2315	7	89437	89437	49880	36460	137
获嘉县照镜镇	3298	17	28127	3341	13917	8511	70
获嘉县黄堤镇	4180	11	21282	3500	13202	9995	35
获嘉县中和镇	2477	14	27026	12000	17888	11870	33
获嘉县徐营镇	4198	25	30854	7390	19323	13390	36

乡镇基本情况

计算单位：公顷、个、人

名　　称	行政区域面积	村民委员会	常住人口	城镇建成区总人口	从业人员	二三产业从业人员	工业企业单位
获嘉县冯庄镇	5500	23	40345	5432	24230	10430	36
获嘉县亢村镇	5640	23	42003	4510	21788	16747	287
获嘉县史庄镇	4813	19	35325	6054	27060	9270	55
获嘉县位庄乡	3783	15	26219	3696	14183	10130	43
获嘉县大新庄乡	5700	24	39935	123	21903	10154	57
获嘉县太山乡	6146	26	41549	2000	13646	3916	75
原阳县城关镇	3700	20	50187	44712	35131	30082	455
原阳县原武镇	5724	29	22627	4537	13465	9860	52
原阳县师寨镇	7200	28	44428	1331	24366	19575	94
原阳县齐街镇	6977	42	46701	1015	46701	19367	63
原阳县太平镇	8130	47	40239	11355	37419	22167	33
原阳县福宁集镇	9946	44	42987	14360	34450	26900	125
原阳县葛埠口乡	7900	39	49989	16998	29236	22215	192
原阳县祝楼乡	8979	25	38780	1672	25939	15641	51
原阳县桥北乡	7170	21	33253		23565	17670	83
原阳县韩董庄乡	5758	28	31420	15666	22000	10137	220
原阳县蒋庄乡	7467	41	31914	106	22592	17086	53
原阳县官厂乡	9584	37	35156	120	24550	16450	40
原阳县大宾乡	6480	31	33395	4750	22413	14867	68
原阳县陡门乡	13703	44	58232	595	33077	20278	30
原阳县路寨乡	5984	34	32923	2400	27042	17167	32
原阳县阳阿乡	7147	36	31486	6060	16247	10761	75
原阳县靳堂乡	10395	38	44607	106	27609	15530	40
延津县城关镇	1650	9	69127	62917	32721	29809	139
延津县东屯镇	4992	24	33364	9850	17000	9873	58
延津县丰庄镇	4980	19	33483	3817	25632	6138	96
延津县僧固乡	5554	24	34050	6000	16901	9440	42
延津县石婆固乡	10276	40	45020	7620	23070	16102	58
延津县位邱乡	10444	44	42358	11992	29637	11855	41
延津县司寨乡	7000	28	39416	8600	23010	9090	38
延津县王楼乡	5750	35	32538	6200	15941	11410	43
延津县马庄乡	10470	38	44361	8994	23970	16158	38
延津县胙城乡	9990	22	38600	6900	28700	18800	48
延津县榆林乡	6840	18	26890	2200	21450	5250	80
延津县小潭乡	7500	39	38023	8000	21542	11435	45
封丘县城关镇	1287		69481	68000	37736	36700	82
封丘县黄陵镇	5287	30	34958	16000	21890	5000	50
封丘县黄德镇	5710	26	34300	5200	22041	7982	28
封丘县应举镇	9641	55	49000	6800	11174	8920	48
封丘县陈桥镇	10923	46	48008	6000	28783	17110	38
封丘县赵岗镇	7827	39	55586	6500	27058	23273	85
封丘县留光镇	5854	28	47500	8500	27900	9020	41
封丘县潘店镇	7311	45	52420	8600	33158	24038	43
封丘县城关乡	6984	42	53560	4700	31828	24594	46
封丘县回族乡	780	5	6322	1980	3500	1980	7
封丘县王村乡	5389	42	46990	12000	27823	15912	57
封丘县陈固乡	6378	23	41230	6700	23162	4412	37
封丘县居厢乡	5237	19	35235	8349	20189	13438	37
封丘县鲁岗乡	5296	37	38779	5235	25770	8737	26
封丘县荆宫乡	11987	38	62420	14000	35820	26690	37

乡镇基本情况

计算单位：公顷、个、人

名　　称	行政区域面积	村民委员会	常住人口	城镇建成区总人口	从业人员	二三产业从业人员	工业企业单位
封丘县曹岗乡	7926	25	33382	11000	20792	17474	18
封丘县李庄乡	8535	22	35998	2250	18800	14000	19
封丘县尹岗乡	5278	29	28970	8780	17227	15390	116
封丘县冯村乡	5147	30	40160	9210	19422	9111	41
长垣县蒲西街道办事处	2700	20	58600	52000	30171	27385	22
长垣县蒲东街道办事处	3979	30	82357	53908	32735	27729	147
长垣县南蒲街道办事处	6864	36	60122	52000	35377	28305	174
长垣县蒲北街道办事处	3923	24	23266	13360	11342	8488	16
长垣县魏庄街道办事处	6500	46	79000	34000	63960	54366	841
长垣县丁栾镇	4898	34	44340	15101	30296	21475	150
长垣县樊相镇	5506	37	46792	11990	29010	13630	189
长垣县恼里镇	9080	28	45382	12628	29262	23470	175
长垣县常村镇	6577	40	41200	5052	33038	27785	178
长垣县赵堤镇	4588	30	35550	8100	21064	16700	12
长垣县孟岗镇	3396	34	30102	4636	28617	23650	24
长垣县满村镇	4210	23	36704	3975	24981	19204	142
长垣县苗寨镇	5400	37	46300	2050	40250	34947	89
长垣县张三寨镇	4000	28	32522	1200	27000	16160	30
长垣县方里镇	4998	28	33100	1840	32092	14670	147
长垣县芦岗乡	7600	41	56171		46556	21396	98
长垣县武邱乡	8600	36	45059		22234	13949	6
长垣县佘家乡	5500	48	46660	9079	9723	1860	23
卫辉市汲水镇	2000	6	46100	37991	30641	26353	97
卫辉市太公镇	7800	32	28942	547	14682	9369	80
卫辉市孙杏村镇	4700	17	24514	3023	16206	8022	106
卫辉市后河镇	4500	33	26711	3667	21133	19687	190
卫辉市李源屯镇	6400	32	54416	10726	10777	9532	37
卫辉市唐庄镇	8100	34	40590	32706	35340	28360	230
卫辉市上乐村镇	6500	33	36451	6180	31339	8910	60
卫辉市狮豹头乡	20800	42	8000	5000	6020	1020	10
卫辉市安都乡	7900	32	37019	1240	18663	6415	18
卫辉市顿坊店乡	5800	21	31627	4502	24136	12274	39
卫辉市柳庄乡	3874	19	29477	2640	16930	9260	98
卫辉市庞寨乡	4900	13	26029	129	13120	2079	103
卫辉市城郊乡	5016	28	61050	39215	43678	37840	60
辉县市城关街道办事处	1089	4	87863	87863	56430	54230	83
辉县市胡桥街道办事处	2800	13	31004	13950	14252	8390	140
辉县市薄壁镇	19700	37	40338	10000	22000	19500	45
辉县市峪河镇	6900	33	48230	15800	23400	20200	20
辉县市百泉镇	8000	17	47833	35600	39489	30937	95
辉县市孟庄镇	3600	27	46730	28979	29188	28288	379
辉县市常村镇	9100	35	47066	10000	24053	20000	120
辉县市吴村镇	9500	42	58673	4965	35386	11950	96
辉县市南村镇	11800	25	26877	2928	12400	8600	27
辉县市南寨镇	14600	28	19460	6600	11000	9500	145
辉县市上八里镇	20450	17	18423	3087	9376	2580	25
辉县市北云门镇	5000	29	47426	6050	22439	17356	61
辉县市占城镇	5900	28	37183	2933	19707	16626	32
辉县市冀屯镇	8100	33	47469	24000	30793	26966	104
辉县市黄水乡	13000	13	11252	1275	6737	2502	23

乡镇基本情况

计算单位：公顷、个、人

名　称	行政区域面积	村民委员会	常住人口	城镇建成区总人口	从业人员	二三产业从业人员	工业企业单位
辉县市拍石头乡	13000	17	9202	991	4812	2789	14
辉县市高庄乡	9200	23	39078	5205	25073	17245	106
辉县市张村乡	10800	24	16689	7020	7610	5240	45
辉县市赵固乡	6500	30	40168	10754	22349	21699	30
辉县市西平罗乡	5300	19	18360	6000	11660	5358	14
辉县市洪洲乡	4650	7	9580	1000	8170	6720	30
辉县市沙窑乡	11800	18	11258	1500	7012	6182	10
山阳区阳庙镇	3375	15	36039	15238	16446	5978	20
山阳区宁郭镇	3600	13	23554	11401	18477	4603	50
山阳区苏家作乡	3015	14	34925		21837	6200	17
修武县城关镇	2921	29	53149	53149	17035	14808	30
修武县七贤镇	9079	27	39147	27750	15614	9416	24
修武县郇封镇	8775	36	65561	7856	33583	17153	67
修武县高村乡	4966	26	31261		16465	1320	15
修武县周庄乡	2238	11	15440		8063	3996	38
修武县五里源乡	5689	22	39558		15136	8223	42
修武县岸上乡	10300	10	3298		3298	2963	
修武县西村乡	18873	35	16851		9906	5230	22
博爱县清化镇	3420	31	98506	98236	48086	38215	312
博爱县柏山镇	2980	12	40168	9685	16599	10890	32
博爱县月山镇	2990	24	42993	30100	23865	19441	67
博爱县许良镇	2993	23	46400	17500	23059	14223	108
博爱县磨头镇	4650	34	29800	5000	18413	7234	16
博爱县孝敬镇	6000	28	47671	6360	26268	5840	30
博爱县寨豁乡	14800	24	12800		7612	1137	12
博爱县金城乡	6218	28	54142		25974	9335	24
武陟县木城街道办事处	1096	9	107945		64769	63207	10
武陟县龙源街道办事处	2926	17	53733		34022	30352	141
武陟县龙泉街道办事处	3140	9	32412		27308	20058	345
武陟县木栾街道办事处	2097	6	30037		17667	9958	68
武陟县詹店镇	8900	27	49972	28600	32232	24786	520
武陟县西陶镇	3800	22	48081	27730	31921	25728	739
武陟县谢旗营镇	6450	28	58939	18625	32835	25730	412
武陟县大封镇	8500	32	71330	26872	64120	47370	569
武陟县嘉应观乡	8750	15	41231		18420	3700	18
武陟县乔庙乡	8500	28	46932		31900	10870	68
武陟县圪当店乡	3860	18	37600		21403	6126	23
武陟县三阳乡	6400	42	52069		23492	20992	84
武陟县小董乡	5120	20	42550		21830	4920	32
武陟县大虹桥乡	8200	49	56921		35101	14040	78
武陟县北郭乡	4612	30	41531		29313	9802	35
温县温泉镇	6100	29	99080	65100	49725	41950	320
温县祥云镇	6200	33	49358	6743	31752	12700	86
温县番田镇	7400	42	51810	5450	33090	12940	182
温县黄庄镇	6600	48	55996	2957	38020	18658	133
温县武德镇	4300	27	51980	2930	27690	14790	68
温县赵堡镇	4900	22	46560	9370	28100	18470	32
温县南张羌镇	3100	15	29381	8725	21011	13327	183
温县岳村乡	2600	19	23012	1080	14175	9667	76
温县招贤乡	3000	16	23506		19343	9245	42

乡镇基本情况

计算单位:公顷、个、人

名　　称	行政区域面积	村民委员会	常住人口	城镇建成区总人口	从业人员	二三产业从业人员	工业企业单位
温县北冷乡	2000	11	22750		14499	7269	44
沁阳市覃怀街道	1133	7	30366		19571	15171	58
沁阳市怀庆街道	1516	9	31557		18805	15808	35
沁阳市太行街道	1595	8	32460		17740	16065	54
沁阳市沁园街道	2127	14	36305		26051	20946	39
沁阳市崇义镇	4766	38	33492	6464	20017	9480	43
沁阳市西向镇	9930	27	75235	32286	71495	67285	559
沁阳市西万镇	3670	12	38057	12564	25765	18109	235
沁阳市柏香镇	8730	62	61935	11023	37398	18160	240
沁阳市山王庄镇	1770	17	30155	8170	16418	11273	160
沁阳市紫陵镇	6850	13	27668	6360	18278	17057	101
沁阳市常平乡	7237	12	8400		5821	3387	11
沁阳市王召乡	6048	47	50163		31640	13515	98
沁阳市王曲乡	5770	41	40108		24700	9700	265
孟州市大定街道	2379	19	36763	21000	22360	19910	56
孟州市会昌街道	4889	21	51100		21848	15660	93
孟州市河雍街道	1545	14	22470		8720	5740	22
孟州市河阳街道	1967	17	30161		26323	21170	178
孟州市化工镇	6644	20	37473	11720	23220	18790	48
孟州市南庄镇	4656	28	42682	21326	27287	21267	198
孟州市城伯镇	3890	23	33641	3320	20815	10248	50
孟州市谷旦镇	4042	29	29135	3186	16786	7810	87
孟州市赵和镇	7911	38	37950	3910	22364	2830	77
孟州市西虢镇	7641	21	36057	4582	22384	17080	145
孟州市槐树乡	6823	44	23474		10415	3466	35
华龙区王助镇	6225	37	48760	3796	25577	14997	43
华龙区岳村乡	2700	18	27758	8500	18482	13886	39
华龙区孟轲乡	2030	15	25100		13200	8700	120
华龙区胡村乡	5419	28	25520		15669	6713	8
华龙区新习乡	7300	47	51081	1251	32131	11848	47
清丰县城关镇	2610	25	63670	63670	18995	12765	160
清丰县马庄桥镇	1648	13	14530	4963	13697	6373	108
清丰县瓦屋头镇	5785	33	43489	6820	22025	11875	114
清丰县仙庄镇	6840	38	51123	22970	50800	20202	127
清丰县柳格镇	4145	29	42336	5346	35642	21879	104
清丰县六塔乡	5126	33	40783		37076	15058	91
清丰县巩营乡	5890	33	30458		29641	16956	226
清丰县马村乡	5834	37	38692		22569	15884	72
清丰县高堡乡	5126	30	40214	4388	10498	7882	78
清丰县古城乡	5012	25	36965		20967	7776	91
清丰县大流乡	4932	31	36987		15445	7714	63
清丰县韩村乡	5130	34	37680	2860	31045	6965	89
清丰县大屯乡	4720	22	38642		29760	16140	102
清丰县固城乡	5040	24	35162		25927	17507	75
清丰县双庙乡	4535	29	37725		33992	11968	80
清丰县纸房乡	5716	35	40634		20149	11860	56
清丰县阳邵乡	6916	32	38901	2500	28969	14848	140
南乐县城关镇	3100	16	53240	37781	26223	19339	165
南乐县韩张镇	4300	27	37497	17312	25535	20514	383
南乐县元村镇	6000	18	41603	25780	33456	22931	375

乡镇基本情况

计算单位：公顷、个、人

名　　称	行政区域面积	村民委员会	常住人口	城镇建成区总人口	从业人员	二三产业从业人员	工业企业单位
南乐县福坎镇	6650	41	42985	7500	41985	21810	200
南乐县张果屯镇	5500	30	42122	1230	22873	11781	225
南乐县杨村乡	5205	37	27376		22160	16060	122
南乐县千口乡	6300	36	48613		37247	10725	126
南乐县谷金楼乡	4900	25	30858		28558	7644	92
南乐县西邵乡	4800	27	43080		42860	4210	195
南乐县寺庄乡	5800	24	44242		26645	9640	75
南乐县梁村乡	4798	21	43255		27705	11765	199
南乐县近德固乡	4897	20	35102		28451	8239	231
范县城关镇	1500	13	44508	32900	7114	4802	141
范县濮城镇	4400	51	69714	33669	51488	42910	381
范县龙王庄镇	6500	69	55275	5300	38885	23362	272
范县高码头镇	4500	51	43873	5156	39375	7225	114
范县王楼镇	3850	38	31012	9756	18364	7127	112
范县辛庄镇	6500	57	49163	8190	28474	10466	99
范县杨集乡	5600	54	47252	12000	29495	9645	63
范县陈庄乡	4520	67	38140	8342	28530	11746	86
范县白衣阁乡	5600	44	34601	13500	18710	12460	40
范县颜村铺乡	3640	42	49480	6456	17036	5985	117
范县陆集乡	4960	46	43520	1326	24582	6599	251
范县张庄乡	7300	55	44695	11000	21278	12368	222
台前县城关镇	2582	28	43686	36309	43686	27999	182
台前县侯庙镇	5356	53	44597	9150	30937	8444	78
台前县孙口镇	3132	29	35272	23744	30859	18275	102
台前县打渔陈镇	5907	52	43806	4400	31775	10503	71
台前县马楼镇	6738	55	42810	14900	25160	15295	161
台前县吴坝镇	3845	37	26039	2600	24088	9163	52
台前县后方乡	3368	30	28842	7800	22071	10748	110
台前县清水河乡	4336	43	36869	3000	36868	18779	102
台前县夹河乡	4123	45	27764	9120	23210	8627	41
濮阳县城关镇	5132	48	59880	43950	49657	32100	386
濮阳县柳屯镇	7500	54	67994	31169	56172	48852	392
濮阳县文留镇	8000	62	79860	29600	63870	52610	381
濮阳县庆祖镇	8000	54	62640	20000	62640	17400	124
濮阳县八公桥镇	7800	64	60320	4661	60320	4939	17
濮阳县徐镇镇	6400	53	48420	6850	34923	20140	23
濮阳县户部寨镇	6900	47	51865	3590	48535	12415	141
濮阳县鲁河镇	7500	47	53480		53480	33021	8
濮阳县子岸镇	7696	41	51896	6130	51896	15360	71
濮阳县胡状镇	6597	55	49850	5374	39159	6644	14
濮阳县清河头乡	5200	21	40997		23223	15185	118
濮阳县梁庄乡	6700	53	47830	8000	39050	8350	12
濮阳县王称固乡	7260	64	53657		28501	543	14
濮阳县白罡乡	5500	51	34066		34066	14078	26
濮阳县梨园乡	6396	51	42263		27678	7134	19
濮阳县五星乡	5100	39	44321		13871	3789	130
濮阳县郎中乡	5989	63	54100		36285	24034	55
濮阳县海通乡	6318	47	54515		31443	23399	18
濮阳县渠村乡	7800	34	45801		29130	10020	36
濮阳县习城乡	7600	45	44715		21994	4655	37

乡镇基本情况

计算单位：公顷、个、人

名　　称	行政区域面积	村民委员会	常住人口	城镇建成区总人口	从业人员	二三产业从业人员	工业企业单位
许昌县将官池镇	7000	18	82339	14459	35566	26570	55
许昌县五女店镇	7330	35	38392	11022	21338	16667	169
许昌县尚集镇	3592		51000	10710	48300	43400	165
许昌县苏桥镇	6600	10	61700	14019	40830	18530	166
许昌县蒋李集镇	8508	33	54853	5194	39092	24750	72
许昌县张潘镇	5432	28	50286	10398	28186	18360	120
许昌县灵井镇	6700	29	59500	10500	33270	15600	87
许昌县陈曹乡	9200	43	71024		47328	25176	352
许昌县邓庄乡	5830	21	61145		42990	30660	223
许昌县小召乡	6000	12	47352		16138	11310	108
许昌县河街乡	5100	8	47164		39173	8629	120
许昌县桂村乡	4800	21	36617		27169	19292	40
许昌县椹涧乡	7500	39	56403		35972	12458	92
许昌县榆林乡	7376	31	52580		33094	14500	52
许昌县长村张乡	7800	13	51404	10827	32096	26679	340
许昌县艾庄回族乡	1350	9	14123		6609	1577	37
鄢陵县安陵镇	1990		66782	37395	41405	40931	46
鄢陵县马栏镇	7230	43	55572	38520	27490	23590	1580
鄢陵县柏梁镇	6930	29	56916	39306	29087	15239	87
鄢陵县陈化店镇	4946	26	33391	5696	16462	4775	108
鄢陵县望田镇	7950	30	41960	13701	13438	4760	196
鄢陵县大马镇	7670	34	36210	20000	32913	19692	55
鄢陵县陶城镇	10660	27	62896	5160	62892	32121	1250
鄢陵县张桥镇	8460	35	66525	725	32351	26319	130
鄢陵县南坞乡	6440	26	40876	1650	15346	7324	25
鄢陵县只乐乡	8700	35	56317	13950	35996	13443	293
鄢陵县彭店乡	9510	40	50256	15008	27602	21444	230
鄢陵县马坊乡	7140	41	58101	9509	31951	20061	350
襄城县城关镇	735	7	45150	45150	42714	30578	12
襄城县颍桥回族镇	950	5	9873	9035	7810	4279	178
襄城县麦岭镇	5000	29	51632	6524	29906	6585	37
襄城县颍阳镇	5887	25	50748	6607	38504	11291	162
襄城县王洛镇	6670	34	45956	8348	42603	15447	135
襄城县紫云镇	8485	26	40866	6695	31376	17021	85
襄城县库庄镇	6400	29	57326	6542	41558	21051	206
襄城县十里铺镇	7700	40	50650	7521	39700	24560	135
襄城县山头店镇	6240	35	53259	5923	53259	24608	72
襄城县湛北乡	5518	21	26579		25055	17087	74
襄城县茨沟乡	5215	24	46240		20498	14678	26
襄城县丁营乡	5100	27	51632		41392	23700	36
襄城县姜庄乡	8861	38	48866		31313	18131	13
襄城县范湖乡	9658	34	72197		72197	5822	95
襄城县双庙乡	5400	34	30108		17329	8640	53
襄城县汾陈乡	4520	30	43400		24878	17988	87
禹州市颍川街道办事处	1278		55150		10255	6693	60
禹州市夏都街道办事处	1260	4	53596		12924	11646	231
禹州市韩城街道办事处	1300	7	12200	9862	7170	3120	110
禹州市钧台街道办事处	1500	5	13965		13965	10443	55
禹州市火龙镇	4670	26	44511	16550	32543	25155	190
禹州市顺店镇	7030	39	78600	13000	33125	14841	196

乡镇基本情况

计算单位:公顷、个、人

名　　称	行政区域面积	村民委员会	常住人口	城镇建成区总人口	从业人员	二三产业从业人员	工业企业单位
禹州市方山镇	7400	27	38600	5496	23700	18300	360
禹州市神垕镇	4910	12	43797	39400	26730	22530	310
禹州市鸿畅镇	6900	38	57621	18920	32500	24420	112
禹州市梁北镇	4650	25	40482	26800	23214	12684	340
禹州市古城镇	5382	25	40727	11766	28184	9900	17
禹州市无梁镇	8648	30	32856	7664	23129	5445	27
禹州市文殊镇	6200	34	46277	4210	24709	15949	74
禹州市鸠山镇	9600	31	29996	11985	22397	8905	33
禹州市褚河镇	7331	37	64890	11200	35844	27620	52
禹州市范坡镇	7180	35	51060	12110	46740	27600	120
禹州市郭连镇	4600	29	46951	4762	42373	22830	145
禹州市朱阁镇	7080	29	36712	6075	33833	14708	1541
禹州市浅井镇	11200	23	27785	2033	16957	9163	35
禹州市方岗镇	4398	24	33467	3766	23336	7639	86
禹州市花石镇	7130	33	61805	5612	41520	23920	310
禹州市苌庄乡	8862	31	29860		17388	6000	314
禹州市磨街乡	5900	17	21323		15535	5679	67
禹州市张得乡	7044	38	49980		46271	23210	40
禹州市小吕乡	4906	28	52920		37086	14301	68
禹州市山货回族乡	1200	6	11393		8087	3706	103
长葛市建设路街道办事处	670		46391	45178	11490	10702	72
长葛市长兴路街道办事处	1260		23673		10720	8420	59
长葛市长社路街道办事处	6550		44366	44366	12139	10646	87
长葛市金桥路街道办事处	1005	4	25074	14608	6329	6329	78
长葛市和尚桥镇	4070	13	25844	23465	24592	22689	489
长葛市坡胡镇	4662	34	53841	8096	44986	32066	1215
长葛市后河镇	4438	28	47854	10245	44251	31939	1897
长葛市石固镇	3880	28	40298	11376	27982	19606	1908
长葛市老城镇	4914	29	51196	15912	29489	21524	322
长葛市南席镇	6318	31	45167	5136	28479	12399	210
长葛市大周镇	6416	35	83450	44120	66440	59240	1450
长葛市董村镇	5250	27	50715	10175	29911	22320	652
长葛市增福庙乡	3285	18	31195		19065	13082	135
长葛市官亭乡	6202	25	43589		32916	20201	205
长葛市石象乡	5600	30	46281		29276	11769	64
长葛市古桥乡	5630	33	45598	11565	39316	11359	59
源汇区大刘镇	4200	23	37125	3000	29970	17470	50
源汇区阴阳赵镇	4600	31	41426	11630	25060	5208	47
源汇区空冢郭镇	4400	25	47687	10247	18867	8025	178
源汇区问十乡	4200	15	19800	3500	17650	7095	9
郾城区城关镇	1100	2	74773	74773	49002	47162	58
郾城区孟庙镇	5930	26	59007	13849	35920	13430	94
郾城区商桥镇	4970	21	45007	8385	26301	10484	29
郾城区裴城镇	7130	24	52268	6750	30271	8724	48
郾城区新店镇	6260	25	48383	9484	30282	13428	41
郾城区龙城镇	6280	26	60103	26437	35592	20136	120
郾城区李集镇	4880	22	46296	10065	29955	12193	29
郾城区黑龙潭乡	3330	14	36340	44	21970	6026	32
召陵区召陵镇	6934	40	81840	19480	51396	42380	268
召陵区邓襄镇	4067	21	44425	8000	10022	10022	45

乡镇基本情况

计算单位:公顷、个、人

名　　称	行政区域面积	村民委员会	常住人口	城镇建成区总人口	从业人员	二三产业从业人员	工业企业单位
召陵区万金镇	7693	37	71820	7985	22350	21521	28
召陵区老窝镇	7968	37	73660	6650	45012	14920	54
召陵区姬石镇	3441	19	39496	13562	31548	12638	44
召陵区后谢乡	4100	26	52369	33159	38248	37645	412
召陵区青年村乡	7716	32	61698	5943	24447	11878	37
舞阳县舞泉镇	2152	8	73763	73763	43563	39180	75
舞阳县吴城镇	6617	35	40387	17520	27702	14704	19
舞阳县北舞渡镇	4138	20	26425	20503	16773	5740	13
舞阳县莲花镇	6310	27	37918	11890	25325	6792	20
舞阳县辛安镇	5070	27	36250	8100	21557	8356	25
舞阳县孟寨镇	6232	34	39652	19953	25858	11202	15
舞阳县太尉镇	3677	18	24347	3520	16871	6208	9
舞阳县侯集镇	5874	34	44256	6300	31156	10929	29
舞阳县文峰乡	5692	31	37677		23514	9924	22
舞阳县保和乡	6918	36	44786	4800	30274	12405	17
舞阳县马村乡	6431	28	32858	3610	23317	8160	16
舞阳县姜店乡	6580	32	34256	5440	23618	6173	12
舞阳县九街乡	7038	33	41626	10701	27312	1599	18
舞阳县章化乡	4754	28	35510	9000	17410	9609	10
临颍县城关镇	3650	19	104840	45568	47355	45805	190
临颍县繁城镇	6900	32	60791	10625	46381	23697	522
临颍县杜曲镇	5850	32	66489	15843	49341	24588	430
临颍县王岗镇	9400	36	62420	5881	58029	20566	28
临颍县台陈镇	6400	32	60608	3150	36311	21356	84
临颍县巨陵镇	5250	27	43678	9979	24212	9926	59
临颍县瓦店镇	5300	23	44456	4432	29402	12177	30
临颍县三家店镇	4700	23	35235	2601	24884	7644	21
临颍县窝城镇	4900	21	33502	4235	18357	8309	29
临颍县大郭乡	7450	27	51802	1806	32615	14874	25
临颍县皇帝庙乡	5100	19	31590	1733	20235	10114	33
临颍县固厢乡	3550	14	32265	1930	21394	10898	64
临颍县石桥乡	4550	22	27302	1643	19715	9924	38
临颍县陈庄乡	3100	14	25333	1106	18668	6218	7
临颍县王孟乡	6000	26	38654	2106	26477	7112	20
湖滨区交口乡	4171	12	19500		12260	5245	23
湖滨区磁钟乡	2360	8	9409		4548	1030	31
湖滨区高庙乡	5900	9	8869		6179	3152	21
渑池县城关镇	3400	13	78432	20359	33109	30652	45
渑池县英豪镇	8900	32	30037	7345	20083	9338	12
渑池县张村镇	5400	13	26825	12000	21173	11753	30
渑池县洪阳镇	6700	15	21060	2620	20148	9020	53
渑池县天池镇	13700	29	40868	3200	23244	13120	20
渑池县仰韶镇	9600	25	34159	4652	21462	15928	72
渑池县仁村乡	13100	13	16700		11030	5450	46
渑池县果园乡	12400	35	43641		24968	11168	45
渑池县陈村乡	11500	23	31208		19192	9352	67
渑池县坡头乡	21200	16	15246		11884	6084	27
渑池县段村乡	20400	11	8542		6244	4254	21
渑池县南村乡	10700	10	5292		3616	2446	30
陕县大营镇	9211	12	53180	18000	21300	11800	58

乡镇基本情况

计算单位:公顷、个、人

名　　称	行政区域面积	村民委员会	常住人口	城镇建成区总人口	从业人员	二三产业从业人员	工业企业单位
陕县原店镇	2319	5	31597	20019	12430	10420	25
陕县西张村镇	30035	41	54061	14700	26128	7132	69
陕县观音堂镇	12497	25	22491	3890	14516	5960	50
陕县张汴乡	13253	11	12000		7731	1115	5
陕县张湾乡	7163	19	26135		6450	6450	15
陕县菜园乡	16182	34	36648		23130	6517	18
陕县张茅乡	9183	22	19788		10483	3502	48
陕县王家后乡	13478	19	12618		9422	5265	66
陕县硖石乡	7651	13	11056		6392	4200	49
陕县西李村乡	14432	27	24140		12316	2018	8
陕县宫前乡	22259	25	13832		8549	2851	19
陕县店子乡	16900	9	2815		2768	1292	
卢氏县城关镇	6400	7	42000	37584	15068	14418	25
卢氏县杜关镇	20100	22	18522	2770	8778	4404	8
卢氏县五里川镇	16930	19	20011	7470	9821	2106	12
卢氏县官道口镇	21100	19	21314	3330	10837	1746	6
卢氏县朱阳关镇	13750	13	16520	3310	7852	959	6
卢氏县官坡镇	29300	17	26891	4264	14180	1824	18
卢氏县范里镇	33830	46	36554	8935	19356	1169	20
卢氏县东明镇	20760	23	30086	11556	14946	4250	20
卢氏县双龙湾镇	13850	16	13313	3900	7573	2524	20
卢氏县文峪乡	23700	32	29680		19115	3487	10
卢氏县横涧乡	25150	32	31766		18701	4491	15
卢氏县双槐树乡	12800	12	12798		6610	1417	4
卢氏县汤河乡	15050	14	10581		4116	796	6
卢氏县瓦窑沟乡	24700	14	10767		6587	1341	6
卢氏县狮子坪乡	23800	11	10925		6358	746	4
卢氏县沙河乡	13650	17	14351		5886	1776	14
卢氏县徐家湾乡	16050	11	9607		5420	1343	4
卢氏县潘河乡	25320	17	12392		7561	2885	10
卢氏县木桐乡	17850	10	8329		4341	793	4
义马市千秋路街道	850		50800		50800	50800	5
义马市朝阳路街道	200		11652		3626	3626	11
义马市新义街街道	200		27866		11446	11446	3
义马市常村路街道	120		12837		12837	12837	2
义马市泰山路街道	120		9492		5059	5059	5
义马市新区街道	5530	10	28242		28242	25738	91
义马市东区街道	4180	10	18023		18023	14996	35
灵宝市城关镇	1935	4	8540	1750	7452	5080	40
灵宝市尹庄镇	8238	28	45680	3000	23069	10822	74
灵宝市朱阳镇	81482	41	44236	7508	29288	8552	113
灵宝市阳平镇	27991	44	73420	12453	45682	13033	82
灵宝市故县镇	19546	26	40705	10694	14952	9226	70
灵宝市豫灵镇	18305	22	59708	13542	35045	12236	94
灵宝市大王镇	12161	24	66692	8100	29181	5258	13
灵宝市阳店镇	19515	38	58498	2365	28690	7020	36
灵宝市函谷关镇	6055	17	25505	2685	14809	1887	16
灵宝市焦村镇	12652	36	52299	9449	37367	9970	84
灵宝市川口乡	10630	24	29450		16973	6663	37
灵宝市寺河乡	15471	16	7176	469	5575	1372	6

乡镇基本情况

计算单位:公顷、个、人

名　　称	行政区域面积	村民委员会	常住人口	城镇建成区总人口	从业人员	二三产业从业人员	工业企业单位
灵宝市苏村乡	26761	32	26820	1270	17568	2913	18
灵宝市五亩乡	24185	31	36680	3185	18518	3244	19
灵宝市西阎乡	14991	39	52566	4852	37033	5994	31
宛城区官庄镇	8860	22	65912	8025	41845	24009	164
宛城区瓦店镇	8600	19	59628	15326	27508	5546	320
宛城区红泥湾镇	13449	26	76120	21000	63779	35400	70
宛城区黄台岗镇	9070	20	52520	9687	35256	15200	68
宛城区溧河乡	8020	17	42500		25852	16112	138
宛城区汉冢乡	8000	16	42536		24913	12951	203
宛城区金华乡	6512	24	47528		34313	6150	79
宛城区茶庵乡	6680	18	42365		22756	11850	151
宛城区高庙乡	7734	24	45100		24487	7724	80
宛城区新店乡	9600	23	71000		24000	17000	120
卧龙区石桥镇	3970	12	39267	16158	22596	10141	74
卧龙区潦河镇	7625	26	60120	6725	34233	7032	65
卧龙区安皋镇	9159	15	37553	5240	23271	5583	26
卧龙区蒲山镇	13970	33	87683	45982	58167	24507	152
卧龙区陆营镇	7500	24	72986	7148	46209	15020	83
卧龙区青华镇	9159	24	69066	6780	27314	7574	33
卧龙区英庄镇	8940	29	70705	4002	38828	7127	66
卧龙区潦河坡镇	10600	10	23212	2918	16874	5715	20
卧龙区七里园乡	4612	11	21958		11901	6934	22
卧龙区谢庄乡	10060	19	38384		21546	12221	18
卧龙区王村乡	4422	12	31006		17427	6220	42
南召县城关镇	1075	1	51012	51012	23762	23342	1325
南召县留山镇	17600	20	35200	3320	22800	10000	58
南召县云阳镇	12486	19	83425	55000	40931	17949	70
南召县皇路店镇	8150	25	59632	20150	36980	14630	18
南召县南河店镇	12890	24	54493	10430	36673	22723	550
南召县板山坪镇	34345	24	25410	2893	15891	6770	102
南召县乔端镇	33826	19	15570	3600	10200	7400	6
南召县白土岗镇	19600	28	45175	8109	26113	11019	6
南召县城郊乡	13537	18	30212		19380	5450	10
南召县小店乡	16852	25	38460		29618	6568	142
南召县皇后乡	15600	14	33298		21749	8754	298
南召县太山庙乡	8157	18	35453		26886	9791	20
南召县石门乡	12224	20	37645		19422	3630	13
南召县四棵树乡	20235	25	32887		19376	8316	36
南召县马市坪乡	29200	19	22778		12337	3081	12
南召县崔庄乡	20866	25	39190		25500	8000	22
方城县凤瑞街道办事处	1182	5	62591	59210	28917	28191	45
方城县释之街道办事处	1418	6	58415	55050	27839	27034	24
方城县独树镇	24400	44	88982	26913	54406	34922	72
方城县博望镇	15300	50	113362	34321	66394	25774	145
方城县拐河镇	17920	35	45801	8665	34353	6513	57
方城县小史店镇	27700	42	87863	8966	57206	28894	108
方城县赵河镇	15260	48	113600	30150	65584	32563	69
方城县广阳镇	16800	40	85185	30450	52769	19197	57
方城县券桥乡	10000	36	58246		33101	19862	93
方城县杨集乡	16600	36	58221		32544	8982	77

乡镇基本情况

计算单位:公顷、个、人

名　　称	行政区域面积	村民委员会	常住人口	城镇建成区总人口	从业人员	二三产业从业人员	工业企业单位
方城县二郎庙乡	12500	28	51089		21928	2382	26
方城县古庄店乡	21600	42	81034		72034	23414	64
方城县杨楼乡	17900	40	74040		43371	27807	89
方城县清河乡	14900	36	69693		39981	23840	82
方城县柳河乡	13600	25	48289		28424	8883	25
方城县四里店乡	29800	38	61302		27000	14000	265
方城县袁店回族乡	3538	9	17372		10395	4528	12
西峡县白羽街道办事处	480		52500	52317	14486	12945	77
西峡县紫金街道办事处	350		32120	32120	19042	18942	110
西峡县莲花街道办事处	250		22535	22535	12160	11810	81
西峡县丹水镇	13313	28	45103	17952	19426	7310	59
西峡县西坪镇	25670	19	36860	7670	18400	8100	58
西峡县双龙镇	29367	22	24742	13240	11575	8817	82
西峡县回车镇	18743	21	34831	5399	31253	13022	197
西峡县丁河镇	20320	29	35612	6982	20644	9798	120
西峡县桑坪镇	27503	20	25419	7566	17353	7837	137
西峡县米坪镇	21933	17	22504	6553	11227	9044	84
西峡县五里桥镇	22278	22	50143	19350	27276	16075	120
西峡县重阳镇	23244	20	32725	18560	12870	10031	35
西峡县太平镇	30234	11	10651	4590	8187	5917	56
西峡县阳城镇	9790	17	16080	4165	9042	3150	102
西峡县二郎坪镇	20219	12	8710	2298	6522	2560	27
西峡县石界河镇	19542	9	11281	3850	5750	2840	15
西峡县军马河镇	16371	13	17482	4800	7693	4178	60
西峡县田关乡	9097	19	21920	1236	11288	5380	38
西峡县寨根乡	16889	8	8514	2300	4710	1952	36
镇平县涅阳街道办事处	1200	5	108451	95171	60548	51392	6
镇平县雪枫街道办事处	4800	12	32208	4000	17312	11092	102
镇平县玉都街道办事处	6500	16	45560	5216	18411	9111	199
镇平县石佛寺镇	8834	21	68906	51328	51749	47107	292
镇平县晁陂镇	4200	24	46838	4215	30126	17872	30
镇平县贾宋镇	5590	23	62320	15000	30228	9514	68
镇平县侯集镇	6800	28	65930	7406	36902	22106	39
镇平县老庄镇	13940	22	32083	3303	18500	9055	48
镇平县卢医镇	5246	16	36455	6798	22151	16143	9
镇平县遮山镇	6889	17	33320	3500	16200	11400	53
镇平县高丘镇	17169	29	57250	3371	30795	10046	64
镇平县曲屯镇	4871	13	33660	4972	16010	9210	6
镇平县枣园镇	6202	19	45750	3480	21780	10065	40
镇平县杨营镇	5820	20	56730	4130	36740	21190	45
镇平县安字营镇	7100	25	54716	12367	31756	23556	44
镇平县张林镇	8800	31	45000	13000	30000	10000	32
镇平县柳泉铺镇	6260	19	36660	5200	19698	9938	44
镇平县彭营镇	7232	19	56652	8700	27111	7348	87
镇平县二龙乡	17600	14	14480		6569	5100	6
镇平县王岗乡	4200	16	26801		17329	8340	25
镇平县马庄乡	3752	10	32587		19615	7510	18
镇平县郭庄回族乡	1607	9	13126	1200	6855	2053	3
内乡县城关镇	1300	6	51647	51647	47510	45200	227
内乡县夏馆镇	36000	19	23677	3309	13224	2705	31

乡镇基本情况

计算单位:公顷、个、人

名　　称	行政区域面积	村民委员会	常住人口	城镇建成区总人口	从业人员	二三产业从业人员	工业企业单位
内乡县师岗镇	13400	27	50802	24654	30926	19540	365
内乡县马山口镇	28300	24	50760	20027	22361	12832	45
内乡县湍东镇	12340	26	59296	21483	31506	25660	142
内乡县赤眉镇	15430	21	51182	16563	26808	17172	44
内乡县瓦亭镇	8900	16	25715	5836	17800	7440	187
内乡县王店镇	10600	19	44015	12280	29797	13551	190
内乡县灌涨镇	11600	25	44191	5788	32483	13833	128
内乡县桃溪镇	14000	9	26535	4226	18231	5125	43
内乡县板场乡	18465	16	9855		5039	3283	39
内乡县大桥乡	5470	15	28422		15904	9666	42
内乡县赵店乡	10800	15	39710		23889	9803	35
内乡县七里坪乡	34600	16	15444		9135	4117	7
内乡县余关乡	11200	18	29865		13861	3255	24
内乡县砟岖乡	12800	16	24150		14845	5685	33
淅川县龙城街道办事处	5000	5	42327	39300	16035	15825	821
淅川县商圣街道办事处	500	4	63056	63056	6870	6530	8
淅川县荆紫关镇	16880	37	56840	8600	35300	6380	32
淅川县老城镇	9700	21	15520	6365	11357	6147	9
淅川县香花镇	37400	27	32100	22530	14602	9750	18
淅川县厚坡镇	15400	44	95050	20730	52710	10170	42
淅川县丹阳镇	13600	32	56132	9043	53682	48341	45
淅川县盛湾镇	31700	48	38126	3532	31020	6110	26
淅川县金河镇	13200	30	35607	8617	20520	9200	56
淅川县寺湾镇	12500	29	39800	6130	25025	10270	36
淅川县仓房镇	15300	12	10539	3295	5350	4800	15
淅川县上集镇	18700	37	73200	9600	35402	13149	838
淅川县马蹬镇	20800	34	33250	4210	23840	14980	25
淅川县西簧乡	23500	25	22000	7000	15820	8820	5
淅川县毛堂乡	23000	32	30000	1052	28869	17569	60
淅川县大石桥乡	12900	29	12384	2730	11460	8948	32
淅川县滔河乡	22000	40	23721		18829	8667	32
社旗县赵河街道办事处	3800	9	28631	12960	19350	4120	260
社旗县潘河街道办事处	2200	5	13581	9630	11432	4232	96
社旗县赊店镇	1599	2	64852	64852	21138	11617	1132
社旗县桥头镇	8298	18	47521	12670	26965	10656	190
社旗县饶良镇	7900	18	57758	7163	38870	6380	410
社旗县兴隆镇	5133	9	28972	9210	17688	3949	71
社旗县晋庄镇	5543	16	32832	11711	18580	9859	106
社旗县李店镇	10224	22	59305	9612	36268	5287	75
社旗县苗店镇	6264	17	35516	8347	21546	5367	310
社旗县郝寨镇	9110	24	58957	9295	36925	8973	213
社旗县朱集镇	10786	27	59627	9210	40158	10942	172
社旗县下洼镇	7852	19	52316	6349	34460	14611	59
社旗县太和镇	6100	6	32396	6123	20932	4317	40
社旗县大冯营镇	7500	17	39968	5820	23911	8283	150
社旗县陌陂乡	6700	19	42125	5830	19877	4188	150
社旗县唐庄乡	6780	18	38936	7620	14005	8373	420
唐河县滨河街道办事处	2590	5	105599	99871	73883	52600	540
唐河县文峰街道办事处	2960		106836	83835	55460	51964	214
唐河县东兴街道办事处	3501	9	52300	32005	21538	9505	69

乡镇基本情况

计算单位:公顷、个、人

名　　称	行政区域面积	村民委员会	常住人口	城镇建成区总人口	从业人员	二三产业从业人员	工业企业单位
唐河县源潭镇	15476	43	92960	16574	43209	11641	352
唐河县张店镇	16240	32	82000	8190	39740	13640	115
唐河县郭滩镇	12200	30	84560	25998	57540	43560	92
唐河县湖阳镇	14950	23	64251	15597	38188	15253	452
唐河县黑龙镇	11980	24	54756	6802	54756	20399	489
唐河县大河屯镇	13700	25	77987	6456	44258	20276	738
唐河县龙潭镇	9800	23	48571	7250	48532	25252	238
唐河县桐寨铺镇	16000	39	86230	22324	45465	11296	782
唐河县苍台镇	8550	20	53120	12370	29286	6027	387
唐河县上屯镇	11700	32	78100	13310	42168	10767	32
唐河县毕店镇	11330	23	65864	11508	31226	12918	123
唐河县少拜寺镇	9900	20	48260	3511	24685	5455	65
唐河县城郊乡	12587	30	74212		50568	31110	345
唐河县桐河乡	9536	20	38328		16193	6264	331
唐河县昝岗乡	14880	28	69546		42778	25810	228
唐河县祁仪乡	18720	26	47079		29782	20083	55
唐河县马振抚乡	16171	23	51100		33934	17063	71
唐河县古城乡	11710	27	65984		37581	22628	735
唐河县东王集乡	8400	20	40551		33747	4917	59
新野县汉城街道办事处	1690	7	64741	64741	39903	35190	72
新野县汉华街道办事处	1500	7	56680	17406	10863	6168	126
新野县王庄镇	6300	19	35821	2613	24072	15142	124
新野县沙堰镇	8000	21	52988	8211	27621	12645	135
新野县新甸铺镇	10600	26	60246	8826	57463	18888	142
新野县施庵镇	10600	24	68500	6478	40828	11459	86
新野县歪子镇	10170	22	52799	13248	51444	38481	155
新野县五星镇	8200	20	56234	5140	27500	10396	100
新野县溧河铺镇	9600	27	60807	14862	36093	22593	165
新野县王集镇	7400	18	52182	5328	38527	7479	108
新野县城郊乡	9570	15	46896	750	46896	14069	122
新野县前高庙乡	5906	17	47330	480	27446	9843	73
新野县樊集乡	4600	13	34209	1650	17189	8330	79
新野县上庄乡	8300	18	59713	13100	28186	9536	115
新野县上港乡	6100	16	42840	15000	39050	31130	230
桐柏县城关镇	2800		74295	74000	21307	21115	40
桐柏县月河镇	13000	18	40126	9872	29254	24743	149
桐柏县吴城镇	13900	16	25800	5657	19952	9814	84
桐柏县固县镇	12100	12	27004	6103	20055	7690	140
桐柏县毛集镇	17750	19	44231	25000	22424	5855	151
桐柏县大河镇	15100	13	14868	1540	6198	1877	25
桐柏县埠江镇	4300	10	33855	6185	13811	11443	178
桐柏县平氏镇	4800	12	24766	3502	17343	6446	91
桐柏县淮源镇	17000	14	22718	4200	14550	10050	90
桐柏县黄岗镇	12750	14	23940	3650	12948	3860	110
桐柏县安棚镇	9300	16	35568	25470	23388	11827	50
桐柏县朱庄镇	13800	9	21331	4800	14903	7769	63
桐柏县程湾镇	13000	12	17215	3300	8894	2926	10
桐柏县城郊乡	19800	21	32180		13289	11304	135
桐柏县回龙乡	15500	10	11547		4940	1680	10
桐柏县新集乡	7000	11	20236		14639	5868	107

乡镇基本情况

计算单位:公顷、个、人

名　称	行政区域面积	村民委员会	常住人口	城镇建成区总人口	从业人员	二三产业从业人员	工业企业单位
邓州市古城街道办事处	10890		74651	74651	42344	40783	133
邓州市花洲街道办事处	940		99500	4595	11700	11250	28
邓州市湍河街道办事处	5900		58072	26803	34843	25647	148
邓州市罗庄镇	7825	20	34553	4927	39570	21208	41
邓州市汲滩镇	8210	30	64740	16058	27522	14525	36
邓州市穰东镇	9898	28	131000	54000	89866	36010	218
邓州市孟楼镇	5540	12	26760		29895	12100	45
邓州市林扒镇	9082	17	33628		16870	8233	325
邓州市构林镇	16374	24	64017	26910	49832	22503	57
邓州市十林镇	9192	25	68624	7520	21139	7189	3
邓州市张村镇	8345	23	69984	7845	27251	10239	2
邓州市都司镇	9995	18	48500	5700	51100	20200	16
邓州市赵集镇	12600	24	74502	18532	42884	24361	421
邓州市刘集镇	10300	23	59443		46652	6998	53
邓州市桑庄镇	8030	18	43867	7867	34475	18409	86
邓州市彭桥镇	10471	19	50466	3126	23017	13137	155
邓州市白牛镇	7450	24	47892	5791	46547	18672	83
邓州市腰店镇	7400	25	37864	10141	58827	24649	114
邓州市九龙镇	7650	19	50253	15180	25000	14000	26
邓州市张楼乡	6150	22	41862		41842	21406	782
邓州市夏集乡	10898	28	75515		57791	12247	45
邓州市裴营乡	13858	28	97836		66411	44952	163
邓州市文渠乡	7729	21	70342	15000	45332	6832	73
邓州市高集乡	11560	22	68593	31620	44663	8065	227
邓州市陶营乡	8883	16	46867		30827	516	327
邓州市龙堰乡	8011	23	54732		34184	23476	253
梁园区谢集镇	6029	25	47900	15300	26246	15296	230
梁园区双八镇	5785	22	52196	18102	30790	11390	171
梁园区张阁镇	3986	16	34810	11000	23535	9700	85
梁园区周集乡	3600	15	31251	6000	20616	15216	135
梁园区水池铺乡	5228	21	38620	1300	27700	14640	35
梁园区观堂乡	6483	25	42597		36444	8232	7
梁园区王楼乡	4829	18	36042		21070	5828	350
梁园区李庄乡	9687	26	42964		42964	13751	336
梁园区孙福集乡	5840	30	42840	560	28962	16108	198
梁园区刘口乡	5635	17	34170	7617	20496	10698	34
睢阳区宋集镇	6910	22	55600	22000	34260	14560	660
睢阳区郭村镇	7030	30	49702	12000	42548	12700	120
睢阳区李口镇	4284	23	43545	4816	30254	14406	48
睢阳区高辛镇	6250	25	48900	14801	25523	10248	84
睢阳区坞墙镇	7070	23	42750	13206	29720	13650	76
睢阳区冯桥镇	5930	21	52535	5326	27764	11567	110
睢阳区路河镇	7823	26	42994	12000	38027	24742	75
睢阳区闫集镇	7220	27	42310	5000	30940	16050	305
睢阳区包公庙乡	5403	20	31710		17507	10961	16
睢阳区娄店乡	4099	18	35201		19455	13490	32
睢阳区毛固堆乡	6600	24	49609		33355	11745	522
睢阳区勒马乡	8100	23	48821		46207	26004	46
睢阳区临河店乡	5400	22	46700	10562	37300	22300	147
睢阳区古宋乡	3018	11	33010		17318	8088	116

乡镇基本情况

计算单位:公顷、个、人

名　　称	行政区域面积	村民委员会	常住人口	城镇建成区总人口	从业人员	二三产业从业人员	工业企业单位
民权县城关镇	9000	28	104200	78563	79105	66080	698
民权县人和镇	7000	43	53786	23000	45729	24630	586
民权县龙塘镇	6500	34	57769	13965	38790	21184	130
民权县北关镇	9400	39	52208	22438	38083	19054	852
民权县程庄镇	12000	54	70429	15008	54347	30455	356
民权县王庄寨镇	4250	22	36680	7210	21792	10710	29
民权县孙六镇	4400	26	40835	11260	27790	16413	158
民权县白云寺镇	9300	41	59235	16000	30657	13095	300
民权县王桥镇	7500	39	56383	12650	38790	32667	95
民权县庄子镇	5400	22	31633	2130	18896	14176	57
民权县伯党乡	2500	9	20259		10978	7965	163
民权县花园乡	4500	21	29311		19117	12086	331
民权县野岗乡	9600	40	46320		27747	11024	60
民权县双塔乡	7300	28	31558		18263	13666	84
民权县林七乡	4500	23	36542	4473	20541	13898	83
民权县胡集乡	2400	13	17730		11382	6757	61
民权县褚庙乡	6700	20	36126		17520	12457	48
民权县老颜集乡	5400	27	35914		22114	14683	91
睢县长岗镇	4089	27	27510	11342	22427	4807	14
睢县平岗镇	4290	25	32201	7874	23540	9540	23
睢县周堂镇	4014	24	26423	7929	18260	11095	24
睢县蓼堤镇	6052	27	36612	8600	36259	14272	16
睢县西陵寺镇	7038	31	35605	668	29436	6854	36
睢县城关镇	1194	7	63462	63462	33364	32333	53
睢县潮庄镇	4013	29	28184	10000	21121	13697	26
睢县尚屯镇	5247	25	34950	1925	31120	7570	26
睢县后台乡	2974	16	18880	4368	15306	8601	14
睢县河集乡	5108	37	38120	680	33415	22855	23
睢县孙聚寨乡	5179	29	36626	9800	24270	8383	22
睢县白楼乡	3463	26	24720	8200	20433	12113	25
睢县河堤乡	4116	30	28324	4513	18408	5883	33
睢县白庙乡	4090	21	27064		25316	5583	20
睢县胡堂乡	2989	17	16028	116	15880	12332	24
睢县尤吉屯乡	4444	29	27415	6656	23245	15120	34
睢县董店乡	7646	44	49186	6636	35273	14521	62
睢县涧岗乡	5243	25	28758	2286	24213	5556	31
睢县匡城乡	5974	39	40234	3100	32057	9940	66
睢县城郊乡	5136	42	50347	7312	32800	19800	72
宁陵县城关镇	1130	5	44575	44575	37225	32990	60
宁陵县张弓镇	4030	27	44600	12000	31068	14000	70
宁陵县柳河镇	7530	27	52798	16439	26960	6532	6
宁陵县逻岗镇	10800	31	45574	14138	45453	24980	62
宁陵县石桥镇	6310	21	49072	15704	31769	10267	28
宁陵县黄岗镇	4830	25	39720	6000	19430	13530	46
宁陵县华堡镇	7300	41	61099	12600	29699	21700	60
宁陵县刘楼乡	4670	22	39269		22489	4473	62
宁陵县程楼乡	3960	22	39856		28051	12488	46
宁陵县乔楼乡	5640	29	45730		30205	12693	53
宁陵县城郊乡	4860	20	28387		11343	3763	5
宁陵县阳驿乡	6400	31	49555		31541	16143	45

乡镇基本情况

计算单位:公顷、个、人

名 称	行政区域面积	村民委员会	常住人口	城镇建成区总人口	从业人员	二三产业从业人员	工业企业单位
宁陵县孔集乡	5300	25	34277		19618	12961	46
宁陵县赵村乡	4780	25	39431		19320	9953	38
柘城县长江新城街道办事处	720	8	32420	10682	15527	8906	16
柘城县浦东街道办事处	3500	17	42521	15514	30182	26484	60
柘城县城关镇	799	8	61624	38921	35979	33784	101
柘城县陈青集镇	5301	25	35637	8925	23422	15060	178
柘城县起台镇	5301	29	35303	6652	19934	8851	89
柘城县胡襄镇	5539	30	32819	4850	20975	11717	30
柘城县慈圣镇	6001	34	36617	12684	16793	3930	112
柘城县安平镇	8190	34	43622	13203	31162	20739	238
柘城县远襄镇	5277	26	29380	10415	18689	9082	136
柘城县岗王镇	4862	27	38383	7276	27532	26872	82
柘城县邵元乡	2355	18	30488		21033	17917	96
柘城县张桥乡	3700	20	29243		16387	8175	65
柘城县洪恩乡	3400	16	22607		14459	9339	57
柘城县老王集乡	4236	20	26160		20350	14037	247
柘城县大仵乡	4844	23	30632		23446	16460	45
柘城县马集乡	4067	22	24755		15345	10033	26
柘城县牛城乡	5600	26	35640		21266	14471	35
柘城县惠济乡	6000	27	35126		23532	16727	71
柘城县伯岗乡	5600	30	38806		22057	10737	90
柘城县申桥乡	3906	21	33156		19494	11186	103
柘城县李原乡	4254	21	33239		22070	13769	48
柘城县皇集乡	4166	14	28746		17884	9788	49
虞城县城关镇	1200	3	105000	105000	57050	56700	360
虞城县界沟镇	6700	25	42178	9672	29400	20600	516
虞城县营郭镇	4300	20	28318	5290	18890	10760	541
虞城县杜集镇	6500	32	51268	29683	33747	29798	329
虞城县谷熟镇	5100	23	37320	16173	29416	22278	228
虞城县大杨集镇	6010	17	25730	9000	23020	10780	36
虞城县贾寨镇	7600	30	47500	1200	28000	17500	118
虞城县利民镇	6600	33	53843	29660	37370	26170	845
虞城县张集镇	5300	27	36867	2980	26837	15076	56
虞城县站集镇	6000	27	41309	6900	28632	17492	372
虞城县黄冢乡	6200	24	41850		28020	19640	46
虞城县沙集乡	4100	22	41200		31320	26400	240
虞城县店集乡	5500	30	41010		26038	19361	146
虞城县闻集乡	6000	25	43048		30848	8810	139
虞城县芒种桥乡	5200	24	42149		26776	15356	100
虞城县刘店乡	7700	37	68524		36056	20233	128
虞城县大候乡	7900	36	58630		39775	34665	268
虞城县城郊乡	7900	28	58625		37020	28620	144
虞城县郑集乡	4598	21	32872		16764	10059	38
虞城县李老家乡	8600	33	50960		37897	13985	59
虞城县稍岗乡	11200	43	57328		34483	16993	360
虞城县镇里固乡	4600	15	29245		21580	13150	182
虞城县古王集乡	6000	18	32510		16000	10000	70
虞城县刘集乡	7400	23	39268		27320	12910	85
虞城县乔集乡	4500	17	31026		21698	15578	180
虞城县田庙乡	3200	13	28000		15800	9150	40

乡镇基本情况

计算单位：公顷、个、人

名　　称	行政区域面积	村民委员会	常住人口	城镇建成区总人口	从业人员	二三产业从业人员	工业企业单位
夏邑县城关镇	2497	13	66935	62860	35978	19439	350
夏邑县会亭镇	6440	35	54600	23800	24270	15470	202
夏邑县马头镇	5288	27	48266	8172	26826	16703	77
夏邑县济阳镇	5100	27	37035	9595	22850	12597	50
夏邑县李集镇	10330	49	73460	6560	41675	23175	92
夏邑县车站镇	7102	30	48817	23100	37825	20657	172
夏邑县杨集镇	6225	37	40800	13050	30000	15900	43
夏邑县韩道口镇	6930	31	48620	11343	33158	22595	128
夏邑县太平镇	8640	35	45610	2880	34675	13800	49
夏邑县罗庄镇	4720	21	36949	7678	18350	14690	55
夏邑县火店镇	6920	34	43500	9220	34518	22835	32
夏邑县北岭镇	9680	35	34200	12800	30842	23434	115
夏邑县曹集乡	4900	24	43852		30632	23982	215
夏邑县胡桥乡	6779	33	47762	420	24184	15174	51
夏邑县歧河乡	6578	26	36479		19173	10637	304
夏邑县郭店乡	6140	28	33670	12000	26824	14607	112
夏邑县业庙乡	6800	33	43518	13476	29196	25057	42
夏邑县中峰乡	4250	23	25064		23570	15994	7
夏邑县桑固乡	6990	33	50935		28730	18550	34
夏邑县何营乡	4500	24	34933		21554	16354	87
夏邑县王集乡	5182	32	45872	20000	30200	25400	62
夏邑县刘店集乡	4200	26	26436	6028	23336	16536	78
夏邑县骆集乡	6500	35	26290	8000	25820	13980	81
夏邑县孔庄乡	7396	39	43707	4682	34956	17930	108
永城市演集镇	6107	21	96328	96328	66925	61800	79
永城市城关镇	1649	8	63486	63486	62452	58852	32
永城市芒山镇	7241	26	43303	43303	37611	29924	38
永城市高庄镇	7579	31	51353	51353	46609	26426	28
永城市酇城镇	7543	33	44020	10180	43705	26766	46
永城市裴桥镇	12028	30	51386	6915	34326	17517	14
永城市马桥镇	10443	30	44320	21858	41373	21523	26
永城市薛湖镇	12435	54	70282	24100	28445	17795	56
永城市蒋口镇	8074	33	47246	4820	38897	31117	39
永城市陈集镇	7301	34	52436	8210	19200	14600	164
永城市十八里镇	4871	19	25590	25590	23889	18596	21
永城市太邱镇	4872	20	28374	15200	23016	15287	42
永城市李寨镇	7073	21	27126	27126	21367	11682	24
永城市苗桥镇	5218	20	26289	3280	24361	11109	26
永城市顺和镇	6011	29	35421	4991	23293	13626	78
永城市茴村镇	4874	24	29428	13588	28597	20630	20
永城市酇阳镇	7229	30	42361	5481	34708	27181	29
永城市龙岗镇	7569	28	54956	9237	31968	24686	36
永城市马牧镇	6268	30	38496	7880	29010	22900	26
永城市王集镇	5661	17	26389	8000	23826	14229	20
永城市刘河镇	6579	27	36428		14518	11378	6
永城市城厢乡	5877	19	34138		30430	21244	42
永城市候岭乡	9973	28	42148		20676	17487	91
永城市黄口乡	7270	20	31384		24890	7401	14
永城市新桥乡	7438	18	39820		31527	13869	30
永城市双桥乡	8209	25	37382		21938	17925	7

乡镇基本情况

计算单位:公顷、个、人

名　　称	行政区域面积	村民委员会	常住人口	城镇建成区总人口	从业人员	二三产业从业人员	工业企业单位
永城市卧龙乡	6163	19	29425		26513	9969	17
永城市条河乡	6920	30	44196		29690	16767	32
永城市陈官庄乡	3200	14	22828		15599	12319	14
浉河区李家寨镇	10140	18	26800	7211	15447	9867	29
浉河区吴家店镇	24750	19	56353	4231	39038	2476	49
浉河区东双河镇	11835	19	40150	7100	25849	5304	420
浉河区董家河镇	28500	24	42090	4550	25646	1300	56
浉河区浉河港镇	23110	17	31266	4131	19629	9090	131
浉河区游河乡	13880	18	55921	5800	27003	9510	65
浉河区谭家河乡	30200	17	32572	2850	18318	5420	56
浉河区柳林乡	10600	12	24105		11128	3698	410
浉河区十三里桥乡	12000	15	34500	11000	21310	7020	36
平桥区明港镇	16700	23	136056	89098	85678	60474	160
平桥区五里镇	8010	11	17088	5306	10796	4736	10
平桥区邢集镇	16000	14	40600	4230	20280	12570	52
平桥区平昌镇	13300	19	55175	7320	39500	14360	32
平桥区洋河镇	10000	12	30438	5488	14137	7633	12
平桥区肖王乡	9100	9	27550		13693	6260	24
平桥区龙井乡	10100	14	26289		23101	8241	13
平桥区胡店乡	14830	18	32676		19266	4880	20
平桥区彭家湾乡	6700	8	20056		8590	2214	7
平桥区长台乡	5600	8	30283		23800	7300	91
平桥区肖店乡	5000	12	29663		14027	8305	9
平桥区王岗乡	10000	15	28896		21995	7975	16
平桥区高粱店乡	10400	12	20463		19452	7058	22
平桥区查山乡	7500	12	19380		18693	12669	13
罗山县城关镇	800		75334	75334	24828	9878	26
罗山县周党镇	12300	19	49558	17062	28156	11031	46
罗山县竹竿镇	11100	21	53364	5180	28595	12908	13
罗山县灵山镇	10600	10	23824	5335	12174	9153	44
罗山县子路镇	14800	24	43963	5781	22894	7251	6
罗山县楠杆镇	12700	15	40140	4864	26199	12134	36
罗山县青山镇	9700	14	29185	5275	18370	8441	58
罗山县潘新镇	9500	13	35674	3129	18133	9263	23
罗山县彭新镇	19600	19	46128	3752	24548	14950	40
罗山县莽张镇	12600	19	43841	9056	21078	9008	22
罗山县东卜镇	8930	15	43770	1864	19397	8301	116
罗山县铁铺镇	11800	9	15880	3015	8851	2507	26
罗山县龙山乡	9200	9	34661	9651	22002	9906	75
罗山县庙仙乡	9200	15	33740		17525	14650	15
罗山县定远乡	10500	16	33380		17400	8380	21
罗山县山店乡	10900	14	21782		9263	4662	18
罗山县朱堂乡	10200	10	27786		8377	3368	33
罗山县尤店乡	8600	10	30969		13386	7041	17
罗山县高店乡	10400	12	30487		20478	7213	23
光山县弦山街道办事处	10200	15	74520		38577	20049	29
光山县紫水街道办事处	12750	6	72130		38255	19634	29
光山县十里镇	5400	12	30828	1280	29205	10853	22
光山县寨河镇	11726	17	33442	5600	16721	5456	5
光山县孙铁铺镇	7035	25	50747	12341	46270	16061	16

乡镇基本情况

计算单位:公顷、个、人

名　　称	行政区域面积	村民委员会	常住人口	城镇建成区总人口	从业人员	二三产业从业人员	工业企业单位
光山县马畈镇	9900	14	33723	18630	29416	18859	21
光山县泼陂河镇	14180	23	51607	23871	32623	9838	23
光山县白雀园镇	12770	33	53481	10020	31876	5900	24
光山县砖桥镇	6960	13	24842	2388	22718	7930	11
光山县仙居乡	10200	17	36059		31835	10370	7
光山县北向店乡	7000	13	28362		18009	12684	10
光山县罗陈乡	7800	13	26840		24668	8690	20
光山县殷棚乡	5260	9	16314		9723	2865	2
光山县南向店乡	9650	17	36562		23380	1615	8
光山县晏河乡	14193	23	54704		33079	2339	9
光山县凉亭乡	6086	15	13758		1705	1705	19
光山县斛山乡	7034	22	44756		33866	6282	48
光山县槐店乡	9740	18	33519		23472	6519	13
光山县文殊乡	12300	21	49236		39264	9954	21
新县新集镇	24161	8	85036	60318	24978	22594	79
新县沙窝镇	13158	13	31937	6340	15979	8237	36
新县吴陈河镇	6751	17	28940	7285	15155	9471	22
新县苏河镇	9544	14	25889	5953	15800	10463	26
新县八里畈镇	8858	11	26247	6630	15751	9148	21
新县周河乡	11093	10	14623	4770	8917	5039	18
新县陡山河乡	13348	14	22395	3500	15229	9973	29
新县浒湾乡	5638	11	18086	4396	10863	6995	38
新县千斤乡	9738	17	32960	6354	17363	10341	31
新县卡房乡	11614	8	9199	2747	5781	2625	9
新县郭家河乡	7704	6	10769	1220	6439	3306	16
新县陈店乡	7511	9	15487	4875	10356	5722	14
新县箭厂河乡	6196	12	17292	2935	10831	5455	14
新县泗店乡	9757	11	14799	2836	9699	5021	21
新县田铺乡	10314	7	8048	1832	4663	2177	14
商城县赤城街道办事处	2348	4	109819		47942	45554	23
商城县鲇鱼山街道办事处	9828	19	33962		19243	7918	20
商城县上石桥镇	15910	31	51921	8199	41521	26228	23
商城县鄢岗镇	11550	22	33268	4161	26295	3758	142
商城县双椿铺镇	16120	29	37918	5617	31904	21208	47
商城县汪桥镇	9130	25	36815	3069	25239	11840	37
商城县余集镇	8940	24	34290	12885	24920	12387	40
商城县达权店镇	15360	22	22374	6018	14251	6582	149
商城县丰集镇	8519	16	25430	7060	13684	4769	25
商城县汪岗镇	7950	16	18911	1230	14732	7491	248
商城县观庙镇	8638	20	25704	9025	18540	11351	16
商城县河凤桥乡	7842	19	25121		24350	14609	70
商城县李集乡	9350	16	22424		14283	2836	35
商城县金刚台乡	9178	12	17911		13700	7164	24
商城县苏仙石乡	9230	10	12381		6675	3427	21
商城县伏山乡	14160	18	21934		15559	8429	25
商城县吴河乡	11170	16	21190		16575	10109	111
商城县冯店乡	13220	16	16855		13042	8596	134
商城县长竹园乡	22900	22	26489		17917	11550	72
固始县蓼城办事处	3003		116437	103066	48540	45432	438
固始县番城办事处	5346		38563	37000	24878	18470	42

乡镇基本情况

计算单位:公顷、个、人

名　　称	行政区域面积	村民委员会	常住人口	城镇建成区总人口	从业人员	二三产业从业人员	工业企业单位
固始县秀水办事处	5978	6	32223	7473	14595	6902	35
固始县陈淋子镇	10528	19	40552	16099	37101	23407	118
固始县黎集镇	15300	23	46639	17406	44319	24428	44
固始县蒋集镇	7600	21	28525	20520	26794	6294	44
固始县往流镇	9749	19	34309	18215	27731	6190	69
固始县郭陆滩镇	9600	20	36154	11235	15415	11111	55
固始县胡族铺镇	18400	28	52228	9720	44594	19954	55
固始县方集镇	10600	19	30340	12443	24959	13124	58
固始县三河尖镇	7920	17	41001	6893	25868	13973	255
固始县段集镇	10500	18	23309	11960	17990	11154	26
固始县汪棚镇	13113	22	30389	4544	27798	16466	39
固始县张广庙镇	9345	22	25412	4591	20748	9490	21
固始县陈集镇	10495	21	26151	11685	25918	11905	53
固始县武庙集镇	11620	16	31376	1982	18072	11765	76
固始县分水亭镇	8300	22	57092	2879	28426	19508	36
固始县石佛店镇	6400	13	18944	4121	17560	14625	19
固始县泉河铺镇	8128	16	23957	2898	23770	10269	89
固始县祖师庙镇	8720	15	22131	2598	16964	6528	64
固始县洪埠乡	8686	19	35626	3890	32406	17949	25
固始县杨集乡	6611	17	26610	6840	26553	11818	35
固始县马堽集乡	10260	16	28015	7655	13627	11477	27
固始县草庙集乡	7650	12	21915	8920	21764	12541	87
固始县南大桥乡	6400	13	18979	2200	16261	11172	18
固始县赵岗乡	6400	14	29375	4600	15920	6712	30
固始县张老埠乡	7660	18	17876	4503	15230	7576	15
固始县沙河铺乡	7500	20	34593	3512	30954	17442	23
固始县徐集乡	7202	17	27989	4728	26869	14043	189
固始县李店乡	7344	15	28184	1787	24240	14627	22
固始县丰港乡	9100	22	39227	11875	37642	22644	42
固始县柳树店乡	4900	14	39167	3907	20289	14131	36
固始县观堂乡	7600	12	18668	3028	16668	9530	14
潢川县春申街道办事处	3500	6	41000	25500	9500	5500	18
潢川县定城街道办事处	3560	4	44500	24681	16376	6570	8
潢川县弋阳街道办事处	4228	7	50856	18620	26430	5215	32
潢川县老城街道办事处	1100	4	31500	21000	16200	10520	64
潢川县双柳树镇	8450	14	36835	3683	14871	5955	1820
潢川县伞陂镇	9600	16	42138	4994	23125	6299	150
潢川县卜塔集镇	4200	10	30010	5018	15397	3120	60
潢川县仁和镇	9100	14	33500	3050	26580	9457	263
潢川县付店镇	8570	13	30980	2099	18316	7667	133
潢川县踅孜镇	5400	8	22760	4965	16944	6960	5
潢川县桃林铺镇	11600	16	34702	3693	27376	7140	33
潢川县黄寺岗镇	11100	12	33262	4992	25810	6690	172
潢川县江家集镇	9600	14	35400	13400	20111	14191	180
潢川县传流店乡	8210	11	32272	7200	20497	12157	28
潢川县魏岗乡	12600	20	53433	3860	30884	13114	63
潢川县张集乡	9510	15	36670	3420	22500	15585	62
潢川县来龙乡	8200	13	45124	8061	23454	10580	42
潢川县隆古乡	7441	11	24870	385	9424	3292	16
潢川县谈店乡	12552	20	51516	3500	37140	13740	9

乡镇基本情况

计算单位:公顷、个、人

名　　称	行政区域面积	村民委员会	常住人口	城镇建成区总人口	从业人员	二三产业从业人员	工业企业单位
潢川县上油岗乡	8500	18	22754	3452	22526	10161	23
潢川县白店乡	12200	21	46718	3850	18496	13082	32
淮滨县顺河街道办事处	1948		56843	26730	49002	43771	523
淮滨县滨湖街道办事处	1617		52816	29763	38014	30411	21
淮滨县栏杆街道办事处	4869	13	28862	3330	18280	11340	39
淮滨县桂花街道办事处	2071		51920	9848	44358	38910	47
淮滨县马集镇	7000	15	33286	7488	22788	9712	38
淮滨县防胡镇	7810	16	51582	7213	26092	16602	41
淮滨县新里镇	7800	19	43120	6572	25270	13620	29
淮滨县期思镇	8500	16	31192	6257	23955	8368	128
淮滨县赵集镇	4800	14	32850	6300	21790	9370	55
淮滨县台头乡	7300	14	36198	14560	24241	6954	47
淮滨县王家岗乡	4629	17	30412	3568	19644	3300	56
淮滨县固城乡	7900	20	48858	4802	34096	12005	247
淮滨县三空桥乡	7100	22	43672	5000	34466	12106	38
淮滨县张里乡	6000	12	35190	1200	22085	15388	40
淮滨县邓湾乡	5100	13	24360	6305	20295	8095	67
淮滨县张庄乡	9150	14	30973	8767	18844	6809	33
淮滨县王店乡	11400	17	36825	2032	21456	11629	95
淮滨县谷堆乡	8466	24	61300	18000	38150	14250	120
淮滨县芦集乡	9200	25	54196	4902	28224	13855	376
息县谯楼街道办事处	2757	3	109454		37299	24668	40
息县龙湖街道办事处	3547	5	18107		7870	6553	60
息县淮河街道办事处	3604	5	12752		10554	10485	68
息县包信镇	8700	19	59989	7847	25383	17489	220
息县夏庄镇	8753	16	45594	9696	22134	13308	132
息县东岳镇	10596	20	59185	6925	31158	21404	33
息县项店镇	12609	18	56465	5925	30423	12832	94
息县小茴店镇	13822	25	79536	5233	35919	22840	125
息县曹黄林镇	11871	21	55458	5892	22088	14634	184
息县孙庙乡	9712	12	38794		21705	10147	19
息县路口乡	13431	20	49243		20961	12600	39
息县彭店乡	8100	14	39625		13124	5569	175
息县杨店乡	9690	20	48173		19138	6311	89
息县张陶乡	9900	18	57387		32427	23742	178
息县白土店乡	8690	16	46792		23085	8130	176
息县岗李店乡	6914	20	61650		28232	6658	60
息县长陵乡	5499	11	35536		14635	9052	57
息县陈棚乡	5196	10	34350		10547	6533	98
息县临河乡	8175	15	48183		21418	9957	63
息县关店乡	9075	22	74861		40730	11112	31
息县八里岔乡	12107	20	61720		26848	10033	237
川汇区李埠口乡	5100	22	54696		37800	22809	82
川汇区许湾乡	8490	30	76348		31732	21654	196
扶沟县扶亭街道办事处	1430	10	18587		12587	10966	88
扶沟县城关镇	985		57520	57520	20650	20227	56
扶沟县崔桥镇	7333	34	53100	19000	36000	8000	12
扶沟县江村镇	9318	36	54971	8032	35232	9213	19
扶沟县白潭镇	8761	32	53016	14168	43156	24430	35
扶沟县韭园镇	8195	40	52913	12856	32647	20945	16

乡镇基本情况

计算单位:公顷、个、人

名　　称	行政区域面积	村民委员会	常住人口	城镇建成区总人口	从业人员	二三产业从业人员	工业企业单位
扶沟县练寺镇	8200	27	54300	13560	32760	17200	20
扶沟县大新镇	7750	22	41400	6980	22155	4515	44
扶沟县包屯镇	8212	28	46644	6603	24762	3570	38
扶沟县汴岗镇	8231	27	50236	8892	30943	6704	13
扶沟县曹里乡	8210	26	46376		13677	4135	17
扶沟县柴岗乡	6880	30	44550		16614	5330	32
扶沟县固城乡	7687	23	47082		28945	4785	36
扶沟县吕潭乡	9387	33	50470		44715	12660	32
扶沟县大李庄乡	2896	14	22751		15195	2528	17
扶沟县城郊乡	5011	17	34587		15074	7990	4
西华县娲城街道办事处	813		27120		13220	10025	3
西华县箕子台街道办事处	1670		28538		11738	10928	4
西华县昆山街道办事处	927		21686		12789	12642	5
西华县西夏亭镇	6697	27	60827	7738	39633	15791	67
西华县逍遥镇	5295	29	55208	18970	35800	21850	66
西华县奉母镇	7286	35	63026	7850	43029	9857	162
西华县红花集镇	9000	26	67198	5428	40263	7750	26
西华县聂堆镇	7029	22	53146	9978	33539	7030	149
西华县东夏亭镇	4926	23	38100	7612	24655	6145	48
西华县西华营镇	7400	31	60950	7200	39286	9128	40
西华县址坊镇	5130	21	39277	2583	23409	13363	108
西华县田口乡	4500	17	32635		18851	3667	30
西华县清河驿乡	4839	20	33428		20045	2310	60
西华县皮营乡	4945	25	40942		16912	6933	21
西华县东王营乡	4060	20	31305		18851	2886	106
西华县大王庄乡	3955	20	36812		18005	3643	38
西华县李大庄乡	4443	19	43026		28740	13547	41
西华县叶埠口乡	5701	28	57316		41058	17596	135
西华县迟营乡	5303	23	40928		26901	8695	98
西华县黄土桥乡	4480	17	36080		20530	6252	163
西华县艾岗乡	5604	22	44703		30438	7381	31
商水县新城街道办事处	986	1	48000		3290	2580	34
商水县东城街道办事处	1700	7	24626		21020	11020	25
商水县老城街道办事处	920	6	17480		6155	4827	16
商水县黄寨镇	6800	26	64477	16037	38428	18653	132
商水县练集镇	4800	23	53256	13341	37415	27673	303
商水县魏集镇	5977	29	69126	14688	44421	22556	46
商水县固墙镇	8200	37	74050	20201	48840	30390	88
商水县白寺镇	5940	23	48068	8494	34385	29670	1020
商水县巴村镇	6377	28	57800	6915	27300	11400	213
商水县谭庄镇	8248	35	61213	18254	36778	30258	49
商水县邓城镇	6977	30	65000	14000	32000	19000	16
商水县胡吉镇	5600	28	48352	5056	33438	15190	240
商水县城关乡	2790	18	30829		21577	8486	69
商水县平店乡	5500	28	46782		35200	22620	156
商水县袁老乡	5530	27	51245		26764	9455	198
商水县化河乡	3800	22	40624		18336	9980	33
商水县姚集乡	8209	38	68125		34750	29947	205
商水县舒庄乡	6040	29	41736		30360	13560	42
商水县大武乡	5506	32	51996		34665	13739	49

乡镇基本情况

计算单位:公顷、个、人

名　　称	行政区域面积	村民委员会	常住人口	城镇建成区总人口	从业人员	二三产业从业人员	工业企业单位
商水县张明乡	6180	23	53120		23115	8715	16
商水县郝岗乡	5100	27	47380		25015	8785	25
商水县张庄乡	7589	27	54000		23342	12510	7
商水县汤庄乡	5700	24	46246		30099	14999	136
沈丘县东城办事处	2948	9	17141		13333	6252	115
沈丘县北城办事处	3958	18	37264		21088	10061	365
沈丘县槐店回族镇	2934	9	118441	117872	63989	57957	172
沈丘县刘庄店镇	5815	36	69686	4771	41646	27784	32
沈丘县留福集镇	4722	22	58421	5831	41359	9351	254
沈丘县老城镇	5486	38	65043	12199	39897	19760	235
沈丘县赵德营镇	7029	33	73780	14573	46164	19434	512
沈丘县付井镇	6920	31	70495	30162	46656	31131	15
沈丘县纸店镇	3830	20	46785	14730	30439	15936	199
沈丘县新安集镇	5123	28	59657	5039	31717	29550	195
沈丘县白集镇	5600	38	66093	10175	40702	15061	343
沈丘县刘湾镇	3340	18	37142	4137	28462	13530	65
沈丘县连池乡	3466	26	49436		23026	5769	257
沈丘县石槽集乡	6235	33	59620		22565	19581	239
沈丘县范营乡	6400	35	69952		31230	21161	106
沈丘县李老庄乡	4200	29	53500		37082	22382	147
沈丘县大邢庄乡	2472	21	30946		18957	9195	186
沈丘县冯营乡	7029	29	68243		25099	14750	50
沈丘县周营乡	4030	20	44010		29653	10101	48
沈丘县洪山乡	6030	23	65412		29478	14446	327
沈丘县北杨集乡	5600	19	52417		38000	16400	248
沈丘县卞路口乡	5535	23	52523		24425	7341	371
郸城县洺南办事处	1075		66170		6156	2900	36
郸城县洺北办事处	1260		32151		16624	10301	62
郸城县新城办事处	1695		25833		16838	2510	15
郸城县吴台镇	7050	25	47530	4763	40502	8492	96
郸城县南丰镇	7801	27	43245	18898	41364	16801	70
郸城县白马镇	11040	35	52156	5992	47624	16184	40
郸城县宁平镇	7955	26	45987	4891	37110	15858	63
郸城县宜路镇	7648	26	50564	10678	42809	12246	39
郸城县钱店镇	8800	27	57236	5833	47388	4802	71
郸城县汲冢镇	9463	33	58721	9160	49274	20309	58
郸城县石槽镇	7351	25	44587	3262	36613	6717	35
郸城县城郊乡	5070	17	36162		33355	9223	50
郸城县虎头岗乡	8318	22	46588		41899	13443	47
郸城县汲水乡	8884	27	45897		40447	7327	41
郸城县张完集乡	8842	29	46693		38764	11200	54
郸城县丁村乡	7374	25	42189		36723	7037	68
郸城县双楼乡	7686	17	35275		30696	8064	60
郸城县秋渠乡	7666	26	41526		39597	14741	31
郸城县东风乡	4918	23	31094		29291	6181	33
郸城县巴集乡	6713	26	42898		38279	14717	55
郸城县李楼乡	6675	25	48162		37458	6100	33
郸城县胡集乡	6675	25	39893		37773	9027	45
淮阳县城关回族镇	3709	15	135835	33869	53264	33207	210
淮阳县新站镇	6480	28	74785	3774	50914	37729	172

乡镇基本情况

计算单位:公顷、个、人

名　　称	行政区域面积	村民委员会	常住人口	城镇建成区总人口	从业人员	二三产业从业人员	工业企业单位
淮阳县鲁台镇	6330	26	74281	3491	35903	34588	171
淮阳县四通镇	6496	27	52415	23717	27101	13319	364
淮阳县临蔡镇	7520	24	64427	3699	30048	11492	28
淮阳县安岭镇	10110	34	82990	4729	49149	12199	140
淮阳县白楼镇	8840	23	60927	5829	32514	22973	46
淮阳县朱集乡	7160	31	60228		31313	18413	240
淮阳县豆门乡	5010	20	52112		25671	14362	106
淮阳县冯塘乡	8830	28	83000		50818	29818	1620
淮阳县刘振屯乡	7930	26	70299		43671	10506	607
淮阳县王店乡	7400	31	66598		36460	12610	395
淮阳县大连乡	9460	32	86458		52321	17344	466
淮阳县葛店乡	6990	25	75287		48388	15670	984
淮阳县黄集乡	6050	20	55288		32244	10855	26
淮阳县齐老乡	9336	28	67650		30269	8437	564
淮阳县郑集乡	9100	26	70791		39189	17093	392
淮阳县曹河乡	8230	23	55400		33150	18328	590
太康县城关回族镇	1340	8	99805	4563	39902	33765	98
太康县常营镇	9800	36	66755	6142	36731	13543	56
太康县逊母口镇	9000	36	70134	10842	36563	7801	181
太康县老冢镇	7500	40	74500	11169	47100	16460	182
太康县朱口镇	10700	52	90085	7476	54015	10799	173
太康县马头镇	10800	55	92100	11428	50621	10863	107
太康县龙曲镇	5800	27	42165	5384	24091	11306	12
太康县板桥镇	8900	34	60451	3155	35108	22695	28
太康县符草楼镇	7100	35	55363	11255	34047	5351	132
太康县马厂镇	10020	43	89512	5922	51035	36504	46
太康县毛庄镇	6000	24	54721	2953	36250	2322	199
太康县张集镇	6800	25	54394	9397	30002	6809	40
太康县清集镇	8000	35	56014	5070	32989	13976	156
太康县城郊乡	4520	19	39491		29635	7180	97
太康县杨庙乡	9778	31	52983		33627	8439	16
太康县王集乡	8420	37	57296		37198	16381	38
太康县高贤乡	7410	29	55209		32039	5571	25
太康县芝麻洼乡	8100	30	59249		33915	13800	65
太康县独塘乡	6200	34	49852		32977	2141	138
太康县大许寨乡	8000	34	55876		41102	8839	86
太康县五里口乡	4128	23	52350		43055	10465	13
太康县高朗乡	8800	41	58012		23675	6113	152
太康县转楼乡	7600	36	54350		33858	11390	27
鹿邑县真源办事处	500	42	58000	58000	28000	28000	
鹿邑县谷阳办事处	2692	15	31121	31120	11893	6541	14
鹿邑县卫真办事处	1401		25700	25690	23061	12361	1
鹿邑县鸣鹿办事处	2027		32223	2954	31626	19170	
鹿邑县涡北镇	5834	6	34381	3816	22054	5911	109
鹿邑县玄武镇	5645	26	63209	24639	36947	19654	1681
鹿邑县宋河镇	5323	16	32750	13030	26414	11500	350
鹿邑县太清宫镇	4791	9	44450	9100	28170	19160	1072
鹿邑县王皮溜镇	7894	24	59030	9634	37717	9240	321
鹿邑县试量镇	6670	25	60621	9400	52780	16680	48
鹿邑县辛集镇	5847	21	49068	7691	33620	17751	46

乡镇基本情况

计算单位:公顷、个、人

名　　称	行政区域面积	村民委员会	常住人口	城镇建成区总人口	从业人员	二三产业从业人员	工业企业单位
鹿邑县马铺镇	6207	21	52254	4722	33947	10663	400
鹿邑县贾滩镇	6387	27	71298	11239	33171	11530	602
鹿邑县杨湖口镇	4392	34	71828	16223	65551	21710	570
鹿邑县张店镇	5483	27	57825	15000	54210	29250	23
鹿邑县观堂镇	7483	22	61783	8720	37000	18210	152
鹿邑县生铁冢镇	5483	18	51450	3412	35357	17878	60
鹿邑县郑家集乡	7610	11	33812		33633	12783	38
鹿邑县赵村乡	4235	29	57432		55816	18828	223
鹿邑县任集乡	6363	31	58620		34725	22425	55
鹿邑县唐集乡	5142	16	35902		17540	6520	1
鹿邑县高集乡	6363	22	50117		31578	16106	102
鹿邑县邱集乡	4200	19	28810		26878	13691	5
鹿邑县穆店乡	5879	34	39601		39595	18830	58
项城市花园办事处	1580		42651		11324	7667	2
项城市水寨办事处	1200		116239		36538	36538	69
项城市东方办事处	1080		19963		11625	7503	23
项城市莲花办事处	1630		15708		9001	6907	5
项城市千佛阁办事处	2170		36947		12456	11220	26
项城市光武办事处	1710		33711		16571	12071	250
项城市南顿镇	6810	23	51656	16036	35926	27805	740
项城市孙店镇	7080	34	54582	7090	45906	31340	135
项城市李寨镇	6750	27	49669	11980	39114	29368	23
项城市贾岭镇	8760	34	52003	17421	41115	29426	212
项城市高寺镇	6470	26	44366	2576	39380	28520	343
项城市新桥镇	7450	29	52043	3800	42650	31316	212
项城市付集镇	4700	21	36277	4937	29319	20254	402
项城市官会镇	7250	27	50616	9350	41144	30817	38
项城市丁集镇	6310	30	42355	9350	34210	26210	725
项城市郑郭镇	5570	25	45909	4621	34379	25374	645
项城市秣陵镇	6240	29	49796	19120	46459	36071	850
项城市王明口镇	75102	26	48899	2568	36505	22680	405
项城市范集镇	5810	28	47829	11700	35150	20910	88
项城市三店镇	6150	25	31428	8502	28873	19778	382
项城市永丰镇	5660	29	49001	5470	32528	16228	72
驿城区水屯镇	9955	19	64321	7211	49723	39420	235
驿城区沙河店镇	9600	16	39792	9017	27463	15010	16
驿城区板桥镇	24200	21	39016	8669	25985	12391	390
驿城区诸市镇	8100	11	34312	4763	29010	9797	24
驿城区蚁蜂镇	11600	13	20968	2820	16288	6228	80
驿城区老河乡	13645	12	34043	9200	16526	5677	39
驿城区朱古洞乡	6880	7	21405	149	12049	4704	43
驿城区胡庙乡	14900	16	43149	2810	33743	15797	79
驿城区古城乡	7100	10	37780	4210	33752	4946	63
驿城区关王庙乡	6238	16	40260	14600	40260	9230	94
西平县柏城街道办事处	2252		77423	72777	31823	30973	52
西平县柏亭街道办事处	2265		25360	12843	20320	6788	64
西平县柏苑街道办事处	4755	4	34570		24760	19684	149
西平县五沟营镇	5262	17	38362	9198	31914	23889	31
西平县权寨镇	5717	13	27685	8835	22065	15800	1
西平县师灵镇	6484	14	32597	19531	26243	19320	557

乡镇基本情况

计算单位:公顷、个、人

名　　称	行政区域面积	村民委员会	常住人口	城镇建成区总人口	从业人员	二三产业从业人员	工业企业单位
西平县出山镇	11296	20	46082	5421	31454	24448	14
西平县盆尧镇	6431	14	61995	7653	37216	32026	1455
西平县重渠乡	5193	12	36775		29801	23336	596
西平县人和乡	6245	16	45050		34371	27460	700
西平县宋集乡	6495	14	38676	4682	32916	19703	26
西平县谭店乡	5380	20	41690		39690	23790	12
西平县吕店乡	6689	20	45275	4827	29749	22778	390
西平县芦庙乡	7458	12	40128		30736	23560	33
西平县杨庄乡	6287	16	39640	1931	27052	21094	818
西平县专探乡	8086	22	59572	2534	49221	19074	138
西平县二郎乡	5520	13	49728		42404	16684	56
西平县蔡寨回族乡	2284	6	16980		12100	5300	187
西平县焦庄乡	4795	17	29960		26127	19882	105
上蔡县蔡都街道办事处	2498	5	43434	32150	11214	5924	5
上蔡县芦岗街道办事处	2475	6	51890	11491	35668	14497	45
上蔡县重阳街道办事处	1799	6	36360	19571	36360	33597	3
上蔡县卧龙街道办事处	2236	2	48513	14962	48513	32539	596
上蔡县黄埠镇	4700	14	42560	10104	40987	20970	270
上蔡县杨集镇	5600	20	66013	16387	38426	22102	410
上蔡县洙湖镇	7200	24	64236	18860	38623	18150	102
上蔡县党店镇	6500	19	59881	7780	59881	30695	125
上蔡县朱里镇	8395	25	72688	18779	54236	38986	660
上蔡县华陂镇	7600	21	70005	13786	70005	34691	385
上蔡县塔桥镇	8220	24	74184	18362	51693	43363	167
上蔡县东洪镇	9850	28	85635	11297	67019	56871	921
上蔡县邵店镇	8000	20	71689	3258	71689	25626	398
上蔡县大路李乡	5700	17	47830		34473	22138	50
上蔡县无量寺乡	6250	15	36354		36269	22412	119
上蔡县五龙乡	4000	9	33640		14300	6800	70
上蔡县杨屯乡	4000	11	32985		28985	17679	17
上蔡县和店乡	8500	30	58726		57764	47636	371
上蔡县蔡沟乡	7200	23	45760		41970	18850	40
上蔡县齐海乡	4987	13	35730		19960	11830	590
上蔡县崇礼乡	5600	16	59672		48650	14541	13
上蔡县韩寨乡	5600	15	53485		45119	23125	326
上蔡县东岸乡	6500	20	61264		27622	8256	35
上蔡县小岳寺乡	5000	16	41156		33223	18223	20
上蔡县西洪乡	5600	19	57962		33579	24369	47
上蔡县百尺乡	8023	19	64277		43975	20800	170
平舆县古槐街道办事处	2500		71090		10272	5244	26
平舆县清河街道办事处	3800		26638		16161	6283	5
平舆县东皇街道办事处	6035		38490		18784	10804	32
平舆县杨埠镇	7860	12	42696	4528	29153	19037	33
平舆县东和店镇	8600	11	45176	8612	43592	15827	86
平舆县庙湾镇	7496	13	56712	10613	31984	19278	26
平舆县射桥镇	6800	11	52795	6536	50729	26062	68
平舆县西洋店镇	13200	18	53612	8963	46031	19989	96
平舆县阳城镇	9441	15	64201	6996	43235	19965	50
平舆县郭楼镇	5100	8	34310	5420	22968	10118	11
平舆县李屯镇	5630	9	33215	4058	24065	11231	23

乡镇基本情况

计算单位:公顷、个、人

名　称	行政区域面积	村民委员会	常住人口	城镇建成区总人口	从业人员	二三产业从业人员	工业企业单位
平舆县万金店镇	7833	11	38165	4218	37034	18668	49
平舆县高杨店镇	7896	13	43560	8242	31720	8220	110
平舆县万冢镇	7900	11	49500	7009	34792	17323	22
平舆县十字路乡	4505	8	32764	5889	29709	9363	28
平舆县玉皇庙乡	6700	10	32800	6400	25320	7020	215
平舆县老王岗乡	7170	10	37185	2905	27897	9587	29
平舆县辛店乡	5360	8	21982	2932	18968	8739	12
平舆县双庙乡	6369	8	23465	1824	21680	8211	41
正阳县真阳镇	10700	14	93046	67727	55959	43509	440
正阳县寒冻镇	10141	16	48056	4995	34056	14961	52
正阳县汝南埠镇	10562	24	58298	5520	41866	13997	80
正阳县铜钟镇	10794	15	37742	5860	29779	12296	45
正阳县陡沟镇	10426	16	42416	6427	27602	14904	85
正阳县熊寨镇	8148	13	31427	5176	19732	10758	51
正阳县大林镇	12954	15	47963	4206	33469	15484	58
正阳县永兴镇	8999	13	33620	2618	21615	10149	50
正阳县慎水乡	12023	16	49253		30172	18802	235
正阳县傅寨乡	9518	14	37595		27646	12321	75
正阳县袁寨乡	8948	15	41821		24440	6660	65
正阳县新阮店乡	7558	11	29250		18143	12001	26
正阳县油坊店乡	8405	14	39718		28718	14795	45
正阳县雷寨乡	12541	21	52792		31762	23052	63
正阳县王勿桥乡	8544	12	32361	2345	23909	13761	39
正阳县吕河乡	9363	15	33595		21132	12281	39
正阳县皮店乡	10315	11	33159		24643	11483	73
正阳县彭桥乡	7895	9	28190		18130	11700	30
正阳县兰青乡	12428	16	35870		25456	13218	65
确山县盘龙镇	3308	3	102156	89464	53965	48102	190
确山县竹沟镇	18500	15	23750	6741	18669	11692	28
确山县任店镇	24800	25	35896	5674	26772	13887	58
确山县新安店镇	16500	22	39542	5500	32249	20937	54
确山县留庄镇	12400	20	40188	10703	34670	21420	60
确山县刘店镇	11900	18	36783	5540	36555	18643	78
确山县瓦岗镇	17500	15	19584	3210	18523	10138	79
确山县双河镇	13000	23	39364	3137	34276	14056	52
确山县石滚河镇	13700	12	17437	3875	15801	8024	36
确山县李新店镇	8500	13	19327	2135	16052	9573	25
确山县三里河乡	13892	15	55488		34219	17881	210
确山县普会寺乡	7200	10	18761	13600	14740	5510	56
泌阳县花园街道办事处	7400	12	88452	30000	41386	35822	27
泌阳县泌水街道办事处	5074	14	83000	46723	64529	57258	31
泌阳县古城街道办事处	3380	9	80818	75968	68727	65695	24
泌阳县羊册镇	12700	29	41782	11092	35583	17312	24
泌阳县马谷田镇	21500	22	25412	4701	25208	19027	91
泌阳县春水镇	11755	19	25380	6920	25052	21776	74
泌阳县官庄镇	12650	22	36167	9614	24208	11004	23
泌阳县赊湾镇	7660	16	21889	2582	19510	14469	77
泌阳县郭集镇	10202	17	28129	6923	23154	11784	41
泌阳县泰山庙镇	8808	19	31946	7723	20106	11143	28
泌阳县王店镇	10032	18	18645	8200	18227	8281	40

乡镇基本情况

计算单位:公顷、个、人

名　　称	行政区域面积	村民委员会	常住人口	城镇建成区总人口	从业人员	二三产业从业人员	工业企业单位
泌阳县高店乡	6813	14	15752	4306	15140	4512	18
泌阳县盘古乡	9272	20	21684	2360	19634	9444	40
泌阳县高邑乡	3600	12	13049	2233	12733	4833	32
泌阳县铜山乡	26600	18	13610	2216	12901	9267	67
泌阳县下碑寺乡	11000	13	12320	988	10608	3070	14
泌阳县象河乡	13020	11	15180	7314	14657	11457	30
泌阳县付庄乡	13860	14	19230	1002	15639	8713	35
泌阳县贾楼乡	10706	13	11692	473	11212	2710	19
泌阳县黄山口乡	12819	10	21902	947	16465	8126	157
泌阳县杨家集乡	8250	14	20434	5388	17252	10114	33
泌阳县双庙街乡	6404	18	16629	1015	16007	8210	43
汝南县汝宁街道办事处	1300		82000	51710	76000	71800	70
汝南县三门闸街道办事处	9536	16	47316	2200	32029	12211	55
汝南县古塔街道办事处	6900	7	43563	15060	31200	14490	30
汝南县王岗镇	7300	17	48094	3048	39005	22425	80
汝南县梁祝镇	8000	16	49079	12300	36702	27176	78
汝南县和孝镇	7600	15	33207	5020	23280	19780	52
汝南县老君庙镇	8842	13	44500	10800	30260	7760	60
汝南县留盆镇	8238	19	61180	7218	43958	23411	40
汝南县金铺镇	7114	17	47990	5890	36150	15520	65
汝南县东官庄镇	8442	21	46050	3020	46050	28750	34
汝南县常兴镇	14400	23	55880	14397	55880	31291	70
汝南县罗店镇	5700	16	50150	3459	31447	7878	57
汝南县韩庄镇	7400	11	34610	4238	26494	14519	71
汝南县三桥镇	12881	24	68360	6150	43195	24685	59
汝南县张楼镇	5400	11	37350	12326	25750	21400	46
汝南县南余店乡	6006	10	22380	1700	15560	2970	31
汝南县板店乡	6136	14	36318	5093	21084	14754	55
遂平县瞿阳街道办事处	3010		37717	9233	20438	17568	30
遂平县车站街道办事处	4500	29	26696	3521	12233	7108	39
遂平县莲花湖街道办事处	1700	2	49315	31998	20243	18687	78
遂平县玉山镇	6900	15	31210	5270	20869	9282	50
遂平县查岈山镇	9600	13	27635	6318	18515	9585	63
遂平县石寨铺镇	4276	9	27870	5782	25861	5750	38
遂平县和兴镇	14100	24	70263	6049	67758	36714	126
遂平县沈寨镇	10900	21	54328	7321	37014	28107	89
遂平县阳丰镇	8000	15	33200	6160	25920	16600	48
遂平县常庄镇	9600	16	47208	3569	39908	18772	77
遂平县花庄镇	15750	15	27850	1080	27550	2880	46
遂平县槐树乡	8000	14	34390	1632	23890	6140	21
遂平县文城乡	5100	16	18320	1300	18178	7852	40
遂平县褚堂乡	4898	9	22075	1761	16855	7089	43
新蔡县古吕街道办事处	1700	4	87075	77329	59705	55380	180
新蔡县今是街道办事处	3505	8	23939	7919	23939	12057	85
新蔡县月亮湾街道办事处	3237	8	21654		18875	10566	143
新蔡县砖店镇	5557	10	32484	8100	32484	6140	60
新蔡县陈店镇	6457	14	36870	4374	36870	9825	96
新蔡县佛阁寺镇	8043	14	39343	5120	39343	14191	92
新蔡县练村镇	8375	23	64865	2523	64865	13995	38
新蔡县棠村镇	4667	18	36421	4480	36421	31567	55

乡镇基本情况

计算单位:公顷、个、人

名　　称	行政区域面积	村民委员会	常住人口	城镇建成区总人口	从业人员	二三产业从业人员	工业企业单位
新蔡县韩集镇	4848	18	43674	4019	43674	13185	690
新蔡县龙口镇	6951	20	44916	5749	44916	10038	61
新蔡县李桥回族镇	4521	10	29890	5010	20074	12288	45
新蔡县黄楼镇	6745	11	37600	5500	37600	17280	693
新蔡县孙召镇	6690	17	43567	4308	34490	16490	565
新蔡县余店镇	14907	20	62000	4630	62000	23600	100
新蔡县河坞乡	6000	13	32056		23967	10703	612
新蔡县关津乡	8100	18	50000		50000	20517	50
新蔡县宋岗乡	5400	14	27450		27450	13042	78
新蔡县顿岗乡	5008	20	34228		34228	16553	60
新蔡县涧头乡	8095	24	46559		46559	21045	265
新蔡县杨庄户乡	4505	15	33221		33221	15410	51
新蔡县化庄乡	6803	20	44221		44221	18187	42
新蔡县栎城乡	6737	19	32759		32759	3782	34
新蔡县弥陀寺乡	5577	11	33182		33182	8062	46
济源市克井镇	20500	50	57591	40254	49489	46278	369
济源市五龙口镇	12713	31	52295	19364	37069	32684	390
济源市轵城镇	13850	69	75462	32000	51600	43100	309
济源市承留镇	19283	49	61125	17129	59038	54213	826
济源市邵原镇	33700	50	43701	13115	26521	11258	41
济源市坡头镇	13700	24	26760	6112	15835	7735	33
济源市梨林镇	5665	45	44276	5094	26879	11062	533
济源市大峪镇	22570	30	28914	2700	16249	5786	18
济源市思礼镇	6970	27	31219	8558	19402	18400	118
济源市王屋镇	23845	44	36214	6450	18281	9356	39
济源市下冶镇	16800	38	32632	8400	17487	11466	25
湖北省							
洪山区天兴乡	2600	3	4029	4029	2856	2099	
蔡甸区索河镇	5755	26	26680	3645	16311	12730	93
蔡甸区玉贤镇	4990	17	16319	1793	8995	5306	34
蔡甸区消泗乡	14333	12	19285	5215	11961	7163	3
黄陂区木兰乡	11500	38	54496	4924	28499	8935	35
新洲区辛冲镇	7891	41	61531	3685	27327	19152	410
新洲区徐古镇	8539	32	42743	3640	16269	9410	107
新洲区凤凰镇	5721	19	29793	2630	15995	13374	89
阳新县兴国镇	11530	9	115623	98459	70370	65712	483
阳新县富池镇	12133	17	31408	29060	23541	19325	183
阳新县黄颡口镇	8818	18	32182	8781	24120	19800	78
阳新县韦源口镇	7831	18	26591	10603	16637	11913	46
阳新县太子镇	10480	31	40762	10890	18383	4365	3
阳新县大王镇	9116	32	53700	4860	24515	18040	29
阳新县陶港镇	15333	15	27268	5536	20438	16777	22
阳新县白沙镇	18266	38	80176	19026	60093	49330	204
阳新县浮屠镇	18746	41	66054	18600	49508	40641	386
阳新县三溪镇	14471	15	36296	4850	27204	22332	213
阳新县龙港镇	26438	38	87612	13740	65665	53904	346
阳新县洋港镇	14709	17	31917	6183	23922	19637	13
阳新县排市镇	15694	24	39263	3366	21109	12778	89
阳新县木港镇	24028	26	44098	6720	33046	27127	28
阳新县枫林镇	26684	17	39432	3119	29555	24262	222

乡镇基本情况

计算单位:公顷、个、人

名　　称	行政区域面积	村民委员会	常住人口	城镇建成区总人口	从业人员	二三产业从业人员	工业企业单位
阳新县王英镇	26220	23	52707	5765	26587	20238	4
大冶市东岳路街道办事处	800	4	101528	81163	47200	42100	329
大冶市金湖街道办事处	13113	42	88559	21746	65399	47893	485
大冶市罗家桥街道办事处	8123	33	124125	84335	79827	66610	236
大冶市金山街道办事处	4500	14	46109	13688	14643	10664	175
大冶市金牛镇	15440	32	60986	33875	36245	26643	196
大冶市保安镇	13800	28	63784	42538	34460	30269	238
大冶市灵乡镇	13500	21	53197	34556	24397	19870	298
大冶市金山店镇	5937	22	49868	16507	23818	18758	56
大冶市还地桥镇	17270	34	55488	43950	43244	41371	1435
大冶市殷祖镇	11970	20	44139	9978	22393	16650	21
大冶市刘仁八镇	11482	20	38855	7826	23759	17653	149
大冶市陈贵镇	16040	19	57436	45068	40177	37853	963
大冶市大箕铺镇	10200	24	55623	6895	33926	28876	182
大冶市汪仁镇	10460	20	43978	4633	24415	17849	573
大冶市茗山乡	7063	29	38892	2785	30671	12760	56
茅箭区大川镇人民政府	6813	5	3288	542	1629	447	
茅箭区小川乡	21203	5	891		731	496	
茅箭区茅塔乡	17300	10	4853	682	2155	1377	3
茅箭区鸳鸯乡	4709	10	35356		25527	19027	183
张湾区黄龙镇	12600	13	18865	7520	6900	3050	28
张湾区柏林镇	10700	6	15842	8530	3562	2220	45
张湾区方滩乡	6600	7	5191	2000	3231	1719	1
张湾区西沟乡	11100	9	4755	2000	2398	1986	1
郧县城关镇	15871	14	143830	66693	12546	8874	164
郧县安阳镇	20780	23	22277	775	13511	5903	19
郧县杨溪铺镇	15280	15	21153	1625	17732	5130	78
郧县青曲镇	18180	18	23611	2738	2810	1860	24
郧县白桑关镇	21956	24	21452	1530	16799	7328	16
郧县南化塘镇	41703	28	49044	8745	25373	3775	55
郧县白浪镇	6815	10	11829	2247	5760	3395	23
郧县刘洞镇	8553	15	16128	2438	10829	7871	19
郧县谭山镇	12030	18	24222	3232	15682	8707	96
郧县梅铺镇	10909	17	26583	731	16799	7328	11
郧县青山镇	13533	12	13064	905	10544	4091	15
郧县郧县经济开发区(茶店镇)	9947	10	36301	19376	18429	15912	193
郧县柳陂镇	17633	28	43816	5489	25992	7719	111
郧县鲍峡镇	38456	25	29316	4827	10355	7356	28
郧县胡家营镇	21738	19	25486	2400	14483	6517	18
郧县谭家湾镇	13433	13	21307	4555	16148	8153	54
郧县大柳乡	39200	12	12039	401	6789	2947	31
郧县五峰乡	23422	22	23722	4388	10048	5190	10
郧县叶大乡	34388	13	9610	1760	5158	2515	6
郧西县城关镇	12775	24	82314	41505	34518	30896	119
郧西县土门镇	21763	22	27203	1980	15930	11349	18
郧西县上津镇	22650	21	28168	3861	12543	8585	18
郧西县店子镇	25000	18	22753	8000	12200	9400	9
郧西县夹河镇	19749	22	34560	5967	15635	10118	14
郧西县羊尾镇	11694	18	23579	7010	17307	14582	7
郧西县观音镇	18172	25	34780	3240	19856	14973	17

乡镇基本情况

计算单位：公顷、个、人

名　　称	行政区域面积	村民委员会	常住人口	城镇建成区总人口	从业人员	二三产业从业人员	工业企业单位
郧西县马鞍镇	17420	15	19570	7123	10454	6528	25
郧西县河夹镇	24580	25	27989	2416	16138	9605	4
郧西县香口乡	26944	22	22951	7500	15579	9350	21
郧西县关防乡	20700	14	14674	6105	8022	5334	6
郧西县湖北口回族乡	25149	19	19151	2098	10051	7397	3
郧西县景阳乡	21638	21	28727	7575	14669	9865	3
郧西县六郎乡	20730	25	24754	6976	12873	10310	4
郧西县涧池乡	10530	16	19596	8900	9922	6370	15
郧西县安家乡	23388	16	10810	4680	6721	4888	15
竹山县城关镇	6900	15	61930	42215	33404	29008	218
竹山县溢水镇	19109	20	32893	13500	20222	3412	18
竹山县麻家渡镇	21300	21	30117	16910	16933	3250	220
竹山县宝丰镇	18880	28	63555	31000	28526	17843	901
竹山县擂鼓镇	10063	16	32231	2667	19875	11775	327
竹山县秦古镇	9833	15	26154	6356	15001	10356	367
竹山县得胜镇	14208	14	25792	7348	11418	8980	49
竹山县上庸镇	18270	9	16049	3298	7777	920	218
竹山县官渡镇	40000	10	19316	4815	9248	3502	46
竹山县潘口乡	52561	6	19874	8402	9928	7049	35
竹山县竹坪乡	16400	16	25032	7800	15613	9651	48
竹山县大庙乡	12550	12	13358	3500	7816	795	20
竹山县双台乡	41370	14	18252	1868	8824	6109	140
竹山县楼台乡	32800	15	25867	1050	7294	2258	19
竹山县文峰乡	17510	10	15050	3100	7692	910	71
竹山县深河乡	32413	8	8292	3321	4050	3879	4
竹山县柳林乡	47500	10	11291	2500	6955	655	20
竹溪县城关镇	14974	14	22796	13025	11848	9951	130
竹溪县蒋家堰镇	11852	31	39106	13004	18788	12042	17
竹溪县中峰镇	6280	28	33328	5223	16720	7090	36
竹溪县水坪镇	19200	42	50321	15371	20361	14892	78
竹溪县县河镇	12600	22	21406	3391	10963	3441	35
竹溪县泉溪镇	21134	13	10519	2272	4766	2264	16
竹溪县丰溪镇	38225	17	10016	4830	5171	3278	62
竹溪县龙坝镇	13168	19	21097	2530	12532	5789	72
竹溪县新洲乡	19946	19	21307	2412	11296	2743	17
竹溪县兵营乡	25350	17	15339	2088	7254	3898	12
竹溪县鄂坪乡	19784	19	9411	1256	5442	2104	59
竹溪县汇湾乡	17280	19	16665	1713	8280	4270	10
竹溪县天宝乡	22200	21	14460	1184	8462	3614	4
竹溪县桃源乡	37838	11	7990	1064	3997	1185	12
竹溪县向坝乡	17426	9	6333	1155	3955	2930	20
房县城关镇	6798	17	97800	55898	19876	13719	174
房县军店镇	16080	20	40775	10150	17253	12657	227
房县化龙堰镇	19090	17	28071	6100	14326	9328	367
房县土城镇	31300	12	20137	5160	13992	11035	165
房县大木厂镇	41800	18	30818	8253	17287	13951	13
房县青峰镇	41400	26	36900	12000	19427	12370	24
房县门古寺镇	40000	22	31685	5645	17841	9012	11
房县白鹤镇	22879	14	33193	1715	21322	12409	49
房县野人谷镇	35800	18	14738	1185	7916	6523	34

乡镇基本情况

计算单位:公顷、个、人

名　　称	行政区域面积	村民委员会	常住人口	城镇建成区总人口	从业人员	二三产业从业人员	工业企业单位
房县红塔镇	22200	26	40934	6726	23677	13275	219
房县窑淮镇	24724	14	17193	6520	11410	8903	97
房县尹吉甫镇	9796	8	9852	2270	6082	4116	19
房县姚坪乡	20400	16	21818	616	9879	6039	1
房县沙河乡	23460	12	8645	2008	4743	3363	1
房县万峪河乡	19400	9	9219	1031	1398	126	
房县上龛乡	35497	8	6572	2300	5068	3231	48
房县中坝乡	23140	14	9465	3000	5868	203	56
房县九道乡	33450	9	10035	1126	5459	2081	25
房县回龙乡	14032	5	3443	100	2301	1598	18
房县五台乡	10800	4	4774	624	3306	2106	33
丹江口市均州路街道办事处	800		48428	48428	27151	26812	50
丹江口市大坝路街道办事处	800		37211	37211	34591	34275	75
丹江口市丹赵路街道办事处	4900	4	20202	18702	11030	7855	80
丹江口市三官殿街道办事处	11000	9	23321	21221	14331	10710	135
丹江口市土关垭镇	11030	11	13716	3654	6433	3422	15
丹江口市浪河镇	14667	9	19090	13871	6718	3092	49
丹江口市丁家营镇	8420	7	13325	6260	8294	6022	29
丹江口市六里坪镇	18691	20	40136	35893	30732	24491	280
丹江口市盐池河镇	19600	12	10857	3562	7637	3915	1
丹江口市均县镇	27286	19	23535	3890	15056	6173	4
丹江口市习家店镇	30933	23	37023	21895	17544	4014	24
丹江口市蒿坪镇	12100	9	12723	2386	6742	2854	5
丹江口市石鼓镇	17600	8	14407	1365	7591	4412	7
丹江口市凉水河镇	24200	15	28162	6078	15202	8637	6
丹江口市官山镇	30160	13	13595	2964	8068	4104	2
丹江口市龙山镇	14500	14	16115	3283	9562	4827	1
西陵区窑湾乡	2540	9	14487	775	10914	7654	105
伍家岗区伍家乡	7000	16	32708	12130	17280	13999	303
点军区艾家镇	6640	5	7608	574	4540	2790	12
点军区桥边镇	13274	14	27960	1974	13820	9900	4
点军区联棚乡	9308	7	13437		7733	2555	27
点军区土城乡	17800	14	23942	1194	12014	4815	15
夷陵区樟村坪镇	45686	14	23377	3635	12102	11217	192
夷陵区雾渡河镇	38900	8	31326	1852	17956	9336	189
夷陵区分乡镇	32000	16	35478	2500	23012	7996	104
夷陵区太平溪镇	15230	12	28841	7322	14824	6747	306
夷陵区三斗坪镇	17800	19	34015	6035	19982	11839	125
夷陵区乐天溪镇	25400	14	27286	5517	16038	9695	86
夷陵区龙泉镇	26139	19	50468	19567	32900	26281	309
夷陵区鸦鹊岭镇	24300	19	53712	18795	35210	19318	496
夷陵区黄花镇	28868	13	35862	5140	18411	11786	65
夷陵区下堡坪乡	25700	8	21315	1500	6536	5411	128
夷陵区邓村乡	25387	16	28165	1877	16649	1772	104
远安县鸣凤镇	7600	6	49526	48265	29821	28095	80
远安县花林寺镇	21100	15	15674	6954	10446	6042	60
远安县旧县镇	16600	15	25640	1958	14596	9964	31
远安县洋坪镇	23800	22	34792	5648	22361	14363	30
远安县茅坪场镇	45800	16	24683	4414	14765	9448	30
远安县荷花镇	39600	16	27365	2532	18364	13511	113

乡镇基本情况

计算单位:公顷、个、人

名　　称	行政区域面积	村民委员会	常住人口	城镇建成区总人口	从业人员	二三产业从业人员	工业企业单位
远安县河口乡	20700	12	14294	1758	10407	6760	14
兴山县古夫镇	44536	7	48262	33036	31098	14986	51
兴山县昭君镇	14392	9	24031	10657	8846	3103	15
兴山县峡口镇	21633	15	23648	2140	13012	3728	5
兴山县南阳镇	27346	10	11689	2505	6591	3305	11
兴山县黄粮镇	24572	14	21324	3805	21324	3188	13
兴山县水月寺镇	46147	17	22580	5522	14096	5521	36
兴山县高桥乡	17299	9	14750	3500	7585	3718	9
兴山县榛子乡	35791	8	11008	841	6925	2144	13
秭归县茅坪镇	19324	18	101760	71075	29030	19180	332
秭归县归州镇	12800	11	25527	8100	14799	5461	3
秭归县屈原镇	21743	12	19258	2114	11543	7534	16
秭归县沙镇溪镇	18800	15	35594	6903	20091	6311	16
秭归县两河口镇	26900	19	27176	4100	18238	6952	12
秭归县郭家坝镇	29943	20	50821	4028	29852	12190	16
秭归县杨林桥镇	23456	14	25725	3715	21742	7121	35
秭归县九畹溪镇	23934	14	22948	4573	16940	10670	49
秭归县水田坝乡	22400	25	34682	6047	11999	1269	8
秭归县泄滩乡	14500	13	14825	1460	9460	4880	7
秭归县梅家河乡	10139	13	18010	1918	11422	377	5
秭归县磨坪乡	14100	12	12055	2300	7531	303	4
长阳土家族自治县龙舟坪镇	34070	21	74414	55102	54720	45515	61
长阳土家族自治县高家堰镇	21410	11	20590	4274	12735	7660	7
长阳土家族自治县磨市镇	22650	12	32759	8245	18489	11281	17
长阳土家族自治县都镇湾镇	52500	26	51607	2971	31117	14582	30
长阳土家族自治县资丘镇	37190	19	39534	7130	24460	9705	24
长阳土家族自治县渔峡口镇	29420	16	33524	2000	10218	8857	6
长阳土家族自治县榔坪镇	53130	12	41258	2405	22837	7070	21
长阳土家族自治县贺家坪镇	34720	9	28155	3220	17031	5421	12
长阳土家族自治县大堰乡	24740	15	34185	1446	31642	25314	19
长阳土家族自治县鸭子口乡	23251	10	21416	1864	11950	6340	32
长阳土家族自治县火烧坪乡	10550	3	7898	981	5183	1538	10
五峰土家族自治县五峰镇	43940	12	36930	15730	19703	9861	65
五峰土家族自治县长乐坪镇	37381	16	22248	1415	14053	4525	12
五峰土家族自治县渔洋关镇	35641	12	42650	20600	29452	18975	54
五峰土家族自治县仁和坪镇	24200	14	21284	2537	11648	4321	10
五峰土家族自治县湾潭镇	32600	10	15758	1362	10455	4713	12
五峰土家族自治县付家堰乡	13950	9	15690	1174	9413	3148	6
五峰土家族自治县牛庄乡	15400	9	7007	1277	4547	966	5
五峰土家族自治县采花乡	31744	15	26181	4137	14507	5089	15
宜都市陆城街道办事处	5900	9	93044	72649	86726	82382	921
宜都市红花套镇	14900	9	27506	9903	19543	14846	185
宜都市高坝洲镇	9400	11	27742	3849	15211	9760	47
宜都市聂家河镇	11500	9	17101	1249	9657	8908	68
宜都市松木坪镇	12700	10	26881	5721	19382	17541	196
宜都市枝城镇	24200	28	88680	35965	55292	46524	528
宜都市姚家店镇	6700	10	24449	1254	19003	16060	179
宜都市五眼泉镇	10500	11	20642	1242	13061	10779	123
宜都市潘家湾土家族乡	14400	9	14882	2115	9271	6524	62
宜都市王家畈乡	25500	17	29515	6223	16235	10375	95

乡镇基本情况

计算单位:公顷、个、人

名　　称	行政区域面积	村民委员会	常住人口	城镇建成区总人口	从业人员	二三产业从业人员	工业企业单位
当阳市玉阳街道办事处	12668	12	70039	63019	43424	41538	226
当阳市坝陵街道办事处	16820	17	50137	20479	33169	23267	170
当阳市玉泉街道办事处	26582	15	33194	4749	19501	13867	184
当阳市两河镇	9030	12	35862	5643	22888	12681	75
当阳市河溶镇	22150	19	50028	11699	29059	10681	151
当阳市育溪镇	37430	23	55007	10174	55007	27504	46
当阳市庙前镇	33220	18	34322	2060	24681	13818	125
当阳市王店镇	26490	15	36507	10100	26495	15318	119
当阳市半月镇	21700	10	32373	6744	22937	8909	56
当阳市草埠湖镇	9787	14	20028	6654	15201	3732	23
枝江市马家店街道	5800	10	111849	93900	75720	71887	372
枝江市安福寺镇	22300	25	50203	23355	26842	20097	48
枝江市白洋镇	15600	18	40199	4920	25217	18922	39
枝江市顾家店镇	6615	14	24106	2816	15756	11581	44
枝江市董市镇	13700	24	52483	21000	37289	29997	136
枝江市仙女镇	17100	22	33151	8850	20478	14377	76
枝江市问安镇	16000	23	45866	5201	22840	15623	84
枝江市七星台镇	12900	21	43442	12760	26748	18658	141
枝江市百里洲镇	21400	41	84704	15000	47104	32600	16
襄城区欧庙镇	18300	50	70148	27926	48574	32306	316
襄城区卧龙镇	28298	45	71890	35200	37843	26140	390
襄城区尹集乡	4972	7	14073	3785	6848	5099	79
樊城区牛首镇	16419	34	73511	19122	40462	20456	156
樊城区太平店镇	23270	42	86081	28020	73824	23250	112
樊城区高新区团山镇	6022	9	51828	1615	19835	8615	83
樊城区高新区米庄镇	5600	5	54357	3247	30195	25639	186
襄州区龙王镇	24300	47	71400	18000	38429	18985	639
襄州区石桥镇	20300	37	68201	5746	51333	21448	36
襄州区黄集镇	19600	38	75386	14833	26045	19318	449
襄州区伙牌镇	15700	23	47990	15487	35992	23995	267
襄州区古驿镇	23700	31	75726	5429	23876	7530	56
襄州区朱集镇	11200	31	79970	18251	48096	31216	40
襄州区程河镇	12100	31	70361	5869	50689	23987	38
襄州区双沟镇	14000	42	92120	30165	38242	24592	328
襄州区张家集镇	13500	28	56899	7210	23068	19489	38
襄州区黄龙镇	15200	24	48529	8274	14665	9646	21
襄州区峪山镇	25800	37	48513	13200	21291	9159	32
襄州区东津镇	28900	52	117002	28860	73616	64181	811
南漳县城关镇	31200	33	136980	17726	44196	11343	352
南漳县武安镇	39800	43	96452	35128	59208	30964	131
南漳县九集镇	47200	43	85146	21000	51190	26990	65
南漳县李庙镇	55700	25	20555	3248	15853	7347	8
南漳县长坪镇	25200	14	12403	4778	8580	2526	10
南漳县薛坪镇	37600	29	26021	6567	16015	14478	8
南漳县板桥镇	27100	22	14246	4254	9176	5240	15
南漳县巡检镇	35700	24	25108	5028	18550	12648	22
南漳县东巩镇	42800	22	25998	6266	19483	12237	44
南漳县肖堰镇	39900	24	23274	4583	14183	10130	26
谷城县城关镇	14410	17	88196	54571	45039	36491	372
谷城县石花镇	27360	37	100567	56316	72947	50280	796

乡镇基本情况

计算单位:公顷、个、人

名　　称	行政区域面积	村民委员会	常住人口	城镇建成区总人口	从业人员	二三产业从业人员	工业企业单位
谷城县盛康镇	30300	26	66200	16664	26820	15401	92
谷城县庙滩镇	22138	30	42713	19021	18849	12631	74
谷城县五山镇	25000	20	35366	11200	17348	10728	57
谷城县茨河镇	18440	15	17092	1883	11476	6074	21
谷城县南河镇	24436	19	18209	2603	10705	6862	23
谷城县紫金镇	37850	26	16881	5681	12202	8470	28
谷城县冷集镇	26680	37	57987	10123	26519	17493	109
谷城县赵湾乡	23164	10	10023	3002	5630	4530	29
保康县城关镇	24590	20	59853	41400	24520	19512	220
保康县黄堡镇	29320	29	22994	4785	20079	6060	3
保康县后坪镇	20197	13	7763	1400	5297	2567	12
保康县龙坪镇	20200	10	8741	2527	5433	2697	4
保康县店垭镇	13860	17	16426	2450	15372	4972	7
保康县马良镇	34196	39	33220	13000	19748	9813	65
保康县歇马镇	65500	49	45851	3218	25780	17708	186
保康县马桥镇	47304	30	30012	16960	24195	14512	152
保康县寺坪镇	35200	26	27754	2170	9638	3181	16
保康县过渡湾镇	15220	13	10923	1120	10299	5288	15
保康县两峪乡	15822	11	10210	750	5970	2290	4
老河口市光化街道办事处	4690	10	36431	19547	13485	9385	355
老河口市鄪阳街道办事处	4900	9	66204	53627	34414	31122	1948
老河口市孟楼镇	6300	19	32346	15847	17148	10764	27
老河口市竹林桥镇	8600	23	31005	4458	24176	18164	277
老河口市薛集镇	9020	22	35945	4536	27400	13659	32
老河口市张集镇	16730	33	37399	5540	22169	8832	402
老河口市仙人渡镇	11400	31	32086	15698	28160	23721	562
老河口市洪山嘴镇	20530	26	37228	17343	36682	27103	697
老河口市李楼镇	8500	21	33082	10553	23631	19394	568
老河口市袁冲乡	12530	23	32102	4342	17884	8566	63
枣阳市北城街道办事处	723		28198	26834	20468	20207	1409
枣阳市南城街道办事处	11420	14	65035	18872	20646	18349	2027
枣阳市环城街道办事处	17800	26	62934	9615	30457	21200	980
枣阳市琚湾镇	21965	33	67416	25870	35918	28723	1671
枣阳市七方镇	30203	68	86125	20118	48843	34765	803
枣阳市杨当镇	18790	38	76946	25900	30382	23693	39
枣阳市太平镇	25625	63	103988	51278	52022	39290	311
枣阳市新市镇	23312	39	57915	8800	29670	22195	199
枣阳市鹿头镇	21003	29	57911	20500	30591	23277	266
枣阳市刘升镇	20008	27	37803	4400	14477	9300	154
枣阳市兴隆镇	18771	29	54987	31288	29704	21312	428
枣阳市王城镇	19073	34	48410	13747	24082	14843	161
枣阳市吴店镇	35913	44	88275	56828	63285	53475	1617
枣阳市熊集镇	26292	20	39420	16520	25925	11190	86
枣阳市平林镇	20564	18	25321	5234	18407	10360	38
宜城市鄢城街道办事处	9000	9	148215	113531	72146	60462	390
宜城市南营街道办事处	16300	19	45123	5641	17504	4365	16
宜城市郑集镇	22400	30	83391	12945	41682	22424	189
宜城市小河镇	17900	29	56856	28505	30510	15865	295
宜城市刘猴镇	19300	19	40234	8436	22626	15603	31
宜城市孔湾镇	10100	11	22096	3602	12647	7479	124

乡镇基本情况

计算单位:公顷、个、人

名　　称	行政区域面积	村民委员会	常住人口	城镇建成区总人口	从业人员	二三产业从业人员	工业企业单位
宜城市流水镇	52300	28	44970	3410	25986	4082	29
宜城市板桥镇	38100	18	43530	5521	24293	8167	12
宜城市王集镇	14700	16	41042	2805	22598	12432	10
宜城市雷河镇	11100	12	39378	13152	17577	9563	136
梁子湖区太和镇	7900	21	53779	17636	31615	13278	132
梁子湖区东沟镇	4397	8	17594	6100	8552	3592	10
梁子湖区梁子生态管理区(镇)	10900	6	11840	10291	5450	2289	12
梁子湖区涂家垴镇	14900	27	37827	7850	19183	8057	35
梁子湖区沼山镇	6700	19	47763	10283	23646	9931	41
华容区华容镇	8866	23	61732	31483	30967	15682	140
华容区葛店镇	7900	26	69759	30530	46329	24829	465
华容区庙岭镇	8620	15	33056	5049	17250	6141	43
华容区段店镇	7123	17	36039	5099	18242	6760	33
华容区临江乡	6576	13	33240	3147	16923	5225	31
华容区蒲团乡	8413	9	25596	3024	12010	2461	32
鄂城区泽林镇	8389	16	53124	33912	22151	15630	480
鄂城区杜山镇	4959	7	21819	8809	12152	3658	9
鄂城区新庙镇	2958	7	22304	1660	10519	7396	65
鄂城区碧石镇	3010	10	27628	8413	14151	8714	146
鄂城区汀祖镇	7648	19	61546	15189	30197	20595	195
鄂城区燕矶镇	6203	18	50128	17669	29021	10740	315
鄂城区杨叶镇	3935	6	24468	6722	13023	7077	60
鄂城区花湖镇	5510	8	34747	17560	21492	20460	185
鄂城区长港镇	4254	5	17938	8095	8610	1553	9
鄂城区沙窝乡	5389	11	30426	1643	15170	6978	8
东宝区栗溪镇	37400	25	20173	3396	9970	5981	65
东宝区子陵镇	27700	29	40965	22986	31647	26051	896
东宝区漳河镇	38600	38	43560	8698	38504	10775	415
东宝区马河镇	16100	9	9214	947	4948	3429	92
东宝区石桥驿镇	18500	26	33986	6986	18823	13026	122
东宝区牌楼镇	10315	12	21152	5392	14806	11498	135
东宝区仙居乡	15900	27	26023	3266	15256	9925	22
掇刀区团林铺镇	26864	42	60326	21777	22146	7711	112
掇刀区麻城镇	17600	19	29257	7651	15669	12301	435
京山县新市镇	32100	25	157802	138347	93797	77072	893
京山县永兴镇	17147	20	23693	9156	10716	7090	279
京山县曹武镇	18650	28	29131	5288	15395	6680	81
京山县罗店镇	29849	66	59359	15510	34118	12984	169
京山县宋河镇	31200	46	51112	28636	35394	22890	333
京山县坪坝镇	8880	18	14312	4628	12372	9480	129
京山县三阳镇	23032	30	25005	6258	17252	10823	82
京山县绿林镇	25179	14	9203	3945	5676	4414	71
京山县杨集镇	28330	21	13376	2486	6459	2919	75
京山县孙桥镇	7825	29	36785	11108	15605	8469	44
京山县石龙镇	30100	22	22505	3717	11230	6854	138
京山县永隆镇	8195	30	49275	12138	68833	12757	206
京山县雁门口镇	25800	31	36755	14612	24697	17738	256
京山县钱场镇	20350	23	35845	21000	24025	15669	261
沙洋县沙洋镇	3874	3	53952	51673	35559	33504	87
沙洋县五里铺镇	20186	19	39584	8315	21520	11808	410

乡镇基本情况

计算单位:公顷、个、人

名　　称	行政区域面积	村民委员会	常住人口	城镇建成区总人口	从业人员	二三产业从业人员	工业企业单位
沙洋县十里铺镇	16444	17	30889	13486	17609	9566	128
沙洋县纪山镇	10053	12	22762	3908	17936	10836	53
沙洋县拾回桥镇	14286	17	42050	8144	28566	16281	32
沙洋县后港镇	27379	30	61323	57986	49544	43223	1314
沙洋县毛李镇	16043	23	37581	8696	23687	15492	68
沙洋县官当镇	14862	24	38470	17500	18054	11576	150
沙洋县李市镇	9282	23	33736	6533	24623	18172	96
沙洋县马良镇	11134	12	35856	5950	19775	12309	152
沙洋县高阳镇	19854	24	38483	6136	22649	10623	51
沙洋县沈集镇	19464	23	34697	11310	18866	9800	246
沙洋县曾集镇	21539	22	35734	10847	29763	17994	252
钟祥市郢中街道办事处	8400	6	193716	184495	59778	57405	914
钟祥市洋梓镇	40300	34	53664	6220	19920	11920	375
钟祥市长寿镇	27500	15	26629	6210	9607	2569	62
钟祥市丰乐镇	16200	40	65625	11047	24782	17330	63
钟祥市胡集镇	39400	43	101170	76640	49661	36648	229
钟祥市双河镇	23500	34	33873	16634	17256	11956	241
钟祥市磷矿镇	21900	19	38713	13083	20713	11500	248
钟祥市文集镇	12800	25	39915	3466	19678	15420	20
钟祥市冷水镇	31400	39	49850	5650	28000	20450	160
钟祥市石牌镇	29500	51	84321	11027	36947	26690	113
钟祥市旧口镇	23400	52	97242	24960	45378	31942	211
钟祥市柴湖镇	15400	54	107618	23125	68258	34243	126
钟祥市长滩镇	15300	15	17098	2675	10490	3060	10
钟祥市东桥镇	24670	19	23583	5097	9718	4617	14
钟祥市客店镇	29300	13	13488	1121	8726	5331	58
钟祥市张集镇	28900	28	22158	4800	9251	6100	392
钟祥市九里乡	9900	8	11435	4165	4131	1210	64
孝南区新铺镇	4500	22	28270	5560	19889	13265	65
孝南区西河镇	5707	26	23017	5701	13656	8802	32
孝南区杨店镇	12340	54	56603	16651	37219	27090	22
孝南区陡岗镇	5580	24	44678	5437	27971	23382	32
孝南区肖港镇	10800	61	83671	39657	61726	40608	106
孝南区毛陈镇	9960	19	35910	20256	29260	21695	298
孝南区三汊镇	7140	31	42895	6730	21491	12416	35
孝南区祝站镇	5986	38	29432	7825	18880	12572	27
孝南区朋兴乡	7260	25	45171	396	29845	21230	13
孝南区卧龙乡	6417	31	51285	1195	20741	13386	30
孝南区闵集乡	9710	28	26310	2120	11568	9718	6
孝昌县花园镇	12140	39	129686	49903	79351	61140	1456
孝昌县丰山镇	12130	23	30582	5024	21980	14641	102
孝昌县周巷镇	13830	41	64553	10367	37121	33148	348
孝昌县小河镇	7537	36	44832	6120	20087	2557	15
孝昌县王店镇	7740	35	43207	9014	22954	17062	351
孝昌县卫店镇	7800	24	33961	4265	19141	15148	62
孝昌县白沙镇	7440	40	49815	5800	21010	13896	21
孝昌县邹岗镇	13350	49	66722	12253	40074	21942	354
孝昌县小悟乡	7640	23	20040		10137	6760	115
孝昌县季店乡	8340	35	52130		21480	10130	96
孝昌县花西乡	8340	33	46235		23435	17780	123

乡镇基本情况

计算单位：公顷、个、人

名　　称	行政区域面积	村民委员会	常住人口	城镇建成区总人口	从业人员	二三产业从业人员	工业企业单位
孝昌县陡山乡	10300	37	56814		30618	20544	483
大悟县城关镇	9437	13	77729	49306	22328	10396	1012
大悟县阳平镇	11618	16	21449	2700	7462	6749	208
大悟县芳畈镇	26300	20	27040	9456	17821	11030	131
大悟县新城镇	12393	25	45521	16327	28812	11328	214
大悟县夏店镇	9600	19	33445	7655	38631	6127	644
大悟县刘集镇	8556	15	30272	1517	19739	2523	249
大悟县河口镇	4500	11	24976	10320	12168	7067	402
大悟县四姑镇	6046	14	27919	3573	17193	9196	221
大悟县吕王镇	11134	19	28921	9324	26920	10568	73
大悟县黄站镇	5200	11	16717	6145	6755	4306	291
大悟县宣化店镇	26500	40	63658	24119	91691	51370	306
大悟县丰店镇	15676	26	29885	4132	9772	4663	136
大悟县大新镇	9600	25	34762	7482	18393	8950	118
大悟县三里镇	11940	20	18151	11190	17422	9020	84
大悟县高店乡	13900	25	40039	5326	33471	19363	171
大悟县彭店乡	12081	22	29017	2846	17519	5468	48
大悟县东新乡	19334	34	32435	7531	10914	745	328
云梦县城关镇	3200	17	41940	37327	34128	30071	1251
云梦县义堂镇	6300	29	49154	8700	37127	29589	249
云梦县曾店镇	6200	22	36667	5230	28495	17957	238
云梦县吴铺镇	6900	24	37754	4778	29162	18080	324
云梦县伍洛镇	4400	28	33967	13560	31413	23087	683
云梦县下辛店镇	8100	42	57915	12682	44457	30687	275
云梦县道桥镇	3200	18	26792	5183	21209	15520	257
云梦县隔蒲潭镇	6200	32	56708	13085	45562	33476	339
云梦县胡金店镇	3000	16	31170	5761	25315	18019	219
云梦县倒店乡	4800	20	26668	2385	21737	15767	208
云梦县沙河乡	4800	21	36106	3850	27132	19643	172
云梦县清明河乡	3300	17	27010	4065	21769	17233	282
应城市城中街道办事处	2400	4	88657		56815	54267	270
应城市城北街道办事处	7870	33	44096	948	32821	23850	42
应城市四里棚街道办事处	3305	13	24294		21585	18961	59
应城市东马坊街道办事处	2938	20	32608		27129	23659	429
应城市长江埠街道办事处	1865	14	17154		10369	8505	168
应城市田店镇	6346	20	12460	2020	17708	9723	10
应城市杨河镇	11373	37	37398	10760	23613	14583	31
应城市三合镇	8111	31	27078	4439	22136	19242	48
应城市郎君镇	8065	37	35878	7145	39357	23471	72
应城市黄滩镇	7066	28	42662	2750	36366	28173	116
应城市天鹅镇	7065	22	22962	3417	16434	11673	43
应城市义和镇	9068	21	25478	2382	15315	12182	45
应城市陈河镇	13201	45	56508	12916	33968	23912	122
应城市杨岭镇	12412	27	42527	6270	24455	9735	48
应城市汤池镇	5003	16	13500	2293	9525	6427	5
安陆市府城街道办事处	8600	6	139765	122489	33622	25111	460
安陆市南城街道办事处	10200	19	24658	16960	10892	6373	230
安陆市赵棚镇	11420	16	38931	5494	22174	9886	119
安陆市李店镇	11600	24	28531	8670	16201	8820	126
安陆市巡店镇	6620	34	44553	8187	25106	13642	164

乡镇基本情况

计算单位:公顷、个、人

名　　称	行政区域面积	村民委员会	常住人口	城镇建成区总人口	从业人员	二三产业从业人员	工业企业单位
安陆市棠棣镇	8400	29	30662	3718	16990	9890	123
安陆市雷公镇	13720	35	38766	5336	24809	13823	125
安陆市王义贞镇	11300	23	20106	3615	16012	8991	115
安陆市烟店镇	11000	40	40513	6477	25350	13800	120
安陆市孛畈镇	11720	17	34926	4093	18009	9786	148
安陆市伏水镇	8300	29	33504	3848	21456	12354	314
安陆市陈店乡	8206	26	34648	3172	21474	11664	125
安陆市辛榨乡	9600	18	34094	4210	22066	13257	124
安陆市木梓乡	12020	23	24126	3160	16483	9796	91
安陆市接官乡	4800	26	25778	6004	13900	8200	150
汉川市仙女山街道办事处	2934	6	129892	124645	48141	45358	501
汉川市汈东街道办事处	1892	10	12886	2930	7801	5379	52
汉川市马口镇	6268	36	78196	56948	63312	56356	336
汉川市脉旺镇	4034	13	38504	16500	23495	16095	68
汉川市城隍镇	6223	42	58119	29640	33080	21763	98
汉川市分水镇	7551	23	62012	15012	38196	27962	281
汉川市沉湖镇	7182	20	69495	33000	33475	24397	116
汉川市田二河镇	7577	25	43052	12385	27280	10385	43
汉川市回龙镇	6453	18	32127	2236	26012	18503	28
汉川市新堰镇	8107	30	38110	4977	25377	13471	21
汉川市垌塚镇	3485	16	21880	2454	10971	7924	3
汉川市麻河镇	7742	26	25309	5750	23971	13779	14
汉川市刘家隔镇	12176	38	49131	9618	26138	17085	68
汉川市新河镇	11952	44	73295	28467	67160	54114	429
汉川市庙头镇	4643	22	37804	1647	23816	16573	243
汉川市杨林沟镇	6721	30	43048	2655	23441	15706	43
汉川市西江乡	9155	31	46555	3983	26086	18843	27
汉川市湾潭乡	4411	21	19360	665	17844	12326	32
汉川市南河乡	7978	25	42859	2213	24894	17434	47
汉川市马鞍乡	4730	30	36092	10128	20518	13417	146
汉川市里潭乡	5966	21	25434	1252	19658	12861	5
汉川市韩集乡	7720	38	42694	3216	30002	18705	39
沙市区锣场镇	3133	8	7746	1026	6321	2839	65
沙市区岑河镇	15514	26	57937	14528	20864	10963	138
沙市区观音当镇	17456	29	47013	10736	37919	20326	51
沙市区关沮镇	2892	8	20675	12228	6990	5302	98
沙市区立新乡	743	2	47502	37769	4230	3725	55
荆州区纪南镇	15731	23	54227	4120	21670	12401	95
荆州区川店镇	17813	22	37028	9023	25490	8463	27
荆州区马山镇	12886	14	24688	5352	23581	16007	14
荆州区八岭山镇	12636	13	30846	6431	17043	10808	99
荆州区李埠镇	9289	12	22958	8554	11827	8270	45
荆州区弥市镇	16600	25	59677	25754	42944	19638	153
荆州区郢城镇	4235	13	57916	6040	21349	16669	53
公安县埠河镇	22912	45	82189	29053	56700	24700	59
公安县斗湖堤镇	9381	12	139156	133050	72214	62925	351
公安县夹竹园镇	13221	19	45626	10549	22741	12568	47
公安县闸口镇	13155	13	46365	14661	25929	9437	106
公安县杨家厂镇	13770	18	44540	15162	27029	18803	596
公安县麻豪口镇	18210	23	55402	8950	31852	14009	21

乡镇基本情况

计算单位:公顷、个、人

名　　称	行政区域面积	村民委员会	常住人口	城镇建成区总人口	从业人员	二三产业从业人员	工业企业单位
公安县藕池镇	10287	13	39323	19947	31432	14382	199
公安县黄山头镇	11880	14	41182	6762	17994	10472	153
公安县孟家溪镇	12271	18	40628	12346	24254	12211	106
公安县南平镇	8706	15	47316	32250	34926	27634	342
公安县章庄铺镇	18260	25	57563	13530	28367	15971	20
公安县狮子口镇	16707	21	52715	14155	32244	15056	15
公安县斑竹垱镇	15920	29	65645	12731	35113	14012	40
公安县毛家港镇	19331	33	61558	3563	31299	16622	37
公安县甘家厂乡	9791	14	35304	9660	24363	13077	306
公安县章田寺乡	11889	16	44707	6108	18372	11087	167
监利县容城镇	11026	24	134095	134560	82339	77818	120
监利县朱河镇	11968	50	71068	53840	30332	18700	31
监利县新沟镇	16102	45	69520	62491	59610	32227	112
监利县龚场镇	10754	23	30659	8053	30642	23119	53
监利县周老嘴镇	12000	40	49874	13356	35031	28724	73
监利县黄歇口镇	15184	40	49424	10231	38366	23997	49
监利县汪桥镇	15632	38	51483	16366	32004	25100	21
监利县程集镇	11566	37	33329	7950	35120	20327	24
监利县分盐镇	17200	33	40273	5668	30677	25991	5
监利县毛市镇	13592	35	40686	13702	43626	39558	143
监利县福田寺镇	9862	26	30192	3015	20559	14136	43
监利县上车湾镇	7737	27	26407	4799	18925	10292	6
监利县汴河镇	18707	35	42114	7560	30576	21857	18
监利县尺八镇	15729	52	50240	18600	33043	20396	40
监利县白螺镇	17328	28	37720	13840	20185	15750	28
监利县网市镇	9520	28	34210	6200	28986	23822	48
监利县三洲镇	17666	31	21801	8872	15071	7714	11
监利县桥市镇	14418	33	42377	5600	31893	16447	15
监利县红城乡	21440	72	74172	15485	46566	35350	135
监利县棋盘乡	14402	25	27383	9870	25133	14925	32
监利县柘木乡	16361	46	57728		36142	20853	33
江陵县资市镇	8857	15	19927	5950	17080	2930	23
江陵县滩桥镇	6312	17	21932	11340	15028	5451	43
江陵县熊河镇	13966	31	39468	8349	23437	9834	76
江陵县白马寺镇	14943	32	48883	8950	48130	24674	2
江陵县沙岗镇	14708	27	41313	13080	33595	16035	24
江陵县普济镇	7815	26	31862	12538	19726	8487	29
江陵县郝穴镇	3696	6	44782	32054	24901	6860	58
江陵县马家寨乡	13084	25	35523	1682	26301	7251	8
江陵县秦市乡	5569	20	22848	8950	20542	9310	25
石首市绣林街道办事处	3452	1	75647	63228	48822	47755	164
石首市笔架山街道办事处	6026	10	83728	63226	42415	32715	324
石首市新厂镇	9540	19	36961	14632	24688	16108	35
石首市横沟市镇	6554	18	34797	8873	23384	17059	46
石首市大垸镇	17114	32	46207	13542	29332	19032	32
石首市小河口镇	13800	20	25939	9750	21004	9494	11
石首市桃花山镇	9710	17	20550	2850	11704	9238	76
石首市调关镇	13304	21	36639	15260	28783	20236	120
石首市东升镇	18238	33	50789	19989	36181	29299	105
石首市高基庙镇	8593	22	30292	3801	18123	9097	122

乡镇基本情况

计算单位:公顷、个、人

名　　称	行政区域面积	村民委员会	常住人口	城镇建成区总人口	从业人员	二三产业从业人员	工业企业单位
石首市南口镇	9092	17	25306	3977	16150	8552	16
石首市高陵镇	7685	21	28100	7270	19961	11518	56
石首市团山寺镇	6686	18	27202	9382	23553	18007	18
石首市久合垸乡	6144	17	22239	1436	18546	10733	17
洪湖市新堤街道办事处	5146	7	130914	126412	92802	62227	2321
洪湖市滨湖街道办事处	31353	23	27483	2520	23029	14692	13
洪湖市螺山镇	14083	16	31072	5395	18220	10511	61
洪湖市乌林镇	12184	29	53753	6763	29078	14026	35
洪湖市龙口镇	12386	33	41425	10672	30007	9945	18
洪湖市燕窝镇	15389	32	34285	6745	31687	7645	49
洪湖市新滩镇	16341	34	35496	7515	19706	7408	48
洪湖市峰口镇	13601	46	79787	30699	49877	10459	25
洪湖市曹市镇	10225	34	42147	15823	40209	23181	155
洪湖市府场镇	2751	9	19655	13988	13504	10533	235
洪湖市戴家场镇	10196	21	47005	11627	37633	26642	49
洪湖市瞿家湾镇	3863	8	17643	2370	7012	3639	3
洪湖市沙口镇	12324	29	43155	12164	21177	3533	116
洪湖市万全镇	16353	50	54156	17154	46053	24562	65
洪湖市汊河镇	14576	38	54470	8076	34612	18874	23
洪湖市黄家口镇	13648	29	33620	14038	21975	5068	18
洪湖市老湾乡	6131	11	12874	1895	11773	5376	25
松滋市新江口镇	10099	10	121336	120792	75754	65102	431
松滋市南海镇	17589	21	57532	11000	29400	17477	37
松滋市八宝镇	16014	17	69416	23778	42428	26530	369
松滋市宛市镇	13467	17	48865	16537	27695	15614	25
松滋市老城镇	11403	17	44454	5890	29514	16969	10
松滋市陈店镇	15267	11	34483	6050	18289	9794	22
松滋市王家桥镇	15408	21	44982	8769	26424	17162	35
松滋市斯家场镇	9512	13	26925	8297	15440	10138	49
松滋市杨林市镇	12173	13	41683	9419	24774	13521	61
松滋市纸厂河镇	10642	12	35159	6732	18139	9521	24
松滋市街河市镇	8107	14	36546	9112	19881	14311	25
松滋市危水镇	29004	25	66189	41347	35531	22918	47
松滋市刘家场镇	25272	21	58084	42771	25458	16840	110
松滋市沙道观镇	6954	6	32771	21055	21244	12012	24
松滋市万家乡	6467	8	23541	1320	13630	7942	19
松滋市卸甲坪土家族乡	10315	8	13110	1315	6750	3949	26
黄州区路口镇	6092	17	27951	12800	14083	10175	75
黄州区堵城镇	5911	18	29527	14831	14395	8425	26
黄州区陈策楼镇	5868	30	34185	9623	17794	12412	100
黄州区陶店乡	4764	17	25415	3210	13432	7018	80
团风县团风镇	10320	38	89381	53416	26516	14311	52
团风县淋山河镇	11650	49	63193	7713	19196	17405	47
团风县方高坪镇	4697	25	27876	3112	15671	6049	50
团风县回龙山镇	6510	26	31456	4033	10774	4869	46
团风县马曹庙镇	5210	21	22294	3549	18514	6714	35
团风县上巴河镇	6150	28	34498	8575	17369	9017	152
团风县总路咀镇	5220	21	25015	5829	12938	5097	15
团风县但店镇	12890	37	48443	10311	44768	13021	63
团风县贾庙乡	9570	25	20610	1520	9490	4619	43

乡镇基本情况

计算单位:公顷、个、人

名　　称	行政区域面积	村民委员会	常住人口	城镇建成区总人口	从业人员	二三产业从业人员	工业企业单位
团风县杜皮乡	8350	19	19207	1520	13939	9581	14
红安县城关镇	11800	28	138301	106542	87103	74717	2304
红安县七里坪镇	36200	69	93387	28767	31870	21748	1121
红安县华河镇	16723	36	52280	5500	37455	11745	5
红安县二程镇	12925	31	44600	21800	44135	14450	10
红安县上新集镇	8572	24	39675	5574	10149	3481	345
红安县高桥镇	15003	43	64778	9760	45625	28937	46
红安县觅儿镇	16641	25	37560	10326	19953	8917	86
红安县八里镇	10060	21	46897	17668	19198	12616	118
红安县太平桥镇	7545	19	30010	4122	14083	6049	161
红安县永河镇	22581	46	54667	3859	21693	5334	259
红安县杏花乡	16641	37	120000	60000	56497	13400	26
罗田县凤山镇	25654	48	115897	93442	83571	72730	629
罗田县骆驼坳镇	8904	27	31966	8125	23413	18976	182
罗田县大河岸镇	15600	25	31421	7613	22303	14682	67
罗田县九资河镇	28511	34	34704	8442	24332	16221	102
罗田县胜利镇	25435	41	53101	14391	38940	29637	102
罗田县河铺镇	20503	40	50070	9926	36162	22771	241
罗田县三里畈镇	17384	43	62932	29543	44235	35486	166
罗田县匡河镇	19302	50	57113	11710	43181	29753	321
罗田县白莲河乡	10231	20	21985	1452	18058	11490	166
罗田县白庙河乡	17810	29	30213	2860	20377	13952	59
罗田县平湖乡	10289	22	21015	5647	14078	9188	8
罗田县大崎乡	13288	28	36345	11186	26197	18881	80
英山县温泉镇	16202	47	111220	63320	41819	32623	503
英山县南河镇	7671	21	21170	4900	14789	10789	35
英山县红山镇	6981	20	13925	1832	16649	11134	104
英山县金家铺镇	9931	27	28212	9911	18404	14360	162
英山县石头咀镇	26438	40	41180	12153	15685	9077	18
英山县草盘地镇	16705	19	22908	2400	14709	8349	131
英山县雷家店镇	16270	32	35393	3415	24350	7970	16
英山县杨柳湾镇	20687	42	52230	3596	34182	13232	15
英山县方家咀乡	7797	24	30353		14320	9850	57
英山县孔家坊乡	9186	21	26021	2176	13058	8350	26
英山县陶家河乡	7033	12	9462	3360	7600	4180	6
浠水县清泉镇	25950	74	215094	134711	112020	72200	3816
浠水县巴河镇	22330	86	112177	38210	73893	50182	48
浠水县竹瓦镇	14960	56	65804	19878	43277	26538	95
浠水县汪岗镇	9010	41	45120	7775	31606	19558	30
浠水县团陂镇	20580	72	97035	19726	52079	28047	14
浠水县关口镇	22210	74	93286	8550	48704	36134	601
浠水县白莲镇	6227	13	22600	5163	11120	1450	1200
浠水县蔡河镇	9660	31	27998	7021	22319	8197	28
浠水县洗马镇	13570	41	41589	12562	36510	24029	230
浠水县丁司垱镇	11600	34	41219	7200	24022	16109	35
浠水县散花镇	14770	44	62574	9700	36421	19524	375
浠水县兰溪镇	11400	38	55000	14200	26020	14226	265
浠水县绿杨乡	13970	26	23028	1529	12858	7123	93
蕲春县漕河镇	16144	39	165987	146210	133469	125884	326
蕲春县赤东镇	14897	45	46789	27800	34969	28184	79

乡镇基本情况

计算单位:公顷、个、人

名　　称	行政区域面积	村民委员会	常住人口	城镇建成区总人口	从业人员	二三产业从业人员	工业企业单位
蕲春县蕲州镇	14356	35	72784	48749	34790	29049	286
蕲春县管窑镇	7252	16	25658	7005	13967	8706	39
蕲春县彭思镇	10995	29	25568	3685	23885	15696	40
蕲春县横车镇	19270	48	77471	22430	53072	43461	327
蕲春县株林镇	16520	34	44932	3216	21987	14177	61
蕲春县刘河镇	21460	54	74181	31025	56495	34083	166
蕲春县狮子镇	24100	54	44672	12000	33621	19740	10
蕲春县青石镇	19202	43	43663	4508	34998	21920	204
蕲春县张榜镇	20750	37	46732	22130	34871	21469	212
蕲春县大同镇	13968	27	22556	4536	22866	10209	80
蕲春县檀林镇	16692	42	46320	5373	17206	11675	76
蕲春县向桥乡	20512	28	34071	4247	16455	10216	16
黄梅县黄梅镇	8370	25	143087	134100	95425	74668	275
黄梅县孔垄镇	12536	34	83493	24503	56899	35006	45
黄梅县小池镇	15400	43	95059	43885	55911	40820	330
黄梅县下新镇	13996	19	25281	7001	13104	7897	57
黄梅县大河镇	14117	47	61478	7600	30738	24765	200
黄梅县停前镇	8327	21	31087	2498	18302	11820	5
黄梅县五祖镇	8523	21	20868	3100	12384	8519	15
黄梅县濯港镇	16353	42	69335	8845	39556	26125	157
黄梅县蔡山镇	11932	51	75693	22402	40425	27025	89
黄梅县新开镇	9570	33	45754	7126	27096	17578	35
黄梅县独山镇	8995	19	28362	3207	16449	12647	275
黄梅县分路镇	7221	32	41004	3080	24127	15697	68
黄梅县柳林乡	6254	16	13403	992	9136	6158	10
黄梅县杉木乡	7794	29	39998	854	23131	14875	13
黄梅县苦竹乡	9226	26	24429	2250	15570	10349	40
黄梅县刘佐乡	4835	13	14632	457	9748	5960	4
麻城市龙池办事处	3330	10	22622	20467	21354	17631	164
麻城市鼓楼办事处	3580	12	23251	13684	22745	18527	183
麻城市南湖办事处	10260	27	46084	33019	45678	42499	351
麻城市中馆驿镇	17938	42	42358	19354	40651	27588	308
麻城市宋埠镇	15303	34	63193	39400	62668	55753	216
麻城市歧亭镇	8740	22	31073	7486	16184	6429	120
麻城市白果镇	11108	52	91395	51000	66843	48852	235
麻城市夫子河镇	12800	31	37716	4830	20300	10957	58
麻城市阎家河镇	12120	28	42889	5150	23669	14011	49
麻城市龟山镇	29000	41	51301	9860	29524	14409	9
麻城市盐田河镇	13738	34	45296	9882	27251	16939	15
麻城市张家畈镇	21300	50	60361	7400	42435	23918	80
麻城市木子店镇	25600	48	57471	8165	36745	21455	33
麻城市三河口镇	38038	38	51160	12536	14784	3536	16
麻城市黄土岗镇	26930	41	50544	9730	30176	13490	43
麻城市福田河镇	25700	37	49317	10495	33211	22432	46
麻城市乘马岗镇	29700	43	58890	2429	34686	21948	45
麻城市顺河镇	33700	51	59987	1859	30830	14755	29
麻城市铁门岗乡	15770	49	59336	2200	50540	32260	33
武穴市武穴街道办事处	4370	5	55299	55299	27230	23125	987
武穴市刊江街道办事处	6750	13	32406	5000	16488	10000	30
武穴市田镇街道办事处	4530	4	23932	12836	13114	11203	166

乡镇基本情况

计算单位:公顷、个、人

名　　称	行政区域面积	村民委员会	常住人口	城镇建成区总人口	从业人员	二三产业从业人员	工业企业单位
武穴市万丈湖街道办事处	2351	3	6480	2704	4218	2200	10
武穴市梅川镇	27200	75	142397	28435	76312	36023	117
武穴市余川镇	19900	45	69191	6600	27065	26524	55
武穴市花桥镇	15300	37	86000	38000	41462	29262	187
武穴市大金镇	7093	20	38760	7810	28012	20806	87
武穴市石佛寺镇	10500	29	54932	6711	23010	15824	45
武穴市四望镇	10320	29	44810	1790	20205	14400	16
武穴市大法寺镇	11700	36	55720	2315	21938	13379	131
武穴市龙坪镇	6380	9	37071	9600	22290	13089	127
咸安区汀泗桥镇	17920	15	29770	3003	11348	4996	195
咸安区向阳湖镇	9590	8	23035	5587	8620	4111	100
咸安区官埠桥镇	14340	14	35421	4213	15868	4409	95
咸安区横沟桥镇	11540	10	36535	8402	14614	11802	381
咸安区贺胜桥镇	8120	7	20719	4973	7795	4243	28
咸安区双溪桥镇	17760	17	52445	13298	17914	8562	37
咸安区马桥镇	11950	13	34314	8613	14600	8026	58
咸安区桂花镇	18560	13	31463	2712	9755	3675	43
咸安区高桥镇	9240	10	19030	6015	7521	2856	11
咸安区大幕乡	16600	13	22749	9965	6825	3745	12
嘉鱼县陆溪镇	8967	8	22282	6570	11756	4956	120
嘉鱼县高铁岭镇	12209	10	24288	2745	14991	10716	40
嘉鱼县官桥镇	16172	13	28089	3540	25987	19291	72
嘉鱼县鱼岳镇	11119	7	99070	76100	38939	34739	258
嘉鱼县新街镇	12553	8	21451	1501	10731	6559	28
嘉鱼县渡普镇	12404	8	23208	6478	9677	4477	30
嘉鱼县潘家湾镇	13127	11	49410	24500	27310	16291	238
嘉鱼县牌洲湾镇	15402	14	48400	14972	30022	21644	46
通城县隽水镇	10265	11	129100	59002	25789	13249	170
通城县麦市镇	10490	18	37525	8750	17470	9978	50
通城县塘湖镇	10700	15	41953	7000	41060	17340	27
通城县关刀镇	11574	19	43580	3200	19380	12038	28
通城县沙堆镇	4614	9	26375	3264	14426	8270	23
通城县五里镇	10480	16	31865	2600	23487	18887	38
通城县石南镇	5485	10	33715	6128	16184	9245	75
通城县北港镇	5285	10	32668	8614	14144	9045	34
通城县马港镇	16140	21	47283	5600	20245	12570	24
通城县四庄乡	15600	13	32872	2175	20325	10160	6
通城县大坪乡	15271	22	57325	4700	26879	20053	25
崇阳县天城镇	20700	28	116688	66602	26007	14213	278
崇阳县沙坪镇	12700	11	34771	20574	12141	7950	67
崇阳县石城镇	18700	21	47007	7148	18697	13293	47
崇阳县桂花泉镇	14100	8	13289	2250	5580	2850	26
崇阳县白霓镇	14900	22	57437	16800	28020	21768	55
崇阳县路口镇	22600	21	39765	4580	18677	11829	70
崇阳县金塘镇	24400	13	24232	2286	10117	5341	12
崇阳县青山镇	20500	25	57078	8405	25949	18589	45
崇阳县肖岭乡	8800	10	37726	7925	15396	9861	35
崇阳县铜钟乡	8000	8	22394	3500	12354	4373	21
崇阳县港口乡	22600	13	29724	2332	11015	5355	47
崇阳县高枧乡	8800	6	12262	2179	5142	3197	18

乡镇基本情况

计算单位:公顷、个、人

名　　称	行政区域面积	村民委员会	常住人口	城镇建成区总人口	从业人员	二三产业从业人员	工业企业单位
通山县通羊镇	13921	23	124799	115590	23507	15495	123
通山县南林桥镇	21521	12	32830	6720	23629	9396	92
通山县黄沙铺镇	28587	18	34132	3548	23272	6321	39
通山县厦铺镇	35301	15	17004	2028	12348	1286	22
通山县九宫山镇	22250	10	30753	6740	24629	7360	156
通山县闯王镇	25250	12	15857	1786	13008	5059	58
通山县洪港镇	28463	15	26405	6871	14417	4663	210
通山县大畈镇	27925	13	18676	3661	15076	6803	7
通山县大路乡	9566	20	25882		12438	4165	262
通山县杨芳林乡	14330	9	16440	2844	9523	1043	8
通山县燕厦乡	18206	18	30744	4259	16912	2534	112
通山县慈口乡	14753	11	20112	4100	11687	1021	3
赤壁市蒲圻街道办事处	7600	4	119452	100119	58584	56501	326
赤壁市赤马港街道办事处	10060	8	73137	49675	30413	25301	149
赤壁市陆水湖街道办事处	13000	6	34258	26086	13560	10282	474
赤壁市新店镇	9910	11	28352	3125	11772	6479	7
赤壁市赵李桥镇	10695	8	32022	21738	17893	15077	221
赤壁市茶庵岭镇	8100	9	18392	1504	10022	6292	30
赤壁市车埠镇	14460	15	43336	16512	23035	17273	357
赤壁市赤壁镇	8210	9	24065	3993	11657	8765	2
赤壁市柳山湖镇	3200	6	9437	785	5655	2131	16
赤壁市神山镇	20800	18	29694	5655	13370	7185	88
赤壁市中伙铺镇	14910	14	34727	7900	17272	6854	660
赤壁市官塘驿镇	30187	22	62859	23850	24962	19797	953
赤壁市黄盖湖镇	2840	5	8678	3964	5248	2700	10
赤壁市余家桥乡	13260	9	16460	4100	8979	5662	40
曾都区万店镇	24500	19	46550	18000	20707	12026	405
曾都区何店镇	21869	17	46991	7381	22279	13397	36
曾都区洛阳镇	22851	16	24519	4794	14893	9364	18
曾都区府河镇	19387	24	58889	16779	24446	16143	12
曾都区淅河镇	27980	43	125490	29808	45612	25544	258
随县厉山镇	33100	16	76731	21352	27311	16228	543
随县高城镇	18500	13	29032	7100	15134	9792	25
随县殷店镇	71200	27	69440	22154	26450	15239	957
随县草店镇	30000	14	25417	8120	27414	15219	45
随县小林镇	12500	8	28000	30700	15073	9150	77
随县淮河镇	25200	13	30366	7523	15502	9766	27
随县万和镇	70900	35	60921	13046	36964	24351	605
随县尚市镇	20700	19	36808	7025	20189	11798	14
随县唐县镇	21323	23	81201	47906	39319	26062	251
随县吴山镇	35100	15	34863	5950	17048	12081	359
随县新街镇	14400	15	46387	9217	20249	13983	416
随县安居镇	11500	23	52692	14154	25381	16816	249
随县环潭镇	43900	29	65702	24079	26562	18797	234
随县洪山镇	49760	29	77235	36000	32148	19794	350
随县长岗镇	23000	9	20001	4156	9377	5876	174
随县三里岗镇	31884	18	44636	6993	26619	14258	33
随县柳林镇	19800	10	22909	7783	10993	5494	142
随县均川镇	22600	28	61037	26054	33599	19281	369
随县万福店镇	6600	5	26742	9375	11274	6630	36

乡镇基本情况

计算单位：公顷、个、人

名　　称	行政区域面积	村民委员会	常住人口	城镇建成区总人口	从业人员	二三产业从业人员	工业企业单位
广水市应山街道办事处	2430	2	94251	90075	51180	47076	280
广水市十里(街道)办事处	19700	28	45760	5802	33594	24525	49
广水市广水街道办事处	7000	8	70715	63396	46619	43517	198
广水市武胜关镇	21600	24	37753	14283	21492	15871	72
广水市杨寨镇	11228	22	44749	15200	31453	9645	42
广水市陈巷镇	13100	25	39213	6250	32312	16427	37
广水市长岭镇	21600	38	67571	22313	41094	25069	34
广水市马坪镇	9730	14	31558	16986	18061	13752	56
广水市关庙镇	17200	26	44785	4610	33320	13552	20
广水市余店镇	24800	38	49970	30500	40320	28334	27
广水市吴店镇	22800	14	23008	9261	15915	10739	30
广水市郝店镇	22900	17	28753	9576	23336	10029	41
广水市蔡河镇	21200	23	38370	10053	24636	15792	41
广水市城郊乡	11900	18	50375		24272	13689	65
广水市李店乡	8300	19	31397		29697	22242	9
广水市太平乡	7600	15	26165		20733	9320	68
广水市骆店乡	10500	20	36697		31072	23549	53
恩施市龙凤镇	28647	18	69566	28900	27633	13300	64
恩施市崔坝镇	23165	11	41720	9362	21484	8606	8
恩施市板桥镇	30400	4	17994	3932	6680	1390	12
恩施市三岔乡	25936	12	42552	5932	19538	9822	8
恩施市新塘乡	41200	10	52744	10215	24538	3115	6
恩施市红土乡	23088	11	46285	5120	24765	6760	4
恩施市沙地乡	18920	9	35275	6000	17422	7240	9
恩施市白杨坪乡	26899	12	57588	15000	28822	16195	23
恩施市太阳河乡	35800	12	20809	1800	7420	2157	8
恩施市屯堡乡	25823	13	44643	8200	20515	11106	16
恩施市白果乡	33425	11	19425	6000	14932	9896	6
恩施市芭蕉侗族乡	30348	17	64102	5125	35633	16558	36
恩施市盛家坝乡	37500	10	37192	5300	17444	9249	7
利川市谋道镇	33827	56	75074	25600	44946	26146	10
利川市柏杨坝镇	57993	57	89364	11368	46238	24788	27
利川市汪营镇	35502	47	108620	25186	55982	31982	36
利川市建南镇	32595	54	72456	9250	17341	2241	11
利川市忠路镇	51362	60	86729	16004	44056	25656	70
利川市团堡镇	44772	56	72280	4200	54870	31870	6
利川市毛坝镇	33800	44	39453	7900	11872	2002	12
利川市凉雾乡	42000	45	70251	12000	35323	18723	17
利川市元堡乡	26616	26	32523	3260	17658	9603	6
利川市南坪乡	14846	21	53840	6418	24139	7239	4
利川市文斗乡	43189	56	65377	7648	26510	5710	20
利川市沙溪乡	29286	22	34618	5000	19321	12021	9
建始县业州镇	38133	45	119700	46578	69651	6830	97
建始县高坪镇	26000	36	52267	15240	28286	10900	24
建始县红岩寺镇	8600	13	22129	10600	14120	4882	90
建始县景阳镇	16000	32	36965	8500	17569	9802	22
建始县官店镇	37181	48	52620	3705	24681	12499	68
建始县花坪镇	40512	56	56901	4762	32551	18530	20
建始县长梁乡	41000	60	76154	10713	44135	24360	464
建始县茅田乡	21049	28	22643	2027	13151	5834	12

乡镇基本情况

计算单位：公顷、个、人

名　　称	行政区域面积	村民委员会	常住人口	城镇建成区总人口	从业人员	二三产业从业人员	工业企业单位
建始县龙坪乡	22500	28	30030	4778	15785	6861	20
建始县三里乡	17070	36	42188	4066	20609	12262	39
巴东县信陵镇	8720	13	60487	44689	29042	25562	105
巴东县东瀼口镇	10830	22	22815	5500	15600	8330	10
巴东县沿渡河镇	48580	56	39806	15000	25600	14171	24
巴东县官渡口镇	32780	55	62964	13200	33835	16778	19
巴东县茶店子镇	26750	49	34795	5983	21914	9199	17
巴东县绿葱坡镇	28060	33	22540	2625	14747	3403	25
巴东县大支坪镇	21180	24	17077	3760	15411	3100	16
巴东县野三关镇	52820	70	73713	54080	35824	13224	60
巴东县水布垭镇	33010	45	40107	4250	26155	11172	28
巴东县清太坪镇	27880	44	31750	3063	21666	12136	24
巴东县溪丘湾乡	26460	38	36609	12800	22205	6723	28
巴东县金果坪乡	18290	22	19340	5000	13166	3851	15
宣恩县珠山镇	16377	19	45810	45720	20022	13653	73
宣恩县椒园镇	17597	21	20802	6500	17377	10061	55
宣恩县沙道沟镇	64995	49	54980	22000	37483	21972	29
宣恩县万寨乡	18358	24	24744	4500	16640	9324	31
宣恩县长潭河侗族乡	43271	39	31117	5000	23751	11601	23
宣恩县李家河乡	21679	40	42058	10500	27953	15980	22
宣恩县晓关侗族乡	42138	40	34776	5200	24538	12561	35
宣恩县高罗乡	28718	32	36868	6200	31685	23287	21
宣恩县椿木营乡	20584	15	10227	2000	6354	2568	17
咸丰县高乐山镇	32200	35	60659	71215	37319	10987	53
咸丰县忠堡镇	14600	12	13100	4915	10641	5293	8
咸丰县坪坝营镇	34700	41	44858	7012	29189	16043	20
咸丰县朝阳寺镇	10500	7	11448	6180	6285	3114	2
咸丰县清坪镇	30500	34	39801	8825	47891	16659	21
咸丰县丁寨乡	19300	21	25243	3162	16120	7743	9
咸丰县尖山乡	30100	37	32789	2535	21195	13324	26
咸丰县活龙坪乡	28600	37	30916	3160	22663	13138	2
咸丰县小村乡	22600	12	17860	2900	11975	5636	4
咸丰县黄金洞乡	21500	20	20291	6247	8090	3965	5
来凤县翔凤镇	13778	28	89479	55120	59732	47432	65
来凤县百福司镇	19014	23	21396	2530	18690	10491	5
来凤县大河镇	32484	40	30596	12000	29281	20912	6
来凤县绿水镇	11548	17	19013	2339	11613	9212	21
来凤县旧司镇	19854	32	34690	3322	33602	22164	10
来凤县漫水乡	13358	13	15432	2140	14325	10556	4
来凤县革勒车乡	12542	17	13298	4960	13056	9039	6
来凤县三胡乡	11627	15	20643	1780	14408	8590	6
鹤峰县走马镇	49600	33	45242	10425	32750	22305	39
鹤峰县容美镇	31200	31	58513	43998	45111	36220	105
鹤峰县太平镇	31696	18	16406	1100	8553	4075	60
鹤峰县铁炉乡	23300	12	14563	2163	7158	2003	9
鹤峰县五里乡	38150	21	22003	3250	14757	6961	17
鹤峰县燕子乡	37200	29	22672	1225	12688	5683	34
鹤峰县下坪乡	17500	13	14128	4021	7626	4791	20
鹤峰县邬阳乡	19600	16	14733	1380	7609	4277	16
鹤峰县中营乡	41516	32	23750	2060	10712	1031	18

乡镇基本情况

计算单位：公顷、个、人

名　　称	行政区域面积	村民委员会	常住人口	城镇建成区总人口	从业人员	二三产业从业人员	工业企业单位
仙桃市郑场镇	11099	28	44748	13521	26992	19944	115
仙桃市毛嘴镇	11550	30	56735	19950	39671	28926	305
仙桃市豆河镇	17530	38	60989	15425	46464	30788	292
仙桃市三伏潭镇	11900	32	52058	24568	38707	28031	53
仙桃市胡场镇	7300	40	51510	24520	39950	26960	121
仙桃市长倘口镇	19215	65	74272	32855	60502	43474	98
仙桃市西流河镇	19570	64	73636	33101	47759	32223	85
仙桃市沙湖镇	27740	35	40402	13149	42394	30241	126
仙桃市杨林尾镇	25290	58	77093	34177	50895	34648	157
仙桃市彭场镇	15800	50	99016	59320	66591	51693	237
仙桃市张沟镇	14128	45	65748	34387	46014	31679	165
仙桃市郭河镇	12860	37	39754	24478	48652	33010	74
仙桃市沔城回族镇	3610	12	25071	6580	14705	9905	35
仙桃市通海口镇	12610	24	62658	13846	30387	22932	78
仙桃市陈场镇	15510	33	58086	25725	46155	35120	77
潜江市竹根滩镇	9300	33	62003	4315	29100	22710	140
潜江市渔洋镇	13600	27	58787	12634	25386	15201	132
潜江市王场镇	9873	20	44216	9034	22122	14496	76
潜江市高石碑镇	11226	26	45772	7595	24585	19409	315
潜江市熊口镇	10200	24	51013	12120	22242	12179	38
潜江市老新镇	13000	31	55027	4756	29059	12580	272
潜江市浩口镇	17090	31	65882	24000	33330	18960	128
潜江市积玉口镇	11000	24	36972	8939	17814	11978	198
潜江市张金镇	15500	35	66016	16615	23095	18935	436
潜江市龙湾镇	12980	22	49037	8822	16698	10552	316
天门市多宝镇	23208	46	85245	12678	46615	36293	83
天门市拖市镇	12680	42	74494	6136	33378	13814	28
天门市张港镇	15300	44	83532	13550	41075	18508	34
天门市蒋场镇	8091	22	48752	2921	26660	17424	197
天门市汪场镇	7300	24	39165	2936	16072	9145	43
天门市渔薪镇	9200	34	50255	18269	34371	23471	96
天门市黄潭镇	5900	34	55221	3808	28372	17358	71
天门市岳口镇	12500	46	99328	58925	53251	44009	279
天门市横林镇	9980	41	75108	5261	27677	21083	18
天门市彭市镇	7760	30	59206	6617	10399	2085	25
天门市麻洋镇	7300	34	58308	16120	17166	13708	9
天门市多祥镇	11640	28	70106	24906	34608	17978	425
天门市干驿镇	8200	30	45451	12018	18750	14270	17
天门市马湾镇	7900	25	39798	6001	20990	16690	51
天门市卢市镇	10800	38	60971	8700	21378	14528	53
天门市小板镇	6363	25	28480	4587	17909	9808	37
天门市九真镇	16200	35	73363	14883	32449	22217	172
天门市皂市镇	14439	38	72815	29242	26037	15140	479
天门市胡市镇	4500	24	26900	4086	15765	9505	19
天门市石河镇	13600	36	57439	8264	24283	14229	219
天门市佛子山镇	13000	25	38385	5263	12798	7370	9
天门市净潭乡	9600	24	34455	3060	15178	649	250
神农架林区松柏镇	33632	8	27835	27835	4778	2618	30
神农架林区阳日镇	25987	14	10985	3790	6878	4640	7
神农架林区木鱼镇	46366	8	10756	5743	2810	1243	6

乡镇基本情况

计算单位:公顷、个、人

名　　称	行政区域面积	村民委员会	常住人口	城镇建成区总人口	从业人员	二三产业从业人员	工业企业单位
神农架林区红坪镇	74200	8	5138	354	2631	714	14
神农架林区新华镇	22885	9	3513	343	2351	1323	2
神农架林区九湖镇	34806	6	4469	450	2527	1038	
神农架林区宋洛乡	54789	8	6768	1700	3359	1886	20
神农架林区下谷坪土家族乡	21600	6	5146	1500	2984	1654	6
湖南省							
岳麓区东方红镇	1635	3	11011	9448	1240	1150	
岳麓区莲花镇	11300	16	48949	9784	28324	15526	75
岳麓区雨敞坪镇	8370	10	35410	24500	25158	5350	5
开福区青竹湖镇	2512	3	15851	15500	2747	1904	14
望城区桥驿镇	9639	16	38023	8132	23521	13972	53
望城区茶亭镇	8900	9	25293	8186	20676	7838	75
望城区东城镇	1600	7	20232	16632	6577	906	2
望城区铜官镇	2953	4	23568	15618	13076	9734	58
望城区靖港镇	4585	7	34803	8874	20335	10474	15
望城区乔口镇	4568	10	34067	2040	7994	1274	9
望城区乌山镇	7287	10	38700	11549	23900	11030	98
望城区雷锋镇	5810	5	33646	29840	18104	9104	15
望城区白箬铺镇	10000	14	41907	1505	22940	13187	51
望城区格塘镇	4668	7	31000	4688	17595	10080	7
望城区新康乡	4763	9	32824		23229	13315	37
长沙县星沙街道办事处	2453		43993	43580	31932	30952	21
长沙县泉塘街道办事处	2084		19032	19032	9822	9822	47
长沙县湘龙街道办事处	2263		20170	15351	10391	9356	6
长沙县榔梨街道	3482	5	31431	23280	19240	15290	278
长沙县长龙街道	2900	3	10417	790	6219	3148	17
长沙县暮云镇	6407	11	37274	11398	34905	22485	239
长沙县黄兴镇	8415	11	53677	13457	27536	9863	65
长沙县江背镇	17500	12	59098	5406	38834	30308	93
长沙县黄花镇	14083	18	83881	28102	48101	20448	162
长沙县春华镇	13000	12	44625	3560	24270	14240	52
长沙县果园镇	6858	7	24190	4130	16065	7555	22
长沙县路口镇	8900	8	28118	3418	17697	4927	16
长沙县高桥镇	11200	10	29901	5065	18398	7292	23
长沙县金井镇	14447	14	42813	12000	26544	14959	44
长沙县福临镇	8200	10	28794	3100	18214	11394	22
长沙县青山铺镇	4619	7	18092	5700	12448	5866	12
长沙县安沙镇	15942	21	53027	1692	32350	12350	88
长沙县北山镇	14848	18	51657	6757	32435	15741	90
长沙县双江镇	6510	10	21418	5350	14464	10706	7
长沙县开慧镇	5400	6	19320	1300	15149	1760	5
长沙县跳马镇	17713	17	63384	6321	37902	8939	76
长沙县白沙镇	6140	10	19842	572	12434	7072	3
长沙县干杉镇	7300	8	26262	14710	15265	7038	59
宁乡县玉潭镇	2000		76148	76148	65491	61783	288
宁乡县道林镇	13500	14	55622	7380	33373	4479	19
宁乡县花明楼镇	11240	17	48264	10584	27794	13682	208
宁乡县东湖塘镇	13100	14	48765	36765	30372	6295	13
宁乡县夏铎铺镇	10313	10	39572	4263	25552	17956	216
宁乡县双江口镇	7262	10	47895	997	26075	16097	49

乡镇基本情况

计算单位:公顷、个、人

名　　称	行政区域面积	村民委员会	常住人口	城镇建成区总人口	从业人员	二三产业从业人员	工业企业单位
宁乡县煤炭坝镇	2468	12	55532	6455	42718	8390	125
宁乡县坝塘镇	10007	14	42302	2026	26561	9467	120
宁乡县偕乐桥镇	7650	9	34632	4586	21250	10390	7
宁乡县灰汤镇	4300	6	23362	4376	15461	7325	
宁乡县双凫铺镇	8823	11	40138	20805	33577	26700	130
宁乡县老粮仓镇	12198	20	63998	15408	19322	10972	710
宁乡县流沙河镇	14056	18	70210	11395	46805	27485	289
宁乡县巷子口镇	10580	12	49800	2017	25663	12652	8
宁乡县龙田镇	7260	8	23701	2639	13015	8022	32
宁乡县横市镇	12340	13	53722	11612	28215	20674	132
宁乡县回龙铺镇	7180	13	38978	2914	25272	11629	61
宁乡县黄材镇	22000	24	65534	25541	36233	20473	122
宁乡县大成桥镇	5800	6	37461	2734	30083	14445	26
宁乡县青山桥镇	13800	16	45865	2133	32865	9910	131
宁乡县金洲镇	6210	9	36084	8082	23686	16934	126
宁乡县大屯营镇	10668	13	43010	5600	40615	19568	125
宁乡县朱良桥乡	8270	10	34950	2360	20557	13510	16
宁乡县菁华铺乡	6580	10	32916	1769	19626	15757	79
宁乡县南田坪乡	6400	10	27516		18124	7224	427
宁乡县资福乡	7800	12	39586	3120	25770	13306	15
宁乡县枫木桥乡	9260	11	38990	1251	18321	5693	4
宁乡县喻家坳乡	9685	10	40764		25378	8573	41
宁乡县沙田乡	7422	13	34127	3520	23279	12854	10
宁乡县白马桥乡	2280	2	38111	38111	19972	9466	110
宁乡县历经铺乡	3500	7	29204	3965	19277	12156	133
宁乡县城郊乡	5200	5	39800	10337	8200	6000	682
宁乡县沩山乡	8180	8	18123	1820	12260	7637	4
浏阳市淮川街道	1300		63255	62185	26598	25285	381
浏阳市集里街道	5400	7	68579	25195	28593	25342	237
浏阳市荷花街道	13400	10	45770	10112	24219	16064	450
浏阳市关口街道	7120	4	26680	24365	16986	10112	108
浏阳市社港镇	17470	13	48722	23000	47000	35000	27
浏阳市官渡镇	10630	5	30733	12686	15684	13124	95
浏阳市张坊镇	31930	8	31504	8662	19713	12422	280
浏阳市达浒镇	18560	8	25643	9800	16573	8151	46
浏阳市沿溪镇	11960	5	30250	2415	22370	16710	511
浏阳市古港镇	15150	10	38983	12870	22278	22065	67
浏阳市永和镇	6270	6	23419	12609	11390	9488	239
浏阳市大瑶镇	7370	6	68925	32315	51080	37560	171
浏阳市金刚镇	7988	7	60142	18006	38263	32877	203
浏阳市文家市镇	15590	11	52521	8590	23000	22056	150
浏阳市太平桥镇	9980	6	21326	7055	13866	11306	275
浏阳市枨冲镇	18630	9	45369	4670	28447	23996	158
浏阳市镇头镇	15800	11	53680	19889	30251	17855	415
浏阳市普迹镇	17650	9	42392	5275	24860	18014	55
浏阳市永安镇	11210	9	65402	25689	41528	37038	456
浏阳市北盛镇	7340	13	56702	9250	31003	24210	72
浏阳市龙伏镇	13200	10	47012	4356	22390	8989	406
浏阳市澄潭江镇	15806	12	64389	8923	24406	24107	553
浏阳市中和镇	15180	9	23634	20060	9855	9805	452

乡镇基本情况

计算单位：公顷、个、人

名　　称	行政区域面积	村民委员会	常住人口	城镇建成区总人口	从业人员	二三产业从业人员	工业企业单位
浏阳市柏加镇	5030	4	23563	4562	13743	13608	2
浏阳市洞阳镇	9360	5	39927	6438	16249	10889	230
浏阳市大围山镇	40170	15	27752	2850	15221	8118	365
浏阳市沙市镇	20900	15	67013	7750	44110	30646	57
浏阳市淳口镇	23350	16	63890	8750	43155	23559	116
浏阳市高坪镇	25740	18	38233	4900	18750	17522	57
浏阳市三口镇	5580	6	23049	6648	13230	11900	32
浏阳市官桥镇	8790	10	27395	2526	23603	13655	26
浏阳市小河乡	11180	6	15416	2465	6791	5922	367
浏阳市七宝山乡	17180	8	15636	1862	8954	8715	178
浏阳市溪江乡	9064	9	22246		22246	9380	46
浏阳市杨花乡	7560	9	26568	3792	14527	13875	35
浏阳市葛家乡	10680	8	20685		12929	12492	36
浏阳市蕉溪乡	8740	6	26725		17957	8538	80
荷塘区仙庾镇	5050	17	21315	21315	17401	8166	19
荷塘区明照乡	4768	13	19799		10768	5277	35
芦淞区白关镇	5045	12	19830	4310	11378	7208	70
芦淞区五里墩乡	2400	7	9862		5450	3560	15
芦淞区姚家坝乡	7100	19	19823	1286	8840	2530	14
石峰区龙头铺镇	2800	6	13975	1710	11821	4524	18
石峰区云田镇	5150	9	22468	2750	11315	4097	21
天元区马家河镇	5020	13	23741		11588	7238	34
天元区群丰镇	5396	16	22307	19236	20558	7353	12
天元区雷打石镇	8600	23	34183	4463	17702	7328	110
天元区三门镇	9200	22	33657	3356	23925	14110	375
株州县渌口镇	6500	16	63765	40969	40107	32512	469
株洲县朱亭镇	8800	22	22142	1900	9387	4716	21
株洲县古岳峰镇	7100	19	23530	3070	16411	8430	8
株洲县淦田镇	10300	25	23383	4160	12597	5266	10
株洲县龙凤乡	5800	12	13840		9561	3823	2
株洲县龙潭乡	7200	11	8767		4916	872	3
株洲县砖桥乡	5800	13	12140		8215	4294	2
株洲县平山乡	3800	9	12982		7421	4493	7
株洲县洲坪乡	8000	20	23686		16706	6536	21
株洲县南阳桥乡	5600	17	23352		14277	5426	24
株洲县仙井乡	7400	24	30782		19904	11054	52
株洲县堂市乡	7700	17	25143		13850	6167	26
株洲县王十万乡	8400	20	27855		15757	2333	111
株洲县太湖乡	12600	22	20067		12687	3318	12
攸县联星街道办事处	4345		106260	104229	53348	51264	42
攸县江桥街道办事处	6738	3	40888	39850	18995	8922	56
攸县酒埠江镇	12887	11	26188	16500	21017	11760	32
攸县桃水镇	9725	13	38303	6102	21219	8322	42
攸县网岭镇	9691	9	37962	16000	26562	13103	136
攸县渌田镇	10051	14	45529	5000	18968	9422	15
攸县柏市镇	14107	8	12010	1800	9715	5264	38
攸县大同桥镇	5160	9	29084	4328	9762	7662	26
攸县石羊塘镇	8238	14	25995	3900	18550	8998	8
攸县黄丰桥镇	15358	13	23257	10000	15003	6636	94
攸县鸾山镇	22059	15	27876	6900	9322	8222	114

乡镇基本情况

计算单位:公顷、个、人

名　　称	行政区域面积	村民委员会	常住人口	城镇建成区总人口	从业人员	二三产业从业人员	工业企业单位
攸县丫江桥镇	16500	16	30176	8000	24550	9173	10
攸县上云桥镇	6040	10	28938	5921	19056	7955	67
攸县皇图岭镇	22323	25	73520	17000	43384	25584	48
攸县新市镇	13196	17	36582	12000	21308	11130	28
攸县菜花坪镇	12564	17	40012	1500	32970	15136	30
攸县莲塘坳镇	28219	20	50300	3800	25806	6855	112
攸县湖南坳乡	10935	11	26352	2296	13687	6125	26
攸县坪阳庙乡	10001	10	26675	6012	15473	5323	9
攸县槚山乡	11250	11	26207	1960	15290	5672	14
攸县鸭塘铺乡	6243	10	28425	4200	18152	4837	18
茶陵县城关镇	2240	6	73223	73223	36086	32721	105
茶陵县界首镇	8300	18	29100		14730	6960	6
茶陵县湖口镇	18000	22	28928	1712	9968	1643	6
茶陵县浣溪镇	13600	17	16954	2405	8214	3092	36
茶陵县马江镇	8500	19	29512	2559	5778	5278	5
茶陵县高陇镇	12556	17	19121	3568	9062	4082	192
茶陵县潞水镇	12700	12	23171	2500	11728	5700	36
茶陵县虎踞镇	8300	15	27745	3126	17800	9400	25
茶陵县平水镇	13760	19	28944	2514	15619	7380	36
茶陵县枣市镇	11269	18	25390	2178	15879	6013	205
茶陵县火田镇	14400	18	24512	1905	14905	5814	12
茶陵县严塘镇	23622	32	43612	6163	25714	10388	192
茶陵县腰陂镇	22456	28	55959	7180	31390	1650	50
茶陵县秩堂镇	16500	18	27771	26498	14750	6961	99
茶陵县下东乡	6700	18	46598		21466	10705	95
茶陵县舲舫乡	18740	18	29790		19326	12801	225
茶陵县思聪乡	3500	13	23102		11687	7292	294
茶陵县洣江乡	4115	19	29158		17239	7054	5
茶陵县八团乡	11600	14	6523		6523	1009	6
茶陵县桃坑乡	27000	25	17158		11588	2923	74
炎陵县霞阳镇	14644	22	41789	37889	28538	22373	78
炎陵县沔渡镇	17457	16	15435	3296	11967	2146	35
炎陵县十都镇	24600	20	12649	3067	7168	2518	25
炎陵县水口镇	20008	20	16100	4200	9175	4105	23
炎陵县三河镇	8280	11	17102	6075	6840	2575	15
炎陵县鹿原镇	14338	22	25843	6013	15765	8716	161
炎陵县垄溪乡	13800	14	8435		4761	2872	23
炎陵县石洲乡	10100	7	6001		6001	3320	15
炎陵县策源乡	18000	11	6103		2960	1186	23
炎陵县下村乡	17400	14	8176		3971	753	34
炎陵县中村乡	11129	10	7778		5450	950	11
炎陵县龙渣瑶族乡	8900	4	2394		1326	558	13
炎陵县平乐乡	8500	8	2864	2531	1840	678	13
炎陵县船形乡	10500	10	7819		2688	502	17
炎陵县东风乡	5388	13	9424		5848	3083	1
醴陵市阳三石街道	2100	6	41143	41143	34640	33456	158
醴陵市西山街道	3936	9	42006	42006	28744	23781	98
醴陵市黄泥坳街道	1109	1	33441	33441	20954	18972	94
醴陵市来龙门街道	1780	2	57510	57510	40752	25967	73
醴陵市南桥镇	9890	15	45085	4861	28629	21681	93

乡镇基本情况

计算单位:公顷、个、人

名　　称	行政区域面积	村民委员会	常住人口	城镇建成区总人口	从业人员	二三产业从业人员	工业企业单位
醴陵市富里镇	4625	10	38862	2938	21202	15254	52
醴陵市白兔潭镇	4800	10	37440	19580	24293	19688	53
醴陵市浦口镇	5800	15	43148	4362	28914	24791	81
醴陵市王坊镇	4810	10	32471	3989	15610	15100	33
醴陵市王仙镇	6247	10	33534	18412	23077	19540	72
醴陵市泗汾镇	6250	12	40703	10204	16377	11652	39
醴陵市沈潭镇	5380	12	28905	2969	16066	7966	34
醴陵市船湾镇	6830	8	27373	8530	20910	12174	63
醴陵市大障镇	10800	16	51921	7356	25825	6724	39
醴陵市贺家桥镇	6220	9	23641	1210	9557	3874	8
醴陵市仙霞镇	5870	9	22274	3192	11883	4784	10
醴陵市黄獭嘴镇	5000	9	24047	3970	15228	4119	12
醴陵市均楚镇	16700	17	42520	4860	24096	7694	23
醴陵市东富镇	10100	24	49650	4128	25248	18081	75
醴陵市石亭镇	10670	12	39352	3810	24765	4655	16
醴陵市栗山坝镇	10100	12	36402	1412	20280	6640	22
醴陵市神福港镇	6500	9	29868	6915	17553	6951	10
醴陵市孙家湾乡	5230	6	22592	2995	11532	9377	68
醴陵市清水江乡	5330	9	25237	810	13393	4085	7
醴陵市嘉树乡	6500	12	24927	3047	20413	16751	38
醴陵市新阳乡	6340	10	25200	418	12295	5774	19
醴陵市官庄乡	18340	14	18154	740	9368	5506	9
醴陵市枫林市乡	5000	9	17985	2218	9332	6217	27
醴陵市东堡乡	9021	14	23918	1853	13919	10017	24
醴陵市板杉乡	9920	18	42786	1860	26388	10904	27
雨湖区鹤岭镇	680	1	23053	23053	10684	10350	35
雨湖区楠竹山镇	890	1	31890	31890	11404	10703	33
雨湖区姜畲镇	9023	34	54308	17043	29720	17703	25
雨湖区昭潭乡	250	6	26494	26494	11752	8357	23
雨湖区护潭乡	1120	8	17780	5360	10851	6601	205
雨湖区长城乡	2400	16	24006		13005	7917	70
雨湖区先锋乡	680	6	14686	87	10566	8642	371
雨湖区响水乡	7763	25	48029		24857	13687	40
雨湖区响塘乡	14980	41	63520		39478	39077	28
岳塘区易家湾镇	1877	5	21316	2695	8208	6473	15
岳塘区霞城乡	880	8	19472		8679	3054	12
岳塘区荷塘乡	4085	13	19141		11352	5726	132
岳塘区昭山乡	5000	15	12158	420	8744	5026	15
湘潭县易俗河镇	7400	16	78000	61251	50535	40305	255
湘潭县梅林桥镇	13800	38	49685	3685	46034	21008	168
湘潭县谭家山镇	10045	28	48633	8107	30266	19867	322
湘潭县中路铺镇	18360	39	65331	12565	43283	23520	315
湘潭县茶恩寺镇	13721	31	31532	14427	15443	14320	69
湘潭县河口镇	9320	35	36239	5028	31343	12560	75
湘潭县射埠镇	17096	50	65995	8065	44727	10577	39
湘潭县花石镇	13340	31	45700	7062	28901	15620	28
湘潭县青山桥镇	10937	40	48796	3903	29602	17277	20
湘潭县石鼓镇	9605	31	49625	4485	35732	13148	8
湘潭县云湖桥镇	12970	46	60563	12365	38537	17685	63
湘潭县石潭镇	12380	42	74380	18171	41642	16254	7

乡镇基本情况

计算单位:公顷、个、人

名　　称	行政区域面积	村民委员会	常住人口	城镇建成区总人口	从业人员	二三产业从业人员	工业企业单位
湘潭县杨嘉桥镇	11592	41	64825	10906	39917	16817	70
湘潭县乌石镇	9612	30	38105	4100	21360	13860	7
湘潭县白石镇	9960	26	40100	4260	29672	10112	20
湘潭县分水乡	8533	32	33980	7159	26818	12231	20
湘潭县排头乡	13040	42	53120		41650	27450	42
湘潭县龙口乡	6536	20	28620		27577	8677	11
湘潭县锦石乡	5660	23	29989	2093	16544	5332	33
湘乡市望春门街道	785	3	59915	53612	16959	16494	18
湘乡市新湘路街道	1020	2	46250	28600	28190	19661	18
湘乡市昆仑桥街道	1074	5	14150	12820	8632	4742	448
湘乡市东山街道	2976	12	22490	7680	8356	7996	133
湘乡市山枣镇	10170	41	48032	6000	28513	6470	35
湘乡市栗山镇	6884	24	26061	4452	14917	7674	14
湘乡市中沙镇	6850	27	26670	5612	15686	6114	9
湘乡市虞塘镇	8671	35	37594	11000	22080	4535	28
湘乡市潭市镇	12750	45	49072	7152	32297	9370	28
湘乡市棋梓镇	13890	32	54880	21820	38438	31128	58
湘乡市壶天镇	14470	50	49500	4780	28970	12818	18
湘乡市翻江镇	13339	47	43173	4381	30333	10823	37
湘乡市金石镇	7997	22	32400	4452	24881	8381	12
湘乡市白田镇	10573	34	46350	2210	31892	10174	14
湘乡市月山镇	14743	58	67690	6972	47225	12273	25
湘乡市泉塘镇	9875	47	51402	1498	30903	6396	60
湘乡市梅桥镇	13656	48	48880	3850	33119	18959	22
湘乡市毛田镇	11201	45	37890	2289	26070	7220	12
湘乡市龙洞镇	7480	22	27468	4025	22530	9980	29
湘乡市东郊乡	9053	33	54312	1025	39200	8105	92
湘乡市金薮乡	10400	29	40042	1285	22166	11305	12
湘乡市育塅乡	8800	35	38632	2152	27000	6480	12
韶山市清溪镇	1378	5	19952	11425	7319	5999	46
韶山市银田镇	3000	8	17821	3289	8972	4892	18
韶山市如意镇	3385	7	15835	14803	10218	4348	9
韶山市韶山乡	5320	13	19653		12884	7758	12
韶山市永义乡	2400	6	11020	1375	5450	2455	10
韶山市杨林乡	6047	14	21213		15235	3006	9
韶山市大坪乡	3200	8	14635	208	8659	2770	4
珠晖区茶山坳镇	5680	14	38000	3890	17508	6912	35
珠晖区东阳渡镇	8760	21	39976	1653	18805	8603	86
珠晖区和平乡	2950	8	20849		11284	5715	7
珠晖区酃湖乡	3278	11	49808		13045	5256	21
雁峰区岳屏镇	3400	12	21580	17680	8214	5646	82
雁峰区湘江乡	1120	6	18577	15770	9961	6309	19
石鼓区松木乡	3310	9	13100	1858	7917	4965	27
石鼓区角山乡	3480	8	19746	593	11245	6920	6
蒸湘区呆鹰岭镇	35000	13	43227	9124	14186	10127	43
蒸湘区长湖乡	12000	4	9831	1056	4590	3950	27
蒸湘区雨母山乡	4380	13	24059	6850	15660	12486	20
南岳区南岳镇	8400	17	37854	8792	16245	9100	241
南岳区岳林乡	1260	4	2180		1455	510	
南岳区龙凤乡	1540	3	2356		1165	1113	

乡镇基本情况

计算单位：公顷、个、人

名　　称	行政区域面积	村民委员会	常住人口	城镇建成区总人口	从业人员	二三产业从业人员	工业企业单位
南岳区拜殿乡	1800	3	1856		815	550	
衡阳县西渡镇	15273	61	175684	116848	94732	50294	209
衡阳县集兵镇	6863	21	30198	3940	13138	7128	21
衡阳县杉桥镇	7500	19	25155	2309	20708	13835	8
衡阳县井头镇	15400	59	66037	3236	32496	460	19
衡阳县演陂镇	8720	39	38893	8791	30813	8283	42
衡阳县金兰镇	15489	58	75984	9815	33407	5692	19
衡阳县洪市镇	11299	41	56897	41407	34881	5633	8
衡阳县曲兰镇	11789	40	49865	5232	36585	16718	67
衡阳县金溪镇	11243	32	38213	3240	16479	5455	1
衡阳县界牌镇	9894	25	35537	21400	9496	8277	47
衡阳县渣江镇	14900	51	69198	6045	39186	18737	79
衡阳县三湖镇	11256	43	54920	4892	25164	10414	21
衡阳县台源镇	11888	48	57856	4556	32328	15796	85
衡阳县关市镇	9623	46	50885	2682	24717	15937	7
衡阳县库宗桥镇	9973	38	48018	1302	26964	12355	12
衡阳县岘山镇	15661	57	64240	11205	35880	13680	42
衡阳县石市镇	14516	53	55895	1010	26875	18625	19
衡阳县樟木乡	9903	19	25863		17493	10752	23
衡阳县岣嵝乡	10600	17	22685		14250	4956	9
衡阳县栏垅乡	5135	19	24102		14647	2512	2
衡阳县大安乡	7905	31	40742		20000	6363	29
衡阳县溪江乡	8422	30	38213		22146	11122	130
衡阳县长安乡	3920	17	17098		12872	8216	105
衡阳县板市乡	2480	10	15257		11675	4124	31
衡阳县樟树乡	2700	9	13209		5523	2265	25
衡阳县潮江乡	2900	8	9285		449	449	2
衡南县云集镇	10180	23	69023	69023	43276	34584	13
衡南县向阳镇	12800	28	56625	23120	32752	23680	22
衡南县廖田镇	11008	26	30525	2379	4263	3588	264
衡南县茶市镇	7200	28	38000	6123	20400	8400	82
衡南县冠市镇	7913	30	49569	6200	26304	8500	230
衡南县江口镇	9973	31	61000	16000	36000	16053	3
衡南县宝盖镇	17650	31	56800	3800	27325	14825	200
衡南县花桥镇	17605	28	44304	6468	23956	11740	16
衡南县铁丝塘镇	7340	17	19876	5320	14477	4599	4
衡南县泉溪镇	5353	15	41271	9787	32172	12372	131
衡南县洪山镇	10575	32	47281	41280	29362	6266	691
衡南县三塘镇	6780	19	76700	46000	55789	24784	750
衡南县谭子山镇	11010	33	48580	7800	31600	27100	12
衡南县鸡笼镇	9600	25	43965	8820	17008	2052	30
衡南县泉湖镇	9045	31	42584	4220	32377	16770	36
衡南县柞市镇	9045	25	33454	3078	15993	343	6
衡南县茅市镇	15800	43	62267	6368	36686	21686	29
衡南县硫市镇	12335	43	36508	8000	27400	2790	35
衡南县栗江镇	13017	43	72250	10370	41345	10695	14
衡南县近尾洲镇	8412	33	31501	3690	19470	12370	101
衡南县车江镇	9768	24	50222	4713	20274	13044	125
衡南县咸塘镇	5200	13	22338	9722	1116	1076	136
衡南县松江镇	12940	38	48259	2458	20586	3586	45

乡镇基本情况

计算单位:公顷、个、人

名　　称	行政区域面积	村民委员会	常住人口	城镇建成区总人口	从业人员	二三产业从业人员	工业企业单位
衡南县相市乡	37680	30	28000		24000	6000	2
衡南县洲市乡	9478	26	42987		15945	9932	11
衡南县川口乡	10059	20	17794	4036	9954	4149	7
衡山县开云镇	10000	24	90116	48665	62167	29230	240
衡山县白果镇	5700	25	36542	3659	21738	9426	40
衡山县东湖镇	5890	19	21092	1127	14612	7070	64
衡山县萱洲镇	5740	16	21710	980	13657	6867	
衡山县长江镇	7440	24	33807	2000	16358	3138	30
衡山县新桥镇	7730	24	29973	1380	16428	5424	3
衡山县马迹镇	3460	10	13905	3675	6876	3630	180
衡山县店门镇	9600	21	30132	765	24683	12627	12
衡山县贺家乡	4370	16	17695	765	10410	540	10
衡山县永和乡	6800	24	29558	3280	20600	2389	1
衡山县沙泉乡	3600	19	20711	2561	16711	6510	20
衡山县福田乡	4300	17	19200	760	10842	1270	12
衡山县岭坡乡	4700	18	14450	300	9455	1153	
衡山县望峰乡	1428	13	13500	1015	13216	2320	4
衡山县长青乡	3720	16	18296	445	15094	3457	4
衡山县贯塘乡	3400	17	20598	460	12084	2136	9
衡山县江东乡	3400	16	19199	2652	9700	2200	
衡东县城关镇	3100	10	62318	56123	29240	26341	114
衡东县石湾镇	7700	25	37842	12103	16329	10084	39
衡东县新塘镇	9700	33	49678	17800	28862	19409	68
衡东县大浦镇	11500	39	54469	21456	33195	16395	81
衡东县吴集镇	10600	35	43723	2831	26157	7709	40
衡东县甘溪镇	11000	31	29412	5839	15833	6358	11
衡东县杨林镇	13100	27	35039	4654	18430	523	40
衡东县草市镇	6900	20	31945	2860	21046	5372	17
衡东县杨桥镇	11200	30	35804	2650	21738	7484	12
衡东县霞流镇	9900	35	40386	2750	25419	5075	8
衡东县荣恒镇	8700	26	26842	1389	15916	10115	134
衡东县高湖镇	9700	24	32303	3210	30515	8385	35
衡东县白莲镇	8500	25	20591	1200	15843	4158	27
衡东县大桥镇	6600	20	21367	1145	3657	192	11
衡东县蓬源镇	8500	28	26431	2211	20795	14168	25
衡东县莫井乡	5700	13	13245		5464	3499	2
衡东县踏庄乡	4400	16	15459		9300	2715	2
衡东县高塘乡	7100	16	23140		14000	7187	5
衡东县南湾乡	8000	9	14116		9932	2600	14
衡东县三樟乡	4300	16	19895		13183	6862	10
衡东县栗木乡	5300	20	20165		9023	4440	15
衡东县珍珠乡	5600	18	20768		15634	6013	12
衡东县石滩乡	9000	30	30909		23097	13446	11
衡东县德圳乡	5700	14	12340		12077	257	6
祁东县洪桥镇	14648	58	211206	180860	75812	48300	241
祁东县白鹤铺镇	8588	37	45682	9862	32048	6922	17
祁东县金桥镇	7956	43	40236	9657	24522	10891	15
祁东县鸟江镇	6526	28	26510	5360	16491	8095	18
祁东县粮市镇	5457	25	17643	5081	10423	5780	8
祁东县河洲镇	6550	38	31650	8365	18830	8540	22

乡镇基本情况

计算单位:公顷、个、人

名　　称	行政区域面积	村民委员会	常住人口	城镇建成区总人口	从业人员	二三产业从业人员	工业企业单位
祁东县归阳镇	7948	44	40020	15129	39394	10813	56
祁东县过水坪镇	9735	52	43087	10812	29947	12421	120
祁东县双桥镇	7291	46	45066	9561	26454	9211	46
祁东县灵官镇	7797	32	38230	8295	26769	8733	17
祁东县风石堰镇	10993	45	56419	13700	30530	14672	52
祁东县白地市镇	10810	49	66920	20155	38007	18151	80
祁东县黄土铺镇	9294	37	44216	9987	28028	11780	32
祁东县石亭子镇	5559	27	27563	5296	20445	4813	6
祁东县官家嘴镇	9366	36	34467	7845	22053	8533	14
祁东县步云桥镇	14984	68	73518	16845	66752	7363	16
祁东县砖塘镇	6835	37	22943	4787	19648	5523	7
祁东县蒋家桥镇	6682	36	34221	7962	22975	4892	5
祁东县太和堂镇	12415	65	53502	12982	28563	10193	11
祁东县马杜桥乡	6036	20	13352		8869	2899	3
祁东县凤歧坪乡	3955	13	10016		9480	829	2
祁东县城连圩乡	3983	24	24633		22180	1382	4
祁东县四明山乡	3714	7	2201		1330	450	
耒阳市蔡子池街道	4482	5	198000		119697	72821	16
耒阳市灶市街街道	3050	1	87892	58924	23806	15552	67
耒阳市水东江街道	3486	3	32154		10490	3166	147
耒阳市五里牌街道办事处	2900	2	103249	103249	56652	13916	179
耒阳市三顺街道办事处	3109	5	13868		12900	2700	13
耒阳市黄市镇	9600	16	27224	27224	12638	3835	15
耒阳市小水镇	12100	38	65831	6044	46862	14424	257
耒阳市公平圩镇	9720	25	48000	510	12147	6047	24
耒阳市泗门洲镇	6800	17	56121	56121	11812	1477	3
耒阳市三都镇	82222	23	40884	20048	23403	11525	13
耒阳市南阳镇	10500	23	42358	2500	24000	22500	20
耒阳市竹市镇	6500	14	36830	1021	36021	18302	185
耒阳市夏塘镇	7640	24	41226	2103	33073	2952	9
耒阳市龙塘镇	7600	22	33523	1711	21554	4361	64
耒阳市哲桥镇	13600	23	50806	6025	30630	20765	32
耒阳市永济镇	4998	15	32568	1306	16612	10609	
耒阳市遥田镇	5200	14	34235	1144	21881	15041	40
耒阳市新市镇	8000	23	35480	9568	32450	8129	348
耒阳市洲陂乡	4200	12	19380	2020	9130	2530	12
耒阳市亮源乡	10488	16	23620	2210	17810	2290	4
耒阳市马水乡	12900	20	29610		23117	4595	4
耒阳市太平圩乡	5000	17	22000	1970	2990	2900	2
耒阳市导子乡	10300	22	36058	2540	14400	3753	47
耒阳市东湖圩乡	12700	22	31585	2150	28817	7899	62
耒阳市上架乡	4700	14	20057		8562	2790	386
耒阳市沙明乡	3400	6	5568		2793	740	3
耒阳市大义乡	10440	29	36874	512	16970	8295	7
耒阳市磨形乡	4100	11	17983		8231	2321	5
耒阳市南京乡	7600	15	29000	1620	15033	2173	4
耒阳市仁义乡	9700	17	48880	2120	48880	5310	30
耒阳市余庆乡	8250	17	27786	1560	17818	5498	26
耒阳市长坪乡	7700	24	38125	3756	23320	2370	3
耒阳市太和圩乡	7900	20	40455		17305	4805	15

乡镇基本情况

计算单位:公顷、个、人

名　　称	行政区域面积	村民委员会	常住人口	城镇建成区总人口	从业人员	二三产业从业人员	工业企业单位
耒阳市坛下乡	6400	15	28197		22640	8850	4
耒阳市大市乡	11500	32	65329	8150	25383	3049	342
耒阳市肥田乡	5120	16	31273		15915	7715	72
常宁市宜阳街道	1445	5	40886	23697	18178	6924	37
常宁市泉峰街道	1684	7	51721	25060	23965	8330	41
常宁市培元街道	1659	7	23023	20505	9906	3957	35
常宁市水口山街道办事处	2795	6	47198	26757	20228	7981	15
常宁市天堂山办事处	4562	13	6400		3798	1499	2
常宁市柏坊镇	13000	38	64286	10810	27939	11211	134
常宁市松柏镇	4220	18	33856	9923	13182	5180	160
常宁市烟洲镇	8512	35	39405	11238	18709	6908	41
常宁市荫田镇	10882	33	48875	4383	19933	8920	46
常宁市白沙镇	8500	28	37037	4756	20526	3970	62
常宁市西岭镇	12436	31	39145	3155	17266	4460	38
常宁市盐湖镇	5846	18	24955	9128	10822	2742	35
常宁市三角塘镇	6100	33	31784	3398	14659	5800	
常宁市洋泉镇	17478	49	70952	18796	27474	12219	57
常宁市庙前镇	7862	23	19135	2631	8303	3288	13
常宁市罗桥镇	10668	40	36283	2566	17160	9810	22
常宁市板桥镇	7976	38	46889	2327	20376	9375	21
常宁市胜桥镇	7774	45	49662	2046	21566	8541	77
常宁市官岭镇	8972	37	46025	4659	21070	8000	68
常宁市新河镇	9235	29	31880	8447	13953	5488	25
常宁市宜潭乡	9544	42	50632	13685	26692	9436	7
常宁市蓬塘乡	11225	37	47383	360	20555	8128	28
常宁市兰江乡	7700	37	36458	180	20569	5091	20
常宁市大堡乡	8295	29	35021	360	15940	4940	29
常宁市江河乡	4077	13	15378		7416	2336	
常宁市弥泉乡	1060	4	2286		963	436	8
常宁市塔山瑶族乡	6131	13	9155		3931	1173	4
双清区高崇山镇	3000	14	25550	2114	8571	3990	33
双清区渡头桥镇	2400	12	19740	2889	9135	2860	33
双清区城东乡	1400	2	12120	2089	8277	2517	16
双清区石桥乡	1400	11	19820	1336	8441	2240	30
双清区火车站乡	2800	12	21612	2577	15179	7234	45
双清区云水乡	2260	12	17200		12309	1040	22
大祥区雨溪镇	3420	11	21054	2871	14508	9983	21
大祥区罗市镇	4320	16	23289	2200	22668	1059	6
大祥区檀江乡	3471	18	26001		24050	15550	5
大祥区蔡锷乡	4079	16	21432		13910	1254	
大祥区板桥乡	2880	17	24825		10422	1407	175
北塔区田江乡	1300	5	13315		9676	5048	112
北塔区茶元头乡	3400	12	18630		12001	2100	12
北塔区陈家桥乡	2242	17	24000		12123	6068	84
邵东县大禾塘街道办事处	1906	3	61306		39193	37170	825
邵东县两市塘街道办事处	3690	16	75583		17822	10492	314
邵东县宋家塘街道办事处	3000	7	68613		21600	14300	1520
邵东县牛马司镇	5054	31	34070	15012	28711	10091	284
邵东县范家山镇	3112	18	27200	1830	10160	6480	78
邵东县九龙岭镇	8487	40	52483	3584	44148	12148	281

乡镇基本情况

计算单位：公顷、个、人

名　　称	行政区域面积	村民委员会	常住人口	城镇建成区总人口	从业人员	二三产业从业人员	工业企业单位
邵东县仙槎桥镇	8020	45	55678	5392	29375	15521	192
邵东县火厂坪镇	9715	50	64660	25200	29838	12740	390
邵东县佘田桥镇	5253	27	22610	4975	8548	4755	93
邵东县灵官殿镇	9980	52	64264	64264	23235	10890	430
邵东县团山镇	9713	67	71530	6832	56960	8253	550
邵东县砂石镇	4131	25	20960	2153	18249	8080	23
邵东县廉桥镇	8677	55	49061	24734	33424	25926	366
邵东县流光岭镇	4024	20	13309	7550	12745	5245	13
邵东县流泽镇	5320	35	42569	7210	9615	8268	66
邵东县魏家桥镇	7118	41	42256	2950	18969	8593	33
邵东县野鸡坪镇	7735	44	30926	3066	21906	9256	36
邵东县杨桥镇	5115	31	17703	1924	8907	4364	318
邵东县水东江镇	9864	51	50850	6245	48230	19580	223
邵东县黑田铺镇	10053	50	44859	4550	21428	8378	285
邵东县黄陂桥乡	3788	35	41582		20925	1075	48
邵东县双凤乡	5936	25	21690		18133	4163	1
邵东县周官桥乡	4900	29	35574		20814	15942	50
邵东县简家陇乡	13038	53	38760		37912	11940	2
邵东县堡面前乡	5507	19	12923		4600	600	2
邵东县石株桥乡	5933	29	17578		7727	3702	52
邵东县界岭乡	5274	29	33531		23423	6845	33
邵东县斫曹乡	5025	29	28145		15634	5759	3
新邵县酿溪镇	6350	29	95883	63354	39223	21669	101
新邵县严塘镇	12130	47	51486	6326	33888	17380	78
新邵县雀塘镇	9010	48	56504	50025	38607	16535	21
新邵县陈家坊镇	10300	62	71048	14238	17091	11410	106
新邵县潭溪镇	10930	37	38304	2230	22315	13681	6
新邵县寸石镇	9720	39	43125	2142	42741	16054	51
新邵县坪上镇	22810	70	80679	10122	52991	23404	188
新邵县龙溪铺镇	15340	46	61024	6542	35381	15260	234
新邵县巨口铺镇	16080	49	52239	6618	49834	13708	238
新邵县新田铺镇	11550	49	55420	3966	40501	18610	60
新邵县小塘镇	10510	47	50972	4997	24362	17859	38
新邵县潭府乡	9870	34	31157		18816	7034	23
新邵县太芝庙乡	12840	31	29548		19879	6876	3
新邵县大新乡	13440	42	28530		25980	14359	51
新邵县迎光乡	5370	22	31824		18651	686	23
邵阳县塘渡口镇	11960	30	117127	83051	67581	42169	96
邵阳县白仓镇	14027	49	62345	12523	52031	13235	139
邵阳县金称市镇	13788	35	43274	10742	33745	9898	108
邵阳县塘田市镇	9989	38	47962	8739	24424	6801	158
邵阳县黄亭市镇	13482	40	52403	10680	24566	11916	82
邵阳县长阳铺镇	9684	34	45124	3620	27494	12491	205
邵阳县岩口铺镇	8188	32	31350	3565	28020	7879	9
邵阳县九公桥镇	11156	35	54621	10692	45797	14251	264
邵阳县下花桥镇	8160	32	49609	8850	29730	6155	48
邵阳县谷洲镇	8469	35	53780	10200	27132	8336	322
邵阳县郦家坪镇	10967	37	65212	2450	44167	20715	11
邵阳县五峰铺镇	13783	55	108982	28735	65778	18752	245
邵阳县黄塘乡	6420	20	25293		9362	1710	6

乡镇基本情况

计算单位:公顷、个、人

名　　称	行政区域面积	村民委员会	常住人口	城镇建成区总人口	从业人员	二三产业从业人员	工业企业单位
邵阳县小溪市乡	9091	20	41793		39801	13305	9
邵阳县霞塘云乡	6187	18	33680		24203	8672	75
邵阳县长乐乡	6381	19	24956		19565	5742	16
邵阳县蔡桥乡	7000	21	29245		16964	10119	12
邵阳县河伯乡	9462	27	29574		25145	5281	48
邵阳县黄荆乡	4917	17	18370		14396	11139	3
邵阳县诸甲亭乡	4900	15	30238		16531	3039	3
邵阳县罗城乡	3548	17	19120		13922	6934	9
邵阳县金江乡	761	3	3242		1997	202	
隆回县桃洪镇	9370	35	127115	68214	56714	22458	2402
隆回县小沙江镇	13870	17	24436	2223	11455	3645	15
隆回县金石桥镇	16843	56	69405	16000	40216	12675	94
隆回县司门前镇	16890	41	52820	5430	38929	8324	39
隆回县高平镇	15855	51	72155	4420	42490	11800	19
隆回县六都寨镇	14055	49	60766	11906	47999	15709	49
隆回县荷香桥镇	12350	56	53095	7662	34550	14520	36
隆回县横板桥镇	9033	38	45062	5022	26661	9591	30
隆回县周旺镇	7505	36	31505	4347	19532	5826	60
隆回县滩头镇	17830	87	80756	15164	37676	6306	33
隆回县鸭田镇	7800	25	28482	5561	16894	5203	20
隆回县西洋江镇	9940	26	39968	8568	21916	5977	27
隆回县雨山铺镇	8700	46	40015	4100	23866	6619	10
隆回县岩口镇	19270	67	66133	6698	60030	8190	75
隆回县北山镇	10050	35	36755	3698	24464	2264	72
隆回县三阁司镇	11730	52	62983	6351	38958	10452	48
隆回县麻塘山乡	6670	12	14072		7843	3079	8
隆回县虎形山瑶族乡	9330	15	13697		10415	757	12
隆回县大水田乡	6447	13	12325		6390	1758	3
隆回县羊古坳乡	6129	20	28837		17853	5320	4
隆回县罗洪乡	6324	19	23598		13486	3616	7
隆回县七江乡	10683	35	53036	3400	29893	8305	12
隆回县荷田乡	8194	30	26038		12436	1404	9
隆回县石门乡	8902	42	38178		31236	5541	17
隆回县南岳庙乡	6987	22	30003	5256	26375	5543	42
隆回县山界回族乡	13850	25	23101		13312	2969	3
洞口县洞口镇	9813	35	92137	85009	34513	24855	88
洞口县江口镇	9609	14	13227	5950	7512	4152	125
洞口县毓兰镇	11538	36	45854	15103	33508	8615	33
洞口县高沙镇	15321	63	106750	67944	49875	13807	117
洞口县竹市镇	13835	57	77401	10479	56824	28161	64
洞口县石江镇	14013	52	83682	27412	48712	17286	54
洞口县黄桥镇	13233	56	85790	8047	64568	31781	59
洞口县山门镇	10129	34	53260	10211	32986	25445	32
洞口县醪田镇	5432	14	24465	3426	24444	9212	14
洞口县花园镇	8177	27	29001	6615	22085	17037	34
洞口县花古乡	4651	15	19633		12136	5126	20
洞口县古楼乡	8252	9	6136		3970	1867	6
洞口县长塘瑶族乡	5972	10	4349		2750	1260	14
洞口县罗溪瑶族乡	23583	17	10608		7580	3930	61
洞口县月溪乡	12996	22	13705		13616	10050	20

乡镇基本情况

计算单位:公顷、个、人

名　　称	行政区域面积	村民委员会	常住人口	城镇建成区总人口	从业人员	二三产业从业人员	工业企业单位
洞口县渣坪乡	8879	12	8433		5266	2651	12
洞口县岩山乡	8011	19	21266		18347	6452	23
洞口县杨林乡	4546	16	23330		11051	6631	9
洞口县水东乡	3489	12	18680		12935	3937	22
洞口县石柱乡	9239	17	25638		22141	14129	7
洞口县桐山乡	8892	16	10306		9868	2042	22
洞口县大屋瑶族乡	7355	11	5126		3238	703	4
绥宁县长铺镇	18910	2	45837	37850	36064	8224	20
绥宁县武阳镇	17868	19	28797	2850	22200	8740	9
绥宁县李熙桥镇	6266	15	18913	3365	13328	5101	15
绥宁县红岩镇	12560	33	30619	1914	8063	7470	17
绥宁县唐家坊镇	9995	17	22215	2217	16850	3290	18
绥宁县金屋塘镇	13368	12	15632	3436	8502	4337	5
绥宁县东山侗族乡	17640	19	17896		6590	622	10
绥宁县鹅公岭侗族苗族乡	7306	17	11847		8825	626	3
绥宁县朝仪侗族乡	8890	13	7237		5290	622	2
绥宁县在市苗族乡	13200	20	14282		13671	3823	9
绥宁县乐安铺苗族侗族乡	10515	11	9089		7645	633	23
绥宁县黄桑坪苗族乡	23400	11	5955		4345	1335	2
绥宁县关峡苗族乡	21533	19	24299		13283	1183	14
绥宁县长铺子苗族乡	25100	24	19839		9319	1748	30
绥宁县党坪苗族乡	15030	12	10385		5600	1455	2
绥宁县联民苗族瑶族乡	17890	8	5432		886	571	4
绥宁县麻塘苗族乡	13407	13	9227		7662	542	6
绥宁县枫木团苗族侗族乡	16300	10	7494		3682	624	28
绥宁县河口苗族乡	6900	7	5895		4857	1390	4
绥宁县竹舟江苗族乡	7000	9	8560		5723	563	8
绥宁县白玉乡	10800	9	8713		5215	1015	2
绥宁县黄土矿乡	8270	14	17824		10651	522	3
绥宁县瓦屋塘乡	10867	17	19550	7211	16159	5647	25
绥宁县水口乡	9700	10	10562		5592	2282	6
绥宁县梅坪乡	7070	6	2700		1077	55	4
新宁县金石镇	19625	35	116822	79956	59943	47048	145
新宁县水庙镇	11950	21	22960	2872	13851	2182	28
新宁县崀山镇	23966	27	30047	4152	18219	3621	11
新宁县白沙镇	7658	24	30687	7564	21863	6596	45
新宁县黄龙镇	15282	26	24739	7010	16962	5362	43
新宁县高桥镇	15704	29	35922	6621	25227	9796	29
新宁县回龙寺镇	24101	55	78386	76089	56523	12297	536
新宁县一渡水镇	24101	35	38569	5032	24520	7175	24
新宁县马头桥镇	18300	50	57263	3403	55318	17281	186
新宁县黄金瑶族乡	14320	15	8233		5955	2885	17
新宁县麻林瑶族乡	16809	15	13033		8404	2222	42
新宁县飞仙桥乡	9667	19	23456		15042	6449	16
新宁县万塘乡	10614	26	25658		17794	2976	18
新宁县清江桥乡	12987	25	27478		11161	2195	26
新宁县安山乡	10654	25	30683		21536	3182	15
新宁县丰田乡	8100	23	27806		12795	2505	18
新宁县巡田乡	9462	17	26086	676	1124	934	10
新宁县靖位乡	6939	7	8880		5490	1340	57

乡镇基本情况

计算单位：公顷、个、人

名　称	行政区域面积	村民委员会	常住人口	城镇建成区总人口	从业人员	二三产业从业人员	工业企业单位
城步县儒林镇	31100	45	78090	49863	26417	6828	70
城步县茅坪镇	16820	15	18998	5360	8669	2582	33
城步县西岩镇	26400	54	66932	3042	29832	5832	25
城步县丹口镇	47600	39	24273	1022	13072	2472	19
城步县五团镇	15000	14	11113	1689	5943	1366	10
城步县南山镇	15300	4	2453	1820	1083	672	2
城步县威溪乡	8300	15	8153		4142	1045	22
城步县长安营乡	12700	12	5617		3892	1131	15
城步县白毛坪乡	40400	28	15265		8030	2408	4
城步县兰蓉乡	13900	9	8675		6600	1310	23
城步县汀坪乡	27700	25	16715		10153	2478	13
城步县蒋坊乡	9480	11	11047		5574	505	3
武冈县辕门口街道	2500	8	39398	21456	13757	12889	13
武冈县迎春亭街道	6290	2	26317	23556	20438	13694	38
武冈县法相岩街道办事处	2000	6	24669		19141	12743	162
武冈县水西门街道办事处	200	3	34265	34265	20046	11594	17
武冈县邓元泰镇	14100	42	71766	17885	31276	10325	223
武冈县湾头桥镇	13900	48	73765	18202	44048	14539	192
武冈县文坪镇	8547	25	40319	2705	28181	6835	51
武冈县荆竹铺镇	8542	27	45176	3365	31894	7201	184
武冈县稠树塘镇	10916	32	36874	2078	22352	4963	185
武冈县邓家铺镇	11090	35	56569	3986	33126	17965	279
武冈县龙溪镇	4900	23	38276	3708	16004	4959	60
武冈县司马冲镇	7800	21	24000	6200	3694	2388	12
武冈县龙田乡	5810	18	31539		12693	7338	5
武冈县头堂乡	8317	31	41103		21251	9093	7
武冈市安乐乡	6600	17	29331		16522	8200	25
武冈县大甸乡	6502	19	24849		17113	4171	20
武冈县马坪乡	6125	26	38381		12185	2210	38
武冈县晏田乡	7200	24	27022		15102	5682	95
武冈市秦桥乡	7200	18	24026		17128	6110	9
武冈县水浸坪乡	7200	24	29926		19263	8246	
武冈县双牌乡	10811	30	47266		26242	8875	22
岳阳楼西塘镇	4980	17	19164	1053	10231	5215	6
岳阳楼区梅溪乡	5635	6	26316		14234	5061	27
岳阳楼区郭镇乡	8060	8	16650		8978	3650	31
岳阳楼三荷乡	9280	23	23917	1192	16962	6326	10
岳阳楼康王乡	7360	24	32230	6535	15926	11700	34
云溪区云溪镇	1519	2	16274	12674	8374	4454	31
云溪区陆城镇	4460	8	10036	2284	5969	670	182
云溪区路口镇	5200	12	18826	5100	9328	2387	49
云溪区道仁矶镇	5980	7	9572	775	5295	474	38
云溪区文桥镇	6700	13	19001	1160	9971	1959	9
云溪区云溪乡	2025	19	29374		16189	1604	61
云溪区永济乡	5492	5	8766		7756	125	4
君山区柳林洲镇	17593	12	49600	25000	25130	14830	220
君山区广兴洲镇	8612	12	36250	13980	19820	4820	12
君山区许市镇	8286	10	32230	8300	21287	3120	30
君山区钱粮湖镇	9355	16	48744	26100	36600	6600	90
君山区良心堡镇	6987	20	34600	4130	9550	1550	23

乡镇基本情况

计算单位：公顷、个、人

名称	行政区域面积	村民委员会	常住人口	城镇建成区总人口	从业人员	二三产业从业人员	工业企业单位
君山区采桑湖镇	6755	15	20068	4500	13800	6700	4
岳阳县荣家湾镇	4981	13	112125	95642	69198	67210	88
岳阳县麻塘镇	7347	19	25041	16720	12711	7590	25
岳阳县鹿角镇	9520	32	37891	3194	37891	6661	14
岳阳县黄沙街镇	13147	35	54450	3682	29703	8769	6
岳阳县新墙镇	7687	27	32866	4500	16017	12090	29
岳阳县柏祥镇	10150	24	32700	6200	17500	6500	11
岳阳县筻口镇	13938	58	58754	4120	25084	10520	12
岳阳县公田镇	8987	23	30285	6016	13810	3270	12
岳阳县毛田镇	8000	31	22185	2820	7830	6534	18
岳阳县月田镇	16900	55	48297	15100	31989	10084	5
岳阳县张谷英镇	14600	31	30389	1972	14368	7519	5
岳阳县新开镇	13100	35	36874	2750	20709	7420	23
岳阳县中洲乡	7647	25	27985	1880	14260	5645	7
岳阳县长湖乡	12073	31	38862	1523	16287	5521	5
岳阳县步仙乡	10366	21	34487	2366	19809	10068	3
岳阳县甘田乡	4985	15	17428	1302	8795	2747	6
岳阳县杨林乡	8596	25	33705	3821	19149	1217	5
岳阳县云山乡	4200	15	12065	326	5991	3640	
岳阳县相思乡	6980	27	22193	1023	13928	6627	2
岳阳县饶村乡	4860	16	16487	920	10851	6188	6
华容县城关镇	2600	2	136180	136180	63700	60700	110
华容县三封寺镇	7580	19	24510	2076	19523	6878	42
华容县治河渡镇	4572	16	27031	5600	5560	949	31
华容县北景港镇	7570	29	40853	3788	19841	4396	270
华容县鲇鱼须镇	6760	20	32810	2620	18160	3849	19
华容县宋家嘴镇	4040	13	14800	1403	12330	3370	108
华容县万庾镇	9850	26	44074	4322	19666	5143	44
华容县插旗镇	5230	20	30671	3215	16829	6597	12
华容县注滋口镇	6112	24	38338	5226	22346	3548	70
华容县操军镇	6867	27	45690	508	45690	28026	23
华容县东山镇	27360	54	63848	36000	44106	21506	68
华容县梅田湖镇	4200	12	19858	4100	9865	5665	235
华容县胜峰乡	6700	15	19284		11422	4795	28
华容县新河乡	7050	24	40522		39753	4653	219
华容县护城乡	5090	18	33200		21654	5034	20
华容县新建乡	4362	13	21253		10032	1790	21
华容县南山乡	8671	23	25330		14707	2190	11
华容县终南乡	5500	17	19971		14130	2930	8
华容县幸福乡	6384	27	33128		18265	3435	19
华容县团洲乡	5090	14	28345		19311	6868	2
湘阴县文星镇	3200	1	143229	105520	44166	37033	282
湘阴县东塘镇	5205	20	31250	2141	21120	16020	67
湘阴县袁家铺镇	3828	14	54155	1245	44764	40254	155
湘阴县樟树镇	5450	23	22298	4008	9768	6756	22
湘阴县三塘镇	4053	14	24212	210	11261	306	27
湘阴县长康镇	5400	17	24833	587	7523	3001	49
湘阴县岭北镇	9840	52	78938	1373	44747	21825	29
湘阴县新泉镇	15800	50	79400	3382	58894	38692	71
湘阴县湘滨镇	9403	33	62504	1050	35214	24858	19

乡镇基本情况

计算单位:公顷、个、人

名　　称	行政区域面积	村民委员会	常住人口	城镇建成区总人口	从业人员	二三产业从业人员	工业企业单位
湘阴县南湖洲镇	10200	38	62912	25910	21932	3411	60
湘阴县鹤龙湖镇	10940	46	74127	1279	37850	10050	69
湘阴县金龙镇	4318	14	24785	2316	21913	12963	51
湘阴县石塘乡	5200	18	22568		11839	2555	53
湘阴县六塘乡	5310	11	16175		10056	1843	21
湘阴县白泥湖乡	3400	14	15411		5156	898	39
湘阴县静河乡	5440	19	30401	3598	20157	12496	22
湘阴县玉华乡	4600	14	21274		17720	8857	38
湘阴县杨林寨乡	3500	14	30852		17840	542	8
湘阴县青潭乡	1120	4	2562		1650	340	1
平江县城关镇	5400	18	95747	79490	57147	34737	189
平江县安定镇	11867	44	71665	17114	40895	6444	90
平江县三市镇	3500	35	56347	15026	28341	11986	133
平江县加义镇	31700	39	55650	8134	30150	10027	20
平江县长寿镇	22000	51	71250	35600	37075	5525	88
平江县龙门镇	30500	36	39850	2880	19354	139	6
平江县虹桥镇	18236	34	39919	32087	19144	3900	65
平江县南江镇	19600	44	73475	37324	62137	25337	84
平江县梅仙镇	20530	36	63553	3698	34689	18826	20
平江县浯口镇	28600	34	40500	3417	16525	45	12
平江县瓮江镇	24880	47	56324	4061	27373	2204	28
平江县伍市镇	22500	46	82210	18763	42005	29650	110
平江县向家镇	4200	11	18508	4652	9747	8295	14
平江县童市镇	15990	27	29850	3012	29433	10113	8
平江县岑川镇	9600	15	18915		12826	53	1
平江县福寿山镇	13800	24	21451	1536	10972	3678	7
平江县三阳乡	21400	42	56699		35207	18963	50
平江县咏生乡	11000	5	3467		3167	2066	
平江县黄金洞乡	19600	15	4300		1805	1155	1
平江县南桥乡	8500	13	3650		1702	922	
平江县木金乡	11800	23	22680		12024	2761	6
平江县大坪乡	10800	21	19850	3590	16233	3733	58
平江县冬塔乡	16660	18	22686	3568	13349	5013	3
平江县板江乡	7193	17	14258		6783	1133	
平江县大洲乡	9050	16	21340		8530	1007	5
平江县三墩乡	11700	32	30253		14226	2978	6
平江县余坪乡	18500	28	38250	8142	14669	8147	10
汨罗市天问街道办事处	200		5789	5789	2419	2419	2
汨罗市城关镇	2650		55467	48600	31082	29817	815
汨罗市汨罗镇	3443	15	28750	2085	19490	7890	45
汨罗市新市镇	5600	10	33400	4290	11319	5069	140
汨罗市古培镇	5118	22	33526	7400	18950	10400	89
汨罗市白水镇	3450	20	31820	5760	24070	6470	16
汨罗市川山坪镇	5350	17	28225	1050	14803	6843	25
汨罗市高家坊镇	5560	19	28658	1892	20834	6034	50
汨罗市弼时镇	6400	18	30380	3092	19820	10950	18
汨罗市李家段镇	5405	16	21768	7030	14526	6906	150
汨罗市黄柏镇	7300	16	32098	6530	23758	5578	35
汨罗市长乐镇	5800	15	31580	5152	16281	7546	110
汨罗市大荆镇	4860	12	10420	1896	7852	2727	32

乡镇基本情况

计算单位:公顷、个、人

名　　称	行政区域面积	村民委员会	常住人口	城镇建成区总人口	从业人员	二三产业从业人员	工业企业单位
汨罗市桃林寺镇	5800	17	27683	1973	18240	2740	15
汨罗市三江镇	4200	10	17108	1316	11162	5932	11
汨罗市范家园镇	4800	13	17248	1495	12473	7195	9
汨罗市沙溪镇	4860	13	18400	1620	12305	4305	9
汨罗市营田镇	7168	16	35126	26321	18095	9774	36
汨罗市河市镇	2152	10	9489	1346	5566	939	4
汨罗市屈子祠镇	3600	16	23994	2025	9759	5559	53
汨罗市城郊乡	2750	4	54114		26800	19300	985
汨罗市红花乡	5810	11	26450		19463	3263	55
汨罗市黄市乡	5600	10	16773		11098	5690	16
汨罗市玉池乡	4100	15	8766		3925	1740	4
汨罗市天井乡	4400	9	15696		10525	2505	8
汨罗市智峰乡	3500	6	9814		6449	2199	13
汨罗市古仑乡	3500	8	13442		10255	3740	3
汨罗市火天乡	5957	12	20380		16538	6630	12
汨罗市新塘乡	3500	13	18350		12235	2325	5
汨罗市白塘乡	4400	14	19490		10850	6250	9
汨罗市磊石乡	1800	12	5595		3676	864	4
汨罗市八景乡	5400	5	3380		2465	705	3
汨罗市黄金乡	4316	14	16215		7174	939	8
汨罗市琴棋乡	3322	10	7136		3102	371	1
汨罗市凤凰乡	3914	10	9502		4570	249	2
临湘市长安街道	2700	3	98760	32820	48354	35990	130
临湘市桃矿街道	3850		15457	15014	2100	2100	64
临湘市忠防镇	11700	15	28800	5000	17734	7734	60
临湘市白云镇	3850	10	16398	1054	8584	3400	629
临湘市聂市镇	10700	20	27305	4451	13300	8800	87
临湘市源潭镇	9400	12	17125	4082	11702	6831	20
临湘市江南镇	5832	12	28450	2680	11876	5156	22
临湘市桃林镇	7715	16	39000	22000	20200	9200	178
临湘市长塘镇	5800	16	26000	3670	14770	8770	4
临湘市白羊田镇	3700	9	13868	2800	4000	2327	14
临湘市詹桥镇	13870	29	16880	5300	15997	8707	45
临湘市儒溪镇	3600	9	11761	2980	4085	1810	17
临湘市定湖镇	7400	13	13100	1780	7831	3517	48
临湘市黄盖镇	3430	6	9036	3010	3923	1591	7
临湘市羊楼司镇	27600	37	52541	26171	52541	12992	896
临湘市五里乡	11600	19	18776		11610	7592	65
临湘市乘风乡	5300	8	13660		9503	5503	3
临湘市坦渡乡	7790	15	17850		9076	1090	31
临湘市城南乡	2400	8	13702		5611	2077	3
临湘市横铺乡	8100	13	18428		12656	1067	30
武陵区河洑镇	2590	11	22692	22692	6935	2280	35
武陵区德山镇	4800	8	34235	7058	21341	14291	137
武陵区芦荻山乡	5400	21	31471		14242	8334	14
武陵区东郊乡	1617	1	19804	19804	13789	9883	427
武陵区东江乡	1006	3	8135		4507	1870	123
武陵区护城乡	1270	2	15328		8695	8097	336
武陵区丹洲乡	2700	17	28410		16053	11164	19
武陵区南坪岗乡	1960	5	20290		3823	1560	5

乡镇基本情况

计算单位:公顷、个、人

名　　称	行政区域面积	村民委员会	常住人口	城镇建成区总人口	从业人员	二三产业从业人员	工业企业单位
武陵区白鹤山乡	9700	24	30300		13460	5760	8
鼎城区武陵镇	3650	10	80110	59300	49430	44400	1335
鼎城区蒿子港镇	5416	13	31290	11500	16094	8344	20
鼎城区中河口镇	6825	22	29816	1521	9276	1221	2
鼎城区十美堂镇	5179	16	25909	3296	11340	5737	46
鼎城区牛鼻滩镇	8651	20	37339	5215	15141	8651	387
鼎城区韩公渡镇	10977	30	42646	4550	31698	4048	
鼎城区石公桥镇	9200	26	36269	5410	17328	8228	8
鼎城区镇德桥镇	4347	13	19499	2426	7707	2451	10
鼎城区周家店镇	13453	25	32400	6350	17400	10100	10
鼎城区大龙站镇	4393	9	12398	2502	5536	4923	4
鼎城区双桥坪镇	7110	15	19268	1565	11273	4693	19
鼎城区灌溪镇	6400	14	35469	11628	28256	22303	353
鼎城区蔡家岗镇	5498	14	16446	1369	11536	6908	124
鼎城区斗姆湖镇	4160	13	23500	6218	8056	2661	38
鼎城区草坪镇	7660	18	24455	4012	20013	2759	2
鼎城区石门桥镇	10125	31	45175	5911	25628	11747	20
鼎城区谢家铺镇	6115	24	24170	4000	14328	13008	15
鼎城区黄土店镇	7303	19	20184	6542	7060	4752	95
鼎城区尧天坪镇	5434	14	14672	2150	7030	3830	
鼎城区港二口镇	6626	16	16392	2382	11596	7208	4
鼎城区雷公庙镇	5800	12	14937	1350	6211	1042	2
鼎城区石板滩镇	6561	14	22131	4439	10141	4661	28
鼎城区黄珠洲乡	4530	12	17875		7630	1265	
鼎城区黑山嘴乡	4031	12	15796		8400	3900	30
鼎城区长岭岗乡	4247	10	10035		4470	1670	6
鼎城区许家桥回族维吾尔族乡	5872	16	18316		9522	2848	8
鼎城区丁家港乡	5900	13	15775		8056	3047	89
鼎城区钱家坪乡	7700	17	14232		7035	650	4
鼎城区唐家铺乡	5799	14	18011		7877	2600	7
鼎城区沧山乡	6705	13	13495		6667	1692	
鼎城区长茅岭乡	6250	19	16208		8583	4249	5
鼎城区逆江坪乡	7654	15	12308		10183	3779	59
安乡县深柳镇	6812	12	121298	121298	52755	38905	85
安乡县大鲸港镇	3650	8	31056	5900	30757	6757	19
安乡县黄山头镇	6927	16	36911	36911	27603	14320	16
安乡县三岔河镇	5100	11	28778	3680	8965	717	5
安乡县官垱镇	4372	13	22264	7100	11370	4039	3
安乡县下渔口镇	8064	20	39864	5159	33695	6330	19
安乡县陈家嘴镇	4863	13	24822	3172	9240	1077	8
安乡县焦圻镇	2400	10	21027	4280	13596	2850	120
安乡县安障乡	4633	10	23973		15043	5411	11
安乡县安昌乡	4933	12	28271		14021	2340	14
安乡县安宏乡	4260	11	19689		12811	3815	2
安乡县安生乡	4042	9	20527		10154	3711	1
安乡县安全乡	6300	17	32619		14286	1737	45
安乡县安福乡	5570	14	26498		11496	4568	20
安乡县安凝乡	4533	15	22105		13357	2891	2
安乡县安丰乡	6485	16	28001		13351	1201	4
安乡县安裕乡	6400	11	18316		12280	752	3

乡镇基本情况

计算单位:公顷、个、人

名称	行政区域面积	村民委员会	常住人口	城镇建成区总人口	从业人员	二三产业从业人员	工业企业单位
安乡县安康乡	5716	16	25480		18123	2703	5
安乡县安德乡	3600	9	18920		11457	225	11
汉寿县蒋家嘴镇	6755	19	45282	20138	15783	7401	94
汉寿县岩汪湖镇	5902	16	27112	2588	15375	9345	32
汉寿县坡头镇	4212	14	26308	4000	9931	1861	29
汉寿县西港镇	9900	23	39350	3596	25575	10589	4
汉寿县洲口镇	7153	20	34398	3206	23159	9728	39
汉寿县罐头嘴镇	7102	21	31920	20849	16320	5038	46
汉寿县沧港镇	3533	13	20800	3400	13943	4940	35
汉寿县朱家铺镇	7300	21	23399	2580	9435	2830	9
汉寿县太子庙镇	10777	12	29081	11235	12808	5333	122
汉寿县毓德铺镇	4982	16	16063	2680	9840	7286	12
汉寿县崔家桥镇	5300	15	18049	2265	9921	3372	11
汉寿县军山铺镇	7034	16	26722	17528	15434	8640	28
汉寿县百禄桥镇	4944	14	21127	1598	10808	4165	25
汉寿县西湖镇	714	4	14350		6486	5130	7
汉寿县洋淘湖镇	2600	10	15003	5531	9612	5015	20
汉寿县龙阳镇	10677	28	121993	109800	32297	11581	182
汉寿县周文庙乡	3915	15	21435		15676	6546	17
汉寿县鸭子港乡	5388	19	24231		14929	5010	4
汉寿县文蔚乡	3674	15	14408		7104	2794	6
汉寿县新兴乡	7700	15	22715		11070	4070	105
汉寿县聂家桥乡	4827	14	20012		9669	4590	38
汉寿县毛家滩回族维吾尔族乡	5347	16	26729		11653	2991	28
汉寿县丰家铺乡	7961	22	25080		13205	5405	14
汉寿县东岳庙乡	6647	21	23723		11874	4120	7
汉寿县岩嘴乡	6281	17	24649		11359	3665	6
汉寿县株木山乡	6238	19	28277		11395	1095	14
汉寿县三和乡	4884	16	21371		11733	5655	15
汉寿县龙潭桥乡	7099	19	27156		13403	8403	21
汉寿县月明潭乡	5890	20	24663		7171	1223	1
汉寿县大南湖乡	13133	11	10215		6536	1735	11
澧县澧阳镇	5881	12	92102	86523	54435	43435	120
澧县张公庙镇	5113	18	30385	6529	13438	6832	80
澧县小渡口镇	8167	23	42569	7130	24699	15647	165
澧县梦溪镇	8073	18	33361	5503	22421	4567	412
澧县复兴厂镇	6193	16	17795	3980	8856	3638	72
澧县盐井镇	6700	8	18573	3168	7102	1846	5
澧县雷公塔镇	4900	13	18109	4567	11843	6549	138
澧县大堰垱镇	5400	19	43637	13856	32438	24500	21
澧县王家厂镇	7457	15	24242	6441	11700	6200	35
澧县金罗镇	3673	18	28347	4572	17467	2871	47
澧县码头铺镇	5938	6	15270	4400	7387	3613	19
澧县方石坪镇	4800	6	15822	2757	8705	5009	45
澧县甘溪滩镇	8056	8	22276	4468	13872	274	82
澧县火连坡镇	6900	7	17839	1522	8649	5379	24
澧县澧南镇	3600	17	26532	20225	13765	12342	15
澧县九垸乡	6134	14	22500		14708	7356	5
澧县官垸乡	8200	9	18771		9950	1168	3
澧县永丰乡	5200	13	28553		8058	2708	17

乡镇基本情况

计算单位:公顷、个、人

名　　称	行政区域面积	村民委员会	常住人口	城镇建成区总人口	从业人员	二三产业从业人员	工业企业单位
澧县如东乡	6770	14	28992		7254	2159	154
澧县澧澹乡	3300	15	39300		10376	1200	89
澧县澧东乡	4197	16	29152		15880	6038	82
澧县涔南乡	4133	15	25904		15121	6295	21
澧县大坪乡	3552	12	21463		12613	3324	72
澧县道河乡	6760	13	13642		8183	5466	13
澧县双龙乡	5790	12	16704		9819	4393	183
澧县宜万乡	6243	8	19471		7842	972	12
澧县车溪乡	6544	16	26309		13830	8240	11
澧县中武乡	5811	12	20297		12543	4308	12
澧县闸口乡	6129	11	21287		6595	4739	21
澧县洞市乡	3000	8	11664		7039	3634	14
澧县杨家坊乡	3838	7	11252		5286	1779	17
澧县太青乡	10500	11	19250		10790	5796	3
临澧县安福镇	4421	8	81241	73805	52512	52030	45
临澧县合口镇	4914	21	48313	18683	26566	17477	112
临澧县新安镇	5891	21	49977	18600	27920	18420	87
临澧县佘市桥镇	7849	20	20654	3345	12090	4710	22
临澧县太浮镇	7406	18	15892	1442	8382	4667	7
临澧县四新岗镇	9341	22	22807	1380	12405	6855	19
临澧县停弦渡镇	6740	19	21824	3179	12330	8030	316
临澧县修梅镇	7537	22	20250	1735	11377	6077	22
临澧县杉板乡	6789	15	15883		10380	6411	23
临澧县文家乡	8105	17	15455		8248	4013	8
临澧县陈二乡	5600	19	15600		11030	5256	12
临澧县柏枝乡	10069	24	29120		19230	4000	194
临澧县烽火乡	8673	21	20186		11201	5000	9
临澧县望城乡	5692	13	18450		10450	4630	72
临澧县杨板乡	7790	18	20800		11200	4100	
临澧县官亭乡	8460	17	22105		14619	6385	150
临澧县九里乡	4351	15	20768		12518	7858	38
桃源县漳江镇	12978	14	133016	101688	29656	15828	595
桃源县陬市镇	10481	13	52239	28330	15940	4339	1207
桃源县盘塘镇	8496	7	22531	1892	14134	2190	10
桃源县热市镇	12877	18	31511	2851	16761	4179	24
桃源县黄石镇	14700	15	20915	4900	9033	541	6
桃源县漆河镇	15431	17	61756	22486	39772	3994	205
桃源县理公港镇	9544	6	15792	2166	8275	1677	10
桃源县观音寺镇	23125	16	26702	1846	16256	3720	2
桃源县龙潭镇	24735	13	28047	1985	11247	4947	1
桃源县三阳港镇	9469	7	22336	6791	15057	9172	5
桃源县剪市镇	10168	7	21850	5570	8657	4102	2
桃源县茶庵铺镇	19214	11	24234	3555	6796	1420	6
桃源县西安镇	19929	10	14590	1618	6920	2905	1
桃源县沙坪镇	19496	9	19673	3546	15214	1991	3
桃源县桃花源镇	12694	36	34816	6127	13267	2735	302
桃源县架桥镇	9826	10	33630	6000	16029	2792	20
桃源县马鬃岭镇	6847	7	22513	2398	14629	2122	15
桃源县凌津滩镇	13722	5	18520	2007	13289	2962	53
桃源县青林乡	5110	8	23358		9059	3136	5

乡镇基本情况

计算单位:公顷、个、人

名　　称	行政区域面积	村民委员会	常住人口	城镇建成区总人口	从业人员	二三产业从业人员	工业企业单位
桃源县车湖垸乡	2480	6	15822		9263	4245	
桃源县枫树维吾尔族回族乡	6827	12	32451		14402	5199	2
桃源县木塘垸乡	5689	7	32807		14791	3390	8
桃源县双溪口乡	6494	11	24164		11105	2842	60
桃源县郝坪乡	6500	7	11236		4850	1855	109
桃源县九溪乡	9861	13	23510		10700	5900	10
桃源县黄甲铺乡	6755	7	17201		8421	3970	66
桃源县钟家铺乡	12466	11	15328		8306	2620	19
桃源县牛车河乡	17083	12	12785		8757	855	1
桃源县佘家坪乡	12724	9	22645		9673	1862	7
桃源县太平桥乡	8824	5	16033		6811	1142	7
桃源县浯溪河乡	5008	5	13432		6310	1095	1
桃源县深水港乡	7077	8	20858		11230	2884	35
桃源县泥窝潭乡	9182	9	18320		10453	2600	3
桃源县兴隆街乡	10877	8	12206		7466	2066	115
桃源县太平铺乡	14120	6	11450		5573	606	30
桃源县牯牛山乡	11440	6	5831		2930	180	2
桃源县杨溪桥乡	7238	8	11030		5696	793	
桃源县寺坪乡	8785	8	13568		4860	880	4
桃源县郑家驿乡	6528	6	13258		8293	945	17
桃源县芦花潭乡	10800	5	14585		3930	685	2
石门县楚江镇	5860		84920	84920	48800	43600	461
石门县蒙泉镇	23766	74	67326	18148	37248	16448	618
石门县夹山镇	18498	39	47963	4059	23034	6517	326
石门县易家渡镇	6260	20	32906	4003	19466	8948	251
石门县新关镇	7953	17	24000	4562	15200	7400	128
石门县皂市镇	13780	30	23625	6736	10597	5677	158
石门县维新镇	23900	45	20836	3500	15982	6094	230
石门县太平镇	36053	13	27905	3755	14424	7318	150
石门县磨市镇	11000	56	31175	4535	21464	12100	310
石门县壶瓶山镇	66293	62	30216	4905	20677	10122	239
石门县南北镇	14544	15	8289	1146	5691	1164	37
石门县二都乡	7050	19	27192		19448	12584	56
石门县新铺乡	16154	39	33085		15290	6742	219
石门县白云乡	13379	35	32524		17972	8160	292
石门县三圣乡	27140	53	38534		23183	12427	130
石门县子良乡	19893	15	24864		14069	8833	38
石门县所街乡	21560	41	30893		19479	4486	260
石门县雁池乡	21860	55	32032		18112	5937	65
石门县罗坪乡	20720	13	15802	545	8975	4220	187
津市三洲驿街道	627		35137	35137	2395	2395	63
津市市汪家桥街道	1075	2	35214	35214	14508	11248	67
津市市襄阳街街道	1179	7	22300	22300	13020	9820	7
津市金鱼岭街道	2242	2	22695	14809	13040	11887	22
津市新洲镇	4758	7	22500	7925	7593	4343	4
津市渡口镇	5481	13	20768	4012	10195	785	3
津市保和堤镇	5610	12	23668	7922	9716	976	21
津市白衣镇	8366	15	24400	3750	14111	1211	18
津市灵泉镇	5500	12	15435	2300	6822	1052	14
津市棠华乡	6800	11	16600		11800	580	17

乡镇基本情况

计算单位:公顷、个、人

名　　称	行政区域面积	村民委员会	常住人口	城镇建成区总人口	从业人员	二三产业从业人员	工业企业单位
津市李家铺乡	6213	12	19060		7991	1691	9
永定区新桥镇	6562	9	12523	2487	7900	2827	63
永定区温塘镇	10140	6	6023	1882	3228	1680	85
永定区教字垭镇	13600	25	28213	5100	13000	6500	8
永定区大坪镇	9540	9	7809	1092	4501	2130	23
永定区沅古坪镇	14000	18	17128	5825	11200	6600	48
永定区尹家溪镇	9140	21	29370	2234	12938	2466	57
永定区后坪镇	8150	14	22097	1305	11432	4137	86
永定区阳湖坪镇	6597	19	24000	2292	13800	8900	54
永定区王家坪镇	16900	17	15590	1327	10192	6802	17
永定区三家馆乡	11400	17	12670		8365	3135	54
永定区沙堤乡	8270	14	18126	3800	11688	3128	70
永定区枫香岗乡	3460	11	14283	498	5414	2164	16
永定区合作桥乡	6147	12	14293		11182	1451	39
永定区双溪桥乡	7000	10	6535	220	3753	914	38
永定区谢家垭乡	7139	10	9980		4410	903	43
永定区青安坪乡	8800	12	7650		2337	1400	11
永定区罗塔坪乡	8786	12	8021		4300	2000	3
永定区罗水乡	6250	9	8550		5600	2800	1
永定区桥头乡	5490	16	13787		8906	1145	21
永定区三岔乡	6500	10	6556		4200	600	12
永定区四都坪乡	19100	18	10717		6697	776	9
武陵源区天子山镇	5420	2	5146	2715	2596	1673	8
武陵源区索溪峪土家族乡	10947	6	10847		5644	3275	
武陵源区协合乡	5737	7	8258		3077	177	13
武陵源区中湖乡	6760	9	13464		8090	5045	2
慈利县零阳镇	29555	57	130840	70236	75052	53996	431
慈利县岩泊渡镇	9370	27	22639	6550	9231	5030	58
慈利县溪口镇	11112	19	15950	5115	8407	4407	28
慈利县东岳观镇	10800	25	25508	2153	22176	2986	146
慈利县通津铺镇	12700	23	23280	3120	15370	4330	95
慈利县杉木桥镇	9129	27	24591	5937	9200	5000	2
慈利县象市镇	13840	23	21380	2300	9611	3836	142
慈利县江垭镇	29800	46	45340	13590	16100	7300	70
慈利县苗市镇	10414	24	19417	5460	15800	6100	70
慈利县零溪镇	6580	17	25901	2642	12876	4492	52
慈利县高桥镇	14080	19	11850	2880	5760	2060	121
慈利县龙潭河镇	9260	16	11409	1560	11100	3600	48
慈利县广福桥镇	7870	14	12890	1568	6330	2440	54
慈利县南山坪乡	11892	17	8252		6504	3585	30
慈利县宜冲桥乡	11165	20	16302		7870	1170	30
慈利县洞溪乡	11900	13	9188	1800	3625	875	60
慈利县金坪乡	9400	15	7488	1000	4259	1450	35
慈利县景龙桥乡	8777	12	9758	3500	3728	970	13
慈利县二坊坪乡	10900	11	9284		9284	1857	2
慈利县三合口乡	7400	18	8180	2000	4333	1803	68
慈利县国太桥乡	4400	10	7581	1500	4350	1230	40
慈利县庄塌乡	5587	12	6235		4500	1010	7
慈利县杨柳铺乡	10800	23	19787	1024	8532	2283	84
慈利县朝阳乡	5900	12	8769		8730	730	1

乡镇基本情况

计算单位：公顷、个、人

名　　称	行政区域面积	村民委员会	常住人口	城镇建成区总人口	从业人员	二三产业从业人员	工业企业单位
慈利县三官寺土家族乡	11349	26	23489		12074	3732	65
慈利县高峰土家族乡	14454	25	14080	806	11607	1326	4
慈利县许家坊土家族乡	8052	16	16891	1220	9500	2500	4
慈利县金岩土家族乡	13850	19	16660		10650	2410	75
慈利县赵家岗土家族乡	6200	19	8000	1510	7800	1990	4
慈利县甘堰土家族乡	9700	21	16640		13200	7600	8
慈利县阳和土家族乡	7400	16	12000		10800	2780	45
桑植县澧源镇	7900	18	67931	43500	33893	27345	300
桑植县瑞塔铺镇	10800	21	21982	6300	14879	11498	260
桑植县官地坪镇	12600	18	16448	6503	6650	1490	2
桑植县凉水口镇	6870	16	10906	2650	5647	3180	
桑植县龙潭坪镇	12300	10	8056	1321	5452	2216	5
桑植县五道水镇	15100	10	6192	1100	3617	1275	
桑植县陈家河镇	10600	20	16646	6200	4306	485	4
桑植县廖家村镇	5700	9	11403	390	6136	2247	2
桑植县利福塔镇	8095	22	20387	906	11036	4936	12
桑植县空壳树乡	6863	14	13752	1550	11036	2613	2
桑植县汩湖乡	7333	13	9127		4303	1388	
桑植县竹叶坪乡	14100	16	10297		8297	2358	30
桑植县走马坪白族乡	6800	11	8709		4363	1555	
桑植县人潮溪乡	11500	11	6367	1109	2971	979	
桑植县西莲乡	10700	10	5017		2815	315	9
桑植县白石乡	12170	12	5112		4171	308	1
桑植县刘家坪白族乡	3820	13	10856	1032	6286	2020	
桑植县芙蓉桥白族乡	7028	13	11462	2240	11065	2766	2
桑植县麦地坪白族乡	5040	8	4724	620	2781	1250	
桑植县马合口白族乡	7800	16	10038		4821	1432	
桑植县长潭坪乡	4500	8	4400		1900	651	6
桑植县淋溪河乡	9200	11	4621		3930	930	
桑植县洪家关乡	9100	25	25234	2300	13366	6602	8
桑植县桥自湾乡	7660	17	14876	3452	6952	3698	
桑植县谷罗山乡	5600	13	6950	270	2694	1287	
桑植县沙塔坪乡	13250	25	15245		8241	7000	
桑植县苦竹坪乡	5055	11	6210	395	5833	1391	
桑植县四方溪乡	8300	10	4656		3676	1482	
桑植县芭茅溪乡	11811	10	5144		3738	406	8
桑植县细沙坪乡	9820	12	7859	698	4057	598	
桑植县八大公山乡	15800	10	4817		2655	613	
桑植县蹇家坡乡	6490	13	6542		2313	244	
桑植县岩屋口乡	5510	9	5646	432	3333	1230	2
桑植县河口乡	13800	20	12546	974	7367	936	
桑植县上河溪乡	13400	15	12405		7952	452	3
桑植县两河口乡	4200	14	9886		5180	68	6
桑植县打鼓泉乡	5300	13	8329		1277	1217	
桑植县上洞街乡	5300	11	10573		5339	1445	13
资阳区迎风桥镇	5700	8	35287	7795	20027	12651	85
资阳区沙头镇	4400	14	25939	4629	17253	6525	54
资阳区茈湖口镇	10300	13	37632	8651	23116	6901	63
资阳区长春镇	12600	30	86265	3028	58751	30420	114
资阳区新桥河镇	14000	27	84531	4549	54926	31487	202

乡镇基本情况

计算单位:公顷、个、人

名　　称	行政区域面积	村民委员会	常住人口	城镇建成区总人口	从业人员	二三产业从业人员	工业企业单位
资阳区张家塞乡	9000	10	45346	2358	31003	7292	33
赫山区八字哨镇	3738	11	21399	2405	14262	7104	23
赫山区泉交河镇	10200	22	48932	4428	29045	7510	31
赫山区欧江岔镇	8848	23	38243	4865	21260	7835	28
赫山区沧水铺镇	10000	19	46351	19831	33191	23707	87
赫山区岳家桥镇	9600	22	44714	2635	24436	6480	68
赫山区谢林港镇	7600	17	32185	3993	13790	11091	91
赫山区新市渡镇	6500	12	21821	2137	11899	6476	31
赫山区兰溪镇	10470	35	85394	6431	50062	31109	156
赫山区龙光桥镇	9800	29	63368	14568	41707	28327	159
赫山区衡龙桥镇	11420	23	63986	4320	38645	16243	61
赫山区泥江口镇	13793	28	54620	3908	39500	30500	98
赫山区牌口乡	3800	11	26425	1023	19591	7206	9
赫山区笔架山乡	8200	14	35575	2156	17078	4332	29
南县明山头镇	6300	20	37250	6016	22081	8374	6
南县青树嘴镇	7700	26	42658	5684	25321	9256	7
南县厂窖镇	6885	18	34230	14023	21032	8997	6
南县武圣宫镇	5200	18	27480	4513	16771	5277	171
南县河坝镇	8892	25	42380	16612	29009	11220	25
南县沙堡洲镇	8493	2	2496	1136	1026	573	2
南县金盆镇	4759	15	23947	6835	9163	3647	14
南县北洲子镇	4370	14	19956	7604	9049	2897	14
南县南洲镇	8253	25	66800	63588	41789	11557	846
南县华阁镇	10900	35	62783	4754	36095	11791	174
南县茅草街镇	9600	29	78223	20191	42374	16481	802
南县三仙湖镇	9200	27	51320	51130	36502	11081	189
南县麻河口镇	10900	35	53780	5038	31758	7985	172
南县千山红镇	7490	22	32251	11246	11789	3137	10
南县浪拔湖镇	9600	24	54720	1877	32130	12030	72
南县乌嘴乡	6666	20	38300	1100	25598	14478	166
南县中鱼口乡	9500	27	50865	4828	28862	10624	272
桃江县修山镇	9300	11	36458	7721	24262	9788	615
桃江县鸬鹚渡镇	10900	16	39966	9634	25205	10402	100
桃江县石牛江镇	6400	15	37955	10025	24134	14087	160
桃江县牛田镇	7100	15	36987	9329	21137	10196	58
桃江县松木塘镇	19500	16	37056	9431	22258	6496	101
桃江县桃花江镇	22200	29	135795	86100	67644	65112	2124
桃江县灰山港镇	22900	35	122746	38281	63087	48143	1011
桃江县武潭镇	22500	28	70095	21000	50777	8640	63
桃江县马迹塘镇	21800	27	64974	19162	39148	13138	103
桃江县三堂街镇	14600	18	64547	16235	36636	13935	53
桃江县大栗港镇	17100	23	68400	17120	46043	32147	576
桃江县沾溪镇	6500	10	29450	7375	15666	7774	10
桃江县高桥乡	9200	12	31985	5183	19462	8880	212
桃江县鲊埠回族乡	3900	9	21617	4136	8787	2576	16
桃江县浮丘山乡	12400	20	58785	1800	40252	15075	32
安化县清塘铺镇	22500	29	54302	7095	30377	18336	41
安化县仙溪镇	28100	25	48978	7680	26254	11550	26
安化县长塘镇	17900	17	40295	6120	21978	7533	44
安化县小淹镇	17705	18	36261	6002	15216	8128	42

乡镇基本情况

计算单位:公顷、个、人

名　　称	行政区域面积	村民委员会	常住人口	城镇建成区总人口	从业人员	二三产业从业人员	工业企业单位
安化县羊角塘镇	24700	27	59684	13100	18012	7007	34
安化县冷市镇	18300	20	31658	6095	22397	7662	28
安化县奎溪镇	24200	12	21080	5860	7632	4050	22
安化县烟溪镇	19600	20	23215	6625	8800	4100	45
安化县渠江镇	8600	11	12821	1298	7510	4970	10
安化县平口镇	10300	11	20694	5678	11995	6751	31
安化县柘溪镇	15600	9	14385	2715	9886	6282	48
安化县乐安镇	19100	28	45438	2892	27438	10919	41
安化县滔溪镇	14500	12	23580	2685	13045	11595	23
安化县梅城镇	31700	34	74560	42124	45470	16605	93
安化县大福镇	39000	48	88512	6916	59041	25292	35
安化县马路镇	43600	35	38021	8081	20964	15304	68
安化县东坪镇	44600	37	127034	67500	81200	51400	159
安化县江南镇	28900	33	56214	4895	48675	27375	53
安化县高明乡	9800	12	17394	2238	9510	3750	36
安化县龙塘乡	14200	18	24385	1201	14010	8930	30
安化县田庄乡	20900	23	27864	1004	18534	5280	32
安化县南金乡	19500	14	10634	85	6676	1876	10
安化县古楼乡	17200	24	15091	3927	12736	196	1
沅江市琼湖街道办事处	4120	4	100420	81201	67323	58094	340
沅江市庆云山街道办事处	650	1	51131	49708	10993	9513	9
沅江市四季红镇	1467	9	17182	1290	8762	4300	240
沅江市泗湖山镇	11700	18	61233	11768	48536	8414	87
沅江市南嘴镇	7400	11	24401	4031	13406	6684	29
沅江市新湾镇	5650	8	23592	2720	12075	5344	72
沅江市茶盘洲镇	8762	22	31003	12600	21885	12505	13
沅江市南大膳镇	16000	30	86864	14860	53977	29249	490
沅江市黄茅洲镇	12720	23	83224	14024	48325	18097	8
沅江市草尾镇	15200	26	69436	20058	41956	14203	79
沅江市阳罗洲镇	10267	18	52174	10650	49859	17646	56
沅江市共华镇	15100	22	71673	8068	48967	12441	75
沅江市三眼塘镇	9900	17	57612	9138	31367	15891	189
沅江市万子湖乡	216	8	10438	8989	5454	3751	34
北湖区石盖塘镇	9209	19	21045	8089	11658	5911	265
北湖区华塘镇	17620	21	33085	15038	20177	10690	328
北湖区鲁塘镇	11350	24	33240	4150	16347	9937	44
北湖区保和镇	10955	19	20923	5106	12592	6367	382
北湖区大塘瑶族乡	3200	4	4282		2239	1174	41
北湖区月峰瑶族乡	4618	8	7325		5141	3041	195
北湖区芙蓉乡	6400	8	7338		6285	3636	31
北湖区永春乡	7715	9	9667		6377	4216	9
苏仙区桥口镇	12534	15	20405	565	11547	5313	33
苏仙区白露塘镇	10500	13	27412	15454	10541	7791	116
苏仙区良田镇	19192	31	48246	14536	25323	19588	686
苏仙区栖凤渡镇	10396	25	53294	18000	32767	18973	27
苏仙区坳上镇	16205	14	18733	6658	11552	7512	48
苏仙区许家洞镇	6200	8	17935	11439	17285	1072	53
苏仙区五里牌镇	10033	17	33244	25378	19567	10549	157
苏仙区望仙镇	15514	12	10329	848	7539	4448	18
苏仙区五盖山镇	11600	8	8596	295	6245	4262	7

乡镇基本情况

计算单位：公顷、个、人

名　　称	行政区域面积	村民委员会	常住人口	城镇建成区总人口	从业人员	二三产业从业人员	工业企业单位
苏仙区马头岭乡	13461	16	16624		13116	5943	11
桂阳县龙潭街道	7500	6	89146	77933	51411	46929	281
桂阳县鹿峰街道	6017	4	95954	90322	50772	48412	372
桂阳县黄沙坪街道	3695	8	34255	14863	16021	7882	267
桂阳县仁义镇	19563	23	33920	4980	24548	8318	236
桂阳县太和镇	11720	19	36965	3500	23454	6952	198
桂阳县洋市镇	17210	23	45388	5228	33994	12192	205
桂阳县和平镇	11613	16	19376	11016	15848	6313	90
桂阳县流峰镇	17181	39	64560	8965	38008	17461	179
桂阳县塘市镇	7384	18	27797	6173	17333	7979	9
桂阳县莲塘镇	9393	21	28138	7660	17023	4474	80
桂阳县春陵江镇	25593	62	85244	15683	70381	45004	497
桂阳县荷叶镇	8100	15	22730	836	16665	5012	158
桂阳县方元镇	22108	33	44920	28843	29622	8581	215
桂阳县樟市镇	18800	24	40415	3485	22065	8260	89
桂阳县敖泉镇	11598	13	22000	1680	17750	7582	219
桂阳县正和镇	9390	15	23600	2491	13836	7253	496
桂阳县浩塘镇	14900	19	21287	2750	12976	3883	176
桂阳县雷坪镇	12246	18	25220	12506	17554	6128	326
桂阳县欧阳海镇	10067	19	26783	3949	15256	6861	75
桂阳县四里镇	12632	33	41967	23568	30618	20741	180
桂阳县桥市乡	17807	13	18230		10593	4897	156
桂阳县华山瑶族乡	3800	6	3196		2005	443	11
桂阳县泗洲乡	5400	9	15552		11308	3206	31
桂阳县光明乡	7250	17	14235		9563	4303	60
桂阳县白水乡	11174	17	20587	2511	10585	3260	22
桂阳县杨柳瑶族乡	2357	3	2341		1125	171	11
宜章县白石渡镇	5800	6	11701	9996	6894	4550	21
宜章县杨梅山镇	4045	7	12869	7522	6937	3002	19
宜章县瑶岗仙镇	9976	14	22450	16428	11736	6976	46
宜章县梅田镇	8228	13	34897	8016	34897	30119	76
宜章县麻田镇	5218	11	20292	6180	11075	6544	300
宜章县黄沙镇	10255	21	34927	7248	25994	6494	64
宜章县迎春镇	8800	13	25345	5220	7714	1936	30
宜章县一六镇	6792	24	41709	23247	20408	13208	150
宜章县栗源镇	7154	19	34250	13921	19721	15740	511
宜章县岩泉镇	7333	21	38469	13374	29469	20897	112
宜章县玉溪镇	23290	24	109725	67927	21000	10556	90
宜章县浆水乡	8570	15	22405		13155	7230	170
宜章县长村乡	5902	9	14312		6242	2622	8
宜章县天塘乡	15270	30	47631		27684	9638	96
宜章县莽山瑶族乡	28764	7	8941		4777	2088	28
宜章县笆篱乡	3200	14	21684		10873	6413	107
宜章县白沙圩乡	11230	18	23241		12000	5729	50
宜章县关溪乡	5564	16	13675		9753	5755	4
宜章县里田乡	7600	15	20829		13029	1512	19
宜章县赤石乡	8650	17	17192	2314	12383	6671	4
宜章县平和乡	7637	12	10567		7199	4076	4
宜章县五岭乡	14660	21	30677		18145	8067	4
永兴县马田镇	10000	21	81635	8112	54859	45249	335

乡镇基本情况

计算单位:公顷、个、人

名　　称	行政区域面积	村民委员会	常住人口	城镇建成区总人口	从业人员	二三产业从业人员	工业企业单位
永兴县湘阴渡镇	6400	13	33164	9521	19695	8702	75
永兴县塘门口镇	9600	18	21842	5593	18997	5198	15
永兴县金龟镇	5260	14	20306	10264	12480	1545	13
永兴县柏林镇	10740	32	49646	8870	30239	12234	226
永兴县鲤鱼塘镇	20970	27	31673	2634	21437	10171	25
永兴县油市镇	4200	12	30282	14812	27996	13411	44
永兴县便江镇	19650	26	107821	77566	107821	46533	304
永兴县悦来镇	5620	14	29884	2812	17528	6231	7
永兴县复和镇	4500	12	22517	2667	17890	5527	5
永兴县高亭镇	4800	14	31955	865	15903	4908	29
永兴县黄泥镇	12235	22	31230	18500	23339	10883	15
永兴县樟树镇	9750	17	35075	4591	19218	8956	14
永兴县太和镇	9895	15	21159	1082	9627	6347	24
永兴县洋塘乡	5393	15	22709		12212	4227	12
永兴县油麻乡	4360	8	19680		10895	5575	1
永兴县三塘乡	4950	11	24236		19856	6603	68
永兴县香梅乡	4200	13	17119		14314	11549	8
永兴县大布江乡	11900	13	15463		12282	2156	23
永兴县龙形市乡	15700	15	15176		7111	4719	15
永兴县七甲乡	12450	10	14269		7909	7076	17
嘉禾县珠泉镇	10591	38	93776	91293	54624	34784	333
嘉禾县车头镇	2336	11	15931	1657	8334	5239	160
嘉禾县塘村镇	3170	17	28815	21926	17611	14155	1128
嘉禾县袁家镇	5241	24	32108	3330	23682	18942	150
嘉禾县行廊镇	4198	16	24945	16452	9302	5942	190
嘉禾县肖家镇	3505	2	14800	6202	6120	2070	4
嘉禾县龙潭镇	7312	20	29780	1455	20300	10330	63
嘉禾县石桥镇	5794	22	32800	20800	19297	10677	151
嘉禾县坦坪镇	3546	19	28310		16380	9100	26
嘉禾县田心镇	3720	14	24303		13783	8095	9
嘉禾县广发镇	6836	23	36187	1136	19108	12830	34
嘉禾县普满乡	6935	16	21884	1253	20835	14461	
嘉禾县盘江乡	3586	12	14340	278	6583	3818	
临武县舜峰镇	2412	8	68723	64343	40278	36430	504
临武县金江镇	5003	18	22175	9360	13406	10224	835
临武县武水镇	5395	20	44673	17860	24475	11630	24
临武县南强镇	17409	45	32980	1580	17710	10760	89
临武县汾市镇	4815	12	14512	2293	8995	4115	4
临武县水东镇	6881	14	17706	1860	7596	4084	36
临武县楚江镇	7597	21	17587	1250	7630	3110	4
临武县麦市镇	7851	21	28540	2210	13540	7920	165
临武县香花镇	7748	16	21015	15822	17276	12072	53
临武县双溪乡	8039	12	17820		9455	3995	10
临武县同益乡	4230	15	10379		6164	2954	10
临武县土地乡	5805	15	12130		6264	3414	4
临武县花塘乡	6845	11	16332		8034	3514	12
临武县武源乡	8157	12	7978		5184	3334	1
临武县万水乡	6031	18	19115		8537	6159	10
临武县镇南乡	8271	12	10902		4770	3520	12
临武县大冲乡	4106	9	5952		2845	1485	1

乡镇基本情况

计算单位:公顷、个、人

名　称	行政区域面积	村民委员会	常住人口	城镇建成区总人口	从业人员	二三产业从业人员	工业企业单位
临武县西山瑶族乡	12135	6	1785		1330	628	6
汝城县小垣瑶族镇	8613	7	11263	1386	8066	4555	27
汝城县热水镇	13874	12	9563	1536	6530	3516	15
汝城县土桥镇	7515	23	25586	15130	15791	7738	89
汝城县泉水镇	9309	21	28851	10120	16363	7017	41
汝城县暖水镇	7680	10	10978	2013	6295	1419	46
汝城县大坪镇	13600	20	33560	6140	23748	9584	30
汝城县三江口瑶族镇	11149	11	9786	1702	4652	1851	45
汝城县卢阳镇	11559	29	71873	59279	28500	13554	61
汝城县马桥镇	19818	24	30951	485	6265	5042	32
汝城县文明镇	19230	29	23850	3343	10311	2313	19
汝城县井坡乡	10083	16	20798		11895	1242	8
汝城县盈洞瑶族乡	7439	11	7353		4761	1272	4
汝城县岭秀瑶族乡	11636	12	9168		5630	710	7
汝城县田庄乡	7259	11	14817		8941	2528	8
汝城县南洞乡	15467	11	9375	256	6771	3883	5
汝城县永丰乡	9700	14	14684		8809	6294	15
汝城县濠头乡	17738	16	14570		8329	1702	206
汝城县延寿瑶族乡	8700	17	16327		10944	3776	12
汝城县集益乡	17000	14	13677		9337	2316	17
桂东县沤江镇	17960	23	50994	34400	16357	8547	54
桂东县沙田镇	10922	15	27402	20836	15156	10184	31
桂东县清泉镇	6420	7	10869	3897	7189	644	10
桂东县大塘镇	6204	9	20041	12050	11135	6915	8
桂东县四都镇	16000	15	20943	4812	8796	3727	17
桂东县寨前镇	7433	11	20701	1328	8050	4305	13
桂东县普乐镇	12800	13	20136	3580	7714	5041	12
桂东县桥头乡	8867	8	10198		5089	1383	19
桂东县寒口乡	7341	5	6621		4038	549	12
桂东县增口乡	7820	8	10438		5801	5455	25
桂东县流源乡	4030	5	4978		2290	921	3
桂东县新坊乡	8540	6	10247		5665	2188	15
桂东县东洛乡	9750	8	6046		2595	1822	9
桂东县贝溪乡	5043	6	6092		4256	1986	6
桂东县青山乡	11300	6	5232		3650	1130	8
安仁县安平镇	5600	14	45159	32065	33316	17262	37
安仁县龙海镇	7200	10	18732	11325	8751	7531	22
安仁县关王镇	13090	10	15680	2700	6625	3665	75
安仁县灵官镇	7860	15	22230	9680	15316	9330	215
安仁县永乐江镇	31757	45	125028	54287	76253	48039	169
安仁县龙市乡	8200	10	16010		8369	4879	6
安仁县渡口乡	5420	14	14711	2408	13590	6870	9
安仁县华王乡	6280	10	20300		14055	8577	10
安仁县牌楼乡	7790	17	33139		21188	13156	23
安仁县平背乡	4500	11	21530	2165	18956	4652	20
安仁县坪上乡	7410	9	15576		9600	7100	
安仁县承坪乡	3680	9	17240		15940	4760	5
安仁县竹山乡	3102	8	13750		9096	4226	
安仁县豪山乡	28500	8	12680		11680	6280	23
安仁县羊脑乡	10100	11	9350		9150	8150	2

乡镇基本情况

计算单位：公顷、个、人

名　　称	行政区域面积	村民委员会	常住人口	城镇建成区总人口	从业人员	二三产业从业人员	工业企业单位
安仁县新洲乡	5050	6	8288		5060	3760	48
安仁县洋际乡	5560	10	17854		14162	9128	4
资兴市唐洞街道	2463	1	65217		25405	24320	43
资兴市东江街道	14818	10	62990	31453	28958	25004	150
资兴市滁口镇	16400	15	13954	954	12655	7501	11
资兴市三都镇	8085	14	33928	3405	16721	14890	86
资兴市蓼江镇	8760	12	18589	16222	11530	3884	25
资兴市七里镇	7610	10	12000	9500	10693	8453	26
资兴市兴宁镇	22530	33	28489	18500	21902	18242	118
资兴市州门司镇	18998	26	21848	1968	16727	11584	60
资兴市青腰镇	14100	15	8379	6284	8042	3991	46
资兴市黄草镇	18667	15	12366	1800	10501	3732	15
资兴市汤溪镇	18960	18	12629	3000	9275	6985	24
资兴市程水镇	12651	17	26430	2873	24329	19707	88
资兴市东坪乡	12076	7	3076		2969	2239	11
资兴市团结瑶族乡	6667	7	2391		2372	834	15
资兴市连坪瑶族乡	9533	4	1894		1658	820	20
资兴市兰市乡	5873	9	5340		2970	1888	14
资兴市波水乡	8693	13	10345	763	6976	4310	17
资兴市清江乡	13547	17	10265		8329	4349	15
资兴市龙溪乡	14475	8	4979	1018	3802	629	17
资兴市白廊乡	15715	12	9704		7864	3924	20
零陵区水口山镇	11060	49	49753	5448	24463	11342	15
零陵区珠山镇	19860	57	67317	19889	35084	10233	91
零陵区黄田铺镇	12600	33	31685	2536	20469	4257	15
零陵区富家桥镇	21400	51	51892	13472	28095	9357	62
零陵区菱角塘镇	15680	35	25736	3081	21097	5400	33
零陵区邮亭圩镇	32400	56	54332	6115	28962	8131	176
零陵区接履桥镇	10200	32	27495	1718	12588	3690	9
零陵区石岩头镇	9600	35	41124	4071	19821	6880	21
零陵区大庆坪乡	15550	45	34021	19865	11320	4939	15
零陵区梳子铺乡	9818	40	28122	735	14289	4036	15
零陵区石山脚乡	12800	33	31255	4986	19511	6000	27
零陵区凼底乡	8450	20	21391	2489	12795	4072	10
冷水滩区花桥街镇	6748	19	17980	3368	10571	4155	2
冷水滩区普利桥镇	13580	38	54632	4589	33756	4644	19
冷水滩区牛角坝镇	8600	21	28146	1582	18297	6995	1
冷水滩区高溪市镇	8180	16	17536	552	8812	6794	10
冷水滩区黄阳司镇	12970	37	45217	8635	23104	8899	35
冷水滩区上岭桥镇	10600	24	28695	1895	16811	12151	43
冷水滩区竹山桥镇	19300	23	22530	696	12255	3725	17
冷水滩区伊塘镇	8140	26	23274	1025	14708	3143	8
冷水滩区岚角山镇	9010	30	28254	2076	19432	8728	31
冷水滩区蔡市镇	7280	20	18183	930	10117	4192	7
冷水滩区仁湾镇	13230	25	23433	2295	12148	7530	133
冷水滩区杨村甸乡	8452	14	20687	744	11689	7583	2
祁阳县龙山街道	2460	4	67782	67782	48238	41978	185
祁阳县长虹街道	3180	8	59081	31470	28835	25959	37
祁阳县浯溪街道	2603	6	50299	47556	9531	4265	18
祁阳县观音滩镇	9800	37	39692	11750	17421	11000	38

乡镇基本情况

计算单位:公顷、个、人

名　　称	行政区域面积	村民委员会	常住人口	城镇建成区总人口	从业人员	二三产业从业人员	工业企业单位
祁阳县茅竹镇	9600	29	25586	1874	16829	7493	27
祁阳县大忠桥镇	11611	51	52390	6759	26167	15732	260
祁阳县三口塘镇	8600	30	25236	1865	11673	4623	16
祁阳县肖家村镇	9352	38	42469	2550	19999	7145	272
祁阳县八宝镇	8100	42	38411	5544	22888	11020	411
祁阳县白水镇	12000	72	70256	10235	37344	14988	138
祁阳县黄泥塘镇	7500	32	38023	1397	15147	10551	249
祁阳县进宝塘镇	6500	33	33894	3300	16688	6300	59
祁阳县潘市镇	12600	59	49051	4829	29444	10970	203
祁阳县梅溪镇	6339	25	27880	2512	17090	6859	25
祁阳县羊角塘镇	12600	57	59257	3086	31763	16684	394
祁阳县下马渡镇	12530	55	54068	1785	29743	10770	278
祁阳县七里桥镇	7600	39	35133	2137	18121	7697	310
祁阳县大村甸镇	9200	34	38096	4012	28070	12277	234
祁阳县黎家坪镇	8600	37	44679	24270	22666	10876	131
祁阳县文富市镇	6135	26	33216	1905	15670	5928	306
祁阳县文明铺镇	11800	47	55862	6621	26900	14000	22
祁阳县龚家坪镇	8000	36	39652	3106	27100	9580	152
祁阳县金洞镇	6600	8	10116	3183	7288	4869	22
祁阳县小金洞乡	6100	10	6770		2894	701	7
祁阳县晒北滩瑶族乡	15500	11	7146		4325	553	3
祁阳县凤凰乡	4500	9	9801		9801	2131	22
祁阳县白果市乡	10500	8	5411		3826	1210	20
祁阳县石鼓源乡	9641	11	11357		6910	3728	20
祁阳县上司源乡	5000	7	5998		3866	1066	16
祁阳县内下乡	11000	4	3566		2304	1039	
祁阳县万宝山乡	6200	6	3599		2516	1300	22
祁阳县挂榜山乡	2605	7	4200	144	2859	269	1
祁阳县大江乡	13997	12	6013		3112	1414	
东安县白牙市镇	15600	42	98264	56380	50220	45341	170
东安县大庙口镇	20200	39	41173	1979	29108	6108	12
东安县紫溪市镇	17200	38	39120	6036	38812	10247	36
东安县横塘镇	14300	31	33426	2950	18025	4325	135
东安县石期市镇	12230	31	39121	2544	31992	9080	38
东安县井头圩镇	16540	39	56400	3415	55798	8217	12
东安县端桥铺镇	13600	37	45478	4461	15577	10541	283
东安县鹿马桥镇	7370	22	31388	4119	16029	10478	210
东安县芦洪市镇	13700	55	61507	6351	24300	8800	512
东安县新圩江镇	13250	24	30200	28350	12400	4950	10
东安县花桥镇	5300	15	7570	3000	7570	4570	1
东安县大盛镇	10400	26	29654	3526	26144	12623	195
东安县南桥镇	10400	33	34802	2835	15348	11587	35
东安县大江口乡	9640	24	27253	1500	15928	4058	5
东安县川岩乡	10000	16	20101	4100	9693	1534	72
东安县水岭乡	5930	15	13842	1106	4695	939	10
东安县黄泥洞乡	11408	8	5152		4100	1100	9
双牌县泷泊镇	9900	16	52799	52799	44572	34304	51
双牌县江村镇	12400	19	21994	4780	8760	1940	2
双牌县五里牌镇	9484	15	19508	6280	16542	7602	13
双牌县茶林镇	15200	16	10336	2058	6315	1814	3

乡镇基本情况

计算单位:公顷、个、人

名　　称	行政区域面积	村民委员会	常住人口	城镇建成区总人口	从业人员	二三产业从业人员	工业企业单位
双牌县平福头乡	3900	7	7835	420	4738	573	
双牌县尚仁里乡	8200	8	4920	320	2551	906	21
双牌县永江乡	8600	9	5105	340	2320	204	18
双牌县何家洞乡	19600	22	13259	280	2343	2343	
双牌县麻江乡	11400	14	7026	3100	5505	1495	3
双牌县塘底乡	11400	12	7850	300	3858	668	
双牌县上梧江瑶族乡	19602	23	14735	926	6027	1944	13
双牌县理家坪乡	8800	12	20077	350	11676	4510	5
双牌县五星岭乡	19270	11	3698	3590	2539	426	
双牌县打鼓坪乡	13460	7	3760	335	1878	203	2
道县濂溪街道	850		27276	21960	15442	15006	16
道县西洲街道	950		59218	51256	25421	24851	15
道县上关街道	6000	15	22426	2358	12110	6970	6
道县营江街道	3000	11	16683	1053	6612	4766	14
道县东门街道	3000	8	13581	2356	8676	3380	30
道县富塘街道	3000	9	11542	1985	5021	2568	20
道县万家庄街道	3800	9	14756	1758	6750	4696	28
道县梅花镇	9800	30	30830	2715	19432	8577	10
道县寿雁镇	16100	66	73499	8246	40126	21140	89
道县仙子脚镇	12700	35	34086	5400	18754	7956	35
道县清塘镇	12400	31	32578	5800	17980	7054	31
道县祥霖铺镇	14100	47	40026	6021	25331	8719	38
道县蚣坝镇	14400	36	45322	4772	25352	12396	85
道县四马桥镇	11700	34	31490	5928	18532	5776	37
道县白马渡镇	9700	23	30831	3837	20555	5898	15
道县柑子园镇	8100	20	29551	3234	15992	4936	17
道县新车镇	9500	28	23631	4857	11374	3529	3
道县白芒铺镇	10500	30	29258	5486	13483	6025	5
道县桥头镇	15300	24	25744	2133	14174	6206	10
道县乐福堂乡	10600	15	15668	1689	10438	4235	12
道县审章塘瑶族乡	6600	17	15950	1359	10033	4713	18
道县井塘瑶族乡	3800	7	9159	1385	4314	1096	15
道县横岭瑶族乡	10000	15	8536	1310	4952	2604	16
道县洪塘营瑶族乡	22200	17	11657	1532	6004	2736	15
江永县潇浦镇	8690	16	42591	30839	21026	11426	414
江永县上江圩镇	7140	16	24602	2030	16984	2104	31
江永县允山镇	39250	39	35629	1746	20409	4709	207
江永县夏层铺镇	12070	24	26279	2017	22991	4791	103
江永县桃川镇	51750	30	48629	15369	31246	10536	164
江永县粗石江镇	16760	22	28320	2553	17297	4317	134
江永县回龙圩镇	10393	17	12870	5050	5800	2950	8
江永县松柏瑶族乡	12800	14	14033	135	9942	1190	45
江永县黄甲岭乡	12710	17	15754	160	10898	3828	35
江永县千家峒瑶族乡	6820	10	11102	51	6336	1826	16
江永县兰溪瑶族乡	5920	10	7190	161	5064	494	23
江永县源口瑶族乡	7600	10	9334	78	5605	1325	20
宁远县舜陵镇	14791	64	111766	106060	44178	31110	93
宁远县天堂镇	10200	34	40332	8710	20969	11951	10
宁远县水市镇	23990	61	70787	14880	33714	18676	21
宁远县湾井镇	10960	29	38917	14212	21285	12640	13

乡镇基本情况

计算单位：公顷、个、人

名　　称	行政区域面积	村民委员会	常住人口	城镇建成区总人口	从业人员	二三产业从业人员	工业企业单位
宁远县冷水镇	19710	67	83250	13980	36058	19946	22
宁远县太平镇	13454	53	60128	8220	29650	16920	8
宁远县禾亭镇	3700	41	43880	7880	23452	13772	12
宁远县仁和镇	8350	37	32530	6060	18847	10772	8
宁远县中和镇	29320	67	67800	14250	35226	20436	20
宁远县柏家坪镇	15990	49	60780	12052	32090	18370	20
宁远县清水桥镇	14806	38	38650	6630	20941	12407	15
宁远县鲤溪镇	14180	55	45360	5950	23938	13838	12
宁远县九疑山瑶族乡	32800	31	30125		17004	10024	19
宁远县保安乡	7030	35	29777		16530	9770	4
宁远县荒塘瑶族乡	16810	15	11480		6018	3608	4
宁远县棉花坪瑶族乡	4560	4	5380		3321	2320	4
宁远县桐木漯瑶族乡	6910	7	5382		3178	2043	4
蓝山县塔峰镇	14200	37	86529	60250	67524	55770	166
蓝山县竹管寺镇	9800	35	32420	2429	22198	3787	100
蓝山县毛俊镇	16600	51	36745	2360	28000	8514	83
蓝山县楠市镇	8900	31	25884	2655	23863	7922	18
蓝山县所城镇	16800	26	27791	1885	18758	3537	25
蓝山县新圩镇	14200	45	40510	1913	36696	3573	250
蓝山县汇源瑶族乡	5100	5	3032		2970	1217	4
蓝山县犁头瑶族乡	3900	4	2823		1677	765	1
蓝山县浆洞瑶族乡	17100	9	5258		3806	1113	33
蓝山县紫良瑶族乡	3300	5	2314		1412	510	16
蓝山县大桥瑶族乡	8300	10	8690		6501	1578	23
蓝山县荆竹瑶族乡	32500	8	4593		3921	1071	30
蓝山县祠堂圩乡	7600	31	23467		10182	5993	2
蓝山县土市乡	10700	39	33527		23414	4260	20
蓝山县太平圩乡	7400	20	28852		28330	12667	31
新田县龙泉镇	13100	50	65712	43986	45746	38879	9
新田县金陵镇	6750	10	9731	3810	9180	2610	1
新田县骥村镇	8000	18	19929	5489	12610	4745	5
新田县枧头镇	5300	22	18576	145	15158	6244	5
新田县新圩镇	3000	16	22291	1678	14137	5752	72
新田县石羊镇	6100	26	31085	4785	19828	7743	2
新田县新隆镇	3500	15	16037	3632	15184	4154	
新田县莲花乡	3400	11	12385		12255	2683	4
新田县冷水井乡	3700	11	11079		7913	2401	2
新田县门楼下瑶族乡	12800	20	9088		8417	2699	10
新田县茂家乡	3400	15	13154		7929	2795	
新田县毛里乡	5100	20	18169		14718	5924	6
新田县十字乡	4400	19	19456		18249	3163	3
新田县金盆圩乡	5000	20	23497		11925	4069	13
新田县三井乡	3400	18	16380		10195	3772	
新田县陶岭乡	3400	23	16367		9454	4875	3
新田县高山乡	2900	15	15000		14938	3233	5
新田县知市坪乡	4400	17	18758		16372	6142	3
新田县大坪塘乡	5000	20	19820		12906	3370	
江华县沱江镇	17600	38	87310	46025	45048	31566	287
江华县桥头铺镇	12020	23	32715	3518	24405	7875	39
江华县东田镇	6653	17	19954	2225	13226	5955	4

乡镇基本情况

计算单位：公顷、个、人

名　　称	行政区域面积	村民委员会	常住人口	城镇建成区总人口	从业人员	二三产业从业人员	工业企业单位
江华县大路铺镇	15355	34	35036	2813	20690	1480	10
江华县白芒营镇	18370	54	54234	4895	27897	4238	27
江华县涛圩镇	9400	29	32608	3587	15522	5201	12
江华县河路口镇	12375	18	25723	1228	13976	2086	15
江华县小圩镇	10500	28	25247	3882	18240	9475	24
江华县大圩镇	13767	38	33012	1713	22025	5447	38
江华县水口镇	8500	9	9623	3450	3767	2015	95
江华县码市镇	41560	44	30974	3825	17660	9002	165
江华县界牌乡	7333	17	21635	452	12072	3115	62
江华县桥市乡	6900	17	14195	654	8880	2948	11
江华县大石桥乡	9373	32	23925	3148	13177	3405	65
江华县清塘壮族乡	4038	12	7376	1300	5179	2836	16
江华县两岔河乡	8400	12	4604	150	2608	1045	9
江华县务江乡	13700	9	6947		3558	435	16
江华县花江乡	13130	11	8074	268	4748	2568	19
江华县湘江乡	22480	10	6125	281	3947	1437	8
江华瑶族自治县贝江乡	22000	15	11563	82	9625	3325	36
江华瑶族自治县未竹口乡	15302	12	8294	1160	4825	2527	16
江华县大锡乡	10991	10	5266	800	2879	1356	8
鹤城区黄金坳镇	7506	10	15477	4190	12587	822	24
鹤城区盈口乡	800	16	30926		12800	2800	128
鹤城区杨村乡	4200	7	10382	1688	4851	612	14
鹤城区石门乡	7390	13	21080	1233	6600	5500	32
鹤城区贺家田乡	10500	7	5201		3358	1205	1
鹤城区凉亭坳乡	8600	8	11233		8875	1590	5
鹤城区芦坪乡	11200	12	16000		2120	1220	4
中方县中方镇	12732	16	32001	3920	14164	9450	444
中方县牌楼镇	10310	10	19147	4752	17238	5375	16
中方县泸阳镇	11139	13	23308	5152	17605	5379	68
中方县花桥镇	11196	15	20000	2583	13125	3661	33
中方县铜湾镇	7185	15	22939	5010	19130	9702	150
中方县桐木镇	10148	12	22679	2500	14144	4297	8
中方县铁坡镇	4845	11	8681	1400	4000	440	4
中方县新建镇	11802	12	14832	2118	8879	7259	2
中方县接龙镇	5033	11	9753	1165	6094	407	1
中方县铜鼎镇	4877	10	13800	950	5400	2900	15
中方县新路河镇	6098	13	11219	960	11200	6000	2
中方县炉亭坳乡	5110	5	6943		4705	696	
中方县下坪乡	6227	8	7823	1420	5541	1541	8
中方县聂家村乡	5628	7	11800	1205	11280	3480	
中方县龙场乡	4961	8	7759		2330	1433	1
中方县袁家乡	4388	5	6640		5180	660	4
中方县蒋家乡	5074	6	6234		3974	1871	2
中方县丁家乡	3712	8	5600		5534	234	
中方县锦溪乡	4534	7	5769	1056	4066	836	4
中方县活水乡	2272	6	6482	1205	4249	267	1
中方县石宝乡	4631	9	10811	1120	10085	4489	7
中方县蒿吉坪瑶族乡	5910	7	6253	1161	5630	430	5
沅陵县麻溪铺镇	9500	8	17656	4037	11663	4930	8
沅陵县五强溪镇	29500	15	32988	12145	27409	8064	12

乡镇基本情况

计算单位:公顷、个、人

名　　称	行政区域面积	村民委员会	常住人口	城镇建成区总人口	从业人员	二三产业从业人员	工业企业单位
沅陵县沅陵镇	26100	10	127244	110116	37602	30296	78
沅陵县明溪口镇	24022	16	19647	2100	8451	3278	2
沅陵县凉水井镇	56050	61	46110	2725	36352	12786	39
沅陵县七甲坪镇	43600	43	43307	6029	25292	7840	12
沅陵县筲箕湾镇	24600	17	29800	6500	20168	6571	12
沅陵县官庄镇	46000	45	50460	16050	29071	11070	169
沅陵县杜家坪乡	15610	8	6677	872	3361	1790	
沅陵县楠木铺乡	16687	7	15305	3779	10413	1837	1
沅陵县深溪口乡	14211	9	11313	780	2904	658	
沅陵县肖家桥乡	14378	9	11344	2000	8455	1374	
沅陵县火场土家族乡	10100	9	6402	410	3413	1103	
沅陵县陈家滩乡	11334	8	8810	1771	6002	2522	
沅陵县清浪乡	31300	27	20450	4000	12203	5786	1
沅陵县借母溪乡	28400	24	17980	4210	16060	7105	
沅陵县荔溪乡	29800	16	29202	6778	24336	8353	4
沅陵县大合坪乡	23900	22	11347	4052	11313	1233	5
沅陵县太常乡	18910	18	21487	868	13649	5342	
沅陵县马底驿乡	24100	22	21153	1850	10692	202	
沅陵县北溶乡	36320	14	20689	2739	11230	5938	1
沅陵县二酉乡	35380	40	38027	7726	25291	7342	
沅陵县盘古乡	15700	17	12260	2986	11418	8658	
辰溪县辰阳镇	2774	10	85753	76893	31294	28074	50
辰溪县孝坪镇	4962	18	32765	16528	9113	5259	4
辰溪县田湾镇	9200	13	10317	2560	7788	1034	16
辰溪县火马冲镇	8752	17	22450	6500	14875	5688	95
辰溪县黄溪口镇	6090	13	20757	2543	18555	9067	
辰溪县潭湾镇	5867	19	24850	2301	17709	8692	10
辰溪县安坪镇	4250	15	21150	6125	15929	4675	7
辰溪县寺前镇	4965	11	17896	482	4492	2570	6
辰溪县船溪乡	7006	13	13167		5905	1328	4
辰溪县城郊乡	8534	17	29202	7176	23345	8320	55
辰溪县板桥乡	5000	11	12801	102	6904	484	4
辰溪县长田湾乡	12673	16	16969	356	12270	922	7
辰溪县小龙门乡	6240	14	12880	810	6542	3828	29
辰溪县后塘瑶族乡	5233	17	18559	305	11115	3275	
辰溪县苏木溪瑶族乡	5180	13	8520	145	6080	1124	1
辰溪县罗子山瑶族乡	5100	10	7376	216	5078	1810	
辰溪县上蒲溪瑶族乡	6275	12	9521	405	5342	2297	
辰溪县仙人湾瑶族乡	13268	19	23545	1055	20774	7490	11
辰溪县龙头庵乡	5344	13	17131	7123	10453	3111	2
辰溪县锦滨乡	2327	12	16072	5538	7292	2963	32
辰溪县石碧乡	3580	15	13620	35	10860	3130	7
辰溪县桥头乡	4046	13	16354	150	8132	7387	1
辰溪县大水田乡	10300	17	21581	167	12887	8005	
辰溪县桥头溪乡	6262	13	10597		7975	123	6
辰溪县石马湾乡	3600	13	17247		5623	1769	3
辰溪县龙泉岩乡	3407	11	12038	150	4020	672	7
辰溪县修溪乡	9396	13	17055	1610	12528	4874	12
辰溪县伍家湾乡	9200	11	8160	120	4848	1500	1
辰溪县柿溪乡	10270	17	18000	201	6645	4345	1

乡镇基本情况

计算单位:公顷、个、人

名　称	行政区域面积	村民委员会	常住人口	城镇建成区总人口	从业人员	二三产业从业人员	工业企业单位
辰溪县谭家场乡	8989	15	12989	240	5900	602	
溆浦县卢峰镇	11500	29	135288	85600	76003	66357	41
溆浦县江口镇	8100	12	43566	12231	2404	1127	21
溆浦县低庄镇	10800	25	51024	4668	25098	9670	46
溆浦县桥江镇	7800	41	56000	2700	46263	35701	4
溆浦县龙潭镇	7600	22	33317	15433	5599	913	5
溆浦县均坪镇	8500	16	24826	784	17030	156	1
溆浦县观音阁镇	9800	22	34805	25698	20373	3248	
溆浦县双井镇	12158	23	40168	4150	13313	2556	3
溆浦县水东镇	10000	9	21261	3426	14260	12776	
溆浦县两丫坪镇	8300	14	15355	7562	7775	3959	11
溆浦县黄茅园镇	11700	28	38205	1412	31750	8581	293
溆浦县祖市殿镇	6449	15	22630	5468	695	444	
溆浦县葛竹坪镇	10600	23	24706	12450	8654	3467	
溆浦县谭家湾镇	6700	13	15928	8500	14076	1196	13
溆浦县洑水湾乡	9200	14	19848		13711	3498	17
溆浦县小江口乡	6500	12	11459		6650	3050	
溆浦县思蒙乡	8300	14	17305		11302	1616	1
溆浦县木溪乡	10500	13	11558		6961	589	
溆浦县舒溶溪乡	6400	13	14046		10567	2513	13
溆浦县仲夏乡	4100	9	17039		10436	6049	5
溆浦县水隘乡	6700	12	10784		7130	2271	2
溆浦县让家溪乡	11300	11	8238		4590	410	1
溆浦县大渭溪乡	9400	9	7812		4930	480	
溆浦县岩家垅乡	3469	12	22916		13414	758	2
溆浦县水田庄乡	6100	11	8954		5670	682	
溆浦县油洋乡	8420	23	22968		12783	6881	3
溆浦县新田乡	6300	11	7282		3845	143	
溆浦县岗东乡	11640	17	11341		7730	1158	4
溆浦县两江乡	11600	20	13501		12824	203	10
溆浦县善溪乡	5470	12	8792		5210	994	
溆浦县桐木溪乡	4500	10	18241		10302	1633	22
溆浦县小横垅乡	12800	16	18186		9289	1513	5
溆浦县统溪河乡	9600	13	12340		11300	3800	
溆浦县龙王江乡	5600	10	9500		6936	2766	
溆浦县陶金坪乡	7049	10	9827		5634	3201	2
溆浦县中都乡	11600	11	10979		5871	5283	2
溆浦县沿溪乡	17500	16	12363		7531	327	9
溆浦县九溪江乡	10700	14	10715		7332	1055	8
溆浦县北斗溪乡	5500	8	6701		3816	601	7
溆浦县横板桥乡	4600	11	15606		4637	722	1
溆浦县温水乡	7500	9	8960		4634	542	11
溆浦县大华乡	5000	13	12537		5618	2412	40
溆浦县龙庄湾乡	5400	9	8683		5310	790	2
会同县林城镇	10643	22	59392	24569	34176	31552	13
会同县坪村镇	8740	20	25513	1650	15500	5300	8
会同县堡子镇	6384	16	10853	7063	10541	1888	3
会同县团河镇	13200	15	14417	1456	12673	2748	
会同县若水镇	13200	20	13865	4120	11780	880	2
会同县朗江镇	6026	10	12707	1450	6244	200	1

乡镇基本情况

计算单位:公顷、个、人

名　　称	行政区域面积	村民委员会	常住人口	城镇建成区总人口	从业人员	二三产业从业人员	工业企业单位
会同县广坪镇	13336	17	21086	9200	9746	1082	4
会同县马鞍镇	12085	16	11820	3482	8505	4247	32
会同县沙溪乡	13015	19	14972		2776	1096	
会同县金子岩侗族苗族乡	9174	13	12980		7488	1830	
会同县王家坪乡	8287	14	10886		6262	2250	1
会同县长寨乡	6935	13	7560		6786	574	
会同县高椅乡	10036	17	9268		6489	1984	1
会同县黄茅乡	7231	13	7522		5131	2185	1
会同县肖家乡	9200	9	9620		5139	1489	4
会同县金龙乡	10751	12	10210		6878	2178	2
会同县宝田侗族苗族乡	6450	10	10139		4900	487	5
会同县漠滨侗族苗族乡	7600	10	13909		5854	1342	
会同县蒲稳侗族苗族乡	5657	9	9868		4977	2072	
会同县青朗侗族苗族乡	5800	9	9850		4600	841	
会同县炮团侗族苗族乡	8054	12	13258		6100	1200	
会同县地灵乡	7515	11	9580		5189	615	
会同县连山乡	6809	12	16145		14689	3550	13
会同县岩头乡	11190	16	13478		6937	1677	2
会同县洒溪乡	6920	10	9259		4192	740	1
麻阳县锦和镇	8600	20	21321	7610	11022	3122	12
麻阳县江口墟镇	10700	14	19785	2294	12306	1006	3
麻阳县岩门镇	7100	18	23000	1589	19272	1613	2
麻阳县兰里镇	8700	21	26460	12500	15230	1510	3
麻阳县吕家坪镇	5115	13	20688	2561	11367	3191	16
麻阳苗族自治县高村镇	4860	10	68400	48729	23521	15695	61
麻阳县郭公坪乡	15700	19	17554		8487	1041	8
麻阳县长潭乡	4800	11	10675		6832	4953	36
麻阳县拖冲乡	8800	12	9666		5488	508	4
麻阳县尧市乡	9000	12	11854		6170	1018	3
麻阳县文昌阁乡	5100	14	12532		6537	417	2
麻阳县大桥江乡	6200	10	10683		6241	1088	1
麻阳县舒家村乡	4200	9	11910		10559	933	2
麻阳县隆家堡乡	6800	13	12820		7185	1295	
麻阳县谭家寨乡	5100	14	13052		5323	1085	2
麻阳县石羊哨乡	6400	12	13100		6610	510	2
麻阳苗族自治县板栗树乡	7000	13	5236		4516	949	
麻阳县谷达坡乡	5000	9	7800		5897	917	
麻阳县兰村乡	7300	14	10089		5576	1179	1
麻阳县栗坪乡	4800	8	11520		7932	1928	2
麻阳县绿溪口乡	4700	14	19598		8076	2292	3
麻阳县和坪溪乡	6300	10	14570		9413	212	1
麻阳县黄桑乡	5000	17	18123		7798	701	1
新晃县新晃镇	500	3	35152	28630	23039	20849	8
新晃县波洲镇	6300	12	10548	878	6302	972	12
新晃县兴隆镇	10314	21	18522	2272	12312	4110	80
新晃县鱼市镇	5300	13	11459	9373	6654	2797	17
新晃侗族自治县凉伞镇	9986	17	12818	1570	8188	1974	
新晃县扶罗镇	9956	16	13301	2656	8862	3308	115
新晃县中寨镇	11390	20	12993	12853	8878	1670	34
新晃县步头降苗族乡	8260	14	10513		7239	1907	7

乡镇基本情况

计算单位:公顷、个、人

名称	行政区域面积	村民委员会	常住人口	城镇建成区总人口	从业人员	二三产业从业人员	工业企业单位
新晃县洞坪乡	6910	9	8805		5932	1969	19
新晃县大湾罗乡	4615	15	8261		5133	1796	3
新晃县方家屯乡	5180	17	14617		9298	2334	6
新晃县晏家乡	3949	11	6128		4517	1224	2
新晃县林冲乡	5236	12	6411		4693	1390	2
新晃县天堂乡	5876	13	6523		3987	1124	2
新晃县黄雷乡	5120	11	5688		3869	1284	1
新晃县凳寨乡	5500	9	7649		4531	1235	1
新晃县茶坪乡	4230	8	4116		2489	820	1
新晃县新寨乡	7776	13	8563		5271	1243	1
新晃县贡溪乡	6980	13	11861		7275	1501	2
新晃县李树乡	6590	10	9136		5694	1302	1
新晃县禾滩乡	7276	12	8921		5831	1320	1
新晃县碧朗乡	4196	11	7037		4536	1217	2
新晃县米贝苗族乡	7390	16	9150		5632	1295	1
芷江县芷江镇	7739	16	84946	62380	17579	12979	135
芷江县罗旧镇	8200	11	18630	3820	10613	5488	3
芷江县新店坪镇	9874	18	19288	4850	13495	5630	198
芷江县碧涌镇	9682	14	14769	468	7503	4039	
芷江侗族自治县公坪镇	8500	8	11580	1520	5125	3225	35
芷江侗族自治县牛牯坪乡	11733	9	8268		4695	425	
芷江县艾头坪乡	5551	8	8422		5594	2146	
芷江县岩桥乡	9800	17	21850		11938	3936	14
芷江县水宽乡	5100	8	11975		7860	4043	5
芷江县木叶溪乡	9800	11	8265		4554	1144	
芷江县五郎溪乡	3600	3	5077		2297	681	
芷江县麻缨塘乡	7460	14	16594		6979	264	1
芷江侗族自治县竹坪铺乡	3650	9	11013		8026	3518	8
芷江侗族自治县土桥乡	10200	13	17942		10374	4453	3
芷江县上坪乡	6190	12	13360		9045	350	1
芷江县大树坳乡	10402	12	10697		5158	1914	3
芷江县大洪山乡	5117	9	5881		3534	934	1
芷江侗族自治县杨公庙乡	9400	11	10480		5851	1443	10
芷江县梨溪口乡	8331	13	11841	208	11233	903	
芷江侗族自治县洞下场乡	6233	10	10952		3772	710	
芷江侗族自治县罗岩乡	3782	8	5606		2920	997	
芷江县板山乡	3500	6	5356		1824	839	
芷江侗族自治县大垅乡	3900	7	6984	2600	5526	3266	
芷江县禾梨坳乡	5242	8	10675		6471	3017	
芷江侗族自治县冷水溪乡	7500	12	13300		13270	1350	
芷江县楠木坪乡	9400	13	15853		9128	4452	4
芷江县晓坪乡	5600	10	11934		6115	1563	
芷江侗族自治县罗卜田乡	6300	9	10011		6201	4096	
靖州县渠阳镇	42727	39	83517	69571	57867	18005	158
靖州县甘棠镇	16154	17	14352	2484	14002	6480	13
靖州县大堡子镇	20602	17	21213	2287	17309	3051	12
靖州县坳上镇	22358	11	19596	1980	14819	2717	9
靖州县新厂镇	22124	16	22070	741	8198	7135	4
靖州县平茶镇	18144	10	9327	340	9167	4074	6
靖州县太阳坪乡	10876	14	13067		12401	3553	

乡镇基本情况

计算单位:公顷、个、人

名　　称	行政区域面积	村民委员会	常住人口	城镇建成区总人口	从业人员	二三产业从业人员	工业企业单位
靖州县三锹乡	10172	8	6945		5159	1934	2
靖州苗族侗族自治县文溪乡	10782	13	10884	1213	9016	5093	7
靖州县寨牙乡	9376	8	5867		5547	4140	6
靖州县横江桥乡	11577	8	10885		7917	1987	14
靖州县铺口乡	9908	14	16921		8755	2628	13
靖州苗族侗族自治县藕团乡	17733	11	12835		12221	1479	5
通道县双江镇	10895	16	38150	31552	18097	9650	100
通道县县溪镇	16575	21	19160	5129	10436	2970	98
通道县播阳镇	16304	17	17042	3290	9198	1965	25
通道县临口镇	18258	11	12925	2250	6561	1261	17
通道县牙屯堡镇	17972	23	20124	1598	8325	1372	43
通道县菁芜洲镇	14955	19	16805	1683	10113	3240	15
通道县溪口镇	18787	10	12334	1425	6190	1525	11
通道县陇城镇	6965	14	9970	1162	5054	1582	16
通道县江口乡	13212	13	7765		3778	810	24
通道县锅冲苗族乡	2106	3	1496		643	177	
通道县大高坪苗族乡	2790	4	2954		2338	1188	
通道县独坡乡	15320	12	13955		7689	2308	9
通道县杉木桥乡	10675	6	6221		2989	345	14
通道县木脚乡	11247	7	4640		2244	440	9
通道县下乡乡	11785	7	8910		4768	965	8
通道县马龙乡	6872	12	8123		4064	818	9
通道县传素瑶族乡	5073	5	1430		766	289	
通道县黄土乡	4460	9	5970		3207	1111	
通道县坪坦乡	5617	11	8829		3813	695	1
通道县坪阳乡	6821	12	8120		3510	940	6
通道县甘溪乡	5848	10	8086		4598	1530	7
洪江市河滨路街道	600		15131	14431	7759	7672	30
洪江市沅江路街道	300		7512	6423	7183	7162	3
洪江市新街街道	230		16456	16356	7900	7870	4
洪江市高坡街街道	100		10243	6912	6539	6537	2
洪江市黔城镇	12600	18	52685	19151	18420	10941	661
洪江市安江镇	820	4	74198	73500	18819	17645	43
洪江市托口镇	11733	16	30099	11170	12882	8388	12
洪江市雪峰镇	6800	17	15705	2100	12089	5237	6
洪江市双溪镇	9700	16	22058	774	8000	7000	9
洪江市江市镇	9560	13	21699	2450	12969	445	28
洪江市沅河镇	5408	10	12123	1387	8531	3693	
洪江市塘湾镇	6800	14	11806	862	6491	4387	124
洪江市硖州乡	8080	14	27189		16644	3600	3
洪江市龙田乡	10308	14	18479		9990	6670	120
洪江市岔头乡	11450	16	9038		8830	4393	4
洪江市茅渡乡	5131	10	8050		4924	588	7
洪江市大崇乡	7600	9	10332		4407	462	
洪江市熟坪乡	12700	15	14248		5183	2843	12
洪江市铁山乡	10700	13	7178	760	6186	3541	26
洪江市群峰乡	6800	10	10588		6800	3610	7
洪江市湾溪乡	4350	12	10090		6331	2432	10
洪江市洗马乡	6872	16	16005		8506	2819	2
洪江市沙湾乡	8700	14	21235		13143	8161	

乡镇基本情况

计算单位:公顷、个、人

名　　称	行政区域面积	村民委员会	常住人口	城镇建成区总人口	从业人员	二三产业从业人员	工业企业单位
洪江市深渡苗族乡	8720	13	10332		4324	2287	41
洪江市龙船塘瑶族乡	10400	9	8635		6435	1195	22
洪江市太平乡	7600	10	14520		5172	590	5
洪江市土溪乡	7378	11	7600		2258	90	
洪江市红岩乡	4360	9	11154		7431	1668	
洪江市岩垅乡	7300	13	18156		10657	4777	3
洪江市横岩乡	3300	4	3347	395	2496	1473	113
洪江市常青乡	930	4	4141	1019	3992	2392	16
洪江市桂花园乡	6030	12	8130	845	6320	2120	4
娄星区杉山镇	4130	18	27822	922	14669	9717	72
娄星区万宝镇	4848	24	24000	6020	8243	6993	63
娄星区茶园镇	3978	19	21035	362	14487	9125	26
娄星区石井镇	3519	16	19890	338	11042	5742	79
娄星区百亩乡	2814	18	15732		11948	4535	21
娄星区小碧乡	3361	17	15683		7866	4810	10
娄星区双江乡	6500	19	16987		1342	112	5
双峰县永丰镇	8900	52	99875	51275	57780	37567	572
双峰县荷叶镇	14140	63	52292	6012	19692	5119	7
双峰县井字镇	7970	36	18463	3394	8799	1963	11
双峰县梓门桥镇	13260	65	65603	4034	56492	32868	1075
双峰县杏子铺镇	17530	74	73595	6985	41660	24300	28
双峰县走马街镇	10780	70	70658	8000	41073	8885	37
双峰县蛇形山镇	11200	57	72562	8587	32315	17310	13
双峰县洪山殿镇	6400	41	47125	7876	23506	13938	281
双峰县甘棠镇	13380	83	66846	8658	50317	17859	71
双峰县三塘铺镇	5500	50	50125	1360	30035	19035	178
双峰县青树坪镇	9700	64	66952	25362	36960	9837	166
双峰县花门镇	9400	59	59872	5521	36940	14416	45
双峰县锁石镇	6540	38	35443	3295	12384	928	17
双峰县石牛乡	17680	60	47374		32300	5146	26
双峰县沙塘乡	6900	31	30868		15648	7223	13
双峰县印塘乡	8900	47	43987		24249	3374	123
新化县上梅镇	9800	34	153214	150000	24120	8000	110
新化县石冲口镇	9700	43	63492	3030	37565	9200	8
新化县洋溪镇	13280	61	78061	15576	37067	24758	8
新化县槎溪镇	17300	28	36973	21500	21806	1200	6
新化县水车镇	11561	35	41855	6820	19900	2940	5
新化县文田镇	9500	19	19770	4000	10506	3111	5
新化县奉家镇	24600	29	23613	965	16268	1613	10
新化县炉观镇	11500	60	65715	1450	65715	21967	18
新化县游家镇	14800	72	69198	8350	38808	10493	14
新化县西河镇	15000	51	68593	12360	33881	10704	28
新化县孟公镇	11400	55	65451	5595	13382	8910	8
新化县琅塘镇	12775	50	61682	1682	29970	20446	61
新化县白溪镇	24365	75	70563	4738	33579	14254	9
新化县圳上镇	26400	71	47645	19000	36236	14339	96
新化县吉庆镇	18250	54	54320	3780	33508	854	6
新化县温塘镇	16800	50	52461	31000	22650	8850	33
新化县田坪镇	13440	46	37131	4700	27565	7455	2
新化县桑梓镇	15150	44	66496	1385	24210	13623	45

乡镇基本情况

计算单位:公顷、个、人

名　　称	行政区域面积	村民委员会	常住人口	城镇建成区总人口	从业人员	二三产业从业人员	工业企业单位
新化县曹家镇	13100	48	48146	2235	16444	2944	2
新化县科头乡	6750	35	44075		9919	4671	18
新化县维山乡	8525	28	41935		23573	15000	6
新化县天门乡	14830	16	13303		7994	4558	2
新化县荣华乡	12097	30	27880	10850	14880	2060	8
新化县金凤乡	11300	21	17730	2480	9820	2800	16
新化县油溪乡	8860	38	32913	2372	18403	2648	2
新化县坐石乡	7600	24	28788	3200	26310	8550	10
冷水江市冷水江街道	1390		152180	105000	75982	18420	1
冷水江市锡矿山街道	1180		8700	3650	900	900	7
冷水江市沙塘湾街道	1343	4	14360		6157	2695	36
冷水江市布溪街道	350	4	38025	38025	3367	2356	
冷水江市禾青镇	2640	12	26034	2452	5731	2654	46
冷水江市岩口镇	1305	14	21158	3000	10843	4658	21
冷水江市渣渡镇	4280	13	14920	4461	6813	4276	9
冷水江市铎山镇	2630	17	27176	6300	18719	9715	18
冷水江市毛易镇	48900	8	11575	5400	5168	1428	7
冷水江市三尖镇	4300	14	21672	186	9060	2460	12
冷水江市金竹山镇	2770	12	24793	1369	15680	7712	20
冷水江市潘桥乡	2680	14	16551		8190	2904	15
冷水江市梓龙乡	3168	8	10760		7513	4520	11
冷水江市矿山乡	5900	15	16707		5533	1033	12
冷水江市中连乡	4500	16	21153		10301	4602	25
冷水江市同兴乡	1630	6	12976	10738	6675	3175	6
涟源市蓝田街道	2450	9	65230	65230	46160	20511	103
涟源市六亩塘镇	7020	31	66601	15645	59783	30385	140
涟源市石马山镇	11676	63	82574	19294	50403	21324	107
涟源市安平镇	9080	53	51264	15000	27608	7637	46
涟源市湄江镇	13800	45	59022	4351	27699	14881	50
涟源市伏口镇	18270	61	61286	8500	29322	10376	32
涟源市桥头河镇	14000	83	115807	26044	69485	7459	93
涟源市七星街镇	17400	58	79800	31810	39953	21956	66
涟源市杨市镇	11950	55	82465	22943	41678	21788	43
涟源市枫坪镇	4179	24	31280	3156	15551	5398	14
涟源市斗笠山镇	8000	40	56067	25326	47427	24050	143
涟源市水洞底镇	8180	45	41563	8677	32036	15528	9
涟源市白马镇	9600	44	46202	3076	23644	5245	24
涟源市茅塘镇	5876	25	38731	5995	23234	10004	24
涟源市荷塘镇	10620	51	53824	8879	35055	5432	15
涟源市金石镇	10800	55	59571	6178	58585	24965	12
涟源市龙塘镇	10450	65	76984	3818	37499	11499	42
涟源市渡头塘镇	6380	40	36303	6250	23608	4393	15
涟源市三甲乡	8390	36	48610	3061	22328	11966	12
涟源市古塘乡	5600	24	21449	3158	12693	9627	16
吉首市矮寨镇	9600	16	15590	2681	8031	3208	
吉首市马颈坳镇	9116	13	20333	1745	11921	5021	4
吉首市河溪镇	9600	11	12635	3973	6835	1685	288
吉首市双塘镇	7420	13	13902	2132	5721	589	1
吉首市丹青镇	6000	7	7428	1089	4146	4026	
吉首市寨阳乡	8860	13	11690		6779	120	1

乡镇基本情况

计算单位：公顷、个、人

名　称	行政区域面积	村民委员会	常住人口	城镇建成区总人口	从业人员	二三产业从业人员	工业企业单位
吉首市已略乡	7900	10	8329	350	2503	132	
吉首市社塘坡乡	8670	5	9832	654	5657	2842	1
吉首市太平乡	5805	8	7025	1656	4300	1070	
吉首市白岩乡	7800	10	11560	400	7864	5180	
吉首市排绸乡	6299	10	7303	623	5454	112	
吉首市排吼乡	5800	6	6417	681	2556	123	
泸溪县白沙镇	5980	3	31268	26653	17961	17225	32
泸溪县达岚镇	10480	8	16897	1573	10218	3497	
泸溪县兴隆场镇	8690	10	20637	2243	12637	5403	8
泸溪县潭溪镇	14790	11	16952	2189	10235	5144	3
泸溪县洗溪镇	12800	8	11884	2261	6992	2361	15
泸溪县武溪镇	11930	10	21877	14248	12918	7811	36
泸溪县浦市镇	23700	24	53123	13943	29893	19738	18
泸溪县合水镇	13270	11	24327	1782	14602	5599	3
泸溪县石榴坪乡	5528	7	14476		8543	4204	
泸溪县永兴场乡	6554	6	12720		7718	3730	
泸溪县解放岩乡	8738	6	14234		8737	3159	5
泸溪县小章乡	6969	7	11603		6878	3943	
泸溪县白羊溪乡	9243	8	9996		6218	2285	
泸溪县梁家潭乡	8558	9	11543		6658	2844	
泸溪县八什坪乡	9104	6	10390		6294	2831	
凤凰县廖家桥镇	6616	20	19780	2905	10921	3051	15
凤凰县茶田镇	9598	10	14113	2428	6105	995	7
凤凰县吉信镇	11713	21	23161	5145	8805	949	7
凤凰县腊尔山镇	8299	19	19265	3183	12825	3316	4
凤凰县禾库镇	8544	15	15556	2327	8130	860	3
凤凰县沱江镇	11640	24	63934	60413	14674	4464	65
凤凰县阿拉营镇	7614	26	28369	7116	16119	4236	17
凤凰县木江坪镇	11857	21	20950	1799	12314	934	5
凤凰县山江镇	10582	21	19140	2156	10741	1915	4
凤凰县官庄乡	7900	10	11387	1062	3913	238	1
凤凰县水打田乡	8662	9	11473	1586	9270	2400	3
凤凰县林峰乡	7134	8	12122	3069	8203	1283	2
凤凰县都里乡	4590	8	9874	1762	7064	2945	4
凤凰县落潮井乡	6055	13	15114	1392	7521	2080	13
凤凰县新场乡	5341	10	13299	2149	7897	2039	6
凤凰县茨岩乡	5132	10	12200	1493	6967	2236	7
凤凰县三拱桥乡	7531	16	14930	1284	8353	2504	6
凤凰县竿子坪乡	2730	8	6292	1521	3472	551	1
凤凰县麻冲乡	5205	16	11995	1384	7085	1945	
凤凰县千工坪乡	6361	15	12949	929	8002	2602	2
凤凰县木里乡	4660	9	10258	2002	6621	708	
凤凰县两林乡	7388	14	13984	945	7206	836	1
凤凰县柳薄乡	4550	11	8200	965	3411	151	2
凤凰县米良乡	4139	6	5319	1102	2552	339	
花垣县龙潭镇	5970	16	15882	2598	9469	5080	65
花垣县民乐镇	4900	10	14650	3500	9747	6600	8
花垣县团结镇	4800	18	20020	4525	14280	10900	31
花垣县吉卫镇	8800	20	17610	2232	10565	580	9
花垣县麻栗场镇	5365	18	16170	3200	9628	589	10

乡镇基本情况

计算单位：公顷、个、人

名　　称	行政区域面积	村民委员会	常住人口	城镇建成区总人口	从业人员	二三产业从业人员	工业企业单位
花垣县雅西镇	5145	12	8215	1037	5592	340	1
花垣县边城镇	7520	25	25630	3822	24753	10757	6
花垣县花垣镇	11126	42	80493	8959	27443	8538	82
花垣县长乐乡	8166	18	14590	516	8188	3683	3
花垣县两河乡	5490	12	14636	327	4926	2103	9
花垣县排碧乡	5485	11	9828	361	7394	2730	3
花垣县董马库乡	2640	16	11278	487	5135	132	
花垣县猫儿乡	6907	14	14179	1120	9976	900	3
花垣县道二乡	4578	11	10450	496	5277	85	23
花垣县排吾乡	4793	11	9664	298	1230	890	1
花垣县排料乡	4812	7	6594	480	4154	329	
花垣县雅桥乡	3952	9	9300	407	5465	470	
花垣县补抽乡	8430	18	13927	112	7251	51	2
保靖县普戎镇	4578	9	13609	2856	7763	1777	
保靖县野竹坪镇	8600	6	10613	2050	5666	488	3
保靖县复兴镇	7823	9	15500	3800	8249	2470	26
保靖县迁陵镇	16800	14	28150	12684	13292	4222	419
保靖县清水坪镇	12700	15	23567	5082	12366	1780	6
保靖县比耳镇	8981	10	16333	425	8916	457	
保靖县毛沟镇	15094	17	26548	5012	13266	5300	24
保靖县水田河镇	14481	23	22739	11223	12354	1168	2
保靖县葫芦镇	14904	21	17685	2085	9232	931	3
保靖县碗米坡镇	23438	21	22935	2834	12389	1225	
保靖县水银乡	5512	6	9885		7751	1552	1
保靖县涂乍乡	5400	8	8550		5907	230	
保靖县大妥乡	8602	10	18967		10665	1643	
保靖县夯沙乡	6320	7	7108		3633	2309	
保靖县清水乡	4000	9	10300		5514	704	
保靖县阳朝乡	9800	12	17947		6705	866	
古丈县古阳镇	7240	9	30158	7991	5622	869	90
古丈县罗依溪镇	11617	14	13355	3578	7069	2570	18
古丈县岩头寨镇	10387	21	14989	2801	8386	3139	
古丈县默戎镇	10979	11	13785	3107	7096	2301	5
古丈县红石林镇	9955	16	14052	2509	7902	852	78
古丈县万龙镇	12390	15	14012		8659	2028	10
古丈县高峰乡	19531	11	10085		8095	882	1
古丈县河蓬乡	7558	8	5867		3615	1339	2
古丈县坪坝乡	10666	12	10620		7443	3275	
古丈县山枣乡	10935	7	7072		3968	782	
古丈县双溪乡	7892	8	7733		5156	206	2
古丈县高望界乡	12992	8	3642		2459	132	1
永顺县首车镇	11500	6	13008		4943	2143	
永顺县芙蓉镇	16800	11	24862	7768	12290	5518	6
永顺县永茂镇	8300	6	8077	2493	4945	1130	
永顺县长官镇	11700	5	6585	2462	4492	1071	
永顺县青坪镇	15300	9	12180	1291	4976	1586	11
永顺县泽家镇	14900	12	18996	2839	10106	2698	4
永顺县石堤镇	30100	27	44631	8750	26675	10115	40
永顺县万坪镇	14700	15	27645	4385	14649	2839	4
永顺县塔卧镇	14200	12	39586	9035	23561	4129	45

乡镇基本情况

计算单位：公顷、个、人

名　　称	行政区域面积	村民委员会	常住人口	城镇建成区总人口	从业人员	二三产业从业人员	工业企业单位
永顺县砂坝镇	13100	9	26521	2653	16072	4107	1
永顺县灵溪镇	21900	15	89497	44751	17932	5879	85
永顺县松柏镇	15600	15	22794	3005	12001	1540	6
永顺县两岔乡	11000	9	12524		7088	1380	
永顺县勺哈乡	10400	10	16693		7836	840	
永顺县西歧乡	9100	8	11408		6363	652	
永顺县对山乡	8720	7	9289		4617	255	
永顺县列夕乡	8600	9	9654		4973	1748	
永顺县高坪乡	12800	10	14448		9829	1885	6
永顺县回龙乡	9600	5	8953		5131	1780	3
永顺县小溪乡	24800	11	8361		2892	492	
永顺县朗溪乡	11000	6	6331		3586	1272	
永顺县润雅乡	8700	7	9430		4985	1885	
永顺县车坪乡	7700	7	13200		7902	646	
永顺县毛坝乡	9200	8	12795		6490	919	1
永顺县万民乡	14200	8	12189		5572	357	2
永顺县盐井乡	7900	10	7583		4205	1814	
永顺县抚志乡	9800	7	9670		6424	1800	
永顺县吊井乡	8600	8	12243		4720	829	5
永顺县大坝乡	13000	11	13124		8178	1263	5
永顺县颗砂乡	7767	10	17518		9099	2618	
龙山县民安街道办事处	1484	8	71320	39000	15464	12021	18
龙山县华塘街道办事处	1210	4	18834	4700	5293	1893	18
龙山县新城街道办事处	2973	5	15760	4500	6941	2536	15
龙山县石羔镇	4365	15	26988	2396	15132	6219	14
龙山县洗车河镇	17160	19	14010	2750	8303	2878	7
龙山县隆头镇	6595	9	8136	1500	4120	2880	2
龙山县石牌镇	6714	10	16096	4805	10064	2153	
龙山县茨岩塘镇	13922	20	19844	4080	8713	2795	
龙山县红岩溪镇	18416	24	25920	3520	15396	6587	5
龙山县靛房镇	12900	15	14701	2145	11729	4717	2
龙山县苗儿滩镇	15467	17	20584	2222	10294	3450	7
龙山县里耶镇	16443	25	27586	6598	12885	6684	6
龙山县桂塘镇	14807	12	20869	2368	12324	4099	
龙山县召市镇	14888	21	34752	3796	16758	4996	5
龙山县洛塔乡	17163	16	16406	1800	9217	1568	3
龙山县洗洛乡	7751	13	17015	1456	7018	1398	1
龙山县湾塘乡	6111	11	12550	488	7707	2307	2
龙山县白羊乡	3110	10	12189		10318	2667	2
龙山县兴隆街乡	7304	12	14597		8319	2973	
龙山县三元乡	4638	11	15130		7625	1709	
龙山县桶车乡	6645	15	17613		5669	918	
龙山县大安乡	11451	11	6702		3315	678	1
龙山县水田坝乡	13363	12	13894		7263	2442	2
龙山县乌鸦乡	5745	6	4532		3096	526	
龙山县猛必乡	5883	6	4350		2457	1107	2
龙山县他砂乡	8979	12	10870		4495	630	
龙山县内溪乡	9278	14	15347		7170	1881	
龙山县贾市乡	7046	12	11590		2200	1900	
龙山县塔泥乡	8083	8	7309		7309	1606	

乡镇基本情况

计算单位:公顷、个、人

名　　称	行政区域面积	村民委员会	常住人口	城镇建成区总人口	从业人员	二三产业从业人员	工业企业单位
龙山县农车乡	8441	14	8673		7213	3040	
龙山县老兴乡	7568	10	10220		5367	2431	
龙山县贾坝乡	6069	11	12170		4513	1495	
龙山县咱果乡	10640	12	11435		3282	279	
龙山县茅坪乡	9886	14	14913		12174	2654	3
广东省							
白云区人和镇	7100	25	161817	4634	105141	92546	590
白云区太和镇	15537	21	228635	2845	121881	110071	1840
白云区钟落潭镇	16900	37	184453	7311	117848	90434	692
白云区江高镇	9600	35	174070	23554	105885	79791	926
番禺区南村镇	4700	16	202760	81104	135110	132660	1352
番禺区新造镇	1400	10	26608	6910	17211	14904	110
番禺区化龙镇	5373	13	74526	3002	50636	44091	243
番禺区石楼镇	12600	22	119157	49323	75403	57618	319
番禺区沙湾镇	3745	14	120682	26918	78071	75825	1578
番禺区石基镇	4703	17	114292	20425	76504	67093	791
花都区梯面镇	9600	8	9017	1480	7193	5061	33
花都区花山镇	11600	26	111141	11361	69311	40778	615
花都区花东镇	20842	45	146595	10193	84475	59748	460
花都区炭步镇	11350	27	70209	39916	44047	28710	531
花都区赤坭镇	16040	30	54130	17929	30884	8752	136
花都区狮岭镇	16084	23	289938	86870	205710	198219	5403
花都区雅瑶镇	900	5	16044	8607	8056	4607	157
南沙区万顷沙镇	14285	15	46985	2281	27977	14977	25
南沙区横沥镇	5400	15	28357	1328	15117	7372	45
南沙区黄阁镇	7600	14	48204	2964	47459	42934	137
南沙区东涌镇	9166	22	187988	60720	133676	110437	576
南沙区大岗镇	9007	25	137342	93300	88478	76959	530
南沙区榄核镇	7448	23	98854	21709	70186	51190	297
萝岗区九龙镇	17942	28	99278	15238	61137	37752	152
增城市荔城街道	13227	24	112400	109974	32683	25424	168
增城市增江街道	8618	11	46475	12739	33035	22650	99
增城市朱村街道	10265	12	38673	3306	22678	14224	122
增城市永宁街道	10414	22	71295	5528	47581	39589	384
增城市新塘镇	9072	32	239332	84810	168272	162356	1545
增城市石滩镇	18390	44	146930	14937	74220	46600	390
增城市中新镇	23590	35	87208	8176	52570	32169	152
增城市正果镇	23941	31	57312	5681	31627	14323	81
增城市派潭镇	28900	34	82158	7210	46604	30507	38
增城市小楼镇	13600	20	50786	3579	27597	8830	31
增城市仙村镇	5665	17	56466	56466	39327	26305	109
从化市街口街道	5480	9	105042	103524	12262	8378	11
从化市江埔街道	12700	21	47360	30241	26377	16820	113
从化市城郊街道	16000	24	69915	48080	19717	11497	80
从化市温泉镇	21224	22	52486	3604	31107	16298	130
从化市良口镇	43915	27	40657	4408	25022	11606	10
从化市吕田镇	39300	21	30019	2907	15729	7177	7
从化市太平镇	21033	33	104365	13774	58009	39069	131
从化市鳌头镇	35179	61	149173	3160	83682	44436	136
武江区西联镇	6900	8	15902	2538	6006	5132	60

乡镇基本情况

计算单位：公顷、个、人

名　　称	行政区域面积	村民委员会	常住人口	城镇建成区总人口	从业人员	二三产业从业人员	工业企业单位
武江区西河镇	6300	14	17247	1217	4682	3796	43
武江区龙归镇	23700	15	37897	3358	21420	14167	36
武江区江湾镇	21300	6	7818	1250	5237	999	68
武江区重阳镇	8200	8	9875	1380	7481	357	4
浈江区新韶镇	10600	12	21918	7670	13409	8842	1
浈江区乐园镇	1000	7	72977	12741	37399	36931	18
浈江区十里亭镇	5400	6	59671	18037	30636	26962	18
浈江区犁市镇	30500	15	43573	10741	24771	5344	18
浈江区花坪镇	7650	5	6406	1382	3604	1630	
曲江区马坝镇	16130	16	145692	141350	35632	24850	95
曲江区大塘镇	17500	15	34990	3338	13500	7000	15
曲江区枫湾镇	22000	9	16815	3580	7875	2927	16
曲江区小坑镇	15100	5	5977	1281	3347	1975	21
曲江区沙溪镇	21000	7	11424	993	5202	2521	32
曲江区乌石镇	11724	6	19658	6248	10927	3522	25
曲江区樟市镇	22500	11	27924	1692	19232	9860	17
曲江区白土镇	14100	11	24892	2230	15619	2842	52
曲江区罗坑镇	22500	5	10182	604	4477	1872	20
始兴县太平镇	28725	18	59522	57627	31350	24581	157
始兴县马市镇	19800	18	34424	3051	13144	2771	30
始兴县澄江镇	21029	7	9120	1248	8632	2990	9
始兴县顿岗镇	9500	11	21954	910	10825	2119	13
始兴县罗坝镇	27087	12	15765	1771	9996	3241	22
始兴县司前镇	19500	9	9924	2281	6799	2435	16
始兴县隘子镇	32326	13	18579	3106	9905	5311	16
始兴县城南镇	5286	10	19074	3924	8738	5110	19
始兴县沈所镇	12513	11	16680	4657	7608	1149	5
始兴县深渡水乡	19040	4	4758	1206	2816	766	13
仁化县丹霞街道办事处	23700	13	61546	2599	14705	6079	79
仁化县闻韶镇	9800	5	4445	965	2932	330	3
仁化县扶溪镇	18000	9	9710	2015	6751	3135	19
仁化县长江镇	31300	16	22383	8065	8606	2072	45
仁化县城口镇	32200	7	8563	3049	5074	2049	21
仁化县红山镇	16670	8	7821	1452	7206	3711	26
仁化县石塘镇	8000	6	9025	1097	7707	4354	5
仁化县董塘镇	19300	17	46711	13637	29956	22904	42
仁化县大桥镇	16900	6	7362	639	6002	2476	11
仁化县周田镇	28900	15	19233	3543	16822	9514	31
仁化县黄坑镇	17500	7	8614	1228	7078	2408	20
翁源县龙仙镇	43158	34	127173	60750	39841	18987	76
翁源县坝仔镇	38298	22	37326	3004	21460	12266	43
翁源县江尾镇	33355	24	33023	3520	21030	10990	30
翁源县官渡镇	23695	19	37843	3583	19749	10856	63
翁源县周陂镇	21378	18	32523	2525	18141	9521	13
翁源县翁城镇	13719	17	27977	3932	14452	4014	43
翁源县新江镇	34299	19	36475	2850	21845	5319	24
乳源瑶族自治县乳城镇	20935	13	33505	6215	15676	10642	137
乳源瑶族自治县一六镇	7758	7	16150	607	7178	2894	7
乳源瑶族自治县桂头镇	12451	14	35410	7463	20205	6788	44
乳源瑶族自治县洛阳镇	36026	12	9797	362	4469	1493	46

乡镇基本情况

计算单位:公顷、个、人

名　　称	行政区域面积	村民委员会	常住人口	城镇建成区总人口	从业人员	二三产业从业人员	工业企业单位
乳源瑶族自治县大布镇	22026	7	12172	1040	6459	2732	9
乳源瑶族自治县大桥镇	31981	21	29643	1311	18582	10349	20
乳源瑶族自治县东坪镇	33297	10	10858	554	4867	2345	35
乳源瑶族自治县游溪镇	13360	11	11521	445	5865	1930	20
乳源瑶族自治县必背镇	14677	7	7485	329	4017	945	11
新丰县丰城街道办事处	27885	25	93509	85022	27052	18522	91
新丰县黄磜镇	24700	13	10120	764	5382	2361	14
新丰县马头镇	52985	30	30775	2521	19521	10339	31
新丰县梅坑镇	31000	20	15813	1088	12750	7805	23
新丰县沙田镇	24250	17	15326	1467	8722	4849	7
新丰县遥田镇	21400	19	24927	1431	15034	6349	6
新丰县回龙镇	19300	17	20430	2319	9201	5200	21
乐昌市乐城街道办事处	18700	16	130200	126634	35649	22705	16
乐昌市北乡镇	9360	8	12387	867	6867	1187	
乐昌市九峰镇	15330	12	15511	2385	9414	3290	
乐昌市廊田镇	14300	17	24202	2613	19706	6840	35
乐昌市长来镇	11650	12	18638	4977	7767	3097	36
乐昌市梅花镇	19770	17	36555	16410	21937	8097	1
乐昌市三溪镇	11330	8	6874	1723	6872	1997	
乐昌市坪石镇	26762	25	69128	52196	25294	12985	77
乐昌市黄圃镇	7260	10	11848	2573	9129	4344	3
乐昌市五山镇	18600	11	12342	718	7027	3010	9
乐昌市两江镇	13333	7	8307	1426	4677	1177	
乐昌市沙坪镇	14600	7	13829	785	7293	3621	6
乐昌市云岩镇	6600	9	9787	720	6701	2601	
乐昌市秀水镇	5600	10	12406	621	8973	2430	13
乐昌市大源镇	27467	9	7907		5419	1904	1
乐昌市庆云镇	9025	8	7651	1120	6923	3405	1
乐昌市白石镇	7930	9	9028	1356	6323	698	1
南雄市雄州街道办事处	9693	13	99011	67365	47238	39710	80
南雄市乌迳镇	15702	21	25637	11024	12725	3593	13
南雄市界址镇	5638	8	8246	3298	6422	2319	5
南雄市坪田镇	13826	14	13296	1032	8466	1824	6
南雄市黄坑镇	5826	10	15113	3628	8098	2165	9
南雄市邓坊镇	11804	9	11528	2069	7154	1915	12
南雄市油山镇	14663	17	17639	1680	9660	2690	19
南雄市南亩镇	11126	11	7734	1172	5526	2501	8
南雄市水口镇	10680	13	17808	1108	8444	2209	7
南雄市江头镇	13213	9	7538	1121	4432	1928	12
南雄市湖口镇	7364	12	18667	2525	11593	2863	16
南雄市珠玑镇	19753	22	23547	3744	13144	6038	34
南雄市主田镇	16566	8	9685	1530	5753	2349	14
南雄市古市镇	9862	8	11045	1234	6902	2601	49
南雄市全安镇	19044	13	16116	962	9970	3992	38
南雄市百顺镇	19142	9	10904	1745	6147	1837	31
南雄市澜河镇	13925	6	6411	631	4798	2425	20
南雄市帽子峰镇	9721	5	6075	872	4302	1722	7
香洲区唐家湾镇	13900		110573	4891	77552	76391	131
香洲区南屏镇	6070		49701	21236	32795	32390	21
香洲区横琴镇	10600		8350	8350	7309	7103	2

乡镇基本情况

计算单位:公顷、个、人

名称	行政区域面积	村民委员会	常住人口	城镇建成区总人口	从业人员	二三产业从业人员	工业企业单位
香洲区桂山镇	1423	2	1898	1640	1382	866	
香洲区万山镇	2300	2	1318	624	719	193	
香洲区担杆镇	400	3	1096	1096	1001	639	
斗门区莲洲镇	8860	27	50957	2667	29660	9190	4
斗门区斗门镇	10500	10	52066	6500	39049	29287	23
斗门区乾务镇	19062	16	58216	13940	26484	19113	51
斗门区白蕉镇	17800	33	114975	32720	89141	77199	44
斗门区井岸镇	9960	15	124843	76428	88384	81877	64
金湾区三灶镇	19806	4	73352	44493	72700	53693	122
金湾区南水镇	15294	5	40053	23053	38406	36565	86
金湾区红旗镇	12300	5	71576	51382	31718	22000	88
金湾区平沙镇	15500		70084	41552	36533	29950	49
龙湖区外砂镇	2935	17	86641	37950	46054	25548	1333
龙湖区新溪镇	2740	16	69420	6076	37922	17203	575
潮阳区海门镇	2780	5	119036	104083	18311	11737	224
潮阳区河溪镇	6350	11	61289	7001	29134	20466	7
潮阳区和平镇	5894	2	182752	95844	84092	72147	615
潮阳区西胪镇	10946	23	181704	11778	64353	31208	14
潮阳区关埠镇	5445	26	134261	24081	32855	9544	9
潮阳区谷饶镇	7180	22	189187	74830	107590	39700	1080
潮阳区贵屿镇	5200	19	165019	18884	80434	69160	810
潮阳区铜盂镇	4289	25	129509	21003	26564	26564	280
潮阳区金灶镇	7890	42	146604	37000	57696	27815	27
潮南区井都镇	4598	9	98701	43192	41878	25325	56
潮南区成田镇	5708	12	97776	48327	49768	38770	60
潮南区司马浦镇	3064	13	120816	34767	55469	35540	719
潮南区陈店镇	2677	13	131640	70130	59430	51585	673
潮南区两英镇	8521	17	231899	13355	88420	62159	1382
潮南区仙城镇	5471	9	116638	45806	51425	30915	238
潮南区胪岗镇	5040	10	154126	57988	66188	45008	612
潮南区红场镇	6955	23	18696	3313	18020	7985	7
潮南区雷岭镇	6228	14	38360	1612	16386	4503	7
潮南区陇田镇	7142	23	145900	54976	54200	19500	220
澄海区上华镇	2174	18	38598	5186	22637	16261	43
澄海区隆都镇	3384	14	77240	18895	37157	14528	510
澄海区莲下镇	5609	30	137100	60703	58556	41156	1460
澄海区莲上镇	2950	8	57532	57162	26460	16360	1483
澄海区溪南镇	4066	21	69592	55268	37614	17514	117
澄海区东里镇	3492	19	81430	76340	29457	20257	445
澄海区盐鸿镇	3774	8	46876	43468	32570	17538	385
澄海区莲华镇	1991	19	27499	12466	13224	4186	278
南澳县后宅镇	4082	15	36370	35486	7650	7650	26
南澳县云澳镇	2046	7	14968	14357	7765	2933	6
南澳县深澳镇	4705	11	9883	5549	6221	1384	8
禅城区南庄镇	7603	18	147824	5641	38443	34542	1017
南海区九江镇	9501	10	168652	22900	110172	93329	1372
南海区西樵镇	17663	17	228194	228194	115880	98831	2986
南海区丹灶镇	14348	21	160500	11523	98875	88013	1237
南海区狮山镇	33060	28	715209	189256	424026	410601	5339
南海区大沥镇	9590		597243	87138	250767	246287	2077

乡镇基本情况

计算单位:公顷、个、人

名　　称	行政区域面积	村民委员会	常住人口	城镇建成区总人口	从业人员	二三产业从业人员	工业企业单位
南海区里水镇	14828	16	302248	29017	219226	213726	2809
顺德区陈村镇	5070	7	148399	42591	99102	90737	1299
顺德区北滘镇	9211	10	255108	116902	173473	167321	3945
顺德区乐从镇	7785	19	231563	231563	146686	142854	4340
顺德区龙江镇	7385	13	248837	95517	155735	152435	2532
顺德区杏坛镇	12198	24	139587	20854	90232	80255	1729
顺德区均安镇	7945	5	168137	32103	112650	106206	2331
三水区大塘镇	9815	7	58701	13806	40028	29949	232
三水区乐平镇	19201	14	111293	28420	67112	47328	794
三水区白坭镇	6646	2	80811	51277	64062	59226	381
三水区芦苞镇	10395	6	50233	9378	29887	22709	152
三水区南山镇	12421	1	27452	1821	14765	7359	40
高明区杨和镇	22642	7	38513	2290	18111	13319	603
高明区明城镇	16254	11	59625	12365	32312	23156	169
高明区更合镇	34703	19	70900	12375	44405	33801	181
蓬江区棠下镇	13100	23	77436	4390	59412	48866	817
蓬江区荷塘镇	3200	13	85050	4731	59567	53875	1195
蓬江区杜阮镇	8052	20	109175	7795	79804	76154	976
新会区大泽镇	8371	14	40365	2242	16333	9472	437
新会区司前镇	8902	13	65728	3929	49801	38230	362
新会区罗坑镇	12029	15	41974	1873	21804	11735	278
新会区双水镇	20700	37	92339	6835	49064	23614	404
新会区崖门镇	20600	19	48668	9803	17915	10192	152
新会区沙堆镇	9788	11	44016	1599	19263	13906	70
新会区古井镇	11160	15	42242	4566	21392	15624	96
新会区三江镇	8237	12	48384	1623	27133	17346	166
新会区睦洲镇	7980	14	43492	4589	19545	9751	253
新会区大鳌镇	5251	16	39831	1657	21270	11794	152
台山市台城街道办事处	15677	26	242332	206432	106940	96501	315
台山市大江镇	6903	18	46789	3006	33252	21341	360
台山市水步镇	11461	20	42643	4810	25625	13204	235
台山市四九镇	24659	20	37571	4017	15518	6448	201
台山市白沙镇	16984	18	62563	5110	49196	8179	60
台山市三合镇	21406	9	36229	6591	24237	10447	101
台山市冲蒌镇	11471	16	32495	3595	25781	15538	38
台山市斗山镇	13705	18	48545	6823	31516	13125	33
台山市都斛镇	15422	17	43025	3908	26176	5385	19
台山市赤溪镇	28082	10	34761	1196	18372	6396	61
台山市端芬镇	29931	16	45844	2600	28533	9480	13
台山市广海镇	13789	7	43599	20263	26793	17993	85
台山市海宴镇	22907	20	69794	21953	39404	11091	24
台山市汶村镇	16434	15	49447	2015	25579	6313	30
台山市深井镇	31979	16	52524	2066	30102	8380	5
台山市北陡镇	17943	11	27876	3580	14062	4032	15
台山市川岛镇	28045	17	28231	5299	21552	10292	40
开平市三埠街道	3100	7	137458	137458	72538	66821	377
开平市长沙街道	5430	13	139905	4213	42572	37874	328
开平市沙塘镇	8530	15	23621	936	19957	10133	545
开平市苍城镇	12810	12	34883	3782	15760	5949	65
开平市龙胜镇	16380	16	38664	4450	20798	4253	80

乡镇基本情况

计算单位:公顷、个、人

名　　称	行政区域面积	村民委员会	常住人口	城镇建成区总人口	从业人员	二三产业从业人员	工业企业单位
开平市大沙镇	21560	14	21063	2055	15827	4836	28
开平市马冈镇	9230	20	34237	1774	31737	8128	81
开平市塘口镇	7280	16	25918	934	18708	5840	211
开平市赤坎镇	6210	19	37272	6090	27018	15618	205
开平市百合镇	6630	13	18902	1075	15002	8201	124
开平市蚬冈镇	6790	11	14511	1690	11969	3687	12
开平市金鸡镇	12050	11	18530	731	14866	3176	2
开平市月山镇	12120	18	44191	1432	23050	8691	363
开平市赤水镇	28390	16	38304	2084	26661	3848	16
开平市水口镇	8050	25	72349	3120	39464	22815	1356
鹤山市沙坪街道	4176	15	199133	86533	80359	76896	772
鹤山市龙口镇	15889	15	36990	7296	20380	8576	272
鹤山市雅瑶镇	8259	10	39241	17792	28807	21892	301
鹤山市古劳镇	6822	12	35963	2243	29995	25286	221
鹤山市桃源镇	5547	11	26162	11098	20522	17253	566
鹤山市鹤城镇	15913	15	32493	8940	23298	15558	240
鹤山市共和镇	8993	9	41753	2424	29784	22481	166
鹤山市址山镇	9822	11	37791	8948	22634	15108	246
鹤山市宅梧镇	20507	10	33634	2666	15306	2944	48
鹤山市双合镇	12345	4	16740	6000	7908	2168	93
恩平市恩城街道办事处	17531	18	180108	83715	70462	57279	200
恩平市横陂镇	20173	19	37749	2921	22551	11556	40
恩平市圣堂镇	5665	11	27132	3356	11081	3968	31
恩平市良西镇	12175	8	22698	1860	14061	7509	18
恩平市沙湖镇	25000	21	71244	9624	36440	19512	36
恩平市牛江镇	9100	12	21499	1700	10050	3461	285
恩平市君堂镇	10200	18	49127	8860	25503	13080	48
恩平市大田镇	20236	10	31126	2254	15968	7215	
恩平市那吉镇	26200	7	15562	1890	11920	6162	42
恩平市大槐镇	12200	12	26512	3877	8971	4667	338
恩平市东成镇	11297	15	30785	1241	14696	7713	66
坡头区南三镇	19120	13	57051	4776	41435	9172	3
坡头区坡头镇	9209	11	57260	7303	40194	22906	92
坡头区乾塘镇	5323	6	33450	1831	22921	9709	1
坡头区龙头镇	11591	11	66598	8884	30426	19339	126
坡头区官渡镇	9507	12	59590	4659	31645	18066	72
麻章区麻章镇	12566	20	93000	47870	54481	23261	182
麻章区太平镇	12500	21	90886	18927	48587	11812	21
麻章区湖光镇	13903	24	75269	17350	40200	7748	20
麻章区东山镇	11194	13	65923	7657	33557	8406	8
麻章区东简镇	14330	7	60221	9508	31493	13492	15
麻章区民安镇	7800	10	60533	4013	32920	20804	42
麻章区硇洲镇	5600	5	49513	16768	30855	6988	3
遂溪县遂城镇	25761	31	237404	147329	87607	53143	251
遂溪县黄略镇	15422	21	70739	1032	54903	13075	84
遂溪县洋青镇	16833	18	73021	6821	39612	4407	62
遂溪县界炮镇	13297	20	56017	5603	42284	2689	17
遂溪县乐民镇	9650	10	40668	5272	18304	3402	7
遂溪县江洪镇	5950	9	29539	11475	12983	2977	15
遂溪县杨柑镇	18710	26	76983	9652	27199	4943	288

乡镇基本情况

计算单位:公顷、个、人

名　　称	行政区域面积	村民委员会	常住人口	城镇建成区总人口	从业人员	二三产业从业人员	工业企业单位
遂溪县城月镇	20909	22	81632	38769	42238	4522	36
遂溪县乌塘镇	4970	5	18229	1981	9004	1179	7
遂溪县建新镇	5743	6	19564	1465	15320	5078	8
遂溪县岭北镇	9993	7	21564	12836	13259	4490	68
遂溪县北坡镇	15182	15	45542	8769	28192	3635	21
遂溪县港门镇	10534	12	36127	6695	15796	5553	10
遂溪县草潭镇	12275	17	69439	14926	36219	7833	14
遂溪县河头镇	14690	11	33758	10610	19273	4620	44
徐闻县迈陈镇	12300	11	68110	15762	34785	7573	20
徐闻县海安镇	3680	5	18896	7742	12099	3550	77
徐闻县曲界镇	15591	13	48948	13340	29508	2292	39
徐闻县前山镇	11522	13	43326	16092	18363	3797	61
徐闻县西连镇	8100	15	42521	3505	22379	5295	28
徐闻县下桥镇	15025	12	35802	11300	20910	1436	12
徐闻县龙塘镇	18250	11	57040	5856	29628	1958	13
徐闻县下洋镇	7500	11	30280	2962	17060	1946	14
徐闻县锦和镇	11169	17	41957	7525	26545	2500	10
徐闻县和安镇	5888	9	33502	11218	17732	660	18
徐闻县新寮镇	4610	10	34100	1470	14532	4230	13
徐闻县南山镇	13537	16	72113	2650	36355	7530	46
徐闻县城北乡	12501	14	40062		22909	1756	7
徐闻县角尾乡	4962	11	31367		15382	2985	4
廉江市罗州街道办	1500		125193	112356	52178	52178	273
廉江市城南街道办	3100	4	43491	20812	11408	7114	125
廉江市城北街道办	1500	3	45912	40115	13526	9205	153
廉江市石城镇	12700	17	73216	6000	37402	25302	172
廉江市新民镇	9600	15	43657	2457	29573	15098	189
廉江市吉水镇	11100	17	78006	3925	47331	31803	260
廉江市河唇镇	13000	18	82057	18325	38916	21554	212
廉江市石角镇	11600	20	49263	4023	29181	13784	143
廉江市良垌镇	26900	37	117168	6021	63502	37151	400
廉江市横山镇	16000	19	113358	11842	56964	34199	335
廉江市安铺镇	8550	18	104028	52145	62683	35558	914
廉江市营仔镇	20400	21	80136	8253	46151	26109	175
廉江市青平镇	24400	22	104343	29758	41476	22627	323
廉江市车板镇	11100	13	39209	4203	28190	15432	101
廉江市高桥镇	8700	8	32292	1025	17747	9300	104
廉江市石岭镇	17900	24	95834	24349	57236	31568	669
廉江市雅塘镇	7600	11	41104	3296	25091	13176	82
廉江市石颈镇	8900	14	43384	2691	25401	16412	181
廉江市长山镇	13800	17	53735	5234	32995	19112	142
廉江市塘蓬镇	16000	23	73718	4372	52293	35488	238
廉江市和寮镇	10300	15	34809	3643	26357	15636	100
雷州市雷城街道办	758		46130	23520	17554	14056	2
雷州市西湖街道办	560		19177	15076	9614	8314	9
雷州市新城街道办	540		27337	7521	13137	12382	7
雷州市白沙镇	11240	27	60275	4525	37871	12608	73
雷州市沈塘镇	6097	17	56429	2683	18603	7768	15
雷州市客路镇	33433	30	109811	34215	63436	16953	45
雷州市杨家镇	14860	25	57092	14565	28350	3022	18

乡镇基本情况

计算单位：公顷、个、人

名　　称	行政区域面积	村民委员会	常住人口	城镇建成区总人口	从业人员	二三产业从业人员	工业企业单位
雷州市唐家镇	19200	14	46786	12296	19494	5081	55
雷州市企水镇	10600	20	50014	18103	20211	6199	14
雷州市纪家镇	34700	28	113399	8416	41783	6765	47
雷州市松竹镇	6793	15	69785	1805	24950	6100	28
雷州市南兴镇	13500	33	104091	23383	46869	13637	39
雷州市雷高镇	14000	20	37540	6856	16871	2661	17
雷州市东里镇	13600	20	77127	8647	40790	6261	7
雷州市调风镇	22700	18	66017	9855	34986	2500	20
雷州市龙门镇	36800	21	85861	38764	31144	8757	115
雷州市英利镇	26500	27	81061	30096	26084	11844	88
雷州市北和镇	19276	28	83968	9637	37742	2416	14
雷州市乌石镇	12690	25	84986	26596	52976	12155	25
雷州市覃斗镇	9300	17	48602	5710	23710	4007	125
雷州市附城镇	13000	33	109266	3391	59408	17811	23
吴川市梅录街道	13000		137960	137960	24292	22592	427
吴川市塘尾街道	2219		38275	7290	19335	5300	170
吴川市大山江街道	2200		25846	749	13361	4376	166
吴川市博铺街道	870		18803	3807	9549	9012	428
吴川市海滨街道	1782		36159	36159	16648	10250	182
吴川市浅水镇	7809	7	35079	3005	23709	9243	53
吴川市长岐镇	6050	12	68554	3213	30333	5087	61
吴川市覃巴镇	7706	15	91568	6167	44672	7172	201
吴川市王村港镇	2620	5	28117	4785	16003	2272	12
吴川市振文镇	5821	16	126359	7489	65778	25881	144
吴川市樟铺镇	5400	10	60173	1594	32876	4362	60
吴川市吴阳镇	7968	15	92419	10106	50068	19966	72
吴川市塘缀镇	10130	25	139888	12457	78600	28141	191
吴川市黄坡镇	14397	29	157722	17420	100627	35340	298
吴川市兰石镇	3214	7	34358	3650	19150	9050	39
茂南区金塘镇	11300	22	65753	4792	49838	18512	168
茂南区公馆镇	11400	22	71200	5320	46613	17983	105
茂南区新坡镇	4170	13	30039	7018	14897	9851	399
茂南区镇盛镇	6400	18	60789	2335	26900	15271	144
茂南区鳌头镇	5600	25	88765	2689	37033	21550	92
茂南区袂花镇	2630	15	51199	2129	16360	9493	56
茂南区高山镇	1500	5	18603	3039	9202	6294	296
茂南区山阁镇	4700	10	35903	2294	20087	10252	85
茂港区羊角镇	9900	22	123908	9571	48393	24258	173
茂港区坡心镇	5280	17	68086	2443	27007	12707	59
茂港区七迳镇	8400	17	63167	3346	26236	12825	132
茂港区小良镇	6323	14	48168	2076	21319	11926	67
茂港区沙院镇	4300	10	41416	3785	17981	10625	128
电白县马踏镇	13800	19	69566	4407	30379	7650	42
电白县岭门镇	7300	17	70597	7019	25178	10357	27
电白县树仔镇	5000	12	62251	7318	24342	10106	29
电白县麻岗镇	9800	20	60366	4117	30484	8987	23
电白县旦场镇	8000	15	61060	4189	22228	8678	59
电白县霞洞镇	10500	24	84692	12103	35090	8640	84
电白县观珠镇	15400	24	82038	12291	44214	14424	41
电白县沙琅镇	8900	15	73465	17358	29767	13436	43

乡镇基本情况

计算单位:公顷、个、人

名　　称	行政区域面积	村民委员会	常住人口	城镇建成区总人口	从业人员	二三产业从业人员	工业企业单位
电白县黄岭镇	7600	14	33355	4320	16496	5294	16
电白县望夫镇	9300	10	27807	4394	8767	2750	4
电白县罗坑镇	11000	15	28254	2948	13799	7362	13
电白县那霍镇	12700	15	52972	4002	25677	7729	19
电白县水东镇	3700	5	152935	139438	100421	96414	133
电白县博贺镇	3744	15	68471	27250	26893	11251	64
电白县林头镇	13600	33	118815	8463	56047	15712	82
电白县电城镇	11200	28	145535	27516	63394	26220	32
电白县陈村镇	1700	11	50153	12697	20413	12963	78
高州市石仔岭街道	4200	8	31194	6409	12898	6303	77
高州市山美街道	3900	6	18443	5251	12087	8915	151
高州市金山街道	5900	10	33203	2290	13429	6217	163
高州市潘州街道	2500		119075	119075	79901	79573	536
高州市宝光街道	15900	18	69674	10884	24610	12291	595
高州市谢鸡镇	8000	19	49023	4105	24751	9277	2
高州市新垌镇	16800	18	55946	2132	32500	11405	185
高州市云潭镇	8400	13	36800	2602	17957	9517	306
高州市分界镇	6100	12	38035	7023	24501	7025	303
高州市根子镇	8700	17	57363	3725	30141	12970	195
高州市泗水镇	7600	12	46730	3199	26726	8561	11
高州市镇江镇	10100	14	41016	2799	15690	7141	548
高州市沙田镇	9800	13	34649	2397	17593	8238	368
高州市南塘镇	14400	14	41584	2735	26273	11600	387
高州市荷花镇	10800	18	41997	4875	29715	19694	84
高州市石板镇	9100	13	36744	3136	19959	12683	177
高州市大井镇	13400	14	37731	13390	16671	5530	210
高州市潭头镇	8200	14	34811	2169	18550	4956	192
高州市大坡镇	23600	25	77831	2792	34607	18607	430
高州市平山镇	14900	15	31892	1450	17307	4770	203
高州市深镇镇	10300	13	22805	1034	10054	4556	198
高州市马贵镇	16700	14	28969	2513	11943	5722	81
高州市古丁镇	11300	14	29760	1835	15488	10695	98
高州市曹江镇	12500	23	59849	2762	31229	10562	125
高州市荷塘镇	11600	12	29307	1878	14661	7056	113
高州市石鼓镇	15500	29	93954	31298	65078	30369	1355
高州市东岸镇	26000	27	70237	3412	32407	18130	209
高州市长坡镇	21400	33	68557	12750	35458	12842	312
化州市河西街道	3369	7	109679	87819	40459	28299	215
化州市东山街道	4340	6	65873	26786	31742	26576	164
化州市下郭街道	4300	9	37417	25300	18360	6472	210
化州市南盛街道	4436	6	29650	4135	14079	3381	115
化州市石湾街道	9620	10	32895	4798	20355	8510	86
化州市长岐镇	3700	13	47081	4287	13011	7662	135
化州市同庆镇	6020	17	46212	6950	23801	5834	166
化州市杨梅镇	9200	19	57394	2943	36953	14209	139
化州市良光镇	10800	17	50916	6379	29616	14170	68
化州市笪桥镇	8425	13	31726	6579	18968	8630	87
化州市丽岗镇	7800	11	35835	2396	22115	10457	81
化州市新安镇	15600	15	41135	4271	15337	5221	56
化州市官桥镇	11420	10	39756	5017	22643	7056	86

乡镇基本情况

计算单位：公顷、个、人

名　　称	行政区域面积	村民委员会	常住人口	城镇建成区总人口	从业人员	二三产业从业人员	工业企业单位
化州市林尘镇	12500	21	49897	4134	28628	9094	58
化州市合江镇	17625	23	58237	19345	20121	9997	185
化州市那务镇	17930	30	65248	9612	36391	10787	97
化州市播扬镇	12590	14	36379	3340	17248	5725	65
化州市宝圩镇	5280	10	17630	4101	10908	8186	93
化州市平定镇	21680	24	72232	7474	43459	12103	202
化州市文楼镇	15905	16	46000	8000	21978	6650	213
化州市江湖镇	5769	8	18856	3874	9310	4150	130
化州市中垌镇	23561	30	83255	12591	42698	13736	138
信宜市东镇街道办	20873	12	130200	122386	73694	50434	1337
信宜市镇隆镇	8050	20	50988	16015	26870	10620	393
信宜市水口镇	12380	20	48589	3206	30782	6762	15
信宜市丁堡镇	8149	12	39885	4936	16943	5878	29
信宜市池洞镇	14616	21	59652	10850	29630	14130	24
信宜市贵子镇	15865	16	38397	4770	21381	8281	132
信宜市怀乡镇	16154	24	45980	13945	30040	14050	85
信宜市茶山镇	10120	11	19602	5313	16562	6032	13
信宜市洪冠镇	14891	14	24180	2312	18653	8953	66
信宜市白石镇	17913	19	45230	5300	27501	10100	40
信宜市大成镇	12828	15	31873	3370	25514	13886	83
信宜市钱排镇	20491	15	52325	3873	26516	8729	41
信宜市合水镇	14118	16	41365	6843	22976	8976	128
信宜市新宝镇	18449	16	38692	5100	22502	5632	67
信宜市平塘镇	19058	21	50276	4776	19830	6230	48
信宜市思贺镇	18105	12	31892	4210	21464	12916	190
信宜市金垌镇	19571	23	63669	4258	26250	12250	160
信宜市朱砂镇	28203	32	73412	7620	25215	9825	835
信宜市北界镇	18244	33	65280	6335	26832	11362	556
鼎湖区永安镇	7800	18	32348	3433	22130	13620	45
鼎湖区沙浦镇	10580	13	15686	1557	14166	4966	8
鼎湖区凤凰镇	14350	9	8486	1100	7960	3060	19
鼎湖区莲花镇	6650	13	32141	4246	15560	10462	56
广宁县排沙镇	15418	12	28318	4618	16989	6274	140
广宁县潭布镇	13308	13	35905	5450	21393	10575	26
广宁县江屯镇	24537	18	43907	4307	29302	10650	28
广宁县螺岗镇	9751	5	14457	768	8819	4116	15
广宁县北市镇	23123	9	17235	4164	16288	8216	15
广宁县坑口镇	18100	12	32554	3289	19227	9675	66
广宁县赤坑镇	17941	9	23750	1911	13529	6058	156
广宁县南街镇	18843	18	116769	87689	30936	12706	292
广宁县宾亨镇	17133	13	51388	9205	29624	12773	57
广宁县五和镇	11632	6	22783	971	13456	6023	46
广宁县横山镇	13680	10	47176	6398	23921	10798	160
广宁县木格镇	12456	6	17125	1328	6409	1004	28
广宁县石咀镇	8366	5	16426	2064	8231	4523	7
广宁县古水镇	26371	14	44276	7542	29827	14800	175
广宁县洲仔镇	15120	6	13885	4685	10950	7211	43
怀集县怀城镇	33624	32	149735	106000	53974	14552	413
怀集县闸岗镇	8726	8	16825	1115	7884	2060	26
怀集县坳仔镇	22152	16	34666	2755	16251	4206	37

乡镇基本情况

计算单位:公顷、个、人

名　　称	行政区域面积	村民委员会	常住人口	城镇建成区总人口	从业人员	二三产业从业人员	工业企业单位
怀集县汶朗镇	8668	5	11778	1035	6809	1768	16
怀集县甘洒镇	12827	13	22941	1880	10996	2852	13
怀集县凤岗镇	27777	20	34844	2048	16430	4272	33
怀集县洽水镇	52582	21	27384	1331	17035	7985	146
怀集县梁村镇	8785	17	65153	6002	30530	7985	9
怀集县大岗镇	11748	20	63129	4120	30811	7999	27
怀集县岗坪镇	5527	13	30709	1712	15275	3929	14
怀集县冷坑镇	19322	32	99466	8792	46808	12108	38
怀集县马宁镇	5878	16	40220	2135	18986	4924	15
怀集县蓝钟镇	19849	8	17881	1590	8705	2265	50
怀集县永固镇	18826	12	38306	2395	18055	4677	12
怀集县诗洞镇	32950	19	56204	4880	26989	7011	13
怀集县桥头镇	21064	13	45528	4163	22089	5877	5
怀集县中洲镇	25185	16	39242	5700	18689	4828	47
怀集县连麦镇	12258	14	31554	1684	15381	3981	30
怀集县下帅壮族瑶族乡	7659	5	8204	1500	4019	1041	21
封开县江口镇	17700	10	48367	11163	10504	3049	64
封开县江川镇	11900	8	9820	1926	8427	2573	35
封开县白垢镇	14247	8	8941	1284	8874	3644	17
封开县大洲镇	16000	9	17251	1241	7760	3972	13
封开县渔涝镇	11800	10	18386	3403	7397	3334	54
封开县河儿口镇	37782	16	18471	2452	14427	6055	78
封开县连都镇	25240	12	25448	5120	15944	2603	37
封开县杏花镇	3000	12	31518	2699	14203	3863	30
封开县罗董镇	18000	10	21323	1940	12037	4507	42
封开县长岗镇	15300	14	20056	3015	14106	6934	160
封开县平凤镇	8875	12	17505	3611	13782	5669	15
封开县南丰镇	30600	31	73389	20275	46987	23120	208
封开县大玉口镇	13025	10	16008	3950	9738	1735	18
封开县都平镇	13005	8	11893	1580	4560	765	16
封开县金装镇	12541	12	36148	3670	22236	5023	25
封开县长安镇	13904	11	32076	7333	21683	8457	38
德庆县德城街道办事处	2460	4	52030		3881	304	603
德庆县新圩镇	11518	11	20990	3215	10875	775	23
德庆县回龙镇	15812	9	20037	2834	10491	768	17
德庆县官圩镇	23256	23	32198	4501	17021	1145	59
德庆县马圩镇	11065	11	20063	5673	10568	751	16
德庆县高良镇	29470	23	29755	5302	15841	985	9
德庆县莫村镇	26950	15	29415	3605	15363	1046	56
德庆县永丰镇	13241	11	20809	3926	11061	729	18
德庆县武垄镇	8747	11	16801	1653	9021	638	25
德庆县播植镇	8001	10	17476	4191	9385	648	15
德庆县凤村镇	13676	18	28640	5614	15395	1040	22
德庆县悦城镇	20623	15	32825	8205	15369	1119	56
德庆县九市镇	15461	14	27851	3897	14251	966	23
高要市南岸街道办事处	5968	5	79605	71742	37034	29667	131
高要市河台镇	14805	19	16832	1476	13976	5208	8
高要市乐城镇	9456	14	24562	1620	19743	5128	8
高要市水南镇	11069	14	8974	1226	6210	1669	5
高要市禄步镇	25138	25	79283	9764	41613	17634	49

乡镇基本情况

计算单位：公顷、个、人

名　　称	行政区域面积	村民委员会	常住人口	城镇建成区总人口	从业人员	二三产业从业人员	工业企业单位
高要市小湘镇	19975	18	35509	2816	21600	6890	38
高要市大湾镇	10163	14	39787	1626	25221	5260	30
高要市新桥镇	3484	10	39409	6790	23589	8740	46
高要市白诸镇	12748	21	45352	1763	26550	6609	47
高要市莲塘镇	11946	20	54526	2379	38233	10874	31
高要市活道镇	23106	33	43926	2298	30106	10251	36
高要市蛟塘镇	12990	20	32108	1569	21042	7724	62
高要市回龙镇	11387	14	25432	1191	17142	4381	39
高要市白土镇	10753	23	75204	10297	45030	13988	84
高要市金渡镇	13132		51338	3433	31509	9062	165
高要市金利镇	15238	19	90355	5948	51252	41497	214
高要市蚬岗镇	7203	10	32062	998	20773	6158	60
四会市城中街道	4914	6	87647	59311	36802	33810	47
四会市东城街道	8049	4	145411	98565	63262	57536	88
四会市贞山街道	12225	8	28799	10673	19615	13284	126
四会市龙甫镇	7986	7	17383	482	11402	6056	60
四会市地豆镇	9090	12	28841	1310	19398	10369	67
四会市威整镇	6402	8	16609	1023	11280	6265	20
四会市罗源镇	2622	5	9032	408	6012	2864	4
四会市迳口镇	9752	8	21106	990	14500	8330	39
四会市大沙镇	8635	13	33227	3717	22472	10707	135
四会市石狗镇	14247	10	26293	1221	17480	8220	40
四会市黄田镇	8745	6	10840	495	10427	3755	12
四会市江谷镇	13276	13	29104	2098	27581	14964	59
四会市下茆镇	10695	13	29054	1751	19815	16650	62
惠城区汝湖镇	15300	23	48844	12932	22574	13163	109
惠城区三栋镇	6797	10	27982	6931	15819	9538	112
惠城区潼湖镇	11261	11	43622	3655	28553	20567	84
惠城区沥林镇	4900	10	49702	21608	32017	27394	218
惠城区马安镇	7600	13	46391	14368	25472	17294	180
惠城区横沥镇	34283	40	74376	9089	42050	19501	20
惠城区芦洲镇	20487	19	22307	1915	14240	8420	5
惠城区潼侨镇	3098	3	34213	6856	22931	21891	280
惠阳区沙田镇	7384	8	26876	12263	17319	14001	123
惠阳区新圩镇	15352	11	92365	34253	65557	63351	324
惠阳区镇隆镇	14946	13	60893	15000	35691	30323	269
惠阳区永湖镇	11466	13	34886	3369	15897	12005	108
惠阳区良井镇	7202	17	29762	3452	19074	8102	28
惠阳区平潭镇	9970	17	38618	2979	17332	8017	57
博罗县石坝镇	18091	22	48249	9070	24786	12532	7
博罗县麻陂镇	8896	12	24213	4701	12179	6423	14
博罗县观音阁镇	14693	14	21807	3500	12330	6146	11
博罗县公庄镇	30985	20	69830	19940	32000	18680	153
博罗县杨村镇	12494	20	44886	7629	15347	7191	69
博罗县柏塘镇	25587	33	56285	9748	30609	19623	60
博罗县泰美镇	16092	20	40687	11648	24313	14029	76
博罗县罗阳镇	32984	29	206058	151142	98075	83678	425
博罗县湖镇镇	24934	35	56159	7900	36998	23218	195
博罗县长宁镇	6140	11	45231	6258	16919	14386	117
博罗县福田镇	9327	17	36810	6102	20303	12916	336

乡镇基本情况

计算单位:公顷、个、人

名　　称	行政区域面积	村民委员会	常住人口	城镇建成区总人口	从业人员	二三产业从业人员	工业企业单位
博罗县龙华镇	6197	10	28270	2815	11145	4985	98
博罗县龙溪镇	11594	20	96323	26741	71038	58488	318
博罗县园洲镇	11294	27	150273	14464	105859	96729	635
博罗县石湾镇	8296	12	126500	25770	73793	63361	1632
博罗县杨侨镇	6997		32275	6151	12426	6221	24
博罗县横河镇	22478	18	17835	2333	10987	4682	12
惠东县大岭镇	16023	12	95983	13068	53223	45918	2519
惠东县白花镇	20389	26	75102	9858	39398	27692	765
惠东县梁化镇	26310	21	50163	11230	30609	17746	210
惠东县稔山镇	19155	17	73680	23400	42475	28675	220
惠东县铁涌镇	11666	19	42500	6650	24837	15287	190
惠东县平海镇	13895	10	39558	12562	24125	16358	253
惠东县吉隆镇	12802	7	104031	54351	61030	56528	2378
惠东县黄埠镇	8424	11	85122	42745	50353	45038	1222
惠东县多祝镇	57529	40	82371	13105	51991	28904	63
惠东县安墩镇	47910	22	44398	3963	24974	11862	86
惠东县高潭镇	19621	13	7266	2240	4419	568	18
惠东县宝口镇	32925	12	6525	2232	4050	1764	66
惠东县白盆珠镇	39772	12	17423	2650	10799	2349	40
龙门县麻榨镇	24139	18	28671	6500	11536	3286	26
龙门县永汉镇	39203	22	49652	10107	22027	7424	39
龙门县平陵镇	13637	14	39757	7359	25090	9490	48
龙门县龙田镇	17426	15	25632	3329	14039	3064	17
龙门县龙潭镇	25754	14	25853	2203	10900	1976	22
龙门县地派镇	25638	11	15482	1638	9213	5392	14
龙门县龙华镇	37460	20	38286	1390	17989	2916	28
龙门县龙江镇	17150	16	21279	3989	14080	3780	18
龙门县蓝田瑶族乡	13220	7	9845	782	6138	2260	23
梅江区三角镇	3900	13	70330	6589	11844	9071	119
梅江区长沙镇	9476	6	8755	2078	6160	4977	44
梅江区城北镇	11940	20	56112	2890	15210	9204	147
梅江区西阳镇	27250	27	23133	4033	15948	12484	30
梅县新城办事处	388		77907	77907	11290	11290	11
梅县城东镇	7928	12	20238	2835	10170	4381	106
梅县石扇镇	9140	12	13705	1875	7828	3078	16
梅县梅西镇	9250	17	18682	945	12862	2079	8
梅县大坪镇	9260	12	8668	1600	5423	2692	6
梅县石坑镇	8720	17	15760	1172	8059	2990	6
梅县水车镇	12300	18	11047	4654	7237	2297	15
梅县梅南镇	14560	16	9324	3605	7665	2073	22
梅县丙村镇	17040	21	35312	10335	15288	6168	85
梅县白渡镇	18729	24	17368	3898	17010	5663	913
梅县松源镇	15000	22	22321	3884	15421	5750	18
梅县隆文镇	11340	14	18158	1392	10895	4882	28
梅县桃尧镇	11800	15	8521	2584	3903	966	15
梅县畲江镇	17500	23	39893	11450	20105	10044	45
梅县雁洋镇	18300	27	20749	5620	13726	10352	77
梅县松口镇	32840	41	40861	12544	22756	10658	96
梅县南口镇	26220	46	67913	3901	19271	4798	166
梅县程江镇	5800	14	84165	69063	44669	39606	223

乡镇基本情况

计算单位:公顷、个、人

名　　称	行政区域面积	村民委员会	常住人口	城镇建成区总人口	从业人员	二三产业从业人员	工业企业单位
梅县扶大镇	1950	4	13518	1867	5865	3534	64
大埔县湖寮镇	19860	19	96760	69921	51283	44485	76
大埔县青溪镇	16606	13	13558	430	7179	2202	12
大埔县三河镇	15023	12	16972	1401	8995	5700	34
大埔县银江镇	20982	13	12881	791	6299	1032	26
大埔县洲瑞镇	8398	9	11310	2796	5486	2291	27
大埔县光德镇	13107	10	19073	4441	10109	7647	55
大埔县桃源镇	7698	6	9756	2494	5164	3362	31
大埔县百侯镇	10439	14	17603	5998	9320	2787	13
大埔县大东镇	9929	13	13907	1367	7074	4510	17
大埔县大麻镇	23264	22	26767	4725	14311	7198	17
大埔县枫朗镇	17523	23	30790	1683	16262	6162	21
大埔县茶阳镇	28881	26	33616	14356	16866	6711	53
大埔县高陂镇	30891	35	50412	13520	25685	15400	97
大埔县西河镇	20998	27	24077	3165	13782	5118	31
丰顺县北斗镇	9029	8	8470	1451	4746	2320	14
丰顺县汤西镇	19626	12	35300	3910	23759	9319	92
丰顺县汤南镇	4632	8	32296	1977	14335	7488	43
丰顺县埔寨镇	9538	9	23006	9926	13598	7359	86
丰顺县建桥镇	9410	10	16875	6921	6958	3668	11
丰顺县龙岗镇	11188	11	11289	1435	8000	4726	53
丰顺县潘田镇	14604	13	20373	2946	14367	4569	265
丰顺县黄金镇	15842	24	22156	5600	11869	6436	110
丰顺县小胜镇	7569	11	7932	5158	5150	2129	325
丰顺县砂田镇	14625	16	12265	1429	7809	5599	56
丰顺县八乡山镇	19362	15	12714	1956	7327	3770	18
丰顺县丰良镇	24961	22	40816	19252	16320	9506	309
丰顺县潭江镇	21771	18	16170	5890	14325	2360	139
丰顺县汤坑镇	23323	32	145726	60202	36979	12809	580
丰顺县留隍镇	42823	36	61621	20936	42381	25270	90
丰顺县大龙华镇	22039	16	11100	4038	11030	6832	109
五华县转水镇	17567	21	37812	3950	27231	14628	25
五华县潭下镇	23005	20	31958	3478	20145	9837	25
五华县郭田镇	13660	12	21895	951	12502	5802	22
五华县双华镇	14444	16	17703	3528	14745	8723	48
五华县梅林镇	13585	18	25318	2657	20011	10946	14
五华县华阳镇	14889	13	31060	1754	21578	13884	7
五华县华城镇	22416	34	91030	39075	47220	26880	158
五华县周江镇	20129	22	28079	1768	21593	8085	18
五华县水寨镇	8342	23	134943	84370	33603	21040	318
五华县河东镇	23894	43	99731	8521	50655	38424	51
五华县岐岭镇	15486	25	51071	4300	28870	18749	113
五华县长布镇	30401	25	46519	3961	25633	13645	40
五华县横陂镇	24068	35	80251	5262	25262	4462	62
五华县安流镇	24706	42	103836	5443	53772	23602	25
五华县棉洋镇	24291	25	72020	3389	36329	16527	309
五华县龙村镇	32894	37	65830	3235	33506	14188	40
平远县石正镇	10100	17	27822	3441	13793	7408	65
平远县八尺镇	10850	11	12500	1033	5964	2180	17
平远县差干镇	9500	7	8246	672	3795	2555	31

乡镇基本情况

计算单位:公顷、个、人

名　　称	行政区域面积	村民委员会	常住人口	城镇建成区总人口	从业人员	二三产业从业人员	工业企业单位
平远县河头镇	9210	9	7595	713	5609	3822	13
平远县中行镇	6953	6	8832	1387	4030	2534	17
平远县上举镇	9860	6	4666	698	3233	1981	14
平远县泗水镇	13380	8	7521	1790	6096	1034	31
平远县长田镇	6870	7	8950	1950	4711	2505	15
平远县热柘镇	10480	8	10974	1546	6024	3742	3
平远县东石镇	16300	17	30992	2805	14458	4784	65
平远县仁居镇	18840	15	23564	2230	15433	3433	20
平远县大柘镇	15440	25	86188	42539	16510	9085	120
蕉岭县三圳镇	9680	9	11505	2698	7986	5544	78
蕉岭县文福镇	12270	8	15743	7843	13331	9333	25
蕉岭县广福镇	10713	10	14896	1550	8021	2575	165
蕉岭县新铺镇	18519	21	34296	832	22039	16095	34
蕉岭县蓝坊镇	12880	11	11854	2148	10856	2507	27
蕉岭县南礤镇	16190	16	12672	2418	11272	8450	273
蕉岭县蕉城镇	5760	11	71256	55607	57862	22350	735
蕉岭县长潭镇	9680	11	20215	2849	12210	3302	44
兴宁市兴田街道办事处	1320	6	152532	138527	5917	3087	51
兴宁市福兴街道办事处	3494	10	28763	1649	12275	9420	27
兴宁市宁新街道办事处	2900	12	99428	3322	23255	18015	48
兴宁市永和镇	10955	24	32617	4250	20766	14536	18
兴宁市新圩镇	11800	19	33526	2421	18819	14136	19
兴宁市罗浮镇	29600	25	42890	10992	23382	12543	52
兴宁市罗岗镇	15000	30	53777	5260	40126	30918	18
兴宁市黄槐镇	9510	12	29899	1761	12992	9325	14
兴宁市龙田镇	4640	16	34384	3401	18966	9504	33
兴宁市石马镇	10778	26	28606	2377	18709	10750	14
兴宁市宁中镇	4145	23	30333	3750	14392	11775	23
兴宁市径南镇	14200	24	26440	1275	15558	11318	18
兴宁市坭陂镇	8732	31	62283	14213	35449	26334	36
兴宁市水口镇	22885	38	62330	4210	34077	29844	50
兴宁市黄陂镇	12752	28	51798	5822	30287	21666	22
兴宁市合水镇	10198	18	30551	2605	12928	8608	32
兴宁市大坪镇	18709	37	60349	4388	28577	16261	13
兴宁市叶塘镇	16614	41	59600	6326	38858	22326	38
兴宁市新陂镇	4308	13	27392	3632	18589	13197	40
兴宁市刁坊镇	5383	22	31085	1578	14074	9201	17
城区红草镇	6973	14	42388	6930	22165	10160	177
城区东涌镇	10358	15	65027	11530	27115	15555	49
城区捷胜镇	4948	14	33300	16130	20466	12200	231
海丰县梅陇镇	15254	31	108000	53265	60229	32883	589
海丰县小漠镇	3445	6	8023	3762	6885	4589	30
海丰县鲘门镇	3298	7	18473	5893	8838	5891	38
海丰县联安镇	5208	16	37202	7282	22358	11297	60
海丰县陶河镇	6413	17	25106	4218	16319	8746	81
海丰县赤坑镇	11700	20	44806	13979	32269	17362	7
海丰县大湖镇	2793	5	6812	1559	6234	4155	
海丰县可塘镇	7455	21	60000	22320	26707	14758	871
海丰县黄羌镇	13800	18	21505	4215	16534	11020	5
海丰县平东镇	12558	9	19286	4520	14945	9961	16

乡镇基本情况

计算单位:公顷、个、人

名　　称	行政区域面积	村民委员会	常住人口	城镇建成区总人口	从业人员	二三产业从业人员	工业企业单位
海丰县海城镇	20600	9	171343	150925	80421	73403	230
海丰县鹅埠镇	10000	10	16270	4600	8115	5409	1132
海丰县赤石镇	29300	11	18152	3901	10418	6944	97
海丰县公平镇	15414	23	64714	58242	36251	30899	79
海丰县附城镇	4813	14	92457	18493	26216	14179	425
海丰县城东镇	7856	16	91540	18251	28560	16825	498
陆河县河田镇	8354	16	84366	44863	21407	12512	107
陆河县水唇镇	12162	15	46518	3152	12360	12360	138
陆河县河口镇	15999	18	60100	21115	23113	10512	8
陆河县新田镇	17453	13	37954	7500	24800	8000	24
陆河县上护镇	11113	13	22900	3995	14747	6561	17
陆河县螺溪镇	14453	15	32000	4500	18410	7210	23
陆河县东坑镇	7945	13	18632	1804	12131	4446	17
陆河县南万镇	11119	14	2952	1018	1765	832	17
陆丰市东海街道	5600	14	175480	9259	85911	60520	61
陆丰市河西街道	5400	12	43564	3890	16924	9866	197
陆丰市城东街道	6360	10	58923	18000	17360	10837	2
陆丰市甲子镇	1472	1	112035	12926	30891	19612	4182
陆丰市碣石镇	10843	37	194523	132272	91665	62293	257
陆丰市湖东镇	5959	18	65766	28899	31847	12167	168
陆丰市大安镇	9350	16	49380	8120	24882	11504	3
陆丰市博美镇	5859	11	56805	18360	23015	10737	139
陆丰市内湖镇	4200	9	28491	6330	16244	2655	42
陆丰市南塘镇	14151	24	114663	28000	55171	23899	50
陆丰市陂洋镇	15900	13	37550	13792	20075	4380	42
陆丰市八万镇	11879	11	23275	2604	7527	3438	25
陆丰市金厢镇	5706	12	40735	2200	33000	8000	15
陆丰市潭西镇	7348	13	52145	13680	32865	9991	11
陆丰市甲东镇	7500	15	78744	5513	28736	5751	14
陆丰市河东镇	5938	9	31320	9022	16140	15415	44
陆丰市上英镇	5060	14	25300	4210	9708	2002	12
陆丰市桥冲镇	6600	10	62368	12000	37047	6291	12
陆丰市甲西镇	10700	22	144284	8562	38031	11820	72
陆丰市西南镇	8355	11	21988	3490	15800	7538	9
源城区源南镇	11860	7	25999	4259	10546	8881	49
源城区埔前镇	16200	16	89821	5798	37012	29956	78
紫金县紫城镇	38096	31	177098	102123	96299	80627	60
紫金县龙窝镇	31600	33	83313	8602	46389	9535	25
紫金县九和镇	26763	13	31239	4462	11427	2436	11
紫金县上义镇	17891	7	25410	2850	10906	1013	11
紫金县蓝塘镇	30190	26	80993	25136	50805	26950	16
紫金县凤安镇	12368	11	27022	1770	9482	3017	5
紫金县义容镇	35622	25	58447	4980	23657	11807	27
紫金县古竹镇	23644	18	59043	21960	25396	13625	38
紫金县临江镇	17057	10	34721	3952	23091	13906	59
紫金县柏埔镇	13498	14	35335	3292	18407	3510	5
紫金县黄塘镇	22631	12	45602	2522	15364	2124	14
紫金县敬梓镇	10910	13	31997	889	17729	1192	12
紫金县水墩镇	11484	10	28115	796	7977	677	12
紫金县南岭镇	9786	6	20651	1048	7205	705	11

乡镇基本情况

计算单位:公顷、个、人

名　　称	行政区域面积	村民委员会	常住人口	城镇建成区总人口	从业人员	二三产业从业人员	工业企业单位
紫金县苏区镇	13110	8	23840	830	8958	2298	3
紫金县瓦溪镇	21942	16	35971	2550	13179	1267	2
紫金县好义镇	9288	8	16095	1458	7290	777	1
紫金县中坝镇	17633	13	45658	2328	23029	12747	10
龙川县老隆镇	10602	14	174421	124798	51301	46450	58
龙川县义都镇	10105	9	26280	1873	5316	1787	8
龙川县佗城镇	16513	17	44000	4415	17146	6098	84
龙川县鹤市镇	5022	9	32618	4635	7642	2640	10
龙川县黄布镇	6791	6	31885	1388	4055	1180	8
龙川县紫市镇	10974	9	33811	2526	8176	1141	16
龙川县通衢镇	10512	17	39652	3625	6856	1896	6
龙川县登云镇	6889	7	23045	1336	5560	2046	16
龙川县丰稔镇	13372	15	18250	1875	12974	2743	8
龙川县四都镇	7751	8	12070	886	4317	752	1
龙川县铁场镇	19666	30	73680	8775	22238	3782	3
龙川县龙母镇	14904	17	39140	2529	12544	1664	13
龙川县田心镇	8840	16	41629	2100	18355	6100	
龙川县黎咀镇	12841	18	32942	1623	16136	6528	10
龙川县黄石镇	10954	10	18652	869	5359	498	3
龙川县赤光镇	14173	16	32120	6770	18692	9246	12
龙川县回龙镇	8376	14	22419	2287	14675	6619	4
龙川县新田镇	6837	6	17645	603	7558	3980	7
龙川县车田镇	29110	23	57400	4600	36885	14300	10
龙川县岩镇镇	12164	6	20778	3468	9572	4668	6
龙川县麻布岗镇	18147	15	42377	15230	20778	8566	6
龙川县贝岭镇	10435	8	9875	753	8865	4332	9
龙川县细坳镇	15160	12	22980	930	9153	5128	15
龙川县上坪镇	20815	13	21430	1609	14616	6958	11
连平县元善镇	28533	15	82330	45532	46932	17994	23
连平县上坪镇	30093	15	24698	18988	14463	4384	10
连平县内莞镇	23081	11	12832	1973	8419	1016	16
连平县陂头镇	36432	16	22865	2750	20300	6260	23
连平县溪山镇	11099	9	12823	249	8879	3703	22
连平县隆街镇	24064	20	32147	3450	21343	7684	35
连平县田源镇	12978	7	8876	806	6434	3093	17
连平县油溪镇	28356	18	28120	7828	11288	5314	29
连平县忠信镇	8767	12	62170	32469	29520	18069	29
连平县高莞镇	6767	10	16160	836	12809	3164	5
连平县大湖镇	6423	8	16451	3387	8541	2311	4
连平县三角镇	4708	9	14171	381	6360	2900	11
连平县绣缎镇	6206	9	13157	2983	10929	5077	3
和平县阳明镇	18838	22	77941	49371	32391	19486	772
和平县大坝镇	17537	15	27745	1603	14814	4444	179
和平县长塘镇	16918	12	16465	1452	9166	2112	30
和平县下车镇	13499	11	18253	1792	6700	1635	27
和平县上陵镇	14465	17	22467	1166	9114	2068	7
和平县优胜镇	11731	8	9376	1508	3369	1561	8
和平县贝墩镇	13235	15	17526	3482	9779	2727	17
和平县古寨镇	6428	7	10479	998	4942	2040	8
和平县彭寨镇	20744	27	50850	7636	22676	8816	27

乡镇基本情况

计算单位:公顷、个、人

名称	行政区域面积	村民委员会	常住人口	城镇建成区总人口	从业人员	二三产业从业人员	工业企业单位
和平县合水镇	12430	12	20674	1533	8448	3110	10
和平县公白镇	6377	7	9648	506	4480	1460	6
和平县青州镇	10109	10	13284	856	5386	1636	48
和平县浰源镇	13211	8	14451	1600	6617	1517	9
和平县热水镇	14713	7	13188	1700	4573	1330	9
和平县东水镇	15621	19	27631	2163	12392	2524	14
和平县礼士镇	7015	8	15344	628	6805	2298	44
和平县林寨镇	9284	11	19116	1972	7930	2863	19
东源县仙塘镇	16262	13	58361	18830	27095	22845	123
东源县灯塔镇	20500	13	34022	13670	12592	9338	47
东源县骆湖镇	9756	9	20655	1102	14426	4344	16
东源县船塘镇	20843	21	52322	7540	45380	15622	35
东源县顺天镇	11603	11	14323	1418	9848	5640	13
东源县上莞镇	9748	13	18950	2495	18368	3305	15
东源县曾田镇	14910	9	9030	1300	8900	3568	6
东源县柳城镇	10600	9	18000	2522	10993	7116	50
东源县义合镇	17677	9	10375	2586	9712	7082	15
东源县蓝口镇	19600	22	25000	5413	20233	10452	26
东源县黄田镇	24525	17	18350	2453	2012	980	5
东源县叶潭镇	16951	13	25272	3138	20692	12249	16
东源县黄村镇	22000	16	55667	6328	25357	18271	16
东源县康禾镇	23092	11	20392	1132	11338	10486	19
东源县锡场镇	42000	11	6852	1324	6850	1035	10
东源县新港镇	16375	9	20410	5663	7588	6281	5
东源县双江镇	14550	11	8276	880	5610	1610	1
东源县涧头镇	17410	12	16785	16785	9825	1112	20
东源县新回龙镇	38600	10	2058	899	1898	145	9
东源县半江镇	24334	9	3113	533	532	318	2
东源县漳溪乡	6825	10	12890	1732	9510	4680	5
江城区埠场镇	7500	9	33196	4492	23817	3385	80
江城区平冈镇	11980	22	88447	88447	45636	23591	68
江城区闸坡镇	10800	19	77831	14980	60080	35781	32
江城区双捷镇	8241	10	27845	2773	12808	2810	28
阳西县织篢镇	31600	27	123906	62833	46377	30335	196
阳西县程村镇	17800	21	55584	5703	26113	10161	35
阳西县塘口镇	20100	15	37013	4730	20566	9212	139
阳西县上洋镇	17160	18	63198	5438	27053	16295	44
阳西县溪头镇	21100	24	74933	13725	37542	22737	18
阳西县沙扒镇	3220	8	32083	16405	13767	6837	10
阳西县儒洞镇	16100	12	44405	22124	15721	4941	48
阳西县新圩镇	18100	13	26913	4250	15832	4360	22
阳东县东城镇	4066	8	68106	21449	42718	41118	1191
阳东县北惯镇	12512	13	41433	14760	23361	15587	377
阳东县那龙镇	19698	17	21873	4856	16804	10192	21
阳东县东平镇	12895	19	52998	28986	27927	18205	65
阳东县雅韶镇	6843	7	26113	2670	15640	10000	66
阳东县大沟镇	11370	15	34948	3274	24861	14681	13
阳东县新洲镇	25508	16	43698	12655	30252	18181	46
阳东县合山镇	10493	13	44467	38600	22108	13903	144
阳东县塘坪镇	20184	16	39966	2718	24014	14409	128

乡镇基本情况

计算单位:公顷、个、人

名　　称	行政区域面积	村民委员会	常住人口	城镇建成区总人口	从业人员	二三产业从业人员	工业企业单位
阳东县大八镇	35656	21	33576	13800	28025	18442	288
阳东县红丰镇	10954	14	41667	17086	24460	15704	209
阳春市春城街道办事处	31980	25	248055	201998	57506	40852	337
阳春市河朗镇	20000	14	32502	1721	23446	6521	35
阳春市松柏镇	17400	17	50570	4890	35076	5391	42
阳春市石望镇	11000	10	39873	1502	22193	10589	12
阳春市春湾镇	34200	25	102705	11584	29176	7880	60
阳春市合水镇	24000	18	46914	13658	26535	13575	64
阳春市陂面镇	12300	17	47474	4371	28761	11398	30
阳春市圭岗镇	39800	22	34782	4729	10269	4120	32
阳春市永宁镇	35700	24	32009	2550	19668	14064	67
阳春市马水镇	14000	15	35846	8925	15895	6272	56
阳春市岗美镇	20900	19	47130	12152	28421	17600	23
阳春市河口镇	21000	14	32137	2991	11253	5016	25
阳春市潭水镇	22800	22	57651	10317	43816	7478	30
阳春市三甲镇	30300	24	51586	11745	13058	6327	54
阳春市双窖镇	27900	23	38938	4775	29554	12052	23
阳春市八甲镇	28000	20	50004	5905	27514	12014	45
清城区源潭镇	23111	16	97250	37542	48943	35893	146
清城区龙塘镇	13906	6	86987	12369	61040	33597	685
清城区石角镇	17797	15	96558	9557	49070	33215	310
清城区飞来峡镇	35902	18	85261	12411	47616	25420	42
清新区太和镇	8600	11	191772	154763	105644	93702	509
清新区太平镇	19907	22	65967	10738	47508	32299	136
清新区山塘镇	8456	14	59093	2842	28856	9889	325
清新区三坑镇	10800	14	51025	8418	31538	11696	19
清新区龙颈镇	58300	36	92192	2803	50138	21378	114
清新区禾云镇	43362	32	68920	5610	58080	27908	240
清新区浸潭镇	46400	30	61587	12320	51740	28703	55
清新区石潭镇	29930	20	64818	10160	38433	12943	35
佛冈县石角镇	37439	17	141626	70908	33995	17900	20
佛冈县水头镇	14621	10	21514	1898	13605	2990	15
佛冈县汤塘镇	22936	19	73315	3527	29191	17067	34
佛冈县龙山镇	16047	14	42365	3325	25686	13610	72
佛冈县高岗镇	19969	8	18478	806	17576	2168	5
佛冈县迳头镇	18504	10	30012	5002	18387	11149	8
阳山县青莲镇	21298	12	23915	5745	19743	11275	1
阳山县江英镇	30305	15	29898	10003	21819	11288	1
阳山县杜步镇	15773	8	16251	6226	14357	8227	7
阳山县七拱镇	31323	17	37071	11006	25178	5559	57
阳山县太平镇	25997	12	23296	11550	21053	4199	23
阳山县杨梅镇	17689	6	3520	1327	3220	410	12
阳山县大莨镇	9601	8	9993	3875	3940	1017	9
阳山县小江镇	22692	13	19114	8608	11441	5481	16
阳山县岭背镇	22976	12	20107	10615	13434	671	16
阳山县黄坌镇	15662	7	10299	3882	7447	911	52
阳山县黎埠镇	26917	18	47410	14286	18347	2334	65
阳山县阳城镇	29974	21	111124	65672	36699	26940	68
阳山县秤架瑶族乡	56673	10	15721	3218	10207	583	70
连山壮族瑶族自治县永和镇	19726	8	23083	2707	12784	4173	37

乡镇基本情况

计算单位:公顷、个、人

名　　称	行政区域面积	村民委员会	常住人口	城镇建成区总人口	从业人员	二三产业从业人员	工业企业单位
连山壮族瑶族自治县吉田镇	17340	8	29412	15200	7373	3710	5
连山壮族瑶族自治县太保镇	14787	7	11311	2780	6438	2190	46
连山壮族瑶族自治县禾洞镇	12767	4	7372	749	3269	235	35
连山壮族瑶族自治县福堂镇	18937	8	18632	2804	9426	5376	28
连山壮族瑶族自治县小三江镇	28074	9	14658	4230	8138	3703	73
连山壮族瑶族自治县上帅镇	10214	4	4280	478	2635	374	5
连南瑶族自治县三江镇	21887	10	37296	17501	13639	5511	127
连南瑶族自治县大麦山镇	14348	9	16542	3592	9773	1881	35
连南瑶族自治县寨岗镇	33041	23	43992	15664	23260	14158	99
连南瑶族自治县三排镇	14957	10	20813	2910	13938	4921	5
连南瑶族自治县涡水镇	13198	6	6371	1580	4396	1003	28
连南瑶族自治县大坪镇	9894	5	10955	2743	7375	3519	11
连南瑶族自治县香坪镇	16766	6	10936	2405	6410	915	19
英德市英城街道办事处	16502	6	132231	128578	38513	27909	32
英德市沙口镇	32227	13	46872	10568	20621	8977	30
英德市望埠镇	20730	13	54857	12744	22394	15336	16
英德市横石水镇	11847	6	31884	1591	14668	1971	8
英德市桥头镇	14555	10	35230	2642	14315	4067	15
英德市青塘镇	12151	7	32944	4055	16930	3636	10
英德市白沙镇	16280	10	35867	2235	11734	2449	14
英德市大站镇	24597	11	42403	9408	24738	11352	14
英德市西牛镇	24522	12	50186	9908	22108	1470	13
英德市九龙镇	23561	16	33932	7673	29606	5255	7
英德市含光镇	23594	14	68901	23271	36117	21325	21
英德市大湾镇	38195	15	85456	16774	46891	15389	28
英德市石灰铺镇	22695	14	39012	5405	20115	8774	3
英德市石牯塘镇	33255	12	37859	2055	16202	2170	9
英德市下太镇	17409	5	11306	2933	5148	912	12
英德市波罗镇	17295	9	15300	587	5685	330	5
英德市横石塘镇	20183	9	22762	3122	13921	2970	3
英德市大洞镇	18479	7	15307	938	7831	1003	2
英德市连江口镇	38040	9	35887	13590	18709	15018	11
英德市黎溪镇	28499	11	34739	14533	12514	2970	25
英德市水边镇	10514	6	20383	5042	11408	490	7
英德市英红镇	21875	6	34357	3618	15956	4156	54
英德市东华镇	55869	24	89867	2613	53149	16635	52
英德市黄花镇	20547	11	49692	10262	18816	8649	
连州市连州镇	17570	19	157873	72917	38540	22849	94
连州市星子镇	47890	20	39274	18372	28720	9465	37
连州市大路边镇	23070	20	28036	6283	26348	10113	26
连州市龙坪镇	36170	16	23496	4368	12955	3935	43
连州市西岸镇	21830	14	27445	6800	25938	6296	24
连州市保安镇	18840	16	22900	6282	16336	4413	22
连州市丰阳镇	17770	11	17421	1638	9895	1636	34
连州市东陂镇	11590	9	18874	4691	10551	4447	17
连州市九陂镇	17000	13	19043	2351	13083	4903	19
连州市西江镇	19260	11	11989	3860	9633	4993	29
连州市瑶安瑶族乡	22040	10	7894	1990	6157	3270	37
连州市三水瑶族乡	13720	4	2996	170	2229	536	17
东莞市石碣镇	3621	14	248200	248200	193646	191690	2278

乡镇基本情况

计算单位:公顷、个、人

名　称	行政区域面积	村民委员会	常住人口	城镇建成区总人口	从业人员	二三产业从业人员	工业企业单位
东莞市石龙镇	1383	7	143400	143400	72508	72247	229
东莞市茶山镇	4554	16	157420	104920	123625	122460	736
东莞市石排镇	4870	18	162500	162500	122030	112329	1251
东莞市企石镇	5829	19	122900	122900	95862	83572	8035
东莞市横沥镇	4478	16	207000	207000	167000	165147	1365
东莞市桥头镇	5600	11	168300	64386	137196	130446	855
东莞市谢岗镇	9104	11	100390	100390	51857	49955	822
东莞市东坑镇	2380	14	139800	139800	110285	108775	461
东莞市常平镇	10300	31	389512	389512	348858	348671	5821
东莞市寮步镇	7138	20	422900	422900	192419	191170	2911
东莞市樟木头镇	11878		134600	134600	69501	68806	1438
东莞市大朗镇	11800	16	314600	314600	173030	171132	3327
东莞市黄江镇	9800		234109	234109	208075	191752	1357
东莞市清溪镇	14000	20	315300	315300	271158	269410	1977
东莞市塘厦镇	12800		487000	487000	486999	478094	2529
东莞市凤岗镇	8250	11	320302	320302	205932	204906	3568
东莞市大岭山镇	9553	21	282121	282015	211347	210776	2301
东莞市长安镇	9800		669213	669106	580198	575496	2296
东莞市虎门镇	17850		644201	644201	563485	558514	10112
东莞市厚街镇	12615		442515	442278	351227	348592	2765
东莞市沙田镇	11775	16	180100	180100	117065	105359	2511
东莞市道滘镇	6300	13	143800	122230	109454	96217	1025
东莞市洪梅镇	3320	9	59145	59145	35256	32639	158
东莞市麻涌镇	9111	13	119900	119900	87246	75566	337
东莞市望牛墩镇	3157	21	86200	86200	53654	49871	432
东莞市中堂镇	6000	15	141200	141200	88160	84008	1777
东莞市高埗镇	3402	18	218100	218100	194540	169540	470
中山市小榄镇	7540		308729	308729	240092	236466	10790
中山市黄圃镇	8800	12	147012	119256	107405	100617	1156
中山市民众镇	12187	16	109708	46250	68143	54994	688
中山市东凤镇	5624	9	125706	46207	82322	78617	3844
中山市东升镇	7582	6	119155	96886	84278	76448	3757
中山市古镇镇	4780	12	150033	73422	100498	95654	9465
中山市沙溪镇	5500	15	121739	16424	83999	80241	2771
中山市坦洲镇	13000	7	222316	96703	112030	101312	799
中山市港口镇	7127	2	116621	74960	75065	68340	410
中山市三角镇	7013	7	122624	6698	85414	79333	460
中山市横栏镇	7628	10	105436	3766	88518	79237	2285
中山市南头镇	2575		132596	132596	69871	69603	1461
中山市阜沙镇	3710	8	58246	11529	37987	32297	401
中山市南朗镇	21886	13	108677	50310	72025	68723	421
中山市三乡镇	9361	12	202588	33901	153190	150348	138
中山市板芙镇	7970	10	83583	12492	64902	64709	511
中山市大涌镇	4066	2	74534	54785	54161	51888	630
中山市神湾镇	6093	5	31516	7673	23915	20955	253
湘桥区意溪镇	7200	24	47488	38824	21693	14957	416
湘桥区磷溪镇	6900	31	84879	22012	40245	23356	93
湘桥区铁铺镇	6680	23	26685	12650	20736	15977	34
湘桥区官塘镇	2800	15	32979	18566	14188	1706	29
潮安区古巷镇	6112	18	90498	14075	41246	36962	756

乡镇基本情况

计算单位:公顷、个、人

名　　称	行政区域面积	村民委员会	常住人口	城镇建成区总人口	从业人员	二三产业从业人员	工业企业单位
潮安区登塘镇	15732	27	38916	8286	22198	15644	249
潮安区凤塘镇	3858	30	95419	13881	35385	25559	850
潮安区浮洋镇	3884	35	102525	11944	46067	32118	2330
潮安区龙湖镇	2082	15	61883	13589	26858	20680	270
潮安区金石镇	2246	21	72385	3906	21026	8600	196
潮安区沙溪镇	3487	17	60385	13180	19799	9554	1615
潮安区彩塘镇	4387	32	113024	31210	54964	43095	1624
潮安区东凤镇	3423	34	95465	49300	38285	27177	1264
潮安区庵埠镇	3041	31	157427	157427	60798	46680	982
潮安区江东镇	3805	29	71108	21958	35594	28580	160
潮安区归湖镇	12817	32	22034	3246	18536	8095	60
潮安区文祠镇	7146	22	14532	996	9797	5408	21
潮安区凤凰镇	22706	27	38035	11958	19480	2630	45
潮安区赤凤镇	8857	17	5599	2800	3535	2100	10
潮安区枫溪镇	2447	26	147881	147881	63538	62471	742
饶平县黄冈镇	8860	24	186456	186456	74120	61215	900
饶平县上饶镇	9946	22	61272	21562	22270	14584	120
饶平县饶洋镇	8470	25	48404	8202	24706	11901	110
饶平县新丰镇	11738	14	66074	20000	20799	13020	146
饶平县建饶镇	7245	15	13300	1726	9840	881	31
饶平县三饶镇	8425	15	51433	26607	25879	18967	162
饶平县新塘镇	7995	14	15043	5500	8528	4558	13
饶平县汤溪镇	8083	13	7238	1978	6035	3617	15
饶平县浮滨镇	15902	32	27035	2122	11169	2448	54
饶平县浮山镇	6972	18	26624	14560	16730	6903	83
饶平县东山镇	7446	10	15705	2037	12192	5600	34
饶平县新圩镇	9328	30	33895	15104	20721	9232	153
饶平县樟溪镇	10817	20	13452	2862	10509	2832	18
饶平县钱东镇	12266	25	90706	45443	59236	29177	613
饶平县高堂镇	2542	12	18027	3508	5277	2156	132
饶平县联饶镇	8210	24	28961	2350	12742	6601	14
饶平县所城镇	5200	11	33652	8657	20595	6200	6
饶平县大埕镇	3195	7	24065	18000	11056	1923	15
饶平县柘林镇	1198	4	12593	11593	9796	5664	80
饶平县汫洲镇	4260	5	54307	44000	17267	13034	183
饶平县海山镇	5117	12	66041	19507	56090	22471	330
榕城区渔湖镇	4422	36	115973	15225	73768	42821	325
榕城区炮台镇	5400	11	130298	49528	77979	45810	2648
榕城区地都镇	10100	23	104856	3053	52556	26278	1348
榕城区登岗镇	3500	13	79493	10864	30230	30230	967
揭东区云路镇	6720	20	78343	24963	34983	21492	692
揭东区玉窖镇	3800	10	48407	2031	27411	19189	58
揭东区锡场镇	4875	11	110444	43092	53685	37584	742
揭东区新亨镇	9660	13	109689	6810	43056	22867	735
揭东区玉湖镇	13500	20	82576	4623	61636	35085	404
揭东区埔田镇	8130	20	56173	7950	29510	20959	249
揭东区霖磐镇	2807	11	80870	3472	30773	14940	589
揭东区月城镇	1800	14	56260	6238	18892	8162	804
揭东区白塔镇	6300	18	105424	32191	39885	20522	68
揭东区龙尾镇	4800	9	23181	3466	14369	2857	221

乡镇基本情况

计算单位:公顷、个、人

名　　称	行政区域面积	村民委员会	常住人口	城镇建成区总人口	从业人员	二三产业从业人员	工业企业单位
揭东区桂岭镇	3125	16	41320	2897	28154	10304	36
揭西县龙潭镇	7783	15	33372	6865	12049	9037	90
揭西县南山镇	13625	18	31621	7796	14850	10618	255
揭西县五经富镇	18820	26	53207	9009	31987	24168	117
揭西县京溪园镇	7438	13	42150	6826	29935	22617	189
揭西县灰寨镇	5280	16	36261	5469	28249	21187	210
揭西县塔头镇	2913	14	52038	9904	20672	15352	128
揭西县东园镇	2773	10	32882	6244	18220	13847	6
揭西县凤江镇	3368	15	71580	8705	38942	29492	389
揭西县棉湖镇	3103	14	89352	55618	48360	36754	628
揭西县金和镇	5133	13	53062	14479	29339	22004	55
揭西县大溪镇	3550	16	19430	4079	8943	6735	19
揭西县钱坑镇	4775	13	29732	5414	16672	12626	75
揭西县坪上镇	9140	19	35421	6054	22530	17188	24
揭西县五云镇	14795	20	45896	7443	26317	19896	20
揭西县上砂镇	12288	22	42417	6243	40217	30277	122
揭西县良田乡	12343	10	21306		7743	5885	
惠来县惠城镇	17300	19	152621	134348	67414	30430	723
惠来县华湖镇	6100	17	71432	18801	26232	18420	201
惠来县仙庵镇	8356	20	96796	34604	55737	22295	73
惠来县靖海镇	4900	21	59278	25178	24854	16472	99
惠来县周田镇	7430	17	84700	16532	34530	14730	53
惠来县前詹镇	6100	20	40363	12890	32656	14332	146
惠来县神泉镇	5900	19	67368	31185	26099	10205	246
惠来县东陇镇	5400	12	78968	18673	32733	23613	20
惠来县岐石镇	5000	10	75421	14760	21349	13753	35
惠来县隆江镇	13216	35	102350	44549	62296	29027	522
惠来县溪西镇	6130	20	83260	16972	18075	9549	220
惠来县鳌江镇	6100	16	58233	11032	19161	9508	14
惠来县东港镇	5200	15	29163	8687	22551	6044	56
惠来县葵潭镇	15600	23	103098	58507	35961	22381	153
普宁市流沙东街道	2694	14	116277	116277	36148	29356	285
普宁市流沙南街道	1600	11	66183	66183	14943	11252	35
普宁市流沙西街道	1046	4	115000	115000	14046	9800	34
普宁市流沙北街道	1041	6	97750	59700	38260	28170	185
普宁市池尾街道	4091	19	98720	98720	22221	13889	286
普宁市燎原街道	3008	10	68959	21243	27295	16749	141
普宁市大南山街道	9200	18	25000	25000	14630	12130	260
普宁市赤岗镇	2400	15	44388	13570	27590	19475	108
普宁市大坝镇	5900	26	95300	25400	40020	13020	105
普宁市洪阳镇	6600	32	139910	68500	63045	44505	231
普宁市南溪镇	5000	40	82046	10025	23737	6079	6
普宁市广太镇	3730	21	51458	2191	35662	15400	16
普宁市麒麟镇	5600	19	81236	8449	51400	36250	95
普宁市南径镇	5289	20	126640	27080	45912	24956	280
普宁市占陇镇	5200	37	173600	8967	71810	51360	489
普宁市军埠镇	2720	15	107856	5972	38561	26967	175
普宁市下架山镇	8200	32	103222	15672	43920	27185	178
普宁市高埔镇	10500	16	69322	12416	27361	17462	85
普宁市云落镇	10300	18	62635	16209	15440	12514	33

乡镇基本情况

计算单位:公顷、个、人

名　　称	行政区域面积	村民委员会	常住人口	城镇建成区总人口	从业人员	二三产业从业人员	工业企业单位
普宁市大坪镇	7600	12	32473	5726	9814	5506	20
普宁市船埔镇	13300	28	35378	4220	14490	5200	96
普宁市梅林镇	14700	36	51117	16008	13277	10625	26
普宁市里湖镇	8490	23	88158	37500	39673	26357	50
普宁市梅塘镇	7600	23	110119	16560	42650	28083	204
普宁市后溪乡	8100	6	12258		6830	5620	12
云城区腰古镇	8300	12	30644	2835	10909	5083	53
云城区思劳镇	24910	14	19281	1080	13673	3553	177
云城区都杨镇	10450	20	53576	3992	23201	8712	630
新兴县新城镇	11700	15	124891	94049	49716	42033	223
新兴县车岗镇	8820	18	29852	2780	16560	5560	30
新兴县水台镇	7440	9	16128	2782	12842	5927	16
新兴县稔村镇	11250	15	38255	6605	18494	12341	23
新兴县东成镇	12000	15	33153	2820	20200	16000	85
新兴县太平镇	15800	17	62224	4601	33887	20633	48
新兴县里洞镇	12800	7	19942	3406	12450	4312	11
新兴县六祖镇	18690	29	57862	11300	34626	19363	25
新兴县大江镇	8901	4	8021	1608	4572	1467	10
新兴县天堂镇	13390	17	65903	10626	38953	9013	39
新兴县河头镇	16370	7	22045	5045	15627	2210	15
新兴县簕竹镇	10180	8	16061	4011	11820	3224	35
郁南县都城镇	9260	11	84596	78030	51526	35360	825
郁南县平台镇	13200	13	27352	2738	18120	2680	95
郁南县桂圩镇	16690	20	27805	3269	15849	2148	18
郁南县通门镇	15870	11	18640	2083	10116	2688	36
郁南县建城镇	22260	20	32390	3380	25212	15392	15
郁南县宝珠镇	9600	5	14718	1003	5648	3626	21
郁南县大方镇	6470	6	9117	826	8487	4648	18
郁南县千官镇	19100	19	36488	10230	24024	10895	105
郁南县大湾镇	4590	7	16472	2322	12412	5666	12
郁南县河口镇	7655	11	33120	3287	14900	6030	40
郁南县宋桂镇	8180	7	16451	1632	11499	5218	14
郁南县东坝镇	10690	11	42194	2385	10374	4346	33
郁南县连滩镇	9800	10	59521	9184	37285	21105	711
郁南县历洞镇	13130	12	14760	2354	6780	2170	13
郁南县南江口镇	20070	14	29100	7500	10718	10718	365
云安县六都镇	20400	13	47339	29041	30092	10404	239
云安县高村镇	20400	14	26109	1626	20827	5195	393
云安县白石镇	7400	9	28110	1319	20819	5167	34
云安县镇安镇	11004	13	43095	1841	31577	10182	64
云安县富林镇	16470	15	56481	11025	38324	26268	1
云安县南盛镇	14200	15	25064	5458	14977	2539	3
云安县前锋镇	13370	11	27097	6023	18676	2154	375
云安县石城镇	18100	21	44682	5816	23867	11631	546
罗定市罗城街道	850		224565	102255	58312	54491	160
罗定市素龙街道	10140	23	113640	9026	66203	33983	241
罗定市附城街道	19230	22	69606	19087	37096	20082	156
罗定市双东镇街道	2420	8	21622	2756	12248	6057	39
罗定市罗镜镇	16140	24	78643	16215	47556	27122	121
罗定市太平镇	9380	16	58202	4765	38740	18301	116

乡镇基本情况

计算单位:公顷、个、人

名　　称	行政区域面积	村民委员会	常住人口	城镇建成区总人口	从业人员	二三产业从业人员	工业企业单位
罗定市分界镇	9750	9	23949	5691	18365	8896	22
罗定市罗平镇	13580	23	78267	4853	49567	24249	58
罗定市船步镇	12920	18	76107	8995	47461	23417	73
罗定市满塘镇	8410	12	30052	3932	25691	12631	43
罗定市苹塘镇	8840	11	38966	5379	24527	12010	49
罗定市金鸡镇	8610	10	32010	3221	19680	9478	11
罗定市围底镇	6610	15	22150	3309	20179	12369	103
罗定市华石镇	6250	10	23335	3267	20559	10467	30
罗定市林滨镇	15410	13	33169	5806	26170	13163	99
罗定市黎少镇	13420	18	46149	4772	34139	16845	41
罗定市生江镇	6200	11	31416	5339	23137	11368	34
罗定市连州镇	12540	16	54036	4430	33115	16329	18
罗定市泗纶镇	23380	27	63200	4750	45406	22327	47
罗定市加益镇	7930	9	24570	4482	15889	7817	28
罗定市龙湾镇	12620	11	30725	2739	18704	9588	40
广西壮族自治区							
兴宁区三塘镇	19200	13	77625	2850	33552	10485	87
兴宁区五塘镇	28000	13	61217	16494	42782	16909	47
兴宁区昆仑镇	13300	8	29025	1928	19097	9025	8
青秀区刘圩镇	16389	14	55607	3744	30055	11549	563
青秀区南阳镇	9700	7	33863	3245	11180	681	3
青秀区伶俐镇	26400	8	35845	4112	26581	544	7
青秀区长塘镇	18954	8	31348	1410	18944	468	28
江南区吴圩镇	39400	10	108500	36800	42740	22140	55
江南区苏圩镇	22300	15	68710	11122	47681	19071	28
江南区延安镇	13189	5	23000	2850	19173	1805	4
江南区江西镇	21400	10	43607	3105	43462	10957	14
西乡塘区金陵镇	19700	13	70620	8890	37853	4908	27
西乡塘区双定镇	18800	6	30970	3716	20619	3696	18
西乡塘区坛洛镇	33500	19	78535	15402	45608	1832	13
良庆区良庆镇	8710	6	46784	4200	16450	1590	6
良庆区那马镇	16766	7	28241	5300	13481	781	5
良庆区那陈镇	29300	15	31259	4140	22648	1148	1
良庆区大塘镇	49800	13	49365	10085	35430	6318	27
良庆区南晓镇	29365	13	43400	2634	27660	10460	7
邕宁区蒲庙镇	24899	17	136742	38103	64643	22635	42
邕宁区那楼镇	35431	20	81362	4158	66122	18573	9
邕宁区新江镇	16500	8	29474	1295	17366	6236	12
邕宁区百济镇	31000	13	40012	2352	31984	13469	6
邕宁区中和乡	17613	7	32150		28054	8622	4
武鸣县城厢镇	24477	21	106723	54682	45656	20761	906
武鸣县太平镇	36500	12	38660	2648	30376	12539	12
武鸣县双桥镇	20418	15	53557	6284	43077	11200	43
武鸣县宁武镇	23222	13	30279	5215	29701	6981	193
武鸣县锣圩镇	38300	25	66186	8145	41972	5338	450
武鸣县仙湖镇	20300	10	44022	6162	34243	6032	239
武鸣县府城镇	26462	23	58870	4700	36010	4987	6
武鸣县陆斡镇	24588	23	59884	5784	44173	4873	312
武鸣县两江镇	20030	14	31695	3165	23537	2157	176
武鸣县罗波镇	16292	13	38109	5460	27269	2757	6

乡镇基本情况

计算单位：公顷、个、人

名　　称	行政区域面积	村民委员会	常住人口	城镇建成区总人口	从业人员	二三产业从业人员	工业企业单位
武鸣县灵马镇	19500	13	38826	4476	36096	26846	3
武鸣县甘圩镇	9257	4	24692	7210	10240	2833	8
武鸣县马头镇	16100	13	24502	1810	14645	1400	6
隆安县城厢镇	38600	14	61654	30123	30066	19024	23
隆安县南圩镇	31098	18	47688	11729	32908	10591	35
隆安县雁江镇	12800	9	17332	3541	19066	10536	6
隆安县那桐镇	18700	11	41659	9876	30813	8498	17
隆安县乔建镇	21700	14	29837	9998	29536	11421	9
隆安县丁当镇	26900	10	25270	6714	24298	6998	15
隆安县古潭乡	10800	6	21705	3523	19500	1400	7
隆安县都结乡	21500	19	28133	5697	25561	8119	5
隆安县布泉乡	17300	8	15721	3287	12920	3016	1
隆安县屏山乡	23400	9	10873	3287	6439	955	5
马山县白山镇	22336	13	85238	41878	28547	16295	24
马山县百龙滩镇	8783	5	22237	3997	14552	6409	5
马山县林圩镇	30624	19	94941	1922	65597	23047	13
马山县古零镇	25549	14	57465	6636	42473	18021	18
马山县金钗镇	12603	8	31238	3048	18926	11452	2
马山县周鹿镇	33162	19	95447	4990	52917	30201	2
马山县永州镇	21567	17	56547	14682	35585	22428	4
马山县乔利乡	17275	10	39617		19516	13006	20
马山县加方乡	20469	17	31261		19198	9487	7
马山县古寨瑶族乡	15261	8	21334		16121	7910	4
马山县里当瑶族乡	14585	9	21296		9178	7453	
上林县大丰镇	18584	9	37998	54200	27187	10700	43
上林县明亮镇	9734	8	32230	4523	21004	6310	5
上林县巷贤镇	15733	12	42879	2545	27429	6150	11
上林县白圩镇	23349	17	80137	7300	46667	5305	17
上林县三里镇	18985	14	56102	7288	35648	2578	13
上林县乔贤镇	12637	8	36934	9900	17368	4795	8
上林县西燕镇	23089	11	43700	6400	30054	7154	14
上林县澄泰乡	12006	11	39107		33130	13222	
上林县木山乡	14983	6	20838	1100	13624	1747	
上林县塘红乡	18422	10	29500		24447	7447	6
上林县镇圩瑶族乡	11278	10	24100	3469	13671	2771	6
宾阳县宾州镇	22861	33	270390	81150	162255	102770	115
宾阳县黎塘镇	21900	14	129316	59095	81642	65352	156
宾阳县甘棠镇	18900	14	32156	12000	30696	11438	19
宾阳县思陇镇	16774	15	59372	3271	36611	7098	60
宾阳县新桥镇	9793	15	81955	15200	46978	10126	115
宾阳县新圩镇	6578	6	21538	2500	19695	6757	15
宾阳县邹圩镇	14377	14	47896	5598	24289	7409	23
宾阳县大桥镇	10531	16	61489	8796	52919	22648	23
宾阳县武陵镇	14690	13	51013	6894	50517	18496	24
宾阳县中华镇	7470	5	35824	1781	23045	11670	13
宾阳县古辣镇	10909	9	55510	12450	33022	7270	14
宾阳县露圩镇	12759	5	37266	6713	23278	10346	19
宾阳县王灵镇	14852	9	38261	8120	18544	6303	10
宾阳县和吉镇	11544	8	42724	3700	17868	3075	7
宾阳县洋桥镇	10575	8	54223	9000	30696	11438	6

乡镇基本情况

计算单位:公顷、个、人

名　　称	行政区域面积	村民委员会	常住人口	城镇建成区总人口	从业人员	二三产业从业人员	工业企业单位
宾阳县陈平镇	15350	8	17620	2530	16987	3073	1
横县横州镇	17896	21	171398	2760	48733	14502	562
横县百合镇	18982	27	105987	13350	48375	21675	10
横县那阳镇	13817	15	54710	7750	35568	12768	30
横县南乡镇	32833	18	96252	16383	50292	6691	19
横县新福镇	34369	16	57494	4980	30450	850	8
横县莲塘镇	13296	11	43610	3836	23947	4147	13
横县平马镇	13455	8	29167	4938	49650	12943	17
横县峦城镇	7859	15	58876	13147	21503	18033	22
横县六景镇	31796	27	102335	5324	80385	48231	11
横县石塘镇	20384	15	69541	3812	44280	14031	11
横县陶圩镇	17925	18	88426	7380	53500	31804	11
横县校椅镇	23661	21	101904	9510	105617	35366	33
横县云表镇	25139	13	81038	6890	50300	15510	29
横县马岭镇	9243	12	30114	3682	18416	6279	20
横县马山乡	13087	16	61077	1485	38598	22228	12
横县平朗乡	12534	13	29113	4667	28283	6123	10
横县镇龙乡	21034	10	19171	2280	14801	4601	4
鱼峰区雒容镇	35300	13	96784	30000	47361	16088	85
鱼峰区洛埠镇	1530	2	8317	8317	4020	2110	52
柳南区太阳村镇	11200	13	39506	1183	23091	13731	186
柳北区石碑坪镇	8900	10	20457	2370	12002	1881	38
柳北区沙塘镇	8716	10	56958	30196	23200	17700	123
柳北区长塘镇	7600	8	32241	18700	18973	12770	312
柳江县拉堡镇	4578	6	192596	7030	59438	50401	797
柳江县里雍镇	24355	10	34748	1300	20816	2430	
柳江县百朋镇	32200	15	68518	8290	35870	11951	
柳江县成团镇	13360	13	59157	2265	30791	3740	
柳江县洛满镇	21644	12	36433	5093	16263	3730	
柳江县流山镇	14671	7	21565	1061	14864	2565	36
柳江县三都镇	12700	9	33260	4301	20965	2315	65
柳江县里高镇	21255	8	25255	2708	14570	4129	495
柳江县进德镇	11932	11	56894	3549	35954	9758	104
柳江县穿山镇	44762	14	65796	4009	40306	2646	
柳江县土博镇	41667	16	47231	1310	22337	5041	
柳江县白沙乡	14580	6	20790	1378	10725	2410	1
柳城县大埔镇	25103	18	72456	39327	25020	5190	385
柳城县龙头镇	11654	8	16937	1086	9832	1450	25
柳城县太平镇	29847	14	41051	3660	23587	6516	45
柳城县沙埔镇	15433	7	30908	3650	19963	6089	63
柳城县东泉镇	26236	19	57800	4499	30395	3730	10
柳城县凤山镇	11903	9	17945	4977	10998	432	55
柳城县六塘镇	16778	7	27988	2689	21696	3874	30
柳城县冲脉镇	8615	5	16980	1950	12535	5296	5
柳城县寨隆镇	8396	6	13908	940	10160	715	5
柳城县古砦仫佬族乡	24757	13	30100	5500	18500	5360	2
柳城县马山乡	14861	8	25175	5053	16100	4126	11
柳城县社冲乡	12867	7	15778		8551	1330	27
鹿寨县鹿寨镇	43800	17	140244	95900	35824	14363	200
鹿寨县中渡镇	37400	14	32525	3158	19707	8668	10

乡镇基本情况

计算单位:公顷、个、人

名　　称	行政区域面积	村民委员会	常住人口	城镇建成区总人口	从业人员	二三产业从业人员	工业企业单位
鹿寨县寨沙镇	35600	22	66216	6002	44092	7242	6
鹿寨县平山镇	32300	10	44356	1704	24085	6460	2
鹿寨县黄冕乡	43700	11	37520		18694	5145	15
鹿寨县江口乡	16800	6	10205		11272	635	3
鹿寨县导江乡	17500	7	18234		10178	2137	12
鹿寨县拉沟乡	24700	7	9152		6890	330	3
鹿寨县四排乡	35600	16	41587		26627	2064	6
融安县长安镇	22988	24	115107	60227	35317	15668	170
融安县浮石镇	30285	12	32196	3200	18840	4588	14
融安县泗顶镇	28283	9	18779	1301	10158	1604	9
融安县板榄镇	42100	17	24022	2575	13601	3010	101
融安县大将镇	25800	14	25272	2515	16405	1895	26
融安县大良镇	20300	12	24926	2518	15616	2060	4
融安县雅瑶乡	2400	8	15518		9250	4472	42
融安县大坡乡	21400	9	14400		9181	427	7
融安县东起乡	9609	5	10278		7065	1966	2
融安县沙子乡	14200	6	13379		7890	1510	6
融安县桥板乡	23461	10	19487		14460	8704	4
融安县潭头乡	17599	11	23208		14483	3856	15
融水苗族自治县融水镇	26327	15	88701	44813	25991	6013	214
融水苗族自治县和睦镇	15684	9	24568	3635	12364	3233	7
融水苗族自治县三防镇	22222	10	23036	1263	11795	2947	11
融水苗族自治县怀宝镇	26119	10	16857	1390	8806	2182	8
融水苗族自治县永乐乡	18822	8	28755		15462	3831	4
融水苗族自治县四荣乡	27481	10	19049		10008	2543	10
融水苗族自治县香粉乡	14061	8	13741		7828	1236	12
融水苗族自治县安太乡	27260	13	23832		12692	3156	11
融水苗族自治县洞头乡	20490	7	19946		9921	2466	3
融水苗族自治县汪洞乡	22836	9	17496		8789	278	10
融水苗族自治县同练瑶族乡	19113	6	10897		5938	1492	4
融水苗族自治县滚贝侗族乡	27763	11	19237		9877	998	13
融水苗族自治县杆洞乡	29587	12	26167		13305	3568	12
融水苗族自治县安陲乡	28606	13	22431		11683	2895	14
融水苗族自治县大浪乡	21255	10	22896		10877	2532	12
融水苗族自治县白云乡	24951	13	34154		18359	3611	11
融水苗族自治县红水乡	13488	8	23018		12285	2991	4
融水苗族自治县拱洞乡	15267	11	26480		13339	3320	4
融水苗族自治县良寨乡	13205	7	19858		10067	2056	1
融水苗族自治县大年乡	10474	8	16930		10602	1541	2
三江侗族自治县古宜镇	20791	13	49485	32580	18761	7221	330
三江侗族自治县斗江镇	27860	9	21086	3890	12960	1398	48
三江侗族自治县丹洲镇	23961	8	17326	3389	10152	3632	33
三江侗族自治县独峒乡	17863	15	47133		28795	4895	40
三江侗族自治县八江乡	24750	14	35215		24136	11586	30
三江侗族自治县林溪乡	15311	14	30427		17721	8662	20
三江侗族自治县同乐苗族乡	18200	19	32960		22483	11147	
三江侗族自治县梅林乡	8981	4	13240		7331	4445	40
三江侗族自治县富禄苗族乡	16546	14	31383		71807	64825	20
三江侗族自治县洋溪乡	11992	9	19635		11400	1002	14
三江侗族自治县良口乡	17700	15	30993		24538	1973	4

乡镇基本情况

计算单位:公顷、个、人

名　　称	行政区域面积	村民委员会	常住人口	城镇建成区总人口	从业人员	二三产业从业人员	工业企业单位
三江侗族自治县老堡乡	2531	10	15317		10317	2632	180
三江侗族自治县高基瑶族乡	16200	8	7765		4768	2222	50
三江侗族自治县和平乡	10870	5	7620		4115	927	19
三江侗族自治县程村乡	6284	3	8057		6780	2270	15
叠彩区大河乡	3900	15	25215		13759	3534	69
象山区二塘乡	6297	6	19403	163	8792	4579	42
七星区朝阳乡	3850	6	16793		6515	4428	89
雁山区雁山镇	9056	15	22038	585	11470	3544	21
雁山区柘木镇	6697	8	22279	21	14369	3533	314
雁山区大埠乡	8568	11	14565		8226	2323	19
雁山区草坪回族乡	2104	3	5038		2875	857	
临桂区临桂镇	21985	16	124355	85455	48103	33603	1157
临桂区六塘镇	10100	15	40570	7254	24499	9634	259
临桂区会仙镇	17450	16	55750	2762	30691	9923	53
临桂区两江镇	26400	26	77804	3568	37938	10128	193
临桂区五通镇	26000	22	59545	10831	22800	5489	509
临桂区四塘镇	14850	15	45939	1841	29716	7616	109
临桂区南边山乡	15970	13	29686		15310	6070	76
临桂区茶洞乡	21750	11	22500		13100	8047	57
临桂区中庸乡	6130	7	20426		10341	7327	4
临桂区宛田瑶族乡	33000	15	22980		13600	5150	283
临桂区黄沙瑶族乡	19800	5	5012		2173	1118	25
阳朔县阳朔镇	7598	5	46523	46523	26503	20391	179
阳朔县白沙镇	15250	15	47214	1476	25632	9654	365
阳朔县福利镇	22860	16	47988	3629	26559	9774	133
阳朔县兴坪镇	30540	14	44478	4284	22463	6721	178
阳朔县葡萄镇	13140	11	36200	1795	19930	8730	289
阳朔县高田镇	15660	11	36890	3566	20354	814	208
阳朔县金宝乡	20490	12	32603		18682	9777	143
阳朔县普益乡	7020	8	12156		4787	1722	5
阳朔县杨堤乡	10280	7	11481		6814	3459	17
灵川县灵川镇	11429	12	77131	46992	30284	15282	317
灵川县大圩镇	20947	17	56480	10525	33942	6488	225
灵川县定江镇	8529	7	39513	8485	14071	5890	270
灵川县三街镇	18094	11	21705	5958	10311	2131	80
灵川县潭下镇	14643	14	37901	5480	22745	6545	28
灵川县青狮潭镇	46138	24	43639	918	22271	6483	118
灵川县灵田镇	26738	10	29234	1551	17084	2592	107
灵川县潮田乡	22683	10	26911		13457	3037	76
灵川县大境瑶族乡	26520	8	12834		7033	378	23
灵川县海洋乡	21883	13	24786		12952	1302	129
灵川县兰田瑶族乡	12489	3	6379		3352	488	35
全州县全州镇	16920	13	111479	81760	19752	14991	1614
全州县黄沙河镇	11200	9	26101	9025	14265	4323	202
全州县庙头镇	12500	11	34479	2582	16735	2881	331
全州县文桥镇	28380	18	57841	2466	30800	9983	1142
全州县大西江镇	33750	15	36917	1351	13391	2552	2
全州县龙水镇	27800	19	53836	1702	30319	4052	83
全州县才湾镇	35828	16	56766	2078	24425	8108	862
全州县绍水镇	25000	17	52459	12683	31060	3260	1225

乡镇基本情况

计算单位:公顷、个、人

名　　称	行政区域面积	村民委员会	常住人口	城镇建成区总人口	从业人员	二三产业从业人员	工业企业单位
全州县石塘镇	27140	31	78047	12530	34531	5900	600
全州县永岁乡	17514	17	41732		24300	12832	103
全州县枧塘乡	12300	12	33461	1100	16082	5311	18
全州县咸水乡	21549	12	36155	1648	11000	1994	1
全州县凤凰乡	18348	20	60072	1443	29800	14340	124
全州县蕉江瑶族乡	23000	8	14652		8200	785	
全州县安和乡	16180	14	40321	3442	12500	6927	128
全州县两河乡	15370	16	42274	2169	21300	10743	46
全州县白宝乡	2673	9	20636		7098	6552	12
全州县东山瑶族乡	42000	16	34494		17750	4917	36
兴安县兴安镇	20457	15	90359	47370	25630	5255	107
兴安县湘漓镇	15960	14	51979	910	28964	2314	26
兴安县界首镇	15913	11	38283	9680	20917	1549	22
兴安县高尚镇	27329	16	48817	6583	28376	6950	20
兴安县严关镇	12163	6	20435	1191	8628	735	54
兴安县溶江镇	46185	17	56238	10856	26938	3938	62
兴安县漠川乡	31200	13	22637		12087	1231	28
兴安县白石乡	8804	6	12767		5645	63	1
兴安县崔家乡	9504	8	22797		10550	1453	12
兴安县华江瑶族乡	42279	9	17647		8308	3049	80
永福县永福镇	27500	11	53594	34105	16172	1560	125
永福县罗锦镇	22712	13	43507	5183	16465	4537	16
永福县百寿镇	41319	11	34320	6930	16151	2310	12
永福县苏桥镇	12350	8	28148	5003	14492	2589	87
永福县堡里乡	37750	12	26495		12952	2023	17
永福县广福乡	45002	8	22080		10318	1920	25
永福县三皇乡	20180	11	25814		12055	1745	21
永福县永安乡	34905	9	27290		14032	2634	14
永福县龙江乡	37630	10	22937		11385	1296	20
灌阳县灌阳镇	40600	26	72703	25692	24927	6765	210
灌阳县黄关镇	20600	15	44946	8567	22031	2739	188
灌阳县文市镇	14100	21	37258	9200	20185	6270	362
灌阳县新街镇	16700	21	44506	11000	22116	3381	434
灌阳县洞井瑶族乡	20700	9	9263		4816	1226	102
灌阳县观音阁乡	12900	6	9006		5623	1204	114
灌阳县西山瑶族乡	18800	10	13047		5913	1512	101
灌阳县新圩乡	18300	16	26310		13530	2009	181
灌阳县水车乡	20800	14	33512		15583	5765	212
龙胜各族自治县龙胜镇	32000	14	36796	29444	14744	5891	135
龙胜各族自治县瓢里镇	20782	10	16061	5970	9043	4223	64
龙胜各族自治县三门镇	32788	13	15056	5907	7856	3325	108
龙胜各族自治县和平乡	23734	15	16609	1165	10237	2318	58
龙胜各族自治县泗水乡	16780	9	13730		7163	1551	42
龙胜各族自治县江底乡	25117	8	9716		6720	1230	6
龙胜各族自治县马堤乡	14184	8	11831		6862	1075	18
龙胜各族自治县伟江乡	15070	8	9863		4718	1214	14
龙胜各族自治县平等乡	34912	21	29951	4446	13233	3284	60
龙胜各族自治县乐江乡	22788	13	19704		10708	2508	46
资源县资源镇	32600	14	36575	9006	17502	8040	385
资源县中峰乡	31918	10	29529		14153	10064	46

乡镇基本情况

计算单位:公顷、个、人

名　　称	行政区域面积	村民委员会	常住人口	城镇建成区总人口	从业人员	二三产业从业人员	工业企业单位
资源县梅溪乡	37630	13	31125		15426	6476	120
资源县瓜里乡	24471	11	21146		12540	3415	47
资源县车田苗族乡	30900	12	24812		12800	2279	106
资源县两水苗族乡	13270	6	11084		4722	880	100
资源县河口瑶族乡	10900	5	4910		2223	278	44
平乐县平乐镇	31360	29	98166	61800	50970	44881	853
平乐县二塘镇	22616	18	74208	18885	37844	25340	318
平乐县沙子镇	19236	10	43275	8205	19662	5523	231
平乐县同安镇	13715	12	49918	4533	27570	10049	265
平乐县张家镇	11740	12	45026	3158	25375	7158	246
平乐县源头镇	23233	17	50671	4954	25730	8696	270
平乐县阳安乡	7378	10	26778	3643	13752	5598	91
平乐县青龙乡	6433	8	23513	2835	12946	9041	58
平乐县桥亭乡	10584	8	18105	2648	9444	3526	134
平乐县大发瑶族乡	45639	10	18803	1378	11349	2643	116
荔浦县荔城镇	9500	10	74669	4989	40200	35152	469
荔浦县东昌镇	14500	10	25376	2692	15882	7504	179
荔浦县新坪镇	25100	13	30688	4319	20389	11072	247
荔浦县杜莫镇	11900	10	24842	3672	15298	4108	146
荔浦县青山镇	7200	10	36539	4836	24509	11932	75
荔浦县修仁镇	10900	9	34849	6807	19119	6507	235
荔浦县大塘镇	10400	11	23363	2770	12035	4919	144
荔浦县花篑镇	13800	8	24653	1486	14874	4968	178
荔浦县双江镇	14492	10	30401	4705	14220	5410	43
荔浦县马岭镇	14300	14	43853	5320	22957	10100	516
荔浦县龙怀乡	8100	4	10178		5311	1755	15
荔浦县茶城乡	9800	5	11486		6214	1501	17
荔浦县蒲芦瑶族乡	25900	8	10877		4791	1939	37
恭城瑶族自治县恭城镇	9283	14	54849	27637	30053	7173	306
恭城瑶族自治县栗木镇	27565	17	43300	4633	22400	4037	226
恭城瑶族自治县莲花镇	36500	23	53757	5637	30200	7253	342
恭城瑶族自治县平安乡	27499	15	36200	1800	21568	3721	77
恭城瑶族自治县三江乡	29600	10	13777		7147	1529	138
恭城瑶族自治县嘉会乡	24800	13	25150	2400	13300	2600	259
恭城瑶族自治县西岭乡	43808	17	35420	4793	19100	2200	328
恭城瑶族自治县观音乡	1400	4	9540		4767	839	38
恭城瑶族自治县龙虎乡	5800	4	8700	156	5300	841	26
万秀区城东镇	12100	5	17045	1382	10840	5963	206
万秀区龙湖镇	6714	4	11937		6473	3420	77
万秀区夏郢镇	22700	22	38279	2441	27510	8050	13
长洲区长洲镇	3625	7	48833	2660	42229	344	79
长洲区倒水镇	27000	17	40999	1903	34688	1877	25
龙圩区龙圩镇	18200	12	88363	45071	44558	25077	122
龙圩区大坡镇	33160	18	60730	1772	38046	6864	12
龙圩区广平镇	31600	20	46659	9000	44309	23716	16
龙圩区新地镇	23857	20	74884	2300	42679	24609	290
苍梧县石桥镇	30400	13	58356	11372	38316	15550	9
苍梧县沙头镇	29800	20	70167	8963	40804	11332	4
苍梧县梨埠镇	28580	12	36406	4558	23436	11874	6
苍梧县岭脚镇	32300	22	63209	16112	35360	17150	9

乡镇基本情况

计算单位:公顷、个、人

名　　称	行政区域面积	村民委员会	常住人口	城镇建成区总人口	从业人员	二三产业从业人员	工业企业单位
苍梧县京南镇	36150	21	43724	3593	26915	15043	4
苍梧县狮寨镇	23800	12	18808	895	12439	3843	8
苍梧县旺甫镇	28000	11	47689	8885	31546	14757	30
苍梧县六堡镇	24000	16	25994	1200	16691	7215	14
苍梧县木双镇	35000	7	11587	4996	10969	5528	4
藤县藤州镇	37235	27	149711	112516	81075	51275	486
藤县塘步镇	24357	16	54928	9184	35008	12911	78
藤县埌南镇	19712	13	39978	6984	27139	8033	27
藤县同心镇	13832	9	20150	4261	14573	4893	12
藤县金鸡镇	24267	20	60265	8576	34837	20319	7
藤县新庆镇	13385	11	31469	3608	24535	13594	6
藤县象棋镇	18300	15	35416	5015	23303	9039	16
藤县岭景镇	19005	14	34198	5898	23335	7733	3
藤县天平镇	35186	20	64174	9066	44873	23475	14
藤县蒙江镇	29138	21	66544	23995	41228	20967	16
藤县和平镇	16819	17	58886	7122	44427	27835	2
藤县太平镇	28301	20	95103	35066	49666	21833	96
藤县古龙镇	17638	10	38630	5550	22907	11822	26
藤县东荣镇	20931	13	31083	4270	22090	11609	4
藤县大黎镇	30636	18	31405	4720	25447	12558	83
藤县平福乡	33275	14	29771	2134	18123	5003	14
藤县宁康乡	12600	8	14791	1405	11233	4548	
蒙山县蒙山镇	7060	8	52568	50300	19470	11844	75
蒙山县西河镇	21587	13	33851	267	26978	13000	16
蒙山县新圩镇	14067	9	24099	3005	17612	5080	11
蒙山县文圩镇	14260	12	36267	4605	24040	8810	17
蒙山县黄村镇	23940	10	23053	3890	11586	3350	23
蒙山县陈塘镇	15229	9	23966	3219	14714	4714	16
蒙山县汉豪乡	10637	6	13189	1558	7529	1564	9
蒙山县长坪瑶族乡	13260	5	3019	171	1936	350	
蒙山县夏宜瑶族乡	7887	6	6815	1516	4727	753	2
岑溪市岑城镇	15933	14	182346	136436	86697	73697	796
岑溪市马路镇	25580	18	65101	9012	41900	16600	337
岑溪市南渡镇	24850	24	76064	15448	43900	19700	102
岑溪市水汶镇	21520	22	52896	15325	37900	18400	316
岑溪市大隆镇	13742	14	32729	7380	18300	7400	120
岑溪市梨木镇	20106	16	45809	5865	23300	10600	138
岑溪市大业镇	14870	14	47514	10210	21700	8600	232
岑溪市筋竹镇	18700	17	44051	11964	22100	13895	18
岑溪市诚谏镇	18390	19	43912	5063	28400	12500	371
岑溪市归义镇	16500	22	68988	14312	43700	25200	184
岑溪市糯垌镇	18600	20	69233	6371	47300	21200	132
岑溪市安平镇	14640	16	28586	7455	12000	4300	17
岑溪市三堡镇	31713	24	58981	7998	37800	14500	21
岑溪市波塘镇	23271	16	33639	4363	18700	7600	45
海城区涠洲镇	2663	9	9979	2905	6311	2682	3
银海区福成镇	29380	21	74892	15986	36897	9265	22
银海区银滩镇	7896	11	73787	6599	24028	14726	47
银海区平阳镇	7000	7	13695	2602	7824	1682	42
银海区侨港镇	110	1	16026	16026	8449	2958	19

乡镇基本情况

计算单位:公顷、个、人

名　　称	行政区域面积	村民委员会	常住人口	城镇建成区总人口	从业人员	二三产业从业人员	工业企业单位
铁山港区南康镇	17586	15	71105	16988	44569	18786	79
铁山港区营盘镇	9990	10	60427	5872	32665	10890	19
铁山港区兴港镇	11100	13	55129	129	27472	8845	28
合浦县廉州镇	17700	16	149596	126067	74875	62255	270
合浦县党江镇	8200	17	44622	3424	24508	13326	15
合浦县西场镇	17300	26	84465	4231	44528	23773	38
合浦县沙岗镇	9700	15	34921	2640	17126	8466	29
合浦县乌家镇	19600	6	13498	1584	6825	3760	8
合浦县闸口镇	10700	17	37150	4460	19659	11455	15
合浦县公馆镇	17800	23	118168	10494	60475	32591	209
合浦县白沙镇	22800	23	101706	8492	44294	26065	42
合浦县山口镇	12600	15	70505	14890	34082	16967	33
合浦县沙田镇	3200	6	17364	2642	9019	4614	16
合浦县石湾镇	24500	16	49254	4892	23352	12912	28
合浦县石康镇	19500	23	77705	12811	32568	16841	135
合浦县常乐镇	26400	22	73006	10611	33039	15665	260
合浦县曲樟乡	13300	11	23374	2326	9957	3902	4
合浦县星岛湖乡	15400	9	26687	1849	9595	4402	38
港口区企沙镇	8659	12	34545	15977	24361	14124	36
港口区光坡镇	9800	9	26893	2735	16542	6043	11
港口区公车镇	8350	6	24353	2167	20927	13539	98
防城区防城镇	20800	14	137699	103010	67793	49813	960
防城区大菉镇	22400	16	46139	2295	23144	8486	16
防城区华石镇	9160	7	13893	1186	8913	3368	15
防城区那梭镇	25300	9	32485	3915	12396	4803	62
防城区那良镇	38300	25	56329	9275	29000	12248	20
防城区峒中镇	23687	19	28692	7708	17100	3798	19
防城区茅岭乡	12830	9	23025	1075	14568	5135	22
防城区扶隆乡	23070	15	34940	3316	21952	11148	6
防城区滩营乡	24630	16	37336	3782	21702	9201	43
防城区江山乡	2080	11	21660	2980	10196	2895	145
上思县思阳镇	26600	12	76662	36880	47856	3788	70
上思县在妙镇	20600	11	33409	3231	18414	2366	14
上思县叫安乡	58400	17	42243	2684	25525	1024	13
上思县华兰乡	14670	6	12811	1576	6678	1558	30
上思县南屏瑶族乡	52646	9	12744	1446	6221	2001	18
上思县平福乡	27670	9	19709	754	10622	2181	32
上思县那琴乡	30840	9	19992	1399	11766	2234	23
上思县公正乡	33639	10	13951	892	7238	584	25
东兴市东兴镇	12626	8	64262	24407	21465	12103	100
东兴市江平镇	25709	15	50101	8274	25387	7214	55
东兴市马路镇	16529	8	15674	1871	10023	3254	27
钦南区沙埠镇	14550	13	43112		26060	5366	327
钦南区康熙岭镇	8920	92	43515	6980	24491	13960	42
钦南区黄屋屯镇	22670	16	56628	4752	34090	21036	23
钦南区尖山镇	8300	5	27949	4920	14829	3429	17
钦南区大番坡镇	13376	9	24787	2936	14064	4914	35
钦南区龙门港镇	3677	4	8259	3161	4639	1462	10
钦南区久隆镇	22292	17	45930	3250	31293	12133	8
钦南区东场镇	18110	7	20754	2846	15785	3990	1

乡镇基本情况

计算单位:公顷、个、人

名　　称	行政区域面积	村民委员会	常住人口	城镇建成区总人口	从业人员	二三产业从业人员	工业企业单位
钦南区那丽镇	22608	10	32979	12300	25055	7655	38
钦南区那彭镇	29138	13	43428	9472	36914	8338	50
钦南区那思镇	24476	10	28941	4786	16773	3432	8
钦南区犀牛脚镇	25440	14	66124	19636	36729	20909	36
钦北区大垌镇	15588	9	35540	3374	22296	10219	91
钦北区平吉镇	25998	19	89336	16690	55930	27256	118
钦北区青塘镇	12438	13	51528	5886	34333	12697	4
钦北区小董镇	15032	16	95344	39417	53659	31017	24
钦北区板城镇	17864	19	95315	3785	56027	25569	26
钦北区那蒙镇	13679	13	54198	8113	32546	15812	29
钦北区长滩镇	11866	14	58447	2546	37735	10473	
钦北区新棠镇	11200	8	50814	6166	31524	13479	3
钦北区大直镇	38117	22	91181	17612	53008	21876	25
钦北区大寺镇	27182	18	90016	36354	57964	31169	21
钦北区贵台镇	20600	10	37082	3459	23510	9169	19
灵山县灵城镇	17645	22	226102	121066	137360	82639	792
灵山县新圩镇	17196	31	132335	12093	74126	29098	176
灵山县丰塘镇	12226	18	49969	3535	32084	14908	9
灵山县平山镇	11764	17	53114	3140	33820	14488	12
灵山县石塘镇	11365	17	56860	13500	34952	12642	362
灵山县佛子镇	16225	17	75016	5895	39220	19120	435
灵山县平南镇	11060	19	60846	4848	38796	9837	29
灵山县烟墩镇	14379	20	86903	9156	57900	26250	34
灵山县檀圩镇	13985	23	114852	20186	64652	23925	83
灵山县那隆镇	22867	30	125593	6526	68018	35324	390
灵山县三隆镇	13687	17	73188	7789	40517	14150	15
灵山县陆屋镇	27792	29	110301	19864	57193	26317	164
灵山县旧州镇	21845	29	113805	5868	60015	28331	38
灵山县太平镇	27785	29	128444	10125	72411	36841	17
灵山县沙坪镇	11782	14	61078	8030	33124	13621	8
灵山县武利镇	18317	19	82640	25020	43876	12765	185
灵山县文利镇	26300	15	38698	3925	22766	7281	58
灵山县伯劳镇	30776	21	98338	7397	54988	16003	58
浦北县小江镇	28300	25	112542	55873	82735	51907	105
浦北县泉水镇	9803	7	23093	3785	19524	11379	45
浦北县石埇镇	4600	7	16132	2741	11018	6320	12
浦北县安石镇	8667	11	29292	2570	19329	7704	3
浦北县张黄镇	20450	23	69542	19726	47137	24985	16
浦北县大成镇	18800	15	27533	1932	20094	6565	8
浦北县白石水镇	8687	12	33445	3937	23663	7709	10
浦北县北通镇	15000	14	55397	6235	38625	15449	11
浦北县三合镇	8800	9	31410	2621	21044	10501	10
浦北县龙门镇	25939	27	79230	7295	54085	24620	25
浦北县福旺镇	21348	25	67304	5689	47193	18488	10
浦北县寨圩镇	18100	21	62251	13528	44325	20219	22
浦北县乐民镇	8285	12	37258	7258	27909	10856	29
浦北县六硍镇	22500	18	39772	3658	28649	11081	13
浦北县平睦镇	10800	11	24457	3302	17786	7111	10
浦北县官垌镇	20055	17	36442	3605	28187	10614	8
港北区港城镇	13600	14	69373	9976	38500	27500	533

乡镇基本情况

计算单位:公顷、个、人

名　　称	行政区域面积	村民委员会	常住人口	城镇建成区总人口	从业人员	二三产业从业人员	工业企业单位
港北区大圩镇	15900	18	97738	12498	44473	6440	3
港北区庆丰镇	13800	23	93627	899	38315	9523	18
港北区奇石乡	13600	11	30701		15663	8042	1
港北区中里乡	19000	23	81246		40953	6644	4
港北区根竹乡	11700	8	27350		13412	4050	17
港北区武乐乡	9900	8	37098		18237	7290	7
港南区桥圩镇	12402	25	71205	9845	57289	29774	238
港南区木格镇	18978	26	102359	8678	72800	20753	52
港南区木梓镇	16418	17	43562	2726	27533	6191	5
港南区湛江镇	8052	14	75401	3250	47565	28767	61
港南区东津镇	10933	18	74370	3126	46295	19648	13
港南区八塘镇	12012	22	89291	6723	60981	49425	161
港南区新塘乡	9799	19	59792	1220	344132	5122	153
港南区瓦塘乡	21835	20	40624	1320	40624	21259	24
覃塘区覃塘镇	13457	15	78679	14266	40824	14288	116
覃塘区东龙镇	11964	16	63988	6440	35070	12751	323
覃塘区三里镇	12757	11	59128	10398	30928	11012	120
覃塘区黄练镇	13976	16	48427	6498	25262	8842	44
覃塘区石卡镇	20085	19	73780	5455	40746	13934	70
覃塘区五里镇	10134	8	41470	8427	21800	7521	100
覃塘区山北乡	7788	11	44274	7286	21091	7864	146
覃塘区樟木乡	24820	24	84032	8011	41407	14492	34
覃塘区蒙公乡	11705	14	32220	2262	20102	7006	47
覃塘区大岭乡	8538	10	30655	7523	14894	5099	11
平南县平南镇	10845	8	199100	95500	121000	98000	560
平南县平山镇	14480	15	51064	7274	26530	15404	48
平南县寺面镇	12300	12	42988	5830	20226	11736	32
平南县六陈镇	15317	20	69435	5650	35142	12200	24
平南县大新镇	12500	13	95469	22014	25763	15876	250
平南县大安镇	12400	20	114862	19072	36627	23964	1343
平南县武林镇	4300	7	27630	2710	12411	5600	8
平南县大坡镇	11100	12	36322	9076	15351	9415	9
平南县大洲镇	11525	14	42398	2490	38688	18495	6
平南县镇隆镇	15748	20	81797	2695	46140	23153	200
平南县上渡镇	8058	10	84137	9898	46610	18776	101
平南县安怀镇	20900	12	60956	9359	28468	13994	30
平南县丹竹镇	15934	11	106640	10913	73500	32550	630
平南县官成镇	19816	17	101816	5926	38690	17092	98
平南县思旺镇	16710	17	96585	7543	42380	25186	108
平南县大鹏镇	24500	16	44194	2800	24703	5900	35
平南县同和镇	19800	14	61300	3169	30327	19167	4
平南县东华乡	8608	6	40000	3012	17936	8990	3
平南县思界乡	4500	6	35419	3525	12145	1795	22
平南县国安瑶族乡	3117	10	24572	1516	14700	7616	15
平南县马练瑶族乡	24000	12	44655	1625	27509	5173	19
桂平市木乐镇	8700	12	69300	16800	33600	16700	31
桂平市木圭镇	11000	12	62799	1619	41753	20753	15
桂平市石咀镇	7200	11	55100	5320	25800	10000	15
桂平市油麻镇	16600	18	51460	4435	24002	10802	3
桂平市社坡镇	16100	20	85015	3368	31582	13682	57

乡镇基本情况

计算单位：公顷、个、人

名　　称	行政区域面积	村民委员会	常住人口	城镇建成区总人口	从业人员	二三产业从业人员	工业企业单位
桂平市罗秀镇	18500	21	75969	9726	35529	15129	4
桂平市麻垌镇	20800	27	100396	17812	38500	17500	6
桂平市社步镇	12600	15	51100	3966	19939	5039	4
桂平市下湾镇	15500	14	72360	3730	38553	15453	6
桂平市木根镇	11000	17	53820	3080	30300	10000	3
桂平市中沙镇	20600	23	40600	3305	25200	11700	12
桂平市大洋镇	12200	15	77400	4819	32700	11300	6
桂平市大湾镇	13400	17	67820	4215	22728	1328	6
桂平市白沙镇	16000	14	78213	10550	34844	14724	4
桂平市石龙镇	28400	20	73917	7289	42598	19698	10
桂平市蒙圩镇	23900	15	86703	13890	40730	17730	26
桂平市西山镇	29100	13	63332	52362	27390	12890	126
桂平市南木镇	22100	28	120000	15298	54052	22052	10
桂平市江口镇	14300	20	108875	12510	65300	35700	4
桂平市金田镇	15300	18	90196	16710	37860	14760	4
桂平市紫荆镇	26500	15	24818	1354	9050	1550	9
桂平市马皮乡	6300	8	48858		23000	8300	12
桂平市寻旺乡	10800	13	60932		31756	16156	38
桂平市罗播乡	8800	11	47843	10306	19550	2250	2
桂平市厚禄乡	8800	8	48200		15650	2150	8
桂平市垌心乡	11200	7	26851		12565	4965	8
玉州区大塘镇	3240	5	18958	7690	15506	9676	157
玉州区茂林镇	11200	7	81057	5670	48367	25310	186
玉州区仁东镇	6300	13	57136	3150	6755	1120	55
玉州区仁厚镇	3000	9	30476	1782	18800	7800	65
福绵区福绵镇	7300	25	92427	31050	52914	29924	800
福绵区成均镇	20600	23	80570	2178	43730	21215	298
福绵区樟木镇	21700	26	91227	4685	38700	12530	35
福绵区新桥镇	8200	17	65277	3621	32020	12110	55
福绵区沙田镇	12900	15	62157	2856	35620	27100	29
福绵区石和镇	8700	10	33970	2672	16426	6801	12
容县容州镇	17803	20	150717	106630	91374	63073	358
容县杨梅镇	14477	20	45291	9717	27349	15349	34
容县灵山镇	13155	14	32484	5304	25743	12591	18
容县六王镇	18418	18	53220	6532	37836	20075	12
容县黎村镇	19579	24	63493	7723	48552	23811	36
容县杨村镇	20408	14	43586	5432	28252	8122	31
容县县底镇	19495	20	41833	5178	37907	14707	20
容县自良镇	10694	12	29384	5028	18834	7809	15
容县松山镇	13225	13	32374	4812	21598	10892	16
容县罗江镇	7845	7	19520	5708	15640	5148	22
容县石头镇	19198	19	43312	6357	37138	13238	35
容县石寨镇	14788	12	28282	5960	23675	14764	32
容县十里镇	14447	12	31140	3044	28835	18135	37
容县容西镇	4614	5	13875	2762	9583	6404	25
容县浪水镇	12639	8	15790	657	11421	7036	4
陆川县温泉镇	12674	14	178354	93217	82193	57529	403
陆川县米场镇	8709	9	60871	6571	29627	15307	48
陆川县马坡镇	14500	13	105233	10173	97996	32174	56
陆川县珊罗镇	5340	7	56869	3176	35625	18503	73

乡镇基本情况

计算单位:公顷、个、人

名　　称	行政区域面积	村民委员会	常住人口	城镇建成区总人口	从业人员	二三产业从业人员	工业企业单位
陆川县平乐镇	6743	7	56145	4203	35020	10710	30
陆川县沙坡镇	14999	13	80302	4456	31698	3705	181
陆川县大桥镇	10200	11	56697	3622	28702	3834	61
陆川县乌石镇	21350	23	133756	7050	61654	21754	64
陆川县良田镇	14500	13	95196	3252	44741	28253	114
陆川县清湖镇	11400	12	71016	7901	47401	10424	81
陆川县古城镇	11800	10	64726	4215	33760	14858	79
陆川县沙湖镇	7350	5	30422	1775	17257	13557	6
陆川县横山镇	10200	11	49742	2850	27195	11636	29
陆川县滩面镇	6300	6	35180	1050	21454	15608	6
博白县博白镇	14440	23	225460	135979	73369	55874	680
博白县双凤镇	9000	9	28048	1930	15434	8565	16
博白县顿谷镇	13200	10	51695	2063	29757	16264	63
博白县水鸣镇	7248	16	57188	8325	37710	17928	46
博白县那林镇	19816	12	49623	6972	20378	11951	105
博白县江宁镇	15300	11	53950	2348	38766	5530	18
博白县三滩镇	9939	10	71628	1837	41673	12000	17
博白县黄凌镇	9178	5	27212	812	11659	7742	14
博白县亚山镇	13150	14	73282	2130	35044	11885	30
博白县旺茂镇	12050	10	53115	3012	15881	12339	20
博白县东平镇	12050	23	62258	2676	53046	29985	196
博白县沙河镇	17280	16	76725	3383	50082	24454	13
博白县菱角镇	8356	11	53358	1386	34863	12315	35
博白县新田镇	11152	12	58872	2579	37775	13174	11
博白县凤山镇	15800	16	88003	3150	47066	20854	12
博白县宁潭镇	13260	9	76905	3092	32815	18244	6
博白县文地镇	12033	17	81123	8618	61992	27605	165
博白县英桥镇	12613	14	76331	2081	36897	20259	18
博白县那卜镇	6329	4	24469	1910	11410	4000	9
博白县大垌镇	11105	5	36696	725	19938	13279	3
博白县沙陂镇	10520	8	41268	2050	32186	11310	29
博白县双旺镇	11148	7	43900	1980	23246	12920	21
博白县松旺镇	19300	11	44550	1890	23400	10540	26
博白县龙潭镇	14440	13	101707	21420	46438	32786	61
博白县大坝镇	8126	6	34750	2895	18512	8424	15
博白县永安镇	10800	9	38405	2324	14790	7890	21
博白县径口镇	16405	10	57620	1784	19363	12525	33
博白县浪平乡	11180	6	34665	1429	17302	3321	7
兴业县石南镇	15100	20	82735	15214	40600	19198	123
兴业县大平山镇	10300	21	52152	13265	29217	12691	40
兴业县葵阳镇	16660	17	68649	7440	41603	19498	60
兴业县城隍镇	16100	18	60160	24830	29429	10929	33
兴业县山心镇	18800	23	74865	12700	39400	24100	43
兴业县沙塘镇	8700	17	69369	2147	36346	19945	8
兴业县蒲塘镇	9717	16	50550	6728	29503	18206	20
兴业县北市镇	11700	13	63734	3145	38930	20316	19
兴业县龙安镇	9400	15	38525	1622	24805	9704	14
兴业县高峰镇	8500	19	42589	2248	26247	13583	5
兴业县小平山镇	10263	13	35412	5092	19834	6621	19
兴业县卖酒镇	7504	10	28559	5689	16626	8079	11

乡镇基本情况

计算单位:公顷、个、人

名　　称	行政区域面积	村民委员会	常住人口	城镇建成区总人口	从业人员	二三产业从业人员	工业企业单位
兴业县洛阳镇	3919	8	29081	2681	20761	13661	4
北流市陵城街道办事处	500		53005	53005	29699	26895	5
北流市城南街道办事处	500		43225	43225	24100	21203	17
北流市城北街道办事处	500		38000	38000	14987	13471	20
北流市北流镇	14350	20	77004	4695	42433	20681	357
北流市新荣镇	8200	7	40585	1845	19626	10079	104
北流市民安镇	8900	7	42744	666	20596	6636	120
北流市山围镇	8236	7	36798	951	19637	5815	98
北流市民乐镇	16700	17	76198	2438	38255	14775	446
北流市西垠镇	6800	14	56509	1672	31159	19659	120
北流市新圩镇	7517	13	64073	2175	35504	19864	134
北流市大里镇	8200	16	54153	3427	26088	10189	30
北流市塘岸镇	11400	11	58146	1591	24694	11527	23
北流市清水口镇	12756	10	48419	1352	26076	8050	70
北流市隆盛镇	17461	16	63387	1686	46529	12308	69
北流市大坡外镇	12354	11	46213	1515	21740	7910	77
北流市六麻镇	19718	19	75188	1729	50402	8962	46
北流市新丰镇	10300	9	49108	2440	22457	9457	60
北流市沙垌镇	7700	9	37130	760	15920	12411	56
北流市平政镇	15276	18	67054	3209	32987	17418	52
北流市白马镇	7800	9	51799	5126	27933	20390	54
北流市大伦镇	8167	9	35394	3603	17376	8075	77
北流市扶新镇	6300	6	30159	1549	12411	10205	48
北流市六靖镇	11861	15	72001	4702	37353	21524	107
北流市石窝镇	14514	20	68450	1829	33939	19436	61
北流市清湾镇	11192	15	52952	2046	36609	15589	94
右江区阳圩镇	70474	18	32000	2610	18743	671	3
右江区四塘镇	36327	13	28000	3210	14496	1234	20
右江区龙川镇	40364	16	32000	5640	19001	2132	
右江区永乐镇	42200	8	18250	5470	12387	1391	4
右江区汪甸瑶族乡	54708	13	26000	4500	15016	693	2
右江区大楞乡	65756	15	22000	2200	14343	787	6
右江区泮水乡	24153	9	9000	2600	7516	2441	
田阳县田州镇	10472	10	108466	71688	52600	28648	92
田阳县那坡镇	25429	21	41610	5729	26562	9688	56
田阳县坡洪镇	30956	24	32016	2630	20423	7168	5
田阳县那满镇	13087	13	18250	2769	14512	3349	7
田阳县百育镇	13068	6	27698	1124	19573	1388	40
田阳县玉凤镇	57066	17	39168	1381	22300	1170	4
田阳县头塘镇	14437	8	25918	2380	17148	4303	51
田阳县五村镇	22043	20	27628	1052	15400	5582	56
田阳县洞靖乡	31567	20	28305	870	18498	1960	2
田阳县巴别乡	19180	13	16937	633	9711	753	9
田东县平马镇	21485	17	78545	58556	33995	9117	138
田东县祥周镇	26241	21	50881	6986	32683	9278	65
田东县林逢镇	37433	21	53702	8926	33364	8910	83
田东县思林镇	45597	30	61725	5180	44175	10970	42
田东县印茶镇	21139	9	27569	4708	18659	5716	2
田东县江城镇	14176	8	23850	1623	14903	4945	11
田东县朔良镇	39141	16	34126	3125	21833	5592	6

乡镇基本情况

计算单位:公顷、个、人

名　　称	行政区域面积	村民委员会	常住人口	城镇建成区总人口	从业人员	二三产业从业人员	工业企业单位
田东县义圩镇	18701	11	24966	2755	14564	4914	5
田东县那拔镇	20032	8	16486	1121	10738	3079	5
田东县作登瑶族乡	37108	21	38068	2765	20919	5648	30
平果县马头镇	22598	11	108981	15602	41467	23540	17
平果县新安镇	22539	18	50514	18578	29381	17448	25
平果县果化镇	23080	18	51154	3074	29285	9797	13
平果县太平镇	34055	20	73158	3983	38817	6190	
平果县坡造镇	11653	10	23006	2015	13389	9423	9
平果县四塘镇	17044	12	21783	789	13830	4855	1
平果县旧城镇	25463	19	44711	4110	19988	8683	10
平果县榜圩镇	15052	13	39282	4973	26283	14509	3
平果县风梧镇	21225	18	12000	4876	18123	9156	
平果县海城乡	22906	16	36424	2421	18585	7605	3
平果县黎明乡	10883	7	14423	2136	9517	3105	2
平果县同老乡	12695	9	14558	955	10395	1640	
德保县城关镇	14619	10	61017	52600	10880	3910	82
德保县足荣镇	15961	10	19893	2321	10315	210	21
德保县隆桑镇	11023	11	16261	3125	10244		4
德保县敬德镇	27284	20	28089	3238	15285	5059	6
德保县马隘镇	22195	21	33962	4255	22291	531	20
德保县都安乡	13461	10	16424	1760	8694	542	5
德保县那甲乡	20644	17	24300	1915	15851	503	16
德保县荣华乡	21944	10	18276	1720	10846		11
德保县燕峒乡	32639	19	28184	2824	17132	700	12
德保县龙光乡	24825	19	33314	2762	19517	1332	6
德保县巴头乡	17846	14	18775	1572	12039	3232	3
德保县东凌乡	35082	19	33430	1800	16181		3
靖西县新靖镇	20391	21	98914	57100	35614	11329	301
靖西县化峒镇	9369	10	20928	2980	18822	4382	5
靖西县湖润镇	20422	14	28261	1972	18608	9328	98
靖西县安德镇	22114	20	43245	1110	22961	5700	
靖西县龙临镇	14922	14	36359	3450	19850	5640	2
靖西县渠洋镇	24049	22	47396	3150	28664	4966	5
靖西县岳圩镇	9703	7	14891	2926	7053	3209	3
靖西县龙邦镇	11337	12	21832	1322	10676	3724	7
靖西县同德乡	15456	11	27570	1125	17410	7679	2
靖西县壬庄乡	11623	12	22601	702	13184	5933	2
靖西县安宁乡	12760	10	17849	736	8908	1520	2
靖西县地州乡	18830	15	30915	1254	16334	6169	2
靖西县禄峒乡	30200	23	51068	1320	21718	6290	6
靖西县南坡乡	18712	12	28721	1680	28721	18669	4
靖西县吞盘乡	13918	9	17750	560	11535	6549	
靖西县果乐乡	13186	13	27105	548	14127	4055	
靖西县新甲乡	19295	19	47807	1200	43778	18812	6
靖西县武平乡	26896	22	48560	1056	19977	7500	5
靖西县魁圩乡	19432	16	24260	550	12254	2944	
那坡县城厢镇	33754	26	57210	28730	21122	5071	42
那坡县平孟镇	22441	10	15693	2308	5510	776	6
那坡县坡荷乡	13302	13	15806	1967	8649	167	4
那坡县龙合乡	27626	19	36824	3112	17967	499	6

乡镇基本情况

计算单位:公顷、个、人

名　　称	行政区域面积	村民委员会	常住人口	城镇建成区总人口	从业人员	二三产业从业人员	工业企业单位
那坡县德隆乡	24502	13	20609	2722	11872	1122	5
那坡县百合乡	26502	10	15425	2934	6976	455	8
那坡县百南乡	13478	8	9767	1702	5425	1444	4
那坡县百省乡	33129	13	17374	2330	7786	577	5
那坡县百都乡	27534	15	23027	2202	9962	2473	6
凌云县泗城镇	33323	18	49959	49085	16807	9016	20
凌云县逻楼镇	33500	20	40267	7800	16702	5616	2
凌云县加尤镇	27189	12	30473	4938	19909	6484	3
凌云县下甲乡	18514	10	22493	4100	8389	3044	3
凌云县伶站瑶族乡	21157	9	17963	2894	8163	2367	11
凌云县朝里瑶族乡	17571	6	9156	685	5166	774	12
凌云县沙里瑶族乡	22103	12	19944	8860	8496	3578	
凌云县玉洪瑶族乡	31569	18	26657	22984	12860	2625	2
乐业县同乐镇	31217	15	44122	15256	17208	4148	61
乐业县甘田镇	15466	8	17264	4098	8347	1915	7
乐业县新化镇	37146	14	25154	828	11529	2483	3
乐业县花坪镇	32536	7	16330	2374	8548	989	3
乐业县逻沙乡	23134	11	18998	3800	5222	870	2
乐业县逻西乡	47925	13	20373	820	10742	1100	4
乐业县幼平乡	45027	11	20777	3342	10274	827	7
乐业县雅长乡	30866	5	8894	1427	4856	57	
田林县乐里镇	30423	12	32980	20134	10261	6655	59
田林县旧州镇	46546	14	21202	2917	11275	5961	2
田林县定安镇	30089	8	12763	3597	7993	5390	137
田林县六隆镇	46349	18	22139	2394	12766	2826	2
田林县潞城瑶族乡	78838	19	27565	2701	17156	4169	21
田林县利周瑶族乡	25257	9	17001	2522	8744	3080	1
田林县平塘乡	19059	10	13656	1914	7958	2892	
田林县浪平乡	45450	20	32647	3058	20483	3902	
田林县八桂瑶族乡	33560	12	14799	2289	9203	2942	
田林县八渡瑶族乡	67723	17	23307	2381	15629	3682	29
田林县那比乡	21713	5	8993	2049	5237	2607	3
田林县高龙乡	27127	7	8686	2012	6083	2633	21
田林县百乐乡	52142	7	13015	2089	10913	2746	
田林县者苗乡	28101	7	9955	1525	6210	4147	29
西林县八达镇	35927	13	36850	4233	12375	1918	14
西林县古障镇	62709	19	33514	2732	19152	5349	16
西林县那劳镇	22675	6	8842	1790	6076	1486	7
西林县马蚌乡	42345	13	16656	2068	9384	2184	77
西林县普合苗族乡	19459	7	11351	1630	7342	464	22
西林县西平乡	28643	12	14101	1830	8596	730	127
西林县那佐苗族乡	59751	18	26741	2012	15171	1279	30
西林县足别瑶族苗族乡	28220	6	9325	1340	5862	385	19
隆林各族自治县新州镇	18895	13	33619	20964	15823	4504	47
隆林各族自治县桠杈镇	9452	7	13460	3060	7102	1675	
隆林各族自治县天生桥镇	17174	10	24272	4383	13100	3918	6
隆林各族自治县平班镇	21594	17	33646	2648	19824	6127	3
隆林各族自治县德峨镇	31349	15	39401	3921	20712	5400	2
隆林各族自治县沙梨乡	14235	7	16933	2117	7749	681	1
隆林各族自治县隆或乡	22965	15	29957	4843	12171	1089	3

乡镇基本情况

计算单位:公顷、个、人

名　　称	行政区域面积	村民委员会	常住人口	城镇建成区总人口	从业人员	二三产业从业人员	工业企业单位
隆林各族自治县者保乡	19557	13	29488	3850	17767	6541	
隆林各族自治县者浪乡	15980	11	18840	2670	15743	853	8
隆林各族自治县革步乡	29528	15	24163	3382	12672	4120	
隆林各族自治县金钟山乡	25888	6	15644	2356	6920	1148	
隆林各族自治县猪场乡	23839	8	21454	3115	12885	887	2
隆林各族自治县蛇场乡	23251	8	17670	2798	10533	1638	
隆林各族自治县克长乡	29006	13	28148	3107	18150	3949	
隆林各族自治县岩茶乡	28605	9	21837	3190	12491	4201	3
隆林各族自治县介廷乡	20010	8	14205	2026	13285	4950	3
八步区贺街镇	34825	24	73159	11766	55575	23865	45
八步区步头镇	57927	16	33780	2659	17446	2283	3
八步区莲塘镇	19270	19	85016	5690	51419	16915	48
八步区大宁镇	38904	12	44088	2988	26068	8203	16
八步区南乡镇	28495	8	22493	3988	12268	6379	32
八步区桂岭镇	41480	24	96844	7680	57885	14325	30
八步区开山镇	12365	7	15767	1515	14652	5123	5
八步区里松镇	21312	6	11300	3208	8959	1728	8
八步区信都镇	26077	15	61931	17041	33280	18280	35
八步区灵峰镇	16493	3	8647	1161	4338	1061	8
八步区仁义镇	31350	19	63464	2565	36805	14623	18
八步区铺门镇	17320	24	67836	3855	45734	14180	10
八步区黄洞瑶族乡	18900	4	7276	1035	4720	627	10
平桂管理区黄田镇	21640	14	79832	11034	55837	25977	369
平桂管理区鹅塘镇	20500	17	51206	2075	27605	8386	163
平桂管理区沙田镇	47600	25	92500	10703	48963	10318	1690
平桂管理区公会镇	30567	24	79656	11920	33877	9577	156
平桂管理区水口镇	16711	6	10821	1937	8085	2195	9
平桂管理区望高镇	22679	12	38197	6482	16846	5743	317
平桂管理区羊头镇	15900	12	43895	1285	20230	5273	412
平桂管理区大平瑶族乡	18556	6	13565	1921	14326	4733	43
昭平县昭平镇	53900	14	82680	41930	27280	13500	224
昭平县文竹镇	28603	5	10594	603	4466	567	10
昭平县黄姚镇	24400	19	45881	3950	13709	4726	42
昭平县富罗镇	33600	13	29082	1153	13700	1400	13
昭平县北陀镇	41700	13	38900	1368	18155	4861	12
昭平县马江镇	31300	14	39060	12677	20861	5006	30
昭平县五将镇	29217	19	35652	1455	18496	10629	6
昭平县仙回瑶族乡	18500	6	14910		8084	5184	8
昭平县走马乡	38000	12	30170	1100	15035	2729	27
昭平县樟木林乡	14800	14	39518	3900	12870	6170	5
昭平县凤凰乡	6705	12	30200	1123	15600	3000	1
昭平县木格乡	23562	11	22602	1159	9028	1596	4
钟山县钟山镇	22700	21	122386	72170	62500	46500	889
钟山县回龙镇	8834	10	43585	3455	21454	4430	6
钟山县石龙镇	6313	5	31385	6786	14490	6360	75
钟山县凤翔镇	7139	6	30410	5368	16900	5572	461
钟山县珊瑚镇	3731	4	18999	5888	9666	4512	41
钟山县同古镇	14293	9	28589	5512	18206	8288	118
钟山县公安镇	15070	15	47180	4868	28340	3240	46
钟山县清塘镇	15909	17	55967	4051	33403	15943	279

乡镇基本情况

计算单位：公顷、个、人

名　　称	行政区域面积	村民委员会	常住人口	城镇建成区总人口	从业人员	二三产业从业人员	工业企业单位
钟山县燕塘镇	10150	7	26910	2637	15923	2123	63
钟山县红花镇	9367	7	22259	4101	17450	2858	331
钟山县花山瑶族乡	15400	6	7850	2270	3110	1010	120
钟山县两安瑶族乡	13000	6	13120	2312	8272	1191	232
富川瑶族自治县富阳镇	20177	18	43180	5980	26819	7777	17
富川瑶族自治县白沙镇	9885	6	12175	2583	7634	2524	4
富川瑶族自治县莲山镇	8941	11	25720	2410	15959	4379	3
富川瑶族自治县古城镇	4265	9	21436	1502	14007	7180	2
富川瑶族自治县福利镇	9000	10	21727	1850	12350	1792	1
富川瑶族自治县麦岭镇	19915	13	20145	3950	12399	4030	
富川瑶族自治县葛坡镇	9530	12	18307	2550	12615	3475	
富川瑶族自治县城北镇	12908	11	19937	3551	12733	4390	
富川瑶族自治县朝东镇	21676	21	30431	2750	18540	6890	
富川瑶族自治县新华乡	10525	10	17957	3260	11870	4210	1
富川瑶族自治县石家乡	8915	7	13621	2200	7549	1360	
富川瑶族自治县柳家乡	10925	9	16409	2560	10204	2357	1
金城江区东江镇	19700	7	31492	2904	19383	2149	42
金城江区六圩镇	23008	12	32594	4952	19600	10652	41
金城江区六甲镇	8338	5	14205	2672	9360	4928	5
金城江区河池镇	31941	14	27235	6617	15035	6237	27
金城江区拔贡镇	19400	9	16169	459	10672	4655	3
金城江区九圩镇	40800	25	31184	2254	14512	6572	8
金城江区五圩镇	16110	9	13499	2126	8822	3072	22
金城江区白土乡	17800	10	16977		11320	321	3
金城江区侧岭乡	19400	5	10729		4611	757	1
金城江区保平乡	16800	7	11799		7706	423	9
金城江区长老乡	18700	10	14780		13809	5809	14
南丹县城关镇	41003	12	67058	51311	40536	25130	4
南丹县大厂镇	27330	7	27906	17251	14804	9627	2
南丹县车河镇	16000	7	11285	4360	4862	1358	9
南丹县芒场镇	38768	13	26825	2478	13700	1903	
南丹县六寨镇	62470	18	44673	3650	25244	4517	10
南丹县月里镇	30470	9	24267	2210	17453	4360	
南丹县吾隘镇	21613	12	18071	1166	11092	1484	
南丹县罗富乡	43082	18	27181		13333	1669	
南丹县中堡苗族乡	16470	5	7929		6003	260	
南丹县八圩瑶族乡	49600	15	24698		12695	2384	
南丹县里湖瑶族乡	49600	12	21563		10336	535	
天峨县六排镇	38300	10	36255	23141	9704	3240	288
天峨县向阳镇	69620	15	29405	3450	14750	2848	
天峨县岜暮乡	25810	14	13714		4130	1450	
天峨县八腊瑶族乡	32640	9	22117		9786	58	
天峨县纳直乡	19790	5	7038		3806	600	
天峨县更新乡	30910	12	16649		8609	1257	
天峨县下老乡	31120	8	15632		8749	1368	
天峨县坡结乡	42620	10	14501		8875	2555	
天峨县三堡乡	24700	8	15395		7672	1486	
凤山县凤城镇	30390	14	40097	19350	18460	8760	78
凤山县袍里乡	12150	7	14533		7140	2350	10
凤山县砦牙乡	17600	11	16300		9014	3798	12

乡镇基本情况

计算单位:公顷、个、人

名　　称	行政区域面积	村民委员会	常住人口	城镇建成区总人口	从业人员	二三产业从业人员	工业企业单位
凤山县长洲乡	19050	12	18998		11362	2120	11
凤山县乔音乡	32569	16	33984		16068	5886	26
凤山县金牙瑶族乡	23040	12	24900		7521	1034	9
凤山县中亭乡	10790	7	15421		8898	2217	10
凤山县平乐瑶族乡	17510	10	18326		12452	3790	6
凤山县江洲瑶族乡	10700	7	10401		3276	2236	9
东兰县东兰镇	26292	17	54584	31185	19968	10423	35
东兰县隘洞镇	33026	21	41374	4863	21345	7758	16
东兰县长乐镇	16811	10	21173	3637	11290	5655	25
东兰县三石镇	29557	13	25891	5218	12358	5633	
东兰县武篆镇	19012	15	27022	4766	12815	4473	8
东兰县泗孟乡	13043	6	14272		9024	2848	20
东兰县兰木乡	16379	11	18189		6429	2227	
东兰县长江乡	15335	10	24144		11785	3966	1
东兰县巴畴乡	11946	8	14870		8956	1971	10
东兰县金谷乡	12836	8	11809		5917	1610	
东兰县三弄瑶族乡	6654	5	5601		2930	1462	1
东兰县大同乡	15562	7	16731		8602	5406	8
东兰县花香乡	18422	11	21267		10258	4136	6
东兰县切学乡	8371	5	8507		4300	2338	4
罗城仫佬族自治县东门镇	38374	19	97414	31000	32285	12785	24
罗城仫佬族自治县龙岸镇	37170	16	52789	3580	24400	9565	12
罗城仫佬族自治县黄金镇	17868	7	24488	3899	12960	4110	8
罗城仫佬族自治县小长安镇	25200	11	41451	2650	12580	2080	15
罗城仫佬族自治县四把镇	28713	21	55489	5880	34700	12240	18
罗城仫佬族自治县天河镇	19744	14	23200	3006	14380	1810	6
罗城仫佬族自治县怀群镇	17300	9	22896	7071	7496	2000	8
罗城仫佬族自治县宝坛乡	29407	7	20100	2248	12600	1670	23
罗城仫佬族自治县乔善乡	14454	6	18000	3081	13290	1673	10
罗城仫佬族自治县纳翁乡	20460	5	6528	1314	4029	1829	6
罗城仫佬族自治县兼爱乡	20460	10	13761	568	6800	3000	6
环江毛南族自治县思恩镇	27799	12	49622	22767	23950	10241	115
环江毛南族自治县水源镇	35498	11	41269	6220	20835	12335	20
环江毛南族自治县洛阳镇	46759	12	50366	4285	15846	6016	33
环江毛南族自治县川山镇	66440	18	46239	4511	23090	8206	14
环江毛南族自治县明伦镇	45775	15	39710	2330	19610	8040	5
环江毛南族自治县东兴镇	49514	10	24012	3800	12490	1866	22
环江毛南族自治县大才乡	12839	6	13201		6980	663	6
环江毛南族自治县下南乡	27800	10	14000		8800	2450	
环江毛南族自治县大安乡	22087	6	20879		10252	3324	7
环江毛南族自治县长美乡	23817	5	14455		8245	1275	21
环江毛南族自治县龙岩乡	40999	12	22960		14507	6379	10
环江毛南族自治县驯乐苗族乡	59460	10	29150		15154	6927	15
巴马瑶族自治县巴马镇	27391	14	72986	31143	35326	24922	328
巴马瑶族自治县燕洞乡	22549	12	29250		12040	3823	58
巴马瑶族自治县甲篆乡	16272	11	28480		15228	6018	40
巴马瑶族自治县那社乡	17740	7	17365		9877	4652	32
巴马瑶族自治县所略乡	34299	18	33560		23392	7888	92
巴马瑶族自治县西山乡	25887	16	22118		10341	2934	34
巴马瑶族自治县东山乡	13600	8	13007		6965	2309	9

乡镇基本情况

计算单位：公顷、个、人

名　　称	行政区域面积	村民委员会	常住人口	城镇建成区总人口	从业人员	二三产业从业人员	工业企业单位
巴马瑶族自治县凤凰乡	9200	4	11361		5446	2604	22
巴马瑶族自治县百林乡	11623	5	18148		9706	2284	24
巴马瑶族自治县那桃乡	19461	8	34137		16525	2867	48
都安瑶族自治县安阳镇	5248		55855	32878	16465	7906	23
都安瑶族自治县高岭镇	30670	21	81218	9495	39676	11175	21
都安瑶族自治县地苏镇	25140	18	74131	681	34410	11310	69
都安瑶族自治县下坳镇	34800	20	41064		20714	4042	
都安瑶族自治县拉烈镇	31850	19	38492		18570	8185	1
都安瑶族自治县百旺镇	23970	10	31906	1628	17610	6494	43
都安瑶族自治县澄江乡	24320	13	57535		37422	11228	22
都安瑶族自治县东庙乡	14090	12	28862		17407	7746	70
都安瑶族自治县大兴乡	16340	13	33838		17562	5863	
都安瑶族自治县隆福乡	15320	9	20190		11166	4678	
都安瑶族自治县保安乡	23560	11	28992		15460	10652	
都安瑶族自治县板岭乡	28120	13	35954		24081	10911	1
都安瑶族自治县永安乡	21070	13	25468		13782	5693	
都安瑶族自治县三只羊乡	26400	14	18701		11983	4059	
都安瑶族自治县龙湾乡	16740	11	15651		8177	3938	
都安瑶族自治县菁盛乡	21580	13	23324		14445	14445	
都安瑶族自治县加贵乡	16380	11	21615		14162	1000	
都安瑶族自治县拉仁乡	18530	9	27096		3245	1780	57
都安瑶族自治县九渡乡	17390	9	20213		7983	1478	
大化瑶族自治县大化镇	26326	17	98745	48595	32700	16527	57
大化瑶族自治县都阳镇	17830	7	25656	3600	15830	5640	9
大化瑶族自治县岩滩镇	18490	8	33133	3514	14877	3096	19
大化瑶族自治县共和乡	11446	10	22432		15744	4677	6
大化瑶族自治县贡川乡	11320	8	18375		9697	3820	
大化瑶族自治县百马乡	12640	10	21256		12649	6130	4
大化瑶族自治县古河乡	5340	6	7781		3924	1824	1
大化瑶族自治县古文乡	9020	8	12512		7956	4866	
大化瑶族自治县江南乡	16530	13	29828		14048	4020	4
大化瑶族自治县羌圩乡	13210	6	21669		13846	4000	2
大化瑶族自治县乙圩乡	11009	5	17789		8931	4680	
大化瑶族自治县北景乡	22800	10	29235		16442	7162	26
大化瑶族自治县板升乡	30000	13	28518		16247	7436	
大化瑶族自治县七百弄乡	20340	10	17941		8350	2409	
大化瑶族自治县雅龙乡	24910	13	34769		14899	5981	
大化瑶族自治县六也乡	20470	11	29780		16726	9704	
宜州市庆远镇	32200	16	148485	94089	62223	39953	958
宜州市三岔镇	12928	8	18720	2512	12250	4757	26
宜州市洛西镇	15700	8	29937	5397	15026	6608	86
宜州市怀远镇	24600	10	35134	4367	23504	2664	158
宜州市德胜镇	30900	18	50531	11396	23147	6944	160
宜州市石别镇	20650	10	34100	4005	28099	4723	16
宜州市北山镇	16500	8	34166	4197	18129	3477	58
宜州市祥贝乡	20900	14	19974		13662	4808	28
宜州市刘三姐乡	35200	16	40148		24348	4694	59
宜州市屏南乡	14400	6	21125		16559	7008	53
宜州市洛东乡	10200	5	25138		22901	7854	76
宜州市福龙瑶族乡	41300	14	35704		20633	4551	53

乡镇基本情况

计算单位:公顷、个、人

名　　称	行政区域面积	村民委员会	常住人口	城镇建成区总人口	从业人员	二三产业从业人员	工业企业单位
宜州市北牙瑶族乡	36700	17	59847		29190	9110	181
宜州市同德乡	16000	7	22796		11823	362	48
宜州市安马乡	28500	11	24408		16855	4555	42
宜州市龙头乡	30200	12	41072		25500	7488	255
兴宾区凤凰镇	40090	18	79141	38381	40850	9825	39
兴宾区良江镇	20150	12	53518	8281	31774	6743	86
兴宾区小平阳镇	21570	10	61665	8806	29122	3673	8
兴宾区迁江镇	34060	19	79444	7999	35788	11697	22
兴宾区石陵镇	15640	11	35822	5050	21141	7136	16
兴宾区平阳镇	30420	21	59355	7787	27205	6652	16
兴宾区蒙村镇	24790	14	51018	4586	23904	3568	29
兴宾区三五乡	21600	15	63270		29235	8079	3
兴宾区五山乡	13420	9	34882		16765	2579	3
兴宾区陶邓乡	20120	13	48930		24113	2760	3
兴宾区桥巩乡	19600	11	41996		23158	4150	7
兴宾区良塘乡	19500	10	37926		21974	1724	59
兴宾区七洞乡	18700	8	22788		10423	2090	2
兴宾区城厢乡	17500	11	39583		19435	3874	65
兴宾区寺山乡	19680	17	68455		25781	4790	40
兴宾区石牙乡	13520	10	43427		22510	5032	11
兴宾区南泗乡	17600	10	39135		16880	2624	1
兴宾区高安乡	8300	7	23323		11320	1435	1
兴宾区大湾乡	14278	8	39377		19750	2157	3
兴宾区正龙乡	8705	6	29171		15340	777	1
忻城县城关镇	41900	21	87974	35084	50720	25420	18
忻城县大塘镇	31300	12	50009	7408	30205	10405	7
忻城县思练镇	37800	15	52540	11455	28509	11109	5
忻城县红渡镇	22200	11	37236	6250	21731	7431	8
忻城县古蓬镇	14600	11	34859	4012	23480	9680	7
忻城县马泗乡	23466	6	19654		11903	4803	5
忻城县欧洞乡	13393	4	15754		6496	2596	3
忻城县安东乡	12000	5	20107		12317	3017	2
忻城县果遂乡	14800	8	28707		17728	2928	3
忻城县新圩乡	7200	4	13914		7307	2507	
忻城县遂意乡	15800	12	22989		13706	2306	2
忻城县北更乡	19630	14	26291		18901	9801	
象州县象州镇	17947	9	46249	45336	22689	12564	605
象州县石龙镇	21799	7	25770	12686	19265	4330	285
象州县运江镇	23683	17	44090	4547	22282	4194	96
象州县寺村镇	21920	14	48656	8318	30129	9762	343
象州县中平镇	9722	8	34721	3738	19210	8135	33
象州县罗秀镇	12913	9	31282	4463	18744	4777	150
象州县大乐镇	11784	10	29128	4339	16331	3702	141
象州县马坪乡	21115	11	35343		19474	4774	191
象州县妙皇乡	21700	12	25743		13465	3186	22
象州县百丈乡	9200	7	19985		14571	1456	32
象州县水晶乡	13823	8	23150		14287	2024	23
武宣县武宣镇	15818	17	73648	58020	46135	25831	622
武宣县桐岭镇	18477	16	58521	6918	41657	15987	62
武宣县通挽镇	8479	11	41957	6850	23829	20667	96

乡镇基本情况

计算单位：公顷、个、人

名　　称	行政区域面积	村民委员会	常住人口	城镇建成区总人口	从业人员	二三产业从业人员	工业企业单位
武宣县东乡镇	24242	24	53757	5225	33535	8195	164
武宣县三里镇	18927	15	43915	4290	23862	5837	86
武宣县二塘镇	26000	22	49528	4853	28180	6465	97
武宣县黄茆镇	10790	8	27307	3605	17317	2280	39
武宣县禄新乡	12516	12	40089	2168	25710	6870	12
武宣县思灵乡	8644	9	26004	6880	13509	1385	3
武宣县金鸡乡	14700	8	20430	2639	11149	3632	12
金秀瑶族自治县金秀镇	30322	7	16219	10732	4897	1193	27
金秀瑶族自治县桐木镇	20486	14	47776	8686	26673	6094	61
金秀瑶族自治县头排镇	10742	4	19989	4576	8400	2644	22
金秀瑶族自治县三角乡	18444	6	5415		3878	453	2
金秀瑶族自治县忠良乡	33635	11	10290		6931	1848	9
金秀瑶族自治县罗香乡	29122	9	11440		6091	1421	7
金秀瑶族自治县长垌乡	19652	7	5656		3490	967	10
金秀瑶族自治县大樟乡	37247	8	11164		7673	540	6
金秀瑶族自治县六巷乡	26253	5	4692		3375	865	3
金秀瑶族自治县三江乡	20976	6	8490		5065	2655	6
合山市岭南镇	9800	8	31705	16992	23085	4415	298
合山市北泗乡	13440	11	31755		17741	1791	32
合山市河里乡	12813	10	37840		17481	6466	15
江洲区新和镇	21700	8	18798	7127	12763	3653	7
江洲区濑湍镇	17476	10	23792	3140	16484	3753	2
江洲区江州镇	27911	11	37885	9899	30628	9529	67
江洲区左州镇	38800	12	33046	6105	29433	7149	6
江洲区那隆镇	35375	14	29887	5880	25394	9383	5
江洲区驮卢镇	44308	17	48014	6693	38692	13271	69
江洲区罗白乡	15960	8	21354	5702	17253	4322	3
江洲区板利乡	10700	5	14653	2670	8824	1754	6
扶绥县新宁镇	11180	8	91089	61779	29718	9272	22
扶绥县渠黎镇	32973	16	45212	5871	33229	1835	11
扶绥县渠旧镇	15000	10	23664	2701	17156	2218	7
扶绥县柳桥镇	21037	12	28773	8603	18983	3621	4
扶绥县东门镇	33512	15	42171	10657	33245	5024	10
扶绥县山圩镇	25661	11	28349	6301	19222	3179	20
扶绥县中东镇	26135	14	32152	6491	22737	4132	10
扶绥县东罗镇	17489	9	28808	8141	15259	3993	4
扶绥县龙头乡	17975	8	21433	6541	21082	4905	1
扶绥县岜盆乡	15760	8	22776	4513	16840	3396	11
扶绥县昌平乡	17771	8	20364	3449	14400	2864	9
宁明县城中镇	25074	11	65669	9430	21304	5539	65
宁明县爱店镇	8370	2	7258	3975	7080	3358	3
宁明县明江镇	18753	12	27885	1140	25070	8259	11
宁明县海渊镇	22034	15	35281	7720	33349	11433	16
宁明县亭亮乡	37869	12	28805		24447	3345	2
宁明县寨安乡	23352	13	17820		13079	1006	8
宁明县峙浪乡	27788	8	17605		16810	1950	6
宁明县东安乡	14507	7	14417		12254	2154	1
宁明县板棍乡	24034	7	17636		15486	6727	2
宁明县北江乡	17890	10	17976		17750	2156	6
宁明县桐棉乡	65467	16	35582		21870	6170	8

乡镇基本情况

计算单位:公顷、个、人

名　　称	行政区域面积	村民委员会	常住人口	城镇建成区总人口	从业人员	二三产业从业人员	工业企业单位
宁明县那堪乡	29925	17	31015		19996	3134	7
宁明县那楠乡	55378	12	21344		12874	1730	4
龙州县龙州镇	14042	10	45632	40125	20559	13539	68
龙州县下冻镇	11400	9	13692	1300	10768	3010	10
龙州县水口镇	18300	10	18025	2053	13295	3170	10
龙州县金龙镇	20190	15	21305	1685	18398	5672	5
龙州县响水镇	20600	9	12954	2674	8892	3169	4
龙州县八角乡	9010	7	7265		7093	2607	6
龙州县上降乡	7300	8	7351		6962	2180	5
龙州县彬桥乡	12100	12	16802		11528	3647	9
龙州县上龙乡	17300	8	16885		11104	2210	6
龙州县武德乡	20400	8	17015		12561	2625	7
龙州县逐卜乡	22156	11	15234		12028	3254	3
龙州县上金乡	21600	10	17058		12666	3579	10
大新县桃城镇	23857	11	67898	38800	30580	13624	36
大新县全茗镇	18239	7	20310	2800	16703	9521	
大新县雷平镇	38095	22	42929	6488	33194	3320	4
大新县硕龙镇	17140	9	10702	3172	8543	3156	
大新县下雷镇	25300	12	24406	6645	22294	8554	35
大新县五山乡	14500	8	14575		14545	9442	
大新县龙门乡	18814	7	12842		12742	6171	
大新县昌明乡	11400	7	13833		13821	6959	
大新县福隆乡	14500	5	11776		11817	5805	
大新县那岭乡	17900	9	11689		11069	1618	
大新县恩城乡	14555	7	12303		12156	3065	
大新县榄圩乡	35900	14	24465		22037	6565	
大新县宝圩乡	11200	5	14272		13078	5996	
大新县堪圩乡	12800	6	15030		11622	5457	
天等县天等镇	21000	12	66940	42145	37255	17474	33
天等县龙茗镇	16800	6	16544	4797	15100	5698	5
天等县进结镇	21700	12	27121	5594	23697	10469	5
天等县向都镇	22900	13	36828	4806	35110	16564	2
天等县东平镇	13200	7	20490	1513	17077	7095	18
天等县都康乡	13400	10	24022		21966	10849	3
天等县宁干乡	9400	6	16691		14610	7954	2
天等县驮堪乡	21500	11	27730		24822	8713	3
天等县福新乡	27800	13	24859		20647	9450	4
天等县进远乡	6500	4	8385		7489	5625	
天等县上映乡	17300	10	28692		23412	9500	5
天等县把荷乡	14900	8	19039		17279	10801	1
天等县小山乡	9500	5	11083		9955	5993	1
凭祥市凭祥镇	5880	5	62176	38850	23803	14953	19
凭祥市友谊镇	10500	9	19596	48	13270	7335	4
凭祥市上石镇	12000	8	14179	334	12944	3178	5
凭祥市夏石镇	19330	9	18420	3560	17775	11870	14
海南省							
秀英区长流镇	4830	12	39562	19930	14209	6459	63
秀英区西秀镇	4230	10	42126	1428	11919	6614	27
秀英区海秀镇	1970	6	56270	3226	39142	30597	10
秀英区石山镇	12074	11	32365	3885	19340	2937	25

乡镇基本情况

计算单位：公顷、个、人

名　　称	行政区域面积	村民委员会	常住人口	城镇建成区总人口	从业人员	二三产业从业人员	工业企业单位
秀英区永兴镇	11200	8	31646	4236	11663	3609	16
秀英区东山镇	13109	21	76466	14588	38675	17477	10
龙华区城西镇	3500	9	69713	24000	23266	20540	65
龙华区龙桥镇	4950	8	16683	2773	14752	6638	21
龙华区新坡镇	5412	13	35367	546	17139	5233	
龙华区遵谭镇	5570	7	21542	2586	12633	4238	21
龙华区龙泉镇	7340	17	49024	7880	26667	376	8
琼山区龙塘镇	3879	10	29736	7305	17871	12034	110
琼山区云龙镇	9600	7	21681	5672	7460	1353	40
琼山区红旗镇	42000	10	26598	6874	14209	2685	49
琼山区三门坡镇	12738	10	22789	4012	14455	2224	6
琼山区大坡镇	5667	5	11024	3043	5958	881	
琼山区甲子镇	15178	14	30125	2664	16882	2830	8
琼山区旧州镇	12600	10	29292	3648	19015	2665	2
美兰区灵山镇	11230	22	86200	10117	35918	20182	57
美兰区演丰镇	13100	13	27708	4660	13482	6477	4
美兰区三江镇	6582	8	17626	5406	11730	2927	7
美兰区大致坡镇	11394	10	31313	9986	17743	6128	
市辖区海棠湾镇	25380	19	60342	11589	24062	14039	38
市辖区吉阳镇	32510	17	98600	20410	41276	19952	188
市辖区凤凰镇	48700	13	62897	11470	31877	10353	48
市辖区崖城镇	38325	24	82005	43093	41273	5757	43
市辖区天涯镇	13800	7	38409	6409	17423	5473	35
市辖区育才镇	31490	10	23675	1131	11046	2221	
五指山市通什镇	22850	16	51253	38918	15599	7927	45
五指山市南圣镇	14270	6	8932	455	7328	376	
五指山市毛阳镇	20650	13	16122	1232	7978	1410	3
五指山市番阳镇	12300	5	9242	528	6390	271	
五指山市畅好乡	16200	10	5697		3761	486	
五指山市毛道乡	16000	4	5585		3587	466	
五指山市水满乡	10630	5	4634		3036	799	
琼海市嘉积镇	13630	33	198000	121005	57069	38356	53
琼海市万泉镇	9740	16	28250	3459	14890	5233	9
琼海市石壁镇	9530	7	16406	1200	10056	2636	
琼海市中原镇	10400	22	30562	5388	18316	8359	13
琼海市博鳌镇	8696	17	28805	4850	15362	6719	
琼海市阳江镇	11670	15	28100	3302	15166	3908	3
琼海市龙江镇	4970	9	22492	1275	11458	3070	3
琼海市潭门镇	7810	14	30594	6500	15919	3048	13
琼海市塔洋镇	6330	15	29364	3550	19428	8766	6
琼海市长坡镇	16730	21	51550	12730	26592	7936	7
琼海市大路镇	9420	15	26266	5332	17155	5015	8
琼海市会山镇	13030	5	8503	508	3940	310	1
儋州市那大镇	19680	21	216659	171751	31714	16334	61
儋州市和庆镇	18000	10	23350	830	10908	948	10
儋州市南丰镇	17300	10	26930	3149	14925	3520	6
儋州市大成镇	10000	19	39460	2080	14765	3785	2
儋州市雅星镇	55756	20	51516	1658	27215	1668	1
儋州市兰洋镇	32666	14	19086	1126	9690	1205	3
儋州市光村镇	8433	10	32344	4380	12994	3304	1

乡镇基本情况

计算单位:公顷、个、人

名　　称	行政区域面积	村民委员会	常住人口	城镇建成区总人口	从业人员	二三产业从业人员	工业企业单位
儋州市木棠镇	17160	25	59108	7997	23905	4643	11
儋州市海头镇	19800	10	46143	5690	19040	6674	5
儋州市峨蔓镇	7300	13	29504	612	11532	5879	2
儋州市三都镇	6610	9	31533	957	15292	6123	3
儋州市王五镇	12900	8	29807	5696	11571	3116	4
儋州市白马井镇	7350	15	62075	26960	30500	11938	18
儋州市中和镇	6199	11	41690	9150	21000	6480	5
儋州市排浦镇	10900	7	20802	4162	10718	3033	6
儋州市东成镇	22650	19	64809	1278	37301	8587	11
儋州市新州镇	7900	19	84928	31250	22868	7398	7
文昌市文城镇	31657	41	127285	67047	59356	32209	198
文昌市重兴镇	11930	13	30561	2810	13815	3125	9
文昌市蓬莱镇	12100	11	17662	3212	11962	1405	10
文昌市会文镇	13560	16	32166	5491	11060	2472	26
文昌市东路镇	8700	10	22178	3833	8656	1633	1
文昌市潭牛镇	14100	15	26517	1855	12641	1321	22
文昌市东阁镇	10980	18	23951	4200	9786	2630	5
文昌市文教镇	7150	16	24299	3835	11805	3440	6
文昌市东郊镇	8824	15	48744	3982	29863	5880	150
文昌市龙楼镇	9800	9	22086	3793	15568	3201	2
文昌市昌洒镇	15400	12	16557	4620	8981	2229	10
文昌市翁田镇	26487	14	33109	8835	17427	4958	10
文昌市抱罗镇	10933	11	17500	1802	9364	1479	6
文昌市冯坡镇	10500	10	13700	3096	8240	1130	3
文昌市锦山镇	16400	27	37238	6092	18970	7358	14
文昌市铺前镇	13470	11	41589	6512	30431	15454	48
文昌市公坡镇	8460	6	12331		3994	1542	3
万宁市万城镇	10890	32	178576	60924	53363	15808	16
万宁市龙滚镇	15200	17	24917	6500	11000	2000	10
万宁市和乐镇	8040	22	63232	10015	31805	13150	28
万宁市后安镇	9295	23	52103	5409	12752	1547	11
万宁市大茂镇	5210	11	28747	5009	9343	2231	34
万宁市东澳镇	8900	19	48287	3475	25134	7675	4
万宁市礼纪镇	18200	15	45656	4177	9996	8021	12
万宁市长丰镇	10600	12	30508	1434	10576	2441	11
万宁市山根镇	6000	9	13106	1291	7020	2470	5
万宁市北大镇	27609	19	22910	2455	18774	2140	4
万宁市南桥镇	6900	7	12222	681	5452	1021	1
万宁市三更罗镇	12666	11	11413	652	5449	1599	5
东方市八所镇	30300	34	164674	89614	75817	43151	324
东方市东河镇	32300	19	23062	5592	11778	1746	30
东方市大田镇	13538	24	27619	2612	18746	2524	33
东方市感城镇	18667	15	47549	17229	15419	2918	41
东方市板桥镇	30369	21	36800	9214	19800	3500	45
东方市三家镇	11200	14	37990	5680	24213	2766	27
东方市四更镇	8009	20	36878	9804	16468	6481	32
东方市新龙镇	8660	9	19874	1922	9157	2204	28
东方市天安乡	27236	15	12137		7549	800	8
东方市江边乡	19853	10	5245		4857	1251	7
定安县定城镇	14682	21	94304	74150	47181	13946	91

乡镇基本情况

计算单位:公顷、个、人

名　　称	行政区域面积	村民委员会	常住人口	城镇建成区总人口	从业人员	二三产业从业人员	工业企业单位
定安县新竹镇	8263	7	20042	5214	9033	3891	4
定安县龙湖镇	9900	11	21165	4350	10288	4387	2
定安县黄竹镇	16076	8	10243	3678	3657	1358	2
定安县雷鸣镇	12944	11	32909	6848	15392	5479	4
定安县龙门镇	12019	12	24218	5600	16795	6012	4
定安县龙河镇	12003	13	33859	6312	17393	6610	3
定安县岭口镇	6421	9	25101	3020	12570	2780	5
定安县翰林镇	15152	6	16946	7802	15493	1714	2
定安县富文镇	12196	10	18995	1684	10611	1639	1
屯昌县屯城镇	16999	20	85509	63272	31986	19305	25
屯昌县新兴镇	10919	12	26680	3501	13282	2323	3
屯昌县枫木镇	6052	9	15272	2847	9742	1670	3
屯昌县乌坡镇	7896	11	20908	3531	12252	2047	4
屯昌县南吕镇	8297	14	32803	5862	19049	4172	2
屯昌县南坤镇	15441	25	36754	3382	19882	2813	5
屯昌县坡心镇	5025	8	11059	1678	8864	1554	12
屯昌县西昌镇	5506	5	9439	2413	7667	1594	
澄迈县金江镇	38979	44	164680	57295	99461	51605	183
澄迈县老城镇	15600	15	66504	9865	20768	9041	85
澄迈县瑞溪镇	7574	14	32996	8186	24003	6474	2
澄迈县永发镇	12730	17	44032	11023	21663	5582	87
澄迈县加乐镇	8200	10	25740	2618	14990	6578	3
澄迈县文儒镇	9118	13	31519	1245	17433	3497	2
澄迈县中兴镇	15333	11	22624	4963	9592	2922	50
澄迈县仁兴镇	3600	6	10823	1175	6816	258	1
澄迈县福山镇	5628	7	18545	8224	11758	5083	5
澄迈县桥头镇	7016	7	22074	2980	11072	1340	1
澄迈县大丰镇	10400		19088	2927	10886	1814	8
临高县临城镇	16640	33	88532	45070	46335	16473	33
临高县波莲镇	11700	11	30753	4128	25421	4658	55
临高县东英镇	8330	12	25066	1780	19787	3787	
临高县博厚镇	17440	20	41766	4691	19767	5619	16
临高县皇桐镇	12430	16	21421	2260	12705	1055	8
临高县多文镇	9221	13	20763	2957	10386	2464	6
临高县和舍镇	13910	11	26900	7565	13920	3360	13
临高县南宝镇	8172	9	15798	3223	8679	1576	
临高县新盈镇	5200	14	58920	15925	19753	9378	53
临高县调楼镇	4960	16	52619	15721	24295	5793	9
白沙黎族自治县牙叉镇	26448	13	35802	21948	14340	1987	16
白沙黎族自治县七坊镇	27592	14	22857	4023	14386	1061	9
白沙黎族自治县邦溪镇	12600	6	10245	2560	6629	1337	13
白沙黎族自治县打安镇	17309	8	14711	1306	8698	844	4
白沙黎族自治县细水乡	23947	4	6073		3765	544	
白沙黎族自治县元门乡	20024	6	7349		4198	199	3
白沙黎族自治县南开乡	31899	5	5083		2109	43	1
白沙黎族自治县阜龙乡	6380	4	5485		3306	143	
白沙黎族自治县青松乡	24879	6	9592		5373		
白沙黎族自治县金波乡	11662	3	4947		2620	75	1
白沙黎族自治县荣邦乡	8979	5	7146		4406	73	3
昌江黎族自治县石碌镇	23588	12	56569	35592	27303	2660	12

乡镇基本情况

计算单位:公顷、个、人

名　　称	行政区域面积	村民委员会	常住人口	城镇建成区总人口	从业人员	二三产业从业人员	工业企业单位
昌江黎族自治县叉河镇	10000	7	14291	2234	9383	1927	13
昌江黎族自治县十月田镇	20420	11	23009	971	12971	1285	
昌江黎族自治县乌烈镇	8900	7	30607	12611	15540	4677	2
昌江黎族自治县昌化镇	12587	12	25693	4731	20624	4459	
昌江黎族自治县海尾镇	20260	12	32078	11206	20101	6251	5
昌江黎族自治县七叉镇	10491	9	16501	1315	8802	930	1
昌江黎族自治县王下乡	34500	4	3029		867	450	
乐东黎族自治县抱由镇	42446	26	68627	28255	38804	3145	16
乐东黎族自治县万冲镇	30799	15	28283	2619	15169	2671	
乐东黎族自治县大安镇	13737	15	30168	2979	16329	3417	1
乐东黎族自治县志仲镇	26487	12	26702	1797	26702	2395	
乐东黎族自治县千家镇	41663	19	30486	1686	15783	4413	2
乐东黎族自治县九所镇	24182	22	81295	4100	46170	18201	
乐东黎族自治县利国镇	21912	15	51452	9389	34362	10520	4
乐东黎族自治县黄流镇	14200	22	67120	5596	45918	23195	2
乐东黎族自治县佛罗镇	8900	16	38232	5579	19516	2993	1
乐东黎族自治县尖峰镇	47460	11	23328	4770	9472	3344	7
乐东黎族自治县莺歌海镇	1400	6	17679	11070	9335	3497	1
陵水黎族自治县椰林镇	7350	15	102403	80625	56918	29995	48
陵水黎族自治县光坡镇	7500	7	25049	3156	11445	1245	3
陵水黎族自治县三才镇	4390	6	13574	1077	14899	1330	36
陵水黎族自治县英州镇	13240	17	41290	6152	18760	950	2
陵水黎族自治县隆广镇	8400	9	21386	873	8516	334	3
陵水黎族自治县文罗镇	6299	6	16563	1020	9272	2042	6
陵水黎族自治县本号镇	39810	22	31656	1664	17378	2254	15
陵水黎族自治县新村镇	8904	9	33207	14835	4164	2227	2
陵水黎族自治县黎安镇	4280	6	18031	8102	4123	2818	1
陵水黎族自治县提蒙乡	4700	6	18280		9548	2928	2
陵水黎族自治县群英乡	5400	4	7308		6500		
保亭黎族苗族自治县保城镇	17502	8	40752	21574	21376	16334	22
保亭黎族苗族自治县什玲镇	17688	12	14868	1629	9628	1933	3
保亭黎族苗族自治县加茂镇	11009	6	10127	476	5664	1014	
保亭黎族苗族自治县响水镇	15847	8	13869	1546	8100	2048	6
保亭黎族苗族自治县新政镇	17112	10	15131	1926	7152	1040	4
保亭黎族苗族自治县三道镇	9996	4	10763	1236	6321	1531	2
保亭黎族苗族自治县六弓乡	8173	5	7531		4024	223	1
保亭黎族苗族自治县南林乡	5981	3	5168		3587	600	
保亭黎族苗族自治县毛感乡	12752	4	4530		3051	146	1
琼中黎族苗族自治县营根镇	33580	16	52301	21000	7328	1522	2
琼中黎族苗族自治县湾岭镇	15671	18	23247	3164	1514	1041	2
琼中黎族苗族自治县黎母山镇	8133	12	18819	483	8001	1369	1
琼中黎族苗族自治县和平镇	38380	9	9470	1125	6634	848	
琼中黎族苗族自治县长征镇	17905	9	8186	684	4474	170	
琼中黎族苗族自治县红毛镇	15677	11	9365	624	5133	610	
琼中黎族苗族自治县中平镇	24929	6	9576	772	5510	190	
琼中黎族苗族自治县吊罗山乡	14666	6	6889		6773	535	
琼中黎族苗族自治县上安乡	20533	7	7311		3976	870	
琼中黎族苗族自治县什运乡	12700	6	5638		2865		
重庆市							
万州区小周镇	2600	5	10162	2115	4632	2058	7

乡镇基本情况

计算单位：公顷、个、人

名　　称	行政区域面积	村民委员会	常住人口	城镇建成区总人口	从业人员	二三产业从业人员	工业企业单位
万州区大周镇	2250	5	14133	1805	6589	2939	10
万州区新乡镇	4330	5	10761	1748	4976	2298	11
万州区孙家镇	4600	7	14502	1698	6644	2975	5
万州区高峰镇	4620	11	26153	4745	12055	5330	12
万州区龙沙镇	6850	14	38151	5612	17987	8794	55
万州区响水镇	6200	10	23518	2308	10810	5090	4
万州区武陵镇	8070	13	37578	10256	17504	8815	33
万州区瀼渡镇	3640	6	12659	3143	5803	2704	25
万州区甘宁镇	10480	25	54726	4589	25594	13048	64
万州区天城镇	7810	10	37603	17312	18085	12213	69
万州区熊家镇	8250	10	35645	17359	16696	8656	93
万州区高梁镇	10090	16	46166	4033	21893	11244	78
万州区李河镇	7780	14	35181	8515	16504	8164	45
万州区分水镇	22090	25	92060	24657	43339	21541	165
万州区余家镇	13850	20	52854	18825	25043	11492	49
万州区后山镇	7830	11	30264	1859	12997	2530	10
万州区弹子镇	7400	10	22766	2211	10439	3779	17
万州区长岭镇	9940	11	38313	9754	18032	9691	33
万州区新田镇	15200	9	44428	18041	20454	11558	40
万州区白羊镇	9730	12	50496	17000	23348	11735	31
万州区龙驹镇	24150	16	49372	13962	22904	11904	29
万州区走马镇	18030	16	45913	7985	21102	8246	12
万州区罗田镇	8170	11	29130	3120	13419	1328	11
万州区太龙镇	6230	8	28090	4200	13029	6501	10
万州区长滩镇	12780	11	29523	3406	13709	5178	20
万州区太安镇	6870	8	29553	8646	13847	5478	14
万州区白土镇	6630	9	22898	5489	10693	3788	5
万州区郭村镇	5770	11	22815	1808	10643	4185	21
万州区柱山乡	5390	9	16220		7599	2990	2
万州区铁峰乡	5000	6	12565		5653	1137	6
万州区溪口乡	4460	4	9645		4507	1773	3
万州区长坪乡	4430	4	10214		4748	1746	2
万州区燕山乡	5640	4	11107		5157	1205	17
万州区梨树乡	5120	3	6325		2965	1329	6
万州区普子乡	8570	8	13510		6274	1602	9
万州区地宝土家族乡	4020	4	7397		3366	1500	3
万州区恒合土家族乡	8200	13	25705		11896	4169	9
万州区黄柏乡	2800	5	13141		6001	2211	9
万州区九池乡	3140	8	17920		8373	4057	27
万州区茨竹乡	4380	5	8687		4027	1652	7
涪陵区南沱镇	6714	11	34275	2706	31846	15415	24
涪陵区青羊镇	10758	9	23511	1730	22158	4260	5
涪陵区百胜镇	15076	19	31433	5902	28853	7580	68
涪陵区珍溪镇	18145	27	57221	10898	51758	32393	64
涪陵区清溪镇	7933	9	33145	13382	16457	9910	30
涪陵区焦石镇	16707	14	26973	5993	14514	9453	69
涪陵区马武镇	16153	17	32605	8122	29552	5352	82
涪陵区龙潭镇	12930	20	39650	12895	39479	12422	26
涪陵区蔺市镇	16364	17	43215	8850	26271	6520	36
涪陵区新妙镇	13863	22	49344	17536	30848	21096	36

乡镇基本情况

计算单位:公顷、个、人

名　　称	行政区域面积	村民委员会	常住人口	城镇建成区总人口	从业人员	二三产业从业人员	工业企业单位
涪陵区石沱镇	10225	13	19930	7878	18416	12137	16
涪陵区义和镇	9945	12	35887	4510	31536	20267	38
涪陵区罗云乡	7284	8	18278		12808	2282	7
涪陵区大木乡	9257	5	3217		2355	1464	3
涪陵区武陵山乡	13242	6	5783		4496	2167	4
涪陵区大顺乡	9697	10	18745		16325	8121	8
涪陵区增福乡	8157	9	20141		14165	2055	16
涪陵区同乐乡	9761	13	17115		16664	10660	8
大渡口区八桥镇	2050	11	38898	35124	34456	34081	455
大渡口区建胜镇	1720	6	35314	15773	11678	9239	66
大渡口区跳磴镇	4970	15	31602	10622	15806	11177	93
江北区鱼嘴镇	3967	12	31509	20521	10256	10026	35
江北区复盛镇	3050	8	17698	13543	7385	6140	31
江北区五宝镇	4280	7	7529	3644	7529	4405	3
沙坪坝区井口镇	2225	4	34544	31008	18274	17123	260
沙坪坝区歌乐山镇	3400	5	68522	3600	17795	16545	374
沙坪坝区青木关镇	3227	5	43555	21760	14697	12663	196
沙坪坝区凤凰镇	3170	7	22200	2350	12850	11330	254
沙坪坝区回龙坝镇	3910	10	25500	1831	25500	20000	414
沙坪坝区曾家镇	3403	10	52488	11244	51479	46356	23
沙坪坝区土主镇	3300	9	24645	1150	13685	11672	17
沙坪坝区中梁镇	3699	6	18987	1991	11969	7207	34
九龙坡区九龙镇	930	4	98455	98455	41364	41364	40
九龙坡区华岩镇	1285	11	28675	3000	14379	12576	698
九龙坡区含谷镇	2950	9	44349	9025	32000	27835	190
九龙坡区金凤镇	3848	7	23742	4427	9630	6376	51
九龙坡区白市驿镇	5255	11	67650	24008	44987	41218	230
九龙坡区走马镇	2990	10	22126	2357	14372	8894	40
九龙坡区石板镇	2460	5	12757	2000	5544	4471	28
九龙坡区巴福镇	1815	6	12599	3200	7342	6044	80
九龙坡区陶家镇	4248	8	20252	11286	11000	6451	67
九龙坡区西彭镇	8696	24	123976	64621	47889	32485	158
九龙坡区铜罐驿镇	2320	7	26715	11621	15673	13563	32
南岸区南坪镇	1000	2	77477	62190	27452	26960	48
南岸区涂山镇	890	3	48455	44190	12774	12360	38
南岸区鸡冠石镇	890	5	18132	13249	7866	7360	204
南岸区峡口镇	2300	9	22293	6431	12505	8702	18
南岸区长生桥镇	5857	12	60832	32882	37828	33754	195
南岸区迎龙镇	4570	11	21092	6968	11638	7688	44
南岸区广阳镇	3712	8	22657	9242	8612	5930	55
北碚区歇马镇	5858	10	81100	21000	50991	48750	408
北碚区澄江镇	6387	11	35657	6000	18500	13200	113
北碚区蔡家岗镇	4574	8	55516	33000	40313	36704	95
北碚区童家溪镇	2272	2	21980	8096	13270	12250	227
北碚区天府镇	5267	8	29821	8150	28083	23937	101
北碚区施家梁镇	1900	4	11680	1820	4247	3581	87
北碚区水土镇	5170	9	44531	20280	44531	37714	82
北碚区静观镇	7250	15	53732	17256	28785	17089	35
北碚区柳荫镇	6383	7	24276	3543	16530	7283	12
北碚区复兴镇	6202	12	37633	7658	20796	15421	28

乡镇基本情况

计算单位：公顷、个、人

名　　称	行政区域面积	村民委员会	常住人口	城镇建成区总人口	从业人员	二三产业从业人员	工业企业单位
北碚区三圣镇	6122	10	26818	2858	15389	9428	10
北碚区金刀峡镇	6420	8	10820	2287	5802	2931	9
綦江区万东镇	5597	9	39752	20650	11027	5375	29
綦江区南桐镇	6440	10	54392	3225	12745	2769	41
綦江区青年镇	8340	6	23839	5198	11564	5699	58
綦江区关坝镇	5168	8	26307	5929	12571	4167	28
綦江区丛林镇	5496	6	19128	1255	5221	3258	15
綦江区石林镇	5496	8	11433	855	6182	1577	27
綦江区金桥镇	9564	6	17739	2424	10344	3618	13
綦江区黑山镇	9324	4	9672	2168	6018	341	7
綦江区石角镇	15720	32	39870	11362	36450	21100	40
綦江区东溪镇	15006	20	42646	25659	41442	21063	27
綦江区赶水镇	18489	21	41562	32688	34517	18824	65
綦江区打通镇	12500	11	73421	41325	51582	24542	42
綦江区石壕镇	12933	15	48485	32564	29540	22751	38
綦江区永新镇	24000	32	41362	16482	28130	15105	21
綦江区三角镇	10600	19	31521	9513	27788	17822	23
綦江区隆盛镇	12054	17	34782	6731	18481	10929	23
綦江区郭扶镇	17759	21	33098	12028	29454	20725	17
綦江区篆塘镇	8000	14	21132	4700	12040	6453	37
綦江区丁山镇	2200	7	11534	1560	7185	5213	6
綦江区安稳镇	9703	10	37733	19650	21606	6286	14
綦江区扶欢镇	6400	15	28976	6246	22151	8700	22
綦江区永城镇	5901	8	22155	6409	12427	9484	36
綦江区新盛镇	7800	8	13254	984	13103	6249	6
綦江区中峰镇	8000	5	17702	4236	7206	3680	4
綦江区横山镇	4300	6	14103	1581	7206	4861	3
大足区龙水镇	9930	13	124683	93699	93372	78060	1476
大足区智凤镇	8380	3	27523	4778	22500	10222	81
大足区宝顶镇	6490	8	28456	9131	19006	7000	22
大足区中敖镇	12250	14	58043	11200	52247	37747	32
大足区三驱镇	7800	15	50147	7465	54034	34941	33
大足区宝兴镇	5160	7	28679	4534	20895	14545	48
大足区玉龙镇	4480	6	20760	3627	9628	5392	178
大足区石马镇	5160	8	35023	4925	9602	6124	52
大足区拾万镇	4900	9	30694	4085	18175	12271	37
大足区回龙镇	4900	7	12752	1708	10830	4380	10
大足区金山镇	3800	6	14984	2727	11184	5191	22
大足区万古镇	6650	11	43490	15400	29026	8500	35
大足区国梁镇	3800	7	23966	1851	3626	3051	11
大足区雍溪镇	3900	7	13931	2870	11452	7513	16
大足区珠溪镇	9310	18	61142	5570	31965	15276	22
大足区龙石镇	3140	7	13211	1708	9837	2624	10
大足区邮亭镇	9101	15	48370	13860	45590	30230	136
大足区铁山镇	6150	12	23508	5055	18160	14175	25
大足区高升镇	5000	8	15035	2352	8375	555	12
大足区季家镇	5360	7	10910	2152	7435	950	7
大足区古龙镇	1800	6	10081	2239	7631	5121	145
大足区高坪镇	5070	7	28974	2465	17003	9153	7
大足区双路镇	1760		23826	20371	9587	8975	264

乡镇基本情况

计算单位：公顷、个、人

名　　称	行政区域面积	村民委员会	常住人口	城镇建成区总人口	从业人员	二三产业从业人员	工业企业单位
大足区通桥镇	1240		15900	11500	9208	8888	99
渝北区玉峰山镇	6112	10	31739	5919	12930	8020	38
渝北区龙兴镇	10368	6	41000	33180	17723	11058	18
渝北区统景镇	11730	21	32622	13498	31505	18786	20
渝北区大湾镇	11771	23	17106	1870	27590	17186	7
渝北区兴隆镇	9350	15	35983	4340	22868	11045	10
渝北区木耳镇	8342	12	39767	9010	23138	15507	48
渝北区茨竹镇	11279	16	21335	2626	21317	11559	36
渝北区古路镇	9296	16	18698	2718	20042	11259	15
渝北区石船镇	12970	25	68093	4305	41032	19919	108
渝北区大盛镇	10376	16	25352	2003	25576	16236	21
渝北区洛碛镇	9650	17	50552	21239	22097	14201	33
巴南区界石镇	6840	6	60253	26132	32936	29310	137
巴南区安澜镇	12242	14	31313	1800	19145	12153	22
巴南区跳石镇	13624	11	24473	2574	22805	13651	18
巴南区木洞镇	10430	14	42388	13242	25400	19668	128
巴南区双河口镇	6200	7	18880	1618	10726	7131	6
巴南区麻柳嘴镇	7790	10	16544	1282	13995	10848	263
巴南区丰盛镇	6900	8	12745	1638	11329	7482	12
巴南区二圣镇	5740	6	21849	1219	15207	9546	18
巴南区东泉镇	12270	14	37724	3432	22880	14867	15
巴南区姜家镇	8036	7	21869	1349	7358	3502	50
巴南区天星寺镇	4610	5	12755	706	6688	3438	11
巴南区接龙镇	18820	17	57693	7248	34302	18333	104
巴南区石滩镇	4740	4	15324	1516	9220	4004	7
巴南区石龙镇	11080	9	17650	3190	16021	9414	16
黔江区阿蓬江镇	17300	10	27839	5656	16894	9785	12
黔江区石会镇	12700	6	15495	8922	14284	7923	5
黔江区黑溪镇	9500	4	17583	2051	17364	3299	4
黔江区黄溪镇	6700	6	12756	2461	11937	379	27
黔江区黎水镇	8200	5	9412	2413	5215	699	2
黔江区金溪镇	8400	7	14473	4198	4984	1020	3
黔江区马喇镇	8200	7	11210	6749	5861	2004	49
黔江区濯水镇	9700	4	30985	8807	16255	2735	45
黔江区石家镇	9400	9	11250	2884	9790	5363	21
黔江区鹅池镇	7300	6	11998	3085	5908	878	8
黔江区小南海镇	11100	7	9399	1416	4204	685	4
黔江区邻鄂镇	5000	4	14291	632	9593	3344	6
黔江区中塘乡	8000	3	11810		5300	1609	6
黔江区蓬东乡	3500	4	6503		6405	1373	6
黔江区沙坝乡	8000	5	12809		9089	6281	4
黔江区白石乡	8900	7	19262		13179	1765	3
黔江区杉岭乡	5300	4	10510		5085	973	5
黔江区太极乡	6300	6	13145		10471	1470	13
黔江区水田乡	3400	3	8949		2550	485	8
黔江区白土乡	6400	4	7883		3239	389	2
黔江区金洞乡	9700	5	12363		4744	640	
黔江区五里乡	4900	5	8975		8975	4140	1
黔江区水市乡	9700	7	12409		7914	3615	2
黔江区新华乡	7200	6	9770		8415	360	2

乡镇基本情况

计算单位：公顷、个、人

名　　称	行政区域面积	村民委员会	常住人口	城镇建成区总人口	从业人员	二三产业从业人员	工业企业单位
长寿区邻封镇	5517	10	35931	3629	22317	20365	35
长寿区但渡镇	5470	8	18972	3037	15041	9339	9
长寿区云集镇	11530	11	36295	5720	20556	8256	22
长寿区长寿湖镇	10450	13	34858	10027	31794	15029	11
长寿区双龙镇	5694	11	23661	14372	23466	16914	26
长寿区龙河镇	8990	17	48032	5571	26498	18157	9
长寿区石堰镇	10720	20	62862	7200	36422	20600	42
长寿区云台镇	8900	13	52260	4422	31218	17335	47
长寿区海棠镇	4600	9	32494	1163	16750	9715	46
长寿区葛兰镇	11100	21	74599	26000	48246	29805	95
长寿区新市镇	3700	8	28857	6786	17555	12231	26
长寿区八颗镇	4411	15	35241	4520	27827	18109	37
长寿区洪湖镇	15340	14	39007	3378	23210	5869	36
长寿区万顺镇	5700	8	30344	5500	19335	14109	13
江津区油溪镇	15400	9	61372	28412	60854	43678	101
江津区吴滩镇	8200	6	40985	4280	29541	15554	14
江津区石门镇	8400	4	36202	14963	30374	22756	27
江津区朱杨镇	5800	1	27795	15510	20880	12695	23
江津区石蟆镇	20800	16	74836	15745	67215	41753	55
江津区永兴镇	14100	8	34028	8134	34008	23851	12
江津区塘河镇	6100	3	13830	3885	10182	6427	6
江津区白沙镇	24100	15	149515	65881	89731	65110	143
江津区龙华镇	8100	8	42557	4109	28833	18444	16
江津区李市镇	18000	9	52174	10180	42306	27475	81
江津区慈云镇	5100	4	24152	7165	17143	11418	14
江津区蔡家镇	21000	10	62747	8505	42113	26568	48
江津区中山镇	14300	6	23348	3566	22374	12896	23
江津区嘉平镇	8900	7	23883	3893	19071	10100	14
江津区柏林镇	13400	5	30932	5233	21591	9508	39
江津区先锋镇	12700	8	48742	14997	39588	21140	65
江津区珞璜镇	14800	8	104501	36793	59939	43916	360
江津区贾嗣镇	8100	6	27988	7758	22991	12535	13
江津区夏坝镇	3700	5	12565	2785	6670	2847	12
江津区西湖镇	14200	6	38695	18105	31105	21996	17
江津区杜市镇	8900	10	36879	12530	26802	18682	34
江津区广兴镇	3700	4	15703	2858	10633	6208	47
江津区四面山镇	30000	6	19852	3268	14222	7602	15
江津区支坪镇	8100	2	29991	14595	27613	20346	41
合川区沙鱼镇	2272	5	17436	3334	11109	8348	9
合川区官渡镇	5775	8	37977	3350	22745	11293	17
合川区涞滩镇	7379	11	23678	2630	10352	3535	6
合川区肖家镇	3004	4	25979	3562	14298	9618	11
合川区古楼镇	4988	8	17939	3586	13328	4396	13
合川区三庙镇	7922	16	56896	6780	30069	19061	28
合川区二郎镇	3709	7	17498	11357	14881	8755	15
合川区龙凤镇	6589	12	31673	3879	15908	2227	22
合川区隆兴镇	9063	11	22305	3351	21567	9382	14
合川区铜溪镇	8348	9	36885	3642	24886	14612	43
合川区双凤镇	9717	14	30094	3550	22630	4654	46
合川区狮滩镇	5219	8	27989	13280	18484	10564	27

乡镇基本情况

计算单位：公顷、个、人

名　　称	行政区域面积	村民委员会	常住人口	城镇建成区总人口	从业人员	二三产业从业人员	工业企业单位
合川区清平镇	6035	8	20303	11013	11331	6745	113
合川区土场镇	3486	5	18975	6120	13670	9576	58
合川区小沔镇	5369	10	35431	6381	17339	5618	11
合川区三汇镇	9393	9	48052	22775	13242	7864	55
合川区香龙镇	5881	11	18946	7102	13355	5912	6
合川区钱塘镇	13925	24	94057	37120	51077	31209	37
合川区龙市镇	11931	15	84493	20135	52598	30585	16
合川区燕窝镇	8644	11	44811	7473	21555	12300	16
合川区太和镇	15762	21	103000	42080	37137	19037	69
合川区渭沱镇	10025	12	34343	3077	29606	17304	38
合川区双槐镇	9544	16	62325	11589	58046	18290	15
永川区青峰镇	4913	5	26979	2565	14703	11028	64
永川区金龙镇	7346	7	34773	1345	19655	12765	4
永川区临江镇	7710	9	40988	5744	17686	11435	45
永川区何埂镇	8038	15	58954	4980	45654	8234	69
永川区松溉镇	3446	6	22300	2900	7615	5105	16
永川区仙龙镇	8319	12	39362	6300	34414	23562	21
永川区吉安镇	6001	7	22671	4900	14780	12280	32
永川区五间镇	3770	7	26586	5502	15350	8763	37
永川区来苏镇	9321	13	52820	9916	30831	12560	92
永川区宝峰镇	3817	5	22072	2910	13389	10923	23
永川区双石镇	6432	9	27116	4402	16382	13111	58
永川区红炉镇	6400	5	18575	4169	11456	8019	35
永川区永荣镇	5991	4	16525	5362	16390	9925	26
永川区三教镇	10779	13	58738	29250	35742	23210	222
永川区板桥镇	6000	11	30168	3717	20264	13841	42
永川区朱沱镇	12765	18	65890	25703	51135	32726	39
南川区三泉镇	19150	6	17172	5115	10961	8058	35
南川区南平镇	12992	11	34447	5832	21137	15961	61
南川区神童镇	3916	3	10481	1200	8069	7116	13
南川区鸣玉镇	3668	5	15074	3848	13792	10617	58
南川区大观镇	6642	7	27605	8962	15305	8399	40
南川区兴隆镇	7652	5	25124	4528	11320	6336	53
南川区太平场镇	6710	4	15012	6180	7687	3234	23
南川区白沙镇	3675	7	10007	1945	5819	4027	3
南川区水江镇	23303	9	54180	23065	32768	31094	179
南川区石墙镇	3729	4	10050	1681	6217	4566	10
南川区金山镇	10127	4	14443	5818	8860	5501	31
南川区头渡镇	16419	4	11685	3813	6681	3598	6
南川区大有镇	12069	4	17879	3760	7926	4017	29
南川区合溪镇	10353	3	6928	1789	6887	4564	22
南川区黎香湖镇	3480	4	10417	3498	3440	2139	23
南川区山王坪镇	10500	4	8560	1100	4124	1555	19
南川区石莲乡	3767	5	5978		4147	812	12
南川区木凉乡	3560	3	10368		4056	1227	7
南川区河图乡	3300	7	9268		6633	4979	18
南川区乾丰乡	3409	5	9120		4958	3402	6
南川区骑龙乡	3824	7	11052		4595	1748	24
南川区中桥乡	4328	4	7687		4627	1308	20
南川区铁村乡	5037	7	10679		6498	3993	10

乡镇基本情况

计算单位:公顷、个、人

名　　称	行政区域面积	村民委员会	常住人口	城镇建成区总人口	从业人员	二三产业从业人员	工业企业单位
南川区德隆乡	7505	6	10200		4164	908	3
南川区庆元乡	7326	6	13839		4234	636	8
南川区古花乡	5800	11	10421		4558	543	5
南川区峰岩乡	3838	7	9811		8847	4845	13
南川区民主乡	3298	5	12350		5221	856	5
南川区冷水关乡	3738	9	10525		9550	4728	12
南川区石溪乡	5406	5	16988		11539	8022	29
南川区福寿乡	4219	5	9560		5230	1800	3
潼南县桂林街道办事处	8050	14	61130	56945	33722	18428	409
潼南县梓潼街道办事处	12770	20	154598	137644	53352	35144	496
潼南县上和镇	6814	10	20935	5752	12585	6695	38
潼南县龙形镇	8036	12	24859	6000	19113	8652	63
潼南县古溪镇	11440	22	35104	12653	34111	13864	159
潼南县宝龙镇	4227	9	14798	2610	14679	3177	66
潼南县玉溪镇	5441	10	16687	3931	16274	7583	60
潼南县米心镇	5455	12	14042	2991	13721	3671	65
潼南县群力镇	4856	8	11100	2978	10589	10064	52
潼南县双江镇	11906	20	34230	14787	27079	17358	32
潼南县花岩镇	2530	5	6132	1250	6066	3880	61
潼南县柏梓镇	12670	27	48530	13582	45286	24358	68
潼南县崇龛镇	8510	16	28122	3500	21496	8488	15
潼南县塘坝镇	10160	17	46002	14800	34729	17080	103
潼南县新胜镇	5042	8	15957	1377	15645	8163	60
潼南县太安镇	6081	12	24588	4485	21300	12029	15
潼南县小渡镇	8823	16	27842	10240	26788	14343	125
潼南县卧佛镇	9669	15	24538	8166	19101	11839	65
潼南县五桂镇	3280	5	8454	3200	7860	3386	50
潼南县田家镇	6313	12	16591	2020	14652	5972	54
潼南县别口镇	4133	7	7986	1788	7427	2010	35
潼南县寿桥镇	2094	4	6475	1173	6295	2804	61
铜梁县巴川街道	3725	5	87854	74465	10479	8537	119
铜梁县东城街道	5582	7	63297	50581	13741	10930	225
铜梁县南城街道	5931	9	51791	30509	17697	12994	125
铜梁县土桥镇	4519	10	14286	1574	13307	9958	49
铜梁县二坪镇	2561	6	14313	655	9003	5277	14
铜梁县水口镇	2262	4	7691	819	6421	4414	13
铜梁县安居镇	5657	13	21035	7850	19410	13688	65
铜梁县白羊镇	3819	7	13495	936	9130	6977	7
铜梁县平滩镇	9190	17	36097	6996	28098	17702	34
铜梁县石鱼镇	3177	8	20630	1849	11699	8433	51
铜梁县福果镇	3842	10	15164	1256	14023	7664	81
铜梁县维新镇	4827	7	19622	1081	9022	6284	
铜梁县高楼镇	2667	4	9812	884	7211	5196	15
铜梁县大庙镇	4168	11	21126	2582	14482	8968	41
铜梁县围龙镇	4625	13	15752	1419	15076	10259	36
铜梁县华兴镇	3452	6	15020	668	8253	4967	23
铜梁县永嘉镇	6391	13	22358	2087	22358	15100	51
铜梁县安溪镇	2907	4	10233	603	6445	3975	23
铜梁县西河镇	3417	7	12388	4899	11049	7944	48
铜梁县太平镇	5170	10	17819	1704	17819	9565	26

乡镇基本情况

计算单位:公顷、个、人

名　　称	行政区域面积	村民委员会	常住人口	城镇建成区总人口	从业人员	二三产业从业人员	工业企业单位
铜梁县旧县镇	7937	17	51830	3715	28367	19003	125
铜梁县虎峰镇	7665	22	43716	5390	22561	12475	196
铜梁县少云镇	6685	12	21686	2545	19429	13113	44
铜梁县蒲吕镇	6255	13	26314	2102	22046	13214	175
铜梁县侣俸镇	8847	19	29741	2323	29741	20449	63
铜梁县小林镇	2897	4	7888	1203	7888	4504	9
铜梁县双山镇	3259	7	12778	660	7838	5487	42
铜梁县庆隆镇	2602	4	9569	975	9569	6757	19
荣昌县昌元街道办事处	5987	2	141472	108939	82790	78735	101
荣昌县昌洲街道办事处	6814	4	71629	4313	42858	22701	281
荣昌县广顺街道办事处	3916	6	45049	28000	14088	10777	113
荣昌县双河街道办事处	8709	1	45091	16075	26503	22678	81
荣昌县安富街道办事处	5430	6	33875	13996	33269	18533	85
荣昌县峰高街道办事处	6117	8	25095	8402	22531	15302	24
荣昌县直升镇	2982	4	13077	2701	12880	8283	12
荣昌县路孔镇	2497	3	8915	1081	8721	5220	4
荣昌县清江镇	1780	3	10591	2935	7475	1916	14
荣昌县仁义镇	8538	5	38403	6253	36140	15081	36
荣昌县河包镇	6600	3	28089	4077	26299	15274	46
荣昌县古昌镇	3537	5	15694	1789	14749	7683	19
荣昌县吴家镇	8151	5	37438	9854	21861	16478	85
荣昌县观胜镇	4252	3	14965	1223	13720	2888	15
荣昌县铜鼓镇	3877	3	11012	1700	6470	4169	11
荣昌县清流镇	2614	3	12674	1681	8583	4769	11
荣昌县盘龙镇	11800	12	52774	8785	52321	24834	118
荣昌县远觉镇	2710	4	8904	1731	6450	4378	11
荣昌县清升镇	2791	2	14469	2255	12301	8091	35
荣昌县荣隆镇	6422	7	35412	11235	21300	16256	39
荣昌县龙集镇	2147	3	11767	2300	9647	4545	12
璧山县璧城街道办事处	7378	6	113505	59028	20414	14398	575
璧山县璧泉街道办事处	4300	7	75317	61072	63247	58828	807
璧山县青杠街道办事处	4800	6	42761	16389	17093	3201	416
璧山县来凤街道办事处	4393	10	35987	6960	2336	1934	178
璧山县丁家街道办事处	8512	16	72613	38126	43489	29902	164
璧山县大路街道办事处	11550	14	44092	13435	38858	27985	192
璧山县八塘镇	6256	10	31547	5916	17859	9687	118
璧山县七塘镇	5700	8	21476	999	22873	15798	54
璧山县河边镇	5250	6	25501	6012	15645	11900	82
璧山县福禄镇	4060	6	18209	3931	13316	8008	34
璧山县大兴镇	10014	17	42714	5908	40922	26219	71
璧山县正兴镇	7281	12	33144	8260	29418	20415	57
璧山县广普镇	4715	8	25083	1386	14718	8554	29
璧山县三合镇	3598	7	16511	1827	12744	8402	10
璧山县健龙镇	4976	9	26848	1592	10196	3761	50
梁平县梁山街道办事处	10600	21	127061	90543	22428	13879	82
梁平县双桂街道办事处	5800	11	42871	38183	15887	14042	32
梁平县仁贤镇	4058	6	29887	4322	18419	4711	40
梁平县礼让镇	4500	9	27418	3489	18536	7657	48
梁平县云龙镇	7796	12	25100	9250	21511	13501	39
梁平县屏锦镇	10211	19	57457	30466	34350	17991	150

乡镇基本情况

计算单位:公顷、个、人

名　　称	行政区域面积	村民委员会	常住人口	城镇建成区总人口	从业人员	二三产业从业人员	工业企业单位
梁平县袁驿镇	4260	10	22357	8450	15697	9574	104
梁平县新盛镇	6050	11	29659	9489	25864	16014	132
梁平县福禄镇	8750	14	22750	8888	19091	9839	22
梁平县金带镇	3145	7	12280	9072	11753	8005	42
梁平县聚奎镇	5700	12	40135	9156	24611	12234	147
梁平县明达镇	5890	10	31183	5640	18467	3746	30
梁平县荫平镇	5400	10	25356	4230	18536	8108	13
梁平县和林镇	5800	9	18428	4896	11980	6260	14
梁平县回龙镇	8950	15	44328	8779	28476	10386	116
梁平县碧山镇	3870	9	17604	2718	15182	10331	37
梁平县虎城镇	7776	17	42946	3721	23087	10931	57
梁平县七星镇	3308	5	9890	2525	8312	5552	8
梁平县龙门镇	5297	11	28189	4859	13981	9928	28
梁平县文化镇	2948	7	12512	2200	11975	3765	18
梁平县合兴镇	5400	7	15343	7032	15295	8292	19
梁平县石安镇	5200	9	14530	4000	13546	8462	6
梁平县柏家镇	6950	7	16033	2507	12805	11090	18
梁平县大观镇	5324	8	18866	2156	10636	2978	10
梁平县竹山镇	4200	7	7643	1178	4440	3186	22
梁平县蟠龙镇	9627	10	16123	4686	11045	5033	11
梁平县安胜乡	2800	5	13639		7384	4797	9
梁平县铁门乡	3066	3	4461		3700	1603	7
梁平县龙胜乡	3600	5	5516		4768	2816	5
梁平县复平乡	3120	4	5383		3346	1316	5
梁平县紫照乡	3500	4	14522		6883	1947	3
梁平县城北乡	5310	8	18426		12637	8548	9
梁平县曲水乡	4703	8	16396		5900	3807	6
城口县葛城街道办事处	2192	3	37432	36680	17253	15926	12
城口县复兴街道办事处	5281	3	8063	5955	4591	3522	5
城口县巴山镇	12723	10	8253	5982	5069	3045	8
城口县坪坝镇	6044	8	9700	4800	5109	2825	7
城口县庙坝镇	14683	10	8896	5212	5153	2091	17
城口县明通镇	8051	6	6106	4072	4335	205	3
城口县修齐镇	16580	11	12163	3786	7830	3778	22
城口县高观镇	12598	10	6465	3800	4110	2053	1
城口县高燕镇	13796	12	9612	3210	7959	3084	36
城口县龙田乡	22547	8	7439		4968	2296	6
城口县北屏乡	13871	7	4276		3995	1419	1
城口县高楠乡	11219	5	4381		1813	265	3
城口县左岚乡	8009	6	5135		2799	699	3
城口县沿河乡	11107	6	4560		2193	381	6
城口县双河乡	17463	8	7673		3591	579	1
城口县蓼子乡	16470	11	9060		4730	1230	5
城口县鸡鸣乡	8006	5	3896		2490	640	5
城口县咸宜乡	13030	7	8080		5029	1829	2
城口县周溪乡	12431	7	4392		1898	675	2
城口县明中乡	17716	5	4173		2366	1020	5
城口县治平乡	6032	4	2420		1373	213	5
城口县岚天乡	11127	4	2559		1561	825	1
城口县厚坪乡	14591	7	5022		4310	2280	1

乡镇基本情况

计算单位:公顷、个、人

名　　称	行政区域面积	村民委员会	常住人口	城镇建成区总人口	从业人员	二三产业从业人员	工业企业单位
城口县河鱼乡	13383	4	3629		2259	853	1
城口县东安乡	39957	9	7125		4125	1461	5
丰都县三合街道	7820	9	112076	109133	45903	30705	142
丰都县名山街道	6362	9	30941	27854	19791	13359	61
丰都县虎威镇	7189	10	19054	2936	8264	3694	20
丰都县社坛镇	10143	17	35512	8665	18994	8346	27
丰都县三元镇	7739	8	16467	4957	11034	5580	5
丰都县许明寺镇	5471	6	14181	2322	10586	1950	8
丰都县董家镇	7119	8	23108	4385	12424	6060	17
丰都县树人镇	8236	8	19067	3668	11171	4944	9
丰都县十直镇	10972	17	28107	5120	22095	11280	13
丰都县高家镇	15512	6	32122	26135	24700	15072	30
丰都县兴义镇	11145	13	27947	3210	19974	11875	106
丰都县双路镇	9552	6	12594	3122	9420	5039	15
丰都县江池镇	6600	9	11824	4127	10395	5740	6
丰都县龙河镇	13901	23	36816	6842	28390	17322	25
丰都县武平镇	12619	9	11528	1291	10118	1792	10
丰都县包鸾镇	17777	12	20643	3895	10659	3831	16
丰都县湛普镇	3532	6	7037	2012	3709	1924	21
丰都县南天湖镇	14706	9	12964	1201	10587	6832	3
丰都县保合镇	8193	12	18076	1896	11110	5357	5
丰都县兴龙镇	5911	5	13304	1055	7837	1307	6
丰都县仁沙镇	9139	13	22019	2157	13159	6433	6
丰都县龙孔镇	7115	10	20899	2752	11599	2491	9
丰都县暨龙镇	15256	7	9654	1201	5480	982	7
丰都县双龙镇	7702	9	14901	2652	9097	5464	5
丰都县仙女湖镇	14510	9	10209	1564	5158	990	4
丰都县青龙乡	5152	7	10084		8212	2517	4
丰都县太平坝乡	3722	4	3312		2543	393	3
丰都县都督乡	7563	4	3020		2881	746	1
丰都县栗子乡	4439	5	9433		6775	2552	2
丰都县三建乡	6287	7	14350		5439	3627	4
垫江县桂溪镇	8981	10	145368	136080	73655	64930	418
垫江县新民镇	5900	11	39371	15309	21042	15369	69
垫江县沙坪镇	8599	17	51207	14760	31410	12717	67
垫江县周嘉镇	8500	14	49085	18968	22685	11355	75
垫江县普顺镇	8600	12	37238	10638	20434	10914	43
垫江县永安镇	9700	12	44011	12761	27386	15904	57
垫江县高安镇	10016	16	68585	25178	45285	24068	109
垫江县高峰镇	4800	7	35218	6580	23218	15507	84
垫江县五洞镇	4178	6	26391	5518	15562	5965	48
垫江县澄溪镇	5900	7	57473	37064	25156	14206	204
垫江县太平镇	5300	12	39426	17025	21434	15397	70
垫江县鹤游镇	3287	7	20318	5791	11527	8117	40
垫江县坪山镇	7900	13	48445	15148	26506	17380	82
垫江县砚台镇	7800	13	42028	16400	23188	2880	48
垫江县曹回镇	6781	11	37009	5880	21567	11030	32
垫江县杠家镇	6800	11	34072	9027	30426	20331	58
垫江县包家镇	4122	6	23102	5725	15973	6463	23
垫江县白家镇	5807	10	30260	5200	16050	12700	31

乡镇基本情况

计算单位:公顷、个、人

名　　称	行政区域面积	村民委员会	常住人口	城镇建成区总人口	从业人员	二三产业从业人员	工业企业单位
垫江县永平镇	3802	6	19121	4230	9329	4751	32
垫江县三溪镇	7200	6	17864	2420	11381	5901	46
垫江县裴兴镇	5847	8	20285	3052	11905	3132	24
垫江县长龙乡	3880	7	28344	3500	19183	9685	38
垫江县沙河乡	3400	4	11713	2350	7063	5675	22
垫江县大石乡	3100	6	17312	1032	7555	3702	20
垫江县黄沙乡	3200	3	19577	7292	11029	7168	34
武隆县巷口镇	27610	21	79791	39854	23060	12329	43
武隆县火炉镇	17960	14	22620	3741	20201	10230	6
武隆县白马镇	22170	10	25629	8893	17603	9848	59
武隆县鸭江镇	12070	9	19636	3920	18151	9738	25
武隆县长坝镇	10440	9	15286	5200	11864	5566	18
武隆县江口镇	12910	8	20829	2982	14290	6459	14
武隆县平桥镇	7340	8	14926	3648	10457	6853	22
武隆县羊角镇	9390	10	14659	2692	10531	6188	24
武隆县仙女山镇	18730	7	13808	2572	8225	4606	7
武隆县桐梓镇	10030	6	8896	2450	7009	3866	4
武隆县土坎镇	4130	5	8128	1260	6092	3518	18
武隆县和顺镇	10320	9	11899	2751	6954	2936	14
武隆县凤来乡	5230	6	11036		10818	3715	3
武隆县庙垭乡	3590	5	8752		8021	4098	2
武隆县石桥苗族土家族乡	10270	6	8151		6515	2789	6
武隆县双河乡	22780	8	9826		7351	1706	2
武隆县黄莺乡	14930	6	7954		6066	562	15
武隆县沧沟乡	7360	5	8497		5844	2610	3
武隆县文复苗族土家族乡	10500	6	6926		5662	2409	2
武隆县土地乡	7580	4	5433		4425	2002	4
武隆县白云乡	4010	4	5457		4230	1518	17
武隆县后坪苗族土家族乡	8730	6	4853		3800	1442	5
武隆县浩口苗族仡佬族乡	8520	6	5475		4074	1748	6
武隆县接龙乡	11240	3	4112		3666	1881	
武隆县赵家乡	6020	2	3616		3207	1608	3
武隆县铁矿乡	6270	3	3210		2386	1414	3
忠县忠州镇	13600	11	151652	147240	57378	51802	203
忠县新生镇	8900	12	24306	5710	14348	10259	37
忠县任家镇	7100	8	15946	3198	12032	8762	12
忠县乌杨镇	10300	16	36935	15099	17877	11061	46
忠县洋渡镇	8100	9	20060	2848	17845	7996	13
忠县东溪镇	3900	8	16616	3400	8528	5959	18
忠县复兴镇	4500	7	13133	4985	12983	6697	14
忠县石宝镇	8500	18	34225	10156	33623	19587	49
忠县汝溪镇	9500	12	32778	12245	25068	11778	55
忠县野鹤镇	5800	11	17826	2321	13465	6886	17
忠县官坝镇	9600	12	30519	8574	19927	13648	22
忠县石黄镇	5500	7	11254	1725	7436	5160	12
忠县马灌镇	11400	16	32843	8562	23011	15010	21
忠县金鸡镇	7400	8	16568	3193	12074	8475	15
忠县新立镇	11600	17	32917	11268	26461	19932	36
忠县双桂镇	5300	11	18710	2561	10314	6446	6
忠县拔山镇	15600	21	44185	14500	28916	20683	26

乡镇基本情况

计算单位：公顷、个、人

名　　称	行政区域面积	村民委员会	常住人口	城镇建成区总人口	从业人员	二三产业从业人员	工业企业单位
忠县花桥镇	4900	8	18835	2477	14343	10644	5
忠县永丰镇	5300	8	15776	3558	15687	7885	18
忠县三汇镇	10100	18	24550	5971	17867	14240	25
忠县白石镇	14600	17	29815	6370	24230	18140	56
忠县黄金镇	10800	18	31142	4120	19344	12465	27
忠县善广乡	5100	7	9635		7181	4564	7
忠县石子乡	4000	5	4395		3543	2104	13
忠县磨子土家族乡	3100	7	12605		7411	5295	15
忠县涂井乡	7600	11	16865		12351	10378	14
忠县金声乡	3700	4	9761		9667	4523	7
忠县兴峰乡	2900	5	7638		4858	3185	12
开县镇东街道办事处	2600	5	22553	10685	9709	6679	145
开县丰乐街道办事处	2500	5	32125	16989	9042	6043	67
开县白鹤街道办事处	7900	13	69848	18502	35733	21279	103
开县汉丰街道办事处	2300	3	96947	96947	30219	28565	116
开县文峰街道办事处	2000	2	82565	82565	30768	29226	96
开县云枫街道办事处	2300		66422	66422	6593	6561	18
开县赵家街道办事处	15200	20	39769	14368	38000	22400	60
开县郭家镇	7900	10	47673	16131	37600	13950	38
开县温泉镇	14900	11	58342	25145	25596	14049	56
开县铁桥镇	11500	15	60334	23105	36557	25145	69
开县南雅镇	7000	10	44612	15213	39391	16677	36
开县和谦镇	8000	6	22180	5560	15027	8642	28
开县镇安镇	4600	7	25713	1164	13377	9935	50
开县竹溪镇	8400	14	26309	3569	24621	10385	49
开县渠口镇	6800	9	26222	2693	13974	9723	14
开县厚坝镇	4900	7	33271	5200	33184	6568	25
开县高桥镇	7800	10	27750	2578	25731	10791	17
开县义和镇	6100	9	21802	3854	21427	12777	29
开县大进镇	25100	17	45064	2095	31613	11455	33
开县长沙镇	13600	22	59764	30854	40349	28903	57
开县临江镇	12300	24	100849	37387	52306	35849	68
开县敦好镇	14400	17	33995	13248	22070	19319	42
开县中和镇	8900	16	42734	8492	24406	13843	34
开县岳溪镇	18100	23	58136	13586	52441	35234	65
开县南门镇	15000	21	50639	16950	39319	28636	46
开县河堰镇	15400	12	15679	11368	11958	5638	8
开县九龙山镇	13500	17	42095	3820	32950	22058	22
开县白桥镇	8400	9	13796	2025	13136	8422	15
开县天和镇	6700	9	18763	2377	10042	4400	18
开县金峰镇	5700	6	17154	5916	16538	6018	18
开县谭家镇	12500	8	23643	2387	12537	7600	34
开县巫山镇	11700	11	23782	1742	19529	5362	34
开县大德镇	11800	14	37670	1403	34488	9064	19
开县白泉乡	19600	6	8967	914	5084	2399	15
开县关面乡	14300	7	8140		2856	352	5
开县满月乡	14900	6	7108		6825	1191	13
开县五通乡	5000	5	6976	2300	4652	2392	12
开县麻柳乡	9400	11	23763		22713	4423	10
开县紫水乡	9400	9	16758	1825	16521	3943	8

乡镇基本情况

计算单位:公顷、个、人

名　　称	行政区域面积	村民委员会	常住人口	城镇建成区总人口	从业人员	二三产业从业人员	工业企业单位
开县三汇口乡	7900	8	22188	4456	11364	7853	5
云阳县双江街道办事处	3100	2	74089	68276	66673	61541	8
云阳县青龙街道办事处	3800	4	68793	58125	62066	59362	87
云阳县人和街道办事处	9642	9	28101	3408	22616	14531	26
云阳县盘龙街道办事处	9271	18	39782	13765	39370	18110	53
云阳县龙角镇	6554	11	12812	6350	11706	7048	23
云阳县故陵镇	11403	7	21041	3009	20114	14343	20
云阳县红狮镇	13595	9	18118	11785	17420	13207	15
云阳县路阳镇	6360	4	16863	8220	16281	11081	10
云阳县农坝镇	8640	6	19224	5978	17773	10410	15
云阳县渠马镇	3552	11	17232	3624	17135	8406	27
云阳县黄石镇	4165	6	12643	2054	11476	6193	12
云阳县巴阳镇	5130	7	13721	1217	11520	7008	8
云阳县沙市镇	8488	8	19568	6120	19288	8392	15
云阳县鱼泉镇	6220	12	20208	6101	16867	14354	19
云阳县凤鸣镇	12947	20	39119	8465	39005	18109	45
云阳县宝坪镇	12350	12	15004	5938	14895	9263	8
云阳县南溪镇	28120	29	76704	21341	76536	38884	81
云阳县双土镇	9040	10	21490	1865	21398	10836	13
云阳县桑坪镇	11300	9	16462	7134	15905	9670	22
云阳县江口镇	24142	32	66732	29250	60146	32005	43
云阳县高阳镇	13512	15	26215	9737	22687	12591	34
云阳县平安镇	11800	15	32541	6201	14500	8265	30
云阳县云阳镇	12416	10	15320	3720	14956	10507	4
云阳县云安镇	6446	6	13400	6776	13390	10494	15
云阳县栖霞镇	6076	6	10172	3168	9719	6172	12
云阳县双龙镇	7638	7	26043	3580	22657	12646	29
云阳县泥溪镇	10870	8	8400	4583	7465	3165	12
云阳县票草镇	10080	8	15543	6651	14307	8662	9
云阳县养鹿镇	5614	8	15145	2414	15128	9816	9
云阳县水口镇	3942	4	10678	6201	10531	2249	12
云阳县堰坪镇	5161	5	8043	4100	6930	3280	18
云阳县龙洞镇	13270	8	14105	3284	11826	6348	4
云阳县后叶镇	5190	6	13250	3251	12778	9798	3
云阳县外郎乡	4540	4	7053		6554	4345	3
云阳县耀灵乡	5380	3	8190		6701	4345	2
云阳县新津乡	5222	7	9590		7576	6210	6
云阳县普安乡	5476	10	8105		7978	6165	19
云阳县洞鹿乡	9227	5	9150		7484	3826	5
云阳县石门乡	3482	4	4588		4556	3301	1
云阳县大阳乡	4363	7	11532		9952	5829	7
云阳县上坝乡	7160	5	6231		6135	3604	8
云阳县清水土家族自治乡	10216	15	10543		8027	5043	12
奉节县永安镇	3180		164082	164082	62038	57794	81
奉节县白帝镇	8913	11	32306	18335	15631	8799	36
奉节县草堂镇	17066	12	35780	4870	21172	8080	20
奉节县汾河镇	13350	13	36692	6338	19933	10144	14
奉节县康乐镇	14193	15	40228	14680	19274	7530	6
奉节县大树镇	14962	15	20417	4725	16953	8308	5
奉节县竹园镇	17832	15	35655	16800	22127	12237	22

乡镇基本情况

计算单位:公顷、个、人

名　　称	行政区域面积	村民委员会	常住人口	城镇建成区总人口	从业人员	二三产业从业人员	工业企业单位
奉节县公平镇	13396	19	42911	7370	29872	15516	14
奉节县朱衣镇	19340	14	55579	15135	34781	15813	25
奉节县甲高镇	18123	12	41656	7241	21054	12728	8
奉节县羊市镇	6614	5	11346	4000	8425	4863	5
奉节县吐祥镇	25261	18	41300	15560	30132	13256	10
奉节县兴隆镇	34713	20	41288	17758	27247	14282	15
奉节县青龙镇	10784	9	17378	3025	13400	8126	72
奉节县新民镇	9601	10	25317	8485	16764	10151	5
奉节县永乐镇	13460	7	25816	3716	17960	6415	5
奉节县安坪镇	15408	11	31809	4100	19050	7550	10
奉节县五马镇	16343	16	25403	4332	21425	12777	8
奉节县青莲镇	17936	19	31824	5460	19935	8455	5
奉节县岩湾乡	4905	6	12836		5336	2989	3
奉节县平安乡	12698	12	15303		9985	4614	16
奉节县红土乡	8744	10	18000		12956	8700	5
奉节县石岗乡	10130	12	24760		18594	6636	1
奉节县康坪乡	3503	5	10392		4758	2438	1
奉节县太和土家族乡	13143	8	10442		7340	1942	1
奉节县鹤峰乡	8778	8	10500		8100	4264	10
奉节县冯坪乡	11248	8	16538		9856	5550	23
奉节县长安土家族乡	19432	8	12320		7922	2533	1
奉节县龙桥土家族乡	11800	6	7133		5931	3283	
奉节县云雾土家族乡	8099	3	2895		2223	640	3
巫山县高唐街道办事处	680		96257	96257	41024	41024	398
巫山县龙门街道办事处	1586	3	9278	1682	2857	1505	2
巫山县庙宇镇	14400	18	30851	12215	25954	16227	8
巫山县大昌镇	18833	27	35261	10389	22287	13526	9
巫山县福田镇	12233	21	28561	10713	19547	10839	9
巫山县龙溪镇	7440	13	15781	1916	14176	8772	12
巫山县双龙镇	14199	20	20481	2297	18552	9294	4
巫山县官阳镇	11847	13	11523	2916	5970	1079	3
巫山县骡坪镇	15940	17	19824	7056	22358	13729	14
巫山县抱龙镇	14813	17	18064	2011	16268	8710	26
巫山县官渡镇	20258	26	37083	13678	27483	13905	19
巫山县铜鼓镇	9300	11	18533	1385	18941	12093	4
巫山县巫峡镇	14967	18	19823	9814	16006	7751	19
巫山县红椿乡	17000	5	4982		4464	1613	5
巫山县两坪乡	13090	11	13809		11057	4659	6
巫山县曲尺乡	11700	10	12067		9256	3776	3
巫山县建坪乡	10492	8	9125		6517	3374	6
巫山县大溪乡	7600	6	9812		7130	2409	2
巫山县金坪乡	4810	4	3089		2115	557	2
巫山县平河乡	16709	9	9781		6453	2441	2
巫山县当阳乡	11230	6	5621		2679	965	1
巫山县竹贤乡	9800	6	4723		3263	995	1
巫山县三溪乡	12000	18	16117		11344	5159	9
巫山县培石乡	4800	5	5211		4360	1510	1
巫山县笃坪乡	13200	10	10822		10958	4187	5
巫山县邓家乡	5800	5	3321		3889	1441	10
巫溪县宁河街道办事处	2400		40984	40984	15073	13301	109

乡镇基本情况

计算单位:公顷、个、人

名称	行政区域面积	村民委员会	常住人口	城镇建成区总人口	从业人员	二三产业从业人员	工业企业单位
巫溪县柏杨街道办事处	1800		6471	4300	4863	4388	29
巫溪县城厢镇	14000	15	22531	18325	13525	7302	11
巫溪县凤凰镇	4900	10	15241	10373	8930	6539	9
巫溪县宁厂镇	4000	6	7561	5781	2520	1420	4
巫溪县上磺镇	9000	16	20535	9573	17079	10492	10
巫溪县古路镇	10600	16	25194	15627	19226	9780	9
巫溪县文峰镇	66600	15	25755	16800	20641	11906	29
巫溪县徐家镇	15300	12	15655	9973	7848	4363	15
巫溪县白鹿镇	14000	10	13450	5545	11766	5229	3
巫溪县尖山镇	12500	7	20794	11726	10755	6228	15
巫溪县下堡镇	19800	9	11439	5496	9668	5048	2
巫溪县峰灵镇	6500	11	16373	4591	12888	7141	5
巫溪县塘坊镇	9600	8	16035	5557	12265	7424	6
巫溪县朝阳镇	14000	6	13081	6020	7936	4646	4
巫溪县田坝镇	18100	16	13466	4705	7533	4460	7
巫溪县通城镇	9800	12	12202	4357	9656	4800	3
巫溪县胜利乡	6600	8	8130		6399	3389	
巫溪县菱角乡	5800	14	14825		12442	8309	2
巫溪县大河乡	6800	10	8831		4863	2593	3
巫溪县天星乡	11600	8	3913		2078	459	5
巫溪县长桂乡	13300	10	3161		3028	933	2
巫溪县蒲莲乡	4300	9	11790		8879	4614	2
巫溪县鱼鳞乡	10800	4	6653		4344	1949	4
巫溪县乌龙乡	14800	8	5100		4528	2060	2
巫溪县中岗乡	23200	12	13101		11505	5740	17
巫溪县花台乡	3300	4	5139		4632	3063	2
巫溪县兰英乡	9700	3	2450		2101	602	6
巫溪县双阳乡	9500	4	2016		1827	1034	2
巫溪县中梁乡	10100	6	3370		2541	1194	1
巫溪县天元乡	20100	9	6018		5248	3082	3
巫溪县土城乡	20200	11	6558		6558	3804	5
石柱土家族自治县南宾镇	16387	10	85577	80532	63753	49162	125
石柱土家族自治县西沱镇	6143	7	28564	15663	13900	8100	68
石柱土家族自治县下路镇	10795	11	29870	3146	19641	12336	37
石柱土家族自治县悦崃镇	8608	9	12012	6813	9481	5255	14
石柱土家族自治县临溪镇	14964	9	16473	8300	6420	741	26
石柱土家族自治县黄水镇	21349	5	9594	6768	6203	4352	21
石柱土家族自治县马武镇	9164	6	9156	2602	3359	177	10
石柱土家族自治县沙子镇	17834	9	12105	3204	4970	932	39
石柱土家族自治县王场镇	5735	6	8720	4591	8720	2871	21
石柱土家族自治县沿溪镇	5612	6	16182	2385	7919	1930	13
石柱土家族自治县龙沙镇	7803	5	7496	2748	7496	4484	11
石柱土家族自治县鱼池镇	9768	8	10896	2631	8357	3215	22
石柱土家族自治县三河镇	10114	13	19106	3758	17642	8737	3
石柱土家族自治县大歇镇	12844	10	18066	4152	10211	1960	37
石柱土家族自治县桥头镇	6574	7	12891	2094	6686	433	40
石柱土家族自治县万朝镇	7436	6	14882	2012	6282	3570	23
石柱土家族自治县冷水镇	7187	5	4703	264	2208	502	19
石柱土家族自治县黎场乡	3596	5	11363	1107	9021	1811	3
石柱土家族自治县三星乡	9369	6	7983		7705	4486	1

乡镇基本情况

计算单位:公顷、个、人

名　　称	行政区域面积	村民委员会	常住人口	城镇建成区总人口	从业人员	二三产业从业人员	工业企业单位
石柱土家族自治县六塘乡	16995	10	10818		10620	5457	24
石柱土家族自治县三益乡	2698	4	4354		3501	1988	
石柱土家族自治县王家乡	4744	6	4455		3939	1599	7
石柱土家族自治县河嘴乡	5950	7	8880	401	8724	5838	1
石柱土家族自治县石家乡	6201	5	7122	2275	2952	382	2
石柱土家族自治县枫木乡	13640	7	9817		5631	2617	8
石柱土家族自治县中益乡	16062	7	4432		3365	1514	
石柱土家族自治县洗新乡	8939	5	3815	123	3105	100	3
石柱土家族自治县黄鹤乡	3919	3	3261	1467	2695	380	7
石柱土家族自治县龙潭乡	13543	5	3437		2913	1108	15
石柱土家族自治县新乐乡	5564	4	3338	700	1830	178	1
石柱土家族自治县金铃乡	5891	4	1811		1794	1094	
石柱土家族自治县金竹乡	3893	3	1216	36	1010	115	2
秀山土家族苗族自治县中和街道办事处	2650		55523	52214	30058	19389	36
秀山土家族苗族自治县乌杨街道办事处	6020	6	29638	9283	19834	9201	55
秀山土家族苗族自治县平凯街道办事处	11004	9	32298	12355	27615	17190	75
秀山土家族苗族自治县清溪场镇	13200	25	55988	11884	39432	24867	38
秀山土家族苗族自治县隘口镇	12446	10	16339	2585	11719	1525	3
秀山土家族苗族自治县溶溪镇	10940	6	19846	5103	11962	4931	26
秀山土家族苗族自治县官庄镇	10170	14	29687	5011	20164	10697	23
秀山土家族苗族自治县龙池镇	12509	13	24640	10371	19454	10586	16
秀山土家族苗族自治县石堤镇	8710	8	13844	2858	11118	3278	3
秀山土家族苗族自治县峨溶镇	7960	7	16507	4563	13293	8444	5
秀山土家族苗族自治县洪安镇	8770	6	16917	3572	14885	7081	3
秀山土家族苗族自治县雅江镇	7090	5	11669	1882	7890	5842	6
秀山土家族苗族自治县石耶镇	3725	4	10957	3325	9090	6069	11
秀山土家族苗族自治县梅江镇	16950	17	34917	5071	24698	12573	19
秀山土家族苗族自治县兰桥镇	7317	5	14101	4965	8577	1512	2
秀山土家族苗族自治县膏田镇	15086	5	12092	558	11420	7320	23
秀山土家族苗族自治县溪口镇	9220	5	12025	790	8308	1782	11
秀山土家族苗族自治县妙泉镇	5970	5	7568	565	5829	3806	5
秀山土家族苗族自治县宋农镇	7491	4	6597	2364	5296	1751	7
秀山土家族苗族自治县里仁镇	7600	5	9910	1107	7431	4396	13
秀山土家族苗族自治县钟灵镇	15768	10	16256	1287	11886	1873	19
秀山土家族苗族自治县孝溪乡	7410	7	11249		7653	1583	18
秀山土家族苗族自治县海洋乡	9230	6	5762		2558	473	1
秀山土家族苗族自治县大溪乡	10990	6	7092		3218	213	2
秀山土家族苗族自治县涌洞乡	6776	8	7964		5543	2460	4
秀山土家族苗族自治县中平乡	4658	6	5698		5615	530	5
秀山土家族苗族自治县岑溪乡	5340	6	6730		5352	150	7
酉阳土家族苗族自治县桃花源镇	21900	5	102547	86336	69384	60805	314
酉阳土家族苗族自治县龙潭镇	36600	8	55255	42850	37173	27130	45
酉阳土家族苗族自治县麻旺镇	26286	9	31360	13378	16910	8927	5
酉阳土家族苗族自治县酉酬镇	20600	8	18234	7210	12255	6651	18
酉阳土家族苗族自治县大溪镇	12700	5	12591	4583	7725	2351	20
酉阳土家族苗族自治县兴隆镇	18000	5	12221	4875	8521	3129	27
酉阳土家族苗族自治县黑水镇	21300	5	14576	4214	10248	3941	1
酉阳土家族苗族自治县丁市镇	16600	8	18026	5579	11564	4962	4
酉阳土家族苗族自治县龚滩镇	13300	6	15323	6118	11505	5936	6
酉阳土家族苗族自治县李溪镇	22400	7	22726	13210	18871	12524	49

乡镇基本情况

计算单位:公顷、个、人

名　　称	行政区域面积	村民委员会	常住人口	城镇建成区总人口	从业人员	二三产业从业人员	工业企业单位
酉阳土家族苗族自治县泔溪镇	15300	4	12906	4210	8522	4776	15
酉阳土家族苗族自治县酉水河镇	11994	5	12860	5986	6932	2401	10
酉阳土家族苗族自治县苍岭镇	14000	6	10116	4328	8623	2190	4
酉阳土家族苗族自治县小河镇	9500	2	9835	4500	5393	1940	10
酉阳土家族苗族自治县板溪镇	16008	2	9813	2135	7211	3359	15
酉阳土家族苗族自治县涂市乡	14199	9	14236		9391	5275	8
酉阳土家族苗族自治县铜鼓乡	19387	9	19296		11717	5638	16
酉阳土家族苗族自治县可大乡	10700	7	10462		6366	2456	1
酉阳土家族苗族自治县偏柏乡	10700	6	10870		5323	1576	
酉阳土家族苗族自治县五福乡	7200	4	8307		6415	3330	5
酉阳土家族苗族自治县木叶乡	13100	4	6255		3281	381	3
酉阳土家族苗族自治县毛坝乡	15100	6	7906		5484	1434	1
酉阳土家族苗族自治县花田乡	7900	5	6647		3692	591	4
酉阳土家族苗族自治县后坪乡	13704	4	9670		7491	1284	
酉阳土家族苗族自治县天馆乡	11900	5	7436		4950	718	3
酉阳土家族苗族自治县宜居乡	15300	9	12401		9338	4874	2
酉阳土家族苗族自治县万木乡	10400	7	13425		10099	3638	1
酉阳土家族苗族自治县两罾乡	7200	5	7327		4863	707	1
酉阳土家族苗族自治县板桥乡	7600	3	6971		4058	798	6
酉阳土家族苗族自治县官清乡	6300	3	8126		5818	2456	8
酉阳土家族苗族自治县南腰界乡	9300	6	12581		7765	2607	5
酉阳土家族苗族自治县车田乡	7200	2	4898		3620	1773	5
酉阳土家族苗族自治县腴地乡	8200	3	7260		4230	836	
酉阳土家族苗族自治县清泉乡	7400	3	5473		3809	581	1
酉阳土家族苗族自治县庙溪乡	10800	4	8899		5408	1230	2
酉阳土家族苗族自治县浪坪乡	6750	2	5909		3960	304	
酉阳土家族苗族自治县双泉乡	14800	5	7991		4471	319	1
酉阳土家族苗族自治县楠木乡	5700	3	3458		2533	330	8
彭水苗族土家族自治县汉葭街道办事处	19271	8	78870	18575	47239	12190	30
彭水苗族土家族自治县绍庆街道办事处	12205	4	39450	15470	21078	18988	26
彭水苗族土家族自治县靛水街道办事处	18531	9	17617	2080	14450	8400	7
彭水苗族土家族自治县保家镇	16634	9	38280	6413	26555	3035	22
彭水苗族土家族自治县郁山镇	12907	11	29844	8932	24816	13456	12
彭水苗族土家族自治县高谷镇	10719	6	14953	8840	8920	4875	8
彭水苗族土家族自治县桑柘镇	28442	11	25259	6187	18065	6765	14
彭水苗族土家族自治县鹿角镇	11753	6	9169	3696	6167	3317	5
彭水苗族土家族自治县黄家镇	10795	9	11464	1367	6830	4430	10
彭水苗族土家族自治县普子镇	18027	8	17468	3633	16807	807	6
彭水苗族土家族自治县龙射镇	16047	9	16534	1996	13698	6598	10
彭水苗族土家族自治县连湖镇	7206	5	15218	2140	12914	6744	5
彭水苗族土家族自治县万足镇	5899	2	5009	1164	3145	2300	4
彭水苗族土家族自治县平安镇	7364	5	8656	3695	7055	555	3
彭水苗族土家族自治县长生镇	5957		7455	1794	5917	3877	4
彭水苗族土家族自治县新田镇	13246	11	17579	3355	11540	1250	5
彭水苗族土家族自治县鞍子镇	12480	7	11669	4055	9345	3545	5
彭水苗族土家族自治县岩东乡	7240	4	7064		5124	434	4
彭水苗族土家族自治县鹿鸣乡	13067	10	12331		10510	4890	3
彭水苗族土家族自治县棣棠乡	8989	4	7612		5756	506	5
彭水苗族土家族自治县太原乡	9923	4	7461		6031	3241	3
彭水苗族土家族自治县三义乡	4482	6	4964		3661	973	2

乡镇基本情况

计算单位:公顷、个、人

名　　称	行政区域面积	村民委员会	常住人口	城镇建成区总人口	从业人员	二三产业从业人员	工业企业单位
彭水苗族土家族自治县联合乡	6866	4	10841		8245	715	5
彭水苗族土家族自治县石柳乡	4173	4	7473		6871	546	3
彭水苗族土家族自治县龙溪乡	8076	8	12226		6292	3398	4
彭水苗族土家族自治县走马乡	7854	8	12233		9298	2809	4
彭水苗族土家族自治县芦塘乡	4819	5	6502		4830	1176	3
彭水苗族土家族自治县乔梓乡	6528	5	8451		4610	516	3
彭水苗族土家族自治县梅子垭乡	7014	7	9289		8897	283	3
彭水苗族土家族自治县诸佛乡	12234	10	10280		9087	292	4
彭水苗族土家族自治县小厂乡	4689	4	6648		3069	1544	3
彭水苗族土家族自治县桐楼乡	3510	3	3445		2996	395	3
彭水苗族土家族自治县善感乡	7774	5	5212		4364	1686	3
彭水苗族土家族自治县双龙乡	6096	3	3487		2829	1185	2
彭水苗族土家族自治县石盘乡	5628	2	2443		2082	1191	1
彭水苗族土家族自治县大垭乡	7114	4	3282		2651	2190	2
彭水苗族土家族自治县润溪乡	10907	8	9095		8194	2580	2
彭水苗族土家族自治县朗溪乡	6291	5	5174		4440	1135	1
彭水苗族土家族自治县龙塘乡	8643	8	5086		3985	2070	1
四川省							
龙泉驿区洛带镇	4200	6	30186	20100	16841	11300	28
龙泉驿区西河镇	4640	8	59521	13512	24368	20003	231
龙泉驿区洪安镇	2267	3	15641	2210	9769	8263	52
龙泉驿区柏合镇	7257	12	74959	37847	23757	12727	298
龙泉驿区茶店镇	6030	8	13550	892	10096	5275	2
龙泉驿区黄土镇	3300	6	26413	3641	16562	8638	36
龙泉驿区山泉镇	3700	6	13000	735	9577	4721	5
龙泉驿区万兴乡	5214	9	8618	421	6589	1585	
青白江区弥牟镇	2237	4	32100	7372	13557	9817	33
青白江区大同镇	2165	5	32300	14113	13061	12057	202
青白江区城厢镇	4569	11	54200	18131	30065	20320	69
青白江区祥福镇	4443	15	46200	26580	32100	20500	274
青白江区姚渡镇	2340	6	16400	2317	11132	7293	41
青白江区清泉镇	6667	16	32600	9233	17709	6354	14
青白江区龙王镇	2596	9	22600	5135	18054	11849	36
青白江区福洪乡	3941	9	26486	13600	20850	14568	7
青白江区人和乡	6008	11	11600	11000	8272	4032	
新都区新都镇	8000	36	298324	177912	224578	217843	236
新都区石板滩镇	4375	17	53611	17200	32351	22151	92
新都区新繁镇	8300	29	117380	40380	75331	57471	491
新都区新民镇	3630	7	41214	3890	31287	22807	64
新都区泰兴镇	2906	5	32732	7420	22492	18452	36
新都区斑竹园镇	4791	7	75712	55600	16143	9129	231
新都区清流镇	3300	10	33438	1830	20668	13700	51
新都区马家镇	2500	5	28166	6894	19991	18789	67
新都区龙桥镇	2304	4	52162	15900	36542	28492	350
新都区木兰镇	3450		44511	18117	27634	20713	170
新都区军屯镇	1800	6	21484	7544	11464	9346	93
温江区和盛镇	4210	10	35280	11200	20064	11697	38
温江区永盛镇	1250		12520	4100	8083	5093	232
温江区金马镇	2390	1	23860	7194	9830	8901	196
温江区永宁镇	2360		29001	5815	15655	14116	53

乡镇基本情况

计算单位:公顷、个、人

名　　称	行政区域面积	村民委员会	常住人口	城镇建成区总人口	从业人员	二三产业从业人员	工业企业单位
温江区万春镇	5330	12	62968	38019	33001	20131	214
温江区寿安镇	5310	8	43575	4200	24916	10393	23
金堂县赵镇街道办事处	10500	9	119863	75541	37522	27641	136
金堂县三星镇	4510	8	24792	12799	12795	6880	14
金堂县清江镇	2266	4	21493	4857	16164	6362	44
金堂县官仓镇	3944	7	20376	3258	14444	9053	67
金堂县淮口镇	10854	20	64937	53849	48749	32871	269
金堂县白果镇	6094	10	34937	4200	20525	11480	8
金堂县五凤镇	5929	7	29889	6190	12400	5334	67
金堂县高板镇	4598	7	33596	3865	24071	14829	10
金堂县三溪镇	5715	9	46780	4790	22835	11030	
金堂县福兴镇	7350	10	42130	6065	26334	11365	10
金堂县金龙镇	4267	6	22447	4012	16519	8160	
金堂县赵家镇	6158	8	30277	6941	20924	20703	
金堂县竹篙镇	7267	11	41238	5489	31254	19552	31
金堂县广兴镇	4559	9	36289	4343	18487	7950	14
金堂县隆盛镇	5660	9	27566	4037	17506	6964	
金堂县转龙镇	4643	7	20006	2156	14464	6599	3
金堂县土桥镇	4160	6	34429	7498	20831	11095	18
金堂县云合镇	4596	10	26435	3567	7950	3740	5
金堂县又新镇	5056	12	29022	3249	17294	10580	
金堂县栖贤乡	5572	7	18662	858	14327	5171	17
金堂县平桥乡	5134	9	33337	4500	11900	4715	
双流县东升街道办	5220		250011	205774	101598	99934	110
双流县西航港街道办	3849		64332	63449	21942	20216	164
双流县华阳镇街道办	5040		183128	126113	90922	88994	78
双流县中和街道办	3500		147824	28060	110758	110758	58
双流县九江街道办事处	3616		77417	51000	47983	46268	1436
双流县黄甲街道办事处	3189		25427	12483	13614	11493	95
双流县公兴街道办事处	4086	1	39883	8742	14160	12599	35
双流县太平镇	4185	6	24231	4630	18071	11876	15
双流县永兴镇	4133	6	28870	8284	16015	10446	17
双流县籍田镇	4804	10	35210	9513	22413	16111	25
双流县正兴镇	4922	9	31990	28953	21223	18966	25
双流县彭镇	3639	3	46864	13972	25259	21817	113
双流县大林镇	5506	11	26968	2820	17435	11531	15
双流县煎茶镇	6157	9	34897	2138	21964	13903	26
双流县黄龙溪镇	5052	7	24869	3566	18166	12595	14
双流县永安镇	5675	8	32848	12450	18592	9947	25
双流县黄水镇	3314		36177	5002	25952	18680	54
双流县金桥镇	4087	7	39341	3548	26349	20251	118
双流县胜利镇	3450	4	18473	6425	11810	10785	10
双流县新兴镇	3660	7	34764	4525	23089	14858	78
双流县兴隆镇	4248	10	27046	2126	18928	13608	11
双流县万安镇	3114	2	32998	11427	15768	12741	26
双流县白沙镇	3620	8	30431	3571	20435	14172	64
双流县三星镇	3889	6	21702	2715	11947	8742	15
双流县合江镇	4335	7	16861	2347	13230	9104	16
郫县郫筒街道办事处	3400	10	134596	14055	43171	7479	80
郫县合作街道办事处	3550	19	196324	196324	137024	137024	324

乡镇基本情况

计算单位:公顷、个、人

名　　称	行政区域面积	村民委员会	常住人口	城镇建成区总人口	从业人员	二三产业从业人员	工业企业单位
郫县团结镇	2880	9	95124	8824	19930	15912	153
郫县犀浦镇	2780	8	76238	53765	42743	42471	116
郫县花园镇	2180	10	23385	2412	12200	2514	23
郫县唐昌镇	4910	17	49931	9996	21896	12708	86
郫县安德镇	3880	11	46127	12492	25200	19000	125
郫县三道堰镇	1780	6	22104	8433	14332	10054	26
郫县安靖镇	2160	7	109586	5619	85669	74396	113
郫县红光镇	3874	9	57413	47168	25630	16636	192
郫县新民场镇	1810	7	17803	7780	7455	4937	41
郫县德源镇	3070	12	81237	53970	42474	34825	167
郫县友爱镇	4630	16	43963	13300	26380	17914	39
郫县古城镇	1783	7	26235	24450	10253	5376	20
郫县唐元镇	2550	10	24799	8223	13772	1032	26
大邑县晋原镇	9135	28	129043	96012	41299	32521	360
大邑县王泗镇	6508	19	55868	26460	37310	30527	87
大邑县新场镇	3426	8	23680	10700	14247	8658	9
大邑县悦来镇	5676	14	23465	6598	10618	5987	16
大邑县安仁镇	5703	24	59546	26870	30954	19453	35
大邑县出江镇	6202	12	13859	3175	8373	6093	8
大邑县花水湾镇	8874	6	8436	3985	5386	4018	15
大邑县西岭镇	44910	6	6066	1550	3713	2160	25
大邑县斜源镇	6318	6	7745	653	3855	2734	1
大邑县董场镇	3607	9	27785	11500	18804	10036	9
大邑县韩场镇	2070	6	18182	4296	11501	7478	20
大邑县三岔镇	4073	11	33430	7100	17096	9632	20
大邑县上安镇	1960	7	15552	2543	10120	5606	3
大邑县苏家镇	2060	6	19770	5033	9267	5269	9
大邑县青霞镇	2803	4	8234	2504	4563	3636	10
大邑县沙渠镇	1894	6	17356	9074	11162	7642	124
大邑县蔡场镇	2176	6	20013	7872	9178	6844	8
大邑县雾山乡	5286	5	4146	4130	2815	1285	3
大邑县金星乡	4915	7	8848	3142	5407	3525	5
大邑县鹤鸣乡	4948	7	11964	3360	6974	5179	2
蒲江县鹤山镇	11031	27	82970	59221	33262	19583	77
蒲江县大塘镇	2974	5	12804	4762	9690	4376	12
蒲江县寿安镇	8763	22	57665	19722	31907	16283	99
蒲江县朝阳湖镇	2926	5	10700	2617	6737	3978	7
蒲江县西来镇	7895	10	28058	6383	19795	13363	69
蒲江县大兴镇	5875	8	19398	3650	15141	6085	15
蒲江县甘溪镇	2905	5	11273	2626	6483	2366	14
蒲江县成佳镇	4042	6	11445	8150	7925	2530	12
蒲江县复兴乡	3637	5	13958	1445	7669	2834	8
蒲江县光明乡	2256	4	5677	331	3957	2833	6
蒲江县白云乡	3736	6	5425	756	3216	1770	1
蒲江县长秋乡	1930	4	4298	3250	2402	618	
新津县五津镇	2095	2	78654	60329	36401	33547	102
新津县花桥镇	3300	7	29278	2695	17730	9573	44
新津县花源镇	3225	9	50500	35006	24045	20895	30
新津县金华镇	3333	9	18794	2597	14219	10692	47
新津县普兴镇	4186	9	25987	6650	16663	9210	23

乡镇基本情况

计算单位:公顷、个、人

名　　称	行政区域面积	村民委员会	常住人口	城镇建成区总人口	从业人员	二三产业从业人员	工业企业单位
新津县兴义镇	3787	11	34402	4917	25800	19984	25
新津县新平镇	2514	8	24393	4126	12448	7763	55
新津县方兴镇	1960	3	14983	3512	10013	6559	16
新津县安西镇	1531	5	13462	4843	9231	4857	19
新津县永商镇	2957	6	16403	3050	9647	7293	13
新津县邓双镇	2775	8	23801	4111	13588	10975	56
新津县文井乡	1330	3	11013	3964	6728	4041	42
都江堰市滨江街道办事处	760	1	38851	38851	30300	28500	54
都江堰市灌口镇	1710	3	74386	74386	36729	35075	5
都江堰市幸福镇	2400	3	137834	137834	84646	81980	24
都江堰市蒲阳镇	6100	14	51398	18300	19937	15466	65
都江堰市聚源镇	3420	10	47323	8698	20611	10799	50
都江堰市崇义镇	4680	14	42650	12473	23875	14317	59
都江堰市天马镇	3770	12	32610	2610	19223	8293	40
都江堰市石羊镇	4990	18	49552	4599	22070	10195	18
都江堰市柳街镇	4650	13	38965	2543	26143	13319	12
都江堰市玉堂镇	5220	11	24735	6325	7181	6884	17
都江堰市中兴镇	4870	11	29770	4185	14181	7967	22
都江堰市青城山镇	9610	10	44132	28384	21945	18926	42
都江堰市龙池镇	8914	4	2935	2842	1883	1196	2
都江堰市胥家镇	4290	14	50288	2817	36596	27029	44
都江堰市安龙镇	2760	7	24549	4836	14985	10182	34
都江堰市大观镇	6300	11	18200	6518	11391	7085	44
都江堰市紫坪铺镇	4800	6	7773	2873	5584	2038	9
都江堰市翠月湖镇	1870	5	16260	3520	9910	7035	10
都江堰市向峨乡	5910	12	14077	2022	7256	4804	5
都江堰市虹口乡	34480	8	6300	1000	3371	3251	
彭州市天彭镇	6719	11	168600	138479	47300	22383	261
彭州市龙门山镇	33745	5	10300	2658	5913	2698	29
彭州市新兴镇	3382	8	17500	2581	8614	6234	5
彭州市丽春镇	7699	22	65100	3921	38169	22661	156
彭州市九尺镇	2796	8	28500	2523	20106	7743	26
彭州市蒙阳镇	7554	16	73000	26681	53517	29967	108
彭州市通济镇	6877	17	25901	3538	18562	13460	17
彭州市丹景山镇	6450	13	28850	11302	14650	9727	43
彭州市隆丰镇	4946	18	43850	7464	29820	10837	35
彭州市敖平镇	3388	8	25460	3026	15816	5511	26
彭州市磁峰镇	10320	8	13500	1450	9027	6309	3
彭州市桂花镇	6463	14	24460	3465	14199	6552	82
彭州市军乐镇	3177	9	25600	3152	14838	5161	68
彭州市三界镇	4227	14	31856	4034	20283	8125	45
彭州市小渔洞镇	5531	9	12014	2845	7776	3988	3
彭州市红岩镇	4177	9	13700	939	9038	874	10
彭州市升平镇	3201	11	31800	1187	20809	6600	28
彭州市白鹿镇	8127	8	9296	3489	5232	1272	
彭州市葛仙山镇	6822	20	35400	1808	23433	10263	29
彭州市致和镇	6333	23	83500	13627	39324	25026	162
邛崃市临邛镇	15740	27	165632	93234	116925	99609	298
邛崃市羊安镇	4936	9	42628	23786	27527	23317	158
邛崃市牟礼镇	6041	14	53554	5175	26082	16796	11

乡镇基本情况

计算单位:公顷、个、人

名　　称	行政区域面积	村民委员会	常住人口	城镇建成区总人口	从业人员	二三产业从业人员	工业企业单位
邛崃市桑园镇	3781	8	27698	4058	14539	9665	29
邛崃市平乐镇	7979	9	37405	9457	13521	7922	31
邛崃市夹关镇	4740	9	19189	5000	10092	1457	22
邛崃市火井镇	6800	9	20456	4800	12292	7105	13
邛崃市水口镇	10764	11	19415	2640	13068	4512	11
邛崃市固驿镇	5071	10	33473	6247	15854	8890	63
邛崃市冉义镇	3601	9	30861	22668	19153	18468	186
邛崃市回龙镇	4676	7	21288	2377	9781	4957	15
邛崃市高埂镇	2853	6	22347	7304	12028	7484	30
邛崃市前进镇	2780	5	17998	2632	12292	7082	34
邛崃市高何镇	8544	6	12630	2028	8512	3186	12
邛崃市临济镇	3755	5	15386	7426	9443	3728	12
邛崃市卧龙镇	3734	4	15968	7262	9528	4343	33
邛崃市天台山镇	10618	9	15425	1981	8898	5245	27
邛崃市宝林镇	3800	6	14642	13384	9817	1460	12
邛崃市茶园乡	3087	5	12965	1913	6940	3885	6
邛崃市道佐乡	3071	6	6535	1221	5143	2093	9
邛崃市油榨乡	5139	8	14482	3162	8347	4894	5
邛崃市南宝乡	9498	8	4636	385	2643	1326	18
邛崃市大同乡	7078	12	16755	1852	10094	5424	9
邛崃市孔明乡	2600	2	10752	1173	6920	4720	12
崇州市崇阳街道办事处	6344	17	128200	128149	38116	21884	235
崇州市三江镇	4712	17	53000	13052	27447	15145	45
崇州市江源镇	2711	8	29000	4531	16559	12121	32
崇州市羊马镇	4058	12	49656	30746	34408	31385	129
崇州市廖家镇	2451	8	21000	5348	10843	8562	80
崇州市元通镇	2134	7	21000	12137	13049	5997	50
崇州市观胜镇	2434	6	21000	6903	12419	4506	23
崇州市怀远镇	8256	17	56000	15820	30168	19665	30
崇州市三郎镇	8512	7	15000	6170	9025	7325	5
崇州市街子镇	4118	9	34000	8742	21126	12850	11
崇州市文井江镇	5307	4	7228	907	3091	1905	6
崇州市王场镇	2941	8	23000	9977	14268	8783	29
崇州市白头镇	1513	5	15000	1760	9470	7291	12
崇州市道明镇	3673	10	21000	2743	12563	7386	31
崇州市隆兴镇	1800	6	17000	4025	8410	6230	25
崇州市大划镇	2089	8	23000	9503	15283	10834	35
崇州市崇平镇	1949	4	18000	4706	12046	9926	27
崇州市梓潼镇	1571	5	14000	4956	7116	4613	16
崇州市桤泉镇	1803	4	15000	5176	9813	6192	146
崇州市锦江乡	1950	5	16000	1042	10686	8752	23
崇州市公议乡	2698	5	14000	2000	8939	7059	49
崇州市鸡冠山乡	30014	6	4000	522	1785	822	12
崇州市济协乡	1488	4	13000	2330	8742	6342	53
崇州市燎原乡	2650	6	24000	2368	15005	8895	15
崇州市集贤乡	1636	3	14000	821	8627	4522	22
自流井区仲权镇	3429	11	21983	3977	15455	12012	17
自流井区舒坪镇	2232	9	21212	6950	10385	7275	54
自流井区荣边镇	2824	12	14519	970	9587	6817	15
自流井区红旗乡	64	2	11258	11258	4888	4888	1

乡镇基本情况

计算单位：公顷、个、人

名　　称	行政区域面积	村民委员会	常住人口	城镇建成区总人口	从业人员	二三产业从业人员	工业企业单位
自流井区高峰乡	1702	7	12983	2103	8905	5860	10
自流井区农团乡	2343	5	3360	310	1719	909	5
自流井区漆树乡	1047	4	6130	950	4073	1756	7
贡井区艾叶镇	1692	10	16875	6150	9789	5653	85
贡井区建设镇	1907	11	12481	2210	8712	6158	50
贡井区长土镇	1719	10	19769	9838	12897	10064	137
贡井区龙潭镇	5299	18	25693	8376	16786	6378	21
贡井区桥头镇	2954	7	11696	2698	8702	5265	15
贡井区五宝镇	7467	23	23255	6105	15345	7217	9
贡井区莲花镇	4419	11	8619	2021	6243	2774	3
贡井区成佳镇	7414	36	45172	10975	31819	10869	31
贡井区白庙镇	2175	8	9353	2116	6807	2999	3
贡井区章佳乡	1651	7	7149	444	5095	2882	2
贡井区牛尾乡	3585	8	6462	859	4521	1598	1
大安区大山铺镇	3125	9	30417	8995	15850	11928	64
大安区团结镇	2066	9	12482	1025	6842	3080	15
大安区三多寨镇	4129	17	28812	2083	22242	18114	25
大安区何市镇	4905	18	24102	4412	19081	6642	15
大安区新店镇	2261	9	12809	2434	10119	4139	1
大安区新民镇	3145	10	26277	3082	15734	9322	93
大安区牛佛镇	7579	33	60097	26200	46799	13957	37
大安区庙坝镇	3248	14	16812	3385	12592	1171	5
大安区回龙镇	4317	17	23463	4983	16904	7472	14
大安区永嘉乡	2138	6	7408	1230	5255	286	1
大安区和平乡	1133	3	16194	6000	11888	6407	42
大安区凤凰乡	1089	3	30493	27315	19366	18254	248
沿滩区沿滩镇	2769	10	37178	21829	13632	7868	55
沿滩区卫坪镇	5394	21	40710	24309	16502	9841	138
沿滩区兴隆镇	2789	9	12961	3881	10123	8945	22
沿滩区富全镇	3232	9	16747	4183	10882	7598	8
沿滩区永安镇	3511	12	17580	5140	12714	10562	12
沿滩区联络镇	3134	9	13482	3984	10398	7701	4
沿滩区邓关镇	1629	6	16978	9893	9721	6447	26
沿滩区王井镇	2589	10	14657	4401	8375	6786	24
沿滩区黄市镇	3444	12	20489	4903	12608	8510	18
沿滩区瓦市镇	5985	26	32756	5903	25120	16024	13
沿滩区仙市镇	5533	26	26324	4269	20602	12559	12
沿滩区刘山乡	1781	7	9729	565	7687	2572	5
沿滩区九洪乡	5118	13	23431	946	18143	9506	4
荣县旭阳镇	14004	26	152719	98993	87870	65265	195
荣县双石镇	5698	12	32433	5219	21555	8091	28
荣县望佳镇	3191	11	17241	2900	13524	8738	4
荣县鼎新镇	5330	11	17310	2102	13774	5053	4
荣县乐德镇	8761	17	27702	3452	19390	8515	5
荣县过水镇	4847	9	19418	1414	14779	8625	7
荣县古文镇	4990	10	12712	2126	9564	6451	2
荣县河口镇	6644	8	16914	1705	12318	6613	12
荣县新桥镇	5241	8	17328	3072	12680	6002	13
荣县正紫镇	3764	8	11637	821	3980	1270	2
荣县度佳镇	8341	11	22421	7382	11530	4970	22

乡镇基本情况

计算单位:公顷、个、人

名　　称	行政区域面积	村民委员会	常住人口	城镇建成区总人口	从业人员	二三产业从业人员	工业企业单位
荣县东佳镇	7993	8	15504	1349	11880	7148	6
荣县长山镇	8006	13	31240	11468	18008	10404	33
荣县保华镇	6693	10	21504	1864	12941	6380	17
荣县留佳镇	8268	13	31614	2821	22465	7258	32
荣县来牟镇	5694	9	20605	2973	16375	10368	42
荣县双古镇	9577	18	22236	2538	13624	6863	35
荣县观山镇	4428	18	15007	1420	11753	5466	7
荣县高山镇	7001	22	25927	1202	19752	7523	16
荣县东兴镇	5808	6	6924	470	4631	3192	8
荣县铁厂镇	5920	10	11509	1060	8531	5070	46
荣县金花乡	4154	5	5511	303	3865	2282	2
荣县雷音乡	3734	4	6502	492	3826	2476	2
荣县古佳乡	3809	8	9011	457	7122	4314	
荣县于佳乡	2149	6	6523	362	4809	2669	6
荣县复兴乡	2152	8	6842	380	5193	2596	3
荣县墨林乡	4303	7	6918	415	5341	1302	9
富顺县富世镇	4859	14	140434	137055	84560	75624	178
富顺县东湖镇	7066	22	52757	13062	41857	26183	60
富顺县琵琶镇	5511	13	29056	5110	20703	10782	25
富顺县狮市镇	4301	12	20248	3786	15967	8728	10
富顺县骑龙镇	6902	20	44243	3827	30690	16403	28
富顺县互助镇	5178	13	26700	2562	18102	9460	9
富顺县代寺镇	7230	18	51555	13530	37440	22801	20
富顺县中石镇	3054	9	18158	586	11232	5835	10
富顺县童寺镇	5309	12	28671	4980	18383	10137	20
富顺县古佛镇	3044	8	19434	2760	13402	8396	15
富顺县永年镇	6787	15	39573	5891	22561	11106	22
富顺县彭庙镇	4668	10	19329	1203	11940	6023	10
富顺县兜山镇	7323	13	32497	1408	22196	12259	25
富顺县板桥镇	5785	15	32578	9526	17650	8809	20
富顺县福善镇	6851	13	27280	5220	19470	11217	4
富顺县李桥镇	7133	13	24857	1560	14570	6595	5
富顺县赵化镇	4982	11	31992	11811	19304	11429	14
富顺县安溪镇	7512	11	31896	3425	21776	12021	23
富顺县万寿镇	4902	9	19875	1180	14306	7819	11
富顺县飞龙镇	5020	11	28084	6502	17509	8550	8
富顺县怀德镇	4637	13	26101	8863	17761	9780	10
富顺县长滩镇	2627	8	15180	2423	10299	6391	15
富顺县龙万乡	5077	14	25923	1985	19055	10116	10
富顺县宝庆乡	3149	8	16775	4823	12169	6436	6
富顺县富和乡	2755	7	12144	1358	9634	5291	3
富顺县石道乡	2538	7	15289	1162	10595	5585	6
东区银江镇	13316	9	46083	41083	26806	24929	196
西区格里坪镇	9960	10	22600	20885	12582	10005	166
仁和区仁和镇	3820	4	57480	34680	16898	14588	38
仁和区平地镇	17443	5	13642	2198	8241	1825	8
仁和区大田镇	10500	6	7999	2698	4713	1131	5
仁和区福田镇	5030	4	4172	455	2954	759	15
仁和区同德镇	9183	7	13277	1770	6907	2928	4
仁和区金江镇	9837	5	27179	15410	8350	6630	59

乡镇基本情况

计算单位:公顷、个、人

名　　称	行政区域面积	村民委员会	常住人口	城镇建成区总人口	从业人员	二三产业从业人员	工业企业单位
仁和区布德镇	13192	6	15960	3500	8136	3546	15
仁和区前进镇	10580	8	27413	4240	10702	6830	52
仁和区大龙潭彝族乡	23293	8	14312		10910	788	4
仁和区啊喇彝族乡	17802	6	8047		5524	1260	6
仁和区总发乡	10265	4	8431		5418	2710	24
仁和区太平乡	21745	10	15450		6802	3247	45
仁和区务本乡	9924	4	7211		4708	1708	5
仁和区中坝乡	9993	4	9594		6076	1940	9
米易县攀莲镇	17808	7	55557	48637	26484	12778	57
米易县丙谷镇	19020	11	25383	3409	17052	3056	13
米易县得石镇	29026	6	8533	3488	4499	2310	5
米易县撒莲镇	11996	6	16055	2343	7373	2817	6
米易县垭口镇	9665	4	10624	3226	7531	3993	12
米易县白马镇	20509	11	30153	6690	18447	4961	22
米易县普威镇	14741	6	12869	2017	7038	2061	7
米易县草场乡	14135	8	19984		9365	1206	6
米易县湾丘彝族乡	13240	7	16922		8173	1983	14
米易县白坡彝族乡	35378	10	10387		5468	719	16
米易县麻陇彝族乡	22280	8	8823		4969	692	2
米易县新山傈僳族乡	7473	4	7187		4979	1567	9
盐边县桐子林镇	24000	4	25032	9050	10804	4910	47
盐边县红格镇	16023	4	14859	5680	8230	4761	13
盐边县渔门镇	23664	17	22110	7195	9617	4043	5
盐边县永兴镇	22302	18	22716	5602	11260	6000	11
盐边县益民乡	6675	10	12739		6274	869	13
盐边县新九乡	12480	7	12024		7579	5657	31
盐边县和爱彝族乡	6450	4	5410		3124	920	4
盐边县红果彝族乡	24573	11	13036		7295	2307	22
盐边县鳡鱼彝族乡	27200	14	7916		5904	1630	3
盐边县共和乡	24084	17	9639		5870	970	1
盐边县国胜乡	32142	14	19081		12060	4955	39
盐边县红宝苗族彝族乡	30400	7	4727		2668	531	4
盐边县惠民乡	14667	13	17443		10650	3650	3
盐边县箐河傈僳族乡	11538	6	6107		3645	780	9
盐边县温泉彝族乡	16792	7	7721		2741	920	3
盐边县格萨拉彝族乡	33955	11	12606		7821	2820	3
江阳区泰安镇	3630	4	20987	5442	12995	7509	45
江阳区黄舣镇	6553	7	31452	5693	20899	10451	7
江阳区弥陀镇	4473	7	29906	2105	17981	10111	12
江阳区况场镇	6982	12	45351	4187	27114	12603	17
江阳区通滩镇	7585	12	54748	3400	32658	13743	30
江阳区江北镇	4737	7	30008	2925	18581	8138	34
江阳区方山镇	5275	7	28375	1192	15771	8401	10
江阳区丹林镇	3574	5	20154	3630	10714	6917	13
江阳区分水岭镇	5846	10	37094	7800	25121	18504	17
江阳区石寨镇	2967	6	20124	2995	12630	5961	13
纳溪区大渡口镇	12982	19	38978	6468	24360	7154	37
纳溪区护国镇	17587	29	62984	32615	46084	24483	83
纳溪区打古镇	13364	17	36378	2280	21004	3707	62
纳溪区上马镇	10703	10	31017	4367	17903	4848	25

乡镇基本情况

计算单位:公顷、个、人

名　　称	行政区域面积	村民委员会	常住人口	城镇建成区总人口	从业人员	二三产业从业人员	工业企业单位
纳溪区合面镇	8911	15	38352	3278	24813	8710	25
纳溪区棉花坡镇	6597	16	42050	1792	25626	9514	77
纳溪区丰乐镇	8209	11	38188	2619	23896	10811	25
纳溪区白节镇	12468	17	34583	9224	13833	7609	38
纳溪区天仙镇	6762	8	17995	1993	11788	5558	15
纳溪区新乐镇	4603	9	30959	6344	20569	7958	51
纳溪区渠坝镇	4503	9	18764	1700	10779	3269	21
纳溪区龙车镇	7217	14	32315	4410	19834	7982	28
龙马潭区罗汉镇	1960	5	19899	2033	8424	5302	71
龙马潭区鱼塘镇	2223	5	19628	18628	7695	5313	162
龙马潭区石洞镇	5521	8	42602	10226	25090	12550	28
龙马潭区胡市镇	3896	5	30285	5350	20266	7403	27
龙马潭区特兴镇	4267	7	27726	2665	18535	9274	33
龙马潭区安宁镇	4152	2	30589	9560	10484	5817	32
龙马潭区双加镇	3639	6	26519	5301	14513	7670	46
龙马潭区金龙乡	3728	4	24303	2591	16803	10982	6
龙马潭区长安乡	1947	4	13941	3677	10432	6538	33
泸县福集镇	16739	28	168500	46509	102184	76362	223
泸县嘉明镇	4785	10	49652	9611	28192	20490	42
泸县喻寺镇	6576	11	41732	4576	27224	15484	30
泸县得胜镇	7958	14	57747	3054	35665	22313	66
泸县牛滩镇	7559	16	48754	5083	35730	15855	52
泸县兆雅镇	5968	8	46106	11029	29723	19754	39
泸县玄滩镇	11395	20	89717	21004	52181	31852	37
泸县太伏镇	12276	18	56820	9286	40441	20315	38
泸县云龙镇	6948	13	61545	13970	40393	25428	161
泸县石桥镇	8678	12	45268	3715	29515	14138	937
泸县毗卢镇	6821	12	34437	3317	23735	13719	26
泸县奇峰镇	6871	12	49972	2238	26841	20518	168
泸县潮河镇	8483	13	60569	3788	38468	23315	40
泸县云锦镇	10710	16	73004	5464	50561	30694	56
泸县立石镇	6272	10	42578	7316	33766	21977	127
泸县百和镇	8106	11	51341	3030	33015	21127	168
泸县天兴镇	4156	8	30250	1674	19198	12870	36
泸县方洞镇	6930	12	39085	3058	27609	14707	15
泸县海潮镇	5293	7	33646	3946	21217	14082	21
合江县合江镇	7461	18	130022	70612	41814	36596	133
合江县望龙镇	5510	10	29282	6540	19899	14589	17
合江县白沙镇	3313	7	24153	5876	18262	12494	22
合江县佛荫镇	6358	12	41332	5676	24945	14333	48
合江县先市镇	6538	12	34895	11523	22507	10617	26
合江县尧坝镇	6826	9	31155	3951	24415	9566	19
合江县九支镇	12175	12	37985	15420	26464	9410	33
合江县五通镇	10052	9	27420	1043	17000	9315	22
合江县凤鸣镇	12835	15	37879	7637	22931	16997	13
合江县榕山镇	8799	12	42671	22141	27725	14787	52
合江县白鹿镇	7712	11	38157	2018	24693	13013	15
合江县甘雨镇	8273	11	30156	3725	17373	10891	18
合江县福宝镇	42529	18	35682	12063	25543	6798	27
合江县先滩镇	9163	11	22833	1502	17101	3506	18

乡镇基本情况

计算单位:公顷、个、人

名　　称	行政区域面积	村民委员会	常住人口	城镇建成区总人口	从业人员	二三产业从业人员	工业企业单位
合江县自怀镇	18867	7	13885	1710	7179	2289	15
合江县大桥镇	6930	15	44527	6300	26880	13962	52
合江县车辋镇	8518	9	18149	5072	10889	6783	26
合江县密溪乡	4770	9	16168	658	12687	6536	8
合江县白米乡	7408	12	44733	6300	25387	13838	10
合江县焦滩乡	3386	7	20010	1512	13624	5913	9
合江县参宝乡	4374	11	28450	1620	18979	11729	13
合江县二里乡	9916	12	29420	3182	22947	18106	9
合江县实录乡	6121	8	26822	2455	16428	1022	5
合江县虎头乡	6334	8	19923	4637	13392	7889	19
合江县榕右乡	7127	6	20287	1828	13066	7969	8
合江县南滩乡	4591	6	16245	1487	8941	5566	13
合江县石龙乡	5507	7	15582	1132	10582	4258	11
叙永县叙永镇	11754	17	113012	100000	57545	39068	64
叙永县江门镇	16478	11	33480	11000	16510	5147	33
叙永县马岭镇	10274	11	36685	7354	20931	14579	26
叙永县天池镇	6657	5	18984	2763	11010	6923	23
叙永县水尾镇	23027	11	26874	6547	19581	8385	40
叙永县两河镇	12476	10	36352	3560	20782	9555	26
叙永县落卜镇	10230	9	37843	6415	19990	6598	29
叙永县后山镇	12631	9	27412	2987	13596	6382	21
叙永县分水镇	14770	12	27927	1280	16811	7480	11
叙永县摩尼镇	13851	12	34012	4862	16466	6260	10
叙永县赤水镇	16322	13	32146	1764	18615	10187	7
叙永县向林乡	14578	8	18453	1203	11451	1989	10
叙永县大石乡	12079	8	17440	10000	12964	2834	10
叙永县兴隆乡	8778	7	22386	1686	17426	8889	19
叙永县龙凤乡	12331	11	34925	2420	17801	7726	32
叙永县震东乡	12725	11	33875	1532	19010	10640	53
叙永县黄坭乡	15808	11	24536	1520	13528	4988	15
叙永县营山乡	7994	6	14489	462	9565	2648	8
叙永县麻城乡	8701	8	19962	2686	12945	5629	6
叙永县观兴乡	12074	10	24629	1872	18388	5842	8
叙永县合乐苗族乡	9744	5	12787	362	6179	1351	4
叙永县白腊苗族乡	13972	7	19807	560	12840	5350	10
叙永县枧槽苗族乡	8113	5	9437	450	5945	2112	4
叙永县水潦彝族乡	8272	10	21934	1132	9427	2990	2
叙永县石坝彝族乡	3679	4	8753	550	4108	2101	5
古蔺县古蔺镇	28416	26	115356	45000	59866	32695	609
古蔺县龙山镇	9008	9	30214	6020	20124	8488	13
古蔺县永乐镇	13576	13	45604	4100	22577	9997	45
古蔺县太平镇	10052	9	38005	5246	22686	10401	74
古蔺县二郎镇	8964	15	46331	7643	23308	11305	154
古蔺县大村镇	9201	10	34016	2614	19323	7861	53
古蔺县石宝镇	17720	16	50888	6901	26268	9563	65
古蔺县丹桂镇	11516	14	41886	1712	24062	3705	18
古蔺县水口镇	18519	15	40912	4945	30385	11438	15
古蔺县观文镇	12638	13	34275	5346	22487	6789	86
古蔺县双沙镇	19829	15	49470	3696	26907	8102	87
古蔺县德耀镇	9895	8	21738	3302	13484	4713	39

乡镇基本情况

计算单位：公顷、个、人

名　　称	行政区域面积	村民委员会	常住人口	城镇建成区总人口	从业人员	二三产业从业人员	工业企业单位
古蔺县护家乡	8956	9	23900	1200	15954	4872	33
古蔺县鱼化乡	8244	9	29583	4012	17791	5219	34
古蔺县石屏乡	8156	10	33961	1128	20685	8556	21
古蔺县东新乡	5969	9	26584	1295	16996	6818	28
古蔺县土城乡	6737	7	25421	2600	14172	2710	31
古蔺县金星乡	12885	15	42256	2088	29003	16138	9
古蔺县白泥乡	6288	4	15926	1487	9742	5223	12
古蔺县椒园乡	9793	8	22963	2100	18262	2555	25
古蔺县马嘶苗族乡	8859	5	13425	882	5372	883	24
古蔺县马蹄乡	12332	9	25739	888	13706	3061	21
古蔺县箭竹苗族乡	14786	8	13993	2745	6703	1309	48
古蔺县大寨苗族乡	6410	3	7426	502	3690	850	3
古蔺县桂花乡	12580	6	12861	1500	8141	1640	12
古蔺县黄荆乡	27036	4	4731	568	2681	722	1
旌阳区黄许镇	8795	17	64747	17918	34497	20877	121
旌阳区孝泉镇	4821	11	39832	15010	28570	18601	84
旌阳区柏隆镇	3738	8	27160	5580	17660	11291	28
旌阳区孝感镇	2591	6	25680	9812	15070	10671	92
旌阳区天元镇	5587	5	46475	11856	28878	23238	466
旌阳区扬嘉镇	3250	6	24288	3299	15566	9341	45
旌阳区德新镇	4587	9	32775	6623	22214	12882	65
旌阳区双东镇	7910	15	27238	2710	18696	11841	33
旌阳区新中镇	4227	6	13175	1392	8900	5190	8
旌阳区和新镇	5839	8	14469	916	9821	5030	7
旌阳区东湖乡	5404	7	105681	34869	31563	27943	36
中江县凯江镇	1375	2	145614	145614	49807	49339	417
中江县南华镇	7321	31	83127	40172	33954	22000	166
中江县回龙镇	6818	29	36856	6123	20636	14002	278
中江县通济镇	4909	18	26507	1621	13589	9298	38
中江县永太镇	7659	28	35898	8200	19098	13067	141
中江县黄鹿镇	5056	17	19278	6445	10256	7017	34
中江县集凤镇	5454	20	19498	3500	12373	7097	54
中江县富兴镇	8074	28	25006	4156	13030	8915	89
中江县辑庆镇	5920	23	45910	10032	30543	17117	75
中江县兴隆镇	6873	22	36075	11070	23943	15530	45
中江县龙台镇	6308	28	51360	9507	24762	11610	335
中江县永安镇	4554	18	35053	4535	21320	11215	36
中江县双龙镇	3583	13	15844	1350	8620	3890	42
中江县玉兴镇	4021	15	25298	2984	10925	5843	88
中江县永兴镇	5433	15	21230	2976	10720	4972	2
中江县悦来镇	3701	17	21335	3426	6868	2406	42
中江县继光镇	5168	18	19254	3585	11245	4642	36
中江县仓山镇	10904	40	71391	30683	36309	19467	48
中江县广福镇	6231	22	32720	7215	16097	4008	52
中江县会龙镇	4416	17	19724	5482	14857	5380	30
中江县万福镇	5214	16	20074	3928	13357	7353	19
中江县普兴镇	4801	17	21925	2726	10425	5422	32
中江县联合镇	4225	17	18165	2139	10808	5310	27
中江县冯店镇	6866	27	33376	8267	12655	6675	104
中江县积金镇	1607	17	15648	2320	8078	3850	40

乡镇基本情况

计算单位：公顷、个、人

名　　称	行政区域面积	村民委员会	常住人口	城镇建成区总人口	从业人员	二三产业从业人员	工业企业单位
中江县太安镇	4688	17	19322	1761	7156	2661	30
中江县杰兴镇	2429	10	15068	2406	7796	2540	15
中江县南山镇	2583	9	15033	1258	10706	4953	26
中江县东北镇	5540	26	43850	21910	12846	5196	54
中江县古店乡	4660	13	10564	616	6787	3576	21
中江县青市乡	2694	10	10534	922	7560	3936	12
中江县瓦店乡	2571	9	7535	526	4643	2638	20
中江县石泉乡	3920	8	9334	2367	6713	2787	26
中江县柏树乡	5274	19	21216	1689	16725	10468	121
中江县白果乡	5701	18	23679	3411	9409	4353	6
中江县清河乡	2665	10	18011	2355	12489	5139	92
中江县高店乡	2048	8	12398	306	7706	4993	26
中江县石笋乡	1923	7	10224	815	4903	2508	26
中江县太平乡	3258	12	19173	1155	6207	3018	9
中江县民主乡	3335	9	11394	914	6319	3187	49
中江县永丰乡	3579	15	19256	2179	8682	4170	7
中江县元兴乡	2961	12	13213	1610	6077	3182	26
中江县通山乡	3454	10	11903	2120	6015	2450	4
中江县石龙乡	2917	11	16612	1986	11408	6601	30
中江县合兴乡	3875	12	13638	866	5689	3398	68
罗江县万安镇	3330	6	31242	25548	9863	6760	156
罗江县鄢家镇	6503	16	31703	4935	19677	12827	104
罗江县金山镇	7715	17	43852	20150	31595	19445	391
罗江县略坪镇	5573	14	27614	5149	11529	7008	142
罗江县御营镇	2449	6	12949	2035	8045	5199	81
罗江县慧觉镇	2097	6	12037	1328	7560	4309	85
罗江县调元镇	3632	9	14553	3001	8927	4711	35
罗江县新盛镇	6121	15	24366	1750	13621	7539	158
罗江县蟠龙镇	3473	8	12093	830	7475	3674	13
罗江县白马关镇	3895	8	13784	814	8388	4502	10
广汉市雒城镇	1600		134283	134283	70304	70112	16
广汉市三水镇	3446	12	34483	2472	24615	10623	83
广汉市连山镇	5315	16	37483	3481	23985	9931	38
广汉市高坪镇	2785	8	22637	1313	14972	5971	43
广汉市南兴镇	5287	18	42459	2752	30617	16635	86
广汉市向阳镇	3404	15	33771	16400	20869	12658	132
广汉市小汉镇	5080	16	42464	1524	33400	14475	196
广汉市金轮镇	2314	8	18093	3627	13710	5204	14
广汉市新丰镇	5531	23	61705	5658	37620	24084	268
广汉市兴隆镇	3035	8	23580	600	17917	9222	16
广汉市和兴镇	2118	8	19025	1590	12593	3759	202
广汉市松林镇	3266	9	18805	1347	14000	8000	8
广汉市金鱼镇	3019	9	26714	742	17985	11961	130
广汉市新平镇	1750	6	13456	1572	7646	5807	92
广汉市南丰镇	2180	7	19630	1593	12601	7022	90
广汉市西高镇	2406	6	15122	550	11377	5035	23
广汉市北外乡	1787	5	17764	510	9506	3700	103
广汉市西外乡	2200	6	13597	1735	7471	5034	64
什邡市方亭街道办事处	372		73183	73183	23409	23409	6
什邡市皂角街道办事处	1519	5	17527	3556	11120	7882	71

乡镇基本情况

计算单位：公顷、个、人

名　　称	行政区域面积	村民委员会	常住人口	城镇建成区总人口	从业人员	二三产业从业人员	工业企业单位
什邡市元石镇	1678	5	16326	6336	7984	6504	28
什邡市回澜镇	2872	7	23986	2200	14754	9125	26
什邡市洛水镇	4450	12	34082	8553	22938	13420	82
什邡市禾丰镇	3146	7	23323	589	17026	9808	28
什邡市双盛镇	2821	6	22753	3281	15105	11234	37
什邡市马祖镇	2389	7	23170	8520	13682	9757	34
什邡市隐丰镇	3602	10	23577	522	16347	8807	21
什邡市马井镇	3951	8	26406	3670	20600	10620	14
什邡市蓥华镇	7414	7	16410	5280	9024	7102	12
什邡市南泉镇	3505	11	27679	1615	20543	10730	28
什邡市湔氐镇	4618	13	30317	1305	19807	9526	19
什邡市红白镇	34175	6	6212	2995	3657	2240	34
什邡市冰川镇	5089	7	9814	1057	5179	3892	6
什邡市师古镇	4607	13	41589	4500	20880	12791	75
绵竹市剑南镇	2470		72322	72322	48946	48946	7
绵竹市东北镇	2596	9	20214	3452	13297	10995	64
绵竹市西南镇	1666	6	16908	9775	7053	4953	19
绵竹市兴隆镇	2529	5	18023	866	10594	5542	13
绵竹市九龙镇	5010	4	11073	929	6829	3911	15
绵竹市遵道镇	3419	10	19425	1787	11469	6628	15
绵竹市汉旺镇	7715	11	32372	15231	21334	16995	41
绵竹市拱星镇	3424	6	17772	5350	10499	5684	15
绵竹市土门镇	4201	9	24275	1945	16328	11250	27
绵竹市广济镇	2813	6	21424	1698	13607	6253	20
绵竹市金花镇	18904	7	5703	1001	2732	1785	8
绵竹市玉泉镇	3011	7	18095	1344	12999	7153	15
绵竹市板桥镇	2539	7	16153	2208	10607	4756	18
绵竹市新市镇	6074	13	34603	10391	23671	8623	37
绵竹市孝德镇	8204	16	46126	14973	29614	16878	58
绵竹市富新镇	4491	11	33744	2468	20744	10868	52
绵竹市齐天镇	2030	5	14469	1024	10000	3433	10
绵竹市什地镇	3516	7	22404	1383	16099	9553	26
绵竹市绵远镇	2558	4	14491	760	6241	3672	10
绵竹市清平镇	34054	5	5514	2580	3217	2012	6
绵竹市天池乡	5305	5	2838		1721	1443	22
涪城区丰谷镇	2700	11	18256	8487	12079	10722	80
涪城区关帝镇	2390	10	10230	893	6652	4127	29
涪城区塘汛镇	2500	5	40100	25440	19695	18175	38
涪城区青义镇	2840	8	27017	5731	10764	9142	136
涪城区龙门镇	2378	8	13007	2004	8697	6329	20
涪城区石塘镇	3000	5	21735	9028	7866	5966	320
涪城区吴家镇	4690	11	22233	2696	11185	7927	51
涪城区杨家镇	3710	12	16939	1514	9101	5605	14
涪城区金峰镇	2720	8	11583	1390	7823	4470	14
涪城区玉皇镇	2886	8	11713	1078	8133	6028	9
涪城区新皂镇	5200	9	17584	6010	11513	7302	144
涪城区河边镇	3640	7	12838	1230	8128	5076	17
涪城区磨家镇	2610	6	12996	2539	9129	7725	45
涪城区永兴镇	3000	9	58917	40053	40326	39851	163
涪城区城郊乡	4800	9	44199	44199	27802	25906	187

乡镇基本情况

计算单位：公顷、个、人

名　　称	行政区域面积	村民委员会	常住人口	城镇建成区总人口	从业人员	二三产业从业人员	工业企业单位
涪城区石洞乡	3250	7	10271	484	6472	4380	9
游仙区游仙镇	5631	8	21359	8960	5898	3765	69
游仙区石马镇	3200	8	21764	3718	11910	8810	68
游仙区新桥镇	3575	11	20310	10230	12661	8760	45
游仙区小枧沟镇	5300	12	25760	5858	16294	15379	30
游仙区魏城镇	8490	24	43700	18000	28032	20873	37
游仙区沉抗镇	7380	16	19763	2005	13041	8249	5
游仙区忠兴镇	4700	13	22000	4600	13179	8150	12
游仙区柏林镇	4290	10	14746	1317	7479	4725	4
游仙区徐家镇	4710	11	17608	2120	9737	5589	5
游仙区石板镇	5200	15	14073	1999	10485	4525	8
游仙区刘家镇	4330	11	10875	6578	6197	1630	3
游仙区玉河镇	5500	11	17607	2490	11266	6686	2
游仙区松垭镇	1075	9	22931	18770	12875	9905	46
游仙区白蝉乡	2568	8	9654	885	5272	4224	1
游仙区观太乡	3800	8	13794	550	8865	5016	3
游仙区建华乡	3700	7	8632	1070	5849	3055	1
游仙区云凤乡	2900	8	8342	1642	6084	4930	4
游仙区东林乡	2840	9	9580	1050	5645	3643	4
游仙区太平乡	5400	10	15367	1800	8500	5400	2
游仙区梓棉乡	2199	10	11021	1231	8775	6977	1
游仙区朝真乡	3780	9	10324	655	6109	3589	3
游仙区东宣乡	3540	9	7020	1057	5371	3367	2
游仙区街子乡	3100	9	12532	1550	6414	3298	3
游仙区凤凰乡	2800	9	8991	684	5392	2903	4
三台县北坝镇	1425	2	55312	52780	29956	29561	60
三台县潼川镇	8551	29	145171	108140	87312	72823	123
三台县东塔镇	3640	13	12738	1006	6403	2790	25
三台县百顷镇	3381	10	9766	6899	6251	1678	8
三台县塔山镇	7895	25	22193	11392	10822	4208	23
三台县柳池镇	2047	7	6135	1026	3436	560	4
三台县龙树镇	8087	18	15688	2345	7735	2692	5
三台县石安镇	6820	22	15792	2780	5533	1342	6
三台县富顺镇	6670	20	13136	1981	9047	1498	4
三台县三元镇	6906	20	13114	1282	7582	1603	9
三台县秋林镇	5079	16	13439	3152	6757	2093	1
三台县永新镇	2680	10	7625	1132	4756	1502	9
三台县新德镇	2941	12	14117	1852	8297	2662	9
三台县新生镇	5351	24	22106	2876	11404	2219	6
三台县鲁班镇	7779	27	22303	2369	12612	2281	6
三台县景福镇	7827	32	29274	3831	15284	2636	12
三台县紫河镇	3345	15	12828	1467	6292	1597	4
三台县安居镇	2155	8	7568	1409	3523	894	
三台县观桥镇	7304	31	28164	3656	14471	4245	13
三台县郪江镇	2545	8	6913	1098	3658	681	2
三台县中新镇	3770	15	14092	1500	6550	1696	6
三台县古井镇	6444	27	25894	4536	14385	2907	12
三台县万安镇	1522	6	5939	550	2853	660	1
三台县西平镇	7701	36	37312	16752	23506	9151	19
三台县八洞镇	3955	17	16687	2035	9011	2467	8

乡镇基本情况

计算单位:公顷、个、人

名　　称	行政区域面积	村民委员会	常住人口	城镇建成区总人口	从业人员	二三产业从业人员	工业企业单位
三台县凯河镇	3187	16	13374	1324	5905	1505	5
三台县乐安镇	6243	27	24991	7360	12666	4363	14
三台县建平镇	4893	19	19965	1904	10873	2414	9
三台县前锋镇	2402	8	7656	1148	4199	1411	4
三台县建设镇	3751	10	8342	1771	5322	1407	3
三台县光辉镇	3263	9	9830	1933	5280	1687	3
三台县中太镇	5885	21	18021	1893	10706	2856	9
三台县金石镇	6555	21	23574	2635	11432	3447	8
三台县新鲁镇	6115	21	20047	3212	12713	3286	6
三台县黎曙镇	1996	8	8287	1971	3290	1105	2
三台县刘营镇	8056	27	28794	7767	14613	5248	16
三台县灵兴镇	2839	11	11665	1921	7286	1428	7
三台县芦溪镇	9485	30	41981	37388	19573	7938	41
三台县立新镇	6930	23	20587	2310	11550	2900	9
三台县花园镇	3961	14	23113	6630	14913	4298	46
三台县永明镇	5550	17	18853	8929	10966	2807	31
三台县高堰乡	2299	9	6656	395	4180	965	2
三台县忠孝乡	3992	10	6575	315	4461	1030	2
三台县双胜乡	4925	7	6294	407	3782	946	2
三台县金鼓乡	4347	12	7388	389	3782	888	3
三台县断石乡	2331	8	7957	442	4225	1210	3
三台县玉林乡	2003	9	8268	1200	4977	1097	1
三台县乐加乡	2989	11	10077	578	5367	1244	4
三台县曙光乡	2030	8	7524	232	3401	909	4
三台县建中乡	5358	18	15781	1200	9158	1877	2
三台县宝泉乡	2203	7	5951	969	3154	789	
三台县广利乡	2207	9	6265	369	3122	910	1
三台县协和乡	2516	10	7926	474	4078	967	1
三台县双乐乡	2142	9	8433	316	4753	1069	
三台县菊河乡	2434	8	7282	297	2885	672	1
三台县幸福乡	2536	12	9586	440	5489	1308	5
三台县下新乡	1876	7	6804	1090	4772	736	3
三台县进都乡	1323	6	4554	189	2339	505	2
三台县上新乡	2393	9	9499	1312	4574	1017	2
三台县老马乡	2771	9	10182	2364	6289	906	6
三台县里程乡	2260	7	6999	720	4117	751	1
三台县争胜乡	1922	7	6005	372	3499	599	1
三台县云同乡	2310	8	7984	406	3622	857	3
盐亭县云溪镇	8585	14	67125	59487	48780	44024	71
盐亭县玉龙镇	7058	28	20745	13500	16461	6920	12
盐亭县富驿镇	12187	34	31759	14584	18874	11608	15
盐亭县金孔镇	5530	23	20006	8653	9948	2724	16
盐亭县两河镇	5974	18	23135	4586	13353	9314	20
盐亭县黄甸镇	10318	25	28356	4700	17414	9967	15
盐亭县柏梓镇	9359	17	17653	3819	13460	7194	6
盐亭县八角镇	5991	17	15060	3898	8000	4000	4
盐亭县黑坪镇	5018	10	8765	2107	6621	4020	2
盐亭县高灯镇	6241	24	14718	2445	11144	3630	5
盐亭县金鸡镇	4204	18	17133	3180	9598	1248	4
盐亭县安家镇	6758	11	9210	500	5517	2410	1

乡镇基本情况

计算单位：公顷、个、人

名　　称	行政区域面积	村民委员会	常住人口	城镇建成区总人口	从业人员	二三产业从业人员	工业企业单位
盐亭县林农镇	4791	14	15547	2200	9985	540	1
盐亭县巨龙镇	2810	10	8112	1213	6236	3400	5
盐亭县龙泉乡	2391	12	7215	1380	4703	1883	1
盐亭县折弓乡	2145	10	9267	2417	5763	1185	1
盐亭县麻秧乡	2865	4	8488	993	6403	2739	7
盐亭县三元乡	2935	9	8202	1478	6243	3242	4
盐亭县五龙乡	3213	8	7321	283	5791	1673	5
盐亭县茶亭乡	4495	8	5615	887	4126	963	2
盐亭县金安乡	3511	9	8235	1500	6533	2521	2
盐亭县洗泽乡	4438	18	13642	1568	10615	5101	4
盐亭县毛公乡	5404	16	8576	1123	6781	2583	6
盐亭县冯河乡	4906	13	8160	2068	6406	3384	2
盐亭县石牛庙乡	6296	13	10197	1780	8051	1185	1
盐亭县大兴回族乡	2407	8	5051	738	3966	2695	3
盐亭县宗海乡	1696	8	3207	1000	1849	205	2
盐亭县两岔河乡	1765	5	5055	450	3295	1020	2
盐亭县剑河乡	3393	6	4075		2898	1588	1
盐亭县来龙乡	3078	5	4034	890	2530	1603	1
盐亭县永泰乡	2548	7	7057	768	4814	3150	1
盐亭县黄溪乡	2779	8	7723	432	6023	808	1
盐亭县榉溪乡	2613	7	8136	6500	3569	1780	4
盐亭县双碑乡	2766	7	4023	1040	2775	1391	1
盐亭县林山乡	1706	6	5097	1089	2895	1366	5
盐亭县新农乡	2381	7	4024	152	2033	512	2
安县桑枣镇	10100	19	36745	4740	20449	16351	24
安县花荄镇	9500	22	72323	35103	54331	40988	181
安县黄土镇	7600	18	37839	4985	17865	6265	186
安县塔水镇	6800	26	51943	10130	22357	10320	225
安县秀水镇	9300	35	64258	9761	38934	20925	276
安县河清镇	2800	8	18120	1710	11523	4732	138
安县界牌镇	3100	8	24593	5015	10575	7455	140
安县永河镇	3200	12	19077	767	11388	5618	76
安县睢水镇	7600	10	20812	3290	9856	4809	26
安县清泉镇	3300	8	16584	2110	8277	3608	8
安县宝林镇	2900	10	13804	408	7055	2744	50
安县沸水镇	3900	10	14435	523	9923	6167	36
安县晓坝镇	5600	7	9405	2507	3667	1929	11
安县乐兴镇	5600	11	20589	633	12628	6101	40
安县千佛镇	15600	10	8942	3221	2640	1970	13
安县兴仁乡	2800	6	11188	320	8080	3611	15
安县高川乡	17100	7	5949	365	4457	2405	21
安县迎新乡	2100	7	14260	262	9994	4230	25
梓潼县文昌镇	7842	22	53685	40377	25102	11598	53
梓潼县长卿镇	3165	8	13191	12873	6600	3020	56
梓潼县许州镇	6565	20	21490	4833	10840	5008	13
梓潼县黎雅镇	4283	12	13450	2848	6801	3151	6
梓潼县白云镇	2938	7	8202	985	4137	1911	2
梓潼县卧龙镇	4153	10	10086	1870	4137	1911	4
梓潼县观义镇	5033	11	9455	1670	4769	2203	7
梓潼县玛瑙镇	5308	11	8295	1520	4184	1933	4

乡镇基本情况

计算单位:公顷、个、人

名　　称	行政区域面积	村民委员会	常住人口	城镇建成区总人口	从业人员	二三产业从业人员	工业企业单位
梓潼县石牛镇	6489	17	16340	1880	4769	2203	11
梓潼县自强镇	2967	5	5121	507	2583	1193	3
梓潼县仁和镇	5663	12	9104	1387	4592	2122	5
梓潼县东石乡	3114	6	6807	221	3434	1587	3
梓潼县三泉乡	2520	6	5101	1500	2573	1189	1
梓潼县宏仁乡	3584	7	7503	225	3785	1749	13
梓潼县小垭乡	3568	8	5003	550	2524	1166	1
梓潼县演武乡	4635	9	4805	336	2424	1120	1
梓潼县仙峰乡	3919	10	7276	722	3670	1696	1
梓潼县双板乡	4871	12	10146	838	5118	2365	1
梓潼县豢龙乡	3600	7	5472	226	2760	1275	2
梓潼县双峰乡	3518	7	5989	778	3021	1396	2
梓潼县交泰乡	4274	9	5222	337	2634	1217	2
梓潼县金龙场乡	3982	13	10386	1670	5239	2421	1
梓潼县石台乡	3993	11	8423	1500	4250	1964	6
梓潼县仙鹅乡	3403	10	7917	778	3993	1845	1
梓潼县马鸣乡	7604	14	9822	552	4954	2289	1
梓潼县马迎乡	4317	8	5277	465	2662	1230	1
梓潼县二洞乡	2977	6	3725	450	1879	868	1
梓潼县建兴乡	5076	7	4868	238	2455	1134	1
梓潼县宝石乡	5670	11	8377	1447	4225	1952	3
梓潼县定远乡	4149	10	7660	682	3864	1785	2
梓潼县大新乡	5709	12	9497	550	4790	2213	2
梓潼县文兴乡	5503	11	8554	730	4315	1994	2
北川羌族自治县曲山镇	11569	21	11067	8125	5745	2625	3
北川羌族自治县擂鼓镇	14500	30	18158	3198	11065	8272	11
北川羌族自治县通口镇	8631	13	7026	1386	4484	1745	8
北川羌族自治县永昌镇	2500		26231	25970	6398	6381	33
北川羌族自治县安昌镇	10400	20	53894	20764	29104	21990	245
北川羌族自治县永安镇	9600	15	24550	3227	16097	8594	15
北川羌族自治县香泉乡	4600	12	7012	398	4921	3323	37
北川羌族自治县陈家坝乡	13500	18	12567	1896	7584	3249	1
北川羌族自治县桂溪乡	12900	18	11707	616	5600	1577	3
北川羌族自治县贯岭乡	8500	7	3719	286	2695	795	3
北川羌族自治县禹里乡	21800	26	13550	2258	7550	3102	6
北川羌族自治县漩坪乡	12300	19	7473	523	4739	1916	4
北川羌族自治县白坭乡	12700	13	4558	171	2529	1201	
北川羌族自治县小坝乡	24400	26	11076	896	6401	2169	5
北川羌族自治县片口乡	11900	9	6687	622	3732	1512	2
北川羌族自治县开坪乡	24500	12	3604	191	2669	1722	1
北川羌族自治县坝底乡	8300	15	6903	609	3640	1204	1
北川羌族自治县白什乡	10100	7	3390	612	1769	320	2
北川羌族自治县青片乡	56300	6	2848	125	1556	580	1
北川羌族自治县都坝乡	7700	6	2783	127	1808	681	
北川羌族自治县桃龙藏族乡	6900	6	3265	168	2308	746	
北川羌族自治县墩上乡	6000	5	1895	260	1083	228	
北川羌族自治县马槽乡	10400	7	2418	140	1294	182	3
平武县龙安镇	18400	21	37405	23808	10011	4064	65
平武县古城镇	17200	18	13848	1810	6686	4425	7
平武县南坝镇	32600	26	20502	2570	12371	7121	17

乡镇基本情况

计算单位:公顷、个、人

名　　称	行政区域面积	村民委员会	常住人口	城镇建成区总人口	从业人员	二三产业从业人员	工业企业单位
平武县响岩镇	24000	14	10646	1510	6307	2266	17
平武县平通镇	14000	15	9757	1743	3827	331	7
平武县豆叩镇	15000	14	8201	901	4634	1783	7
平武县大印镇	24800	12	6697	397	4146	1367	
平武县大桥镇	25700	13	7558	579	5017	1694	3
平武县水晶镇	22100	15	12067	1716	7342	2416	16
平武县高村乡	18200	9	6281	224	2269	397	1
平武县水田羌族乡	11200	7	3904	520	2250	39	
平武县坝子乡	14800	13	7804	700	4640	1347	1
平武县水观乡	7800	6	3807	353	2173	603	1
平武县平南羌族乡	9700	5	2132	242	1132	501	
平武县徐塘羌族乡	12100	5	2649	72	1659	56	
平武县锁江羌族乡	24800	10	6315	210	3801	1266	3
平武县土城藏族乡	22100	9	5972	342	2582	1145	4
平武县旧堡羌族乡	10300	6	3514	436	2178	665	2
平武县阔达藏族乡	13700	6	4952	1100	2829	1846	4
平武县黄羊关藏族乡	19900	6	1478	300	996	334	3
平武县虎牙藏族乡	47900	5	1986	249	1516	317	2
平武县泗耳藏族乡	58400	3	997	234	689	259	5
平武县白马藏族乡	61100	4	1524	29	1060	177	1
平武县木座藏族乡	46500	3	1632	198	1180	628	1
平武县木皮藏族乡	25100	3	826	41	507	212	2
江油市中坝镇	1049	4	110301	94617	71203	70534	15
江油市太平镇	8641	25	101841	77099	45841	35447	115
江油市三合镇	7883	19	110786	66975	49891	39685	239
江油市含增镇	6827	6	8911	8500	5573	3200	67
江油市青莲镇	2277	7	17973	4033	8373	4995	28
江油市彰明镇	2372	8	18120	5320	11143	7709	40
江油市龙凤镇	3512	6	15221	2841	9047	5695	11
江油市武都镇	14523	16	52801	41086	20158	13066	36
江油市大康镇	11016	8	20192	3250	11576	550	11
江油市新安镇	5129	11	18391	1593	13777	4407	10
江油市战旗镇	5115	11	16423	1709	8621	4185	6
江油市双河镇	2081	9	17691	1200	11111	7168	51
江油市永胜镇	12220	16	30100	4400	19274	10624	2
江油市小溪坝镇	4839	8	18381	3455	8017	7037	23
江油市河口镇	5779	8	13224	459	5021	376	6
江油市重华镇	5804	9	18235	5436	11425	6896	86
江油市厚坝镇	6197	8	23774	3329	16369	10169	31
江油市二郎庙镇	14802	13	34181	7399	14571	8629	25
江油市马角镇	14756	8	21034	5573	8547	4306	86
江油市雁门镇	11021	8	10488	1209	3531	863	16
江油市九岭镇	4346	9	13931	1405	10625	4451	14
江油市八一乡	5823	8	17854	2400	6870	3770	4
江油市方水乡	4806	9	14678	1016	5516	2661	4
江油市西屏乡	4274	9	17331	2100	9247	5828	2
江油市香水乡	2965	7	8599	1213	6140	3540	16
江油市大堰乡	4648	11	16106	1972	11141	7792	4
江油市东兴乡	3051	8	9834	1320	6978	4314	8
江油市义新乡	4612	9	13835	2268	9243	4003	6

乡镇基本情况

计算单位：公顷、个、人

名　　称	行政区域面积	村民委员会	常住人口	城镇建成区总人口	从业人员	二三产业从业人员	工业企业单位
江油市贯山乡	3685	7	14030	487	8568	7201	2
江油市新兴乡	4032	8	14460	2203	10038	3237	15
江油市新春乡	9235	8	15767	2107	10873	6579	4
江油市东安乡	4350	8	13146	610	4202	1177	10
江油市铜星乡	4032	7	12256	610	8292	1908	2
江油市文胜乡	12021	6	8393	896	6264	3496	6
江油市重兴乡	4288	8	8824	1356	5494	2693	4
江油市云集乡	8135	7	9130	901	6778	4383	14
江油市石元乡	7630	8	3130	623	2379	1561	4
江油市敬元乡	11180	7	6325	257	4364	2730	6
江油市六合乡	10413	8	4279	629	2890	2223	1
江油市枫顺乡	9456	5	2407	138	1775	852	1
利州区荣山镇	24695	22	24712	9985	14746	6226	14
利州区大石镇	15800	20	22794	2336	13948	7335	37
利州区盘龙镇	6443	15	19067	1595	11761	6551	16
利州区宝轮镇	15551	22	44278	26935	26774	18955	16
利州区赤化镇	5985	9	12867	1768	7428	3423	8
利州区三堆镇	21345	20	21450	7592	12785	6871	9
利州区工农镇	8434	10	10509	3986	6450	3712	2
利州区白朝乡	14625	12	6228		3778	1620	3
利州区金洞乡	14238	13	8437		5038	2812	2
利州区龙潭乡	13793	17	17435		11541	4902	3
元坝区元坝镇	5507	12	23950	18439	12856	9182	213
元坝区卫子镇	5300	7	8638	1400	3720	1050	60
元坝区王家镇	6760	11	13470	1780	6053	1040	21
元坝区磨滩镇	9120	13	11735	2125	7221	3936	33
元坝区柏林沟镇	4960	7	7668	670	3650	1890	6
元坝区太公镇	4355	9	9358	900	5886	2829	6
元坝区虎跳镇	5310	8	9287	1250	4294	2000	30
元坝区红岩镇	4545	6	6381	458	3528	2215	18
元坝区昭化镇	4195	8	19538	1890	9226	5481	16
元坝区晋贤乡	5375	6	7900	323	3669	2102	8
元坝区文村乡	4430	7	7011	455	3917	2610	5
元坝区清水乡	4960	8	13510	955	7068	1533	20
元坝区张家乡	4850	11	9085	420	4965	2745	32
元坝区香溪乡	2225	5	4210	308	1634	920	7
元坝区青牛乡	3925	6	6938	460	2649	1576	4
元坝区陈江乡	3895	6	5084	523	2325	1161	3
元坝区丁家乡	3105	5	4819	247	3592	2061	4
元坝区黄龙乡	4785	8	6531	560	2912	570	2
元坝区石井铺乡	8010	10	10810	611	5568	1892	30
元坝区白果乡	8755	7	7093	420	4347	2911	10
元坝区梅树乡	5095	8	6765	249	3494	1921	3
元坝区明觉乡	4590	7	7701	1088	4800	2779	17
元坝区射箭乡	5335	9	6891	344	3915	1595	5
元坝区朝阳乡	5085	6	6075	120	2949	1193	1
元坝区大朝乡	4635	6	3570		2033	620	2
元坝区沙坝乡	3245	4	4493	411	2440	1548	1
元坝区柳桥乡	4170	5	5510	633	3615	2301	3
元坝区紫云乡	5317	6	4572	221	2970	581	7

乡镇基本情况

计算单位：公顷、个、人

名　　称	行政区域面积	村民委员会	常住人口	城镇建成区总人口	从业人员	二三产业从业人员	工业企业单位
朝天区朝天镇	11465	17	31664	11558	12351	8043	198
朝天区大滩镇	8675	17	11877	1089	7190	1960	4
朝天区羊木镇	9638	15	19346	4117	8120	3248	7
朝天区曾家镇	8620	11	10144	1109	4377	1352	60
朝天区中子镇	5770	10	9253	2816	3596	939	7
朝天区沙河镇	6720	9	8293	786	2863	1348	9
朝天区陈家乡	5549	8	5269	231	3225	1990	21
朝天区小安乡	3024	6	3794	153	2041	237	1
朝天区鱼洞乡	4623	6	5242	269	2890	2020	1
朝天区东溪河乡	10100	10	8833	390	5511	761	6
朝天区花石乡	9344	5	4014	110	1983	592	1
朝天区蒲家乡	2831	5	4989	425	2494	580	7
朝天区西北乡	4925	5	4862	800	3006	690	10
朝天区宣河乡	6394	9	6165	657	4808	681	4
朝天区转斗乡	4685	6	6097	538	1775	280	2
朝天区青林乡	5502	6	3517	269	1859	145	2
朝天区平溪乡	4743	5	5416	200	3431	1287	3
朝天区两河口乡	10539	10	10155	782	5585	3531	17
朝天区李家乡	11135	8	8700	756	4674	2114	3
朝天区汪家乡	3680	7	7321	248	2700	565	35
朝天区麻柳乡	5131	7	7916	528	4888	2010	7
朝天区临溪乡	5132	7	6635	480	4005	710	1
朝天区文安乡	4285	9	4923	162	2717	285	32
朝天区马家坝乡	4704	8	4257	168	2621	164	1
朝天区柏杨乡	4688	8	4054	124	2613	659	2
旺苍县东河镇	12880	22	79139	47100	42400	36000	83
旺苍县嘉川镇	8720	20	38878	12325	21601	15935	58
旺苍县木门镇	5380	13	19951	4712	10861	6949	10
旺苍县白水镇	9780	14	13381	4150	9442	6797	17
旺苍县尚武镇	5300	8	12806	2150	7429	4094	12
旺苍县张华镇	6760	17	15536	1250	8031	3716	1
旺苍县黄洋镇	10830	12	18108	4859	9987	6547	10
旺苍县普济镇	15720	24	22636	8655	15536	9899	6
旺苍县三江镇	11060	14	17650	2710	9266	4470	19
旺苍县金溪镇	4500	4	8252	587	4985	3620	9
旺苍县五权镇	9520	14	14563	1635	9237	3445	13
旺苍县高阳镇	9850	13	8052	779	4809	2544	7
旺苍县双汇镇	8910	10	6402	444	4643	2833	2
旺苍县英萃镇	15320	8	7453	735	5410	2590	8
旺苍县国华镇	7900	9	6576	1000	3879	2349	1
旺苍县龙凤乡	6870	11	10265	831	7168	4721	
旺苍县大河乡	5740	6	4396	600	2626	973	7
旺苍县九龙乡	4970	11	11202	1200	7476	2058	3
旺苍县万家乡	13090	8	4562	400	2468	1365	
旺苍县燕子乡	8000	7	6134	708	3303	1974	7
旺苍县水磨乡	8760	7	6235	497	4151	2163	3
旺苍县鼓城乡	13650	6	4350	537	2804	1384	1
旺苍县檬子乡	19880	6	2367	634	976	525	1
旺苍县福庆乡	8250	9	6756	700	3850	1900	1
旺苍县枣林乡	5200	6	5619	246	3216	2080	

乡镇基本情况

计算单位:公顷、个、人

名　　称	行政区域面积	村民委员会	常住人口	城镇建成区总人口	从业人员	二三产业从业人员	工业企业单位
旺苍县麻英乡	5570	9	4325	462	2873	1453	2
旺苍县柳溪乡	3340	7	3651	178	2359	1539	
旺苍县农建乡	4040	6	5236	526	2696	1240	2
旺苍县化龙乡	3010	6	6422	897	5085	2985	
旺苍县大两乡	8400	11	4740	512	3239	1638	
旺苍县万山乡	4730	7	3156	452	2257	1127	
旺苍县正源乡	11870	7	6188	698	4007	1890	2
旺苍县天星乡	6740	8	4495	500	2720	1400	
旺苍县盐河乡	9560	8	3649	427	2413	1693	
旺苍县大德乡	3430	4	4705	289	2830	1570	5
青川县乔庄镇	9390	6	24480	24194	14003	11255	8
青川县青溪镇	52660	15	15128	4569	9980	5341	26
青川县房石镇	9960	11	6722	1589	4349	763	1
青川县关庄镇	3160	5	5610	1592	2766	541	1
青川县凉水镇	7550	8	7688	2415	3681	776	2
青川县竹园镇	6050	10	14983	5229	8793	5449	68
青川县木鱼镇	5080	4	7092	5183	2997	1521	3
青川县沙州镇	13070	11	10877	4205	5540	1432	5
青川县姚渡镇	18230	7	6464	2328	3403	1683	
青川县黄坪乡	6800	7	5824		2942	881	
青川县瓦砾乡	4120	5	3757		2269	369	
青川县孔溪乡	8050	8	7192		3379	570	
青川县茶坝乡	13040	11	5612		3723	1073	1
青川县大坝乡	6500	4	3183		2183	354	
青川县桥楼乡	9120	8	6938		3294	426	1
青川县三锅乡	18020	6	8411		4641	1109	3
青川县蒿溪回族乡	11150	6	4073		2269	287	
青川县乐安寺乡	4460	9	4663		2722	735	10
青川县前进乡	5710	8	4670		2377	304	1
青川县曲河乡	6300	8	4771		2306	295	
青川县马公乡	6360	4	1245		824	145	
青川县石坝乡	4080	7	3160		2094	903	1
青川县红光乡	3960	6	3954		3020	441	
青川县苏河乡	6860	7	4465		2288	240	
青川县茅坝乡	4050	7	4570		2390	252	1
青川县大院回族乡	5020	6	5934		3031	279	
青川县楼子乡	5600	4	2346		958	174	1
青川县金子山乡	3920	4	2682		855	233	
青川县马鹿乡	6650	10	9890		5781	2771	3
青川县七佛乡	4840	6	3219		1227	324	1
青川县建峰乡	5440	9	6726		3138	1424	4
青川县白家乡	6230	8	7098		4175	1404	11
青川县板桥乡	5970	7	7250		4714	1291	3
青川县骑马乡	9370	9	8247		3455	580	2
青川县观音店乡	9010	6	4469		1880	499	1
青川县营盘乡	15850	11	6680		3896	843	
剑阁县普安镇	5811	13	44003	40187	27944	23820	53
剑阁县龙源镇	8858	16	10669	2149	5322	1897	16
剑阁县城北镇	9345	17	11875	735	5923	2111	16
剑阁县盐店镇	6830	9	5716	1502	2852	1017	10

乡镇基本情况

计算单位:公顷、个、人

名　　称	行政区域面积	村民委员会	常住人口	城镇建成区总人口	从业人员	二三产业从业人员	工业企业单位
剑阁县柳沟镇	5373	8	6302	2544	3144	1121	6
剑阁县武连镇	7219	11	9989	4293	5982	2776	12
剑阁县东宝镇	6638	13	8947	1789	4463	1591	11
剑阁县开封镇	6815	11	12244	6615	6107	2177	42
剑阁县元山镇	9309	21	20753	5278	15352	5690	21
剑阁县演圣镇	4357	10	7188	2662	3745	1438	5
剑阁县王河镇	4192	8	7579	2349	4780	2347	10
剑阁县公兴镇	3438	6	8882	4723	5550	1699	11
剑阁县金仙镇	3650	9	5519	1760	3753	981	7
剑阁县香沉镇	5096	9	7170	2423	4577	2275	9
剑阁县白龙镇	5139	9	14557	9340	9925	4288	24
剑阁县鹤龄镇	8579	16	17433	6628	13095	2999	10
剑阁县杨村镇	3989	7	9031	2346	5617	1718	5
剑阁县羊岭镇	6173	11	10849	1013	6912	2429	6
剑阁县江口镇	6560	11	10122	2138	7246	2997	14
剑阁县木马镇	6361	10	7113	1788	4648	1365	5
剑阁县剑门关镇	13271	15	14713	4311	9439	2716	8
剑阁县汉阳镇	14060	18	11293	2188	7932	2407	14
剑阁县下寺镇	10648	12	33485	29745	17302	6553	32
剑阁县江石乡	3391	7	4513	780	2511	1062	6
剑阁县田家乡	3701	8	5208	945	2798	1126	8
剑阁县闻溪乡	5172	10	5298	957	3043	1342	7
剑阁县姚家乡	7461	9	5948	1120	3467	558	5
剑阁县北庙乡	5674	8	5903	1121	3604	709	7
剑阁县西庙乡	5265	7	5080	923	3464	833	4
剑阁县义兴乡	4731	7	5451	730	2820	670	4
剑阁县毛坝乡	4016	7	3840	628	2516	683	2
剑阁县凉山乡	4667	9	5535	1035	3431	654	3
剑阁县垂泉乡	3569	7	3034	724	1513	539	2
剑阁县秀钟乡	5075	9	5692	1068	3739	912	10
剑阁县正兴乡	4783	9	4043	680	2117	519	10
剑阁县马灯乡	4013	7	3818	625	1849	623	5
剑阁县高池乡	5224	10	5134	935	3601	953	11
剑阁县碗泉乡	5372	9	4577	801	2183	714	10
剑阁县迎水乡	6002	9	5364	988	3236	414	13
剑阁县国光乡	5330	10	5222	956	3105	429	10
剑阁县柘坝乡	4871	11	4757	845	3033	496	6
剑阁县公店乡	4048	8	4571	820	2920	453	6
剑阁县吼狮乡	4231	8	6054	585	4320	1077	8
剑阁县长岭乡	4586	9	5617	765	4302	1499	4
剑阁县涂山乡	4371	9	5954	850	3471	560	9
剑阁县圈龙乡	2902	6	5399	997	3593	860	10
剑阁县碑垭乡	3705	6	5824	815	3906	1036	4
剑阁县广坪乡	3816	6	5103	646	3025	387	4
剑阁县禾丰乡	3835	6	5391	715	3789	1058	4
剑阁县店子乡	6769	10	7620	690	4901	1455	4
剑阁县摇铃乡	5861	7	5352	704	3520	802	4
剑阁县樵店乡	4133	7	6404	668	3755	699	3
剑阁县锦屏乡	2658	6	5043	915	3357	738	3
剑阁县柏垭乡	3582	8	4486	1065	2438	798	6

乡镇基本情况

计算单位：公顷、个、人

名　　称	行政区域面积	村民委员会	常住人口	城镇建成区总人口	从业人员	二三产业从业人员	工业企业单位
剑阁县高观乡	5558	11	6703	1022	4444	1192	6
剑阁县张王乡	6367	10	5899	1135	3943	1049	4
剑阁县上寺乡	2683	4	3715	596	1634	341	6
苍溪县陵江镇	17535	47	131060	93125	57113	38731	56
苍溪县云峰镇	9229	33	29856	3148	14872	7962	38
苍溪县东青镇	5885	20	21223	2061	11200	3700	12
苍溪县白桥镇	6075	17	16747	1606	9045	2891	4
苍溪县八庙镇	3867	13	9945	1412	6633	3362	2
苍溪县五龙镇	6419	15	12772	3089	7418	3528	11
苍溪县永宁镇	4986	10	10892	3327	5970	1685	10
苍溪县鸳溪镇	6979	17	10130	1701	6466	4089	2
苍溪县三川镇	8260	19	20266	2850	10430	4080	4
苍溪县龙王镇	8263	19	16242	4200	11494	6734	5
苍溪县元坝镇	9070	38	42388	12410	21627	12026	16
苍溪县唤马镇	4192	12	9091	2950	4606	1715	2
苍溪县歧坪镇	8112	36	43207	12400	23211	10500	33
苍溪县白驿镇	6014	27	24180	2390	8121	2550	18
苍溪县漓江镇	8215	25	20544	3210	10661	4070	6
苍溪县文昌镇	6601	19	23246	7123	9017	3973	3
苍溪县岳东镇	7218	26	22358	2132	13500	3650	5
苍溪县石马镇	5516	17	20120	2864	10040	2276	2
苍溪县运山镇	2965	10	11140	1501	6751	2227	3
苍溪县东溪镇	10380	33	34542	9542	19479	8692	13
苍溪县高坡镇	7783	25	21278	2816	13809	3320	12
苍溪县龙山镇	9903	37	39939	8264	15445	9852	1
苍溪县禅林乡	3610	11	9789	821	5233	623	2
苍溪县亭子乡	4682	10	10102	1041	4268	1618	4
苍溪县白鹤乡	5788	20	16246	1500	8570	4269	2
苍溪县浙水乡	4889	11	9708	766	6145	2200	3
苍溪县雍河乡	4867	9	6870	855	3544	1209	5
苍溪县新观乡	5247	10	9480	820	5400	3260	7
苍溪县中土乡	3134	12	9019	2133	6310	4260	3
苍溪县石门乡	3034	14	12313	2380	7425	3770	7
苍溪县月山乡	5335	20	20560	1655	12030	4488	6
苍溪县白山乡	3139	11	9950	1200	3947	835	8
苍溪县彭店乡	3416	9	10321	933	5327	3065	3
苍溪县桥溪乡	5648	13	9801	1200	6500	4000	8
苍溪县龙洞乡	4210	9	7287	930	4218	962	8
苍溪县黄猫乡	3450	9	9825	788	4564	606	4
苍溪县石灶乡	3465	11	7746	1133	4284	1520	5
苍溪县河地乡	3344	14	11390	592	6437	1886	3
苍溪县双河乡	2297	10	9246	980	4486	2263	6
船山区龙凤镇	3200	6	20105	1540	11678	9170	47
船山区仁里镇	6302	14	13840	3350	7544	3584	4
船山区复桥镇	3213	11	18745	1350	12938	7678	9
船山区永兴镇	8889	37	64750	9600	34181	22438	195
船山区河沙镇	6020	18	21845	3250	13810	8240	35
船山区新桥镇	6087	26	53456	5800	26460	13400	120
船山区桂花镇	5230	18	31640	7548	12490	7759	330
船山区西宁乡	4130	12	20655	3106	11248	7013	8

乡镇基本情况

计算单位:公顷、个、人

名　　称	行政区域面积	村民委员会	常住人口	城镇建成区总人口	从业人员	二三产业从业人员	工业企业单位
船山区老池乡	6480	18	33805	3219	19530	8520	21
船山区保升乡	3256	9	17050	2880	8180	5080	54
船山区唐家乡	3183	11	19380	1108	13203	8919	4
船山区北固乡	1337	4	10878	860	5697	4141	21
安居区安居镇	4831	22	18924	532	14340	8067	6
安居区东禅镇	8443	34	47092	5598	24001	13520	48
安居区分水镇	6627	24	42415	3318	19029	12582	23
安居区石洞镇	5630	20	18554	2279	8593	5959	32
安居区拦江镇	6546	28	35253	11396	19554	12229	13
安居区保石镇	5081	24	31076	1833	18061	8352	5
安居区白马镇	7105	28	27268	4215	19117	10455	22
安居区中兴镇	3936	16	27199	3013	13321	8144	16
安居区横山镇	8283	37	45857	14761	24435	15573	6
安居区会龙镇	4398	17	21537	3217	11789	8021	3
安居区三家镇	10663	40	62437	5553	32019	18848	9
安居区玉丰镇	6136	21	32290	3270	13746	7461	16
安居区西眉镇	11083	30	49837	7967	28085	15299	42
安居区磨溪镇	5444	16	30204	6392	12985	6930	22
安居区聚贤乡	5015	22	26477	1223	13798	7863	6
安居区莲花乡	3415	18	17865	455	9845	5489	1
安居区观音乡	3238	13	18081	1210	10210	6388	16
安居区步云乡	2435	10	13445	1102	7732	4645	4
安居区常理乡	4424	20	26225	689	15722	5586	2
安居区大安乡	5322	20	26892	1332	15429	6242	13
安居区马家乡	3639	12	12020	795	8050	5463	5
蓬溪县赤城镇	9080	21	89598	83598	26697	20252	98
蓬溪县新会镇	3660	20	19442	1163	9180	3429	1
蓬溪县文井镇	6660	23	37828	6344	14900	6175	8
蓬溪县明月镇	4960	21	25088	5716	19205	11235	2
蓬溪县常乐镇	4760	23	28900	4155	8076	2951	3
蓬溪县天福镇	4660	20	30560	8522	15662	9317	5
蓬溪县红江镇	2670	7	11916	4860	8783	4775	4
蓬溪县宝梵镇	3840	17	14608	1923	5690	3292	8
蓬溪县大石镇	4910	20	17762	6201	11446	4868	7
蓬溪县吉祥镇	3550	13	12290	3808	6565	2760	4
蓬溪县鸣凤镇	7010	16	33513	4046	12115	4963	4
蓬溪县任隆镇	6310	19	34138	9652	12341	5924	8
蓬溪县三凤镇	7010	29	37024	4130	19197	15369	9
蓬溪县高坪镇	3420	12	10500	1562	4967	4340	8
蓬溪县蓬南镇	8140	44	80981	32833	26672	12643	17
蓬溪县群利镇	3360	21	15023	1895	11579	8860	2
蓬溪县下东乡	3190	20	9108	915	6848	4357	
蓬溪县新星乡	2410	10	9221	981	4932	2782	2
蓬溪县罗戈乡	1590	10	4056	710	2900	1190	
蓬溪县板桥乡	2750	11	8543	623	5527	3003	2
蓬溪县槐花乡	2560	10	11408	1135	6425	3649	2
蓬溪县吉星乡	3690	17	15000	2047	8522	5212	
蓬溪县黄泥乡	3840	13	15747	870	4948	3492	1
蓬溪县荷叶乡	3100	8	7003	958	5457	4010	3
蓬溪县金龙乡	2080	10	11489	1502	5355	2178	1

乡镇基本情况

计算单位：公顷、个、人

名　　称	行政区域面积	村民委员会	常住人口	城镇建成区总人口	从业人员	二三产业从业人员	工业企业单位
蓬溪县农兴乡	2120	14	14703	346	9170	6392	1
蓬溪县新胜乡	1970	10	6013	950	2567	884	3
蓬溪县回水乡	3090	9	6256	1301	2163	410	
蓬溪县群力乡	1970	8	7455	942	5593	4595	
蓬溪县高升乡	3940	12	9587	2137	7278	6207	
蓬溪县金桥乡	2760	6	7398	5770	4987	3702	4
射洪县子昂街道办事处	2224	2	144496	139839	49947	48702	149
射洪县平安街道办事处	1357	5	56491	46491	21302	19973	58
射洪县太和镇	2730	9	10638	860	2908	810	5
射洪县大榆镇	5347	28	50666	8102	27894	22987	57
射洪县广兴镇	5566	22	32012	4387	18739	11338	46
射洪县金华镇	10008	36	57506	30324	29412	16762	51
射洪县沱牌镇	7455	30	59680	20034	32617	22091	53
射洪县太乙镇	6386	25	30946	16287	21907	10322	15
射洪县金家镇	4869	20	26456	2890	15880	4516	5
射洪县复兴镇	5210	21	22257	4026	12662	8590	28
射洪县天仙镇	5260	22	22767	2715	14151	8700	4
射洪县仁和镇	7749	34	35690	3833	23626	19612	23
射洪县青岗镇	8020	23	33640	5960	18239	12598	21
射洪县洋溪镇	6978	29	41450	12146	24952	17324	35
射洪县香山镇	3598	15	18018	1250	7470	5120	2
射洪县明星镇	5422	23	29346	2900	15192	7127	7
射洪县涪西镇	3979	16	20502	1715	10630	4475	4
射洪县陈古镇	3556	15	16834	538	12099	6307	8
射洪县凤来镇	3726	16	17716	1387	8820	5684	3
射洪县潼射镇	4736	17	17386	3120	11126	7499	12
射洪县曹碑镇	4303	18	18740	2010	14141	10265	2
射洪县官升镇	3971	17	18204	4631	9266	5656	
射洪县瞿河乡	3737	17	18670	503	13273	8917	39
射洪县伏河乡	2003	8	6615	737	4510	3404	
射洪县青堤乡	1662	5	8601	2300	4903	2373	5
射洪县双溪乡	4047	13	13885	1357	8969	6073	3
射洪县文升乡	4573	15	14576	5127	11414	7278	5
射洪县万林乡	5336	20	27724	503	17660	11990	12
射洪县太兴乡	4453	18	13405	1427	10297	6901	9
射洪县东岳乡	5065	20	17698	2618	9891	4550	7
射洪县金鹤乡	2792	14	10251	1532	5600	3992	4
射洪县玉太乡	3488	13	13674	1286	8433	4681	
大英县蓬莱镇	13400	49	117347	68590	60660	42800	83
大英县隆盛镇	10770	49	73452	8437	34704	19232	24
大英县回马镇	5140	18	31201	8322	17977	6723	91
大英县天保镇	5160	21	27695	2102	17722	9482	13
大英县河边镇	9370	46	67532	8850	42563	27703	7
大英县卓筒井镇	4260	22	11863	4985	6793	1315	4
大英县玉峰镇	6600	33	35068	4628	26373	14310	15
大英县象山镇	5280	20	31200	6050	20730	14150	6
大英县通仙乡	3080	11	13609	1241	5789	1393	2
大英县金元乡	5350	23	21864	3450	16728	10038	1
大英县智水乡	1590	6	5263	1232	3121	1888	
内江市市中区白马镇	3758	18	55498	25429	30005	20810	127

乡镇基本情况

计算单位:公顷、个、人

名　　称	行政区域面积	村民委员会	常住人口	城镇建成区总人口	从业人员	二三产业从业人员	工业企业单位
内江市市中区史家镇	1631	7	17586	4719	7558	4537	16
内江市市中区凌家镇	4886	21	42529	4483	24570	17869	16
内江市市中区朝阳镇	4030	18	30019	3374	19109	10395	6
内江市市中区永安镇	5576	28	44515	2340	24162	13066	39
内江市市中区全安镇	2699	11	25141	2672	15474	7496	8
内江市市中区靖民镇	2460	12	22491	1492	15238	7608	3
内江市市中区乐贤镇	1001	5	16331	2114	11817	9716	52
内江市市中区沱江乡	2600	10	20675	960	11069	6587	5
内江市市中区交通乡	2628	12	29064	5000	21561	17548	32
内江市市中区四合乡	1220	5	11512	2500	7209	4561	31
内江市市中区凤鸣乡	2144	7	22333	1000	14971	5696	6
内江市市中区伏龙乡	2400	8	15000	722	7842	5126	3
内江市市中区龚家乡	2025	10	12968	1500	6589	2989	2
东兴区田家镇	4066	16	31005	2619	18183	11406	14
东兴区郭北镇	6027	26	49686	13260	21964	12217	9
东兴区高梁镇	5813	17	32914	4359	15668	11563	32
东兴区白合镇	6420	18	40173	4327	24262	15506	6
东兴区顺河镇	8381	28	45821	2256	25024	13483	7
东兴区胜利镇	2444	13	50955	37355	25499	18041	148
东兴区高桥镇	3598	16	32466	6520	22266	9182	13
东兴区双才镇	5564	20	44500	9200	30795	16753	28
东兴区小河口镇	3688	18	35006	2345	20831	9799	13
东兴区杨家镇	4656	15	28591	1157	15135	8818	1
东兴区椑木镇	1345	7	35678	27299	18700	12833	80
东兴区石子镇	4124	14	26780	1128	17140	9767	8
东兴区太安乡	4099	11	17559		10447	6795	2
东兴区苏家乡	4340	14	25939	1039	17997	5325	5
东兴区富溪乡	3892	17	26351	1928	13470	6812	6
东兴区同福乡	2997	11	17478	795	8161	4688	5
东兴区椑南乡	4076	18	35322	1903	18709	7483	267
东兴区永东乡	5444	22	39340	2352	26710	8010	10
东兴区永福乡	4251	14	25430	729	12578	6937	4
东兴区新店乡	4832	14	23301	805	11864	8270	4
东兴区双桥乡	4937	15	23584	1802	10115	5989	8
东兴区平坦乡	6041	18	28352	742	16443	9049	10
东兴区中山乡	2574	12	21669	632	14714	4282	3
东兴区大治乡	3584	9	14527	380	7844	4719	5
东兴区柳桥乡	4561	16	26875	1318	14255	8971	5
东兴区三烈乡	2339	12	16021	952	9139	3640	3
威远县严陵镇	7050	25	164625	108898	113170	100837	83
威远县铺子湾镇	3267	8	19330	2570	12129	9414	43
威远县新店镇	6964	21	50885	4914	33450	14505	42
威远县向义镇	4720	17	35087	2972	18016	10315	42
威远县界牌镇	4356	15	28320	5297	16038	10120	20
威远县龙会镇	5549	21	39287	4169	22932	8402	21
威远县高石镇	5415	20	32625	3760	15991	10633	37
威远县东联镇	3129	13	17653	2115	12634	9477	15
威远县靖和镇	3475	12	24080	3702	13389	8394	30
威远县镇西镇	10993	30	72728	19664	36422	21424	17
威远县庆卫镇	4035	9	15999	5866	9207	4919	12

乡镇基本情况

计算单位：公顷、个、人

名　　称	行政区域面积	村民委员会	常住人口	城镇建成区总人口	从业人员	二三产业从业人员	工业企业单位
威远县山王镇	4766	10	14624	1935	7840	4450	12
威远县黄荆沟镇	5628	13	26950	14155	18918	11175	33
威远县观英滩镇	9983	16	26089	1858	14459	7863	12
威远县新场镇	13530	21	41498	8665	30383	20259	34
威远县连界镇	12867	20	51018	26870	29053	20856	77
威远县越溪镇	7759	17	20548	1690	10709	4880	39
威远县两河镇	3990	9	10108	5108	7348	5439	27
威远县碗厂镇	3225	9	11731	1783	8336	5898	42
威远县小河镇	8153	16	17315	1752	13126	5977	46
资中县重龙镇	4790	23	101745	59283	25447	14667	307
资中县甘露镇	3711	17	19542	1437	11080	8280	4
资中县归德镇	4561	24	26801	3036	13680	8500	7
资中县鱼溪镇	5378	30	39482	3920	22037	8495	20
资中县金李井镇	4379	21	22340	2560	13133	6724	12
资中县铁佛镇	5528	21	32090	2068	18707	10242	31
资中县球溪镇	5908	29	48952	15569	27025	17909	22
资中县顺河场镇	3561	18	17226	1193	10983	6433	6
资中县龙结镇	5851	28	39252	2764	20912	8362	8
资中县罗泉镇	6459	25	31523	2087	14541	6591	15
资中县发轮镇	5516	26	37525	2495	20602	12292	4
资中县兴隆街镇	3493	13	20740	1427	12853	5301	22
资中县银山镇	8131	38	40135	15152	30776	19987	41
资中县宋家镇	4214	15	24520	3994	14085	7460	34
资中县太平镇	5821	24	33101	2782	22294	10540	14
资中县骝马镇	4004	19	26846	1346	16180	6796	6
资中县水南镇	4651	23	119346	61245	70000	46629	100
资中县苏家湾镇	6544	25	34503	2026	22344	12974	3
资中县新桥镇	7145	25	26391	2023	15092	9667	14
资中县明心寺镇	3803	20	31721	2598	16924	8944	17
资中县双河镇	5232	18	33291	1918	19821	12669	54
资中县公民镇	6225	31	48520	4413	23820	16900	30
资中县龙江镇	8968	38	56425	4011	35995	15921	12
资中县双龙镇	6215	28	47210	2284	21615	10605	5
资中县高楼镇	4858	30	38208	5533	19587	7876	7
资中县陈家镇	5376	26	33446	1585	17851	7027	8
资中县配龙镇	4071	21	25028	1352	13199	7061	10
资中县走马镇	4110	22	25567	1368	17019	13693	12
资中县孟塘镇	9081	33	34585	2230	20861	9084	8
资中县马鞍镇	4145	19	22023	968	16650	5720	11
资中县狮子镇	4874	22	30322	2098	19204	9434	4
资中县板栗椏乡	4590	16	24006	2521	13475	6638	6
资中县龙山乡	2862	14	18796	2300	12229	6753	1
隆昌县古湖街道办事处	2980	15	120231	58950	78231	70543	55
隆昌县金鹅镇	2720	13	110269	66748	50497	38843	142
隆昌县山川镇	1700	9	20917	4711	13539	9807	62
隆昌县响石镇	6280	31	49500	8458	30205	16388	99
隆昌县圣灯镇	3440	12	21054	4132	13067	6784	53
隆昌县黄家镇	7180	31	62680	10315	34326	16278	24
隆昌县双凤镇	5250	28	48000	4000	36400	19500	40
隆昌县龙市镇	6700	29	56420	4150	28344	11624	29

乡镇基本情况

计算单位：公顷、个、人

名　　称	行政区域面积	村民委员会	常住人口	城镇建成区总人口	从业人员	二三产业从业人员	工业企业单位
隆昌县迎祥镇	5500	25	39160	3961	25735	9505	10
隆昌县界市镇	6931	31	40388	10000	31678	18600	51
隆昌县石碾镇	4150	19	38476	3216	22987	9772	14
隆昌县周兴镇	2400	10	23302	3663	13672	7736	14
隆昌县渔箭镇	2150	9	15730	2068	12314	5332	16
隆昌县石燕桥镇	5816	21	42321	12475	28456	17728	98
隆昌县李市镇	1998	5	16830	2569	10859	5117	51
隆昌县胡家镇	4650	28	48892	5167	28296	14175	22
隆昌县云顶镇	5000	27	30547	7142	23388	9824	46
隆昌县桂花井乡	1646	6	16525	1620	8228	4518	6
隆昌县普润乡	2885	16	21860	2172	12462	6163	9
乐山市市中区牟子镇	2152	10	18370	4000	10700	2700	15
乐山市市中区土主镇	4663	12	16115	2658	11994	8711	88
乐山市市中区白马镇	3295	10	11853	1326	7511	2682	12
乐山市市中区茅桥镇	3272	9	15386	2573	7554	2380	3
乐山市市中区青平镇	3977	9	12222	685	9764	3041	1
乐山市市中区苏稽镇	4820	23	41814	8648	15697	12232	93
乐山市市中区水口镇	2700	11	19361	5626	9177	2439	30
乐山市市中区安谷镇	5600	17	29950	4090	19505	4655	5
乐山市市中区棉竹镇	670	11	12206	1062	7498	3118	87
乐山市市中区全福镇	4695	8	10671	851	6650	2527	7
乐山市市中区童家镇	3740	12	12645	1085	9960	5260	20
乐山市市中区九峰镇	2340	7	17916	1258	6195	4170	52
乐山市市中区罗汉镇	2199	10	12553	526	7360	3147	35
乐山市市中区临江镇	2010	7	8615	2614	5022	1651	5
乐山市市中区车子镇	1925	8	14257	6850	9900	7200	104
乐山市市中区悦来乡	4800	9	9900	262	6675	2810	6
乐山市市中区关庙乡	3443	9	10192	520	6488	1396	3
乐山市市中区石龙乡	1558	7	8475	520	5328	2999	5
乐山市市中区剑峰乡	5475	12	12014	652	7995	2439	3
乐山市市中区凌云乡	3487	8	12368	876	8533	3395	4
乐山市市中区迎阳乡	1828	3	5686	360	3305	755	
乐山市市中区九龙乡	1332	5	4740	425	2801	786	2
乐山市市中区普仁乡	1420	4	5130	362	3865	1455	
乐山市市中区平兴乡	565	9	8771	672	5502	1789	4
乐山市市中区杨湾乡	2240	10	16180	1050	10633	3414	24
沙湾区沙湾镇	7979	8	68295	43415	41692	36068	61
沙湾区嘉农镇	4207	13	19674	9108	14217	9950	94
沙湾区太平镇	5492	15	14638	4020	9330	5524	13
沙湾区福禄镇	7142	18	21659	5647	10560	8160	23
沙湾区牛石镇	4282	8	8459	1517	4142	2062	8
沙湾区龚嘴镇	4032	5	5471	1102	3113	1101	11
沙湾区葫芦镇	4750	12	9823	1811	6175	2334	16
沙湾区踏水镇	3779	8	11301	1135	5100	2700	23
沙湾区谭坝乡	3264	8	8323	3223	5510	1760	5
沙湾区轸溪乡	3247	5	5221	3023	3530	890	12
沙湾区范店乡	5265	5	4365	1132	2258	697	
沙湾区铜茨乡	3598	7	6690	4653	4613	572	6
沙湾区碧山乡	4034	14	12295	727	7292	2339	4
五通桥区竹根镇	1680	4	67449	5758	52550	28050	35

乡镇基本情况

计算单位:公顷、个、人

名　　称	行政区域面积	村民委员会	常住人口	城镇建成区总人口	从业人员	二三产业从业人员	工业企业单位
五通桥区牛华镇	4170	15	42664	3035	31674	18474	76
五通桥区杨柳镇	2907	10	19154	6523	15054	11926	59
五通桥区桥沟镇	2363	6	15791	5539	11580	10220	53
五通桥区金粟镇	2838	7	19406	6356	13330	10935	13
五通桥区金山镇	4725	18	26140	4770	17596	11382	13
五通桥区辉山镇	2904	9	12390	6201	9002	4109	3
五通桥区西坝镇	5861	15	24159	3876	15805	8219	167
五通桥区冠英镇	5608	23	39575	5626	28460	11595	73
五通桥区蔡金镇	3456	14	14437	2025	9131	4383	2
五通桥区石麟镇	7735	19	24104	6073	10820	3833	27
五通桥区新云乡	2306	10	11258		6666	4036	2
金口河区永和镇	8900	5	20005	17360	12157	7145	26
金口河区金河镇	13600	10	10463	3788	4753	2446	30
金口河区和平彝族乡	4073	6	9496	925	5180	2790	10
金口河区共安彝族乡	16927	7	6029	1231	1950	905	27
金口河区吉星乡	4300	5	4280	358	3308	862	18
金口河区永胜乡	12000	8	4609	1558	2938	398	16
犍为县玉津镇	2912	4	97022	62818	56339	40993	88
犍为县孝姑镇	5080	11	17013	1808	10825	4708	4
犍为县石溪镇	5400	13	18355	3828	11866	3591	12
犍为县清溪镇	8150	26	41197	11861	26882	7429	26
犍为县新民镇	10600	26	18989	6215	12919	3463	8
犍为县罗城镇	9500	26	36111	15697	28043	16408	17
犍为县芭沟镇	3713	8	11341	4055	8575	3147	5
犍为县龙孔镇	10100	19	16231	1923	11978	5398	3
犍为县定文镇	4525	11	12433	893	9565	3162	2
犍为县敖家镇	4810	14	10877	7000	8690	2806	5
犍为县金石井镇	4250	14	10163	932	7825	2292	5
犍为县泉水镇	5200	12	8948	672	6558	3252	13
犍为县双溪乡	4450	11	7903		5683	1311	4
犍为县九井乡	830	7	5276	637	3960	1145	
犍为县同兴乡	4504	9	6393		4708	1557	4
犍为县榨鼓乡	4110	9	8012		6330	2170	1
犍为县铁炉乡	3267	8	5377		4246	839	3
犍为县大兴乡	4740	10	7387		5818	1815	1
犍为县南阳乡	1453	6	4953		3721	1646	4
犍为县纪家乡	3330	7	3573		2619	1582	2
犍为县新盛乡	1263	5	3689		2686	1233	
犍为县寿保乡	4010	11	9873		6041	2815	1
犍为县舞雩乡	3960	9	11145		7936	4889	2
犍为县下渡乡	4283	11	10024		7599	3441	14
犍为县玉屏乡	4200	10	7313		5024	2588	
犍为县岷东乡	2595	6	8507		6252	3397	9
犍为县塘坝乡	4271	11	11577		9255	5642	21
犍为县马庙乡	4400	11	8179		6300	2530	4
犍为县公平乡	4800	11	5512		4229	2475	1
犍为县伏龙乡	2836	11	6427		4419	1458	2
井研县研城镇	4143	19	78636	74050	46982	29530	88
井研县马踏镇	3786	8	21000	11260	9684	6504	17
井研县竹园镇	3518	7	12400	4612	8055	3598	3

乡镇基本情况

计算单位：公顷、个、人

名　　称	行政区域面积	村民委员会	常住人口	城镇建成区总人口	从业人员	二三产业从业人员	工业企业单位
井研县研经镇	4686	16	13976	2643	9197	2167	5
井研县周坡镇	5251	6	12974	3134	8582	1351	9
井研县千佛镇	3836	9	23104	3221	15431	8435	18
井研县王村镇	4999	12	15938	3500	8600	4300	12
井研县三江镇	3100	7	10502	3240	5637	2608	6
井研县东林镇	2784	9	7972	1763	4930	1700	1
井研县磨池镇	2031	4	7029	1700	4560	1180	6
井研县集益乡	2489	6	10575		6809	789	7
井研县纯复乡	3015	6	5621		4000	800	
井研县三教乡	1839	4	5551		4405	1643	28
井研县高滩乡	1976	7	5676		3663	1125	5
井研县宝五乡	2992	6	6576		3672	1015	1
井研县四合乡	2722	6	4612		2712	294	
井研县黄钵乡	3331	5	6563		5121	718	1
井研县胜泉乡	2837	4	6050		2977	597	1
井研县门坎乡	2191	5	5617		4205	1555	
井研县石牛乡	1950	5	5410		2663	1080	
井研县高凤乡	3747	11	9500		5634	927	
井研县金峰乡	2827	7	6016		3583	887	2
井研县分全乡	1848	6	4415		2896	386	4
井研县镇阳乡	3400	7	5920		4169	954	2
井研县天云乡	2763	5	4400		3478	1828	
井研县乌抛乡	2953	7	4410		2933	902	
井研县大佛乡	3129	6	6500		4427	1343	
夹江县焉城镇	4819	16	73781	50599	53896	48596	177
夹江县黄土镇	4834	15	22187	2293	16430	14630	85
夹江县甘江镇	6369	21	37674	2243	25067	8278	19
夹江县界牌镇	3250	12	15382	6254	10072	4577	23
夹江县中兴镇	2680	11	13174	2133	8179	4217	18
夹江县三洞镇	3230	9	13075	2900	7828	2993	9
夹江县吴场镇	4390	12	14353	3250	9281	4975	9
夹江县木城镇	3046	15	15508	2057	10243	4210	33
夹江县华头镇	4733	12	11372	1020	5550	1040	5
夹江县甘霖镇	2779	10	15819	1188	9597	4215	18
夹江县新场镇	3300	8	12281	1630	7817	4556	20
夹江县顺河乡	1930	8	11335	880	7370	2053	3
夹江县马村乡	2560	11	12090	503	8872	3196	34
夹江县土门乡	2500	7	10222	1059	4649	1818	16
夹江县青州乡	2800	8	9237	736	5955	2375	
夹江县梧凤乡	2040	6	7051	500	5150	2110	30
夹江县永青乡	1780	5	5395	330	3911	1600	
夹江县迎江乡	3080	11	11400		6362	3114	4
夹江县龙沱乡	1710	7	5860		3560	926	
夹江县南安乡	3147	11	8987		6360	2473	4
夹江县歇马乡	5413	10	12547		7568	3253	5
夹江县麻柳乡	4731	7	6659		4141	1815	
沐川县沐溪镇	10078	15	41515	27413	28301	27486	42
沐川县永福镇	11194	11	15761	2698	10082	5582	5
沐川县大楠镇	7005	14	14858	1560	7658	558	2
沐川县箭板镇	4850	8	10285	1700	7636	5468	2

乡镇基本情况

计算单位：公顷、个、人

名　　称	行政区域面积	村民委员会	常住人口	城镇建成区总人口	从业人员	二三产业从业人员	工业企业单位
沐川县舟坝镇	8593	15	13590	4500	9481	4777	4
沐川县黄丹镇	7092	10	11900	4200	7065	4055	13
沐川县利店镇	11660	13	12139	1767	8152	4635	10
沐川县建和乡	6970	8	9523	1052	5690	3347	21
沐川县幸福乡	6840	10	14457	1510	9984	4674	6
沐川县新凡乡	6643	12	11007	1050	7277	3791	6
沐川县富和乡	3898	7	5492	760	4105	2491	
沐川县炭库乡	5897	6	7343	876	4708	2885	1
沐川县底堡乡	7030	9	14302	1230	10898	5942	3
沐川县杨村乡	9308	9	7544	842	4917	1752	3
沐川县高笋乡	5082	10	7980	850	6280	4130	7
沐川县茨竹乡	9015	10	8591	1100	5810	3303	9
沐川县海云乡	2304	4	6340	978	4677	1707	4
沐川县武圣乡	8499	13	10012	1020	5349	1890	14
沐川县凤村乡	6190	11	8519	1120	4959	1643	5
峨边彝族自治县沙坪镇	7978	13	38257	32185	13426	8846	85
峨边彝族自治县大堡镇	9114	10	11279	3957	6553	2162	21
峨边彝族自治县毛坪镇	7800	11	9642	3546	7418	3113	7
峨边彝族自治县五渡镇	14600	13	9507	1593	6869	3558	32
峨边彝族自治县新林镇	23163	11	12346	3126	8496	2243	13
峨边彝族自治县黑竹沟镇	19751	5	4401	1069	2238	759	8
峨边彝族自治县红花乡	2736	5	3725		1825	1333	2
峨边彝族自治县宜坪乡	4059	7	7008		3977	1607	2
峨边彝族自治县杨村乡	3886	5	5112		3086	1079	3
峨边彝族自治县白杨乡	1285	3	2843		1966	665	7
峨边彝族自治县觉莫乡	12320	3	2027		1262	249	3
峨边彝族自治县万坪乡	24173	2	2563		1695	274	8
峨边彝族自治县杨河乡	12377	6	2891		1338	81	4
峨边彝族自治县共和乡	1687	5	3997		1624	386	4
峨边彝族自治县新场乡	4818	6	5409		3409	1564	9
峨边彝族自治县平等乡	19276	6	4341		2634	1117	6
峨边彝族自治县哈曲乡	14460	3	2241		1344	374	3
峨边彝族自治县金岩乡	7516	9	7333		5110	1071	
峨边彝族自治县勒乌乡	41530	6	4961		2774	464	7
马边彝族自治县民建镇	7683	7	44286	30980	29956	14818	61
马边彝族自治县荣丁镇	9000	8	15297	3923	8960	2605	4
马边彝族自治县劳动乡	6700	7	14343	1056	5685	2579	10
马边彝族自治县建设乡	9017	7	11287	765	6039	3111	
马边彝族自治县石梁乡	4100	4	4470	500	2955	741	
马边彝族自治县莜坝乡	16100	9	9887	922	5779	2663	4
马边彝族自治县民主乡	17943	9	12947	432	4049	190	1
马边彝族自治县老河坝乡	5900	4	5520	356	2330	1802	
马边彝族自治县下溪乡	6800	7	13288	462	8670	2935	3
马边彝族自治县雪口山乡	12000	8	11970	226	6885	1805	8
马边彝族自治县镇江庙乡	4800	3	3975	365	2002	973	4
马边彝族自治县大竹堡乡	12000	4	4204	1132	2585	263	4
马边彝族自治县苏坝乡	8650	6	13113	756	7077	1481	
马边彝族自治县烟峰乡	21600	5	9868	865	5812	1259	9
马边彝族自治县袁家溪乡	11400	4	4038	486	2060	365	
马边彝族自治县沙腔乡	7300	5	6513	487	4801	1143	2

乡镇基本情况

计算单位:公顷、个、人

名　　称	行政区域面积	村民委员会	常住人口	城镇建成区总人口	从业人员	二三产业从业人员	工业企业单位
马边彝族自治县三河口乡	23600	8	8880	722	6042	371	7
马边彝族自治县梅子坝乡	7600	4	4109	582	1764	766	2
马边彝族自治县高卓营乡	7500	5	7518	459	4453	500	
马边彝族自治县永红乡	30700	4	4975	569	2970	967	6
峨眉山市绥山镇	5650	18	137818	51796	51127	45590	492
峨眉山市高桥镇	7514	14	15815	3918	8029	3931	120
峨眉山市罗目镇	4467	18	24104	4010	14690	9490	49
峨眉山市九里镇	4800	15	23780	2461	16353	9366	98
峨眉山市龙池镇	19273	18	27635	4018	18498	4902	75
峨眉山市乐都镇	2828	7	13069	4430	8238	4917	77
峨眉山市符溪镇	4259	15	32121	29021	23127	15247	56
峨眉山市峨山镇	1368	4	12690	4616	8836	5692	11
峨眉山市双福镇	4962	19	24715	3458	14509	5238	156
峨眉山市桂花桥镇	4893	19	43960	11948	16273	10552	43
峨眉山市大为镇	12800	17	13090	1765	9260	3450	41
峨眉山市胜利镇	1920	8	35237	3425	9390	5524	36
峨眉山市龙门乡	6980	12	9121		5869	1677	2
峨眉山市川主乡	4850	10	6660		5212	990	13
峨眉山市沙溪乡	8083	9	4949		2897	659	16
峨眉山市新平乡	1455	7	11203		7657	2662	91
峨眉山市普兴乡	4300	19	13143		8028	1073	7
峨眉山市黄湾乡	10950	16	19513		9521	8343	42
顺庆区共兴镇	3602	15	13060	2098	7624	4324	12
顺庆区金台镇	2027	9	17582	2100	9792	3452	3
顺庆区芦溪镇	2515	13	19686	4150	10000	6280	5
顺庆区李家镇	2470	16	18650	6200	10764	6644	6
顺庆区双桥镇	1580	10	10095	1370	4196	2151	2
顺庆区搬罾镇	3088	12	23977	1655	12996	5725	3
顺庆区新复乡	1500	10	7880	595	6209	3885	3
顺庆区同仁乡	2330	9	6085	688	4715	2205	8
顺庆区大林乡	1546	9	10450	725	6560	4690	2
顺庆区梵殿乡	2273	10	10135	690	5465	1409	3
顺庆区顺河乡	2230	10	10065	691	6220	3310	4
顺庆区灯台乡	1813	9	10108	800	4078	1696	2
顺庆区辉景乡	2382	13	12350	820	7875	4055	2
顺庆区龙桂乡	2122	13	11730	765	6450	3610	4
顺庆区永丰乡	2784	13	13350	850	6175	565	1
顺庆区桂花乡	2108	12	10400	665	7010	3805	2
顺庆区凤山乡	1682	9	10008	590	6220	2970	3
顺庆区渔溪乡	1969	8	10870	590	6615	3075	3
高坪区江陵镇	4850	17	26476	3200	12394	5610	6
高坪区擦耳镇	3648	13	13718	1100	9299	3600	1
高坪区老君镇	2210	12	15500	1256	7334	3800	3
高坪区东观镇	5200	33	43685	21200	24320	8010	2
高坪区长乐镇	2800	14	22538	5322	12000	8495	5
高坪区胜观镇	2580	12	14300	1366	5916	3421	4
高坪区永安镇	2160	11	10495	625	6155	3616	10
高坪区阙家镇	2260	10	11644	500	5583	5026	9
高坪区石圭镇	2100	8	12230	2045	5588	3254	
高坪区青居镇	2800	9	17265	1365	6242	4329	2

乡镇基本情况

计算单位:公顷、个、人

名　称	行政区域面积	村民委员会	常住人口	城镇建成区总人口	从业人员	二三产业从业人员	工业企业单位
高坪区会龙镇	2639	10	18350	2361	10880	3750	1
高坪区螺溪镇	1920	12	19526	2114	9638	4727	4
高坪区走马乡	2300	16	20697	1560	13354	8231	8
高坪区喻家乡	1338	7	8023	1232	4979	2767	1
高坪区马家乡	1620	9	12580	1286	4538	2843	1
高坪区黄溪乡	2950	11	12300	700	8428	3894	1
高坪区万家乡	1460	7	2400	355	1326	316	
高坪区御史乡	2000	10	12521	860	5493	1972	1
高坪区隆兴乡	4300	14	16173	1282	11600	6293	2
高坪区斑竹乡	2450	12	14012	1365	6411	3752	3
高坪区鄢家乡	1966	7	7088	1180	3908	2523	1
高坪区佛门乡	4420	21	21752	1150	12141	8483	4
高坪区溪头乡	3000	12	15026	1130	7910	2900	2
高坪区凤凰乡	1620	9	8927	965	5460	3202	1
高坪区南江乡	1600	8	13210	1053	7360	4500	1
嘉陵区曲水镇	3390	13	16080	750	9092	5740	7
嘉陵区李渡镇	3560	16	38356	18309	13279	8683	15
嘉陵区吉安镇	2378	12	19731	2412	10833	7287	3
嘉陵区龙岭镇	3975	16	20606	1958	10553	7200	3
嘉陵区金凤镇	4589	21	28642	4797	11880	9150	8
嘉陵区安福镇	2664	12	19538	3500	10074	9250	
嘉陵区安平镇	5541	23	32882	4006	17474	10744	5
嘉陵区世阳镇	4973	17	20666	1735	11808	9514	2
嘉陵区大通镇	4575	23	23682	4839	12503	7197	8
嘉陵区一立镇	3928	16	16693	5000	7358	5320	4
嘉陵区龙蟠镇	2909	16	15095	2621	9650	5636	4
嘉陵区里坝镇	2076	10	11715	1793	6352	3714	1
嘉陵区集凤镇	1996	13	10825	3532	5653	4022	2
嘉陵区金宝镇	2559	14	14620	1723	7207	3480	1
嘉陵区三会镇	1839	12	10040	2623	6138	4530	1
嘉陵区西兴镇	2150	11	11090	2105	5930	3430	3
嘉陵区双桂镇	3384	17	12235	1936	7830	4934	
嘉陵区七宝寺镇	1788	10	8520	798	4737	1216	
嘉陵区龙泉镇	2448	11	8210	1887	6206	3576	
嘉陵区河西乡	2856	12	16284	1787	9567	4164	3
嘉陵区移山乡	2825	11	10798	812	5937	4225	
嘉陵区木老乡	2010	12	8912	1583	7003	3953	4
嘉陵区新场乡	2163	10	11100	1253	7574	2610	
嘉陵区土门乡	1990	9	13303	665	3394	2704	
嘉陵区临江乡	2653	12	16201	1320	10046	2975	1
嘉陵区双店乡	2673	14	16278	1438	10645	6338	3
嘉陵区白家乡	2982	10	12477	656	6152	3127	
嘉陵区华兴乡	2788	13	13481	2114	8804	5207	2
嘉陵区大同乡	1701	9	10342	935	6093	2657	
嘉陵区盐溪乡	2489	12	10351	1552	6304	2243	2
嘉陵区桥龙乡	1800	10	7516	712	3395	2195	
嘉陵区天星乡	1931	8	8068	1072	3781	2238	2
嘉陵区大观乡	1929	10	7909	868	4506	3288	
嘉陵区大兴乡	2902	16	13215	1096	6980	5030	
嘉陵区新庙乡	1564	9	8310	606	2404	1416	

乡镇基本情况

计算单位：公顷、个、人

名　称	行政区域面积	村民委员会	常住人口	城镇建成区总人口	从业人员	二三产业从业人员	工业企业单位
嘉陵区桃园乡	2065	12	8402	1005	3981	1881	
嘉陵区太和乡	1946	11	6372	622	3770	3388	
嘉陵区积善乡	2033	11	11210	1966	4877	3012	
嘉陵区石楼乡	2108	11	7717	2241	4998	3975	
嘉陵区礼乐乡	2306	13	10200	810	6975	3720	2
嘉陵区花园乡	2424	12	9203	569	6049	3993	4
南部县滨江街道办事处	2234	7	100843	90563	55482	52723	56
南部县蜀北街道办事处	2300	9	107851	96983	51744	49656	55
南部县南隆镇	5100	21	49850	13000	13070	6970	8
南部县河东镇	1682	9	13643	1275	7156	6731	35
南部县老鸦镇	3447	11	18055	1621	14074	7663	3
南部县永定镇	2990	16	18015	3325	12047	9032	5
南部县碑院镇	2970	14	19249	3971	12752	6351	10
南部县谢河镇	2070	7	11466	2620	6290	5610	4
南部县盘龙镇	4080	27	47539	14169	18737	10637	6
南部县铁佛塘镇	2195	12	10969	6450	6208	2888	14
南部县石河镇	5495	15	16386	3880	11880	7141	13
南部县王家镇	2575	16	20956	10853	11891	3150	12
南部县富利镇	3855	21	15472	4002	11616	7177	8
南部县楠木镇	4080	16	35806	4812	16024	6496	10
南部县长坪镇	4193	10	14986	1852	7830	3530	4
南部县东坝镇	3398	19	28175	4092	19829	14475	10
南部县河坝镇	2820	15	14602	3018	9443	5591	1
南部县定水镇	5475	26	27130	12280	20503	9598	5
南部县大王镇	2017	14	11242	2190	7749	4346	8
南部县黄金镇	3485	24	22298	7560	13655	10034	12
南部县流马镇	2311	15	13615	943	7839	5722	
南部县建兴镇	7460	40	53751	49800	21424	14329	6
南部县三官镇	3020	20	16288	3165	10483	5832	6
南部县伏虎镇	2362	20	27591	10827	15577	9196	6
南部县双佛镇	2957	14	14018	3196	9390	6762	15
南部县花罐镇	3422	15	12093	3829	6855	4318	7
南部县大桥镇	2755	15	21990	3285	8174	3754	4
南部县大河镇	2632	16	16835	2945	10916	10346	6
南部县万年镇	2697	12	11532	4540	7453	3885	8
南部县升钟镇	4618	15	11800	6650	8150	4400	10
南部县升水镇	2540	10	11189	2320	6041	3553	3
南部县大坪镇	3340	9	8560	3760	5370	2810	
南部县神坝镇	4735	11	13550	2000	6488	88	1
南部县碾盘乡	2120	10	11503	583	6755	4033	
南部县火峰乡	2090	12	14021	785	10869	2570	4
南部县群龙乡	2840	12	8976	1402	4192	2422	
南部县大富乡	3775	18	18976	1659	11758	3902	
南部县碧龙乡	2705	14	14027	620	8203	2838	3
南部县三清乡	3325	12	16047	5685	8934	6765	4
南部县中心乡	1772	14	12423	1824	7726	4768	4
南部县五灵乡	2705	15	16987	1235	10043	5675	4
南部县平桥乡	2660	13	16866	995	6310	3280	4
南部县梅家乡	2613	15	11912	640	3683	2481	
南部县龙庙乡	1823	10	5099	392	3124	1099	

乡镇基本情况

计算单位：公顷、个、人

名　　称	行政区域面积	村民委员会	常住人口	城镇建成区总人口	从业人员	二三产业从业人员	工业企业单位
南部县马王乡	2263	12	7241	564	3537	2282	7
南部县大堰乡	1685	10	4500	1040	2736	860	3
南部县窑场乡	2620	12	7169	693	4250	2143	
南部县太华乡	1581	13	8848	1105	6320	4443	5
南部县兴盛乡	2942	15	14325	3878	8650	4991	3
南部县寒坡乡	2508	18	8765	1456	6291	5441	1
南部县肖家乡	1807	10	6852	584	4160	3535	5
南部县四龙乡	2185	14	12680	1102	6685	2609	4
南部县碾垭乡	2302	16	8388	1571	6572	4060	4
南部县千秋乡	2212	12	9728	1280	5355	2823	13
南部县玉镇乡	2907	11	6500	1222	3709	1749	1
南部县小元乡	3162	17	16852	1540	9880	1080	
南部县柳驿乡	3017	17	13519	1315	9357	2695	
南部县石泉乡	3210	19	18970	1460	12265	7266	4
南部县雄狮乡	2165	12	6624	1945	5012	2865	2
南部县宏观乡	3600	20	16701	1006	8550	3050	1
南部县永庆乡	1767	12	4207	978	1693	173	4
南部县永红乡	4735	18	14568	1570	10603	5865	1
南部县柳树乡	3556	15	8758	1621	5390	408	3
南部县保城乡	4280	15	9500	1944	6529	3500	
南部县双峰乡	5441	14	11653	1305	7795	653	
南部县皂角乡	2704	10	9864	1141	7420	2592	2
南部县丘垭乡	4326	10	7504	695	5351	1789	
南部县光中乡	3450	9	8281	1312	6059	2718	1
南部县铁鞭乡	2845	9	7086	1200	4400	2050	
南部县太霞乡	3325	7	7357	726	5570	1849	2
南部县店垭乡	4305	11	9015	752	6153	3667	
南部县桐坪乡	5017	11	11707	1015	7506	3573	2
南部县西河乡	2362	7	3502	616	2309	1143	1
营山县朗池镇	6592	29	119458	80421	45497	40634	16
营山县渌井镇	3144	12	13160	2150	5344	1644	8
营山县东升镇	4195	20	26242	5286	11441	5579	1
营山县骆市镇	5133	29	45568	12560	23167	12321	9
营山县黄渡镇	2984	10	11916	1099	6237	3313	
营山县小桥镇	4147	22	30152	18009	13583	6552	4
营山县灵鹫镇	3952	20	30008	2004	14776	5690	3
营山县老林镇	3643	13	16002	6162	5593	3093	2
营山县木垭镇	2508	11	13300	1223	6705	1185	1
营山县消水镇	4723	18	13927	2712	7291	2238	4
营山县双流镇	6421	27	33193	3860	17339	11707	2
营山县绿水镇	3807	15	16057	2384	7760	3074	1
营山县三兴镇	2205	7	11642	2000	5527	2027	
营山县蓼叶镇	3059	9	9849	2800	2573	630	2
营山县新店镇	5331	18	22213	4093	8255	5950	4
营山县回龙镇	4282	19	37092	12110	12384	6950	3
营山县星火镇	4505	18	17417	4323	12927	6921	3
营山县西桥镇	2305	10	13636	708	4385	325	2
营山县城南镇	3067	11	71103	44143	16821	11821	46
营山县济川乡	2924	15	20095	825	9774	4724	2
营山县茶盘乡	2552	11	11327	370	5371	1889	1

乡镇基本情况

计算单位:公顷、个、人

名　　称	行政区域面积	村民委员会	常住人口	城镇建成区总人口	从业人员	二三产业从业人员	工业企业单位
营山县双溪乡	2583	12	14886	2159	7306	3461	
营山县带河乡	1831	9	10782	650	5125	4895	1
营山县四喜乡	1677	9	9758	651	4775	2395	
营山县玲珑乡	1495	8	7250	668	1965	393	2
营山县涌泉乡	2713	10	10663	1060	5051	1166	3
营山县木顶乡	2234	10	10777	912	5105	2485	
营山县清源乡	2341	10	8870	690	4075	2519	
营山县龙伏乡	2435	10	9850	702	5521	3326	
营山县双林乡	3269	9	8610	1750	3684	641	1
营山县明德乡	4036	13	10610	970	7112	4121	
营山县普岭乡	2910	10	8519	2243	6790	2004	4
营山县三元乡	2966	11	9480	1012	5282	3218	
营山县太蓬乡	2622	11	8395	1091	5119	2258	
营山县柏林乡	3061	11	13558	1133	8482	2932	3
营山县孔雀乡	2469	10	11099	1127	5982	3874	
营山县合兴乡	3825	10	12096	1802	6565	3305	
营山县六合乡	1823	6	5250	571	3131	1085	
营山县悦中乡	3082	10	9102	659	4705	1500	
营山县高码乡	2490	9	7096	360	3885	415	1
营山县安固乡	2114	10	8636	1140	4832	1612	1
营山县大庙乡	3402	13	14661	1134	7665	3482	1
营山县通天乡	4082	13	13520	1951	6191	3844	
营山县安化乡	2920	12	8210	1816	4684	2558	
营山县法堂乡	2280	8	11736	1020	5878	4607	1
营山县增产乡	1847	9	12490	432	6058	2333	1
营山县丰产乡	1880	10	16758	1570	11258	896	5
营山县清水乡	2627	7	10088	925	4993	1740	2
营山县青山乡	2260	10	9950	1403	4236	1813	
营山县福源乡	2546	11	7759	523	2911	1086	1
营山县柏坪乡	2243	7	5980	152	2271	1378	
营山县七涧乡	1570	6	7731	512	4112	2334	
营山县凉风乡	2178	9	6881	150	4064	1573	
蓬安县锦屏镇	3803	18	17536	9183	9439	3757	3
蓬安县巨龙镇	2699	18	13337	3421	8163	4138	2
蓬安县正源镇	2774	13	12989	1536	10160	3648	1
蓬安县龙云镇	2338	10	8012	1069	4721	1776	1
蓬安县金溪镇	7689	38	25462	5012	16823	8525	5
蓬安县徐家镇	5560	26	21669	4089	13659	5238	4
蓬安县河舒镇	3526	17	16712	7146	10411	4590	103
蓬安县利溪镇	5239	16	18380	1509	6468	1967	2
蓬安县龙蚕镇	3387	16	13393	2012	8372	2700	2
蓬安县杨家镇	4121	14	12450	2293	8368	2279	3
蓬安县罗家镇	5725	24	14794	2358	9029	4404	3
蓬安县福德镇	3253	12	12485	2392	8294	3405	2
蓬安县银汉镇	3751	12	11289	1798	6769	2644	1
蓬安县兴旺镇	3061	16	11581	3178	5943	2740	2
蓬安县相如镇	10387	42	122896	122315	51360	34337	60
蓬安县高庙乡	1870	10	9769	562	5749	2737	2
蓬安县群乐乡	2319	10	9507	517	5804	1145	2
蓬安县长梁乡	3698	16	15206	642	10078	3377	2

乡镇基本情况

计算单位:公顷、个、人

名　　称	行政区域面积	村民委员会	常住人口	城镇建成区总人口	从业人员	二三产业从业人员	工业企业单位
蓬安县两路乡	1531	9	5921	510	4072	577	1
蓬安县睦坝乡	3045	20	14698	645	9906	3208	2
蓬安县石梁乡	2314	12	10068	498	6971	1386	1
蓬安县平头乡	3421	10	9371	545	6368	2973	1
蓬安县鲜店乡	2775	14	8894	543	6468	1756	1
蓬安县茶亭乡	3387	15	9309	723	4765	1876	1
蓬安县诸家乡	3150	14	11409	745	8261	1366	2
蓬安县骑龙乡	1954	9	7969	745	5076	2575	2
蓬安县金甲乡	3908	15	12543	751	9484	3537	2
蓬安县新园乡	2485	11	8474	692	5244	1397	2
蓬安县三坝乡	2445	10	10425	748	4597	2108	2
蓬安县碧溪乡	3279	14	10799	768	6415	3403	2
蓬安县柳滩乡	4105	13	10937	798	7036	3044	2
蓬安县石孔乡	2772	11	8698	432	5298	1013	1
蓬安县开元乡	2269	8	5164	465	3531	1146	1
蓬安县新河乡	3266	13	9439	485	6475	1974	1
蓬安县南燕乡	3039	14	11332	589	5399	1097	2
蓬安县天成乡	2905	16	10968	489	5746	2857	1
蓬安县海田乡	2811	14	8940	511	5014	2541	1
蓬安县济渡乡	1673	10	8495	485	4872	2369	1
蓬安县凤石乡	3127	12	8014	550	6204	1809	1
仪陇县金城镇	5016	25	73101	47633	48065	43781	9
仪陇县新政镇	12664	46	108670	48800	42946	38296	49
仪陇县马鞍镇	5363	26	46942	35000	24750	6250	45
仪陇县永乐镇	4998	25	23687	6733	16588	5462	4
仪陇县日兴镇	4805	25	36250	8338	11447	7210	3
仪陇县土门镇	4678	25	41220	10650	17385	11575	3
仪陇县复兴镇	5310	29	38426	11402	14768	10128	2
仪陇县观紫镇	2963	12	18733	3005	7966	5676	2
仪陇县先锋镇	2077	11	12455	702	5529	3915	1
仪陇县三蛟镇	2593	12	16750	2039	8161	5261	2
仪陇县回春镇	4110	25	24728	2640	10307	6122	2
仪陇县柳垭镇	4146	15	16000	3265	10754	9321	4
仪陇县义路镇	2044	10	10321	1530	5626	550	2
仪陇县立山镇	8476	39	39273	4268	31345	6785	4
仪陇县三河镇	4155	20	23020	5830	7033	3812	2
仪陇县瓦子镇	2402	11	12330	2550	4962	1357	2
仪陇县大寅镇	3392	18	19062	5101	12642	3310	4
仪陇县二道镇	4788	22	20997	3654	8631	4979	2
仪陇县赛金镇	2793	19	18770	1800	14228	7828	3
仪陇县丁字桥镇	1324	7	8333	2206	4201	2326	3
仪陇县大仪镇	3229	15	17963	970	8073	1627	2
仪陇县张公镇	3100	13	16500	1374	9004	1904	2
仪陇县五福镇	2473	14	19754	1150	8454	1968	
仪陇县周河镇	1829	11	11223	1210	6618	2595	2
仪陇县杨桥镇	3186	16	16811	5702	6785	3355	2
仪陇县保平镇	3315	19	23093	1850	9783	5550	2
仪陇县文星镇	3243	16	15289	2384	9093	3495	2
仪陇县双胜镇	4420	24	20710	3315	11194	2239	2
仪陇县度门镇	3453	16	18900	3420	11384	7148	3

乡镇基本情况

计算单位：公顷、个、人

名　　称	行政区域面积	村民委员会	常住人口	城镇建成区总人口	从业人员	二三产业从业人员	工业企业单位
仪陇县老木乡	1929	9	11683	1158	6576	1268	2
仪陇县檬垭乡	1793	11	12000	1300	6809	1494	2
仪陇县铜鼓乡	2261	15	18862	760	4880	3351	2
仪陇县中坝乡	2222	9	13939	1500	6617	1819	2
仪陇县双盘乡	1691	10	11285	360	6032	1049	2
仪陇县凤仪乡	2328	14	12355	1356	5474	898	2
仪陇县双庆乡	1902	10	10125	668	6281	2078	3
仪陇县大风乡	2266	10	12581	651	6050	1043	3
仪陇县福临乡	2340	11	10510	1500	8320	2120	3
仪陇县来仪乡	2372	11	12432	1190	6830	1375	2
仪陇县碧泉乡	1873	10	11151	630	4986	1776	4
仪陇县乐兴乡	1651	10	10460	860	4146	1716	3
仪陇县石佛乡	3600	12	13937	1580	4076	625	
仪陇县思德乡	3375	9	8625	445	2024	2024	5
仪陇县秋垭乡	2075	8	8576	1024	4881	796	4
仪陇县大罗乡	1762	8	8453	760	4940	1300	4
仪陇县义门乡	2310	10	10021	1054	4687	1173	4
仪陇县合作乡	1498	7	5606	1106	3518	1446	1
仪陇县龙桥乡	2562	12	11422	3004	6021	712	4
仪陇县板桥乡	2708	13	11577	815	6744	1019	5
仪陇县永光乡	2509	11	10301	805	5832	1111	16
仪陇县炬光乡	1849	9	7398	800	3662	1527	2
仪陇县九龙乡	2920	15	10130	900	3977	1241	4
仪陇县芭蕉乡	2440	11	9493	720	4250	530	3
仪陇县灯塔乡	2657	15	10788	545	5224	2695	4
仪陇县武棚乡	1960	13	12940	816	5872	860	3
仪陇县柴井乡	3951	17	21735	3520	12935	4185	10
仪陇县光华乡	1785	10	9641	1023	6226	4476	6
西充县晋城镇	4030	16	136648	118250	53665	44380	260
西充县太平镇	2664	16	18019	5230	11020	6191	1
西充县大全镇	2259	12	10944	3156	6940	3725	
西充县仙林镇	2394	12	11058	890	6001	4051	1
西充县古楼镇	3200	17	18720	3176	10400	4687	
西充县义兴镇	3697	19	21311	15000	9350	2350	1
西充县关文镇	2095	13	9387	2010	7114	4000	3
西充县凤鸣镇	2329	14	9455	1783	5280	4239	1
西充县青狮镇	2999	19	17100	2629	8291	5641	1
西充县槐树镇	2799	14	17172	3812	10882	7708	1
西充县鸣龙镇	3113	15	15616	1321	7174	2710	1
西充县双凤镇	2831	15	22893	14180	12159	6969	10
西充县高院镇	3128	18	13867	2198	8995	5035	1
西充县仁和镇	3038	21	19528	4855	11455	5662	3
西充县多扶镇	3464	15	32501	20100	10119	7019	128
西充县常林乡	5163	20	25986	4760	15764	9072	28
西充县占山乡	4132	21	15230	1017	11540	7529	1
西充县莲池乡	2729	13	12480	1800	7404	5820	1
西充县宏桥乡	2391	12	8650	1600	4955	3410	3
西充县金泉乡	2157	13	11500	1600	6342	2422	3
西充县华光乡	2395	12	11335	532	7336	4790	1
西充县金源乡	2023	11	11560	1601	6295	4297	2

乡镇基本情况

计算单位：公顷、个、人

名　　称	行政区域面积	村民委员会	常住人口	城镇建成区总人口	从业人员	二三产业从业人员	工业企业单位
西充县岱林乡	1712	9	7907	319	4546	2382	1
西充县李桥乡	2019	12	11121	795	6390	2810	3
西充县中岭乡	2006	11	8866	720	5987	3384	4
西充县西碾乡	1752	10	10897	1179	6355	2493	2
西充县紫岩乡	1923	11	10598	2521	6674	3221	1
西充县复安乡	1537	11	6960	605	3746	3031	
西充县观凤乡	1910	13	10083	1608	5463	1343	3
西充县青龙乡	2278	10	10322	1740	5553	3138	
西充县双洛乡	2208	12	10434	1640	5348	2900	
西充县义和乡	1747	9	7423	1356	5533	2668	1
西充县中南乡	1372	6	4500	1290	2189	2070	
西充县双江乡	1605	9	7355	630	2533	2533	
西充县凤和乡	1927	13	9830	1205	6129	3003	1
西充县东岱乡	2140	10	10005	1005	4180	4045	
西充县同德乡	1589	12	10249	1430	6807	3204	
西充县祥龙乡	2721	16	15220	3236	7917	4628	2
西充县车龙乡	3370	20	16839	3400	9723	4940	2
西充县扶君乡	1899	9	6720	625	5145	2445	2
西充县东太乡	2757	15	11214	1500	7568	3957	1
西充县永清乡	2496	11	10826	1488	7188	3988	
西充县金山乡	1965	9	6737	1457	4553	2760	2
西充县罐垭乡	2788	12	11400	1500	6445	3700	
阆中市保宁街道	1219		157326	157326	51110	50914	71
阆中市沙溪街道	5200	8	48490	6329	11000	7000	6
阆中市七里街道	4480	1	40760	35860	10000	7500	91
阆中市江南街道	4386	8	29039	12966	8680	6928	47
阆中市彭城镇	3430	9	17210	4430	9690	3942	4
阆中市双龙镇	2677	7	11565	4350	5932	3032	6
阆中市柏垭镇	9638	21	38195	15000	20144	7509	
阆中市飞凤镇	2941	5	10313	1530	6060	3830	3
阆中市思依镇	6293	11	22138	3216	14372	7873	5
阆中市文成镇	4148	11	14213	4952	7025	4220	13
阆中市二龙镇	5032	10	21056	3420	11934	4418	1
阆中市石滩镇	3562	7	11841	1020	6799	4127	
阆中市老观镇	6666	15	26009	4820	6043	5128	6
阆中市龙泉镇	4050	9	11648	1709	8572	5111	5
阆中市千佛镇	6328	12	16060	4896	10840	4210	3
阆中市望垭镇	4633	8	16255	2360	8826	6526	1
阆中市河溪镇	6350	11	25459	6890	16000	9629	12
阆中市妙高镇	5119	12	17035	1235	10459	3624	
阆中市洪山镇	3970	12	20545	2900	10415	4388	
阆中市石龙镇	3152	7	15161	2200	8543	4118	
阆中市宝马镇	2134	7	13829	718	7217	5160	
阆中市水观镇	5401	9	25840	5610	14038	9110	10
阆中市金垭镇	4810	13	20340	1930	10952	5940	
阆中市玉台镇	2080	5	8112	764	4807	2375	
阆中市裕华镇	3510	9	11292	330	7782	3225	
阆中市垭口乡	3431	7	9145	635	5775	2975	
阆中市治平乡	2510	8	8312	362	4513	2513	
阆中市天宫乡	3259	8	7894	562	5574	3010	

乡镇基本情况

计算单位:公顷、个、人

名　　称	行政区域面积	村民委员会	常住人口	城镇建成区总人口	从业人员	二三产业从业人员	工业企业单位
阆中市天林乡	3893	6	11616	312	8003	3140	
阆中市枣碧乡	2849	5	8800	432	4498	2298	
阆中市北门乡	2570	8	7048	286	4519	2763	
阆中市桥楼乡	4250	6	8487	324	5274	2254	
阆中市河楼乡	3626	6	7068	358	5162	3150	
阆中市木兰乡	2954	7	5408	580	4042	1022	
阆中市东兴乡	4291	12	13981	672	8962	4379	1
阆中市清泉乡	2253	6	6930	310	4263	2343	
阆中市博树回族乡	2300	8	7347	352	3779	2652	
阆中市凉水乡	4414	12	15523	273	9358	4733	
阆中市解元乡	2665	6	7752	856	3675	2913	
阆中市西山乡	2751	11	10128	712	6283	4580	
阆中市方山乡	2778	8	10127	392	5572	2232	
阆中市金子乡	3490	9	13318	454	6785	3833	
阆中市三庙乡	1920	6	4390	578	2984	1669	
阆中市峰占乡	2947	11	10137	361	6286	2460	
阆中市鹤峰乡	2707	7	7941	395	4750	1648	
阆中市金城乡	2142	6	7009	332	4661	2451	
阆中市五马乡	5400	15	17202	483	7669	3963	
阆中市朱镇乡	2220	8	7683	802	5463	3576	
阆中市宝台乡	3360	8	7610	562	5398	2220	
阆中市福星乡	2495	6	10705	562	6249	3769	
东坡区白马镇	4351	7	15427	4388	10590	6044	46
东坡区象耳镇	1833	4	11328	7580	6790	5520	54
东坡区太和镇	4025	10	31685	3536	20172	10182	120
东坡区悦兴镇	5267	11	24117	4550	16955	7790	29
东坡区尚义镇	5264	18	38746	3710	25091	12370	180
东坡区多悦镇	7644	12	32529	6291	21917	6155	15
东坡区秦家镇	8444	14	30078	1362	21014	6364	10
东坡区万胜镇	7193	12	24442	3088	18387	10231	14
东坡区崇仁镇	7544	9	27559	741	20899	9606	20
东坡区思蒙镇	7572	15	42909	13178	25746	8958	107
东坡区修文镇	9573	14	39088	4452	27159	9806	88
东坡区松江镇	6316	13	34029	3850	19301	12846	240
东坡区崇礼镇	5481	13	35702	4185	23896	12800	198
东坡区富牛镇	5437	11	25627	552	17240	4914	16
东坡区永寿镇	4762	15	42910	9870	31029	12654	8
东坡区三苏乡	8539	12	27734	1288	18551	8493	38
东坡区广济乡	6592	7	18251	874	13220	4710	2
东坡区盘鳌乡	7619	8	14189	1085	10689	3218	6
东坡区土地乡	3539	6	11779	1259	8060	3218	8
东坡区复盛乡	2958	5	11590	565	8244	3918	19
东坡区复兴乡	2944	9	18011	1310	13345	3925	6
东坡区金花乡	3235	7	13938	1310	9167	3513	3
东坡区柳圣乡	2270	6	10897	1279	7892	3278	3
仁寿县文宫镇	5952	12	23261	12301	13745	9013	55
仁寿县禾加镇	2649	8	13403	5623	9584	6552	32
仁寿县龙马镇	4265	11	20294	5661	12128	7471	19
仁寿县方加镇	4615	9	13451	3136	10485	5507	2
仁寿县文林镇	9702		208078	130256	113293	94337	205

乡镇基本情况

计算单位:公顷、个、人

名　　称	行政区域面积	村民委员会	常住人口	城镇建成区总人口	从业人员	二三产业从业人员	工业企业单位
仁寿县大化镇	6625	13	24022	6158	16183	6323	18
仁寿县高家镇	5823	10	16825	5625	12649	7401	15
仁寿县中农镇	2872	9	14023	2230	10476	2982	2
仁寿县禄加镇	5429	15	25033	6324	20024	10150	14
仁寿县宝飞镇	4319	14	23208	1960	15946	15209	8
仁寿县彰加镇	5102	12	23703	5850	17664	7402	5
仁寿县慈航镇	6047	13	23285	7120	18432	3943	48
仁寿县汪洋镇	7269	18	56339	29657	29612	16821	107
仁寿县钟祥镇	5258	7	30056	6618	23180	8069	47
仁寿县始建镇	5348	13	28474	4300	22111	12205	1
仁寿县满井镇	6414	12	25068	5740	19229	10666	51
仁寿县富加镇	7092	18	49859	9893	35065	20741	56
仁寿县龙正镇	5774	8	21511	9214	14035	8949	64
仁寿县黑龙滩镇	15050	19	35068	1667	25941	14311	3
仁寿县清水镇	6528	10	20328	11565	14336	2662	35
仁寿县视高镇	5004		27769	5280	16895	10776	128
仁寿县北斗镇	5234	11	30031	5571	16749	8477	8
仁寿县兴盛镇	3649	3	12570	1645	7512	3797	55
仁寿县观寺镇	3808	9	20526	1585	12769	8058	8
仁寿县虞丞乡	3734	5	5276	145	3943	1856	
仁寿县青岗乡	2946	9	10903	3168	7735	2676	1
仁寿县古佛乡	2259	5	10023	230	8006	4215	1
仁寿县板燕乡	2276	6	9566	233	7646	2321	1
仁寿县石咀乡	2096	5	10388	238	8292	2503	3
仁寿县藕塘乡	2046	6	9193	240	7343	2337	1
仁寿县玉龙乡	2159	7	13123	210	6895	2725	1
仁寿县合兴乡	1751	5	7445	180	5916	3450	3
仁寿县促进乡	1953	5	6352	405	5038	2128	
仁寿县鸭池乡	1914	5	7980	151	5954	1708	
仁寿县双堡乡	3080	8	13378	158	9113	5530	6
仁寿县河口乡	2329	7	10648	121	7410	2710	
仁寿县板桥乡	1954	6	9130	160	6988	2941	
仁寿县元通乡	3076	6	15300	3500	11453	6125	
仁寿县向家乡	3010	5	13405	148	8668	5112	4
仁寿县里仁乡	3678	5	13078	136	9455	1923	5
仁寿县兆嘉乡	2248	6	7375	1208	5377	2122	1
仁寿县宝马乡	5396	12	20328	600	16137	8058	18
仁寿县珠嘉乡	5302	11	21297	8000	16884	7415	6
仁寿县鳌陵乡	3847	6	9550	178	5040	1725	
仁寿县中岗乡	3832	9	15878	175	11110	6520	5
仁寿县龙桥乡	5890	11	18243	180	11699	4192	5
仁寿县曲江乡	3621	8	10270	3000	8135	3335	2
仁寿县城堰乡	4016	7	9350	162	7398	2230	1
仁寿县谢安乡	3303	9	11878	160	9305	5199	3
仁寿县新店乡	2784	9	13898	594	10670	4090	
仁寿县天峨乡	4749	11	18644	1500	11634	7871	35
仁寿县识经乡	2934	8	12196	2518	6036	2042	5
仁寿县凤陵乡	3326	9	14520	165	11580	2560	1
仁寿县涂加乡	3225	8	9279	168	7330	3065	6
仁寿县四公乡	3562	8	12161	7020	9625	4765	8

乡镇基本情况

计算单位：公顷、个、人

名　　称	行政区域面积	村民委员会	常住人口	城镇建成区总人口	从业人员	二三产业从业人员	工业企业单位
仁寿县松峰乡	3108	8	11020	181	8568	5675	5
仁寿县曹家乡	6125	11	18483	1580	11074	5957	1
仁寿县景贤乡	4311	7	7043	186	3125	982	
仁寿县农旺乡	3914	11	19674	196	10348	6112	2
仁寿县洪峰乡	5213	9	11258	156	7718	3037	21
彭山县青龙镇	4379	8	36899	19650	29249	20800	126
彭山县公义镇	4031	8	24419	15000	15608	8847	13
彭山县观音镇	2670	7	23170	3017	16997	8685	385
彭山县彭溪镇	1740	4	20860	4187	12597	10107	29
彭山县黄丰镇	4038	9	18021	1781	9576	3907	7
彭山县谢家镇	4584	8	28321	4628	16083	8196	20
彭山县牧马镇	2800	5	17416	1781	12151	6136	11
彭山县凤鸣镇	3769	7	109771	65686	53723	45613	94
彭山县江口镇	4939	9	17121	1372	10750	4735	7
彭山县保胜乡	3455	6	12583	2492	9186	2950	14
彭山县义和乡	3518	5	14825	420	10625	5286	7
彭山县武阳乡	2897	6	13783	1312	8783	5527	60
彭山县锦江乡	3673	6	12533	712	8783	5527	9
洪雅县止戈镇	4603	6	17991	2945	14154	6145	28
洪雅县三宝镇	3860	6	11727	2620	9160	4233	14
洪雅县花溪镇	6100	8	15633	1678	4042	2184	8
洪雅县洪川镇	8192	12	74163	51939	47909	32671	78
洪雅县余坪镇	9935	15	32410	2412	25173	13484	12
洪雅县槽渔滩镇	8773	8	20061	2055	12534	2649	6
洪雅县中保镇	6766	8	18666	5860	10681	4400	18
洪雅县东岳镇	11530	11	23850	3746	16775	8766	30
洪雅县柳江镇	16039	9	20858	4435	9860	5794	19
洪雅县高庙镇	23421	10	21135	2155	13030	6285	59
洪雅县瓦屋山镇	69473	26	17065	5285	5539	4474	52
洪雅县中山乡	4013	5	15860	1139	11021	6045	3
洪雅县将军乡	5424	7	17202	3511	13627	8933	58
洪雅县汉王乡	7087	7	9568	1701	5743	1208	6
洪雅县桃源乡	4622	4	4464	601	1872	1127	1
丹棱县仁美镇	3414	8	18629	1020	11311	2825	5
丹棱县丹棱镇	5934	11	43001	18012	27251	15131	110
丹棱县杨场镇	9082	12	30494	1761	19223	9243	38
丹棱县双桥镇	8957	14	32709	2037	19280	7085	14
丹棱县张场镇	9586	16	24737	1711	14423	3381	15
丹棱县石桥乡	2328	4	4354	541	2757	1301	1
丹棱县顺龙乡	5593	6	9210	627	6349	3785	3
青神县汉阳镇	2220	4	6720	1518	4837	2426	5
青神县河坝子镇	2780	5	7860	2800	5644	2381	2
青神县南城镇	1800	7	15450	4152	12351	7095	43
青神县青城镇	1700	5	36920	36614	28801	24662	108
青神县瑞峰镇	4590	6	12840	1136	8708	4854	11
青神县黑龙镇	3280	11	20960	2698	13339	9159	55
青神县西龙镇	7520	11	24050	1322	15184	6644	11
青神县高台乡	1960	5	10730	556	6154	3365	4
青神县白果乡	7870	15	21110		12431	3932	9
青神县罗波乡	4966	7	9860	6000	6217	2752	11

乡镇基本情况

计算单位:公顷、个、人

名　　称	行政区域面积	村民委员会	常住人口	城镇建成区总人口	从业人员	二三产业从业人员	工业企业单位
翠屏区南广镇	8222	17	29907	5545	19291	6112	7
翠屏区李庄镇	6720	21	41362	9763	29233	17338	1
翠屏区菜坝镇	4473	16	31750	1760	19980	6990	5
翠屏区金坪镇	7820	13	26773	3622	18379	7900	1
翠屏区高店镇	4178	11	21752	1523	13866	5370	
翠屏区牟坪镇	5247	18	22968	1977	11774	2212	
翠屏区李端镇	5090	18	26037	4693	15127	3068	1
翠屏区邱场镇	8905	13	23882	2602	18382	5968	1
翠屏区宗场镇	7220	12	18182	2400	10465	3855	
翠屏区宋家乡	5816	17	23241	3100	17966	7794	2
翠屏区明威乡	6667	10	15321		9843	4965	1
翠屏区凉姜乡	4392	8	13792	569	9624	6204	2
翠屏区思坡乡	10598	18	21511		14651	3210	3
南溪区刘家镇	5485	17	22898	4230	14196	4741	15
南溪区江南镇	4182	15	13992	1026	8395	2300	4
南溪区大观镇	7460	20	27262	6365	16630	6552	33
南溪区汪家镇	3996	10	14600	708	8321	1697	4
南溪区黄沙镇	3833	9	8223	950	4852	1669	6
南溪区仙临镇	6814	22	27042	5398	17037	5452	6
南溪区长兴镇	3674	13	14309	1071	8729	3055	14
南溪区裴石乡	3307	13	16806	1816	10420	4585	14
南溪区马家乡	5151	12	8217	1233	4766	1115	1
南溪区大坪乡	2511	6	4636	484	2503	510	1
南溪区石鼓乡	2809	9	10050	1376	5528	2178	5
南溪区林丰乡	3545	6	5580	902	3125	919	3
南溪区留宾乡	2841	11	12145	956	6922	2215	2
宜宾县柏溪镇	5167	17	84199	80195	37753	18164	114
宜宾县喜捷镇	9289	22	28234	6813	20422	6420	21
宜宾县观音镇	24192	47	58306	11778	39489	16661	23
宜宾县横江镇	9874	17	26605	3781	15077	2854	6
宜宾县永兴镇	11457	27	29562	3332	21714	9501	28
宜宾县白花镇	13828	27	39347	9880	28214	13115	10
宜宾县柳嘉镇	17844	35	35984	6492	24933	13820	3
宜宾县泥溪镇	13048	18	27217	4372	13263	11129	8
宜宾县蕨溪镇	21493	27	41182	13321	25993	9981	26
宜宾县商州镇	16360	16	21305	2973	13526	8291	6
宜宾县高场镇	9780	19	28236	7486	21750	15629	14
宜宾县安边镇	5962	12	20897	7108	15304	11783	11
宜宾县双龙镇	15899	31	41590	5486	25364	10118	6
宜宾县李场镇	13698	24	28746	3528	21557	7632	4
宜宾县合什镇	8921	22	21203	6982	15743	8488	5
宜宾县古罗镇	9699	19	20591	2418	16312	6081	4
宜宾县孔滩镇	10036	28	44546	10548	29134	8449	9
宜宾县复龙镇	8364	14	23853	3874	14388	6647	1
宜宾县普安镇	9102	19	28440	2267	20872	9433	13
宜宾县古柏乡	7787	12	18654	2013	12892	7340	2
宜宾县王场乡	5413	10	17431	2500	13806	7481	1
宜宾县双谊乡	12207	21	24567	3412	16375	7358	15
宜宾县隆兴乡	13379	20	17941	2751	13949	6731	
宜宾县泥南乡	6324	11	14067	1400	10830	4732	4

乡镇基本情况

计算单位：公顷、个、人

名称	行政区域面积	村民委员会	常住人口	城镇建成区总人口	从业人员	二三产业从业人员	工业企业单位
宜宾县龙池乡	6661	8	9990	524	5821	2110	2
宜宾县凤仪乡	8177	12	16106	3327	11518	6595	6
江安县江安镇	5593	13	70403	70075	46275	21239	33
江安县红桥镇	4891	15	23889	9403	18971	11149	16
江安县桐梓镇	6015	25	29913	1738	25246	11254	13
江安县井口镇	2486	9	14105	5210	10800	6515	8
江安县怡乐镇	8161	21	21033	4692	17046	10686	10
江安县留耕镇	4709	18	19284	1618	12236	7360	9
江安县底蓬镇	5511	17	22448	6727	19961	11988	14
江安县五矿镇	2095	9	15383	2734	10274	6697	19
江安县迎安镇	4222	19	21189	1450	18597	10857	6
江安县夕佳山镇	3258	13	16396	1821	13666	9242	6
江安县水清镇	2385	8	13160	5583	11628	6487	10
江安县铁清镇	5266	22	25406	4992	21854	14954	2
江安县四面山镇	6454	26	31138	2880	27358	16349	9
江安县大井镇	6567	22	27506	1066	20169	7396	10
江安县阳春镇	4799	17	23378	5732	18566	14495	19
江安县大妙乡	3109	11	11212	1699	8067	3947	2
江安县蟠龙乡	4521	16	17122	1855	12974	3038	5
江安县仁和乡	8756	15	12237	294	8809	1214	5
长宁县长宁镇	9309	33	109186	60132	65533	52447	65
长宁县梅硐镇	8121	18	14084	5851	10274	3306	30
长宁县双河镇	8697	21	18692	4656	13975	5322	57
长宁县硐底镇	5086	11	15510	3906	11760	6459	24
长宁县花滩镇	4893	14	12411	4686	9571	4255	6
长宁县竹海镇	11000	22	22681	5718	16790	9235	18
长宁县老翁镇	5985	16	17523	2574	13880	6195	8
长宁县古河镇	5992	13	13525	3536	10666	5233	14
长宁县下长镇	5455	16	19612	2386	14734	6123	21
长宁县龙头镇	5845	14	18176	3211	12603	5942	50
长宁县铜锣乡	3545	8	7699	1390	5882	3064	6
长宁县桃坪乡	3191	8	7527	1200	5582	2269	3
长宁县铜鼓乡	3025	12	10370	1083	6635	2949	12
长宁县井江乡	4346	13	10249	956	7489	2093	6
长宁县三元乡	3425	12	10745	2500	7279	2416	4
长宁县开佛乡	3390	11	10726	996	8081	3588	15
长宁县富兴乡	4800	13	9153	913	6706	3544	20
长宁县梅白乡	4332	14	14335	1262	11394	5631	4
高县文江镇	15396	31	68433	4359	36884	19298	41
高县庆符镇	13702	29	57430	13173	32044	11806	33
高县沙河镇	11052	24	39046	9840	25144	13681	19
高县嘉乐镇	4813	8	13728	3015	9529	5305	1
高县大窝镇	7309	17	20733	1270	13903	5180	12
高县罗场镇	6938	18	26169	5106	19258	10578	18
高县蕉村镇	8572	16	23829	1014	18803	9959	16
高县可久镇	8787	20	14490	1806	10182	4654	7
高县来复镇	5270	13	18752	3648	11647	6611	6
高县月江镇	8300	14	25448	4161	17736	9411	39
高县胜天镇	8408	19	19193	2144	13327	4999	13
高县复兴镇	5540	10	18816	685	12343	6411	7

乡镇基本情况

计算单位:公顷、个、人

名　　称	行政区域面积	村民委员会	常住人口	城镇建成区总人口	从业人员	二三产业从业人员	工业企业单位
高县趱滩乡	2036	4	3174	618	2510	1260	1
高县羊田乡	3285	7	10864	906	6980	2567	6
高县落润乡	5916	16	16915	1173	11321	3048	13
高县潆溪乡	4094	9	7578	580	5163	1447	4
高县庆岭乡	3369	8	9594	1035	7473	3128	8
高县双河乡	3368	8	9937	653	6808	2780	8
高县四烈乡	6087	14	13008	500	8785	4200	10
珙县珙泉镇	10293	23	34328	21057	26950	19085	89
珙县巡场镇	10722	26	120915	43108	88845	58609	341
珙县孝儿镇	7589	24	26784	5214	20035	10156	39
珙县底洞镇	12620	28	28678	6889	18503	12526	25
珙县上罗镇	11633	23	32134	2560	22047	13146	9
珙县洛表镇	8112	19	33352	7805	25126	16313	12
珙县洛亥镇	6415	15	21111	1084	14493	7015	16
珙县王家镇	10235	15	21934	5986	19217	9893	20
珙县恒丰乡	4908	11	12317	312	7154	1162	10
珙县沐滩乡	4744	13	14518		8905	5094	19
珙县仁义乡	3804	13	9254		6736	1453	12
珙县玉和苗族乡	2500	7	5310	1523	3134	218	
珙县下罗乡	5597	15	19012		12179	2258	26
珙县罗渡苗族乡	4071	11	14488	530	10887	3495	7
珙县曹营乡	4486	8	10477		6515	2250	12
珙县石碑乡	4751	7	10178		6118	2160	18
珙县观斗苗族乡	2003	4	5231		2280	699	6
筠连县筠连镇	13141	33	87741	50850	64070	37610	72
筠连县腾达镇	9831	16	20148	1932	17390	5597	22
筠连县巡司镇	8817	22	42538	4772	23262	17479	49
筠连县双腾镇	8864	15	16341	1256	13413	4961	14
筠连县沐爱镇	7936	18	24965	4451	19463	11778	14
筠连县维新镇	7235	15	19407	1800	15532	8520	18
筠连县镇舟镇	6318	7	14389	1034	12579	7167	16
筠连县蒿坝镇	9791	15	13817	2201	10192	4784	18
筠连县大雪山镇	9028	22	16579	1997	15966	11177	40
筠连县武德乡	10062	17	23100	1216	16788	7693	22
筠连县塘坝乡	3167	7	6358	1452	4569	1884	6
筠连县龙镇乡	6698	8	6898	480	4599	1079	3
筠连县孔雀乡	5419	11	5639	285	4259	1036	7
筠连县乐义乡	4440	8	11170	421	9690	4871	9
筠连县高坎乡	3236	8	4709	346	3734	2113	5
筠连县团林苗族乡	4622	8	4498	450	4290	2490	7
筠连县联合苗族乡	3891	8	6599	182	2993	275	6
筠连县高坪苗族乡	3279	5	5094	486	3065	1197	4
兴文县古宋镇	15640	38	74941	68721	53594	22792	45
兴文县僰王山镇	14696	24	44513	6413	30918	12004	37
兴文县共乐镇	5497	15	36776	3300	25449	9440	13
兴文县莲花镇	7537	12	24483	5020	17007	6799	15
兴文县九丝城镇	12904	16	22213	1638	17134	5234	7
兴文县石海镇	8136	12	14130	1281	9963	3689	28
兴文县太平镇	6430	15	22092	3186	15138	4402	13
兴文县周家镇	6224	9	8441	2057	7123	4085	23

乡镇基本情况

计算单位:公顷、个、人

名　　称	行政区域面积	村民委员会	常住人口	城镇建成区总人口	从业人员	二三产业从业人员	工业企业单位
兴文县五星镇	4827	13	26977	2160	19218	7261	18
兴文县大坝苗族乡	12797	16	25551	3584	17534	6035	15
兴文县毓秀苗族乡	5972	5	5506	195	3897	751	5
兴文县玉屏乡	2524	8	9118	1549	6608	3019	13
兴文县大河苗族乡	12505	17	34114	2835	24038	7978	29
兴文县麒麟苗族乡	11413	24	25407	1157	17695	4610	22
兴文县仙峰苗族乡	10887	12	9940	800	8515	4472	24
屏山县锦屏镇	9159	20	18740	1072	14636	2836	9
屏山县新市镇	15103	27	24361	1583	14855	5855	5
屏山县中都镇	14283	24	23814	4312	18764	7964	13
屏山县龙华镇	12166	18	16433	3684	12330	6530	15
屏山县大乘镇	10813	19	18755	4500	13331	6085	13
屏山县富荣镇	11142	17	11530	2013	8022	2812	7
屏山县新安镇	13504	21	19177	2450	12741	5641	23
屏山县书楼镇	11790	29	23387	6795	17075	8575	14
屏山县屏山镇	8636	14	49632	37695	28356	20856	59
屏山县鸭池乡	6284	16	8881	2600	7100	3560	1
屏山县龙溪乡	5794	10	6279	708	4947	2092	3
屏山县太平乡	6819	14	8728	1137	6005	2005	12
屏山县夏溪乡	7089	13	9099	228	5422	1660	7
屏山县屏边彝族乡	9388	7	8413	1824	4381	2312	2
屏山县清平彝族乡	8420	10	7271	848	3479	1100	2
广安区枣山镇	3290	20	30277	3238	18015	9689	7
广安区官盛镇	1592	8	9122	1992	4845	1964	2
广安区协兴镇	3630	23	35186	8721	16886	10234	13
广安区浓溪镇	2870	18	19837	1744	12355	5543	3
广安区悦来镇	4105	27	29896	2830	15923	7939	4
广安区兴平镇	3597	19	18660	1534	12974	6850	1
广安区井河镇	5151	29	27835	2847	14880	7091	1
广安区花桥镇	4830	27	35207	6350	16773	7561	3
广安区龙台镇	6891	41	48123	6013	25287	12152	8
广安区肖溪镇	6141	33	41332	3286	22869	8596	1
广安区恒升镇	4919	28	36258	6272	18436	11003	1
广安区石笋镇	5880	34	44122	2937	24607	9241	1
广安区白市镇	3530	22	28001	3938	13578	5289	2
广安区大安镇	2659	15	19824	3935	9041	5590	7
广安区穿石乡	1419	9	9877	365	5601	2677	1
广安区广门乡	2340	13	17112	663	9408	4285	1
广安区广罗乡	1720	11	14002	375	5114	2999	1
广安区方坪乡	2858	19	23115	324	13498	6096	7
广安区化龙乡	2440	13	16238	706	9072	5996	3
广安区大龙乡	2953	13	15423	732	11924	5113	1
广安区崇望乡	2260	11	11347	378	5873	1780	2
广安区龙安乡	1760	11	10023	526	6506	2121	1
广安区彭家乡	1890	11	12151	789	7847	3498	1
广安区杨坪乡	2203	13	13001	432	7087	4461	1
广安区郑山乡	3864	12	10328	485	6629	2502	1
广安区蒲莲乡	2889	12	10021	302	6854	4495	1
广安区大有乡	1996	14	14017	323	7687	4957	1
广安区消河乡	1876	13	14129	402	8700	3480	6

乡镇基本情况

计算单位：公顷、个、人

名　　称	行政区域面积	村民委员会	常住人口	城镇建成区总人口	从业人员	二三产业从业人员	工业企业单位
广安区东岳乡	3266	18	21004	386	11368	5615	1
广安区苏溪乡	2522	12	9877	455	6865	5216	1
广安区白马乡	2469	14	15896	785	9794	5709	1
前锋区前锋镇	3670	19	45673	19398	17747	11235	111
前锋区桂兴镇	8798	22	19362	3038	11264	6649	14
前锋区观阁镇	3080	21	31524	12500	11851	7162	1
前锋区广兴镇	1630	9	12635	2322	7131	4544	
前锋区代市镇	7030	49	72036	18265	37324	22631	11
前锋区观塘镇	4860	35	38256	10500	21063	11811	3
前锋区护安镇	3056	23	21253	1445	12200	7820	10
前锋区小井乡	3899	22	23651	2654	11479	6368	6
前锋区龙滩乡	3649	11	16420	3158	7176	4253	5
前锋区光辉乡	3940	13	13542	3589	5986	3793	4
前锋区新桥乡	2640	15	25421	5821	11142	5912	12
前锋区虎城乡	3520	21	22302	1562	12166	7092	2
岳池县九龙镇	6660	47	160968	121158	90825	56716	92
岳池县花园镇	5010	32	31041	4391	17671	6566	9
岳池县坪滩镇	4609	26	31898	5680	21478	7888	3
岳池县龙孔镇	3294	23	17413	1150	12677	4551	2
岳池县镇裕镇	1788	12	10771	821	7576	2874	1
岳池县白庙镇	6497	25	28947	4678	21054	7707	7
岳池县西溪镇	3967	21	20451	4800	14855	6218	4
岳池县同兴镇	2763	12	11359	1590	8459	4109	2
岳池县兴隆镇	5633	16	18585	3876	12904	4716	5
岳池县秦溪镇	4008	19	13395	1160	9820	4094	3
岳池县顾县镇	5589	34	29835	6500	21028	11650	10
岳池县苟角镇	6895	50	38374	5649	24793	9513	6
岳池县天平镇	6599	35	23683	968	16305	6051	8
岳池县石垭镇	4751	33	30372	6781	21444	7990	40
岳池县乔家镇	3300	13	22239	2100	14205	5099	3
岳池县罗渡镇	2872	16	23578	7306	14049	7173	12
岳池县裕民镇	3341	26	24367	1974	16043	6017	8
岳池县中和镇	3194	20	21956	3600	12066	5021	5
岳池县新场镇	3915	25	21542	1681	15780	5796	3
岳池县普安镇	4076	29	22293	1951	16770	5456	4
岳池县赛龙镇	2340	16	13668	1660	9778	3653	3
岳池县临溪镇	1743	11	13596	1200	8271	3061	3
岳池县朝阳乡	1682	12	11053	135	6834	2438	4
岳池县北城乡	2022	11	7982	115	5897	2085	2
岳池县镇龙乡	2003	13	8620	508	6225	2354	2
岳池县粽粑乡	3753	18	15767	927	10738	2792	3
岳池县排楼乡	2642	13	12357	471	9344	2949	2
岳池县西板乡	2913	21	15815	1068	10334	4009	3
岳池县嘉陵乡	1756	8	8431	382	5939	1978	2
岳池县石鼓乡	1748	9	7810	245	5394	1966	2
岳池县平安乡	2076	9	6401	618	4869	1863	1
岳池县恐龙乡	2144	11	8069	795	6304	2292	1
岳池县团结乡	2726	9	5103	185	3825	1420	1
岳池县黄龙乡	3477	10	6962	272	5387	1802	2
岳池县双鄢乡	2534	12	8057	1430	5983	2578	3

乡镇基本情况

计算单位：公顷、个、人

名　　称	行政区域面积	村民委员会	常住人口	城镇建成区总人口	从业人员	二三产业从业人员	工业企业单位
岳池县东板乡	2241	10	5726	286	4452	1781	2
岳池县长田乡	2219	11	6712	175	4550	1838	
岳池县鱼峰乡	3012	14	7845	1054	5904	2091	3
岳池县大石乡	1982	15	10974	1662	8488	3675	2
岳池县花板乡	1789	12	9939	342	6737	2472	1
岳池县大佛乡	2280	17	14111	687	10307	3820	1
岳池县齐福乡	3330	24	15871	1186	11228	4013	4
岳池县伏龙乡	4619	27	30093	1138	17056	7040	1
武胜县沿口镇	7570	41	94639	85245	66550	56565	97
武胜县中心镇	6240	31	28803	7520	22451	8793	46
武胜县烈面镇	4300	23	35086	16380	24788	11874	33
武胜县飞龙镇	2660	15	17921	6350	13196	6668	12
武胜县乐善镇	3890	22	20585	7140	12693	4048	8
武胜县万善镇	2250	12	16601	7289	10982	2779	18
武胜县龙女镇	4400	24	27265	4302	18211	7981	4
武胜县三溪镇	3380	17	17885	1678	14004	5455	10
武胜县赛马镇	4400	24	26156	3924	18009	8596	12
武胜县胜利镇	4710	26	27569	3528	18263	4161	10
武胜县金牛镇	3070	17	17521	3245	13490	4390	11
武胜县清平镇	3900	20	15430	1678	11134	3903	11
武胜县街子镇	3040	16	14946	6320	11270	3192	7
武胜县万隆镇	2460	15	16138	7349	10070	3845	15
武胜县礼安镇	1840	9	11415	1526	8143	5892	5
武胜县华封镇	2970	13	20042	1987	13519	5470	6
武胜县鸣钟乡	3480	19	17773	1030	13294	6859	13
武胜县真静乡	1840	9	8917	1230	7058	4219	8
武胜县猛山乡	2560	12	11185	931	8664	3778	3
武胜县双星乡	2350	13	12164	782	8888	2970	5
武胜县龙庭乡	2150	10	8762	694	6153	3152	3
武胜县石盘乡	3070	16	16928	1560	12292	2292	7
武胜县旧县乡	2350	12	10077	1636	7280	4080	3
武胜县鼓匠乡	2460	14	13523	1765	10585	4238	6
武胜县白坪乡	2760	15	15648	1825	11775	3941	13
武胜县永胜乡	1950	11	7275	804	4400	1714	3
武胜县新学乡	2150	11	11699	588	7431	4340	5
武胜县宝箴塞乡	2870	16	15114	824	8608	4505	6
武胜县金光乡	1950	11	12390	522	6349	2809	8
武胜县八一乡	1740	10	9925	523	6346	1803	2
武胜县高石乡	1840	11	9399	600	6865	3753	6
邻水县鼎屏镇	784	1	114718	114118	53417	52481	15
邻水县城北镇	9900	27	34650	10962	23398	10141	21
邻水县城南镇	6208	20	31243	9124	22758	15130	76
邻水县柑子镇	5019	11	13355	3751	9765	6196	5
邻水县龙安镇	5461	12	11020	4253	7245	4590	4
邻水县观音桥镇	6404	15	17456	6044	13025	5216	6
邻水县牟家镇	3416	12	14945	3206	10963	6627	11
邻水县合流镇	4229	10	14048	7045	10561	4578	11
邻水县坛同镇	6415	19	28712	5266	22631	14875	20
邻水县高滩镇	6735	16	20810	3618	15715	8005	10
邻水县九龙镇	6632	20	44804	26548	30005	15982	15

乡镇基本情况

计算单位:公顷、个、人

名　　称	行政区域面积	村民委员会	常住人口	城镇建成区总人口	从业人员	二三产业从业人员	工业企业单位
邻水县御临镇	6140	18	18997	3510	13710	6095	8
邻水县袁市镇	2874	12	19152	6329	14248	7407	8
邻水县丰禾镇	6803	21	37824	25308	26109	17352	21
邻水县八耳镇	4677	11	10715	3970	7954	3835	7
邻水县石永镇	4894	11	20899	6263	14489	9593	5
邻水县兴仁镇	6203	13	17842	5235	13623	7325	9
邻水县王家镇	5255	14	16862	6762	11614	6715	6
邻水县太和乡	5644	15	12541	661	9467	3708	7
邻水县新镇乡	2917	5	5406	389	4086	2323	8
邻水县冷家乡	4029	7	7062	456	5042	2846	11
邻水县长安乡	4605	9	11826	375	9209	4646	9
邻水县西天乡	4507	9	7225	565	5437	3855	15
邻水县梁板乡	4828	8	9667	268	7341	3707	15
邻水县甘坝乡	3815	6	6726	236	4673	2925	6
邻水县四海乡	3575	7	8678	250	5366	3420	9
邻水县九峰乡	3434	5	4080	163	2991	1848	5
邻水县椿木乡	3070	6	6809	177	5091	3257	4
邻水县华蓥乡	3254	4	2542	565	1950	1003	5
邻水县子中乡	3552	8	9120	339	6826	3207	9
邻水县风垭乡	2128	6	6532	187	4118	2622	2
邻水县黎家乡	5318	11	8380	322	6191	2754	10
邻水县龙桥乡	2931	10	11093	402	5175	2441	7
邻水县关河乡	3169	8	7758	512	5531	1983	7
邻水县两河乡	2361	10	7123	485	5450	2386	4
邻水县长滩乡	1958	7	9762	301	6924	3707	2
邻水县凉山乡	4223	8	7010	515	4979	1568	5
邻水县复盛乡	3552	12	13548	635	9535	5221	9
邻水县古路乡	3109	5	5641	184	4355	3007	7
邻水县荆坪乡	2029	7	8382	354	6524	3520	11
邻水县柳塘乡	1827	6	8989	578	6422	3501	10
邻水县石滓乡	4779	9	12278	594	7921	4252	11
邻水县护邻乡	2522	7	8821	299	6805	3125	6
邻水县同石乡	1307	5	4172	206	2984	1735	2
邻水县三古乡	4408	12	11659	298	8552	4056	2
华蓥市双河街道办事处	3745	5	82272	10157	46247	38122	59
华蓥市古桥街道办事处	2310	6	14450	1306	8733	5456	6
华蓥市华龙街道办事处	2530	9	22330	1316	13479	4057	6
华蓥市天池镇	3800	6	20846	10869	12603	12074	21
华蓥市禄市镇	2670	10	24258	4318	14702	5299	13
华蓥市永兴镇	2425	11	24228	7165	17997	7677	5
华蓥市明月镇	3820	10	24482	4479	16716	11503	
华蓥市阳和镇	4400	10	25124	1815	14997	6177	8
华蓥市高兴镇	3600	8	18852	6581	9954	5828	12
华蓥市观音溪镇	4700	10	22531	7528	12808	6523	13
华蓥市溪口镇	5500	6	19198	10347	11580	7660	22
华蓥市庆华镇	3500	12	32491	4499	14121	4755	18
华蓥市红岩乡	4000	6	3332	1328	2557	2242	7
通川区西外镇	2447	2	35977	9250	10445	6198	42
通川区北外镇	4185	6	31516	1341	19062	14148	43
通川区罗江镇	5123	11	23659	8416	10723	4097	3

乡镇基本情况

计算单位：公顷、个、人

名　　称	行政区域面积	村民委员会	常住人口	城镇建成区总人口	从业人员	二三产业从业人员	工业企业单位
通川区蒲家镇	5382	13	28916	9195	14955	8966	14
通川区复兴镇	4069	5	24858	2650	7817	4630	43
通川区双龙镇	4682	8	14669	1906	7057	5291	23
通川区魏兴镇	1941	6	14480	1980	5287	2036	9
通川区江陵镇	6933	19	13050	3120	6440	585	2
通川区碑庙镇	6020	14	20198	4697	12688	6358	6
通川区盘石乡	7255	15	25270	7532	12814	5896	37
通川区东岳乡	3467	7	14126	4265	9909	4702	14
通川区新村乡	3339	5	6575	1389	4792	3080	1
通川区檬双乡	2450	8	7180	1378	3624	1444	
通川区龙滩乡	3750	9	9534	938	6816	3610	
通川区梓桐乡	2980	10	4585	2630	3386	1314	3
通川区北山乡	5480	15	18453	3875	13319	7963	3
通川区金石乡	6150	17	18647	3089	8290	2750	
通川区安云乡	6450	14	11940	3000	8926	5100	3
通川区青宁乡	3870	9	14113	780	6730	2493	
达川区亭子镇	6500	16	44220	8750	29993	13532	167
达川区福善镇	4050	11	12417	1100	8652	4273	4
达川区麻柳镇	4990	24	46947	10759	26614	16454	190
达川区檀木镇	3740	13	19261	3456	12051	6787	23
达川区大树镇	7650	16	31215	4145	15437	7176	16
达川区南岳镇	4720	16	21085	1223	15721	8189	11
达川区万家镇	7120	17	28990	3826	21107	10854	170
达川区景市镇	8730	21	32199	7500	20935	12420	120
达川区百节镇	3750	12	10868	1858	7613	5201	20
达川区赵家镇	3440	12	15509	7500	6204	1100	110
达川区河市镇	4850	13	27194	19448	21025	16387	390
达川区石板镇	4700	6	11104	2014	5955	2905	352
达川区金垭镇	3460	8	12730	2500	6705	2145	27
达川区渡市镇	6420	11	31021	7500	10945	6445	12
达川区管村镇	3670	12	19870	3407	6027	4013	158
达川区石梯镇	5280	21	32378	6500	14399	5686	1
达川区石桥镇	5700	20	52000	35600	36380	7780	
达川区堡子镇	6670	18	26753	5671	19582	6257	
达川区大风乡	3460	8	8678		6688	2746	1
达川区江阳乡	3230	5	8857		6363	2468	7
达川区东兴乡	3314	16	19554	850	14689	8177	2
达川区安仁乡	2930	13	13505	750	6646	3323	
达川区葫芦乡	3040	8	3476	660	2780	1064	1
达川区大滩乡	2440	10	8732	496	5630	3426	2
达川区花红乡	2860	7	10586	355	8261	4853	3
达川区黄庭乡	3290	8	7486	1200	5066	3598	23
达川区黄都乡	2760	11	19650	1540	11680	6040	1
达川区平滩乡	4490	10	16871	2235	9087	3887	11
达川区碑高乡	3440	8	8571	600	6179	3081	1
达川区马家乡	3460	10	18231	4010	11012	6304	15
达川区木子乡	3350	13	14857	912	10982	5124	
达川区双庙乡	5250	20	20638	3100	15591	7231	24
达川区斌郎乡	3880	11	18653	4687	12980	8834	134
达川区幺塘乡	5100	15	24098	414	15856	8288	49

乡镇基本情况

计算单位：公顷、个、人

名　　称	行政区域面积	村民委员会	常住人口	城镇建成区总人口	从业人员	二三产业从业人员	工业企业单位
达川区陈家乡	3370	7	13887	1434	6543	1747	3
达川区龙会乡	3180	10	13520	1864	10225	398	6
达川区罐子乡	4170	8	20725	2500	13164	7564	299
达川区申家乡	3730	5	9843		6194	2162	4
达川区草兴乡	2034	5	9430	687	3894	1330	2
达川区木头乡	1760	3	7254	1538	5516	3773	1
达川区金檀乡	2950	8	16269	6570	8769	4821	23
达川区大堰乡	5300	8	13500	2950	7066	4230	6
达川区赵固乡	5200	17	13416	1308	8655	2229	36
达川区九岭乡	36700	10	22450	1507	15577	1516	
达川区桥湾乡	6770	20	21495		13997	7997	43
达川区五四乡	2500	11	11897	968	7616	4204	2
达川区银铁乡	2140	7	8312		4850	3085	
达川区沿河乡	3200	10	9847	820	5240	2040	
达川区香隆乡	2520	6	7841		4090	2121	2
达川区永进乡	2990	9	11840	493	6280	3658	1
达川区洛车乡	3020	9	10662	220	6840	3340	10
达川区道让乡	2580	7	6520		3350	2223	
达川区虎让乡	4100	11	14859		9366	1210	35
达川区米城乡	3720	8	10275	678	7774	4460	5
宣汉县东乡镇	14090	14	164560	124804	65642	49827	72
宣汉县君塘镇	5773	7	13224	1856	8718	4292	10
宣汉县清溪镇	10215	15	31024	6895	23978	9121	10
宣汉县普光镇	8347	9	23719	3576	14144	5951	11
宣汉县天生镇	6171	8	19152	3849	12572	6812	12
宣汉县柏树镇	5813	11	17313	4271	12719	6227	6
宣汉县芭蕉镇	11074	12	25028	5122	15562	7593	4
宣汉县南坝镇	14342	24	95250	56425	48803	29781	36
宣汉县五宝镇	7066	12	18852	3027	13921	6700	3
宣汉县峰城镇	8595	11	20048	2784	11154	5673	6
宣汉县土黄镇	10244	14	30115	6021	17560	8716	4
宣汉县华景镇	11230	17	22806	2175	15595	7297	8
宣汉县樊哙镇	11465	12	22342	1685	13410	7110	7
宣汉县新华镇	16743	10	21228	2789	13058	6633	7
宣汉县黄金镇	11257	9	25246	4582	13970	7175	4
宣汉县胡家镇	8877	9	40105	17196	18392	10981	18
宣汉县毛坝镇	14365	10	21252	2456	13037	6555	5
宣汉县双河镇	8472	12	40988	8672	20478	10138	10
宣汉县大成镇	9472	13	36263	4284	18776	9883	4
宣汉县土主镇	4400	5	10097	5280	6440	3054	5
宣汉县下八镇	7927	14	25012	2202	18069	8080	6
宣汉县明月乡	3628	5	7190	1231	4890	2304	
宣汉县红岭乡	3892	8	16993	2142	9816	3904	2
宣汉县柳池乡	6915	11	29273	2637	11417	2996	11
宣汉县三河乡	4861	6	11950	1796	7485	2620	4
宣汉县老君乡	8472	8	14687	987	10078	4831	
宣汉县黄石乡	4580	8	14205	2282	8289	3459	
宣汉县七里乡	4754	7	14172	2988	9473	4591	7
宣汉县庙安乡	2850	5	5642	788	3506	1482	
宣汉县天宝乡	2296	5	6021	1402	3591	1527	1

乡镇基本情况

计算单位：公顷、个、人

名　　称	行政区域面积	村民委员会	常住人口	城镇建成区总人口	从业人员	二三产业从业人员	工业企业单位
宣汉县东林乡	4335	8	10194	1250	6430	3112	
宣汉县凉风乡	5609	8	8704	650	5503	2448	6
宣汉县上峡乡	6409	8	15551	6032	8278	3452	7
宣汉县塔河乡	8430	8	22445	2719	11136	4828	5
宣汉县茶河乡	14801	16	32259	2231	16867	8147	
宣汉县天台乡	3769	6	7514	691	6010	2590	1
宣汉县观山乡	3220	5	5796	320	3422	1606	
宣汉县南坪乡	2774	5	5182	876	2811	1679	
宣汉县凤林乡	3651	5	5714	537	3808	2295	
宣汉县桃花乡	6190	9	16326	1245	11688	5377	1
宣汉县白马乡	7702	7	13024	3650	8627	4024	1
宣汉县漆碑乡	6101	7	8874	1988	5769	2893	6
宣汉县三墩土家族乡	9117	7	13124	1969	7555	3971	7
宣汉县漆树土家族乡	4187	4	6094	978	3399	1813	
宣汉县龙泉土家族乡	22364	13	9046	1320	5496	2776	1
宣汉县渡口土家族乡	9086	7	5638	964	4001	2298	1
宣汉县石铁乡	7798	6	6157	1986	4447	2437	7
宣汉县厂溪乡	18616	13	28505	8900	14526	6371	1
宣汉县红峰乡	9849	8	14886	2634	9808	4580	1
宣汉县凤鸣乡	6497	6	11894	1746	8513	4437	
宣汉县花池乡	5277	5	9568	652	7273	3523	1
宣汉县庆云乡	4590	7	15523	2873	9685	5120	
宣汉县马渡乡	4418	6	12544	3377	8077	4043	3
宣汉县隘口乡	4215	6	9524	2224	6942	3366	
开江县新宁镇	8018	20	108645	68497	74186	46184	23
开江县普安镇	6672	21	70629	12213	37377	26767	41
开江县回龙镇	3516	6	19499	7429	8827	5225	20
开江县天师镇	4024	6	15850	2627	8643	4080	10
开江县永兴镇	5038	10	33548	4208	16230	9333	10
开江县讲治镇	6962	11	33117	2583	17729	8740	6
开江县甘棠镇	9203	18	56769	10963	33019	21012	19
开江县任市镇	5010	13	48113	14683	32023	20468	28
开江县广福镇	5407	8	22841	2956	17996	7420	7
开江县长岭镇	7532	12	41897	5301	20979	7967	4
开江县长田乡	2580	6	12811	1846	5110	2693	9
开江县骑龙乡	2925	5	12987	3078	9256	3574	4
开江县新太乡	4297	5	16778	1573	12287	5633	10
开江县灵岩乡	6119	9	18204	600	7020	5500	7
开江县沙坝场乡	4256	7	14899	1730	10497	4155	6
开江县梅家乡	4966	9	16108	1995	12768	6220	5
开江县宝石乡	4810	8	18978	1529	10646	5736	4
开江县靖安乡	3832	8	24485	1385	11370	6135	6
开江县新街乡	3206	6	16925	1154	8729	5954	4
开江县拔妙乡	4627	8	21263	1492	5033	2346	3
大竹县竹阳镇	2010	3	103210	101260	71200	61370	60
大竹县乌木镇	4490	6	16681	2035	12172	6130	4
大竹县团坝镇	4820	8	16604	2737	10074	4396	6
大竹县杨家镇	5720	10	23193	4666	13210	6553	15
大竹县清河镇	5040	10	14503	9335	11549	8267	9
大竹县柏林镇	4370	6	18757	3626	11371	7404	12

乡镇基本情况

计算单位:公顷、个、人

名　　称	行政区域面积	村民委员会	常住人口	城镇建成区总人口	从业人员	二三产业从业人员	工业企业单位
大竹县石河镇	6630	13	38649	12751	17706	8114	17
大竹县双拱镇	3120	5	11636	3257	6892	2617	16
大竹县石桥铺镇	4900	11	24794	9104	12164	8602	7
大竹县观音镇	4750	13	23075	3056	13933	8951	9
大竹县周家镇	7200	15	41103	9265	20910	15528	14
大竹县石子镇	7090	10	19153	8628	13301	4948	2
大竹县文星镇	4950	11	21279	9852	8840	4428	5
大竹县妈妈镇	3170	8	13902	5123	7285	3933	1
大竹县高穴镇	6020	12	25297	7130	13301	7178	9
大竹县欧家镇	5070	8	13535	2310	9966	5277	7
大竹县庙坝镇	7070	12	19965	12956	13333	9794	20
大竹县清水镇	8045	14	27815	5796	16313	8715	11
大竹县城西乡	5980	6	15645	2986	9348	5653	3
大竹县竹北乡	2720	7	22925	4679	17114	7152	27
大竹县东柳乡	2620	7	23193	5777	15762	7242	52
大竹县朝阳乡	5194	6	14315	1868	10713	8697	9
大竹县人和乡	2300	7	12218	2000	7484	5631	3
大竹县中华乡	4450	5	9380	583	5499	2764	6
大竹县黄家乡	2310	4	7660	1068	5001	2405	8
大竹县柏家乡	2410	7	10073	1180	6772	3767	
大竹县李家乡	2890	7	9164	1239	2843	1223	7
大竹县月华乡	5920	12	23369	3306	17136	9424	12
大竹县二郎乡	2720	6	10492	938	5238	2070	1
大竹县蒲包乡	3000	4	1975	350	1537	895	
大竹县永胜乡	4820	9	18035	900	12636	7715	2
大竹县新生乡	4230	8	14551	2320	10040	6188	4
大竹县安吉乡	4120	7	11883	2412	8582	3950	3
大竹县白坝乡	4400	7	12555	1673	9430	5213	3
大竹县双溪乡	3260	8	12043	1050	8640	5992	4
大竹县高明乡	5410	11	17857	2690	9251	3164	3
大竹县八渡乡	5400	6	10458	1930	6670	2818	4
大竹县中和乡	3630	4	8191	2196	4117	2056	3
大竹县杨通乡	2550	6	11485	460	6880	4850	1
大竹县天城乡	3330	6	13141	1298	8242	4322	3
大竹县四合乡	2990	5	13144	2450	7905	4400	3
大竹县张家乡	2290	3	6268	1540	2142	1695	2
大竹县童家乡	4830	11	25078	980	12110	4622	6
大竹县神合乡	3010	5	9672	715	6920	4606	6
大竹县金鸡乡	3710	6	9401	1392	5593	4173	6
大竹县黄滩乡	2350	5	7571	2206	5184	3664	4
大竹县牌坊乡	2610	5	12840	3800	7063	3943	6
大竹县姚市乡	2720	4	10332	976	6332	4406	3
大竹县莲印乡	2482	6	13104	112	8584	4674	9
大竹县川主乡	2420	7	10226	1850	5930	1150	2
渠县渠江镇	3000	7	211796	125820	55060	53379	68
渠县天星镇	3100	7	32992	8215	15201	10482	41
渠县临巴镇	4700	13	34354	7235	22368	13546	17
渠县土溪镇	6300	20	45321	5602	21840	12467	8
渠县三汇镇	4600	12	54473	27256	35780	30305	19
渠县文崇镇	4000	10	17261	2262	10005	3820	

乡镇基本情况

计算单位：公顷、个、人

名　　称	行政区域面积	村民委员会	常住人口	城镇建成区总人口	从业人员	二三产业从业人员	工业企业单位
渠县涌兴镇	5000	18	38436	4428	17955	12842	3
渠县贵福镇	4200	12	26999	4593	14275	7263	5
渠县岩峰镇	3700	9	20525	3326	8903	5026	2
渠县静边镇	3800	14	24500	5139	12325	6230	3
渠县清溪场镇	5500	15	31348	2512	15382	8010	2
渠县宝城镇	3400	11	26758	2420	11596	5646	7
渠县有庆镇	3100	7	27244	5631	13471	7285	5
渠县鲜渡镇	3900	10	19913	2917	13083	8247	
渠县琅琊镇	5800	8	26069	7618	13838	10133	3
渠县渠南乡	3000	10	17819	1200	13313	9767	13
渠县渠北乡	2000	6	16810	657	10280	5329	5
渠县青龙乡	4300	11	24072	1234	13047	7964	3
渠县板桥乡	2600	8	14930	1452	5282	2220	
渠县锡溪乡	2200	5	14154	925	6721	3746	1
渠县龙潭乡	7600	9	14275		9840	5045	4
渠县河东乡	2000	5	11205		6542	4690	
渠县李馥乡	6200	15	27994	1542	17353	10117	4
渠县青神乡	2500	6	13952	138	7367	2828	
渠县流溪乡	2500	8	16839	1825	10479	6847	2
渠县东安乡	4800	9	16501	900	9276	5327	5
渠县汇东乡	4600	9	14604	232	8741	5662	3
渠县汇南乡	3800	5	8692	516	5177	3057	11
渠县汇北乡	1900	5	10915	495	5403	2358	1
渠县丰乐乡	3700	9	22272	549	9528	6254	
渠县报恩乡	4300	11	19663	386	8646	3735	3
渠县安北乡	3100	6	14078	565	8457	5249	
渠县平安乡	1800	5	10527	810	6632	4715	
渠县千佛乡	1900	5	10878	518	5427	3731	
渠县柏水乡	2900	5	6730	208	4034	2580	
渠县大义乡	2500	4	6540	513	3832	2959	
渠县义和乡	2600	5	6928	198	3267	2347	
渠县水口乡	3500	10	21752	752	10492	7072	1
渠县三板乡	2800	7	16064	598	9111	5431	3
渠县巨光乡	2300	8	13285	503	7987	4923	
渠县蔡和乡	2300	5	5836	600	3181	1968	
渠县鹤林乡	2600	6	13052	701	5499	3113	3
渠县白兔乡	2200	6	9585	703	4848	3153	
渠县青丝乡	2200	6	7785	395	3858	3053	1
渠县万寿乡	1700	5	6817	397	4842	1778	
渠县射洪乡	2900	9	16185	376	9480	6035	
渠县望江乡	2500	7	9009	542	6610	4121	2
渠县和乐乡	1500	5	5754	586	3012	1649	1
渠县龙凤乡	3100	8	14705	1002	7031	4105	
渠县新市乡	2300	6	14572	1900	7994	4632	1
渠县宋家乡	2400	6	12439	1500	5468	1876	1
渠县拱市乡	2700	5	13027	1700	6427	4246	3
渠县中滩乡	2000	5	13611	2700	7831	5434	6
渠县屏西乡	2900	6	11446	1600	7086	3606	
渠县定远乡	2500	7	18093	3000	9113	4792	1
渠县嘉禾乡	1800	4	11965	503	5797	3350	

乡镇基本情况

计算单位:公顷、个、人

名　　称	行政区域面积	村民委员会	常住人口	城镇建成区总人口	从业人员	二三产业从业人员	工业企业单位
渠县李渡乡	5300	14	32636	2000	22231	14163	7
渠县望溪乡	6300	10	27177	4800	12517	7506	10
渠县双土乡	2600	6	15573	2400	10536	3376	1
渠县卷硐乡	4500	6	10419	1900	6139	4128	8
万源市太平镇	12289	15	72871	22870	31971	22086	12
万源市青花镇	11194	11	11258	4351	7742	3824	7
万源市旧院镇	8990	10	11714	4853	8556	4043	23
万源市罗文镇	11360	13	11135	4895	8602	5117	7
万源市河口镇	7105	8	7322	4535	5680	2464	5
万源市草坝镇	5530	7	9211	7831	7347	3565	5
万源市竹峪镇	10335	10	8843	5516	5146	1518	7
万源市大竹镇	12139	18	13602	9468	10809	4471	10
万源市黄钟镇	8188	6	8012	6718	4724	2406	8
万源市官渡镇	8491	7	10705	4895	7445	4630	11
万源市白沙镇	11900	10	14095	8548	10440	4589	16
万源市沙滩镇	5731	9	14799	5231	10616	5741	11
万源市茶垭乡	8285	7	7193	6132	4960	2417	7
万源市长石乡	10467	9	5587	5231	4249	1751	3
万源市白羊乡	6315	10	6896	6125	5372	2086	2
万源市铁矿乡	7108	4	5385	3428	2612	1394	2
万源市固军乡	6707	5	7510	6039	4430	2398	2
万源市井溪乡	13171	12	8922	1862	5811	1846	3
万源市堰塘乡	5391	5	3672	692	2174	1302	2
万源市蜂桶乡	8862	4	4241	981	2020	648	2
万源市花楼乡	9111	6	8866	4053	6755	2569	5
万源市长坝乡	9416	6	7533	1568	5749	1854	4
万源市曾家乡	8245	5	6892	1781	5116	1674	3
万源市大沙乡	6374	10	8943	1821	6377	2256	4
万源市秦河乡	4882	5	5591	986	2026	948	3
万源市庙垭乡	3310	5	6678	1018	4652	1196	2
万源市鹰背乡	4090	6	6648	878	4305	1819	3
万源市石窝乡	7876	9	8504	1612	5839	3671	5
万源市玉带乡	6919	7	5978	752	3426	1940	3
万源市新店乡	7059	5	3910	685	1714	867	2
万源市魏家乡	5255	7	7436	845	3602	1466	3
万源市柳黄乡	3914	5	4457	512	2571	1103	2
万源市溪口乡	9080	5	4836	898	3293	1385	2
万源市永宁乡	8708	6	4655	1218	2322	997	4
万源市虹桥乡	7322	5	4014	698	2768	1050	2
万源市康乐乡	5604	5	2111	513	1418	593	1
万源市白果乡	7857	6	5018	689	2643	1430	4
万源市钟亭乡	4790	5	4589	512	2748	1316	2
万源市庙子乡	12904	14	5434	357	3248	1596	3
万源市紫溪乡	3616	5	1702	278	991	343	1
万源市庙坡乡	8011	5	5246	658	2091	733	3
万源市梨树乡	9480	7	4499	1607	2165	1137	5
万源市皮窝乡	5164	4	3080	325	1425	564	2
万源市丝罗乡	7509	5	4286	438	2361	1305	2
万源市罐坝乡	7985	6	2721	485	1220	706	1
万源市石人乡	5730	4	3450	679	1794	922	2

乡镇基本情况

计算单位:公顷、个、人

名　　称	行政区域面积	村民委员会	常住人口	城镇建成区总人口	从业人员	二三产业从业人员	工业企业单位
万源市赵塘乡	7168	4	3213	512	1984	901	2
万源市中坪乡	7225	8	5373	459	2339	463	2
万源市八台乡	6274	6	7576	1638	4207	1739	6
万源市花萼乡	1920	4	1622	324	1217	666	1
万源市曹家乡	12090	4	3294	321	2540	337	1
万源市石塘乡	12000	7	10744	1192	7726	2865	5
雨城区北郊镇	7282	20	23426	3833	13209	8225	106
雨城区草坝镇	4400	17	23851	3555	14606	7921	177
雨城区合江镇	2750	10	8645	1172	5502	2563	28
雨城区大兴镇	6095	14	20698	4704	15178	11080	42
雨城区对岩镇	3605	11	15092	1523	9434	4670	25
雨城区沙坪镇	4894	7	5813	1864	3278	863	18
雨城区中里镇	3700	7	13393	2778	9021	4664	3
雨城区上里镇	6897	9	12312	3125	7160	3280	2
雨城区严桥镇	9620	9	11104	1255	6571	2059	4
雨城区晏场镇	9807	9	10221	2372	6247	2899	8
雨城区多营镇	2870	6	8355	4498	2270	1571	5
雨城区碧峰峡镇	5729	10	10210	1200	6566	1598	4
雨城区南郊乡	4576	12	13943	2657	8339	4638	68
雨城区八步乡	4014	8	10000	752	6737	3404	4
雨城区观化乡	7209	7	5377	1112	2878	1438	8
雨城区孔坪乡	7111	12	10756	2321	6900	3728	16
雨城区凤鸣乡	2310	7	7785	1462	4791	2604	4
雨城区望鱼乡	13100	11	7232	1003	4665	1914	6
名山区蒙阳镇	3239	14	34821	29746	22147	13234	188
名山区百丈镇	3722	13	18184	5672	11222	4577	4
名山区车岭镇	4758	14	20968	2280	11773	5390	18
名山区永兴镇	3356	14	19850	4712	11160	6100	107
名山区马岭镇	3629	11	10000	2300	5807	1907	8
名山区新店镇	4695	16	21284	4009	10776	3408	81
名山区蒙顶山镇	2706	10	12985	2518	8871	3719	25
名山区黑竹镇	2388	6	11502	3701	5505	1146	9
名山区红星镇	2749	8	13553	1182	4923	1277	33
名山区城东乡	2246	8	8642	4259	5891	2835	24
名山区前进乡	4171	12	14976	3328	9442	921	8
名山区中峰乡	4404	12	12880	810	7602	2294	75
名山区联江乡	2616	9	10929	1500	4609	1673	69
名山区廖场乡	2443	6	10781	2073	5997	2454	23
名山区万古乡	2399	8	9574	2238	5301	1333	24
名山区红岩乡	1775	5	6458	420	4149	1604	12
名山区双河乡	3312	8	10983	1455	6816	1550	33
名山区建山乡	3378	6	7205	472	3007	717	7
名山区解放乡	2242	6	9194	1253	7038	2525	21
名山区茅河乡	1931	6	8125	2805	5936	2481	32
荥经县严道镇	1250	7	36219	30000	8050	4510	180
荥经县花滩镇	5633	10	11897	3189	5408	3295	59
荥经县龙苍沟镇	46207	7	7772	2520	3662	1595	97
荥经县六合乡	2000	6	9998	315	7141	3873	45
荥经县烈太乡	2000	5	6826	4000	3940	1940	4
荥经县安靖乡	13550	8	4937	562	2570	1052	39

乡镇基本情况

计算单位:公顷、个、人

名　　称	行政区域面积	村民委员会	常住人口	城镇建成区总人口	从业人员	二三产业从业人员	工业企业单位
荥经县民建彝族乡	3200	5	4578	146	3059	1193	7
荥经县烈士乡	3000	5	4292		1878	1269	13
荥经县荥河乡	4340	3	6311		2753	2104	18
荥经县新建乡	17500	4	2757		1142	411	18
荥经县泗坪乡	11400	4	3867		3077	1795	15
荥经县新庙乡	14849	3	2900		1208	751	14
荥经县三合乡	28100	4	2591		1936	855	39
荥经县大田坝乡	600	4	5876		4159	2658	13
荥经县天凤乡	1500	4	3404		2256	1050	1
荥经县宝峰彝族乡	1400	3	2556		1857	1117	
荥经县新添乡	6500	9	11385	3150	6292	2888	7
荥经县附城乡	2000	3	5920		3258	1312	21
荥经县五宪乡	2800	4	4396		2450	1368	2
荥经县烟竹乡	4000	3	3749		1963	1035	3
荥经县青龙乡	5126	4	6276	1922	3685	1894	18
汉源县富林镇	6000	5	44428	38211	22100	3620	3
汉源县九襄镇	8290	19	55885	44355	40354	21662	356
汉源县乌斯河镇	5391	7	8987	2382	4367	999	4
汉源县宜东镇	11140	16	22340	5415	11560	3590	8
汉源县富庄镇	6350	8	12846	1559	6819	1387	58
汉源县清溪镇	5150	9	9740	1954	5965	2344	6
汉源县大树镇	6870	8	15080	2805	9777	825	8
汉源县皇木镇	5399	5	7156	2011	3847	1287	4
汉源县唐家镇	5580	11	24320	6817	13567	4178	4
汉源县富泉镇	4680	10	14822	1023	6216	1030	38
汉源县大田乡	2360	6	13526	6321	8640	2674	8
汉源县河西乡	4700	7	15130	1200	8689	3037	6
汉源县前域乡	2470	6	10659	658	5909	642	1
汉源县后域乡	4570	4	4020	165	2841	823	1
汉源县富乡乡	22630	7	7112	152	3703	963	6
汉源县梨园乡	6731	4	4463	102	3189	1010	3
汉源县三交乡	14010	4	4926	184	2823	141	2
汉源县双溪乡	6310	6	7108	346	4765	2162	8
汉源县西溪乡	4460	6	4138	109	2817	386	
汉源县安乐乡	2210	7	9496	135	6471	2183	4
汉源县万里乡	12560	5	4212	165	2880	1909	9
汉源县马烈乡	13590	5	5187	165	2756	1386	22
汉源县河南乡	14710	6	5983	135	3029	428	5
汉源县晒经乡	2670	3	4014	132	2610	860	1
汉源县料林乡	3999	6	6352	136	3515	1035	
汉源县小堡藏族彝族乡	5800	3	2526	162	1518	750	2
汉源县片马彝族乡	5360	6	5486	109	3100	508	3
汉源县坭美彝族乡	6666	5	2165	102	1583	533	1
汉源县永利彝族乡	8830	6	3603	123	1804	200	2
汉源县顺河彝族乡	7710	4	5042	135	3075	1291	2
石棉县棉城街道办事处	7046		41406	27642	12912	12912	55
石棉县新棉镇	8847	6	10555	8687	6115	2301	3
石棉县安顺彝族乡	21167	6	7200	2000	4619	1375	62
石棉县先锋藏族乡	9351	7	6544	1195	4429	1507	28
石棉县蟹螺藏族乡	20303	7	2736	400	2160	607	20

乡镇基本情况

计算单位:公顷、个、人

名　　称	行政区域面积	村民委员会	常住人口	城镇建成区总人口	从业人员	二三产业从业人员	工业企业单位
石棉县永和乡	7518	4	5390	562	2853	1700	5
石棉县回隆彝族乡	22023	6	6524	672	3599	2648	43
石棉县擦罗彝族乡	7906	5	4277	1262	2714	648	15
石棉县栗子坪彝族乡	51000	7	4748	700	3086	1965	43
石棉县美罗乡	5276	6	8403	260	4898	2200	8
石棉县迎政乡	5928	5	7054	800	3307	1433	18
石棉县宰羊乡	2138	4	5107	246	3364	824	12
石棉县丰乐乡	23144	6	3278	560	1234	508	20
石棉县新民藏族彝族乡	8703	9	6819	746	3285	1211	13
石棉县挖角彝族藏族乡	18597	3	3021	1500	2135	897	10
石棉县田湾彝族乡	14865	6	2561	295	1691	911	5
石棉县草科藏族乡	34052	5	2473	594	1634	591	27
天全县城厢镇	4430	12	39995	34186	8485	5226	53
天全县始阳镇	5000	13	19847	15261	13824	8638	33
天全县小河乡	49320	10	9320		5889	3358	33
天全县思经乡	13553	14	10962		6085	2653	30
天全县鱼泉乡	6720	4	2522		1689	716	7
天全县紫石乡	90067	4	2889		1636	1113	29
天全县两路乡	31580	4	2035		1512	1130	7
天全县大坪乡	2201	6	5238		3329	2389	8
天全县乐英乡	3600	8	9711		5608	2586	10
天全县多功乡	1640	4	4620		2988	1704	7
天全县仁义乡	1221	10	11189		7134	3699	
天全县老场乡	7674	9	7335		4503	1953	5
天全县新华乡	3445	10	7138		3622	990	5
天全县新场乡	5371	16	12622		6078	1800	14
天全县兴业乡	11460	14	8941		4990	2169	24
芦山县芦阳镇	3813	2	31576	16143	8852	3068	125
芦山县飞仙关镇	5062	5	13541	1252	6333	3180	48
芦山县双石镇	7893	4	9532	1143	3043	2698	2
芦山县太平镇	19362	6	12600	1485	6144	3350	39
芦山县大川镇	69279	4	6963	1568	3849	1218	44
芦山县思延乡	2354	4	13400		5829	1574	11
芦山县清仁乡	5293	6	13556		7396	4196	68
芦山县龙门乡	10009	6	24359		11742	4010	43
芦山县宝盛乡	11513	3	7024		2825	925	32
宝兴县穆坪镇	21000	6	12046	10117	4134	1033	23
宝兴县灵关镇	19000	12	18193	9489	9531	5357	247
宝兴县陇东镇	52900	9	5186	1120	3599	2172	12
宝兴县蜂蛹寨乡	42900	8	4645	521	1839	1238	13
宝兴县硗碛乡	88889	5	5086	1018	2537	690	4
宝兴县永富乡	62500	3	1860	182	1012	184	6
宝兴县明礼乡	12100	3	1345	257	998	249	9
宝兴县五龙乡	7200	5	6167	2343	3383	1271	4
宝兴县大溪乡	5100	4	3436	846	2358	1358	2
巴州区大茅坪镇	2303	7	7938	750	5241	1574	9
巴州区清江镇	9030	31	42264	11868	33537	18663	15
巴州区兴文镇	4805	18	30762	3850	16198	8630	22
巴州区水宁寺镇	5400	16	19177	2550	12900	7800	7
巴州区化成镇	6625	18	24361	4328	11781	6257	

乡镇基本情况

计算单位:公顷、个、人

名　称	行政区域面积	村民委员会	常住人口	城镇建成区总人口	从业人员	二三产业从业人员	工业企业单位
巴州区曾口镇	10936	41	33928	9740	26764	15338	16
巴州区梁永镇	6977	23	22379	4185	17712	9207	11
巴州区三江镇	3806	12	13591	1621	10739	5027	
巴州区鼎山镇	7504	22	26624	7603	15765	10898	12
巴州区大罗镇	5397	12	14071	1500	9958	4008	2
巴州区枣林镇	5756	11	10222	3590	8072	4103	11
巴州区平梁乡	11470	26	32724	6900	25546	12297	12
巴州区光辉乡	3218	10	12989	1116	9773	4786	
巴州区花溪乡	3337	11	10734	720	8227	4626	1
巴州区大和乡	3451	10	7926	1432	6338	3846	1
巴州区白庙乡	5370	10	7727	742	6058	3843	
巴州区关渡乡	2750	10	6936	1351	5487	2761	
巴州区凌云乡	2776	9	8747	830	6508	3423	
巴州区寺岭乡	6646	15	8529	2600	6696	3118	
巴州区梓桐庙乡	5785	12	12214	2200	7988	4767	
巴州区金碑乡	2800	10	7619	1447	6025	2758	7
巴州区羊凤乡	3860	9	9140	1800	6835	3181	
巴州区凤溪乡	4990	13	12534	1800	8838	2758	
巴州区龙背乡	2429	10	7120	1300	5274	2828	
恩阳区恩阳镇	12334	44	63497	25611	44196	23111	38
恩阳区玉山镇	10435	35	36025	8652	22995	15683	8
恩阳区渔溪镇	8002	27	30762	11000	21278	10910	6
恩阳区三河场镇	3201	13	12209	3123	5135	2521	2
恩阳区青木镇	4431	17	16608	3457	9918	7234	5
恩阳区花丛镇	7834	28	27915	4500	8980	2119	4
恩阳区柳林镇	6778	22	24935	15000	10992	6496	3
恩阳区下八庙镇	4830	15	16571	1913	11546	7018	4
恩阳区茶坝镇	4076	15	15944	6212	10231	5646	5
恩阳区观音井镇	4733	17	18747	1421	13665	7311	
恩阳区三汇镇	4222	13	12475	1964	6353	4266	3
恩阳区上八庙镇	3692	14	14454	4120	9718	4811	2
恩阳区三星乡	2875	9	9303	958	5123	2892	
恩阳区关公乡	5746	21	18809	2351	14359	6367	2
恩阳区舞凤乡	2044	8	6564	967	4258	2903	3
恩阳区兴隆场乡	3647	13	14072	1760	7274	3995	2
恩阳区石城乡	3634	14	14234	3000	10715	4868	
恩阳区九镇乡	2803	8	9681	1960	6306	2745	1
恩阳区尹家乡	2775	7	9390	1821	4902	2492	2
恩阳区双胜乡	4086	13	15828	4420	9552	4938	2
恩阳区群乐乡	3754	12	12407	1764	7279	4401	
恩阳区万安乡	3199	10	12010	1560	6445	3840	1
恩阳区玉井乡	3050	8	8013	1720	5775	3167	
恩阳区义兴乡	3337	13	10347	1860	6961	4236	
通江县诺江镇	12954	21	111050	74233	58482	50855	67
通江县民胜镇	6238	13	22337	2033	12167	3325	
通江县火炬镇	5967	10	21048	2415	12470	6020	
通江县广纳镇	9313	21	35155	3290	12285	5250	
通江县铁佛镇	11634	22	47667	18000	24741	12851	
通江县麻石镇	4370	9	12534	2502	5512	2485	
通江县至诚镇	9265	14	20056	4127	5518	3307	

乡镇基本情况

计算单位：公顷、个、人

名　　称	行政区域面积	村民委员会	常住人口	城镇建成区总人口	从业人员	二三产业从业人员	工业企业单位
通江县洪口镇	5635	7	15094	4865	3887	1845	
通江县沙溪镇	7807	14	21124	3725	15821	10342	
通江县瓦室镇	8491	13	14784	4576	7004	3707	
通江县永安镇	11019	16	20200	2700	7000	3500	
通江县铁溪镇	16937	14	12976	3802	6584	3466	
通江县涪阳镇	6517	8	13120	3772	5222	2301	
通江县诺水河镇	30901	24	24137	4500	8509	4137	
通江县杨柏乡	5377	14	20257	1180	12114	2722	
通江县大兴乡	2822	5	8177	403	4518	1800	
通江县东山乡	2121	4	5116	400	2749	1474	
通江县三溪乡	2941	6	11132	1200	5566	3544	
通江县双泉乡	2726	5	9332	387	4530	1675	
通江县文峰乡	3993	8	12399	911	3303	2049	
通江县春在乡	6210	10	14040	522	7010	2721	
通江县三合乡	3621	8	10925	497	3764	2120	
通江县云昙乡	3488	6	6827	478	3237	1486	
通江县唱歌乡	3523	6	4505	338	3133	928	
通江县芝苞乡	7206	13	12594	1321	5323	3082	
通江县龙凤场乡	10036	15	19495	1166	11853	4320	
通江县董溪乡	9694	7	4382	750	2422	916	
通江县澌波乡	7364	6	6240	778	2440	1328	
通江县松溪乡	10685	10	9056	833	3735	1842	
通江县九层乡	2691	7	7618	478	3256	1366	
通江县胜利乡	11963	10	6691	576	4407	2077	
通江县板凳乡	3655	7	7823	433	4090	1714	
通江县文胜乡	4797	8	9154	412	4889	1913	
通江县兴隆乡	9188	13	15100	400	6633	3260	
通江县毛裕乡	9282	16	14326	487	7573	3660	
通江县泥溪乡	8373	10	13238	566	4491	2294	
通江县烟溪乡	8538	10	10514	511	4422	2355	
通江县沙坪乡	8700	8	5394	387	2479	1630	
通江县朱元乡	6402	4	3959	376	2092	1235	
通江县长坪乡	15921	14	12053	410	4907	2118	
通江县两河口乡	15799	13	10412	423	4791	1455	
通江县空山乡	13734	8	7414	412	3833	1576	
通江县青浴乡	10498	10	12885	1210	5765	2299	
通江县板桥口乡	15179	18	18244	1334	8817	5611	
通江县铁厂乡	9335	7	3949	343	2069	1006	
通江县新场乡	8098	11	19089	1322	10467	7186	
通江县陈河乡	11506	9	12285	856	4728	2658	
通江县草池乡	3680	6	7951	556	3855	2277	
通江县回林乡	6358	6	5115	347	2484	1619	
南江县南江镇	11472	20	102724	100293	43998	35799	73
南江县沙河镇	5477	15	18288	5240	9320	5804	16
南江县乐坝镇	1655	3	4847	4608	3381	2771	5
南江县长赤镇	8211	21	33107	8368	25916	15155	24
南江县正直镇	7180	21	29079	11331	12568	5979	19
南江县大河镇	11468	20	23890	4950	15225	3227	3
南江县光雾山镇	25482	8	3337	1050	1884	716	2
南江县东榆镇	12398	17	20953	6692	11249	5471	11

乡镇基本情况

计算单位：公顷、个、人

名　　称	行政区域面积	村民委员会	常住人口	城镇建成区总人口	从业人员	二三产业从业人员	工业企业单位
南江县下两镇	9380	22	20394	7763	13264	7951	10
南江县赶场镇	11254	13	15025	1704	9767	4199	2
南江县杨坝镇	17377	13	7372	2109	5143	2483	5
南江县赤溪乡	4357	13	12721	381	6869	4331	2
南江县燕山乡	2599	8	8045	200	4433	2675	2
南江县八庙乡	2652	8	8781	3500	5527	2675	2
南江县高塔乡	4757	13	12577		7640	4130	3
南江县团结乡	5531	10	7505	168	5274	2665	3
南江县红光乡	4492	12	16267	243	7925	3104	2
南江县傅家乡	2456	6	8979	360	6835	442	1
南江县红四乡	4086	9	7242	1150	5524	1019	1
南江县天池乡	3853	12	12947	171	8204	2266	2
南江县侯家乡	3337	11	12865	980	9548	1013	1
南江县双桂乡	1621	5	6501	106	4186	1341	1
南江县凤仪乡	3546	9	12164		7489	3009	1
南江县朱公乡	3253	9	10377	667	5823	2975	3
南江县黑潭乡	4300	11	9950	953	6887	3074	2
南江县和平乡	4961	11	13854	1504	9119	5279	2
南江县双流乡	6587	13	16382	165	9314	4529	1
南江县元潭乡	6164	17	15693	951	9533	4400	4
南江县高桥乡	3845	10	8341	2263	4196	1771	2
南江县平岗乡	3926	8	6737	312	3487	1876	1
南江县仁和乡	9783	19	14851	102	9159	5037	1
南江县石滩乡	5195	9	13257	495	6246	2984	2
南江县关门乡	8275	8	11970	904	7989	4437	1
南江县兴马乡	11496	16	14653	564	8361	620	4
南江县北极乡	6060	5	4691	120	2846	1584	1
南江县关路乡	6075	9	8994	985	5197	710	4
南江县关田乡	3988	4	3777	213	2418	1432	3
南江县红岩乡	4999	6	2785	102	1765	692	2
南江县桥亭乡	6970	9	6696		4571	696	4
南江县贵民乡	5364	7	2477	508	1600	1015	1
南江县沙坝乡	9158	8	5888		3891	2345	2
南江县柳湾乡	5958	9	5361	152	3903	2189	2
南江县汇滩乡	5972	5	3270	361	2018	437	3
南江县上两乡	7267	8	5205	1002	2922	1520	10
南江县关坝乡	26753	10	6302		3507	1413	
南江县寨坡乡	5662	4	2164		1245	558	2
南江县坪河乡	6753	9	7885	1320	4998	2584	2
南江县流坝乡	5552	9	6330	1120	3804	1285	9
平昌县同州街道办事处	5940	1	193080	143106	111049	108150	116
平昌县江口镇	11277	38	31860	14935	20088	9184	
平昌县响滩镇	5086	16	22729	9085	9903	1395	15
平昌县西兴镇	4721	10	15149	3422	10540	3495	
平昌县佛楼镇	4416	9	12478	1856	8070	5634	1
平昌县白衣镇	8720	17	25721	1940	13518	6188	1
平昌县涵水镇	4049	8	13222	3297	8088	2779	
平昌县岳家镇	4470	10	15523	2942	8107	3142	3
平昌县兰草镇	5630	11	18821	3726	10710	3786	
平昌县驷马镇	9298	21	37651	11800	20027	6050	1

乡镇基本情况

计算单位:公顷、个、人

名　称	行政区域面积	村民委员会	常住人口	城镇建成区总人口	从业人员	二三产业从业人员	工业企业单位
平昌县坦溪镇	5610	10	18157	3796	9603	3438	1
平昌县元山镇	7503	14	28141	9650	12488	6278	
平昌县云台镇	7370	16	20983	4073	13363	4437	2
平昌县邱家镇	4958	9	17148	2010	9195	5329	1
平昌县笔山镇	9224	21	32424	1595	20871	7290	
平昌县镇龙镇	9140	22	23483	5711	13160	6690	4
平昌县得胜镇	4859	14	17216	5336	12040	2520	1
平昌县鹿鸣镇	3515	7	10765	2618	6235	1210	
平昌县青云乡	5444	11	15697	1500	10250	4295	1
平昌县元石乡	6054	16	15161	550	10118	4332	1
平昌县六门乡	3230	8	10164	900	6955	2420	3
平昌县大寨乡	4486	13	13831	500	8326	2485	
平昌县龙岗乡	5991	14	16119	900	9761	3259	
平昌县土兴乡	7374	16	27337	1650	15866	5155	
平昌县板庙乡	4010	10	10289	945	7422	4126	
平昌县泥龙乡	4217	10	16770	1553	10465	6032	
平昌县岩口乡	3101	9	11180	680	6495	1720	2
平昌县望京乡	6227	12	14530	1050	8187	2024	
平昌县喜神乡	4577	9	9559	1150	5664	3931	
平昌县土垭乡	4917	10	12005	550	8943	1566	
平昌县石垭乡	4405	12	10355	485	7193	1893	1
平昌县青凤乡	3625	9	9710	1300	5760	2167	1
平昌县澌岸乡	3806	9	14814	820	8866	3055	
平昌县马鞍乡	4015	9	8680	793	4831	1454	1
平昌县五木乡	3680	9	11990	800	8782	1689	
平昌县灵山乡	3434	6	11372	715	7006	761	
平昌县界牌乡	3468	6	8756	650	5334	992	
平昌县粉壁乡	2959	9	11431	300	7354	2340	
平昌县澌滩乡	4189	11	10355	550	6896	4020	
平昌县高峰乡	3187	7	11249	495	7290	1700	
平昌县南风乡	3928	10	13359	810	8669	2805	
平昌县福申乡	3248	9	8807	1108	5965	2082	
平昌县双鹿乡	2776	8	9810	850	6388	630	
平昌县黑水乡	2283	8	5564	495	3491	1215	
雁江区雁江镇	5200	12	21848	5208	16276	13098	22
雁江区松涛镇	4800	12	34146	8424	26819	20996	101
雁江区宝台镇	5620	14	36194	4956	20573	14874	45
雁江区临江镇	8950	18	38500	3719	19476	6876	29
雁江区保和镇	11521	46	48480	2741	45450	22454	25
雁江区老君镇	9430	35	48309	2069	32341	22456	5
雁江区中和镇	12176	25	57680	4228	34060	17570	13
雁江区丹山镇	11480	41	60124	5100	11600	5800	11
雁江区小院镇	8320	20	32555	2941	21929	4586	52
雁江区堪嘉镇	5500	20	33404	2365	15890	10048	29
雁江区伍隍镇	7710	25	40365	4760	27334	17656	17
雁江区石岭镇	5412	19	40848	4168	24215	14559	3
雁江区东峰镇	7080	26	40445	1423	23894	15242	14
雁江区南津镇	7520	20	44908	2991	24036	16797	4
雁江区忠义镇	5470	13	11785	1369	9143	5331	4
雁江区碑记镇	4550	13	30725	546	15081	8548	9

乡镇基本情况

计算单位：公顷、个、人

名　称	行政区域面积	村民委员会	常住人口	城镇建成区总人口	从业人员	二三产业从业人员	工业企业单位
雁江区丰裕镇	5780	17	29384	3644	22411	16521	122
雁江区迎接镇	7493	19	38525	2944	12095	5115	18
雁江区祥符镇	8000	15	33421	2164	14567	8512	6
雁江区新场乡	5430	16	32284	982	24681	11872	6
雁江区回龙乡	5992	14	17800	3200	8800	8000	78
雁江区清水乡	7610	26	22614	1589	14979	7720	8
安岳县岳阳镇	7743	27	170489	130829	89665	76786	71
安岳县驾大镇	4713	17	20864	3364	12003	4952	3
安岳县石桥铺镇	4828	10	27517	4790	15633	8717	77
安岳县通贤镇	5954	20	34958	7583	20018	9343	10
安岳县龙台镇	4742	21	39868	35688	23116	12763	39
安岳县姚市镇	6372	23	31674	4935	18199	7153	12
安岳县林凤镇	4741	19	29082	4210	16887	6802	31
安岳县毛家镇	3343	11	15910	2543	9254	3591	4
安岳县永清镇	6091	24	33164	8261	19031	8032	12
安岳县永顺镇	5740	22	27212	2190	15828	6609	4
安岳县石羊镇	6230	22	45246	23621	26333	11704	59
安岳县两板桥镇	4853	15	24872	2823	14282	5601	2
安岳县护龙镇	5944	17	27921	3257	16003	5830	4
安岳县李家镇	4637	17	28644	15023	16304	8301	14
安岳县元坝镇	3101	10	16876	2295	9588	4126	4
安岳县兴隆镇	5751	19	32562	17011	18446	8044	8
安岳县天林镇	3493	12	18193	3557	10339	4028	4
安岳县镇子镇	5434	19	30716	5265	17360	7460	17
安岳县文化镇	5392	19	26893	5050	15201	6207	1
安岳县周礼镇	5169	17	34328	22003	19493	8642	34
安岳县驯龙镇	4538	17	28640	5291	16453	6972	14
安岳县华严镇	4859	17	25463	3820	14435	5470	6
安岳县城北乡	3775	13	19693	676	11462	4308	7
安岳县城西乡	3371	10	12270	728	7066	2573	4
安岳县思贤乡	3582	10	17640	2231	10068	3809	3
安岳县石鼓乡	2783	10	12653	1550	7178	2640	1
安岳县八庙乡	5114	16	24780	3560	14332	5636	3
安岳县来凤乡	4372	12	18496	5300	10611	3924	5
安岳县天马乡	3314	10	16317	2403	9486	3642	4
安岳县人和乡	3008	8	13030	2381	7508	3037	3
安岳县长河源乡	5259	17	24469	3604	14074	5721	2
安岳县团结乡	2692	9	12479	582	7192	2761	
安岳县悦来乡	1988	7	7602	700	4450	1692	
安岳县白水乡	2816	10	15142	1403	8716	3183	4
安岳县云峰乡	3241	10	15624	658	9019	3424	3
安岳县岳新乡	2803	11	14720	1322	8526	3382	3
安岳县偏岩乡	2578	11	13370	1089	7657	2775	
安岳县东胜乡	2860	11	14101	422	8103	3057	1
安岳县坪河乡	2066	7	9139	368	5295	2046	2
安岳县乾龙乡	3042	14	15085	1251	8733	3302	2
安岳县高升乡	4246	16	22275	905	12870	4732	5
安岳县横庙乡	3436	12	17369	656	9973	3805	
安岳县瑞云乡	2635	11	16170	1302	9221	3321	26
安岳县白塔寺乡	4927	15	25817	2165	14907	5612	3

乡镇基本情况

计算单位：公顷、个、人

名称	行政区域面积	村民委员会	常住人口	城镇建成区总人口	从业人员	二三产业从业人员	工业企业单位
安岳县双龙街乡	3793	11	19054	1636	11000	4178	3
安岳县顶新乡	3008	11	14816	2204	8582	3308	
安岳县和平乡	2616	9	11546	3300	6491	2332	1
安岳县高屋乡	3076	10	14780	852	8587	3245	1
安岳县忠义乡	4614	16	22906	2112	13126	5229	1
安岳县合义乡	3668	11	17102	1676	9861	3627	1
安岳县努力乡	3983	12	17014	3196	9769	3605	
安岳县护建乡	4904	16	25623	855	14760	6067	6
安岳县清流乡	3035	10	14283	2711	8206	3254	4
安岳县共和乡	2926	10	14584	703	8426	3323	4
安岳县天宝乡	3089	9	14737	2602	8535	3358	2
安岳县协和乡	4080	15	19841	1418	11434	4489	5
安岳县鱼龙乡	2236	8	9082	312	5285	2050	1
安岳县建华乡	2426	8	11662	426	6628	2446	
安岳县大平乡	4969	16	23192	905	13331	5093	5
安岳县九龙乡	2753	9	11801	844	6831	2880	2
安岳县岳源乡	2173	9	9822	788	5663	2273	2
安岳县龙桥乡	2473	9	14073	2240	8104	2955	5
安岳县千佛乡	4132	17	21237	2806	12056	4332	2
安岳县拱桥乡	3066	10	15046	2998	8609	3173	1
安岳县宝华乡	2279	10	10746	1312	6130	2354	1
安岳县南薰乡	5060	18	24323	1431	13834	5214	1
安岳县自治乡	2217	8	10853	671	6193	2234	
安岳县大埝乡	2648	9	11605	712	6673	2486	2
安岳县朝阳乡	2243	10	9910	2014	5667	2367	1
乐至县天池镇	4210	26	126024	86459	67923	54680	85
乐至县石佛镇	9700	39	44200	4523	17868	10433	11
乐至县回澜镇	8278	29	37356	5537	24160	18904	8
乐至县石湍镇	6777	28	20716	3517	12712	3057	11
乐至县童家镇	8220	33	48355	15000	20723	14584	75
乐至县宝林镇	6710	33	46200	6900	26290	17750	12
乐至县大佛镇	6996	35	43763	3395	26345	10985	13
乐至县良安镇	8494	38	51684	4975	28696	20038	15
乐至县金顺镇	5912	26	27856	2512	13958	7349	74
乐至县中和场镇	4570	18	18239	3612	14582	3815	8
乐至县劳动镇	6250	31	37804	3000	18557	11143	21
乐至县中天镇	5342	25	29390	3730	18209	10829	30
乐至县佛星镇	6670	27	31332	1758	18542	12650	12
乐至县蟠龙镇	3982	14	19398	2276	12618	9569	21
乐至县东山镇	5450	17	27426	2237	14060	10088	7
乐至县通旅镇	4950	17	26188	2410	13071	8720	6
乐至县高寺镇	7272	31	35962	2497	18864	12189	5
乐至县龙溪乡	3725	11	15600	1100	6540	3924	8
乐至县全胜乡	2250	10	14980	2480	6186	3877	5
乐至县孔雀乡	4230	16	19200	2175	10912	7352	3
乐至县龙门乡	4517	22	19802	3298	11618	794	5
乐至县双河场乡	5203	17	23354	3500	13001	8095	5
乐至县放生乡	3692	18	18433	2055	12306	6303	7
乐至县盛池乡	4688	21	21014	1787	14231	9108	5
乐至县凉水乡	3502	20	20960	2500	15573	171	2

乡镇基本情况

计算单位：公顷、个、人

名　　称	行政区域面积	村民委员会	常住人口	城镇建成区总人口	从业人员	二三产业从业人员	工业企业单位
简阳市简城镇	5364	23	160182	153905	99928	97171	247
简阳市石桥镇	9349	42	60295	16432	38679	19934	62
简阳市新市镇	8883	34	33273	6795	26094	12369	66
简阳市石盘镇	4704	18	25400	7580	19686	14561	32
简阳市东溪镇	5019	21	33850	9920	21742	13097	35
简阳市平泉镇	3775	16	18419	4374	14433	11402	17
简阳市禾丰镇	8427	31	27792	7500	19815	13280	15
简阳市云龙镇	6692	24	26027	3918	17470	11153	10
简阳市三星镇	4213	16	18594	5181	13894	9551	4
简阳市养马镇	4446	16	31034	28500	13627	8857	39
简阳市贾家镇	6376	25	48349	27197	30124	21046	106
简阳市石板凳镇	4719	16	23457	6740	17840	9337	22
简阳市三岔镇	3522	17	28697	11856	13762	4898	10
简阳市镇金镇	5733	16	16997	9458	13061	9379	10
简阳市石钟镇	4519	16	20205	2580	13874	10283	5
简阳市施家镇	4357	17	14286	4159	9419	2986	7
简阳市三合镇	4054	13	14559	1098	11582	7748	1
简阳市平武镇	4071	14	16026	3798	11629	7169	9
简阳市金马镇	2594	8	8976	1329	7175	3255	1
简阳市踏水镇	4166	17	13665	2819	10537	6110	5
简阳市江源镇	4616	17	15733	1836	6633	2158	8
简阳市涌泉镇	3041	13	10598	2128	7858	4608	1
简阳市芦葭镇	5108	13	22935	4213	16814	10470	10
简阳市草池镇	6554	30	34683	3815	25416	11921	26
简阳市太平桥镇	1975	9	8868	2467	4276	1600	6
简阳市青龙镇	4100	17	16016	3580	10200	5599	4
简阳市老君井乡	3334	7	5677	249	4470	2342	1
简阳市福田乡	2900	10	13882	950	8739	3197	15
简阳市宏缘乡	4472	17	15631	2547	8180	2156	2
简阳市周家乡	5517	17	17806	2767	13280	7780	7
简阳市平窝乡	2931	10	9445	1430	3637	246	2
简阳市武庙乡	4521	14	9834	1211	4644	1536	5
简阳市高明乡	2302	9	10324	1216	8247	4731	2
简阳市玉成乡	4797	20	28567	2450	19239	10229	8
简阳市丹景乡	3675	8	5976	1727	3971	2151	4
简阳市望水乡	3566	8	11900	3377	7134	1860	5
简阳市清风乡	4947	16	16342	2145	11257	8253	2
简阳市董家埂乡	3614	13	13765	2678	10420	5920	15
简阳市五星乡	3258	11	10080	1285	6210	3557	2
简阳市飞龙乡	1583	5	4573	1002	3281	2261	
简阳市灵仙乡	2271	8	9127	950	7300	3180	1
简阳市五指乡	3425	8	6469	462	4650	2550	1
简阳市新民乡	4117	9	6883	4323	4591	2976	2
简阳市新星乡	2088	8	6794	358	4693	3078	3
简阳市同合乡	2360	10	8594	1833	4399	1746	1
简阳市老龙乡	2477	7	6505	614	4661	3074	2
简阳市壮溪乡	2465	8	8770	1200	6510	4455	1
简阳市海螺乡	1266	6	7250	834	5522	3144	7
简阳市坛罐乡	2158	8	11229	2210	6591	5455	4
简阳市雷家乡	3765	10	9099	3752	5868	3637	5

乡镇基本情况

计算单位：公顷、个、人

名　　称	行政区域面积	村民委员会	常住人口	城镇建成区总人口	从业人员	二三产业从业人员	工业企业单位
简阳市安乐乡	2233	8	5701	627	3965	2197	1
简阳市普安乡	2315	6	7868	2200	5799	3910	1
简阳市平息乡	3064	14	13484	1620	6080	4630	1
简阳市五合乡	2681	13	8269	1213	6320	3985	2
简阳市永宁乡	2870	9	8040	1340	6319	3939	6
汶川县威州镇	13428	12	28886	19714	7270	3483	3
汶川县绵虒镇	25140	14	8477	2911	4370	1155	11
汶川县映秀镇	11399	7	6119	3060	4009	3017	3
汶川县卧龙镇	82079	3	2887	1566	1480	535	1
汶川县水磨镇	8917	18	12355	5100	5752	2992	25
汶川县漩口镇	10424	16	14596	1781	9494	6465	14
汶川县三江镇	49049	9	4009	540	2052	851	6
汶川县龙溪乡	21283	8	4524		2301	678	7
汶川县克枯乡	6421	5	3650		1665	805	1
汶川县雁门乡	14568	9	7157		4244	927	2
汶川县草坡乡	52533	8	4185		2296	692	7
汶川县银杏乡	28740	5	2740		1270	1046	6
汶川县耿达乡	84319	3	2924		1683	425	3
理县杂谷脑镇	18682	8	16313	3550	5512	2239	3
理县米亚罗镇	66585	7	2334	1832	1990	710	
理县古尔沟镇	50986	6	2133	140	1403	171	
理县薛城镇	25738	11	5527	1700	3398	575	
理县夹壁乡	36204	4	1211		980		
理县朴头乡	85580	6	3879		3317	171	2
理县甘堡乡	11413	6	3610		1609	257	1
理县蒲溪乡	11809	5	1670		1015	247	1
理县上孟乡	72330	5	2800		2080	45	1
理县下孟乡	7686	7	2950		1606	639	3
理县木卡乡	4580	4	1626		1407		1
理县通化乡	30756	7	3096		2281	481	
理县桃坪乡	9459	5	3050		1992	289	
茂县凤仪镇	17070	20	38120	29310	14909	6048	35
茂县南新镇	36300	10	9180	1510	4914	605	7
茂县叠溪镇	29330	8	3095	1200	1773	369	2
茂县渭门乡	6927	6	4036		2780	402	1
茂县永和乡	12950	5	3890		2958	534	
茂县沟口乡	9550	7	4365		2347	743	2
茂县光明乡	10220	7	6850		3677	690	
茂县富顺乡	23600	9	6408		3139	1284	9
茂县土门乡	7500	6	4598		2085	576	2
茂县东兴乡	8320	6	4955		3371	1033	8
茂县黑虎乡	13000	4	2520		1467	340	1
茂县飞虹乡	6840	6	2270		1402	553	
茂县回龙乡	6520	4	2052		905	99	1
茂县三龙乡	22730	5	3540		2222	459	5
茂县白溪乡	9340	7	2442		1328	645	1
茂县洼底乡	11600	5	1808		1564	423	
茂县石大关乡	15420	5	2430		1104	236	2
茂县太平乡	16300	7	2904		1691	384	1
茂县松坪沟乡	38500	4	1380		710	114	

乡镇基本情况

计算单位:公顷、个、人

名　　称	行政区域面积	村民委员会	常住人口	城镇建成区总人口	从业人员	二三产业从业人员	工业企业单位
茂县曲谷乡	7650	5	2428		1589	468	1
茂县雅都乡	64650	13	4531		2603	334	4
松潘县进安镇	1108	5	8211	8211	5350	5050	12
松潘县川主寺镇	95831	15	5782	2900	3098	1332	7
松潘县进安回族乡	1923	10	7144		2800	875	4
松潘县十里回族乡	3840	6	3492		2409	1031	
松潘县青云乡	8135	7	3975		2410	355	5
松潘县安宏乡	12483	10	4355		2787	376	
松潘县大寨乡	25974	6	2098		1125	145	
松潘县牟尼乡	35977	5	1493		931	203	
松潘县镇江关乡	18866	5	3226		1933	613	1
松潘县镇坪乡	22119	7	3742		2275	690	1
松潘县岷江乡	21598	5	3174		1845	622	
松潘县大姓乡	46113	5	1192		863	20	
松潘县白羊乡	54699	8	2588		1446	115	
松潘县红土乡	30080	5	2413		1201	80	
松潘县红扎乡	22128	4	1061		670	90	
松潘县小姓乡	31574	6	2492		962	92	3
松潘县燕云乡	61980	3	1210		850	30	
松潘县山巴乡	10399	5	2581		1595	420	2
松潘县水晶乡	30667	5	1917		1225	255	
松潘县小河乡	20716	6	2390		1222	770	4
松潘县施家堡乡	41948	4	2242		1560	40	
松潘县黄龙乡	36858	3	902		570	90	
松潘县上八寨乡	56077	4	2034		1337	15	
松潘县下八寨乡	81061	3	1055		420	20	1
松潘县草原乡	46713	1	1839		872	130	
九寨沟县永乐镇	4267	8	22600	22600	9065	7045	7
九寨沟县漳扎镇	134161	13	7578	5100	5760	4650	5
九寨沟县永丰乡	5910	6	7578	4900	3185	1645	4
九寨沟县永和乡	4883	7	3772		2199	309	
九寨沟县安乐乡	12733	11	3331		1019	429	
九寨沟县白河乡	24465	7	2660		1464	558	
九寨沟县双河乡	9885	10	4359	394	2270	1029	3
九寨沟县保华乡	4600	5	2831	185	1396	616	
九寨沟县罗依乡	5541	4	2889	101	1820	480	1
九寨沟县勿角乡	21513	5	2594	255	1342	529	
九寨沟县马家乡	29357	5	1292	100	648	185	
九寨沟县郭元乡	14505	9	4533	259	2952	456	
九寨沟县草地乡	8679	3	1341	256	790	227	1
九寨沟县陵江乡	36545	6	1902	200	1153	310	
九寨沟县黑河乡	49415	7	3209	270	1780	550	
九寨沟县玉瓦乡	32302	8	2074	229	1287	340	
九寨沟县大录乡	129867	6	2627	130	1293	650	
金川县金川镇	5373	4	14685	6950	9282	6024	7
金川县观音桥镇	32041	6	2525	510	1787	487	2
金川县沙耳乡	5309	6	6181	1000	3412	1249	
金川县庆宁乡	6637	6	2846	1200	1730	770	10
金川县咯尔乡	11534	4	5815	1350	2310	710	1
金川县勒乌乡	14250	5	4172	1400	2051	606	4

乡镇基本情况

计算单位:公顷、个、人

名　　称	行政区域面积	村民委员会	常住人口	城镇建成区总人口	从业人员	二三产业从业人员	工业企业单位
金川县万林乡	36839	3	2032	1200	1222	162	4
金川县河东乡	6960	4	1431	800	614	125	
金川县河西乡	6138	7	3617	2400	1919	435	
金川县集沐乡	32100	4	1939	520	1419	243	
金川县撒瓦脚乡	31425	4	1114	520	590	130	4
金川县卡拉足乡	20302	3	1175	500	755	155	
金川县俄热乡	74658	7	3259	800	2376	476	
金川县太阳河乡	26210	2	738	320	470	50	4
金川县二嘎里乡	38754	7	2850	960	2147	247	
金川县阿科里乡	63100	3	1848		1005	105	
金川县安宁乡	16172	5	4165	1049	1630	530	
金川县卡撒乡	24234	7	4777	1990	2632	522	16
金川县曾达乡	16052	7	3342	1060	2183	483	1
金川县独松乡	24013	3	1890	1120	919	144	5
金川县马尔邦乡	11660	3	1620	1200	680	220	4
金川县马奈乡	8848	2	1100	1000	515	305	
金川县毛日乡	39787	7	2379		1137	105	
小金县美兴镇	5662	9	14652	7900	6641	1328	4
小金县日隆镇	57676	5	3289	1011	1826	793	3
小金县老营乡	3906	4	3152	886	1841	991	2
小金县崇德乡	13683	4	2812	572	2096	796	1
小金县新桥乡	11744	7	4933	700	2295	435	
小金县美沃乡	49343	7	4080	453	2284	631	1
小金县沙龙乡	13439	5	2640	200	1649	557	1
小金县宅垄乡	12851	6	2932	590	1968	745	1
小金县新格乡	9499	6	2710	640	1809	849	3
小金县达维乡	37900	8	4584	690	2538	618	1
小金县日尔乡	18896	7	3202	700	2138	726	1
小金县结斯乡	47362	7	2486	452	1597	162	3
小金县沃日乡	10331	6	3548	702	2723	323	2
小金县木坡乡	25971	8	3906	900	2142	621	
小金县两河乡	103233	9	5068	2400	2862	412	
小金县抚边乡	48622	10	5032	1200	2481	646	3
小金县八角乡	11067	7	3320	570	2458	708	3
小金县双柏乡	5315	6	2319	600	1276	336	
小金县窝底乡	34957	4	2685	600	1310	200	
小金县汗牛乡	20568	5	2035	300	1295	190	
小金县潘安乡	15017	4	1849	500	995	205	8
黑水县芦花镇	117542	13	14133	800	9299	4811	5
黑水县卡龙镇	39844	4	1080	400	517	142	
黑水县沙石多乡	71058	8	1570		839	233	3
黑水县红岩乡	10857	5	3809		1172	150	2
黑水县麻窝乡	8015	7	3274		1427	147	
黑水县双溜索乡	5733	5	1944		1140	74	
黑水县瓦钵梁子乡	8121	6	2747		1766	770	
黑水县色尔古乡	4235	4	3131		2062	1730	2
黑水县石碉楼乡	12394	10	3997		1962	202	1
黑水县龙坝乡	6134	5	2527		1490	768	
黑水县洛多乡	18127	7	2374		1115	127	
黑水县木苏乡	11197	9	4843		2222	925	1

乡镇基本情况

计算单位：公顷、个、人

名　　称	行政区域面积	村民委员会	常住人口	城镇建成区总人口	从业人员	二三产业从业人员	工业企业单位
黑水县维古乡	5119	8	3069		1835	875	1
黑水县知木林乡	19868	10	4131		2213	314	1
黑水县扎窝乡	18065	8	4485		2583	317	1
黑水县晴朗乡	55016	11	3135		1480	500	1
黑水县慈坝乡	4037	3	1051		719	153	
马尔康县马尔康镇	37126	10	28128	11517	7542	6320	16
马尔康县卓克基镇	34787	3	1326	562	352	75	2
马尔康县松岗镇	25305	8	2369	1077	1292	536	2
马尔康县梭磨乡	109980	7	2383		1488	372	
马尔康县白湾乡	25820	9	2910		2445	1796	1
马尔康县党坝乡	32569	9	2675		1338	444	3
马尔康县木尔宗乡	21752	5	1477		542	75	
马尔康县脚木足乡	43195	11	3884		2203	619	
马尔康县沙尔宗乡	38664	7	2186		968	77	
马尔康县龙尔甲乡	35098	7	1646		995	210	
马尔康县大藏乡	40958	5	1073		517	68	1
马尔康县康山乡	65429	5	1620		729	66	
马尔康县草登乡	58265	10	3324		2416	433	
马尔康县日部乡	95049	9	3609		1611		
壤塘县壤柯镇	48		4811	4811	2389	2389	1
壤塘县蒲西乡	113545	5	2728		1408	183	
壤塘县宗科乡	54770	3	3065		1888	344	
壤塘县石里乡	35118	5	1975		1324	94	
壤塘县吾伊乡	63152	6	2967		1816	94	
壤塘县岗木达乡	123861	6	4093		2117	382	
壤塘县上杜柯乡	102047	5	3765		2917	297	
壤塘县茸木达乡	23492	7	2134		913	65	
壤塘县南木达乡	47690	7	4685		2635	305	
壤塘县尕多乡	31002	7	5050		2900	390	
壤塘县中壤塘乡	37595	4	3790		2118	98	
壤塘县上壤塘乡	51280	5	3000		1487	42	
阿坝县阿坝镇	5500	7	11905	1466	7905	4755	279
阿坝县哇尔玛乡	15800	4	4635		2122	509	
阿坝县麦昆乡	33519	5	3972		2084	334	
阿坝县河支乡	17910	4	3440		1730	230	
阿坝县龙藏乡	39100	3	3393		1109	76	3
阿坝县求吉玛乡	55674	3	3536		2459	106	
阿坝县甲尔多乡	17333	4	3433		1114	58	
阿坝县各莫乡	9270	3	5007		1570	60	
阿坝县德格乡	18998	2	2168		550	30	
阿坝县四洼乡	16014	3	3111		806	82	
阿坝县安斗乡	32838	3	2218		820	77	
阿坝县柯河乡	76000	4	1611		397	12	
阿坝县垮沙乡	65100	6	1685		383	10	
阿坝县安羌乡	25179	3	2859		1799	40	
阿坝县查理乡	63600	6	4250		1676	410	
阿坝县茸安乡	95542	6	3111		1268	23	
阿坝县洛尔达乡	52100	6	5287		2323	429	
阿坝县麦尔玛乡	73500	5	6166		2168	150	
阿坝县贾洛乡	113237	6	9923		2969	189	

乡镇基本情况

计算单位：公顷、个、人

名　　称	行政区域面积	村民委员会	常住人口	城镇建成区总人口	从业人员	二三产业从业人员	工业企业单位
若尔盖县达扎寺镇	544401	3	9672	9200	6737	5189	5
若尔盖县唐克镇	146863	6	7252	1043	4155	385	1
若尔盖县班佑乡	112354	5	6162	175	4220	155	
若尔盖县阿西乡	87221	7	6082	138	4187	275	1
若尔盖县辖曼乡	115566	6	7746	325	4155	239	
若尔盖县红星乡	57532	8	6452	503	4135	58	1
若尔盖县麦溪乡	80610	6	5578	295	3007	127	
若尔盖县嫩哇乡	46923	4	3162	280	2124	197	
若尔盖县冻列乡	5254	7	2742	312	1811	109	
若尔盖县崇尔乡	14823	5	2930	253	1847	394	
若尔盖县热尔乡	42146	8	2520	173	1685	438	
若尔盖县占哇乡	18863	3	2666	210	1928	120	1
若尔盖县降扎乡	23613	6	2940	205	1613	98	2
若尔盖县巴西乡	21820	4	1708	420	978	78	
若尔盖县阿西茸乡	21890	6	3179	190	1937	70	1
若尔盖县求吉乡	49905	7	3603	240	2264	101	4
若尔盖县包座乡	132765	5	3499	262	2215	108	
红原县邛溪镇	93700	4	11950	8487	3265	765	19
红原县刷经寺镇	41200	6	2638	875	1210	185	4
红原县瓦切镇	99300	5	6878	1498	3018	236	1
红原县安曲乡	86100	3	4213	1480	2089	102	
红原县龙日乡	62400	2	2325	936	1733	125	
红原县江茸乡	55100	2	1326	784	790	40	
红原县查尔玛乡	65700	3	2200	1341	1510	75	
红原县阿木乡	84500	2	2934	1600	1730	50	
红原县壤口乡	78700	1	1002	555	640	40	
红原县麦洼乡	55300	2	4251	3520	2165	65	
红原县色地乡	117800	3	6277	4048	4100	120	
康定县炉城镇	81696	20	43946	6498	23572	21725	50
康定县姑咱镇	19440	8	17507	13822	4332	3312	36
康定县新都桥镇	46286	13	8568	4198	3698	542	
康定县雅拉乡	72858	10	4075		1539	306	4
康定县时济乡	6403	10	3604		2130	614	8
康定县前溪乡	9154	7	2119		939	24	7
康定县舍联乡	27954	6	2439		1259	500	9
康定县麦崩乡	11438	10	2677		1677	560	9
康定县三合乡	26229	13	3324		1379	275	4
康定县金汤乡	19945	15	3135		2013	922	4
康定县捧塔乡	71335	12	2422		1721	363	4
康定县沙德乡	83710	8	3536		1959	56	
康定县贡嘎山乡	214908	9	3051		2021	108	8
康定县普沙绒乡	66790	7	2477		1291	46	
康定县吉居乡	36201	5	2060		1209	49	
康定县瓦泽乡	50242	15	4065		2743	1181	
康定县呷巴乡	45920	12	3962		2241	123	
康定县甲根坝乡	25494	10	2687		1500	295	
康定县朋布西乡	42802	13	2805		1636	78	
康定县塔公乡	84961	18	9568		5375	1295	9
康定县孔玉乡	119414	14	4924	306	3331	1363	10
泸定县泸桥镇	14993	17	24022	9499	8080	3490	81

乡镇基本情况

计算单位：公顷、个、人

名　　称	行政区域面积	村民委员会	常住人口	城镇建成区总人口	从业人员	二三产业从业人员	工业企业单位
泸定县冷碛镇	7282	12	8685	3940	2915	1267	45
泸定县兴隆镇	10822	22	9173	4854	4300	698	8
泸定县磨西镇	31083	11	7211	3422	2405	1237	27
泸定县岚安乡	5796	4	3028		1420	142	6
泸定县烹坝乡	11630	8	4740		2239	494	1
泸定县田坝乡	22949	9	4584		2274	243	3
泸定县杵坭乡	4954	7	3248		1527	106	7
泸定县加郡乡	13084	12	4516		2168	455	10
泸定县德威乡	6820	15	4930		2191	207	12
泸定县新兴乡	59400	10	5338		2459	250	13
泸定县得妥乡	27722	18	8026		3617	451	12
丹巴县章谷镇	1192	2	9141	6591	4649	4404	15
丹巴县巴底镇	40400	22	6179	980	3469	786	19
丹巴县巴旺乡	9540	12	3752		1193	177	17
丹巴县聂呷乡	5440	12	4106		2150	520	29
丹巴县革什扎乡	34189	18	6685		3724	596	15
丹巴县边耳乡	123076	9	2594		1700	30	19
丹巴县丹东乡	60950	3	1439		990	39	15
丹巴县东谷乡	85736	11	4840		3100	66	22
丹巴县水子乡	7530	10	3798		2401	493	17
丹巴县格宗乡	35057	12	4823		2438	387	24
丹巴县梭坡乡	12232	11	3383		1982	182	16
丹巴县中路乡	4535	10	3453		2367	1481	16
丹巴县岳扎乡	7960	15	4964		2890	240	16
丹巴县半扇门乡	20514	22	5877		3187	122	16
丹巴县太平桥乡	17203	12	4734		3006	700	15
九龙县呷尔镇	66500	4	13053	12000	5973	2679	6
九龙县烟袋镇	11272	5	4978	2100	3242	415	16
九龙县汤古乡	84870	3	2082		1176	88	
九龙县斜卡乡	62840	2	1035		634	80	
九龙县三岩龙乡	94407	3	3081		1907	103	
九龙县上团乡	35737	2	583		417	37	
九龙县八窝龙乡	32655	2	1359		922	106	
九龙县乃渠乡	40127	3	2738		2108	226	2
九龙县乌拉溪乡	20941	4	3153		2327	1184	6
九龙县魁多乡	7044	6	5256		3832	1442	19
九龙县子耳彝族乡	35188	5	4182		2381	69	1
九龙县三垭彝族乡	10844	4	3431		2281	110	
九龙县俄尔彝族乡	11512	3	2485		1604	91	
九龙县小金彝族乡	4177	3	1967		1533	151	1
九龙县朵洛彝族乡	12458	3	1551		852	69	
九龙县踏卡彝族乡	26906	4	4591		2973	335	
九龙县湾坝彝族乡	62981	5	6840		4240	215	4
九龙县洪坝乡	56164	2	760		535	99	6
雅江县河口镇	49268	6	9245	8328	2328	583	27
雅江县呷拉乡	37020	9	3585		1787	64	2
雅江县八角楼乡	55139	12	4045		2295	173	
雅江县普巴绒乡	43608	5	1979		1088	81	
雅江县祝桑乡	41173	11	3633		2333	110	
雅江县米龙乡	30564	7	2261		1390	81	

乡镇基本情况

计算单位:公顷、个、人

名　　称	行政区域面积	村民委员会	常住人口	城镇建成区总人口	从业人员	二三产业从业人员	工业企业单位
雅江县八衣绒乡	41944	6	2712		1468	73	
雅江县波斯河乡	8749	5	1173		778	41	
雅江县恶古乡	45334	6	2390		1623	79	
雅江县牙衣河乡	55799	5	1101		557	39	
雅江县西俄洛乡	63898	5	3471		2050		
雅江县麻郎错乡	41955	6	1976		1179	59	
雅江县德差乡	62422	5	2180		1213	48	
雅江县红龙乡	47098	6	3627		1937	86	
雅江县柯拉乡	56143	6	3498		1511	72	
雅江县瓦多乡	48763	6	2236		1236	90	
雅江县木绒乡	56575	7	2050		1234	93	
道孚县鲜水镇	8496	14	8532	6811	2848	2617	59
道孚县八美镇	28130	8	5182	1450	2531	654	
道孚县格西乡	10138	16	3357		1772	357	
道孚县麻孜乡	32906	14	4342		2269	277	
道孚县孔色乡	20784	11	2963		1606	90	
道孚县葛卡乡	32673	8	2565		1447	247	
道孚县亚卓乡	32317	9	2033		1034	169	
道孚县仲尼乡	19196	7	1360		763	148	
道孚县红顶乡	21129	4	936		547	42	
道孚县扎拖乡	14635	5	1388		747	47	
道孚县下拖乡	24487	7	1150		640	60	
道孚县瓦日乡	13405	8	1950		1099	299	
道孚县木茹乡	28459	5	1399		760	80	
道孚县甲斯孔乡	97629	9	2620		1333	118	
道孚县甲宗乡	12928	2	993		322	77	
道孚县七美乡	51428	3	2237		1187	52	
道孚县银恩乡	55997	4	2278		1218	78	
道孚县维它乡	34578	2	1610		912	62	
道孚县龙灯乡	38223	6	2514		1264	59	
道孚县协德乡	33424	6	2650		1442	147	
道孚县色卡乡	42617	6	3376		1924	99	
道孚县沙冲乡	51724	4	1026		555	56	
炉霍县新都镇	4436	17	10196	9596	4259	2592	56
炉霍县泥巴乡	12473	10	2638		1597	177	
炉霍县雅德乡	9966	14	2687		1374	121	
炉霍县洛秋乡	80600	8	2366		1272	27	
炉霍县斯木乡	6546	11	2620		1328	477	
炉霍县宜木乡	12324	12	3142		1940	220	
炉霍县仁达乡	11524	8	2415		1459	184	
炉霍县朱倭乡	8986	10	2669		1443	100	
炉霍县旦都乡	12708	10	2673		1730	202	
炉霍县充古乡	3592	11	1849		1292	65	
炉霍县更知乡	43000	12	1771		1044	82	
炉霍县卡娘乡	39500	9	1267		779	28	
炉霍县宗塔乡	33200	8	2295		1431	51	
炉霍县宗麦乡	87400	12	3115		2025	102	
炉霍县上罗柯马乡	38983	9	2595		1369	108	
炉霍县下罗柯马乡	54800	10	3318		1532	64	
甘孜县甘孜镇	16444	23	11823	11328	6747	5075	144

乡镇基本情况

计算单位:公顷、个、人

名　　称	行政区域面积	村民委员会	常住人口	城镇建成区总人口	从业人员	二三产业从业人员	工业企业单位
甘孜县呷拉乡	12470	9	2411		1420	340	
甘孜县色西底乡	7242	12	2286		1272	253	
甘孜县南多乡	8116	6	1590		722	52	
甘孜县生康乡	17127	13	2218		1104	54	
甘孜县贡隆乡	17373	8	1595		1242	38	
甘孜县扎科乡	49143	15	3576		2623	30	
甘孜县来马乡	68333	16	3982		2122	79	
甘孜县昔色乡	24215	13	2523		1445	105	
甘孜县卡攻乡	20350	10	1585		1018	38	
甘孜县仁果乡	4400	8	1810		1095	50	
甘孜县拖坝乡	6352	9	3346		1380	170	
甘孜县斯俄乡	7997	9	3398		1439	68	
甘孜县庭卡乡	22725	7	2225		1329	30	
甘孜县下雄乡	4057	9	3218		1919	45	
甘孜县四通达乡	23587	10	3035		1481	49	
甘孜县夺多乡	37463	6	1435		972	43	
甘孜县泥柯乡	39792	7	1840		1202	51	
甘孜县茶扎乡	110987	7	4288		1097	55	
甘孜县大德乡	160023	9	4233		2275	37	
甘孜县卡龙乡	47095	8	3322		902	65	
甘孜县查龙乡	24988	5	3696		923	40	
新龙县如龙镇	9856	10	6185	4637	3848	2713	42
新龙县沙堆乡	35722	10	2393		1151	55	1
新龙县乐安乡	35997	6	2168		1075	103	2
新龙县大盖乡	16246	10	3571		1421	74	4
新龙县绕鲁乡	20857	9	2206		861	96	
新龙县色威乡	20093	12	2984		979	55	3
新龙县甲拉西乡	33173	14	3387		1246	200	
新龙县拉日马乡	164263	8	5194		2013	151	12
新龙县博美乡	24678	10	3008		1099	63	19
新龙县尤拉西乡	21829	8	2306		897	98	2
新龙县子拖西乡	80119	8	1912		878	102	
新龙县和平乡	23606	7	2046		864	24	3
新龙县洛古乡	24915	7	1740		849	57	
新龙县雄龙西乡	79758	9	3468		1770	87	
新龙县麻日乡	23157	6	1566		480	15	1
新龙县通宵乡	31485	5	2644		705	48	1
新龙县友谊乡	71491	3	1503		648	96	
新龙县皮擦乡	13896	4	1191		485	20	
新龙县银多乡	125900	3	1724		513	61	
德格县更庆镇	41530	17	6968	3519	2738	329	30
德格县达马乡	28668	7	1807		1359	179	2
德格县普马乡	30252	7	2082		1264	74	7
德格县岳巴乡	41847	5	1941		1505	45	
德格县八帮乡	57019	9	2922		1577	117	
德格县龚垭乡	25968	11	3913		2342	107	
德格县白垭乡	18590	7	2190		1264	144	
德格县汪布顶乡	22528	6	2850		1624	34	
德格县柯洛洞乡	97807	8	4612		2813	194	
德格县卡松渡乡	29764	5	1396		826	136	3

乡镇基本情况

计算单位：公顷、个、人

名　　称	行政区域面积	村民委员会	常住人口	城镇建成区总人口	从业人员	二三产业从业人员	工业企业单位
德格县俄南乡	29873	4	1595		990	55	
德格县竹庆乡	110104	9	6067		3961	173	
德格县俄支乡	31326	6	4480		2409	54	
德格县马尼干戈乡	65626	4	3051		1825	77	
德格县玉隆乡	19892	4	2614		1444	24	
德格县错阿乡	52793	3	2374		1474	24	
德格县中扎科乡	41036	13	5112		3215	20	
德格县然姑乡	46557	4	2480		1378	22	
德格县窝公乡	45454	4	2209		1277	29	
德格县温拖乡	29311	7	3933		2499	41	
德格县年古乡	39493	6	3558		1956	91	
德格县浪多乡	62100	4	3442		2236	48	
德格县阿须乡	29896	6	2559		1553	43	4
德格县打滚乡	21887	4	2447		1515	20	
德格县亚丁乡	59166	8	4117		2392	97	2
德格县所巴乡	24025	3	1916		1290	110	
白玉县建设镇	21000	7	6309	5840	3547	2346	20
白玉县阿察镇	25500	4	3459	3316	1753	169	
白玉县金沙乡	36600	13	3044		1706	65	
白玉县绒盖乡	45800	11	2410		1452	92	
白玉县章都乡	73100	10	2704		1530	118	
白玉县麻绒乡	80500	7	2083		1278	53	
白玉县河坡乡	28800	16	4255		2545	67	1
白玉县热加乡	75600	21	5045		3077	62	
白玉县登龙乡	66300	7	2334		1474	36	
白玉县赠科乡	25300	16	4817		2567	54	1
白玉县麻邛乡	38700	5	3306		2267	415	1
白玉县辽西乡	86000	3	1585		740	38	
白玉县纳塔乡	131900	6	3980		2428	45	
白玉县安孜乡	91200	5	2789		1571	26	
白玉县盖玉乡	91500	12	4412		2369	59	
白玉县沙马乡	82100	6	1463		935	42	
白玉县山岩乡	44600	7	3073		1693	21	
石渠县尼呷镇	67700	6	6973	4774	3743	2517	22
石渠县洛须镇	61100	8	3975	1142	1782	580	1
石渠县色须镇	187400	10	7855	3358	2969	327	
石渠县真达乡	89500	11	3069		1288	68	
石渠县奔达乡	42600	7	1877		629	71	
石渠县正科乡	80800	13	3759		1437	81	
石渠县麻呷乡	40400	14	2849		1488	48	
石渠县德荣马乡	99100	4	4264		1406	88	
石渠县长沙贡马乡	209200	9	4323		1516	108	
石渠县呷衣乡	241200	8	5624		2003	94	
石渠县格孟乡	172200	5	4545		1311	132	
石渠县蒙宜乡	70600	8	4863		2537	58	
石渠县新荣乡	109100	6	4041		2199	88	
石渠县宜牛乡	115900	5	2797		1300	167	
石渠县虾扎乡	101200	6	4597		1796	355	
石渠县起坞乡	123100	6	4983		1829	105	
石渠县阿日扎乡	180800	9	6000		3052	83	

乡镇基本情况

计算单位:公顷、个、人

名　　称	行政区域面积	村民委员会	常住人口	城镇建成区总人口	从业人员	二三产业从业人员	工业企业单位
石渠县长须贡马乡	98500	6	4100		1099	67	
石渠县长沙干马乡	86900	6	4080		1767	72	
石渠县长须干马乡	86800	6	3892		948	51	
石渠县温波乡	81600	6	4531		1776	174	
石渠县瓦须乡	148700	6	4715		2312	72	
色达县色柯镇	82531	8	8861	3709	4971	1767	14
色达县翁达镇	23933	6	2582	794	1516	185	
色达县泥朵乡	124159	13	4585		2249	113	
色达县克戈乡	38793	8	2987		1331	107	
色达县然充乡	72515	8	3577		1776	110	
色达县康勒乡	29751	7	2931		1564	128	
色达县大章乡	138297	8	3526		1683	110	
色达县大则乡	59799	8	3945		1612	124	
色达县亚龙乡	38289	8	3338		1443	94	
色达县塔子乡	45878	9	3468		1812	123	
色达县年龙乡	75174	4	2774		1420	114	
色达县洛若乡	53784	10	3133		1660	149	
色达县霍西乡	81468	11	5538		2375	166	
色达县旭日乡	16509	6	2427		1638	194	
色达县杨各乡	14922	7	3164		1678	153	
色达县甲学乡	24329	9	1668		1106	130	
色达县歌乐沱乡	13027	4	898		673	82	
理塘县高城镇	15100	12	12559	3987	2702	817	102
理塘县君坝乡	43000	12	2790		1663	81	
理塘县哈依乡	17900	6	1140		664	48	
理塘县觉吾乡	23200	8	2402		1362	48	
理塘县莫坝乡	24900	4	1004		425	37	
理塘县亚火乡	21600	5	1842		1026	64	
理塘县绒坝乡	24100	9	1484		765	48	
理塘县呷柯乡	57300	11	2167		1405	84	
理塘县奔戈乡	80700	13	4300		2087	46	
理塘县村戈乡	86700	10	2956		1856	68	1
理塘县禾尼乡	188800	11	4115		1869	43	
理塘县曲登乡	145200	10	3988		1809	46	1
理塘县喇嘛垭乡	64500	10	2323		1228	47	
理塘县章纳乡	82100	7	1721		1106	67	
理塘县上木拉乡	23700	11	2250		1468	65	
理塘县下木拉乡	42700	11	2361		1527	169	
理塘县中木拉乡	35700	12	3046		2009	110	
理塘县雄坝乡	72500	10	3500		1547	85	
理塘县甲洼乡	21200	7	2484		1615	292	
理塘县藏坝乡	19900	7	2122		1261	66	
理塘县格木乡	102100	3	2779		1896	57	
理塘县拉波乡	44400	11	2661		1647	283	
理塘县麦洼乡	48100	7	1383		740	63	
理塘县德巫乡	82300	7	2735		1711	204	
巴塘县夏邛镇	61400	16	11974	8586	3777	1014	46
巴塘县拉哇乡	14200	5	1335		932	28	
巴塘县党巴乡	23400	7	2440		1926	92	
巴塘县竹巴龙乡	28400	8	1820		1274	84	

乡镇基本情况

计算单位：公顷、个、人

名　称	行政区域面积	村民委员会	常住人口	城镇建成区总人口	从业人员	二三产业从业人员	工业企业单位
巴塘县中心绒乡	12900	5	2040		1428	135	
巴塘县苏哇龙乡	47700	8	3060		1830	143	
巴塘县昌波乡	14500	5	1580		1081	70	
巴塘县地巫乡	13900	5	2415		1652	59	
巴塘县中咱乡	55600	10	4165		2915	361	
巴塘县亚日贡乡	98600	8	4097		2703	219	
巴塘县波密乡	116400	4	1910		1338	55	
巴塘县莫多乡	50100	6	2125		1487	128	
巴塘县松多乡	42800	7	1735		1214	190	
巴塘县波戈溪乡	30300	6	2273		1808	83	
巴塘县甲英乡	29600	3	1090		763	60	
巴塘县措拉乡	24100	5	1634		1012	72	
巴塘县茶洛乡	33600	5	1553		865	72	1
巴塘县列衣乡	31100	4	1083		726	32	
巴塘县德达乡	56600	5	1718		1065	66	
乡城县香巴拉镇	23300	9	8916	3073	2374	86	40
乡城县尼斯乡	7800	7	2416		994	19	
乡城县沙贡乡	35700	5	1237		484	36	
乡城县水洼乡	48900	7	2454		1658	81	
乡城县青德乡	8400	9	2811		1178	187	
乡城县青麦乡	20200	12	2457		1197	76	
乡城县然乌乡	34300	7	2048		1147	96	
乡城县洞松乡	21600	7	1408		862	32	
乡城县热打乡	125000	6	4048		2031	83	
乡城县定波乡	69300	6	1471		753	70	
乡城县正斗乡	46200	7	2294		1152	88	
乡城县白依乡	60000	7	1546		633	30	
稻城县金珠镇	16100	13	8058	7785	4685	2920	26
稻城县香格里拉镇	73600	15	3174	500	1555	397	1
稻城县桑堆乡	115200	10	2702		1810	87	
稻城县省母乡	58000	7	1782		964	132	
稻城县傍河乡	26300	9	1472		749	58	
稻城县色拉乡	18470	9	1847		1017	109	
稻城县巨龙乡	59300	11	1967		993	166	
稻城县邓波乡	84150	2	952		426	69	
稻城县木拉乡	84500	8	1641		1276	46	
稻城县赤土乡	26200	10	2692		1842	167	
稻城县蒙自乡	23600	10	1974		1114	115	
稻城县各卡乡	71080	5	930		432	46	
稻城县吉呷乡	42300	5	1447		844	211	
稻城县俄牙同乡	33500	10	1377		786	55	
得荣县松麦镇	14400	11	5386	3812	2344	335	19
得荣县瓦卡镇	14400	8	1845	774	1132	167	
得荣县斯闸乡	14400	6	1065		629	59	1
得荣县徐龙乡	16400	10	1479		843	55	
得荣县日龙乡	10200	9	1249		678	66	
得荣县曲雅贡乡	21100	10	1710		723	83	
得荣县奔都乡	35300	13	1848		834	123	1
得荣县八日乡	29800	14	1339		971	98	
得荣县古学乡	25000	12	2653		1243	63	

乡镇基本情况

计算单位:公顷、个、人

名　　称	行政区域面积	村民委员会	常住人口	城镇建成区总人口	从业人员	二三产业从业人员	工业企业单位
得荣县贡波乡	24600	7	1267		810	55	
得荣县白松乡	39300	15	3636		2184	83	
得荣县茨巫乡	36900	12	3049		1561	129	
西昌市马道镇	2290	3	18058	13140	11035	10145	23
西昌市礼州镇	2942	7	26259	5390	12749	2161	18
西昌市安宁镇	3704	11	22621	12082	11500	3000	15
西昌市川兴镇	5218	8	25963	2690	14260	2012	4
西昌市黄联关镇	5400	6	11457	3571	7184	1997	6
西昌市佑君镇	3350	9	15061	1600	7830	1002	7
西昌市太和镇	3140	7	19347	8809	7956	2365	8
西昌市安哈镇	13192	4	5870	336	4152	442	3
西昌市西郊乡	4098	10	56976		37304	35498	120
西昌市高枧乡	1680	6	15925	2253	9468	5622	5
西昌市小庙乡	3670	7	20800		11050	3200	38
西昌市四合乡	6297	5	10816		5062	817	2
西昌市月华乡	6700	7	16829		10147	544	14
西昌市兴胜乡	2705	9	21426		15374	4423	
西昌市琅环乡	3180	4	8295		4660	360	7
西昌市民胜乡	18200	9	9875		5323	416	2
西昌市西乡乡	2810	9	22855		13142	4120	14
西昌市樟木箐乡	5100	9	14650		9579	1354	2
西昌市响水乡	14141	5	8608		4105	224	10
西昌市开元乡	14300	5	8600		3815	260	6
西昌市大兴乡	2781	3	7158		4247	1033	
西昌市海南乡	1000	4	6947		3447	2509	
西昌市大箐乡	8500	3	5565		3682	385	
西昌市经久乡	3336	9	15988	1824	12224	4706	44
西昌市西溪乡	3931	5	12429		9280	1875	11
西昌市黄水乡	9250	4	6933		5130	898	11
西昌市洛古波乡	5066	5	9510		4832	740	1
西昌市裕隆回族乡	4422	9	17942		10090	1518	15
西昌市高草回族乡	3356	7	14398		8616	1270	2
西昌市中坝乡	3968	5	9845		6033	281	5
西昌市阿七乡	3642	4	6933		4749	412	1
西昌市荞地乡	11738	6	8864		5043	585	
西昌市磨盘乡	10655	7	9100		5022	407	
西昌市巴汝乡	8357	5	3838		2622	445	2
西昌市银厂乡	24366	4	3005		2040	140	
西昌市白马乡	18065	5	4466		2487	87	
西昌市马鞍山乡	14563	6	5827		3277	158	1
木里藏族自治县乔瓦镇	24137	3	27338	17659	12455	8814	6
木里藏族自治县瓦厂镇	19572	4	5922	1319	3490	1880	
木里藏族自治县茶布朗镇	30832	3	3440	1526	1880	1640	
木里藏族自治县博科乡	33742	5	5150		3958	1834	
木里藏族自治县宁朗乡	60792	3	2262		1466	625	
木里藏族自治县依吉乡	26110	3	3475		2480	697	
木里藏族自治县俄亚纳西族乡	59124	6	5881		3542	663	
木里藏族自治县水洛乡	134343	6	7109		3744	1485	
木里藏族自治县牦牛坪乡	23729	3	3761		2623	1306	
木里藏族自治县屋脚蒙古族乡	30677	2	2449		1753	692	

乡镇基本情况

计算单位:公顷、个、人

名　称	行政区域面积	村民委员会	常住人口	城镇建成区总人口	从业人员	二三产业从业人员	工业企业单位
木里藏族自治县项脚蒙古族乡	14157	3	3511		2564	1213	
木里藏族自治县李子坪乡	19846	3	4280		3156	1215	
木里藏族自治县列瓦乡	10485	4	4270		2439	1306	
木里藏族自治县芽祖乡	17876	4	4000		2207	615	
木里藏族自治县下麦地乡	11694	3	4000		2360	1269	
木里藏族自治县西秋乡	13521	3	3349		2085	1228	
木里藏族自治县克尔乡	25076	3	4282		3247	1302	
木里藏族自治县白碉苗族乡	37961	4	6220		3674	1357	
木里藏族自治县三桷桠乡	35183	5	4946		2764	1389	
木里藏族自治县倮波乡	47065	5	7381		4859	2610	
木里藏族自治县卡拉乡	123952	7	5525		3462	1937	
木里藏族自治县后所乡	21371	5	6870		4166	1708	
木里藏族自治县沙湾乡	65287	4	5997		4231	2006	2
木里藏族自治县固增苗族乡	47238	4	3600		2275	796	
木里藏族自治县麦日乡	62529	4	3032		1743	991	
木里藏族自治县东朗乡	57404	3	2760		1544	656	
木里藏族自治县唐央乡	125068	4	7046		5756	3751	
木里藏族自治县博窝乡	80520	3	2000		1210	677	
木里藏族自治县麦地龙乡	65979	4	2798		1653	1430	
盐源县盐井镇	22700	11	41025	4215	10594	2543	28
盐源县卫城镇	21800	14	26851	1676	11566	554	3
盐源县梅雨镇	16235	12	26955	3708	13124	1442	10
盐源县白乌镇	59180	12	20158	2632	12791	563	2
盐源县树河镇	36665	11	10896	2003	6195	457	15
盐源县黄草镇	27400	10	12655	3073	6861	670	3
盐源县平川镇	40471	12	15989	3231	8193	1316	25
盐源县泸沽湖镇	31426	8	12364	3183	6450	2528	6
盐源县双河乡	6997	8	20827		13677	2105	8
盐源县干海乡	8998	9	17469		11311	1083	5
盐源县下海乡	11500	7	14675		8270	855	5
盐源县棉桠乡	34944	7	15631		10115	1253	2
盐源县甘塘乡	29960	7	7241		5582	530	
盐源县马鹿乡	20892	5	3446		2693	178	1
盐源县藤桥乡	29313	4	4036		3130	369	1
盐源县田湾乡	25400	4	3419		2575	216	
盐源县德石乡	38314	5	4397		3093	288	1
盐源县大河乡	25337	7	11410		8483	1722	2
盐源县盐塘乡	17330	5	8859		4800	826	4
盐源县巫木乡	23734	6	6401		3760	186	2
盐源县大草乡	26000	7	4544		2052	344	3
盐源县博大乡	31600	6	8595		5512	709	8
盐源县金河乡	10527	7	8795		5679	565	12
盐源县右所乡	17166	6	7625		4347	381	
盐源县巴折乡	32855	7	6308		4071	446	2
盐源县阿萨乡	27860	6	4992		2437	202	1
盐源县长柏乡	24171	8	12298		7154	1439	5
盐源县桃子乡	23340	4	5663		3329	188	1
盐源县盖租乡	15028	7	8395		4411	340	1
盐源县前所乡	24275	4	7045		4441	247	1
盐源县沃底乡	21700	7	7115		5593	138	1

乡镇基本情况

计算单位：公顷、个、人

名　　称	行政区域面积	村民委员会	常住人口	城镇建成区总人口	从业人员	二三产业从业人员	工业企业单位
盐源县大坡蒙古族乡	11407	5	4055		2714	124	
盐源县洼里乡	24037	6	4564		2499	143	1
盐源县梅子坪乡	22038	3	3195		2307	425	1
德昌县德州镇	12300	13	51466	38203	17468	12972	395
德昌县永郎镇	6900	5	9276	3095	4691	1123	65
德昌县乐跃镇	27600	10	10933	1522	5436	1186	48
德昌县麻栗镇	19300	9	14506	3925	7507	893	35
德昌县阿月乡	4800	6	9422		4581	616	11
德昌县王所乡	5800	7	13410		7397	1267	17
德昌县六所乡	6600	10	11960		6060	695	5
德昌县巴洞乡	11300	5	9860		4958	748	24
德昌县宽裕乡	7800	6	10296		5555	900	15
德昌县茨达乡	20300	10	13554		6449	937	12
德昌县小高乡	18900	9	12130		6037	887	32
德昌县锦川乡	5800	7	7920		3818	917	17
德昌县老碾乡	12300	6	7725		3955	768	11
德昌县大湾乡	7400	3	2802		1285	88	
德昌县马安乡	5100	4	3680		1801	256	
德昌县铁炉乡	11700	6	6510		3253	274	
德昌县前山乡	7100	3	3816		2048	328	
德昌县大山乡	9700	4	3312		1797	162	
德昌县大六槽乡	7800	3	2617		1432	242	2
德昌县热河乡	8600	5	5633		3381	484	
德昌县南山傈僳族乡	3900	3	2033		1209	84	
德昌县金沙傈僳族乡	7400	3	3170		1719	152	
会理县城关镇	1800		49362	30962	17007	17007	6
会理县鹿厂镇	12747	10	16895	4876	10288	4275	6
会理县黎溪镇	10007	8	14851	5000	11548	5578	15
会理县通安镇	11240	8	13352	3224	7780	5409	43
会理县太平镇	14253	9	13678	1253	8791	5883	5
会理县益门镇	8573	5	7414	4300	4732	2707	13
会理县绿水镇	12964	9	9705	1439	7527	6200	19
会理县新发镇	13573	10	17401	1356	9154	6747	4
会理县云甸镇	10280	9	17016	13240	8327	1249	17
会理县果元乡	10100	14	32600	20000	19251	14990	30
会理县南阁乡	7187	7	15167		9137	7700	18
会理县内东乡	9900	5	10262		6700	4538	35
会理县老街乡	8734	9	17852		10270	8752	6
会理县外北乡	11087	8	12705		6866	5297	8
会理县彰冠乡	10380	8	16342		9225	2375	
会理县爱民乡	10367	8	10456	234	6983	2277	
会理县爱国乡	3940	4	4141		2460	840	
会理县凤营乡	7587	5	6198		3777	2229	6
会理县白鸡乡	5547	3	4236		2526	602	
会理县矮郎乡	8707	3	3789		2595	1091	2
会理县小黑箐乡	7753	6	6265	180	2606	1168	3
会理县河口乡	5880	7	9864		5152	4062	2
会理县中厂乡	6734	5	6639		4903	4008	3
会理县关河乡	14887	9	9709		6197	5065	16
会理县鱼乍乡	8547	4	4025		2218	1794	1

乡镇基本情况

计算单位:公顷、个、人

名　　称	行政区域面积	村民委员会	常住人口	城镇建成区总人口	从业人员	二三产业从业人员	工业企业单位
会理县黎洪乡	4072	4	3506		2382	1584	
会理县金雨乡	6727	5	2400		1916	1051	
会理县树堡乡	9059	6	6604		3136	2362	
会理县江竹乡	5245	4	4208		2835	2290	
会理县新安傣族乡	8240	5	4098		2756	1845	
会理县普隆乡	6106	5	4526		2930	1650	
会理县竹箐乡	6987	6	8076		4245	1743	6
会理县杨家坝乡	10400	6	9816	216	6131	2673	1
会理县江普乡	9407	6	4154		2733	1225	
会理县木古乡	8940	5	9788		4370	2248	3
会理县富乐乡	13680	6	11446		7269	4093	
会理县海潮乡	5020	5	7094		4600	1900	
会理县芭蕉乡	6653	4	4596		2958	900	3
会理县横山乡	11954	8	9372		6893	4583	
会理县马宗乡	8720	5	3154		1892	1135	
会理县法坪乡	5347	3	2323		1289	753	
会理县槽元乡	6354	7	3960		3012	1807	
会理县黄柏乡	7055	3	2211		1180	708	
会理县仓田乡	7180	7	8379		4686	1436	6
会理县白果湾乡	7334	5	7839		3795	1409	15
会理县下村乡	8907	5	7503	2234	3547	2215	6
会理县龙泉乡	7147	5	3626		2718	844	5
会理县六华乡	18097	5	3487		1984	234	1
会理县三地乡	13959	5	857		607	353	
会理县六民乡	15024	5	2646		1315	335	
会东县会东镇	7902	10	43021	35815	33174	27026	110
会东县铅锌镇	8633	9	14567	5871	7218	2605	5
会东县堵格镇	18227	20	20100	3600	11962	2409	7
会东县姜州镇	13801	17	20768	3055	10764	2121	22
会东县乌东德镇	23581	17	24015	2055	14489	2758	2
会东县淌塘镇	17232	11	14215	2152	7765	987	4
会东县小岔河乡	4715	8	12321		7633	1690	19
会东县撒者邑乡	2737	4	4725		2348	1017	
会东县新云乡	10860	8	11102		7385	1391	
会东县长新乡	5894	5	5127		3441	596	
会东县小坝乡	7289	9	10823		6257	1720	15
会东县火石乡	5634	4	4619		2554	512	7
会东县铁柳乡	6123	7	8639		4801	1095	2
会东县龙树乡	7042	5	5103		3669	567	2
会东县可河乡	2586	4	6548		4465	1873	3
会东县嘎吉乡	6862	7	11879		6337	924	1
会东县柏岩乡	4090	7	11807		6514	1059	1
会东县海坝乡	3599	4	4769		2464	748	
会东县岩坝乡	11149	8	5010		3033	721	3
会东县新田乡	7066	6	4705		2844	810	
会东县江西街乡	6086	7	7057		5073	980	
会东县岔河乡	7236	6	9325		5096	1676	2
会东县双堰乡	5919	8	13046		7612	3184	5
会东县发箐乡	5003	5	8340		4003	1501	4
会东县铁厂沟乡	6112	5	3526		1584	383	1

乡镇基本情况

计算单位：公顷、个、人

名　　称	行政区域面积	村民委员会	常住人口	城镇建成区总人口	从业人员	二三产业从业人员	工业企业单位
会东县新街乡	5440	7	8106		4234	667	14
会东县马龙乡	6857	6	7642		4662	899	1
会东县新龙乡	4445	4	3675		1823	467	1
会东县红岩乡	3550	6	6696		4524	1101	1
会东县红果乡	5449	5	7571		2570	872	2
会东县鲁吉乡	6331	7	11008		6399	1435	3
会东县溜姑乡	3994	6	7425		5328	1055	3
会东县大崇乡	4243	7	18298		9692	3479	5
会东县黑嘎乡	7966	6	5400		3357	520	
会东县文箐乡	6430	7	9164		5967	440	
会东县野牛坪乡	4963	6	6509		4581	434	2
会东县松坪乡	3976	5	3616		2486	1060	2
会东县新山乡	3665	5	3781		2757	460	2
会东县小街乡	7486	6	6931		5052	1407	6
会东县老口乡	6574	7	7286		5429	841	3
会东县干海子乡	3867	5	3475		2517	500	4
会东县黄坪乡	11226	6	6069		4365	663	1
会东县野租乡	4069	3	3532		1808	350	2
会东县拉马乡	1829	3	2145		1301	250	4
会东县鲁南乡	2629	3	1755		1116	158	1
会东县雪山乡	6974	4	4235		3120	414	2
会东县柏杉乡	5442	3	1509		1177	173	2
宁南县披砂镇	7463	7	27951	8965	10543	5903	11
宁南县松新镇	5184	5	11367	4657	7350	2500	9
宁南县竹寿镇	4028	5	5562	1772	3981	1380	4
宁南县华弹镇	4526	7	15653	5992	10036	2103	2
宁南县白鹤滩镇	4894	5	8266	2568	4984	1480	1
宁南县葫芦口镇	3557	4	4865	740	2971	830	3
宁南县景星乡	4123	4	11025		7312	3002	10
宁南县俱乐乡	6205	5	4048		3184	178	
宁南县新村乡	5131	4	5083		3770	470	
宁南县幸福乡	6873	7	6103		4134	680	7
宁南县海子乡	8307	4	4626		2425	207	
宁南县六铁乡	10771	5	6075		3759	364	4
宁南县新建乡	12005	4	3380		1865	300	
宁南县稻谷乡	10693	3	2802		1863	126	
宁南县新华乡	3288	6	6882		4316	940	
宁南县石梨乡	3339	7	7150		4731	660	
宁南县松林乡	5204	5	6100		3764	641	
宁南县杉树乡	9854	5	3280		1517	210	
宁南县梁子乡	9086	4	4036		2305	55	
宁南县大同乡	4584	4	5486		3433	760	
宁南县西瑶乡	4384	4	4600		3276	620	1
宁南县红星乡	3344	4	3521		2186	111	
宁南县骑骡沟乡	7854	5	6490		3587	438	
宁南县倮格乡	8384	5	5390		3896	540	
宁南县跑马乡	13576	7	7645		3852	955	9
普格县普基镇	3452	7	21390	16513	6402	2390	15
普格县荞窝镇	14964	7	8468	4038	4686	796	1
普格县螺髻山镇	15090	7	9986	1738	5636	1401	2

乡镇基本情况

计算单位：公顷、个、人

名　　称	行政区域面积	村民委员会	常住人口	城镇建成区总人口	从业人员	二三产业从业人员	工业企业单位
普格县永安乡	6222	5	5339		2940	589	1
普格县向阳乡	5060	5	4731		2609	383	
普格县文坪乡	3139	3	3231		1821	206	
普格县黎安乡	8941	4	4129		2259	214	
普格县花山乡	2261	4	6589		3785	769	3
普格县东山乡	5972	5	5231		2937	254	
普格县大坪乡	3895	5	5661		3190	354	1
普格县辉隆乡	6516	4	2215		1227	209	
普格县洛乌沟乡	5365	4	2279		1258	192	
普格县雨水乡	4577	8	7060		3896	360	
普格县甘天地乡	6483	4	1951		1125	188	
普格县洛乌乡	2704	3	4015		2221	409	1
普格县孟甘乡	9115	3	5606		3098	571	
普格县特兹乡	4880	4	4110		2288	215	
普格县吉乐乡	1765	3	3856		2159	434	1
普格县特口乡	3945	2	1218		689	151	
普格县耶底乡	4837	3	1258		721	159	
普格县夹铁乡	7129	6	6022		3399	374	1
普格县瓦洛乡	7423	6	4565		2558	275	
普格县哈力洛乡	2780	4	2075		1168	211	
普格县荞子乡	4771	5	3304		1862	224	
普格县祝联乡	3456	4	2593		1455	204	
普格县刘家坪乡	3080	4	4406		2549	510	
普格县月吾乡	4750	5	2937		1679	243	
普格县特补乡	6228	5	4958		2851	356	
普格县五道箐乡	4322	3	3470		2057	447	
普格县特尔果乡	7305	5	3430		2007	271	
普格县大槽乡	5922	4	3547		1984	285	
普格县马洪乡	4585	5	1822		1052	167	
普格县洛甘乡	4814	3	2113		1212	174	
普格县红莫依达乡	4752	4	1819		1072	219	
布拖县特木里镇	12709	18	40590	40120	17457	6964	6
布拖县龙潭镇	4900	6	7503	5200	4927	1062	2
布拖县拖觉镇	10363	10	12968	1825	6878	411	1
布拖县木尔乡	2600	6	10971		3624	193	
布拖县九都乡	3082	7	9232		3254	246	
布拖县拉达乡	6014	5	3878		2754	224	3
布拖县乌科乡	3475	3	2533		1263	59	
布拖县沙洛乡	3876	7	6977		3264	203	
布拖县洛古乡	3400	3	3529		2163	251	
布拖县补尔乡	5080	8	6780		3726	88	
布拖县觉撒乡	6745	4	3508		2135	105	2
布拖县美撒乡	4099	5	4180		2693	258	
布拖县拉果乡	4549	5	4351		3322	189	
布拖县乌依乡	5162	4	3798		2585	307	
布拖县浪珠乡	4022	2	2003		701	75	
布拖县包谷坪乡	8943	6	4773		2587	314	1
布拖县合井乡	13677	7	7842		4265	155	
布拖县罗家坪乡	3128	4	4531		2768	110	
布拖县牛角湾乡	6345	5	8152		4593	325	

乡镇基本情况

计算单位:公顷、个、人

名　　称	行政区域面积	村民委员会	常住人口	城镇建成区总人口	从业人员	二三产业从业人员	工业企业单位
布拖县补洛乡	4200	6	5612		2681	241	
布拖县火烈乡	6765	10	7011		3756	188	
布拖县乐安乡	9693	11	17996		5470	364	
布拖县四棵乡	3683	5	2610		1632	84	
布拖县地洛乡	11218	17	11203		7175	724	
布拖县俄里坪乡	4510	6	3450		2576	158	
布拖县瓦都乡	3065	4	3360		1465	95	
布拖县采哈乡	2600	3	3185		2351	161	
布拖县委只洛乡	2936	4	3602		2030	127	
布拖县联补乡	3548	4	3761		2774	159	
布拖县基只乡	4267	5	3861		2792	214	
金阳县天地坝镇	5647	8	16801	10687	5862	3652	12
金阳县派来镇	4084	9	8768	4157	4158	234	10
金阳县芦稿镇	2656	4	4439	2217	2167	166	7
金阳县对坪镇	4643	9	10700	3085	4142	743	13
金阳县桃坪乡	3316	5	6243		3448	969	5
金阳县热水河乡	4193	3	4816		2618	552	11
金阳县马依足乡	3378	4	6987		3520	899	
金阳县红峰乡	3129	4	2153		1362	166	8
金阳县尔觉西乡	6818	5	3643		2412	67	10
金阳县热柯觉乡	7023	5	2871		1991	37	
金阳县甲依乡	5702	5	3639		2810		
金阳县木府乡	2792	5	3749		2013	364	9
金阳县寨子乡	4153	5	2616		1723	6	
金阳县则祖乡	2991	4	2287		1490	6	
金阳县基觉乡	6549	7	4949		2559	13	
金阳县小银木乡	4476	7	5045		2660	11	
金阳县春江乡	3269	5	4308		2274	22	7
金阳县红联乡	3468	7	6513		3357	13	
金阳县青松乡	4249	4	4948		3760	16	
金阳县放马坪乡	4602	6	5230		3608	9	
金阳县梗堡乡	4250	5	3938		2000	44	
金阳县山江乡	3825	3	2904		1535	21	
金阳县洛觉乡	5223	4	6212		2968	54	
金阳县向岭乡	4373	7	4510		1458	14	
金阳县谷德乡	3819	4	2590		1135	91	
金阳县高峰乡	11808	6	2934		1466	125	
金阳县老寨子乡	4047	6	4539		2349	5	
金阳县德溪乡	3995	5	6774		2138	624	
金阳县南瓦乡	4474	4	6862		2795	11	
金阳县依莫合乡	3604	3	2120		944		
金阳县土沟乡	3414	4	3791		2714		
金阳县丙底乡	9571	5	4095		1720	16	
金阳县依达乡	5863	5	3155		1614	15	
金阳县丝窝乡	3359	4	2929		1732	364	
昭觉县新城镇	5776	10	29679	1070	8660	809	23
昭觉县城北乡	3604	6	8400		6641	1405	
昭觉县树坪乡	2976	4	2015		1671	159	
昭觉县谷曲乡	3313	7	7436		4986	304	
昭觉县达洛乡	5200	3	2650		1876	624	

乡镇基本情况

计算单位：公顷、个、人

名称	行政区域面积	村民委员会	常住人口	城镇建成区总人口	从业人员	二三产业从业人员	工业企业单位
昭觉县龙恩乡	3038	3	4700		3181	418	
昭觉县美甘乡	3673	3	3883		3100	735	
昭觉县四开乡	8779	9	16201		6501	379	2
昭觉县大坝乡	6384	5	7458		4050	287	
昭觉县地莫乡	4186	7	12330		6529	155	
昭觉县柳且乡	5897	7	7019		3758	867	
昭觉县博洛乡	6810	8	6420		2850	230	
昭觉县库莫乡	6223	6	4794		1942	135	
昭觉县解放乡	8983	7	6700		2595	420	
昭觉县三岗乡	6810	4	4996		2174	568	
昭觉县洒拉地坡乡	8902	5	8452		3844	187	
昭觉县三岔河乡	7063	4	5621		3438	173	
昭觉县尼地乡	7872	3	2858		2328	369	
昭觉县碗厂乡	6988	3	3789		1295	369	
昭觉县普诗乡	9633	5	7012		2629	336	
昭觉县玛增依乌乡	4349	4	6500		1465	800	
昭觉县塘且乡	2815	4	3917		1977	293	
昭觉县久特洛古乡	4068	4	4056		1909	84	
昭觉县齿可波西乡	5376	10	9870		3982	259	
昭觉县特口甲谷乡	8868	7	4368		1958	159	
昭觉县竹核乡	6219	8	12000		7251	192	6
昭觉县阿并洛古乡	4978	4	7840		3650	254	1
昭觉县格吾乡	3002	3	2800		1291	48	
昭觉县特布洛乡	8329	11	7980		3620	120	
昭觉县庆恒乡	3784	4	7300		3710	528	
昭觉县拉一木乡	3625	5	5880		2256	155	
昭觉县色底乡	5043	4	2690		1056	58	
昭觉县补约乡	3954	4	2500		1332	439	
昭觉县比尔乡	6668	9	10031		5626	1056	
昭觉县库依乡	7215	9	8688		3595	250	
昭觉县金曲乡	5479	7	4400		2420	212	
昭觉县宜牧地乡	6836	4	3900		1416	128	
昭觉县波洛乡	5640	5	3410		1126	194	
昭觉县央摩租乡	3841	5	3680		1458	179	
昭觉县则普乡	7126	8	5715		2724	655	
昭觉县永乐乡	4420	5	3400		1382	390	
昭觉县且莫乡	5190	7	4500		2277	324	
昭觉县甘多洛古乡	5043	4	2316		1210	94	
昭觉县支尔莫乡	5719	5	3222		1908	78	
昭觉县龙沟乡	4231	5	2250		1147	72	
昭觉县日哈乡	9405	10	6054		2390	216	
昭觉县哈甘乡	4547	7	6099		4383	143	
喜德县光明镇	12762	12	15371	321	8032	1514	10
喜德县冕山镇	19150	9	13949	130	7469	1004	18
喜德县红莫镇	14697	9	10712	120	6914	1231	1
喜德县两河口镇	9201	14	12800	120	4764	1110	1
喜德县米市镇	12105	11	6939	101	4254	668	1
喜德县洛哈镇	12883	8	4835	101	3828	574	
喜德县尼波镇	14524	10	8311	192	4589	219	
喜德县拉克乡	5544	6	9360		4850	750	10

乡镇基本情况

计算单位:公顷、个、人

名　　称	行政区域面积	村民委员会	常住人口	城镇建成区总人口	从业人员	二三产业从业人员	工业企业单位
喜德县则约乡	7215	6	3735		1840	160	1
喜德县贺波洛乡	13496	9	10006		5550	860	1
喜德县鲁基乡	9852	5	9942		7824	609	1
喜德县李子乡	7012	5	10010		6944	958	2
喜德县北山乡	10104	6	5141		3888	800	
喜德县西河乡	8760	5	2018		931	197	
喜德县东河乡	8618	4	7765		3569	700	
喜德县且拖乡	4278	5	4800		3010	1010	
喜德县博洛拉达乡	6174	4	2207		1320	365	
喜德县沙马拉达乡	4516	6	5346		2472	220	
喜德县巴久乡	6730	7	4260		2330	347	
喜德县洛莫乡	7206	8	2684		1468	347	
喜德县依洛乡	5458	5	3051		2123	470	
喜德县热柯依达乡	7921	5	2008		1379	227	
喜德县额尼乡	5230	4	2334		1314	239	
喜德县乐武乡	7164	7	5654		3862	595	
冕宁县城厢镇	19087	12	24714	22140	18896	7680	106
冕宁县漫水湾镇	4359	5	10920	682	6964	1151	4
冕宁县大桥镇	39113	8	14318	1906	8896	1343	26
冕宁县复兴镇	6350	9	19816	3841	12963	1570	11
冕宁县泸沽镇	9745	10	22306	18183	12959	3858	24
冕宁县沙坝镇	12720	13	26238	3385	15911	2584	34
冕宁县彝海镇	12864	3	6094		4230	481	11
冕宁县石龙镇	2318	5	15040		9223	2180	15
冕宁县回龙镇	5070	6	11847		9252	1562	10
冕宁县回坪乡	4228	5	13562		8489	1484	22
冕宁县哈哈乡	13051	5	9084		4683	827	8
冕宁县森荣乡	20137	7	14164		5920	1107	4
冕宁县林里乡	4280	3	6151		4269	767	3
冕宁县铁厂乡	11147	6	9486		6494	1195	6
冕宁县河边乡	4379	8	13885		8539	1586	
冕宁县河里乡	9411	5	5882		3380	548	1
冕宁县冶勒乡	36712	2	1087		573	186	8
冕宁县拖乌乡	26316	4	4190		2696	412	16
冕宁县曹古乡	12197	3	8047		4226	1160	3
冕宁县惠安乡	17464	6	9808		5838	1087	8
冕宁县后山乡	10338	8	16286		8306	1112	8
冕宁县宏模乡	4705	11	17246		11023	1697	10
冕宁县先锋乡	6251	11	15811		10634	1732	4
冕宁县泽远乡	16919	10	13482		7354	2077	12
冕宁县里庄乡	8465	3	2210		1510	572	3
冕宁县金林乡	5133	4	1626		1129	378	1
冕宁县腊窝乡	9743	4	2461		1759	193	3
冕宁县联合乡	21088	4	3751		2715	585	31
冕宁县麦地沟乡	10910	4	3436		2061	238	2
冕宁县锦屏乡	3846	9	4507		2653	678	2
冕宁县南河乡	16725	8	3356		2415	393	9
冕宁县青纳乡	5531	5	4414		3017	873	
冕宁县和爱藏族乡	9615	6	3413		1874	377	2
冕宁县棉沙湾乡	9118	3	2362		1734	284	2

乡镇基本情况

计算单位：公顷、个、人

名　　称	行政区域面积	村民委员会	常住人口	城镇建成区总人口	从业人员	二三产业从业人员	工业企业单位
冕宁县马头乡	9760	4	2144		1200	117	1
冕宁县窝堡乡	5386	5	4209		2471	580	1
冕宁县新兴乡	9125	4	2639		2044	276	2
冕宁县健美乡	8412	4	2428		1553	403	1
越西县越城镇	3116	12	39340	28815	12706	7684	11
越西县中所镇	7006	12	10021	8450	5351	1262	34
越西县新民镇	1462	6	11046	4156	7593	827	10
越西县乃托镇	7135	6	6522	1529	3820	1546	12
越西县普雄镇	4702	12	14360	7120	8858	3621	38
越西县新乡乡	6712	9	2936		1601	209	
越西县马拖乡	3942	13	11011		5854	1683	1
越西县大瑞乡	2714	13	14712		9291	4357	12
越西县南箐乡	10055	12	10436		5541	1010	
越西县丁山乡	1317	6	8084		3310	1137	1
越西县大花乡	10820	6	6882		3994	883	10
越西县河东乡	2333	8	8799		5587	1745	7
越西县西山乡	8104	6	6436		2755	421	1
越西县板桥乡	9274	7	7252		3484	458	
越西县瓦岩乡	12628	9	7013		4278	550	
越西县大屯乡	2616	6	10548		6354	906	18
越西县保安藏族乡	3525	3	5011		2173	74	
越西县白果乡	6627	6	6208		3885	893	
越西县梅花乡	7696	5	3415		1764	783	1
越西县拉普乡	7142	5	6411		4100	1635	2
越西县铁西乡	2709	7	4747		2753	549	1
越西县尔觉乡	4049	6	5546		3411	157	
越西县四甘普乡	4598	8	4840		2696	901	
越西县贡莫乡	2470	7	6596		3710	995	3
越西县拉白乡	1696	4	2617		1611	251	
越西县乐青地乡	2957	7	6831		4228	1650	2
越西县德吉乡	5528	5	2463		1567	364	3
越西县依洛地坝乡	6679	8	7316		4173	1048	
越西县尔赛乡	4550	6	5364		3253	603	
越西县古二乡	3640	3	3688		2033	398	2
越西县竹阿觉乡	3385	4	3813		1788	228	1
越西县保石乡	7484	5	3528		2265	665	
越西县五里箐乡	5149	9	8064		4558	734	
越西县书古乡	6247	9	7726		3991	281	1
越西县瓦普莫乡	3887	5	3700		2235	169	
越西县申果乡	6314	7	3393		2435		
越西县瓦曲觉乡	4267	6	3804		928	95	
越西县申普乡	5692	8	5523		4051	871	
越西县瓦里觉乡	7328	6	4027		2387	94	1
越西县拉吉乡	18184	7	3804		2475	815	
甘洛县新市坝镇	20356	23	33016	22100	18940	964	41
甘洛县田坝镇	5450	22	19937	6568	8140	1183	4
甘洛县海棠镇	11120	7	4700	1398	3036	336	18
甘洛县吉米镇	3144	7	5144	1115	2950	185	
甘洛县斯觉镇	2520	6	7320	650	4750	450	2
甘洛县普昌镇	7020	10	13893	1845	7608	1054	9

乡镇基本情况

计算单位：公顷、个、人

名　　称	行政区域面积	村民委员会	常住人口	城镇建成区总人口	从业人员	二三产业从业人员	工业企业单位
甘洛县玉田镇	4530	7	6243	1490	3793	212	2
甘洛县前进乡	2560	7	6951		4400	350	1
甘洛县胜利乡	5170	9	6932		3656	370	2
甘洛县新茶乡	3870	8	2820		1648	163	
甘洛县两河乡	5370	8	2219		1294	200	
甘洛县里克乡	2220	4	5243		3000	90	
甘洛县尼尔觉乡	5220	4	5187		1865	345	
甘洛县拉莫乡	11620	5	2139		1000	50	
甘洛县波波乡	9130	5	1690		691	29	3
甘洛县阿嘎乡	20350	9	3940		2132	94	1
甘洛县阿尔乡	5340	7	11820		5239	955	1
甘洛县石海乡	3130	7	7890		3665	670	4
甘洛县团结乡	8180	12	5412		3427	100	
甘洛县嘎日乡	4780	9	8760		4549	250	1
甘洛县则拉乡	5160	4	3192		1531	231	
甘洛县坪坝乡	13856	12	3680		2460	570	
甘洛县蓼坪乡	10620	7	5200		2356	477	
甘洛县阿兹觉乡	20530	5	3640		1930	766	1
甘洛县乌史大桥乡	11810	7	4012		2480	70	
甘洛县黑马乡	4600	5	4730		2635	145	1
甘洛县沙岱乡	4500	6	2743		1726	296	
甘洛县苏雄乡	3440	5	4116		2512	677	6
美姑县巴普镇	3400	8	21370	10725	11110	5812	4
美姑县觉洛乡	2900	6	5500		3258	99	
美姑县井叶特西乡	10656	11	7956		4129	161	
美姑县合姑洛乡	9333	8	4655		3359	58	
美姑县巴古乡	4500	9	6222		3451	69	
美姑县农作乡	4197	7	5996		3544	101	
美姑县佐戈依达乡	4800	10	10723		4360	299	
美姑县子威乡	2983	8	4567		2208	79	
美姑县依洛拉达乡	2983	5	4048		2297	56	
美姑县典补乡	4462	7	7247		3293	62	
美姑县哈洛乡	4699	4	3090		1743	54	
美姑县牛牛坝乡	8675	14	14542		4933	414	1
美姑县尔合乡	5086	5	5173		3000	58	
美姑县竹库乡	5676	6	6401		3856	58	
美姑县候古莫乡	7496	13	8455		4296	118	
美姑县候播乃拖乡	8557	13	8799		4321	145	
美姑县采红乡	3484	6	4066		2208	85	
美姑县苏洛乡	17452	6	3908		2073	72	
美姑县九口乡	4864	12	12010		4425	253	
美姑县洛俄依甘乡	4422	10	9298		3601	250	
美姑县拉木阿觉乡	3864	9	9912		3930	118	2
美姑县洛莫依达乡	4774	9	6722		2988	83	
美姑县柳洪乡	5172	10	6660		3769	313	
美姑县乐约乡	3942	6	4274		2080	58	
美姑县尔其乡	3645	5	3812		2132	51	
美姑县瓦古乡	6529	10	4191		2400	55	
美姑县峨曲古乡	7643	5	5754		3237	256	
美姑县炳途乡	6907	5	4749		2346	51	

乡镇基本情况

计算单位：公顷、个、人

名　　称	行政区域面积	村民委员会	常住人口	城镇建成区总人口	从业人员	二三产业从业人员	工业企业单位
美姑县拖木乡	5084	5	4880		2962	65	
美姑县尼哈乡	5073	4	2639		1456	65	
美姑县龙门乡	8917	14	10075		4762	326	
美姑县依果觉乡	19233	12	9236		4553	302	
美姑县洒库乡	8225	10	9060		4282	150	
美姑县瓦西乡	11140	6	4743		2200	62	
美姑县树窝乡	16000	5	2924		1398	42	1
美姑县龙窝乡	20466	9	5009		2223	150	
雷波县锦城镇	3848	4	15622	3980	6423	2208	10
雷波县西宁镇	22394	6	8308	5000	3734	609	3
雷波县汶水镇	8699	14	13837	3566	7678	1684	12
雷波县黄琅镇	3580	5	9838	4000	5561	1624	12
雷波县南田乡	1566	6	9571		4165	240	9
雷波县海湾乡	3139	7	6516		4026	1726	5
雷波县杉树堡乡	1393	5	5417		2550	647	2
雷波县箐口乡	5704	9	9148		4645	2385	2
雷波县帕哈乡	3805	5	6157		3337	1077	2
雷波县永盛乡	17425	10	10396		5058	308	2
雷波县溪洛米乡	2698	5	5684		4290	790	3
雷波县白铁坝乡	1231	3	2559		1067	450	5
雷波县顺河乡	782	3	3099		2527	926	3
雷波县渡口乡	4823	12	9773		4195	505	3
雷波县回龙场乡	4902	9	7122		3843	2003	3
雷波县马湖乡	8057	10	9834		2673	966	2
雷波县中田乡	3302	6	7218		4739	1037	2
雷波县谷米乡	3216	7	8593		4447	745	1
雷波县柑子乡	3545	4	3571		1735	821	1
雷波县双河口乡	7589	4	2514		1130	144	1
雷波县罗山溪乡	15527	4	3439		1873	230	1
雷波县桂花乡	1534	5	4163		2288	191	1
雷波县烂坝子乡	11096	4	2888		1658	155	1
雷波县沙沱乡	6178	4	3011		1950	569	8
雷波县山棱岗乡	7396	6	6009		4233	475	1
雷波县长河乡	12869	6	2776		1959	465	1
雷波县谷堆乡	24956	3	2935		2168	37	
雷波县八寨乡	4321	7	5601		3150	568	5
雷波县拉咪乡	21258	5	1758		1185	195	1
雷波县松树乡	2621	6	4063		2221	279	2
雷波县曲依乡	2793	6	4611		3103	753	2
雷波县千万贯乡	3054	6	4312		2215	180	
雷波县五官乡	3168	6	5259		3377	255	2
雷波县上田坝乡	3774	7	3238		1979	310	1
雷波县大坪子乡	2483	4	2043		1112	72	1
雷波县簸箕梁子乡	4506	6	2383		1788	216	1
雷波县小沟乡	3797	3	1119		447	50	
雷波县莫红乡	3505	5	3964		926	226	1
雷波县克觉乡	3050	2	628		356	13	
雷波县坪头乡	2228	4	2947		2522	990	1
雷波县雷池乡	7451	4	4584		3319	450	
雷波县巴姑乡	2381	4	4303		1969	217	1

乡镇基本情况

计算单位:公顷、个、人

名　　称	行政区域面积	村民委员会	常住人口	城镇建成区总人口	从业人员	二三产业从业人员	工业企业单位
雷波县咪姑乡	4923	6	6008		3100	50	
雷波县一车乡	4923	5	4273		2273	117	4
雷波县斯古溪乡	2687	4	2321		1650	58	1
雷波县卡哈洛乡	4561	7	6568		2569	452	3
雷波县元宝山乡	6660	8	10049		5545	645	5
雷波县大岩洞乡	3448	5	2264		1734	45	
雷波县岩脚乡	4354	5	4638		2362	198	1
贵州省							
南明区后巢乡	1851	4	115411		7254	6116	56
南明区云关乡	3860	6	92972		11750	11516	40
南明区小碧布依族苗族乡	6596	12	16821		9581	2448	18
南明区永乐乡	5712	7	13119		8565	3793	15
云岩区黔灵镇	5300	13	51647		12940	10805	142
花溪区青岩镇	9230	17	31531	13710	20059	9625	
花溪区石板镇	5160	13	23048	5258	6760	3500	
花溪区党武镇	6340	18	19153		13252	6307	
花溪区麦坪镇	4938	14	19132		11215	7424	
花溪区燕楼镇	5700	8	11233		6109	872	
花溪区孟关苗族布依族乡	6829	8	16692		8806	5638	
花溪区湖潮苗族布依族乡	8931	13	23638		10887	4264	
花溪区久安乡	4860	7	14534		8029	4503	
花溪区高坡苗族乡	12000	19	21109		5154	2140	
花溪区黔陶布依族苗族乡	7480	7	9123		7000	1400	
花溪区马铃布依族苗族乡	8108	3	8513		2279	340	
乌当区东风镇	7367	11	25999	9119	17419	11606	130
乌当区水田镇	11303	11	16194	4121	9706	6780	20
乌当区羊昌镇	7358	8	15713	1712	11044	7295	10
乌当区下坝镇	10627	8	17648	14000	9294	4734	15
乌当区新场镇	8972	13	17238	12540	8804	4351	10
乌当区百宜镇	9800	9	14009	1687	13589	3121	8
乌当区新堡布依族乡	5400	7	5365		2961	720	
乌当区偏坡布依族乡	2193	2	1949		1389	488	
白云区艳山红镇	1800	11	72458	72458	39208	35418	125
白云区麦架镇	4200	9	51957	18785	18396	10170	183
白云区沙文镇	7600	16	33194	32965	10725	5878	72
白云区都拉布依族乡	2450	7	9374		7645	3506	28
白云区牛场布依族乡	6748	13	13034	1284	6623	2377	28
观山湖区金华镇	6875	12	53156	4686	9879	4801	37
观山湖区朱昌镇	5490	11	27219		7251	2373	6
观山湖区百花湖乡	10694	16	27725		12495	5906	1
开阳县城关镇	17086	8	103764	76234	16486	11387	48
开阳县双流镇	17886	7	24856	5733	10938	5158	140
开阳县金中镇	7484	9	26169	7686	4283	3900	18
开阳县冯三镇	17931	10	25295	5209	12892	2961	8
开阳县楠木渡镇	19332	8	20231	13494	15879	3231	342
开阳县龙岗镇	20505	10	31540	15754	15026	3947	27
开阳县永温镇	9930	5	15234	6850	6250	2885	14
开阳县花梨镇	13389	7	23779	5160	8614	2460	15
开阳县南龙乡	12524	3	14032		5757	1097	4
开阳县宅吉乡	9987	5	17114		5813	745	5

乡镇基本情况

计算单位：公顷、个、人

名　　称	行政区域面积	村民委员会	常住人口	城镇建成区总人口	从业人员	二三产业从业人员	工业企业单位
开阳县龙水乡	5941	5	9896		4216	794	3
开阳县米坪乡	3913	7	5332		2308	559	2
开阳县禾丰乡	8313	6	14258		4975	1551	10
开阳县南江乡	11957	6	15913		6568	948	3
开阳县高寨乡	17734	8	22953		8503	1187	9
开阳县毛云乡	8719	4	9886		3925	1241	2
息烽县永靖镇	15492	24	39105	31066	32475	22609	25
息烽县温泉镇	8503	11	17098	4571	14235	9960	11
息烽县九庄镇	11436	25	22344	7153	12214	6618	8
息烽县小寨坝镇	13808	19	35039	25684	16403	11530	25
息烽县西山镇	7419	13	13180	4713	9003	5906	11
息烽县养龙司镇	9626	17	17315	2992	14390	7375	9
息烽县石硐镇	12052	18	18724	3500	12380	4400	28
息烽县青山苗族乡	4947	5	5373		4750	2772	2
息烽县鹿窝乡	9786	13	12861		10181	4625	
息烽县流长乡	10581	15	17016		10067	4070	6
修文县龙场镇	17025	36	36427		30692	15549	125
修文县扎佐镇	13948	25	36120	14893	22943	13004	74
修文县久长镇	11751	22	28842	6000	18556	5901	7
修文县六广镇	9410	24	24223	4900	15054	7615	10
修文县六屯镇	7795	6	14026		8223	3225	5
修文县洒坪镇	8570	10	14445	486	9556	3964	4
修文县六桶镇	11000	28	24258	6729	15765	5075	5
修文县谷堡乡	12110	19	21752	2592	13223	5426	12
修文县小箐乡	10390	17	19809		12342	5419	2
修文县大石布依族乡	5110	7	11437	2159	7160	3708	5
清镇市红枫湖镇	16130	22	37324	1681	27245	14910	8
清镇市站街镇	21700	38	75816	16849	62552	44215	371
清镇市卫城镇	21000	36	51610	10402	36911	18546	20
清镇市新店镇	14200	38	40215	2599	32407	16355	18
清镇市麦格苗族布依族乡	12500	27	19316	15000	10189	3478	11
清镇市暗流乡	9800	21	19395	4908	12319	5216	11
清镇市王庄布依族苗族乡	7500	15	18762	2900	7905	4595	6
清镇市流长苗族乡	15800	39	35742	4158	32275	17422	5
清镇市犁倭乡	14200	27	34017	1257	33492	18203	3
钟山区大河镇	6944	7	34631	22531	15294	5606	17
钟山区汪家寨镇	7735	7	53089	4069	20976	12496	64
钟山区大湾镇	9384	12	57056	3899	17169	3171	68
钟山区月照彝族回族苗族乡	4474	8	16523		8177	3482	38
钟山区双戛彝族乡	5199	24	10235		3974	2788	23
六枝特区平寨镇	10440	15	139229	134113	46809	37203	1202
六枝特区郎岱镇	9842	12	28203	23580	14063	8965	134
六枝特区岩脚镇	13193	25	39845	25000	34049	16835	26
六枝特区木岗镇	6136	10	16601	12200	8092	3899	26
六枝特区大用镇	6610	7	18196	3972	10214	1902	8
六枝特区新窑乡	10200	13	31508	9100	29784	10597	472
六枝特区落别布依族彝族乡	9440	13	21723	1449	18137	11031	4
六枝特区折溪彝族乡	5150	9	9475	2410	9581	2796	14
六枝特区牛场苗族彝族乡	8310	9	15778	1981	10887	4797	65
六枝特区新场乡	12880	16	25460	1256	21607	8637	552

乡镇基本情况

计算单位:公顷、个、人

名　　称	行政区域面积	村民委员会	常住人口	城镇建成区总人口	从业人员	二三产业从业人员	工业企业单位
六枝特区中寨苗族彝族布依族乡	21960	21	31738	1265	22712	14555	15
六枝特区堕却乡	14350	13	18568	3587	18864	10898	53
六枝特区箐口彝族仡佬族布依族乡	5640	7	10062	485	8134	4325	14
六枝特区洒志彝族布依族苗族乡	10800	9	11985	1210	9709	3711	5
六枝特区毛口布依族苗族乡	10500	6	7609	1639	5358	2063	47
六枝特区龙场乡	6130	11	29533	8572	25444	12722	357
六枝特区新华乡	6970	9	19070	1763	15867	7410	3
六枝特区梭戛苗族彝族回族乡	5670	7	14521	20000	8890	4565	125
六枝特区陇脚布依族乡	5460	8	7496	650	8573	6202	190
水城县滥坝镇	9823	9	54550	30213	18177	13942	139
水城县老鹰山镇	6378	7	41431	23000	16398	12055	14
水城县比德镇	8910	7	27882	1432	28182	4324	17
水城县化乐镇	8690	10	29795	1412	21270	11570	12
水城县蟠龙镇	14545	18	33440	2845	20582	2382	28
水城县阿戛镇	9110	11	29057	1458	28760	6460	26
水城县勺米镇	11180	8	21418	1463	22684	1438	8
水城县玉舍镇	21130	11	35233	8006	19737	10539	19
水城县都格镇	7021	6	20970	2832	13404	8035	96
水城县发耳镇	10400	15	37019	5500	20062	13944	8
水城县鸡场镇	11570	8	22996	2427	10660	3172	13
水城县木果镇	16114	12	32470	2600	17119	7436	10
水城县保华镇	8331	11	19683	758	14971	5038	7
水城县董地苗族彝族乡	9710	9	18410	1817	10500	4140	17
水城县陡箐苗族彝族乡	14637	9	19321	986	10716	5539	18
水城县南开苗族彝族乡	13610	14	37869	2878	14354	780	4
水城县青林苗族彝族乡	6446	7	13869	511	9342	5659	1
水城县金盆苗族彝族乡	10714	9	22214	1500	12569	2366	5
水城县发箐苗族彝族乡	4490	5	8677	1988	5807	811	7
水城县纸厂彝族乡	7390	5	10832	1870	6089	2258	12
水城县坪寨彝族乡	7490	4	7567	372	4779	961	
水城县龙场苗族白族彝族乡	10440	14	17380	6378	7887	590	3
水城县营盘苗族彝族白族乡	11410	6	14725	1235	7550	1112	16
水城县顺场苗族彝族布依族乡	11590	11	19280	2431	9239	823	30
水城县花戛苗族布依族彝族乡	16040	18	18129	1911	5923	1220	2
水城县杨梅彝族苗族回族乡	16030	13	21063	2350	11553	4134	6
水城县新街彝族苗族布依族乡	5248	5	11229	1391	7335	3010	1
水城县野钟苗族彝族布依族乡	14199	7	14800	932	7141	476	18
水城县果布戛彝族苗族布依族乡	10460	5	12432	2390	6047	610	2
水城县米箩布依族苗族彝族乡	13741	5	24586	1960	10518	1830	2
水城县盐井乡	8300	5	14301	3426	9799	266	1
水城县猴场苗族布依族乡	15491	11	18523	1713	12049	5584	6
水城县红岩布依族彝族苗族乡	9344	8	12279	799	11199	6463	2
盘县两河街道办事处	8529	9	16847	2119	12166	3911	27
盘县红果镇	26969	14	89664	21407	59535	36230	31
盘县城关镇	2145	6	31551	3184	20692	16835	64
盘县板桥镇	13951	12	39386	12300	24760	9095	17
盘县水塘镇	11196	14	32160	3395	20992	9656	16
盘县民主镇	14369	20	33948	616	19654	4549	45
盘县大山镇	13992	18	31371	2410	24514	14127	36
盘县保田镇	11306	7	18005	3051	12801	4609	8

乡镇基本情况

计算单位:公顷、个、人

名　　称	行政区域面积	村民委员会	常住人口	城镇建成区总人口	从业人员	二三产业从业人员	工业企业单位
盘县老厂镇	9967	12	22680	5000	10850	1470	3
盘县玛依镇	6819	6	21524	1280	12080	2557	21
盘县石桥镇	5835	10	19800	7010	12602	7164	23
盘县平关镇	12007	7	22686	1172	14106	6160	71
盘县响水镇	8645	12	27558	8100	15753	8777	326
盘县火铺镇	4204	5	19187	18045	12914	10114	16
盘县乐民镇	13561	20	42986	4236	28914	13232	112
盘县西冲镇	5863	8	21127	3522	12799	7635	17
盘县断江镇	8793	11	30705	9160	19716	15843	15
盘县盘江镇	8881	10	29440	6000	18370	12665	17
盘县柏果镇	17515	40	73318	23580	41450	10739	422
盘县洒基镇	3545	6	18988	3458	12441	11038	42
盘县刘官镇	11589	15	27680	3200	20222	9414	128
盘县滑石镇	8859	10	24744	2111	15375	5375	4
盘县新民镇	12789	17	35441	2261	24530	10997	76
盘县珠东镇	12944	14	22036	2690	15860	6856	23
盘县忠义乡	11991	11	15854		11457	4706	33
盘县普田回族乡	7142	6	12238		7706	1582	3
盘县鸡场坪彝族乡	11239	13	41370		24601	13901	121
盘县松河彝族乡	8027	6	25025		14683	9578	14
盘县坪地彝族乡	15215	15	30900		20163	6258	76
盘县四格彝族乡	9926	9	20015		13645	2634	5
盘县淤泥彝族乡	17236	19	26700		17108	10805	21
盘县普古彝族苗族乡	15459	19	24149		14245	5096	20
盘县旧营白族彝族苗族乡	10128	11	18527		17147	6409	24
盘县羊场布依族白族苗族乡	13602	16	35027		21123	12674	34
盘县保基苗族彝族乡	14473	7	12043		8568	2436	23
盘县英武乡	5954	6	14833		12206	3999	41
盘县马场彝族苗族乡	10935	11	11987		8734	1955	6
红花岗区长征镇	4800	9	115032	27637	64332	54934	45
红花岗区巷口镇	5000	4	13850	658	7079	1299	10
红花岗区南关镇	2900	7	43789	875	23289	16022	9
红花岗区忠庄镇	4780	4	47650	34447	18461	14491	6
红花岗区海龙镇	4350	4	16351	3800	7366	5695	4
红花岗区深溪镇	10500	8	32012	7589	21278	15744	11
红花岗区金鼎山镇	14650	8	32550	2464	21800	9227	30
红花岗区新蒲镇	12060	8	40237	7589	27618	15833	794
汇川区高桥镇	3500	4	81737	4495	17249	12395	53
汇川区董公寺镇	5293	9	28569	9144	15042	11402	80
汇川区团泽镇	16800	10	38779	5302	27662	17095	27
汇川区高坪镇	19670	12	57027	22416	36598	19720	132
汇川区板桥镇	13200	7	20698	6906	13070	7381	9
汇川区泗渡镇	11520	8	27525	4166	20052	12727	31
遵义县南白镇	9872	7	100212	64248	24780	13770	352
遵义县龙坑镇	9096		45423	41250	34785	27885	80
遵义县三岔镇	11800	6	26592	12620	22056	15440	22
遵义县苟江镇	8048	7	19455	6412	18723	13506	35
遵义县三合镇	20804	12	53690	13690	45206	31788	37
遵义县乌江镇	6409	4	14623	7851	7756	4952	20
遵义县虾子镇	21398	9	49156	24876	46427	33042	34

乡镇基本情况

计算单位:公顷、个、人

名　　称	行政区域面积	村民委员会	常住人口	城镇建成区总人口	从业人员	二三产业从业人员	工业企业单位
遵义县三渡镇	10396	7	17463	5240	13641	8594	7
遵义县新舟镇	16569	12	53256	35515	44783	31348	95
遵义县永乐镇	21955	11	32320	2517	26722	15878	6
遵义县龙坪镇	12976	5	31028	8580	31179	22389	28
遵义县喇叭镇	9415	7	19019	1451	17859	13467	5
遵义县团溪镇	18438	10	40808	33287	37858	28865	62
遵义县铁厂镇	10613	6	10378	1783	10143	6417	12
遵义县西坪镇	13275	9	31347	3542	27567	17225	6
遵义县尚嵇镇	10549	8	31987	7588	28116	20947	89
遵义县茅栗镇	13497	6	25904	2954	20108	12070	21
遵义县新民镇	9367	5	14234	3501	11988	7972	4
遵义县鸭溪镇	12161	7	54926	33385	37032	26774	34
遵义县石板镇	13244	8	22519	1597	24613	14522	24
遵义县乐山镇	10743	6	19913	2632	17046	11008	3
遵义县枫香镇	14642	6	27422	3664	24163	16914	26
遵义县泮水镇	11116	8	31477	8635	26860	18630	189
遵义县马蹄镇	11651	9	29901	4080	22933	15173	13
遵义县沙湾镇	18455	8	19131	1520	16254	11168	11
遵义县松林镇	15147	5	16692	4500	17235	9486	22
遵义县毛石镇	15252	6	14312	2859	14021	8937	15
遵义县山盆镇	22480	13	44607	5567	39295	24237	20
遵义县芝麻镇	9217	6	11618	2800	10121	6339	6
遵义县平正仡佬族乡	14497	6	16331	4950	12376	5961	6
遵义县洪关苗族乡	6297	3	8656	471	6054	2950	2
桐梓县娄山关镇	14056	11	149205	139861	50540	36178	73
桐梓县楚米镇	14440	5	20930	13386	18847	13570	64
桐梓县新站镇	15256	9	19947	8790	18850	12000	32
桐梓县松坎镇	12422	7	15435	8865	14619	8279	23
桐梓县高桥镇	10495	9	16380	3520	18796	9744	14
桐梓县水坝塘镇	16390	8	14953	7530	17632	13030	17
桐梓县官仓镇	13827	13	29126	9215	21190	11236	10
桐梓县花秋镇	14671	14	30988	12785	38988	25008	26
桐梓县羊磴镇	18700	9	12580	4120	13349	4486	17
桐梓县九坝镇	14249	7	22946	6423	21951	10151	21
桐梓县大河镇	10762	7	8064	2720	8011	4351	4
桐梓县夜郎镇	14265	10	15142	6164	16597	7937	9
桐梓县木瓜镇	15656	13	18820	5901	10867	5525	13
桐梓县坡渡镇	11225	7	16810	4985	14485	6600	10
桐梓县燎原镇	8525	7	19303	5360	12451	9120	54
桐梓县狮溪镇	19712	10	19625	6714	24108	15560	10
桐梓县茅石镇	13753	8	10545	3616	9550	3800	5
桐梓县尧龙山镇	12632	11	21748	3812	13075	5848	12
桐梓县风水乡	7094	9	18743		15527	8003	3
桐梓县容光乡	6665	7	12023		7708	1768	9
桐梓县小水乡	13278	5	9723		9195	5372	3
桐梓县黄莲乡	19783	12	4546		6326	4000	
桐梓县芭蕉乡	12180	5	7708		6355	3937	
桐梓县马鬃苗族乡	10724	10	5410		3400	1200	4
绥阳县洋川镇	13600	8	82706	67206	35619	11426	59
绥阳县郑场镇	15192	8	29029	6892	25256	10786	14

乡镇基本情况

计算单位:公顷、个、人

名　　称	行政区域面积	村民委员会	常住人口	城镇建成区总人口	从业人员	二三产业从业人员	工业企业单位
绥阳县旺草镇	27200	12	42009	12018	36974	23096	72
绥阳县蒲场镇	13600	7	29815	11238	21784	11492	18
绥阳县风华镇	13200	9	34148	3166	34865	20717	131
绥阳县茅垭镇	18070	7	21547	1574	21458	9679	21
绥阳县枧坝镇	24400	7	18231	2026	17602	9386	13
绥阳县宽阔镇	21400	6	17277	2187	18549	8762	7
绥阳县黄杨镇	16400	6	18961	4944	17743	8360	4
绥阳县青杠塘镇	24200	6	16318	2285	19010	10452	2
绥阳县太白镇	17400	6	16310	2342	16399	6096	1
绥阳县温泉镇	16850	7	20425	3698	22372	12305	34
绥阳县大路槽乡	9500	5	10354		11853	7638	
绥阳县小关乡	14700	6	13534		13897	6251	3
绥阳县坪乐乡	10920	5	12158		12695	7906	3
正安县凤仪镇	7730	6	60061	52131	37860	32010	52
正安县瑞溪镇	10880	9	20023	8912	26914	18921	16
正安县和溪镇	14780	10	22467	6818	26308	18416	14
正安县安场镇	14790	14	47798	24740	45720	27966	23
正安县土坪镇	21580	12	27731	13978	33423	16999	10
正安县流渡镇	16880	8	21349	10101	30415	21802	6
正安县格林镇	13190	10	20132	9545	20701	14890	5
正安县新州镇	17040	9	18583	10915	14648	11590	7
正安县庙塘镇	19710	7	12993	13135	10309	5843	8
正安县小雅镇	16590	8	18898	10630	21915	15615	9
正安县中观镇	18720	7	17379	8976	17907	12462	10
正安县碧峰乡	12840	6	16135	6220	20413	15572	2
正安县乐俭乡	9100	5	9018	7126	12353	9745	8
正安县谢坝仡佬族苗族乡	9310	6	8258	8600	11011	7364	8
正安县市坪苗族仡佬族乡	11050	4	11897	8090	16025	8188	5
正安县俭坪乡	8230	6	12195	6020	14908	12631	4
正安县杨兴乡	8170	5	11354	5938	12346	8467	5
正安县桴？乡	15420	6	10757	6938	12410	9087	16
正安县班竹乡	13510	6	16272	8640	19983	12959	10
道真仡佬族苗族自治县玉溪镇	24589	8	82010	43046	43588	26008	57
道真仡佬族苗族自治县三江镇	7495	4	7843	674	7460	5565	4
道真仡佬族苗族自治县隆兴镇	16752	9	19133	1453	17000	1320	10
道真仡佬族苗族自治县旧城镇	15938	6	16263	3950	15950	1200	12
道真仡佬族苗族自治县忠信镇	15566	7	13298	1358	11671	5391	15
道真仡佬族苗族自治县洛龙镇	22636	6	14097	2771	15023	1641	13
道真仡佬族苗族自治县阳溪镇	18539	4	7856	5170	5525	978	9
道真仡佬族苗族自治县三桥镇	23520	8	17633	5900	20969	14895	9
道真仡佬族苗族自治县大磏镇	19647	6	14405	1340	14940	1140	11
道真仡佬族苗族自治县平模镇	9078	3	9882	289	7130	880	4
道真仡佬族苗族自治县上坝土家族乡	10170	3	12704	7717	11231	6681	30
道真仡佬族苗族自治县棕坪乡	7712	5	8587	700	9262	2670	4
道真仡佬族苗族自治县桃源乡	10615	3	6208	1435	7168	3808	3
道真仡佬族苗族自治县河口乡	13816	7	13881	1300	11607	2088	3
务川仡佬族苗族自治县都濡镇	27300	12	54902	43556	39942	21357	87
务川仡佬族苗族自治县丰乐镇	21800	9	24576	6000	32371	17751	13
务川仡佬族苗族自治县黄都镇	21000	9	21679	2406	22109	9229	14
务川仡佬族苗族自治县涪洋镇	22100	9	26376	4425	26435	13522	13

乡镇基本情况

计算单位:公顷、个、人

名　　称	行政区域面积	村民委员会	常住人口	城镇建成区总人口	从业人员	二三产业从业人员	工业企业单位
务川仡佬族苗族自治县镇南镇	14300	5	20290	8100	17499	9488	13
务川仡佬族苗族自治县砚山镇	8900	5	11457	2411	8175	4060	4
务川仡佬族苗族自治县涅水镇	20700	10	27414	11870	11160	3259	18
务川仡佬族苗族自治县茅天镇	20400	5	18905	6820	17160	7464	2
务川仡佬族苗族自治县柏村镇	9700	6	10895	1804	5333	1900	7
务川仡佬族苗族自治县大坪镇	19500	7	21809	4653	24231	9122	9
务川仡佬族苗族自治县泥高乡	24300	8	22550	6864	14244	1880	6
务川仡佬族苗族自治县分水乡	16700	8	13906	3125	13288	8409	9
务川仡佬族苗族自治县蕉坝乡	19700	7	17390	809	18773	10270	3
务川仡佬族苗族自治县红丝乡	18000	4	9488	1185	12579	6583	5
务川仡佬族苗族自治县石朝乡	13300	5	9828	568	7483	2841	3
凤冈县龙泉镇	10397	5	61568	53560	34997	19730	69
凤冈县进化镇	18133	7	25224	7734	14399	4148	14
凤冈县琊川镇	11462	6	21264	7470	20804	3786	13
凤冈县蜂岩镇	18950	7	22186	7500	19147	3840	24
凤冈县永和镇	11703	3	16147	5781	13867	3130	7
凤冈县花坪镇	10785	4	16000	4207	17867	3205	5
凤冈县绥阳镇	15235	6	24562	9360	26353	4038	3
凤冈县土溪镇	20347	7	26016	2137	18184	5080	12
凤冈县永安镇	11640	4	18348	5152	14754	3498	81
凤冈县何坝乡	11756	5	18673	4650	17073	3653	25
凤冈县天桥乡	15294	6	16973	4455	13824	3267	6
凤冈县王寨乡	12376	4	16051	3200	12902	3114	5
凤冈县石径乡	9098	2	11785		11320	3400	3
凤冈县新建乡	11332	3	14253	2402	11986	2812	6
湄潭县茶城街道办事处	9940	11	93091	65142	52660	40582	248
湄潭县永兴镇	16580	13	40098	18500	28932	14313	225
湄潭县复兴镇	14520	11	23700	1709	13843	1458	19
湄潭县马山镇	8010	8	19666	5481	20936	4706	32
湄潭县鱼泉镇	10670	6	11640	4144	12177	5769	10
湄潭县黄家坝镇	14230	13	35413	17071	31500	17325	41
湄潭县高台镇	16190	7	20097	3102	26134	10191	6
湄潭县茅坪镇	6880	3	8750	2561	8208	4856	1
湄潭县兴隆镇	13110	9	26105	1983	21350	9213	35
湄潭县新南镇	13170	6	18818	4960	22038	5970	8
湄潭县石莲镇	20040	6	19860	5286	18952	6465	11
湄潭县西河乡	15000	9	18516	3940	17429	9507	7
湄潭县洗马乡	9490	6	16997	2185	16656	6776	20
湄潭县抄乐乡	9600	6	13125	1555	10129	5763	11
湄潭县天城乡	7060	5	13015	498	8172	916	11
余庆县白泥镇	23073	5	56560	39259	13090	7915	24
余庆县小腮镇	14209	6	10758	4175	10150	7002	10
余庆县龙溪镇	16049	7	30619	10642	23863	14901	34
余庆县构皮滩镇	20657	9	28157	12236	23698	10828	16
余庆县大乌江镇	25811	9	24264	4680	22754	11656	20
余庆县敖溪镇	10859	5	19631	11668	16076	7434	7
余庆县龙家镇	11468	5	14773	8502	13467	6365	9
余庆县松烟镇	13874	7	24938	9315	24221	15563	42
余庆县关兴镇	15588	4	15373	7948	15142	6935	8
余庆县花山苗族乡	10605	4	10627	4866	11465	5676	5

乡镇基本情况

计算单位:公顷、个、人

名　　称	行政区域面积	村民委员会	常住人口	城镇建成区总人口	从业人员	二三产业从业人员	工业企业单位
习水县东皇镇	30800	15	116467	7165	49963	35394	6513
习水县土城镇	30710	16	29871	5587	18603	12077	118
习水县同民镇	10000	7	15123	7000	10682	2672	8
习水县醒民镇	6900	7	13524	3012	8276	5106	7
习水县隆兴镇	12380	12	33128	1715	24828	11098	67
习水县习酒镇	7200	10	27807	11425	34234	25329	108
习水县回龙镇	10670	9	23738	1757	21859	13878	12
习水县桑木镇	10150	10	16078	2500	6592	4329	10
习水县永安镇	10190	8	16632	2013	8253	4982	12
习水县良村镇	17850	6	26395	2326	19750	13768	19
习水县温水镇	16160	12	37144	26700	23643	12959	30
习水县仙源镇	16540	11	18044	4123	6071	4463	11
习水县官店镇	13780	9	19427	1234	19078	11255	13
习水县寨坝镇	16430	13	16869	3681	21232	13150	11
习水县民化乡	5080	7	13831	2687	10784	5725	19
习水县二郎乡	6360	8	13945	2000	13755	8523	10
习水县二里乡	8260	7	13858	6016	14971	8684	9
习水县三岔河乡	16030	7	11269		5750	2453	8
习水县大坡乡	16580	10	15682	1269	22123	11040	5
习水县双龙乡	10170	5	8301		7244	3939	5
习水县桃林乡	12160	8	9876		14759	9013	7
习水县坭坝乡	7760	5	9017		7484	4208	2
习水县程寨乡	20610	8	11674		9572	4350	6
赤水市市中街道办事处	329	1	43251	38926	45600	42864	39
赤水市文华街道办事处	2023	4	17242	4670	9645	7234	39
赤水市金华街道办事处	2488	2	12203		10271	5748	
赤水市天台镇	9610	8	15215	754	14053	6530	60
赤水市复兴镇	9820	7	15329	2693	10408	5908	34
赤水市大同镇	10520	6	15092	2000	12618	6350	10
赤水市旺隆镇	14700	10	15785	4326	16763	6379	9
赤水市葫市镇	20350	7	12499	2100	11242	6323	4
赤水市元厚镇	23300	9	12179	3691	8918	6418	11
赤水市官渡镇	20250	9	19880	12658	18014	13457	15
赤水市长期镇	10400	10	17367	8096	17858	8149	86
赤水市长沙镇	10220	6	13876	7230	9309	4850	13
赤水市两河口乡	13230	6	5291		4079	2237	4
赤水市丙安乡	13430	3	5511	872	4266	2074	4
赤水市宝源乡	10520	5	6881		4415	1727	14
赤水市石堡乡	9100	4	5228	1053	6099	3724	4
赤水市白云乡	4910	3	6971		6014	3035	5
仁怀市盐津街道办事处	5500	3	44631	36545	24156	9876	100
仁怀市中枢街道办事处	1500	1	105723		82352	72602	82
仁怀市苍龙街道办事处	9700	6	23261		21100	5100	202
仁怀市茅台镇	8720	8	50014	6134	35102	29821	179
仁怀市坛厂镇	11700	8	15056	3450	14056	1966	24
仁怀市长岗镇	11600	10	19432		15208	4882	
仁怀市鲁班镇	12000	10	34582	4892	27982	18899	138
仁怀市五马镇	12420	6	34580	5600	31800	13800	16
仁怀市茅坝镇	14000	12	28054	5830	26155	13699	15
仁怀市九仓镇	9130	7	20158		19651	2240	6

乡镇基本情况

计算单位：公顷、个、人

名　称	行政区域面积	村民委员会	常住人口	城镇建成区总人口	从业人员	二三产业从业人员	工业企业单位
仁怀市喜头镇	9140	6	15945	1664	9124	1636	7
仁怀市大坝镇	8700	7	28633	4407	25898	3034	15
仁怀市三合镇	8600	9	21993	3439	21938	12793	10
仁怀市合马镇	5930	7	13068	2678	11728	4816	89
仁怀市二合镇	8700	8	29005	950	26257	10870	273
仁怀市龙井乡	7660	7	14356		13570	4054	6
仁怀市后山苗族布依族乡	7200	4	6790		5100	2500	3
仁怀市学孔乡	6880	7	15982		14941	7091	
仁怀市高大坪乡	8830	10	32819		27241	16789	7
仁怀市火石岗乡	6200	6	13544		9678	3455	1
仁怀市沙滩乡	4700	4	9096		6831	672	8
西秀区宋旗镇	4635	12	22356	4021	15666	7291	25
西秀区幺铺镇	9335	29	76842	7155	27956	12230	32
西秀区宁谷镇	9846	11	40256	3568	20451	9639	49
西秀区龙宫镇	9380	12	18385	1378	16660	5694	10
西秀区双堡镇	13652	14	37336	7538	21935	11332	32
西秀区大西桥镇	7158	11	32656	4420	24950	8430	11
西秀区七眼桥镇	10380	24	70249	11895	37024	28924	11
西秀区蔡官镇	11611	21	57869	17583	34927	20057	47
西秀区轿子山镇	8437	18	39178	22936	30417	19221	22
西秀区旧州镇	11692	12	39576	6010	25024	14494	11
西秀区新场布依族苗族乡	6972	7	16653		12951	7420	5
西秀区岩腊苗族布依族乡	11435	7	14509		10192	5178	7
西秀区鸡场布依族苗族乡	11003	4	14587		9476	4373	13
西秀区杨武布依族苗族乡	15227	10	22410		21807	12000	17
西秀区东屯乡	10213	13	19406		17005	12775	20
西秀区黄腊布依族苗族乡	6039	6	11000		12681	7648	3
西秀区刘官乡	4120	6	16670		8512	4227	60
平坝县安平街道办事处	3882	6	33163	31031	24207	9683	270
平坝县鼓楼街道办事处	3861	7	31424	21693	13060	9431	199
平坝县白云镇	7192	11	27507	2068	18280	7893	183
平坝县高峰镇	10526	19	23285	2235	20742	4182	356
平坝县天龙镇	6502	6	20754	7487	16989	5705	38
平坝县夏云镇	6395	8	33352	21700	17942	11812	109
平坝县马场镇	18288	28	39754	13563	29486	5626	33
平坝县乐平镇	12469	16	35536	510	29910	13530	136
平坝县齐伯镇	8074	9	13508		14313	8751	8
平坝县十字回族苗族乡	10987	11	25169	2762	22360	7380	19
平坝县羊昌布依族苗族乡	7339	7	14848		13859	2252	17
普定县城关镇	14609	46	52000	30147	41459	19947	98
普定县马官镇	11570	32	54002	7824	33366	21257	85
普定县化处镇	10895	34	42184	3924	32623	16540	8
普定县马场镇	9232	39	40898	7592	25536	10670	8
普定县白岩镇	7500	26	30210	3213	19300	8600	40
普定县龙场乡	10023	32	29373	2000	23792	11651	7
普定县鸡场坡乡	8295	24	39229		20116	11188	31
普定县坪上苗族彝族布依族乡	10300	25	34878	1432	21231	8899	9
普定县补郎苗族乡	8078	16	21305		15797	9812	15
普定县猴场苗族仡佬族乡	9344	17	19098		16076	10092	5
普定县猫洞苗族仡佬族乡	8938	26	23130		20345	10135	6

乡镇基本情况

计算单位:公顷、个、人

名　　称	行政区域面积	村民委员会	常住人口	城镇建成区总人口	从业人员	二三产业从业人员	工业企业单位
镇宁布依族苗族自治县城关镇	12200	24	81161	58682	53498	32843	163
镇宁布依族苗族自治县丁旗镇	10538	23	29416	11968	22062	10150	38
镇宁布依族苗族自治县黄果树镇	8784	10	15070	4425	14346	6560	15
镇宁布依族苗族自治县江龙镇	9222	12	18089	9321	14254	6946	22
镇宁布依族苗族自治县大山镇	8764	14	18331	6000	16028	5793	23
镇宁布依族苗族自治县马厂镇	12341	13	17132	7500	12270	2620	
镇宁布依族苗族自治县六马镇	17244	15	12433	2905	11528	1800	2
镇宁布依族苗族自治县良田镇	19836	14	14846	896	12558	5081	2
镇宁布依族苗族自治县扁担山乡	4941	11	10193	925	15285	7147	1
镇宁布依族苗族自治县募役乡	10493	11	12098	2180	11974	6259	2
镇宁布依族苗族自治县沙子乡	13577	12	9190	5000	8150	1397	2
镇宁布依族苗族自治县朵卜陇乡	5212	11	8553	1069	9102	3574	2
镇宁布依族苗族自治县革利乡	7900	10	10299	680	8120	1396	4
镇宁布依族苗族自治县本寨乡	9907	10	13057	1490	14206	5423	11
镇宁布依族苗族自治县简嘎乡	12855	8	7986	491	6879	3499	1
镇宁布依族苗族自治县打帮乡	7912	6	6147	337	5953	2695	2
关岭布依族苗族自治县关索街道办事处	11000	26	53685	38592	28935	23899	58
关岭布依族苗族自治县顶云街道办事处	8500	16	23456	10352	14170	5000	44
关岭布依族苗族自治县花江镇	16000	25	43050	15624	39690	9830	28
关岭布依族苗族自治县永宁镇	11900	24	24830	7800	17218	8783	26
关岭布依族苗族自治县岗乌镇	12000	21	18226	2350	14487	6860	9
关岭布依族苗族自治县上关镇	10600	14	19825	2450	16548	4464	23
关岭布依族苗族自治县坡贡镇	6100	13	15294	2710	17331	5616	14
关岭布依族苗族自治县断桥镇	7400	10	10744	2100	10183	3102	20
关岭布依族苗族自治县白水镇	5600	15	13041	2108	10125	6235	21
关岭布依族苗族自治县新铺镇	15400	16	17407	2540	12259	2310	3
关岭布依族苗族自治县沙营镇	8900	16	18221	2630	12260	4650	11
关岭布依族苗族自治县八德乡	9200	14	11836	870	7831	3381	3
关岭布依族苗族自治县普利乡	10700	14	15824	680	13531	5074	12
关岭布依族苗族自治县板贵乡	13500	17	16661	1050	11315	3490	1
紫云苗族布依族自治县松山镇	17829	21	55931	33391	28862	14649	53
紫云苗族布依族自治县水塘镇	17652	10	17363	2588	8960	2235	9
紫云苗族布依族自治县猴场镇	21690	20	27595	3658	14040	2057	25
紫云苗族布依族自治县猫营镇	28544	17	31879	3397	16450	3284	32
紫云苗族布依族自治县板当镇	21352	17	32051	5028	16538	1801	31
紫云苗族布依族自治县白石岩乡	14300	9	10937		5644	1093	6
紫云苗族布依族自治县宗地乡	28770	17	27563		14224	2254	4
紫云苗族布依族自治县大营乡	19058	13	18120		9350	1610	7
紫云苗族布依族自治县四大寨乡	13500	14	13109		6564	1109	3
紫云苗族布依族自治县坝羊乡	16270	7	12723		6565	1671	101
紫云苗族布依族自治县火花乡	16381	12	15383		7938	1537	4
紫云苗族布依族自治县达帮乡	13054	5	8148		4205	614	1
七星关区鸭池镇	8533	26	42842	3120	36000	23800	58
七星关区梨树镇	6773	13	21345	5602	15002	8723	19
七星关区岔河镇	12860	15	38572	1020	25708	11356	100
七星关区朱昌镇	9532	14	37440	8103	28434	15802	16
七星关区田坝镇	6822	8	19343	4566	12176	7453	9
七星关区长春堡镇	12719	20	38426	5218	33210	20210	36
七星关区撒拉溪镇	14545	19	49036	6270	36000	21000	26
七星关区杨家湾镇	9864	16	36961	8193	25619	8452	22

乡镇基本情况

计算单位:公顷、个、人

名　　称	行政区域面积	村民委员会	常住人口	城镇建成区总人口	从业人员	二三产业从业人员	工业企业单位
七星关区放珠镇	8610	14	24014	3431	17510	9525	13
七星关区青场镇	9956	13	26120	2305	18230	10279	14
七星关区水箐镇	9908	12	19829	3561	16431	10569	7
七星关区何官屯镇	11032	19	33245	3639	31455	12825	26
七星关区对坡镇	9297	13	24088	4645	8909	801	15
七星关区大银镇	9939	9	22055	3801	17756	7936	8
七星关区林口镇	8369	16	21246	4976	18200	11705	35
七星关区生机镇	11582	12	24321	7121	26989	10292	6
七星关区清水铺镇	12511	16	28737	4598	23097	9834	21
七星关区亮岩镇	8333	12	19255	3633	15648	8078	9
七星关区燕子口镇	12405	24	35884	4476	31325	11330	20
七星关区八寨镇	8462	15	24728	3550	15482	7645	4
七星关区田坝桥镇	6130	8	14112	4795	14691	9191	8
七星关区海子街镇	7390	18	18854	5142	13515	5515	32
七星关区小坝镇	6462	15	47923	5850	25029	17217	25
七星关区层台镇	7658	13	20576	4510	24156	15677	13
七星关区小吉场镇	12167	26	38668	5091	39587	16470	13
七星关区普宜镇	8800	10	18501	9125	20703	16320	14
七星关区龙场营镇	5871	9	17521	7121	18760	12440	7
七星关区千溪乡	5468	5	9208		14731	7757	7
七星关区阴底乡	11413	12	26880	7103	16850	6083	10
七星关区野角乡	12153	11	13475	2299	13696	8116	
七星关区大河乡	7309	8	13689		14937	6446	2
七星关区团结乡	8866	13	17759	2389	11050	6232	6
七星关区阿市乡	10725	13	18418	2362	13677	5302	8
七星关区大屯乡	5961	8	15932	3328	10696	4860	11
七星关区田坎乡	6115	7	11124	3007	14731	8141	3
大方县双山镇	13569	19	40937	11234	35766	16456	10
大方县猫场镇	10220	11	27369		25780	14458	32
大方县马场镇	13208	11	33349		34560	11208	25
大方县羊场镇	5145	8	20515		16674	5200	12
大方县黄泥塘镇	21532	15	44410		37789	16071	12
大方县六龙镇	7708	11	24893		22812	11492	8
大方县达溪镇	11685	10	18748		20535	12910	1
大方县瓢井镇	12865	10	25228		18143	7012	4
大方县长石镇	11601	16	25718		34300	17800	7
大方县对江镇	7143	16	17599		22850	7617	6
大方县东关乡	4837	10	21872		15365	9879	32
大方县竹园乡	5318	9	15662		18096	8328	11
大方县响水乡	11153	14	23997	4024	16241	8761	18
大方县文阁乡	5064	4	11093		9654	5642	2
大方县绿塘乡	7607	7	12017		13120	7720	13
大方县鼎新乡	11026	12	29474		24825	9918	21
大方县牛场乡	10590	10	26738		24300	5627	15
大方县小屯乡	4509	5	16856		18145	9195	1
大方县理化乡	13107	10	30461		40500	10285	14
大方县凤山乡	7920	9	16436		11942	9608	17
大方县安乐乡	6787	8	10357		10889	6089	10
大方县核桃乡	8615	9	20719		20819	13502	8
大方县八堡乡	10854	9	20830		21150	12098	8

乡镇基本情况

计算单位:公顷、个、人

名称	行政区域面积	村民委员会	常住人口	城镇建成区总人口	从业人员	二三产业从业人员	工业企业单位
大方县兴隆乡	9962	8	16283		16030	7720	2
大方县果瓦乡	9474	11	9798		11156	6871	
大方县大山乡	8537	11	11660		11283	6671	
大方县雨冲乡	12290	6	9296		9151	2735	1
大方县黄泥乡	6356	6	11304		9207	3823	5
大方县大水乡	11942	11	11772		13234	5421	8
大方县沙厂乡	9715	8	11494		11683	1983	4
大方县普底乡	19524	22	30334		23613	9713	54
大方县百纳乡	5450	3	9593		9350	3398	4
大方县三元乡	9367	8	12905		13055	6234	
大方县星宿乡	12752	10	9601		6817	4259	5
黔西县莲城办事处	5331	7	26735	22856	20806	11454	48
黔西县水西办事处	3350	4	41927	34016	9594	7667	21
黔西县文峰办事处	4840	4	25736	14069	20222	12760	34
黔西县杜鹃办事处	5460	3	35661	23735	16665	11701	44
黔西县金碧镇	9460	17	38074	8212	33850	12760	15
黔西县雨朵镇	5880	13	23937	2236	13932	10226	9
黔西县大关镇	9220	18	23957	14057	25851	11830	7
黔西县谷里镇	6590	17	26609	7818	22016	15194	27
黔西县素朴镇	11170	22	26727	5397	34260	20842	5
黔西县中坪镇	11770	16	19626	3210	26378	16528	5
黔西县重新镇	13980	18	30975	5248	28045	16425	6
黔西县林泉镇	8450	15	28422	6225	20082	12697	18
黔西县金兰镇	5430	10	20238	3027	18395	12735	8
黔西县甘棠镇	11010	14	27233	3892	20356	12507	21
黔西县洪水镇	6620	11	19910	2729	15711	6492	11
黔西县锦星镇	9710	9	22161	15000	17846	10186	4
黔西县钟山镇	6810	11	25142	18000	20690	11011	12
黔西县协和镇	9700	14	17444	2500	18050	12577	8
黔西县观音洞镇	11810	20	24508	2315	22220	15361	6
黔西县五里乡	8350	10	15489	3620	15990	8156	9
黔西县绿化乡	4307	7	11678	3716	13299	6717	17
黔西县新仁乡	6890	9	18933	1876	16267	11595	8
黔西县铁石乡	9030	11	18383	1567	14086	8900	5
黔西县太来乡	10030	13	15816	2463	17868	12503	4
黔西县永燊乡	9500	13	13840	3178	18120	9600	4
黔西县中建乡	6230	6	12700	1987	8938	4800	5
黔西县花溪乡	7840	10	12407	2432	17777	9055	5
黔西县定新乡	9500	13	14654	1983	14976	6941	7
黔西县金坡乡	7269	10	17012		10365	3552	16
黔西县仁和乡	10206	12	18091		13864	10981	15
黔西县红林乡	9600	10	20143	776	19751	14751	2
金沙县西洛街道办事处	9398	6	27325	11137	16079	6089	25
金沙县岩孔街道办事处	12920	10	36387	18445	18978	12978	15
金沙县五龙街道办事处	8810	2	10162	3297	7524	4103	6
金沙县鼓场街道办事处	2274		77105	77105	5165	5108	16
金沙县安底镇	7070	7	27019	16547	6074	4490	18
金沙县沙土镇	20350	16	51253	20388	18271	12855	21
金沙县禹谟镇	12290	10	27900	11582	15213	8917	13
金沙县岚头镇	6510	6	13310	9696	2951	2101	21

乡镇基本情况

计算单位:公顷、个、人

名　　称	行政区域面积	村民委员会	常住人口	城镇建成区总人口	从业人员	二三产业从业人员	工业企业单位
金沙县清池镇	10980	8	20351	8332	11016	3983	12
金沙县柳塘镇	9908	9	18356		3140	1270	18
金沙县平坝镇	24190	16	28674	9971	13776	4392	11
金沙县源村镇	9120	8	24067	5511	14492	6626	30
金沙县石场苗族彝族乡	12090	10	24237		16488	8728	7
金沙县桂花乡	8610	4	10499		7907	3757	10
金沙县太平彝族苗族乡	8580	5	11431		8171	3028	5
金沙县高坪乡	7800	10	12872		9285	3243	10
金沙县化觉乡	8760	11	16302		11172	5235	3
金沙县茶园乡	7470	10	19238		14260	9560	8
金沙县木孔乡	8060	7	13155		10502	4928	5
金沙县长坝乡	10570	8	19237		13316	6458	4
金沙县后山乡	10250	5	12029		12247	8190	6
金沙县安洛苗族彝族满族乡	10720	8	15844		9148	6168	15
金沙县新化苗族彝族满族乡	9360	9	21739		8716	2485	33
金沙县大田彝族苗族布依族乡	8380	7	5789		5830	4340	2
金沙县马路彝族苗族乡	8330	7	11607		7225	5735	1
织金县双堰街道办事处	4860	8	16214	8520	13162	9328	506
织金县文腾街道办事处	2930	4	15271		10237	7733	300
织金县金凤街道办事处	6950	10	14122		13331	9211	33
织金县三甲街道办事处	14120	26	23670		23157	13797	24
织金县绮陌街道办事处	8020	16	27247		17543	9602	10
织金县八步街道办事处	10130	21	34351	6966	16334	6774	10
织金县桂果镇	11650	14	21519	9597	15927	6954	1
织金县牛场镇	10580	28	36641	16066	29062	12602	10
织金县猫场镇	15850	27	52452	18500	32254	14508	9
织金县化起镇	9630	23	37599		22533	11083	6
织金县龙场镇	8020	20	23368	10390	13212	5552	9
织金县以那镇	8430	17	34147	15168	27100	13822	8
织金县三塘镇	13270	27	33116		13456	10378	22
织金县阿弓镇	10110	18	30420		17784	7271	5
织金县珠藏镇	13040	21	52533	17509	31757	17057	26
织金县自强乡	5270	11	10657		8963	2909	3
织金县大平乡	5620	13	15102		14221	7378	1
织金县官寨乡	6260	16	20230	4300	14619	5164	11
织金县茶店乡	10620	21	36090		19600	9397	4
织金县金龙乡	10860	20	23960		20007	12544	5
织金县后寨乡	11010	13	22262		9215	2850	12
织金县鸡场乡	10540	24	27053		18360	4014	4
织金县中寨乡	10210	16	16956	10500	8811	6372	9
织金县实兴乡	8970	13	12200		11750	2761	1
织金县马场乡	7310	14	13800		17744	8120	11
织金县上坪寨乡	5840	14	11810		11602	6218	6
织金县纳雍乡	5260	12	13420		10404	5080	3
织金县板桥乡	6440	13	16430	2419	16068	6247	8
织金县白泥乡	6740	15	19820	9	10386	2438	11
织金县少普乡	8690	25	29357		17179	2096	14
织金县熊家场乡	9670	18	18650		16710	9190	11
织金县黑土乡	9900	18	20980		10398	4675	4
纳雍县雍熙街道办事处	14231	10	64669		38770	19408	40

乡镇基本情况

计算单位:公顷、个、人

名　　称	行政区域面积	村民委员会	常住人口	城镇建成区总人口	从业人员	二三产业从业人员	工业企业单位
纳雍县居仁街道办事处	12355	4	28039		24304	15116	6
纳雍县中岭镇	11055	17	30663		20364	13624	23
纳雍县阳长镇	10977	20	34103		42246	23784	26
纳雍县维新镇	7369	15	21360		25300	18790	2
纳雍县龙场镇	11361	24	35865		19246	7425	6
纳雍县乐治镇	7724	18	26655		18989	15709	12
纳雍县百兴镇	8509	19	35022		21400	15800	2
纳雍县张家湾镇	14525	21	32635		19909	14669	7
纳雍县勺窝乡	7049	17	26129		25167	15615	14
纳雍县新房乡	9967	25	29190		23265	12638	14
纳雍县库东关乡	5868	10	14249		11816	7198	3
纳雍县董地乡	9909	11	22124		15670	5394	1
纳雍县寨乐乡	9042	19	33045		19997	13437	6
纳雍县化作乡	9747	19	29621		28031	12498	3
纳雍县老凹坝乡	10929	21	30638		37745	25481	4
纳雍县沙包乡	8573	18	27359		18244	11312	7
纳雍县水东乡	13067	15	23583		20468	12108	3
纳雍县曙光乡	9785	25	32395		23250	13334	10
纳雍县姑开乡	7730	12	23937		19810	10834	4
纳雍县羊场乡	11728	15	16609		24016	14711	2
纳雍县锅圈岩乡	10394	15	13635		18957	14396	3
纳雍县昆寨乡	8983	16	22100		16890	4114	3
纳雍县左鸠戛乡	5667	6	9433		7870	4583	8
纳雍县猪场乡	8686	11	9771		7523	4111	4
威宁彝族回族苗族自治县草海镇	36435	44	151581	71548	79571	27789	849
威宁彝族回族苗族自治县么站镇	19183	15	30251		17192	8376	4
威宁彝族回族苗族自治县金钟镇	14360	18	50428	5046	30817	13545	15
威宁彝族回族苗族自治县炉山镇	19341	22	63441	5684	41164	24124	38
威宁彝族回族苗族自治县龙场镇	24785	32	65027	3071	43648	17975	7
威宁彝族回族苗族自治县黑石头镇	33396	22	47574	6058	39316	8855	13
威宁彝族回族苗族自治县哲觉镇	27881	25	44782	1256	28688	5323	20
威宁彝族回族苗族自治县观风海镇	17504	13	37612	2370	25100	5420	6
威宁彝族回族苗族自治县牛棚镇	17789	20	44618	5442	34618	13269	11
威宁彝族回族苗族自治县迤那镇	20536	14	40237	10800	37872	10519	12
威宁彝族回族苗族自治县中水镇	10223	18	48599	3385	27329	11686	6
威宁彝族回族苗族自治县龙街镇	28485	23	49838	2036	22881	5899	7
威宁彝族回族苗族自治县雪山镇	34318	22	52090	4581	27297	1966	13
威宁彝族回族苗族自治县羊街镇	19724	17	57731	4568	30308	11167	11
威宁彝族回族苗族自治县小海镇	20832	14	61024	7254	43781	21981	18
威宁彝族回族苗族自治县盐仓镇	16654	15	29419		9717	1247	4
威宁彝族回族苗族自治县东风镇	11055	14	45952	10860	23042	11402	22
威宁彝族回族苗族自治县二塘镇	10480	12	23854	1500	14292	3000	26
威宁彝族回族苗族自治县猴场镇	8530	15	30400	3320	15410	8603	16
威宁彝族回族苗族自治县金斗乡	10722	16	30228	2899	13247	5659	6
威宁彝族回族苗族自治县新发布依族乡	14882	31	40359	1620	24095	9692	10
威宁彝族回族苗族自治县岔河乡	18597	17	26679	7500	15703	1140	3
威宁彝族回族苗族自治县麻乍乡	27588	17	43223		35087	11451	12
威宁彝族回族苗族自治县海拉乡	22157	17	38203		23558	9837	10
威宁彝族回族苗族自治县哈喇河乡	14242	8	22472		17710	4543	10
威宁彝族回族苗族自治县秀水乡	13891	14	27958		16915	2950	45

乡镇基本情况

计算单位：公顷、个、人

名　　称	行政区域面积	村民委员会	常住人口	城镇建成区总人口	从业人员	二三产业从业人员	工业企业单位
威宁彝族回族苗族自治县斗古乡	11821	14	17941	945	12318	5745	6
威宁彝族回族苗族自治县玉龙乡	14978	12	32947	1606	20490	6004	
威宁彝族回族苗族自治县黑土河乡	12734	12	21593		14100	3100	6
威宁彝族回族苗族自治县石门乡	14001	14	18562	1120	8106	2461	10
威宁彝族回族苗族自治县云贵乡	13296	10	18560		10567	3617	7
威宁彝族回族苗族自治县兔街乡	14602	12	35439		22853	7088	11
威宁彝族回族苗族自治县双龙乡	14602	12	35439		22853	7088	11
威宁彝族回族苗族自治县板底乡	10565	8	17561		9276	3541	2
威宁彝族回族苗族自治县大街乡	11154	9	20239	3781	10205	3380	1
赫章县城关镇	7134	16	53285	21716	18399	13757	25
赫章县白果镇	12919	21	33707	17230	14509	6438	13
赫章县妈姑镇	13722	23	38608	16712	21453	11306	28
赫章县财神镇	18196	23	33803	5049	17756	9652	6
赫章县六曲河镇	10830	19	27728	4523	19101	7883	19
赫章县野马川镇	9257	24	34259	16827	23376	15296	22
赫章县达依乡	7185	13	14743		12478	8703	10
赫章县水塘堡乡	12106	14	17211		10324	5356	21
赫章县兴发乡	18759	16	21866		11853	4443	18
赫章县松林坡乡	11196	16	24413		12119	4315	3
赫章县雉街乡	13994	10	12707		12646	5006	11
赫章县珠市乡	15819	18	18204		7980	6305	20
赫章县罗州乡	11083	20	26090		12405	4032	2
赫章县双坪乡	19280	26	29900		22734	13992	9
赫章县铁匠乡	8797	10	14239		7855	5045	5
赫章县辅处乡	8261	9	14157		10486	4636	1
赫章县可乐乡	13200	19	33114		22465	9293	2
赫章县河镇乡	17410	20	27775		19590	11540	3
赫章县德卓乡	11524	14	23042		12400	6175	17
赫章县安乐溪乡	9981	13	11807		8142	5432	4
赫章县朱明乡	12588	16	22415		15110	9410	3
赫章县结构乡	10558	8	15365		10085	5195	7
赫章县古基乡	11108	16	20480		17555	10572	3
赫章县哲庄乡	8653	19	28786		16394	8347	5
赫章县平山乡	8976	17	25688		14913	6752	5
赫章县古达乡	12945	25	17092		13759	9625	7
赫章县威奢乡	8795	11	12817		6421	3576	3
碧江区川硐镇	9771	6	23738	1157	10122	6909	46
碧江区坝黄镇	19014	14	38422	2760	31502	7599	32
碧江区云场坪镇	3564	3	4858	980	2466	1145	6
碧江区漾头镇	8630	3	7142	3456	3335	1179	7
碧江区桐木坪乡	6629	3	6700		7118	3650	15
碧江区滑石乡	7787	7	20890		8905	6883	17
碧江区和平乡	11762	9	16854		6962	609	5
碧江区瓦屋乡	11346	6	10397		4659	839	10
碧江区六龙山乡	8306	4	3716		1790	603	2
万山区万山镇	1551		15467	15843	9693	8783	39
万山区高楼坪侗族乡	7578	12	12132		7603	4323	64
万山区黄道侗族乡	8921	10	9296		5826	2240	11
万山区敖寨侗族乡	8905	5	6110		4329	1853	11
万山区下溪侗族乡	6885	7	6148		4353	2085	11

乡镇基本情况

计算单位：公顷、个、人

名　　称	行政区域面积	村民委员会	常住人口	城镇建成区总人口	从业人员	二三产业从业人员	工业企业单位
万山区鱼塘乡	14466	12	19220		11045	5084	11
万山区大坪乡	13451	10	15892		9960	4230	6
江口县双江镇	17260	17	35165	27609	18848	12193	143
江口县闵孝镇	26830	21	17260	2149	14766	5815	3
江口县太平镇	36030	12	16157	1026	10131	4465	4
江口县坝盘镇	17910	16	23223	1245	15683	6822	10
江口县民和镇	21840	29	18926	2460	15563	7127	11
江口县桃映镇	14090	19	24038	2650	17193	7934	15
江口县怒溪镇	13580	14	16146	1780	11786	4551	12
江口县德旺土家族苗族乡	26740	11	14165		9605	4623	21
江口县官和侗族土家族苗族乡	12610	9	7463		5274	2484	1
玉屏侗族自治县平溪镇	7960	14	43443	11074	16881	9429	55
玉屏侗族自治县大龙镇	8570	19	32641	17340	19127	13710	86
玉屏侗族自治县朱家场镇	11170	18	17654	1984	15403	10253	12
玉屏侗族自治县田坪镇	14950	20	28617	3020	19091	8827	17
玉屏侗族自治县新店乡	5760	9	9867		9674	5310	24
玉屏侗族自治县亚鱼乡	3250	4	6454	460	6252	2665	17
石阡县汤山镇	7860	19	43662	25282	26382	22546	45
石阡县本庄镇	24587	25	33111	9835	30680	14190	123
石阡县白沙镇	12981	23	20341	6480	23730	11350	14
石阡县龙塘镇	11207	24	28079	3844	12240	3246	8
石阡县花桥镇	8760	16	15412	1350	14200	6700	4
石阡县五德镇	13224	20	12889	1400	6989	3844	12
石阡县中坝镇	7533	15	13547	4107	13425	5133	12
石阡县河坝场乡	16680	15	14801	6117	20885	7545	6
石阡县国荣乡	5560	14	11700	932	15800	5800	
石阡县聚凤乡	15100	18	15065	2362	7963	494	13
石阡县龙井乡	9975	23	21554	3625	13363	794	13
石阡县大沙坝乡	6299	15	15268	1300	17523	5923	2
石阡县枫香乡	6950	11	7057	1258	7522	1894	94
石阡县青阳乡	13474	14	8971	1758	8570	4520	
石阡县石固乡	16643	14	10341	4895	6544	4915	16
石阡县坪地场乡	12320	18	15592	5126	13970	7672	6
石阡县甘溪乡	15800	9	10971	4500	14075	3832	
石阡县坪山乡	12347	8	5839		7829	2704	
思南县思唐镇	7352	13	60186	65012	34463	12655	31
思南县塘头镇	11054	28	42201	23160	26545	9517	9
思南县许家坝镇	10938	21	30991	8692	16840	6060	48
思南县大坝场镇	15457	22	22314	2926	15872	5920	9
思南县文家店镇	6047	12	16245	3147	8088	2516	13
思南县鹦鹉溪镇	12868	27	33586	2582	20581	7729	68
思南县合朋溪镇	5925	12	13651	4016	10807	3723	13
思南县张家寨镇	10604	22	23187	4264	12120	3485	21
思南县孙家坝镇	6278	16	19662	3642	11520	4188	9
思南县青杠坡镇	10255	23	27103	1749	10363	2972	
思南县瓮溪镇	13241	23	29132	6913	25767	6285	22
思南县凉水井镇	11382	29	30492	2259	16053	5581	21
思南县邵家桥镇	8744	32	30876	2341	18425	3310	32
思南县大河坝镇	8767	22	19118	2723	12542	5017	12
思南县亭子坝镇	6635	10	11094	1894	11014	4406	4

乡镇基本情况

计算单位:公顷、个、人

名　　称	行政区域面积	村民委员会	常住人口	城镇建成区总人口	从业人员	二三产业从业人员	工业企业单位
思南县香坝镇	8094	23	21963	1664	10902	4361	6
思南县长坝镇	6170	14	10786	1802	10980	4392	
思南县板桥镇	4316	10	13451	1656	10111	4045	22
思南县思林乡	5610	13	13978		10030	639	12
思南县东华乡	7551	14	10795		10988	873	5
思南县胡家湾乡	5888	14	12043		10726	613	4
思南县宽坪乡	6845	14	12124		9662	1118	9
思南县枫芸乡	6836	15	13757		11137	660	
思南县三道水乡	6180	17	20163		12255	613	8
思南县天桥乡	6858	12	15942		10199	581	4
思南县兴隆乡	5552	13	16317		10967	619	3
思南县杨家坳乡	7603	18	21135		14203	621	3
印江土家族苗族自治县峨岭镇	8013	23	75881	50900	22745	16902	92
印江土家族苗族自治县板溪镇	11781	30	35948	4630	17980	9792	20
印江土家族苗族自治县沙子坡镇	12184	20	27580	4560	14149	9523	22
印江土家族苗族自治县天堂镇	12236	27	29510	5912	18765	11249	13
印江土家族苗族自治县木黄镇	13774	27	31011	8670	19290	10764	40
印江土家族苗族自治县合水镇	10901	29	31947	3158	19760	12660	25
印江土家族苗族自治县朗溪镇	8418	18	21974	2013	13632	5218	12
印江土家族苗族自治县缠溪镇	15629	26	23228	3675	11734	5948	14
印江土家族苗族自治县洋溪镇	17383	15	16357	2650	10310	5097	13
印江土家族苗族自治县新寨乡	13071	26	34883	1200	20146	9826	34
印江土家族苗族自治县中坝乡	6729	18	17858	1500	8545	6291	8
印江土家族苗族自治县杉树乡	7479	17	16023	1460	13121	8005	11
印江土家族苗族自治县刀坝乡	12659	28	30426	3769	21530	14516	13
印江土家族苗族自治县新业乡	11501	16	13026	1900	6923	5155	20
印江土家族苗族自治县永义乡	16365	17	12681	1125	8015	5767	26
印江土家族苗族自治县罗场乡	8175	15	14247	1881	8894	5659	8
印江土家族苗族自治县杨柳乡	9802	13	9812		9673	5143	8
德江县青龙街道办事处	4465	3	46888	46888	24234	23403	93
德江县玉水街道办事处	4764	7	71522	45052	32458	28248	196
德江县煎茶镇	19327	19	26460	5259	25273	12705	16
德江县潮砥镇	5838	15	11253	1661	12747	7935	2
德江县枫香溪镇	10482	19	18180	3106	7721	3204	21
德江县稳坪镇	6127	18	12164	2860	14294	5960	9
德江县复兴镇	14206	19	21480	3378	16665	4319	16
德江县合兴镇	12862	14	16570	3281	14740	7237	11
德江县高山镇	8769	12	16029	1125	10208	2604	8
德江县泉口镇	12773	20	10794	1230	13134	7561	9
德江县长堡镇	9246	18	15024	1650	15198	2898	5
德江县共和镇	10508	19	13181	1150	11638	5615	12
德江县平原镇	8564	14	9229	1350	7308	4194	14
德江县荆角乡	9765	15	10223		7899	3179	6
德江县堰塘乡	10175	13	8345		8424	4725	1
德江县龙泉乡	8053	12	7354		8568	3094	3
德江县钱家乡	8036	13	8058		7294	3693	30
德江县沙溪乡	11947	14	10788		6272	3736	10
德江县楠杆乡	12431	13	9585		5947	2793	5
德江县长丰乡	9479	14	14731		6589	3558	9
德江县桶井乡	9375	25	10603		9825	3221	10

乡镇基本情况

计算单位：公顷、个、人

名　　称	行政区域面积	村民委员会	常住人口	城镇建成区总人口	从业人员	二三产业从业人员	工业企业单位
沿河土家族自治县和平镇	5516	13	58825	51938	26017	21888	799
沿河土家族自治县沙子镇	9682	32	27414	7169	14699	5184	6
沿河土家族自治县谯家镇	16343	24	37689	5486	23145	14385	94
沿河土家族自治县夹石镇	13177	38	29093	6960	22275	11183	5
沿河土家族自治县淇滩镇	10179	29	34815	5863	26539	7334	43
沿河土家族自治县官舟镇	14115	38	44600	27000	32523	17885	437
沿河土家族自治县土地坳镇	9630	14	21312	5889	13351	5751	68
沿河土家族自治县思渠镇	18402	28	19432	4063	16950	5110	43
沿河土家族自治县客田镇	14580	10	17865	5529	7122	966	32
沿河土家族自治县洪渡镇	7572	7	10746	3215	10318	3115	16
沿河土家族自治县黑獭乡	3579	7	6232		5500	2632	23
沿河土家族自治县黑水乡	8961	16	18788		15531	4331	11
沿河土家族自治县中界乡	7507	22	24797		13363	4925	34
沿河土家族自治县晓景乡	8692	17	15547		12541	4041	3
沿河土家族自治县甘溪乡	10915	29	22898		17192	6480	35
沿河土家族自治县板场乡	10223	23	32024		25259	7621	16
沿河土家族自治县泉坝乡	10334	15	20650		16110	3723	50
沿河土家族自治县中寨乡	11182	14	17568		15408	4822	12
沿河土家族自治县黄土乡	17058	14	13059		12714	3481	8
沿河土家族自治县新景乡	16387	12	15338		14334	3654	6
沿河土家族自治县塘坝乡	12273	16	19438		12760	3273	17
沿河土家族自治县后坪乡	10573	11	13457		9967	4724	8
松桃苗族自治县大兴街道办事处	9960	9	12947	1636	13384	6692	30
松桃苗族自治县蓼皋镇	10600	25	90590	34450	20978	8770	109
松桃苗族自治县盘石镇	11850	20	13389	3046	12040	5645	19
松桃苗族自治县盘信镇	16280	28	20336	3917	20796	11414	28
松桃苗族自治县大坪场镇	6070	18	14754	3925	14959	6847	33
松桃苗族自治县普觉镇	11560	21	20306	3998	18206	9642	12
松桃苗族自治县寨英镇	19920	24	23192	12189	28498	13411	41
松桃苗族自治县孟溪镇	13240	24	22691	6240	19752	11847	25
松桃苗族自治县乌罗镇	17400	17	16280	5436	16140	7358	27
松桃苗族自治县甘龙镇	11910	20	19556	3367	25190	12574	11
松桃苗族自治县长兴堡镇	7020	25	17796	3646	16518	11087	17
松桃苗族自治县迓驾镇	7140	16	14369	3331	14087	8087	26
松桃苗族自治县牛郎镇	9420	15	13538	3045	12536	4265	14
松桃苗族自治县九江乡	5510	13	9203		9608	4984	2
松桃苗族自治县世昌乡	9450	19	15832		16978	6818	26
松桃苗族自治县正大乡	11260	21	14891	1150	15100	6780	11
松桃苗族自治县长坪乡	8030	14	9170	3860	10160	3042	5
松桃苗族自治县太平营乡	7390	17	15759		14462	5375	22
松桃苗族自治县平头乡	10300	19	14290		15968	3969	6
松桃苗族自治县大路乡	7730	14	18068		16725	10044	13
松桃苗族自治县妙隘乡	6370	18	11183	1560	11360	6131	12
松桃苗族自治县冷水溪乡	13540	17	14664		13200	4194	6
松桃苗族自治县石梁乡	8310	9	9133		9167	4929	5
松桃苗族自治县瓦溪乡	10810	9	6402		4982	2009	1
松桃苗族自治县永安乡	8300	11	8832	1350	7609	4095	5
松桃苗族自治县木树乡	7440	22	12206	362	14320	4885	9
松桃苗族自治县黄板乡	10150	28	17973		19382	9614	6
松桃苗族自治县沙坝河乡	6820	10	9350	4500	9963	4899	3

乡镇基本情况

计算单位:公顷、个、人

名　　称	行政区域面积	村民委员会	常住人口	城镇建成区总人口	从业人员	二三产业从业人员	工业企业单位
兴义市敬南镇	15489	12	35943	1570	19846	5146	7
兴义市泥凼镇	14008	9	24197	3618	12205	1500	3
兴义市南盘江镇	14808	9	17324	1288	13247	1905	
兴义市捧乍镇	14407	10	25701	5362	20123	9286	6
兴义市鲁布格镇	6149	4	12447	3986	7040	1020	1
兴义市三江口镇	8498	4	9986	1579	6307	1270	2
兴义市乌沙镇	13932	9	29928	5632	18593	5630	2
兴义市白碗窑镇	11794	7	26992	4164	15731	1940	6
兴义市马岭镇	3674	4	20128	4746	10301	4106	29
兴义市威舍镇	8699	4	18149	10020	11225	4205	43
兴义市清水河镇	16118	8	27168	2158	16318	4373	25
兴义市顶效镇	18660	7	72962	12417	26789	16720	98
兴义市郑屯镇	15107	7	25453	7823	15644	5307	40
兴义市万屯镇	17798	10	43186	7542	25126	5185	18
兴义市鲁屯镇	6661	4	21259	6112	14381	6771	2
兴义市仓更镇	7169	4	12966	2300	4092	1010	5
兴义市七舍镇	13159	6	18594	3096	11764	2184	1
兴义市则戎乡	10711	11	21682	4498	13532	4863	
兴义市沧江乡	9470	6	6885	949	5016	458	
兴义市洛万乡	16148	6	9408	806	4063	207	
兴义市猪场坪乡	9578	8	21146	2201	11943	3078	1
兴义市雄武乡	6824	4	16049	16539	12190	3215	9
兴仁县东湖街道办事处	4629	3	25418	8892	17722	6830	13
兴仁县城南街道办事处	1898		15799	5528	13810	8891	4
兴仁县真武山街道办事处	3645	2	19654	6876	13071	8893	6
兴仁县城北街道办事处	4498	3	21334	7464	16716	3027	8
兴仁县屯脚镇	12683	10	23027	8056	20117	2087	12
兴仁县巴铃镇	17657	15	42099	14732	25739	11379	28
兴仁县百德镇	9635	9	28964	10136	7047	6607	3
兴仁县雨樟镇	15341	11	25249	8836	22029	1329	14
兴仁县潘家庄镇	10530	10	25058	8764	28050	9050	16
兴仁县回龙镇	11803	12	31833	11140	24652	4702	2
兴仁县下山镇	16511	10	27783	9720	21768	7118	20
兴仁县新龙场镇	9917	7	24183	8460	15519	3102	8
兴仁县大山乡	11252	8	25949	9080	16125	1150	12
兴仁县新马场乡	10580	9	21994	7696	19127	657	5
兴仁县李关乡	6485	4	12189	4264	13330	4995	7
兴仁县田湾乡	8348	7	21379	7480	15013	597	3
兴仁县鲁础营乡	14703	8	14995	5244	10947	2353	12
兴仁县民建乡	8415	6	12893	4512	9831	1582	5
普安县盘水镇	4600	3	23679	12175	6118	5495	21
普安县龙吟镇	17800	7	17795	1335	14450	667	10
普安县罐子窑镇	9100	4	11099	3800	9613	627	4
普安县江西坡镇	11100	5	29116	1045	16099	3749	6
普安县三板桥镇	7100	5	18720	5124	14187	11164	15
普安县地瓜镇	10300	5	19822	1500	12233	2000	20
普安县青山镇	11200	5	28544	11870	15740	4532	3
普安县楼下镇	14000	8	38450	4560	29630	7780	22
普安县白沙乡	7000	4	13217		8286	4462	7
普安县高棉乡	7300	6	17102		4632	1654	4

乡镇基本情况

计算单位:公顷、个、人

名　　称	行政区域面积	村民委员会	常住人口	城镇建成区总人口	从业人员	二三产业从业人员	工业企业单位
普安县窝沿乡	6300	6	22345		14801	441	4
普安县罗汉乡	10000	6	20230		13391	3770	9
普安县新店乡	14200	5	22175		13385	4128	9
普安县雪浦乡	12900	6	27086		13022	392	3
晴隆县莲城镇	7392	6	28071	9664	12136	3115	39
晴隆县沙子镇	11306	9	18815	2150	11485	989	28
晴隆县碧痕镇	9828	4	15746	2989	11649	4299	14
晴隆县大厂镇	9972	5	17904	2895	9509	2657	49
晴隆县鸡场镇	9987	10	25665	3956	15756	9048	21
晴隆县花贡镇	12903	6	14972	3285	11385	2153	18
晴隆县中营镇	8275	9	18005	3695	9283	1424	16
晴隆县光照镇	17031	8	21069	3659	10095	1674	20
晴隆县长流乡	6271	7	20653		14820	8058	12
晴隆县大田乡	8681	6	12196		7859	1021	9
晴隆县马场乡	9661	8	21790		9417	493	5
晴隆县紫马乡	6984	5	13066		8455	614	9
晴隆县安谷乡	10200	5	16057		8783	680	10
晴隆县三宝彝族乡	2487	3	4091		2513	306	
贞丰县珉谷镇	15581	25	57854	21605	32825	14443	67
贞丰县龙场镇	11487	13	33142	3757	21704	11802	44
贞丰县者相镇	13418	11	31629	2683	23317	14479	17
贞丰县北盘江镇	10808	11	25682	1686	23990	13320	33
贞丰县白层镇	15228	15	20110	723	14890	5000	6
贞丰县鲁贡镇	15740	16	17706	1883	16298	6520	2
贞丰县连环乡	7792	8	13683		10132	5727	6
贞丰县挽澜乡	9343	8	13906		14346	8726	28
贞丰县小屯乡	8793	11	27419		26227	8858	10
贞丰县长田乡	6070	7	17017		15032	4531	3
贞丰县平街乡	8254	7	19053		14892	6912	4
贞丰县鲁容乡	13783	10	14003		10897	4921	
贞丰县沙坪乡	14838	14	14872		13820	3020	6
望谟县王母街道	23008	4	24313	13726	11690	5274	87
望谟县平洞街道	1282	6	14257		5382	4178	16
望谟县乐元镇	23660	14	19192	1394	16024	7201	2
望谟县打易镇	21110	14	23921		14619	6111	2
望谟县乐旺镇	21160	11	16166	1285	11670	4041	5
望谟县桑郎镇	11530	6	8828	2650	5236	2208	4
望谟县纳夜镇	11090	7	8093	1134	7028	3345	
望谟县新屯镇	18130	15	24319	1285	15300	7755	5
望谟县石屯镇	18120	15	19371		18254	6610	2
望谟县蔗香镇	27140	9	14146		8955	2808	13
望谟县郊纳镇	11390	10	14110	1877	12280	6097	2
望谟县大观镇	16970	10	13175	2125	7035	4344	3
望谟县坎边乡	12930	7	11132	1134	6142	2490	1
望谟县岜饶乡	12410	5	8666	235	6102	3223	
望谟县昂武乡	9630	7	8008	510	4673	2616	2
望谟县油迈乡	15020	8	10437	472	6933	3961	
望谟县麻山乡	11500	6	6462		3960	2588	
望谟县打尖乡	10800	7	8014	1990	3152	2479	2
册亨县者楼镇	18941	11	30025	10865	21700	7500	19

乡镇基本情况

计算单位:公顷、个、人

名　　称	行政区域面积	村民委员会	常住人口	城镇建成区总人口	从业人员	二三产业从业人员	工业企业单位
册亨县坡妹镇	11822	12	27686	1586	18855	6455	
册亨县冗渡镇	15895	8	19812	843	13870	940	13
册亨县丫他镇	24603	11	17902	1287	10866	879	5
册亨县巧马镇	23602	8	13906	439	8865	2065	7
册亨县秧坝镇	18216	11	17626	1435	9150	1650	7
册亨县双江镇	23140	11	11025	568	7475	1160	
册亨县岩架镇	17439	9	15291	721	9677	2176	5
册亨县八渡镇	22140	8	9183	492	6421	2251	2
册亨县庆坪乡	12309	6	17564	339	11570	1770	3
册亨县达央乡	19110	8	10502	326	7455	1920	4
册亨县威旁乡	7800	6	11519	326	7420	820	
册亨县弼佑乡	20771	10	14232	438	7970	470	1
册亨县百口乡	24011	4	5344	221	3391	578	
安龙县招堤办事处	10785	7	35392	18040	22000	15004	66
安龙县栖凤办事处	17866	10	36702	12000	28420	13500	15
安龙县龙广镇	16631	18	42654	24000	30612	16474	12
安龙县德卧镇	20199	12	30768	2388	27862	12180	4
安龙县万峰湖镇	14053	10	21339	16000	11095	5367	1
安龙县木咱镇	5530	7	10781	2681	8465	4891	3
安龙县洒雨镇	11468	13	22720	2653	28121	14325	5
安龙县普坪镇	13916	7	14174	2366	17093	8422	7
安龙县龙山镇	14333	13	21467	22350	19842	8507	9
安龙县戈塘镇	13668	11	23330	550	29032	14377	19
安龙县兴隆镇	18661	15	21576	10022	26935	10298	3
安龙县新桥镇	11125	8	16576	2500	15531	6224	13
安龙县海子乡	12910	10	18130	2281	18010	7204	10
安龙县笃山乡	10882	10	12486	2547	13126	6949	19
安龙县平乐乡	12585	7	12215	1606	7486	3745	2
安龙县钱相乡	9682	9	11304	3617	11628	4000	9
安龙县坡脚乡	8879	6	8186	462	7015	3685	8
凯里市三棵树镇	14394	22	42934	2650	20735	9890	
凯里市舟溪镇	11510	19	24057	6700	10067	6444	
凯里市旁海镇	9972	21	33069	1380	21089	8000	
凯里市湾水镇	8262	17	28095	2456	12539	1812	
凯里市炉山镇	19036	27	32492	12797	18684	9901	
凯里市万潮镇	9476	15	17996	2536	8223	2837	
凯里市龙场镇	9552	16	21601	1654	11158	3590	
凯里市凯棠乡	5126	11	19600		7803	1855	
凯里市大风洞乡	16833	27	36700		20183	13500	
黄平县新州镇	31007	40	62161	26846	40216	24056	
黄平县旧州镇	22503	30	37594	12580	47879	21448	
黄平县重安镇	15611	40	39838	2645	43891	23540	
黄平县谷陇镇	22909	47	50794	8844	42107	20767	
黄平县平溪镇	10500	10	10513	4635	7453	2923	
黄平县野洞河镇	15301	18	13473		7532	3920	
黄平县浪洞镇	11912	19	12056		10170	1907	
黄平县上塘镇	14908	17	9938	3450	6796	1678	
黄平县一碗水乡	9205	8	9589		5706	1490	
黄平县纸房乡	8006	3	7574		6876	2564	
黄平县翁坪乡	4918	11	9469		7847	3654	

乡镇基本情况

计算单位：公顷、个、人

名　　称	行政区域面积	村民委员会	常住人口	城镇建成区总人口	从业人员	二三产业从业人员	工业企业单位
施秉县城关镇	32875	12	34539	38938	15826	5819	
施秉县杨柳塘镇	15213	7	17553	3696	3814	3791	
施秉县双井镇	12275	10	20139	3943	9445	1019	
施秉县牛大场镇	28285	9	21731	1500	20746	1631	
施秉县白垛乡	19211	7	8381		2835	157	
施秉县甘溪乡	10678	5	7243		5616	91	
施秉县马号乡	16892	9	16132		4700	820	
施秉县马溪乡	17754	5	5128	3500	5000	1600	
三穗县八弓镇	15870	39	55388	29245	42846	32614	
三穗县台烈镇	15100	17	12088	3366	20834	13234	
三穗县瓦寨镇	8260	16	13058	4371	21642	9782	
三穗县桐林镇	12890	20	14523	2844	12719	8404	
三穗县雪洞镇	9600	13	13069	1959	12485	7290	
三穗县滚马乡	8450	12	11503		11365	7309	
三穗县长吉乡	9780	17	14223		14976	9250	
三穗县款场乡	10440	10	11368		9734	6679	
三穗县良上乡	13190	15	10517		11151	5238	
镇远县舞阳镇	29950	12	58888	42256	15263	8609	
镇远县蕉溪镇	15670	13	15463	1139	12847	5759	
镇远县青溪镇	14110	16	24676	6335	14342	6259	
镇远县羊坪镇	10370	10	17992	7610	8441	4217	
镇远县羊场镇	23150	9	15708	4368	10136	4388	
镇远县都坪镇	18790	9	13524	2036	12128	5076	
镇远县金堡镇	17930	10	14078	3105	11607	4310	
镇远县江古镇	17870	11	14502	3500	12472	4895	
镇远县涌溪乡	16060	5	8859		8185	3523	
镇远县报京乡	6890	6	6827		5772	2328	
镇远县大地乡	9950	5	8088		5771	2473	
镇远县尚寨乡	7020	4	5395		4792	2044	
岑巩县思旸镇	13486	16	27381	4354	16055	6463	
岑巩县水尾镇	10073	11	15099	1433	12406	6530	
岑巩县天马镇	20370	13	15781	785	13062	5770	
岑巩县龙田镇	14651	10	14529	2344	11939	5356	
岑巩县大有镇	14280	13	13143	2356	11369	4863	
岑巩县注溪镇	15657	12	14424	1600	11889	2724	
岑巩县凯本镇	15313	11	12133	1230	10165	4800	
岑巩县天星乡	7664	11	11004	623	9516	4795	
岑巩县羊桥乡	16080	15	19215	1670	15526	6690	
岑巩县平庄乡	14050	9	11668	3000	9588	4748	
岑巩县客楼乡	7026	8	7023	1524	5972	3261	
天柱县凤城镇	14296	21	48833	33163	33945	30588	
天柱县邦洞镇	25145	33	26445	5622	26395	16379	
天柱县坪地镇	18623	18	12334	2130	12411	5566	
天柱县兰田镇	19433	25	19193	2053	19341	9087	
天柱县瓮洞镇	9038	22	14109	1684	14201	7569	
天柱县高酿镇	24386	35	18687	3133	18871	10546	
天柱县石洞镇	19860	31	18751	1456	19001	10989	
天柱县远口镇	14028	20	17836	11000	17401	10301	
天柱县坌处镇	13338	20	10463	1602	10428	4995	
天柱县白市镇	13695	22	21898	4736	21620	12966	

乡镇基本情况

计算单位:公顷、个、人

名　　称	行政区域面积	村民委员会	常住人口	城镇建成区总人口	从业人员	二三产业从业人员	工业企业单位
天柱县社学乡	12648	15	12960		13154	6299	
天柱县渡马乡	7589	12	12154		12376	6061	
天柱县注溪乡	4588	2	3582		3643	2377	
天柱县地湖乡	2928	5	2758		2798	1776	
天柱县竹林乡	8235	17	9576		9732	5166	
天柱县江东乡	12280	17	11221		11445	6241	
锦屏县三江镇	13030	8	25689		8278	4681	
锦屏县茅坪镇	4580	3	3566		2500	1434	
锦屏县敦寨镇	17950	8	15856		16526	7369	
锦屏县启蒙镇	20490	12	16409		14765	5905	
锦屏县平秋镇	11010	8	10930		10100	5534	
锦屏县铜鼓镇	15030	7	9953		9442	5307	
锦屏县平略镇	11700	7	9142		6491	3684	
锦屏县大同乡	11640	7	9460		8625	5345	
锦屏县新化乡	3500	5	6583		5829	2916	
锦屏县隆里乡	5390	3	4116		3971	2375	
锦屏县钟灵乡	7950	6	7871		5708	3273	
锦屏县偶里乡	9150	8	8550		7310	4300	
锦屏县固本乡	6850	8	7493		8521	3891	
锦屏县河口乡	12150	7	10029		9338	4888	
锦屏县彦洞乡	9270	7	8153		5619	3619	
剑河县柳川镇	23500	30	17061	5830	13723	6216	
剑河县岑松镇	14900	34	18458	4628	15320	7198	
剑河县南加镇	17900	30	15204	4644	12619	5929	
剑河县南明镇	22100	22	18352	4984	15231	7156	
剑河县革东镇	13600	31	30288	37324	29098	16077	
剑河县太拥镇	26500	24	12350	3184	9934	4500	
剑河县磻溪镇	15100	25	16375	2156	13317	5960	
剑河县久仰乡	16100	28	15606	2240	12953	6086	
剑河县南哨乡	18100	17	9042	2728	7235	3256	
剑河县南寨乡	18600	30	8580	2336	7121	3346	
剑河县敏洞乡	16600	18	10686	1268	5770	1068	
剑河县观么乡	14600	12	8898	1120	7298	3382	
台江县台拱镇	22600	37	35816	23796	27672	11551	
台江县施洞镇	10100	20	13191	5747	11030	5733	
台江县南宫乡	27300	24	13588	500	10449	5844	
台江县排羊乡	12300	13	4568	115	5614	3319	
台江县台盘乡	9600	15	12988	1754	10038	7162	
台江县革一乡	9400	12	11071	1009	9281	4071	
台江县老屯乡	9500	20	9253	2968	8612	6396	
台江县方召乡	10000	15	10763	182	13162	6640	
黎平县德凤镇	31000	17	62050	46701	20634	17356	
黎平县高屯镇	28200	15	20299	677	9756	1573	
黎平县中潮镇	29600	14	22032	4800	14556	3132	
黎平县孟彦镇	18400	16	10526	1471	7431	1818	
黎平县敖市镇	9700	13	10984	4071	11425	7203	
黎平县九潮镇	29900	18	18234	2826	18008	5512	
黎平县岩洞镇	14600	10	10460	4363	6761	655	
黎平县水口镇	26000	37	26710	1495	10529	1069	
黎平县洪州镇	30100	22	21200	4381	8873	2983	

乡镇基本情况

计算单位:公顷、个、人

名　　称	行政区域面积	村民委员会	常住人口	城镇建成区总人口	从业人员	二三产业从业人员	工业企业单位
黎平县尚重镇	22700	24	21331	3425	10843	1901	
黎平县双江镇	26300	17	16700	560	8309	840	
黎平县肇兴镇	13300	22	16664	5395	12849	1249	
黎平县龙额镇	12400	29	16854	1180	5303	651	
黎平县顺化乡	5900	4	3573		1793	166	
黎平县雷洞乡	8200	16	9148		5379	558	
黎平县永从乡	14900	10	13610		7896	2770	
黎平县罗里乡	16600	16	11471		3740	1135	
黎平县茅贡乡	17200	15	12056		6883	1771	
黎平县坝寨乡	13300	11	9557		5688	410	
黎平县口江乡	11600	9	7444		4432	591	
黎平县地坪乡	11800	20	12637		7626	1994	
黎平县德顺乡	21200	9	11117		3695	695	
黎平县大稼乡	11000	17	9748		6121	1114	
黎平县平寨乡	9100	12	8129		6146	2055	
黎平县德化乡	11100	10	6804		6482	3305	
榕江县古州镇	27798	31	71639	78000	40084	26620	
榕江县忠诚镇	18077	20	23843	5564	16873	6948	
榕江县寨蒿镇	18952	21	20410	3092	17223	8654	
榕江县平永镇	15733	16	15424	3915	10254	3503	
榕江县乐里镇	18764	19	20693	733	13376	3064	
榕江县朗洞镇	23638	20	17691	2172	13947	2691	
榕江县栽麻乡	16494	12	14335		9881	1975	
榕江县崇义乡	8929	11	7505		6846	3559	
榕江县平江乡	17049	12	9917	3216	8401	2834	
榕江县三江乡	19903	13	10882	420	9910	4404	
榕江县仁里乡	8217	8	9346	2943	8570	3241	
榕江县塔石乡	8972	9	7474		7189	3422	
榕江县八开乡	23606	17	16278		13407	2799	
榕江县定威乡	14469	7	4920		3493	1964	
榕江县兴华乡	17582	9	8370		6587	3929	
榕江县计划乡	26104	14	10045		8721	3223	
榕江县水尾乡	17119	5	3234		2075	688	
榕江县平阳乡	16155	9	6811	3420	6674	2420	
榕江县两汪乡	12059	7	7884		4293	2184	
从江县丙妹镇	10829	15	22372	19576	8992	3952	
从江县贯洞镇	11995	26	20223	5650	13762	7367	
从江县洛香镇	12730	22	18212	6771	12578	4615	
从江县下江镇	28292	48	29613	2863	20339	4828	
从江县宰便镇	17677	17	11685	1163	6369	3593	
从江县西山镇	12660	15	13434	3455	8675	5056	
从江县停洞镇	12113	21	23967	2139	15032	6940	
从江县往洞镇	25713	17	16589	1228	10999	2224	
从江县高增乡	14878	12	13957	4496	7860	2653	
从江县谷坪乡	17647	14	11947	1356	8624	1427	
从江县雍里乡	18388	13	15009	1260	10800	2369	
从江县庆云乡	8551	12	9547	3793	6980	2562	
从江县刚边乡	14528	15	8815	1459	5030	1738	
从江县加榜乡	20733	17	9376	453	6705	1240	
从江县秀塘乡	17822	13	6871	836	3780	1863	

乡镇基本情况

计算单位：公顷、个、人

名　　称	行政区域面积	村民委员会	常住人口	城镇建成区总人口	从业人员	二三产业从业人员	工业企业单位
从江县斗里乡	9788	13	11500	635	5389	1471	
从江县翠里乡	16533	20	11604	848	7213	1821	
从江县东朗乡	12065	21	17367	2177	13169	3222	
从江县加鸠乡	10806	19	9358	1442	6841	1616	
从江县加勉乡	15137	20	7064	1502	4629	1755	
从江县光辉乡	15536	7	2737	297	1930	473	
雷山县丹江镇	13874	27	34069	17145	31474	15802	
雷山县西江镇	17898	21	13835	5136	15777	10453	
雷山县永乐镇	24765	27	20537	2239	8862	1697	
雷山县郎德镇	7335	13	6903	1258	5008	2157	
雷山县大塘镇	23363	32	15558	1462	10020	618	
雷山县望丰乡	9870	17	11949	5000	6929	2973	
雷山县达地水族乡	7183	10	9903	2818	5676	1212	
雷山县方祥乡	16147	7	4246	722	2563	183	
麻江县杏山镇	20245	13	43267	19871	31915	16821	
麻江县谷硐镇	18994	13	19447	5668	16176	6077	
麻江县下司镇	15109	13	25545	6594	19288	9019	
麻江县宣威镇	22251	17	24639	4850	20256	5457	
麻江县碧波镇	11418	8	18297	9806	13158	3925	
麻江县龙山镇	11027	7	12194	2187	10913	4432	
麻江县贤昌镇	10380	6	12307	3618	11020	4467	
麻江县坝芒布依族乡	12774	7	10704		12008	5688	
丹寨县龙泉镇	11897	36	36608	25636	21730	14320	
丹寨县兴仁镇	18930	32	24588	3650	21274	12150	
丹寨县排调镇	29363	37	18209	3270	16127	9718	
丹寨县扬武镇	14980	32	28498	5037	24535	13322	
丹寨县雅灰乡	8670	12	5246	925	5006	1964	
丹寨县南皋乡	9930	12	9354	1549	8535	4285	
都匀市杨柳街镇	11502	4	11442	1255	6928	3883	18
都匀市甘塘镇	12597	5	21840	2228	10101	4597	36
都匀市洛邦镇	10439	4	14696	684	7309	3291	30
都匀市坝固镇	14098	7	25945	1747	10454	4197	173
都匀市大坪镇	14269	6	28492	13051	14190	8652	41
都匀市王司镇	10814	5	21766	1565	11461	5434	12
都匀市墨冲镇	11086	8	21766	3114	11461	5434	12
都匀市平浪镇	13934	5	13147	1752	7038	2933	2
都匀市凯口镇	14408	4	11176	1131	6103	1812	3
都匀市江洲镇	14061	5	13042	1128	6521	2865	3
都匀市奉合水族乡	5595	4	7365	263	4539	2330	3
都匀市阳和水族乡	5492	4	10092	276	6972	4320	1
都匀市基场水族乡	4548	4	12662	355	6930	4270	
都匀市良亩乡	9280	5	11906	960	9596	4176	6
都匀市河阳乡	13611	7	14580	575	7541	1782	4
都匀市沙寨乡	13317	6	16137	1461	10105	4230	2
都匀市石龙乡	13519	4	10119	466	5286	3548	
都匀市摆忙乡	10940	4	8631	486	5460	2727	7
福泉市城厢镇	13395	4	16590	3019	15715	3133	22
福泉市黄丝镇	14580	4	17299	2669	11506	6087	7
福泉市凤山镇	8676	4	20848	2807	14080	1661	30
福泉市陆坪镇	16915	4	17020	1505	10904	1123	10

乡镇基本情况

计算单位：公顷、个、人

名　　称	行政区域面积	村民委员会	常住人口	城镇建成区总人口	从业人员	二三产业从业人员	工业企业单位
福泉市地松镇	11701	3	13770	3348	8445	803	10
福泉市龙昌镇	10463	5	19777	4174	18658	6664	34
福泉市牛场镇	10197	7	31392	14059	21269	6994	94
福泉市道坪镇	14910	3	24129	1688	13661	11413	46
福泉市高坪镇	11415	3	12890	1493	10440	3753	43
福泉市兴隆乡	6409	5	8104		5671	877	16
福泉市藜山乡	7654	3	13524		8167	489	5
福泉市岔河乡	7868	2	3723		3468	1183	
福泉市仙桥乡	11971	3	10909		6600	356	6
福泉市高石乡	7452	3	14180		8588	638	9
福泉市谷汪乡	9349	3	9438		6222	547	1
荔波县玉屏街道办事处	16900	7	21096	22963	7414	4300	197
荔波县朝阳镇	15454	6	9552	2012	7029	3191	4
荔波县茂兰镇	18937	6	9273	3500	5030	3212	39
荔波县立化镇	8662	3	3199	2518	3191	2122	6
荔波县甲良镇	19200	9	16389	10418	13439	4890	7
荔波县佳荣镇	33719	12	14276	1428	13484	7390	13
荔波县播尧镇	19650	9	16528	3200	11743	3706	18
荔波县小七孔镇	11070	4	7307	2148	5699	2726	6
荔波县永康乡	13500	6	5198	4100	4187	2511	2
荔波县水尧乡	9070	5	6297	850	4128	1895	6
荔波县水利乡	12428	5	5279	850	4186	2053	3
荔波县瑶山乡	11000	4	5091	779	4301	1973	
荔波县捞村乡	9640	4	3023	319	2112	763	3
荔波县翁昂乡	15780	2	3832	2566	2506	1171	
荔波县瑶麓乡	2599	1	1268	1251	938	518	
荔波县洞塘乡	20100	6	7298	689	4857	2071	
荔波县方村乡	6429	5	8928	3700	6603	2423	3
贵定县城关镇	4900	7	61031	60590	18092	14818	99
贵定县德新镇	6200	3	13883	5723	9097	2882	11
贵定县新巴镇	8100	4	11918	6745	9096	4383	4
贵定县盘江镇	7200	4	15554	4223	11175	3698	29
贵定县沿山镇	10200	7	19074	3986	11845	7595	7
贵定县旧治镇	6000	6	14118	6500	5231	3099	9
贵定县昌明镇	14600	8	20644	7535	14123	5540	33
贵定县云雾镇	8600	7	19365	5059	8182	5497	15
贵定县新铺乡	13600	7	19010		12048	4198	2
贵定县落北河乡	7200	4	12560		8876	5242	2
贵定县马场河乡	7300	3	8466		5250	2737	
贵定县定东乡	5700	3	8131		4370	3061	2
贵定县定南乡	8400	6	14502		10310	3988	7
贵定县巩固乡	8700	6	10415		7190	4221	3
贵定县都六乡	9200	4	9756		7243	3338	1
贵定县岩下乡	6300	3	7225		5196	2152	
贵定县猴场堡乡	6700	3	6371		4767	2282	
贵定县抱管乡	5000	2	6901		4150	3275	2
贵定县铁厂乡	11500	5	10950		6747	2101	5
贵定县窑上乡	7700	3	4126		2693	2185	
瓮安县雍阳街道办事处	3450	2	35491	32012	2797	1665	
瓮安县瓮水街道办事处	5600	1	83431	83205	6618	5803	

乡镇基本情况

计算单位:公顷、个、人

名　　称	行政区域面积	村民委员会	常住人口	城镇建成区总人口	从业人员	二三产业从业人员	工业企业单位
瓮安县平定营镇	8300	5	19767	3500	8941	932	
瓮安县中坪镇	15800	6	20860	4390	13459	927	
瓮安县建中镇	22320	7	25907	3846	16506	819	
瓮安县永和镇	17880	9	22365	1230	18574	1328	
瓮安县珠藏镇	27830	13	40910	15300	18912	862	
瓮安县玉山镇	13470	8	21509	7582	12998	673	
瓮安县天文镇	11940	3	14300	2575	9162	282	
瓮安县银盏镇	19750	8	30506	20326	13566	2004	
瓮安县猴场镇	22700	10	40680	24600	18118	2597	
瓮安县江界河镇	16760	7	21916	2313	5695	487	
瓮安县岚关乡	11600	3	11058		2210	925	
独山县百泉镇	36188	21	80990	38144	66097	25820	112
独山县影山镇	20700	15	20726	3485	12878	4188	9
独山县基长镇	27823	20	53505	15028	10951	6176	34
独山县下司镇	28300	14	27072	2963	25749	10790	7
独山县麻尾镇	47346	20	52456	7072	40675	12134	58
独山县麻万镇	14093	10	38184	25091	24350	5350	47
独山县上司镇	55650	21	48390	5321	14736	4294	34
独山县玉水镇	14400	12	19757	3415	17050	597	6
平塘县平湖镇	8236	7	31748	19251	12473	5875	358
平塘县牙舟镇	21937	8	20700	5795	13634	4082	6
平塘县通州镇	31685	10	34386	10450	20884	5490	20
平塘县大塘镇	20378	8	17074	5116	11617	2277	5
平塘县克度镇	12791	8	24673	3998	14729	6022	15
平塘县塘边镇	19427	10	32737	2549	19003	4516	
平塘县摆茹镇	14040	7	17190	2280	11299	2261	5
平塘县者密镇	20545	8	20390	3758	12849	2135	5
平塘县四寨镇	16495	6	11702	1833	7694	1938	3
平塘县掌布镇	17476	5	10957	841	6812	3070	2
平塘县苗二河乡	6012	4	10860	3269	7274	3166	4
平塘县卡蒲毛南族乡	10820	6	13383	4132	8839	1954	3
平塘县白龙乡	14170	7	13809	4157	9110	3453	2
平塘县甘寨乡	6522	5	9463	2840	6215	2394	4
平塘县卡罗乡	9562	4	9638	2892	6291	2925	5
平塘县谷硐乡	13300	4	7129	2186	4659	336	
平塘县鼠场乡	14991	5	14940	4480	9486	2455	1
平塘县新塘乡	8576	4	8041	2429	5218	2252	1
平塘县西凉乡	15609	5	14088	4241	8921	3586	5
罗甸县龙坪镇	19780	18	38125	33689	23794	14893	63
罗甸县边阳镇	13250	16	18065	10374	11906	1777	12
罗甸县逢亭镇	15690	18	13065	3065	9184	717	4
罗甸县沫阳镇	13120	12	10127	2345	6737	1281	8
罗甸县茂井镇	20130	12	10042	1270	8499	836	1
罗甸县罗悃镇	13550	14	10579	3160	7165	600	3
罗甸县红水河镇	12640	5	4320	1168	2809	415	
罗甸县板庚乡	10880	14	10467		9689	3374	
罗甸县云干乡	9270	10	9057		7956	4264	
罗甸县八总乡	9820	10	5708		4223	2002	
罗甸县栗木乡	10740	10	14401		10703	4675	6
罗甸县罗沙乡	9660	9	11212		5666	4231	5

乡镇基本情况

计算单位：公顷、个、人

名　　称	行政区域面积	村民委员会	常住人口	城镇建成区总人口	从业人员	二三产业从业人员	工业企业单位
罗甸县交砚乡	10210	9	8006		6111	2427	
罗甸县董王乡	8200	10	7650	451	5934	3208	2
罗甸县木引乡	15940	18	17005		12272	7212	4
罗甸县纳坪乡	7850	5	3603		3200	1367	
罗甸县董当乡	8010	11	12413	402	7606	3374	
罗甸县董架乡	11300	9	7649	713	7151	3108	1
罗甸县平岩乡	8310	8	6100		3301	1294	
罗甸县凤亭乡	13150	8	6036		5258	2202	1
罗甸县大亭乡	12460	8	9647		5377	1312	
罗甸县班仁乡	8050	4	3807		2573	1372	
罗甸县罗苏乡	8760	7	4972		3750	1552	2
罗甸县罗暮乡	10080	6	7012		5019	2450	
罗甸县沟亭乡	10200	10	5153		4364	2352	
罗甸县罗妥乡	10250	6	4068		3850	1842	
长顺县长寨镇	13700	7	32251	20977	14000	5442	43
长顺县广顺镇	16300	4	28109	10356	15862	12400	33
长顺县威远镇	8200	6	21850	4140	9412	1632	39
长顺县摆所镇	8300	4	13740	5110	5325	565	2
长顺县代化镇	10500	4	15611	3264	9195	545	2
长顺县白云山镇	13000	7	21265	2911	10300	4840	22
长顺县鼓扬镇	18891	6	21511	2384	14056	1476	2
长顺县马路乡	6300	4	15080		9865	355	7
长顺县凯佐乡	6700	3	9646		5379	629	12
长顺县摆塘乡	7200	3	9661		5469	258	1
长顺县种获乡	4400	3	5281		2887	266	1
长顺县新寨乡	9400	5	14854		8578	458	7
长顺县营盘乡	6200	3	13980		8512	411	1
长顺县中坝乡	7400	5	14222		6124	284	
长顺县睦化乡	5900	4	9843		5102	242	
长顺县交麻乡	5100	4	4401		2933	313	1
长顺县敦操乡	6700	3	7792		3472	1251	2
龙里县龙山镇	15250	16	44722		28573	17377	130
龙里县三元镇	6300	8	6750		5242	2453	9
龙里县醒狮镇	9700	12	12369		9090	3970	29
龙里县谷脚镇	14400	11	14958		14432	8286	126
龙里县羊场镇	7100	11	12960		8612	1969	8
龙里县洗马镇	17050	17	22935		18324	4666	10
龙里县草原乡	16400	12	9780		8952	3340	5
龙里县麻芝乡	7600	9	6352		5444	1213	4
龙里县水场乡	9200	7	7039		5697	1955	35
龙里县湾寨乡	8400	10	7215		5618	1619	11
龙里县摆省乡	8900	13	7596		8317	1421	7
龙里县巴江乡	5000	7	7012		4945	1258	4
龙里县谷龙乡	12300	12	10234		7228	1539	9
龙里县哪嗙乡	14500	14	9678		8882	1228	6
惠水县和平镇	8540	9	57055	38378	38047	16482	49
惠水县高镇镇	7840	11	28028	5333	20455	9250	70
惠水县三都镇	7210	8	19609	5086	15469	8014	12
惠水县摆金镇	12140	12	22850	3262	16157	11020	13
惠水县雅水镇	12200	9	16500	3200	11254	4841	9

乡镇基本情况

计算单位:公顷、个、人

名　称	行政区域面积	村民委员会	常住人口	城镇建成区总人口	从业人员	二三产业从业人员	工业企业单位
惠水县断杉镇	16960	9	19983	2541	15858	7320	12
惠水县芦山镇	9150	15	18868	2222	13639	9016	9
惠水县王佑镇	6980	5	9847	1740	6407	1784	2
惠水县长田乡	5150	5	11882	2707	10814	7429	111
惠水县摆榜乡	7070	6	10386	1087	7485	1546	15
惠水县斗底乡	7580	5	5421	1426	4231	1732	
惠水县甲烈乡	8030	4	8727	3068	6653	2355	2
惠水县岗度乡	13410	6	11375	3042	8949	5160	5
惠水县宁旺乡	15120	6	9604	2266	6754	4119	22
惠水县鸭绒乡	7120	7	14976	4547	12280	5379	2
惠水县太阳乡	14110	10	13385	2283	10053	3439	6
惠水县羡塘乡	16630	10	16159	2951	14344	9004	6
惠水县甲戎乡	9200	9	11924	1955	9957	4480	1
惠水县抵季乡	18950	11	15785	2699	12510	6037	1
惠水县大龙乡	9380	9	13319	3241	10888	5777	8
惠水县大坝乡	6450	7	9694	1330	6662	2074	10
惠水县抵麻乡	6600	5	7015	1988	5302	2154	2
惠水县长安乡	4500	6	8241	1500	7091	4339	1
惠水县打引乡	7800	6	9842	1372	7696	2400	1
惠水县好花红乡	8880	11	16421	3793	13944	7534	10
三都水族自治县三合镇	18540	22	45602	22121	20211	12315	28
三都水族自治县大河镇	7000	10	14235	1683	8641	905	3
三都水族自治县合江镇	13070	20	18306	3450	13103	671	12
三都水族自治县丰乐镇	10190	22	24218	2381	15262	8738	4
三都水族自治县普安镇	8230	19	21703	2061	14625	8093	
三都水族自治县都江镇	18256	14	17767	2287	10051	5030	17
三都水族自治县中和镇	8160	11	11551	2030	6816	2641	5
三都水族自治县周覃镇	15320	17	16806	3429	9157	2746	10
三都水族自治县廷牌镇	7676	20	25487	1950	16037	4708	4
三都水族自治县九阡镇	27460	12	25396	1908	17413	4245	6
三都水族自治县交梨乡	8440	15	18141	1687	9435	2070	1
三都水族自治县拉揽乡	9180	5	4377		2789	965	1
三都水族自治县打鱼乡	14380	10	12197	1348	7089	3268	
三都水族自治县坝街乡	16090	6	11256	718	7557	5125	
三都水族自治县羊福乡	5637	6	6479	525	3669	856	1
三都水族自治县巫不乡	5300	4	5312	470	2906	985	
三都水族自治县水龙乡	9751	9	14517	1957	10022	1035	
三都水族自治县塘州乡	7540	18	20194	430	12701	6683	5
三都水族自治县三洞乡	12710	17	19593	4225	12721	1877	1
三都水族自治县恒丰乡	6840	8	11787	1250	7151	1830	5
三都水族自治县扬拱乡	10730	5	6366	350	3421	1271	1
云南省							
东川区汤丹镇	28786	26	44373	8783	28662	14281	54
东川区因民镇	12625	13	11810	8600	9693	6908	17
东川区阿旺镇	28066	16	34791	2036	21272	8770	10
东川区乌龙镇	15000	11	16140	7426	15065	8209	3
东川区红土地镇	32293	15	23208	636	12408	3810	7
东川区拖布卡镇	19208	18	32491	8800	21126	971	9
东川区舍块乡	16618	8	8272	158	4089	2600	14
晋宁县昆阳街道办事处	27152	38	124305	70366	42166	17418	81

乡镇基本情况

计算单位：公顷、个、人

名　　称	行政区域面积	村民委员会	常住人口	城镇建成区总人口	从业人员	二三产业从业人员	工业企业单位
晋宁县晋城镇	25148	42	101143	30347	58895	19525	258
晋宁县二街镇	16348	9	15716	3456	8759	2547	95
晋宁县上蒜镇	12726	15	32538	6392	18183	5985	126
晋宁县六街镇	10860	9	13876	4220	7453	996	30
晋宁县双河彝族乡	15203	6	8316		6132	1308	10
晋宁县夕阳彝族乡	15609	10	7016		6047	2419	7
富民县永定街道办事处	29624	29	75689	39493	40062	21764	597
富民县罗免镇	12500	10	15370	14365	8711	3297	15
富民县赤鹫镇	16700	10	9931		5935	986	29
富民县东村镇	12460	7	13092	4882	9455	3343	7
富民县款庄镇	18500	11	23848	8345	14501	5953	33
富民县散旦镇	10100	6	11662	3865	6953	2018	30
宜良县匡远街道办事处	30179		162534	115585	88747	50166	120
宜良县汤池街道办事处	28731		55536	5945	33078	13850	43
宜良县北古城镇	25862	9	58827	6786	36815	10306	107
宜良县狗街镇	20749	9	67247	12700	40279	14646	34
宜良县竹山镇	25200	16	28013	2410	17550	2928	8
宜良县马街镇	11282	4	18188	3533	10225	3551	10
宜良县耿家营乡	19433	7	14844		13361	2085	6
宜良县九乡乡	30164	5	16708		11525	2098	3
石林彝族自治县鹿阜街道办事处	39760	48	148273	56711	101903	34472	657
石林彝族自治县西街口镇	29147	10	19272	2497	12369	2985	23
石林彝族自治县长湖镇	29912	10	16808	1029	10259	877	5
石林彝族自治县圭山镇	32043	14	24638	2747	15048	9547	63
石林彝族自治县大可乡	10498	6	15622		9718	2053	9
嵩明县嵩阳街道办事处	29190		121057	39984	73470	49364	129
嵩明县小街镇	12100	16	69794	18810	31068	12455	105
嵩明县杨林镇	16270	7	62609	11804	27301	13101	213
嵩明县牛栏江镇	20900	16	57079	8430	30329	13075	27
禄劝彝族苗族自治县屏山街道办事处	27996	9	77253	58500	32688	13635	214
禄劝彝族苗族自治县撒营盘镇	52480	18	41120	8115	26921	1997	5
禄劝彝族苗族自治县转龙镇	25600	13	30799	6386	15724	950	10
禄劝彝族苗族自治县茂山镇	23234	10	38026	9700	20949	5537	1
禄劝彝族苗族自治县团街镇	19240	8	24627	765	2870	1610	1
禄劝彝族苗族自治县中屏镇	25982	13	18965	1785	18530	9265	2
禄劝彝族苗族自治县皎平渡镇	25480	11	22257	577	14460	3621	3
禄劝彝族苗族自治县乌东德镇	18414	8	17511	2200	9771	1298	1
禄劝彝族苗族自治县翠华镇	30730	17	38221	4626	20731	4260	1
禄劝彝族苗族自治县九龙镇	37597	18	43253	4350	7324	5313	1
禄劝彝族苗族自治县云龙乡	28116	7	10658	1750	10213	5001	
禄劝彝族苗族自治县汤郎乡	21016	9	15757		9304	1055	
禄劝彝族苗族自治县则黑乡	341000	13	20960	1476	16765	3838	1
禄劝彝族苗族自治县乌蒙乡	17338	9	15444	2500	9129	3547	2
禄劝彝族苗族自治县雪山乡	13725	7	12133	2100	6454	2234	5
寻甸回族彝族自治县仁德街道办事处	57050	21	144473	57600	108950	68728	46
寻甸回族彝族自治县羊街镇	16800	12	46784	4475	26847	7955	23
寻甸回族彝族自治县柯渡镇	27196	13	28959	1880	20249	6420	5
寻甸回族彝族自治县倘甸镇	21220	12	44179	8030	25172	3887	8
寻甸回族彝族自治县功山镇	40465	16	41986	1546	24487	7884	1
寻甸回族彝族自治县河口镇	44100	16	36441	2549	21209	4773	4

乡镇基本情况

计算单位:公顷、个、人

名　　称	行政区域面积	村民委员会	常住人口	城镇建成区总人口	从业人员	二三产业从业人员	工业企业单位
寻甸回族彝族自治县七星镇	12700	7	19547	1219	10554	1574	5
寻甸回族彝族自治县先锋镇	15600	9	23876	3595	12565	2768	5
寻甸回族彝族自治县鸡街镇	22680	11	31461	5350	18401	4019	3
寻甸回族彝族自治县风合镇	22340	13	39415	1425	25954	5694	11
寻甸回族彝族自治县六哨乡	24600	11	17202		11517	973	1
寻甸回族彝族自治县联合乡	16590	8	12448	950	7516	1584	7
寻甸回族彝族自治县金源乡	15400	9	19670	1112	21129	8778	2
寻甸回族彝族自治县甸沙乡	20653	9	18012		13341	2724	
安宁市连然街道办事处	5611	3	115486	108758	23988	23533	95
安宁市金方街道办事处	7692	6	84006	74502	10464	8665	55
安宁市八街街道办事处	34418	21	35148	34614	23931	7893	10
安宁市温泉街道办事处	9946	3	11880	7274	2349	1463	7
安宁市青龙街道办事处	13800	4	12000	1700	7350	5850	18
安宁市禄脿街道办事处	11300	7	13914	2750	8077	4059	49
安宁市草铺街道办事处	17100	7	28002	5883	16885	14422	82
安宁市太平新城街道办事处	7650	3	25702	721	17976	12491	219
安宁市县街街道办事处	26595	10	57152	855	15005	7365	253
麒麟区三宝镇	16150	6	59573	5947	34548	17084	22
麒麟区越州镇	26200	9	71706	8225	46685	20606	90
麒麟区东山镇	40700	14	81801	6092	42806	18659	87
麒麟区珠街乡	15100	8	50395	3071	28764	17038	50
麒麟区沿江乡	6400	6	40338	5749	23947	15368	123
麒麟区茨营乡	19400	10	29191		23095	8463	20
马龙县通泉镇	21800	5	45980	21887	34120	20120	251
马龙县旧县镇	26700	8	28795	1725	16840	1340	22
马龙县马过河镇	13100	4	14918	1985	8878	2078	26
马龙县王家庄镇	24300	11	31886	5404	21843	5956	132
马龙县纳章镇	15700	4	13918	2969	8211	711	6
马龙县马鸣乡	23900	6	12797	5500	7727	927	35
马龙县大庄乡	13400	5	13276	2830	8491	913	55
马龙县月望乡	22500	9	28717	4928	18551	3401	4
陆良县中枢镇	8205	17	101011	27118	48991	20989	443
陆良县板桥镇	17788	16	91644	12147	53230	21860	15
陆良县三岔河镇	12140	24	107623	14250	61931	24630	209
陆良县马街镇	16412	20	105910	28452	49839	11367	61
陆良县召夸镇	18790	6	28330	3975	15698	2363	50
陆良县大莫古镇	21590	10	45768	8458	27719	5658	95
陆良县芳华镇	23400	8	33850	5549	18821	4770	19
陆良县小百户镇	44987	13	42170	5814	28329	4695	26
陆良县活水乡	20235	7	25467		14740	1270	17
陆良县龙海乡	17550	10	25946		13788	2990	10
师宗县丹凤镇	45100	20	123559	8100	78060	30304	20
师宗县雄壁镇	22500	13	50783	7900	28413	9124	75
师宗县葵山镇	11544	9	37417	7445	20166	3765	602
师宗县彩云镇	21600	8	39888	10239	23225	3094	9
师宗县竹基镇	22481	10	50698	8940	27789	4937	10
师宗县龙庆乡	48100	14	37936		22132	2131	35
师宗县五龙乡	47611	13	30885		19084	4714	5
师宗县高良乡	56138	11	27681		16431	5042	1
罗平县罗雄镇	36900	13	120137	74505	45898	11117	371

乡镇基本情况

计算单位:公顷、个、人

名　　称	行政区域面积	村民委员会	常住人口	城镇建成区总人口	从业人员	二三产业从业人员	工业企业单位
罗平县板桥镇	18300	9	53980	18463	32029	11178	3
罗平县马街镇	26600	11	62802	7344	34931	1652	52
罗平县富乐镇	20800	10	50372	6575	28680	5841	20
罗平县九龙镇	49000	20	75209	2402	44321	6745	48
罗平县阿岗镇	37200	11	65844	8265	36610	7506	75
罗平县大水井乡	26100	11	27015		17350	4280	13
罗平县鲁布革乡	24900	7	18900		9063	1283	145
罗平县旧屋基乡	11900	6	10791		5776	2013	1
罗平县钟山乡	20800	10	33504		17199	3570	344
罗平县长底乡	9700	4	16688	2148	8749	3078	62
罗平县老厂乡	20400	12	37839		23244	5242	91
富源县中安镇	50194	17	144606	24829	46782	17240	168
富源县营上镇	16066	15	76218	31305	37937	10983	53
富源县黄泥河镇	27183	12	58994	24646	42755	10080	65
富源县竹园镇	16405	10	48947	7041	25894	8974	50
富源县后所镇	45600	11	67715	17872	46660	20088	72
富源县大河镇	24700	17	82900	11960	40089	11903	626
富源县墨红镇	49550	15	61556	4125	30498	8794	40
富源县富村镇	33600	20	93046	25363	101429	8274	75
富源县十八连山镇	33400	17	65959	14000	36872	15902	67
富源县老厂镇	23600	8	48082	1945	22988	8706	42
富源县古敢乡	7654	3	12777	3092	8219	2732	5
会泽县金钟镇	57900	30	162875	130000	74420	23688	23
会泽县娜姑镇	25800	17	62220	3444	52700	16961	13
会泽县迤车镇	46200	26	84247	6082	49003	19629	1
会泽县乐业镇	36200	24	63733	7837	39437	12205	7
会泽县矿山镇	22500	13	22462	2423	15437	5122	5
会泽县者海镇	36500	25	91224	31624	50041	24391	23
会泽县大井镇	25300	16	38507	4282	26824	8681	2
会泽县待补镇	35200	14	45988	4512	31463	18495	9
会泽县大海乡	31100	22	25987		17028	3957	8
会泽县老厂乡	16300	13	19700		15420	2526	4
会泽县五星乡	20900	10	28902		18360	3123	3
会泽县大桥乡	22200	14	31142		20995	4857	4
会泽县纸厂乡	9800	9	17195		10547	2358	16
会泽县马路乡	19600	17	26795		14899	2447	
会泽县火红乡	26800	18	32363		19864	5346	2
会泽县新街乡	25200	16	31888		21953	9245	3
会泽县雨碌乡	24500	13	37517		25433	13431	6
会泽县鲁纳乡	17500	11	18447		14490	7964	
会泽县上村乡	27000	18	30818		20345	2739	1
会泽县驾车乡	29300	12	23503		15778	3725	2
会泽县田坝乡	32600	19	31187		28018	10640	3
沾益县西平镇	27571	6	127968	51240	62555	37153	97
沾益县白水镇	35135	9	40500	5440	20217	6647	30
沾益县盘江镇	22186	9	79094	31240	35868	20905	215
沾益县炎方乡	45100	15	42954		23661	1352	25
沾益县播乐乡	28030	10	37160		20106	5749	52
沾益县大坡乡	48400	21	46270		25386	2374	3
沾益县菱角乡	51165	13	49959		25953	1447	42

乡镇基本情况

计算单位:公顷、个、人

名　　称	行政区域面积	村民委员会	常住人口	城镇建成区总人口	从业人员	二三产业从业人员	工业企业单位
沾益县德泽乡	15435	11	19495		10592	2223	33
宣威市宛水街道办事处	5145		69647	45000	19218	9418	61
宣威市西宁街道办事处	19712	7	68116	22705	23159	10246	26
宣威市双龙街道办事处	4100	2	64783	26116	6962	6151	230
宣威市虹桥街道办事处	2260	1	19011	19011	9460	5586	5
宣威市来宾镇	24200	14	80363	21867	48406	22189	96
宣威市格宜镇	24400	14	55427	10163	35294	9071	39
宣威市田坝镇	27000	16	68264	13212	31242	11847	22
宣威市羊场镇	26900	13	53588	10000	30594	7254	16
宣威市板桥镇	26200	13	63947	17922	33964	8668	22
宣威市倘塘镇	38440	18	91572	11780	47031	9631	42
宣威市落水镇	23120	10	37437	8352	23546	8905	34
宣威市务德镇	44900	17	40155	4026	30593	9349	8
宣威市海岱镇	21900	16	60945	15016	37164	18718	23
宣威市龙场镇	26169	13	44198	12592	30976	8365	32
宣威市龙潭镇	31800	17	51721	9555	32991	18864	18
宣威市热水镇	60900	22	79135	6558	51587	4540	13
宣威市宝山镇	23100	16	55388	8116	40573	14552	28
宣威市东山镇	29200	22	56978	7254	30395	10124	27
宣威市普立乡	17200	13	44061		26705	3937	7
宣威市西泽乡	36000	15	35524		24191	10531	5
宣威市得禄乡	21400	10	31180		22132	4935	9
宣威市杨柳乡	16100	10	47040		22094	1698	10
宣威市双河乡	11130	10	35623		25693	1173	23
宣威市乐丰乡	24400	14	49127		30541	4406	23
宣威市文兴乡	13529	15	55910		30133	11829	19
宣威市阿都乡	12566	12	38111		21526	197	3
红塔区小石桥乡	7303	3	6451	2574	5815	2182	4
红塔区洛河乡	17061	5	9991	1279	9991	5514	6
江川县大街街道	9900	2	87301	49227	38609	18735	120
江川县江城镇	17800	19	71295	8701	43704	11092	38
江川县前卫镇	8900	10	46891	6729	29704	9027	35
江川县九溪镇	11400	8	27195	4076	16419	4369	13
江川县路居镇	8100	6	29159	5358	28158	4446	29
江川县安化彝族乡	9560	4	9285	2203	5985	941	2
江川县雄关乡	6367	4	11085	4243	7117	961	14
澄江县凤麓街道办事处	900		28372	28252	17822	14126	72
澄江县龙街街道办事处	18530		55676	1825	35083	6822	29
澄江县右所镇	7800	7	39397	4130	22397	2755	21
澄江县阳宗镇	14346	7	25100	3837	14887	2742	18
澄江县海口镇	10270	4	11371	2326	7541	832	3
澄江县九村镇	10930	4	11929	1732	9330	1481	19
通海县秀山街道办事处	4695	8	67398	31502	25018	7702	317
通海县九龙街道办事处	8125	2	36369	4285	21657	5918	146
通海县杨广镇	9700	10	50430	12662	31113	6323	62
通海县河西镇	18804	14	49536	6498	30224	9727	563
通海县四街镇	7436	8	43656	10776	27684	9284	191
通海县纳古镇	1200	1	14477	8822	4625	3653	256
通海县里山乡	10011	5	8575	2513	5673	841	44
通海县高大乡	11000	5	11464	1851	7634	881	3

乡镇基本情况

计算单位：公顷、个、人

名　　称	行政区域面积	村民委员会	常住人口	城镇建成区总人口	从业人员	二三产业从业人员	工业企业单位
通海县兴蒙乡	447	1	5557	3272	3642	1158	14
华宁县宁州街道办事处	43800	16	83369	34400	41064	12971	66
华宁县盘溪镇	17600	11	52970	19963	31406	9596	37
华宁县华溪镇	15100	4	13001	5119	9273	802	9
华宁县青龙镇	43300	18	53758	13528	30505	3871	15
华宁县通红甸乡	11450	5	8820	726	6676	332	5
易门县龙泉街道办事处	26210		57455	23175	26757	16456	78
易门县六街街道办事处	25160	2	24185	2560	14827	5491	23
易门县绿汁镇	23170	8	15244	5705	8699	1634	8
易门县浦贝彝族乡	17890	6	15594	4585	9969	3857	12
易门县十街彝族乡	15944	7	12697	2295	8217	2523	4
易门县铜厂彝族乡	29269	9	20037	3778	10506	1224	6
易门县小街乡	15470	6	13034	2206	7452	1547	179
峨山彝族自治县双江街道	30900	8	55015	18847	23318	13362	47
峨山彝族自治县小街街道	18900	12	26771	3051	15342	4542	33
峨山彝族自治县甸中镇	24900	10	19951	5692	11964	3563	2
峨山彝族自治县化念镇	24600	4	13852	720	8167	2738	5
峨山彝族自治县塔甸镇	21900	7	14504	3211	8529	1821	6
峨山彝族自治县岔河乡	24500	7	10346	337	5891	1593	
峨山彝族自治县大龙潭乡	32200	7	13177	502	7656	1585	5
峨山彝族自治县富良棚乡	19300	7	10884	1447	6670	801	2
新平彝族傣族自治县桂山街道办事处	7640		34315	30466	9519	6580	20
新平彝族傣族自治县古城街道办事处	14000		21930		9281	4201	124
新平彝族傣族自治县扬武镇	48700	8	22138	5457	13318	5110	72
新平彝族傣族自治县漠沙镇	68400	15	47160	4520	29403	8725	243
新平彝族傣族自治县戛洒镇	41079	12	38235	30153	25863	3522	20
新平彝族傣族自治县水塘镇	30200	8	21216	3691	13141	3386	36
新平彝族傣族自治县平甸乡	43560	10	14381		8849	1457	
新平彝族傣族自治县新化乡	49000	12	24231	1767	17096	4413	14
新平彝族傣族自治县建兴乡	20500	6	11102	1568	10013	3492	10
新平彝族傣族自治县老厂乡	44221	10	17060	663	10129	2096	1
新平彝族傣族自治县者竜乡	30600	7	12097	535	7406	1742	18
新平彝族傣族自治县平掌乡	24400	9	10420	1459	8808	1687	5
元江哈尼族彝族傣族自治县红河街道办事处	6600		26830	26830	8720	4207	248
元江哈尼族彝族傣族自治县澧江街道办事处	26390	3	27606	13787	12304	2684	34
元江哈尼族彝族傣族自治县甘庄街道办事处	59100	9	24271	5947	15466	961	11
元江哈尼族彝族傣族自治县曼来镇	39400	11	30643	2903	18883	2444	5
元江哈尼族彝族傣族自治县因远镇	32980	7	28211	5626	16911	1699	8
元江哈尼族彝族傣族自治县龙潭乡	27200	6	5382	1185	5021	1258	
元江哈尼族彝族傣族自治县羊街乡	16100	5	17535	1568	9525	1656	1
元江哈尼族彝族傣族自治县那诺乡	15200	5	16050	1050	11805	3234	
元江哈尼族彝族傣族自治县洼垤乡	32900	6	9461	1592	5909	1198	2
元江哈尼族彝族傣族自治县咪哩乡	19013	5	14215	1159	8542	833	1
隆阳区板桥镇	34600	31	102286	8533	50561	25714	54
隆阳区河图镇	18900	10	48450	6548	29804	14881	10
隆阳区汉庄镇	21700	18	72116	9165	36350	12255	35
隆阳区蒲缥镇	31200	23	52439	5700	29396	5194	7
隆阳区瓦窑镇	44600	25	37607	6157	25361	8493	38
隆阳区潞江镇	75600	27	75438	6500	42673	4034	20
隆阳区金鸡乡	5200	6	25051	6559	19123	5522	13

乡镇基本情况

计算单位:公顷、个、人

名　　称	行政区域面积	村民委员会	常住人口	城镇建成区总人口	从业人员	二三产业从业人员	工业企业单位
隆阳区辛街乡	14100	18	68876	5268	38262	7715	14
隆阳区西邑乡	25600	24	62847	618	35931	3314	28
隆阳区丙麻乡	22900	15	26655	1074	15618	3397	5
隆阳区瓦渡乡	23400	10	24135	826	12954	1838	2
隆阳区水寨乡	10700	10	14641	1996	7810	866	6
隆阳区瓦马彝族白族乡	30700	21	25783	1485	14313	1187	2
隆阳区瓦房彝族苗族乡	30000	19	32624	1002	13801	1612	8
隆阳区杨柳白族彝族乡	49200	18	39436	870	23114	4351	12
隆阳区芒宽彝族傣族乡	54400	14	44426	1756	29508	8908	18
施甸县甸阳镇	13200	9	49364	28611	20437	9471	224
施甸县由旺镇	11700	16	37282	5147	24214	7336	128
施甸县姚关镇	19500	12	38126	5023	24506	6849	109
施甸县仁和镇	13900	20	53957	6760	29502	7577	160
施甸县太平镇	23684	18	31159	3604	19822	3885	82
施甸县万兴乡	9500	7	14900	445	10424	2785	20
施甸县摆榔彝族布朗族乡	8040	4	7208	243	4670	1207	10
施甸县酒房乡	31800	10	26012	688	14932	1232	41
施甸县旧城乡	22600	8	15484	5844	9759	1384	55
施甸县木老元布朗族彝族乡	7700	4	5923	1568	4144	1122	2
施甸县老麦乡	11200	7	21725	483	12554	924	40
施甸县何元乡	13800	9	16087	2394	10073	1452	31
施甸县水长乡	9500	8	16162	612	9674	1243	54
腾冲县腾越镇	28000	24	129739	75400	44079	20723	132
腾冲县固东镇	24200	9	43978	5684	27589	11249	20
腾冲县滇滩镇	40400	9	28286	5110	17065	7634	24
腾冲县猴桥镇	110600	9	31121	5732	16059	4201	14
腾冲县和顺镇	1800	3	6677	6770	4703	2098	20
腾冲县界头镇	83900	28	70071	5689	43762	8557	6
腾冲县曲石镇	37300	17	44016	4274	27549	4759	8
腾冲县明光镇	73100	9	39747	6007	24854	7904	32
腾冲县中和镇	41200	11	40653	4881	22164	4427	37
腾冲县芒棒镇	29600	17	44116	2681	24091	2621	4
腾冲县荷花镇	13200	10	28695	9862	19105	9330	20
腾冲县马站乡	16800	8	28611	5192	13814	6116	15
腾冲县北海乡	18100	9	24729	336	12496	5487	
腾冲县清水乡	9900	6	16676	2080	10889	2167	13
腾冲县五合乡	16900	13	35342	2610	15324	2858	2
腾冲县新华乡	12100	11	17795	2000	10203	1687	3
腾冲县蒲川乡	17500	12	29192	2109	15484	2856	6
腾冲县团田乡	9900	8	19691	3379	9347	2304	283
龙陵县龙山镇	31754	13	54381	33594	19092	4754	44
龙陵县镇安镇	25620	19	43880	8216	23193	2366	13
龙陵县勐糯镇	22782	6	16224	8608	8610	1546	7
龙陵县龙江乡	19480	15	30076	7630	16480	1805	2
龙陵县腊勐乡	18194	10	20513	2819	13070	875	2
龙陵县碧寨乡	28314	12	21188	6500	12460	1643	4
龙陵县龙新乡	31810	11	28812	3480	18256	2506	25
龙陵县象达乡	42587	15	33525	6024	20803	4029	1
龙陵县平达乡	35620	10	26262	5240	17899	4428	4
龙陵县木城彝族傈僳族乡	23420	5	8216	1884	5531	808	1

乡镇基本情况

计算单位：公顷、个、人

名　　称	行政区域面积	村民委员会	常住人口	城镇建成区总人口	从业人员	二三产业从业人员	工业企业单位
昌宁县田园镇	25600	8	61181	34897	27651	13768	101
昌宁县漭水镇	31100	9	28710	4733	15877	3547	6
昌宁县柯街镇	21100	11	32268	3889	19814	3910	9
昌宁县卡斯镇	24400	11	39264	3460	24651	4166	16
昌宁县勐统镇	29800	9	25392	1445	15651	3887	8
昌宁县温泉乡	22500	10	26136	3500	15307	2270	7
昌宁县大田坝乡	31200	6	22057	2144	13383	2707	8
昌宁县鸡飞乡	33800	10	19515	2131	12725	1994	
昌宁县翁堵乡	19100	7	14741	347	12318	586	2
昌宁县湾甸傣族乡	31600	5	16845	6211	11136	1869	14
昌宁县更戛乡	54700	11	25134	3861	14805	1057	5
昌宁县珠街彝族乡	28100	10	14380	354	9242	1230	5
昌宁县耈街彝族苗族乡	35800	11	23980	232	12575	1320	5
昭阳区旧圃镇	8740	8	66982	6863	34840	16974	9
昭阳区永丰镇	9140	5	43961	3520	16297	4838	9
昭阳区北闸镇	12279	9	55900	4837	36249	14623	24
昭阳区盘河镇	15380	9	25904	850	12851	4914	3
昭阳区靖安镇	17608	11	42570	2002	22482	1357	10
昭阳区洒渔镇	20622	9	49361	4593	33392	2366	8
昭阳区乐居镇	8295	5	30869	4910	18051	4147	6
昭阳区苏家院镇	10939	5	40619	825	18688	6026	3
昭阳区大山包镇	19200	5	17667	498	8995	592	
昭阳区炎山镇	7760	8	15155	2102	11848	2735	
昭阳区布嘎回族乡	9390	5	32272		18165	1544	1
昭阳区守望回族乡	6837	6	42927		22246	9094	8
昭阳区小龙洞回族彝族乡	12332	5	35012		17692	3240	20
昭阳区青岗岭回族彝族乡	11120	7	28016		14978	7034	7
昭阳区苏甲乡	21298	12	28029		14784	1799	1
昭阳区大寨子乡	7800	8	15996		8334	1914	
昭阳区田坝乡	5671	6	14204		7056	465	
鲁甸县文屏镇	8531	6	71670	33459	30464	14438	20
鲁甸县水磨镇	26862	9	38837	1587	22040	7021	5
鲁甸县龙头山镇	21213	10	49551	3240	23794	1742	6
鲁甸县小寨镇	9692	3	18588	6897	13613	1217	4
鲁甸县江底镇	14142	6	27477	405	17081	1727	3
鲁甸县火德红镇	9093	5	18791	1030	10403	1982	1
鲁甸县龙树镇	11231	3	35942	5643	22907	5967	1
鲁甸县新街镇	11310	4	18283	3800	11326	374	1
鲁甸县梭山镇	13620	8	26069	589	15362	5822	4
鲁甸县乐红镇	12718	7	34234	2561	16762	3678	2
鲁甸县桃源回族乡	6037	5	34918		18185	2092	13
鲁甸县茨院回族乡	4251	4	27640		14727	4461	18
巧家县白鹤滩镇	33300	19	98830	43687	51482	21276	335
巧家县大寨镇	19780	8	35188	7870	22223	3067	30
巧家县小河镇	18910	12	40071	869	23387	3383	42
巧家县药山镇	38710	14	50371	2098	30396	5188	105
巧家县马树镇	29630	7	33335	3714	20734	761	27
巧家县老店镇	43430	14	53101	1046	40359	2018	28
巧家县茂租镇	13430	6	18661	856	9908	940	42
巧家县东坪镇	15920	7	28682	5300	16589	1460	56

乡镇基本情况

计算单位:公顷、个、人

名　　称	行政区域面积	村民委员会	常住人口	城镇建成区总人口	从业人员	二三产业从业人员	工业企业单位
巧家县新店镇	15600	12	28784	2700	19408	969	46
巧家县崇溪镇	24950	11	35510	3704	21975	2334	30
巧家县金塘镇	12670	6	16633	1359	10404	1859	19
巧家县蒙姑镇	12630	6	14252	500	7558	368	53
巧家县红山乡	10950	7	21047	615	12869	1551	10
巧家县包谷垴乡	12770	7	22000	602	15985	887	28
巧家县中寨乡	8460	6	11947	785	7671	1865	20
巧家县炉房乡	13360	5	18077	612	10724	5990	14
盐津县盐井镇	23400	10	57798	23991	20548	10430	55
盐津县普洱镇	37300	12	64710	7132	26849	9023	8
盐津县豆沙镇	15600	6	22741	3400	10968	4528	3
盐津县中和镇	24000	7	36272	7800	16794	8025	6
盐津县庙坝镇	33600	10	48754	2772	21293	7921	8
盐津县柿子镇	17400	8	24019	3659	10794	5682	17
盐津县兴隆乡	15500	6	36655		21143	10023	5
盐津县落雁乡	13000	5	26578		13890	3950	2
盐津县滩头乡	13700	6	28952		13254	3762	7
盐津县牛寨乡	15700	7	33844		20220	8607	6
大关县翠华镇	15481	9	39529	10684	16287	5330	18
大关县玉碗镇	10207	5	15892	4580	6150	940	6
大关县吉利镇	12627	8	17062	835	9619	1983	3
大关县天星镇	41003	16	58675	4635	31184	5186	10
大关县木杆镇	24114	8	26885	1650	13672	2321	3
大关县悦乐镇	15028	9	30470	1885	18562	3714	3
大关县寿山镇	18220	7	20891	1197	12926	4059	8
大关县高桥镇	24779	8	25041	1959	9126	1883	4
大关县上高桥回族彝族苗族乡	10641	6	18762		8931	1266	
永善县溪洛渡镇	33552	18	96071	48623	40079	13553	36
永善县桧溪镇	9150	5	16534	1970	8996	2802	3
永善县黄华镇	20127	11	54315	8222	28565	10964	2
永善县茂林镇	26567	6	19230	2785	12852	2124	4
永善县大兴镇	14089	7	30418	6416	17608	6533	9
永善县莲峰镇	28661	13	36382	1700	18190	3563	3
永善县务基镇	13451	6	24030	1325	16157	2385	1
永善县码口镇	14493	9	25348	2550	16106	3348	1
永善县团结乡	19829	8	20126	697	10519	1785	10
永善县细沙乡	15993	6	19050	1550	10402	1665	3
永善县青胜乡	9215	3	11180	1320	6085	1631	
永善县马楠苗族彝族乡	20971	5	9858	815	5748	682	1
永善县水竹乡	17915	4	7050	850	5141	749	1
永善县墨翰乡	16552	9	22665	950	13249	3386	7
永善县伍寨彝族苗族乡	17259	4	11843	191	6765	1753	1
绥江县中城镇	24597	10	75412	36841	25654	8504	34
绥江县南岸镇	8400	4	12984	4125	6832	2592	
绥江县新滩镇	8700	5	20868	5505	10698	3212	14
绥江县会仪镇	10100	4	23518	5168	9045	5467	6
绥江县板栗镇	22792	8	19697	1534	8543	1175	6
镇雄县乌峰镇	13039	8	138300	77644	39080	14658	60
镇雄县泼机镇	12740	14	122256	8950	50930	16028	19
镇雄县黑树镇	8707	5	28632	5200	14077	4746	3

乡镇基本情况

计算单位:公顷、个、人

名　　称	行政区域面积	村民委员会	常住人口	城镇建成区总人口	从业人员	二三产业从业人员	工业企业单位
镇雄县母享镇	13000	10	52222	8950	30759	8934	11
镇雄县大湾镇	11935	8	56128	2970	26176	4973	3
镇雄县以勒镇	17500	10	72718	4450	40602	10218	5
镇雄县赤水源镇	17400	10	67873	6750	33510	15310	15
镇雄县芒部镇	15300	9	37759	9000	21155	3409	2
镇雄县雨河镇	13700	10	45664	4680	21571	9467	7
镇雄县罗坎镇	21600	17	79430	3571	37188	4845	7
镇雄县牛场镇	16700	9	44980	3214	18762	5222	6
镇雄县五德镇	19000	13	76715	4893	38953	14179	8
镇雄县坡头镇	15124	12	62724	8055	30599	8690	17
镇雄县以古镇	16800	8	32803	2410	16721	3985	2
镇雄县场坝镇	17500	9	56588	3137	26465	5493	2
镇雄县塘房镇	9500	8	64250	2040	28712	7123	8
镇雄县中屯镇	7367	7	68199	2396	41999	22843	21
镇雄县木卓镇	8700	7	30513	2005	18067	3444	6
镇雄县盐源镇	15300	10	40118	2000	22738	4698	4
镇雄县碗厂镇	15240	5	20332	1905	12625	3272	4
镇雄县坪上镇	9800	6	44255	2062	22554	6547	4
镇雄县鱼洞乡	5461	4	20721		8456	2516	1
镇雄县花朗乡	5948	5	23538		10615	2961	2
镇雄县尖山乡	6500	5	33579		14464	6340	2
镇雄县杉树乡	15900	6	23445		11956	3490	1
镇雄县花山乡	18900	6	28886		16664	4022	7
镇雄县果珠彝族乡	9089	5	39482		20937	5734	2
镇雄县林口彝族苗族乡	11800	8	45077		23654	7355	7
彝良县角奎镇	33744	21	114310	16709	70891	24489	11
彝良县洛泽河镇	27917	13	64509	2635	34879	9003	41
彝良县牛街镇	17650	11	41955	2597	18478	6055	18
彝良县海子镇	19203	9	31541	314	20808	1607	
彝良县荞山镇	20263	9	45237	595	30095	9433	2
彝良县龙安镇	12872	7	24669	1191	13892	2018	2
彝良县钟鸣镇	10566	6	20131	1138	9591	2196	1
彝良县两河镇	16364	7	23435	1879	13393	1184	4
彝良县小草坝镇	20692	6	26981	3000	17920	3879	14
彝良县龙海镇	15332	7	22312	1732	13414	1204	8
彝良县龙街苗族彝族乡	23861	12	47448		28561	4916	
彝良县奎香苗族彝族乡	22825	8	51310		30875	7155	3
彝良县树林彝族苗族乡	11861	4	24860		12984	2174	1
彝良县柳溪苗族乡	9696	5	18380		10992	2200	5
彝良县洛旺乡	17035	8	31685		15990	5026	3
威信县扎西镇	33800	19	114718	43820	44210	18063	48
威信县旧城镇	16200	7	24066	6230	14143	3835	6
威信县罗布镇	16400	11	52885	1050	30092	9292	18
威信县林凤镇	13300	9	41130	11806	21551	10230	6
威信县长安镇	7800	5	29809	4150	12365	1068	6
威信县庙沟镇	5700	5	20779	2761	8381	4040	11
威信县水田镇	4500	4	15585	1350	6093	2220	8
威信县双河苗族彝族乡	14500	8	31796		15352	6196	17
威信县高田乡	17300	8	30931		16394	8012	12
威信县三桃乡	10500	7	33198		19895		2

乡镇基本情况

计算单位：公顷、个、人

名　　称	行政区域面积	村民委员会	常住人口	城镇建成区总人口	从业人员	二三产业从业人员	工业企业单位
水富县云富街道办事处	5715	4	49709	38800	5975	2945	30
水富县向家坝镇	6135	5	17692	2515	12264	4930	9
水富县太平镇	19917	5	17704	929	9698	3230	5
水富县两碗镇	12228	6	17705	954	7772	2751	3
古城区金安镇	14450	7	5318		4529	710	13
古城区七河镇	37300	11	21815		11434	4529	7
古城区大东乡	22090	3	6866		4786	967	3
古城区金山白族乡	27580	10	24278		13706	3714	5
古城区金江白族乡	8920	5	3270		2802	962	
玉龙纳西族自治县黄山镇	9220	1	7400	4416	3788	2360	36
玉龙纳西族自治县石鼓镇	64350	11	22332	3470	14522	1545	7
玉龙纳西族自治县巨甸镇	37910	8	20309	6567	13667	2060	3
玉龙纳西族自治县白沙镇	26850	5	8455	1419	3798	1488	1
玉龙纳西族自治县拉市镇	13920	6	16482	2817	10223	4047	13
玉龙纳西族自治县奉科镇	34630	6	7396	1495	4410	185	
玉龙纳西族自治县鸣音镇	33280	6	6950	1592	4524	1196	1
玉龙纳西族自治县太安乡	29430	6	9447		6376	230	4
玉龙纳西族自治县龙蟠乡	30680	6	10800		6292	610	3
玉龙纳西族自治县黎明傈僳族乡	81230	7	15459		9765	1245	2
玉龙纳西族自治县鲁甸乡	63240	5	17000		9303	1003	3
玉龙纳西族自治县塔城乡	26250	5	9016		5783	584	
玉龙纳西族自治县大具乡	49890	4	10107		4240	1043	1
玉龙纳西族自治县宝山乡	43180	5	8920		6082	1334	2
玉龙纳西族自治县石头白族乡	57390	5	9423		4621	200	
玉龙纳西族自治县九河白族乡	37850	11	28040		19377	8547	8
永胜县永北镇	24270	4	56664	22790	29608	13165	66
永胜县仁和镇	45530	12	22049	2950	22049	8944	20
永胜县期纳镇	23480	9	36592	6845	23630	8203	9
永胜县三川镇	26020	19	47792	4563	33378	16497	21
永胜县程海镇	40864	12	33691	4460	26557	3984	27
永胜县涛源镇	44240	11	37457	5256	20591	3295	6
永胜县羊坪彝族乡	16410	5	7589		4187	184	
永胜县六德傈僳族彝族乡	33080	8	14246		7023	480	24
永胜县东山傈僳族彝族乡	37920	5	8084		4604	110	
永胜县东风傈僳族乡	48810	9	12170		7897	200	2
永胜县片角乡	38180	8	22679		13928	350	5
永胜县光华傈僳族彝族乡	17020	8	14850		10494	2300	2
永胜县松坪傈僳族乡	29030	8	8130		5506	580	4
永胜县大安彝族纳西族乡	24070	8	14760		8574	3266	6
永胜县顺州乡	48550	13	30684		30971	13653	6
华坪县中心镇	32460	9	48822	23751	18665	8922	34
华坪县荣将镇	41290	8	30773	6300	16474	4804	26
华坪县兴泉镇	22870	9	22689	6810	12148	3946	39
华坪县石龙坝镇	31550	6	13537	1052	14685	8020	45
华坪县新庄傈僳族傣族乡	27660	7	17604		9258	863	5
华坪县通达傈僳族乡	15170	5	8219		5030	537	4
华坪县永兴傈僳族乡	31460	7	13761		7185	2580	13
华坪县船房傈僳族傣族乡	17360	4	9076		5693	1920	7
宁蒗彝族自治县大兴镇	38860	6	46364	10373	22071	6243	53
宁蒗彝族自治县拉伯乡	45366	5	9574	10574	8945	4155	2

乡镇基本情况

计算单位:公顷、个、人

名　　称	行政区域面积	村民委员会	常住人口	城镇建成区总人口	从业人员	二三产业从业人员	工业企业单位
宁蒗彝族自治县永宁乡	61490	6	21955		17300	2300	10
宁蒗彝族自治县翠玉傈僳族普米族乡	61760	6	15285		15609	1848	2
宁蒗彝族自治县红桥乡	51500	7	20103		13395	1400	14
宁蒗彝族自治县宁利乡	33581	5	14926		7225	3629	4
宁蒗彝族自治县金棉乡	26173	4	7339		7083		
宁蒗彝族自治县西川乡	40475	7	15364		8905	476	7
宁蒗彝族自治县西布河乡	50044	7	20143		14099	6042	
宁蒗彝族自治县战河乡	49500	7	25015		23500	12500	17
宁蒗彝族自治县永宁坪乡	24701	4	8351		3554	369	5
宁蒗彝族自治县跑马坪乡	25560	4	11909		4620		5
宁蒗彝族自治县蝉战河乡	25976	4	7630		4293	301	1
宁蒗彝族自治县新营盘乡	22709	5	19626		9471	3972	3
宁蒗彝族自治县烂泥箐乡	44800	7	13600		8994	2290	3
思茅区思茅镇	20350	2	119928	19099	62190	56613	77
思茅区南屏镇	50500	5	98360	32940	42255	33605	254
思茅区倚象镇	105052	16	41012	4942	25279	4518	7
思茅区思茅港镇	65000	7	28424	11323	22183	1197	5
思茅区六顺镇	52400	8	12824	2540	8513	1955	6
思茅区龙潭彝族傣族乡	30700	6	11058	730	6254	832	7
思茅区云仙彝族乡	68100	12	18011	1800	9819	3493	
宁洱哈尼族彝族自治县宁洱镇	53800	20	74438	1082	24053	6785	64
宁洱哈尼族彝族自治县磨黑镇	49000	10	22046	2783	13504	3307	8
宁洱哈尼族彝族自治县德化镇	34800	8	13239	928	7454	1264	2
宁洱哈尼族彝族自治县同心镇	33200	10	16059	1908	9525	581	13
宁洱哈尼族彝族自治县勐先镇	48300	11	21264	1712	11851	1709	4
宁洱哈尼族彝族自治县梅子镇	30900	6	9240	2500	4937	669	3
宁洱哈尼族彝族自治县德安乡	32600	6	11490	360	5016	940	32
宁洱哈尼族彝族自治县普义乡	36500	8	9424	1120	5875	294	2
宁洱哈尼族彝族自治县黎明乡	46900	6	8382	1136	5129	696	3
墨江哈尼族自治县联珠镇	68100	32	88353	38400	37152	6415	35
墨江哈尼族自治县通关镇	54900	16	30120	7922	14272	2363	7
墨江哈尼族自治县龙坝镇	26100	8	23042	1688	12715	1264	
墨江哈尼族自治县新安镇	30500	12	19093	1092	9205	732	2
墨江哈尼族自治县团田镇	47900	8	16314	3508	7460	775	
墨江哈尼族自治县新抚镇	28900	10	20213	3770	9011	1054	1
墨江哈尼族自治县景星镇	41100	11	24093	3162	12044	1532	2
墨江哈尼族自治县鱼塘镇	29000	9	18002	4508	7512	280	
墨江哈尼族自治县文武镇	36500	6	22659	3524	9596	806	
墨江哈尼族自治县坝溜镇	26900	9	26300	3120	12262	1665	
墨江哈尼族自治县泗南江镇	31000	8	22168	3021	9750	1086	3
墨江哈尼族自治县雅邑镇	34300	14	22808	3300	11480	1150	2
墨江哈尼族自治县孟弄彝族乡	21100	7	12951	1698	5749	213	2
墨江哈尼族自治县龙潭乡	22800	8	15144	1435	6091	200	
墨江哈尼族自治县那哈乡	18900	5	15852	2805	7454	1091	
景东彝族自治县锦屏镇	53039	15	60920	36326	20905	6054	52
景东彝族自治县文井镇	84267	25	73560	8713	38067	8044	20
景东彝族自治县漫湾镇	30623	8	20427	3959	11531	2234	3
景东彝族自治县大朝山东镇	54382	15	28179	2746	15413	1771	6
景东彝族自治县花山镇	29466	12	28892	1759	17275	3844	7
景东彝族自治县大街镇	18783	8	23066	2447	13833	2514	7

乡镇基本情况

计算单位:公顷、个、人

名　　称	行政区域面积	村民委员会	常住人口	城镇建成区总人口	从业人员	二三产业从业人员	工业企业单位
景东彝族自治县太忠镇	29288	14	20198	1657	13204	1011	4
景东彝族自治县文龙镇	28626	12	18633	1877	11452	1040	4
景东彝族自治县安定镇	23075	16	19511	1933	13211	2589	3
景东彝族自治县景福镇	28320	13	22141	2051	11441	2281	2
景东彝族自治县曼等乡	17121	9	16557	1480	9708	1162	1
景东彝族自治县龙街乡	27277	12	16522	940	12804	1478	2
景东彝族自治县林街乡	21856	7	14494	1892	9033	1573	2
景谷傣族彝族自治县威远镇	112700	22	83556	29978	38411	7340	141
景谷傣族彝族自治县永平镇	145700	28	71887	3923	38491	1129	11
景谷傣族彝族自治县正兴镇	87000	11	19488	2857	12615	1589	5
景谷傣族彝族自治县民乐镇	71800	8	25943	2462	16572	2305	7
景谷傣族彝族自治县凤山镇	52060	12	17749	2890	12291	2824	4
景谷傣族彝族自治县景谷镇	26700	9	17571	814	10210	1532	8
景谷傣族彝族自治县碧安乡	94700	16	23781	3200	13368	1971	
景谷傣族彝族自治县益智乡	80900	9	14897	44	9033	2167	9
景谷傣族彝族自治县半坡乡	35510	9	11949	953	8676	1616	1
景谷傣族彝族自治县勐班乡	47678	8	20902	8000	14138	3079	6
镇沅彝族哈尼族拉祜族自治县恩乐镇	50100	9	32262	19903	19193	10391	32
镇沅彝族哈尼族拉祜族自治县按板镇	44600	12	21791	4709	11826	3159	10
镇沅彝族哈尼族拉祜族自治县勐大镇	86900	24	44075	5100	22131	718	13
镇沅彝族哈尼族拉祜族自治县者东镇	57590	15	28309	3585	17477	2317	19
镇沅彝族哈尼族拉祜族自治县九甲镇	19850	8	15866	524	8752	1490	4
镇沅彝族哈尼族拉祜族自治县古城镇	40640	9	15176	3000	8908	1071	11
镇沅彝族哈尼族拉祜族自治县振太镇	66100	19	35408	1629	19581	3559	9
镇沅彝族哈尼族拉祜族自治县和平镇	21731	5	12034	854	8102	2503	2
镇沅彝族哈尼族拉祜族自治县田坝乡	25700	8	7247	602	4236	386	3
江城哈尼族彝族自治县勐烈镇	37440	7	30538	19539	11290	5708	4
江城哈尼族彝族自治县整董镇	29600	3	12801	4052	4670	766	
江城哈尼族彝族自治县曲水乡	59700	7	18744	4351	5918	491	1
江城哈尼族彝族自治县国庆乡	35650	6	13774	2758	8795	1188	3
江城哈尼族彝族自治县嘉禾乡	54120	10	16076	2280	8076	748	1
江城哈尼族彝族自治县宝藏乡	52530	6	9712	3486	4799	512	
江城哈尼族彝族自治县康平乡	79690	9	23155	2792	6479	2277	4
孟连傣族拉祜族佤族自治县娜允镇	35900	9	49773	38400	17553	2194	38
孟连傣族拉祜族佤族自治县勐马镇	50100	8	30276	5283	19677	407	24
孟连傣族拉祜族佤族自治县芒信镇	34100	6	15880	1364	8158	68	4
孟连傣族拉祜族佤族自治县富岩镇	23900	5	14180	906	7992	41	4
孟连傣族拉祜族佤族自治县景信乡	17000	5	13108	558	8157	313	3
孟连傣族拉祜族佤族自治县公信乡	26900	6	16089	417	8441	250	4
澜沧拉祜族自治县勐朗镇	71000	13	56463	54790	25207	4953	67
澜沧拉祜族自治县上允镇	43300	11	45145	8667	29624	6926	12
澜沧拉祜族自治县糯扎渡镇	93700	10	30055	2112	17858	2574	7
澜沧拉祜族自治县惠民镇	39400	5	17537	2040	9844	1219	7
澜沧拉祜族自治县东回镇	33000	6	14877	1034	9657	307	1
澜沧拉祜族自治县发展河哈尼族乡	46800	4	16022	487	10991	861	3
澜沧拉祜族自治县谦六彝族乡	89600	15	44870	1425	26413	3245	1
澜沧拉祜族自治县糯福乡	87967	9	17395	1074	10613	435	3
澜沧拉祜族自治县东河乡	25600	7	14371	348	9260	658	
澜沧拉祜族自治县大山乡	23300	8	16392	436	9690	425	1
澜沧拉祜族自治县南岭乡	47100	8	24108	8000	15085	1549	1

乡镇基本情况

计算单位:公顷、个、人

名　　称	行政区域面积	村民委员会	常住人口	城镇建成区总人口	从业人员	二三产业从业人员	工业企业单位
澜沧拉祜族自治县雪林佤族乡	22200	7	12504	394	7395	229	
澜沧拉祜族自治县木戛乡	27800	6	16370	321	10467	1014	1
澜沧拉祜族自治县酒井哈尼族乡	38100	4	13605	711	13805	1156	
澜沧拉祜族自治县拉巴乡	32300	6	13264	1080	13264	888	2
澜沧拉祜族自治县竹塘乡	63600	11	32092	3200	19464	1278	11
澜沧拉祜族自治县富邦乡	33200	8	20504	659	14890	2424	2
澜沧拉祜族自治县安康佤族乡	19700	5	12752	308	10477	1024	1
澜沧拉祜族自治县文东佤族乡	18000	6	14307	1129	8493	1173	
澜沧拉祜族自治县富东乡	23800	8	13751	456	7924	1124	1
西盟佤族自治县勐梭镇	25816	6	22805	4932	8338	2100	90
西盟佤族自治县勐卡镇	15782	7	16608	5523	5609	343	13
西盟佤族自治县翁嘎科镇	22200	5	11174	2224	5826	260	1
西盟佤族自治县中课镇	31333	5	10903	342	5463	379	1
西盟佤族自治县新厂镇	13300	5	11971	228	7464	221	3
西盟佤族自治县力所拉祜族乡	17770	5	11766	350	4958	766	28
西盟佤族自治县岳宋乡	9218	3	7654	197	4211	100	1
临翔区博尚镇	33450	19	39225	12760	22801	4572	23
临翔区南美乡	12724	4	4636	72	2895	191	2
临翔区蚂蚁堆乡	34821	14	32398	509	19370	4830	9
临翔区章驮乡	21504	9	21304	2306	15265	3505	3
临翔区圈内乡	30122	11	32562	3534	17215	3445	16
临翔区马台乡	29232	9	25462	236	14174	2244	4
临翔区邦东乡	19389	7	13638	305	7801	3998	4
临翔区平村乡	28531	5	8435	1651	5053	836	4
凤庆县凤山镇	21800	18	74763	27028	30419	17452	73
凤庆县鲁史镇	34700	17	27870	2823	16245	4099	5
凤庆县小湾镇	20400	12	28252	1606	14466	7285	3
凤庆县营盘镇	36700	17	43118	7282	23237	6136	6
凤庆县三岔河镇	28200	13	27535	3342	15652	3411	3
凤庆县勐佑镇	38100	20	52970	12700	28861	11314	26
凤庆县雪山镇	23200	13	28660	1435	16564	8610	1
凤庆县洛党镇	25800	20	38076	3080	21844	7800	13
凤庆县诗礼乡	21700	14	20897	1223	13099	5004	4
凤庆县新华乡	33500	11	25842	2850	13341	3988	2
凤庆县大寺乡	22400	11	34918	4750	23456	12805	3
凤庆县腰街乡	9400	6	8649	1558	5251	2319	1
凤庆县郭大寨乡	17600	11	22253	972	15913	7504	3
云县爱华镇	50088	29	132244	106000	40231	13445	39
云县漫湾镇	25441	11	21312	5393	12694	3262	5
云县大朝山西镇	20827	10	16174	2542	9584	2531	3
云县涌宝镇	34837	20	40111	11304	25683	8086	3
云县茂兰镇	37888	15	40569	5490	24912	6301	
云县幸福镇	61378	18	41951	3960	24290	3715	3
云县大寨镇	23666	13	34618	4104	24233	6337	6
云县忙怀乡	24896	11	18391	1690	12356	2631	
云县晓街乡	25299	20	38323	6111	24036	6154	5
云县茶房乡	17972	16	33795	5689	18495	7061	13
云县栗树乡	24433	16	20550	1988	14393	6477	
云县后箐乡	19145	11	20062	876	10993	3663	
永德县德党镇	36262	16	64792	61668	38027	16527	31

乡镇基本情况

计算单位:公顷、个、人

名　　称	行政区域面积	村民委员会	常住人口	城镇建成区总人口	从业人员	二三产业从业人员	工业企业单位
永德县小勐统镇	58414	16	50931	4020	30864	4176	3
永德县永康镇	53243	18	53190	16900	30096	3785	88
永德县勐板乡	21602	10	29279		16000	1750	
永德县亚练乡	29200	11	26219	2810	14148	1926	4
永德县乌木龙乡	20420	10	27779	1624	16875	2878	4
永德县大雪山乡	37911	8	18418		9581	2869	4
永德县班卡乡	16588	8	19953	2772	10784	2357	
永德县崇岗乡	31240	11	37262	960	18410	1827	
永德县大山乡	17550	8	21748		13652	2062	47
镇康县凤尾镇	19276	6	15296	9200	7586	1508	25
镇康县勐捧镇	54813	16	42230	4112	22397	3638	22
镇康县南伞镇	54410	14	39527	9984	13405	1252	56
镇康县忙丙乡	21518	9	22230	4714	11919	569	2
镇康县勐堆乡	52938	10	21206	408	12030	2331	5
镇康县木场乡	31550	10	20376	2575	10413	735	5
镇康县军赛乡	18421	6	13014	3000	8599	1851	3
双江拉祜族佤族布朗族傣族自治县勐勐镇	43400	15	46574	16241	19563	4904	16
双江拉祜族佤族布朗族傣族自治县勐库镇	47500	16	31628	9553	16180	2936	22
双江拉祜族佤族布朗族傣族自治县沙河乡	41300	11	30081	2260	15120	2812	28
双江拉祜族佤族布朗族傣族自治县大文乡	32400	11	18087	1464	5713	1290	
双江拉祜族佤族布朗族傣族自治县忙糯乡	23670	10	21364	1022	20573	9248	2
双江拉祜族佤族布朗族傣族自治县邦丙乡	34783	9	18113		10030	1340	6
耿马傣族佤族自治县耿马镇	44476	11	56150	49600	23805	5032	18
耿马傣族佤族自治县勐永镇	41176	8	30532	3760	17000	2282	7
耿马傣族佤族自治县勐撒镇	53508	9	36722	10452	16804	2197	11
耿马傣族佤族自治县孟定镇	110106	23	108854	39821	47099	7297	37
耿马傣族佤族自治县大兴乡	16273	6	10563	365	6752	2209	1
耿马傣族佤族自治县芒洪乡	26300	5	8686	468	6527	616	1
耿马傣族佤族自治县四排山乡	35860	8	15150	2389	9491	713	6
耿马傣族佤族自治县贺派乡	25038	7	16483	3100	10595	1815	4
耿马傣族佤族自治县勐简乡	30990	5	14436	2796	9187	409	5
沧源佤族自治县勐董镇	26000	7	36255	19580	11450	1515	23
沧源佤族自治县岩帅镇	46800	22	30612	2650	16819	3876	11
沧源佤族自治县勐省镇	17991	8	17910	5089	11907	2500	10
沧源佤族自治县芒卡镇	27527	9	12870	3425	7741	580	7
沧源佤族自治县单甲乡	20197	6	10857	99	7977	507	2
沧源佤族自治县糯良乡	14035	8	11863	428	7103	1901	1
沧源佤族自治县勐来乡	18810	9	14090	3100	8262	2680	
沧源佤族自治县勐角乡	21675	9	14530	1795	6823	1472	11
沧源佤族自治县班洪乡	33264	6	10146	468	6532	1400	3
沧源佤族自治县班老乡	17200	6	8886	893	5625	678	3
楚雄市鹿城镇	37200	3	220708	13500	115976	106354	71
楚雄市东瓜镇	22900	7	103238	4469	56565	46786	57
楚雄市吕合镇	18600	9	24439	5328	16031	5748	13
楚雄市紫溪镇	24300	8	14604	1890	10049	2631	13
楚雄市东华镇	44800	11	29600	6980	18218	3233	9
楚雄市子午镇	36200	13	34599	2208	21154	5634	9
楚雄市苍岭镇	34448	8	30884	1932	19727	3876	3
楚雄市三街镇	20600	11	23420	2678	14942	4540	3
楚雄市八角镇	14500	7	16558	2234	11235	1247	2

乡镇基本情况

计算单位:公顷、个、人

名　　称	行政区域面积	村民委员会	常住人口	城镇建成区总人口	从业人员	二三产业从业人员	工业企业单位
楚雄市中山镇	30101	11	24352	3878	14378	2655	4
楚雄市新村镇	35500	8	14632	3020	14859	8333	2
楚雄市西舍路镇	38100	11	19100	1422	13371	3587	2
楚雄市树苴乡	13400	7	15768		12274	2094	2
楚雄市大过口乡	34000	9	16080		10071	786	1
楚雄市大地基乡	38700	6	11018		6790	1366	
双柏县妥甸镇	73700	16	42928	26135	17870	2988	127
双柏县大庄镇	55700	13	27210	1568	16487	3716	133
双柏县法脿镇	42900	13	24879	4412	15149	2239	48
双柏县鄂嘉镇	61900	13	28357	5325	15680	1642	124
双柏县大麦地镇	50400	8	10041	480	6094	429	21
双柏县安龙堡乡	27000	8	9372		5845	749	25
双柏县爱尼山乡	67500	7	13122		7932	739	97
双柏县独田乡	25400	2	4291		2671	254	7
牟定县共和镇	24405	19	79500	16996	40736	12689	48
牟定县新桥镇	15908	15	30100	2198	18517	5477	9
牟定县江坡镇	20940	13	28600	4814	17167	4604	9
牟定县凤屯镇	20623	9	18900	1545	12371	2649	4
牟定县蟠猫乡	17098	7	12500		7388	1681	1
牟定县戌街乡	20145	8	17800		8950	2059	2
牟定县安乐乡	26938	13	24600		13067	3914	7
南华县龙川镇	61402	17	82944	15662	23657	4702	154
南华县沙桥镇	35140	19	35165	9236	27554	6706	8
南华县五街镇	26700	14	18683	2206	13581	1696	1
南华县红土坡镇	16700	10	13770	1557	8148	532	1
南华县马街镇	17517	13	18106	1728	11505	680	3
南华县兔街镇	14321	11	14396	2009	10760	2192	4
南华县雨露白族自治乡	24300	7	14470		9904	1904	
南华县一街乡	16800	12	19964		13668	776	2
南华县罗武庄乡	12340	7	12566		7983	1370	1
南华县五顶山乡	9080	6	10436		5998	869	1
姚安县栋川镇	19500	17	91261	3603	47600	22255	80
姚安县光禄镇	13664	11	34199	4106	23443	11344	24
姚安县前场镇	30516	9	17252	3073	11522	3726	11
姚安县弥兴镇	19500	8	20845	2311	13913	2574	7
姚安县太平镇	20263	5	9452	1243	6016	2174	9
姚安县适中乡	10913	4	5525		3542	650	2
姚安县左门乡	20300	5	4447		2789	68	4
姚安县官屯乡	27461	8	16173		9916	2121	15
姚安县大河口乡	18183	6	7539		3864	384	1
大姚县金碧镇	45455	24	93789	21945	49549	19984	129
大姚县石羊镇	41027	14	27751	4492	15927	3293	1
大姚县六苴镇	28758	8	13402	4117	7252	1613	1
大姚县龙街镇	34365	8	25017	3075	14540	1434	2
大姚县新街镇	21661	9	27399	4290	15468	5002	1
大姚县赵家店镇	41381	12	16235	236	9907	2536	1
大姚县三岔河镇	30398	9	13267	796	8487	718	1
大姚县桂花镇	33502	9	11916	1786	7448	1222	2
大姚县昙华乡	19726	7	7865		5269	137	1
大姚县湾碧傣族傈僳族自治乡	58156	12	18259		11082	864	11

乡镇基本情况

计算单位:公顷、个、人

名　　称	行政区域面积	村民委员会	常住人口	城镇建成区总人口	从业人员	二三产业从业人员	工业企业单位
大姚县铁锁乡	21743	6	10607		6135	304	
大姚县三台乡	38423	8	12136		7664	414	
永仁县永定镇	27900	9	36859	4017	14353	3156	93
永仁县宜就镇	33900	12	16105		10007	293	1
永仁县中和镇	43500	9	11235	1500	8569	1182	5
永仁县莲池乡	18000	6	13645		8465	797	6
永仁县维的乡	20600	7	11166		8340	1219	5
永仁县猛虎乡	21400	5	8763		5784	130	4
永仁县永兴乡	53600	12	13027		9037	913	2
元谋县元马镇	16000	3	59282	10016	25489	19040	43
元谋县黄瓜园镇	18300	11	37490	6849	21436	3160	15
元谋县羊街镇	26640	10	18148	1085	10420	1865	4
元谋县老城乡	24640	10	27604		17938	3008	11
元谋县物茂乡	24500	5	16442		9313	1917	10
元谋县江边乡	25230	8	16491		11228	1140	2
元谋县新华乡	18856	4	8016		5607	1405	3
元谋县平田乡	18800	5	14669		10301	1844	10
元谋县凉山乡	8900	4	4053		2188	263	2
元谋县姜驿乡	24720	8	13671		8700	1019	3
武定县狮山镇	43900	21	89588	39676	57474	21498	124
武定县高桥镇	41200	17	32344	6021	27643	4680	23
武定县猫街镇	46100	15	27256	4370	18292	2445	25
武定县插甸乡	34000	12	23378		17977	3423	77
武定县田心乡	13700	7	18166		12543	879	15
武定县发窝乡	28400	11	14570		9366	544	1
武定县白路乡	30800	10	15404		9723	767	1
武定县万德乡	24000	8	15427		10976	1482	5
武定县己衣乡	23600	9	15951		10539	914	1
武定县环州乡	24600	8	12228		7842	1000	3
武定县东坡傣族自治乡	21900	8	13051		12223	3473	2
禄丰县金山镇	41920	15	80765	36147	47996	28946	87
禄丰县仁兴镇	23100	12	33526	5863	19805	4073	17
禄丰县碧城镇	18710	15	48320	8320	25543	5480	14
禄丰县勤丰镇	25830	11	26258	5120	15293	3584	14
禄丰县一平浪镇	44130	14	42909	12115	23015	12079	25
禄丰县广通镇	35220	16	38076	19050	20038	5749	42
禄丰县黑井镇	13360	9	16177	2761	11926	5570	
禄丰县土官镇	9560	5	12938	3053	7829	2992	32
禄丰县彩云镇	30280	9	19623	3130	11550	3988	8
禄丰县和平镇	28470	13	22956	1272	14422	1349	14
禄丰县恐龙山镇	22828	9	18111	2357	9407	1941	5
禄丰县中村乡	30170	9	16819		9707	1472	6
禄丰县高峰乡	15550	8	10267		6164	1059	3
禄丰县妥安乡	13630	12	25445		14011	5009	4
个旧市锡城镇	8587	9	16836	1761	9617	4246	133
个旧市沙甸镇	2570	4	15642	1939	7600	4836	52
个旧市鸡街镇	28397	16	51679	6568	24070	3870	1685
个旧市大屯镇	13281	9	81016	13434	47835	32772	158
个旧市老厂镇	14618	3	34359	17640	11526	8755	27
个旧市卡房镇	34260	15	43087	2177	23633	6539	143

乡镇基本情况

计算单位：公顷、个、人

名称	行政区域面积	村民委员会	常住人口	城镇建成区总人口	从业人员	二三产业从业人员	工业企业单位
个旧市蔓耗镇	10327	6	6188	1198	3436	762	12
个旧市贾沙乡	31650	11	21713		13745	2561	107
个旧市保和乡	14370	6	11186		7032	357	4
开远市中和营镇	60437	12	36074	2932	23288	3761	9
开远市小龙潭镇	17900	5	16032	356	10222	3676	197
开远市大庄回族乡	10370	5	18513	7718	11520	3489	26
开远市羊街乡	22600	8	35906	2552	21438	5458	47
开远市碑格乡	22960	6	15541		9955	1303	1
蒙自市文澜镇	23140	16	228952	107195	86966	47835	207
蒙自市草坝镇	13690	15	39859	4236	3838	1834	65
蒙自市雨过铺镇	8870	6	23232	4554	14334	4575	56
蒙自市新安所镇	8720	5	34748	16103	19416	3301	116
蒙自市芷村镇	30100	11	33253	3981	22063	21754	61
蒙自市鸣鹫镇	22460	6	19511	2485	10958	1088	21
蒙自市冷泉镇	41890	8	21498	1812	13009	991	2
蒙自市期路白苗族乡	21240	6	16286		9514	706	
蒙自市老寨苗族乡	15700	4	11613		7008	733	16
蒙自市水田乡	18130	4	6324		4866	876	36
蒙自市西北勒乡	20020	5	9409		6806	185	2
弥勒市弥阳镇	38800	22	151693	48295	62826	27158	64
弥勒市新哨镇	31520	12	55932	5848	24246	3973	24
弥勒市虹溪镇	15674	9	42662	12288	26437	9815	6
弥勒市竹园镇	20400	10	54286	12104	51065	23928	6
弥勒市朋普镇	34180	11	48969	17000	28146	7300	12
弥勒市巡检司镇	39900	11	30511	7490	18031	1964	12
弥勒市西一镇	34500	10	26677	1491	17371	1732	5
弥勒市西二镇	39800	12	41376	3494	25160	2056	1
弥勒市西三镇	28880	9	23845	1178	14581	1948	6
弥勒市东山镇	36800	8	19541	1912	12548	781	3
弥勒市五山乡	36582	8	18256	1872	10368	1072	
弥勒市江边乡	39100	7	13753	1032	8161	822	
屏边苗族自治县玉屏镇	32106	13	32332	13932	15109	4876	24
屏边苗族自治县新现乡	34716	12	23781	3230	11740	1086	13
屏边苗族自治县和平乡	26700	14	27831	1724	15767	2308	7
屏边苗族自治县白河乡	39000	12	23145	2532	14067	2320	9
屏边苗族自治县白云乡	20268	8	16388	2272	7044	939	3
屏边苗族自治县新华乡	19500	9	20297	2785	8451	1339	2
屏边苗族自治县湾塘乡	18300	8	13225	2852	7514	888	3
建水县临安镇	35081	15	179961	78779	60837	35846	191
建水县官厅镇	38165	12	42203	4513	22403	3055	24
建水县西庄镇	14453	10	33304	351	19294	7128	23
建水县青龙镇	33049	6	15898	1416	10243	922	4
建水县南庄镇	21416	11	51988	8859	51988	25208	25
建水县岔科镇	28329	9	25350	1327	15383	1471	2
建水县曲江镇	34737	19	72381	9872	41663	3984	18
建水县面甸镇	35083	10	40643	1706	26661	5176	19
建水县普雄乡	26029	6	13577		12594	5021	33
建水县李浩寨乡	16523	7	17428		7604	300	
建水县坡头乡	31300	11	24568		14144	2030	21
建水县盘江乡	22450	8	11464		7665	753	10

乡镇基本情况

计算单位:公顷、个、人

名称	行政区域面积	村民委员会	常住人口	城镇建成区总人口	从业人员	二三产业从业人员	工业企业单位
建水县利民乡	25536	8	14714		9118	1248	4
建水县甸尾乡	15693	6	15100		7927	707	5
石屏县异龙镇	44946	22	103071	32007	59365	25278	41
石屏县宝秀镇	43825	20	50824	9804	31862	12290	18
石屏县坝心镇	22563	12	27935	4003	17852	7593	4
石屏县龙朋镇	29589	12	26637	5127	20484	4510	8
石屏县龙武镇	32501	14	22187	1736	14995	3945	13
石屏县哨冲镇	25550	8	18910	1580	12335	2194	15
石屏县牛街镇	61122	11	29942	2421	18778	2507	2
石屏县新城乡	13263	4	11000	2460	6820	1182	6
石屏县大桥乡	26442	9	16239	4771	12289	3363	3
泸西县中枢镇	25130	18	122139	26953	57571	21662	75
泸西县金马镇	11850	7	52508	12798	29169	7329	11
泸西县旧城镇	15600	11	58626	2461	42243	13872	56
泸西县午街铺镇	21600	11	46879	6793	29345	6750	9
泸西县白水镇	23500	12	53117	2606	33161	5970	12
泸西县向阳乡	21630	8	28951	735	15926	2420	3
泸西县三塘乡	21600	8	23116	726	13165	2713	1
泸西县永宁乡	22980	6	23992	740	13957	2258	6
元阳县南沙镇	15354	7	27267	11545	8295	933	18
元阳县新街镇	23433	21	71533		39308	9200	160
元阳县牛角寨乡	11687	8	33827		16522	1716	210
元阳县沙拉托乡	10200	7	25337		10403	646	3
元阳县嘎娘乡	12580	7	20597		19279	2054	3
元阳县上新城乡	13905	10	23683		12365	2562	7
元阳县小新街乡	14840	9	29360	1380	15568	2804	2
元阳县逢春岭乡	17300	13	33607		18383	2791	1
元阳县大坪乡	16040	9	24239		22926	11463	52
元阳县攀枝花乡	7973	6	20547	1266	9926	607	
元阳县黄茅岭乡	18973	7	18838	2502	15905	4856	3
元阳县黄草岭乡	22960	12	35912		35847	19089	88
元阳县俄扎乡	21170	8	22164		22064	135	10
元阳县马街乡	24600	10	27074		13900	5966	1
红河县迤萨镇	24100	7	37216	30216	20146	7773	25
红河县甲寅乡	8757	6	26816		12542	2615	3
红河县宝华乡	12170	6	22411		13776	1757	3
红河县洛恩乡	19476	8	24069		14151	1245	1
红河县石头寨乡	7760	5	17167		8904	809	7
红河县阿扎河乡	16790	10	40774		23359	3253	1
红河县乐育乡	9412	6	24216		12522	1697	3
红河县浪堤乡	10925	8	28520		23359	3343	2
红河县大羊街乡	9719	6	19630		14820	2260	1
红河县车古乡	11771	6	12922		7222	769	2
红河县架车乡	33225	8	21438		9666	542	1
红河县垤玛乡	21989	6	15092		7419	1099	1
红河县三村乡	16749	6	13247		8222	1207	3
金平苗族瑶族傣族自治县金河镇	31630	17	80246	6311	39496	10296	22
金平苗族瑶族傣族自治县金水河镇	43617	6	22563	15383	12162	1883	3
金平苗族瑶族傣族自治县铜厂乡	28050	9	30982		18371	4340	5
金平苗族瑶族傣族自治县勐拉乡	33467	7	32617	3563	15554	2845	13

乡镇基本情况

计算单位:公顷、个、人

名　　称	行政区域面积	村民委员会	常住人口	城镇建成区总人口	从业人员	二三产业从业人员	工业企业单位
金平苗族瑶族傣族自治县老集寨乡	32340	7	27175	1728	16499	2054	2
金平苗族瑶族傣族自治县者米拉祜乡	37568	4	22030	2850	13025	1445	1
金平苗族瑶族傣族自治县阿得博乡	8400	4	14546	796	8846	1425	3
金平苗族瑶族傣族自治县沙依坡乡	14370	7	21295	1597	11103	1465	1
金平苗族瑶族傣族自治县大寨乡	17565	6	15569	15401	8273	1942	8
金平苗族瑶族傣族自治县马鞍底乡	30530	6	18152	13503	10700	1605	4
金平苗族瑶族傣族自治县勐桥乡	39741	6	25342	1822	12537	1942	28
金平苗族瑶族傣族自治县营盘乡	21078	9	28573	1456	15005	1603	2
金平苗族瑶族傣族自治县老勐乡	19440	5	14719	1992	10528	1446	3
绿春县大兴镇	31168	11	53562	22243	19643	4528	33
绿春县戈奎乡	16400	8	21440		15333	1240	1
绿春县牛孔乡	40518	12	34941		19278	3663	2
绿春县大水沟乡	23600	9	18664		11654	2393	2
绿春县大黑山乡	41100	8	19084		10187	1340	1
绿春县半坡乡	36500	6	10138		6892	606	2
绿春县骑马坝乡	48400	8	13004		8972	1041	2
绿春县三猛乡	26300	8	26356		16338	3516	2
绿春县平河乡	45700	11	30111		20083	4776	2
河口瑶族自治县河口镇	16900	2	25287	2462	14536	11607	6
河口瑶族自治县南溪镇	25900	4	17829	1785	5805	1520	6
河口瑶族自治县老范寨乡	17200	2	4065	125	2136	32	
河口瑶族自治县桥头苗族壮族乡	16900	8	17907	105	8846	214	3
河口瑶族自治县瑶山乡	26150	5	12120	55	7490	456	1
河口瑶族自治县莲花滩乡	27750	6	10749	301	4665	933	5
文山市古木镇	17166	9	22606	6821	13335	2440	10
文山市平坝镇	26498	13	32986	5370	19480	526	
文山市马塘镇	28765	9	34556	4280	15270	2500	19
文山市德厚镇	31953	14	35799	3209	21347	1620	1
文山市小街镇	21560	8	23076	4204	12042	1620	4
文山市薄竹镇	29351	12	29143	1969	16875	1230	4
文山市追栗街镇	9168	5	11268	5450	8285	1680	13
文山市东山彝族乡	15917	4	9807		6331	455	5
文山市柳井彝族乡	17283	7	14073		8409	703	
文山市新街乡	14311	6	14187		7652	903	1
文山市喜古乡	8957	7	10070		6824	1470	1
文山市坝心彝族乡	12631	5	7884	1236	4889	842	
文山市秉烈彝族乡	28322	10	21609		10350	300	
文山市红甸回族乡	9087	4	13187		7713	593	3
砚山县江那镇	26600	5	70233	45706	31977	8632	2253
砚山县平远镇	58990	12	85858	23320	43444	4012	128
砚山县稼依镇	22730	6	42402	21286	25316	3888	54
砚山县阿猛镇	52900	13	60262	8199	32140	8937	58
砚山县阿舍彝族乡	26800	6	23791		12575	1770	12
砚山县维末彝族乡	58100	9	55344		30690	6247	5
砚山县盘龙彝族乡	23800	5	33591		18509	4154	41
砚山县八嘎乡	37760	12	34684		21158	7352	16
砚山县者腊乡	26100	7	31846		22404	2160	28
砚山县蚌峨乡	23800	6	14901		11785	3747	7
砚山县干河彝族乡	23710	4	24978		13125	2477	8
西畴县西洒镇	17578	8	46149	15045	18563	9404	19

乡镇基本情况

计算单位:公顷、个、人

名　　称	行政区域面积	村民委员会	常住人口	城镇建成区总人口	从业人员	二三产业从业人员	工业企业单位
西畴县兴街镇	25470	13	49793	10557	28648	6656	23
西畴县蚌谷乡	13280	7	21050		8376	541	2
西畴县莲花塘乡	16552	10	30041		13855	766	11
西畴县新马街乡	10610	3	17764		10316	1274	14
西畴县柏林乡	6901	3	11600		6650	1246	3
西畴县法斗乡	23375	9	30041		13252	435	5
西畴县董马乡	12800	7	20743		8380	628	3
西畴县鸡街乡	24851	9	37040		21806	10457	8
麻栗坡县麻栗镇	27600	12	48763	14188	30062	14215	57
麻栗坡县大坪镇	18900	9	24465	5214	15725	5831	6
麻栗坡县董干镇	45400	16	48244	2067	26023	10494	1
麻栗坡县天保镇	22900	6	17257	1560	10292	2420	17
麻栗坡县猛硐瑶族乡	20100	5	14857		9040	1586	10
麻栗坡县下金厂乡	13200	6	11626		6988	2345	2
麻栗坡县八布乡	17600	8	21220		13016	2772	3
麻栗坡县六河乡	13773	6	17370		9892	3595	2
麻栗坡县杨万乡	14027	7	17574		11226	4825	6
麻栗坡县铁厂乡	20800	10	28312		16260	10151	
麻栗坡县马街乡	19100	8	27232		16345	8605	4
马关县马白镇	27725	10	63826	31768	25326	7965	64
马关县八寨镇	38109	15	39912	5200	23897	4919	14
马关县仁和镇	19154	13	30486	3235	18990	3624	6
马关县木厂镇	16263	11	24381	3893	15225	2091	
马关县夹寒箐镇	25228	11	40056	6285	24985	5491	11
马关县小坝子镇	12750	4	13124	783	9072	3100	1
马关县都龙镇	21168	7	31839	9320	21400	4682	14
马关县金厂镇	6925	3	9050	3150	6284	1962	1
马关县坡脚镇	19287	12	23068	2595	14862	3350	3
马关县南捞乡	18454	5	13179		9258	2062	18
马关县大栗树乡	24120	12	29029		17852	3230	2
马关县篾厂乡	16903	8	15377		10474	2201	2
马关县古林箐乡	21514	7	11126		6486	872	1
丘北县锦屏镇	25800	6	66047	30844	29186	5591	39
丘北县曰者镇	34300	6	35232	5414	20514	902	
丘北县双龙营镇	63200	13	76123	4881	37743	8955	
丘北县八道哨彝族乡	21400	5	32098		12995	656	7
丘北县天星乡	40500	8	44634		21740	4792	
丘北县平寨乡	35500	8	34629		20850	868	
丘北县树皮彝族乡	58000	9	44256		25066	817	
丘北县腻脚彝族乡	41400	7	26554		12789	2884	2
丘北县新店彝族乡	47200	6	19974		11132	1844	
丘北县舍得彝族乡	28800	7	18789		18511	233	
丘北县官寨乡	54200	10	47625		28101	8572	2
丘北县温浏乡	49400	10	38608		17282	2572	5
广南县莲城镇	64300	14	104421	46844	49152	18944	79
广南县八宝镇	56900	16	69584	11500	45022	17623	23
广南县南屏镇	38000	9	42352	5322	23479	7650	3
广南县珠街镇	26900	7	39618	2812	20658	8350	5
广南县那洒镇	44700	11	51508	4784	30073	9183	5
广南县珠琳镇	49700	11	64277	8820	32496	8617	3

乡镇基本情况

计算单位:公顷、个、人

名　　称	行政区域面积	村民委员会	常住人口	城镇建成区总人口	从业人员	二三产业从业人员	工业企业单位
广南县坝美镇	88800	15	61489	2465	34286	9646	14
广南县董堡乡	23800	7	21027		20041	12410	4
广南县旧莫乡	54500	11	59816		34192	17818	8
广南县杨柳井乡	50800	10	34981		18278	4369	12
广南县板蚌乡	29700	5	15273		9729	2257	5
广南县曙光乡	26100	6	31425		15061	7008	17
广南县黑支果乡	45300	12	52328		30043	7744	1
广南县篆角乡	23200	7	25964	423	14601	2472	
广南县五珠乡	24600	6	28006	2616	16508	9094	4
广南县者兔乡	48600	8	39829		21244	6319	2
广南县者太乡	45500	4	20200		13059	2522	4
广南县底圩乡	39600	8	33914		19164	6330	10
富宁县新华镇	34000	9	50576	27900	39286	26348	283
富宁县归朝镇	53130	15	42381	7610	25184	7143	8
富宁县剥隘镇	49400	7	24167	6249	6874	860	24
富宁县里达镇	19000	8	22883	1679	18143	4202	10
富宁县田蓬镇	46200	20	60048	6131	38752	15042	31
富宁县木央镇	57780	18	52297	4916	22662	2761	19
富宁县板仑乡	32000	11	26376		16628	4046	54
富宁县谷拉乡	38600	11	24911		11122	402	3
富宁县者桑乡	31333	8	13762	678	6435	494	4
富宁县那能乡	39600	8	20029		7589	492	11
富宁县洞波瑶族乡	53330	12	37813		16812	1640	3
富宁县阿用乡	49333	6	18654		11196	3707	1
富宁县花甲乡	34200	8	22859		13280	2650	191
景洪市嘎洒镇	73000	13	49873	3938	35684	3724	11
景洪市勐龙镇	121600	22	83659	38000	47642	8037	7
景洪市勐罕镇	30100	9	35452	4629	23452	3828	12
景洪市勐养镇	68800	7	20557	3082	11010	4917	13
景洪市普文镇	55400	4	15835	3697	9314	1828	3
景洪市景哈乡	39880	6	18972	648	7959	304	2
景洪市景讷乡	62700	6	13421		11852	1385	1
景洪市大渡岗乡	78700	4	13692		7475	1653	4
景洪市勐旺乡	76600	4	14273	1413	7337	199	5
景洪市基诺乡	62300	7	14183		8016	421	12
勐海县勐海镇	35759	8	62780	23767	20539	3046	11
勐海县打洛镇	38522	5	22575	5809	12574	960	2
勐海县勐混镇	35255	7	32065	5572	21875	4318	2
勐海县勐遮镇	48845	13	57516	5228	35103	5489	45
勐海县勐满镇	44853	7	19027	3731	12079	2113	24
勐海县勐阿镇	47291	7	21891	5200	12772	1162	37
勐海县勐宋乡	49370	9	22919		13490	699	5
勐海县勐往乡	45618	6	15319		8954	1137	1
勐海县格朗和乡	32074	5	17229		9344	426	10
勐海县布朗山乡	100066	7	21146		11299	598	6
勐海县西定乡	59156	11	24971		14182	2051	
勐腊县勐腊镇	74500	7	41532	22571	27323	16914	24
勐腊县勐捧镇	66300	8	36458	4507	18938	1156	11
勐腊县勐满镇	40300	3	13709	2293	7706	141	
勐腊县勐仑镇	35500	4	25261	4092	8337	427	5

乡镇基本情况

计算单位:公顷、个、人

名　称	行政区域面积	村民委员会	常住人口	城镇建成区总人口	从业人员	二三产业从业人员	工业企业单位
勐腊县西双版纳磨憨经济开发区(尚勇镇)	80300	6	21634	2270	10975	978	19
勐腊县勐伴镇	64000	4	11991	1601	6214	265	
勐腊县关累镇	104500	5	17200	1866	10385	488	7
勐腊县易武乡	87827	6	20013	2882	7714	275	40
勐腊县象明乡	106600	5	13252	1012	5935	335	10
勐腊县瑶区乡	48300	4	9355	1155	6417	1085	10
大理市下关镇	16900	14	218320	10722	125926	89081	93
大理市大理镇	7648	12	81255	3288	32042	19780	408
大理市大理创新工业园区凤仪镇	26930	14	62940	10439	28475	12447	105
大理市喜洲镇	16350	13	66122	4267	32224	20086	14
大理市海东镇	12549	8	21613	9081	10878	4452	14
大理市挖色镇	11480	6	23305	4527	16129	6550	6
大理市湾桥镇	6380	7	26721	4661	12939	5045	7
大理市银桥镇	6987	8	31477	3191	17252	7660	15
大理市双廊镇	21800	7	17959	4523	10333	3701	3
大理市上关镇	12900	13	43484	4140	24430	8318	11
大理市太邑彝族乡	10700	5	8999		6440	1649	8
漾濞彝族自治县苍山西镇	37200	16	46797	12765	17328	4883	42
漾濞彝族自治县漾江镇	41500	12	15783	3908	8397	2070	14
漾濞彝族自治县平坡镇	12929	4	8641	3120	4245	730	23
漾濞彝族自治县富恒乡	22900	6	8328		3942	248	2
漾濞彝族自治县太平乡	23900	6	6998		4234	69	3
漾濞彝族自治县顺濞乡	13800	5	6020		2906	416	7
漾濞彝族自治县瓦厂乡	11200	5	5201		3019	221	1
漾濞彝族自治县龙潭乡	18100	7	6352		3285	280	1
漾濞彝族自治县鸡街乡	14300	4	5137		2133	71	1
祥云县祥城镇	32500	27	152188	57711	135811	122561	83
祥云县沙龙镇	5200	7	33325	15558	17274	8492	19
祥云县云南驿镇	21900	27	103922	27925	60781	36312	31
祥云县下庄镇	22550	12	55863	17159	32800	17145	29
祥云县普棚镇	32500	14	27085	2307	16482	3457	
祥云县刘厂镇	9000	8	39021	22856	23255	11160	17
祥云县禾甸镇	30600	12	49238	11937	29939	8365	14
祥云县米甸镇	41300	10	28866	6278	18062	5056	25
祥云县鹿鸣乡	15322	7	13123		8150	2269	8
祥云县东山彝族乡	31600	8	9922		6942	722	
宾川县金牛镇	27300	11	99804	53500	41610	12627	77
宾川县宾居镇	15800	6	38244	6096	16243	3896	9
宾川县州城镇	20092	8	48375	8750	24406	6319	22
宾川县大营镇	30254	4	27696	1712	16997	2849	8
宾川县鸡足山镇	31600	9	30216	2000	16038	2645	7
宾川县力角镇	19300	8	33201	6246	23878	4972	5
宾川县平川镇	45900	14	32756	4482	20703	4279	5
宾川县乔甸镇	19600	6	23417	6485	17245	2991	5
宾川县钟英傈僳族彝族乡	29200	6	9767		5627	788	5
宾川县拉乌彝族乡	23100	7	10424		7675	999	1
弥渡县弥城镇	17460	13	109797	29323	51093	21822	35
弥渡县红岩镇	12660	12	52320	4416	33577	11363	6
弥渡县新街镇	12460	12	54209	6656	33495	10632	15
弥渡县寅街镇	20720	11	47398	7129	28279	10037	20

乡镇基本情况

计算单位:公顷、个、人

名 称	行政区域面积	村民委员会	常住人口	城镇建成区总人口	从业人员	二三产业从业人员	工业企业单位
弥渡县苴力镇	19556	7	25737	7996	15549	4202	22
弥渡县密祉乡	13205	6	16495		10685	5210	2
弥渡县德苴乡	29922	13	24762		15216	2353	1
弥渡县牛街彝族乡	26389	11	18743		11948	1596	3
南涧彝族自治县南涧镇	36293	13	48028	24745	23578	5604	42
南涧彝族自治县小湾东镇	20444	7	18722	4462	11232	212	7
南涧彝族自治县公郎镇	29085	14	32717	5936	18180	3093	16
南涧彝族自治县宝华镇	21520	10	31387	2251	19482	4101	4
南涧彝族自治县无量山镇	25195	13	36467	1008	23510	5352	17
南涧彝族自治县拥翠乡	11812	7	20776		13472	1923	2
南涧彝族自治县乐秋乡	16326	7	18270		10874	3574	
南涧彝族自治县碧溪乡	12488	8	18150		10872	2179	6
巍山彝族回族自治县南诏镇	15283	9	45960	19719	19356	8537	41
巍山彝族回族自治县庙街镇	23600	12	64578	7345	38412	10329	12
巍山彝族回族自治县大仓镇	17410	10	52411	12520	29843	13196	28
巍山彝族回族自治县永建镇	20460	10	56370	4476	29217	11824	12
巍山彝族回族自治县巍宝山乡	15659	6	13656		8293	1986	2
巍山彝族回族自治县马鞍山乡	24542	6	16564		9162	1081	5
巍山彝族回族自治县紫金乡	17161	4	13726		7853	1703	2
巍山彝族回族自治县五印乡	44228	8	25983		15997	2291	2
巍山彝族回族自治县牛街乡	16714	4	11858		7269	1714	6
巍山彝族回族自治县青华乡	24947	10	16152		10474	3126	2
永平县博南镇	46600	13	58786	29345	18262	7577	43
永平县杉阳镇	42210	12	37600	5860	24618	6338	8
永平县龙街镇	46400	11	22800	3262	10005	884	3
永平县龙门乡	29740	7	12444	4103	6321	2314	9
永平县北斗彝族乡	48190	9	11987	3355	6926	730	11
永平县厂街彝族乡	35700	11	18700	1877	11107	1283	2
永平县水泄彝族乡	39550	9	15983	2211	8541	707	5
云龙县诺邓镇	23505	9	22802	12155	8684	2367	17
云龙县功果桥镇	44599	11	28929	5905	13600	1758	10
云龙县漕涧镇	39365	7	28730	11718	15545	3668	17
云龙县白石镇	32150	7	14128	2201	7031	1671	5
云龙县宝丰乡	47474	7	18172		9554	1448	7
云龙县关坪乡	26814	5	11805		6430	1830	3
云龙县团结彝族乡	30200	5	10930		5627	757	4
云龙县长新乡	46368	12	21890		14897	1170	6
云龙县检槽乡	43623	9	16109		7746	1729	10
云龙县苗尾傈僳族乡	60414	8	18299		9097	3035	29
云龙县民建乡	21475	5	9279		4651	574	8
洱源县茈碧湖镇	28000	13	58068	19790	29727	2900	28
洱源县邓川镇	5700	4	17926	3313	14384	2565	29
洱源县右所镇	30243	14	56153	6782	40405	8369	23
洱源县三营镇	27700	10	40039	2661	26907	2300	
洱源县凤羽镇	20900	9	32861	7807	20648	8220	235
洱源县乔后镇	50500	11	20784	4012	13372	2014	21
洱源县牛街乡	26700	11	23267		17236	4193	11
洱源县炼铁乡	24700	11	23262		13348	639	11
洱源县西山乡	51700	5	12620		7472	124	
剑川县金华镇	38600	18	52899	21209	16431	6024	55

乡镇基本情况

计算单位：公顷、个、人

名　　称	行政区域面积	村民委员会	常住人口	城镇建成区总人口	从业人员	二三产业从业人员	工业企业单位
剑川县老君山镇	23800	10	18440	11005	9206	2432	12
剑川县甸南镇	28800	16	34228	11050	13944	3758	27
剑川县沙溪镇	28800	14	22964	1716	10416	3154	5
剑川县马登镇	35700	12	22321	2013	10326	3931	10
剑川县羊岑乡	35018	7	13140		7594	2735	8
剑川县弥沙乡	28028	6	9342		4877	1103	3
剑川县象图乡	25000	5	5738		3596	469	3
鹤庆县云鹤镇	830	3	23149	23059	13800	11240	16
鹤庆县辛屯镇	10090	12	37667	7147	19423	7188	5
鹤庆县松桂镇	33170	15	32094	3979	17778	7300	5
鹤庆县黄坪镇	55170	14	35930	4908	37402	3834	7
鹤庆县草海镇	32800	16	41045	6225	25518	8057	16
鹤庆县西邑镇	30640	9	14112	4747	7948	2848	11
鹤庆县龙开口镇	29770	15	26301	2245	12568	5265	6
鹤庆县金墩乡	22080	17	35108		21472	5880	22
鹤庆县六合彝族乡	24950	13	15463		8100	2600	2
瑞丽市勐卯镇	20500	7	110091	76652	26677	14172	85
瑞丽市畹町镇	10300	3	17535	5954	5166	1462	26
瑞丽市弄岛镇	10200	4	17038	3715	10500	3056	9
瑞丽市姐相乡	6400	4	21320		11400	2938	8
瑞丽市户育乡	20400	4	10023		5017	659	3
瑞丽市勐秀乡	26600	7	15011		7067	736	5
芒市芒市镇	34950	10	43589	13023	28554	6806	52
芒市遮放镇	41100	13	46872	8995	29954	4406	16
芒市勐戛镇	38900	9	31989	5555	16129	5256	5
芒市芒海镇	10500	3	6359	832	3380	382	
芒市风平镇	37400	11	68098	6841	41019	5398	71
芒市轩岗乡	15200	5	22128		13255	1153	6
芒市江东乡	22800	8	32298		16462	7182	
芒市西山乡	25700	6	12131		8465	1309	
芒市中山乡	29600	5	12671		6617	1055	3
芒市三台山乡	15800	4	7048		4153	409	1
芒市五岔路乡	20200	6	18816		14462	3530	2
梁河县遮岛镇	3100	2	22658	14605	6398	4059	21
梁河县芒东镇	23700	13	30075	4367	19551	2530	2
梁河县勐养镇	26100	8	17657	1509	9557	1183	4
梁河县平山乡	12700	6	16476		8282	899	1
梁河县小厂乡	5800	5	9570		5952	851	2
梁河县大厂乡	4100	5	8319		4796	2117	
梁河县九保阿昌族乡	16100	6	13898		8628	1751	10
梁河县曩宋阿昌族乡	11600	9	20447		14316	3887	4
梁河县河西乡	12700	8	17617		11861	4490	3
盈江县平原镇	41410	12	81937	50940	52961	37304	152
盈江县旧城镇	13396	6	21075	4350	12066	3123	3
盈江县那邦镇	2159	3	1749	263	236	118	1
盈江县弄璋镇	34560	15	46652	1253	27912	1977	10
盈江县盏西镇	35140	8	23200	5545	14500	6000	11
盈江县卡场镇	34719	5	9803	1214	6110	527	13
盈江县昔马镇	21400	3	13963	3696	5746	1564	4
盈江县太平镇	42280	11	27465	2820	14747	1197	7

乡镇基本情况

计算单位:公顷、个、人

名　　称	行政区域面积	村民委员会	常住人口	城镇建成区总人口	从业人员	二三产业从业人员	工业企业单位
盈江县新城乡	28771	8	18731		13125	1526	6
盈江县油松岭乡	10859	4	14472		7304	1508	
盈江县芒章乡	26063	6	12062		6454	286	3
盈江县支那乡	37520	5	15063		8349	1052	9
盈江县苏典傈僳族乡	32134	4	7804		3515	106	6
盈江县勐弄乡	22800	3	10845		6650	576	1
盈江县铜壁关乡	30091	4	6262		3649	274	2
陇川县章凤镇	14600	7	54183	17751	22184	3712	30
陇川县陇把镇	22400	5	11490	1621	5210	584	7
陇川县景罕镇	25100	8	28695	7250	15813	1575	5
陇川县城子镇	23700	8	25899	8320	12861	2586	17
陇川县户撒阿昌族乡	25600	11	24949		14788	1055	8
陇川县护国乡	16000	6	6892		3263	323	3
陇川县清平乡	19800	9	11643		636	636	2
陇川县王子树乡	26200	9	14925		5920	500	3
陇川县勐约乡	19700	5	7550		4690	4690	2
泸水县六库镇	37600	12	56568	26400	22062	7100	54
泸水县鲁掌镇	32800	6	12312	2048	5803	409	5
泸水县片马镇	14100	4	3602	1852	1526	762	17
泸水县上江镇	30000	6	30862	3147	16855	4093	13
泸水县老窝镇	31200	6	16554	827	8929	2011	17
泸水县大兴地镇	40600	7	18120	3053	8621	444	3
泸水县称杆乡	48000	11	19872	1718	11284	984	9
泸水县古登乡	32800	11	16404	1231	8344	171	4
泸水县洛本卓乡	26700	8	12154	583	6663	84	3
福贡县上帕镇	38763	12	31440		14640	3017	6
福贡县匹河乡	40164	9	11620		6283	1323	3
福贡县子里甲乡	30592	5	10371		4831	1002	2
福贡县架科底乡	25715	6	13701		7680	2079	2
福贡县鹿马登乡	46755	9	15380		8514	369	3
福贡县石月亮乡	47840	9	12458		6666	1101	3
福贡县马吉乡	52120	7	9609		5748	1013	3
贡山独龙族怒族自治县茨开镇	77900	6	13721	12408	7075	2050	24
贡山独龙族怒族自治县丙中洛镇	82300	4	6646		3919	600	9
贡山独龙族怒族自治县捧当乡	48800	4	6032		3145	700	12
贡山独龙族怒族自治县普拉底乡	42200	6	6657		3318	1045	7
贡山独龙族怒族自治县独龙江乡	199400	6	4350		2388	77	
兰坪白族普米族自治县金顶镇	40648	10	45099	5006	24432	12804	63
兰坪白族普米族自治县啦井镇	50847	9	16276	2957	9105	989	5
兰坪白族普米族自治县营盘镇	56129	17	38311	3619	22887	3118	19
兰坪白族普米族自治县通甸镇	51957	13	24602	4901	13213	2617	21
兰坪白族普米族自治县河西乡	57712	13	18110		10807	1720	12
兰坪白族普米族自治县中排乡	70098	12	24462		15286	2120	23
兰坪白族普米族自治县石登乡	55174	14	27581		15879	2326	8
兰坪白族普米族自治县兔峨乡	54655	14	20409		12771	1461	6
香格里拉县建塘镇	145445	5	56483	23338	23851	16878	93
香格里拉县小中甸镇	88094	3	10442		5258	530	14
香格里拉县虎跳峡镇	81714	10	20486	2951	11172	2589	20
香格里拉县金江镇	62683	7	16616	4114	10026	1954	25
香格里拉县上江乡	37354	5	11150		5912	1981	4

乡镇基本情况

计算单位:公顷、个、人

名　　称	行政区域面积	村民委员会	常住人口	城镇建成区总人口	从业人员	二三产业从业人员	工业企业单位
香格里拉县三坝乡	97973	6	18641	983	11397	442	5
香格里拉县洛吉乡	100601	3	4531		2625	868	1
香格里拉县尼西乡	83778	4	6853		3545	916	7
香格里拉县格咱乡	282465	6	6558		3284	380	8
香格里拉县东旺乡	128169	5	6371		3117	270	
香格里拉县五境乡	33590	3	3770		1045	270	2
德钦县升平镇	76625	2	10156	4655	3338	2036	1
德钦县奔子栏镇	116399	5	10129	2795	4444	524	1
德钦县佛山乡	91352	5	4117	945	2722	413	1
德钦县云岭乡	93199	5	6456	1587	3578	845	1
德钦县燕门乡	58033	7	7850	1286	4322	822	
德钦县拖顶乡	37481	5	10057	2263	4855	1269	1
德钦县霞若乡	141491	7	8644	1724	4909	437	
德钦县羊拉乡	114489	4	5846	1469	3702	628	4
维西傈僳族自治县保和镇	31000	8	34335	16507	15729	6000	34
维西傈僳族自治县叶枝镇	46952	8	10455	392	6427	894	
维西傈僳族自治县塔城镇	76672	7	15553	701	8200	2539	3
维西傈僳族自治县永春乡	34986	6	14897	740	9205	871	10
维西傈僳族自治县攀天阁乡	28095	8	15058	387	8950	692	5
维西傈僳族自治县白济汛乡	59048	11	26190	791	13849	1928	11
维西傈僳族自治县康普乡	44960	9	10922	253	6365	394	1
维西傈僳族自治县巴迪乡	56567	6	7555	654	6732	2943	1
维西傈僳族自治县中路乡	31190	7	10588	392	6732	1123	5
维西傈僳族自治县维登乡	38180	9	12699	996	7343	288	7
西藏自治区							
城关区蔡公堂乡	781000	3	5169		2495	1528	
城关区纳金乡	478000	3	3558		2653	2170	
城关区娘热乡	95200	3	2542		1696	1020	
城关区夺底乡	257000	2	2553		1214	808	
林周县甘丹曲果镇	20446	6	8705	8705	4774	199	
林周县春堆乡	28924	3	5970		3740	310	
林周县松盘乡	23342	4	4669		3373	198	
林周县强嘎乡	24770	5	6720		3261	243	
林周县卡孜乡	49468	6	5878		3565	279	
林周县边交林乡	13446	3	5141		3193	865	
林周县江热夏乡	23445	5	5481		2668	748	
林周县阿朗乡	55154	4	4969		1927	320	
林周县唐古乡	126054	4	5426		2579	594	
林周县旁多乡	85828	5	4410		2287	391	
当雄县当曲卡镇	34600	2	7492	7492	4928	4167	
当雄县羊八井镇	114300	3	6263	6263	3213	1787	
当雄县格达乡	183840	4	4507		1984	1129	
当雄县宁中乡	173192	4	9709		3958	2257	
当雄县公塘乡	66411	4	6417		2805	1821	
当雄县龙仁乡	23443	3	4808		1861	846	
当雄县乌玛塘乡	137683	4	8375		3729	2110	
当雄县纳木湖乡	271544	4	5242		2031	884	
尼木县塔荣镇	2912	6	6144	6144	2027	1284	1
尼木县麻江乡	64720	3	2612		1505	948	
尼木县普松乡	23360	3	2312		1315	614	

乡镇基本情况

计算单位:公顷、个、人

名　　称	行政区域面积	村民委员会	常住人口	城镇建成区总人口	从业人员	二三产业从业人员	工业企业单位
尼木县卡如乡	25890	2	1272		1272	504	
尼木县尼木乡	420600	7	6940		5362	1916	
尼木县续迈乡	48530	6	4769		2462	893	
尼木县帕古乡	48870	2	3235		1945	427	
尼木县吞巴乡	35750	3	2518		1274		
曲水县曲水镇	45906	3	6798	6798	2797	1961	
曲水县达嘎乡	44290	4	8255		2370	2085	
曲水县才纳乡	16674	3	5136		3384	2824	
曲水县南木乡	40000	2	3191		1545	1225	
曲水县聂当乡	13421	2	4649		2606	2135	
曲水县茶巴拉乡	34730	3	4389		1514	971	
堆龙德庆县东嘎镇	10000	3	5619	5619	3720	2053	19
堆龙德庆县乃琼镇	25600	6	9553	9553	5853	3026	1
堆龙德庆县羊达乡	80600	3	4123		2633	868	
堆龙德庆县古荣乡	8300	6	6280		3371	420	
堆龙德庆县柳梧乡	20532	4	4718		3161	1852	
堆龙德庆县马乡	3282	6	5124		3309	1712	
堆龙德庆县德庆乡	7235	6	7456		4638	1961	2
达孜县德庆镇	42450	4	7162	7162	4476	2361	1
达孜县塔杰乡	17000	3	3131		1784	1292	1
达孜县章多乡	16400	4	4242		1172	485	
达孜县唐嘎乡	24700	3	5234		3043	1318	
达孜县雪乡	18600	2	2738		1612	1333	
达孜县帮堆乡	18100	4	3861		2287	863	
墨竹工卡县工卡镇	16240	3	5231	5231	1850	500	4
墨竹工卡县扎雪乡	79650	6	7746		1490	530	
墨竹工卡县门巴乡	134610	6	3564		1460	439	
墨竹工卡县扎西岗乡	86770	7	7541		2719	734	
墨竹工卡县日多乡	95590	3	2500		2241	546	
墨竹工卡县尼玛江热乡	7500	7	8551		2077	323	
墨竹工卡县甲玛乡	27590	3	4100		1589	849	
墨竹工卡县唐加乡	34710	5	7285		2951	2608	
昌都县城关镇	32400	9	6314	3482	3277	2333	
昌都县俄洛镇	77600	12	6701	6556	2375	522	
昌都县卡若镇	36540	10	4322	4225	1742	723	
昌都县芒达乡	53360	11	3864		1778	254	
昌都县沙贡乡	84050	10	5237		3494	65	
昌都县若巴乡	6240	9	3434		870	70	
昌都县埃西乡	65840	10	5361		2267	163	
昌都县如意乡	38680	9	3787		2484	575	
昌都县日通乡	72160	12	4742		2057	867	
昌都县柴维乡	107300	10	7747		2205	786	
昌都县妥坝乡	100400	12	8000		3741	749	
昌都县嘎玛乡	66790	10	3422		1415	730	
昌都县面达乡	90120	11	6698		3651	45	
昌都县约巴乡	57660	10	3610		1750		
昌都县拉多乡	119860	13	7988		4539	122	
江达县江达镇	36770	8	2595	2528	1995	520	1
江达县岗托镇	27160	5	4046	3766	3046	1363	
江达县邓柯乡	165640	6	6412		4389	317	

乡镇基本情况

计算单位:公顷、个、人

名　　称	行政区域面积	村民委员会	常住人口	城镇建成区总人口	从业人员	二三产业从业人员	工业企业单位
江达县岩比乡	44530	6	3890		2938	124	
江达县卡贡乡	69760	4	4500		3597	596	
江达县生达乡	188600	9	11663		8367	222	
江达县娘西乡	47730	7	2341		1675	264	
江达县字呷乡	174670	10	9051		5548	401	
江达县青泥洞乡	83740	4	3895		3247	1233	
江达县汪布顶乡	117630	6	8794		4169	458	
江达县德登乡	151790	12	5865		3968	970	
江达县同普乡	92750	9	8258		5745	1093	
江达县波罗乡	107730	8	7166		3931	506	
贡觉县莫洛镇	6680	29	9481	9471	3052	2809	
贡觉县敏都乡	133	8	1600		806	45	
贡觉县则巴乡	1296	10	2640		1120	13	
贡觉县罗麦乡	12353	6	1776		866	64	
贡觉县沙东乡	13433	6	1784		988	38	
贡觉县克日乡	21033	5	978		494	86	
贡觉县木协乡	44832	10	1667		1026	55	
贡觉县阿旺乡	92190	12	2013		1176	122	
贡觉县拉妥乡	61600	9	2010		1045	89	
贡觉县雄松乡	9316	7	1903		1016	62	
贡觉县哈加乡	51624	22	6321		2300	65	
贡觉县相皮乡	102096	23	6665		2341	106	
类乌齐县桑多镇	78800	8	6726	5940	3919	2003	
类乌齐县类乌齐镇	79570	11	7159	6179	2774	764	
类乌齐县吉多乡	78680	5	5535		1775	275	
类乌齐县岗色乡	34727	8	2538		757	93	
类乌齐县宾达乡	33100	3	2542		831	463	
类乌齐县卡玛多乡	64060	9	5401		1762	641	
类乌齐县尚卡乡	56500	7	3409		1207	331	
类乌齐县伊日乡	39629	5	2988		953	178	
类乌齐县甲桑卡乡	61930	10	3977		1480	269	
类乌齐县长毛岭乡	87700	14	7276		2842	331	
丁青县丁青镇	126800	6	8852	8000	3058	425	
丁青县尺犊镇	131200	11	10746	10030	4048	490	
丁青县木塔乡	310000	2	1558		665	17	
丁青县布塔乡	170400	2	2580		1048	29	
丁青县巴达乡	45200	6	2519		1213	27	
丁青县甘岩乡	50400	5	1952		1131	17	
丁青县嘎塔乡	24300	5	4047		1552	51	
丁青县色扎乡	73600	5	9954		2785	115	
丁青县协雄乡	58400	5	7960		3490	309	
丁青县桑多乡	41600	3	4712		3281	75	
丁青县当堆乡	141600	5	6309		2963	42	
丁青县沙贡乡	21600	2	4096		2124	60	
丁青县觉恩乡	100400	6	10680		3282	525	
察雅县烟多镇	75000	25	8590	8590	2704	1996	
察雅县吉塘镇	55300	8	3976	3976	1254	149	
察雅县香堆镇	96600	11	8733	7979	4089	108	
察雅县宗沙乡	88100	4	4562		3283	1288	
察雅县肯通乡	68400	6	2599		1198	204	

乡镇基本情况

计算单位:公顷、个、人

名　　称	行政区域面积	村民委员会	常住人口	城镇建成区总人口	从业人员	二三产业从业人员	工业企业单位
察雅县扩达乡	99600	23	6035		4638	666	
察雅县新卡乡	27600	5	1321		491	144	
察雅县王卡乡	32800	12	5022		2108	93	
察雅县阿孜乡	89300	8	1691		679	1	
察雅县巴日乡	50000	15	4967		2680	1268	
察雅县荣周乡	61100	5	5894		2167	247	
察雅县卡贡乡	65000	8	3599		1726	308	
察雅县察拉乡	32500	5	1640		768	22	
八宿县白玛镇	95069	7	5018	4657	2392	1052	
八宿县然乌镇	190277	10	4484	4255	2011	165	
八宿县帮达镇	43172	5	2232	2132	1040	246	
八宿县同卡镇	113184	11	4747	4747	2041	463	
八宿县林卡乡	119648	13	3717		1627	647	
八宿县夏里乡	37163	6	1003		370	63	
八宿县拥乡	31743	4	1282		1002		
八宿县瓦乡	36400	4	720		298		
八宿县吉达乡	140584	7	4636		2407	701	
八宿县卡瓦白庆乡	79890	6	1922		813	55	
八宿县集中乡	71866	9	1889		898	367	
八宿县益庆乡	83751	6	2943		1024	294	
八宿县拉根乡	42068	8	2269		1159	190	
八宿县郭庆乡	166407	12	5952		2134	116	
左贡县旺达镇	127806	17	7927	7112	5100	1020	
左贡县田妥镇	160481	16	6382	6382	3028	806	
左贡县扎玉镇	178222	32	7238	6686	3685	321	
左贡县东坝乡	31732	7	3448		1510	210	
左贡县中林卡乡	2562	13	5798		2743	141	
左贡县美玉乡	1097	8	4645		2231	30	
左贡县下林卡乡	7040	8	3001		1447	102	
左贡县碧土乡	10260	7	2416		1603	141	
左贡县仁果乡	90600	12	3667		1492	67	
左贡县绕金乡	42784	7	2052		1276	174	
芒康县嘎托镇	90212	5	9667	9667	5327	1435	3
芒康县如美镇	84852	5	5894	5867	3976	1815	
芒康县曲孜卡乡	67543	3	3632		1387	177	
芒康县木许乡	28351	2	2270		1417	184	
芒康县纳西民族乡	37488	4	4486		3373	508	1
芒康县朱巴龙乡	92877	5	5311		3982	421	
芒康县曲登乡	118004	2	3652		2501	663	
芒康县徐中乡	103976	5	6053		2472	325	
芒康县帮达乡	102486	6	8470		4428	1308	
芒康县戈波乡	57740	3	2614		1447	121	
芒康县洛尼乡	47208	2	4196		2175	204	
芒康县措瓦乡	99386	6	9427		5870	768	
芒康县昂多乡	54640	2	2089		1010	84	
芒康县宗西乡	102530	4	5736		2628	124	
芒康县莽岭乡	20550	2	3659		2730	267	
芒康县索多西乡	55702	4	5519		3194	739	
洛隆县孜托镇	12090	10	9374	9210	3560	770	2
洛隆县硕督镇	5790	7	5086	5028	2740	422	

乡镇基本情况

计算单位：公顷、个、人

名称	行政区域面积	村民委员会	常住人口	城镇建成区总人口	从业人员	二三产业从业人员	工业企业单位
洛隆县康沙镇	5350	6	6006	5769	1622	398	
洛隆县马利镇	8200	5	4629	4566	1121	426	
洛隆县玉西乡	3450	4	1226		391	5	
洛隆县新荣乡	58669	5	4101		1485	119	
洛隆县达龙乡	44184	4	1419		833	281	
洛隆县腊久乡	198009	10	5648		2500	131	
洛隆县俄西乡	87771	9	6665		2003	307	
洛隆县中亦乡	62457	4	3154		1330	57	
洛隆县白达乡	9894	2	816		338	70	
边坝县草卡镇	45100	13	5422	5410	2948	1064	3
边坝县边坝镇	112400	11	5270	5089	2866	284	
边坝县马武乡	41700	6	2492		1360	236	
边坝县热玉乡	36000	4	1852		1020	339	
边坝县尼木乡	66600	4	2635		1426	369	
边坝县沙丁乡	68000	6	3655		1978	253	
边坝县金岭乡	197200	7	4115		2238	410	
边坝县加贡乡	105500	4	937		509	108	
边坝县马秀乡	73500	8	2427		1232	339	
边坝县都瓦乡	68800	6	3540		1924	186	
边坝县拉孜乡	83100	12	3709		2007	288	
乃东县泽当镇	20638	6	32497		5788	3808	1
乃东县昌珠镇	2108	12	6991		3911	2559	
乃东县颇章乡	13524	9	7364		4444	2575	
乃东县结巴乡	20031	6	4960		2301	1492	
乃东县多颇章乡	23786	2	1804		977	729	
乃东县索珠乡	37889	4	2669		1219	261	
乃东县亚堆乡	60835	8	7197		4197	2581	
扎囊县扎唐镇	18899	10	8313		3920	1670	2
扎囊县桑耶镇	80767	7	4601		1980	1019	
扎囊县阿扎乡	28849	3	2388		947	576	
扎囊县扎其乡	29079	17	9471		4176	2689	1
扎囊县吉汝乡	39398	20	10755		5315	2947	
贡嘎县吉雄镇	7400	1	5773		1708	186	3
贡嘎县岗堆镇	32968	9	7501		3566	1109	2
贡嘎县甲竹林镇	36955	3	8479		4369	2304	4
贡嘎县江塘镇	23781	4	5197		2588	302	
贡嘎县杰德秀镇	25841	3	9072		4595	1715	3
贡嘎县朗杰学乡	36396	4	6447		3256	737	1
贡嘎县昌果乡	37619	3	3067		1307	204	1
贡嘎县东拉乡	27424	6	4466		2500	1103	
桑日县桑日镇	50225	8	3727		1895	843	4
桑日县增期乡	124240	13	4388		1646	986	
桑日县白堆乡	46058	8	1848		728	278	1
桑日县绒乡	42839	13	5783		2934	1638	1
琼结县琼结镇	50286	5	5879		3479	2864	
琼结县拉玉乡	17275	5	4696		2274	1236	
琼结县下水乡	12848	4	3364		1618	1328	
琼结县加麻乡	29891	6	4975		2804	2614	
曲松县曲松镇	51300	7	7925		2537	1584	1
曲松县罗布沙镇	20200	2	1385		657	378	2

乡镇基本情况

计算单位：公顷、个、人

名　　称	行政区域面积	村民委员会	常住人口	城镇建成区总人口	从业人员	二三产业从业人员	工业企业单位
曲松县邱多江乡	88967	5	2747		1355	893	
曲松县堆随乡	16913	4	2928		1308	805	
曲松县下江乡	36407	3	1975		946	459	
措美县措美镇	79909	3	4827		2987	2371	
措美县哲古镇	207997	4	5680		3300	1244	
措美县乃西乡	74475	5	2617		1179	406	
措美县古堆乡	77678	2	1740		859	435	
洛扎县洛扎镇	87091	5	4552		2183	1373	
洛扎县拉康镇	44545	3	1899		966	745	
洛扎县生格乡	32600	4	2952		1488	827	
洛扎县边巴乡	39556	3	1389		799	610	
洛扎县扎日乡	104260	6	4855		2525	1702	
洛扎县色乡	100219	4	1984		1208	276	
洛扎县拉郊乡	26225	1	209		118	11	
加查县加查镇	51265	11	3588		1400	709	5
加查县安绕镇	55254	14	5446		1499	507	
加查县拉绥乡	54351	9	3983		1671	365	
加查县崔久乡	108215	3	695		287	90	
加查县坝乡	109499	4	1498		664	104	
加查县冷达乡	26759	11	2351		1102	376	
加查县洛林乡	53795	25	4359		1748	528	1
隆子县隆子镇	80800	13	8007		3146	2091	
隆子县日当镇	56910	12	7772		4353	3028	
隆子县加玉乡	73900	10	3568		2453	1485	
隆子县列麦乡	51800	7	2329		1363	482	
隆子县热荣乡	69900	8	4023		2247	1346	
隆子县三安曲林乡	83200	7	2939		1405	389	
隆子县准巴乡	19300	4	483		277	49	
隆子县斗玉珞巴民族乡	28100	3	639		338	136	
隆子县雪沙乡	80600	12	4362		2410	551	
隆子县扎日乡	55400	3	603		294	101	
隆子县玉麦乡	362900	1	33		28	12	
错那县错那镇	130258	2	1780		899	339	2
错那县勒门巴民族乡	22600	2	149		92	25	
错那县贡日门巴民族乡	8100	2	190		124	57	
错那县吉巴门巴民族乡	36901	2	228		131	29	
错那县麻玛门巴民族乡	8271	1	185		101	90	
错那县库局乡	292645	2	442		179	179	
错那县曲卓木乡	112679	4	4008		1898	179	
错那县浪坡乡	90813	2	335		161	26	
错那县觉拉乡	70165	5	4695		2964	1052	
错那县卡达乡	132605	2	2040		1052	562	
浪卡子县浪卡子镇	64523	4	3623		3220	2873	1
浪卡子县打隆镇	117968	3	3623		2813	2117	
浪卡子县普玛江塘乡	181340	6	1036		653	54	
浪卡子县多却乡	122682	13	4867		3291	2296	
浪卡子县卡龙乡	23311	8	2157		1241	641	
浪卡子县阿扎乡	38218	12	2222		1253	405	
浪卡子县工布学乡	107535	19	4729		4048	1532	2
浪卡子县卡热乡	17422	7	2668		1272	255	

乡镇基本情况

计算单位:公顷、个、人

名　　称	行政区域面积	村民委员会	常住人口	城镇建成区总人口	从业人员	二三产业从业人员	工业企业单位
浪卡子县白地乡	31989	8	2322		1647	975	
浪卡子县张达乡	46223	7	3897		2328	419	1
日喀则市曲美乡	35600	18	6442		4643	1177	
日喀则市聂日雄乡	55500	16	5344		3175	1088	
日喀则市曲布雄乡	31000	15	5859		3970	2926	
日喀则市联乡	51400	16	5276		3831	1052	
日喀则市甲措雄乡	47100	23	13724		8281	3628	
日喀则市纳尔乡	20700	10	2159		1245	344	
日喀则市年木乡	33000	10	3821		1734	968	
日喀则市东嘎乡	42800	28	9543		5738	1027	
日喀则市边雄乡	23000	10	4640		3519	984	
日喀则市江当乡	30400	15	5605		3396	821	
南木林县南木林镇	39100	12	8707	8707	4701	376	
南木林县普当乡	46700	6	3417		1664	34	
南木林县仁堆乡	135100	3	1423		805	42	
南木林县拉布普乡	191500	5	2120		969	9	
南木林县多角乡	26600	10	5423		2624	391	
南木林县卡孜乡	25400	9	6136		3409	423	
南木林县土布加乡	49500	14	6430		3239	77	
南木林县艾玛乡	41800	16	10783		5773	472	
南木林县奴玛乡	2400	8	3626		2051	1575	
南木林县达孜乡	24800	7	4752		2207	79	
南木林县索金乡	38900	10	3914		2110	41	
南木林县茶尔乡	27500	6	2759		1357		
南木林县秋木乡	188000	6	2593		1356	44	
南木林县达那乡	24500	4	2606		1304	362	
南木林县芒热乡	73700	8	3350		1807	520	
南木林县热当乡	419900	12	7828		4236	26	
南木林县甲措乡	37000	10	5074		2232	58	
江孜县江孜镇	6200	3	3918	3918	2167	786	1
江孜县纳如乡	3570	10	4359		2254	66	
江孜县卡麦乡	18600	11	5218		2524	393	
江孜县卡堆乡	6130	11	5208		2730	1042	
江孜县藏改乡	6400	7	2663		1264	344	
江孜县日朗乡	8490	4	1247		561		
江孜县达孜乡	16300	9	2858		1185	58	
江孜县热索乡	9500	7	3591		1264	344	
江孜县重孜乡	2250	11	4870		2530	486	
江孜县龙马乡	21040	10	1848		1100	7	
江孜县紫金乡	5560	3	646		284	66	
江孜县江热乡	7773	7	3758		2176		
江孜县年堆乡	5757	12	4351		2260	85	3
江孜县康卓乡	10690	9	3649		2049	743	
江孜县金嘎乡	18780	7	2342		1157	42	4
江孜县日星乡	3489	8	2763		1452	395	1
江孜县热龙乡	17860	8	3483		1283	51	
江孜县车仁乡	7134	8	2760		1402	147	2
江孜县加克西乡	4717	7	2155		1166	113	
定日县协格尔镇	75397	29	8613	8613	5368	2539	
定日县岗嘎镇	139576	26	7396	7396	4610	1824	

乡镇基本情况

计算单位:公顷、个、人

名称	行政区域面积	村民委员会	常住人口	城镇建成区总人口	从业人员	二三产业从业人员	工业企业单位
定日县加措乡	129420	7	1387		794	102	
定日县绒辖乡	97708	3	818		440	241	
定日县尼辖乡	46475	7	1862		1122	444	
定日县岔吉乡	104804	5	1525		900	29	
定日县曲当乡	266690	19	6470		2934	1499	
定日县扎果乡	49503	8	2588		1571	488	
定日县扎西宗乡	284586	30	7004		3203	1408	
定日县长所乡	26679	10	3700		2583	613	
定日县曲洛乡	40691	9	3167		1898	129	
定日县措果乡	23949	7	3721		2010	781	
定日县克玛乡	105302	15	4226		2192	1200	
萨迦县萨迦镇	107800	6	4059	4059	2504	842	
萨迦县吉定镇	104800	14	6863	6863	2848	2167	
萨迦县木拉乡	67500	6	3153		1545	335	
萨迦县查荣乡	76400	12	4211		2088	566	
萨迦县拉洛乡	58200	15	3771		1974	26	
萨迦县赛乡	76100	7	3516		1891	219	
萨迦县扯休乡	56500	12	5404		2543	831	
萨迦县扎西岗乡	59600	8	4836		2854	775	
萨迦县雄玛乡	81100	12	5924		2927	1467	
萨迦县麻布加乡	68400	8	4223		2371	266	
萨迦县雄麦乡	56200	7	2448		1300	741	
拉孜县曲下镇	5400	9	4552	4552	2674	1876	
拉孜县拉孜镇	27000	10	6578	6578	3320	1809	
拉孜县扎西宗乡	30000	6	3018		1713	1199	
拉孜县曲玛乡	28700	12	4910		2621	1893	
拉孜县彭措林乡	70000	7	4139		2108	579	
拉孜县扎西岗乡	60300	12	7162		3879	2149	
拉孜县柳乡	27000	5	4183		2311	1590	
拉孜县热萨乡	35700	10	3828		2056	985	
拉孜县芒普乡	40600	7	3557		2645	1058	
拉孜县锡钦乡	58900	11	6536		3921	1812	
拉孜县查务乡	52400	9	4130		2116	1189	
昂仁县卡嘎镇	35600	25	7506	7506	4199	1105	
昂仁县桑桑镇	210200	15	4287	4287	2247	47	
昂仁县切热乡	161235	6	1275		608	10	
昂仁县秋窝乡	84218	23	7178		4215	141	
昂仁县达居乡	53467	15	4575		2327	33	
昂仁县亚木乡	96315	20	6618		3842	269	
昂仁县贡久布乡	118054	6	1234		590	42	
昂仁县达若乡	195789	4	613		293	13	
昂仁县措迈乡	275007	9	1594		685	74	
昂仁县尼果乡	200396	6	1487		643	15	
昂仁县孔隆乡	424674	4	737		346	25	
昂仁县如萨乡	146399	5	786		346	13	
昂仁县阿木雄乡	180241	6	791		434	19	
昂仁县查孜乡	236815	5	1200		548	48	
昂仁县日吾其乡	114156	14	5229		2549	160	
昂仁县多白乡	69840	18	5938		2541	986	
昂仁县雄巴乡	127966	4	778		360	21	

乡镇基本情况

计算单位：公顷、个、人

名　　称	行政区域面积	村民委员会	常住人口	城镇建成区总人口	从业人员	二三产业从业人员	工业企业单位
谢通门县卡嘎镇	15752	8	9125	9125	3372	385	
谢通门县达木夏乡	13050	6	4787		2220	145	
谢通门县查布乡	72315	5	1837		1038	19	
谢通门县春哲乡	98865	4	1288		657	96	
谢通门县则许乡	81150	3	741		351	3	
谢通门县娘热乡	174450	5	1140		432	120	
谢通门县措布西乡	196335	7	1779		901	149	
谢通门县纳当乡	91800	3	1444		875	404	
谢通门县青都乡	103245	2	705		428	13	
谢通门县切琼乡	109830	2	674		655	334	
谢通门县美巴切勤乡	196532	5	1204		622	317	
谢通门县列巴乡	72105	4	1598		590	360	
谢通门县塔定乡	6450	4	2149		1547	138	
谢通门县荣玛乡	3450	6	2559		2194	755	
谢通门县通门乡	13275	6	3170		2109	254	
谢通门县仁钦则乡	45000	11	6007		3397	1441	
谢通门县达那普乡	9600	6	2369		1499	182	
谢通门县达那塔乡	10950	6	4092		2257	650	
谢通门县南木切乡	21675	2	1151		576	41	
白朗县洛江镇	16193	15	6740	6740	3520	564	3
白朗县嘎东镇	18963	14	8046	8046	4325	1775	2
白朗县巴扎乡	98800	13	5771		3388	2433	1
白朗县玛乡	25200	11	4956		2827	335	
白朗县旺丹乡	22927	10	4487		2382	248	1
白朗县曲奴乡	12583	12	3552		2021	564	
白朗县杜琼乡	11649	9	3529		1949	391	
白朗县强堆乡	99550	7	2747		1523	842	1
白朗县嘎普乡	33779	5	2220		1377	369	
白朗县者下乡	32000	7	1968		1134	297	
白朗县东喜乡	89040	8	1194		806	246	
仁布县德吉林镇	31819	9	4843	4843	2664	739	
仁布县帕当乡	16800	6	3619		1641	1011	
仁布县康雄乡	21271	12	3976		2229	902	
仁布县普松乡	15185	7	2014		1086	598	
仁布县然巴乡	29463	9	2129		1232	611	
仁布县茶巴乡	30833	9	4617		2399	1362	
仁布县切洼乡	37658	8	4263		2487	1321	2
仁布县母乡	14998	6	3947		2053	1689	
仁布县仁布乡	13510	7	2947		1822	1076	
康马县康马镇	42240	7	2198	2198	1099	121	
康马县涅如麦乡	30310	5	1787		1005	89	
康马县涅如堆乡	332500	8	2138		1179	582	
康马县嘎拉乡	116370	4	3486		1560	214	
康马县萨玛达乡	57857	5	1994		823	376	
康马县康如乡	30993	5	1908		931	381	
康马县少岗乡	30740	4	2410		1258	574	
康马县南尼乡	15200	5	2340		1120	86	
康马县雄章乡	89100	4	1949		1074	381	
定结县江嘎镇	35000	6	2390	2390	1594	447	
定结县陈塘镇	250000	6	2156	2156	1020	146	

乡镇基本情况

计算单位:公顷、个、人

名　　称	行政区域面积	村民委员会	常住人口	城镇建成区总人口	从业人员	二三产业从业人员	工业企业单位
定结县日屋镇	142000	5	1209	1209	667	221	
定结县确布乡	38000	9	1649		1018	208	
定结县扎西岗乡	60000	6	2079		1451	294	
定结县多布扎乡	35000	6	1694		1114	48	
定结县定结乡	20000	6	1570		1097	145	
定结县琼孜乡	80000	11	2716		1679	386	
定结县萨尔乡	30000	9	2450		1585	444	
定结县郭加乡	36600	6	846		456	54	
仲巴县帕羊镇	203030	4	2040	2040	1014	188	
仲巴县拉让乡	176148	3	895		501	93	
仲巴县帕江乡	533996	6	2380		1241	230	
仲巴县仁多乡	391426	5	2045		1013	188	
仲巴县吉玛乡	301401	5	1962		861	159	
仲巴县隆格尔乡	710864	8	3187		1663	308	
仲巴县霍尔巴乡	286544	4	1471		893	165	
仲巴县吉拉乡	562862	3	950		496	92	
仲巴县纳久乡	262572	3	1355		894	165	
仲巴县偏吉乡	384660	4	1780		966	179	
仲巴县布多乡	297820	3	589		292	54	
仲巴县亚热乡	247561	3	1392		747	139	
仲巴县琼果乡	249516	7	1299		711	132	
亚东县下司马镇	22520	3	1679	1679	755	496	
亚东县帕里镇	35940	4	2623	2623	1838	305	
亚东县下亚东乡	57971	2	976		468	202	
亚东县堆纳乡	121714	8	2842		1597	82	
亚东县上亚东乡	34882	3	1310		633	153	
亚东县吉汝乡	125785	3	869		550	27	
亚东县康布乡	53051	2	1169		679	62	
吉隆县宗嘎镇	158100	7	4100	4100	1348	307	7
吉隆县吉隆镇	284900	16	4883	4883	2287	353	
吉隆县折巴乡	278600	6	2394		1158	11	
吉隆县贡当乡	146000	4	1029		545	26	
吉隆县差那乡	183600	6	2889		1368	312	
聂拉木县聂拉木镇	114141	7	2281	2281	1282	433	2
聂拉木县樟木镇	30162	4	1670	1670	981	476	1
聂拉木县亚来乡	78801	6	1574		910	185	
聂拉木县锁作乡	68010	8	3561		1679	348	
聂拉木县门布乡	130375	9	2851		1702	153	
聂拉木县乃龙乡	28340	2	1367		655	36	
聂拉木县波绒乡	340472	8	2481		1330	193	
萨嘎县加加镇	198564	5	1623	1623	838	4	
萨嘎县夏如乡	96317	6	2622		1085	26	
萨嘎县旦嘎乡	96135	3	1549		856	13	
萨嘎县达吉岭乡	109482	5	1206		622	3	
萨嘎县如角乡	183680	4	917		492	3	
萨嘎县拉藏乡	119855	5	1546		814	5	
萨嘎县雄如乡	137671	6	1918		993	3	
萨嘎县昌果乡	300275	4	1449		660	5	
岗巴县岗巴镇	63100	8	2382	2382	1275	107	
岗巴县昌龙乡	92316	7	2168		1298	196	

乡镇基本情况

计算单位:公顷、个、人

名　　称	行政区域面积	村民委员会	常住人口	城镇建成区总人口	从业人员	二三产业从业人员	工业企业单位
岗巴县直克乡	54132	3	1262		736	63	
岗巴县孔玛乡	82450	3	1425		873	206	
岗巴县龙中乡	127131	8	2394		1591	184	
嘉黎县阿扎镇	162613	10	2955		1256	53	
嘉黎县嘉黎镇	132060	15	3618	3495	1538	158	
嘉黎县鸽群乡	98987	9	2556		940	398	
嘉黎县藏比乡	79453	7	2049		890	130	
嘉黎县忠玉乡	188500	14	1960		743	492	
嘉黎县措多乡	166387	15	5216		1828	264	
嘉黎县措拉乡	106367	20	4640		2088	154	
嘉黎县林堤乡	39433	7	1704		842	77	
嘉黎县夏玛乡	138973	13	4611		1991	299	
嘉黎县绒多乡	137433	11	3497		1485	164	
比如县比如镇	66639	18	5548	5548	2426	280	
比如县夏曲镇	197909	20	13722	13722	5391	1635	
比如县白嘎乡	181252	23	8167		2404	176	
比如县羊秀乡	227926	18	6594		2010	175	
比如县香曲乡	81704	21	5627		1995		
比如县达塘乡	115190	24	7973		3010	217	
比如县良曲乡	85743	13	4220		1833	254	
比如县茶曲乡	58041	16	6264		2218	159	
比如县扎拉乡	88041	9	3746		1678	88	
比如县恰则乡	41711	6	2595		912	158	
聂荣县聂荣镇	81800	10	2388	2388	1092	180	
聂荣县尼玛乡	53900	21	4925	4925	1498	302	
聂荣县查当乡	66900	9	3288	3288	1533	348	
聂荣县当木江乡	34500	14	3990	3990	2370	475	
聂荣县永曲乡	238800	11	1868	1868	737		
聂荣县索雄乡	138500	7	2053	2053	1055	15	
聂荣县白雄乡	109500	14	4117	4117	2161	125	
聂荣县桑荣乡	169500	10	1901	1901	805	30	
聂荣县下曲乡	116200	15	3692	3692	1896	240	
聂荣县色庆乡	388500	28	5552	5552	2671	796	
安多县扎仁镇	195822	3	3210	3210	1236	714	
安多县雁石坪镇	140000	9	9294	9294	4335	334	
安多县强玛镇	810000	7	2879	2879	1210	96	
安多县帕那镇	400000	5	4975	4975	2665	1009	
安多县措玛乡	550000	6	4222	4222	1948	197	
安多县滩堆乡	120000	3	1209	1209	580	280	
安多县扎曲乡	250000	4	1167	1167	544	143	
安多县岗尼乡	400000	7	1792	1792	1256	628	
安多县玛曲乡	170000	5	2669	2669	1290	66	
安多县色务乡	900000	4	995	995	113	23	
安多县玛荣乡	470000	4	1073	1073	468	47	
安多县多玛乡	900000	7	1740	1740	1205	35	
安多县帮麦乡	750000	5	2044	2044	1009	427	
申扎县申扎镇	176076	6	2372	3577	1270	281	
申扎县雄梅镇	326625	10	3681		2586	262	
申扎县马跃乡	422321	6	1921		1079	99	
申扎县买巴乡	167573	5	1469		865	105	

乡镇基本情况

计算单位:公顷、个、人

名　　称	行政区域面积	村民委员会	常住人口	城镇建成区总人口	从业人员	二三产业从业人员	工业企业单位
申扎县塔尔玛乡	521849	14	3610		2167	300	
申扎县下过乡	260743	6	2487		1638	160	
申扎县卡乡	16750	6	1671		858	61	
申扎县巴扎乡	312059	7	1998	8978	1104	259	
索县亚拉镇	77093	15	9232		4781	1015	
索县荣布镇	75627	23	7880		3503	588	
索县若达乡	47480	9	3043		1268	217	
索县热瓦乡	26980	6	2669		948	126	
索县西昌乡	45700	11	3397		1300	119	
索县嘎木乡	84867	6	2222		1037	126	
索县赤多乡	70847	9	3320		1655	139	
索县嘎美乡	50153	18	5300		1705	82	
索县加勒乡	56820	14	5696		3009	583	
索县江达乡	61393	11	3668	5501	1678	188	
班戈县普保镇	209233	8	5576	5501	2844	182	
班戈县北拉镇	238706	12	5292	5161	2662	162	
班戈县佳琼镇	255266	5	3000	2971	1514	149	
班戈县德庆镇	3904	7	3913	3852	1994	150	
班戈县马前乡	304880	5	2580		1421	132	
班戈县门当乡	515525	11	5023		2638	127	
班戈县保吉乡	138433	8	2112		1188	260	
班戈县青龙乡	305973	9	4039		2141	99	
班戈县新吉乡	317226	9	3872		1792	103	
班戈县尼玛乡	68246	8	2479		1270	167	
巴青县雅安镇	150000	18	5124		2769	1606	
巴青县拉西镇	350000	25	7393		3169	1640	
巴青县杂色镇	260000	26	8721	8625	3295	1284	
巴青县江绵乡	170000	18	5809		2630	1380	
巴青县岗切乡	310000	18	4178		2124	1120	
巴青县巴青乡	140000	9	2430		1340	820	
巴青县阿秀乡	130000	11	2508		1682	1230	
巴青县玛如乡	180000	18	6308		3239	1854	
巴青县本塔乡	250000	10	4349		2492	1630	
巴青县贡日乡	140000	5	1755		932	520	
尼玛县尼玛镇	14142	10	4616		2462	140	
尼玛县文布乡	2954	1	2003		1165	193	
尼玛县中仓乡	14250	8	2633		1506	753	
尼玛县卓瓦乡	3150	6	1958		1033	60	
尼玛县卓尼乡	4712	6	1892		922	197	
尼玛县吉瓦乡	3332	7	1759		855	95	
尼玛县甲谷乡	2658	7	2068		834	43	
尼玛县阿索乡	14000	4	1730		1008	209	
尼玛县俄久乡	28778	4	2339		1365	66	
尼玛县荣玛乡	46779	2	1030		600	53	
尼玛县达果乡	2584	2	1694		822	65	
尼玛县申亚乡	3459	6	1835		272	67	
尼玛县来多乡	4201	6	2085		998	90	
尼玛县军仓乡	5000	5	1525		836	89	
双湖县措折罗玛镇	376726	8	2960		1745	67	
双湖县协德乡	799947	5	2322		1255	52	

乡镇基本情况

计算单位:公顷、个、人

名　　称	行政区域面积	村民委员会	常住人口	城镇建成区总人口	从业人员	二三产业从业人员	工业企业单位
双湖县雅曲乡	95883	5	1001		594	39	
双湖县嘎措乡	200300	2	525		375	39	
双湖县措折强玛乡	130572	4	1166		587	30	
双湖县多玛乡	676480	5	1969		897	37	
双湖县巴岭乡	887720	4	1736		907	50	
普兰县普兰镇	3250	5	6390	6390	3753	1708	
普兰县巴嘎乡	419334	2	1486		1009	406	
普兰县霍尔乡	505613	2	1883		1083	177	
札达县托林镇	364164	2	2370	2292	440	30	
札达县萨让乡	328859	2	727		394	28	
札达县达巴乡	68867	3	1274		549	49	
札达县底雅乡	252445	3	808		458	50	
札达县香孜乡	296764	2	1308		624	36	
札达县曲松乡	214902	2	478		349	33	
札达县楚鲁松杰乡	322353	2	534		297	48	
噶尔县狮泉河镇	124786	1	4020	3920	3713	2389	
噶尔县昆莎乡	225009	3	2174		1292	507	
噶尔县左左乡	149818	3	1397		996	260	
噶尔县门士乡	349387	2	2440		1605	600	
噶尔县扎西岗乡	142053	3	845		570	124	
日土县日土镇	445890	2	2871	1080	911	480	
日土县热帮乡	179555	3	2414		1845	933	
日土县日松乡	690090	3	2190		1662	674	
日土县东汝乡	377713	3	1339		980	394	
日土县多玛乡	132134	2	1304		1061	463	
革吉县革吉镇	35000	6	3336	3336	1780	52	
革吉县雄巴乡	911100	4	3215		2785	733	
革吉县亚热乡	10145	5	3594		2579	834	
革吉县盐湖乡	100300	2	3188		2731	1055	
革吉县文布当桑乡	5963	2	2160		2070	591	
改则县改则镇	144000	2	3735	3660	3033	723	
改则县物玛乡	16600	3	2269		1370	124	
改则县先遣乡	216000	6	1924		986	47	
改则县麻米乡	172000	10	4603		2098	135	
改则县洞措乡	162000	5	2578		1596	41	
改则县古姆乡	190000	3	2312		1345	436	
改则县察布乡	280000	15	3861		1792	54	
措勤县措勤镇	267800	4	2776	2699	1282	63	
措勤县磁石乡	363300	4	2643		1179	190	
措勤县曲洛乡	49600	4	2304		1080	100	
措勤县江让乡	517000	5	2935		1243	172	
措勤县达雄乡	376000	4	2750		1291	365	
林芝县林芝镇	147300	9	2716	2716	986	497	
林芝县百巴镇	16220	11	3828	3828	1450	712	
林芝县八一镇	143200	11	3469	3469	1458	680	
林芝县鲁朗镇	164900	8	1278	1278	628	417	
林芝县更章门巴民族乡	98000	6	1400		585	100	
林芝县布久乡	157400	10	2956		1256	171	
林芝县米瑞乡	150600	12	2303		823	110	
工布江达县工布江达镇	75900	10	2545	2545	1452	132	

乡镇基本情况

计算单位:公顷、个、人

名　称	行政区域面积	村民委员会	常住人口	城镇建成区总人口	从业人员	二三产业从业人员	工业企业单位
工布江达县金达镇	157100	16	4804	4804	1755	131	
工布江达县巴河镇	109100	10	2704	2704	2103	56	
工布江达县错高乡	119000	5	2271		1381	106	
工布江达县朱拉乡	185200	9	2838		1295	51	
工布江达县仲莎乡	185200	7	2713		1515	71	
工布江达县江达乡	79600	8	2470		1823	76	
工布江达县娘蒲乡	165000	7	2934		935	51	
工布江达县加兴乡	225900	7	4253		2095	99	
米林县米林镇	34643	3	6712	6712	3124	2318	2
米林县卧龙镇	259190	18	4243	4243	2170	351	
米林县派镇	105589	9	2491	2491	1379	581	
米林县丹娘乡	54917	6	1832		891	178	
米林县南伊珞巴民族乡	64848	3	639		337	132	1
米林县羌纳乡	45466	9	2886		1341	265	
米林县里龙乡	218182	8	1897		990	199	
米林县扎西绕登乡	167578	10	3144		1796	368	
墨脱县墨脱镇	121700	6	3376	3376	2337	1381	
墨脱县甘登乡	79000	2	339		165	34	
墨脱县加热萨乡	79000	7	674		324		
墨脱县达木珞巴民族乡	88000	4	1003		517	58	
墨脱县帮辛乡	100000	7	1358		932	152	
墨脱县格当乡	94000	4	579		341	126	
墨脱县德兴乡	110000	7	1566		574		
墨脱县背崩乡	375000	9	2220		1156		
波密县扎木镇	106813	10	2621	2621	1295	724	
波密县倾多镇	170986	13	4371	4371	1631	52	
波密县松宗镇	76165	9	1911	1911	908	478	3
波密县古乡	72474	6	1431		692	174	
波密县玉许乡	246211	14	5658		3542	224	
波密县多吉乡	138346	9	3076		1507	452	
波密县康玉乡	154958	5	1890		676	138	
波密县玉普乡	191800	6	1465		746	95	
波密县易贡乡	294669	5	1352		668	181	
波密县八盖乡	210013	7	1501		1485	212	
察隅县竹瓦根镇	2827	14	3795	3795	1846	363	1
察隅县上察隅镇	5525	16	3012	3012	1518	146	
察隅县下察隅镇	1215	18	5010	5010	3285	823	
察隅县古玉乡	2271	6	3034		2710	574	
察隅县古拉乡	3318	15	2626		2481	171	
察隅县察瓦龙乡	4617	28	7117		4198		
朗县朗镇	44153	8	2703	2703	1330	28	
朗县仲达镇	20695	8	2223	2223	1432	258	
朗县洞嘎镇	116623	7	2619	2619	1349	205	
朗县金东乡	95845	8	1679		908	103	
朗县拉多乡	70847	10	2209		1322	68	
朗县登木乡	70531	10	1928		1744	82	
陕西省							
阎良区武屯镇	5310	15	36310	3610	19254	6771	82
阎良区关山镇	8490	27	56012	6110	26629	12174	19
蓝田县蓝关镇	6700	31	38734	3198	20593	5100	96

乡镇基本情况

计算单位:公顷、个、人

名　　称	行政区域面积	村民委员会	常住人口	城镇建成区总人口	从业人员	二三产业从业人员	工业企业单位
蓝田县洩湖镇	8400	28	38456	2810	31348	15966	25
蓝田县华胥镇	8000	23	34752	5881	23827	9927	77
蓝田县前卫镇	4900	27	35537	1638	27627	12913	154
蓝田县汤峪镇	12200	26	24189	1865	15396	5721	125
蓝田县焦岱镇	4500	22	21916	1336	14897	5631	17
蓝田县玉山镇	6200	15	24210	1079	22034	12350	37
蓝田县三里镇	6900	37	42979	1286	33191	15500	275
蓝田县普化镇	11300	40	49613	1287	38117	17772	76
蓝田县葛牌镇	21900	30	14951	791	8018	2038	4
蓝田县灞源镇	18400	27	15604	981	8627	2386	2
蓝田县九间房镇	13300	25	16189	1230	11901	4630	84
蓝田县蓝桥镇	10100	13	10726	1013	8617	4327	21
蓝田县玉川镇	20500	24	9884	521	6329	2962	2
蓝田县辋川镇	7600	13	10516	1346	6506	1800	15
蓝田县厚镇	8400	16	16212	1627	10865	3881	150
蓝田县三官庙镇	4200	12	16050	695	8114	1694	45
蓝田县金山镇	5200	13	8550	2331	4991	1171	184
蓝田县安村镇	4500	27	26755	2189	14357	3655	326
蓝田县孟村镇	4100	30	26394	2038	14814	4257	174
蓝田县小寨镇	9600	24	19066	2043	11677	3733	21
蓝田县史家寨镇	3266	16	18940	1352	12495	4798	28
周至县二曲镇	3244	13	62853	60853	47502	34042	147
周至县哑柏镇	4417	15	48844	15500	34581	15387	40
周至县终南镇	6586	30	55928	14506	33262	12542	5
周至县马召镇	7867	28	32018	12396	19236	7036	5
周至县集贤镇	29455	19	26954	11763	20814	8263	20
周至县楼观镇	19748	32	46133	15008	26681	11011	85
周至县尚村镇	6231	27	44072	8160	27578	12128	10
周至县广济镇	4875	25	36169	9138	20155	6746	43
周至县厚畛子镇	68627	10	2986	390	1716	582	7
周至县青化镇	3392	10	23037	3254	16070	5120	
周至县竹峪镇	10191	23	24071	1497	16006	5437	8
周至县翠峰镇	4736	18	21350	1521	15457	4851	160
周至县四屯镇	2748	12	22637	3290	15711	4926	18
周至县侯家村镇	2640	11	20446	1867	14385	4815	18
周至县辛家寨镇	2264	13	21513	3070	14116	4104	16
周至县司竹镇	3360	20	22606	1587	15918	5397	13
周至县九峰镇	10688	21	21587	1511	18613	9150	198
周至县富仁镇	4635	8	22269	2694	16804	5598	21
周至县骆峪镇	9565	12	7045	797	4543	2143	9
周至县陈河镇	1583	12	4013	301	2912	1058	1
周至县板房子镇	2496	9	3024	368	1860	634	
周至县王家河镇	1960	8	2865	546	1477	421	
户县甘亭镇	4260	48	101600	59080	43849	31504	3800
户县余下镇	2900	23	58130	23230	22876	13116	118
户县祖庵镇	3100	31	28375	5452	15596	6961	120
户县秦渡镇	4980	55	46355	7030	29396	9474	900
户县大王镇	3000	27	31240	4950	18385	7225	191
户县草堂镇	27800	44	34540	6060	19530	10947	230
户县蒋村镇	14230	42	35854	7312	21533	6431	460

乡镇基本情况

计算单位:公顷、个、人

名　　称	行政区域面积	村民委员会	常住人口	城镇建成区总人口	从业人员	二三产业从业人员	工业企业单位
户县庞光镇	3500	25	27034	4680	13796	3928	120
户县涝店镇	4860	36	36140	3842	15752	5006	158
户县甘河镇	3300	26	27730	3210	9546	2958	165
户县石井镇	42380	35	25240	1595	12816	5071	480
户县玉蝉镇	2900	21	25557	1120	13871	3303	150
户县五竹镇	2580	32	21540	1200	12076	3749	180
户县苍游镇	2260	20	20140	1361	12076	3749	80
户县渭丰镇	3650	30	26964	1900	16299	8749	437
户县天桥镇	2500	23	16463	312	9839	3473	58
高陵县鹿苑街道办事处	5123	18	46586	1933	27218	17699	432
高陵县泾渭街道办事处	6345	20	110359	3931	33396	33396	355
高陵县崇皇街道办事处	2830	7	27358		12342	12342	180
高陵县通远镇	3158	10	29172	1396	17080	6212	168
高陵县耿镇	2090	6	16681	1242	11784	4843	90
高陵县榆楚镇	2877	6	19824	1000	12490	6840	385
高陵县湾子镇	2121	8	17361	1200	10066	6678	83
高陵县张卜镇	4251	13	31477	1097	12592	7085	83
王益区黄堡镇	8174	16	37900	15800	13204	4704	62
王益区王益乡	2878	14	10832	10832	6620	5710	3
印台区陈炉镇	8155	18	19547	3750	10671	3268	19
印台区红土镇	9467	18	22689	2925	11161	3596	635
印台区广阳镇	4143	9	15876	640	8592	560	1
印台区金锁关镇	16752	15	41340	1958	10537	1276	15
印台区阿庄镇	5573	10	10843	3589	9040	1929	4
印台区印台镇	7577	18	18680	1237	8561	1001	273
印台区高楼河镇	4143	9	15876	640	8592	560	1
耀州区董家河镇	4100	11	14158		11453	7167	171
耀州区庙湾镇	22600	10	19136	15000	9300	6100	10
耀州区瑶曲镇	20600	18	18895	2200	11406	7445	662
耀州区照金镇	24400	18	11047	3500	8483	2085	2
耀州区坡头镇	6006	11	17079		11699	2419	9
耀州区小丘镇	15600	25	27054	3807	23400	4400	6
耀州区孙塬镇	7500	11	16200	3556	9200	8185	180
耀州区关庄镇	21000	25	19042	2741	18929	3453	2
耀州区石柱镇	18000	22	19181	1118	11730	682	57
耀州区演池乡	8482	14	9348	396	7253	3563	26
宜君县城关镇	17833	18	17318	11610	7720	3340	116
宜君县彭镇	27974	36	13000	1230	8300	1280	30
宜君县五里镇	10659	17	7012	2379	3492	295	1
宜君县太安镇	19476	19	9664	872	4536	1059	4
宜君县棋盘镇	15107	17	7290	1050	3735	985	4
宜君县尧生镇	25939	30	11655	1164	7029	1819	3
宜君县哭泉乡	8806	11	5104	699	2555	245	
宜君县云梦乡	19497	20	10295	452	7665	2135	1
宜君县西村乡	7909	10	7903	1239	4596	871	1
渭滨区马营镇	17700	22	33015	3842	33014	13188	770
渭滨区石鼓镇	11199	17	17603	896	13829	10693	146
渭滨区神农镇	12800	16	15953	1169	15537	14389	306
渭滨区高家镇	22847	34	29418	2248	17032	10537	68
渭滨区八鱼镇	16301	15	24552	3965	14608	11375	151

乡镇基本情况

计算单位:公顷、个、人

名　　称	行政区域面积	村民委员会	常住人口	城镇建成区总人口	从业人员	二三产业从业人员	工业企业单位
金台区陈仓镇	1620	6	52102	52102	19181	19076	41
金台区蟠龙镇	4200	25	39209	3152	18542	12146	81
金台区金河镇	6350	27	31142	1417	16850	11559	66
金台区硖石镇	14910	26	19527	1687	13967	6279	13
陈仓区阳平镇	4000	21	43428	2265	23810	16250	99
陈仓区千河镇	5400	20	41624	1605	19929	15388	243
陈仓区磻溪镇	18200	29	47457	2713	24954	15426	40
陈仓区天王镇	15200	21	31000	2200	21029	9858	48
陈仓区慕仪镇	4300	14	36063	2605	19843	12250	25
陈仓区周原镇	4700	18	43890	3700	24314	15475	34
陈仓区贾村镇	11700	31	51476	1150	29337	18221	18
陈仓区县功镇	26200	32	40499	2500	31099	10576	131
陈仓区新街镇	19800	12	16260	1820	11218	8066	5
陈仓区坪头镇	30300	25	17011	3010	9407	6070	7
陈仓区香泉镇	19700	15	12465	2002	8283	3932	3
陈仓区赤沙镇	14700	14	14765	1900	9767	2766	1
陈仓区拓石镇	35700	22	18174	2780	13160	6677	12
陈仓区凤阁岭镇	20400	10	9566	833	5187	1600	1
陈仓区钓渭镇	11700	24	35020	1580	22600	13980	114
凤翔县城关镇	7200	23	87998	38784	48519	39721	900
凤翔县虢王镇	4500	15	34458	2559	17350	14731	90
凤翔县彪角镇	11800	31	62318	7735	34182	23130	92
凤翔县横水镇	10100	22	44959	4010	23565	9975	1100
凤翔县田家庄镇	4900	13	26317	6299	14876	8450	313
凤翔县糜杆桥镇	19700	20	37932	5300	19066	9135	87
凤翔县南指挥镇	7000	16	37547	2400	25802	17602	1185
凤翔县陈村镇	5800	22	54035	6600	27000	13030	211
凤翔县长青镇	4800	9	27006	2001	8481	6480	40
凤翔县柳林镇	16800	36	70830	1880	32228	21544	1530
凤翔县姚家沟镇	15000	6	5778	956	2310	606	7
凤翔县范家寨镇	10300	20	35771	1713	18453	9809	432
岐山县凤鸣镇	12270	31	103865	35620	36510	22450	241
岐山县蔡家坡镇	20980	35	150903	58493	75844	59617	2003
岐山县益店镇	4940	10	30331	4020	18520	9420	9
岐山县蒲村镇	7770	11	22966	2319	11830	1800	23
岐山县祝家庄镇	6680	8	20850	2500	13000	9400	24
岐山县青化镇	3880	9	25036	3880	10650	3600	1
岐山县枣林镇	4580	10	33759	1992	15046	8868	5
岐山县雍川镇	6142	17	47209	4620	23488	10244	10
岐山县故郡镇	14210	9	18021	556	8145	6390	36
岐山县京当镇	4148	4	9560	1620	5910	5130	5
扶风县城关镇	9635	33	97602	1338	37714	22028	67
扶风县天度镇	17868	20	43050	2978	17724	9235	28
扶风县午井镇	5724	16	36808	6003	17845	10970	15
扶风县绛帐镇	8679	29	74992	3389	31353	24155	76
扶风县段家镇	3460	13	25932	1532	13181	6239	15
扶风县杏林镇	6685	16	48625	5112	24471	10191	24
扶风县召公镇	5536	15	35340	12030	20521	9723	18
扶风县法门镇	12942	27	71410	11048	34439	23650	35
眉县首善镇	6251	19	66594	26314	41082	21225	493

乡镇基本情况

计算单位:公顷、个、人

名称	行政区域面积	村民委员会	常住人口	城镇建成区总人口	从业人员	二三产业从业人员	工业企业单位
眉县横渠镇	10910	24	49056	1533	26416	11489	1438
眉县槐芽镇	3310	9	20455	1860	11081	3218	69
眉县汤峪镇	29151	16	37671	1530	23683	9994	18
眉县常兴镇	5954	19	53251	10486	22245	19965	141
眉县金渠镇	5837	12	32783	7258	18258	4933	51
眉县营头镇	17738	11	20589	1928	11387	7561	107
眉县齐镇	6563	13	32092	1711	16837	8390	86
陇县城关镇	17103	22	77264	36745	30998	21985	86
陇县东风镇	23481	27	34343	1982	19740	9763	16
陇县八渡镇	27692	7	9062	1585	6400	2594	6
陇县东南镇	9822	22	45709	2934	24919	14936	14
陇县温水镇	15478	11	22266	3268	12698	5171	3
陇县天成镇	39909	15	16956	2843	10039	3631	4
陇县曹家湾镇	21502	13	18719	3839	10504	5901	16
陇县固关镇	24392	12	9788	2908	5908	2886	6
陇县火烧寨镇	7720	7	8248	1759	5334	1863	5
陇县李家河镇	9363	6	9197	1754	5693	1502	
陇县河北镇	20782	10	11742	2844	7743	3721	1
陇县新集川镇	10450	6	6038	2046	3673	1174	1
千阳县城关镇	11846	15	34115	21189	12450	6600	566
千阳县崔家头镇	4011	8	8711	1391	3795	582	42
千阳县南寨镇	14888	20	25755	2860	11822	7789	657
千阳县张家塬镇	21687	17	20968	3400	16227	6422	6
千阳县水沟镇	4687	8	9300	1463	4995	2051	8
千阳县草碧镇	16300	13	12925	1859	9150	4200	129
千阳县柿沟镇	6727	7	8614	934	4529	2085	8
千阳县高崖镇	19065	10	4416	554	2700	290	27
麟游县九成宫镇	28779	24	33885	3957	6491	3511	7
麟游县崔木镇	29096	15	11018	990	5748	4673	1
麟游县招贤镇	43430	13	10505	819	5958	899	1
麟游县两亭镇	13016	18	11431	1320	7177	3653	21
麟游县常丰镇	13585	10	8155	431	3161	7	2
麟游县丈八镇	19824	9	7067	521	2528	50	3
麟游县酒房镇	22670	11	8360	169	4253	1130	5
凤县双石铺镇	27654	16	31824	13176	19309	9461	66
凤县凤州镇	32735	11	16382	4382	7612	2217	29
凤县黄牛铺镇	45625	8	8209	1459	4061	1881	42
凤县红花铺镇	23093	5	4037	711	2525	1177	3
凤县河口镇	40440	14	11914	706	8340	4257	32
凤县唐藏镇	36757	9	5455	1635	3534	2879	35
凤县平木镇	19837	10	9660	786	4594	2652	5
凤县坪坎镇	20438	4	4072	285	1360	769	32
凤县留凤关镇	72121	23	14747	2037	7172	3512	46
太白县咀头镇	61200	18	26304	10911	11058	3108	75
太白县桃川镇	33100	10	6147	1117	3361	2015	13
太白县鹦鸽镇	43260	18	9296	2160	5965	3363	6
太白县靖口镇	19400	9	3509	891	2209	1084	10
太白县太白河镇	26100	2	2389	334	1050	965	2
太白县黄柏塬镇	85200	5	2032	260	1368	681	3
太白县王家堎镇	13500	4	1610	493	1084	966	6

乡镇基本情况

计算单位:公顷、个、人

名　　称	行政区域面积	村民委员会	常住人口	城镇建成区总人口	从业人员	二三产业从业人员	工业企业单位
秦都区马庄镇	4904	21	31300	5400	17550	11150	15
杨陵区五泉镇	2664	19	24902	20902	15805	8155	8
杨陵区大寨镇	1280	13	19830	15830	9940	5578	17
杨陵区揉谷镇	3610	16	34221	30221	18507	8244	4
渭城区北杜镇	3202	13	21070	4516	11849	6639	33
三原县城关镇	6768	41	124828	17783	70326	28320	491
三原县安乐镇	2144	13	18996	1959	11536	4400	18
三原县陂西镇	3087	13	27562	1362	19267	10682	13
三原县独李镇	2565	12	23266	1024	13456	1602	16
三原县大程镇	6780	23	43156	1624	28425	11421	33
三原县西阳镇	3642	11	23587	5623	15301	9225	44
三原县鲁桥镇	3019	18	26536	1231	15186	6099	22
三原县陵前镇	11290	31	47563	2936	28179	8078	33
三原县新兴镇	7791	16	28236	2216	18424	7768	14
三原县嵯峨镇	7771	20	23211	1711	11148	5953	18
三原县渠岸镇	2839	10	26421	2111	16221	6999	12
泾阳县泾干镇	5440	28	77453	73982	39442	29057	77
泾阳县永乐镇	2580	14	32761	29288	21389	12583	125
泾阳县云阳镇	7510	24	53997	21504	33003	9461	21
泾阳县桥底镇	4470	13	32301	18248	17782	13194	8
泾阳县王桥镇	4270	13	26166	12664	12736	7187	25
泾阳县口镇	5040	11	22662	9934	11924	6469	25
泾阳县三渠镇	5120	17	42012	10788	19863	15345	20
泾阳县高庄镇	4790	19	30126	18790	13743	12063	25
泾阳县太平镇	5370	17	28751	7005	13463	5916	29
泾阳县崇文镇	2780	8	18802	17105	10361	8369	30
泾阳县安吴镇	9740	25	43549	5250	26494	13463	16
泾阳县兴隆镇	15143	21	40318	14924	18093	9859	43
泾阳县中张镇	6947	21	43402	9512	22358	11200	22
乾县城关镇	11857	46	104399	41856	42945	26237	218
乾县薛录镇	6173	20	40237	5275	17701	6413	24
乾县梁村镇	5791	19	34025	3452	20804	10898	3
乾县临平镇	10177	22	40139	7123	17733	9415	24
乾县姜村镇	4350	11	28013	2635	16571	7130	22
乾县王村镇	4410	10	30912	4190	11118	2256	20
乾县马连镇	3578	10	25554	4455	10149	7401	38
乾县阳峪镇	7270	16	30330	4464	13875	7131	7
乾县峰阳镇	8835	12	20288	3754	8918	2256	1
乾县注泔镇	5648	12	20567	3175	12693	4458	5
乾县灵源镇	3539	9	21295	1936	11778	4151	5
乾县阳洪镇	4046	10	22137	5819	10332	2401	14
乾县梁山镇	11329	19	26005	2161	9927	1647	1
乾县周城镇	3342	9	25367	1952	14358	5033	200
乾县新阳镇	3912	12	23669	4981	9914	4121	21
乾县大杨镇	6014	19	37863	5445	20506	3545	48
礼泉县城关镇	11619	61	103653	34408	56519	27745	94
礼泉县史德镇	8989	14	41126	3910	25159	5407	2
礼泉县西张堡镇	4225	19	25736	3600	18015	8820	58
礼泉县阡东镇	4400	18	30230	4420	19580	3180	16
礼泉县烽火镇	5000	21	29501	2916	19211	2968	11

乡镇基本情况

计算单位:公顷、个、人

名　　称	行政区域面积	村民委员会	常住人口	城镇建成区总人口	从业人员	二三产业从业人员	工业企业单位
礼泉县烟霞镇	12000	40	33312	8300	13282	3698	34
礼泉县赵镇	3770	16	28865	5020	15864	2390	7
礼泉县叱干镇	16000	36	28400	2886	22056	1006	
礼泉县南坊镇	13090	21	25924	3854	9415	714	4
礼泉县石潭镇	6000	17	28232	6309	14593	1497	14
礼泉县昭陵镇	12540	38	46987	5182	26244	8886	4
礼泉县骏马镇	3467	16	29832	2765	17900	3540	3
永寿县监军镇	10764	27	45520	25770	11908	6458	88
永寿县店头镇	7300	27	18620	1421	5184	1768	34
永寿县常宁镇	7262	39	30790	4866	8867	2245	15
永寿县仪井镇	5240	18	13450	3500	5214	1184	10
永寿县甘井镇	8400	20	17301	859	3945	1129	29
永寿县马坊镇	5700	20	12990	2000	4180	760	2
永寿县豆家镇	4200	14	9800	1821	2146	1181	5
永寿县御驾宫镇	9170	30	16006	1930	4617	1112	39
永寿县渠子镇	5800	16	9588	1535	4905	529	3
永寿县永太镇	9120	16	6999	1420	1971	409	40
永寿县永平镇	15944	22	5256	402	1997	478	4
彬县城关镇	9082	34	79991	13805	29624	17220	68
彬县北极镇	11439	32	37947	3900	15292	4116	23
彬县新民镇	8632	22	30050	3479	12850	2430	16
彬县龙高镇	8319	16	14550	1775	7420	1700	9
彬县小章镇	6823	13	19561	2731	9418	3840	17
彬县永乐镇	7372	14	17439	2585	8582	6442	14
彬县义门镇	10770	27	35986	1601	16044	5438	26
彬县水口镇	6297	12	15960	776	7722	4466	9
彬县韩家镇	14590	19	15135	716	7425	1886	5
彬县太峪镇	13190	20	22938	1839	10303	4377	12
彬县香庙镇	6332	13	11411	1954	6170	1914	10
彬县炭店镇	5653	16	15176	2170	7697	1860	28
彬县底店镇	10001	9	10456	1132	5533	2305	2
长武县昭仁镇	4760	20	27464	9677	13113	8989	29
长武县相公镇	8070	21	23967	1670	12325	8509	19
长武县巨家镇	7780	14	16866	1580	10900	5379	6
长武县丁家镇	3250	10	10025	2956	4483	1262	6
长武县洪家镇	4900	17	14865	2687	8060	2930	15
长武县亭口镇	13410	36	30414	12464	15347	6513	34
长武县彭公镇	4860	14	16914	3180	3117	556	4
长武县地掌镇	4650	16	19341	1780	9511	1578	26
长武县枣元镇	5020	12	8644	878	3008	363	3
旬邑县城关镇	19710	14	27760	18555	12092	7742	17
旬邑县土桥镇	14460	31	33399	6333	16428	6996	17
旬邑县职田镇	7808	16	26371	5941	12920	3482	8
旬邑县张洪镇	8057	23	33713	7662	15441	9371	19
旬邑县太村镇	11602	29	44590	5396	21927	10464	12
旬邑县郑家镇	4329	10	18699	5139	8600	5909	9
旬邑县湫坡头镇	8727	15	25873	6439	10654	4155	13
旬邑县底庙镇	7407	12	19386	1281	10834	6236	6
旬邑县丈八寺镇	4444	14	11495	1199	6322	4057	1
旬邑县马栏镇	73851	13	13024	2550	7530	4649	6

乡镇基本情况

计算单位:公顷、个、人

名称	行政区域面积	村民委员会	常住人口	城镇建成区总人口	从业人员	二三产业从业人员	工业企业单位
旬邑县清塬镇	17028	10	9790	3240	7311	4868	9
淳化县城关镇	9300	16	32028	8010	18678	12816	26
淳化县官庄镇	7600	19	15865	2390	8028	1486	5
淳化县马家镇	6800	17	14232	3800	7084	1724	6
淳化县方里镇	10500	25	22436	1603	13713	1728	6
淳化县润镇	4800	14	17458	4915	7705	3837	12
淳化县车坞镇	9900	16	13080	1920	8364	4931	10
淳化县铁王镇	15000	25	15575	2068	13519	4225	6
淳化县石桥镇	8700	18	14278	1712	8318	2084	5
淳化县胡家庙镇	7600	17	16244	1752	7192	1211	6
淳化县十里塬镇	8500	17	17380	1805	8188	2360	5
淳化县固贤镇	4000	9	8014	1315	5827	1037	3
淳化县卜家镇	4900	11	8592	1170	5860	1248	4
武功县普集镇	5656	38	97339	35624	28097	11862	42
武功县苏坊镇	3503	19	23729	1441	7689	3124	18
武功县武功镇	4302	22	39859	12096	12333	3477	43
武功县游风镇	2965	13	19985	486	6379	2123	16
武功县贞元镇	7815	33	62624	979	17629	3279	89
武功县长宁镇	6756	33	57851	1436	15575	2867	18
武功县小村镇	4656	26	74899	3381	18550	2852	52
武功县大庄镇	4147	25	39125	409	12841	2985	108
兴平市东城街道办事处	3390	20	94393	82915	31332	25122	268
兴平市西城街道办事处	3630	14	92022	80115	29989	23547	465
兴平市店张街道办事处	4480	17	26522	11522	16145	9976	9
兴平市西吴街道办事处	3680	17	34220	32379	25149	14124	76
兴平市马嵬街道办事处	4720	19	34503	18864	23335	7012	26
兴平市赵村镇	2960	13	30125	4136	20477	10312	37
兴平市桑镇	2730	15	30572	4558	16457	8136	30
兴平市南市镇	5040	17	32652	5695	23720	10896	16
兴平市庄头镇	2790	15	30344	4822	19415	7980	26
兴平市南位镇	5460	20	36851	3521	22454	7930	9
兴平市阜寨镇	5530	27	45652	3278	25118	11076	18
兴平市丰仪镇	3280	14	28692	4036	14659	7522	39
兴平市汤坊镇	3110	15	30652	2468	16821	7100	25
临渭区桥南镇	6443	34	22598	1365	15007	1709	40
临渭区阳郭镇	12050	55	51181	3205	27251	6325	232
临渭区故市镇	8600	32	53135	4996	24186	2024	53
临渭区下邽镇	7400	33	54113	6750	23629	6504	11
临渭区三张镇	4098	24	31320	2118	18886	4618	112
临渭区交斜镇	4774	19	28670	2771	4974	4974	1
临渭区辛市镇	4289	22	33200	3550	6050	4450	158
临渭区崇宁镇	3350	25	28910	3319	12665	2412	13
临渭区孝义镇	2885	13	24325	7196	14260	1062	2
临渭区吝店镇	6769	32	47798	4645	28018	3033	7
临渭区官底镇	4667	21	34578	4131	17259	6747	6
临渭区官路镇	4810	16	25663	3125	8086	4500	19
临渭区丰原镇	4347	24	26875	2615	13493	6783	6
临渭区阎村镇	3902	27	33195	3148	19792	10957	233
临渭区龙背镇	7300	29	48865	2468	19747	891	5
临渭区官道镇	2084	36	59179	3120	33542	9010	9

乡镇基本情况

计算单位：公顷、个、人

名　　称	行政区域面积	村民委员会	常住人口	城镇建成区总人口	从业人员	二三产业从业人员	工业企业单位
华县华州镇	2223	19	93122	39953	27381	23353	25
华县杏林镇	10500	14	15031	5165	6009	4959	40
华县赤水镇	7760	33	46808	2130	24893	3541	3
华县高塘镇	23395	41	48599	3460	27989	4637	18
华县大明镇	16325	30	34060	2800	18859	2337	14
华县瓜坡镇	4800	23	26683	11362	18073	4320	20
华县莲花寺镇	11457	27	23457	1993	13194	2238	19
华县柳枝镇	10170	20	32210	3924	26516	3790	27
华县下庙镇	4900	21	25566	1500	17003	2117	2
华县金堆镇	22400	14	10928	585	14709	11358	3
潼关县城关镇	6200	19	65200	46481	8200	6700	5
潼关县秦东镇	6874	16	26824	4545	17869	6651	3
潼关县太要镇	7600	10	22890	8550	14665	3775	3
潼关县桐峪镇	8440	10	11191	3665	5760	1865	123
潼关县代字营镇	3050	18	25763	2032	8813	3731	2
潼关县安乐镇	4550	10	14650	2632	5683	2450	2
大荔县城关镇	8050	36	106559	59983	59127	43139	168
大荔县许庄镇	10400	40	49432	2756	42192	18336	52
大荔县朝邑镇	43901	35	53389	15000	23311	8558	9
大荔县安仁镇	10553	34	51788	6732	25030	2205	9
大荔县两宜镇	4500	17	19553	4498	9455	2256	2
大荔县羌白镇	12500	25	49435	5604	12973	4424	4
大荔县官池镇	16500	27	59879	9260	17464	5697	15
大荔县冯村镇	2990	13	26848	2510	7972	499	25
大荔县双泉镇	5750	18	30185	3942	10226	1801	6
大荔县高明镇	4547	22	26382	2550	23559	5000	3
大荔县下寨镇	9740	23	35914		30176	15680	5
大荔县韦林镇	9250	31	42757	2886	8179	541	71
大荔县范家镇	4666	28	33370	7592	29516	8877	60
大荔县苏村镇	7693	8	28251	976	25077	3442	3
大荔县赵渡镇	9700	10	16182	2326	6622	515	2
大荔县平民镇	4050	10	13012	2515	7553	524	2
大荔县埝桥镇	5400	18	30198	1796	11529	2394	14
大荔县段家镇	7410	20	24366	200	16826	8119	60
合阳县城关镇	9400	33	82749	46997	62836	53636	278
合阳县甘井镇	11400	24	27250	2480	17345	3945	22
合阳县坊镇	18140	53	61400	5840	34420	15395	452
合阳县洽川镇	12500	8	9139	1234	5834	3758	81
合阳县新池镇	8300	22	28714	7500	17813	5500	16
合阳县黑池镇	19662	37	52068	11060	24852	3594	110
合阳县路井镇	12080	40	42584	6051	25388	9368	50
合阳县和家庄镇	13900	25	27109	3700	12635	4600	260
合阳县王村镇	8200	18	29200	1710	12270	6800	430
合阳县同家庄镇	9791	37	31422	2063	17664	4366	170
合阳县百良镇	8907	31	42768	2832	19072	9147	17
合阳县金峪镇	11420	25	25109	1700	14418	3195	5
澄城县城关镇	5600	11	74771	1826	6081	581	293
澄城县冯原镇	19770	38	46277	3070	29690	6260	6
澄城县王庄镇	17000	35	45197	1460	28214	2904	10
澄城县尧头镇	5740	12	36685	4100	13272	9037	21

乡镇基本情况

计算单位:公顷、个、人

名　　称	行政区域面积	村民委员会	常住人口	城镇建成区总人口	从业人员	二三产业从业人员	工业企业单位
澄城县赵庄镇	16000	40	32168	1312	23949	2923	4
澄城县交道镇	9500	15	22398	4271	11986	3736	12
澄城县寺前镇	9200	30	31924	5013	28707	12430	5
澄城县韦庄镇	8350	27	35321	8958	25418	13435	20
澄城县安里镇	8300	20	25479	3300	13287	3397	7
澄城县庄头镇	12640	38	39280	1675	21493	6843	21
蒲城县城关镇	10764	34	130671	2959	120671	91681	48
蒲城县罕井镇	9450	16	60591	4560	44645	36205	12
蒲城县孙镇	10465	32	77527	930	77054	43154	29
蒲城县兴镇	4900	18	30611	1760	23615	15775	50
蒲城县党睦镇	9449	25	47173	3300	16632	7962	7
蒲城县高阳镇	5846	11	20999	2880	13730	5450	6
蒲城县永丰镇	7508	16	28780	2680	15448	8438	6
蒲城县荆姚镇	32800	48	84921	6822	49990	28440	8
蒲城县苏坊镇	4670	15	33673	2538	15990	6750	11
蒲城县龙阳镇	5020	11	26898	1445	14755	10455	6
蒲城县洛滨镇	11930	19	31781	3215	24070	12330	10
蒲城县陈庄镇	5867	11	27226	3700	24734	16484	22
蒲城县桥陵镇	13733	39	72122	1690	58388	39558	74
蒲城县上王镇	7019	15	23960	630	17970	9630	4
蒲城县翔村镇	6280	16	29570	710	22340	13230	10
蒲城县椿林镇	5609	16	39141	1990	25630	14620	6
蒲城县龙池镇	7090	17	36731	910	26023	9483	5
白水县城关镇	3996	16	106598	12562	38074	18524	5
白水县冯雷镇	8087	11	16210	3362	9578	1838	1
白水县尧禾镇	17108	35	35120	1385	20526	3845	
白水县杜康镇	5995	14	19120	1985	15796	5395	6
白水县西固镇	11093	24	30250	1865	19394	4271	2
白水县林皋镇	7474	20	23560	3215	11706	3472	1
白水县史官镇	13618	23	24785	1586	14522	2180	
白水县北塬镇	11013	15	15670	1256	9808	682	
白水县云台镇	4886	11	9010	815	5790	142	
白水县雷牙镇	12730	25	20208	1258	13484	3967	4
富平县庄里镇	12206	34	81630	24000	33058	25038	56
富平县张桥镇	4135	13	32190	1900	15307	5829	25
富平县美原镇	8000	20	52105	8126	30811	25600	45
富平县流曲镇	4600	13	33600	4685	15313	4313	37
富平县淡村镇	7040	19	41821	2489	20730	4755	
富平县王寮镇	3845	9	23146	3112	10978	3471	42
富平县留古镇	5389	17	30756	2066	12462	4036	1
富平县老庙镇	11160	23	47432	6125	23973	11322	52
富平县薛镇	11748	29	57841	5322	28297	6452	46
富平县到贤镇	3500	13	22542	3128	11039	5441	36
富平县曹村镇	13845	28	43346	4610	13131	4311	25
富平县宫里镇	7144	17	35373	3286	30626	4947	26
富平县梅家坪镇	3584	12	28956	3246	16853	7053	26
富平县刘集镇	8600	23	42116	42103	32550	21050	25
富平县齐村镇	4620	14	32145	2014	18946	12592	32
富平县城关镇	12675	45	158184	22126	63153	7165	79
富平县小惠镇	3107	8	22426	3100	19572	12813	14

乡镇基本情况

计算单位：公顷、个、人

名　　称	行政区域面积	村民委员会	常住人口	城镇建成区总人口	从业人员	二三产业从业人员	工业企业单位
韩城市新城街道办事处	3606	15	123846	28644	20361	19040	57
韩城市金城街道办事处	4894	27	32543	1533	29682	24670	30
韩城市龙门镇	6800	19	56782	1687	35684	34699	127
韩城市桑树坪镇	10253	21	22543	1255	10279	6779	19
韩城市龙亭镇	4000	19	16339	452	17235	13910	
韩城市芝川镇	7900	17	20384	3325	11621	10266	7
韩城市西庄镇	22050	35	32035	2655	18599	14379	35
韩城市昝村镇	2100	13	16382	680	13321	12333	12
韩城市芝阳镇	17300	44	32510	3785	21100	14779	12
韩城市板桥镇	29200	25	14925	1520	13426	10996	3
韩城市王峰镇	38700	24	14233	1458	15769	12736	4
韩城市嵬东镇	6300	16	16875	1175	10159	7814	3
华阴市太华路街道办事处	2994	22	57549	29122	31222	21221	87
华阴市岳庙街道办事处	13562	48	52639	19720	22599	10908	1
华阴市孟塬镇	11196	25	29016	12159	11876	3361	1
华阴市华西镇	12178	14	22466	4301	9608		1
华阴市罗敷镇	23172	38	50395	5804	29319	22456	154
华阴市华山镇	7182	39	40463	11076	20837	5702	32
宝塔区桥沟镇	11230	41	37565	7383	11605	8405	16
宝塔区枣园镇	11570	20	13536	1635	7985	5255	16
宝塔区河庄坪镇	10100	28	16925	7918	5287	1707	20
宝塔区李渠镇	13957	44	25604	6800	15588	7603	45
宝塔区姚店镇	25900	71	33843	6200	17134	8169	26
宝塔区青化砭镇	8937	36	12865	10665	6885	3020	2
宝塔区蟠龙镇	26358	65	22088	4192	9179	5149	3
宝塔区柳林镇	25100	41	36000	12000	11003	7265	36
宝塔区南泥湾镇	51398	29	12151	2615	4083	1151	8
宝塔区临镇	56907	42	14767	2473	6940	695	
宝塔区甘谷驿镇	17244	30	14500	3320	4373	1790	1
宝塔区川口乡	16514	31	9420		2954	1336	7
宝塔区冯庄乡	18795	47	10824		3967	887	2
宝塔区梁村乡	17466	36	11300		4297	3482	
宝塔区麻洞川乡	24890	19	9560		5464	2806	1
宝塔区万花山乡	15800	31	17045		5446	3536	12
延长县七里村镇	32962	33	51088	35240	18273	7947	3
延长县黑家堡镇	17897	23	9895	880	15226	1472	3
延长县郑庄镇	17133	17	6018	1165	2885	847	2
延长县张家滩镇	26023	43	13058	1848	6338	580	2
延长县交口镇	24675	41	10721	1070	5587	560	2
延长县雷赤镇	41110	49	12023	830	5209	655	1
延长县罗子山镇	32611	49	11668	1007	6118	350	
延长县郭旗乡	13250	11	5017	310	2487	40	
延长县安沟乡	14680	25	6612	463	2959	45	1
延川县延川镇	27720	62	47080	2990	13740	7890	13
延川县永坪镇	33600	47	37400	18500	12280	8204	5
延川县延水关镇	13400	23	10430	1260	5453	653	9
延川县文安驿镇	9600	21	7500	715	3896	396	9
延川县杨家圪台镇	22360	45	14100	435	4220	1070	2
延川县贾家坪镇	21380	25	11840	1246	4102	1742	1
延川县禹居镇	18500	31	12005	650	5345	2245	1

乡镇基本情况

计算单位:公顷、个、人

名　　称	行政区域面积	村民委员会	常住人口	城镇建成区总人口	从业人员	二三产业从业人员	工业企业单位
延川县关庄镇	21240	33	11840	745	4051	701	5
延川县马家河乡	17500	39	11650	485	4723	1873	5
延川县土岗乡	13200	20	5860	532	3667	447	1
子长县瓦窑堡镇	26316	51	86326	86314	45273	30034	1343
子长县杨家园子镇	22184	45	19032	5501	9883	4121	3
子长县玉家湾镇	17255	30	10275	1570	4022	1112	6
子长县安定镇	21469	28	15323	6063	5223	716	3
子长县马家砭镇	20725	36	15352	953	5604	1161	2
子长县南沟岔镇	15794	24	11453	2198	8059	2183	1
子长县涧峪岔镇	35105	35	17324	2107	7611	2843	1
子长县李家岔镇	43412	34	17290	2372	6184	987	6
子长县余家坪镇	25325	46	14838	806	5758	1401	10
子长县史家畔乡	12015	29	9987	694	4228	1380	2
安塞县真武洞镇	21440	20	49938	3915	15486	9356	4
安塞县砖窑湾镇	33000	14	13906	4008	5500	2906	2
安塞县沿河湾镇	21064	28	11200	2690	7271	2558	5
安塞县招安镇	49470	39	25633	3120	12140	7502	
安塞县化子坪镇	32540	20	15599	2899	8047	4000	
安塞县坪桥镇	50700	30	18544	2813	6193	1692	
安塞县建华镇	32515	27	19680	2892	6770	3512	
安塞县高桥镇	30930	20	15083	1523	5215	2367	1
安塞县镰刀湾乡	23290	13	9580	2863	5559	2158	
志丹县保安镇	25195	16	41329	33155	15681	12329	47
志丹县杏河镇	50338	35	23425	6314	6849	3247	1
志丹县顺宁镇	53966	32	17119	1170	6088	2024	26
志丹县旦八镇	32200	18	10828	1269	6441	1789	2
志丹县金丁镇	39600	21	12491	1050	5107	1107	11
志丹县永宁镇	39880	22	12431	3200	5949	2259	7
志丹县义正镇	56020	27	14283	265	5629	1649	2
志丹县双河乡	28920	29	10494	2678	5767	1807	10
吴起县吴起镇	63820	27	54799	21004	17529	14333	149
吴起县铁边城镇	79630	30	22964	5600	6944	4396	2
吴起县周湾镇	23880	15	9589	1326	2951	1001	6
吴起县白豹镇	47380	22	15400	2460	4666	1566	4
吴起县长官庙镇	24470	12	6143	3267	3071	1261	1
吴起县长城镇	16780	12	8510	1680	2665	1245	6
吴起县吴仓堡乡	38620	17	10256	2800	3525	1155	1
吴起县庙沟乡	37290	12	8475	2340	2710	1259	1
吴起县五谷城乡	47030	17	10864	2698	5875	1344	3
甘泉县城关镇	29490	26	41706	37879	13602	8637	18
甘泉县下寺湾镇	44900	18	10881	1530	4417	1787	7
甘泉县道镇	69700	32	8351	1110	7355	1335	5
甘泉县桥镇乡	21467	12	5106	1082	2924	613	1
甘泉县石门乡	2745	19	7414	302	4070	70	
甘泉县劳山乡	19200	10	4742	2480	3633	527	9
富县羊泉镇	25110	54	26094	2936	15110	1485	5
富县张村驿镇	28300	16	12099	2417	7836	986	4
富县张家湾镇	123992	13	11845	3215	6629	1250	5
富县直罗镇	10438	14	13039	3764	5822	872	6
富县茶坊镇	46460	48	48722	31000	15973	7613	10

乡镇基本情况

计算单位:公顷、个、人

名称	行政区域面积	村民委员会	常住人口	城镇建成区总人口	从业人员	二三产业从业人员	工业企业单位
富县牛武镇	38176	16	6180	863	3927	317	3
富县交道镇	13220	21	9972	998	5824	698	2
富县吉子现镇	7184	18	6883	1214	3230	133	1
富县寺仙镇	13700	23	8596	717	6685	208	1
富县北道德乡	16962	17	8114	560	3940	160	1
洛川县凤栖镇	13900	37	56101	990	29089	19640	28
洛川县旧县镇	38100	34	15677	7000	8217	2791	5
洛川县交口河镇	7900	28	22062	7700	8009	4312	8
洛川县老庙镇	7900	26	13937	2130	7625	1825	6
洛川县土基镇	17200	46	20018	960	13468	2241	6
洛川县石头镇	16700	28	20685	2405	13285	1645	6
洛川县槐柏镇	23000	55	22184	1500	14231	2213	9
洛川县菩堤乡	19500	16	6021	256	2941	180	2
洛川县黄章乡	8100	24	9115	150	5343	143	
洛川县永乡	9100	28	13882	5000	6759	1535	2
洛川县杨舒乡	9400	27	14350	647	9059	395	2
洛川县朱牛乡	9600	22	9168	105	6727	367	2
宜川县丹州镇	30819	26	39326	10283	8314	2855	129
宜川县秋林镇	28906	23	9415	690	4386	415	23
宜川县云岩镇	34858	39	19226	1278	7338	2161	53
宜川县阁楼镇	10460	18	8245	503	5029	766	11
宜川县集义镇	76380	29	11378	1170	5276	534	16
宜川县壶口镇	21752	21	9320	885	4264	450	15
宜川县英旺乡	50537	13	5963	654	3053	279	4
宜川县交里乡	28526	12	7105	640	3817	341	5
宜川县牛家细乡	11578	21	8623	334	3942	422	13
黄龙县石堡镇	49600	18	20692	17385	3469	1341	22
黄龙县白马滩镇	46600	14	5940	1118	2561	506	2
黄龙县瓦子街镇	41200	6	2256	326	818	128	5
黄龙县界头庙镇	27300	19	7701	255	2889	263	2
黄龙县三岔乡	17700	12	7550	546	2912	156	3
黄龙县圪台乡	45300	8	2403	189	1035	45	1
黄龙县崾先乡	47554	10	3102	735	1560	50	2
黄陵县桥山镇	7000	38	15708	1982	5181	1868	39
黄陵县店头镇	16350	29	54218	26033	16482	13790	71
黄陵县隆坊镇	13200	35	17115	1540	5137	1608	27
黄陵县田庄镇	13908	32	14846	1853	8718	1009	3
黄陵县阿党镇	5189	23	13949	1153	8257	900	3
黄陵县双龙镇	96000	12	5777	4000	4117	3169	5
黄陵县仓村乡	4770	22	8687	2300	2624	1412	9
汉台区铺镇	4726	36	55056	25968	26444	16401	369
汉台区武乡镇	9670	21	32548	6458	15757	6459	155
汉台区河东店镇	13600	17	34900	1933	9531	4572	61
汉台区宗营镇	3418	17	30887	5432	13003	5412	55
汉台区老君镇	3518	17	22658	7780	13576	5078	98
汉台区汉王镇	3984	15	17812	2005	9480	4530	12
汉台区徐望镇	4600	17	20931	1633	11726	6341	6
南郑县汉山镇	5726	28	59840	36523	30094	13715	534
南郑县圣水镇	6486	18	25753	12578	12157	7950	40
南郑县大河坎镇	5193	17	56370	49600	31401	6669	252

乡镇基本情况

计算单位：公顷、个、人

名　　称	行政区域面积	村民委员会	常住人口	城镇建成区总人口	从业人员	二三产业从业人员	工业企业单位
南郑县协税镇	3063	15	16871	5219	12333	7575	22
南郑县梁山镇	5723	22	32723	5927	19817	11390	96
南郑县阳春镇	4474	13	15389	2200	10595	5435	28
南郑县高台镇	5004	19	21490	2892	13291	8317	61
南郑县新集镇	10523	30	40070	16478	30668	21973	102
南郑县濂水镇	2572	11	13384	1322	6991	5001	23
南郑县黄官镇	24323	30	26406	4349	15585	7567	135
南郑县青树镇	5847	22	23968	7230	17307	10118	49
南郑县红庙镇	15433	23	23185	5546	15221	4788	57
南郑县牟家坝镇	9039	17	24647	4605	15062	10835	212
南郑县法镇	17992	19	14537	2950	8973	4373	30
南郑县湘水镇	8768	17	11173	2140	6842	3600	42
南郑县小南海镇	24248	20	10228	1108	10041	584	6
南郑县碑坝镇	46141	20	10659	4060	4101	1187	15
南郑县黎坪镇	37836	9	6655	3347	5612	3980	4
南郑县福成镇	24472	16	5626	1085	2938	848	4
南郑县两河镇	12076	12	8340	1134	5518	2509	47
南郑县胡家营镇	4437	10	17017	7427	9783	3632	36
南郑县忍水镇	3002	9	8755	4210	6438	4920	22
城固县博望镇	4860	32	89932	7322	33891	14959	189
城固县龙头镇	4140	18	28395	2281	15000	8387	33
城固县沙河营镇	2440	12	17616	3859	7831	4855	33
城固县文川镇	2690	10	15728	4681	6613	3520	58
城固县柳林镇	2210	10	18249	3836	8314	4134	23
城固县老庄镇	14170	24	32161	16468	17591	4923	27
城固县崔家山镇	1760	9	18883	10836	10351	4051	23
城固县桔园镇	20400	37	35914	4858	18989	11060	31
城固县原公镇	10130	27	37969	2632	19776	11146	27
城固县上元观镇	6200	29	34757	6728	9504	8116	32
城固县天明镇	18640	35	25631	1450	12088	6637	36
城固县二里镇	35710	35	23731	1726	9759	6606	22
城固县五堵镇	13180	20	18540	2322	9347	7119	24
城固县双溪镇	25720	22	6785	529	4092	1518	8
城固县小河镇	48450	27	6569	726	4551	1365	6
城固县五郎庙镇	1800	11	12176	1756	6637	5080	73
城固县董家营镇	7460	24	25678	1808	11147	7015	5
城固县三合镇	6540	10	17499	4710	10110	4328	19
洋县洋州镇	5900	14	69968	5939	27989	18117	166
洋县戚氏镇	7030	17	22524	2256	11169	3620	67
洋县龙亭镇	5300	19	20639	2450	10156	1401	16
洋县谢村镇	7374	28	61403	4122	16113	6162	79
洋县马畅镇	4740	16	20152	2183	7189	3019	25
洋县溢水镇	26100	22	10389	1671	3390	897	4
洋县磨子桥镇	21051	42	40129	971	20120	7216	25
洋县黄家营镇	13750	14	13098	1380	5043	376	7
洋县黄安镇	11720	25	20682	3535	6853	1947	13
洋县黄金峡镇	16670	10	11164	440	3251	480	7
洋县槐树关镇	21600	37	24482	2203	8702	1109	9
洋县金水镇	29220	24	16379	1926	5923	610	11
洋县华阳镇	54416	15	6730	725	2570	699	12

乡镇基本情况

计算单位:公顷、个、人

名　　称	行政区域面积	村民委员会	常住人口	城镇建成区总人口	从业人员	二三产业从业人员	工业企业单位
洋县茅坪镇	28900	11	6867	623	2650	244	8
洋县白石镇	3920	10	7099	522	1259	234	7
洋县四郎镇	6950	8	6916	728	3027	426	1
洋县长溪镇	7996	11	7220	420	2027	206	5
洋县八里关镇	13443	8	3065	150	919	176	5
洋县桑溪镇	13830	14	9037	687	5126	2565	10
洋县关帝镇	20690	12	6757	120	2807	646	7
西乡县城关镇	11189	20	75932	9025	37890	11600	355
西乡县杨河镇	12231	20	30171	2690	15212	8810	76
西乡县柳树镇	9943	15	22891	2775	12862	5727	35
西乡县沙河镇	22601	23	26090	2450	13983	6183	41
西乡县私渡镇	11930	8	9092	2300	5650	4567	20
西乡县桑园镇	10279	9	11096	1810	7364	3930	6
西乡县白龙塘镇	16583	18	15219	1595	7711	3939	52
西乡县峡口镇	30135	14	18139	2564	10084	4927	48
西乡县堰口镇	21818	25	42802	5160	23529	12588	180
西乡县茶镇	13769	9	10594	1215	6382	2565	17
西乡县高川镇	15363	15	15020	2045	8157	5811	14
西乡县两河口镇	10607	13	14033	900	7285	2821	28
西乡县五里坝镇	7360	8	7875	515	4239	1304	7
西乡县大河镇	43494	12	4940	733	2390	169	5
西乡县罗镇	25353	14	9511	732	5036	2127	1
西乡县骆家坝镇	18884	9	8075	558	4759	1543	6
西乡县子午镇	24756	14	9414	825	5643	2739	2
西乡县白勉峡镇	19022	14	11919	947	6928	5391	4
勉县勉阳镇	3814	10	71613	4149	24797	21507	96
勉县武侯镇	16014	20	20257	1896	7505	2816	9
勉县周家山镇	4924	14	33699	2240	16779	7193	23
勉县同沟寺镇	19924	9	16256	2092	7592	4086	17
勉县新街子镇	17894	20	25939	1623	14634	8378	32
勉县老道寺镇	7744	24	35462	1054	20598	8379	38
勉县褒城镇	3234	9	11540	1899	7297	3817	20
勉县金泉镇	4314	8	14778	3306	7942	4993	16
勉县定军山镇	8824	14	37778	1972	19656	15092	36
勉县温泉镇	2824	7	18009	2589	8907	4025	3
勉县元墩镇	10524	10	14811	2583	7543	3722	9
勉县阜川镇	12914	17	18778	1896	7411	2285	9
勉县新铺镇	12634	16	17173	2048	12581	7020	2
勉县青羊驿镇	4354	6	8421	1654	5591	2962	2
勉县茶店镇	22424	14	14236	1517	5427	1556	9
勉县镇川镇	5124	10	13997	621	9273	4982	13
勉县漆树坝镇	8704	6	5211	312	4674	1278	4
勉县张家河镇	32614	11	5319	551	2699	580	
勉县长沟河镇	41804	8	5421	419	1692	1572	5
宁强县汉源镇	27833	25	54273	34510	16508	9453	48
宁强县高寨子镇	9684	12	18395	3295	13704	7365	26
宁强县大安镇	28532	29	36190	9000	20401	9930	17
宁强县代家坝镇	19001	19	19125	2661	9992	5789	14
宁强县阳平关镇	26757	20	29487	16480	14131	4712	13
宁强县燕子砭镇	22597	20	24542	7665	8900	3078	6

乡镇基本情况

计算单位：公顷、个、人

名　　称	行政区域面积	村民委员会	常住人口	城镇建成区总人口	从业人员	二三产业从业人员	工业企业单位
宁强县广坪镇	19035	9	9225	2410	4314	1858	5
宁强县青木川镇	19532	9	6648	3806	5361	2896	9
宁强县毛坝河镇	17108	15	11783	2033	7398	3775	1
宁强县铁锁关镇	15003	14	14818	6225	8975	6315	8
宁强县胡家坝镇	13228	21	15232	1738	8871	5682	13
宁强县巴山镇	11849	8	9404	780	5171	3797	4
宁强县巨亭镇	14781	13	11012	486	7235	3066	
宁强县舒家坝镇	10337	11	8349	1026	4415	1701	1
宁强县庙坝镇	5620	5	4126	1526	2346	1180	10
宁强县巩家河镇	7523	5	5880	1364	3511	2123	7
宁强县太阳岭镇	8351	6	5859	921	3295	1295	2
宁强县苍社镇	8333	5	3781	485	2954	1598	2
宁强县安乐河镇	14963	7	8419	2810	3503	1219	2
宁强县二郎坝镇	16107	10	6837	685	3668	1057	
宁强县禅家岩镇	9857	6	5243	1460	2677	240	
略阳县城关镇	34100	19	71695	51456	37054	32986	17
略阳县接官亭镇	10600	6	8647	1099	4141	2161	9
略阳县横现河镇	8000	7	7437	1965	3293	2021	33
略阳县两河口镇	19900	5	4827	544	2524	1075	
略阳县金家河镇	10600	7	5694	1080	2493	1748	9
略阳县徐家坪镇	20400	18	13595	585	8048	4844	3
略阳县白水江镇	15500	10	10263	921	4697	3498	4
略阳县硖口驿镇	10000	11	10075	1134	4422	2653	47
略阳县何家岩镇	4300	5	4577	570	2237	1379	19
略阳县乐素河镇	14100	15	8209	703	3987	2324	2
略阳县郭镇	21900	15	12998	2560	5983	3296	2
略阳县黑河镇	14100	12	11017	1174	4882	2176	7
略阳县白雀寺镇	20200	19	11753	995	6072	3148	1
略阳县西淮坝镇	11800	6	3916	991	2114	1024	
略阳县五龙洞镇	25800	10	5340	712	2989	1515	
略阳县观音寺镇	111800	8	4040	672	1533	572	
略阳县马蹄湾镇	9700	5	3796	1280	2055	1356	
略阳县仙台坝镇	20300	5	4054	1089	1303	148	
镇巴县泾洋镇	28300	17	32844	1787	11269	6934	5
镇巴县渔渡镇	14900	10	13046	2348	4989	1459	5
镇巴县盐场镇	13600	10	15682	1100	7886	5276	5
镇巴县观音镇	21050	15	18466	1944	6918	935	13
镇巴县巴庙镇	16000	15	16338	2039	7801	4050	5
镇巴县兴隆镇	22900	15	16770	1272	5137	1835	9
镇巴县长岭镇	19850	11	13077	2573	4305	607	3
镇巴县三元镇	34800	16	14464	2106	5468	940	3
镇巴县简池镇	7200	4	6580	1698	2399	1597	4
镇巴县碾子镇	9800	13	10188	1590	4199	3818	6
镇巴县小洋镇	16720	10	10236	397	3514	510	5
镇巴县青水镇	23300	9	5721	621	2330	870	1
镇巴县赤南镇	12700	11	14197	450	4955	1385	3
镇巴县平安镇	11600	6	9324	780	3610	860	2
镇巴县杨家河镇	14500	5	5808	400	2237	2116	2
镇巴县巴山镇	14880	8	10933	1173	3965	1159	4
镇巴县黎坝镇	10200	8	9240	850	3264	2954	3

乡镇基本情况

计算单位:公顷、个、人

名　　称	行政区域面积	村民委员会	常住人口	城镇建成区总人口	从业人员	二三产业从业人员	工业企业单位
镇巴县仁村镇	10800	4	7036	703	2567	479	2
镇巴县大池镇	12600	4	5238	788	1857	162	1
镇巴县三溪镇	15600	6	5944	223	2114	1166	2
镇巴县永乐镇	12400	5	6620	299	2180	560	1
留坝县城关镇	8310	5	10314	8426	3162	1564	11
留坝县马道镇	22420	17	5236	1200	2626	526	3
留坝县武关驿镇	31830	13	5341	542	2528	891	2
留坝县留侯镇	27620	8	2942	481	1189	287	5
留坝县江口镇	46080	22	9210	3162	4808	806	3
留坝县玉皇庙镇	29620	15	4999	1127	2042	540	
留坝县火烧店镇	18460	8	3393	801	1728	128	
留坝县青桥驿镇	12250	10	2043	110	1082	471	1
佛坪县袁家庄镇	9998	10	9476	8385	4167	3414	6
佛坪县陈家坝镇	8093	5	3475	1299	1747	1109	7
佛坪县大河坝镇	7158	8	3668	1523	1762	870	4
佛坪县西岔河镇	9638	8	3655	1106	1744	942	4
佛坪县岳坝镇	50489	10	3207	506	1531	491	2
佛坪县长角坝镇	32598	9	3014	688	1309	389	6
佛坪县石墩河镇	3891	4	1749	604	816	382	2
佛坪县十亩地镇	6018	5	1897	689	937	415	1
榆阳区鱼河镇	11400	17	21216	18000	7216	6000	22
榆阳区上盐湾镇	9800	32	9266	5000	4813	2752	26
榆阳区镇川镇	5700	32	20112	6000	6507	5475	8
榆阳区清泉镇	12300	35	3530	1000	2612	598	
榆阳区麻黄梁镇	48800	24	13965	5000	6522	4252	18
榆阳区牛家梁镇	23300	12	24654	3000	16954	8923	31
榆阳区金鸡滩镇	26700	12	29100	2500	20252	15881	72
榆阳区马合镇	28500	10	12565	1500	10568	4867	
榆阳区巴拉素镇	44600	12	11264	5000	6307	1967	2
榆阳区榆阳镇	7955	29	48115	3500	15765	9604	17
榆阳区鱼河峁镇	19500	41	9394	2000	5086	2367	4
榆阳区青云镇	30300	39	17818	5000	9669	4835	11
榆阳区古塔镇	27200	44	7245	1000	3654	807	6
榆阳区大河塔镇	50700	47	11620	1000	6489	4254	17
榆阳区孟家湾乡	52300	15	13112	1000	9403	2848	
榆阳区小壕兔乡	58600	20	13472	4000	4579	1019	11
榆阳区岔河则乡	35200	7	9596	1000	3675	531	
榆阳区补浪河乡	49800	15	8576	1000	4818	220	
榆阳区红石桥乡	55700	15	11872	1000	4555	795	23
榆阳区小纪汗乡	60000	14	12418	1000	7200	3384	10
榆阳区芹河乡	38500	16	23903	1000	7717	2794	30
神木县神木镇	138830	167	196516	151506	84000	17396	139
神木县高家堡镇	43418	71	12860	1640	11941	2611	26
神木县店塔镇	32500	19	18500	16200	15734	7014	62
神木县孙家岔镇	42210	25	12245	1200	10708	5263	82
神木县大柳塔镇	37600	14	62145	60072	34802	7226	80
神木县花石崖镇	22600	28	12272	508	8541	483	
神木县中鸡镇	63345	22	12012	610	10612	1862	35
神木县贺家川镇	35558	74	14369	1042	13662	311	
神木县尔林兔镇	54610	15	13304	1002	12001	1001	

乡镇基本情况

计算单位:公顷、个、人

名　　称	行政区域面积	村民委员会	常住人口	城镇建成区总人口	从业人员	二三产业从业人员	工业企业单位
神木县万镇	35717	43	13614	947	9819	232	
神木县大保当镇	29281	23	16388	11520	14715	5853	36
神木县马镇	44879	35	16089	1920	8886	366	
神木县栏杆堡镇	54180	24	16165	1019	8146	1021	
神木县沙峁镇	51033	44	15586	1140	10551	1751	1
神木县锦界镇	77770	27	18268	18215	9501	7521	46
府谷县府谷镇	33923	52	82855	80954	34510	31441	80
府谷县黄甫镇	18526	18	15576	914	9181	5643	8
府谷县麻镇	11121	8	6493	1411	2058	442	3
府谷县哈镇	23140	12	11444	1335	3953	1396	
府谷县庙沟门镇	34949	16	17038	12040	9947	6346	36
府谷县新民镇	20420	11	15795	5982	10752	7984	58
府谷县孤山镇	18192	13	12920	7583	4735	2127	20
府谷县清水镇	23410	21	18904	1002	7302	3223	22
府谷县大昌汗镇	19657	8	10618	2657	4224	2646	18
府谷县古城镇	19156	8	9904	1154	3289	1002	
府谷县三道沟镇	15083	9	11369	4150	7207	5421	31
府谷县老高川镇	23143	10	12370	3854	9690	7178	60
府谷县武家庄镇	25482	22	16361	573	3667		
府谷县木瓜镇	17242	11	11873	680	2602	169	
府谷县田家寨镇	19474	13	10052	1015	3328	1007	5
横山县横山镇	36063	29	42009	4630	21993	12036	
横山县石湾镇	17090	15	17996	2463	16744	7712	
横山县高镇	25176	20	23562	1790	13314	3676	
横山县武镇	24990	45	17632	501	9241	4589	
横山县党岔镇	25213	29	17982	1206	12478	5772	
横山县响水镇	45192	32	27865	1200	10589	3540	
横山县波罗镇	37300	24	20543	701	15635	10112	18
横山县殿市镇	23220	29	25768	821	25348	8712	10
横山县塔湾镇	36510	13	11832	925	15485	6254	
横山县赵石畔镇	51023	24	23365	1278	11142	2103	
横山县魏家楼镇	30630	25	21698	1960	9606	3589	
横山县韩岔镇	42642	35	21699	760	15219	3607	
横山县白界乡	37400	24	13310	512	13182	9196	9
横山县雷龙湾乡	36300	12	10660	106	8821	3819	
靖边县张家畔镇	19000	16	179625	59968	64652	40092	218
靖边县东坑镇	53500	19	47563	7985	31863	3835	48
靖边县青阳岔镇	30600	21	8282	1910	5455	1400	
靖边县宁条梁镇	29600	10	17575	1953	12022	2770	
靖边县周河镇	37100	15	9374	2680	6556	697	
靖边县红墩界镇	27600	9	5860	1287	4050	1846	9
靖边县杨桥畔镇	40400	13	11586	1483	8180	2670	16
靖边县王渠则镇	40800	16	12114	1500	8534	682	
靖边县中山涧镇	25800	12	7700	890	4820	1020	
靖边县杨米涧镇	32700	17	8578	1268	6260	411	3
靖边县天赐湾镇	35000	13	7020	3480	4250	1050	2
靖边县龙洲乡	22000	8	5675	300	4072	523	
靖边县海则滩乡	31300	7	6663	3000	4843	552	3
靖边县黄蒿界乡	22700	7	5500	3010	3930	680	4
靖边县席麻湾乡	19900	12	11776	1620	8398	508	2

乡镇基本情况

计算单位：公顷、个、人

名　　称	行政区域面积	村民委员会	常住人口	城镇建成区总人口	从业人员	二三产业从业人员	工业企业单位
靖边县小河乡	19800	7	5933	3000	4279	176	2
靖边县镇靖乡	21000	12	8576	2900	6265	220	1
定边县定边镇	15100	9	127282	81300	43349	37633	137
定边县贺圈镇	27500	28	30816	9439	19792	8605	76
定边县红柳沟镇	38600	23	9218	2405	7292	210	5
定边县砖井镇	68179	20	18154	2738	12988	1159	7
定边县白泥井镇	60551	30	18457	426	13219	1216	5
定边县安边镇	24900	11	14158	5964	8993	1029	3
定边县堆子梁镇	14900	11	6269	992	5630	559	
定边县白湾子镇	28400	12	6835	2020	4900	654	1
定边县姬塬镇	52800	30	9331	666	6489	207	4
定边县杨井镇	43900	18	12873	777	9817	1834	3
定边县新安边镇	30800	13	5293	677	4151	282	
定边县张崾先镇	51100	27	7459	296	5887	339	
定边县樊学镇	46200	20	7791	440	6028	708	1
定边县盐场堡镇	49470	17	5607	200	4862	810	12
定边县郝滩镇	27700	12	11459	1184	9106	554	1
定边县石洞沟乡	14600	9	5828	389	4643	216	
定边县油房庄乡	25100	8	7543	940	5887	424	
定边县纪畔乡	14100	11	4072	368	3128	120	2
定边县冯地坑乡	21800	11	7853	1524	5618	1665	1
定边县学庄乡	36300	15	4702	380	3594	27	
绥德县名州镇	9600	42	101982	75659	34631	30345	65
绥德县薛家峁镇	10600	41	15269	378	5557	2476	1
绥德县崔家湾镇	13600	61	18427	868	11238	4062	1
绥德县定仙墕镇	11200	52	13600	918	7968	5068	11
绥德县枣林坪镇	11100	51	12864	745	5741	2343	12
绥德县义合镇	19600	69	26417	4877	16244	6844	5
绥德县吉镇	7800	18	12212	2682	7134	3190	2
绥德县薛家河镇	8300	16	14258	1688	5045	4017	3
绥德县四十铺镇	16700	63	37000	3350	17608	8998	19
绥德县石家湾镇	8900	29	11968	1715	8040	4188	23
绥德县田庄镇	9800	32	14530	1201	5684	3756	4
绥德县中角镇	16900	58	23183	1065	8640	5622	1
绥德县白家硷乡	8700	28	14623	1070	6386	2100	5
绥德县韭园沟乡	7500	22	10588	584	3509	1291	4
绥德县满堂川乡	15400	48	22313	1453	12169	60	3
绥德县张家砭乡	9600	31	23148	5680	11076	5190	14
米脂县银州镇	17220	60	64131	59613	18456	6851	21
米脂县桃镇	12800	35	18611	1762	9787	5168	4
米脂县龙镇	9067	58	20200	1100	9618	2660	3
米脂县杨家沟镇	10395	19	12315	2042	6135	3840	
米脂县杜家石沟镇	15200	42	14200	2088	6425	3892	8
米脂县沙家店镇	18047	63	20756	2055	11344	5623	
米脂县印斗镇	11900	33	10721	978	8000	4280	
米脂县郭兴庄镇	7576	39	9245	252	5169	2653	
米脂县桥河岔乡	8700	25	10187	1134	7134	3518	4
米脂县十里铺乡	9935	22	14800	936	6316	2806	39
佳县佳芦镇	16230	64	41865	20321	18655	17455	67
佳县坑镇	8300	31	11358	532	8482	3657	8

乡镇基本情况

计算单位:公顷、个、人

名　　称	行政区域面积	村民委员会	常住人口	城镇建成区总人口	从业人员	二三产业从业人员	工业企业单位
佳县店镇	8600	29	13528	877	12892	5596	2
佳县乌镇	20560	70	22653	2200	16800	12800	5
佳县金明寺镇	18170	64	15328	558	13351	5136	5
佳县通镇	16360	59	20419	1801	14375	6115	18
佳县王家砭镇	17500	27	12185	682	10341	4021	24
佳县方塌镇	17480	37	6895	325	5704	2834	5
佳县朱家坬镇	9400	33	8632	454	7630	2920	2
佳县螅镇	7020	35	7896	546	5520	3500	1
佳县朱官寨镇	17330	58	8963	1123	8703	3596	4
佳县刘国具乡	13200	33	5985	1780	3130	420	6
佳县木头峪乡	7730	37	9853	365	7080	2280	1
佳县大佛寺乡	5900	20	5865	547	4874	1749	
佳县康家港乡	6050	24	6852	675	6654	2667	1
佳县上高寨乡	13100	32	6896	548	5305	1663	3
吴堡县宋家川镇	7810	48	30789	1410	11645	8667	7
吴堡县辛家沟镇	5656	28	8113	450	3790	2660	1
吴堡县郭家沟镇	6050	32	10380	1200	8168	3031	1
吴堡县寇家塬镇	9670	51	16395	578	5215	3455	2
吴堡县岔上镇	8160	38	11658	685	5137	3587	5
吴堡县张家山镇	4497	24	8275	123	3484	1904	2
清涧县宽州镇	28750	81	71877	18800	67902	19349	36
清涧县石咀驿镇	24300	60	4920	3042	4915	110	3
清涧县折家坪镇	15340	39	8586	2578	8546	1542	10
清涧县玉家河镇	10420	32	6935	1200	6922	3100	4
清涧县高杰村镇	11000	42	4451	1754	3517	1761	20
清涧县李家塔镇	21370	77	12240	656	2204	777	
清涧县店则沟镇	13370	56	12702	1100	3285	1090	7
清涧县解家沟镇	18100	84	7254	1050	7240	740	1
清涧县下廿里铺乡	12470	43	4749	1356	4649	4101	4
清涧县双庙河乡	13050	53	12509	2500	2507	1377	9
清涧县老舍窠乡	13380	44	2243	2240	2237	355	25
清涧县石盘乡	6550	28	7320	1047	1126	575	
子洲县双湖峪镇	7100	26	40177	3680	12054	5135	8
子洲县何家集镇	16800	31	11532	1173	9106	5396	2
子洲县老君殿镇	11800	29	9553	533	7195	2610	3
子洲县裴家湾镇	14000	45	9552	2000	7619	2677	
子洲县苗家坪镇	19200	57	17839	1330	9879	1835	6
子洲县三川口镇	17600	45	9315	583	7406	2554	1
子洲县马蹄沟镇	20200	69	18174	7860	14468	7932	1
子洲县周家硷镇	17600	44	11476	760	7092	3482	
子洲县电市镇	22200	62	13257	489	10580	4194	
子洲县砖庙镇	9300	28	5767	938	4608	1693	
子洲县淮宁湾镇	15000	38	8438	1237	6750	1917	
子洲县驼耳巷乡	15000	30	5608	806	4486	772	
子洲县马岔乡	6700	23	9076	1192	3989	1459	4
子洲县槐树岔乡	11700	23	6352	1254	5081	1731	
汉滨区关庙镇	10470	39	41704	21130	20617	13443	26
汉滨区张滩镇	5150	16	26550	5585	15354	9518	11
汉滨区瀛湖镇	20010	35	37898	11165	19133	9961	12
汉滨区五里镇	13840	48	61420	21165	34494	15499	56

乡镇基本情况

计算单位:公顷、个、人

名称	行政区域面积	村民委员会	常住人口	城镇建成区总人口	从业人员	二三产业从业人员	工业企业单位
汉滨区大同镇	10930	50	47420	26700	27176	16496	22
汉滨区恒口镇	27390	81	92539	42250	60080	40328	99
汉滨区吉河镇	7520	21	15880	1380	8563	5522	10
汉滨区流水镇	9210	18	15860	3962	12679	7175	2
汉滨区大竹园镇	5020	11	12197	1100	6755	3542	5
汉滨区洪山镇	6990	15	14395	4380	7736	3405	5
汉滨区石转镇	6250	12	7148	3480	4591	3121	
汉滨区茨沟镇	24620	33	18656	1085	7762	4320	2
汉滨区大河镇	20360	24	18894	4850	11191	5913	6
汉滨区沈坝镇	11290	20	10485	2100	3915	1915	20
汉滨区双龙镇	10870	13	14695	3896	8021	4160	4
汉滨区叶坪镇	15210	8	3820	1736	1765	700	2
汉滨区中原镇	22670	14	13582	534	5807	1633	3
汉滨区县河镇	13140	29	25621	1167	15408	12158	7
汉滨区紫荆镇	19370	15	8525	1218	3956	2166	1
汉滨区早阳镇	14520	26	21433	240	13597	5741	4
汉滨区关家镇	9520	20	16897	460	9000	2800	8
汉滨区石梯镇	6570	24	17134	330	10205	5025	6
汉滨区坝河镇	7940	17	11117	1550	6650	4470	
汉滨区共进镇	5980	12	7744	1200	5323	2803	3
汉滨区新坝镇	4850	12	8956	778	4325	3140	10
汉滨区牛蹄镇	4700	3	6598	1188	2501	2200	
汉滨区田坝镇	7550	12	11031	850	6572	3211	2
汉滨区晏坝镇	5040	9	9287	4300	5474	3401	1
汉滨区双溪镇	5960	6	8499	1755	4996	3208	3
汉滨区谭坝镇	12680	15	12728	2806	7233	2361	3
汉阴县城关镇	13334	24	67201	25874	35640	24382	261
汉阴县涧池镇	12764	25	34462	14542	21629	13384	222
汉阴县蒲溪镇	7972	13	23200	3448	14304	7732	368
汉阴县平梁镇	14356	20	23469	3510	17169	10032	121
汉阴县双乳镇	3791	8	11980	3825	8473	5095	75
汉阴县铁佛寺镇	16378	17	12582	1620	10914	4864	22
汉阴县龙垭镇	6243	9	8976	478	8021	4263	36
汉阴县漩涡镇	18728	22	24629	2713	19692	9208	40
汉阴县汉阳镇	11971	14	16088	2503	10449	6556	84
汉阴县酒店镇	6037	5	4858	985	3810	1842	15
汉阴县双河口镇	7925	4	4039	850	2837	1617	18
汉阴县上七镇	3769	6	3667	595	2022	852	3
汉阴县观音河镇	8880	7	7292	1140	7032	4202	27
汉阴县双坪镇	4368	5	4328	612	3431	1787	28
石泉县城关镇	23426	29	53105	51235	24730	18320	502
石泉县饶峰镇	15927	19	11422	2366	6977	3249	103
石泉县两河镇	15057	16	9891	1532	5838	2353	18
石泉县迎丰镇	15091	12	7564	1832	2500	1084	19
石泉县池河镇	9877	19	19503	8920	14471	7939	558
石泉县后柳镇	14663	17	13571	1563	7274	3438	35
石泉县喜河镇	13964	21	15117	1121	8487	3321	19
石泉县熨斗镇	8157	15	13470	1520	4826	1611	4
石泉县云雾山镇	15176	16	9483	1921	4209	2026	6
石泉县中池镇	9452	16	11694	2420	5192	1877	29

乡镇基本情况

计算单位:公顷、个、人

名　　称	行政区域面积	村民委员会	常住人口	城镇建成区总人口	从业人员	二三产业从业人员	工业企业单位
石泉县曾溪镇	10850	13	6919	460	2458	527	31
宁陕县城关镇	67800	28	28046	17045	10329	4298	16
宁陕县四亩地镇	37100	5	4080	1253	1448	1035	
宁陕县江口镇	47200	9	8714	1719	2995	1593	15
宁陕县广货街镇	34800	5	3744	1461	2182	1205	5
宁陕县龙王镇	25700	10	4930	1148	2448	996	
宁陕县筒车湾镇	18500	8	4896	1627	3715	1814	
宁陕县金川镇	13300	6	3780	1091	1946	569	2
宁陕县皇冠镇	50800	7	2286	848	1395	559	2
宁陕县太山庙镇	27400	6	5101	1339	2220	976	
宁陕县梅子镇	7300	6	2410	460	1738	890	3
宁陕县丰富镇	8000	4	1396	422	925	425	2
宁陕县新场镇	29900	4	1155	569	531	179	2
紫阳县城关镇	12365	15	44899	44873	12972	8362	61
紫阳县蒿坪镇	10976	19	28707	4029	13120	6060	36
紫阳县汉王镇	8161	8	12912	1750	8000	5630	4
紫阳县焕古镇	10858	12	11986	1700	8170	5170	58
紫阳县向阳镇	13283	18	16600	3843	9950	6050	58
紫阳县洞河镇	9478	13	16904	2637	12710	7300	
紫阳县洄水镇	5904	8	9061	2123	5590	3880	5
紫阳县斑桃镇	9410	5	8064	1003	5560	2900	12
紫阳县双桥镇	16971	14	15123	2562	9890	8230	13
紫阳县高桥镇	15368	11	17864	3005	10540	6580	30
紫阳县红椿镇	11643	10	12166	1945	10670	7160	10
紫阳县高滩镇	10323	8	10322	2360	7600	5780	4
紫阳县毛坝镇	10030	9	10299	3156	5830	3930	49
紫阳县瓦庙镇	8776	9	10741	729	7424	5115	11
紫阳县麻柳镇	8136	7	10756	1620	7000	4070	9
紫阳县双安镇	10390	12	12800	1760	8151	4156	2
紫阳县东木镇	13482	11	12889	432	7199	4640	13
紫阳县界岭镇	16554	5	5130	350	2660	1480	
紫阳县广城镇	7085	4	6626	564	5230	2470	
紫阳县绕溪镇	7433	6	6621	387	3460	2380	11
紫阳县联合镇	7417	6	4310	300	3002	1960	2
岚皋县城关镇	11698	21	35508	32000	24682	19153	291
岚皋县佐龙镇	15331	21	15966	3000	9825	5895	87
岚皋县花里镇	9348	9	6429	3189	3466	2023	24
岚皋县滔河镇	38133	19	9368	2240	6201	2944	40
岚皋县官元镇	14245	10	6607	1596	4523	2968	32
岚皋县石门镇	14922	14	9902	3370	4934	1806	24
岚皋县民主镇	10679	17	16738	6075	8971	4828	229
岚皋县大道河镇	2575	7	5409	1350	2525	900	13
岚皋县铁炉镇	8838	8	9113	1550	4683	2819	8
岚皋县堰门镇	7370	13	8390	1100	3673	1605	11
岚皋县溢河镇	10328	9	5830	500	3414	1602	10
岚皋县蔺河镇	10004	10	7688	1200	3998	1881	48
岚皋县四季镇	13376	9	5423	770	2496	1586	
岚皋县横溪镇	16073	6	3108	900	1058	420	3
岚皋县孟石岭镇	12806	15	9136	2100	6948	5313	51
平利县城关镇	30547	35	44035	26936	23362	9997	88

乡镇基本情况

计算单位：公顷、个、人

名　　称	行政区域面积	村民委员会	常住人口	城镇建成区总人口	从业人员	二三产业从业人员	工业企业单位
平利县兴隆镇	19157	18	11348	1617	6305	1676	3
平利县老县镇	16347	19	20637	3420	9378	4376	150
平利县大贵镇	11346	11	11331	3198	5473	2765	9
平利县三阳镇	17250	14	11873	1455	6456	3278	15
平利县洛河镇	32637	14	12846	2662	7319	2611	15
平利县广佛镇	36001	16	20424	2361	12846	7616	32
平利县八仙镇	31359	20	27546	5503	14083	6260	48
平利县长安镇	21636	20	18092	4510	10328	7315	73
平利县正阳镇	41632	13	7396	942	4986	2536	40
平利县西河镇	6868	10	8029	1000	4256	1642	15
镇坪县城关镇	24350	13	9256	8667	6489	3074	157
镇坪县曾家镇	17757	11	6687	3160	3160	907	65
镇坪县牛头店镇	20658	7	5910	2100	2391	832	61
镇坪县钟宝镇	15144	11	8624	2400	4521	2513	85
镇坪县洪石镇	9490	11	4042	1205	1991	1183	24
镇坪县上竹镇	10978	6	4498	610	3552	2272	61
镇坪县华坪镇	9625	4	3262	949	1135	318	32
镇坪县小曙河镇	27488	8	4117	1205	1419	375	28
镇坪县曙坪镇	14757	7	4750	1300	2139	774	51
旬阳县城关镇	16691	19	61855	41163	16533	15021	719
旬阳县棕溪镇	22670	18	26195	4937	16782	7749	9
旬阳县关口镇	13134	9	14792	1682	7549	6433	24
旬阳县蜀河镇	18031	18	37671	10587	16207	8864	285
旬阳县双河镇	29529	19	27570	2814	12389	2856	9
旬阳县小河镇	28632	29	26764	5163	13207	4084	160
旬阳县赵湾镇	16834	13	15797	3573	9412	1864	5
旬阳县麻坪镇	12648	13	11140	4524	5558	2235	77
旬阳县甘溪镇	14924	10	11480	3350	11010	3760	40
旬阳县白柳镇	19200	12	14312	2046	8125	2658	15
旬阳县吕河镇	19118	16	30236	4760	15190	7449	107
旬阳县神河镇	12903	7	18166	4546	7227	2094	32
旬阳县赤岩镇	20100	11	19547	2937	9042	4825	5
旬阳县段家河镇	11987	10	17043	3093	9978	4691	118
旬阳县仙河镇	11436	6	21878	3556	10500	5860	12
旬阳县金寨镇	13386	8	14100	2279	7305	4432	3
旬阳县桐木镇	12529	12	12767	2010	6626	2210	28
旬阳县构元镇	14035	6	11989	1018	5826	3559	9
旬阳县石门镇	13796	11	11831	1489	7015	4358	92
旬阳县红军镇	16385	7	9649	3800	6701	3123	85
旬阳县仁河口镇	8052	7	7096	1430	3833	878	56
旬阳县铜钱关镇	8048	5	6061	1180	3380	2271	2
白河县城关镇	7043	11	37450	31112	9147	5677	19
白河县中厂镇	14512	9	10559	4720	7547	4512	10
白河县构扒镇	8986	5	9113	3390	6029	3127	4
白河县卡子镇	13309	9	10535	4220	8145	4536	4
白河县茅坪镇	23880	21	19827	7020	18389	10502	4
白河县宋家镇	15410	10	11255	4920	10105	4346	4
白河县西营镇	10391	10	11730	3240	6589	3319	3
白河县仓上镇	10729	12	12907	5120	11171	5795	5
白河县冷水镇	15004	16	15474	4640	12046	7146	4

乡镇基本情况

计算单位:公顷、个、人

名　　称	行政区域面积	村民委员会	常住人口	城镇建成区总人口	从业人员	二三产业从业人员	工业企业单位
白河县双丰镇	10341	8	8625	2500	5451	2851	2
白河县麻虎镇	9283	6	9321	3530	7257	3964	3
白河县小双镇	6456	7	7095	1520	4254	2922	
商州区夜村镇	26470	42	50697	3449	23208	9942	27
商州区沙河子镇	17690	38	43853	9121	24068	12839	214
商州区杨峪河镇	13830	22	31414	8050	16011	8187	190
商州区金陵寺镇	8810	18	20126	3198	8246	3607	190
商州区黑山镇	8980	13	13581	1988	6647	1844	165
商州区杨斜镇	19810	18	15711	2369	7041	3608	51
商州区麻街镇	8430	10	15904	2540	8186	4217	37
商州区黑龙口镇	18230	26	26809	3699	11202	4082	136
商州区牧护关镇	8040	8	9264	2846	4205	1384	9
商州区大荆镇	11290	27	26432	4391	10042	3406	3
商州区腰市镇	15650	31	32827	2489	15092	4633	61
商州区板桥镇	17580	24	24940	1967	10716	3798	101
商州区北宽坪镇	16690	15	14227	1990	6253	3279	138
商州区砚池河镇	13720	8	9504	1379	5177	3512	10
商州区麻池河镇	8600	11	11348	1767	4941	2095	2
商州区西荆镇	6360	11	11010	278	4560	2526	92
商州区三岔河镇	12470	10	10716	1645	4732	2196	25
商州区上官坊镇	7210	7	6482	1238	3261	2380	34
商州区闫村镇	7300	8	6072	1241	3219	968	1
洛南县城关镇	17982	40	79992	38876	35262	11014	708
洛南县景村镇	20560	38	43695	9000	15653	6140	64
洛南县古城镇	12800	18	26403	12600	9787	4881	42
洛南县三要镇	10440	14	18332	5360	5760	2096	23
洛南县灵口镇	37500	38	29740	2849	11447	2560	32
洛南县寺耳镇	25666	16	12931	1071	5157	1461	66
洛南县巡检镇	24794	14	13717	2631	5283	1880	46
洛南县石坡镇	26748	22	25597	2980	9271	4238	71
洛南县石门镇	18230	19	23896	11809	9391	5144	121
洛南县麻坪镇	13987	17	16787	2034	7074	3711	12
洛南县洛源镇	14157	14	17510	2170	6137	3929	8
洛南县保安镇	10736	17	26018	2214	8713	6342	18
洛南县卫东镇	3071	11	11655	1754	4282	1692	32
洛南县永丰镇	5892	12	22229	8857	7273	1690	41
洛南县谢湾镇	6667	7	14966	1089	4393	767	18
洛南县四皓镇	6000	11	15494	1826	5385	2423	18
洛南县柏峪寺镇	7610	20	15469	1200	5662	725	18
洛南县高耀镇	14700	16	16092	1538	5577	1096	17
洛南县寺坡镇	5460	7	11877	2103	3787	1547	26
丹凤县龙驹寨镇	17867	8	65066	37894	7392	4446	88
丹凤县庾岭镇	19400	11	16765	2348	9517	5196	
丹凤县蔡川镇	11900	10	8479	2313	3418	1814	3
丹凤县峦庄镇	20700	10	14484	2924	7567	4163	1
丹凤县铁峪铺镇	12440	9	15641	3715	8092	4831	6
丹凤县武关镇	15820	12	13868	2186	6328	3395	4
丹凤县竹林关镇	21283	20	26982	5310	12823	6932	16
丹凤县土门镇	12770	12	14931	3592	10101	5360	2
丹凤县寺坪镇	17045	15	15480	2452	7624	4211	

乡镇基本情况

计算单位：公顷、个、人

名　　称	行政区域面积	村民委员会	常住人口	城镇建成区总人口	从业人员	二三产业从业人员	工业企业单位
丹凤县商镇	19523	21	34735	9855	8949	4942	26
丹凤县棣花镇	7800	9	20694	4846	4481	2293	7
丹凤县资峪镇	13761	14	15542	1110	6391	3060	2
丹凤县北赵川镇	12850	6	7367	876	3580	1984	
丹凤县桃坪镇	16600	7	6748	791	3280	1808	1
丹凤县月日镇	11441	11	9518	1499	4181	2190	6
丹凤县花瓶子镇	12600	8	9523	850	5237	2881	
商南县城关镇	23300	21	60337	39900	35348	13305	71
商南县富水镇	14700	16	20195	4100	10664	5800	21
商南县湘河镇	15880	10	12073	1663	6722	1975	6
商南县白浪镇	6670	7	7127	923	3529	1361	2
商南县赵川镇	17071	9	11254	4157	7206	4492	13
商南县过风楼镇	9860	12	15299	2096	8182	5172	6
商南县试马镇	13310	15	17949	1864	9065	6924	13
商南县清油河镇	25800	11	11882	3596	7013	4857	5
商南县十里坪镇	32240	19	17716	1508	10142	7376	18
商南县金丝峡镇	30060	20	23686	1418	12447	8634	12
商南县青山镇	12049	10	10819	1635	5952	3122	8
商南县水沟镇	15110	7	7274	942	4002	2087	5
商南县魏家台镇	14650	7	6489	1240	3441	2518	4
山阳县城关镇	22392	30	61632	61032	16448	10535	88
山阳县高坝店镇	17297	17	29341	11092	10834	8910	9
山阳县天竺山镇	10065	10	11566	940	4396	2092	12
山阳县中村镇	14858	19	22381	2252	8287	6870	26
山阳县银花镇	8747	11	14663	1730	5336	4335	9
山阳县西照川镇	16750	10	11616	1799	3567	1595	2
山阳县漫川关镇	23076	18	25123	4310	9357	3196	43
山阳县南宽坪镇	23010	18	18556	2070	5755	4730	2
山阳县户家塬镇	16270	20	28979	1623	9486	7940	2
山阳县杨地镇	18250	14	21846	1118	7042	3896	6
山阳县牛耳川镇	8660	8	8216	3528	2432	1746	2
山阳县小河口镇	22370	18	19959	1238	7573	4036	1
山阳县色河铺镇	13060	11	14944	1962	5736	4429	11
山阳县板岩镇	22120	19	23825	1542	9188	3421	3
山阳县元子街镇	10140	11	9062	1345	3358	2581	3
山阳县十里铺镇	14756	18	28934	1516	10146	8523	84
山阳县延坪镇	18149	15	12689	536	3738	342	1
山阳县两岭镇	12590	8	10649	618	5093	3350	1
山阳县王闫镇	12300	6	6706	720	3414	2485	11
山阳县天桥镇	14320	8	6483	690	2450	1217	7
山阳县石佛寺镇	12830	8	8521	588	2840	124	1
山阳县法官镇	14510	11	18475	880	6581	1558	1
山阳县双坪镇	6980	8	8634	852	2935	1336	1
镇安县永乐镇	38583	23	69230	53469	46065	37929	202
镇安县回龙镇	12327	9	10636	2980	5542	3257	48
镇安县铁厂镇	12778	10	13571	2088	4796	2784	37
镇安县大坪镇	12695	12	17767	2523	9129	7707	42
镇安县米粮镇	17037	14	24359	4500	11920	8700	48
镇安县茅坪回族镇	10530	7	11721	2815	7333	4760	17
镇安县西口回族镇	16665	13	18256	2526	8278	2758	55

乡镇基本情况

计算单位:公顷、个、人

名　　称	行政区域面积	村民委员会	常住人口	城镇建成区总人口	从业人员	二三产业从业人员	工业企业单位
镇安县高峰镇	9976	10	11842	1928	4288	868	52
镇安县青铜关镇	27800	19	19956	1694	11233	8111	26
镇安县柴坪镇	27303	17	19977	1470	7249	3924	45
镇安县达仁镇	22439	13	12225	1653	6268	4708	4
镇安县木王镇	29962	6	8278	3265	4945	3706	29
镇安县东川镇	34279	11	11950	1945	4669	3769	3
镇安县云盖寺镇	20971	9	12785	3232	7693	5200	131
镇安县庙沟镇	16147	8	10990	1152	6015	1155	2
镇安县张家镇	5633	8	9581	2050	5329	2816	11
镇安县灵龙镇	7707	7	11370	2179	6112	3552	7
镇安县月河镇	10155	3	2014	547	970	500	4
镇安县杨泗镇	15753	3	2190	1159	1127	690	9
柞水县乾佑镇	21496	7	30507	21717	14232	8522	148
柞水县营盘镇	41855	9	8182	1074	3660	690	5
柞水县下梁镇	21300	7	19872	12675	11982	6785	25
柞水县石瓮镇	11095	4	7265	2481	2980	1880	51
柞水县小岭镇	11506	7	10436	1425	6284	3172	51
柞水县凤凰镇	16710	12	17718	5010	9553	1233	110
柞水县红岩寺镇	19443	17	16611	2238	8632	3299	32
柞水县曹坪镇	8150	11	9130	1159	5486	1883	26
柞水县蔡玉窑镇	13706	5	7038	2435	3555	1605	2
柞水县杏坪镇	18719	14	17447	2730	9958	5075	43
柞水县瓦房口镇	20220	14	15385	643	8956	4700	7
柞水县柴庄镇	6400	6	5115	1050	2806	744	40
柞水县丰北河镇	22600	6	3833	235	2395	610	3
甘肃省							
七里河区阿干镇	8550	8	29539	16471	5181	2493	9
七里河区八里镇	4260	10	24102	2679	9899	4944	81
七里河区彭家坪镇	2280	10	16231	1105	9325	4905	135
七里河区西果园镇	8260	14	20104	1651	10646	2466	88
七里河区魏岭乡	6500	8	12320		6402	2705	68
七里河区黄峪乡	6850	11	17618		9192	2378	9
西固区新城镇	5230	6	23953	9982	6219	4432	38
西固区东川镇	4211	6	9074	5618	5332	2364	27
西固区达川乡	2045	5	6414		3946	2792	15
西固区河口乡	11491	8	14293		6900	3834	19
西固区柳泉乡	1787	5	7618		4203	2949	51
西固区金沟乡	3610	4	4320		2321	803	36
红古区海石湾镇	2533	3	49741	43023	22256	16920	50
红古区花庄镇	20478	9	16005	2445	6689	1380	19
红古区平安镇	12685	11	17026	2113	7915	2680	16
红古区红古乡	11400	8	13925		6537	673	21
永登县城关镇	6733	6	63276	60559	13530	11464	44
永登县红城镇	33778	9	25132	7037	14107	9182	12
永登县中堡镇	8245	10	19800	8305	13328	7323	42
永登县武胜驿镇	46931	23	35313	4276	20510	5679	26
永登县河桥镇	16843	11	37854	13058	18795	13564	20
永登县连城镇	41900	8	33513	12070	14570	6952	27
永登县苦水镇	44000	12	32425	2429	15309	4868	53
永登县中川镇	28000	19	44432	6800	19357	9773	43

乡镇基本情况

计算单位:公顷、个、人

名　　称	行政区域面积	村民委员会	常住人口	城镇建成区总人口	从业人员	二三产业从业人员	工业企业单位
永登县秦川镇	18841	21	47110	6823	27529	12148	5
永登县大同镇	28500	13	24853	2428	14619	6141	18
永登县龙泉寺镇	25500	16	19704	1503	15618	6349	15
永登县树屏镇	32400	8	14533	2097	7586	2106	57
永登县上川镇	34581	15	27436	3131	15655	6000	16
永登县柳树乡	40000	14	22876		15074	10190	26
永登县坪城乡	53420	13	15360		9542	5441	5
永登县民乐乡	41000	23	31290		23892	7956	36
永登县通远乡	40050	10	13567		8111	1446	5
永登县七山乡	68300	9	5965		5186	1319	
皋兰县石洞镇	40600	10	45228	40150	13920	8000	55
皋兰县西岔镇	38200	15	27322	4805	17093	5500	49
皋兰县忠和镇	25100	8	11350	5335	8825	3801	49
皋兰县什川镇	40500	9	16800	10929	12520	3920	8
皋兰县九合镇	21400	11	10600	1995	7892	2025	63
皋兰县黑石川乡	64200	11	12500	3559	10779	3370	20
皋兰县水阜乡	25600	7	11000	3838	8771	3815	6
榆中县城关镇	8921	14	66938	49500	31027	24500	17
榆中县夏官营镇	13600	8	48297	34212	9407	3668	64
榆中县高崖镇	7412	11	11827	2988	5889	2385	6
榆中县金崖镇	26000	14	25413	7412	14248	6822	52
榆中县和平镇	14293	13	75124	65595	18702	8933	62
榆中县甘草店镇	12148	13	15982	5481	8940	4853	10
榆中县青城镇	13804	14	21305	5983	12074	4557	
榆中县定远镇	6800	12	18645	4520	10837	3405	30
榆中县来紫堡乡	11700	10	22027		11879	5940	113
榆中县三角城乡	7097	13	25554		14531	4360	18
榆中县小康营乡	10182	17	27876	3289	9837	2495	6
榆中县连搭乡	13300	18	33055	1650	20210	5608	25
榆中县银山乡	7939	8	9031		4784	2389	2
榆中县马坡乡	16550	15	16880	3096	8799	3183	1
榆中县新营乡	14200	13	19186	2308	8691	3900	1
榆中县清水驿乡	16350	16	21514	2841	10453	3472	4
榆中县龙泉乡	8400	12	10202	718	6305	2381	1
榆中县韦营乡	12300	7	5760	360	3357	1911	
榆中县中连川乡	23800	12	9388	196	4876	1744	
榆中县贡井乡	15000	9	7723	236	4526	2602	1
榆中县园子岔乡	26870	6	7814	347	4211	2234	
榆中县上花岔乡	17400	6	6969	310	3291	1760	
榆中县哈岘乡	20500	7	4642	1160	2731	1177	1
市辖区新城镇	27180	8	10647	1478	6353	1705	53
市辖区峪泉镇	80000	3	3005	708	2145	2002	14
市辖区文殊镇	13391	6	7545	928	4959	1450	10
金川区宁远堡镇	96000	14	34300	10293	24873	18000	68
金川区双湾镇	165896	13	19933	3994	13166	2792	73
永昌县城关镇	21278	10	44193	35389	10039	5872	88
永昌县河西堡镇	66400	12	59694	45304	12876	7896	270
永昌县新城子镇	64200	13	26390	2135	17224	3927	40
永昌县朱王堡镇	40717	13	28809	2615	15623	5850	19
永昌县东寨镇	12400	11	15223	920	9517	2572	28

乡镇基本情况

计算单位：公顷、个、人

名　　称	行政区域面积	村民委员会	常住人口	城镇建成区总人口	从业人员	二三产业从业人员	工业企业单位
永昌县水源镇	59800	11	19924	1795	12625	2592	21
永昌县红山窑乡	153333	12	25710	2226	12308	1626	28
永昌县焦家庄乡	29933	12	22185	1312	13525	4273	45
永昌县六坝乡	31800	12	13019	1750	7203	1676	5
永昌县南坝乡	12785	5	4802	720	2867	2360	9
白银区水川镇	13994	13	24374	6898	10827	4812	30
白银区四龙镇	9900	8	10495	4028	5140	2568	14
白银区王岘镇	3500	7	9235	8982	1557	1557	53
白银区强湾乡	25503	7	9585	132	5494	3639	11
白银区武川乡	48100	7	13291	1056	5507	2954	24
平川区王家山镇	23500	4	15236	1844	12100	8900	23
平川区水泉镇	66030	16	33982	1801	17628	1694	26
平川区共和镇	29130	9	18993	1021	11275	2670	9
平川区宝积乡	35443	12	13996	583	6264	1184	16
平川区黄峤乡	31200	7	13136	2067	6041	1755	6
平川区种田乡	17130	6	7000	1765	3585	1160	7
平川区复兴乡	10610	7	6587	1086	5086	2000	5
靖远县北湾镇	25085	7	39745	5744	22097	10393	24
靖远县东湾镇	21280	9	38619	4370	20743	3868	57
靖远县乌兰镇	32855	10	71695	51697	38272	21351	53
靖远县平堡乡	4200	4	18543	5100	8200	4352	2
靖远县糜滩乡	24600	8	23589	3501	14167	3415	11
靖远县三滩乡	22930	7	21183	2443	12144	1714	17
靖远县大芦乡	39470	9	20063	5531	10230	2833	6
靖远县兴隆乡	15530	8	12010	1034	6368	1228	2
靖远县双龙乡	18210	8	15031	1460	7653	1877	6
靖远县石门乡	41470	10	13096		7797	1957	1
靖远县刘川乡	42200	10	32674	2692	15460	4450	20
靖远县高湾乡	59070	12	26870	1770	14741	1862	9
靖远县靖安乡	29730	8	13420	2956	7796	1928	4
靖远县五合乡	34020	14	34000	4000	15806	1712	13
靖远县东升乡	30930	10	25537	2567	11559	1740	25
靖远县北滩乡	56530	18	42231	3500	20935	6740	50
靖远县永新乡	35730	11	10677	2104	5680	1818	3
靖远县若笠乡	45400	11	8400	870	4118	1660	
会宁县会师镇	18680	8	98669	80169	30934	23070	39
会宁县郭城驿镇	32910	11	36174	17340	18508	4081	12
会宁县河畔镇	24340	8	24444	6514	13034	3454	6
会宁县头寨子镇	47300	15	26917	2216	16648	4123	8
会宁县太平店镇	13990	12	18251	584	10382	2507	1
会宁县甘沟驿镇	33620	12	20500	2651	11714	2529	5
会宁县丁家沟乡	16470	10	16710	218	10317	3003	4
会宁县中川乡	13830	10	13270	615	8748	968	8
会宁县新添堡回族乡	21800	13	14230	240	9457	2337	5
会宁县侯家川乡	11230	7	11434	1125	6478	1814	
会宁县党家岘乡	14980	10	16042	481	8896	1631	
会宁县杨崖集乡	16280	12	17137	360	10930	4636	3
会宁县老君坡乡	14530	13	18803	820	11463	2214	3
会宁县翟家所乡	18190	12	16622	927	10496	2447	9
会宁县柴家门乡	27930	11	17786	321	10726	2871	41

乡镇基本情况

计算单位：公顷、个、人

名　　称	行政区域面积	村民委员会	常住人口	城镇建成区总人口	从业人员	二三产业从业人员	工业企业单位
会宁县八里湾乡	19530	11	15529	486	10621	2326	
会宁县平头川乡	13830	9	10419	704	6641	2131	
会宁县韩家集乡	18870	8	12393	1450	8545	2365	
会宁县大沟乡	28570	14	16645	246	10817	2785	
会宁县四房吴乡	25880	10	16080	804	10069	1745	2
会宁县汉家岔乡	38570	12	17840	1033	11270	3203	2
会宁县土门岘乡	18590	6	7753	256	5677	640	
会宁县新塬乡	28730	9	11193	940	6865	489	1
会宁县刘家寨子乡	29730	12	15938	576	9181	5256	
会宁县草滩乡	21110	7	10234	765	6143	2268	
会宁县土高山乡	24580	6	7411	182	4828	651	
会宁县白草塬乡	17500	8	20180	420	11971	1212	3
会宁县新庄乡	32330	8	12195	691	7062	966	
景泰县一条山镇	13970	2	81341	55670	19457	14465	8
景泰县芦阳镇	34660	13	25500	6113	17476	5646	3
景泰县上沙沃镇	45520	10	8145	3455	7334	1266	8
景泰县喜泉镇	59140	18	23158	4285	14283	4826	15
景泰县草窝滩镇	59150	18	21689	5106	11774	2974	15
景泰县红水镇	30060	15	19058	3310	9350	1969	14
景泰县中泉乡	97640	12	14778	1460	7446	1737	5
景泰县正路乡	65670	16	10359	1597	10288	5268	10
景泰县寺滩乡	70680	15	18656	4436	12277	4979	1
景泰县五佛乡	58330	6	14158	3696	11414	2186	6
景泰县漫水滩乡	13480	11	11895	1468	7612	3377	4
秦州区玉泉镇	8847	30	34721	715	16101	9007	135
秦州区太京镇	13451	26	29375	2035	14893	7292	3
秦州区藉口镇	19096	40	36886	1900	19185	6273	3
秦州区皂郊镇	22106	36	36958	5668	20154	3870	7
秦州区汪川镇	18847	28	23883	6183	22342	12002	1
秦州区牡丹镇	13208	31	27355	3523	14730	4665	1
秦州区关子镇	11301	29	28879	5205	15865	4432	3
秦州区平南镇	9546	29	41400	5561	26158	14066	5
秦州区天水镇	9152	26	32277	10227	15691	5653	5
秦州区娘娘坝镇	14222	28	27424	1530	13930	2659	5
秦州区中梁乡	6894	18	19224		9370	3085	1
秦州区秦岭乡	7169	19	13280		8314	4438	1
秦州区杨家寺乡	10854	20	15164		10356	4815	1
秦州区齐寿乡	7388	16	23290		12025	6925	1
秦州区华歧乡	10628	26	23896		12452	5227	1
秦州区大门乡	7525	18	18000		6190	4175	2
麦积区社棠镇	6400	17	18930	5618	9690	7117	34
麦积区马跑泉镇	9700	27	49842	7612	25138	9772	90
麦积区甘泉镇	21100	24	40506	5424	20261	8978	21
麦积区渭南镇	9400	40	43139	2870	22079	7795	4
麦积区东岔镇	34800	14	10882	1053	5440	2889	1
麦积区花牛镇	12300	38	43830	3350	21969	13366	22
麦积区中滩镇	4800	23	37220	3525	17440	10243	21
麦积区新阳镇	8660	24	30407	4708	16770	6119	30
麦积区元龙镇	20780	22	20015	1026	11733	6357	89
麦积区伯阳镇	14000	21	24115	2273	12099	1361	6

乡镇基本情况

计算单位：公顷、个、人

名　　称	行政区域面积	村民委员会	常住人口	城镇建成区总人口	从业人员	二三产业从业人员	工业企业单位
麦积区麦积镇	19300	15	19624	1720	10261	4498	14
麦积区石佛镇	10000	34	42675	5280	22050	11126	12
麦积区五龙乡	7000	28	25742		13082	4112	74
麦积区琥珀乡	4500	13	12928		6573	2473	3
麦积区党川乡	72400	10	4998		2496	351	14
麦积区利桥乡	54900	8	4902		2680	880	2
麦积区三岔乡	34200	17	15371		8745	1955	46
清水县永清镇	14950	18	41174	37182	25518	4629	15
清水县红堡镇	14980	23	26304	3005	13490	3443	7
清水县白驼镇	12920	19	17181	2403	8750	2572	3
清水县金集镇	8880	12	14169	2865	8784	2111	5
清水县秦亭镇	22520	19	15804	1402	8213	1238	1
清水县山门镇	22980	17	9942	1069	5896	626	2
清水县白沙乡	13300	14	19128		9638	3052	2
清水县松树乡	6420	14	14397	1983	2094	1485	
清水县王河乡	6950	11	13489		7155	753	1
清水县远门乡	6200	12	11279		6792	2480	1
清水县土门乡	6550	13	17175		8759	1349	3
清水县郭川乡	7310	17	18548		13937	3698	4
清水县贾川乡	4800	9	11836		7476	4155	1
清水县丰望乡	7200	13	9242		7801	1423	4
清水县草川铺乡	11620	11	11850	1708	6463	1291	
清水县陇东乡	10710	13	12077		6422	1389	
清水县黄门乡	9800	13	14791	200	8423	1573	4
清水县新城乡	12720	12	11726		6311	896	3
秦安县兴国镇	7365	28	92635	56413	41035	19753	264
秦安县莲花镇	9452	26	40800	8267	22375	8410	86
秦安县西川镇	7282	30	38906	17271	22029	10704	45
秦安县陇城镇	7894	22	31794	8538	19302	5718	32
秦安县郭嘉镇	14372	35	41592	3379	25289	3368	51
秦安县刘坪乡	5806	21	23024		12506	1542	20
秦安县五营乡	9033	31	38159		24029	8222	21
秦安县中山乡	12865	28	37506		23328	4017	3
秦安县叶堡乡	8732	22	39087		22052	3512	56
秦安县安伏乡	10687	24	34813		24163	4002	50
秦安县魏店乡	13523	31	30682		18873	2892	56
秦安县王铺乡	14820	30	27307		17312	3408	27
秦安县千户乡	7684	17	26444		16118	5366	22
秦安县王窑乡	8514	23	22068		13751	3658	11
秦安县云山乡	5863	20	19221		11299	4980	25
秦安县王尹乡	7166	18	29738		19906	963	39
秦安县兴丰乡	9099	22	35484		23530	2141	63
甘谷县大像山镇	4894	25	96156	83256	26479	17232	832
甘谷县磐安镇	17200	52	71965	16274	40679	14586	20
甘谷县新兴镇	12987	46	93435	39000	56000	28434	363
甘谷县安远镇	15525	36	42620	6657	26448	14368	59
甘谷县六峰镇	6288	29	43350	7162	26251	18767	41
甘谷县金山乡	11880	30	41021		27812	10680	6
甘谷县八里湾乡	10100	27	28982		12351	7249	1
甘谷县西坪乡	10314	21	15970		9745	3457	5

乡镇基本情况

计算单位:公顷、个、人

名　　称	行政区域面积	村民委员会	常住人口	城镇建成区总人口	从业人员	二三产业从业人员	工业企业单位
甘谷县大庄乡	10710	18	16093		14001	5462	1
甘谷县大石乡	9795	25	27001		15816	6862	6
甘谷县礼辛乡	10500	20	19236		11235	5245	6
甘谷县谢家湾乡	9770	26	21115		14012	6219	2
甘谷县武家河乡	7600	17	15944		5546	1855	6
甘谷县古坡乡	13280	12	9272		4786	2577	2
甘谷县白家湾乡	6329	21	21440		13332	5625	14
武山县城关镇	11554	38	45036	43110	26679	18199	412
武山县洛门镇	11468	45	77670	12033	43774	10813	299
武山县鸳鸯镇	11626	13	26626	16201	12470	4603	84
武山县滩歌镇	18733	29	39180	11269	21395	10749	70
武山县四门镇	13176	24	28859	3029	14752	8752	53
武山县马力镇	20467	28	46091	8926	25310	12776	122
武山县山丹乡	11753	22	26662		13911	2804	136
武山县榆盘乡	15666	15	16170		9355	3537	93
武山县咀头乡	11380	23	19605		10959	3400	24
武山县桦林乡	10173	17	18807		10050	4579	35
武山县高楼乡	12180	21	20152		9781	5564	21
武山县杨河乡	16267	19	18532		9535	5139	30
武山县沿安乡	12220	16	16816		8601	4101	22
武山县温泉乡	13977	21	19672		9984	5558	64
武山县龙台乡	10460	13	14947		8261	3315	63
张家川回族自治县张家川镇	9080	29	66312	19230	30379	12848	34
张家川回族自治县龙山镇	4230	20	37648	11799	21530	8193	53
张家川回族自治县恭门镇	17800	27	26759	2941	14991	5094	14
张家川回族自治县刘堡乡	5810	18	18128		10391	5463	3
张家川回族自治县张棉乡	9490	11	11489		6556	4378	
张家川回族自治县胡川乡	6110	16	17134		10945	4277	3
张家川回族自治县木河乡	4330	13	20143		11695	3897	7
张家川回族自治县大阳乡	5510	24	25722		14746	9725	5
张家川回族自治县川王乡	5040	16	17578		6840	2005	1
张家川回族自治县马关乡	5150	17	28353		17352	5364	5
张家川回族自治县连五乡	4270	14	17175		9567	2697	1
张家川回族自治县梁山乡	3930	12	17182		10114	3005	3
张家川回族自治县平安乡	3139	8	6495		3978	156	
张家川回族自治县阎家乡	9150	14	10248		6110	970	
张家川回族自治县马鹿乡	27970	16	13433		7806	2256	4
凉州区黄羊镇	15273	23	69996	34138	43283	18060	81
凉州区武南镇	8715	17	51522	34787	22423	8872	60
凉州区清源镇	10680	15	25602	830	18944	8948	6
凉州区永昌镇	10400	22	44295	5472	30551	13301	16
凉州区双城镇	7700	16	33761	5526	21158	3258	15
凉州区丰乐镇	14200	15	16118	2450	8185	2713	6
凉州区高坝镇	9300	26	58184	21090	38989	22304	115
凉州区金羊镇	2500	15	42453	3100	26454	15726	29
凉州区和平镇	2552	10	16929	2240	11980	7528	14
凉州区羊下坝镇	2184	10	16229	2510	10738	968	1
凉州区中坝镇	2113	7	17551	2407	8875	3277	7
凉州区永丰镇	4043	8	10996	3070	7483	2681	6
凉州区古城镇	15500	20	26954	2650	11900	7415	5

乡镇基本情况

计算单位：公顷、个、人

名　　称	行政区域面积	村民委员会	常住人口	城镇建成区总人口	从业人员	二三产业从业人员	工业企业单位
凉州区张义镇	34700	19	34619	17688	24027	1456	5
凉州区发放镇	3544	18	26542	3128	14604	4810	14
凉州区西营镇	35700	16	23645	815	13323	7738	24
凉州区四坝镇	4200	7	13630	3085	8687	1775	4
凉州区洪祥镇	7000	8	22880	3198	14257	2233	6
凉州区谢河镇	10500	12	21782	1796	12157	7292	17
凉州区五和乡	4700	8	12070		6609	603	5
凉州区韩佐乡	2097	7	10081		6343	2086	4
凉州区松树乡	12300	10	11386		11092	5213	6
凉州区大柳乡	1945	7	14727		11413	1850	1
凉州区长城乡	9880	11	16754		10037	1317	4
凉州区金沙乡	1700	9	14903		9746	3681	5
凉州区柏树乡	2567	10	15723		9910	3938	15
凉州区金塔乡	1723	9	15255		6529	2453	11
凉州区下双乡	3316	7	11630		8931	1372	3
凉州区九墩乡	10000	6	8461		5993	1710	3
凉州区怀安乡	2886	7	14551		8186	1886	79
凉州区金山乡	5806	6	6862		3119	973	2
凉州区清水乡	3266	10	20531		12537	4457	1
凉州区吴家井乡	3400	4	8354		5110	785	2
凉州区新华乡	5693	13	18365		10204	1759	8
凉州区康宁乡	3935	6	10168		7632	1831	
凉州区东河乡	4700	10	15431		4841	3256	5
凉州区河东乡	3300	12	13157		8261	4048	3
民勤县三雷镇	4950	15	46921	42580	29957	21877	95
民勤县东坝镇	10500	13	11752	2827	4462	1380	7
民勤县泉山镇	8910	12	12114	2398	5068	1107	6
民勤县西渠镇	51800	33	21689	4800	10239	2262	30
民勤县东湖镇	530990	25	12193	1545	6574	928	2
民勤县红沙岗镇	583130	3	4000	2075	3990	3970	34
民勤县昌宁乡	22530	12	8720		3643	715	4
民勤县蔡旗乡	6640	10	8501		3209	647	6
民勤县重兴乡	8330	9	7491		4220	1019	4
民勤县薛百乡	9140	12	14251		6100	1803	5
民勤县大坝乡	5860	12	14619		6780	2782	7
民勤县苏武乡	23490	26	28516		13600	2050	8
民勤县夹河乡	16240	12	8074		3169	508	4
民勤县大滩乡	7850	10	10766		5900	980	14
民勤县双茨科乡	11130	13	10851		6151	520	5
民勤县红沙梁乡	7060	12	8248		4560	764	16
民勤县收成乡	20310	15	12554		7224	2000	7
民勤县南湖乡	261840	5	1936		1137	47	
古浪县古浪镇	8700	6	17615	9888	11068	3068	5
古浪县泗水镇	14700	9	23477	2003	10927	3244	22
古浪县土门镇	17600	16	36636	6896	22506	5760	6
古浪县大靖镇	37000	26	42884	16231	24878	4992	3
古浪县裴家营镇	28800	13	19143	2336	12519	3288	5
古浪县海子滩镇	18700	20	27677	18342	12420	2300	14
古浪县定宁镇	16700	10	24092	18322	11913	1933	14
古浪县黄羊川镇	27400	21	24993	3796	11847	2795	3

乡镇基本情况

计算单位：公顷、个、人

名　　称	行政区域面积	村民委员会	常住人口	城镇建成区总人口	从业人员	二三产业从业人员	工业企业单位
古浪县黑松驿镇	13400	15	18341	2188	12770	2896	1
古浪县永丰滩乡	8300	7	10702		6822	1940	1
古浪县黄花滩乡	28000	13	20816		10160	2553	
古浪县西靖乡	21900	6	9456		2540	654	1
古浪县民权乡	25500	12	19654		12106	2870	2
古浪县直滩乡	26400	19	17837		7457	1794	7
古浪县新堡乡	50100	14	7442		5125	1579	
古浪县干城乡	19300	16	12485		8327	2518	
古浪县横梁乡	18900	14	12565		7306	434	
古浪县十八里堡乡	8960	8	6542		3879	1315	
古浪县古丰乡	11800	7	16590		6016	2216	
天祝藏族自治县华藏寺镇	54635	14	19133	15752	14384	6528	236
天祝藏族自治县打柴沟镇	40067	17	12589	6623	8670	2115	59
天祝藏族自治县安远镇	20648	13	9344	3262	5212	1134	70
天祝藏族自治县炭山岭镇	35643	9	6708	2490	4141	1066	19
天祝藏族自治县哈溪镇	50985	12	23227	2160	14054	3152	151
天祝藏族自治县赛什斯镇	40544	11	11705	1642	6822	1655	139
天祝藏族自治县石门镇	17735	8	5967	1541	3560	1186	21
天祝藏族自治县松山镇	71137	16	12646	1582	7105	2493	30
天祝藏族自治县天堂镇	30104	13	10535	1718	5523	556	90
天祝藏族自治县东坪乡	5520	4	3738		3067	745	13
天祝藏族自治县赛拉隆乡	15296	2	229		102	10	
天祝藏族自治县东大滩乡	14466	8	2820		1447	290	4
天祝藏族自治县抓喜秀龙乡	51089	5	3532		2836	945	6
天祝藏族自治县西大滩乡	24216	9	9195		7174	2250	3
天祝藏族自治县朵什乡	31268	10	11617		4489	2298	14
天祝藏族自治县大红沟乡	29790	9	10128		5302	1276	1
天祝藏族自治县毛藏乡	58636	4	1244		603	127	2
天祝藏族自治县祁连乡	48980	5	4161		3193	1675	15
天祝藏族自治县旦马乡	73941	7	2488		2117	745	
甘州区梁家墩镇	1650	10	19048	8570	10998	7034	24
甘州区上秦镇	5930	15	25199	8534	15768	11335	120
甘州区大满镇	8325	21	30315	1600	17291	5797	60
甘州区沙井镇	18900	28	36105	6600	24562	7544	7
甘州区乌江镇	9200	13	24746	3816	18321	10704	12
甘州区甘浚镇	25000	17	22526	6256	14727	6537	3
甘州区新墩镇	7500	15	27191	25953	16130	11936	12
甘州区党寨镇	11787	20	31244	30244	20310	12390	11
甘州区碱滩镇	9607	15	20286	1034	10738	3309	5
甘州区三闸镇	10550	12	17521	1013	12792	5853	8
甘州区小满镇	6700	16	20300	3850	12421	5957	5
甘州区龙渠乡	4700	12	11245		7556	3024	21
甘州区安阳乡	12596	10	13215		8399	2368	3
甘州区花寨乡	13385	7	7689		5734	3178	1
甘州区长安乡	2300	13	21079		10695	4362	241
甘州区靖安乡	2500	4	7463		7355	2740	1
甘州区明永乡	9580	12	13184		8782	1414	12
甘州区平山湖蒙古族乡	104000	3	757		510	112	3
肃南裕固族自治县皇城镇	397200	18	8130	1420	7297	1107	
肃南裕固族自治县马蹄藏族乡	199800	23	4350		2156	678	

乡镇基本情况

计算单位:公顷、个、人

名　　称	行政区域面积	村民委员会	常住人口	城镇建成区总人口	从业人员	二三产业从业人员	工业企业单位
肃南裕固族自治县康乐乡	242800	13	3354		1741	529	
肃南裕固族自治县白银蒙古族乡	45000	3	623		313	55	
肃南裕固族自治县大河乡	299290	17	3973		1852	1836	
肃南裕固族自治县明花乡	170480	14	3284		1982	88	
肃南裕固族自治县祁丰藏族乡	1020200	13	3079		2538	688	
民乐县洪水镇	15934	27	35531	11459	18965	5478	22
民乐县六坝镇	25000	16	22896	3884	13428	7020	8
民乐县新天镇	24948	22	25450	4567	16197	3206	6
民乐县南古镇	22520	25	26386	4132	15014	3204	7
民乐县永固镇	10379	10	17688	5266	10046	2826	7
民乐县三堡镇	7911	14	16105	2282	10330	2208	6
民乐县南丰乡	11213	16	21002		12946	2225	3
民乐县民联乡	33533	19	22187		13353	4663	1
民乐县顺化乡	9400	13	16805		8885	1695	2
民乐县丰乐乡	13900	10	14673		9090	1429	
临泽县沙河镇	9600	13	43243	21784	17546	11709	220
临泽县新华镇	20000	11	16044	3223	9552	4859	38
临泽县蓼泉镇	12900	9	17164	2814	10406	5429	72
临泽县平川镇	83600	10	20387	2362	12474	6387	120
临泽县板桥镇	104279	9	16464	3361	9593	4992	
临泽县鸭暖乡	14015	11	20032		12399	4483	82
临泽县倪家营乡	15862	8	9792		5846	2884	66
高台县城关镇	467	1	26167	26167	16422	16310	51
高台县宣化镇	6387	17	13764	3077	11414	4745	7
高台县南华镇	27087	15	16428	2246	9630	4015	62
高台县巷道乡	9620	25	23142		13517	10587	11
高台县黑泉乡	89600	12	13404		9458	4581	3
高台县罗城乡	160233	13	12315		6992	859	11
高台县合黎乡	36673	10	10041		7385	5155	12
高台县骆驼城乡	28160	13	12381		6606	1380	8
高台县新坝乡	78613	30	16958		15829	7117	4
山丹县清泉镇	72370	15	70371	9615	33264	27687	163
山丹县位奇镇	55600	17	17716	2312	14471	8632	23
山丹县霍城镇	17919	16	12078	4562	12076	4715	
山丹县东乐乡	56470	10	11355		9096	4883	6
山丹县大马营乡	27281	17	11393		11392	9841	1
山丹县陈户乡	35822	15	17281		15436	8704	1
山丹县老军乡	57255	10	4503		3818	1660	1
山丹县李桥乡	11376	10	5821		5700	4005	
崆峒区四十里铺镇	12740	26	55737	22033	17265	7767	75
崆峒区崆峒镇	18060	14	18604	4250	9397	3569	30
崆峒区白水镇	10400	18	28933	3968	9623	2548	26
崆峒区草峰镇	20130	21	30387	1635	13040	1790	14
崆峒区安国乡	13400	20	16043	610	8318	1717	90
崆峒区柳湖乡	6700	15	42191	20000	16058	8742	506
崆峒区花所乡	6609	9	17026	2864	7571	2705	90
崆峒区索罗乡	5780	10	12408	1990	6897	1777	11
崆峒区香莲乡	7756	11	6904	741	4284	1369	2
崆峒区西阳乡	8900	13	12812	1260	5846	1001	24
崆峒区大秦乡	5848	12	11442	752	4992	1750	2

乡镇基本情况

计算单位：公顷、个、人

名　　称	行政区域面积	村民委员会	常住人口	城镇建成区总人口	从业人员	二三产业从业人员	工业企业单位
崆峒区白庙乡	6600	9	13626	1952	7128	3933	15
崆峒区寨河乡	8400	12	14744	570	8912	2510	32
崆峒区大寨乡	22704	24	23757	1283	10613	2922	2
崆峒区上杨乡	4475	7	7288	917	3069	836	4
崆峒区麻武乡	12260	7	3983	1237	2143	1114	15
崆峒区峡门乡	20900	24	20066	1508	10375	3090	35
泾川县城关镇	8793	19	31320	3710	15358	7229	16
泾川县玉都镇	6800	16	27825	2358	14232	4912	94
泾川县高平镇	22759	29	35360	2735	17996	9890	14
泾川县荔堡镇	12300	17	33590	4882	20734	9238	10
泾川县王村镇	10800	18	28870	2562	15440	7457	8
泾川县窑店镇	9450	12	17155	2420	11047	6514	107
泾川县汭丰乡	6279	10	9696	1866	5205	934	6
泾川县罗汉洞乡	7500	12	16310	1546	8758	3362	5
泾川县泾明乡	6400	12	13796	1155	8110	2878	13
泾川县红河乡	4980	8	8399	1391	4495	1439	
泾川县飞云乡	7840	11	18326	2380	10057	5685	137
泾川县太平乡	15130	15	15465	1946	9320	4239	2
泾川县丰台乡	8710	13	26880	3165	13567	5444	9
泾川县党原乡	13189	23	35720	4725	18364	4833	17
灵台县中台镇	12434	12	17950	17390	8502	652	6
灵台县邵寨镇	12942	13	13460	7025	6156	653	5
灵台县独店镇	17222	21	28020	9243	14106	1188	14
灵台县什字镇	18920	26	26308	11270	10769	1234	7
灵台县朝那镇	14303	12	15222	8610	6058	989	2
灵台县新开乡	12193	11	7960	2106	4183	620	3
灵台县西屯乡	14259	15	15920	986	6473	660	5
灵台县上良乡	9960	12	12956	985	6066	581	4
灵台县梁原乡	15878	13	15621	997	7141	582	6
灵台县龙门乡	14957	9	3050	823	1330	250	1
灵台县星火乡	11544	11	9031	1000	4786	516	3
灵台县百里乡	35910	19	7982	544	5328	481	3
灵台县蒲窝乡	13278	10	9204	1949	3280	475	4
崇信县锦屏镇	30945	26	49379	14023	19296	6830	41
崇信县新窑镇	20130	13	10310	1734	6533	2443	14
崇信县柏树乡	8110	12	14648	921	8097	2810	5
崇信县黄寨乡	9600	11	11538	756	6877	976	7
崇信县黄花乡	9269	8	7680	588	4741	933	2
崇信县木林乡	6947	9	9245	797	5403	2514	4
华亭县东华镇	8290	12	57726	25213	25845	8427	60
华亭县安口镇	17146	19	31212	13960	15509	4416	52
华亭县西华镇	23660	14	26122	3840	12674	4488	11
华亭县马峡镇	15117	14	12327	2642	6583	2370	5
华亭县策底镇	7388	9	10396	2578	5222	1796	15
华亭县上关乡	11512	11	10915	1350	5947	1811	2
华亭县神峪乡	10195	11	11294	1409	5899	1634	7
华亭县山寨乡	8170	8	14252	2375	9207	2565	3
华亭县河西乡	7400	7	8325	1073	4527	1431	5
华亭县砚峡乡	7754	6	4921	326	2996	1640	4
庄浪县水洛镇	6600	18	52519	13555	21006	6326	11

乡镇基本情况

计算单位:公顷、个、人

名　　称	行政区域面积	村民委员会	常住人口	城镇建成区总人口	从业人员	二三产业从业人员	工业企业单位
庄浪县南湖镇	8400	16	22466	7590	13012	3912	57
庄浪县朱店镇	10600	21	32782	10970	20622	7335	210
庄浪县万泉镇	6250	21	24907	3928	17194	5183	2
庄浪县韩店镇	17600	17	20154	4933	12946	3871	6
庄浪县岳堡乡	6358	12	13592	1885	9480	3461	12
庄浪县杨河乡	7300	13	11621	1346	8097	2037	12
庄浪县赵墩乡	8498	13	14696	988	9758	2859	2
庄浪县柳梁乡	9000	18	19582	1439	15538	4153	5
庄浪县卧龙乡	11500	24	26495	1059	11309	4375	4
庄浪县大庄乡	5400	16	16588	1313	10299	1629	3
庄浪县阳川乡	7000	16	23150	2399	14069	4593	15
庄浪县良邑乡	6249	13	16529	2174	14024	4032	19
庄浪县通化乡	11400	16	24033	2250	13306	4174	5
庄浪县永宁乡	8129	16	14563	2803	8710	3038	12
庄浪县郑河乡	8672	12	10833	899	6596	2214	4
庄浪县南坪乡	5400	13	16800	1839	11640	4118	19
庄浪县盘安乡	8450	18	21290	1964	15141	3968	7
静宁县城关镇	2790	5	11659	10417	6773	1438	46
静宁县威戎镇	9700	17	29891	8233	12265	1511	11
静宁县界石铺镇	15800	22	25236	3039	8456	1134	2
静宁县八里镇	7200	10	17972	2658	6976	1602	13
静宁县李店镇	8000	17	18194	2124	8601	530	4
静宁县城川乡	7500	10	17338	3741	5191	1409	10
静宁县司桥乡	6800	11	13563	1015	6092	1907	
静宁县曹务乡	7000	13	19661	2196	8458	862	3
静宁县古城乡	14500	24	31995	2934	14881	2066	7
静宁县双岘乡	7800	12	13860	1920	7800	950	
静宁县雷大乡	9800	18	18937	2015	11420	1126	2
静宁县余湾乡	5000	9	10069	1319	4083	1026	1
静宁县仁大乡	10600	19	24574	3662	11101	1239	2
静宁县贾河乡	6200	9	10726	912	5860	1165	
静宁县深沟乡	6300	8	7576	1178	4339	825	2
静宁县治平乡	7200	12	13482	1398	6806	1049	3
静宁县新店乡	6400	8	8530	1844	4210	849	1
静宁县甘沟乡	17200	19	32468	2686	14796	1808	3
静宁县四河乡	13000	22	20876	1784	10062	1381	1
静宁县红寺乡	10900	16	16713	1299	7690	1539	2
静宁县细巷乡	10300	15	18939	1682	6466	955	2
静宁县三合乡	9300	12	10496	752	5255	1126	1
静宁县原安乡	10700	14	12836	1375	9161	895	
静宁县灵芝乡	9400	11	13801	1345	5907	1011	
肃州区西洞镇	9504	5	12387	4530	6145	2456	6
肃州区清水镇	35100	12	18925	2644	11339	5781	16
肃州区总寨镇	13006	9	19807	1550	9618	4262	11
肃州区金佛寺镇	22411	12	16806	590	8299	2176	2
肃州区上坝镇	11506	9	20825	2161	11169	6444	11
肃州区三墩镇	18209	13	24558	2285	14010	7517	7
肃州区银达镇	23212	14	29267	1188	16922	7284	8
肃州区西峰乡	2901	9	11070	889	6166	4274	2
肃州区泉湖乡	5703	9	20015	958	11568	5258	25

乡镇基本情况

计算单位:公顷、个、人

名　　称	行政区域面积	村民委员会	常住人口	城镇建成区总人口	从业人员	二三产业从业人员	工业企业单位
肃州区果园乡	7404	6	13881	1050	7540	3020	11
肃州区下河清乡	5503	4	6374	230	3546	1012	
肃州区黄泥堡乡	8704	3	1665	306	1057	589	
肃州区铧尖乡	10405	5	9895	1092	4487	2203	1
肃州区东洞乡	14207	7	8295	521	4645	1877	1
肃州区丰乐乡	11306	5	7259	250	4538	2338	2
金塔县中东镇	192040	10	11171	1385	5010	1462	26
金塔县鼎新镇	244667	11	11453	1668	6596	1195	45
金塔县金塔镇	75453	11	20970	2810	12779	7019	214
金塔县东坝镇	189207	15	22604	1535	11549	2709	68
金塔县航天镇	527400	14	10615	1633	6357	1606	55
金塔县大庄子乡	173887	6	9265	537	5836	2170	68
金塔县古城乡	176973	8	10891	992	6659	2437	38
金塔县西坝乡	293060	8	10245	1360	5625	2229	16
金塔县羊井子湾乡	1913	6	4547	370	2720	478	5
瓜州县渊泉镇	800		32674	26474	16074	16074	108
瓜州县柳园镇	903740		9566	3895	9496	9496	65
瓜州县三道沟镇	102049	6	11250	3366	5440	2266	1
瓜州县南岔镇	99564	8	9127	482	5665	1313	2
瓜州县锁阳城镇	482884	8	5956	2625	3244	1195	2
瓜州县河东乡	87972	4	6105	632	3170	191	1
瓜州县布隆吉乡	148951	4	4198	245	2192	768	4
瓜州县西湖乡	430170	7	13229	1365	6870	745	
瓜州县瓜州乡	45024	4	7848	334	4294	1031	
瓜州县腰站子东乡族乡	13691	6	8087	821	4100	841	
瓜州县七墩回族东乡族乡	4413	3	3428	360	2347	314	
瓜州县双塔乡	21159	5	10988	439	8455	2214	
瓜州县广至藏族乡	6964	6	8965	350	5596	2214	
瓜州县沙河回族乡	4755	5	6992	342	3928	2974	
瓜州县梁湖乡	5999	8	7074	749	3102	385	
肃北蒙古族自治县党城湾镇	604130	8	11088	9861	3517	2209	18
肃北蒙古族自治县马鬃山镇	3800000	6	1716	528	1524	1086	40
肃北蒙古族自治县盐池湾乡	1261670	5	695	29	174	77	1
肃北蒙古族自治县石包城乡	1009000	7	1601	192	956	196	21
阿克塞哈萨克族自治县红柳湾镇	402356	3	6990	5989	4690	4249	
阿克塞哈萨克族自治县阿克旗乡	1103873	3	932	850	538	158	
阿克塞哈萨克族自治县阿勒腾乡	1512557	5	1153	807	654	132	
玉门市新市区街道办事处	1280		35682	35682	13363	13363	89
玉门市老君庙镇	187389	4	30502	26410	20648	19212	59
玉门市玉门镇	93937	3	10879	4852	6013	2130	24
玉门市赤金镇	188280	8	12698	2016	7038	2740	6
玉门市花海镇	398968	5	13145	4852	8092	3548	12
玉门市下西号乡	118670	6	10221	330	5982	2396	8
玉门市黄闸湾乡	67516	4	9701	345	5592	1350	3
玉门市柳河乡	39615	5	10298	632	7759	3021	2
玉门市昌马乡	166924	5	4145	211	2879	605	11
玉门市小金湾乡	2356	5	5449	852	3025	588	2
玉门市柳湖乡	4615	5	6301	352	3899	806	
玉门市独山子乡	4521	4	7470	2371	4988	3229	
玉门市六墩乡	4400	5	5382	966	3467	1921	

乡镇基本情况

计算单位：公顷、个、人

名　称	行政区域面积	村民委员会	常住人口	城镇建成区总人口	从业人员	二三产业从业人员	工业企业单位
敦煌市七里镇	5600	7	12717	4543	6232	3016	52
敦煌市沙州镇	937		51543	51543	25196	24438	
敦煌市肃州镇	8961	10	20988	2971	12262	6277	17
敦煌市莫高镇	14213	8	14074	2091	7834	3939	9
敦煌市转渠口镇	6859	9	18551	4750	11129	4240	16
敦煌市阳关镇	3187	5	4622	1860	2988	992	4
敦煌市月牙泉镇	2853	6	9156	3750	4677	2804	3
敦煌市郭家堡乡	11200	6	8853	1592	4667	684	1
敦煌市黄渠乡	5200	5	10243	1962	5012	1704	4
西峰区肖金镇	13460	18	42980	6102	27745	5132	16
西峰区董志镇	13960	19	58436	8810	27233	11110	29
西峰区后官寨乡	12120	13	31980	10167	13548	2310	27
西峰区彭原乡	17660	15	39334	283	24563	14178	32
西峰区温泉乡	11687	11	31826	4890	14863	8547	23
西峰区什社乡	11940	10	26996	4500	16690	3896	17
西峰区显胜乡	9300	8	16141	1760	7851	4291	13
庆城县庆城镇	10900	9	15653	7599	7615	2185	18
庆城县驿马镇	31024	20	39804	8060	16128	3460	165
庆城县三十里铺镇	17968	12	21239	2650	12710	2060	86
庆城县马岭镇	23110	12	23417	1223	9571	969	11
庆城县玄马镇	22903	10	19991	500	9990	740	7
庆城县赤城乡	10400	9	17736		7990	870	2
庆城县白马铺乡	10419	6	14000		6919	1389	18
庆城县桐川乡	28375	14	17792		7732	590	1
庆城县太白梁乡	19200	13	10597		5253	323	
庆城县土桥乡	13900	7	6565		2470	310	
庆城县蔡口集乡	14513	7	5694		2792	582	
庆城县高楼乡	10864	7	11350		5569	740	
庆城县南庄乡	18411	5	11296		6880	520	
庆城县翟家河乡	7800	6	7048		4214	570	
庆城县蔡家庙乡	24985	16	18202		7669	543	2
环县环城镇	70090	24	36809	24166	20891	4216	32
环县曲子镇	40780	15	27216	4776	17231	3767	6
环县甜水镇	53560	10	12371	2259	7252	2665	9
环县木钵镇	32500	17	21840	1971	14497	2528	11
环县天池乡	39110	16	18490	658	11437	1028	
环县演武乡	26360	9	12759	512	7300	625	
环县合道乡	52800	17	22615	1120	17422	1302	1
环县樊家川乡	35460	8	11654	860	5865	683	
环县八珠乡	35080	10	12929	923	7549	719	
环县洪德乡	59100	19	26111	1750	16580	922	7
环县耿湾乡	29230	7	11133	1800	6174	1284	1
环县秦团庄乡	34210	8	8632	1860	4492	1074	
环县山城乡	42890	9	9285	2035	6834	1150	
环县南湫乡	41150	7	6388	3250	3519	1213	1
环县罗山川乡	41960	8	7928	320	3958	883	
环县虎洞乡	46790	10	12241	690	8579	1729	1
环县小南沟乡	57930	12	13226	542	5122	698	
环县车道乡	68290	16	21076	568	8139	1187	1
环县毛井乡	63240	13	16440	6200	11053	2740	1

乡镇基本情况

计算单位:公顷、个、人

名　　称	行政区域面积	村民委员会	常住人口	城镇建成区总人口	从业人员	二三产业从业人员	工业企业单位
环县芦家湾乡	29860	10	10748	751	6659	1223	
华池县悦乐镇	30585	14	14300	3675	7402	999	21
华池县柔远镇	32755	11	20000	16320	6011	600	23
华池县元城镇	19680	6	5446	3190	2760	492	3
华池县南梁镇	22530	3	5585	2126	2742	283	4
华池县城壕乡	46810	12	12300	1427	6612	804	3
华池县五蛟乡	30640	12	13349	1595	10475	2035	6
华池县上里塬乡	10000	6	6115	1782	3170	594	5
华池县王咀子乡	8662	6	6086	600	3288	784	2
华池县白马乡	16777	6	5117	693	2170	604	1
华池县怀安乡	22742	8	7180	1008	4365	878	2
华池县乔川乡	29599	8	6042	846	3968	373	3
华池县乔河乡	13576	6	5526	880	3052	229	5
华池县山庄乡	21535	4	5338	1290	3195	599	4
华池县林镇乡	54849	5	4649	1196	2149	401	6
华池县紫坊畔乡	16860	4	5855	851	3500	852	1
合水县西华池镇	13938	8	38170	17835	11767	6903	360
合水县老城镇	27481	8	10205	5980	5678	1680	2
合水县太白镇	113515	6	6896	974	3463	2321	1
合水县吉岘乡	7363	8	12260	928	7414	1565	7
合水县肖咀乡	7496	6	11895	903	6001	2087	4
合水县段家集乡	7128	6	9952	1670	5188	1523	3
合水县固城乡	31284	4	8012	280	4749	1024	1
合水县太莪乡	23542	6	5683	896	3437	937	4
合水县店子乡	8072	4	10694	528	5101	2066	1
合水县何家畔乡	9937	8	13560	1769	7520	1277	2
合水县板桥乡	14855	12	15880	760	11203	1844	6
合水县蒿咀铺乡	28726	4	4390	846	2708	363	1
正宁县山河镇	11920	11	40902	18822	16635	10805	55
正宁县榆林子镇	9370	12	25881	9103	21468	13510	13
正宁县宫河镇	8886	12	22442	5746	19269	6121	7
正宁县永和镇	11520	9	20682	3290	13189	1369	9
正宁县西坡乡	12113	8	11404	1445	7742	1939	3
正宁县永正乡	9533	10	18762	1745	12551	3114	10
正宁县周家乡	7840	13	17536	1650	12732	4209	15
正宁县湫头乡	8627	7	14127	534	7473	2316	2
正宁县五顷原乡	5540	5	4725	765	3497	245	1
正宁县三嘉乡	9360	7	5041	432	2907	724	1
宁县新宁镇	4669	16	36268	15389	8554	5713	68
宁县平子镇	10290	14	39803	5921	10496	2170	12
宁县早胜镇	10767	17	44749	1825	23097	1085	5
宁县长庆桥镇	2500	5	10036	6812	4822	1317	6
宁县和盛镇	13261	19	40886	8650	21264	8210	56
宁县湘乐镇	14700	14	25489	358	13569	1717	6
宁县新庄镇	10280	24	39541	2150	25787	1277	9
宁县盘克镇	13965	20	45757	5300	27868	999	12
宁县米桥乡	9887	14	26223	2900	8497	541	7
宁县良平乡	7657	13	30238	980	18146	892	3
宁县中村乡	16792	18	41850	2832	24258	2202	11
宁县太昌乡	5500	9	17943	1002	8645	2125	18

乡镇基本情况

计算单位:公顷、个、人

名　称	行政区域面积	村民委员会	常住人口	城镇建成区总人口	从业人员	二三产业从业人员	工业企业单位
宁县焦村乡	18347	24	49196	1506	14971	2521	6
宁县南义乡	9100	11	21618	512	12415	1205	4
宁县瓦斜乡	3120	8	13966	2584	7554	805	3
宁县金村乡	3028	6	8435	362	4452	1535	2
宁县九岘乡	10800	6	10414	560	4972	460	2
宁县春荣乡	20872	19	52035	5476	28775	1752	6
镇原县城关镇	13160	11	28098	2880	19782	6578	50
镇原县屯字镇	23700	20	48653	5239	33074	6143	35
镇原县孟坝镇	25420	14	40754	5800	15576	4750	55
镇原县三岔镇	24320	10	17271	4880	10557	2199	10
镇原县平泉镇	21253	16	41311	3412	21820	2515	23
镇原县开边镇	15987	9	20399	2410	16492	4741	10
镇原县太平镇	23560	13	31829	3414	19918	4388	10
镇原县临泾乡	18673	14	35110	1500	22125	4475	14
镇原县南川乡	15007	10	20832	1386	13400	2815	11
镇原县上肖乡	15080	11	36220	1218	22440	4440	20
镇原县新集乡	21733	12	21423	523	19127	3530	12
镇原县方山乡	16767	10	13537	1233	9043	1343	1
镇原县殷家城乡	16540	8	6710	1121	4508	1288	1
镇原县马渠乡	15734	11	14002	564	8699	2169	4
镇原县庙渠乡	17807	9	18007	680	12640	1990	3
镇原县武沟乡	14873	8	12607	2000	7465	1750	4
镇原县郭原乡	13733	8	16802	420	10871	2300	3
镇原县中原乡	11287	7	20026	230	13836	2996	4
镇原县新城乡	22720	14	33450	2700	24086	6128	6
安定区凤翔镇	26860	27	46528	4684	24948	13789	18
安定区内官镇	31541	35	58577	31185	30156	3822	13
安定区馋口镇	31152	29	27669	13500	16530	6065	23
安定区称钩驿镇	18690	14	17401	2406	7788	990	3
安定区鲁家沟镇	28601	15	15025	2571	8870	3785	3
安定区西巩驿镇	20502	16	20138	3925	9623	4634	5
安定区宁远镇	19325	14	21232	4160	9756	4385	3
安定区李家堡镇	23105	21	23238	2885	14742	6926	1
安定区团结镇	13443	10	15336	2573	10380	5524	3
安定区香泉镇	14441	15	21916	2728	11898	2670	
安定区符家川镇	8979	10	13510	2025	7302	2342	2
安定区葛家岔镇	15936	11	11976	897	6818	2507	
安定区白碌乡	19584	7	5341		3276	81	
安定区石峡湾乡	17070	11	9552		5556	734	10
安定区新集乡	19993	15	14981		7203	3253	
安定区青岚山乡	21794	20	18706		9573	3599	
安定区高峰乡	6324	11	8372		4870	2422	
安定区石泉乡	13073	16	16747		11144	2964	
安定区杏园乡	10936	9	8213		3995	1078	2
通渭县平襄镇	21884	27	56631	30283	25446	11956	52
通渭县马营镇	34083	35	40732	4428	20750	7877	58
通渭县鸡川镇	12798	15	16912	1588	9460	3448	4
通渭县榜罗镇	28054	24	33814	2520	21668	10542	3
通渭县常家河镇	18223	22	33347	4780	21082	9585	2
通渭县义岗川镇	13608	17	20205	3641	12096	1921	4

乡镇基本情况

计算单位:公顷、个、人

名　　称	行政区域面积	村民委员会	常住人口	城镇建成区总人口	从业人员	二三产业从业人员	工业企业单位
通渭县陇阳乡	11006	14	14753		9141	3259	3
通渭县陇山乡	12250	16	15570		10146	3300	1
通渭县陇川乡	11794	15	14345		8644	2303	3
通渭县新景乡	10542	13	12486		7434	3286	2
通渭县碧玉乡	12698	16	18564		9151	2938	9
通渭县襄南乡	14553	19	21108		13145	3402	9
通渭县李家店乡	10469	12	14570		9187	5142	3
通渭县什川乡	17448	16	18162		11655	3858	7
通渭县第三铺乡	16686	19	16085		7340	2593	3
通渭县华家岭乡	15700	18	17187		9705	3795	8
通渭县寺子川乡	11993	15	15092		9819	2553	
通渭县北城铺乡	17061	19	22864		12009	7085	4
陇西县巩昌镇	13540	25	117230	79058	37673	19037	107
陇西县文峰镇	24220	27	77517	33425	33942	10504	70
陇西县首阳镇	12340	16	43738	14761	23429	4546	18
陇西县菜子镇	20301	18	38183	5223	19546	3966	6
陇西县福星镇	31129	19	33372	4015	26709	12649	3
陇西县通安驿镇	21092	10	24560	3706	11932	8838	2
陇西县云田镇	15704	13	23602	3251	12684	2016	9
陇西县碧岩镇	7881	11	19833	1991	10752	1612	11
陇西县马河镇	7773	8	13578	3288	7314	2644	
陇西县渭阳乡	13366	10	14791		9386	3820	2
陇西县宏伟乡	13669	9	13280		6780	3592	
陇西县和平乡	10040	8	13841		7169	638	
陇西县柯寨乡	9423	8	13034		8036	1637	
陇西县双泉乡	7323	8	13039		7025	2163	
陇西县德兴乡	11180	7	8722		6141	1144	
陇西县永吉乡	9190	9	8969		5695	2397	3
陇西县权家湾乡	12472	9	8311		5191	2294	
渭源县清源镇	20900	25	50371	6784	18985	4231	29
渭源县莲峰镇	14500	23	41115	3153	29428	6326	7
渭源县会川镇	11600	22	41559	2550	24335	6953	23
渭源县五竹镇	6300	7	13715	1443	7836	3684	1
渭源县路园镇	7900	12	20061	1020	11122	10222	10
渭源县北寨镇	14400	13	17436	1024	16948	7656	6
渭源县新寨镇	16000	19	20377	1071	11866	2365	2
渭源县麻家集镇	6300	10	15952	1641	9403	2203	1
渭源县锹峪乡	6700	11	14851		8010	1596	1
渭源县大安乡	13100	10	10939		6889	631	
渭源县秦祁乡	11000	11	9445		7745	1878	1
渭源县庆坪乡	9400	14	14188		8863	2655	
渭源县祁家庙乡	9500	13	16566		6198	619	
渭源县上湾乡	10800	11	20266		14566	2713	2
渭源县峡城乡	7200	8	8629		6173	1637	5
渭源县田家河乡	6900	8	11041		5988	1263	4
临洮县洮阳镇	12053	30	97041	54333	34537	21008	14
临洮县八里铺镇	12175	18	34723	6164	22314	8878	40
临洮县新添镇	13332	19	45710	8820	26124	2612	6
临洮县辛店镇	18077	31	38500	3385	16441	1748	4
临洮县太石镇	21733	23	34215	6520	20769	6918	18

乡镇基本情况

计算单位：公顷、个、人

名　　称	行政区域面积	村民委员会	常住人口	城镇建成区总人口	从业人员	二三产业从业人员	工业企业单位
临洮县中铺镇	25568	20	20102	12082	8159	2840	29
临洮县峡口镇	20174	13	15476	2247	10225	2505	2
临洮县龙门镇	22093	17	22698	3247	9086	3634	3
临洮县窑店镇	14585	17	20522	2351	13075	2605	4
临洮县玉井镇	9888	19	38627	1000	21004	7765	27
临洮县衙下集镇	14078	22	44275	2546	21367	9753	1
临洮县南屏镇	12987	22	30586	415	15052	6727	4
临洮县红旗乡	21636	11	12752		5627	3675	5
临洮县上营乡	14170	12	15111		9168	2764	
临洮县康家集乡	9485	16	15058		8390	924	
临洮县站滩乡	16558	11	14790		6521	1413	4
临洮县漫洼乡	8817	11	11361		5737	2008	1
临洮县连儿湾乡	17691	11	15763		7697	664	1
漳县武阳镇	12130	12	27758	19698	11788	4578	35
漳县三岔镇	12260	12	23447	5342	22867	1067	2
漳县新寺镇	9027	10	20548	10023	14517	9531	9
漳县金钟镇	28020	13	16500	2447	10303	3316	
漳县盐井乡	9480	11	14900		8466	5225	13
漳县殪虎桥乡	22940	11	16200		8436	500	10
漳县大草滩乡	23540	8	10267		6179	1590	6
漳县马泉乡	13340	10	12500		5184	1763	
漳县四族乡	12000	9	12186		11702	1625	30
漳县石川乡	20420	9	13202		7358	1458	8
漳县草滩乡	11750	12	12157		2275	220	
漳县武当乡	9370	10	10125		6000	1000	1
漳县东泉乡	23980	9	8001		6724	2508	
岷县岷阳镇	3730	11	46852	1795	10372	380	22
岷县蒲麻镇	28839	20	30807	1203	15219	1407	8
岷县西寨镇	6768	14	18601	1366	9335	1269	8
岷县梅川镇	18402	29	45660	1890	22632	1726	5
岷县西江镇	11407	19	28130	1735	12978	8353	3
岷县闾井镇	50300	24	36094	2200	18240	590	8
岷县十里镇	9472	19	43485	2315	21747	5522	20
岷县茶埠镇	10506	19	26803	1185	14615	6163	8
岷县中寨镇	19543	18	36824	1490	18164	9343	3
岷县清水乡	12556	25	30430		16245	3437	15
岷县马坞乡	21755	7	12600		8267	3435	5
岷县寺沟乡	25471	16	22706		11432	6424	8
岷县麻子川乡	17020	9	12180		6109	1576	4
岷县秦许乡	35722	17	23367		11613	2124	8
岷县禾驮乡	26601	14	20664		10599	1220	3
岷县维新乡	14343	21	23325		11769	6482	5
岷县申都乡	12310	8	11478		5972	2315	1
岷县锁龙乡	28574	10	12025		6193	3373	5
武都区城关镇	7430	13	63484	59517	42216	41101	206
武都区安化镇	17870	47	32075	14890	12321	5393	80
武都区东江镇	2010	7	8516	7830	4111	3527	30
武都区两水镇	16860	18	27100	12478	11426	4784	18
武都区汉王镇	11730	29	28125	4530	9184	4182	8
武都区洛塘镇	27770	34	26558	7898	9489	2588	12

乡镇基本情况

计算单位：公顷、个、人

名　称	行政区域面积	村民委员会	常住人口	城镇建成区总人口	从业人员	二三产业从业人员	工业企业单位
武都区角弓镇	10180	18	20012	3723	5344	2885	5
武都区马街镇	11860	40	30670	3594	11619	5733	1
武都区三河镇	8430	16	12575	1830	6418	4637	1
武都区甘泉镇	8340	17	11964	1786	6269	1632	5
武都区鱼龙镇	19880	33	19310	2230	7075	2872	1
武都区琵琶镇	15130	26	13924	1960	5925	2596	2
武都区城郊乡	11370	22	19916		8750	4529	11
武都区坪垭藏族乡	9450	9	5788		2421	1080	1
武都区蒲池乡	11830	25	17769		7730	3917	7
武都区石门乡	6570	16	11425	516	3976	2342	1
武都区汉林乡	3960	13	12016		4796	3180	2
武都区柏林乡	6070	21	12750		5800	3584	3
武都区马营乡	18500	24	18965	981	9484	4515	9
武都区池坝乡	5220	7	5843		3074	1278	1
武都区佛崖乡	12370	30	13658		7092	5080	3
武都区黄坪乡	14190	15	9531		5393	3397	2
武都区隆兴乡	14470	19	10342		6556	2647	5
武都区龙坝乡	12550	16	5914	314	3226	1898	1
武都区龙凤乡	6090	22	11880		5127	1772	1
武都区桔柑乡	6700	8	7413		4145	2607	2
武都区磨坝藏族乡	5900	8	5326		3262	1752	1
武都区外纳乡	18690	19	19694		7426	3580	8
武都区玉皇乡	7520	16	8741		5811	3742	1
武都区郭河乡	8970	16	13780		7289	3927	4
武都区枫相乡	37000	15	9366		4980	3200	1
武都区三仓乡	19280	18	12480	1380	5467	3910	2
武都区五库乡	17820	16	12169		6932	1871	1
武都区月照乡	11120	7	4819		2635	595	1
武都区五马乡	18700	14	6710		3665	2052	2
武都区裕河乡	26470	10	4650		2366	1415	2
成县城关镇	11121	24	75941	65831	34622	30230	387
成县黄渚镇	8531	10	9459	4710	4481	1861	9
成县红川镇	4552	10	12096	4556	6441	1685	4
成县小川镇	7034	19	19589	3444	9033	6270	5
成县纸坊镇	7802	16	12717	999	6810	680	4
成县抛沙镇	6200	15	23549	3890	15257	6673	14
成县店村镇	6671	15	17800	2550	9650	5750	17
成县王磨镇	10830	15	8309	1372	4274	1828	12
成县陈院镇	8995	14	10800	1680	5971	1191	5
成县沙坝镇	6912	12	11179	1628	7020	2720	39
成县黄陈镇	5901	9	11462	1640	5995	885	3
成县鸡峰镇	19202	27	17490	1872	9769	929	6
成县宋坪乡	27538	16	5993		3400	1181	4
成县二郎乡	15979	10	3819		2914	625	28
成县苏元乡	5381	10	8000		3676	1178	1
成县索池乡	4960	11	10326		5804	2422	21
成县镡河乡	10045	12	5912		3323	1192	1
文县城关镇	15400	17	35920	21467	8765	5625	22
文县碧口镇	20000	12	19929	7225	6266	4053	31
文县尚德镇	20900	20	11659	3010	5848	1451	6

乡镇基本情况

计算单位:公顷、个、人

名　称	行政区域面积	村民委员会	常住人口	城镇建成区总人口	从业人员	二三产业从业人员	工业企业单位
文县中寨镇	37900	20	21800		12424	5882	7
文县铁楼藏族乡	32400	16	10900		6104	2868	3
文县丹堡乡	51800	15	8798		4090	1335	4
文县刘家坪乡	34500	4	1727		1085	285	
文县玉垒乡	23800	12	5362		2939	234	2
文县范坝乡	48700	22	12853		9070	2530	7
文县中庙乡	28200	19	12600		6300	2860	6
文县口头坝乡	21700	15	7443		4336	671	3
文县尖山乡	13000	10	4419		2272	225	1
文县临江乡	11300	13	7650		4265	965	22
文县黎坪乡	17100	22	12392		7190	470	5
文县舍书乡	6400	10	4554		2592	70	
文县天池乡	27700	8	7221		3190	540	5
文县桥头乡	22200	23	23134		11295	4005	1
文县堡子坝乡	28000	16	14973		7275	5160	9
文县石坊乡	13200	14	10473		4994	2951	9
文县石鸡坝乡	25200	17	14517		7300	2520	13
宕昌县城关镇	21600	16	31205	25213	4430	1494	6
宕昌县哈达铺镇	14060	29	26170	10308	13815	2697	7
宕昌县理川镇	8980	21	19327	5635	14900	2623	1
宕昌县南阳镇	10500	13	12318	2496	8991	4242	1
宕昌县官亭镇	9141	19	10163	1255	7668	1689	
宕昌县沙湾镇	10795	21	25540	3461	7221	4039	2
宕昌县阿坞乡	7630	12	11045		7060	1244	
宕昌县南河乡	34420	12	7825		5470	1900	6
宕昌县八力乡	10298	11	8951		4596	1428	1
宕昌县木耳乡	4950	10	7106		4695	3339	
宕昌县庞家乡	6410	10	8141		4565	938	
宕昌县何家堡乡	19250	11	6192		4344	1541	1
宕昌县贾河乡	14710	14	9639		6123	2540	
宕昌县将台乡	5630	8	7268		6520	1592	
宕昌县车拉乡	16690	15	10660		8534	2220	2
宕昌县新城子藏族乡	20940	10	7414		4280	560	1
宕昌县临江乡	6690	8	6061		4191	525	
宕昌县好梯乡	8890	8	6257		5109	881	1
宕昌县韩院乡	13690	14	10634		7875	2268	2
宕昌县竹院乡	10740	8	5219		3421	521	3
宕昌县兴化乡	23700	8	8493		7327	1692	1
宕昌县甘江头乡	8800	10	6095		4285	1492	2
宕昌县新寨乡	12670	24	12219		7799	2657	2
宕昌县狮子乡	19590	7	5960		4440	900	
宕昌县两河口乡	12294	17	10717		3441	1378	
康县城关镇	10430	20	27182	23134	8212	3683	16
康县平洛镇	11809	15	9663	1953	6772	2110	2
康县大堡镇	9632	17	9604	1745	5832	1501	
康县岸门口镇	19650	20	8682	1634	4683	790	2
康县两河镇	16527	12	4246	695	2914	892	1
康县长坝镇	15327	18	12495	2215	8876	3494	4
康县云台镇	11628	19	10968	2603	6520	2247	1
康县阳坝镇	50493	34	11588	3259	6438	1946	14

乡镇基本情况

计算单位:公顷、个、人

名　称	行政区域面积	村民委员会	常住人口	城镇建成区总人口	从业人员	二三产业从业人员	工业企业单位
康县望关乡	7877	11	6108	612	4219	1610	2
康县寺台乡	5138	13	5780	487	4194	849	1
康县大南峪乡	12129	21	9527	624	5735	1199	2
康县迷坝乡	14149	12	5178	268	2744	604	1
康县王坝乡	7315	14	7754	1826	4619	1065	5
康县碾坝乡	11063	14	9436	878	5828	2315	2
康县豆坝乡	10916	15	5699	710	3030	1109	1
康县店子乡	14058	16	4338	178	2446	652	
康县豆坪乡	11585	23	12778	854	7378	2440	1
康县白杨乡	19527	15	5851	243	3425	773	
康县太石乡	5075	11	3482	182	2271	126	1
康县铜钱乡	9398	13	4097	318	2932	787	
康县三河坝乡	22120	17	5844	368	3232	508	2
西和县汉源镇	1777	14	40010	8950	10078	6208	2
西和县长道镇	7785	19	26576	8831	15387	4252	4
西和县何坝镇	9698	29	32538	2499	16643	5432	3
西和县姜席镇	7082	30	29375	655	15394	9131	
西和县石峡镇	9762	14	10772	1431	6547	1117	1
西和县洛峪镇	16334	37	31421	1490	13853	7391	
西和县石堡乡	9521	22	25875	2501	12151	3538	2
西和县西峪乡	2866	16	23426	1512	10424	5546	3
西和县苏河乡	8615	20	20063	1071	10113	2950	1
西和县卢河乡	11900	17	21452	1071	13518	1331	3
西和县兴隆乡	6882	22	20013	1254	11569	6910	
西和县稍峪乡	4270	15	19373	1022	11992	3586	1
西和县马元乡	11509	14	13795	1652	7042	1701	
西和县晒经乡	11702	12	4481	896	2149	389	
西和县十里乡	14732	34	41536	2548	21296	7887	4
西和县大桥乡	9856	14	10089	1470	5480	3300	1
西和县蒿林乡	10068	12	9044	1011	4945	2081	
西和县太石河乡	12570	13	5072	620	3724	1689	
西和县六巷乡	10783	8	5402	1330	2857	1397	5
西和县西高山乡	7918	22	16060	1255	9038	1464	
礼县城关镇	16951	33	53418	26705	9084	1784	35
礼县盐官镇	12172	27	48931	9244	14757	840	37
礼县石桥镇	19635	33	36874	3820	15420	1040	2
礼县白河镇	18546	22	20526	3658	7914	614	3
礼县宽川乡	13179	29	35837	4000	13611	611	1
礼县永兴乡	8378	27	27462	4800	9600	600	3
礼县祁山乡	8540	18	18052	1600	4030	430	1
礼县马河乡	11538	17	13273	900	3742	442	
礼县红河乡	8030	14	15149	940	5107	487	
礼县永坪乡	19261	26	23738	2350	3544	524	
礼县固城乡	20839	18	11888	742	4800	300	
礼县崖城乡	17780	20	12799	1122	3282	561	3
礼县罗坝乡	17780	25	11083	804	3332	511	2
礼县湫山乡	14508	18	12098	720	5330	598	
礼县洮坪乡	29596	17	15429	800	6613	687	3
礼县上坪乡	34707	10	7439	410	2538	300	
礼县江口乡	6441	11	10891	1203	3235	694	

乡镇基本情况

计算单位:公顷、个、人

名　　称	行政区域面积	村民委员会	常住人口	城镇建成区总人口	从业人员	二三产业从业人员	工业企业单位
礼县雷王乡	6741	17	14135	426	3191	281	
礼县龙林乡	15620	28	20780	1104	8402	669	
礼县中坝乡	14230	19	19683	700	9126	557	1
礼县白关乡	16231	26	19219	420	4891	368	
礼县沙金乡	20155	13	7296	320	2799	545	
礼县桥头乡	16249	17	13271	280	6730	150	
礼县草坪乡	10516	13	7153	201	3039	260	
礼县雷坝乡	10372	16	10669	960	2684	431	
礼县王坝乡	8995	15	12093	932	2179	481	
礼县肖良乡	8612	10	7748	266	3333	454	
礼县三峪乡	11718	11	5647	210	2356	490	
礼县滩坪乡	12670	18	11966	620	4394	454	
徽县城关镇	6410	9	36058	14768	12044	9470	27
徽县伏家镇	10230	16	26301	9300	13492	7016	11
徽县江洛镇	31250	22	19229	8350	12984	6830	22
徽县泥阳镇	6060	13	13205	4198	7311	2335	3
徽县柳林镇	23310	10	8967	1493	5160	3457	7
徽县嘉陵镇	25039	15	10224	1648	5110	2378	2
徽县永宁镇	8400	12	11790	1330	7410	3688	2
徽县银杏树乡	95550	16	15080	860	8654	4921	5
徽县水阳乡	9230	13	14228	630	6762	3143	6
徽县栗川乡	6160	14	14860	280	7728	5047	4
徽县麻沿河乡	30260	15	9991	330	5723	3297	2
徽县高桥乡	32770	16	7023	284	5470	2942	4
徽县榆树乡	27030	12	6628	628	3522	2636	
徽县大河店乡	15040	17	11823	267	4136	3181	1
徽县虞关乡	21530	13	5468	600	2830	724	3
两当县城关镇	1917	3	10815	9815	1741	1383	3
两当县站儿巷镇	10071	12	3904	1800	2040	638	2
两当县西坡镇	8000	13	3998	3345	2089	892	10
两当县杨店乡	7113	8	3715	948	2015	605	1
两当县左家乡	15300	5	2541	648	1806	592	1
两当县显龙乡	4700	10	3797	1828	2307	392	
两当县鱼池乡	3284	6	2675	1018	1833	734	1
两当县兴化乡	5400	10	1780	518	1651	662	
两当县张家乡	12604	5	1696	649	1017	232	3
两当县云屏乡	29242	20	3007	719	1865	106	1
两当县泰山乡	5600	8	1096	246	707	188	
两当县金洞乡	34170	18	5410	5285	3255	760	7
临夏市城郊镇	917	9	15014	5512	4960	4060	12
临夏市枹罕镇	3057	12	36960	4213	27193	10169	270
临夏市南龙镇	2500	11	23094	3288	17231	9295	50
临夏市折桥镇	2301	9	20724	3315	11879	6529	30
临夏县韩集镇	2146	8	23358	7770	8105	3738	21
临夏县土桥镇	2463	8	20316	9770	8530	5728	55
临夏县马集镇	3367	9	18269	2539	8925	6100	40
临夏县莲花镇	4080	5	7329	2772	4228	1477	6
临夏县新集镇	3569	9	22220	4717	10763	4905	42
临夏县尹集镇	7180	13	35303	7613	11592	5071	86
临夏县营滩乡	4033	8	12598		6212	3597	1

乡镇基本情况

计算单位：公顷、个、人

名　　称	行政区域面积	村民委员会	常住人口	城镇建成区总人口	从业人员	二三产业从业人员	工业企业单位
临夏县掌子沟乡	2382	7	9231		4796	2185	30
临夏县麻尼寺沟乡	6395	14	21989		11539	1968	6
临夏县漠泥沟乡	7510	6	12947		7660	5215	58
临夏县刁祁乡	33388	12	24852		12152	3990	16
临夏县漫路乡	5694	12	19064		8461	2798	18
临夏县榆林乡	3956	8	15844		5992	3471	7
临夏县井沟乡	6230	13	19062		8904	5882	7
临夏县北塬乡	2252	8	19127		9534	6311	22
临夏县坡头乡	1753	5	6802		3360	2125	21
临夏县桥寺乡	2553	8	12478		7038	3868	23
临夏县先锋乡	2039	9	17238		7256	3969	4
临夏县河西乡	1309	10	9923		5056	1378	40
临夏县安家坡乡	1622	4	11428		5620	2598	25
临夏县南塬乡	4604	11	11127		5830	3880	12
临夏县红台乡	4915	10	16904		7998	6229	53
临夏县黄泥湾乡	2098	10	11494		6071	2846	16
临夏县路盘乡	3172	5	6309		3700	1733	8
临夏县民主乡	2530	7	7436		3496	1471	86
康乐县附城镇	4800	10	25845	22304	11996	11177	19
康乐县苏集镇	4806	9	19738	1330	12598	4961	2
康乐县胭脂镇	5335	11	23300	3906	5558	4522	2
康乐县景古镇	7355	10	14323	2107	7912	1634	4
康乐县莲麓镇	7445	12	10321	1992	5506	460	3
康乐县康丰乡	3539	8	15879		7727	2008	6
康乐县虎关乡	6868	10	15879		12465	2161	9
康乐县流川乡	4144	8	15258		7920	1489	
康乐县白王乡	4448	10	12481		6235	765	
康乐县八松乡	7352	10	11861		6650	577	1
康乐县鸣鹿乡	5558	9	12705		6307	331	2
康乐县八丹乡	2982	8	9259		4758	803	1
康乐县上湾乡	6816	14	19099		9997	5696	
康乐县草滩乡	5358	13	15488		9068	3118	1
康乐县五户乡	4194	10	10562		4335	450	1
永靖县刘家峡镇	5860	4	52765	34119	20787	18660	42
永靖县盐锅峡镇	18300	14	27980	5846	12940	5045	110
永靖县太极镇	14800	8	20842	4482	10549	4612	50
永靖县西河镇	17700	11	12679	1078	6836	2125	32
永靖县三塬镇	11710	11	19855	2330	11270	7802	15
永靖县岘塬镇	2700	5	9720	1629	4813	958	9
永靖县陈井镇	13030	12	11584	1737	6105	2052	6
永靖县川城镇	6400	6	7480	1534	3657	1277	
永靖县王台镇	5600	6	6779	1563	3638	2023	3
永靖县红泉镇	10200	9	5250	687	2375	946	
永靖县关山乡	11300	7	8212		4347	2463	
永靖县徐顶乡	5670	5	4284		2405	1142	
永靖县三条岘乡	13710	6	4863		2355	641	10
永靖县坪沟乡	9600	12	5506		2540	890	
永靖县新寺乡	17900	11	8719		5077	2004	
永靖县小岭乡	5500	6	7195		4334	1660	
永靖县杨塔乡	8900	7	4170		2215	923	

乡镇基本情况

计算单位:公顷、个、人

名　　称	行政区域面积	村民委员会	常住人口	城镇建成区总人口	从业人员	二三产业从业人员	工业企业单位
广河县城关镇	5754	13	44106	9563	19550	11939	54
广河县三甲集镇	9142	15	48682	15621	21699	1150	35
广河县祁家集镇	6181	16	32060	1840	24092	4050	45
广河县庄禾集镇	7928	12	23297	1979	10967	1776	2
广河县买家巷镇	5221	11	21196	2045	15087	2352	7
广河县齐家镇	6355	12	20144	1339	10596	1831	3
广河县水泉乡	5915	10	20613		7974	1889	13
广河县官坊乡	3264	7	9113		4378	1137	4
广河县阿力麻土东乡族乡	3500	6	15089		7114	1178	4
和政县城关镇	2801	11	28654	10510	13761	7727	26
和政县三合镇	2512	7	10432	3602	4417	1595	16
和政县三十里铺镇	5577	14	19125	3037	13639	5585	4
和政县马家堡镇	3737	9	14317	2875	6390	3717	4
和政县买家集镇	5400	9	12057	4332	6996	899	3
和政县松鸣镇	6700	9	14209	1980	7640	847	5
和政县梁家寺乡	3868	8	13768		7047	1725	
和政县陈家集乡	3788	8	12089		8973	2100	1
和政县罗家集乡	6724	11	12195		5809	540	1
和政县卜家庄乡	2256	7	10287		5349	2052	
和政县新营乡	5888	9	13189		8723	1703	9
和政县新庄乡	9739	13	16091		9165	3948	2
和政县达浪乡	2793	7	12687		6532	2412	7
东乡族自治县锁南镇	6194	14	20864	8910	6643	2075	18
东乡族自治县达板镇	5349	11	26360	7594	10968	4763	50
东乡族自治县河滩镇	8827	11	31400	8129	16348	8667	16
东乡族自治县那勒寺镇	7605	15	23977	5921	11399	3719	10
东乡族自治县唐汪镇	4521	12	15072	7038	7393	4761	13
东乡族自治县春台乡	7837	9	9167		4558	788	2
东乡族自治县柳树乡	6135	7	6434		3448	418	3
东乡族自治县东塬乡	5987	11	14382		7911	3326	11
东乡族自治县坪庄乡	5116	10	13601		5898	1588	1
东乡族自治县百和乡	4801	12	10454		5288	2143	1
东乡族自治县关卜乡	3478	9	7711		3648	1992	1
东乡族自治县赵家乡	3310	6	9487		4034	1094	1
东乡族自治县五家乡	3755	10	11319		4345	1415	2
东乡族自治县果园乡	6824	11	17059		8379	1121	7
东乡族自治县沿岭乡	3570	5	6052		3203	427	1
东乡族自治县汪集乡	7924	10	11704		5093	2113	6
东乡族自治县风山乡	5514	8	5482		2524	66	1
东乡族自治县车家湾乡	6046	5	3792		1720	430	
东乡族自治县高山乡	6737	5	3696		1796	406	
东乡族自治县大树乡	6540	10	8619		4389	1819	5
东乡族自治县北岭乡	4263	6	5708		2622	1442	1
东乡族自治县龙泉乡	11331	15	15836		7370	2399	6
东乡族自治县考勒乡	6687	6	9101		3950	1424	
东乡族自治县董岭乡	12747	11	6133		3225	415	4
积石山保安族东乡族撒拉族自治县吹麻滩镇	3620	7	36117	14458	7707	5664	129
积石山保安族东乡族撒拉族自治县大河家镇	5272	10	29653	12782	16175	6375	146
积石山保安族东乡族撒拉族自治县居集镇	3033	9	14044	4217	7336	1606	76
积石山保安族东乡族撒拉族自治县癿藏镇	2967	10	16360	2858	6166	2466	101

乡镇基本情况

计算单位：公顷、个、人

名　　称	行政区域面积	村民委员会	常住人口	城镇建成区总人口	从业人员	二三产业从业人员	工业企业单位
积石山保安族东乡族撒拉族自治县刘集乡	5703	8	17254		8761	461	65
积石山保安族东乡族撒拉族自治县石塬乡	5373	8	10485		9620	5140	15
积石山保安族东乡族撒拉族自治县柳沟乡	4993	9	11737		5912	2982	22
积石山保安族东乡族撒拉族自治县关家川乡	6960	9	12798		6086	2543	53
积石山保安族东乡族撒拉族自治县胡林家乡	5040	9	12719		6605	1286	27
积石山保安族东乡族撒拉族自治县安集乡	5040	11	14116		6445	3338	39
积石山保安族东乡族撒拉族自治县寨子沟乡	3433	11	14179		6803	3559	28
积石山保安族东乡族撒拉族自治县郭干乡	2440	7	7331		4445	1825	32
积石山保安族东乡族撒拉族自治县徐扈家乡	2167	6	10143		4829	2359	20
积石山保安族东乡族撒拉族自治县中咀岭乡	2940	6	11896		6677	765	28
积石山保安族东乡族撒拉族自治县小关乡	2967	6	11289		5630	200	28
积石山保安族东乡族撒拉族自治县铺川乡	3000	7	11796		4951	2938	36
积石山保安族东乡族撒拉族自治县银川乡	6700	12	18966		10044	3685	26
合作市卡加曼乡	10562	4	3326		2202	340	3
合作市卡加道乡	36922	4	2239		1400	12	
合作市佐盖多玛乡	56032	4	3880		2051	50	1
合作市佐盖曼玛乡	38421	6	6186		5365	2695	
合作市勒秀乡	49426	10	8562		5485	348	4
合作市那吾乡	28266	9	7241		3449	147	3
临潭县城关镇	2760	12	15870	14960	7700	2233	19
临潭县新城镇	13653	20	20287	4089	10366	2536	8
临潭县冶力关镇	15433	9	8848	3850	4141	1182	4
临潭县初布乡	12580	7	3815		2047	409	6
临潭县古战回族乡	4360	5	5569		3140	922	
临潭县卓洛回族乡	2200	3	2705		1324	226	2
临潭县长川回族乡	8700	10	10707		4962	1524	4
临潭县羊永乡	5360	7	9225		4740	745	
临潭县流顺乡	3927	6	9432		5124	643	
临潭县店子乡	6380	6	5077		2555	695	2
临潭县洮滨乡	10007	12	9286		6306	1243	2
临潭县三岔乡	8240	5	2534		1866	399	
临潭县王旗乡	13587	15	12063		7220	2056	
临潭县石门乡	11867	10	7346		4557	1010	1
临潭县羊沙乡	23587	6	5995		3429	919	4
临潭县八角乡	13420	8	5319		3434	1028	
卓尼县柳林镇	5212	9	14347	6510	4546	620	15
卓尼县木耳镇	79310	11	9224	2283	4942	590	6
卓尼县扎古录镇	23422	8	6459	1792	3800	797	4
卓尼县纳浪乡	22800	7	7483		5354	491	1
卓尼县喀尔钦乡	79100	12	10030		5130	410	1
卓尼县刀告乡	33410	3	4669		1923	325	1
卓尼县尼巴乡	77042	4	5266		2917	243	
卓尼县完冒乡	31800	5	3880		2152	159	
卓尼县阿子塘乡	9549	7	7054		4383	1587	1
卓尼县申藏乡	17100	7	8067		3504	562	1
卓尼县恰盖乡	58400	4	3308		1401	589	1
卓尼县康多乡	46631	4	2417		1727	235	1
卓尼县勺哇土族乡	4024	2	1775		1452	338	
卓尼县洮砚乡	12769	5	5129		1869	1224	
卓尼县藏巴哇乡	41400	9	8290		4993	596	1

乡镇基本情况

计算单位:公顷、个、人

名　　称	行政区域面积	村民委员会	常住人口	城镇建成区总人口	从业人员	二三产业从业人员	工业企业单位
舟曲县城关镇	11601	18	23925	19639	12736	5675	3
舟曲县大川镇	4557	8	6405	2463	3522	2221	6
舟曲县峰迭镇	20500	18	11502	4098	5702	3137	12
舟曲县曲瓦乡	14771	7	4305		2036	331	3
舟曲县巴藏乡	9339	5	5274		2701	1596	2
舟曲县大峪乡	15220	7	5399		3456	2272	2
舟曲县立节乡	8284	9	5406		3221	1087	2
舟曲县憨班乡	15355	9	5168		2783	615	
舟曲县坪定乡	6892	8	5396		2944	2093	
舟曲县江盘乡	3300	8	5561		3072	2008	2
舟曲县东山乡	6892	16	11976		7150	5047	
舟曲县南峪乡	5971	8	4478		2910	1748	
舟曲县果耶乡	6286	19	10152		5417	2039	
舟曲县八楞乡	9069	10	4781		2635	1114	
舟曲县武坪乡	42833	10	5998		3497	1663	1
舟曲县插岗乡	15763	8	3483		1870	629	2
舟曲县拱坝乡	18969	11	5860		2947	2336	2
舟曲县曲告纳乡	43976	16	12682		6480	2027	10
舟曲县博峪乡	41419	15	4650		2780	483	
迭部县电尕镇	63614	7	5872	5849	3545	687	19
迭部县益哇乡	35800	6	4690		2162	967	
迭部县卡坝乡	43909	4	2244		1157	306	2
迭部县达拉乡	82673	3	2102		1520	398	2
迭部县尼傲乡	26903	3	2221		1231	303	2
迭部县旺藏乡	49523	9	6287		3690	975	3
迭部县阿夏乡	34417	2	1303		920	152	
迭部县多儿乡	50595	5	3641		1836	114	
迭部县桑坝乡	30581	4	3470		1804	182	7
迭部县腊子口乡	48009	3	3282		1921	285	2
迭部县洛大乡	25456	6	5136		2774	429	1
玛曲县尼玛镇	93887	4	13562	8776	2647	882	12
玛曲县欧拉乡	134719	6	5184		2993	333	7
玛曲县欧拉秀玛乡	162927	4	3231		1721	166	5
玛曲县阿万仓乡	158214	5	6138		3404	174	10
玛曲县木西合乡	159265	2	3627		1745	136	2
玛曲县齐哈玛乡	68320	5	5378		3169	137	8
玛曲县采日玛乡	68425	5	5401		2752	126	4
玛曲县曼日玛乡	111703	5	7589		2748	178	7
碌曲县郎木寺镇	58693	4	5091	1761	2324	402	1
碌曲县玛艾镇	79070	4	11045	5058	2445	316	3
碌曲县尕海乡	94570	3	5337		3289	152	1
碌曲县西仓乡	23510	3	2859		1613	143	2
碌曲县拉仁关乡	78060	3	3076		1432	147	
碌曲县双岔乡	40485	4	5508		3015	180	1
碌曲县阿拉乡	17480	3	3284		1953	165	
夏河县拉卜楞镇	19253	2	21219	2800	755	360	85
夏河县王格尔塘镇	21513	6	4591	1687	715	315	39
夏河县阿木去乎镇	91042	10	12632	760	4260	620	18
夏河县桑科乡	129293	6	7788		2802	265	3
夏河县甘加乡	77039	7	8052		4260	87	10

乡镇基本情况

计算单位：公顷、个、人

名　　称	行政区域面积	村民委员会	常住人口	城镇建成区总人口	从业人员	二三产业从业人员	工业企业单位
夏河县达麦乡	19670	4	3869		2272	622	50
夏河县麻当乡	35147	6	5356		4083	483	26
夏河县曲奥乡	24312	2	2659		1590	90	16
夏河县唐尕昂乡	20002	5	2707		1106	103	4
夏河县扎油乡	37432	3	3772		1915	115	2
夏河县博拉乡	34098	8	6355		4075	275	4
夏河县吉仓乡	31868	3	4610		2013	153	7
夏河县科才乡	85462	3	3740		2168	30	3
青海省							
城东区乐家湾镇政府	47	5	73686	36778	8569	6404	36
城东区韵家口镇政府	3560	14	73046	3405	36522	35821	23
城中区总寨镇	11700	23	56800	1376	34950	26450	27
城西区彭家寨镇	4590	10	22545	13942	8460	8266	7
城北区大堡子镇	4817	13	26742	3789	16509	8309	39
城北区廿里铺镇	5200	11	41032	3045	31693	19375	54
大通回族土族自治县桥头镇	12015	22	141695	103387	76231	68502	37
大通回族土族自治县城关镇	4364	20	24647	7491	12438	9570	4
大通回族土族自治县塔尔镇	7680	16	32296	4250	18752	10511	8
大通回族土族自治县东峡镇	9440	13	15001	830	9630	6555	
大通回族土族自治县黄家寨镇	6178	20	27909	2157	13945	7414	43
大通回族土族自治县长宁镇	9667	25	40508	3052	22480	15301	55
大通回族土族自治县景阳镇	10640	19	25690	2756	16059	8320	14
大通回族土族自治县多林镇	4680	10	9729	1448	6240	2496	1
大通回族土族自治县新庄镇	5440	12	16976	2850	8567	5926	2
大通回族土族自治县青林乡	29560	12	10667		5778	2455	
大通回族土族自治县青山乡	14715	16	16171		9389	1878	
大通回族土族自治县逊让乡	12800	13	12452		7125	3265	4
大通回族土族自治县极乐乡	5458	11	13656		7195	4533	3
大通回族土族自治县石山乡	2742	9	9802		4273	2237	
大通回族土族自治县宝库乡	117485	11	8588		4367	3333	
大通回族土族自治县斜沟乡	4782	7	8237		4102	3351	
大通回族土族自治县良教乡	4280	12	19065		10832	6759	2
大通回族土族自治县向化藏族乡	10000	9	8373		4477	2538	2
大通回族土族自治县桦林乡	20880	14	15776		8826	5850	1
大通回族土族自治县朔北藏族乡	8040	18	19269		14288	9655	8
湟中县康川街道办事处	72		18734		12896	11259	
湟中县鲁沙尔镇	18381	33	56972	24815	23390	19378	506
湟中县西堡镇	9401	19	24434	421	13620	8191	24
湟中县上新庄镇	22523	33	34384	520	18986	13356	24
湟中县田家寨镇	32949	43	42428	2384	29977	12876	114
湟中县甘河滩镇	6649	18	21086	968	12728	7742	15
湟中县共和镇	26414	30	32577	2890	19649	9932	63
湟中县多巴镇	14876	44	64299	10391	39161	15138	72
湟中县拦隆口镇	14608	42	42060	18000	23672	18112	24
湟中县上五庄镇	56153	21	34534	2344	19667	10877	145
湟中县李家山镇	14495	32	25397	2144	13635	7090	50
湟中县群加乡	9553	5	2384		1338	526	3
湟中县土门关乡	11232	19	17670		9534	6105	10
湟中县汉东乡	4019	14	7073		3728	2295	
湟中县大才乡	7208	19	21031		12587	7361	105

乡镇基本情况

计算单位:公顷、个、人

名　　称	行政区域面积	村民委员会	常住人口	城镇建成区总人口	从业人员	二三产业从业人员	工业企业单位
湟中县海子沟乡	10400	21	15850		10581	6147	12
湟源县城关镇	4329	8	36481	33612	13438	10828	18
湟源县大华镇	23570	25	22401	4012	11898	3144	24
湟源县东峡乡	11404	13	5590		3730	436	7
湟源县日月乡	47875	23	14530		7200	1270	2
湟源县和平乡	16795	20	14462		7532	1575	10
湟源县波航乡	8541	13	9420		5220	1820	5
湟源县申中乡	12215	16	15606		8765	1368	11
湟源县巴燕乡	11987	15	11146		6453	673	32
湟源县寺寨乡	14184	13	8004		3724	400	1
乐都区碾伯镇	15268	42	76566	3300	18963	8036	86
乐都区雨润镇	8656	10	14636	3284	6584	3657	35
乐都区寿乐镇	67224	30	22412	2012	11843	8422	10
乐都区高庙镇	10626	21	23593	2298	10714	7055	31
乐都区洪水镇	14118	21	16229	1200	8240	3488	25
乐都区高店镇	6178	11	8458	1225	4266	2733	8
乐都区瞿昙镇	25075	35	18756	1320	9410	6280	2
乐都区共和乡	9912	16	7535		5441	3614	
乐都区中岭乡	13429	13	5871		4871	3519	
乐都区李家乡	21153	17	8200		5667	3132	
乐都区下营乡	7791	10	3665		3144	2334	
乐都区芦化乡	10518	15	7579		5230	2517	1
乐都区马营乡	32445	18	10274		5678	3292	1
乐都区马厂乡	8198	10	3730		3078	1442	
乐都区蒲台乡	15009	28	11901		9055	4435	2
乐都区中坝乡	10611	14	6745		5016	3688	3
乐都区峰堆乡	7425	11	5144		3446	2275	
乐都区城台乡	8333	11	3686		3129	839	
乐都区达拉乡	13031	21	7370		6318	4943	
平安县平安镇	10688	15	54091	53400	29615	26736	135
平安县小峡镇	7310	12	12586	1932	7745	3230	2
平安县三合镇	16432	18	13416	12300	6646	3008	1
平安县洪水泉乡	7412	15	8293	720	2673	1688	
平安县石灰窑乡	8004	14	8750	568	5008	2300	
平安县古城乡	11193	14	13075	1208	5913	4391	5
平安县沙沟乡	8991	10	11354	2240	5575	4090	2
平安县巴藏沟乡	6885	13	4823	643	2171	974	
民和回族土族自治县川口镇	8400	13	70778	70198	24828	17324	96
民和回族土族自治县古鄯镇	8395	24	19805	3230	9835	6583	5
民和回族土族自治县马营镇	8687	15	24062	6785	17029	8346	1
民和回族土族自治县官亭镇	6165	13	14467	6691	8100	4600	9
民和回族土族自治县巴州镇	12476	19	19853	3115	10798	5576	5
民和回族土族自治县满坪镇	6313	15	17151	2564	17095	1160	
民和回族土族自治县李二堡镇	8582	23	18367	2500	9994	5498	
民和回族土族自治县峡门镇	3400	16	12201	4940	8367	4919	
民和回族土族自治县马场垣乡	9900	7	21705		9219	5329	37
民和回族土族自治县北山乡	5333	7	4875		2708	1936	1
民和回族土族自治县松树乡	5066	8	7500		4321	2898	6
民和回族土族自治县西沟乡	7350	18	20417		11354	7966	2

乡镇基本情况

计算单位：公顷、个、人

名　　称	行政区域面积	村民委员会	常住人口	城镇建成区总人口	从业人员	二三产业从业人员	工业企业单位
民和回族土族自治县总堡乡	6619	11	11114		8093	1958	4
民和回族土族自治县隆治乡	10207	10	7901		5527	3110	
民和回族土族自治县大庄乡	7990	15	12789		4930	2362	
民和回族土族自治县转导乡	13096	17	17876		7907	3837	1
民和回族土族自治县前河乡	7980	12	11370		3909	832	
民和回族土族自治县甘沟乡	5681	13	13523		6329	3306	
民和回族土族自治县中川乡	14750	21	20275		11754	8208	8
民和回族土族自治县杏儿乡	4000	7	4326		2475	1102	
民和回族土族自治县核桃庄乡	5599	12	11796		8223	4934	2
民和回族土族自治县新民乡	8658	16	8510		4982	1710	
互助土族自治县威远镇	8161	23	68310	52635	24577	18210	35
互助土族自治县丹麻镇	15120	17	22646	1520	10317	6220	15
互助土族自治县高寨镇	9420	8	14576		10521	10521	1
互助土族自治县南门峡镇	22252	14	19090	2025	11523	1531	3
互助土族自治县加定镇	63020	6	7605	800	4684	1116	9
互助土族自治县塘川镇	15554	28	43423	820	23262	22217	38
互助土族自治县五十镇	18420	19	17742	1225	9185	2808	2
互助土族自治县五峰镇	8834	18	23236	906	12464	2383	6
互助土族自治县台子乡	8102	19	22330		10781	6542	18
互助土族自治县西山乡	9047	17	19107		10397	1346	
互助土族自治县红崖子沟乡	21080	17	18680		9689	4937	25
互助土族自治县巴扎藏族乡	52330	8	4893		3138	1087	5
互助土族自治县哈拉直沟乡	13040	13	15380		10345	6659	15
互助土族自治县松多藏族乡	26250	8	6635		3625	795	1
互助土族自治县东山乡	9048	12	11233		5492	3588	1
互助土族自治县东和乡	9980	17	17133		8832	1512	7
互助土族自治县东沟乡	9562	16	21058		11062	1995	
互助土族自治县林川乡	15951	21	25357		12869	3476	7
互助土族自治县蔡家堡乡	7225	13	8039		4326	807	
化隆回族自治县巴燕镇	15072	38	31609	12994	21466	7777	32
化隆回族自治县群科镇	10012	29	25031	2329	11223	6599	26
化隆回族自治县牙什尕镇	8137	20	13755	1981	7902	1432	14
化隆回族自治县甘都镇	16491	25	20795	2085	11094	6756	21
化隆回族自治县扎巴镇	17431	38	19839	1502	10776	4030	16
化隆回族自治县昂思多镇	19457	32	22291	1389	10557	3172	14
化隆回族自治县雄先藏族乡	22366	24	9018		4285	741	
化隆回族自治县初麻乡	15093	16	4197		3147	1103	
化隆回族自治县查甫藏族乡	12491	12	5860		3562	187	
化隆回族自治县塔加藏族乡	19387	9	3968		1878	161	
化隆回族自治县金源藏族乡	34306	14	6522		3917	486	
化隆回族自治县二塘乡	10302	17	8305		4864	1519	2
化隆回族自治县谢家滩乡	5585	18	6786		3252	322	3
化隆回族自治县德恒隆乡	26251	21	10611		7048	4398	
化隆回族自治县沙连堡乡	10575	12	4090		2399	1199	2
化隆回族自治县阿什奴乡	10751	16	4164		2253	1443	
化隆回族自治县石大仓乡	20293	17	7675		3640	977	2
循化撒拉族自治县积石镇	11501	17	23174	1684	12700	6142	11
循化撒拉族自治县白庄镇	13436	27	23011	2579	12390	5102	3
循化撒拉族自治县街子镇	8228	19	21085	1195	24174	10021	18

乡镇基本情况

计算单位：公顷、个、人

名　　称	行政区域面积	村民委员会	常住人口	城镇建成区总人口	从业人员	二三产业从业人员	工业企业单位
循化撒拉族自治县道帏藏族乡	47549	27	13030	260	4490	827	
循化撒拉族自治县清水乡	1480	17	14878	1120	14773	6590	3
循化撒拉族自治县岗察藏族乡	42666	3	1968	66	1965	144	
循化撒拉族自治县查汗都斯乡	12105	17	18216	402	11408	2801	3
循化撒拉族自治县文都藏族乡	22042	16	8319	256	4569	2324	
循化撒拉族自治县尕楞藏族乡	19271	11	4959		2700	2525	
门源回族自治县浩门镇	187114	9	33055	19915	6155	3968	46
门源回族自治县青石咀镇	74811	16	32555	3421	14602	2902	12
门源回族自治县泉口镇	22318	18	20200	1499	8739	6554	6
门源回族自治县东川镇	45224	12	19969	2310	5982	5002	4
门源回族自治县北山乡	9320	7	7807		2988	2273	5
门源回族自治县麻莲乡	10028	6	7965		3003	1837	2
门源回族自治县西滩乡	6516	10	10429		6236	3261	2
门源回族自治县阴田乡	12020	7	9456		5712	2770	
门源回族自治县仙米乡	156430	8	6270		3773	1082	11
门源回族自治县珠固乡	101775	7	5244		2181	548	10
门源回族自治县苏吉滩乡	69484	5	2068		1211	242	5
门源回族自治县皇城蒙古族乡	54261	4	2022		873	73	3
祁连县八宝镇	81425	16	24705	9783	6372	3657	16
祁连县峨堡镇	116505	4	3464	1600	1948	355	
祁连县默勒镇	304261	6	7602	678	4765	271	1
祁连县扎麻什乡	54523	8	4962		2358	826	
祁连县阿柔乡	121154	3	3389		1607	212	
祁连县野牛沟乡	455525	4	4341		2429	398	3
祁连县央隆乡	255199	4	2774		1589	42	
海晏县三角城镇	31572	5	9488	5621	2574	1600	6
海晏县金滩乡	34659	9	7432		4652	3099	
海晏县哈勒景蒙古族乡	44800	3	1677		1064	315	
海晏县青海湖乡	165793	5	3088		2124	449	
海晏县甘子河乡	165195	7	5643		3448	1098	
刚察县沙柳河镇	123782	7	16445	6510	2975	314	7
刚察县哈尔盖镇	172901	7	11742	8447	2645	370	13
刚察县伊克乌兰乡	178000	6	7625		2720	582	
刚察县泉吉乡	147498	6	6030		2125	345	2
刚察县吉尔孟乡	146360	5	3737		1878	460	2
同仁县隆务镇	10471	11	35162	27788	4517	2229	15
同仁县保安镇	31933	14	9000	2470	5607	1530	19
同仁县兰采乡	40779	3	4472		2360	115	
同仁县双朋西乡	25299	4	3498		2098	273	
同仁县扎毛乡	21785	4	3934		2495	196	
同仁县黄乃亥乡	8441	4	2868		1640	458	
同仁县曲库乎乡	22366	8	6172		3510	752	2
同仁县年都乎乡	16935	6	8856		7085	3301	10
同仁县多哇乡	93748	6	6080		2819	226	
同仁县瓜什则乡	40581	6	4263		2346	153	
同仁县加吾乡	15162	6	4503		1892	159	1
尖扎县马克堂镇	7508	20	15738	6733	2722	825	17
尖扎县康扬镇	3503	12	8580	455	3608	1415	8
尖扎县坎布拉镇	37437	20	13826	3084	5809	1959	18

乡镇基本情况

计算单位:公顷、个、人

名　　称	行政区域面积	村民委员会	常住人口	城镇建成区总人口	从业人员	二三产业从业人员	工业企业单位
尖扎县贾加乡	11912	4	2037		668	84	
尖扎县措周乡	19219	5	4389		2254	109	
尖扎县昂拉乡	7207	6	2910		1625	166	2
尖扎县能科乡	7608	4	2192		856	107	
尖扎县当顺乡	13013	8	2148		962	173	4
尖扎县尖扎滩乡	64164	7	5650		2526	182	
泽库县泽曲镇	98996	15	16916	11108	7871	502	22
泽库县麦秀镇	142221	6	12456	11650	4787	538	3
泽库县宁秀乡	122012	15	15769		6195	112	1
泽库县和日乡	109979	14	11453		5371	1418	4
泽库县王加乡	72311	4	4383		2230	422	1
泽库县西卜沙乡	17709	3	3084		1353	36	
泽库县多禾茂乡	1114108	7	9628		3435	377	
河南蒙古族自治县优干宁镇	12534	16	20996	6820	7078	1158	8
河南蒙古族自治县宁木特乡	202501	11	10348		4633	253	
河南蒙古族自治县多松乡	58071	3	2664		1161	121	
河南蒙古族自治县赛尔龙乡	1041	5	3641		1915	87	
河南蒙古族自治县柯生乡	110858	4	3299		1859	60	
共和县恰卜恰镇	66860	15	52516	34235	6665	3613	19
共和县倒淌河镇	85083	9	14019	1292	5064	1228	
共和县龙羊峡镇	74550	13	12018	2006	5378	1294	4
共和县塘格木镇	137630	16	12684	1028	6604	524	
共和县黑马河乡	107390	4	5308		1881	1029	
共和县石乃亥乡	177944	6	6921		2777	301	
共和县沙珠玉乡	63818	10	7191		4043	1197	
共和县铁盖乡	98260	10	5657		3842	1176	
共和县廿地乡	74784	5	4508		2236		
共和县切吉乡	417502	8	11867		4715		
共和县江西沟乡	67866	3	6461		3700	1159	
同德县尕巴松多镇	104139	16	15177	14441	7319	1684	3
同德县唐谷镇	99212	17	13282	420	8353	1633	1
同德县巴沟乡	46336	21	8460	211	4668	1015	5
同德县秀麻乡	97297	8	8345	310	4542	183	
同德县河北乡	97262	10	6739	404	3432	243	
贵德县河阴镇	3365	12	23774	21356	5556	3342	13
贵德县河西镇	43454	29	24165	3298	12299	7329	7
贵德县拉西瓦镇	86122	10	6844	1138	3190	2081	4
贵德县常牧镇	125733	22	18094	909	8268	4680	
贵德县河东乡	27504	15	14364		5873	3724	2
贵德县新街回族乡	6253	9	6460		3120	2268	2
贵德县尕让乡	58524	22	14710		4410	1032	3
兴海县子科滩镇	339840	8	26644	18200	5049	110	
兴海县河卡镇	223904	10	13835	2339	5311	219	
兴海县曲什安镇	72537	5	4768	380	2470	450	
兴海县温泉乡	294740	7	8645		3377	218	
兴海县龙藏乡	86958	7	5045		2080	41	
兴海县中铁乡	90353	7	6567		3354	522	
兴海县唐乃亥乡	107545	13	11847		5308	110	
贵南县茫曲镇	23681	11	16033	2027	4575	2022	11

乡镇基本情况

计算单位：公顷、个、人

名　　称	行政区域面积	村民委员会	常住人口	城镇建成区总人口	从业人员	二三产业从业人员	工业企业单位
贵南县过马营镇	298376	11	14746	1023	5110	336	3
贵南县森多镇	174710	16	14880	3257	5607	806	1
贵南县沙沟乡	42157	15	7963		5113	1843	
贵南县茫拉乡	12976	13	7018		4213	1180	3
贵南县塔秀乡	117475	9	10300		4458	1068	
玛沁县大武镇	160313	5	3400	362	2310	89	
玛沁县拉加镇	262620	11	12530	1287	5696	900	
玛沁县大武乡	181373	4	4341		2398	71	
玛沁县东倾沟乡	77967	2	2086		1001	45	
玛沁县雪山乡	135093	2	2022		971	49	
玛沁县下大武乡	164100	3	1708		823	50	
玛沁县优云乡	262840	3	2936		2309	41	
玛沁县当洛乡	173486	5	4103		1496	50	
班玛县赛来塘镇	61856	3	2326	133	937	76	
班玛县多贡麻乡	56394	3	2602		1125	53	
班玛县马可河乡	61166	3	1951		1099	60	
班玛县吉卡乡	66641	3	2209		1094	48	
班玛县达卡乡	99034	4	2812		1120	54	
班玛县知钦乡	89752	3	2357		1232	48	
班玛县江日堂乡	41239	4	3055		1339	60	
班玛县亚尔堂乡	36495	3	2506		1187	50	
班玛县灯塔乡	101289	6	3739		1308	80	
甘德县柯曲镇	175300	9	5827	115	2812	58	
甘德县上贡麻乡	82400	5	3138		1539	59	
甘德县下贡麻乡	71000	4	4216		2045	52	
甘德县岗龙乡	104200	4	4105		1996	49	
甘德县青珍乡	131000	6	5862		2857	70	
甘德县江千乡	70100	4	3580		1752	57	
甘德县下藏科乡	70600	4	5288		2599	84	
达日县吉迈镇	92680	3	2755	70	1083	121	
达日县满掌乡	100453	3	2881		1266	69	
达日县德昂乡	95940	3	2606		1178	57	
达日县窝赛乡	56120	3	2190		1207	64	
达日县莫坝乡	190546	2	2034		1081	42	
达日县上红科乡	178533	4	3311		1529	43	
达日县下红科乡	109560	4	2612		1202	60	
达日县建设乡	147913	4	2938		1374	92	
达日县桑日麻乡	300120	4	2518		1019	48	
达日县特合土乡	212380	3	2115		1163	40	
久治县智青松多镇	186565	4	4431	123	2385	123	
久治县门堂乡	110957	2	2317		1107	73	
久治县哇赛乡	113333	3	3467		1413	64	
久治县索呼日麻乡	206246	4	4300		2352	99	
久治县白玉乡	153179	5	4973		1846	82	
久治县哇尔依乡	105445	4	3510		1215	75	
玛多县玛查理镇	565326	7	2621	94	1410	60	
玛多县花石峡镇	880466	8	5032	733	2956	439	
玛多县黄河乡	560980	6	2582		1312	41	
玛多县扎陵湖乡	618101	6	2062		1119	46	

乡镇基本情况

计算单位：公顷、个、人

名　　称	行政区域面积	村民委员会	常住人口	城镇建成区总人口	从业人员	二三产业从业人员	工业企业单位
玉树市结古镇	99100	11	34017	27726	4052	339	
玉树市隆宝镇	85700	6	8493		5049	553	
玉树市下拉秀镇	282700	9	17950		7205		
玉树市仲达乡	71000	4	5957		3627	280	
玉树市巴塘乡	236100	7	9088		3724	561	
玉树市小苏莽乡	214700	9	11795		6404	329	
玉树市上拉秀乡	253200	7	12368		9040	1160	
玉树市哈秀乡	136300	4	4968		2714		
玉树市安冲乡	92700	5	5928		4299	248	
杂多县萨呼腾镇	201600	4	8125		3243		
杂多县昂赛乡	197300	3	5998		2190		
杂多县结多乡	498900	5	8389		5297		
杂多县阿多乡	316600	4	7551		3803		
杂多县苏鲁乡	377079	3	6043		4470		
杂多县查旦乡	632200	4	4838		2233		
杂多县莫云乡	641002	4	5208		3220		
杂多县扎青乡	552400	4	6595		2724		
称多县称文镇	102400	11	8753		2298		
称多县歇武镇	992267	7	5872		2178		
称多县扎朵镇	455200	6	7834		2800		
称多县珍秦镇	230500	11	11699		5351		
称多县尕朵乡	117900	8	8223		3240		
称多县拉布乡	52400	7	4361		1601		
治多县加吉博洛格镇	152705	2	3468	3468	1630		
治多县索加乡	6531335	4	5585		3980		
治多县扎河乡	449571	4	6302		3528		
治多县多彩乡	592993	4	6815		3712		
治多县治渠乡	262568	3	3516		2381		
治多县立新乡	87117	3	3083		1611		
囊谦县香达镇	136430	12	25102	18673	5490	68	
囊谦县白扎乡	166470	10	14551		5265	46	
囊谦县吉曲乡	184417	11	12512		3388	58	
囊谦县娘拉乡	51386	5	6361		3470	19	
囊谦县毛庄乡	82020	5	8818		2809	5	
囊谦县觉拉乡	95386	7	10951		2029	31	
囊谦县东坝乡	113822	5	8168		3223	25	
囊谦县尕羊乡	132859	4	4926		1628	20	
囊谦县吉尼赛乡	110502	4	8111		3646	23	
囊谦县着晓乡	196216	6	9369		3630	24	
曲麻莱县约改镇	202848	3	4177		2267	597	
曲麻莱县巴干乡	194611	3	4540		2321	477	
曲麻莱县秋智乡	492086	3	5099		2361	450	
曲麻莱县叶格乡	530330	3	3556		1943	294	
曲麻莱县麻多乡	1554510	3	5163		2408	1255	
曲麻莱县曲麻河乡	1777220	4	3584		2065	487	
格尔木市郭勒木德镇	2622397	19	35427	3043	15080	11803	
格尔木市唐古拉镇	4754008	7	1536	240	665		
格尔木市大格勒乡	168015	4	1840	689	1215	23	
格尔木市乌图美仁乡	4754008	13	1801	238	1314	80	

乡镇基本情况

计算单位:公顷、个、人

名　　称	行政区域面积	村民委员会	常住人口	城镇建成区总人口	从业人员	二三产业从业人员	工业企业单位
德令哈市尕海镇	247400	10	6939	270	6939	240	
德令哈市怀头他拉镇	1050000	6	3018	1854	1610	531	
德令哈市柯鲁柯镇	669200	14	16600	1120	14600	5059	
德令哈市柴旦镇	1863300	2	7587	7080	870	75	43
德令哈市锡铁山镇	227100		3347	3347	1710	1710	7
德令哈市冷湖镇	1770000		2420	2420	1689	1689	6
德令哈市花土沟镇	2997300	3	28739	28463	1267	1138	8
德令哈市茫崖镇	210000		5276	5276	1729	1729	2
德令哈市蓄集乡	773800	6	1918	398	70	70	
乌兰县希里沟镇	17200	4	13911	13549	3274	2095	7
乌兰县茶卡镇	183152	8	3320	1497	1246	173	15
乌兰县柯柯镇	786500	20	14656	1576	6702	950	17
乌兰县铜普镇	222900	6	4365	268	2514	382	7
都兰县察汉乌苏镇	10700	21	18411	9077	5142	1062	6
都兰县香日德镇	82400	23	27089	2364	14819	2851	8
都兰县夏日哈镇	315300	9	5998	405	4170	620	12
都兰县宗加镇	2372800	14	8224	620	1671		6
都兰县热水乡	87700	3	4015	73	1820	323	6
都兰县香加乡	507700	19	4134	83	3983	283	11
都兰县沟里乡	327100	3	1514	75	1028	74	1
都兰县巴隆乡	823300	15	5743	210	3586	401	5
天峻县新源镇	156220	12	21849	21849	15123	12123	
天峻县木里镇	176100	4	1425	486	397	193	13
天峻县江河镇	81000	8	2080	985	857		
天峻县快尔玛乡	181300	9	1916	15	1900		
天峻县舟群乡	141100	6	1292	106	660	6	
天峻县织合玛乡	77600	6	1559	408	1506		
天峻县苏里乡	989700	5	1371	470	1341	15	
天峻县生格乡	216800	4	1078	28	90		
天峻县阳康乡	315900	4	1142	1105	1025		
天峻县龙门乡	184000	4	1349	1349	1040	90	
宁夏回族自治区							
兴庆区掌政镇	15300	13	27562	7210	14078	3878	21
兴庆区大新镇	3300	6	19660	6121	8658	5517	26
兴庆区通贵乡	11100	6	15412		7974	1386	3
兴庆区月牙湖乡	33300	9	16650		11419	8566	6
西夏区兴泾镇	2886	6	22772	5321	8882	5556	
西夏区镇北堡镇	8345	11	26165	9550	10354	5428	24
金凤区良田镇	7890	8	22562	545	5875	4843	1
金凤区丰登镇	4855	6	13158	2310	5997	2977	4
永宁县杨和镇	6299	10	22364	2107	16060	8612	33
永宁县李俊镇	9820	15	35216	1940	18049	5044	1
永宁县望远镇	12285	11	41152	17892	28472	6058	324
永宁县望洪镇	11100	16	38199	2107	18110	998	15
永宁县闽宁镇	5622	6	34372	5101	34372	6692	15
永宁县胜利乡	10700	9	19200	3732	13620	7120	15
贺兰县习岗镇	9725	11	90146	70534	10845	6582	331
贺兰县金贵镇	12724	12	34961	5231	34961	16131	19
贺兰县立岗镇	16887	15	27346	4498	17779	7145	8

乡镇基本情况

计算单位:公顷、个、人

名称	行政区域面积	村民委员会	常住人口	城镇建成区总人口	从业人员	二三产业从业人员	工业企业单位
贺兰县洪广镇	29935	8	30014	3320	11244	5859	74
贺兰县常信乡	16656	14	32851	682	15586	1107	14
灵武市城区街道办事处	1800		70125	1300	70125	70125	21
灵武市东塔镇	11802	9	21156	1396	9188	5134	74
灵武市郝家桥镇	21115	19	44378	1588	23864	7686	17
灵武市崇兴镇	12128	12	46589	3945	27935	21024	12
灵武市宁东镇	80000	5	6114		3012	2217	37
灵武市马家滩镇	59200	4	3329	1371	1754	1094	3
灵武市临河镇	60000	7	7170	1169	4392	1180	20
灵武市梧桐树乡	15793	8	27543		14146	5376	13
灵武市白土岗乡	63700	8	8832		3731	2143	6
大武口区星海镇	14000	8	58079	21232	13140	6440	20
惠农区红果子镇	7751	5	19624	10695	11975	9324	165
惠农区尾闸镇	4059	6	9862	331	4742	3141	8
惠农区园艺镇	847	3	35600	4996	21560	19300	4
惠农区庙台乡	5300	7	9918		5465	2811	27
惠农区礼和乡	6723	7	12920		6625	2675	4
惠农区燕子墩乡	9600	10	12959		6919	4707	14
平罗县城关镇	15100	16	95062	72986	37429	33609	261
平罗县黄渠桥镇	9040	14	15035	1957	8738	5118	22
平罗县宝丰镇	4238	9	10630	2750	4775	4283	4
平罗县头闸镇	9800	12	14055	285	8079	3517	1
平罗县姚伏镇	11304	18	17189	1411	11200	4490	21
平罗县崇岗镇	43578	9	16960	2184	11243	5423	540
平罗县陶乐镇	12727	5	14034	4971	7294	4442	
平罗县高庄乡	7677	13	15167		9339	2918	18
平罗县灵沙乡	8340	11	14870		9534	1580	1
平罗县渠口乡	12730	13	16424		13760	1618	10
平罗县通伏乡	13646	13	15300		13551	953	30
平罗县高仁乡	23620	4	6153		3431	1500	2
平罗县红崖子乡	32150	7	15200		8448	1938	23
利通区金积镇	7040	17	45578	19238	28569	14176	135
利通区金银滩镇	8700	9	29751		16584	2202	23
利通区高闸镇	6464	7	22701	695	9667	2660	15
利通区扁担沟镇	53000	11	21017		20907	7692	8
利通区上桥镇	1320	8	21545	5202	9995	8660	15
利通区古城镇	3126	11	24949	19316	13384	11166	32
利通区金星镇	1250		57416	57416	24972	24516	
利通区胜利镇	820		54135	54135	32766	32300	5
利通区东塔寺乡	2470	10	27302		13915	9394	22
利通区板桥乡	3068	11	29385		19178	17755	27
利通区马莲渠乡	3530	8	23367		11332	4041	26
利通区郭家桥乡	2750	8	20675		9253	4389	
红寺堡区红寺堡开发区红寺堡镇	57600	12	59251	21600	23575	7582	58
红寺堡区红寺堡开发区太阳山镇	93410	22	49952	1997	16962	3920	7
红寺堡区红寺堡开发区大河乡	58590	12	27175		12662	3426	8
红寺堡区红寺堡开发区南川乡	66300	14	43012		22990	3835	1
盐池县花马池镇	153100	19	45239	37239	24062	13293	95
盐池县大水坑镇	145860	15	24913	11689	19947	9697	9

乡镇基本情况

计算单位:公顷、个、人

名　　称	行政区域面积	村民委员会	常住人口	城镇建成区总人口	从业人员	二三产业从业人员	工业企业单位
盐池县惠安堡镇	128920	12	19350	12201	5685	3845	21
盐池县高沙窝镇	87350	9	8250	4236	6904	4189	38
盐池县王乐井乡	102820	13	13882		10104	5888	3
盐池县冯记沟乡	70620	8	11549		4872	1774	7
盐池县青山乡	90230	8	12557		12522	5422	20
盐池县麻黄山乡	76870	13	7191		6809	2231	3
同心县豫海镇	11963	16	51153	39808	30518	16234	163
同心县河西镇	47696	19	40629	14902	14329	8304	1
同心县韦州镇	42000	11	27232	24306	17825	8895	5
同心县下马关镇	61560	21	43156	13882	14034	1404	4
同心县预旺镇	35297	15	26420	5684	21110	1260	
同心县王团镇	49172	26	44627	8741	19433	13140	4
同心县丁塘镇	16669	19	40836	1891	13662	5090	5
同心县田老庄乡	51730	10	13762		12738	1695	1
同心县马高庄乡	47030	7	9406		4183	2895	
同心县张家塬乡	68010	8	13715		6778	3395	9
同心县兴隆乡	17639	6	14898		8363	1954	
青铜峡市裕民街道办事处	881		57431	57431	4517	4517	302
青铜峡市小坝镇	5100	9	23769	3660	14594	9667	169
青铜峡市大坝镇	20971	15	28645	465	19528	10350	34
青铜峡市青铜峡镇	55700	6	41952	4150	6471	4519	385
青铜峡市叶盛镇	5600	10	15482	1916	11481	3283	55
青铜峡市瞿靖镇	10400	15	32367	1689	20948	8689	196
青铜峡市峡口镇	33300	12	30092	4050	15122	10140	59
青铜峡市邵岗镇	38100	14	22320	1156	14518	10138	60
青铜峡市陈袁滩镇	5900	5	19155	4898	10090	6925	166
原州区三营镇	17756	15	30532	12401	13066	4434	8
原州区官厅镇	29000	16	20631	230	12086	4848	41
原州区开城镇	26300	17	29130	205	14266	6545	122
原州区张易镇	29453	16	39529	2063	19152	3176	4
原州区彭堡镇	19246	13	28691	1533	12900	7000	4
原州区头营镇	29400	24	51418	4373	22909	4375	14
原州区黄铎堡镇	19214	13	28735	1668	16241	10000	9
原州区中河乡	20130	11	29039		11450	5315	11
原州区河川乡	20395	10	13604		6740	2552	
原州区炭山乡	26974	8	11679		4592	2694	4
原州区寨科乡	31174	10	11711		4250	1221	
西吉县吉强镇	25175	27	55770	49531	17135	9425	57
西吉县兴隆镇	22007	32	39730	2859	23944	5544	36
西吉县平峰镇	19272	22	21083	1244	17608	1355	2
西吉县新营乡	28271	21	23430		11530	7855	12
西吉县红耀乡	13657	10	8057		5314	1044	
西吉县田坪乡	16873	12	10239		5422	2388	1
西吉县马建乡	17713	13	17011		11036	5124	1
西吉县震湖乡	15223	17	16080		11531	4721	2
西吉县兴平乡	13971	12	18304		9788	3104	
西吉县西滩乡	9596	10	10949		6336	1680	
西吉县王民乡	9424	12	10577		4250	1537	
西吉县什字乡	11237	16	18655		9815	1227	16

乡镇基本情况

计算单位:公顷、个、人

名　　称	行政区域面积	村民委员会	常住人口	城镇建成区总人口	从业人员	二三产业从业人员	工业企业单位
西吉县马莲乡	10460	15	15840		8060	2617	20
西吉县将台乡	11286	16	19756		11145	3793	15
西吉县硝河乡	13505	12	15267		10039	2795	8
西吉县偏城乡	20053	17	22353		15035	4636	3
西吉县沙沟乡	19543	11	12961		5039	1616	2
西吉县白崖乡	19676	12	12381		5510	3291	
西吉县火石寨乡	16061	9	10642		5206	1737	4
隆德县六盘山街道办事处	900		26640		9013	7983	27
隆德县城关镇	14387	5	12213	4844	5805	1555	51
隆德县沙塘镇	7580	11	16465	1729	8179	2042	13
隆德县联财镇	4800	6	10932	2836	5645	1595	8
隆德县陈靳乡	4688	7	4933		2675	1071	5
隆德县好水乡	6949	8	5819		3651	963	2
隆德县观庄乡	11932	12	19139		9665	1875	8
隆德县杨河乡	6211	5	9265		5480	1354	6
隆德县神林乡	5253	7	9208		4621	1935	6
隆德县张程乡	7983	8	7816		4730	979	
隆德县凤岭乡	6684	11	11235		3944	861	4
隆德县山河乡	6677	8	5100		1939	779	2
隆德县温堡乡	8053	15	20378		4947	1750	14
隆德县奠安乡	7118	10	4119		1339	679	1
泾源县香水镇	18120	18	22760	8939	10580	6347	8
泾源县泾河源镇	18080	20	20746	3806	11369	4536	
泾源县六盘山镇	26040	19	15519	891	9786	1750	13
泾源县新民乡	17600	13	13388		7620	304	12
泾源县兴盛乡	6440	9	9377		4621	1234	2
泾源县黄花乡	15420	12	10364		6969	1174	23
泾源县大湾乡	11380	13	9398		7205	1342	9
彭阳县白阳镇	26697	17	41390	25717	24309	15550	47
彭阳县王洼镇	34156	20	22462	3399	11604	4932	8
彭阳县古城镇	32248	20	24887	3401	16513	7284	8
彭阳县新集乡	22291	20	29454		16550	2010	7
彭阳县城阳乡	18669	10	17431		13563	5425	12
彭阳县红河乡	16425	12	18516		13151	5204	5
彭阳县冯庄乡	17761	11	7276		3937	819	
彭阳县小岔乡	15159	7	3547		2376	699	
彭阳县孟塬乡	21188	11	13269		6302	3542	5
彭阳县罗洼乡	15621	7	5419		2635	676	2
彭阳县交岔乡	14573	7	5827		4225	123	2
彭阳县草庙乡	18077	14	12019		6326	2201	5
沙坡头区滨河镇	2734	13	69653	58156	30597	26573	38
沙坡头区文昌镇	2691	8	81209	68360	37075	33195	22
沙坡头区东园镇	26314	20	33579	2100	20336	9577	29
沙坡头区柔远镇	4111	13	27944	2736	13355	6019	22
沙坡头区镇罗镇	20596	8	26946	5718	20823	9789	32
沙坡头区宣和镇	47140	21	47637	4702	23113	8448	83
沙坡头区永康镇	50954	23	28858	3663	15558	5133	28
沙坡头区常乐镇	89908	18	21253	2867	9452	7089	25
沙坡头区迎水桥镇	106342	16	28070	3422	21435	10170	34

乡镇基本情况

计算单位:公顷、个、人

名　　称	行政区域面积	村民委员会	常住人口	城镇建成区总人口	从业人员	二三产业从业人员	工业企业单位
沙坡头区兴仁镇	31870	11	21858	4200	21000	7000	6
沙坡头区香山乡	109139	9	8583		6219	303	
沙坡头区蒿川乡	47269	10	392		209	49	
中宁县宁安镇	16283	13	68426	35920	35053	26949	22
中宁县鸣沙镇	23372	8	22604	5894	15980	6189	4
中宁县石空镇	34726	13	29783	13743	29783	23630	82
中宁县新堡镇	20997	11	23900	10850	10761	6500	50
中宁县恩和镇	17370	9	19580	4264	11607	5002	19
中宁县大战场镇	21012	13	52632	4148	28290	4235	7
中宁县舟塔乡	11888	10	23562		17770	3870	3
中宁县白马乡	10089	5	7148		4370	1420	1
中宁县余丁乡	30614	6	11179		8785	3809	11
中宁县喊叫水乡	54919	19	20404		16994	8308	
中宁县徐套乡	68247	13	20507		13353	5491	
海原县海城镇	20354	7	12532	4250	7456	2196	10
海原县李旺镇	34909	19	37881	6213	27116	3129	3
海原县西安镇	30265	9	25849	6430	13100	3887	17
海原县三河镇	19061	13	36995	2003	21066	7841	40
海原县七营镇	22997	14	31566	4027	16254	2516	4
海原县史店乡	21107	7	18970		9446	1820	
海原县树台乡	33345	9	24996		16238	8078	1
海原县关桥乡	58804	11	27746		13404	1575	
海原县高崖乡	12861	9	22953		13417	702	8
海原县郑旗乡	35970	10	20792		8193	2933	2
海原县贾塘乡	30032	9	25714		16094	4550	3
海原县曹洼乡	21190	7	7656		3180	591	2
海原县九彩乡	16993	7	7667		3984	727	
海原县李俊乡	20853	9	9908		5515	407	3
海原县红羊乡	33587	11	14900		8550	1448	4
海原县关庄乡	12632	5	8305		4055	560	
海原县甘城乡	30632	10	9472		4573	491	3
新疆维吾尔自治区							
新市区安宁渠镇	4795	8	13638	6201	9910	1403	15
新市区地窝堡乡	1500	3	8558		2820	1700	64
新市区青格达湖乡	1500	4	6113		3450	836	2
新市区六十户乡	3673	6	7500		4293	1348	7
达坂城区达坂城镇	60000	3	5540	1507	5540	2012	37
达坂城区东沟乡	35000	7	6975		5689	1611	4
达坂城区西沟乡	57800	5	4156		2310	1010	2
达坂城区阿克苏乡	156548	6	3507		1352	121	
米东区古牧地镇	11404	15	30202	10305	15022	7876	38
米东区铁厂沟镇	11600	8	8861	1109	2966	2146	84
米东区长山子镇	6797	19	27680	2053	22749	6036	18
米东区羊毛工镇	6224	13	22972	4368	11318	6740	15
米东区三道坝镇	7400	17	13687	3673	8571	3101	9
米东区柏杨河乡	7676	6	5052	320	3342	1009	20
米东区芦草沟乡	5000	2	13653	5118	5865	1599	46
乌鲁木齐县水西沟镇	53080	9	12408	3390	5838	2155	11
乌鲁木齐县萨尔达坂乡	8100	6	6943		3198	108	31

乡镇基本情况

计算单位:公顷、个、人

名　　称	行政区域面积	村民委员会	常住人口	城镇建成区总人口	从业人员	二三产业从业人员	工业企业单位
乌鲁木齐县甘沟乡	57200	8	7632		3281	564	7
乌鲁木齐县永丰乡	7200	6	10727		4956	419	9
乌鲁木齐县板房沟乡	106300	8	13763		7486	2198	6
乌鲁木齐县托里乡	8266	4	4666		3687	314	18
克拉玛依区小拐乡	380368	5	1409		668	61	
乌尔禾区乌尔禾乡	9578	2	1030		712	479	
吐鲁番市七泉湖镇	32975	2	11263	1670	11263	8733	31
吐鲁番市大河沿镇	1809		5446		2060	850	43
吐鲁番市亚尔乡	47267	17	60476	19930	29508	11983	
吐鲁番市艾丁湖乡	33611	6	20890		15380	2480	
吐鲁番市葡萄乡	34956	7	17659		11110	2293	
吐鲁番市恰特喀勒乡	44324	7	30250		14875	1455	
吐鲁番市二堡乡	13796	3	13909		6995	680	
吐鲁番市三堡乡	20185	5	16894		15094	3614	
吐鲁番市胜金乡	56219	9	24760		20770	2270	2
鄯善县鄯善镇	8400	1	38363	36501	8140	6400	17
鄯善县七克台镇	379200	8	17301	1909	9906	1660	22
鄯善县火车站镇	4000		36618	19926	26060	26060	32
鄯善县连木沁镇	240000	12	34636	3135	21796	3073	29
鄯善县鲁克沁镇	13700	9	35031	6213	19221	3445	4
鄯善县辟展乡	2400	11	26682		15308	2017	12
鄯善县东巴扎回族民族乡	1900	4	4583		1606	557	
鄯善县吐峪沟乡	200000	8	26472		17702	1698	4
鄯善县达浪坎乡	112500	6	16825		9209	959	2
鄯善县迪坎乡	1725000	6	7534		5633	1021	22
托克逊县托克逊镇	2518	12	24717	19930	14454	14272	63
托克逊县库米什镇	728244	2	614	320	2875	1519	45
托克逊县库加依镇	46021	3	2085	220	837	90	10
托克逊县阿乐惠镇	872	3	7153		5620	5610	23
托克逊县夏乡	41521	12	31256		18188	2375	8
托克逊县郭勒布依乡	39000	11	21258	19930	6250	1250	3
托克逊县伊拉湖乡	12500	8	16051		6429	1434	15
托克逊县博斯坦乡	11300	9	24482	24482	17278	4478	3
哈密市雅满苏镇	764572		2970	350	1660	1660	
哈密市七角井镇	949674	1	1343	1106	553	163	7
哈密市星星峡镇	228604		268	35	268	268	1
哈密市二堡镇	69942	9	14774	4233	8138	2572	17
哈密市陶家宫镇	41903	10	21575	2645	12910	3026	28
哈密市五堡镇	1650700	10	13750	1450	6143	470	
哈密市沁城乡	1035603	8	9943		7550	2579	2
哈密市乌拉台哈萨克民族乡	14707	1	874		437	277	
哈密市双井子乡	718271		3750		3750	3750	2
哈密市大泉湾乡	591630	5	13685		4774	968	5
哈密市回城乡	14736	5	8595		2337	917	13
哈密市花园乡	30800	7	11793		5506	1258	35
哈密市南湖乡	953590	3	3198		1796	193	7
哈密市德外里都如克哈萨克乡	91900	2	3203		1903	225	
哈密市西山乡	102164	4	6118		2337	802	3
哈密市天山乡	184600	10	8824		8292	1782	4

乡镇基本情况

计算单位:公顷、个、人

名　　称	行政区域面积	村民委员会	常住人口	城镇建成区总人口	从业人员	二三产业从业人员	工业企业单位
哈密市白石头乡	22200	4	4009		1144	60	
哈密市柳树沟乡	92088	3	1594		582	41	1
巴里坤哈萨克自治县巴里坤镇	1600		13967	13967	6412	6412	30
巴里坤哈萨克自治县博尔羌吉镇	19900		2100	2100	2100	2100	22
巴里坤哈萨克自治县大河镇	116200	8	14385	1093	8122	3209	1
巴里坤哈萨克自治县奎苏镇	102100	11	9056	517	5570	1573	4
巴里坤哈萨克自治县萨尔乔克乡	136400	3	4022		1715	530	1
巴里坤哈萨克自治县海子沿乡	289735	3	7223		2415	456	
巴里坤哈萨克自治县下涝坝乡	227800	2	3885		2300	757	
巴里坤哈萨克自治县石人子乡	27637	4	4883		4001	1858	5
巴里坤哈萨克自治县花园乡	59320	3	5642		3981	2272	7
巴里坤哈萨克自治县三塘湖乡	1100000	4	1357		925	523	13
巴里坤哈萨克自治县大红柳峡乡	1257700	3	3357		1695	492	5
巴里坤哈萨克自治县八墙子乡	97900	2	1919		1182	323	
伊吾县伊吾镇	450		4326	4317	2258	2258	5
伊吾县淖毛湖镇	808639	10	6322	5332	5408	2199	19
伊吾县盐池镇	202745	4	4365	2241	1604	284	2
伊吾县苇子峡乡	122933	2	730		628	8	
伊吾县下马崖乡	472075	3	786		614	18	
伊吾县吐葫芦乡	136349	9	2598		1873	193	
伊吾县前山哈萨克民族乡	171168	4	3950		1240	93	
昌吉市硫磺沟镇	7400	1	5612	4968	1926	1184	29
昌吉市三工镇	12300	7	21481	294	12114	3194	47
昌吉市榆树沟镇	42624	6	13681	560	2005	1291	24
昌吉市二六工镇	10400	6	14019	2500	7632	1352	31
昌吉市大西渠镇	12500	7	15936	3010	8331	649	58
昌吉市六工镇	10810	8	13370	1500	7263	1859	62
昌吉市滨湖镇	14190	7	10110	2450	5907	1560	16
昌吉市佃坝镇	10540	5	7473	2500	4270	226	11
昌吉市阿什里哈萨克民族乡	300000	7	9961	2400	4157	1252	7
昌吉市庙尔沟乡	117975	5	3614	1950	1466	371	5
阜康市甘河子镇	260		5348	5348	5243	5243	63
阜康市城关镇	5776	22	28654	12354	13004	4004	17
阜康市九运街镇	16800	15	19428	1039	14222	2477	26
阜康市滋泥泉子镇	96000	9	17820	849	10202	907	8
阜康市上户沟哈萨克民族乡	378000	7	11221	1616	8341	1846	22
阜康市水磨沟乡	134667	3	4524	587	4054	1135	16
阜康市三工河哈萨克民族乡	13200	3	4561	1103	3118	966	14
呼图壁县呼图壁镇	1200		43085	43085	25661	22103	12
呼图壁县大丰镇	34300	9	14267	4837	6842	957	17
呼图壁县雀尔沟镇	201839	6	11121	1265	4696	940	14
呼图壁县二十里店镇	29970	8	15190	839	8291	1641	26
呼图壁县园户村镇	22300	10	24045	4621	9448	2796	14
呼图壁县五工台镇	57199	12	18443	1923	10457	1543	16
呼图壁县石梯子哈萨克民族乡	122550	5	7638		4657	883	2
玛纳斯县玛纳斯镇	5367	13	48018	48018	13958	7463	23
玛纳斯县乐土驿镇	13793	9	12510	1140	9768	2623	7
玛纳斯县包家店镇	23600	7	16424	2269	9078	2348	14
玛纳斯县凉州户镇	7200	9	6620	314	6548	2971	6

乡镇基本情况

计算单位:公顷、个、人

名　　称	行政区域面积	村民委员会	常住人口	城镇建成区总人口	从业人员	二三产业从业人员	工业企业单位
玛纳斯县北五岔镇	26667	4	7894	1231	5781	392	1
玛纳斯县六户地镇	25333	6	7453	1189	4273	1800	8
玛纳斯县兰州湾镇	15300	13	11500	1389	5786	1256	39
玛纳斯县广东地乡	8400	6	6716	108	3691	1110	13
玛纳斯县清水河子哈萨克民族乡	2875	6	6120	1131	3637	174	6
玛纳斯县塔西河哈萨克民族乡	84000	6	4615	897	3526	599	
玛纳斯县旱卡子滩哈萨克民族乡	46000	5	4890	2140	2622	1317	3
奇台县奇台镇	3823		75010	6398	5578	5578	281
奇台县老奇台镇	18569	4	12620	2633	6957	572	8
奇台县半截沟镇	63378	7	22010	1202	13255	4567	6
奇台县吉布库镇	70770	8	14583	816	6663	1032	6
奇台县东湾镇	19685	4	9929	3100	8399	2670	34
奇台县西地镇	47283	4	16166	582	9888	3038	6
奇台县碧流河乡	24033	6	11051	1700	5711	979	22
奇台县西北湾乡	85029	6	20661	5250	7635	1319	164
奇台县坎尔孜乡	4228	4	5009	12	2564	215	3
奇台县五马场乡	13541	2	8795	2400	3407	77	3
奇台县古城乡	3692	4	8028	3857	4725	283	159
奇台县乔仁乡	35999	1	3354	721	2255	182	
奇台县七户乡	17065	3	8122	356	4270	1839	5
奇台县三个庄子乡	7913	5	4704	1056	3199	698	12
奇台县塔塔尔乡	5373	2	4449	138	2173	970	
吉木萨尔县吉木萨尔镇	3845	7	30212	25463	11330	8469	23
吉木萨尔县三台镇	50939	6	11110	5300	7181	2183	8
吉木萨尔县泉子街镇	45086	4	7853	512	5824	595	1
吉木萨尔县北庭镇	19357	5	6144	1503	5160	608	2
吉木萨尔县二工镇	29053	15	11469	1540	10117	4553	7
吉木萨尔县大有镇	25117	5	17757		11486	2168	
吉木萨尔县庆阳湖乡	36277	5	6345	1050	5717	325	13
吉木萨尔县老台乡	65282	5	7216		4640	1487	10
吉木萨尔县新地乡	34371	3	3336		2770	441	
木垒哈萨克自治县木垒镇	750	6	26464	26464	6800	6800	12
木垒哈萨克自治县西吉尔镇	12200	4	7623	2208	7580	1367	2
木垒哈萨克自治县东城镇	57600	7	13614	899	734	514	
木垒哈萨克自治县英格堡乡	37000	7	5633		4619	2586	
木垒哈萨克自治县照壁山乡	53000	11	6436	441	5093	125	
木垒哈萨克自治县新户乡	36100	5	7985	1292	5274	501	4
木垒哈萨克自治县雀仁乡	166800	6	5685	1205	3344	634	
木垒哈萨克自治县白杨河乡	47700	7	2196	1500	623	477	
木垒哈萨克自治县大石头乡	772000	5	8773		4884	669	
木垒哈萨克自治县大南沟乌孜别克乡	139300	3	3413		3413	292	
木垒哈萨克自治县博斯坦乡	127565	5	4277	1328	2261	359	
博乐市小营盘镇	115900	24	26016	7044	20788	6704	17
博乐市达勒特镇	119200	23	17558	1785	10183	1514	15
博乐市乌图布拉格镇	75000	24	18473	5104	8141	2894	7
博乐市青得里乡	58100	25	21325	1200	11236	2613	5
博乐市贝林哈日莫墩乡	13700	12	8486	2222	3973	515	6
精河县精河镇	600		22847	22000	12824	10722	42
精河县大河沿子镇	143545	15	31201	4134	16906	1792	51

乡镇基本情况

计算单位：公顷、个、人

名　　称	行政区域面积	村民委员会	常住人口	城镇建成区总人口	从业人员	二三产业从业人员	工业企业单位
精河县茫丁乡	237600	19	21621	21621	1934	1741	
精河县托里乡	117400	15	17504		8389	2865	
精河县托托乡	186400	6	3951	850	3003	660	16
温泉县博格达尔镇	520	1	7544	7544	1515	1515	
温泉县哈日布呼镇	7500	21	14224	2980	12490	3690	
温泉县安格里格乡	81740	16	11408		3933	2365	2
温泉县查干屯格乡	91800	12	7921		3675	478	
温泉县扎勒木特乡	47000	2	1246		772		
温泉县塔秀乡	28000	10	7696		7696	1701	
库尔勒市塔什店镇	17907		13788	10000	6489	6369	25
库尔勒市上户镇	15005	5	14644	8525	8788	908	6
库尔勒市西尼尔镇	4918	3	25598	6754	11987	7117	7
库尔勒市铁克其乡	2626	8	27603		11053	7101	4
库尔勒市恰尔巴格乡	1306	7	46018		19408	16198	8
库尔勒市英下乡	2533	4	28136		13059	9776	2
库尔勒市兰干乡	3594	5	9846		4549	346	1
库尔勒市和什力克乡	9541	5	7405		3621	291	
库尔勒市哈拉玉宫乡	34838	6	13174		5601	523	1
库尔勒市阿瓦提乡	16556	8	14405		6831	624	
库尔勒市托布力其乡	16256	5	7591		3050	312	
库尔勒市普惠乡	13200	3	3150		1847	127	
轮台县轮台镇	11050	11	43790	32177	22719	8895	61
轮台县轮南镇	164023		2365	191	1906	1041	15
轮台县群巴克镇	10343	7	13429	2028	4963	1375	28
轮台县阳霞镇	7326	8	12979	1163	5064	2587	8
轮台县哈尔巴克乡	15518	9	12298		4575	313	1
轮台县野云沟乡	2868	3	4014		1445	256	
轮台县阿克萨来乡	4548	4	6364		2740	680	1
轮台县塔尔拉克乡	5814	4	5208		2808	706	
轮台县草湖乡	120468	6	1362		668	100	
轮台县铁热克巴扎乡	8589	8	10977		4303	819	3
轮台县策达雅乡	4818	5	6924		4851	2006	1
尉犁县尉犁镇	1090	3	19420	16521	9631	9352	22
尉犁县塔里木乡	2230000	11	9891		3680	188	
尉犁县兴平乡	484900	8	13084		4463	690	
尉犁县团结乡	3400	5	7210		3890	130	
尉犁县墩阔坦乡	1014260	5	4746		1285	62	
尉犁县喀尔曲尕乡	1500000	5	4543		2658	288	
尉犁县阿克苏普乡	39750	4	2531		1050	193	
尉犁县古勒巴格乡	158464	9	7396		3257	157	
若羌县若羌镇	2800		11679	8321	7466	5766	15
若羌县依吞布拉克镇	550		623	313	600	600	16
若羌县罗布泊镇	5100000	4	7320	4800	7050	7050	12
若羌县瓦石峡镇	2410000	5	6613	330	4300	501	
若羌县铁干里克乡	2320000	6	5031		3192	292	3
若羌县吾塔木乡	1170000	6	4662		2660	299	1
若羌县铁木里克乡	2630000	3	250		77	2	
若羌县祁曼塔克乡	6596500	2	40		32		4
且末县且末镇	47300		19296	3724	6046	5759	62

乡镇基本情况

计算单位：公顷、个、人

名　　称	行政区域面积	村民委员会	常住人口	城镇建成区总人口	从业人员	二三产业从业人员	工业企业单位
且末县奥依亚依拉克镇	1660000	5	2121		704	149	1
且末县阿热勒乡	5000	3	2918		1377	187	2
且末县琼库勒乡	4400	4	6411		3365	562	8
且末县托格拉克勒克乡	5200	6	8368		3720	880	4
且末县巴格艾日克乡	1063400	6	6101		5140	2570	5
且末县英吾斯塘乡	4800	7	6665		4300	1730	1
且末县阿克提坎墩乡	56300	4	2906		1255	176	1
且末县阔什萨特玛乡	11900	4	2916		781	323	
且末县塔提让乡	1010000	5	4257		1936	848	1
且末县阿羌乡	1400000	4	1900		466	73	1
且末县库拉木勒克乡	1491000	5	2248		1203	69	1
焉耆回族自治县焉耆镇	1186	1	39850	7697	19319	18809	24
焉耆回族自治县七个星镇	75000	12	19701	1998	9181	3398	29
焉耆回族自治县永宁镇	6516	8	22237	2322	6974	2644	6
焉耆回族自治县四十里城子镇	6057	5	11027	2845	3053	1003	1
焉耆回族自治县北大渠乡	13800	6	13817		9952	1768	2
焉耆回族自治县五号渠乡	5960	8	16584		10282	3115	19
焉耆回族自治县查汗采开乡	2442	4	4064		1912	303	
焉耆回族自治县包尔海乡	3400	5	6987		3186	355	1
和静县和静镇	101128	4	52507	35484	30709	27067	169
和静县巴仑台镇	500267	6	10152	7193	5335	4505	10
和静县巴润哈尔莫墩镇	48271	8	24808	3229	18977	7392	26
和静县哈尔莫墩镇	335952	7	23397	2864	13805	2155	114
和静县巴音布鲁克镇	571731	6	4699	1953	4699	1947	1
和静县巩乃斯镇	298645	3	1348	112	623	203	2
和静县乃门莫墩乡	5639	3	10182		3107	2088	
和静县协比乃尔布呼乡	3641	2	6536		2240	1440	3
和静县克尔古提乡	75417	3	995		720	400	
和静县阿拉沟乡	155350	3	1518		698	255	3
和静县额勒再特乌鲁乡	571089	4	3628		1545	75	4
和静县巴音郭楞乡	697278	6	1376		836	56	1
和硕县特吾里克镇	2199		19909	19909	9720	9600	24
和硕县乌什塔拉回族民族乡	43103	8	16017		6976	1469	8
和硕县曲惠乡	18489	3	3910		2399	194	5
和硕县塔哈其乡	19045	5	8937		5813	1185	4
和硕县苏哈特乡	3093	2	4142		1973	369	1
和硕县乃仁克尔乡	284693	5	1250		598	24	3
和硕县新塔热乡	15075	3	4282		996	90	1
博湖县博湖镇	3350		14970	3220	5127	3265	13
博湖县本布图镇	11699	7	11267	1450	4573	1915	2
博湖县塔温觉肯乡	14573	6	8716		3754	614	5
博湖县乌兰再格森乡	4188	3	3665		1988	189	1
博湖县才坎诺尔乡	12449	5	7681		3615	48	2
博湖县查干诺尔乡	7792	3	8760		5300	1268	1
博湖县博斯腾湖乡	301035	2	1392		741	162	5
阿克苏市喀勒塔勒镇	82818	28	40547	3406	17025	4266	3
阿克苏市阿依库勒镇	141333	21	46959	3927	17290	11006	6
阿克苏市依干其乡	29942	17	33603		12955	3025	2
阿克苏市拜什吐格曼乡	20113	26	26678		8919	2741	1

乡镇基本情况

计算单位:公顷、个、人

名　　称	行政区域面积	村民委员会	常住人口	城镇建成区总人口	从业人员	二三产业从业人员	工业企业单位
阿克苏市托普鲁克乡	14092	11	16686		6514	732	2
阿克苏市库木巴希乡	12213	14	24334		9260	1593	1
温宿县温宿镇	3150	3	35626	32607	3104	2494	50
温宿县吐木秀克镇	66145	10	11182	2014	6164	273	
温宿县克孜勒镇	23356	12	19921	2754	9968	1103	12
温宿县阿热勒镇	39147	15	23716	2410	13590	460	1
温宿县佳木镇	57663	12	20143	2270	9746	740	9
温宿县托乎拉乡	17550	9	10510	3765	4328	330	9
温宿县恰格拉克乡	18330	8	14546	1088	7819	308	1
温宿县依希来木其乡	32719	10	12190	1150	6434	559	4
温宿县古勒阿瓦提乡	93160	13	18975	724	9880	460	
温宿县博孜墩柯尔克孜族乡	117800	5	4242	397	3344	94	4
库车县热斯坦街道办事处	480		15497	1294	1150	1150	
库车县萨克萨克街道办事处	507		16623	7439	9555	9555	
库车县新城街道办事处	560		30637	2866	21167	21167	
库车县东城街道办事处	1293		17200	5430	7295	7295	
库车县乌恰镇	5907	6	41331	9678	17232	3131	
库车县阿拉哈格镇	15340	25	37233	13000	34409	2456	
库车县齐满镇	20307	19	40412	5365	20513	4112	12
库车县墩阔坦镇	90780	20	18481	1256	8181	602	17
库车县牙哈镇	265640	25	16313	3400	16307	4529	8
库车县乌尊镇	30887	17	31041	3541	15588	5163	12
库车县依西哈拉镇	27967		29143	3515	11117	4980	
库车县雅克拉镇	1433	1	630	262	223	73	
库车县玉奇吾斯塘乡	32007	13	29844		14408	768	6
库车县比西巴格乡	15113	14	27678		16434	4329	
库车县哈尼喀塔木乡	72540	26	38760		21015	1574	
库车县阿克吾斯塘乡	37773	13	16861		9391	586	3
库车县阿格乡	125647	6	3319		1180		
库车县塔里木乡	47713	6	2130		1139	45	
沙雅县沙雅镇	3450	2	44938	44938	20410	19630	43
沙雅县托依堡勒迪镇	91200	24	38178	5000	15063	285	2
沙雅县红旗镇	24300	19	32578	6154	18569	7421	3
沙雅县英买力镇	32300	20	30860	2951	29209	1220	2
沙雅县古勒巴格乡	116341	22	28416		17779	730	2
沙雅县海楼乡	42696	21	26408		13783	731	9
沙雅县努尔巴格乡	14444	13	12543		12190	237	2
沙雅县塔里木乡	94655	7	6083		4264	153	
沙雅县盖孜库木乡	238751	10	10076		8016		1
沙雅县央塔克协海尔乡	52700	12	12837		9083	694	1
新和县新和镇	1118	3	32224	26321	3634	1938	9
新和县尤鲁都斯巴格镇	15659	17	22136	2226	10190	971	8
新和县依其艾日克乡	11629	21	29403	2982	11908	680	16
新和县排先拜巴扎乡	13000	15	17932	1735	8502	819	
新和县塔什艾日克乡	9478	15	17035		8849	356	20
新和县渭干乡	12936	16	20607		10058	1508	
新和县玉奇喀特乡	21463	14	22733		12378	2428	
新和县塔木托格拉克乡	24072	9	9463		5350	231	
拜城县拜城镇	12462	5	44521	38880	10164	9063	61

乡镇基本情况

计算单位：公顷、个、人

名　　称	行政区域面积	村民委员会	常住人口	城镇建成区总人口	从业人员	二三产业从业人员	工业企业单位
拜城县铁热克镇	12901	2	3329	2573	3052	2657	8
拜城县察尔其镇	128360	11	18801	2982	5569	553	3
拜城县赛里木镇	104150	16	18019	1735	8480	747	2
拜城县黑英山乡	343072	13	13653		4155	927	2
拜城县克孜尔乡	119259	10	9814		6665	2533	3
拜城县托克逊乡	74237	11	17319		7053	915	3
拜城县亚吐尔乡	110844	13	19062		10384	3149	7
拜城县康其乡	61471	12	17612		7697	699	8
拜城县布隆乡	50456	7	10714		4745	328	4
拜城县米吉克乡	80296	14	14908		6220	825	20
拜城县温巴什乡	67325	15	16721		9208	921	1
拜城县大桥乡	40150	9	10191		4978	719	2
拜城县老虎台乡	99218	7	13343		6016	1235	1
乌什县乌什镇	1901	3	31140	26315	21798	18646	20
乌什县阿合雅镇	233571	22	39563	2900	27697	1951	5
乌什县阿克托海乡	17700	15	24918		22695	1367	4
乌什县亚科瑞克乡	16645	10	18435		13082	626	1
乌什县阿恰塔格乡	84350	13	20013		15520	562	1
乌什县依麻木乡	41900	16	24432		16880	539	1
乌什县英阿瓦提乡	240690	9	18487		12600	445	1
乌什县亚曼苏柯尔克孜族乡	180555	7	9322		6800	349	
乌什县奥特贝希乡	39908	13	25438		19202	497	
阿瓦提县阿瓦提镇	651	2	36831	36831	22794	21933	47
阿瓦提县乌鲁却勒镇	257100	25	45378	4625	21045	3071	15
阿瓦提县拜什艾日克镇	46823	27	40101	5066	19143	1716	5
阿瓦提县阿依巴格乡	64100	16	27445		13188	861	3
阿瓦提县塔木托格拉克乡	169715	18	21307		10298	833	3
阿瓦提县英艾日克乡	92706	23	35716		16574	1563	1
阿瓦提县多浪乡	4350	4	8887		4031	405	4
阿瓦提县巴格托格拉克乡	4429	4	3527		1572	171	
柯坪县柯坪镇	816	1	9547	7541	998	140	10
柯坪县盖孜力克乡	3343	9	15383		6031	469	1
柯坪县玉尔其乡	2290	7	14335		4071	606	
柯坪县阿恰勒乡	2164	7	8321		3049	183	2
柯坪县启浪乡	1041	9	5216		2864	124	3
阿图什市上阿图什镇	76700	18	48214	4522	23589	7600	6
阿图什市松他克乡	18300	11	38830		9910	3093	2
阿图什市阿扎克乡	28200	15	42010		17210	5855	12
阿图什市阿湖乡	60900	6	17820		10898	3858	6
阿图什市格达良乡	152800	7	18362		8450	884	
阿图什市哈拉峻乡	84524	11	16931		7634	3376	8
阿图什市吐古买提乡	310800	7	9823		4202	502	
阿克陶县阿克陶镇	13600	9	39164	1687	7397	1285	200
阿克陶县奥依塔克镇	153700	4	5116	2494	1997	488	50
阿克陶县玉麦乡	19400	12	27093		8993	935	10
阿克陶县皮拉勒乡	18600	20	44757		15150	910	4
阿克陶县巴仁乡	107900	15	34828		17840	330	6
阿克陶县喀热克其克乡	10800	4	5336		2198	1838	1
阿克陶县加马铁热克乡	4400	6	10965		5952	1182	

乡镇基本情况

计算单位:公顷、个、人

名　　称	行政区域面积	村民委员会	常住人口	城镇建成区总人口	从业人员	二三产业从业人员	工业企业单位
阿克陶县木吉乡	760200	4	4341		1716	112	3
阿克陶县布伦口乡	411400	5	7064		2941	407	8
阿克陶县克孜勒陶乡	388200	13	9397		3849	1173	6
阿克陶县恰尔隆乡	219930	5	4966		2466	1114	2
阿克陶县库斯拉甫乡	103900	4	4038		1753	858	7
阿克陶县塔尔塔吉克族乡	102300	8	5053		2182	755	
阿合奇县阿合奇镇	117000	3	3767	504	2150	1550	16
阿合奇县库兰萨日克乡	105861	5	4703		2219	145	
阿合奇县色帕巴依乡	58302	3	3741		1040	241	
阿合奇县苏木塔什乡	131562	3	4869		1657	103	
阿合奇县哈拉奇乡	232940	3	8662		1255	180	
阿合奇县哈拉布拉克乡	281693	6	8721		2168	100	
乌恰县乌恰镇	400	5	11942	11942	4368	4368	
乌恰县康苏镇	1400	4	1932	5924	1990	1990	17
乌恰县乌鲁克恰提乡	174900	4	4145		4145	1037	
乌恰县吾合沙鲁乡	174500	2	924		774	39	
乌恰县膘尔托阔依乡	422100	5	7049		7049	852	
乌恰县黑孜韦乡	387100	6	6744		5428	423	
乌恰县托云乡	171589	3	2658		2157	110	
乌恰县铁列克乡	149900	2	3662		1847	69	
乌恰县巴音库鲁提乡	131700	2	2227		2096	201	
乌恰县波斯坦铁列克乡	455200	6	9241		3651	461	
乌恰县吉根乡	145200	4	2302		1728	383	
喀什市乃则尔巴格镇	3415	15	60160	4920	12560	8760	24
喀什市夏马勒巴格镇	2256	14	44055	13808	26588	25237	24
喀什市多来特巴格乡	3600	18	43836		12792	9222	21
喀什市浩罕乡	7850	15	33007		7880	6425	20
喀什市色满乡	3500	8	19503		7962	3850	20
喀什市荒地乡	1218	8	12665		10797	10097	3
喀什市帕哈太克里乡	3188	6	14671		8303	2968	10
喀什市伯什克然木乡	22078	21	40805		19171	2834	7
喀什市阿瓦提乡	8640	19	34963		24085	9545	6
疏附县托克扎克镇	7048	6	32110	2793	8089	5004	23
疏附县兰干镇	25957	11	20185	2365	10925	2580	19
疏附县吾库萨克镇	6371	8	19932	1684	15424	2381	30
疏附县乌帕尔乡	111786	17	37846		28707	6590	5
疏附县塔什米里克乡	38259	15	31339		24494	5400	1
疏附县铁日木乡	5980	4	5879		2435	240	
疏附县布拉克苏乡	20041	16	43115		33916	8850	3
疏附县萨依巴格乡	21047	16	25354		24492	8492	13
疏附县站敏乡	22107	19	26034		20772	5385	5
疏附县木什乡	69310	9	16679		13187	3830	8
疏附县英吾斯塘乡	10916	19	39821		26881	5650	6
疏附县阿克喀什乡	28241	6	12158		10215	1198	1
疏勒县疏勒镇	1400	3	41763	14252	16178	13620	2
疏勒县罕南力克镇	7600	23	26771	2500	10711	1500	1
疏勒县牙甫泉镇	15900	21	30014	2254	16083	1883	1
疏勒县巴仁乡	8200	15	32311		13320	1370	1
疏勒县洋大曼乡	9400	18	19346		10368	1345	1

乡镇基本情况

计算单位：公顷、个、人

名　　称	行政区域面积	村民委员会	常住人口	城镇建成区总人口	从业人员	二三产业从业人员	工业企业单位
疏勒县亚曼牙乡	12500	16	18413		9741	778	
疏勒县巴合齐乡	11000	14	24420		13189	789	1
疏勒县塔孜洪乡	14600	20	30293		17272	728	2
疏勒县英尔力克乡	9800	18	24461		13269	769	1
疏勒县库木西力克乡	13100	21	24302		13362	877	1
疏勒县塔合其乡	6600	9	10376		6241	600	
疏勒县艾尔木东乡	17400	12	14255		8406	721	1
疏勒县阿拉力乡	11800	9	13620		7413	458	
疏勒县阿拉甫乡	84200	14	21263		11903	703	1
疏勒县英阿瓦提乡	8900	10	11706		6361	401	
英吉沙县城关乡	3136	13	10768		10768	190	
英吉沙县龙甫乡	16142	8	8007		7762	256	6
英吉沙县芒辛乡	9634	15	25205		25205	1660	
英吉沙县色提力乡	10451	10	11318		11291	48	
英吉沙县萨罕乡	52250	21	32250		32250	920	
英吉沙县英也尔乡	8131	10	13187		13101	132	
英吉沙县克孜勒乡	125313	14	27208		24910	2790	
英吉沙县苏盖提乡	20432	14	26189		16168	437	4
英吉沙县乌恰乡	21304	27	47822		47822	7926	6
英吉沙县艾古斯乡	16464	8	10431		3950	1630	
英吉沙县依格孜也尔乡	12956	4	6077		5617	1958	1
泽普县泽普镇	965		32388	4550	19474	19474	9
泽普县奎依巴格镇	22913	3	9931	998	6244	4881	42
泽普县波斯喀木乡	4466	14	19957		4391	998	5
泽普县依玛乡	9946	18	21181		8073	2285	9
泽普县古勒巴格乡	11860	14	20077		6648	1038	1
泽普县赛力乡	6870	14	17234		4730	1300	7
泽普县依肯苏乡	9289	18	22308		5427	1109	1
泽普县图呼其乡	5311	9	10717		3037	934	3
泽普县奎依巴格乡	7645	13	14486		4031	204	3
泽普县阿克塔木乡	5107	8	7177		2900	1050	3
泽普县阿依库勒乡	6224	14	12770		3996	724	7
泽普县布依鲁克塔吉克族乡	2561	4	3908		1507	307	2
莎车县莎车镇	1470	1	121059	8700	4108	105	154
莎车县恰热克镇	62366	27	32269	3258	11236	1960	4
莎车县艾力西湖镇	48747	26	39227	3523	4932	1186	1
莎车县荒地镇	23152	27	38037	1932	8744	5524	1
莎车县阿瓦提镇	14305	18	25849	4200	25128	783	1
莎车县白什坎特镇	14976	26	41839	3250	9990	4490	4
莎车县依盖尔其镇	11918	21	28472	3444	13127	1775	2
莎车县古勒巴格乡	2563	14	23654		6358	1917	
莎车县阿热勒乡	7383	16	19921		6800	1217	4
莎车县恰尔巴格乡	7448	15	14658		5843	1715	2
莎车县托木吾斯塘乡	8000	15	32322		10105	2036	1
莎车县英吾斯塘乡	5318	10	12037		3154	161	
莎车县乌达力克乡	15348	27	34182		6902	1655	6
莎车县阿尔斯兰巴格乡	12395	20	21717		8172	584	38
莎车县孜热甫夏提塔吉克族乡	12397	12	11395		214	214	14
莎车县亚喀艾日克乡	12342	12	11307		3733	733	

乡镇基本情况

计算单位:公顷、个、人

名　称	行政区域面积	村民委员会	常住人口	城镇建成区总人口	从业人员	二三产业从业人员	工业企业单位
莎车县喀群乡	219359	14	20660		11497	1146	3
莎车县霍什拉甫乡	40020	15	18580		6520	2020	
莎车县达木斯乡	117213	8	9700		3363	489	2
莎车县米夏乡	6571	24	34630		8276	1656	14
莎车县伊什库力乡	52053	23	31504		9487	1055	5
莎车县拍克其乡	57971	16	21689		6661	2959	2
莎车县塔尕尔其乡	11913	30	38821		11833	5359	4
莎车县阔什艾日克乡	6028	13	17527		4903	1703	1
莎车县墩巴格乡	7301	12	21702		9960	2502	1
莎车县阿拉买提乡	13223	16	26216		7130	3227	2
莎车县阿扎特巴格乡	13368	13	16651		5783	1110	1
莎车县巴格阿瓦提乡	12682	11	17538		7924	1114	2
莎车县喀拉苏乡	60159	12	15487		4045	724	2
叶城县喀格勒克镇	4167		79321	79321	16292	12246	127
叶城县恰尔巴格镇	5733	14	23324	23324	10693	854	5
叶城县乌夏巴什镇	445890	20	21750	21750	10975	1937	3
叶城县洛克乡	140000	13	21454		10486	1050	3
叶城县伯西热克乡	17386	18	36374		14571	2262	1
叶城县铁提乡	27871	11	19042		8128	448	7
叶城县恰萨美其特乡	1320	11	22574		8512	4793	11
叶城县吐古其乡	4584	16	22388		9764	2148	4
叶城县江格勒斯乡	274722	18	29856		12661	2332	
叶城县加依提勒克乡	9738	23	26508		12188	690	2
叶城县巴仁乡	108700	10	12918		5258	932	4
叶城县乌吉热克乡	7776	18	22677		9588	1619	2
叶城县夏合甫乡	6642	17	23099		10320	630	
叶城县依力克其乡	34496	14	16115		8173	2050	2
叶城县依提木孔乡	10150	27	37481		20634	5886	6
叶城县宗朗乡	27978	6	7140		3445	443	1
叶城县柯克亚乡	366250	17	23205		8630	1269	5
叶城县西合休乡	182000	9	5927		3182	540	1
叶城县棋盘乡	154653	13	17889		9866	2535	
叶城县萨依巴格乡	47330	21	25035		12664	951	1
麦盖提县麦盖提镇	1725		35882	35882	10091	10008	54
麦盖提县巴扎结米乡	18103	16	27628		6615	825	2
麦盖提县希依提墩乡	16646	13	15676		6490	810	20
麦盖提县央塔克乡	70611	23	33195		9960	1243	4
麦盖提县吐曼塔勒乡	71666	14	27308		9173	1145	
麦盖提县尕孜库勒乡	60539	20	27148		6772	845	2
麦盖提县克孜勒阿瓦提乡	70176	19	27346		6086	759	1
麦盖提县库木库萨尔乡	510948	12	14600		7705	961	3
麦盖提县昂格特勒克乡	8547	4	6150		2312	289	1
麦盖提县库尔玛乡	37692	8	14692		5478	684	2
岳普湖县岳普湖镇	5257	3	29882	10987	12251	9856	35
岳普湖县艾西曼镇	9690	9	17857	2478	7708	1138	1
岳普湖县岳普湖乡	26815	8	15669		5672	989	2
岳普湖县也克先拜巴扎乡	12947	13	20538		5547	982	1
岳普湖县阿其克乡	24717	15	22982		8049	1091	
岳普湖县色也克乡	26969	14	20616		7965	1291	4

乡镇基本情况

计算单位:公顷、个、人

名　　称	行政区域面积	村民委员会	常住人口	城镇建成区总人口	从业人员	二三产业从业人员	工业企业单位
岳普湖县铁热木乡	104529	13	21590		9842	1486	
岳普湖县巴依阿瓦提乡	63274	8	10793		5510	528	
岳普湖县阿洪鲁库木乡	28101	4	2769		830	244	
伽师县巴仁镇	1785	7	35258	10942	3298	2155	36
伽师县西克尔库勒镇	13657		1038	1038	260	225	1
伽师县铁日木乡	5813	10	15970		6147	947	7
伽师县英买里乡	79526	20	31966		12184	1069	5
伽师县江巴孜乡	26240	27	34312		13130	1307	10
伽师县卧里托格拉克乡	153335	35	44623		16834	928	4
伽师县克孜勒博依乡	67844	34	46236		19200	813	6
伽师县米夏乡	10103	21	30816		12056	857	
伽师县夏普吐勒乡	20423	22	33095		13157	1135	4
伽师县和夏阿瓦提乡	39437	41	52057		20739	1489	2
伽师县克孜勒苏乡	29188	40	41016		17065	911	
伽师县古勒鲁克乡	52680	28	26498		10564	836	1
伽师县玉代克力克乡	102203	12	16787		6597	603	
巴楚县巴楚镇	2240	1	57902	50144	9336	4675	78
巴楚县色力布亚镇	28000	19	51182	35000	27205	1727	7
巴楚县阿瓦提镇	42750	20	24052	16000	11147	175	2
巴楚县三岔口镇	50000		379		379	190	16
巴楚县恰尔巴格乡	48600	19	27598		15358	590	9
巴楚县多来提巴格乡	71400	20	25647		13011	385	6
巴楚县阿纳库勒乡	100000	14	22933		5657	140	5
巴楚县夏马勒乡	89800	9	10837		3241	127	3
巴楚县阿克萨克玛热勒乡	88000	20	32975		13639	530	7
巴楚县阿拉根乡	35750	20	29902		18263	315	1
巴楚县琼库恰克乡	129500	25	42462		21197	2620	2
巴楚县英吾斯坦乡	37400	19	25952		13052	510	2
塔什库尔干塔吉克自治县塔什库尔干镇	1000		9238		1912	1912	
塔什库尔干塔吉克自治县塔吉克阿巴提镇	3340	5	4500		1827	799	
塔什库尔干塔吉克自治县塔什库尔干乡	460600	5	5406		1212	202	
塔什库尔干塔吉克自治县塔合曼乡	735100	4	3103		951	176	
塔什库尔干塔吉克自治县科克亚尔柯尔克孜族乡	60200	2	1074		425	175	
塔什库尔干塔吉克自治县提孜那甫乡	206100	3	3168		1007	353	
塔什库尔干塔吉克自治县达布达尔乡	1140000	4	2913		935	125	
塔什库尔干塔吉克自治县马尔洋乡	776800	4	2042		797	96	
塔什库尔干塔吉克自治县瓦恰乡	150800	5	2735		959	105	
塔什库尔干塔吉克自治县班迪尔乡	576300	4	1976		701	135	
塔什库尔干塔吉克自治县库科西鲁格乡	464400	4	1856		763	123	
塔什库尔干塔吉克自治县大同乡	214700	4	2017		608	148	2
和田市拉斯奎镇	4765	10	23906	2320	6065	2145	5
和田市玉龙喀什镇	4225	15	22890	5175	6649	2436	3
和田市肖尔巴格乡	3292	16	30285		15156	5574	10
和田市伊里其乡	5218	17	33683		11023	4753	7
和田市古江巴格乡	1754	7	19574		5240	2002	2
和田市吐沙拉乡	10210	19	48405		16672	7269	6
和田市吉亚乡	17180	19	22878		8154	2258	2
和田市阿克恰勒乡	4380	8	3891		2328	126	
和田县巴格其镇	15802	27	56345	7219	31605	11782	

乡镇基本情况

计算单位：公顷、个、人

名　　称	行政区域面积	村民委员会	常住人口	城镇建成区总人口	从业人员	二三产业从业人员	工业企业单位
和田县罕艾日克镇	9551	33	43888	2822	19665	2754	1
和田县英阿瓦提乡	10282	15	24164		12468	899	
和田县英艾日克乡	22422	9	10876		4413	433	
和田县布扎克乡	16509	19	27836		15188	2799	6
和田县拉依喀乡	6682	13	29792		17852	5001	
和田县朗如乡	2323362	15	17829		6055	435	4
和田县塔瓦库勒乡	34451	18	27793		10264	1469	
和田县伊斯拉木阿瓦提乡	53409	18	23215		9806	772	
和田县色格孜库勒乡	36563	15	10636		4790	464	
和田县喀什塔什乡	1574582	11	6150		2617	341	2
和田县吾宗肖乡	4380	13	7285		2650	74	
墨玉县喀拉喀什镇	3435	22	44351	2199	10035	4535	1
墨玉县扎瓦镇	35623	34	58395	3852	12097	2375	
墨玉县奎牙镇	7481	30	49142	1925	14203	3251	
墨玉县喀尔赛乡	390249	32	45275		14174	3950	
墨玉县阿克萨拉依乡	4368	23	30251		8271	1722	
墨玉县乌尔其乡	24613	19	19274		5230	1081	
墨玉县托胡拉乡	2071	11	20948		11962	2490	
墨玉县萨依巴格乡	222655	27	34104		10574	1375	8
墨玉县加汗巴格乡	4535	20	26491		14748	4966	1
墨玉县普恰克其乡	6425	28	37901		9000	2100	
墨玉县芒来乡	2361	15	24617		9634	4922	
墨玉县阔依其乡	266910	24	28044		8130	2422	
墨玉县雅瓦乡	333224	22	37910		15856	2574	
墨玉县吐外特乡	4661	21	25230		9915	2521	
墨玉县英也尔乡	7443	13	12943		3730	1169	
墨玉县喀瓦克乡	1237333	23	12341		2925	525	
皮山县固玛镇	19433	16	22002	22002	7891	1728	
皮山县杜瓦镇	321807	8	7814	1350	2791	648	2
皮山县赛图拉镇	825000	1	338	300	160	20	
皮山县木吉镇	341358	18	25422	4930	6634	2558	1
皮山县阔什塔格乡	69216	12	16516		4855	346	1
皮山县克里阳乡	44357	9	7186		4020	465	
皮山县科克铁热克乡	317233	25	38923		13487	3017	
皮山县桑株乡	162880	19	33344		9810	503	1
皮山县乔达乡	172250	11	13635		5250	343	1
皮山县木奎拉乡	227617	18	20906		5082	1782	
皮山县藏桂乡	303488	10	15635		5889	332	
皮山县皮亚勒玛乡	291560	5	6465		3193	223	2
皮山县皮西那乡	41048	7	8336		3421	399	
皮山县巴什兰干乡	100200	5	5572		2304	199	
皮山县垴阿巴提塔吉克民族乡	468409	3	983		381	50	
皮山县康克尔柯尔克孜民族乡	1004808	2	1591		595	46	
洛浦县城区街道办事处	9396	28	34402		14203	2353	
洛浦县洛浦镇	4813	18	20313	495	11371	2708	
洛浦县布亚乡	9396	28	34402		14203	2353	
洛浦县山普鲁乡	203518	26	31708		12653	1181	2
洛浦县恰尔巴格乡	9448	37	46085		22000	1876	
洛浦县杭桂乡	354218	38	44241		15000	1400	

乡镇基本情况

计算单位:公顷、个、人

名　　称	行政区域面积	村民委员会	常住人口	城镇建成区总人口	从业人员	二三产业从业人员	工业企业单位
洛浦县多鲁乡	282767	31	35576		15900	2766	
洛浦县纳瓦乡	2755	13	14513		8562	489	
洛浦县拜什托格拉克乡	543780	12	6911		2172	170	
洛浦县阿其克乡	664	4	1610		695	35	
策勒县策勒镇	26301	10	13531	1380	5784	1144	66
策勒县策勒乡	932716	19	33746		15210	1815	10
策勒县固拉哈玛乡	68955	19	30122		13376	2309	3
策勒县达玛沟乡	544038	17	22393		7709	1459	2
策勒县恰哈乡	449662	20	16414		6216	1222	2
策勒县乌鲁克萨依乡	344267	8	4839		2626	78	2
策勒县奴尔乡	459661	18	12546		6814	891	1
策勒县博斯坦乡	332185	12	7245		3708	392	
于田县木尕拉镇	5447	17	27348	2847	13822	1275	
于田县先拜巴扎镇	4309	11	21262	1363	9882	1192	2
于田县加依乡	1864	13	18086		8340	930	1
于田县科克亚乡	5433	13	21209		9191	626	2
于田县阿热勒乡	33533	10	17729		2961	461	3
于田县阿日希乡	44107	9	7920		4249	1046	
于田县兰干乡	84087	13	19628		18823	854	4
于田县斯也克乡	22048	14	23348		12904	523	
于田县托格日尕孜乡	13260	11	14519		9000	620	
于田县喀拉克尔乡	83407	13	16171		14789	1125	1
于田县奥依托格拉克乡	557527	12	20091		9538	1347	5
于田县阿羌乡	1024726	10	9309		4295	550	
于田县英巴格乡	433380	12	9877		6740	390	
于田县希吾勒乡	43800	4	4698		3502	1540	
于田县达里雅布依乡	1534459	1	1398		621		
民丰县尼雅镇	1426	2	3229		867	397	
民丰县尼雅乡	1108383	6	6033		3724	398	1
民丰县若克雅乡	95326	7	6984		1542	618	
民丰县萨勒吾则克乡	774278	8	4300		2514	200	
民丰县叶亦克乡	2795591	6	3824		2184	47	
民丰县安迪尔乡	118729	4	2309		1320	62	
民丰县亚瓦通古孜乡	863715	1	346		346	22	
伊宁市巴彦岱镇	26148	7	23806	8780	14155	8493	33
伊宁市英也尔乡	9058	5	18300		11504	2534	12
伊宁市汉宾乡	3178	4	15085		6920	6421	
伊宁市塔什科瑞克乡	1373	6	14272		7500	6695	2
伊宁市喀尔墩乡	3448	5	14942		6908	5273	8
伊宁市托格拉克乡	3075	4	9450		5422	1800	2
伊宁市克伯克圩孜乡	1596	3	6834		4907	1788	2
伊宁市达达木图乡	5670	5	30676		13055	2802	12
伊宁市潘津乡	4921	7	22755		8865	3457	
奎屯市开干齐乡	47600	4	1394		898	68	6
伊宁县吉里于孜镇	5755	6	42504	6188	20090	18090	20
伊宁县墩麻扎镇	2700	4	11306	4310	3469	1358	3
伊宁县胡地于孜乡	11863	9	20999		10812	3525	6
伊宁县吐鲁番于孜乡	5763	4	13604		4466	2119	1
伊宁县喀拉亚尕奇乡	3124	5	12290		4780	1187	12

乡镇基本情况

计算单位:公顷、个、人

名　　称	行政区域面积	村民委员会	常住人口	城镇建成区总人口	从业人员	二三产业从业人员	工业企业单位
伊宁县武功乡	5305	4	10954		3996	789	
伊宁县萨地克于孜乡	1309	2	6839		5393	936	
伊宁县愉群翁回族乡	15220	15	54883		25330	12980	
伊宁县阿热吾斯塘乡	10530	12	21875		12516	4793	2
伊宁县英塔木乡	12200	9	28849		4870	2715	2
伊宁县巴依托海乡	14140	12	22508		7594	858	2
伊宁县维吾尔玉其温乡	7313	7	18204		5700	2197	10
伊宁县萨木于孜乡	12560	8	20560		13072	1764	
伊宁县喀什乡	21100	8	25331		11339	1650	1
伊宁县麻扎乡	19717	7	12714		12416	1070	
伊宁县温亚尔乡	12000	7	28012		12001	717	
伊宁县阿乌利亚乡	3326	5	13837		7237	1500	
伊宁县曲鲁海乡	9396	6	11750		6115	378	1
察布查尔锡伯自治县察布查尔镇	6317	2	26880	3475	11455	9956	32
察布查尔锡伯自治县爱新色里镇	28800	4	9509	8756	4656	553	
察布查尔锡伯自治县堆齐牛录乡	19478	4	9190		5450	488	
察布查尔锡伯自治县孙扎齐牛录乡	20357	5	10340		7952	2460	7
察布查尔锡伯自治县绰霍尔乡	8418	4	9899		6075	2686	3
察布查尔锡伯自治县纳达齐牛录乡	6979	2	5089		2758	593	6
察布查尔锡伯自治县扎库齐牛录乡	37333	5	15186		7144	838	6
察布查尔锡伯自治县米粮泉回族乡	4045	3	5822		3100	790	
察布查尔锡伯自治县坎乡	50557	10	13261		7109	1045	4
察布查尔锡伯自治县阔洪奇乡	23119	8	9671		4292	1629	
察布查尔锡伯自治县海努克乡	25667	5	15294		7724	744	
察布查尔锡伯自治县加尕斯台乡	50251	5	15503		8630	1460	4
察布查尔锡伯自治县琼博拉乡	45333	5	9066		4444	763	2
霍城县水定镇	25025	4	31048	29365	16674	12174	15
霍城县清水河镇	36600	15	47872	14367	40085	10525	65
霍城县芦草沟镇	38516	11	38671	2495	23246	4652	4
霍城县惠远镇	13862	4	26545	5627	8645	1043	7
霍城县萨尔布拉克镇	64170	12	35268	6948	20190	6079	1
霍城县兰干乡	4216	10	23323		23273	2491	13
霍城县三道河乡	4500	3	10232		4070	1260	2
霍城县伊车嘎善乡	8000	5	13434		7342	984	8
霍城县三宫乡	7200	4	17290		6456	522	33
霍城县大西沟乡	15200	7	12569		5775	1365	1
巩留县巩留镇	2526	1	29560	2550	18055	17405	9
巩留县阿克吐别克镇	61333	6	12300	3100	4800	1400	3
巩留县库尔德宁镇	56800	7	14383	3870	4644	1021	
巩留县吉尔格郎乡	42660	6	8497		5533	720	
巩留县阿尕尔森乡	58666	9	30150		16532	961	5
巩留县东买里乡	31832	8	34496		17380	4880	
巩留县塔斯托别乡	41400	8	28171		13505	925	
巩留县提克阿热克乡	42667	8	17849		9205	2321	6
新源县新源镇	41442	6	46599	17715	22765	15151	21
新源县则克台镇	42914	5	26481	7598	10625	6539	13
新源县阿热勒托别镇	41890	6	35539	11042	12744	4644	5
新源县塔勒德镇	103863	11	26700	10195	10694	2577	
新源县那拉提镇	159946	8	32444	7653	13505	5293	

乡镇基本情况

计算单位：公顷、个、人

名　　称	行政区域面积	村民委员会	常住人口	城镇建成区总人口	从业人员	二三产业从业人员	工业企业单位
新源县肖尔布拉克镇	26137	7	11017	2026	4747	537	1
新源县喀拉布拉镇	59717	8	20903	6284	9184	5864	
新源县别斯托别乡	47740	13	34584		10651	921	9
新源县坎苏乡	37420	5	12176		3840	580	
新源县阿勒玛勒乡	27206	5	13850		4539	1011	1
新源县吐尔根乡	28861	3	11578		3802	460	1
昭苏县昭苏镇	164507	4	27812	4805	8473	7154	16
昭苏县洪纳海乡	27194	9	15045		7241	1980	3
昭苏县乌尊布拉克乡	65745	6	8914		2781	868	1
昭苏县阿克达拉乡	40748	11	11201		4536	640	
昭苏县萨尔阔布乡	100857	7	11828		5055	1228	
昭苏县喀夏加尔乡	40576	5	12226		5218	1622	2
昭苏县喀拉苏乡	191494	8	13218		5216	1348	
昭苏县察汗乌苏蒙古族乡	41923	7	11666		3900	825	3
昭苏县夏特柯尔克孜族乡	106056	8	14003		4840	1280	2
昭苏县胡松图喀尔逊蒙古族乡	97469	8	10321		5951	2281	
特克斯县特克斯镇	67272	4	37356	3705	5821	3696	4
特克斯县乔拉克铁热克镇	164935	11	37903	3863	15943	3705	
特克斯县喀拉达拉镇	115126	11	23610	5905	10434	2188	1
特克斯县呼吉尔特蒙古民族乡	21957	6	8509		4105	1425	3
特克斯县阔克苏乡	1316	3	3312		1846	265	4
特克斯县齐勒乌泽克乡	70175	9	20137		8948	1085	
特克斯县阔克铁热克柯尔克孜民族乡	152757	7	18997		5121	1471	
特克斯县喀拉托海乡	107769	9	14457		6241	863	1
尼勒克县尼勒克镇	28867	4	35420	1641	17305	11593	15
尼勒克县苏布台乡	29333	4	6783		2730	472	
尼勒克县喀拉苏乡	65786	8	14855		6965	1000	2
尼勒克县加哈乌拉斯台乡	47600	6	8673		2806	999	1
尼勒克县尼勒克县乌赞乡	45333	7	15157		4785	1607	6
尼勒克县科克浩特浩尔蒙古民族乡	101333	10	17477		14383	3595	8
尼勒克县乌拉斯台乡	59500	7	9328		4515	814	2
尼勒克县克令乡	126866	7	14912		6536	967	8
尼勒克县喀拉托别乡	36561	4	10453		2314	764	
尼勒克县胡吉尔台乡	80000	9	12126		7321	1637	2
尼勒克县木斯乡	94666	9	16200		5017	1369	7
塔城市二工镇	45865	19	23180	1112	9385	3296	10
塔城市恰夏镇	43200	17	15241	15241	9411	2447	
塔城市喀拉哈巴克乡	29000	22	11697		11404	1693	
塔城市阿西尔达斡尔民族乡	40200	20	10111	1190	5800	420	8
塔城市阿不都拉乡	28300	21	100100		6386	126	
塔城市也门勒乡	37200	9	8932		5860	1010	
乌苏市皇宫镇	15200	11	14924	4700	12800	1410	3
乌苏市车排子镇	25580	9	6780	2349	4964	834	10
乌苏市甘河子镇	35700	9	10756	549	10326	600	3
乌苏市百泉镇	20989	10	10500	1210	6350	150	1
乌苏市四棵树镇	11703	12	13622	1615	2590	2590	3
乌苏市西湖镇	45000	9	8530	1700	827	576	3
乌苏市西大沟镇	54000	16	10857	600	7825	2040	8
乌苏市八十四户乡	16000	19	14281		6687	2057	12

乡镇基本情况

计算单位:公顷、个、人

名　　称	行政区域面积	村民委员会	常住人口	城镇建成区总人口	从业人员	二三产业从业人员	工业企业单位
乌苏市夹河子乡	4500	5	4183		2336	524	
乌苏市九间楼乡	12000	5	7240		4724	205	2
乌苏市石桥乡	16700	8	6248		4052	811	
乌苏市头台乡	152000	8	5277		3583	600	
乌苏市吉尔格勒特郭愣蒙古民族乡	12000	9	6941		3480	869	
乌苏市塔布勒合特蒙古民族乡	185416	4	2774		1148	63	2
额敏县额敏镇	10860	2	39847	39847	13125	775	30
额敏县郊区乡	32000	24	20398		20398	3060	
额敏县额玛勒郭楞蒙古民族乡	4680	9	4890		4890	734	
额敏县玛热勒苏乡	10569	20	13318		13318	1998	
额敏县喀拉也木勒乡	15024	18	8270		8270	1240	
额敏县喇嘛昭乡	1002	3	2251		2251	338	
额敏县霍吉尔特蒙古民族乡	3581	5	4289		4289	643	
额敏县二道桥乡	6229	5	2873		2873	431	
沙湾县三道河子镇	986		97725	3487	21192	20456	26
沙湾县四道河子镇	42000	37	17460	1990	8986	977	15
沙湾县老沙湾镇	53973	37	14457	1957	9469	1120	19
沙湾县乌兰乌苏镇	10067	22	21000	1090	10616	2702	12
沙湾县安集海镇	35666	23	18903	974	9748	1513	20
沙湾县东湾镇	38666	20	11580	732	5898	894	8
沙湾县西戈壁镇	76000	19	11034	1023	8367	1186	5
沙湾县柳毛湾镇	17451	18	11870	2129	5363	1202	21
沙湾县金沟河镇	24000	15	16082	616	10147	4319	29
沙湾县商户地乡	10700	15	7015		5649	166	3
沙湾县大泉乡	14700	13	17506		10667	3856	25
沙湾县博尔通古乡	55000	17	9740		6256	884	
托里县托里镇	9406	2	25191	4553	8944	4121	1
托里县铁厂沟镇	230000	3	10699	7669	8470	7620	26
托里县庙尔沟镇	87330	4	7010	762	2925	2453	7
托里县多拉特乡	291000	15	10499		10499	598	
托里县乌雪特乡	467000	13	6910		6824	280	
托里县库普乡	600000	19	8791		8651	1150	
托里县阿克别里斗乡	116000	9	8036		4279	722	
裕民县哈拉布拉镇	580		14883	14883	1964	1961	10
裕民县哈拉布拉乡	56000	6	8089	3136	4470	868	2
裕民县新地乡	61900	13	6108		3355	550	
裕民县阿勒腾也木勒乡	70100	5	6320		3543	217	
裕民县江格斯乡	67800	9	6413		3849	335	
和布克赛尔蒙古自治县夏孜盖乡	114023	11	4544	3701	1307	48	2
和布克赛尔蒙古自治县铁布肯乌散乡	126909	8	3515	520	1276	76	
和布克赛尔蒙古自治县查干库勒乡	190463	13	4599	2341	1606	45	2
和布克赛尔蒙古自治县巴音傲瓦乡	21116	6	2748	560	1058	37	
和布克赛尔蒙古自治县莫特格乡	19170	8	3526	450	537	122	
阿勒泰市北屯镇	1987		37192		5545	5545	480
阿勒泰市阿苇滩镇	100000	21	12819	2657	9260	414	13
阿勒泰市红墩镇	108000	17	12396	3503	6367	1423	2
阿勒泰市切木尔切克镇	196000	16	14378	2135	3020	1220	1
阿勒泰市阿拉哈克乡	13947	11	9642		6382	2656	
阿勒泰市汗德尕特蒙古族乡	90000	7	3997		2624	916	

乡镇基本情况

计算单位:公顷、个、人

名　　称	行政区域面积	村民委员会	常住人口	城镇建成区总人口	从业人员	二三产业从业人员	工业企业单位
阿勒泰市拉斯特乡	557800	7	4085		1859	469	
阿勒泰市喀拉希力克乡	89800	6	5532		1550	94	2
阿勒泰市萨尔胡松乡	100724	5	5467		2827	283	14
阿勒泰市巴里巴盖乡	99962	6	4985		4931	1726	1
布尔津县布尔津镇	8022	1	20223	20128	572	212	16
布尔津县冲乎尔镇	216800	11	13300	3925	5414	1894	
布尔津县窝依莫克乡	213378	20	17437		7031	2725	
布尔津县杜来提乡	115500	11	8600		8600	327	
布尔津县阔斯特克乡	68000	9	4987		2841	291	
布尔津县也格孜托别乡	110000	9	4779		3014	606	
布尔津县禾木哈纳斯蒙古民族乡	304000	2	2318		1366	420	
富蕴县库额尔齐斯镇	1213	1	24760	24055	10723	10435	
富蕴县可可托海镇	1710	1	5914	5206	2882	2725	
富蕴县恰库尔图镇	12006	3	2840	874	1005	695	
富蕴县吐尔洪乡	1800000	19	15891		8510	2906	
富蕴县杜热乡	1400000	14	15369		6234	1339	
富蕴县库尔特乡	950000	11	11201		4617	1913	
富蕴县克孜勒希力克乡	700000	9	8631		3718	856	
富蕴县铁买克乡	300000	8	5908		3573	1828	
富蕴县喀拉布勒根乡	700000	8	6063		3376	782	
福海县福海镇	4060		23191	23191	10422	10029	
福海县解特阿热勒乡	320507	18	11761		6882	1680	
福海县阔克阿尕什乡	138550	14	7659		3340	550	
福海县齐干吉迭乡	656428	8	4120		2438	401	
福海县喀拉玛盖乡	2020758	16	10526		5306	382	
福海县阿尔达乡	8571	6	2587		1456	936	
哈巴河县阿克齐镇	1200	2	21929	21929	6626	5746	
哈巴河县萨尔塔木乡	129500	22	12035		4473	1348	
哈巴河县加依勒玛乡	124100	23	13067		5102	1255	
哈巴河县库勒拜乡	136000	26	14940		6710	987	
哈巴河县萨尔布拉克乡	181800	24	13574		5382	1408	
哈巴河县铁热克提乡	132300	5	2689		1226	462	
哈巴河县齐巴尔乡	57600	12	8394		3839	255	
青河县青河镇	4584	2	15612	15345	497	185	
青河县塔克什肯镇	147027	4	4208	652	1925	638	
青河县阿热勒托别镇	346725	13	10886	530	4881	700	
青河县阿热勒乡	433293	14	13303		6558	847	
青河县萨尔托海乡	283796	6	5478		2613	1873	
青河县查干郭勒乡	174432	6	6697		2917	500	
青河县阿尕什敖包乡	184405	7	4825		2476	442	
吉木乃县托普铁热克镇	617		11121	11121	4052	3973	
吉木乃县吉木乃镇	125356	5	2741	1148	1511	207	
吉木乃县托普铁热克乡	91145	14	8828		4920	277	
吉木乃县托斯特乡	112723	8	4729		3020	286	
吉木乃县恰勒什海乡	17173	3	1194		526	97	
吉木乃县喀尔交乡	242279	7	4095		2517	267	
吉木乃县别斯铁热克乡	118857	4	3467		1339	174	
石河子市北泉镇	47500	42	46728	46728	21966	15786	146
石河子市石河子乡	7600	17	19023	2500	6826	1205	51
阿拉尔市托喀依乡	8732	8	4536		1122	131	

乡镇社会经济综合情况

乡镇基础设施情况

单位:平方公里、个

地区	乡镇个数	行政区域面积	居民委员会	村民委员会	通公共交通的村	通宽带的村	通有线电视的村	通自来水的村	垃圾集中处理的村	污水集中处理的村
北京	126	12802.2	207	2872	2693	2759	2869	2864	2863	935
天津	135	8498.4	222	3505	2841	3417	3391	3392	2677	878
河北	2014	179931.1	2483	48180	35773	44651	34799	43236	23891	3722
山西	1247	154334.2	908	27569	19771	21899	18184	22426	15832	1316
内蒙古	799	1101427.8	1220	11100	7346	5248	6817	6623	881	232
辽宁	997	139801.0	1319	10275	9223	10056	9931	7130	3508	825
吉林	707	183096.3	1506	9096	8372	8222	8395	5891	3036	283
黑龙江	890	353751.5	1390	8739	8218	8497	8632	7207	4356	687
上海	103	5620.3	1403	1501	1436	1501	1501	1501	1467	836
江苏	905	77961.3	3680	13157	11264	12959	13121	12940	10740	5437
浙江	1094	96999.8	2168	26351	23070	25706	25968	25420	25566	14490
安徽	1284	150291.5	2227	14072	9866	13525	11333	9336	7478	1572
福建	990	120748.5	1331	14249	9992	13736	13305	12927	11695	2632
江西	1440	160603.7	2079	16655	10576	15334	15168	9000	9025	1822
山东	1457	144258.9	2824	71443	58149	68739	70436	67959	50259	8781
河南	2013	161988.0	3334	45757	33285	44260	40191	32227	18272	4854
湖北	978	170388.4	1855	22980	14294	20013	19104	14832	12448	3338
湖南	2149	206524.5	3487	40965	25199	29640	30132	20882	18526	3934
广东	1209	165752.5	2664	18359	12621	18046	17003	14731	13916	3576
广西	1129	228051.5	1136	14213	7003	10741	9589	9254	8389	445
海南	202	29860.4	324	2557	1167	1627	1834	2079	1544	59
重庆	868	76864.2	1576	7797	5634	7159	6977	5774	2096	681
四川	4387	490668.7	4756	46616	17885	20168	35686	23919	16221	2244
贵州	1436	173821.7	1254	17118	6887	8568	7103	13129	4206	889
云南	1283	382042.5	1198	12106	4285	7382	6558	11096	3220	485
西藏	683	767045.0	102	5311	790	83	3071	3344	579	
陕西	1228	199321.8	984	24646	15021	14641	15052	20130	8569	1449
甘肃	1233	407914.5	530	15987	8433	9306	5960	11597	2651	244
青海	368	715609.8	277	4118	1744	997	2410	3212	637	78
宁夏	195	50078.0	187	2233	1610	1678	1626	1656	870	211
新疆	854	1324298.0	692	8560	6562	4852	4095	7596	1775	229
东部地区	8235	842433.5	17306	202174	159006	193141	184227	187049	144618	41346
中部地区	9111	1004130.4	13890	167998	112991	144671	134112	108703	81581	16836
西部地区	14463	5917143.6	13912	169805	83200	90823	104944	117330	50094	7187
东北地区	2594	676648.7	4215	28110	25813	26775	26958	20228	10900	1795

乡镇人口与就业情况

单位：万户、万人

地区	常住户数	常住人口	户籍人口	农业户籍	第一产业从业人员	第二产业从业人员	第三产业从业人员	外来从业人员数
北京	142.41	374.34	285.75	183.36	47.30	67.92	97.42	67.85
天津	145.13	450.82	406.77	338.74	67.70	88.65	54.65	33.79
河北	1877.31	6307.34	6573.33	5162.99	1426.86	1042.88	690.30	158.52
山西	968.33	2770.18	2785.18	2251.04	657.49	283.66	293.80	85.21
内蒙古	592.15	1725.19	1891.99	1415.27	593.30	140.03	208.72	90.98
辽宁	832.21	2531.79	2498.92	1849.18	648.83	277.65	345.49	90.02
吉林	635.88	1984.45	1980.81	1388.64	543.23	166.26	216.91	45.43
黑龙江	702.28	2213.07	2375.12	1823.28	729.93	199.12	278.04	51.77
上海	458.43	1309.43	568.39	142.74	45.46	401.43	279.39	450.27
江苏	1791.81	5863.09	5489.00	3587.48	718.97	1517.48	1034.10	551.87
浙江	1462.66	4448.03	3846.44	3038.61	578.81	1322.41	892.72	808.80
安徽	1640.60	5703.53	5922.97	5052.20	1512.29	949.33	858.91	200.30
福建	911.78	3134.01	3180.82	2517.14	590.01	631.22	505.33	376.79
江西	1156.10	4077.54	4256.08	3342.20	914.01	681.55	593.36	128.11
山东	2401.74	7610.77	7680.06	5932.76	1889.18	1435.31	1150.89	377.93
河南	2321.79	8716.82	9298.46	7829.39	2474.11	1681.31	1433.64	370.62
湖北	1276.24	4114.35	4554.38	3638.40	891.14	769.59	725.48	136.50
湖南	1822.81	6237.98	6351.93	5106.41	1997.00	782.08	813.42	215.59
广东	1842.24	7048.32	6600.82	4878.68	1372.25	1499.08	990.87	1100.83
广西	1274.78	4647.47	4833.32	4184.14	1640.07	530.83	469.53	120.84
海南	171.33	691.60	674.77	528.81	227.46	32.29	73.52	34.02
重庆	801.73	2187.69	2588.30	1891.96	594.01	421.06	393.80	116.37
四川	2562.29	7398.36	8080.49	6541.61	2014.45	980.99	1292.61	287.10
贵州	1034.13	3121.82	3887.34	3477.97	1141.58	310.02	699.40	112.26
云南	1164.03	4054.41	4083.84	3342.89	1598.47	239.29	409.77	121.47
西藏	56.59	261.00	260.63	248.48	91.25	15.86	21.16	2.21
陕西	889.42	2789.57	3013.99	2294.89	765.73	319.52	360.51	95.80
甘肃	567.51	2202.98	2290.98	2044.62	749.71	145.94	267.65	47.41
青海	124.89	464.40	477.74	334.12	122.97	47.50	56.13	9.61
宁夏	136.91	468.69	517.27	376.90	135.96	58.01	57.22	17.48
新疆	386.52	1447.36	1426.16	1096.82	483.78	69.47	117.89	46.95
东部地区	11204.83	37237.74	35306.16	26311.31	6964.00	8038.67	5769.19	3960.67
中部地区	9185.87	31620.41	33169.00	27219.63	8446.05	5147.51	4718.61	1136.33
西部地区	9590.94	30768.94	33352.05	27249.67	9931.27	3278.52	4354.38	1068.49
东北地区	2170.37	6729.31	6854.85	5061.10	1921.99	643.03	840.44	187.22

乡镇财政收支情况

单位:亿元

地　区	公共财政收入	企业实交税金	公共财政支出	年末债务总额
北　京	127.99	145.88	168.00	129.59
天　津	178.97	177.09	122.05	62.07
河　北	690.29	996.43	429.57	83.01
山　西	210.11	360.24	134.88	45.45
内蒙古	214.24	196.48	190.10	77.26
辽　宁	582.75	396.89	426.87	100.09
吉　林	147.42	117.74	116.21	28.33
黑龙江	150.97	67.24	155.30	41.01
上　海	661.36	1568.60	473.77	239.29
江　苏	2003.94	3206.14	1135.53	1152.17
浙　江	1683.80	1928.27	969.46	495.82
安　徽	487.13	401.08	302.26	88.36
福　建	495.09	757.79	343.01	78.73
江　西	583.39	421.96	433.17	82.43
山　东	1267.35	1399.18	1032.54	376.49
河　南	511.26	685.21	400.86	87.70
湖　北	523.22	540.28	494.89	125.46
湖　南	286.78	265.15	239.33	127.54
广　东	1024.99	1970.36	1057.09	768.69
广　西	267.69	132.49	207.14	19.57
海　南	92.54	40.37	65.44	7.12
重　庆	181.30	174.01	179.17	39.42
四　川	463.32	417.14	514.89	210.57
贵　州	233.72	148.92	265.20	116.81
云　南	293.57	172.45	277.28	76.67
西　藏	11.28	0.16	17.75	
陕　西	212.59	179.41	355.60	22.46
甘　肃	69.29	29.74	90.96	15.72
青　海	32.18	5.98	35.39	0.56
宁　夏	37.24	23.38	36.72	7.40
新　疆	142.56	20.77	173.88	55.08
东部地区	8226.32	12190.12	5796.44	3392.97
中部地区	2601.88	2673.93	2005.40	556.93
西部地区	2158.98	1500.94	2344.08	641.53
东北地区	881.15	581.88	698.39	169.43

乡镇农业用地情况

单位：千公顷

地　区	耕地面积	设施农业占地面积	有效灌溉面积	农作物播种面积		耕地流转面积
					粮食作物	
北　京	190.6	15.8	129.3	209.1	140.4	58.7
天　津	369.9	17.3	302.6	461.5	331.7	38.6
河　北	5963.9	294.7	4304.6	8710.2	6243.2	558.4
山　西	3564.1	50.6	1120.5	3766.3	3269.1	287.8
内蒙古	7974.9	240.8	2881.2	7206.6	5612.3	921.2
辽　宁	3709.4	271.4	982.5	4017.2	3157.0	401.6
吉　林	5673.4	40.6	1474.8	5389.5	4789.2	562.9
黑龙江	10196.8	89.4	3228.6	10217.5	9742.3	2788.0
上　海	158.9	20.8	158.9	299.6	130.6	77.8
江　苏	3621.0	555.1	3016.4	6843.6	5052.7	681.3
浙　江	1394.0	148.5	1086.3	2355.0	1235.9	525.1
安　徽	4381.3	166.5	3603.3	8731.0	6624.9	1006.5
福　建	1210.2	37.1	849.9	2290.8	1197.3	169.8
江　西	2385.1	60.4	1877.8	5380.7	3679.3	328.8
山　东	6865.2	371.5	4983.5	10995.8	7209.1	635.1
河　南	7134.7	312.9	5538.1	13821.6	9963.0	1183.3
湖　北	3329.4	115.7	1970.9	7286.7	4257.1	467.0
湖　南	3680.3	268.8	2912.2	8611.7	5236.3	657.7
广　东	2347.9	21.5	1329.8	4433.2	2432.9	303.1
广　西	3541.2	36.1	1401.6	6029.8	3072.7	175.0
海　南	384.6	20.9	175.5	749.8	378.0	25.5
重　庆	1843.0	50.3	669.0	3281.6	2118.5	573.8
四　川	3982.6	111.7	2093.7	9575.9	6458.6	481.7
贵　州	2453.7	28.5	717.6	5386.3	3100.4	182.0
云　南	2983.9	67.8	1158.8	7106.7	4424.6	284.1
西　藏	228.0	0.0	183.8	248.2	171.3	0.1
陕　西	2744.0	76.6	1079.2	3901.8	2888.7	207.8
甘　肃	3429.8	97.0	1053.0	4037.9	2787.7	252.1
青　海	534.9	8.2	150.4	543.3	280.9	53.6
宁　夏	1104.8	36.7	396.4	1133.2	741.8	117.8
新　疆	3104.8	66.9	2674.8	4632.2	1903.3	357.4
东部地区	22506.4	1503.1	16336.7	37348.8	24351.8	3073.4
中部地区	24474.9	974.8	17022.7	47597.9	33029.6	3931.1
西部地区	33925.4	820.5	14459.5	53083.5	33560.9	3606.6
东北地区	19579.6	401.4	5685.9	19624.2	17688.5	3752.5

乡镇农业技术情况

单位:个、户、人

地　　区	农业技术服务机构	农业技术服务机构从业人员	农民合作社	农民合作社成员	种植大户	畜禽养殖大户
北　京	240	2284	4279	242098	656	5406
天　津	404	2256	1673	39867	529	6221
河　北	6783	25018	32556	1005992	30230	99115
山　西	2648	10010	47814	550246	11170	64757
内蒙古	1162	9339	24440	373256	108037	145208
辽　宁	2522	12665	16276	633000	22423	92566
吉　林	2764	16574	15665	332106	46521	117096
黑龙江	1365	12269	31793	731642	148716	53088
上　海	168	2805	4404	99545	4847	2130
江　苏	2461	28672	40394	5784838	84360	93693
浙　江	2497	19342	35367	959131	50471	51401
安　徽	2498	14051	30971	941201	57426	54007
福　建	1821	10397	14063	334161	25419	25437
江　西	2315	14062	16066	485359	30683	49622
山　东	4383	25745	73363	2701738	27888	233705
河　南	11140	95523	44747	1544093	66738	190460
湖　北	2509	17422	25020	1389832	50441	86317
湖　南	3060	18188	14200	1225768	67701	64552
广　东	1731	11344	20282	773333	35160	57665
广　西	2032	11132	7706	245312	27318	71560
海　南	279	2113	6668	69006	5284	7357
重　庆	1039	10495	12032	1358505	24073	22799
四　川	6736	28472	24037	1973370	30660	203981
贵　州	1919	15903	13027	309464	43813	24256
云　南	2407	24630	16299	854698	30811	40164
西　藏	164	509	377	24997		6
陕　西	2244	14796	13479	436407	29344	45211
甘　肃	3961	39253	17058	383956	16431	73702
青　海	372	1942	5113	111554	2233	27312
宁　夏	246	1246	3566	130215	7312	23942
新　疆	2527	15562	14794	289151	62969	82713
东部地区	20767	129976	233049	12009709	264844	582130
中部地区	24170	169256	178818	6136499	284159	509715
西部地区	24809	173279	151928	6490885	383001	760854
东北地区	6651	41508	63734	1696748	217660	262750

乡镇工业与建筑业情况

单位：个、亿元、人

地区	工业企业单位	规模以上工业企业	工业企业总产值	规模以上工业企业	工业企业从业人员	建筑业企业单位	建筑业企业总产值	建筑业企业从业人员
北京	11913	1047	1659.76	1436.56	371473	1785	626.34	87362
天津	33680	2400	6283.36	4842.32	884213	1839	703.05	109648
河北	188104	11300	39722.89	30963.20	5425394	8266	1875.97	723622
山西	34717	3214	11480.05	8723.19	1747473	2667	758.45	228495
内蒙古	15573	2417	10043.26	8618.74	814549	682	260.75	117314
辽宁	66690	9531	29759.18	21292.63	2382695	3485	2036.22	478388
吉林	28290	4064	8915.44	7168.57	954091	988	483.48	224534
黑龙江	32365	2038	4676.98	3029.96	766235	1421	353.75	141044
上海	53483	6680	11512.92	9697.63	2645873	2762	1574.41	314742
江苏	429242	31964	91491.58	68883.61	11760715	6612	9833.54	2684848
浙江	506956	28379	61256.40	38790.34	10135127	8438	12954.53	3683270
安徽	83668	9146	14644.96	10919.01	3002270	5174	1730.00	684713
福建	111910	12735	27140.60	23786.69	5060379	3016	2810.92	1432561
江西	115253	4923	12800.30	8771.55	2717574	3494	1470.77	549248
山东	193376	30541	100626.38	85096.52	9936606	5791	4639.94	1692546
河南	287717	17290	45443.83	34439.91	8378733	14620	3264.50	1445199
湖北	138581	9003	23227.07	18322.91	3909893	4179	1843.27	685080
湖南	131868	10038	19292.90	14562.54	3680456	6658	2095.70	708110
广东	310636	23395	51662.36	44001.92	11672297	4497	1696.12	595469
广西	78262	3342	9321.22	7879.77	1830238	1774	639.14	205125
海南	3531	475	878.26	761.74	133576	676	225.28	28248
重庆	34524	3507	9756.33	6450.43	1778977	1765	1629.29	535849
四川	76941	10337	28218.66	23870.00	4599511	2692	2716.94	1064911
贵州	38917	3078	5459.65	4171.68	938670	822	173.08	96988
云南	35615	3021	6989.30	4818.65	1189876	2916	1075.36	392700
西藏	116	1	9.41	7.65	3925	5	4.98	213
陕西	62486	3062	10792.89	8944.27	1279214	2356	597.98	275794
甘肃	22102	1064	3076.05	2253.20	600445	3769	583.15	252973
青海	3083	237	700.15	534.23	117797	376	71.81	39973
宁夏	5837	666	2140.79	1942.55	249122	240	196.92	53160
新疆	7343	898	1883.83	1365.91	274678	193	172.59	40225
东部地区	1842831	148916	392234.51	308260.53	58025653	43682	36940.09	11352316
中部地区	791804	53614	126889.11	95739.11	23436399	36792	11162.69	4300845
西部地区	380799	31630	88391.55	70857.09	13677002	17590	8121.99	3075225
东北地区	127345	15633	43351.60	31491.16	4103021	5894	2873.45	843966

乡镇贸易与餐饮情况

单位:亿元、个

地　　区	社会消费品零售总额	限额以上	市场	50平米以上的超市	住宿餐饮业企业
北　　京	692.62	417.52	173	4971	2560
天　　津	510.18	251.74	285	3519	2474
河　　北	6662.82	1100.41	9280	26984	17582
山　　西	1672.85	669.32	2378	7456	6566
内 蒙 古	1400.34	354.37	16727	11000	14821
辽　　宁	2475.13	771.91	4646	15041	18135
吉　　林	2373.65	619.44	1387	9749	7293
黑 龙 江	1389.17	297.83	1411	14309	10840
上　　海	2700.20	1397.37	696	1711	3912
江　　苏	10501.83	3937.52	4006	45949	24464
浙　　江	8418.32	2947.33	4227	27972	28672
安　　徽	2980.91	847.97	5879	62876	13634
福　　建	4274.24	1686.86	2100	5813	11618
江　　西	2231.34	504.58	3729	13066	13743
山　　东	11392.00	4751.25	30464	40075	12366
河　　南	6885.13	1956.90	10433	64810	50685
湖　　北	4252.55	1965.63	9083	29749	23056
湖　　南	3962.13	1598.25	3877	24844	40326
广　　东	7614.33	2419.60	4501	16187	36238
广　　西	1965.06	337.46	2284	4459	12621
海　　南	342.65	23.75	391	831	1511
重　　庆	1877.91	769.51	2242	5746	17729
四　　川	5409.89	1560.53	6009	18335	25843
贵　　州	450.62	138.44	2908	17374	12983
云　　南	1876.30	642.00	3816	10083	17022
西　　藏			91	3	
陕　　西	1717.35	512.58	3265	5829	15705
甘　　肃	782.44	174.68	1439	6702	5053
青　　海	124.37	16.30	245	752	1090
宁　　夏	258.13	129.61	254	1495	2153
新　　疆	391.27	57.34	1111	3386	3106
东部地区	53109.18	18933.36	56123	174012	141397
中部地区	21984.91	7542.65	35379	202801	148010
西部地区	16253.66	4692.82	40391	85164	128126
东北地区	6237.95	1689.18	7444	39099	36268

乡镇教育、文化、卫生情况

单位：所、个、万人、床

地区	小学校	小学教师	小学在校学生	幼儿园、托儿所	图书馆、文化站	剧场、影剧院	体育场馆	医疗卫生机构	医疗卫生机构床位	执业（助理）医师
北京	335	1.23	12.61	1047	185	42	44	162	7559	0.60
天津	568	2.26	27.90	1213	323	11	17	187	9526	0.60
河北	13518	28.64	434.21	14435	6919	355	209	3068	161051	7.22
山西	9096	14.17	159.29	8255	6175	431	806	2968	75192	4.01
内蒙古	1979	9.15	79.37	2576	1662	137	148	2145	48536	2.57
辽宁	4066	10.97	125.83	6499	1879	115	138	1629	81929	3.89
吉林	4435	10.37	96.66	4135	935	76	92	1128	51884	3.00
黑龙江	3685	9.62	91.98	4628	1456	66	137	1913	46363	2.66
上海	415	2.79	41.41	753	181	105	79	230	31306	1.65
江苏	4169	21.00	315.78	7298	2184	668	962	13433	207322	12.10
浙江	3415	16.30	252.77	9586	3922	708	465	5650	107874	7.52
安徽	13660	22.25	342.35	8896	4288	218	1089	4947	127257	7.09
福建	5847	13.36	200.22	7921	1569	207	154	1447	80550	3.59
江西	14175	18.95	354.41	12820	2839	255	481	3140	94522	5.23
山东	10410	30.31	465.15	18278	4028	492	338	5457	269329	12.97
河南	29167	46.40	858.54	22300	10068	660	1894	4929	323477	15.13
湖北	6370	14.85	222.69	5676	1973	389	513	5191	144073	8.54
湖南	14173	21.91	375.31	10795	3541	345	531	4080	174585	9.20
广东	12353	30.21	519.21	10176	2781	363	369	3614	139054	7.26
广西	13970	21.58	371.28	10159	1420	142	267	2089	86637	4.30
海南	1948	4.06	49.56	1195	331	42	55	508	14131	0.71
重庆	3820	9.29	150.24	4023	973	67	113	1225	63809	3.16
四川	11234	28.35	484.10	13929	6384	409	1011	6506	233093	12.19
贵州	12958	18.60	317.48	3503	2313	61	168	2981	88742	3.20
云南	13963	21.09	349.74	5765	1809	117	290	2491	119101	4.36
西藏	1140	1.68	25.32	295	990		21	761	4939	0.42
陕西	6818	12.99	162.07	5301	1994	125	145	2960	92874	3.80
甘肃	12047	12.42	165.54	2176	1388	183	73	2825	49842	2.87
青海	1366	2.23	37.00	1025	281	6	27	602	11854	0.53
宁夏	1759	2.52	44.93	430	256	33	29	393	14347	0.64
新疆	3464	10.89	116.94	3346	1470	54	273	1437	46856	1.49
东部地区	52978	150.17	2318.83	71902	22423	2993	2692	33756	1027702	54.22
中部地区	86641	138.53	2312.60	68742	28884	2298	5314	25255	939106	49.21
西部地区	84518	150.79	2304.02	52528	20940	1334	2565	26415	860630	39.53
东北地区	12186	30.95	314.47	15262	4270	257	367	4670	180176	9.55

乡镇社会保障情况

单位:个、万人、床

地区	各种社会福利收养性单位	各种社会福利收养性单位床位数	各种社会福利收养性单位收养人数	新型农村合作医疗参保人数	新型农村社会养老保险参保人数	农村居民最低生活保障人数
北京	149	20113	1.02	182.11	97.54	5.22
天津	95	5299	0.21	284.47	56.65	10.32
河北	2053	119167	7.74	5084.67	3063.93	225.01
山西	842	35052	2.34	2121.38	1244.15	147.58
内蒙古	581	44801	3.08	1204.46	583.52	130.29
辽宁	809	61060	4.37	1775.55	771.35	92.77
吉林	850	50971	3.56	1288.54	550.92	92.00
黑龙江	427	54029	4.50	1459.80	702.59	115.34
上海	257	44057	3.29	99.40	78.80	3.42
江苏	1647	165226	11.02	3939.31	1835.24	128.67
浙江	1395	106731	6.66	2721.88	1349.02	57.30
安徽	1919	148584	12.97	4984.54	2955.98	234.38
福建	944	36581	1.46	2515.20	1374.70	81.61
江西	1546	98592	8.14	3260.27	1522.12	158.94
山东	1834	220982	15.14	5884.19	3828.60	239.96
河南	2865	216997	14.48	7912.07	4352.19	390.38
湖北	1557	132655	10.66	3503.07	1888.52	246.87
湖南	2312	101876	8.12	5015.82	2618.27	262.14
广东	1803	60475	3.90	5275.18	2120.19	156.60
广西	4153	57560	4.07	3962.61	1410.33	323.41
海南	178	4477	0.28	515.61	198.82	24.93
重庆	1332	64364	4.08	2188.15	1054.27	63.56
四川	2925	201001	15.56	6074.17	2586.35	399.81
贵州	1059	40792	1.89	3114.66	1382.12	474.12
云南	606	28344	1.79	3416.70	1966.38	470.57
西藏	180	2934	0.26	238.47	111.67	28.06
陕西	688	55945	3.51	2366.89	1431.16	194.12
甘肃	474	12233	0.75	1928.39	1140.50	296.10
青海	118	5077	0.39	352.71	183.70	40.98
宁夏	62	5386	0.45	375.77	177.46	37.01
新疆	347	14489	0.95	1053.70	407.82	137.17
东部地区	10355	783108	50.73	26502.02	14003.48	933.03
中部地区	11041	733756	56.70	26797.14	14581.23	1440.29
西部地区	12525	532926	36.79	26276.68	12435.27	2595.20
东北地区	2086	166060	12.44	4523.89	2024.86	300.11

乡镇公用事业情况

单位:万户、个

地　区	自来水用水户数	燃气用气户数	金融机构网点	公园及休闲健身广场
北　京	113.98	40.06	365	614
天　津	114.17	71.64	471	1710
河　北	1461.39	617.83	6350	9210
山　西	667.81	134.40	3703	7841
内蒙古	308.24	141.56	2363	1111
辽　宁	517.13	474.20	3433	3475
吉　林	345.92	94.14	2274	1152
黑龙江	489.80	143.20	3752	2097
上　海	430.47	390.65	1116	798
江　苏	1647.91	1421.59	6160	4296
浙　江	1173.08	264.45	7198	9086
安　徽	769.57	483.66	4844	3233
福　建	643.97	106.67	4023	2400
江　西	442.17	340.26	4204	2857
山　东	1960.75	713.47	8923	27650
河　南	1300.58	700.70	7869	8354
湖　北	719.24	660.14	4015	3175
湖　南	674.16	279.46	6033	1194
广　东	1178.37	1272.51	7420	4259
广　西	466.35	335.52	7835	486
海　南	98.03	10.59	740	145
重　庆	388.76	245.05	3069	962
四　川	854.22	660.51	8841	3083
贵　州	610.85	117.98	3796	1372
云　南	650.01	116.43	3216	1098
西　藏	2.91	0.06	683	13
陕　西	535.60	146.83	3389	3349
甘　肃	329.22	98.36	2808	1647
青　海	66.99	6.68	326	217
宁　夏	84.95	24.09	609	298
新　疆	279.14	48.69	1089	292
东部地区	8822.11	4909.45	42766	60168
中部地区	4573.53	2598.62	30668	26654
西部地区	4577.23	1941.75	38024	13928
东北地区	1352.86	711.54	9459	6724

城镇基本情况

单位:万户、万人、平方公里

地区	城镇规划区面积	城镇建成区面积	城镇建成区总户数	城镇建成区总人口	城镇建成区绿化面积
北京	577.59	289.17	43.04	118.96	64.06
天津	677.94	363.97	38.26	116.72	17.88
河北	9424.29	7259.56	436.08	1447.35	422.38
山西	3704.02	2317.25	221.71	676.69	270.89
内蒙古	9226.00	4768.11	197.47	564.08	379.39
辽宁	5453.25	4190.05	262.67	753.59	208.85
吉林	5980.71	2407.05	209.90	585.50	143.79
黑龙江	6120.53	3329.24	241.22	703.14	208.54
上海	1218.78	863.42	201.05	560.04	133.08
江苏	9309.70	5700.31	709.24	2261.45	1272.36
浙江	10464.71	4704.54	522.39	1596.01	670.61
安徽	7146.68	3993.12	403.60	1392.83	498.62
福建	6618.87	3081.78	304.68	1085.28	250.64
江西	6191.92	3063.28	293.27	1011.95	400.82
山东	19492.24	7818.56	792.49	2631.56	1345.77
河南	10537.76	5666.42	485.54	1883.51	642.06
湖北	7803.97	4491.99	406.40	1347.68	511.40
湖南	12124.30	5709.62	453.38	1485.15	631.03
广东	14308.80	8440.39	691.90	2521.80	1088.37
广西	8834.82	2149.98	227.91	803.98	128.41
海南	919.79	425.20	48.61	187.53	38.60
重庆	2496.97	1375.60	244.08	714.43	159.42
四川	18732.51	3494.00	671.66	1964.98	271.20
贵州	4654.51	2611.38	210.26	742.02	185.06
云南	5131.94	1878.79	239.83	755.78	187.86
西藏	318.35	308.91	13.32	59.16	13.21
陕西	4730.46	2916.81	180.31	637.11	257.96
甘肃	2973.23	1748.96	113.01	427.17	53.02
青海	781.97	487.85	29.51	98.61	30.18
宁夏	1085.43	485.86	36.21	110.17	62.59
新疆	2771.11	2041.64	62.14	200.67	115.85
东部地区	73012.70	38946.90	3787.73	12526.70	5303.74
中部地区	47508.66	25241.68	2263.90	7797.81	2954.82
西部地区	61428.40	24267.89	2225.71	7078.17	1844.14
东北地区	17554.49	9926.35	713.80	2042.23	561.18

主要指标居全国前 1000 位乡镇资料

按常住户数排序前1000乡镇分省情况

单位:户

地区	代码	乡镇名称	常住户数	地区	代码	乡镇名称	常住户数
北京	110112104	通州区宋庄镇	38403	山西	140121100	清徐县清源镇	36310
	110112109	通州区马驹桥镇	36582		140221100	阳高县龙泉镇	50440
	110112114	通州区台湖镇	33385		140224100	灵丘县武灵镇	51667
	110114115	昌平区北七家镇	82830		140225100	浑源县永安镇	70087
	110228001	密云县鼓楼街道办事处	38125		140321100	平定县冠山镇	45386
天津	120111101	西青区杨柳青镇	45815		140322100	盂县秀水镇	39534
	120112100	津南区咸水沽镇	57219		140502100	城区北石店镇	33556
	120221100	宁河县芦台镇	37532		140522100	阳城县凤城镇	51725
	120223100	静海县静海镇	41602		140621103	山阴县岱岳镇	37820
	120223108	静海县大邱庄镇	38846		140622100	应县金城镇	40278
	120225001	蓟县文昌街道办事处	36443		140624100	怀仁县云中镇	50389
河北	130131100	平山县平山镇	38891		140728100	平遥县古陶镇	42719
	130133100	赵县赵州镇	41933		140822100	万荣县解店镇	33437
	130183100	晋州市晋州镇	41607		140823100	闻喜县桐城镇	39850
	130229100	玉田县玉田镇	40717		140824100	稷山县稷峰镇	42808
	130283100	迁安市迁安镇	90034		140882001	河津市城区街道办事处	33982
	130322100	昌黎县昌黎镇	55313		141022100	翼城县唐兴镇	31998
	130406100	峰峰矿区临水镇	37579		141023100	襄汾县新城镇	33065
	130426001	涉县平安街道办事处	34503		141024100	洪洞县大槐树镇	61194
	130427100	磁县磁州镇	37638		141082001	霍州市鼓楼街道办事处	33368
	130429100	永年县临洺关镇	43683		141082101	霍州市辛置镇	31538
	130434100	魏县魏城镇	40711		141124100	临县临泉镇	33290
	130481100	武安市武安镇	58235		141125100	柳林县柳林镇	39959
	130529100	巨鹿县巨鹿镇	34556		141181001	孝义市新义街道办事处	36188
	130534100	清河县葛仙庄镇	39605	内蒙古	150103100	回民区攸攸板镇	51500
	130621100	满城县满城镇	36051		150121100	土默特左旗察素齐镇	39840
	130625100	徐水县安肃镇	38947		150122100	托克托县双河镇	33197
	130626100	定兴县定兴镇	37243		150221104	土默特右旗萨拉齐镇	31678
	130630100	涞源县涞源镇	32295		150423100	巴林右旗大板镇	37226
	130635100	蠡县蠡吾镇	35749		150428100	喀喇沁旗锦山镇	35403
	130638100	雄县雄州镇	33871		150429100	宁城县天义镇	49596
	130684005	高碑店市兴华路街道办事处	37188		150430100	敖汉旗新惠镇	44440
	130684103	高碑店市白沟镇	32650		150523100	开鲁县开鲁镇	35477
	130722100	张北县张北镇	32268		150526100	扎鲁特旗鲁北镇	43539
	130728100	怀安县柴沟堡镇	33610		150622100	准格尔旗薛家湾镇	56523
	130730100	怀来县沙城镇	37167		150722100	莫力达瓦达斡尔族自治旗尼尔基镇	35486
	130821100	承德县下板城镇	34320		150821100	五原县隆兴昌镇	53380
	130823100	平泉县平泉镇	36959		150823100	乌拉特前旗乌拉山镇	45398
	130828100	围场满蒙古族自治县围场镇	31735		150826100	杭锦后旗陕坝镇	48785
	130922100	青县清州镇	41463		150923101	商都县七台镇	36063
	130984100	河间市瀛州镇	38447		150924106	兴和县城关镇	33619
	131024100	香河县淑阳镇	32340		150926105	察哈尔右翼前旗土贵乌拉镇	33103
	131026100	文安县文安镇	32334		150929100	四子王旗乌兰花镇	33558
	131081100	霸州市霸州镇	41694		152223100	扎赉特旗音德尔镇	46322
	131082109	三河市燕郊镇	57101		152224100	突泉县突泉镇	39401
	131121100	枣强县枣强镇	34332	辽宁	210122001	辽中县蒲西街道办事处	38453
	131126100	故城县郑口镇	38910		210282001	普兰店市丰荣街道	49710

按常住户数排序前1000乡镇分省情况

单位：户

地区	代码	乡镇名称	常住户数	地区	代码	乡镇名称	常住户数
	210323001	岫岩满族自治县阜昌街道办事处	31866		230229100	克山县克山镇	38439
	210381001	海城市海州街道办事处	64172		230281002	讷河市通江街道办事处	32462
	210381002	海城市兴海街道办事处	37230		230382001	密山市中心街道办事处	42093
	210423100	清原满族自治县清原镇	36607		230781100	铁力市铁力镇	38867
	210624100	宽甸满族自治县宽甸镇	51880		231081100	绥芬河市绥芬河镇	32068
	210682001	凤城市凤凰城街道	46102		231121100	嫩江县嫩江镇	49503
	210726001	黑山县黑山街道办事处	44398		231281002	安达市新兴街道办事处	31897
	210781001	凌海市大凌河街道	32221		231281003	安达市安虹街道办事处	35486
	210804100	鲅鱼圈区熊岳镇	36855		231282001	肇东市朝阳区办事处	32294
	210882004	大石桥市钢都街道	34356	上海	310112101	闵行区莘庄镇	108171
	210922100	彰武县彰武镇	39496		310112102	闵行区七宝镇	51497
	211021100	辽阳县首山镇	37484		310112103	闵行区颛桥镇	66838
	211121100	大洼县大洼镇	38271		310112106	闵行区华漕镇	64489
	211224100	昌图县昌图镇	49000		310112107	闵行区虹桥镇	65015
	211281001	调兵山市兀术街街道	39029		310112108	闵行区梅陇镇	126570
	211282001	开原市新城街道	66640		310112110	闵行区吴泾镇	45225
	211421100	绥中县绥中镇	34060		310112112	闵行区马桥镇	42537
	211422100	建昌县建昌镇	33086		310112114	闵行区浦江镇	123770
吉林	220122100	农安县农安镇	89992		310113101	宝山区罗店镇	43561
	220181001	九台市九台街道办事处	43751		310113102	宝山区大场镇	147574
	220183001	德惠市胜利街道办事处	33476		310113103	宝山区杨行镇	77180
	220221100	永吉县口前镇	36712		310113104	宝山区月浦镇	55790
	220322100	梨树县梨树镇	55076		310113109	宝山区顾村镇	118535
	220381103	公主岭市范家屯镇	38412		310113111	宝山区高境镇	53966
	220381106	公主岭市怀德镇	34562		310113112	宝山区庙行镇	37851
	220402198	龙山区县级直管村级镇	99669		310113113	宝山区淞南镇	55817
	220403198	西安区县级直管村级镇	66167		310114102	嘉定区南翔镇	52617
	220421100	东丰县东丰镇	41218		310114103	嘉定区安亭镇	65404
	220523100	辉南县朝阳镇	44365		310114106	嘉定区马陆镇	62832
	220524100	柳河县柳河镇	45224		310114109	嘉定区徐行镇	36511
	220721100	前郭尔罗斯县前郭尔罗斯镇	38133		310114114	嘉定区外冈镇	32787
	220722100	长岭县长岭镇	35090		310114118	嘉定区江桥镇	92306
	220781100	扶余市三岔河镇	41256		310115103	浦东新区川沙新镇	115450
	220821100	镇赉县镇赉镇	50337		310115104	浦东新区高桥镇	76388
	220822100	通榆县开通镇	48750		310115105	浦东新区北蔡镇	96051
黑龙江	230103101	南岗区王岗镇	35327		310115110	浦东新区合庆镇	49590
	230125100	宾县宾州镇	56447		310115114	浦东新区唐镇	51550
	230126100	巴彦县巴彦镇	46092		310115117	浦东新区曹路镇	78433
	230126101	巴彦县兴隆镇	34198		310115120	浦东新区金桥镇	34067
	230182100	双城市双城镇	69946		310115121	浦东新区高行镇	41124
	230183100	尚志市尚志镇	46124		310115123	浦东新区高东镇	37737
	230184100	五常市五常镇	62419		310115125	浦东新区张江镇	73877
	230184102	五常市山河镇	39575		310115130	浦东新区三林镇	69902
	230221100	龙江县龙江镇	49190		310115131	浦东新区惠南镇	114160
	230223100	依安县依安镇	37692		310115132	浦东新区周浦镇	76384
	230225100	甘南县甘南镇	38636		310115133	浦东新区新场镇	38283
	230227100	富裕县富裕镇	31581		310115136	浦东新区康桥镇	77283

按常住户数排序前1000乡镇分省情况

单位:户

地区	代码	乡镇名称	常住户数	地区	代码	乡镇名称	常住户数
	310115137	浦东新区航头镇	57202		320509110	吴江区黎里镇	51041
	310115139	浦东新区祝桥镇	101472		320581100	常熟市虞山镇	101650
	310115140	浦东新区泥城镇	40109		320582100	张家港市杨舍镇	98806
	310116101	金山区朱泾镇	41429		320582101	张家港市塘桥镇	40600
	310116113	金山区山阳镇	37002		320582102	张家港市金港镇	100508
	310117102	松江区泗泾镇	53980		320582103	张家港市锦丰镇	45170
	310117104	松江区车墩镇	55702		320582105	张家港市凤凰镇	37203
	310117105	松江区新桥镇	56843		320583100	昆山市玉山镇	70685
	310117107	松江区九亭镇	127173		320583102	昆山市周市镇	46538
	310118107	青浦区华新镇	56873		320583104	昆山市花桥镇	43165
	310120101	奉贤区南桥镇	164050		320583106	昆山市张浦镇	53145
	310120102	奉贤区奉城镇	41607		320583108	昆山市千灯镇	44643
	310120106	奉贤区金汇镇	52024		320585100	太仓市城厢镇	90086
	310120111	奉贤区青村镇	51276		320585101	太仓市沙溪镇	41011
	310230101	崇明县城桥镇	52562		320585103	太仓市浮桥镇	36860
	310230123	崇明县长兴镇	32860		320612100	通州区金沙镇	88008
江苏	320117100	溧水区永阳镇	40598		320612104	通州区三余镇	38869
	320118100	高淳区淳溪镇	44536		320621100	海安县海安镇	102383
	320206102	惠山区洛社镇	50978		320621101	海安县城东镇	49434
	320281001	江阴市澄江街道	108767		320621102	海安县曲塘镇	36801
	320281006	江阴市临港街道	55626		320621105	海安县角斜镇	33465
	320281104	江阴市徐霞客镇	32787		320623104	如东县大豫镇	36065
	320281107	江阴市华士镇	41003		320623105	如东县掘港镇	77093
	320281108	江阴市周庄镇	36768		320681100	启东市汇龙镇	95087
	320281112	江阴市祝塘镇	39658		320681102	启东市惠萍镇	40047
	320282001	宜兴市宜城街道	96268		320681103	启东市寅阳镇	31778
	320282103	宜兴市徐舍镇	33196		320681106	启东市南阳镇	43768
	320282104	宜兴市官林镇	31565		320681109	启东市王鲍镇	36905
	320282112	宜兴市丁蜀镇	77030		320681110	启东市吕四港镇	70169
	320322104	沛县沛城镇	63632		320682001	如皋市如城街道	52056
	320324101	睢宁县睢城镇	84058		320682105	如皋市白蒲镇	33036
	320381001	新沂市新安街道办事处	80848		320682111	如皋市长江镇	45184
	320382002	邳州市运河街道办事处	74644		320682113	如皋市江安镇	32278
	320411100	新北区春江镇	44246		320682116	如皋市搬经镇	38474
	320412100	武进区湖塘镇	93298		320684108	海门市悦来镇	43276
	320412104	武进区遥观镇	36761		320684111	海门市四甲镇	32046
	320412109	武进区郑陆镇	42848		320721100	赣榆县青口镇	64567
	320412110	武进区雪堰镇	35180		320721115	赣榆县沙河镇	34845
	320412116	武进区邹区镇	32315		320722001	东海县牛山街道办事处	45621
	320481100	溧阳市溧城镇	112806		320723100	灌云县伊山镇	43716
	320482100	金坛市金城镇	69819		320724100	灌南县新安镇	58580
	320506100	吴中区角直镇	54415		320803100	淮安区淮城镇	71803
	320506103	吴中区木渎镇	58723		320804100	淮阴区王营镇	66287
	320507102	相城区黄埭镇	46706		320826100	涟水县涟城镇	50706
	320507105	相城区渭塘镇	32869		320829100	洪泽县高良涧镇	44412
	320509100	吴江区太湖新城镇	80155		320830100	盱眙县盱城镇	42437
	320509105	吴江区盛泽镇	87963		320831100	金湖县黎城镇	42433

按常住户数排序前1000乡镇分省情况

单位:户

地区	代码	乡镇名称	常住户数	地区	代码	乡镇名称	常住户数
	320903108	盐都区秦南镇	31525		330282107	慈溪市观海卫镇	62593
	320921100	响水县响水镇	33108		330282121	慈溪市周巷镇	65963
	320922100	滨海县东坎镇	71499		330282123	慈溪市龙山镇	51278
	320923100	阜宁县阜城镇	95920		330283001	奉化市锦屏街道	35226
	320923110	阜宁县东沟镇	33303		330283100	奉化市溪口镇	34412
	320924100	射阳县合德镇	101122		330324004	永嘉县江北街道	53115
	320924106	射阳县海河镇	32139		330326100	平阳县昆阳镇	38092
	320925100	建湖县近湖镇	83835		330326101	平阳县鳌江镇	74016
	320925108	建湖县上冈镇	55972		330326102	平阳县水头镇	45136
	320981110	东台市富安镇	32338		330327100	苍南县灵溪镇	85749
	320981122	东台市东台镇	72903		330327101	苍南县龙港镇	110097
	320982100	大丰市大中镇	71480		330327104	苍南县钱库镇	38915
	320982110	大丰市新丰镇	40918		330381001	瑞安市安阳街道	36893
	321012100	江都区仙女镇	53066		330381101	瑞安市塘下镇	81768
	321012118	江都区大桥镇	47624		330381116	瑞安市马屿镇	38372
	321023100	宝应县安宜镇	55360		330381120	瑞安市陶山镇	34555
	321081100	仪征市真州镇	53415		330382002	乐清市乐成街道办事处	48009
	321084001	高邮市高邮街道	57042		330382101	乐清市大荆镇	40192
	321181112	丹阳市云阳镇	64413		330382108	乐清市虹桥镇	51606
	321182001	扬中市三茅街道	43635		330382114	乐清市柳市镇	73724
	321204100	姜堰区姜堰镇	77346		330382115	乐清市北白象镇	41405
	321281123	兴化市戴南镇	32668		330421001	嘉善县魏塘街道	52323
	321281125	兴化市昭阳镇	68895		330424001	海盐县武原街道	61336
	321282001	靖江市靖城街道办	81625		330481001	海宁市硖石街道	31530
	321283001	泰兴市济川街道办事处	87647		330482001	平湖市当湖街道	58146
	321283100	泰兴市黄桥镇	62394		330482101	平湖市乍浦镇	50893
	321322001	沭阳县沭城街道办事处	81055		330482108	平湖市独山港镇	36833
	321323100	泗阳县众兴镇	106664		330483001	桐乡市梧桐街道	63619
	321324100	泗洪县青阳镇	97186		330483107	桐乡市崇福镇	34658
浙江	330106109	西湖区三墩镇	49982		330502100	吴兴区织里镇	42240
	330109113	萧山区瓜沥镇	53746		330503100	南浔区南浔镇	75455
	330122004	桐庐县城南街道	32739		330521100	德清县武康镇	48312
	330182001	建德市新安江街道	36648		330522001	长兴县雉城街道	63470
	330183001	富阳市富春街道	89739		330522111	长兴县泗安镇	31913
	330183115	富阳市新登镇	36496		330621001	绍兴县柯桥街道	50454
	330185006	临安市锦城街道	50676		330621101	绍兴县钱清镇	45778
	330212110	鄞州区姜山镇	43993		330621104	绍兴县马鞍镇	38526
	330225001	象山县丹东街道	35022		330624002	新昌县南明街道	35342
	330225002	象山县丹西街道	35455		330681001	诸暨市暨阳街道	72968
	330225101	象山县石浦镇	34539		330682001	上虞市百官街道	50782
	330226001	宁海县跃龙街道	45186		330682002	上虞市曹娥街道	38098
	330281001	余姚市梨洲街道	52199		330682113	上虞市崧厦镇	49653
	330281002	余姚市凤山街道	40399		330726101	浦江县黄宅镇	34389
	330281004	余姚市阳明街道	51675		330781001	兰溪市兰江街道	34247
	330281103	余姚市泗门镇	34060		330782001	义乌市稠城街道	133818
	330282002	慈溪市宗汉街道	34154		330782002	义乌市江东街道	93760
	330282004	慈溪市浒山街道	39891		330782003	义乌市稠江街道	82168

按常住户数排序前1000乡镇分省情况

单位:户

地区	代码	乡镇名称	常住户数
	330782004	义乌市北苑街道	82690
	330782005	义乌市后宅街道	44996
	330782007	义乌市廿三里街道	47897
	330782100	义乌市佛堂镇	66637
	330782102	义乌市义亭镇	39641
	330783001	东阳市吴宁街道	58480
	330783004	东阳市白云街道	63956
	330783123	东阳市横店镇	70547
	330784001	永康市东城街道	56708
	330784002	永康市西城街道	34535
	330784003	永康市江南街道	31820
	330784108	永康市古山镇	34135
	330825001	龙游县龙洲街道	37942
	330881002	江山市虎山街道	34622
	330921100	岱山县高亭镇	36022
	331004106	路桥区金清镇	35238
	331021001	玉环县玉城街道	50790
	331021002	玉环县坎门街道	32855
	331021102	玉环县楚门镇	31733
	331023001	天台县赤城街道	32108
	331023105	天台县平桥镇	33265
	331081001	温岭市太平街道	60155
	331081100	温岭市泽国镇	80252
	331081101	温岭市大溪镇	40333
	331081102	温岭市松门镇	33109
	331081103	温岭市箬横镇	47013
	331081104	温岭市新河镇	42156
	331082001	临海市古城街道	53831
	331082112	临海市杜桥镇	53792
	331122001	缙云县五云街道办事处	36741
	331122101	缙云县壶镇镇	41989
安徽	340104100	蜀山区井岗镇	41880
	340121100	长丰县水湖镇	41325
	340122100	肥东县店埠镇	64237
	340123100	肥西县上派镇	62218
	340124100	庐江县庐城镇	72169
	340181004	巢湖市凤凰山街道办事处	38462
	340207101	鸠江区沈巷镇	35460
	340221100	芜湖县湾沚镇	42021
	340222100	繁昌县繁阳镇	33415
	340223100	南陵县籍山镇	47860
	340223101	南陵县许镇镇	35155
	340223102	南陵县弋江镇	36645
	340225100	无为县无城镇	74011
	340321100	怀远县城关镇	55295
	340322100	五河县城关镇	33792
	340323100	固镇县城关镇	35486
	340521100	当涂县姑孰镇	46973
	340522100	含山县环峰镇	47719
	340523100	和县历阳镇	45687
	340621106	濉溪县铁佛镇	39675
	340621109	濉溪县孙町镇	32816
	340823101	枞阳县欧山镇	47366
	340824100	潜山县梅城镇	44120
	340827100	望江县华阳镇	41491
	341122100	来安县新安镇	34720
	341124100	全椒县襄河镇	44035
	341125100	定远县定城镇	53286
	341126100	凤阳县府城镇	41783
	341181001	天长市天长街道办事处	41972
	341182001	明光市明光街道办事处	43350
	341204102	颍泉区闻集镇	38621
	341221100	临泉县城关镇	46286
	341222100	太和县城关镇	54546
	341225120	阜南县鹿城镇	38128
	341226100	颍上县慎城镇	49827
	341321100	砀山县砀城镇	64125
	341322100	萧县龙城镇	34302
	341323100	灵璧县灵城镇	43445
	341522100	霍邱县城关镇	42978
	341523100	舒城县城关镇	61991
	341524100	金寨县梅山镇	34310
	341623100	利辛县城关镇	60061
	341721100	东至县尧渡镇	37076
	341821100	郎溪县建平镇	38952
	341822100	广德县桃州镇	41627
	341823100	泾县泾川镇	42182
福建	350111100	晋安区鼓山镇	35068
	350181106	福清市龙田镇	34528
	350181111	福清市三山镇	31760
	350213102	翔安区马巷镇	44208
	350213104	翔安区新店镇	40415
	350304101	荔城区黄石镇	34732
	350322101	仙游县榜头镇	37530
	350524100	安溪县凤城镇	45880
	350526101	德化县龙浔镇	40816
	350581100	石狮市灵秀镇	37649
	350582101	晋江市安海镇	32100
	350582103	晋江市陈埭镇	55318
	350582104	晋江市东石镇	31902
	350582110	晋江市龙湖镇	35870
	350583119	南安市水头镇	54270
	350681102	龙海市角美镇	57645
	350821100	长汀县汀州镇	47952

按常住户数排序前1000乡镇分省情况

单位：户

地区	代码	乡镇名称	常住户数
	350921001	霞浦县松城街道	36827
江西	360111104	青山湖区湖坊镇	50173
	360111180	青山湖区蛟桥镇(南昌经济技术开发区)	45905
	360121100	南昌县莲塘镇	34793
	360121101	南昌县向塘镇	39126
	360121191	南昌县昌东镇(南昌高新开发区)	37985
	360122100	新建县长埃镇	38370
	360124100	进贤县民和镇	61431
	360281001	乐平市洎阳街道办事处	45698
	360424100	修水县义宁镇	35188
	360428100	都昌县都昌镇	54308
	360502190	渝水区水西镇	32751
	360723100	大余县南安镇	32587
	360727100	龙南县龙南镇	31636
	360730100	宁都县梅江镇	74953
	360731100	于都县贡江镇	42659
	360732100	兴国县潋江镇	60950
	360733100	会昌县文武坝镇	33018
	360781100	瑞金市象湖镇	53243
	360782001	南康市蓉江街道办事处	55742
	360782100	南康市唐江镇	33004
	360821100	吉安县敦厚镇	38566
	360822100	吉水县文峰镇	54195
	360826100	泰和县澄江镇	59379
	360827100	遂川县泉江镇	39654
	360830100	永新县禾川镇	31787
	360981002	丰城市剑光街道	37948
	360983001	高安市瑞州街道	38883
	361002100	临川区上顿渡镇	48950
	361024100	崇仁县巴山镇	32606
	361025100	乐安县鳌溪镇	32782
	361029100	东乡县孝岗镇	53672
	361123100	玉山县冰溪镇	35216
	361128100	鄱阳县鄱阳镇	59910
山东	370112101	历城区仲宫镇	39970
	370124001	平阴县榆山街道办事处	36913
	370126001	商河县许商街道办事处	31526
	370281004	胶州市三里河街道办事处	33891
	370282003	即墨市通济街道办事处	61520
	370282121	即墨市田横镇	44661
	370283001	平度市东阁街道办事处	40457
	370283002	平度市李园街道办事处	32811
	370283105	平度市南村镇	38838
	370283122	平度市旧店镇	32330
	370285001	莱西市水集街道办事处	48641
	370285002	莱西市望城街道办事处	36273
	370303100	张店区马尚镇	40969
	370303101	张店区南定镇	37589
	370321001	桓台县索镇街道办事处	47069
	370323001	沂源县历山街道办事处	38062
	370481001	滕州市荆河街道	50552
	370481002	滕州市龙泉街道	51746
	370481003	滕州市北辛街道	47386
	370481104	滕州市滨湖镇	33116
	370481106	滕州市西岗镇	41387
	370521101	垦利县胜坨镇	31588
	370523001	广饶县广饶街道办事处	34035
	370681001	龙口市东莱街道	41818
	370681002	龙口市龙港街道	51076
	370682001	莱阳市城厢街道	49756
	370683001	莱州市文昌路街道	34708
	370683101	莱州市沙河镇	35885
	370686104	栖霞市桃村镇	39137
	370704108	坊子区太保庄镇	41842
	370724001	临朐县城关街道办事处	58189
	370724002	临朐县东城街道办事处	34558
	370724107	临朐县辛寨镇	37261
	370781001	青州市王府街道办事处	39768
	370781002	青州市益都街道办事处	32396
	370782001	诸城市密州街道办事处	55023
	370782002	诸城市龙都街道办事处	37481
	370782003	诸城市舜王街道办事处	35697
	370782102	诸城市贾悦镇	32431
	370783001	寿光市圣城街道办事处	115202
	370783005	寿光市洛城街道办事处	37166
	370783109	寿光市侯镇	36186
	370784001	安丘市兴安街道办事处	68251
	370784003	安丘市新安街道	42561
	370784100	安丘市景芝镇	42910
	370785001	高密市朝阳街道	36847
	370785002	高密市醴泉街道	42607
	370785003	高密市密水街道	50458
	370829001	嘉祥县嘉祥镇街道办事处	33559
	370832104	梁山县拳铺镇	33579
	370881001	曲阜市鲁城街道办事处	36149
	370882001	兖州市鼓楼街道办事处	36472
	370883001	邹城市钢山街道办事处	39669
	370883107	邹城市太平镇	34208
	370923001	东平县东平街道办事处	58893
	370982001	新泰市青云街道办事处	79089
	370982002	新泰市新汶街道办事处	41267
	370983001	肥城市新城街道	54108
	371082007	荣成市崖头街道办事处	45520
	371083001	乳山市城区街道办事处	43125

按常住户数排序前1000乡镇分省情况

单位:户

地区	代码	乡镇名称	常住户数
	371121001	五莲县洪凝街道	60871
	371122001	莒县城阳街道办事处	53216
	371302105	兰山区义堂镇	37648
	371321001	沂南县界湖街道办事处	57079
	371321109	沂南县大庄镇	34835
	371322001	郯城县郯城街道办事处	60778
	371323001	沂水县沂城街道办事处	56413
	371323103	沂水县许家湖镇	35500
	371324001	苍山县卞庄街道办事处	41914
	371325001	费县费城街道办事处	61846
	371326001	平邑县平邑街道办事处	75660
	371327001	莒南县十字路街道办事处	63608
	371328001	蒙阴县蒙阴街道办事处	52534
	371329001	临沭县临沭街道办事处	41386
	371425001	齐河县晏城街道办事处	33949
	371482001	禹城市市中街道	52662
	371523001	茌平县振兴街道办事处	34083
	371524001	东阿县铜城街道办事处	34288
	371526001	高唐县鱼邱湖街道办事处	31985
	371581002	临清市新华路街道办事处	38461
	371626001	邹平县黛溪街道办事处	33779
	371726002	鄄城县古泉街道办事处	35168
	371728001	东明县城关街道办事处	40297
河南	410185001	登封市嵩阳街道办事处	31671
	410782001	辉县市城关街道办事处	34716
	410825100	温县温泉镇	31957
	411122100	临颍县城关镇	37361
	411221100	渑池县城关镇	31816
	411324001	镇平县涅阳街道办事处	40856
	411381104	邓州市穰东镇	32750
	411421100	民权县城关镇	32700
	411503101	平桥区明港镇	36158
	411525001	固始县蓼城办事处	66230
	411528001	息县谯楼街道办事处	52853
	411626100	淮阳县城关回族镇	39165
	411725100	确山县盘龙镇	35141
湖北	420222100	阳新县兴国镇	64459
	420281004	大冶市罗家桥街道办事处	38789
	420321100	郧县城关镇	42306
	420527101	秭归县茅坪镇	35205
	420528101	长阳土家族自治县龙舟坪镇	37461
	420581001	宜都市陆城街道办事处	41903
	420581104	宜都市枝城镇	32560
	420582001	当阳市玉阳街道办事处	33872
	420583001	枝江市马家店街道	54490
	420606101	樊城区太平店镇	37009
	420607111	襄州区东津镇	40009
	420624100	南漳县城关镇	60580
	420624101	南漳县武安镇	35710
	420624102	南漳县九集镇	32529
	420625101	谷城县石花镇	41612
	420684001	宜城市鄢城街道办事处	54391
	420821100	京山县新市镇	44987
	420881001	钟祥市郢中街道办事处	73706
	420881103	钟祥市胡集镇	35501
	420921100	孝昌县花园镇	41030
	420922100	大悟县城关镇	40087
	420982001	安陆市府城街道办事处	38473
	420984001	汉川市仙女山街道办事处	41031
	421022101	公安县斗湖堤镇	46229
	421023100	监利县容城镇	45457
	421083001	洪湖市新堤街道办事处	41971
	421087100	松滋市新江口镇	36428
	421121100	团风县团风镇	31829
	421122100	红安县城关镇	49965
	421122200	红安县杏花乡	32000
	421123100	罗田县凤山镇	47647
	421124100	英山县温泉镇	46349
	421125100	浠水县清泉镇	67303
	421125105	浠水县关口镇	32300
	421126100	蕲春县漕河镇	57712
	421126102	蕲春县蕲州镇	34954
	421127100	黄梅县黄梅镇	62530
	421127101	黄梅县孔垄镇	34258
	421127102	黄梅县小池镇	41611
	421181103	麻城市白果镇	31915
	421182100	武穴市梅川镇	47343
	421221103	嘉鱼县鱼岳镇	33215
	421222100	通城县隽水镇	37852
	421223100	崇阳县天城镇	37090
	421224100	通山县通羊镇	33419
	421281001	赤壁市蒲圻街道办事处	33617
	422802102	利川市汪营镇	31968
	422822100	建始县业州镇	32111
	422826100	咸丰县高乐山镇	32880
	422827100	来凤县翔凤镇	32916
湖南	430124100	宁乡县玉潭镇	36049
	430421100	衡阳县西渡镇	75100
	430422118	衡南县栗江镇	35420
	430426100	祁东县洪桥镇	55104
	430481001	耒阳市蔡子池街道	54871
	430481002	耒阳市灶市街道	40025
	430524100	隆回县桃洪镇	39357
	430525100	洞口县洞口镇	36111

按常住户数排序前1000乡镇分省情况

单位:户

地区	代码	乡镇名称	常住户数	地区	代码	乡镇名称	常住户数
	430525103	洞口县高沙镇	36386		440184113	从化市鳌头镇	38510
	430528100	新宁县金石镇	35839		440205100	曲江区马坝镇	38280
	430621100	岳阳县荣家湾镇	53215		440229100	翁源县龙仙镇	38138
	430623100	华容县城关镇	40890		440233001	新丰县丰城街道办事处	35965
	430624100	湘阴县文星镇	47840		440281001	乐昌市乐城街道办事处	49093
	430682001	临湘市长安街道	36780		440403107	斗门区井岸镇	35009
	430721100	安乡县深柳镇	53620		440513102	潮阳区和平镇	33786
	430722116	汉寿县龙阳镇	39021		440513103	潮阳区西胪镇	33002
	430723100	澧县澧阳镇	36100		440513110	潮阳区金灶镇	32135
	430724100	临澧县安福镇	34632		440514106	潮南区两英镇	35660
	430725100	桃源县漳江镇	53081		440605121	南海区九江镇	49760
	430726100	石门县楚江镇	37110		440605122	南海区西樵镇	55211
	430821100	慈利县零阳镇	53645		440605123	南海区丹灶镇	64857
	430921125	南县南洲镇	31682		440605124	南海区狮山镇	137502
	430922112	桃江县桃花江镇	55592		440605125	南海区大沥镇	134429
	430922113	桃江县灰山港镇	38869		440605126	南海区里水镇	71650
	430923121	安化县东坪镇	52594		440606101	顺德区陈村镇	43767
	430981006	沅江市琼湖街道办事处	32566		440606102	顺德区北滘镇	36943
	431022111	宜章县玉溪镇	33250		440606103	顺德区乐从镇	37101
	431023108	永兴县便江镇	35709		440606104	顺德区龙江镇	66448
	431028106	安仁县永乐江镇	43139		440606105	顺德区杏坛镇	43211
	431122100	东安县白牙市镇	33227		440703103	蓬江区杜阮镇	36171
	431126100	宁远县舜陵镇	32200		440781001	台山市台城街道办事处	62515
	431222109	沅陵县沅陵镇	39451		440783001	开平市三埠街道	46475
	431223100	辰溪县辰阳镇	35277		440783002	开平市长沙街道	39007
	431224100	溆浦县卢峰镇	40023		440784001	鹤山市沙坪街道	58568
	431321100	双峰县永丰镇	34015		440785001	恩平市恩城街道办事处	60107
	431322100	新化县上梅镇	53347		440823100	遂溪县遂城镇	54956
	431381001	冷水江市冷水江街道	66875		440881001	廉江市罗州街道办	40392
	431382105	涟源市桥头河镇	36500		440883001	吴川市梅录街道	49504
广东	440111103	白云区人和镇	37654		440883109	吴川市黄坡镇	34176
	440111107	白云区太和镇	57905		440923123	电白县水东镇	46649
	440111108	白云区钟落潭镇	45924		440923127	电白县电城镇	33546
	440111113	白云区江高镇	49490		440981007	高州市潘州街道	47626
	440113102	番禺区南村镇	63817		440982001	化州市河西街道	37826
	440113105	番禺区石楼镇	47722		440983001	信宜市东镇街道办	39054
	440113118	番禺区沙湾镇	42749		441223109	广宁县南街镇	39297
	440113120	番禺区石基镇	40683		441224100	怀集县怀城镇	41765
	440114105	花都区花东镇	37631		441284002	四会市东城街道	51195
	440114109	花都区狮岭镇	44810		441322110	博罗县罗阳镇	51865
	440115103	南沙区东涌镇	74749		441322119	博罗县园洲镇	36742
	440115104	南沙区大岗镇	47898		441422100	大埔县湖寮镇	34849
	440115105	南沙区榄核镇	34121		441423127	丰顺县汤坑镇	36458
	440183001	增城市荔城街道	40266		441424134	五华县水寨镇	51319
	440183101	增城市新塘镇	61874		441481001	兴宁市兴田街道办事处	61012
	440184001	从化市街口街道	35014		441521115	海丰县海城镇	50598
	440184111	从化市太平镇	31539		441581001	陆丰市东海街道	38108

按常住户数排序前1000乡镇分省情况

单位：户

地区	代码	乡镇名称	常住户数	地区	代码	乡镇名称	常住户数
	441581102	陆丰市碣石镇	39058	广西	450105102	江南区吴圩镇	32000
	441621100	紫金县紫城镇	58983		450109100	邕宁区蒲庙镇	38962
	441622100	龙川县老隆镇	67085		450126100	宾阳县宾州镇	67240
	441721100	阳西县织篢镇	33543		450126101	宾阳县黎塘镇	33585
	441781001	阳春市春城街道办事处	63127		450127100	横县横州镇	53493
	441803102	清新区太和镇	49402		450127113	横县校椅镇	31845
	441821100	佛冈县石角镇	42043		450221100	柳江县拉堡镇	91158
	441881001	英德市英城街道办事处	44061		450223100	鹿寨县鹿寨镇	39209
	441882100	连州市连州镇	48254		450224100	融安县长安镇	33394
	441900101	东莞市石碣镇	95462		450324100	全州县全州镇	36189
	441900102	东莞市石龙镇	43405		450325100	兴安县兴安镇	33199
	441900103	东莞市茶山镇	47245		450330100	平乐县平乐镇	35681
	441900104	东莞市石排镇	48945		450422100	藤县藤州镇	40777
	441900105	东莞市企石镇	38648		450481100	岑溪市岑城镇	58087
	441900106	东莞市横沥镇	68733		450521100	合浦县廉州镇	51294
	441900107	东莞市桥头镇	55887		450721100	灵山县灵城镇	69648
	441900109	东莞市东坑镇	39785		450721113	灵山县太平镇	34280
	441900110	东莞市常平镇	124109		450722100	浦北县小江镇	35745
	441900111	东莞市寮步镇	127379		450803100	港南区桥圩镇	31938
	441900112	东莞市樟木头镇	38791		450803101	港南区木格镇	32068
	441900113	东莞市大朗镇	83448		450821100	平南县平南镇	42300
	441900114	东莞市黄江镇	78036		450881119	桂平市南木镇	34854
	441900115	东莞市清溪镇	104649		450921100	容县容州镇	45130
	441900116	东莞市塘厦镇	152187		450922101	陆川县温泉镇	57304
	441900117	东莞市凤岗镇	91250		450922108	陆川县乌石镇	37779
	441900118	东莞市大岭山镇	82053		450923100	博白县博白镇	54980
	441900119	东莞市长安镇	197983		451023100	平果县马头镇	33430
	441900121	东莞市虎门镇	174329		451122100	钟山县钟山镇	35996
	441900122	东莞市厚街镇	131570		451225100	罗城仫佬族自治县东门镇	31581
	441900123	东莞市沙田镇	54909		451281100	宜州市庆远镇	52444
	441900124	东莞市道滘镇	43011	海南	469002100	琼海市嘉积镇	58862
	441900126	东莞市麻涌镇	34257		469003100	儋州市那大镇	43650
	441900128	东莞市中堂镇	40809		469005100	文昌市文城镇	35212
	442000100	中山市小榄镇	44045		469006100	万宁市万城镇	49886
	442000103	中山市东凤镇	35916		469007100	东方市八所镇	42814
	442000105	中山市古镇镇	45572		469021100	定安县定城镇	31649
	442000107	中山市坦洲镇	58923		469023100	澄迈县金江镇	33969
	442000111	中山市南头镇	46025		469028100	陵水黎族自治县椰林镇	32165
	442000114	中山市三乡镇	61961	重庆	500107100	九龙坡区九龙镇	39646
	445103110	潮安区庵埠镇	37216		500107105	九龙坡区白市驿镇	41952
	445103121	潮安区枫溪镇	39122		500107110	九龙坡区西彭镇	40445
	445122100	饶平县黄冈镇	37429		500111100	大足区龙水镇	38647
	445224100	惠来县惠城镇	45249		500116108	江津区白沙镇	56151
	445281004	普宁市流沙北街道	33500		500117120	合川区钱塘镇	37179
	445281104	普宁市洪阳镇	34120		500117121	合川区龙市镇	31740
	445281109	普宁市占陇镇	32851		500117124	合川区太和镇	37245
	445381001	罗定市罗城街道	78567		500223002	潼南县梓潼街道办事处	53598

按常住户数排序前1000乡镇分省情况

单位：户

地区	代码	乡镇名称	常住户数	地区	代码	乡镇名称	常住户数
	500226001	荣昌县昌元街道办事处	51430		511028001	隆昌县古湖街道办事处	43521
	500226002	荣昌县昌洲街道办事处	33406		511028100	隆昌县金鹅镇	34389
	500227001	璧山县璧城街道办事处	33447		511123100	犍为县玉津镇	34343
	500228001	梁平县梁山街道办事处	43887		511181100	峨眉山市绥山镇	48742
	500230001	丰都县三合街道	44953		511323115	蓬安县相如镇	48825
	500231100	垫江县桂溪镇	60816		511324101	仪陇县新政镇	36220
	500233100	忠县忠州镇	55233		511325100	西充县晋城镇	35947
	500234130	开县临江镇	32560		511381001	阆中市保宁街道	57125
	500236116	奉节县永安镇	47879		511421123	仁寿县文林镇	66539
	500237001	巫山县高唐街道办事处	35548		511422112	彭山县凤鸣镇	36590
四川	510114100	新都区新都镇	106942		511521100	宜宾县柏溪镇	34951
	510114103	新都区新繁镇	39102		511523100	江安县江安镇	34761
	510121001	金堂县赵镇街道办事处	50876		511526101	珙县巡场镇	50932
	510122001	双流县东升街道办	84519		511621100	岳池县九龙镇	60313
	510122003	双流县华阳镇街道办	73392		511622100	武胜县沿口镇	37817
	510122004	双流县中和街道办	33801		511623100	邻水县鼎屏镇	44356
	510124001	郫县郫筒街道办事处	40643		511681001	华蓥市双河街道办事处	38884
	510124019	郫县合作街道办事处	75509		511722100	宣汉县东乡镇	57428
	510129100	大邑县晋原镇	50167		511722107	宣汉县南坝镇	34812
	510131100	蒲江县鹤山镇	40967		511723100	开江县新宁镇	43625
	510181101	都江堰市幸福镇	59004		511724100	大竹县竹阳镇	51600
	510182100	彭州市天彭镇	62953		511725100	渠县渠江镇	67142
	510183100	邛崃市临邛镇	55222		511921100	通江县诺江镇	35820
	510184001	崇州市崇阳街道办事处	56041		511922100	南江县南江镇	32152
	510321100	荣县旭阳镇	53424		511923001	平昌县同州街道办事处	61807
	510322100	富顺县富世镇	56555		512021100	安岳县岳阳镇	69043
	510521100	泸县福集镇	45381		512022100	乐至县天池镇	43607
	510522100	合江县合江镇	38650		512081100	简阳市简城镇	77721
	510524100	叙永县叙永镇	33603	贵州	520102200	南明区后巢乡	38470
	510603201	旌阳区东湖乡	36405		520121100	开阳县城关镇	32592
	510623100	中江县凯江镇	53041		520203100	六枝特区平寨镇	54172
	510623101	中江县南华镇	32382		520222100	盘县红果镇	37756
	510681100	广汉市雒城镇	51948		520302100	红花岗区长征镇	38334
	510683100	绵竹市剑南镇	34715		520303100	汇川区高桥镇	32890
	510683116	绵竹市孝德镇	33465		520321100	遵义县南白镇	48832
	510722101	三台县潼川镇	56025		520322100	桐梓县娄山关镇	54729
	510781100	江油市中坝镇	39470		520323100	绥阳县洋川镇	32292
	510781101	江油市太平镇	37208		520328001	湄潭县茶城街道办事处	35398
	510781102	江油市三合镇	51868		520330100	习水县东皇镇	37144
	510821100	旺苍县东河镇	34022		520382002	仁怀市中枢街道办事处	32892
	510824100	苍溪县陵江镇	41759		520526100	威宁彝族回族苗族自治县草海镇	36877
	510921100	蓬溪县赤城镇	32879	云南	530122001	晋宁县昆阳街道办事处	48634
	510922001	射洪县子昂街道办事处	57575		530122102	晋宁县晋城镇	38821
	510923100	大英县蓬莱镇	46939		530125001	宜良县匡远街道办事处	57972
	511024100	威远县严陵镇	79626		530126001	石林彝族自治县鹿阜街道办事处	54172
	511025100	资中县重龙镇	42065		530127001	嵩明县嵩阳街道办事处	35918
	511025116	资中县水南镇	41256		530129001	寻甸回族彝族自治县仁德街道办事处	46045

按常住户数排序前1000乡镇分省情况

单位：户

地区	代码	乡镇名称	常住户数	地区	代码	乡镇名称	常住户数
	530181001	安宁市连然街道办事处	46618		610323101	岐山县蔡家坡镇	44250
	530181002	安宁市金方街道办事处	34735		610422100	三原县城关镇	52931
	530322104	陆良县马街镇	36920		610424100	乾县城关镇	41225
	530324101	罗平县罗雄镇	35381		610425100	礼泉县城关镇	77406
	530326101	会泽县金钟镇	46536		610431100	武功县普集镇	34316
	530328101	沾益县西平镇	38012		610521100	华县华州镇	36486
	530502101	隆阳区板桥镇	32409		610523100	大荔县城关镇	37376
	530522101	腾冲县腾越镇	34802		610525100	澄城县城关镇	33633
	530622101	巧家县白鹤滩镇	42632		610526100	蒲城县城关镇	39885
	530627101	镇雄县乌峰镇	35247		610527100	白水县城关镇	52185
	530802101	思茅区思茅镇	32196		610528116	富平县城关镇	54010
	530922101	云县爱华镇	123506		610581001	韩城市新城街道办事处	34093
	530926103	耿马傣族佤族自治县孟定镇	32226		610622100	延川县延川镇	38878
	532301101	楚雄市鹿城镇	69836		610623100	子长县瓦窑堡镇	35107
	532326101	大姚县金碧镇	39288		610722100	城固县博望镇	42462
	532331101	禄丰县金山镇	32352		610723100	洋县洋州镇	33327
	532503101	蒙自市文澜镇	59256		610724100	西乡县城关镇	43320
	532504101	弥勒市弥阳镇	50831		610821100	神木县神木镇	63694
	532524101	建水县临安镇	61321		610824100	靖边县张家畔镇	46852
	532525101	石屏县异龙镇	36458		610825100	定边县定边镇	34413
	532527101	泸西县中枢镇	37848		610826100	绥德县名州镇	34256
	532901101	大理市下关镇	82919		610902107	汉滨区恒口镇	35872
	532901102	大理市大理镇	31536		611021100	洛南县城关镇	39985
	532923101	祥云县祥城镇	40097		611023100	商南县城关镇	32363
	532924101	宾川县金牛镇	34283	甘肃	621122100	陇西县巩昌镇	37270
	533102101	瑞丽市勐卯镇	36701		621124100	临洮县洮阳镇	36297
陕西	610125100	户县甘亭镇	42658	青海	630121100	大通回族土族自治县桥头镇	40526
	610126002	高陵县泾渭街道办事处	44597	宁夏	640221100	平罗县城关镇	32125
	610322100	凤翔县城关镇	32941	新疆	653125100	莎车县莎车镇	34993
	610323100	岐山县凤鸣镇	32573		654223100	沙湾县三道河子镇	32017

按公共财政收入排序前1000乡镇分省情况

单位:万元

地区	代码	乡镇名称	公共财政收入
北京	110111105	房山区长阳镇	83089
	110112104	通州区宋庄镇	26525
	110112105	通州区张家湾镇	25965
	110112106	通州区漷县镇	28714
	110112109	通州区马驹桥镇	72241
	110112114	通州区台湖镇	52292
	110112117	通州区永乐店镇	37776
	110112209	通州区于家务回族乡	29340
	110115105	大兴区安定镇	27846
	110115110	大兴区魏善庄镇	27827
天津	120111100	西青区中北镇	47918
	120111103	西青区张家窝镇	34099
	120111105	西青区大寺镇	107298
	120112101	津南区葛沽镇	82182
	120112102	津南区小站镇	69886
	120112103	津南区双港镇	101343
	120112107	津南区八里台镇	33431
	120112108	津南区北闸口镇	53309
	120113103	北辰区双口镇	26122
	120113107	北辰区小淀镇	47963
	120114118	武清区大王古庄镇	62391
	120115119	宝坻区牛道口镇	27940
	120223100	静海县静海镇	39231
	120223108	静海县大邱庄镇	110983
河北	130181100	辛集市辛集镇	28519
	130185101	鹿泉市铜冶镇	27810
	130205100	开平区开平镇	40829
	130207113	丰南区丰南镇	80620
	130208100	丰润区丰润镇	42508
	130227100	迁西县兴城镇	28010
	130227107	迁西县三屯营镇	90183
	130281100	遵化市遵化镇	37500
	130281111	遵化市建明镇	279572
	130283100	迁安市迁安镇	91353
	130283107	迁安市杨店子镇	49479
	130283108	迁安市蔡园镇	35558
	130283109	迁安市马兰庄镇	110733
	130283111	迁安市木厂口镇	58843
	130426104	涉县井店镇	33913
	130427104	磁县岳城镇	39110
	130427105	磁县观台镇	46953
	130427108	磁县黄沙镇	51348
	130481100	武安市武安镇	70403
	130481102	武安市午汲镇	48150
	130481103	武安市磁山镇	130065
	130481200	武安市上团城乡	34150
	130521104	邢台县南石门镇	33215
	130528100	宁晋县凤凰镇	27987
	130582002	沙河市桥东街道办事处	47600
	130582102	沙河市白塔镇	34347
	130684103	高碑店市白沟镇	27675
	130702100	桥东区老鸦庄镇	26867
	130703101	桥西区沈家屯镇	30172
	130722100	张北县张北镇	48469
	130726100	蔚县蔚州镇	54104
	130730100	怀来县沙城镇	44867
	130803100	双滦区双塔山镇	47536
	130803101	双滦区滦河镇	26000
	130821100	承德县下板城镇	25653
	130823100	平泉县平泉镇	37574
	130825100	隆化县隆化镇	39778
	130825101	隆化县韩麻营镇	36339
	130826100	丰宁满族自治县大阁镇	32786
	130923100	东光县东光镇	49366
	130924100	海兴县苏基镇	33272
	130925100	盐山县盐山镇	26118
	130926100	肃宁县肃宁镇	77097
	130983100	黄骅市黄骅镇	78161
	131022100	固安县固安镇	92077
	131024100	香河县淑阳镇	79621
	131024104	香河县安平镇	37126
	131081105	霸州市胜芳镇	31641
	131082100	三河市泃阳镇	290425
	131082109	三河市燕郊镇	242918
	131181100	冀州市冀州镇	31121
山西	140121100	清徐县清源镇	53728
	140321100	平定县冠山镇	43490
	140411101	郊区堠北庄镇	147538
	140411103	郊区马厂镇	45930
	140411104	郊区黄碾镇	34883
	140411200	郊区西白兔乡	26187
	140421204	长治县南宋乡	34928
	140424102	屯留县渔泽镇	26142
	140424103	屯留县余吾镇	102081
	140431102	沁源县灵空山镇	55000
	140431104	沁源县李元镇	55257
	140431203	沁源县聪子峪乡	26927
	140624100	怀仁县云中镇	31686
	140624201	怀仁县新家园乡	48988
内蒙古	150204100	青山区青福镇	41387
	150204101	青山区兴胜镇	27791
	150207105	九原区哈林格尔镇	36240
	150221104	土默特右旗萨拉齐镇	54500
	150602102	东胜区铜川镇	90000

按公共财政收入排序前1000乡镇分省情况

单位:万元

地区	代码	乡镇名称	公共财政收入	地区	代码	乡镇名称	公共财政收入
	150624101	鄂托克旗棋盘井镇	277453		310112108	闵行区梅陇镇	85302
	150724100	鄂温克族自治旗巴彦托海镇	26048		310112110	闵行区吴泾镇	156290
	150724111	鄂温克族自治旗伊敏河镇	139166		310112112	闵行区马桥镇	86639
	152525105	东乌珠穆沁旗巴音胡硕镇	49272		310112114	闵行区浦江镇	173565
	152921104	阿拉善左旗乌斯太镇	64715		310113101	宝山区罗店镇	61080
	152921113	阿拉善左旗宗别立镇	97367		310113102	宝山区大场镇	83810
辽宁	210181108	新民市兴隆堡镇	30895		310113103	宝山区杨行镇	67493
	210281011	瓦房店市交流岛街道	66110		310113104	宝山区月浦镇	74913
	210282004	普兰店市南山街道	51800		310113106	宝山区罗泾镇	28309
	210282012	普兰店市炮台街道	56848		310113109	宝山区顾村镇	83398
	210282014	普兰店市石河街道	36782		310113111	宝山区高境镇	35450
	210283005	庄河市明阳街道	140126		310113112	宝山区庙行镇	30793
	210283115	庄河市大郑镇	29424		310113113	宝山区淞南镇	28190
	210311103	千山区大屯镇	51663		310114102	嘉定区南翔镇	138627
	210381005	海城市验军街道办事处	47428		310114103	嘉定区安亭镇	196551
	210381107	海城市牌楼镇	28329		310114106	嘉定区马陆镇	161028
	210381108	海城市八里镇	34886		310114109	嘉定区徐行镇	32881
	210381118	海城市腾鳌镇	38422		310114114	嘉定区外冈镇	42382
	210521112	本溪满族自治县高官镇	29000		310114118	嘉定区江桥镇	100246
	210681001	东港市大东街道	32813		310115103	浦东新区川沙新镇	85000
	210681104	东港市前阳镇	42373		310115104	浦东新区高桥镇	50000
	210782112	北镇市沟帮子镇	49800		310115105	浦东新区北蔡镇	67539
	210804100	鲅鱼圈区熊岳镇	102851		310115110	浦东新区合庆镇	36500
	210811101	老边区路南镇	45887		310115114	浦东新区唐镇	67791
	210882005	大石桥市南楼街道	25801		310115117	浦东新区曹路镇	207546
	210911102	细河区四合镇	35845		310115120	浦东新区金桥镇	58875
	211004101	宏伟区曙光镇	154102		310115121	浦东新区高行镇	59801
	211081002	灯塔市万宝桥街道办事处	28239		310115123	浦东新区高东镇	40115
	211081108	灯塔市柳河子镇	32697		310115125	浦东新区张江镇	45974
	211081205	灯塔市鸡冠山乡	26000		310115130	浦东新区三林镇	83212
	211121105	大洼县田家镇	47755		310115131	浦东新区惠南镇	99500
	211221101	铁岭县新台子镇	37552		310115132	浦东新区周浦镇	55715
	211321108	朝阳县大庙镇	34196		310115133	浦东新区新场镇	26400
	211322004	建平县万寿街道	28914		310115136	浦东新区康桥镇	52000
吉林	220103171	宽城区合隆镇	35800		310115137	浦东新区航头镇	39214
	220105171	二道区卡伦湖镇	37500		310115139	浦东新区祝桥镇	417469
	220112270	双阳区双营子回族乡(梅花鹿产业经济开发区)(省级)	30000		310115140	浦东新区泥城镇	41500
	220402198	龙山区县级直管村级单位(特殊镇)	126794		310115142	浦东新区书院镇	33060
	220502120	东昌区通化经济开发区(特殊乡镇)	52000		310115145	浦东新区南汇新城镇	69000
	220723105	乾安县安字镇	42676		310116101	金山区朱泾镇	117235
黑龙江	230125100	宾县宾州镇	36120		310116102	金山区枫泾镇	60567
	231281209	安达市先源乡	30953		310116104	金山区亭林镇	40865
上海	310112101	闵行区莘庄镇	138089		310116105	金山区吕巷镇	72097
	310112102	闵行区七宝镇	87976		310116109	金山区金山卫镇	122458
	310112103	闵行区颛桥镇	69830		310116112	金山区漕泾镇	28072
	310112106	闵行区华漕镇	131611		310116113	金山区山阳镇	45248
	310112107	闵行区虹桥镇	94295		310117102	松江区泗泾镇	33800

按公共财政收入排序前1000乡镇分省情况

单位：万元

地区	代码	乡镇名称	公共财政收入	地区	代码	乡镇名称	公共财政收入
	310117105	松江区新桥镇	35857		320321101	丰县凤城镇	108560
	310117107	松江区九亭镇	54982		320322101	沛县龙固镇	35305
	310117116	松江区石湖荡镇	34486		320322103	沛县大屯镇	60074
	310117117	松江区新浜镇	31060		320322104	沛县沛城镇	100302
	310118102	青浦区朱家角镇	164972		320324101	睢宁县睢城镇	59302
	310118103	青浦区练塘镇	148720		320381001	新沂市新安街道办事处	78797
	310118104	青浦区金泽镇	90897		320382002	邳州市运河街道办事处	114375
	310118105	青浦区赵巷镇	148010		320382004	邳州市炮车街道办事处	37664
	310118106	青浦区徐泾镇	260549		320382103	邳州市官湖镇	46013
	310118107	青浦区华新镇	241156		320382108	邳州市碾庄镇	27534
	310118109	青浦区重固镇	103557		320411100	新北区春江镇	115000
	310118110	青浦区白鹤镇	148999		320411102	新北区新桥镇	33709
	310120101	奉贤区南桥镇	68003		320411103	新北区薛家镇	75212
	310120102	奉贤区奉城镇	30817		320411104	新北区罗溪镇	28467
	310120104	奉贤区庄行镇	27778		320412100	武进区湖塘镇	255448
	310120106	奉贤区金汇镇	41251		320412102	武进区牛塘镇	31935
	310120109	奉贤区四团镇	26341		320412104	武进区遥观镇	42722
	310120111	奉贤区青村镇	39459		320412105	武进区横林镇	33437
	310120118	奉贤区柘林镇	28186		320412106	武进区横山桥镇	39112
	310230123	崇明县长兴镇	61925		320412109	武进区郑陆镇	40123
	310230203	崇明县横沙乡	46502		320412110	武进区雪堰镇	62330
江苏	320117100	溧水区永阳镇	100168		320412114	武进区礼嘉镇	38524
	320118100	高淳区淳溪镇	28350		320412116	武进区邹区镇	28381
	320205103	锡山区鹅湖镇	25748		320412120	武进区湟里镇	40467
	320205105	锡山区锡北镇	34077		320481100	溧阳市溧城镇	116938
	320205106	锡山区东港镇	56200		320482100	金坛市金城镇	41950
	320206102	惠山区洛社镇	99972		320505100	虎丘区浒墅关镇	61180
	320211101	滨湖区胡埭镇	37000		320505101	虎丘区通安镇	33017
	320281005	江阴市云亭街道	49995		320506100	吴中区甪直镇	73249
	320281006	江阴市临港街道	272626		320506103	吴中区木渎镇	168500
	320281100	江阴市璜土镇	63415		320506104	吴中区胥口镇	78187
	320281104	江阴市徐霞客镇	41036		320506110	吴中区临湖镇	27134
	320281107	江阴市华士镇	70354		320507100	相城区望亭镇	33789
	320281108	江阴市周庄镇	71182		320507102	相城区黄埭镇	77155
	320281109	江阴市新桥镇	86661		320507105	相城区渭塘镇	40632
	320281111	江阴市顾山镇	33182		320509100	吴江区太湖新城镇	477905
	320281112	江阴市祝塘镇	29945		320509101	吴江区同里镇	38256
	320282001	宜兴市宜城街道	91426		320509104	吴江区平望镇	55826
	320282002	宜兴市屺亭街道	76940		320509105	吴江区盛泽镇	515000
	320282004	宜兴市新街街道	76023		320509107	吴江区七都镇	35771
	320282104	宜兴市官林镇	72570		320509108	吴江区震泽镇	39111
	320282108	宜兴市高塍镇	88896		320509109	吴江区桃源镇	66607
	320282112	宜兴市丁蜀镇	139088		320509110	吴江区黎里镇	170083
	320305102	贾汪区青山泉镇	55750		320581100	常熟市虞山镇	437775
	320312106	铜山区柳新镇	48165		320581101	常熟市梅李镇	50421
	320312109	铜山区汉王镇	28568		320581102	常熟市海虞镇	64309
	320312116	铜山区利国镇	50980		320581104	常熟市古里镇	66180

按公共财政收入排序前1000乡镇分省情况

单位:万元

地区	代码	乡镇名称	公共财政收入	地区	代码	乡镇名称	公共财政收入
	320581105	常熟市沙家浜镇	38288		320830102	盱眙县官滩镇	26125
	320581106	常熟市支塘镇	30713		320831100	金湖县黎城镇	39033
	320581110	常熟市辛庄镇	43281		320921100	响水县响水镇	30229
	320581111	常熟市尚湖镇	32676		320922100	滨海县东坎镇	66571
	320582100	张家港市杨舍镇	480752		320923100	阜宁县阜城镇	43951
	320582101	张家港市塘桥镇	55834		320924100	射阳县合德镇	43826
	320582102	张家港市金港镇	336775		320925100	建湖县近湖镇	85596
	320582103	张家港市锦丰镇	192514		320925101	建湖县建阳镇	25801
	320582104	张家港市乐余镇	26835		320925108	建湖县上冈镇	26133
	320582105	张家港市凤凰镇	57700		320981107	东台市梁垛镇	29854
	320582106	张家港市南丰镇	66030		320981121	东台市弶港镇	26566
	320583100	昆山市玉山镇	525367		320981122	东台市东台镇	91881
	320583101	昆山市巴城镇	123968		320982100	大丰市大中镇	101867
	320583102	昆山市周市镇	175236		321002101	广陵区杭集镇	32253
	320583103	昆山市陆家镇	118144		321003201	邗江区双桥乡	31174
	320583104	昆山市花桥镇	238383		321012100	江都区仙女镇	121700
	320583105	昆山市淀山湖镇	73380		321012118	江都区大桥镇	32179
	320583106	昆山市张浦镇	142722		321023100	宝应县安宜镇	27512
	320583108	昆山市千灯镇	132364		321081100	仪征市真州镇	48798
	320583109	昆山市锦溪镇	41252		321084001	高邮市高邮街道	45943
	320585100	太仓市城厢镇	507867		321084116	高邮市送桥镇	29689
	320585101	太仓市沙溪镇	51131		321181108	丹阳市界牌镇	30234
	320585102	太仓市浏河镇	42500		321181110	丹阳市后巷镇	29937
	320585103	太仓市浮桥镇	216077		321181112	丹阳市云阳镇	124587
	320612100	通州区金沙镇	146261		321182001	扬中市三茅街道	79397
	320612120	通州区川姜镇	43620		321182101	扬中市新坝镇	38830
	320621100	海安县海安镇	201921		321183100	句容市华阳镇	40842
	320621101	海安县城东镇	101527		321183109	句容市宝华镇	38598
	320623102	如东县苴镇	27613		321202100	海陵区九龙镇	32000
	320623103	如东县长沙镇	30598		321203100	高港区永安洲镇	34081
	320623105	如东县掘港镇	100642		321204100	姜堰区姜堰镇	139631
	320681100	启东市汇龙镇	102907		321281123	兴化市戴南镇	57073
	320681103	启东市寅阳镇	41400		321281125	兴化市昭阳镇	66897
	320681110	启东市吕四港镇	27009		321283001	泰兴市济川街道办事处	154126
	320682001	如皋市如城街道	178270		321283123	泰兴市滨江镇	92644
	320682111	如皋市长江镇	137705		321283124	泰兴市虹桥镇	35647
	320721100	赣榆县青口镇	79820		321302150	宿城区洋河镇	39821
	320721101	赣榆县柘汪镇	34539		321323100	泗阳县众兴镇	37757
	320721106	赣榆县海头镇	29710		321324100	泗洪县青阳镇	43808
	320722001	东海县牛山街道办事处	27959	浙江	330104102	江干区彭埠镇	50230
	320723208	灌云县侍庄乡	63147		330104104	江干区丁桥镇	43688
	320724100	灌南县新安镇	38398		330104105	江干区九堡镇	56937
	320802350	清河区钵池乡	33000		330106109	西湖区三墩镇	86693
	320802351	清河区徐杨乡	85622		330109105	萧山区临浦镇	72130
	320811200	清浦区城南乡	38301		330109106	萧山区义桥镇	45251
	320830100	盱眙县盱城镇	47191		330109108	萧山区衙前镇	72321
	320830101	盱眙县马坝镇	36883		330109110	萧山区宁围镇	536744

按公共财政收入排序前1000乡镇分省情况

单位:万元

地区	代码	乡镇名称	公共财政收入	地区	代码	乡镇名称	公共财政收入
	330109111	萧山区新街镇	79075		330283002	奉化市岳林街道	49191
	330109113	萧山区瓜沥镇	202963		330283100	奉化市溪口镇	32746
	330109115	萧山区益农镇	25836		330324004	永嘉县江北街道	169800
	330109120	萧山区党湾镇	27480		330324005	永嘉县东瓯街道	31948
	330110102	余杭区塘栖镇	67166		330324102	永嘉县桥头镇	30363
	330182001	建德市新安江街道	63232		330326101	平阳县鳌江镇	108000
	330183001	富阳市富春街道	92294		330327100	苍南县灵溪镇	93292
	330185008	临安市青山湖街道	51871		330327101	苍南县龙港镇	110535
	330205103	江北区慈城镇	81368		330327104	苍南县钱库镇	26139
	330206201	北仑区梅山乡	45001		330382002	乐清市乐成街道办事处	60154
	330211100	镇海区澥浦镇	31299		330382003	乐清市城南街道办事处	51920
	330211101	镇海区九龙湖镇	38466		330382101	乐清市大荆镇	33710
	330212103	鄞州区东钱湖镇	88422		330382108	乐清市虹桥镇	107554
	330212105	鄞州区五乡镇	63748		330382114	乐清市柳市镇	297895
	330212106	鄞州区邱隘镇	34349		330382115	乐清市北白象镇	182256
	330212110	鄞州区姜山镇	69806		330402100	南湖区凤桥镇	30029
	330212113	鄞州区高桥镇	75436		330402101	南湖区余新镇	40120
	330212115	鄞州区集士港镇	33527		330402105	南湖区大桥镇	115594
	330212116	鄞州区古林镇	40354		330411101	秀洲区王江泾镇	74427
	330225001	象山县丹东街道	114150		330411105	秀洲区王店镇	50941
	330225002	象山县丹西街道	77086		330411106	秀洲区洪合镇	28701
	330225003	象山县爵溪街道	31881		330421001	嘉善县魏塘街道	66891
	330225101	象山县石浦镇	45363		330421003	嘉善县惠民街道	130800
	330225102	象山县西周镇	75682		330421103	嘉善县西塘镇	50543
	330226001	宁海县跃龙街道	68520		330424001	海盐县武原街道	78514
	330226003	宁海县梅林街道	36901		330424002	海盐县西塘桥街道	131400
	330226111	宁海县西店镇	27014		330481101	海宁市许村镇	49105
	330281001	余姚市梨洲街道	45920		330481103	海宁市长安镇	47281
	330281002	余姚市凤山街道	71103		330481110	海宁市盐官镇	30112
	330281003	余姚市兰江街道	57720		330482002	平湖市钟埭街道	66262
	330281004	余姚市阳明街道	138367		330482101	平湖市乍浦镇	26318
	330281005	余姚市低塘街道	70542		330482102	平湖市新埭镇	33222
	330281006	余姚市朗霞街道	66243		330482108	平湖市独山港镇	30489
	330281100	余姚市临山镇	27997		330483001	桐乡市梧桐街道	88809
	330281103	余姚市泗门镇	81269		330483101	桐乡市濮院镇	70300
	330281106	余姚市马渚镇	47076		330483105	桐乡市洲泉镇	68291
	330281113	余姚市陆埠镇	28613		330483107	桐乡市崇福镇	44835
	330282002	慈溪市宗汉街道	53930		330483108	桐乡市高桥镇	26952
	330282004	慈溪市浒山街道	64312		330502100	吴兴区织里镇	166699
	330282005	慈溪市白沙路街道	35945		330502101	吴兴区八里店镇	111169
	330282006	慈溪市古塘街道	55455		330503101	南浔区双林镇	38086
	330282107	慈溪市观海卫镇	43962		330503102	南浔区练市镇	45942
	330282114	慈溪市横河镇	38564		330521100	德清县武康镇	68544
	330282118	慈溪市庵东镇	39683		330521102	德清县新市镇	27887
	330282121	慈溪市周巷镇	54622		330521104	德清县钟管镇	52100
	330282123	慈溪市龙山镇	31125		330521114	德清县新安镇	30500
	330283001	奉化市锦屏街道	103574		330522002	长兴县画溪街道	57800

按公共财政收入排序前1000乡镇分省情况

单位：万元

地区	代码	乡镇名称	公共财政收入	地区	代码	乡镇名称	公共财政收入
	330522003	长兴县太湖街道	62761		331021001	玉环县玉城街道	94255
	330522102	长兴县李家巷镇	30367		331021003	玉环县大麦屿街道	85601
	330522110	长兴县和平镇	33466		331021102	玉环县楚门镇	95300
	330523100	安吉县递铺镇	188278		331022100	三门县海游镇	43399
	330523110	安吉县梅溪镇	33153		331023105	天台县平桥镇	32294
	330602105	越城区马山镇	34978		331081001	温岭市太平街道	163579
	330621001	绍兴县柯桥街道	276046		331081002	温岭市城东街道	51842
	330621002	绍兴县柯岩街道	55248		331081100	温岭市泽国镇	77139
	330621003	绍兴县华舍街道	176227		331081101	温岭市大溪镇	64118
	330621100	绍兴县齐贤镇	40601		331081102	温岭市松门镇	29038
	330621101	绍兴县钱清镇	134054		331081103	温岭市箬横镇	30252
	330621104	绍兴县马鞍镇	167120		331081104	温岭市新河镇	25602
	330621110	绍兴县杨汛桥镇	60168		331082001	临海市古城街道	57532
	330621114	绍兴县夏履镇	33239		331082002	临海市大洋街道	55340
	330681001	诸暨市暨阳街道	222636		331082112	临海市杜桥镇	38311
	330681002	诸暨市浣东街道	48214		331122101	缙云县壶镇镇	59544
	330681003	诸暨市陶朱街道	85755	安徽	340121104	长丰县岗集镇	28000
	330681101	诸暨市大唐镇	115483		340121105	长丰县双墩镇	34100
	330681103	诸暨市次坞镇	40211		340122101	肥东县撮镇镇	84000
	330681104	诸暨市店口镇	180835		340123100	肥西县上派镇	74600
	330681109	诸暨市枫桥镇	73237		340123108	肥西县桃花镇	43300
	330681113	诸暨市草塔镇	43400		340124100	庐江县庐城镇	77686
	330681119	诸暨市璜山镇	34693		340124111	庐江县龙桥镇	29905
	330682001	上虞市百官街道	43370		340221100	芜湖县湾沚镇	31323
	330682002	上虞市曹娥街道	35345		340221101	芜湖县六郎镇	32500
	330682100	上虞市道墟镇	69819		340222100	繁昌县繁阳镇	33879
	330682110	上虞市小越镇	29700		340222101	繁昌县荻港镇	38088
	330682113	上虞市崧厦镇	37059		340222102	繁昌县孙村镇	38533
	330683002	嵊州市三江街道	37125		340223100	南陵县籍山镇	32595
	330683100	嵊州市甘霖镇	32495		340225100	无为县无城镇	40800
	330723001	武义县白洋街道	48288		340311100	淮上区小蚌埠镇	32400
	330723003	武义县熟溪街道	38549		340321100	怀远县城关镇	51398
	330782001	义乌市稠城街道	280836		340403100	田家庵区舜耕镇	42736
	330782002	义乌市江东街道	47638		340403101	田家庵区安成镇	51955
	330782003	义乌市稠江街道	111616		340421104	凤台县岳张集镇	46641
	330782100	义乌市佛堂镇	73170		340504100	雨山区向山镇	28270
	330783001	东阳市吴宁街道	55087		340504200	雨山区佳山乡	32000
	330783005	东阳市江北街道	48526		340521100	当涂县姑孰镇	45800
	330783123	东阳市横店镇	225036		340521110	当涂县年陡镇	38581
	330784001	永康市东城街道	146506		340522100	含山县环峰镇	33531
	330784002	永康市西城街道	77162		340522104	含山县林头镇	32817
	330784108	永康市古山镇	26968		340523107	和县乌江镇	33211
	330881002	江山市虎山街道	30183		340523109	和县石杨镇	28200
	330881121	江山市贺村镇	44537		340621100	濉溪县濉溪镇	39808
	330902100	定海区金塘镇	26848		340823100	枞阳县枞阳镇	90946
	330903100	普陀区六横镇	41182		341004100	徽州区岩寺镇	29000
	330903106	普陀区普陀山镇	85272		341021100	歙县徽城镇	41500

按公共财政收入排序前1000乡镇分省情况

单位:万元

地区	代码	乡镇名称	公共财政收入
	341122103	来安县汊河镇	40013
	341124100	全椒县襄河镇	51089
	341181100	天长市铜城镇	32798
	341282105	界首市田营镇	61649
	341525100	霍山县衡山镇	31071
	341802107	宣州区孙埠镇	26785
	341821100	郎溪县建平镇	28636
	341822104	广德县新杭镇	48063
福建	350102100	鼓楼区洪山镇	36321
	350111100	晋安区鼓山镇	33204
	350121001	闽侯县甘蔗街道	27791
	350121102	闽侯县南屿镇	74209
	350121105	闽侯县青口镇	48362
	350121107	闽侯县上街镇	70736
	350122101	连江县敖江镇	26037
	350181005	福清市宏路街道	32723
	350181007	福清市音西街道	61082
	350182001	长乐市吴航街道	34101
	350182002	长乐市航城街道	70303
	350213102	翔安区马巷镇	89713
	350505100	泉港区南埔镇	65916
	350521100	惠安县螺城镇	33823
	350521101	惠安县螺阳镇	29907
	350521105	惠安县东园镇	35091
	350524100	安溪县凤城镇	39397
	350524105	安溪县城厢镇	38750
	350581001	石狮市湖滨街道	46318
	350581002	石狮市凤里街道	32301
	350581100	石狮市灵秀镇	44514
	350581101	石狮市宝盖镇	50188
	350582001	晋江市青阳街道办事处	52624
	350582002	晋江市梅岭街道办事处	66476
	350582004	晋江市罗山街道办事处	27163
	350582101	晋江市安海镇	64898
	350582102	晋江市磁灶镇	27250
	350582103	晋江市陈埭镇	87157
	350582104	晋江市东石镇	27400
	350582105	晋江市深沪镇	31416
	350582106	晋江市金井镇	29632
	350582107	晋江市池店镇	76966
	350582110	晋江市龙湖镇	28464
	350582112	晋江市英林镇	31416
	350583118	南安市官桥镇	28121
	350583119	南安市水头镇	68595
	350602102	芗城区芝山镇	78638
	350623100	漳浦县绥安镇	64286
	350625100	长泰县武安镇	137593
	350681100	龙海市石码镇	45334
	350681102	龙海市角美镇	126826
江西	360103101	西湖区桃花镇	114000
	360104100	青云谱区青云谱镇	28561
	360111104	青山湖区湖坊镇	31210
	360111105	青山湖区塘山镇	32693
	360111180	青山湖区蛟桥镇(南昌经济技术开发区)	56263
	360121100	南昌县莲塘镇	55170
	360121191	南昌县昌东镇(南昌高新开发区)	26864
	360121205	南昌县东新乡	66139
	360122100	新建县长埈镇	34000
	360202100	昌江区竟成镇	32812
	360281001	乐平市洎阳街道办事处	26033
	360302100	安源区安源镇	31148
	360323101	芦溪县芦溪镇	30084
	360481100	瑞昌市码头镇	33275
	360502190	渝水区水西镇	34947
	360521100	分宜县分宜镇	35951
	360622103	余江县中童镇	35670
	360734100	寻乌县长宁镇	26061
	360821001	吉安县高新街道办事处	47669
	360824100	新干县金川镇	28586
	360826100	泰和县澄江镇	37641
	360827100	遂川县泉江镇	26779
	360981006	丰城市河洲街道	32153
	360981126	丰城市曲江镇	35846
	361121104	上饶县茶亭镇	27696
	361122001	广丰县永丰街道办事处	30900
	361181107	德兴市泗洲镇	42589
山东	370104101	槐荫区段店镇	53734
	370125002	济阳县济北街道办事处	34626
	370181001	章丘市明水街道办事处	29737
	370181110	章丘市刁镇	35900
	370211103	黄岛区泊里镇	38243
	370281001	胶州市阜安街道办事处	61317
	370281002	胶州市中云街道办事处	35966
	370281004	胶州市三里河街道办事处	39086
	370281006	胶州市九龙街道办事处	100026
	370281008	胶州市胶北街道办事处	65990
	370281102	胶州市李哥庄镇	30507
	370282001	即墨市环秀街道	28733
	370282002	即墨市潮海街道	43297
	370282003	即墨市通济街道办事处	117259
	370282005	即墨市龙山街道办事处	34000
	370282008	即墨市温泉街道办事处	39964
	370283001	平度市东阁街道办事处	37874
	370285001	莱西市水集街道办事处	62657

按公共财政收入排序前1000乡镇分省情况

单位:万元

地区	代码	乡镇名称	公共财政收入	地区	代码	乡镇名称	公共财政收入
	370285002	莱西市望城街道办事处	33964		370881001	曲阜市鲁城街道办事处	90654
	370285101	莱西市姜山镇	33032		370881003	曲阜市时庄街道办事处	32476
	370303100	张店区马尚镇	35074		370882007	兖州市王因街道办事处	60972
	370304102	博山区域城镇	26389		370882008	兖州市黄屯街道办事处	38165
	370305109	临淄区凤凰镇	31258		370882101	兖州市大安镇	41685
	370305111	临淄区金山镇	77834		370882105	兖州市新兖镇	92301
	370321105	桓台县马桥镇	43208		370883001	邹城市钢山街道办事处	47455
	370321109	桓台县唐山镇	47911		370883002	邹城市千泉街道办事处	40244
	370321110	桓台县果里镇	31854		370883104	邹城市北宿镇	72154
	370481002	滕州市龙泉街道	29141		370883105	邹城市中心店镇	53491
	370481003	滕州市北辛街道	27881		370883106	邹城市唐村镇	35734
	370481105	滕州市级索镇	44916		370883107	邹城市太平镇	78217
	370481106	滕州市西岗镇	56083		370911106	岱岳区满庄镇	31382
	370523002	广饶县乐安街道办事处	42641		370982001	新泰市青云街道办事处	39978
	370523101	广饶县大王镇	94700		370982002	新泰市新汶街道办事处	42071
	370523102	广饶县稻庄镇	28757		370982103	新泰市翟镇	25995
	370681001	龙口市东莱街道	69983		370983106	肥城市石横镇	29497
	370681002	龙口市龙港街道	107266		371002100	环翠区张村镇	37549
	370681005	龙口市东江街道办事处	302697		371082007	荣成市崖头街道办事处	53382
	370682001	莱阳市城厢街道	47860		371082102	荣成市成山镇	29472
	370683001	莱州市文昌路街道	71811		371122001	莒县城阳街道办事处	47032
	370683002	莱州市永安路街道	30578		371302105	兰山区义堂镇	34890
	370683003	莱州市三山岛街道	84550		371321001	沂南县界湖街道办事处	57115
	370683004	莱州市城港路街道	112915		371322001	郯城县郯城街道办事处	50854
	370683101	莱州市沙河镇	45107		371323001	沂水县沂城街道办事处	45052
	370685001	招远市罗峰街道办事处	38774		371325001	费县费城街道办事处	56863
	370685002	招远市泉山街道办事处	38421		371325105	费县探沂镇	26251
	370685003	招远市梦芝街道办事处	30867		371326001	平邑县平邑街道办事处	39713
	370685004	招远市温泉街道办事处	175954		371327001	莒南县十字路街道办事处	79491
	370685101	招远市辛庄镇	82700		371328001	蒙阴县蒙阴街道办事处	29616
	370687001	海阳市方圆街道	28878		371421002	陵县临齐街道办事处	27094
	370724002	临朐县东城街道办事处	28408		371422001	宁津县宁城街道办事处	41305
	370781001	青州市王府街道办事处	60636		371423001	庆云县渤海路街道办事处	28969
	370781002	青州市益都街道办事处	52211		371424001	临邑县邢侗街道办事处	74094
	370781006	青州市云门山街道办事处	48667		371425001	齐河县晏城街道办事处	30502
	370782001	诸城市密州街道办事处	40933		371425002	齐河县晏北街道办事处	148852
	370782002	诸城市龙都街道办事处	29678		371427001	夏津县银城街道办事处	26083
	370783001	寿光市圣城街道办事处	50556		371428001	武城县广运街道办事处	26297
	370783004	寿光市古城街道办事处	32448		371481001	乐陵市市中街道	45246
	370783005	寿光市洛城街道办事处	31072		371482001	禹城市市中街道	50109
	370783109	寿光市侯镇	52009		371482101	禹城市房寺镇	38771
	370783115	寿光市羊口镇	60049		371523001	茌平县振兴街道办事处	31000
	370784001	安丘市兴安街道办事处	73662		371581002	临清市新华路街道办事处	29807
	370784003	安丘市新安街道	34050		371623105	无棣县马山子镇	35839
	370785001	高密市朝阳街道	37050		371625001	博兴县城东街道办事处	143636
	370828001	金乡县金乡街道办事处	35558		371625102	博兴县兴福镇	30637
	370829001	嘉祥县嘉祥镇街道办事处	35118		371626101	邹平县长山镇	29685

按公共财政收入排序前 1000 乡镇分省情况

单位：万元

地区	代码	乡镇名称	公共财政收入	地区	代码	乡镇名称	公共财政收入
	371626102	邹平县魏桥镇	28025		420625100	谷城县城关镇	48869
	371626109	邹平县韩店镇	47479		420625101	谷城县石花镇	46602
河南	410122003	中牟县广惠街街道办事处	32737		420626107	保康县马桥镇	38651
	410122105	中牟县白沙镇	33000		420682002	老河口市酂阳街道办事处	29654
	410122111	中牟县九龙镇	35000		420682106	老河口市李楼镇	25600
	410122112	中牟县刘集镇	30417		420683002	枣阳市南城街道办事处	36044
	410181113	巩义市回郭镇	30921		420683109	枣阳市吴店镇	28510
	410182102	荥阳市豫龙镇	26858		420684001	宜城市鄢城街道办事处	46582
	410183104	新密市超化镇	32798		420703101	华容区葛店镇	55905
	410183110	新密市来集镇	35738		420704107	鄂城区花湖镇	26035
	410184109	新郑市龙湖镇	102156		420822100	沙洋县沙洋镇	52779
	410185105	登封市大冶镇	87581		420881103	钟祥市胡集镇	63752
	410522101	安阳县水冶镇	35096		420881104	钟祥市双河镇	25794
	410781105	卫辉市唐庄镇	28286		420923100	云梦县城关镇	26178
	410782104	辉县市孟庄镇	38500		420981001	应城市城中街道办事处	44267
	410782112	辉县市冀屯镇	31223		420982001	安陆市府城街道办事处	29313
	410821100	修武县城关镇	38132		420984111	汉川市新河镇	43060
	410882101	沁阳市西向镇	36036		421023102	监利县新沟镇	36750
	411082102	长葛市后河镇	50599		421087100	松滋市新江口镇	40030
	411104201	召陵区后谢乡	25634		421087102	松滋市八宝镇	34293
湖北	420117100	新洲区辛冲镇	34267		421126100	蕲春县漕河镇	42792
	420222101	阳新县富池镇	45062		421127102	黄梅县小池镇	41065
	420281003	大冶市金湖街道办事处	28359		421181003	麻城市南湖办事处	27094
	420281004	大冶市罗家桥街道办事处	103250		421181101	麻城市宋埠镇	27816
	420281102	大冶市灵乡镇	99810		421222100	通城县隽水镇	29820
	420281104	大冶市还地桥镇	96641		421223100	崇阳县天城镇	29359
	420281108	大冶市陈贵镇	98065		421281001	赤壁市蒲圻街道办事处	71098
	420321100	郧县城关镇	28612		421281002	赤壁市赤马港街道办事处	27865
	420381001	丹江口市均州路街道办事处	41133	湖南	430112105	望城区铜官镇	29016
	420381002	丹江口市大坝路街道办事处	49761		430121001	长沙县星沙街道办事处	164611
	420381005	丹江口市三官殿街道办事处	45457		430121002	长沙县泉塘街道办事处	31243
	420381103	丹江口市六里坪镇	41882		430121003	长沙县湘龙街道办事处	52800
	420503201	伍家岗区伍家乡	49278		430121004	长沙县榔梨街道	32782
	420506101	夷陵区樟村坪镇	71528		430121101	长沙县暮云镇	93330
	420506107	夷陵区龙泉镇	70839		430124100	宁乡县玉潭镇	126550
	420525106	远安县荷花镇	29568		430124217	宁乡县城郊乡	36801
	420526101	兴山县古夫镇	47834		431003102	苏仙区良田镇	30835
	420528101	长阳土家族自治县龙舟坪镇	46580		431021003	桂阳县黄沙坪街道	31835
	420581001	宜都市陆城街道办事处	112150	广东	440111113	白云区江高镇	26004
	420581104	宜都市枝城镇	48122		440113102	番禺区南村镇	47023
	420582001	当阳市玉阳街道办事处	49653		440113105	番禺区石楼镇	54281
	420582003	当阳市玉泉街道办事处	41136		440113118	番禺区沙湾镇	33109
	420582105	当阳市王店镇	26642		440114105	花都区花东镇	118046
	420583001	枝江市马家店街道	30927		440114109	花都区狮岭镇	31648
	420606100	樊城区牛首镇	29336		440115103	南沙区东涌镇	51269
	420606101	樊城区太平店镇	28535		440115104	南沙区大岗镇	40966
	420624100	南漳县城关镇	38602		440115105	南沙区榄核镇	35833

按公共财政收入排序前1000乡镇分省情况

单位:万元

地区	代码	乡镇名称	公共财政收入	地区	代码	乡镇名称	公共财政收入
	440183101	增城市新塘镇	63237		441900115	东莞市清溪镇	82495
	440402100	香洲区唐家湾镇	102389		441900116	东莞市塘厦镇	125599
	440402104	香洲区横琴镇	89014		441900117	东莞市凤岗镇	118351
	440404100	金湾区三灶镇	37828		441900118	东莞市大岭山镇	106804
	440404101	金湾区南水镇	146284		441900119	东莞市长安镇	186269
	440404103	金湾区红旗镇	32800		441900121	东莞市虎门镇	225958
	440404104	金湾区平沙镇	35177		441900122	东莞市厚街镇	176574
	440604100	禅城区南庄镇	36158		441900123	东莞市沙田镇	109025
	440605121	南海区九江镇	176864		441900124	东莞市道滘镇	62502
	440605122	南海区西樵镇	104300		441900125	东莞市洪梅镇	37284
	440605123	南海区丹灶镇	104704		441900126	东莞市麻涌镇	78310
	440605125	南海区大沥镇	188074		441900127	东莞市望牛墩镇	46894
	440605126	南海区里水镇	304778		441900128	东莞市中堂镇	66593
	440606101	顺德区陈村镇	66766		441900129	东莞市高埗镇	55722
	440606102	顺德区北滘镇	133326		442000100	中山市小榄镇	187123
	440606103	顺德区乐从镇	144808		442000101	中山市黄圃镇	38856
	440606104	顺德区龙江镇	53410		442000102	中山市民众镇	49057
	440606105	顺德区杏坛镇	64084		442000103	中山市东凤镇	54914
	440606106	顺德区均安镇	44307		442000104	中山市东升镇	75504
	440607103	三水区乐平镇	56804		442000105	中山市古镇镇	61595
	440607105	三水区芦苞镇	32000		442000106	中山市沙溪镇	69671
	440608108	高明区更合镇	25622		442000107	中山市坦洲镇	61383
	440703101	蓬江区棠下镇	26763		442000108	中山市港口镇	44011
	440705104	新会区双水镇	41014		442000109	中山市三角镇	46786
	440781001	台山市台城街道办事处	49136		442000110	中山市横栏镇	46340
	440783001	开平市三埠街道	35274		442000111	中山市南头镇	35286
	440783002	开平市长沙街道	28320		442000113	中山市南朗镇	67204
	440783117	开平市水口镇	27021		442000114	中山市三乡镇	95040
	440784001	鹤山市沙坪街道	32244		442000117	中山市神湾镇	47636
	440784104	鹤山市桃源镇	102890		445103121	潮安区枫溪镇	34102
	441322110	博罗县罗阳镇	43888	广西	450126100	宾阳县宾州镇	70505
	441702105	江城区闸坡镇	37026		450127100	横县横州镇	32327
	441881137	英德市东华镇	51603		450221100	柳江县拉堡镇	44863
	441900101	东莞市石碣镇	63347		450223100	鹿寨县鹿寨镇	59370
	441900102	东莞市石龙镇	67554		450512102	铁山港区兴港镇	59010
	441900103	东莞市茶山镇	61365		450521100	合浦县廉州镇	40094
	441900104	东莞市石排镇	49363		450603100	防城区防城镇	26256
	441900105	东莞市企石镇	39606		450821100	平南县平南镇	34455
	441900106	东莞市横沥镇	51300		450881118	桂平市西山镇	34766
	441900107	东莞市桥头镇	62511		450923100	博白县博白镇	26719
	441900108	东莞市谢岗镇	40801		451221101	南丹县大厂镇	38065
	441900109	东莞市东坑镇	65460		451224100	东兰县东兰镇	61899
	441900110	东莞市常平镇	129349	海南	469001100	五指山市通什镇	32037
	441900111	东莞市寮步镇	104355		469002100	琼海市嘉积镇	137628
	441900112	东莞市樟木头镇	73942		469005100	文昌市文城镇	84588
	441900113	东莞市大朗镇	86723		469023100	澄迈县金江镇	28323
	441900114	东莞市黄江镇	67948		469027105	乐东黎族自治县九所镇	26842

按公共财政收入排序前1000乡镇分省情况

单位:万元

地区	代码	乡镇名称	公共财政收入	地区	代码	乡镇名称	公共财政收入
	469028100	陵水黎族自治县椰林镇	34088		530181007	安宁市草铺街道办事处	30225
	469028103	陵水黎族自治县英州镇	170600		530181008	安宁市太平新城街道办事处	27112
重庆	500226001	荣昌县昌元街道办事处	27603		530181009	安宁市县街街道办事处	36677
	500227001	璧山县璧城街道办事处	53449		532301101	楚雄市鹿城镇	64790
	500227003	璧山县璧泉街道办事处	115167		532301102	楚雄市东瓜镇	48736
	500227004	璧山县青杠街道办事处	43818		532331101	禄丰县金山镇	42188
	500234006	开县文峰街道办事处	156225		532504101	弥勒市弥阳镇	40356
四川	510112109	龙泉驿区柏合镇	66541		532901101	大理市下关镇	48269
	510114100	新都区新都镇	28487		532901105	大理市海东镇	26000
	510124102	郫县犀浦镇	75543		532923101	祥云县祥城镇	29551
	510132102	新津县花源镇	41008	陕西	610323101	岐山县蔡家坡镇	40210
	510422100	盐边县桐子林镇	29538		610521100	华县华州镇	25991
	510703113	涪城区永兴镇	34228		610821100	神木县神木镇	58247
	511324101	仪陇县新政镇	40256		610821102	神木县店塔镇	68100
	511903100	恩阳区恩阳镇	29552		610821103	神木县孙家岔镇	84413
贵州	520121102	开阳县金中镇	27205		610821104	神木县大柳塔镇	70403
	520222100	盘县红果镇	55820		610821106	神木县中鸡镇	32712
	520330100	习水县东皇镇	30522		610821108	神木县尔林兔镇	37832
	522301110	兴义市清水河镇	39433		610821114	神木县锦界镇	41042
	522322001	兴仁县东湖街道办事处	26366		610822100	府谷县府谷镇	37768
	522322002	兴仁县城南街道办事处	26366		610822104	府谷县庙沟门镇	35094
	522322003	兴仁县真武山街道办事处	26366		610822105	府谷县新民镇	44702
	522322004	兴仁县城北街道办事处	26366		610822108	府谷县大昌汗镇	27225
	522325100	贞丰县珉谷镇	53956		610822111	府谷县老高川镇	29345
	522325201	贞丰县挽澜乡	25936		610825100	定边县定边镇	111652
	522722001	荔波县玉屏街道办事处	38059		610825101	定边县贺圈镇	25989
	522730100	龙里县龙山镇	46371	甘肃	621221100	成县城关镇	39414
云南	530124001	富民县永定街道办事处	39232	青海	630225100	循化撒拉族自治县积石镇	122561
	530129001	寻甸回族彝族自治县仁德街道办事处	34842	新疆	659001100	石河子市北泉镇	295947
	530181001	安宁市连然街道办事处	48521				

按农作物播种面积排序前1000乡镇分省情况

单位:公顷

地区	代码	乡镇名称	农作物播种面积	地区	代码	乡镇名称	农作物播种面积
河北	130224101	滦南县宋道口镇	17688	256016	150522103	科尔沁左翼后旗常胜镇	18121
	130922201	青县曹寺乡	16016	316968	150522104	科尔沁左翼后旗查日苏镇	26437
	131003102	广阳区九州镇	15120	266529	150522106	科尔沁左翼后旗阿古拉镇	15375
	131023100	永清县永清镇	18181	263528	150522109	科尔沁左翼后旗海鲁吐镇	25228
内蒙古	150122104	托克托县古城镇	14849	226461	150522200	科尔沁左翼后旗阿都沁苏木	21059
	150125102	武川县西乌兰不浪镇	22225	214855	150522203	科尔沁左翼后旗散都苏木	15333
	150125205	武川县上秃亥乡	22162	194873	150523100	开鲁县开鲁镇	24065
	150125211	武川县二份子乡	30688	185929	150523103	开鲁县麦新镇	16584
	150221105	土默特右旗双龙镇	18298	184489	150523106	开鲁县小街基镇	17675
	150221108	土默特右旗将军尧镇	23761	171738	150524100	库伦旗库伦镇	27144
	150221214	土默特右旗明沙淖乡	15217	158658.3	150524101	库伦旗扣河子镇	26500
	150222102	固阳县金山镇	21040	151294	150524102	库伦旗白音花镇	17801
	150222103	固阳县西斗铺镇	15903	137788	150524103	库伦旗六家子镇	16067
	150222104	固阳县下湿壕镇	15299	135863	150525100	奈曼旗大沁他拉镇	21300
	150222105	固阳县银号镇	16730	128694	150525101	奈曼旗八仙筒镇	18765
	150222106	固阳县怀朔镇	24192	124707	150525102	奈曼旗青龙山镇	16746
	150222107	固阳县兴顺西镇	22438	118726	150525103	奈曼旗新镇	22030
	150223106	达尔罕茂明安联合旗乌克忽洞镇	15933	115000	150525105	奈曼旗东明镇	22472
	150404105	松山区哈拉道口镇	18489	110486	150525200	奈曼旗固日班花苏木	15333
	150404107	松山区安庆镇	15060	110278	150525202	奈曼旗明仁苏木	21474
	150404108	松山区太平地镇	17182	109008	150526100	扎鲁特旗鲁北镇	26714
	150421101	阿鲁科尔沁旗天山口镇	15024	106360	150526102	扎鲁特旗嘎亥图镇	15672
	150421105	阿鲁科尔沁旗绍根镇	19859	104998	150526103	扎鲁特旗巨日合镇	17019
	150422100	巴林左旗林东镇	20712	100985	150621100	达拉特旗树林召镇	18992
	150422101	巴林左旗隆昌镇	24922	100270	150621102	达拉特旗白泥井镇	26339
	150422103	巴林左旗碧流台镇	15035	99920	150621103	达拉特旗王爱召镇	19987
	150425105	克什克腾旗芝瑞镇	16757	99094	150623102	鄂托克前旗城川镇	14927
	150426100	翁牛特旗乌丹镇	26157	98284	150625102	杭锦旗吉日嘎朗图镇	18060
	150426103	翁牛特旗桥头镇	19708	96074	150625103	杭锦旗独贵特拉镇	18084
	150426105	翁牛特旗梧桐花镇	25692	95382	150702100	海拉尔区哈克镇	19256
	150426107	翁牛特旗亿合公镇	15456	95260	150721101	阿荣旗六合镇	47653
	150429107	宁城县汐子镇	16866	93792	150721102	阿荣旗亚东镇	38876
	150430100	敖汉旗新惠镇	19311	92054	150721103	阿荣旗霍尔奇镇	44360
	150430102	敖汉旗长胜镇	15571	90143	150721104	阿荣旗向阳峪镇	27480
	150430103	敖汉旗贝子府镇	14790	90142	150721105	阿荣旗三岔河镇	29865
	150430202	敖汉旗木头营子乡	16035	88846	150721106	阿荣旗复兴镇	20303
	150430203	敖汉旗古鲁板蒿乡	18090	87363	150721200	阿荣旗得力其鄂温克民族乡	19618
	150502100	科尔沁区大林镇	23589	85619	150721201	阿荣旗查巴奇鄂温克民族乡	18881
	150521100	科尔沁左翼中旗保康镇	15370	80409	150722100	莫力达瓦达斡尔族自治旗尼尔基镇	39690
	150521101	科尔沁左翼中旗宝龙山镇	26650	80264	150722101	莫力达瓦达斡尔族自治旗红彦镇	23138
	150521102	科尔沁左翼中旗舍伯吐镇	24300	79924	150722102	莫力达瓦达斡尔族自治旗宝山镇	28667
	150521103	科尔沁左翼中旗巴彦塔拉镇	21392	79454	150722103	莫力达瓦达斡尔族自治旗哈达阳镇	39186
	150521105	科尔沁左翼中旗架玛吐镇	19400	79437	150722106	莫力达瓦达斡尔族自治旗西瓦尔图镇	39582
	150521203	科尔沁左翼中旗图布信苏木乡	15098	78938	150722108	莫力达瓦达斡尔族自治旗腾克镇	52730
	150522100	科尔沁左翼后旗甘旗卡镇	43673	78214	150722109	莫力达瓦达斡尔族自治旗奎勒河镇	26000
	150522101	科尔沁左翼后旗吉尔嘎朗镇	15194	77986	150722110	莫力达瓦达斡尔族自治旗塔温敖宝镇	63378
	150522102	科尔沁左翼后旗金宝屯镇	18307	77509	150722200	莫力达瓦达斡尔族自治旗巴彦鄂温克民族乡	32997

按农作物播种面积排序前1000乡镇分省情况

单位：公顷

地区	代码	乡镇名称	农作物播种面积
	150722203	莫力达瓦达斡尔族自治旗杜拉尔鄂温克民族乡	16534
	150723101	鄂伦春自治旗大杨树镇	34128
	150723104	鄂伦春自治旗诺敏镇	36400
	150723105	鄂伦春自治旗乌鲁布铁镇	51088
	150723106	鄂伦春自治旗宜里镇	57311
	150723200	鄂伦春自治旗古里乡	53724
	150726203	新巴尔虎左旗乌布尔宝力格苏木乡	26506
	150782007	牙克石市东兴街道办事处	41067
	150782100	牙克石市免渡河镇	31000
	150783100	扎兰屯市磨菇气镇	25511
	150783102	扎兰屯市卧牛河镇	17320
	150783103	扎兰屯市成吉思汗镇	31006
	150783104	扎兰屯市大河湾镇	27472
	150783107	扎兰屯市中和镇	31267
	150784001	额尔古纳市拉布达林街道办事处	35222
	150784002	额尔古纳市上库力街道办事处	36094
	150784200	额尔古纳市三河回族乡	33000
	150802100	临河区狼山镇	17690
	150802101	临河区新华镇	29939
	150802102	临河区干召庙镇	20437
	150802103	临河区乌兰图克镇	16525
	150802106	临河区白脑包镇	20577
	150821100	五原县隆兴昌镇	24373
	150821101	五原县塔尔湖镇	22990
	150821102	五原县套海镇	18346
	150821103	五原县新公中镇	16800
	150821105	五原县胜丰镇	17333
	150823102	乌拉特前旗先锋镇	18332
	150823103	乌拉特前旗新安镇	25035
	150823104	乌拉特前旗西小召镇	20781
	150823105	乌拉特前旗大佘太镇	18566
	150824101	乌拉特中旗乌加河镇	24333
	150824102	乌拉特中旗德岭山镇	30333
	150824103	乌拉特中旗石哈河镇	23513
	150929101	四子王旗吉生太镇	22483
	150929102	四子王旗库伦图镇	14931
	152201101	乌兰浩特市葛根庙镇	15518
	152221102	科尔沁右翼前旗德佰斯镇	16421
	152221103	科尔沁右翼前旗大石寨镇	22762
	152221107	科尔沁右翼前旗额尔格图镇	22393
	152221202	科尔沁右翼前旗阿力得尔苏木乡	23292
	152221203	科尔沁右翼前旗巴拉格歹乡	30372
	152222100	科尔沁右翼中旗巴彦呼舒镇	14916
	152222101	科尔沁右翼中旗巴仁哲里木镇	23241
	152222104	科尔沁右翼中旗高力板镇	18157
	152223100	扎赉特旗音德尔镇	42753
	152223101	扎赉特旗新林镇	22140
	152223102	扎赉特旗巴彦高勒镇	42970
	152223200	扎赉特旗好力保乡	18043
	152224100	突泉县突泉镇	24483
	152224101	突泉县六户镇	21122
	152224104	突泉县水泉镇	26758
	152224105	突泉县宝石镇	16071
	152224202	突泉县太平乡	25181
	152525105	东乌珠穆沁旗巴音胡硕镇	25966
	152527101	太仆寺旗千斤沟镇	20720
	152527102	太仆寺旗红旗镇	22970
	152527103	太仆寺旗骆驼山镇	19536
辽宁	210124103	法库县秀水河子镇	15762
	210181102	新民市梁山镇	15153
	210782106	北镇市中安镇	19705
	210921105	阜新蒙古族自治县旧庙镇	17320
	210921116	阜新蒙古族自治县平安地镇	17570
	210921119	阜新蒙古族自治县大五家子镇	17564
	211224119	昌图县古榆树镇	16033
吉林	220103101	宽城区米沙子镇	19780
	220112100	双阳区齐家镇	17050
	220112101	双阳区太平镇	16387
	220122100	农安县农安镇	47250
	220122101	农安县伏龙泉镇	21307
	220122102	农安县哈拉海镇	30850
	220122104	农安县开安镇	24272
	220122107	农安县华家镇	17317
	220122108	农安县三盛玉镇	19420
	220122109	农安县巴吉垒镇	20571
	220122200	农安县前岗乡	20382
	220122203	农安县万顺乡	17137
	220122204	农安县杨树林乡	21701
	220122205	农安县永安乡	16190
	220122208	农安县新农乡	15113
	220181100	九台市沐石河镇	17985
	220181101	九台市城子街镇	16716
	220181106	九台市苇子沟镇	17754
	220182100	榆树市五棵树镇	17287
	220182101	榆树市弓棚镇	19271
	220182104	榆树市黑林镇	18591
	220182105	榆树市土桥镇	26351
	220182106	榆树市新立镇	17644
	220182107	榆树市大岭镇	22698
	220182108	榆树市于家镇	22099
	220182110	榆树市八号镇	20808
	220182112	榆树市秀水镇	17274
	220182114	榆树市新庄镇	16530
	220182207	榆树市城发乡	18015

按农作物播种面积排序前1000乡镇分省情况

单位:公顷

地区	代码	乡镇名称	农作物播种面积	地区	代码	乡镇名称	农作物播种面积
	220182208	榆树市环城乡	22278		220781102	扶余市五家站镇	17328
	220183104	德惠市大房身镇	22014		220781103	扶余市陶赖昭镇	22584
	220183200	德惠市同太乡	19498		220781104	扶余市蔡家沟镇	16247
	220204101	船营区搜登站镇	16421		220781105	扶余市弓棚子镇	21891
	220221104	永吉县一拉溪镇	18634		220781106	扶余市三井子镇	26129
	220281103	蛟河市漂河镇	15580		220781107	扶余市增盛镇	24302
	220282101	桦甸市二道甸子镇	14759		220781108	扶余市新万发镇	19083
	220282105	桦甸市金沙镇	21338		220781111	扶余市得胜镇	22460
	220282200	桦甸市桦郊乡	20496		220781200	扶余市三骏满族蒙古族锡伯族乡	18819
	220282204	桦甸市公吉乡	15005		220781201	扶余市永平乡	16818
	220322104	梨树县小城子镇	14890		220781203	扶余市新站乡	14850
	220322107	梨树县刘家馆子镇	15728		220781206	扶余市肖家乡	21649
	220322110	梨树县万发镇	15892		220821106	镇赉县黑鱼泡镇	27781
	220322113	梨树县林海镇	19417		220821202	镇赉县建平乡	25516
	220381101	公主岭市黑林子镇	19550		220821203	镇赉县嘎什根乡	18873
	220381106	公主岭市怀德镇	36007		220822100	通榆县开通镇	16407
	220381107	公主岭市双城堡镇	33015		220822101	通榆县瞻榆镇	34500
	220381109	公主岭市杨大城子镇	19475		220822103	通榆县兴隆山镇	27714
	220381111	公主岭市玻璃城子镇	19585		220822106	通榆县新华镇	27214
	220381114	公主岭市秦家屯镇	16263		220822107	通榆县乌兰花镇	23972
	220382100	双辽市茂林镇	25767		220822202	通榆县向海蒙古族乡	27214
	220382101	双辽市双山镇	22103		220822204	通榆县团结乡	27214
	220382102	双辽市卧虎镇	17268		220881104	洮南市安定镇	14752
	220382103	双辽市服先镇	21472		220881105	洮南市福顺镇	17461
	220421101	东丰县大阳镇	15124		220881209	洮南市二龙乡	14761
	220702100	宁江区大洼镇	17011		222403100	敦化市大石头镇	19113
	220721101	前郭尔罗斯蒙古族自治县长山镇	15272		222403102	敦化市官地镇	29890
	220721102	前郭尔罗斯蒙古族自治县海渤日戈镇	16760		222424101	汪清县大兴沟镇	17262
	220721103	前郭尔罗斯蒙古族自治县乌兰图嘎镇	23103		222424103	汪清县罗子沟镇	15535
	220721104	前郭尔罗斯蒙古族自治县查干花镇	20733	黑龙江	230123102	依兰县江湾镇	22529
	220721105	前郭尔罗斯蒙古族自治县王府站镇	15240		230123103	依兰县三道岗镇	31832
	220721106	前郭尔罗斯蒙古族自治县八郎镇	15360		230123104	依兰县道台桥镇	32076
	220721108	前郭尔罗斯蒙古族自治县蒙古艾里镇	16660		230123105	依兰县宏克利镇	22092
	220721210	前郭尔罗斯蒙古族自治县乌兰塔拉乡	18013		230123200	依兰县团山子乡	25272
	220722100	长岭县长岭镇	22446		230123201	依兰县愚公乡	35235
	220722104	长岭县前七号镇	21797		230126106	巴彦县龙庙镇	15126
	220722105	长岭县新安镇	22521		230126108	巴彦县天增镇	18202
	220722106	长岭县三青山镇	19081		230126205	巴彦县丰乐乡	16995
	220722107	长岭县大兴镇	22132		230126209	巴彦县德祥乡	17343
	220722108	长岭县北正镇	17224		230126210	巴彦县红光乡	14865
	220722109	长岭县流水镇	15540		230127101	木兰县东兴镇	15344
	220722206	长岭县腰坨子乡	15874		230127102	木兰县大贵镇	15468
	220723103	乾安县让字镇	14863		230128102	通河县清河镇	15432
	220723104	乾安县所字镇	23072		230128105	通河县祥顺镇	16709
	220723105	乾安县安字镇	22759		230129101	延寿县六团镇	17782
	220781100	扶余市三岔河镇	22027		230182104	双城市韩甸镇	15017
	220781101	扶余市长春岭镇	20621		230184102	五常市山河镇	15623

按农作物播种面积排序前1000乡镇分省情况

单位：公顷

地区	代码	乡镇名称	农作物播种面积	地区	代码	乡镇名称	农作物播种面积
	230184103	五常市小山子镇	17796		230229200	克山县河南乡	15523
	230184105	五常市牛家满族镇	16211		230229201	克山县双河乡	17032
	230184207	五常市龙凤山乡	16068		230229208	克山县向华乡	16961
	230184209	五常市红旗满族乡	15689		230230101	克东县宝泉镇	21545
	230184210	五常市八家子乡	14860		230230102	克东县乾丰镇	15659
	230184215	五常市兴隆乡	17515		230230103	克东县玉岗镇	23079
	230208102	梅里斯达斡尔族区卧牛吐达斡尔族镇	16035		230230202	克东县润津乡	17370
	230208103	梅里斯达斡尔族区达呼店镇	27634		230230204	克东县昌盛乡	19597
	230208201	梅里斯达斡尔族区梅里斯乡	21355		230231101	拜泉县三道镇	20324
	230221100	龙江县龙江镇	15397		230231102	拜泉县兴农镇	20508
	230221101	龙江县景星镇	36678		230231103	拜泉县长春镇	20666
	230221102	龙江县龙兴镇	28724		230231104	拜泉县龙泉镇	18857
	230221103	龙江县山泉镇	42272		230231200	拜泉县新生乡	14911
	230221104	龙江县七棵树镇	27275		230231209	拜泉县丰产乡	20879
	230221105	龙江县杏山镇	31905		230231212	拜泉县爱农乡	16300
	230221200	龙江县白山乡	18160		230281102	讷河市二克浅镇	32010
	230221203	龙江县华民乡	16963		230281103	讷河市学田镇	27898
	230221204	龙江县哈拉海乡	14806		230281104	讷河市龙河镇	31525
	230221214	龙江县头站乡	20201		230281105	讷河市讷南镇	28187
	230221215	龙江县鲁河乡	15030		230281106	讷河市六合镇	27348
	230221217	龙江县济沁河乡	15058		230281107	讷河市长发镇	16090
	230223101	依安县依龙镇	36284		230281108	讷河市通南镇	27273
	230223103	依安县三兴镇	16350		230281109	讷河市同义镇	22584
	230223104	依安县中心镇	29620		230281110	讷河市九井镇	24413
	230223105	依安县新兴镇	33457		230281111	讷河市老莱镇	30020
	230223200	依安县富饶乡	20573		230281201	讷河市孔国乡	27613
	230223207	依安县先锋乡	18025		230281207	讷河市和盛乡	18417
	230223208	依安县新屯乡	14804		230281208	讷河市同心乡	21449
	230224102	泰来县汤池镇	15694		230281210	讷河市兴旺鄂温克族乡	24670
	230224105	泰来县大兴镇	27662		230381103	虎林市虎头镇	28370
	230224106	泰来县和平镇	26464		230381207	虎林市阿北乡	21145
	230224107	泰来县克利镇	21945		230382201	密山市杨木乡	15630
	230225100	甘南县甘南镇	23488		230421103	萝北县团结镇	26596
	230225103	甘南县东阳镇	22348		230422102	绥滨县忠仁镇	19088
	230225104	甘南县巨宝镇	19837		230521204	集贤县永安乡	15689
	230225201	甘南县长山乡	23497		230523100	宝清县宝清镇	19403
	230225202	甘南县中兴乡	27012		230523101	宝清县七星泡镇	28049
	230225203	甘南县兴隆乡	20088		230523102	宝清县青原镇	19443
	230225204	甘南县宝山乡	35411		230523204	宝清县尖山子乡	18140
	230227101	富裕县富路镇	27346		230524101	饶河县小佳河镇	17066
	230227103	富裕县二道湾镇	16863		230524102	饶河县西丰镇	15809
	230227105	富裕县塔哈镇	18949		230621104	肇州县兴城镇	20342
	230227200	富裕县繁荣乡	15585		230621105	肇州县二井镇	17987
	230227201	富裕县绍文乡	16285		230621211	肇州县新福乡	17982
	230227203	富裕县友谊乡	16488		230622102	肇源县二站镇	16937
	230229102	克山县西城镇	15082		230622104	肇源县古龙镇	21515
	230229105	克山县西河镇	15149		230622105	肇源县新站镇	17754

按农作物播种面积排序前1000乡镇分省情况

单位:公顷

地区	代码	乡镇名称	农作物播种面积	地区	代码	乡镇名称	农作物播种面积
	230623102	林甸县花园镇	22537		231085102	穆棱市下城子镇	20651
	230623103	林甸县四季青镇	20660		231102103	爱辉区罕达汽镇	16943
	230623200	林甸县东兴乡	30338		231121101	嫩江县伊拉哈镇	19872
	230623202	林甸县三合乡	19214		231121103	嫩江县多宝山镇	49485
	230623204	林甸县四合乡	23133		231121104	嫩江县海江镇	33772
	230624103	杜尔伯特蒙古族自治县他拉哈镇	17578		231121105	嫩江县前进镇	16895
	230624204	杜尔伯特蒙古族自治县巴彦查干乡	20885		231121106	嫩江县长福镇	23252
	230722204	嘉荫县保兴乡	22092		231121107	嫩江县科洛镇	33145
	230781101	铁力市双丰镇	15261		231121202	嫩江县临江乡	16668
	230822106	桦南县桦南镇	22021		231121206	嫩江县联兴乡	26443
	230822107	桦南县土龙山镇	35650		231121207	嫩江县白云乡	29170
	230822108	桦南县孟家岗镇	19241		231121208	嫩江县塔溪乡	32951
	230822109	桦南县闫家镇	20858		231121210	嫩江县霍龙门乡	48155
	230822205	桦南县金沙乡	16933		231123206	逊克县克林乡	23919
	230822213	桦南县梨树乡	19746		231181104	北安市石泉镇	25778
	230822214	桦南县明义乡	16295		231181203	北安市杨家乡	15458
	230822215	桦南县大八浪乡	16295		231182102	五大连池市和平镇	14734
	230826105	桦川县新城镇	25365		231182207	五大连池市团结乡	18336
	230826202	桦川县梨丰乡	20296		231202103	北林区西长发镇	15732
	230833101	抚远县寒葱沟镇	17813		231202109	北林区四方台镇	15766
	230833102	抚远县浓桥镇	25846		231221106	望奎县先锋镇	17155
	230833202	抚远县海青乡	35193		231221107	望奎县火箭镇	17995
	230833204	抚远县鸭南乡	18533		231222103	兰西县临江镇	15148
	230881101	同江市乐业镇	15060		231222209	兰西县远大乡	17802
	230881102	同江市三村镇	20304		231223102	青冈县祯祥镇	18403
	230881104	同江市向阳镇	15940		231223201	青冈县劳动乡	17585
	230881203	同江市青河乡	24873		231223209	青冈县德胜乡	16500
	230881206	同江市金川乡	18687		231224204	庆安县新胜乡	18021
	230881207	同江市银川乡	17200		231224206	庆安县丰收乡	15721
	230882103	富锦市长安镇	29357		231224208	庆安县发展乡	17893
	230882106	富锦市砚山镇	20554		231225104	明水县通达镇	17560
	230882107	富锦市头林镇	30359		231225201	明水县双兴乡	16368
	230882108	富锦市兴隆岗镇	31587		231226103	绥棱县双岔河镇	16221
	230882109	富锦市宏胜镇	24667		231226203	绥棱县长山乡	22084
	230882110	富锦市向阳川镇	42067		231281106	安达市羊草镇	14991
	230882111	富锦市二龙山镇	34010		231281110	安达市吉兴岗镇	16314
	230882112	富锦市上街基镇	22977		231282103	肇东市五站镇	19572
	230882113	富锦市锦山镇	50033		231282104	肇东市尚家镇	17738
	230882114	富锦市大榆树镇	24130		231282110	肇东市黎明镇	15836
	230904101	茄子河区宏伟镇	20918		231282211	肇东市西八里乡	16482
	230921202	勃利县永恒乡	17060		231282213	肇东市宣化乡	20232
	231025102	林口县刁翎镇	17258		231283101	海伦市海北镇	20396
	231025107	林口县龙爪镇	16432		231283102	海伦市伦河镇	17004
	231083100	海林市海林镇	19888		231283103	海伦市共合镇	14835
	231084104	宁安市沙兰镇	16293		231283106	海伦市东风镇	15074
	231084105	宁安市海浪镇	23723		231283202	海伦市前进乡	14853
	231084202	宁安市江南朝鲜族满族乡	15262		231283205	海伦市东林乡	18522

按农作物播种面积排序前1000乡镇分省情况

单位：公顷

地区	代码	乡镇名称	农作物播种面积
	231283213	海伦市永富乡	18388
	231283217	海伦市永和乡	16065
	232721200	呼玛县三卡乡	25591
江苏	320282103	宜兴市徐舍镇	15486
	320312113	铜山区房村镇	15702
	320322108	沛县张庄镇	16133
	320322113	沛县鹿楼镇	16543
	320324102	睢宁县王集镇	15823
	320324111	睢宁县邱集镇	17542
	320382106	邳州市八义集镇	20506
	320382123	邳州市赵墩镇	16780
	320481109	溧阳市上兴镇	16329
	320481116	溧阳市社渚镇	15599
	320482100	金坛市金城镇	14752
	320612104	通州区三余镇	24427
	320623104	如东县大豫镇	20590
	320623105	如东县掘港镇	21105
	320623108	如东县丰利镇	16041
	320623110	如东县岔河镇	15222
	320681102	启东市惠萍镇	15272
	320681106	启东市南阳镇	20064
	320681109	启东市王鲍镇	15087
	320681110	启东市吕四港镇	15683
	320682105	如皋市白蒲镇	15374
	320682116	如皋市搬经镇	20068
	320684108	海门市悦来镇	15727
	320721115	赣榆县沙河镇	16748
	320722113	东海县平明镇	18788
	320723212	灌云县南岗乡	14733
	320724100	灌南县新安镇	15202
	320903108	盐都区秦南镇	14813
	320921102	响水县小尖镇	18513
	320921106	响水县南河镇	14726
	320922101	滨海县五汛镇	16750
	320922103	滨海县正红镇	16825
	320922105	滨海县界牌镇	15281
	320922109	滨海县滨淮镇	19103
	320923110	阜宁县东沟镇	18994
	320924100	射阳县合德镇	27150
	320924101	射阳县临海镇	17120
	320924102	射阳县千秋镇	15840
	320924104	射阳县四明镇	19076
	320924106	射阳县海河镇	25525
	320925108	建湖县上冈镇	25248
	320981115	东台市三仓镇	20803
	320981118	东台市头灶镇	29407
	320981121	东台市弶港镇	26239
	320981122	东台市东台镇	22604
	320982100	大丰市大中镇	21540
	320982105	大丰市小海镇	16684
	320982106	大丰市大桥镇	16681
	320982107	大丰市草庙镇	16933
	320982108	大丰市万盈镇	17854
	320982110	大丰市新丰镇	31967
	320982111	大丰市三龙镇	19690
	321012101	江都区小纪镇	17309
	321023101	宝应县氾水镇	15384
	321023104	宝应县射阳湖镇	17139
	321084107	高邮市卸甲镇	18012
	321084115	高邮市临泽镇	18801
	321084116	高邮市送桥镇	14856
	321283100	泰兴市黄桥镇	24643
	321323100	泗阳县众兴镇	20936
	321324100	泗洪县青阳镇	19158
浙江	330109113	萧山区瓜沥镇	15913
	330522111	长兴县泗安镇	16067
安徽	340104102	蜀山区小庙镇	16003
	340121106	长丰县下塘镇	15379
	340121205	长丰县杜集乡	15948
	340122106	肥东县古城镇	14890
	340122107	肥东县八斗镇	18912
	340122109	肥东县白龙镇	16331
	340123105	肥西县山南镇	16567
	340124110	庐江县白湖镇	31670
	340124114	庐江县泥河镇	15971
	340207101	鸠江区沈巷镇	15805
	340223101	南陵县许镇镇	18234
	340223102	南陵县弋江镇	17197
	340304101	禹会区马城镇	15438
	340321101	怀远县鲍集镇	18664
	340321104	怀远县常坟镇	15770
	340321109	怀远县唐集镇	17487
	340321201	怀远县淝河乡	16211
	340321208	怀远县找郢乡	16116
	340322102	五河县沫河口镇	18929
	340322106	五河县东刘集镇	23551
	340322111	五河县浍南镇	20935
	340323104	固镇县刘集镇	18274
	340323105	固镇县任桥镇	15774
	340323201	固镇县杨庙乡	15845
	340323202	固镇县仲兴乡	16621
	340523100	和县历阳镇	15013
	340604102	烈山区古饶镇	15584
	340621103	濉溪县五沟镇	25149

按农作物播种面积排序前 1000 乡镇分省情况

单位:公顷

地区	代码	乡镇名称	农作物播种面积	地区	代码	乡镇名称	农作物播种面积
	340621104	濉溪县临涣镇	19091		341622111	蒙城县楚村镇	17793
	340621105	濉溪县双堆集镇	34143		341622112	蒙城县乐土镇	23380
	340621106	濉溪县铁佛镇	28230		341622201	蒙城县王集乡	15554
	340621107	濉溪县南坪镇	26262		341623118	利辛县望疃镇	18721
	340621108	濉溪县百善镇	27964		341721103	东至县胜利镇	14792
	340621109	濉溪县孙町镇	25720	江西	360121101	南昌县向塘镇	17375
	340621110	濉溪县四铺镇	25690		360121103	南昌县塘南镇	19408
	340823104	枞阳县陈瑶湖镇	95703		360121105	南昌县蒋巷镇	21240
	340823105	枞阳县周潭镇	29721		360121200	南昌县泾口乡	23866
	340827104	望江县高士镇	14736		360121201	南昌县南新乡	18233
	340827105	望江县鸦滩镇	16168		360281103	乐平市众埠镇	16146
	341122101	来安县半塔镇	15039	山东	370125101	济阳县垛石镇	18741
	341125100	定远县定城镇	16143		370125103	济阳县曲堤镇	17502
	341125101	定远县炉桥镇	15344		370125104	济阳县仁风镇	16284
	341125103	定远县吴圩镇	17449		370125108	济阳县太平镇	17960
	341125105	定远县张桥镇	15241		370126107	商河县玉皇庙镇	15991
	341181100	天长市铜城镇	17338		370181004	章丘市龙山街道办事处	17845
	341204100	颍泉区伍明镇	16810		370181114	章丘市高官寨镇	17210
	341204102	颍泉区闻集镇	17032		370281100	胶州市胶莱镇	15728
	341204103	颍泉区行流镇	16080		370281108	胶州市里岔镇	15819
	341222117	太和县坟台镇	15624		370281110	胶州市胶西镇	17287
	341302108	埇桥区永安镇	15544		370282107	即墨市灵山镇	17626
	341302110	埇桥区大店镇	21342		370282115	即墨市段泊岚镇	17588
	341322100	萧县龙城镇	96673		370282117	即墨市移风店镇	17673
	341323102	灵璧县黄湾镇	17116		370283005	平度市白沙河街道办事处	20574
	341323103	灵璧县娄庄镇	23631		370283105	平度市南村镇	31661
	341323104	灵璧县杨疃镇	19795		370283108	平度市蓼兰镇	29855
	341323105	灵璧县尹集镇	15620		370283109	平度市崔家集镇	26094
	341323108	灵璧县下楼镇	15345		370283110	平度市明村镇	23221
	341323112	灵璧县冯庙镇	16372		370283113	平度市田庄镇	22602
	341324102	泗县丁湖镇	19775		370283116	平度市新河镇	18977
	341324103	泗县草沟镇	19476		370283122	平度市旧店镇	19322
	341324109	泗县黑塔镇	20581		370285007	莱西市沽河街道办事处	16437
	341324111	泗县屏山镇	16524		370285101	莱西市姜山镇	21092
	341521111	寿县安丰镇	15047		370285104	莱西市院上镇	16468
	341522211	霍邱县孙岗乡	60783		370404100	峄城区古邵镇	17910
	341524105	金寨县古碑镇	40935		370481103	滕州市大坞镇	16138
	341602112	谯城区大杨镇	16820		370481104	滕州市滨湖镇	17161
	341602115	谯城区双沟镇	16410		370521105	垦利县黄河口镇	15074
	341621109	涡阳县曹市镇	17393		370522102	利津县盐窝镇	20721
	341621110	涡阳县青町镇	15873		370704108	坊子区太保庄镇	28186
	341621114	涡阳县新兴镇	15535		370725108	昌乐县唐吾镇	16346
	341621121	涡阳县牌坊镇	19878		370725110	昌乐县红河镇	15252
	341622102	蒙城县小涧镇	14920		370725116	昌乐县营丘镇	18411
	341622106	蒙城县许疃镇	15830		370781115	青州市谭坊镇	18139
	341622107	蒙城县板桥集镇	16200		370782003	诸城市舜王街道办事处	19880
	341622110	蒙城县立仓镇	24697		370782102	诸城市贾悦镇	27281

按农作物播种面积排序前1000乡镇分省情况

单位:公顷

地区	代码	乡镇名称	农作物播种面积	地区	代码	乡镇名称	农作物播种面积
	370782105	诸城市石桥子镇	18770		371702107	牡丹区李村镇	16383
	370782114	诸城市林家村镇	22843		371702108	牡丹区马岭岗镇	15761
	370783109	寿光市侯镇	16499		371722103	单县终兴镇	17071
	370783112	寿光市稻田镇	18694		371722106	单县徐寨镇	15438
	370784100	安丘市景芝镇	23528		371723101	成武县大田集镇	15395
	370785103	高密市夏庄镇	23769		371723103	成武县汶上集镇	15404
	370785104	高密市姜庄镇	18583		371727102	定陶县冉固镇	15642
	370785106	高密市大牟家镇	18535		371727104	定陶县黄店镇	15690
	370785109	高密市阚家镇	16580		371728101	东明县东明集镇	18625
	370785114	高密市柴沟镇	22866		371728103	东明县陆圈镇	18221
	370786108	昌邑市饮马镇	16195		371728202	东明县小井乡	17210
	370786109	昌邑市北孟镇	19909	河南	410224208	开封县西姜寨乡	19899
	370802102	济宁市市中区喻屯镇	15416		410224210	开封县万隆乡	20015
	370832104	梁山县拳铺镇	19116		410224211	开封县范村乡	18035
	370832108	梁山县小安山镇	14853		410225103	兰考县张君墓镇	15088
	370883107	邹城市太平镇	14904		410327203	宜阳县盐镇乡	16078
	370911113	岱岳区良庄镇	17107		410327204	宜阳县高村乡	14747
	370923109	东平县接山镇	17229		410523104	汤阴县宜沟镇	15342
	370983111	肥城市边院镇	17170		410526102	滑县白道口镇	16495
	371321109	沂南县大庄镇	15457		410526103	滑县留固镇	18899
	371322001	郯城县郯城街道办事处	17691		410526105	滑县牛屯镇	16449
	371323103	沂水县许家湖镇	15447		410526109	滑县老店镇	15239
	371324102	苍山县兰陵镇	15712		410526202	滑县八里营乡	17420
	371324103	苍山县长城镇	17572		410621102	浚县屯子镇	15685
	371421002	陵县临齐街道办事处	20957		410621104	浚县新镇镇	16534
	371424103	临邑县德平镇	17259		410621105	浚县小河镇	15923
	371425001	齐河县晏城街道办事处	16893		410726202	延津县位邱乡	15527
	371425102	齐河县焦庙镇	15019		411023200	许昌县陈曹乡	15000
	371425105	齐河县仁里集镇	16970		411302104	宛城区红泥湾镇	15172
	371425106	齐河县潘店镇	18165		411322101	方城县独树镇	18095
	371426101	平原县王凤楼镇	20132		411322102	方城县博望镇	20234
	371426102	平原县前曹镇	18938		411322104	方城县小史店镇	19574
	371428100	武城县武城镇	16665		411322105	方城县赵河镇	20687
	371428103	武城县鲁权屯镇	18941		411322106	方城县广阳镇	15298
	371481105	乐陵市郑店镇	16301		411322300	方城县券桥乡	15357
	371482001	禹城市市中街道	19177		411322304	方城县杨楼乡	16944
	371482101	禹城市房寺镇	17274		411322306	方城县清河乡	16903
	371502101	东昌府区沙镇镇	19948		411325102	内乡县师岗镇	14858
	371502103	东昌府区梁水镇	17936		411326103	淅川县香花镇	15518
	371521103	阳谷县阿城镇	16542		411326104	淅川县厚坡镇	26308
	371523101	茌平县乐平铺镇	18490		411326105	淅川县丹阳镇	16409
	371525102	冠县桑阿镇	16365		411327103	社旗县饶良镇	16448
	371526103	高唐县清平镇	14830		411327109	社旗县朱集镇	16683
	371621101	惠民县石庙镇	15167		411328101	唐河县源潭镇	24889
	371621111	惠民县姜楼镇	16181		411328102	唐河县张店镇	21821
	371621113	惠民县辛店镇	15481		411328103	唐河县郭滩镇	17228
	371626102	邹平县魏桥镇	15219		411328104	唐河县湖阳镇	15692

按农作物播种面积排序前1000乡镇分省情况

单位:公顷

地区	代码	乡镇名称	农作物播种面积	地区	代码	乡镇名称	农作物播种面积
	411328105	唐河县黑龙镇	15344		420607104	襄州区古驿镇	23059
	411328106	唐河县大河屯镇	16784		420607107	襄州区双沟镇	17516
	411328108	唐河县桐寨铺镇	23168		420607110	襄州区峪山镇	16923
	411328110	唐河县上屯镇	15472		420607111	襄州区东津镇	21863
	411328300	唐河县城郊乡	18285		420624101	南漳县武安镇	18889
	411328306	唐河县昝岗乡	18714		420624102	南漳县九集镇	19004
	411328308	唐河县马振抚乡	15541		420682103	老河口市张集镇	16890
	411381107	邓州市构林镇	21529		420683100	枣阳市琚湾镇	17760
	411381110	邓州市都司镇	15736		420683101	枣阳市七方镇	34133
	411381116	邓州市腰店镇	15200		420683102	枣阳市杨当镇	21000
	411381304	邓州市夏集乡	16904		420683103	枣阳市太平镇	25778
	411421101	民权县人和镇	15229		420683109	枣阳市吴店镇	16697
	411481105	永城市裴桥镇	14920		420684102	宜城市郑集镇	18681
	411525106	固始县胡族铺镇	18970		420684103	宜城市小河镇	14959
	411525110	固始县汪棚镇	15813		420684106	宜城市流水镇	22479
	411621102	扶沟县江村镇	15635		420684107	宜城市板桥镇	14987
	411625107	郸城县汲冢镇	16554		420804100	掇刀区团林铺镇	22305
	411626200	淮阳县朱集乡	16941		420821103	京山县罗店镇	22957
	411626202	淮阳县冯塘乡	16480		420821109	京山县孙桥镇	16603
	411626205	淮阳县大连乡	14932		420821110	京山县石龙镇	16019
	411626209	淮阳县齐老乡	15642		420821112	京山县雁门口镇	17274
	411722108	上蔡县东洪镇	14892		420822101	沙洋县五里铺镇	15328
	411723105	平舆县西洋店镇	15225		420822105	沙洋县后港镇	18553
	411724106	正阳县大林镇	14971		420822112	沙洋县曾集镇	15029
	411724200	正阳县慎水乡	15817		420881100	钟祥市洋梓镇	17252
	411724207	正阳县雷寨乡	15965		420881103	钟祥市胡集镇	17339
	411724214	正阳县兰青乡	15473		420881108	钟祥市石牌镇	15768
	411725104	确山县留庄镇	15025		420881109	钟祥市旧口镇	24047
	411725105	确山县刘店镇	15135		420921107	孝昌县邹岗镇	15052
	411725108	确山县双河镇	15934		421003105	荆州区弥市镇	20856
	411726102	泌阳县羊册镇	16237		421022110	公安县章庄铺镇	15112
	411727102	汝南县梁祝镇	17500		421022112	公安县斑竹垱镇	15560
	411727108	汝南县常兴镇	19442		421023101	监利县朱河镇	15890
	411727111	汝南县三桥镇	15020		421023102	监利县新沟镇	20702
	411728105	遂平县和兴镇	16379		421023104	监利县周老嘴镇	17802
	411728106	遂平县沈寨镇	15331		421023105	监利县黄歇口镇	17663
	411729111	新蔡县余店镇	17110		421023106	监利县汪桥镇	17696
湖北	420506108	夷陵区鸦鹊岭镇	18171		421023107	监利县程集镇	16395
	420582102	当阳市河溶镇	20930		421023113	监利县尺八镇	17154
	420582103	当阳市育溪镇	17140		421023116	监利县三洲镇	16475
	420582106	当阳市半月镇	15680		421023200	监利县红城乡	21444
	420583106	枝江市问安镇	15345		421023202	监利县柘木乡	16774
	420583108	枝江市百里洲镇	23770		421083111	洪湖市万全镇	16397
	420606100	樊城区牛首镇	16703		421087102	松滋市八宝镇	17480
	420607100	襄州区龙王镇	23677		421122101	红安县七里坪镇	19408
	420607101	襄州区石桥镇	18670		421125101	浠水县巴河镇	14967
	420607102	襄州区黄集镇	23240		421126105	蕲春县横车镇	15782

按农作物播种面积排序前1000乡镇分省情况

单位：公顷

地区	代码	乡镇名称	农作物播种面积
	421181200	麻城市铁门岗乡	16469
	421182100	武穴市梅川镇	23666
	421182102	武穴市花桥镇	15675
	421221106	嘉鱼县潘家湾镇	20107
	421321109	随县唐县镇	17850
	421321113	随县环潭镇	15755
	422801201	恩施市新塘乡	18738
	422801202	恩施市红土乡	18038
	422802101	利川市柏杨坝镇	22290
	422802102	利川市汪营镇	23840
	422802103	利川市建南镇	16470
	422802104	利川市忠路镇	21510
	422802105	利川市团堡镇	15450
	422802200	利川市凉雾乡	16950
	422802203	利川市文斗乡	18090
	422822100	建始县业州镇	16170
	429004105	仙桃市长倘口镇	19460
	429004106	仙桃市西流河镇	23000
	429004108	仙桃市杨林尾镇	17436
	429004109	仙桃市彭场镇	17019
	429006100	天门市多宝镇	15589
湖南	430321112	湘潭县石潭镇	18325
	430421100	衡阳县西渡镇	15643
	430525103	洞口县高沙镇	21536
	430525105	洞口县石江镇	15289
	430525106	洞口县黄桥镇	15790
	430623114	华容县东山镇	21154
	430624117	湘阴县新泉镇	16829
	430624118	湘阴县湘滨镇	17564
	430725105	桃源县漆河镇	15395
	430902106	资阳区长春镇	18759
	430902107	资阳区新桥河镇	15762
	430921103	南县青树嘴镇	17391
	430921126	南县华阁镇	16494
	430921127	南县茅草街镇	17020
	430921129	南县麻河口镇	18801
	430981105	沅江市泗湖山镇	17737
	430981112	沅江市南大膳镇	23750
	430981113	沅江市黄茅洲镇	21708
	430981114	沅江市草尾镇	23773
	430981115	沅江市阳罗洲镇	15248
	430981116	沅江市共华镇	19158
	431028102	安仁县龙海镇	17800
	431028106	安仁县永乐江镇	18635
	431102106	零陵区邮亭圩镇	14920
	431124102	道县寿雁镇	15988
广东	440183102	增城市石滩镇	18812
	440823100	遂溪县遂城镇	16916
	440881106	廉江市良垌镇	18215
	440881107	廉江市横山镇	16966
	440882102	雷州市客路镇	16841
广西	450105102	江南区吴圩镇	15098
	450105103	江南区苏圩镇	25193
	450105105	江南区江西镇	16304
	450107105	西乡塘区坛洛镇	16201
	450108103	良庆区大塘镇	18351
	450109100	邕宁区蒲庙镇	16084
	450109101	邕宁区那楼镇	19609
	450122100	武鸣县城厢镇	18768
	450122103	武鸣县双桥镇	15290
	450122105	武鸣县锣圩镇	21314
	450122107	武鸣县府城镇	15069
	450122108	武鸣县陆斡镇	18778
	450126100	宾阳县宾州镇	16660
	450127113	横县校椅镇	18785
	450223100	鹿寨县鹿寨镇	19603
	450312103	临桂区两江镇	16128
	450503100	银海区福成镇	17847
	450521111	合浦县石康镇	14877
	450703101	钦北区平吉镇	16887
	451302101	兴宾区凤凰镇	19345
	451302201	兴宾区三五乡	14827
	451421101	扶绥县渠黎镇	20421
	451421104	扶绥县东门镇	19263
	451421105	扶绥县山圩镇	17275
海南	469023100	澄迈县金江镇	19596
	469027105	乐东黎族自治县九所镇	18070
重庆	500102119	涪陵区珍溪镇	15050
	500234134	开县岳溪镇	15115
四川	512002106	雁江区中和镇	16132
	512002107	雁江区丹山镇	15362
贵州	520321109	遵义县永乐镇	16342
云南	530126001	石林彝族自治县鹿阜街道办事处	84902
	530129001	寻甸回族彝族自治县仁德街道办事处	18372
	530322108	陆良县小百户镇	14969
	530323101	师宗县丹凤镇	23904
	530324101	罗平县罗雄镇	23439
	530324103	罗平县马街镇	15897
	530324104	罗平县富乐镇	15574
	530324105	罗平县九龙镇	26896
	530324106	罗平县阿岗镇	20054
	530326101	会泽县金钟镇	16467
	530326104	会泽县乐业镇	17052
	530328103	沾益县盘江镇	19132

按农作物播种面积排序前1000乡镇分省情况

单位:公顷

地区	代码	乡镇名称	农作物播种面积	地区	代码	乡镇名称	农作物播种面积
	530328201	沾益县炎方乡	18292		652123202	托克逊县伊拉湖乡	47128
	530328203	沾益县大坡乡	17085		652201211	哈密市天山乡	17408
	530328204	沾益县菱角乡	18102		652302201	阜康市上户沟哈萨克民族乡	18175
	530381105	宣威市板桥镇	15191		652325102	奇台县半截沟镇	17695
	530381106	宣威市倘塘镇	16733		652325105	奇台县西地镇	15464
	530381112	宣威市热水镇	25303		652325201	奇台县西北湾乡	16710
	530427101	新平彝族傣族自治县漠沙镇	14790		652722101	精河县大河沿子镇	17838
	530522106	腾冲县界头镇	27249		652901100	阿克苏市喀勒塔勒镇	20892
	530824102	景谷傣族彝族自治县永平镇	21378		652928101	阿瓦提县乌鲁却勒镇	17480
	530923103	永德县永康镇	16712		653122101	疏勒县罕南力克镇	77592
	532622101	砚山县江那镇	14827		653122102	疏勒县牙甫泉镇	95160
	532622102	砚山县平远镇	25926		653122200	疏勒县巴仁乡	55312
	532622104	砚山县阿猛镇	14732		653122201	疏勒县洋大曼乡	82862
	532622202	砚山县维末彝族乡	18405		653122202	疏勒县亚曼牙乡	71155
	532626204	丘北县树皮彝族乡	19209		653122203	疏勒县巴合齐乡	96448
	532627101	广南县莲城镇	15955		653122204	疏勒县塔孜洪乡	93446
	532627106	广南县珠琳镇	17462		653122205	疏勒县英尔力克乡	84110
	532822104	勐海县勐遮镇	18288		653122206	疏勒县库木西力克乡	83455
	532926101	南涧彝族自治县南涧镇	91336		653122207	疏勒县塔合其乡	34956
	533103102	芒市遮放镇	16235		653122208	疏勒县艾尔木东乡	45050
	533103105	芒市风平镇	16277		653122209	疏勒县阿拉力乡	47867
	533123104	盈江县弄璋镇	16207		653122210	疏勒县阿拉甫乡	70661
陕西	610824101	靖边县东坑镇	16029		653122211	疏勒县英阿瓦提乡	41051
	610825104	定边县白泥井镇	16900		653127202	麦盖提县央塔克乡	16296
甘肃	621002101	西峰区董志镇	15063		653127204	麦盖提县尕孜库勒乡	14959
	621102102	安定区内官镇	15089		653127205	麦盖提县克孜勒阿瓦提乡	15144
青海	630121205	大通回族土族自治县宝库乡	18778		654201101	塔城市恰夏镇	21467
宁夏	640323102	盐池县惠安堡镇	14975		654221200	额敏县郊区乡	16965
	640502200	沙坡头区香山乡	15039		654301205	阿勒泰市萨尔胡松乡	17809
新疆	652123200	托克逊县夏乡	94549		654323201	福海县阔克阿尕什乡	15306

按社会消费品零售总额排序前1000乡镇分省情况

单位:万元

地区	代码	乡镇名称	社会消费品零售额	地区	代码	乡镇名称	社会消费品零售额
北京	110112104	通州区宋庄镇	207700		130683100	安国市祁州镇	239604
	110112105	通州区张家湾镇	269573		130684005	高碑店市兴华路街道办事处	321776
	110112109	通州区马驹桥镇	516546		130684103	高碑店市白沟镇	524598
	110112114	通州区台湖镇	254183		130823100	平泉县平泉镇	367633
	110113104	顺义区李桥镇	442112		130922100	青县清州镇	242275
	110113116	顺义区赵全营镇	258910		130925100	盐山县盐山镇	207444
	110114115	昌平区北七家镇	599058		130982001	任丘市新华路街道	436014
	110228001	密云县鼓楼街道办事处	611106		130982002	任丘市西环路街道	216562
	110228103	密云县十里堡镇	184831		130983100	黄骅市黄骅镇	529541
天津	120112100	津南区咸水沽镇	272360		130984100	河间市瀛州镇	212672
	120112102	津南区小站镇	282126		131022100	固安县固安镇	359260
	120112103	津南区双港镇	225960		131023100	永清县永清镇	179982
	120112107	津南区八里台镇	557035		131024100	香河县淑阳镇	205066
	120113106	北辰区宜兴埠镇	516250		131081100	霸州市霸州镇	210903
	120113111	北辰区西堤头镇	897600		131082109	三河市燕郊镇	483788
	120223100	静海县静海镇	552741		131182101	深州市深州镇	218165
	120225001	蓟县文昌街道办事处	205025	山西	140105201	小店区刘家堡乡	205689
河北	130127100	高邑县高邑镇	213000		140106100	迎泽区郝庄镇	269116
	130181100	辛集市辛集镇	247544		140321100	平定县冠山镇	190324
	130202200	路南区女织寨乡	620696		140322100	盂县秀水镇	382059
	130205105	开平区越河镇	180678		140622100	应县金城镇	181116
	130207113	丰南区丰南镇	185544		140624100	怀仁县云中镇	376158
	130224100	滦南县倴城镇	238673		140728100	平遥县古陶镇	247019
	130225001	乐亭县乐安街道办事处	206000		140729001	灵石县东城管理委员会	357000
	130227001	迁西县栗乡街道办事处	196320		140821100	临猗县猗氏镇	381667
	130229100	玉田县玉田镇	455281		140825100	新绛县龙兴镇	210009
	130281100	遵化市遵化镇	309762		140881002	永济市城北街道办事处	227848
	130283100	迁安市迁安镇	739553		140882001	河津市城区街道办事处	369432
	130303100	山海关区第一关镇	205630		141002109	尧都区尧庙镇	312004
	130303102	山海关区孟姜镇	180000		141181001	孝义市新义街道办事处	794680
	130406100	峰峰矿区临水镇	234722	内蒙古	150103100	回民区攸攸板镇	1421946
	130421200	邯郸县南堡乡	192283		150104100	玉泉区小黑河镇	264098
	130425100	大名县大名镇	328645		150105104	赛罕区金河镇	216000
	130426100	涉县涉城镇	249600		150204100	青山区青福镇	205109
	130427100	磁县磁州镇	374319		150207103	九原区麻池镇	865321
	130429100	永年县临洺关镇	394317		150423100	巴林右旗大板镇	185971
	130432100	广平县广平镇	210232		150622001	准格尔旗兴隆街道	184177
	130434100	魏县魏城镇	307441		150622002	准格尔旗迎泽街道	245197
	130435100	曲周县曲周镇	233660		150625100	杭锦旗锡尼镇	195000
	130481100	武安市武安镇	1200000		150721100	阿荣旗那吉镇	226657
	130521001	邢台县豫让桥街道	312718		150823100	乌拉特前旗乌拉山镇	362706
	130527100	南和县和阳镇	242138	辽宁	210122001	辽中县蒲西街道办事处	280848
	130529100	巨鹿县巨鹿镇	216745		210282001	普兰店市丰荣街道	521557
	130534100	清河县葛仙庄镇	259133		210323001	岫岩满族自治县阜昌街道办事处	355067
	130582002	沙河市桥东街道办事处	251384		210381001	海城市海州街道办事处	202477
	130629100	容城县容城镇	184850		210381003	海城市响堂街道办事处	320000
	130683001	安国市祁州药市街道办事处	280674		210381110	海城市英落镇	258000

按社会消费品零售总额排序前1000乡镇分省情况

单位:万元

地区	代码	乡镇名称	社会消费品零售额	地区	代码	乡镇名称	社会消费品零售额
	210381112	海城市西柳镇	361500		310113111	宝山区高境镇	394334
	210381118	海城市腾鳌镇	200015		310113112	宝山区庙行镇	1032905
	210423100	清原满族自治县清原镇	279023		310113113	宝山区淞南镇	615280
	210521001	本溪满族自治县观音阁街道	246900		310114102	嘉定区南翔镇	189834
	210522001	桓仁满族自治县八卦城街道办事处	301006		310114103	嘉定区安亭镇	771866
	211011102	太子河区沙岭镇	900000		310114106	嘉定区马陆镇	251517
	211021100	辽阳县首山镇	193294		310114118	嘉定区江桥镇	307687
	211081001	灯塔市烟台街道办事处	345500		310115103	浦东新区川沙新镇	777471
	211081101	灯塔市佟二堡镇	922800		310115105	浦东新区北蔡镇	370980
	211281001	调兵山市兀术街街道	201385		310115114	浦东新区唐镇	340587
	211282001	开原市新城街道	429209		310115121	浦东新区高行镇	507043
	211422100	建昌县建昌镇	198863		310115130	浦东新区三林镇	1953120
吉林	220106170	绿园区长春汽车产业开发区(省级)(特殊乡镇)	793000		310115131	浦东新区惠南镇	1198376
	220122100	农安县农安镇	490000		310115136	浦东新区康桥镇	481125
	220183001	德惠市胜利街道办事处	258900		310115137	浦东新区航头镇	639962
	220183002	德惠市建设街道办事处	204350		310115139	浦东新区祝桥镇	816100
	220282001	桦甸市明桦街道办事处	185983		310116101	金山区朱泾镇	357400
	220282003	桦甸市胜利街道办事处	227631		310116102	金山区枫泾镇	372701
	220322100	梨树县梨树镇	704721		310116104	金山区亭林镇	244095
	220381002	公主岭市河北街道办事处	515658		310116105	金山区吕巷镇	219500
	220402198	龙山区县级直管村级单位(特殊镇)	914523		310116109	金山区金山卫镇	204516
	220421100	东丰县东丰镇	312206		310116113	金山区山阳镇	232130
	220523100	辉南县朝阳镇	347836		310117102	松江区泗泾镇	239300
	220721100	前郭尔罗斯蒙古族自治县前郭尔罗斯镇	511866		310117104	松江区车墩镇	265600
	220722100	长岭县长岭镇	555850		310117107	松江区九亭镇	370794
	220781100	扶余市三岔河镇	327406		310118102	青浦区朱家角镇	319493
	220781106	扶余市三井子镇	490589		310118105	青浦区赵巷镇	637031
黑龙江	230125100	宾县宾州镇	276078		310118106	青浦区徐泾镇	526274
	230183100	尚志市尚志镇	330442		310118107	青浦区华新镇	436440
	230184100	五常市五常镇	311245		310118110	青浦区白鹤镇	210527
	230229100	克山县克山镇	200844		310120101	奉贤区南桥镇	805140
	230382001	密山市中心街道办事处	193633		310120102	奉贤区奉城镇	471802
	230604101	让胡路区喇嘛甸镇	201000		310120104	奉贤区庄行镇	181296
	230606102	大同区太阳升镇	185811		310120111	奉贤区青村镇	211441
	231081100	绥芬河市绥芬河镇	180825	江苏	320117100	溧水区永阳镇	668000
	231281002	安达市新兴街道办事处	203691		320118100	高淳区淳溪镇	612400
	231281003	安达市安虹街道办事处	202400		320206102	惠山区洛社镇	344741
上海	310112101	闵行区莘庄镇	625078		320211101	滨湖区胡埭镇	215850
	310112102	闵行区七宝镇	1086330		320281001	江阴市澄江街道	2432404
	310112103	闵行区颛桥镇	476575		320281004	江阴市南闸街道	208061
	310112106	闵行区华漕镇	209850		320281005	江阴市云亭街道	186812
	310112107	闵行区虹桥镇	1151262		320281006	江阴市临港街道	828053
	310112108	闵行区梅陇镇	677128		320281100	江阴市璜土镇	459593
	310113102	宝山区大场镇	1020085		320281107	江阴市华士镇	568000
	310113103	宝山区杨行镇	421617		320281108	江阴市周庄镇	568172
	310113104	宝山区月浦镇	181305		320281110	江阴市长泾镇	315871

按社会消费品零售总额排序前1000乡镇分省情况

单位：万元

地区	代码	乡镇名称	社会消费品零售额	地区	代码	乡镇名称	社会消费品零售额
	320281111	江阴市顾山镇	384216		320612100	通州区金沙镇	933661
	320281112	江阴市祝塘镇	354700		320612114	通州区平潮镇	249627
	320282001	宜兴市宜城街道	921580		320612120	通州区川姜镇	279823
	320282002	宜兴市屺亭街道	324600		320621100	海安县海安镇	796119
	320282004	宜兴市新街街道	515606		320621101	海安县城东镇	338143
	320282100	宜兴市张渚镇	275000		320621102	海安县曲塘镇	184000
	320282109	宜兴市万石镇	182523		320623102	如东县苴镇	357629
	320312112	铜山区张集镇	380388		320623105	如东县掘港镇	656000
	320312113	铜山区房村镇	225838		320623110	如东县岔河镇	227600
	320321001	丰县中阳里办事处	213267		320681100	启东市汇龙镇	1986453
	320321111	丰县宋楼镇	1025100		320682001	如皋市如城街道	881974
	320322103	沛县大屯镇	193475		320682111	如皋市长江镇	328266
	320322104	沛县沛城镇	421850		320682116	如皋市搬经镇	221163
	320324101	睢宁县睢城镇	209903		320722001	东海县牛山街道办事处	364832
	320382002	邳州市运河街道办事处	215209		320723207	灌云县东王集乡	354426
	320382103	邳州市官湖镇	353319		320724101	灌南县堆沟港镇	336141
	320382115	邳州市铁富镇	326890		320802350	清河区钵池乡	312500
	320411100	新北区春江镇	478032		320802351	清河区徐杨乡	440000
	320412100	武进区湖塘镇	1258960		320802352	清河区南马厂乡	301700
	320412113	武进区前黄镇	227810		320804100	淮阴区王营镇	614107
	320412116	武进区邹区镇	373804		320829100	洪泽县高良涧镇	350000
	320481100	溧阳市溧城镇	1028287		320829101	洪泽县蒋坝镇	250000
	320481102	溧阳市上黄镇	192002		320830100	盱眙县盱城镇	416280
	320481107	溧阳市别桥镇	201682		320830108	盱眙县黄花塘镇	180001
	320482100	金坛市金城镇	1049678		320831100	金湖县黎城镇	412428
	320506103	吴中区木渎镇	1356211		320903102	盐都区楼王镇	253946
	320506110	吴中区临湖镇	238600		320903105	盐都区尚庄镇	215527
	320507105	相城区渭塘镇	312540		320903109	盐都区龙冈镇	186535
	320509100	吴江区太湖新城镇	1510841		320922100	滨海县东坎镇	328673
	320509101	吴江区同里镇	352150		320923100	阜宁县阜城镇	341416
	320509104	吴江区平望镇	298257		320924100	射阳县合德镇	834911
	320581100	常熟市虞山镇	3673251		320925100	建湖县近湖镇	398590
	320581101	常熟市梅李镇	180597		320981122	东台市东台镇	855620
	320581104	常熟市古里镇	217533		320982100	大丰市大中镇	519771
	320581110	常熟市辛庄镇	232903		320982108	大丰市万盈镇	593142
	320582100	张家港市杨舍镇	2598270		321002101	广陵区杭集镇	298070
	320582101	张家港市塘桥镇	210900		321003201	邗江区双桥乡	218054
	320582102	张家港市金港镇	395000		321012100	江都区仙女镇	2783743
	320582103	张家港市锦丰镇	183620		321012109	江都区宜陵镇	1256540
	320582105	张家港市凤凰镇	183960		321012112	江都区郭村镇	400000
	320583100	昆山市玉山镇	1356177		321023100	宝应县安宜镇	962785
	320583102	昆山市周市镇	1005633		321081100	仪征市真州镇	1130000
	320583104	昆山市花桥镇	1119590		321084001	高邮市高邮街道	224736
	320583105	昆山市淀山湖镇	545634		321084106	高邮市汤庄镇	375535
	320585100	太仓市城厢镇	1289672		321084200	高邮市菱塘回族乡	325800
	320585101	太仓市沙溪镇	228000		321181112	丹阳市云阳镇	485120
	320585103	太仓市浮桥镇	263458		321182001	扬中市三茅街道	904398

按社会消费品零售总额排序前1000乡镇分省情况

单位:万元

地区	代码	乡镇名称	社会消费品零售额	地区	代码	乡镇名称	社会消费品零售额
	321183100	句容市华阳镇	649120		330326100	平阳县昆阳镇	313095
	321204100	姜堰区姜堰镇	826794		330326101	平阳县鳌江镇	502303
	321281114	兴化市竹泓镇	473846		330326102	平阳县水头镇	237095
	321282001	靖江市靖城街道办	538496		330327100	苍南县灵溪镇	516000
	321283001	泰兴市济川街道办事处	2423108		330327101	苍南县龙港镇	624789
	321283100	泰兴市黄桥镇	213051		330328100	文成县大峃镇	197295
	321283123	泰兴市滨江镇	483695		330381001	瑞安市安阳街道	266404
	321283124	泰兴市虹桥镇	232897		330381008	瑞安市汀田街道	227266
	321322001	沭阳县沭城街道办事处	294508		330381101	瑞安市塘下镇	589565
	321323100	泗阳县众兴镇	427850		330382108	乐清市虹桥镇	277456
	321324100	泗洪县青阳镇	271000		330382114	乐清市柳市镇	684516
浙江	330104102	江干区彭埠镇	911661		330382115	乐清市北白象镇	241662
	330104103	江干区笕桥镇	344546		330402105	南湖区大桥镇	232100
	330104105	江干区九堡镇	181204		330411101	秀洲区王江泾镇	216000
	330106109	西湖区三墩镇	188747		330421001	嘉善县魏塘街道	404125
	330109110	萧山区宁围镇	772794		330421002	嘉善县罗星街道	199524
	330109113	萧山区瓜沥镇	248966		330424001	海盐县武原街道	533793
	330110102	余杭区塘栖镇	205400		330481001	海宁市硖石街道	441566
	330122004	桐庐县城南街道	330681		330481002	海宁市海洲街道	355700
	330127100	淳安县千岛湖镇	359634		330481103	海宁市长安镇	247304
	330182001	建德市新安江街道	402988		330482001	平湖市当湖街道	383504
	330183001	富阳市富春街道	696522		330482101	平湖市乍浦镇	211370
	330183006	富阳市银湖街道	261956		330483001	桐乡市梧桐街道	2057507
	330185006	临安市锦城街道	431434		330483101	桐乡市濮院镇	228926
	330212116	鄞州区古林镇	306371		330483107	桐乡市崇福镇	202816
	330225001	象山县丹东街道	571608		330502100	吴兴区织里镇	421875
	330225002	象山县丹西街道	619241		330502101	吴兴区八里店镇	363846
	330225101	象山县石浦镇	302405		330503100	南浔区南浔镇	555524
	330226001	宁海县跃龙街道	764457		330503101	南浔区双林镇	271200
	330226003	宁海县梅林街道	298199		330521100	德清县武康镇	460250
	330281001	余姚市梨洲街道	327754		330521102	德清县新市镇	283000
	330281002	余姚市凤山街道	288531		330522001	长兴县雉城街道	338700
	330281003	余姚市兰江街道	438897		330522110	长兴县和平镇	280000
	330281004	余姚市阳明街道	719767		330522111	长兴县泗安镇	181260
	330281006	余姚市朗霞街道	546678		330523100	安吉县递铺镇	546873
	330281103	余姚市泗门镇	185068		330602100	越城区东湖镇	209792
	330282004	慈溪市浒山街道	333328		330602101	越城区灵芝镇	188547
	330282006	慈溪市古塘街道	413335		330602104	越城区皋埠镇	234288
	330282107	慈溪市观海卫镇	319337		330602106	越城区斗门镇	1071958
	330282111	慈溪市逍林镇	256888		330621001	绍兴县柯桥街道	541048
	330282114	慈溪市横河镇	670254		330621004	绍兴县湖塘街道	412217
	330282121	慈溪市周巷镇	398800		330621100	绍兴县齐贤镇	625525
	330282123	慈溪市龙山镇	179814		330621101	绍兴县钱清镇	356242
	330283001	奉化市锦屏街道	389770		330624002	新昌县南明街道	338300
	330283002	奉化市岳林街道	320876		330681001	诸暨市暨阳街道	859359
	330324004	永嘉县江北街道	183217		330681003	诸暨市陶朱街道	813758
	330324102	永嘉县桥头镇	237700		330681101	诸暨市大唐镇	262568

按社会消费品零售总额排序前1000乡镇分省情况

单位:万元

地区	代码	乡镇名称	社会消费品零售额	地区	代码	乡镇名称	社会消费品零售额
	330681103	诸暨市次坞镇	184977		340521100	当涂县姑孰镇	256366
	330681104	诸暨市店口镇	310677		340603100	相山区渠沟镇	225170
	330682001	上虞市百官街道	769520		340822100	怀宁县高河镇	224560
	330682110	上虞市小越镇	215704		340823104	枞阳县陈瑶湖镇	256320
	330682113	上虞市崧厦镇	184760		340824100	潜山县梅城镇	289984
	330683001	嵊州市剡湖街道	185276		340881003	桐城市龙眠街道	272413
	330703108	金东区赤松镇	449000		341002100	屯溪区屯光镇	280115
	330781200	兰溪市灵洞乡	341068		341022100	休宁县海阳镇	185351
	330782001	义乌市稠城街道	939971		341124100	全椒县襄河镇	279219
	330782002	义乌市江东街道	395936		341126100	凤阳县府城镇	238562
	330782003	义乌市稠江街道	616404		341181001	天长市天长街道办事处	274619
	330782004	义乌市北苑街道	563392		341221100	临泉县城关镇	567820
	330782005	义乌市后宅街道	587955		341225120	阜南县鹿城镇	235175
	330782100	义乌市佛堂镇	271696		341282002	界首市西城办事处	200000
	330783001	东阳市吴宁街道	525000		341322100	萧县龙城镇	607000
	330783004	东阳市白云街道	440875		341324100	泗县泗城镇	237043
	330783118	东阳市南马镇	320000		341502109	金安区三十铺镇	854460
	330783123	东阳市横店镇	560000		341621001	涡阳县城关街道办事处	366586
	330784001	永康市东城街道	456071		341622100	蒙城县城关镇	504401
	330784002	永康市西城街道	260165		341623100	利辛县城关镇	423241
	330881002	江山市虎山街道	371417		341822100	广德县桃州镇	223947
	330903100	普陀区六横镇	245503		341824100	绩溪县华阳镇	691432
	330921100	岱山县高亭镇	230835	福建	350102100	鼓楼区洪山镇	1800000
	331004106	路桥区金清镇	337767		350104100	仓山区仓山镇	226731
	331021001	玉环县玉城街道	293663		350104101	仓山区城门镇	611432
	331021002	玉环县坎门街道	201355		350104102	仓山区盖山镇	564041
	331022100	三门县海游镇	185398		350105100	马尾区马尾镇	302561
	331081001	温岭市太平街道	346529		350111100	晋安区鼓山镇	785713
	331081100	温岭市泽国镇	398019		350111101	晋安区新店镇	530933
	331081101	温岭市大溪镇	407556		350111102	晋安区岳峰镇	855651
	331081102	温岭市松门镇	292024		350121001	闽侯县甘蔗街道	242145
	331081103	温岭市箬横镇	462733		350121102	闽侯县南屿镇	269647
	331081104	温岭市新河镇	384227		350121103	闽侯县尚干镇	260151
	331081105	温岭市石塘镇	236741		350121107	闽侯县上街镇	216840
	331081106	温岭市滨海镇	224201		350122100	连江县凤城镇	346375
	331081107	温岭市温峤镇	199601		350123100	罗源县凤山镇	230833
	331081108	温岭市城南镇	236516		350181003	福清市龙山街道	280000
	331082001	临海市古城街道	563150		350182001	长乐市吴航街道	187319
	331082003	临海市江南街道	218711		350182002	长乐市航城街道	323075
	331082112	临海市杜桥镇	305760		350182004	长乐市漳港街道	181349
	331122001	缙云县五云街道办事处	514600		350182111	长乐市金峰镇	514819
	331123001	遂昌县妙高街道	210581		350213102	翔安区马巷镇	366470
安徽	340122100	肥东县店埠镇	289435		350304100	荔城区西天尾镇	523545
	340123100	肥西县上派镇	188553		350304101	荔城区黄石镇	213358
	340124100	庐江县庐城镇	323956		350305102	秀屿区忠门镇	308200
	340225100	无为县无城镇	651441		350322001	仙游县鲤城街道	271168
	340321100	怀远县城关镇	280989		350426100	尤溪县城关镇	203871

按社会消费品零售总额排序前1000乡镇分省情况

单位:万元

地区	代码	乡镇名称	社会消费品零售额	地区	代码	乡镇名称	社会消费品零售额
	350505100	泉港区南埔镇	218700		370181002	章丘市双山街道办事处	326344
	350521105	惠安县东园镇	208812		370281001	胶州市阜安街道办事处	827361
	350524100	安溪县凤城镇	265604		370281002	胶州市中云街道办事处	536010
	350525100	永春县桃城镇	327007		370281008	胶州市胶北街道办事处	275171
	350526101	德化县龙浔镇	227959		370282003	即墨市通济街道办事处	497769
	350581001	石狮市湖滨街道	537700		370282105	即墨市蓝村镇	548727
	350581002	石狮市凤里街道	717500		370283001	平度市东阁街道办事处	287145
	350581100	石狮市灵秀镇	876800		370283002	平度市李园街道办事处	207976
	350581101	石狮市宝盖镇	248000		370285001	莱西市水集街道办事处	542716
	350582001	晋江市青阳街道办事处	410752		370285101	莱西市姜山镇	442974
	350582004	晋江市罗山街道办事处	787278		370285116	莱西市马连庄镇	237850
	350582106	晋江市金井镇	360367		370303101	张店区南定镇	415268
	350583001	南安市溪美街道	609169		370303104	张店区傅家镇	351347
	350583002	南安市柳城街道	318707		370304103	博山区白塔镇	189263
	350583117	南安市霞美镇	226785		370305100	临淄区齐都镇	195964
	350583119	南安市水头镇	497101		370305111	临淄区金山镇	323345
	350583120	南安市石井镇	374273		370306101	周村区南郊镇	192475
	350603100	龙文区蓝田镇	459604		370321001	桓台县索镇街道办事处	657035
	350603101	龙文区步文镇	215047		370321110	桓台县果里镇	327453
	350623100	漳浦县绥安镇	735910		370323001	沂源县历山街道办事处	416701
	350624100	诏安县南诏镇	215771		370323100	沂源县南麻镇	225300
	350628100	平和县小溪镇	232290		370481001	滕州市荆河街道	442974
	350681100	龙海市石码镇	385065		370481002	滕州市龙泉街道	316797
	350681102	龙海市角美镇	265708		370481003	滕州市北辛街道	1025381
	350781001	邵武市昭阳街道办事处	187999		370521102	垦利县郝家镇	201935
	350825100	连城县莲峰镇	205709		370523001	广饶县广饶街道办事处	351090
	350921001	霞浦县松城街道	274264		370681001	龙口市东莱街道	1724063
	350981002	福安市城北街道	197695		370681002	龙口市龙港街道	590780
江西	360111104	青山湖区湖坊镇	299010		370681005	龙口市东江街道办事处	238911
	360111105	青山湖区塘山镇	297493		370682001	莱阳市城厢街道	1224708
	360111180	青山湖区蛟桥镇(南昌经济技术开发区)	337608		370683001	莱州市文昌路街道	361856
	360124100	进贤县民和镇	185100		370683002	莱州市永安路街道	207037
	360124101	进贤县李渡镇	589008		370683004	莱州市城港路街道	198020
	360281001	乐平市洎阳街道办事处	327152		370683101	莱州市沙河镇	364093
	360481100	瑞昌市码头镇	537471		370684001	蓬莱市登州街道	201626
	360702102	章贡区水南镇	356913		370685001	招远市罗峰街道办事处	216152
	361023100	南丰县琴城镇	258738		370685002	招远市泉山街道办事处	218568
	361122102	广丰县洋口镇	962010		370685004	招远市温泉街道办事处	497193
	361128100	鄱阳县鄱阳镇	245400		370686001	栖霞市翠屏街道	250261
	361129100	万年县陈营镇	186382		370686002	栖霞市庄园街道	241863
	361130001	婺源县蚺城街道	195643		370687001	海阳市方圆街道	791800
山东	370104101	槐荫区段店镇	357366		370724001	临朐县城关街道办事处	368501
	370124001	平阴县榆山街道办事处	317655		370724002	临朐县东城街道办事处	236721
	370125001	济阳县济阳街道办事处	256732		370725001	昌乐县城关街道办事处	860140
	370125002	济阳县济北街道办事处	204668		370781001	青州市王府街道办事处	338853
	370126001	商河县许商街道办事处	228803		370781002	青州市益都街道办事处	414658
	370181001	章丘市明水街道办事处	690613		370781006	青州市云门山街道办事处	326839

按社会消费品零售总额排序前1000乡镇分省情况

单位:万元

地区	代码	乡镇名称	社会消费品零售额	地区	代码	乡镇名称	社会消费品零售额
	370781007	青州市黄楼街道办事处	189003		371324108	苍山县向城镇	353854
	370782001	诸城市密州街道办事处	926609		371325001	费县费城街道办事处	437804
	370782002	诸城市龙都街道办事处	378083		371326001	平邑县平邑街道办事处	225145
	370783001	寿光市圣城街道办事处	891982		371327001	莒南县十字路街道办事处	400269
	370783005	寿光市洛城街道办事处	204664		371328001	蒙阴县蒙阴街道办事处	306714
	370784001	安丘市兴安街道办事处	561100		371329001	临沭县临沭街道办事处	251202
	370785002	高密市醴泉街道	398462		371421002	陵县临齐街道办事处	227356
	370785003	高密市密水街道	633650		371422001	宁津县宁城街道办事处	239745
	370785103	高密市夏庄镇	215363		371422002	宁津县津城街道办事处	278098
	370786001	昌邑市奎聚街道办事处	201649		371423001	庆云县渤海路街道办事处	237057
	370786002	昌邑市都昌街道办事处	277872		371424001	临邑县邢侗街道办事处	481172
	370786101	昌邑市柳疃镇	376895		371424002	临邑县恒源街道办事处	215290
	370826001	微山县夏镇街道办事处	357437		371425001	齐河县晏城街道办事处	227048
	370828001	金乡县金乡街道办事处	471935		371482001	禹城市市中街道	406600
	370881001	曲阜市鲁城街道办事处	461933		371521001	阳谷县博济桥街道办事处	261188
	370881003	曲阜市时庄街道办事处	326816		371521002	阳谷县侨润街道办事处	286350
	370882001	兖州市鼓楼街道办事处	300226		371521003	阳谷县狮子楼街道办事处	271695
	370882003	兖州市龙桥街道办事处	207962		371522001	莘县燕塔街道办事处	197370
	370882007	兖州市王因街道办事处	185016		371523001	茌平县振兴街道办事处	221650
	370882008	兖州市黄屯街道办事处	297522		371523002	茌平县信发街道办事处	201408
	370882101	兖州市大安镇	261743		371621001	惠民县孙武街道办事处	200749
	370882105	兖州市新兖镇	290327		371623002	无棣县海丰街道办事处	260816
	370882110	兖州市兴隆庄镇	192462		371623106	无棣县车王镇	188548
	370883001	邹城市钢山街道办事处	357447		371625001	博兴县城东街道办事处	563212
	370883102	邹城市城前镇	184809		371625102	博兴县兴福镇	231760
	370883104	邹城市北宿镇	272968		371626001	邹平县黛溪街道办事处	180792
	370883105	邹城市中心店镇	236192		371721001	曹县曹城街道办事处	302466
	370911106	岱岳区满庄镇	384678		371721002	曹县磐石街道办事处	213973
	370923001	东平县东平街道办事处	286483		371722001	单县北城街道办事处	279540
	370982001	新泰市青云街道办事处	1183564		371722002	单县南城街道办事处	323237
	370982002	新泰市新汶街道办事处	463004		371724001	巨野县凤凰街道办事处	230605
	370983001	肥城市新城街道	506433		371724002	巨野县永丰街道办事处	299372
	370983002	肥城市老城街道办事处	328838		371725001	郓城县郓州街道办事处	348392
	370983003	肥城市王瓜店街道办事处	230180		371725002	郓城县唐塔街道办事处	232979
	370983106	肥城市石横镇	242500		371728001	东明县城关街道办事处	373387
	371002100	环翠区张村镇	184491	河南	410122001	中牟县青年路街道办事处	322059
	371081001	文登市龙山路街道办事处	533112		410122002	中牟县东风路街道办事处	198919
	371081002	文登市天福路街道办事处	472850		410181001	巩义市新华路街道办事处	244906
	371081003	文登市环山路街道办事处	181523		410181002	巩义市杜甫路街道办事处	227589
	371121001	五莲县洪凝街道	312174		410181004	巩义市孝义街道办事处	193644
	371122001	莒县城阳街道办事处	868378		410182001	荥阳市索河街道办事处	308571
	371202100	莱城区口镇	313800		410182002	荥阳市京城路街道办事处	348069
	371203103	钢城区辛庄镇	259607		410183001	新密市青屏街道办事处	322795
	371321105	沂南县张庄镇	232750		410183002	新密市新华路街道办事处	327140
	371322001	郯城县郯城街道办事处	220880		410184001	新郑市新建路街道办事处	196876
	371323001	沂水县沂城街道办事处	293263		410184002	新郑市新华路街道办事处	212304
	371324001	苍山县卞庄街道办事处	992563		410184109	新郑市龙湖镇	179683

按社会消费品零售总额排序前1000乡镇分省情况

单位：万元

地区	代码	乡镇名称	社会消费品零售额
	410185001	登封市嵩阳街道办事处	468458
	410185105	登封市大冶镇	299989
	410211201	金明区西郊乡	229628
	410221100	杞县城关镇	318484
	410222100	通许县城关镇	220158
	410225100	兰考县城关镇	269530
	410304200	瀍河回族区瀍河回族乡	501885
	410311102	洛龙区安乐镇	273751
	410323100	新安县城关镇	475086
	410324100	栾川县城关镇	200271
	410329100	伊川县城关镇	645950
	410381001	偃师市商城街道办事处	201928
	410421100	宝丰县城关镇	196940
	410482106	汝州市蟒川镇	332610
	410502102	文峰区高庄镇	196487
	410728001	长垣县蒲西街道办事处	329855
	410823001	武陟县木城街道办事处	193500
	410922100	清丰县城关镇	263000
	410928100	濮阳县城关镇	352000
	410928101	濮阳县柳屯镇	222060
	411024100	鄢陵县安陵镇	531607
	411024206	鄢陵县马坊乡	250000
	411121100	舞阳县舞泉镇	438980
	411122100	临颍县城关镇	387022
	411221100	渑池县城关镇	192189
	411329001	新野县汉城街道办事处	468417
	411381002	邓州市花洲街道办事处	236374
	411421100	民权县城关镇	293800
	411421103	民权县北关镇	438650
	411521100	罗山县城关镇	254232
	411525001	固始县蓼城办事处	442878
	411621100	扶沟县城关镇	230060
	411625001	郸城县洺南办事处	332856
	411626100	淮阳县城关回族镇	206160
	411627100	太康县城关回族镇	348841
	411628100	鹿邑县涡北镇	269578
	411722001	上蔡县蔡都街道办事处	183920
	419001100	济源市克井镇	295300
湖北	420222100	阳新县兴国镇	236177
	420281004	大冶市罗家桥街道办事处	690000
	420281104	大冶市还地桥镇	215986
	420322100	郧西县城关镇	273076
	420503201	伍家岗区伍家乡	308519
	420506108	夷陵区鸦鹊岭镇	198250
	420527101	秭归县茅坪镇	501884
	420528101	长阳土家族自治县龙舟坪镇	284878
	420581001	宜都市陆城街道办事处	411512
	420581104	宜都市枝城镇	210255
	420582001	当阳市玉阳街道办事处	378447
	420583001	枝江市马家店街道	629538
	420624100	南漳县城关镇	439358
	420625100	谷城县城关镇	378903
	420625101	谷城县石花镇	220308
	420682002	老河口市鄼阳街道办事处	244000
	420683001	枣阳市北城街道办事处	446320
	420683002	枣阳市南城街道办事处	384751
	420683109	枣阳市吴店镇	196123
	420684001	宜城市鄢城街道办事处	556549
	420821100	京山县新市镇	464260
	420881001	钟祥市郢中街道办事处	511075
	420881103	钟祥市胡集镇	278300
	420921100	孝昌县花园镇	229686
	420923100	云梦县城关镇	230622
	420981001	应城市城中街道办事处	323694
	420982001	安陆市府城街道办事处	333720
	420984001	汉川市仙女山街道办事处	851589
	420984100	汉川市马口镇	226435
	421003106	荆州区郢城镇	296500
	421022101	公安县斗湖堤镇	551691
	421023100	监利县容城镇	547382
	421081001	石首市绣林街道办事处	220387
	421083001	洪湖市新堤街道办事处	243668
	421087100	松滋市新江口镇	366100
	421123100	罗田县凤山镇	194541
	421125100	浠水县清泉镇	218552
	421127100	黄梅县黄梅镇	232214
	421182001	武穴市武穴街道办事处	321520
	421221103	嘉鱼县鱼岳镇	201000
	421222100	通城县隽水镇	459896
	421223100	崇阳县天城镇	315572
	421224100	通山县通羊镇	261776
	421281001	赤壁市蒲圻街道办事处	455870
	421281002	赤壁市赤马港街道办事处	381278
	421321116	随县三里岗镇	190776
	421381001	广水市应山街道办事处	240380
	421381003	广水市广水街道办事处	184660
湖南	430121001	长沙县星沙街道办事处	376700
	430124100	宁乡县玉潭镇	655600
	430124216	宁乡县历经铺乡	290000
	430181001	浏阳市淮川街道	488630
	430181002	浏阳市集里街道	495679
	430223001	攸县联星街道办事处	355682
	430281006	醴陵市来龙门街道	366220
	430302200	雨湖区昭潭乡	274314

按社会消费品零售总额排序前1000乡镇分省情况

单位:万元

地区	代码	乡镇名称	社会消费品零售额	地区	代码	乡镇名称	社会消费品零售额
	430302201	雨湖区护潭乡	310000		440183001	增城市荔城街道	703636
	430422111	衡南县三塘镇	278658		440183004	增城市永宁街道	209169
	430424102	衡东县新塘镇	342845		440183101	增城市新塘镇	1109854
	430426100	祁东县洪桥镇	654920		440183102	增城市石滩镇	200459
	430482101	常宁市柏坊镇	489765		440184001	从化市街口街道	227289
	430521002	邵东县两市塘街道办事处	330400		440204101	浈江区乐园镇	305803
	430521003	邵东县宋家塘街道办事处	931909		440205100	曲江区马坝镇	272656
	430524100	隆回县桃洪镇	320000		440281001	乐昌市乐城街道办事处	206720
	430621100	岳阳县荣家湾镇	289552		440282001	南雄市雄州街道办事处	243810
	430623100	华容县城关镇	332155		440402100	香洲区唐家湾镇	192977
	430624100	湘阴县文星镇	296210		440513106	潮阳区谷饶镇	262000
	430626100	平江县城关镇	333642		440514108	潮南区胪岗镇	206647
	430703100	鼎城区武陵镇	310000		440604100	禅城区南庄镇	394208
	430723100	澧县澧阳镇	245210		440605121	南海区九江镇	346342
	430726100	石门县楚江镇	300000		440605122	南海区西樵镇	1382000
	430781001	津市三洲驿街道	229922		440605123	南海区丹灶镇	320203
	430821100	慈利县零阳镇	202340		440605124	南海区狮山镇	1350362
	430921125	南县南洲镇	268501		440605125	南海区大沥镇	1655391
	430922112	桃江县桃花江镇	410227		440605126	南海区里水镇	681079
	430981006	沅江市琼湖街道办事处	280000		440606103	顺德区乐从镇	478781
	431003101	苏仙区白露塘镇	1103114		440606104	顺德区龙江镇	219076
	431021001	桂阳县龙潭街道	213868		440781001	台山市台城街道办事处	599822
	431021002	桂阳县鹿峰街道	248338		440783001	开平市三埠街道	346770
	431021118	桂阳县四里镇	212987		440783002	开平市长沙街道	352512
	431022104	宜章县梅田镇	423865		440784001	鹤山市沙坪街道	748180
	431022111	宜章县玉溪镇	245475		440785001	恩平市恩城街道办事处	345103
	431027100	桂东县沤江镇	344681		440811100	麻章区麻章镇	193141
	431122100	东安县白牙市镇	218084		440823100	遂溪县遂城镇	324235
	431126100	宁远县舜陵镇	215465		440881001	廉江市罗州街道办	267217
	431222109	沅陵县沅陵镇	357793		440903101	茂港区羊角镇	260625
	431224100	溆浦县卢峰镇	205635		440923123	电白县水东镇	710397
	431281101	洪江市黔城镇	600000		440981007	高州市潘州街道	264820
	433123109	凤凰县沱江镇	239368		440982002	化州市东山街道	567885
	433127116	永顺县灵溪镇	186880		441284002	四会市东城街道	600756
	433130001	龙山县民安街道办事处	180778		441421132	梅县程江镇	218676
广东	440111103	白云区人和镇	305205		441481001	兴宁市兴田街道办事处	271201
	440111107	白云区太和镇	354440		441521101	海丰县梅陇镇	273767
	440111108	白云区钟落潭镇	244862		441521118	海丰县公平镇	183930
	440111113	白云区江高镇	271622		441622100	龙川县老隆镇	595050
	440113102	番禺区南村镇	1583644		441702105	江城区闸坡镇	257543
	440113105	番禺区石楼镇	282836		441781001	阳春市春城街道办事处	758059
	440113120	番禺区石基镇	443826		441803102	清新区太和镇	223395
	440114104	花都区花山镇	181254		441823119	阳山县阳城镇	261428
	440114105	花都区花东镇	196355		441882100	连州市连州镇	179534
	440114109	花都区狮岭镇	1028980		441900101	东莞市石碣镇	227127
	440115103	南沙区东涌镇	346690		441900102	东莞市石龙镇	280794
	440116101	萝岗区九龙镇	1514521		441900103	东莞市茶山镇	243521

按社会消费品零售总额排序前1000乡镇分省情况

单位：万元

地区	代码	乡镇名称	社会消费品零售额
	441900104	东莞市石排镇	228691
	441900106	东莞市横沥镇	214098
	441900107	东莞市桥头镇	199929
	441900110	东莞市常平镇	883353
	441900111	东莞市寮步镇	1770608
	441900112	东莞市樟木头镇	437937
	441900113	东莞市大朗镇	581764
	441900114	东莞市黄江镇	263493
	441900115	东莞市清溪镇	352893
	441900116	东莞市塘厦镇	618866
	441900117	东莞市凤岗镇	305851
	441900118	东莞市大岭山镇	512510
	441900119	东莞市长安镇	666401
	441900121	东莞市虎门镇	1550424
	441900122	东莞市厚街镇	1018878
	441900128	东莞市中堂镇	222277
	441900129	东莞市高埗镇	293134
	442000100	中山市小榄镇	908811
	442000104	中山市东升镇	410403
	442000105	中山市古镇镇	471387
	442000106	中山市沙溪镇	384573
	442000108	中山市港口镇	190358
	442000112	中山市阜沙镇	223760
	442000114	中山市三乡镇	379677
	445103121	潮安区枫溪镇	451164
	445281005	普宁市池尾街道	261553
	445281110	普宁市军埠镇	944234
	445321112	新兴县天堂镇	184000
广西	450126100	宾阳县宾州镇	188143
	450222100	柳城县大埔镇	241724
	450323100	灵川县灵川镇	295485
	450325100	兴安县兴安镇	331478
	450331100	荔浦县荔城镇	266740
	450521100	合浦县廉州镇	486400
	450603100	防城区防城镇	326556
	450603204	防城区江山乡	200800
	450721100	灵山县灵城镇	232758
	450722100	浦北县小江镇	184486
	450802100	港北区港城镇	260232
	450821100	平南县平南镇	605545
	450923100	博白县博白镇	187832
	451025100	靖西县新靖镇	212301
	451281100	宜州市庆远镇	353478
海南	469005100	文昌市文城镇	310252
重庆	500101140	万州区天城镇	198100
	500107105	九龙坡区白市驿镇	360000
	500107110	九龙坡区西彭镇	481142
	500109101	北碚区歇马镇	336743
	500113103	巴南区界石镇	290916
	500223002	潼南县梓潼街道办事处	492000
	500224001	铜梁县巴川街道	400000
	500224002	铜梁县东城街道	342697
	500224003	铜梁县南城街道	445920
	500226001	荣昌县昌元街道办事处	180278
	500227003	璧山县璧泉街道办事处	219485
	500228001	梁平县梁山街道办事处	192950
	500230001	丰都县三合街道	278970
	500231100	垫江县桂溪镇	321305
	500233100	忠县忠州镇	342944
	500234005	开县汉丰街道办事处	291000
	500236116	奉节县永安镇	199725
	500237001	巫山县高唐街道办事处	191371
	500240100	石柱土家族自治县南宾镇	268921
	500242100	酉阳土家族苗族自治县桃花源镇	277797
	500243001	彭水苗族土家族自治县汉葭街道办事处	185265
四川	510114100	新都区新都镇	532391
	510114103	新都区新繁镇	182400
	510121001	金堂县赵镇街道办事处	259188
	510122001	双流县东升街道办	785239
	510122002	双流县西航港街道办	217755
	510122006	双流县黄甲街道办事处	193600
	510129100	大邑县晋原镇	377556
	510129101	大邑县王泗镇	179248
	510181101	都江堰市幸福镇	586846
	510182100	彭州市天彭镇	317763
	510184001	崇州市崇阳街道办事处	183430
	510304207	大安区凤凰乡	179945
	510321100	荣县旭阳镇	266637
	510322100	富顺县富世镇	206363
	510522100	合江县合江镇	287982
	510681100	广汉市雒城镇	561485
	510682001	什邡市方亭街道办事处	328947
	510683106	绵竹市汉旺镇	289474
	510703113	涪城区永兴镇	220000
	510722101	三台县潼川镇	680902
	510723100	盐亭县云溪镇	320196
	510725100	梓潼县文昌镇	208084
	510781100	江油市中坝镇	633009
	510921100	蓬溪县赤城镇	200202
	510922001	射洪县子昂街道办事处	384635
	511024100	威远县严陵镇	451242
	511028001	隆昌县古湖街道办事处	206937
	511112100	五通桥区竹根镇	205698
	511123100	犍为县玉津镇	241515

按社会消费品零售总额排序前1000乡镇分省情况

单位：万元

地区	代码	乡镇名称	社会消费品零售额	地区	代码	乡镇名称	社会消费品零售额
	511126100	夹江县焉城镇	363548		532503101	蒙自市文澜镇	623969
	511181100	峨眉山市绥山镇	408612		532504101	弥勒市弥阳镇	225699
	511321002	南部县蜀北街道办事处	281541		532524101	建水县临安镇	223170
	511323115	蓬安县相如镇	185000		532901101	大理市下关镇	441941
	511325209	西充县金源乡	232000		532923101	祥云县祥城镇	221112
	511381001	阆中市保宁街道	405489		533102101	瑞丽市勐卯镇	188730
	511421123	仁寿县文林镇	708519		533123101	盈江县平原镇	180895
	511524100	长宁县长宁镇	223499	陕西	610122100	蓝田县蓝关镇	342087
	511528100	兴文县古宋镇	213000		610124100	周至县二曲镇	314400
	511621100	岳池县九龙镇	442125		610125100	户县甘亭镇	216519
	511622100	武胜县沿口镇	258794		610126002	高陵县泾渭街道办事处	620000
	511623100	邻水县鼎屏镇	280143		610303100	金台区陈仓镇	724492
	511722100	宣汉县东乡镇	363474		610323101	岐山县蔡家坡镇	215016
	511724100	大竹县竹阳镇	515334		610423100	泾阳县泾干镇	197128
	511725100	渠县渠江镇	600849		610424100	乾县城关镇	287896
	511921100	通江县诺江镇	192350		610425100	礼泉县城关镇	190264
	512021100	安岳县岳阳镇	308335		610427100	彬县城关镇	189094
	512022100	乐至县天池镇	270000		610481001	兴平市东城街道办事处	245195
	512081100	简阳市简城镇	525660		610526100	蒲城县城关镇	273318
	513426100	会东县会东镇	185029		610528116	富平县城关镇	216532
贵州	520113100	白云区艳山红镇	200000		610722100	城固县博望镇	210002
	520302103	红花岗区忠庄镇	376045		610822100	府谷县府谷镇	201915
云南	530128001	禄劝彝族苗族自治县屏山街道办事处	209649	甘肃	620981002	玉门市新市区街道办事处	203332
	530181001	安宁市连然街道办事处	216201		620982101	敦煌市沙州镇	194592
	530325101	富源县中安镇	345246		621021100	庆城县庆城镇	220320
	530381001	宣威市宛水街道办事处	462696		621124100	临洮县洮阳镇	920801
	530381003	宣威市双龙街道办事处	209547		621202100	武都区城关镇	196964
	530522101	腾冲县腾越镇	203505	宁夏	640122100	贺兰县习岗镇	834674
	532301101	楚雄市鹿城镇	510253		640221100	平罗县城关镇	195386
	532301102	楚雄市东瓜镇	324891	新疆	652324100	玛纳斯县玛纳斯镇	234810

附录：主要指标解释

主要指标解释

行政区域土地面积 是指辖区内的全部陆地面积和水域面积。包括耕地、荒山、荒地、山林、草原、滩涂、道路和建筑物占地等陆地面积,以及河流、湖泊、水库等水域面积。

居民委员会个数 指根据宪法和其他相关法律法规规定,按城镇居住地区设立的基层群众性自治组织的个数。

村民委员会个数 指农村中经上级政府批准,按居住地区设立的基层群众性自治组织的个数。含城关镇中的村。

通公共交通的村 指有公共交通汽车通过本村,并设有公交汽车站名的村。

通宽带的村 指一个或一个以上自然村内可通过宽带或光纤宽带上网查看各种信息的村。宽带对家庭用户而言是指传输速率超过1M,可以满足语音、图像等大量信息传递的需求。

通有线电视的村 指有线电视网络已经架设到村,并能通过有线网络接收到电视节目的村。

通自来水的村 自来水是指符合卫生标准,并经公用设施处理的管道输送水。通自来水的村指乡镇行政区域内通自来水的村数。

垃圾集中处理的村 指本行政区域内有垃圾处理设施进行垃圾集中处理,或者虽然没有垃圾处理设施,但是对垃圾实行统一集中清运管理的行政村。

污水集中处理的村 指本行政区域内有污水处理设施进行污水集中处理,或者虽然没有污水处理设施,但是对污水进行了净化处理的行政村。

常住户数 指常住人口所在的家庭户与集体户之和。家庭户按公安部门常住户进行统计;集体户包括地区内的国有经济的机关、团体、学校、企业、事业单位的集体户口,同一单位的集体户口无论其人数多少,都以一户进行统计。

常住人口 指本行政区域内的以下四部分人口:居住在本行政区域,户口在本行政区域或者户口待定的人口;居住在本行政区域,户口在外县(市),离开户口登记地半年以上的人口;户口在本行政区域,居住在外县(市),离开户口登记地不到半年的人口;户口在本行政区域,居住在港澳台或国外的人口。

户籍人口 指年末户籍在本行政区域内的人口数,即公安部门户籍人口。

农业户籍人口 指年末本行政区域内户籍人口中的农业户籍人口。

从业人员 指总人口中16岁以上实际参加生产经营活动并取得实物或货币收入的人员,既包括劳动年龄内经常参加劳动的人员,也包括超过劳动年龄但经常参加劳动的人员。但不包括户口在家的在外学生、现役军人和丧失劳动能力的人,也不包括待业人员和家务劳动者。从业人员年龄为16岁以上。从业人员按从事主业时间最长(时间相同按收入)分为农业从业人员、工业从业人员、建筑业从业人员、交运仓储及邮电通讯业从业人员、批零贸易及餐饮业从业人员、其它从业人员。

第一产业从业人员 指从事农、林、牧、渔业的人员。

第二产业从业人员 指从事采矿业,制造业,电力、煤气及水的生产和供应业,建筑业人员。

第三产业从业人员 指从事第一、二产业以外的其他行业人员。

外来从业人员 指从业人员中户籍在外地的乡镇工作人员和乡镇企业外来打工人员。包括从事农业与非农业生产、其他行业从业人员。

公共财政收入 包括国内增值税、营业税、企业所得税、个人所得税、资源税、城市维护建设税、房产税、印花税、城镇土地使用税、土地增值税、车船税、耕地占用税、契税、烟叶税、其他各项税收等税收收入,和专项收入、行政事业性收费收入、罚没收入、国有资本经营收入、国有资源(资产)有偿使用收入、其他收入等非税收入。

企业实交税金 指企业实际缴纳的税金的总额。

公共财政支出 包括一般公共服务、国防、公共安全、教育、科学技术、文化体育与传媒、社会保障就业、医疗卫生、环境保护、城乡社区事务、农林水事务、交通运输等方面的支出。

年末债务总额 指年末乡镇政府承担的以货币计量的，尚未偿还的各种债务累计总额，包括欠银行、政府、社会团体和个人等方面的债务。

耕地面积 指种植农作物的土地。包括熟地，新开发、复垦、整理地，休闲地（含轮歇地、轮作地）；以种植农作物（含蔬菜）为主，间有零星果树、桑树或其他树木的土地；平均每年能保证收获一季的已垦滩地和海涂。耕地中包括南方宽度＜1.0 米、北方宽度＜2.0 米固定的沟、渠、路和地坎（埂）；临时种植药材、草皮、花卉、苗木等的耕地，以及其他临时改变用途的耕地。

设施农业占地面积 设施农业是指以工厂化生产方式，建造人工设施，改变气候条件，提高农作物抵御自然灾害的能力，改良生物特性，使作物实现错季或反季节生产，达到农作物均衡生产的目的.包括温室、大棚和中小棚。占地面积指三类面积的总和。一是实际使用面积，指沿墙内侧的围绕面积；二是墙体面积，指设施的墙体等其他支撑体自身的占地面积；三是采光占用面积，指设施距遮光物体（其他设施、房屋等）的必要距离所占的面积。

有效灌溉面积 指具有一定的水源，地块比较平整，灌溉工程或设备已经配套，在一般年景下当年能够进行正常灌溉的耕地面积。在一般的情况下，有效灌溉面积应等于灌溉工程或设备已经配套，能够进行正常灌溉的水田和水浇地面积之和。

农作物播种面积 指农业生产经营者应在日历年度内收获农作物在全部土地（耕地或非耕地）上的播种或移植面积。凡是本年内收获的农作物，无论是本年还是上年播种，都算为播种面积，但不包括本年播种，下年收获的农作物面积。移植的农作物面积按移植后的面积计算，不计算移植前的秧田、畦田等面积。多年生作物，即播种后可连续生长多年的缩根性草本植物，如有些麻类、中药等作物的播种面积，按本年新增面积加往年的连续累计面积计算。如果因灾害等原因，应该收获却未能收获，也要按原播种面积计算，新补或改种，并在本年收获的，要按复种作物计算面积。间种、混种的作物面积按比例折算各个作物的面积，如果完全混合、同步生长、收获的作物，按混合面积平均分配。复种、套种的作物，按次数计算面积，每种一次计算一次。再生稻、再生高粱、再生烟等，因其没有经过播种或移植，不算入播种面积。

粮食作物播种面积 指农业生产经营者应在日历年度内收获的粮食作物在全部土地（耕地或非耕地）上的播种或移植面积。凡是本年内收获的粮食作物，无论是本年还是上年播种，都算为当年播种面积，但不包括本年播种，下年收获的粮食作物面积。移植的粮食作物面积按移植后的面积计算，不计算移植前的秧田面积。如果因灾害等原因，应该收获却未能收获，也要按原播种面积计算，新补或改种，并在本年收获的，也要按复种作物计算面积。间种、混种的作物面积按比例折算各个作物的面积，如果完全混合、同步生长、收获的作物，按混合面积平均分配。复种、套种的作物，按次数计算面积，每种一次计算一次。再生稻、再生高粱等，因其没有经过播种或移植，不计入播种面积。

农业技术服务机构个数 指在本行政区域内负责农业技术服务的机构的个数。包括设立在本行政区域的农业技术服务机构，以及独立从事农业技术服务的机构的个数。

农业技术服务机构从业人员数 指年末在本行政区域内所有从事农业技术服务的人员数。

农民合作社个数 指年末由政府或者由农民自发组成、自愿联合、民主管理的互助经济合作组织的个数。该组织主要从事传授农业生产技术、组织农业生产经营、对农业生产进行服务等活动。一般应有 5 个以上成员，有组织章程，有生产、技术、信息、加工、仓储、销售等某方面的服务内容。

农民合作社成员数 指本行政区域内开展活动的各种类型的农业专业合作经济组织所包括的在册成员总数。

耕地流转面积 指种植农作物的土地流转面积。土地流转是指土地使用权流转，土地使用权流转的含义，是指拥有土地承包经营权的农户将土地经营权（使用权）转让给其他农户或经济组织，即保留承包权，转让使用权。

种植大户数 指本辖区内种植农作物的土地面积在规模（南方 50 亩、北方 100 亩）以上的农户数。

畜禽养殖大户数 指本行政区域内的畜禽（猪、牛、羊、禽）养殖大户户数。禽包括鸡、鸭、鹅。畜禽养殖大户标准以国家农业部门规定的养殖量为准。生猪：年出栏 50 头；奶牛：存栏 20 头；肉牛：年出栏 10 头；羊：年出栏 30 只；蛋鸡：存栏 500 只；肉鸡：年出栏 2000 只。

工业企业单位数 指本行政区域内按国民经济行业划分归属于工业的企业个数和生产单位个数。

规模以上工业企业个数 指年主营业务收入

2000 万元以上的工业法人企业个数。

工业总产值 指工业企业在报告期内生产的以货币形式表现的工业最终产品和提供工业劳务活动的总价值量。

规模以上工业总产值 指主营业务收入在 2000 万以上的工业企业在报告期内生产的以货币形式表现的工业最终产品和提供工业劳务活动的总价值量。

工业企业从业人员 指实际上报《产业活动单位基本情况》企业的从业人员汇总数。

建筑业企业单位数 指具有建筑业资质的独立核算的总承包和专业承包建筑业企业与生产单位个数。

建筑业总产值 指建筑业企业在报告期内生产的以货币形式表现的建筑业产品和服务的总和。建筑业总产值包括建筑工程产值、安装工程产值和其他产值三部分内容。

建筑业企业从业人员数 指实际上报《产业活动单位基本情况》企业的从业人员汇总数。

社会消费品零售总额 指企业(单位、个体户)通过交易直接售给个人、社会集团非生产、非经营用的实物商品金额,以及提供餐饮服务所取得的收入金额。个人包括城乡居民和入境人员,社会集团包括机关、社会团体、部队、学校、企事业单位、居委会或村委会等。

限额以上社会消费品零售总额 指限额以上企业(单位、个体户)通过交易直接售给个人、社会集团非生产、非经营用的实物商品金额,以及提供餐饮服务所取得的收入金额。个人包括城乡居民和入境人员,社会集团包括机关、社会团体、部队、学校、企事业单位、居委会或村委会等。

市场个数 指所辖地域范围内,由乡镇管理,经工商部门批准,具有固定场所,专门从事各类商品交换市场的个数。

50 平米以上的超市个数 超级市场是以顾客自选方式经营的大型综合性零售商场。又称自选商场。是许多国家特别是经济发达国家的主要商业零售组织形式。超级市场一般在入口处备有手提篮或手推车供顾客使用,顾客将挑选好的商品放在篮或车里,到出口处收款台统一结算。

住宿餐饮业企业个数 指区域内按国民经济行业划分归属于住宿和餐饮的单位个数(分项以企业登记注册类型划分,参见《住宿和餐饮业统计报表制度》中,法人单位基本情况 S101—1 和住宿和餐饮业产业活动单位 S104—3 表)。

小学数 指经过县及县以上教育部门批准,以招收适龄儿童为主实施小学教学计划的学校数。

小学专任教师数 指在普通小学中专门从事教学工作的固定教师、民办教师人数,不包括兼职教师和临时代课教师。

小学在校学生数 指学年开学后,在普通小学学习具有学籍的学生总数,包括留级生,不包括复读生和补习生。

幼儿园、托儿所个数 指本行政区域内实有的幼儿园、托儿所个数。包括学前班,以及虽未经有关部门批准,但却有一定规模(儿童数超过 10 人)的个人办幼儿园、托儿所。

图书馆、文化站个数 指经过文化管理部门批准,设立于本行政区域内,并对公众开放的图书馆和文化站个数。不包括单位内部的图书室。

剧场、影剧院数 指独立核算的专用剧场和属文化部门主管的能演出戏剧的影剧院、兼映电影的剧场,以及附属在剧院、团公开营业的非独立核算的剧场、排演场个数。

体育场馆 体育场指有 400 米跑道(中心含足球场),有固定道牙,跑道 6 条以上并有固定看台的室外田径场地。体育场按看台容纳观众人数分为:甲级 25000 人以上,乙级 15000—25000 人,丙级 5000—15000 人,丁级 5000 人以下;体育馆指有固定看台,可供篮球、排球、羽毛球、乒乓球、体操等项目训练比赛活动用的室内运动场地。体育馆按看台容纳观众人数分为:甲级 6000 人以上,乙级 4000—6000 人,丙级 2000—4000 人,丁级 2000 人以下。不包括各类学校内专供学生使用的体育场馆。

医疗卫生机构个数 指报告期末辖区范围内的医院、卫生院总数。

医疗卫生机构床位数 指各级各类医院年底的固定实有床位(非编制床位),包括正规床、简易床、监护床、正在消毒和修理床位、因扩建或大修而停用的床位,不包括产科新生儿床、接产室待产床、库存床、观察床、临时加床和病人家属陪侍床。

执业(助理)医师 包括执业医师和执业助理医师。执业医师是指具有《医师执业证》及其"级别"为"执业医师"且实际从事医疗、预防保健工作的人员,不包括实际从事管理工作的执业医师。执业助理医师是指具有《医师执业证》及其"级别"为"执业助理医师"且实际从事医疗、预防保健工作的人员,不包括实际从事管理工作的执业助理医师。

各种社会福利收养性单位数 指提供食宿、不以盈利为目地的革命伤残军人休养院、复退军人慢性病疗养院、复退军人精神病院、光荣院、社会福利院、儿童福利院、精神病福利院、老年收养性机构（敬老院、养老院、老年公寓）等收养性的社会福利事业单位的总称。这些单位，分事业单位、企业和民办非企业3类。

各种社会福利收养性单位床位数 指收养性单位报告期末床位的实际收养能力。对于炕、通铺，以正常可容纳人员数量折算床位数。

各种社会福利收养性单位收养人数 指收养性单位报告期末实际收养的人数。

新型农村合作医疗参保人数（简称：新农合参保人数） 指根据本地新农合实施方案到年内新农合筹资截至时已缴纳新农合资金的人口数。

新型农村社会养老保险参保人数（简称：新农保参保人数） 指报告期末按照《国务院关于开展新型农村社会养老保险试点的指导意见》（国发[2009]32号），参加新型农村社会养老保险的人数。

农村居民最低生活保障人数 指报告期末在建立农村最低生活保障制度的地区，得到当地政府或集体给予最低生活保障的农业人口家庭，并已发放补助经费的人数。

自来水用水户数 指辖区内通过城镇自来水管道网饮用自来水的所有住户数。

燃气用气户数 指辖区内居民使用燃气家庭户的总户数。

金融机构网点数 指金融机构在辖区内所设立的金融网点个数总和。金融机构，是指专门从事货币信用活动的中介组织。我国的金融机构，按地位和功能可分为中央银行、银行、非银行金融机构和外资、侨资、合资金融机构四大类。

公园及休闲健身广场个数 是指经过有关管理部门批准，设立于本辖区内，供居民休闲游玩的地方。

城镇规划区面积 指对城市未来的发展区域进行的整体构思和安排。城镇规划区面积以乡镇人民政府建设部门（或规划部门）提供的范围为准。

城镇建成区面积 指实际已成片开发建设、市政公用设施和公共设施基本具备的区域。

城镇建成区总户数 指年末实际居住在建成区范围内的住户总数。包括单身户、家庭户和各种类型的集体户。

城镇建成区总人口 指年末实际居住在建成区范围内的乡村人口与城镇人口之和。

城镇建成区绿化面积 根据《城市绿化条例》规定，建成区绿地面积包括公共绿地、居住区绿地、单位附属绿地、防护绿地、生产绿地、风景林地六类绿化面积之和。